21世紀世界人名典拠録 欧文名

2 L~Z

日外アソシエーツ

Noted Personalities of the World in the 21th-Century

Reference Guide with Japanese Readings of Each Personal Name

2 L-Z

Compiled by
Nichigai Associates, Inc.

©2017 by Nichigai Associates, Inc.
Printed in Japan

本書はディジタルデータでご利用いただくことができます。詳細はお問い合わせください。

●編集スタッフ● 小川 修司／青木 竜馬／山本 幸子／岡田 真弓／村末 照代／成田 さくら子

凡　例

1. 構　成

　本書は、人名をアルファベット順に排列した本文と、人名の片仮名表記から原綴表記を参照した索引からなる。
　分冊の構成は以下の通り。
　　1　本　文　A－K
　　2　　　　　L－Z
　　3　索　引

2. 収録範囲・人数

1) 21世紀以降に没した人物、ならびに現在活躍中の人物、および同様の基準で2001年以降に日本国内で刊行された翻訳図書の原著者名を収録した。
2) ヨーロッパ、アメリカ、ロシアの欧米各国の人名のほか、アルファベットで表記される人名を幅広く収録した。収録人物はオセアニア、ラテンアメリカ、アフリカ、中近東、中央アジア、東南アジア等の世界各国・地域に及ぶ。
3) 収録人数は、103,000人である。

3. 記載事項

原綴表記／片仮名表記
生没年月日／国名（国で表示）／職業・肩書／専門分野（専で表示）／別名／片仮名異表記（異で表示）／著書・出版者・出版年（著で表示）
　〈例〉
　　　Moon, Jae-in　ムン・ジェイン
　　　　1953～　国韓国　政治家, 弁護士　大統領　漢字名＝文在寅
　　　Trungpa, Chogyam　トゥルンパ, チョギャム
　　　　異トゥルンパ, チョギャム　著「心の迷妄を断つ智慧」　春秋社
　　　　2002

4. 見出し人名

1) 見出しとなる原綴表記は、原則として姓, 名の形で一般的に使用されているものを採用した。
2) 片仮名表記は、近年広く使用されているものを採用した。
3) 国王・教皇などの世系は、原綴ではローマ数字、片仮名表記ではアラビア数字を用いた。
4) 生没年は西暦で記載した。

5. 見出しの排列

1) 姓の ABC 順、姓が同じ場合は名の ABC 順に排列した。
2) 斜体で示した Sir, Dame, Lord, Lady, Prince, Princess, HRH Princess の称号、先頭の al-, el- の冠詞、およびアクセント記号、アポストロフィ等は排列上無視した。
3) Mc は、Mac、St. は Saint とみなして排列した。
4) 名前が頭文字の場合は、同じ文字で始まる名前の先頭に置いた。

6. 参考資料

本書の採録・調査に際しては、下記の参考資料を用いた。

データベース「whoplus」日外アソシエーツ
「海外文学 新進作家事典」日外アソシエーツ 2016
「現代外国人名録 2016」日外アソシエーツ 2016
「世界の賞事典 2005-2014」日外アソシエーツ 2015
「翻訳図書目録 2000-2003」日外アソシエーツ 2004
「翻訳図書目録 2004-2007」日外アソシエーツ 2008
「翻訳図書目録 2008-2010」日外アソシエーツ 2011
「翻訳図書目録 2011-2013」日外アソシエーツ 2014
「翻訳図書目録 2014-2016」日外アソシエーツ 2017
「外国人叙勲受章者名簿」外務省 HP
「駐日各国大使リスト」外務省 HP
「athletes」国際オリンピック委員会 HP
「ラグビーワールドカップ 2015 展望＆ガイド 出場 20 か国パーフェクト選手名鑑」
　　日本スポーツ企画出版社 2015
「ヨーロッパサッカーガイド 2016-2017 シーズン選手名鑑」
　　フロムワン，朝日新聞出版（発売）2016
「NFL2016 カラー写真名鑑」ベースボール・マガジン社 2016
「2016-17 SEASON NBA COMPLETE GUIDE」日本スポーツ企画出版社 2016
「2017 MLB 選手名鑑 全 30 球団コンプリートガイド」日本スポーツ企画出版社 2017
「朝日新聞」朝日新聞社
「世界年鑑」時事通信社
「Forbes JAPAN」アトミックスメディア，プレジデント社（発売）

L

【L】

L エル
1992～ [著]「L's bravo viewtiful」 ぴあ 2013
Laabidi, Lilia ラビディ, リリア
[国]チュニジア 女性問題相
Laabidi, Neziha ラアビディ, ナジハ
[国]チュニジア 女性・家族・子ども相
Laadhari, Zied ラアダリ, ジアド
[国]チュニジア 産業・通商相 [異]ラアダリ, ジード
Laafai, Monise ラファイ, モニセ
[国]ツバル 通信・運輸相 [異]ラーファイ, モニセ
Laakso, Seija-Riitta ラークソ, S.R.
[著]「情報の世界史」 知泉書館 2014
Laanet, Kalle ラーネト, カレ
[国]エストニア 内相
Laar, Mart ラール, マルト
1960～ [国]エストニア 政治家 エストニア中央銀行理事長 エストニア首相 [異]ラール, マート
Laaraidh, Ali ラライズ, アリ
[国]チュニジア 内相
Lab, Steven P. ラブ, スティーブン・P.
[著]「犯罪予防」 社会安全研究財団 2006
***al*-Labad, Al-Mahdi Hassan** ラバード, マハディ・ハッサン
[国]リビア 第1福首相(治安担当)
Labak, Alexander ラバク, アレキサンダー
[著]「マーケティングのジレンマ」 ダイヤモンド社 2004
LaBarre, Polly G. ラバール, ポリー
[著]「マーベリック・カンパニー」 日本経済新聞出版社 2007
Labatt, Mary ラバット, メアリー
1944～ [著]「しあわせの子犬たち」 文研出版 2008
Labbadia, Bruno ラッバディア, ブルーノ
[国]ドイツ ハンブルガーSV監督
Labbé, Brigitte ラベ, ブリジット
[著]「哲学のおやつ ヘンとふつう」 汐文社 2010
Labben, Saloua Ayachi ラバン, サルア・アイヤシ
[国]チュニジア 女性・家族・子供・高齢者問題相
Labé, Louise ラベ, ルイーズ
[著]「ルイーズ・ラベ押韻定型訳詩」〔木村哲也〕 2003
Labed, Ariane ラベド, アリアーヌ
ヴェネチア国際映画祭 最優秀女優賞(第67回(2010年))
"Attenberg"
Labeouf, Shia ラブーフ, シャイア
1986～ [国]アメリカ 俳優
Labère, Nelly ラベール, ネリー
[著]「100語でわかる西欧中世」 白水社 2014
LaBerge, Stephen ラバージ, スティーヴン
[著]「明晰夢」 春秋社 2005
Labib, Adel ラビブ, アデル
[国]エジプト 地方開発相
Labidi, Nadia ラビディ, ナディア
[国]アルジェリア 文化相
Labidi, Samir ラビディ, サミル
[国]チュニジア 青少年・スポーツ・体育相
Labie, Marc ラビー, マルク
[著]「マイクロファイナンス事典」 明石書店 2016
Labilo, Martin Kabwelulu ラビロ, マルタン・カブエルル
[国]コンゴ民主共和国 鉱物資源相
Labine, Clem ラバイン, クレム
1926～2007 [国]アメリカ 野球選手 本名=ラバイン, クレメント・ウォルター〈Labine, Clement Walter〉
Labissiere, Skal ラビシエ, スカル
[国]ハイチ共和国 バスケットボール選手
LaBlanc, Tom ラブランク, トム
[著]「ワンネス」 人間家族編集室 2002
Labo, Abdou ラボ, アブドゥ
[国]ニジェール 内務・公安・地方分権・宗教相
Laboa, Juan María ラボーア, フアン・マリーア
1939～ [著]「世界修道院文化図鑑」 東洋書林 2007
Labone, Brian ラボーン, ブライアン
1940～2006 [国]イギリス サッカー選手
Laborde, Genie Z. ラボード, ジェニー・Z.
[著]「ビジネスを成功させる魔法の心理学」 メディアート出版 2005
Laborde, Yurisel ラボルデ
[国]キューバ 柔道選手
Laborie, Francoise ラボリ, フランソワーズ
[著]「読む事典・女性学」 藤原書店 2002
LaBouff, Jackie ラボフ, ジャッキー
[著]「「もう頭にきた!」と思ったときに読む本」 中経出版 2007
Labouisse, Eve Curie ラブイス, イブ・キュリー
1904～2007 ジャーナリスト
Labourt, Jairo ラボート, ジャイロ
[国]ドミニカ共和国 野球選手
Labrada, Yanelis ラブラダ
[国]キューバ テコンドー選手
LaBrecque, Jennifer ラブレク, ジェニファー
[著]「恋するサンタクロース」 ハーレクイン 2008
Labro, Philippe ラブロ, フィリップ
[著]「臨死」 河出書房新社 2001
Labrousse, Alain ラブルース, アラン
[著]「麻薬と紛争」 三和書籍 2002
Labrousse, Robert ラブルス, ロベール
[国]ハイチ共和国 在外自国民相
Labson, Erick ラブソン, エリック
グラミー賞 最優秀ヒストリカル・アルバム(2009年(第52回))
"The Complete Chess Masters (1950 - 1967)"
Labucka, Ingrida ラブツカ, イングリダ
[国]ラトビア 法相
Labus, Miroljub ラブス, ミロリュブ
[国]セルビア 副首相
Labyrinth, Matthew ラビリンス, マシュー
[著]「トリック・クラフトBOOK of トリック・ホラー・ナイト」 小学館 2016
Lacamoire, Alex ラカモイレ, アレックス
トニー賞 ミュージカル 編曲賞(2008年(第62回)) "In The Heights"
Lacão, Jorge ラカン, ジョルジェ
[国]ポルトガル 議会対策相
Lacarra, Lucia ラカッラ, ルシア
バレリーナ ミュンヘン・バレエ団プリンシパル
Lacaton, Anne ラカトン, アンヌ
[著]「長谷川豪カンバセーションズ」 LIXIL出版 2015
Lacayo, Miguel ラカヨ, ミゲル
[国]エルサルバドル 経済相
Lacaze, Genevieve ラカゼ
[国]オーストラリア 陸上選手
Lacazette, Alexandre ラカゼット, アレクサンドル
[国]フランス サッカー選手
Laccetti, Margaret Saul ラセッティ, M.S.
[著]「Pain痛みケアにおけるEBN」 コメディカルエディター, ブレーン出版(発売) 2005
La Cecla, Franco ラ・チェクラ, フランコ
[著]「反建築」 鹿島出版会 2011
Lacedelli, Lino ラチェデリ, リノ
1925～2009 [国]イタリア 登山家
Lacey, Anne レイシー, アン
[著]「不死鳥のように」 ハーレクイン 2002
Lacey, Meg レイシー, メグ
[著]「プリンセスに夢中」 ハーレクイン 2003
Lacey, Minna レーシー, ミンナ
[著]「どんどんめくってはっけん! かがくのふしぎ」 学研教育出版, 学研マーケティング(発売) 2014
Lacey, Richard Westgarth レーシー, リチャード
1940～ [国]イギリス 微生物学者 リーズ大学名誉教授 [専]狂牛病 [異]レイシー, リチャード・W.
Lacey, Stephen レイシー, スティーブン
1957～ [著]「英国王立園芸協会香り植物図鑑」 柊風舎 2016
Lacey, Sue レイシー, スー
[著]「偉大な芸術家に教わる絵の描きかた」 汐文社 2006
LaChanze ラシャンズ
トニー賞 ミュージカル 主演女優賞(2006年(第60回)) "The Color Purple"
LaChapelle, David ラシャペル, デービッド
1969～ [国]アメリカ 写真家 [異]ラシャペル, デヴィッド
Lachaume, Virginie ラショーム
[国]フランス 重量挙げ選手
Lachecki, Marina ラチェッキ, マリナ

Lacheen, Steve　ラチーン, スティーヴ
訳「ポール・オースターが朗読するナショナル・ストーリー・プロジェクト」アルク　2006
Lachenauer, Rob　ラシュナウアー, ロブ
著「『徹底力』を呼び覚ませ！」ランダムハウス講談社　2005
Lachenmann, Helmut　ラッヘンマン, ヘルムート
1935～　国ドイツ　作曲家
Lachenmeyer, Nathaniel　ラッケンメイヤー, ナサニエル
1969～　著「13」ダイヤモンド社　2005
Lachgar, Driss　ラシュガル, ドリス
国モロッコ　国会担当相
Lachgar, Hasnaa　ラシュガル, ハスナ
国モロッコ　ボクシング選手
Lachinau, Asadulla　ラチナウ, アサドラ
国ベラルーシ　レスリング選手
Lachiver, Marcel　ラシヴェール, マルセル
1938～　著「ワインをつくる人々」新評論　2001
Lachmann, Frank M.　ラックマン, フランク・M.
訳ラクマン, フランク・M.　著「乳児研究と成人の精神分析」誠信書房　2008
Lachmann, Henri　ラックマン, アンリ
国フランス　元・日仏クラブ・フランス側議長, 元・シュネデール・エレクトリック社代表取締役社長, シュネデール・エレクトリック社監査役会会長
Lachnit, Petr　ラフニト, ペトル
国チェコ　地域開発相
Lacierda, Edwin　ラシエルダ, エドウィン
国フィリピン　大統領府報道担当官
Laciga, Martin　ラシガ, M.
国スイス　ビーチバレー選手
Laciga, Paul　ラシガ, P.
国スイス　ビーチバレー選手
Lacinak, Thad　ラシナック, サド
著「シャチのシャムー, 人づきあいを教える」早川書房　2002
Lack, Andrew J.　ラック, A.J.
著「植物科学キーノート」シュプリンガー・フェアラーク東京　2002
Lack, John Alastair　ラック, ジョン・アラステア
著「麻酔の偉人たち」総合医学社　2016
Lack, Leon　ラック, レオン
著「睡眠障害に対する認知行動療法」風間書房　2015
Läckberg, Camilla　レックバリ, カミラ
1974～　国スウェーデン　作家　国ミステリー, スリラー
Lackey, John　ラッキー, ジョン
1978～　国アメリカ　野球選手　本名＝Lackey, John Derran
Lackey, Mercedes R.　ラッキー, マーセデス
1950～　国アメリカ　SF作家　訳ラッキー, メルセデス
Lackin, Winston　ラッキン, ウィンストン
国スリナム　外相
Lackner, Jeffrey M.　ラックナー, ジェフリー・M.
著「IBS克服10のステップ」星和書店　2012
Laclau, Ernesto　ラクラウ, エルネスト
1935～2014　国アルゼンチン　政治学者　エセックス大学名誉教授　国政治理論
Lacob, Joe　レイコブ, ジョー
国アメリカ　ゴールデンステイト・ウォリアーズ共同所有者, 投資家
Lacobiniere, Victor Phillip　ラコビニエール, ビクター・フィリップ
国セントルシア　内務・法務・国家安全保障相
Lacognata Zaragoza, Hector Ricardo　ラコグニャタ・サラゴサ, エクトル・リカルド
国パラグアイ　外相
Lacombe, Clément　ラコンブ, クレマン
著「ツール・ド・フランス100話」白水社　2014
Lacombe, Michel　ラコーム, ミシェル
著「バットマン：インコーポレイテッド」小学館集英社プロダクション　2014
Lacorbiniere, Victor　ラコービニエー, ビクター
国セントルシア　内務・法務・国家安全保障相　訳ラコービニエー, ビクター・フィリップ
Lacosse, Matt　ラコシー, マット
国アメリカ　アメフト選手
Lacoste, Anne　ラコステ, アン
著「フェリーチェ・ベアトの東洋」東京都写真美術館　2012
Lacoste, Bernard　ラコステ, ベルナール
1931～2006　国フランス　実業家　ラコステ社長
Lacoste, Bruno　ラコスト, ブルーノ
国フランス　在ボルドー日本国名誉領事
Lacoste, Jean　ラコスト, ジャン
著「芸術哲学入門」白水社　2002
Lacoste, Yves　ラコスト, イヴ
著「ラルース地図で見る国際関係」原書房　2011
La Cotardière, Philippe de　ラ・コタルディエール, フィリップ・ド
著「ジュール・ヴェルヌの世紀」東洋書林　2009
Lacoue-Labarthe, Philippe　ラクー・ラバルト, フィリップ
1940～2007　国フランス　哲学者　ストラスブール大学名誉教授
Lacour, Lawrence L.　ラクーア, ローレンス・L.
1914～　著「神との冒険」ラクーア自伝刊行会　2002
Lacourt, Camille　ラクール, カミーユ
国フランス　水泳選手　訳ラクール
Lacouture, Jean　ラクチュール, ジャン
1921～　著「シャンポリオン伝」河出書房新社　2005
Lacouture, María Claudia　ラコトゥール, マリア・クラウディア
国コロンビア　商業・産業・観光相
La Croix, Arnaud de　ラ・クロワ, アルノー・ドゥ
著「中世のエロティシズム」原書房　2002
Lacroix, Christian　ラクロワ, クリスチャン
1951～　国フランス　ファッションデザイナー　本名＝Lacroix, Christian Marie Marc　訳ラクロア／ラクロワ, クリスティアン
LaCroix, Darren　ラクロワ, ダレン
著「笑って金持ちになる方法」扶桑社　2002
Lacroix, Delphine　ラクロワ, デルフィーヌ
著「星の王子さまの美しい物語」飛鳥新社　2015
la Croix, Isobyl　ラ・クロワ, イソビル
著「フローラ」産調出版　2005
Lacroix, Jean Paul　ラクロワ, ジャン＝ポール
1914～　著「出世をしない秘訣」こぶし書房　2011
Lacroix, Karl　ラクロワ, カール
著「中国が偉大になれない50の理由」ランダムハウス講談社　2008
La Cruz, Julio Cesar　ラクルス, フリオ
国キューバ　ボクシング選手
La Cruz Peraza, Julio　ラクルス
国キューバ　ボクシング選手
Lacy, Eddie　レイシー, エディー
国アメリカ　アメフト選手
Lacy, Kyle　レイシー, カイル
著「セルフブランディング」ピアソン桐原　2012
Lacy, Peter　レイシー, ピーター
1978～　著「サーキュラー・エコノミー」日本経済新聞出版社　2016
Lacy, Shirley　レイシー, シャーリー
著「マネージャのためのサービスマネジメント・ガイド」テクノ　2006
Lacy, Steve　レイシー, スティーブ
1934～2004　国アメリカ　サックス奏者　本名＝Lackritz, Steven
Ladagnous, Matthieu　ラダニュー
国フランス　自転車選手
Ladd, Diane　ラッド, ダイアン
1932～　国アメリカ　女優　本名＝Ladner, Rose Diane
Ladd, Ernie　ラッド, アーニー
1938～2007　国アメリカ　プロレスラー　ニックネーム＝Big Cat
Ladd, Fred　ラッド, フレッド
1927～　著「アニメが「anime」になるまで」NTT出版　2010
Ladd, Paddy　ラッド, パディ
1952～　著「ろう文化の歴史と展望」明石書店　2007
Ladegaard, Jette　ラデゴー, ユッテ
著「イングリット・ブロムのデンマーク・クロスステッチ」ヤマナシヘムスロイド, ブッキング（発売）2008
Ladekan, Elénore　ラデカン, エレノル
国ベナン　幼少・初等教育相
Laderman, Ezra　ラダーマン, エズラ
1924～2015　国アメリカ　作曲家
Ladger, Heath　レジャー, ヒース
1979～2008　俳優
Lado Gore, Alfred　ラド・ゴア, アルフレッド
国南スーダン　環境相

Ladon, Rogen ラドン、ローゲン
　㉻フィリピン　ボクシング選手
Ladouceur, L.P. ラドゥーサー、L.P.
　㉻アメリカ　アメフト選手
Ladowsky, Ellen ラドゥスキー、エレン
　1964〜　㊃「その彼と別れて幸せになりなさい」飛鳥新社　2004
Ladrönn, José ラドロン、ホセ
　㊃「ファイナル・アンカル」ユマノイド、パイインターナショナル（発売）　2015
Ladson-Billings, Gloria ラドソン＝ビリング、グロリア
　1947〜　㊃「多文化教育事典」明石書店　2002
Ladu Gore, Alfred ラドゥ・ゴレ、アルフレッド
　㉻南スーダン　土地・住宅・都市計画相
Ladusaw, William A. ラデューサー、ウィリアム・A.
　1952〜　㊃「世界音声記号辞典」三省堂　2003
Lady, Messa Ould Mohamed ラディ、メサ・ウルド・モハメド
　㉻マリ　高等教育・科学研究相
Laeng, Danielle ラン、ダニエル
　1955〜　㊃「囚われのチベットの少女」トランスビュー　2002
Laenser, Mohand ランセル、モハンド
　㉻モロッコ　計画・開発相
Laermer, Richard レアマー、リチャード
　1960〜　㊃「クチコミで動かす！」PHP研究所　2005
Laessøe, Thomas レソェ、トマス
　㊃「世界きのこ図鑑」新樹社　2005
LaFarge, Lucy ラファージュ、ルーシー
　㊃「自己愛の障害」金剛出版　2003
La Farge, Paul ラファージ、ポール
　1970〜　㉻アメリカ　作家　㊕SF,歴史
Lafargue, François ラファルグ、フランソワ
　1970〜　㊃「ブラッド・オイル」講談社　2009
LaFaro-Fernandez, Helene ラファロ・フェルナンデス、ヘレン
　1938〜　㊃「スコット・ラファロ」国書刊行会　2011
LaFave, Kim ラ・フェイブ、キム
　㊃「メグさんの女の子・男の子からだbook」築地書館　2003
Lafazanis, Panagiotis ラファザニス、パナヨティス
　㉻ギリシャ　生産再建・環境・エネルギー相
LaFeber, Walter ラフィーバー、ウォルター
　㊃「アメリカVSロシア」芦書房　2012
Lafell, Brandon ラファエル、ブランドン
　㉻アメリカ　アメフト選手
Lafer, Celso ラフェル、セウソ
　1941〜　㉻ブラジル　政治家、法哲学者　サンパウロ大学教授　ブラジル外相、ブラジル開発相　㊕ラフェル、セルソ
Laferrière, Dany ラフェリエール、ダニー
　1953〜　㉻カナダ　作家
LaFevers, R.L. ラフィーバース、R.L.
　㉻アメリカ　作家　㊕児童書,ファンタジー
Laffer, Arthur ラッファー、アーサー
　ラッファー、アーサー・B.　㊃「金持ちは税率70％でもいいvsみんな10％課税がいい」東洋経済新報社　2014
Lafferty, Raphael Aloysius ラファティ、ラファエル・アロイシャス
　1914〜2002　㉻アメリカ　SF作家
Laffin, Christina ラフィン、クリスティーナ
　㊃「越境する日本文学研究」勉誠出版　2009
Laffita Hernandez, Andris ラフィタエルナンデス
　㉻キューバ　ボクシング選手
Laffitte, Sophie ラフィット、ソフィ
　㊃「チェーホフ自身によるチェーホフ」未知谷　2010
Laffont, Jean-Jacques ラフォン、ジャン＝ジャック
　1947〜　㊃「テレコム産業における競争」エコノミスト社　2003
Lafforgue, Laurent ラフォルグ、ローラン
　1966〜　㉻フランス　数学者　フランス高等科学研究所（IHES）教授　㊕ラングランズ予想　㊕ラフォルグ、ロラン
Lafia, Sacca ラフィア、サッカ
　㉻ベナン　内務・治安相
Lafitte, Jacques ラフィット、ジャック
　㊃「ヨーロッパ統合」創元社　2005
LaFleur, Suzanne ラフルーア、スザンヌ
　1983〜　㉻アメリカ　作家　㊕児童書
LaFleur, William R. ラフルーア、ウィリアム
　㊕ラフルーア、ウィリアム・R.　㊃「悪夢の医療史」勁草書房　2008
Lafley, Alan G. ラフリー、アラン
　1947〜　㉻アメリカ　実業家　プロクター・アンド・ギャンブル（P&G）会長
Lafont, Bernadette ラフォン、ベルナデット
　1938〜2013　㉻フランス　女優　本名＝Lafont, Bernadette Paule Anne
LaFontaine, Donald ラフォンテーヌ、ドナルド
　？〜2008　㉻アメリカ　声優
La Fontaine, Jean.Sybil ラ・フォンテイン、ジーン・S.
　㊃「イニシエーション」弘文堂　2006
Lafontaine, Oskar ラフォンテーヌ、オスカー
　1943〜　㉻ドイツ　政治家　ドイツ蔵相、ドイツ社会民主党（SPD）党首　㊕ラフォンテーヌ、オスカル
Laforet, Marc ラフォレ、マルク
　1966〜　㉻フランス　ピアニスト
LaFrance, Marianne ラフランス、マリアン
　1947〜　㊃「微笑みのたくらみ」化学同人　2013
LaFrance, Mary ラフランス、メアリー
　1958〜　㊃「日米の共同発明に関する法律の比較及び技術移転に与えるその影響について」知的財産研究所　2005
LaFree, Gary ラフリー、ゲリー
　㊃「正統性の喪失」東信堂　2002
Lafuente, Marta ラフエンテ、マルタ
　㉻パラグアイ　教育・文化相
Lagarde, Christine ラガルド、クリスティーヌ
　1956〜　㉻フランス　政治家、弁護士　国際通貨基金（IMF）専務理事　フランス財務相　本名＝Lagarde, Christine Madeleine Odette
Lagarde, Jean de ラガルド、ジャン・ド
　㊃「第2次大戦ドイツ軍装ガイド」並木書房　2008
Lagares, Juan ラガレス、ホアン
　㉻ドミニカ共和国　野球選手
Lagasse, Emeril John ラガッセ、エメリル
　1959〜　㉻アメリカ　シェフ
Lagat, Bernard ラガト、バーナード
　㉻アメリカ　陸上選手
Lagatta, Florian ラガッタ、フローリアン
　グラミー賞 最優秀録音技術アルバム（クラシック以外）（2014年（第57回））ほか
Lagazzi, Paolo ラガッツィ、パオロ
　1949〜　㊃「パルマの光」思潮社　2009
Lage, Carlos ラヘ、カルロス
　1951〜　㉻キューバ　政治家　キューバ国家評議会副議長、キューバ閣僚評議会執行委員会書記　本名＝ラヘ・ダビラ、カルロス〈Lage Dávila, Carlos〉　㊕ラヘ・ダビラ、カルロス
Lagercrantz, David ラーゲルクランツ、ダヴィド
　1962〜　㊕ラーゲルクランツ、ダビド　㊃「ミレニアム」早川書房　2015
Lagercrantz, Rose ラーゲルクランツ、ローセ
　1947〜　㉻スウェーデン　児童文学作家
Lagerfeld, Karl-Otto ラガーフェルド、カール
　1933〜　㉻ドイツ　ファッションデザイナー、写真家　㊕ラガーフィールド／ラガーフェルト／ラガーフェルト、カール／ラガフェルド
Lage-Roy, Carola ラーゲ・ロイ、カローラ
　㊃「チャクラ・フラワーエッセンス」ホメオパシー出版　2012
Lages, Andrea ラゲス、アンドレア
　㊃「コーチングのすべて」英治出版　2012
Lages, Vincius Nobre ラジェス、ビニシウス・ノブレ
　㉻ブラジル　観光相
Laghdhaf, Moulaye Ould Mohamed ラグダフ、ムライ・ウルド・モハメド
　1957〜　㉻モーリタニア　政治家　モーリタニア首相
Lago, Andre Aranha Correa do ラーゴ、アンドレ・アラーニャ・コヘーラ・ド
　㉻ブラジル　駐日特命全権大使
Lago, Mário ラゴ、マリオ
　？〜2002　㉻ブラジル　サンバ作曲家, 俳優, 詩人
Lago, Pilar ラゴ、ピラール
　㊃「Me lo dijo un pajarito」NHK出版　2016
Lago, Raul ラゴ、ラウル
　㉻ウルグアイ　大統領府長官
Lago, Scott ラゴ
　㉻アメリカ　スノーボード選手
Lago, Umberto ラーゴ、ウンベルト
　1964〜　㊃「ビジネスモデル・エクセレンス」日経BP社, 日経BPマーケティング（発売）　2014
Lagonegro, Melissa ラゴネグロ、メリッサ
　㊃「おそとであそぼう！」うさぎ出版, 大誠社（発売）　2007

L

Lagos Escobar, Ricardo ラゴス・エスコバル, リカルド
国チリ 大統領

Lagos Weber, Ricardo ラゴス・ウェベル, リカルド
国チリ 官房長官

Lagou, Henriette ラグ, アンリエット
国コートジボワール 家族相

Lagowski, Barbara ラゴウスキー, バーバラ
著「出会いの達人」 ヴォイス 2003

Lagrange, Pierre ラグランジュ, ピエール
著「ノストラダムス」 創元社 2004

La Grange, Zelda ラグレインジ, ゼルダ
1970～ 著「ネルソン・マンデラ私の愛した大統領」 明石書店 2016

Lagravenese, Richard ラグラヴェネーズ, リチャード
著「フリーダム・ライターズ」 フォーインスクリーンプレイ事業部(発売) 2012

La Grenade, Cécile ラグレナード, セシル
国グレナダ 総督

Laguardia, Victor ラグアルディア, ビクトル
国スペイン サッカー選手

Lagumdžija, Zlatko ラグムジヤ, ズラトコ
国ボスニア・ヘルツェゴビナ 副首相兼外相

Lagutin, Sergey ラグチン
国ウズベキスタン 自転車選手

Lah, Thomas E. ラー, トーマス
著「コンサンプションエコノミクス」 日経BP社, 日経BPマーケティング(発売) 2013

Laha, Robert R., Jr. ラハ, R.R., Jr.
著「エレミヤ書」 日本キリスト教団出版局 2010

Laharie, Muriel ラアリー, ミュリエル
1947～ 著「中世の狂気」 人文書院 2010

LaHaye, Tim ラヘイ, ティム
1926～2016 国アメリカ 作家, 牧師, 教育家 本名＝LaHaye, Timothy

Laher, Ludwig ラーハ, ルードウィク
1955～ 著「私(わたし)たちはこの世に存在すべきではなかった」 凱風社 2009

Lahey, Lisa Laskow レイヒー, リサ・ラスコウ
1955～ 著「なぜ人と組織は変われないのか」 英治出版 2013

Lahham, Ghassan ラッハム, ガッサン
国シリア 大統領府担当相

Lahire, Bernard ライール, ベルナール
1963～ 著「複数的世界」 青弓社 2016

Lahiri, Anirban ラヒリ, アニルバン
国インド ゴルフ選手

Lahiri, Jhumpa ラヒリ, ジュンパ
1967～ 国アメリカ 作家

Lahlimi Alami, Ahamed ラハリミ・アラミ, アハメド
国モロッコ 社会経済・中小企業・手工芸相

Lahm, Philipp ラーム, フィリップ
国ドイツ サッカー選手

Lahood, Ray ラフード, レイ
国アメリカ 運輸長官

Lahoud, Emile ラフード, エミール
国レバノン 大統領

Lahouel, Ridha ラホウル, リダ
国チュニジア 貿易相

Lahovnik, Matej ラホウニク, マテイ
国スロベニア 経済相

Lahpai Seng Raw ラーパイ・センロー
国ミャンマー 人権活動家 メッタ(慈愛)開発財団創設者

Lahr, Gerhard ラール, ゲルハルト
1938～ 著「しょうぼうしょは大いそがし」 徳間書店 2009

Lahr, John ラー, ジョン
全米書評家協会賞 伝記(2014年) "Tennessee Williams: Mad Pilgrimage of the Flesh"

Lahtela, Janne ラハテラ, ヤンネ
1974～ 国フィンランド モーグル指導者, 元スキー選手 モーグル日本代表チームチーフコーチ 訳ラハテラ

Lahtela, Juuso ラハテラ, Ju.
国フィンランド フリースタイルスキー選手

Lahti, Louna ラハティ, ロウナ
著「アルヴァ・アールト」 Taschen c2007

Lahti, Torbjörn ラーティー, トルビョーン
著「スウェーデンの持続可能なまちづくり」 新評論 2006

Lai, David レイ, デイヴィッド
プロデューサー グラミー賞 最優秀ミュージカル・ショー・アルバム(2009年(第52回)) "West Side Story"

Lai, Dilys レイ, ディリス
著「とことん症例から学ぶ呼吸器疾患」 メディカル・サイエンス・インターナショナル 2010

Lai, Eileen ライ, アイリーン
著「白いスイトピー」 論創社 2002

Lai, Jennie ライ, ジェニー
著「意識の旅路」 UTAブック 2012

Lai, Jimmy ライ, ジミー
1948～ 国香港 実業家 ネクスト・メディア創業者・会長 漢字名＝黎智英(Lai, Chee-ying)

Lai, Leon ライ, レオン
1966～ 国香港 俳優, 歌手 漢字名＝黎明(ライ・ミン) 訳レイ・メイ

Lai, Pak-Sang ライ, パク・サン
著「グローバル化・社会変動と教育」 東京大学出版会 2012

Lai, Thanhha ライ, タイン＝ハ
1965～ 全米図書賞 児童文学(2011年) "Inside Out & Back Again" 訳ライ, タイン＝ハ

Laib, Wolfgang ライブ, ヴォルフガング
1950～ 国ドイツ 彫刻家, 造形作家

Laïdi, Adila ラーイディ, アーディラ
著「シャヒード、100の命」 「シャヒード、100の命」展実行委員会, インパクト出版会(発売) 2003

Laidlaw, Anne レイドロー, アンヌ
著「ポンペイの壁画」 岩波書店 2001

Laidlaw, Greig レイドロー, グレイグ
国スコットランド ラグビー選手

Laidlaw, Rob レイドロー, ロブ
1954～ 著「とらわれの野生」 リベルタ出版 2014

Laidler, David E.W. レイドラー, デビット
著「貨幣数量説の黄金時代」 同文舘出版 2001

Laidler, Keith James レイドラー, キース・J.
1916～ 著「宇宙はなぜ美しいのか」 青土社 2005

Laimo, Michael ライモ, マイケル
国パプアニューギニア 教育相

l'Ain, Alix Girod de ラン, アリックス・ジロ・ド
著「フレンチラヴ」 エディシォン・ドゥ・パリ, アシェット婦人画報社(発売) 2003

Laine, Christine レイン, クリスティーン
著「イン・ザ・クリニック」 メディカル・サイエンス・インターナショナル 2012

Laine, Frankie レイン, フランキー
1913～2007 国アメリカ 歌手 別名＝ロベッチオ, フランク・ポール⟨Lovecchio, Frank Paul⟩ 訳レーン, フランキー

Laine, Matti ライネ, マッティ
著「失名辞」 医学書院 2010

Lainez, Francisco ライネス, フランシスコ
国エルサルバドル 外相

Lainfiesta De Morales, Lucy ラインフィエスタ・デモラレス, ルーシー
国グアテマラ 社会開発相

Laing, Cleyon ライング, クレイボン
国アメリカ アメフト選手

Laing, Dave ラング, デイヴ
訳レイン, デイブ 著「ロック・エンサイクロペディア」 みすず書房 2009

Laing, Gordon ライング, ゴードン
著「Digital retro」 トランスワールドジャパン 2006

Laing, Jennifer ラング, ジェニファー
1948～ 著「ケルトの芸術と文明」 創元社 2008

Laing, Lloyd Robert ラング, ロイド
著「ケルトの芸術と文明」 創元社 2008

Laing, R.D. レイン, R.D.
著「ビートルズ世界証言集」 ポプラ社 2006

Laing, Robert レイン, ロバート
著「とことん症例から学ぶ感染症」 メディカル・サイエンス・インターナショナル 2011

Lainz, Lluís ラインス, リュイス
1954～ 著「ルイス・エンリケ」 カンゼン 2015

Laird, Elizabeth レアード, エリザベス
国イギリス 作家

Laird, Linda M. ライルド, リンダ・M.
著「演習で学ぶソフトウエアメトリクスの基礎」 日経BP社, 日経BP出版センター(発売) 2009

Laird, Melvin Robert　レアード, メルビン
1922～2016　[国]アメリカ　政治家　米国国防長官, 米国下院議員(共和党)
Laishram, Devendro Singh　ライシュラム
[国]インド　ボクシング選手
Laiso, Emilio　ライゾ, エミリオ
[著]「スター・ウォーズ：砕かれた帝国」 ヴィレッジブックス　2016
Laissard, Vincent　レサール, ヴァンソン
1967～　[著]「シャンペトルのすべて」 グラフィック社　2013
Laissus, Marie　レシュ
[国]フランス　スノーボード選手
Laithi, Ahmed Al　レイシー, アフマド・エル
[国]エジプト　農業・土地開拓相
Laity, Paul　ライティ, ポール
[著]「世界の作家32人によるワールドカップ教室」 白水社　2006
Lajčák, Miroslav　ライチャーク, ミロスラフ
[国]スロバキア　外相
Lajimi, Khelil　ラジミ, ハリル
[国]チュニジア　観光相
Lajmi, Rajiv　ラジミ, R.
[著]「ARISを活用したシステム構築」 シュプリンガー・フェアラーク東京　2005
Lajoie, Bill　ラジョイ, ビル
?～2010　[国]アメリカ　デトロイト・タイガースGM
Lajoie, Josée　ラジョワ, ジョゼ
[著]「C++プライマー」 翔泳社　2016
Lajunen, Samppa　ラユネン
[国]フィンランド　ノルディック複合選手
Lak, Daniel　ラク, ダニエル
[著]「インド特急便！」 光文社　2009
Lakatos, Imre　ラカトシュ, イムレ
[著]「方法の擁護」 新曜社　2006
Lakatos, Roby　ラカトシュ, ロビー
1965～　[国]ハンガリー　バイオリニスト
Lake, Charles D.Ⅱ　レーク, チャールズ
1962～　[国]アメリカ　実業家, 弁護士　アフラック日本法人会長, 在日米国商工会議所名誉会頭　米国通商代表部(USTR)日本部長　[異]レイク, C.D. / レイク, チャールズ
Lake, Darren　レイク, ダレン
[国]アメリカ　アメフト選手
Lake, Eustace　レーク, ユースタス
[国]アンティグア・バーブーダ　公共事業・住宅相
Lake, Gina　レイク, ジーナ
1951～　[著]「根本的な幸せへの道」 ナチュラルスピリット　2009
Lake, Greg　レーク, グレッグ
1947～2016　[国]イギリス　ミュージシャン　本名=Lake, Gregory Stewart　[異]レーク, グレッグ / レイク, グレッグ
Lake, Jon　レイク, ジョン
[著]「朝鮮戦争航空戦のエース」 大日本絵画　2003
Lake, Morgan　レーク, モーガン
[国]イギリス　陸上選手
Lake, Patricia　レイク, パトリシア
[著]「銀の小箱」 ハーパーコリンズ・ジャパン　2016
Lake, Sam　レイク, サム
[著]「シールをはって楽しくおぼえる世界がわかる地図絵本」 東京書籍　2016
Lake, Selina　レイク, セリナ
[著]「ハッピーカラー・インテリア」 グラフィック社　2014
Lakein, Alan　ラーキン, アラン
[著]「時間の波に乗る19の法則」 サンマーク出版　2007
Laken, Thomas　ラケン, トマス
[国]バヌアツ　法相
Laker, Freddie　レーカー, フレディ
1922～2006　[国]イギリス　実業家　レーカー航空会長　本名=レーカー, フレデリック・アルフレッド〈Laker, Frederik Alfred〉　[異]レーカー, フレディー / レイカー, フレディー
Laker, Mike　レイカー, マイク
[著]「コレステロール」 一灯舎, オーム社(発売)　2007
Laker, Tim　レイカー, ティム
[国]アメリカ　アリゾナ・ダイヤモンドバックスコーチ
Lake-tack, Louise　レークタック, ルイス
[国]アンティグア・バーブーダ　総督
Lakey, Andy　レイキー, アンドリュー
1959～　[異]レイキー, アンディ　[著]「未知との出会い」 ライトワークス, ステップワークス(発売)　2009
Lakha, Pia Kryger　ラッカ, ピア・クロイハ
1961～　[著]「おやゆびひめ」 小学館　2004
Lakhani, Dave　ラクハニ, デイブ
1965～　[著]「説得の心理技術」 ダイレクト出版　2013
Lakhdhar, Latifa　ラフダル, ラティファ
[国]チュニジア　文化・遺跡保護相
Lakhous, Amara　ラクース, アマーラ
1970～　[国]イタリア　作家　[専]文学
Lakin, Christine　レイキン, クリスティーン
ゴールデン・ラズベリー賞(ラジー賞) 最低カップル賞(第29回(2008年)) "The Hottie & the Nottie"
Lakkhanā Panwichai　カム・パカー
1972～　[著]「天国の風」 新潮社　2011
Lakkotrypis, Georgios　ラコトゥリピス, ヨルギオス
[国]キプロス　商業・工業・観光相
Lakoe, Richard　ラコ, リシャール
[国]中央アフリカ　厚相
Lakoff, George　レイコフ, G.
1941～　[著]「数学の認知科学」 丸善出版　2012
Lakos, John　ラコス, ジョン
[著]「新装版 大規模C++ソフトウェアデザイン」 ピアソン・エデュケーション　2007
Laks, Simon　ラックス, シモン
1901～　[著]「アウシュヴィッツの音楽隊」 音楽之友社　2009
Laksamana, Sukardi　ラクサマナ・スカルディ
[国]インドネシア　国務相(国営企業担当)
Lakshman, Bulusu　ラクシュマン, ブルス
[著]「OracleのためのJava開発技法」 ピアソン・エデュケーション　2002
Lakshman, C.　ラックスマン, C.
[著]「スポーツ・マネジメントとメガイベント」 文真堂　2012
Lakshmi Narasu, Pokala　ラクシュミー・ナラス, P.
[著]「本来のブッダ、仏教」 風詠社, 星雲社(発売)　2016
Laksono, Agung　ラクソノ, アグン
[国]インドネシア　調整相(公共福祉)
Lal, Lakshmi　ラー, ラクシュミ
[著]「現代版ラーマーヤナ物語」 而立書房　2013
Lal, Vikram　ラル, ビクラム
[国]インド　実業家
Lalabalavu, Ratu Naiqama　ラランバラブ, ラツー・ナインガマ
[国]フィジー　国土・鉱物資源相
Lalaharisaina, Joéli Valérien　ララハリサイナ, ジョエリ・バレリアン
[国]マダガスカル　大統領府付鉱山・石油担当相
Lalah Bonamna, Bernard　ララ・ボナムナ, ベルナール
[国]中央アフリカ　教育相
Lalani, Amina　ララニ, アミナ
[著]「トロント小児病院救急マニュアル」 メディカル・サイエンス・インターナショナル　2010
Laleau, Wilson　ラロ, ウィルソン
[国]ハイチ共和国　経済・財政相
Laleka, Abdul Sattar　ラレカ, アブドゥル・サッタル
[国]パキスタン　労働・人的資源・海外居住者相
Lalenkov, Yevgeny　ラレンコフ
[国]ロシア　スピードスケート選手
Laliberté, Guy　ラリベルテ, ギー
1959～　[国]カナダ　サーカス興行師, 実業家　シルク・ドゥ・ソレイユ創設者・CEO　[異]ラリバテ, ギー / ラリバテ, ギイ
Lalich, Janja　ラリック, ジャンジャ
[著]「EQを鍛える」 ダイヤモンド社　2005
Laliotis, Konstantinos　ラリオティス, コンスタンティノス
[国]ギリシャ　環境・都市計画・公共事業相
Lalique, Marie-Claude　ラリック, マリークロード
?～2003　[国]フランス　実業家, ガラス工芸家　ラリック社長
Laliyev, Gennadiy　ラリエフ
[国]カザフスタン　レスリング選手
Lalk, Jamison　ラーク, ジェイミソン
[国]アメリカ　アメフト選手
Lalkaka, Rustam　ラルカカ, ルスタム
[著]「テクノ・インキュベータ成功法」 日本経済評論社　2002
Lall, Kellawan　ラル, ケラワン
[国]ガイアナ　地方政府・地方開発相
Princess **Lalla Aicha**　ララ・アイシャ
1930～2011　[国]モロッコ　外交官　モロッコ国王モハメド5世の長女　駐イタリア・モロッコ大使
Lallana, Adam　ララーナ, アダム

㉑イングランド　サッカー選手
Lalle, Tankpadja　ラル，タンクパジャ
㉑トーゴ　貿易・産業・運輸・自由貿易地区開発相　㉑ラレ，タパンジャ／ラレ，タンクパジャ
Lally, Tom　ラリー，トム
㉑アメリカ　アメフト選手
Laloggia, Enrico　ラロジャ，エンリコ
㉑イタリア　地域問題相
Lalonde, Genevieve　ラロンデ
㉑カナダ　陸上選手
Lalor, Liz　レイラー，リズ
1946〜　㊗「ホメオパシー恋愛術」ホメオパシー出版　2009
Laloux, René　ラルー，ルネ
1929〜2004　㉑フランス　アニメーション作家，映画監督
Lalova, Ivet　ラロバ
㉑ブルガリア　陸上選手
Lalovac, Boris　ラロバッツ，ボリス
㉑クロアチア　財務相
Lalova-collio, Ivet　ラロワコリオ，イベト
㉑ブルガリア　陸上選手
Lalović, Slobodan　ラロビッチ，スロボダン
㉑セルビア　労働・雇用・福祉相
Lam, Akol　ラム・アコル
㉑スーダン　外相
Lam, Aubrey　ラム，オウブレイ
㊗「ウィンター・ソング」角川書店　2006
Lam, Carrie　ラム，キャリー
1957〜　㉑香港　政治家　香港特別行政区政務司　漢字名＝林鄭月娥〈リンテイ・ゲツガ〉
Lam, Dante　ラム，ダンテ
1964〜　㉑香港　映画監督　漢字名＝林超賢
Lam, Debra　ラム，デブラ
㊗「グリーン・バリュー経営への大転換」NTT出版　2013
Lam, Dominic H.　ラム，D.H.
㊗「双極性障害の認知行動療法」岩崎学術出版社　2012
Lam, Gabriel Duop　ラム，ガブリエル・ドゥオップ
㉑南スーダン　労働・公共サービス・人材開発相
Lam, Gladys S.W.　ラム，グラディス・S.W.
㊗「ITエンジニアのためのビジネスアナリシス」日経BP社，日経BPマーケティング(発売)　2012
Lam, Jack　ラム，ジャック
㉑サモア　ラグビー選手
Lam, James　ラム，ジェームズ
㊗「戦略的リスク管理入門」勁草書房　2016
Lam, Kai Shue　ラム，K.S.
1949〜　㊗「微分幾何学講義」培風館　2005
Lam, Kam Chuen　ラム，カム・チュアン
㊗「人を生かす風水マニュアル」産調出版　2001
Lam, Monica S.　ラム，M.S.
㊗「コンパイラ」サイエンス社　2009
Lam, N.Mark　ラム，N.マーク
㊗「「交渉」からビジネスは始まる」ダイヤモンド社　2005
Lam, Paul　ラム，ポール
㊗「「関節炎」を克服する」産調出版　2003
Lam, Peter　ラン，ペーター
1947〜　㊗「仮想通貨アトムコインの秘密」LUFTメディアコミュニケーション　2015
Lam, Sandy　ラム，サンディ
1966〜　㉑香港　歌手　漢字名＝林憶蓮
Lam, Sui-Lun　ラム，スイ・ルン
㊗「ベナー解釈的現象学」医歯薬出版　2006
Lam, Thi My Da　ラム，シ・マイ・ダ
㊗「現代世界アジア詩集」土曜美術社出版販売　2010
Lam, Tin Yu　ラム，ティン・ユ
1978〜　㊗「太極」産調出版　2006
Lam, To　ラム，トー
㉑ベトナム　公安相
Lam, Vanessa　ラム，ヴァネッサ
㊗「ほっきょくがとけちゃう！」ポプラ社　2006
Lam, Vincent　ラム，ビンセント
1974〜　㉑カナダ　作家，医師　㊙その他　㉑ラム，ヴィンセント
Lam, Willy Wo-Lap　ラム，ウィリー・ウォー・ラップ
1952〜　㉑香港　ジャーナリスト　国際教養大学教授　「サウスチャイナ・モーニングポスト」中国担当編集長　㊙中国問題　漢字名＝林和立　㉑ラム，ウォーラップ
Lama, Edouard Gnankoye　ラマ，エドゥアール・ニャンコイ

Lama, Teófilo　ラマ，テオフィロ
㉑エクアドル　厚相
Lamah, Edouard Gnankoye　ラマ，エドゥアール・ナンコイエ
㉑ギニア　外相
Lamah, Rémy　ラマ，レミ
㉑ギニア　保健相
Lamaison, Pierre　ラメゾン，ピエール
㊗「アシェット版 図説 ヨーロッパ歴史百科」原書房　2007
Lamamra, Ramtane　ラマムラ，ラムタン
㉑アルジェリア　国務相兼外務・国際協力相　㉑ラムマラ，ラムタン
Laman, Tim　レイマン，ティム
1961〜　㊗「極楽鳥全種」日経ナショナルジオグラフィック社，日経BPマーケティング(発売)　2013
Lamancusa, Kathy　ラメンクーサ，キャシー
㊗「フラワーズ・フォーエバー」産業編集センター　2001
Lamanna, Eugenio　ラマンナ，エウジェニオ
㉑イタリア　サッカー選手
Lamanna, Franco　ラマナ，フランコ
㉑ウルグアイ　ラグビー選手
LaManna, Ross　ラマンナ，ロス
㊗「草原の蒼き狼」二見書房　2002
Lamar, Kendrick　ラマー，ケンドリック
グラミー賞 最優秀ラップ・アーティスト(2014年(第57回))ほか
LaMarche, Jeff　ラマーチ，ジェフ
㊗「はじめてのiPhone 3(すりー)プログラミング」ソフトバンククリエイティブ　2009
LaMarche, Jim　ラマルシェ，ジム
㊗「月のしずくの子どもたち」BL出版　2013
Lamarre, Daniel　ラマー，ダニエル
実業家　シルク・ドゥ・ソレイユ社社長
Lamarre, Kim　ラマール
㉑カナダ　フリースタイルスキー選手
Lamarre, Ryan　ラマール，ライアン
㉑アメリカ　野球選手
Lamarre, Thomas　ラマール，トーマス
1959〜　㉑ラマール，トマス　㊗「アニメ・マシーン」名古屋大学出版会　2013
Lama S., R.Eduardo　ラマ・S.，R.エドゥアルド
㉑ドミニカ共和国　ボナンサ・ドミニカーナ社社長，元・日本・ドミニカ共和国商工会議所会頭
Lamaze, Eric　ラメーズ，エリク
㉑カナダ　馬術選手
Lamb, Albert　ラム，アルバート
㊗「ねむるまえに」主婦の友社　2012
Lamb, Braden　ラム，ブラデン
㊗「アドベンチャー・タイム」KADOKAWA　2016
Lamb, Christina　ラム，クリスティーナ
㊗「わたしはマララ」学研パブリッシング，学研マーケティング(発売)　2013
Lamb, Christopher　ラム，クリストファー
グラミー賞 最優秀クラシック器楽独奏(2011年(第54回))　"Schwantner: Concerto For Percussion & Orchestra"　ソリスト
Lamb, Gillian　ラム，ジリアン
㊗「ビーズワークトレジャーズ」ジャパンビーズソサエティ　2008
Lamb, Jake　ラム，ジェイク
㉑アメリカ　野球選手
Lamb, Jeremy　ラム，ジェレミー
㉑アメリカ　バスケットボール選手
Lamb, John　ラム，ジョン
㉑アメリカ　野球選手
Lamb, John J.　ラム，ジョン・J.
㉑アメリカ　作家　㊙ミステリー，スリラー
Lamb, Linda　ラム，リンダ
㊗「入門vi」オライリー・ジャパン，オーム社(発売)　2002
Lamb, Marjorie　ラム，マージョリー
1949〜　㊗「ハンバーガーに殺される」不空社，泉書房(発売)　2004
Lamb, Roberta　ラム，ロベルタ
㊗「デジタル・エコノミーを制する知恵」東洋経済新報社　2002
Lamb, Roger　ラム，ロジャー
㊗「行動生物学・動物学習辞典」インデックス出版　2003
Lamb, Sandra　ラム，サンドラ

1958〜 ㊞「バレリーナになりたい」コンセル 2008
Lamb, Simon ラム、サイモン
㊞「地球驚異の自然現象」河出書房新社 2012
Lamb, Wally ラム、ウォーリー
㊞「この手のなかの真実」DHC 2002
Lamb, Willis Eugene, Jr. ラム、ウィリス、Jr.
1913〜2008 ㊀アメリカ 理論物理学者 アリゾナ州立大学名誉教授 ㊛ラム、ウィルズ
Lambaa, Sambuugiin ラムバー、サムブーギン
㊀モンゴル 保健相
Lambdin, Dewey ラムディン、デューイ
㊞「臆病者の海賊退治」徳間書店 2003
Lambe, Claire ランブ、クレア
㊀アイルランド ボート選手
Lamberd, Haralambos ランバート、ハラランボス
㊞「エソテリック・ティーチング」ナチュラルスピリット 2006
Lamberd, Mariko ランバート、マリコ
㊞「エソテリック・ティーチング」ナチュラルスピリット 2006
Lamberg, Lynne ランバーグ、リン
㊞「仕事、健康、人間関係 最高にうまくいくのは何時と何時？」幻冬舎 2003
Lambert, Adam ランバート、アダム
1982〜 ㊀アメリカ 歌手
Lambert, Alain ランベール、アラン
㊀フランス 予算・予算改革担当相
Lambert, Bo ランバート、ボー
㊞「環境医学入門」中央法規出版 2003
Lambert, Christopher ランバート、クリストファー
1957〜 ㊀アメリカ 俳優 本名＝ランバート、クリストフ 〈Lambert, Christophe Guy Dénis〉
Lambert, David ランバート、デーヴィッド
1932〜 ㊛ランバート、デヴィッド ㊞「恐竜大図鑑」ネコ・パブリッシング 2002
Lambert, Davonte ランバート、ダボンテ
㊀アメリカ アメフト選手
Lambert, Gavin ランバート、ギャビン
1924〜2005 ㊞「ジョージ・キューカー、映画を語る」国書刊行会 2016
Lambert, Gilles ランベール、ジル
㊞「拝啓法王さま食道楽を七つの大罪から放免ください。」中央公論新社 2005
Lambert, Jérôme ランベール、ジェローム
1969〜 実業家 ジャガー・ルクルトCEO
Lambert, Jonathan ランバート、ジョナサン
㊞「フェルトでつくるどうぶつのかお」大日本絵画 〔2014〕
Lambert, Keenan ランバート、キーナン
㊀アメリカ アメフト選手
Lambert, Kelly ランバート、ケリー
㊞「うつは手仕事で治る！」飛鳥新社 2011
Lambert, Lisa ランバート、リサ
トニー賞 ミュージカル 楽曲賞（2006年（第60回）） "The Drowsy Chaperone"
Lambert, Margaret Bergman ランバート、マーガレット・バークマン
1914〜 ㊀アメリカ 元走り高跳び選手 ドイツ名＝ベルクマン、グレーテル ㊛ランバート、マーガレット・バーグマン
Lambert, Mary ランバート、メアリー
MTVアワード ソーシャルメッセージビデオ（第30回（2013年）） "Same Love"
Lambert, Mary ランバート、メアリ
㊞「風水ガラクタ整理法」ガイアブックス、産調出版（発売） 2011
Lambert, Mercedes ランバート、メルセデス
1948〜2003 ㊀アメリカ 作家 本名＝マンスン、ダグラス・アン
Lambert, Miranda ランバート、ミランダ
グラミー賞 最優秀カントリー・アルバム（2014年（第57回））ほか
Lambert, Nicole ランベール、ニコル
㊞「みつごちゃんがっこうで」フェリシモ、〔神戸〕フェリシモ出版（発売） 2001
Lambert, Patricia L. ランバート、パトリシア・L.
㊞「ポール・オースターが朗読するナショナル・ストーリー・プロジェクト」アルク 2006
Lambert, Phyllis ランバート、フィリス
㊞「Anytime」NTT出版 2001
Lambert, P.J. ランベール、P.J.
㊀フランス 作家 ㊙スリラー 本名＝Lambert, Patrick

Jérôme
Lambert, Sally Anne ランバート、サリー・アン
㊞「ブタさんカバさんふたりはなかよし」PHP研究所 2009
Lambert, Stephen ランバート、スティーブン
1964〜 ㊞「だいすきだよぼくのともだち」評論社 2012
Lambie, Pat ランビー、パット
㊀南アフリカ ラグビー選手
Lambie, Rosemary ランビー、ローズマリー
1946〜 ㊞「教育カウンセリングと家族システムズ」現代書林 2002
Lambiel, Stéphane ランビエール、ステファン
1985〜 ㊀スイス 元フィギュアスケート選手 ㊛ランビエル／ランビエル、ステファン
Lambilly-Bresson, Élisabeth de ランビリー、エリザベート・ド
1968〜 ㊞「名画で遊ぶあそびじゅつ！ －絵が語る歴史と物語一」ロクリン社 2016
Lamblin, Christian ランブラン、クリスチャン
㊞「きたないことば」ブロンズ新社 2002
Lambo, Andrew ランボー、アンドリュー
㊀アメリカ 野球選手
Lambo, Eyitayo ラムボ、エイタヨ
㊀ナイジェリア 保健相
Lambo, Josh ランボー、ジョシュ
㊀アメリカ アメフト選手
Lambo Gondiwa, Eusébio ランボ・ゴンディワ、エウゼビオ
㊀モザンビーク 退役軍人相 ㊛ランボ・グンビワ、エウゼビオ
Lamborghini, Tonino ランボルギーニ、トニーノ
1947〜 ㊞「ザ・スピリット・オブ・ランボルギーニ」光人社 2004
Lambot, Ian ランボット、イアン
㊞「九龍城探訪」イースト・プレス 2004
Lambrecht, Bill ランブレクト、ビル
㊞「遺伝子組み換え作物が世界を支配する」日本教文社 2004
Lambsdorff, Otto Graf ラムスドルフ、オットー・グラーフ
1926〜2009 ㊀ドイツ 政治家 ドイツ自由民主党（FDP）党首、西ドイツ経済相 本名＝Lambsdorff, Otto Graf Friedrich Wilhelm von der Wenge ㊛ラムスドルフ、グラーフ・オットー
Lame, Ibrahim ラメ、イブラヒム
㊀ナイジェリア 警察相
Lamela, Erik ラメラ、エリク
㊀アルゼンチン サッカー選手
Lamfalussy, Alexandre ラムファルシー、アレクサンドル
1929〜2015 ㊀ベルギー 銀行家、エコノミスト 欧州通貨機構（EMI）総裁
Lamido, Sule ラミド、スレ
㊀ナイジェリア 外相
Lamin, Make ラミン、メイク
㊀シエラレオネ 貿易産業相
Lamine, Affoussiata Bamba ラミンヌ、アフシアタ・バンバ
㊀コートジボワール 広報相兼内閣副報道官
Lamine, Issa ラミン、イッサ
㊀ニジェール 保健相 ㊛ラミン、イサ
Lamine Zeine, Ali Mahamane ラミネ・ゼイン、アリ・マハマン
㊀ニジェール 経済・財務相 ㊛ラミン・ゼイン、アリ・マハマン
Lamizana, Mariam ラミザナ、マリアム
㊀ブルキナファソ 社会活動・国民連帯相
Lamlas, Abdullah Salem ラムラス、アブドラ・サレム
㊀イエメン 教育相
Lamloum, Olfa ラムルム、オルファ
㊞「アルジャジーラとはどういうテレビ局か」平凡社 2005
Lamm, Gina ラム、ジーナ
㊞「未来から来た伯爵の花嫁」オークラ出版 2014
Lamm, Kendall ラム、ケンドール
㊀アメリカ アメフト選手
Lammer, Kerstin ラマー、ケルスティン
㊞「悲しみに寄り添う」新教出版社 2013
Lammert, Norbert ラマート、ノルベルト
1948〜 ㊀ドイツ 政治家 ドイツ連邦議会議長
Lammertink, Ilona ラメルティンク、イローナ
1957〜 ㊞「すききらい、とんでいけ！ もぐもぐマシーン」西村書店東京出版編集部 2016
Lammle, Todd ラムール、トッド
㊞「Cisco CCNP認定ガイド」日経BP社, 日経BP出版センター（発売） 2004
LaMolinara, Anthony ラモリナラ、アンソニー

アカデミー賞 特殊効果賞(第77回(2004年))　"Spider-Man 2"

Lamonova, Evgeniya　ラモノワ
　国ロシア　フェンシング選手

Lamont, Alexandra　ラモント, アレクザンドラ
　著「音楽アイデンティティ」北大路書房　2011

Lamont, Ann　ラモント, アン
　投資家

Lamont, Gene　ラモント, ジーン
　国アメリカ　デトロイト・タイガースコーチ

Lamont, Priscilla　ラモント, プリシラ
　著「こどもせいしょ」いのちのことば社　2016

Lamont, Sean　ラモント, ショーン
　国スコットランド　ラグビー選手

Lamontagne, André　ラモンターニュ, アンドレ
　著「ケンブリッジ版カナダ文学史」彩流社　2016

LaMontange, Ray　ラモンターニュ, レイ
　グラミー賞 最優秀コンテンポラリー・フォーク・アルバム(2010年(第53回))　"God Willin' & The Creek Don't Rise"

Lamositele, Titi　ラモシテル, ティティ
　国アメリカ　ラグビー選手

Lamothe, Laurent Salvador　ラモット, ローラン・サルバドール
　国ハイチ共和国　首相兼計画・対外協力相

Lamotke, Klaus　ラモトケ, K.
　著「数」シュプリンガー・フェアラーク東京　2004

Lamott, Anne　ラモット, アン
　1954～　著「ひとつずつ, ひとつずつ」パンローリング　2014

Lamotte, E.　ラモット, E.
　著「ぼくの伯父さんは, のんきな郵便屋さん」平凡社　2003

Lamou, Alice　ラム, アリス
　国ガボン　エイズ対策相

Lamour, Catherine　ラムール, カトリーヌ
　著「巨大化する現代アートビジネス」紀伊國屋書店　2015

Lamour, Jean-François　ラムール, ジャンフランソワ
　国フランス　青年・スポーツ・市民活動相

Lamour-Crochet, Céline　ラムール=クロッシェ, セリーヌ
　著「お姫さまの大集会」ワールドライブラリー　c2014

Lamoureux, Justin　ラムルー
　国カナダ　スノーボード選手

Lampard, Frank　ランパード, フランク
　1978～　国イギリス　サッカー選手　本名=Lampard, Frank James

Lampe, Lisa　ランプ, リサ
　著「不安障害の認知行動療法」星和書店　2005

Lampel, Joseph　ランペル, ジョセフ
　著「戦略サファリ」東洋経済新報社　2013

Lamperth, Mónika　ランペルト・モーニカ
　国ハンガリー　地方自治体・地域開発相　別ランベルト・モーニカ

Lampman, Jake　ランプマン, ジェイク
　国アメリカ　アメフト選手

Lampreave, Chus　ランプレアベ, チュス
　カンヌ国際映画祭 女優賞(第59回(2006年))　"Volver"

Lamprecht, Barbara Mac　ランプレヒト, バーバラ
　著「リチャード・ノイトラ」Taschen　c2007

Lampsos, Parisoula　ランプソス, パリソウラ
　著「生き抜いた私(わたし)」主婦の友社　2011

Lampton, David M.　ランプトン, デービッド
　国アメリカ　政治学者　ジョンズ・ホプキンズ大学高等国際問題研究大学院(SAIS)教授・中国研究所所長　米中関係全国委員会委員長　中国研究, 米中関係

Lampty, Jake Obetsebi　ランプティ, ジェイク・オベッセビ
　国ガーナ　大統領担当相兼情報相

Lamur, Emmanuel　ラムーア, エマニュエル
　国アメリカ　アメフト選手

Lamy, Matthew　ラミィ, マット
　著「ランス・アームストロング」アメリカン・ブック&シネマ, 英治出版(発売)　2009

Lamy, Pascal　ラミー, パスカル
　1947～　国フランス　世界貿易機関(WTO)事務局長, EU欧州委員会委員(通商担当)　本名=ラミー, パスカル・ルシアン・フェルナン〈Lamy, Pascal Lucien Fernand〉

Lamy Chappuis, Jason　ラミー・シャプイ, ジェーソン
　1986～　国フランス　元スキー選手　別ラミー・シャプイ, ジャゾン／ラミーシャプイ

Lanagan, Margo　ラナガン, マーゴ
　1960～　世界幻想文学大賞 長編(2009年)ほか

Lancaster, Stuart　ランカスター, スチュアート
　国イングランド　ラグビーコーチ

Lancaster, Tony　ランカスター, トニー
　1938～　著「ランカスター ベイジアン計量経済学」朝倉書店　2011

Lance, Steve　ランス, スティーブ
　著「デキる広告52のヒント」リベルタ出版　2008

Lancelot, Jacques　ランスロ, ジャック
　1920～2009　国フランス　クラリネット奏者　別ランスロ, ジャックス

Lancerio, Jerónimo　ランセリオ, ヘロニモ
　国グアテマラ　文化・スポーツ相

Lancetti, Pino　ランチェッティ, ピノ
　1932～2007　国イタリア　ファッションデザイナー

Lanchais, Aurelie　ランシェ, オレリー
　著「これだあれ?」大日本絵画　〔2001〕

Lanchbery, John Arthur　ランチベリー, ジョン
　1923～2003　国イギリス　指揮者　英国ロイヤル・バレエ団主席指揮者

Lanchester, John　ランチェスター, ジョン
　1962～　著「最後の晩餐の作り方」新潮社　2006

Lancina, Michèle　ランシナ, ミシェル
　著「イルカとクジラ」少年写真新聞社　2008

Lançon, Bertrand　ランソン, ベルトラン
　1952～　著「古代末期」白水社　2013

Land, Brad　ランド, ブラッド
　1976～　著「逃げ出しちゃえば, 世界は動く」ソニー・マガジンズ　2006

Land, Fiona　ランド, フィオナ
　著「いろ」主婦の友社　2015

Land, Harold　ランド, ハロルド
　1928～2001　国アメリカ　ジャズサックス奏者　本名=Land, Harold De Vance

Land, Haus　ラント, H.
　著「文士の意地」作品社　2005

Land, Jonathan　ランド, ジョナサン
　著「抱腹絶倒!!スパム秘宝館」技術評論社　2006

Landa, Alfredo　ランダ, アルフレード
　1933～2013　国スペイン　俳優　本名=Landa Areito, Alfredo

Landa, Norbert　ランダ, ノルベルト
　1952～　著「ごめんね!」ブロンズ新社　2011

Landajo, Martin　ランダホ, マルティン
　国アルゼンチン　ラグビー選手

Landau, Elaine　ランドー, エレーン
　著「オサマ・ビンラディン」竹書房　2001

Landau, Jennifer　ランドー, ジェニファー
　1961～　著「時代をきりひらくIT企業と創設者たち」岩崎書店　2013

Landau, Jon　ランドー, ジョン
　1960～　国アメリカ　映画プロデューサー

Landau, Martin　ランドー, マーティン
　1925～　国アメリカ　俳優

Landau, Neil　ランドー, ニール
　著「人気海外ドラマの法則21」フィルムアート社　2015

Landau, Rudolf　ランダウ, ルードルフ
　著「光の降誕祭」教文館　2004

Landau, Sidney I.　ランドウ, シドニー・I.
　著「医学生物学大辞典」朝倉書店　2001

Landau, Sigalit　ランダウ, シガリット
　1969～　国イスラエル　現代美術家

Landau, Uzi　ランダウ, ウジ
　国イスラエル　観光相

Landay, William　ランデイ, ウィリアム
　国アメリカ　作家　ミステリー, スリラー, 文学ほか

Lander, Christian　ランダー, クリスチャン
　著「ステキなアメリカ白人という奇妙な生き物」清流出版　2011

Lander, Guy P.　ランダー, ガイ・P.
　著「SOX法とは何か?」メディア総合研究所　2006

Lander, Jared P.　ランダー, ジャレド・P.
　著「みんなのR」マイナビ　2015

Lander, Suzanne　ランダー, スザンヌ
　著「オードリー・スタイル」二見書房　2013

Landers, Ann　ランダース, アン
　1918～2002　国アメリカ　コラムニスト　本名=レダラー, エスター〈Lederer, Esther Pauline Friedman〉　別ランダーズ, アン

Landers, Karen Baker　ランダース, カレン・ベイカー

アカデミー賞 音響効果賞（第85回（2012年））ほか
Landers, Kirk ランダース, カーク
　㉘「「成功哲学」を体系化した男ナポレオン・ヒル」 きこ書房 2012
Landers, Rick ランダース, リック
　㉘「インフォグラフィックスができるまで」 バイインターナショナル 2016
Landertinger, Dominik ランデルティンガー
　㊀オーストリア　バイアスロン選手
Landes, David S. ランデス, デービッド
　1924～2013　㊀アメリカ　経済学者, 歴史家　ハーバード大学名誉教授　㊁経済学, 歴史学　㊂ランデス, デビッド / ランデス, デビッド・S.
Landes, Jimmy ランデス, ジミー
　㊀アメリカ　アメフト選手
Landgarten, Helen B. ランドガーテン, ヘレン・B.
　㉘「マガジン・フォト・コラージュ」 誠信書房 2003
Landi, Teri ランディ, テリー
　グラミー賞 最優秀ヒストリカル・アルバム（2013年（第56回））　"Charlie Is My Darling - Ireland 1965" コンピレーション・プロデューサー
Landis, Geoffrey A. ランディス, ジェフリー
　1955～　㊀アメリカ　作家　㊂ランディス, ジェフリー・A.
Landis, Jill Marie ランディス, ジル・マリー
　㉘「ただもう一度の夢」 二見書房 2008
Landis, John ランディス, ジョン
　1950～　㉘「モンスター大図鑑」 ネコ・パブリッシング 2013
Landless, Peter N. ランドレス, ピーター
　㊂ランドレス, ピーター・N.　㉘「笑顔で暮らそう！」 福音社 2016
Landman, Tanya ランドマン, タニア
　カーネギー賞（2015年）　"Buffalo Soldier"
Landmann, Bimba ランドマン, ビンバ
　1968～　㊀イタリア　絵本作家
Lando, Amir ランド, アミル
　㊀ブラジル　社会保障相
Lando, Ole ランドー, オーレ
　㉘「ヨーロッパ契約法原則」 法律文化社 2008
Landon, Howard Chandler Robbins ランドン, H.C.ロビンズ
　1926～2009　㊀アメリカ　音楽学者, ハイドン研究家　㊂ランドン, ハワード・チャンドラー・ロビンズ / ランドン, ロビンズ
Landon, Juliet ランドン, ジュリエット
　㉘「うぶな愛人」 ハーレクイン 2015
Landon, Laura ランドン, ローラ
　㉘「仕組まれた求愛」 オークラ出版 2014
Landon Matthews, Leslie ランドン, レスリー
　㉘「子どもの悲しみによりそう」 大月書店 2014
Landow, George P. ランドウ, ジョージ・P.
　㉘「ラスキン」 日本経済評論社 2010
Land-Polanco, Sharli ランド＝ポランコ, シャーリ
　㉘「ポール・オースターが朗読するナショナル・ストーリー・プロジェクト」 アルク 2006
Landquist, Kristine ランドクウィスト, クリスティン
　㉘「ポール・オースターが朗読するナショナル・ストーリー・プロジェクト」 アルク 2006
Landreth, Chris ランドレス, クリス
　㊀カナダ　アヌシー国際アニメーション映画祭 短編映画 アヌシークリスタル賞（2013年）ほか
Landreth, Garry L. ランドレス, ゲリー・L.
　㉘「子どもと親の関係性セラピーCPRT」 日本評論社 2015
Landrieu, François ランドリュー, フランソワ
　㉘「フランスの馬肉」 日本馬事協会 2009
Landrum, Chris ランドラム, クリス
　㊀アメリカ　アメフト選手
Landrus, Matthew Hayden ランドルス, マシュー
　1965～　㉘「レオナルド・ダ・ヴィンチが遺した宝物」 トランスワールドジャパン 2006
Landry, Charles ランドリー, チャールズ
　1948～　㉘「創造的都市」 日本評論社 2003
Landry, Dave S. ランドリー, デーブ
　㉘「裁量トレーダーの心得」 パンローリング 2012
Landry, Jarvis ランドリー, ジャービス
　㊀アメリカ　アメフト選手
Landsberg, Max ランズバーグ, マックス
　㉘「駆け出しマネジャーアレックスモチベーションに挑む」 ダイヤモンド社 2004

Landsbergis, Vytautas ランズベルギス, ヴィタウタス
　1932～　㊀リトアニア　政治家, ピアニスト, 音楽学者　リトアニア国会議長, リトアニア祖国同盟代表, 欧州議会議員　㊂ランズベルギス, ビタウタス / ランズベルギス, ヴィータウタス / ランツベルギス, ビタウタス
Landsburg, Steven E. ランズバーグ, スティーヴン
　1954～　㉘「ランズバーグ先生の型破りな知恵」 バジリコ 2010
Landström, Olof ランドストローム, オーロフ
　1943～　㊂ランドストローム, オロフ　㉘「ベニーはおにいちゃん」 ラトルズ 2009
Landuyt, Renaat ランダイト, レナート
　㊀ベルギー　運輸相
Landver, Sofa ランドベル, ソファ
　㊀イスラエル　移民問題相
Landy, Derek ランディ, デレク
　1974～　㊀アイルランド　作家, 脚本家　㊁ヤングアダルト, ファンタジー
Landy, Marcia ランディ, マーシア
　1931～　㉘「モンティ・パイソン研究入門」 白夜書房 2006
Lane, Andrew レーン, アンドリュー
　㉘「ヤング・シャーロック・ホームズ」 静山社 2013
Lane, Bernard レイン, バーナード
　1944～　㉘「持続可能なグリーン・ツーリズム」 丸善 2006
Lane, Bill レーン, ビル
　1944～　㉘「ウェルチに学んだ勝ち組と負け組の分かれ目」 講談社 2013
Lane, Brandie レーン, ブランディ
　グラミー賞 最優秀録音技術アルバム（クラシック）（2010年（第53回））　"Porter, Quincy: Complete Viola Works" エンジニア
Lane, Charles レーン, チャールズ
　1905～2007　㊀アメリカ　俳優　本名＝Levison, Charles Gerstle　㊂レイン, チャールズ
Lane, Christopher レーン, クリストファー
　1966～　㉘「不健康は悪なのか」 みすず書房 2015
Lane, David Stuart レーン, デービッド
　㉘「国家社会主義の興亡」 明石書店 2007
Lane, Dean レーン, ディーン
　㉘「米先進企業CIOが明かすIT経営を成功させる17の「法則」」 日経BP社, 日経BP出版センター（発売） 2005
Lane, Diane レイン, ダイアン
　1965～　㊀アメリカ　女優　㊂レーン, ダイアン
Lane, Elizabeth レイン, エリザベス
　㉘「ナニーの秘密の恋」 ハーパーコリンズ・ジャパン 2015
Lane, Eric レーン, エリック
　世界幻想文学大賞 特別賞（プロ）（2012年）
Lane, Harlan L. レイン, ハーラン
　㉘「善意の仮面」 現代書館 2007
Lane, Jani レイン, ジェイニー
　1964～2011　㊀アメリカ　ロック歌手　本名＝Oswald, John Kennedy
Lane, Jeremy レイン, ジェレミー
　㊀アメリカ　アメフト選手
Lane, Joel レーン, ジョエル
　世界幻想文学大賞 短編集（2013年）　"Where Furnaces Burn"
Lane, John レイン, ジョン
　1922～　㉘「夏は再びやって来る」 神戸学生青年センター出版部 2004
Lane, Katie レーン, ケイティ
　㉘「特別な夜は見知らぬ彼と」 オークラ出版 2013
Lane, Mark レーン, マーク
　1927～2016　㊀アメリカ　弁護士, 作家　㊂レーン, マイク
Lane, Nathan レーン, ネーサン
　1956～　㊀アメリカ　俳優　本名＝Lane, Joseph　㊂レーン, ネイサン / レイン, ネイサン
Lane, Neal レーン, ニール
　㉘「科学力のためにできること」 近代科学社 2008
Lane, Nick レーン, ニック
　1967～　㉘「「偶然」と「運」の科学」 SBクリエイティブ 2016
Lane, Patrick T. レーン, パトリック・T.
　㉘「ハック・プルーフィングLinux対クラッカー防衛大全」 秀和システム 2002
Lane, Rachel レーン, レイチェル
　㉘「Pizza M Size」 CLASSIX MEDIA, 徳間書店（発売） 2015
Lane, Richard J. レイン, リチャード・J.
　1966～　㉘「ジャン・ボードリヤール」 青土社 2006
Lane, Robert Wheeler レーン, ロバート

1954～ [著]「校門を越えて」 八千代出版 2002
Lane, Roderick レイン, ロドリック
[著]「アダムとイヴのダイエット」 法研 2003
Lane, Steve レーン, スティーブ
1965～ [著]「FileMaker関数・スクリプト+α事典」 ラトルズ 2007
Lane, Tami レイン, タミ
アカデミー賞 メイクアップ賞(第78回(2005年)) “The Chronicles of Narnia: The Lion, the Witch and the Wardrobe”
Lane Fox, Robin レイン・フォックス, ロビン
[著]「アレクサンドロス大王」 青土社 2001
Lanes, Selma G. レインズ, セルマ・G.
[著]「センダックの世界」 岩波書店 2010
Laney, Dennis H. レーニ, デニス
[著]「ライカポケットブック」 アルファベータ 2001
Laney, James T. レーニー, ジェームス・T.
[著]「アメリカと北朝鮮」 朝日新聞社 2003
Laney, Marti Olsen レイニー, マーティ・O.
[著]「内向型を強みにする」 パンローリング 2013
Laney, William R. レイニー, ウィリアム・R.
[著]「インプラント新辞典」 クインテッセンス出版 2010
Lang, Alan R. ラング, アラン・R.
[著]「サイコパシー・ハンドブック」 明石書店 2015
Lang, Antonio ラング, アントニオ
[国]アメリカ ユダ・ジャズアシスタントコーチ(バスケットボール)
Lang, Bernhard ラング, B.
1946～ [著]「ヘブライの神」 教文館 2009
Lang, David ラング, デイヴィッド
1953～ [国]アメリカ ピュリッツアー賞 文学・音楽 音楽(2008年) “The Little Match Girl Passion” [異]ラング, デヴィッド
Lang, Florian ラング, フロリアン
1945～ [著]「カラー図解症状の基礎からわかる病態生理」 メディカル・サイエンス・インターナショナル 2011
Lang, Gladys E. ラング, G.E.
[著]「リーディングス政治コミュニケーション」 一芸社 2002
Lang, Glenna ラング, グレンナ
[著]「常識の天才ジェイン・ジェイコブズ」 鹿島出版会 2012
Lang, Gregory E. ラング, グレゴリー・E.
[著]「アイ・ラブ・グランパ」 学習研究社 2007
Lang, Jack ラング, ジャック
1939～ [国]フランス 政治家 アラブ世界研究所所長 フランス文化相 本名=Lang, Jack Mathieu Émile
Lang, Jochen von ラング, ヨッヘン・フォン
1925～ [著]「アイヒマン調書」 岩波書店 2009
Lang, Jonny ラング, ジョニー
グラミー賞 最優秀ロック, ラップ・ゴスペル・アルバム(2006年(第49回)) “Turn Around”
Lang, J.Stephen ラング, J.スティーヴン
[著]「聖書の謎聖書の疑問」 講談社 2006
Lang, Kimberly ラング, キンバリー
[著]「七夜の約束」 ハーレクイン 2013
Lang, Klaus ラング, クラウス
1938～ [著]「フルトヴェングラー夫妻、愛の往復書簡」 芸術現代社 2012
Lang, Kurt ラング, カート
[異]ラング, K. [著]「アメリカ―コミュニケーション研究の源流」 春風社 2005
Lang, Lang ラン・ラン
1982～ [国]中国 ピアニスト 漢字名=郎朗
Lang, Meagan ラング, ミーガン
1990～ [著]「アイ・ラブ・グランパ」 学習研究社 2007
Lang, Michael ラング, マイケル
1944～ [著]「ウッドストックへの道」 小学館 2012
Lang, Michael ラング, ミヒャエル
[国]スイス サッカー選手
Lang, Noël ラング, ノエル
1981～ [著]「ダウンタウン」 サンマーク出版 2013
Lang, Norma M. ラング, ノーマ・M.
[著]「アカデミック・ナーシング・プラクティス」 看護の科学社 2009
Lang, Paul ラング, ポール
[国]アメリカ アメフト選手
Lang, Ping ラン・ピン
1960～ [国]中国 バレーボール指導者, 元バレーボール選手 バレーボール女子中国代表監督, バレーボール女子米国代表監督 漢字名=郎平
Lang, Reg ラング, レグ
[著]「日々のみことばと祈り」 スヴェーデンボリ出版 2014
Lang, Rein ラング, レイン
[国]エストニア 文化相
Lang, Robert J. ラング, ロバート・J.
1961～ [国]アメリカ 折り紙作家
Lang, Serge ラング, S.
1927～2005 [異]ラング, サージ [著]「ラング線形代数学」 筑摩書房 2010
Lang, Susan S. ラング, スーザン・S.
[著]「うつになっても大丈夫」 PHP研究所 2005
Lang, Thomas Allen ラング, トム
[著]「トム・ラングの医学論文「執筆(ライティング)・出版・発表」実践ガイド」 シナジー 2012
Lang, Tim ラング, ティム
[著]「食料の世界地図」 丸善 2009
Lang, T.J. ラング, T.J.
[国]アメリカ アメフト選手
Lang, Wes ラング, ウェス
[著]「クリエイティブスペース」 グラフィック社 2011
Langa, Andrew ランガ, アンドリュー
[国]ジンバブエ スポーツ・レクリエーション相
Langa, Castigo ランガ, カスティゴ
[国]モザンビーク 鉱物資源・エネルギー相
Langacker, Ronald W. ラネカー, ロナルド・W.
[著]「認知・機能言語学」 研究社 2011
Langan, Ruth ランガン, ルース
[著]「愛は深き森に息づく」 ハーレクイン 2011
Langaney, André ランガネー, アンドレ
1942～ [著]「娘と話す 不正義ってなに?」 現代企画室 2007
Langat, Nancy Jebet ランガット, ナンシー・ジェベット
1981～ [国]ケニア 陸上選手
Langbehn, Jenny ランベーン, ジェニー
[著]「ドッグ・スマイル」 アスペクト 2003
Langdell, Joseph ラングデル, ジョセフ
1914～2015 [国]アメリカ 軍人 通称=Langdell, Joe
Langdridge, Darren ラングドリッジ, ダレン
[著]「現象学的心理学への招待」 新曜社 2016
Lange, Andre ランゲ, アンドレ
1973～ [国]ドイツ 元ボブスレー選手 [異]ランゲ
Lange, Billy ランジェ, ビリー
[国]アメリカ フィラデルフィア・セブンティシクサーズアシスタントコーチ(バスケットボール)
Lange, David ロンギ, デービッド
1942～2005 [国]ニュージーランド 政治家 ニュージーランド首相
Lange, Gerry ラング, ゲリー
[著]「なぜ、嫌な奴ほどいい目にあうのか?」 PHP研究所 2002
Lange, Hope ラング, ホープ
1933～2003 [国]アメリカ 女優
Lange, Jessica Phyllis ラング, ジェシカ
1949～ [国]アメリカ 女優
Lange, Klaus ランゲ, クラウス
[国]アルゼンチン セーリング選手
Lange, Larry ラング, ラリー
[著]「人生で大事なことはビートルズからすべて教わった」 青春出版社 2002
Lange, Matthias ランゲ, マティアス
[著]「風力発電出力の短期予測」 オーム社 2012
Lange, Paul ラング, ポール
1959～ [著]「罫線売買航海術」 パンローリング 2008
Lange, Santiago ランゲ, サンティアゴ
[国]アルゼンチン セーリング選手
Lange, Sten ランゲ, ステェン
1946～ [著]「障害のある人がいる家族の肖像」 明石書店 2006
Lange, Yago ランゲ, ヤゴ
[国]アルゼンチン セーリング選手
Langebaek, Rikke ランゲベック, リッケ
1959～ [著]「こはく色の目」 日本ライトハウス 2010
Langehanenberg, Helen ランゲーアンエンベルク
[国]ドイツ 馬術選手
Langella, Frank ランジェラ, フランク
1940～ [国]アメリカ 俳優 [異]ランゲラ, フランク
Langemeier, Loral ラングマイヤー, ローラル
[著]「資産0から1億円を生み出す投資術」 ダイレクト出版 2010
Langen, Annette ランゲン, アネッテ

1956～ 图「世界の子どもに会いにいく」ブロンズ新社 2006
Langen, Christoph ランゲン
　国ドイツ ボブスレー選手
Langenhan, Andi ランゲンハン
　国ドイツ リュージュ選手
Langenieux-Villard, Philippe ランジュニュー＝ヴィヤール, フィリップ
　1955～ 图「フランスの温泉リゾート」白水社 2006
Langer, Bernhard ランガー, ベルンハルト
　1957～ 国ドイツ プロゴルファー
Langer, Ellen J. ランガー, エレン・J.
　1947～ 图「ハーバード大学教授が語る「老い」に負けない生き方」アスペクト 2011
Langer, Helmut ランガー, ヘルムート
　图「ユーロのえほん」人間社 2001
Langer, Ivan ランゲル, イバン
　国チェコ 内相
Langer, Robert Samuel ランガー, ロバート・サミュエル
　1948～ 国アメリカ 生体医工学者 マサチューセッツ工科大学インスティテュート・プロフェッサー 専組織工学
Langer-Rosa, Marina ランガー＝ローザ, マリーナ
　图「ユーロのえほん」人間社 2001
Langevin, Mary ランジュバン, メアリー
　图「ケアのなかの癒し」看護の科学社 2016
Langewiesche, Wolfgang ランゲビーシュ, ボルフガング
　1907～ 图「スティックアンドラダー」プレアデス出版, 京都 現代数学社（発売）2001
Langford, Carol Mae ラングフォード, キャロル
　1958～ 图「アメリカの危ないロイヤーたち」現代人文社, 大学図書（発売）2012
Langford, David ラングフォード, デビッド
　ヒューゴー賞 関連図書（2012年）ほか 専ラングフォード, デイヴィッド
Langford, Jeremy ラングフォード, ジェレミー
　国アメリカ アメフト選手
Langford, Jeremy ラングフォード, ジェレミー
　图「やすらぎへの旅」女子パウロ会 2003
Langford, Joseph ラングフォード, ジョゼフ
　1951～2010 图「マザーテレサの秘められた炎」女子パウロ会 2011
Langford, Kendall ラングフォード, ケンドール
　国アメリカ アメフト選手
Langford, Paul ラングフォード, ポール
　1945～ 图「オックスフォード ブリテン諸島の歴史」慶応義塾大学出版会 2013
Langford, Ryan ラングフォード, ライアン
　国アメリカ アメフト選手
Langguth, Berthold ラングース, バーソルド
　图「モーラルブレイン」麗沢大学出版会, 広池学園事業部（柏）（発売）2013
Langkamp, Sebastian ラングカンプ, セバスティアン
　国ドイツ サッカー選手
Langley, Andrew ラングリー, アンドリュー
　图「中世ヨーロッパ入門」あすなろ書房 2006
Langley, Ann ラングレィ, アン
　「実践としての戦略」文真堂 2012
Langley, Bob ラングレー, ボブ
　1936～ 图「オータム・タイガー」東京創元社 2016
Langley, Donna ラングレー, ドナ
　国アメリカ ユニバーサル・ピクチャーズ会長
Langley, J.L. ラングレー, J.L.
　图「狼の見る夢は」新書館 2015
Langley, Jonathan ラングレー, ジョナサン
　图「だいじな, だいじな！」評論社 2001
Langley, Myrtle ラングリー, マートル
　图「世界の宗教入門」あすなろ書房 2004
Langley, Noel ラングレイ, ノエル
　图「前世リーディング」中央アート出版社 2004
Langley, Winston ラングリー, ウィンストン・E.
　图「現代人権事典」明石書店 2003
Langlois, Richard Normand ラングロワ, リチャード
　経済学者 コネティカット大学経済学教授 専組織経済学, 制度経済学, 経済思想ほか 専ラングロワ, リチャード・N.
Langmuir, Charles Herbert ラングミューアー, チャールズ・H.
　图「生命の惑星」京都大学学術出版会 2014
Langmuir, Erika ラングミュア, エリカ

Langner, Tilman ラングナー, ティルマン
　1964～ 图「ドイツ環境教育教本」緑風出版 2009
Langner, Wolfgang Klein ラングナー, ヴォルフガング・クライン
　国ドイツ シーボルト協会第一理事長兼事務局長
Langr, Jeff ラングー, ジェフ
　图「実践JUnit」オライリー・ジャパン, オーム社（発売）2015
Langridge, Chris ランリッジ, クリス
　国イギリス バドミントン選手
Langridge, Matt ラングリッジ, マット
　国イギリス ボート選手
Langridge, Roger ラングリッジ, ロジャー
　图「ソー：マイティ・アベンジャー」ヴィレッジブックス 2011
Langrish, Katherine ラングリッシュ, キャサリン
　国イギリス 作家 専ファンタジー, 児童書
Langstaff, John ラングスタッフ, ジョン
　图「かえるだんなのけっこんしき」光村教育図書 2001
Langston, Laura ラングストン, ローラ
　图「おばあちゃんのアップルパイ」ソニー・マガジンズ 2004
Langton, Calvin ラングトン, カルヴィン
　图「性犯罪者の治療と処遇」日本評論社 2010
Langton, Cleve ラングトン, クリーブ
　图「新規ビジネス獲得は, 蜜の味」東急エージェンシー出版部 2009
Langton, Jane ラングトン, ジェイン
　图「大空へ」あかね書房 2002
Langton, Roger ラントン, ロジャー
　图「はじめてのイースター」ドン・ボスコ社 2007
Langvad, Annika ラングバド, アニカ
　国デンマーク 自転車選手
Lanicci, Rachael ラニッチ, レイチェル
　图「オードリー・スタイル」二見書房 2013
La Niece, Susan ラニース, スーザン
　图「図説金と銀の文化史」柊風舎 2012
Lanier, Anthony ラニアー, アンソニー
　国アメリカ アメフト選手
Lanier, Jaron ラニアー, ジャロン
　国アメリカ コンピューター科学者 カリフォルニア大学バークレー校起業家・技術センター（CET）客員教授
Lanier, Shannon ラニア, シャノン
　1979～ 图「大統領ジェファソンの子どもたち」晶文社 2004
Lanigan-okeeffe, Arthur ラニガンオキーフ, アーサー
　国アイルランド 近代五種選手
Lankarani, Kamran Bagheri ランキャラニ, カムラン・バゲリ
　国イラン 保健相
Lankas, Aurimas ランカス, アウリマス
　国リトアニア カヌー選手
Lankford, Raye ランクフォード, レイ
　图「アニメおさるのジョージ イルカさんありがとう」金の星社 2014
Lankford, Terrill ランクフォード, テリル
　图「惨殺の月夜」扶桑社 2002
Lankov, Andrei ランコフ, アンドレイ
　1963～ 国ロシア 韓国国民大学准教授 専朝鮮史
Lankshear, Colin ランクシア, コリン
　图「教師とテクノ・リテラシー」海文堂出版 2007
Lankton, Stephen R. ランクトン, スティーブン・R.
　图「願いをかなえる自己催眠」金剛出版 2013
Lannert, Stacey Ann ランナート, ステイシー・アン
　图「児童虐待の発見と防止」慶応義塾大学出版会 2003
Lanning, Andy ラニング, アンディ
　图「ガーディアンズ：チームアップ」小学館集英社プロダクション 2016
Lanois, Daniel ラノワ, ダニエル
　1951～ 图「ソウル・マイニング」みすず書房 2013
Lanotte, Luca ラノッテ
　国イタリア フィギュアスケート選手
Lanoue, David G. ラヌー, デイヴィッド・G.
　图「ハイク・ガイ」三和書籍 2009
Lansbury, Angela ランズベリー, アンジェラ
　ローレンス・オリヴィエ賞 プレイ 助演女優賞（2015年（第39回））ほか
Lansdale, Joe R. ランズデール, ジョー
　1951～ 国アメリカ 作家
Lansing, Margaret D. ランシング, マーガレット・D.
　图「自閉症」黎明書房 2006

Lansing, Sherry ランシング, シェリー
アカデミー賞 ジーン・ハーショルト友愛賞（第79回（2006年））

Lansky, Bruce ランスキー, ブルース
1941〜 著「きらくに子育て」三起商行 2001

Lansky, Vicki ランスキー, ヴィッキー
1942〜 著「いざというとき役立つ子育てアイデア」PHP研究所 2006

Lansley, Andrew ランズリー, アンドルー
国イギリス 保健相

Lanssiers, Hubert ランシエール, フーベルト
1929〜2006 国ペルー カトリック神父, 人権活動家 ペルー政府赦免特別委員会委員長 分ランシェール, フーベルト／ランシエ, ユベール／ランシエール, ウーベルト

Lanthimos, Yorgos ランティモス, ヨルゴス
カンヌ国際映画祭 審査員賞（第68回（2015年））ほか

Lantigua, José Rafael ランティグア, ホセ・ラファエル
国ドミニカ共和国 文化相 分ランティグア, ホセ

Lanting, Frans ランティング, フランス
著「ペンギン」タッシェン・ジャパン, 洋販（発売） 2003

Lantis, Jeffrey S. ランティス, ジェフリー
著「戦略論」勁草書房 2012

Lantos, Tom ラントス, トム
1928〜2008 国アメリカ 政治家 米国下院外交委員長（民主党）

Lantrotov, Vladislav ラントラートフ, ウラディスラフ
国ロシア バレエダンサー ボリショイ・バレエ団プリンシパル

Lantry, Eileen E. ラントリー, アイリーン・E.
著「暗い夜, きらめく星」福音社 2014

Lanyado, Monica ラニャード, モニカ
1949〜 著「児童青年心理療法ハンドブック」創元社 2013

Lanyon, Josh ラニヨン, ジョシュ
著「フェア・プレイ」新書館 2016

Lanza, A.Stephen ランサ, A.ステファン
著「パートナー暴力」北大路書房 2011

Lanza, Fabrizia ランツァ, ファブリーツィア
1961〜 著「オリーブの歴史」原書房 2016

Lanza, Robert Paul ランザ, ロバート
著「再生医学」エヌ・ティー・エス 2002

Lanzac, Abel ランザック, アベル
アングレーム国際漫画祭 最優秀作品賞（2013年）"Quai d'Orsay"（T2）

Lanzetta, Maria Carmela ランツェッタ, マリア・カルメラ
国イタリア 州問題・自治担当相

Lanzini, Manuel ランシーニ, マヌエル
国アルゼンチン サッカー選手

Lanzmann, Claude ランズマン, クロード
1925〜 ベルリン国際映画祭 名誉金熊賞（第63回（2013年））

Laopeam, Peamwilai ラオペアム, ペアムウィライ
国タイ ボクシング選手

Laore, Christopher ラオレ, クリストファー
国ソロモン諸島 森林・研究相 分ラオレ, クリス

Laos Cáceres, Teresa Nancy ラオス・カセレス, テレサ・ナンシー
国ペルー 労働雇用促進相

Laosirikul, Pensiri ペンシリ
国タイ 重量挙げ選手

Laouan, Magagi ラウアン, マガジ
国ニジェール 人道行動・災害相

Laouan, Waziri Maman ラウアン, ワジリ・ママン
国ニジェール 国有財産・都市計画相

Laoura, Sandra ラウラ
国フランス フリースタイルスキー選手

Laourou, Grégoire ラウル, グレゴワール
国ベナン 財務・経済相

Lapadula, Gianluca ラパドゥーラ, ジャンルカ
国イタリア サッカー選手

Lapavitsas, Costas ラパヴィツァス, コスタス
1961〜 著ラパヴィツァス, C. 著「ギリシアデフォルト宣言」河出書房新社 2015

Lapcharoensap, Rattawut ラープチャルーンサップ, ラッタウット
1979〜 国アメリカ 作家 分フィクション 分ラッタウット・ラープチャルーンサップ／ラプチャルンサプ, ラタウット

Lapesa, Rafael ラペサ, ラファエル
?〜2001 著「スペイン語の歴史」昭和堂 2004

Lapeyre, Emilie ラペール, エミリー
著「ジャングル・ポップ」大日本絵画 2013

Lapeyre, Frédéric ラペール, フレデリク
1967〜 著「グローバル化と社会的排除」昭和堂 2005

Lapeyre, Patrick ラペール, パトリック
1949〜 著「人生は短く, 欲望は果てなし」作品社 2012

Lapeyre, Walter ラペレ
国フランス 射撃選手

Lapham, David ラッファン, デビド
著「デアデビルVSパニッシャー」ヴィレッジブックス 2016

Lapi, Giulia ラピ
国イタリア シンクロナイズド・スイミング選手

Lapid, Efrayim ラピッド, エフライム
著「イスラエル情報戦史」並木書房 2015

Lapido, Paula Coll ラピド, ポーラ・コル
著「WebSphere version 4アプリケーション開発ハンドブック」ソフトバンクパブリッシング 2002

Lapidus, Jens ラピドゥス, イェンス
1974〜 国スウェーデン 作家, 弁護士 分ミステリー, スリラー

Lapidus, Ted ラピドス, テッド
1929〜2008 国フランス ファッションデザイナー, 衣裳デザイナー 本名＝Lapidus, Edmond

Lapierre, David P. ラピエール, デヴィッド・P.
著「エレガント・エンパワーメント」ナチュラルスピリット 2015

Lapierre, Dominique ラピエール, ドミニク
1931〜 著「パリは燃えているか？」早川書房 2016

Lapierre, Fabrice ラピエール, ファブリス
国オーストラリア 陸上選手

Lapierre, Jean-C. ラピエール, ジャン・C.
国カナダ 運輸相

Lapikov, Dmitry ラピコフ
国ロシア 重量挙げ選手

Lapilio, Joseph W., III ラピリオ, ジョセフ・W., 3世
著「グローバル化時代を生きる世代間交流」明石書店 2008

Lapkes, Dmitry ラプケス
国ベラルーシ フェンシング選手

LaPlante, Alice ラプラント, アリス
1958〜 国アメリカ 作家, ジャーナリスト 分文学

LaPlante, Debi A. ラプランテ, デビ・A.
著「リラプス・プリベンション」日本評論社 2011

Lapli, John Ini ラプリ, ジョン
国ソロモン諸島 政治家, 司祭 ソロモン諸島総督

Lapointe, Eugène ラポワント, ユージン
1939〜 著「地球の生物資源を抱きしめて」新風舎 2005

Laponche, Bernard ラポンシュ, ベルナール
著「フランス発『脱原発』革命」明石書店 2012

La Porta, Sandra ラポルタ, サンドラ
1965〜 著「にんげんの国へ行くサイ」新世研 2003

Laporte, Aymeric ラポルテ, アイメリク
国フランス サッカー選手

Laporte, Julien Ravelonarivo ラボルテ, ジュリアン・ラベロナリボ
国マダガスカル 運輸・観光相

Laporte, Pierre ラポルト, ピエール
国セーシェル 財務・貿易・投資相

Laporte, Roger ラポルト, ロジェ
1925〜2001 国フランス 作家

Lapoujade, David ラプジャード, ダヴィッド
1964〜 著「ドゥルーズ 常軌を逸脱する運動」河出書房新社 2015

Lapovsky, Lucie ラポフスキー, ルーシー
著「授業料割引と基金の運用管理」東京大学大学総合教育研究センター 2009

Lapp, Charles W. ラップ, チャールズ・W.
著「筋痛性脳脊髄炎/慢性疲労症候群はここまで解明された！」筋痛性脳脊髄炎の会 2013

Lapp, Ralph Eugene ラップ, ラルフ
1917〜2004 国アメリカ 原子物理学者

Lappage, Danielle ラパージュ, ダニエル
国カナダ レスリング選手

Lappé, Anna ラッペ, アンナ
著「動物工場」緑風出版 2016

Lappé, Marc ラッペ, マーク
著「遺伝子操作時代の権利と自由」緑風出版 2012

Lappin, Roderick ラピン, ロードリック
国オーストラリア 実業家 レノボ・ジャパン社長, NECパーソ

ナルコンピュータ社長
Laprevotte, Charles-Elie ラプレヴォット, シャルル・エリー
　国フランス　サッカー選手
Laprovittola, Nicolas ラプロビットラ, ニコラス
　国アルゼンチン　バスケットボール選手
Lapsley, Hilary ラプスリー, ヒラリー
　著「マーガレット・ミードとルース・ベネディクト」明石書店 2002
Lapsley, Irvine ラプスリー, アーバイン
　著「分権政治の会計」中央経済社 2010
Lapsley, Michael ラプスレー, マイケル
　1949〜　国ニュージーランド　司祭, 反アパルトヘイト運動家
Lapus, Jesli ラプス, ヘスリ
　国フィリピン　教育相
Lapuss, Stéphane ラパス, ステファン
　1979〜　著「ミニオンズ」汐文社 2016
Laqua, Carsten ラクヴァ, カルステン
　1961〜　著「ミッキー・マウス」現代思潮新社 2002
Laquatra, Idamarie ラクアトラ, イダマリー
　著「食品・栄養・食事療法事典」産調出版, 産業調査会（発売）2006
Laqueur, Walter Ze'ev ラカー, ウォルター
　著「ホロコースト大事典」柏書房 2003
Lara, Adair ラーラ, アデア
　著「グレた娘とつきあう法」講談社 2001
Lara, Saúl Octavio ララ, サウル・オクタビオ
　国ボリビア　内相
Lara, Willian ララ, ウィリアン
　国ベネズエラ　通信・情報相
Lara Fernández, Benito Antonio ララ・フェルナンデス, ベニト・アントニオ
　国エルサルバドル　法務・治安相
Laraia, Michele T. ラライア, ミシェル・T.
　著「精神科看護」エルゼビア・ジャパン 2007
Laraki, Azeddine ララキ, アズディン
　1929〜2010　国モロッコ　政治家　モロッコ首相, イスラム諸国会議機構（OIC）事務局長
Larbalestier, Justine ラーバレスティア, ジャスティーン
　1967〜　国オーストラリア　作家　ヤングアダルト
Larcher, Bertrand ラーシェ, ベルトラン
　著「ブレッツカフェ」柴田書店 2016
Larcher, Gérard ラルシェ, ジェラール
　国フランス　雇用・労働・若年者就職担当相
Larcher, W. ラルヘル, W.
　1929〜　著「植物生態生理学」シュプリンガー・フェアラーク東京 2004
Larco Cox, Guillermo ラルコ, ギジェルモ
　1932〜2002　国ペルー　政治家　ペルー首相　異ラルコ, ギエルモ／ラルコ・コックス
Lardon, Michael ラードン, マイケル・T.
　異ラーデン, マイケル　著「ゴルフメンタルゲームに勝つ方法」実業之日本社 2016
Lardreau, Suzanne ラルドロ, シュザンヌ
　1942〜　著「誇り高い少女」論創社 2010
Larduet, Manrique ラルドゥエト, マンリケ
　国キューバ　体操選手
Larduet Gomez, Jose ラルデュエト, ホセ
　国キューバ　ボクシング選手
Lareau, Annette ラロー, A.
　著「グローバル化・社会変動と教育」東京大学出版会 2012
Largaespada Fredersdorff, Carmen ラルガエスパダ・フレデルスドルフ, カルメン
　国ニカラグア　家族相
Large, David Clay ラージ, デイヴィッド・クレイ
　著「ベルリン・オリンピック1936」白水社 2008
Largent, David L. ラージェント, D.L.
　著「図解きのこ鑑別法」西村書店東京出版編集部 2010
Largo, Michael ラルゴ, マイケル
　1954〜　著「図説死因百科」紀伊国屋書店 2012
Lari, Emilio ラーリ, エミリオ
　著「ビートルズ写真集」ヤマハミュージックメディア 2015
Lari, S.Mujtaba Musavi ラリー, サイード・ムジタバ・ムサウイ
　著「イスラーム教徒の目で見た西洋文明」〔在日イラン・イスラム共和国大使館〕〔2002〕
Lariba, Ian ラリバ, イアン
　国チェコ　卓球選手

Larijani, Ali ラリジャニ, アリ
　1958〜　国イラン　政治家　イラン国会議長　本名＝Larijani, Ali Ardashir
Larionov, Dmitry ラリオノフ, ドミトリー
　国ロシア　カヌー選手
Larionov, Yuri ラリオノフ, ユーリ
　国ロシア　フィギュアスケート選手
Larionova, Yekaterina ラリオノワ, エカテリーナ
　国カザフスタン　レスリング選手
Larissa Franca ラリーサ・フランカ
　国ブラジル　ビーチバレー選手
Lark, Liz ラーク, リズ
　著「セラピューティックヨーガ」ガイアブックス, 産調出版（発売）2010
Lark, Michael ラーク, マイケル
　著「シージ」ヴィレッジブックス 2015
Larkey, Pat ラーキー, パット
　著「業績評価の理論と実務」東洋経済新報社 2004
Larkin, Emily ラーキン, エミリー
　著「レディの告白は嵐を招いて」竹書房 2014
Larkin, Emma ラーキン, エマ
　著「ミャンマーという国への旅」晶文社 2005
Larkin, Maurice ラーキン, モーリス
　?〜2004　著「フランス現代史」大阪経済法科大学出版部 2004
Larkin, Mitch ラーキン, ミッチ
　国オーストラリア　水泳選手
Larkin, Sandar ラーキン, サンダー
　著「コミュニケーション戦略スキル」ダイヤモンド社 2002
Larkin, Shane ラーキン, シェーン
　国アメリカ　バスケットボール選手
Larkin, T.J. ラーキン, T.J.
　著「コミュニケーション戦略スキル」ダイヤモンド社 2002
Larkins, Ellis Lane ラーキンス, エリス
　1923〜2002　国アメリカ　ジャズピアニスト
Larman, Craig ラーマン, クレイグ
　著「実践UML」ピアソン・エデュケーション 2007
Larminie, James ラミニー, ジェームス
　著「解説燃料電池システム」オーム社 2004
Larmore, Jennifer ラーモア, ジェニファー
　グラミー賞 最優秀オペラ録音（2007年（第50回））"Humperdinck: Hansel & Gretel" ソリスト
Larned, William Trowbridge ラーネッド, ウィリアム・トロウブリッジ
　著「魔術師ミショーシャ」風濤社 2014
Larner, John ラーナー, ジョン
　1930〜2008　著「マルコ・ポーロと世界の発見」法政大学出版局 2008
Laroche, Agnès ラロッシュ, アニエス
　著「だって, だって, だって」光村教育図書 2014
LaRoche, Catherine ラロック, キャスリン
　著「囚われの令嬢と愛をささげる伯爵」竹書房 2014
Laroche, Giles ラロッシュ, ジャイルズ
　1956〜　著「こんな家にすんでたら」偕成社 2013
Laroche, Robert de ラロシュ, ロベール・ド
　1949〜　著「猫だけが知っている猫の秘密」ベストセラーズ 2001
LaRochelle, David ラロシェル, デイヴィッド
　著「めでたしめでたしからはじまる絵本」あすなろ書房 2008
Laronde, André ラロンド, A.
　1940〜　著「ヘレニズム文明」白水社 2008
Laroque, François ラロック, フランソワ
　著「シェイクスピアの祝祭の時空」柊風舎 2008
Larosa, Lewis ラローサ, ルイス
　1978〜　著「パニッシャーMAX：ビギニング」ヴィレッジブックス 2016
Larose, Peter ラロース, ピーター
　国セーシェル　財政・貿易・経済計画相
LaRouche, Lyndon H. ラルーシュ, リンドン
　1922〜　著「獣人ネオコン徹底批判」成甲書房 2004
Laroussi, Chadli ラルーシ, シャドリ
　国チュニジア　雇用・若年雇用促進相
Larrabee, Michael ララビー, マイケル
　?〜2003　国アメリカ　陸上選手　異ララビー, マイク／ララビー, マイクル
Larraín, Felipe ララン, フェリペ
　国チリ　財務相
Larraín, Pablo ララン, パブロ

ベルリン国際映画祭 銀熊賞 審査員グランプリ（第65回（2015年））　"El Club"
Larrain, Sara　ラレイン, サラ
　㊐「ポストグローバル社会の可能性」緑風出版　2006
Larrañaga, Ignacio　ララニャガ, イグナチオ
　㊐「出会い（Encuentro）」サンパウロ　2004
Larranaga, Jay　ララナーガ, ジェイ
　㊨アメリカ　ボストン・セルティックスアシスタントコーチ（バスケットボール）
Larranaga, Jim　ララネーガ, ジム
　㊐「スクランブルディフェンス」ジャパンライム, 社会評論社（発売）2010
Larraz, Pepe　ララズ, ペペ
　㊐「ルーク・ケイジ: 無慈悲の街」ヴィレッジブックス　2016
Larrazabal Córdova, Hernando　ララサバル・コルドバ, エルナンド
　㊨ボリビア　持続開発相
Larrea, Gustavo　ラレア, グスタボ
　㊨エクアドル　内相
Larrea, Lídice　ラレア, リディセ
　㊨エクアドル　経済社会参画相
Larrea, Pablo　ラレア, パブロ
　㊨スペイン　サッカー選手
Larrier, Terry　ラリアー, テリー
　㊨アメリカ　バスケットボール選手
Larroca, Salvador　ラロッカ, サルバドール
　1964～　㊐「スター・ウォーズ: ベイダー・ダウン」ヴィレッジブックス　2016
Larrocha, Alicia de　ラローチャ, アリシア・デ
　1923～2009　㊨スペイン　ピアニスト
Larroquette, John　ラロクエット, ジョン
　トニー賞 ミュージカル 助演男優賞（2011年（第65回））　"How to Succeed in Business Without Really Trying"
Larroulet, Cristián　ラルレット, クリスチャン
　㊨チリ　大統領府長官　㊙ラロウレ, クリスティアン
Larry, H.I.　ラリー, H.I.
　㊐「ザック・パワー」ゴマブックス　2009
Larsen, Alex　ラルセン, アレックス
　㊨ハイチ共和国　保健・人口相
Larsen, Andrew　ラースン, アンドリュー
　1960～　㊐「おじいちゃんとテオのすてきな庭」あすなろ書房　2009
Larsen, Carolyn　ラーセン, キャロリン
　1950～　㊐「神を知る365日for Girls」いのちのことば社　2016
Larsen, Christian　ラルセン, クリスチャン
　1956～　㊐「美しい足をつくる」保健同人社　2006
Larsen, Eirik Veraas　ラルセン, エイリク・ベラス
　1976～　㊨ノルウェー　カヌー選手　㊙ラーシェン, アイリク・ヴェーロース / ラーシェン, アイリクベラース / ラーセン, エリック・ベラス / ラルセン, エリク・ベラス
Larsen, Esben Lunde　ラーセン, エスベン・ルンデ
　㊨デンマーク　環境・食料相
Larsen, Gaylord　ラーセン, ゲイロード
　1932～　㊐「ドロシーとアガサ」光文社　2003
Larsen, Henning　ラーセン, ヘニング
　1925～2013　㊨デンマーク　建築家　デンマーク王立アカデミー教授
Larsen, Henrik　ラーセン, ヘンリク
　㊨デンマーク　産業・経済成長相
Larsen, Janet　ラーセン, ジャネット
　㊐「大転換」岩波書店　2015
Larsen, Jonas　ラースン, ヨーナス
　㊐「観光のまなざし」法政大学出版局　2014
Larsen, Jørn Neergaard　ラーセン, ヨアン・ネアゴー
　㊨デンマーク　雇用相
Larsen, Kirsten　ラーセン, カースティン
　㊙ラーセン, キルステン　㊐「カーズ イースターだいさくせん！」講談社　2012
Larsen, Marit　ラーシェン, M.
　1953～　㊐「新しく先生になる人へ」新評論　2008
Larsen, Matt　ラーセン, マット
　㊐「ザ・スナイパー」並木書房　2013
Larsen, Nicole Broch　ラーセン, ニコルブロク
　㊨デンマーク　ゴルフ選手
Larsen, Pamala D.　ラーセン, パマラ・D.
　㊐「クロニックイルネス」医学書院　2007
Larsen, Peter Gorm　ラーセン, ピーター・ゴルム

1964～　㊐ラーセン, P.G.　㊐「VDM++（ブイディーエムプラスプラス）によるオブジェクト指向システムの高品質設計と検証」翔泳社　2010
Larsen, Ralph　ラーセン, ラルフ
　1938～2016　㊨アメリカ　実業家　ジョンソン・エンド・ジョンソン会長・CEO　本名＝Larsen, Ralph Stanley
Larsen, Reif　ラーセン, ライフ
　1980～　㊨アメリカ　作家　㊐文学
Larsen, Stine　ラーセン, スティーネ
　1979～　㊐「あたしたち十代！」エイチアンドアイ　2006
Larsen, Ted　ラーセン, テッド
　㊨アメリカ　アメフト選手
Larsen, Timothy　ラルセン, ティモシー
　㊐「だれもが知りたいキリスト教神学Q&A」教文館　2016
Larsen, Tyler　ラーセン, タイラー
　㊨アメリカ　アメフト選手
Larsgaard, Chris　ラースガード, クリス
　㊐「エア・ハンター」集英社　2001
Larson, Beverly　ラーソン, ビバリー
　㊐「ヨナのおはなし」CS成長センター, いのちのことば社（発売）2002
Larson, Breeja　ラーソン
　㊨アメリカ　競泳選手
Larson, B.V.　ラーソン, B.V.
　㊨アメリカ　作家　㊐SF, ファンタジー
Larson, Erik　ラーソン, エリック
　㊐「第三帝国の愛人」岩波書店　2015
Larson, Frances　ラーソン, フランシス
　1976～　㊐「首切りの歴史」河出書房新社　2015
Larson, Jean Russell　ラーソン, ジーン・ラッセル
　1930～　㊐「FBI vsジーン・セバーグ」水声社　2012
Larson, Jeffry H.　ラーソン, ジェフリー・H.
　㊐「幸せな結婚生活のために」バベルプレス　2014
Larson, Johanna　ラーソン, ヨハンナ
　1960～　㊐「ビジードッグ」実業之日本社　2015
Larson, Kirby　ラーソン, カービー
　㊐「ハティのはてしない空」鈴木出版　2011
Larson, Lisa　ラーソン, リサ
　1931～　㊐ラーション, リサ　㊐「ビジードッグ」実業之日本社　2015
Larson, Loren C.　ラーソン, ローレン・C.
　1937～　㊐「数学発想ゼミナール」丸善出版　2015
Larson, M.A.　ラーソン, M.A.
　㊨アメリカ　作家, 脚本家　㊐ファンタジー
Larson, Neal L.　ラースン, ニール・L.
　㊐「アンモナイト」アンモライト研究所, アム・プロモーション（発売）2009
Larson, Olaf F.　ラーソン, オラーフ・F.
　㊐「農業の社会学」ミネルヴァ書房　2013
Larson, Peter L.　ラーソン, ピーター
　1952～　㊐「Sue」朝日新聞社　2005
Larson, Raoul　ラーソン, ラウル
　㊨ナミビア　ラグビー選手
Larssen, Erik Bertrand　ラーセン, エリック・ベルトランド
　㊐「ダントツになりたいなら、「たったひとつの確実な技術」を教えよう」飛鳥新社　2015
Larsson, Arne　ラーション, アーネ
　?～2001　㊨スウェーデン　心臓ペースメーカーの埋め込み手術を受けた世界初の患者
Larsson, Asa　ラーソン, オーサ
　1966～　㊨スウェーデン　作家　㊐ミステリー, スリラー　㊙ラールソン, オーサ / ラルソン, オーサ
Larsson, Gustav　ラーション
　㊨スウェーデン　自転車選手
Larsson, Henrik　ラーション, ヘンリク
　1971～　㊨スウェーデン　サッカー指導者, 元サッカー選手　㊙ラーソン, ヘンリク
Larsson, Johanna　ラーション, ヨハンナ
　㊨スウェーデン　テニス選手
Larsson, Kjell　ラーション, シェル
　㊨スウェーデン　環境相
Larsson, Linus　ラーション, リーヌス
　1979～　㊐「マインクラフト」KADOKAWA　2014
Larsson, Maria　ラーション, マリア
　㊨スウェーデン　児童・高齢者担当相
Larsson, Markus　ラーション

[国]スウェーデン　アルペンスキー選手
Larsson, Mats G.　ラーション, マッツ・G.
1946～　[著]「ヴァリャーギ」 国際語学社　2008
Larsson, Nathalie　ラーション
[国]スウェーデン　射撃選手
Larsson, Rikard　ラーソン, リカルド
[著]「人材育成の戦略」 ダイヤモンド社　2007
Larsson, Sebastian　ラーション, セバスティアン
[国]スウェーデン　サッカー選手
Larsson, Stieg　ラーソン, スティーグ
1954～2004　[国]スウェーデン　作家, 編集者　[異]ラールソン, スティーグ / ラルソン, スティーグ
Larsson, Ulf　ラーショーン, ウルフ
1965～　[著]「ノーベル賞の百年」 ユニバーサル・アカデミー・プレス　2002
Lartéguy, Jean　ラルテギー, ジャン
1920～2011　[著]「傭兵」 唯学書房, アジール・プロダクション(発売)　2014
Larue, Mitcy　ラルー, ミッチー
[国]セーシェル　内相
Laruelle, Sabine　ラルエル, サビーヌ
[国]ベルギー　中産階級・中小企業・農業相　[異]ラルエル, サビン
La Russa, Ignazio　ラルッサ, イニャツィオ
[国]イタリア　国防相　[異]ラルッサ, イニャツイオ
La Russa, Tony　ラルーサ, トニー
1944～　[国]アメリカ　元大リーグ監督　本名＝La Russa, Anthony　[異]ラ・ルーサ, トニー / ラルッサ, トニー
Larvore, Emilie　ラルヴォヴァー, エミリエ
[国]チェコ　元・在チェコ日本国大使館現地職員
Lasa, Emiliano　ラサ, エミリャノ
[国]ウルグアイ　陸上選手
LaSalle, Diana　ラサール, ダイアナ
1949～　[著]「バナナがバナナじゃなくなるとき」 ダイヤモンド社　2004
Lasaquero, Purificatión Buari　ラサクエロ, プリフィカシオン・ブアリ
[国]赤道ギニア　公務・行政改革相
Lasater, Judith Hanson　ラサター, ジュディス・ハンソン
[著]「ヨガボディ」 ガイアブックス, 産調出版(発売)　2012
Lascelles, Christopher　ラッセルズ, クリストファー
1971～　[著]「いちばんシンプルな世界の歴史」 日本能率協会マネジメントセンター　2015
Laschever, Sara　ラシェーヴァー, S.
1957～　[著]「そのひとことが言えたら…」 北大路書房　2005
Lasco, Daniel　ラスコ, ダニエル
[国]アメリカ　アメフト選手
La Scola, Vincenzo　ラ・スコーラ, ヴィンチェンツォ
1958～2011　[国]イタリア　テノール歌手　[異]ラ・スコーラ, ビンチェンツォ / ラ・スコーラ, ヴィンツェンツォ
Lasdun, James　ラスダン, ジェイムズ
[著]「角の生えた男」 DHC　2003
Laserson, Uri　ラサーソン, ユーリ
[著]「Sparkによる実践データ解析」 オライリー・ジャパン, オーム社(発売)　2016
Lash, Marilyn　ラッシュ, マリリン
[著]「脳外傷の子どもたち」 明石書店　2006
Lash, Scott　ラッシュ, スコット
1945～　[著]「情報批判論」 NTT出版　2006
Lashgari, Ehsan Naser　ラシュガリ
[国]イラン　レスリング選手
Lashinsky, Adam　ラシンスキー, アダム
[著]「ありえない決断」 阪急コミュニケーションズ　2013
Lashkhi, Revaz　ラシヒ
[国]ジョージア　レスリング選手
Lashko, Irina　ラシュコ
[国]オーストラリア　飛び込み選手
Lashley, Hamilton　ラシュリー, ハミルトン
[国]バルバドス　社会変革相
Lashley, Michael　ラシュリー, マイケル
[国]バルバドス　運輸・公共事業相　[異]ラシュレイ, マイケル
Lashley, Stephen　ラシュリー, ステファン
[国]バルバドス　文化・青年・スポーツ相
Lashmanova, Elena　ラシュマノワ, エレーナ
1992～　[国]ロシア　競歩選手　[異]ラシュマノワ, エレナ
Lashner, William　ラシュナー, ウィリアム
[国]アメリカ　作家, 弁護士　[専]ミステリー, スリラー
Lasicki, Igor　ラシツキ, イゴール
[国]ポーランド　サッカー選手
Lasike, Paul　ラサイク, ポール
[国]アメリカ　アメフト選手
Lask, Bryan　ラスク, ブライアン
[著]「わかって私のハンディキャップ」 大月書店　2016
Laskas, Jeanne Marie　ラスカス, ジーン・マリー
1958～　[著]「コンカッション」 小学館　2016
Lasker, Alex　ラスカー, アレックス
[著]「ティアーズ・オブ・ザ・サン」 竹書房　2003
Lasker-Wallfisch, Anita　ラスカー＝ウォルフィッシュ, アニタ
1925～　[著]「チェロを弾く少女アニタ」 原書房　2003
Laskey, Zach　ラスキー, ザック
[国]アメリカ　アメフト選手
Lasky, Kathryn　ラスキー, キャスリン
1944～　[国]アメリカ　作家　[異]ラスキー, キャサリン
Lasky, Melvin Jonah　ラスキー, メルビン
1920～2004　[国]アメリカ　ジャーナリスト　「エンカウンター」主筆
Lasky, Sue　ラスキー, S.
[著]「格差社会アメリカの学校改革」 明石書店　2009
Lasley, Elizabeth Norton　ラズリー, エリザベス・ノートン
[著]「ストレスに負けない脳」 早川書房　2004
Lasn, Kalle　ラースン, カレ
1942～　[著]「さよなら、消費社会」 大月書店　2006
Lasne, Laurent　ランヌ, ローラン
1958～　[著]「フランスサッカーの真髄」 本の泉社　2002
Lasogga, Pierre-Michel　ラソッガ, ピエール・ミシェル
[国]ドイツ　サッカー選手
Lasorda, Thomas Charles　ラソーダ, トーマス・チャールズ
[国]アメリカ　元・ドジャース監督, 元・ドジャース上級副社長
Lasorda, Tommy　ラソーダ, トミー
1927～　[国]アメリカ　大リーグ監督　野球シドニー五輪米国代表監督　別名＝ラソーダ, トム〈Lasorda, Tom〉
La Spina, Emma　ラ・スピーナ, エンマ
1960～　[著]「千の沈黙の声」 中央公論新社　2011
Lasry, Marc　ラズリー, マーク
[国]アメリカ　ミルウォーキー・バックスオーナー
Lass, Roger　ラス, ロジャー
1937～　[著]「言語変化の説明論考」 佐藤工房　2008
Lassahn, Rudolf　ラサーン, ルドルフ
[著]「ドイツ教育思想の源流」 東信堂　2002
Lassègue, Marie Laurence Jocelyn　ラセグ, マリー・ロランス・ジョスラン
[国]ハイチ共和国　文化・情報相　[異]ラセーグ, マリーロランス・ジョスラン
Lassen, Catherine　ラッセン, キャサリン
[著]「グレン・マーカットの建築」 TOTO出版　2008
lassen, Christian Riese　ラッセン, クリスチャン
[異]ラッセン, クリスチャン・リース　[著]「The Complete History, Art and Life of Christian Riese LASSEN」 アールビバン　2015
Lassen, Jeane　ラッセン
[国]カナダ　重量挙げ選手
Lasseter, John　ラセター, ジョン
1957～　[国]アメリカ　アニメーション監督・プロデューサー　ピクサー・アニメーション・スタジオCCO, ウォルト・ディズニー・スタジオCCO　本名＝Lasseter, John A.　[異]ラセッター, ジョン
Lassila, Lydia　ラシラ, リディア
1982～　[国]オーストラリア　スキー選手　[異]イエロディアコヌ
Lassiter, Rhiannon　ラシター, リアノン
1977～　[国]イギリス　作家　[専]ミステリー, ホラー
Lassiter, Timothy　ラシター, ティモシー・F.
[著]「脳神経外科臨床看護マネジメント」 メディカ出版　2003
Lassnig, Maria　ラスニック, マリア
[国]オーストリア　ヴェネチア・ビエンナーレ 金獅子賞 生涯功労賞(2013年(第55回))
Lasso, Gloria　ラッソ, グロリア
？～2005　[国]スペイン　シャンソン歌手
Lassotta, Arnold　ラゾッタ, アルノルト
[著]「中世のアウトサイダー」 白水社　2012
Lassouani, Leila Francoise　ラスアニ
[国]アルジェリア　重量挙げ選手
Last, Annie　ラスト
[国]イギリス　自転車選手
Last, Shari　ラスト, シャリー
[著]「スター・ウォーズビジュアル事典 迫りくるシスの脅威」 講談

L

社 2015

La Stella, Tommy ラステラ, トミー
[国]アメリカ 野球選手

Laswell, Bill ラズウェル, ビル
1955～ [国]アメリカ ミュージシャン

Laszlo, Andrew ラズロ, アンドルー
1926～2011 [国]ハンガリー 映画撮影監督 [異]ラズロ, アンドリュー

László, Csaba ラースロー・チャバ
[国]ハンガリー 財務相

Laszlo, Ervin ラズロー, アーヴィン
1932～ [国]ハンガリー 哲学者, 未来学者, ピアニスト ブダペストクラブ創設者・会長 ニューヨーク州立大学教授 [専]システム哲学 [異]ラズロ, アービン

Laszlo, Hana ラズロ, ハンナ
カンヌ国際映画祭 女優賞(第58回(2005年)) "Free Zone"

Laszlo, Pierre ラスロー, ピエール
1938～ [異]ラズロ, ピエール [著]「柑橘類(シトラス)の文化誌」一灯舎, オーム社(発売) 2010

László, Tőkés ラースロー, テケシュ
[国]ルーマニア 政治家, 牧師, 人権活動家 欧州議会議員 [異]ラースロ, テケシュ / ラースロー・テケシュ / ラースロ・テケシュ

László, Tony ラズロ, トニー
[著]「ダーリンの頭ン中」 メディアファクトリー 2010

Lat ラット
1951～ [著]「タウンボーイ」 東京外国語大学出版会 2015

Latash, Mark L. ラタッシュ, マーク・L.
1953～ [著]「運動神経生理学講義」 大修館書店 2002

Latchman, David S. ラッチマン, デイビッド・S.
[著]「遺伝情報の発現制御」 メディカル・サイエンス・インターナショナル 2012

Latelier, Maria Flores ラテリエー, マリア・フロレス
[著]「統合マーケティング戦略論」 ダイヤモンド社 2003

Latell, Brian ラテル, ブライアン
1941～ [著]「フィデル・カストロ後のキューバ」 作品社 2006

Latham, Darius レイサム, ダリアス
[国]アメリカ アメフト選手

Latham, Gary P. レイサム, ゲイリー
[著]「ワーク・モティベーション」 NTT出版 2009

Latham, Julia レイサム, ジュリア
[著]「身代わりのレディと誓いの騎士」 竹書房 2010

Latheef, Hassan ラティーフ, ハッサン
[国]モルディブ 人的資源・スポーツ相

Latheef, Mohamed ラティーフ, モハメド
[国]モルディブ 教育相

Lathen, Emma レイサン, エマ
[著]「死の信託」 論創社 2005

Lathi, Bhagwandas Pannalal ラシィ, B.P.
[著]「詳説ディジタル・アナログ通信システム」 丸善 2005

Lathouris, Nico ラサウリス, ニコ
[著]「マッドマックス怒りのデス・ロード」 Graffica Novels, 誠文堂新光社(発売) 2015

Lathrop, Gordon レイスロップ, G.W.
[著]「二十一世紀の礼拝」 教文館 2014

Lathrop, Laura ラスロップ, ローラ
[著]「ケアのなかの癒し」 看護の科学社 2016

Lathrop, Tad ラスロップ, タッド
[著]「音楽ビジネス」 音楽之友社 2002

Latif, Adrees ラティーフ, アドリース
1973～ [国]パキスタン フォトジャーナリスト ロイター通信

Latifa ラティファ
1980～ [著]「ラティファの告白」 角川書店 2001

Latifah, Queen ラティファ, クイーン
ゴールデン・グローブ賞 テレビ 女優賞(ミニシリーズ)(第65回(2007年度)) "Life Support"

Latimer, Cody ラティマー, コディー
[国]アメリカ アメフト選手

Latimer, Richard ラティマー, リチャード
1946～ [著]「虹のなかの花園」 ワールドライブラリー 2016

Latipov, Jasurbek ウティポフ
[国]ウズベキスタン ボクシング選手

Latkovskis, Ainars ラトコフスキス, アイナルス
[国]ラトビア 社会統合相

Lato ラト
[国]スペイン サッカー選手

Latortue, Gérard ラトルチュ, ジェラール
1934～ [国]ハイチ共和国 政治家 ハイチ首相

Latos, Mat レイトス, マット
[国]アメリカ 野球選手

Latou, Andre ラトゥ, アンドレ
[国]中央アフリカ 鉱業エネルギー相

Latouche, Serge ラトゥーシュ, セルジュ
1940～ [国]フランス 経済哲学者, 思想家 パリ南大学名誉教授 [専]南北問題, 社会科学哲学

Latoundji, Massiyatou ラトゥンジ, マシヤトゥ
[国]ベナン 家族・社会保護・連帯相

Latour, Bruno ラトゥール, ブルーノ
[著]「虚構の「近代」」 新評論 2008

Latour, Jason ラトゥール, ジェイソン
[著]「エッジ・オブ・スパイダーバース」 ヴィレッジブックス 2016

Latour, Jose ラトゥール, ホセ
1940～ [著]「ハバナ・ミッドナイト」 早川書房 2003

Latour, Lamuré ラトゥー, ラミュ
[国]スリナム 国防相

Latsis, Otto Rudolifovich ラツィス, オットー
1934～2005 [国]ロシア ジャーナリスト 「イズベスチヤ」政治評論員 [異]ラーツィス, オット / ラーツィス, オットー

Latta, Jan ラッタ, ジャン
[著]「コアラのコーラ」 あかね書房 2007

Lattanze, Anthony J. ラタンゼ, アンソニー・J.
[著]「アーキテクチャ中心設計手法」 翔泳社 2011

Latteier, Amos ラテイエ, エーモス
[著]「Zope技術入門」 ピアソン・エデュケーション 2002

Lattek, Udo ラテック, ウド
1935～2015 [国]ドイツ サッカー指導者

Lattimore, Jamari ラッティモア, ジャマリ
[国]アメリカ アメフト選手

Lattimore, Ralph ラティモア, ラルフ
1958～ [著]「よくわかる国際貿易」 明石書店 2010

Lattouf, Hala ラトゥーフ, ハラ
[国]ヨルダン 社会開発女性問題相

Lattuada, Alberto ラットゥアーダ, アルベルト
1914～2005 [国]イタリア 映画監督 [異]ラッツアーダ, アルベルト / ラトゥアーダ, アルベルト

Latu, Nili ラトゥ, ニリ
[国]トンガ ラグビー選手

Latu, Viliami ラトゥ, ビリアミ
[国]トンガ 労務・商務・観光相

Latulippe, Denis ラテュリッペ, D.
[著]「社会保障年金制度」 法研 2001

Latushko, Pavel P. ラトゥシュコ, パベル・P.
[国]ベラルーシ 文化相

Laty, Dominique ラティ, ドミニック
[著]「お風呂の歴史」 白水社 2006

Latyk, Olivier ラティク, オリビエ
[著]「うちゅう」 主婦の友社 2007

Latyshev, Igor Aleksandrobits ラティシェフ, イーゴリ
1925～2006 [国]ロシア ジャーナリスト プラウダ東京支局長, ロシア科学アカデミー主任研究員 [専]日本研究

Latza, Danny ラッツァ, ダニー
[国]ドイツ サッカー選手

Lau, Alan Chong ラウ, アラン・チョン
[著]「現代世界アジア詩集」 土曜美術社出版販売 2010

Lau, Andrew ラウ, アンドルー
1960～ [国]香港 映画監督 漢字名=劉偉強 [異]ラウ, アンドリュー

Lau, Andy ラウ, アンディ
1961～ [国]香港 俳優, 歌手 漢字名=劉德華(リュ・デーホワ) [異]リュウ, アンディ

Lau, Carina ラウ, カリーナ
1964～ [国]香港 女優 漢字名=劉嘉玲〈Lau, Ka-ling〉

Lau, Ching-wan ラウ・チンワン
1964～ [国]香港 俳優 漢字名=劉青雲, 英語名=ラウ, アンディ・ショーン〈Lau, Andy Sean〉 [異]ラウ, ショーン / ラウ・チェンワン / ラウ・チンワン / ラウ・チェンワン

Lau, Emily ラウ, エミリー
1952～ [国]香港 政治家, ジャーナリスト 香港立法会議員, 香港民主党主席 香港ジャーナリスト協会会長 漢字名=劉慧卿

Lau, Joseph ラウ, ジョセフ
[国]香港 実業家 漢字名=劉鑾雄

Lau, Kar-leung ラウ・カーリョン

?～2013 ⑤香港 映画監督, アクション指導家, 武術家 中国名＝劉家良
Lau, Poh Yok ラウ・ポー・ヨック
⑤マレーシア クアラルンプール・パンタイメディカルセンター健康管理診療所所長
Lau, Teck-Chai ラウ, テクチャイ
⑭劉/德才 ⑧「食品の機能性表示と世界のレギュレーション」 薬事日報社 2015
Lau, Theodora ラウ, セオドラ
⑧「幸せを呼ぶ中国干支占い」 PHP研究所 2005
La'u, Yiśra'el Me'ir ラウ, イスラエル・メイル
1937～ ⑧「深淵よりラビ・ラウ回想録」 ミルトス 2015
Laub, Julia ラウブ, ユリア
1980～ ⑧「GENERATIVE DESIGN」 ビー・エヌ・エヌ新社 2016
Laube, Sigrid ラウベ, ジークリート
1953～2007 ⑧「庭師の娘」 岩波書店 2013
Laubenthal, Klaus ラウベンタール, クラウス
⑧「ドイツ行刑法」 矯正協会 2006
Lauber, David ラウバー, D.
1966～ ⑭ラウバー, デイヴィッド ⑧「だれもが知りたいキリスト教神学Q&A」 教文館 2016
Lauber, Kurt ラウバー, クルト
1961～ ⑧「マッターホルン最前線」 東京新聞 2015
Lauber, Patricia ラウバー, パトリシア
⑧「たべることはつながること」 福音館書店 2009
Lauck, Jennifer ラウク, ジェニファー
⑧「ブラックバードを聴きながら」 アーティストハウス 2001
Lauck, Joanne Elizabeth ロック, ジョアン・エリザベス
1947～ ⑧「昆虫この小さきものたちの声」 日本教文社 2007
Lauda, Niki ラウダ, ニキ
1949～ ⑤オーストリア 元F1ドライバー メルセデスAMGペトロナス非常勤会長 ジャガー最高責任者 本名＝Lauda, Andreas Nikolaus
Laudan, Larry ラウダン, ラリー
⑧「科学と価値」 勁草書房 2009
Laudan, Rachel ラウダン, レイチェル
1944～ ⑧「料理と帝国」 みすず書房 2016
Lauder, Estee ローダー, エスティ
1906～2004 ⑤アメリカ 実業家 エスティローダー創業者
Lauder, Evelyn ローダー, エブリン
1936～2011 ⑤アメリカ 慈善活動家, 実業家 ピンクリボン運動創設者, エスティローダー副社長 ⑭ローダー, イブリン
Lauder, Hugh ローダー, ヒュー
⑭ローダー, H. ⑧「グローバル化・社会変動と教育」 東京大学出版会 2012
Lauder, Judy Glickman ローダー, ジュディ・グリックマン
レナード・ローダー夫人
Lauder, Leonard ローダー, レナード
エスティローダー会長
Lauderdale, Jim ラウダーデール, ジム
グラミー賞 最優秀ブルーグラス・アルバム (2007年 (第50回))"The ブルーグラス・Diaries"
Laudicina, Paul A. ラウディシナ, ポール・A.
⑧「明日の世界を読む力」 東洋経済新報社 2005
Laudrup, Michael ラウドルップ, ミカエル
1964～ ⑤デンマーク サッカー指導者, 元サッカー選手
Lauer, Bernhard ラウアー, ベルンハルト
1954～ ⑧「グリム兄弟知られざる人と作品」 淡交社 2006
Lauer, David A. ルーアー, デービッド
⑧「DESIGN BASICS」 ビー・エヌ・エヌ新社 2012
Lauerman, John F. ローアーマン, ジョン・F.
⑧「100万人100歳の長生き上手」 講談社 2002
Laufer, Niel ラーファー, ニール
⑧「パニック障害」 日本評論社 2001
Laufer, Peter ラウファー, ピーター
⑧「蝶コレクターの黒い欲望」 河出書房新社 2010
Laugerud, Kjell ラウゲルド, シェール
1930～2009 ⑤グアテマラ 政治家, 軍人 グアテマラ大統領 本名＝Laugerud García, Kjell Eugenio ⑭ラウゲルー・ガルシア / ラウヘルド・ガルシア
Laugher, Jack ロアー, ジャック
⑤イギリス 水泳選手
Laughlin, Greg ラフリン, グレッグ
⑧「宇宙のエンドゲーム」 筑摩書房 2008
Laughlin, Richard ラフリン, リチャード
⑧「経営と社会」 同友館 2001

Laughlin, Robert B. ラフリン, ロバート
1950～ ⑤アメリカ 物理学者 スタンフォード大学教授 韓国科学技術高等研究院 (KAIST) 院長 ⑭ラフリン, ロバート・B.
Laughlin, Terry ラクリン, テリー
1951～ ⑧「カンタン・スイミング」 ダイヤモンド社 2008
Laulajainen, Leena ラウラヤイネン, レーナ
⑧「魔術師のたいこ」 春風社 2006
Laulan, Sarah ローラン, サラ
⑤フランス エリザベート王妃国際コンクール 声楽 第3位 (2014年)
Laumer, Keith ローマー, キース
1925～ ⑧「銀河のさすらいびと」 早川書房 2005
Launchbury, Joe ローンチベリー, ジョー
⑤イングランド ラグビー選手
Launer, John ローナー, ジョン
⑧「ナラティブ・ベイスト・プライマリケア」 診断と治療社 2005
Launet, Édouard ロネ, エドゥアール
⑧「変な学術研究」 早川書房 2007
Launis, Mika ラウニス, ミカ
⑧「リスとツバメ」 講談社 2010
Lauper, Cyndi ローパー, シンディ
1953～ ⑤アメリカ ロック歌手
Laur, Joe ロー, ジョー
⑧「持続可能な未来へ」 日本経済新聞出版社 2010
Laure ラウレ
⑤スペイン サッカー選手
Laurel, Alicia Bay ローレル, アリシア・ベイ
⑧「太陽とともに生きる」 草思社 2006
Laurel, Brenda ローレル, ブレンダ
⑧「ヒューマンインターフェースの発想と展開」 ピアソン・エデュケーション 2002
Laurel, Francis C. ラウレル, フランシス・C.
⑤フィリピン 比日協会会長
Laurel, Jose C., V ラウレル, ホセ・C., 5世
⑤フィリピン 駐日特命全権大使
Laurel, Lisa Kaye ローレル, リサ・ケイ
⑧「運命の舞踏会」 ハーパーコリンズ・ジャパン 2015
Laurel, Salvador Hidalgo ラウレル, サルバドル
1928～2004 ⑤フィリピン 政治家 フィリピン副大統領
Laurell, Anna ラウレル
⑤スウェーデン ボクシング選手
Laurell Nash, Anna ラウレル, アンナ
⑤スウェーデン ボクシング選手
Lauren, Paul Gordon ローレン, ポール・ゴードン
1946～ ⑧「軍事力と現代外交」 有斐閣 2009
Lauren, Ralph ローレン, ラルフ
1939～ ⑤アメリカ ファッションデザイナー ポロ・ラルフ・ローレン創業者 本名＝リフシッツ, ラルフ〈Lifschitz, Ralph〉
Laurenau, Siarhei ラウレナウ
⑤ベラルーシ 重量挙げ選手
Laurence, Andrea ローレンス, アンドレア
⑧「大富豪に拒まれた初恋」 ハーパーコリンズ・ジャパン 2016
Laurence, Ray ローレンス, レイ
1963～ ⑧「古代ローマ帝国トラベルガイド」 創元社 2010
Laurens, Alain ロラン, アラン
⑧「ツリーハウスで夢をみる」 二見書房 2007
Laurens, Camille ロランス, カミーユ
1957～ ⑧「その腕のなかで」 新潮社 2002
Laurens, Stephanie ローレンス, ステファニー
⑧「求婚の作法」 ハーパーコリンズ・ジャパン 2016
Laurenston, Shelly ローレンストン, シェリー
⑧「黄金 (きん) のたてがみを抱きしめて」 竹書房 2011
Laurent, Amy C. ローレント, エミー・C.
⑧「SCERTSモデル」 日本文化科学社 2012
Laurent, Diana ローレント, ダイアナ
⑧「慢性疾患自己管理ガイダンス」 日本看護協会出版会 2001
Laurent, Éloi ローラン, エロワ
⑧「繁栄の呪縛を超えて」 新泉社 2013
Laurent, Éric ローラン, エリック
⑧「石油の隠された貌」 緑風出版 2007
Laurent, Eric ロラン, エリック
⑧「クライン・ラカンダイアローグ」 誠信書房 2006
Laurent, Lucien ローラン, リュシアン
1907～2005 ⑤フランス サッカー選手 ⑭ローラン, ルシアン
Laurent, Samuel ローラン, サミュエル

㊐「「イスラム国」謎の組織構造に迫る」集英社 2015
Laurents, Arthur ローレンツ, アーサー
1917〜2011 ㊂アメリカ 劇作家, 脚本家
Laurenza, Domenico ラウレンツァ, ドメニコ
㊛ロレンツァ, ドメニコ ㊐「レオナルド・ダ・ヴィンチ 芸術と発明」東洋書林 2008
Laurer, Joanie ローラー, ジョーニー
1969〜2016 ㊂アメリカ 女子プロレスラー 別名＝チャイナ〈Chyna〉
Lauri, Maris ラウリ, マリス
㊂エストニア 財務相
Lauria, Frank ローリア, フランク
㊐「ディボース・ショウ」角川書店 2004
Lauricella, Michel ローリセラ, ミシェル
㊐「モルフォ人体デッサン」グラフィック社 2016
Lauridsen, Irma ラウリッセン, イルマ
1948〜 ㊐「クマがくれたしあわせ」広済堂出版 2002
Laurie, Donald L. ローリー, ドナルド・L.
㊐「企業を成長させるコーポレート・ベンチャー戦略」出版文化社 2003
Laurie, Hugh ローリー, ヒュー
1959〜 ㊂イギリス 俳優 本名＝Laurie, James Hugh Callum
Laurie, Peter ローリ, ピーター
1937〜 ㊐「Apacheハンドブック」オライリー・ジャパン, オーム社（発売） 2003
Laurie, Victoria ローリー, ヴィクトリア
㊂アメリカ 作家 ㊐ミステリー, スリラー ㊛ローリー, ビクトリア
Laurijssen, Manuel ラウルセン, マヌエル
1978〜 ㊐「世界最強ドイツサッカーに学ぶサッカートレーニング術」誠文堂新光社 2015
Laurin, Anna-Lena ラウリーン, アンナ＝レーナ
1962〜 ㊐「おばあちゃんにささげる歌」ノルディック出版, 第三書館（発売） 2006
Laurinaitis, James ローリナイティス, ジェームス
㊂アメリカ アメフト選手
Laurini, Vincent ローリーニ, ヴィンセント
㊂フランス サッカー選手
Laurioux, Bruno ロリウー, ブリュノ
㊐「中世ヨーロッパ食の生活史」原書房 2003
Lauritzen, Karsten ラウリッセン, カーステン
㊂デンマーク 税務相
Lauro, German ラウロ
㊂アルゼンチン 陸上選手
Laury, Pierre ロリ, ピエール
1937〜 ㊐「そらをとんだ本」講談社 2005
Lauryssens, Stan ラウリセンス, スタン
1946〜 ㊐「贋作王ダリ」アスペクト 2008
Lausberg, Heinrich ラウスベルク, ハインリッヒ
㊐「文学修辞学」東京都立大学出版会 2001
Lauster, Peter ラウシュター, ペーター
㊐「愛について」飛鳥新社 2007
Lautafi, Fio Selafi Purcell ラウタフィ, フィオ・セラフィ・パーセル
㊂サモア 公共事業相
Lautenberg, Frank R. ローテンバーグ, フランク
1924〜2013 ㊂アメリカ 政治家 米国上院議員（民主党）
Lautenslager, Al ローテンスレーガー, A.
㊐「ゲリラ・マーケティングin 30 days」フォレスト出版 2006
Lauter, Ed ローター, エド
1938〜2013 ㊂アメリカ 俳優
Lauterbur, Paul C. ラウターバー, ポール
1929〜2007 ㊂アメリカ イリノイ大学アーバナ・シャンペン医学校教授・生物医学磁気共鳴研究所所長 ㊙バイオメディカルMR 本名＝ラウターバー, ポール・クリスチャン〈Lauterbur, Paul Christian〉 ㊛ポール・ラウターバー／ラウターバー, P.C.
Lauterstein, Andrew ローターステイン
㊂オーストラリア 競泳選手
Lauterwasser, Alexander ラウターヴァッサー, アレクサンダー
1951〜 ㊐「ウォーター・サウンド・イメージ」ヒカルランド 2014
Lauth, Reinhard ラウト, ラインハルト
1919〜 ㊐「フィヒテ全集」晢書房 2010
Lauthan, Samioullah ロータン, サミウラ
㊂モーリシャス 社会保障相
Lautner, Georges ロートネル, ジョルジュ

1926〜2013 ㊂フランス 映画監督
Lautner, Taylor ロートナー, テイラー
ゴールデン・ラズベリー賞（ラジー賞）最低助演男優賞（第33回(2012年)）ほか
Lauvao, Shawn ローバオ, ショーン
㊂アメリカ アメフト選手
Lauvergeon, Anne Alice Marie ローヴェルジョン, アンヌ
1959〜 ㊂フランス 実業家 アレバ・グループ会長・CEO ㊛ローベルジョン, アンヌ／ロウベルジョン／ロベルジョン, アンヌ
Lauvergne, Joffrey ラバーン, ジョフリー
㊂フランス バスケットボール選手
Lavados Montes, Hugo ラバドス・モンテス, ウゴ
㊂チリ 経済・開発・復興相
Lavagna, Roberto ラバニャ, ロベルト
㊂アルゼンチン 経済生産相
Lavagnino, John ラヴァニーノ, ジョン
㊐「人文学と電子編集」慶応義塾大学出版会 2011
Laval, Christian ラヴァル, クリスチャン
1953〜 ㊐「経済人間」新評論 2015
Laval, Marie-Édith ラヴァル, マリー＝エディット
1979〜 ㊐「フランスからお遍路にきました。」イースト・プレス 2016
Laval, Thierry ラヴァル, ティエリー
㊐「どこだか見つけてみよう！」大日本絵画 〔2015〕
Lavallee, David ラヴァリー, ディヴィッド
㊐「原潜919浮上せず」早川書房 2002
Lavanini, Tomas ラバニーニ, トマス
㊂アルゼンチン ラグビー選手
Lavant, Denis ラヴァン, ドニ
1961〜 ㊂フランス 俳優
Lavarnway, Ryan ラバーンウェイ, ライアン
㊂アメリカ 野球選手
Lavaudant, Georges ラヴォーダン, ジョルジュ
1947〜 ㊂フランス 演出家, 俳優 オデオン・ヨーロッパ劇場ディレクター ㊛ラボーダン, ジョルジュ
Lave, Jean レイヴ, ジーン
㊐「日常生活の認知行動」新曜社 2007
Lavemaau, Tevita ラベマアウ, テビタ
㊂トンガ 歳入・関税相
Laverdunt, Damien ラヴェルダン, ダミアン
1978〜 ㊐「世界の絶滅動物いなくなった生き物たち」汐文社 2015
Lavergne, Didier ラヴェーニュ, ディディエ
アカデミー賞 メイクアップ賞（第80回(2007年)） "La Vie en Rose"
Lavers, Chris レイヴァーズ, クリス
1965〜 ㊐「ゾウの耳はなぜ大きい？」早川書房 2002
Laverty, Paul ラヴァーティ, ポール
ヴェネチア国際映画祭 オゼッラ賞（脚本賞）（第64回(2007年)） "It's a Free World..."
Lavery, Brian レイヴァリ, ブライアン
㊐「航海の歴史」創元社 2015
Lavezzari, Fabrizio ラベッツァリ, ファブリツィオ
1965〜 ㊐「イタリア男の流儀」阪急コミュニケーションズ 2007
Lavigne, Ariane ラビーニュ
㊂カナダ スノーボード選手
Lavigne, Avril ラヴィーン, アヴリル
1984〜 ㊂カナダ シンガー・ソングライター 本名＝Lavigne, Avril Ramona
Lavigne, Dru ラヴィーン, ドルー
㊐「BSD hacks」オライリー・ジャパン, オーム社（発売） 2005
Lavigne, Gilles J. ラビーヌ, G.J.
㊐「口腔顔面痛」クインテッセンス出版 2001
Lavigne, Marie ラヴィーニュ, マリー
1935〜 ㊐「移行の経済学」日本評論社 2001
Laville, Jean-Louis ラヴィル, ジャン＝ルイ
㊛ラヴィル, ジャン・ルイ ㊐「連帯経済」生活書院 2012
Lavillenie, Renaud ラビユニ, ルノー
1986〜 ㊂フランス 棒高跳び選手
Lavilleon, Artus De ラヴィレオン, アルチュス・ドゥ
㊐「クリエイティブスペース」グラフィック社 2011
Lavin, Christine レビン, クリスティーン
㊐「メモリーズ・オブ・ジョン」イースト・プレス 2006
Lavín, Joaquín ラビン, ホアキン
㊂チリ 社会開発相

Lavin, Marilyn Aronberg　レーヴィン，マリリン・アロンバーグ
　1925〜　㊟「ピエロ・デッラ・フランチェスカ」岩波書店　2004
Lavin, Richard　ラビン，リチャード
　1955〜　エクトン　㊟「ECTON×銀色夏生」ヴォイス　2011
Lavin, Sylvia　レイヴィン，シルヴィア
　㊟「形態は欲望（リビドー）に従う」鹿島出版会　2010
Lavine, Zach　ラビーン，ザック
　㊌アメリカ　バスケットボール選手
Lavington, Frederick　ラヴィントン，F.
　㊟「景気循環論入門」税務経理協会　2004
Lavis, Chris　ラヴィス，クリス
　㊌カナダ　プリ・アルス・エレクトロニカ アニメーション・ヴィジュアルエフェクト（2008年）ほか
Lavoie, Johanne　ラヴォア，ジョアンヌ
　㊟「書くだけであなたの最高の力を引き出す方法」SBクリエイティブ　2016
Lavoie, Marc　ラヴォア，マルク
　㊟「ポスト・ケインズ派の経済理論」多賀出版　2009
Lavoie, Richard D.　ラヴォイ，リチャード
　㊟「LD・ADHD・高機能自閉症のある子の友だちづくり」明石書店　2007
Lavoix, Cédric　ラヴォア，セドリック
　1974〜　㊟「アダ湖」日本ブータン友好協会事務局　2011
Lavrentiev, Boris　ラヴレンチエフ，ボリス
　㊌ロシア　ロシア国外務省付属モスクワ国立国際関係大学教授
Lavrentiev, Evgeny　ラヴレンチェフ，エヴゲーニー
　㊟「大統領のカウント・ダウン」竹書房　2006
Lavrinovich, Oleksandr　ラブリノビッチ，オレクサンドル
　㊌ウクライナ　法相
Lavronenko, Konstantin　ラヴロネンコ，コンスタンチン
　カンヌ国際映画祭 男優賞（第60回（2007年））　"Izgnanie"
Lavrov, Sergei Viktorovich　ラヴロフ，セルゲイ
　1950〜　㊌ロシア　外交官，政治家　ロシア外相　国連大使　㊟ラブロフ，セルゲイ・V./ラヴローフ
Lavrova, Olga　ラブロワ，オリガ
　㊌キルギス　財務相
Lavrynovych, Oleksandr　ラブリノビッチ，オレクサンドル
　㊌ウクライナ　法相
Lavulavu, Etuate　ラブラブ，エトゥアテ
　㊌トンガ　インフラ相
Law, Alex　ロー，アレックス
　1953〜　㊌香港　映画監督，映画プロデューサー　漢字名＝羅啓鋭（ルオ・チーレイ）　㊟ロー，アレックス
Law, Andrew　ロウ，アンドリュー
　㊟「救済の書：トゥーム・オヴ・サルヴェイション」ホビージャパン　2009
Law, Andy　ロウ，アンディ
　1956〜　㊟「全員参加型のオーナーシップ経営」ダイヤモンド社　2002
Law, David Stephen　ロー，デイヴィッド・S.
　1972〜　㊟「日本の最高裁を解剖する」現代人文社，大学図書（発売）　2013
Law, Debbie　ロー，デビー
　㊟「標準J2EEテクノロジー」翔泳社　2003
Law, Derek　ロー，デレク
　㊌アメリカ　野球選手
Law, Felicia　ロー，フェリシア
　㊟「お金のなりたち」トランスワールドジャパン　2007
Law, Hieng Ding　ラウ・ヒーンディン
　㊌マレーシア　科学技術・環境相
Law, Ingrid　ロウ，イングリッド
　1970〜　㊌アメリカ　作家　児童書
Law, Jane Marie　ロー，ジェーンマリー
　㊟「神舞い人形」斎藤智之　2012
Law, John Philip　ロー，ジョン・フィリップ
　1937〜2008　㊌アメリカ　俳優
Law, Jude　ロウ，ジュード
　1972〜　㊌イギリス　俳優，映画監督　㊟ロー，ジュード
Law, Kar Po　ルオ・ジャバオ
　㊌香港　実業家　漢字名＝羅家宝
Law, Leslie　ロー
　㊌イギリス　馬術選手
Law, Stephanie Pui-Mun　ロー，ステファニー・プイ・ムン
　㊟「ファンタジー世界の生き物を描く」マール社　2015
Law, Stephen　ロー，スティーブン
　㊟「哲学がかみつく」柏書房　2015
Law, Ty　ロー，タイ
　1974〜　㊌アメリカ　元アメフト選手
Lawal, Amadou　ラワル，アマドゥ
　㊌ニジェール　高等教育・研究・技術相
Lawal, Hassan M.　ラワル，ハッサン・M.
　㊌ナイジェリア　職業・住宅相　㊟ラワル，ハッサン
Lawal, Lukeman　ラワル，ルークマン
　㊟「プロジェクト・マネジャーが知るべき97のこと」オライリー・ジャパン，オーム社（発売）　2011
Lawani, Soule Mana　ラワニ，スル・マナ
　㊌ベナン　財務相
Lawes, Courtney　ローズ，コートニー
　㊌イングランド　ラグビー選手
Lawford, Patricia Kennedy　ローフォード，パトリシア・ケネディ
　1924〜2006　㊌アメリカ　ケネディ大統領の妹
Lawler, Andrew　ロウラー，アンドリュー
　㊟「ニワトリ人類を変えた大いなる鳥」インターシフト，合同出版（発売）　2016
Lawler, Edward E., Ⅲ　ローラー，エドワード・E., 3世
　㊟ロウラー，エドワード・E., 3世　㊟「検証成果主義」白桃書房　2004
Lawler, Janet　ローラー，ジャネット
　㊟「ほっきょくのクリスマス」大日本絵画　〔2016〕
Lawler, Kenny　ローラー，ケニー
　㊌アメリカ　アメフト選手
Lawless, Annie　ローレス，アニー
　SUJA JUICE共同創業者
Lawless, Clive　ロウレス，クライブ
　㊟「理性と信仰」すぐ書房　2003
Lawless, Jade　ローレス，ジェイド
　㊟「シークレット」ソフトバンククリエイティブ　2009
Lawless, Julia　ローレス，ジュリア
　㊟「図解 アロマセラピー活用百科」産調出版　2003
Lawlor, Krista　ロウラー，クリスタ
　㊟「新たな全人的ケア」日本ホスピス・緩和ケア研究振興財団，青海社（発売）　2016
Lawlor, Robert　ローラー，ロバート
　1938〜　㊟「アボリジニの世界」青土社　2003
Lawrence, Alfred　ローレンス，アルフレッド
　㊟「刑事コロンボ〈人形の密室〉」二見書房　2001
Lawrence, Alistair　ローレンス，アリステア
　㊟「アビイ・ロード・スタジオ」河出書房新社　2013
Lawrence, Anne T.　ローレンス，アン・T.
　㊟「企業と社会」ミネルヴァ書房　2012
Lawrence, Bruce　ローレンス，ブルース
　㊟「コーランの読み方」ポプラ社　2016
Lawrence, Carl　ローレンス，カール
　㊟「中国リバイバルの躍進」アジア・アウトリーチ　2002
Lawrence, Caroline　ローレンス，キャロライン
　㊟「オスティア物語」PHP研究所　2003
Lawrence, Chris　ローレンス，クリス
　アカデミー賞 特殊効果賞（第86回（2013年））　"Gravity"
Lawrence, Demarcus　ローレンス，デマーカス
　㊌アメリカ　アメフト選手
Lawrence, Denis　ローレンス，デニス
　㊟「教室で自尊感情を高める」田研出版　2008
Lawrence, Edmund　ローレンス，エドムンド
　㊌セントクリストファー・ネイビス　総督
Lawrence, Eleanor　ローレンス，エレノア
　1949〜　㊟「エレガンスに魅せられて」琉球新報社　2005
Lawrence, Eric　ローレンス，エリック
　㊟「実践Fiddler」オライリー・ジャパン，オーム社（発売）　2013
Lawrence, Felicity　ローレンス，フェリシティ
　㊟「危ない食卓」河出書房新社　2005
Lawrence, Francis　ローレンス，フランシス
　MTVアワード 最優秀監督（第27回（2010年））ほか
Lawrence, Iain　ローレンス，イアン
　1955〜　カナダ総督文学賞 英語 児童文学（物語）（2007年）　"Gemini Summer"
Lawrence, Jacqueline　ローレンス
　㊌オーストラリア　カヌー選手
Lawrence, Jamie　ローレンス，ジェイミー
　㊟「みんな集まれ！ハリー・ポッター7前夜祭」出版文化社　2007
Lawrence, Jennifer　ローレンス，ジェニファー

1990～ 国アメリカ 女優
Lawrence, Jennifer B. ローレンス, ジェニファー・B.
著「ブル、わらってよ！」大日本絵画 〔2001〕
Lawrence, John ローレンス, ジョン
1933～ 著「タツノオトシゴ」評論社 2006
Lawrence, Ken ローレンス, K.
著「ジョン・レノン120の言葉」ディスカヴァー・トゥエンティワン 2006
Lawrence, Kim ローレンス, キム
著「秘書の報われぬ夢」ハーパーコリンズ・ジャパン 2016
Lawrence, Lawrence D.H. ローレンス, ローレンス・D.H.
著「ヘロデの呪い」中央アート出版社 2002
Lawrence, Lyndsey ロレンス, リンジー
著「ファットレディス・クラブ」主婦の友社 2003
Lawrence, Marc ローレンス, マーク
1910～2005 国アメリカ 俳優
Lawrence, Marc ローレンス, マーク
1959～ 国アメリカ 映画監督, 脚本家
Lawrence, Micah ローレンス
国アメリカ 競泳選手
Lawrence, Michael C. ローレンス, マイケル
著「もしもぼくがライオンだったら」小学館 2002
Lawrence, Paul R. ローレンス, ポール・R.
著「ハーバード・ビジネススクールの〈人間行動学〉講義」ダイレクト出版 2013
Lawrence, Peter ローレンス, ピーター
トニー賞 トニー名誉賞（2013年（第67回））
Lawrence, Randee Lipson ローレンス, ランディ・リプソン
著「身体知」福村出版 2016
Lawrence, Rashad ローレンス, ラシャド
アメリカ アメフト選手
Lawrence, Richard ローレンス, リチャード
著「検証UFOはほんとうに存在するのか？」ガイアブックス, 産調出版（発売） 2012
Lawrence, Robb ローレンス, ロブ
著「レスポール大名鑑1968～2009」Pヴァイン・ブックス, スペースシャワーネットワーク（発売） 2011
Lawrence, Sandra ローレンス, サンドラ
著「ブランド・マネジメント」ダイヤモンド社 2001
Lawrence, Sihne ローレンス, シエナ
国ミクロネシア連邦 財務行政相
Lawrence, Tayna ローレンス
国ジャマイカ 陸上選手
Lawrence, Theodore S. ローレンス, セオドール・S.
著「デヴィータがんの分子生物学」メディカル・サイエンス・インターナショナル 2012
Lawrence, Tim ローレンス, ティム
1967～ 著「アーサー・ラッセル」ブルース・インターアクションズ 2010
Lawrence, Volda ローレンス, ボルダ
国ガイアナ 社会的保護相
Lawrence-stample, Nile ローレンス・スタンプル, ナイル
国アメリカ アメフト選手
Lawrie, Brett ロウリー, ブレット
国カナダ 野球選手
Lawrie, J.Michael ローリー, J.マイケル
著「「問題社員」の管理術」ダイヤモンド社 2007
Lawrie, Paul ローリー, ポール
1969～ 国イギリス プロゴルファー 本名＝ローリー, ポール・スチュワート〈Lawrie, Paul Stewart〉
Lawry, Kalyani ローリー, カリヤニ
著「ただそれだけ」ナチュラルスピリット 2011
Laws, Bill ローズ, ビル
著「50の道具とアイテムで知る図説ガーデンツールの歴史」原書房 2015
Laws, D.Richard ローズ, D.リチャード
監ロウズ, D.リチャード 著「性犯罪からの離脱」日本評論社 2014
Laws, Emma ローズ, エマ
著「Little Tim and the Brave Sea Captain」こぐま社 2011
Laws, John Muir ローズ, ジョン・ミューア
著「鳥の描き方マスターブック」マール社 2016
Laws, Kenneth ローズ, ケネス
著「やさしいダンスの物理学」大修館書店 2005
Laws, Robin D. ローズ, ロビン・D.
著「ダンジョン・マスターズ・ガイド」ホビージャパン 2010

Lawson, Andrew ローソン, アンドリュー
著「英国王立園芸協会香り植物図鑑」柊風舎 2016
Lawson, Anthea ローソン, アンシア
著ロマンス, ミステリー
Lawson, Bruce ローソン, ブルース
1966～ 著ローソン, B. 著「HTML5入門」ピアソン桐原 2012
Lawson, Christine Ann ローソン, クリスティーヌ・A.
著「母に心を引き裂かれて」とびら社, 新曜社（発売） 2007
Lawson, Cina ラウソン, シナ
国トーゴ 郵便・デジタル経済相
Lawson, Colin ローソン, コリン
著「古典派の音楽」音楽之友社 2014
Lawson, Corrina ローソン, コリーナ
著「ギークマム」オライリー・ジャパン, オーム社（発売） 2013
Lawson, Dorie McCullough ローソン, ドリー・マクロウ
著「次世代に伝える言葉」新潮社 2005
Lawson, Edward H. ローソン, エドワード
著「人権百科事典」明石書店 2002
Lawson, Jacqueline ローソン, ジャクリーン
著「エビデンスに基づく高齢者の作業療法」ガイアブックス 2014
Lawson, Jarrion ローソン, ジャリオン
国アメリカ 陸上選手
Lawson, Joan ローソン, ジョーン
1907～ 著「ヤングダンサー指導のためのバレエの基本レッスン」大修館書店 2003
Lawson, John ロースン, ジョン
1913～ 著「イギリス教育社会史」学文社 2007
Lawson, JonArno ローソン, ジョナルノ
著「おはなをあげる」ポプラ社 2016
Lawson, Juah ローソン, ジュア
国リベリア 労相
Lawson, Karen ローソン, カレン
著「リーダーシップ開発の基本」ヒューマンバリュー 2013
Lawson, Kristan ローソン, クリスタン
著「ダーウィンと進化論」日本ライトハウス 2012
Lawson, M.A. ロースン, M.A.
国アメリカ 作家 著ミステリー, サスペンス 別筆名＝ロースン, マイク〈Lawson, Mike〉
Lawson, Manny ローソン, マニー
国アメリカ アメフト選手
Lawson, Nevin ローソン, ネビン
国アメリカ アメフト選手
Lawson, Ricky ローソン, リッキー
1954～2013 国アメリカ ドラム奏者
Lawson, Sarah ローソン, サラ
著「子どもをいじめから守る本」PHP研究所 2001
Lawson, Shaq ローソン, シャック
国アメリカ アメフト選手
Lawson, Sue ローソン, スー
著「もうすぐママは星になる」汐文社 2007
Lawson, Tony ローソン, トニー
1950～ 著「経済学と実在」日本評論社 2003
Lawson, Ty ローソン, タイ
国アメリカ バスケットボール選手
Lawson, Wendy ローソン, ウェンディ
1952～ 著「アスペルガー流人間関係」東京書籍 2011
Lawther, James ローサー, ジェイムズ
著「ボルドー」ガイアブックス, 産調出版（発売） 2011
Lawton, Mary ロートン, メアリー
著「パデレフスキ自伝」ハンナ 2016
Lawton, Thomas ロートン, トマス
著「ブレイクアウトストラテジー」日経BP社, 日経BP出版センター（発売） 2007
Lawzi, Ahmed ラウジ, アハメド
1925～2014 国ヨルダン 政治家 ヨルダン首相 本名＝Lawzi, Ahmed Abdel Kareem al-
al-Lawzi, Hasan Ahmad ラウジ, ハサン・アハマド
国イエメン 情報相
Lax, David A. ラックス, デービッド・A.
著「最新ハーバード流3D交渉術」阪急コミュニケーションズ 2007
Lax, Eric ラックス, エリック
著「放射線と冷静に向き合いたいみなさんへ」早川書房 2013
Lax, Peter David ラックス, ピーター

1926〜　数学者　ニューヨーク大学名誉教授　[専]流体力学, 偏微分方程式, 数値解析

Laxalt, Diego　ラクサール, ディエゴ
[国]ウルグアイ　サッカー選手

Lay, Francisco Kalbuadi　ライ, フランシスコ・カルブアディ
[国]東ティモール　観光相

Lay, Kenneth Lee　レイ, ケネス
1942〜2006　[国]アメリカ　実業家　エンロン会長・CEO　通称＝レイ, ケン〈Lay, Ken〉

Lay, Pedro　ライ, ペドロ
[国]東ティモール　運輸・通信相

Lay, Thorne　レイ, T.
[著]「地震学」 古今書院　2002

Laybourn, Thomas　レイボーン
[国]デンマーク　バドミントン選手　[異]ライベウルン

Layden, Joseph　ライデン, ジョー
1959〜　[異]レイデン, ジョー　[著]「あの瞬間、ぼくらは宇宙に一番近かった」 講談社　2004

Layden, Scott　レイデン, スコット
[国]アメリカ　ミネソタ・ティンバーウルブズGM

Layfield, Rhonda　レイフィールド, ロンダ
[著]「Windows Server 2008 networking パーフェクトガイド」 翔泳社　2010

Layman, Andrew　レイマン, アンドリュー
[著]「ソフトウェアの未来」 翔泳社　2001

Layman, Jake　レイマン, ジェイク
[国]アメリカ　バスケットボール選手

Layman, John　レイマン, ジョン
[著]「ガーディアンズ：チームアップ」 小学館集英社プロダクション　2016

Laymon, Richard　レイモン, リチャード
1947〜2001　[国]アメリカ　作家

Layne, Christopher　レイン, クリストファー
[著]「幻想の平和」 五月書房　2011

Layne, Tommy　レイン, トニー
[国]アメリカ　野球選手

Lay Prohas　ライ・プロハ
[国]カンボジア　観光相　[異]ライ・プラハ

Layton, Eddie　レイトン, エディ
？〜2004　[国]アメリカ　オルガン奏者　ヤンキースタジアム専属オルガン奏者

Layton, Neal　レイトン, ニール
ネスレ子どもの本賞 5歳以下部門 金賞（2006年）ほか

Layun, Miguel　ラジュン, ミゲル
[国]メキシコ　サッカー選手

Layyoun, Gaby　レオン, ガビー
[国]レバノン　文化相

Lazan, Marion Blumenthal　ラザン, マリオン・ブルーメンタール
1934〜　[著]「おまもり」 あすなろ書房　2002

Lázár, János　ラーザール・ヤーノシュ
[国]ハンガリー　首相府長官

Lazar, Jerry　ラザー, ジェリー
[著]「ビートルズ世界証言集」 ポプラ社　2006

Lazar, Mihai　ラザル, ミハイツァ
[国]ルーマニア　ラグビー選手

Lazar, Ralph　レザー, ラルフ
[著]「FRIENDSHIP IS…」 文響社　2015

Lazar, Valeriu　ラザル, バレリウ
[国]モルドバ　副首相兼経済相

Lazar, Veronica　ラザール, ヴェロニカ
1938〜2014　女優

Lazard, Madeleine　ラザール, マドレーヌ
[著]「リヨンのルイーズ・ラベ」 水声社　2008

Lazare, Carol　ラザーレ, キャロル
[著]「スロウ・ハンド」 角川書店　2002

Lazarev, Aiaal　ラザレフ, アイアル
[国]キルギス　レスリング選手

Lazarev, Aleksandr　ラザレフ, アレクサンドル
1945〜　[国]ロシア　指揮者　日本フィルハーモニー交響楽団首席指揮者　ボリショイ交響楽団首席指揮者, ボリショイ劇場オペラ部門音楽監督　本名＝Lazarev, Aleksandr Nikolaevich　[異]ラーザレフ／ラザレフ, アレクサンダー

Lazarev, Sergey N.　ラザレフ, セルゲイ・ニコラエヴィチ
1952〜　[著]「この「心のクリーニング」ですばらしい未来を手に入れる！」 三笠書房　2011

Lazareva, Tetyana　ラザレワ
[国]ウクライナ　レスリング選手

Lazarides, Linda　ラザリデス, リンダ
[著]「1週間で7キロやせるヨーロッパ流体内水分ダイエット」 実業之日本社　2002

Lazaroni, Sebastião Barroso　ラザロニ, セバスチャン
1950〜　[国]ブラジル　サッカー監督　サッカー・ブラジル代表監督　[異]ラザローニ, セバスチャン／ラザロニ, セバスティアン

Lazarova, Rouja　ラザロヴァ, ルージャ
1968〜　[著]「ジャンとジュール」 角川書店　2001

Lazarsfeld, Sofie　ラザースフェルド, ソフィー
[著]「アドラーの思い出」 創元社　2007

Lazarus, Arnold A.　ラザルス, アーノルド
[著]「秘密があるほうが、男と女はうまくいく」 ダイヤモンド社　2003

Lazarus, Richard S.　ラザルス, リチャード・S.
[著]「ストレスと情動の心理学」 実務教育出版　2004

Lazarus, Shelly　ラザラス, シェリー
1947〜　[国]アメリカ　実業家　オグルビー&メイザー・ワールドワイド名誉会長　本名＝Lazarus, Rochelle

Lazarus, Tom　ラザルス, トム
グラミー賞 最優秀録音技術アルバム（クラシック）（2008年（第51回））　"Traditions And Transformations: Sounds Of Silk Road Chicago"

LaZebnik, Claire Scovell　ラゼブニック, クレア
[著]「自閉症を克服する」 NHK出版　2011

Lazenby, Roland　レイゼンビー, ローランド
[著]「マイケル・ジョーダン」 東邦出版　2016

Lazere, Cathy A.　ラゼール, キャシー
[著]「生物化するコンピュータ」 講談社　2013

Lazic, Dejan　ラツィック, デヤン
1977〜　[国]クロアチア　ピアニスト, 作曲家　[異]ラジッチ, デヤン

Lazo Hernández, Juan Esteban　ラソ・エルナンデス, フアン・エステバン
[国]キューバ　国家評議会副議長　[異]ラソ・エルナンデス, エステバン

Lazovic, Darko　ラゾヴィッチ, ダルコ
[国]セルビア　サッカー選手

Lazović, Vujica　ラゾビッチ, ブイツァ
[国]モンテネグロ　副首相兼情報社会・通信相

Lazreg, Hacene　ラズレグ, ハセン
[国]アルジェリア　元・オラン工科大学学長, 元・オラン大学学長

Lazutina, Larissa　ラズティナ
[国]ロシア　クロスカントリースキー選手

Lazzarato, Maurizio　ラッツァラート, マウリツィオ
1955〜　[著]「記号と機械」 共和国　2016

Lazzaro, Joseph J.　ラザーロ, ジョゼフ
[著]「アダプティブテクノロジー」 慶応義塾大学出版会　2002

Lazzeroni, Claudius　ラッツェローニ, クラウディウス
1965〜　[著]「GENERATIVE DESIGN」 ビー・エヌ・エヌ新社　2016

Lê, Khac Cuong　レー, カク・クオン
[著]「ラグライの昔話」 ティエラコーポレーション, 岩田書院（発売）　2005

Le, Nam　リー, ナム
1978〜　[国]オーストラリア　作家　[専]文学

Lê, Phạm Lê　レ, パム・レ
[異]レ, ファム・レ　[著]「荒波を越えて」 竹林館　2013

Lê, Văn Dịnh　レ, ヴァン・ディン
[著]「ベトナムの都市化とライフスタイルの変遷」 ビスタピー・エス　2015

Lea, Dale Halsey　リー, デール・ハルツェ
[著]「遺伝看護の実践」 日本看護協会出版会　2001

Lea, Douglas　リー, ダグ
[著]「Java並行処理プログラミング」 ソフトバンククリエイティブ　2006

Lea, Gil　リーア, ジル
[著]「旅行の健康管理」 一灯舎, オーム社（発売）　2008

Lea, Per　リー, ペル
[著]「官能評価データの分散分析」 東京図書　2010

Lea, Sandie　リー, サンディ
[著]「キャンドル・メイキングの技法事典」 スタジオタッククリエイティブ　2007

Leach, Andrew　リーチ, アンドリュー
1976〜　[著]「建築史とは何か」 中央公論美術出版　2016

Leach, Barry A.　リーチ, バリー

Leach, Garry　リーチ, ゲイリー
著「ドイツ参謀本部」原書房 2001
著「ミラクルマン」ヴィレッジブックス 2014

Leach, Julia　リーチ, ジュリア
著「教師のためのアスペルガー症候群ガイドブック」中央法規出版 2005

Leach, Larry　リーチ, ラリー
著「リーンプロジェクトマネジメント」ラッセル社 2007

Leach, Neil　リーチ, ニール
著「What is OMA」TOTO出版 2005

Leach, Richard M.　リーチ, リチャード・M.
著「一目でわかるクリティカルケア」メディカル・サイエンス・インターナショナル 2006

Leacock, Elspeth　リーコック, エルズペス
著「セルマの行進」汐文社 2015

Leacock, Stephen　リーコック, スティーブン
著「ミステリの美学」成甲書房 2003

Leadbeater, Charles　リードビーター, チャールズ
著「ぼくたちが考えるに,」エクスナレッジ 2009

Leadbetter, David　レッドベター, デービッド
1952〜　国アメリカ　プロゴルファー（ティーチングプロ）　異レッドベター, デビッド

Leadbetter, Tom　レッドベター, トム
1983〜　著「HTML5開発クックブック」ピアソン桐原 2012

Leadbitter, Grant　リードビター, グラント
国イングランド　サッカー選手

Leader, Darian　リーダー, ダリアン
著「本当のところ, なぜ人は病気になるのか？」早川書房 2008

Leader, Imre　リーダー, イムレ
著「プリンストン数学大全」朝倉書店 2015

Leadsom, Andrea　レッドソム, アンドレア
国イギリス　環境・食料・農村相

Leaf, David　リーフ, デヴィッド
著「Kissビハインド・ザ・マスク」シンコーミュージック・エンタテイメント 2005

Leaffer, Marshall A.　リーファー, マーシャル・A.
著「アメリカ著作権法」レクシスネクシス・ジャパン 2008

League, Brandon　リーグ, ブランドン
国アメリカ　野球選手

Leahy, Monica Mendez　リー, モニカ・M.
著「結婚したい。でも, 愛だけじゃ結婚できない。」オープンナレッジ 2006

Leahy, Robert L.　リーヒイ, ロバート・L.
異リーヒ, ロバート・L.　著「認知療法全技法ガイド」星和書店 2006

Leahy, Terry　リーヒー, テリー
1956〜　国イギリス　実業家　テスコCEO

Leak, Nancy M.　リーク, ナンシー・M.
著「The kissing hand」アシェット婦人画報社 2007

Leake, Kate　リーク, ケイト
著「どんどんめくってはっけん！からだのふしぎ」学研教育出版, 学研マーケティング（発売）2013

Leake, Mike　リーク, マイク
国アメリカ　野球選手

Leakey, Richard Erskine Frere　リーキー, リチャード
1944〜　著「アフリカゾウを護る闘い」コモンズ 2005

Leal, Linda　レアル, リンダ
1950〜　著「ファミリー中心アプローチの原則とその実際」学苑社 2005

Leal Sanches, Marcelino　レアルサンチェス, マルセリーノ
国サントメ・プリンシペ　青年・スポーツ相

Leal Spengler, Eusebio　レアル・スペングラー, エウセビオ
国キューバ　ハバナ歴史事務所長, キューバ・日本友好議員連盟副会長, 人民権力全国議会議員

Leaman, Oliver　リーマン, オリヴァー
1950〜　著「イスラム哲学とは何か」草思社 2012

Lean, Rob　レオン, ロブ
著「NEW 52：スーパーマン/ヤング・ジャスティス」ヴィレッジブックス 2013

Lean, Sarah　リーン, サラ
国イギリス　作家　異児童書

Leancă, Iurie　リャンカ, ユリエ
国モルドバ　首相

Leandro Castan　レアンドロ・カスタン
国ブラジル　サッカー選手

Leanne, Shelly　リーアン, シェル

リアン, シェル　著「オバマ話術」PHP研究所 2009

Leao, Emerson　レオン, エメルソン
1949〜　国ブラジル　サッカー指導者, 元サッカー選手　サッカー・ブラジル代表監督

Leape, Lucian L.　リープ, ルシアン・L.
著「医療過誤対策」青木書店 2001

Leaper, Steven　リーパー, スティーブン
1947〜　国アメリカ　翻訳家　広島平和文化センター理事長

Lear, Amanda　リア, アマンダ
著「サルバドール・ダリが愛した二人の女」西村書店 2001

Lear, Evelyn　リア, イブリン
1926〜2012　国アメリカ　ソプラノ歌手　異リア, イヴリン / リアー, イーヴリン

Lear, Jonathan　リア, ジョナサン
著「開かれた心」里文出版 2005

Lear, Linda J.　リア, リンダ
1940〜　著「失われた森」集英社 2009

Lear, Martha Weinman　リア, マーサ・W.
著「ほら, あの「アレ」は…なんだっけ？」講談社 2010

Learned, Andrea　ラーニド, アンドレア
著「女性に選ばれるマーケティングの法則」ダイヤモンド社 2005

Lears, T.J.Jackson　リアーズ, T.J.ジャクソン
1947〜　著「近代への反逆」松柏社 2010

Leary, Joyce　レアリー, ジョイス
著「老化の生命科学」アークメディア 2007

Leary, Mark R.　レアリー, マーク
異リアリー, M.R.　著「パーソナルな関係の社会心理学」北大路書房 2004

Leary, Ronald　リアリー, ロナルド
国アメリカ　アメフト選手

Leary-Joyce, Judith　リアリー＝ジョイス, ジュディス
著「「すばらしい上司」の条件」PHP研究所 2010

Leas, Connie　リース, コニー
著「「ありがとう」の心を手紙に書こう」リヨン社, 二見書房（発売）2005

Leatham, Victoria　リーサム, ヴィクトリア
1969〜　著「ブラッドレッティング」竹書房 2004

Leather, Stephen　レザー, スティーブン
著「ロンドン爆破まで九日間」ランダムハウス講談社 2005

Leathersich, Jack　レザーシッチ, ジャック
国アメリカ　野球選手

Léaud, Jean-Pierre　レオ, ジャン・ピエール
1944〜　国フランス　俳優

Leavel, Beth　リーヴェル, ベス
トニー賞 ミュージカル 助演女優賞（2006年（第60回））"The Drowsy Chaperone"

Leavell, Chuck　リーヴェル, チャック
著「ロック・アンド・ホーム・プレイス」レインボウブリッジ, 星雲社（発売）2007

Leaver, Robin A.　リーヴァー, ロビン・A.
1939〜　著「説教者としてのJ.S.バッハ」教文館 2012

Leavitt, Craig　リービット, クレイグ
1960〜　国アメリカ　実業家　ケイト・スペードニューヨークCEO

Leavitt, David　レヴィット, デイヴィッド
1961〜　異レーヴィット, デイヴィッド　著「数式に憑かれたインドの数学者」日経BP社, 日経BP出版センター（発売）2009

Leavitt, Harold J.　レヴィット, ハロルド・J.
異レビット, ハロルド・J.　著「最強集団ホットグループ奇跡の法則」東洋経済新報社 2007

Leavitt, Martine　レヴィット, マーティン
1953〜　著「ひとりぼっちのスーパーヒーロー」鈴木出版 2006

Leavitt, Mike　レビット, マイク
1951〜　国アメリカ　政治家　米国厚生官, 米国環境保護局（EPA）長官, ユタ州知事　本名＝Leavitt, Michael Okerlund　異レビット, マイケル / レヴィット, マイク

Leavitt, Sarah A.　レヴィット, サラ・A.
著「アメリカの家庭と住宅の文化史」彩流社 2014

Leavy, Calvin　リービー, カルビン
1940〜2010　国アメリカ　ブルース歌手　異リーヴィ, カルヴィン

Leavy, Hannelore R.　レヴィ, ハンネロール・R.
著「The spa」フレグランスジャーナル社 2005

Le Bail, Hélène　ルバイ, エレン
1975〜　著「排外主義を問いなおす」勁草書房 2015

Lebanidze, Tamar レバニゼ, タマル
[国]ジョージア 環境相
Le Banner, Jerome レ・バンナ, ジェロム
1972～ [国]フランス 格闘家
Lebas, Michel レバス, マイケル
[著]「業績評価の理論と実務」 東洋経済新報社 2004
Lebbon, Tim レボン, ティム
1969～ [著]「エイリアン」 竹書房 2014
LeBeau, Charles ルボー, チャールズ
[著]「マーケットのテクニカル秘録」 パンローリング 2004
Lebeau, Dick ルボー, ディック
[国]アメリカ テネシー・タイタンズコーチ
Lebeaume, Clément ルボーム, クレマン
[著]「もののしくみ大図鑑」 世界文化社 2016
Lebeaume, Joël ルボーム, ジョエル
[著]「もののしくみ大図鑑」 世界文化社 2016
Le Bec, Gwendal ル・ベック, グウェンダル
1987～ [著]「ちびっこゴリラ、ほんとうにほんとう？」 BL出版 2015
Lebech, Johannes レベック, ヨハネス
[国]デンマーク 教育・宗教相
Lebed', Aleksander Ivanovich レベジ, アレクサンドル
1950～2002 [国]ロシア 政治家, 軍人 クラスノヤルスク地方知事, ロシア国民共和党党首, ロシア安全保障会議書記
Lebedev, Alexsander レベジェフ, アレクサンドル
1960～ [国]ロシア 銀行家 ロシア国立準備銀行頭取 本名＝Lebedev, Alexsander Yevgenyevich
Lebedev, Larion Aleksandrovich レベヂェフ, ラリオン・アレクサンドロヴィチ
[国]ロシア 国営公社「ロスアトム」プロジェクト・技術専門国立研究開発センター長, 福島原発事故対応に関する日露原子力専門家会合露側コーディネーター
Lebedev, Pavlo レベジェフ, パブロ
[国]ウクライナ 国防相
Lebedev, Sergei N. レベジェフ, セルゲイ・N.
[国]ロシア 対外情報局長官
Lebedev, Viktor レベデフ, ビクトル
[国]ロシア レスリング選手
Lebedev, Vladimir レベデフ
[国]ロシア フリースタイルスキー選手
Lebedeva, Tatyana レベデワ, タチアナ
1976～ [国]ロシア 三段跳び選手, 走り幅跳び選手 [異]レベデワ
Lebedynsky, Iaroslav レベディンスキー, ヤロスラフ
1960～ [著]「アッティラ大王とフン族」 講談社 2011
Lebel, Denis レベル, デニス
[国]カナダ 社会基盤・地域社会・州政府間関係相
Le Bemadjiel, Djerassem ルベマジエル, ジェラッセム
[国]チャド 石油・鉱山・エネルギー相
Lebensztejn, Jean Claude レーベンシュテイン, ジャン＝クロード
1942～ [著]「猫の音楽」 勁草書房 2014
Leberer, Sigrid レバーラー, シグリッド
[著]「くまさんのいちにち」 大日本絵画 〔2002〕
LeBert, Margo A. ルバート, M.A.
1947～ [著]「キリスト者小共同体」 新世社 2002
Lebesa, Popane レベサ, ポパネ
[国]レソト 貿易・産業相
Lebesco, Kathleen ルベスコ, キャスリーン
[著]「不健康は悪なのか」 みすず書房 2015
Lebeshev, Pavel レベシェフ, パヴェル
1940～2003 [国]ロシア 映画カメラマン [異]レーベシェフ, パーヴェル / レベシェフ, パベル
Lebesis, Spiridon レベシス
[国]ギリシャ 陸上選手
Lebesson, Emmanuel ルベッソン, エマニュエル
[国]フランス 卓球選手
Lebet, Jean-Paul ルベ, ジャン - ポール
1950～ [著]「鋼橋」 鹿島出版会 2016
Le Bihan, Frèdèric ル・ビアン, フレデリック
[著]「できる人のマップ思考」 PHP研究所 2007
Le Billon, Karen ル・ビロン, カレン
[著]「フランスの子どもはなんでも食べる」 WAVE出版 2015
Leblanc, Cre'von レブランク, クレボン
[国]アメリカ アメフト選手
LeBlanc, David ルブラン, デイビッド
1960～ [著]「プログラマのためのセキュリティ対策テクニック」 日経BPソフトプレス, 日経BP出版センター（発売） 2004
Leblanc, Dominic ルブラン, ドミニク
[国]カナダ 漁業海岸相兼沿岸警備隊相
LeBlanc, Janet ルブラン, J.
[著]「スポーツ大好き！ な子どもを育てる「62」の方法」 西村書店 2009
LeBlanc, Matt ルブラン, マット
ゴールデン・グローブ賞 テレビ 男優賞（ミュージカル・コメディ）（第69回（2011年度）） “Episodes”
LeBlanc, Robin M. ルブラン, ロビン
1966～ [著]「バイシクル・シティズン」 勁草書房 2012
Leblanc, Sophie ルブラン, ソフィー
[著]「リラックス塗り絵」 河出書房新社 2015
LeBlanc, Sydney ルブラン, シドニー
[著]「SMA」 金融財政事情研究会, きんざい（発売） 2005
Leblanc, Wade ルブラン, ウエイド
[国]アメリカ 野球選手
Leblanc-boucher, Anouk ルブランブシェ
[国]カナダ ショートトラック選手
Leblang, Camille ルブラン, カミーユ
[国]ハイチ共和国 法務・公安相
Leblond, Joëlle ルブロン, ジョエル
[著]「パリの青い鳥」 BL出版 2003
Leblond, Michaël レブロン, ミカエル
[異]レブロン, ミッシェル [著]「ルナパークのパジャママン」 大日本絵画 2014
Le Blouch, Kilian ルブルク, キリアン
[国]フランス 柔道選手
Lebo, Harlan リーボ, ハーラン
[著]「ザ・ゴッドファーザー」 ソニー・マガジンズ 2001
LeBoeuf, Michael ルボーフ, マイケル
[著]「一生お金に困らない人のシンプルな法則」 ダイヤモンド社 2007
Le Bon, Simon ル・ボン, サイモン
1958～ [国]イギリス ロック歌手 本名＝ル・ボン, サイモン・ジョン・チャールズ〈Le Bon, Simon John Charles〉
LeBor, Adam レボー, アダム
[著]「BIS国際決済銀行隠された歴史」 成甲書房 2016
Leborg, Christian リボルグ, クリスチャン
[著]「Visual grammar」 ビー・エヌ・エヌ新社 2007
Lebot, Yvon ル・ボ, イボン
[著]「サパティスタの夢」 現代企画室 2005
Leboucher, Laurence ルブシェ
[国]フランス 自転車選手
Lebouthillier, Diane ルブティリエ, ディアンヌ
[国]カナダ 歳入相
Lebow, Grace レボウ, グレース
[著]「うちの親には困ったものだ」 草思社 2007
Lebowitz, Fran レボウィッツ, フラン
[著]「チャスとリサ、台所でパンダに会う」 晶文社 2003
Lebra, Joyce C. リーブラ, ジョイス・チャップマン
[著]「王妃ラクシュミー」 彩流社 2008
Lebranchu, Marylise ルブランシュ, マリリーズ
[国]フランス 地方分権・公務員相
Le Bras, Hervé ル・ブラーズ, エルヴェ
1943～ [著]「不均衡という病」 藤原書店 2014
Le Bras, Yann ル＝ブラ, ヤン
[著]「崇高なるソクラテスの死」 ディスカヴァー・トゥエンティワン 2011
Lebrecht, Norman レブレヒト, ノーマン
1948～ [著]「クラシックレコードの百年史」 春秋社 2014
Le Breton-Miller, Isabelle ル・ブレトン＝ミラー, イザベル
[著]「同族経営はなぜ強いのか？」 ランダムハウス講談社 2005
Le Brun, Annie ル・ブラン, アニー
[著]「ダダ・シュルレアリスム新訳詩集」 思潮社 2016
Lebrun, Bernard ルブラン, ベルナール
1955～ [著]「ロバート・キャパ」 原書房 2012
Lebrun, Celine ルブラン
[国]フランス 柔道選手
Lebrun, Francois ルブラン, フランソワ
1923～ [著]「アンシアン・レジーム期の結婚生活」 慶応義塾大学出版会 2001
Lebrun, Marc ルブラン, マルク
[著]「インターポール」 白水社 2005
Le Cao Dai レ・カオ・ダイ
1928～2002 [国]ベトナム 外科医 ハノイ医科大学教授

Le Carré, John　ル・カレ, ジョン
　1931〜　国イギリス　スパイ作家　本名＝コーンウェル, デービッド・ジョン・ムア〈Cornwell, David John Moore〉
Lecaye, Olga　ルカイユ, オルガ
　1916〜2004　著「おおかみのおいしゃさん」岩波書店　2009
Lecercle, Jean-Jacques　ルセルクル, ジャン＝ジャック
　1946〜　著「言葉の暴力」法政大学出版局　2008
Lechasseur, Eric　レシャソー, エリック
　1967〜　著「エリックのマクロビオティック・スイーツ」パルコエンタテインメント事業局　2007
Lechermeier, Philippe　ルシェルメイエル, フィリップ
　1968〜　著「だれも知らなかったお姫さま図鑑」講談社　2011
Lechevalier, Bernard　ルシュヴァリエ, ベルナール
　著「モーツァルトの脳」作品社　2011
Lechevalier, Sébastien　ルシュヴァリエ, セバスチャン
　1973〜　著「日本資本主義の大転換」岩波書店　2015
Lechler, Shane　レクラー, シェイン
　国アメリカ　アメフト選手
Lechner, Eva　レヒナー, エバ
　国イタリア　自転車選手
Lechter, Sharon L.　レクター, シャロン
　著「金持ちになる教えのすべて」マイクロマガジン社（発売）c2008
Lečić, Branisrav　レチッチ, ブラニスラブ
　国セルビア　文化相
Lecjaks, Jan　レツヤクス, ヤン
　国チェコ　サッカー選手
Leckey, Mark　レッキー, マーク
　国イギリス　ターナー賞（2008年）
Leckie, Ann　レッキー, アン
　1966〜　国アメリカ　作家　SF, ファンタジー
Leckie, Gloria J.　レッキー, グロリア・J.
　著「場としての図書館」京都大学図書館情報学研究会, 日本図書館協会（発売）2008
Leckie, Mathew　レッキー, マシュー
　国オーストラリア　サッカー選手
Leckie, Robert　レッキー, ロバート
　1920〜2001　著「南太平洋戦記」中央公論新社　2014
Leckombaloumeto-pombo, Jeanne Françoise　レコンバルムトポンボ, ジャンヌ・フランソワーズ
　国コンゴ共和国　女性地位向上・女性開発統合相
LeClaire, Anne D.　ルクレア, アン・D.
　著「リーヴィング・エデン」バベル・プレス　2005
Leclaire, Day　ラクレア, デイ
　著「迷子のガラスの靴」ハーレクイン　2014
Leclaire, Jacques　ルクレーア, ジャック
　著「科学技術とジェンダー」明石書店　2004
Lecler, Yveline Michelle　ルクレール, イブリン・ミシェル
　国フランス　リヨン政治学院名誉教授, 東アジア研究所上席研究員, 元・フランス国立科学研究センター・リヨン第二大学・リヨン第三大学所属研究所共同「東アジア研究所」創設メンバー
Leclerc, Edouard　ルクレール, エドアール
　1926〜2012　国フランス　実業家　ルクレール・グループ総帥
Leclerc, Eloi　ルクレール, エロワ
　著「フランシスコと歩む観想の道」サンパウロ　2002
Leclerc, Jose　レクラーク, ホゼ
　国ドミニカ共和国　野球選手
Leclercq, Patrick　ルクレール, パトリック
　1938〜　国フランス　政治家, 外交官　モナコ国務相, 駐スペイン・フランス大使
Leclerre, Daniel　ルクレール, ダニエル
　国ベルギー　合気道家, 元・ベルギー合気会会長, 元・国際合気道連盟ベルギー代表
Le Clézio, J.M.G.　ル・クレジオ, J.M.G.
　1940〜　国フランス　作家　本名＝ル・クレジオ, ジャン・マリ・ギュスターヴ〈Le Clézio, Jean Marie Gustave〉　ル・クレジオ, ジャンマリ・ギュスターヴ
Le Clos, Chad　ルクロス, チャド
　1992〜　国南アフリカ　水泳選手　レクロー, チャド
Lecointre, Camille　ルコワントル, カミーユ
　国フランス　セーリング選手
Lecomte, Bernard　ルコント, ベルナール
　著「バチカン・シークレット」河出書房新社　2010
Lecomte, Ounie　ルコント, ウニー
　1966〜　国フランス　映画監督
Leconte, Patrice　ルコント, パトリス
　1947〜　国フランス　映画監督
Le Coq, Pierre　ルコック, ピエール
　国フランス　セーリング選手
Le Corguille, Laetitia　ルコルギュー
　国フランス　自転車選手
Le Corre, Pascal　ル・コール, パスカル
　1959〜　著「アルド・チッコリーニわが人生」全音楽譜出版社　2008
Le Corre, Pierre　ルコレ, ピエール
　国フランス　トライアスロン選手
Lecourt, Dominique　ルクール, ドミニク
　1944〜　著「カンギレム」白水社　2011
Le Couteur, Penny　ルクーター, ペニー
　1943〜　著「スパイス, 爆薬, 医薬品」中央公論新社　2011
Lecrae　レクレー
　グラミー賞 最優秀コンテンポラリー・クリスチャン・ミュージック・アーティスト／楽曲（2014年（第57回））ほか
Lecrubier, Yves　ルクリュビュ, Y.
　著「うつ病という時限爆弾」日本評論社　2003
Lecuyer, Christophe　ルクィエ, クリストフ
　著「シリコンバレー」日本経済新聞社　2001
Ledbetter, Lilly M.　レッドベター, リリー
　1938〜　著「賃金差別を許さない！」岩波書店　2014
Ledbetter, Mark　レッドベター, マーク
　著「その英語, ワカリマセン！」小学館　2007
Ledbetter, Steven　レッドベター, スティーブン
　グラミー賞 最優秀ヒストリカル・アルバム（2008年（第51回））
　"Art Of Field Recording Volume I: Fifty Years Of Traditional American Music Documented By Art Rosenbaum"　コンピレーション・プロデューサー
Le Déaut, Jean-Yves　ルデオ, ジャン−イヴ
　著「放射線防護, 監査と原子力安全保障のフランスの制度」現代書林　2008
Ledecka, Ester　レデツカ
　国チェコ　スノーボード選手
Ledecky, Katie　レデッキー, ケイティ
　1997〜　国アメリカ　水泳選手
Lederach, John Paul　レデラック, ジョン・ポール
　著「敵対から共生へ」ヨベル　2010
Lederberg, Joshua　レーダーバーグ, ジョシュア
　1925〜2008　国アメリカ　分子遺伝学者　ロックフェラー大学名誉教授　分子生物学, 微生物遺伝学, 細菌遺伝学　レダーバーグ
Lederberg, Marguerite S.　レーダーバーグ, マルグリット・S.
　著「精神科臨床倫理」星和書店　2011
Lederer, Chris　レドラー, クリス
　著「「ブランディング」は組織力である」ダイヤモンド社　2005
Lederer, Richard　レドラー, リチャード
　著「プロは語る。」アスペクト　2005
Lederhandler, Marty　レダーハンドラー, マーティー
　1917〜2010　国アメリカ　報道写真家
Lederman, Leon M.　レーダーマン, レオン
　1922〜　国アメリカ　物理学者　フェルミ国立加速器研究所名誉所長
Lederman, Michelle Tillis　レーダーマン, ミシェル・ティリス
　1971〜　著「「なぜか人に好かれる人」の11の法則」日本経済新聞出版社　2012
Lederman, Norman G.　レーダーマン, ノーマン・G.
　著「科学力のためにできること」近代科学社　2008
Ledesma, Xavier　レデスマ, ハビエル
　国エクアドル　大統領府官房長官
Ledesma Rebaza, Walter　レデスマ・レバサ, ワルテル
　国ペルー　国防相
Ledezma Cornejo, Jorge　レデスマ・コルネホ, ホルヘ
　国ボリビア　国防相
Ledger, Heath　レジャー, ヒース
　アカデミー賞 助演男優賞（第81回（2008年））ほか
Ledley, Deborah Roth　レドリー, デボラ・ロス
　著「認知行動療法を始める人のために」星和書店　2007
Ledley, Joe　レドリー, ジョー
　国ウェールズ　サッカー選手
Ledner, Catherine　レドナー, キャサリン
　著「グラマー・ドッグ」グラフィック社　2010
Le Doaré, Hélène　ル＝ドアレ, エレーヌ
　著「読む事典・女性学」藤原書店　2002
Ledochowski, Igor　レドチャウスキー, イゴール
　著「催眠誘導ハンドブック」金剛出版　2009

Le Douarin, Nicole　ルドアラン, ニコル
　1930〜　国「キメラ・クローン・遺伝子」西村書店東京出版編集部　2012
Ledoux, Joseph E.　ルドゥー, ジョゼフ
　1949〜　ルドゥー, ジョゼフ　著「社会不安障害とシャイネス」日本評論社　2006
Ledovskaya, Nataliya　レドフスカヤ, ナタリヤ
　国ロシア　バレリーナ　モスクワ音楽劇場バレエ団シニア・プリンシパル
Le Drian, Jean-Yves　ルドリアン, ジャンイブ
　国フランス　国防相
Ledroit, Olivier　ルドロワ, オリヴィエ
　著「ウィカ」Euromanga, 飛鳥新社(発売)　2015
Leduc, Albert　ルデュック, アルベール
　著「ドレナージュリンパティック」キベプランニング　2006
Leduc, Olivier　ルデュック, オリヴィエ
　著「ドレナージュリンパティック」キベプランニング　2006
Le Duc Anh　レ・ドク・アイン
　1920〜　国ベトナム　政治家, 軍人　ベトナム国家主席(大統領), ベトナム国防相, ベトナム共産党政治局員　暗号名=Sam Nam　国レー・ドゥク・アイン
Ledwith, Míceál　レドウィズ, ミホール
　著「オーブ謎の超知性体」徳間書店　2010
Ledwon, Adam　レドウォン, アダム
　1974〜2008　国ポーランド　サッカー選手
Lee, Abby　リー, アビィ
　1972〜　著「アビィ・リーの日記」集英社　2009
Lee, Adruitha　リー, アドルイーサ
　アカデミー賞 メイクアップ・ヘアスタイリング賞(第86回(2013年))　"Dallas Buyers Club"
Lee, Alan　リー, アラン
　1947〜　国イギリス　イラストレーター
Lee, Albert　リー, アルバート
　グラミー賞 最優秀カントリー・インストゥルメンタル・アーティスト(2008年(第51回))　"Cluster Pluck"
Lee, Alvin　リー, アルビン
　1944〜2013　国イギリス　ギタリスト　本名=Lee, Graham Alvin　国リー, アルヴィン
Lee, Amos　リー, エイモス
　1977〜　国アメリカ　シンガー・ソングライター
Lee, Amy　リー, エイミー
　国アメリカ　ロック歌手
Lee, Andy　リー, アンディー
　国アメリカ　アメフト選手
Lee, Andy　リー, アンディ
　著「実践ヘッジファンド投資」日本経済新聞社　2001
Lee, Ang　リー, アン
　1954〜　国アメリカ　映画監督　漢字名=李安(リー・アン)〈Li, An〉
Lee, Angelica　リー, アンジェリカ
　1976〜　女優, 歌手　漢字名=李心潔
Lee, Anthony　リー, アンソニー
　著「魂の傷痕」早川書房　2002
Lee, A.Robert　リー, A.ロバート
　著「多文化アメリカ文学」冨山房インターナショナル　2010
Lee, Arthur　リー, アーサー
　1945〜2006　国アメリカ　ロック歌手
Lee, Barbara　リー, バーバラ
　1946〜　国アメリカ　政治家　米国下院議員(民主党)
Lee, Bill　リー, ビル
　1942〜　著「実践コミュニティワーク」学文社　2005
Lee, Bob　リー, ボブ
　著「EJBアンチパターン」日経BP社, 日経BP出版センター(発売)　2004
Lee, Boo-Jin　リー・ブー・ジン
　国韓国　第一毛織社長　漢字名=李富真
Lee, Boon Thong　リー, ブーン・トン
　著「マレーシア連邦土地開発機構(FELDA)50年の歴史」東南アジア社会問題研究会　2008
Lee, Boon Yang　リー, ブンヤン
　国シンガポール　情報通信・芸術相　漢字名=李文献
Lee, Brian　リー, ブライアン
　著「立体すごろく ゴーストハンターズ恐怖の城」金の星社　2008
Lee, Brittney　リー, ブリトニー
　著「ありのままでだいじょうぶ」講談社　2014
Lee, Bu-jin　イ・ブジン
　国韓国　ホテル新羅CEO, サムスン創業者長女　漢字名=李富真
Lee, Byong-ho　イ・ビョンホ
　国韓国　国家情報院長　漢字名=李炳浩
Lee, Byung-hoon　イ・ビョンフン
　1944〜　国韓国　演出家, テレビプロデューサー
Lee, Byung-hun　イ・ビョンホン
　1970〜　国韓国　俳優　漢字名=李炳憲
Lee, Byung Jik　イ・ビョンジク
　国韓国　蔚山広域市韓日親善協会会長　漢字名=李秉稷
Lee, Byung-kee　イ・ビョンギ
　1947〜　国韓国　外交官　韓国大統領秘書室長　駐日韓国大使　漢字名=李丙琪
Lee, Carol Ann　リー, キャロル・アン
　1969〜　著「アンネ・フランク」偕成社　2003
Lee, Catherine M.　リー, キャサリン・M.
　著「臨床心理学における科学と疑似科学」北大路書房　2007
Lee, C.C.　リー, CC.
　国台湾　野球選手
Lee, Chae-pil　イ・チェピル
　国韓国　雇用労働相　漢字名=李埰弼
Lee, Cham　イ・チャム
　国韓国　宗教者, 俳優　韓国観光公社社長　漢字名=李参
Lee, Chang-dong　イ・チャンドン
　1954〜　国韓国　映画監督, 脚本家, 作家　韓国文化観光相　漢字名=李滄東
Lee, Chang-ho　イ・チャンホ
　1975〜　国韓国　棋士　囲碁9段(韓国棋院)　漢字名=李昌鎬
Lee, Chang-jae　イ・チャンジェ
　国韓国　法相代行　漢字名=李昌幸
Lee, Chang-rae　リー, チャンレー
　1965〜　国アメリカ　作家　国文学国リー, チャンネ / リー, チャンラエ
Lee, Chang-yul　イ・チャンヨル
　1949〜　国韓国　実業家　サムスン社会奉仕団社長　日本サムスン社長　漢字名=李昌烈
Lee, Chiao　リー・チアオ
　1934〜　国台湾　作家　「台湾文芸」総編集　漢字名=李喬, 別筆名=壹闡堤 国リー・チャオ
Lee, Chi-beom　イ・チボム
　国韓国　環境相　漢字名=李致範
Lee, Chinlun　リー, チンルン
　1965〜　著「モーリーのすてきなひ」フレーベル館　2006
Lee, Chong-Moon　リー, チョン・ムーン
　著「シリコンバレー」日本経済新聞社　2001
Lee, Chong Wei　リー・チョンウェイ
　国マレーシア　バドミントン選手
Lee, Chris　リー, クリス
　国アメリカ　野球選手
Lee, Christopher　リー, クリストファー
　1922〜2015　国イギリス　俳優　本名=リー, クリストファー・フランク・カランディニ〈Lee, Christopher Frank Carandini〉
Lee, Chul-hwan　イ・チョルファン
　国韓国　作家　国児童書
Lee, Chu-ming　リー, チューミン
　1938〜　国香港　政治家, 弁護士　香港立法会議員, 香港民主党主席　漢字名=李柱銘, 英語名=リー, マーティン〈Lee, Martin〉
Lee, Chung-Yong　イ・チョンヨン
　国韓国　サッカー選手
Lee, Cliff　リー, クリフ
　1978〜　国アメリカ　野球選手　本名=Lee, Clifton Phifer
Lee, Courtney　リー, コートニー
　国アメリカ　バスケットボール選手
Lee, Dae-ho　イ・デホ
　1982〜　国韓国　野球選手　漢字名=李大浩
Lee, Dal-gon　イ・ダルゴン
　国韓国　行政安全相　漢字名=李達坤
Lee, Damion　リー, ダミオン
　国アメリカ　バスケットボール選手
Lee, Danny　リー, ダニー
　1990〜　国ニュージーランド　プロゴルファー
Lee, Darron　リー, ダロン
　国アメリカ　アメフト選手
Lee, David　リー, デイヴィッド
　1939〜　著「実例で学ぶ認知言語学」大修館書店　2006
Lee, David　リー, デイビッド
　国アメリカ　バスケットボール選手

L

Lee, David Morris リー, デービッド
1931～ [国]アメリカ 物理学者 コーネル大学教授 [専]低温物理学

Lee, Derrek リー, デレク
1975～ [国]アメリカ 元野球選手 本名＝Lee, Derrek Leon [異]リー, デレック

Lee, Diane G. リー, D.G.
[著]「ペルビック・アプローチ」 医道の日本社 2001

Lee, Dick リー, ディック
1956～ [国]シンガポール ミュージシャン, 作曲家, ファッションデザイナー ソニー・ミュージック・アジア副社長 漢字名＝李炳文〈Lee, Peng-boon〉

Lee, Dillon リー, ディロン
[国]アメリカ アメフト選手

Lee, Dom リー, ドム
1959～ [著]「杉原千畝と命のビザ」 汐文社 2015

Lee, Don リー, ドン
1959～ [国]アメリカ 作家 [専]文学

Lee, Dong-gun イ・ドンゴン
1980～ [国]韓国 俳優 漢字名＝李東建

Lee, Dong-phil イ・ドンピル
[国]韓国 農林畜産食品相 漢字名＝李桐弼

Lee, Dong-woon イ・ドンウォン
1926～2006 [国]韓国 政治家 韓国外相 漢字名＝李東元 [異]イ・トンウォン

Lee, Edward リー, エドワード
1957～ [著]「狙われた女」 扶桑社 2014

Lee, Ee Hoe リー, イー・ホエ
[国]マレーシア アップル旅行グループ会長

Lee, Eric リー, エリック
[国]アメリカ アメフト選手

Lee, Eun イ・ウン
[国]韓国 作家 [専]ミステリー 漢字名＝李垠

Lee, Eun-joo イ・ウンジュ
1980～2005 [国]韓国 女優 漢字名＝李恩宙

Lee, Eva リー, エバ
[国]アメリカ バドミントン選手

Lee, Frazer リー, フレイザー
[著]「断頭島（ギロチンアイランド）」 竹書房 2016

Lee, Gentry リー, ジェントリー
1942～ [著]「22世紀から回顧する21世紀全史」 アーティストハウスパブリッシャーズ, 角川書店（発売） 2003

Lee, Geok Boi リー, ギョク・ボイ
1946～ [著]「日本のシンガポール占領」 凱風社 2013

Lee, Grace リー, グレース
[著]「ちいさなプリンセスソフィアはじめてがいっぱいのクリスマス」 講談社 2016

Lee, Gregory W. リー, グレゴリー・W.
[著]「だれもが知りたいキリスト教神学Q&A」 教文館 2016

Lee, Gwen リー, グウェン
[著]「TOEICテストスピーキングはじめての解答戦略」 アルク 2013

Lee, Hae-chan イ・ヘチャン
1952～ [国]韓国 政治家 韓国国会議員（民主統合党） 韓国首相, 韓国教育相 漢字名＝李海瓚

Lee, Hae-jin イ・ヘジン
1970～ [国]韓国 実業家 NHN創業者・取締役会議長 漢字名＝李海珍

Lee, Han-dong イ・ハンドン
[国]韓国 首相 漢字名＝李漢東

Lee, Harper リー, ハーパー
1926～2016 [国]アメリカ 作家 本名＝Lee, Nell Harper

Lee, Harrison リー, ハリソン
[国]オーストラリア ローザンヌ国際バレエコンクール 1位・スカラシップ（第43回（2015年））

Lee, Hee-beom イ・ヒボム
1949～ [国]韓国 産業資源相 韓国産業資源相 漢字名＝李熙範 [異]イ・ヒボン

Lee, Hee-ho イ・ヒホ
1922～ [国]韓国 女性運動家 愛の友名誉総裁, 韓国愛の家づくり運動連合会名誉理事長 漢字名＝李姫鎬

Lee, Helene リー, エレン
[著]「ルーツ・オヴ・レゲエ」 音楽之友社 2003

Lee, Ho-baek イ, ホベク
1962～ [著]「うさぎのおるすばん」 平凡社 2003

Lee, Hoi-chang イ・フェチャン
1935～ [国]韓国 政治家, 法律家 韓国自由先進党代表 ハンナラ党代表, 韓国首相, 韓国最高裁判事 漢字名＝李会昌, 雅号＝経史

Lee, Hong-koo イ・ホング
1934～ [国]韓国 政治家, 政治学者 韓国首相, 新韓国党代表委員 漢字名＝李洪九

Lee, Ho-suk イ・ホソク
1986～ [国]韓国 スピードスケート選手 漢字名＝李昊錫

Lee, Hsien Loong リー・シェンロン
1952～ [国]シンガポール 政治家 シンガポール首相 漢字名＝李顕龍（リ・ケンリュウ） [異]リー・シェンロン

Lee, Hun-jai イ・ホンジェ
1944～ [国]韓国 副首相兼財政経済相 韓国副首相, 韓国財政経済相（蔵相） 漢字名＝李憲宰

Lee, Hu-rak イ・フラク
1924～2009 [国]韓国 政治家, 軍人 韓国国会議員, 韓国中央情報部（KCIA）部長 漢字名＝李厚洛

Lee, Hyong Joo リー, ヒュオン・ジョー
[著]「食品の機能性表示と世界のレギュレーション」 薬事日報社 2015

Lee, Hyoung-sik イ・ヒョンシク
1973～ [国]韓国 歴史学者 嘉泉大学アジア文化研究所研究教授 東京大学大学院総合文化研究科学術研究員 [専]日韓史 漢字名＝李炯植

Lee, Hyun-ju イ・ヒョンジュ
1956～ [国]韓国 外交官 駐大阪韓国総領事 漢字名＝李賢主

Lee, Hyun-seung イ・ヒョンスン
1960～ [国]韓国 映画監督

Lee, Ilhyung リー, イルヒュン
[著]「21世紀の日本における知財教育のあり方」 知的財産研究所 2004

Lee, Jack リー, ジャック
1966～ [国]韓国 ジャズ・ギタリスト, 音楽プロデューサー

Lee, Jade リー, ジェイド
[著]「愛は劇場のかたすみで」 原書房 2011

Lee, Jae リー, ジェイ
1972～ [著]「バットマン/スーパーマン：クロスワールド」 小学館集英社プロダクション 2015

Lee, Jae-gyu イ・ジェギュ
1970～ [国]韓国 映画監督, 演出家 漢字名＝李在奎

Lee, Jae-han イ・ジェハン
1971～ [国]韓国 映画監督

Lee, Jae-joung イ・ジェジョン
[国]韓国 統一相 漢字名＝李在禎

Lee, Jae-oh イ・ジェオ
[国]韓国 特任相 漢字名＝李在五

Lee, Jae-yong イ・ジェヨン
1968～ [国]韓国 実業家 サムスン電子副会長 漢字名＝李在鎔

Lee, James リー, ジェームズ
？～2002 [国]アメリカ 脚本家

Lee, Jang-ho イ・ジャンホ
[国]韓国 釜山・福岡フォーラム釜山側代表, BNK金融グループ顧問, 元・釜山銀行頭取 漢字名＝李根鎬

Lee, Jay リー, ジェイ
[国]アメリカ アメフト選手

Lee, Jay リー, ジェイ
1957～ [著]「インダストリアル・ビッグデータ」 日刊工業新聞社 2016

Lee, Jennifer リー, ジェニファー
1971～ [国]アメリカ アニメーション監督, 脚本家

Lee, Jenny リー, ジェニー
[国]シンガポール GGVキャピタル業務執行社員

Lee, Jenny リー, ジェニー
[著]「地雷を踏む男、踏ませる女」 講談社 2011

Lee, Jeong-beom イ・ジョンボム
1971～ [国]韓国 映画監督

Lee, Jeonghee イ・ジョンヒ
[国]韓国 元・在釜山日本国総領事館現地職員 漢字名＝李政姫

Lee, J.H. リー, J.H.
[著]「BOO」 グラフィック社 2011

Lee, Jim リー, ジム
1964～ [著]「バットマンVS.スーパーマン：ベストバウト」 小学館集英社プロダクション 2016

Lee, Jisun リー, ジスン
[著]「くろいライオン」 スカイフィッシュ・グラフィックス 2008

Lee, John リー, ジョン
[著]「バンクーバー」 メディアファクトリー 2009

Lee, Johnny　リー, J.
[著]「ハンディ循環器プラクティス」 シュプリンガー・フェアラーク東京　2005
Lee, John R.　リー, ジョン・R.
？～2003　[著]「医者も知らないホルモン・バランス」 中央アート出版社　2010
Lee, Jong Kuk　イー・ジョングッ
[国]韓国　元・児童養護施設 愛神愛隣舎児童指導員　漢字名＝李鐘国
Lee, Jong-seok　イ・ジョンソク
1958～　[国]韓国　北朝鮮問題専門家　韓国統一相　漢字名＝李鍾奭
Lee, Jong-suk　イ・ジョンソク
1989～　[国]韓国　俳優
Lee, Jong-wook　イ・ジョンウク
1945～2006　[国]韓国　医師　世界保健機関（WHO）事務局長　[専]感染症　漢字名＝李鍾郁
Lee, Joon-sik　イ・ジュンシク
[国]韓国　社会副首相兼教育相　漢字名＝李俊植
Lee, Jordan　リー, ジョーダン
[国]イングランド　サッカー選手
Lee, Joseph　リー, ジョセフ
[国]アメリカ　香港出身の作家, 経営コンサルタント　中央大学ビジネススクール客員教授　[専]ミステリー
Lee, Joung-binn　イ・ジョンビン
[国]韓国　外交通商相　漢字名＝李廷彬
Lee, Ju-ho　イ・ジュホ
[国]韓国　教育科学技術相　漢字名＝李周浩
Lee, Julie Anne　リー, ジュリー・アン
[著]「異文化適応のマーケティング」 ピアソン桐原　2011
Lee, Jun　イ・ジュン
[国]韓国　国防相　漢字名＝李俊
Lee, Jung-hyang　イ・ジョンヒャン
1964～　[国]韓国　映画監督, 脚本家
Lee, Jung-jae　イ・ジョンジェ
1973～　[国]韓国　俳優　漢字名＝李政宰
Lee, Jung-myung　イ・ジョンミョン
[国]韓国　作家　[専]歴史
Lee, Jung-soo　イ・ジョンス
1980～　[国]韓国　サッカー選手　漢字名＝李正秀
Lee, Jung-su　イ・ジョンス
1989～　[国]韓国　スピードスケート選手　漢字名＝李政洙
Lee, Jun-ik　イ・ジュニク
1959～　[国]韓国　映画監督　[異]イ・ジュンイク
Lee, Jun-ki　イ・ジュンギ
1982～　[国]韓国　俳優　漢字名＝李準基
Lee, Ka-Ling Colleen　リー, カ・リン・コリーン
[国]香港　フレデリック・ショパン国際ピアノコンクール 第6位（2005年（第15回））
Lee, Kang-beak　イ・カンペク
1947～　[国]韓国　劇作家　ソウル芸術大学劇作課教授　漢字名＝李康白　[異]イ・ガンペク
Lee, Kang-ryol　イ・カンヨル
1952～　[国]韓国　劇作家, 演劇評論家　劇団倉庫劇場代表　韓国戯曲作家協会会長　漢字名＝李康列
Lee, Kang-seok　イ・ガンソク
1985～　[国]韓国　スピードスケート選手　漢字名＝李康奭
Lee, Kang-sheng　リー・カンション
1968～　[国]台湾　俳優, 映画監督　漢字名＝李康生　[異]リー・カンシャン
Lee, Kate　リー, ケイト
[著]「サンタさんのすきなしごと」 大日本絵画　2006
Lee, Kate Kiefer　リー, ケイト・キーファー
[著]「伝わるWebライティング」 ビー・エヌ・エヌ新社　2015
Lee, Keun-ho　イ・グノ
1985～　[国]韓国　サッカー選手　漢字名＝李根鎬
Lee, Keunho　イ・ゴノ
[国]韓国　在韓日本人物故者慰霊祭主催者, (社)韓国茶人連合会常任理事、顧問　漢字名＝李建鎬
Lee, Keun-sik　イ・グンシク
[国]韓国　行政自治相　漢字名＝李根植
Lee, Khari　リー, カーリ
[国]アメリカ　アメフト選手
Lee, Ki-kweon　イ・ギグォン
[国]韓国　雇用労働相　漢字名＝李基権
Lee, Kuan Yew　リー・クアンユー
1923～2015　[国]シンガポール　政治家　シンガポール首相　中国名＝李光耀　[異]リー・クアン・ユー / リー・クワン・ユー
Lee, Kun-hee　イ・ゴンヒ
1942～　[国]韓国　実業家　サムスン電子会長　漢字名＝李健熙　[異]イ・コンヒ / イ・ゴニ
Lee, Kwi-nam　イ・ギナム
[国]韓国　法相　漢字名＝李貴男
Lee, Kyou-hyuk　イ・ギュヒョク
1978～　[国]韓国　スピードスケート選手　漢字名＝李奎爀　[異]イ・キュヒュク / イ・キュヒョク
Lee, Laurie　リー, ローリー
[著]「ロージーとリンゴ酒」 近代文芸社　2004
Lee, Leon　リー, レオン
1952～　[国]アメリカ　元プロ野球監督, 元プロ野球選手　[異]レオン・リー
Lee, Linda-Eling　リー, リンダ＝エリン
[著]「動機づける力」 ダイヤモンド社　2009
Lee, Linda Francis　リー, リンダ・フランシス
[著]「愛を歌う小夜啼鳥（ナイチンゲール）のように」 扶桑社　2011
Lee, Maan-ee　イ・マンウィ
[国]韓国　環境相　漢字名＝李万儀
Lee, Manning de Villeneuve　リー, マニング・デ・V.
[著]「マイバイブルフレンズ」 福音社　2006
Lee, Marqise　リー, マーキス
[国]アメリカ　アメフト選手
Lee, Maurice　リー, モーリス
[著]「白いスイトピー」 論創社　2002
Lee, Meng　リー, メン
[著]「C++標準テンプレートライブラリ」 ピアソン・エデュケーション　2001
Lee, Michelle　リー, ミシェル
1970～　[国]香港　女優　漢字名＝李嘉欣（リー・ジャシン）　[異]ミッシル・リー / リー, ミッシェル
Lee, Ming Cho　リー, ミン・チョウ
[国]アメリカ　トニー賞 特別賞（2013年（第67回））
Lee, Min-ho　イ・ミンホ
1987～　[国]韓国　俳優　漢字名＝李敏鎬　[異]イ・ミノ
Lee, Minjee　リー, ミンジ
[国]オーストラリア　ゴルフ選手
Lee, Min-jung　イ・ミンジョン
1982～　[国]韓国　女優
Lee, Miranda　リー, ミランダ
[著]「億万長者の冷たい誘惑」 ハーパーコリンズ・ジャパン　2016
Lee, Mo Yee　リー, モー・イー
[著]「DV加害者が変わる」 金剛出版　2012
Lee, Muna　リー
[国]アメリカ　陸上選手
Lee, Myung-bak　イ・ミョンバク
1941～　[国]韓国　政治家, 実業家　韓国大統領, ソウル市長, 現代建設会長　漢字名＝李明博
Lee, Nak-youn　イ・ナギョン
1952～　[国]韓国　政治家　全羅南道知事　韓国国会議員, 韓日議員連盟幹事長　漢字名＝李洛淵　[異]イ・ナクヨン
Lee, Nancy　リー, ナンシー・R.
1932～　[著]「グッドワークス！」 東洋経済新報社　2014
Lee, Na-young　イ・ナヨン
1979～　[国]韓国　女優　漢字名＝李奈英
Lee, One-Koo　イ・ワング
[国]韓国　首相　漢字名＝李完九
Lee, Patrick　リー, パトリック
1976～　[国]アメリカ　作家　[専]ミステリー, スリラー
Lee, Patty　リー, パティ
[著]「教師のチームワークを成功させる6つの技法」 誠信書房　2015
Lee, Paul　リー, ポール
[著]「バットマン ： アンダー・ザ・レッドフード」 小学館集英社プロダクション　2013
Lee, Paul C.　リー, P.C.
[著]「ハンディ循環器プラクティス」 シュプリンガー・フェアラーク東京　2005
Lee, Peggy　リー, ペギー
1920～2002　[国]アメリカ　ジャズ歌手, 作詞・作曲家　本名＝エグストローム, ノーマ・デロリス〈Egstrom, Norma Delores〉
Lee, Peter　リー, P.
[著]「現代イギリスの政治算術」 北海道大学図書刊行会　2003
Lee, Peter　リー, ピーター
[著]「秘術の書」 ホビージャパン　2009

Lee, Rachel　リー, レイチェル
　㊨「絶海のサンクチュアリ」ハーレクイン　2008
Lee, Rebecca Hagan　リー, レベッカ・ヘイガン
　㊨「奇跡は草原の風に」原書房　2015
Lee, Rensselaer W., Ⅲ　リー, レンセラー・W., 3世
　㊨「核の闇市場」連合出版　2004
Lee, Robbie　リー, ロビー
　㊨「超入門マンガと図解でわかる！ パース教室」ボーンデジタル　2016
Lee, Robert　リー, ロバート
　1948〜　㊟香港　ミュージシャン, 映画プロデューサー　漢字名＝李振輝
Lee, Robert Ellis　リー, ロバート・エリス
　㊨「アメリカ公立図書館と成人継続教育」京都図書館情報学研究会, 日本図書館協会（発売）　2014
Lee, Robert Ernest　リー, ロバート・E.
　1943〜　㊨「家族療法のスーパーヴィジョン」金剛出版　2011
Lee, Robert G.　リー, ロバート・G.
　㊨「オリエンタルズ」岩波書店　2007
Lee, Ronald　リー, ロナルド
　1934〜　㊨「ロマ生きている炎」彩流社　2014
Lee, Sam　リー, サム
　㊟イギリス　ミュージシャン
Lee, Sam　リー, サム
　1975〜　㊟香港　俳優　漢字名＝李燦森
Lee, Samson　リー, サムソン
　㊟ウェールズ　ラグビー選手
Lee, Sandra　リー, サンドラ
　㊟ニュージーランド　環境保全相兼地方政府相
Lee, Sang-chul　イ・サンチョル
　㊟韓国　情報通信相　漢字名＝李相哲
Lee, Sang-deuk　イ・サンドク
　1935〜　㊟韓国　政治家　韓国国会議員, 韓日議員連盟会長　漢字名＝李相得
Lee, Sang-hee　イ・サンヒ
　1945〜　㊟韓国　軍人　韓国国防相　漢字名＝李相喜
Lee, Sang-hwa　イ・サンファ
　1989〜　㊟韓国　スピードスケート選手　漢字名＝李相花
Lee, Sang-joo　イ・サンジュ
　㊟韓国　副首相兼教育人的資源相　漢字名＝李相周
Lee, Sang-soo　イ・サンス
　㊟韓国　労働相　漢字名＝李相洙
Lee, Sean　リー, ショーン
　㊟アメリカ　パガニーニ国際ヴァイオリン・コンクール 第3位（2008年（第52回））
Lee, Sean　リー, ショーン
　㊟アメリカ　アメフト選手
Lee, Sean　リー, ショーン
　1979〜　㊨「韓流ダイエットキングショーン・リーの8週間スーパーダイエット」日本文芸社　2012
Lee, Seen　リー
　㊟オーストラリア　重量挙げ選手
Lee, Seo-jin　イ・ソジン
　1971〜　㊟韓国　俳優　漢字名＝李瑞鎮
Lee, Seong-kang　イ・ソンガン
　㊟韓国　アヌシー国際アニメーション映画祭 長編映画 最優秀長編グランプリ (2002年)　"Mari Iyagi"（英題：My Beautiful Girl, Mari）
Lee, Seung-chul　イ・スンチョル
　1966〜　㊟韓国　歌手　別名＝RUI（ルイ）, 漢字名＝李承哲　㊥リ・ショウテツ
Lee, Seung-gi　イ・スンギ
　1987〜　㊟韓国　俳優, 歌手　漢字名＝李昇基
Lee, Seung-hoon　イ・スンフン
　1988〜　㊟韓国　スピードスケート選手　漢字名＝李承勲
Lee, Seung-hoon　イ・スンフン
　1992〜　㊟韓国　歌手
Lee, Seung-u　イ・スンウ
　1959〜　㊟韓国　作家　朝鮮大学文芸創作学科教授　漢字名＝李承雨
Lee, Seung-yun　イ・スンユン
　1931〜　㊟韓国　政治家　韓日協力委員会副会長　韓国副首相・経済企画院長官　漢字名＝李承潤
Lee, Seung-yuop　イ・スンヨプ
　1976〜　㊟韓国　野球選手　漢字名＝李承燁　㊥イ・ソンヨプ
Lee, Shang-Chia　リー, シャンチア

Lee, 　㊟台湾　台日経済貿易発展基金会董事・常任特別顧問, 台日商務協議会秘書長　漢字名＝李上甲
Lee, Shau-kee　リー・シウケイ
　㊟香港　実業家　恒基兆業地産（ヘンダーソンランド・デベロップメント）主席（会長）　漢字名＝李兆基
Lee, Shin Cheng　リー・シンチェン
　㊟マレーシア　実業家　漢字名＝李深静
Lee, Soo-man　イ・スマン
　㊟韓国　実業家　SMエンターテインメント創業者　漢字名＝李秀満
Lee, Spike　リー, スパイク
　1957〜　㊟アメリカ　映画監督, 脚本家　本名＝リー, シェルトン・ジャクソン〈Lee, Shelton Jackson〉
Lee, Stan　リー, スタン
　1922〜　㊟アメリカ　漫画原作者　マーベル・コミックス名誉会長
Lee, Sung-Chan　イ, ソンチャン
　1972〜　㊨「続・オマエラ, 軍隊シッテルカ!?」バジリコ　2003
Lee, Sung Dae　イ・ソンデ
　㊟韓国　LSHアジア奨学会名誉会長　漢字名＝李盛大
Lee, Sung-jae　イ・ソンジェ
　1970〜　㊟韓国　俳優　漢字名＝李誠宰
Lee, Sung-jin　イ・ソンジン
　1985〜　㊟韓国　アーチェリー選手　漢字名＝李成震
Lee, Sun-shine
　㊟韓国　詩人, 随筆家, テレビ放送人　孫戸妍短歌研究所代表　漢字名＝李承信
Lee, Suzy　リー, スージー
　1974〜　㊨「このあかいえほんをひらいたら」講談社　2013
Lee, Tae-sun　イ・テソン
　1985〜　㊟韓国　俳優
Lee, Tanith　リー, タニス
　1947〜2015　㊟イギリス　ファンタジー作家, 児童文学作家
Lee, Teng-hui　リー・デンホイ
　1923〜　㊟台湾　政治家　台湾綜合研究院名誉会長　台湾総統, 台湾国民党主席　漢字名＝李登輝
Lee, Tommy　リー, トミー
　㊨「The dirt」シンコー・ミュージック　2002
Lee, Tsung-dao　リー, ツォンダオ
　1926〜　㊟アメリカ　理論物理学者　コロンビア大学名誉教授　漢字名＝李政道〈リ・セイドウ〉〈Li, Zheng-dao〉　㊥リ, ツォンダオ / リー, ツンダオ / リー, ズンダオ
Lee, Ufan　リ・ウファン
　㊟韓国　美術家, 元・多摩美術大学教授　漢字名＝李禹煥
Lee, Vinny　リー, ヴィニー
　㊨「ヴィニー・リーのバスルーム・デザイン」エクスナレッジ　2004
Lee, Wai-Yung　リー, ウェイ・ユン
　㊨「家族・夫婦面接のための4ステップ」金剛出版　2010
Lee, Wan-koo　イ・ワング
　1950〜　㊟韓国　政治家　韓国首相　漢字名＝李完九
Lee, Wan Wah　リー, W.
　㊟マレーシア　バドミントン選手
Lee, Warren T.　リー, ウォーレン・T.
　1963〜　㊨「神経精神医学ケースブック」メディカル・サイエンス・インターナショナル　2015
Lee, Will　リー, ウィル
　1950〜　㊟アメリカ　ジャズ・ベース奏者
Lee, William W.　リー, ウィリアム・W.
　㊨「インストラクショナルデザイン入門」東京電機大学出版局　2003
Lee, Wong-gyon　イ・ウォンギョン
　1922〜2007　㊟韓国　外交官　駐日韓国大使, 韓国外相　漢字名＝李源京
Lee, Won Ja　イ・ウォンジャ
　㊟韓国　元・在大韓民国日本国大使館現地職員　漢字名＝李園子
Lee, Won-sook　イ・ウォンスク
　1918〜2011　㊟韓国　社会事業家　漢字名＝李元淑
Lee, Won-soon　イ・ウォンスン
　1926〜　㊟韓国　歴史学者　ソウル大学名誉教授　㊥朝鮮史, 歴史教育　漢字名＝李元淳　㊥リ・ウオンスン
Lee, Yock Suan　リー・ヨクスアン
　㊟シンガポール　首相府相　漢字名＝李玉全
Lee, Yong-dae　イ・ヨンデ
　1988〜　㊟韓国　バドミントン選手　漢字名＝李龍大
Lee, Yong-hoon　イ・ヨンフン
　1951〜　㊟韓国　経済学者　ソウル大学経済学部教授　㊥韓国近

世農業史　漢字名＝李栄薫
Lee, Yong-Ja　イ・ヨンジャ
　⑯韓国　元・児童養護施設愛神愛隣舎児童指導員　漢字名＝李鎔子
Lee, Yong-sup　イ・ヨンソプ
　⑯韓国　建設交通相　漢字名＝李庸燮
Lee, Yoon Ah　イ・ユナ
　㊟「宮」新書館　2010
Lee, Yoon-ki　イ・ユンギ
　1965〜　⑯韓国　映画監督
Lee, Yoon-woo　イ・ユヌ
　1946〜　⑯韓国　実業家　サムスン電子副会長　漢字名＝李潤雨
Lee, Yoshik　イ・ヨシク
　⑯韓国　（社）韓日女性親善協会会長　漢字名＝李堯植
Lee, Young-ae　イ・ヨンエ
　1971〜　⑯韓国　女優　漢字名＝李英愛
Lee, Young-do　イ・ヨンド
　1972〜　⑯韓国　ファンタジー作家　㊥ファンタジー
Lee, Young-hee　イ・ヨンヒ
　⑯韓国　政治家　韓国労働相　漢字名＝李永熙
Lee, Youn-ho　イ・ユンホ
　⑯韓国　知識経済相　漢字名＝李允鎬
Lee, Yo-won　イ・ヨウォン
　1980〜　⑯韓国　女優
Lee, Yuan-tseh　リー・ユアンチェ
　1936〜　⑯台湾　物理化学者　カリフォルニア大学バークレー校名誉教授　台湾中央研究院院長　漢字名＝李遠哲, 米国名＝リー, ユアン〈Lee, Yuan Tseh〉
Lee, Yura　イ・ユラ
　⑯韓国　パガニーニ国際ヴァイオリン・コンクール　第2位（2006年（第51回））
Lee, Zach　リー, ザック
　⑯アメリカ　野球選手
Leeb, Donna　リーブ, ドナ
　1948〜　㊟「原油高騰でザクザク儲かる米国株を狙え！」ランダムハウス講談社　2005
Leeb, Stephen　リーブ, スティーブン
　1946〜　㊟「原油高騰でザクザク儲かる米国株を狙え！」ランダムハウス講談社　2005
Leece, Sharon　リース, シャロン
　㊟「チャイナ・モダン」チャールズ・イー・タトル出版　2005
Leech, Geoffrey N.　リーチ, ジェフリー・N.
　1936〜　㊟「コーパス活用 ロングマン実用英文法辞典」ピアソン・エデュケーション　2003
Leech, Kenneth　リーチ, ケネス
　1939〜2015　⑯イギリス　聖職者, 神学者　英国聖公会司祭, 聖ボトルフ教会名誉牧師　通称＝リーチ, ケン〈Leech, Ken〉
Leech, Stewart A.　リーチ, スチュワート・A.
　1946〜　㊟「ゴールドバーグの会計思想」中央経済社　2005
Leeds, Alan　リーズ, アラン
　1947〜　㊟「JB論」スペースシャワーブックス, スペースシャワーネットワーク（発売）　2013
Leeds, Dorothy　リーズ, ドロシー
　㊟「その気にさせる質問力トレーニング」ディスカヴァー・トゥエンティワン　2003
Leeds, Michael Allen　リーズ, マイケル・A.
　㊟「スポーツの経済学」中央経済社　2012
Leedy, Loreen　リーディ, ローレン
　1959〜　㊟「算数がすきになる絵本」大月書店　2008
Lee Hang, Niko　リーハング・ニコ
　⑯サモア　財務相
Lee-lo, Rey　リーロー, レイ
　⑯サモア　ラグビー選手
Leenstra, Marrit　レーンストラ, マリット
　1989〜　⑯オランダ　スピードスケート選手　㊥レーンストラ
Leers, Gerd　レールス, ヘルト
　⑯オランダ　移民・難民保護相
Lees, Graham V.　リーズ, グラハム・V.
　㊟「薬づくりの真実」日経BP社, 日経BPマーケティング（発売）　2014
Lees, James　リーズ, ジェームス
　1924〜　㊟「英国帆装軍艦のマスティングとリギング」海文堂出版　2011
Lees, John　リーズ, ジョン
　1958〜　㊟「逆境力の秘密50」CCCメディアハウス　2016
Lees, Martin　リーズ, マーティン
　1941〜　⑯イギリス　国連平和大学名誉学長　ローマ・クラブ事

務局長
Leeson, Christine　リースン, クリスティーン
　1965〜　㊟「ツリーにやどったおほしさま」評論社　2003
Leeson, Marianne　リーソン
　⑯カナダ　スノーボード選手
Leeson, Peter T.　リーソン, ピーター・T.
　㊟「海賊の経済学」NTT出版　2011
Leeson, Sharon　リーソン, シャロン
　㊟「性加害行動のある少年少女のためのグッドライフ・モデル」誠信書房　2015
Leeson, Tiffany　リースン, ティファニー
　㊟「ねがいごとをしてごらん」評論社　2004
Leestma, Sanford　リーストマー, サンフォード
　㊟「入門Fortran 90」ピアソン・エデュケーション　2001
Leeuw, Richard de　レーウ, リヒャルト・デ
　㊟「ちいさなあかちゃん、こんにちは！」講談社　2007
Leeuwen, Cornelis van　レーウェン, C.ファン
　㊥レーウェン, コルネリス・ファン　㊟「ホセア書」教文館　2014
Leeuwen, Joke van　レーウェン, ヨーケ・ファン
　1952〜　㊟「みんながそろう日」鈴木出版　2009
Leeuwen, Mattheis Lars van　レイヴェン, マティス・ファン
　1980〜　㊟「『人を動かす』広告デザインの心理術33」ビー・エヌ・エヌ新社　2016
Leeuwen, Thomas A.P.van　レーウェン, トーマス・ファン
　1941〜　㊟「摩天楼とアメリカの欲望」工作舎　2006
Leeuwenburgh, Erica　リーウェンバーグ, エリカ
　㊟「どうして死んじゃったの？」福村出版　2014
Lefcourt, Peter　レフコート, ピーター
　㊟「ゾエトロープ」角川書店　2001
Lefebure, Molly　レフェビュア, モリー
　㊟「愛の絆」北星堂書店　2006
Lefebvre, Gabriel　ルフェーブル, ガブリエル
　㊥ルフェブル, ガブリエル　㊟「あいのときめき」講談社　2006
Lefebvre, Helene　レフェーブル, エレーヌ
　⑯フランス　ボート選手
Lefebvre, Jean　ルフェーブル, ジャン
　1919〜2004　⑯フランス　喜劇俳優
Lefebvre, Michel　ルフェーブル, ミシェル
　1955〜　㊟「ロバート・キャパ」原書房　2012
Lefebvre, Sandrine　ルフェーヴル, サンドリーヌ
　㊟「どうぶつのあかちゃん」世界文化社　2011
Lefert, Clement　ルフェール, クレメント
　1987〜　⑯フランス　水泳選手　㊥ルフェール
LeFever, Lee　ラフィーヴァー, リー
　1973〜　㊟「わかりやすく説明する練習をしよう。」講談社　2013
Lefèvre, Brigitte　ルフェーヴル, ブリジット
　1944〜　⑯フランス　バレエ監督, バレリーナ　パリ・オペラ座バレエ団芸術監督
Lefèvre, Christian　ルフェーヴル, クリスティアン
　㊟「整形外科手術進入路マニュアル」医歯薬出版　2015
Lefèvre, Didier　ルフェーヴル, ディディエ
　㊟「フォトグラフ」小学館集英社プロダクション　2014
Lefevre, Fabien　ルフェーブル
　⑯フランス　カヌー選手
Lefèvre, Raymond　ルフェーヴル, レーモン
　1929〜2008　⑯フランス　作曲家, 指揮者　㊥ルフェーブル, レーモン／ルフェーヴル, レイモン
Leffa, Gaby Francky　ルファ, ギャビイ・フランキー
　⑯中央アフリカ　住宅・住居・都市問題相
Leffingwell, Dean　レフィングウェル, ディーン
　㊟「アジャイルソフトウェア要求」翔泳社　2014
Leffler, Karen　レフラー, カレン
　㊟「ジョン・オブ・ゴッド」ダイヤモンド社　2011
Lefkovitz, Dan　レフコビッチ, D.
　㊟「グローバリズムの「失敗」に学ぶ15の原則」アスペクト　2005
Lefkowitz, Robert J.　レフコウィッツ, ロバート
　1943〜　⑯アメリカ　医学者　デューク大学教授　㊥生化学　㊥レフコウィッツ, ロバート・J.／レフコビッツ, ロバート
Leflar, Robert B.　レフラー, ロバート・B.
　1951〜　㊟「日本の医療と法」勁草書房　2002
Le Floc'h Soye, Yves　ル・フロッシュ・ソワ, イヴ
　㊟「バラの香り」ガイアブックス, 産調出版（発売）　2010
Lefoll, Stéphane　ルフォル, ステファヌ
　⑯フランス　農業・農産加工業・林業相兼政府報道官

Lefor, Alan T.　リフォー、アラン・T.
　㊃「クリティカルケアオンコール」メディカル・サイエンス・インターナショナル　2004
Lefort, Claude　ルフォール、クロード
　1924〜2010　㊂フランス　哲学者　フランス社会科学高等研究院教授　㊄政治哲学
Lefort, Enzo　ルフォール、エンゾ
　㊂フランス　フェンシング選手
Lefranc, Jean　ルフラン、ジャン
　㊃「十九世紀フランス哲学」白水社　2014
Lefteri, Chris　レフテリ、クリス
　㊃「「もの」はどのようにつくられているのか？」オライリー・ジャパン、オーム社（発売）　2014
LEFT EYE　レフトアイ
　1971〜2002　㊂アメリカ　歌手　別称＝ロペス、リサ・レフトアイ、グループ名＝TLC
Le Gall, Jean-Yves　ル・ガル、ジャン・イヴ
　㊂フランス　フランス国立宇宙研究センター会長, フランス経団連インターナショナル日本委員長, 元・日・EUビジネス・ラウンドテーブルEU側議長, 元・アリアンスペース会長兼CEO
Le Gall, Pierre　ル・ガル、ピエール
　1964〜　㊃「コンスタンス、きしゅくがっこうへいく」講談社　2009
Legare, Martha　レガーレ、マーサ
　㊃「プロジェクト・マネジャーが知るべき97のこと」オライリー・ジャパン、オーム社（発売）　2011
Legat, Dieter　レガート、ディートリッヒ
　㊃「受注を激増させる営業革命」同友館　2009
Legato, Marianne J.　レガト、マリアン
　1935〜　㊃「すぐ忘れる男決して忘れない女」朝日新聞出版　2015
Legato, Rob　レガト、ロブ
　アカデミー賞 特殊効果賞（第84回（2011年））　"Hugo"
Legaut, Charlotte　レゴ、シャルロット
　㊃「わすれてごめんね」BL出版　2001
Legend, John　レジェンド、ジョン
　1978〜　㊂アメリカ　シンガー・ソングライター　本名＝スティーブンス、ジョン
Legendre, Pierre　ルジャンドル、ピエール
　1930〜　㊃「同一性の謎」以文社　2012
Legeno, Dave　レジェノ、デーブ
　1963〜2014　㊂イギリス　俳優　㊅レジェノ、デイブ
Legentil, Christianne　ルジャンティ
　㊂モーリシャス　柔道選手
Léger, Charles　レジェ、シャルル
　㊃「バラの画家ルドゥテ」八坂書房　2005
Légeron, Patrick　レジュロン、パトリック
　1948〜　㊃「他人がこわい」紀伊國屋書店　2007
Legerstee, Maria Theresia　レゲァスティ、マリア
　1944〜　㊃「乳児の対人感覚の発達」新曜社　2014
Legese, Adisu　レゲセ・アジス
　㊂エチオピア　副首相兼国防相
Leggett, Anthony James　レゲット, アンソニー・ジェームズ
　1938〜　㊂イギリス　理論物理学者　イリノイ大学アーバナ・シャンペン校教授　㊄超電導　㊅レゲット、アントニー
Leggett, Jeremy K.　レゲット、ジェレミー
　㊃「ピーク・オイル・パニック」作品社　2006
Leggett, Phillippa　リゲット、フィリッパ
　㊃「刷新してほしい患者移動の技術」日本看護協会出版会　2003
Leggett, Trevor Pryce　レゲット、トレヴァー
　㊃「紳士道と武士道」麗澤大学出版会、柏 広池学園事業部（発売）　2003
Leggewie, Claus　レゲヴィー、クラウス
　1950〜　㊃「ナチスからの「回心」」現代書館　2004
Leghari, Awais Ahmed Khan　レガリ、アワイス・アハメド・カーン
　㊂パキスタン　情報技術相
Leghari, Farooq Ahmed Khan　レガリ、ファルーク
　1940〜2010　㊂パキスタン　政治家　パキスタン大統領　㊅レガリ、サルダル・ファルーク
Légier, Gérard　レジェ、ジェラール
　㊃「21世紀の女性政策」中央大学出版部　2001
Legizi, Ndre　レジシ、ヌンドレ
　㊂アルバニア　国務相
Legkov, Alexander　レグコフ
　㊂ロシア　クロスカントリースキー選手

Legkov, Alexander　レグコフ、アレクサンドル
　1983〜　㊂ロシア　スキー選手　本名＝Legkov, Alexander Gennadiyevich
Le Goaziou, Marie　ル＝ゴアズィゥ、マリー
　㊅ル・ゴアジウ、マリー　㊃「フランスのお菓子めぐり」グラフィック社　2013
Le Goëdec, Benoît　ル・ゴエデック、ブノワ
　㊃「フランスのパパはあわてない」CCCメディアハウス　2016
Le Goff, Herve　ル・ゴフ、エルベ
　1971〜　㊃「ぼくパパになるんだよ」講談社　2002
Le Goff, Jacques Louis　ル・ゴフ、ジャック
　1924〜2014　㊂フランス　歴史学者　フランス社会科学高等研究院（EHESS）初代院長　㊄中世史　㊅ル・ゴフ、ジャック
Le Goff, Jean-Pierre　ルゴフ、ジャン＝ピエール
　1949〜　㊅ル・ゴフィック、ピエール　㊃「プロヴァンスの村の終焉」青灯社　2015
Legorreta, Ricardo　レゴレッタ、リカルド
　1931〜2011　㊂メキシコ　建築家　本名＝Legorreta Vilchis, Ricardo
Le Gouic-Prieto, Claudine　ル・グイック＝プリエト、クロディーヌ
　㊃「テオの「ありがとう」ノート」PHP研究所　2016
Le Goulven, Katell　ル・グルヴァン、カテル
　㊃「地球公共財の政治経済学」国際書院　2005
Legrand, Benjamin　ルグラン、バンジャマン
　㊃「ローン・スローン」小学館集英社プロダクション　2014
Legrand, Catherine　ルグラン、カトリーヌ
　㊃「少数民族の染織文化図鑑」柊風舎　2012
Le Grand, Julian　ルグラン、ジュリアン
　㊃「準市場 もう一つの見えざる手」法律文化社　2010
Legrand, Michel　ルグラン、ミシェル
　1932〜　㊂フランス　作曲家、編曲家、ジャズ・ピアニスト　㊄映画音楽、ジャズ　本名＝ルグラン、ミシェル・ジャン〈Legrand, Michel-Jean〉　㊅ルグラン、ミッシェル
Legrand, Ugo　ルグラン
　㊂フランス　柔道選手
Le Grange, Daniel　ル・グラン、ダニエル
　㊃「家族のための摂食障害ガイドブック」星和書店　2006
Legre, Phillippe　レグレ、フィリップ
　㊂コートジボワール　スポーツ・余暇相
Legris, Manuel　ルグリ、マニュエル
　1964〜　㊂フランス　バレエダンサー　ウィーン国立バレエ団芸術監督　パリ・オペラ座バレエ団エトワール　本名＝Legris, Manuel Christophe
Le Guay, Marie-Claire　ル・ゲ、マリ・クレール
　1974〜　㊂フランス　ピアニスト　㊅ル・ゲイ、マリ・クレール
Leguellec, Jean Philippe　ルゲレク
　㊂カナダ　バイアスロン選手　㊅ルゲレ
Le Guen, Paul　ル・ゲン、ポール
　1964〜　㊂フランス　サッカー指導者, 元サッカー選手　サッカー・オマーン代表監督　サッカー・カメルーン代表監督　㊅ル・グエン、ポール
Leguezim-balouki, Bernadette Essozimna　ルグジムバルキ、ベルナデット・エソジムナ
　㊂トーゴ　通商・民営化相
Le Guin, Ursula Kroeber　ル・グウィン、アーシュラ
　1929〜　㊂アメリカ　SF作家, ファンタジー作家　㊅ル・グイン、アーシュラ／ル・グィン
Leguizamon, Juan Manuel　レギサモン、ファン・マヌエル
　㊂アルゼンチン　ラグビー選手
Legzimbalouki, Bernadette Essossimna　ルグジムバルキ、ベルナデット・エソジムナ
　㊂トーゴ　商業・民間セクター促進・観光相　㊅ルクジムバルキ、ベルナデット・エソジムナ
Lehaci, Ionela-Livia　レハチ、イオネラリビア
　㊂ルーマニア　ボート選手
Lehane, Dennis　ルヘイン、デニス
　㊂アメリカ　作家　㊅レヘイン、デニス
Lehane, John Robert　ルヘイン、ジョン・ロバート
　㊃「麻酔の偉人たち」総合医学社　2016
Lehata, Mokone　レハタ、モコネ
　㊂レソト　首相府相
Lehata, Rammotsi　レハタ、ラモチ
　㊂レソト　首相府相
Lehbrink, Hartmut　レープリンク、ハルトムート
　1938〜　㊃「BMW」トランスワールドジャパン　2006
le Héno, Hélène　ルエノ、エレーヌ

[著]「コスメティーク・ベストガイド」 スタンダードマガジン 2013

Lehikoinen, Petri レヒコイネン, ペトリ
[著]「振動音響療法」 人間と歴史社 2003

Lehl, Jurgen レール, ヨーガン
1944〜2014 テキスタイルデザイナー, ファッションデザイナー ヨーガン・レール社創立者

Lehman, Barbara レーマン, バーバラ
[著]「ミュージアム・トリップ」 評論社 2008

Lehman, Carolyn リーマン, キャロライン
[著]「私たちは、性犯罪被害者です」 青志社 2009

Lehman, Ernest レーマン, アーネスト
1915〜2005 [国]アメリカ 脚本家, 作家

Lehmann, Albrecht レーマン, アルブレヒト
1939〜 [著]「森のフォークロア」 法政大学出版局 2005

Lehmann, André レーマン, アンドレ
[著]「スモール・イズ・プロフィタブル」 省エネルギーセンター 2005

Lehmann, Andreas C. レーマン, アンドレアス・C.
[著]「演奏を支える心と科学」 誠信書房 2011

Lehmann, Christine レーマン, クリスティーネ
[著]「皇帝の魔剣」 扶桑社 2004

Lehmann, Donald R. レーマン, ドナルド・R.
[著]「顧客投資マネジメント」 英治出版 2005

Lehmann, E.L. レーマン, E.L.
[著]「ノンパラメトリックス」 森北出版 2007

Lehmann, Hans-Peter レーマン, ハンス・ペーター
[国]ドイツ オペラ演出家

Lehmann, Hans-Thies レーマン, ハンス=ティース
1944〜 [著]「ヤン・ファーブルの世界」 論創社 2010

Lehmann, Ingmar レーマン, イングマール
[異]レーマン, イングマル [著]「数学まちがい大全集」 化学同人 2015

Lehmann, Johannes レーマン, ヨハンネス
[著]「皇帝の魔剣」 扶桑社 2004

Lehmann, Klaus-Dieter レーマン, クラウス・ディーター
[国]ドイツ ゲーテ・インスティトゥート総裁, 高松宮殿下記念世界文化賞国際顧問, 元・プロイセン文化財団総裁

Lehmann, Matthias レーマン, マティアス
[国]ドイツ サッカー選手

Lehmann, Tim リーマン, ティム
[著]「マンガマスター」 美術出版社 2005

Lehmbruch, Gerhard レームブルッフ, ゲルハルト
1928〜 [著]「西欧比較政治」 一芸社 2004

Lehn, Marty レーン, マーティ
[著]「大リーガーを育てるジュニア野球レッスン」 主婦と生活社 2007

Lehner, Mark レーナー, マーク
[著]「古代エジプトの遺産」 中央アート出版社 2003

Lehner, Ulrich レーナー, ウルリッヒ
[国]ドイツ 元・デュッセルドルフ商工会議所会頭, 元・ヘンケル社長

Lehnert, Felicitas A. レーナルト, フェリシタス・A.
1959〜 [著]「二人が向かい合うために」 新教出版社 2001

Lehnert, Gertrud レーネルト, ゲルトルート
1956〜 [著]「絵とたどるモードの歴史」 中央公論美術出版 2011

Lehnert, Volker A. レーナルト, フォルカー・A.
1960〜 [著]「二人が向かい合うために」 新教出版社 2001

Lehnert-Schroth, Christa レーネルト・シュロス, クリスタ
1924〜 [著]「シュロス法による側弯症治療」 ガイアブックス 2015

Lehninger, Albert L. レーニンジャー, A.L.
[著]「レーニンジャーの新生化学」 広川書店 2015

le Hodey, Dominique ル・オデ, ドミニク
[国]ベルギー 白日協会兼商工会議所副会長, 元・スペクトール・フォト・グループ副社長

Lehofer, Michael レーホーファー, ミヒャエル
1956〜 [著]「時間生物学と時間医学」 東京コア 2006

Lehohla, Lesao レホラ, レサオ
[国]レソト 副首相兼内務・公安・議会担当相

Le Houelleur, Kaidin Monique ル・ウエラー, カイディン・モニク
1937〜 [国]フランス 彫刻家, 現代美術家 [異]ル・ウェラー / ル・ウエラー, モニク

Lehr, Dick レイア, ディック
[著]「ブラック・スキャンダル」 KADOKAWA 2015

Lehr, William レアー, W.
[著]「クリエイティブディストラクション」 東洋経済新報社 2002

Lehrer, Jim レーラー, ジム
1934〜 [国]アメリカ ジャーナリスト, ニュースキャスター, 作家 本名=Lehrer, James Charles

Lehrer, Jonah レーラー, ジョナ
[著]「プルーストの記憶、セザンヌの眼」 白揚社 2010

Lehrer, Scott レーラー, スコット
トニー賞 ミュージカル 音響デザイン賞(2008年(第62回))
"Rodgers & Hammerstein's South Pacific"

Lehtimäki, Juhani レフティマキ, ユハニ
[著]「SMASHING Android UI」 インプレスジャパン, インプレスコミュニケーションズ(発売) 2013

Lehtinen, Jere レティネン, イェレ
1973〜 [国]フィンランド 元アイスホッケー選手

Lehtinen, Tuija レヘティネン, トゥイヤ
1954〜 [著]「レベッカと夏の王子さま」 講談社 2009

Lehtolainen, Leena レヘトライネン, レーナ
1964〜 [国]フィンランド 作家 [専]ミステリー, スリラー

Lehtomäki, Paula レヘトマキ, パウラ
[国]フィンランド 環境相

Lehtonen, Olli レヒトネン, オッリ
[著]「世界史のなかのフィンランドの歴史」 明石書店 2011

Lehu, Marcel Ilunga レフ, マルセル・イルンガ
[国]コンゴ民主共和国 産業相

Lei, Jie-qiong レイ・ジェチョン
1905〜2011 [国]中国 政治家, 社会学者 中国民主促進会(民進)主席, 中国全国人民代表大会(全人代)常務委員会副委員長 漢字名=雷潔瓊

Lei, Jun レイ・ジュン
1969〜 [国]中国 実業家 小米科技(シャオミ)共同創業者・CEO 漢字名=雷軍 [異]レイ・チュン

Leialoha, Steve レイアロハ, スティーヴ
[著]「マンガ現代物理学を築いた巨人ニールス・ボーアの量子論」 講談社 2016

Leiataua, Manu レイアタウア, マヌ
[国]サモア ラグビー選手

Leibbrand, Werner ライプブラント, ヴェルナー
[著]「エロスの系譜」 鳥影社・ロゴス企画部 2005

Leibbrandt, Kees レイブラント, ケース
1932〜 [著]「メネッティさんのスパゲッティ」 BL出版 2004

Leibbrand-Wettley, Annemarie ライプブラント, アンネマリー
1913〜 [著]「エロスの系譜」 鳥影社・ロゴス企画部 2005

Leiber, Jerry リーバー, ジェリー
1933〜2011 [国]アメリカ 作詞家

Leiber, Vivian レイバー, ヴィヴィアン
[著]「孤独なレディ」 ハーレクイン 2003

Leibinger, Berthold ライビンガー, ベルトルト
[国]ドイツ ベルトルト・ライビンガー財団理事長, 元・トルンプ社代表取締役社長, 元・ドイツ機械工業連盟会長

Leibling, Mike リーブリング, マイク
[著]「なにかと "問題のある人" を手玉にとる最強の心理学!」 イースト・プレス 2010

Leibovici, Martine レイボヴィッチ, マルティーヌ
1948〜 [著]「シモーヌ・ヴェイユが洗礼の拒否を正当化するために用いる諸論点について」 明治大学国際連携本部 2010

Leibovitz, Annie リーボビッツ, アーニー
1949〜 [国]アメリカ 写真家 [異]リーボビッツ, アニー / リーボヴィッツ, アーニー

Leibowitz, Marvin レボヴィッツ, マーヴィン
[著]「投映描画法の解釈」 誠信書房 2002

Leibrock, Cynthia レイブロック, シンシア
[著]「ヘルスケア環境のデザイン」 彰国社 2004

Leicester, Henry Marshall レスター, ヘンリ・M.
1906〜 [著]「元素発見の歴史」 朝倉書店 2008

Leicester, Mal レスター, マル
[著]「わかって私のハンディキャップ」 大月書店 2015

Leichtfried, Jörg ライヒトフリード, イェルク
[国]オーストリア 運輸・技術革新相

Leider, Richard J. ライダー, リチャード・J.
[異]レイダー, リチャード・J. [著]「リーダーシップ・マスター」 英治出版 2013

Leiderman, P.Herbert リーダーマン, P.H.
[著]「早期関係性障害」 岩崎学術出版社 2003

Leidl, Werner ライドル, ヴェルナー
[国]ドイツ 元・ミュンヘン大学副学長, 元・ミュンヘン大学獣医

L

L

学部長
Leiferkus, Sergei Petrovich レイフェルクス, セルゲイ
1946〜 [国]ロシア バリトン歌手
Leigh, Allison リー, アリソン
[著]「8週間で幸福になる8つのステップ」 ディスカヴァー・トゥエンティワン 2012
Leigh, Allison リー, アリソン
[著]「永遠のウエディングベル」 ハーレクイン 2011
Leigh, Andrew レイ, アンドリュー
[著]「マネジャーのためのタレントマネジメント」 ピアソン桐原 2012
Leigh, Barbara リー, バーバラ
[著]「愛は海を越えて」 ハーレクイン 2009
Leigh, David リー, デヴィッド
1946〜 [著]「ウィキリークス アサンジの戦争」 講談社 2011
Leigh, Eva リー, エヴァ
[著]「伯爵の恋の手ほどき」 二見書房 2016
Leigh, James リー, ジェームス
[著]「プロジェクト・マネジャーが知るべき97のこと」 オライリー・ジャパン, オーム社(発売) 2011
Leigh, Janet リー, ジャネット
1927〜2004 [国]アメリカ 女優 本名=モリソン, ジャネット・ヘレン〈Morrison, Jeanett Helen〉
Leigh, Jannifer Jason リー, ジェニファー・ジェーソン
1962〜 [国]アメリカ 女優 本名=Morrow, Jennifer Lee [異]リー, ジェニファー・ジェイソン
Leigh, Jo リー, ジョー
[著]「もったいないカンケイ」 ハーレクイン 2012
Leigh, Lora リー, ローラ
[著]「危険な愛の事件簿」 オークラ出版 2014
Leigh, Marion リー, マリオン
[著]「フィンドホーンフラワーエッセンスhandbook」 フレグランスジャーナル社 2015
Leigh, Mike リー, マイク
1943〜 [国]イギリス 映画監督, 演出家
Leigh, Mitch リー, ミッチ
1928〜2014 [国]アメリカ 作曲家 [専]ポピュラー音楽 [異]リイ, ミッチ
Leigh, Morgan リー, モーガン
[著]「キス・キス・キス」 ヴィレッジブックス 2007
Leigh, Richard リー, リチャード
1943〜 [著]「テンプル騎士団とフリーメーソン」 三交社 2006
Leigh, Roberta レイ, ロバータ
1926〜2014 [国]イギリス ロマンス作家 筆名=リンゼイ, レイチェル〈Lindsay, Rachel〉
Leigh, Susannah レイ, スザナ
[著]「かいていだいぼうけん」 主婦の友社 2009
Leigh, Wendy リー, ウェンディ
[著]「マドンナの素顔」 ぶんか社 2009
Leighton, Paul レイトン, ポール
1964〜 [著]「金持ちはますます金持ちに貧乏人は刑務所へ」 花伝社, 共栄書房(発売) 2011
Leighton, Ralph レイトン, ラルフ
1949〜 [著]「ファインマン流物理がわかるコツ」 岩波書店 2015
Leighton, Robert B. レイトン, ロバート・B.
[著]「ファインマン物理学」 岩波書店 2002
Leijgraaf, Deborah van de レイグラフ, デボラ・ヴァン・ド
[著]「ぼくはだいくさん」 世界文化社 2006
Leijonborg, Lars レイヨンボリ, ラーシュ
[国]スウェーデン 高等教育・研究担当相 [異]レイヨンボリー, ラーシュ
Leilis, Edmund レイリス, エドムンド
[国]スリナム 内相
Leingkone, Bruno レインコネ, ブルーノ
[国]バヌアツ 外相
Leininger, Andrea ライニンガー, アンドレア
[著]「ソウル・サバイバー」 PHP研究所 2009
Leininger, Bruce ライニンガー, ブルース
[著]「ソウル・サバイバー」 PHP研究所 2009
Leino, Marko レイノ, マルコ
1967〜 [著]「クリスマス物語」 講談社 2010
Leinwand, Allan レインワンド, アラン
[著]「Ciscoルータ設定ガイド」 ソフトバンクパブリッシング 2001
Leinwand, Paul レインワンド, ポール
[著]「なぜ良い戦略が利益に結びつかないのか」 ダイヤモンド社 2016
Leiper, Tim レイパー, ティム
[国]アメリカ トロント・ブルージェイズコーチ
Leipertz, Robert ライペルツ, ロベルト
[国]ドイツ サッカー選手
Leipheimer, Levi ライファイマー
[国]アメリカ 自転車選手
Leipold, Dieter ライポルト, ディーター
1939〜 [異]ライポルド, ディーター [著]「民事手続法制の展開と手続原則」 弘文堂 2016
Leipold, Gerd ライポルト, ゲルト
1951〜 [国]ドイツ 環境保護運動家 グリーンピース・インターナショナル事務局長
Leiris, Antoine レリス, アントワーヌ
1981〜 [著]「ぼくは君たちを憎まないことにした」 ポプラ社 2016
Leir-Shuffrey, Sandi リア=シャフリー, サンディ
[著]「レイキ」 産調出版 2006
Leiser, Ernest ライザー, アーネスト
1921〜2002 [国]アメリカ テレビプロデューサー
Leiserson, Charles Eric ライザーソン, C.
[異]ライザーソン, C.E. [著]「アルゴリズムイントロダクション」 近代科学社 2013
Leisi, Ernst ライズィ, エルンスト
1918〜2001 [著]「英語意味論実践」 荒竹出版 2002
Leisinger, Urlich ライジンガー, ウルリヒ
[著]「バッハ=カンタータの世界」 東京書籍 2002
Leisten, Jay レイステン, ジェイ
[著]「ガーディアンズ：チームアップ」 小学館集英社プロダクション 2016
Leister, Karl ライスター, カール
1937〜 [国]ドイツ クラリネット奏者 ハンス・アイスラー音楽院教授
Leisure, Mary Jo レージャー, メアリー・ジョー
[著]「ローズガーデンズ・フロム・シダークレスト」 サンーケイ(製作) 2004
Leitao, Joao Luis da Silva Guerreiro レイタォン, ジュアォン・ルイシュ・ダ・シルヴァ・ゲレイロ
[国]ポルトガル 元・在ポルトガル日本国大使館現地職員
Leitão Marques, Maria Manuel レイタンマルケス, マリア・マヌエル
[国]ポルトガル 首相府・行政刷新相
Leitch, Donovan ライチ, ドノバン
[著]「メモリーズ・オブ・ジョン」 イースト・プレス 2006
Leitch, Donovan Philips レイチ, ドノヴァン
1946〜 [著]「ハーディ・ガーディ・マン」 工作舎 2008
Leitch, Kellie リーチ, ケリー
[国]カナダ 労相兼女性の地位担当相
Leite, Arcângelo レイテ, アルカンジェロ
[国]東ティモール 国家行政相
Leite, Gustavo レイテ, グスタボ
[国]パラグアイ 商工相
Leite, Manuela Ferreira レイテ, マヌエラ・フェレイラ
[国]ポルトガル 財務相
Leiter, Michael P. ライター, マイケル・P.
[著]「バーンアウト」 金子書房 2008
Leith, John B. リース, ジョン・B.
[著]「新しい宇宙時代の幕開け」 ヒカルランド 2012
Leith, Sam リース, サム
1974〜 [著]「レトリックの話 話のレトリック」 論創社 2014
Leitich Smith, Greg ライティック・スミス, グレッグ
[国]アメリカ 作家 [専]ヤングアダルト
Leitner, Bernhard レイトナー, バーナード
1938〜 [著]「ウィトゲンシュタインの建築」 青土社 2008
Leitner, Moritz ライトナー, モリッツ
[国]ドイツ サッカー選手
Leitner, Patric ライトナー
[国]ドイツ リュージュ選手
Leitner, Patric-Fritz ライトナー, パトリック
1977〜 [国]ドイツ リュージュ選手 [異]ライトナー
Leitzelar, German レイツェラル, ヘルマン
[国]ホンジュラス 労働・社会保障相
Leivas, Leandro レイバス, レアンドロ
[国]ウルグアイ ラグビー選手
Leivo, Margus レイボ, マルグス
[国]エストニア 内相
Leja, Darryl L. レジャ, ダリル・L.
[著]「DNAキーワード小事典」 メディカル・サイエンス・インター

ナショナル 2004
Leja, Magda レーヤ, マグダ
1935〜 著「きみは猫である」晶文社 2003
Le Jan, Régine ル・ジャン, レジーヌ
著「メロヴィング朝」白水社 2009
Lejarreta Errasti, Inaki レハレタ
国スペイン 自転車選手
Lejeune, Anthony レジューン, アントニー
著「ミスター・ディアボロ」扶桑社 2009
Lejeune, Chad ルジュヌ, チャド
著「アクセプタンス&コミットメント・セラピー実践ガイド」明石書店 2014
Lejeune, Florian ルジューヌ, フロリアン
国フランス サッカー選手
Le Joly, Edward レジョリー, エドワード
著「日々のことば」女子パウロ会 2009
Lejon, Britta レイヨン, ブリッタ
国スウェーデン 法務担当相
Lekhak, Ramesh レカク, ラメシュ
国ネパール インフラ交通相
Le Kha Phieu レ・カ・フュー
1931〜 国ベトナム 政治家, 軍人 ベトナム共産党書記長, ベトナム人民軍政治総局長 愛レー・カー・フィウ
Lekhina, Ekaterina レキーナ, エカテリーナ
グラミー賞 最優秀クラシック・オペラ録音(2010年(第53回))
"Saariaho: L'Amour De Loin" ソリスト
Leko, Jonathan レコ, ジョナサン
国イングランド サッカー選手
Lekomba Loumetou-pombo, Jeanne Françoise レコンバルムトゥポンボ, ジャンヌ・フランソワーズ
国コンゴ共和国 女性社会進出・開発統合相
Lekota, Mosiuoa レコタ, モシワ
1948〜 国南アフリカ 政治家 南アフリカ国防相 本名=レコタ, モシワ・パトリック〈Lekota, Mosiuoa Patrick〉
Lekota, Patrick レコタ, パトリック
国南アフリカ 国防相
Lekue, Inigo レクエ, イニゴ
国スペイン サッカー選手
Lekuton, Joseph レクトン, ジョゼフ・レマソライ
著「ぼくはマサイ」さ・え・ら書房 2006
Lel, Martin レル
国ケニア 陸上選手
Leland, David リーランド, デイヴィッド
監督 グラミー賞 最優秀長編ビデオ作品(2004年(第47回))
"Concert For George"
Leland, John リーランド, ジョン
1950〜 著「ヒップ」ブルース・インターアクションズ 2010
Lele, Avinash レーレ, アヴィナーシュ
著「アーユルヴェーダとマルマ療法」ガイアブックス, 産調出版(発売) 2009
Lelei Mafi, Amanaki レレイ・マフィ, アマナキ
国トンガ ラグビー選手
Leleux, François ルルー, フランソワ
1971〜 国フランス オーボエ奏者 ミュンヘン音楽大学教授 バイエルン放送交響楽団首席オーボエ奏者
Lelièvre, Marie-Dominique ルリエーヴル, マリー=ドミニク
著「サガン」阪急コミュニケーションズ 2009
Lelito, Tim レリト, ティム
国アメリカ アメフト選手
Lellenberg, Jon L. レレンバーグ, ジョン
アメリカ探偵作家クラブ賞 批評・評伝賞(2008年) "Arthur Conan Doyle: A Life in Letters" 愛レレンバーグ, ジョン・L.
著「コナン・ドイル書簡集」東洋書林 2012
Lello, Jose レロ, ジョゼ
国ポルトガル 青年・スポーツ相
Lelord, François ルロール, フランソワ
1953〜 著「幸福はどこにある」伽鹿舎 2015
Lelouch, Claude ルルーシュ, クロード
1937〜 国フランス 映画監督 フィルム13設立者
Le Luong Minh レ・ルオン・ミン
1952〜 国ベトナム 外交官 東南アジア諸国連合(ASEAN)事務局長 ベトナム外務次官
Lelyveld, Joseph Salem レリベルド, ジョゼフ
1937〜 国アメリカ ジャーナリスト 「ニューヨーク・タイムズ」専務
Lem, Stanisław レム, スタニスワフ
1921〜2006 国ポーランド SF作家, 批評家

Lemagny, Jean-Claude ルマニー, ジャン=クロード
著「マヌエル・アルバレス・ブラボ写真集」岩波書店 2011
Lemahieu, DJ. ラメイヒュー, DJ.
国アメリカ 野球選手
Le Maire, Bruno ルメール, ブリュノ
国フランス 農業・食料・漁業相
Lemaire, Christophe ルメール, クリストフ
1965〜 国フランス ファッションデザイナー エルメス・ウィメンズアーティステックディレクター
Lemaire, Christophe ルメール, クリストフ
1979〜 国フランス 騎手
Lemaire, Gérard-Georges ルメール, ジェラール=ジョルジュ
著「芸術家の家」西村書店東京出版編集部 2012
Lemaire, Ghislain ルメール
国フランス 柔道選手
Lemaire, Thomas ルメール, トマ
著「ばかげた裁判に殺されかけた男」早川書房 2003
Lemaitre, Christophe ルメートル, クリストフ
国フランス 陸上選手 愛ルメートル
Lemaître, Pascal ルメートル, パスカル
1967〜 著「どんなときもきみを」岩崎書店 2010
Lemaitre, Pierre ルメートル, ピエール
1951〜 国フランス 作家 愛犯罪, スリラー, サスペンス
Lemalu, Fa'atiga レマル, ファアティンガ
国サモア ラグビー選手
Lemalu, Jonathan レマル, ジョナサン
グラミー賞 最優秀クラシック・オペラ録音(2009年(第52回))
"Britten: Billy Budd"
Lemamea, Ropati Mualia レマメア・ロパティ・ムアリア
国サモア 農業・漁業相 愛レマメア・ロパティ
Leman, Brady リーマン
国カナダ フリースタイルスキー選手
Leman, Kevin レーマン, ケヴィン
著「頑固な羊の動かし方」草思社 2005
Leman, Martin レーマン, マーティン
著「ねこねこ 10ぴきのねこ」童話館出版 2003
Lemani, Dumbo レマニ, ダンボ
国マラウイ 水資源開発相
Lemann, Jorge Paulo レマン, ホルヘ・パウロ
国ブラジル 3Gキャピタル共同パートナー
Lemann, Nicholas レマン, ニコラス
著「ビッグ・テスト」早川書房 2001
Lemanski, Mike レマンスキー, マイク
1986〜 著「PLANES, TRAINS AND AUTOMOBILES」ポプラ社 2014
Lemar, Thomas ルマル, トマ
国フランス サッカー選手
Lemarque, Francis ルマルク, フランシス
1917〜2002 国フランス 作詞・作曲家, シャンソン歌手 本名=コルグ, ナタン
Le Masne, Christophe ル・マスヌ, クリストフ
著「ひみつ」評論社 2004
Lemasset Mandya, Charles Paul ルマセ・マンディア, シャルル・ポール
国中央アフリカ コミュニケーション・情報相
LeMay, Harold Eugene, Jr. ルメイ, H.ユージン, Jr.
1940〜 著「ブラウン一般化学」丸善出版 2015
Lemay Doan, Catriona ドーン, ルメイ
国カナダ スピードスケート選手
Lembach, Charlotte ランバック, シャルロット
国フランス フェンシング選手
Lembalemba, Kaunda レンバレンバ, カウンダ
国ザンビア 鉱業相
Lembcke, Marjaleena レムケ, マリヤレーナ
1945〜 著「母さんがこわれた夏」徳間書店 2013
Lemberg, Paul レンバーグ, ポール
著「会社を変える不合理のマネジメント」ダイヤモンド社 2008
Lemberg, Ulla レンベリ, ウッラ
著「ぼくに愛のチャンスある?」明石書店 2004
Lembong, Thomas レンボン, トマス
国インドネシア 貿易相
Le Men, Ségolène ルメン, セゴレーヌ
著「スーラとシェレ」三元社 2013
Lemercier, Frédéric ルメルシエ, フレデリック
著「フォトグラフ」小学館集英社プロダクション 2014
Lemerle, Paul ルメルル, ポール

㊟「ビザンツ帝国史」白水社 2003
Le Merrer, David ル・メアー, デイヴィッド
㊟「Battle Milk」ボーンデジタル 2014
Lemert, Charles レマート, チャールズ
㊟「モハメド・アリ」新曜社 2007
Lemery, Francis P. レメリー, フランシス・P.
㊐アメリカ 在カンザスシティ日本国名誉総領事, 元・米国中部日米協会会長
Lemeshow, Stanley レメショウ, スタンリー
㊟「生存時間解析入門」東京大学出版会 2014
Lemesurier, Peter ルメジュラー, ピーター
㊟「宇宙からの暗号」広済堂出版 2001
Lemierre, Jean ルミエール, ジャン
1950〜 ㊐フランス BNPパリバ特別顧問 欧州復興開発銀行 (EBRD) 総裁, フランス大蔵省国庫局長
Lemina, Mario レミナ, マリオ
㊐ガボン サッカー選手
Lemine, Mohamed Ahmed Ould Mohamed レミン, モハメド・アハメド・ウルド・モハメド
㊐モーリタニア 内務・郵政・通信相
Lemke, Robert J. レンケ, ロバート・J
㊟「幸福な人生をおくる思考術」ディスカヴァー・トゥエンティワン 2002
Lemmon, Gayle Tzemach レモン, ゲイル・スマク
㊟「アシュリーの戦争」KADOKAWA 2016
Lemmon, Jack レモン, ジャック
1925〜2001 ㊐アメリカ 俳優 本名=レモン, ジョン・ユーラー〈Lemmon, John Uhler〉
Lemnaru, Madalin レムナル, マダリン
㊐ルーマニア ラグビー選手
Le Moine, Anna レモイネ
㊐スウェーデン カーリング選手
Lemoine, Bertrand ルモアンヌ, ベルトラン
㊟「世界の20世紀建築」創元社 2009
Lemoine, Pablo レモイネ, パブロ
㊐ウルグアイ ラグビーコーチ
Lemoine, Patrick ルモアンヌ, パトリック
1950〜 ㊐ルモワンヌ, パトリック ㊟「教えてルモアンヌ先生、精神科医はいったい何の役に立つのですか？」新泉社 2016
Lemoine, Serge ルモアンヌ, セルジュ
1943〜 ㊐フランス 美術史家 オルセー美術館総裁, ソルボンヌ大学教授 ㊟20世紀美術史 ㊟ルモワン
Lemon, Cyril レモン, サイリル
㊐アメリカ アメフト選手
Lemon, Jim レモン, ジム
1928〜2006 ㊐アメリカ 野球選手 本名=レモン, ジェームス・ロバート〈Lemon, James Robert〉
Lemon, Katherine Newell レモン, キャサリン・ネウェル
㊟「ワイヤレスCRM」日経BP社, 日経BP出版センター (発売) 2002
Lemonick, Michael D. レモニック, マイケル・D.
1953〜 ㊟「サイエンスライティング」地人書館 2013
Lemonier, Corey レモニアー, コリー
㊐アメリカ アメフト選手
Lemos, Alvaro レモス, アルバロ
㊐スペイン サッカー選手
Lemos, Maria Tereza レモス, マリア・テレザ
㊟「アグーチのけっこんあいて」新世研 2003
Lemos, Mauricio レモス, マウリシオ
㊐ウルグアイ サッカー選手
Lemos, Vladir レモス, ヴラジール
㊟「背番号10」白水社 2008
Lemov, Doug レモフ, ダグ
1967〜 ㊟「成功する練習の法則」日本経済新聞出版社 2013
Lemper, Ute レンパー, ウテ
1963〜 ㊐ドイツ 歌手, 女優
Lempereur, Alain ランプルゥ, アラン
㊟「交渉のメソッド」白桃書房 2014
Lempinen, Erja レンピネン, エリア
㊟「リーサのたのしい一日」愛育社 2002
Lempp, Reinhart レンプ, ラインハルト
1923〜 ㊟「自分自身をみる能力の喪失について」星和書店 2005
Lemrabott, Selama Mint Cheikhna Ould レムラボット, スラマ・ミント・シェクナ・ウルド
㊐モーリタニア 社会問題・子供・家族相
LeMuet, Pierre ル・ミュエ, ピエール

㊟「ピエール・ル・ミュエ「万人のための建築技法」注解」中央公論美術出版 2003
Lemus, Jorge レムス, ホルヘ
㊐アルゼンチン 保健相
Len, Alex レン, アレックス
㊐ウクライナ バスケットボール選手
Len, Christopher レン, クリストファー
㊟「日本の中央アジア外交」北海道大学出版会 2009
Lenain, Thierry ルナン, ティエリ
1959〜 ㊟「いつか、きっと」光村教育図書 2010
Lena Maria レーナ・マリア
1968〜 ㊟「それでも夢をもって」いのちのことば社フォレストブックス 2014
Lencina, Jorge レンシナ
㊐アルゼンチン 柔道選手
Lencioni, Patrick レンシオーニ, パトリック
1965〜 ㊟「ザ・アドバンテージ」翔泳社 2012
Lenclos, Jean-Philippe ランクロ, ジャン＝フィリップ
㊟「Supergraphics」ビー・エヌ・エヌ新社 2011
Lender, Mark E. レンダー, マーク・E.
㊟「たばこ－ホントの常識」山愛書院, 星雲社 (発売) 2001
Lenders, Andrea レンダース
㊐オランダ トランポリン選手
Lendl, Ivan レンドル, イワン
1960〜 ㊐アメリカ テニス指導者, 元テニス選手
Lendt, C.K. レント, C.K.
㊟「KISS」シンコー・ミュージック 2001
Lendvai, Ernő レンドヴァイ, エルネー
1925〜 ㊟「音のシンメトリー」全音楽譜出版社 2002
Lendvai, Paul レンドヴァイ, パウル
1929〜 ㊟「ハンガリー人」信山社出版 2008
Le Neouanic, Lionel ル・ヌウアニック, リオネル
㊟「いもいもおいも」ブロンズ新社 2002
Le Nepvou, Marie ルネプブー, マリー
㊐フランス ボート選手
Leng, Qin レン, チン
㊟「「やだ」っていったら、どうする？」ワールドライブラリー 2015
Lengel, Matt レンゲル, マット
㊐アメリカ アメフト選手
Lengomo, Barthélemy Botswali レンゴモ, バルテレミ・ボツワリ
㊐コンゴ民主共和国 社会問題相
Lenhard, Elizabeth レンハード, エリザベス
㊟「奇跡を起こす少女」講談社 2012
Lenhardt, Carol レンハード, キャロル
㊟「理科の先生のための新しい評価方法入門」北大路書房 2007
Leni, Nollen レニ, ノレン
㊐ソロモン諸島 漁業・海洋資源相
Lenihan, Brian レニハン, ブライアン
㊐アイルランド サッカー選手
Lenihan, Brian レニハン, ブライアン
㊐アイルランド 財務相
Lenihan, Edmund レニハン, エディ
1950〜 ㊟「異界のものたちと出遭って」アイルランドフューシャ奈良書店 2015
LeNir, Philip レニール, フィル
1970〜 ㊟「ミンツバーグ教授のマネジャーの学校」ダイヤモンド社 2011
Leniu, Tofaeono Avamagalo レニウ・トファエオノ・アバマガロ
㊐サモア 内務・放送相
Lenk, Hans Albert Paul レンク, ハンス
1935〜 ㊐ドイツ 哲学者, 応用倫理学者, 元ボート選手 カールスルーエ大学名誉教授 国際スポーツ哲学会会長 ㊟スポーツ哲学
Lenk, Krzysztof レンク, クリストフ
㊟「Webサイトマッピング」IDGジャパン 2001
Lenkov, Peter M. レンコフ, ピーター・M.
㊟「R.I.P.D.」小学館集英社プロダクション 2013
Lenku, Joseph Ole レンク, ジョセフ・オレ
㊐ケニア 内務・政府調整相
Lennard, Erica レナード, エリカ
1950〜 ㊟「作家の家」西村書店東京出版編集部 2009
Lenné, Michael G. レネ, マイケル
㊟「事故分析のためのヒューマンファクターズ手法」海文堂出版 2016

Lennhoff, F.G.　レンホフ, F.G.
[著]「アドラーの思い出」 創元社　2007
Lennon, Aaron　レノン, アーロン
[国]イングランド　サッカー選手
Lennon, Cynthia　レノン, シンシア
1939～2015　[国]イギリス　ジョン・レノン最初の妻
Lennon, Julian　レノン, ジュリアン
1963～　[著]「ジョン・レノンとビートルズ」 マーブルトロン, 中央公論新社（発売）　2011
Lennon, Robert L.　レノン, ロバート・L.
[著]「メイヨー・クリニック超音波ガイド下神経ブロックの手引」 メディカル・サイエンス・インターナショナル　2011
Lennon, Sean　レノン, ショーン
1975～　[国]アメリカ　ミュージシャン　本名＝レノン, ショーン・タロウ・オノ〈Lennon, Sean Taro Ono〉
Lennon, Sharron J.　レノン, シャロン・J.
[著]「外見とパワー」 北大路書房　2004
Lennox, Annie　レノックス, アニー
1954～　[国]イギリス　ロック歌手, 作詞家
Lennox, Catriona　レノックス, カトリオーナ
[著]「食糧をまもろう」 丸善　2002
Lennox, Graham　レノックス, グラハム
[著]「簡要神経学」 メディカル・サイエンス・インターナショナル　2006
Lennox, Kara　レノックス, カーラ
[著]「危ない関係」 ハーレクイン　2007
Lennox, Marion　レノックス, マリオン
[著]「シンデレラになった家政婦」 ハーパーコリンズ・ジャパン　2016
Leno, Bernd　レノ, ベルント
[国]ドイツ　サッカー選手
Leno, Charles　レノ, チャールズ
[国]アメリカ　アメフト選手
Leno, Jay　レノ, ジェイ
1950～　[国]アメリカ　コメディアン　本名＝Leno, James Douglas Muir
Lenoir, Frédéric　ルノワール, フレデリック
1962～　[国]フランス　作家, 宗教ジャーナリスト, 哲学者　「宗教の世界」編集長
Lenoir, Noëlle　ルノワール, ノエル
[国]フランス　欧州問題担当相
Lenoir, Yves　ルノワール, イヴ
[著]「気候パニック」 緑風出版　2006
Le Normand, Véronique M.　ル・ノルマン, ヴェロニック・M.
[著]「リリー・Bの小さなつぶやき」 文芸社　2013
Lenos, Melissa　レノス, メリッサ
[著]「Film Analysis」 フィルムアート社　2014
Lenôtre, Gaston　ルノートル, ガストン
1920～2009　[国]フランス　菓子職人, 料理人　ルノートル創立者
Lenox, Adriane　レノックス, アドリアーニ
トニー賞 プレイ 助演女優賞（2005年（第59回））　“Doubt”
Lens, Jeremain　レンス, イェレマイン
[国]オランダ　サッカー選手
Lenskold, James　レンズコールド, ジェームズ・D.
[著]「マーケティングROI」 ダイヤモンド社　2004
Lensment, Jaak　レンズメント, ヤーク
[国]エストニア　駐日特命全権大使
Lent, Blair　レント, ブレア
1930～2009　[国]アメリカ　画家, 版画家, 絵本作家
Lent, Robin　レント, ロビン
[著]「超高級ブランドに学ぶ感動接客」 日本経済新聞出版社　2008
Lente, Fred Van　レンテ, フレッド・ヴァン
[著]「カウボーイ＆エイリアン」 小学館集英社プロダクション　2011
Lenton, Lisbeth　レントン
[国]オーストラリア　競泳選手
Lentricchia, Frank　レントリッキア, フランク
[著]「ニュー・クリティシズム以後の批評理論」 未来社　2009（第2刷）
Lentz, Arjen　レンツ, アーエン
[著]「実践ハイパフォーマンスMySQL」 オライリー・ジャパン, オーム社（発売）　2009
Lentz, Martha J.　レンツ, マーサ・J.
[著]「山でのファーストエイド」 山洋社　2002
Lentz, Michael　レンツ, ミヒャエル
1926～2001　脚本家, 映画批評家
Lentz, Thierry　ランツ, ティエリー
[著]「ナポレオン三世」 白水社　2010
Lenz, Elinor　レンズ, エリナー
[著]「自分らしく生きるための人間関係講座」 大和書房　2005
Lenz, Josh　レンツ, ジョシュ
[国]アメリカ　アメフト選手
Lenz, Patrick　レンツ, パトリック
1965～　[著]「トムとことり」 主婦の友社　2009
Lenz, Siegfried　レンツ, ジークフリート
1926～2014　[国]ドイツ　作家, 劇作家
Lenz, Vickie　レンツ, ヴィッキー
[著]「エモーションマーケティング」 日本能率協会マネジメントセンター　2002
Lenzen, Dieter　レンツェン, ディーター
[国]ドイツ　ハンブルク大学長, ドイツ大学長会議副会長, 元・ベルリン自由大学長
Lenzen, J.D.　レンゼン, ジェイ・ディー
1972～　[著]「パラコードクラフトミラクルブック」 グラフィック社　2015
Lenzner, Terry　レンツナー, テリー
[著]「プロは語る。」 アスペクト　2005
Leo, Albert　レオ, A.
1925～　[著]「定量的構造活性相関」 地人書館　2014
Leo, Melissa　レオ, メリッサ
1960～　[国]アメリカ　女優
Leo, Richard A.　レオ, リチャード・A.
[著]「なぜ無実の人が自白するのか」 日本評論社　2008
Leo, Veronica　レオ, ベロニカ
1935～　[著]「ムッドレのくびかざり」 フェリシモ　2003
Leo Baptistao　レオ・バチストン
[国]ブラジル　サッカー選手
Leokum, Arkady　レオクム, アルカディ
[著]「電車で楽しむ雑学の本」 三笠書房　2006
Leo Moggie, Anak Irok　レオモギー・アナック・イロック
[国]マレーシア　エネルギー・通信マルチメディア相
Leon, Donna M.　レオン, ダナ
1942～　[著]「ヴェネツィア刑事はランチに帰宅する」 講談社　2005
Leon, Kenny　リオン, ケニー
トニー賞 プレイ 演出賞（2014年（第68回））　“A Raisin in the Sun”
Leon, Sandy　リオン, サンディ
[国]ベネズエラ　野球選手
León, Vicki　レオン, ヴィッキー
[著]「図説古代仕事大全」 原書房　2009
León Abad, Santiago　レオン・アバド, サンティアゴ
[国]エクアドル　工業・生産性相
Leon Alarcon, Yankiel　レオンアラルコン
[国]キューバ　ボクシング選手
Leonard, Adam　レナード, アダム
[著]「実践インテグラル・ライフ」 春秋社　2010
Leonard, Barbara　レオナード, バーバラ
[著]「ケアのなかの癒し」 看護の科学社　2016
Leonard, Dorothy　レオナルド, ドロシー
[著]「ブレークスルー思考」 ダイヤモンド社　2001
Leonard, Elmore　レナード, エルモア
1925～2013　[国]アメリカ　作家, 脚本家　アメリカ推理作家協会（MWA）会長　本名＝Leonard, Elmore John
Leonard, Herman　レナード, ハーマン
1923～2010　[国]アメリカ　写真家
Leonard, Herman B.　レオナード, ハーマン・B.
[著]「ハーバードが教える10年後に生き残る会社、消える会社」 徳間書店　2013
Leonard, Isabel　レオナルド, イザベル
グラミー賞 最優秀クラシック・オペラ録音（2013年（第56回））　“Adès: The Tempest”　ソリスト
Leonard, Kawhi　レナード, カワイ
[国]アメリカ　バスケットボール選手
Leonard, Kelly　レオナルド, ケリー
[著]「なぜ一流の経営者は即興コメディを学ぶのか？」 ディスカヴァー・トゥエンティワン　2015
Leonard, Mark　レナード, マーク
1974～　[著]「アンチ・ネオコンの論理」 春秋社　2006
Leonard, Max　レオナルド, マックス
[著]「敗者たちのツール・ド・フランス」 辰巳出版　2015
Leonard, Meyers　レナード, マイヤーズ
[国]アメリカ　バスケットボール選手

Leonard, M.G. レナード, M.G.
著「裏庭探偵クラブ」KADOKAWA 2016
Leonard, Pamela Blume レオナルド, パメラ・ブラム
著「ソーシャルワークと修復的正義」明石書店 2012
Leonard, Peter レナード, ピーター
アメリカ 作家 ミステリー, スリラー
Leonard, Queenie レナード, クイーニー
1905~2002 アメリカ 女優 本名＝Walker, Peal
Leonard, Susan レナード, スーザン
著「少年シギー」あるば書房 2011
Leonard, Thomas J. レナード, トマス
1955~ 著「いつも「いいこと」が起きる人の習慣」三笠書房 2009
Leonard, Tina レオナード, ティナ
著「汚れなき誘惑・プリンスの決断」ハーレクイン 2008
Leonard, Victoria レオナード, ヴィクトリア
別レナード, ヴィクトリア・W. 著「ベナー ナースを育てる」医学書院 2011
Leonard, Yves レオナール, イヴ
1968~ 著「文化と社会」芸団協出版部, 丸善出版事業部 (発売) 2001
Leonard-Barton, Dorothy レナード, ドロシー
別レオナルド＝バートン, ドロシー / レナード, ドロシー・A. 著「「経験知」を伝える技術」ダイヤモンド社 2013
Leonardo レオナルド
1969~ ブラジル サッカー指導者, 元サッカー選手 パリサンジェルマンGM 本名＝デ・アラウジョ, レオナルド・ナシメント〈De Araujo, Leonardo Nascimento〉
Leonardo Suarez レオナルド・スアレス
アルゼンチン サッカー選手
Léon-Dufour, Xavier レオン＝デュフール, X.
著「イエスの復活とその福音」新教出版社 2004
Leone, Dan レオーネ, ダン
著「アメリカミステリ傑作選」DHC 2003
Leone, Dominic リオン, ドミニク
アメリカ 野球選手
Leone, Douglas レオン, ダグラス
投資家
Leone, Giovanni レオネ, ジョヴァンニ
1908~2001 イタリア 政治家, 刑法学者 イタリア大統領, イタリア終身上院議員 別レオーネ, ジョバンニ
Léonforte, Pierre レオンフォルト, ピエール
著「伝説のトランク100」河出書房新社 2010
Leong, James ロン, ジェームズ
1971~ 香港 映画監督 別ロン, ジェイムス
Leong, Siu Hung Edwin ロン, エドウィン
香港 実業家 漢字名＝梁紹鴻
Leong, Stephen リョング, ステファン
1938~ マレーシア マレーシア戦略国際問題研究所日本研究センター所長 国際関係, 対日関係, 東アジア経済 別リョン, ステファン / レオン, ステファン
Leong Mun Yoon, Stephen レオン, ステファン
マレーシア 元・マレーシア戦略国際問題研究所日本研究センター長
Leonhard, Gerd レオナルト, ゲルト
1961~ 著「デジタル音楽の行方」翔泳社 2005
Leonhard, Kurt Ernst Albert レオンハルト, クルト
1910~2005 ドイツ 作家, 翻訳家, 編集人
Leonhardt, Brian レナード, ブライアン
アメリカ アメフト選手
Leonhardt, Gustav レオンハルト, グスタフ
1928~2012 オランダ チェンバロ奏者, オルガン奏者, 指揮者, 音楽学者 アムステルダム音楽院教授 別レーオンハルト, グスタフ
Leoni, Giulio レオーニ, ジュリオ
1951~ 著「未完のモザイク」二見書房 2009
Leonidas da Silva レオニダス・ダ・シルバ
1913~2004 ブラジル サッカー選手
Leonidovna, Klavdija レオニードブナ, クラウディア
1921~2014 ロシア 絵本「クラウディアのいのり」の主人公のモデル
Leonov, Aleksei Arkhipovich レオーノフ, アレクセイ
1934~ 著「アポロとソユーズ」ソニー・マガジンズ 2005
Leonsis, Ted レオンシス, テッド
アメリカ ワシントン・ウィザーズオーナー
Leontyeva, Elena Livovna レオンチェヴァ, エレーナ・リヴォヴナ
ロシア 世界経済国際関係国立研究所アジア太平洋センター主任研究員
Leopold, Aldo レオポルド, アルド
著「自然と人間」有斐閣 2005
Leopold, Allison Kyle レオポルド, アリソン・カイル
著「ニューヨーク ジョフリー・バレエスクール」健康ジャーナル社 2005
Leopold, David レオポルド, デイヴィッド
著「政治理論入門」慶応義塾大学出版会 2011
Leopold, Estella レオポルド, エステラ
1927~ アメリカ 花粉学者, 環境保全活動家 ワシントン大学生物学部名誉教授 本名＝レオポルド, エステラ・ベルゲレ〈Leopold, Estella Bergere〉
Leopold, Günter レオポルド, ギュンター
1928~ 著「ベンチャーと自己資本」神戸ベンチャー研究会, 神戸 一灯館 (発売) 2002
Leopold, Jason レオポルド, ジェイソン
1969~ 著「ニュース・ジャンキー」亜紀書房 2007
Leota, Johnny レオタ, ジョニー
サモア ラグビー選手
Léotard, Philippe レオタール, フィリップ
1940~2001 フランス 俳優, シャンソン歌手
Lepage, Claudie ルパージュ, クローディ
1945~ 著「エイジレス・ウーマン」PHP研究所 2003
Lepage, Corinne ルパージュ, コリーヌ
1951~ 著「原発大国の真実」長崎出版 2012
Lepage, Emmanuel ルパージュ, エマニュエル
1966~ フランス 漫画家
Lepage, Robert ルパージュ, ロベール
1957~ カナダ 演出家, 脚本家, 俳優 エクス・マキナ芸術監督
Lepape, Sebastien ルパプ
フランス ショートトラック選手
Le Pechoux, Erwann ルペシュー, エルワン
フランス フェンシング選手 別ルペシュー
Lepeltier, Serge ルペルティエ, セルジュ
フランス エコロジー・持続的開発相
Le Pen, Jean-Marie ルペン, ジャン・マリ
1928~ フランス 政治家 フランス国民戦線 (FN) 名誉党首 別ルペン, ジャンマリ
Le Pen, Marine ルペン, マリーヌ
1968~ フランス 政治家 フランス国民戦線 (FN) 党首
Lepenies, Wolf レペニース, ヴォルフ
著「三つの文化」法政大学出版局 2002
Lepennec, Emilie ルパネク
フランス 体操選手
Lepeshinskaya, Oliga レペシンスカヤ, オリガ
1916~2008 ロシア バレリーナ 本名＝Lepeshinskaya, Oliga Vasilievna 別レペシンスカヤ, オルガ
Lepetukhin, A.P. レペトゥーヒン, アレクサーンドル
1948~ 著「ヘフツィール物語」未知谷 2015
Lepicard, Louise ルピカール, ルイズ
1928~ フランス 作家 日本名＝正子
Lépine, Jean-Pierre レピーヌ, ジャン・ピエール
著「パニック障害」日本評論社 2001
Lepisto, Laura レピスト
フィンランド フィギュアスケート選手
Le Poidevin, Robin レ・ペドヴィン, ロビン
1962~ 著「時間と空間をめぐる12の謎」岩波書店 2012
Lepono, Mathabiso レポノ, マタビソ
レソト 女性・青年・スポーツ相
Lepore, Domenico レポール, ドミニコ
著「二大博士から経営を学ぶ」生産性出版 2005
Lepore, Stephen J. レポーレ, ステファン・J.
著「筆記療法」北大路書房 2004
Lepp, Mati レップ, マティ
1947~ 著「おにいちゃんは世界一」徳間書店 2002
Lepper, Andrzej レッペル, アンジェイ
ポーランド 副首相兼農相
Leppin, Volker レッピン, フォルカー
著「キリスト教の主要神学者」教文館 2014
Lepra, Jorge レプラ, ホルヘ
ウルグアイ 産業・エネルギー・鉱業相
Leprevost, Penelope ルプレボス, ペネロペ
フランス 馬術選手
Lepri, Laura レプリ, ラウラ

著「書物の夢、印刷の旅」青土社　2014
Lepsinger, Richard　レプシンガー, リチャード
1948〜　著「実戦360度フィードバック」日経BP社, 日経BP出版センター（発売）　2003
Lepsius, Oliver　レプシウス, オリヴァー
1964〜　著「越境する司法」風行社　2014
Le Quement, Patrick　ル・ケマン, パトリック
1945〜　国イギリス　カーデザイナー　ルノー副社長　ル・ケマン, パトリック／ル・ケモン
Lequesne, Christian　ルケンヌ, クリスチアン
1962〜　著「EU拡大とフランス政治」芦書房　2012
Lequeu, Jean　ルクー, ジャン
1948〜　著「はかせのふしぎなどうぶつえん」学習研究社　c2008
Le Quintrec, Guillaume　ル・カントレック, ギヨーム
著「ドイツ・フランス共通歴史教科書」明石書店　2016
Lera, Joe　レラ, ジョー
国パプアニューギニア　ブーゲンビル担当相
Lerangis, Peter　ルランジス, ピーター
著「サーティーナイン・クルーズ」KADOKAWA　2014
Lerche, Wolfgang　レルヒェ, ウォルフガング
著「鉄の空化と軟空化」アグネ技術センター　2011
Lercher, Martin　レルヒャー, マルティン
1967〜　著「遺伝子の社会」NTT出版　2016
Lerdorf, Rasmus　ラドルフ, ラスマス
著「プログラミングPHP」オライリー・ジャパン, オーム社（発売）　2014
Lerew, Jenny　レリュー, ジェニー
著「THE ART OFメリダとおそろしの森」スタジオジブリ, 徳間書店（発売）　2012
Leribeus, Josh　レリベウス, ジョシュ
国アメリカ　アメフト選手
Le Riche, Nicolas　ル・リッシュ, ニコラ
1972〜　国フランス　バレエダンサー　パリ・オペラ座バレエ団エトワール
Le Rider, Jacques　ル・リデー, ジャック
1954〜　著「中欧論」白水社　2004
Le Riverend, Julio　レ・リベレンド, フリオ
著「キューバ経済史」エルコ, 星雲社（発売）　2002
Lerma, John　レーマ, ジョン
著「前死体験」ナチュラルスピリット　2009
Lerman, Rory S.　ラーマン, ロリー・S.
著「朗読劇台本集」玉川大学出版部　2002
Lerman, Stewart　ラーマン, スチュワート
グラミー賞 最優秀映像メディア向けコンピレーション・サウンドトラック（2011年（第54回））　"Boardwalk Empire: Volume 1"　プロデューサー
Lerner, Alexander　ラーナー, アレクサンダー
1913〜2004　国イスラエル　サイバネティックス研究者
Lerner, Bernice　ラーナー, バーニス
著「グローバル時代の幸福と社会的責任」麗澤大学出版会, 広池学園事業部（柏）（発売）　2012
Lerner, Betsy　レーナー, ベッツィ
著「ベストセラーはこうして生まれる」松柏社　2005
Lerner, Daniel　ラーナー, ダニエル
グラミー賞 最優秀録音技術アルバム（クラシック以外）（2013年（第56回））　"Random Access Memories"　エンジニア
Lerner, Gerda　ラーナー, ゲルダ
1920〜2013　国アメリカ　歴史学者　ウィスコンシン大学名誉教授, 米国歴史学者機構会長　囲女性史
Lerner, Harriet Goldhor　レーナー, ハリエット
著「「一生愛」のルール」三笠書房　2012
Lerner, Isha　ラーナー, イシャ
1954〜　著「パワーオブフラワーオラクルカード」ヴィジョナリー・カンパニー, クレイヴ出版事業部（発売）　2008
Lerner, Jaime　レルネル, ジャイメ
1937〜　著「都市の鍼治療」丸善　2005
Lerner, Josh　ラーナー, ジョシュ
著「プライベート・エクイティ」東洋経済新報社　2004
Lerner, Natan　レルナー, ナタン
著「宗教と人権」東信堂　2008
Lerner, Paul M.　ラーナー, ポール・M.
著「ロールシャッハ法と精神分析的視点」金剛出版　2016
Lerner, Preston　レーナー, プレストン
1956〜　著「ポール・ニューマン」スタジオタッククリエイティブ　2010

Lerner, Theodore N.　ラーナー, テッド
国アメリカ　ワシントン・ナショナルズオーナー
Lernoud, Frédéric　レルヌー, フレデリック
著「地図で読む世界情勢」河出書房新社　2009
Leroi, Armand Marie　ルロワ, アルマン・マリー
1964〜　著「ヒトの変異」みすず書房　2014
Leroi, John　ルロア, ジョン
著「ハーバードMBA合格者のエッセイを読む」オープンナレッジ　2007
Leroi, Rita　ルロア, リタ
著「時代病としての癌の克服」水声社　2006
Lerouet, Michel　ルルエ, ミシェル
1966〜　著「ラデュレのお料理レシピ」世界文化社　2012
Lerouge, Jacques　ルルージュ, ジャック
1954〜　著「はっけん！スポーツ大会まちがいさがし」PHP研究所　2008
Lerouge, Stéphane　ルルージュ, ステファン
1970〜　著「ミシェル・ルグラン自伝」アルテスパブリッシング　2015
Le Roux, Bernard　ル・ルー, ベルナール
国フランス　ラグビー選手
Le Roux, Bruno　ルルー, ブルーノ
国フランス　内相
Leroux, Christian　ルルー, クリスチャン
国フランス　在ル・アーブル日本国名誉領事
Le Roux, François　ル・ルー, フランソワ
著「フランス歌曲の珠玉」春秋社　2009
Leroux, Georges　ルルー, ジョルジュ
著「グレン・グールド」シンコーミュージック・エンタテインメント　2010
Leroux, Janette　ルルー, J.
著「ソーシャル・キャピタルと健康政策」日本評論社　2013
Le Roux, Mathieu　ルルー, マチュー
1977〜　著「未来を変える80人」日経BP社, 日経BP出版センター（発売）　2006
Leroux, Nicole　ルルー, ニコル
カナダ総督文学賞 フランス語 児童文学（物語）（2004年）　"L'Hiver de Léo Polatouche"
Le Roux, Patrick　ル・ル, パトリック
著「ローマ帝国」白水社　2012
Leroux, Philippe　ルルー, フィリップ
国フランス　ロン・ティボー・クレスパン国際音楽コンクール ピアノ シェヴィヨン・ボノー財団賞（2009年（第38回））
Le Roux, Willie　ルルー, ヴィリー
国南アフリカ　ラグビー選手
Le Roy, Alain　ルロワ, アラン
1953〜　国フランス　外交官　欧州対外行動局（EEAS）事務局長　国連事務次長
Leroy, Francoise　ルロワ, フランソワーズ
1939〜　著「中世イタリア絵画」白水社　2002
Leroy, Gilles　ルロワ, ジル
1958〜　ゴンクール賞（2007年）　"Alabama Song"
Leroy, Jean　ルロワ, ジャン
1975〜　著「きめてよ、おじいちゃん！」光村教育図書　2015
LeRoy, J.T.　リロイ, J.T.
国アメリカ　作家　著文学　別名＝アルバート, ローラ〈Albert, Laura〉
Leroy, Maurice　ルロワ, モーリス
国フランス　都市相
Le Roy, Maximilien　ル・ロワ, マクシミリアン
1985〜　著「ニーチェ」筑摩書房　2012
Le-Roy-Ladurie, Emmanuel　ル・ロワ・ラデュリ, エマニュエル
1929〜　国フランス　歴史家　コレージュ・ド・フランス名誉教授
Lesaffre, Patrick　ルサッフル, パトリック
国フランス　在リール名誉領事, ルサッフル・カンパニー取締役
Le Sage, Éric　ル・サージュ, エリック
1964〜　国フランス　ピアニスト
Lesanu, Ion　レシャヌ, イオン
国モルドバ　エネルギー相
Lesbros, Dominique　レスブロ, ドミニク
著「街角の遺物・遺構から見たパリ歴史図鑑」原書房　2015
Lescano, Héctor　レスカノ, エクトル
国ウルグアイ　観光・スポーツ相
Leschiov, Vladimir　レシオフ, ウラジミール
国ラトビア　ザグレブ国際アニメーション映画祭 グランド・コン

Lescot, David　レスコ, ダヴィッド
1971～　憲「破産した男/自分みがき」れんが書房新社　2010
Lescouflair, Evans　レクフレール, エバンス
国ハイチ共和国　青年・スポーツ・市民活動相
Le Shan, Eda J.　ルシャン, エダ
1922～2002　憲「どうしてこんな気もちになるの？」ディスカヴァー・トゥエンティワン　2003
LeShan, Lawrence L.　ルシャン, ローレンス
憲「ガン長寿学」広済堂出版　2002
Lesieur, Jennifer　ルシュール, ジェニフェール
1978～　憲「三島由紀夫」祥伝社　2012
Lesin, Mikhail Y.　レーシン, ミハイル・Y.
国ロシア　出版・テレビラジオ放送・マスコミ相
Lesjongard, Georges Pierre　レジョンガー, ジョルジュ・ピエール
国モーリシャス　住宅・土地・漁業相　異レジョンガー, ジョルジュ
Lesk, Arthur M.　レスク, アーサー M.
異レスク, アーサー・M.　憲「ゲノミクス」メディカル・サイエンス・インターナショナル　2009
Leskaj, Bujar　レスカイ, ブヤル
国アルバニア　観光・文化相
Leskaj, Valentina　レスカイ, バレンティナ
国アルバニア　労働社会問題相
Leskin, Barry　レスキン, バリー
憲「組織変革のジレンマ」ダイヤモンド社　2004
Leskovar, Simona　レスコヴァル, シモナ
国スロベニア　駐日特命全権大使
Leslau, Wolf　レスロー, ウルフ
憲「山の上の火」日本ライトハウス　2011
Lesley, Taylor　レスリー, テイラー
憲「カラーセラピー」産調出版　2003
Leslie, Ainslie　レスリー, アインスリー
国ベリーズ　エネルギー・通信相
Leslie, Ian　レズリー, イアン
1972～　憲「子どもは40000回質問する」光文社　2016
Leslie, Jordan　レスリー, ジョーダン
国アメリカ　アメフト選手
Leslie, Keith　レスリー, キース
憲「マッキンゼー事業再生」ダイヤモンド社　2004
Leslie, Mark　レスリー, マーク
憲「営業チームの強化法」ダイヤモンド社　2007
Lesnar, Brock　レスナー, ブロック
1977～　国アメリカ　プロレスラー　本名＝Lesnar, Brock Edward
Lesne, Annick　レーヌ, アニック
憲「謎を解く人びと」シュプリンガー・ジャパン　2008
Lesnie, Andrew　レスニー, アンドリュー
1956～2015　国オーストラリア　映画撮影監督
Lessa, Espólio Luis Carlos Barbosa　レッサ, バルボザ
1929～2002　国ブラジル　作家
Lessa, Luzolo Bambi　レサ, ルゾロ・バンビ
国コンゴ民主共和国　司法・人権相
Lessell, Colin B.　レッセル, コリン・B.
憲「歯科のためのホメオパシーハンドブック」ホメオパシー出版　2006
Lesser, Elizabeth　レッサー, エリザベス
憲「絶望を超えたとき、人生は羽ばたく」サンマーク出版　2006
Lesser, Erik　レサー
国ドイツ　バイアスロン選手
Lesser, Jeffery　レッサー, ジェフリー
憲「ブラジルのアジア・中東系移民と国民性の構築」明石書店　2016
Lesser, Michael　レッサー, マイケル
憲「脳を元気にする正しい食事とサプリメント」中央アート出版社　2009
Lesser, Milton　レッサー, ミルトン
1928～　憲「惑星オピカスに輝く聖火」岩崎書店　2006
Lesser, Richard　レッサー, リチャード
憲「BCG未来をつくる戦略思考」東洋経済新報社　2013
Lesser, Rose　レッサ, ローゼ
？～2002　翻訳家, 作家, 民俗研究者
Lessig, Lawrence　レッシグ, ローレンス
憲「Remix」翔泳社　2010
Lessing, Doris May　レッシング, ドリス
1919～2013　国イギリス　作家

Lessmann, C.B.　レスマン, C.B.
憲児童書
Lestari, Noortje　レスタリ, ノルチェ
国インドネシア　元・在インドネシア日本国大使館現地職員
Lester, Adrian　レスター, エイドリアン
1968～　国イギリス　俳優　本名＝Lester, Adrian Anthony　異レスター, エドリアン
Lester, Alison　レスター, アリスン
1952～　国オーストラリア　絵本作家, イラストレーター
Lester, Buddy　レスター, バディ
？～2002　国アメリカ　喜劇俳優　本名＝Lester, William
Lester, Eva P.　レスター, エヴァ・P.
1922～2008　憲「精神分析における境界侵犯」金剛出版　2011
Lester, Jon　レスター, ジョン
1984～　国アメリカ　野球選手　本名＝Lester, Jonathan Tyler
Lester, Julius　レスター, ジュリアス
1939～　国アメリカ　作家, 音楽家, フォーク歌手, 写真家　アマースト大学教授
Lester, Justin Dashaun　レスター
国アメリカ　レスリング選手
Lester, Linda B.　レスター, L.B.
憲「幹細胞内分泌学」西村書店　2008
Lester, Paul　レスター, ポール
憲「レディー・ガガ」シンコーミュージック・エンタテイメント　2010
Lester, Richard　レスター, リチャード
1932～　国アメリカ　映画監督
Lester, Richard Keith　レスター, リチャード・K.
1954～　憲「イノベーション創出の方法論」工業調査会　2007
Lester, Toby　レスター, トビー
憲「第四の大陸」中央公論新社　2015
Lesueur, Eloyse　ルシュール
国フランス　陸上選手
Lesun, Alexander　レスン, アレクサンドル
国ロシア　近代五種選手　異レスン
Lesure, Francois　ルシュール, フランソワ
1923～2001　憲「伝記クロード・ドビュッシー」音楽之友社　2003
Leswick, Tony　レスウィック, トニー
1923～2001　国カナダ　アイスホッケー選手　異レスウイック, トニー
Le Tacon, François　ル・タコン, フランソワ
1939～　憲「エミール・ガレ」平凡社　2003
Le-Tan, Olympia　ル・タン, オランピア
国フランス　バッグデザイナー
Letavec, Craig　レタベック, クレイグ
憲「プロジェクト・マネジャーが知るべき97のこと」オライリー・ジャパン, オーム社（発売）　2011
Lété, Nathalie　レテ, ナタリー
1964～　憲「ナタリー・レテのA to Z」ジュウ・ドゥ・ポゥム, 主婦の友社（発売）　2007
Letén, Mats　レテン, マッツ
1949～　憲「カイちゃんのうま」小峰書店　2005
Le Tendre, Serge　ル・タンドル, セルジュ
憲「時の鳥を求めて」Euromanga, 飛鳥新社（発売）　2012
Leterman, Elmer G.　レターマン, エルマー・G.
異レターマン, E.G.　憲「営業は断られた時から始まる」ダイヤモンド社　2014
Leterme, Yves　ルテルム, イヴ
1960～　国ベルギー　政治家　ベルギー首相　本名＝Leterme, Yves Camille Désiré　異ルテムル, イブ / ルテルム, イブ
Leterrier, Louis　レテリエ, ルイ
1973～　国フランス　映画監督
Letestu, Agnès　ルテステュ, アニエス
国フランス　バレリーナ　パリ・オペラ座バレエ団エトワール
Leth, Nina　レット, ニナ
憲「フラワー・ファンタジー」パイインターナショナル　2016
Lethaby, Jo　レザビー, ジョー
憲「ビキニフィット」主婦と生活社　2005
Letham, Robert　リーサム, ロバート
憲「主の晩餐」一麦出版社　2007
Lethbridge, Lucy　レスブリッジ, ルーシー
憲「使用人が見た英国の二〇世紀」原書房　2014
Lethem, Jonathan　レセム, ジョナサン
1964～　憲「孤独の要塞」早川書房　2008
Letheren, Tim　レザレン, ティム

1976～ [著]「リアル・ブリティッシュ・イングリッシュ」 三修社 2004
Letherland, Lucy　レザーランド, ルーシー
[著]「世界冒険アトラス」 徳間書店 2015
Le Thi Nham Tuyet　レ・ティ・ニャム・トゥエット
[著]「ベトナム女性史」 明石書店 2010
Letlotlo, Molahlehi　レトロトロ, モラシュレヒ
[国]レソト　社会開発相
Leto, Jared　レトー, ジャレッド
アカデミー賞 助演男優賞(第86回(2013年))ほか
Leto, Julie Elizabeth　リート, ジュリー・E.
[著]「プライベート・レッスン」 ハーレクイン 2015
Le Tord, Bijou　ル・トール, ビジュ
[著]「光のように鳥のように…」 BL出版 2001
Letourneau, Fanny　ルトゥルノー
[国]カナダ　シンクロナイズド・スイミング選手
Letria, André　レトリア, アンドレ
1973～ [著]「はしれ！ カボチャ」 小学館 2008
Letsatsi, Khotso　レツァツィ, コツォ
[国]レソト　エネルギー相
Letschert, Timo　レツヘルト, ティモ
[国]オランダ　サッカー選手
Letsie Ⅲ　レツィエ3世
1963～ [国]レソト　国王　本名=David Mohato Bereng Seeiso
Letsosa, Motlalentoa　レツォサ, モトラレントア
[国]レソト　教育・訓練相
Lett, Michael Denis　レット, マイケル・デニス
[国]グレナダ　農林漁業相
Lett, Travis　レット, トラヴィス
[著]「ジェリーナのひと皿」 クロニクルブックス・ジャパン, 徳間書店(発売) 2016
Letta, Corrado G.M.　レッタ, コッラード・G.M.
1940～ [著]「ASEMの将来」 一芸社 2003
Letta, Enrico　レッタ, エンリコ
1966～ [国]イタリア　政治家　イタリア首相
Letta, Gianni　レッタ, ジャンニ
[国]イタリア　官房長官
Lette, Kathy　レット, キャシー
[著]「わたしは女の子だから」 英治出版 2012
Letteri, Joe　レッテリ, ジョー
アカデミー賞 特殊効果賞(第82回(2009年))ほか
Letterman, David Michael　レターマン, デービッド
1947～ [国]アメリカ　コメディアン　[異]レターマン, デヴィッド
Letts, Billie　レッツ, ビリー
1938～2014 [国]アメリカ　作家
Letts, Tracy　レッツ, トレイシー
[国]アメリカ　トニー賞 プレイ 主演男優賞(2013年(第67回))ほか
Letwin, Oliver　レトウィン, オリバー
[国]イギリス　ランカスター公爵相
Leu, Evelyne　ルー, エベリネ
1976～ [国]スイス　元スキー選手
Leuchtenburg, William Edward　ルクテンバーグ, ウィリアム
1922～ [著]「アメリカ一九一四―三二」 音羽書房鶴見書店 2004
Leuck, Laura　ルーク, ローラ
[著]「いちにちでいいから」 フレーベル館 2014
Leuenberger, Moritz　ロイエンベルガー, モリツ
1946～ [国]スイス　政治家　スイス大統領, スイス環境運輸エネルギー通信相
Leuenberger, Robert　ロイエンベルガー, ロベルト
1916～ [著]「洗礼とはなにか」 新教出版社 2012
Leuer, Jon　ルアー, ジョン
[国]アメリカ　バスケットボール選手
Leuis, Jerry Lee　ルイス, ジェリー・リー
[著]「メモリーズ・オブ・ジョン」 イースト・プレス 2006
Leu Laysreng　ル・ライスレーン
[国]カンボジア　副首相兼地域開発相
Leung, Albert Y.　ロング, A.Y.
[著]「天然食品・薬品・香粧品の事典」 朝倉書店 2009
Leung, Amy S.P.　リャン, エイミー
[国]カナダ　アジア開発銀行(ADB)水委員会委員長
Leung, Gigi　リョン, ジジ
1976～ [国]香港　女優, 歌手　漢字名=梁詠琪
Leung, Ka-fai　レオン・カーファイ
1958～ [国]香港　俳優　漢字名=梁家輝(リャン・ジャホイ), 英語名=レオン, トニー〈Leung, Tony〉 [異]レオン・カーファイ / レオン・カーフェイ / レオン・カーフェイ
Leung, Tony　レオン, トニー
1962～ [国]香港　俳優　漢字名=梁朝偉〈Leung, Chiu-wai〉
Leung Shing, Emmanuel Jean　ルンシン, エマニュエル・ジャン
[国]モーリシャス　法相　[異]ルンシン, エマニュエル
Leupp, Gary P.　リュープ, ゲイリー・P.
[著]「男色の日本史」 作品社 2014
Leurs, Bernard　レウルス, ベルナール
[著]「もっと知りたいフランス」 駿河台出版社 2006
Leutenegger, Gertrud　ロイテンエッガー, ゲルトルート
1948～ [著]「ポモナ」 書肆半日閑, 三元社(発売) 2013
Leuthard, Doris　ロイトハルト, ドリス
1963～ [国]スイス　政治家　スイス大統領
Leuthäuser, Gabriele　ロイトハウザー, ガブリエル
1950～ [著]「フランク・ロイド・ライト」 Taschen c2002
Leuthäuser, Gabriele　ロイトハウザー, ガブリエル
1950～ [著]「20世紀の家具のデザイン」 タッシェン・ジャパン, 洋販(発売) 2002
Leutheusser-schnarrenberger, Sabine　ロイトホイサーシュナレンベルガー, ザビーネ
[国]ドイツ　法相
Leutwiler, Anita　ロイトヴィラー, アニータ
1940～ [著]「ここってインドかな？」 アートン 2005
Lev, Baruch　レブ, バルーク
[著]「無形資産の評価」 中央経済社 2008
Levangie, Dana　レバンジー, ダナ
[国]アメリカ　ボストン・レッドソックスコーチ
Levasseur, Claire　ルヴァスール, クレール
[著]「地図で見るアラブ世界ハンドブック」 原書房 2016
LeVay, Simon　ルベイ, サイモン
1943～ [著]「クィア・サイエンス」 勁草書房 2002
Levay, Sylvester　リーヴァイ, シルヴェスター
1945～ [国]ハンガリー　作曲家　[異]リーバイ, シルベスター
Leveaux, Amaury　ルボー, アモリ
1985～ [国]フランス　水泳選手　本名=Leveaux, Amaury Raymond
Leveaux, David　ルボー, デービッド
1957～ [国]イギリス　演出家　TPT(シアター・プロジェクト・東京)芸術監督, リバーサイド・スタジオ主任演出家　[異]ルボー, デビッド / ルヴォー, デヴィッド
Leveen, Lindsay　レビーン, リンゼー
1952～ [著]「水素」 日刊工業新聞社 2004
Levels, Tobas　レフェルス, トビアス
[国]ドイツ　サッカー選手
Leven, Jeremy　レヴェン, ジェレミー
[著]「あなたにも書ける恋愛小説」 竹書房 2004
Levene, Gustavo Gabriel　レベネ, グスタボ・ガブリエル
1912～ [著]「くろ犬サルタン」 新世研 2003
Levene, Malcolm　レヴィーン, マルコム
[著]「花咲くエリー」 ディスカヴァー・トゥエンティワン 2004
Levene, Malcolm I.　レーベン, マルコム
[著]「一目でわかる小児科学」 メディカル・サイエンス・インターナショナル 2008
Levenkron, Steven　レベンクロン, スティーブン
1941～ [著]「Cutting」 集英社 2005
Levens, Maria Elisabeth　リーフェンス, マリア・エリザベス
[国]スリナム　外相
Levenson, Bill　レヴェンソン, ビル
グラミー賞 最優秀サラウンド・サウンド・アルバム(2011年(第54回)) "Layla And Other Assorted Love Songs (Super Deluxe Edition)" サラウンド・プロデューサー
Levenson, Claude B.　ルヴァンソン, クロード・B.
[著]「チベット」 白水社 2009
Levenson, Mark　レベンソン, マーク
[著]「アクセシブルテクノロジ」 日経BPソフトプレス, 日経BP出版センター(発売) 2003
Levenson, Michael H.　レヴァンソン, マイケル
[著]「モダニズムとは何か」 松柏社 2002
Levenson, Thomas　レヴェンソン, トマス
1958～ [著]「ニュートンと贋金づくり」 白揚社 2012
Leventhal, Judith　レヴィンサール, ジュディス
1958～ [著]「スモールミラクル」 バベルプレス 2011
Lévêque, Claude　レヴェック, クロード
1953～ [著]「クロード・レヴェック」 水戸芸術館現代美術センター 2003

L

Lever, Evelyne ルヴェ, エヴリーヌ
[著]「王妃マリー・アントワネット」 創元社 2001
Levere, Trevor H. ルヴィア, T.H.
[著]「入門化学史」 朝倉書店 2007
Leverenz, Caitlin レベレンズ
[国]アメリカ 競泳選手
Levert, Caris レバート, カリス
[国]アメリカ バスケットボール選手
Levert, Gerald リバート, ジェラルド
1966～2006 [国]アメリカ 歌手 [異]レバート, ジェラルド
LeVert, Suzanne ルバート, スザンヌ
[著]「医者はなぜ、乳がんの「予防法」を教えないのか」 中央アート出版社 2010
Leveson, Nancy レブソン, ナンシー・G.
[著]「セーフウェア」 翔泳社 2009
Levesque, Allen H. レヴェスク, A.H.
[著]「移動通信基礎技術ハンドブック」 丸善 2002
Levesque, Roger J.R. レヴェスク, ロジャー・J.R.
[著]「子どもの性的虐待と国際人権」 明石書店 2001
Levet, Thomas レベ, トーマス
1968～ [国]フランス プロゴルファー
Levete, Sarah レベーテ, サラ
[著]「池上彰のニュースに登場する世界の環境問題」 さ・え・ら書房 2010
Levey, Richard H. リーヴィ, リチャード
[著]「古代中国」 BL出版 2013
Levey, Stan リービー, スタン
1925～2005 [国]アメリカ ジャズドラム奏者
Levi, Aaron レビ, アーロン
[国]アメリカ 起業家 Box社長・CEO・共同創業者 [異]レヴィ, アーロン
Levi, Antonia J. レビ, アントニア
1947～ [著]「大学教員のためのルーブリック評価入門」 玉川大学出版部 2014
Levi, David レヴィ, デビッド
1955～ [著]「小さな起業家」 ぶんか社 2007
Levi, Erik リーヴィー, エリック
1949～ [著]「モーツァルトとナチス」 白水社 2012
Levi, Lennart レヴィ, レナート
[著]「前立腺癌の治療について」 浅羽医学研究所 2004
Levi, Marcel M. レビ, マーセル・M.
[著]「ウィリアムズ血液学マニュアル」 メディカル・サイエンス・インターナショナル 2013
Levi, Maria Benvinda レビ, マリア・ベンビンダ
[国]モザンビーク 法相
Levi, Mark レヴィ, マーク
1951～ [著]「ひらめきの物理学」 ソフトバンククリエイティブ 2013
Levi, Michael レヴィ, ミシェル
[著]「もうひとつの世界は可能だ」 日本経済評論社 2003
Levi, Natalie レヴィ, ナタリー
[著]「直前必修問題集Java 2 web developer」 IDGジャパン 2003
Levi, Nick レビー, ニック
[著]「命の森のモラン」 中央アート出版社 2001
Levi, Peter レーヴィ, ピーター
[著]「古代のギリシア」 朝倉書店 2008
Levi, Yannets レヴィ, ヤネッツ
1975～ [著]「ぼくのレオおじさん」 学研教育出版, 学研マーケティング(発売) 2014
Levick, J.Rodney レヴィック, J.ロドニー
[著]「心臓・循環の生理学」 メディカル・サイエンス・インターナショナル 2011
Levien, Roy レビーン, ロイ
[著]「キーストーン戦略」 翔泳社 2007
Levijssohn, Joseph Henry レフィスゾーン, J.H.
[著]「レフィスゾーン江戸参府日記」 雄松堂出版 2003
Levi-Montalcini, Rita レヴィ・モンタルチーニ, リタ
1909～2012 [国]イタリア 神経生理学者 ワシントン大学名誉教授, イタリア国立細胞生物学研究所所長 [異]レーヴィ・モンタルチーニ, リータ / レビ・モンタルチーニ / レビモンタルチーニ
Levin, Al S. レヴィン, A.S.
[著]「その幸運は偶然ではないんです！」 ダイヤモンド社 2005
Levin, Bernard レビン, バーナード
[著]「ビートルズ世界証言集」 ポプラ社 2006
Levin, Carl レビン, カール
1934～ [国]アメリカ 政治家 米国上院議員(民主党) [異]レバイン, カール / レヴィン, カール
Levin, Caroline D. レヴィン, キャロライン・D.
[著]「眼が不自由な犬との暮らし方」 緑書房 2014
Levin, Christoph レヴィン, C.
1950～ [著]「旧約聖書」 教文館 2004
Levin, Freddie レヴィン, フレディ
[著]「ポール・オースターが朗読するナショナル・ストーリー・プロジェクト」 アルク 2006
Levin, Gail レヴィン, ゲイル
1948～ [著]「アーロン・コープランドのアメリカ」 東信堂 2003
Levin, Gerald Manuel レビン, ジェラルド
1939～ [国]アメリカ 実業家 AOLタイム・ワーナーCEO [異]レービン, ジェラルド / レヴィン, ジェラルド
Levin, Henry M. レヴィン, ヘンリー・M.
[異]レヴィン, ヘンリー [著]「グローバル化・社会変動と教育」 東京大学出版会 2012
Levin, Ira レビン, アイラ
1929～2007 [国]アメリカ ミステリー作家 本名＝レビン, アイラ・マービン〈Levin, Ira Marvin〉 [異]レヴィン, アイラ
Levin, Janna レヴィン, ジャンナ
[著]「重力波は歌う」 早川書房 2016
Levin, Kim レヴィン, キム
1969～ [著]「どうして犬が好きかっていうとね」 竹書房 2002
Levin, Lawrence S. レビン, ローレンス・S.
[著]「リーダーシップ・マスター」 英治出版 2013
Levin, Mark Reed レヴィン, マーク・R.
1957～ [著]「センター・オブ・ジ・アース地底探検」 メディアファクトリー 2008
Levin, Michal レビン, ミカル
[著]「デザイニング・マルチデバイス・エクスペリエンス」 オライリー・ジャパン, オーム社(発売) 2014
Levin, Neal レヴィン, ニール
[著]「キャロライン・ケネディが選ぶ「心に咲く名詩115」」 早川書房 2014
Levin, Simon Asher レビン, サイモン・アッシャー
1941～ [国]アメリカ 生態学者 プリンストン大学教授 [異]レヴィン, サイモン
Levin, Thunder レヴィン, サンダー
[著]「シャークネード サメ台風」 竹書房 2016
Levin, Tomer T. レビン, トマー・T.
[著]「精神科臨床倫理」 星和書店 2011
Levin, Tony レビン, トニー
1946～ [国]アメリカ ベース奏者, スティック奏者 [異]レヴィン, トニー
Levin, Yariv レビン, ヤリブ
[国]イスラエル 観光相
Levin, Ze'ev レビン, ゼエブ
[著]「カプラン臨床精神医学Q&Aレビュー」 メディカル・サイエンス・インターナショナル 2009
Levine, Adam レビーン, アダム
[国]アメリカ ミュージシャン [異]レヴィーン, アダム
Levine, Alison レヴァイン, アリソン
1966～ [著]「エゴがチームを強くする」 CCCメディアハウス 2015
Levine, Amir レバイン, アミール
[著]「異性の心を上手に透視する方法」 プレジデント社 2016
Levine, Amy-Jill レヴァイン, A.-J.
1956～ [著]「イエス研究史料集成」 教文館 2009
Levine, Anthony レビン, アンソニー
[国]アメリカ アメフト選手
Levine, Barbara G. レビン, バーバラ・G.
[著]「異常気象」 昭文社 2009
Levine, Brett ルバイン, ブレット
1973～ [著]「股関節と膝関節疾患のためのピラティス」 ガイアブックス 2015
Levine, Darren レヴィーン, ダーレン
[著]「最強護身術クラヴマガ」 三交社 2010
Levine, David D. レヴァイン, デイヴィッド・D.
ヒューゴー賞 短編(2006年) "Tk'tk'tk"
Levine, David K. レヴァイン, デヴィッド・K.
[著]「〈反〉知的独占」 NTT出版 2010
Levine, David M. ルビーン, デイビッド・M.
1946～ [著]「ビジネス統計学」 丸善出版 2014
Levine, Donald レビン, ドナルド
？～2014 [国]アメリカ 玩具デザイナー
Levine, Ellen レヴァイン, エレン

著「ヘンリー・ブラウンの誕生日」 鈴木出版 2008
Levine, Gail Carson レビン, ゲイル・カーソン
著「ラニーと魔法の杖」 講談社 2009
Levine, Gene レビーン, ジーン
著「どんどん目が良くなるマジカル・アイ BEST SELECTION MINI」 宝島社 2016
Levine, Hillel レビン, ヒレル
1946〜 著「千畝」 清水書院 2015
Levine, James レバイン, ジェームズ
1943〜 国アメリカ 指揮者, ピアニスト メトロポリタン歌劇場音楽監督・首席指揮者 異レヴァイン, ジェームズ／レヴァイン, ジェイムズ
Levine, James A. レヴィン, ジェイムズ・A.
著「GET UP！」 KADOKAWA 2016
Levine, Janice Ruth レヴィーン, ジャニス・R.
1954〜 著「熱しやすい恋、冷めにくい愛。」 雷韻出版 2001
Levine, Jeremy レヴィーン, ジェレミー
国アメリカ 投資家 異レヴィーン, ジェレミー
Levine, John R. レヴィン, ジョン・R.
著「Linkers & loaders」 オーム社 2001
Levine, Jonathan レバイン, ジョナサン
著「プロは語る。」 アスペクト 2005
Levine, Joseph レビン, ジョセフ
著「双極うつ病」 星和書店 2013
Levine, Judith レヴァイン, ジュディス
1952〜 著「青少年に有害！」 河出書房新社 2004
Levine, Karen レビン, カレン
著「ハンナのかばん」 ポプラ社 2007
Levine, Ken レヴィン, ケン
著「アートオブバイオショックインフィニット」 一迅社 2013
Levine, Laura レバイン, ローラ
1943〜 著「このペン貸します」 集英社 2005
Levine, Lawrence W. レヴィーン, ローレンス・W.
著「ハイブラウ／ロウブラウ」 慶応義塾大学出版会 2005
Levine, Leslie レヴィーン, レスリー
著「「わたしの夢」をかなえる魔法のノート」 ベストセラーズ 2004
Levine, Madeline レヴィン, マデリーン
著「親の「その一言」がわが子の将来を決める」 新潮社 2014
Levine, Margie レヴィン, マージー
1957〜 著「がんに負けない41の簡単な方法」 PHP研究所 2003
Levine, Mark レバイン, マーク
1958〜 異レヴィン, マーク 著「セカンド・アクトーいまから本当の人生が始まる！」 ダイヤモンド社 2004
Levine, Melvin D. レヴィーン, メル
著「〈できる〉子どもの育て方」 ソフトバンクパブリッシング 2004
Levine, Michael レヴィン, マイケル
1954〜 著「「壊れ窓理論」の経営学」 光文社 2006
Levine, Paul Ansel レヴィーン, P.A.
1956〜 著「語り伝えよ、子どもたちに」 みすず書房 2002
Levine, Paul J. ルバイン, ポール
著「ポーに捧げる20の物語」 早川書房 2009
Levine, Peter レヴィーン, ピーター
1967〜 著「熟議民主主義ハンドブック」 現代人文社, 大学図書（発売） 2013
Levine, Peter A. リヴァイン, ピーター
ラヴィーン, ピーター・A. 著「身体に閉じ込められたトラウマ」 星和書店 2016
Levine, Peter G. レビン, ピーター・G.
著「エビデンスに基づく脳卒中後の上肢と手のリハビリテーション」 ガイアブックス 2014
Levine, Raphael D. レヴィン, R.D.
著「分子反応動力学」 シュプリンガー・ジャパン 2009
Levine, Rhoda レヴィーン, ローダ
著「ぼくたちが越してきた日からそいつはそこにいた」 河出書房新社 2016
Levine, Richie F. レバイン, リッチー・F.
著「ナイトライダー・コンプリートブック」 イースト・プレス 2010
Levine, Rick レバイン, リック
著「これまでのビジネスのやり方は終わりだ」 日本経済新聞社 2001
Levine, Robert レヴァイン, ロバート
1944〜 著「名曲を聴きながら旅するオーケストラの絵本」 プレジデント社 2014
Levine, Robert レヴィーン, ロバート
1945〜 著「あなたもこうしてダマされる」 草思社 2006
Levine, Robert A. レビン, ロバート
著「ITIコンセンサス会議議事録」 クインテッセンス出版 2015
Levine, Stephen レヴァイン, スティーヴン
著「余命一年…だとしたら」 ヴォイス 2001
LeVine, Steve レヴィン, スティーヴ
1957〜 著「バッテリーウォーズ」 日経BP社, 日経BPマーケティング（発売） 2015
Levine, Suzanne レヴィーン, スーザン・ブラウン
著「華麗な女性になります！宣言」 オープンナレッジ 2007
Levinson, Arthur D. レビンソン, アーサー
1950〜 国アメリカ 実業家 アップル会長 ジェネンテック社長・CEO 異レヴィンソン, アーサー
Levinson, Barry レビンソン, バリー
1942〜 国アメリカ 映画監督 異レヴィンソン／レヴィンソン, バリー
Levinson, Boris Mayer レビンソン, B.M.
1907〜 著「子どものためのアニマルセラピー」 日本評論社 2002
Levinson, Cynthia レヴィンソン, シンシア
著「ぼくらは壁を飛びこえて」 文溪堂 2016
Levinson, David レヴィンソン, デーヴィッド
1947〜 著「世界ホームレス百科事典」 明石書店 2007
Levinson, Edward レビンソン, エドワード
1953〜 著「エドさんのピンホール写真教室」 岩波書店 2007
Levinson, Harry レビンソン, ハリー
著「動機づける力」 ダイヤモンド社 2009
Levinson, Jay レビンソン, ジェイ
著「イスラエル式テロ対処マニュアル」 並木書房 2004
Levinson, Jay Conrad レビンソン, ジェイ・C.
著「ゲリラ・マーケティング進化論」 講談社 2007
Levinson, Marc レビンソン, マルク
著「コンテナ物語」 日経BP社, 日経BP出版センター（発売） 2007
Levinson, Mark レヴィンソン, マーク
1946〜 著「サティスファクション」 ロングセラーズ 2010
Levinson, Martin H. レビンソン, マーティン・H.
1946〜 著「GS思考法」 文教大学出版事業部 2011
Levinson, Robert S. レビンソン, ロバート
国アメリカ 作家 著ミステリー, スリラー 異レビンスン, ロバート／レヴィンスン, ロバート
Levinson, Stephen C. レヴィンソン, スティーヴン・C.
異レヴィンソン, S.C. 著「ポライトネス」 研究社 2011
Levinson, Steve レヴィンソン, スティーヴ
著「最後までやりきる力」 クロスメディア・パブリッシング, インプレス（発売） 2016
Levison, Julie H. レビソン, ジュリー・H.
著「女性の人権とジェンダー」 明石書店 2007
Levison, Sandra P. レビソン, サンドラ・P.
著「女性の人権とジェンダー」 明石書店 2007
Lévi-Strauss, Claude レヴィ・ストロース, クロード
1908〜2009 国フランス 文化人類学者 コレージュ・ド・フランス名誉教授 著構造人類学, 神話学 異レビ・ストロース, クロード／レビ・ストロース, クロード
Levit, Alexandra レヴィット, アレクサンドラ
1976〜 著「大学では教えてくれないビジネスの真実」 アルファポリス, 星雲社（発売） 2014
Levit, Michael レビット, マイケル
1947〜 国アメリカ 化学者 スタンフォード大学医学部教授
Levit, Vassiliy レビット, ワシリー
国カザフスタン ボクシング選手
Levitan, Steven レヴィタン, スティーヴン
エミー賞 プライムタイム・エミー賞 最優秀監督賞（コメディシリーズ）（第64回（2012年）） "Modern Family"
Levithan, David レヴィサン, デイヴィッド
1972〜 著「ボーイ・ミーツ・ボーイ」 ヴィレッジブックス 2009
Levithan, Steven レビサン, スティーブン
著「正規表現クックブック」 オライリー・ジャパン, オーム社（発売） 2010
Levitin, Anany レヴィティン, アナニー
著「アルゴリズムパズル」 オライリー・ジャパン, オーム社（発売） 2014
Levitin, Daniel J. レヴィティン, ダニエル・J.
著「「歌」を語る」 ブルース・インターアクションズ 2010
Levitin, Igor E. レビチン, イーゴリ・E.

L

㊥ロシア　運輸相
Levitin, Maria　レヴィティン, マリア
㊕「アルゴリズムパズル」 オライリー・ジャパン, オーム社(発売)　2014
Leviton, Alex　レヴィトン, アレックス
㊕「イタリア」 メディアファクトリー　2007
Levitre, Andy　レビトレイ, アンディー
㊥アメリカ　アメフト選手
Levitsky, Aleksey　レヴィツキー, アレクセイ
1953～　㊕「プーチンと柔道の心」 朝日新聞出版　2009
Levitt, Arthur　レビット, アーサー
1931～　㊕「ウォール街の大罪」 日本経済新聞社　2003
Levitt, John　レヴィット, J.
㊕「英語史でわかるイギリスの地名」 英光社　2005
Levitt, Leonard　レヴィット, レナード
アメリカ探偵作家クラブ賞 犯罪実話賞(2005年)　"Conviction: Solving the Moxley Murder"
Levitt, Michael　レヴィット, マイケル
㊥アメリカ, イギリス, イスラエル　ノーベル賞 化学賞(2013年)
Levitt, Peter　レビット, ピーター
㊕「理解のこころ」 東京図書出版会　2007
Levitt, Raymond E.　レビット, レイモンド・E.
㊕「戦略実行」 東洋経済新報社　2012
Levitt, Steven D.　レヴィット, スティーヴン・D.
㊕「ヤバすぎる経済学」 東洋経済新報社　2016
Levitt, Theodore　レビット, セオドア
1925～2006　㊥アメリカ　経営学者　ハーバード・ビジネススクール名誉教授　㊣マーケティング学
Levitt, Theresa　レヴィット, テレサ
㊕「灯台の光はなぜ遠くまで届くのか」 講談社　2015
Levitte, Jean D.　レビット, J.D.
㊕「ネオコンとアメリカ帝国の幻想」 朝日新聞社　2003
Levitz, Paul　レビッツ, ポール
㊕「NEW 52 ： スーパーマン/ヤング・ジャスティス」 ヴィレッジブックス　2013
Levitzki, Alexander　レヴィツキ, アレクサンダー
㊥イスラエル　ウルフ賞 医学部門(2005年)
Levivier, Juliette　ルヴィヴィエ, ジュリエット
㊕「かいばおけのまわりで」 日本キリスト教団出版局　2008
Levolo, Boniface　レブル, ボニファス
㊥マダガスカル　技術教育・職業訓練相
Levounis, Petros　ルヴォーニス, ペトロス
㊕「アディクション・ケースブック」 星和書店　2015
Levstik, Linda S.　レヴスティク, リンダ・S.
㊕「コモン・グッドのための歴史教育」 春風社　2015
Levtchenkova, Natalia　レフチェンコワ
㊥モルドバ　バイアスロン選手
Levy, Adrian　レヴィ, エイドリアン
英国推理作家協会賞 ゴールド・ダガー(ノン・フィクション)(2014年)　"The Siege"
Levy, Alain M.　レヴィ, アラン
1946～　㊥フランス　実業家　EMIグループ会長, ポリグラム・アメリカ社長・CEO　㊢レビー, アラン
Lévy, Andre　レヴィ, アンドレ
1925～　㊕「中国古典文学」 明徳出版社　2014
Levy, Barbara　レヴィ, バーバラ
1921～　㊕「パリの断頭台」 法政大学出版局　2014
Levy, Barrie　レビィ, バリー
㊕「恋するまえに」 梨の木舎　2009
Levy, Barry L.　レヴィー, バリー・L.
㊕「バンテージ・ポイント」 メディアファクトリー　2008
Lévy, Bernard-Henri　レヴィ, ベルナール・アンリ
1948～　㊥フランス　哲学者　略称＝BHL　㊢レビ, ベルナール・アンリ
Lévy, Catherine　レヴィ, カトリーヌ
㊕「ツェツェの旅の宝物たち」 ギャップ出版, ジャパン・プランニング・アソシエーション(発売)　2001
Lévy, Christine　レヴィ, クリスチーヌ
1955～　㊕「震災とヒューマニズム」 明石書店　2013
Levy, Clifford J.　レヴィ, クリフォード・J.
㊥アメリカ　ピュリッツアー賞 ジャーナリズム 国際報道(2011年)
Levy, Daniel Saul　レヴィ, ダニエル・S.
1959～　㊕「孫文を守ったユダヤ人」 芙蓉書房出版　2001
Levy, DeAndre　レビー, ディアンドレ
㊥アメリカ　アメフト選手
Lévy, Didier　レヴィ, ディディエ
㊕「カバくんのおしり」 ソニー・マガジンズ　2004
Lévy, Dominique　レヴィ, ドミニック
1946～　㊢レヴィ, D.　㊕「金融不安定性と景気循環」 日本経済評論社　2007
Levy, Elinor　レビー, エリノア
㊕「新型・殺人感染症」 日本放送出版協会　2004
Levy, Howard　レヴィ, ハワード
グラミー賞 最優秀インストゥルメンタル作曲(2011年(第54回))　"Life In Eleven"
Levy, Indra　リービ, インドラ
㊕「越境する日本文学研究」 勉誠出版　2009
Levy, Jaime　レヴィ, ジェイミー
㊕「UX戦略」 オライリー・ジャパン, オーム社(発売)　2016
Levy, Janice　レヴィ, ジャニス
㊕「パパのカノジョは」 岩崎書店　2002
Levy, Joaquim　レビ, ジョアキン
1961～　㊥ブラジル　政治家, エコノミスト　ブラジル財務相　ブラデスコ・アセットマネジメントCEO　本名＝Levy, Joaquim Vieira Ferreira　㊢レビィ, ジョアキン
Levy, Joe　レヴィ, ジョー
㊕「「ローリング・ストーン」インタビュー選集」 TOブックス　2008
Levy, Joel　レヴィー, ジョエル
1971～　㊕「あなたも心理学者！」 ディスカヴァー・トゥエンティワン　2015
Lévy, Justine　レヴィ, ジュスティーヌ
1974～　㊥フランス　哲学者, 作家　㊣文学, フィクション　本名＝レヴィ, ジュスティーヌ・ジュリエット
Levy, Leonard Williams　レヴィー, レオナルド
㊕「正義の守護神」 現代人文社, 大学図書(発売)　2001
Lévy, Lorraine　レヴィ, ロレーヌ
1959～　㊥フランス　映画監督, 舞台演出家, 脚本家
Levy, Luis　レヴィー, ルイス
㊕「ゲームテスト＆QA」 ボーンデジタル　2012
Levy, Marc　レヴィ, マルク
1961～　㊥フランス　作家, 建築家　㊣フィクション, 文学, 現代
Levy, Mark　リービー, マーク
1962～　㊕「書きながら考えるとうまくいく！」 PHP研究所　2004
Levy, Matthew N.　レヴィ, マシュー・N.
㊕「カラー基本生理学」 西村書店　2003
Levy, Matthys　レヴィ, マッシス
㊕「なぜ風は吹くのか」 鹿島出版会　2008
Levy, Maximilian　レフイ, マクシミリアン
㊥ドイツ　自転車選手
Levy, Paul F.　レビー, ポール・F.
㊕「いかに「高業績チーム」をつくるか」 ダイヤモンド社　2005
Levy, Peter　レビ, ピーター
㊥アメリカ　実業家　IMG副社長　㊢レヴィ, ピーター
Lévy, Pierre　レヴィ, ピエール
1956～　㊕「ポストメディア人類学に向けて」 水声社　2015
Levy, Raymond A.　レヴィ, レイモンド・A.
㊕「エビデンスベイスト精神力動的心理療法ハンドブック」 北大路書房　2012
Levy, Rick　リービ, リック
㊕「心のパワーで体を癒す」 ダイヤモンド社　2010
Levy, R.S.　レヴィ, ロナルド・S.
㊕「偽薬効果」 春秋社　2002
Levy, Shawn　レヴィ, ショーン
㊕「ポール・ニューマン」 キネマ旬報社　2009
Levy, Steven　レビ, スティーブン
1951～　㊥アメリカ　ITジャーナリスト　「ワイアード」シニアライター　㊢レビー, スティーブン
Levy, Thomas E.　レビー, トーマス・E.
㊢リヴィー, テリー・M.　㊕「歯科治療に潜む致命的な危険性」 ホメオパシー出版　2013
Levy, Udi　レヴィ, ウディ
1952～　㊕「ナバテア文明」 作品社　2012
Levy, Yitzhak　レビ, イツハク
㊥イスラエル　観光相
Lévy-Leboyer, Maurice　レヴィ＝ルボワイエ, モーリス
1920～　㊕「市場の創出」 日本経済評論社　2003
Lew, Darren　ルー, ダレン
MTVアワード 最優秀撮影(第31回(2014年))　"Pretty Hurts"
Lew, Jack　ルー, ジャック

[国]アメリカ 財務長官
Lew, Jacob ルー, ジェイコブ
1955～ [国]アメリカ 米国財務長官 米国大統領首席補佐官, 米国行政管理予算局(OMB)局長 通称=ルー, ジャック〈Lew, Jack〉
Lewan, Taylor リワン, テイラー
[国]アメリカ アメフト選手
Lewandowski, Marcin レバンドフスキ, マルチン
[国]ポーランド 陸上選手
Lewandowski, Robert レヴァンドフスキ, ロベルト
1988～ [国]ポーランド サッカー選手 [異]レバンドフスキ, ロベルト
Lewandowski, Sascha レヴァンドフスキ, サシャ
1971～2016 [国]ドイツ サッカー指導者 [異]レバンドフスキ, サシャ / レバンドフスキ, ザーシャ
Leweniqila, Isireli レウェニンギラ, イシレリ
[国]フィジー 青年・雇用・スポーツ相
Lewicki, Christine ルウィッキー, クリスティーヌ
[著]「いつもの「グチ」がなくなる本」 クロスメディア・パブリッシング, インプレスコミュニケーションズ(発売) 2012
Lewicki, Roy J. レビスキー, ロイ・J.
[著]「交渉力最強のバイブル」 マグロウヒル・エデュケーション, 日本経済新聞出版社(発売) 2011
Lewin, Alex リューイン, アレックス
[著]「ほんとの本物の発酵食品」 ガイアブックス 2013
Lewin, Benjamin ルーイン, B.
[異]リューイン, B. / ルーイン, ベンジャミン [著]「ルーイン細胞生物学」 東京化学同人 2008
Lewin, Frank ルーイン, フランク
1925～2008 [著]「オペラ爛々と燃ゆる」 西日本法規出版, 星雲社(発売) 2002
Lewin, Harris A. ルーイン, ハリス・A.
[国]アメリカ ウルフ賞 農業部門(2011年)
Lewin, J.G. リューイン, J.G.
[著]「ミリメシ・ハンドブック」 原書房 2009
Lewin, Joan L. ルイン, ジョアン
[著]「ダンスセラピーノート」 小学館スクウェア 2002
Lewin, Michael Z. リューイン, マイケル
1942～ [国]アメリカ 作家 [異]リューイン, マイクル
Lewin, Patricia ルーイン, パトリシア
[著]「冷たい指の手品師」 ソニー・マガジンズ 2006
Lewin, Roger ルーウィン, ロジャー
[著]「ここまでわかった人類の起源と進化」 てらぺいあ 2002
Lewin, Ted ルウィン, テッド
1935～ [著]「ながいながいよる」 岩波書店 2011
Lewin, Waldtraut レーヴィン, ヴァルトラウト
1937～ [著]「マレクとマリア」 さ・え・ら書房 2005
Lewin, Walter ルーウィン, ウォルター
1936～ 宇宙物理学者 マサチューセッツ工科大学教授
Lewine, Frances ルイン, フランセス
1921～2008 [国]アメリカ ジャーナリスト AP通信ホワイトハウス担当記者
Lewington, Anna レウィントン, A.
[著]「暮らしを支える植物の事典」 八坂書房 2007
Lewis, Alan ルイス, アラン
[著]「どこにもない会社を目指して」 マグロウヒル・エデュケーション, 日本経済新聞出版社(発売) 2012
Lewis, Alex ルイス, アレックス
[国]アメリカ アメフト選手
Lewis, Alison M. ルイス, アリソン
1959～ [著]「図書館と中立性」 京都図書館情報学研究会, 日本図書館協会(発売) 2013
Lewis, Anthony ルイス, アンソニー
1927～2013 [国]アメリカ ジャーナリスト 「ニューヨーク・タイムズ」編集コラムニスト
Lewis, Anthony ルイス, アンソニー
1966～ [著]「イエスさまのものがたり」 CS成長センター, いのちのことば社(発売) 2005
Lewis, Bernard ルイス, バーナード
1916～ [国]アメリカ 歴史家 プリンストン大学名誉教授 [専]西アジア史, イスラム史, オスマン史
Lewis, Brad Alan ルイス, ブラッド・アラン
[著]「カシタス湖の戦い」 東北大学出版会 2002
Lewis, Brenda Ralph ルイス, ブレンダ・ラルフ
[著]「写真でみる女性と戦争」 原書房 2013
Lewis, Byron A. ルイス, バイロン・A.
[著]「マジックオブNLP」 メディアート出版 2005
Lewis, Carl ルイス, カール
1961～ [国]アメリカ 元陸上選手, 元走り幅跳び選手 本名=Lewis, Frederick Carlton
Lewis, Carole Bernstein ルイス, C.B.
[著]「高齢者リハビリテーション学大事典」 西村書店 2011
Lewis, Catherine ルイス, キャサリン
[著]「授業の研究 教師の学習」 明石書店 2008
Lewis, Cathleen ルイス, キャスリーン
1957～ [著]「レックス」 主婦の友社 2009
Lewis, Charles A. ルイス, チャールズ・A.
1924～2003 [著]「植物と人間の絆」 創森社 2014
Lewis, Cherry ルイス, チェリー
1947～ [著]「地質学者アーサー・ホームズ伝」 古今書院 2003
Lewis, Claudia A. ルイス, クラウディア・A.
[著]「食品の機能性表示と世界のレギュレーション」 薬事日報社 2015
Lewis, Colby ルイス, コルビー
1979～ [国]アメリカ 野球選手, 元プロ野球選手
Lewis, Damian ルイス, ダミアン
エミー賞 プライムタイム・エミー賞 最優秀主演男優賞(ドラマシリーズ)(第64回(2012年))ほか
Lewis, Daniel ルイス, ダニエル
[著]「ハーバードMBA合格者のエッセイを読む」 オープンナレッジ 2007
Lewis, Daniel Jason ルイス, ダニエル
[国]オーストラリア ボクシング選手
Lewis, Dave ルイス, デイヴ
[著]「レッド・ツェッペリン」 Sinko Music Entertainment 2007
Lewis, David ルイス, デイヴィッド
1941～2001 [著]「反事実的条件法」 勁草書房 2007
Lewis, David ルイス, デヴィッド
1942～ [異]ルイス, デイビッド [著]「なぜ「つい」やってしまうのか」 CCCメディアハウス 2015
Lewis, David B. ルイス, デビッド・B.
[著]「内部告発」 丸善 2003
Lewis, David E. ルイス, デイヴィッド・E.
[著]「大統領任命の政治学」 ミネルヴァ書房 2009
Lewis, David J. ルイス, デヴィッド・J.
1966～ [著]「断面で読み解く世界の建築」 グラフィック社 2016
Lewis, David Kellogg ルイス, デイヴィッド・K.
1941～2001 [著]「世界の複数性について」 名古屋大学出版会 2016
Lewis, Deborah Shaw ルイス, デボラ・ショー
1951～ [著]「現代のヒーローベン・カーソン」 福音社, 立川 三育協会(発売) 2006
Lewis, Dezmin ルイス, デズミン
[国]アメリカ アメフト選手
Lewis, D.F. ルーイス, D.F.
[著]「インスマス年代記」 学習研究社 2001
Lewis, Dion ルイス, ディオン
[国]アメリカ アメフト選手
Lewis, Earl B. ルイス, E.B.
[著]「ひとりひとりのやさしさ」 BL出版 2013
Lewis, Edward B. ルイス, エドワード
1918～2004 [国]アメリカ 遺伝学者 カリフォルニア工科大学名誉教授
Lewis, Edward Zammit ルイス, エドワード・ザッミット
[国]マルタ 観光相
Lewis, Emanuel ルイス, エマニュエル
[著]「母子臨床の精神力動」 岩崎学術出版社 2011
Lewis, Eric ルイス, エリック
1973～ [国]アメリカ ジャズ・ピアニスト
Lewis, Evan ルイス, エヴァン
アメリカ探偵作家クラブ賞 ロバート・L.フィッシュ賞(2011年) "Skyler Hobbs and the Rabbit Man"
Lewis, Evelyn L. ルイス, エブリン・L.
[著]「家庭医療の技術」 日経BP社, 日経BPマーケティング(発売) 2011
Lewis, Flora ルイス, フローラ
1922～2002 [国]アメリカ ジャーナリスト 「ニューヨーク・タイムズ」パリ支局長 [専]欧州問題
Lewis, Fobes D. リュウイス, フォーブス・D.
[著]「計算理論入門」 牧野書店, 星雲社(発売) 2013
Lewis, Gaspar J. ルイス, ギャスパー
[著]「北米型木造枠組壁構法」 理工学社 2001
Lewis, Geoffrey ルイス, ジェフリー

1935〜2015　国アメリカ　俳優　愛ルイス、ジョフリー
Lewis, Gill　ルイス、ジル
　国イギリス　作家　愛ヤングアダルト
Lewis, Gordon　ルイス、ゴードン
　著「英語ゲーム92」オックスフォード大学出版局, 旺文社（発売）2005
Lewis, Gregg　ルイス、グレッグ
　著「現代のヒーローベン・カーソン」福音社, 立川 三育協会（発売）2006
Lewis, Harriet R.　ルイス、ハリエット
　著「どこにもない会社を目指して」マグロウヒル・エデュケーション, 日本経済新聞出版社（発売）2012
Lewis, James R.　ルイス、ジェイムズ・R.
　著「夢の事典」彩流社　2005
Lewis, Jan　ルイス、ジャン
　著「子どものためのイエスさまのお話」女子パウロ会　2008
Lewis, Jane　ルイス、ジェーン
　著「欧州サードセクター」日本経済評論社　2007
Lewis, Jennifer　ルイス、ジェニファー
　著「駆け引きは億万長者と」ハーパーコリンズ・ジャパン　2015
Lewis, Jerry　ルイス、ジェリー
　1926〜　国アメリカ　俳優、コメディアン　本名＝Levitch, Joseph　愛リュイス、ジェリー
Lewis, Jesse　ルイス、ジェシー
　グラミー賞 最優秀録音技術アルバム（クラシック）（2011年（第54回））　"Aldridge: Elmer Gantry" マスタリング・エンジニア
Lewis, Jim　ルイス、ジム
　著「ゾエトロープ」角川書店　2001
Lewis, Joël P.　ルイス、ジョエル・P.
　著「インストラクショナルデザインとテクノロジー」北大路書房　2013
Lewis, John　ルイス、ジョン
　1940〜　国アメリカ　政治家　米国下院議員（民主党）
Lewis, John Aaron　ルイス、ジョン
　1920〜2001　国アメリカ　ジャズピアニスト
Lewis, Jonathan Robert　ルイス、ジョナサン
　1965〜　著「紛争解決の国際政治学」ミネルヴァ書房　2010
Lewis, J.Patrick　ルイス、J.パトリック
　著「百年の家」講談社　2010
Lewis, Julia M.　ルイス、ジュリア
　1952〜　著「それでも僕らは生きていく」PHP研究所　2001
Lewis, Juno　ルイス、ジュノ
　1932〜2002　国アメリカ　作曲家、ジャズドラマー
Lewis, Karen R.　ルイス、カレン
　著「HPウェイ」海と月社　2011
Lewis, Keith　ルイス、キース
　国アメリカ　アメフト選手
Lewis, Kendrick　ルイス、ケンドリック
　国アメリカ　アメフト選手
Lewis, Kenneth D.　ルイス、ケネス
　1947〜　国アメリカ　銀行家　バンク・オブ・アメリカ会長・社長・CEO
Lewis, Kevin　ルイス、ケヴィン
　著「おうちにいれちゃだめ！」フレーベル館　2013
Lewis, Kim　ルイス、キム
　1951〜　著「とべたよハリー」小学館　2006
Lewis, Kyle　ルイス、カイル
　国アメリカ　野球選手
Lewis, Lange　ルイス、ラング
　1915〜2003　国アメリカ　作家　別名＝ベイノン、ジェーン〈Beynon, Jane〉
Lewis, Leona　ルイス、レオナ
　1985〜　国イギリス　歌手　本名＝Lewis, Leona Louise
Lewis, Lisa　ルイス、リサ
　1952〜　著「トラウマを乗り越えるためのガイド」創元社　2012
Lewis, Marc　ルイス、マーク
　著「悪いヤツほど成功する7つの法則」ベストセラーズ　2003
Lewis, Mercedes　ルイス、マーセデス
　国アメリカ　アメフト選手
Lewis, Marvin　ルイス、マービン
　国アメリカ　シンシナティ・ベンガルズコーチ
Lewis, Mary Tompkins　ルイス、メアリー・トンプキンス
　著「セザンヌ」岩波書店　2005
Lewis, Michael　ルイス、マイケル
　1937〜　著「愛着からソーシャル・ネットワークへ」新曜社　2007

Lewis, Michael C.　ルイス、マイケル・C.
　著「指導医いらずの実践麻酔手技免許皆伝」メディカル・サイエンス・インターナショナル　2014
Lewis, Michael D.　ルイス、マイケル・D.
　1937〜　著「コミュニティ・カウンセリング」ブレーン出版　2006
Lewis, Michael J.　ルイス、マイケル・J.
　1957〜　著「ゴシック・リバイバル」英宝社　2004
Lewis, Michael M.　ルイス、マイケル
　1960〜　国アメリカ　作家
Lewis, Naomi　ルイス、ナオミ
　著「妖精が丘」評論社　2005
Lewis, Norman　ルイス、ノーマン
　1908〜2003　国イギリス　作家
Lewis, Patrick　ルイス、パトリック
　国アメリカ　アメフト選手
Lewis, Paul　ルイス、ポール
　国イギリス　ピアニスト
Lewis, Paul　ルイス、ポール
　1966〜　著「断面で読み解く世界の建築」グラフィック社　2016
Lewis, Penelope A.　ルイス、ペネロペ
　著「眠っているとき、脳では凄いことが起きている」インターシフト, 合同出版（発売）2015
Lewis, Rachel　ルイス、レイチェル
　著「ペンギン君が教える環境問題の本」ゴマブックス　2007
Lewis, Ray　ルイス、レイ
　1975〜　国アメリカ　元アメフト選手
Lewis, Richard D.　ルイス、リチャード・D.
　著「文化が衝突するとき」南雲堂　2004
Lewis, Richard Warrington Baldwin　ルイス、R.W.B.
　1917〜　著「ダンテ」岩波書店　2005
Lewis, Ricki　ルイス、リッキー
　著「「永久に治る」ことは可能か？」白揚社　2015
Lewis, Rob　ルイス、ロブ
　1962〜　著「ボズウェルの家出」評論社　2004
Lewis, Robert　ルイス、ロバート
　国セントルシア　教育・人的資源開発・労働相
Lewis, Robert M.　ルイス、ロバート・M.
　1953〜　著「科学者・技術者のための英語論文の書き方」東京化学同人
Lewis, Robin Baird　ルイス、ロビン・ベアード
　著「あかいちばん」ほるぷ出版　2005
Lewis, Roger　ルイス、ロジャー
　国アメリカ　アメフト選手
Lewis, Ruth M.　ルイス、ルース・M.
　著「キューバ革命の時代を生きた四人の男」明石書店　2007
Lewis, Ryan　ルイス、ライアン
　MTVアワード 最優秀ヒップホップ・ビデオ（第30回（2013年））ほか
Lewis, Sally　ルイス、サリー
　著「産後のシェイプアップ」産調出版　2001
Lewis, Samuel　ルイス、サムエル
　国パナマ　第1副大統領
Lewis, Scott M.　ルイス、スコット・M.
　著「新約聖書と黙示」日本キリスト教団出版局　2011
Lewis, Sharon C.　ルイス、S.
　著「学校心理学による問題対応マニュアル」誠信書房　2006
Lewis, Sheldon　ルイス、シェルダン
　著「自分らしくがんと向き合う」ネコ・パブリッシング　2003
Lewis, Simon　ルイス、サイモン
　1971〜　国イギリス　作家　愛ミステリー、スリラー
Lewis, Stacy　ルイス、ステーシー
　1985〜　国アメリカ　プロゴルファー
Lewis, Stephen H.　レビス、S.H.
　著「システムLSIのためのアナログ集積回路設計技術」培風館　2003
Lewis, Steven　ルイス、スティーブン
　国イギリス　陸上選手
Lewis, Ted　ルイス、テッド
　著「ゲット・カーター」扶桑社　2007
Lewis, Thad　ルイス、サド
　国アメリカ　アメフト選手
Lewis, Timothy J.　ルイス、チモシー・J.
　1960〜　著「いじめ、学級崩壊を激減させるポジティブ生徒指導〈PBS〉ガイドブック」明石書店　2016
Lewis, Tommylee　ルイス、トミーリー
　国アメリカ　アメフト選手

Lewis, Wayne ルイス, ウエイン
(著)「スイッチングの基礎と中規模ルーティングCCNA 3教科書ガイド」 翔泳社 2008

Lewis, William Arthur ルイス, W.アーサー
(著)「国際経済秩序の発展」 文化書房博文社 2001

Lewis-francis, Mark ルイスフランシス
(国)イギリス 陸上選手

Lewis-harris, Chris ルイス・ハリス, クリス
(国)アメリカ アメフト選手

Lewis-moore, Kapron ルイス・ムーア, キャプロン
(国)アメリカ アメフト選手

Lewis Navarro, Samuel ルイス・ナバロ, サムエル
(国)パナマ 第1副大統領, 外相

Lewisohn, Mark ルイソン, マーク
1958～ (著)「ザ・ビートルズ史」 河出書房新社 2016

Lewis-Williams, J.David ルイス＝ウィリアムズ, デヴィッド
1934～ (著)「洞窟のなかの心」 講談社 2012

Lewitt, Sol ルウィット, ソル
1928～2007 (国)アメリカ 美術家 (専)コンセプチュアル・アート (異)ルーイット, ソル

Lewman, David リューマン, デイヴィッド
(著)「ジュラシック・ワールド」 竹書房 2015

Lewman, David ルーマン, デイヴィッド
(著)「スポンジ・ボブのミラクルクリスマス」 ゴマブックス 2007

Lewontin, Richard レウォンティン, リチャード
(国)アメリカ クラフォード賞 生物学（2015年）

Lewty, Marjorie ルーティ, マージョリー
(著)「危険なゲーム」 ハーレクイン 2002

Lewycka, Marina レヴィツカ, マリーナ
1946～ (国)イギリス 作家 (専)文学, フィクション (異)レビツカ, マリーナ

Lex, Stefan レックス, シュテファン
(国)ドイツ サッカー選手

Ley, Sussan リー, スーザン
(国)オーストラリア 保健相兼スポーツ相

Leyba, Domingo レイバ, ドミンゴ
(国)ドミニカ共和国 野球選手

Leydenfrost, Robert レイデンフロスト, ロバート
1925～ (著)「ネコのI.Q.テスト」 ダイナミックセラーズ出版 2009

Leydesdorff, L.A. ライデスドルフ, ルート
(著)「科学計量学の挑戦」 玉川大学出版部 2001

Leye, Jean-Marie レイエ, ジャン・マリー
1933～2014 (国)バヌアツ 政治家 大統領 本名=Leye Lenelgau Manatawai, Jean-Marie

Lèye, Mamadou Bousso レイ, ママドゥ・ブソ
(国)セネガル 文化・余暇相

Leygraf, Hans ライグラフ, ハンス
1920～2011 (国)スウェーデン ピアニスト モーツァルテウム音楽大学教授 (異)レイグラーフ, ハンス

Leyhane, Vici レーヘイン, ヴィーキー
(著)「おしゃれシールブックゆめみるウェディング」 東邦出版 2014

Leyland, Jim リーランド, ジム
1944～ (国)アメリカ 大リーグ監督 本名＝Leyland, James Richard (異)レイランド, ジム

Leyner, Mark レイナー, マーク
(著)「なぜ男にも乳首があるのか？」 イースト・プレス 2007

Leys, Colin レイズ, コリン
(異)レイズ, コーリン (著)「G8」 ブーマー, トランスワールドジャパン（発売） 2005

Leys, Simon レイス, シモン
1935～2014 (国)オーストラリア 中国古典学者, 作家 シドニー大学教授 (専)古代中国文学・美術 本名＝リクマンス, ピエール〈Ryckmans, Pierre〉

Leysen, Thomas André レイセン, トーマス・アンドレ
(国)ベルギー ユミコア株式会社社会長, 元・白日協会兼商工会議所会長, 元・ベルギー経団連会長

Leyshon, Cressida レイション, クレシーダ
(著)「世界の作家32人によるワールドカップ教室」 白水社 2006

Leyson, Leon レイソン, レオン
1929～2013 (著)「シンドラーに救われた少年」 河出書房新社 2015

Leyton Muñoz, Carlos レイトン・ムニョス, カルロス
(国)ペルー 農相

Leyva, Danell レイバ, ダネル
1991～ (国)アメリカ 体操選手 本名＝Leyva, Danell Johan

Leyva, Pío レイバ, ピオ
1917～2006 (国)キューバ 歌手, 作曲家

Leyva Yepez, Alfonso Antonio レイバ, アルフォンソアントニオ
(国)メキシコ レスリング選手

Lezak, Jason レザク
(国)アメリカ 競泳選手

Lezcano, Dario レスカーノ, ダリオ
(国)パラグアイ サッカー選手

Lezhneva, Julia レージネヴァ, ユリア
(国)ロシア ソプラノ歌手

Lezzerini, Luca レッツェリーニ, ルカ
(国)イタリア サッカー選手

L'Henoret, Andre レノレ, アンドレ
(著)「出る杭は打たれる」 岩波書店 2002

L'Hénoret, Yann レノレ, ヤン
(著)「学校へいきたい！ 世界の果てにはこんな通学路が！」 六耀社 2016

L'hirondel, Jean リロンデル, J.
(著)「硝酸塩は本当に危険か」 農山漁村文化協会 2006

L'hirondel, Jean-Louis リロンデル, J.-L.
(著)「硝酸塩は本当に危険か」 農山漁村文化協会 2006

Lhotka, Rockford ロトカ, ロックフォード
(著)「プロフェッショナルVB.NET」 インプレス, インプレスコミュニケーションズ（発売） 2002

Li, Amanda リー, アマンダ
(著)「シャーロットのおくりもの」 ランダムハウス講談社 2006

Li, Chang-chun リー・ツアンツゥン
1944～ (国)中国 政治家 中国共産党政治局常務委員 漢字名＝李長春

Li, Charlene リー, シャーリーン
(著)「エンゲージド・リーダー」 英治出版 2016

Li, Chung-gil リ・チュンギル
(国)北朝鮮 国家科学技術委員長 漢字名＝李忠吉

Li, Cunxin リー・ツンシン
1961～ バレエダンサー オーストラリア・バレエ団プリンシパル (異)リー・クンシン

Li, David Daokui リー, デビッド
(著)「中国は21世紀の覇者となるか？」 早川書房 2011

Li, De-sheng リー・デーセン
1916～2011 (国)中国 政治家, 軍人 中国共産党政治局員・副主席 漢字名＝李徳生

Li, Dong-sheng リー・トンション
1957～ (国)中国 実業家 TCL集団董事長 漢字名＝李東生

Li, Du-Ik イ・ドゥイク
1921～2002 (国)北朝鮮 軍人, 政治家 朝鮮労働党中央委員・中央軍事委員, 次帥 漢字名＝李斗益 (異)リ・ドゥイク

Li, Fang-ping リー・ファンピン
(国)中国 弁護士 漢字名＝李方平

Li, Fen リ, フェン
(国)スウェーデン 卓球選手

Li, George リー, ジョージ
(国)アメリカ チャイコフスキー国際コンクール ピアノ 第2位（2015年（第15回））

Li, Guo-hao リー・グオハオ
1913～2005 (国)中国 橋梁力学者 同済大学名誉学長・教授, 中国人民政治協商会議全国委員会（全国政協）常務委員 漢字名＝李国豪

Li, Hejun リー・ヘジュン
(国)中国 漢能控股集団（ハナジー）CEO 漢字名＝李河君

Li, Huan リー・ホアン
1917～2010 (国)台湾 政治家 台湾行政院長（首相）, 台湾国民党秘書長（幹事長） 原名＝錫俊

Li, Jet リー, ジェット
1963～ (国)シンガポール 俳優, 映画プロデューサー 別名＝李陽中 (異)リー・リェンジェ / リー・リェンチェ

Li, Jian-rou リ・ジャンロウ
1986～ (国)中国 スピードスケート選手 漢字名＝李堅柔 (異)リー・ジエンロウ

Li, Jiao リー, ジャオ
(国)オランダ 卓球選手 (異)リ, ジャオ

Li, Jiawei リ・ジャウェイ
(国)シンガポール 卓球選手

Li, Jie リー, ジエ
(国)オランダ 卓球選手

Li, Ji-nai　リー・ジーナイ
1942〜　⒩中国　軍人　中国共産党中央軍事委員,中国国家中央軍事委員,中国人民解放軍総政治部主任・上将　漢字名＝李継耐
Li, Jiu-long　リー・ジュロン
1929〜2003　⒩中国　軍人　中国人民解放軍成都軍区指令員・上将　漢字名＝李九龍
Li, Ka-shing　リー・カーシン
1928〜　⒩香港　実業家　長江グループ会長　長江実業会長　漢字名＝李嘉誠　⒴リー・ジャツン / リ・カシン
Li, Ke-qiang　リー・コーチアン
1955〜　⒩中国　政治家　中国首相,中国共産党政治局常務委員　漢字名＝李克強　⒴リー・コーチャン
Li, Kuo-ting　リー・グオディン
1910〜2001　⒩台湾　政治家　台湾総統府最高顧問,台湾行政院政務委員　漢字名＝李国鼎
Li, Meng-hua　リー・モンホワ
1922〜2010　⒩中国　中国国家体育運動委員会主任　漢字名＝李夢華
Li, Michelle　リ
⒩カナダ　バドミントン選手
Li, Na　リー・ナー
1982〜　⒩中国　元テニス選手　漢字名＝李娜
Li, Narangoa　リ, ナランゴア
⒝「岩波講座 アジア・太平洋戦争」岩波書店　2006
Li, Ni-na　リー・ニナ
1983〜　⒩中国　スキー選手　漢字名＝李妮娜
Li, Patrick　リー・パトリック
⒝「JIRA入門」アスキー・メディアワークス,角川グループパブリッシング(発売)　2012
Li, Pei-lin　リー・ペイリン
1955〜　⒩中国　社会学者　中国社会科学院教授・社会学研究所所長　漢字名＝李培林
Li, Peng　リー・ポン
1928〜　⒩中国　政治家　中国全国人民代表大会常務委員長,中国首相,中国共産党政治局常務委員　漢字名＝李鵬
Li, Ping　リー,ピン
⒩カタール　卓球選手
Li, Qian　リー,チェン
⒩ポーランド　卓球選手
Li, Qian-kuan　リー・チェンクァン
1941〜　⒩中国　映画監督　漢字名＝李前寛
Li, Qing　リー, チング
1971〜　⒝「リアルタイム組込みOS基礎講座」翔泳社　2005
Li, Qun　リー・チュイン
1912〜2012　⒩中国　版画家　⒥木版画　漢字名＝力群
Li, Richard　リー・リチャード
1966〜　⒩カナダ　実業家　パシフィック・センチュリー・サイバーワークス(PCCW)会長・CEO　漢字名＝李沢楷〈Li, Tzar-kai〉
Li, Robin　リー, ロビン
⒩中国　バイドゥ(百度)創業者兼CEO　漢字名＝李彦宏
Li, Shen-Zhi　リー・センズー
1923〜2003　⒩中国　国際問題研究家　中国社会科学院副院長・米国研究所長　⒥米国研究　漢字名＝李慎之　⒴リー・シェンチー
Li, Sing　リー, シン
⒝「Jakarta Tomcatエキスパートガイド」ソフトバンクパブリッシング　2003
Li, Thomas S.C.　リ, トーマス・S.C.
⒝「シーバックソーンシーベリー(スナヂグミ)(Hippophae rhamnoides L.)生産と利用」北方ベリー研究所　2006
Li, Tie-ying　リー・ティエイン
1936〜　⒩中国　政治家　中国全国人民代表大会常務副委員長,中国社会科学院院長,中国共産党政治局,中国国務委員　漢字名＝李鉄映
Li, Vl.F.　リ, ウラジーミル・フョードロビッチ
⒝「現代朝鮮の興亡」明石書店　2013
Li, Wang-yang　リー・ワンヤン
1950〜2012　⒩中国　民主活動家　漢字名＝李旺陽
Li, Weiwei　リー・ウェイウェイ
蕪湖順栄三七互娯網絡科技股份有限公司　漢字名＝李衛偉
Li, Wentao　リ, ウェンタオ
⒩中国　ローザンヌ国際バレエコンクール2位・プロ研修賞(第41回(2013年))
Li, Xiaojun　リー, シアオジュン
投資家　⒴リー・シャオジュン
Li, Xiao-xia　リー・シャオシア
1988〜　⒩中国　卓球選手　漢字名＝李暁霞
Li, Xi-ming　リー・シーミン
1926〜2008　⒩中国　政治家　中国全国人民代表大会(全人代)常務副委員長,中国共産党北京市委書記　漢字名＝李錫銘
Li, Xue　リー, シェ
⒩フランス　卓球選手
Li, Xue-rui　リー・シュールイ
1991〜　⒩中国　バドミントン選手　漢字名＝李雪芮
Li, Xue-ying　リー・シュエイン
1990〜　⒩中国　重量挙げ選手　漢字名＝李雪英
Li, Yan-hong　リー・イェンホン
1968〜　⒩中国　実業家　百度(バイドゥ)会長・CEO・創業者　漢字名＝李彦宏,英語名＝リー, ロビン〈Li, Robin〉
Li, Yi-yun　リー・イーユン
1972〜　⒩中国　作家　カリフォルニア大学デービス校教授　⒥ノンフィクション,文学,フィクションほか　漢字名＝李翊雲　⒴リ・ヨクウン
Li, Yong-ho　リ・ヨンホ
⒩北朝鮮　外相　漢字名＝李容浩
Li, Yong-tai　リー・ヨンタイ
1928〜2015　⒩中国　軍人,パイロット　中国人民解放軍空軍副司令官,空軍中将　漢字名＝李永泰
Li, Yuan-chao　リー・ユアンツアオ
1950〜　⒩中国　政治家　中国国家副主席,中国共産党政治局員　中国共産党中央組織部長　漢字名＝李源潮
Li, Yujia　リー
⒩シンガポール　バドミントン選手
Li, Yundi　リ・ユンディ
1982〜　⒩中国　ピアニスト　漢字名＝李雲迪　⒴リー・ユンディ
Li, Zhao-xing　リー・ザオシン
1940〜　⒩中国　政治家,外交官　中国公共外交協会初代会長　中国外相,駐米中国大使,中国共産党中央委員　漢字名＝李肇星　⒴リー・チャオシン
Li, Zi-jun　リー・ジジュン
1996〜　⒩中国　フィギュアスケート選手　漢字名＝李子君
Li, Zi-song　レイ・チソン
1912〜2012　⒩中国　「文匯報」社長,中国人民政治協商会議全国委員会(全政協)常務委員　漢字名＝李子誦　⒴リー・ズーソン
Lia, Simone　リア, シーモン
1973〜　⒝「おまめくんビリーのゆめ」岩崎書店　2001
Lialin, Vadzim　リアリン, ワジム
⒩ベラルーシ　ボート選手
Liamin, Nikita　リアミン
⒩ロシア　ビーチバレー選手
Liamputtong, Pranee　リィアムプットーン, プラニー
1955〜　⒝「現代の医学的研究方法」メディカル・サイエンス・インターナショナル　2012
Liang, Bo-qi　リアン・ボーチー
1918〜2013　⒩中国　趙紫陽共産党総書記の妻　漢字名＝梁伯琪
Liang, Cong-jie　リャン・ツォンジエ
1932〜2010　⒩中国　環境保護運動家,歴史家　自然の友創始者,中国文化書院副院長　⒥アメリカ現代史　漢字名＝梁従誡　⒴リアン・ツォンチェ
Liang, Dave　リアン, デーブ
1979〜　⒩中国　ミュージシャン,音楽プロデューサー　本名＝梁文偉　⒴リアン, デイヴ
Liang, Diane Wei　リャン, ダイアン・ウェイ
1966〜　⒩アメリカ　作家　⒥ミステリー
Liang, Mindy　リアン, ミンディ
⒝「テリー・ツリートップあたらしいおともだちをみつける」〔Tali Carmi〕c2015
Liang, Su-jung　リャン・シューロン
1920〜2004　⒩台湾　政治家　台湾立法院長,台湾国民党中央評議委員会主席団主席　漢字名＝梁肅戎
Liang, Wen-gen　リアン・ウェンゲン
1956〜　⒩中国　実業家　三一集団董事長　漢字名＝梁穏根
Liang, Xiao-sheng　リャン・シャオセン
1949〜　⒩中国　作家　北京語言大学教授　漢字名＝梁晓声　⒴リアン・シアオション / リャン・シャオション
Liao, Carol　リャオ, キャロル
⒝「世界を動かす消費者たち」ダイヤモンド社　2014
Liao, Fan　リャオ, ファン
⒩中国　ベルリン国際映画祭 銀熊賞 男優賞(第64回(2014年)) "Bai Ri Yan Huo"
Liao, Han-sheng　リャオ・ハンセン

1911～2006 [国]中国 元・軍人, 政治家 中国全国人民代表大会(全人代)常務委員会副委員長, 全人代解放軍代表 漢字名＝廖漢生

Liao, I Chiu リョウ・イーチウ
[国]台湾 中央研究院院士, 台湾海洋大学終身教授, 元・台湾大学理学院動物学系兼任教授, 元・アジア水産学会会長 漢字名＝廖一久

Liao, Jimmy リャオ, ジミー
1958～ [国]台湾 絵本作家, イラストレーター 漢字名＝據幾米〈Liao, Fu-bin〉

Liao, Xi-long リャオ・シーロン
1940～ [国]中国 軍人 中国共産党中央軍事委員, 中国国家中央軍事委員, 中国人民解放軍総後勤部長・上将 漢字名＝廖錫龍

Liapeshka, Nadzeya リャペシュカ, ナジェヤ
[国]ベラルーシ カヌー選手

Liapis, Michalis リアピス, ミハリス
[国]ギリシャ 運輸通信相

Liaschenko, Joan リアシェンコ, ジョーン
[著]「境界を超える看護」エルゼビア・ジャパン 2006

Liato, Austin リアト, オスティン
[国]ザンビア 労働・社会保障相

Liautaud, Bernard リオトー, ベルナルド
1962～ [著]「ビジネスインテリジェンス」翔泳社 2002

Libaek, Ivar リーベク, イーヴァル
[著]「ノルウェーの歴史」早稲田大学出版部 2005

Libbrecht, Kenneth George リブレクト, ケン
[異]リブレクト, ケネス [著]「雪の結晶」河出書房新社 2014

Liben, Stephen リーベン, スティーブン
[著]「新たな全人的ケア」日本ホスピス・緩和ケア研究振興財団, 青海社(発売) 2016

Libengood, Jeff ライベングッド, ジェフ
1965～ [著]「PT式セレブ美人ダイエット」講談社 2003

Libera, Alain de リベラ, アラン・ド
1948～ [著]「理性と信仰」新評論 2013

Liberatore, Adam リベラトーレ, アダム
[国]アメリカ 野球選手

Liberman, Avigdor リーベルマン, アビグドル
[国]イスラエル 国防相

Liberman, Luis リベルマン, ルイス
[国]コスタリカ 第2副大統領

Liberman, Nancy リバーマン, ナンシー
[国]アメリカ サクラメント・キングスアシスタントコーチ(バスケットボール)

Liberman, Robert Paul リバーマン, ロバート・ポール
1937～ [著]「精神障害と回復」星和書店 2011

Libert, Barry リバート, バリー
[著]「チーム・オバマ勝利の戦略」PHP研究所 2009

Liberty, Jesse リバティ, ジェシー
[著]「プログラミングC#」オライリー・ジャパン, オーム社(発売) 2011

Libeskind, Daniel リベスキンド, ダニエル
1946～ [国]アメリカ 建築家

Libet, Benjamin リベット, ベンジャミン
1916～ [著]「マインド・タイム」岩波書店 2005

***al*-Libi, Abu Laith** リビ, アブライス
？～2008 イスラム原理主義過激派活動家 アルカイダ幹部

Libin, Paul リビン, ポール
トニー賞 特別賞(2013年(第67回))

Libin, Phil リービン, フィル
1972～ [国]アメリカ 起業家 エバーノート会長・創業者

Libkhaber, IUrii リブハーベル, ユーリー
1936～ [著]「黒衣の修道僧」未知谷 2010

Libombo, Joel リボンボ, ジョエル
[国]モザンビーク 青年・スポーツ相

Libom Li Likeng Mendomo, Minette リボム・リ・リケン・メンドモ・ミネット
[国]カメルーン 郵政・通信相

Librescu, Liviu リブレスク, リビウ
1930～2007 物理学者 バージニア工科大学教授

Liburd, Cedric ライバード, セドリック
[国]セントクリストファー・ネイビス 住宅・農業・漁業・協同組合相 [異]ライバード, セドリック・ロイ

Liburd, Ian ライバード, イアン
[国]セントクリストファー・ネイビス 公共事業・郵政・都市開発・運輸相

Liburd, Marcella ライバード, マーセラ
[国]セントクリストファー・ネイビス 保健・社会福祉・地域開発・文化・男女平等相 [異]ライバード, マルセラ

Licalzi, Lorenzo リカルツィ, ロレンツォ
1956～ [国]イタリア 作家, 心理学者 [専]文学

Licata, Arturo リカタ, アルトゥロ
1902～2014 [国]イタリア 世界最高齢の男性(111歳)

Licata, Joe リカタ, ジョー
[国]アメリカ アメフト選手

Lich, Ngo Xuan リック, ゴ・スアン
[国]ベトナム 国防相

Lichaw, Donna リチョウ, ドナ
[著]「ストーリーマッピングをはじめよう」ビー・エヌ・エヌ新社 2016

Lichfield, Patric リッチフィールド, パトリック
1939～2005 [国]イギリス 写真家 本名＝Anson, Thomas Patrick John [異]リッチフィールドハクシャク

Lichstein, Kenneth L. リックスティン, ケネス
[著]「睡眠障害に対する認知行動療法」風間書房 2015

Licht, Alan リクト, アラン
1968～ [著]「サウンドアート」フィルムアート社 2010

Lichtblau, Eric リヒトブラウ, エリック
1965～ [著]「ナチスの楽園」新潮社 2015

Lichten, William リクテン, ウィリアム
1928～ [著]「計測データと誤差解析の入門」ピアソン・エデュケーション 2004

Lichtenberg, Bernd リヒテンベルク, ベルント
[著]「グッバイ、レーニン！」竹書房 2004

Lichtenberg, Joseph D. リヒテンバーグ, ジョゼフ・D.
[著]「自己心理学の臨床と技法」金剛出版 2006

Lichtenberg, Ronna リヒテンバーグ, ロナ
[著]「仕事の人間関係がうまい人が成功する」主婦の友社 2002

Lichtenberger, Elizabeth O. リヒテンバーガー, エリザベス・O.
[著]「エッセンシャルズ心理アセスメントレポートの書き方」日本文化科学社 2008

Lichtenegger, Herbert リヒテンエッガ, H.
[異]リヒテネガー, H. [著]「GNSSのすべて」古今書院 2010

Lichtenheld, Tom リヒテンヘルド, トム
[著]「おやすみ、はたらくくるまたち」ひさかたチャイルド 2016

Lichtensteiger, Kory リヒテンスタイジャー, コリー
[国]アメリカ アメフト選手

Lichtenstein, Nelson リクテンスタイン, ネルソン
1944～ [著]「ウォルマートはなぜ、世界最強企業になれたのか」金曜日 2014

Lichtenstein, R. リヒテンシュタイン, R.
[著]「学校危機への準備と対応」誠信書房 2004

Lichtenstein, Warren リヒテンシュタイン, ウォレン
1965～ [国]アメリカ 投資家 スティール・パートナーズ代表

Lichtenthaler, Eckhard リヒテンターラー, エクハルト
[著]「科学経営のための実践的MOT」日経BP社, 日経BP出版センター(発売) 2005

Lichterman, Gabrielle リクターマン, ガブリエル
[著]「女の子の28日」ランダムハウス講談社 2006

Lichtinger, Víctor リチティンヘル, ビクトル
[国]メキシコ 環境・天然資源相

Lichtman, Flora リクトマン, フローラ
1983～ [著]「誰もがイライラしたくないのに、なぜイライラしてしまうのか？」総合法令出版 2012

Lichtman, Marshall A. リクトマン, マーシャル・A.
[著]「ウィリアムズ血液学マニュアル」メディカル・サイエンス・インターナショナル 2013

Lichtsteiner, Stephan リヒトシュタイナー, シュテファン
[国]スイス サッカー選手

Licitra, Salvatore リチートラ, サルヴァトーレ
1968～2011 [国]イタリア テノール歌手 [異]リチートラ, サルバトーレ

Lickona, Thomas リコーナ, トーマス
1943～ [著]「優秀で善良な学校」慶応義塾大学出版会 2012

Licoppe, Christian リコップ, クリスチャン
[著]「絶え間なき交信の時代」NTT出版 2003

Licwinko, Kamila リツフィンコ, カミラ
[国]ポーランド 陸上選手

Lidbeck, Petter リードベック, ペッテル
1964～ [国]スウェーデン 児童文学作家 [専]児童書

Lidberg, Jimmy リドベリ
[国]スウェーデン レスリング選手

Liddell, Helen リドル, ヘレン
[国]イギリス スコットランド相

Liddle, Elizabeth　リドル, エリザベス
　㊗「かみさまってどこにいるの?」いのちのことば社フォレストブックス　2004
Lidegaard, Martin　リデゴー, マーティン
　㊄デンマーク　外相
Lidell, Lucy　リデル, ルーシー
　㊗「マッサージ・バイブル」創元社　2006
Lidén, Klara　リーデン, クララ
　㊄スウェーデン　ヴェネチア・ビエンナーレ特別賞(2011年(第54回))
Lidington, David　リディントン, デービッド
　㊄イギリス　下院院内総務・枢密院議長
Lidle, Cory　ライドル, コリー
　1972～2006　㊄アメリカ　野球選手　㊕ライドル, コーリー
Lidman, Sara　リードマン, サーラ
　1923～2004　㊄スウェーデン　作家　本名＝Lidman, Sara Adela　㊕リードマン, サラ / リドマン, サラ
Lidoff, Lorraine　リドフ, ロレイン
　㊗「高齢化社会と視覚障害」日本盲人福祉委員会　2003
Lidow, Derek　リドー, デレク
　1953～　㊗「プリンストン大学の起業の教科書」日本能率協会マネジメントセンター　2015
Lidsky, Mikhail　リツキー, ミハイル
　1968～　㊄ロシア　ピアニスト　㊕リッキー, ミハイル
Lidström, Nicklas Erik　リドストロム, ニクラス
　1970～　㊄スウェーデン　元アイスホッケー選手
Lidwell, William　リドウェル, ウィリアム
　㊗「要点で学ぶ、デザインの法則150」ビー・エヌ・エヌ新社　2015
Lidzey, John　リジェイ, ジョン
　㊗リジー, ジョン　㊗「混色の実践テクニック」グラフィック社　2002
Lieb, Rebecca　リーブ, レベッカ
　㊗「コンテンツマーケティング27の極意」翔泳社　2014
Lieb, Robert P.　リーブ, ロバート
　1914～2002　㊄アメリカ　俳優
Liebchen, Kay　リープヘン, カイ
　㊗「鍼療法図鑑」ガイアブックス, 産調出版(発売)　2011
Liebenson, Craig　リーベンソン, クレーグ
　㊗「エクササイズ・ボール完全活用マニュアル」科学新聞社　2001
Lieber, Arnold L.　リーバー, アーノルド・L.
　㊗「月の魔力」東京書籍　2010
Lieber, Charles M.　リーバー, チャールズ・M.
　㊄アメリカ　ウルフ賞 化学部門(2012年)
Lieber, Jeffrey　リーバー, ジェフリー
　㊗「Lost season 5」竹書房　2010
Lieber, Larry　リーバー, ラリー
　㊗「ロケット・ラクーン&グルート」ヴィレッジブックス　2014
Lieber, Steve　リーバー, スティーブ
　㊗「ホークアイ:リトル・ヒッツ」小学館集英社プロダクション　2015
Lieberman, Adrienne B.　リーバーマン, アドリエンヌ・B.
　㊗「子どもが「うつ」とわかったら」春秋社　2007
Lieberman, Alicia F.　リーバマン, アリシア・F.
　㊗「虐待・DV・トラウマにさらされた親子への支援」日本評論社　2016
Lieberman, Anne R.　リーバーマン, アン・R.
　㊗「パーソナリティ障害治療ガイド」金剛出版　2007
Lieberman, Avigdor　リーベルマン, アヴィグドール
　1958～　㊄イスラエル　政治家　イスラエル副首相・外相　㊕リーバーマン, アビグドル / リーバーマン, アヴィグドール / リーベルマン, アビグドル
Lieberman, Daniel E.　リーバーマン, ダニエル・E.
　㊗「人体600万年史」早川書房　2015
Lieberman, David J.　リーバーマン, デビッド・J.
　㊗「敵を味方にする19のテクニック」主婦の友社　2011
Lieberman, Fredric　リーバーマン, フレドリック
　1940～　㊗「音楽という魔法」音楽之友社　2002
Lieberman, Joseph Aloysius, Ⅲ　リーバーマン, J.A., 3世
　㊗「15分間の問診技法」医学書院　2001
Lieberman, Joseph I.　リーバーマン, ジョゼフ
　1942～　㊄アメリカ　政治家　米国上院議員(民主党)
Lieberman, Matthew D.　リーバーマン, マシュー
　㊗「21世紀の脳科学」講談社　2015
Lieberman, Moshe　リーバーマン, モーシェ
　㊗「パレスチナ大虐殺」成甲書房　2003
Lieberman, Paul　リーバーマン, ポール
　1949～　㊗「L.A.ギャングストーリー」早川書房　2013
Lieberman, Shari　リーバーマン, シャリ
　㊗「女性のためのサプリブック」集英社　2001
Liebers, Peter　リーベルス
　㊄ドイツ　フィギュアスケート選手
Liebers Baldivieso, Arturo　リエベルス・バルディビエソ, アルトゥロ
　㊄ボリビア　農業・農業開発相
Lieberson, Lorraine Hunt　リーバーソン, ロレーン・ハント
　1954～2006　㊄アメリカ　メゾソプラノ歌手　㊕リーバーソン, ロレイン・ハント
Lieberthal, Kenneth　リバソール, ケネス
　㊄アメリカ　国際政治学者　ブルッキングス研究所ジョン・ソーントン中国センター所長　米国国家安全保障会議(NSC)アジア上級部長, ミシガン大学教授　㊗政治学, 対中国政策　㊕リーバサール, ケネス
Liebgott, Bernard　リーブゴット, バーナード
　㊗「歯科学のための解剖学」西村書店　2006
Liebich, Hans-Georg　リービッヒ, ハンス・ゲオルグ
　㊗「獣医解剖学」チクサン出版社, 緑書房(発売)　2010
Liebman, Henry G.　リーブマン, ヘンリー・G.
　㊗「夢の海外移住計画」桐花会ファミネットグループ, 毎日新聞社(発売)　2008
Liebmann, Susanne　リーブマン, スザンネ
　㊗「アドラーの思い出」創元社　2007
Liebow, Elliot　リーボウ, E.
　㊗「タリーズコーナー」東信堂　2001
Liebowitz, Michael R.　リーボヴィッツ, マイケル・R.
　㊗「不安障害」日本評論社　2005
Liebs, Chester H.　リーブス, チェスター
　1945～　㊗「世界が賞賛した日本の町の秘密」洋泉社　2011
Liebscher, Tom　リーブシャー, トム
　㊄ドイツ　カヌー選手
Liebster, Max　リーブスター, マックス
　1915～　㊗「恐怖の中で見つけた希望」麻布プロデュース　2006
Liebster, Simone Arnold　リーブスター, シモーヌ・A.
　1930～　㊗「ライオンに立ち向かって」麻布プロデュース　2003
Lieder, Johannes　リーダー, J
　㊗「写真とイラストでみるポイント組織学」メディカグローブ　c2002
Liederbach, Hans Peter　リーダーバッハ, ハンス・ペーター
　㊗「ハイデガーと和辻哲郎」新書館　2006
Liedholm, Nils　リードホルム, ニルス
　1922～2007　㊄スウェーデン　サッカー選手
Liedtke, Dieter　リートケ, ディーター
　㊗「鉄の窒化と軟窒化」アグネ技術センター　2011
Liedtke, Hatsuhi　リートケ, ハツヒ
　㊗「ソロモンと野のユリ」日本図書刊行会, 近代文芸社(発売)　2003
Liedtke, Michael　リーカ, マイケル
　㊄アメリカ　アメフト選手
Lief, Michael S.　リーフ, マイケル・S.
　㊗「最終弁論」ランダムハウス講談社　2008
Liefeld, Rob　ライフェルド, ロブ
　㊗「NEW 52：スーパーマン/ヤング・ジャスティス」ヴィレッジブックス　2013
Liefers, Gert-Jan　リーフェルス
　㊄オランダ　陸上選手
Liehr, Günter　リアー, ギュンター
　1949～　㊗「パリ地下都市の歴史」東洋書林　2009
Liem, Torsten　リーム, トルステン
　㊗「クラニオセイクラル・オステオパシー」ガイアブックス　2014
Lien, Chan　リエン・チャン
　1936～　㊄台湾　政治家, 政治学者　台湾国民党名誉主席　台湾副総統, 台湾行政院長(首相)　漢字名＝連戦, 字＝永平　㊕リェン・ザン
Lien, Kathy　リーエン, キャシー
　1980～　㊗「ザFX」パンローリング　2011
Lien, Thikeo　リエン・ティケオ
　㊄ラオス　農林相
Lien, Tord　リエン, トルド
　㊄ノルウェー　石油・エネルギー相
Liénard, Laurent　リエナール, ローラン
　㊗「くまのサーシャはなくしやさん」童話館出版　2006
Lienard, Pierre　リエナール, ピエール

Lienhard, John H. リーンハード, ジョン・H.
 著「発明はいかに始まるか」新曜社 2008
Lienhard, Marc リエンナール, マルク
 1935〜 著「プロテスタントからカトリックへ橋をかける説教」ヨベル 2015
Lier, Julia リアー, ユリア
 国ドイツ ボート選手
Lierow, Bernie リーロウ, バーニー
 1959〜 著「愛を知らなかった子」講談社 2012
Lierow, Diane リーロウ, ダイアン
 1962〜 著「愛を知らなかった子」講談社 2012
Lies, Brian リーズ, ブライアン
 1963〜 著「よくばりなカササギ」徳間書店 2014
Liesenfeld, Stefan リーゼンフェルト, シュテファン
 著「時間について100の言葉」女子パウロ会 2012
Lieshout, Elle van リースハウト, エレ・ファン
 著「なにももたないくまの王さま」ソニー・マガジンズ 2006
Lietaer, Bernard A. リエター, ベルナルド
 1942〜 著「マネー」ダイヤモンド社 2001
Lieven, D.C.B. リーベン, ドミニク
 1952〜 著「帝国の興亡」日本経済新聞社 2002
Lievore, Carlo リエヴォーレ, カルロ
 1937〜2002 国イタリア やり投げ選手
Lievsay, Skip リーヴセイ, スキップ
 アカデミー賞 音響賞(第86回(2013年)) "Gravity"
Liff, Samuel（Biff） リフ, サミュエル
 トニー賞 トニー名誉賞(2006年(第60回))
Lificiu, Petru リフィチウ, ペトル
 国ルーマニア 水利・環境相
Lifley, Harriet P. レフリー, ハリエット・P.
 著「境界性パーソナリティ障害最新ガイド」星和書店 2006
Lifschitz, Konstantin リフシッツ, コンスタンチン
 1976〜 国ロシア ピアニスト
Lifshitz, Felice リフシッツ, フェリス
 1959〜 著「現代を読み解くための西洋中世史」明石書店 2014
Lifson, Lawrence E. リフソン, ローレンス・E.
 著「投資の心理学」東洋経済新報社 2001
Liftin, Hilary リフティン, ヒラリー
 著「マイルズトゥーゴー」トランスメディア 2010
Lifton, Robert Jay リフトン, ロバート・J.
 1926〜 著「ヒロシマを生き抜く」岩波書店 2009
Liger-Belair, Gérard リジェ=ベレール, ジェラール
 1970〜 著「シャンパン」白水社 2007
Ligeti, Daniel リゲティ, ダニエル
 国ハンガリー レスリング選手
Ligeti, György Sándor リゲティ, ジェルジ
 1923〜2006 国オーストリア 作曲家 ハンブルク音楽大学作曲科教授 異リゲティ, ジェルジュ / リゲティ, ジョルジ / リゲティ, ジョルジュ
Ligetvári, Ferenc リゲトバリ, フェレンツ
 国ハンガリー 環境相
Ligety, Ted リゲティ
 国アメリカ アルペンスキー選手
Ligety, Ted リゲティ, テッド
 1984〜 国アメリカ スキー選手 本名=Ligety, Theodore Sharp 異リガティ, テッド
Ligges, Uwe リゲス, ウーヴェ
 著「Rの基礎とプログラミング技法」シュプリンガー・ジャパン 2006
Liggins, DeAndre リギンス, デアンドレ
 国アメリカ バスケットボール選手
Lighe, Neto Zarzar リーゲ, ネト・ザルザル
 国リベリア 労相
Light, Alan ライト, アラン
 著「ヒストリー・オブ・ヒップホップ」シンコー・ミュージック 2002
Light, Janice Catherine ライト, ジャニス・C.
 著「ビギニング・コミュニケーターのためのAAC活用事例集」福村出版 2009
Light, Judith ライト, ジュディス
 トニー賞 プレイ助演女優賞(2013年(第67回))ほか
Light, Michael ライト, マイケル
 著「フル・ムーン」新潮社 2002
Light, Pat ライト, パット
 国アメリカ 野球選手
Light, Richard W. ライト, リチャード・W.
 著「胸膜疾患のすべて」診断と治療社 2015
Lightbourne, Drothy ライトボーン, ドロシー
 国ジャマイカ 法相
Lightbourne, Muriel ライトブールン, ムリエル
 著「日米欧における植物保護と知的財産権」知的財産研究所 2005
Lightbown, Patsy ライトバウン, パッツィ・M.
 著「言語はどのように学ばれるか」岩波書店 2014
Lightburn, Ron ライトバーン, ロン
 著「スマッジがいるから」あかね書房 2001
Lightfoot, Elizabeth ライトフット, エリザベス
 著「ミシェル・オバマ」センゲージラーニング, アスペクト(発売) 2009
Lightman, Alan P. ライトマン, アラン
 著「診断」早川書房 2002
Lightman, Alex ライトマン, アレックス
 1961〜 著「アンワイアード」インプレスネットビジネスカンパニー, インプレスコミュニケーションズ(発売) 2005
Lightstone, Sam ライトストーン, サム
 著「ソフトウェアの世界でキャリアを築く」オーム社 2012
Ligi, Jürgen リギ, ユルゲン
 国エストニア 教育科学相
Ligier, Guy リジェ, ギー
 1930〜2015 国フランス F1ドライバー, 実業家 リジェ・チーム・オーナー 本名=Ligier, Guy Camille 異リジェ, ギ
Ligocki, Kathleen リゴッキ, キャサリン
 著「人材育成のジレンマ」ダイヤモンド社 2004
Ligron, Inés リグロン, イネス
 国フランス ミス・ユニバース・ジャパン・ナショナル・ディレクター
Ligtlee, Elis リヒトリー, エリス
 国オランダ 自転車選手
Lih, Andrew リー, アンドリュー
 著「ウィキペディア・レボリューション」早川書房 2009
Lijphart, Arend レイプハルト, アレンド
 1936〜 著「民主主義対民主主義」勁草書房 2014
Likens, Gene E. ライケンズ, ジーン・E.
 著「生物学！」築地書館 2003
Liker, Jeffrey K. ライカー, ジェフリー
 国アメリカ 経済学者 ミシガン大学教授, ザ・トヨタ・ウェイ・アカデミー共同創立者・会長
Likerecz, Gyongyi リケレツ
 国ハンガリー 重量挙げ選手
Likhanov, Al'bert Anatol'evich リハーノフ, A.
 1935〜 著「池田大作全集」聖教新聞社 2003
Likhovitskiy, Andrey リホビツキー, アンドレイ
 国ベラルーシ 体操選手
Likierman, Meira リカーマン, ミーラ
 著「新釈メラニー・クライン」岩崎学術出版社 2014
Likikouet, Odette リキクエ, オデット
 国コートジボワール 観光・手工業相
Likourentzos, Andreas リクレンジョス, アンドレアス
 国ギリシャ 保健相
Liku, Maria リク
 国フィジー 重量挙げ選手
Li Kwok-Po, David レイ・クウォ・ポ, デイビット
 国イギリス 香港特別行政区立法会議員, 華商銀行公会主席, 東亜銀行主席兼行政総裁 漢字名=李国宝
Lilesa, Feyisa リレサ, フェイサ
 国エチオピア 陸上選手
Princess Lilian リリアン王女
 1915〜2013 国スウェーデン カール16世グスタフ国王の叔母
Lilienfeld, Scott O. リリエンフェルト, スコット・O.
 1960〜 リリエンフェルト, スコット・O. 著「その〈脳科学〉にご用心」紀伊国屋書店 2015
Lilienthal, David E. リリエンソール, デーヴィッド
 著「アメリカの環境主義」同友館 2004
Lilienthal, Sally リリエンソール, サリー
 1919〜2006 国アメリカ 平和活動家 本名=Lowengart, Sally Ann 異リリエンサール, サリー
Lilin, Nicolai リリン, ニコライ
 1980〜 国ロシア 作家 文学 本名=ヴェリビツキ, ニコライ〈Verjbitkii, Nikolai〉
Liljenzin, Jan-Olov リルゼンツィン, J.O.
 著「放射化学」丸善 2005

Liljeroth, Lena Adelsohn リリェロート，レーナ・アーデルソン
 国スウェーデン　文化スポーツ相
Lil'Kim リル・キム
 国アメリカ　MTVアワード 最優秀ビデオ（第18回（2001年））ほか
Lilla, Mark リラ，マーク
 著「神と国家の政治哲学」NTT出版　2011
Lillard, Damian リラード，デイミアン
 国アメリカ　バスケットボール選手
Lilleholt, Lars Christian リレホルト，ラース・クリスチャン
 国デンマーク　エネルギー・供給・気候相
Lilleker, Darren G. リリカー，ダーレン・G.
 著「政治コミュニケーションを理解するための52章」早稲田大学出版部　2011
Lillelund Beck, Gitte リレロン・ベック，ギッテ
 国デンマーク　国防相
Lillevik, Linda リッレヴィーク，リンダ
 著「わたしだって、できるもん！」新評論　2009
Lilley, Jake リリー，ジェイク
 国オーストラリア　セーリング選手
Lilley, James Roderick リリー，ジェームズ・ロデリック
 1928～2009　国アメリカ　アジア問題専門家，外交官　アメリカン・エンタープライズ研究所上級研究員，駐中国米国大使，駐韓国米国大使　著中国問題
Lillhage, Josefin リルハーゲ
 国スウェーデン　競泳選手
Lilliehöök, Catarina リリーフック，カタリーナ
 1964～　著「カタリーナ、中国人社会にふみこむ」はまの出版　2004
Lillikas, Yiorgos リリカス，ヨルゴス
 国キプロス　外相
Lilliquist, Derek リリクイスト，デレク
 国アメリカ　セントルイス・カーディナルスコーチ
Lillis, John リリス，J.
 著「LSI配線の解析と合成」培風館　2003
Lillo リージョ
 国スペイン　サッカー選手
Lilly, John C. リリィ，ジョン・C.
 1915～2001　著「ジョン・C.リリィ生涯を語る」筑摩書房　2003
Lilly, J.Robert リリー，J.ロバート
 著「犯罪学」金剛出版　2013
Lilly, Leonard S. リリー，レオナルド・S.
 著「心臓病の病態生理」メディカル・サイエンス・インターナショナル　2012
Lilly, Simon リリー，サイモン
 著「誕生日大全書」創樹社美術出版　2013
Lilly, Sue リリー，スー
 著「誕生日大全書」創樹社美術出版　2013
Lillywhite, Alison リリーホワイト，アリソン
 著「エビデンスに基づく高齢者の作業療法」ガイアブックス　2014
Lillywhite, Steve リリーホワイト，スティーブ
 グラミー賞 最優秀プロデューサー（クラシック以外）（2005年（第48回））
Lilo, Gordon Darcy リロ，ゴードン・ダルシ
 国ソロモン諸島　首相
Lilo, Vungakoto リロ，ヴンガコト
 国トンガ　ラグビー選手
Lilov, Alexander Vassilev リロフ，アレクサンドル
 1933～2013　国ブルガリア　政治家　ブルガリア社会党最高評議会議長（党首）・政治局員　異リロフ，アレクサンダル
Lily Yu, E. リリー・ユー，E.
 ヒューゴー賞 キャンベル賞（2012年）
Lim, Alberto リム，アルベルト
 国フィリピン　観光相
Lim, Boon Heng リム・ブンヘン
 国シンガポール　首相府相　漢字名＝林文興
Lim, Chang-yong イム・チャンヨン
 1976～　国韓国　野球選手，元野球選手　漢字名＝林昌勇　異イー・チャンヨン
Lim, Cher Ping リム，チェー・ピン
 著「フューチャースクール」ピアソン桐原　2011
Lim, Dong-hyek イム・ドンヒョク
 1984～　国韓国　ピアニスト　異イム・ドン・ヒョク
Lim, Dong Min イム・ドンミン
 1980～　国韓国　ピアニスト　異イム・ドン・ミン
Lim, Dong-won イム・ドンウォン
 国韓国　国家情報院長　漢字名＝林東源
Lim, Evelyn リム，イヴリン
 著「人生が変わる自分の愛し方」サンマーク出版　2014
Lim, Goh-tong リム・ゴートン
 1918～2007　国マレーシア　実業家　ゲンティン・グループ創設者
Lim, Guat Imm リム・グアットイム
 国マレーシア　在ペナン日本国総領事館現地職員
Lim, H.J. リム，H.J.
 国韓国　ピアニスト　異HJリム
Lim, Hng Kiang リム・フンキャン
 国シンガポール　貿易産業相　漢字名＝林勲強
Lim, Hwee Hua リム・フィーファ
 国シンガポール　首相府相　漢字名＝陳恵華
Lim, Hyeshin リム，ヒェシン
 著「現代世界アジア詩集」土曜美術社出版販売　2010
Lim, Hyo-Sun イム・ヒョソン
 国韓国　エリザベート王妃国際コンクール ピアノ 第5位（2007年）
Lim, Hyung-joo イム・ヒョンジュ
 1986～　国韓国　テノール歌手
Lim, In-taik イム・インテク
 国韓国　建設交通相　漢字名＝林寅澤
Lim, Jes T.Y. リム，ジェス
 著「住まいの風水学マニュアル」ガイアブックス，産調出版（発売）　2010
Lim, Ji Young イム・ジヨン
 国韓国　エリザベート王妃国際コンクール ヴァイオリン 第1位（2015年）
Lim, Jock Seng リム・ジョク・セン
 国ブルネイ　第二外務貿易大臣，ブルネイLNG社会長，ブルネイ・シェル石油社会長
Lim, Ju-hwan イム・ジュファン
 1982～　国韓国　俳優
Lim, Kee Heen リム，キー・ヒーン
 著「エビデンスに基づく高齢者の作業療法」ガイアブックス　2014
Lim, Keng Yaik リム・ケンヤク
 国マレーシア　エネルギー・水・通信相
Lim, Lydia リム，リディア
 著「リー・クアンユー未来への提言」日本経済新聞出版社　2014
Lim, Max リム，マックス
 著「クリーチャーハンター」ボーンデジタル　2014
Lim, Phillip リム，フィリップ
 1973～　国アメリカ　ファッションデザイナー
Lim, Seu-long イム・スロン
 1987～　国韓国　歌手，俳優
Lim, Soo-jung イム・スジョン
 1980～　国韓国　女優
Lim, Swee Say リム・スイセイ
 国シンガポール　人材開発相　漢字名＝林瑞生
Lim, Wendell リム，ウェンデル
 著「細胞のシグナル伝達」メディカル・サイエンス・インターナショナル　2016
Lim, William Siew Wai リム，ウイリアム・S.W.
 1932～　著「21世紀アジア都市の未来像」明石書店　2004
Lima, Adriana Francesca リマ，アドリアナ
 1981～　国ブラジル　ファッションモデル　異リマ，アドリアナ／リマ，エイドリアーナ
Lima, Cristina Fontes リマ，クリスティナ・フォンテス
 国カボベルデ　法相
Lima, Geddel Vieira リマ，ジェデル・ビエイラ
 国ブラジル　国家統合相
Lima, Gustavo リマ，グスタボ
 国ポルトガル　セーリング選手　異リマ
Lima, Jorge リマ，ジョルジェ
 国ポルトガル　セーリング選手
Lima, José リマ，ホセ
 1972～2010　野球選手
Lima, Luciano リマ，ルシアーノ
 著「カウボーイ＆エイリアン」小学館集英社プロダクション　2011
Lima, Manuel リマ，マニュエル
 1978～　著「系統樹大全」ビー・エヌ・エヌ新社　2015
Lima, Paula リマ，パウラ

1970～ 国ブラジル 歌手
Lima, Taciana リマ, タシアナ
　国ギニアビサウ 柔道選手
Lima-de-Faria, Antonio リマ＝デ＝ファリア, アントニオ
　1921～ 著「生物への周期律」工作舎 2010
Limaj, Fatmir リマイ, ファトミル
　国コソボ 運輸・通信相
Limardo, Francisco リマルド, フランシスコ
　国ベネズエラ フェンシング選手
Limardo Gascón, Rubén リマルド・ガスコン, ルーベン
　1985～ 国ベネズエラ フェンシング選手 別リマルド, ルベン／リマルドガスコン, ルベン
Limb, Sue リム, スー
　1946～ 著「シャイニング・オン」理論社 2007
Limbach, Jutta リンバッハ, ユッタ
　1934～ 著「国民の名において」風行社 2001
Limbach, Nicolas リンバッハ
　国ドイツ フェンシング選手
Limbaugh, Rush リンボウ, ラッシュ
　1951～ 国アメリカ ラジオパーソナリティ 別リンボー, ラッシュ
Limber, Sue リンバー, スーザン.P.
　著「オルヴェウス・いじめ防止プログラム」現代人文社, 大学図書（発売）2013
Limbio, Florence リンビオ, フロランス
　国中央アフリカ 経済・計画・国際協力相
Limbombe, Anthony リンボンベ, アントニー
　国ベルギー サッカー選手
Limina, Dave リミナ, デイヴ
　著「演奏能力開発エクササイズ」リットーミュージック 2002
Lim Kean Hor リム・キエンホー
　国カンボジア 水資源気象相 別リム・キエン・ホー
Limpele, Flandy リンペレ
　国インドネシア バドミントン選手
Lim Siang Keat, Raymond リム, レイモンド
　国シンガポール 運輸相 漢字名＝林双吉
Lim Tik En, David リム, デービッド
　国シンガポール 情報通信・芸術相代行 漢字名＝林得恩
Lin, Alfred リン, アルフレッド
　国アメリカ 投資家
Lin, Bai リン・バイ
　1958～ 国中国 作家 領文学, フィクション 漢字名＝林白 別リン・パク
Lin, Cheng-sheng リン・チェンシェン
　1959～ 国台湾 映画監督, 俳優 漢字名＝林正盛 別リン・ジェンシェン／リン・セイセイ
Lin, Chi-ling リン・チーリン
　1974～ 国台湾 女優, モデル 漢字名＝林志玲 別リン・シレイ
Lin, Chin-ching リン・ジンジン
　1923～2003 国台湾 外交官 台湾総統府国策顧問, 亜東関係協会長, 駐日台北経済文化代表事務所代表 漢字名＝林金莖, 字＝剛本
Lin, Cho-Liang リン, チョー・リャン
　1960～ 国アメリカ バイオリニスト 別リン, チョーリャン
Lin, C.-T.Jordan リン, C.-T.ジョーダン
　著「食品安全と栄養の経済学」農林統計協会 2002
Lin, Dan リン・ダン
　1983～ 国中国 バドミントン選手 漢字名＝林丹
Lin, Elly リン, エリー
　著「フラワーブライダル コンセプトBOOK」誠文堂新光社 2014
Lin, Francie リン, フランシー
　国アメリカ 作家 領ミステリー, スリラー
Lin, Grace A. リン, グレース・A.
　著「外来診療」メディカル・サイエンス・インターナショナル 2005
Lin, Hurst リン, ハースト
　投資家
Lin, Hwai-min リン・ファイミン
　1947～ 国台湾 舞踏家, 作家 クラウド・ゲイト・ダンスシアター（雲門舞集）芸術監督 領コンテンポラリー・ダンス 漢字名＝林懷民 別リン・フワイミン／リン・ホワイミン
Lin, Jeremy リン, ジェレミー
　国アメリカ バスケットボール選手
Lin, Jimmy リン, ジミー
　著「Hadoop MapReduceデザインパターン」オライリー・ジャパン, オーム社（発売）2011
Lin, Joseph リン, ジョセフ
　1978～ 国アメリカ バイオリニスト
Lin, Justin リン, ジャスティン
　1973～ 国台湾 映画監督
Lin, Lin リン・リン
　1910～2011 国中国 日本文学研究家, 詩人 中日友好協会副会長, 中国日本文学研究会会長, 中国作家協会理事, 中国人民対外友好協会副会長 漢字名＝林林
Lin, Mego リン, メゴ
　MTVアワード 最優秀撮影（第30回（2013年））"Can't Hold Us"
Lin, Mun-lee リン・マンリー
　1954～ 国台湾 台北教育大学教授 台北故宮博物院院長 漢字名＝林曼麗
Lin, Nan リン, ナン
　1938～ 著「ソーシャル・キャピタル」ミネルヴァ書房 2008
Lin, Pi-shoung リン・ピーション
　1931～ 国台湾 淡江大学専任教授 領日本文学 漢字名＝林丕雄
Lin, Pi-Xiong リン・ピーション
　国台湾 淡江大学名誉教授, 元・淡江大学専任教授, 元・淡江大学日本研究所長, 元・台湾日本語教育学会理事長 漢字名＝林丕雄
Lin, Ruo リン・ルオ
　1924～2012 国中国 政治家 中国共産党広東省委員会書記 漢字名＝林若
Lin, Shao-hua リン・シャオホア
　1952～ 国中国 日本文学研究家, 翻訳家 中国海洋大学教授 漢字名＝林少華
Lin, Shen リン, S.
　著「LSI配線の解析と合成」培風館 2003
Lin, Tao リン, タオ
　1983～ 国アメリカ 作家
Lin, Tom リン, トム
　1976～ 国台湾 映画監督 漢字名＝林書宇
Lin, Wen-yueh リン・ウェンユエ
　1933～ 国台湾 台湾大学名誉教授 領比較文学（日中比較文学）漢字名＝林文月
Lin, Yang-kang リン・ヤンガン
　1927～2013 国台湾 政治家 台湾国民党副主席, 台湾司法院院長 漢字名＝林洋港, 通称＝Chih-hung
Lin, Yi-fu リン・イーフー
　1952～ 国中国 経済学者 北京大学教授 世界銀行上級副総裁・主任エコノミスト 領農業経済, 開発経済学 漢字名＝林毅夫, 別名＝リン, ジャスティン〈Lin, Justin Yi-fu〉別リン・イーフー
Lin, Ying-Tzu リン, インツー
　著「We Own The City」フィルムアート社 2015
Lin, Yu-chun リン・ユーチュン
　1986～ 国台湾 歌手 漢字名＝林育群, 愛称＝小胖（シャオパン）
Lin, Yu-fang リン・ユーファン
　1951～ 国台湾 政治家 台湾立法委員（国民党）淡江大学戦略研究所所長 漢字名＝林郁方 別リン・ユイファン
Lin, Yu-lin リン, ユーリン
　国台湾 実業家 漢字名＝林堉璘
Lin, Zhao-hua リン・ザオホワ
　1936～ 国中国 演出家 北京人民芸術劇院副院長 漢字名＝林兆華 別リン・チャオホワ
Lina, Jose リナ, ホセ
　国フィリピン 自治相
Linamen, Karen Scalf リーナメン, カレン・スカルフ
　1960～ 著「疲れすぎて無性にチョコレートが食べたくなるあなたへ」中経出版 2004
Linares, Jorge リナレス, ホルヘ
　1985～ 国ベネズエラ プロボクサー WBC世界ライト級チャンピオン WBA世界スーパーフェザー級チャンピオン, WBC世界フェザー級チャンピオン
Linares Fernandez, Alfonso リナーレス・フェルナンデス, アルフォンソ
　1969～ 著「あなたの人生には使命がある」PHP研究所 2011
Lincecum, Tim リンスカム, ティム
　1984～ 国アメリカ 野球選手 本名＝Lincecum, Timothy LeRoy
Lincicome, Brittany リンシコム, ブリタニー
　1985～ 国アメリカ プロゴルファー 別リンシカム, ブリタニー
Lincoln, Abbey リンカーン, アビー

1930～2010　国アメリカ　ジャズ歌手, 女優　別名＝リー, ガビ〈Lee, Gaby〉

Lincoln, Edward J.　リンカーン, エドワード
1949～　国アメリカ　経済学者　ジョージ・ワシントン大学特任講師　駐日米国大使特別補佐官（経済担当）　国日本経済, 日米経済関係

Lincoln, Nan　リンカン, ナン
著「セシリーの冒険」バベルプレス　2007

Lincoln, Tim　リンカン, ティム
著「知の歴史」徳間書店　2002

Lincoln, Yvonna S.　リンカン, イヴォンナ・S.
著「質的研究資料の収集と解釈」北大路書房　2006

Lind, Adam　リンド, アダム
国アメリカ　野球選手

Lind, Björn　リンド, ビョルン
1978～　国スウェーデン　元スキー選手

Lind, Hailey　リンド, ヘイリー
国ミステリー, スリラー

Lind, Jens　リンド, ヤン
著「ヨーロッパの労働組合」生活経済政策研究所　2004

Lind, Michael　リンド, マイケル
1962～　著「アメリカの内戦」アスコム　2004

Lindahl, Cathrine　リンダール
国スウェーデン　カーリング選手

Lindahl, Tomas　リンダール, トマス
1938～　国スウェーデン　化学者　フランシス・クリック研究所名誉グループリーダー　国リンダール, トーマス

Lindars, Barnabas　リンダース, B.
1923～　著「ヘブル書の神学」新教出版社　2002

Lindbeck, George A.　リンドベック, G.A.
1923～　著「教理の本質」ヨルダン社　2003

Lindberg, Anna　リンドベリ
国スウェーデン　飛び込み選手

Lindberg, Carter　リンドバーグ, C.
1937～　著「愛の思想史」教文館　2011

Lindberg, Charles　リンドバーグ, チャールズ
？～2007　国アメリカ　日米が死闘を繰り広げた硫黄島の摺鉢山に星条旗を掲げた海兵隊員

Lindberg, Christian　リンドベルイ, クリスティアン
1958～　国スウェーデン　トロンボーン奏者, 指揮者, 作曲家　ノルディック室内管弦楽団首席指揮者

Lindberg, David C.　リンドバーグ, デイビッド・C.
著「近代科学の源をたどる」朝倉書店　2011

Lindbergh, Anne Morrow　リンドバーグ, アン
1906～2001　作家　国リンドバーグ, アン・モロー

Lindbergh, Reeve　リンドバーグ, リーヴ
1945～　著「おやすみなさい」アリス館　2005

Lindblad, Paul Aaron　リンドブラッド, ポール
1941～2006　国アメリカ　野球選手

Lindblom, Charles Edward　リンドブロム, チャールズ・E.
1917～　著「政策形成の過程」東京大学出版会　2004

Lindblom, Josh　リンドブルーム, ジョシュ
国アメリカ　野球選手

Linde, Andrei　リンデ, アンドレイ
著「宇宙の創成と進化」日本経済新聞社　2005

Linde, Ann　リンデ, アン
国スウェーデン　欧州連合（EU）・貿易相

Lindell-vikarby, Jessica　リンデル・ビカルビー
国スウェーデン　アルペンスキー選手

Lindelof, Damon　リンデロフ, デイモン
著「Lost season 5」竹書房　2010

Lindelof, Victor　リンデルフ, ヴィクトル
国スウェーデン　サッカー選手

Lindemann, Laura　リンデマン
国ドイツ　トライアスロン選手

Linden, Caroline　リンデン, キャロライン
著「本物のキスは罪深く甘く」竹書房　2014

Linden, David J.　リンデン, デイヴィッド・J.
著「触れることの科学」河出書房新社　2016

Linden, Desiree　リンデン, デジーレ
国アメリカ　陸上選手

Linden, Eugene　リンデン, ユージン
1947～　著「動物たちの愉快な事件簿」紀伊国屋書店　2003

Linden, Frank van der　リンデン, フランク・ヴァン・デル
1954～　著「ソフトウェアプロダクトラインエンジニアリング」エスアイビー・アクセス, 星雲社（発売）　2009

Linden, Frans P.G.M.van der　リンデン, F.P.G.M.ファン・ダー
著「オルソドンティックコンセプト＆ストラテジー」クインテッセンス出版　2007

Linden, Martijn van der　リンデン, マルテイン・ファン・デル
1979～　著「おしえて、レンブラントさん」BL出版　2015

Linden, Roger W.A.　リンデン, ロジャー・W.A.
著「一目でわかる生理学」メディカル・サイエンス・インターナショナル　2006

Lindén, Suvi　リンデン, スビ
国フィンランド　通信相

Lindenbaum, Pija　リンデンバウム, ピア
ドイツ児童文学賞　絵本（2012年）　"Mia schläft woanders"

Lindenfield, Gael　リンデンフィールド, ゲイル
著「悩みはこうして捨てられる」中経出版　2003

Lindenhuizen, Eline van　リンデンハウゼン, エリーネ・ファン
1983～　著「でも、わすれないよベンジャミン」講談社　2012

Lindenstrauss, Elon　リンデンシュトラウス, エロン
国イスラエル　フィールズ賞（2010年）

Linder, Brandon　リンダー, ブランドン
国アメリカ　アメフト選手

Linder, Joselin　リンダー, ジョスリン
著「ゲーミフィケーションは何の役に立つのか」SBクリエイティブ　2014

Linder, Laura R.　リンダー, ローラ・R.
著「パブリック・アクセス・テレビ」中央大学出版部　2009

Linder, Robert Dean　リンダー, ロバート・D
著「アメリカの市民宗教と大統領」麗澤大学出版会, 柏　広池学園事業部（発売）　2003

Linders, Joke　リンデルス, ヨーケ
1943～　著「かえるでよかった」セーラー出版　2007

Lindfield, Helen　リンドフィールド, ヘレン
著「英国ボバース講師会議によるボバース概念」ガイアブックス　2013

Lindgreen, Edo Roos　リンデグレーン, エードー・ローズ
著「IT監査の基礎と応用」中央経済社　2010

Lindgren, Astrid Anna Emilia　リンドグレーン, アストリッド
1907～2002　国スウェーデン　児童文学作家　国リンドグレン, アストリッド

Lindgren, Barbro　リンドグレーン, バルブロ
1937～　国リンドグレン, バルブロ　著「ベニーはおにいちゃん」ラトルズ　2009

Lindgren, Jacob　リングレン, ジェイコブ
国アメリカ　野球選手

Lindgren, Joonas　リングレン, ヨナス
国フィンランド　セーリング選手

Lindgren, Niklas　リングレン, ニクラス
国フィンランド　セーリング選手

Lindh, Anna　リンド, アンナ
1957～2003　国スウェーデン　政治家　スウェーデン外相　本名＝Lindh, Ylva Anna Maria

Lindhe, Jan　リンデ, ヤン
国スウェーデン　ヨーテボリ大学歯学部名誉教授, 元・ヨーテボリ大学教授・歯周病科長, 元・ヨーテボリ大学歯学部長

Lindholm, Andreas　リンドホルム, アンドレアス
著「Metalheart is movement」デザインエクスチェンジ　2003

Lindholm, Tim　リンドホルム, ティム
1961～　著「Java仮想マシン仕様」ピアソン・エデュケーション　2001

Lindhout, Amanda　リンドハウト, アマンダ
著「人質460日」亜紀書房　2015

Lindhout, P.　リンド, P.
著「トマトオランダの多収技術と理論」農山漁村文化協会　2012

Lindlar, Angela　リントラー, アンゲラ
著「猫めぐりヨーロッパ」学習研究社　2004

Lindley, Cody　リンドレー, コディ
1976～　著「開眼！JavaScript」オライリー・ジャパン, オーム社（発売）　2013

Lindley, David　リンドリー, デヴィッド
1956～　著「量子力学の奇妙なところが思ったほど奇妙でないわけ」青土社　2014

Lindner, Carl, Jr.　リンドナー, カール
1919～2011　国アメリカ　実業家　アメリカン・ファイナンシャル・グループ会長・CEO, シンシナティ・レッズオーナー・CEO　本名＝Lindner, Carl Henry (Jr.)

Lindner, Heinz　リンドナー, ハインツ
国オーストリア　サッカー選手

Lindner, Mag.Alexia　リントナー, アレクシア

1972〜 著「オペレッタの女王、メラニー・ホリディ」音楽之友社 2004
Lindner, Robert リンドナー、ロバート
著「食品安全と栄養の経済学」農林統計協会 2002
Lindner, Simone リントナー、シモーネ
著「小さな火の妖精ルンヤ」講談社 2008
Lindner, Ulrich リントナー、ウルリッヒ
1962〜 著「ナチス第三帝国とサッカー」現代書館 2006
Lindo, Elvira リンド、エルビラ
1962〜 著「ぼくってサイコー!?」小学館 2007
Lindon, Vincent ランドン、ヴァンサン
1959〜 国フランス 俳優
Lindor, Francisco リンドーア、フランシスコ
国プエルトリコ 野球選手
Lindquist, Hans リンドクヴィスト、ハーンス
著「英語コーパスを活用した言語研究」大修館書店 2016
Lindquist, Ruth リンクイスト、ルース
著「ケアのなかの癒し」看護の科学社 2016
Lindqvist, Cecilia リンドクィスト、セシリア
1932〜 著「漢字物語」木耳社 2010
Lindqvist, John Ajvide リンドクヴィスト、ヨン・アイヴィデ
1968〜 国スウェーデン 作家 国ホラー
Lindqvist, Svante リンドクヴィスト、スヴァンテ
国スウェーデン 王宮府長官、元・王立科学アカデミー会長、元・ノーベル博物館館長(初代)
Lindsay, Alexander Dunlop Lindsay, baron リンゼイ、A.D.
著「わたしはデモクラシーを信じる」聖学院大学出版会 2001
Lindsay, Bill リンゼイ、ビル
著「振動音響療法」人間と歴史社 2003
Lindsay, David Michael リンゼイ、D.マイケル
1971〜 著「世界を動かすリーダーは何を学び、どう考え、何をしてきたのか?」日本実業出版社 2016
Lindsay, Dhugal J. リンズィー、ドゥーグル
1971〜 リンズィー、ドゥーグル 著「最新クラゲ図鑑」誠文堂新光社 2013
Lindsay, Elizabeth リンジー、エリザベス
著「妖精ライラ」アルファポリス、星雲社(発売) 2011
Lindsay, Jeff リンジー、ジェフ
国アメリカ ミステリー作家
Lindsay, Katrina リンゼイ、カトリーナ
トニー賞 プレイ 衣装デザイン賞(2008年(第62回)) "Les Liaisons Dangereuses"
Lindsay, Marion リンジー、マリオン
著「おばけのパーティーよ〜いドロン!」BL出版 2012
Lindsay, Paul リンゼイ、ポール
1943〜2011 国アメリカ ミステリー作家 米国連邦捜査局(FBI)捜査官 別筆名=ボイド、ノア〈Boyd, Noah〉
Lindsay, Rachel リンゼイ、レイチェル
著「初めましてアレン様」ハーレクイン 2011
Lindsay, Robert リンジー、ロバート
著「肩の痛み・四十肩改善マニュアル」実業之日本社 2011
Lindsay, Ryan K. リンゼイ、ライアン・K.
著「マイリトルポニー：ポニーテールズ」ヴィレッジブックス 2014
Lindsay, Sarah リンゼイ
国イギリス ショートトラック選手
Lindsay, William リンゼー、ウイリアム
著「太古の生物図鑑」あすなろ書房 2006
Lindsay, Yvonne リンゼイ、イヴォンヌ
著「大富豪の忘れえぬ妻」ハーパーコリンズ・ジャパン 2016
Lindsay-Abaire, David リンゼイ・アベイア、デイヴィッド
国イギリス ピュリッツァー賞 文学・音楽 戯曲(2007年) "Rabbit Hole"
Lindsay-Hogg, Michel リンゼイ＝ホッグ、マイケル
著「メモリーズ・オブ・ジョン」イースト・プレス 2006
Lindsey, Crawford リンジー、クロフォード
著「テクニカル・テニス」丸善プラネット、丸善出版(発売) 2011
Lindsey, David L. リンジー、デイヴィッド
1944〜 リンジー、デイヴィッド・L. 著「暗殺者の顔」柏艪舎、星雲社(発売) 2008
Lindsey, Dennis リンジー、デニス
国アメリカ ユタ・ジャズGM
Lindsey, Johanna リンジー、ジョアンナ
1952〜 著「金色のアドニスの花嫁」ハーパーコリンズ・ジャパン 2016
Lindsey, Lawrence B. リンゼイ、ローレンス

1954〜 国アメリカ エコノミスト リンゼイ・グループ社長・CEO 米国大統領補佐官(経済担当)、米国連邦準備制度理事会(FRB)理事 国リンゼー、ローレンス
Lindsey, Lee リンゼイ、リー
著「インストラクショナルデザインの理論とモデル」北大路書房 2016
Lindskoog, Kathryn Ann リンドスコーグ、キャスリン
著「ナルニア国を旅しよう」成甲書房 2006
Lindsmith, Beth リンドスミス、ベス
著「ルネサンス人物列伝」悠書館 2012
Lindstroem, Fredrik リンドストレム
国スウェーデン バイアスロン選手
Lindstroem, Veli-Matti リンドストレム
国フィンランド スキージャンプ選手
Lindström, Anne-Marie リンストレーム、アン・マリー
1933〜2009 著「手で笑おう」汐文社 2012
Lindström, Elisabet リンストローム、エリザベット
著「スウェーデン発・知的障害のある人の生活支援ハンドブック」ミネルヴァ書房 2011
Lindström, Jari リンドストロム、ヤリ
国フィンランド 法務・雇用相
Lindström, Kati リンドストロム、カティ
著「景観の大変容」昭和堂 2011
Lindström, Martin リンストローム、マーティン
1970〜 著「なぜ、それを買わずにはいられないのか」文芸春秋 2012
Line, Zach ライン、ザック
国アメリカ アメフト選手
Lineback, Kent ラインバック、ケント
1943〜 著「ハーバード流逆転のリーダーシップ」日本経済新聞出版社 2015
Linehan, Marsha リネハン、マーシャ・M.
著「弁証法的行動療法」金剛出版 2008
Linehan, Patrick J. リネハン、パトリック
国アメリカ 外交官 在大阪・神戸アメリカ総領事
Linehan, Scott リネハン、スコット
国アメリカ ダラス・カウボーイズコーチ
Lineker, Gary リネカー、ゲーリー
1960〜 国イギリス 元サッカー選手 本名=リネカー、ゲーリー・ウインストン〈Lineker, Gary Winston〉 国リネカー、ガリー
Linenger, Jerry M. リネンジャー、ジェリー
1956〜 著「宇宙で気がついた人生で一番大切なこと」講談社 2001
Lines, Clifford John ラインズ、C.J.
著「地理学の諸課題と分析手法」古今書院 2001
Lines, Malcolm E. ラインズ、マルコム・E.
1936〜 著「物理と数学の不思議な関係」早川書房 2004
Lines, Mark ラインズ、マーク
1964〜 著「ディシプリンド・アジャイル・デリバリー」翔泳社 2013
Lines, Thomas ラインズ、トーマス
著「貧困の正体」青土社 2009
Linett, Mark リネット、マーク
グラミー賞 最優秀ヒストリカル・アルバム(2012年(第55回)) "The Smile Sessions (Deluxe Box Set)" コンピレーション・プロデューサー
Linette, Magda リネッテ、マグダ
国ポーランド テニス選手
Linetty, Karol リネッティ、カロル
国ポーランド サッカー選手
Linford, Lloyd リンフォード、ロイド
著「脳科学にもとづく子どもと青年のセラピー」福村出版 2010
Ling, Edward リング、エドワード
国イギリス 射撃選手
Ling, Hao リン、ハオ
1968〜 著「アジアの日常から」TOTO出版 2015
Ling, Liong Sik リン・リョンシク
国マレーシア 運輸相
Ling, Richard リン、リチャード
著「絶え間なき交信の時代」NTT出版 2003
Ling, Roger リング、R.
著「ポンペイの歴史と社会」同成社 2007
Lingani, Hippolite リンガニ、イポリット
国ブルキナファソ 社会資本相
Lingard, Jesse リンガード、ジェシー
国イングランド サッカー選手

Lingard, Joan　リンガード, ジョーン
　1932〜　㊨「エディンバラの光と影」　さ・え・ら書房　2003
Lingenfelter, Mike　リンゲンフェルター, マイク
　1937〜　㊨「介助犬ダコタの奇跡」　PHP研究所　2004
Linger, Andreas　リンガー, アンドレアス
　1981〜　国オーストリア　元リュージュ選手　㊌リンガー, A.
Linger, Wolfgang　リンガー, ウォルフガング
　1982〜　国オーストリア　元リュージュ選手　㊌リンガー, W.
Lingford, Ruth　リングフォード, ルース
　国アメリカ　オタワ国際アニメーション映画祭 最優秀実験的・抽象的アニメーション（2010年）　"Little Deaths"
Lingis, Alphonso　リンギス, アルフォンソ
　1933〜　㊨「変形する身体」　水声社　2016
Lingle, Linda　リングル, リンダ
　1953〜　国アメリカ　政治家　ハワイ州知事
Lingmerth, David　リングメルト, ダビド
　国スウェーデン　ゴルフ選手
Lini, Ham　リニ, ハム
　国バヌアツ　気候変動・自然災害相
Linić, Slavko　リニッチ, スラブコ
　国クロアチア　財務相　㊌リニッチ, スラフコ
Lini Vanuaroroa, Ham　リニバヌアロロア, ハム
　国バヌアツ　副首相兼貿易・商業・産業・観光相
Link, Andre　リンク, アンドレ
　国ドイツ　射撃選手
Link, Charlotte　リンク, シャルロッテ
　1963〜　㊨「沈黙の果て」　東京創元社　2014
Link, Eugene Perry　リンク, ペリー
　1944〜　㊨「天安門文書」　文芸春秋　2001
Link, Gail　リンク, ゲイル
　㊨「絵の中の恋人」　ハーレクイン　2001
Link, Greg　リンク, グレッグ
　1950〜　㊨「信頼マネジメント」　キングベアー出版　2014
Link, Kelly　リンク, ケリー
　1969〜　国アメリカ　作家　㊨短編, SF, ファンタジーほか
Link, Marcel　リンク, マーセル
　㊨「高勝率トレード学のススメ」　パンローリング　2013
Link, William　リンク, ウィリアム
　1933〜　㊨「刑事コロンボ13の事件簿」　論創社　2013
Linka, Tibor　リンカ, ティボル
　国スロバキア　カヌー選手
Linke, Christopher　リンケ, クリストファー
　国ドイツ　陸上選手
Linkenbach, Jeffrey　リンケンバック, ジェフリー
　国アメリカ　アメフト選手
Linkevičiūtė, Linas　リンケビチュス, リナス
　国リトアニア　外相
Linkies, Mario　リンキーズ, マリオ
　㊨「SAPシステムのセキュリティと権限管理」　日経BPソフトプレス, 日経BP出版センター（発売）　2007
Linklater, Magnus　リンクレイター, マグナス
　㊨「ビジュアル版 世界の歴史都市」　柊風舎　2016
Linklater, Richard　リンクレーター, リチャード
　1960〜　国アメリカ　映画監督　㊌リンクレイター, リチャード
Linkletter, Arthur Gordon　リンクレター, アート
　㊨「しゃべっちゃうゾ！」　徳間書店　2007
Linkletter, Karen E.　リンクレター, カレン・E.
　㊨「ドラッカー教養としてのマネジメント」　マグロウヒル・エデュケーション, 日本経済新聞出版社（発売）　2013
Linkner, Josh　リンクナー, ジョシュ
　1970〜　㊨「ひらめきトレーニング」　東洋経済新報社　2012
Linley, P.Alex　リンリー, P.アレックス
　㊨「リーダーシップ・マスター」　英治出版　2013
Linn, Denise　リン, デニス
　㊨「スピリチュアル・レッスン」　ベストセラーズ　2004
Linn, Dennis　リン, デニス
　㊨「いやしを求めて」　ドン・ボスコ社　2001
Linn, Matthew　リン, マシュウ
　㊨「いやしを求めて」　ドン・ボスコ社　2001
Linn, Sheila Fabricant　リン, シーラ・F.
　㊨「いやしを求めて」　ドン・ボスコ社　2001
Linnea, Ann　リネア, アン
　㊨「子どもが地球を愛するために」　人文書院　2012
Linneman, Peter　リンネマン, ピーター
　㊨「不動産ファイナンス大全」　日本経済新聞社　2006
Linney, Laura　リニー, ローラ
　エミー賞 プライムタイム・エミー賞 最優秀主演女優賞（ミニシリーズ・映画）（第65回（2013年））ほか
Lino, Genoveva Da Conceição　リノ, ジェノベバ・ダ・コンセイサン
　国アンゴラ　家族・女性保護相
Lino, Mário　リノ, マリオ
　国ポルトガル　公共事業・運輸・通信相
Linoff, Gordon S.　リノフ, ゴードン・S.
　㊨「データマイニング手法」　海文堂出版　2014
Linowes, Jonathan　リノース, ジョナサン
　㊨「UnityによるVRアプリケーション開発」　オライリー・ジャパン, オーム社（発売）　2016
Lins, Euripedes Ferreira　リンス, エウリッピデス・フェレイラ
　国ブラジル　アマゾナス州農畜産連盟会長
Lins, Gustavo　リンス, グスタボ
　ファッションデザイナー
Lins, Ivan　リンス, イヴァン
　1945〜　国ブラジル　シンガー・ソングライター　㊌リンス, イバン
Linscott, Gillian　リンスコット, ギリアン
　1944〜　㊨「シャーロック・ホームズベイカー街の幽霊」　原書房　2006
Linsey, Robin　リンゼイ, ロビン
　㊨「境界を超える看護」　エルゼビア・ジャパン　2006
Linskey, Patrick　リンスキー, パトリック
　㊨「EJBアンチパターン」　日経BP社, 日経BP出版センター（発売）　2004
Linsky, Martin　リンスキー, マーティ
　㊨「最前線のリーダーシップ」　ファーストプレス　2007
Linsley, Corey　リンズリー, コリー
　国アメリカ　アメフト選手
Linthicum, David S.　リンティカム, デイビッド
　㊨「B2Bアプリケーション統合」　ピアソン・エデュケーション　2001
Lintott, Chris　リントット, クリス
　㊨「Bang！ 宇宙の起源と進化の不思議」　ソフトバンククリエイティブ　2007
Linz, Cathie　リンツ, キャシー
　㊨「恋はマリンブルー・条件つきのウエディング」　ハーレクイン　2005
Linz, Juan José　リンス, フアン
　1926〜2013　国アメリカ　政治社会学者　エール大学名誉教授　㊌リンス, ファン・J. / リンス, ホアン / リンツ, フアン
Linz, Manfred　リンツ, マンフレート
　1927〜　㊌リンツ, マンフリート　㊨「フェアな未来へ」　新評論　2013
Linzey, Andrew　リンゼイ, A.
　㊨「神は何のために動物を造ったのか」　教文館　2001
Linzmayer, Owen W.　リンツメイヤー, オーエン・W.
　㊨「アップル・コンフィデンシャル2.5J」　アスペクト　2006
Linz Storch de Gracia, Juan Jose　リンス, J.
　㊨「民主化の理論」　一芸社　2005
Liohn, André　リオン, アンドレ
　国ブラジル　ロバート・キャパ賞（2011年度）　Almost Dawn in Libya
Lioko, Jeannine Mabunda　リオコ, ジャニーヌ・マブンダ
　国コンゴ民主共和国　国営企業相
Lion, Brigitte　リオン, ブリジット
　㊨「楔形文字をよむ」　山川出版社　2012
Lionel-Marie, Annick　リオネル＝マリー, アニック
　㊨「ブラッサイ写真集成」　岩波書店　2005
Lionetti, Pia Carmen　リオネッティ
　国イタリア　アーチェリー選手
Lionginas, Jonas　リオンギナス, ヨナス
　国リトアニア　蔵相
Lionnet, Annie　リオネット, アニー
　㊨「タロット」　ガイアブックス, 産調出版（発売）　2009
Lionnet, Christian　リオネ, クリスチャン
　国セーシェル　土地利用・住宅相
Lions, Bernard　リオン, ベルナル
　1970〜　㊨「ワールドサッカーユニフォーム1000」　グラフィック社　2014
Lions, Jacques-Louis　リオンス, ジャック・ルイ
　？〜2001　国フランス　数学者　フランス科学アカデミー会長, フランス国立宇宙研究センター（CNES）総裁　㊨応用解析学　㊌リオンス, ジャックルイ
Liow, Tiong Lai　リオウ・ティオンライ

㊋マレーシア　運輸相　㊌リウ・ティオンライ
Lip, Gregory Y.H.　リップ, グレゴリー
　㊏「不整脈テキスト」西村書店　2008
Lipă, Elisabeta　リパ, エリサベタ
　㊋ルーマニア　青年・スポーツ相
Liparteliani, Varlam　リパルテリアニ, バルラム
　㊋ジョージア　柔道選手
Lipchik, Eve　リプチック, イブ
　㊏「ブリーフセラピーの技法を越えて」金剛出版　2010
Lipczynski, John　リプチンスキ, ジョン
　㊏「図説世界を変えた50のビジネス」原書房　2014
Lipenga, Ken　リペンガ, ケン
　㊋マラウイ　財務相
Lipenga, Kenneth　リペンガ, ケネス
　㊋マラウイ　情報通信・観光相
Lipiec, Tomasz　リピェツ, トマシュ
　㊋ポーランド　スポーツ相
Lipietz, Alain　リピエッツ, アラン
　1947～　㊏「グリーンディール」藤原書店　2014
Lipkind, William　リプキンド, ウィリアム
　ウィル　㊏「ふたりのあか毛」童話館出版　2001
Lipkowitz, Daniel　リプコーウィッツ, ダニエル
　㊏「レゴすごいアイデア」東京書籍　2016
Lipman, Laura　リップマン, ローラ
　㊋アメリカ　作家
Lipman, Matthew　リップマン, マシュー
　1923～2010　㊏「子どものための哲学授業」河出書房新社　2015
Lipman-Bluman, Jean　リプマン゠ブルーメン, ジーン
　㊌リップマンブルーメン, ジーン／レビット, ハロルド・J.　㊏「最強集団ホットグループ奇跡の法則」東洋経済新報社　2007
Lipnack, Jessica　リップナック, ジェシカ
　㊏「いかに『高業績チーム』をつくるか」ダイヤモンド社　2005
Lipnitskaya, Yulia　リプニツカヤ, ユリア
　1998～　㊋ロシア　フィギュアスケート選手　本名＝Lipnitskaya, Yulia Vyacheslavovna　㊌リプニツカヤ
Lipo, T.A.　リポ, T.A.
　㊏「交流機設計」電気書院　2007
Lipovača, Miran　リポヴァチャ, ミラン
　㊏「すごいHaskellたのしく学ぼう！」オーム社　2012
Lipovetsky, Gilles　リポヴェツキー, ジル
　1944～　㊏「空虚の時代」法政大学出版局　2003
Lipp, Douglas　リップ, ダグ
　㊏「ディズニー大学」アルファポリス, 星雲社（発売）　2014
Lippert, Lynn　リッパート, リン・S.
　1942～　㊏「クリニカルキネシオロジー」ガイアブックス, 産調出版（発売）　2012
Lippert, Margaret H.　リッパート, マーガレット・H.
　㊏「ほーら、これでいい！」アートン　2006
Lippert, Mark　リッパート, マーク
　㊋アメリカ　駐韓国米国大使
Lippett, Tony　リペット, トニー
　㊋アメリカ　アメフト選手
Lippi, Donatella　リッピ, ドナテッラ
　㊏「メディチ家の墓をあばく」白水社　2006
Lippi, Marcello　リッピ, マルチェロ
　1948～　㊋イタリア　サッカー指導者, 元サッカー選手　サッカー・イタリア代表監督　㊌リッピ, マルセロ／リッピ, マルチェッロ
Lippincott, Charles　リピンコット, チャールズ
　1939～　㊏「ブック・オブ・エイリアン」小学館集英社プロダクション　2012
Lippit, Akira Mizuta　リピット, アキラ・ミズタ
　1964～　㊋リピット水田堯　㊏「原子の光〈影の光学〉」月曜社　2013
Lippitt, Lawrence L.　リピット, ローレンス・L.
　1941～　㊏「未来ビジョンが組織を変える」世界書院　2013
Lippitt, Mary Burner　リピット, メアリー・バーナー
　1945～　㊏「リーダーシップ・スペクトラム」春秋社　2006
Lippitz, Michael J.　レピッツ, マイケル・J.
　㊏「社内起業成長戦略」マグロウヒル・エデュケーション, 日本経済新聞出版社（発売）　2010
Lippman, Laura　リップマン, ローラ
　1959～　㊏「BIBLIO MYSTERIES」ディスカヴァー・トゥエンティワン　2014
Lippman, Peter J.　リップマン, ピーター
　㊏「すずめのくつした」大日本図書　2010

Lippman, Stanley B.　リップマン, スタンリー・B.
　㊌リップマン, スタンレー・B.　㊏「C++プライマー」翔泳社　2016
Lippmann, Julie　リップマン, ジュリー
　㊏「子どもの性虐待に関する医学的評価」診断と治療社　2013
Lipponen, Paavo Tapio　リッポネン, パーボ
　1941～　㊋フィンランド　政治家　フィンランド首相
Lips, Ferdinand　リップス, フェルディナント
　1931～　㊏「いまなぜ金復活なのか」徳間書店　2006
Lips, The Flaming　リップス, フレーミング
　エンジニア　グラミー賞 最優秀録音技術アルバム（クラシック以外）（2006年（第49回））"At War With The Mystics"
Lipschultz, Jeremy Harris　リプシュルツ, ジェレミー・ハリス
　1958～　㊏「インターネット時代の表現の自由」皓星社　2004
Lipscomb, Scott D.　リップスコーム, スコット・D.
　㊏「音楽的コミュニケーション」誠信書房　2012
Lipscomb, William Nunn, Jr.　リプスコム, ウィリアム, Jr.
　1919～2011　㊋アメリカ　化学者　ハーバード大学名誉教授　㊎無機化学
Lipsenthal, Lee　リプセンタール, リー
　1957～2011　㊏「最後の日まで毎日が贈り物」草思社　2013
Lipset, Seymour Martin　リプセット, シーモア・マーティン
　1922～2006　㊋アメリカ　社会学者　ジョージ・メーソン大学名誉教授, ハーバード大学教授　㊎政治社会学, 社会政策
Lipsey, Jeanne　リプシー, ジャンヌ
　㊏「年齢をかさねる贅沢」光文社　2003
Lipsey, Mark W.　リプセイ, マーク・W.
　㊏「プログラム評価の理論と方法」日本評論社　2005
Lipšic, Daniel　リプシッチ, ダニエル
　㊋スロバキア　内相　㊌リプシツ, ダニエル
Lipsius, Fred　リップシアス, フレッド
　1943～　㊌リプシアス, フレッド　㊏「ツー・ファイブ・ジャズ・ラインin E♭」リットーミュージック　2012
Lipski, Alexander　リプスキ, アレクサンダー
　1919～2009　㊏「シュリ・アーナンダマイー・マーの生涯と教え」ナチュラルスピリット　2015
Lipski, John M.　リプスキ, ジョン・M.
　㊏「ラテンアメリカのスペイン語」南雲堂フェニックス　2003
Lipsky, John　リプスキー, ジョン
　1947～　㊋アメリカ　エコノミスト　ジョンズ・ホプキンス大学特別客員研究員　国際通貨基金（IMF）筆頭副専務理事
Lipson, Hod　リプソン, ホッド
　㊏「2040年の新世界」東洋経済新報社　2014
Lipton, Bruce H.　リプトン, ブルース
　㊏「思考のパワー」ダイヤモンド社　2014
Lipton, Eric　リプトン, エリック
　㊋アメリカ　ピュリッツァー賞 ジャーナリズム 調査報道（2015年）
Lipton, James　リプトン, ジェイムズ
　1926～　㊏「アクターズ・スタジオ・インタビュー」早川書房　2010
Lipton, Judith Eve　リプトン, J.E.
　㊌リプトン, ジュディス　㊏「女性の曲線美はなぜ生まれたか」白揚社　2013
Lipton, Lenny　リプトン, レニー
　1940～　㊏「魔法のドラゴンパフ」ランダムハウス講談社　2008
LiPuma, Joseph A.　リピューマ, ジョセフ
　㊏「アントレプレナーの経営学」慶応義塾大学出版会　2016
LiPuma, Tommy　リピューマ, トミー
　プロデューサー　グラミー賞 最優秀サラウンド・サウンド・アルバム（2013年（第56回））"Summertime Sadness (Cedric Gervais Remix)"　サラウンド・プロデューサー
Liquette, Kolja Raven　リケット, コーリャ・レイヴン
　㊏「魔道師大全」ホビージャパン　2008
Liquorman, Wayne　リコーマン, ウェイン
　㊏「意識は語る」ナチュラルスピリット　2014
Lira, Gonzalo　ライラ, ゴンザーロ
　㊏「アクロバット」小学館　2004
Liranzo, Jesus　リランゾ, ヘスス
　㊋ドミニカ共和国　野球選手
Lira-Olivares, Joaquin-Alberto　リラ・オリバレス, ホアキン・アルベルト
　㊋ベネズエラ　国立シモン・ボリバル大学教授, 長岡技術科学大学名誉教授
Liriano, Francisco　リリアーノ, フランシスコ
　㊋ドミニカ共和国　野球選手
Liriano, Rymer　リリアーノ, ライマー

L

[国]ドミニカ共和国　野球選手
Lirola, Pol　リロラ, ポル
[国]スペイン　サッカー選手
Lis, Halina　リス, H.
1923～　[著]「レクチン」 シュプリンガー・フェアラーク東京 2006
Lisandro Lopez　リサンドロ・ロペス
[国]アルゼンチン　サッカー選手
Lisanti, Christopher J.　リサンチ, クリストファー・J.
[著]「MRIの基本パワーテキスト」 メディカル・サイエンス・インターナショナル 2011
Lis-Balchin, Maria　リス・バルチン, マリア
[著]「アロマセラピーサイエンス」 フレグランスジャーナル社 2011
Lischer, Richard　リシャー, リチャード
1943～　[異]リシャー, R.　[著]「説教者キング」 日本キリスト教団出版局 2012
Lischner, Ray　リシュナー, レイ
1961～　[著]「C++ライブラリクイックリファレンス」 オライリー・ジャパン, オーム社(発売) 2004
Lisek, Piotr　リセク, ピョートル
[国]ポーランド　陸上選手
Lishak, Antony　リシャック, アンソニー
[著]「地球温暖化」 文渓堂 2007
Lishchynska, Iryna　リシチンスカ
[国]ウクライナ　陸上選手
Lisi, Virna　リージ, ヴィルナ
1936～2014　[国]イタリア　女優　本名＝Pieralisi, Virna Lisa
[異]リージ, ビルナ
Lisicki, Sabine　リシキ
[国]ドイツ　テニス選手
Lisiecki, Jan　リシエツキ, ヤン
1995～　[国]カナダ　ピアニスト
Lisitsian, Pavel　リシチアン, パヴェル
1911～2004　[国]ロシア　バリトン歌手　[異]リシチアン, パベル
Liška, Juraj　リシュカ, ユライ
[国]スロバキア　国防相
Liška, Ondrej　リシュカ, オンドジェイ
[国]チェコ　教育・青年・スポーツ相
Lisle, Janet Taylor　ライル, ジャネット・テーラー
[著]「花になった子どもたち」 福音館書店 2007
Lisle, Rebecca　ライル, レベッカ
[著]「犬ロボ、売ります」 徳間書店 2008
Lisman, Stephen A.　リスマン, ステファン・A.
[著]「臨床心理学における科学と疑似科学」 北大路書房 2007
Lisogor, Oleg　リソゴール
[国]ウクライナ　競泳選手
Lisowski, Crusher　リソワスキー, クラッシャー
1926～2005　[国]アメリカ　プロレスラー　旧リング名＝リソワスキー, レジー〈Lisowski, Reggie〉
Liss, David　リス, デイヴィッド
1966～　[著]「珈琲相場師」 早川書房 2004
Liss, Jerome　リス, ジェローム
1938～　[著]「〈つながる〉技術」 春秋社 2010
Liss, Peter S.　リス, ピーター
[著]「地球環境化学入門」 シュプリンガー・フェアラーク東京 2005
Lissack, Michael　リーサック, マイケル
[著]「ネクスト・マネジメント」 ダイヤモンド社 2002
Lissemore, Sean　リスモア, ショーン
[国]アメリカ　アメフト選手
Lissner, Stéphane Michael　リスナー, ステファン
1953～　[国]フランス　オペラ演出家　パリ国立歌劇場総監督　エクサンプロバンス国際音楽祭総監督, シャトレ座総支配人
List, John A.　リスト, ジョン・A.
1968～　[著]「その問題、経済学で解決できます。」 東洋経済新報社 2014
Listenbee, Kolby　リッスンビー, コルビー
[国]アメリカ　アメフト選手
Lister, Carolyn　リスター, キャロリン
[著]「抗酸化物質」 フレグランスジャーナル社 2006
Lister, Jenny　リスター, ジェニー
[著]「スウィンギン・シックスティーズ」 ブルース・インターアクションズ 2006
Lister, Jim　リスター, ジム
[著]「医療・看護・ケアスタッフのための実践NLPセルフ・コーチング」 春秋社 2008
Lister, Pamela　リスター, パメラ
[著]「あの素晴らしい愛をもう一度」 角川書店 2001
Lister, Ruth　リスター, ルース
1949～　[著]「グローバル・ジャスティス」 ミネルヴァ書房 2013
Lister, Tim　リスター, ティム
[著]「イスラム過激派二重スパイ」 亜紀書房 2016
Lister, Timothy R.　リスター, ティモシー
[異]リスター, ティム　[著]「ピープルウエア」 日経BP社, 日経BPマーケティング(発売) 2013
Listhaug, Sylvi　リストハウグ, シルビ
[国]ノルウェー　移民・社会統合相
Litan, Robert E.　ライタン, ロバート
1950～　[国]アメリカ　ブルッキングス研究所シニア・フェロー, カウフマン財団副理事長　[専]インターネット金融
Litchfield, Brenda C.　リッチフィールド, ブレンダ・C.
[著]「インストラクショナルデザインとテクノロジ」 北大路書房 2013
Litchfield, Max　リッチフィールド, マックス
[国]イギリス　水泳選手
Lite, Lori　ライト, ローリー
1961～　[著]「おこりんぼうのタコさん」 ミネルヴァ書房 2014
Litherland, Jay　リザーランド, ジェイ
[国]アメリカ　水泳選手
Lithgow, John　リスゴー, ジョン
ゴールデン・グローブ賞 テレビ 助演男優賞(ミニシリーズ)(第67回(2009年度)) "Dexter"
Lithman, Jerry　リスマン, ジェリー
[著]「AD/HD&body」 花風社 2003
Lithur, Nana Oye　リター, ナナ・オイェ
[国]ガーナ　女性・児童相　[異]ライザー, ナナ・オイェ
Litman, Mike　リットマン, マイク
[著]「史上最高のセミナー」 きこ書房 2011
Litsiba, Thabiso　リツィバ, タビソ
[国]レソト　中小企業振興相
Lits'oane, Lits'oane Simon　リツォアネ, リツォアネ・シモン
[国]レソト　農業・食糧安全保障相
Litt, Steve　リット, スティーブ
[著]「標準Red Hat Linuxリファレンス」 インプレス, インプレスコミュニケーションズ(発売) 2001
Litt, Toby　リット, トビー
1968～　[著]「リリーからの最後の電話」 ソニー・マガジンズ 2004
Littbarski, Pierre　リトバルスキー, ピエール
1960～　[国]ドイツ　サッカー指導者, 元サッカー選手　[異]リティ / リトバルスキ, ピエール
Littell, Jonathan　リテル, ジョナサン
1967～　[国]アメリカ　作家　[専]文学, フィクション　[異]リテル, ジョナタン
Littell, Robert　リテル, ロバート
1935～　[国]アメリカ　作家
Litterman, Robert B.　リターマン, ロバート
[異]リッターマン, ロバート　[著]「現代投資マネジメント」 日本経済新聞社 2004
Littger, Klaus Walter　リトガー, クラウス・ヴァルター
[著]「アイヒシュテットの庭園」 タッシェン・ジャパン, 洋販(発売) 2002
Little, Adrian　リトル, エイドリアン
1969～　[著]「コミュニティの政治学」 日本経済評論社 2010
Little, Brian R.　リトル, ブライアン・R.
[著]「自分の価値を最大にするハーバードの心理学講義」 大和書房 2016
Little, Claire　リトル, クレア
[著]「さよならボート」 いのちのことば社フォレストブックス 2003
Little, Clark　リトル, クラーク
1968～　[著]「Waves of North Shore」 パルコエンタテインメント事業部 2014
Little, Conyth　リトル, コニス
[著]「まちがいだらけのハネムーン」 東京創元社 2010
Little, Denise　リトル, デニス
[著]「ノーラ・ロバーツ愛の世界」 扶桑社 2005
Little, Doric　リトル, ドーリック
[著]「Dr.リトルが教える医学英語スピーキングが素晴らしく上達する方法」 羊土社 2013
Little, Eddie　リトル, エディ
?～2003　作家
Little, Greg　リトル, グレッグ

[国]アメリカ　アメフト選手
Little, Ian Malcolm David　リトル, I.M.D.
1918～　[著]「公共政策の基礎」 木鐸社　2004
Little, Jean　リトル, ジーン
1932～　[著]「愛のみ旗のもとに」 聖公会出版　2015
Little, John　リトル, ジョン
[著]「グレブナ基底と代数多様体入門」 丸善出版　2016
Little, John R.　リトル, ジョン
1960～　[著]「ブルース・リーが語るストライキング・ソーツ」 福昌堂　2004
Little, Kate　リトル, ケイト
[著]「大富豪と花嫁」 ハーレクイン　2005
Little, Margaret I.　リトル, マーガレット・I.
[著]「ウィニコットとの精神分析の記録」 岩崎学術出版社　2009
Little, Mike　リトル, マイク
1959～　[著]「アメリカ発オーガニックタバコと地球に優しい農業」 ワッカ, 新泉社(発売)　2009
Little, Peter　リトル, ピーター
[著]「遺伝子と運命」 講談社　2004
Little, Reg　リトル, レジ
1937～　[著]「儒教ルネッサンス」 たちばな出版　2002
Little, Stephen　リトル, スティーヴン
1954～　[著]「〈…イズム〉で読みとく美術」 新樹社　2006
Little, William　リトル, ウィリアム
[著]「サイキック・ツーリスト」 阪急コミュニケーションズ　2010
Littlechild, Michael　リトルチャイルド, マイケル
[著]「グリーン・バリュー経営への大転換」 NTT出版　2013
Little Eva　リトル・エバ
1943～2003　[国]アメリカ　歌手　本名＝ボイド, エバ・ナーシサス〈Boyd, Eva Narcissus〉
Littlefield, Sophie　リトルフィールド, ソフィー
[国]アメリカ　作家　[専]スリラー, ミステリー
Little Joe　リトル・ジョー
グラミー賞 最優秀テハノ・アルバム(2010年(第53回))ほか
Littleton, Cory　リトルトン, コリー
[国]アメリカ　アメフト選手
Littlewood, Joan　リトルウッド, ジョーン
1914～2002　[国]イギリス　舞台演出家　本名＝リトルウッド, モーディー・ジョーン〈Littlewood, Maudie Joan〉
Littlewood, William C.　リトルウッド, ウィリアム・C.
[著]「センサリーアウェアネス」 ビイング・ネット・プレス　2014
Littman, Ellen　リットマン, エレン
[著]「AD/HD&body」 花風社　2003
Littman, Jonathan　リットマン, ジョナサン
1958～　[著]「イノベーションの達人！」 早川書房　2006
Litton, Jonathan　リットン, ジョナサン
[著]「ブルルン猛レース」 大日本絵画　〔2016〕
Littorin, Sven Otto　リットリン, スベン・オットー
[国]スウェーデン　雇用相
Litvak, Alex　リトヴァク, アレックス
[著]「三銃士王妃の首飾りとダ・ヴィンチの飛行船」 竹書房　2011
Litván, György　リトヴァーン, ジェルジュ
1929～　[著]「1956年のハンガリー革命」 現代思潮新社　2006
Litvinchuk, Maryna　リトビンチュク, マリナ
[国]ベラルーシ　カヌー選手
Litvinenko, Alexander　リトヴィネンコ, アレクサンドル
1962～2006　ロシアの暗部を知る元スパイ　ロシア連邦保安局(FSB)中佐　[異]リトビネンコ, アレクサンドル
Litvinenko, Marina　リトヴィネンコ, マリーナ
1962～　変死したロシア情報将校の妻　[異]リトビネンコ, マリーナ
Litvinoff, Miles　リトヴィーノフ, マイルズ
[著]「フェアトレードで買う50の理由」 青土社　2007
Litwak, Robert　リトワク, ロバート・S.
[著]「アメリカ「ならず者国家」戦略」 窓社　2002
Litwin, Eric　リトウィン, エリック
[著]「ねこのピート」 ひさかたチャイルド　2016
Litzman, Yakov　リッツマン, ヤコブ
[国]イスラエル　保健相
Liu, Bai-yu　リュ・バイユイ
1916～2005　[国]中国　作家　中国作家協会副主席　漢字名＝劉白羽　[異]リュ・パイユイ
Liu, Bing-sen　リュ・ビンセン
1937～2005　[国]中国　書家　中国書法家協会副主席, 中国全国政治協商会議常務委員　漢字名＝劉炳森　[異]リュ・ビンスン
Liu, Bin-yan　リュ・ビンイェン
1925～2005　[国]中国　作家, ジャーナリスト, 民主化運動家　中国作家協会副主席　漢字名＝劉賓雁　[異]リウ・ピンイエン / リュ・ビンイェン
Liu, Chao-shiuan　リウ・チャオシュワン
1943～　[国]台湾　政治家, 化学者　台湾行政院院長(首相), 台湾清華大学学長, 東呉大学学長　漢字名＝劉兆玄　[異]リュ・ザオシュアン
Liu, Chuan-zhi　リユウ・チョワンチ
1944～　[国]中国　実業家, コンピューター科学者　聯想集団(レノボ・グループ)創業者・名誉会長, レジェンド・ホールディングス会長　漢字名＝柳伝志
Liu, Cricket　リュー, クリケット
[著]「DNS & BIND」 オライリー・ジャパン, オーム社(発売)　2008
Liu, Fang　リュウ, ファン
1984～　[著]「ビジネスモデル・エクセレンス」 日経BP社, 日経BPマーケティング(発売)　2014
Liu, Hua-qing　リュ・ホワチン
1916～2011　[国]中国　政治家, 軍人　中国共産党中央軍事委員会第1副主席・政治局常務委員, 中国国家中央軍事委員会副主席, 中国海軍司令員　漢字名＝劉華清　[異]リウ・ファチン
Liu, Jia　リュウジャ
[国]オーストリア　卓球選手
Liu, Jin-biao　リウ・チンピアオ
[国]台湾　実業家　巨大機械工業創業者　漢字名＝劉金標, 別名＝キング・リュウ〈King Liu〉
Liu, Ken　リュウ, ケン
1976～　[国]アメリカ　作家, 翻訳家　[専]SF, ファンタジー　中国名＝劉宇昆
Liu, Lucy　リュー, ルーシー
1968～　[国]アメリカ　女優　本名＝リュー, ルーシー・アレクシス〈Liu, Lucy Alexis〉
Liu, Marjorie M.　リュウ, マージョリー・M.
[著]「秘密の花が目覚める夜」 ヴィレッジブックス　2013
Liu, Pei-qi　リウ・ペイチー
1958～　[国]中国　俳優　漢字名＝劉佩琦
Liu, Qi　リウ・チー
1942～　[国]中国　政治家　北京市長, 中国共産党政治局員, 北京市党委員会書記　漢字名＝劉淇
Liu, Qiangdong　リュウ・チャンドン
[国]中国　実業家　漢字名＝劉強東
Liu, Qi-bao　リウ・チーバオ
1953～　[国]中国　政治家　中国共産党政治局員, 四川省党委書記　漢字名＝劉奇葆　[異]リュ・チーバオ
Liu, Tai-ying　リュ・タイイン
1936～　[国]台湾　経済学者　台湾綜合研究院院長, 中華開発工業銀行理事長　漢字名＝劉泰英
Liu, Tsun-yan　リュ・ツゥンレン
1917～2009　[国]オーストラリア　中国文学者, 作家　オーストラリア国立大学名誉教授　漢字名＝柳存仁, 筆名＝柳雨生
Liu, Xiang　リュウ・シアン
1983～　[国]中国　元陸上選手　漢字名＝劉翔
Liu, Xiao-bo　リウ・シアオポー
1955～　[国]中国　文芸評論家, 作家, 民主化運動家　北京師範大学中国文学系講師　漢字名＝劉暁波　[異]リュ・シャオボー
Liu, Xiao-qing　リウ・シャオチン
1955～　[国]中国　女優, 実業家　漢字名＝劉暁慶　[異]リィウ・シャオチン / リュ・シャオチン / リュウ・ギョウケイ
Liu, Yan-dong　リウ・イェンドン
1945～　[国]中国　政治家　中国副首相, 中国共産党政治局員　漢字名＝劉延東　[異]リュ・イェンドン
Liu, Ye　リウ・イエ
1978～　[国]中国　俳優　漢字名＝劉燁　[異]リィウ・イエ
Liu, Yong-hao　リュ・ヨンハオ
1951～　[国]中国　実業家　新希望集団(ニュー・ホープ・グループ)社長　漢字名＝劉永好　[異]リュウ・ヨンハオ
Liu, Yongxing　リュウ・ヨンシン
[国]中国　東方希望集団設立者　漢字名＝劉永行
Liu, Youg-xing　リュ・ヨンシン
1948～　[国]中国　実業家　東方希望集団(イースト・ホープ・グループ)会長　漢字名＝劉永行　[異]リュウ・ヨンシン
Liu, Yun-shan　リウ・ユンシャン
1947～　[国]中国　政治家　中国共産党政治局常務委員　中国共産党中央宣伝部長　漢字名＝劉雲山　[異]リュ・ユンシャン / リュウ・ウンサン
Liuget, Corey　リウゲット, コリー
[国]アメリカ　アメフト選手

Liukas, Linda　リウカス, リンダ
　著「ルビィのぼうけん」翔泳社　2016
Liukin, Nastia　リューキン
　国アメリカ　体操選手　異リューキン, ナスティア
Liukko-Sundström, Heljä　リウッコ＝スンドストロム, ヘルヤ
　1938～　著「いつまでも大切なもの」猫の言葉社　2014
Liuzzi, Vitantonio　リウッツィ, ヴィタントニオ
　1981～　国イタリア　レーシングドライバー, 元F1ドライバー
　異リウッツィ, ビタントニオ
Livaja, Marko　リヴァヤ, マルコ
　国クロアチア　サッカー選手
Livanov, Dmitry V.　リワノフ, ドミトリー・V.
　国ロシア　教育科学相
Livbjerg, Signe　リビェルグ
　国デンマーク　セーリング選手
Lively, Ben　ライブリー, ベン
　国アメリカ　野球選手
Lively, Blake　ライブリー, ブレイク
　1987～　国アメリカ　女優　異ライヴリー, ブレイク
Lively, Emma　ライブリー, エマ
　著「子供はみんなアーティスト！」A-Works　2015
Lively, Lynn　ライブリー, リン
　著「今日の先のばしは明日の憂鬱」角川書店　2001
Liveris, Andrew N.　リバリス, アンドルー
　1954～　国オーストラリア　実業家　ダウ・ケミカル会長・社長・CEO　異リバリス, アンドリュー
Liverman, Luis　リベルマン, ルイス
　国コスタリカ　第2副大統領
Livermore, Ann　リバモア, アン
　1958～　国アメリカ　実業家　ヒューレット・パッカード（HP）上級副社長　本名＝Livermore, Ann Martinelli
Livermore, Jake　リヴァモア, ジェイク
　国イングランド　サッカー選手
Liverpool, Nicholas　リバプール, ニコラス
　1934～2015　国ドミニカ共和国　政治家　ドミニカ大統領　本名＝Liverpool, Nicholas Joseph Orville
Livesey, Jeff　リバシー, ジェフ
　国アメリカ　ピッツバーグ・パイレーツコーチ
Liveson, Jay Allan　ライブソン, J.A.
　著「末梢神経学ケース・スタディ」西村書店東京出版編集部　2010
Livheim, Fredrik　リブハイム, フレデリック
　著「マインドフルにいきいき働くためのトレーニングマニュアル」星和書店　2015
Livi Bacci, Massimo　リヴィ・バッチ, マッシモ
　1936～　著「人口の世界史」東洋経済新報社　2014
Livieratos, Evangelos　リビエラトス, エバンゲロス
　国ギリシャ　環境・エネルギー・気候変動対策相
Livingston, Alan　リヴィングストン, アラン
　著「グラフィック・デザイン＆デザイナー事典」晃洋書房　2005
Livingston, Cindy　リビングストン, シンディ
　国アメリカ　実業家　シーケルAG社長・CEO
Livingston, Gordon　リヴィングストン, ゴードン
　著「あきらめることあきらめてはいけないこと」文芸春秋　2005
Livingston, Isabella　リヴィングストン, イザベラ
　著「グラフィック・デザイン＆デザイナー事典」晃洋書房　2005
Livingston, Jay　リビングストン, ジェイ
　1915～2001　国アメリカ　作曲家, 作詞家　異リヴィングストーン, ジェイ
Livingston, Jessica　リビングストン, ジェシカ
　著「Founders at Work」アスキー・メディアワークス, 角川グループパブリッシング（発売）　2011
Livingston, J.Sterling　リビングストン, J.スターリング
　著「動機づける力」ダイヤモンド社　2009
Livingston, Katy　リビングストン
　国イギリス　近代五種選手
Livingston, Larned W.　リビングストン, W.
　著「むすこよ」いのちのことば社　2002
Livingston, Shaun　リビングストン, ショーン
　国アメリカ　バスケットボール選手
Livingstone, Alistair　リヴィングストン, アリステア
　著「いきいきエネルギーアップ」産調出版　2004
Livingstone, David N.　リヴィングストン, デイヴィッド
　1953～　著「科学の地理学」法政大学出版局　2014
Livingstone, Ian　リビングストン, イアン
　著「サムライ・ソード」ホビージャパン　2009
Livingstone, Ken　リビングストン, ケン
　1945～　国イギリス　政治家　ロンドン市長　本名＝Livingstone, Kenneth Robert
Livingston-Stuart, Carole　リヴィングストン, キャロル
　著「どうして私は養子になったの？」明石書店　2003
Livio, Mario　リヴィオ, マリオ
　1945～　国アメリカ　宇宙物理学者　異リビオ, マリオ
Livnat, Limor　リブナット, リモール
　国イスラエル　文化・スポーツ相
Livni, Tzipi　リヴニ, ツィピ
　1958～　国イスラエル　政治家, 弁護士　イスラエル副首相・外相, カディマ党首　異リブニ, ツィッピー／リブニ, ツィピ
Livre, Hachette　リーブル, アシェット
　著「皇帝ペンギン」ソフトバンクパブリッシング　2005
Livshits, Aleksandr Yakovlevich　リフシツ, アレクサンドル
　1946～　国ロシア　政治家, 経済学者　ロシア副首相, ロシア蔵相, ロシア大統領府副長官
Liwimbi, Daniel　リビンビ, ダニエル
　国マラウイ　観光・文化相
Liwska, Renata　リウスカ, レナータ
　著「ゆき, まだかなあ」光村教育図書　2016
Liyanage, Hemakeerthi　リヤナゲ, ヘーマキールティ
　著「おばあさんとりんごむら」アジアパブリケーションディストゥリビューションエージェンシー　2006
Liyota Ndjolii, Bienvenu　リヨタジョリ, ビアンビニュ
　国コンゴ民主共和国　環境・持続的開発相
Lizardo, Elías　リサルド, エリアス
　国ホンジュラス　保健相
Lizardo, Simón　リサルド, シモン
　国ドミニカ共和国　財務相
Lizarraga, Armida　リザラガ, アルミダ
　著「グローバル化と言語能力」明石書店　2015
Lizzani, Carlo　リッツァーニ, カルロ
　1922～2013　国イタリア　映画監督, 脚本家
Ljajic, Adem　リャイッチ, アデム
　国セルビア　サッカー選手
Ljajić, Rasim　リャイッチ, ラシム
　国セルビア　副首相兼貿易・観光・通信相
Ljøkelsøy, Roar　ヨケルソイ
　国ノルウェー　スキージャンプ選手
Ljubić, Božo　リュビッチ, ボジョ
　国ボスニア・ヘルツェゴビナ　通信運輸相
Ljubić, Damir　リュービッチ, ダミル
　国ボスニア・ヘルツェゴビナ　人権難民相
Ljubicic, Ivan　リュビチッチ
　国クロアチア　テニス選手
Ljubičić, Neven　リュビチッチ, ネベン
　国クロアチア　保健・社会福祉相
Ljungberg, Gay　ユンバーグ, ゲイ
　1952～　著「オーディエンス・マネジメント」リアライズ・ユア・マジック　2012
Ljungberg, Mikael　ユングベリ, ミカエル
　1970～2004　国スウェーデン　レスリング選手
Ljunggren, Kerstin　ユンググレーン, シャスティーン
　1939～　著「遊んで, 遊んで, 遊びました」ラトルズ　2005
Ljungkvist, Laura　ユンクヴィスト, ローラ
　著「せんをたどってがっこうへいこう」講談社　2012
Ljungqvist, Alexander　ジュンクビスト, アレクサンダー
　著「金融規制のグランドデザイン」中央経済社　2011
Lkhagvasuren, Otgonbaatar　ルハグバスレン, オトゴンバータル
　国モンゴル　柔道選手
Llamazares, Julio　リャマサーレス, フリオ
　1955～　国スペイン　詩人, 作家
Llaneras, Joan　リャネラス
　国スペイン　自転車選手　異リャネラス, ホアン
Llano Ramos, Blas Antonio　ジャノ・ラモス, ブラス・アントニオ
　国パラグアイ　法務・労働相
Lledo, Pierre-Marie　ジェド, ピエール＝マリ
　著「プリオン病とは何か」白水社　2005
Lleshi, Ismail　レシ, イスマイル
　国アルバニア　国防相
Llewellyn, Claire　レウェリン, クレア
　著「おふろはいりたくない」アーニ出版　2004
Llewellyn, Grace　ルウェリン, グレイス

㊞「「人生を愛せる子ども」を育てるためのちょっとした試み」 花風社 2002
Llewellyn, Sam ルウェリン, サム
㊞「ナヴァロンの雷鳴」 早川書房 2002
Llewhellin, Gareth リューウェリン, ギャレス
㊞「かみさまきいてねよるのおいのり」 女子パウロ会 2016
Llobregat, Jordi ヨブレギャット, ジョルディ
1971〜 ㊞「ヴェサリウスの秘密」 集英社 2016
Llodra, Michael ロドラ
㊥フランス テニス選手
Llompart, José ヨンパルト, ホセ
1930〜2012 ㊥スペイン カトリック司祭 上智大学名誉教授 ㊙法哲学
Llorca, Fernando ジョルカ, フェルナンド
㊥コスタリカ 保健相
Lloreda, Francisco José ジョレダ, フランシスコ・ホセ
㊥コロンビア 教育相
Llorens Sabaté, Pedro ジョレンス, ペドロ
1932〜 ㊞「石の犬」 梓書院 2009
Llorente, Diego ジョレンテ, ディエゴ
㊥スペイン サッカー選手
Llorente, Fernando ジョレンテ, フェルナンド
㊥スペイン サッカー選手
Llorenti, Sacha Sergio ジョレンティ, サチャ・セルヒオ
㊥ボリビア 内相
Lloris, Hugo ロリス, ウーゴ
㊥フランス サッカー選手
Llosa, Claudia リョサ, クラウディア
ベルリン国際映画祭 金熊賞(第59回(2009年)) "La teta asustada"
Lloyd, Alan B. ロイド, アラン・B.
㊞「ビジュアル版 世界の歴史都市」 柊風舎 2016
Lloyd, Charles ロイド, チャールズ
1938〜 ㊥アメリカ ジャズ・サックス奏者 ㊕ロイド, チャールズ
Lloyd, Christopher ロイド, クリストファー
1938〜 ㊥アメリカ 俳優
Lloyd, Christopher ロイド, クリストファー
1968〜 ㊥イギリス ジャーナリスト 「サンデー・タイムズ」記者
Lloyd, Christopher ロイド, クリストファー
1945〜 ㊞「ピサロ」 西村書店 2010
Lloyd, Dan Edward ロイド, ダン
1953〜 ㊞「マインド・クエスト」 講談社 2006
Lloyd, David ロイド, デヴィッド
1945〜 ㊞「Vフォー・ヴェンデッタ」 小学館プロダクション 2006
Lloyd, Earl ロイド, アール
1928〜2015 ㊥アメリカ バスケットボール選手 本名=Lloyd, Earl Francis
Lloyd, Erna Athanasius ロイド, エルナ・アタナシウス
㊥セーシェル 保健相
Lloyd, Geoffrey Ernest Richard ロイド, G.E.R.
1933〜 ㊞「古代の世界現代の省察」 岩波書店 2009
Lloyd, John ロイド, ジョン
1951〜 ㊞「常識破壊トレーニング」 早川書房 2007
Lloyd, Kenneth L. ロイド, ケン・L.
㊞「あなたの会社のダメ人間。と、その対策。」 デジキューブ 2003
Lloyd, Kristina ロイド, クリスティーナ
㊞「あの窓の向こうに」 光文社 2003
Lloyd, Margaret ロイド, マーガレット
㊞「事例で学ぶ医療コミュニケーション・スキル」 西村書店 2002
Lloyd, Marie-Pierre ロイド, マリピエール
㊥セーシェル 保健・社会発展相 ㊕ロイド, マリーピエール
Lloyd, Paul ロイド, ポール
㊞「刷新してほしい患者移動の技術」 日本看護協会出版会 2003
Lloyd, Peter E. ロイド, ピーター・E.
㊞「立地と空間」 古今書院 2001
Lloyd, Petter ロイド, ピーター
㊞「欧州サードセクター」 日本経済評論社 2007
Lloyd, Robbin ロイド, ロビン
1955〜 ㊞「1年に1度のアイスクリーム」 コンテンツ・ファクトリー 2010
Lloyd, Sam ロイド, サム
1971〜 ㊞「ワニけいぶ、きんきゅうしゅつどう!」 BL出版 2010
Lloyd, Seth ロイド, セス
1960〜 ㊞「宇宙をプログラムする宇宙」 早川書房 2007
Lloyd-Davies, Megan ロイド・デイヴィス, ミーガン
㊞「ゴースト・ボーイ」 PHP研究所 2015
Lloyd-Hughes, Sarah ロイド・ヒューズ, セーラ
㊞「パブリック・スピーキング」 ピアソン桐原 2012
Lloyd-Jones, Sally ロイド=ジョーンズ, サリー
1960〜 ㊞「おまるにぴょん、できるかな!」 評論社 2016
Lloyd Webber, Andrew ロイド・ウェバー, アンドルー
1948〜 ㊥イギリス 作曲家 リアリー・ユースフル・グループ会長, 英国王立音楽アカデミー名誉会長 ㊕ロイド・ウェッバー, アンドリュー / ロイド・ウェバー, アンドリュー
Lloyd-Williams, Mari ロイド=ウィリアムズ, マリ
㊞「緩和ケアにおける心理社会的問題」 星和書店 2011
Lluis Lopez ジュイス・ロペス
㊥スペイン サッカー選手
L.Nolte, Dorothy ロー・ノルト, ドロシー
㊞「人生と親友になれる生き方」 扶桑社 2003
Lo, Aminata ロ, アミナタ
㊥セネガル 国外在留者・手工業・観光相
Lo, Bernard ロウ, バーナード
㊞「医療の倫理ジレンマ」 西村書店 2003
Lo, Fu-cheng ロー・フーチェン
1935〜 ㊥台湾 外交官 国連大学高等研究所名誉教授 台湾亜東関係協会会長, 台北駐日経済文化代表処代表(駐日台湾大使) ㊙地域開発, 都市問題, 経済発展 漢字名=羅福全 ㊕ルオ・フーチュアン
Lo, Lieh ロー・リエ
1940〜2002 ㊥香港 俳優 漢字名=羅烈
Lo, Ming-cheng Miriam ロー, ミンチェン
㊞「医師の社会史」 法政大学出版局 2014
Lo, Thierno ロ, ティエルノ
㊥セネガル 手工芸・観光・民間企業関係相
Loach, Jim ローチ, ジム
1969〜 ㊥イギリス 映画監督
Loach, Ken ローチ, ケン
1936〜 ㊥イギリス 映画監督 本名=ローチ, ケネス〈Loach, Kenneth〉
Load, Walter ロード, ウォルター
1917〜2002 ㊥アメリカ 作家
Loada, Augustin ロワダ, オギュスタン
㊥ブルキナファソ 公務・労働・社会保障相
Loader, Brian D. ローダー, ブライアン・D.
㊞「サイバープロテスト」 皓星社 2009
Loaëc, Marie-Hélène ロエク, マリー・エレーヌ
㊞「バラの香り」 ガイアブックス, 産調出版(発売) 2010
Loaiza, Marcela ロアイザ, マルセーラ
1978〜 ㊞「サバイバー」 ころから 2016
Lob, Jacques ロブ, ジャック
㊞「ローン・スローン」 小学館集英社プロダクション 2014
Lobacheva, Irina ロバチェワ, イリナ
㊥ロシア フィギュアスケート選手
Lobanovsky, Valery ロバノフスキー, ワレリー
1939〜2002 ㊥ウクライナ サッカー監督, 元・サッカー選手 サッカー・ソ連代表監督, サッカー・ウクライナ代表監督
Lobão, Edison ロバン, エジソン
㊥ブラジル 鉱業・エネルギー相
Lobato, Arcadio ロバート, アルカディオ
1955〜 ㊞「ピポがやさしくなったのは」 学習研究社 2009
Lobato, Lúcia ロバト, ルシア
㊥東ティモール 法相
Lobato, Rogerio ロバト, ロジェリオ
㊥東ティモール 内相 ㊕ロバト, ロゼリオ
Lobaton, Jose ロバトン, ホゼ
㊥ベネズエラ 野球選手
Lobdell, Scott ロブデル, スコット
㊕ロプテル, スコット 「レッドフード&アウトローズ」 小学館集英社プロダクション 2016
Lobe, Lisa ローブ, リサ
1968〜 ㊥アメリカ シンガー・ソングライター
Lobel, Adrianne ローベル, エイドリアン
㊞「このフクロウったら! このブタったら!」 長崎出版 2013
Lobel, Anita ローベル, アニタ
1934〜 ㊥アメリカ 絵本作家, 挿絵画家, 女優, 歌手
Lobel, Gillian ローベル, ジリアン

[異]ローベル, ジル　[著]「ここにいきるみんなのもの」 評論社 2008
Lobel, Leonard　ローベル, レオナルド
[著]「プログラミングMicrosoft SQL Server 2008」 日経BPソフトプレス, 日経BP出版センター(発売) 2009
Lobel, Thalma　ローベル, タルマ
[著]「赤を身につけるとなぜもてるのか？」 文芸春秋 2015
Lobell, John　ロベル, ジョン
[著]「沈黙と光」 青山社 2013
Lobendi, Bamboka　ロベンディ, バンボカ
[国]コンゴ民主共和国　科学研究相
Loberg, Kristin　ロバーグ, クリスティン
[著]「「腸の力」であなたは変わる」 三笠書房 2016
Lobert, Jonathan　ロベール, ジョナタン
[国]フランス　セーリング選手　[異]ロベール
Lobintsev, Nikita　ロビンツェフ, ニキータ
[国]ロシア　水泳選手　[異]ロビンツェフ
Lobman, Carrie　ロブマン, キャリー
[著]「インプロをすべての教室へ」 新曜社 2016
Lobnig, Magdalena　ロビニヒ, マグダネラ
[国]オーストリア　ボート選手
Lobo, Démis　ロボ, デミス
[国]カボベルデ　閣議担当相
Lobo, Porfirio　ロボ, ポルフィリオ
1947～　[国]ホンジュラス　政治家　ホンジュラス大統領　別名＝Lobo, Pepe
Lobo, Ramon　ロボ, ラモン
[国]ベネズエラ　経済・財務相
Lobo, Sérgio　ロボ, セルジオ
[国]東ティモール　保健相
Lobognon, Alain Michel　ロボニョン, アラン・ミシェル
[国]コートジボワール　青年・スポーツ・余暇相　[異]ロボニョン, アラン
Lobont, Bogdan　ロボンツ, ボグダン
[国]ルーマニア　サッカー選手
Loborik, Jason　ロボリク, ジェイソン
[異]ロボリック, ジェイソン　[著]「デヴィッド・ベッカム・アカデミー」 主婦の友社 2010
Lobo Sosa, Porfirio　ロボ・ソサ, ポルフィリオ
[国]ホンジュラス　大統領
Lobova, Natalia　ロボワ
[国]ロシア　カヌー選手
Lobriayao, Somthone　ローブリアヤオ, ソムトン
1959～　[著]「ラオスのモンの民話」〔安井清子〕〔2001〕
LoBrutto, Vincent　ロブロット, ヴィンセント
[著]「映画監督スタンリー・キューブリック」 晶文社 2004
Lobsang Ngawang　ラマ・ロサン・ガンワン
1937～　[著]「チベット死者の書」 学習研究社 2001
Lobsang Rampa, T.　ロブサン・ランパ, T.
[著]「古代の洞窟」 中央アート出版社 2008
Lobstein, Kyle　ロブスティーン, カイル
[国]アメリカ　野球選手
Lobysheva, Yekaterina　ロビシェワ
[国]ロシア　スピードスケート選手
Lobzhanidze, Vasil　ロブズハニゼ, ヴァシル
[国]ジョージア　ラグビー選手
Loc, Nguyen Dinh　ロク, グエン・ディン
[国]ベトナム　法相
Locadia, Jurgen　ロカディア, ユルゲン
[国]オランダ　サッカー選手
Locatelli, Manuel　ロカテッリ, マヌエル
[国]イタリア　サッカー選手
Locatis, Craig　ロカティス, クレイグ
[著]「インストラクショナルデザインとテクノロジ」 北大路書房 2013
Locche, Nicolino　ローチェ, ニコリノ
1939～2005　[国]アルゼンチン　プロボクサー　WBA世界スーパーライト級チャンピオン
Loch, Felix　ロッホ, フェリックス
1989～　[国]ドイツ　リュージュ選手
Lochbaum, David A.　ロックバウム, デイビッド
[著]「実録FUKUSHIMA」 岩波書店 2015
Locher, F.A.　ロウチャー, F.A.
[著]「水理工学概論」 技報堂出版 2001
Lochman, Jan Milic　ロッホマン, ヤン・ミリチ
[著]「改革派神学の新しい視座」 一麦出版社 2002
Lochte, Dick　ロクティ, ディック
[著]「フィリップ・マーロウの事件」 早川書房 2007
Lochte, Ryan　ロクテ, ライアン
1984～　[国]アメリカ　水泳選手
Lock, Andy　ロック, アンディ
1954～　[国]イギリス　実業家　ハーマンミラー・インターナショナル社長
Lock, James　ロック, ジェームス
[著]「家族のための摂食障害ガイドブック」 星和書店 2006
Lock, Margaret　ロック, マーガレット
[著]「他者の苦しみへの責任」 みすず書房 2011
Lock, Margaret M.　ロック, マーガレット
1936～　[著]「更年期」 みすず書房 2005
Lock, Norman　ロック, ノーマン
1950～　[著]「雪男たちの国」 河出書房新社 2009
Lock, Timothy　ロック, ティモシー
[著]「臨床心理学における科学と疑似科学」 北大路書房 2007
Locke, Attica　ロック, アッティカ
[国]アメリカ　作家　[専]ミステリー
Locke, Christopher　ロック, クリストファー
[著]「ゴンゾー・マーケティング」 翔泳社 2002
Locke, Gary F.　ロック, ゲーリー
1950～　[国]アメリカ　政治家, 法律家　米国商務長官, 駐中国米国大使, ワシントン州知事
Locke, Jeff　ロッキー, ジェフ
[国]アメリカ　アメフト選手
Locke, Jeff　ロック, ジェフ
[国]アメリカ　野球選手
Locke, Vince　ロック, ヴィンス
[著]「ヒストリー・オブ・バイオレンス」 小学館プロダクション 2006
Locker, Sari　ロッカー, サリ
[著]「アメージング・セックス」 総合法令出版 2013
Lockett, Tyler　ロケット, タイラー
[国]アメリカ　アメフト選手
Lockett, Walker　ロケット, ウォーカー
[国]アメリカ　野球選手
Lockey, Andrew　ロッキー, A.
[著]「医学教育の教え方ポケットガイド」 西村書店東京出版編集部 2010
Lockhart, Alexander　ロックハート, アレクサンダー
[著]「自分を磨く方法」 ディスカヴァー・トゥエンティワン 2005
Lockhart, Andrew　ロックハート, アンドリュー
[著]「ネットワークセキュリティHacks」 オライリー・ジャパン, オーム社(発売) 2007
Lockhart, Calvin　ロックハート, カルビン
1934～2007　[国]バハマ　俳優
Lockhart, Christy　ロックハート, クリスティ
[著]「別れの記憶」 ハーレクイン 2001
Lockhart, Paul　ロックハート, ポール
[著]「算数・数学はアートだ！」 新評論 2016
Lockheart, Susanna　ロックハート, スザンナ
[著]「クリスマスものがたり」 世界文化社 2010
Lockie, Andrew　ロッキー, アンドルー
[著]「ホメオパシー大百科事典」 ガイアブックス, 産調出版(発売) 2010
Lockie, Mark　ロッキー, マーク
1972～　[著]「バイオメトリクス」 文渓堂 2004
Lockley, Andrew　ロックリー, アンドリュー
アカデミー賞 特殊効果賞(第87回(2014年))ほか
Lockman, Whitey　ロックマン, ホワイティ
1926～2009　[国]アメリカ　野球選手　本名＝Lockman, Carroll Walter　[異]ロックマン, ウィットニー
Locksley, Richard M.　ロックスリー, リチャード・M.
[著]「免疫」 メディカル・サイエンス・インターナショナル 2009
Lockward, Angel　ロックワード, アンヘル
[国]ドミニカ共和国　商工相
Lockwood, David　ロックウッド, デービッド
1929～2014　[国]イギリス　産業社会学者　エセックス大学名誉教授
Lockwood, Lewis　ロックウッド, ルイス
1930～　[国]アメリカ　音楽学者　ハーバード大学教授　[専]イタリア・ルネッサンスの音楽, ベートーヴェン研究
Lockwood, Lucy　ロックウッド, ルーシー
[著]「ソフトウェア開発のカオス」 構造計画研究所, 共立出版(発売) 2003
Lockwood, Robert, Jr.　ロックウッド, ロベルト, Jr.
グラミー賞 最優秀トラディショナル・ブルース・アルバム(2007

年（第50回）） "Last Of The Great Mississippi Delta Bluesmen: Live In Dallas"
Lodahl, Michael E.　ロダール, マイケル
　1955〜　㉘「神の物語」日本聖化協力会出版委員会　2011
Lodares, Juan R.　ロダーレス, フアン・ラモン
　1959〜2005　㉖スペイン　㉘「スペイン語の未来」近代文芸社　2015
Lodato, Victor　ロダート, ビクター
　㉖アメリカ　作家, 脚本家, 詩人　㉕文学　㉙ロダート, ヴィクター
Lodde, Luigi　ロデ, ルイジ
　㉖イタリア　射撃選手　㉙ロッデ
Lodder, Gerrit　ロダー, ヘリット
　㉖オランダ　オランダ盆栽協会名誉会長兼理事
Lodder, Steve　ロダー, スティーヴ
　㉘「スティーヴィー・ワンダーある天才の伝説」ブルース・インターアクションズ　2006
Lodeiro, Nicolás　ロデイロ, ニコラス
　1989〜　㉖ウルグアイ　サッカー選手　本名＝Lodeiro Benitez, Marcelo Nicolás
Loder, Elizabeth　ローダー, エリザベス・W.
　㉘「メキメキ上達する頭痛のみかた」メディカル・サイエンス・インターナショナル　2016
Lodge, David John　ロッジ, デービッド
　1935〜　㉖イギリス　作家, 批評家　バーミンガム大学名誉教授　㉙ロッジ, デイヴィッド
Lodge, Henry S.　ロッジ, ヘンリー
　㉘「若返る女性」エクスナレッジ　2006
Lodge, Jo　ロッジ, ジョー
　㉘「クロックくん, こっちきてあそぼ！」ランダムハウス講談社　2008
Lodge, Katherine　ロッジ, キャサリン
　㉘「ミミちゃんどーこだっ？」文化学園文化出版局　2013
Lodha, Suresh K.　ローダ, スーレッシュ・K.
　㉘「格差の世界地図」丸善出版　2012
Lodi, Francesco　ローディ, フランチェスコ
　㉖イタリア　サッカー選手
Lodi, Sofia　ロディ, ソフィア
　㉖イタリア　新体操選手
Lodish, Harvey F.　ロディッシュ, H.
　㉖ロディッシュ, ハーヴィ　㉘「分子細胞生物学」東京化学同人　2005
Lodish, Leonard M.　ローディッシュ, レオナルド
　㉖ロディッシュ, レオナルド・M.　㉘「成功した起業家が毎日考えていること」中経出版　2004
Lodoli, Marco　ロドリ, マルコ
　1956〜　㉖イタリア　作家, 詩人
Lodwick, Todd　ロドウィック
　㉖アメリカ　ノルディック複合選手
Loe, Erlend　ロー, アーレン
　1969〜　㉘「ナイーヴ・スーパー」日本放送出版協会　2003
Loe, Meika　ルー, メイカ
　1973〜　㉘「バイアグラ時代」作品社　2009
Loë, Stefano von　ロー, ステファノ・フォン
　1967〜　㉘「小さい"つ"が消えた日」三修社　2008
Loeak, Christopher Jorebon　ロヤック, クリストファー
　1952〜　㉖マーシャル諸島　政治家　マーシャル諸島大統領
Loeb, Daniel　ローブ, ダニエル
　㉖アメリカ　サード・ポイント
Loeb, Gerald M.　ローブ, ジェラルド・M.
　㉘「投資を生き抜くための戦い」パンローリング　2010
Loeb, Jeph　ローブ, ジェフ
　㉘「キャプテン・アメリカ：ホワイト」小学館集英社プロダクション　2016
Loeb, Sebastian　ローブ, セバスチャン
　1974〜　㉖フランス　ラリードライバー　㉙ローブ, セバスティアン
Loeffen, Peter　ローフェン, ピーター
　㉘「あなたの人生の鍵を握るのは誰？」主婦の友社　2004
Loeffke, Bernard　レフキ, バーナード
　1934〜　㉘「将軍の戦訓99」光人社　2001
Loeffler, Bruce　レフラー, ブルース
　㉘「ディズニー「感動」のプロフェッショナルを育てる5つの教え」朝日新聞出版　2016
Loehr, Anne　ロアー, アン
　㉘「困った部下を戦力に変えるリーダーは, まず時間とお金のことを考える」アルファポリス, 星雲社（発売）　2015

Loehr, James E.　レーヤー, ジム
　1943〜　㉘「成功と幸せのための4つのエネルギー管理術」阪急コミュニケーションズ　2004
Loehr, Patrick　ロア, パトリック
　㉘「マカンバー・マギーがたべたソーセージ」光村教育図書　2007
Loeliger, Jon　ロリガ, ジョン
　㉘「実用Git」オライリー・ジャパン, オーム社（発売）　2010
Loemba, André Raphaël　ロエンバ, アンドレ・ラファエル
　㉖コンゴ共和国　石油相
Löer, Martin　レア, マルティン
　㉖ドイツ　欧州司法裁判所儀典長, 元・ドイツ連邦共和国大統領府儀典長
Loesch, Uwe　レシュ, ウーヴェ
　1943〜　㉘「ウーヴェ・レシュ」ギンザ・グラフィック・ギャラリー, トランスアート（発売）　2002
Loeschnig, Louis V.　ルーシニグ, ルイス・V.
　㉘「たのしい科学実験365日」飛鳥新社　2010
Loeser, John David　レーザー, ジョン
　1935〜　㉙レーサー, ジョン・D.　㉘「がんの痛み」メディカル・サイエンス・インターナショナル　2013
Loesgen, Brian　ロスジェン, ブライアン
　㉘「プロフェッショナルXML」インプレス, インプレスコミュニケーションズ（発売）　2001
Loew, Andreas　ロエウ, アンドレアス
　㉖ドイツ　射撃選手
Loew, Franklin M.　レーヴ, F.M.
　㉘「メルク獣医マニュアル」学窓社　2003
Loewen, James W.　ローウェン, ジェームズ・W.
　㉘「アメリカの歴史教科書問題」明石書店　2003
Loewenstein, Dora　ローウェンスタイン, ドラ
　㉘「アコーディング・トゥ・ザ・ローリング・ストーンズ」ぴあ　2004
Loewenstein, Rupert　ローウェンスタイン, プリンス・ルパート
　1933〜2014　㉘「ローリング・ストーンズを経営する」河出書房新社　2015
Loewer, Barry　ローワー, バリー
　㉘「30秒で学ぶ哲学思想」スタジオタッククリエイティブ　2013
Lo Faso, Simone　ロ・ファソ, シモーネ
　㉖イタリア　サッカー選手
Löffler, Elke　ラフラー, エルク
　㉘「公共経営入門」公人の友社　2008
Löffler, Rainer　レフラー, ライナー
　1961〜　㉖ドイツ　作家　㉕スリラー　別筆名＝ハンチュク, ライナー〈Hanczuk, Rainer〉
Lofgren, Nils　ロフグレン, ニルス
　㉘「メモリーズ・オブ・ジョン」イースト・プレス　2006
Lofland, Donald J.　ロフランド, ドナルド
　㉘「こころのウイルス」英治出版　2001
Lofthouse, Nat　ロフトハウス, ナット
　1925〜2011　㉖イギリス　サッカー選手　本名＝ロフトハウス, ナサニエル〈Lofthouse, Nathaniel〉
Loftus, Elizabeth F.　ロフタス, エリザベス
　㉖アメリカ　心理学者　ワシントン大学教授　㉕人間の記憶, 目撃証言, 法廷手続き　㉙ロフタス, エリザベス・F.
Loftus, Geoffey R.　ロフタス, ジェフ・R.
　㉘「ヒルガードの心理学」金剛出版　2015
Loftus, Paul　ロフタス, ポール
　㉘「時間を最高に活かす17の技術」イースト・プレス　2012
Loftus-cheek, Ruben　ロフタス・チーク, ルーベン
　㉖イングランド　サッカー選手
Löfven, Stefan　ローベン, ステファン
　1957〜　㉖スウェーデン　政治家　スウェーデン首相　本名＝Löfven, Kjell Stefan
Logan, Bennie　ローガン, ベニー
　㉖アメリカ　アメフト選手
Logan, Boone　ローガン, ブーン
　㉖アメリカ　野球選手
Logan, Chuck　ローガン, チャック
　1942〜　㉘「真実への銃声」扶桑社　2001
Logan, Dan　ローガン, ダン
　㉘「組織変革のジレンマ」ダイヤモンド社　2004
Logan, David Coleman　ローガン, デイブ
　㉘「パフォーマンスアップ3つの法則」ダイレクト出版　2011
Logan, Devin　ローガン

Logan, Elle ローガン, エレノール
㉚アメリカ ボート選手

Logan, Jessica ローガン, ジェシカ
著「盗まれた記憶」ハーレクイン 2002

Logan, John ローガン, ジョン
1961〜 著「アビエイター」メディアファクトリー 2005

Logan, Kimberly ローガン, キンバリー
著「心の秘密を盗まれて」扶桑社 2009

Logan, Leandra ローガン, リアンドラ
著「三万ドルの恋人」ハーレクイン 2008

Logan, Scott ローガン, S.
著「DB2ユニバーサル・データベースfor Solaris」ピアソン・エデュケーション 2001

Logan, Todd ローガン, トッド
著「Windows 2000 professional」翔泳社 2001

Logan, William Bryant ローガン, ウィリアム・ブライアント
著「ドングリと文明」日経BP社, 日経BP出版センター（発売） 2008

Logan, Winifred W. ローガン, ウィニフレッド
著「ローパー・ローガン・ティアニー看護モデル」日本看護協会出版会 2006

Logelin, Matthew ロゲリン, マシュー
著「僕がパパに育つまで」講談社 2012

Logevall, Fredrik ログヴォール, フレデリック
㉚アメリカ ピュリッツァー賞 文学・音楽 歴史（2013年）
"Embers of War: The Fall of an Empire and the Making of America's Vietnam"

Loggains, Dowell ロゲインズ, ドゥエル
㉚アメリカ シカゴ・ベアーズコーチ

Logosz, Michal ロゴシュ
㉚ポーランド バドミントン選手

Logsdon, John M. ログスドン, ジョン
1937〜 ㉚アメリカ ジョージ・ワシントン大学名誉教授 ㊣政治学, 国際問題, 物理学ほか ㊟ログスドン, ジョン・M. / ログズドン, ジョン

Logsdon, Veronica ログスドン, ベロニカ
MTVアワード 最優秀アート・ディレクション（第30回（2013年））"Q.U.E.E.N"

Logue, Mark ローグ, マーク
著「英国王のスピーチ」岩波書店 2012

Logue, Mary ルージュ, メアリー
著「おひめさまはねむりたくないけれど」そうえん社 2015

Logunova, Tatiana ログノワ, タチアナ
㉚ロシア フェンシング選手

Loh, Wan Inn ロー, ワン・イン
著「先生のためのアイディアブック」日本協同教育学会, 京都 ナカニシヤ出版（発売） 2005

Lohan, Lindsay ローハン, リンジー
1986〜 ㉚アメリカ 女優, 歌手 ㊟ローハン, リンゼイ

Løhde, Sophie ローデ, ソフィー
㉚デンマーク 保健・高齢相

Loher, Dea ローアー, デーア
1964〜 ㉚ドイツ 劇作家

Lohfink, Norbert ローフィンク, ノルベルト
1928〜 著「反貧困の神」キリスト新聞社 2010

Lohia, Sri Prakash ロヒア, スリ・プラカシュ
㉚インドネシア 実業家

Löhken, Sylvia C. レーケン, シルビア
著「内向型人間のための人生戦略大全」CCCメディアハウス 2014

Lohman, Timothy G. ローマン, ティモシィ・G.
著「身体組成研究の基礎と応用」大修館書店 2001

Lohmann, Roger A. ローマン, ロジャー・A.
1942〜 ㊟ローマン, R.A. 著「コモンズ 人類の共働行為」西日本法規出版 2001

Lohmeyer, Dan ローマイヤー, ダン
著「マッキンゼーITの本質」ダイヤモンド社 2005

Lohr, Jeffrey M. ロー, ジェフリー・M.
著「臨床心理学における科学と疑似科学」北大路書房 2007

Lohr, Steve ロー, スティーヴ
著「データサイエンティストが創る未来」講談社 2016

Lohse, Eduard ローゼ, E.
1924〜 著「イエスの死の意味」新教出版社 2005

Lohse, Rene ローゼ
㉚ドイツ フィギュアスケート選手

Lo Hsing Han ローシンハン
1935〜2013 ㉚ミャンマー 麻薬王 アジア・ワールド会長 漢字名＝羅興漢, 羅星漢 ㊟ロー・シンハン

Loibl, Torsten ロイブル, トーステン
1972〜 著「ヨーロッパスタイル・バスケットボール最新テクニック」大修館書店 2014

Loiero, Agazio ロイエロ, アガツィオ
㉚イタリア 地域問題相

Loirand, Maurice ロワラン, モーリス
1922〜2008 ㉚フランス 画家

Lois, George ロイス, ジョージ
1931〜 著「世界を変えた伝説の広告マンが語る大胆不敵なクリエイティブ・アドバイス」青幻舎 2012

Loiseau, Bernard ロワゾー, ベルナール
1951〜2003 ㉚フランス 料理人 コート・ドール・オーナーシェフ

Loitme, Tiia-Ester ロイトメ, ティーア＝エステル
㉚エストニア エレルヘイン少女合唱団常任指揮者

Loitzl, Wolfgang ロイツル, ウォルフガング
1980〜 ㉚オーストリア スキー選手

Loizaga, Eladio ロイサガ, エラディオ
㉚パラグアイ 外相

Loizidis, Lazaros ロイジディス, L.
㉚ギリシャ レスリング選手

Loizou, Andreas ロイズ, アンドレアス
著「悪魔の取引」阪急コミュニケーションズ 2013

Loje, Neno ロイエ, ネノ
著「アジャイルソフトウェアエンジニアリング」日経BP社, 日経BPマーケティング（発売） 2012

Lokman, Adriaan ロクマン, アドリアーン
㉚オランダ ザグレブ国際アニメーション映画祭 グランド・コンペティション 審査員特別賞（2008年）ほか

Lokmanhekim, Dilara ロクマンヘキム, ディララ
㉚トルコ 柔道選手

Lokotui, Lua (Tukulua) ロコツイ, ルア
㉚トンガ ラグビー選手

Lokubandara, W.J.M. ロクバンダラ, W.J.M.
㉚スリランカ 法相兼司法改革相兼仏教振興相

Lokuge, Gamini ロクゲ, ガミニ
㉚スリランカ 労相

Lokvig, Jytte ロクヴィグ, ジュッテ
著「アルツハイマーガイドブック」オープンナレッジ 2007

Lokyan, Davit ロキャン, ダビト
㉚アルメニア 都市開発相

Lolivier-Rahola, Gloria ロリビエ＝ラオラ, グロリア
著「ミロ」創元社 2009

Lolli, Matteo ロリ, マテオ
著「ホークアイVS.デッドプール」小学館集英社プロダクション 2016

Lom, Herbert ロム, ハーバート
1917〜2012 ㉚イギリス 俳優 本名＝Schluderpacheru, Herbert Charles Angelo Kuchaeevich ze

Lomachenko, Vasyl ロマチェンコ, ワシル
1988〜 ㉚ウクライナ プロボクサー WBO世界フェザー級チャンピオン ㊟ロマチェンコ / ロマチェンコ, ワシール

Lomaia, Alexander ロマイア, アレクサンドル
㉚ジョージア 教育科学相

Lomaia, Kakha ロマイア, カハ
㉚ジョージア 教育相

Lomas, Bryan ロマス
㉚マレーシア 飛び込み選手

Lomas, James ローマス, ジェイムス
ローレンス・オリヴィエ賞 ミュージカル・エンタテインメント男優賞（2006年（第30回））"Billy Elliot The Musical"

Lomas, Robert ロマス, ロバート
1947〜 著「フリーメイソンシンボル事典」学研パブリッシング, 学研マーケティング（発売） 2013

Lomas Morales, Martha ロマス・モラレス, マルタ
㉚キューバ 外資・経済協力相

Lomax, Alan ロマックス, アラン
1915〜2002 ㉚アメリカ 民謡研究家, 民族音楽学者 ㊟ローマックス, アラン

Lomax, Eric ロマックス, エリック
1919〜2012 ㉚イギリス 軍人

Lomax, Jordan ロマックス, ジョーダン
㉚アメリカ アメフト選手

Lomax, William ローマックス, ビル

1943〜 著「終わりなき革命」彩流社 2006
Lomazow, Steven ロマゾウ, スティーヴン
1948〜 著「ルーズベルトの死の秘密」草思社 2015
Lomb, Niklas ロム, ニクラス
国ドイツ サッカー選手
Lomban, David ロンバン, ダビド
国スペイン サッカー選手
Lombard, George ロンバート, ジョージ
国アメリカ ロサンゼルス・ドジャースコーチ
Lombardi, Cristiano ロンバルディ, クリスティアーノ
国イタリア サッカー選手
Lombardi, Donald N. ロンバルディ, ドナルド・N.
著「アドラーの思い出」創元社 2007
Lombardi, Kristine ロンバルディ, クリスティーン
著「プリンセスプリンセス・スタイル」大日本絵画 2013
Lombardo, C.Todd ロンバード, C.トッド
著「デザインスプリント」オライリー・ジャパン, オーム社(発売) 2016
Lombardo, Elizabeth ロンバルド, エリザベス・R.
著「認知行動療法における事例定式化と治療デザインの作成」星和書店 2008
Lombardo, Héctor ロンバルド, エクトル
国アルゼンチン 厚相
Lomelí, Kyle ロメリ, K.
著「JavaプログラマのためのWebサービス大全」コンピュータ・エージ社 2003
Lomeo, Angelo ロメオ, アンジェロ
著「さよなら, ソニヤ」求竜堂 2003
Lometo, Tadashi ロメト, タダシ
国マーシャル諸島 大統領補佐相
Lomey, Gomdigue Baidi ロメイ, ゴンディグ・バイディ
国チャド 鉱山・地質相
Lomidze, Lasha ロミゼ, ラーシャ
国ジョージア ラグビー選手
Lomnicky, Marcel ロムニツキ, マルツェル
国スロバキア 陸上選手
Lo Monaco, Gérard ロ・モナコ, ジェラール
著「不思議な船の旅」大日本絵画 〔2016〕
Lomond, Britt ロモンド, ブリット
?〜2006 国アメリカ 俳優
Lompar, Andrija ロムパル, アンドリヤ
国モンテネグロ 運輸・海事相 圏ロンパル, アンドリヤ
Lompech, Alain ロンペッシュ, アラン
著「偉大なるピアニストたち」ヤマハミュージックメディア 2014
Lompo, Francois ロンポ, フランソワ
国ブルキナファソ 農業・水資源・衛生・食糧安全保障相
Lomu, Jonah ロムー, ジョナ
1975〜2015 国ニュージーランド ラグビー選手 本名＝Lomu, Jonah Tali
Lomuro, Martin Elia ロムロ, マーティン・エリア
国南スーダン 内閣担当相
Lonamei, Varian ロナメイ, バリアン
国ソロモン諸島 通信・航空相
Lončar, Zlatibor ロンチャル, ズラティボル
国セルビア 保健相
Lončar, Zoran ロンチャル, ゾラン
国セルビア 国務・自治相
Londer, Olga ロンダー, オルガ
著「Microsoft Windows Server 2008リソースキット」日経BPソフトプレス, 日経BP出版センター(発売) 2009
London, Cait ロンドン, ケイト
著「禁断の誘惑」ハーレクイン 2001
London, C.Alexander ロンドン, C.アレクサンダー
著「冒険者キット」KADOKAWA 2016
London, Jeanie ロンドン, ジーニー
著「情熱のありか」ハーレクイン 2008
London, Julia ロンドン, ジュリア
著「サファイアの瞳に恋して」二見書房 2015
London, Olivia ロンドン, オリヴィア
著「プリンセスおしゃれなプリンセス」大日本絵画 2012
London, Robert E. ロンドン, R.E.
著「再生医学」エヌ・ティー・エス 2002
London, Ted ロンドン, テッド
1963〜 著「BOPビジネス市場共創の戦略」英治出版 2011
Londoño, Jorge Eduardo ロンドニョ, ホルヘ・エドゥアルド

国コロンビア 法相
Londoño Hoyos, Fernando ロンドニョ・オジョス, フェルナンド
国コロンビア 内務法務相
Lone, Abdul Ghani ロン, アブドル・ガニ
?〜2002 国インド カシミール分離独立派指導者
Lonegren, Sig ロングレン, シグ
著「驚異のダウジング」二見書房 2005
Lonely, Jean M. ロンリー, ジャン・M.
著「自閉症・環境・発症論」現代書館 2008
Lonergan, Tom ロナーガン, トム
著「4回リストラされてもホームレスにならなかった私」花風社 2001
Lonette, Reisie ロネット, レイジー
著「マウイ島からマノアの村へ」丸源書店 2010
Loney, Kevin ロニー, ケビン
著「Oracle 9i PL/SQLスクリプトライブラリ」翔泳社 2004
Lonfernini, Teodoro ロンフェルニーニ, テオドロ
国サンマリノ 観光・スポーツ長官
Long, A.A. ロング, A.A.
1937〜 著「ヘレニズム哲学」京都大学学術出版会 2003
Long, Aljoscha A. ロング, アリョーシャ・A.
著「カメが教えてくれた, 大切な7つのこと」サンマーク出版 2016
Long, Brian ロング, ブライアン
1967〜 著「ポルシェ911」三樹書房 2011
Long, Chris ロング, クリス
国アメリカ アメフト選手
Long, Daniel ロング, ダニエル
著「マリアナ諸島に残存する日本語」明治書院 2012
Long, David ロング, デーヴィッド
著「危機の20年と思想家たち」ミネルヴァ書房 2002
Long, Don ロング, ドン
国アメリカ シンシナティ・レッズコーチ
Long, Elizabeth ロング, エリザベス
著「ブッククラブ」京都大学図書館情報学研究会, 日本図書館協会(発売) 2006
Long, Eric ロング, エリク
1957〜 著「現代日本の異体字」三省堂 2003
Long, Frederick W. ロング, フレッド
1947〜 著「Javaセキュアコーディングスタンダード」アスキー・メディアワークス, 角川グループパブリッシング(発売) 2012
Long, Guillaume ロング, ギジャウメ
国エクアドル 外相
Long, Hei ロン, ヘイ
圏ロン, マスター・ヘイ 著「ザ・必殺術」第三書館 2002
Long, Jeannie ロング, ジェニー
著「10日間でダメ男と別れる方法」主婦の友社 2005
Long, Jeff ロング, ジェフ
著「紀元零年の遺物」二見書房 2004
Long, Jeffrey ロング, ジェフリー
著「臨死体験9つの証拠」ブックマン社 2014
Long, John A. ロング, ジョン
1957〜 著「恐竜」昭文社 2008
Long, John H. ロング, ジョン・H.
1964〜 著「進化する魚型ロボットが僕らに教えてくれること」青土社 2013
Long, Julie-Anne ロング, ジュリー・アン
著「恋泥棒に魅せられて」二見書房 2011
Long, Kevin ロング, ケヴィン
国アイルランド サッカー選手
Long, Kevin ロング, ケビン
国アメリカ ニューヨーク・メッツコーチ
Long, Kyle ロング, カイル
国アメリカ アメフト選手
Long, Larry ロング, ラリー
著「人間と組織」三修社 2005
Long, Le Thanh ロン, レ・タイン
国ベトナム 法相
Long, Loren ロング, ローレン
著「チーロの歌」クレヨンハウス 2013
Long, Melinda ロング, メリンダ
著「こうしてぼくは海賊になった」評論社 2006
Long, Nicholas ロング, ニコラス
国アメリカ 自転車選手
Long, Nicholas James ロング, ニコラス

1929〜 ㉇「困った子が5週間で変わる」日本評論社 2003
Long, Richard ロング, リチャード
1945〜 ㊥イギリス 彫刻家
Long, Shane ロング, シェーン
㊥アイルランド サッカー選手
Long, Shawn ロング, ショーン
㊥アメリカ バスケットボール選手
Long, Spencer ロング, スペンサー
㊥アメリカ アメフト選手
Long, Stephen ロング, ステファン
1959〜 ㉇「本番で最高の力を発揮する法」日本実業出版社 2006
Long, Stephen Daniel ロング, ダニエル
1963〜 ㉇「小笠原ハンドブック」南方新社 2004
Long, Sylvia ロング, シルビア
㉇「巣のはなし」ほるぷ出版 2015
Long, Terri ロング, テリー
㉇「背伸びしない上司がチームを救う」扶桑社 2015
Long, Thomas G. ロング, トーマス・G.
1946〜 ㉇「歌いつつ聖徒らと共に」日本キリスト教団出版局 2013
Long, William Ivey ロング, ウィリアム・アイヴィ
トニー賞 ミュージカル 衣裳デザイン賞(2013年(第67回))ほか
Longa, Marianna ロンガ
㊥イタリア クロスカントリースキー選手
Longa, Steve ロンガ, スティーブ
㊥アメリカ アメフト選手
Longabardi, Mike ロンガバディ, マイク
㊥アメリカ クリーブランド・キャバリアーズアシスタントコーチ(バスケットボール)
Longacre, Matt ロンゲイカー, マット
㊥アメリカ アメフト選手
Longair, Malcolm ロンゲア, マルコム
㉇「知の歴史」徳間書店 2002
Longamei, Varian ロンガメイ, バリアン
㊥ソロモン諸島 通信・航空相
Longbotham, Lori ロンボサム, ロリ
㉇「ベリーのデザート・ブック」フレックス・ファーム 2008
Longchamps, Fritz ロンシャン, フリッツ
㊥ハイチ共和国 外相
Longcroft, Sean ロングクロフト, ショーン
㉇「はじめてのオーケストラ」大日本絵画 〔2016〕
Longenbach, James ロンゲンバック, ジェイムズ
㉇「モダニズムとは何か」松柏社 2002
Longenecker, Clinton O. ロンゲネッカー, クリントン・O.
1955〜 ㉇「成果創造のマネジメント」ダイヤモンド社 2002
Longerstaey, Jacques ロンガーステイ, ジャックス
㉇「リスクバジェッティング」パンローリング 2002
Longhena, María ロンゲーナ, マリア
㉇「「図説」マヤ文字事典」創元社 2002
Longley, Barbara ロングリー, バーバラ
㉇「ハイランダーと恋に落ちて」オークラ出版 2016
Longman, Jere ロングマン, ジェレ
㉇「9・11ユナイテッド93」光文社 2006
Longo, Dan Louis ロンゴ, ダン・L.
1949〜 ㉨ロンゴ, D.L. ㉇「ハリソン内科学」メディカル・サイエンス・インターナショナル 2013
Longo Borghini, Elisa ロンゴボルギーニ, エリザ
㊥イタリア 自転車選手
Longo-ciprelli, Jeannie ロンゴ・シプレリ
㊥フランス 自転車選手
Longoria, Evan ロンゴリア, エバン
1985〜 ㊥アメリカ 野球選手 本名=Longoria, Evan Michael ㉨ロンゴリア, エヴァン
Longosiwa, Thomas Pkemei ロンゴシワ
㊥ケニア 陸上選手
Longour, Michèle ロングール, ミッシェル
㉇「人間のからだ」主婦の友社 2007
Longshaw, Andy ロングショー, アンディ
㉇「標準J2EEテクノロジー」翔泳社 2003
Longstaff, Alan ロングスタッフ, A.
㉇「神経科学キーノート」シュプリンガー・フェアラーク東京 2003
Longstff, Joshua ロングスタッフ, ジョシュア
㊥アメリカ ニューヨーク・ニックスアシスタントコーチ(バスケットボール)
Longstreet, Roy W. ロングストリート, ロイ・W.
㉇「トレーダーの発想術」日経BP社, 日経BPマーケティング(発売) 2014
Longsworth, Herman ロングスウォース, ハーマン
㊥ベリーズ 国務相(青年・スポーツ担当)
Longueira, Pablo ロンゲイラ, パブロ
㊥チリ 経済・振興・観光相
Lonitz, Henri ローニツ, H.
㉇「ベンヤミン/アドルノ往復書簡」みすず書房 2013
Lönn, Birgit ロン, ビルイット
1949〜 ㉇「つぐみ通りのトーベ」徳間書店 2008
Lonoff de Cuevas, Sue ロノフ, スー
㉇「ブロンテ姉妹エッセイ全集」彩流社 2016
Lonsdale, Baldwin Jacobson ロンズデール, ボールドウィン・ジェーコブソン
㊥バヌアツ 大統領 ㉨ロンズデール, ボールドウィン・ジェイコブソン
Lonsdale, Joe ロンズデール, ジョー
起業家, パランティア・テクノロジーズ創業者
Loo, Marie ルゥ, マリ
㉇「動物かんきょう会議 日本語版」ヌールエ, 太郎次郎社エディタス(発売) 2005
Loo, Sanne te ロー, サンネ・テ
1972〜 ㉇「おとうとのビー玉」大月書店 2008
Loo, Tessa de ロー, テッサ・デ
1946〜 ㉇「アンナとロッテ」日本テレビ放送網 2004
Loodus, Tarmo ルードゥス, タルモ
㊥エストニア 内相
Lööf, Anni ローブ, アニー
㊥スウェーデン 企業相
Lööf, Fredrik ローフ, フレドリク
1969〜 ㊥スウェーデン セーリング選手 ㉨ローフ, フレドリック
Looi, Mun keat ルーイ, マン・キート
㉇「人類が解けない〈科学の謎〉」原書房 2014
Looker, Terry ルッカー, T.
㉇「ストレスマネジメントと職場カウンセリング」川島書店 2002
Loomba, Ania ルーンバ, アーニャ
㉇「テンペスト」インスクリプト 2007
Loomis, Carol ルーミス, キャロル
㉇「完全読解伝説の投資家バフェットの教え」朝日新聞出版 2014
Loomis, Christine ルーミス, クリスティーヌ
㉇「いってらっしゃいおかえりなさい」朔北社 2004
Loomis, Evan ルーミス, エヴァン
㉇「巻き込む力」翔泳社 2016
Loomis, Jake ルーミス, ジェイク
㉇「ウェブオペレーション」オライリー・ジャパン, オーム社(発売) 2011
Loomis, Mary ルーミス, メアリー
㉇「ソフトウェア開発のカオス」構造計画研究所, 共立出版(発売) 2003
Loomis, Randy ルーミス, ランディ
㉇「プロジェクト・マネジャーが知るべき97のこと」オライリー・ジャパン, オーム社(発売) 2011
Loon, Paul van ローン, パウル・ヴァン
1955〜 ㉨ローン, ポール・ファン ㉇「オオカミ少年ドルフィ」学研教育出版, 学研マーケティング(発売) 2010
Looney, Joe ルーニー, ジョー
㊥アメリカ アメフト選手
Looney, Kevon ルーニー, ケボン
㊥アメリカ バスケットボール選手
Loos, Bruno G. ルース, B.G.
㉇「Lindhe臨床歯周病学とインプラント」クインテッセンス出版 2005
Loos, François ロース, フランソワ
㊥フランス 産業担当相
Looy, Bart Van ローイ, バート・ヴァン
㉇「サービス・マネジメント」ピアソン・エデュケーション 2004
Lop, Willie ロプ, ウィリー
㊥バヌアツ 内相
Lopa, Alhadj Abakaka Moustapha ロパ, アルハジ・アバカカ・ムスタファ
㊥チャド 公務員・労働・雇用促進相
Lopa, Baharuddin ロパ, バハルディン
?〜2001 ㊥インドネシア 法務・人権相 インドネシア検事総

長, インドネシア法務人権相
Lopatkina, Ulyana ロパートキナ, ウリヤーナ
1973〜 国ロシア バレリーナ マリインスキー・バレエ団プリンシパル 本名=Lopatkina, Ulyana Vyacheslavovna 異ロパートキナ, ウリアナ／ロパートキナ, ウリヤナ／ロパートキナ, ユリアナ

Loper, Edward ローパー, エドワード
著「入門自然言語処理」オライリー・ジャパン, オーム社（発売）2010

Loper, Whitly ローパー
国アメリカ 射撃選手

Lopes, Anthony ロペス, アントニー
国ポルトガル サッカー選手

Lopes, António Figueiredo ロペス, アントニオ・フィゲイレド
国ポルトガル 内相

Lopes, Carlos Alberto ロペス, カルロス・アルベルト
国アンゴラ 財務相

Lopes, Davey ロープス, デイビー
国アメリカ ワシントン・ナショナルズコーチ

Lopes, Emanuela Afonso Vieira ロペス, エマヌエラ・アフォンソ・ビエラ
国アンゴラ 電力・水利相

Lopes, Filomena ロペス, フィロメナ
国ギニアビサウ 教育相

Lopes, Lívio Fernandes ロペス, リビオ・フェルナンデス
国カボベルデ 内相

Lopes, Sara ロペス, サラ
国カボベルデ インフラ・海洋経済相

Lopes-Curval, Julie ロペス・キュルヴァル, ジュリー
1972〜 国フランス 作家, 脚本家, 映画監督 異ロペス・キュルバル, ジュリー

Lopes Saraiva, Flavia ロペスサライバ, フラビア
国ブラジル 体操選手

Lopes-schliep, Priscilla ロペス
国カナダ 陸上選手

Lopez, Al ロペス, アル
1908〜2005 国アメリカ 大リーグ監督, 野球選手 本名=Lopez, Alfonso Ramon

López, Alfonso ロペス, アルフォンソ
1913〜2007 国コロンビア 政治家 コロンビア大統領 本名=ロペス・ミッチェルセン, アルフォンソ〈López Michelsen, Alfonso〉

Lopez, Arlen ロペス, アルレン
国キューバ ボクシング選手

Lopez, Ben ロペス, ベン
著「ネゴシエイター」柏書房 2012

Lopez, Brook ロペス, ブルック
国アメリカ バスケットボール選手

López, Celso ロペス, C.
著「ぼくたちの倫理学教室」平凡社 2016

Lopez, Cesar ロペス, セサル
1968〜 国キューバ ジャズ・サックス奏者

López, Daniel ロペス, ダニエル
1970〜 著「沖縄正面」ガイア・オペレーションズ, 英治出版（発売）2008

Lopez, Delano ロペス, デラノ
1970〜 著「チャレンジ！太陽系」少年写真新聞社 2009

Lopez, Diana ロペス
国アメリカ テコンドー選手

López, Eduardo ロペス, エドゥアルド
国エクアドル エネルギー鉱山相

Lopez, Elena ロペス
国スペイン 新体操選手

Lopez, Feliciano ロペス, F.
国スペイン テニス選手

Lopez, Gaby ロペス
国メキシコ ゴルフ選手

Lopez, Gerry ロペス, ジェリー
1948〜 著「Surf is where you find it」パタゴニア 2016

López, Guillermo ロペス, ギジェルモ
国エルサルバドル 財務相

Lopez, Helder Vaz ロペス, ヘルダー・バズ
国ギニアビサウ 経済相

Lopez, Israel ロペス, イスラエル
1918〜2008 国アメリカ ベース奏者 愛称=カチャーオ〈Cachao〉

Lopez, Javier ロペス, ハビア
国アメリカ 野球選手

Lopez, Jennifer ロペス, ジェニファー
1970〜 国アメリカ 女優, 歌手

Lopez, Jorge ロペス, ホルヘ
国プエルトリコ 野球選手

López, José ロペス, ホセ
1983〜 国ベネズエラ 野球選手, 元野球選手 本名=López, José Celestino 異ロペス, ホセ

Lopez, Jose ロペス, ホセ
国エルサルバドル 保健相

López, Juan Torres ロペス, ホアン・トーレス
著「もうひとつの道はある」柘植書房新社 2013

Lopez, Judy ロペス, アガピタ・ジュディ
著「ジョージア・オキーフとふたつの家」KADOKAWA 2015

Lopez, Livan ロペス, リバン
国キューバ レスリング選手

Lopez, Marc ロペス, マルク
国スペイン テニス選手

López, María Elena ロペス, マリア・エレナ
国コスタリカ 保健相

Lopez, Mark ロペス
国アメリカ テコンドー選手

Lopez, Miguel Angel ロペス, ミゲルアンヘル
国スペイン 陸上選手 異ロペス, M.

Lopez, Mijain ロペス
国キューバ レスリング選手

Lopez, Nicolas ロペス
国フランス フェンシング選手

López, Orlando ロペス, オルランド
1933〜2009 国キューバ ベース奏者 愛称=カチャイート〈Cachaito〉

Lopez, Paul ロペス, パウ
国スペイン サッカー選手

Lopez, Peter ロペス
国ペルー テコンドー選手

Lopez, Ramon ロペス, ラモン
国フィリピン 貿易産業相

López, Ramón E. ロペス, ラモン
著「経済成長の「質」」東洋経済新報社 2002

Lopez, Regina Paz ロペス, レジーナパズ
国フィリピン 環境天然資源相

Lopez, Reynaldo ロペス, レイナルド
国ドミニカ共和国 野球選手

Lopez, Robert ロペス, ロバート
グラミー賞 最優秀映像メディア向けコンピレーション・サウンドトラック・（2014年（第57回））ほか

Lopez, Robin ロペス, ロビン
国アメリカ バスケットボール選手

Lopez, Rosa Argentina ロペス, ロサ・アルヘンティナ
国ニカラグア 家族相

Lopez, Shane J. ロペス, シェーン・J.
著「5年後の自分を計画しよう」文芸春秋 2015

Lopez, Steve ロペス, スティーヴ
著「路上のソリスト」祥伝社 2009

Lopez, Steven ロペス, スティーブン
国アメリカ テコンドー選手

López, Tenky ロペス, テンキー
1958〜 著「ヘビのおんしらず！」新世研 2003

Lopez, Yeimer ロペス
国キューバ 陸上選手

López Acea, Lázara Mercedes ロペスアセア, ラセラ・メルセデス
国キューバ 国家評議会副議長 異ロペスアセア, ラサラ・メルセデス

López Aguilar, Juan Fernando ロペス・アギラル, フアン・フェルナンド
国スペイン 法相 異ロペスアギラル, フアン・フェルナンド

López Ambrosio, Manuel ロペス・アンブロシオ, マヌエル
国グアテマラ 国防相

López Arellano, Oswaldo ロペス, オスワルド
1921〜2010 国ホンジュラス 政治家, 軍人 ホンジュラス大統領 異ロペス・アレヤノ, オズワルド／ロペス・アレリャノ, オズワルド

Lopez Arocha, Jessica Brizeida ロペスアロチャ, ジェシカブリセイダ

L

[国]ベネズエラ　体操選手
López-Austin, Alfredo　ロペス＝アウスティン, アルフレド
1936～　[著]「カルプリ」 文化科学高等研究院出版局　2013
Lopez Azcuy, Livan　ロペス
[国]キューバ　レスリング選手
López Bonilla, Mauricio　ロペスボニジャ, マウリシオ
[国]グアテマラ　内相
López"Cachao", Israel　ロペス "カチャーオ", イスラエル
グラミー賞 最優秀トラディショナル・トロピカル・ラテン・アルバム (2004年 (第47回))　"¡Ahora Sí!"
Lopez-Calva, Luis Felipe　ロペス＝カルバ, ルイス・F.
[著]「グローバル化と言語能力」 明石書店　2015
López-Cobos, Jesús　ロペス・コボス, ヘスス
1940～　[国]スペイン　指揮者　マドリード王立劇場音楽監督
López Corvo, Rafael E.　ロペス - コルヴォ, ラファエル・E.
[著]「内なる女性」 星和書店　2014
López Figueroa, Bernardo　ロペス・フィゲロア, ベルナルド
[国]グアテマラ　農相
López-García, Antonio　ロペス, アントニオ
1936～　[著]「アントニオ・ロペス展」 美術出版社　2013
López Guzmán, Tharsis Salomón　ロペス・グスマン, タルシス・サロモン
[国]エルサルバドル　経済相
Lopez Laguna, Maria Luisa　ロペス, マリア・ルイサ
1937～　[著]「聖書を読む」 聖母の騎士社　2010
López Moreira, Juan Carlos　ロペスモレイラ, フアン・カルロス
[国]パラグアイ　大統領府官房長官
López Murphy, Ricardo　ロペス・ムルフィ, リカルド
[国]アルゼンチン　国防相
Lopez Narvaez, Concha　ロペス・ナルバエス, コンチャ
1939～　[著]「約束の丘」 行路社　2001
Lopez Nunez, Michel　ロペス
[国]キューバ　ボクシング選手
Lopez Nunez, Mijain　ロペスヌネス, ミハイン
[国]キューバ　レスリング選手
López Obregón, Clara　ロペス・オブレゴン, クララ
[国]コロンビア　労相
López-Otín, Carlos　ロペス - オーティン, カルロス
[著]「デヴィータがんの分子生物学」 メディカル・サイエンス・インターナショナル　2012
López Portillo, José　ロペス・ポルティーヨ, ホセ
1920～2004　[国]メキシコ　政治家　メキシコ大統領　本名＝López-Portillo y Pacheco, José　[異]ロペス, ホセ / ロペス・ポルティジョ, ホセ
López Rivas, Óscar Hugo　ロペス・リバス, オスカル・ウゴ
[国]グアテマラ　教育相
Lopez Rivera, Teofimo Andres　ロペス, テオフィモ
[国]ホンジュラス　ボクシング選手
López Rodriguez, Dolores　ロペス・ロドリゲス, ドローレス
[国]ニカラグア　在ニカラグア日本国大使館現地職員
López Rodríguez, Elmer　ロペス・ロドリゲス, エルメル
[国]グアテマラ　農牧・食料相
López Rodríguez, Wilfredo　ロペス・ロドリゲス, ウィルフレド
[国]キューバ　無任所相
López Ruiz, José Luis　ロペス＝ルイス, ホセ＝ルイス
1971～　[著]「AFVモデル塗装ガイド」 新紀元社　2015
López Santos, Antonio　ロペス・サントス, アントニオ
[国]スペイン　サラマンカ大学文学部英文学科長, 元・サラマンカ大学日西文化センター所長 (初代), 元・サラマンカ大学副学長
López Soria, Marisa　ロペス＝ソリア, マリサ
[著]「おじいちゃんとケーキをつくろう」 日本標準　2010
López Suárez, José Guillermo　ロペス・スアレス, ホセ・ギジェルモ
[国]エルサルバドル　農牧相
López Trujillo, Alfonso　ロペストルヒッリョ, アルフォンソ
1935～2008　[国]コロンビア　カトリック枢機卿　ローマ法王庁家庭評議会議長
López Valdés, Alfredo　ロペス・バルデス, アルフレド
[国]キューバ　エネルギー・鉱業相
López Vigil, José Ignacio　ロペス・ビヒル, ホセ・イグナシオ
[著]「イエスという人の物語」 新教出版社　2014
López Vigil, María　ロペス・ビヒル, マリア
[著]「イエスという人の物語」 新教出版社　2014
López Villafañe, Victor Manuel　ロペス・ビジャファニェ, ビクトル・マヌエル
[国]メキシコ　元・モンテレイ工科大学教授, 元・メキシコ国立自治大学教授, 元・コリマ大学教授
Lopp, Michael　ロップ, マイケル
[著]「Being Geek」 オライリー・ジャパン, オーム社 (発売)　2011
Lopresti, Aaron　ロプレスティ, アーロン
[著]「NEW 52 ： ジャスティス・リーグ」 ヴィレッジブックス　2013
Lora, Alberto　ロラ, アルベルト
[国]スペイン　サッカー選手
Lorak, Nidel　ロラック, ニーデル
[国]マーシャル諸島　教育相　[異]ロラク, ニデル
Lorand, Jean-Marie　ロラン, ジャン・マリ
1949～　[著]「誰か死ぬのを手伝って」 原書房　2002
Loranger, Hoa　ロレンジャー, ホア
[著]「新ウェブ・ユーザビリティ」 エムディエヌコーポレーション, インプレスコミュニケーションズ (発売)　2006
Lorber, Robert　ローバー, ロバート
[著]「「自分らしさ」をうまく生かして成功する法」 イースト・プレス　2010
Lorbiecki, Marybeth　ロルビエッキ, メアリベス
[著]「ルイーザ・メイとソローさんのフルート」 BL出版　2006
Lord, Bob　ロード, ボブ
1963～　[著]「超先進企業が駆使するデジタル戦略」 日経BP社, 日経BPマーケティング (発売)　2014
Lord, Catherine　ロード, キャサリン
[著]「自閉症と発達障害研究の進歩」 星和書店　2001
Lord, Cynthia　ロード, シンシア
[国]アメリカ　作家　[専]児童書
Lord, Evelyn　ロード, イーヴリン
[著]「ヘルファイアー・クラブ」 東洋書林　2010
Lord, James　ロード, ジェイムズ
1922～　[著]「ジャコメッティの肖像」 みすず書房　2003
Lord, Jon　ロード, ジョン
1941～2012　[国]イギリス　キーボード奏者
Lord, Richard　ロード, リチャード
[著]「ドイツ人」 河出書房新社　2001
Lord, Tony　ロード, トニー
1949～　[著]「フローラ」 産調出版　2005
Lord, Walter　ロード, ウォルター
[著]「タイタニック号の最期」 筑摩書房　2012
Lord, Winston　ロード, ウィンストン
[著]「アメリカと北朝鮮」 朝日新聞社　2003
Lorde　ロード
[国]ニュージーランド　MTVアワード 最優秀ロック・ビデオ (第31回 (2014年)) ほか
Lorden, Gary　ローデン, ゲーリー
[著]「数学で犯罪を解決する」 ダイヤモンド社　2008
Lordi, Susan L.　ローディ, スーザン
[著]「アメリカ学校看護実践活動の基準」 西日本法規出版, 星雲社 (発売)　2003
Lordon, Frédéric　ロルドン, フレデリック
1962～　[著]「私たちの "感情" と "欲望" は、いかに資本主義に偽造されてるか？」 作品社　2016
Lords, Traci　ローズ, トレイシー
1968～　[著]「トレイシー・ローズ」 WAVE出版　2005
Lore, Pittacus　ロア, ピタカス
[著]「アイ・アム・ナンバー4」 角川書店, 角川グループパブリッシング (発売)　2011
Loreau, Dominique　ローホー, ドミニック
[著]「シンプルに生きる」 講談社　2016
Loren, Dennis　ローレン, デニス
1946～　[著]「名盤ロックポスター1952 - 2012」 グラフィック社　2013
Loren, Halie　ロレン, ヘイリー
[国]アメリカ　シンガー・ソングライター
Loren, Roni　ローレン, ロニー
[著]「わたしだけの支配者」 オークラ出版　2013
Loren, Sophia　ローレン, ソフィア
1934～　[国]イタリア　女優　本名＝シコローネ, ソフィア・ヴィラーニ〈Scicolone, Sofia Villani〉
Lorenc, Z.Paul　ローレンス, Z.ポール
1955～　[著]「セレブな整形」 文芸春秋　2005
Lorencin, Darko　ロレンチン, ダルコ
[国]クロアチア　観光相
Lorente, Joaquín　ロレンテ, ホアキン
1943～　[著]「THINK, IT'S FREE」 日本実業出版社　2010

Lorente, José　ロレンテ, ホセ
　㊐「タバコの巻き紙コレクション」ビー・エヌ・エヌ新社　2007
Lorentzen, Lois Ann　ロレンツェン, ルイス
　1952～　㊐「レイジング・ザ・バー」エイアンドエフ　2014
Lorentzi, Hild　ロレンツィ, ヒルド
　㊐「機能障害をもつ人の余暇」明石書店　2002
Lorenz, Alan　ロレンツ, A.
　㊐「家族志向のプライマリ・ケア」シュプリンガー・フェアラーク東京　2006
Lorenz, Anika　ロレンツ, アニカ
　㊍ドイツ　セーリング選手
Lorenz, Bettina　ローレンツ, B.
　㊐「ディスカウント化する社会」同文舘出版　2010
Lorenz, Edward N.　ローレンツ, エドワード
　1917～2008　㊍アメリカ　気象学者　マサチューセッツ工科大学名誉教授　本名＝ローレンツ, エドワード・ノートン
Lorenz, Jandira　ロレンズ, ジャンディラ
　1947～　㊐「ネズミとりネコくん」新世研　2001
Lorenz, Jutta　ローレンツ, ユッタ
　㊍オーストリア　元・在オーストリア日本国大使館現地職員
Lorenz, Robert　ロレンツ, ロバート
　㊍アメリカ　映画監督, 映画プロデューサー
Lorenz, Sylvana　ロレンツ, シルヴァナ
　㊐「ピエール・カルダン」駿河台出版社　2007
Lorenzana, Delfin　ロレンザーナ, デルフィン
　㊍フィリピン　国防相
Lorenzen, Melvyn　ローレンツェン, メルヴィン
　㊍ウガンダ　サッカー選手
Lorenzen, Michael　ローレンゼン, マイケル
　㊍アメリカ　野球選手
Lorenzi, Paolo　ロレンツィ, パオロ
　㊍イタリア　テニス選手
Lorenzin, Beatrice　ロレンツィン, ベアトリーチェ
　㊍イタリア　保健相
Lorenzino, Hernán　ロレンシノ, エルナン
　㊍アルゼンチン　経済財務相
Lorenzo, Fernando　ロレンソ, フェルナンド
　㊍ウルグアイ　経済・財務相
Lorenzo, Guy Madjé　ロレンゾ, ギ・マジェ
　㊍トーゴ　通信・文化・スポーツ・公民教育相
Lorenzo, Isidro　ロレンソ
　㊍スペイン　射撃選手
Lorenzo, Luis, Jr.　ロレンゾ, ルイス
　㊍フィリピン　農相
Loreta-garin, Janette　ロレタガリン, ジャネット
　㊍フィリピン　保健相
Loret De Mola Bohme, Aurelio　ロレデモラ・ボメ, アウレリオ
　㊍ペルー　国防相
Lorey, Dean　ローリー, ディーン
　㊐「ナイトメア・アカデミー」主婦の友社　2008
Lorge, Peter Allan　ロージ, ピーター・A.
　1967～　㊐「アジアの軍事革命」昭和堂　2012
Lorgeril, Michel de　ロルジュリル, ミッシェル・ド
　㊐「コレステロール」篠原出版新社　2009
Loria, Jeffrey　ローリア, ジェフリー
　㊍アメリカ　マイアミ・マーリンズオーナー
Lorie, Peter　ローリー, ピーター
　㊐「2009年、人類はこう終わる」徳間書店　2005
Lorig, Kate　ローリッグ, ケイト
　㊐「病気とともに生きる」日本看護協会出版会　2008
Lorig, Khatuna　ロリグ
　㊍アメリカ　アーチェリー選手
Lorimer, Sally　ロリマー, サリー・E.
　㊐「営業チームの強化法」ダイヤモンド社　2007
Lorincz, Tamas　レーリンツ, タマシュ
　㊍ハンガリー　レスリング選手　㊋レーリンツ
Lorincz, Viktor　ローレンツ, ビクトル
　㊍ハンガリー　レスリング選手
Loringhoven, Baron Freytag von　ローリングホーフェン, ベルント・フライターク・フォン
　1914～2007　㊍ドイツ　軍人　西ドイツ軍中将
Lorío Arana, Amanda del Rosario　ロリオ・アラナ, アマンダ・デル・ロサリオ
　㊍ニカラグア　環境・天然資源相
Loriod, Yvonne　ロリオ, イヴォンヌ
　1924～2010　㊍フランス　ピアニスト　パリ音楽院教授, カールスルーエ音楽大学教授　㊋ロリオ, イボンヌ／ロリオ＝メシアン, イヴォンヌ
Lorius, Claude　ロリウス, クロード
　1932～　㊍フランス　フランス科学研究センター名誉主任研究員
Lormeau, Jean-Yves　ロルモー, ジャン・イヴ
　?～2014　㊍フランス　バレエダンサー　パリ・オペラ座バレエ団エトワール
Loro Piana, Pier Luigi　ロロ・ピアーナ, ピエール・ルイジ
　1951～　㊍イタリア　実業家　ロロ・ピアーナ会長・CEO
Loro Piana, Sergio　ロロ・ピアーナ, セルジオ
　1948～2013　㊍イタリア　実業家　ロロ・ピアーナ会長・共同CEO
Lorraine, Walter H.　ロレイン, ウォルター
　㊐「おとこの子とおもっていた犬」大日本図書　2010
Lorsch, Jay William　ロッシュ, ジェイ・W.
　㊐「動機づける力」ダイヤモンド社　2009
Lo Russo, Rosaria　ロ・ルッソ, ロザリア
　㊐「地上の歌声」思潮社　2001
Lory, Hillis　ローリィ, ヒリス
　1900～　㊐「帝国日本陸軍」日本経済評論社　2002
Losa, Valérie　ローザ, ヴァレリエ
　㊐「イタリアのかおり」ワールドライブラリー　c2014
Losada, Isabel　ロサーダ, イザベル
　㊐「スピリチュアル・ビューティ」ソニー・マガジンズ　2003
Los Angeles, Victoria De　ロス・アンヘレス, ビクトリア・デ
　1923～2005　㊍スペイン　ソプラノ歌手　㊋ロサンヘレス
Losano, Tomas　ロサノ, トマス
　㊍ホンジュラス　公共事業・運輸・住宅相
Losantos, Àgata　ロサントス, アガタ
　㊐「世界のインテリア・ソリューション」グラフィック社　2007
Losch, Brian　ロシュ, ブライアン
　グラミー賞　最優秀録音技術アルバム（クラシック）（2013年（第56回））　"Winter Morning Walks"　エンジニア
Löscher, Peter　レッシャー, ペーター
　1957～　㊍オーストリア　実業家　シーメンス社長・CEO　㊋レッシャー, ピーター
Lo Schiavo, Francesca　ロ・スキアーヴォ, フランチェスカ
　アカデミー賞　美術監督・装置賞（第84回（2011年））ほか
Loscos, Bruno　ロスコス
　㊍フランス　ショートトラック選手
Losee, John Price　ロゼー, ジョン・プライス
　1932～　㊐「科学哲学の歴史」紀伊国屋書店　2001
Losev, Aleksei Fedrovich　ロセフ, A.F.
　㊐「神話学序説」成文社　2006
Losey, Meg Blackburn　ローシー, メグ・ブラックバーン
　㊐「新時代の子供たち」ヒカルランド　2015
Losiak, Bartosz　ロシアク, バルトシュ
　㊍ポーランド　ビーチバレー選手
Losier, Michael J.　ロオジエ, マイケル・J.
　㊐「引き寄せの法則」講談社　2012
Losin, Veniamin　ローシン, ヴェニアミン
　㊐「ババヤガーがやってくる」学習研究社　2003
Loske, Reinhard　ロスケ, ラインハルト
　㊐「地球が生き残るための条件」家の光協会　2002
Loskutov, Igor G.　ロスクートフ, I.G.
　㊐「食を満たせ」未知谷　2009
Losos, Jonathan B.　ロソス, J.
　㊐「レーヴン／ジョンソン生物学」培風館　2007
Lossani, Chiara　ロッサーニ, キアーラ
　1954～　㊐「ミケランジェロ」西村書店東京出版編集部　2014
Losse, Katherine　ロッシ, キャサリン
　㊐「フェイスブック子どもじみた王国」河出書房新社　2013
Lossimian, Mbailaou Naïmbaye　ロシミアン, ムバイラウ・ナインベ
　㊍チャド　法相　㊋ロシミアン, ナイムバイ
Lossl, Jonas　レッスル, ヨナス
　㊍デンマーク　サッカー選手
Losurdo, Domenico　ロズールド, ドメニコ
　1941～　㊐「グラムシ実践の哲学」文理閣　2008
Loth, Sebastian　ロート, ゼバスティアン
　1975～　㊐「もうなかないよ, クリズラ」冨山房　2013
Lothar, Susanne　ロター, スザンネ
　1960～2012　㊍ドイツ　女優　㊋ローター, スザンネ
Lotodo, Francis　ロトド, フランシス
　㊍ケニア　エネルギー相

Loton, Brian Thorley　ロートン、ブライアン
　1929～　国オーストラリア　実業家　BHP会長
Lotsima, Chelo　ロチマ、チェロ
　国コンゴ民主共和国　高等・大学教育・科学研究相
Lott, Derrick　ロット、デリック
　国アメリカ　アメフト選手
Lott, Felicity　ロット、フェリシティ
　1947～　国イギリス　ソプラノ歌手　本名＝Lott, Felicity Ann Emwhyla
Lott, Joey　ロット、ジョーイ
　1978～　国ロット、ジョエイ　著「これのこと」ブイツーソリューション、星雲社（発売）　2015
Lott, Pixie　ロット、ピクシー
　1991～　国イギリス　歌手
Lott, Tim　ロット、ティム
　著「ホワイトシティ・ブルー」DHC　2001
Lott, Trent　ロット、トレント
　1941～　国アメリカ　政治家　米国共和党上院内総務　本名＝Lott, Chester Trent
Lotter, Konrad　ロッター、K.
　1947～　著「美学のキーワード」勁草書房　2001
Lotter, V.　ロッター、V.
　著「自閉症」黎明書房　2006
Lotterer, Alexander　ロッテラー、A.
　著「ARISを活用したチェンジマネジメント」シュプリンガー・フェアラーク東京　2003
Lotterer, Andre　ロッテラー、アンドレ
　1981～　国ドイツ　レーシングドライバー
Lottman, Herbert R.　ロットマン、ハーバート・R.
　1927～　著「マン・レイ写真と恋とカフェの日々」白水社　2003
Lotu-iiga, Peseta Sam　ロトゥイガ、ペセタ・サム
　国ニュージーランド　矯正相兼民族問題相　異ロトゥイガ、ペセタ
Lotulelei, John　ローチュレレイ、ジョン
　国アメリカ　アメフト選手
Lotulelei, Star　ローチュレレイ、スター
　国アメリカ　アメフト選手
Lotz, Sarah　ロッツ、サラ
　国南アフリカ　作家、脚本家　国ミステリー、ホラー　筆名＝グレイ、S.L.〈Grey, S.L.〉、ペイジ、ヘレナ・S.〈Paige, Helena S.〉、ハーン、リリー〈Herne, Lily〉
Lou, Ye　ロウ・イェ
　1965～　国中国　映画監督　漢字名＝婁燁　異ロウ・イェ／ロウ・ヨウ
Lou, Zheng-gang　ロウ・ズンガン
　1967～　国中国　書家、画家　漢字名＝婁正綱
Loua, Alexandre Cece　ルア、アレクサンドル・セセ
　国ギニア　外相
Loua, André　ルア、アンドレ
　国ギニア　漁業・養殖相
Louani, Mahamat　ルアニ、マハマット
　国チャド　通信相
Louart, Carina　ルアール、カリーナ
　著「世界一おもしろい数の本」ポプラ社　2015
Louca, Loucas　ルーカ、ルーカス
　国キプロス　法務・公安相
Louch, Jan　ラウチ、ジャン
　1931～　著「図書館ねこベイカー＆テイラー」早川書房　2016
Loudières, Monique　ルディエール、モニク
　1956～　国フランス　バレリーナ　パリ・オペラ座バレエ団エトワール、カンヌ・ロゼラ・ハイタワー・バレエ学校校長
Loudiyi, Abdellatif　ルーディー、アブデラティフ
　国モロッコ　国防管理担当相
Loudon, Kyle　ロードン、カイル
　著「大規模Webアプリケーション開発入門」オライリー・ジャパン、オーム社（発売）　2011
Loue, Sana　ルー、サナ
　著「法、疫学、市民社会」木鐸社　2009
Louembe, Blaise　ルエンベ、ブレーズ
　国ガボン　機会均等相
Louette, Jean-François　ルエット、ジャン・フランソワ
　1961～　著「エッセイとは何か」法政大学出版局　2003
Loughery, John　ラフリー、ジョン
　1953～　著「別名S.S.ヴァン・ダイン」国書刊行会　2011
Loughlin, Martin　ラフリン、マーティン
　1954～　著「公法の観念」勁草書房　2015

Loughman, Bob　ローマン、ボブ
　国バヌアツ　教育相
Loughnane, Olive　ロクナン
　国アイルランド　陸上選手
Loughran, PJ.　ローラン、PJ.
　著「セルマの行進」汐文社　2015
Lougué, Kouamé　ルゲ、クワメ
　国ブルキナファソ　国防相　異ログ、クアメ
Lougy, Richard A.　ルージー、R.A.
　1944～　国ルージー、リチャード・A.　著「学校におけるADHD臨床」誠信書房　2012
Louh, Tayeb　ルー、タイエブ
　国アルジェリア　法相　異ルーハ、タイエブ
Louhi, Kristiina　ロウヒ、クリスティーナ
　1950～　国フィンランド　イラストレーター、絵本作家
Louhimies, Aku　ロウヒミエス、アク
　1968～　国フィンランド　映画監督
Louis, Alain　ルイ、アラン
　著「ヨーロッパの城」評論社　2001
Louis, Claudell　ルイス、クローデル
　国アメリカ　アメフト選手
Louis, Édouard　ルイ、エドゥアール
　1992～　国フランス　作家　国文学
Louis, Lamar　ルイス、ラマー
　国アメリカ　アメフト選手
Louis, Ricardo　ルイス、リカルド
　国アメリカ　アメフト選手
Louis, Ron　ルイス、ロン
　1968～　著「モテる技術」SBクリエイティブ　2014
Louis C.K.　ルイス・C.K.
　国アメリカ　グラミー賞 最優秀コメディ・アルバム（2011年（第54回））　"Hilarious"
Louis-Dreyfus, Julia　ルイス＝ドレイファス、ジュリア
　エミー賞 プライムタイム・エミー賞 最優秀主演女優賞（コメディシリーズ）（第66回（2014年））ほか
Louis-Dreyfus, Robert　ルイス・ドレイフス、ロベール
　1946～2009　国フランス　実業家　アディダス社長　本名＝Louis-Dreyfus, Robert Louis Maurice
Louis-dreyfus, William　ルイス＝ドレイフュス、ウィリアム
　国フランス　エネルギー companies元会長
Louise, T.P.　ルイーズ、T.P.
　著「ワールド・ウォー・ロボット」パイインターナショナル　2014
Louis-jean, Al　ルイス・ジーン、アル
　国アメリカ　アメフト選手
Louisy, Pearlette　ルイジ、パーレット
　国セントルシア　総督
Loukarsky, Bojidar　ルカルスキ、ボジダル
　国ブルガリア　経済相
Loukas, Christina　ルーカス
　国アメリカ　飛び込み選手
Loukides, Michael Kosta　ルキダス、マイク
　著「Unixシステムパフォーマンスチューニング」オライリー・ジャパン、オーム社（発売）　2003
Lounaouci, Hamid　ルナウシ、ハミド
　国アルジェリア　運輸相
Loup, Aaron　ループ、アーロン
　国アメリカ　野球選手
Loupy, Christophe　ルーピィ、クリストフ
　1962～　著「キス、キス」ノルドズッド・ジャパン　2003
Lourenço, Ana Afonso Dias　ロウレンソ、アナ・アフォンソ・ディアス
　国アンゴラ　計画相　異ロウレンソ、アナ・ディアス
Lourenço, João Manuel Gonçalves　ロウレンソ、ジョアン・マヌエル・ゴンサルベス
　国アンゴラ　国防相
Lourenço, Luís　ローレンス、ルイス
　1962～　著「モウリーニョのリーダー論」実業之日本社　2012
Lourtioz, Jean-Michel　ルールティオズ、ジャン・ミシェル
　著「フォトニック結晶」オーム社　2012
Louv, Richard　ルーブ、リチャード
　著「あなたの子どもには自然が足りない」早川書房　2006
Louve, Rhiannon　ルーヴェ、ライノン
　著「勇者大全」ホビージャパン　2008
Louw, Francois　ロー、フランソワ
　国南アフリカ　ラグビー選手

Lovaas, O.I. ロヴァース, O.I.
[著]「自閉症」 黎明書房 2006
Lovaas, Ole Ivar ロヴァス, オレ・イヴァ
1927～2010 [異]ロヴァス, イヴァ [著]「自閉症児の教育マニュアル」 ダイヤモンド社 2011
Lovallo, Dan ロバロ, ダン
[著]「組織行動論の実学」 ダイヤモンド社 2007
Lovas, Petra ロバシュ, ペトラ
[国]ハンガリー 卓球選手
Lovász, László ロヴァース, ラースロー
1948～ [国]ハンガリー 数学者 エトヴェシュ・ロラーンド大学数学研究所教授 [異]ロバース, ラースロー
Lovato, Demi ロヴァート, デミ
MTVアワード 最優秀メッセージビデオ (第29回 (2012年)) "Skyscraper"
Lovato, Rick ロバト, リック
[国]アメリカ アメフト選手
Lovden, Lars-Erik ロフデン, ラーシュエーリク
[国]スウェーデン 地方自治・住宅担当相
Love, Courtney ラブ, コートニー
1964～ [国]アメリカ ロック歌手, 女優 本名＝ハリソン, ラブ・ミッチェル〈Harrison, Love Michelle〉
Love, Dennis ラヴ, デニス
1954～ [著]「盲目の信念」 東京書籍 2003
Love, Donald ラヴ, ドナルド
[国]スコットランド サッカー選手
Love, John E. ラブ, ジョン
?～2014 [国]アメリカ バターン死の行進の生存者
Love, Kathy ラヴ, キャシー
[異]ラヴ, キャッシー [著]「優しい悪魔に誘われて」 ぶんか社 2010
Love, Kevin ラブ, ケビン
1988～ [国]アメリカ バスケットボール選手
Love, Kyle ラブ, カイル
[国]アメリカ アメフト選手
Love, Mike ラブ, マイク
1941～ [国]アメリカ ロック歌手 [異]ラヴ, マイク
Love, Patrick ラヴ, パトリック
[著]「よくわかる国際貿易」 明石書店 2010
Love, Robert W., Jr. ラブ, ロバート・W., Jr.
[異]ラブ, ロバート・W. [著]「ヒトラーが勝利する世界」 学習研究社 2006
Love, Roger ラヴ, ロジャー
[著]「ハリウッド・スタイル実力派ヴォーカリスト養成術」 リットーミュージック 2005
Love, Russell J. ラブ, R.J.
[著]「神経心理学を学ぶ人のための基礎神経学」 西村書店 2002
Love, Scott ラブ, スコット
[著]「FileMaker関数・スクリプト+α事典」 ラトルズ 2007
Love, Susan M. ラブ, スーザン・M.
[著]「Dr.スーザン・ラブの乳がんハンドブック」 同友館 2005
Love, Valerie L. ラヴ, ヴァレリー・L.
[著]「教師のためのLD・ADHD教育支援マニュアル」 明石書店 2004
Lovegarden, Leela ラブガーデン, リーラ
[著]「悟りのシンクロニシティ」 ヒカルランド 2013
Lovegrove, Keith ラヴグローヴ, キース
[著]「エアライン」 アスペクト 2001
Lovegrove, Ross ラブグローブ, ロス
1958～ [国]イギリス インダストリアルデザイナー [異]ラブグロウブ, ロス
Lovejoy, Asara ラブジョイ, アサラ
[著]「ワン・コマンド」 ヴォイス 2013
Lovejoy, Thomas Eugene Ⅲ ラブジョイ, トーマス
1941～ [国]アメリカ 生物学者 ジョージ・メイソン大学教授 [専]環境科学・政策 [異]ラブジョイ, トーマス・E.
Lovelace, Earl ラヴレイス, アール
1935～ [国]トリニダード・トバゴ 作家
Lovelace, Linda ラブレース, リンダ
1952～2002 [国]アメリカ 女優 [異]ラブレイス, リンダ / ラヴレイス, リンダ
Lovelace, Merline ラブレース, マリーン
[著]「海運王への実らぬ想い」 ハーパーコリンズ・ジャパン 2015
Loveless, Avril ラブレス, アヴリル
[著]「英国初等学校の創造性教育」 ITSC静岡学術出版事業部 2009
Loveless, Cheri ラブレス, シェリー
1951～ [著]「専業主婦でなぜ悪い!?」 文芸春秋 2002
Loveless, Patty ラブレス, パティ
グラミー賞 最優秀ブルーグラス・アルバム (2010年 (第53回)) "Mountain Soul II"
Lovell, Bernard ラベル, バーナード
1913～2012 [国]イギリス 天文学者 マンチェスター大学名誉教授 [専]電波天文学 本名＝Lovell, Alfred Charles Bernard [異]ラヴェル, バーナード
Lovell, Harold ラベル, ハロルド
[国]アンティグア・バーブーダ 財務・経済・行政相 [異]ロベル, ハロルド
Lovell, Mary S. ラベル, メアリー・S.
1941～ [著]「ミットフォード家の娘たち」 講談社 2005
Lovell, Winifred ラベル, ウィニフレッド
[著]「手ぶくろを買いに」 光村図書出版 2002
Lovelock, Christopher H. ラブロック, クリストファー
[著]「ラブロック&ウィルツのサービス・マーケティング」 ピアソン・エデュケーション 2008
Lovelock, James Ephraim ラブロック, ジェームズ
1919～ [国]イギリス 科学者 オックスフォード大学名誉客員研究員 海洋生物学協会会長 [専]生物物理学, ガス・クロマトグラフィー [異]ラブロック, ジェームス / ラヴロック / ラヴロック, ジェームズ / ラヴロック, ジェイムズ
Lovely, Deborah ラブリー
[国]オーストラリア 重量挙げ選手
Lovén, John ロビーン, ジョン
[著]「スウェーデン・ノーマライゼーションへの道」 現代書館 2007
Lovenheim, Peter ローベンハイム, ピーター
[著]「私の牛がハンバーガーになるまで」 日本教文社 2004
Loverdos, Andreas ロベルドス, アンドレアス
[国]ギリシャ 保健・社会福祉相
Lovesey, Peter ラヴゼイ, ピーター
英国推理作家協会賞 短編ダガー (2007年) "Needle Match"
Lovesey, Phil ラヴゼイ, フィル
英国推理作家協会賞 短編ダガー (2011年) "Homework"
Lovett, Charlie ラベット, チャーリー
1962～ [国]アメリカ 作家 [専]歴史, ミステリー [異]ラヴェット, チャーリー
Lovett, David ロベット, デービッド
[著]「ターンアラウンド・マネジメント」 ダイヤモンド社 2003
Lovett, Joan ラベット, ジョアン
[著]「スモール・ワンダー」 二瓶社 2010
Lovett, Marsha C. ラベット, マーシャ・C.
[著]「大学における「学びの場」づくり」 玉川大学出版部 2014
Lovett, Sarah Poland ラヴェット, サラ
[著]「フクロウは死を運ぶ」 扶桑社 2002
Lovick, John ロヴィック, ジョン
[著]「ビル・スイッチ」 東京堂出版 2014
Lövin, Isabella ロヴィーン, イサベラ
1963～ [国]スウェーデン 政治家, ジャーナリスト スウェーデン国際開発協力担当相
Loving, Mildred ラビング, ミルドレッド
1939～2008 [国]アメリカ 異人種間の結婚を禁じた州法は違憲との米最高裁判決を引き出した黒人女性
Lovins, Amory B. ロビンス, エモリー
1947～ [国]アメリカ エネルギー・コンサルタント ロッキーマウンテン研究所共同創設者 [専]エネルギー問題 (ソフト・エネルギー・パス) [異]ロビンス, エイモリ / ロビンズ, エイモリー
Lovins, L.Hunter ロビンス, L.ハンター
[著]「自然資本の経済」 日本経済新聞社 2001
Løvlie, Lavrans ロヴリー, ラヴランス
1969～ [著]「ビジネスで活かすサービスデザイン」 ビー・エヌ・エヌ新社 2016
Lovobalavu, Gabby ロヴォンバラ, ギャビー
[国]フィジー ラグビー選手
Lovren, Dejan ロヴレン, デヤン
[国]クロアチア サッカー選手
Lovric, Michelle ロヴリック, ミッシェル
[著]「世界の奇妙な博物館」 筑摩書房 2009
Lovrin, Ana ロブリン, アナ
[国]クロアチア 法相
Lovsin, Polona ラブシン, ポロナ
[著]「だいすきなサンタさんへ」 ひさかたチャイルド 2015
Lovullo, Torey ロブロ, トロイ
[国]アメリカ アリゾナ・ダイヤモンドバックス監督
Low, Dan ロウ, ダン

®「あなたの才能がすぐに目覚める！4ステップ」PHP研究所 2005
Low, Deborah ロウ, デボラ
1971～ ®「鏡の中の自分を好きになれる本」ベストセラーズ 2003
Low, Guat Tin ロウ, グアット・ティン
®「どうして小さい魚は大きな魚に食べられちゃうの？」主婦の友社 2006
Low, Ignatius ロウ, イグナチウス
®「リー・クアンユー未来への提言」日本経済新聞出版社 2014
Löw, Joachim レーヴ, ヨアヒム
1960～ ⑭ドイツ サッカー指導者, 元サッカー選手 サッカー・ドイツ代表監督 ⑭レーヴ, ヨアヒム / レーブ, ヨアヒム
Low, Thia-khiang ラウ・ティアキアン
⑭シンガポール 政治家 シンガポール労働者党（WP）書記長
Low, Thian Seng ロー・ティエン・セン
⑭マレーシア マレーシア合気道協会会長
Lowachee, Karin ロワチー, カリン
⑭カナダ 作家 ⑭SF, ファンタジー
Lowassa, Edward ロワサ, エドワード
⑭タンザニア 首相
Lowden, Jack ローデン, ジャック
ローレンス・オリヴィエ賞 プレイ 助演男優賞（2014年（第38回）） "Ghosts"
Low Dog, Tieraona ロウ・ドッグ, ティエラオナ
®「メディカルハーブ事典」日経ナショナルジオグラフィック社, 日経BPマーケティング（発売） 2014
Lowe, Andy ロウ, A.
®「マネジメント・リサーチの方法」白桃書房 2009
Lowe, Chaunte ロウ, チャウンテ
⑭アメリカ 陸上選手
Lowe, Chris ロウ, クリス
®「小さなチームのソフトウェア開発物語」翔泳社 2006
Lowe, Denis ロウ, デニス
⑭バルバドス 環境・排水設備相
Lowe, Derek ロウ, デレク
1973～ ⑭アメリカ 元野球選手 本名＝Lowe, Derek Christopher ⑭ロー, デレク / ロウ, デレック
Lowe, Jacques ロウ, ジャック
1930～2001 写真家
Lowe, James Steven ロウ, J.S.
⑭ローエ, ジェームス・S. ®「機能を中心とした図説組織学」医学書院 2009
Lowe, Janet ロウ, ジャネット
®「バフェットの投資原則」ダイヤモンド社 2008
Lowe, Jemma ロー
⑭イギリス 競泳選手 ⑭ロウ
Lowe, Kathy ロウ, キャシー
®「参加から始める知的障害のある人の暮らし」相川書房 2003
Lowe, Keith ロウ, キース
1970～ ®「トンネル・ヴィジョン」ソニー・マガジンズ 2002
Lowe, Mark ロウ, マーク
⑭アメリカ 野球選手
Lowe, Martin ロウ, マーティン
グラミー賞 最優秀ミュージカル・シアター・アルバム（2012年（第55回））ほか
Lowe, Nicholas J. ロウ, ニコラス
®「美しい肌の本質」産調出版 2007
Lowe, Nick ロウ, ニック
1949～ ミュージシャン, 音楽プロデューサー
Lowe, Rob ロウ, ロブ
1964～ ⑭アメリカ 俳優
Lowe, Roy ロウ, ロイ
®「進歩主義教育の終焉」知泉書館 2013
Lowe, Scott ローウィ, スコット
®「マスタリングVMware vSphere 5.5」翔泳社 2014
Lowe, Sid ロウ, シド
®「理由」ソル・メディア 2015
Lowe, Sidney ロウ, シドニー
⑭アメリカ ワシントン・ウィザーズアシスタントコーチ（バスケットボール）
Lowe, Stuart ロウ, スチュアート
®「COSMOS」丸善出版 2016
Lowe, Tamara ロウ, タマラ
®「どんな目標も達成できる、あなただけの「やる気DNA」開発術」早川書房 2010

Lowell, Elizabeth ローウェル, エリザベス
1944～ ®「アメジストの瞳」ハーレクイン 2013
Lowell, Heather ローウェル, ヘザー
⑭アメリカ 作家 ⑭ミステリー, ロマンス
Lowell, Nathan ローウェル, ネイサン
1952～ ⑭アメリカ 作家 ⑭SF, ファンタジー
Lowell, Sophia ローウェル, ソフィア
®「glee／グリー踊る・合唱部!?ザ・ビギニング」日経BP社, 日経BPマーケティング（発売） 2011
Lowell, Virginia ローウェル, バージニア
⑭アメリカ 作家 ⑭ミステリー ⑭ローウェル, ヴァージニア
Lowen, Alexander ローエン, アレクサンダー
1910～ ®「うつと身体」春秋社 2009
Lowenherz, David H. ローウェンハーツ, デーヴィッド・H.
®「天才たちのラヴレター」光文社 2004
Lowenstein, Alison ローウェンスタイン, アリソン
®「アメイジングスパイダーマン」講談社 2013
Lowenstein, Arlene ローウェンスタイン, アーリーン
®「エビデンスに基づく看護学教育」医学書院 2003
Lowenstein, Roger ローウェンスタイン, ロジャー
®「なぜGMは転落したのか」日本経済新聞出版社 2009
Lowenstein, Stephen ローウェンスタイン, スティーヴン
®「マイ・ファースト・ムービー」フィルムアート社 2002
Lowenthal, Barbara ローエンサル, バーバラ
1927～ ®「子ども虐待とネグレクト」明石書店 2008
Lowenthal, Mark M. ローエンタール, マーク・M.
®「インテリジェンス」慶応義塾大学出版会 2011
Lower, Wendy ロワー, ウェンディ
®「ヒトラーの娘たち」明石書店 2016
Lowery, B.J. ラウリー, B.J.
⑭アメリカ アメフト選手
Lowery, Dwight ラウリー, ドワイト
⑭アメリカ アメフト選手
Lowery, Lynda Blackmon ロワリー, リンダ・ブラックモン
1950～ ®「セルマの行進」汐文社 2015
Lowilla, Emmanuel ロウィラ, エマニュエル
⑭南スーダン 大統領府担当相
Lowing, Matthew ローウィング, マシュー
®「写真で楽しむ究極のまちがい探し」河出書房新社 2015
Lowitz, Leza ロウイッツ, リザ
1962～ ⑭アメリカ 詩人, 作家, 翻訳家
Lowndes, Leil ラウンデス, レイル
®「どんな場面でもそつなく振る舞えるコミュニケーション・テクニック90」阪急コミュニケーションズ 2014
Lowrence, Claudia ロレンス, クラウディア
1966～ ®「恋のオードブル・誘惑」ごま書房 2005
Lowrie, Jed ラウリー, ジェド
⑭アメリカ 野球選手
Lowrie, Paul ローリー, ポール
®「こころのチェックブック」道出版 2001
Lowry, Adam ローリー, アダム
1974～ ®「メソッド革命」ダイヤモンド社 2012
Lowry, Clara ローリー, クララ
®「虐待を経験した家族が癒される家シダーハウス」星和書店 2005
Lowry, Dave ローリー, デイヴ
®「アメリカ侍武士道指南」柏書房 2006
Lowry, Dean ラウリー, ディーン
⑭アメリカ アメフト選手
Lowry, Joe Dan ロウリー, ジョー・ダン
1968～ ®「ターコイズ」柳出版社 2015
Lowry, Joe P. ロウリー, ジョー・P.
1943～ ®「ターコイズ」柳出版社 2015
Lowry, Kyle ラウリー, カイル
⑭アメリカ バスケットボール選手
Lowry, Lois ローリー, ロイス
1937～ ⑭アメリカ 児童文学作家 ⑭ロウリー, ロイス
Lowson, Iain ローソン, イアン
®「指輪物語ガイドブック」イースト・プレス 2002
Lowther, Deborah ローサー, デボラ・L.
®「インストラクショナルデザインとテクノロジ」北大路書房 2013
Lowton, Matthew ロートン, マシュー
⑭イングランド サッカー選手
Lowy, Frank ローウィー, フランク
⑭オーストラリア 実業家

Löwy, Michael　レヴィ, ミシェル
　1938～　著「100語でわかるマルクス主義」白水社　2015
Loxton, Daniel　ロクストン, ダニエル
　1975～　著「未確認動物UMAを科学する」化学同人　2016
Loxton, Howard　ロクストン, ハワード
　著「迷路の秘密図鑑」青娥書房　2013
Loy, David　ロイ, デイヴィド
　1947～　著「西洋の欲望仏教の希望」サンガ　2015
Loy, Jessica　ロイ, ジェシカ
　著「大人になったら何になる?」バベルプレス　2010
Loy, John　ロイ, ジョン
　著「アニメおさるのジョージ ランランラン」金の星社　2013
Loy, Marc　ロイ, マーク
　著「入門GNU Emacs」オライリー・ジャパン, オーム社 (発売) 2007
Loyd, Alexander　ロイド, アレクサンダー
　著「「潜在意識」を変えれば, すべてうまくいく」SBクリエイティブ　2016
Loyo, Juan Carlos　ロジョ, フアン・カルロス
　ベネズエラ　農業・土地相　異ロヨ, フアン・カルロス
Loyrette, Henri　ロワレット, アンリ
　1952～　フランス　学芸員　ルーブル美術館館長　異ロアレット, アンリ
Lozano, Juan　ロサノ, フアン
　コロンビア　環境・住宅相
Lozano, Luciano　ロサノ, ルシアーノ
　1969～　著「だいじょうぶカバくん」講談社　2015
Lozano Alarcón, Javier　ロサノ・アラルコン, ハビエル
　メキシコ　労働・社会保障相
Lozano Ramírez, Juan Francisco　ロサノ・ラミレス, フアン・フランシスコ
　コロンビア　環境・住宅・国土開発相
Lozerand, Emmanuel　ロズラン, エマニュエル
　1960～　フランス　日本文学研究家　フランス国立東洋言語文化研究院 (INALCO) 教授　異ローズラン, エマニュエル
l-Tunisi, Abdul-Latif　チュニシ, アブドラティフ
　リビア　計画相
Lu, Chien-hui　ロー・チェンフイ
　1936～　台湾　児童文学研究家　漢字名＝盧千恵
Lu, Chu-an　ルー・チュアン
　1970～　中国　映画監督, 脚本家　漢字名＝陸川　異ルー・チューアン
Lu, Cindy　ルウ, シンディ
　著「ダーリンは「4人の騎士」から選びなさい!」マガジンハウス　2008
Lu, David John　ルー, デイビッド
　著「アメリカ 自由と変革の軌跡」日本経済新聞出版社　2009
Lu, Guan-qiu　ルー・グアンチュ
　1944～　中国　実業家　万向集団会長　漢字名＝魯冠球
Lu, Hanchao　ルー, ハンチャオ
　著「中国」ほるぷ出版　2007
Lu, Jia-xi　ルー・ジャシー
　1915～2001　中国　化学者　中国全国人民代表大会 (全人代) 常務委員会副委員長, 中国科学院院長, 中国農工民主党名誉主席　専構造化学　漢字名＝盧嘉錫
Lu, Karen H.　ルウ, カレン・H.
　著「遺伝性婦人科癌」医学書院　2011
Lu, Keng　ルー・ケン
　1919～2008　ジャーナリスト　「百姓」社 社長　漢字名＝陸鏗　異ルー・クン／ルー・カン
Lu, Marie　ルー, マリー
　1984～　アメリカ　作家　専SF, ファンタジー
Lu, Teresa　ルー, テレサ
　台湾　ゴルフ選手
Lu, Wen-fu　ルー・ウェンフー
　1928～2005　中国　作家　中国作家協会名誉副主席　漢字名＝陸文夫
Lu, Xue-chang　ルー・シュエチャン
　1964～2014　中国　映画監督　漢字名＝路学長
Lu, Yuan-ming　リー・ユエンミン
　1925～　中国　日本文学研究家　中国東北師範大学教授　専中日文学交流史　漢字名＝呂元明, 筆名＝日月
Lu, Zhiqiang　ルー・ジーチャン
　中国　実業家　漢字名＝魯志強
Luaba, Ntumba　ルアバ, ヌトゥンバ
　コンゴ民主共和国　人権相

al-Luaibi, Abdul Karim　ルアイビ, アブドルカリム
　イラク　石油相
al-Luaibi, Jabbar　ルアイビ, ジャバル
　イラク　石油相
Lual, Haroon Ron　ルアル, ハルーン・ロン
　スーダン　人道問題相
Lual Achuil, Joseph　ルアル・アクイル, ジョゼフ
　南スーダン　人道問題・災害管理相　異ルアル・アチュイル, ジョセフ
Luallen, Matthew　ルアレン, マシュー・E.
　著「CCNP support」翔泳社　2001
Luan, Pham Vu　ルアン, ファム・ブー
　ベトナム　教育・訓練相
Luban, David　ルーバン, デイヴィド
　1949～　著「法律家倫理と良き判断力」中央大学出版部　2002
Lubanovic, Bill　ルバノビック, ビル
　著「入門Python 3」オライリー・ジャパン, オーム社 (発売) 2015
Luba Ntambo, Alexandre　ルバヌタンボ, アレクサンドル
　コンゴ民主共和国　副首相兼国防・退役軍人相　異ルバ・ヌタンボ, アレクサンドル
Lubarsky, David A.　ルバルスキー, デイビッド
　著「麻酔の達人」メディカル・サイエンス・インターナショナル　2009
Lubben, Kristen　リュッベン, クリステン
　著「写真家の眼」青幻舎　2011
Lubbers, Peter　ラバース, ピーター
　著「プログラミングHTML5」アスキー・メディアワークス, 角川グループパブリッシング (発売)　2011
Lubchenco, Jane　ルブチェンコ, ジェーン
　1947～　アメリカ　海洋生態学者　米国海洋大気局 (NOAA) 局長, 米国商務次官
Lubet, Steven　ルベット, スティーヴン
　著「現代アメリカ法廷技法」慈学社出版, 大学図書 (発売)　2009
Lubezki, Emmanuel　ルベツキ, エマニュエル
　アカデミー賞 撮影賞 (第87回 (2014年)) ほか
Lubimov, Alexei　リュビーモフ, アレクセイ
　1944～　ロシア　ピアニスト, チェンバロ奏者, フォルテピアノ奏者　ザルツブルク・モーツァルテウム教授　本名＝Lubimov, Alexei Borisovich　異リュビモフ, アレクセイ
Lubin, Albert J.　ルービン, アルバート・J.
　1914～　著「ゴッホ」講談社　2005
Lubinda, Given　ルビンダ, ギブン
　ザンビア　法相
Lubjantsev, Alexander　ルビャンツェフ, アレクサンドル
　ロシア　チャイコフスキー国際コンクール ピアノ 第3位 (2007年 (第13回))
Lubkin, Ilene Morof　ラブキン, アイリーン・モロフ
　1928～2005　著「クロニックイルネス」医学書院　2007
Lublin, Nancy　ルブリン, ナンシー
　1971～　著「ゼロのちから」英治出版　2011
Lubna, bint Khalid al-Qasimi　ルブナ・ビント・ハリド・カシミ
　アラブ首長国連邦　国際協力・開発相
Lubner, Sam J.　ルブナー, サム・J.
　著「ワシントン初期研修医必携マニュアル」メディカル・サイエンス・インターナショナル　2009
Lubrina, Jean-Jacques　リュブリナ, ジャン＝ジャック
　著「哲学教師ジャンケレヴィッチ」青弓社　2009
Lubtchansky, William　リュプシャンスキー, ウィリアム
　ヴェネチア国際映画祭 オゼッラ賞 (技術貢献賞) (第62回 (2005年))　"Les Amants Reguliers"
Luby, Frank　ルビー, フランク
　1964～　著「脱・市場シェア主義」ランダムハウス講談社　2006
Luc, Jeff　ルク, ジェフ
　アメリカ　アメフト選手
Luca, Nathalie　リュカ, ナタリ
　1966～　著「セクトの宗教社会学」白水社　2014
Lucaci, Viorel　ルカシ, ヴィオレル
　ルーマニア　ラグビー選手
Lucado, Max　ルケード, マックス
　ルカド, マックス　著「たいせつなきみ」いのちのことば社 フォレストブックス　2016
Lucal, Betsy　ルーカル, ベッツィ
　著「食の社会学」NTT出版　2016
Lucan, Jacques　リュカン, ジャック

Lucano, Frédéric リュカノ, フレデリック
㊚「ル・コルビュジエ事典」中央公論美術出版　2007
㊚「アニスグリーン」世界文化社　2011

Lucano, Sonia リュカノ, ソニア
1973～　㊚「モダンブラック」世界文化社　2011

Lucardie, Paul ルカルディ, ポール
1946～　㊚「変貌する世界の緑の党」緑風出版　2013

Lucarelli, Carlo ルカレッリ, カルロ
1960～　㊚「オーケ通り」柏艪舎, 星雲社（発売）　2005

Lucas, Albert James ルーカス, アルバート
1978～2005　㊚アメリカ　アメフト選手　通称＝ルーカス, アル〈Lucas, Al〉

Lucas, Betty L. ルーカス, ベティー・L.
㊚「食品・栄養・食事療法事典」産調出版, 産業調査会（発売）2006

Lucas, Bill ルーカス, ビル
1956～　㊚「脳を鍛えれば今までの10倍うまくいく」ダイヤモンド社　2003

Lucas, Caroline ルーカス, キャロライン
㊚「G8」ブーマー, トランスワールドジャパン（発売）　2005

Lucas, Cornelius ルーカス, コーネリアス
㊚アメリカ　アメフト選手

Lucas, Daryl ルーカス, ダリル・J.
㊚「聖書人名事典」バベルプレス　2010

Lucas, David ルーカス, デイヴィッド
1966～　㊚「おもちゃびじゅつかんのクリスマス」徳間書店　2012

Lucas, David W. ルーカス, デビッド
㊚「マーケットのテクニカル秘録」パンローリング　2004

Lucas, Gareth ルーカス, ガレス
㊚「みつけてかぞえてどこどこどうぶつゆかいなまきば」河出書房新社　2016

Lucas, Gavin ルーカス, ギャビン
1975～　㊚「誰かに先を越された広告」東急エージェンシー出版部　2007

Lucas, George ルーカス, ジョージ
1944～　㊚アメリカ　映画監督, 映画プロデューサー　ルーカス・フィルム会長・CEO　本名＝Lucas, George Walton Jr.

Lucas, Geralyn ルーカス, ジェラリン
㊚「わたしが口紅をつけた理由」文園社　2006

Lucas, Jennie ルーカス, ジェニー
㊚「億万長者と無垢な家政婦」ハーパーコリンズ・ジャパン　2016

Lucas, John ルーカス, ジョン
1919～2002　㊚アメリカ　脚本家　本名＝ルーカス, ジョン・メレディス〈Lucas, John Meredyth〉

Lucas, John Ⅲ ルーカス, ジョン, 3世
㊚アメリカ　バスケットボール選手

Lucas, Jon ルーカス, ジョン
1963～　㊚「サンタクロースの秘密」今人舎　2006

Lucas, Jordan ルーカス, ジョーダン
㊚アメリカ　アメフト選手

Lucas, Katherine ルーカス, キャサリン
㊚「みつけてかぞえてどこどこどうぶつ」河出書房新社　2014

Lucas, Leiva ルーカス・レイヴァ
㊚ブラジル　サッカー選手

Lucas, Marcus ルーカス, マーカス
㊚アメリカ　アメフト選手

Lucas, Marquis ルーカス, マーキス
㊚アメリカ　アメフト選手

Lucas, Michael ルーカス, マイケル・W.
1967～　㊚「ネットワークフロー解析入門」アスキー・メディアワークス, 角川グループパブリッシング（発売）　2011

Lucas, Moura ルーカス・モウラ
㊚ブラジル　サッカー選手

Lucas, Norman ルーカス, ノーマン
㊚「セックスキラーズ」中央アート出版社　2002

Lucas, Robert Emerson ルーカス, ロバート
1937～　㊚アメリカ　経済学者　シカゴ大学経済学部教授

Lucas, Stephen ルーカス, スティーブン・E.
1946～　㊚「アメリカの大学生が学んでいる「伝え方」の教科書」SBクリエイティブ　2016

Lucas, Timothy ルカス, ティモシー
㊚「学習する学校」英治出版　2014

Lucas Hernandez リュカ・エルナンデス
㊚フランス　サッカー選手

Lucas Perez ルーカス・ペレス
㊚スペイン　サッカー選手

Lucas Silva ルーカス・シウヴァ
㊚ブラジル　サッカー選手

Lucas Vazquez ルーカス・バスケス
㊚スペイン　サッカー選手

Lucchesini, Andrea ルケシーニ, アンドレア
1965～　㊚イタリア　ピアニスト

Luce, Edward ルース, エドワード
㊚「インド厄介な経済大国」日経BP社, 日経BP出版センター（発売）　2008

Luce, R.D. リュース, R.D.
1925～2012　㊚アメリカ　社会科学者　カリフォルニア大学アーバイン校名誉教授, ハーバード大学名誉教授　㊚社会学, 認知学, 心理学　本名＝Luce, Robert Duncan

Luce, Stephen C. ルース, スティーブン・C.
1950～　㊚「実際に使えるコミュニケーション・スキルの指導」学苑社　2004

Lucena, Nick ルセナ, ニコラス
㊚アメリカ　ビーチバレー選手

Luceno, James ルシーノ, ジェームズ
作家

Lucenti, Emmanuel ルセンティ
㊚アルゼンチン　柔道選手

Lucescu, Mircea ルチェスク, ミルチェア
1945～　㊚ルーマニア　サッカー監督, 元サッカー選手　サッカー・ルーマニア代表監督　㊚ルチェスク, ミルセア

Luchini, Fabrice ルキーニ, ファブリス
モスクワ国際映画祭　銀賞　最優秀俳優賞（第29回（2007年））"Moliere"（フランス）

Lucht, Irmgard ルフト, イルムガルト
㊚「あおむしのほうけん」さ・え・ら書房　2001

Luchtenberg, Sigrid ルヒテンベルク, ジークリット
1946～　㊚「移民・教育・社会変動」明石書店　2010

Lucia, Anntoinette D. ルシア, アントワネット・D.
1951～　㊚「実戦360度フィードバック」日経BP社, 日経BP出版センター（発売）　2003

Luciani, Domenica ルチアーニ, ドメニカ
㊚「糸をたぐると」立教大学ビジネスクリエーター創出センター　2013

Luciani, Joseph J. ルチアーニ, ジョゼフ・J.
㊚「「ダメ人間」返上プログラム」花風社　2002

Luciani, Roberto ルチアーニ, ロベルト
㊚「ルンピ・ルンピ」集英社　2012

Luciano ルシアーノ
㊚ブラジル　サッカー選手

Lucien, Devin ルシエン, デビン
㊚アメリカ　アメフト選手

Lucien Marie de Saint Joseph ルシアン・マリー
㊚「十字架の聖ヨハネ詩集」新世社　2003

Lucie-Smith, Edward ルーシー＝スミス, エドワード
㊚「ロートレック」西村書店東京出版編集部　2011

Lucille, Francis ルシール, フランシス
㊚「今, 永遠であること」ナチュラルスピリット　2016

Lučin, Šime ルチン, シメ
㊚クロアチア　内相

Lucinschi, Petru ルチンスキー, ペトル
㊚モルドバ　大統領

Lúcio ルシオ
1978～　㊚ブラジル　サッカー選手　本名＝フェレイラ, ルシマール・ダ・シウバ〈Ferreira, Lucimar da Silva〉　㊚ルッシオ

Luck, Andrew ラック, アンドリュー
㊚アメリカ　アメフト選手

Luck, Frank ルック
㊚ドイツ　バイアスロン選手

Lucke, Bernd ルッケ, ベルント
1962～　㊚ドイツ　経済学者, 政治家　ハンブルク大学教授, ドイツのための選択肢（AfD）創設者　㊚ユーロ問題

Lucke, Deb ラッキ, デブ
㊚「ハックションあれッ??」BL出版　2011

Lucken, Micael リュケン, ミカエル
1969～　㊚フランス　日本美術研究家　フランス国立東洋言語文化研究院（INALCO）教授

Luckett, Cavellis ラケット, キャベリス
㊚アメリカ　アメフト選手

Luckett, Roy ラケット, ロイ
㊚「ヴィンテージ・メンズウェア」スペースシャワーブックス, スペースシャワーネットワーク（発売）　2013

Luckevich, Michael ルーコヴィッチ, マイケル
　㊋「意思決定を支えるビジネスインテリジェンス」日経BPソフトプレス, 日経BP出版センター（発売）　2007
Luckey, Palmer ラッキー, パーマー
　起業家, オキュラスVR創業者
Luckey, Thomas D. ラッキー, T.D.
　1919～ ㊋「放射能を怖がるな！」日新報道　2011
Luckmann, Thomas ルックマン, トーマス
　1927～ ㊋「生活世界の構造」筑摩書房　2015
Luckovich, Mike ロコヴィッチ, マイク
　㊌アメリカ　ピュリッツァー賞 ジャーナリズム 漫画（2006年）
Lucroy, Jonathan ルクロイ, ジョナサン
　㊌アメリカ　野球選手
Lucy, Niall ルーシー, ナイオール
　1956～ ㊋「記号学を超えて」法政大学出版局　2005
Ludacris リュダクリス
　㊌アメリカ　MTVアワード 最優秀新人アーティスト（第27回（2010年））ほか
Ludan, Lilia ルダン
　㊌ウクライナ　リュージュ選手
Ludeman, Gerd リューデマン, G.
　1946～ ㊋「イエスの復活」日本基督教団出版局　2001
Ludeman, Kate ルードマン, ケイト
　㊋「部下の心をつかむセルフ・コーチング」ダイヤモンド社　2009
Lüderitz, Berndt リューデリッツ, ベルント
　1940～ ㊋「歴史でみる不整脈」医学書院　2015
Ludin, Marine ルーディン, マリーネ
　1971～ ㊋「スノーベアとであったひ」鈴木出版　2014
Ludlum, Robert ラドラム, ロバート
　1927～2001 ㊌アメリカ　ミステリー作家　別筆名＝ライダー, ジョナサン
Ludot, Emmanuel リュド, エマニュエル
　㊋「依頼人はサダム・フセイン」ぺんぎん書房　2005
Ludovisi, Livio ルドヴィશ, リヴィオ
　㊌イタリア　元・在イタリア日本国大使館現地職員
Ludu U Hla ルー・ドゥ・ウー・ラ
　㊋「ミャンマーの民話」大田浩　2002
Ludvigsen, Karl E. ルドヴィクセン, カール
　㊋「勝利のエンジン50選」二玄社　2004
Ludvigsen, Svein ルードビクセン, スペイン
　㊌ノルウェー　漁業相　㊗ルードビクセン, スペイン
Ludwig, Bob ルートヴィヒ, ボブ
　グラミー賞 最優秀サラウンド・サウンド・アルバム（2014年（第57回））ほか
Ludwig, Gail ルドウィグ, G.
　㊋「GISで環境学習」古今書院　2002
Ludwig, Joe ラドウィッグ, ジョー
　㊌オーストラリア　農林水産相
Ludwig, Ken ルドウィック, ケン
　アメリカ探偵作家クラブ賞 演劇賞（2012年）　"The Game's Afoot"
Ludwig, Laura ルートビヒ, ラウラ
　㊌ドイツ　ビーチバレー選手　㊗ルドビク
Ludwig, Trudy ラドウィッグ, トルーディ
　㊋「みんなからみえないブライアン」くもん出版　2015
Ludwiger, Illobrand von ルトビガー, イロブラント・フォン
　1937～ ㊋「ヨーロッパのUFO」ブイツーソリューション, 星雲社（発売）　2007
Ludwigm, Bob ルートヴィヒ, ボブ
　グラミー賞 最優秀録音技術アルバム（クラシック以外）（2014年（第57回））　"Morning Phase" マスタリング・エンジニア
Ludz, Ursula ルッツ, ウルズラ
　1936～ ㊋「思索日記」法政大学出版局　2006
Lue, Tyron ルー, テイロン
　㊌アメリカ　クリーブランド・キャバリアーズヘッドコーチ（バスケットボール）
Luecke, Richard A. レッケ, リチャード
　㊋「eBayオークション戦略」ダイヤモンド社　2001
Lueders, Pierre Fritz ルーダーズ, ピエール・フリッツ
　1970～ ㊌カナダ　ボブスレー選手
Luenberger, David G. ルーエンバーガー, デービッド・G.
　1937～ ㊋「金融工学入門」日本経済新聞出版社　2015
Luer, Greg ルアー, グレッグ
　㊌イングランド　サッカー選手
Lueth, Michael Makuei ルース, マイケル・マクエイ
　㊌南スーダン　情報相　㊗ルエス, マイケル・マクエイ

Luftner-Nagel, Susanne ルフトナー・ナーゲル, ズザンネ
　㊋「わかる！乳腺画像診断の要点」メディカル・サイエンス・インターナショナル　2009
Luganskii, Nikolai ルガンスキー, ニコライ
　1972～ ㊌ロシア　ピアニスト
Lugar, Richard Green ルーガー, リチャード
　1932～ ㊌アメリカ　政治家　米国上院議員（共和党）・上院外交委員長　通称＝Lugar, Dick
Luggen, Ann Schmidt ルゲン, アン・シュミット
　㊋「ヘルシー・エイジング」エルゼビア・ジャパン　2007
Luggen, Martin ラッジェン, マーティン
　㊋「科学経営のための実践的MOT」日経BP社, 日経BP出版センター（発売）　2005
Lugira, Aloysius Muzzanganda ルギラ, A.M.
　㊋「アフリカの宗教」青土社　2004
Luglio, Radha C. ルーリオ, ラダ・C.
　㊋「タントラライフ」和尚エンタープライズジャパン　2003
Lugo, Dawel ルーゴ, ダーウェル
　㊌ドミニカ共和国　野球選手
Lugo, Fernando ルゴ, フェルナンド
　1951～ ㊌パラグアイ　政治家, 元カトリック司教　パラグアイ大統領　本名＝ルゴ・メンデス, フェルナンド〈Lugo Méndez, Fernando Armindo〉
Lugo, Seth ルーゴ, セス
　㊌アメリカ　野球選手
Lugo Cabrera, Yasmany Daniel ルゴカブレラ, ヤスマニー ダニエル
　㊌キューバ　レスリング選手
Lugo Méndez, Fernando ルゴ・メンデス, フェルナンド
　㊌パラグアイ　大統領
Lugrin, Lisa リュグラン, リザ
　アングレーム国際漫画祭 新人賞（Révélation賞）（2015年）　"Yekini, Le Roides Arènes"
Luhaka, Thomas ルハカ, トマ
　㊌コンゴ民主共和国　インフラ・公共事業・復興相　㊗ルアカロセンジャ, トマ
Luhmer, Klaus S.J. ルーメル, クラウス
　1916～2011 ㊌ドイツ　上智大学名誉教授, 上智学院理事長　㊋西洋教育史
Luhn, Achim ルーン, アキム
　㊋「サービス・サイエンスの展開」生産性出版　2009
Luhnow, Jeff ルノー, ジェフ
　1966～ ㊌アメリカ　ヒューストン・アストロズGM　㊗ルーノー, ジェフ
Luhr, James F. ルール, ジェームス・F.
　㊋「地球大図鑑」ネコ・パブリッシング　2005
Luhrmann, Baz ラーマン, バズ
　1962～ ㊌オーストラリア　映画監督, 演出家, 俳優　本名＝Luhrmann, Bazmark Anthony
Luhrs, Janet ルーアズ, ジャネット
　㊋「シンプルライフ・シンプルラブ」ヴォイス　2001
Luhtanen, Leena ルフタネン, レーナ
　㊌フィンランド　法相
Luhut, Panjaitan ルフット・パンジャイタン
　㊌インドネシア　調整相（海事）
Lui, Che-woo ロイ・チーウォー
　㊌香港　実業家　漢字名＝呂志和
Lui, Tuck Yew ルイ・タックユー
　㊌シンガポール　運輸相　漢字名＝呂徳耀
Luialamo, George ルイアラモ, ジョージ
　㊌ソロモン諸島　水産・海洋資源相
Luik, Juri ルイク, ユーリ
　㊌エストニア　国防相
Luikart, T.S. ルイカート, T.S.
　㊋「魔術の書：レルム・オヴ・ソーサリー」ホビージャパン　2008
Luis, Jone ルイス, ジョネ
　㊌モザンビーク　教育相
Luis, Vincent ルイ, バンサン
　㊌フランス　トライアスロン選手
Luisada, Jean-Marc ルイサダ, ジャン・マルク
　1958～ ㊌フランス　ピアニスト
Luis Alberto ルイス・アルベルト
　㊌スペイン　サッカー選手
Luisao ルイゾン
　㊌ブラジル　サッカー選手
Luiselli, James K. ルイセリー, ジェームズ・K.

著「挑戦的行動の先行子操作」二瓶社 2001
Luis Enrique ルイス・エンリケ
1970〜 国スペイン サッカー監督, 元サッカー選手 本名＝マルチネス・ガルシア, ルイス・エンリケ〈Martinez Garcia, Luis Enrique〉
Luis Fabiano ルイス・ファビアーノ
1980〜 国ブラジル サッカー選手 本名＝Clemente, Luis Fabiano
Luis Hernandez ルイス・エルナンデス
国スペイン サッカー選手
Luisi, Fabio ルイジ, ファビオ
1959〜 国イタリア 指揮者 チューリヒ歌劇場音楽総監督, メトロポリタン歌劇場首席指揮者 異ルイージ, ファビオ
Luisi, Pier Luigi ルイージ, ピエル・ルイジ
著「創発する生命」NTT出版 2009
Luisinho ルイジーニョ
国ポルトガル サッカー選手
Luisotti, Nicola ルイゾッティ, ニコラ
1961〜 国イタリア 指揮者, ピアニスト サンフランシスコ・オペラ音楽監督, 東京交響楽団首席客演指揮者
Luistro, Armin ルイストロ, アルミン
国フィリピン 教育相
Luiten, Joost ルイテン, フースト
国オランダ ゴルフ選手
Luitzen, Jan ラウツェン, ヤン
1960〜 著「クライフ公認「トータル」フットボーラーの全貌」東邦出版 2009
Luiz, Fernando ルイス, フェルナンド
著「いろいろきしゃぽっぽ」大日本絵画〔2009〕
Luiz Adriano ルイス, アドリアーノ
1987〜 国ブラジル サッカー選手 本名＝Luiz Adriano De Souza Da Silva
Luiz Gustavo ルイス・グスタヴォ
国ブラジル サッカー選手
Lujambio Irazábal, Alonso ルハンビオ・イラサバル, アロンソ
国メキシコ 教育相
Luján, Jorge ルハン, ホルヘ
著「わんわんスリッパ」ワールドライブラリー 2016
Lujās, Juris ルヤンス, ユリス
国ラトビア 経済相
Luka, Faimalaga ルカ, ファイマラガ
国ツバル 総督
Lukačič, Marija ルカチッチ, マリヤ
国スロベニア 農林食料相
Lukács, Ervin ルカーチ, エルヴィン
1928〜2011 国ハンガリー 指揮者 ハンガリー国立交響楽団音楽監督
Lukacs, John ルカーチ, ジョン
1924〜 国アメリカ 歴史学者 本名＝Lukacs, John Adalbert
Lukaku, Jordan ルカク, ジョルダン
国ベルギー サッカー選手
Lukaku, Romelu ルカク, ロメル
国ベルギー サッカー選手
Lukantsov, Evgenii ルカンツォフ, エフゲニー
国ロシア カヌー選手
Lukas, Jan ルカス, ヤン
1915〜2006 著「プラハカフカの街」成文社 2008
Lukas, Patryk ルーカス, パトリク
1960〜 著「しあわせなブタ」ほるぷ出版 2006
Lukas, Tõnis ルカス, トニス
国エストニア 教育科学相
Lukash, Olena ルカシュ, オレーナ
国ウクライナ 閣僚会議相
Lukashenko, Aleksandr ルカシェンコ, アレクサンドル
1954〜 国ベラルーシ 政治家 ベラルーシ大統領 異ルカシェンコ, アレクサンドル
Lukashenko, Alexander G. ルカシェンコ, アレクサンドル・G.
国ベラルーシ 大統領
Lukashenko, Volodymyr ルカシェンコ
国ウクライナ フェンシング選手
Lukashov, Sleksandr V. ルカショフ, アレクサンドル・V.
国ベラルーシ 運輸相
Lukeman, Josh リュークマン, ジョッシュ
著「トレードの教典」パンローリング 2011
Lukeman, Noah リュークマン, ノア
著「プロになるための文章術」河出書房新社 2001

Lukeš, Milan ルケシュ, ミラン
1933〜2007 国チェコ チェコ文化相, カレル大学教授, プラハ国立劇場芸術総監督 演劇
Lukhele, Stella ルケレ, ステラ
国スワジランド 観光・環境・通信相 異ルケーレ, ステラ
Lukic, Sasa ルキッチ, サーシャ
国セルビア サッカー選手
Lukin, Vladimir Petrovich ルキン, ウラジーミル
1937〜 国ロシア 政治家 ロシア人権委員会代表 ロシア下院議員・副議長, 駐米ロシア大使 異ルーキン
Lukita, Enggartiasto ルキタ, エンガルティアスト
国インドネシア 貿易相
Lukman, Hakim Saifudin ルクマン・ハキム・サイフディン
国インドネシア 宗教相
Lukman, Rilwanu ルクマン, リルワヌ
国ナイジェリア 石油相
Lukomnik, Jon ルコムニク, ジョン
著「新たなる資本主義の正体」ランダムハウス講談社 2008
Lukomski, Judith ルコムスキー, ジュディス
著「エンジェル・クリスタル・セラピー」ダイヤモンド社 2012
Lukonde Kyenge, Sam ルコンデ・キエンゲ, サム
国コンゴ民主共和国 青年・スポーツ・レジャー相
Lukovac, Branko ルコバツ, ブランコ
国モンテネグロ 外相
Lukowski, Jerzy ルコフスキー, イェジ
著「ポーランドの歴史」創土社 2007
Lukšić, Igor ルクシッチ, イゴル
1976〜 国モンテネグロ 政治家 モンテネグロ首相 異ルクシチュ, イゴル
Lukther, Steve ルカサー, スティーブ
1957〜 国アメリカ ロック・ギタリスト
Lukuvi, William ルクヴィ, ウィリアム
国タンザニア 土地・人間居住開発相
Lukyanenko, Evgeniy ルキャネンコ
国ロシア 陸上選手
Lukyanenko, Sergey ルキヤネンコ, セルゲイ
1968〜 著「デイ・ウォッチ」バジリコ 2007
Lula da Silva, Luiz Inácio ルラ・ダ・シルバ, ルイス・イナシオ
1945〜 国ブラジル 政治家 ブラジル労働党(PT)名誉党首 ブラジル大統領 愛称＝ルラ〈Lula〉 異ルラ・ダシルバ, ルイス・イナシオ／ルーラ, ルイス・イナシオ／ルラ, ルイス・イナシオ／ルーラ・ダ・シルヴァ, ルイス・イナシオ
Lu Lay Sreng ル・ライ・スレーン
国カンボジア 副首相兼地域開発相 異ル・ライスレーン
Lul Gatkuoth, Ezekiel ルル・ガトクオス, エゼキエル
国南スーダン 石油相
Lulic, Senad ルリッチ, セナド
国ボスニア・ヘルツェゴビナ サッカー選手
Lüllmann, Heinz ルールマン, ハインツ
「カラー図解これならわかる薬理学」メディカル・サイエンス・インターナショナル 2012
Lum, Kate ラム, ケイト
著「あらまっ!」小学館 2004
Lumanu, Adolphe ルマヌ, アドルフ
国コンゴ民主共和国 議会関係相
Lumbala, Roger ルンバラ, ロジェ
国コンゴ民主共和国 貿易相
Lumbi, Pierre ルンビ, ピエール
国コンゴ民主共和国 インフラ・公共事業相
Lumet, Sidney ルメット, シドニー
1924〜2011 国アメリカ 映画監督
Luminati, Michele ルミナティ, ミケレ
1960〜 著「ヨーロッパ史のなかの裁判事例」ミネルヴァ書房 2014
Lumley, Brian ラムレイ, ブライアン
1937〜 国イギリス 怪奇小説作家
Lummis, Adair T. ルミス, A.
著「わたしの居場所はどこ?」教文館 2009
Lummis, Douglas ラミス, ダグラス
1936〜 著「ガンジーの危険な平和憲法案」集英社 2009
Lumpkin, Peggy ランプキン, ペギー
1948〜 著「ステップキンと7つの家族」太郎次郎社エディタス 2006
Lumpkin, Ricky ランプキン, リッキー
国アメリカ アメフト選手
Lumpkin, Susan ランプキン, スーザン

[著]「猛獣と捕食者」 昭文社 2008
Lumsden, Thomas ルムスデン, トーマス
[国]スウェーデン 元・在ヨーテボリ日本国名誉総領事
Lumsdon, Les ラムズドン, レス
[著]「観光のマーケティング」 多賀出版 2004
Lumumba, Juliana ルムンバ, ジュリアナ
[国]コンゴ民主共和国 文化芸術相
Lun, Desmond Sui ラン, デズモンド・S.
1979〜 [著]「ネットワークコーディング」 東京電機大学出版局 2010
Luna, Antonio ルナ, アントニオ
[国]スペイン サッカー選手
Luna, Audrey ルナ, オードリー
グラミー賞 最優秀クラシック・オペラ録音(2013年(第56回)) "Adès: The Tempest" ソリスト
Luna, Bigas ルナ, ビガス
1946〜2013 [国]スペイン 映画監督
Luna, Bigasu ルナ, ビガス
[著]「裸のマハ」 徳間書店 2002
Luna, Diego ルナ, ディエゴ
1979〜 俳優 本名=Luna Alexander, Diego
Luna, Ian ルナ, イアン
[著]「SONY DESIGN」 日経ナショナルジオグラフィック社, 日経BPマーケティング(発売) 2016
Luna, Jashia ルナ
[国]メキシコ 飛び込み選手
Luna, J.J. ルナ, J.J.
[著]「完全に行方をくらます法」 はまの出版 2001
Luna, Julio ルナ
[国]ベネズエラ 重量挙げ選手
Luna Fernández, Juan José ルナ・フェルナンデス, フアン・ホセ
[国]スペイン プラド美術館18世紀絵画部長
Luna Mendoza, Licardo ルナ・メンドサ, リカルド
[国]ペルー 外相
Lunardi, Pietro ルナルディ, ピエトロ
[国]イタリア 建設・運輸相
Luna Sánchez, David ルナ・サンチェス, ダビド
[国]コロンビア 情報技術・通信相
Luncheon, Roger ランチョン, ロジャー
[国]ガイアナ 大統領府長官
Lund, Eva ルンド
[国]スウェーデン カーリング選手
Lund, Gunnar ルンド, グンナル
[国]スウェーデン 財務担当相
Lund, James P. ルンド, J.P.
[著]「口腔顔面痛」 クインテッセンス出版 2001
Lund, John ランド, ジョン
[著]「ドッグとキャットとトリとほか」 光文社 2003
Lund, Kristin ルンド, クリスティン
[国]ノルウェー 軍人 国連平和維持活動(PKO)軍司令官, ノルウェー陸軍少将
Lund, Nick ランド, ニック
1956〜 [著]「言語と思考」 新曜社 2006
Lund, Sardar Khalid Ahmed Khan ルンド, サルダル・ハリド・アハメド・カーン
[国]パキスタン 国務相
Lund, Zachary ランド
[国]アメリカ スケルトン選手
Lundberg, Paul ランドバーグ, ポール
[著]「指圧」 産調出版 2003
Lundburg, Leila ランドバーグ, リーラ
[著]「フェスティバル・オブ・フラワーズ」 サンーケイ(製作) 2005
Lundby, Maren ルンビー
[国]ノルウェー スキージャンプ選手
Lunde, Ken ランディ, ケン
1965〜 [国]アメリカ コンピューター技術者 日本名=小林剣 [異]ルンデ, K.
Lunde, Paul ランディ, ポール
1943〜 [著]「イスラーム」 ネコ・パブリッシング 2004
Lunde, Per Halvor ルンデ, ペヤ・ハルヴォール
[著]「移動・移乗の知識と技術」 中央法規出版 2005
Lundestad, Geir ルンデスタッド, ゲア
1945〜 [著]「ヨーロッパの統合とアメリカの戦略」 NTT出版 2005
Lundgaard Hansen, Martin ハンセン, ルンドガード
[国]デンマーク バドミントン選手
Lundgren, Dolph ラングレン, ドルフ
1957〜 [国]アメリカ 俳優 [異]ランドグレン, ドルフ
Lundgren, Gunilla ルンドグレーン, グニッラ
1942〜 [著]「ラミッツの旅」 さ・え・ら書房 2016
Lundgren, Tobias ランドグレン, トビアス
[著]「アクセプタンス&コミットメント・セラピー実践ガイド」 明石書店 2014
Lundholm, Russell James ランドホルム, ラッセル
[著]「企業価値評価」 マグロウヒル・エデュケーション, 日本経済新聞出版社(発売) 2015
Lundin, Stephen C. ランディン, スティーヴン・C.
1941〜 [著]「職場をしあわせにするウブントゥ」 早川書房 2010
Lundquist, Matthew ルンドクウィスト, マシュー
[著]「インプロをすべての教室へ」 新曜社 2016
Lundqvist, Therese ルンドクビスト
[国]スウェーデン 射撃選手
Lundwe, Gradys ルンドゥウェ, グラディス
[国]ザンビア 国土相
Lundy, Miranda ランディ, ミランダ
[著]「幾何学の不思議」 創元社 2011
Lung, Kong ロン・コン
1935〜2014 [国]香港 映画監督, 俳優 漢字名=龍剛, 英語名=ロン, パトリック〈Lung, Patrick〉 [異]ロン・ガン
Lunge-Larsen, Lise ルンガ-ラーセン, リーザ
[著]「雪原の勇者」 BL出版 2004
Lungu, Edgar ルング, エドガー
1956〜 [国]ザンビア 政治家 ザンビア大統領 本名=Lungu, Edgar Chagwa
Lungu, Mkhondo ルング, ムコンド
[国]ザンビア 内相
Lungwangwa, Geoffrey ルングワングワ, ジョフリー
[国]ザンビア 通信・運輸相
Lunkina, Svetlana ルンキナ, スヴェトラーナ
1979〜 [国]ロシア バレリーナ カナダ国立バレエ団プリンシパル [異]ルンキナ, スベトラーナ
Lun Maung ルン・マウン
[国]ミャンマー 首相府相
Lunn, Gayry ルン, ギャリー
[国]カナダ 天然資源相
Lunn, Martin ラン, マーティン
[著]「ダ・ヴィンチ・コード・デコーデッド」 集英社 2006
Lunney, Margaret ラニー, マーガレット
[著]「事例に基づく看護診断の正確性の検証」 コメディカルエディター, ブレーン出版(発売) 2002
Luns, Joseph Marie Antoine Hubert ルンス, ヨセフ
1911〜2002 [国]オランダ 外交官, 政治家 北大西洋条約機構(NATO)事務総長, オランダ外相 [異]ルンス, ヨゼフ
Lunsford, John ランスフォード, ジョン
[国]アメリカ アメフト選手
Lunsford, Seleste E. ランスフォード, セレステ
[著]「最強の営業組織7つの戦略」 ダイヤモンド社 2005
Lun Thi ルン・ティ
[国]ミャンマー エネルギー相
Luntz, Frank I. ランツ, フランク・I.
[著]「勝つ人はなぜ、「この言葉」を使うのか?」 サンマーク出版 2014
Luo, Nkandu ルオ, カンドゥ
[国]ザンビア ジェンダー・小児発達担当相 [異]ルオ, ヌカンドゥ
Luo, Ying ルオ・イン
1956〜 [国]中国 詩人 漢字名=駱英
Lú Olo ル・オロ
1954〜 [国]東ティモール 政治家, 独立運動家 東ティモール独立革命戦線(フレティリン)党首 東ティモール国会議長 本名=グテレス, フランシスコ〈Guterres, Francisco〉 [異]グテレス, ルオロ / ルオロ
Luoma, Jayson ルオマ, ジェイソン
[異]ルオマ, ジェイソン・B. [著]「アクセプタンス&コミットメント・セラピー実践ガイド」 明石書店 2014
Luong, Hy V. ルオン, ハイ・V.
[著]「ベトナム」 ほるぷ出版 2009
Luong, Tran Due ルオン, チャン・ドク
[国]ベトナム 大統領(国家主席)
Luongo, Roberto ルオンゴ, ロベルト
1979〜 [国]カナダ アイスホッケー選手
Lupano, Wilfrid リュパノ, ウィルフリッド

L

アングレーム国際漫画祭 キュルチュラ読者賞 (2015年) ほか
Lupetey, Yurisleydis ルペテイ
[国]キューバ 柔道選手
Lupi, Carlos ルピ, カルロス
[国]ブラジル 労働・雇用相
Lupi, Maurizio ルーピ, マウリツィオ
[国]イタリア インフラ・運輸相
Lupia, Arthur ルピア, アーサー
1964～ [著]「民主制のディレンマ」 木鐸社 2005
Lupica, Mike ルピカ, マイク
[著]「真夏のマウンド」 あかね書房 2010
Lupo, Daniele ルポ, ダニエレ
[国]イタリア ビーチバレー選手 [異]ルポ
Lupo, Jośe Luis ルポ, ホセ・ルイス
[国]ボリビア 蔵相
Lupoff, Richard A. ルポフ, リチャード・A.
1935～ [著]「ここがウィネトカなら、きみはジュディ」 早川書房 2010
LuPone, Patti ルポーン, パティ
グラミー賞 最優秀クラシック・アルバム (2008年 (第51回)) ほか
Lupton, Ellen ラプトン, エレン
[著]「万人のためのデザイン」 ビー・エヌ・エヌ新社 2015
Lupton, Rosamund ラプトン, ロザムンド
[著]「さよなら、そして永遠に」 エンジン・ルーム, 河出書房新社 (発売) 2014
Lupton, Simon ラプトン, サイモン
[著]「ア・ライフ、イン・ヒズ・オウン・ワーズ」 シンコーミュージック・エンタテイメント 2007
Lupu, Marian Ilie ルプ, マリアン
1966～ [国]モルドバ 政治家 モルドバ国会議長・大統領代行
Lupu, Radu ルプー, ラドゥ
1945～ [国]ルーマニア ピアニスト
Lupunga, Dawson ルプンガ, ドーソン
[国]ザンビア 地域開発・社会福祉相
Luraghi, Silvia ルラギ, シルヴィア
1958～ [著]「統語論キーターム事典」 開拓社 2016
Lurel, Victorin リュレル, ビクトラン
[国]フランス 海外領土相
Lurie, Alan J. ルーリー, アラン
1958～ [著]「ユダヤ人エグゼクティブ「魂の朝礼」」 徳間書店 2010
Lurie, Alison ルーリー, アリソン
1926～ [著]「永遠の少年少女」 晶文社 2004
Lurie, Morris ルーリー, モリス
1938～2014 [国]オーストラリア 作家
Lury, Giles ルーリー, ジャイルズ
[著]「社長のための世界の朝礼ネタ集」 ヒカルランド 2014
Lurz, Thomas ルルツ
[国]ドイツ 競泳選手
Lusch, Christian ルシュ
[国]ドイツ 射撃選手
Lusch, Robert F. ラッシュ, ロバート・F.
[著]「サービス・ドミナント・ロジックの発想と応用」 同文舘出版 2016
Luscombe, David Edward ラスカム, デービッド
1938～ [国]イギリス 歴史学者 シェフィールド大学名誉教授 [異]ラスカム, デイヴィッド
Lusibaea, Jimmy ルシバエア, ジミー
[国]ソロモン諸島 社会基盤相
Lusinchi, Jaime ルシンチ, ハイメ
1924～2014 [国]ベネズエラ 政治家, 小児科医 ベネズエラ大統領
Lusk, Ewing ラスク, ユーイング
[著]「実践MPI-2」 ピアソン・エデュケーション 2002
Lusk, Linda ラスク, リンダ
[著]「楽典・楽譜の書き方」 ヤマハミュージックメディア 2015
Luskin, Frederic ラスキン, フレッド
[著]「「あの人のせいで…」をやめると人生はすべてうまくいく!」 ダイヤモンド社 2004
Lusona, Kalema ルソナ, カレマ
[国]コンゴ民主共和国 エネルギー相
Lussier, David ルシエ, デビッド
[著]「鎮痛補助薬 (アジュバント) ガイド」 春秋社 2011
Lussón Batlle, Antonio Enrique ルソン・バトレ, アントニオ・エンリケ
[国]キューバ 閣僚評議会副議長
Lust, Ulli リュスト, ユーリ
アングレーム国際漫画祭 新人賞 (Révélation賞) (2011年) “Trop n'est pas assez” 〈ça et là〉
Lustbader, Eric Van ラストベーダー, エリック・ヴァン
[著]「ボーン・サンクション」 ゴマブックス 2009
Lustbader, Wendy ラストベーダー, ウェンディ
[著]「人生で学んだ一番大切なこと。」 PHP研究所 2003
Lustberg, Arch ラストバーグ, アーチ
[著]「なぜ、この話し方だと成功するのか」 PHP研究所 2002
Lustenberger, Fabian ルステンベルガー, ファビアン
[国]スイス サッカー選手
Lustgarten, Abrahm ラストガーテン, アブラム
[著]「チベット侵略鉄道」 集英社 2008
Lustig, Arnost ルスティク, アルノシュト
1926～2011 [国]アメリカ 作家, 文学者 アメリカン大学名誉教授
Lustig, Theodore ラスティグ, シオドア
[著]「ポール・オースターが朗読するナショナル・ストーリー・プロジェクト」 アルク 2005
Lustiger, Jean-Marie ルスティジェ, ジャン・マリ・アーロン
1926～2007 [国]フランス カトリック枢機卿 パリ大司教
***al*-Lutayyif, Ammar Mabruk** ルタイーフ, アンマル・マブルク
[国]リビア 観光書記 (観光相) [異]アル・ルタイーフ, アンマル・アブルク
Lutchmeenaraidoo, Seetanah リュチュミーナライド, シータナ
[国]モーリシャス 外務・地域統合・国際貿易相 [異]リュチュミーンアライドゥ, シータナ
Lute, Jane Holl ルート, ジェーン・ホール
[国]アメリカ 国連事務次長補 (平和維持活動担当)
Lutens, Serge ルタンス, セルジュ
1942～ [著]「セルジュ・ルタンス…」 資生堂企業文化部, 求竜堂 (発売) 2005
Lutfi, Amir Husni ルトフィ, アミル・フスニ
[国]シリア 経済・通商相
Lutfi, Mustafa ラトフィ, ムスタファ
[国]モルディブ 観光相
Lutfiu, Pishtar ルトフィウ, ピシュタル
[国]マケドニア 教育・科学相
Lüth, Hans リュート, H.
[著]「固体物理学」 シュプリンガー・ジャパン 2008
Luthe, Andreas ルーテ, アンドレアス
[国]ドイツ サッカー選手
Luthersdottir, Hrafnhildur ルテルスドティル, フラフニルドル
[国]アイスランド 水泳選手
Luthfee, Musthafa ルトゥフィー, ムスタファ
[国]モルディブ 教育相
Luthi, Max リューティ, マックス
[著]「民間伝承と創作文学」 法政大学出版局 2001
Luthringer, Mélisande ラスリンガー, メリザンド
[著]「たのしいいろのえほん」 大日本絵画 〔2014〕
Luti, Claudio ルティ, クラウディオ
1946～ [国]イタリア 実業家 カルテルオーナー・CEO
Lütjen-Drecoll, Elke リュッチエン‐ドゥレコール, E.
[異]リューティエン=ドレコール, E. [著]「解剖学カラーアトラス」 医学書院 2007
Lutkin, Tim ラトキン, ティム
ローレンス・オリヴィエ賞 照明デザイン賞 (2014年 (第38回)) “Chimerica”
Lutnick, Howard ラトニック, ハワード
[国]アメリカ 実業家 キャンター・フィッツジェラルド会長・CEO
Lutsenko, Yuriy ルツェンコ, ユーリー
[国]ウクライナ 内相
Lüttichau, Chris ルティチャウ, クリス
[著]「アニマルスピリットガイド」 ガイアブックス, 産調出版 (発売) 2010
Luttinger, Nina ラティンジャー, ニーナ
[著]「コーヒー学のすすめ」 世界思想社 2008
Luttke, Gerhard ルトケ, ゲアハルト
[著]「スポーツ筋損傷 診断と治療法」 ガイアブックス 2014
Luttman, Robert J. ラットマン, ロバート・J.
[著]「初心者のためのクリティカルパスバリアンス・マネジメントガイド」 ビイング・ネット・プレス, 星雲社 (発売) 2003
Luttrell, Marcus ラトレル, マーカス
[著]「アフガン、たった一人の生還」 亜紀書房 2009
Luttwak, Edward Nicolae ルトワク, エドワード

1942~ 国アメリカ 国際政治学者,歴史家,経済学者 米国戦略国際問題研究所(CSIS)上級アドバイザー 国際軍事戦略問題,中東問題 圏リュトバク,エドワード / ルトワック,エドワード
Lutui, Aleki ルツイ,アレキ
　国トンガ ラグビー選手
Lutukuta, Gilberto Buta ルトゥクタ,ジルベルト・ブタ
　国アンゴラ 農業・地方開発相
Luty, Tadeusz Michal ルーティー,タデウシュ ミハエル
　書「光誘起構造相転移」共立出版 2016
Lutz, Christel ルッツ,クリステル
　書「ヒルガードの心理学」金剛出版 2015
Lutz, Joe ルッツ,ジョー
　1925~2008 国アメリカ 元・プロ野球監督,元・野球選手 本名=Lutz, Rollin Joseph
Lutz, John ラッツ,ジョン
　1939~ 書「フィリップ・マーロウの事件」早川書房 2007
Lutz, Lisa ラッツ,リサ
　国アメリカ 作家,脚本家 圏ミステリー,ユーモア
Lutz, Mark ルッツ,マーク
　書「初めてのPython」オライリー・ジャパン,オーム社(発売) 2004
Lutz, Robert A. ラッツ,ロバート
　1932~ 国アメリカ 実業家 ゼネラル・モーターズ(GM)副会長,クライスラー副会長 通称=ラッツ,ボブ〈Lutz, Bob〉 圏ルッツ,ロバート
Lutz, Tom ルッツ,トム
　1953~ 書「働かない」青土社 2006
Lutz, Will ラッツ,ウィル
　国アメリカ アメフト選手
Lutz-Bachmann, Matthias ルッツ=バッハマン,マティアス
　書「人権への権利」大阪大学出版会 2015
Lützeler, Paul Michael リュツェラー,パウル・ミヒャエル
　1943~ 書「ヘルマン・ブロッホの生涯」法政大学出版局 2002
Lutzenberger, Jose ルツェンベルガー,ジョゼ
　1926~2002 国ブラジル 環境保護運動指導者 ガイア財団創設者,ブラジル環境担当特別補佐官
Luu, Uong Chu リュウ,ウオン・チュー
　国ベトナム 法相 圏リュウ,ウォン・チュー
Luukkonen, Monika ルーッコネン,モニカ
　1971~ 書「フィンランド人が教えるほんとうのシンプル」ダイヤモンド社 2016
Luusua, Tapio ルースア
　国フィンランド フリースタイルスキー選手
Luveni, Jiko ルベニ,チコ
　国フィジー 女性・社会福祉・貧困対策相
Luvsandorzhiin Ölziitögs ロブサンドルジーン・ウルズィートゥグス
　書「モンゴル近現代短編小説選」パブリック・ブレイン 2013
Luwawu, Timothe ルワワ,ティモテ
　国フランス バスケットボール選手
Lux, Amelie ルクス
　国ドイツ セーリング選手
Lux, German ルクス,ヘルマン
　国アルゼンチン サッカー選手
Lux, Loretta ラックス,ロレッタ
　1969~ 書「ロレッタ・ラックス」青幻舎 2005
Lux, Lucien リュックス,リュシアン
　国ルクセンブルク 環境相兼運輸相 圏ルックス,ルシアン
Lux, Otilia ルクス,オティリア
　国グアテマラ 文化相
Luxbacher, Irene ルックスバーカー,アイリーン
　1970~ 書「おじいちゃんとテオのすてきな庭」あすなろ書房 2009
Luxenberg, Jay ルクセンバーグ,ジェイ
　書「老化の生命科学」アークメディア 2007
Luyendijk, Joris ライエンダイク,ヨリス
　1971~ 書「こうして世界は誤解する」英治出版 2011
Luyet, Claude リュエ,クロード
　国スイス ザグレブ国際アニメーション映画祭 子ども向け作品コンペティション 審査員スペシャルメンション(2008年) "Animatou"
Luyet, Ronald J. リュエット,ロナルド・J.
　書「コラボレーションの極意」春秋社 2005
Luyten, Joseph Maria ルイテン,ジョゼフ・M.
　1941~ 書「ブラジル民衆本の世界」御茶の水書房 2004
Luz, Jucelino Nobrega da ルース,ジュセリーノ・ノーブレガ・ダ
　1960~ 書「リアル・シークレット」ソフトバンククリエイティブ 2009
Luz, Nuno ルス,ヌーノ
　書「モウリーニョ成功の秘密」実業之日本社 2012
Luz, Ulrich ルツ,ウルリヒ
　1938~ 書「EKK新約聖書註解」教文館 2009
Luzhkov, Yurii Mikhailovich ルシコフ,ユーリー
　1936~ 国ロシア 政治家 モスクワ市長,ロシア上院議員 圏ルシュコフ,ユーリー
Luzi, Mario ルーツィ,マリオ
　1914~2005 国イタリア 詩人,評論家,翻訳家 圏ルーツィ,マリオ / ルツィ,マリオ
Luzzatto, Sergio ルッツァット,セルジョ
　1963~ 書「反ファシズムの危機」岩波書店 2006
Lwakabamba, Silas ルワカバンバ,サイラス
　国ルワンダ 教育相
Lwanghy, Celestin ルワンヒ,セレスタン
　国コンゴ民主共和国 公務員相
Lwenge, Gerson ルウェンゲ,ジャーソン
　国タンザニア 水・灌漑相
Lyadova, Yelena リャドワ,エレナ
　モスクワ国際映画祭 銀賞 最優秀女優賞(第37回(2015年)) "Orleans"(ロシア)
Lyakh, Ivan A. リャフ,イワン・A.
　国ベラルーシ 労働相
Lyakhovych, Tetyana リャホビッチ
　国ウクライナ 陸上選手
Lyall, Gavin ライアル,ギャビン
　1932~2003 国イギリス 冒険作家 圏ライアル,ギャヴィン
Lyall, John ライアル,ジョン
　?~2006 国イギリス サッカー監督 圏リャル,ジョン
Lyambabaje, Alexandre リャンババジェ,アレクサンドル
　国ルワンダ 商工観光相 圏リャンババイエ,アレクサンドル
Lybacka, Krystyna ウィバツカ,クリスティナ
　国ポーランド 教育相
Ly-bakayoko, Ramata リ・バカヨコ,ラマタ
　国コートジボワール 高等教育・科学研究相
Lycan, William G. ライカン,W.G.
　書「言語哲学」勁草書房 2005
Lyda, Kevin リーダ,ケビン
　書「標準Red Hat Linuxリファレンス」インプレス,インプレスコミュニケーションズ(発売) 2001
Lyden, Jacki ライデン,ジャッキ
　書「シバの女王の娘」晶文社 2008
Lydiard, Arthur リディアード,アーサー
　1917~2004 国ニュージーランド 陸上コーチ 本名=リディアード,アーサー・レズリー〈Lydiard, Arthur Leslie〉
Lydiard, R.Bruce リディアード,R.ブルース
　書「不安障害」日本評論社 2005
Lydiate, Dan リディエイト,ダン
　国ウェールズ ラグビー選手
Lydon, John ライドン,ジョン
　1956~ 書「ジョン・ライドン新自伝」シンコーミュージック・エンタテイメント 2016
Lydon, Michael ライドン,マイケル
　書「ロック・デイズ 1964-1974」バジリコ 2007
Lydon, Nicholas B. ライドン,ニコラス
　1957~ 国アメリカ 生化学者 ブループリントメディスン社創立者 圏がん研究
Lydon, Tyler ライドン,タイラー
　国アメリカ バスケットボール選手
Lyga, Barry ライガ,バリー
　1971~ 国アメリカ 作家 圏ヤングアダルト,文学
Lygo, Raymond Derek ライゴ,レイモンド
　1924~2012 国イギリス 実業家 ブリティッシュ・エアロスペース社長
Lykawka, Patryk Sofia リカフィカ,パトリック・ソフィア
　書「太陽系に未知の『惑星X』が存在する!」講談社 2008
Lykin, Dmitri ルイキン
　国ロシア 射撃選手
Lykken, David T. リッケン,ダビッド・T.
　書「サイコパシー・ハンドブック」明石書店 2015
Lykketoft, Mogens リュケトフト,モーゲンス
　国デンマーク 外相
Lyle, John ライル,ジョン

L

[著]「コーチと選手のためのコーチング戦略」 八千代出版 2008
Lyle, Sue ライル, スー
[著]「グローバル・ティーチャーの理論と実践」 明石書店 2011
Lyles, Jordan ライルズ, ジョーダン
[国]アメリカ 野球選手
Lyles, Kevin ライルズ, ケヴィン
[著]「ヴェトナム戦争米軍軍装ガイド」 並木書房 2003
Lyles, Richard I. ライルズ, ディック
[著]「人生に小さな奇跡を起こす4つの習慣」 ソフトバンクパブリッシング 2004
Lyles, Trey ライルズ, トレイ
[国]カナダ バスケットボール選手
Lyman, Arthur ライマン, アーサー
?～2002 [国]アメリカ ミュージシャン
Lyman, Edwin Stuart ライマン, エドウィン
[著]「実録FUKUSHIMA」 岩波書店 2015
Lyman, Howard F. ライマン, ハワード・F.
[著]「まだ、肉を食べているのですか」 三交社 2002
Lymbery, Philip リンベリー, フィリップ
[著]「ファーマゲドン」 日経BP社, 日経BPマーケティング(発売) 2015
Lympany, Moura リンパニー, モーラ
1916～2005 [国]イギリス ピアニスト 本名=ジョンストン, メリー [異]リンパニー, ムーラ
Lyn, Michelle A. リン, ミシェル・A.
[著]「子どもの性虐待に関する医学的評価」 診断と治療社 2013
Lynam, Donald R. ライナム, ドナルド・R.
[著]「サイコパシー・ハンドブック」 明石書店 2015
Lynas, Mark ライナス, マーク
1973～ [著]「+6℃」 ランダムハウス講談社 2008
Lynce, Pedro リンセ, ペドロ
[国]ポルトガル 科学・高等教育相
Lynch, Aaron リンチ, アーロン
[国]アメリカ アメフト選手
Lynch, Anthony W. リンチ, アンソニー・W.
[著]「金融規制のグランドデザイン」 中央経済社 2011
Lynch, Arthur リンチ, アーサー
[国]アメリカ アメフト選手
Lynch, Brian リンチ, ブライアン
グラミー賞 最優秀ラテン・ジャズ・アルバム(2006年(第49回)) "Simpático"
Lynch, Caitrin リンチ, ケイトリン
[著]「高齢者が働くということ」 ダイヤモンド社 2014
Lynch, Cameron リンチ, キャメロン
[国]アメリカ アメフト選手
Lynch, David リンチ, デヴィッド
ヴェネチア国際映画祭 特別功労賞(第63回(2006年)) [異]リンチ, デイヴィッド
Lynch, David リンチ, デービッド
1946～ [国]アメリカ 映画監督, 画家 本名=リンチ, デービッド・キース [異]リンチ, ディヴィッド / リンチ, デイビッド / リンチ, デビッド / リンチ, デヴィッド
Lynch, Eric "Rizen" リンチ, エリック・ライゼン
1978～ [著]「オンラインポーカーで稼ぐ技術」 パンローリング 2012
Lynch, F.William リンチ, F.ウィリアム
[著]「ハッキング対策マニュアル」 ソフトバンクパブリッシング 2003
Lynch, Gerald リンチ, ジェラルド
[著]「ケンブリッジ版カナダ文学史」 彩流社 2016
Lynch, Jane リンチ, ジェーン
エミー賞 プライムタイム・エミー賞 最優秀助演女優賞(コメディシリーズ)(第62回(2010年))ほか
Lynch, Jerry リンチ, ジェリー
1942～ [著]「クリエイティブ・コーチング」 大修館書店 2008
Lynch, John リンチ, ジョン
[著]「科学は歴史をどう変えてきたか」 東京書籍 2011
Lynch, Kermit リンチ, カーミット
[著]「最高のワインを買い付ける」 白水社 2013
Lynch, Loretta Elizabeth リンチ, ロレッタ
1959～ [国]アメリカ 法律家 米国司法長官 米国連邦検事
Lynch, Michael リンチ, マイケル
1948～ [著]「エスノメソドロジーと科学実践の社会学」 勁草書房 2012
Lynch, Noel リンチ, ノエル
[国]バルバドス 観光・国際運輸相 [異]リンチ, ノエル・アンダーソン
Lynch, Patricia リンチ, パトリシア
[著]「限られた資源でできる感染防止」 日本看護協会出版会 2001
Lynch, Patrick リンチ, パトリック
[著]「感染者」 飛鳥新社 2002
Lynch, Patrick J. リンチ, パトリック・J.
1953～ [著]「Webサイトスタイルガイド」 東京電機大学出版局 2004
Lynch, Patrick James リンチ, P.J.
1962～ [著]「おじいちゃんと森へ」 平凡社 2004
Lynch, Paxton リンチ, パクストン
[国]アメリカ アメフト選手
Lynch, Peter S. リンチ, ピーター
1944～ [著]「ピーター・リンチの株の法則」 ダイヤモンド社 2015
Lynch, Richard リンチ, リチャード
1940～2012 [国]アメリカ 俳優
Lynch, Ross リンチ, ロス
1995～ [国]アメリカ 俳優
Lynch, Sarah リンチ, サラ
1975～ [著]「洗練された配色のインテリア」 グラフィック社 2013
Lynch, Scott リンチ, スコット
1978～ [国]アメリカ 作家 [専]SF, ファンタジー
Lynch, Thomas リンチ, トマス
[著]「アメリカミステリ傑作選」 DHC 2003
Lynch, Wayne リンチ, ワイン
[著]「ホッキョクグマ」 東京大学出版会 2014
Lynch, Zack リンチ, ザック
[著]「ニューロ・ウォーズ」 イースト・プレス 2010
Lynch-Ellerington, Mary リンチ・エラリントン, メアリ
[著]「英国ボバース講師会議によるボバース概念」 ガイアブックス 2016
Lyndon, Donlyn リンドン, D.
1936～ [著]「記憶に残る場所」 鹿島出版会 2009
Lynds, Gayle リンズ, ゲイル
[国]アメリカ 作家 [専]ミステリー, スリラー
Lyndsey, Anna リンジー, アンナ
[著]「まっくらやみで見えたもの」 河出書房新社 2016
Lyne, Patricia M. ライン, パトリシア・M.
[著]「コリンズとラインの微生物学実験法」 緑風出版 2013
Lyne, Roderic ライン, ロデリック
[著]「プーチンのロシア」 日本経済新聞社 2006
Lynes, Barbara Buhler ラインズ, バーバラ・ビューラー
1942～ [著]「ジョージア・オキーフとふたつの家」 KADOKAWA 2015
Lynette, Rachel リネット, レイチェル
[著]「超(チョー)ぱっくり口のアンコウとおっかな顔の魚たち」 鈴木出版 2014
Lynn, Barry C. リン, バリー・C.
[著]「つながりすぎたグローバル経済」 オープンナレッジ 2007
Lynn, Cari リン, ケアリー
[著]「マッサージ台のセイウチ」 早川書房 2001
Lynn, Greg リン, グレッグ
[著]「Anytime」 NTT出版 2001
Lynn, Lance リン, ランス
[国]アメリカ 野球選手
Lynn, Lonnie リン, ロニー
アカデミー賞 主題歌賞(第87回(2014年)) 'Glory'(「グローリー/明日(あす)への行進」"Selma")
Lynn, Loretta リン, ロレッタ
グラミー賞 最優秀カントリー・アルバム(2004年(第47回))ほか
Lynn, Matt リン, マット
[国]イギリス 作家, ジャーナリスト [専]ミステリー, スリラー 別名=リン, マシュー〈Lynn, Matthew〉
Lynn, Pamela リン, パメラ
1961～ [著]「臨床看護スキル大全」 ガイアブックス 2016
Lynn, Rebecca リン, レベッカ
投資家, キャンパス・ベンチャーズ・ファンド共同創業者
Lynn, Steven J. リン, スティーヴン・ジェイ
[異]リン, スティーブン・ジェイ [著]「本当は間違っている心理学の話」 化学同人 2014
Lynn, W. リン, W.
[著]「多重人格者の心の内側の世界」 作品社 2003
Lynne, Gillian リン, ジリアン
ローレンス・オリヴィエ賞 協会特別賞(2013年(第37回))
Lyon, Alice リオン, アリス
[著]「ハーブ薬膳クックブック」 産調出版 2004

Lyon, David　ライアン, デービッド
　1948～　⒩カナダ　社会学者　クイーンズ大学社会学部教授　㊆ライアン, デイヴィッド
Lyon, George Ella　リヨン, ジョージ・エラ
　1949～　㊌「どうしてダブってみえちゃうの?」岩崎書店　2011
Lyon, James　ライアン, ジェイムズ
　㊌「バリ島」メディアファクトリー　2003
Lyon, Todd　ライアン, トッド
　㊌「わたしの彼はどんなカレ?」ベストセラーズ　2003
Lyonnet, Monique　リヨネ, モニーク
　㊌「モニーク・リヨネのあたらしいステッチ」カラーフィールド　2008
Lyons, Albert S.　ライオンズ, アルバート・S.
　㊌「図説世界占術大全」原書房　2002
Lyons, Caushaud　ライオンズ, コーショード
　⒩アメリカ　アメフト選手
Lyons, Fergus　リオンズ, ファーガス
　㊌「ヨーロピアンアンティーク大百科」西洋堂　2004
Lyons, John　ライアンズ, ジョン
　㊌「言語と言語学」岩波書店　2013
Lyons, Judith　ライアンズ, ジュディス
　㊌「熱い罠に落ちて」ハーレクイン　2004
Lyons, Laurence S.　ライアンズ, ローレンス・S.
　㊌「リーダーシップ・マスター」英治出版　2013
Lyons, Martyn　ライアンズ, マーティン
　1946～　㊌「世界一素朴な質問、宇宙一美しい答え」河出書房新社　2013
Lyons, Mary　ライアンズ, メアリー
　㊌「セレナーデを君に」ハーパーコリンズ・ジャパン　2016
Lyons, Michelle　ライオンズ, ミシェル
　㊌「ドラゴンマーク」ホビージャパン　2007
Lyons, Nathan　ライアンズ, ネイサン
　㊌「リーダーシップ・マスター」英治出版　2013
Lyons, Nick　ライアンズ, ニック
　㊌「ヘミングウェイ釣り文学傑作集」木本書店　2003
Lyons, Phyllis I.　ライアンズ, フィリス・I.
　㊌「形とシンメトリーの饗宴」森北出版　2003
Lyons, Rebecca　ライオンズ, レベッカ
　㊌「世界のart図鑑」ポプラ社　2010
Lyons, Tyler　ライアンズ, タイラー
　⒩アメリカ　野球選手
Lyovarin, Win　リョウワーリン, ウィン
　1956～　㊌「インモラル・アンリアル」国際言語文化振興財団, サンマーク出版(発売)　2002
Lysacek, Evan　ライサチェク, エバン
　1985～　⒩アメリカ　フィギュアスケート選手　㊆ライサチェク, エヴァン / ライザチェック
Lysbakken, Audun　リースバッケン, アウドゥン
　⒩ノルウェー　児童・男女共同参画・社会統合相
Lysek, Gernot　リゼック, G.
　㊌「菌類の生物学」京都大学学術出版会　2011
Lysenko, Anastasiya　リセンコ, アナスタシア
　⒩ウクライナ　重量挙げ選手
Lysenko, Tatyana　ルイセンコ, タチアナ
　1983～　⒩ロシア　ハンマー投げ選手　㊆リセンコ, タチアナ
Lysiak, Matthew　リシアック, マシュー
　㊌「ぼくは科学の力で世界を変えることに決めた」講談社　2015
Lyson, Thomas A.　ライソン, トーマス
　1948～2006　㊌「シビック・アグリカルチャー」農林統計出版　2012
Lysytsky, Viktor　リシツキー, ビクトル
　⒩ウクライナ　官房長官
Lyth, Peter J.　ライス, ピーター
　㊌「イギリスの交通」大学教育出版　2004
Lythberg, Billie　リスバーグ, ビリー
　㊌「わたしの一花」グラフィック社　2012
Ly Thuch　リ・トゥッチ
　⒩カンボジア　地域開発相
Lytle, Hugh　ライトル, ヒュー
　?～2002　⒩アメリカ　ジャーナリスト　AP通信ホノルル通信員
Lyttelton, Celia　リッテルトン, セリア
　1960～　㊌「パルファム紀行」原書房　2008
Lyttelton, Humphrey　リトルトン, ハンフリー
　1921～2008　⒩イギリス　ジャズ・トランペット奏者　本名=Lyttelton, Humphrey Richard Adeane
Lyttleton, Ben　リトルトン, ベン
　㊌「PK」カンゼン　2015
Lyubimov, Yurii Petrovich　リュビーモフ, ユーリー
　1917～2014　⒩ロシア　演出家, 俳優　タガンカ劇場総監督　㊆ルビモフ
Lyubomirsky, Sonja　リュボミアスキー, ソニア
　㊌「リュボミアスキー教授の人生を「幸せ」に変える10の科学的な方法」日本実業出版社　2014
Lyytinen, Kalle　レティネン, カール
　㊌「経営と社会」同友館　2001
Lyzhyn, Pavel　ルイジン
　⒩ベラルーシ　陸上選手

【 M 】

Ma, Chih-hsiang　マー・ジーシアン
　1978～　⒩台湾　映画監督, 脚本家, 俳優　漢字名=馬志翔, 原住民名=ウミン・ボヤ〈Umin Boya〉　㊆マ・シショウ
Ma, Dewen　マー・ダーウェン
　⒩中国　元・在中華人民共和国日本国大使館現地職員　漢字名=馬徳文
Ma, Eric Kit-Wai　マ, エリク・ジェイウェイ
　㊌「メディア理論の脱西欧化」勁草書房　2003
Ma, Feng　マー・フォン
　1922～2004　⒩中国　作家　漢字名=馬烽
Ma, Hong　マー・ホン
　1920～2007　⒩中国　経済学者　中国社会科学院院長　漢字名=馬洪, 筆名=牛中黄
Ma, Hua-teng　マー・ホワトン
　⒩中国　起業家　テンセント(騰訊)CEO・創業者　漢字名=馬化騰, 英語名=マー, ポニー〈Ma, Pony〉
Ma, Jack　マー・ジャック
　1964～　⒩中国　起業家　アリババグループ会長・創業者　漢字名=馬雲〈Ma, Yun〉
Ma, Jeffrey　マー, ジェフリー
　㊌「競争優位で勝つ統計学」河出書房新社　2011
Ma, Jennifer Wen　マ, ジェニファー・ウェン
　㊌「何処に行きつくのかはわからない、でも何処にいたのかはわかる?」現代企画室　2010
Ma, Ji　マー・ジー
　1934～2006　⒩中国　漫才師　中央放送文工団説唱団団長, 全国青年連合会常務委員　漢字名=馬季
Ma, Jingle　マ, ジングル
　1957～　⒩香港　映画監督, 映画撮影監督　漢字名=馬楚成(マー・チョウシン)　㊆バ・ソセイ
Ma, Kai　マー・カイ
　1946～　⒩中国　政治家　中国副首相, 中国共産党政治局員　漢字名=馬凱
Ma, Long　マー・ロン
　1988～　⒩中国　卓球選手　漢字名=馬龍
Ma, Ronald　マア, R.
　?～2004　㊌「転換期の中国会計」同文舘出版　2004
Ma, Shu-li　マー・シューリー
　1909～2006　⒩台湾　亜東関係協会駐日代表　漢字名=馬樹礼
Ma, Ying-jeou　マー・インチウ
　1950～　⒩台湾　政治家　台湾総統　台湾国民党主席, 台北市長　漢字名=馬英九　㊆マー・インジュ
Ma, Yo-Yo　マ, ヨーヨー
　1955～　⒩アメリカ　チェロ奏者　漢字名=馬友友
Ma, Zhao-xu　マ・チャオシュ
　⒩中国　外交官　中国外務次官補　漢字名=馬朝旭
el-Maadawy, Wael　マーダウィ, ワイル
　⒩エジプト　民間航空相
Ma'afu　マアフ
　⒩トンガ　土地・資源・国防相
Ma'afu, Campese　マアフ, キャンピージ
　⒩フィジー　ラグビー選手
Ma'afu, Viliami　マアフ, ヴィリアミ
　⒩トンガ　ラグビー選手
Maag, Peter　マーク, ペーター
　1919～2001　⒩スイス　指揮者　ベルン交響楽団首席指揮者
al-Maaitah, Rowaida　アル・マーイタハ, ロワイダ
　⒩ヨルダン　社会開発相

Ma'ake, Sosefo　マアケ, ソセフォ
　国トンガ　ラグビー選手
Maali, Othmane Ould Cheikh Ahmed Aboul　マーリ, オスマン・ウルド・シェイク・アハメド・アブル
　国モーリタニア　イスラム問題・伝統教育相
Maalin, Abdi-al-Aziz Muqtar　マーリン, アブディアルアジズ・ムクタル
　国ソマリア　労働・スポーツ相
Maalin, Yusuf　マーリン, ユスフ
　国ソマリア　農相
Maalouf, Amin　マアルーフ, アミン
　1949～　国フランス　ジャーナリスト, 作家
al-Ma'amari, Ali bin Majid　マーマリ, アリ・ビン・マジド
　国オマーン　国王事務所長兼軍最高司令官室長
al-Ma'amari, Malik bin Suleiman　アル・マアマリ, マリク・ビン・スレイマン
　国オマーン　運輸通信相
Maamau, Taneti　マーマウ, タネス
　国キリバス　大統領, 外務・移民担当相
al-Maamri, Mohammed　マームリ, ムハンマド
　国オマーン　国務相兼ドファール州知事
Maani, Fauoa　マニ, ファウオア
　国ツバル　教育・青年・スポーツ相　圏マアーニ, ファウオア
al-Maani, Walid　アル・マーニ, ワリド
　国ヨルダン　保健相
Maani, Walid　マーニ, ワリド
　国ヨルダン　高等教育・科学研究相
Maaoui, Slaheddine　マーウィ, スラヘディン
　国チュニジア　観光・余暇・手工芸相
Maaouya, Mohamed Ould　マーウイヤ, モハメド・ウルド
　国モーリタニア　内務・地方分権化相
Maareeye, Mohamed Hayir　マーリーイ, モハメド・ハイル
　国ソマリア　情報相
Maârouf, Anouar　マアルーフ, アヌワール
　国チュニジア　通信技術・デジタル経済相
Maas, Heiko　マース, ハイコ
　国ドイツ　法務・消費者保護相
Maas, James B.　マース, ジェームズ・B.
　著「プロは語る。」アスペクト　2005
Maas, Meridean L.　マース, メリディーン・L.
　著「看護成果分類」医学書院　2010
Maas, Peter　マース, ピーター
　?～2001　国アメリカ　作家
Maas, Sarah J.　マース, サラ・J.
　著「アサシンの王女」ヴィレッジブックス　2014
Maas, Winy　マース, ウィニー
　著「Anytime」NTT出版　2001
Maassen, Norbert　マーセン, ノルバート
　著「スポーツ筋損傷　診断と治療法」ガイアブックス　2014
Maatar, Abdelwaheb　マアタル, アブデルワヘブ
　国チュニジア　雇用・職業訓練相
Maathai, Wangari　マータイ, ワンガリ
　1940～2011　国ケニア　環境活動家, 政治家, 生物学者　ケニア副環境相, 国連平和大使　本名＝マータイ, ワンガリ・ムタ〈Maathai, Wangari Muta〉　圏マザイ, ワンガリ
Maathai, Wanjira　マータイ, ワンジラ
　1971～　国ケニア　社会活動家　グリーンベルト運動(GBM)事務局長
Ma'atoug, Ma'atoug Mohamed　マトーク, マトーク・ムハンマド
　国リビア　労働・訓練・雇用書記(労働・訓練・雇用相)
Maa'yaa, Rula　マアーヤア, ルーラ
　国パレスチナ　観光・遺跡担当相
Maaytah, Musa　マーイタ, ムーサ
　国ヨルダン　政治改革・議会担当相
Maayteh, Sameeh　マーイタ, サミーハ
　国ヨルダン　メディア担当相兼文化相
Maazel, Lorin　マゼール, ロリン
　1930～2014　国アメリカ　指揮者, バイオリニスト, 作曲家　ニューヨーク・フィルハーモニック音楽監督, ウィーン国立歌劇場芸術監督　圏マーゼル／マゼル
Maâzouz, Abdellatif　マーズーズ, アブデラティフ
　国モロッコ　貿易相
Mabala, Martin　マバラ, マルタン
　国ガボン　司法相
Mabale Mba Nnomo, Fernando　マバレ・ムバ・ヌノモ, フェルナンド
　国赤道ギニア　公務員・行政改革相
Mabandla, Brigette Sylvia　マバンドラ, ブリジット・シルビア
　国南アフリカ　公営企業相
Mabanglo, Elynia S.　マバンロ, エリニヤ・S.
　著「クンディマン」CreateSpace　2008
Mabberley, David　マベルリー, デビッド
　著「フローラ」産調出版　2005
Mabenga, Michael　マベンガ, マイケル
　国ザンビア　国防相
Mabeo, Tshenolo　マベオ, ツェノロ
　国ボツワナ　雇用・労働生産・技術開発相
Mabey, Bill　メイビー, ビル
　1945～　著「人材価値評価」東洋経済新報社　2001
Mabey, Richard　メイビー, リチャード
　1941～　著「イースト・アングリアへ」ヴィレッジブックス, ソニー・マガジンズ(発売)　2007
Mabiala, Pierre　マビアラ, ピエール
　国コンゴ共和国　司法・人権・先住民地位向上相
Mabika, Alfred　マビカ, アルフレッド
　国ガボン　青少年・スポーツ相　圏マビカムヤマ, アルフレッド
Mabilat, Jean-Jacques　マビラ, ジャン＝ジャック
　著「コンヴェルサスィオン」Les Editions Didier, 第三書房(発売)　2005
Mabire, Gregoire　マビール, グレゴワール
　著「えほんからとびだしたオオカミ」岩崎書店　2015
Mabitle, Mopshatla　マビトレ, モプシャトラ
　国レソト　地方・内務相
Mabonzo, Emile　マボンゾ, エミール
　国コンゴ共和国　工業開発・民間部門振興相
Mabote, Tefo　マボテ, テフォ
　国レソト　厚生相
Maboundou, Rigobert　マブンドゥ, リゴベール
　国コンゴ共和国　農業・牧畜相
Mabri, Albert Toikeusse　マブリ, アルベール・トワクス
　国コートジボワール　計画・開発相　圏マブリ, アルベール
Mabri, Toikeusse　マブリ, トワクセ
　国コートジボワール　アフリカ統合相
Mabrouk, Mehdi　マブルーク, メヘディ
　国チュニジア　文化相
al-Mabrouk, Mohamed Abu Ujayl　マブルーク, ムハンマド・アブウジャイル
　国リビア　運輸通信書記(運輸通信相)
Mabry, Ashaad　メイブリー, アシャード
　国アメリカ　アメフト選手
Mabry, John　メイブリー, ジョン
　国アメリカ　セントルイス・カーディナルスコーチ
Mabumba, David　マブンバ, デイビッド
　国ザンビア　エネルギー相
Mabuza, Jabulani　マブザ, ジャブラニ
　国スワジランド　通産相
Mabuza, Njyabulo　マブザ, ヌジャボロ
　国スワジランド　保健・社会保障相
Mabuza, Phiwayinkhosi　マブザ, フィワインコシ
　国スワジランド　住宅・都市開発相
Mac, Bernie　マック, バーニー
　1957～2008　国アメリカ　俳優, コメディアン
Macadam, Heather Dune　マカダム, ヘザー・D.
　著「レナの約束」中央公論新社　2011
McAdams, Frank　マカダムス, フランク
　1940～　著「叛逆のとき」柏艪舎, 星雲社(発売)　2007
McAdams, Joshua A.　マカダムス, ジョシュア・A.
　著「Effective Perl」翔泳社　2015
McAdams, Michael Andrew　マカダムス, マイケル
　著「トルコ」ほるぷ出版　2011
Mcadoo, Ben　マカドゥー, ベン
　国アメリカ　ニューヨーク・ジャイアンツコーチ
Mcadoo, Mike　マカドゥー, マイク
　国アメリカ　アメフト選手
McAdoo, Wm George　マークァドゥー, Wm・ジョージ
　著「自閉症」黎明書房　2006
McAfee, Andrew　マカフィー, アンドリュー
　著「ザ・セカンド・マシン・エイジ」日経BP社, 日経BPマーケティング(発売)　2015
McAfee, Jeanette L.　マカフィー, ジャネット
　著「自閉症スペクトラムの青少年のソーシャルスキル実践プログ

ラム」 明石書店 2012
McAfee, Pat マカフィー, パット
[国]アメリカ アメフト選手
MaCafferty, Catherine マカファーティ, キャサリン
[著]「ティガームービー」 ゴールデンブック, 永岡書店(発売) 2001
Mácal, Zdenek マカール, ズデニェク
1936～ [国]アメリカ 指揮者 チェコ・フィルハーモニー管弦楽団首席指揮者, ミルウォーキー交響楽団音楽監督 [異]マーカル, ズデニェク / マーツァル, ズデニェク / マカール, ズデネク
McAleese, Mary Patricia マカリース, メアリー
1951～ [国]アイルランド 政治家, 法学者 アイルランド大統領 [異]マッカリース, メアリー
MacAlister, Katie マカリスター, ケイティ
[国]アメリカ 作家 [専]ロマンス, ヤングアダルト 別筆名＝マクスウェル, ケイティ〈Maxwell, Katie〉
McAllister, Angela マカリスター, アンジェラ
[著]「ソルティとボタンうみへいく！」 理論社 2009
McAllister, Anne マカリスター, アン
[著]「情熱の一夜の贈りもの」 ハーレクイン 2014
MacAllister, Heather マカリスター, ヘザー
[著]「炎の夜」 ハーレクイン 2009
McAllister, Hester マックアリスター, ヘスター
[著]「犬猫のX線および超音波診断学」 インターズー 2003
McAllister, Maggi マカリスター, マージ
[国]イギリス 作家 [専]児童書 本名＝McAllister, Margaret I., 別筆名＝Harris, Poppy
McAllister, Pam マカリスター, パム
[著]「シャーロック・ホームズ」 原書房 2010
McAllister, Tim マカリスター, T.
[著]「プロフェッショナルEJB」 インプレス, インプレスコミュニケーションズ(発売) 2002
Mcallister, Zach マカリスター, ザック
[国]アメリカ 野球選手
Macalou, Badra Alou マカル, バドラ・アル
[国]マリ 保健相兼アフリカ統合相 [異]マカロ, バドラ・アロ
Macanufo, James マカヌフォ, ジェームズ
[著]「ゲームストーミング」 オライリー・ジャパン, オーム社(発売) 2011
McArdle, Neil マッカードル, ニール
[著]「科学技術系の現場で役立つ英文の書き方」 講談社 2007
Macarol, Veronika マカロル, ベロニカ
[国]スロベニア セーリング選手
MacArthur, Brian マッカーサー, ブライアン
1940～ [著]「我が言葉を聴け」 講談社 2004
McArthur, Fiona マッカーサー, フィオナ
[著]「ポピーの祈り」 ハーレクイン 2015
MacArthur, Hugh マッカーサー, ヒュー
[著]「プライベートエクイティ6つの教訓」 ファーストプレス 2008
McArthur, James マッカーサー, ジェームズ
[国]スコットランド サッカー選手
MacArthur, John F., Jr. マッカーサー, ジョン・F., Jr.
[著]「イエスの福音」 創英社/三省堂書店 2010
McArthur, Neil C. マッカーサー, ニール
[著]「エネルギーの未来」 日本経済新聞出版社 2009
McArthur, Sarah マッカーサー, サラ
[著]「リーダーシップ・マスター」 英治出版 2013
McArthur, Tomas Burns マッカーサー, トム
[著]「英語系諸言語」 三省堂 2009
McArthur, Victoria マッカーサー, ヴィクトリア
[著]「演奏を支える心と科学」 誠信書房 2011
Macartney, Lady マカートニ
[異]マカートニ夫人 [著]「カシュガール滞在記」 連合出版 2007
Macartney, Scott マッカートニー
[国]アメリカ アルペンスキー選手
McArtor, Mike マカーター, マイク
[著]「無頼大全」 ホビージャパン 2008
Macas, Luis マカス, ルイス
[国]エクアドル 農牧相
Macaulay, David A. マコーレイ, デービッド
1946～ [国]アメリカ イラストレーター, グラフィックデザイナー [異]マコーレイ, デビッド
Macaulay, Lawrence マコーレー, ローレンス
[国]カナダ 農務・農産食品相 [異]マコーリ, ローレンス
Macaulay, Thomas マコーレー, T.
[著]「印度征略史 原名クライブ公伝」 国文学研究資料館, 平凡社(発売) 2008
MacAuley, Domhnall マッコーリー, ドンホール
[著]「EBMスポーツ医学」 西村書店 2011
McAuley, Gareth マコーリー, ギャレス
[国]北アイルランド サッカー選手
Macauley, Henry マカレー, ヘンリー
[国]シエラレオネ エネルギー相
McAuley, Paul J. マコーリイ, ポール・J.
1955～ [著]「フェアリイ・ランド」 早川書房 2006
MacAvery, Tristan マッケイバリー, トリスタン
[著]「英文名作聴訳」 三修社 2004
McAvoy, Gary マカボイ, ゲリー
[著]「ジェーン・グドールの健やかな食卓」 日経BP社, 日経BPマーケティング(発売) 2011
McAvoy, James マカボイ, ジェームズ
1979～ [国]イギリス 俳優 [異]マカヴォイ, ジェームズ
McBain, Ed マクベイン, エド
1926～2005 [国]アメリカ ミステリ作家 別筆名＝マーステン, リチャード〈Marsten, Richard〉, コリンズ, ハント〈Collins, Hunt〉, キャノン, カート〈Cannon, Curt〉 [異]ハンター, エヴァン
McBain, Laura-Lynne マクベイン, ローラ＝リン
[著]「カウンセラーの仕事」 基金運営委員会 2001
McBain, Laurie マクベイン, ローリー
[著]「美しき盗賊と傲慢な公爵」 オークラ出版 2013
MacBird, Bonnie マクバード, ボニー
[著]「シャーロック・ホームズの事件録」 ハーパーコリンズ・ジャパン 2016
McBratney, Sam マクブラットニィ, サム
1943～ [著]「こちょこちょこちょ！」 大日本絵画 〔2016〕
McBreen, Pete マクブリーン, ピート
[著]「XPエクストリーム・プログラミング懐疑編」 ピアソン・エデュケーション 2002
McBride, Alex マックブライド, アレックス
[著]「悪いヤツを弁護する」 亜紀書房 2012
McBride, Angus マックブライド, アンガス
1931～ [著]「馬上槍試合の騎士」 新紀元社 2003
McBride, Christian マクブライド, クリスチャン
[国]アメリカ ジャズ・ベース奏者
McBride, James マクブライド, ジェイムズ
全米図書賞 小説(2013年) "The Good Lord Bird"
McBride, Jule マクブライド, ジュール
[著]「幻の恋人」 ハーレクイン 2008
McBride, Karyl マクブライド, キャリル
[著]「毒になる母」 講談社 2015
McBride, Marc マクブライド, マーク
[著]「デルトラ王国探検記」 岩崎書店 2009
McBride, Margret マクブライド, マーグレット
[著]「一分間マネジャーが教える危機を突破する謝罪術」 扶桑社 2009
McBride, Mary マクブライド, メアリー
1946～ [著]「罪深きドクター」 ハーレクイン 2003
McBride, Michael Joseph マクブライド, マイケル
[著]「ソマティック・エナジェティクス」 ナチュラルスピリット 2016
McBride, Reo H. マクブライド, レオ・H.
[著]「インストラクショナルデザインの理論とモデル」 北大路書房 2016
MacBride, Stuart マクブライド, スチュアート
1969～ 英国推理作家協会賞 ダガー・イン・ザ・ライブラリ(2007年)
McBride, Tre マクブライド, トリー
[国]アメリカ アメフト選手
McBright, Henry F. マクブライト, ヘンリー・F.
[著]「日本再見録」 PHP研究所 2002
Mcbryde, B.J. マクブライド, B.J.
[国]アメリカ アメフト選手
McBurney, Simon マクバーニー, サイモン
1957～ [国]イギリス 演出家, 俳優 テアトル・ド・コンプリシテ芸術監督
McBurnie, Oliver マクバーニー, オリヴァー
[国]スコットランド サッカー選手
McCabe, Bob マッケイブ, ボブ
[著]「ハリー・ポッター映画大全」 ソフトバンククリエイティブ 2011
MacCabe, Colin マッケイブ, コリン

M

M

㊇「ゴダール伝」みすず書房 2007
McCabe, Dorothy マッケイブ, ドロシー
　㊣アイルランド 元・在アイルランド日本国大使館現地職員
McCabe, George P. マッケイブ, ジョージ
　㊇「実データで学ぶ, 使うための統計入門」日本評論社 2008
McCabe, Janet マッケイブ, ジャネット
　㊇「セックス・アンド・ザ・シティのキュートな欲望」朝日出版社 2004
McCabe, John マッケイブ, ジョン
　1939〜2015 ㊣イギリス ピアニスト, 作曲家
McCabe, J.Terrence マケイブ, J.ターランス
　㊇「災害の人類学」明石書店 2006
McCabe, Kirwan マッケーブ, キルワン
　㊇「西洋穴探」国文学研究資料館, 平凡社(発売) 2008
McCabe, Laura マッケーブ, ローラ
　㊇「Creating crystal jewelry with Swarovski」ジャパンビーズソサエティ c2008
Mccabe, Martha マッケーブ
　㊣カナダ 競泳選手
McCabe, Pete マッケイブ, ピート
　㊇「ビートルズ世界証言集」ポプラ社 2006
McCabe, Randi E. マッケーブ, ランディ・E.
　㊇「パニック」創元社 2010
McCabe, Richard マッケイブ, リチャード
　トニー賞 プレイ 助演男優賞(2015年(第69回))ほか
McCafferty, Catherine マックキャファティ, キャサリン
　1961〜 ㊇「おうちはどこ?」フレーベル館 2005
McCafferty, Daniel マカファティ, ダニエル
　㊇「10才からはじめるプログラミング図鑑」創元社 2015
McCafferty, Megan マカファーティ, ミーガン
　㊇「ジェシカ・ダーリンの憂うつ」アンドリュース・プレス 2004
McCaffery, Larry マキャフリィ, ラリイ
　1946〜 ㊇「アヴァン・ポップ」北星堂書店 2007
McCaffrey, Anne マキャフリィ, アン
　ネビュラ賞 グランド・マスター(2004年)
McCaffrey, Max マキャフリー, マックス
　㊣アメリカ アメフト選手
McCahill, Leonard J. マッカヒル, レナード・J.
　㊇「クレジット・スコアリング」シグマベイスキャピタル 2001
McCaig, Donald マッケイグ, ドナルド
　1940〜 ㊇「レット・バトラー」ゴマブックス 2008
McCain, Bobby マッケイン, ボビー
　㊣アメリカ アメフト選手
McCain, Brice マッケイン, ブライス
　㊣アメリカ アメフト選手
McCain, Charles マケイン, チャールズ
　1955〜 ㊣アメリカ 作家 ㊇スリラー
McCain, Chris マッケイン, クリス
　㊣アメリカ アメフト選手
McCain, Donald V. マケイン, ドナルド
　㊇「ラーニング・ファシリテーションの基本」ヒューマンバリュー 2015
McCain, Gillian マッケイン, ジリアン
　㊇「プリーズ・キル・ミー」メディア総合研究所 2007
McCain, John Sidney Ⅲ マケイン, ジョン, 3世
　1936〜 ㊣アメリカ 政治家, 元軍人 米国上院議員(共和党)　㊥マッケイン, ジョン
Mccalister, Alex マカリスター, アレックス
　㊣アメリカ アメフト選手
McCall, Dinah マコール, ダイナ
　㊇「時をわたる恋人」ハーレクイン 2011
McCall, Lauren マッコール, ローレン
　㊇「ローレン・マッコールのもっと動物たちと話そう」ハート出版 2015
McCall, Morgan W. マッコール, モーガン
　㊇「ハイ・フライヤー」プレジデント社 2002
McCall, Randy マッコール, ランディ
　㊇「クトゥルフ神話TRPGクトゥルフ・フラグメント」KADOKAWA 2015
McCall, Timothy マッコール, ティモシー
　㊇「メディカルヨガ」バベルプレス 2011
McCallin, Margaret マカリン, マーガレット
　㊇「世界の子ども兵」新評論 2009
McCallion, Hazel マキャリオン, ヘーゼル
　1921〜 ㊣カナダ 政治家 ミササガ市長

McCall Smith, Alexander マコール・スミス, アレグザンダー
　1948〜 ㊇「死者は眠らず」講談社 2015
McCallum, David マッカラム, デービッド
　1933〜 ㊣アメリカ 俳優 ㊥マッカラム, デイヴィッド
McCallum, Graham Leslie マッカラム, グレアム・レスリー
　1966〜 ㊇「図案の原典」エム・ピー・シー 2005
Mccallum, John マッカラム, ジョン
　㊣カナダ 移民・難民・市民権相
McCallum, Q.Ethan マッカラム, Q.イーサン
　㊇「バッドデータハンドブック」オライリー・ジャパン, オーム社(発売) 2013
Mccallum, Ray マッカラム, レイ
　㊣アメリカ バスケットボール選手
McCallum, William Gordon マッカラム, ウィリアム・G.
　㊇「概念を大切にする微積分」日本評論社 2010
McCalman, Ben マッカルマン, ベン
　㊣オーストラリア ラグビー選手
McCalman, Iain マカルマン, イアン
　㊇「最後の錬金術師カリオストロ伯爵」草思社 2004
McCambridge, Mercedes マッケンブリッジ, マーセデス
　1918〜2004 女優 ㊥マッケンブリッジ, マーシディス
McCammon, Robert R. マキャモン, ロバート
　1952〜 マキャモン, ロバート・R. ㊇「少年時代」ソニー・マガジンズ 2005
Maccanico, Antonio マカニコ, アントニオ
　㊣イタリア 制度改革相
McCanlies, Tim マッキャンリーズ, ティム
　1953〜 ㊇「ウォルター少年と, 夏の休日」竹書房 2004
McCann, A.L. マッキャン, A.L.
　1966〜 ㊣オーストラリア 作家, 批評家 ダートマス大学英文学科准教授 ㊇文学, ホラー 本名=マッキャン, アンドルー〈McCann, Andrew〉㊥マカン, A.L.
McCann, Andrew Lachlan マカン, A.L.
　1966〜 ㊇「黄昏の遊歩者」国書刊行会 2009
McCann, Brian マッキャン, ブライアン
　1984〜 ㊣アメリカ 野球選手 本名=McCann, Brian Michael ㊥マキャン, ブライアン
McCann, Colum マッキャン, コラム
　1965〜 作家
McCann, Ian マッキャン, イアン
　㊇「ボブ・マーリィ」シンコーミュージック・エンタテイメント 2006
Mccann, James マキャン, ジェームズ
　㊣アメリカ 野球選手
McCann, Jesse Leon マッカン, ジェシー・レオン
　㊥マッカン, ジェス・レオン ㊇「シュレック2」角川書店, 角川グループパブリッシング(発売) 2007
McCann, Jim マッキャン, ジム
　㊇「プロは語る。」アスペクト 2005
McCann, Joseph T. マッキャン, ジョセフ・T.
　㊇「臨床心理学における科学と疑似科学」北大路書房 2007
Mccann, Kirsten マキャン, キルステン
　㊣南アフリカ ボート選手
Mccann, Melanie マキャン, メラニー
　㊣カナダ 近代五種選手
McCann, Philip マッカン, フィリップ
　1964〜 ㊇「都市・地域の経済学」日本評論社 2008
McCann, Renetta マッキャン, レネッタ
　1956〜 ㊣アメリカ 実業家 レオ・バーネット・グループ人事担当役員 スターコム・メディアベスト・グループCEO
McCann, Richard マカン, リチャード
　1970〜 ㊇「ママが殺された。」竹書房 2004
McCann, Robert M. マッキャン, ロバート・M.
　㊇「グローバル化時代を生きる世代間交流」明石書店 2008
MacCannell, Dean マキァーネル, ディーン
　㊇「ザ・ツーリスト」学文社 2012
McCants, Glynis マッキャント, グリニス
　1963〜 ㊇「ハリウッド式数秘占い」竹書房 2005
McCants, Matt マカンツ, マット
　㊣アメリカ アメフト選手
McCarney, Rosemary A. マカーニー, ローズマリー
　㊇「マララさんこんにちは」西村書店東京出版編集部 2014
Maccarone, Massimo マッカローネ, マッシモ
　㊣イタリア サッカー選手
McCarron, Al マカロン, AJ
　㊣アメリカ アメフト選手

McCarron, Anthony　マッキャロン, アンソニー
　㊈「松井秀喜スピリット」産経新聞ニュースサービス, 扶桑社（発売）2003
McCarry, Charles　マッキャリー, チャールズ
　1930〜　㊁アメリカ　作家
McCarter, R.Harris G.　マクカーター, R.ハリス・G.
　㊈「不安障害」日本評論社　2005
McCarthy, Alex　マッカーシー, アレックス
　㊁イングランド　サッカー選手
Mccarthy, Brandon　マッカーシー, ブランドン
　㊁アメリカ　野球選手
McCarthy, Cameron　マッカーシー, キャメロン
　㊈「グローバル化・社会変動と教育」東京大学出版会　2012
McCarthy, Clifford Thomas　マッカーシー, クリフォード
　1921〜2003　㊁アメリカ　米国空軍写真偵察隊, オハイオ大学名誉教授
McCarthy, Cormac　マッカーシー, コーマック
　1933〜　㊁アメリカ　作家
McCarthy, Courtney Watson　マッカーシー, コートネイ・ワトソン
　㊈「ガウディ」大日本絵画　2012
McCarthy, Dennis　マッカーシー, デニス
　1964〜　㊈「なぜシロクマは南極にいないのか」化学同人　2011
McCarthy, Erin　マッカーシー, エリン
　㊈「恋する夜は踊れない」原書房　2011
McCarthy, Eugene Joseph　マッカーシー, ユージン
　1916〜2005　㊁アメリカ　政治家, コラムニスト　米国上院議員（民主党）　㊇マッカーシー, ユージーン
McCarthy, Gregory　マッカーシー, グレゴリー
　1952〜　㊈「fMRI」メディカル・サイエンス・インターナショナル　2016
McCarthy, Helen　マッカーシー, ヘレン
　1951〜　㊈「手塚治虫の芸術」ゆまに書房　2014
McCarthy, James　マッカーシー, ジェームズ
　㊁アイルランド　サッカー選手
McCarthy, James　マッカーシー, ジェームズ
　㊈「Lady Gaga On the Record」インフォレストパブリッシング, インフォレスト（発売）2012
McCarthy, Jenny　マッカーシー, ジェニー
　1972〜　ゴールデン・ラズベリー賞（ラジー賞）最低女優賞（第26回（2005年））ほか
McCarthy, Joan　マッカーシー, ジョーン
　1959〜　㊈「看護倫理」みすず書房　2007
McCarthy, John　マッカーシー, ジョン
　1927〜2011　㊁アメリカ　コンピュータ科学者　スタンフォード大学名誉教授, 米国人工知能学会（AAAI）初代会長　㊇人工知能
McCarthy, John Philip　マッカーシー, ジョン
　1942〜　㊁オーストラリア　外交官　駐日オーストラリア大使
McCarthy, Kevin　マッカーシー, ケビン
　1914〜2010　㊁アメリカ　俳優　㊇マッカーシー, ケヴィン
Mccarthy, Kevin　マッカーシー, ケビン
　㊁アメリカ　野球選手
McCarthy, Kevin W.　マッカーシー, ケヴィン・W.
　㊈「スイッチ・オン！」扶桑社　2004
McCarthy, Melissa　マッカーシー, メリッサ
　エミー賞 プライムタイム・エミー賞 最優秀主演女優賞（コメディシリーズ）（第63回（2011年））　"Mike & Molly"
McCarthy, Michelle　マッカーシー, ミッシェル
　㊈「リスクバジェッティング」パンローリング　2002
McCarthy, Michelle　マッカーシー, ミッシェル
　1962〜　㊈「知的障害のある人たちの性と生の支援ハンドブック」クリエイツかもがわ　2014
Mccarthy, Mike　マッカーシー, マイク
　㊁アメリカ　グリーンベイ・パッカーズコーチ
McCarthy, Nobu　マッカーシー, ノブ
　1934〜2002　㊁アメリカ　女優　イースト・ウェスト・プレイヤーズ芸術監督
McCarthy, Pat　マッカーシー, パット
　㊈「Java開発者のためのEclipseエキスパートガイド」コンピュータ・エージ社　2004
McCarthy, Patrick D.　マッカーシー, P.D.
　㊈「ノードストロム・ウェイ」日本経済新聞社　2001
McCarthy, Susan　マッカーシー, S.
　㊈「ゾウがすすり泣くとき」河出書房新社　2010
McCarthy, Susanne　マッカーシー, スーザン
　㊈「初恋の日々は遠く」ハーレクイン　2004
McCarthy, Thomas R.　マッカーシー, トーマス・R.
　㊈「競争政策の経済学」NERA　2005
McCarthy, Tim　マッカーシー, ティム
　㊈「プロフェッショナルVB.NET」インプレス, インプレスコミュニケーションズ（発売）2002
McCarthy, Tom　マッカーシー, トム
　1969〜　㊁イギリス　作家　㊇文学
McCarthy, Trevor　マッカーシー, トレバー
　㊈「バットマン：ゲート・オブ・ゴッサム」小学館集英社プロダクション　2014
McCarthy, Wil　マッカーシイ, ウィル
　1966〜　㊈「コラプシウム」早川書房　2006
Mccartney, Eliza　マカートニー, エリザ
　㊁ニュージーランド　陸上選手
McCartney, Ian　マッカートニー, イアン
　㊁イギリス　無任所相兼労働党幹事長
McCartney, Jennifer　マッカートニー, ジェニファー
　1980〜　㊈「もうモノは片づけない！」潮出版社　2016
McCartney, Linda　マッカートニー, リンダ
　㊈「ビートルズ世界証言集」ポプラ社　2006
McCartney, Paul　マッカートニー, ポール
　1942〜　㊁イギリス　ロック歌手, シンガー・ソングライター　本名＝マッカートニー, ジェームズ・ポール〈McCartney, James Paul〉
McCartney, Sarah　マッカートニー, サラ
　㊈「偽ブランド狂騒曲」ダイヤモンド社　2006
McCartney, Scott　マッカートニー, スコット
　㊈「エニアック」パーソナルメディア　2001
McCartney, Stella　マッカートニー, ステラ
　1971〜　㊁イギリス　ファッションデザイナー　本名＝McCartney Stella Nina
McCarty, Bill　マッカーティ, ビル
　1953〜　㊈「SELinuxシステム管理」オライリー・ジャパン, オーム社（発売）2005
McCarty, Cara　マカーティ, カーラ
　㊈「なぜデザインが必要なのか」英治出版　2012
McCarty, James Allen　マッカーティ, ジェームズ
　1947〜　㊈「ラー文書」ナチュラルスピリット　2008
McCarty, Lambert Blanchard　マッカーティ, L.B.
　1958〜　㊈「ゴルフコース管理ベストマネジメント」ゴルフダイジェスト社　2014
McCarty, Marilu Hurt　マッカーティ, マリル・ハート
　㊈「ノーベル賞経済学者に学ぶ現代経済思想」日経BP社, 日経BP出版センター（発売）2002
McCarty, Monica　マッカーティ, モニカ
　㊈「ハイランドの鷹にさらわれた乙女」集英社クリエイティブ, 集英社（発売）2016
McCarty, Nick　マカーティ, ニック
　1940〜　㊇マッカーティ, ニック　㊈「マルコ・ポーロ」BL出版　2009
McCarty, Peter　マッカーティ, ピーター
　1966〜　㊇マッカーティー, ピーター　㊈「庭のマロニエ」評論社　2016
Mccarty, Walter　マッカーティー, ウォルター
　㊁アメリカ　ボストン・セルティックスアシスタントコーチ（バスケットボール）
McCaskey, Michael B.　マッカスキー, マイケル・B.
　㊈「コミュニケーション戦略スキル」ダイヤモンド社　2002
McCaskey, Virginia Halas　マカスキー, バージニア
　1923〜　㊁アメリカ　シカゴ・ベアーズオーナー
McCaskill, Mary K.　マカスキル, メアリ・K.
　㊈「NASAに学ぶ英語論文・レポートの書き方」共立出版　2012
McCaughrean, Geraldine　マッコーリーン, ジェラルディン
　1951〜　㊁イギリス　児童文学作家　本名＝ジョーンズ, ジェラルディン　㊇マコーリアン, ジェラルディン／マコーリン／マコックラン
McCauley, Barbara　マコーリィ, バーバラ
　㊈「王冠の行方」ハーレクイン　2010
McCauley, Cynthia D.　マッコーレイ, シンシア・D.
　㊈「経験学習によるリーダーシップ開発」日本能率協会マネジメントセンター　2016
McCauley, Kirby　マッコーリー, カービー
　㊈「闇の展覧会」早川書房　2005
MacCaw, Alex　マッカウ, アレックス
　㊈「ステートフルJavaScript」オライリー・ジャパン, オーム社（発売）2012

McCaw, Patrick　マカウ, パトリック
　国アメリカ　バスケットボール選手
McCaw, Richie　マコウ, リッチー
　1980～　国ニュージーランド　元ラグビー選手　本名＝McCaw, Richard
McCay, Bill　マッケイ, ビル
　著「〈カラス同盟〉事件簿」あすなろ書房　2008
McCay, William　マッケイ, ウィリアム
　著「ヤング・インディ・ジョーンズ」講談社　2008
McChargue, Dennis　マクチャーグ, デニス
　著「リラプス・プリベンション」日本評論社　2011
McChesney, Chris　マチェズニー, クリス
　著「実行の4つの規律」キングベアー出版　2016
Macchia, Maria　マッキア, マリア・ソレ
　1975～　著「いそぎすぎたかたつむり」学習研究社　2006
McChrystal, Stanley A.　マクリスタル, スタンリー
　著「TEAM OF TEAMS」日経BP社, 日経BPマーケティング（発売）　2016
Mcclain, Antoine　マクレイン, アントワン
　国アメリカ　アメフト選手
McClain, David　マクレーン, デービッド・S.
　1946～　著「同志社・ハワイ・日本」同志社大学国際センター　2008
McClain, Johnny　マクレイン, ジョニー
　国リベリア　情報文化観光相
Mcclain, Robert　マクレイン, ロバート
　国アメリカ　アメフト選手
Mcclain, Terrell　マクレイン, テレル
　国アメリカ　アメフト選手
McClanahan, Rue　マクラナハン, ルー
　1934～2010　国アメリカ　女優　本名=McClanahan, Eddie-Rue
McClannahan, Lynn E.　マクラナハン, リン・E.
　著「自閉症児のための活動スケジュール」二瓶社　2014
Mcclatchey, Caitlin　マクラッチー
　国イギリス　競泳選手
McClatchy, Steve　マクラッチー, スティーブ
　1968～　著「決める」ダイヤモンド社　2015
McClaugherty, Charles　マクラルティー, C.
　1951～　著「森林生態系の落葉分解と腐植形成」シュプリンガー・フェアラーク東京　2004
McClay, Todd　マクレー, トッド
　国ニュージーランド　貿易相兼国有企業相
McClean, James　マクレーン, ジェームズ
　国アイルランド　サッカー選手
Mcclean, Maxine　マックリーン, マキシーン
　国バルバドス　外務・貿易相
McCleen, Grace　マクリーン, グレース
　1981～　国イギリス　作家　分文学
McCleery, David　マクリーリ, デイヴィッド
　著「西洋音楽史」学研パブリッシング, 学研マーケティング（発売）　2010
McClellan, Albert　マクレラン, アルバート
　国アメリカ　アメフト選手
McClellan, Barr　マクレラン, バー
　著「ケネディを殺した副大統領」文芸春秋　2005
McClellan, Edwin　マクレラン, エドウィン
　1925～2009　国イギリス　日本文学研究者　エール大学名誉教授
　マックレラン, エドウィン
McClellan, Keith　マククレラン, キース
　著「祈りセラピー」サンパウロ　2009
McClellan, Scott　マクレラン, スコット
　1968～　著「偽りのホワイトハウス」朝日新聞出版　2008
Mcclellan, Sheldon　マクレラン, シェルダン
　国アメリカ　バスケットボール選手
McClelland, Alison　マクレラン, アリソン
　著「オーストラリアにおける社会政策」第一法規　2009
McClelland, David C.　マクレランド, デイビッド・C.
　著「動機づける力」ダイヤモンド社　2009
McClelland, Deke　マクレランド, ディーク
　著「Photoshopの友」エムディエヌコーポレーション, インプレスコミュニケーションズ（発売）　2001
McClelland, Robert　マクレランド, ロバート
　国オーストラリア　法相
McClelland, Susan　マクリーランド, スーザン
　著「両手を奪われても」汐文社　2012
McClellin, Shea　マクレーリン, シェイ
　国アメリカ　アメフト選手

McClendon, Jaques　マクレンドン, ジャクエス
　国アメリカ　アメフト選手
Mcclendon, Lloyd　マクレンドン, ロイド
　国アメリカ　デトロイト・タイガースコーチ
McClendon, Sarah　マクレンドン, サラ
　1910～2003　国アメリカ　ジャーナリスト
McClintock, Barbara　マクリントック, バーバラ
　著「ふたりはバレリーナ」ほるぷ出版　2016
McClinton, Delbert　マックリントン, デルバート
　グラミー賞 最優秀コンテンポラリー・ブルース・アルバム（2005年（第48回））　"Cost Of Living"
McClister, M.T.　マッククライスター, M.T.
　著「動物病院スタッフ教育ハンドブック」チクサン出版社, 緑書房（発売）　2001
McClone, Melissa　マクローン, メリッサ
　著「恋に落ちた眠り姫」ハーレクイン　2013
McClorey, Josh　マクローリー, ジョシュ
　国アイルランド　ミュージシャン
McCloskey, Deirdre N.　マクロスキー, ディアドラ・N.
　1942～　著「ノーベル賞経済学者の大罪」筑摩書房　2009
McCloskey, Joanne Comi　マクロスキー, ジョアン・C.
　マックロスキー, ジョアン・C.　著「看護介入」医学書院　2004
McCloskey, Robert　マクロスキー, ロバート
　1914～2003　国アメリカ　絵本作家
McCloskey, William W.　マックロスキー, W.W.
　著「アメリカのDI」大滝武雄　2003
McCloud, Andrea　マッククラウド, アンドレア
　マクラウド, アンドレア　著「夢事典」クロニクルブックス・ジャパン, 徳間書店（発売）　2016
McCloud, Carol　マッククラウド, キャロル
　著「3歳から読みきかせるしあわせのバケツ」TOブックス　2012
McCloud, Kevin　マッククラウド, ケビン
　1958～　著「ケビン・マクラウドの最新カラーデザイン」ガイアブックス, 産調出版（発売）　2010
McClung, David　マッククング, デビッド
　著「雪崩ハンドブック」東京新聞出版局　2007
McClung, Gordon W.　マッカラン, ゴードン・W.
　著「リピーターをつかむ経営」日本経済新聞社　2003
Mcclure, Bob　マクルーア, ボブ
　国アメリカ　フィラデルフィア・フィリーズコーチ
McClure, Stefan　マクルーア, ステファン
　国アメリカ　アメフト選手
McClure, Vimala Schneider　マクルアー, ヴィマラ
　1952～　著「ママの手、だいすき！」春秋社　2001
McClure, Wallace B.　マックルア, ウォレス・B.
　著「Monoプログラミング」アスキー・メディアワークス, 角川グループパブリッシング（発売）　2012
McClurkan, Rob　マックラーカン, ロブ
　著「めいろでめちゃめちゃあそぶっくどきどきタイム」ポプラ社　2016
McClurkin, Donnie　マクラーキン, ドニー
　1959～　グラミー賞 最優秀ゴスペル・アーティスト（2009年（第52回））ほか
McCluster, Dexter　マクラスター, デクスター
　国アメリカ　アメフト選手
Maccoby, Hyam　マコービイ, ハイアム
　1924～2004　著「バルセロナの宮廷にて」ミルトス　2007
Maccoby, Michael　マコビー, マイケル
　1933～　著「組織行動論の実学」ダイヤモンド社　2007
McCoil, Dexter　マッコイル, デクスター
　国アメリカ　アメフト選手
Mccolgan, Eilish　マコルガン, エイリシュ
　国イギリス　陸上選手
MacColl, Michaela　マッコール, マイケラ
　著「誰でもない彼の秘密」東京創元社　2015
McColl, Peggy　マッコール, ペギー
　1958～　著「運命力レッスン」ハート出版　2008
McCollum, C.J.　マッカラム, C.J.
　国アメリカ　バスケットボール選手
McCollum, Eric E.　マクコラム, エリック・E.
　著「解決志向ブリーフセラピーハンドブック」金剛出版　2013
McCombie, Karen　マコンビー, カレン
　著「アリーズワールド」日本ライトハウス　2005
McCombs, Maxwell E.　マコームズ, マックスウェル・E.
　著「リーディングス政治コミュニケーション」一芸社　2002
McConaughey, Matthew　マコノヒー, マシュー

アカデミー賞 主演男優賞（第86回（2013年））ほか
McConkie, Mark マッコンキー, マーク
　囲「インストラクショナルデザインの理論とモデル」北大路書房 2016
McConnaughey, Matthew マコナヘイ, マシュー
　1969〜　国アメリカ　俳優　別マコノヒー, マシュー／マッコノーヒー, マシュー
McConnel, Patricia マッコンネル, パトリシア
　囲「優しく歌って、高らかに歌って」徳間書店 2004
McConnell, Carmel マッコーネル, カーメル
　囲「幸福力レッスン」ハート出版 2010
Mcconnell, Daniel マッコーネル, ダニエル
　国オーストラリア　自転車選手
McConnell, Denise マッコーネル, デニス
　囲「精神科治療薬の処方ガイドライン」星和書店 2001
McConnell, Harry マッコーネル, ハリー
　囲「精神科治療薬の処方ガイドライン」星和書店 2001
McConnell, Malcolm マッコネル, マルコム
　囲「ラスト・ミッション」麗沢大学出版会, 柏 広池学園事業部（発売） 2006
McConnell, Mike マコネル, マイク
　1943〜　国アメリカ　米国国家情報長官　本名＝McConnell, John Michael　別マコーネル／マコネル, マイケル／マッコンネル
McConnell, Mitch マコネル, ミッチ
　1942〜　国アメリカ　政治家,弁護士　米国共和党上院内総務　本名＝McConnell, Addison Mitchel Jr.　別マコーネル／マッコンネル
McConnell, Steve マコネル, スティーブ
　囲マッコネル, スティーブ　囲「ソフトウェア見積り」日経BPソフトプレス, 日経BP出版センター（発売） 2006
McConnell, T.J. マッコネル, T.J.
　国アメリカ　バスケットボール選手
McConneloug, Mary マコネルーグ
　国アメリカ　自転車選手
McCook, Kathleen de la Peña マックック, キャスリーン・デ・ラ・ペーニャ
　囲「アメリカ公立図書館職入門」京都大学図書館情報学研究会, 日本図書館協会（発売） 2008
McCool, Michael D. マックール, マイケル
　囲「構造化並列プログラミング」カットシステム 2013
McCool, Stephen F. マックール, ステファン・F.
　囲「自然保護とサステイナブル・ツーリズム」平凡社 2005
McCool, William S. マックール, ウィリアム
　1961〜2003　国アメリカ　宇宙飛行士　米国海軍中佐　別マコール, ウィリアム
McCormac, Pip マコーマック, ピップ
　囲「フラワー＆ハーブCooKBooK」ガイアブックス 2015
McCormack, Dennis K. マコーマック, デニス・K.
　囲「STRONGER「超一流のメンタル」を手に入れる」かんき出版 2016
McCormack, Eric マコーマック, エリック
　1940〜　エミー賞 プライムタイム・エミー賞 最優秀主演男優賞（コメディシリーズ）（第53回（2001年））　"Will & Grace"
McCormack, Gavan Patrick マコーマック, ガバン
　1937〜　国オーストラリア　歴史学者　オーストラリア国立大学名誉教授　囲アジア近・現代史,東アジア現代史
McCormack, Kevin マコーマック, ケビン
　囲「サプライチェーンリスクマネジメント入門」日科技連出版社 2010
MacCormack, Kim マコーマック, キム
　囲「プロジェクト・マネジャーが知るべき97のこと」オライリー・ジャパン, オーム社（発売） 2011
McCormack, Mark Hume マコーマック, マーク
　1930〜2003　国アメリカ　スポーツエージェント,実業家　インターナショナル・マネジメント・グループ（IMG）創業者　別マコーマック, マーク
McCormack, Moira マコーマック, モイラ
　囲「ダンステクニックとケガ」大修館書店 2016
McCormack, Pete マコーマック, ピート
　1965〜　囲「天国の青い蝶」ワニブックス 2004
MacCormack, Sabine マコーマック, S.
　囲「図説金枝篇」講談社 2011
McCormack, Timothy L.H. マコーマック, ティム
　囲「再論東京裁判」大月書店 2013
McCormick, Blaine マコーミック, ブレーン
　囲「エジソンに学ぶ「ビジネス思考」」広済堂出版 2002

McCormick, Brian マコーミック, ブライアン
　囲「バスケ脳力」スタジオタッククリエイティブ 2012
McCormick, Carlo マコーミック, カルロ
　囲「ストリートアート・カルチャー」Taschen c2010
McCormick, Christopher マコーミック, クリストファー
　1955〜　国アメリカ　実業家　L.L.ビーン社長・CEO
McCormick, Elizabeth Wilde マコーミック, エリザベス・W.
　囲「認知分析療法〈CAT〉による自己変革のためのマインドフルネス」福村出版 2015
MacCormick, John マコーミック, ジョン
　1972〜　囲「世界でもっとも強力な9のアルゴリズム」日経BP社, 日経BPマーケティング（発売） 2012
McCormick, Malcolm マコーミック, マルコム
　囲「20世紀ダンス史」慶應義塾大学出版会 2013
MacCormick, Neil マコーミック, ニール
　1941〜2009　囲「判決理由の法理論」成文堂 2009
McCormick, Patricia マコーミック, パトリシア
　1956〜　囲「マララ」岩崎書店 2014
Mccorory, Francena マコロリー
　国アメリカ　陸上選手
McCouch, Hanna マカウチ, ハンナ
　囲「ガール・クック」ランダムハウス講談社 2003
McCourt, Frank マコート, フランク
　1930〜2009　国アメリカ　作家
McCourty, Devin マコーティー, デビン
　国アメリカ　アメフト選手
McCourty, Jason マコーティー, ジェイソン
　国アメリカ　アメフト選手
McCoury, Del マッコリー, デル
　グラミー賞 最優秀ブルーグラス・アルバム（2005年（第48回））"The Company We Keep"
McCown, Josh マッコウン, ジョシュ
　国アメリカ　アメフト選手
Mccown, Luke マッコウン, ルーク
　国アメリカ　アメフト選手
McCoy, Angel Leigh マッコイ, エンジェル
　囲「フェイルーンの魔法」ホビージャパン 2005
McCoy, Charles W., Jr. マッコイ, チャールズ・W., Jr.
　囲「なぜ、それを考えつかなかったのか?」ダイヤモンド社 2003
Mccoy, Colt マッコイ, コルト
　国アメリカ　アメフト選手
McCoy, Elin マッコイ, エリン
　囲「ワインの帝王ロバート・パーカー」白水社 2006
Mccoy, Gerald マッコイ, ジェラルド
　国アメリカ　アメフト選手
McCoy, Judi マコーイ, ジュディ
　1949〜2012　国アメリカ　作家　囲ミステリー,ロマンス　本名＝McCoy, Judith Ann Karol
McCoy, Karen マッコイ, カレン
　囲「スピリチュアル占星術」徳間書店 2006
Mccoy, Kerry マッコイ
　国アメリカ　レスリング選手
McCoy, LeSean マッコイ, レショーン
　国アメリカ　アメフト選手
McCoy, Mike マッコイ, マイク
　国アメリカ　サンディエゴ・チャージャーズコーチ
McCoy, Mimi マッコイ, ミミ
　囲「幽霊白書」ポプラ社 2014
McCracken, Craig マクラッケン, クレッグ
　囲マクラッケン, クレイグ　囲「パワーパフガールズをみつけて!」ポプラ社 2003
McCracken, G.M. マクラッケン, G.
　囲「フュージョン」シュプリンガー・フェアラーク東京 2005
McCracken, Grant マクラッケン, グラント
　囲「マーケティングのジレンマ」ダイヤモンド社 2004
McCracken, Paul Winston マクラッケン, ポール
　1915〜2012　国アメリカ　経済学者　エドムント・エズラ・デイ大学名誉教授, ミシガン大学教授, 米国大統領経済諮問委員会委員長　囲経営学,経済学,公共政策
McCracken, Stanley Glenn マクラケン, S.G.
　1946〜　囲「IST協働型スタッフ研修法」「新樹会」創造出版 2002
McCracken, Thomas マクラケン, T.
　囲「犬の解剖カラーリングアトラス」学窓社 2003
McCrae, Christina S. マクレー, クリスティーナ

[著]「睡眠障害に対する認知行動療法」 風間書房 2015
McCraw, Thomas K. マクロウ, トーマス・K.
[著]「シュンペーター伝」 一灯舎, オーム社(発売) 2010
McCray, Cheyenne マックレイ, シャイアン
[異]マックレイ, シェイエンヌ [著]「危険な愛の事件簿」 オークラ出版 2014
McCray, Demetrius マクレイ, デメトリアス
[国]アメリカ アメフト選手
Mccray, Kelcie マクレイ, ケルシー
[国]アメリカ アメフト選手
Mccray, Lerentee マクレイ, リレンティー
[国]アメリカ アメフト選手
Mccray, L.J. マクレイ, L.J.
[国]アメリカ アメフト選手
Mccray, Ross マックレー, ロス
VIDEOAMP共同創業者
McCreadie, Karen マクレディ, カレン
[著]「アダム・スミス『国富論』が説く「お金」の実践経済学」 PHP研究所 2010
MacCready, Paul マックレディ, ポール
1925~2007 [国]アメリカ 人力飛行機開発者 エアロ・バイロンメント社長 本名=MacCready, Paul Beattie [異]マクレディ, ポール
MacCready, Robin Merrow マックレディー, ロビン・メロウ
アメリカ探偵作家クラブ賞 YA賞(2007年) "Buried"
McCreary, Elizabeth Kendall マクレアリー, E.K.
[著]「筋：機能とテスト」 西村書店 2006
McCreery, Crash マクリーリー, クラッシュ
[著]「レディ・イン・ザ・ウォーター」 ランダムハウス講談社 2006
McCreevy, Charlie マクリービー, チャーリー
[国]アイルランド 財務相
McCreight, Tim マクレイト, ティム
[著]「デザインの日常英語」 左右社 2009
McCrery, Nigel マクレリー, ナイジェル
1953~ [著]「世界が驚いた科学捜査事件簿」 河出書房新社 2014
Mccrory, Nicholas マクローリー
[国]アメリカ 飛び込み選手
McCroskey, James C. マクロスキー, J.C.
[著]「非言語行動の心理学」 北大路書房 2006
McCrum, Robert マックラム, ロバート
[異]マクラム, ロバート [著]「ナラティブ・ベイスト・メディスン」 金剛出版 2001
McCrumb, Sharyn マクラム, シャーリン
[著]「シャーロック・ホームズ ワトスンの災厄」 原書房 2003
McCubbin, Lisa マッカビン, リサ
[著]「ミセス・ケネディ」 原書房 2013
McCubbins, Mathew Daniel マカビンズ, マシュー・D.
1956~ [著]「民主制のディレンマ」 木鐸社 2005
McCullers, Dan マックラース, ダン
[国]アメリカ アメフト選手
McCullers, Lance マッカラーズ, ランス
[国]アメリカ 野球選手
McCullin, Don マッカラン, ドン
1935~ [著]「ドン・マッカラン」 創元社 2011
MacCulloch, Diarmaid マカロック, ディアミッド
全米書評家協会賞 ノンフィクション(2004年) "The Reformation: A History"
McCulloch, Gary マックロッホ, G.
[著]「国民のための教育改革とは」 学文社 2003
McCullough, Chris マッカラー, クリス
[国]アメリカ バスケットボール選手
McCullough, Colleen マッカラ, コリーン
1937~2015 [国]オーストラリア 作家 [異]マカロック, コリーン / マクロウ, コリーン / マッカラー, コリーン
McCullough, David, Jr. マカルー, デビッド, Jr.
[著]「きみは特別じゃない」 ダイヤモンド社 2016
McCullough, Dennis M. マッカラ, デニス
[著]「スローメディシンのすすめ」 勁草書房 2013
McCullough, Henry マカロック, ヘンリー
1943~2016 [国]イギリス ロック・ギタリスト 本名=McCullough, Henry Campbell Liken
McCullough, Jack マックロウ, ジャック
[著]「不正アクセスの予防とリスク管理」 ソシム 2003
McCullough, James P. マカロウ, ジェームズ・P.
[著]「慢性うつ病の精神療法」 医学書院 2005
McCullough, John マッカロー, ジョン
[国]アメリカ ポートランド・トレイルブレイザーズアシスタントコーチ(バスケットボール)
McCullough, Joseph A. マカラー, ジョゼフ・A.
[著]「サンタクロース物語」 原書房 2015
McCullough, Keith マッカロー, キース
1975~ [著]「ヘッジファンドマネージャーのウォール街の日々」 一灯舎, オーム社(発売) 2011
McCullough, Leigh マッカロー, リー
[著]「短期力動療法入門」 金剛出版 2014
McCully, Emily Arnold マッカリー, エミリー・アーノルド
[著]「ラスコーの洞窟」 小峰書店 2014
McCully, Murray マカリー, マレー
[国]ニュージーランド 外相
McCune, Grant マキューン, グラント
1943~2010 [国]アメリカ VFXアーティスト [異]マッキューン, グラント
McCune, Lorraine マッキューン, ローレイン
[著]「子どもの言語学習能力」 風間書房 2013
McCurdy, Michael マカーディ, マイケル
[著]「リンカーンゲティスバーグ演説」 みすず書房 2002
McCurley, T.Mark マッカーリー, T.マーク
[著]「ハンター・キラー」 KADOKAWA 2015
McCurry, Steve マッカリー, スティーブ
[著]「ポートレイト」 ファイドン 2005
McCurry, Susan M. マッカリー, スーザン
[著]「睡眠障害に対する認知行動療法」 風間書房 2015
Mccutchen, Andrew マッカッチェン, アンドリュー
[国]アメリカ 野球選手
McCutcheon, Marc マカッチャン, マーク
[著]「発明家は子ども！」 晶文社 2005
McDade, Moira マックデイド, モイラ
[著]「学校における自傷予防」 金剛出版 2010
McDade, Travis マクデード, トラヴィス
[著]「古書泥棒という職業の男たち」 原書房 2016
McDaid, Jim マクデッド, ジム
[国]アイルランド 観光・スポーツ・レクリエーション相
McDaniel, Boyce マクダニエル, ボイス
?~2002 [国]アメリカ 物理学者 コーネル大学教授 [専]原子爆弾
McDaniel, Lurlene マクダニエル, ローレイン
[著]「いのちの光あふれて」 岩崎書店 2011
McDaniel, Mark A. マクダニエル, マーク
1952~ [著]「使える脳の鍛え方」 NTT出版 2016
McDaniel, Mildred マクダニエル, ミルドレッド
1933~2004 [国]アメリカ 陸上選手 [異]マクダニエル, ミルドリド
McDaniel, Scott マクダニエル, スコット
[著]「NEW 52 ： スーパーマン/ヤング・ジャスティス」 ヴィレッジブックス 2013
McDaniel, Susan H. マクダニエル, スーザン・H.
[著]「メディカルファミリーセラピー」 金剛出版 2016
Mcdaniel, Tony マクダニエル, トニー
[国]アメリカ アメフト選手
McDaniel, Wahoo マクダニエル, ワフー
1938~2002 [国]アメリカ プロレスラー, 元・アメフト選手
McDaniels, Eugene マクダニエルズ, ユージン
1935~2011 [国]アメリカ シンガー・ソングライター, 音楽プロデューサー 別名=マクダニエルズ, ジーン〈McDaniels, Gene〉
McDaniels, Josh マクダエニルズ, ジョシュ
[国]アメリカ ニューイングランド・ペイトリオッツコーチ
McDaniels, K.J. マクダニエルズ, KJ
[国]アメリカ バスケットボール選手
McDermid, Val マクダーミド, バル
[国]イギリス ミステリー作家 [異]マクダーミド, ヴァル
McDermott, Andy マクダーモット, アンディ
1974~ [国]イギリス 作家 [専]ミステリー, スリラー
McDermott, Bridget マクダーモット, ブリジット
[著]「古代エジプト文化とヒエログリフ」 産調出版 2005
Mcdermott, Doug マクダーモット, ダグ
[国]アメリカ バスケットボール選手
McDermott, Gerald マクダーモット, ジェラルド
[著]「アナンシと6ぴきのむすこ」 ほるぷ出版 2002
McDermott, James Adelbert マクダーモット, ジェームス・アデルバート
[国]アメリカ 日米国会議員会議共同議長, 連邦下院議員議会日本

研究グループ名誉議長, 元・議会日本研究グループ共同議長
McDermott, John　マクダーモット, ジョン
　1947〜　著「ジミ・ヘンドリックス レジェンド」小学館　2008
Mcdermott, Kevin　マクダーモット, ケビン
　国アメリカ　アメフト選手
McDermott, Michael T.　マクダーモット, マイケル・T.
　著「内分泌・代謝シークレット」メディカル・サイエンス・インターナショナル　2007
McDermott, Paul　マクダーモット, ポール
　1958〜　著「心の旅人たち」ポプラ社　2008
McDermott, Richard Arnold　マクダーモット, リチャード
　著「コミュニティ・オブ・プラクティス」翔泳社　2002
Mcdermott, Sean　マクダーモット, ショーン
　国アメリカ　カロライナ・パンサーズコーチ
Mcdermott, Shane　マクダーモット, シェイン
　国アメリカ　アメフト選手
MacDevitt, Brian　マクデヴィット, ブライアン
　トニー賞 ミュージカル 照明デザイン賞(2011年(第65回))ほか
McDevitt, Jack　マクデヴィット, ジャック
　著「探索者」早川書房　2008
MacDiarmid, Alan G.　マクダイアミッド, アラン
　1927〜2007　国アメリカ　高分子化学者　ペンシルベニア大学教授
MacDiarmid, Hugh　マクダーミッド, ヒュー
　著「怪奇礼讃」東京創元社　2004
McDiarmid, Ian　マクディアミッド, イアン
　トニー賞 プレイ 助演男優賞(2006年(第60回))　"Faith Healer"
McDonagh, John　マクドナー, ジョン
　著「アイルランド」ほるぷ出版　2011
McDonagh, Martin　マクドナー, マーティン
　アメリカ探偵作家クラブ賞 映画賞(2009年)　"In Bruges"
McDonagh, Theresa A.　マクドナー, テレーザ・A.
　著「心不全エッセンシャルガイド」メディカル・サイエンス・インターナショナル　2009
McDonald, Adrian　マクドナルド, エイドリアン
　国アメリカ　アメフト選手
MacDonald, Amy　マクドナルド, エイミー
　著「クェンティン・ハーター三世」BL出版　2003
McDonald, Andrew　マクドナルド, アンドリュー
　国アメリカ　アメフト選手
Macdonald, Andy　マクドナルド, アンディ
　著「スパイダーマン : エレクション・デイ」小学館集英社プロダクション　2013
MacDonald, Angus W., Ⅲ　マクドナルド, アンガス・W., 3世
　著「サイコパシー・ハンドブック」明石書店　2015
McDonald, Ann　マクドナルド, アン
　著「高齢者福祉とソーシャルワーク」晃洋書房　2012
McDonald, Anne　マクドナルド, アン
　1965〜　著「海幸無限」清水弘文堂書房　2003
Macdonald, Arlyn J.　マクドナルド, アーリン・J.
　著「フナ : 三つの自己に秘められたギフト」春秋社　2010
McDonald, Arthur B.　マクドナルド, アーサー
　1943〜　国カナダ　物理学者　クイーンズ大学名誉教授
McDonald, Atholl　マクドナルド, アソル
　著「ともだちはドラゴン」文溪堂　2001
McDonald, Audra　マクドナルド, オードラ
　トニー賞 プレイ 主演女優賞(2014年(第68回))ほか
McDonald, Bob　マクドナルド, ボブ
　著「日本の未来について話そう」小学館　2011
MacDonald, Brian　マクドナルド, ブライアン
　著「初めてのC#」オライリー・ジャパン, オーム社(発売)　2006
MacDonald, Bruno　マクドナルド, ブルーノ
　著「幻のアルバム」シンコーミュージック・エンタテイメント　2015
McDonald, Christopher W.　マクドナルド, クリストファー
　1931〜2011　国イギリス　日本サッカー協会顧問, 元・日本ロレックス株式会社取締役会長　日本ロレックス社長, 日本サッカー協会顧問
Mcdonald, Clinton　マクドナルド, クリントン
　国アメリカ　アメフト選手
McDonald, Colm　マクドナルド, C.
　著「統合失調症の常識は本当か?」培風館　2009
McDonald, Craig　マクドナルド, クレイグ
　1962〜　国アメリカ　作家, ジャーナリスト, 編集者　専スリラー, 歴史
McDonald, Daniel　マクドナルド, ダニエル
　著「NPE訴訟と新知財戦略」幻冬舎ルネッサンス　2013
Macdonald, David Whyte　マクドナルド, デイビッド
　著「動物と植物」朝倉書店　2006
Mcdonald, Deborah　マクドナルド
　国アメリカ　馬術選手
McDonald, Dewey　マクドナルド, デウェイ
　国アメリカ　アメフト選手
McDonald, Dexter　マクドナルド, デクスター
　国アメリカ　アメフト選手
McDonald, Dora Edith　マクドナルド, ドラ
　1925〜2007　国アメリカ　キング牧師の秘書
McDonald, Duff　マクドナルド, ダフ
　著「マッキンゼー」ダイヤモンド社　2013
Macdonald, Fiona　マクドナルド, フィオナ
　著「ヘレン・ケラー」日本ライトハウス　2001
MacDonald, Ginger　マクドナルド, ジンジャー
　著「対人援助のプロセスとスキル」金子書房　2011
Macdonald, Glynn　マクドナルド, グリン
　著「図解アレクサンダー・テクニーク」産調出版　2004
McDonald, Gregory　マクドナルド, グレゴリー
　1937〜2008　国アメリカ　ミステリー作家
Macdonald, Guy　マクドナルド, ガイ
　著「男の子の品格」ゴマブックス　2008
Mac Donald, Heather　マクドナルド, ヘザー
　著「壊れてゆくアメリカ」PHP研究所　2003
Macdonald, Helen　マクドナルド, ヘレン
　1970〜　著「オはオオタカのオ」白水社　2016
Macdonald, Helen Z.　マクドナルド, ヘレン
　著「PTSDハンドブック」金剛出版　2014
Macdonald, Holly　マクドナルド, ホリー
　著「マインドフルネスColouring」ガイアブックス　2016
Macdonald, Hugh　マクドナルド, ヒュー
　著「ロマン派の音楽」音楽之友社　2016
McDonald, Ian　マクドナルド, イアン
　1960〜　国イギリス　SFファンタジー作家
McDonald, Jacquie　マクドナルド, ジャッキー
　著「インストラクショナルデザインとテクノロジ」北大路書房　2013
McDonald, James　マクドナルド, ジェームズ
　1922〜2010　国アメリカ　実業家　ゼネラル・モーターズ(GM)社長　本名=McDonald, Francis James
Macdonald, James D.　マクドナルド, ジェイムズ・D.
　1954〜　著「サークル・オブ・マジック」小学館　2007
McDonald, James Ian Hamilton　マクドナルド, J.イアン・H.
　著「神との出会い」一麦出版社　2012
McDonald, James M.　マクドナルド, ジェームズ・M.
　著「食品安全と栄養の経済学」農林統計協会　2002
McDonald, John　マクドナルド, ジョン
　著「写真で見るヒトラー政権下の人びとと日常」原書房　2010
McDonald, John　マクドナルド, ジョン
　著「マスターの教え」飛鳥新社　2014
MacDonald, John D.　マクドナルド, ジョン・D.
　著「天外消失」早川書房　2008
Macdonald, Kelly　マクドナルド, ケリー
　エミー賞 プライムタイム・エミー賞 最優秀助演女優賞(ミニシリーズ・映画)(第58回(2006年))　"The Girl In The Cafe"
Macdonald, Kelly　マクドナルド, ケリー
　著「英語で楽しむ福岡の郷土料理」海鳥社　2015
Macdonald, Kevin　マクドナルド, ケビン
　1967〜　国イギリス　映画監督　異マクドナルド, ケヴィン
McDonald, Kim　マクドナルド, キム
　1956〜2001　国イギリス　陸上競技代理人
MacDonald, Kyle　マクドナルド, カイル
　1979〜　著「赤いクリップで家を手に入れた男」河出書房新社　2009
MacDonald, Laurence　マクドナルド, ローレンス
　1963〜　著「リーディングス日本の教育と社会」日本図書センター　2009
McDonald, Lawrence G.　マクドナルド, ローレンス
　著「金融大狂乱」徳間書店　2009
McDonald, L.L.　マクドナルド, L.L.
　著「海産哺乳類の調査と評価」日本鯨類研究所　2002
McDonald, Lynn　マクドナルド, リン
　1940〜　著「実像のナイチンゲール」現代社　2015
MacDonald, Margaret Read　マクドナルド, マーガレット・リード

1940～ 㗊「五分間で語れるお話」編書房, 星雲社(発売) 2009
McDonald, Marie A. マクドナルド, マリー・A.
㗊「愛しのレイ」イカロス出版 2009
McDonald, Mark マクドナルド, マーク
㗊「バリュー・ネットワーク戦略」ダイヤモンド社 2001
McDonald, Marlene マクドナルド, マーリーン
トリニダード・トバゴ 住宅・都市開発相
McDonald, Megan マクドナルド, メーガン
㗊「ジュディ・モード、探偵になる！」小峰書店 2013
Macdonald, Pam マクドナルド, パム
1959～ 㗊「モーズレイ摂食障害支援マニュアル」金剛出版 2014
MacDonald, Patricia マクドナルド, パトリシア
㗊「ベビーシッター殺人事件」集英社 2002
McDonald, Peter マクドナルド, ピーター
1973～ 㗊「訪問者」フォイル 2011
MacDonald, Phil マクドナルド, フィル
㗊「タイ」日経ナショナルジオグラフィック社, 日経BP出版センター(発売) 2001
MacDonald, Raymond A.R. マクドナルド, レイモンド
㗊「音楽的コミュニケーション」誠信書房 2012
Macdonald, Richard マクドナルド, リチャード
1950～2006 㗊「あなたの人生を劇的に変える7つの意外な習慣」グラフ社 2006
McDonald, Robert マクドナルド, ロバート
アメリカ 退役軍人長官
McDonald, Robert A. マクドナルド, ロバート
1953～ アメリカ 実業家 プロクター・アンド・ギャンブル(P&G)会長・社長・CEO 通称＝マクドナルド, ボブ〈McDonald, Bob〉
Macdonald, Roderick マクドナルド, ロデリック
㗊「Erotique digitale」トムソンラーニング, ビーエヌエヌ新社(発売) 2007
McDonald, Roger B. マクドナルド, ロジャー・B.
㗊「老化生物学」メディカル・サイエンス・インターナショナル 2015
Macdonald, Rose マクドナルド, ローズ
㗊「ミッドナイト・ブルー」東京創元社 2013
Macdonald, Steven C. マクドナルド, スティーヴン・C.
㗊「山でのファーストエイド」山洋社 2002
MacDonald, Suse マクドナルド, スーゼ
㗊「さかなかな」大日本絵画 2012
Mcdonald, T.J. マクドナルド, T.J.
アメリカ アメフト選手
Mcdonald, Vance マクドナルド, バンス
アメリカ アメフト選手
MacDonald, William マクドナルド, ウィリアム
1917～ 㗊「キリストは教会を愛された」ゴスペルフォリオプレスジャパン 2011
McDonell, Nick マクダネル, ニック
1984～ 㗊「トゥエルヴ」ソニー・マガジンズ 2005
MacDonell Smith, Nancy マクドネル・スミス, ナンシー
㗊「ファッションアイテム10」東京書籍 2005
McDonnell, Evelyn マクドネル, エヴェリン
㗊「ビョークが行く」新潮社 2003
McDonnell, Hector マクドネル, ヘクター
1947～ 㗊「ラウンドタワー」創元社 2014
McDonnell, Janet マクドネル, ジャネット
㗊「子どもの認知行動療法」明石書店 2016
McDonnell, Patrick マクドネル, パトリック
1956～ 㗊「クレイジー・キャット」創元社 2013
McDonough, Denis R. マクドノー, デニス
1969～ アメリカ 米国大統領首席補佐官 マクドノフ, デニス
Mcdonough, Ryan マクドノー, ライアン
アメリカ フェニックス・サンズGM
McDonough, William マクダナー, ウィリアム
㗊「サスティナブルなものづくり」人間と歴史社 2009
McDonough, William Joseph マクドナー, ウィリアム
1934～ アメリカ 銀行家 ニューヨーク連邦準備銀行総裁, バーゼル銀行監督委員会議長
McDonough, Yona Zeldis マクドノー, ヨナ・ゼルディス
アメリカ イスラエル出身の作家 児童書 マクダナー, ヨナ・ゼルディス
McDormand, Frances マクドーマンド, フランシス
1957～ アメリカ 女優
MacDougal, Bonnie マクドゥーガル, ボニー

㗊「背任」講談社 2002
Mcdougald, Bradley マクドゥーガルド, ブラッドリー
アメリカ アメフト選手
McDougall, Charles マクドゥーガル, チャールズ
エミー賞 プライムタイム・エミー賞 最優秀監督賞(コメディシリーズ)(第57回(2005年)) "Desperate Housewives"
McDougall, Christopher マクドゥーガル, クリストファー
1962～ アメリカ ジャーナリスト, 作家
MacDougall, Kathy マクドゥガル, キャシー
㗊「プロジェクト・マネジャーが知るべき97のこと」オライリー・ジャパン, オーム社(発売) 2011
MacDougall, Lee マクドゥガル, リー
1957～ 㗊「サラーカナダ戯曲選集 ハイ・ライフ―カナダ戯曲選集」彩流社 2002
McDougall, Lorna マクドゥーガル, ロルナ
㗊「名門アーサーアンダーセン消滅の軌跡」シュプリンガー・フェアラーク東京 2003
McDougall, Richard マクドゥーガル, リチャード
㗊「Solarisインターナル」ピアソン・エデュケーション 2001
MacDougall, Tom マクドゥガル, トム
グラミー賞 最優秀映像メディア向けコンピレーション・サウンドトラック・(2014年(第57回)) "Frozen" コンピレーション・プロデューサー
McDougle, Dexter マクドゥーグル, デクスター
アメリカ アメフト選手
McDowall, Anne マクドウォール, アン
㗊「シンプルサラダ」ガイアブックス, 産調出版(発売) 2011
McDowell, Bart マクダウェル, バート
㗊「バチカンの素顔」日経ナショナルジオグラフィック社, 日経BP出版センター(発売) 2009
McDowell, Gayle Laakmann マクダウェル, ゲイル・L.
1982～ 㗊「世界で闘うプロダクトマネジャーになるための本」マイナビ 2014
McDowell, John Henry マクダウェル, ジョン
1942～ 㗊「徳と理性」勁草書房 2016
McDowell, Josh マクドウェル, ジョシュ
㗊「徹底検証キリスト教」日本キャンパス・クルセード・フォー・クライスト, いのちのことば社(発売) 2014
McDowell, Marta マクドウェル, マルタ
㗊「ビアトリクス・ポターが愛した庭とその人生」西村書店東京出版編集部 2016
McDowell, Michael マクドーウェル, マイケル
アイルランド 副首相兼司法・平等・法改革相
Mcdowell, Roger マクダウェル, ロジャー
アメリカ ボルティモア・オリオールズコーチ
McDuff, Jack マクダフ, ジャック
1926～2001 アメリカ ジャズオルガン奏者 本名＝マクダフ, ブラザー・ジャック〈McDuff, Brother Jack〉
McDuffie, Glenn マクダフィー, グレン
1927～2014 アメリカ 写真「勝者のキス」に写ったとされる水兵
MacDuffie, John Paul マクダフィ, ジョン・ポール
㗊「リメイド・イン・アメリカ」中央大学出版部 2005
Macé, François マセ, フランソワ
1947～ フランス フランス国立東洋言語文化研究院(INALCO)日本学部名誉教授 宗教史 本名＝マセ, フランソワ・イブ・ロベール
Macé, François Yves Robert マセ, フランソワ・イヴ・ロベール
フランス 国立東洋言語文化院日本学部名誉教授, 元・国立東洋言語文化院日本学部長
Mace, Lilou マセ, リルー
1977～ 㗊「アイ・ロスト・マイ・ジョブ」JMA・アソシエイツライトワークス事業部, JMA・アソシエイツステップワークス事業部(発売) 2010
Mace, Virginia メイス, ヴァージニア
㗊「南アフリカ」ほるぷ出版 2009
MacEachern, Robyn マッケカーン, ロビン
㗊「ネットいじめ」大月書店 2009
Macedo, Miguel マセード, ミゲル
ポルトガル 内相
Macedo, Paulo マセード, パウロ
ポルトガル 保健相
Macedo, Stephen マシード, スティーヴン
1957～ 㗊「リベラルな徳」風行社 2014
Macedo de la Concha, Rafael Marcial マセド・デラコン

チャ, ラファエル・マルシアル
[国]メキシコ　連邦検察庁長官
Macedonio, Mike　マセドニオ, マイク
[著]「リファーラルマーケティング」 デイメーカーズ・パブリッシング, アチーブメント出版(発売)　2015
Maceira de Rosen, Sagra　マセイラ・デ・ローゼン, サグラ
[著]「ジミーチュウ ストーリー」 マーブルトロン, 中央公論新社(発売)　2011
Macejko, Josef　マツェイコ, ヨゼフ
[国]スロバキア　運輸・郵政・通信相
Macek, Bostjan　マチェク, ボシュチャン
[国]スロベニア　射撃選手　[異]マチェク
McEldowney, John　マケルダウニー, ジョン
[著]「比較安全保障」 成文堂　2013
McElligott, Matthew　マケリゴット, マシュー
[著]「ぼくはモンスターのとこやさん」 徳間書店　2011
McElmurry, Jill　マックエルマリー, ジル
[著]「木のすきなケイトさん」 BL出版　2015
McElroy, Ken　マクロイ, ケン
[著]「不動産投資のABC」 筑摩書房　2006
McElroy, Laurie　マッケロイ, ローリー
[著]「離れられない二人」 講談社　2009
McElroy, Paul　マックエルロイ, ポール
1955〜　[著]「航空管制室」 早川書房　2002
McElroy, Susan Chernak　マッケルロイ, スーザン・チャーナック
[著]「アニマル・メッセンジャー」 中央アート社　2001
McEnally, Stephen　マケナリー, スティーブン
[国]イギリス　元・グレイトブリテン・ササカワ財団事務局長, 元・国際交流基金ロンドン事務所事業部長, 元・ブリティッシュ・カウンシル京都事務所所長, 元・英国日本協会理事
McEnery, Tony　マケナリー, トニー
1964〜　[著]「概説コーパス言語学」 ひつじ書房　2014
McEnroe, John Patrick　マッケンロー, ジョン
1959〜　[国]アメリカ　元テニス選手
Maceo Cruz, Damar　マセオ・クルス, ダマル
[国]キューバ　軽工業相
MacEoin, Beth　マクイオワン, ベス
[異]マッキーン, ベス　[著]「ホリスティック家庭の医学療法」 ガイアブックス, 産調出版(発売)　2010
McEvenue, Kevin　マケベニュ, ケビン
[著]「ホールボディ・フォーカシング」 コスモス・ライブラリー, 星雲社(発売)　2004
Mcevoy, Cameron　マケボイ, キャメロン
[国]オーストラリア　水泳選手
McEvoy, Joseph P.　マッケボイ, J.P.
[著]「マンガホーキング入門」 講談社　2005
McEvoy, Sean　マッケヴォイ, ショーン
1959〜　[著]「二歩進んだシェイクスピア講義」 大阪教育図書　2004
Mcevoy, Tanner　マッケボイ, タナー
[国]アメリカ　アメフト選手
McEwan, Geraldine　マキューアン, ジェラルディン
1932〜2015　[国]イギリス　女優　[異]マクイーワン, ジェラルディン
McEwan, Ian　マキューアン, イアン
1948〜　[国]イギリス　作家　本名＝McEwan, Ian Russell　[異]マッキューアン / マッキュアン
McEwan, Patrick J.　マキューアン, パトリック
[著]「教育の費用効果分析」 日本評論社　2009
McEwen, Bruce S.　マキューアン, ブルース
[著]「社会不安障害とシャイネス」 日本評論社　2006
McEwen, Dorothy　マキューエン, ドロシー
?〜2005　[国]アメリカ　実業家　デジタルリサーチ共同創業者
McEwen, Scott　マキューエン, スコット
1961〜　[国]アメリカ　作家, 弁護士　[専]スリラー　[異]マクイーウェン, スコット
Mcewing, Joe　マクユーイング, ジョー
[国]アメリカ　シカゴ・ホワイトソックスコーチ
Macey, Dean　メーシー
[国]アメリカ　陸上選手
McFadden, Daniel Little　マクファデン, ダニエル
1937〜　[国]アメリカ　経済学者　南カリフォルニア大学教授　[専]ミクロ計量経済学　[異]マクファーデン, ダニエル
Mcfadden, Darren　マクファッデン, ダレン
[国]アメリカ　アメフト選手
McFadden, Johnjoe　マクファデン, ジョンジョー
[著]「量子力学で生命の謎を解く」 SBクリエイティブ　2015
Mcfadden, Kimario　マクファッデン, キマリオ
[国]アメリカ　アメフト選手
Mcfadden, Leon　マクファッデン, レオン
[国]アメリカ　アメフト選手
McFadyen, Cody　マクファディン, コーディ
1968〜　[国]アメリカ　作家　[専]スリラー, ミステリー, サスペンス
Mcfadzean, Elspeth　マクファーゼン, エルスペス
[著]「ブレークスルー思考」 ダイヤモンド社　2001
McFarlan, Bill　マクファーラン, ビル
[著]「自分をうまく伝える15の方法」 オープンナレッジ　2006
McFarland, Alastair　マクファーランド, アル
[国]アメリカ　ラグビー選手
McFarland, Gerald W.　マクファーランド, ジェラルド
1938〜　[著]「拡散した民」 江中八郎　2007
McFarland, Jim　マクファーランド, ジム
1935〜　[著]「パフパフ」 講談社　2003
McFarland, John Robert　マクファーランド, ジョン・ロバート
1937〜　[著]「がんはスピリチュアルな病気」 ハート出版　2008
Mcfarland, Keith R.　マクファーランド, キース・R.
[著]「ブレイクスルー・カンパニー」 講談社　2008
McFarland, Lyn Rossiter　マクファーランド, リン・ロシター
[著]「パフパフ」 講談社　2003
McFarland, Mike　マクファーランド, マイク
[国]アメリカ　アメフト選手
Mcfarland, M.J.　マクファーランド, M.J.
[国]アメリカ　アメフト選手
Mcfarland, T.J.　マクファーランド, T.J.
[国]アメリカ　野球選手
Macfarlane, Alan　マクファーレン, アラン
1941〜　[著]「茶の帝国」 知泉書館　2007
McFarlane, Alexander C.　マクファーレン, アレクサンダー・C.
[著]「不安障害」 日本評論社　2005
Macfarlane, Alison　マクファーレン, A.
[著]「現代イギリスの政治算術」 北海道大学図書刊行会　2003
Macfarlane, Allison　マクファーレン, アリソン
1964〜　[国]アメリカ　ジョージ・ワシントン大学国際科学技術センター長　米国原子力規制委員会(NRC)委員長　[専]放射性廃棄物の地層処分
Mcfarlane, Danny　マクファーレン
[国]ジャマイカ　陸上選手
Macfarlane, Eve　マクファーレン, イブ
[国]ニュージーランド　ボート選手
McFarlane, Fiona　マクファーレン, フィオナ
1978〜　[国]オーストラリア　作家　[専]文学
Macfarlane, Ian　マクファーレン, イアン
[国]オーストラリア　産業科学相
Macfarlane, Iris　マクファーレン, アイリス
[著]「茶の帝国」 知泉書館　2007
McFarlane, Judith M.　マクファーレイン, ジュディス
[著]「コミュニティアズパートナー」 医学書院　2007
McFarlane, Nigel　マクファーレン, ナイジェル
[著]「Firefox hacks」 オライリー・ジャパン, オーム社(発売)　2005
Macfarlane, Seth　マクファーレン, セス
1973〜　[国]アメリカ　映画監督, テレビプロデューサー, アニメーター, 声優, 俳優
Mcfarling, Usha Lee　マクファーリング, ユーシャ・リー
[著]「サイエンスライティング」 地人書館　2013
MacFarquhar, Roderick　マクファーカー, ロデリック
1930〜　[国]アメリカ　中国研究家, ジャーナリスト　ハーバード大学教授　[専]中国問題, 中国現代史
McFeely, Stephen　マクフィーリー, スティーヴン
[著]「キャプテン☆アメリカ ウィンター・ソルジャー」 講談社　2014
Mcferlin, Bobby　マクファーリン, ボビー
1950〜　[国]アメリカ　ジャズ歌手
McFerrin, Bobby　マクフェリン, ボビー
[著]「くよくよせずに、楽しもう！」 グラフィック社　2004
McFerrin, Samantha　マクファーリン, サマンサ
[著]「アニメおさるのジョージ ランランラン」 金の星社　2013
McGahan, Anita Marie　マクガーハン, アニタ・M.
[著]「2010年の「マネジメント」を読み解く」 ダイヤモンド社　2005

M

McGahern, John マクガハン, ジョン
1934〜2006 [国]アイルランド 作家
McGann, Eileen マクガン, アイリーン
[著]「ヒラリーvs.ライス」 アスペクト 2007
McGann, Jerome マッギャン, ジェローム
[著]「人文学と電子編集」 慶応義塾大学出版会 2011
McGann, Oisín マッギャン, オシーン
1973〜 [国]アイルランド 作家, イラストレーター [専]SF, ファンタジー
McGarey, Gladys マックギャレイ, グラディス・T.
1920〜 [異]マクギャレイ, グラディス・テイラー [著]「家庭と結婚」 中央アート出版社 2004
McGarey, William A. マックギャレイ, ウィリアム・A.
[著]「21世紀の医学」 中央アート出版社 2004
McGarrell, Lawrence Michael マクガレル, ローレンス
1947〜2012 [国]アメリカ エリザベト音楽大学名誉教授 [専]音楽教育学
McGarty, Craig マクガーティ, クレイグ
[著]「ステレオタイプとは何か」 明石書店 2007
McGary, Mitch マクゲイリー, ミッチ
[国]アメリカ バスケットボール選手
McGary, Norman マクゲーリィ, ノーム
[著]「眠れる森の美女」 うさぎ出版, シルバーバック(発売) 2006
McGaugh, James L. マッガウ, ジェームズ・L.
[著]「記憶と情動の脳科学」 講談社 2006
McGauran, Hugh マグラン, ヒュー
[著]「標準Red Hat Linuxリファレンス」 インプレス, インプレスコミュニケーションズ(発売) 2001
McGauran, Peter マゴーラン, ピーター
[国]オーストラリア 農林水産相
McGavin, Barbara マクギャバン, バーバラ
[著]「フォーカシング・ニューマニュアル」 コスモス・ライブラリー, 星雲社(発売) 2005
McGavin, Darren マクガビン, ダーレン
1922〜2006 [国]アメリカ 俳優 [異]マギャヴィン, ダレン / マクガヴィン, ダーレン / マクギャヴィン, ダーレン
McGavin, George マクガヴァン, ジョージ・C.
[著]「絶滅危機動物図鑑」 ランダムハウス講談社 2008
McGaw, Barry マクゴー, バリー
[著]「21世紀型スキル」 北大路書房 2014
Mcgee, Brad マッギー
[国]オーストラリア 自転車選手
McGee, Garry マッギー, ギャリー
1966〜 [著]「FBI vsジーン・セバーグ」 水声社 2012
McGee, Gerry マギー, ジェリー
1937〜 [国]アメリカ ギタリスト
McGee, Greg マクギー, グレッグ
1950〜 [著]「突破! リッチー・マコウ自伝」 東邦出版 2016
McGee, Harold マギー, H.
[著]「キッチンサイエンス」 共立出版 2008
Mcgee, Jake マギー, ジェイク
[国]アメリカ 野球選手
McGee, Jake マギー, ジェイク
[国]アメリカ アメフト選手
McGee, JaVale マギー, ジャベール
[国]アメリカ バスケットボール選手
McGee, J.Brad マギー, J.ブラッド
[著]「組織変革のジレンマ」 ダイヤモンド社 2004
McGee, Matt マッギー, マット
[著]「U2ダイアリー」 ブルース・インターアクションズ 2009
McGee, Nikita マッギ, ニキタ
[著]「食品の機能性表示と世界のレギュレーション」 薬事日報社 2015
McGee, Paul マギー, ポール
1964〜 [著]「くじけない自分のつくり方」 ダイヤモンド社 2016
McGee, Robert マギー, ロバート
[著]「ポール・オースターが朗読するナショナル・ストーリー・プロジェクト」 アルク 2006
McGee, Stacy マギー, ステイシー
[国]アメリカ アメフト選手
McGee, W.J. マッギー, W.J.
[著]「アメリカの環境主義」 同友館 2004
McGerr, Patricia マガー, パット
1917〜 [著]「四人の女」 東京創元社 2016
McGhee, Alison マギー, アリスン
1960〜 [著]「ホイッパーウィル川の伝説」 あすなろ書房 2016
McGhee, Karen マクギー, カレン
[著]「ビジュアル動物大図鑑」 日経ナショナルジオグラフィック社, 日経BP出版センター(発売) 2009
McGill, Craig マクギル, クレイグ
1973〜 [著]「サッカー株式会社」 文芸春秋 2002
McGill, Keith マッギル, キース
[国]アメリカ アメフト選手
McGill, T.Y. マッギル, T.Y.
[国]アメリカ アメフト選手
Mcgill, Tyler マクギル
[国]アメリカ 競泳選手
MacGill-Callahan, Sheila マックギル=キャラハン, シーラ
[著]「リヤ王と白鳥になった子どもたち」 冨山房インターナショナル 2010
MacGillivray, Alex マクギリブレー, アレックス
[著]「トリプルボトムライン」 創成社 2007
MacGillivray, Deborah マクギリヴレイ, デボラ
[著]「ハイランドの聖夜の願い」 武田ランダムハウスジャパン 2010
McGilloway, Brian マギロウェイ, ブライアン
1974〜 [国]イギリス 作家 [専]ミステリー, スリラー
McGilvray, James Alasdair マッギルヴレイ, J.
1942〜 [著]「チョムスキー言語の科学」 岩波書店 2016
McGilvray, Jill マックギルブレイ, ジル
1958〜 [著]「いのちを育むパストラルケア」 聖公会出版 2013
McGinn, Anne Platt マッギン, アン・プラット
[著]「地球と環境」 同友館 2002
McGinn, Colin マッギン, コリン
1950〜 [著]「マインドサイト」 青土社 2006
McGinn, Noel F. マクギン, ノエル
1934〜 [著]「教育分権化の国際的潮流」 東信堂 2015
McGinn, Richard A. マッギン, リチャード
1947〜 [国]アメリカ 実業家 ルーセント・テクノロジーズ会長・CEO [異]マギン, リチャード
McGinness, Ryan マクギネス, ライアン
[著]「クリエイティブスペース」 グラフィック社 2011
McGinnis, Alan Loy マクギニス, アラン・ロイ
[著]「「人に好かれる人」になる12の習慣」 PHP研究所 2003
McGinnis, Patrick J. マクギニス, パトリック・J.
[著]「10%起業」 日経BP社, 日経BPマーケティング(発売) 2016
McGinnis, Reginald マクギニス, レジナルド
1959〜 [著]「詩と絵画」 未知谷 2011
McGinnis, Robert E. マッギニス, ロバート
[著]「アートオブロバート・マッギニス」 マール社 2014
Macginty, AJ. マクギンティ, AJ
[国]アメリカ ラグビー選手
McGinty, Alice B. マクギンティ, アリス・B.
[著]「ダーウィン」 BL出版 2009
McGinty, Frank マギンティ, フランク
[著]「うまくいく子の考え方」 ディスカヴァー・トゥエンティワン 2003
Mac Ginty, Roger マクギンティー, ロジャー
1970〜 [著]「紛争と開発」 たちばな出版 2012
McGinty, Sarah Myers マッギンティ, サラ
[著]「ハーバード流「話す力」の伸ばし方!」 三笠書房 2003
McGloin, Matt マグロイン, マット
[国]アメリカ アメフト選手
McGlynn, Sue マッグリン, スー
[著]「感応する環境」 鹿島出版会 2011
McGoldrick, Monica マクゴールドリック, M.
[著]「ジェノグラム(家系図)の臨床」 ミネルヴァ書房 2009
McGonagill, Grady マクナージル, グラディ
[著]「エグゼクティブ・コーチング」 日本能率協会マネジメントセンター 2005
McGonigal, David マクゴニガル, デイヴィッド
1950〜 [著]「南極・北極大百科図鑑」 東洋書林 2005
McGonigal, Jane マクゴニガル, ジェイン
1977〜 [著]「スーパーベターになろう!」 早川書房 2015
McGonigal, Kelly マクゴニガル, ケリー
1977〜 [国]アメリカ 心理学者 スタンフォード大学講師 [専]健康心理学
McGonigal, Mike マクゴニガル, マイク
1968〜 [著]「マイ・ブラッディ・ヴァレンタイン」 スペースシャワーネットワーク 2013
McGonigle, Chris マゴニーグル, クリス
[著]「夫の死に救われる妻たち」 飛鳥新社 2010

McGoohan, Patrick　マッグーハン, パトリック
1928～2009　[国]アメリカ　俳優
McGorry, Patrick D.　マクゴーリ, パトリック・D.
[著]「早期精神病の診断と治療」 医学書院　2010
McGough, Roger　マクゴフ, ロジャー
[著]「いったいこれはなんじゃらほい？」 評論社　2004
McGovern, Ann　マクガバン, アン
[著]「やかましい！」 フレーベル館　2008
McGovern, Connor　マゴバーン, コナー
[国]アメリカ　アメフト選手
McGovern, George Stanley　マクガバン, ジョージ
1922～2012　[国]アメリカ　政治家　米国上院議員(民主党), 国連食糧農業機関(FAO)米国大使　[異]マクガヴァン / マッガヴァン
McGovern, Janett Blair Montgomery　マクガバン, ジャネット・ブレア・モンゴメリー
[著]「ヘッドハンターズ」 ハーベスト社　2014
Mcgovern, Matt　マクガバン, マシュー
[国]アイルランド　セーリング選手
McGowan, Anthony　マゴーワン, アンソニー
1965～　[国]イギリス　作家　[専]ヤングアダルト, スリラー
McGowan, Bill　マクゴーワン, ビル
[著]「成功する人の話し方」 日本経済新聞出版社　2015
McGowan, Christopher　マガウワン, クリストファー
[著]「恐竜を追った人びと」 古今書院　2004
Mcgowan, Dustin　マゴワン, ダスティン
[国]アメリカ　野球選手
McGowan, Kathleen　マゴーワン, キャスリン
[著]「詩聖の王子」 ソフトバンククリエイティブ　2011
McGowan, Michael　マッゴーワン, マイケル
[著]「リトル・ランナー」 竹書房　2006
McGowan, Richard A.　マガウアン, リチャード
[著]「ゲーミング企業のマネジメント」 税務経理協会　2005
McGowan, Shane　マガウアン, シェイン
1957～　[国]アイルランド　ミュージシャン
McGown, Jill　マゴーン, ジル
[著]「踊り子の死」 東京創元社　2002
McGrade, Arthur Stephen　マクグレイド, A.S.
[著]「中世の哲学」 京都大学学術出版会　2012
McGrady, Mike　マグレディ, マイク
1933～2012　[国]アメリカ　作家, コラムニスト
McGrady, Tracy　マグレディ, トレーシー
1979～　[国]アメリカ　元バスケットボール選手
McGrath, Alister E.　マグラス, アリスター
1953～　[国]イギリス　神学者　ロンドン大学キングス・カレッジ教授　[異]マクグラス, アリスター
McGrath, Constance　マクグラス, コンスタンス
[著]「インクルーシブ教育の実践」 学苑社　2010
McGrath, Jack　マグラス, ジャック
[国]アイルランド　ラグビー選手
McGrath, James　マクグラス, ジェームス
1952～　[著]「経営理論大全」 朝日新聞出版　2015
McGrath, Jinks　マクグラス, ジンクス
[著]「ジュエラーのためのテクスチャー&装飾技法」 スタジオタッククリエイティブ　2008
McGrath, Joanna Collicutt　マクグラス, J.C.
[著]「神は妄想か？」 教文館　2012
McGrath, Judy　マクグラス, ジュディ
1952～　[国]アメリカ　実業家　MTVネットワークス会長・CEO　本名＝マクグラス, ジュディス・アン〈McGrath, Judith Ann〉　[異]マクグレイス, ジュディ / マグレイス, ジュディ / マックグレイス, ジュディ
McGrath, Michael　マクグラス, マイケル
トニー賞 ミュージカル 助演男優賞(2012年(第66回)) "Nice Work If You Can Get It"
McGrath, Michael E.　マクグラス, マイケル・E.
[著]「プロダクトストラテジー」 日経BP社, 日経BP出版センター(発売)　2005
McGrath, Patrick　マグラア, パトリック
1950～　[著]「失われた探険家」 河出書房新社　2007
McGrath, Rita Gunther　マグレイス, リタ
[著]「競争優位の終焉」 日本経済新聞出版社　2014
McGrath, Roland　マクグラス, R.
[著]「GNU make」 アスキー　2001
McGrath, Sean　マッグラス, ショーン
[国]アメリカ　アメフト選手
McGrath, Tom　マックグラース, トム
1950～　[著]「悲しみの祈り三十日セラピー」 サンパウロ　2013
Mcgraw, *Dr.*Phil　マグロー, フィル
[国]アメリカ　タレント
McGraw, Gary　マグロー, ゲーリー
1966～　[著]「ビルディングセキュアソフトウェア」 オーム社　2006
McGraw, Harold Whittlesey Ⅲ　マグロウ, ハロルド, 3世
1948～　[国]アメリカ　実業家　マグロウヒル・ファイナンシャル会長
McGraw, James R.　マグロー, ジェームズ・R.
[著]「グラウンド・ゼロからの祈り」 日本キリスト教団出版局　2004
McGraw, Jay　マグロー, ジェイ
[著]「10代からの運命を変える10の小さな法則」 PHP研究所　2003
McGraw, Laura　マクグロー, ローラ
[著]「症例から学ぶ統合失調症の認知行動療法」 日本評論社　2007
McGraw, Peter　マグロウ, ピーター
[著]「世界"笑いのツボ"探し」 CCCメディアハウス　2015
McGraw, Phillip C.　マグロー, フィリップ
1950～　[著]「史上最強の人生戦略マニュアル」 きこ書房　2015
McGraw, Tim　マグロー, ティム
1967～　[国]アメリカ　カントリー歌手, 俳優　本名＝マグロー, サミュエル・ティモシー〈McGraw, Samuel Timothy〉　[異]マックグロウ, ティム / マッグロー / マッグロウ, ティム
McGraw, Tug　マグロー, タグ
1944～2004　[国]アメリカ　野球選手　本名＝McGraw, Frank Edwin
McGrayne, Sharon Bertsch　マグレイン, シャロン・バーチュ
[著]「異端の統計学ベイズ」 草思社　2013
MacGregor, Alastàir　マグレガー, アレステア
[著]「実践ヘッジファンド投資」 日本経済新聞社　2001
McGregor, Allan　マクレガー, アラン
[国]スコットランド　サッカー選手
MacGregor, Anne　マグレガー, アン
1960～　[著]「更年期とホルモン補充療法」 一灯舎, オーム社(発売)　2007
Mac-Gregor, Eduardo Ferrer　マック＝グレゴル, エドゥアルド・フェレル
[著]「憲法訴訟法」 成文堂　2010
McGregor, Ewan Gordon　マクレガー, ユアン
1971～　[国]イギリス　俳優
McGregor, James　マグレガー, ジェームズ
1953～　[著]「中国の未来を決める急所はここだ」 ヴィレッジブックス　2014
Macgregor, Jerry　マグレガー, ジェリー
[著]「レストラン・マジシャンズ・ガイドブック」 リアライズ・ユア・マジック　2014
McGregor, Jon　マグレガー, ジョン
1976～　[著]「奇跡も語る者がいなければ」 新潮社　2004
McGregor, Keli S.　マグレガー, ケリー
1962～2010　[国]アメリカ　実業家　コロラド・ロッキーズ社長
McGregor, Ken　マグレガー, ケン
1929～2007　[国]オーストラリア　テニス選手
MacGregor, Kinley　マクレガー, キンリー
1965～　[著]「魅惑の戦士をひとり占め」 幻冬舎　2013
McGregor, Lana　マクレガー, ラナ
[著]「ルームメイト」 ハーレクイン　2014
McGregor, Lindsay　マクレガー, リンゼイ
[著]「マッキンゼー流最高の社風のつくり方」 日経BP社, 日経BPマーケティング(発売)　2016
MacGregor, Neil　マグレガー, ニール
1946～　[国]イギリス　大英博物館館長　[異]マクレガー, ニール
McGregor, Richard　マグレガー, リチャード
1958～　[国]オーストラリア　ジャーナリスト　ウィルソンセンター・フェロー　「フィナンシャル・タイムズ」ワシントン支局長
MacGregor, Rob　マグレガー, ロブ
[著]「インディ・ジョーンズ」 早川書房　2008
MacGregor, T.J.　マグレガー, T.J.
1950～　[著]「蜘蛛の誘い」 東京創元社　2006
MacGregor, Trish　マグレガー, トリッシュ
1947～　[著]「ソウルメイト占星術」 徳間書店　2008
McGrew, Anthony G.　マグルー, アンソニー
[異]マッグルー, アントニー・G.　[著]「グローバル・トランスフォーメーションズ」 中央大学出版部　2006
McGrew, William Clement　マクグルー, W.C.
[著]「幼児の行動とその理解」 家政教育社　2001
McGruder, Aaron　マッグルーダー, アーロン

1974〜 著「ブーンドックス」幻冬舎 2004
Mcgruder, Rodney マグルーダー, ロドニー
　国アメリカ　バスケットボール選手
McGuckin, John Anthony マクガキン, ジョン・A.
　著「キリスト教のスピリチュアリティ」新教出版社 2006
McGuffin, Michael マクガフィン, マイケル
　著「メディカルハーブ安全性ハンドブック」東京堂出版 2016
McGuffin, Peter マクガフィン, ピーター
　著「精神科臨床倫理」星和書店 2011
McGugan, Will マクグーガン, ウィル
　著「Pythonゲームプログラミング入門」アスキー・メディアワークス, 角川グループパブリッシング(発売) 2011
McGuigan, Paul マクギガン, ポール
　著「ギャングスター・ナンバー1」アーティストハウスパブリッシャーズ, 角川書店(発売) 2003
McGuinness, Brian マクギネス, ブライアン
　著「ウィトゲンシュタイン評伝」法政大学出版局 2016
McGuinness, Deborah L. マクギネス, デボラ・L.
　著「MDAマニフェスト」エスアイビー・アクセス, 星雲社(発売) 2005
McGuinness, Ed マクギネス, エド
　著「AVX：アベンジャーズ VS X-MENアルファ＆オメガ」ヴィレッジブックス 2016
McGuinness, Frank マクギネス, フランク
　1953〜　国アイルランド　劇作家
McGuinness, Lisa マクギネス, リサ
　著「Meaningful Bouquets 言葉を伝える花束」クロニクルブックス・ジャパン, 徳間書店(発売) 2016
McGuinness, Martin マクギネス, マーティン
　1950〜　国イギリス　政治家　北アイルランド自治政府副首相
McGuinness, Mary C. マックギネス, M.C.
　1933〜　著「キリスト者小共同体」新世社 2002
McGuinness, Michael マクギネス, マイケル
　著「マンガユング心理学入門」講談社 2010
McGuinness-Kelly, Tracy-Lee マクギナス＝ケリー, トレーシー＝リー
　著「バッドキャット」ブロンズ新社 2003
McGuire, Barbara マクガイア, バーバラ
　著「おもいではチョコレートのにおい」アールアイシー出版 2007
McGuire, Benny マクガイヤー, ベニー
　?〜2001　国アメリカ　プロレスラー
Mcguire, Bill マグワイアー, ビル
　著「30秒で学ぶ科学理論」スタジオタッククリエイティブ 2013
McGuire, Christine マクガイア, C.
　関マックガイア, C.　著「完璧な犠牲者」中央アート出版社 2002
McGuire, Dennis Eugene マクガイア, デニス
　著「ダウン症のある成人に役立つメンタルヘルス・ハンドブック」遠見書房 2013
McGuire, Dorothy マクガイア, ドロシー
　?〜2001　国アメリカ　女優　関マグァイア, ドロシー
McGuire, Hugh マクガイア, ヒュー
　著「マニフェスト本の未来」ボイジャー 2013
McGuire, Jamie マクガイア, ジェイミー
　1978〜　国アメリカ　作家　関ロマンス
McGuire, Meredith B. マクガイア, メレディス・B.
　著「宗教社会学」明石書店 2008
Mcguire, Reese マクガイア, リース
　国アメリカ　野球選手
McGuire, Richard マグワイア, リチャード
　1957〜　著「HERE」国書刊行会 2016
McGuire, William マクガイアー, W.
　1917〜　著「フロイト＝ユンク往復書簡」講談社 2007
McGuirk, Leslie マックガーク, レスリー
　著「ここにあるよ！」大日本絵画 2002
McGuirk, Terry マクガーク, テリー
　国アメリカ　アトランタ・ブレーブスオーナー
McGwire, Mark マグワイア, マーク
　1963〜　国アメリカ　大リーグコーチ(ドジャース), 元野球選手　関マクワイア, マーク／マグァイア, マーク
Machado, Adam マチャド, アダム
　グラミー賞 最優秀アルバム・ライナーノーツ(2011年(第54回))
　"Hear Me Howling！：Blues, Ballads & Beyond As Recorded By The San Francisco Bay By Chris Strachwitz In The 1960s"
Machado, Ana Maria マシャード, アナ・マリア
　著「くろってかわいい」新世研 2001
Machado, Angel マチャード, アンヘル
　国アルゼンチン　亜日経済委員会会長, アルゼンチン医療機器輸入・販売業者連盟会長
Machado, Dixon マチャド, ディクソン
　国ベネズエラ　野球選手
Machado, Jean Jacques マシャード, ジャン・ジャック
　著「ブラジリアン柔術チャンピオンシップテクニック」新紀元社 2005
Machado, Manny マチャド, マニー
　国アメリカ　野球選手
Machado, Nelson マシャド, ネルソン
　国ブラジル　社会保障相
Machado Canales, María Antonieta マチャド・カナレス, マリア・アントニエタ
　国ニカラグア　家族・コミュニティー・協同組合経済相
Machado Ventura, José Ramón マチャド・ベントゥラ, ホセ・ラモン
　国キューバ　国家評議会副議長, 閣僚評議会副議長
Machakela, Clement マチャケラ, クレメント
　国レソト　雇用・労働相
MacHale, D.J. マクヘイル, D.J.
　著「ペンドラゴン」角川書店 2005
McHale, Jean Vanessa マクヘイル, ジャン
　1965〜　著「看護と人権」エルゼビア・ジャパン 2006
McHale, Kevin マクヘイル, ケビン
　1957〜　国アメリカ　元バスケットボール監督　本名＝マクヘイル, ケビン・エドワード〈McHale, Kevin Edward〉
Machardo, Mario マシャード, マリオ
　1935〜2013　国アメリカ　ニュースキャスター
McHarg, Ian Lennox マクハーグ, イアン
　1920〜2001　国アメリカ　ペンシルベニア大学名誉教授　関ランドスケープ・アーキテクチャー, 地域計画学
Macharia, James マチャリア, ジェームズ
　国ケニア　運輸・インフラ相
Machar Teny, Riak マシャール・テニー, リヤク
　国南スーダン　副大統領
Machavariani, Mikheil マチャワリアニ, ミヘイル
　国ジョージア　国庫相
Machavela, Esperança Alfred マシャベラ, エスペランサ・アルフレード
　国モザンビーク　法相
Mchedlidze, Levan ムチェドリーゼ, レヴァン
　国ジョージア　サッカー選手
Mchedlidze, Tamaz ムチェドリゼ, タマズ
　国ジョージア　ラグビー選手
Machete, Rui マシェッテ, ルイ
　国ポルトガル　外相
Machi, Jean マチ, ジーン
　国ベネズエラ　野球選手
Machiavello, José マキャベロ, ホセ
　国エクアドル　公共事業・通信相
Machicao Bankovic, Marko Marcelo マチカオ・バンコビッチ, マルコ・マルセロ
　国ボリビア　文化相
Machin, David マッキン, デビッド
　1939〜　著「QOL評価学」中山書店 2005
Machinea, José マチネア, ホセ
　国アルゼンチン　経済財政相
Machis, Darwin マチス, ダルウィン
　国ベネズエラ　サッカー選手
McHolm, Angela E. マクホルム, アンジェラ・E.
　著「場面緘黙児への支援」田研出版 2007
Machová, Mária マホバ, マリア
　国スロバキア　民営化相
Machtan, Lothar マハタン, ロータル
　1949〜　著「ヒトラーの秘密の生活」文芸春秋 2002
McHugh, Andrea マクヒュー, アンドレア
　著「子どもと楽しむ犬のしつけ」ペットライフ社, 緑書房(発売) 2008
McHugh, Collin マキュー, コリン
　国アメリカ　野球選手
McHugh, Donald E. マクヒュー, ドナルド
　著「「ビジネスの神様」がゴルフ語で語る18のノウハウ」小学館プロダクション 2004
McHugh, Rhonda マクヒュー, ロンダ
　著「走れ！ウィリー」キッズネット, 角川書店(発売) 2004

Machungwa, Peter　マチュンワ, ピーター
　㉻ザンビア　内相
Maciariello, Joseph A.　マチャレロ, ジョゼフ・A.
　㌀「ドラッカー教授としてのマネジメント」マグロウヒル・エデュケーション, 日本経済新聞出版社（発売）2013
Macias, Patrick　マシアス, パトリック
　1972〜　㌀「オタク・イン・USA」筑摩書房　2013
Maciejowski, Jan Marian　マチエヨフスキー, ヤン・M.
　㌀「モデル予測制御」東京電機大学出版局　2005
Maciel, Marco　マシエル, マルコ
　㉻ブラジル　副大統領
Macierewicz, Antoni　マチェレウィチ, アントニ
　㉻ポーランド　国防相
McIlroy, Richard　マッキルロイ, リチャード
　㌀「サッカーてんやわんや」東京書籍　2002
Mcilroy, Rory　マキロイ, ロリー
　1989〜　㉻イギリス　プロゴルファー　㉯マッキロイ, ローリー
McIlvanney, William　マッキルバニー, ウィリアム
　1936〜2015　㉻イギリス　作家, 詩人　本名＝McIlvanney, William Angus　㉯マッキルヴァニー, ウィリアム
McIlwain, John　マッキルウェーン, ジョン
　㌀「ジュニアイラスト英語辞典」日東書院本社　2014
McInally, Stuart　マッキナリー, スチュワート
　㉻スコットランド　ラグビー選手
McIndoe, Andrew　マキンドー, アンドル・K.
　㌀「麻酔科救急ハンドブック」メディカル・サイエンス・インターナショナル　2008
McInerney, Francis　マキナニー, フランシス
　㌀「日本企業はモノづくり至上主義で生き残れるか」ダイヤモンド社　2014
MacInerney, Karen　マキナニー, カレン
　1970〜　㉻アメリカ　作家　㉸ミステリー, スリラー
McInerny, Dennis Q.　マキナニー, D.Q.
　㌀「論理ノート」ダイヤモンド社　2005
McInerny, Ralph　マキナニー, ラルフ
　1929〜2010　㉻アメリカ　ミステリー作家, 哲学者　ノートルダム大学教授　別名＝クイル, モニカ〈Quill, Monica〉, マッキン, エドワード〈Mackin, Edward〉
McInnes, Angus　マッキネス, アンガス
　㌀「社会と犯罪」松柏社　2003
MacInnes, Elaine　マキネス, イレーヌ
　1924〜　㌀「禅入門」岩波書店　2009
McInnes, Mike　マッキネス, マイク
　㌀「冬眠式プラスハチミツダイエット」バベルプレス　2010
McInnes, Roderick R.　マッキネス, ロデリック・R.
　㌀「トンプソン＆トンプソン遺伝医学」メディカル・サイエンス・インターナショナル　2009
McInnes, Stuart　マッキネス, スチュワート
　㌀「冬眠式プラスハチミツダイエット」バベルプレス　2010
McInnis, Craig　マキニス, クライグ
　㌀「高等教育における教育・学習のリーダーシップ」東北大学高等教育開発推進センター　2014
McInnis, Melvin G.　マキニス, M.G.
　㌀「自閉症と発達障害研究の進歩」星和書店　2001
McInnis, William P.　マキニス, ウィリアム・P.
　㌀「臨床現場で使える思春期心理療法の経過記録計画」明石書店　2015
McIntosh, Christopher　マッキントッシュ, クリストファー
　1943〜　㌀「薔薇十字団」筑摩書房　2003
McIntosh, D.J.　マッキントッシュ, D.J.
　㉻カナダ　作家　㉸ミステリー, スリラー
McIntosh, Gary L.　マッキントッシュ, ゲーリー・L.
　㌀「リーダーシップのダークサイド」いのちのことば社　2013
McIntosh, Jane　マッキントッシュ, ジェーン
　㌀「考古学入門」あすなろ書房　2007
McIntosh, Jason　マッキントッシュ, J.
　㌀「Perl & XML」オライリー・ジャパン, オーム社（発売）2002
Mcintosh, Stuart　マッキントッシュ
　㉻イギリス　カヌー選手
Mcintosh, Toga　マッキントッシュ, トーガ
　㉻リベリア　外相　㉯マッキントッシュ, トガ
MacIntyre, Alasdair　マッキンタイア, アラスデア
　㉯マッキンタイアー, A.　㌀「美徳なき時代」みすず書房　2004
MacIntyre, Andrew　マッキンタイヤー, アンドリュー
　㌀「レント, レント・シーキング, 経済開発」出版研, 人間の科学新社（発売）2007
McIntyre, Anne　マッキンタイア, アン
　1953〜　㌀「エビデンスに基づく高齢者の作業療法」ガイアブックス　2014
Macintyre, Ben　マッキンタイアー, ベン
　1963〜　㉻イギリス　ノンフィクション作家, コラムニスト　「ザ・タイムズ」パリ支局長
Mcintyre, John Collin　マッキンタイヤー, ジョン・コリン
　㉻ドミニカ共和国　計画・経済開発・投資相
MacIntyre, Peter　マッキンタイア, ピーター
　㌀「プログラミングPHP」オライリー・ジャパン, オーム社（発売）
McIntyre, Sarah　マッキンタイヤ, セアラ
　㌀「オリバーとさまよい島の冒険」理論社　2014
MacIsaac, Bruce　マックアイザック, ブルース
　㌀「アジャイル開発の6原則と20のベストプラクティス」エスアイビー・アクセス, 星雲社（発売）2007
Maciuika, John V.　マシュイカ, ジョン・V.
　㌀「ビフォーザバウハウス」三元社　2015
McIver, Joel　マクアイヴァー, ジョエル
　1971〜　㌀「ランディ・ローズ」道出版　2012
McIver, Meredith　マカイヴァー, メレディス
　㌀「あなたに金持ちになってほしい」筑摩書房　2008
McIvor, Ashleigh　マカイバー, アシュリー
　1983〜　㉻カナダ　元スキー選手
McJannet, Linda　マックジャネット, リンダ
　㌀「ハーバードで学ぶマネジメント・コミュニケーション」生産性出版　2005
McJilton, Charles E.　マクジルトン, チャールズ・E.
　1963〜　㌀「東日本大震災の人類学」人文書院　2013
McJones, Paul　マクジョーンズ, ポール
　㌀「プログラミング原論」東京電機大学出版局　2015
Mack, Alex　マック, アレックス
　㉻アメリカ　アメフト選手
Mack, Burton L.　マック, バートン・L.
　1931〜　㌀「失われた福音書」青土社　2005
Mack, Carol K.　マック, キャロル・K.
　㌀「SEVEN・セブン」而立書房　2016
Mack, David　マック, デビッド
　㌀「ニューアベンジャーズ：シークレット・インベージョン」ヴィレッジブックス　2014
Mack, Donny　マック, ドニー
　㌀「標準ASP.NETプログラミング」翔泳社　2002
Mack, Jeff　マック, ジェフ
　㌀「でもだいじょうぶ！」パイインターナショナル　2013
Mack, John J.　マック, ジョン
　1944〜　㉻アメリカ　実業家　モルガン・スタンレー会長・CEO
Mack, Khalil　マック, カリル
　㉻アメリカ　アメフト選手
Mack, Lorrie　マック, ロリー
　㌀「密着！動物たちの24時間」汐文社　2015
Mack, Noelle　マック, ノエル
　㌀「誘惑は甘い調べにのせて」ぶんか社　2009
Mack, Phil　マック, フィル
　㉻カナダ　ラグビー選手
Mack, Ryan　マック, ライアン
　㉻アメリカ　アメフト選手
Mack, Shelvin　マック, シェルビン
　㉻アメリカ　バスケットボール選手
Mack, T.　マック, T.
　㉻アメリカ　作家　㉸ミステリー　本名＝マック, トレーシー〈Mack, Tracy〉
Mack, Theresa B.　マック, セレサ・B.
　㌀「プライベート・エクイティ」中央経済社　2011
Mack, Timothy　マック
　㉻アメリカ　陸上選手
Mack, Wayne A.　マック, ウェイン・A.
　㌀「夫婦のきずなを強めるために」ホームスクーリング・ビジョン　2006
McKade, Mackenzie　マッケイド, マッケンジー
　㌀「黒髪のカウボーイ」オークラ出版　2011
McKaie, Andy　マッカイ, アンディ
　プロデューサー　グラミー賞　最優秀ヒストリカル・アルバム（2009年（第52回））"The Complete Chess Masters (1950 - 1967)"
MacKail, Davina　マッケイル, ダヴィーナ

1964〜 著「ドリームウィスパラーの超潜在開発スペシャル」ヒカルランド 2012
McKain, Kelly マケイン、ケリー
著「ひみつの妖精ハウス」ポプラ社 2016
Mackall, Dandi Daley マコール、ダンディ・デイリー
アメリカ探偵作家クラブ賞 YA賞(2012年) "The Silence of Murder"
Mackanin, Pete マッカニン、ピート
国アメリカ フィラデルフィア・フィリーズ監督
Mackay, Alan L. マッケイ、アラン・L.
著「形とシンメトリーの饗宴」森北出版 2003
McKay, Andy マッケイ、アンディ
1973〜 著「開発のプロが教える標準Plone完全解説」アスキー 2005
Mckay, Dave マッキー、デーブ
国アメリカ アリゾナ・ダイヤモンドバックスコーチ
MacKay, David J.C. マッケイ、デービッド・J.C.
著「持続可能なエネルギー」産業図書 2010
McKay, Dean マッケイ、D.
1966〜 著「嫌悪とその関連障害」北大路書房 2014
McKay, Derek マッケイ、デレック
著「プリンツ・オイゲン・フォン・サヴォア」文理閣 2010
Mackay, Donald マッケイ、ドナルド
1936〜 著「エコ・ケミストリー」本田財団 〔2001〕
McKay, Emily マッケイ、エミリー
著「胸に秘めた初恋」ハーレクイン 2012
McKay, George マッケイ、ジョージ
著「ビジュアル動物大図鑑」日経ナショナルジオグラフィック社、日経BP出版センター(発売) 2009
Mackay, Harvey マッケイ、ハーヴィ
関マッケイ、ハーベイ・B. 著「ビジネス人間学」日本経済新聞社 2006
Mckay, Hilary マッカイ、ヒラリー
著「チャーリー、ただいま家出中」徳間書店 2014
Mackay, Hugh マッケイ、ヒュー
1952〜 著「入門情報社会の社会科学」NTT出版 2003
Mackay, Iain マッケイ、イアン
国イギリス バレエダンサー バーミンガム・ロイヤル・バレエ団(BRB)プリンシパル
McKay, John マッケイ、ジョン
1923〜2001 国アメリカ アメフト監督
McKay, Judith マッケイ、ジュディス
著「怒りのセルフコントロール」明石書店 2011
MacKay, Julian マッケイ、ジュリアン
国アメリカ ローザンヌ国際バレエコンクール 6位・プロ研修賞(第43回(2015年))
McKay, Matthew マッケイ、マシュー
著「毎日おこなう弁証法的行動療法自習帳」星和書店 2012
McKay, Mekale マッケイ、ミケイル
国アメリカ アメフト選手
Mackay, Paul マッカイ、パウル
1946〜 著「アントロポゾフィー協会の進化について」水声社 2014
Mackay, Peter Gordon マッケイ、ピーター
1965〜 国カナダ 政治家、弁護士 カナダ法相
McKay, Rena マッケイ、リナ
著「ふたりだけの同窓会」ハーレクイン 2003
McKay, Rhian マッケイ、ライアン
著「世にも奇妙な遺言集」ブルース・インターアクションズ 2005
Mackay, Richard マッケイ、リチャード
著「絶滅危機生物の世界地図」丸善 2005
Mackay, Roger マッカイ、ロジャー
1956〜2002 国オーストラリア プロゴルファー 関マッケイ、ロジャー
McKay, Sandy マカーイ、サンディ
1959〜 著「リサイクル」さ・え・ら書房 2005
Mackaye, Benton マッケイ、ベントン
著「アメリカの環境主義」同友館 2004
McKean, Alan マクキーン、アラン
著「オブジェクトデザイン」翔泳社 2007
McKean, Dave マッキーン、デイブ
1963〜 ネスレ子どもの本賞 6〜8歳部門 金賞(2003年) "Varjak Paw" 関マッキーン、デイヴ
McKean, Sylvia C. マッキーン、シルビア・C.
著「病院勤務医の技術」日経BP社、日経BP出版センター(発売) 2009

McKean, Thomas A. マッキーン、トーマス・A.
著「ぼくとクマと自閉症の仲間たち」花風社 2003
McKee, Annie マッキー、アニー
1955〜 著「実践EQ人と組織を活かす鉄則」日本経済新聞社 2006
McKee, David マッキー、デービッド
1935〜 国イギリス 絵本作家、イラストレーター、アニメーション作家 関マッキー、デーヴィッド/マッキー、デビッド
McKee, Elsie Anne マッキー、エルシー・アン
著「牧会者カルヴァン」新教出版社 2009
McKee, James Robert マッキー、J.R.
1946〜 著「マッキー生化学」化学同人 2003
McKee, John マッキー、ジョン
国ニュージーランド ラグビーコーチ
McKee, Kathryn マッキー、キャスリン
1937〜 著「「想定外」に備える企業災害対策マニュアル」翔泳社 2011
McKee, Laurel マッキー、ローレル
著「秘められた恋の行方」オークラ出版 2011
McKee, Lucky マッキー、ラッキー
著「わたしはサムじゃない」扶桑社 2014
McKee, Robert マッキー、ロバート
著「「説得」の戦略」ダイヤモンド社 2006
McKee, Tim マッキー、ティム
著「未来を信じて」小峰書店 2002
McKee, Trudy マッキー、T.
著「マッキー生化学」化学同人 2003
McKeehan, Valerie マッキーハン、ヴァレリー
著「チョークアートボタニカル塗り絵」ブティック社 2016
McKeen, Claudia マッキー、クラウディア
著「シュタイナー教育基本指針」水声社 2014
McKeever, Brian マッキーバー、ブライアン
1979〜 国カナダ スキー選手 関マキーバー、ブライアン
McKeever, Ed マッキーバー、エド
1983〜 国イギリス カヌー選手 本名=McKeever, Edward Daniel
McKeith, Gillian マッキース、ジリアン
著「オーガニック・ダイエット」ソニー・マガジンズ 2005
McKellar, Don マッケラー、ドン
トニー賞 ミュージカル 脚本賞(2006年(第60回)) "The Drowsy Chaperone"
McKellen, Ian マッケラン、イアン
ベルリン国際映画祭 名誉金熊賞(第56回(2006年))
McKellen, Sir Ian マッケラン、イアン
著「ニュージーランド」メディアファクトリー 2004
McKellen, Ian Murray マッケラン、イアン
1939〜 国イギリス 俳優、舞台監督 関マッケレン、イアン
McKelvie, Jamie マッケルビー、ジェイミー
関マクケルビー、ジェイミー 著「ヤング・アベンジャーズ：スタイル＞サブスタンス」ヴィレッジブックス 2016
Mckelvin, Leodis マッケルビン、レオディス
国アメリカ アメフト選手
McKemmish, Sue マケミッシュ、スー
著「入門・アーカイブズの世界」日外アソシエーツ 2006
Macken, JoAnn Early マッケン、ジョアン・アーリー
1953〜 著「うたうのだいすき」小峰書店 2006
Mckendry, Sam マッケンドリー、サム
著「いたずらこねこちゃん」大日本絵画 2007
McKenley, Herb マッケンリー、ハーブ
？〜2007 国ジャマイカ 陸上選手 本名=McKenley, Herbert Henry
McKenna, Aline Brosh マッケンナ、アライン・ブロッシュ
1967〜 著「幸せになるための27のドレス」フォーインスクリーンプレイ事業部(発売) 2012
Mckenna, Catherine マッケナ、キャサリン
国カナダ 環境・気候変動相
Mckenna, David マッケナ、デイビッド
1949〜 著「物語の法則」アスキー・メディアワークス、KADOKAWA(発売) 2013
Mckenna, James R. マッケンナ、ジェームズ・R.
著「持続可能な農業への道」農林統計協会 2002
Mckenna, Juliet E. マッケナ、ジュリエット
1965〜 国イギリス 作家 関SF、ファンタジー
McKenna, Lindsay マッケンナ、リンゼイ
著「天空を翔る愛」ハーレクイン 2005
McKenna, Patrick J. マッケンナ、パトリック・J.

[著]「初めてリーダーとなる人のコーチング」 日経BP社, 日経BP出版センター(発売) 2003
McKenna, Paul マッケンナ, ポール
1963～ [著]「人生を変える黄金睡眠メソッド」 宝島社 2013
McKenna, Rachael Hale マッケナ, レイチェル・ヘイル
[著]「世界の美しい犬101」 パイ インターナショナル 2016
McKenna, Regis マッケンナ, レジス
[著]「シリコンバレー」 日本経済新聞社 2001
McKenna, Shannon マッケナ, シャノン
[著]「その愛に守られたい」 二見書房 2016
McKenna, Shannon S. マッケナ, シャノン
[著]「ICUポケットレファランス」 メディカル・サイエンス・インターナショナル 2014
McKenna, Terence マッケナ, テレンス
1946～ [著]「神々の糧」 第三書館 2003
McKenna, Tim マッケンナ, ティム
1968～ [著]「Teahupoo」 日之出出版 2008
Mckenney, Michael マッケニー, マイケル
[著]「組織変革のジレンマ」 ダイヤモンド社 2004
Mackensen, Ina von マッケンゼン, イーナ・フォン
[著]「シュタイナー教育基本指針」 水声社 2014
Mackenzie, Alexander マッケンジー, アレクサンダー
[著]「とことん症例から学ぶ感染症」 メディカル・サイエンス・インターナショナル 2011
Mackenzie, Alice マッケンジー, アリス
[著]「エビデンスに基づく高齢者の作業療法」 ガイアブックス 2014
McKenzie, Alyce M. マッケンジー, A.M.
[著]「マタイによる福音書」 日本キリスト教団出版局 2010
Mckenzie, Ashley マッケンジー, アシュリー
[国]イギリス 柔道選手
McKenzie, Bret マッケンジー, ブレット
アカデミー賞 主題歌賞(第84回(2011年)) 'Man Or Muppet'(「ザ・マペッツ」"The Muppets")
MacKenzie, Bruce マッケンジー, ブルース
[著]「シンプルIFRS」 中央経済社 2011
McKenzie, C.B. マッケンジー, C.B.
[著]「バッド・カントリー」 早川書房 2016
McKenzie, Chuck マッケンジー, チャック
[著]「「問題社員」の管理術」 ダイヤモンド社 2007
MacKenzie, Cindy マッケンジー, シンディー
[著]「空よりも広く」 彩流社 2012
McKenzie, Colin マッケンジー, コリン
1957～ [著]「EViewsによる計量経済分析」 東洋経済新報社 2012
McKenzie, Dan マッケンジー, ダン
[著]「知の歴史」 徳間書店 2002
Mackenzie, Dana マッケンジー, デイナ
[著]「世界を変えた24の方程式」 創元社 2013
McKenzie, Dan P. マッケンジー, ダン・P.
[国]イギリス クラフォード賞 地球科学(2002年)
Mackenzie, David マッケンジー, デイヴィッド
ベルリン国際映画祭 銀熊賞 音楽賞(第57回(2007年)) "Hallam Foe"
Mckenzie, Desmond マッケンジー, デズモンド
[国]ジャマイカ 地方政府相
MacKenzie, Donald A. マッケンジー, ドナルド
[異]マッケンジー, ドナルド・A. [著]「金融市場の社会学」 流通経済大学出版会 2013
McKenzie, Eleanor マッケンジー, エレノア
[著]「レイキバイブル」 ガイアブックス, 産調出版(発売) 2010
Mckenzie, Evan マッケンジー, エヴァン
1951～ [著]「プライベートピア」 世界思想社 2003
MacKenzie, George マッケンジー, ジョージ
[著]「ブルーシールド」 日本図書館協会 2007
McKenzie, Hamish マッケンジー, ヘイミシュ
[著]「とことん症例から学ぶ感染症」 メディカル・サイエンス・インターナショナル 2011
Mackenzie, Jamie マッケンジー, ジェイミー
[国]カナダ ラグビー選手
MacKenzie, John M. マッケンジー, ジョン・M.
1943～ [著]「大英帝国のオリエンタリズム」 ミネルヴァ書房 2001
McKenzie, Kevin マッケンジー, ケビン
1954～ [国]アメリカ バレエダンサー, 振付師 アメリカン・バレエ・シアター(ABT)芸術監督 アメリカン・バレエ・シアター(ABT)プリンシパル [異]マッケンジー, ケヴィン
MacKenzie, K.Roy マッケンジー, K.ロイ
[著]「グループ対人関係療法」 創元社 2006
McKenzie, Kwame マッケンジー, クワメ
[著]「うつ病」 一灯舎, オーム社(発売) 2008
Mackenzie, Linda マッケンジー
[国]オーストラリア 競泳選手
McKenzie, Lionel Wilfred マッケンジー, ライオネル
1919～2010 [国]アメリカ 経済学者 ロチェスター大学名誉教授 [専]数理経済学
McKenzie, Margaret マッケンジー, マーガレット
[著]「ファミリー・グループ・カンファレンス(FGC)」 有斐閣 2005
Mackenzie, Myrna マッケンジー, マーナ
[著]「二人は恋人未満」 ハーレクイン 2011
Mackenzie, Norman マッケンジー, ノーマン
クワイア・ディレクター グラミー賞 最優秀クラシック合唱(2004年(第47回)) "Berlioz: Requiem"
Mackenzie, Phil マッケンジー, フィル
[国]カナダ ラグビー選手
Mackenzie, Richard マッケンジー, リチャード
1947～ [著]「19番ホールで軽く飲めればいつも心はあたたまる」 ソニー・マガジンズ 2001
Mac Kenzie, Robert J. マッケンジー, ロバート・J.
[著]「子どもを上手に叱っていますか?」 筑摩書房 2010
McKenzie, Robin マッケンジー, ロビン
1931～ [著]「肩の痛み・四十肩改善マニュアル」 実業之日本社 2011
MacKenzie, Sally マッケンジー, サリー
[著]「ひそかな恋心に振りむいて」 竹書房 2013
McKenzie, Scott マッケンジー, スコット
1939～2012 [国]アメリカ 歌手
MacKenzie, Scott Bradley マッケンジー, スコット
1954～ [著]「組織市民行動」 白桃書房 2007
McKenzie, Shawn マッケンジー, ショーン
[著]「動物工場」 緑風出版 2016
Mackenzie, Sophie マッケンジー, ソフィー
[国]ニュージーランド ボート選手
McKenzie, Susan マッケンジー, S.
1963～ [著]「教師と親のコラボレーション」 田研出版 2005
Mackenzie, W.S. マッケンジー, W.S.
[著]「カラーでみる岩石記載学入門」 Manson Publishing, United Publishers Services(発売) 2005
McKeon, David マキオン, デービッド
[国]オーストラリア 水泳選手
McKeon, Emma マキオン, エマ
[国]オーストラリア 水泳選手
McKeon, James マキオン, ジェームス
[異]マキオン, ジェームズ [著]「エオラ・ジェムストーン・オラクルカード」 アートビーング, BABジャパン(発売) 2010
McKeown, Greg マキューン, グレッグ
[著]「メンバーの才能を開花させる技法」 海と月社 2015
Mckeown, Max マキューン, マックス
[著]「「戦略」大全」 大和書房 2014
Mckeown, Taylor マキオン, テーラー
[国]オーストラリア 水泳選手
McKergow, Mark マカーゴウ, マーク
[著]「ソリューション・フォーカス」 ダイヤモンド社 2008
McKern, Leo マッカーン, レオ
1920～2002 [国]イギリス 俳優
Mackerras, Charles マッケラス, チャールズ
1925～2010 [国]イギリス 指揮者 イングリッシュ・ナショナル・オペラ音楽監督
Mackesy, Serena マッケシー, セリーナ
[国]イギリス 作家, ジャーナリスト [専]ミステリー 筆名＝マーウッド, アレックス〈Marwood, Alex〉
Mackey, Chris マッケイ, クリス
[著]「陸軍尋問官」 扶桑社 2005
Mckey, James E. マッケイ, ジェームズ
[著]「猫の家庭医学」 ペットライフ社, 緑書房(発売) 2007
Mackey, John マッキー, ジョン
1954～ [著]「世界でいちばん大切にしたい会社」 翔泳社 2014
Mackey, Nathaniel マッキー, ナサニエル
全米図書賞 詩(2006年) "Splay Anthem"
Mackey, Sandra マッケイ, サンドラ
[著]「アメリカはなぜイラク攻撃をそんなに急ぐのか?」 朝日新聞社 2002

Mackey, Steven　マッキー、スティーブン
　グラミー賞 最優秀クラシック小編成演奏（2011年（第54回））
　"Mackey: Lonely Motel - Music From Slide"
Macki, Ahmad bin Abdul-Nabi　マッキ、アハマド・ビン・アブドルナビ
　国オマーン　国家経済相
McKibben, Bill　マッキベン、ビル
　著「ディープエコノミー」英治出版 2008
McKie, Cecil　マッキー、セシル
　国セントビンセント・グレナディーン　観光・スポーツ・文化相
McKie, Robin　マッキー、ロビン
　著「出アフリカ記人類の起源」岩波書店 2001
Mackie, Vera C.　マッキー、ヴェラ
　著「グローバル化とジェンダー表象」御茶の水書房 2003
McKillip, Patricia Ann　マキリップ、パトリシア・アン
　1948〜　国アメリカ　ファンタジー作家　愛称=マキリップ、パトリシア・A.
MacKillop, James　マッキロップ、ジェームズ
　著「臨床心理学における科学と疑似科学」北大路書房 2007
McKillop, Tom　マキロップ、トム
　1943〜　国イギリス　実業家　アストラゼネカCEO　本名=McKillop, Thomas Fulton Wilson
McKim, Donald K.　マッキム、ドナルド・K.
　著「魂の養いと思索のために」教文館 2013
Mackin, J.C.　マッキン、J.C.
　著「MCSE/MCSAスキルチェック問題集70-291 Microsoft Windows Server 2003 network infrastructure」日経BPソフトプレス、日経BP出版センター（発売） 2004
Mackin, Mary Ann　マッキン、メアリー・アン
　著「人生で大切にすること」日本経済新聞出版社 2010
McKinlay, Deborah　マッキンレー、デボラ
　国イギリス　作家, コラムニスト　文学, ユーモア
MacKinlay, Elizabeth　マッキンレー、エリザベス
　1940〜　著「認知症のスピリチュアルケア」新興医学出版社 2010
McKinlay, Jenn　マッキンリー、ジェン
　国アメリカ　作家　ミステリー, スリラー　筆名=ローレンス、ルーシー〈Lawrence, Lucy〉、ベル, ジョジー〈Belle, Josie〉
McKinley, Deborah　マッキンリー、デボラ
　著「それでも女はやめられない!!」角川書店 2001
McKinley, Michael P.　マッキンリ、M.P.
　著「カラー人体解剖学」西村書店 2003
Mckinley, Robin　マッキンリイ、ロビン
　著「サンシャイン＆ヴァンパイア」扶桑社 2007
McKinnell, Hank　マッキンネル、ハンク
　著「ファイザーCEOが語る未来との約束」ダイヤモンド社 2006
McKinnell, Henry A., Jr.　マッキンネル、ヘンリー、Jr.
　1943〜　国アメリカ　実業家　ムーディーズ取締役会議長　ファイザー会長　通称=マッキンネル、ハンク〈McKinnell, Hank〉
McKinney, Benardrick　マッキニー、ベナードリック
　国アメリカ　アメフト選手
McKinney, Cynthia　マッキニー、シンシア
　著「もう戦争はさせない！」文理閣 2007
McKinney, Meagan　マキニー、ミーガン
　著「億万長者の愛人」ハーレクイン 2006
McKinney, Phil　マッキニー、フィル
　著「キラー・クエスチョン」阪急コミュニケーションズ 2013
MacKinnon, Amy　マッキノン、エイミー
　著「死者に抱かれた女」ヴィレッジブックス 2010
MacKinnon, Catharine A.　マッキノン、キャサリン
　1946〜　国アメリカ　弁護士, 法学者　ミシガン大学ロースクール教授　著フェミニズム
Mckinnon, Jeremiah　マッキノン、ジェレミアー
　国アメリカ　アメフト選手
Mckinnon, Jerick　マッキノン、ジェリック
　国アメリカ　アメフト選手
Mackinnon, Mairi　マッキノン、マーリー
　著「プリンセスものがたり」小学館 2015
MacKinnon, Pam　マッキノン、パム
　トニー賞 プレイ 演出賞（2013年（第67回））　"Who's Afraid of Virginia Woolf？"
MacKinnon, Roderick　マッキノン、ロデリック
　1956〜　国アメリカ　生物物理学者, 医師　ロックフェラー大学教授　愛称=マキノン、ロドリック
McKinstry, Nancy　マッキンストリー、ナンシー
　1959〜　国アメリカ　実業家　ウォルターズ・クルワーCEO・会長
Mackintosh, Cameron Anthony　マッキントッシュ、キャメロン
　1946〜　国イギリス　ミュージカルプロデューサー　王立スコットランド音楽・演劇アカデミー総裁　愛称=マッキントーシュ、キャメロン
Mackintosh, Michelle　マッキントッシュ、ミッシェル
　著「スネイル・メイル」グラフィック社 2015
McKintosh, Peter　マッキントッシュ、ピーター
　ローレンス・オリヴィエ賞 衣装デザイン賞（2012年（第36回））　"Crazy For You"
McKinzie, Clinton　マッキンジー、クリントン
　著「絶壁の死角」新潮社 2005
McKissack, Patricia C.　マキサック、パトリシア
　1944〜　著「クロティの秘密の日記」日本ライトハウス 2013
Mckissic, J.D.　マキシック、J.D.
　国アメリカ　アメフト選手
Mckitterick, Rosamond　マキタリック、ロザモンド
　著「ヨーロッパ歴史地図」原書房 2001
Mackle, Marisa　マックル、マリサ
　著「ミスター・ライト」文芸春秋 2003
Macklemore　マックルモア
　MTVアワード 最優秀ヒップホップ・ビデオ（第30回（2013年））ほか
Mackler, Carolyn　マックラー、キャロリン
　1973〜　国アメリカ　作家　愛称=ヤングアダルト
Macklin, Jenny　マクリン、ジェニー
　国オーストラリア　家族・地域行政・先住民問題相兼障害者制度改革相
McKnight, Jenna　マクナイト、ジェナ
　著「恋人は領主様？」ハーレクイン 2003
McKnight, Lee W.　マックナイト、リー・W.
　著「クリエイティブディストラクション」東洋経済新報社 2002
McKnight, Rosalind A.　マクナイト、ロザリンド・A.
　著「魂の旅」太陽出版 2011
McKnight, Scot　マクナイト、スコット
　著「福音の再発見」キリスト新聞社出版事業課 2013
Macknik, Stephen L.　マクニック、スティーヴン・L.
　著「脳はすすんでだまされたがる」角川書店、角川グループパブリッシング（発売） 2012
McKone, Mike　マッコーン、マイク
　著「アベンジャーズ：エンドレス・ウォータイム」ヴィレッジブックス 2016
Mackouzangba, Gaston　マクザンバ、ガストン
　国中央アフリカ　労働・社会保障・雇用相　愛称=マックザンバ、ガストン
Mackowiak, Philip A.　マコウィアク、フィリップ・A.
　著「モータルのむくみ」中央公論新社 2011
Mackrell, Judith　マックレル、ジュディス
　著「オックスフォードバレエダンス事典」平凡社 2010
McKuen, Rod　マキューン、ロッド
　1933〜2015　国アメリカ　詩人, 作詞・作曲家, 歌手, 俳優　別名=Dor　愛称=マッケン、ロッド
McKune, Carolyn M.　マックーン、キャロリン・M.
　著「伴侶動物の麻酔テクニック」緑書房 2016
McKusick, James C.　マキューシック、ジェイムズ・C.
　著「グリーンライティング」音羽書房鶴見書店 2009
McKusick, Marshall Kirk　マキュージック、マーシャル・カーク
　著「BSDカーネルの設計と実装」アスキー 2005
Mackway-Jones, Kevin　マックウェイ・ジョーンズ、K.
　著「医学教育の教え方ポケットガイド」西村書店東京出版編集部 2010
Macky, Ian　マッキー、イアン
　著「Oracle XMLハンドブック」翔泳社 2001
Macky, Sarah　マッキー
　国ニュージーランド　セーリング選手
McLachlan, Craig　マクラクラン、クレイグ
　1962〜　著「西国三十三か所ガイジン巡礼珍中」小学館 2003
MacLachlan, Emily　マクラクラン、エミリー
　著「ちーちゃいチーチャ」小峰書店 2007
MacLachlan, James H.　マクラクラン、ジェームズ
　1928〜　著「コペルニクス」大月書店 2008
MacLachlan, Patricia　マクラクラン、パトリシア
　1938〜　著「きょうはかぜでおやすみ」大日本図書 2016
McLachlin, Beverley　マクラクラン、ビバリー
　1943〜　国カナダ　裁判官, 弁護士　カナダ最高裁長官

Maclagan, David マクラガン, デイヴィド
1940〜 [著]「アウトサイダー・アート」 青土社 2011
McLagan, Ian マクレガン, イアン
1945〜2014 [国]イギリス ロック・ミュージシャン, キーボード奏者
McLagan, Patricia A. マクラーガン, パット
[著]「チェンジ！」 主婦の友社 2003
McLaglen, Andrew V. マクラグレン, アンドルー・V.
1920〜2014 [国]アメリカ 映画監督 [異]マクラグレン, アンドリュー
McLain, Paula マクレーン, ポーラ
1965〜 [国]アメリカ 作家, 詩人 [専]歴史, 文学 [異]マクレイン, ポーラ
McLaine, Lachlan マクレイン, ラックラン
[著]「アウトドア大百科」 成美堂出版 c2013
MacLaine, Shirley マクレーン, シャーリー
1934〜 [国]アメリカ 女優 本名=ビーティ, シャーリー・マクレーン〈Beatty, Shirley MacLean〉 [異]マクレイン, シャーリー
MacLane, Daisann マックレーン, ディジアン
[著]「レンズは語る」 日経ナショナルジオグラフィック社, 日経BP出版センター(発売) 2003
McLane, Derek マクレーン, デレク
トニー賞 プレイ 舞台デザイン賞(2009年(第63回)) "33 Variations"
McLane, Gerard D. マクレーン, ジェラルド
[著]「ベジ・ダイニング」 モーリス・カンパニー, 星雲社(発売) 2008
McLane, Kathryn J. マクレーン, キャサリン
[著]「ベジ・ダイニング」 モーリス・カンパニー, 星雲社(発売) 2008
MacLane, Saunders マックレーン, S.
1909〜2005 [著]「圏論の基礎」 シュプリンガー・フェアラーク東京 2005
McLaren, Angus マクラレン, アンガス
1942〜 [著]「性的不能の文化史」 作品社 2016
McLaren, Anne マクラーレン, アン
1927〜2007 [国]イギリス 発生生物学者 ウエルカムがん研究所客員主任研究員
Mclaren, John マクラーレン, ジョン
[国]アメリカ フィラデルフィア・フィリーズコーチ
McLaren, John マクラーレン, ジョン
1951〜 [著]「ブラック・キャブ」 角川書店 2004
Mclaren, Malcolm マクラーレン, マルコム
1946〜2010 [国]イギリス 音楽プロデューサー, ミュージシャン
McLarren, Steve マクラーレン, スティーブ
1961〜 [国]イギリス サッカー監督 サッカー・イングランド代表監督 [異]マクラーレン, スティーヴ
MacLarty, Jay マクラーティ, ジェイ
[著]「運び屋を追え」 二見書房 2004
McLarty, Ron マクラーティ, ロン
1947〜 [著]「ぼくとペダルと始まりの旅」 新潮社 2010
McLatchie, Greg R. マクラッチ, グレッグ
[著]「運動とスポーツの医学」 一灯舎, オーム社(発売) 2008
McLaughlin, Brett マクラフリン, ブレット
[異]マクラフリン, B. [著]「Head Firstオブジェクト指向分析設計」 オライリー・ジャパン, オーム社(発売) 2007
McLaughlin, Chris マクラフリン, クリス
1948〜 [著]「女には優しいまなざし、男には優しい言葉を」 サンブックス, 星雲社(発売) 2007
MacLaughlin, Don マクラーフリン, ドン
[著]「みにくいアヒルの子」 うさぎ出版, ネコ・パブリッシング(発売) 2004
McLaughlin, Emma マクローリン, エマ
[著]「ティファニーで子育てを」 文芸春秋 2003
McLaughlin, John マクラフリン, ジョン
1942〜 [国]イギリス ギタリスト 別名=マクラフリン, マハヴィシュヌ・ジョン
McLaughlin, R.M. マクラフリン, R.M.
[著]「新・小動物骨折内固定マニュアル」 メディカルサイエンス社, インターズ(発売) 2001
McLaughlin, Thomas マクラフリン, トマス
[著]「現代批評理論」 平凡社 2001
McLaughlin Renpenning, Kathie E. マクローリン=レンペニング, キャサリン・E.
[著]「オレム看護理論にもとづく看護サービス管理の実際」 医学書院 2005
Maclay, Charlotte マクレイ, シャーロット
[著]「クリスマス・ベイビー」 ハーレクイン 2014
MacLean, Alex S. マクリーン, アレックス
[著]「THE PLAY BOOK」 ブルース・インターアクションズ 2010
McLean, Alistair Murray マクレーン, アリステア・マレー
[国]オーストラリア 豪日交流基金理事長, 元・駐日オーストラリア大使
McLean, Andrew マクレーン, アンドリュー
1946〜 [著]「ぼくの犬」 日本図書センター 2005
MacLean, Andrew Okpeaha マックリーン, アンドリュー・オクペハ
ベルリン国際映画祭 審査員新人賞(第61回(2011年)) "On the Ice"
Maclean, Anna マクリーン, アンナ
[国]アメリカ ミステリー作家, 歴史作家 [専]ミステリー, 歴史 別筆名=マッキン, ジーン〈Mackin, Jeanne〉
Maclean, Brittany マクリーン, ブリタニー
[国]カナダ 水泳選手 [異]マクリーン, B.
MacLean, Charles マクリーン, チャールズ
1951〜 [著]「世界ウイスキー大図鑑」 柴田書店 2013
Maclean, Craig マクリーン
[国]イギリス 自転車選手
Maclean, Dorothy マクレーン, ドロシー
[異]マクリーン, ドロシー [著]「樹木たちはこう語る」 日本教文社 2009
McLean, Ian マクリーン, イアン
[著]「MCSE/MCSAスキルチェック問題集70-291 Microsoft Windows Server 2003 network infrastructure」 日経BPソフトプレス, 日経BP出版センター(発売) 2004
McLean, Jackie Lenwood マクリーン, ジャッキー
1932〜2006 [国]アメリカ ジャズ・アルトサックス奏者 本名=McLean, John Lenwood
McLean, Jim マクリーン, ジム
[著]「すべてのスイングはベン・ホーガンに通じる」 青春出版社 2013
MacLean, Julianne マクリーン, ジュリアン
[著]「王国の花嫁」 竹書房 2012
McLean, Kathleen マックリーン, K.
[著]「博物館をみせる」 玉川大学出版部 2003
MacLean, Kerry Lee マクリーン, ケリー・リー
[著]「こぶたくんのめいそう」 産経新聞出版 2008
McLean, Luke マックリーン, ルーク
[国]イタリア ラグビー選手
McLean, Richard マクリーン, リチャード
1973〜 [著]「統合失調症ぼくの手記」 晶文社 2004
Mclean, Robert J. マクリーン, ロバート・J.
[著]「マッキンゼー戦略の進化」 ダイヤモンド社 2003
Maclean, Ronald マクリーン, ロナルド
[国]ボリビア 持続的開発・計画相
MacLean, Rory マクリーン, ローリー
[著]「ビジュアル版 世界の歴史都市」 柊風舎 2016
MacLean, Sarah マクリーン, サラ
[著]「堕ちた天使への祝福」 竹書房 2015
Maclean, Siobhan マクリーン, シヴォーン
[著]「パワーとエンパワメント」 クリエイツかもがわ 2016
McLean, William F. マクリーン, ウィル
[著]「デザイナーのための建築構造入門」 エクスナレッジ 2014
Maclear, Kyo マクレア, キョウ
1970〜 [著]「きょうは、おおかみ」 きじとら出版 2015
McLeish, Todd マクリーシュ, トッド
[著]「神秘のクジライッカクを追う」 原書房 2014
Maclellan, Alec マクレラン, アレク
[著]「キリストの槍」 不空社 2005
McLellan, Anne マクレラン, アン
[国]カナダ 副首相兼公共緊急対策相
McLellan, Betty マックレラン, ベッティ
[著]「「お子さま男」のしつけ方」 広済堂出版 2001
McLellan, Janet マクレラン, ジャネット
[著]「本を読んで語り合うリテラチャー・サークル実践入門」 渓水社 2013
McLellan, Todd マクレラン, トッド
[著]「分解してみました」 パイインターナショナル 2015
McLemore, Ben マクレモア, ベン
[国]アメリカ バスケットボール選手
McLendon, Steve マクレンドン, スティーブ
[国]アメリカ アメフト選手
McLennan, A.G. マクレナン, A.G.

M

著「分子生物学キーノート」シュプリンガー・フェアラーク東京 2002
Mclennan, Ivan マクレナン, イバン
　国アメリカ　アメフト選手
Maclennan, Rosannagh マクレナン, ロザンナ
　国カナダ　トランポリン選手
MacLeod, Alexander D. マクラウド, アレクサンダー
　著「煉瓦を運ぶ」新潮社 2016
MacLeod, Alistair マクラウド, アリステア
　1936～2014　国カナダ　作家　ウィンザー大学英文学教授　本名＝MacLeod, John Alexander Joseph
McLeod, Alistair マクラウド, アリステア
　著「Macromedia Flexによるリッチクライアントシステム開発ガイド」ソフトバンククリエイティブ 2006
MacLeod, Carla マクラウド, カーラ
　1982～　国カナダ　アイスホッケー指導者，元アイスホッケー選手　アイスホッケー女子日本代表コーチ
MacLeod, Charlotte マクラウド, シャーロット
　1922～2005　国カナダ　ミステリー作家　筆名＝クレイグ, アリサ，ヒューズ, マチルダ
Macleod, Donald マクラウド, ドナルド
　1940～　著「長老教会の大切なつとめ」一麦出版社 2010
McLeod, Errol マクラウド, エロル
　国トリニダード・トバゴ　労働・中小企業開発相
MacLeod, G. マクラウド, ジョージ
　著「犬のためのホメオパシー」ホメオパシー出版 2006
MacLeod, Glen マクラウド, グレン
　著「モダニズムとは何か」松柏社 2002
McLeod, Ian マクロード, イアン
　著「スイミング解剖学」ベースボール・マガジン社 2010
MacLeod, Ian R. マクラウド, イアン
　1956～　国イギリス　作家　異マクラウド, イアン・R.
MacLeod, Jay マクラウド, ジェイ
　著「ぼくにだってできるさ」北大路書房 2007
MacLeod, Jilly マクラウド, ジリー
　著「イラストでみる世界を変えた発明」ランダムハウス講談社 2008
McLeod, John マクレオッド, ジョン
　1951～　著「心理臨床への多元的アプローチ」岩崎学術出版社 2015
McLeod, Judyth A. マクラウド, ジュディス・A.
　著「世界伝説歴史地図」原書房 2013
Mcleod, Kembrew マクロード, ケンブリュー
　1970～　著「表現の自由vs知的財産権」青土社 2005
MacLeod, Ken マクラウド, ケン
　1954～　国イギリス　作家　興SF, ファンタジー
Mcleod, Ken マクロード, ケン
　著「マッキンゼー戦略の進化」ダイヤモンド社 2003
McLeod, Norman マクレオド, ノーマン
　著「『超図説』日本固有文明の謎をユダヤで解ける」徳間書店 2004
Mcleod, Omar マクレオド, オマール
　国ジャマイカ　陸上選手
McLeod, Peter マックレオド, P.
　著「認知過程のコネクショニスト・モデル」北樹出版 2005
Mcleod, Rodney マクロード, ロドニー
　国アメリカ　アメフト選手
Maclin, Jeremy マクリン, ジェレミー
　国アメリカ　アメフト選手
McLinn, Patricia マクリン, パトリシア
　著「結婚式は中止！」ハーレクイン 2003
McLlrath, Paul マクレス, ポール
　国ミクロネシア連邦　法相
McIntosh, John マッキントッシュ, ジョン
　？～2001　国カナダ　牧師　在日大韓基督教会牧師
McLoone, Margo マクルーン, マーゴ
　著「現代女性ミニ事典」松柏社 2004
McLoughlin, John C. マクローリン, J.C.
　著「イヌ」講談社 2016
Mcloughlin, Patrick マクロフリン, パトリック
　国イギリス　運輸相
McLuhan, Eric マクルーハン, エリック
　1942～　著「エッセンシャル・マクルーハン」NTT出版 2007
MacLulich, Carolyn マックルーリック, キャロル
　著「意味とメッセージ」リーベル出版 2002
Mclynn, Frank マクリン, フランク
　1941～　著「キャプテン・クック」東洋書林 2013

McMackin, Leila マクマキン, L.
　1940～　著「「女性」の目覚め」新曜社 2003
McMahon, Barbara マクマーン, バーバラ
　著「愛と狂熱のサマー・ラブ」ハーレクイン 2014
McMahon, David マクマーホン, ディビッド
　著「相対性理論」プレアデス出版 2016
McMahon, Ed マクマホン, エド
　1923～2009　国アメリカ　テレビ司会者　本名＝McMahon, Edward Leo Peter (Jr.)
MacMahon, Kathleen マクマホン, キャスリーン
　1970～　国アイルランド　作家　興文学
McMahon, Richard Alan マクマホン, リチャード
　著「SQL Server 2000 database design」翔泳社 2002
Mcmahon, Ryan マクマーン, ライアン
　国アメリカ　野球選手
McMahon, Sean マクマーン, ショーン
　国オーストラリア　ラグビー選手
McMahon, Vince マクマホン, ビンス
　1945～　国アメリカ　プロレスプロモーター　ワールド・レスリング・エンターテインメント (WWE) 会長　本名＝マクマホン, ビンセント・ケネディ〈McMahon, Vincient Kennedy〉　異マクマホン, ヴィンス
McManaman, Callum マクマナマン, カラム
　国イングランド　サッカー選手
Mcmanis, Sherrick マクマニス, シェリック
　国アメリカ　アメフト選手
Mcmanis, Wynton マクマニス, ワイントン
　国アメリカ　アメフト選手
Mcmann, Sara マクマン
　国アメリカ　レスリング選手
McManners, Hugh マクマナーズ, ヒュー
　著「特殊部隊」朝日新聞社 2005
McManus, Brandon マクナマス, ブランドン
　国アメリカ　アメフト選手
McManus, Freda マクマナス, フリーダ
　著「心理学」岩波書店 2003
McManus, I.C. マクマナス, クリス
　著「非対称の起源」講談社 2006
McManus, James マクマナス, ジェイムズ
　著「殺人カジノのポーカー世界選手権」文芸春秋 2006
McManus, Jamie マクマナス, ジェイミー
　著「肥満は病気です！」ダイヤモンド社 2004
McManus, Patty マクマナス, パティ
　著「コーチング術で部下と良い関係を築く」ファーストプレス 2007
MacManus, Sean マクマナス, ショーン
　著「10才からはじめるプログラミング図鑑」創元社 2015
McMaster, Juliet マクマスター, ジュリエット
　著「子どもが描く世界」彩流社 2010
McMasters, Eric マクマスターズ, エリック
　著「CCNP routing」翔泳社 2001
McMath, Robert M. マックマス, ロバート・M.
　著「80,000点に学ぶ新製品開発マーケティング」東急エージェンシー出版部 2002
MacMeans, Donna マックミーンズ, ドナ
　著「女神に愛のレッスンを」竹書房 2010
McMeekin, Gail マクミーキン, ゲイル
　著「思いどおりの自分になる15の秘訣」PHPエディターズ・グループ, PHP研究所 (発売) 2002
McMenamin, Steve マクメナミン, スティーブ
　著「アドレナリンジャンキー」日経BP社, 日経BP出版センター (発売) 2009
McMenemy, Sarah マクメネミー, サラ
　著「ワールド・イン・ザ・ラウンド 動きだす世界地図」青幻舎インターナショナル, 青幻舎 (京都) (発売) 2016
McMillan, Beverly マクミラン, ビバリー
　著「サメとその生態」昭文社 2008
MacMillan, Ian C. マクミラン, イアン
　1940～　異マクミラン, イアン・C.　著「技術とイノベーションの戦略的マネジメント」翔泳社 2007
McMillan, John マクミラン, ジョン
　1951～　著「市場を創る」NTT出版 2007
MacMillan, Margaret マクミラン, マーガレット
　1943～　著「第一次世界大戦」えにし書房 2016
Mcmillan, Nate マクミラン, ネイト
　国アメリカ　インディアナ・ペイサーズヘッドコーチ (バスケッ

McMillan, Peter　マックミラン, ピーター
　1959〜　㊺「英詩訳・百人一首香り立つやまとごころ」集英社 2009
McMillan, Robert　ミックミラン, ロバート
　㊺「留学せん事」日本文学館 2004
McMillan, Ron　マクミラン, ロン
　㊺「自分を見違えるほど変える技術」阪急コミュニケーションズ 2012
MacMillan, Terri　マクミラン, テリー
　1958〜　㊺「不思議の国のブッシュ」光文社 2003
McMillan, Terry　マクミラン, テリー
　1952〜　㊺「プライス一家は、いつも一日遅れ」扶桑社 2004
Mcmillan, Trevor　マクミラン, トレバー
　㊀ジャマイカ　国家安全保障相
McMillen, Alison　マクミレン, アリソン
　1977〜　㊺「もっと自分を愛してごらん」文芸春秋 2002
McMillin, Scott　マクミリン, スコット
　1934〜2006　㊺「ドラマとしてのミュージカル」彩流社 2015
Mcmillon, Doug　マクミロン, ダグ
　㊀アメリカ　実業家
McMinn, Derek　マクミン, D.
　㊺「バーミンガム股関節表面置換術」シュプリンガー・ジャパン 2010
McMinn, Suzanne　マクミン, スーザン
　㊺「疑われたシンデレラ」ハーレクイン 2001
McMoneagle, Joseph　マクモニーグル, ジョー
　1946〜　㊺「遠隔透視ハンドブック」東洋経済新報社 2009
Mcmorris, Mark　マクモリス
　㊀カナダ　スノーボード選手
McMorrough, Julia　マクモロー, ジュリア
　㊺「世界標準の建築設計資料集成」エクスナレッジ 2014
McMorrow, Des　マクマロウ, D.
　㊺「X線物理学の基礎」講談社 2012
McMullan, Jim　マクマラン, ジム
　1936〜　㊺「さあ、ひっぱるぞ！」評論社 2010
McMullan, Kate　マクマラン, ケイト
　㊀マクミュラン, ケイト　㊺「さあ、ひっぱるぞ！」評論社 2010
McMurray, Rick　マクマーレイ, リック
　㊀イギリス　ミュージシャン
McMurry, John　マクマリー, J.
　㊺「マクマリー生物有機化学」丸善出版 2015
McMurtry, John　マクマートリー, ジョン
　1939〜　㊺「病める資本主義」シュプリンガー・フェアラーク東京 2001
McMurtry, Larry　マクマートリー, ラリー
　アカデミー賞 脚色賞（第78回（2005年））ほか
McNab, Andy　マクナブ, アンディ
　㊺「サイコパスに学ぶ成功法則」竹書房 2016
McNab, Chris　マクナブ, クリス
　1970〜　㊺「SAS・特殊部隊式図解サバイバルテクニック」原書房 2016
McNab, Tom　マクナブ, トム
　1933〜　㊺「遙かなるセントラルパーク」文芸春秋 2014
McNabb, Donovan　マクナブ, ドノバン
　1976〜　㊀アメリカ　元アメフト選手
McNair, Barbara Joan　マクネア, バーバラ
　1934〜2007　㊀アメリカ　女優、歌手
McNair, Brian　マクネア, B.
　1959〜　㊀マクネール, ブライアン　㊺「ジャーナリズムの社会学」リベルタ出版 2006
McNair, Paddy　マクネア, パディ
　㊀北アイルランド　サッカー選手
Macnair, Patricia Ann　マクネア, パトリシア
　1958〜　㊺「かんかくってなあに？」小学館 2015
McNair, Steve　マクネア, スティーブ
　1973〜2009　㊀アメリカ　アメフト選手
McNair, Sylvia　マクネア, シルビア
　1956〜　㊀アメリカ　ソプラノ歌手　㊀マクネアー, シルヴィア
Macnair, Trisha　マクネア, トリーシャ
　㊺「あなたの余命はあと何年？」飛鳥新社 2010
McNall, M.Chris Cadelinia　マクナル, M.クリス・キャデーニア
　㊺「エキスパートナースとの対話」照林社 2004
McNally, Christie　マクナリー, ラマ・クリスティー
　㊺「チベット瞑想入門」春秋社 2010
McNally, Dave　マクナリー, デーブ
　1942〜2002　㊀アメリカ　野球選手　本名＝マクナリー, デービッド〈McNally, David Arthur〉　㊀マクナリー, デイヴ
McNally, David　マクナリー, デビッド
　1946〜　㊺「人生に成功する「自分ブランド」」ダイヤモンド社 2004
McNally, Joe　マクナリー, ジョー
　1952〜　㊺「スケッチングライト」ピアソン桐原 2012
McNally, Peter R.　マックナリー, ピーター・R.
　㊺「消化器病シークレット」メディカル・サイエンス・インターナショナル 2007
McNally, Raymond T.　マクナリー, レイモンド
　1931〜2002　㊀アメリカ　ロシア東欧研究者　ボストン・カレッジ教授　㊺ドラキュラ
McNally, Robert Aquinas　マクナリー, ロバート・A.
　1946〜　㊺「海を渡ったピラミッド」日本放送出版協会 2004
McNamara, Ashamarae　マクナマラ, アシェイマリ
　1970〜　㊺「ワンネスの青写真」太陽出版 2012
Macnamara, Ashlyn　マクナマラ, アシュリン
　㊺「愛を知らない放蕩貴族」竹書房 2014
McNamara, Denis Robert　マクナマラ, デニス・R.
　㊺「教会建築を読み解く」ガイアブックス, 産調出版（発売） 2012
McNamara, Heather　マクナマラ, ヘザー
　㊺「こころのチキンスープ」ダイヤモンド社 2002
McNamara, Helen　マクナマラ, ヘレン
　㊺「新たな全人的ケア」日本ホスピス・緩和ケア研究振興財団, 青海社（発売） 2016
McNamara, James O.　マクナマラ, J.O.
　㊺「薬理書」広川書店 2003
McNamara, Kenneth J.　マクナマラ, ケネス・J.
　㊺「動物の発育と進化」工作舎 2001
McNamara, Margaret　マクナマラ, マーガレット
　㊺「カボチャのなかにたねいくつ？」フレーベル館 2015
Macnamara, Niall　マクナマラ, ニアル
　㊺「ほのぼの妖精レプラコーンの仲間たち」東洋書林 2002
McNamara, Robert S.　マクナマラ, ロバート・S.
　1916〜　㊺「ウィルソンの幻影」松風書房 2005（第2刷）
McNamara, Robert Strange　マクナマラ, ロバート
　1916〜2009　㊀アメリカ　政治家, 実業家　世界銀行（IBRD）総裁, 米国防長官, フォード社長
McNamara, Timothy Francis　マクナマラ, ティム
　1949〜　㊺「言語テスティング概論」スリーエーネットワーク 2004
McNamee, Graham　マクナミー, グラム
　1968〜　㊀カナダ　作家　㊺ミステリー, スリラー
McNamee, Roger　マクナミー, ロジャー
　㊺「ニューノーマル」東洋経済新報社 2008
McNamee, Sheila　マクナミー, シーラ
　㊺「ナラティヴ・セラピー」遠見書房 2014
McNamee, Thomas　マクナミー, トーマス
　1947〜　㊺「美味しい革命」早川書房 2013
McNary, Josh　マクナリー, ジョシュ
　㊀アメリカ　アメフト選手
McNaught, Jenny　マクノート, J.
　㊺「振動音響療法」人間と歴史社 2003
McNaught, Jon　マクノート, ジョン
　アングレーム国際漫画祭 新人賞（Révélation賞）（2013年）"Automne"
McNaught, Judith　マクノート, ジュディス
　㊺「夜は何をささやく」新潮社 2001
McNaught, Judith　マクノート, ジュディス
　㊺「あなたに出逢うまで」二見書房 2012
McNaughton, Colin　マクノートン, コリン
　1951〜　㊺「ゴォォール！」アスラン書房 2006
MacNaughton, Ian　マクノートン, イアン
　1925〜2002　㊀イギリス　映画監督
Macnaughton, Jane　マクノートン, ジェイン
　㊺「ナラティブ・ベイスト・メディスン」金剛出版 2001
McNaughton, Phoebe　マクノートン, フィービ
　㊺「錯視芸術」創元社 2010
MacNaughton, Robin　マクノートン, ロビン
　㊺「星が教える恋愛事典」ソニー・マガジンズ 2005
Macnaughton, Tina　マクノートン, ティナ
　㊺「だいじょうぶかなあ森や海」女子パウロ会 2011
Mcnay, Stuart　マクネー, スチュアート
　㊀アメリカ　セーリング選手
MacNeal, Susan Elia　マクニール, スーザン・イーリア

⒇アメリカ　作家　⒇ミステリー, スリラー
McNealy, Scott Glenn　マクネリー, スコット
　1954〜　⒇アメリカ　実業家　サン・マイクロシステムズ会長・CEO　⒇マクニーリ, スコット／マクニーリー, スコット
Macnee, Carol Leslie　マクニー, キャロル・L.
　⒇「実践に活かす看護研究」中山書店　2008
MacNee, Patrick　マクニー, パトリック
　1922〜2015　⒇イギリス　俳優
McNeely, Ian F.　マクニーリー, イアン・F.
　⒇「知はいかにして「再発明」されたか」日経BP社, 日経BPマーケティング(発売)　2010
McNeely, Scott　マクニーリ, スコット
　⒇「ロンリープラネットの自由旅行ガイド カリフォルニア」メディアファクトリー　2003
McNeese, Vicki　マックニーズ, ビッキー
　⒇「児童虐待の発見と防止」慶応義塾大学出版会　2003
McNeil, Beth　マクニール, ベス
　⒇「図書館の問題利用者」日本図書館協会　2004
McNeil, David　マクニール, ダヴィッド
　1946〜　⒇「シャガール天使とぼくのあしあと」西村書店　2009
Mcneil, Douglas　マクニール, ダグラス
　⒇アメリカ　アメフト選手
McNeil, Gil　マクニール, ジル
　1959〜　⒇「シングルママの恋と理想と台所」ソニー・マガジンズ　2004
Macneil, Ian　マクニール, イアン
　1929〜2010　⒇アメリカ　法学者　ノースウエスタン大学名誉教授　⒇関係契約理論　本名＝マクニール, イアン・ロデリック〈Macneil, Ian Roderick〉
MacNeil, Ian　マクニール, イアン
　トニー賞 ミュージカル 舞台デザイン賞(2009年(第63回))　"Billy Elliot The Musical"
McNeil, John　マクニール, ジョン
　⒇「アメリカエッセイ傑作選」DHC　2001
McNeil, Legs　マクニール, レッグス
　⒇「プリーズ・キル・ミー」メディア総合研究所　2007
McNeil, Lyndon　マクニール, リンドン
　⒇「素晴らしき自転車ライフ」二見書房　2014
MacNeil, Robert　マクニール, ロバート
　⒇「BBCの英語物語」講談社出版サービスセンター(製作)　2001
McNeill, David　マクニール, デイヴィッド
　⒇「雨ニモマケズ」えにし書房　2016
McNeill, John Robert　マクニール, ジョン・R.
　1954〜　⒇マクニール, J.R.　⒇「世界史」楽工社　2015
McNeill, Sandra　マクニール, サンドラ
　⒇「ジェンダーと暴力」明石書店　2001
McNeill, William Hardy　マクニール, ウィリアム・H.
　1917〜　⒇「マクニール世界史講義」筑摩書房　2016
McNeill, Wykeham　マクニール, ウィカム
　⒇ジャマイカ　観光・娯楽相　⒇マクニール, ウィクハム
McNeilly, Kevin　マクニーリー, ケヴィン
　⒇「ケンブリッジ版カナダ文学史」彩流社　2016
McNeilly, Mark　マクニーリ, マーク
　⒇「ビジネスに活かす「孫子の兵法」」PHP研究所　2003
McNeilly, Michael A.　マクニーリー, マイケル
　?〜2005　⒇アメリカ　実業家　アプライド・マテリアルズ創業者
McNerney, Jim　マックナーニ, ジム
　1949〜　⒇アメリカ　実業家　ボーイング会長　スリーエム(3M)会長・CEO　本名＝マックナーニ, ジェームズ〈McNerney, W.James〉　⒇マクナニー, ジェームズ／マクナーニー, ジェームス
McNerthney, Casey　マクナーズニー, ケイシー
　⒇「ハート・オブ・ザ・チーム」boid　2008
MacNicol, Peter　マクニコル, ピーター
　エミー賞 プライムタイム・エミー賞 最優秀助演男優賞(コメディシリーズ)(第53回(2001年))　"Ally McBeal"
McNicoll, Colin I.R.　マクニコル, コリン
　⒇「トピック別英語表現の型と運用」南雲堂　2005
McNiff, Shaun　マクニフ, ショーン
　⒇「芸術と心理療法」誠信書房　2010
McNish, Cliff　マクニッシュ, クリフ
　1962〜　⒇イギリス　作家　⒇ヤングアダルト, ファンタジー
MacNish, Tracy　マクニッシュ, トレイシー
　⒇「魔女が愛した王子」オークラ出版　2011

McNiven, Steve　マクニーブン, スティーヴ
　1967〜　⒇「シビル・ウォー」ヴィレッジブックス　2016
MacNulty, W.Kirk　マクナルティ, W.カーク
　1932〜　⒇「フリーメイスンのすべて」創元社　2008
McNutt, Jennifer Powell　マクナット, ジェニファー・パウエル
　⒇「だれもが知りたいキリスト教神学Q&A」教文館　2016
Macomber, Debbie　マッコーマー, デビー
　⒇「シンディとプリンス」ハーパーコリンズ・ジャパン　2016
Maconachie, Don　マコナキー, ドン
　⒇「高等教育における教育・学習のリーダーシップ」東北大学高等教育開発推進センター　2014
Macovei, Mihai　マコヴェイ, ミハイ
　⒇ルーマニア　ラグビー選手
Macovei, Monica　マコベイ, モニカ
　⒇ルーマニア　法相
McPake, Barbara　マックペイク, B.
　⒇「国際的視点から学ぶ医療経済学入門」東京大学出版会　2004
McPartland, James　マックパートランド, ジェームズ
　⒇「みんなで学ぶアスペルガー症候群と高機能自閉症」星和書店　2004
McPartland, Marian　マクパートランド, マリアン
　1918〜2013　⒇イギリス　ジャズ・ピアニスト　本名＝Turner, Margaret Marian
Mcpeak, Holly　マクピーク
　⒇アメリカ　ビーチバレー選手
Macphail, Andy　マクフェイル, アンディ
　⒇アメリカ　フィラデルフィア・フィリーズ球団社長
McPhail, David M.　マクフェイル, デイビッド
　1940〜　⒇「あらいぐまのヨッチー」徳間書店　2016
MacPhail, Lee　マクファイル, リー
　1917〜2012　⒇アメリカ　実業家　アリーグ会長, ニューヨーク・ヤンキースGM　本名＝MacPhail, Leland Stanford (Jr.)
Mcphail, Michael　マクフェイル, マイケル
　⒇アメリカ　射撃選手
Mcphee, Charles　マックフィー, チャールズ
　⒇「みたい夢をみる方法」日本点字図書館(製作)　2003
McPhee, Isaac　マクフィー, アイザック
　⒇「物理」創元社　2014
MacPhee, John　マクフィー, ジョン
　⒇「平版印刷の基礎理論」印刷朝陽会　2002
McPhee, John　マクフィー, ジョン
　1931〜　⒇「ボイドン校長物語」ナカニシヤ出版　2014
Mcphee, Pernell　マクフィー, パーネル
　⒇アメリカ　アメフト選手
McPhee, Stephen J.　ミックフィ, スティーブン・J.
　⒇「カレント・メディカル診断と治療」日経BP社, 日経BP出版センター(発売)　2004
McPherran, Mark L.　マックフェラン, マーク・L.
　⒇「ソクラテスの宗教」法政大学出版局　2006
MacPherson, Dougal　マクファーソン, ドゥーガル
　⒇「くまのトーマスはおんなのこ」ポット出版プラス　2016
McPherson, Gary E.　マクファーソン, ゲーリー・E.
　1967〜　⒇「演奏を支える心と科学」誠信書房　2011
McPherson, Inika　マクファーソン
　⒇アメリカ　陸上選手
MacPherson, Malcolm　マクファーソン, マルコム
　⒇「墜落！ からの生還」ソニー・マガジンズ　2003
MacPherson, Malcolm　マクファーソン, マルコム
　⒇「子ゾウのエイミー」学習研究社　2003
McPherson, Marion White　マクファーソン, M.W.
　1919〜　⒇「写真で読むアメリカ心理学のあゆみ」新曜社　2001
Mcpherson, Paige　マクファーソン
　⒇アメリカ　テコンドー選手
McPherson, Stephanie Sammartino　マクファーソン, ステファニー・サンマルチノ
　⒇「働く人のための探偵」産業医学振興財団　2015
Mcpherson, Stephenie Ann　マクパーソン, ステフィニーアン
　⒇ジャマイカ　陸上選手
McQeen, Alexander　マックイーン, アレクサンダー
　1969〜2010　⒇イギリス　ファッションデザイナー　グッチ主任デザイナー　本名＝McQueen, Lee Alexander　⒇マクィーン, アレグザンダー／マクイーン, アレキサンダー／マックィーン, アレキサンダー／マックイーン, アレキサンダー
McQuade, Pamela　マックウェイド, パメラ
　⒇「聖書の中の100人の女性たち」福音社　2014
McQuaid, John　マッケイド, ジョン

著「おいしさの人類史」河出書房新社 2016
McQuaid, Matilda マケイド, マチルダ
著「なぜデザインが必要なのか」英治出版 2012
Mcquaide, Jake マクエイド, ジェイク
国アメリカ アメフト選手
McQuaig, Linda マクウェイグ, リンダ
1951～ 著「ピーク・オイル」作品社 2005
McQuail, Denis マクウェール, デニス
1935～ 著「マス・コミュニケーション研究」慶応義塾大学出版会 2010
McQuarrie, Donald Allan マックォーリ, ドナルド・A.
1937～2009 異マッカーリ, D.A. 著「マッカーリ一般化学」東京化学同人 2015
Macquarrie, John マクウォーリー, ジョン
1919～2007 異マッコーリー, ジョン 著「現代思想におけるイエス・キリスト」聖公会出版 2014
McQuarrie, Ralph マクウォーリー, ラルフ
1929～2012 国アメリカ 映画デザイナー 本名＝McQuarrie, Ralph Angus
McQueen, Barbara マックイーン, バーバラ
1953～ 著「ザ・ラスト・マイル」柏出版社 2010
McQueen, Brian マックイーン, ブライアン
国グレナダ 住宅・社会サービス相
McQueen, Craig マックイーン, クレイグ
著「プロフェッショナルC#」インプレス, インプレスコミュニケーションズ（発売）2002
McQueen, Glenn マックイーン, グレン
1961～2002 国アメリカ アニメーター 異マックイーン, グレン
Macqueen, James G. マッキーン, J.G.
著「バビロン」法政大学出版局 2009
Mcqueen, Mike マックイーン, マイク
国アメリカ アメフト選手
McQueen, Sam マックイーン, サム
国イングランド サッカー選手
McQueen, Steve マックイーン, スティーブ
1969～ 国イギリス 映画監督 異マックイーン, スティーヴ／マックイーン, スティーブ
McQuerry, Steve マッケリー, スティーブ
著「CCNA self-study：ICND認定テキスト」ソフトバンクパブリッシング 2003
McQuilkin, J.Robertson マクルキン, ロバートソン
1927～ 著「すこやかな時も病める時も」いのちのことば社フォレストブックス 2003
McQuillan, Martin マックイラン, マーティン
著「ポール・ド・マンの思想」新曜社 2002
McQuillan, Mary マッキラン, メアリー
著「コッコじかんがはじまるよ」評論社 2008
McQuinn, Anna マックイン, アンナ
著「アイルランド」ほるぷ出版 2011
McQuinn, Colm マックイン, コルム
著「アイルランド」ほるぷ出版 2011
McQuiston, Jennifer マクイストン, ジェニファー
著「壁の花の願いごと」ハーパーコリンズ・ジャパン 2016
Mcquivey, James マキヴェイ, ジェイムズ
著「DIGITAL DISRUPTION」実業之日本社 2013
McRae, Anne マクレー, アン
著「アトラス動物世界地図絵本」学習研究社 2006
McRae, Colin マクレー, コリン
1968～2007 国イギリス ラリードライバー
Macrae, Finlay マックレー, フィンレイ
著「家系内の大腸がんとその遺伝」中山書店 2007
Mcrae, James マクレア, ジェームズ
国オーストラリア ボート選手
Macrae, Janet A. マクレー, ジャネット・A.
著「真理の探究」うぶすな書院 2005
McRae, John マクレー, ジョン
著「世界を変える知的障害者」現代書館 2016
McRae, John R. マクレー, ジョン・R.
1947～2011 著「虚構ゆえの真実」大蔵出版 2012
Mcrae, Jordan マクレー, ジョーダン
国アメリカ バスケットボール選手
Mcrae, Kimberley マクレイ
国カナダ リュージュ選手
McRae, Steven マクレイ, スティーブン
1985～ 国オーストラリア バレエダンサー 英国ロイヤル・バレエ団プリンシパル 異マクレー, スティーブン／マックレー, スティーヴン
MacRae, Tom マックレイ, トム
著「ハンタイおばけ」光村教育図書 2006
McRae, Tony マクレー, トニー
国アメリカ アメフト選手
McRaney, David マクレイニー, デイヴィッド
著「思考のトラップ」二見書房 2014
McReynolds, Louise マクレイノルズ, ルイーズ
1952～ 著「〈遊ぶ〉ロシア」法政大学出版局 2014
Macri, Mauricio マクリ, マウリシオ
1959～ 国アルゼンチン 政治家, 実業家 アルゼンチン大統領, ボカ・ジュニアーズ会長
McRobbie, Linda Rodriguez マクロビー, リンダ・ロドリゲス
著「悪いお姫様の物語」原書房 2015
Mcroberts, Josh マクロバーツ, ジョシュ
国アメリカ バスケットボール選手
Mcroberts, Paul マクロバーツ, ポール
国アメリカ アメフト選手
Macron, Emmanuel マクロン, エマニュエル
国フランス 政治家, 大統領
McRorie, Gordon マクローリー, ゴードン
国カナダ ラグビー選手
McShaffry, Mike マクシャフリー, マイク
著「ゲームコーディング・コンプリート」ソフトバンククリエイティブ 2010
McShane, Ian マクシェーン, イアン
ゴールデン・グローブ賞 テレビ 男優賞（ドラマ）（第62回（2004年度）） "Deadwood"
McShane, Mark マクシェーン, マーク
1930～ 著「雨の午後の降霊会」東京創元社 2005
McShane, Megan マクシェーン, メーガン
著「世界の名画1000の偉業」二玄社 2006
McShann, Jay Hootie マクシャン, ジェイ
1916～2006 国アメリカ ジャズ・ピアニスト・歌手, 作曲家 本名＝マクシャン, ジェームズ〈McShann, James Columbus〉
McSkimming, Geoffrey マクスキミング, ジェフリー
著「カイロ・ジム」ランダムハウス講談社 2009
McSteen, Kerstin マクスティーン, K.
1959～ 著「あなたが選ぶ人生の終焉」メディカ出版 2004
McSweeney, Leah マクスウィーニー, リア
著「クリエイティブスペース」グラフィック社 2011
McTaggart, David マクタガート, デービッド
1932～2001 国カナダ 環境保護活動家 グリーンピース創設者 異マクタガート, デイヴィド／マクタガート, デビド
McTaggart, Lynne マクタガート, リン
著「意思のサイエンス」PHP研究所 2007
McTeer, Janet マクティア, ジャネット
1961～ 国イギリス 女優
Mactier, Katie マクティア
国オーストラリア 自転車選手
McTighe, Jay マクタイ, ジェイ
著「理解をもたらすカリキュラム設計」日本標準 2012
Macur, Juliet マカー, ジュリエット
著「偽りのサイクル」洋泉社 2014
Mcvay, Sean マクベイ, ショーン
国アメリカ ワシントン・レッドスキンズコーチ
Mcveigh, Timothy マクベイ, ティモシー
？～2001 国アメリカ 連邦政府ビル爆破事件の死刑囚 米国陸軍軍曹
McVety, Kenneth G. マクビーティ, ケネス
著「いのちのことばをしっかり握って」いのちのことば社 2010
McVicar, Jekka マクビカー, ジェッカ
著「オーガニックハーブ図鑑」文化学園文化出版局 2013
McVicar, John マクヴィカー, ジョン
1940～ 著「ジュード・ロウ」ブルース・インターアクションズ 2008
Mcvicker, Helen マクビッカー, ヘレン
著「パーソン・センタード・ケア」クリエイツかもがわ, 京都 かもがわ出版（発売）2007
McVittie, Andy マクヴィティ, アンディ
著「アサシンクリード3原画集」ボーンデジタル 2013
McVittie, Rosaleen マクビティ, ロザリン
国オーストラリア 茶道家
MacWhinney, Brian マクウィニー, ブライアン

㊆「今日から使える発話データベースCHILDES入門」ひつじ書房　2004
McWhirter, Cameron　マクワーター, キャメロン
㊆「『怪談』以前の怪談」同時代社　2004
McWhirter, Norris Dewar　マクワーター, ノリス
1925〜2004　㊆イギリス　編集者
McWhorter, Ladelle　マックフォーター, ラッデル
1960〜　㊆「ハイデガーと地球」東信堂　2010
McWilliam, Fergus　マクウィリアム, ファーガス
㊆「自分の音で奏でよう！」ヤマハミュージックメディア　2016
McWilliam, Rohan　マックウィリアム, ローハン
㊆「19世紀イギリスの民衆と政治文化」昭和堂　2004
McWilliams, Brian S.　マクウィリアムス, ブライアン
㊆「スパマーを追いかけろ」オライリー・ジャパン, オーム社（発売）　2005
McWilliams, Chandler　マクウィリアムス, チャンドラー
㊆「FORM+CODE」ビー・エヌ・エヌ新社　2011
McWilliams, Judith　マクウィリアムズ, ジュディス
㊆「ボスはドクター」ハーレクイン　2010
McWilliams, Nancy　マックウィリアムズ, ナンシー
㊆「精神分析的心理療法」金剛出版　2009
Macy, Joanna　メイシー, ジョアンナ
1929〜　㊆「アクティブ・ホープ」春秋社　2015
Macy, William H.　メイシー, ウィリアム
1950〜　㊆アメリカ　俳優　㊇メーシー, ウィリアム／メイシー, ウィリアム・H.
MacYoung, Marc　マックヤング, マーク "アニマル"
㊆「ザ・秒殺術」第三書館　2002
Maczulak, Anne Elizabeth　マクズラック, アン
1954〜　㊆「細菌が世界を支配する」白揚社　2012
Madadha, Maher　マダドハ, マヘル
㊆ヨルダン　公共部門改革相
Madahe, Abd-al-Qadir Muhammad Abdulle　マダヘ, アブダルカディール・ムハマド・アブドゥル
㊆ソマリア　科学技術相
Madaj, Natalia　マダイ, ナタリア
㊆ポーランド　ボート選手
Madaminov, Voris　マダミノフ, ボリス
㊆タジキスタン　農相
Madan, Veaceslav　マダン, ベアチェスラフ
㊆モルドバ　文化相
Madani, Iyad bin Ameen　マダニ, イヤド・ビン・アミン
㊆サウジアラビア　文化情報相　㊇マダニ, アヤド・ビン・アミン
Mad'ariČ, Marek　マジャリチ, マレク
㊆スロバキア　文化相
Madau Diaz, Antonello　マダウ・ディアツ, アントネッロ
㊆イタリア　オペラ演出家
Madbouli, Moustafa　マドブリ, ムスタファ
㊆エジプト　住宅・施設・都市社会相
Madden, Bartley J.　マデン, バートレイ・J.
㊆「CFROIキャッシュフロー企業評価」エコノミスト社　2001
Madden, Beezie　マッデン
㊆アメリカ　馬術選手
Madden, John　マッデン, ジョン
1949〜　㊆イギリス　映画監督, 演出家, シェイクスピア研究家
Madden, Matt　マドン, マット
㊆「コミック文体練習」国書刊行会　2006
Madden, Mickey　マデン, ミッキー
㊆アメリカ　ミュージシャン
Madden, Paul　マデン, ポール
㊆イギリス　駐日特命全権大使
Madden, Tre　マデン, トリー
㊆アメリカ　アメフト選手
Maddern, Eric　マッダーン, エリック
㊆「しにがみと木の実」アールアイシー出版　2007
Maddex, Robert L.　マデックス, ロバート・L.
㊆「国際人権百科事典」明石書店　2007
Maddi, Salvatore R.　マッディ, サルバトール・R.
㊆「仕事ストレスで伸びる人の心理学」ダイヤモンド社　2006
Maddison, Angus　マディソン, アンガス
1926〜2010　㊆イギリス　経済学者, 経済史家　フローニンゲン大学名誉教授, OECD開発センター技術援助部長　㊇経済成長の統計的研究
Maddison, Jill E.　マディソン, ジル・E.
㊆「小動物臨床における診断推論」緑書房　2016
Maddocks, Ian　マドックス, イアン
㊆「神経内科の緩和ケア」メディカルレビュー社　2007
Maddon, Joe　マドン, ジョー
1954〜　㊆アメリカ　大リーグ監督　本名＝マドン, ジョセフ・ジョン〈Maddon, Joseph John〉　㊇マッドン, ジョー
Maddox, John　マドックス, ジョン
1925〜2009　㊆イギリス　編集者　「ネイチャー」名誉編集長　本名＝Maddox, John Royden
Maddron, Tom　マドロン, トム
㊆「カラー占い」ソニー・マガジンズ　2004
Maddumabandara, Ranjith　マドゥマバンダラ, ランジット
㊆スリランカ　行政管理相　㊇マドゥマバンダラ, ランジタ
Maddux, Dave　マダックス, デイブ
㊆「フェンダー・ベース・ヒストリー」リットーミュージック　2002
Maddux, Greg　マダックス, グレグ
1966〜　㊆アメリカ　元野球選手　本名＝Maddux, Gregory Alan　㊇マダックス, グレッグ
Maddux, Mike　マダックス, マイク
㊆アメリカ　ワシントン・ナショナルズコーチ
Made, Joseph　マデ, ジョセフ
㊆ジンバブエ　農業・機械化・灌漑開発相　㊇マデ, ジョゼフ
Madeeha, bint Ahmed bin Nassir al-Shibaniyah　マディーハ・ビント・アハメド・ビン・ナシル・シバニーヤ
㊆オマーン　教育相
Madeer, Sheikh Adan　マデル, シェイク・アダン
㊆ソマリア　国務相（計画担当）
Madeira, Francisco Caetano　マデイラ, フランシスコ・カエターノ
㊆モザンビーク　大統領府外交担当相
Madejczyk, Barbara　マジェイチュク
㊆ポーランド　陸上選手
Madelaine　マデライン
㊆「みんな大切！」新科学出版社　2011
Madelaine, Frédéric　マドレーヌ, フレデリック
1965〜　㊆「フランス菓子」駿河台出版社　2004
Madeley, John　メイドリー, ジョン
㊆「フェアトレードで買う50の理由」青土社　2007
Mademoiselle Ève　マドモアゼル・イヴ
㊆「リラックス塗り絵」河出書房新社　2016
Maden, Anthony　メイデン, アンソニー
㊆「暴力を治療する」星和書店　2009
Maden, Mike　メイデン, マイク
㊆「尖閣激突！」KADOKAWA　2016
Maden, Pim van der　マーデン, ピム・ファン・ダー
㊆「ウィムハゼラー作品集」草土出版, 星雲社（発売）　2005
Mader, C.Roger　メイダー, C.ロジャー
㊆「そらとぶそりとねこのタビー」徳間書店　2016
Mader, Sylvia S.　メイダー, シルビア・S.
㊆「ヒューマンバイオロジー」医学書院　2005
Madera, Paul　マデラ, ポール
投資家
Madero, Carlos Alberto　マデロ, カルロス・アルベルト
㊆ホンジュラス　労働・社会保障相
Madet, Bechir　マドゥ, ベシル
㊆チャド　石油相
al-Madfa, Hamad Abdul-Rahman　マドファ, ハマド・アブドゥルラハマン
㊆アラブ首長国連邦　保健相　㊇アル・マドファ, ハマド・アブドゥルラハマン／アル・マドファ, ハマド・ビン・アブドルラハマン
Ma Dharm Jyoti　マ・ダルマ・ジョティ
㊆「一万人のブッダたちへの百話」和尚エンタープライズジャパン　2001
Madhavan, Guruprasad　マドハヴァン, グル
㊆「「考える」は技術」ダイヤモンド社　2016
Madhur, Jas　マデュ, ジャス
㊆「小さなチームのソフトウェア開発物語」翔泳社　2006
Madi, Ahamada　マディ, アハマダ
㊆コモロ　首相
Madi, Nabil　マディ
㊆アルジェリア　陸上選手
Madia, Maria Anna　マディア, マリアンナ
㊆イタリア　簡素化・行政担当相
Madigan, Carol Orsag　マディガン, キャロル・O.
㊆「有名人の子ども時代」文芸春秋　2001
Madigan, Charles　マディガン, チャールズ
㊆「巨大百貨店再生」日経BP社, 日経BP出版センター（発売）

2004
Madigan, Ian マディガン, イアン
[国]アイルランド ラグビー選手
Madigan, Stephen マディガン, S.
1959～ [著]「ナラティヴ・セラピストになる」 北大路書房 2015
Madigele, Alfred マディヘレ, アルフレッド
[国]ボツワナ 高等教育・研究・科学技術相
Madikizela-Mandela, Winnie マディキゼラ・マンデラ, ウィニー
1934～ [国]南アフリカ 黒人運動指導者, 政治家 アフリカ民族会議(ANC)女性同盟議長, 南アフリカ芸術文化科学技術次官
Madimba Kalonji, Daniel マディンバ・カロンジ, ダニエル
[国]コンゴ民主共和国 科学・技術研究相
Madior Boye, Mame マディオル・ボイエ, マメ
[国]セネガル 法相
Madison, Susan マディソン, スーザン
[著]「スウィートハーバーの嵐」 主婦の友社, 角川書店(発売) 2001
Madison, Tianna マディソン, ティアナ
1985～ [国]アメリカ 陸上選手, 走り幅跳び選手 本名＝Madison Bartoletta, Tianna
Mádl, Ferenc マードル, フェレンツ
1931～2011 [国]ハンガリー 政治家, 法学者 ハンガリー大統領 [異]マドル, フェレンツ
Madnick, Stuart E. マドニック, スチュアート・E.
[著]「情報品質管理」 中央経済社 2008
Madoka, Marsden マドカ, マースデン
[国]ケニア 大統領府国務相
Madonna マドンナ
1958～ [国]アメリカ 歌手, 女優 別名＝エスター
Madore, Nancy マドア, ナンシー
[国]アメリカ 作家 [専]その他
Madougou, Reckya マドゥグ, レクヤ
[国]ベナン 小口融資・青年女性雇用相 [異]マドゥグ, レクヤス
Madrick, Jeffrey G. マドリック, ジェフ
[著]「世界を破綻させた経済学者たち」 早川書房 2015
Madrid, Africo マドリード, アフリコ
[国]ホンジュラス 内相
Madrid, Marcos マドリード, マルコス
[国]メキシコ 卓球選手
Madsbjerg, Christian マスビェア, クリスチャン
[著]「なぜデータ主義は失敗するのか？」 早川書房 2015
Madsen, Birgit マスン, ビアギト
1954～ [著]「ガンと向き合う力」 新評論 2015
Madsen, Charles H., Jr. マドセン, チャールズ・H., Jr.
[著]「音楽における実験的研究」 一麦出版社 2006
Madsen, Chris マッドセン, クリス
[著]「3D生きもの大図鑑」 永岡書店ホビーカルチャー部 c2010
Madsen, Clifford K. マドセン, クリフォード・K.
[著]「音楽における実験的研究」 一麦出版社 2006
Madsen, David マドセン, デヴィッド
[著]「カニバリストの告白」 角川書店 2008
Madsen, Leif マッドセン, レーフ
[著]「Asterisk」 オライリー・ジャパン, オーム社(発売) 2006
Madsen, Mark マドセン, マーク
[国]アメリカ ロサンゼルス・レイカーズアシスタントコーチ(バスケットボール)
Madsen, Mark Overgaard マセン, マルクエベゴール
[国]デンマーク レスリング選手 [異]マドセン
Madsen, Michael マドセン, マイケル
1971～ [著]「100, 000年後の安全」 かんき出版 2011
Madsen, Richard マドセン, リチャード
[著]「善い社会」 みすず書房 2009
Madson, Patricia Ryan マドソン, パトリシア・ライアン
[著]「スタンフォード・インプロバイザー」 東洋経済新報社 2011
Madson, Ryan マドソン, ライアン
[国]アメリカ 野球選手
Maduekwe, Ojo マドゥエケ, オジョー
[国]ナイジェリア 外相 [異]マドゥイケ, オジョ / マドゥエケ, オジョ
Maduna, Penuel マドゥナ, ペニュエル
[国]南アフリカ 司法憲法開発相
Maduro, Nicolás マドゥロ, ニコラス
1962～ [国]ベネズエラ 政治家 ベネズエラ大統領
Maduro, Ricardo マドゥロ, リカルド
[国]ホンジュラス 大統領
Maduro Moros, Nicolás マドゥロ・モロス, ニコラス
[国]ベネズエラ 副大統領
Madyenkuku, Syacheye マドエンクク, シャチェエ
[国]ザンビア スポーツ・青年相
Madzorera, Henry マゾレラ, ヘンリー
[国]ジンバブエ 保健・児童福祉相
Mae, Epp マエ, エプ
[国]エストニア レスリング選手
Mae, Jaak マエ
[国]エストニア 距離スキー選手
Maeda, Sae マエダ, サエ
[国]日本 ローザンヌ国際バレエコンクール 2位・スカラシップ(第42回(2014年)) 漢字名＝前田紗江
Maeder, Roman メーダー, ローマン
[著]「理工系の教養としての情報科学」 ピアソン・エデュケーション 2002
Maegli, Juan Ignacio マエグリ, フアンイグナシオ
[国]グアテマラ セーリング選手
Maehle, Gregor メーレ, グレゴール
1963～ [著]「アシュタンガ・ヨーガ」 ガイアブックス, 産調出版(発売) 2011
Mael, Ron メイル, ロン
1948～ [国]アメリカ ミュージシャン
Mael, Russell メイル, ラッセル
1953～ [国]アメリカ ミュージシャン
Maeland, Monica メーラン, モニカ
[国]ノルウェー 貿易・産業相
Maelanga, Manasseh マエラン, マナセ
[国]ソロモン諸島 副首相兼内相 [異]マエランガ, マナセ
Prince **Maele** マエレ, プリンス
[国]ボツワナ 国土・水・衛生サービス相
Maelicke, Alfred マエリッケ, アルフレート
[著]「アルツハイマー病とニコチン性受容体」 メディカルレビュー社 2011
Maëlle C. マエル・C.
[著]「いっしょにせいしょ」 ドン・ボスコ社 2013
Maemura, Héctor Solares マエムラ, エクトル・ソラーレス
1969～ [異]前村, エクトル・ソラーレス [著]「革命の侍」 長崎出版 2009
Maemura Hurtado, Mary マエムラ・ウルタード, マリー
1938～ [異]前村ウルタード, マリー [著]「革命の侍」 長崎出版 2009
Maeng, Hyung-kyu メン・ヒョンギュ
[国]韓国 行政安全相 漢字名＝孟亨奎
Maenu'u, Paul マエヌウ, ポール
[国]ソロモン諸島 漁業・海洋資源相
Maes, Francis マース, フランシス
1963～ [著]「ロシア音楽史」 春秋社 2006
Maesincee, Suvit マイアシンシー, スヴィート
[著]「新・マーケティング原論」 翔泳社 2002
Maestre, Gabriel マエストレ, ガブリエル
[国]ベネズエラ ボクシング選手
Maestre Perez, Gabriel マエストレ
[国]ベネズエラ ボクシング選手
Maestri, Yoann マエストリ, ヨアン
[国]フランス ラグビー選手
Maestripieri, Dario マエストリピエリ, ダリオ
1964～ [著]「ゲームをするサル」 雄山閣 2015
Maetzig, Kurt メーツィヒ, クルト
1911～2012 [国]ドイツ 映画監督 [異]メーツィッヒ, クルト
Maevska-velichkova, Mihaela マエフスカ, ミハエラ
[国]ブルガリア 新体操選手
Maex, Dimitri マークス, ディミトリ
[著]「データ・サイエンティストに学ぶ「分析力」」 日経BP社, 日経BPマーケティング(発売) 2013
Maeyens, Tim マイエンス
[国]ベルギー ボート選手 [異]マーイェンス
Maezono Yamashita, Luis Katsumi マエゾノ・ヤマシタ, ルイス・カツミ
[国]ペルー 全国司法審議会委員, 元・国立ラ・モリーナ農業大学学長, 元・ペルー鹿児島県人会会長
Maffei, Giorgio マッフェイ, ジョルジョ
[著]「ブルーノ・ムナーリの本たち」 ビー・エヌ・エヌ新社 2010
Maffeo, Pablo マフェオ, パブロ
[国]スペイン サッカー選手
Maffesoli, Michel マフェゾリ, ミシェル
1944～ [国]フランス 社会学者 ソルボンヌ大学教授

Maffre, Jean-Jacques　マッフル, ジャン＝ジャック
　㊲「ペリクレスの世紀」白水社　2014
Mafi, Steve　マフィ, スティーヴ
　㊲トンガ　ラグビー選手
Mafi, Tahereh　マフィ, タヘラ
　1988〜　㊲アメリカ　作家　㊲ヤングアダルト, ロマンス
Mafille, Emmanuelle　マフィーユ, エマニュエル
　㊲「パリの恋人たち」ギャップ出版, ジャパン・プランニング・アソシエーション（発売）　2001
al-Maflahi, Mohammed Abu-Bakr　マフラヒ, ムハンマド・アブバクル
　㊲イエメン　文化相
Mafura, Kabelo　マフラ, カベロ
　㊲レソト　森林・土地開拓相
Magadan, Dave　マガダン, デーブ
　㊲アメリカ　アリゾナ・ダイヤモンドバックスコーチ
Magagula, Phineas　マガグラ, フィネアス
　㊲スワジランド　教育相
Magagula, Winnie　マガグラ, ウィニー
　㊲スワジランド　労働・社会保障相
Magal, Jiri　マガル
　㊲チェコ　距離スキー選手
Magalhaes, Fabio Luiz　ファビオルイス
　㊲ブラジル　ビーチバレー選手
Magalhaes, Roberto Roleta　マガリカエス, ホベルト・ホレッタ
　㊲「キング・オブ・ブラジリアン柔術」愛隆堂　2004
Magalhaes, Vinicius Draculino　マガリャエス, ビニシアス・ドラクリーノ
　㊲「ブラジリアン柔術プログレッシブ」愛隆堂　2006
Magana, Alvaro　マガニャ, アルバロ
　1925〜2001　㊲エルサルバドル　政治家　エルサルバドル暫定大統領　本名＝Magana Borja, Alvaro
Maganawe, Yao Florent Badjam　マガナウェ, ヤオ・フロラン・バジャム
　㊲トーゴ　初等・中等教育相　㊲マガナウェ, ヤオ・フローラン
Magande, Ngandu Peter　マガンデ, ヌガンドゥ・ピーター
　㊲ザンビア　財務・国家計画相
Magang, David　マハン, デービッド
　㊲ボツワナ　公共事業・運輸・通信相
Maganga Moussavou, Biendi　マガンガムサブ, ビヤンディ
　㊲ガボン　中小企業相
Maganga Moussavou, Pierre Claver　マガンガムサブ, ピエール・クラベ
　㊲ガボン　国土整備相　㊲マガンガムサブ, ピエール・クラベール
Magano, Lisa　マガノ, リザ
　㊲「塗るだけで自分が変わる100のことば」飛鳥新社　2016
al-Magariaf, Mohammad Yusuf　マガリエフ, ムハンマド・ユスフ
　1940〜　㊲リビア　政治家　リビア制憲会議議長　㊲マガリエフ, モハメド
Magassouba, Abdoulaye　マガスバ, アブドゥライ
　㊲ギニア　鉱山・地質相
Magath, Felix　マガト, フェリックス
　1953〜　㊲ドイツ　サッカー指導者, 元サッカー選手
Magdanis, Panagiotis　マグダニス, パナギオティス
　㊲ギリシャ　ボート選手
Magdoff, Fred　マグドフ, フレッド
　1942〜　㊲「利潤への渇望」大月書店　2004
Magdziarczyk, Roman　マグジャルチク
　㊲ポーランド　陸上選手
Magee, Bryan　マギー, ブライアン
　㊲「哲学人」日本放送出版協会　2001
Magee, Chloe　マギー, クロウイ
　㊲アイルランド　バドミントン選手
Magee, Christopher L.　マギー, クリストファー・L.
　㊲「エンジニアリングシステムズ」慶応義塾大学出版会　2014
Magee, David　マギー, デビッド
　1965〜　㊲「ジェフ・イメルトGEの変わりつづける経営」英治出版　2009
Magee, John　マギー, ジョン
　㊲「マーケットのテクニカル百科」パンローリング　2004
Magee, Sean　マギー, シーン
　グラミー賞 最優秀ヒストリカル・アルバム（2010年（第53回））
　"The Beatles（The Original Studio Recordings）"　マスタリングエンジニア
Magee, Susan　マギー, スーザン
　㊲「妊娠セラピー」二見書房　2007
Magee, Terrence　マギー, テレンス
　㊲アメリカ　アメフト選手
Magee, Wendy　マギー, ウェンディ
　㊲「音楽アイデンティティ」北大路書房　2011
Magele, Mauiliu Magele　マゲレ・マウイリウ・マゲレ
　㊲サモア　教育・スポーツ・文化相
Mager, Craig　マーガー, クレイグ
　㊲アメリカ　アメフト選手
Magerl, Caroline　マガール, キャロライン
　㊲「でもすきだよ、おばあちゃん」講談社　2006
Magga, Martin　マガ, マーティン
　㊲ソロモン諸島　土地・住宅・測量相
Maggi, Blairo　マッジ, ブライロ
　㊲ブラジル　農牧・食料供給相
Maggi, Maurren Higa　マギ, マウレン・イガ
　1976〜　㊲ブラジル　走り幅跳び選手
Maggiano, David　マジアーノ, デビッド
　1956〜　㊲「TclによるCGIプログラミング」ピアソン・エデュケーション　2001
Maggie Q　マギー・Q
　1979〜　女優, モデル　本名＝キグリー, マーガレット・デニス　〈Quigley, Margaret Denise〉
Maggio, Carole　マッジオ, キャロル
　㊲「できる男の顔になるフェイス・ビルダー」PHP研究所　2004
Maggio, Christian　マッジョ, クリスティアン
　㊲イタリア　サッカー選手
Maggio, Rosalie　マッジオ, ロザリー
　㊲「英文レターコミュニケーション」小学館プロダクション　2004
Maggioni, Romeo　マジョーニ, ロメオ
　㊲「ファチマ」サンパウロ　2001
Maggiori, Robert　マッジョーリ, ロベール
　㊲「哲学者たちの動物園」白水社　2007
Maggitt, Curt　マギット, カート
　㊲アメリカ　アメフト選手
Maghembe, Jumanne　マゲンベ, ジュマンネ
　㊲タンザニア　天然資源・観光相　㊲マグヘンベ, ジュマヌ／マゲンベ, ジョマンネ
Maghlaoui, Mohamed　マグラウィ, モハメド
　㊲アルジェリア　運輸相　㊲マグラウイ, モハメド
Al-maghrabi, Ahmed　マグラビ, アハメド
　㊲エジプト　住宅・施設・都市コミュニティー相　㊲マグラビ, アフマド
El-maghraby, Ahmed Amin　マグラビ, アハマド・アミン
　㊲エジプト　住宅・施設・都市コミュニティー相
Magi, Rasmus　マギ, ラスムス
　㊲エストニア　陸上選手
Magiera, Holly M.　マギエラ, ホリー・M.
　㊲「WM血液・腫瘍内科コンサルト」メディカル・サイエンス・インターナショナル　2005
Magimel, Benoit　マジメル, ブノワ
　1974〜　㊲フランス　俳優
Maginley, John　マギンレイ, ジョン
　㊲アンティグア・バーブーダ　観光・航空・文化相
Maginley, John Herbert　マギンリ, ジョン・ハーバート
　㊲アンティグア・バーブーダ　保健・スポーツ・青年問題相
Magistretti, Pierre Julius　マジストレッティ, ピエール
　1952〜　㊲「脳と無意識」青土社　2006
Magistris, Rosalba de　マジストリス, ロザルバ・デ
　㊲「パリ直輸入本格パイ職人」二見書房　c2012
Maglio, Paul P.　マグリオ, ポール・P.
　㊲「ソフトウェアの未来」翔泳社　2001
Magliocco, Karlha　マリオッコ
　㊲ベネズエラ　ボクシング選手
Maglischo, Ernest W.　マグリシオ, E.W.
　㊲「スイミング・ファステスト」ベースボール・マガジン社　2005
Magloire, Paul　マグロワール, ポール
　1907〜2001　㊲ハイチ共和国　政治家, 軍人　ハイチ大統領　㊲マグロアール
Magloire, René　マグロワール, ルネ
　㊲ハイチ共和国　法務・公安相
Magnagna, Christian　マニャニャ, クリスティアン
　㊲ガボン　鉱山相　㊲マニャニャ, クリスチャン
Magnago Lampugnani, Vittorio　マニャーゴ・ランプニャー

ニ, ヴィットリオ
　1951～　㊂「世界の美術館」TOTO出版　2004
Magnan, Morris A.　マグナン, モーリス・A.
　㊂「エキスパートナースとの対話」照林社　2004
Magnanelli, Francesco　マニャネッリ, フランチェスコ
　㊂イタリア　サッカー選手
Magnani, Stefano　マニャーニ, ステファノ
　1964～　㊂「古代地中海を巡るゲオグラフィア」シーライトパブリッシング　2006
Magnason, Andri　マグナソン, アンドリ
　1973～　㊂アイスランド　作家, 口承文芸研究家, 自然保護活動家
　㊂児童文, SF, ノンフィクション　本名＝Magnason, Andri Snaer
Magne, Henri　マーニュ, アンリ
　1953～2006　㊂フランス　ラリードライバー
Magnello, Eileen　マグネロ, アイリーン
　㊂「マンガ統計学入門」講談社　2010
Magnette, Paul　マニェット, ポール
　㊂ベルギー　公営企業・科学政策・開発協力相
Magnier, Thierry　マニエ, ティエリー
　㊂「イザベルと天使」金の星社　2003
Magnifico, Damien　マグニフィコ, ダミエン
　㊂アメリカ　野球選手
Magnini, Filippo　マニーニ
　㊂イタリア　競泳選手
Magno, Diego　マニョ, ディエゴ
　㊂ウルグアイ　ラグビー選手
Magnus, Sharon Maxwell　マグナス, シャロン・マクスウェル
　㊂「ゼロから億万長者になる法」飛鳥新社　2004
Magnúsdóttir, Sigrún　マグヌスドッティル, シグルン
　㊂アイスランド　環境・資源相
Magnusen, Christy　マグナセン, クリスティ・L.
　㊂「自閉症の子どもの指導法」東京書籍　2008
Magnuson, Christine　マグナソン
　㊂アメリカ　競泳選手
Magnussen, James　マグヌッセン, ジェームズ
　㊂オーストラリア　水泳選手　㊂マグヌセン
Magnusson, Arni　マグヌソン, アルニ
　㊂アイスランド　社会問題相
Magnusson, Conny　マグヌッソン, コニー
　㊂「機能障害をもつ人の余暇」明石書店　2002
Magnusson, Gylfi　マグヌスソン, ギルフィ
　㊂アイスランド　商業相
Magnusson, Kris　マグヌスン, クリス
　㊂「J2EEクイックリファレンス」オライリー・ジャパン, オーム社（発売）　2001
Magnusson, Lars　マグヌソン, ラース
　1952～　㊂「産業革命と政府」知泉書館　2012
Magocsi, Oscar　マゴッチ, オスカー
　㊂「オスカー・マゴッチの宇宙船操縦記」明窓出版　2008
Magomedov, Islam　マゴメドフ, イスラム
　㊂ロシア　レスリング選手
Magomedov, Jamaladdin　マゴメドフ, ジャマラディン
　㊂アゼルバイジャン　レスリング選手
Magona, Sindiwe　マゴナ, シンディウェ
　1943～　㊂「母から母へ」現代企画室　2002
Magone, Claire　マゴン, クレール
　㊂「人道的交渉の現場から」小学館スクウェア　2012
Magonet, Jonathan　マゴネット, ジョナサン
　1942～　㊂「ラビの聖書解釈」新教出版社　2012
Magongo, Charles　マゴンゴ, チャールズ
　㊂スワジランド　公務・情報相
Magoon, Scott　マグーン, スコット
　㊂「でかワルのマイク」岩崎書店　2013
Magoulès, Frédéric　マグレス, フレデリック
　㊂「並列計算の数理とアルゴリズム」森北出版　2015
Magrelli, Valerio　マグレッリ, ヴァレリオ
　㊂「地上の歌声」思潮社　2001
Magretta, Joan　マグレッタ, ジョアン
　1948～　㊂マグレッタ, ジョーン　㊂「マイケル・ポーターの競争戦略」早川書房　2012
Magri, Mayara　マグリ, マヤラ
　㊂ブラジル　ローザンヌ国際バレエコンクール1位・スカラシップ（第39回（2011年））ほか
Magris, Claudio　マグリス, クラウディオ
　1939～　㊂「ドナウ」NTT出版　2012
Magueijo, Joao　マゲイジョ, ジョアオ
　1967～　理論物理学者　ロンドン大学インペリアル・カレッジ教授　㊂光速変動理論
Magufuli, John Pombe Joseph　マグフリ, ジョン・ポンベ・ジョセフ
　㊂タンザニア　大統領
Maguire, Charles H.　マグワイア, チャールズ
　？～2001　㊂アメリカ　映画プロデューサー　㊂マグワイアー, チャールズ
Maguire, Darcy　マグワイア, ダーシー
　㊂「ボスにキスを捧げて」ハーレクイン　2006
Maguire, George　マグワイア, ジョージ
　ローレンス・オリヴィエ賞 ミュージカル・エンタテインメント助演男優賞（2015年（第39回））ほか
Maguire, Gregory　マグワイア, グレゴリー
　㊂「アリスはどこへ行った？」ハーパーコリンズ・ジャパン　2016
Maguire, Harry　マグワイア, ハリー
　㊂イングランド　サッカー選手
Maguire, Jack　マガイヤー, ジャック
　1945～　㊂「グズの人にはわけがある」文芸春秋　2002
Maguire, Kay　マグワイア, ケイ
　㊂「自然あそびフィールドブック」KTC中央出版　2016
Maguire, Margo　マグワイア, マーゴ
　㊂「打ち寄せる波のごとく」ハーパーコリンズ・ジャパン　2015
Maguire, Nick　マグワイア, ニック
　㊂「症例から学ぶ統合失調症の認知行動療法」日本評論社　2007
Maguire, Peter　マグワイア, ピーター
　1939～2006　㊂マグアイア, P.　㊂「医師のためのコミュニケーション技術」星和書店　2009
Maguire, Tobey　マグワイア, トビー
　1975～　㊂アメリカ　俳優　㊂マグアイア, トビー
Maguire, Toni　マグワイア, トニ
　㊂「ママには言えない」主婦の友社　2008
Magvaši, Peter　マグバシ, ペテル
　㊂スロバキア　労働・社会問題・家庭相
Magyar, Bálint　マジャル・バーリント
　㊂ハンガリー　教育相
Mah, Bow Tan　マー・ボータン
　㊂シンガポール　国家開発相　漢字名＝馬宝山
Mah, Siew Keong　マー・シウキオン
　㊂マレーシア　プランテーション産業・商品相
Mahachi, Moven　マハチ, モーベン
　㊂ジンバブエ　国防相
Mahadavi Kani, Mohammadreza　マハダビキャニ, モハマドレザ
　1931～2014　㊂イラン　聖職者　イラン専門家会議議長, 闘う聖職者協会創設者
Mahafaly, Solonandrasana Olivier　マハファリ, ソロナンジャサナ・オリビエ
　㊂マダガスカル　首相兼内務・地方分権相
Mahajan, Pramodo　マハジャン, プラモド
　㊂インド　情報技術相兼議会担当相
Mahajan, Rahul　マハジャン, ラフール
　㊂「ファルージャ2004年4月」現代企画室　2004
Mahajan, Sanjoy　マハジャン, S.
　1969～　㊂「掟破りの数学」共立出版　2015
Mahajan, Vijay　マハジャン, ヴィジャイ
　㊂「ダイレクト・マーケティング研究」早稲田大学産業経営研究所　2009
Mahalmadane, Hameye Founé　マハルマダン, ハメイ・フネ
　㊂マリ　青年・スポーツ相
Mahama, Alima　マハマ, アリマ
　㊂ガーナ　女性・子供問題相
Mahama, Aliu　マハマ, アリウ
　㊂ガーナ　副大統領
Mahama, John Dramani　マハマ, ジョン・ドラマニ
　1958～　㊂ガーナ　政治家　ガーナ大統領
Mahamadou, Boukari Zila　マハマドゥ, ブカリ・ジラ
　㊂ニジェール　人口・社会改革相
Mahamadou, Karidjo　マハマドゥ, カリジョ
　㊂ニジェール　国防相
Mahamat, Abderamane Mouctar　マハマト, アブデラマン・ムクタール
　㊂チャド　公務員・労働・雇用相
Mahamat, Brahi　マハマト, ブラー
　㊂チャド　環境・漁業相
Mahamat, Moussa Faki　マハマト, ムーサ・ファキ

[国]チャド　外務・アフリカ統合相
Mahamedau, Amarhajy　マハメダウ, アマルハジ
[国]ベラルーシ　レスリング選手
Mahamoud, Ali Yacoub　マハムド, アリ・ヤクブ
[国]ジブチ　エネルギー相
Mahamoud, Dirir　マハムード・ディリル
[国]エチオピア　文化・観光相
Mahamoud, Moustapha Mohamed　マハムド, ムスタファ・モハメド
[国]ジブチ　国民教育・職業訓練相
Mahan, L.Kathleen　マハン, L.キャスリーン
[著]「栄養学と食事療法大事典」 ガイアブックス　2015
Mahar, Dennis J.　メイハール, D.J.
[著]「恵みの洪水」 トークサロン・創造農学研究会　2001
Mahar, Ghaus Bakhsh Khan　マハル, ガウス・バクシュ・カーン
[国]パキスタン　麻薬対策相　[異]マハル, ガウス
Mahara, Krishna Bahadur　マハラ, クリシュナ・バハドゥル
[国]ネパール　副首相兼財務相　[異]マハラ, クリシュナ・バハドル
Maharaj, Devant　マハラジ, デバント
[国]トリニダード・トバゴ　食糧生産相
Maharaj, Ramesh Lawrence　マハラジ, ラメシュ・ローレンス
[国]トリニダード・トバゴ　法相
Maharante, Jean de Dieu　マハラント, ジャン・ドディユ
[国]マダガスカル　公務・行政改革相　[異]マハランテ, ジャン・ド・デュー
Maharey, Steve　マハリー, スティーブ
[国]ニュージーランド　教育相兼放送相兼研究・科学・技術相兼国立研究所担当相　[異]マハレー, スティーブ
Maharidge, Dale　マハリッジ, デール
1956～　[著]「繁栄からこぼれ落ちたもうひとつのアメリカ」 ダイヤモンド社　2013
Mahase-moiloa, Mpeo　マハセモイロア, ムペオ
[国]レソト　司法・人権・憲法問題相　[異]マハセ, ムペオ
Mahasuverrachai, Lers　マハースウェーラチャイ, ラース
[国]タイ　元・タイ国元日本留学生協会会長, 元・日本電産・芝浦電気専務理事
Mahasweta Devi　モハッシェタ・デビ
1926～　[国]インド　作家
Mahat, Prakash Sharan　マハト, プラカシュ・シャラン
[国]ネパール　外相
Mahat, Ram Sharan　マハト, ラム・シャラン
[国]ネパール　財務相　[異]マハト, ラムシャラン
Mahathir Mohamad　マハティール・モハマド
1925～　[国]マレーシア　政治家　プロトン・ホールディングス会長　マレーシア首相, 統一マレー国民組織(UMNO)総裁　本名＝マハティール・ビン・モハマド〈Mahathir bin Mohamad〉
[異]マハティール・モハメド
Mahato, Rajendra　マハト, レジェンドラ
[国]ネパール　保健・人口相　[異]マハト, ラジェンドラ
al-**Mahayni, Khaled**　アル・マハイニ, ハレド
[国]シリア　蔵相
Mahazaka, Clermont Gervais　マハザカ, クレルモン・ゲルバ
[国]マダガスカル　通信・郵政相
Mahazoasy, Freddie　マハゾアジ, フレディ
[国]マダガスカル　商業相
Mahazoasy, Roger　マアスアシ, ロジェ
[国]マダガスカル　観光相
Mahbubani, Kishore　マブバニ, キショール
1948～　[国]シンガポール　リー・クアンユー公共政策大学院院長　シンガポール国連大使　[異]マブバニ, キショア
al-**Mahdi, al-Sadi1 al-Hadi Abdul-Rahman**　マハディ, サディク・ハーディ・アブドルラフマン
[国]スーダン　人材開発相
Mahdzir, Khalid　マジル・カリド
[国]マレーシア　教育相
Mahe, Jean　マヘ, ジャン
[国]バヌアツ　産業商業相
Mahé, Louis-Pascal　マーエ, ルイ＝パスカル
[著]「現代農業政策論」 食料・農業政策研究センター, 農山漁村文化協会(発売)　2003
Mahemoff, Michael　マエモフ, マイケル
[著]「Ajaxデザインパターン」 オライリー・ジャパン, オーム社(発売)　2007
Maher, Ahmad　マーヘル, アハマド
[国]エジプト　外相
Maher, Barry　メイハー, バリー
[著]「セールス王の教え」 PHP研究所　2002
Maher, John Christopher　マーハ, ジョン・C.
1951～　[著]「チョムスキー入門」 明石書店　2004
Maher, Kevin　メア, ケビン
1954～　[国]アメリカ　外交官　米国国務省日本部長
Maher, Paul　メイハー, ポール
1963～　[著]「マイルス・オン・マイルス」 宝島社　2011
Maher, Thomas Francis　マヘル・トマス・フランシス
[国]アメリカ　高知刑務所教誨師
Mahesh, Mahadevappa　マヘシュ, マハデバッパ
[著]「MDCTの基本パワーテキスト」 メディカル・サイエンス・インターナショナル　2010
Mahesh, Shri　マエシュ, シュリ
[著]「ヨーガに生まれる」 牧歌舎, 星雲社(発売)　2008
Maheshvarananda, Dada　マヘシュヴァラナンダ, ダダ
[著]「資本主義を超えて」 世界思想社　2009
Maheswari, Nitya Krishinda　マヘスワリ, ニトヤクリシンダ
[国]インドネシア　バドミントン選手
Mahfood, Jim　マーフード, ジム
[著]「マリファナマン」 明窓出版　2011
Mahfud, Mahmodin　マフフド・マフモディン
[国]インドネシア　国防相
Mahfūz, Najīb　マフフーズ, ナギーブ
1911～2006　[国]エジプト　作家　[異]マハフーズ, ナギーブ / マハフーズ, ナギブ / マハフーズ, ナジーブ / マフフーズ, ナギブ / マフフーズ, ナジーブ
Mahgoub, Abdel Salam Al　マハグーブ, アブドルサラム
[国]エジプト　国務相(地方開発担当)
Mahi, Khelil　マヒ, ケリル
[国]アルジェリア　議会担当相
Mahiga, Augustine Philip　マヒガ, オーガスティン・フィリップ
[国]タンザニア　外務・東アフリカ・地域および国際協力相
Mahindra, Anand G.　マヒンドラ, アナンド
1955～　[国]インド　実業家　マヒンドラ・グループ会長, マヒンドラ・アンド・マヒンドラ(M&M)会長
Mahinmi, Ian　マイミ, イアン
[国]フランス　バスケットボール選手
Mahjoub, Hamdi Ould　マジューブ, ハムディ・ウルド
[国]モーリタニア　渉外・国会担当相
Mahjoub, Javad　マジョブ, ジャバド
[国]イラン　柔道選手
Mahlab, Ibrahim　マハラブ, イブラヒム
1949～　[国]エジプト　政治家　エジプト首相
Mahlakeng, Thulo　マシュラケング, トゥロ
[国]レソト　雇用・労働相
Mahlalela, Jama　マハラレラ, ジャマ
[国]アメリカ　トロント・ラプターズアシスタントコーチ(バスケットボール)
Mahlangu-nkabinde, Gwen　マシュラングヌカビンデ, グエン
[国]南アフリカ　公共事業相
Mahle, Greg　マーリー, グレッグ
[国]アメリカ　野球選手
Mahler, Margaret S.　マーラー, マーガレット・S.
[著]「乳幼児の心理的誕生」 黎明書房　2001
Mahlobo, David　マシュロボ, デービッド
[国]南アフリカ　国家安全保障相
Mahmadaminov, Mahmadamin　マフマダミノフ, マフマダミン
[国]タジキスタン　労働・国民社会保護相
al-**Mahmoud, Ahmad bin Abdullah bin Zayed**　マハムード, アハマド・ビン・アブドラ・ビン・ザイド
[国]カタール　副首相兼内閣担当相
Mahmoud, Ahmed Sharifo　マハムード・アハメド・シャリフォ
[国]エリトリア　自治相
Mahmoud, Amin　マハムード, アミン
[国]ヨルダン　高等教育・科学研究相
al-**Mahmoud, Faisal bin Abdullah**　マハムード, ファイサル・ビン・アブドラ
[国]カタール　宗教相
Mahmoud, Fatin　マハムード, ファテン
[国]イラク　国務相(女性担当)
Mahmoud, Haidar　マハムード, ハイダル
[国]ヨルダン　文化相
Mahmoud, Ishraga Sayed　マハムード, イシュラク・サイード

Mahmoud, Izidbih Ould Mohamed　マフムード, イジードビヒ・ウルド・モハメド
　⒁モーリタニア　渉外・国会担当相
Mahmoud, Lemrabott Sidi　マハムード, レムラボット・シディ
　⒁モーリタニア　法相
Mahmoud, Mohamed　マハムード, モハメド
　⒁エジプト　重量挙げ選手
Mahmoud, Nagi Ould Mohamed　マハムード, ナギ・ウルド・モハメド
　⒁モーリタニア　高等教育・科学相
al-Mahmoud, Shaykha bint Ahmad　マフムード, シェイハ・ビント・アハマド
　⒁カタール　教育相
Mahmoud, Yusri Ismail　マフムード, ユスリー・イスマイル
　⒁エジプト　元・在エジプト日本国大使館現地職員
al-Mahmoudi, al-Baghdadi Ali　マハムーディ, バグダディ・アリ
　⒁リビア　全人民委員会書記（首相）
Mahmud, Abd-al-Wahab Maalin　マフムド, アブダルワハブ・マーリン
　⒁ソマリア　畜産相
Mahmud, Abdul Ghffar　マームード, アブドゥール・ガファー
　⒁バングラデシュ　元・空軍参謀長, 元・食糧・復興大臣, 元・大統領府アドバイザー（食糧省, 石油・エネルギー省, 民間航空局）
Mahmud, Ahmad Shaykh　マフムド, アーマド・シャイク
　⒁ソマリア　保健相
Mahmud, Ahmed Sherifo　マフムド・アハメド・シェリフォ
　⒁エリトリア　副大統領
Mahmud, Al　マームド, アル
　⒅「バングラデシュ詩選集」大同生命国際文化基金 2007
Mahmud, Ali Hussein Mohamed　マハムド, アリ・フセイン・モハメド
　⒁ソマリア　観光相
Mahmud, Anisul Islam　マハムード, アニスル・イスラム
　⒁バングラデシュ　水資源相
Mahmud, Hasan　マハムド, ハサン
　⒁バングラデシュ　環境・森林相
Mahmud, Mowlid Ma'ane　マハムド, モーリド・アーネ
　⒁ソマリア　スポーツ・青年相
Mahmudi, Baghdadi Ali　マハムーディ, バグダディ・アリ
　1950〜　⒁リビア　政治家, 医師　リビア全人民委員会書記（首相）
Mahmudov, Dilshod　マフムノフ
　⒁ウズベキスタン　ボクシング選手
Mahner, Martin　マーナ, マルティーン
　1958〜　⒅「生物哲学の基礎」シュプリンガー・ジャパン 2008
Mahnke, Doug　マーンキ, ダグ
　1963〜　⒅「ジャスティス・リーグ : インジャスティス・リーグ」小学館集英社プロダクション 2016
Mahnken, Thomas G.　マンケン, トマス
　⒅「戦略論」勁草書房 2012
Māhoe, Noelani　マホエ, ノエラニ
　⒅「101曲のハワイアンソング」イカロス出版 2007
Mahoma, Moussa　マオマ, ムッサ
　⒁コモロ　保健・連帯・地方分権・国家機関関係相兼政府報道官
Mahon, Basil　メイホン, ベイジル
　⒅「物理学を変えた二人の男」岩波書店 2016
Mahone, Austin　マホーン, オースティン
　1996〜　⒁アメリカ　歌手　本名＝マホーン, オースティン・カーター〈Mahone, Austin Carter〉
Mahoney, Anne　マホーニー, アン
　⒅「人文学と電子編集」慶応義塾大学出版会 2011
Mahoney, Basirou　マホニ, バシル
　⒁ガンビア　法相兼検事総長
Mahoney, Daniel J.　マホニー, ダニエル・J.
　⒅「うみのいきもの」ワールドライブラリー c2014
Mahoney, David J.　マホーニー, デービッド
　⒅「めざせ100歳！」サンブックス, 星雲社（発売） 2001
Mahoney, James　マホニー, ジェイムズ
　1968〜　⒅「社会科学のパラダイム論争」勁草書房 2015
Mahoney, Michael J.　マホーニー, マイケル・J.
　1946〜2006　⒅「認知行動療法と構成主義心理療法」金剛出版 2008
Mahoney, Michael Sean　マホーニィ, マイケル・S.

　1939〜　⒅「歴史の中の数学」筑摩書房 2007
Mahoney, Travis　マホニー
　⒁オーストラリア　水泳選手
Mahr, Ghaus　マハル, ガウス
　⒁パキスタン　鉄道相
Mahr, Kurt　マール, クルト
　⒅「回転海綿の邂逅」早川書房 2016
Mahrez, Riyad　マフレズ, リヤド
　⒁アルジェリア　サッカー選手
Mahringer, Marita　マーリンガー, マリタ
　1981〜　⒅「あかいろてんてん」講談社 2003
al-Mahroos, Ali Ibrahim　アル・マハルース, アリ・イブラヒム
　⒁バーレーン　公共事業・農業相
Mahsouli, Sadeq　マハスーリ, サデク
　⒁イラン　社会福祉相
Mahtook, Mikie　マトック, マイキー
　⒁アメリカ　野球選手
Mahut, Nicolas　マユ, ニコラ
　⒁フランス　テニス選手
Mahut, Sandra　マユ, サンドラ
　⒅「Paris発、ひとくちマドレーヌ」世界文化社 2011
Mahuta, Nanaia　マフタ, ナナイア
　⒁ニュージーランド　税関相兼青年問題相
Mahy, Margaret　マーヒー, マーガレット
　1936〜2012　⒁ニュージーランド　児童文学作家　本名＝Mahy, Margaret May
　マーヒー, マーガレット
Mai, bint Mohammed al-Khalifa　メイ・ビント・モハメド・ハリファ
　⒁バーレーン　文化相
Mai, Lý Quang　マイ, リークァン
　⒅「ベトナム・我が故郷」世界出版社 〔2005〕
Mai, Manfred　マイ, マンフレート
　1949〜　⒁マイ, マンフレート　⒅「50のドラマで知るドイツの歴史」ミネルヴァ書房 2013
Mai, Robert P.　メイ, ロバート・P.
　⒅「リーダーシップ・コミュニケーション」ダイヤモンド社 2005
Maia, Armindo　マイア, アルミンド
　⒁東ティモール　教育・文化・青年・スポーツ相
al-Mai'a, Fahd Dahisan Zein　アル・マイア, ファハド・ダヒサン・ゼイン
　⒁クウェート　公共事業相兼国務相（住宅問題担当）
Maiakovskii, Vladimir Vladimirovich　マヤコフスキー, ウラジーミル・V.
　⒅「本についての詩集」みすず書房 2002
Maibach, Howard I.　メイバック, ハワード・I.
　⒅「敏感肌の科学」フレグランスジャーナル社 2007
Maicon　マイコン
　1981〜　⒁ブラジル　サッカー選手　本名＝Sisenando, Maicon Douglas
Maida, Luisa　マイダ
　⒁エルサルバドル　射撃選手
Maiello, Raffaele　マイエッロ, ラッファエレ
　⒁イタリア　サッカー選手
Maier, Bernhard　マイヤー, ベルンハルト
　1963〜　⒅「ケルト事典」創元社 2001
Maier, Corinne　マイエール, コリンヌ
　1963〜　⒁メイエ, コリンヌ　⒅「高校生からのマルクス漫画講座」いそっぷ社 2015
Maier, Hans　マイアー, ハンス
　1931〜　⒅「基本的人権論」信山社出版 2002
Maier, Hermann　マイヤー, ヘルマン
　1972〜　⒁オーストリア　元スキー選手　⒆マイヤー, H.
Maier, Paul L.　マイアー, ポール・L.
　⒅「ダ・ヴィンチ・コードその真実性を問う」いのちのことば社 2006
Maier, Simon　マイヤー, サイモン
　⒅「スピーチの天才100人」阪急コミュニケーションズ 2010
Maier, Tomas　マイヤー, トーマス
　1957〜　デザイナー　ボッテガ・ヴェネタクリエイティブ・ディレクター
Maietta, Domenico　マイエッタ, ドメニコ
　⒁イタリア　サッカー選手
Maietta, Lenny　マイエッタ, レニー
　⒅「看護・介護のためのキネステティクス」ふくろう出版 2009
Maïga, Abdoulaye Idrissa　マイガ, アブドゥライ・イドリサ
　⒁マリ　国防・退役軍人相

M

Maiga, Bruno マイガ, ブルノ
[国]マリ 文化相
Maïga, Choguel Kokalla マイガ, ショゲル・コカラ
[国]マリ デジタル経済・情報・通信相兼政府報道官
Maiga, Mahamane Kalil マイガ, マハマン・カリル
[国]マリ 国防相
Maiga, Ousmane Issoufi マイガ, ウスマン・イスフィ
[国]マリ 首相
Maiga, Sadou マイガ, サドゥ
[国]ブルキナファソ 環境・水産相
Maiga, Sina Damba マイガ・シナ・ダンバ
[国]マリ 女性・子供・家族相
Maiga, Soumeylou Boubeye マイガ, スメイル・ブビエ
[国]マリ 国防相
Maiga, Touré Aminatou マイガ, トゥレ・アミナトゥ
[国]ニジェール 外相
Maïgari, Bello Bouba マイガリ, ベロ・ブバ
[国]カメルーン 郵政・通信相 [異]メガリ, ベロ・ブバ
Maige, Ezekiel Magolyo マイゲ, エゼキエル・マゴリョ
[国]タンザニア 天然資源・観光相
Maïgochi, Sani マイゴシ, サニ
[国]ニジェール 郵政・通信・情報新技術相
Maigourov, Victor マイグロフ
[国]ロシア バイアスロン選手
Maigret, Caroline de メグレ, カロリーヌ・ド
[著]「パリジェンヌのつくりかた」 早川書房 2014
Maihofer, Andra マイホーファー, A.
1953〜 [著]「ヨーロッパ・ジェンダー研究の現在」 御茶の水書房 2001
Mai Kieu Lien マイ・キエウ・リエン
1953〜 [国]ベトナム 実業家 ベトナム・デイリー・プロダクツ(ビナミルク)会長・CEO
Mailafa, Hadiza マイラファ, ハディザ
[国]ナイジェリア 環境相
Mailau, Tevita マイラウ, テビタ
[国]トンガ ラグビー選手
Maile, Luke マリー, ルーク
[国]アメリカ 野球選手
Mailer, Norman メイラー, ノーマン
1923〜2007 [国]アメリカ 作家 本名＝Mailer, Norman Kingsley [異]メーラー, ノーマン
Maillet, Antonine マイエ, アントニーヌ
1929〜 [著]「荷車のペラジー」 彩流社 2010
Maillot, Jean-Christophe マイヨー, ジャン・クリストフ
1960〜 [国]フランス 振付師 モンテカルロ・バレエ団芸術監督
Maillot, Pierre マイヨー, ピエール
1936〜 [著]「フランス映画の社会史」 日本経済評論社 2008
Mailloux, Robert メイロー, ロバート
[著]「フトアゴヒゲトカゲマニュアル」 京都マグネティクス 2010
Mailman, Deborah メイルマン, デボラ
[著]「アボリジニ戯曲選」 オセアニア出版社 2001
Mails, Thomas E. マイルズ, トーマス・E.
[著]「フールズ・クロウ知慧と力」 中央アート出版社 2004
Mailu, Cleopa マイル, クレオパ
[国]ケニア 保健相
Maiman, T.H. メイマン, T.H.
[著]「知の歴史」 徳間書店 2002
Mai Manga, Oumara マイマンガ, ウマラ
[国]ニジェール 青年スポーツ相
Maimes, Steven メイム, スティーブン
[著]「アダプトゲン」 フレグランスジャーナル社 2011
Maimets, Toivo マイメツ, トイボ
[国]エストニア 教育科学相
Maina, Michael マイナ, マイケル
[国]ソロモン諸島 警察相
Maina, Solomon Karanja マイナ, ソロモン・カランジャ
[国]ケニア 駐日特命全権大使
Maina, Zainab マイナ, ゼイナブ
[国]ナイジェリア 女性問題相
Mainairo, Lisa A. メイネロ, リサ・A.
[著]「「問題社員」の管理術」 ダイヤモンド社 2007
Mainali, Chandra Prakash マイナリ, チャンドラ・プラカシュ
[国]ネパール 副首相兼女性児童・社会福祉相
Mainali, Govinda Prasad マイナリ, ゴビンダ・プラサド
1966〜 [著]「ナラク」 希の樹出版, 星雲社(発売) 2013
Mainali, Radha Krishna マイナリ, ラダ・クリシュナ
[国]ネパール 教育スポーツ相
Mainard, Dominique メナール, ドミニク
1967〜 [国]フランス 作家
Mainardi, Cesare メイナルディ, チェザレ
[著]「なぜ良い戦略が利益に結びつかないのか」 ダイヤモンド社 2016
Maïnassara, Idi Illiasou マイナサラ, イディ・イリアス
[国]ニジェール 保健相
Maine, David メイン, デイヴィッド
1963〜 [著]「小説ノアの箱船」 ソニー・マガジンズ 2005
Maines, Rachel メインズ, レイチェル・P.
1950〜 [著]「ヴァイブレーターの文化史」 論創社 2010
Mainieri, Ronnie マイニエリ, ロンニエ
[著]「入門量子コンピュータ」 パーソナルメディア 2002
Mainiero, Lisa A. メイナイロ, リサ・A.
[著]「人材育成のジレンマ」 ダイヤモンド社 2004
Mainzer, Klaus マインツァー, クラウス
1947〜 [国]ドイツ ミュンヘン工科大学教授・カールフォンリンデアカデミー所長 [専]複雑系, 非線形力学
Maione, Dennis メイワン, デニス
[著]「MCSEパーフェクトテキスト試験番号70-215：Windows 2000 Server」 ピアソン・エデュケーション 2001
Maiorca, Enzo マイオルカ, エンゾ
1931〜2016 [国]イタリア フリーダイバー イタリア国会議員 [異]マイオルカ, エンツォ
Maipakai, Mark マイパカイ, マーク
[国]パプアニューギニア 労働工業関係相
Mair, Avil マイアー, エイヴリル
1971〜 [著]「ファッション・ナウ」 タッシェン・ジャパン, 洋販(発売) 2003
Mair, Victor H. メア, ヴィクター・H.
1943〜 [著]「お茶の歴史」 河出書房新社 2010
***al*-Maisari, Ahmad** マイサリ, アハマド
[国]イエメン 農業・灌漑相
Maisel, Eric メイゼル, エリック
1947〜 [著]「傷つかない技術」 創元社 2009
Maisel, Natalya メイゼル, ナタリヤ
[著]「眠っているあいだにすべては解決できる」 主婦の友社 2004
Maisky, Mischa マイスキー, ミッシャ
1948〜 [国]ベルギー チェロ奏者 本名＝マイスキー, ミハエル〈Maisky, Michael〉 [異]マイスキー, ミーシャ / マイスキー, ミハエル
Maister, David H. マイスター, デービッド・H.
[異]マイスター, デビッド・H. [著]「プロフェッショナル・アドバイザー」 東洋経済新報社 2010
Maisto, Stephen A. メイスト, スティーヴン・A.
[著]「アルコール使用障害」 金剛出版 2013
Maistre, Xavier de メストレ, グザヴィエ・ドゥ
1973〜 [国]フランス ハープ奏者 ハンブルク音楽大学教授
Maisuradze, Simon マイスラーゼ, シモン
[国]ジョージア ラグビー選手
Maitha, Karisa マイサ, カリサ
[国]ケニア 地方自治相
Maitland, Geoffrey Douglas メイトランド, G.
1924〜 [著]「メイトランド脊椎マニピュレーション」 エルゼビア・ジャパン 2008
Maitland, Joanna メイトランド, ジョアンナ
[著]「拾われた男装の令嬢」 ハーパーコリンズ・ジャパン 2016
Maitland, Sean マイトランド, ショーン
[国]スコットランド ラグビー選手
Maitland, Theresa L. メイトランド, テレサ・L.
[著]「ADHDコーチング」 明石書店 2011
Maitreya, Sananda マイトルーヤ, サナンダ
1962〜 [国]アメリカ ミュージシャン
Maïwenn マイウェン
[国]フランス カンヌ国際映画祭 審査員賞(第64回(2011年)) "Polisse"
Maizels, Jennie マイゼルズ, ジェニー
[著]「大迫力！ ポップアップ人体図鑑」 主婦の友社 2011
Maizels, Stanley D. マイゼルス, ラビ・スタンレー・D.
[著]「ユダヤの祈り」 長谷川家財団 2001
Maizes, Victoria メイズ, ヴィクトリア
[著]「妊娠力」 東京堂出版 2015
Maj, Kisimba Ngoy マジ, キシンバ・ヌゴイ
[国]コンゴ民主共和国 不動産相 [異]マジュ, キシンバ・ヌゴイ
Majadele, Raleb マジャドレ, ガレブ
[国]イスラエル 文化・科学技術・スポーツ相

Majali, Amjad　マジャリ, アムジャド
　国ヨルダン　労相
Majali, Hussein al　マジャリ, フセイン
　国ヨルダン　内相
Majali, Qaftan　マジャリ, カフタン
　国ヨルダン　内相
Majali, Sahl　マジャリ, サハル
　国ヨルダン　公共事業・住宅相
Majaliwa, Majaliwa Kassim　マジャリワ, マジャリワ・カシム
　国タンザニア　首相
Majaluoma, Markus　マヤルオマ, マルクス
　著「ミラクル・ボーイ」ほるぷ出版　2008
Majano, Ana Maria　マハノ, アナマリア
　国エルサルバドル　環境・天然資源相
al-Majbri, Fatthi　マジブリ, ファトヒ
　国リビア　教育・高等教育相
Majcen, Irena　マイツェン, イレナ
　国スロベニア　環境・空間計画相
Majchrzak, Ann　マイクルザック, アン
　著「いかに「高業績チーム」をつくるか」ダイヤモンド社　2005
Majd, Kam　マージ, カム
　国アメリカ　パイロット, 作家　分ミステリー
Majdalani, Ahmad　マジダラーニ, アハマド
　国パレスチナ　労相
al-Majdhub, Mubarek Mohamed Ali　マジドフブ, ムバレク・モハメド・アリ
　国スーダン　高等教育相　異アルマジドハブ, ムバレク・モハメド・アリ
Majdic, Petra　マジッチ
　国スロベニア　クロスカントリースキー選手
Majdoub, Hédi　マジドゥーブ, エディ
　国チュニジア　内相
Majeed, bin Muhsin al-Alawi　マジド・ビン・ムハシン・アラウィ
　国バーレーン　労相
Majerus, Christine　マエルス, クリスティン
　国ルクセンブルク　自転車選手
Majewski, Tomasz　マエフスキ, トマシュ
　1981～　国ポーランド　砲丸投げ選手
Majgaiya, Baldev Sharma　マジガイヤ, バルデフ・シャルマ
　国ネパール　水資源相
al-Majibri, Fatthi Abdulhamid　マジブリ, ファタヒー・アブドルハミド
　国リビア　教育・高等教育相
al-Majid, Ali Hassan　マジド, アリ・ハッサン
　1941～2010　国イラク　政治家　イラク国防相　別名＝ケミカル・アリ　分アルマジド／アル・マジド, アリ・ハッサン
Majid, bin Ali al-Nuaimi　マジド・ビン・アリ・ヌアイミ
　国バーレーン　教育相
Majid, Nurcholis　マジッド, ヌルホリス
　？～2005　国インドネシア　イスラム学者, 穏健イスラム指導者　パラマディナ大学学長　異マジド, ヌルホリス
el-Majid, Reda Hafiz　マジド, レダ・ハフェズ
　国エジプト　国務相（軍需生産担当）
Majid, Shahn　マジッド, シャーン
　著「時間とは何か, 空間とは何か」岩波書店　2013
Majidi, Majid　マジディ, マジッド
　1959～　国イラン　映画監督　異マジディ, マジド
Majidov, Mahammadrasul　マジドフ, マハメドラスル
　国アゼルバイジャン　ボクシング選手
Majka, Rafal　マイカ, ラファル
　国ポーランド　自転車選手
Majko, Pandeli Sotir　マイコ, パンデリ
　1967～　国アルバニア　政治家　アルバニア首相, アルバニア国防相
Majoli, Alex　マヨーリ, アレックス
　1971～　国イタリア　写真家　マグナム・フォト代表
Major, Ann　メイジャー, アン
　著「あの夏を忘れない」ハーパーコリンズ・ジャパン　2016
Major, Claire Howell　メジャー, クレア
　著「協同学習の技法」ナカニシヤ出版　2009
Major, Drew　メージャー, ドリュー
　著「ソフトウェアの未来」翔泳社　2001
Major, Fouad.G.　マジョール, F.G.
　著「量子の鼓動」シュプリンガー・フェアラーク東京　2006
Major, John　メージャー, ジョン
　1943～　国イギリス　政治家　英国首相, 英国保守党党首　異メイジャー／メジャー
Majoro, Moeketsi　マジョロ, モエケツィ
　国レソト　開発計画相
Majoros, Istvan　マヨロシュ
　国ハンガリー　レスリング選手
Majumdar, Basanti　マジュンダ, バサンティ
　著「PBLのすすめ」学習研究社　2004
Majumdar, Binoy　モジュムダル, ビノエ
　著「もうひとつの夢」大同生命国際文化基金　2013
Majupuria, Trilok Chandra　マジュプリア, T.C.
　著「ネパール・インドの聖なる植物事典」八坂書房　2013
Mak, Alan　マック, アラン
　著「傷だらけの男たち」講談社　2007
Mak, Cheung Ping　マック・チョンピン
　国中国　元・在香港日本国総領事館現地職員　漢字名＝麥長冰
Mak, Geert　マック, ヘールト
　1946～　著「ヨーロッパの100年」徳間書店　2009
Mak, James　マック, ジェームズ
　1941～　著「観光経済学入門」日本評論社　2005
Mak, Juno　マック, ジュノ
　1984～　国香港　映画監督, 脚本家, 映画プロデューサー, ミュージシャン　漢字名＝麦浚龍
Makadji, Soumana　マカジ, スマナ
　国マリ　保健相
Makainai, Mailani　マカイナイ, マイラニ
　国アメリカ　歌手
Makamba, January Yusuf　マカンバ, ジャニュアリ・ユスフ
　国タンザニア　連合案件・環境担当相
Makanera, Alhoussein Kaké　マカネラ, アルセイン・カケ
　国ギニア　広報相
Makangala, Eunice　マカンガラ, ユニス
　国マラウイ　労相
Makar, Jobe　メイカー, ジョブ
　著「充実解説トレーニング形式で学ぶMacromedia Flash MX 2004 ActionScript」ソフトバンクパブリッシング　2005
Makarainen, Kaisa　メケレイネン
　国フィンランド　バイアスロン選手
Makaranka, Viachaslau　マカランカ
　国ベラルーシ　レスリング選手
Makarashvili, Jakob　マカラシビリ, ヤコブ
　国ジョージア　レスリング選手
Makarau, Ihar　マカラウ, イハル
　1979～　国ベラルーシ　柔道選手　異マカラウ
Makarenko, Evgeny　マカレンコ
　国ロシア　ボクシング選手
Makarenko, Yevhen　マカレンコ, イェフゲン
　国ウクライナ　サッカー選手
Makarov, Oleg Grigorievich　マカロフ, オレグ
　1933～2003　国ロシア　宇宙飛行士
Makarov, Sergey　マカロフ
　国ロシア　陸上選手
Makarov, Vitaliy　マカロフ
　国ロシア　柔道選手
Makarova, Ekaterina　マカロワ, エカテリーナ
　国ロシア　テニス選手
Makarova, Natalia　マカロワ, ナタリア
　1940～　国ロシア　バレリーナ　アメリカン・バレエ・シアター（ABT）プリンシパル　本名＝Makarova, Natalia Romanovna　異マカロワ, ナタリヤ
Makarova, Veronika　マカロワ, ウェロニカ
　著「ネクラーソフ選詩集」慶応義塾大学出版会　2001
Makarovs, Vladimirs　マカロフス, ウラディミルス
　国ラトビア　環境・地域開発相
Makau, Patrick　マカウ, パトリック
　1985～　国ケニア　マラソン選手　本名＝Makau, Musyoki Patrick
Makeba, Miriam　マケバ, ミリアム
　1932～2008　国南アフリカ　歌手　本名＝Makeba, Zenzile
Mäkelä, Hannu　マケラ, ハンヌ
　1943～　著「フーさん引っ越しをする」国書刊行会　2008
Makela, Kristiina　マケラ
　国フィンランド　陸上選手
Makela-nummela, Satu　マケラヌメラ, サトゥ
　国フィンランド　射撃選手
Makelele, Claude　マケレレ, クロード

M

1973～ [国]フランス サッカー指導者, 元サッカー選手

Maken, Ajay マーケン, アジャイ
[国]インド 住宅・都市貧困軽減相

Makens, James C. マーキンズ, ジェームズ
[著]「コトラーのホスピタリティ&ツーリズム・マーケティング 第3版」 ピアソン・エデュケーション 2003

Maker, Thon メイカー, ソン
[国]オーストラリア バスケットボール選手

Makey, Vladimir V. マケイ, ウラジーミル・V.
[国]ベラルーシ 外相

Makgato, Dorcus マカト, ドーカス
[国]ボツワナ 保健相

Makhalina, Yulia Victorovna マハリナ, ユリヤ
1968～ [国]ロシア バレリーナ マリインスキー・バレエ団プリンシパル

Makhijani, Arjun マクジャニ, A.
1945～ [著]「力の支配から法の支配へ」 憲法学舎, 日本評論社(発売) 2009

Makhlouf, Anisa マハルーフ, アニーサ
1930～2016 [国]シリア バッシャール・アサド大統領の母 [異]マハルーフ, アニサ

Makhlouf, Hussein マフルーフ, フセイン
[国]シリア 地方自治相

Makhloufi, Taoufik マフロフィ, タウフィク
1988～ [国]アルジェリア 陸上選手

Makhmalbaf, Mohsen マフマルバフ, モフセン
1957～ [国]イラン 映画監督, 作家

Makhmalbaf, Muhsin マフマルバフ, モフセン
1957～ [著]「闇からの光芒」 作品社 2004

Makhmalbaf, Samira マフマルバフ, サミラ
1980～ [国]イラン 映画監督

Makhmudov, Eldar マフムドフ, エリダル
[国]アゼルバイジャン 国家保安相 [異]マフムド, エルダル / マフムドフ, エルダル

Makhneva, Marharyta マフネワ, マルハリャタ
[国]ベラルーシ カヌー選手

Makhov, Bilyal マホフ, ビルヤル
[国]ロシア レスリング選手 [異]マコフ

Maki, John McGilvrey マキ, ジョン・M.
1909～2006 [著]「天皇神話から民主主義へ」 信山社出版 2005

Makiashi, Willy マキアシ, ウイリィ
[国]コンゴ民主共和国 副首相兼雇用・労働・社会保障相

Makie, Vivien マッキー, ビビアン
1931～ [著]「自然に演奏してください」 風媒社 2011

Makila, José マキラ, ジョゼ
[国]コンゴ民主共和国 副首相兼運輸相

Makine, Andreï マキーヌ, アンドレイ
1957～ [国]フランス 作家 [異]マキン, アンドレイ

Mäkinen, Kirsti マキネン, キルスティ
1939～ [著]「カレワラ物語」 春風社 2005

Mäkipää, Heikki マキパー, ヘイッキ
[著]「平等社会フィンランドが育む未来型学力」 明石書店 2007

***al*-Makki, Ahmad bin Abd al-Nabi** アル・マッキ, アハマド・ビン・アブドルナビ
[国]オマーン 国家経済相

Mako Iwamatsu マコ・イワマツ
1933～2006 [国]アメリカ 俳優 本名=岩松信(イワマツ・マコト) [異]マコ岩松

Makolli, Ibrahim マコッリ, イブラヒム
[国]コソボ 国外在住者相

Makone, Theresa マコネ, テレサ
[国]ジンバブエ 内相

Makoni, Simba マコニ, シンバ
[国]ジンバブエ 財務・経済開発相

Makosso, Anatole Colinet マコソ, アナトール・コリネ
[国]コンゴ共和国 初等・中等教育・識字相 [異]マコソ, アナトル・コリネ

Makovecz, Imre マコヴェツ, イムレ
1935～2011 [国]ハンガリー 建築家 [異]マコベツ / マコヴェッツ

Makow, Henry メイコウ, ヘンリー
1949～ [著]「「フェミニズム」と「同性愛」が人類を破壊する」 成甲書房 2010

Makower, Josh マコーワー, ジョシュ
[著]「バイオデザイン」 薬事日報社 2015

Makowsky, Lucas マコウスキー, ルーカス
1987～ [国]カナダ スピードスケート選手

Makram, Nabila マクラム, ナビーラ
[国]エジプト 移民・国外移住者相

Maksel, Krzysztof マクセル, クシシュトフ
[国]ポーランド 自転車選手

Maksim マキシム
1975～ [国]クロアチア ピアニスト 本名=ムルヴィツァ, マクシム〈Mrvica, Maksim〉

Maksimchuck, Robert A. マクシムチャック, ロバート・A.
[著]「データベース設計のためのUML」 翔泳社 2003

Maksimova, Anastasia マキシモワ, アナスタシア
[国]ロシア 新体操選手

Maksimova, Ekaterina マクシモワ, エカテリーナ
1939～2009 [国]ロシア バレリーナ ボリショイ劇場バレエ団プリンシパル 本名=Maksimova, Ekaterina Sergeevna [異]マクシーモワ, エカテリーナ / マクシモバ, エカテリーナ / マクシモヴァ, エカテリーナ

Maksimova, Natalia Aleksandrovna マクシモヴァ・ナタリヤ・アレクサンドロヴナ
[国]ロシア 画家, 露日友好協会理事

Maksimovic, Ivana マクシモビッチ
[国]セルビア 射撃選手

Maksimovic, Nikola マクシモヴィッチ, ニコラ
[国]セルビア サッカー選手

Maksimovic Andusic, Ivana アンドゥシチマクシモビッチ, イバナ
[国]セルビア 射撃選手

Maksutov, Altynbek マクストフ, アルティンベク
[国]キルギス 文化・情報・観光相

Maksymenko, Alina マクシメンコ
[国]ウクライナ 新体操選手

***Al*-maktoum, Maitha** マクトゥーム
[国]アラブ首長国連邦 テコンドー選手

Maktoum bin Rashid al-Maktoum マクトム・ビン・ラシド・アル・マクトム
1943～2006 [国]アラブ首長国連邦 政治家 アラブ首長国連邦(UAE)副大統領・首相, ドバイ首長 [異]マクトム・ビン・ラシド・マクトム

Maku, Labaran マク, ラバラン
[国]ナイジェリア 情報通信相

Makuba, Aaron マクバ, アーロン
[国]ルワンダ 国務相

Makubuya, Khiddu マクブヤ, キドゥ
[国]ウガンダ 司法・憲法問題相

Makuch, William M. マクーチ, ウィリアム・M.
[著]「クレジット・スコアリング」 シグマベイスキャピタル 2001

Makukha, Volodymyr マクハ, ウォロディミル
[国]ウクライナ 経済相

Makusha, Ngonidzashe マクシャ
[国]ジンバブエ 陸上選手

Makuza, Bernard マクザ, ベルナール
[国]ルワンダ 首相

Makwala, Isaac マクワラ, アイザック
[国]ボツワナ 陸上選手

Mala, Matthias マーラー, マティアス
[著]「面白くてやめられない三次元パズル」 中経出版 2004

Malabaev, Argynbek マラバエフ, アルギンベク
[国]キルギス 運輸通信相

Malabag, Michael マラバグ, マイケル
[国]パプアニューギニア 保健・HIV相

Malabo, Estanislao Don マラボ, エスタニスラオ・ドン
[国]赤道ギニア 労働・社会保障相

Malabou, Catherine マラブー, カトリーヌ
1959～ 哲学者 キングストン大学人文社会学部教授 [専]ヘーゲル哲学

Malachowski, Piotr マワホフスキ
[国]ポーランド 陸上選手 [異]マラホフスキ / マワホフスキ, ピョートル

Malacinski, George M. マラシンスキー, G.M.
[著]「分子生物学の基礎」 東京化学同人 2004

Maladina, Moses マラディナ, モーゼス
[国]パプアニューギニア 公共サービス相

Malagamba, Marcelo マラガンバ, マルセーロ
1954～ [著]「3つの道、3つの運命」 新世研 2004

Malaghuradze, Lasha マラグラゼ, ラーシャ
[国]ジョージア ラグビー選手

Malaj, Arben マライ, アルベン
[国]アルバニア 財務相

Malajovich, Gustavo　マラホビッチ, グスタボ
　1963～　⒩アルゼンチン　作家　⒥スリラー、ミステリー
Malakhov, Vladimir　マラーホフ, ウラジーミル
　1968～　バレエダンサー、振付師　ベルリン国立バレエ団芸術監督・プリンシパル、ウィーン国立歌劇場バレエ団プリンシパル
　⒠ウラジーミル・マラーホフ
Malal, Dia Moktar　マラル, ディア・モフタール
　⒩モーリタニア　雇用・職業訓練・通信技術相　⒠マラル, ディア・モクタール
Malam, John　マラム, ジョン
　⒜「恐竜」ランダムハウス講談社　2007
Malambo, Vincent　マランポ, ビンセント
　⒩ザンビア　法相
Malami, Abubakar　マラミ, アブバカル
　⒩ナイジェリア　法相
Malamphy, Timothy J.　マラムフィー, ティモシー・J.
　⒜「クレジット・スコアリング」シグマベイスキャピタル　2001
Malan, David　マラン, デヴィッド
　⒜「短期力動療法入門」金剛出版　2014
Malan, Pedro　マラン, ペドロ
　⒩ブラジル　蔵相
Maland, Nick　マランド, ニック
　⒜「宇宙のことがわかる本」大日本絵画　〔2016〕
Malandra, Mieke C.　マランドラ, ミカ・C.
　⒜「ポール・オースターが朗読するナショナル・ストーリー・プロジェクト」アルク　2006
Malani, Laufitu　マラーニ, ラウフィトゥ
　⒩フィジー　女性・社会福祉・住宅相
Malani, Nalini　マラニ, ナリニ
　1946～　⒩インド　現代美術家
Malashko, Valery A.　マラシコ, ワレリー・A.
　⒩ベラルーシ　保健相
Malaterre, Christophe　マラテール, クリストフ
　⒜「生命起源論の科学哲学」みすず書房　2013
Malatinský, Tomáš　マラティンスキー, トマーシュ
　⒩スロバキア　経済相
Malavia, Jignesh　マラヴィア, ジグネシュ
　⒜「サン技術者認定資格テキスト＆問題集 Java Webコンポーネントデベロッパ」アスキー　2003
Malawana, Rupa　マーラワナ, ルーパ
　⒜「あかちゃんゾウのたんじょうびパーティー」アジアパブリケーションディストゥリビューションエージェンシー　2006
Malaythong, Bob　メラリソング
　⒩アメリカ　バドミントン選手
Malazarivo, Félix　マラザリボ, フェリックス
　⒩マダガスカル　広報相
Malazogu, Leon　マラゾーグ, レオン
　⒩コソボ　駐日特命全権大使
Malchau, Henrik　マルコウ, H.
　⒜「セメント人工股関節置換術の真髄」シュプリンガー・ジャパン　2009
Malchiodi, Cathy A.　マルキオディ, キャシー・A.
　⒠マルキオディ, キャシー　⒜「子どもの描画からわかること」田研出版　2014
Malchow, Tom　マルチョー
　⒩アメリカ　競泳選手
Malcolm, Christian　マルコム
　⒩イギリス　陸上選手
Malcolm, Elizabeth　マルコム, エリザベス
　⒜「アイルランド」ほるぷ出版　2011
Malcolm, Martin　マルコルム, マーチン
　⒜「イザムバード・キングダム・ブルネルのお話」技術史出版社, 星雲社 (発売)　2007
Malcom, Shirley M.　マルコム, シャーリー
　⒜「科学力のためにできること」近代科学社　2008
Malcorra, Susana　マルコラ, スサナ
　⒩アルゼンチン　外務・宗務相
Malde, Melissa　マルデ, メリッサ
　⒜「歌手ならだれでも知っておきたい「からだ」のこと」春秋社　2010
Maldeikis, Eugenijus　マルデイキス, エウゲニウス
　⒩リトアニア　経済相
Malden, Karl　マルデン, カール
　1912～2009　⒩アメリカ　俳優　本名＝セクロヴィッチ, マルデン・ジョージ〈Sekulovich, Malden George〉
Maldini, Cesare　マルディーニ, チェーザレ
　1932～2016　⒩イタリア　サッカー監督, サッカー選手　サッカー・イタリア代表監督　⒠マルディーニ, チェーザレ
Maldonado, Erwin　マルドナド
　⒩ベネズエラ　水泳選手
Maldonado, Kirstin　マルドナード, カースティ
　グラミー賞 最優秀インストゥルメンタル編曲（アカペラ）（2014年（第57回））"Daft Punk" 編曲
Maldonado, Martin　マルドナード, マーティン
　⒩プエルトリコ　野球選手
Maldonado, Mervin　マルドナド, メルビン
　⒩ベネズエラ　青年・スポーツ相
Maldonado, Nicia　マルドナド, ニシア
　⒩ベネズエラ　先住民問題担当相
Maldonado, Salvador　マルドナド, サルバドール
　⒜「世界の難民の子どもたち」ゆまに書房　2016
Maldonado Curti, Carlos　マルドナド・クルティ, カルロス
　⒩チリ　法相
Malebo, Moeketse　マレボ, モエケツェ
　⒩レソト　司法・人権・矯正相
Malec　マレック
　アングレーム国際漫画祭 ブログBD新人賞（2013年）"Blog à MALEC"
Maleev, Alex　マリーブ, アレックス
　⒜「ムーンナイト光」小学館集英社プロダクション　2016
Maleiane, Adriano Afonso　マレイアーネ, アドリアーノ・アフォンソ
　⒩モザンビーク　経済・財務相
Malek, Doreen Owens　マレク, ドリーン・オウェンズ
　⒜「砂漠の黒い瞳にとらわれて」竹書房　2013
Málek, Jaromir　マレック, ジャミール
　⒜「古代のエジプト」朝倉書店　2008
Malek, Kamal M.　マレック, カマル・M.
　⒜「ブレークスルー思考」ダイヤモンド社　2001
Malek, William A.　マレク, ウィリアム
　⒜「戦略実行」東洋経済新報社　2012
Malek, Zahawi Ibrahim　マリク, ザハウィ・イブラヒム
　⒩スーダン　情報通信相
Malekzadeh, Mohammad -Sharif　マレクザデ, モハマドシャリフ
　⒩イラン　副大統領（文化遺産・観光庁長官）
Malençon, Gilles　マランソン, ジル
　⒜「ミシェル・ヴァイヨン」角川書店　2003
Malenga, Ernest　マレンガ, アーネスト
　⒩マラウイ　内相
Malenka, Robert C.　マレンカ, R.C.
　⒜「分子神経薬理学」西村書店　2004
Malénzapa, Dorothée Aimée　マレンザパ, ドロテ・エメ
　⒩中央アフリカ　国際協力・地域統合・フランス語圏相
Maleszka, Andrzej　マレシュカ, アンジェイ
　1955～　⒜「追え!! 魔法の赤いイス」講談社　2014
Malevich, Kazimir Severinovich　マレーヴィチ, カジミール
　⒜「週刊美術館」小学館　2001
Malewezi, Justin　マレウェジ, ジャスティン
　⒩マラウイ　副大統領兼民営化相
Maley, Alan　メイリー, アラン
　1937～　⒜「英語ゲーム92」オックスフォード大学出版局, 旺文社 (発売)　2005
Maley, Kynan　マリー
　⒩オーストラリア　カヌー選手
Maleyombo, Thierry　マレヨンボ, ティエリー
　⒩中央アフリカ　郵便・通信相
Malhas, Omar　マルハス, オマル
　⒩ヨルダン　財務相
Malherbe, Frans　マレルブ, フランス
　⒩南アフリカ　ラグビー選手
Malhotra, Arvind　マルホトラ, アルビンド
　⒜「いかに「高業績チーム」をつくるか」ダイヤモンド社　2005
Malhotra, Deepak　マルホトラ, ディーパック
　1975～　⒜「交渉の達人」パンローリング　2016
Malhotra, Naresh K.　マルホトラ, ナレシュ・K.
　⒜「マーケティング・リサーチの理論と実践」同友館　2007
Malhotra, Shriya　マルホトラ, シュリヤ
　⒜「We Own The City」フィルムアート社　2015
Mali, Andreja　マリ
　⒩スロベニア　クロスカントリースキー選手
Malick, Terrence　マリック, テレンス
　1943～　⒩アメリカ　映画監督
Malie, Mpho　マリエ, ムポ

M

[国]レソト　貿易・産業相　[異]マリエ, ムホ
Malietoa Tanumafili Ⅱ　マリエトア・タヌマフィリ2世
1913〜2007　[国]サモア　政治家　サモア大首長(元首)
Maligie, Momodu　マリジー, モモドゥ
[国]シエラレオネ　水資源相
Malik, Rehman　マリク, レーマン
[国]パキスタン　内相
Malik, Sakshi　マリク, サクシ
[国]インド　レスリング選手
Malik, Sayed al-Zahawi Ibrahim　マリク, サイド・ザハウィ・イブラヒム
[国]スーダン　情報通信相　[異]マリク, サイド・アル・ザハウィ・イブラヒム
Malik, Sumaira　マリク, スマイラ
[国]パキスタン　女性・青年問題相
Malik, Waqar　マリック, ワカー
[著]「入門Objective-C2.0」 翔泳社　2012
Malik, Zayn　マリク, ゼイン
1993〜　[国]イギリス　歌手
al-**Maliki, Adil**　マリキ, アディル
[国]イラク　自治・公共事業相
Maliki, Baroumi　マリキ, バロミ
[国]ニジェール　計画相
al-**Maliki, Nouri**　マリキ, ヌーリ
1950〜　[国]イラク　政治家　イラク首相, アッダワ党代表　通称＝マリキ, ジャワド〈Maliki, Jawad al－〉
al-**Maliki, Nouri Kamel**　マリキ, ヌーリ・カメル
[国]イラク　副大統領
Maliko, Sylvain　マリコ, シルバン
[国]中央アフリカ　計画・経済・国際協力相
Malila, Sami　マリラ, サミ
[著]「スノークのおじょうさんの名言集」 講談社　2011
Malima, Philemon　マリマ, フィレモン
[国]ナミビア　環境・観光相
Malin, Shimon　マリン, シモン
1937〜　[著]「隠れたがる自然」 白揚社　2006
Malin, Suzi　マリン, スージー
[著]「ひとめぼれの法則」 小学館プロダクション　2005
Malina, Bruce J.　マリーナ, ブルース
[著]「共観福音書の社会科学的注解」 新教出版社　2001
Malina, Robert M.　マリーナ, ロバート・M.
[著]「身体組成研究の基礎と応用」 大修館書店　2001
Malineau, Jean-Hugues　マリノー, ジャン＝ユーグ
[異]マリノー, ジャン＝ユッグ　[著]「ワンワンパクッ！」 あすなろ書房　2009
Malinen, Pauliina　マリネン, パウリーナ
[著]「シークレットフェアリーレターブック」 大日本絵画　2008
Malinen, Tapio　マリネン, タピオ
[著]「会話・協働・ナラティヴ」 金剛出版　2015
Malinvaud, Edmond　マランヴォー, エドモン
1923〜2015　[国]フランス　経済学者　コレージュ・ド・フランス名誉教授, フランス国立統計経済研究所所長　[専]統計経済学, マクロ経済学　[異]マランボー, エドモン
Maliphant, Russell　マリファント, ラッセル
ローレンス・オリヴィエ賞 ダンス 作品賞(2006年(第30回)) "Push"
Malizia, Andrea L.　マリツィア, アンドレア・L.
[著]「パニック障害」 日本評論社　2001
Malka, Eric　マルカ, エリック
[著]「プロは語る。」 アスペクト　2005
Malka, Salomon　マルカ, サロモン
1949〜　[著]「評伝レヴィナス」 慶応義塾大学出版会　2016
Malki, Habib　マルキ, ハビブ
[国]モロッコ　国民教育・高等教育・職員訓練・科学研究相
al-**Malki, Riyad**　マルキ, リヤド
[国]パレスチナ　外相
Malkiel, Burton G.　マルキール, バートン
1932〜　[国]アメリカ　経済学者　プリンストン大学経済学部教授
Malki！, David　マルキ！, デーヴィッド
[著]「マシン・オブ・デス」 アルファポリス, 星雲社(発売)　2013
Malkin, Lawrence　マルキン, ローレンス
[著]「ヒトラー・マネー」 文芸社　2015
Malkin, Peter Z.　マルキン, ピーター
？〜2005　[国]イスラエル　工作員　モサド工作員
Malkovich, John　マルコビッチ, ジョン
1953〜　[国]アメリカ　俳優　[異]マルコヴィッチ, ジョン
Malks, Dan　マークス, ダン
[著]「J2EEパターン」 日経BP社, 日経BP出版センター(発売) 2005
Malkum, José　マルクム, ホセ
[国]ドミニカ共和国　財務相
Mall, Ram Adhar　マール, ラーム・A.
1937〜　[著]「マハトマ・ガンジー」 玉川大学出版部　2007
Mallaby, Sebastian　マラビー, セバスチャン
[著]「ヘッジファンド」 楽工社　2012
Mallah, Ababar　マラフ, アババル
[国]チャド　国民議会担当相
El-**Mallakh, Rif S.**　エル‐マラーク, リフ・S.
1956〜　[著]「双極うつ病」 星和書店　2013
Mallam, Abdoulkarim Dan　マラム, アブドゥルカリム・ダン
[国]ニジェール　青年・スポーツ相
Mallam, Laurentia Laraba　マラム, ローレンシア・ララバ
[国]ナイジェリア　環境相
Mallampati, Seshagiri Rao　マランパチー, セシャギリ・ラオ
[著]「麻酔の偉人たち」 総合医学社　2016
Mallard, Trevor　マラード, トレバー
[国]ニュージーランド　経済開発相兼産業・地域開発相兼国有企業相兼スポーツ・レクリエーション相
Mallaye, Mahamat Nour　マリャイェ, マハマト・ヌール
[国]チャド　公務員・労働・雇用相
Mallé, Sanogo Aminate　マレ, サノゴ・アミナタ
[国]マリ　司法・人権相
Malleck, Ryan　マレック, ライアン
[国]アメリカ　アメフト選手
Mallee, John　マリー, ジョン
[国]アメリカ　シカゴ・カブスコーチ
Mallery, Susan　マレリー, スーザン
[著]「あの夏の恋のきらめき」 ハーパーコリンズ・ジャパン　2016
Mallet, Corinne　マレー, コリン
[著]「アジサイ図鑑」 アボック社　2009
Mallet, David　マレット, デヴィッド
エミー賞 プライムタイム・エミー賞 最優秀監督賞(バラエティ・音楽番組)(第53回(2001年)) "Cirque Du Soleil's Dralion"
Mallet, Marie-Louise　マレ, マリ＝ルイーズ
[著]「動物を追う、ゆえに私は〈動物で〉ある」 筑摩書房　2014
Mallett, Richard　マレット, リチャード
[著]「世界のミュージック図鑑」 ポプラ社　2011
Mallett, Ronald L.　マレット, ロナルド・L.
[著]「タイム・トラベラー」 祥伝社　2010
Mallett, Ryan　マレット, ライアン
[国]アメリカ　アメフト選手
Malley, Gemma　マリー, ジェマ
[国]イギリス　作家　[専]ヤングアダルト
Malli, Yunus　マッリ, ユヌス
[国]トルコ　サッカー選手
Mallia, Emanuel　マッリア, エマヌエル
[国]マルタ　内務・国家安全相
Malliavin, Paul　マリアヴァン, ポール
1925〜2010　[国]フランス　数学者　パリ第6大学名誉教授　[専]確率解析学, 調和解析学
Malliet, G.M.　マリエット, G.M.
1951〜　[国]アメリカ　作家　[専]ミステリー, スリラー
Mallinga, Stephen　マリンガ, ステファン
[国]ウガンダ　首相府災害対策難民担当相　[異]マリンガ, スティーブン
Mallinson, John C.　マリンソン, J.C.
[著]「磁気抵抗ヘッドとスピンバルブヘッド」 丸善　2002
Malloch Brown, Mark　マロック・ブラウン, マーク
1953〜　[国]イギリス　国連副事務総長, 国連開発計画(UNDP)総裁, アフリカ・アジア・国連担当相
Mallon, Brenda　マロン, ブレンダ
[著]「夢バイブル」 産調出版　2004
Mallon, Gerald P.　マロン, G.P.
[著]「子どものためのアニマルセラピー」 日本評論社　2002
Mallon, Meg　マローン, メグ
1963〜　[国]アメリカ　プロゴルファー
Mallory, Anne　マロリー, アン
[著]「甘い囁きは罪な夜に」 原書房　2010
Mallory, Margaret　マロリー, マーガレット
1954〜　[著]「やさしき野獣にとらわれて」 オークラ出版　2016
Malloum, Yakoura　マルーム, ヤクラ
[国]チャド　女性・青年支援・小口金融相

Malloy, Emmett　マロイ, エメット
　監督　グラミー賞 最優秀長編ビデオ作品（2012年（第55回））
　"Big Easy Express"
Malloy, Marti　マロイ, マルティ
　国アメリカ　柔道選手　異マロイ
Mally, Komlan　マリ, コムラン
　国トーゴ　保健相　異マリー, コムラン
Malmierca, Isidoro　マルミエルカ, イシドロ
　？～2001　国キューバ　政治家　キューバ外相　本名＝マルミエルカ, イシドロ・オクタビオ〈Malmierca, Isidoro Octavio〉
Malmierca Díaz, Rodrigo　マルミエルカ・ディアス, ロドリゴ
　国キューバ　外国貿易・投資相
Malmsteen, Yngwie　マルムスティーン, イングヴェイ
　1963～　国スウェーデン　ロック・ギタリスト　異マルムスティーン, イングウェイ／マルムスティーン, イングベイ／マルムスティーン, イングヴェイ・J.
Malmsten, Ernst　マルムステン, エルンスト
　著「夢があるなら追いかけろ」ソニー・マガジンズ　2003
Malmström, Cecilia　マルムストローム, セシリア
　国スウェーデン　欧州連合（EU）担当相
Malmuth, Bruce　マルムース, ブルース
　1934～2005　国アメリカ　映画監督
Maloi, Lebesa　マロイ, レベサ
　国レソト　運輸・公共事業相
Maloku, Leonardo　マロク, レオナルド
　国アルバニア　サッカー選手
Malomat, Ali　マロマト
　国イラン　柔道選手
Malone, Ainsley M.　マローン, アインスレー・M.
　著「食品・栄養・食事療法事典」産調出版, 産業調査会（発売）2006
Malone, Brendan　マローン, ブレンダン
　国アメリカ　デトロイト・ピストンズアシスタントコーチ（バスケットボール）
Malone, Casey　マローン
　国アメリカ　陸上選手
Malone, David M.　マローン, デービッド
　1954～　国カナダ　外交官　国連大学学長, 国連事務次長　異マローン, デイビッド
Malone, Gareth　マローン, ギャレス
　1975～　著「クラシック音楽のチカラ」青土社　2013
Malone, John C.　マローン, ジョン
　1941～　国アメリカ　実業家　リバティ・メディア会長　TCI会長・CEO
Malone, John Williams　マローン, ジョン
　著「偉大な、アマチュア科学者たち」主婦の友社　2004
Malone, Marianne　マローン, マリアン
　国アメリカ　作家　異ファンタジー, 児童書
Malone, Michael　マローン, マイケル
　1942～　著「殺人倶楽部へようこそ」文芸春秋　2009
Malone, Michael Shawn　マローン, マイケル・S.
　1954～　著「超チーム力」ハーパーコリンズ・ジャパン　2016
Malone, Peter　マローン, ピーター
　1953～　著「なぜカツラは大きくなったのか？」あすなろ書房　2012
Malone, Robert　マローン, ロバート
　著「世界ロボット大図鑑」新樹社　2005
Malone, Thomas W.　マローン, トーマス・W.
　著「昇進者の心得」ダイヤモンド社　2009
Maloney, Chris　マローニー, クリス
　国アメリカ　セントルイス・カーディナルスコーチ
Maloney, David C.　マロニィ, デイビッド・C.
　著「ヒューマンサービス」第一出版　2009
Maloney, Mike　マロニー, マイケル・P.
　著「基本からのロールシャッハ法」金子書房　2005
Maloney, Shane　マローニー, シェイン
　著「ブラッシュ・オフ」文芸春秋　2002
Maloney, Shaun　マロニー, ショーン
　国スコットランド　サッカー選手
Maloof, Joe　マルーフ, ジョー
　国アメリカ　サクラメント・キングスオーナー
Malos, Ellen　マロス, エレン
　著「ドメスティック・バイオレンス」明石書店　2009
Malott, John R.　マロット, ジョン・R.
　国アメリカ　ワシントン日米協会理事長, 元・国務省東アジア太平洋局日本部長, 元・横浜国立大学国際ビジネス・法学部客員教授

Malouche, Slaheddine　マルーシュ, スラヘディン
　国チュニジア　設備・住宅・国土整備相
Malouf, David　マルーフ, デイヴィッド
　1934～　著「異境」現代企画室　2012
Malouf, David George Joseph　マルーフ, デービッド
　1934～　国オーストラリア　詩人, 作家
Malouf, Doug　マルーフ, ダグ
　著「最高のプレゼンテーション」PHP研究所　2003
Maloux, Maurice　マルー, モーリス
　著「世界名言・格言辞典」東京堂出版　2005
Malov, Sergey　マーロフ, セルゲイ
　国ロシア　パガニーニ国際ヴァイオリン・コンクール　審査委員会特別賞（2006年（第51回））
Malović, Snežana　マロビッチ, スネジャナ
　国セルビア　法相
Maloy, Joe　マロイ, ジョー
　国アメリカ　トライアスロン選手
Maloya, Thengo　マロヤ, センゴ
　国マラウイ　土地・住宅相
Maloyan-Kishida, Ana　マロヤン・キシダ, アナ
　1957～　著「「自分の弱さ」から逃げないための心理学」PHP研究所　2004
Maloza, Mangeza　マロザ, マンゼサ
　国マラウイ　内相
Malraux, Madeleine　マルロー, マドレーヌ
　1914～2014　国フランス　ピアニスト
Malseed, Mark　マルシード, マーク
　著「Google誕生」イースト・プレス　2006
Malsy, Victor　マルシー, ヴィクトール
　1957～　著「Helvetica forever」ビー・エヌ・エヌ新社　2009
Maltais, Dominique　マルテ
　国カナダ　スノーボード選手　異マルタ
Maltais, Valerie　マルテ
　国カナダ　ショートトラック選手
Maltby, J.Roger　マルトバイ, J.ロジャー
　著「麻酔の偉人たち」総合医学社　2016
Malthouse, Edward C.　マルトハウス, エドワード・C.
　著「統合マーケティング戦略論」ダイヤモンド社　2003
Maltias, Josue　マティアス, ホス
　国アメリカ　アメフト選手
Maltin, Leonard　マルティン, レナード
　1951～　著「マウス・アンド・マジック」楽工社　2010
Maltsberger, John T.　モルツバーガー, ジョン・T.
　著「自己愛の障害」金剛出版　2003
Maltsev, Leonid S.　マリツェフ, レオニード・S.
　国ベラルーシ　国防相　異マルツェフ, レオニード・S.
Mal'tseva, Ol'ga　マリチェバ, オルガ
　著「金正日とワルツを」晧星社　2016
Malu, Jorge　マル, ジョルジュ
　国ギニアビサウ　外務・国際協力・共同体相
Malunga, Grain　マルンガ, グレン
　国マラウイ　天然資源・エネルギー相
Maluza, Monjeza　マルザ, マンジェザ
　国マラウイ　内相
Malvern, Gladys　マルバーン, G.
　著「夢みるバレリーナ」ポプラ社　2004
Malwal, Josef　マルワル, ジョセフ
　国スーダン　観光・野生生物相
Malyshik, Hanna　マリシク, ハナ
　国ベラルーシ　陸上選手
Malyshko, Dmitry　マリシュコ, ドミトリー
　1987～　国ロシア　バイアスロン選手　本名＝Malyshko, Dmitry Vladimirovich
Malysz, Adam　マリシュ, アダム
　1977～　国ポーランド　元スキー選手　異マリシュ
Malyszko, Michael　マリスコ, マイケル
　著「ベティとリタローマへ行く」中央公論新社　2002
Malzahn, Luise　マルザン, ルイーズ
　国ドイツ　柔道選手
Malzberg, Barry N.　マルツバーグ, バリー・N.
　異マルツバーグ, バリイ・N.　著「シャーロック・ホームズのSF大冒険」河出書房新社　2006
Malzone, Frank　マルゾーン, フランク
　1930～2015　国アメリカ　野球選手　本名＝Malzone, Frank James
Mam, Antonio Sedja　マム, アントニオ・セジャ

㉠ギニアビサウ　内相
Mam, Somaly　マム, ソマリー
㉒「幼い娼婦だった私へ」文芸春秋　2006
Mamadou, Bello　ママドゥ, ベロ
㉠中央アフリカ　アラブ諸国関係相
Mamadou, Dagra　ママドゥ, ダグラ
㉠ニジェール　法相
Mamadou, Ousmane　ママドゥ, ウスマン
㉠ニジェール　国民教育相
Mamadou, Tanja　ママドゥ, タンジャ
㉠ニジェール　大統領
Mamadou, Zakaria　ママドゥ, ザカリア
㉠ニジェール　国土整備相
Mamadu Fadia, João Alage　ママドゥファディア, ジョアン・アラジ
㉠ギニアビサウ　経済・財務相
Mama Fouda, André　ママ・フダ, アンドレ
㉠カメルーン　保健相
Maman, Abdou　ママン, アブドゥ
㉠ニジェール　産業相
Maman Dioula Fadjimata, Sidibe　ママンディウラ・ファギマタ, シディベ
㉠ニジェール　国民教育相
Mamani Marca, Abel　ママニ・マルカ, アベル
㉠ボリビア　水資源担当相
al-**Mamari, Ali bin Majid**　アル・ママリ, アリ・ビン・マジド
㉠オマーン　王宮府相
al-**Mamari, Malik bin Sulayman**　アル・ママリ, マリク・ビン・スレイマン
㉠オマーン　住宅相兼運輸相
Mamas, Michael　ママス, マイケル
㉒「癒しの鍵」太陽出版　2005
Mamasaliyev, Duishonali　ママサリエフ, ドゥイショナリ
㉠キルギス　社会保障相
Mamashuk, Maryia　ママシュク, マリア
㉠ベラルーシ　レスリング選手
Mamataliev, Abdyrakhman　ママタリエフ, アブディラフマン
㉠キルギス　副首相（安全保障・法秩序・国境問題担当）
Mamatova, Natalya　ママトワ
㉠ウズベキスタン　テコンドー選手
Mamba, Mashako　マンバ, マシャコ
㉠コンゴ民主共和国　保健相　㊋マンバ, レオナール・マシャコ
Mamba, Ndumiso　マンバ, ヌドゥミソ
㉠スワジランド　法務・憲法問題相
Mamba, Patrick Magobetane　マンバ, パトリック・マゴベタネ
㉠スワジランド　公共サービス相　㊋マンバ, パトリック・マグウェベテン
Mamba, Rogers　マンバ, ロジャーズ
㉠スワジランド　地方行政・開発相
Mambazo, Ladysmith Black　レディスミス・ブラック・マンバゾ
グラミー賞 最優秀トラディショナル・ワールド・ミュージック・アルバム（2008年（第51回））"Ilembe: Honoring Shaka Zulu"
Mambetalieva, Zhyldyz　マムベタリエワ, ジルディス
㉠キルギス　法相
Mambetov, Asset　マンベトフ
㉠カザフスタン　レスリング選手
Mambetov, Marat　マムベトフ, マラト
㉠キルギス　保健相
Mambou Gnali, Aimee　マンブニャリ, エメ
㉠コンゴ共和国　文化芸術・観光相
Mam Bun Heng　モム・ブンヘーン
㉠カンボジア　保健相
Mamdani, Mahmood　マムダーニ, マフムード
1946〜　㉒「アメリカン・ジハード」岩波書店　2005
Mamdhouq, Abdullah Aubal　マムドク, アブドラ・オバル
㉠イエメン　文化相
Mamedaliyev, Geidar　マメダリエフ
㉠ロシア　レスリング選手
Mamedgeldiyyev, Agageldy　マメドゲリディエフ, アガゲリディ
㉠トルクメニスタン　国防相
Mamedov, Fazil　マメドフ, ファジリ
㉠アゼルバイジャン　税務相　㊋マメドフ, ファジル
Mamedov, Fikret　マメドフ, フィクレト
㉠アゼルバイジャン　法相

Mamedov, Ziya　マメドフ, ジヤ
㉠アゼルバイジャン　運輸相
Mamedyarov, Elmar　マメディヤロフ, エリマル
㉠アゼルバイジャン　外相
Mamgue Ayingono, Salvador　マンゲアインゴノ, サルバドル
㉠赤道ギニア　公務・行政計画相
el-**Mami, Mohamed Lemine Ould**　マーミ, モハメド・ラミーン・ウルド
㉠モーリタニア　雇用・職業訓練・通信技術相
Mamin, Askar　マミン, アスカル
㉠カザフスタン　第1副首相
Mamishzada, Elvin　マミシュザダ, エルビン
㉠アゼルバイジャン　ボクシング選手
Mamizara, Jules　マミザラ, ジュル
㉠マダガスカル　国防相
Mamkegh, Lana　マムケグ, ラナ
㉠ヨルダン　文化相
Mamma, Lemina Mint Kotob Ould　マンマ, ラミーナ・ミント・クトゥブ・ウルド
㉠モーリタニア　農相
Mammadli, Elnur　マムドリ, エルヌル
1988〜　㉠アゼルバイジャン　柔道選手　㊋ママドリ
Mammadov, Aghasi　マメドフ
㉠アゼルバイジャン　ボクシング選手
Mammadov, Fikret　マムドフ, フィクレト
㉠アゼルバイジャン　法相
Mammadov, Teymur　マムドフ, テイムル
㉠アゼルバイジャン　ボクシング選手
Mammadov, Ziya　マムドフ, ジヤ
㉠アゼルバイジャン　運輸相　㊋マメドフ, ジヤ
Mammana, Emanuel　マンマナ, エマヌエル
㉠アルゼンチン　サッカー選手
Mammedova, Gulshat　マンメドワ, グリシャト
㉠トルクメニスタン　副首相　㊋マメドワ, グルシャト / マンメドワ, グルイシャト
Mammen, David　マメン, デヴィット
㉒「復興の創造」富士技術出版, 星雲社（発売）　2012
Mammetgeldyyev, Agageldy　マメトゲルドイエフ, アガゲルドイ
㉠トルクメニスタン　国防相
Mamona, Patricia　マモナ, パトリシア
㉠ポルトガル　陸上選手
Mamou, Jacky　マムー, ジャッキー
㉒「人道援助ってなに？」現代企画室　2003
Mampouya, Hellot Matson　マンプヤ, エロ・マツォン
㉠コンゴ共和国　科学研究相
Mampouya, Michel　マンプヤ, ミシェル
㉠コンゴ共和国　鉱工業・環境相
Mampouya Mantsone, Elo　マンプヤマンツォネ, エロ
㉠コンゴ共和国　科学技術相
Mampouya Matson, Hellot　マンプヤ・マトソン, エロ
㉠コンゴ共和国　漁業・養殖相
Mamukashvili, Shalva　マムカシヴィリ, シャルヴァ
㉠ジョージア　ラグビー選手
Mamun, Margarita　マムン, マルガリタ
㉠ロシア　新体操選手
Mamur Mete, Obote　マムル・メテ, オボテ
㉠南スーダン　国家安全保障相　㊋マムル・メテ, オブトゥ
Mamytbekov, Asylzhan　マムイトベコフ, アシルジャン
㉠カザフスタン　農相
Mamytov, Mitalip　マムイトフ, ミタリプ
㉠キルギス　保健相　㊋マムイトフ, ミリタブ
Man, John　マン, ジョン
1941〜　㉒「写真と地図で愉しむ世界一周夢の旅図鑑」日経ナショナルジオグラフィック社, 日経BP出版センター（発売）　2007
Man, Paul de　マン, ポール・ド
㉒「ロマン主義のレトリック」法政大学出版局　2014
al-**Mana', Mohammed bin Abdulatif bin Abdulrahman**　マナ, モハメド・ビン・アブドラティフ・ビン・アブドルラーマン
㉠カタール　宗教相
Mana'a, Ibrahim　マナア, イブラヒム
㉠エジプト　民間航空相
Manaea, Sean　マネイア, シェーン
㉠アメリカ　野球選手
Manaj, Ramë　マナイ, ラム
㉠コソボ　副首相

Manaj, Rey　マナイ, レイ
　国アルバニア　サッカー選手
Mañalich, Jaime　マニャリチ, ハイメ
　国チリ　保健相　異マニャリク, ハイメ
Manamolela, Pinkie　マナモレラ, ピンキー
　国レソト　保健相
Manana Ela, Cristobal　マナナエラ, クリストバル
　国赤道ギニア　教育・科学・スポーツ相
Manandhar, Mangal Siddhi　マナンダル, マンガル・シッディ
　国ネパール　教育スポーツ相
Manani, Ahmat Rakhis　マナニ, アハマト・ラキ
　国チャド　牧畜・動物資源相
Manani Magaya, Alison　マナニ・マガヤ, アリソン
　国南スーダン　内相
Manantsoa, Victor　マナンツア, ビクトール
　国マダガスカル　暫定統治機関係相
Manany, Rakhis　マナニ, ラキス
　国チャド　畜産相
Manapul, Francis　マナプル, フランシス
　著「フラッシュ：グロッドの脅威」小学館集英社プロダクション 2016
Manara, Cédric　マナラ, セドリック
　著「インターネット関連の国際商標権紛争について」知的財産研究所 2006
Manara, Milo　マナラ, ミロ
　1945～　著「ガリバリアーナ」パイインターナショナル 2013
Manasievski, Jovan　マナシエフスキ, ヨバン
　国マケドニア　国防相
Manassero, Matteo　マナセロ, マテオ
　1993～　国イタリア　プロゴルファー　異マナセロ, マッテオ / マナッセロ, マッテオ
Manaster, Guy J.　マナスター, ジェーン
　著「アドラーの思い出」創元社 2007
Manaudou, Florent　マナドゥ, フローラン
　1990～　国フランス　水泳選手
Manaudou, Laure　マナドゥ, ロール
　1986～　国フランス　元水泳選手　異マナドゥ
Manavi, Shanta　マナビ, シャンタ
　国ネパール　無任所相
Manber, Rachel　マンバー, レイチェル
　著「睡眠障害に対する認知行動療法」風間書房 2015
Manby, Chris　マンビー, クリス
　著「ブラインド・デート大作戦」文芸春秋 2003
Manca, Joseph　マンカ, ジョゼフ
　1956～　著「マンカ, ジョゼフ 著「世界の彫刻1000の偉業」二玄社 2009
Manceron, Gilles　マンスロン, ジル
　1946～　著「ヴィクトル・セガレン伝」水声社 2015
Mancham, James Richard Marie　マンチャム, ジェームズ
　1939～　国イギリス　政治家, 法律家　セーシェル大統領(初代)　異マンチャム, ジェイムズ
Manche, Matthieu　マンシュ, マチュー
　1969～　国フランス　アーティスト
Manchester, William　マンチェスター, ウィリアム
　1922～2004　国アメリカ　伝記作家　ウェズリアン大学名誉教授
Manchon, Blanca　マンチョン
　国スペイン　セーリング選手
Mancill, Tony　マンシル, トニー
　著「Linuxルータの導入とネットワークの設計」ピアソン・エデュケーション 2001
Mancinelli, Antonio　マンチネッリ, アントニオ
　著「FASHION：BOX」青幻舎 2010
Mancini, Fabrizio　マンシーニ, ファブリジオ
　著「カイロプラクティックのプロフェッショナル20人が語る仕事の流儀」科学新聞社出版局 2012
Mancini, Roberto　マンチーニ, ロベルト
　1964～　国イタリア　サッカー監督, 元サッカー選手
Mancini, Trey　マンチーニ, トレイ
　国アメリカ　野球選手
Manco, Tristan　メンコ, トリスタン
　著「ストリート・ロゴ」グラフィック社 2004
Mancusi, Mari　マンクーシ, マリ
　国アメリカ　作家　ヤングアダルト, ロマンス　別名＝マンクーシ, マリアンヌ〈Mancusi, Marianne〉
Mancuso, Gail　マンキューソ, ゲイル
　エミー賞 プライムタイム・エミー賞 最優秀監督賞(コメディシリーズ) (第66回(2014年)) ほか
Mancuso, Julia　マンクーゾ, ジュリア
　1984～　国アメリカ　スキー選手　異マンクーゾ
Mancuso, Stefano　マンクーゾ, ステファノ
　著「植物は〈知性〉をもっている」NHK出版 2015
Mancuso, Thomas J.　マンキュソ, トーマス
　著「小児の麻酔」メディカル・サイエンス・インターナショナル 2011
Mancz, Greg　マンシ, グレッグ
　国アメリカ　アメフト選手
Mandaba, Jean-Michel　マンダバ, ジャンミシェル
　国中央アフリカ　保健・人口・エイズ対策相
Mandal, Badri Prasad　マンダル, バドリ・プラシャド
　国ネパール　副首相兼農業・協同組合相兼地方開発相
Mandal, Shatya Narayan　マンダル, サティヤ・ナラヤン
　国ネパール　青年・スポーツ相
Mandanda, Steve　マンダンダ, スティーヴ
　国フランス　サッカー選手
Mandandi, Godden　マンダンディ, ゴッデン
　国ザンビア　公共事業・供給相
Mande, Bala　マンデ, バラ
　国ナイジェリア　環境相
Mandehatsara, Georget　マンデハツァラ, ジョルジェ
　国マダガスカル　漁業・水産資源相
Mandel, Brett H.　マンデル, ブレット・H.
　著「夢の球場の巡礼者たち」草思社 2003
Mandel, Emily St.John　マンデル, エミリー・セントジョン
　1979～　国カナダ　作家　分文学, SF
Mandel, Gabriel　ハーン, ガブリエル・マンデル
　著「「図説」アラビア文字事典」創元社 2004
Mandel, Michael J.　マンデル, マイケル・J.
　著「インターネット不況」東洋経済新報社 2001
Mandela, Nelson Rolihlahla　マンデラ, ネルソン
　1918～2013　国南アフリカ　政治家, 黒人解放運動指導者　南アフリカ大統領, アフリカ民族会議(ANC)議長
Mandelbaum, Alexandra　マンデルボウム, アレクサンドラ
　著「グリーン・バリュー経営への大転換」NTT出版 2013
Mandelbaum, Lily　マンデルバウム, リリー
　著「スタイルライクユー」グラフィック社 2012
Mandelbaum, Michael　マンデルバウム, マイケル
　著「かつての超大国アメリカ」日本経済新聞出版社 2012
Mandelbaum, W.Adam　マンデルバウム, W.アダム
　著「戦争とオカルトの歴史」原書房 2005
Mandelbaum, Yitta Halberstam　ハルバースタム, イタ
　著「スモールミラクル」バベルプレス 2011
Mandelbrot, Benoît B.　マンデルブロ, ブノワ
　1924～2010　国アメリカ　数学者, 科学者　エール大学名誉教授
　分フラクタル幾何学　異マンデルブロー, ベノワ / マンデルブロート
Mandelker, Scott　マンデルカー, スコット
　著「宇宙人の魂をもつ人々」徳間書店 2008
Mandell, Muriel　マンデル, ミュリエル
　著「たのしい科学実験365日」飛鳥新社 2010
Mandell, Sibyl　マンデル, シビル
　著「アドラーの思い出」創元社 2007
Mandelli, Mariuccia　マンデリ, マリウッチャ
　1925～2015　国イタリア　ファッションデザイナー　クリツィア創業者　異マンデッリ, マリア / マンデッリ, マリウッチア / マンデリ, マリウッチア
Lord Mandelson　マンデルソン卿
　国イギリス　民間企業・規制改革担当相
Mandelson, Peter Benjamin　マンデルソン, ピーター・ベンジャミン
　1953～　国イギリス　政治家　英国筆頭国務相, 英国枢密院議長
Mander, Jerry　マンダー, ジェリー
　著「ポストグローバル社会の可能性」緑風出版 2006
Mandi, Aissa　マンディ, アイサ
　国アルジェリア　サッカー選手
Mandia, Kevin　マンディア, ケビン
　国アメリカ　実業家　ファイア・アイCOO　マンディアント(現・ファイア・アイ)創業者・CEO　分コンピューター法科学
Mandić, Milica　マンディッチ, ミリカ
　1991～　国セルビア　テコンドー選手　異マンディチ, ミリカ
Mandigui, Yokabdjim　マンディギ, ヨカブジム
　国チャド　国民教育相
Mandinga, Victor Luís Pinto Fernandes　マンディンガ, ビ

トル・ルイス・ピント・フェルナンデス
　国ギニアビサウ　商業・起業促進相　関マンディンガ, ビクトル
Mandisa　マンディーサ
　国アメリカ　グラミー賞 最優秀コンテンポラリー・クリスチャン・ミュージック楽曲（2013年（第56回））ほか
Mandiwanzira, Supa　マンディワンジラ, スーパ
　国ジンバブエ　情報通信技術・郵便・国際宅配サービス相
Mandjo, Yérima Youssoufa　マンジョ, イェリマ・ユスファ
　国中央アフリカ　畜産・動物健康相
Mandjukov, Petko　マンジュコヴ, ペツコ
　著「第二次大戦のスロヴァキアとブルガリアのエース」大日本絵画　2005
Mandl, Franz　マンドル, F.
　1923〜　著「場の量子論」丸善プラネット, 丸善出版（発売）2011
Mandlate, Tomas　マンドラーテ, トマス
　国モザンビーク　農相
Mandragora, Rolando　マンドラゴラ, ロランド
　国イタリア　サッカー選手
Mandzukic, Mario　マンジュキッチ, マリオ
　国クロアチア　サッカー選手
Mane, Abdú　マネ, アブドゥ
　国ギニアビサウ　漁業・海洋経済相
Mané, Malam　マネ, マラム
　国ギニアビサウ　農業・漁業相
Mane, Sadio　マネ, サディオ
　国セネガル　サッカー選手
Mane, Sherrill　メイン, S.
　著「リーディングス政治コミュニケーション」一芸社　2002
Maneepong, Jongjit　マネポン
　国タイ　バドミントン選手
Maneka, Samson　マネカ, サムソン
　国ソロモン諸島　国家統一・和解・平和相
Manekshaw, Sam Hormuzji Framji Jamshedji　マネクショウ, S.H.F.
　1914〜2008　国インド　軍人　インド陸軍参謀総長・陸軍元帥
Maneniaru, John　マネニアル, ジョン
　国ソロモン諸島　漁業・海洋資源相
Manepora'a, Andrew　マネポラ, アンドリュー
　国ソロモン諸島　国土相
Manes, Chridtopher　メインズ, クリストファー
　著「動物工場」緑風出版　2016
Manes, Stephen　メインズ, スティーヴン
　著「帝王ビル・ゲイツの誕生」中央公論新社　2001
Manetoali, Samuel　マネトアリ, サミュエル
　国ソロモン諸島　環境・気候変動・気象・防災相
Maneva, Evdokiya　マネワ, エブドキヤ
　国ブルガリア　環境・水利相
Maneva, Milka　マネバ
　国ブルガリア　重量挙げ選手
Manevski, Mihajlo　マネフスキ, ミハイロ
　国マケドニア　法相
Maney, Kevin　メイニー, ケビン
　1960〜　著「予測力」朝日新聞出版　2012
Maneza, Maiya　マネザ, マイヤ
　1985〜　国カザフスタン　重量挙げ選手　漢字名＝姚麗（ヤオ・リー）
Manferto, Valeria　マンフェルト・デ・ファビアニス, ヴァレリア
　著「野生動物」日経ナショナルジオグラフィック社, 日経BP出版センター（発売）　2007
Manfoumbi, Yves Fernand　マンフンビ, イブ・フェルナン
　国ガボン　農業・畜産相
Manfred, Rob　マンフレッド, ロブ
　1958〜　国アメリカ　法律家　大リーグ機構（MLB）コミッショナー　本名＝Manfred, Robert D.Jr.
Manfredi, John Frederick　マンフレーディ, ジョン
　1940〜　著「大事なことだけ、ちゃんとやれ！」日本経済新聞出版社　2009
Manfredi, Matt　マンフレディ, マット
　著「イーオン・フラックス」竹書房　2006
Manfredi, Nino　マンフレディ, ニーノ
　1921〜2004　国イタリア　俳優　本名＝Manfredi, Saturnino
Manfredi, Valerio Massimo　マンフレディ, ヴァレリオ・マッシモ
　1943〜　国イタリア　考古学者, 作家　ボッコーニ大学教授　著「古代地誌学」関マンフレディ, ヴァレリオ

Manfrédo, Stéphane　マンフレド, ステファンヌ
　著「フランス流SF入門」幻冬舎ルネッサンス　2012
Mang, Paul Y.　マン, ポール・Y.
　著「マッキンゼー組織の進化」ダイヤモンド社　2003
Mangabeira, Gabriel　マンガベイラ
　国ブラジル　競泳選手
Mangal, Mohammad Gulab　マンガル, モハマド・ゴラブ
　国アフガニスタン　国境・部族相
Mangala, Eliaquim　マンガラ, エリアカン
　国フランス　サッカー選手
Mangan, Anne　マンガン, アン
　著「クリスマスくまくん」学習研究社　2003
Mangano, Joseph J.　マンガーノ, ジョセフ・ジェームズ
　1956〜　著「原発閉鎖が子どもを救う」緑風出版　2012
Mangano, Sal　マンガーノ, サール
　著「Mathematicaクックブック」オライリー・ジャパン, オーム社（発売）　2011
Mangelsdorff, Albert　マンゲルスドルフ, アルベルト
　1928〜2005　国ドイツ　ジャズ・トロンボーン奏者　関マンゲルスドルフ, アルバート
Mangena, Mosibudi　マンゲナ, モシブディ
　国南アフリカ　科学技術相
Mangenz, Richard Muyej　マンゲンス, リシャール・ムエジ
　国コンゴ民主共和国　議会関係相
Mangeot, Sylvain　マンジョ, シルヴァン
　1913〜　著「革命中国からの逃走」柏植書房新社　2007
Mangiacapre, Vincenzo　マンジャカプレ, ビンチェンツォ
　国イタリア　ボクシング選手　関マンジャカプレ
Mangiarotti, Angelo　マンジャロッティ, アンジェロ
　1921〜　著「アンジェロ・マンジャロッティ」TOTO出版　2004
Mangindaan, E.E.　マンギンダアン, E.E.
　国インドネシア　運輸相
Mangione, Salvatore　マンジョーネ, サルバトーレ
　1954〜　著「身体診察シークレット」メディカル・サイエンス・インターナショナル　2009
Mango, Nicholas　マンゴー, ニコラス
　著「プロ・トレーダー」日経BP社, 日経BPマーケティング（発売）　2016
Mango, Spenser　マンゴー
　国アメリカ　レスリング選手
Mangold, James　マンゴールド, ジェイムズ
　関マンゴールド, ジェームズ　著「ニューヨークの恋人」竹書房　2002
Mangold, Nick　マンゴールド, ニック
　国アメリカ　アメフト選手
Mangoma, Elton　マンゴマ, エルトン
　国ジンバブエ　エネルギー・電力開発相
Mangova, Plamena　マンゴヴァ, プラメナ
　国ブルガリア　エリザベート王妃国際コンクール ピアノ 第2位（2007年）
Mangueira, Augusto Archer de Sousa　マンゲイラ, アウグスト・アルシェル・デ・ソウザ
　国アンゴラ　財務相
Mangueira, Rui Jorge Carneiro　マンゲイラ, ルイ・ジョルジ・カルネイロ
　国アンゴラ　法務・人権相
Manguel, Alberto　マングェル, アルベルト
　1948〜　国カナダ　作家, 批評家　関マンゲル, アルベルト
Manguele, Alexandre　マンゲーレ, アレシャンドレ
　国モザンビーク　保健相
Mangueobama Nfubea, Ricardo　マンゲオバマヌフベア, リカルド
　国赤道ギニア　首相　関マンゲ・オバマ・ヌフベ, リカルド／マンゲ・オバマ・ヌフベア, リカルド
Mangulama, Leonard　マングラマ, レオナード
　国マラウイ　農業水利相
Mangwana, Paul　マングワナ, ポール
　国ジンバブエ　現地化・権限拡大担当相
Mangwende, Witness　マングウェンデ, ウィットネス
　国ジンバブエ　運輸通信相
Manhart, Cole　マンハート, コール
　国アメリカ　アメフト選手
Manhenje, Almerino　マニエンジ, アルメリノ
　国モザンビーク　内相兼大統領府国防・治安担当相
Manhertz, Chris　マンハーツ, クリス
　国アメリカ　アメフト選手
Mani, Abdou　マニ, アブドゥ

Mani, Inderjeet　マニ, インダージート
　国ニジェール　郵政・通信・情報新技術相
　著「動きを理解するコンピュータ」日本評論社　2014
Maniacci, Michael　マニアッチ, ミカエル・P.
　著「現代に生きるアドラー心理学」一光社　2006
Maniani, Mirela　マニアニ, ミレラ
　国ギリシャ　陸上選手
Manibe Ngai, Kosti　マニベ・ヌガイ, コスティ
　国南スーダン　財務・経済計画相
Manichand, Priya　マニチャンド, プリア
　国ガイアナ　社会福祉・社会保障相
Manici, Andrea　マニーチ, アンドレア
　国イタリア　ラグビー選手
Manicka, Rani　マニカ, ラニ
　著「ライスマザー」アーティストハウスパブリッシャーズ, 角川書店(発売)　2004
Manickchand, Priya　マニクチャンド, プリア
　国ガイアナ　教育相
Manificat, Maurice　マニフィカ
　国フランス　クロスカントリースキー選手
Manigat, Charles　マニガ, シャルル
　国ハイチ共和国　在外ハイチ人相
Manigat, Leslie François　マニガ, レスリー
　1930～2014　国ハイチ共和国　政治家　ハイチ大統領
Manigat, Mirlande H.　マニガ, ミランド
　1940～　国ハイチ共和国　政治学者, 政治家　ハイチ上院議員
Manigat, Nesmy　マニガ, ネスミー
　国ハイチ共和国　国民教育・職業訓練相
Manikas, Stefanos　マニカス, ステファノス
　国ギリシャ　首相府相
Maniku, Ibrahim Hussain　マニク, イブラヒム・フサイン
　国モルディブ　青年・スポーツ相　愛マニク, イブラヒム
Manilow, Barry　マニロウ, バリー
　1946～　国アメリカ　歌手
Manin, Yuri Ivanovich　マニン, ユリ・イヴァノヴィッチ
　著「数学の最先端21世紀への挑戦」シュプリンガー・フェアラーク東京　2004
Maniourova, Gouzel　マニウロワ
　国ロシア　レスリング選手
Manirakiza, Côme　マニラキザ, コム
　国ブルンジ　エネルギー・鉱物相
Manirakiza, Tabu Abdallah　マニラキザ, タブ・アブダラ
　国ブルンジ　財務・予算・民営化相
Manitakis, Antonios　マニタキス, アンドニオス
　国ギリシャ　行政改革・電子政府相
Manitas de Plata　マニタス・デ・プラタ
　1921～2014　国フランス　フラメンコ・ギタリスト　本名＝バリアルド, リカルド〈Baliardo, Ricardo〉
al-Maniu, Hamad bin Abdullah　マニウ, ハマド・ビン・アブドラ
　国サウジアラビア　保健相
Manjani, Ylli　マンヤニ, イリ
　国アルバニア　法相
Manjarrez Bastidas, Itzel Adilene　マンハレス, イツェル
　国メキシコ　テコンドー選手
Manjian, Panos　マンジヤン, パノス
　国レバノン　国務相
Manju, Anwar Hossain　マンジュ, アンワル・ホセイン
　国バングラデシュ　通信相
Mankad, Mehul V.　マンカッド, メュール・V.
　著「パルス波ECTハンドブック」医学書院　2012
Mankell, Henning　マンケル, ヘニング
　1948～2015　国スウェーデン　推理作家, 舞台演出家
Mankiev, Nazyr　マンキエフ
　国ロシア　レスリング選手
Mankiewicz, Richard　マンキェヴィチ, リチャード
　著「図説世界の数学の歴史」東洋書林　2002
Mankiewicz, Tom　マンキーウィッツ, トム
　1942～2010　国アメリカ　脚本家, 映画監督
Mankiw, N.Gregory　マンキュー, N.グレゴリー
　1958～　国アメリカ　経済学者　ハーバード大学経済学部教授　米国大統領経済諮問委員会(CEA)委員長　愛マクロ経済学
Manktelow, K.I.　マンクテロウ, ケン
　1952～　著「思考と推論」北大路書房　2015
Manley, Bill　マンレイ, ビル
　著「ビジュアル版 世界の歴史都市」柊風舎 2016
Manley, John　マンリー, ジョン
　1950～　国カナダ　政治家　カナダ副首相, カナダ財務相　愛マンレー, ジョン
Manley, Lissa　マンリー, リサ
　著「エンジェルに夢中」ハーレクイン　2005
Manley, Melanie　マンリー, メラニー
　著「エビデンスに基づく高齢者の作業療法」ガイアブックス　2014
Manly, Steven L.　マンリー, スティーブン
　物理学者　ロチェスター大学教授　愛マンリー, スティーヴン・L.
Mann, Abby　マン, アビー
　1927～2008　国アメリカ　脚本家, プロデューサー
Mann, Aimee　マン, エイミー
　1960～　国アメリカ　シンガー・ソングライター
Mann, Antony　マン, アントニー
　国オーストラリア　作家　愛ミステリー
Mann, Bethany　マン, ベサニー
　著「図解!! やりかた大百科for KIDS」パイインターナショナル 2014
Mann, Catherine　マン, キャサリン
　著「見知らぬ夫に恋をして」ハーパーコリンズ・ジャパン　2016
Mann, Charles C.　マン, チャールズ・C.
　著「1493」紀伊國屋書店　2016
Mann, Chris　マン, クリス
　著「装甲擲弾兵の戦闘技術」リイド社　2007
Mann, Craig　マン, クレイグ
　アカデミー賞 音響賞(第87回(2014年))　"Whiplash"
Mann, David　マン, デイビッド
　著「インサイドMicrosoft SharePoint 2010」日経BP社, 日経BPマーケティング(発売)　2012
Mann, Delbert　マン, デルバート
　1920～2007　国アメリカ　映画監督　本名＝マン, デルバート・マーティン〈Mann, Delbert Martin (Jr.)〉
Mann, Elise　マン, エリーゼ
　著「75の飾り結び」スタジオタッククリエイティブ　2012
Mann, George　マン, ジョージ
　1978～　著「シャーロック・ホームズとヴィクトリア朝の怪人たち」扶桑社　2015
Mann, Gurinder Singh　マン, グリンダル・シン
　著「シク教」春秋社　2007
Mann, Heinrich　マン, ハインリヒ
　著「ウンラート教授」松籟社　2007
Mann, Herbie　マン, ハービー
　1930～2003　国アメリカ　ジャズフルート奏者, 作曲家　本名＝Solomon, Herbert Jay
Mann, Holly　マン, ホーリー
　著「いろ」岩崎書店　2004
Mann, J.　マン, ジョン
　著「特効薬はこうして生まれた」青土社　2002
Mann, Jim　マン, ジェームズ
　1946～　著「危険な幻想」PHP研究所　2007
Mann, John David　マン, ジョン・デイビッド
　著「あたえる人があたえられる」海と月社　2014
Mann, Joy Hewitt　マン, ジョイ・ヒューイット
　著「空っぽのくつした」光文社　2002
Mann, Michael　マン, マイケル
　1943～　国アメリカ　映画プロデューサー, 映画監督, 脚本家, テレビディレクター　本名＝Mann, Michael K.
Mann, Michael　マン, マイケル
　1942～　「ソーシャルパワー：社会的な〈力〉の世界歴史」NTT出版　2005
Mann, Michael E.　マン, マイケル・E.
　1965～　国アメリカ　気象学者　ペンシルベニア州立大学教授　愛古気候学
Mann, Nick　マン, ニック
　著「世界で一番美しい分子図鑑」創元社　2015
Mann, Ruth E.　マン, ルース・E.
　著「性犯罪者の治療と処遇」日本評論社　2010
Mann, Susan　マン, スーザン
　1943～　著「性からよむ中国史」平凡社　2015
Mann, Ted　マン, テッド
　?～2001　国アメリカ　映画プロデューサー　マンズ・チャイニーズ・シアター経営者
Mann, William　マン, ウィリアム
　アメリカ探偵作家クラブ賞 犯罪実話賞(2015年)　"Tinseltown: Murder, Morphine, and Madness at the Dawn of Hollywood"

Manna, Giovanni　マンナ, ジョヴァンニ
　1966〜　㊞「クリスマスってなあに？」いのちのことば社フォレストブックス 2004
Mannan, M.A.　マナン, M.A.
　㊞バングラデシュ　労働・人材相
Mannany, Ahmat Rakhis　マナニ, アハマト・ラキ
　㊞チャド　牧畜相
Mannarino, Anthony P.　マナリノ, アンソニー・P.
　㊞マナリノ, アンソニー P.　㊞「子どものためのトラウマフォーカスト認知行動療法」岩崎学術出版社 2015
Mannell, Roger C.　マンネル, ロジャー・C.
　㊞「レジャーの社会心理学」世界思想社 2004
Mannes, Elena　マネス, エレナ
　㊞「音楽と人間と宇宙」ヤマハミュージックメディア 2012
Mannheimer, Max　マンハイマー, マックス
　1920〜　㊞「アウシュヴィッツでおきたこと」角川学芸出版, 角川グループパブリッシング（発売） 2009
Manniche, Lise　マニケ, リーセ
　㊞「古代エジプトの性」法政大学出版局 2009
Mannina, Calogero　マンニーナ, カロジェロ
　1935〜2014　㊞イタリア　靴職人
Manninen, Hannes　マンニネン, ハンネス
　㊞フィンランド　自治問題相
Manninen, Hannu　マンニネン, ハンヌ
　1978〜　㊞フィンランド　元スキー選手　㊞マンニネン
Manning, Drew　マニング, ドリュー
　㊞「スーパー・ファット⇄ダイエット計画」講談社 2013
Manning, Eli　マニング, イーライ
　1981〜　㊞アメリカ　アメフト選手
Manning, Frankie　マニング, フランキー
　1914〜2009　㊞「FRANKIE MANNING」幻冬舎ルネッサンス 2012
Manning, Greg　マニング, グレッグ
　㊞「9月11日からのラブレター」マガジンハウス 2002
Manning, Hazel　マニング, ヘイゼル
　㊞トリニダード・トバゴ　地方自治相
Manning, Jackie　マニング, ジャッキー
　㊞「じゃじゃ馬と公爵」ハーレクイン 2007
Manning, Janice　マニング, ジャニス
　㊞「惑星X（ニビル）が戻ってくる」徳間書店 2009
Manning, John T.　マニング, ジョン
　1942〜　㊞「二本指の法則」早川書房 2008
Manning, Matthew K.　マニング, マシュー・K.
　㊞「ベスト・オブ・デッドプール」洋泉社 2016
Manning, Maureen A.　マニング, M.A.
　㊞「子どものしつけと自律」風間書房 2005
Manning, Mick　マニング, ミック
　1959〜　㊞「ダーウィンが見たもの」福音館書店 2014
Manning, Molly Guptill　マニング, モリー・グプティル
　1980〜　㊞「戦地の図書館」東京創元社 2016
Manning, Nick　マニング, ニック
　㊞「社会政策の国際的展開」晃洋書房 2003
Manning, Patrick　マニング, パトリック
　1946〜　㊞トリニダード・トバゴ　政治家　トリニダード・トバゴ首相　本名＝Manning, Patrick Augustus Mervyn
Manning, Patrick　マニング, パトリック
　1941〜　㊞「世界史をナビゲートする」彩流社 2016
Manning, Peyton Williams　マニング, ペイトン
　1976〜　㊞アメリカ　アメフト選手
Manning, Phillip Lars　マニング, フィリップ・ラーズ
　1967〜　㊞「発見！恐竜のミイラ」日経ナショナルジオグラフィック社, 日経BP出版センター（発売） 2008
Manning, Richard　マニング, リチャード
　1951〜　㊞「GO WILD野生の体を取り戻せ！」NHK出版 2014
Manning, Robert A.　マニング, ロバート・A.
　㊞「アメリカと北朝鮮」朝日新聞社 2003
Manning, Shari Y.　マニング, シャーリ・Y.
　㊞「境界性パーソナリティ障害をもつ人と良い関係を築くコツ」星和書店 2014
Manninger, Alex　マニンガー, アレックス
　㊞オーストリア　サッカー選手
Manningham-buller, Eliza　マニンガム＝ブラー, イライザ
　㊞イギリス　ウェルカム・トラスト理事長
Mannino, Franco　マンニーノ, フランコ
　1924〜2005　㊞イタリア　作曲家, 指揮者, ピアニスト
Mannion, Sean　マニオン, ショーン
　㊞アメリカ　アメフト選手
Manno, Bruno V.　マンノ, ブルーノ・V.
　1947〜　㊞「チャータースクールの胎動」青木書店 2001
Mannock, John　マノック, ジョン
　㊞アメリカ　作家　㊞スリラー
Mannone, Vito　マンノーネ, ヴィト
　㊞イタリア　サッカー選手
Mannoni, Gérard　マノニ, ジェラール
　1939〜　㊞「オーレリ・デュポン」新書館 2015
Manns, Mary Lynn　マンズ, マリリン
　1955〜　㊞「アジャイルに効くアイデアを組織に広めるための48のパターン」丸善出版 2014
Manns, William　マンズ, ウィリアム
　㊞「カウボーイ」ワールドフォトプレス 2001
Mannucci, Umberto　マンヌッチ, ウンベルト
　㊞「糸をたぐると」立教大学ビジネスクリエーター創出センター 2013
Manoa, Samu　マノア, サム
　㊞アメリカ　ラグビー選手
Manocchia, Pat　マノッキア, パット
　㊞「運動解剖学で図解する筋力トレーニングパーフェクトマニュアル」悠書館 2008
Manolas, Kostas　マノラス, コスタス
　㊞ギリシャ　サッカー選手
Manoli, Mihai　マノリ, ミハイ
　㊞モルドバ　蔵相
Manoochehri, Michael　マヌーチェッリ, マイケル
　㊞「ビッグデータテクノロジー完全ガイド」マイナビ 2014
Manoriky, Sylvain　マノリキ, シルバン
　㊞マダガスカル　漁業・水産資源相
Manoro, Régis　マヌル, レジス
　㊞マダガスカル　国民教育相
Manorohanta, Cecile　マノロハンタ, セシル
　㊞マダガスカル　国防相
Manotti, Dominique　マノッティ, ドミニク
　英国推理作家協会賞 インターナショナル・ダガー（2008年）"Lorraine Connection"
Manoukian, Don　マノキャン, ドン
　1934〜2014　㊞アメリカ　プロレスラー, アメフト選手
Manovich, Lev　マノヴィッチ, レフ
　1960〜　㊞「ニューメディアの言語」みすず書房 2013
Manquillo, Javier　マンキージョ, ハビエル
　㊞スペイン　サッカー選手
Manrique, Jaime　マンリケ, ハイメ
　1949〜　㊞「優男たち」青土社 2006
Manrique, Juan　マンリケ, フアン
　㊞エクアドル　内務・警察相
Mans, Elizabeth　マンス, エリザベス
　㊞シエラレオネ　水産業・海洋資源相
Mansaray, Minkailu　マンサレー, ミンカイル
　㊞シエラレオネ　鉱物資源相　㊞マンサライ, ミンカイル／マンセリ, ミンカイル
Mansbach, Adam　マンズバック, アダム
　1976〜　㊞「とっととおやすみ」辰巳出版 2011
Manseau Sanceda, James　マンソー・ソーセダ, ジェームズ
　㊞「メモリーズ・オブ・ジョン」イースト・プレス 2006
Mansel, Philip　マンセル, フィリップ
　㊞「ビジュアル版 世界の歴史都市」柊風舎 2016
Mansell, Dom　マンセル, ドム
　1961〜　㊞「わたしのくまちゃん」童話館出版 2012
Mansell Castrillo, Salvador　マンセル・カストリジョ, サルバドル
　㊞ニカラグア　エネルギー・鉱物資源相
Manseur, Nadjim　マンスール
　㊞アルジェリア　陸上選手
Mansfield, Andy　マンスフィールド, アンディ
　㊞「まるまるみっけ」ひさかたチャイルド 2016
Mansfield, Michael Joseph　マンスフィールド, マイケル
　1903〜2001　㊞アメリカ　政治家, 外交官　駐日米国大使, 米国民主党上院内総務　㊞マンスフィールド, マイク
Mansfield, Peter　マンスフィールド, ピーター
　1933〜　㊞イギリス　物理学者　ノッティンガム大学名誉教授
Mansfield, Stephen　マンスフィールド, スティーヴン
　1958〜　㊞「ギネスの哲学」英治出版 2012
Mansilla, Claudio　マンシジャ, クラウディオ
　㊞ボリビア　貿易・投資相
Mansilla Fernández, Williams　マンシジャ・フェルナンデス,

ウィリアムス
　国グアテマラ　国防相
Mansiz, Ilhan　マンスズ,イルハン
　1975〜　国トルコ　フィギュアスケート選手,元サッカー選手
　別マンシズ,イルハン
Manski, Samuil　マンスキー,サミュイル
　1920〜2011　国アメリカ　杉原千畝駐リトアニア領事代理の"命のビザ"受給者　別マンスキー,サムイル
Manson, Ainslie　マンソン,エインズリー
　著「車いすで世界一周」汐文社　2013
Manson, Cynthia　マンソン,シンシア
　著「本の殺人事件簿」バベル・プレス　2001
Manson, Leigh　マンソン,リー
　著「ワールドクラス・トレーニング・バイブル」講談社　2010
Manson, Marilyn　マンソン,マリリン
　1969〜　国アメリカ　ロック歌手
Manson, Robert　マンソン,ロバート
　国ニュージーランド　ボート選手
Manson, Shirley　マンソン,シャーリー
　1966〜　国イギリス　ロック歌手,ギタリスト
Mansoor, Edmond　マンスール,エドモンド
　国アンティグア・バーブーダ　情報相
Mansoori, Deyarullah　マンスーリ,デヤルッラ
　国アフガニスタン　地方開発相
Mansot, Frédéric　マンソ,フレデリック
　1967〜　著「フランシスさん,森をえがく」くもん出版　2014
Mansour, Abdessalem　マンスール,アブデサレム
　国チュニジア　農業・水資源相
Mansour, Adly　マンスール,アドリー
　1945〜　国エジプト　政治家,法律家　エジプト暫定大統領,エジプト最高憲法裁判所副長官　別マンスール,アドリ
Mansour, Adnan　マンスール,アドナン
　国レバノン　外務・移民相
Mansour, Ahmad　マンスール,アフマド
　1976〜　著「アラー世代」晶文社　2016
Mansour, Akhtar Mohammad　マンスール,アフタル・ムハンマド
　1965頃〜2016　タリバン最高指導者　別マンスール,アクタル・モハンマド／マンスール,アフタール・モハンマド／マンスール,アフタール・ムハンマド／マンスール・シャー・モハンメド,アフタール・モハンマド
Mansour, Albert　マンスール,アルベルト
　国レバノン　国務相
Mansour, bin Mutuib　マンスール・ビン・ムトイブ
　国サウジアラビア　国務相兼国王顧問　別マンスール・ビン・ムトイブ・ビン・アブドルアジズ
Mansour, bin Zayed al-Nahyan　マンスール・ビン・ザイド・ナハヤン
　国アラブ首長国連邦　副首相兼大統領官房相
al-Mansour, Haifaa　アル・マンスール,ハイファ
　1974〜　国サウジアラビア　映画監督
Mansour, Muhammad Loutfy　マンスール,ムハンマド・ルートフィ
　国エジプト　運輸相
Mansour, Omar　マンスール,オマル
　国チュニジア　司法相
al-Mansouri, Abubaker Mabrouk　マンスーリ,アブバクル・マブルーク
　国リビア　農業・畜産・水産書記(農水相)
Mansouri, Mustapha　マンスーリ,ムスタファ
　国モロッコ　雇用・職業訓練相
al-Mansouri, Sultan bin Saeed　マンスーリ,スルタン・ビン・サイード
　国アラブ首長国連邦　経済相
Mansur, Abd al-Malik　マンスル,アブドルマリク
　国イエメン　文化・観光相
Mansur, Abdol Latif　マンスール,アブドル・ラティフ
　国アフガニスタン　農業・動物管理相
Mansur, Akhtar Mohammad　マンスール,アクタル・モハンマド
　国アフガニスタン　航空・観光相
Mansur, Yusuf　マンスール,ユースフ
　国ヨルダン　経済担当相
al-Mansuri, Ahmad bin Khalifa Busherbak　アル・マンスーリ,アハマド・ビン・ハリファ・ブシェルバク
　国カタール　教育相
Mansurov, Dilshod　マンスロフ
　国ウズベキスタン　レスリング選手
Mansurov, Farid　マンスロフ
　国アゼルバイジャン　レスリング選手
Mantchev, Lisa　マンチェフ,リサ
　著「ゾウはおことわり!」徳間書店　2016
Mante, Enid　マンテ,エニッド
　著「絶え間なき交信の時代」NTT出版　2003
Mantega, Guido　マンテガ,ギド
　国ブラジル　財務相
Mantegazza, Giovanna　マンテガッツァ,ジョヴァンナ
　著「タルタ・ルギーナのおうちはどこ?」ワールドライブラリー　2015
Mantel, Gerhard　マンテル,ゲルハルト
　1930〜　著「楽譜を読むチカラ」音楽之友社　2011
Mantel, Hilary　マンテル,ヒラリー
　1952〜　国イギリス　作家　本名=Mantel, Hilary Mary
Mantell, Paul　マンテル,ポール
　著「伝説のメジャーリーガー デレク・ジーター」岩崎書店　2015
Manthe, Ulrich　マンテ,ウルリッヒ
　1947〜　著「ローマ法の歴史」ミネルヴァ書房　2008
al-Mantheri, Yahya bin Mahfoodh　アル・マンセリ,ヤハヤ・ビン・マハフード
　国オマーン　高等教育相　別アル・マンシリ,ヤヒヤ・ビン・マハフズ
Manthey, Marie　マンシー,マリー
　著「実践プライマリ・ナーシング」エルゼビア・ジャパン　2004
Mantila, Jari　マンティラ
　国フィンランド　ノルディック複合選手
Mantilla, Felipe　マンティジャ,フェリペ
　国エクアドル　労働相
Mantilla, Jesús　マンティジャ,ヘスス
　国ベネズエラ　保健・社会開発相
Mantis, Panagiotis　マンティス,パナギオティス
　国ギリシャ　セーリング選手
Mantle, Anthony Dod　マントル,アンソニー・ドッド
　アカデミー賞 撮影賞(第81回(2008年))　"Slumdog Millionaire"
Mantle, Ben　マントル,ベン
　著「くねくねふわふわもーじゃもじゃこれなあに?」大日本絵画　2011
Mantley, John　マントリー,ジョン
　1920〜2003　国アメリカ　テレビ・映画製作者
Mantlo, Bill　マントロ,ビル
　著「ガーディアンズ・オブ・ギャラクシー:プレリュード」小学館集英社プロダクション　2014
Manton, Steve　マントン,スティーブ
　著「統合化された知的資産マネジメント」発明協会　2007
Mantovani, Martin　マントバーニ,マルティン
　国アルゼンチン　サッカー選手
Mantsios, Gregory　マンツィオス,グレゴリー
　著「新世紀の労働運動」緑風出版　2001
Manturov, Denis V.　マントゥロフ,デニス・V.
　国ロシア　産業貿易相
Mäntylä, Hanna　マンテュラ,ハンナ
　国フィンランド　社会保健相
Manualesagalala, Enokati Posala　マヌアレサガララ・エノカティ・ポサラ
　国サモア　運輸・社会基盤相
Manu Attri　マヌ・アットリ
　国インド　バドミントン選手
Manu Barreiro　マヌ・バレイロ
　国スペイン　サッカー選手
Mánu Chao　マヌ・チャオ
　1961〜　国フランス　ミュージシャン　本名=Chao, José-Manuel Thomas Arthur　別マヌー・チャオ
Manuel, Armando　マヌエル,アルマンド
　国アンゴラ　財務相
Manuel, Charlie　マニエル,チャーリー
　1944〜　国アメリカ　大リーグ監督,野球選手,元プロ野球選手　別称=マニエル,チャック〈Manuel, Chuck〉　別マニュエル,チャーリー
Manuel, EJ.　マニュエル,EJ.
　国アメリカ　アメフト選手
Manuel, Frank E.　マニュエル,フランク・エドワード
　著「ニュートンの宗教」法政大学出版局　2007
Manuel, Simone　マニュエル,シモーン
　国アメリカ　水泳選手

Manuel, Trevor Andrew　マニュエル, トレバー・アンドリュー
　国南アフリカ　大統領府相（国家計画委員会委員長）　異マニュエル, トレバー
Manuella, Satini　マニュエラ, サティニ
　国ツバル　保健相
Manuel Vila Nova, Carlos　マニュエル・ビラ・ノバ, カルロス
　国サントメ・プリンシペ　インフラ・天然資源・環境相
Manu Garcia, Alonso　マヌ・ガルシア・アロンソ
　国スペイン　サッカー選手
Manu Garcia, Sanchez　マヌ・ガルシア・サンチェス
　国スペイン　サッカー選手
Manu Herrera　マヌ・エレーラ
　国スペイン　サッカー選手
Manuila, Alexandre　マヌイラ, A.
　著「医学生物学大辞典」朝倉書店　2001
Manukian, Andranik　マヌキャン, アンドラニク
　国アルメニア　運輸・通信相
Manukyan, Ashot　マヌキャン, アショト
　国アルメニア　エネルギー・天然資源相
Manukyan, Hovhannes　マヌキャン, オバネス
　国アルメニア　法相
Manukyan, Maksim　マヌキャン, マクシム
　国アルメニア　レスリング選手
Manukyan, Mkhitar　マヌキャン
　国カザフスタン　レスリング選手
Manus, Boonjumnong　マヌト
　国タイ　ボクシング選手
Manu Trigueros　マヌ・トリゲロス
　国スペイン　サッカー選手
Manville, Brook　マンビル, ブルック
　1950〜　著「ジャッジメントコール」日経BP社, 日経BPマーケティング（発売）　2013
Manville, Lesley　マンヴィル, レスリー
　ローレンス・オリヴィエ賞 プレイ 女優賞（2014年（第38回））"Ghosts"
Manwani, Harish　マンワニ, ハリッシュ
　著「マーケティングのジレンマ」ダイヤモンド社　2004
Manyang Juuk, Kuol　マニャン・ジュック, クオル
　国南スーダン　国防・退役軍人相　異ジュック, クオル・マニャン
Manyika, Elliot　マニカ, エリオット
　国ジンバブエ　青年育成・雇用創出相
Manyonga, Luvo　マニョンガ, ルボ
　国南アフリカ　陸上選手
Manyurova, Guzel　マニュロワ, グゼル
　国カザフスタン　レスリング選手　異マニュロワ
Manz, Charles C.　マンツ, チャールズ・C.
　著「くじけない力を養う27の法則」主婦の友社　2004
Manz, Daniel　マンツ
　国ドイツ　テコンドー選手
Manzanilla, Hector　マンサニリャ
　国ベネズエラ　ボクシング選手
Manzano, Leonel　マンザノ
　国アメリカ　陸上選手
Manzarek, Ray　マンザレク, レイ
　1939〜2013　国アメリカ　ミュージシャン　本名=マンザレク, レイモンド・ダニエル〈Manzarek, Raymond Daniel〉　異マンザレック, レイ
Manzenreiter, Sonja　マンツェンライター
　国オーストリア　リュージュ選手
Manzenreiter, Wolfram　マンツェンライター, ヴォルフラム
　異マンツェンライター, ウォルフラム　著「日本人の「男らしさ」」明石書店　2013
Manzo, Mahamane　マンゾ, マハマン
　国ニジェール　内務・国土開発相
Manzoni, Jean-François　マンゾーニ, ジャン＝フランソワ
　著「コーチングがリーダーを育てる」ダイヤモンド社　2006
Manzuik, Steve W.　マンツィック, スティーブ・W.
　著「ハッキング対策マニュアル」ソフトバンクパブリッシング　2003
Manzur, Juan Luis　マンス, フアン・ルイス
　国アルゼンチン　保健相　異マンスル, フアン・ルイス
Mao, An-qing　マオ, アンチン
　1923〜2007　国中国　毛沢東国家主席の二男　漢字名＝毛岸青, 別名＝岸青
Mao, Xin-yu　マオ・シンユイ
　1970〜　国中国　軍人　中国軍事科学院戦争理論戦略研究部副部長, 中国人民解放軍少将　漢字名＝毛新宇

Mao, Yong　マオ, ヨン
　著「ネクタイの数学」新潮社　2001
Maoh, Alfred　マオ, アルフレド
　国バヌアツ　内相
Maokola-majogo, Edgar　マオコラマジョゴ, エドガー
　国タンザニア　エネルギー・鉱物資源相
Maope, Kelebone　マオペ, ケレボネ
　国レソト　副首相兼大蔵・計画開発相
Maor, Eli　マオール, イーリー
　異マオール, E.　著「美しい幾何学」丸善出版　2015
al-Maosherji, Sharida　マオシェルジ, シャリダ
　国クウェート　司法相兼イスラム教問題担当相
Maoudé, Koroné　マウデ, コロネ
　国ニジェール　畜産相
Maoz, Samuel　マオズ, サミュエル
　ヴェネチア国際映画祭 金獅子賞（第66回（2009年））　"Lebanon"
Mapangou, Guy Bertrand　マパング, ギイ・ベルトラン
　国ガボン　水・エネルギー相
Mapera, Jeannette Kavira　マペラ, ジャネット・カビラ
　国コンゴ民主共和国　文化・芸術相
Mapes, Mary　メイプス, メアリー
　1956〜　著「大統領の疑惑」キノブックス　2016
Mapisanqakula, Nosiviwe Noluthando　マピサヌカクラ, ノシビウェ・ノルタンド
　国南アフリカ　国防・退役軍人相　異マピサヌカクラ, ノシビウェ
Maples, Mike　メイプルズ, マイク
　投資家　異メイプルズ, マイク, Jr.
Maples, Wendy　メイプルズ, ウェンディ
　1963〜　著「入門情報社会の社会科学」NTT出版　2003
Mapleson, William Wellesley　メーブルソン, ウィリアム・ウェズリー
　著「麻酔の偉人たち」総合医学社　2016
Mapon, Matata Ponyo　マポン, マタタ・ポニョ
　国コンゴ民主共和国　財務相
Maponga, Stansly　マポンガ, スタンスリー
　国アメリカ　アメフト選手
Mapp, Wayne　マップ, ウェイン
　国ニュージーランド　国防相兼研究科学技術相
Mappin, Jennifer　マッピン, ジェニファー
　著「世界の七（なな）大陸ぐるっと大冒険」大日本絵画　2011
Mapuri, Omar Ramadhani　マプリ, オマル・ラマダーニ
　国タンザニア　内相
Maqbel, Zarar Ahmad　モクベル, ザラル・アフマド
　国アフガニスタン　内相
Maqboul, bin Ali bin Sultan　マクブール・ビン・アリ・ビン・スルタン
　国オマーン　商工相
Maqsood, Ruqaiyyah Waris　マクスウド, ルカイヤ・ワリス
　著「イスラームを知る32章」明石書店　2003
Maquengo, Fernando　マキエンゴ, フェルナンド
　国サントメ・プリンシペ　労働・雇用・連帯相
Mara, Barbara A.　マラ, バーバラ・A.
　1953〜　著「児童虐待とネグレクト」筒井書房　2002
Mara, Kamisese Kapaiwai Tuimacilai　マラ, カミセセ
　1920〜2004　国フィジー　政治家　フィジー大統領, フィジー首相
Mara, Rooney　マーラ, ルーニー
　1985〜　国アメリカ　女優
Mara, Thalia　マーラ, サリア
　？〜2003　国アメリカ　バレリーナ, バレエ指導者　異サリア・マーラ
Mara, Wellington　マーラ, ウェリントン
　？〜2005　国アメリカ　実業家　ニューヨーク・ジャイアンツ共同オーナー
Marable, Manning　マラブル, マニング
　国アメリカ　ピュリッツアー賞 文学・音楽 歴史（2012年）　"Malcolm X: A Life of Reinvention"
Marach, Oliver　マラチ, オリバー
　国オーストリア　テニス選手
Maracke, Catharina　マラッケ, カタリーナ
　著「意匠権と著作権の境界について」知的財産研究所　2006
Maradiaga, Olga　マラディアガ, オルガ
　1951〜　著「エングラシアおばちゃんのおくりもの」福音館書店　2005
Maradona, Diego　マラドーナ, ディエゴ
　1960〜　国アルゼンチン　サッカー指導者, 元サッカー選手　サッカー・アルゼンチン代表監督　本名＝マラドーナ, ディエ

ゴ・アルマンド〈Maradona, Diego Armando〉
Marafa, Hamidou Yaya マラファ, ハミドゥ・ヤヤ
　国カメルーン　国土管理・地方分権相
Maragos, Chris マラゴス, クリス
　国アメリカ　アメフト選手
Marah, Kaifala マラー, カイファラ
　国シエラレオネ　財務・経済計画相
Marahimov, Avazjon マラヒモフ, アワズジョン
　国ウズベキスタン　国民教育相
Maraini, Dacia マライーニ, ダーチャ
　1936〜　国イタリア　作家, 劇作家, 詩人, フェミニズム運動家　他マライニ, ダーチャ
Maraini, Fosco マライーニ, フォスコ
　1912〜2004　国イタリア　文化人類学者, 写真家　イタリア日本文化研究学会会長, イタリア日本学研究会名誉会長, フィレンツェ大学名誉教授　著日本研究, アイヌ民族研究　他マライニ, フォスコ
Marais, Conrad マライス, コンラッド
　国ナミビア　ラグビー選手
Marais, Pia マレ, ピア
　ベルリン国際映画祭　特別賞(第63回(2013年))　"Layla Fourie"
Maraj, Ralph マラジ, ラルフ
　国トリニダード・トバゴ　通信・情報相
Maral, Alexandre マラル, アレクサンドル
　著「マリー・アントワネット」原書房　2015
Maraldo, John C. マラルド, ジョン・C.
　著「日本哲学の国際性」世界思想社　2006
Maramotti, Achille マラモッティ, アキーレ
　?〜2005　国イタリア　実業家　マックスマーラ創業者
Maramotti, Luigi マラモッティ, ルイジ
　1957〜　国イタリア　実業家　マックスマーラ会長
Maran, Dayanidhi マラン, ダヤニディ
　国インド　繊維相
Maran, Murasoli マラン, ムラソリ
　国インド　無任所相
Maran, Roland マラン, ロランド
　国イタリア　キエーヴォ監督
Marangon, Lucas マランゴン, ルーカス
　著「R.I.P.D.」小学館集英社プロダクション　2013
Marani, Diego マラーニ, ディエゴ
　1959〜　国イタリア　作家　文学, フィクション
Marano, Tony マラーノ, トニー
　著「日本は, 世界の悪を撃退できる」産経新聞出版, 日本工業新聞社(発売)　2016
Marant, Isabel マラン, イザベル
　1967〜　国フランス　ファッションデザイナー
Maranto, April Gresham マラント, A.G.
　著「格差社会アメリカの教育改革」明石書店　2007
Maranto, Robert マラント, R.
　著「格差社会アメリカの教育改革」明石書店　2007
Marapane, Thilak マーラパネ, ティラク
　国スリランカ　国防相
Marape, James マラペ, ジェームズ
　国パプアニューギニア　金融相
Maras, Gordan マラス, ゴルダン
　国クロアチア　中小企業相
Marasco, Joe マラスコ, ジョー
　著「新・ソフトウェア開発の神話」翔泳社　2008
Marashi, Hossein マラシ, ホセイン
　国イラン　副大統領(文化遺産・観光担当)
Marat, Allan マラット, アラン
　国パプアニューギニア　司法相
Marau, William Bradford マラウ, ウィリアム・ブラッドフォード
　国ソロモン諸島　法相
Maraval, Pierre マラヴァル, ピエール
　1936〜　著「皇帝ユスティニアヌス」白水社　2005
Marazzi, Christian マラッツィ, クリスティアン
　1951〜　著「金融危機をめぐる10のテーゼ」以文社　2010
Marber, Patrick マーバー, パトリック
　1964〜　著「ディーラーズ・チョイス」海鳥社　2006
Marbler, Margarita マルブラー
　国オーストリア　フリースタイルスキー選手
Marcaillou, Agnès マカイユ, アニエス
　国フランス　国連地雷対策サービス部(UNMAS)部長
Marcal Lima, Manuel マルカル・リマ, マヌエル

　国サントメ・プリンシペ　内相
Marcano, Cristina マルカーノ, クリスティーナ
　1960〜　著「大統領チャベス」緑風出版　2009
Marcano, Ivan マルカノ, イバン
　国スペイン　サッカー選手
Marcano, Luis José マルカノ, ルイス・ホセ
　国ベネズエラ　通信情報相
Marceau, Alma マルソー, アルマ
　国アメリカ　作家　他その他
Marceau, Fani マルソー, ファニー
　著「本のなかには」アノニマ・スタジオ, KTC中央出版(発売)　2014
Marceau, Félicien マルソー, フェリシャン
　1913〜2012　国フランス　作家, 劇作家　本名＝カレット, ルイ〈Carette, Louis〉
Marceau, Jane マルソー, ジェーン
　著「ファミリー・ビジネス?」文眞堂　2003
Marceau, Marcel マルソー, マルセル
　1923〜2007　国フランス　パントマイム俳優　本名＝Mangel, Marcel　他マルセル・マルソー
Marceau, Olivier マルソー
　国スイス　トライアスロン選手
Marceau, Sophie マルソー, ソフィー
　1966〜　国フランス　女優　筆名＝Maupu, Sophie Danièle Sylvie
Marcegaglia, Emma マルチェガリア, エンマ
　1965〜　国イタリア　実業家　イタリア炭化水素公社(ENI)会長, マルチェガリアCEO　イタリア産業連盟会長　他マルチェガリア, エマ
Marcel, Kelly マーセル, ケリー
　著「テラノバ」竹書房　2013
Marcellas, Diana マーセラス, ダイアナ
　著「夜明けをつげる森の調べ」早川書房　2005
Marcellino, Fred マルチェリーノ, フレッド
　1939〜　著「あいててて!」評論社　2007
Marcello マルセロ
　1966〜2012　国ブラジル　サッカー指導者　川崎フロンターレフィジカルコーチ　本名＝Marcello, Pontes Lopes
Marcello, Peter W. マルセロ, P.W.
　著「腹腔鏡下大腸手術」シュプリンガー・ジャパン　2007
Marcello Diaz マルセロ・ディアス
　国チリ　サッカー選手
Marcelo マルセロ
　国ブラジル　サッカー選手
Marcelo マルセロ
　国ブラジル　サッカー選手
Marcestel マークエステル
　1943〜　国フランス　画家　本名＝スキャルシャフィキ, マーク・アントワーヌ〈Squarciafichi, Marc Antoine〉
March, Aaron マルヒ
　国イタリア　スノーボード選手
March, Aleida マルチ, アレイダ
　1936〜　著「わが夫, チェ・ゲバラ」朝日新聞出版　2008
March, Ashley マーチ, アシュレー
　著「薔薇の目覚め」原書房　2015
March, Ava マーチ, アヴァ
　著「親友の行方」ハーレクイン　2015
March, Catherine マーチ, キャサリン
　著「騎士と修道女」ハーレクイン　2006
March, James G. マーチ, ジェームズ・G.
　1928〜　著「オーガニゼーションズ」ダイヤモンド社　2014
March, Jason マーチ, ジェイソン
　国アメリカ　サクラメント・キングスアシスタントコーチ(バスケットボール)
March, Jerry マーチ, J.
　1929〜　著「マーチ有機化学」丸善出版事業部　2003
March, John S. マーチ, J.S.
　他マーチ, ジョン・S.　著「認知行動療法による子どもの強迫性障害治療プログラム」岩崎学術出版社　2008
Marchais, Pierre マルシェ, ピエール
　著「精神活動」新樹会創造出版　2010
Marchal, Benoit マーシャル, ブノア
　著「JavaとXSLTによるXML応用ソリューション」ピアソン・エデュケーション　2001
Marchal, Olivier マルシャル, オリヴィエ
　1958〜　国フランス　映画監督, 俳優
Marchand, Bernard マルシャン, B.

1934〜　㊐「パリの肖像19-20世紀」日本経済評論社　2010
Marchand, Colette　マルシャン, コレット
　　　1925〜2015　㊌フランス　バレリーナ, 女優
Marchand, Dominique　マルシャン, ドミニク
　　　1951〜　㊐「魔法の夜」講談社　2001
Marchand, Jean　マルシャン, J.
　　　㊐「王子クレオマデスの冒険」文元社, 紀伊國屋書店(発売)　2004
Marchand, Stéphane　マルシャン, ステファヌ
　　　㊐「悲劇のプリンセスと謎のエジプト人」駿台曜曜社　2003
Marchand-arvier, Marie　マルシャンアルビエ
　　　㊌フランス　アルペンスキー選手
Marchant, Jo　マーチャント, ジョー
　　　1973〜　㊐「「病は気から」を科学する」講談社　2016
Marchant, Katy　マーチャン, ケイティ
　　　㊌イギリス　自転車選手
Marchant, Sally　マーチャント, サリー
　　　㊐「助産師の意思決定」エルゼビア・ジャパン　2006
Marché, Gary E.　マルシェ, ゲアリー・E.
　　　1953〜　㊐「合理的な人殺し」木鐸社　2006
Marchenko, Igor　マルチェンコ
　　　㊌ロシア　競泳選手
Marchenko, Illya　マルチェンコ, イリヤ
　　　㊌ウクライナ　テニス選手
Marchenko, Veronika　マルチェンコ, ベロニカ
　　　㊌ウクライナ　アーチェリー選手
Marchese, John　マーケーゼイ, ジョン
　　　㊐「ニューヨークのヴァイオリン職人」白揚社　2011
Marchesi, Michele　マルケシ, ミシェル
　　　㊐「XPエクストリーム・プログラミング検証編」ピアソン・エデュケーション　2002
Marchetta, Melina　マーケッタ, メリーナ
　　　1965〜　㊐「アリブランディを探して」岩波書店　2013
Marchetti, Federico　マルケッティ, フェデリコ
　　　1969〜　㊌イタリア　起業家　ユークスグループ創業者・CEO
Marchetti, Federico　マルケッティ, フェデリコ
　　　㊌イタリア　サッカー選手
Marchetto, Ennio　マルケット, エンニオ
　　　1960〜　㊌イタリア　パフォーマー
Marchionne, Sergio　マルキオンネ, セルジオ
　　　1952〜　㊌イタリア　実業家　フィアット・クライスラー・オートモービルズ(FCA)CEO, フェラーリ会長　SGS会長　㊗マルキオーネ, セルジオ
Marchisio, Claudio　マルキージオ, クラウディオ
　　　㊌イタリア　サッカー選手
March-lillard, Justin　マーチ・リラード, ジャスティン
　　　㊌アメリカ　アメフト選手
Marchuk, Guri Ivanovich　マルチューク, グーリー
　　　1925〜2013　㊌ロシア　数学者, 政治家　ソ連科学アカデミー総裁, ソ連副首相　㊐コンピューター, 応用数学
Marciano, John Bemelmans　マルシアーノ, ジョン・ベーメルマンス
　　　1970〜　㊌アメリカ　絵本作家
Marciniak, Barbara　マーシニアック, バーバラ
　　　1948〜　㊐「プレアデス光の家族」太陽出版　2006
Marcinkus, Paul　マルチンクス, ポール
　　　?〜2006　㊌アメリカ　カトリック大司教　バチカン銀行総裁
Marcke, Leen van　マルケ, レーン・ファン
　　　1902〜　㊐「太陽はいま輝く」文芸社　2005
Marclay, Christian　マークレー, クリスチャン
　　　㊌アメリカ　ヴェネチア・ビエンナーレ　金獅子賞　国際展示部門(2011年(第54回))
Marco, Patrizio di　マルコ, パトリツィオ・ディ
　　　1962〜　㊌イタリア　実業家　グッチ社長・CEO
Marcolini, Pierre　マルコリーニ, ピエール
　　　1964〜　㊌ベルギー　ショコラティエ
Marcon, Andrea　マルコン, アンドレア
　　　1963〜　㊌イタリア　指揮者, オルガン奏者, チェンバロ奏者, 音楽学者　ベニス・バロック・オーケストラ(VBO)音楽監督　㊙古楽　㊗マルコン, アンドレーア
Marconcini, Matteo　マルコンチーニ, マッテオ
　　　㊌イタリア　柔道選手
Marcordes, Tyler　マーコーデス, タイラー
　　　㊌アメリカ　アメフト選手
Marcos, Imelda Romualdez　マルコス, イメルダ
　　　1929〜　㊌フィリピン　政治家　フィリピン下院議員

Marcos, Juan Manuel　マルコス, ファン・マヌエル
　　　1950〜　㊐「ギュンターの冬」悠光堂　2016
Marcos, subcomandante　マルコス
　　　㊐「サパティスタの夢」現代企画室　2005
Marcos, Susan　マルコス, スーザン
　　　㊐「主の門に入れ」ハーベスト・タイム・ミニストリーズ出版部　〔200-〕
Marcos Alonso　マルコス・アロンソ
　　　㊌スペイン　サッカー選手
Marcos Llorente　マルコス・ジョレンテ
　　　㊌スペイン　サッカー選手
Marco Torres, Rodolfo　マルコ・トレス, ロドルフォ
　　　㊌ベネズエラ　経済・財務・公共銀行相
Marcotte, Elise　マルコテ
　　　㊌カナダ　シンクロナイズド・スイミング選手
Marcotti, Gabriele　マルコッティ, ガブリエル
　　　㊐「奇跡のコーチング」TAC出版　2016
Marcoullis, Erato Kozakou　マルクリス, エラト・コザクー
　　　㊌キプロス　通信・公共事業相
Marcousé, Ian　マルコーズ, イアン
　　　㊐「経営学大図鑑」三省堂　2015
Marcovitz, Hal　マルコヴィッツ, ハル
　　　㊐「「かいじゅうたち」の世界へ」文渓堂　2009
Marc Roca　マルク・ロカ
　　　㊌スペイン　サッカー選手
Marcucci, Catherine　マルクッチ, キャサリン
　　　㊐「麻酔科エラーブック」メディカル・サイエンス・インターナショナル　2010
Marcucci, Lisa　マルクッチ, リサ
　　　㊐「医学冠名用語辞典」朝倉書店　2012
Marculescu, Gail L.　マークレスク, ゲイル・L.
　　　㊐「エキスパートナースとの対話」照林社　2004
Marcum, Dave　マーカム, デイヴ
　　　㊐「ビジネス・シンク」日本経済新聞出版社　2009
Marcum, David　マーカム, デイヴィッド
　　　1965〜　㊐「シャーロック・ホームズ　アンダーショーの冒険」原書房　2016
Marcus, Alan J.　マーカス, アラン・J.
　　　㊐「インベストメント」マグロウヒル・エデュケーション, 日本経済新聞出版社(発売)　2010
Marcus, Ben　マーカス, ベン
　　　1967〜　㊐「沈黙主義の女たち」河出書房新社　2004
Marcus, Bernard　マーカス, バーナード
　　　㊌アメリカ　実業家
Marcus, Bess　マーカス, ベス・H.
　　　1961〜　㊐「行動科学を活かした身体活動・運動支援」大修館書店　2006
Marcus, Cindy　マーカス, シンディ
　　　㊐「ベルの素敵なクリスマス」竹書房　2005
Marcus, Dawn A.　マーカス, ドーン・A.
　　　㊐「片頭痛」創元社　2012
Marcus, Eric　マーカス, エリック
　　　㊐「自殺, なぜ?どうして!」大月書店　2012
Marcus, Eric Colton　マーカス, エリック・C.
　　　㊐「紛争管理論」日本加除出版　2009
Marcus, Erik　マーカス, エリック
　　　1966〜　㊐「動物工場」緑風出版　2016
Marcus, Gary Fred　マーカス, ゲアリー
　　　㊐「心を生みだす遺伝子」岩波書店　2010
Marcus, George E.　マーカス, ジョージ
　　　㊐「文化を書く」紀伊國屋書店　2009
Marcus, Greil　マーカス, グリール
　　　1945〜　㊐「ライク・ア・ローリング・ストーン」白夜書房　2006
Marcus, James　マーカス, ジェームズ
　　　㊐「Amazoniaアマゾン・ドット・コム成功の舞台裏」インプレス, インプレスコミュニケーションズ(発売)　2005
Marcus, Joan　マーカス, ジョーン
　　　トニー賞　トニー名誉賞(2014年(第68回))
Marcus, Leonard S.　マーカス, レナード・S.
　　　1950〜　㊐「ランドルフ・コールデコット」BL出版　2016
Marcus, Richard　マーカス, リチャード
　　　㊐「カジノのイカサマ師たち」文芸春秋　2004
Marcus, Richard L.　マーカス, リチャード・L.
　　　㊐「アメリカ民事訴訟法の理論」商事法務　2006
Marcus, Robert　マーカス, ロバート
　　　㊐「薬理書」広川書店　2003

Marcus, Rudolph Arthur　マーカス, ルドルフ
　1923～　国アメリカ　化学者　カリフォルニア工科大学教授　専物理化学
Marcus, Stanley　マーカス, スタンリー
　1905～2002　国アメリカ　実業家　ニーマン・マーカス名誉会長　異マーカス, スタンレー
Marcuzzo, Maria Cristina　マルクッツォ, マリア・クリスティーナ
　1948～　異マルクッゾ, クリスティーナ / マルクッツオ, M.C.　著「市場の失敗との闘い」日本経済評論社　2015
Marczulajtis-walczak, Jagna　マルチュワイティス
　国ポーランド　スノーボード選手
Mardani, Sajjad　マルダニ, サイジャド
　国イラン　テコンドー選手
Mardanov, Misir　マルダノフ, ミシル
　国アゼルバイジャン　教育相
Mardi, Khadija　マルディ, ハディジャ
　国モロッコ　ボクシング選手
al-Mardi, Mohammed Ali　マルディ, モハメド・アリ
　国スーダン　法相
Mardian, Robert　マーディアン, ロバート
　1923～2006　国アメリカ　ニクソン米国大統領再選委員会委員
Mardin, Arif　マーディン, アリフ
　1932～2006　音楽プロデューサー
Mardini, Muhammad Amer　マルディニ, ムハンマド・アメル
　国シリア　高等教育相
Mardiyanto　マルディヤント
　国インドネシア　内相
Mardon, Daniel　マードン, ダニエル
　著「ダニエル・マードン式アロマプレッシャー 顔・頭・おなか編」扶桑社　2008
Mardon, Steven　マードン, スティーヴン
　著「今すぐできる！最高の快眠が得られる方法」エクスナレッジ　2010
Marea, Tauanei　マレア, タウアネイ
　国キリバス　商業・産業・協同組合相
Marée, Marcel　マレー, マーセル
　著「ファラオと女王」学芸書林　2011
Marei, Mamdouh　マルイー, マムドゥーフ
　国エジプト　法相
Marek, Norma Cornett　マレック, ノーマ・コーネット
　1940～2004　著「最後だとわかっていたなら」サンクチュアリ出版　2016
Marék, Veronika　マレーク, ベロニカ
　1937～　著「あなたがちいさかったころってね」風濤社　2012
Marenbon, John　マレンボン, ジョン
　著「後期中世の哲学 1150‐1350」勁草書房　2010
Marenco, Jose　マレンコ, ホセ
　国ニカラグア　大統領府相
Marenic, Igor　マレニッチ, イゴル
　国クロアチア　セーリング選手
Marent, Thomas　マレント, トーマス
　1966～　著「世界のうつくしいカエル」宝島社　2015
Mares, Benny　メアーズ, ベニー
　1945～　著「子どもを守る101の方法」ビジネス社　2006
Mares, Justin　メアーズ, ジャスティン
　著「トラクション」オライリー・ジャパン, オーム社 (発売)　2015
Mareš, Petr　マレシュ, ペトル
　国チェコ　副首相 (科学・研究・人的資源担当)
Maresch, Sven　マレシュ, スベン
　国ドイツ　柔道選手
Marescotti, Rosette　マレスコッティ, ロゼット
　著「Humanitude」トライアリスト東京, 舵社 (発売)　2014
Mares Guia, Walfrido　マレスギア, バルフリド
　国ブラジル　観光相
Maret, Cyrille　マレ, シリル
　国フランス　柔道選手
Maret, Pascale　マレ, パスカル
　著「かしこいウサギとはずかしがりやの大きな鳥」徳間書店　2014
Margaglio, Maurizio　マルガリオ
　国イタリア　フィギュアスケート選手
Margai, Charles Francis　マルゲ, チャールズ・フランシス
　国シエラレオネ　国家安全保障相
Margain, Ismaël　マルゲン, イスマエル
　国フランス　ロン・ティボー・クレスパン国際音楽コンクール ピアノ 第3位 (2012年 (第41回)) ほか
Margaine, Clémentine　マルゲーヌ, クレマンティーヌ
　国フランス　エリザベート王妃国際コンクール 声楽 第6位 (2011年)
Margairaz, Michel　マルゲラズ, ミッシェル
　1951～　著「20世紀フランス資本主義史論」日本経済評論社　2004
Margalis, Melanie　マーガリス, メラニー
　国アメリカ　水泳選手
Margalit, Avishai　マルガリート, アヴィシャイ
　1939～　著「偶像崇拝」法政大学出版局　2007
Margani, Salah Bashir　マルガニ, サラハ・バシル
　国リビア　法相
Margaret　マーガレット王女
　1930～2002　国イギリス　エリザベス女王の妹　本名＝マーガレット・ローズ〈Margaret Rose〉
Margarian, Andranik　マルガリャン, アンドラニク
　1951～2007　国アルメニア　政治家　アルメニア首相　本名＝Margarian, Andranik Naapetovich
Margaryan, Vladimir　マルガリャン, ウラジーミル
　国アルメニア　ボクシング選手
Margbelashvili, Giorgi　マルグベラシビリ, ギオルギ
　1969～　国ジョージア　政治家　ジョージア大統領
Margel, Serge　マルジェル, セルジュ
　1962～　著「欺瞞について」水声社　2013
Margeon, Gérard　マルジョン, ジェラール
　著「100語でわかるワイン」白水社　2010
Margeson, Susan M.　マーグソン, スーザン・M.
　著「ヴァイキング事典」あすなろ書房　2007
Marghem, Marie-Christine　マルゲム, マリークリスティーヌ
　国ベルギー　エネルギー・環境・開発担当相
Margherita, Lesli　マルゲリータ, レスリー
　ローレンス・オリヴィエ賞 ミュージカル・エンタテインメント助演俳優賞 (2009年 (第33回)) "Zorro"
Marghiev, Serghei　マルギエフ, セルゲイ
　国モルドバ　陸上選手
Marghieva, Zalina　マルギエワ, ザリーナ
　国モルドバ　陸上選手　異マルギエバ, Z.
Margi, Jacob　マルギ, ヤコブ
　国イスラエル　宗教相
Margolick, David　マーゴリック, デーヴィッド
　著「ビリー・ホリデイと《奇妙な果実》」大月書店　2003
Margolin, Jean-Louis　マルゴラン, ジャン＝ルイ
　1952～　著「共産主義黒書」恵雅堂出版　2006
Margolin, Leslie　マーゴリン, レスリー
　1945～　著「ソーシャルワークの社会的構築」明石書店　2003
Margolin, Malcolm　マーゴリン, マルコム
　著「オローニの日々」人間家族編集室, 伊東プリミティヴプランプレス, 南伊豆町 スタジオ・リーフ (発売)　2003
Margolin, Phillip　マーゴリン, フィリップ
　1944～　著「女神の天秤」講談社　2004
Margolis, Char　マーゴリス, シャー
　著「直感のちから」小学館プロダクション　2007
Margolis, Jonathan　マーゴリス, ジョナサン
　著「みんな、気持ちよかった！」ヴィレッジブックス　2007
Margolis, Leslie　マーゴリス, レスリー
　著「男子って犬みたい！」PHP研究所　2010
Margolis, Sue　マーゴリス, スー
　1955～　著「ファスナーをおろしたら」ソニー・マガジンズ　2002
Margoshvili, David　マルゴシビリ
　国ジョージア　柔道選手
Margosis, Aaron　マーゴシス, アーロン
　著「Windows Sysinternals徹底解説」日経BP社, 日経BPマーケティング (発売)　2012
Margot, Manuel　マーゴ, マニュエル
　国ドミニカ共和国　野球選手
Margraff, Ruth　マーグラフ, ルース
　著「SEVEN・セブン」而立書房　2016
Margrethe Ⅱ　マルグレーテ2世
　1940～　国デンマーク　女王
Marguc, Rok　マルグッチ
　国スロベニア　スノーボード選手
Margulies, Julianna　マルグリース, ジュリアナ
　1966～　国アメリカ　女優　異マルグリーズ, ジュリアナ
Margulis, Gregory A.　マルグリス, グレゴリー・A.

[国]アメリカ　ウルフ賞 数学部門（2005年）
Margulis, Lynn　マーグリス, リン
1938〜2011　[国]アメリカ　生物学者　マサチューセッツ大学特別教授　[異]マーギュリス, リン
Margulis, Vitaly　マルグリス, ヴィタリー
1928〜　[著]「バガテル作品7」 河合楽器製作所・出版事業部 2002
Margvelashvili, Giorgi　マルグベラシビリ, ギオルギ
[国]ジョージア　大統領
Margvelashvili, Vazha　マルグベラシビリ, バシャ
[国]ジョージア　柔道選手
al-**Marhoon, Khalid bin Omar bin Said**　マルフーン, ハリド・ビン・オマル・ビン・サイド
[国]オマーン　公務員相
Mari, Enzo　マリ, エンゾ
[異]マーリ, エンツォ　[著]「にわとりとたまご」 ほるぷ出版 2015
Mari, Iela　マリ, イエラ
1931〜2014　[著]「にわとりとたまご」 ほるぷ出版 2015
Mariama Elhadj Ibrahim, Ali　リアマ・エルハジ・イブラヒム, アリ
[国]ニジェール　国民教育相
Marianacci, Dante　マリアナッチ, ダンテ
[著]「風と一縷の愛」 思潮社 2013
Marianelli, Dario　マリアネッリ, ダリオ
アカデミー賞 作曲賞（第80回（2007年））ほか
Mariani, Gael　マリアニ, ガエル
[著]「動物のためのクリスタル・ヒーリング」 中央アート出版社 2005
Mariani, Marc　マリアーニ, マーク
[国]アメリカ　アメフト選手
Mariani, Scott　マリアーニ, スコット
1968〜　[著]「背教のファラオ」 エンジン・ルーム, 河出書房新社（発売） 2013
Mariani Bittencourt, Carlos　マリアーニ・ビテンクール, カルロス
[国]ブラジル　日伯戦略的経済パートナーシップ賢人会議伯側座長, リオデジャネイロ州工業連盟第一副会長, 元・ブラジル化学工業連盟会長
Mariano, Diaz　マリアーノ・ディアス
[国]ドミニカ共和国　サッカー選手
Mariano, Ferreira　マリアーノ・フェレイラ
[国]ブラジル　サッカー選手
Mariano, Rafael　マリアーノ, ラファエル
[国]フィリピン　農地改革相
Mariappa, Adrian　マリアッパ, エイドリアン
[国]ジャマイカ　サッカー選手
Marías, Javier　マリアス, ハビエル
1951〜　[異]マリアス, ハヴィエル　[著]「執着」 東京創元社 2016
Mariategui, Jose Carlos　マリアテギ, ホセ・カルロス
[著]「現代ラテンアメリカ思想の先駆者たち」 刀水書房 2002
Marić, Alisa　マリッチ, アリサ
[国]セルビア　青年・スポーツ相
Maric, Borislav　マリッチ, ボリスラブ
[国]ボスニア・ヘルツェゴビナ　駐日特命全権大使
Marić, Ljerka　マリッチ, リェルカ
[国]ボスニア・ヘルツェゴビナ　財務相
Marić, Zdravko　マリッチ, ズドラブコ
[国]クロアチア　財務相
Marica, Clifford Paul　マリカ, クリフォード・ポール
[国]スリナム　労働・技術開発・環境相　[異]マリカ, クリフォード
Marie, Michel　マリ, ミシェル
1945〜　[著]「ヌーヴェル・ヴァーグの全体像」 水声社 2014
Marie, Teena　マリー, ティーナ
1956〜2010　[国]アメリカ　ソウル歌手
Marieb, Elaine Nicpon　マリーブ, エレイン・N.
1936〜　[著]「人体の構造と機能」 医学書院 2015
Mariez, Jérémy　マリエ, ジェレミ
[著]「スター・ウォーズパズル塗り絵Mystery Drawings」 ブティック社 2016
Marigold, Lys　マリゴールド, リース
[著]「彼女が買うわけ、会社が伸びるわけ」 早川書房 2002
Mariia, Grand Duchess of Russia　マーリヤ大公女
[著]「最後のロシア大公女」 中央公論新社 2002
Marikova, Anna　マリコヴァ, アンナ
1965〜　[国]ウズベキスタン　ピアニスト
Marilungo, Guido　マリルンゴ, グイド
[国]イタリア　サッカー選手
Marin, Amy J.　マリン, エイミー・J.
[著]「パートナー暴力」 北大路書房 2011
Marin, Carlos　マリン, カルロス
1968〜　[国]スペイン　バリトン歌手
Marin, Carolina　マリン, カロリナ
[国]スペイン　バドミントン選手
Marin, Claire　マラン, クレール
1974〜　[著]「熱のない人間」 法政大学出版局 2016
Marín, Fernando　マリン, フェルナンド
[国]コスタリカ　社会福祉開発相
Marin, Florencio　マリン, フロレンシオ
[国]ベリーズ　サトウキビ産業・自治・中南米問題相
Marin, Ion　マリン, イオン
1955〜　[国]オーストリア　指揮者
Marin, José Maria　マリン, ジョゼ・マリア
1932〜　[国]ブラジル　元サッカー選手, 元政治家　ブラジルサッカー連盟会長, サッカーW杯ブラジル大会組織委員会会長, サンパウロ州知事
Marín, Juan　マリン, フアン
[国]コスタリカ　地方分権・自治開発相
Marin, Luca　マリン
[国]イタリア　競泳選手
Marin, Maguy　マラン, マギー
1951〜　[国]フランス　振付師, 元バレリーナ
Marin, Marino　マリン, マリーノ
1939〜　[著]「イタリア〜な日本人」 三修社 2005
Marin, Pablo　マリン, パブロ
[国]ベリーズ　保健相
Marin, Philippe　マリン, フィリップ
1965〜　[著]「都市水道事業の官民連携」 日本水道新聞社 2012
Marín, Rolando Ernesto　マリン, ロランド・エルネスト
[国]エルサルバドル　教育相
Marin, Vildo　マリン, ビルド
[国]ベリーズ　農水相
Marina, José Antonio　マリーナ, ホセ・アントニオ
1939〜　[著]「知能礼賛」 近代文芸社 2011
Marinangeli, Luciana　マリナンジェリ, ルチアーナ
[著]「わがままピノキオを良い子に変える魔法のメッセージ」 PHP研究所 2002
Marine, Linda　マリーン, リンダ
[著]「ポール・オースターが朗読するナショナル・ストーリー・プロジェクト」 アルク 2005
Marinelli, Carol　マリネッリ, キャロル
[著]「悲しみの白い薔薇」 ハーパーコリンズ・ジャパン 2016
Marinelli, Rod　マリネリ, ロッド
[国]アメリカ　ダラス・カウボーイズコーチ
Marinescu, Floyd　マリネスキュー, フロイド
[著]「EJBデザインパターン」 日経BP社, 日経BP出版センター（発売） 2003
Marinez, Jhan　マリネス, ヤン
[国]ドミニカ共和国　野球選手
Marinho, Luiz　マリニョ, ルイス
[国]ブラジル　社会保障相
Marinin, Maxim　マリニン, マキシム
[国]ロシア　フィギュアスケート選手　[異]マリニン
Marinina, Aleksandra　マリーニナ, アレクサンドラ
1957〜　[著]「死とほんのすこしの愛」 光文社 2004
Marinker, Marshall　マリンカー, マーシャル
[著]「ナラティブ・ベイスト・メディスン」 金剛出版 2001
Marino, Carolyn　マリーノ, キャロリン
アメリカ探偵作家クラブ賞 エラリー・クイーン賞（2005年）
Marino, Diego　マリーニョ, ディエゴ
[国]スペイン　サッカー選手
Marino, Dorothy　マリノ, ドロシー
1912〜　[著]「スティーヴィーのこいぬ」 あすなろ書房 2011
Marino, Gianna　マリノ, ジアナ
[著]「ぶきみなよるのけものたち」 BL出版 2016
Marino, Paul L.　マリノ, ポール・L.
[著]「ICUブック」 メディカル・サイエンス・インターナショナル 2015
Marino, Susan　マリーノ, スーザン
[著]「ありがとう。ラッキー」 竹書房 2006
Mariño Ferro, Xosé Ramón　マリニョ・フェロ, ホセ・ラモン
[著]「サンティアゴ巡礼の歴史」 原書房 2012
Marinoff, Lou　マリノフ, ルー
1951〜　[国]アメリカ　哲学者　ニューヨーク市立大学教授, 米国

実践哲学協会会長
Marinuta, Vitalie　マリヌツァ, ビタリエ
　国モルドバ　国防相
Mario, Fernandez　マリオ・フェルナンデス
　国スペイン　サッカー選手
Mario, Gaspar　マリオ・ガスパール
　国スペイン　サッカー選手
Mario, Gonzalez　マリオ・ゴンサレス
　国スペイン　サッカー選手
Mario Fernandes　マリオ・フェルナンデス
　国ブラジル　サッカー選手
Marion, Isaac　マリオン, アイザック
　1981～　国アメリカ　作家　他ホラー
Marion, Jean-Claude　マリオン, ジャン＝クロード
　著「はじめての発声法」音楽之友社　2003
Marion, Jean-Luc　マリオン, ジャン＝リュック
　1946～　国フランス　哲学者　パリ第4大学教授
Marion, Robert　マリオン, ロバート
　1952～　著「ジェネティック・ラウンズ」メディカル・サイエンス・インターナショナル　2016
Marionnet, Michel　マリオネット, ミシェル
　著「きんのえんとつ」至光社　2007
Mario Rui　マリオ・ルイ
　国ポルトガル　サッカー選手
Mario Suarez　マリオ・スアレス
　国スペイン　サッカー選手
Mariota, Marcus　マリオータ, マーカス
　国アメリカ　アメフト選手
Maripol　マリポール
　著「New York beat.」プチグラパブリッシング　2001
Maripuu, Maret　マリプー, マレト
　国エストニア　社会問題相
Mariq, Lubomir　マリク, ルボミル
　国コソボ　地方自治相
Mariscal, Javier　マリスカル, ハビエル
　国スペイン　アヌシー国際アニメーション映画祭　その他の賞　Fnac賞（長編作品）(2011年)　"Chico & Rita"
Marisnick, Jake　マリズニック, ジェイク
　国アメリカ　野球選手
Marissa, Vita　マリッサ
　国インドネシア　バドミントン選手
Mariur, Kerai　マリユール, カライ
　国パラオ　副大統領兼財務相
Marjanovic, Boban　マジャノビッチ, ボバン
　国セルビア　バスケットボール選手
Marjanovic, Marko　マリヤノビッチ, マルコ
　国セルビア　ボート選手
Marjomäki, Heikki　マルヨマキ, ヘイッキ
　著「フィンランド中学校現代社会教科書」明石書店　2011
Mark, Dave　マーク, デイヴ
　他マーク, デーブ　著「はじめてのiPhone 3（すりー）プログラミング」ソフトバンククリエイティブ　2009
Mark, David　マーク, デビッド
　著「マッキンゼーITの本質」ダイヤモンド社　2005
Mark, Jan　マーク, ジャン
　1943～　著「ライトニングが消える日」パロル舎　2002
Mark, Joan T.　マーク, ジョーン
　1937～　著「マーガレット・ミード」大月書店　2009
Mark, Jonathan　マーク, ジョナサン
　著「ブランド・マネジメント」ダイヤモンド社　2001
Mark, Lauryn　マーク
　国オーストラリア　射撃選手
Mark, Mary Ellen　マーク, マリー・エレン
　1940～2015　国アメリカ　写真家
Mark, Maxey Walter　マーク, マクセイ・ウォルター
　国アメリカ　教誨師, 鹿児島県教誨師会副会長
Mark, Robert　マーク, ロバート
　著「リスクマネジメントの本質」共立出版　2015
Mark, Russell　マーク
　国オーストラリア　射撃選手
Mark, Thomas　マーク, トーマス
　著「ピアニストならだれでも知っておきたい「からだ」のこと」春秋社　2006
Markakis, Nick　マーケイキス, ニック
　1983～　国アメリカ　野球選手　本名＝Markakis, Nicholas William　他マーキーキス, ニック

Markale, Jean　マルカル, ジャン
　1928～2008　国フランス　作家, ケルト文化専門家　本名＝ベルトラン, ジャック
Markel, Michelle　マーケル, ミシェル
　他マーケル, ミッシェル　著「アンリ・ルソー」六耀社　2015
Markel, Rita J.　マーケル, リタ・J.
　著「グアテマラ」国土社　2006
Markel, Susan Gale　マーケル, スーザン
　著「小児科医が教える親子にやさしい自然育児」草思社　2012
Markell, Bruce A.　マルケル, ブルース・A.
　著「米国セキュリタイゼーション概説」レクシスネクシス・ジャパン, 雄松堂出版（発売）
Markelov, Stanislav　マルケロフ, スタニスラフ
　1974～2009　国ロシア　弁護士
Marken, James　マーケン, ジェームス
　著「インストラクショナルデザインの理論とモデル」北大路書房　2016
Marker, Chris　マルケル, クリス
　1921～2012　国フランス　映画監督, 脚本家　本名＝ブッシュ・ヴィルヌーヴ, クリスティアン・フランソワ
Marker, Gary　マーカー, ゲーリー
　1948～　著「ロシア出版文化史」成文社　2014
Marker, Steve　マーカー, スティーブ
　1959～　国アメリカ　ミュージシャン　他マーカー, スティーヴ
Markert, Tom　マーカート, トム
　著「外資のオキテ」ディスカヴァー・トゥエンティワン　2008
Markevičius, Vytautas　マルケビチウス, ビタウタス
　国リトアニア　法相
Markey, Rob　マーキー, ロブ
　著「ネット・プロモーター経営」プレジデント社　2013
Markham, Dewey, Jr.　マーカム, デューイ, Jr.
　著「Bordeaux」ワイン王国, ステレオサウンド（発売）　2005
Markides, Constantinos C.　マルキデス, コンスタンチノス・C.
　著「MITスローン・スクール　戦略論」東洋経済新報社　2003
Markides, Kyriacos C.　マルキデス, キリアコス・C.
　著「永遠の炎」太陽出版　2001
Markison, Robert E.　マーキソン, ロバート・E.
　著「音楽家の手」協同医書出版社　2006
Mark-Jungkvist, Anna　マルク＝ユングクヴィスト, アンナ
　著「世界平和への冒険旅行」新評論　2013
Märkl, Gottfried　メルクル, G.
　著「総合有機化学実験」森北出版　2006
Märkl, Jun　メルクル, ジュン
　1959～　国ドイツ　指揮者　バスク国立管弦楽団首席指揮者　日本名＝メルクル, 準　他メルクル, ユン
Märkli, Peter　メルクリ, ペーター
　著「長谷川豪カンバセーションズ」LIXIL出版　2015
Marklund, Liza　マークルンド, リザ
　1962～　他マークルンド, リサ　著「ノーベルの遺志」東京創元社　2013
Markman, Arthur B.　マークマン, アート
　著「スマート・チェンジ」CCCメディアハウス　2015
Markman, Howard　マークマン, ハワード・J.
　1950～　著「熱しやすい恋, 冷めにくい愛。」雷韻出版　2001
Markman, Jon D.　マークマン, ジョン・D.
　著「デイリートレード入門」パンローリング　2008
Marko, Bela　マルコ, ベラ
　国ルーマニア　副首相（文化・教育・欧州統合担当）
Markoe, Glenn E.　マーコウ, グレン・E.
　著「フェニキア人」創元社　2007
Markoe, Merrill　マーコー, メリル
　著「くそったれ！わたしのバースデイ」DHC　2003
Markoff, John　マルコフ, ジョン
　著「人工知能は敵か味方か」日経BP社, 日経BPマーケティング（発売）　2016
Markopoulos, Konstantinos　マルコプロス, コンスタンティノス
　国ギリシャ　観光相
Markos　マルコス
　著「フィロカリア」新世社　2007
Markoulas, Georgios　マルクラス
　国ギリシャ　重量挙げ選手
Markov, Aleksandr　マルコフ, アレクサンドル
　国ロシア　馬術選手
Markov, Alexey　マルコフ

[国]ロシア　自転車選手
Markov, Ivan　マルコフ
[国]ブルガリア　重量挙げ選手
Markova, Alicia　マルコワ, アリシア
1910～2004　[国]イギリス　バレリーナ　ロイヤル・バレエ学校総裁　本名＝マークス, リリアン・アリシア〈Marks, Lilian Alicia〉　[異]マルコーワ, アリシア / マルコバ, アリシア / マルコヴァ, アリシア
Markovchick, Vincent J.　マコーヴチック, ヴィンセント・J.
[著]「ER・救急シークレット」 メディカル・サイエンス・インターナショナル　2008
Marković, Ante　マルコヴィチ, アンテ
1924～2011　[国]クロアチア　政治家　ユーゴスラビア首相　[異]マルコビチ, アンテ / マルコビッチ / マルコヴィッチ
Markovic, Danica Jankovic　マルコヴィッチ, ダニサ
[著]「ユーゴ内戦後の女たち」 柘植書房新社　2005
Marković, Duško　マルコビッチ, ドゥシュコ
[国]モンテネグロ　副首相
Markovic, Lazar　マルコヴィッチ, ラザル
[国]セルビア　サッカー選手
Marković, Milan　マルコビッチ, ミラン
[国]セルビア　行政・地方自治相
Markovits, Francine　マルコヴィッツ, フランシーヌ
1942～　[著]「エピクロスの園のマルクス」 法政大学出版局　2010
Markowitz, Harry Max　マーコビッツ, ハリー
1927～　[国]アメリカ　経済学者　ハリー・マーコビッツ・カンパニー社長　ニューヨーク市立大学バルーク校教授, 米国金融協会会長　[専]金融論, 現代ポートフォリオ理論（MPT）　[異]マーコウィッツ / マルコビッツ
Markowitz, John C.　マーコウィッツ, J.C.
[著]「対人関係療法総合ガイド」 岩崎学術出版社　2009
Markowitz, John S.　マルコビッツ, ジョン
[著]「リタリンを飲むなら、知っておきたいこと」 花風社　2004
Marks, Alan　マークス, アラン
1957～　[著]「とびたて！ 竜の子ダンド」 偕成社　2002
Marks, David　マークス, デービッド
1948～　[国]アメリカ　ロック・ギタリスト　本名＝Marks, David Lee　[異]マークス, デビッド / マークス, デヴィッド
Marks, Edith S.　マークス, イーディス・S.
[著]「ポール・オースターが朗読するナショナル・ストーリー・プロジェクト」 アルク　2006
Marks, Evan R.　マークス, エバン・R.
1964～　[著]「Solaris管理ガイド」 翔泳社　2001
Marks, Howard　マークス, ハワード
1946～　[国]アメリカ　オークツリー・キャピタル
Marks, Jonathan　マークス, ジョナサン
1955～　[著]「元サルの物語」 青土社　2016
Marks, Lara　マークス, ララ
[著]「ナラティブ・ベイスト・メディスン」 金剛出版　2001
Marks, Paul Alan　マークス, ポール
1926～　[国]アメリカ　遺伝学者　スローン・ケタリング記念がんセンター名誉総長　コロンビア大学教授　[専]がん遺伝子学
Marks, R.Austin　マークス, R.オースティン
[著]「プライベート・エクイティ」 中央経済社　2011
Marks, Robert W.　マークス, ロバート・W.
[著]「バックミンスター・フラーのダイマキシオンの世界」 鹿島出版会　2008
Marks, Sean　マークス, ショーン
[国]アメリカ　ブルックリン・ネッツGM
Marks, Sen'Derrick　マークス, センデリック
[国]アメリカ　アメフト選手
Marks, Suzanne　マークス, スザンヌ
[著]「食品安全と栄養の経済学」 農林統計協会　2002
Markschies, Christoph　マルクシース, クリストフ
1962～　[著]「キリスト教の主要神学者」 教文館　2014
Markson, David　マークソン, デイヴィッド
1927～2010　[著]「これは小説ではない」 水声社　2013
Markson, Larry　マークソン, ラリー
[著]「カイロプラクティックのプロフェッショナル20人が語る仕事の流儀」 科学新聞社出版局　2012
Marksová, Michaela　マルクソバー, ミハエラ
[国]チェコ　労働社会相
Markus, Christopher　マルクス, クリストファー
[著]「キャプテン☆アメリカ ウィンター・ソルジャー」 講談社　2014
Markus, Donalee　マーカス, ドナリー
1945～　[著]「脳を鍛える大人のパズル」 中経出版　2004
Markus, Lindsey　マーカス, リンゼー・ペイジ
1976～　[著]「脳を鍛える大人のパズル」 中経出版　2004
Marland-Militello, Muriel　マルラン・ミリテロ, ミュリエル
[国]フランス　国民議会議員, ニース市副市長, 国民議会仏日友好議員連盟メンバー
Marlatt, G.Alan　マーラット, G.アラン
？～2011　[著]「マインドフルネスに基づく嗜癖行動の再発予防」 日本評論社　2016
Marleau, Marie-Eve　マーロー
[国]カナダ　飛び込み選手
Marler, Joe　マーラー, ジョー
[国]イングランド　ラグビー選手
Marler, Peter　マーラー, ピーター
[著]「音楽の起源」 人間と歴史社　2013
Marley, Christopher　マーレー, クリストファー
1969～　[著]「かたちと色、その不思議 世界一うつくしい生物図鑑」 世界文化社　2016
Marley, Damian　マーレー, ダミアン
グラミー賞 最優秀アーバン/オルタナティヴ・アーティスト（2005年（第48回））ほか
Marley, Jo　マーレイ, ジョー
[著]「パーソン・センタード・ケア」 クリエイツかもがわ, 京都 かもがわ出版（発売）　2007
Marley, Rita　マーリー, リタ
1947～　[著]「ボブ・マーリーとともに」 河出書房新社　2005
Marley, Stephen　マーレー, ステファン
グラミー賞 最優秀レゲエ・アルバム（2011年（第54回））ほか
Marley, Ziggy　マーリィ, ジギー
グラミー賞 最優秀レゲエ・アルバム（2014年（第57回））ほか　[異]マーリー, ジギー
Marlin, Debra　マーリン, デブラ
1952～　[著]「風の犬」 二見書房　2002
Marling, Karal Ann　マーリング, カラル・アン
[著]「ノーマン・ロックウェル」 Taschen　c2007
Marlos Moreno　マルロス・モレノ
[国]コロンビア　サッカー選手
Marlow, Layn　マーロウ, レイン
[著]「きっときっとまもってあげる」 評論社　2015
Marlow, Simon　マーロウ, サイモン
[著]「Haskellによる並列・並行プログラミング」 オライリー・ジャパン, オーム社（発売）　2014
Marlowe, Dean　マーロウィー, ディーン
[国]アメリカ　アメフト選手
Marlowe, Mia　マーロウ, ミア
[著]「胸元で甘くささやいて」 幻冬舎　2012
Marlowe, Stephen　マーロウ, スティーブン
1928～2008　[国]アメリカ　推理作家, SF作家
Marmanis, Haralambos　マーマニス, ハラランボス
1970～　[著]「インテリジェントウェブアルゴリズム」 みかん書院, 星雲社（発売）　2012
Marmell, Ari　マーメル, アリ
[著]「ネヴァーウィンター・キャンペーン・セッティング」 ホビージャパン　2013
Marmer, Mike　マーマー, マイク
？～2002　[国]アメリカ　脚本家　本名＝マーマー, メリル〈Marmer, Merrill D.〉
Marmo, Costantino　マルモ, コスタンティーノ
[著]「ウンベルト・エコ作『バラの名前』原典批判」 文化書房博文社　2011
Marmol, Oliver　マーモル, オリバー
[国]アメリカ　セントルイス・カーディナルスコーチ
Marmolejos, Jose　マルモレホス, ホゼ
[国]ドミニカ共和国　野球選手
Marmor, Theodore　マーマー, セオドア・R.
[著]「血液クライシス」 現代人文社, 大学図書（発売）　2003
Marmot, Michael　マーモット, マイケル
[著]「ステータス症候群」 日本評論社　2007
Marmottan, Anemone　マルモッタン
[国]フランス　アルペンスキー選手
Marmura, Michael James　マームラ, ミカエル・J.
[著]「神経内科治療薬処方ガイド」 メディカル・サイエンス・インターナショナル　2012
Marn, Michael V.　マーン, マイケル・V.
[著]「価格優位戦略」 ダイヤモンド社　2005
Marnay, Eddy　マルネ, エディ
1920～2003　[国]フランス　作詞家

Marneffe, Catherine　マーンフィー，キャサリン
　㊤「虐待された子ども」明石書店　2003
Marney, Dean　マーニー，ディーン
　㊗イングランド　サッカー選手
Maroh, Dominic　マロフ，ドミニク
　㊗スロベニア　サッカー選手
Maroh, Julie　マロー，ジュリー
　1985〜　アングレーム国際漫画祭 読者賞(2011年)　"Le bleu est une couleur chaude"〈Glénat〉　㊥マロ，ジュリー
Maroiu, Anca　マロウ
　㊗ルーマニア　フェンシング選手
Marok　マーロック
　㊤「Marok」ガスアズインターフェイス，ビー・エヌ・エス新社(発売)　2004
Maron, Hermann　マローン，H.
　㊤「日本と中国」雄松堂出版　2002
Maron, Jordan　マロン，ジョーダン
　YouTuber
Maron, Margaret　マロン，マーガレット
　㊗アメリカ　ミステリー作家
Maron, Monika　マローン，モーニカ
　1941〜　㊤「かなしい生きもの」あすなろ　2001
Marone, Mark D.　マローン，マーク
　㊤「最強の営業組織7つの戦略」ダイヤモンド社　2005
Maroney, McKayla　マロニー，マッケイラ
　1995〜　㊗アメリカ　体操選手　本名＝Maroney, McKayla Rose　㊥マロニー
Maroni, Roberto　マローニ，ロベルト
　㊗イタリア　内相　㊥マロニ，ロベルト
Marooney, Kimberly　マルーニー，キンバリー
　㊤「エンジェルラブ」クレイヴ出版事業部　2007
Marosi, Adam　マロシ，アダム
　㊗ハンガリー　近代五種選手　㊥マロシ
Marotta, Millie　マロッタ，ミリー
　㊤「野生の動物たちのぬり絵ブック」パイインターナショナル　2016
Marotte, Maxime　マロット，マキシム
　㊗フランス　自転車選手
Marouane, Fatema　マルアーン，ファテマ
　㊗モロッコ　手工業・社会連帯経済相
Maroulis, Helen　マルーリス，ヘレン
　㊗アメリカ　レスリング選手
Maroulis, William　マルーリス，ウィリアム
　㊤「Oracleデータベースセキュリティ」翔泳社　2015
Marović, Svetozar　マロヴィッチ，スヴェトザル
　1955〜　㊗モンテネグロ　政治家，法律家　セルビア・モンテネグロ大統領　㊥マロビッチ，スベトザル
Marowitz, Charles　マロウィッツ，チャールズ
　㊤「ビートルズ世界証言集」ポプラ社　2006
Marowitz, Gail　マロウィッツ，ゲイル
　アート・ディレクター　グラミー賞 最優秀レコーディング・パッケージ(2005年(第48回))　"The Forgotten Arm"
Marowitz, Richard　マロウィッツ，リチャード
　?〜2014　㊗アメリカ　ヒトラーの帽子を持ち帰った元米兵
Marpet, Ali　マーペット，アリ
　㊗アメリカ　アメフト選手
Marquard, William H.　マーカード，ウィリアム・H.
　㊤「Wal-mart」インデックス・コミュニケーションズ　2008
Marquardt, Hanne　マルクワット，ハンネ
　㊤「ドイツ発フット・リフレクソロジー療法事典」産調出版　2007
Marquardt, Luke　マーカード，ルーク
　㊗アメリカ　アメフト選手
Marquardt, Michael J.　マーコード，マイケル・J.
　㊥マーカート，マイケル・J.　㊤「実践アクションラーニング入門」ダイヤモンド社　2004
Marques, Antonio Henrique R.de Oliveira　マルケス，A.H.デ・オリヴェイラ
　㊤「ポルトガルの歴史」明石書店　2016
Marques, Fernanda　マルケス，フェルナンダ
　㊗カボベルデ　教育・スポーツ相
Marques, Maria Antónia　マルケス，マリア・アントニア
　㊤「喜んであなたのパンを食べなさい」ラキネット出版，DTP出版(発売)　2009
Marques, Pedro　マルケス，ペドロ
　㊗ポルトガル　企画・社会基盤相
Marques, Yane　マルケス

㊗ブラジル　近代五種選手
Marques da Silva, Ernani　マルケス・ダ・シルバ，エルナーニ
　㊤「プロジェクト・マネジャーが知るべき97のこと」オライリー・ジャパン，オーム社(発売)　2011
Marques Guedes, Luís　マルケスゲーデス，ルイス
　㊗ポルトガル　首相府・議会担当相
Marquet, Christophe　マルケ，クリストフ
　1965〜　㊗フランス　美術史家　フランス国立東洋言語文化研究院(INALCO)教授，日仏会館日本研究センター所長　㊨日本美術史，日本出版文化史
Marquet, L.David　マルケ，L.デビッド
　㊤「米海軍で屈指の潜水艦艦長による「最強組織」の作り方」東洋経済新報社　2014
Márquez, Arnoldo　マルケス，アルノルド
　㊗ベネズエラ　農業・土地相
Marquez, Bradley　マーキス，ブラッドリー
　㊗アメリカ　アメフト選手
Marquez, German　マルケス，ヘルマン
　㊗ベネズエラ　野球選手
Márquez, Herón　マルケス，ヘロン
　㊤「ロシア」国土社　2004
Márquez, Marc　マルケス，マルク
　1993〜　㊗スペイン　オートバイライダー
Márquez, Rafael　マルケス，ラファエル
　1979〜　㊗メキシコ　サッカー選手
Marquez, Roberta　マルケス，ロベルタ
　バレリーナ　英国ロイヤル・バレエ団プリンシパル
Marquina Barrio, Antonio　マルキナ・バリオ，アントニオ
　㊗スペイン　マドリード・コンプルテンセ大学名誉教授，マドリード・コンプルテンセ大学安全保障・国際協力研究チーム代表
Marquinhos　マルキーニョス
　㊗ブラジル　サッカー選手
Marquis, Vincent　マーキス
　㊗カナダ　フリースタイルスキー選手
Marqusee, Mike　マークシー，マイク
　㊤「モハメド・アリとその時代」未来社　2001
Marr, Andrew　マー，アンドルー
　1959〜　㊤「目で見る政治」さ・え・ら書房　2010
Marr, Bernard　マー，バーナード
　㊗　㊤「マネジャーのためのKPIハンドブック」ピアソン桐原　2012
Marr, Melissa　マール，メリッサ
　㊗アメリカ　作家　㊨ファンタジー，ロマンス
Marra, Michael F.　マラ，マイケル
　1956〜2011　㊗アメリカ　日本文学研究者　カリフォルニア大学ロサンゼルス校教授
Marra, Thomas　マーラ，トーマス
　㊤「うつと不安のマインドフルネス・セルフヘルプブック」明石書店　2011
Marrack, Philippa　マラック，フィリッパ
　㊗イギリス　ウルフ賞 医学部門(2015年)
Marrandi, Jaanus　マランディ，ヤーヌス
　㊗エストニア　農相
Marrero, Conrado　マレーロ，コンラッド
　1911〜2014　㊗キューバ　野球選手　通称＝マレーロ，コニー〈Marrero, Connie〉
Marrero, David G.　マレロ，デービッド・G.
　㊤「糖尿病1000年の知恵」医歯薬出版　2011
Marrero, Deven　マレーロ，デベン
　㊗アメリカ　野球選手
Marrero Cruz, Manuel　マレロ・クルス，マヌエル
　㊗キューバ　観光相
al-Marri, Ahmad bin Abdullah　マリ，アハマド・ビン・アブドラ
　㊗カタール　宗教相　㊥アル・マッリ，アハマド・アブドラ
Marrin, West　マリン，ウェスト
　㊤「水の神秘」河出書房新社　2006
Marriner, Neville　マリナー，ネビル
　1924〜2016　㊗イギリス　指揮者　バイオリニスト　セント・マーティン・アカデミー室内管弦楽団創設者　㊥マリナー，ネヴィル
Marriner-Tomey, Ann　マリナー・トメイ，アン
　1943〜　㊤「看護理論家とその業績」医学書院　2004
Marriott, David　マリオット，デイヴィッド
　1952〜　㊤「中国が偉大になれない50の理由」ランダムハウス講談社　2008

Marriott, J.W., Jr. マリオット, J.W.Jr.
　1932〜 ㉑アメリカ 実業家 マリオット・インターナショナル会長・CEO 通称＝マリオット, ビル〈Marriott, Bill〉
Marriott, Lynn マリオット, リン
　㉖「ゴルフ「ビジョン54」実戦編」筑摩書房 2013
Marriott, Susannah マリオット, スザンナ
　㉖「妖精伝説」大日本絵画 〔2009〕
Marroquin, Manny マロクィン, マニー
　グラミー賞 最優秀録音技術アルバム（クラシック以外）（2010年（第53回））"Battle Studies" エンジニア
Marrou, Henri Irénée マルー, H.I.
　㉖「アウグスティヌスと古代教養の終焉」知泉書館 2008
Marrs, Jason マーズ, ジェイソン
　㉖「ダン・S.ケネディの世界一ずる賢い価格戦略」ダイレクト出版 2012
Marrs, Jim マーズ, ジム
　1943〜 ㉖「秘密の話」成甲書房 2013
Marrs, Texe W. マーズ, テックス
　㉖「フリーメーソン・イルミナティの洗脳魔術体系」ヒカルランド 2015
Mars, Bruno マーズ, ブルーノ
　㉑アメリカ MTVアワード 最優秀男性アーティスト・ビデオ（第30回（2013年））ほか
Mars, Forrest, Jr. マーズ, フォレスト
　㉑アメリカ 富豪
Mars, Jacqueline マーズ, ジャクリーヌ
　㉑アメリカ 富豪
Mars, John マーズ, ジョン
　㉑アメリカ 富豪
Mars, Mick マーズ, ミック
　㉖「The dirt」シンコー・ミュージック 2002
Marsagishvili, Dato マルサギシビリ
　㉑ジョージア レスリング選手
Marsalis, Ellis マルサリス, エリス
　？〜2004 ㉑アメリカ 公民権運動支援者
Marsalis, Ellis マルサリス, エリス
　1934〜 ㉑アメリカ ジャズ・ピアニスト
Marsalis, Wynton マルサリス, ウィントン
　1961〜 ㉑アメリカ ジャズ・トランペット奏者 ㉚マーサリス／マルサリス, ウィントン
Marschall, Christoph von マーシャル, クリストフ・フォン
　1959〜 ㉖「ブラック・ケネディ」講談社 2008
Marschark, Marc マーシャック, マーク
　㉚マーシャーク, マーク ㉖「デフ・スタディーズ ろう者の研究・言語・教育」明石書店 2015
Marsden, Carolyn マースデン, キャロリン
　㉑アメリカ 作家 ㉚ヤングアダルト
Marsden, David マースデン, デヴィッド
　1950〜 ㉖「雇用システムの理論」NTT出版 2007
Marsden, Jane Doughty マースデン, ジェーン・ドーティー
　㉖「ニュー・アジアン・スタイル」チャールズ・イー・タトル出版 2004
Marsden, John マースデン, ジョン
　㉖「Tomorrow」ポプラ社 2007
Marsden, Simon マースデン, サイモン
　1948〜 ㉖「悪霊館」エディシオン・トレヴィル, 河出書房新社（発売）2006
Marsé, Juan マルセー, ファン
　1933〜 セルバンテス賞（2008年）
Marsee, Monica A. マルシ, モニカ・A.
　㉖「サイコパシー・ハンドブック」明石書店 2015
Marsella, Anthony J. マーセラ, アンソニー・J.
　㉖「テロリズムを理解する」ナカニシヤ出版 2008
Marsh, Ann C. マーシュ, アン
　㉖「夢は、「働きがいのある会社」を創ること。」アスペクト 2006
Marsh, Cassius マーシュ, カシアス
　㉑アメリカ アメフト選手
Marsh, David マーシュ, デービッド
　1952〜 ㉑イギリス ジャーナリスト, コンサルタント OMFIF共同創設者, SCCOインターナショナル会長 「フィナンシャル・タイムズ」編集委員 ㉚マーシュ, デイヴィッド／マーシュ, デビッド
Marsh, Dilleen マーシュ, ディリーン
　1952〜 ㉖「人は死ぬとどうなるの？」トリーハウス 2007
Marsh, Ed.W. マーシュ, エド・W.
　㉖「ジェームズ・キャメロンのタイタニック」竹書房 2012
Marsh, Geoffrey D. マーシュ, ジェフリー
　㉖「デヴィッド・ボウイ・イズ」スペースシャワーブックス, スペースシャワーネットワーク（発売）2013
Marsh, George P. マーシュ, ジョージ・パーキンス
　㉖「アメリカの環境主義」同友館 2004
Marsh, Graham マーシュ, グラハム
　㉖「デニム・バイブル」ブルース・インターアクションズ 2006
Marsh, Henry マーシュ, ヘンリー
　1950〜 ㉖「脳外科医マーシュの告白」NHK出版 2016
Marsh, Jhonasan マーシュ, ジョナサン
　㉖「キッズ・スタッフ」講談社 2004
Marsh, Jonathan マーシュ, ジョナサン
　㉖「パスポート」中西出版 2002
Marsh, June マーシュ, ジューン
　㉖「デニム・バイブル」ブルース・インターアクションズ 2006
Marsh, Katherine マーシュ, キャサリン
　1974〜 ㉑アメリカ 作家 ㉚ファンタジー, 児童書
Marsh, Nicola マーシュ, ニコラ
　㉖「恋が終わるたびに」ハーレクイン 2011
Marsh, Paul R. マーシュ, ポール
　㉖「証券市場の真実」東洋経済新報社 2003
Marsh, Peter マーシュ, ピーター
　㉖「ジェスチュア」筑摩書房 2004
Marsh, Stanley マーシュ, スタンリー
　1938〜2014 ㉑アメリカ 実業家, 芸術家
Marshall, Andrew G. マーシャル, アンドリュー・G.
　㉖「愛しているけど好きじゃない」アスペクト 2006
Marshall, Barry マーシャル, バリー
　1951〜 ㉑オーストラリア 胃腸病学者 西オーストラリア大学ヘリコバクター・ピロリ研究所名誉研究員 ㉑ピロリ菌 本名＝Marshall, Barry James ㉚マーシャル, バリー・J.
Marshall, Brandon マーシャル, ブランドン
　㉑アメリカ アメフト選手
Marshall, Byron マーシャル, バイロン
　㉑アメリカ アメフト選手
Marshall, Chester マーシャル, チェスター
　1917〜 ㉖「B-29日本爆撃30回の実録」ネコ・パブリッシング 2001
Marshall, Chris マーシャル, クリス
　1945〜 ㉖「企業情報システムの一般モデル」ピアソン・エデュケーション 2001
Marshall, Colin Marsh マーシャル, コリン
　1933〜2012 ㉑イギリス 実業家 英国航空（BA）会長, 英国産業連盟会長 別名＝Marshall of Knigtsbridge
Marshall, Dale マーシャル, デール
　㉑バルバドス 検事総長兼内相
Marshall, David マーシャル, デイヴィッド
　㉑スコットランド サッカー選手
Marshall, Dennis マルシャル, デニス
　1985〜2011 ㉑コスタリカ サッカー選手
Marshall, Diana マルシェル, ダイアナ
　㉖「アボリジニ」汐文社 2008
Marshall, Donis マーシャル, ドニス
　1960〜 ㉖「プログラミングMicrosoft Visual C# 2005」日経BPソフトプレス, 日経BP出版センター（発売）2006
Marshall, Evan マーシャル, エヴァン
　1956〜 ㉖「すったもんだのステファニー」ヴィレッジブックス, ソニー・マガジンズ（発売）2006
Marshall, Evan マーシャル, エバン
　㉑アメリカ 野球選手
Marshall, Frank マーシャル, フランク
　1946〜 ㉑アメリカ 映画プロデューサー, 映画監督
Marshall, Garry マーシャル, ゲーリー
　1934〜2016 ㉑アメリカ 映画監督, 脚本家, 俳優 本名＝Marshall, Garry Kent ㉚マーシャル, ゲイリー
Marshall, Hallie マーシャル, ハリー
　㉖「くまのプーさん なんじですか？」大日本絵画 2001
Marshall, I.Howard マーシャル, I.H.
　㉚マーシャル, I.ハワード ㉖「叢書新約聖書神学」新教出版社 2016
Marshall, I.N. マーシャル, イアン
　㉖「SQ魂の知能指数」徳間書店 2001
Marshall, Jalin マーシャル, ジャリン
　㉑アメリカ アメフト選手
Marshall, Jason マーシャル, ジェイソン
　㉑カナダ ラグビー選手

Marshall, Jayne E.　マーシャル, ジェーン・E.
　著「助産師の意思決定」エルゼビア・ジャパン　2006
Marshall, Jim　マーシャル, ジム
　?〜2010　国アメリカ　写真家
Marshall, Jim　マーシャル, ジム
　1923〜2012　国イギリス　マーシャル・アンプ開発者　マーシャル・アンプリフィケーション創業者
Marshall, John C.　マーシャル, J.C.
　著「臨床神経心理学ハンドブック」西村書店東京出版編集部　2011
Marshall, Kathleen　マーシャル, キャスリーン
　トニー賞 ミュージカル 振付賞（2011年（第65回））ほか
Marshall, Keith　マーシャル, キース
　国アメリカ　アメフト選手
Marshall, Keith　マーシャル, キース
　著「指輪物語ガイドブック」イースト・プレス　2002
Marshall, Liam E.　マーシャル, リアム・E.
　著「性犯罪者の治療と処遇」日本評論社　2010
Marshall, Lisa B.　マーシャル, リサ・B.
　著「スマートトーク」学研パブリッシング, 学研マーケティング（発売）　2013
Marshall, Mary　マーシャル, M.
　1945〜　著「高齢者ソーシャルワーク」晃洋書房　2008
Marshall, Megan　マーシャル, メーガン
　1954〜　国アメリカ　作家
Marshall, Michael　マーシャル, マイケル
　1965〜　著「惨影」ヴィレッジブックス　2009
Marshall, Nick　マーシャル, ニック
　国アメリカ　アメフト選手
Marshall, Nick　マーシャル, ニック
　著「マスタリングVMware vSphere 5.5」翔泳社　2014
Marshall, Paula　マーシャル, ポーラ
　著「エマと伯爵」ハーパーコリンズ・ジャパン　2016
Marshall, Paul A.　マーシャル, ポール
　1948〜　著「わが故郷、天にあらず」いのちのことば社　2004
Marshall, P.David　マーシャル, P.D.
　著「有名人と権力」勁草書房　2002
Marshall, Penny　マーシャル, ペニー
　1943〜　国アメリカ　映画監督, 女優　本名＝Marshall, Carole Penny
Marshall, Perry S.　マーシャル, ペリー
　著「日本人が知らなかったFacebook広告「超」集客法」ダイレクト出版　2012
Marshall, Richard M.　マーシャル, リチャード・M.
　著「ソフトウェアの未来」翔泳社　2001
Marshall, Rob　マーシャル, ロブ
　1960〜　国アメリカ　振付師, 舞台演出家, 映画監督
Marshall, Robert　マーシャル, ロバート
　1952〜　著「ソハの地下水道」集英社　2012
Marshall, Rommell　マーシャル, ロメル
　国バルバドス　公共事業・運輸相
Marshall, Ruth Ann　マーシャル, ルース・アン
　国アメリカ　実業家　アメリカズ・マスターカード社長
Marshall, Samantha　マーシャル, サマンサ
　国アンティグア・バーブーダ　社会変革・能力開発相
Marshall, Sarah C.　マーシャル, サラ・C.
　著「写真とDVDでわかり易い最先端のテーピング技術」ガイアブックス　2015
Marshall, Savannah　マーシャル, サバンナ
　国イギリス　ボクシング選手　異マーシャル
Marshall, Stephanie Pace　マーシャル, ステファニー・ペース
　1945〜　著「科学力のためにできること」近代科学社　2008
Marshall, Susan　マーシャル, スーザン
　著「個人力」ディスカヴァー・トゥエンティワン　2003
Marshall, Tim　マーシャル, T.
　1959〜　著「恐怖の地政学」さくら舎　2016
Marshall, Tim　マーシャル, ティム
　著「現代デザイン事典」鹿島出版会　2012
Marshall, William L.　マーシャル, ウィリアム・L.
　著「性犯罪者の治療と処遇」日本評論社　2010
Marsham, Liz　マーシャム, リズ
　著「トイ・ストーリーなぞのきょうりゅうワールド」KADOKAWA　2015
Marshan, Eddie　マーサン, エディ
　モスクワ国際映画祭 銀賞 最優秀俳優賞（第34回（2012年））"Junkhearts"（イギリス）

Marsicano, Trevor　マルシカノ, トレバー
　1989〜　国アメリカ　スピードスケート選手
Marsilii, Bill　マーシリイ, ビル
　著「デジャヴ」竹書房　2007
Marsocci, Joey　マルゾッキ, ジョーイ
　著「1000コスプレ＆コスチュームアイデア」グラフィック社　2015
Marsol, Manuel　マルソル, マヌエル
　1984〜　著「エイハブ船長と白いクジラ」ワールドライブラリー　2016
Marsoli, Lisa Ann　マルソーリ, リサ・アン
　1958〜　異マルソリ, リサ　著「トイ・ストーリー」KADOKAWA　2016
Marson, Jacqui　マーソン, ジャキ
　著「もう「いい人」ぶるのはやめて楽になりなさい」SBクリエイティブ　2014
Marson, Leonardo　マルソン, レオナルド
　国イタリア　サッカー選手
Marsten, Richard　マースティン, リチャード
　1926〜2005　著「恐竜1億年」岩崎書店　2004
Marston, J.D.　マーストン, J.D.
　著「ベイビー・シェイクスピア絵本」コムテック　2001
Marston, Joshua　マーストン, ジョシュア
　ベルリン国際映画祭 銀熊賞 脚本賞（第61回（2011年））"The Forgiveness Of Blood"
Marta　マルタ
　1986〜　国ブラジル　サッカー選手　本名＝ダ・シウバ, マルタ・ビエイラ〈Da Silva, Marta Vieira〉
Martchenko, Michael　マルチェンコ, ミカエル
　著「おしっこでるよ」PHP研究所　2004
Marte, Jefry　マーティ, ジェフリー
　国アメリカ　野球選手
Marte, Ketel　マーティ, ケテル
　国ドミニカ共和国　野球選手
Marte, Starling　マーティ, スターリング
　国ドミニカ共和国　野球選手
Martel, Frédéric C.　マルテル, フレデリック
　1967〜　国フランス　社会学者, 作家, ジャーナリスト
Martel, Yann　マーテル, ヤン
　1963〜　国カナダ　作家
Martell, Christopher R.　マーテル, クリストファー・R.
　著「セラピストのための行動活性化ガイドブック」創元社　2013
Martell, Hazel　マーテル, ヘーゼル・メアリー
　著「キリスト教」ゆまに書房　2004
Martell, Nevin　マーテル, ネヴィン
　著「レゴミニフィギュアの本」東京書籍　2009
Martella, Bruno　マルテッラ, ブルーノ
　国イタリア　サッカー選手
Martelli, Alex　マーテリ, アレックス
　著「Pythonクックブック」オライリー・ジャパン, オーム社（発売）　2007
Martelly, Michel　マルテリー, ミシェル
　1961〜　国ハイチ共和国　政治家, 歌手　ハイチ大統領　愛称＝スイート・ミッキー〈Sweet Micky〉　異マーテリー, ミシェル／マテリ, ミシェル
Marten, Gerald G.　マーテン, ジェラルド・G.
　1939〜　著「ヒューマン・エコロジー入門」有斐閣　2005
Martens, Brian K.　マーテンス, ブライアン・K.
　著「学校コンサルテーション」学苑社　2008
Martens, Burkhard　マルテンス, ブルクハルト
　1962〜　著「パラグライダー＆ハンググライダーパイロットのためのThermal Flying」イカロス出版　2014
Martens, Ekkehart　マルテンス, エッケハルト
　1943〜　著「子供とともに哲学する」晃洋書房　2003
Martens, Ernesto　マルテンス, エルネスト
　国メキシコ　エネルギー相
Martens, Rainer　マートン, レイナー
　1942〜　著「スポーツ・コーチング学」西村書店東京出版編集部　2013
Martens, Wilfried　マルテンス, ウィルフリート
　1936〜2013　国ベルギー　政治家　ベルギー首相　本名＝Martens, Wilfried Achiel Emma　異マルテンス, ヴィルフリート
Martensen, Anne　マーテンセン, アン
　著「業績評価の理論と実務」東洋経済新報社　2004
Martens Rebolledo, Ernest　マルテンス・レボジェド, エルネスト
　国メキシコ　エネルギー相

Martes, Francis　マーテス, フランシス
　国ドミニカ共和国　野球選手
Martet, Richard　マルテ, リシャール
　著「偉大なるオペラ歌手たち」ヤマハミュージックメディア　2014
Princess Märtha　マルタ王女
　1971〜　国ノルウェー　王女　本名＝マルタ・ルイーセ〈Märtha Louise〉　異マータ・ルイーセ／マータ王女
Marthé, Daouda　マルテ, ダウダ
　国ニジェール　初等・市民教育相
Martí, David　マルティ, ダビド
　アカデミー賞 メイクアップ賞（第79回（2006年））　"El laberinto del fauno"
Martial, Anthony　マルシャル, アントニー
　国フランス　サッカー選手
Martienssen, Rob　マルティーンセン, R.
　著「RNAi」メディカル・サイエンス・インターナショナル　2004
Martikan, Michal　マルティカン, ミハル
　1979〜　国スロバキア　カヌー選手　異マルティカン
Martin, Agnes　マーティン, アグネス
　1912〜2004　国アメリカ　画家　異ミニマルアート
Martin, Alex　マルティン, アレックス
　著「大切なことはみんなピッチで教わった」飛鳥新社　2013
Martin, Andrea　マーティン, アンドレア
　トニー賞 ミュージカル 助演女優賞（2013年（第67回））　"Pippin"
Martin, Andrej　マルティン, アンドレイ
　国スロバキア　テニス選手
Martin, Andrew　マーティン, アンドリュー
　英国推理作家協会賞 エリス・ピーターズ・ヒストリカル・ダガー（2011年）　"The Somme Stations"
Martin, Angela　マーティン, アンジェラ
　著「直感を磨けば人生はうまくいく！」実業之日本社　2006
Martin, Anne　マーティン, アン
　著「描写レヴューで教師の力量を形成する」ミネルヴァ書房　2002
Martin, Annie　マーティン
　国カナダ　ビーチバレー選手
Martin, Ann M.　マーティン, アン・M.
　1955〜　著「レイン」小峰書店　2016
Martin, Archer John Porter　マーティン, アーチャー
　1910〜2002　国イギリス　化学者　英国国立医学研究所物理化学部長
Martin, Arthurton　マーティン, アーサートン
　国ドミニカ共和国　農業・計画・環境相
Martin, Barbara　マーティン, バーバラ
　著「看護技術目でみる事典」西村書店　2006
Martin, Barbara Y.　マーティン, バーバラ・Y.
　著「オーラ・ヒーリングのちから」ナチュラルスピリット　2011
Martin, Bella　マーティン, ベラ
　著「Research & Design Method Index」ビー・エヌ・エヌ新社　2013
Martin, Bill　マーチン, ビル
　1916〜　著「こぐまくんこぐまくんなにみているの？」偕成社　2008
Martin, Bob　マーティン, ボブ
　トニー賞 ミュージカル 脚本賞（2006年（第60回））　"The Drowsy Chaperone"　異マーチン, ボブ
Martin, Boris　マルタン, ボリス
　著「一〇〇年前の世界一周」日経ナショナルジオグラフィック社, 日経BP出版センター（発売）　2009
Martin, Boyd　マーティン
　国アメリカ　馬術選手
Martin, Bradley K.　マーティン, ブラッドレー
　1942〜　著「北朝鮮「偉大な愛」の幻」青灯社　2007
Martin, Brian　マーティン
　国アメリカ　リュージュ選手
Martin, Brian M.　マーティン, ブライアン・M.
　国ニュージーランド　元・日本ニュージーランド経済委員会委員長, 元・トリンプ・インターナショナル・ジャパン株式会社代表取締役, 元・リーバイ・ストラウス日本支社社長　異マーティン, ブライアン
Martin, Carole Hurd　マーティン, キャロル
　著「人材を逃さない見抜く面接質問50」ディスカヴァー・トゥエンティワン　2015
Martin, Catherine　マーティン, キャサリン
　アカデミー賞 美術監督・装置賞（第86回（2013年））ほか

Martin, Chris　マーティン, クリス
　1977〜　国イギリス　ミュージシャン　本名＝マーティン, クリストファー・アンソニー・ジョン
Martin, Chris　マーティン, クリス
　国アメリカ　アメフト選手
Martin, Christina　マーティン, クリスティーナ
　著「優美な織物の物語」創元社　2015
Martin, Chuck　マーチン, チャック
　1949〜　著「まずは、コーヒーブレイクを」ぶんか社　2007
Martin, Claude　マルタン, クロード
　1933〜　著「アンドレ・ジッド」九州大学出版会　2003
Martin, Cody　マーティン, コディ
　国アメリカ　野球選手
Martin, Colin　マーティン, コリン
　著「地獄へようこそ」作品社　2008
Martin, Cory　マーティン, コーリィ
　著「The OC」ゴマブックス　2007
Martin, Curly　マーチン, カーリィ
　著「ライフコーチング・ハンドブック」チーム医療　2005
Martin, Damir　マルティン, ダミル
　国クロアチア　ボート選手
Martin, Daniel　マーティン, ダニエル
　国アイルランド　自転車選手
Martin, Daniel　マルタン, ダニエル
　著「フライパン1本でできるお手軽フレンチ」サンマーク出版　2008
Martin, Daniella　マーティン, ダニエラ
　著「私が虫を食べるわけ」飛鳥新社　2016
Martin, David　マーティン, デイヴィッド
　1944〜　マーティン, デイビット　著「ハイパフォーマンスの科学」ナップ　2016
Martin, David　マルタン
　国フランス　トランポリン選手
Martin, David E.　マーティン, デビッド
　1939〜　著「中長距離ランナーの科学的トレーニング」大修館書店　2001
Martin, David S.　マーティン, デヴィッド・S.
　著「聴覚障害児の学力を伸ばす教育」明石書店　2010
Martin, Deborah　マーティン, デボラ
　異マーチン, デボラ・L.　著「シミぬき大事典」ブロンズ新社　2008
Martin, Deirdre　マーティン, ディアドラ
　著「花嫁にキスを」オークラ出版　2013
Martin, Didier　マーティン, ディディア
　著「プロフェッショナルXML」インプレス, インプレスコミュニケーションズ（発売）　2001
Martin, Donald E.　マーティン, ドナルド・E.
　著「心臓手術の麻酔」メディカル・サイエンス・インターナショナル　2014
Martin, Doris　メルティン, ドリス
　著「スモール・トーク」主婦の友社, 角川書店（発売）　2002
Martin, Doug　マーティン, ダグ
　国アメリカ　アメフト選手
Martin, Douglas A.　マーティン, ダグラス
　1973〜　国アメリカ　詩人, 劇作家, 作家　分文学　異マーティン, ダグラス・A.
Martin, E.A.　マーティン, エリザベス
　著「オックスフォード科学辞典」朝倉書店　2009
Martin, Earl　マーティン, アール
　国セントクリストファー・ネイビス　副首相兼住宅・エネルギー・公共事業・公益事業相
Martin, Earl Asim　マーティン, アール・アシム
　国セントクリストファー・ネイビス　公共事業・運輸・郵政相
Martin, Emily　マーチン, エミリー
　著「ボディー・ポリティクス」世界思想社　2003
Martin, Eric　マーティン, エリック
　1960〜　国アメリカ　ロック歌手
Martín, Esteban　マルティン, エステバン
　1956〜　国スペイン　作家, 編集者　分文学
Martin, Felix　マーティン, フェリックス
　1974〜　著「21世紀の貨幣論」東洋経済新報社　2014
Martin, Gabe　マーティン, ゲーブ
　国アメリカ　アメフト選手
Martin, Gail　マーティン, ゲイル
　著「三週間の恋人」ハーレクイン　2003
Martin, George Henry　マーティン, ジョージ
　1926〜2016　国イギリス　音楽プロデューサー　異マーチン,

ジョージ
Martin, George R.R.　マーティン, ジョージ
1948～ [国]アメリカ 作家
Martin, Giles　マーティン, ジャイルズ
グラミー賞 最優秀映画・TV・その他ヴィジュアルメディア音楽コンピレーション・サウンドトラック・アルバム (2007年 (第50回)) ほか
Martin, Glenys Hanna　マーティン, グレニス・ハナ
[国]バハマ 運輸・航空相
Martin, Grady　マーティン, グラディ
1929～2001 [国]アメリカ ギタリスト [異]マーティン, グラディー
Martin, Guy　マルタン, ギィ
1957～ [著]「シェフの哲学」 白水社 2008
Martin, Harvey　マーティン, ハービー
?～2001 [国]アメリカ アメフト選手
Martin, Henri-Jean　マルタン, アンリ・ジャン
1924～2007 [国]フランス 書物社会史研究家 エコール・プラティーク・デ・オートゼチュード教授
Martin, Henry　マーティン, ヘンリー
[国]セントクリストファー・ネイビス 情報・文化・青年スポーツ相
Martin, Herve　マルタン, エルベ
1958～ [国]フランス 実業家 フレッテCEO
Martin, Iain　マーチン, イアイン
1971～ [著]「メイキング・イット・ハプン」 WAVE出版 2015
Martin, Jacqueline Briggs　マーティン, ジャクリーン・ブリッグズ
[著]「天からのおくりもの」 BL出版 2004
Martin, Jacques　マルタン, ジャック
1933～2007 [国]フランス テレビ司会者
Martin, James　マーティン, ジェームズ
1933～2013 [国]イギリス 未来学者, 著述家, 実業家 ジェームズ・マーティン・アソシエーツ代表 [専]インフォメーション・エンジニアリング [異]マーチン, ジェームス / マーティン, ジェームス
Martin, James A.　マーティン, ジェイムズ・A.
[著]「グーグル時代の情報整理術」 早川書房 2009
Martin, James P.　マーティン, ジェームズ・P.
[著]「プライベート・エクイティ」 中央経済社 2011
Martin, James Robert　マーティン, ジェームス・R.
[著]「シドニー学派のSFL」 リーベル出版 2005
Martin, Jane　マーティン, ジェーン
[著]「北村薫のミステリー館」 新潮社 2005
Martin, Jane Roland　マーティン, ジェーン・R.
1929～ [著]「カルチュラル・ミスエデュケーション」 東北大学出版会 2008
Martin, Janis　マーティン, ジャニス
1940～2007 [国]アメリカ 歌手 本名＝Martin, Janis Darlene
Martin, Jarell　マーティン, ジャレル
[国]アメリカ バスケットボール選手
Martin, Jean-Clet　マルタン, ジャン＝クレ
1958～ [著]「哲学の犯罪計画」 法政大学出版局 2013
Martin, John　マーチン, ジョン
1950～ [著]「現代イギリス農業の成立と農政」 筑波書房 2002
Martin, John Harry　マーティン, ジョン・H.
1951～ [著]「マーティン カラー神経解剖学」 西村書店 2015
Martin, Jonathan E.　マーティン, ジョナサン・E.
[著]「大気力学の基礎」 東京大学出版会 2016
Martin, Josh　マーティン, ジョシュ
[国]アメリカ アメフト選手
Martin, Judy　マーティン, ジュディー
[著]「混色入門」 エム・ピーシー 2002
Martin, Kareem　マーティン, カリーム
[国]アメリカ アメフト選手
Martin, Kat　マーティン, キャット
[著]「婚約中の侯爵を奪うには」 幻冬舎 2013
Martin, Katherine　マーチン, キャサリン
[著]「7歳までに伝えたいしあわせのバケツ」 TOブックス 2012
Martin, Katherine L.　マーティン, キャサリン・L.
1960～ [著]「Q&Aきこえとことばの相談室」 協同医書出版社 2005
Martin, Keshawn　マーティン, ケショーン
[国]アメリカ アメフト選手
Martin, Kevin　マーティン, ケビン
1966～ [国]カナダ カーリング選手 [異]マーティン
Martin, Kyle　マーティン, カイル
[国]アメリカ 野球選手
Martin, Lawrence　マーチン, L.
1943～ [著]「臨床の肺生理学」 東海大学出版会 2008
Martin, Leo　マルティン, レオ
1976～ [著]「元ドイツ情報局員が明かす不愉快な相手を手なずける技術」 CCCメディアハウス 2016
Martin, Leonys　マーティン, レオニス
[国]キューバ 野球選手
Martin, Les　マーティン, レス
1934～ [著]「ヤング・インディ・ジョーンズ」 講談社 2008
Martin, Leslie R.　マーティン, レスリー・R.
[著]「長寿と性格」 清流出版 2012
Martin, Lucy　マーティン, ルーシー
1968～ [著]「New住まいのライティング」 ガイアブックス, 産調出版 (発売) 2011
Martin, Luis Miguel　マルティン, L.
[国]スペイン 陸上選手
Martín, Lydia　マルティン, リディア
[著]「テレシタの小道」 サンパウロ 2010
Martin, Madeline　マーティン, マデリン
[著]「スコットランドの誘惑」 オークラ出版 2016
Martin, Marcel　マルタン, マルセル
1926～2016 [国]フランス 映画評論家 国際映画評論家連盟名誉会長
Martin, Marcos　マーチン, マルコス
1972～ [異]マーティン, マルコス [著]「キャプテン・アメリカ：ロード・トゥ・リボーン」 ヴィレッジブックス 2014
Martin, Marcus　マーティン, マーカス
[国]アメリカ アメフト選手
Martin, Marilyn Youngbird　ヤングバード, マリリン
[著]「ホーミタクヤセン」 七つ森書館 2012
Martin, Max　マーティン, マックス
グラミー賞 最優秀プロデューサー (クラシック以外) (2014年 (第57回))
Martin, Michael　マーチン, M.
1951～ [著]「ミルトン・エリクソンの催眠療法入門」 金剛出版 2016
Martin, Michael Robert　マーティン, マイケル
1966～ [著]「内なる声を聞け」 パンローリング 2012
Martin, Micheal　マーティン, ミホル
[国]アイルランド 外相 [異]マーティン, マイケル
Martin, Mike　マーティン, マイク
[国]アメリカ アメフト選手
Martin, Nadine　マーティン, ネイディン
1952～ [著]「失名辞」 医学書院 2010
Martin, Nancy　マーティン, ナンシー
1953～ [著]「億万長者の殺し方教えます」 早川書房 2010
Martin, Neale　マーティン, ニール
1957～ [著]「「習慣で買う」のつくり方」 海と月社 2011
Martin, Nick　マーティン, ニック
[国]アメリカ アメフト選手
Martin, Paul　マーティン, ポール
1938～ [国]カナダ 政治家 カナダ首相, カナダ自由党党首
Martin, Paul　マルタン, ポール
1967～ [異]マーティン, ポール [著]「スポーツ人間学」 てらぺいあ 2012
Martin, Paul R.　マーティン, ポール・R.
1951～ [著]「人生、寝たもの勝ち」 ソニー・マガジンズ 2004
Martin, Peter　マーティン, ピーター
1940～ [著]「パースわたしの愛した犬」 バベル・プレス 2005
Martin, Philip　マーティン, フィリップ
エミー賞 プライムタイム・エミー賞 最優秀監督賞 (ミニシリーズ・映画・ドラマスペシャル番組) (第59回 (2007年)) "Prime Suspect: The Final Act (Masterpiece Theatre)"
Martin, Philip　マーティン, フィリップ
1955～ [著]「私の「うつ」を癒してくれた「禅」の教え」 創元社 2010
Martin, Rafael　マーティン, ラファエル
[国]アメリカ 野球選手
Märtin, Ralf-Peter　メルティン, ラルフ・ペーター
1951～ [著]「極限への挑戦者」 東京新聞 2013
Martin, Ralph P.　マーティン, ラルフ・P.
1925～ [著]「ピリピ人への手紙」 いのちのことば社 2008
Martín, Raul　マーチン, ラウル
[著]「恐竜の生態」 日経ナショナルジオグラフィック社, 日経BP出版センター (発売) 2006
Martin, Razvan Constantin　マルティン

M

Martin, R.E. マーティン, R.E.
 ㉓ルーマニア　重量挙げ選手
Martin, R.E. マーティン, R.E.
 ㊎「失語症言語治療の理論と実際」新樹会創造出版　2003
Martin, René マルタン, ルネ
 ㊎「フランス的クラシック生活」PHP研究所　2011
Martin, Rex マーティン, レックス
 ㊎「社会正義論の系譜」ナカニシヤ出版　2002
Martin, Richard マーティン, リチャード
 コンピレーション・プロデューサー　グラミー賞 最優秀ヒストリカル・アルバム（2006年（第49回））　"Lost Sounds: Blacks And The Birth Of The Recording Industry 1891-1922"
Martin, Richard マーティン, リチャード
 1958〜　㊎「トリウム原子炉の道」朝日新聞出版　2013
Martin, Richard M. マーチン, R.M.
 ㊎「物質の電子状態」丸善出版　2012
Martin, Richard P. マーティン, リチャード・P.
 ㊎「ヘーラクレースの闘い」文芸社　2010
Martin, Ricky マーティン, リッキー
 1971〜　㉓アメリカ　歌手, 俳優　本名＝Morales, Enrique Martin
Martin, Robert C. マーチン, ロバート・C.
 ソフトウェアコンサルタント　オブジェクト・メンター創設者
Martin, Robert D. マーティン, ロバート
 1942〜　㊎「愛が実を結ぶとき」岩波書店　2015
Martin, Robert S. マーティン, ロバート・S.
 ㊎「収益不動産評価の理論と実務」東洋経済新報社　2006
Martin, Rod A. マーティン, ロッド・A.
 ㊎「ユーモア心理学ハンドブック」北大路書房　2011
Martin, Roger L. マーティン, ロジャー・L.
 ㊎「P&G式「勝つために戦う」戦略」朝日新聞出版　2013
Martin, Ronald マーティン, ロナルド
 ㉓アメリカ　アメフト選手
Martin, Rosemary マーティン, ローズマリー
 1955〜　㊎「ベベ・ベネット, 秘密諜報員になりきる」東京創元社　2010
Martin, Ross マーティン, ロス
 ㉓アメリカ　アメフト選手
Martin, Russell マーティン, ラッセル
 1983〜　㉓カナダ　野球選手　本名＝Martin, Russell Nathan Coltrane　㊨マーチン, ラッセル
Martin, Russell マーティン, ラッセル
 1952〜　㊎「ベートーヴェンの真実」PHP研究所　2012
Martin, Ruth マーティン, ルース
 ㊨マーチン, ルース　㊎「どうぶつのせかい」大日本絵画〔2016〕
Martin, Sam マーティン, サム
 ㉓アメリカ　アメフト選手
Martin, Seamus J. マーティン, シーマス・J.
 1966〜　㊎「ロアットカラー基本免疫学」西村書店東京出版編集部　2011
Martin, Sieglinde マーチン, ジークリンデ
 ㊎「親と専門家のための脳性まひ児の運動スキルガイドブック」医歯薬出版　2015
Martin, Simon マーティン, サイモン
 ㊎「ビジュアル版 世界の歴史都市」柊風舎　2016
Martin, Stephen マーチン, ステファン
 ㊎「現代アメリカ産業論」創風社　2002
Martin, Steve マーティン, スティーブ
 1945〜　㉓アメリカ　コメディアン, 俳優, 脚本家　㊨マーチン, スティーブ／マーティン, スティーヴ
Martin, Steve J. マーティン, スティーブ・J.
 ㊨マーティン, S.J.　㊎「影響力の武器」誠信書房　2016
Martin, Stuart マーティン, スチュアート
 ㊎「ベッシーのすてきなキャンディ」ディー・ティー・ジャパン c2014
Martin, Sven マーティン, スベン
 ㉓ドイツ　ザグレブ国際アニメーション映画祭 その他の賞 学生コンペティション 観客賞（2004年）　"Ritterschlag"（英題：Knight Games）
Martin, Terry Dean マーチン, テリー
 ㊎「アファーマティヴ・アクションの帝国」明石書店　2011
Martin, Terry E. マーティン, T.
 ㊎「患者搬送ハンドブック」メディカ出版　2009
Martin, Thérèse マルタン, テレーズ
 ㊎「リジューのテレーズ365の言葉」女子パウロ会　2011
Martin, Thomas マーティン, トーマス

 ㊎「小学生の英語かきとり＆ききとり自習ドリル」すばる舎　2012
Martin, Tony マーティン, トニー
 1913〜2012　㉓アメリカ　歌手, 俳優　本名＝Morris, Alvin
Martin, Tony マルティン, トニー
 ㉓ドイツ　自転車選手　㊨マーティン
Martin, Wednesday マーティン, ウェンズデー
 ㊎「パークアヴェニューの妻たち」講談社　2016
Martin, William マーティン, ウィリアム
 1944〜　㊎「タオの子育て」サンガ　2015
Martin, William C. マーティン, ウィリアム
 ㊎「ITIコンセンサス会議議事録」クインテッセンス出版　2015
Martin, William F. マーティン, ウィリアム
 1951〜　㉓アメリカ　米国エネルギー省原子力諮問委員会国際委員長, ワシントン・ポリシー・アンド・アナリシス（WPA）会長　米国エネルギー省副長官　㊨マーチン, ウィリアム
Martin, Zack マーティン, ザック
 ㉓アメリカ　アメフト選手
Martina, Churandy マルティナ, チュランディ
 ㉓オランダ　陸上選手
Martina, Cuco マルティナ, クコ
 ㉓キュラソー　サッカー選手
Martina, Maurizio マルティーナ, マウリツィオ
 ㉓イタリア　農林相
Martín Aceña, Pablo マーティン・アセニャ, パブロ
 ㊎「タバカレラ」山愛書院, 星雲社（発売）　2005
Martindale, Jennifer L. マーティンデール, J.L.
 ㊎「ER心電図の超速診断」西村書店東京出版編集部　2015
Martindale, Margo マーティンデイル, マーゴ
 エミー賞 プライムタイム・エミー賞 最優秀助演女優賞（ドラマシリーズ）（第63回（2011年））　"Justified"
Martineau, David マルチヌ, デイビッド
 ㊎「DB2ユニバーサル・データベースアプリケーション開発オフィシャルガイド」ピアソン・エデュケーション　2002
Martineau, Jason マーティノー, ジェイソン
 ㊎「音楽の美しい宇宙」創元社　2015
Martineau, John マーティヌー, ジョン
 ㊨マルティノー, ジョン　㊎「太陽系の美しいハーモニー」創元社　2013
Martinell, Emma マルティネル, E.
 ㊎「スペイン語会話表現事典」三修社　2011
Martinell, Francisco マルティネル, F.
 ㊎「スペイン語会話表現事典」三修社　2011
Martinelli, Ricardo マルティネリ, リカルド
 1952〜　㉓パナマ　政治家, 実業家　パナマ民主改革党（CD）党首　パナマ大統領　本名＝Martinelli Berrocal, Ricardo Alberto　㊨マルティネッリ
Martinelli, Russ J. マルティネリ, ルス
 1959〜　㊎「グローバルプロジェクトチームのまとめ方」慶応義塾大学出版会　2015
Martinet, Jeanne マルティネ, ジャンヌ
 1958〜　㊎「「しまった！」と思ったときのとっさの一言」ベストセラーズ　2005
Martinetti, Anne マルティネッティ, アンヌ
 ㊎「アガサ・クリスティーの晩餐会」早川書房　2006
Martinetti, Guido マルティネッティ, グイード
 1974〜　㊎「世界一のジェラートをつくる」白水社　2015
Martinetti, John マルティネッティ, ジョバンニ
 1932〜　㊎「なぜ神を信じるのか」ドン・ボスコ社　2005
Martinez, Alberto A. マルティネス, アルベルト・A.
 ㊎「ニュートンのりんご, アインシュタインの神」青土社　2015
Martinez, Aleix マルティネス, アレクス
 ㉓スペイン　ローザンヌ国際バレエコンクール 1位・スカラシップ（第36回（2008年））ほか
Martinez, Anthony マルティネス, アンソニー
 ㉓ベリーズ　人材開発・社会変革・貧困削減相
Martinez, Arthur C. マルティネス, アーサー
 1939〜　㊎「巨大百貨店再生」日経BP社, 日経BP出版センター（発売）　2004
Martinez, Bernard マルティネス, ベルナル
 ㉓ホンジュラス　芸術・文化・スポーツ相
Martinez, Blake マルチネス, ブレイク
 ㉓アメリカ　アメフト選手
Martinez, Carlos マルティネス, カルロス
 ㉓ドミニカ共和国　野球選手
Martinez, Claude マルティネス, クロード

1954〜 国フランス　実業家　パルファン・クリスチャン・ディオール社長・CEO　欧マルチネズ, クロード
Martinez, Conchita　マルティネス
国スペイン　テニス選手
Martínez, Daniel　マルティネス, ダニエル
国ウルグアイ　産業・エネルギー・鉱業相
Martinez, Dave　マルティネス, デーブ
国アメリカ　シカゴ・カブスコーチ
Martínez, Diógeneos　マルティネス, ディオヘネス
国パラグアイ　国防相
Martinez, Eden　マルティネス, イーデン
国ベリーズ　人材開発・社会変動相
Martinez, Edgar　マルティネス, エドガー
国アメリカ　シアトル・マリナーズコーチ
Martinez, Elizabeth A.　マーティネス, エリザベス・A.
著「ICUエラーブック」メディカル・サイエンス・インターナショナル　2010
Martinez, Emiliano　マルティネス, エミリアーノ
国アルゼンチン　サッカー選手
Martínez, Esperanza　マルティネス, エスペランサ
国パラグアイ　保健相
Martínez, Ever　マルティネス, エベル
国パラグアイ　法相
Martinez, Fernando Daniel　マルティネス, フェルナンド
国アルゼンチン　ボクシング選手
Martínez, Gabriel　マルティネス, ガブリエル
国ベリーズ　労働・地方自治・地方開発相
Martínez, Gerson　マルティネス, ヘルソン
国エルサルバドル　公共事業・運輸・住宅・都市開発相
Martínez, Guillermo　マルティネス, ギジェルモ
1962〜　国アルゼンチン　作家
Martínez, Hernán　マルティネス, エルナン
国コロンビア　鉱山・エネルギー相
Martinez, Iker　マルティネス, イケル
1977〜　国スペイン　セーリング選手　本名＝Martinez de Lizarduy Lizarribar, Iker　欧マルティネス, I.
Martínez, J.D.　マルティネス, JD.
国アメリカ　野球選手
Martínez, Jesús　マルティネス, ヘスス
国ベネズエラ　労働・社会保障相
Martinez, Joan Lino　マルティネス, ホアン・リノ
国スペイン　陸上選手
Martinez, Jose　マルティネス, ホセ
国ベネズエラ　野球選手
Martínez, Josè Carlos　マルティネス, ジョゼ
1969〜　国フランス　バレエダンサー, 振付師　スペイン国立ダンスカンパニー芸術監督　パリ・オペラ座バレエ団エトワール
Martinez, Josef　マルティネス, ホセフ
国ベネズエラ　サッカー選手
Martinez, Juan Antonio　マルティネス, フアン・アントニオ
国エルサルバドル　国防相
Martinez, Julio　マルチネス, フリオ
著「パタン・ランゲージによる住宅の生産」鹿島出版会　2013
Martínez, Julio　マルチネス, フリオ
国アルゼンチン　国防相
Martinez, Lazaro　マルティネス
国キューバ　陸上選手
Martinez, Linda P.　マルティネス, リンダ・P.
著「多文化・人権教育学校をつくる」明石書店　2003
Martinez, Luis　マルティネス, ルイス
1929〜　著「アルベ師の小話」新世社　2001
Martinez, Magdelin　マルティネス
国イタリア　陸上選手
Martinez, Manuel　マルティネス, M.
国スペイン　陸上選手
Martínez, Matías　マルティネス, マティアス
著「物語の森へ」法政大学出版局　2006
Martinez, Mel　マルティネス, メル
国アメリカ　住宅都市開発長官
Martinez, Michael　マルティネス, マイケル
国ドミニカ共和国　野球選手
Martinez, Michele　マーティネス, ミシェル
1962〜　著「女性検事補」二見書房　2006
Martínez, Nelson　マルティネス, ネルソン
国ベネズエラ　石油相
Martinez, Nick　マルティネス, ニック

国アメリカ　野球選手
Martinez, Nicole　マルティネス, ニコル
著「ジプシー」白水社　2007
Martinez, Pedro　マルティネス, ペドロ
1971〜　国ドミニカ共和国　元野球選手　本名＝Martinez, Pedro Jaime　欧マルチネス, ペドロ
Martinez, Rafael　マルティネス
国スペイン　体操選手
Martínez, Ricardo　マルティネス, リカルド
国ホンジュラス　観光相
Martinez, Richard　マルティネス, リチャード
著「精神科臨床倫理」星和書店　2011
Martinez, Rocio　マルチネス, ロシオ
1966〜　著「フレッドとアンのたこあげ」学習研究社　2006印刷
Martínez, Rogelio　マルティネス, ロヘリオ
国コスタリカ　公安相
Martinez, Sergio　マルティネス, セルジオ
1937〜　著「たいせつなきみ」いのちのことば社フォレストブックス　2016
Martinez, Sigrid　マルティネス, シグリッド
著「みつけてあそぼ！すてきなせかいりょこう」グラフィック社　2014
Martinez, Sylvia Libow　マルティネス, シルビア・リボウ
著「作ることで学ぶ」オライリー・ジャパン, オーム社（発売）2015
Martinez, Tino　マルティネス, ティノ
1967〜　国アメリカ　元野球選手　本名＝Martinez, Constantino　欧マルチネス, ティノ
Martínez, Tomás Eloy　マルティネス, トマス・エロイ
1934〜2010　国アルゼンチン　作家　ラトガース大学教授・ラテン・アメリカ学習課程部長
Martinez, Victor　マルティネス, ビクター
国ベネズエラ　野球選手
Martinez, Wilfredo　マルティネス
国キューバ　陸上選手
Martinez, Yurberjen Herney　マルティネス, ユルベルヘン
国コロンビア　ボクシング選手
Martínez Bonilla, Hugo Roger　マルティネス・ボニジャ, ウゴ・ロヘル
国エルサルバドル　外相
Martínez Cázares, German　マルティネス・カサレス, ヘルマン
国メキシコ　公共行政相
Martinez-Conde, Susana　マルティネス＝コンデ, スサナ
著「脳はすすんでだまされたがる」角川書店, 角川グループパブリッシング（発売）2012
Martínez Doldán, Oscar　マルティネス・ドルダン, オスカル
国パラグアイ　保健相
Martínez Espinoza, Pablo Fernando　マルティネス・エスピノサ, パブロ・フェルナンド
国ニカラグア　運輸・社会基盤相
Martinez Kelly, Michelle　マルティネス・ケリー, ミシェレ
国グアテマラ　環境・天然資源相
Martínez-Menchén, Antonio　マルティネス＝メンチェン, アントニオ
1930〜　著「ティナの明日（あした）」あすなろ書房　2009
Martinez Palacio, Miguel　マルティネスパラシオ, ミゲル
国キューバ　レスリング選手
Martinez-Ruiz, Ricardo　マルチネスールイス, リカルド
著「麻酔の達人」メディカル・サイエンス・インターナショナル　2009
Martínez Torres, Hernán　マルティネス・トレス, エルナン
国コロンビア　鉱山・エネルギー相
Martínez y Martínez, Enrique　マルティネス・イ・マルティネス, エンリケ
国メキシコ　農牧・農村開発・漁業・食料相
Martin-Fugier, Anne　マルタン＝フュジエ, アンヌ
著「優雅な生活」新評論　2001
Martín Garzo, Gustavo　マルティン＝ガルソ, グスターボ
1948〜　著「天のおくりもの」光村教育図書　2009
Martingay, Claude　マルタンゲ, クロード
1920〜　著「ゆきのしたのなまえ」講談社　2006
Martín Huerta, Ramón　マルティン・ウエルタ, ラモン
国メキシコ　治安相
Martini, Carlo Maria　マルティーニ, カルロ・マリア
1927〜2012　国イタリア　カトリック枢機卿, 神学者　ミラノ大司教　著新約聖書学　欧マルティーニ, カルロマリア／マル

ティニ
Martini, Christiane マルティーニ, クリスティアーネ
1967〜 国ドイツ 作家,音楽家 分ミステリー
Martini, Frederic マティーニ, F.H.
著「カラー人体解剖学」西村書店 2003
Martini, Malgorzata マルティーニ, マウゴジャータ
国ポーランド 日本美術技術博物館上級学芸員,元・クラクフ国立博物館極東美術部長
Martini, Mohamad Radwan マルティニ, モハマド・ラドワン
国シリア かんがい相
Martini, Radwan マルティニ, ラドワン
国シリア 通信相
Martini, Steve マルティニ, スティーブ
1946〜 国アメリカ 作家,元法廷弁護士 変マルティニ, スティーヴ
Martini, Steven Paul マルティニ, スティーヴ
1946〜 著「情況証拠」日本経済新聞出版社 2013
Martiniello, Marco マルティニエッロ, マルコ
著「エスニシティの社会学」白水社 2002
Martiniere, Stephan マルティニエア, ステファン
ヒューゴー賞 プロアーティスト（2008年）
Martín i Roig, Gabriel マルティン, ガブリエル
1970〜 著「巨匠に学ぶ絵画技法」メイツ出版 2016
Martin Korpi, Barbara マルティン＝コルピ, バルバーラ
1942〜 著「政治のなかの保育」かもがわ出版 2010
Martín Larrañaga, Ana マーティン・ララナーガ, アナ
1969〜 著ララニャガ, アナ 著「かもつれっしゃのたび」大日本絵画 〔2010〕
Martino, Al マルティーノ, アル
？〜2009 国アメリカ 歌手
Martino, Antonio マルティノ, アントニオ
国イタリア 国防相
Martino, Fabio マルティーノ, F.
著「骨軟部の超音波診断」シュプリンガー・ジャパン 2008
Martino, Freddie マルティーノ, フレディー
国アメリカ アメフト選手
Martino, Wayne マルティノ, ウェイン
著「みんな大切！」新科学出版社 2011
Martinod, Marie マルティノ, マリー
国フランス フリースタイルスキー選手
Martinot-lagarde, Pascal マルティノラガルド, パスカル
国フランス 陸上選手
Martins, Alberto マルティンス, アルベルト
国ポルトガル 法相 変マルチンス, アルベルト
Martins, Benedict マーティンズ, ベネディクト
国南アフリカ 運輸相
Martins, Cidalia マルティンス, シダリア
著「コンヴェルサスィオン」Les Editions Didier, 第三書房（発売）2005
Martins, Filomena マルティンス, フィロメナ
国カボベルデ 教育人材相
Martins, Geraldo João マルティンス, ジェラルド・ジョアオ
国ギニアビサウ 経済・財務相 変マルティンス, ジェラルド
Martins, Guilherme De Olibeira マルチンス, ギリェルメ・デオリベイラ
国ポルトガル 大統領府相
Martins, Isabel Minhós マルンス, イザベル
1974〜 著「すきすきパパ」光村教育図書 2012
Martins, Jennifer マルタン, ジェニファー
国カナダ ボート選手
Martins, Luis マルティンス, ルイス
国ポルトガル サッカー選手
Martins, Nelson マルティンス, ネルソン
国東ティモール 保健相
Martins, Peter マーティンス, ピーター
1946〜 国アメリカ バレエ演出家・振付師,元バレエダンサー ニューヨーク・シティ・バレエ団（NYCB）芸術監督 変マーティンズ
Martins, Sebastião José António マルティンス, セバスティアン・ジョゼ・アントニオ
国アンゴラ 内相
Martins, Zeferino マルティンス, ゼフェリーノ
国モザンビーク 教育相
Martins Indi, Bruno マルティンス・インディ, ブルーノ
国オランダ サッカー選手
Martí Petit, Antoni マルティ・プティ, アントニ

1963〜 国アンドラ 政治家 首相
Martirosian, Razmik マルチロシャン, ラズミク
国アルメニア 社会保障相
Martirosyan, Simon マルティロシャン, シモン
国アルメニア 重量挙げ選手
Martirosyan, Tigran Gevorg マルチロスリャン
国アルメニア 重量挙げ選手
Martirosyan, Vahan マルチロシャン, ワハン
国アルメニア 運輸・通信相
Marto, Michael マルト, ミシェル
国ヨルダン 財務相
Marton, Anita マルトン, アニタ
国ハンガリー 陸上選手
Marton, Anna マートン, アンナ
著「リズムの基本」音楽之友社 2006
Marton, Anna マルトン, アンナ
国ハンガリー フェンシング選手
Marton, Carmen マートン, カーメン
国オーストラリア テコンドー選手 変マートン
Marton, Dana マートン, デイナ
著「恋がきらめく王宮」ハーレクイン 2011
Marton, Renee マートン, レニー
著「コメの歴史」原書房 2015
Marton, Sandra マートン, サンドラ
著「愛に惑うプリンス」ハーレクイン 2014
Martone, Elaine L. マートン, エレイン・L.
プロデューサー グラミー賞最優秀サラウンド・サウンド・アルバム（2009年（第52回））ほか
Martone, Mario マルトーネ, マリオ
1959〜 国イタリア 演出家,映画監督
Martonyi, János マルトニ・ヤーノシュ
国ハンガリー 元・外務大臣,元・マルトニ＆カチャ・ベーカー＆マッケンジー法律事務所所長 変マルトニー, ヤーノシュ
Martorana, Marina マルトラーナ, マリーナ
著「イタリア・アウトレット・ブック」早川書房 2003
Martowardojo, Agus マルトワルドヨ, アグス
国インドネシア 財務相
Martusciello, Giovanni マルトゥシェッロ, ジョヴァンニ
国イタリア エンポリ監督
Marty, Éric マルティ, エリック
1955〜 著「ロラン・バルトの遺産」みすず書房 2008
Marty, Martin E. マーティ, マーティン
1928〜 著「世界の中のキリスト教」ランダムハウス講談社 2008
Marty, Natalegawa マルティ・ナタレガワ
国インドネシア 外相
Marty, Olivier マルティ, オリヴィエ
著「お尻とその穴の文化史」作品社 2003
Martyn, Christopher N. マーティン, クリストファー・N.
著「もの忘れと認知症」一灯舎,オーム社（発売）2007
Martyn, John マーティン, ジョン
1948〜2009 国イギリス ミュージシャン 変マーチン, ジョン
Martyn, Tim マーティン, ティム
グラミー賞 最優秀録音技術アルバム（クラシック）（2013年（第56回）） "Winter Morning Walks" エンジニア
Martynov, Sergei マルティノフ, セルゲイ
1968〜 国ベラルーシ 射撃選手 変マルチノフ
Martynov, Sergei N. マルティノフ, セルゲイ・N.
国ベラルーシ 外相
Martynova, Iana マルチノワ
国ロシア 競泳選手
Martz, Paul マーツ, ポール
著「OpenGLの神髄」ピアソン・エデュケーション 2007
Maru, Richard マル, リチャード
国パプアニューギニア 貿易商業工業相
Maruca, Regina Fazio マルカ, レジナ・ファツィオ
著「ブランド・マネジメント」ダイヤモンド社 2001
Maruejol, Florence マルエホル, フローレンス
著「エジプトのピラミッド」評論社 2001
Ma'ruf, Muhammad マアルフ, ムハマド
国インドネシア 内相
Maruf, Taha Muhieddin マルーフ, タハ・ムヒエディン
国イラク 副大統領
Marulanda, Manuel マルランダ, マヌエル
1930〜2008 国コロンビア ゲリラ指導者 コロンビア革命軍（FARC）最高司令官

Marún, Jorge　マルン, ホルヘ
　圀エクアドル　運輸・公共事業相
Maruna, Shadd　マルナ, シャッド
　著「犯罪からの離脱と「人生のやり直し」」明石書店　2013
Marurai, Jim　マルライ, ジム
　1947～　圀クック諸島　政治家　クック諸島首相
Marus, Francis　マルス, フランシス
　圀パプアニューギニア　高等教育研究科学技術相
Marušič, Dorijan　マルシッチ, ドリヤン
　圀スロベニア　保健相
Maruskova, Lenka　マルシュコバ
　圀チェコ　射撃選手　翻ヒュコバ
Marutschke, Hans Peter　マルチュケ, ハンス・ペーター
　1951～　著「ドイツ法入門」有斐閣　2012
Maruyama, Paul Kuniaki　マルヤマ, ポール・クニアキ
　1941～　圀アメリカ　南コロラド日米協会会長, コロラド・カレッジ日本語講師, 元・ジョン万次郎ホイットフィールド記念国際草の根交流センター創設者兼副会長　翻マルヤマ, ポール・邦昭
Marvin, Carolyn　マーヴィン, キャロリン
　著「古いメディアが新しかった時」新曜社　2003
Marvin, Garry　マーヴィン, ギャリー
　1952～　著「オオカミ」白水社　2014
Marvulli, Franco　マルブリ
　圀スイス　自転車選手
Marwan, Jafar　マルワン・ジャファル
　圀インドネシア　村落・途上地域開発・移住相
Marwood, Alex　マーウッド, アレックス
　アメリカ探偵作家クラブ賞 ペーパーバック賞（2014年）　"The Wicked Girls"
Marwood, Michael　マーウッド, マイケル
　著「実親に会ってみたい」明石書店　2007
Marx, Anthony W.　マークス, アンソニー・W.
　著「黒人差別と国民国家」春風社　2007
Marx, Brian P.　マルクス, ブライアン・P.
　著「認知行動療法を始める人のために」星和書店　2007
Marx, Edward　マークス, エドワード
　著「レオニー・ギルモア」彩流社　2014
Marx, György　マルクス, ジョルジュ
　1927～2002　圀ハンガリー　物理学者　エトヴォシュ・ローランド大学名誉教授
Marx, Hans-Jürgen　マルクス, H.J.
　著「ギリシア語新約聖書釈義事典」教文館　2015
Marx, Jeffrey A.　マルクス, ジェフリー
　著「これっていいこと？悪いこと？」PHP研究所　2002
Marx, Jonny　マークス, ジョニー
　著「ザ・マップぬりえ世界地図帳」日本文芸社　2015
Marx, Morris L.　マークス, モーリス・エル
　圀アメリカ　西フロリダ大学名誉学長
Marx, Patricia　マルクス, パトリシア
　著「女友だちの賞味期限」プレジデント社　2006
Marx, Robert F.　マークス, ロバート・F.
　著「コロンブスそっくりそのまま航海記」朝日新聞出版　2009
Marx, Steven　マークス, S.
　1942～　著「シェイクスピアと聖書」日本基督教団出版局　2001
Marx, Thierry　マルクス, ティエリー
　1962～　著「現代フランス料理科学事典」講談社　2015
Mary, Baby　マリイ, ベイビー
　著「クリエイティブスペース」グラフィック社　2011
Mary, Donatien　マリ, ドナティヤン
　著「カール・マルクスの亡霊」ディスカヴァー・トゥエンティワン　2011
Mary, Mary　メアリー, メアリー
　グラミー賞 最優秀ゴスペル楽曲（2012年（第55回））ほか
Maryanski, Alexandra　マリヤンスキー, アレクサンドラ
　著「ジョナサン・ターナー感情の社会学」明石書店　2012
Mary Liliane　マリー・リリアン
　1916～2002　圀ベルギー　王妃
Maryniuk, Melinda D.　マリニューク, メリンダ・D.
　著「糖尿病1000年の知恵」医歯薬出版　2011
Marz, Bruno　マーズ, ブルーノ
　圀アメリカ　歌手
Marz, Marcos　マーズ, マルコス
　著「パシフィック・リム：ドリフト」小学館集英社プロダクション　2016
Marz, Nathan　マーズ, ネイサン
　著「スケーラブルリアルタイムデータ分析入門」オライリー・ジャパン, オーム社（発売）　2016
Marz, Tyler　マース, タイラー
　圀アメリカ　アメフト選手
Marzaliuk, Vasilisa　マルザリュク, ワシリサ
　圀ベラルーシ　レスリング選手　翻マルザリュク
Marzano, Antonio　マルツァノ, アントニオ
　圀イタリア　生産活動相
Marzano, Robert J.　マルザーノ, ロバート
　翻マルザーノ, R.J.　著「教育目標をデザインする」北大路書房　2013
Marzi, Christoph　マーツィ, クリストフ
　1970～　圀ドイツ　作家　翻ファンタジー
Marzillier, John S.　マツィリア, ジョン
　著「専門職としての臨床心理士」東京大学出版会　2003
Marzino, Dario　マルツィーノ, ダリオ
　圀スイス　サッカー選手
Marzluff, John M.　マーズラフ, ジョン
　著「世界一賢い鳥, カラスの科学」河出書房新社　2013
Marzollo, Jean　マルゾーロ, ジーン
　1942～　著「ミッケ！」小学館　2015
Marzo Magno, Alessandro　マルツォ・マーニョ, アレッサンドロ
　1962～　著「そのとき, 本が生まれた」柏書房　2013
Marzouk, Mohamed Salem Ould　マルズーク, モハメド・サレム・ウルド
　圀モーリタニア　保健・社会問題相
Marzouk, Mongi　マルズーク, モンギ
　圀チュニジア　エネルギー・鉱山相　翻マルズーク, モンジ
Marzouki, Moncef　マルズーキ, モンセフ
　1945～　圀チュニジア　政治家, 人権活動家　チュニジア暫定大統領
al-Marzouq, Essam Abdulmohsen　マルズーク, イーサム・アブドルムフスィン
　圀クウェート　石油相兼電力水相
Mas, Nicolas　マス, ニコラ
　圀フランス　ラグビー選手
Mas, Sophie　マス, ソフィ
　著「パリジェンヌのつくりかた」早川書房　2014
Masa　マサ
　1977～　圀台湾　ミュージシャン　漢字名＝瑪莎
Masaadeh, Ahmad　マサデ, アハマド
　圀ヨルダン　制度改革相
Masadeh, Daifallah Salem　マサデ, ディファラ・サレム
　圀ヨルダン　司法担当国務相
Ma Sagarpriya　マ・サガプリヤ
　著「サイキック・マッサージ」BABジャパン　2012
Masagos, Zulkifli　マサゴス, ズルキフリ
　圀シンガポール　環境・水資源相
Masai, Linet Chepkwemoi　マサイ
　圀ケニア　陸上選手
Masai, Moses Ndiema　マサイ
　圀ケニア　陸上選手
Masakhalia, Francis　マサハリア, フランシス
　圀ケニア　エネルギー相
Masali, Luca　マサーリ, ルカ
　1963～　圀イタリア　作家　翻SF
Masanès, Fabrice　マザネス, ファブリス
　著「ギュスターヴ・クールベ」Taschen　c2007
Masannek, Joachim　マザネック, ヨアヒム
　1960～　圀ドイツ　作家　児童書
Masaro, Anastasia　マサロ, アナスタシア
　MTVアワード 最優秀アート・ディレクション（第31回（2014年））　"Reflektor"
Masato, Rika　マサト, リカ
　圀日本　パガニーニ国際ヴァイオリン・コンクール 第3位（2006年（第51回））　漢字名＝正戸里佳
Mascarell, Omar　マスカレル, オマール
　圀スペイン　サッカー選手
Mascarenhas, Fio　マスカレナス, フィオ
　翻マスカレンハス, フィオ.　著「心に響くイエスの言葉」聖母の騎士社　2006
Mascetti, Daniela　マセッティ, ダニエラ
　著「アンダースタンディング・ジュエリー」エディコム, 徳間書店（発売）　2004
Mascherano, Javier　マスケラーノ, ハビエル
　1984～　圀アルゼンチン　サッカー選手　翻マスケラーノ, ハヴィエル / マスチェラーノ, ハビエル

Maschino, Maurice T. マスキノ, モーリス
1931～ 著「老いてこそ」原書房 2002
Maschler, Tom マシュラー, トム
著「トム・マシュラー」日本文学出版交流センター 2008
Maschner, Herbert D.G. マシュナー, ハーバート・D.G.
1959～ 著「複雑採集狩猟民とはなにか」雄山閣 2016
Masco, Joseph マスコ, ジョセフ
著「不健康は悪なのか」みすず書房 2015
Masebo, Sylvia マセボ, シルビア
国ザンビア 観光相
Maseko, Grace Zinenani マセコ, グレス・ジネナニ
国マラウイ 地方自治・農村開発相
Masello, David マセロ, デビッド
著「マルセル・ブロイヤーの住宅」鹿島出版会 2001
Masello, Robert マセロ, ロバート
国アメリカ 作家, ジャーナリスト 異マッセロ, ロバート
'Maseribane, Thesele マセリバネ, ツェセレ
国レソト 女性・青年・スポーツ相
Masgutova, Svetlana マスゴトーバ, スベトラーナ
著「トラウマからの回復」星和書店 2013
Mash, Robert マッシュ, ロバート
1939～ 著「よみがえる！恐竜」大日本絵画 〔2010〕
Masha, Lawrence マシャ, ローレンス
国タンザニア 内相
Mashaal, Khaled マシャル, ハーレド
1956～ 国パレスチナ 政治家 ハマス最高指導者・政治局長 異メシャール, ハレド
Mashaal, Maurice マシャル, モーリス
1957～ 著「ブルバキ」シュプリンガー・フェアラーク東京 2002
Mashaei, Esfandiar Rahim マシャイ, エスファンディヤル・ラヒム
国イラン 政治家 イラン第1副大統領 異モシャイ, ラヒム
Mashagbeh, Awad マシャクベ, イワド
国ヨルダン 法相
Mashakada, Tapiwa マシャカダ, タピワ
国ジンバブエ 経済計画・投資促進相
Masharkha, Mohamad Zuheir マシャルカ, モハマド・ズヘイル
国シリア 副大統領（内政担当） 異マシャルカ, ムハマド・ズヘイル
Mashatile, Paul マシャティレ, ポール
国南アフリカ 芸術・文化相
Masheke, Sylvain Maurice マシェケ, シルバン・モーリス
国コンゴ民主共和国 文化・芸術相
Mashhour, Houriah Ahmed マシュフール, フリア・アハマド
国イエメン 人権相
Mashhur, Mustafa マシュフール, ムスタファ
？～2002 国エジプト イスラム原理主義指導者 ムスリム同胞団団長
Mashima, Ted Y. マシマ, テッド
著「靴を履いたサイ」緑書房 2009
Mashkin, Oleg マシュキン
国ウクライナ ボクシング選手
Mashnouq, Mohammad マシュヌク, ムハンマド
国レバノン 環境相
Mashnouq, Nuhad マシュヌク, ヌハド
国レバノン 内相
Mashore, Justin メイショア, ジャスティン
国アメリカ テキサス・レンジャーズコーチ
Mashwama, Jabulile マシュワマ, ジャブリレ
国スワジランド 天然資源・エネルギー相 異マシュワマ, ジュブリ
Masi, Andrea マージ, アンドレア
国イタリア ラグビー選手
Masi, Dale A. マーシー, デール
著「企業のメンタルヘルスを強化するために」労働調査会 2011
Masiani, Elisa マシアーニ, エリザ
1935～ 著「私の愛するイタリア料理」文化出版局 2008
Masiello, Andrea マジエッロ, アンドレア
国イタリア サッカー選手
Masifilo, Matthew マシフィーロ, マシュー
国アメリカ アメフト選手
Masikin, Aleksey マジキン
国ウクライナ ボクシング選手
Masilingi, Wilson マシリンギ, ウィルソン
国タンザニア 大統領府国務相
Masimov, Karim マシモフ, カリム
国カザフスタン 首相
Masina, Adam マジーナ, アダム
国イタリア サッカー選手
Masini, Beatrice マジーニ, ベアトリーチェ
著「イチゴのお手紙つき」学研教育出版, 学研マーケティング（発売） 2015
Masip, Jordi マシップ, ジョルディ
国スペイン サッカー選手
Masisi, Mokgweetsi マシン, モクウィツィ
国ボツワナ 副大統領兼教育・技能開発相 異マシシ, モクウィツィ
Masisi, Mokgweetsi Eric Keabetse マシシ, モクウィツィ・エリック・ケアベツェ
国ボツワナ 副大統領, 元・大統領府公共政策担当大臣, 元・教育技能開発大臣
Masiulis, Eligijus マシウリス, エリギユス
国リトアニア 運輸・通信相
Masiulis, Rokas マシウリス, ローカス
国リトアニア エネルギー相
Masjid Jamei, Ahmad マスジドジャメイ, アハマド
国イラン 文化・イスラム指導相
Maskaev, Oleg マスカエフ, オレグ
1969～ 国アメリカ プロボクサー WBC世界ヘビー級チャンピオン, PABAヘビー級チャンピオン
Maskawa, Toshihide マスカワ, トシヒデ
国日本 ノーベル賞 物理学賞（2008年） 漢字名＝益川敏英
Maskell, Hazel マスケル, ヘイゼル
著「お城と騎士1001のさがしもの」PHP研究所 2016
Maskevich, Sergei A. マスケビッチ, セルゲイ・A.
国ベラルーシ 教育相
Maskhadov, Aslan マスハドフ, アスラン
1951～2005 国ロシア 政治家, 軍人 チェチェン共和国大統領
Maskin, Eric S. マスキン, エリック
1950～ 国アメリカ 経済学者 ハーバード大学教授 異メカニズム・デザイン理論
Maslach, Christina マスラック, クリスチーナ
著「バーンアウト」金子書房 2008
Maslansky, Michael マスランスキー, マイケル
著「信頼を勝ち取る言葉」日経BPコンサルティング, 日経BPマーケティング（発売） 2014
Maslarova, Emilia マスラロワ, エミリア
国ブルガリア 労働・社会政策相
Masleev, Dmitry マスレエフ, ドミトリー
国ロシア チャイコフスキー国際コンクール ピアノ 第1位（2015年（第15回））
Maslennikov, Vladimir マスレンニコフ, ウラジーミル
国ロシア 射撃選手
Maslin, Mark マスリン, マーク
著「気候」丸善出版 2016
Maslivets, Olha マスリベツ
国ウクライナ セーリング選手
Maslon, Laurence マズロン, ローレンス
著「THE HERO」東洋書林 2014
Maslovska, Vanda マスロフスカ
国ウクライナ 重量挙げ選手
Maslow, Katy マスロウ, ケイティ
著「小さな緑の世界テラリウムをつくろう」草思社 2015
Maslowski, Peter マスロウスキー, ピーター
1944～ 著「アメリカ社会と戦争の歴史」彩流社 2011
Maslyukov, Yurii Dmitrievich マスリュコフ, ユーリー
1937～2010 国ロシア 政治家 ロシア下院議員, ロシア第1副首相
Masnaghetti, Alessandro マスナゲッティ, アレッサンドロ
著「エノジェア」飛鳥出版 2002
Masodi, Omara Khan マスディ, オマラ・ハーン
国アフガニスタン カブール博物館館長 異マスーディ, オマラ・カーン
Mason, Andrew メーソン, アンドルー
1981～ 国アメリカ 起業家 グルーポン創業者 異メイソン, アンドリュー／メイソン, アンドルー
Mason, Andrew G. メイソン, アンドリュー・G.
著「CiscoVPN実装ガイド」ソフトバンクパブリッシング 2003
Mason, Antony メイソン, アントニー
著「マルチ・メディアと美術」国土社 2004

Mason, Beverley　メイソン, ビヴァリー
[著]「ケイト・モス」 ブルース・インターアクションズ　2007
Mason, Bill　メイソン, ビル
1940～　[著]「宝石泥棒の告白」 集英社　2006
Mason, Bobbie Ann　メイソン, ボビー・アン
1940～　[著]「エルヴィス・プレスリー」 岩波書店　2005
Mason, Brent　メイソン, ブレント
グラミー賞 最優秀カントリー・インストゥルメンタル・アーティスト(2008年(第51回))　"Cluster Pluck"
Mason, Chilembwe　メイソン, チレンベ
[著]「救急・ERエッセンシャル手技」 メディカル・サイエンス・インターナショナル　2008
Mason, Connie　メイスン, コニー
[著]「復讐の女海賊」 扶桑社　2016
Mason, Conrad　メイスン, コンラッド
[著]「どうなってるの? きかいのなか」 ひさかたチャイルド　2012
Mason, Daniel Philippe　メイスン, ダニエル
[著]「調律師の恋」 角川書店　2003
Mason, Danny　メイソン, ダニー
[国]アメリカ　アメフト選手
Mason, David C.　メイソン, デイヴィッド
[著]「ロマン派の音楽」 音楽之友社　2016
Mason, Diana J.　メイソン, ダイアナ・J.
[著]「ケアの複雑性」 エルゼビア・ジャパン　2007
Mason, Douglas J.　メイソン, ダグラス・J.
[著]「軽度外傷性脳損傷のためのリハビリテーション・ワークブック」 西村書店東京出版編集部　2010
Mason, Germaine　メイソン
[国]イギリス　陸上選手
Mason, Heidi　メイソン, ハイジ
1952～　[著]「ベンチャービジネスオフィス」 生産性出版　2004
Mason, Jamie　メーソン, ジェイミー
[国]アメリカ　作家　[専]ミステリー, ユーモア　[異]メイスン, ジェイミー
Mason, Jane B.　メーソン, ジェーン・B.
[異]メーソン, ジェーン　[著]「プリンセススクール」 徳間書店　2011
Mason, Jonathan　メイソン, ジョナサン
[国]リベリア　土地・鉱業・エネルギー相
Mason, Linda　メイソン, リンダ
1946～　[著]「Eye candy」 ブラス出版　2010
Mason, Margaret H.　メイソン, マーガレット・H.
[著]「おじいちゃんの手」 光村教育図書　2011
Mason, Mark　メイソン, マーク
[著]「転換期の教育改革」 玉川大学出版部　2011
Mason, Matt James　メイソン, マット
[著]「海賊のジレンマ」 フィルムアート社　2012
Mason, Mike　メーソン
[国]カナダ　陸上選手
Mason, *Dame* Monica　メイソン, モニカ
ローレンス・オリヴィエ賞 協会特別賞(2012年(第36回))
Mason, Monica　メーソン, モニカ
1941～　[国]イギリス　元バレリーナ　英国ロイヤル・バレエ団芸術監督　[異]メイスン, モニカ
Mason, Nick　メーソン, ニック
1945～　[国]イギリス　ロック・ドラマー　[異]メイスン, ニック / メイソン, ニック
Mason, Paul　メイソン, ポール
[著]「サバイバルガイド恐竜」 大日本絵画　2012
Mason, Paul T.　メイソン, ポール
[異]メイソン, P.　[著]「境界性パーソナリティ障害=BPD」 星和書店　2010
Mason, Pip　メイソン, ピップ
[著]「健康のための行動変容」 法研　2001
Mason, Richard　メイソン, リチャード
[著]「溺れゆく者たち」 角川書店　2001
Mason, Roy　メーソン, ロイ
1924～2015　[国]イギリス　政治家　英国北アイルランド相　別名=Mason of Barnsley　[異]メイソン, ロイ
Mason, Ryan　メイソン, ライアン
[国]イングランド　サッカー選手
Mason, Shaq　メイソン, シャック
[国]アメリカ　アメフト選手
Mason, Steve　メイソン, スティーヴ
1957～　[著]「ヨセフスと新約聖書」 リトン　2007
Mason, Sue　メイソン, スー
ヒューゴー賞 ファンアーティスト(2005年)
Mason, Tony　メイソン, T.
[著]「戦災復興の日英比較」 知泉書館　2006
Mason, Zachary　メーソン, ザカリー
1974～　[国]アメリカ　作家, コンピューター科学者　[専]文学　[異]メイスン, ザッカリー
Masood, Ahmad Shah　マスード, アハマド・シャー
1953～2001　[国]アフガニスタン　ゲリラ指導者　北部同盟最高指導者, アフガニスタン国防相　[異]マスード, アーマド・シャー / マスード, アフマド・シャー
Masoomiyan, Mehrnoosh　マアスーミヤーン, メフルヌーシュ
1945～　[著]「アフマドのおるすばん」 ブルース・インターアクションズ　2006
Masopust, Josef　マソプスト, ヨゼフ
1931～2015　[国]チェコ　サッカー選手, サッカー指導者　サッカー・チェコスロバキア代表監督　[異]マソプスト, ヨーゼフ
Masoum, Fuad　マスーム, フアド
1938～　[国]イラク　政治家　イラク大統領
Masoumi, Fardin　マソウミ
[国]イラン　レスリング選手
Másquez, Rocío　バスケス, ロシオ
[国]エクアドル　観光相
***Al*-Masri, Abu Baseer**　アルマスリ, アブバシール
?～2001　[国]エジプト　イスラム原理主義過激派活動家　イスラム集団指導者, アルカイダ司令官
***al*-Masri, Maher**　マスリ, マヘル
[国]パレスチナ　経済相　[異]アル・マスリ, マヘル
***al*-Masri, Majda**　マスリ, マジダ
[国]パレスチナ　社会問題相
***al*-Masri, Mutahar Rashad**　マスリ, ムタハル・ラシャド
[国]イエメン　内相
Masri, Walid al　マスリ, ワリド
[国]ヨルダン　自治相
Masry, Edward L.　マスリー, エドワード
?～2005　[国]アメリカ　弁護士　通称=マスリー, エド〈Masry, Ed〉
Mass, Wendy　マス, ウェンディ
1967～　[著]「マンゴーのいた場所」 金の星社　2004
Massa, Anthony J.　マッサ, アンソニー
[著]「CとGNU開発ツールによる組み込みシステムプログラミング」 オライリー・ジャパン, オーム社(発売)　2007
Massa, Felipe　マッサ, フェリペ
1981～　[国]ブラジル　F1ドライバー
Massa, Sergio　マサ, セルヒオ
[国]アルゼンチン　首相
Massagué, Joan　マサゲ, ホアン
[著]「デヴィータがんの分子生物学」 メディカル・サイエンス・インターナショナル　2012
Massaquoi, Francois　マサクワ, フランソワ
[国]リベリア　青年・スポーツ相
Massaquoi, Roland　マサクワ, ローランド
[国]リベリア　計画・経済問題相
Massar, Hisseine　マサール, イセイン
[国]チャド　公衆衛生相
Massard Kabinda Makaga, Etienne　マッサールカビンダマカガ, エチエンヌ
[国]ガボン　大統領府長官(国防担当)
Massari, Alida　マッサーリ, アリーダ
[著]「イースターのはなし」 ドン・ボスコ社　2016
Massaud, Jean-Marie　マソー, ジャンーマリ
1966～　[著]「Human nature Massaud」 プレステージジャパンタイムアンドスタイル, 美術出版社(発売)　2006
Masschelein, W.　マシェラン, ウィリー・J.
1936～　[著]「紫外線による水処理と衛生管理」 技報堂出版　2004
Masse, Gerard　マッセ, ジェラール
[著]「絵とき精神医学の歴史」 星和書店　2002
Masse, Kylie　マッセ, カイリー
[国]カナダ　水泳選手
Massei, Stefano　マッセイ, ステファノ
[著]「Pottery Barn見せる収納、しまう収納」 ソフトバンククリエイティブ　2007
Massera, Emilio　マッセラ, エミリオ
1925～2010　[国]アルゼンチン　軍人　本名=Massera, Emilio Eduardo
Masseret, Jean-Pierre　マスレ, ジャンピエール
[国]フランス　在郷軍人担当相

M

Massey, Anna マッセイ, アンナ
1937～2011 [国]イギリス 女優 本名＝Massey, Anna Raymond [異]マッシー, アンナ
Massey, Doreen B. マッシー, ドリーン
1944～ [著]「空間のために」 月曜社 2014
Massey, Guy マッシー, ガイ
グラミー賞 最優秀ヒストリカル・アルバム（2010年（第53回））“The Beatles（The Original Studio Recordings）” マスタリングエンジニア
Massey, Howard マッセイ, ハワード
[著]「ザ・ビートルズ・サウンド最後の真実」 河出書房新社 2016
Massey, Jane マッシー, ジェーン
[著]「あかちゃんのいちにち」 ブロンズ新社 2013
Massey, Jeanne マセイ, ジーン
[著]「やさしい魔女」 新世研 2002
Massey, Robert マッセイ, ロバート
[著]「画家のための処方箋」 クリエイツかもがわ, 京都 かもがわ出版（発売） 2002
Massey, Sujata マッシー, スジャータ
1964～ [著]「月殺人事件」 講談社 2003
Massey, Walter E. マッシー, ウォルター
[著]「科学力のためにできること」 近代科学社 2008
Massi, Charles マッシ, シャルル
[国]中央アフリカ 地域開発相
Massiah, Joanne メサイア, ジョアン
[国]アンティグア・バーブーダ 農業・海洋資源相 [異]マシア, ジョアン
Massialas, Alexander マシアラス, アレクサンダー
[国]アメリカ フェンシング選手
Massie, Bobby マッシー, ボビー
[国]アメリカ アメフト選手
Massie, Matt マッシー, マット
[著]「ウェブオペレーション」 オライリー・ジャパン, オーム社（発売） 2011
Massie, Robert K. マッシー, ロバート・K.
1929～ [著]「エカチェリーナ大帝」 白水社 2014
Massima, Jean マシマ, ジャン
[国]ガボン 自然災害防止・管理相
Massimello, Giovanni マッシメッロ, ジョヴァンニ
[著]「第二次大戦のイタリア空軍エース」 大日本絵画 2001
Massimilla, Edna マシミラ, エドナ
[著]「親から子へ伝えたい17の詩」 双葉社 2005
Massimini, Marcello マッスィミーニ, マルチェッロ
[著]「意識はいつ生まれるのか」 亜紀書房 2015
Massimov, Karim マシモフ, カリム
[国]カザフスタン 首相
Massingue, Venâncio マシンゲ, ベナンシオ
[国]モザンビーク 科学技術相
Massini, Luca マッシーニ, ルカ
[著]「カウディプテリクス」 ポプラ社 2004
Massini, Sarah マッシーニ, サラ
[著]「キスはまほう」 フレーベル館 2016
Massironi, Daniela マッシローニ, ダニエラ
[著]「おいけでぴょんぴょん！ だれかなだれかな？」 大日本絵画 2011
Massol, Vincent マソル, ビンセント
[著]「Maven」 オライリー・ジャパン, オーム社（発売） 2006
Massoma, David Siegfreid マッソマ, ダビド・シーグフレイド
[国]カメルーン 大統領府相
Masson, Caroline マソン, カロリン
[国]ドイツ ゴルフ選手
Masson, Jeffrey Moussaieff マッソン, J.M.
1941～ [著]「ヒトはイヌのおかげで人間（ホモ・サピエンス）になった」 飛鳥新社 2012
Masson, Terrence マッソン, テレンス
[著]「CG制作独習事典」 グラフィック社 2001
Massoud, Ahmad Shah マスード, アフマド・シャー
[国]アフガニスタン 国防相
Massoud, Ahmad Zia マスード, アフマド・ジア
[国]アフガニスタン 第1副大統領
Massougboji, Marina マスグボジ, マリナ
[国]ベナン 公共保健相
Massoundi, Bahiat マスンディ, バヒア
[国]コモロ 郵政・通信・新情報技術促進・運輸・観光相
Massu, Jacques マシュー, ジャック
1908～2002 [国]フランス 軍人 フランス西独駐留軍司令官 [異]マシュ, ジャック
Massu, Nicolas マス
[国]チリ テニス選手
Massy, Kevin マシー, ケビン
[著]「日本の未来について話そう」 小学館 2011
Mastella, Clemente マステラ, クレメンテ
[国]イタリア 法相
Mastenbroek, Rie マステンブルーク, リー
1919～2003 [国]オランダ 競泳選手 本名＝Mastenbroek, Hendrika
Mastepanov, Aleksei Mikhailovich マステパノフ, アレクセイ・ミハイロヴィチ
[著]「21世紀のロシア・エネルギー戦略」 東西貿易通信社 2001
Master, Farokh J. マスター, ファロック
[著]「Lac乳のレメディー」 ホメオパシー出版 2010
Master, Irfan マスター, アーファン
1977～ [国]イギリス 作家 [専]児童書
Master K マスター “K”
[著]「緊縛の文化史」 すいれん舎 2013
Masterman, Becky マスターマン, ベッキー
[国]アメリカ 作家 [専]ミステリー, スリラー
Masterman, Len マスターマン, レン
[著]「メディアを教える」 世界思想社 2010
Masteroff, Joe マスタロフ, ジョー
[著]「キャバレー」 カモミール社 2006
Masters, Alexander マスターズ, アレクサンダー
[著]「崩壊ホームレス」 河出書房新社 2008
Masters, Blake マスターズ, ブレイク
[著]「ゼロ・トゥ・ワン」 NHK出版 2014
Masters, Christopher マスターズ, クリストファー
[著]「ダリ」 西村書店東京出版編集部 2011
Masters, Marshall マスターズ, マーシャル
[著]「惑星X（ニビル）が戻ってくる」 徳間書店 2009
Masters, Priscilla マスターズ, プリシラ
[著]「人格障害」 G.B. 2007
Masters, Tom マスターズ, トム
[国]クック諸島 副首相兼外務・移民相兼運輸相兼鉱物・天然資源相
Masters, Willam A. マスターズ, W.A.
[著]「農業開発の経済学」 青山社 2012
Masters, William Howell マスターズ, ウィリアム
1915～2001 [国]アメリカ 性科学者 マスターズ・アンド・ジョンソン研究所主宰 [異]マスターズ, ウイリアム
Masterson, James F. マスターソン, ジェームス・F.
[著]「パーソナリティ障害治療ガイド」 金剛出版 2007
Masterson, Julie J. マスターソン, ジュリー
[著]「構音と音韻の障害」 協同医書出版社 2001
Masterson, Michael マスターソン, マイケル
[著]「臆病者のための科学的起業法」 ダイレクト出版 2013
Masterton, Graham マスタートン, グレアム
[著]「黒蝶」 早川書房 2001
Masthay, Tim マセイ, ティム
[国]アメリカ アメフト選手
Mastro, Michael マストロ, マイケル
[著]「ヴァーストゥ・シャーストラで運命の人を引き寄せる」 ヴォイス 2011
Mastro, Robin マストロ, ロビン
[著]「ヴァーストゥ・シャーストラで運命の人を引き寄せる」 ヴォイス 2011
Mastrocola, Paola マストローコラ, パオラ
1956～ [著]「狼がたまごを温めたら」 シーライトパブリッシング 2012
Mastroianni, Marcello マストロヤンニ, マルチェロ
1924～ [著]「マストロヤンニ自伝」 小学館 2002
Mastrolorenzo, Hugo マストロロレンソ, ウーゴ
[著]「タンゴ・ダンス」 〔川口洋子〕 2010
Mastromarino, Diane マストロマリーノ, ダイアン
1978～ [著]「ハートにビタミン」 汐文社 2005
Masuaku, Arthur マスアク, アルトゥール
[国]フランス サッカー選手
Masudi, Ngele マスディ, ヌゲレ
[国]コンゴ民主共和国 法相
Masuk, Wuttichai マスク, ウティチャイ
[国]タイ ボクシング選手
Masuku, Themba マスク, テンバ
[国]スワジランド 副首相
Masur, Kurt マズア, クルト

1927〜2015　国ドイツ　指揮者　ライプツィヒ・ケヴァントハウス管弦楽団名誉指揮者、イスラエル・フィルハーモニー終身名誉指揮者　ニューヨーク・フィルハーモニック音楽監督　関マズーア, クルト

Masurel, Claire　マジュレル, クレール
著「おうちがふたつ」明石書店　2006

Masutha, Michael　マスタ, マイケル
国南アフリカ　法務・矯正相

Masycheva, Maria　マシチェワ, マリア
国ロシア　ロン・ティボー・クレスパン国際音楽コンクール ピアノ　第2位(2009年(第38回))ほか

Maszczyk, Lukasz　マシュチュク
国ポーランド　ボクシング選手

Mata, Gustavo　マタ, グスタボ
国コスタリカ　内務・公安警察相

Mata, Juan　マタ, フアン
1988〜　国スペイン　サッカー選手　本名=マタ・ガルシア, フアン・マヌエル〈Mata García, Juan Manuel〉　関マタ, フアン

Mata, Victoria　マタ, ビクトリア
国ベネズエラ　スポーツ相

Matabele, Virgilia　マタベーレ, ビルジリア
国モザンビーク　女性・福祉相　関マタベレ, バージニア／マタベレ, ビルジリア

Matadigo, Masi　マタディゴ, マシ
国フィジー　ラグビー選手

Matadi Nenga Ngamanda, Jeannot　マタディ・ネンガ・ムガマンダ, ジャノ
国コンゴ民主共和国　エネルギー・水力資源相

Mata Figueroa, Carlos　マタ・フィゲロア, カルロス
国ベネズエラ　国防相

Matagne, Patrick　マターニュ, パトリック
1955〜　著「エコロジーの歴史」緑風出版　2006

Matairavula, Irami　マタイラブラ, イラミ
国フィジー　公的企業・公的部門改革相

Mataitoga, Isikeli Uluinairai　マタイトガ, イシケリ・ウルイナイライ
国フィジー　駐日特命全権大使

Mataix, Anselmo　マタイス, アンセルモ
1928〜2012　国スペイン　神父　上智大学文学部教授　関倫理学, 人間学

Matakevich, Tyler　マタケビッチ, タイラー
国アメリカ　アメフト選手

Matambo, Kenneth　マタンボ, ケネス
国ボツワナ　財務・開発計画相

Matambo, Ontefetse Kenneth　マタンボ, オンテフェツェ・ケニス
国ボツワナ　財務・開発計画相

Matane, Paulias　マタネ, ポーリアス
国パプアニューギニア　総督　関マタネ, ポリアス

Matanović, Slavko　マタノビッチ, スラブコ
国ボスニア・ヘルツェゴビナ　通信運輸相

Mata Perez, Andres Eduardo　マタ
国スペイン　重量挙げ選手

Matar, Hisham　マタール, ヒシャーム
1970〜　国リビア　作家　関文学

Matarese, Laura E.　マタレーズ, ローラ・E.
著「食品・栄養・食事療法事典」産調出版, 産業調査会(発売) 2006

Matas, Carol　マタス, キャロル
1949〜　著「エターナル・マインド」あかね書房 2002

Matas, David　マタス, デービッド
1943〜　著「中国臓器狩り」アスペクト 2013

Matas i Palou, Jaume　マタス・イ・パロウ, ハウメ
国スペイン　環境相　関マタス・イ・パロウ, ハイメ

Mataskelekele, Kalkot　マタスケレケレ, カルコット
1949〜　国バヌアツ　政治家　バヌアツ大統領

Matata Ponyo Mapon, Augustin　マタタ・ポニョ・マポン, オーギュスタン
国コンゴ民主共和国　首相

Matavesi, Josh　マタヴェシ, ジョシュ
国フィジー　ラグビー選手

Matawalu, Nikola　マタワル, ニコラ
国フィジー　ラグビー選手

Matayoshi, Mary Y.　マタヨシ, メアリー・Y.
国アメリカ　元・ハワイ大学ヒロ校継続教育・地域サービスセンター所長, 元・ハワイ・ボランティア人材育成センター所長　漢字名=又吉, メアリー・Y.

Matchar, Emily　マッチャー, エミリー
著「ハウスワイフ2.0」文芸春秋 2014

Matchembera, Patrick Sulubika　マシェンベラ, パトリック・スルビカ
国コンゴ民主共和国　青年・スポーツ相

Mate, C.Mathew　メイト, マシュー
著「マイクロ・ナノスケールのトライボロジー」吉岡書店　2013

Mate, Dragutin　マテ, ドラグティン
国スロベニア　内相

Maté, Gabor　マテ, ガボール
著「思春期の親子関係を取り戻す」福村出版 2014

Matečná, Gabriela　マテチナー, ガブリエラ
国スロバキア　農業・農村開発相

Mateelong, Richard Kipkemboi　マテーロング
国ケニア　陸上選手

Matelova, Hana　マテロバ, ハナ
国チェコ　卓球選手

Matena, Vlada　マテナ, ブラダ
著「Enterprise JavaBeans開発ガイド」ピアソン・エデュケーション 2001

Mateo, Garcia　マテオ・ガルシア
国アルゼンチン　サッカー選手

Mateo, Ibarra C.　マテオ, イバーラ・C.
1962〜　著「「滞日」互助網」フリープレス, 星雲社(発売) 2003

Mateo, Jorge　マテオ, ホーヘイ
国ドミニカ共和国　野球選手

Mateo, Wander　マテオ, ワンダー
国ドミニカ共和国　柔道選手

Mateparae, Jeremiah　マテパラエ, ジェレミア
国ニュージーランド　総督

Mater, Zeyad　マテル, ゼヤド
国イエメン　柔道選手

Matera, Pablo　マテーラ, パブロ
国アルゼンチン　ラグビー選手

Materazzi, Marco　マテラッツィ, マルコ
著「俺がジダンに本当に言ったこと」アメーバブックス, 幻冬舎(発売) 2007

Mates, Barbara T.　メイツ, バーバラ・T.
著「高齢者への図書館サービスガイド」京都大学図書館情報学研究会, 日本図書館協会(発売) 2006

Mates, Seth　メイツ, セス
著「WWEトリビアブック」エンターブレイン 2003

Mateschitz, Dietrich　マテシッツ, ディートリヒ
国オーストリア　実業家

Mateu-Mestre, Marcos　マテウ=メストレ, マルコス
著「クライマックスまで誘い込む絵作りの秘訣」ボーンデジタル 2014

Mateus, Jorge Arévalo　ホルヘ・アレバロ・マテウス
グラミー賞 最優秀ヒストリカル・アルバム(2007年(第50回)) "The Live Wire - Woody Guthrie In Performance 1949"　コンピレーション・プロデューサー

Mateusiak, Robert　マテウシャク, ロベルト
国ポーランド　バドミントン選手　関マテウシャク

Matfield, Victor　マットフィールド, ヴィクター
国南アフリカ　ラグビー選手

Matha, Lambert　マタ, ランベール
国ガボン　内務・安全・公衆衛生相

Mathaba, Kimetso　マタバ, キメツォ
国レソト　水問題相

Mathai, Kimberly　マタイ, キンバリー
著「食品・栄養・食事療法事典」産調出版, 産業調査会(発売) 2006

Mathathi, Martin Irungu　マサシ
国ケニア　陸上選手

Matheiken, Sheena　マテイケン, シーナ
著「NY流シーナのブラックドレスで365日」メディアファクトリー 2011

Mathenia, Christian　マテニア, クリスチァン
国ドイツ　サッカー選手

Matheny, Mike　マシーニー, マイク
1970〜　国アメリカ　大リーグ監督, 元野球選手　本名=Matheny, Michael Scott

Matheny, Samuel C.　マセニー, サミュエル・C.
著「家庭医療の技術」日経BP社, 日経BPマーケティング(発売) 2011

Matheopoulos, Helena　マテオプーロス, ヘレナ
著「マエストロ」アルファベータ 2007

Mather, Anne　メイザー, アン
　㊟「小さな悪魔」ハーパーコリンズ・ジャパン　2016
Mather, Cynthia Lynn　メイザー, シンシア・リン
　1955〜　㊟「あなたに伝えたいこと」誠信書房　2015
Mather, John Cromwell　マザー, ジョン
　1946〜　㊚アメリカ　宇宙物理学者　米国航空宇宙局 (NASA) ゴダード宇宙飛行センター上席研究員　本名＝マザー, ジョン・クロムウェル〈Mather, John Cromwell〉　㊕マザー, ジョン・C.
Mather, Nancy　マザー, ナンシー
　㊟「エッセンシャルズ心理アセスメントレポートの書き方」日本文化科学社　2008
Mather, Tim　マザー, ティム
　㊟「クラウドセキュリティ＆プライバシー」オライリー・ジャパン, オーム社 (発売)　2010
Matheron, François　マトゥロン, フランソワ
　㊟「精神分析講義」作品社　2009
Mathers, Petra　マザーズ, ペトラ
　㊟「サティさんはかわりもの」BL出版　2004
Mathes, Rainer　マテス, R.
　㊟「リーディングス政治コミュニケーション」一芸社　2002
Matheson, Christie　マシソン, クリスティ
　㊟「さわってごらん！　よるの星」ひさかたチャイルド　2016
Matheson, Richard　マシスン, リチャード
　1926〜2013　㊚アメリカ　SF作家, ホラー作家, 脚本家　本名＝マシスン, リチャード・バートン〈Matheson, Richard Burton〉
Matheus Pereira　マテウス・ペレイラ
　㊚ブラジル　サッカー選手
Mathews, Andrew　マシュウズ, アンドリュー
　㊟「認知行動療法の科学と実践」星和書店　2003
Mathews, Christopher K.　マシューズ, C.K.
　1937〜　㊟「カラー生化学」西村書店　2015
Mathews, Craig　マシューズ, クレイグ
　㊟「シンプル・フライフィッシング」地球丸　2014
Mathews, Derrick　マシューズ, デリック
　㊚アメリカ　アメフト選手
Mathews, Eddie　マシューズ, エディー
　1931〜2001　㊚アメリカ　野球選手, 大リーグ監督　本名＝Mathews, Edwin Lee　㊕マシューズ, エディ
Mathews, Francine　マシューズ, フランシーヌ
　㊟「王は闇に眠る」新潮社　2003
Mathews, Gordon　マシューズ, ゴードン
　㊟「若者は日本を変えるか」世界思想社　2010
Mathews, Harry　マシューズ, ハリー
　1930〜　㊚アメリカ　作家
Mathews, Jay　マシューズ, ジェイ
　1945〜　㊟「情熱教室のふたり」ダイヤモンド社　2013
Mathews, Jessica Tuchman　マシューズ, ジェシカ
　1946〜　㊚アメリカ　カーネギー国際平和財団理事長　㊕環境問題　㊕マシューズ, ジェシカ・T.
Mathews, Jonathan　マシューズ, ジョン
　㊚アメリカ　サンディエゴ・パドレスコーチ
Mathews, Mitch　マシューズ, ミッチ
　㊚アメリカ　アメフト選手
Mathews, Ricardo　マシューズ, リカルド
　㊚アメリカ　アメフト選手
Mathews, Robin　マシューズ, ロビン
　アカデミー賞 メイクアップ・ヘアスタイリング賞 (第86回 (2013年))　"Dallas Buyers Club"
Mathews, Ryan　マシューズ, ライアン
　㊚アメリカ　アメフト選手
Mathews, Ryan　マシューズ, ライアン
　㊟「競争優位を実現するファイブ・ウェイ・ポジショニング戦略」イースト・プレス　2013
Mathews, Temple　マシューズ, テンプル
　㊟「リターン・トゥ・ザ・シー」竹書房　2005
Mathews Larson, Joan　ラーソン, ジョーン・M.
　㊟「うつ」中央アート出版社　2008
Mathias, Bob　マティアス, ボブ
　1930〜2006　㊚アメリカ　十種競技選手
Mathias, Peter　マサイアス, ピーター
　㊚イギリス　元・ケンブリッジ大学ダウニング・カレッジ学長
Mathiassen, Lars　マシアッセン, ラース
　㊟「アジャイルソフトウェア開発ソフトウェアチーム」九天社　2004
Mathies, Lukas　マティス
　㊚オーストリア　スノーボード選手

Mathiesen, Arni M.　マッティエセン, アルニ・M.
　㊚アイスランド　財務相
Mathieu, Bertrand　マチュー, ベルトラン
　1956〜　㊟「フランスの事後的違憲審査制」日本評論社　2015
Mathieu, Caroline　マチュー, カロリーヌ
　㊟「オルセー美術館展」日本経済新聞社　〔2006〕
Mathieu, Christine　マシュー, クリスティーン
　1954〜　㊟「「女たちの国」のナム」PHP研究所　2003
Mathieu, Georges Victor Adolphe　マチュー, ジョルジュ
　1921〜2012　㊚フランス　画家　㊕マチュウ／マチュー
Mathieu, Jeremy　マチュー, ジェレミー
　㊚フランス　サッカー選手
Mathieu, Marc-Antoine　マチュー, マルク＝アントワーヌ
　1959〜　㊟「神様降臨」河出書房新社　2013
Mathieu, Michael　マシュー, マイケル
　㊚バハマ　陸上選手
Mathieu, Nonie　マチュー, ノニー
　㊚ハイチ共和国　女性問題相
Mathieu, Paul-Henri　マチュー
　㊚フランス　テニス選手
Mathieu, Philippe　マチュー, フィリップ
　㊚ハイチ共和国　農業・天然資源・地方開発相
Mathieu, Tyrann　マシュー, タイラン
　㊚アメリカ　アメフト選手
Mathieu-Riedel, Elisabeth　マチウ＝リーデル, エリザベト
　1951〜　㊟「泣かないで, わたし死ぬのは寂しくないから」女子パウロ会　2001
Mathios, Alan D.　マシオス, アラン・D.
　㊟「食品安全と栄養の経済学」農林統計協会　2002
Mathis, Brandon　マシス, ブランドン
　㊟「Sass & Compass徹底入門」翔泳社　2014
Mathis, Evan　マシス, エバン
　㊚アメリカ　アメフト選手
Mathis, Jeff　マシス, ジェフ
　㊚アメリカ　野球選手
Mathis, Lukas　マティス, ルーカス
　㊟「インタフェースデザインの実践教室」オライリー・ジャパン, オーム社 (発売)　2013
Mathis, Robert　マシス, ロバート
　㊚アメリカ　アメフト選手
Mathis, Robert L.　マティス, ロバート・L.
　㊟「人的資源管理論のエッセンス」中央経済社　2008
Mathis, Thomas　マティス, トーマス
　㊚オーストリア　射撃選手
Mathison, Melissa　マシスン, メリッサ
　㊟「E.T.とぼく」ポプラ社　2002
Mathivet, Éric　マティヴェ, エリック
　㊟「どうぶつのあかちゃん」世界文化社　2011
Mathonet, Pierre-Yves　マゾネット, ピエール・イビス
　㊟「プライベート・エクイティの投資実務」きんざい　2013
Mathse, David　マッツェ, デービッド
　㊚スワジランド　法務・憲法問題相
Mathys, Adidjatou　マティス, アディジャトゥ
　㊚ベナン　労働・公職・社会問題相
Matiangi, Fred　マティアンギ, フレッド
　㊚ケニア　教育・科学技術相
Matias Fernandez　マティアス・フェルナンデス
　㊚チリ　サッカー選手
Matiasko, Marek　マティアスコ
　㊚スロバキア　バイアスロン選手
Matias-smith, Geno　マティアス・スミス, ジーノ
　㊚アメリカ　アメフト選手
Matibenga, Lucia　マティベンガ, ルシア
　㊚ジンバブエ　公共サービス相
Matic, Barbara　マティッチ, バルバラ
　㊚クロアチア　柔道選手
Matić, Jasna　マティッチ, ヤスナ
　㊚セルビア　通信・情報社会相
Matic, Nemanja　マティッチ, ネマニャ
　㊚セルビア　サッカー選手
Matić, Predrag　マティッチ, プレドラグ
　㊚クロアチア　退役軍人相
Matignon, Karine Lou　マティニョン, カリーヌ・ルー
　㊟「トゥー・ブラザーズ」評論社　2004
Matijass, Julia　マティヤス
　㊚ドイツ　柔道選手

Matinenga, Eric　マティネンガ, エリック
　国ジンバブエ　憲法・議会相
Matip, Joel　マティプ, ジョエル
　国カメルーン　サッカー選手
Matip, Marvin　マティプ, マーヴィン
　国カメルーン　サッカー選手
Matīss, Anrijs　マティース, アンリジス
　国ラトビア　運輸相
Matisse, M.　マティス, マリアゲタナ
　？〜2001　国アメリカ　画商　異マチス, マリアゲタナ
Matisyahu　マティスヤフ
　1979〜　国アメリカ　レゲエ歌手　本名＝ミラー, マシュー
　〈Miller, Matthew〉
Matje, Martin　マッジェ, マルタン
　異マティア, マーティン　著「ぼく、飲みこまれちゃった！」ソニー・マガジンズ　2004
Matković, Gordana　マトコビッチ, ゴルダナ
　国セルビア　社会福祉相
Matkowska, Iwona　マトコフスカ, イボナ
　国ポーランド　レスリング選手　異マトコフスカ
Matkowski, Marcin　マトコフスキ, マルチン
　国ポーランド　テニス選手　異マトコウスキー
Matla, Khotso　マトゥラ, ホツォ
　国レソト　森林・土地開拓相
Matlin, Marlee　マトリン, マーリー
　1965〜　著「かんぺきな人なんていない」フレーベル館　2009
Matlins, Antoinette Leonard　マトリンズ, アントワネット
　著「ジュエリーと宝石の賢い買いかた」スタジオタッククリエイティブ　2009
Matloff, Norman　マトロフ, ノーマン
　著「アート・オブ・Rプログラミング」オライリー・ジャパン, オーム社（発売）　2012
Matlubov, Bahodir　マトリュボフ, バホディル
　国ウズベキスタン　内相
Matniyazova, Gulnoza　マトニヤゾワ, グルノザ
　国ウズベキスタン　柔道選手
Mato, Ana　マト, アナ
　国スペイン　保健・社会サービス・平等相
Matochkina, Yulia　マトチキナ, ユリヤ
　国ロシア　チャイコフスキー国際コンクール　声楽（女声）第1位（2015年（第15回））
Matolcsy, György　マトルチ, ジェルジ
　国ハンガリー　国家経済相　異マトルチ, ジョルジ
Matom, Victor　マトム, ビクター
　1959〜　国南アフリカ　国際ジャーナリスト
Matomba, Teobaldo Nchaso　マトンバ, テオバルド・ヌチャソ
　国赤道ギニア　情報相
Matondo, Rosalie　マトンド, ロザリ
　国コンゴ共和国　森林経済・持続的開発・環境相
Matori, Abdul Djalil　マトリ・アブドゥル・ジャリル
　国インドネシア　国防相
Matos, Angel　マトス
　国キューバ　テコンドー選手
Matos, Ian　マトス, イアン
　国ブラジル　水泳選手
Matos, Michaelangelo　マトス, ミケランジェロ
　著「プリンス サイン・オブ・ザ・タイムズ」水声社　2016
Matos, Ryder　マトス, ライデル
　国ブラジル　サッカー選手
Matos Fernandes, João Pedro　マトスフェルナンデス, ジョアン・ペドロ
　国ポルトガル　環境相
Matossian, Mary Allerton Kilbourne　マトシアン, メアリー・キルバーン
　著「食物中毒と集団幻想」パピルス　2004
Matoto, Afualo　マトト, アフアロ
　国トンガ　財務・国家計画・公営企業・情報相
Matouq, Matouq Mohamed　マトーク, マトーク・ムハンマド
　国リビア　建設書記（建設相）
Matoušek, Jiří　マトウシェク, イジィ
　1963〜　著「33の素敵な数学小景」日本評論社　2014
Matras, John　マトラス, ジョン
　著「乗らずに死ねないクルマ・365台」スタジオタッククリエイティブ　2008
Matri, Alessandro　マトリ, アレッサンドロ
　国イタリア　サッカー選手

Matricon, Jean　マトリコン, ジャン
　著「水の歴史」創元社　2014
Matrosova, Anastasiia　マトロソワ
　国ウクライナ　柔道選手
Matschullat, Dale　マチュラット, デール
　著「組織変革のジレンマ」ダイヤモンド社　2004
Matseichuk, Oleg　マツェイチュク, オレグ
　1972〜　国ウクライナ　フェンシング指導者　フェンシング男子日本代表フルーレ総括コーチ
Matsepe-casaburri, Ivy　マツェペカサブリ, アイビー
　国南アフリカ　通信相
Matsiko, Kabakumba　マツィコ, カバクンバ
　国ウガンダ　情報・国家指導相
Matsoukas, Melina　マトソウカス, メリナ
　監督　グラミー賞 最優秀短編ビデオ作品（2012年（第55回））"We Found Love"
Matsoukas, William　マツォウカス, ウィリアム
　著「MCSEパーフェクトテキスト試験番号70-221：Windows 2000 Network Infrastructure design」ピアソン・エデュケーション　2001
Matsubara Oda, Amelia Kayo　マツバラ・オダ, アメリア・カヨ
　国メキシコ　中央学園学園長
Matsuda, Ethan Khiem　マツダ, イーサン・キム
　著「ほっきょくがとけちゃう！」ポプラ社　2006
Matsuda, Michael　マツダ, マイケル
　著「ほっきょくがとけちゃう！」ポプラ社　2006
Matsuev, Denis　マツーエフ, デニス
　1975〜　国ロシア　ピアニスト
Matsui, Robert T.　マツイ, ロバート
　1941〜2005　国アメリカ　政治家　米国下院議員（民主党）
Matsui, Saburo　マツイ, サブロウ
　著「都市水管理の先端分野」技報堂出版　2003
Matsumoto, David Ricky　マツモト, D.
　著「文化と心理学」北大路書房　2001
Matsumoto, Tak　マツモト, タカヒロ
　グラミー賞 最優秀ポップ・インストゥルメンタル・アルバム（2010年（第53回））"Take Your Pick"　漢字名＝松本孝弘
Matsumoto Tanaka, Lino Toshio　マツモト・タナカ, リノ・トシオ
　国ペルー　元・在ペルー日本国大使館現地職員
Matsunaga, Tatsuo　マツナガ, タツオ
　国ブラジル　ブラジリア日伯文化協会会長
Matsutaro, Francis　マツタロウ, フランシス
　国パラオ　駐日特命全権大使
Matsuura Mueller, Kumiko　マツウラミューラー・クミコ
　国連難民高等弁務官事務所（UNHCR）財務官　漢字名＝松浦ミューラー久美子
Matsuyama, Saeka　マツヤマ, サエカ
　国日本　エリザベート王妃国際コンクール ヴァイオリン 第4位（2005年）　漢字名＝松山冴花
Matt, Andreas　マット
　国オーストリア　フリースタイルスキー選手
Matt, Mario　マット, マリオ
　1979〜　国オーストリア　元スキー選手
Matta, Nadim F.　マッタ, ナディム・F.
　著「いかに「プロジェクト」を成功させるか」ダイヤモンド社　2005
Matta, Roberto Sebastiano　マッタ, ロベルト
　1911〜2002　国フランス　画家　本名＝マッタ・エチャウッレン, ロベルト・セバスティアーノ〈Matta Echaurren, Roberto Sebastiano〉　異マッタ・エチャウレン
Mattalata, Andi　マタラタ, アンディ
　国インドネシア　法務・人権相
Mattarella, Sergio　マッタレッラ, セルジョ
　1941〜　国イタリア　政治家　イタリア大統領　異マタレラ, セルジョ
Matte, Magdalena　マテ, マグダレナ
　国チリ　住宅・都市開発相
Matte Blanco, Ignacio　マテ・ブランコ, I.
　著「無意識の思考」新曜社　2004
Mattei, Jean-François　マテイ, ジャンフランソワ
　国フランス　保健・家族・障害者相
Mattéi, Jean-François　マテイ, ジャン＝フランソワ
　1941〜　著「プラトンの哲学」白水社　2012
Mattek-sands, Bethanie Lynn　マテックサンズ, ベサニー
　国アメリカ　テニス選手

Mattel, Coline マテル
[国]フランス スキージャンプ選手
Matteo, Drea de デ・マッテオ, ドレア
エミー賞 プライムタイム・エミー賞 最優秀助演女優賞（ドラマシリーズ）（第56回（2004年）） "The Sopranos"
Matteo, Steve マッテオ, スティーヴ
[著]「レット・イット・ビー」 水声社 2013
Matteoli, Altero マッテオーリ, アルテロ
[国]イタリア インフラ・運輸相 [異]マテオリ, アルテロ
Matteotti, Luca マッテオッティ
[国]イタリア スノーボード選手
Mattern, Frank マターン, フランク
[著]「マッキンゼーITの本質」 ダイヤモンド社 2005
Mattern, Thomas マターン, トーマス
[著]「エンタープライズSOA」 オライリー・ジャパン, オーム社（発売） 2007
Matterson, Stephen マタソン, スティーヴン
[著]「アメリカ文学必須用語辞典」 松柏社 2010
Mattes, Kate マテス, ケイト
アメリカ探偵作家クラブ賞 大鴉賞（2008年）
Mattesi, Michael D. マテジ, マイケル
[著]「リズムとフォース」 ボーンデジタル 2015
Matteson, John マテソン, ジョン
[国]アメリカ ピュリッツアー賞 文学・音楽 伝記・自伝（2008年） "Eden's Outcasts: The Story of Louisa May Alcott and Her Father"
Matteson, Mark マットソン, マーク
[著]「何をそんなに心配しているのかね？」 PHP研究所 2009
Matteson, Priscilla マテソン, プリシラ
[著]「アドラーの思い出」 創元社 2007
Matteson, S. マットソン, S.
[著]「鍼のエビデンス」 医道の日本社 2009
Matteuzzi, William マッテウッツィ, ウィリアム
1957～ [国]イタリア テノール歌手 [異]マッテウッチ / マテウッツィ, ウィリアム
Matthäus, Lother マテウス, ローター
1961～ [国]ドイツ サッカー指導者, 元サッカー選手 サッカー・ブルガリア代表監督, サッカー・ハンガリー代表監督
Mattheck, Claus マテック, クラウス
1947～ [著]「樹木の力学」 青空計画研究所 2004
Matthei, Evelyn マテイ, エベリン
[国]チリ 労働・社会保障相
Matthew, Amenta マシュー, アメンタ
[国]マーシャル諸島 内相
Matthew, Catriona マシュー, カトリオナ
1969～ [国]イギリス プロゴルファー 本名＝Matthew, Catriona Isobel
Matthew, Donald マシュー, ドナルド
1930～ [著]「中世のヨーロッパ」 朝倉書店 2008
Matthew, Neil マシュー, ニール
[著]「Linuxプログラミング」 ソフトバンクパブリッシング 2004
Matthew, Norman マシュー, ノーマン
[国]マーシャル諸島 内相
Matthew, Sidney L. マシュー, シドニー
[著]「ボビー・ジョーンズ ゴルフの神髄」 筑摩書房 2013
Matthews, Alex マシュウ, アレックス
[著]「WebSphere version 4アプリケーション開発ハンドブック」 ソフトバンクパブリッシング 2002
Matthews, Andrew マシューズ, アンドリュー
[著]「たった今から、ハッピーになる！」 ダイヤモンド社 2005
Matthews, Andrew マシューズ, アンドリュー
1948～ [著]「シェイクスピアストーリーズ」 BL出版 2015
Matthews, Arlene Modica マシューズ, アーリーン
[著]「なぜこの色が売れるのか」 ジャパンタイムズ 2001
Matthews, Bonnie マシューズ, ボニー
1963～ [著]「だいじょうぶ自分でできる悪いくせのカギのはずし方ワークブック」 明石書店 2010
Matthews, Caitlín マシューズ, ケイトリン
[異]マシュウズ, ケイトリン [著]「ダ・ヴィンチ・タロット」 ゴマブックス 2006
Matthews, Chris マシューズ, クリス
[国]アメリカ アメフト選手
Matthews, Christine マシューズ, クリスティン
[著]「主婦に捧げる犯罪」 武田ランダムハウスジャパン 2012
Matthews, Claire マシューズ, クレア
[著]「ハートに火をつけて」 主婦の友社 2013
Matthews, Clay マシューズ, クレイ
[国]アメリカ アメフト選手
Matthews, Cliff マシューズ, クリフ
[国]アメリカ アメフト選手
Matthews, David マシューズ, デイヴィッド
1943～ [著]「ベンジャミン・ブリテン」 春秋社 2013
Matthews, David マシューズ, デービッド
1942～ [国]アメリカ ジャズ・キーボード奏者, 作曲家, 編曲家 [異]マシューズ, デイヴィッド / マシューズ, デビッド / マシューズ, デヴィッド
Matthews, Delia マシューズ, ディーリア
[国]イギリス ローザンヌ国際バレエコンクール 6位・スカラシップ（第35回（2007年））
Matthews, Derek マシューズ, デレク
[著]「びっくりかわいいかいぶつくん」 大日本絵画 2004
Matthews, D.H. マシューズ, D.H.
[著]「知の歴史」 徳間書店 2002
Matthews, Elizabeth マシューズ, エリザベス
[著]「Cocoはとびきりかわったコ」 イプシロン出版企画（発売） 2008
Matthews, Francis マシューズ, フランシス
1927～2014 [国]イギリス 俳優 本名＝Matthews, Francis Joseph
Matthews, Gerald マシューズ, G.
[著]「心理臨床の認知心理学」 培風館 2002
Matthews, Gordon マシューズ, ゴードン
？～2002 [国]アメリカ ボイスメールの発明者 VMX創業者
Matthews, Jake マシューズ, ジェイク
[国]アメリカ アメフト選手
Matthews, Jana B. マシューズ, ジェイナ
[著]「あなたが伸びれば、会社も伸びる！」 翔泳社 2001
Matthews, Jason マシューズ, ジェイソン
1951～ アメリカ探偵作家クラブ賞 処女長編賞（2014年） "Red Sparrow"
Matthews, Jeff マシューズ, ジェフ
[著]「バフェットの株主総会」 エクスナレッジ 2009
Matthews, J.Jennifer マシューズ, J.ジェニファー
[著]「ただそのままでいるための超簡約指南」 ナチュラルスピリット 2014
Matthews, John マシューズ, ジョン
1948～ [異]マシュウズ, ジョン [著]「アーサー王と中世騎士団」 原書房 2007
Matthews, John A. マシューズ, ジョン・A.
1947～ [著]「マシューズ＆ハーバート地理学のすすめ」 丸善出版 2015
Matthews, John Frederick マシューズ, ジョン
[著]「古代のローマ」 朝倉書店 2008
Matthews, Jordan マシューズ, ジョーダン
[国]アメリカ アメフト選手
Matthews, Julie マシューズ, ジュリー
[著]「発達障害の子どもが変わる食事」 青春出版社 2012
Matthews, Kathy マシューズ, キャシー
[著]「ウォール・ストリート式ダイエット」 阪急コミュニケーションズ 2010
Matthews, L.S. マシューズ, L.S.
1964～ [国]イギリス 作家 [専]ヤングアダルト 本名＝Dron, Laura
Matthews, Mike マシューズ, マイク
[国]アメリカ アメフト選手
Matthews, Owen マシューズ, オーウェン
[著]「スターリンの子供たち」 白水社 2011
Matthews, Patrick マシューズ, パトリック
1953～ [著]「ほんとうのワイン」 白水社 2011
Matthews, Penny マシューズ, ペニー
1945～ [著]「どうぶつたちのクリスマスイブ」 ドン・ボスコ社 2016
Matthews, Rishard マシューズ, リシャード
[国]アメリカ アメフト選手
Matthews, Robert マシューズ, ロバート
1959～ [著]「30秒で学ぶ科学理論」 スタジオタッククリエイティブ 2013
Matthews, Rupert マシュース, ルパート
1961～ [異]マシューズ, ルパート [著]「超ちっちゃい恐竜たち」 鈴木出版 2013
Matthews, Sadie マシューズ, セイディー
[著]「ファイヤー・アフター・ダーク」 集英社クリエイティブ, 集英社（発売） 2014

Matthews, Stephen　マシューズ、スティーヴン
　1963〜　㊙マシューズ、スティーヴン　㊗「広東語文法」東方書店　2008
Matthews, Wesley　マシューズ、ウェスリー
　㊨アメリカ　バスケットボール選手
Matthies, Holger　マティス、ホルガー
　1940〜　㊗「イメージの構築ホルガー・マティスポスター展」武蔵野美術大学美術資料図書館　2006
Matthiessen, Peter　マシーセン、ピーター
　1927〜2014　㊨アメリカ　作家、ジャーナリスト、ナチュラリスト
Matti, Truus　マティ、トゥルース
　1961〜　㊗「ミスターオレンジ」朔北社　2016
Mattick, Lindsay　マティック、リンジー
　㊗「プーさんとであった日」評論社　2016
Mattila, Karita　マッティラ、カリタ
　1960〜　㊨フィンランド　ソプラノ歌手
Mattila, Pirkko　マッティラ、ピルッコ
　㊨フィンランド　社会保健相
Mattingly, Don　マッティングリー、ドン
　1961〜　㊨アメリカ　大リーグ監督、元野球選手　本名＝Mattingly, Donald Arthur
Mattinson, Pippa　マッティンソン、ピッパ
　㊗「リードなしでも犬の散歩ができますか？」一灯舎　2015
Mattioli, Gianni Francesco　マティオリ、ジャンニ・フランチェスコ
　㊨イタリア　欧州関係相
Mattis, James　マティス、ジェームズ
　㊨アメリカ　国防長官
Mattison, Chris　マティソン、クリス
　㊗マチソン、クリス　㊗「知られざる動物の世界」朝倉書店　2013
Mattli, Walter　マットリ、ウォルター
　㊗「IASB/ISO/IEC国際ルールの形成メカニズム」長崎県立大学経済学部学術研究会　2013
Mattoon, Ashley　マトゥーン、アシュレイ
　㊗「地球と環境」同友館　2002
Mattoon, John S.　マトゥーン、J.S.
　㊗「犬と猫の超音波診断学」メディカルサイエンス社、インターズー（発売）　2004
Mattord, Herbert J.　マトード、ハーバート
　㊗「インフォメーションセキュリティ入門」トムソンラーニング、ピー・エヌ・エヌ新社（発売）　2004
Mattrick, Don　マトリック、ドン
　1964〜　実業家　ジンガCEO
Mattscherodt, Katrin　マットシェロト、カトリン
　1981〜　㊨ドイツ　スピードスケート選手
Mattson, Gregory Louis　マトソン、グレゴリー・L.
　㊗「SSダス・ライヒ」リイド社　2006
Mattsson, Malin Johanna　マットソン、マリン
　㊨スウェーデン　レスリング選手
Mattsson, Sofia　マットソン、ソフィア
　㊨スウェーデン　レスリング選手　㊕マットソン
Mattu, Amal　マトゥー、アマル
　㊗マッチュー、アマル　㊗「初期救急の落とし穴」日経BP社、日経BPマーケティング（発売）　2013
Mattu, Sasha.K.　マットゥ、S.K.
　㊗「キャリアアップとプライベートライフ」シュプリンガー・フェアラーク東京　2005
Matturro, Claire Hamner　マトゥーロ、クレア
　1954〜　㊨アメリカ　作家　㊗ミステリー
Matuidi, Blaise　マテュイディ、ブレーズ
　㊨フランス　サッカー選手
Matulović-dropulić, Marina　マトゥロビッチドロプリッチ、マリナ
　㊨クロアチア　環境・都市計画・建設相
Matungulu, Helva　マタングル、ヘルパ
　㊨アメリカ　アメフト選手
al-Matuq, Abdullah　マトゥク、アブドラ
　㊨クウェート　法相兼宗教財産イスラム問題相
Ma'tuq, Ma'tuq Muhammad　マトゥク、マトゥク・ムハンマド
　㊨リビア　労働・訓練・雇用書記（労働・訓練・雇用相）
Matura, Thaddée　マトゥーラ、タデエ
　㊕マトゥーラ、T.　㊗「フランシスコ、霊性の教師」教友社　2009
Matus, Lujan　マトゥス、ルハン
　㊗「第三の眼を覚醒させる」ナチュラルスピリット　2014

Matusiak, Wojtek　マトゥシャック、ヴォイテック
　㊗「第二次大戦のポーランド人戦闘機エース」大日本絵画　2001
Matusila, Pierre Anatole　マツシラ、ピエール・アナトール
　㊨コンゴ民主共和国　エネルギー・水力資源相
Matute, Ana María　マトゥーテ、アナ・マリア
　1925〜2014　㊨スペイン　作家、児童文学作家　本名＝Matute Ausejo, Ana María　㊕マトゥーテ、アナ・マリーア／マトゥテ、アナ・マリア
Matute, Brenie Liliana　マトゥテ、ブレニエ・リリアナ
　㊨ホンジュラス　国際協力相
Matu'u, Motu　マトゥウ、モトゥ
　㊨サモア　ラグビー選手
Matveev, Lev Pavlovich　マトヴェーエフ、L.P.
　㊕マトヴェーエフ、レフ・パヴロヴィチ　㊗「ロシア体育・スポーツトレーニングの理論と方法論」ナップ　2008
Matveichuk, Vladimir F.　マトベイチュク、ウラジーミル・F.
　㊨ベラルーシ　文化相
Matvienko, Denis　マトヴィエンコ、デニス
　1979〜　バレエダンサー　キエフ・バレエ団芸術監督
Matvienko, Valentina I.　マトビエンコ、ワレンチナ・I.
　㊨ロシア　副首相
Matvienko, Valentina Ivanovna　マトヴィエンコ、ワレンチナ
　1949〜　㊨ロシア　政治家　ロシア上院議長　ロシア副首相、サンクトペテルブルク市長　㊕マトビエンコ、ワレンチナ
Matvievskaia, Galina Pavlovna　マトヴィエフスカヤ、ガリーナ・パーヴロヴナ
　㊗「学者としてのアルブレヒト・デューラー」大築勇喜嗣　2001
Matyas, Steve　マティアス、スティーブ・M.
　1979〜　㊗「継続的インテグレーション入門」日経BP社、日経BP出版センター（発売）　2009
Matyjaszek, Przemyslaw　マティヤシェク
　㊨ポーランド　柔道選手
Matyjaszewski, Krzysztof　マチャゼウスキー、クリストフ
　㊨ポーランド　ウルフ賞 化学部門（2011年）
Matysik, Larry　マティシク、ラリー
　㊗「ブルーザー・ブロディ私の、知的反逆児」東邦出版　2008
Matyszak, Philip　マティザック、フィリップ
　㊗「古代ローマ歴代誌」創元社　2004
Matyushevsky, Vasily S.　マチュシェフスキー、ワシリー・S.
　㊨ベラルーシ　第1副首相
Matz, Peter　マッツ、ピーター
　1928〜2002　㊨アメリカ　音楽監督、編曲家
Matz, Steven　マッツ、スティーブン
　㊨アメリカ　野球選手
Matz, Tim　マッツ、ティム
　1959〜　㊗「ワインビジネス」昭和堂　2010
Matzkin, Jorge　マツキン、ホルヘ
　㊨アルゼンチン　内相
Mau, Bruce　マウ、ブルース
　㊗「Anytime」NTT出版　2001
Maualuga, Rey　マウアルーガ、レイ
　㊨アメリカ　アメフト選手
Mauborgne, Renée　モボルニュ、レネ
　㊗「ブルー・オーシャン戦略」ダイヤモンド社　2015
Mauboussin, Michael J.　モーブッシン、マイケル・J.
　1964〜　㊗「偶然と必然の方程式」日経BP社、日経BPマーケティング（発売）　2013
Mauch, Gene William　マウクス、ジーン
　1925〜2005　㊨アメリカ　大リーグ監督　㊕モーク、ジーン
Maucher, Helmut Oswald　マウハー、ヘルムート
　1927〜　㊨ドイツ　実業家　ネスレ名誉会長　ネスレ会長・社長・CEO
Mauck, Joe　マック、ジョー
　㊗「Claw「爪」」早川書房　2007
Maudet, Matthieu　モデ、マチュー
　1981〜　㊗「ぼく、いってくる！」光村教育図書　2013
Mauel, Hildegard M.　マウエル、ヒルダガルド・M.
　㊗「可憐な野の花たち」美術出版社　2002
Mauer, Joe　マウアー、ジョー
　1983〜　㊨アメリカ　野球選手　本名＝Mauer, Joseph Patrick　㊕モウアー、ジョー
Maufras, Jérôme　モフラ、ジェローム
　㊗「チェスへの招待」白水社　2007
Mauga, Josh　マウガ、ジョシュ
　㊨アメリカ　アメフト選手
Maul, Dianna　モール、ダイアナ

maul

Maul, Heinz Eberhard　マウル, ハインツ・エーバーハルト
　1937〜　圏「日本はなぜユダヤ人を迫害しなかったのか」芙蓉書房出版　2004
Maulden, John　モールディン, ジョン
　圏「わが子と考えるオンリーワン投資法」パンローリング　2006
Mauldin, Bill　モールディン, ビル
　?〜2003　国アメリカ　漫画家　勉モルディン, ビル
Mauldin, John　モールディン, ジョン
　圏「エンドゲーム」プレジデント社　2012
Mauldin, Lorenzo　モールディン, ロレンゾ
　国アメリカ　アメフト選手
Maulidi, Paul　マウリディ, ポール
　国マラウイ　商工相
Maull, Hanns Walter　マウル, ハンス・ヴァルター
　国ドイツ　日欧会議メンバー, 日独フォーラムメンバー, 元・日米欧三極委員会委員, 元・トリア大学政治学部教授
Mauloud, Amal Mint　マウルード, アーマール・ミント
　国モーリタニア　住宅・都市・国土整備相
Maulpoix, Jean-Michel　モルポワ, ジャン＝ミッシェル
　圏「フランス現代詩アンソロジー」思潮社　2001
Maumoon, Dunya　マームーン, ドゥンヤ
　国モルディブ　外相
Maung, Cynthia　マウン, シンシア
　国ミャンマー　医師
Maung Aye　マウン・エイ
　1937〜　国ミャンマー　軍人　ミャンマー国家平和発展評議会 (SPDC)副議長, ミャンマー国軍最高副司令官
Maung Htin Aung　マウン・フティン・アウン
　勉マウン・ティン・アウン　圏「ヤンゴン河の虹」文芸社　2003
Maung Maung Khin　マウン・マウン・キン
　国ミャンマー　副首相
Maung Maung Swe　マウン・マウン・スエ
　国ミャンマー　社会福祉・救援・再定住相
Maung Maung Thein　マウン・マウン・テイン
　国ミャンマー　畜産・漁業相
Maung Min Nyo　マウン・ミン・ニョウ
　1948〜　国ミャンマー　民主化運動家　国際労働組合総連合ヤンゴン事務所副所長, 在日ビルマ人協会名誉会長
Maung Myint　マウン・ミン
　国ミャンマー　工業相
Maung Oo　マウン・ウ
　国ミャンマー　内相兼移民・人口問題相
Maunick, Jean-Paul　モーニック, ジャン・ポール
　1957〜　国イギリス　ミュージシャン, 音楽プロデューサー　通称=ブルーイ〈Bluey〉
Mauny, Fabienne　マウニー, ファビエンヌ
　1963〜　国フランス　実業家　ディプティックCEO
Maura, Carmen　マウラ, カルメン
　カンヌ国際映画祭 女優賞(第59回(2006年))　"Volver"
Maurane, Camille　モーラヌ, カミーユ
　1911〜2010　国フランス　バリトン歌手　パリ国立高等音楽院名誉教授　前名=モロー, カミーユ
Maurate, Daniel　マウラテ, ダニエル
　国ペルー　労働雇用促進相
Maurelli, Alessia　マウレッリ, アレシア
　国イタリア　新体操選手
Maurer, Angela　モイラー
　国ドイツ　競泳選手
Maurer, Brandon　マウラー, ブランドン
　国アメリカ　野球選手
Maurer, Gaylyn Gaddy　マウラー, ゲイリン・ガディ
　圏「物質使用障害のグループ治療」星和書店　2012
Maurer, Kevin　マウラー, ケヴィン
　圏「NO HERO」講談社　2016
Maurer, Konrad　マウラー, コンラート
　1943〜　圏「アルツハイマー」保健同人社　2004
Maurer, Leopold　マウラー, レオポルト
　1969〜　圏「ミラーさんとピンチョンさん」水声社　2013
Maurer, Michael　マウラー, マイケル
　圏「アニメおさるのジョージあか, あお, きいろ」金の星社　2014
Maurer, Peter　マウラー, ペーター
　1956〜　国スイス　外交官　赤十字国際委員会(ICRC)委員長
Maurer, Reinhart Klemens　マオラー, ラインハルト
　1935〜　圏「プラトンの政治哲学」風行社　2005

Maurer, Robert　マウラー, ロバート
　圏「脳が教える! 1つの習慣」講談社　2008
Maurer, Ueli　マウラー, ウエリ
　1950〜　国スイス　政治家　スイス国防・市民保護・スポーツ相　スイス大統領
Maurer, Ulrike　マウラー, ウルリケ
　1942〜　圏「アルツハイマー」保健同人社　2004
Mauresmo, Amélie　モレスモ, アメリ
　1979〜　国フランス　テニス指導者, 元テニス選手　勉モーリスモ, アメリー / モレスモ / モレスモー, アメリー
Mauri, Carolina　マウリ, カロリナ
　国コスタリカ　スポーツ相
Mauri, Jose　マウリ, ホセ
　国イタリア　サッカー選手
Mauriat, Paul　モーリア, ポール
　1925〜2006　国フランス　指揮者, ピアニスト, 作曲家, 編曲家　ポール・モーリア・グランド・オーケストラ指揮者
Maurice-Jones, Tim　モーリス＝ジョーンズ, ティム
　圏「スナッチ・ザ・スケッチ」産業編集センター　2001
Maurício, Armindo Cipriano　マウリシオ, アルミンド・シプリアノ
　国カボベルデ　国防相　勉マウリシオ, アルミンド・ジプリアノ
Mauricio, Rufino　マウリシオ, ルフィーノ
　国ミクロネシア連邦　教育相
Mauriès, Patrick　モリエス, パトリック
　1952〜　圏「LES BIJOUX DE CHANEL」講談社　2013
Maurilli, Franco　マウリッリ, フランコ
　1947〜　圏「イタリアオペラアリア名曲集 ソプラノ」ドレミ楽譜出版社　2002
Maurin, Christelle　モーラン, クリステル
　国フランス　匿名作家　勉ミステリー
Maurine, Camille　モーリン, カミール
　圏「女性のための瞑想」UNIO, 星雲社(発売)　2006
Maurizi, Stefania　マウリチ, ステファニア
　圏「1つの爆弾10の人生」新日本出版社　2007
Mauro　マウロ
　?〜2002　国ブラジル　サッカー選手　本名=Ramos de Oliveira, Mauro
Mauro, Alessandra　マウロ, アレッサンドラ
　圏「MARIO GIACOMELLI」青幻舎　2013
Mauro, Jim　モーロ, ジム
　圏「Solarisインターナル」ピアソン・エデュケーション　2001
Mauro, Josh　マウロ, ジョシュ
　国アメリカ　アメフト選手
Mauro, Vincent F.　マウロ, V.F.
　圏「アメリカのDI」大滝武雄　2001
Mauroy, Pierre　モーロワ, ピエール
　1928〜2013　国フランス　政治家　フランス首相, フランス社会党第1書記, リール市長　勉モロア, ピエール / モロワ, ピエール
Maury, Jean-Pierre　モーリ, ジャン＝ピエール
　1937〜2001　圏「ガリレオ」創元社　2008
Maury, Marianne　マウリー, マリアンヌ
　圏「まきばにある小さなしあわせ」中央公論新社　2004
Maurya, Ash　マウリャ, アッシュ
　圏「Running Lean」オライリー・ジャパン, オーム社(発売)　2012
Maus, Ingeborg　マウス, インゲボルク
　圏「産業資本主義の法と政治」法政大学出版局　2002
Maute, Christiane　マウテ, クリスチアーネ
　1949〜　圏「新・植物のためのホメオパシー」ホメオパシー出版　2012
Mauti, Michael　モーティ, マイケル
　国アメリカ　アメフト選手
Mauzy, Jeff　モージー, ジェフ
　圏「クリエイティビティ・カンパニー」ランダムハウス講談社　2004
Maven, Max　メイヴェン, マックス
　1950〜　圏「パケット・トリック」東京堂出版　2005
Mavhaire, Dzikamai　マバイレ, ジカマイ
　国ジンバブエ　エネルギー・電力開発相
Mavinkurve, Brahmanand　マヴィンクルヴェ, ブラフマナンド
　圏「ナーマスマラナ」サティヤサイ出版協会　2008
Mavissakalian, M.R.　マヴィッサカリアン, マティグ・R.
　圏「偽薬効果」春秋社　2002
Mavity, Roger　マビティ, ロジャー
　圏「たった2%の"ピッチ"が人生の98%を変える」CCCメディア

Mavlonova, Khairinisso　マブロノワ、ハイリニッソ
　国タジキスタン　副首相　異マブリャノワ、ハイリニッソ
Mavraj, Mergim　マヴライ、メルギム
　国アルバニア　サッカー選手
Mavronicolas, Kyriakos　マブロニコラス、キリヤコス
　国キプロス　国防相
Mavrou, Eleni　マブル、エレニ
　国キプロス　内相
Mawae, Kevin　マワイ、ケビン
　1971～　国アメリカ　元アメフト選手　異マワイ、ケヴィン
Mawajdeh, Salah　マワジュデ、サラハ
　国ヨルダン　保健相
al-Mawali, Hilal bin Khalid bin Nasser　マワリ、ヒラル・ビン・ハリド・ビン・ナセル
　国オマーン　公務員相　異マワリ、ヒラル・ビン・ハリド・ビン・ナサル
Mawdsley, Emma　モーズリー、エマ
　著「国際開発援助の変貌と新興国の台頭」明石書店　2014
Mawere, Moses　マワレ、モーゼス
　国ザンビア　青年・スポーツ相
Mawson, Alfie　モーソン、アルフィー
　国イングランド　サッカー選手
Mawson, Robert　モーソン、ロバート
　1956～　著「ラザロの子」角川書店　2002
Max, Daniel T.　マックス、ダニエル・T.
　著「眠れない一族」紀伊国屋書店　2007
Max, Peter　マックス、ピーター
　1937～　著「ピーター・マックスの世界」グラフィック社　2014
Max, Philipp　マックス、フィリップ
　国ドイツ　サッカー選手
Maxey, Johnny　マクシー、ジョニー
　国アメリカ　アメフト選手
Maxfield, David　マクスフィールド、デヴィッド
　著「自分を見違えるほど変える技術」阪急コミュニケーションズ　2012
Maxi Lopez　マキシ・ロペス
　国アルゼンチン　サッカー選手
Maximus, Ongkili　マクシムス・オンキリ
　国マレーシア　エネルギー・環境技術・水資源相
Maximy, Hubert De　マクシミー、ユベール・ド
　1945～　著「赤の文書」白水社　2001
Maxi Pereira　マキシ・ペレイラ
　国ウルグアイ　サッカー選手
Max-theurer, Victoria　マックストゥーラー、ビクトリア
　国オーストリア　馬術選手
Maxwell　マクスウェル
　国ブラジル　サッカー選手
Maxwell　マックスウェル
　国アメリカ　グラミー賞 最優秀男性R&B歌手(2009年(第52回))ほか
Maxwell, Bruce　マックスウェル、ブルース
　国ドイツ　野球選手
Maxwell, Byron　マックスウェル、バイロン
　国アメリカ　アメフト選手
Maxwell, Cathy　マクスウェル、キャシー
　著「荒野の果てまで連れ去って」竹書房　2012
Maxwell, Duane　マクスウェル、デュアン
　著「フェイルーンの魔法」ホビージャパン　2005
Maxwell, Fredric Alan　マクスウェル、フレデリック・アラン
　1954～　著「マイクロソフトCEOバルマー」イースト・プレス　2003
Maxwell, Hamish　マクスウェル、ハミシュ
　1926～2014　国アメリカ　実業家　フィリップ・モリス会長・CEO　本名=Maxwell, Hamish Walter Hyslop　異マックスウェル、ハーミッシュ
Maxwell, Jimmy　マクスウェル、ジミー
　1917～2002　国アメリカ　ジャズトランペット奏者　本名=Maxwell, James Kendrick
Maxwell, John C.　マクスウェル、ジョン・C.
　1947～　著「人を動かす人の「質問力」」三笠書房　2016
Maxwell, Lois　マクスウェル、ロイス
　1927～2007　国カナダ　女優　本名=Hooker, Lois　異マックスウェル、ロイス／マックスウェル、ロイズ
Maxwell, Mel　マックスウェル、メル
　グラミー賞 最優秀ボックス, 特別限定版パッケージ(2008年(第51回))　"In Rainbows"　アート・ディレクター
Maxwell, Robin　マックスウェル、ロビン
　1948～　著「王妃アン・ブリンの秘密の日記」バベル・プレス　2005
Maxwell, Willaim　マクスウェル、ウィリアム
　著「意匠/フィクション」20世紀文学研究会、風濤社(発売)　2003
Maxwell, William Delbert　マックスウェル、ウィリアム・デルバート
　著「改革派教会の礼拝」一麦出版社　2002
Maxwell-Hudson, Clare　マクスウェル・ハドソン、クレア
　著「アロマテラピー・マッサージ・ブック」河出書房新社　2003
May, Antoinette　メイ、アントワネット
　著「シルビア・ブラウン」中央アート出版社　2003
May, Brian　メイ、ブライアン
　1947～　国イギリス　ロック・ギタリスト　本名=メイ、ブライアン・ハロルド
May, Brian　メイ、ブライアン
　1947～　著「Bang！宇宙の起源と進化の不思議」ソフトバンククリエイティブ　2007
May, Brian　メイ、ブライアン
　1947～　著「レッド・スペシャル・メカニズム」DU BOOKS, ディスクユニオン(発売)　2016
May, Dave　メイ、デーブ
　1943～2012　国アメリカ　野球選手　本名=May, David La France　異メイ、デイヴ
May, Ekkehard　マイ、エッケハルト
　1937～　著「西洋における俳句の新しい受容へ」国際日本文化研究センター　2001
May, Elizabeth　メイ、エリザベス
　1954～　著「森林大国カナダからの警鐘」日本林業調査会　2009
May, Ernest R.　メイ、アーネスト
　1928～　著「歴史の教訓」岩波書店　2004
May, Hazel　メイ、ヘイゼル
　著「認知症と共に生きる人たちのためのパーソン・センタードなケアプランニング」クリエイツかもがわ　2016
May, Irenee duP., Jr.　メイ、アイリーン、Jr.
　著「実践ヘッジファンド投資」日本経済新聞社　2001
May, Jacob　メイ、ジェイコブ
　国アメリカ　野球選手
May, John　メイ、ジョン
　1950～　著「世界の居住文化百科」柊風舎　2013
May, Jonny　メイ、ジョニー
　国イングランド　ラグビー選手
May, Kara　メイ、カーラ
　著「魔女とネコ学校へ行く」小さな出版社、星雲社(発売)　2001
May, Katie　メイ、ケイティ
　著「マジック・バレリーナ」新書館　2010
May, Matthew E.　メイ、マシュー・E.
　著「トヨタズナンバーワン」アスペクト　2007
May, Misty　メイ
　国アメリカ　ビーチバレー選手
May, Mitchell　メイ、ミッチェル
　1950～　著「リアルワールドリアルパーソン」シナジーカフェ　2011
May, Mitchell Moses　メイ、ミッチェル
　著「ミッチェル・メイ・モデル」ヴォイス　2007
May, Paul　メイ、ポール
　1953～　国イギリス　作家　分ヤングアダルト, 児童書
May, Peter　メイ、ピーター
　1951～　著「忘れゆく男」早川書房　2015
May, Richard George　メイ、リチャード
　1938～2004　国イギリス　法律家　旧ユーゴスラビア国際戦犯法廷裁判官
May, Robert McCredie　メイ、ロバート
　1936～　国イギリス　動物学者, 生物学者　英国政府首席科学顧問, 英国科学技術局長, ロイヤル・ソサエティ会長　分理論生態学, カオス理論　異メイ、ロバート・M.
May, Simon　メイ、サイモン
　1956～　著「日本退屈日記」麗澤大学出版会, 柏 広池学園事業部(発売)　2005
May, Susanne　メイ、スーザン
　著「生存時間解析入門」東京大学出版会　2014
May, Theresa　メイ、テリーザ
　国イギリス　首相兼公務員担当相
May, Tim　メイ、ティム
　1957～　著「社会学の考え方」筑摩書房　2016
May, Trevor　メイ、トレバー

[国]アメリカ　野球選手
Maya, Mario　マジャ, マリオ
1937～2008　[国]スペイン　フラメンコダンサー　アンダルシア舞踊団芸術監督　[異]マヤ, マリオ
Maya, Mofazzal Hossain Chowdhury　マヤ, モファッザル・ホサイン・チョードリー
[国]バングラデシュ　災害対策相　[異]マヤ, モファザル・ホセイン・チョードリ
Mayall, James　メイヨール, ジェームズ
1937～　[著]「世界政治」 勁草書房　2009
Mayangsari, Sekar　マヤングサリ, セカール
[著]「インドネシアの会計教育」 中央経済社　2015
Mayawati　マヤワティ
1956～　[国]インド　政治家　大衆社会党(BSP)党首　ウッタルプラデシュ州首相　本名＝Mayawati, Kumari
Maybank, Alexis　メイバンク, アレクシス
[著]「GILT」 日経BP社, 日経BPマーケティング(発売)　2013
Maybarduk, Linda　メイバーダック, リンダ
[著]「犬のジミーはバレエ・スター」 講談社　2007
Maybin, Cameron　メイビン, キャメロン
[国]アメリカ　野球選手
Mayblin, Bill　メイブリン, ビル
[著]「ロジックの世界」 講談社　2015
Maycock, Dianne　メイコック, ダイアン
[国]カナダ　作家　[専]児童書
Maydell, Bernd von　マイデル, ベルント・フォン
1934～　[著]「家族のための総合政策」 信山社　2009
Maye, K.J.　メイ, K.J.
[国]アメリカ　アメフト選手
Mayel, Jason　マイエレ, ジェイソン
1971～2002　[国]コンゴ民主共和国　サッカー選手
Mayenburg, Marius von　マイエンブルク, マリウス・フォン
1972～　[著]「火の顔」 論創社　2005
Maye Nsue, Ruben　マイエ・ヌセ, ルベン
[国]赤道ギニア　司法宗教相　[異]マイエ・ヌスエ, ルベン
Mayer, Bob　メイヤー, ボブ
1959～　[著]「ふたりの逃亡者」 二見書房　2008
Mayer, Bruce　メイヤー, ブルース
[著]「細胞のシグナル伝達」 メディカル・サイエンス・インターナショナル　2016
Mayer, Claudia　マイヤー, クラウディア
[著]「だれでも1日200回はウソをつく！」 阪急コミュニケーションズ　2010
Mayer, Colin P.　メイヤー, コリン
1958～　[著]「ファーム・コミットメント」 NTT出版　2014
Mayer, David R.　メイヤー, デイヴィッド・R.
1938～　[著]「少年ボビーのミズーリ昆虫記」 彩流社　2003
Mayer, Elizabeth Lloyd　メイヤー, エリザベス・ロイド
1947～　[著]「心の科学」 講談社　2008
Mayer, Gloria Gilbert　メイヤー, グロリア・ギルバート
[著]「少女のマッチはなぜ売れなかったのか？」 ディスカヴァー・トゥエンティワン　2003
Mayer, Hans　マイヤー, ハンス
1907～2001　[国]ドイツ　文芸批評家, 文芸史家　ハノーバー工科大学名誉教授
Mayer, Helena　メイヤー, ヘレナ
[著]「フィニアスとファーブ」 KADOKAWA　2015
Mayer, Jeffrey J.　メイヤー, ジェフリー・J.
[著]「奇跡の10倍整理術・時間活用術」 三笠書房　2002
Mayer, Johannes G.　マイヤー, ヨハネス・G.
[著]「修道院の薬草箱」 フレグランスジャーナル社　2007
Mayer, John　メイヤー, ジョン
1977～　[国]アメリカ　シンガー・ソングライター, ギタリスト
Mayer, John D.　メイヤー, ジョン・D.
1953～　[著]「EQを鍛える」 ダイヤモンド社　2005
Mayer, Kevin　マイアー, ケバン
[国]フランス　陸上選手
Mayer, Marianna　メイヤー, マリアンヌ
[著]「しょうねんといぬとかえるとともだち」 ほるぷ出版　2006
Mayer, Marissa Ann　メイヤー, マリッサ
1975～　[国]アメリカ　実業家　ヤフー社長・CEO　グーグル副社長
Mayer, Matthias　マイヤー, マティアス
1990～　[国]オーストリア　スキー選手　[異]マイヤー
Mayer, Mercer　メイヤー, マーサー
[著]「かえるくんどこにいるの？」 ほるぷ出版　2006
Mayer, Michael　メイヤー, マイケル
トニー賞 ミュージカル 演出賞(2007年(第61回))　"Spring Awakening"
Mayer, Mikaela Joslin　メイヤー, ミカエラ
[国]アメリカ　ボクシング選手
Mayer, Richard E.　メイヤー, リチャード・E.
[著]「インストラクショナルデザインとテクノロジ」 北大路書房　2013
Mayer, Robert　マイヤー, ロバート
1939～　[著]「すごい「議論」力！」 三笠書房　2008
Mayer, Roger　メイヤー, ロジャー
アカデミー賞 ジーン・ハーショルト友愛賞(第77回(2004年))
Mayer, Sabine　マイヤー, ザビーネ
1959～　[国]ドイツ　クラリネット奏者
Mayer, Stephan A.　メイヤー, スティーブン・A.
[著]「神経救急・集中治療ガイドライン」 メディカル・サイエンス・インターナショナル　2006
Mayer, Steven E.　メイヤー, S.E.
[著]「薬理書」 広川書店　2003
Mayer, Thomas　メイヤー, トーマス
[著]「少女のマッチはなぜ売れなかったのか？」 ディスカヴァー・トゥエンティワン　2003
Mayer, Thomas F.　メイヤー, トム
1937～　[著]「アナリティカル・マルクシズム」 桜井書店　2005
Mayer, Travis　メイヤー
[国]アメリカ　フリースタイルスキー選手
Mayer-Hall, Val　メイヤー・ホール, バル
[著]「げんきになったよ」 日本二分脊椎・水頭症研究振興財団　2005
Mayers, George　メイヤーズ, ジョージ
[国]セントルシア　内務・国家安全保障相　[異]メイヤーズ, ジョージ・ガイ
Mayers, Mike　マイヤーズ, マイク
[国]アメリカ　野球選手
Mayer-Schönberger, Viktor　マイヤー＝ショーンベルガー, ビクター
[異]マイヤシェーンバーガー, ビクター　[著]「ビッグデータの正体」 講談社　2013
Mayer-Skumanz, Lene　マイヤー・スクマンツ, レネ
[著]「ベートーヴェン」 河合楽器製作所・出版部　2006
Mayes, Chris　メイズ, クリス
[国]アメリカ　アメフト選手
Mayes, David G.　メイズ, デヴィッド・G.
[著]「ユーロとEUの金融システム」 日本経済評論社　2003
Mayes, Frances　メイズ, フランシス
[著]「トスカーナの休日」 早川書房　2004
Mayes, Peter A.　メイズ, P.A.
[著]「イラストレイテッド ハーパー・生化学」 丸善　2003
Mayfield, Katherine　メイフィールド, ケイト
1958～　[著]「花咲くエリー」 ディスカヴァー・トゥエンティワン　2004
Mayfield, Mark　メイフィールド, マーク
[著]「ストリームラインオブジェクトモデリング」 ピアソン・エデュケーション　2002
Maygaag Samatar, Ibrahim　メガグ・サマター, イブラヒム
？～2011　政治家　ソマリア財務相, ソマリ国民運動(SNM)中央委員会委員長
Mayhew, Bradley　メイヒュー, ブラッドリー
[著]「ネパール」 メディアファクトリー　2004
Mayhew, David R.　メイヒュー, デイヴィッド
1937～　[著]「アメリカ連邦議会」 勁草書房　2013
Mayhew, James　メイヒュー, ジェームズ
1964～　[国]イギリス　絵本作家, イラストレーター
Mayhew, Mike　メイヒュー, マイク
[著]「ガーディアンズ：チームアップ」 小学館集英社プロダクション　2016
Mayhue, Melissa　メイヒュー, メリッサ
[著]「ハイランダーの帰郷」 オークラ出版　2012
Mayiik, Ayii Deng　マイーク・アイー・デン
[国]南スーダン　大統領府相
Mayila, Louis Gaston　マイラ, ルイ・ガストン
[国]ガボン　副首相兼国家連帯・社会事業・福祉・貧困撲滅相
Maykall, Laura Alfaro　マイカル, ラウラ・アルファロ
[国]コスタリカ　国家計画・経済政策相
Mayle, David　メイル, デイビッド
[著]「業績評価の理論と実務」 東洋経済新報社　2004
Mayle, Peter　メイル, ピーター

1939〜　著「プロヴァンスの贈りもの」河出書房新社　2007
Mayle, Vince　メイル, ビンス
　国アメリカ　アメフト選手
Maymin, Senia　マイミン, セニア
　著「ポジティブ・リーダーシップ」草思社　2015
Maynard, Alan　メイナード, アラン
　著「疾病管理」じほう　2001
Maynard, Charles　メイナード, チャールズ
　国バハマ　青年・スポーツ・文化相
Maynard, Chris　メイナード, クリス
　著「世にも奇妙な遺言集」ブルース・インターアクションズ　2005
Maynard, Douglas W.　メイナード, ダグラス
　1946〜　関メイナード, D.　著「診療場面のコミュニケーション」勁草書房　2015
Maynard, Janice　メイナード, ジャニス
　著「冷たいボスに片想い」ハーパーコリンズ・ジャパン　2016
Maynard, Joyce　メイナード, ジョイス
　1953〜　国アメリカ　作家
Maynard, Mary　メイナード, メアリー
　1950〜　著「ジェンダーと暴力」明石書店　2001
Maynard, Micheline　メイナード, ミシェリン
　著「トヨタがGMを越える日」早川書房　2004
Maynard-gibson, Allyson　メナードギブソン, アリソン
　国バハマ　法相　関メイナードギブソン, アリソン／メイナード・ギブソン, アリソン
Maynard Smith, John　メイナード・スミス, ジョン
　1920〜2004　国イギリス　生物学者　サセックス大学名誉教授
Mayne, Elizabeth　メイン, エリザベス
　著「シークの愛人」ハーレクイン　2011
Mayne, Thom　メイン, トム
　国アメリカ　プリッカー賞(2005年)
Mayne, William　メイン, ウィリアム
　1928〜2010　国イギリス　児童文学作家　筆名＝Cobalt, Martin, James, Dynely, Molin, Charles
Mayo, David　メイヨ, デービッド
　国アメリカ　アメフト選手
Mayo, Lulu　メイオー, ルル
　著「ぬり絵ブック ミリオン・キャッツ」白夜書房　2016
Mayo, Margaret　メイヨー, マーガレット
　著「十二カ月だけの花嫁」ハーレクイン　2012
Mayo, Margaret　メイヨー, マーグリット
　著「空想動物ものがたり」日本ライトハウス　2008
Mayo, Peter　メイヨー, ピーター
　1955〜　著「グラムシとフレイレ」太郎次郎社エディタス　2014
Mayo, Virginia　メイヨ, バージニア
　1920〜2005　国アメリカ　女優　本名＝Jones, Virginia　関メイヨ, ヴァージニア
Mayo di Bello, Miguel　マジョ・ディベジョ, ミゲル
　国パナマ　保健相
Mayol, Jacques　マイヨール, ジャック
　1927〜2001　国フランス　ダイバー　著「イルカの生態」
Mayol, Pierre　マイヨール, ピエール
　著「ジャック・マイヨール」講談社　2003
Mayol Bouchon, Luis　マジョル・ボウチョン, ルイス
　国チリ　農相
Mayom Akec, Paul　メイヨム・アケック, ポール
　国南スーダン　水利・水資源相
Mayor, Adrienne　メイヤー, エイドリアン
　1946〜　著「驚異の戦争」講談社　2006
Mayor, Michel G.E.　マイヨール, ミシェル
　1942〜　国スイス　宇宙物理学者　ジュネーブ大学名誉教授　関マヨール, ミシェル
Mayora, Yolanda　マヨラ, ヨランダ
　国エルサルバドル　経済相
Mayoral, Borja　マジョラル, ボルハ
　国スペイン　サッカー選手
Mayorga Alba, Eleodoro　マヨルガ・アルバ, エレオドロ
　国ペルー　エネルギー・鉱山相
Mayorga Castañeda, Francisco Javier　マジョルガ・カスタニェダ, フランシスコ・ハビエル
　国メキシコ　農牧・農村開発・漁業・食料相
Mayor Oreja, Jaime　マヨール・オレハ, ハイメ
　国スペイン　内相
Mayorova, Albina　マヨロワ, アルビナ
　1977〜　国ロシア　マラソン選手

Mayowa, Benson　メイヨワ, ベンソン
　国アメリカ　アメフト選手
Mayr, Diane　メイヤー, ダイアン
　著「こうもりぼうやとハロウィン」新日本出版社　2012
Mayr, Ernst Walter　マイヤー, エルンスト
　1904〜2005　国アメリカ　動物分類学者　ハーバード大学名誉教授　著進化生物学, 鳥類学, ダーウィニズム　関マイア／マイアー
Mayr, Juan　マイル, フアン
　国コロンビア　環境相
Mayröcker, Friederike　マイレッカー, フリーデリーケ
　1924〜　著「とき放されて」花神社　2013
Mays, Freda Elizabeth　メイズ, エリザベス
　著「クレジット・スコアリング」シグマベイスキャピタル　2001
Mays, Nicholas　メイズ, ニコラス
　著「質的研究と量的研究のエビデンスの統合」医学書院　2009
Mays, Nick　メイズ, ニック
　著「世界の美しい猫」グラフィック社　2016
Maysles, Albert　メイズルス, アルバート
　1926〜2015　国アメリカ　ドキュメンタリー監督　関メイスルズ, アルバート
*al-*Maytami, Mohammed**　マイタミ, ムハンマド
　国イエメン　産業・通商相
May-Treanor, Misty　メイ・トレーナー, ミスティ
　1977〜　国アメリカ　元ビーチバレー選手, 元バレーボール選手　関メイトレイナー
Mayweather, Floyd　メイウェザー, フロイド
　1977〜　国アメリカ　プロボクサー　WBA・WBC世界スーパーウエルター級チャンピオン　WBC世界スーパーフェザー級・ライト級・スーパーライト級・ウエルター級チャンピオン　本名＝Mayweather, Floyd Joy Jr.
Mayweather, Garrick　メイウェザー, ガリック
　国アメリカ　アメフト選手
Mayyaleh, Adib　マイヤーラ, アディーブ
　国シリア　経済通商相
Maza　マザ
　1965〜　著「ヴンダーヴァッフェン」イカロス出版　2014
Maza, José　マサ, ホセ
　国エルサルバドル　保健・社会福祉相
Maza Castellanos, Manuel　マサ・カステジャノス, マヌエル
　国グアテマラ　蔵相
Mazaheri, Tahmasb　マザヘリ, タハマスブ
　国イラン　財務相
Mazali, Gustavo　マサリ, グスタヴォ
　関マザリ, グスタボ　著「1年をとおしてよむせいしょ」サンパウロ　2016
Mazalto, Avi　マザルト, アヴィ
　1978〜　著「クラウマガ・ダイエット」東邦出版　2008
Mazar, Amihay　マザール, A.
　1942〜　著「聖書の世界の考古学」リトン　2003
Mazara, Nomar　マザーラ, ノマー
　国ドミニカ共和国　野球選手
Mazarei, Adam　マザレイ, アダム
　国アメリカ　メンフィス・グリズリーズアシスタントコーチ(バスケットボール)
Mazarr, Michael J.　マザー, マイケル・J.
　1965〜　著「グローバルトレンズ2010」ジャパンインターナショナル総合研究所, 星雲社(発売)　2003
Mazawi, André Elias　マザウィ, アンドレ・エリアス
　著「グローバル化・社会変動と教育」東京大学出版会　2012
Maze, Michael　マセ
　国デンマーク　卓球選手　関メイス
Maze, Tina　マゼ, ティナ
　1983〜　国スロベニア　スキー選手　関マゼ
Mazel, Judy　マゼル, ジュディ
　1943〜2007　国アメリカ　ダイエット研究家, 女優
Mazer, Anne　メイザー, アン
　著「ぼくとサンショウウオのへや」福音館書店　2011
Mazerolle, Lorraine Green　メイズロール, ロレイン
　著「環境犯罪学と犯罪分析」社会安全研究財団　2010
Mazette, Jacquesson　マゼット, ジャクソン
　国中央アフリカ　内相　関マゼッテ, ジャクソン
Mazibuko, Solani Mirriam　マジブコ, ソラニ・ミリアム
　国南アフリカ　オルランド孤児院長
*al-*Mazini, Kamila Khamis**　マジニ, カミラ・ハミス
　国リビア　社会問題相
Mazlish, Elaine　マズリッシュ, エレイン

㊃「子どもが聴いてくれる話し方と子どもが話してくれる聴き方大全」きこ書房　2013
Mazoungou, Sylvie Annick　マズング, シルビ・アニック
㊄中央アフリカ　観光・手工業相
Mazower, Mark　マゾワー, マーク
1958～　㊄イギリス　歴史学者　コロンビア大学教授
Mazowiecki, Tadeusz　マゾヴィエツキ, タデウシ
1927～2013　㊄ポーランド　政治家　ポーランド首相　㊙マゾビエツキ, タデウシ
Mazoyer, Claire　マゾワイエ, クレール
㊃「フランス式整理術」エクスナレッジ　2015
Mazrui, Ali A.　マズルイ, アリ
1933～2014　㊄アメリカ　政治学者　ニューヨーク州立大学教授
㊃アフリカ・イスラーム研究, 新世界秩序の構築
Mazunga, Kimbembe　マズンガ, キンベンベ
㊄コンゴ民主共和国　公共事業・国土開発・都市計画・住居相
Mazunov, Dmitry　マズノフ
㊄ロシア　卓球選手
Mazur, Barry　メイザー, バリー
1937～　㊙メイザー, B.　㊃「数学の最先端21世紀への挑戦」シュプリンガー・ジャパン　2006
Mazur, James E.　メイザー, ジェームズ・E.
㊃「メイザーの学習と行動」二瓶社　2008
Mazur, Joseph　メイザー, ジョセフ
1942～　㊃「数学記号の誕生」河出書房新社　2014
Mazur, Laura　メーザー, ローラ
㊃「マーケティングをつくった人々」東洋経済新報社　2008
Mazurkiewicz, Ladislao　マズルケビッチ, ラディスラオ
1945～2013　㊄ウルグアイ　サッカー選手　本名＝Mazurkiewicz Iglesias, Ladislao
Mazuronak, Volha　マズロナク, ボルハ
㊄ベラルーシ　陸上選手
Mazuronis, Valentinas　マズローニス, バレンティナス
㊄リトアニア　環境相
Mazurova, Nikola　マズロバ, ニコラ
㊄チェコ　射撃選手
Mazursky, Paul　マザースキー, ポール
1930～2014　㊄アメリカ　映画監督, 脚本家, 俳優　本名＝マザースキー, アーウィン〈Mazursky, Erwin〉
Mazza, Viviana　マッツァ, ヴィヴィアナ
1978～　㊃「武器より一冊の本をください」金の星社　2013
Mazzanoble, Shelly　マザノーブル, シェリー
1972～　㊃「月曜日は魔法使い」ホビージャパン　2008
Mazzantini, Margaret　マッツァンティーニ, マルガレート
1961～　㊃「動かないで」草思社　2003
Mazzantini, Mirko　マッツァンティーニ, ミルコ
1977～　㊃「図解 イタリアの練習」東邦出版　2009
Mazzarri, Walter　マッツァーリ, ヴァルテル
㊄イタリア　ワトフォード監督
Mazzei, Franco　マッツェイ, フランコ
㊄イタリア　ナポリ東洋大学教授
Mazzella, Luigi　マツェラ, ルイジ
㊄イタリア　総務相
Mazzella, Neil　マゼラ, ニール
トニー賞 トニー名誉賞（2007年（第61回））
Mazzeo, Michael　マッツェオ, マイケル
㊃「道端の経営学」ヴィレッジブックス　2015
Mazzeo, Tilar J.　マッツエオ, ティラー・J.
㊃「シャンパーニュの帝国」中央公論新社　2012
Mazzetti, Annamaria　マゼッティ, アンナマリア
㊄イタリア　トライアスロン選手
Mazzetti, Lorenza　マッツェッティ, ロレンツァ
㊃「ふたりのトスカーナ」竹書房　2003
Mazzetti, Mark　マゼッティ, マーク
1974～　㊃「CIAの秘密戦争」早川書房　2016
Mazzetti, Pilar　マセッティ, ピラル
㊄ペルー　保健相
Mazzetti, Riccardo　マゼッティ
㊄イタリア　射撃選手
Mazzetti Soler, Pilar　マセッティ・ソレル, ピラル
㊄ペルー　内相
Mazzini, Stefano　マッツィーニ, ステファノ
㊄イタリア　サッカー選手
Mazzitelli, Luca　マッツィテッリ, ルカ
㊄イタリア　サッカー選手
Mazzo, Mauro　マッツォ, マウロ
㊃「シンプル・フライフィッシング」地球丸　2014
Mazzola, Mario　マッツォーラ, マリオ
㊃「動機づける力」ダイヤモンド社　2005
Mazzoleni, Donatella　マッツォレーニ, ドナテッラ
1943～　㊃「古代ローマ邸宅の壁画」岩波書店　2006
Mazzone, Leo　マゾーニー, レオ
㊃「マダックススタイル」ザ・マサダ　2001
Mazzù, Domenica　マッツ, ドメーニカ
㊃「カインのポリティック」法政大学出版局　2008
Mazzucato, Mariana　マッツカート, マリアナ
1968～　㊃「企業家としての国家」薬事日報社　2015
Mazzucchelli, David　マズッケリ, デビッド
アングレーム国際漫画祭 審査員特別賞（2011年）"Asterios Polyp"〈Casterman〉　㊙マッケリー, デビッド
Mazzucco, Melania G.　マッツッコ, メラニア・G.
1966～　㊄イタリア　作家　㊃「ダックスフントと女王さま」未知谷　2013
Mba Abessole, Paul　ムバアバソレ, ポール
㊄ガボン　副首相兼改革・人権・文化・芸術相　㊙ムバアブソル, ポール
Mbabazi, Amama　ムババジ, アママ
㊄ウガンダ　首相
Mbabu, Kevin　ムバブ, ケヴィン
㊄スイス　サッカー選手
Mbacké, Seynabou Ly　ムバケ, セイナブ・リ
㊄セネガル　女性企業支援・小口融資相
Mbadinga, Josué　ムバディンガ, ジョズエ
㊄ガボン　住居・都市計画相
Mbafou, Claude Joseph　ムバフ, クロード・ジョゼフ
㊄カメルーン　観光相
Mbah Acha Fomundam, Rose　ムバ・アチャ・フォンダン・ローズ
㊄カメルーン　高等監査担当相
Mbah A Moute, Luc　バー・モーテ, ルーク
㊄カメルーン　バスケットボール選手
M'baïkoua, Timoléon　ムバイクア, ティモレオン
㊄中央アフリカ　復興・都市計画・住宅相
Mbaikoua, Virginie　ムバイクア, バージニ
㊄中央アフリカ　社会問題・国民和解相
Mbaïtadjim, Jacob　ムバイタジム, ジャコブ
㊄中央アフリカ　通商産業相
Mbalula, Fikile　ムバルラ, フィキレ
㊄南アフリカ　スポーツ・余暇相
Mbama, Alphonse　ムバマ, アルフォンス
㊄コンゴ共和国　産業開発・民間部門振興相
Mbango Etone, Francoise　ムバンゴ, フランソワーズ
㊄カメルーン　陸上選手　㊙ムバンゴ
Mba Nguema, Antonio　ムバヌゲマ, アントニオ
㊄赤道ギニア　大統領府相（大統領府警備担当）
Mbani, Marcel　ムバミ, マルセム
㊄コンゴ共和国　スポーツ・青年相　㊙ムバニ, マルセル
Mba Obame, André　ムバオバメ, アンドレ
㊄ガボン　内務・治安・移民相　㊙ムバオバム, アンドレ
Mba Olo Bahamonde, Francisco　バヤモンデ, フランシスコ・ムバオロ
㊄赤道ギニア　森林・環境相
Mbappe, Kylian　ムバペ, キリアン
㊄フランス　サッカー選手
Mbappe, Robert Mbella　ムバペ, ロバート・ムベラ
㊄カメルーン　法相
Mbarawa, Makame　ムバラワ, マカメ
㊄タンザニア　建設・運輸・通信相
Mbarawa, Makame Mnyaa　ムバラワ, マカメ・ムニャー
㊄タンザニア　通信・科学技術相
M'baré, Ba Mamadou　ムバレ, バー・ママドゥ
㊄モーリタニア　漁業・海洋経済相
M'barek, Habib　ムバレク, ハビブ
㊄チュニジア　保健相
M'barek, Sghair Ould　ムバレク, スガイル・ウルド
㊄モーリタニア　首相
M'barek, Sonia　ムバレク, ソニア
㊄チュニジア　文化相
Mbarga Atangana, Luc Magloire　ムバルガアタンガナ, リュック・マグロワール
㊄カメルーン　商業相
Mbarga Mboa, Philippe　バルガンボア, フィリップ

Mbata, Flavien　ムバタ, フラビアン
　国カメルーン　スポーツ・体育教育相
　国中央アフリカ　法務・人権相
M'bay, Anicet-Parfait　ムバイ, アニセパルフェ
　国中央アフリカ　運輸開発相　異ムバイ, パルフェタニセ
Mbaye, Abdoul　ムバイ, アブドゥル
　国セネガル　首相
Mbaye, Abdoul Aziz　ムバイ, アブドゥル・アジズ
　国セネガル　文化相
Mbaye, Ibrahima　エムバイエ, イブライマ
　国セネガル　サッカー選手
Mbaye, Keba　ムバイエ, ケバ
　1924～2007　国セネガル　法律家　国際司法裁判所裁判官, 国際オリンピック委員会(IOC)副会長
Mbaye, Khoudia　ムバイ, ホウジャ
　国セネガル　投資促進・連携・国家電信サービス相　異ムバイ, クジャ
M'baye, Parfait　ムバイ, パルフェ
　国中央アフリカ　農業・牧畜相
Mbaye Samb, Issa　ムバイエサム, イッサ
　国セネガル　公衆衛生相
Mbayi, Babi　ムバイ, バビ
　国コンゴ民主共和国　エネルギー相
Mbayo, Eya　ムバヒョ, エヤ
　国シエラレオネ　政治・議会担当相
Mbazaa, Fouad　ムバッザア, フアード
　国チュニジア　政治家　チュニジア暫定大統領　異メバザア, フアド
Mbega Obiang Lima, Gabriel　ムベガオビアンリマ, ガブリエル
　国赤道ギニア　鉱業・石油相
Mbeki, Govan　ムベキ, ゴバン
　1910～2001　国南アフリカ　黒人解放運動家, 政治家　アフリカ民族会議(ANC)議員　異ムベキ, ガバン
Mbeki, Thabo Mvuyelwa　ムベキ, ターボ
　1942～　国南アフリカ　政治家　南アフリカ大統領, アフリカ民族会議(ANC)議長　異ムベキ, タボ
Mbella Mbella, Lejeune　ムベラ・ムベラ・ルジュヌ
　国カメルーン　外相
Mbelle, Jacques Yves　ムベレ, ジャック・イブ
　国カメルーン　鉱業・水資源・エネルギー相
Mbemba, Jean-Martin　ムベンバ, ジャン・マルタン
　国コンゴ共和国　国務相(公務員・行政改革担当)
Mbemba, Theophile　ムベンバ, テオフィル
　国コンゴ民主共和国　内務・地方分権・治安相　異ムベンバ, セオフィレ
Mbemba Fundu, Théophile　ムベンバフンドゥ, テオフィル
　国コンゴ民主共和国　高等・大学教育相
Mbengono, Heriberto Meco　ムベンゴノ, ヘリベルト・メコ
　国赤道ギニア　労働・社会保障相
Mbengue, Marie Lucienne Tissa　ムベング, マリー・ルシーヌ・チサ
　国セネガル　職業・技術教育相
Mbete, Baleka　ムベテ, バレカ
　国南アフリカ　副大統領
Mbikayi, Steve　ムビカイ, ステーブ
　国コンゴ民主共和国　高等・大学教育相
Mbilinyi, Marjorie J.　ムビリニ, マージョリー・J.
　著「ケニアにおけるジェンダーと政治闘争—1948-1998　女性史に関する議論—過去と現在—タンザニアの場合」国立民族学博物館地域研究企画交流センター　2003
Mbilli, Christian　ムビリ, クリスティアン
　国フランス　ボクシング選手
Mbodj, Aida　ムボジ, アイダ
　国セネガル　女性・家族・社会開発相
M'bodji Sene, Diallo　ムボジセン, ディアロ
　国マリ　女性・子供・家族相　異ムボジ, セネ, ディアロ
Mbodou, Gabriel Faustin　ムボドゥ, ガブリエル・フォスタン
　国中央アフリカ　司法相
Mboge, Francis Liti　ムボッジ, フランシス・リティ
　国ガンビア　労働・建設・社会基盤相
M'boïssona, Yvonne　ムボワソナ, イボンヌ
　国中央アフリカ　環境・水資源・森林・漁業相
Mbokani, Dieumerci　ムボカニ, ディウメルシ
　国コンゴ民主共和国　サッカー選手
Mboliaedas, Jacques Médard　ムボリアエダス, ジャック・メダール
　国中央アフリカ　エネルギー・水力相
Mboli Fatran, Léopold　ムボリ・ファトラン, レオポルド
　国中央アフリカ　鉱物・水利相　異ムボリ・ファトラン, レオポール
Mbomback, Suzanne　ムボンバック, スザンヌ
　国カメルーン　家庭・女性地位向上相
Mbombo, Catherine　ムボンボ, カテリーヌ
　国コンゴ民主共和国　人道問題相
Mbomio Nsem Abu, Andrés Jorge　ムボミオ・ヌセム・アブ, アンドレ・ホルヘ
　国赤道ギニア　青少年・スポーツ相
Mbonerane, Albert　ムボネラネ, アルベール
　国ブルンジ　国土開発環境観光相
Mbon'gaba, Cyprien　ムボンガバ, シプリアン
　国ブルンジ　運輸・郵政・電気通信相
Mbonimpa, Barnabe　ヌボニヌパ, バルナベ
　国ブルンジ　エイズ対策担当相
Mbot, Paul　ムボ, ポール
　国コンゴ共和国　治安相　異ムボト, パウ
Mboulou, Raymond　ムブル, レイモン
　国コンゴ共和国　内務・地方分権・地方開発相
Mboumba Nziengui, Mathieu　ムブンバンゼンギ, マチュー
　国ガボン　農業・農業団体相
Mboumbou Miyakou, Antoine de Padoue　ムブンブミヤク, アントワーヌ・ド・パドウ
　国ガボン　副首相兼都市相　異ムブムブミヤク, アントワーヌ
Mbow, Khady　ムボウ, ハディ
　国セネガル　公衆保健・生活環境相
Mbowe, Tamsir　ムボウェ, タムシル
　国ガンビア　保健・社会福祉相
Mbu, Joey　ムビュー, ジョーイ
　国アメリカ　アメフト選手
Mbulakubuza, Esther　ムブラクブザ, エスター
　国ウガンダ　大統領府相
Mbumba, John　ムビュンバ
　国フランス　ボクシング選手
Mbumba, Nangolo　ムブンバ, ナンゴロ
　国ナミビア　安全保障相
Mbuyu, Célestin　ムブユ, セレスタン
　国コンゴ民主共和国　石油相
Mbuyu, Jean　ムブユ, ジャン
　国コンゴ民主共和国　産業・中小企業相
Mbwentchou, Jean Claude　ムベンチュ・ジャン・クロード
　国カメルーン　住宅・都市開発相
Mbwinga Bila, Robert　ムブウィンガビラ, ロベル
　国コンゴ民主共和国　土地問題相　異ムブウィンガ・ビラ, ロベール
Mdladlana, Shepheerd　ムドラドラナ, シェパード
　国南アフリカ　労相
Mdluli, Magwagwa　ムドゥリ, マグワグワ
　国スワジランド　資源エネルギー相　異ムドゥリ, エフライム
Meacham, Jon　ミーチャム, ジョン
　国アメリカ　ピュリッツアー賞 文学・音楽 伝記・自伝(2009年)
　"American Lion: Andrew Jackson in the White House"
Mead, Alice　ミード, アリス
　1952～　「イヤーオブノーレイン」鈴木出版　2005
Mead, Chris　ミード, クリス
　1940～　著「フクロウの不思議な生活」晶文社　2001
Mead, Eric　ミード, エリック
　1966～　「エリック・ミード クロースアップマジック」東京堂出版　2015
Mead, Hassan　ミード, ハッサン
　国アメリカ　陸上選手
Mead, Margaret　ミード, マーガレット
　著「バリ島人の性格」国土社　2001
Mead, Marianne　ミード, マリアンヌ
　著「助産師の意思決定」エルゼビア・ジャパン　2006
Mead, Richelle　ミード, リシェル
　1976～　国アメリカ　作家　ファンタジー, ヤングアダルト
Mead, Syd　ミード, シド
　1933～　国アメリカ　コンセプチュアルデザイナー
Mead, Virginia Hoge　ミード, ヴァージニア・ホッジ
　著「ダルクローズ・アプローチによる子どものための音楽授業」ふくろう出版　2006
Mead, Walter Russell　ミード, ウォルター・ラッセル

㊃「神と黄金」青灯社 2014
al-Meadadi, Abdullah bin Barak　メアダディー, アブドラ・ビン・バラク
　㊲カタール　環境相　㊕メアダディー, アブドラ・ビン・バラク
Meade, Glenn　ミード, グレン
　㊃「地獄の使徒」二見書房 2007
Meade, Holly　ミード, ホリー
　㊃「グースにあった日」福音館書店 2003
Meade, Starr　ミード, スター
　1956〜　㊃「主を知り, 主を喜ぶ」正統長老教会日本ミッション, いのちのことば社（発売）2015
Meade Kuribreña, José Antonio　ミード・クリブレニャ, ホセ・アントニオ
　㊲メキシコ　財務公債相
Meaden, Alan　ミーデン, アラン
　㊃「命令幻聴の認知行動療法」星和書店 2010
Meador, Clifton K.　ミーダー, クリフトン・K.
　㊃「ドクターズルール238」南江堂 2001
Meadow, Merrill　ミードウ, メリル
　㊃「「これから」を生きるための授業」三笠書房 2013
Meadows, Austin　メドウズ, オースティン
　㊲アメリカ　野球選手
Meadows, Daisy　メドウズ, デイジー
　㊃「結婚式の妖精（フェアリー）ミア」ゴマブックス 2010
Meadows, Dennis L.　メドウズ, デニス
　1942〜　㊲アメリカ　経営学者　ニューハンプシャー大学名誉教授　㊗システム政策学
Meadows, Donella H.　メドウズ, ドネラ
　?〜2001　㊲アメリカ　環境学者　ダートマス大学教授
Meadows, Linzi　メドース, リンジ
　㊃「英国ボバース講師会議によるボバース概念」ガイアブックス 2016
Meagher, Janet　マアー, ジャネット
　㊃「コンシューマーの視点による本物のパートナーシップとは何か？」金剛出版 2015
Meaker, Marijane　ミーカー, マリジェーン
　1927〜　㊃「ぼくと彼女とその彼女」角川書店 2004
Mealamu, Keven　メアラム, ケビン
　㊲ニュージーランド　ラグビー選手
Mealer, Bryan　ミーラー, ブライアン
　㊃「風をつかまえた少年」文芸春秋 2014
Means, David　ミーンズ, デイヴィッド
　㊃「ベスト・アメリカン・ミステリアイデンティティ・クラブ」早川書房 2006
Means, Grady　ミーンズ, グラディ・E.
　㊃「メタキャピタリズム」東洋経済新報社 2001
Means, Howard B.　ミーンズ, ハワード
　㊃「マネー&パワー」東洋経済新報社 2003
Means, Russell　ミーンズ, ラッセル
　1939〜2012　㊲アメリカ　俳優, 活動家　アメリカン・インディアン運動スポークスマン
Means, Steven　ミーンズ, スティーブン
　㊲アメリカ　アメフト選手
Means, W.Scott　ミーンズ, W.スコット
　㊃「XMLクイックリファレンス」オライリー・ジャパン, オーム社（発売）2002
Meany, Carlos　メアニー, カルロス
　㊲グアテマラ　エネルギー・鉱山相
Mear, Stephen　ミーア, スティーヴン
　ローレンス・オリヴィエ賞 振付賞（2010年（第34回））ほか
Meara, Anne　メーラ, アン
　1929〜2015　㊲アメリカ　喜劇女優　㊕メアラ, アン
Meares, Anna　ミアーズ, アナ
　㊲オーストラリア　自転車選手
Mearls, Mike　ミアルス, マイク
　㊃「プレイヤーズ・オプション : 影の勇者」ホビージャパン 2012
Mears, Chris　ミアーズ, クリストファー
　㊲イギリス　水泳選手　㊕メアーズ
Mearsheimer, John J.　ミアシャイマー, ジョン・J.
　㊃「大国政治の悲劇」五月書房 2014
Mebane, Brandon　メベイン, ブランドン
　㊲アメリカ　アメフト選手
Mebarki, Mohamed　メバルキ, モハメド
　㊲アルジェリア　職業教育訓練相
Mebazaa, Fouad　メバザア, フアド
　㊲チュニジア　暫定大統領

Mebe Ngo'o, Edgar Alain　ムベンゴオ・エドガー・アラン
　㊲カメルーン　運輸相
Meboutou, Michel Mava'a　メブトゥ, ミシェル・ムバア
　㊲カメルーン　財務相
Mebs, Gudrun　メプス, グードルン
　1944〜　㊃「世界一の三人きょうだい」徳間書店 2016
Mecchi, Irene　メッキ, アイリーン
　㊃「メリダとおそろしの森」竹書房 2012
Mechahouri, Mustapha　メシャフリ, ムスタファ
　㊲モロッコ　貿易相　㊕メシャウリ, ムスタファ
Mechai Viravaidya　ミチャイ・ヴィラヴァイディア
　1941〜　㊲タイ　社会運動家, 政治家　人口と地域開発協会（PDA）会長　タイ上院議員　㊕ミーチャイ・ウィラワイタヤ / ミーチャイ・ビラワイタヤー / ミーチャイ・ビラパイディア
Mechele, Brandon　メシェル, ブランドン
　㊲ベルギー　サッカー選手
Meckassoua, Abdou Karim　カリムメッカスア, アブドゥ
　㊲中央アフリカ　通信・国民和解・民主主義・人権担当相
Meckel, Christoph　メッケル, クリストフ
　1935〜　㊃「山羊の角」鳥影社 2015
Meckin, David　メッキン, デイビッド
　㊃「財務マネジメントの基本と原則」東洋経済新報社 2008
Mecklenburg, Robert William　メクレンバーグ, ロバート
　㊃「GNU make」オライリー・ジャパン, オーム社（発売）2005
Medalia, Alice　メダリア, アリス
　㊃「精神疾患における認知機能障害の矯正法」臨床家マニュアル」星和書店 2008
Medany, Aya　マダニ
　㊲エジプト　近代五種選手
Medard, Laokein　メダード, ラオケイン
　㊲チャド　観光開発相
Medawar, Charles　メダワー, チャールズ
　㊃「暴走するクスリ？」医薬ビジランスセンター 2005
Meddaugh, Susan　メドー, スーザン
　㊃「ルルと魔法のぼうし」徳間書店 2009
Mede, Charlotte　ミード, シャーロット
　㊃「暗い瞳の誘惑」扶桑社 2011
al-Medeij, Abdulmohsen　ムドイジュ, アブドルムフシン
　㊲クウェート　副首相兼商工相
Medeiros, Etiene　メデイロス, エティエネ
　㊲ブラジル　水泳選手
Medeiros, Teresa　マデイラス, テレサ
　1962〜　㊃「誘惑の炎がゆらめいて」二見書房 2013
Medel, Gary　メデル, ガリー
　㊲チリ　サッカー選手
Medel, Joe　メデル, ジョー
　?〜2001　㊲メキシコ　プロボクサー
Medelci, Mourad　メデルチ, ムラド
　㊲アルジェリア　外相　㊕メデルシ, ムラド
Meder, Jamie　メダー, ジェイミー
　㊲アメリカ　アメフト選手
Medeski, John　メデスキ, ジョン
　㊲アメリカ　ジャズ・キーボード奏者
Medgyessy, Péter　メッジェシ, ペーテル
　1942〜　㊲ハンガリー　政治家　ハンガリー首相　㊕メジェシ, ペーテル / メジェシ, ペーテル / メッジェシ, ペーテル
Medhasananda　メーダサーナンダ, スワーミー
　1946〜　㊃「インドと日本の関係交流の先駆者」日本ヴェーダーンタ協会 2014
Medhin, Teklemariam　メドヒン
　㊲エリトリア　陸上選手
Medialdea, Salvador　メディアルデア, サルバドール
　㊲フィリピン　官房長官
Mediate, Rocco　ミーディエート, ロッコ
　1962〜　㊲アメリカ　プロゴルファー　㊕メディエート, ロッコ
Medicus, Thomas　メディクス, トーマス
　1953〜　㊃「ハプスブルク記憶と場所」平凡社 2005
Medina, Danilo　メディナ, ダニロ
　1951〜　㊲ドミニカ共和国　政治家　ドミニカ共和国大統領　本名=Medina Sánchez, Danilo
Medina, João Baptista　メディナ, ジョアン・バプティスタ
　㊲カボベルデ　保健相
Medina, John　メディナ, ジョン
　1956〜　㊃「ブレイン・ルール」日本放送出版協会 2009
Medina, Raquel　メディナ, ラクエル
　㊃「スペイン」ほるぷ出版 2011

Medina, Rodolfo　メディナ, ロドルフォ
　国ベネズエラ　銀行・財務相
Medina, Tulia Angela　メディナ
　国コロンビア　重量挙げ選手
Medina Garrigues, Anabel　メディナガリゲス, アナベル
　国スペイン　テニス選手　愛メディナガリゲス
Medina Guerra, Efraín　メディナ・ゲラ, エフライン
　国グアテマラ　農牧・食料相
Medina-mora, Eduardo　メディナモラ, エドゥアルド
　国メキシコ　連邦検察庁長官
Medinsky, Vladimir R.　メジンスキー, ウラジーミル・R.
　国ロシア　文化相
Mediu, Fatmir　メディウ, ファトミル
　国アルバニア　環境相
Medjani, Carl　メジャニ, カール
　国アルジェリア　サッカー選手
Medler, Alex　メドラー, A.
　著「格差社会アメリカの教育改革」明石書店　2007
Mednick, Sara C.　メドニック, サラ・C.
　著「「ちょっと寝」があなたの人生を変える！」サンマーク出版　2008
Mednieks, Zigurd R.　メドニクス, ジガード
　著「プログラミングAndroid」オライリー・ジャパン, オーム社 (発売)　2012
Medojevic, Slobodan　メドイェヴィッチ, スロボダン
　国セルビア　サッカー選手
Medoley, Linda　メドレー, リンダ
　著「マンガ現代物理学を築いた巨人ニールス・ボーアの量子論」講談社　2016
Medran, Alvaro　メドラン, アルバロ
　国スペイン　サッカー選手
Medress, Hank　メドレス, ハンク
　?～2007　国アメリカ　ミュージシャン
Medved, Tomo　メドベド, トモ
　国クロアチア　退役軍人相
Medvedev, Dmitrii　メドヴェージェフ, ドミトリー
　1965～　国ロシア　政治家, 実業家　ロシア首相　ロシア大統領, ガスプロム会長　本名＝Medvedev, Dmitrii Anatolyevich　愛メドベージェフ, ドミトリー
Medvedev, Roi Aleksandrovich　メドヴェージェフ, ロイ
　1925～　国ロシア　歴史家　ロシア勤労者社会党共同議長　愛メドベージェフ, ロイ／メドベーデフ／メドヴェーデフ
Medvedev, Zhores Aleksandrovish　メドヴェージェフ, ジョレス
　1925～　国ロシア　生化学者, 作家　愛メドベージェフ, ジョレス／メドベーデフ／メドヴェーデフ
Medvedeva, Svetlana　メドヴェージェワ, スヴェトラーナ
　1965～　国ロシア　メドヴェージェフ・ロシア首相夫人　愛メドベージェワ, スベトラーナ
Medvedeva-abruzova, Evgenia　メドベデワ
　国ロシア　クロスカントリースキー選手
Medvedeva-arbuzova, Yevgeniya　メドベデワ
　国ロシア　距離スキー選手
Medvedkova, Olga　メドヴェードコヴァ, オルガ
　著「ロシア正教のイコン」創元社　2011
Medvedtseva, Olga　メドヴェドツェワ, オリガ
　1975～　国ロシア　バイアスロン選手　愛メドベドツェワ, オリガ
Medvei, Cornelius　メドベイ, コーネリアス
　1977～　国イギリス　作家　分文学　愛メドヴェイ, コーネリアス
Medvesek, Blaz　メドベシェク
　国スロベニア　競泳選手
Medway, Frederic J.　メッドウェイ, F.J.
　著「学校心理学」北大路書房　2005
Medwed, Mameve　メドウェド, マメヴ
　著「メール」角川書店　2002
Medzhidov, Magomedrasul　メジドフ
　国アゼルバイジャン　ボクシング選手
Medzini, Meron　メッズィーニ, メロン
　国イスラエル　エルサレム・ヘブライ大学人文学部アジア研究学科非常勤准教授, 元・イスラエル首相府広報局長, 元・テルアビブ大学人文学部東アジア学科非常勤准教授
Mee, Ben　ミー, ベン
　国イングランド　サッカー選手
Mee, Benjamin　ミー, ベンジャミン
　著「幸せへのキセキ」興陽館　2012
Mee, Bob　ミー, ボブ
　著「ボクシング世界図鑑」エクスナレッジ　2016
Meech, Molly　ミーチ, モリー
　国ニュージーランド　セーリング選手
Meech, Sam　ミーチ, サム
　国ニュージーランド　セーリング選手
Meed, Benjamin　ミード, ベンジャミン
　1918～2006　国アメリカ　社会活動家
Meedendorp, Teio　メーデンドルプ, タイオ
　1961～　著「ゴッホの地図帖」講談社　2016
Meehan, Bernard　ミーハン, バーナード
　著「ケルズの書」岩波書店　2015
Meehan, John David　ミーハン, ジョン・D.
　1967～　著「日加関係史1929-1941」彩流社　2006
Meehan, Thomas　ミーハン, トーマス
　1929～　著「アニー」あすなろ書房　2014
Meehan, Tony　ミーハン, トニー
　?～2005　国イギリス　ドラム奏者
Meek, James　ミーク, ジェイムズ
　1962～　著「ホワイト・ガーデンの幽鬼」ヴィレッジブックス, ソニー・マガジンズ (発売)　2008
Meek, Paul　ミーク, ポール
　1957～　著「天国の住民が教えてくれること」新紀元社　2005
Meeke, Kieran　ミーク, キアラン
　著「2度目からのロンドン・ガイド」河出書房新社　2007
Meeker, Mary　ミーカー, メアリー
　国アメリカ　クライナー・パーキンス・コーフィールド＆バイヤーズパートナー
Meeks, Jodie　ミークス, ジョディ
　国アメリカ　バスケットボール選手
Meeks, Jonathan　ミークス, ジョナサン
　国アメリカ　アメフト選手
Meena Raghunathan　ミーナ・ラグナタン
　著「だれがいちばんえらいの？」ワールドライブラリー　2016
Meens, Estelle　メーンス, エステル
　1976～　著「でも, わたし生きていくわ」文溪堂　2009
Meer, Cor van der　ミア, コル・ヴァン・デル
　著「サッカー・サクセスフルコーチング」大修館書店　2007
Meer, Fatima　ミーア, ファティマ
　1928～2010　著「ネルソン・マンデラ伝」明石書店　2014
Meesters, Erik H.W.G.　ミースターズ, E.
　著「R初心者のためのABC」シュプリンガー・ジャパン　2010
Meeus, Cathy　ミューズ, キャシー
　著「実践ピラーティス」ガイアブックス, 産調出版 (発売)　2010
Meeuw, Helge　メーウ
　国ドイツ　競泳選手
Meeuwsen, Robert　メーブセン, ロベルト
　国オランダ　ビーチバレー選手
Meffert, Jonas　メファート, ヨナス
　国ドイツ　サッカー選手
Meftakhetdinova, Zemfira　メフタヘジノワ
　国アゼルバイジャン　射撃選手
Megawati Sukarnoputri　メガワティ・スカルノプトリ
　1947～　国インドネシア　政治家　インドネシア闘争民主党 (PDI-P) 党首　インドネシア大統領　愛称＝エガ, メガ
Mège, Annabelle　メゲ, アナベル
　著「みつけて！ワンダーランド」理論社　2014
Meggelen, Jim Van　メジェレン, ジム・バン
　著「Asterisk」オライリー・ジャパン, オーム社 (発売)　2006
Meggers, Niels　メガース, ニールス
　国ドイツ　元・ドイツ国際ユースワーク専門機関国際青少年政策協力担当部長
Megginson, David　メギンソン, デビッド
　著「ソフトウェアの未来」翔泳社　2001
Meggiorini, Riccardo　メッジョリーニ, リッカルド
　国イタリア　サッカー選手
Meghji, Zakia　メグジ, ザキア
　国タンザニア　財務相
Mégnin, Jean-Philippe　メニャン, ジャン＝フィリップ
　著「僕と彼と彼女と」近代文芸社　2014
Megot, Justin　メゴット, ジャスティン
　国コンゴ共和国　大統領府相
Megre, Vladimir Nikolaevich　メグレ, ウラジーミル
　1950～　著「共同の創造」直日, 評論社 (発売)　2014
Mehal, Nacer　メハル, ナセル

Mehazi, Xemail メハジ, ジェマイル
　㌀マケドニア　運輸通信相
Mehdiyev, Mammadali メフディエフ, ママダリ
　㌀アゼルバイジャン　柔道選手
Mehdizadeh, Soleiman メヒディザデ, ソレイマン
　㌀イラン　イラン剣道・居合道協会会長, 元・イラン剣道・居合道（サムライ）協会代表
Mehdi Zahedi, Mohammad メフディザヘディ, モハマド
　㌀イラン　科学技術相
Mehelba, Azmy メヘルバ, アズミ
　㌀エジプト　射撃選手
Mehl, Richard メール, リチャード
　㌻「色彩の学校」ボーンデジタル 2013
Mehldau, Brad メルドー, ブラッド
　1970～　㌀アメリカ　ジャズ・ピアニスト
Mehler, Irving M. メーラー, アービン・M.
　㌻「法律英語文章読本」プロスパー企画 2003
Mehler, Jacques メレール, ジャック
　1936～　㌻「赤ちゃんは知っている」藤原書店 2003
Mehlhorn, Kurt メールホルン, K.
　1949～　㌻「アルゴリズムとデータ構造」シュプリンガー・ジャパン 2009
Mehlhorn, Rolf J. メールホーン, ロルフ・J.
　㌻「老化の生命科学」アークメディア 2007
Mehmedi, Admir メーメディ, アドミル
　㌀スイス　サッカー選手
Mehmet Topal メフメト・トパル
　㌀トルコ　サッカー選手
Mehrabian, Ali-Akbar メヘラビアン, アリアクバル
　㌀イラン　鉱工業相
Mehr-alizadeh, Mohsen メフルアリザーデ, モフセン
　㌀イラン　副大統領（兼体育庁長官）
Mehran, Alfred メヘラン, アルフレッド
　㌨メヘラン, サー・アルフレッド　㌻「ターミナルマン」バジリコ 2005
Mehran, Marsha メヘラーン, マーシャ
　1977～2014　㌀イラン　作家　㌽文学, フィクション
Mehren, Elizabeth メーレン, エリザベス
　㌻「悲しみがやさしくなるとき」東京書籍 2001
Mehrer, Helmut メーラー, H.
　1939～　㌻「固体中の拡散」丸善出版 2012
Mehrholz, Jan メールホルツ, ジャン
　㌻「脳卒中患者のための理学療法」ガイアブックス 2014
Mehrling, Perry メーリング, ペリー
　㌻「金融工学者フィッシャー・ブラック」日経BP社, 日経BP出版センター（発売）2006
Mehrotra, Rahul メーロトラ, ラフル
　㌻「Anytime」NTT出版 2001
Mehrotra, Rajiv メロートラ, ラジーヴ
　1953～　㌻「ダライ・ラマ誰もが聞きたい216の質問」春秋社 2013
Mehrotra, Sanjay メロートラ, サンジェイ
　1958～　起業家　サンディスク社長・CEO・共同創業者
Mehrotra, Vinaya メヘロトラ, ヴィナヤ
　㌀インド　ムンバイ印日協会会長
al-Mehrzi, Ahmed bin Nasser bin Hamad メフルジ, アハメド・ビン・ナセル・ビン・ハマド
　㌀オマーン　観光相
Mehsud, Baitullah メスード, ベイトゥラ
　1974～2009　㌀パキスタン　パキスタン・タリバン運動（TTP）司令官　㌨メスード, ベイトラ
Mehsud, Hakimullah メスード, ハキムラ
　?～2013　㌀パキスタン　パキスタン・タリバン運動（TTP）最高指導者
Mehta, Apoorva メータ, アプールヴァ
　㌀アメリカ　起業家, インスタカート創業者
Mehta, Gita メータ, ギータ
　㌻「リバー・スートラ」ランダムハウス講談社 2007
Mehta, Lyla メータ, ライラ
　㌻「地球公共財の政治経済学」国際書院 2005
Mehta, Mehli メータ, メーリ
　1908～2002　㌀アメリカ　バイオリニスト, 指揮者　ボンベイ交響楽団創立者
Mehta, Mira メータ, ミラ
　1954～　㌻「ヨーガの哲学」ガイアブックス, 産調出版（発売）2008
Mehta, Narendra メータ, ナレンドラ
　㌻「インディアンヘッドマッサージ」産調出版 2004
Mehta, Pavithra K. メータ, パヴィスラ・K.
　㌻「ビジョナリーであるということ」ダイヤモンド社 2012
Mehta, Samir メータ, サミール
　㌨メーター, サミール　㌻「臨床実習へのステップアップ」メディカル・サイエンス・インターナショナル 2004
Mehta, Ved Parkash メータ, ヴェド
　1934～　㌻「ガンディーと使徒たち」新評論 2004
Mehta, Zubin メータ, ズビン
　1936～　㌀インド　指揮者　ウィーン・フィルハーモニー管弦楽団（VPO）名誉指揮者, イスラエル・フィルハーモニー管弦楽団終身音楽監督　ニューヨーク・フィルハーモニック音楽監督　㌨メータ, ズービン / メヘター
Mei, Bao-jiu メイ・バオジウ
　1934～2016　㌀中国　京劇俳優（女形）　北京京劇院演員　漢字名＝梅葆玖　㌨メイ・パオチウ / メイ・パオチュウ
Mei, Eva メイ, エヴァ
　1967～　㌀イタリア　ソプラノ歌手
Meichtry, Dominik マイヒトリ
　㌀スイス　競泳選手
Meid, Karl-Heinz マイト, カールハインツ
　㌀ドイツ　ケルン独日協会会長
Meidani, Rexhep Qemal メイダニ, レジェプ
　1944～　㌀アルバニア　政治家, 物理学者　ティラナ大学教授　アルバニア大統領
Meier, Alexander マイアー, アレクサンダー
　㌀ドイツ　サッカー選手
Meier, August マイヤー, オーガスト
　1923～2003　㌻「20世紀のアメリカ黒人指導者」明石書店 2005
Meier, David マイヤー, デイビッド・P.
　㌨マイヤー, デイビッド　㌻「人材開発」日経BP社, 日経BP出版センター（発売）2008
Meier, Deborah マイヤー, デボラ
　㌻「デモクラティック・スクール」Sophia University Press上智大学出版, ぎょうせい（発売）2013
Meier, Dieter マイヤー, ディーター
　1945～　㌻「もしも、ぼくがトラになったら」光村教育図書 2013
Meier, Eduard マイヤー,「ビリー」エドゥアルト・アルベルト
　1937～　㌻「プレアデス/プレヤール人とのコンタクト記録」水瓶座時代出版, 八王子 フィグ・ヤーパン（発売）2010
Meier, Gerald Marvin マイヤー, ジェラルド・M.
　1923～　㌻「開発経済学概論」岩波書店 2006
Meier, Heinrich マイアー, ハインリッヒ
　㌻「有機化学のためのスペクトル解析法」化学同人 2010
Meier, Heinrich マイアー, ハインリヒ
　1953～　㌻「政治神学か政治哲学か」風行社 2015
Meier, Joan S. マイヤー, ジョアン・S.
　㌻「子ども中心の面会交流」日本加除出版 2015
Meier, Leslie メイヤー, レスリー
　㌻「新聞王がボストンにやってきた」東京創元社 2014
Meier, Norbert マイヤー, ノルベルト
　㌀ドイツ　ダルムシュタット監督
Meier, Paul D. メイヤー, ポール
　1945～　㌻「「うつ」をやめると, 楽になる」PHP研究所 2005
Meier, Richard Alan マイヤー, リチャード
　1934～　㌀アメリカ　建築家
Meier, Sarah マイヤー
　㌀スイス　フィギュアスケート選手
Meier, Susan マイヤー, スーザン
　㌻「聖夜の告白」ハーパーコリンズ・ジャパン 2016
Meier, Ursula メイエ, ウルスラ
　ベルリン国際映画祭 特別賞（第62回（2012年））　"L'enfant d'en haut"
Meier, Waltraud マイヤー, ヴァルトラウト
　1956～　㌀ドイツ　メゾソプラノ歌手
Meier Cornejo, Ludwig メイエル・コルネホ, ルドビク
　㌀ペルー　漁業相
Meier-Gräwe, Uta マイヤー＝グレーヴェ, ウタ
　1952～　㌻「家族のための総合政策」信山社 2013
Meigh-Andrews, Chris メイ＝アンドリュース, クリス
　㌻「ヴィデオ・アートの歴史」三元社 2013
Meijer, Maarten メイヤー, マーテン
　㌻「ルイ・ファン・ハール」カンゼン 2014
Meijer, Marie メイイェル, マリー

㊇「町を行くフロイド」さ・え・ら書房　2002
Meijide, Graciela Fernandez　メイヒデ，グラシエラ・フェルナンデス
　㊇アルゼンチン　社会開発・環境相
Meike, G.Blake　メイク，G.ブレイク
　㊇「プログラミングAndroid」オライリー・ジャパン，オーム社（発売）　2012
Meikle, Denis　ミークル，デニス
　㊇「ザ・ジョニー・デップ」広済堂出版　2006
Meile, Víctor Grange　メイレ，ビクトル・グランジェ
　㊇赤道ギニア　農業・畜産・食糧相
Meili, Katie　マイリ，ケイティ
　㊇アメリカ　水泳選手
Meillassoux, Quentin　メイヤスー，カンタン
　1967～　㊇「有限性の後で」人文書院　2016
Meilunas, Egidijus　メイルーナス，エギディユス
　㊇リトアニア　駐日特命全権大使
Meilutyte, Ruta　ミルティテ，ルタ
　1997～　㊇リトアニア　水泳選手　㊈メイルティーテ／メイルティテ
Meimarakis, Evangelos　メイマラキス，エバンゲロス
　㊇ギリシャ　国防相
Meimou, Hamadi Ould　メイム，ハマディ・ウルド
　㊇モーリタニア　外務・協力相
Meinberg, Eckhard　マインベルク，エックハルト
　1944～　㊇「エコロジー人間学」新評論　2001
Meinel, Carolyn P.　メイネル，キャロリン・P.
　㊇「ハッピー・ハッカー」白夜書房　2002
Meinhardt, Gerek　マインハート，ゲレク
　㊇アメリカ　フェンシング選手
Meinhövel, Harald　マインヘーヴェル，ハーラルト
　㊇「経営学の基本問題」中央経済社　2011
Meinig, George　マイニー，ジョージ・E.
　?～2008　㊇「虫歯から始まる全身の病気」恒志会，農山漁村文化協会（発売）　2008
Meinke, Katrin　マインケ
　㊇ドイツ　自転車選手
Meintjes, Louis　マインチェス，ルイ
　㊇南アフリカ　自転車選手
Meireles, Maria de Jesus　メイレーレス，マリア・デ・ジェズス
　㊇ブラジル　元・在ブラジル日本国大使館現地職員
Meirelles, Fernando Ferreira　メイレレス，フェルナンド
　1955～　㊇ブラジル　映画監督
Meirelles, Henrique　メイレレス，エンリケ
　㊇ブラジル　財務相
Meirieu, Philippe　メリュ，フィリップ
　1949～　㊇「コルチャック先生」汐文社　2015
Meisami, Esmail　メイサミ，エズメイル
　㊇「老化の生命科学」アークメディア　2007
Meisch, Claude　マイシュ，クロード
　㊇ルクセンブルク　教育相
Meisel, Klaus　マイセル，クラウス
　1953～　㊇「おとなの学びを支援する」鳳書房　2003
Meisel, Paul　マイゼル，ポール
　㊇「エネルギーってなんだろう」福音館書店　2010
Meiser, Annette　マイザー，アンネッテ
　1954～　㊇「森の幼稚園」合同出版　2003
Meiser, Gernot　マイザー，ゲルノート
　㊇「地球の夜」原書房　2012
Meisser, Simona　メイッサー，シモーナ
　1984～　㊇「これだからねこはだいっきらい」岩崎書店　2011
Meissner, Kimmie　マイズナー
　㊇アメリカ　フィギュアスケート選手
Meissnitzer, Alexandra　マイスニッツァー
　㊇オーストリア　アルペンスキー選手
Meite, Ben Youssef　メイテ
　㊇コートジボワール　陸上選手
Mejdoub, Noureddine　メジュドゥーブ，ヌルディーヌ
　㊇チュニジア　元・駐日大使，元・チュニジア・日本友好協会会長
Mejia, Adalberto　メヒーア，アダルベルト
　㊇ドミニカ共和国　野球選手
Mejía, Arístides　メヒア，アリスティデス
　㊇ホンジュラス　副大統領代行
Mejia, Francisco　メヒーア，フランシスコ
　㊇ドミニカ共和国　野球選手
Mejía, Miguel　メヒア，ミゲル

㊇ドミニカ共和国　無任所相
Mejía, Rafael Hipólito　メヒア，ラファエル・イポリト
　1941～　㊇ドミニカ共和国　政治家　ドミニカ共和国大統領　本名＝メヒア・ドミンゲス，ラファエル・イポリト〈Mejía Domínguez, Rafael Hipólito〉　㊈メヒーア
Mejía Castro, Luis Ernesto　メヒア・カストロ，ルイス・エルネスト
　㊇コロンビア　鉱山・エネルギー相
Mejía del Cid, Mayra　メヒア・デルシド，マイラ
　㊇ホンジュラス　労相
Mejía Domínguez, Rafael Hipólito　メヒア・ドミンゲス，ラファエル・イポリト
　㊇ドミニカ共和国　大統領
Mejias, Tomas　メヒアス，トマス
　㊇スペイン　サッカー選手
Mejias Garcia, Marlies　メイアスガルシア，マルリエス
　㊇キューバ　自転車選手　㊈メヒアスガルシア
Mejinschi, Valentin　メジンスキ，バレンチン
　㊇モルドバ　副首相
Mejoueva, Irina　メジューエワ，イリーナ
　1975～　㊇ロシア　ピアニスト
Mejri, Salah　メジリ，サラ
　㊇チュニジア　バスケットボール選手
Mejuto, Eva　メフト，エバ
　㊇「はしれ！カボチャ」小学館　2008
Mékachéra, Hamlaoui　メカシェラ，アムラウイ
　㊇フランス　退役軍人相　㊈メカシェラ，アムラウイ
Mekamne, Denise　メカム，ドゥニーズ
　㊇ガボン　高等教育・科学研究・幹部職業訓練相　㊈メカムネ，ドニ
Mekas, Jonas　メカス，ジョナス
　1922～　㊇アメリカ　詩人，映像作家，映画評論家　アンソロジー・フィルム・アーカイブス（実験映画博物館）館長
Mekhissi, Mahiedine　メキシベナバ，マイディーヌ
　㊇フランス　陸上選手
Mekhissi-benabbad, Mahiedine　メキシベナバ
　㊇フランス　陸上選手
Mekhontcev, Egor　メホンツェフ，イーゴリ
　1984～　㊇ロシア　ボクシング選手
Mekki, Abdellatif　メッキ，アブデルラティフ
　㊇チュニジア　保健相
Mekki, Mustapha　メキ，ムスタファ
　㊇「効率性と法損害概念の変容」有斐閣　2010
Mekky, Ahmed　メッキ，アハメド
　㊇エジプト　法相
Meko Aveme, Maximiliano　メコアベメ，マキシミリアノ
　㊇赤道ギニア　通信・新技術相
Mekonnen, Manyzewal　メコンネン・マニャゼワル
　㊇エチオピア　産業相
Meksi, Ermelinda　メクシ，エルメリンダ
　㊇アルバニア　欧州統合担当国務相
Mektić, Dragan　メクティッチ，ドラガン
　㊇ボスニア・ヘルツェゴビナ　治安相
Mekuria, Haile　メクリア，ハイレ
　㊇エチオピア　都市開発・住宅相
Mekuy Mbaobono, Guillermina　モクイムバオボノ，ギリェルミナ
　㊇赤道ギニア　文化・工芸産業促進相
Mel, H.X.　メル，H.X.
　1948～　㊇「暗号技術のはなし」ピアソン・エデュケーション　2002
Melairei, Marcelino　メライレイ，マルセリーノ
　㊇パラオ　資源開発相
Melaku, Fenta　メラク・フェンタ
　㊇エチオピア　歳入相
Melamed, Daniel R.　メラメド，ダニエル・R.
　㊇「バッハ＝カンタータの世界」東京書籍　2002
Melamed, Leo　メラメド，レオ
　1932～　㊇アメリカ　金融家　シカゴ・マーカンタイル取引所（CME）グループ名誉会長
Melancon, Mark　マランソン，マーク
　㊇アメリカ　野球選手
Melandri, Giovanna　メランドリ，ジョバンナ
　1962～　㊇イタリア　文化相　㊈メランドリ，ジョヴァンナ
Melanie B　メラニーB
　1975～　㊇イギリス　歌手　旧名＝メラニーG
Melanie C　メラニーC

1974～ [国]イギリス 歌手 本名＝Chisolm, Melanie Jayne [異]メルC
Melanson, Luc メランソン, リュック
[著]「きらきらピンク」 鈴木出版 2009
Melato, Mariangela メラート, マリアンジェラ
1941～2013 [国]イタリア 女優
Melbārde, Dace メルバールデ, ダツェ
[国]ラトビア 文化相
Melby, Caleb メルビー, ケイレブ
[著]「ゼン・オブ・スティーブ・ジョブズ」 集英社インターナショナル, 集英社(発売) 2012
Melcher, Terry メルチャー, テリー
1942～2004 [国]アメリカ 音楽プロデューサー, 作曲家
Melchers, Mirjam メルカールス
[国]オランダ 自転車選手
Melchior, Ib メルキオー, イブ
[著]「死のドライブ」 文芸春秋 2001
Melchior-Bonnet, Sabine メルシオール＝ボネ, サビーヌ
[著]「鏡の文化史」 法政大学出版局 2003
Melchior-Durand, Stéphane メルショワール＝デュラン, ステファン
アングレーム国際漫画祭 子ども向け作品賞(2015年) “Les Royaumes Du Nord” (T1)
Melchiorri, Federico メルキオッリ, フェデリコ
[国]イタリア サッカー選手
Melchizedek, Drunvalo メルキゼデク, ドランヴァロ
[著]「マヤン・ウロボロス」 ナチュラルスピリット 2013
Meldrum, Christina メルドラム, クリスティーナ
[国]アメリカ 作家 [専]文学, ヤングアダルト
Mele, Nicco メレ, ニコ
[著]「ビッグの終焉」 東洋経済新報社 2014
Mel Eg, Théodre メルエグ, テオドール
[国]コートジボワール 都市・都市衛生相
Melekeyev, Gurbangeldy メレケエフ, グルバンゲルディ
[国]トルクメニスタン 貿易・消費組合相 [異]メレケエフ, グルバンゲルディ
Melenchon, Jean-Luc メランション, ジャンリュック
[国]フランス 職業教育担当相
Melendez, Bill メレンデス, ビル
1916～2008 [国]アメリカ アニメーター, テレビプロデューサー
Meléndez, Carmen メレンデス, カルメン
[国]ベネズエラ 大統領府相
Meléndez de Maniglia, Carmen Teresa メレンデス・デマニリア, カルメン・テレサ
[国]ベネズエラ 大統領府相
Meles Zenawi メレス・ゼナウィ
1955～2012 [国]エチオピア 政治家 エチオピア首相 本名＝Meles Zenawi, Asres
Meletinskii, Eleazar Moiseevich メレチンスキー, エレアザール
1918～2005 [著]「神話の詩学」 水声社 2007
Meletis, Chris D. メレティス, クリス・D.
[著]「ハーブの安全性ガイド」 フレグランスジャーナル社 2003
Meletoglou, Hristos メレトグル
[国]ギリシャ 陸上選手
Meletopoulos, Tasos メレトプロス, タソス
[著]「さあ、君の番だ」 ナチュラルスピリット 2007
Melgar Henríquez, José Manuel メルガル・エンリケス, ホセ・マヌエル
[国]エルサルバドル 治安・法務相
Melhuish, Edward C. メルウィッシュ, エドワード
1950～ [異]メルシュ, エドワード [著]「「保育プロセスの質」評価スケール」 明石書店 2016
Meli, Marcelo メリ, マルセロ
[国]アルゼンチン サッカー選手
Meli, Mark メリ, マーク
1967～ [著]「「物のあはれ」とは何なのか」 国際日本文化研究センター 2001
Meliakh, Dzmitry メリアフ
[国]ベラルーシ 近代五種選手
Melian, Alberto Ezequiel メリアン, アルベルト
[国]アルゼンチン ボクシング選手
Méliane, Loubna メリアンヌ, ルーブナ
1978～ [著]「自由に生きる」 社会評論社 2005
Melich, Lukas メリフ
[国]チェコ 陸上選手
Melikuziev, Bektemir メリクジエフ, ベクテミル
[国]ウズベキスタン ボクシング選手
Mélin, Angéline メラン, アンジェリーヌ
[著]「パリジェンヌたちのとっておきのパリ」 原書房 2016
Melin, Arthur メリン, アーサー
1925～2002 [国]アメリカ 実業家 ワム・オー創業者
Melin, Else メーリン, エルサ
[著]「デンマーク発痴呆介護ハンドブック」 ミネルヴァ書房 2003
Melin, Leif メリン, レイフ
[著]「実践としての戦略」 文真堂 2012
Melingui, Roger メランギ, ロジェ
[国]カメルーン 予算担当相
Meliz, Luis メリス
[国]スペイン 陸上選手
Melkamu, Meselech メルカム
[国]エチオピア 陸上選手
Melko, Paul メルコ, ポール
1968～ [国]アメリカ 作家 [専]SF, ファンタジー
Mella, Dorothee L. メラ, ドロシー・L.
[著]「カラーパワー入門」 中央アート出版社 2001
Mella, Keury メラ, ケウリー
[国]ドミニカ共和国 野球選手
Mellan, Olivia メラン, オリビア
[著]「お金上手な女になれる本」 光文社 2002
Mellander, Klas メランダー, クラス
[著]「ビジネスパーソンのためのスウェーデン式会計力のレッスン」 ディスカヴァー・トゥエンティワン 2015
Mellencamp, John メレンキャンプ, ジョン
1951～ [国]アメリカ ロック歌手 旧芸名＝クーガー, ジョン〈Cougar John〉, クーガー・メレンキャンプ, ジョン〈Cougar Mellencamp, John〉
Mellentin, Julian メレンティン, ジュリアン
[著]「機能性食品革命」 講談社 2002
Melles, Carlos メレス, カルロス
[国]ブラジル スポーツ・観光相
Mellick, Jill メリック, ジル
[著]「ポッツヌが生きた世界」 めるくまーる 2004
Melling, David メリング, デイヴィッド
[著]「くまだっこ」 小学館 2012
Melling, O.R. メリング, O.R.
[著]「夢の書」 講談社 2007
Mellinger, George メリンガー, ジョージ
[著]「第二次大戦のP-39エアラコブラエース」 大日本絵画 2003
Mello, Craig メロー, クレイグ
1960～ [国]アメリカ 遺伝学者 マサチューセッツ大学医学部教授 本名＝Mello, Craig Cameron [異]メロー, クレイグ・C.
Mello, Roger メロ, ホジェル
1965～ [国]ブラジル 作家, イラストレーター, 劇作家
Mello, Rubens Ometto Silveira メッロ, ルーベンス・オメット・シルベイラ
[国]ブラジル 実業家
Mellody, Pia メロディ, ピア
[著]「児童虐待と共依存」 そうろん社, 生活ジャーナル(発売) 2002
Mellor, C.Michael メラー, C.マイケル
[著]「ルイ・ブライユの生涯天才の手法」 日本点字図書館(点字版印刷・製本) 2012
Mellor, Jodie メラー, ジョディー
[著]「ミステリー・パピークラブ」 PHP研究所 2010
Mellor, Stephen J. メラー, スティーブン・J.
[異]メラー, スティーブ・J. [著]「MDAマニフェスト」 エスアイビー・アクセス, 星雲社(発売) 2005
Mellouli, Oussama メルーリ, ウサマ
[国]チュニジア 水泳選手
Melly, George メリー, ジョージ
[著]「ビートルズ世界証言集」 ポプラ社 2006
Melmed, Laura Krauss メルメッド, ローラ・クラウス
[著]「月のしずくの子どもたち」 BL出版 2013
Mel'nichenko, Vladimir Efimovich メリニチェンコ, V.E.
1946～ [著]「レーニンが愛した女」 新読書社 2005
Melnick, Daniel メルニック, ダニエル
1932～2009 [国]アメリカ 映画プロデューサー コロムビア映画社長
Melnik, Yuriy メリニク, ユーリー
[国]ウクライナ 農相
Melnikov, Alexander メルニコフ, アレクサンドル

1973～ 国ロシア　ピアニスト
Melnyk (merleni), Irini　メルニク
　国ウクライナ　レスリング選手
Melo, Dias de　メーロ, ディアス・デ
　1925～　著「アソーレスの黒い火山島」彩流社　2005
Melo, Joanna　メロ
　国ブラジル　競泳選手
Melo, Ligia Amada　メロ, リヒア・アマダ
　国ドミニカ共和国　高等教育・科学技術相　旧メロ, リヒア
Melo, Luisana　メロ, ルイサナ
　国ベネズエラ　保健相
Melo, Marcelo　メロ, マルセロ
　国ブラジル　テニス選手
Melo, Patrícia　メロ, パトリーシア
　1962～　著「死体泥棒」早川書房　2016
Meloche, Tom　メローチェ, トマス
　著「日本人が知らなかったFacebook広告「超」集客法」ダイレクト出版　2012
Meloni, Giorgia　メローニ, ジョルジャ
　国イタリア　若年対策担当相
Meloni, Julie C.　メローニ, ジュリー・C.
　著「はじめてのPHP, MySQL, Apache」ピアソン桐原　2012
Melotakis, Mason　メロタキス, メイソン
　国アメリカ　野球選手
Meloto, Antonio　メロト, アントニオ
　1950～　国フィリピン　社会活動家　ガワッド・カリンガ代表
Melquiot, Fabrice　メルキオ, ファブリス
　1972～　著「ブリ・ミロ/セックスは心の病いにして時間とエネルギーの無駄」れんが書房新社　2012
Melrose, Richard B.　メルローズ, R.B.
　1949～　著「境界つき多様体のディラック作用素」シュプリンガー・フェアラーク東京　2004
Melsen, Birte　メルセン, バート
　著「矯正治療への生体力学と生物学の基本原理」Insight　2001
Melson, Gail F.　メルスン, ゲイル・F.
　著「動物と子どもの関係学」ビイング・ネット・プレス　2007
Melton, Harold Keith　メルトン, H.キース
　1944～　著「CIA極秘マニュアル」創元社　2013
Melton, Jim　メルトン, ジム
　著「SQL：1999リレーショナル言語詳解」ピアソン・エデュケーション　2003
Melton, Patrick　メルトン, パトリック
　著「ソウ」角川書店, 角川グループパブリッシング（発売）　2008
Meltzer, Allan H.　メルツァー, アラン
　1928～　国アメリカ　経済学者　カーネギー・メロン大学教授
Meltzer, Bernard David　メルツァー, バーナード
　1914～2007　国アメリカ　法律家　シカゴ大学名誉教授　専労働法
Meltzer, Brad　メルツァー, ブラッド
　1970～　国アメリカ　作家
Meltzer, Donald　メルツァー, ドナルド
　1922～2004　著「クライン派の発展」金剛出版　2015
Meltzer, Kevin　メルツァー, ケビン
　著「Perl & CGIWebアプリケーション開発」ピアソン・エデュケーション
Meltzer, Michael Irwin　メルツァー, マイケル・アーウィン
　著「熱狂する社員」英治出版　2006
Meltzoff, Andrew N.　メルツォフ, アンドルー・N.
　著「0歳児の「脳力」はここまで伸びる」PHP研究所　2003
Meltzoff, Julian　メルツォフ, J.
　1921～　著「クリティカルシンキング」北大路書房　2005
Melua, Katie　メルア, ケイティ
　1984～　歌手
Melucci, Alberto　メルッチ, アルベルト
　1943～2001　著「プレイング・セルフ」ハーベスト社　2008
Melvern, Linda　メルバーン, リンダ
　著「国際連合」ほるぷ出版　2003
Melville, John　メルビル, J.
　1960～　著「市民起業家」日本経済評論社　2005
Melvin, Bob　メルビン, ボブ
　1961～　国アメリカ　大リーグ監督, 元野球選手　本名=Melvin, Robert Paul　旧メルヴィン, ボブ
Melvin, Jermy　メルヴィン, ジェレミー
　1964～　著「〈…イズム〉で読みとく建築」新樹社　2007
Melvin, Mungo　メルヴィン, マンゴウ
　著「ヒトラーの元帥マンシュタイン」白水社　2016

Melvin, Rashaan　メルビン, ラシャン
　国アメリカ　アメフト選手
Melyoshin, Roman　メルヨシン
　国カザフスタン　レスリング選手
Melzack, Ronald　メルザック, ロナルド
　著「麻酔の偉人たち」総合医学社　2016
Melzer, Jurgen　メルツァー
　国オーストリア　テニス選手
Melzi, Gigliana　メルシ, ヒグリアーナ
　著「グローバル化と言語能力」明石書店　2015
Membe, Bernard Kamillius　メンベ, バーナード・カミリウス
　国タンザニア　外相
Memene, Seyi　メメヌ, セイ
　国トーゴ　法相
Memmi, Albert　メンミ, アルベール
　1920～　国フランス　作家, 評論家　パリ第10大学名誉教授　専社会心理学
Memory, Thara　メモリー, サラ
　グラミー賞 最優秀ヴォーカル伴奏編曲（2012年（第55回））
　"City Of Roses"
Memushaj, Ledian　メムシャイ, レディアン
　国アルバニア　サッカー選手
Memushi, Luan　メムシ, ルアン
　国アルバニア　教育科学相
Men, Mikhail A.　メニ, ミハイル・A.
　国ロシア　建設住宅相
Mena, Belén　メナ, ベレン
　著「パチャンガ」グラフィック社　2008
Mena, Paul David　メナ, ポール・デイヴィッド
　著「ニューヨーク、アパート暮らし」葉っぱの坑夫　2001
Menafro, Roberto　メナフロー, ロベルト
　著「ファンタスティック・バルーン」ナランハ　〔2003〕
Menagharishvili, Irakli　メナガリシビリ, イラクリー
　国ジョージア　外相
Menakaya, Tim　メナカヤ, ティム
　国ナイジェリア　保健相
Mena Marqués, Manuela B.　メナ・マルケス, マヌエラ
　国スペイン　美術史家　スペイン国立プラド美術館18世紀絵画部長　専ゴヤ
Menana Ela, Cristobal　メナナエラ, クリストバル
　国赤道ギニア　教育・科学・スポーツ相　旧メナナ・エラ, クリストバル
Menand, Louis　メナンド, ルイ
　1952～　著「メタフィジカル・クラブ」みすず書房　2011
Menard, Jean-Francois　メナール, ジャン・フランソワ
　著「ゆうれい出したら3億円」国土社　2001
Ménard, Joël　メナール, ジョエル
　1940～　著「アルツハイマー病の国家的取り組み」中外医学社　2014
Menard, Michelle　メナード, ミシェル
　著「Unityではじめるゲームづくり」ソフトバンククリエイティブ　2011
Ménard, Robert　メナール, ロベール
　1953～　国アルジェリア　ジャーナリスト　国境なき記者団創設者, 報道の自由のためのドーハ・センター創設者
Menasche, David　メナシェ, ダヴィード
　著「人生という教室」東洋出版　2014
Ménasé, Stéphanie　メナセ, ステファニ
　著「知覚の哲学」筑摩書房　2011
Menasra, Abdelmadjid　メナスラ, アブデルマジド
　国アルジェリア　産業・構造改革相
Menaz, Posai　メナズ, ポサイ
　国パプアニューギニア　矯正相
Menchú, Rigoberta　メンチュ, リゴベルタ
　1959～　国グアテマラ　人権擁護活動家　ユネスコ国際親善大使　本名=Menchú Tum, Rigoberta　旧メンチュウ, リゴベルタ
Mende, Lambert　メンデ, ランベール
　国コンゴ民主共和国　コミュニケーション・メディア相
Mendel, Nate　メンデル, ネイト
　1968～　国アメリカ　ミュージシャン
Mendelblatt, Mark　メンデルブラット
　国アメリカ　セーリング選手
Mendel-Hartvig, Åsa　メンデル＝ハートヴィグ, オーサ
　著「だいすきなマロニエの木」光村教育図書　2015
Mendell, Pierre　メンデル, ピエール
　1929～　著「ピエール・メンデル」ギンザ・グラフィック・ギャ

ラリー, トランスアート(発売) 2004
Mendelson, Anne メンデルソン, アンネ
[著]「動物工場」 緑風出版 2016
Mendelssohn, Kurt メンデルスゾーン, クルト
[著]「ピラミッドを探る」 法政大学出版局 2009
Mendelsund, Peter メンデルサンド, ピーター
[著]「本を読むときに何が起きているのか」 フィルムアート社 2015

Mendenhall, Mark E. メンデンホール, マーク・E.
[著]「海外派遣とグローバルビジネス」 白桃書房 2001
Mende Omalanga, Lambert メンデオマランガ, ランベール
[国]コンゴ民主共和国 メディア・コミュニケーション相 [異]メンデ・オマランガ, ランベール
Mendes, Degol メンデス, デゴル
[国]ギニアビサウ 経済・地域統合相
Mendes, Jose Luis Xavier メンデス, ジョゼ・ルイス・ザビエル
[国]サントメ・プリンシペ 農業・地域開発・漁業相
Mendes, Luís Marques メンデス, ルイス・マルケス
[国]ポルトガル 国会対策相
Mendes, Sam メンデス, サム
1965～ [国]イギリス 演出家, 映画監督 ドンマー・ウェアハウス芸術監督
Mendes, Sergio メンデス, セルジオ
1941～ [国]ブラジル ミュージシャン
Mendes, Valentina メンデス, バレンティナ
[国]ギニアビサウ 女性・家族・社会統合相
Mendes Pereira, Florentino メンデスペレイラ, フロレンティノ
[国]ギニアビサウ エネルギー・産業相
Mendes Pinto, Maria Helena Caleia Serra メンデス・ピント, マリア・エレナ・カレイア・セッラ
[国]ポルトガル 元・国立美術博物館上級特別学芸監, 元・ポルトガル日本友好協会副会長
Mendez, Antonio J. メンデス, アントニオ
[著]「アルゴ」 早川書房 2012
Mendez, César メンデス, セサル
[国]グアテマラ 国防相
Mendez, Rodolfo メンデス, ロドルフォ
[国]コスタリカ 公共事業運輸相
Méndez, Roxana メンデス, ロクサナ
[国]パナマ 内相
Mendez, Yohander メンデス, ヨアンダー
[国]ベネズエラ 野球選手
Mendéz Cóbar, Mario Estuardo メンデス・コバル, マリオ・エストゥアルド
[国]グアテマラ 農牧食料相
Méndez De Vigo, Íñigo メンデスデビゴ, イニゴ
[国]スペイン 教育・文化・スポーツ相
Méndez De Vigo y Montojo, Íñigo メンデス・デビゴ・イ・モントホ, イニゴ
[国]スペイン 教育・文化・スポーツ相
Mendéz Montenegro, Mario メンデス・モンテネグロ, マリオ
[国]グアテマラ 農牧・食料相
Mendieta, Eduardo メンディエッタ, エドゥアルド
[著]「公共圏に挑戦する宗教」 岩波書店 2014
Mendilibar, Jose Luis メンディリバル, ホセ・ルイス
[国]スペイン エイバル監督
Menditto, Anthony A. メンディット, アンソニー・A.
[著]「統合失調症」 金剛出版 2014
Mendius, Richard メンディウス, リチャード
[著]「ブッダの脳」 草思社 2011
Mendonça, António メンドンサ, アントニオ
[国]ポルトガル 公共事業・運輸・通信相
Mendonça Filho, José メンドンサ・フィリョ, ジョゼ
[国]ブラジル 教育相
Mend-Ooyo, G. メンドーヨー, G.
[著]「現代世界アジア詩集」 土曜美術社出版販売 2010
Mendosa, Herminio A.Blanco メンドーサ, エルミニオ・ブランコ
[国]メキシコ 元・商工振興大臣, 元・商工振興省通商交渉次官
Mendosa, Leandro メンドーサ, レアンドロ
[国]フィリピン 運輸通信相
Mendoza, Brillante メンドーサ, ブリランテ
カンヌ国際映画祭 監督賞(第62回(2009年)) "Kinatay"
Mendoza, Eduardo メンドサ, エドゥアルド
1943～ [国]スペイン 作家
Mendoza, Leandro メンドーサ, レアンドロ
[国]フィリピン 運輸通信相
Mendoza, Plinio Apuleyo メンドーサ, プリニオ・アプレーヨ
1932～ [著]「グアバの香り」 岩波書店 2013
Mendoza, Ronald U. メンドーサ, ロナルド・U.
[著]「地球公共財の政治経済学」 国際書院 2005
Mendoza, Tony メンドーサ, トニー
1941～ [著]「アーニー」 河出書房新社 2003
Mendoza, Vince メンドーサ, ヴィンス
グラミー賞 最優秀ジャズ・ビッグバンド・アルバム(2006年(第49回)) "Some Skunk Funk"
Mendoza, Vincent メンドーサ, ヴィンセント
グラミー賞 最優秀インストゥルメンタル編曲(2010年(第53回))ほか
Mendoza del Solar, Zoila Lourdes Carmen Sandra メンドサ・デルソラル, ソイラ・ルルデス・カルメン・サンドラ
[国]ペルー 第2副大統領
Mendoza Tovar, Carlos Onan メンドサ・トバル, カルロス・オナン
[国]ホンジュラス 臨時代理大使, 一等書記官
Mendy, Benjamin メンディ, バンジャマン
[国]フランス サッカー選手
Mendy, Nampalys メンディ, ナンパリス
[国]フランス サッカー選手
Menechino, Frank メネキーネ, フランク
[国]アメリカ マイアミ・マーリンズコーチ
Menefee, Lynette Alice メネフィー, リネット
[著]「ダイエット練習帳」 ディスカヴァー・トゥエンティワン 2004
Menegatti, Marta マネガッティ, マルタ
[国]イタリア ビーチバレー選手 [異]メネガッチ
Menem, Carlos Saúl メネム, カルロス・サウル
1930～ [国]アルゼンチン 政治家 アルゼンチン上院議員 アルゼンチン大統領, アルゼンチン正義党(ペロン党)総裁
Menéndez, Jorge メネンデス, ホルヘ
[国]ウルグアイ 国防相
Menéndez, Osleidys メネンデス
[国]キューバ 陸上選手
Menéndez, Ricardo メネンデス, リカルド
[国]ベネズエラ 企画相
Meneses, Antonio メネセス, アントニオ
1957～ [国]ブラジル チェロ奏者
Menezes, Mano メネゼス, マノ
1961～ [国]ブラジル サッカー指導者, 元サッカー選手 サッカー・ブラジル代表監督
Menezes, Sarah メネゼス, サラ
[国]ブラジル 柔道選手
Meng メング
[著]「どっちが強い!? ゴリラVS(たい)クマ」 KADOKAWA 2016
Meng, Jin メン, ジン
[著]「恐竜大図鑑」 ネコ・パブリッシング 2002
Menga, Justin メンガ, ジャスティン
[著]「CCNP self-study：CCNPスイッチング実習」 ソフトバンククリエイティブ 2005
Menga, Michel メンガ, ミシェル
[国]ガボン 国民教育相
Mengden, Daniel メンデン, ダニエル
[国]アメリカ 野球選手
Menger, Connie メンジャー, コニー
[著]「天使的宇宙人とのコンタクト」 徳間書店 2007
Menger, Howard メンジャー, ハワード
[著]「天使的宇宙人とのコンタクト」 徳間書店 2007
Mengistu, Huluka メンギスツ・フルカ
[国]エチオピア 農相
Mengual, Gemma メングアル, ヘマ
[国]スペイン 水泳選手 [異]メングアル
Mengue M'engouang, Fidele メンゲメングアン, フィデル
[国]カボン 中小企業・手工業相
Mengue M'owono, Paulette メンゲモウォノ, ポレット
[国]ガボン 文化・芸術・市民教育相 [異]メンゲモウォノ, ポレット
Menino, H.M. メニーノ, H.M.
[著]「あらいぐまパンドラの大冒険」 文研出版 2003
Menjívar Escalante, Elvia Violeta メンヒバル・エスカランテ, エルビア・ビオレタ
[国]エルサルバドル 保健相

Menke, Christoph メンケ, クリストフ
1958～ [著]「芸術の至高性」 御茶の水書房 2010
Menke, Sally メンケ, サリー
1953～2010 [国]アメリカ 映画編集技師
Menken, Alan メンケン, アラン
1949～ [国]アメリカ 作曲家 [専]映画音楽, 舞台音楽
Menkes, Justin メンクス, ジャスティン
[著]「経営知能」 光文社 2007
Menkov, Vadim メンコフ
[国]ウズベキスタン カヌー選手
Menn, Joseph メン, ジョセフ
[国]アメリカ ジャーナリスト
Mennan, Zeynep メンナン, ゼイネップ
[著]「Anytime」 NTT出版 2001
Mennea, Pietro メンネア, ピエトロ
1952～2013 [国]イタリア 陸上選手 本名＝Mennea, Pietro Paolo
Menning, Petter メニング, ペテル
[国]スウェーデン カヌー選手
Menninger, Karl メニンガー, K.
[著]「図説数の文化史」 八坂書房 2001
Menninghaus, Winfried メニングハウス, ヴィンフリート
1952～ [国]ドイツ 評論家 ベルリン自由大学教授
Menocal, Carlos メノカル, カルロス
[国]グアテマラ 内相
Menocal, Maria Rosa メノカル, マリア・ロサ
[著]「寛容の文化」 名古屋大学出版会 2005
Menon, Rashed Khan メノン, ラシェド・カーン
[国]バングラデシュ 民間航空・観光相
Menotti, Gian Carlo メノッティ, ジャン・カルロ
1911～2007 [国]アメリカ 作曲家, オペラ作家
Menotti, Victor メノッティ, ビクター
[著]「ポストグローバル社会の可能性」 緑風出版 2006
Menovsky, Tomas ミノヴスキー, トマス
[著]「モーラルブレイン」 麗沢大学出版会, 広池学園事業部(柏)(発売) 2013
Mensah, E.T. メンサ, E.T.
[国]ガーナ 雇用・社会福祉相
Mensah, J.H. メンサー, J.H.
[国]ガーナ 上級相 [異]メンサ, J.H.
Mensah, Joseph Henry メンサー, ジョセフ・ヘンリー
[国]ガーナ 上級相 [異]メンサー, ジョン・ヘンリー
Mensah, Juliana Azumah メンサ, ジュリアナ・アズマ
[国]ガーナ 女性・児童相
Mensah Zoguelet, Alain メンサ・ズゲレ, アラン
[国]ガボン 公務員・国家近代化相
Men Sam An メン・サムアン
[国]カンボジア 副首相兼国会担当相 [異]メン・サム・オン
Mensbrugghe, Dominique Van der メンズブルグ, ドミニク・ヴァンダー
[著]「東アジアにおける鉄鋼産業の構造変化」 創文社 2007
Mensha, Spéro マンサー, スペロ
[国]ベナン エネルギー・石油鉱山探査・再生可能エネルギー開発相
al-**Menshawi, Reda** メンシャーウィ, レダ
[国]リビア 保健相
Menshikov, Oleg メンシコフ, オレグ
1960～ [国]ロシア 俳優 本名＝Menshikov, Oleg Evgenievich
Mensink, Ron メンシンク, ロン
[著]「リスクバジェッティング」 パンローリング 2002
Menski, Werner メンスキー, ヴェルナー
[著]「法文化論の展開」 信山社 2015
Mentré, Pascale マントレ, パスカル
[著]「細胞の中の水」 東京大学出版会 2006
Menuez, Doug メネズ, ダグ
1957～ [異]メニューズ, ダグ [著]「無敵の天才たち」 翔泳社 2014
Menuhin, Yaltah メニューイン, ヤルタ
1922～2001 [国]アメリカ ピアニスト [異]メニューヒン, ヤルタ
Mény, Yves メニイ, イヴ
1943～ [著]「フランス共和制の政治腐敗」 有信堂高文社 2006
Menye, Essimi メンイ, エシミ
[国]カメルーン 財務相
Menyuk, Paula メニューク, ポーラ
[著]「自閉症」 黎明書房 2006
Menza, Nick メンザ, ニック
1964～2016 [国]アメリカ ロック・ドラム奏者
Menzel, Albrecht メンツェル, アルブレヒト
[国]ドイツ パガニーニ国際ヴァイオリン・コンクール 第3位 (2015年(第54回))
Menzel, Idina メンゼル, イディナ
1971～ [国]アメリカ 女優, 歌手
Menzel, Jiří メンツェル, イジー
1938～ [国]チェコ 映画監督, 演出家, 俳優 [異]メンツェル, イージー / メンツェル, ジリ / メンティル, イーリ
Menzel, Peter メンツェル, ピーター
1948～ [著]「地球のごはん」 TOTO出版 2012
Menzel, Phillip メンツェル, フィリップ
[国]ドイツ サッカー選手
Menzi, Renate メンツィ, レナーテ
[著]「フライターグ物語をつむぐバッグ」 パルコエンタテインメント事業部 2014
Menzies, Gavin メンジーズ, ギャヴィン
1937～ [著]「1421」 ヴィレッジブックス 2007
Meoni, Fabrizio メオーニ, ファブリツィオ
?～2005 [国]イタリア オートバイライダー
Meppelink, Madelein メッペリンク, マデライン
[国]オランダ ビーチバレー選手
Mer, Francis Paul メール, フランシス
1939～ [国]フランス 政治家, 実業家 フランス財務相, アルセロール共同会長 [異]メアー, フランシス
Mera, Rosalia メラ, ロザリア
1944～2013 [国]スペイン 実業家 ザラ共同創業者 本名＝Mera Goyenechea, Rosalia
Merabishvili, Ivane メラビシビリ, イワネ
[国]ジョージア 内相
Merafhe, Mompati メラフェ, モンパティ
[国]ボツワナ 副大統領
Merai, Samira メライ, サミラ
[国]チュニジア 保健相
Mercadante Oliva, Aloizio メルカダンテ・オリバ, アロイジオ
[国]ブラジル 教育相
Mercader, Antonio メルカデル, アントニオ
[国]ウルグアイ 教育・文化相
Mercader Costa, Enrique メルカデルコスタ, エンリケ
[国]赤道ギニア 運輸・技術・郵政通信相
Mercado, Gabriel メルカド, ガブリエル
[国]アルゼンチン サッカー選手
Mercado, Gustavo メルカード, グスタボ
[著]「filmmaker's eye」 ボーンデジタル 2013
Mercado del Toro, Emiliano メルカド・デル・トロ, エミリアノ
1891～2007 [国]プエルトリコ 世界最高齢者(115歳) [異]メルカド, エミリアノ
Mercati, Maria マーカティ, マリア
[著]「スイナ式中国整体」 ガイアブックス, 産調出版(発売) 2008
Mercedes, Gabriel メルセデス
[国]ドミニカ共和国 テコンドー選手
Mercer, Geoffrey マーサー, ジェフ
[著]「ディスアビリティ・スタディーズ」 明石書店 2004
Mercer, Jeremy マーサー, ジェレミー
1971～ [著]「シェイクスピア&カンパニー書店の優しき日々」 河出書房新社 2010
Mercer, John マーサー, ジョン
[著]「メロドラマ映画を学ぶ」 フィルムアート社 2013
Mercer, Jordy マーサー, ジョルディ
[国]アメリカ 野球選手
Mercer, Judy マーサー, ジュディ
[著]「猜疑」 講談社 2001
Mercer, Michelle マーサー, ミッシェル
1972～ [異]マーサー, ミシェル [著]「ジョニ・ミッチェルという生き方」 ブルース・インターアクションズ 2010
Mercer, Sienna マーサー, シーナ
[著]「バンパイアガールズ」 理論社 2013
Merchant, Dennis マーチャント, デニス
[国]セントクリストファー・ネイビス 司法相
Merchant, Ismail マーチャント, イスマイル
1936～2005 [国]イギリス 映画プロデューサー
Mercier, Isabelle メルシェ, イザベル
[著]「上司からのストレスを軽くする本」 講談社 2002
Mercier, Michel メルシエ, ミシェル
[国]フランス 法相

Mercier, Pascal メルシエ, パスカル
1944～ [著]「リスボンへの夜行列車」 早川書房 2012
Mercier, Patricia マーシア, パトリシア
[著]「チャクラバイブル」 ガイアブックス 2013
Mercilus, Whitney マーシラス, ウィットニー
[国]アメリカ アメフト選手
Merckle, Adolf メルクレ, アドルフ
1934～2009 [国]ドイツ 実業家 [異]メルクル, アドルフ
Merckx, Axel メルクス
[国]ベルギー 自転車選手
Mercury, Michael マーキュリー, マイケル
[著]「マンデン占星術で読む日本の未来予言」 創樹社美術出版 2013
Mercy, Dominique メルシー, ドミニク
1950～ [国]フランス バレエダンサー ピナ・バウシュ・ヴッパタール舞踊団芸術監督
Merdassi, Fethi メルダシ, フェティ
[国]チュニジア 国際協力・外国投資相
Merdinyan, Harutyun メルディニャン, ハルチュン
[国]アルメニア 体操選手
Meredith, Anthony メレディス, アンソニー
[著]「カッパドキア教父」 新教出版社 2011
Meredith, Cameron メレディス, キャメロン
[国]アメリカ アメフト選手
Meredith, Kevin メレディス, ケヴィン
[著]「たのしい写真が撮れる107の方法」 ビー・エヌ・エヌ新社 2011
Meredith, Laurence メレディス, ローレンス
[著]「Original Porsche 356」 二玄社 2003
Meredith, Mimi メレディス, ミミ
1948～ [著]「ブライトな上司」 ディスカヴァー・トゥエンティワン 2007
Meredith, Robyn メレディス, ロビン
[著]「インドと中国」 ウェッジ 2007
Meredith, Scott メレディス, スコット
1958～ [著]「手から溢れ出す! "非身体的パワー"「スパーク」する!!!」 BABジャパン 2016
Meredith, Spencer Barrett メレディス, スペンサー・B.
1904～ [著]「賢明なる投資家」 パンローリング 2001
Meredov, Rashid メレドフ, ラシド
[国]トルクメニスタン 副首相兼外相
Mereghetti, Paolo メレゲッティ, パオロ
[著]「MOVIE : BOX」 青幻舎 2012
Merello, Tom モレロ, トム
1964～ [国]アメリカ ロック・ギタリスト 通称=モレロ, トミー〈Merello, Tomy〉
Merenik, Lidija メレニク, リディヤ
[著]「アート×ポリティックス×ナショナル・アイデンティティ」 埼玉大学教養学部・文化科学研究科 2010
Merentes, Nelson メレンテス, ネルソン
[国]ベネズエラ 社会経済相
Merep, Alexander メレプ, アレクサンダー
[国]パラオ 社会文化相 [異]メレップ, アレクサンダー
Merga, Deriba メルガ
[国]エチオピア 陸上選手
Mergea, Florin メルジェ, フロリン
[国]ルーマニア テニス選手
Merger, Marc メルジェ, マルク
1961～ [著]「ぼくはこの足でもう一度歩きたい」 新潮社 2002
Meri, Lennart メリ, レナルト
1929～2006 [国]エストニア 政治家 エストニア大統領
Meriç, Ahmet Bülent メリチ, アフメト・ビュレント
[国]トルコ 駐日特命全権大使
Meridor, Dan メリドール, ダン
[国]イスラエル 副首相兼情報・原子力相
Merighetti, Daniela メリゲッティ
[国]イタリア アルペンスキー選手
Merikallio, Katri メリカリオ, カトゥリ
1961～ [著]「平和構築の仕事」 明石書店 2007
Merino, Camila メリノ, カミラ
[国]チリ 労働・社会保障相
Merino, Jesús メリノ, ヘイザス
[著]「NEW 52 : スーパーマン/ヤング・ジャスティス」 ヴィレッジブックス 2013
Merino, Mikel メリーノ, ミケル
[国]スペイン サッカー選手
Merino, Nuno メリノ
[国]ポルトガル トランポリン選手
Merino Tafur, Jorge Humberto メリノ・タフル, ホルヘ・ウンベルト
[国]ペルー エネルギー・鉱山相
Meriton, Vincent メリトン, バンサン
[国]セーシェル 副大統領 [異]メリトン, ビンセント
Merizalde, Pedro メリサルデ, ペドロ
[国]エクアドル 再生不能天然資源相
Merkel, Angela メルケル, アンゲラ
1954～ [国]ドイツ 政治家 ドイツ首相, ドイツ・キリスト教民主同盟(CDU)党首 ドイツ環境相 本名=Merkel, Angela Dorothea
Merker, Björn マーカー, ビョルン
[著]「音楽の起源」 人間と歴史社 2013
Mer Khamis, Juliano メール・ハミス, ジュリアノ
?～2011 [国]イスラエル 映画監督, 平和運動家
Merkoski, Jason マーコスキー, ジェイソン
1972～ [著]「本は死なない」 講談社 2014
Merks, Ed マークス, エド
[著]「Eclipseモデリングフレームワーク」 翔泳社 2005
Merkulova, Inessa メルクロワ, イネッサ
[国]ロシア 馬術選手
Merle, Robert メルル, ロベール
1908～2004 [国]フランス 作家
Merleni, Irini メルレニ, イリーニ
1982～ [国]ウクライナ レスリング選手 [異]メルレニ / メルレニ, イリーナ
Merlier, Frankie メルリエ, フランキー
[著]「ごかん」 文化出版局 2002
Merlin, Christian メルラン, クリスチャン
1964～ [著]「偉大なる指揮者たち」 ヤマハミュージックメディア 2014
Merlin, Christophe メルラン, クリストフ
1966～ [著]「グランド・ルート」 西村書店東京出版編集部 2015
Merlino, Benito メルリーノ, ベニート
[著]「フェリーニ」 祥伝社 2010
Merlino, Joseph P. メリーノ, ジョセフ・P.
[著]「災害精神医学」 星和書店 2015
Merlo, Claudio メルロ, クラウディオ
[著]「美術の歴史」 さ・え・ら書房 2004
Merlo, Gianni メルロ, ジャンニ
[著]「オスカー・ピストリウス自伝」 白水社 2012
Merlo, Larry メーロ, ラリー
CVSケアマークCEO
Merlocco, Anthony メルロッコ, アンソニー
[著]「空っぽのくつした」 光文社 2002
Mermin, N.David マーミン, N.D.
[著]「量子コンピュータ科学の基礎」 丸善 2009
Mermuys, Jesse マーミーズ, ジェシー
[国]アメリカ ロサンゼルス・レイカーズアシスタントコーチ(バスケットボール)
Mernissi, Fatima メルニーシー, ファーティマ
[異]メルニーシー, ファティマ [著]「ヴェールよさらば」 アストラル, 心泉社(発売) 2003
Mero, Vittorio メロ, ヴィットリオ
1974～2002 [国]イタリア サッカー選手 [異]メッロ, ビットリア
Mérode, Alexandre de メロード, アレクサンドル・ド
1934～2002 [国]ベルギー 国際オリンピック委員会(IOC)医事委員長
Merquior, Jose Guilherme メルキオール, J.G.
[著]「現代フランス思想とは何か」 河出書房新社 2002
Merrell, James メレル, ジェームス
[異]メレル, ジェームズ [著]「トリシア・ギルドのインテリア色の魔法に魅せられて」 グラフィック社 2013
Merret, Faustine メレ
[国]フランス セーリング選手
Merrett, Alicia メレット, アリシア
[著]「テディベア制作の技法事典」 スタジオタッククリエイティブ 2007
Merrett, Christopher D. メレット, クリストファー・D.
[著]「アメリカ新世代農協の挑戦」 家の光協会 2003
al-**Merri, Ahmad bin abdullah** アル・メッリ, アハマド・ビン・アブドラ
[国]カタール 宗教相
Merriam, Sharan B. メリアム, シャラン・B.
[著]「成人学習理論の新しい動向」 福村出版 2010

Merrick, Monte メリック, モンテ
?～2015 [国]アメリカ 脚本家, 作家
Merricks, Trenton メリックス, トレントン
[著]「現代形而上学論文集」 勁草書房 2006
Merridale, Catherine メリデール, キャサリン
1959～ [著]「クレムリン」 白水社 2016
Merriden, Trevor メリデン, トレヴァー
[著]「ノキア」 三修社 2004
Merrien, Francois-Xavier メリアン, フランソワ＝グザヴィエ
1951～ [著]「福祉国家」 白水社 2001
Merrifield, Jeff メリフィールド, ジェフ
[著]「ダマヌール」 たま出版 2008
Merrifield, Robert Bruce メリフィールド, ロバート・ブルース
1921～2006 [国]アメリカ 生化学者 ロックフェラー大学名誉教授 [異]メリフィールド, ブルース
Merrifield, Whit メリフィールド, ウィット
[国]アメリカ 野球選手
Merril, Judith メリル, ジュディス
1923～ [著]「SFベスト・オブ・ザ・ベスト」 東京創元社 2004
Merrill, Adam メリル, アダム
[著]「5つの選択」 キングベアー出版 2015
Merrill, A.Roger メリル, A.ロジャー
[著]「7つの習慣最優先事項」 キングベアー出版 2015
Merrill, Cade メリル, ケイド
[著]「ブレア・ウィッチ・ファイル」 角川書店 2001
Merrill, Christine メリル, クリスティン
[著]「愛と祝福の魔法」 ハーパーコリンズ・ジャパン 2016
Merrill, Christopher メリル, クリストファー
[著]「女性の人権とジェンダー」 明石書店 2007
Merrill, Dean メリル, ディーン
[著]「神よ。私の心に聖霊の火をともしてください」 新生宣教団 2002
Merrill, Deborah J. メリル, デボラ・J.
[著]「心があたたかくなって」 トリーハウス 2008
Merrill, Douglas Clark メリル, ダグラス・C.
1970～ [著]「グーグル時代の情報整理術」 早川書房 2009
Merrill, Helen メリル, ヘレン
1929～ [国]アメリカ ジャズ歌手
Merrill, Jean メリル, ジーン
1923～ [著]「歯みがきつくって億万長者」 日本ライトハウス 2005
Merrill, Lynn L. メリル, リン・L.
[著]「博物学のロマンス」 国文社 2004
Merrill, M.David メリル, M.デイビッド
[異]メリル, M.デービット [著]「インストラクショナルデザインの理論とモデル」 北大路書房 2016
Merrill, Rebecca R. メリル, レベッカ・R.
[著]「7つの習慣最優先事項」 キングベアー出版 2015
Merrill, Robert メリル, ロバート
1919～2004 [国]アメリカ バリトン歌手 本名＝ミラー, モリス〈Miller, Morris〉
Merrills, J.G. メリルス, J.G.
[著]「国際紛争処理概論」 成文堂 2008
Merriman, Philippa メリマン, フィリパ
[著]「図説金と銀の文化史」 柊風舎 2012
Merriman, Raymond Allen メリマン, レイモンド・A.
[著]「相場サイクルの基本」 投資日報出版 2008
Merrit, Richard A. メリット, リチャード・アレン
1915～2006 [国]アメリカ カトリック司祭 日本聖公会司祭, 立教大学教授
Merritt, Aries メリット, アリエス
1985～ [国]アメリカ 陸上選手 [異]メリット, アリス
Merritt, Guy M. メリット, ガイ・M.
[著]「実践・リスクマネジメント」 生産性出版 2003
Merritt, Jackie メリット, ジャッキー
[著]「心は揺れて」 ハーレクイン 2007
Merritt, LaShawn メリット, ラショーン
1986～ [国]アメリカ 陸上選手
Merritt, Richard メリット, リチャード
[著]「美しい模様の動物塗り絵」 河出書房新社 2016
Merritt, Rob メリット, ロブ
1976～ [著]「コロンバイン・ハイスクール・ダイアリー」 太田出版 2004
Merritt, Ryan メリット, ライアン
[国]アメリカ 野球選手
Merroun, Driss ムッルーン, ドリス
[国]モロッコ 都市計画・国土整備相
Merry, Clingen クリンジェン, メリー
[著]「ベスと風変わりな友だち」 講談社 2008
Merry, Sally Engle メリー, サリー・アングル
[著]「女性の人権とジェンダー」 明石書店 2007
Merry, Tony メリー, トニー
?～2004 [著]「ロジャーズ辞典」 金剛出版 2008
Merryman, Ashley メリーマン, アシュリー
[著]「競争の科学」 実務教育出版 2014
Mersch, Yves メルシュ, イヴ
1949～ [国]ルクセンブルク 銀行家 欧州中央銀行(FCB)専務理事 [異]メルシュ, イブ
Merson, Sarah マーソン, サラ
[著]「アンチエイジング食材ベスト100」 講談社 2008
Mertens, Dries メルテンス, ドリース
[国]ベルギー サッカー選手
Mertens, Krista マーテンス, クリスタ
[著]「スヌーズレンの基礎理論と実際」 学術研究出版/ブックウェイ 2015
Mertesacker, Per メルテザッカー, ペア
[国]ドイツ サッカー選手
Mertl, Monika メルトル, モーニカ
1955～ [著]「アーノンクールとコンツェントゥス・ムジクス」 アルファベータ 2006
Mertlík, Pavel メルトリク, パベル
[国]チェコ 副首相兼蔵相
Merton, Robert Cox マートン, ロバート
1944～ [国]アメリカ 経済学者 マサチューセッツ工科大学スローン経営大学院教授, ハーバード大学名誉教授 [異]マートン, ロバート・C.
Merton, Robert King マートン, ロバート
1910～2003 [国]アメリカ 社会学者 コロンビア大学名誉教授, アメリカ社会学会会長 [異]マートン, R.K. / マートン, ロバート・K.
Mertz, C.J. マーツ, C.J.
[著]「カイロプラクティックのプロフェッショナル20人が語る仕事の流儀」 科学新聞社出版局 2012
Mertz, Mechtild メルツ, メヒティル
[著]「日本の木と伝統木工芸」 海青社 2016
Merveille, Christian メルベイユ, クリスチャン
1949～ [著]「ぼくはことり」 セーラー出版 2010
Merwin, William Stanley マーウィン, ウィリアム・スタンレー
1927～ [国]アメリカ 詩人 [異]マーウィン, W.S.
Merwin, W.S. マーウィン, W.S.
[国]アメリカ ピュリッツアー賞 文学・音楽 詩(2009年)ほか
Meryman, Richard メリーマン, リチャード
[著]「ビートルズ世界証言集」 ポプラ社 2006
Merz, Bruno メルツ, ブルーノ
1976～ [著]「みんなうれしいクリスマス」 女子パウロ会 2016
Merz, Christine メルツ, クリスティーネ
[著]「ボクは船長」 童話屋 2012
Merz, Hans-Rudolf メルツ, ハンス・ルドルフ
1942～ [国]スイス 政治家 スイス大統領・財務相
Merz, Mario メルツ, マリオ
1925～2003 [国]イタリア 彫刻家 [異]マリオ・メルツ
Merz, Marisa メルツ, マリサ
[国]イタリア ヴェネチア・ビエンナーレ 金獅子賞 生涯功労賞(2013年(第55回))
Merz, Ulla メルツ, ウラ
[著]「ソフトウェア開発のカオス」 構造計画研究所, 共立出版(発売) 2003
Merzer, Glen マーザー, グレン
[著]「まだ、肉を食べているのですか」 三交社 2002
Merzhanov, Victor メルジャーノフ, ヴィクトール
?～2012 [国]ロシア ピアニスト [異]メルジャノフ, ヴィクトル
Merziger, Gerhard メルツィガー, ゲルハルト
[著]「高等数学公式便覧」 朝倉書店 2013
Merzouki, Mourad メルズキ, ムラッド
1973～ [国]フランス ダンサー, 振付師 カンパニー・カフィグ主宰
Mes, Marcial メス, マーシャル
[国]ベリーズ 自治・労働相
Mesa, Carlos メサ, カルロス
[国]ボリビア 副大統領

M

Mesa, Giuliano メーザ, ジュリアーノ
[著]「地上の歌声」 思潮社 2001
Mesa Gisbert, Carlos メサ・ヒスベルト, カルロス
[国]ボリビア 大統領
Mesa Ramos, Maimir メサ・ラモス, マイミル
[国]キューバ 情報・通信相
Mesa Villafaña, René メサ・ビジャファニャ, レネ
[国]キューバ 建設相
Meschenmoser, Sebastian メッシェンモーザー, ゼバスティアン
[著]「リスと青い星からのおきゃくさん」 コンセル 2012
Meschik, Ina メシク
[国]オーストリア スノーボード選手
Meschonnic, Henri メショニック, アンリ
[著]「フランス現代詩アンソロジー」 思潮社 2001
Mesdemoiselles メドモワゼル
[著]「猫たちのひみつ」 ポプラ社 2016
Meserve, Jess メザーブ, ジェス
[著]「ねがいごとをしてごらん」 評論社 2004
Meserve, Jessica ミザーヴ, ジェシカ
[著]「おにいちゃんだいすき」 フレーベル館 2014
Meserve, Richard Andrew メザーブ, リチャード・アンドリュー
[国]アメリカ 日本国原子力規制委員会国際アドバイザー, 電力中央研究所原子力リスク研究センター顧問, 元・原子力規制委員会委員長
Meshaal, Sayed Abdou Moustafa メシャール, サイエド・アブドゥ・ムスタファ
[国]エジプト 国務相(軍需生産担当)
Meshkati, Najmedin メシュカティ, N.
[著]「マクロ人間工学」 日本出版サービス 2006
Meshref, Dina メシュレフ, ディナ
[国]エジプト 卓球選手
Mesibov, Gary B. メジボブ, ゲーリー
[著]「自閉症スペクトラムの移行アセスメントプロフィール」 川島書店 2010
Mesić, Jasen メシッチ, ヤセン
[国]クロアチア 文化相
Mesić, Stipe メシッチ, スティペ
[国]クロアチア 大統領
Mesić, Stjepan メシッチ, スティエパン
1934〜 [国]クロアチア 政治家 クロアチア大統領 別名＝メシッチ, スティペ〈Mesić, Stipe〉
Mesie Mibuy, Ángel マシエ・ミブイ, アンヘル
[国]赤道ギニア 第2副首相(国会・司法担当) [異]マシエミブイ, アンヘル
Mesiti, Pat メシティ, パット
[著]「大富豪になる人の心の法則」 主婦の友社 2007
Meskov, Ljupco メスコフ, リュプチョ
[国]マケドニア 労働・社会政策相
Meslay, Olivier メスレー, オリヴィエ
[著]「ターナー」 創元社 2006
Meslem, Mounia メスレム, ムニア
[国]アルジェリア 国民連帯・家族・女性相
Mesler, Steve メスラー, スティーブ
1978〜 [国]アメリカ ボブスレー選手
Mesmar, Majida メスマール, マージダ
[国]シリア 元・在ジッダ日本国総領事館現地職員, 元・ゴラン高原国際平和協力隊連絡調整要員秘書
Mesnaric, Christa メスナリック, クリスタ
[著]「アリストテレスマネジメント」 ディスカヴァー・トゥエンティワン 2011
Mesoraco, Devin メゾラコ, デビン
[国]アメリカ 野球選手
Mesotitsch, Daniel メゾティチュ
[国]オーストリア バイアスロン選手
Mesoudi, Alex メスーディ, アレックス
1980〜 [著]「文化進化論」 NTT出版 2016
Mesozi, Louise Munga メゾジ, ルイーズ・ムンガ
[国]コンゴ民主共和国 郵政相
Mesqui, Jean メスキ, ジャン
[著]「ヨーロッパ古城物語」 創元社 2007
Mesquita, Bruce Bueno de メスキータ, ブルース・ブエノ・デ
[著]「独裁者のためのハンドブック」 亜紀書房 2013
Mesquita, Carlos Alberto Fortes メスキータ, カルロス・アルベルト・フォルテス
[国]モザンビーク 運輸通信相
Mesri, Abdulreza メスリ, アブドルレザ
[国]イラン 社会福祉相
Messaadia, Mohamed Cherif メサーディア, モハメド・シェリフ
?〜2002 [国]アルジェリア 政治家 アルジェリア国民評議会議長
Messager, Annette メサジェ, アネット
1943〜 [国]フランス 美術家
Messahel, Abdelkader メサヘル, アブデルカデル
[国]アルジェリア マグレブ・アフリカ連合・アラブ連盟担当相
[異]メッサーヘル, アブデルカデル
Messam, Liam メッサム, リーアム
[国]ニュージーランド ラグビー選手
Messaoudi, Khalida メサウーディ, ハーリダ
1958〜 [著]「アルジェリアの闘うフェミニスト」 水声社 2015
Messarovitch, Yves メサロヴィッチ, イヴ
[著]「ベルナール・アルノー、語る」 日経BP社, 日経BP出版センター(発売) 2003
Mességué, Maurice メセゲ, モーリス
1921〜 [著]「自然が正しい」 地湧社 2010
Messelhi, Ali メセルヒ, アリ
[国]エジプト 社会連帯相
Messenger, Charles メッセンジャー, チャールズ
1941〜 [著]「ノルマンディー上陸作戦」 河出書房新社 2005
Messenger, Norman メッセンジャー, ノーマン
[著]「イマジン」 講談社 2013
Messengue Avom, Bernard メサンゲアボム, ベルナール
[国]カメルーン 公共事業相 [異]メソンゲアボム, ベルナール
Messer, Sam メッサー, サム
1955〜 [著]「わがタイプライターの物語」 新潮社 2006
Messerer, Sulamith メッセレル, スラミフィ
1908〜2004 バレエ教師
Messi, Lione メッシ, リオネル
1987〜 [国]アルゼンチン サッカー選手 本名＝Messi, Lionel Andrés
Messick, Dale メシック, デール
1906〜2005 [国]アメリカ 漫画家 本名＝Messick, Dalia
Messick, W.Joseph メシック, W.J.
[著]「外傷患者の初期診療」 メディカル・サイエンス・インターナショナル 2005
Messier, Jean-Marie Raymond Pierre メシエ, ジャン・マリー
1956〜 [国]フランス 実業家 ビベンディ・ユニバーサル会長・CEO [異]メシエ, ジャンマリ
Messier, Matt メシエ, マット
[著]「C/C++セキュアプログラミングクックブック」 オライリー・ジャパン, オーム社(発売) 2005
Messina, Ettore メッシーナ, エットレー
[国]アメリカ サンアントニオ・スパーズアシスタントコーチ(バスケットボール)
Messina, Lynn メシーナ, リン
[著]「ファッショニスタ」 ハーレクイン 2004
Messina, Maria メッシーナ, マリア
[著]「ぶどう酒色の海」 イタリア文芸叢書刊行委員会 2013
Messing, David メッシング, デヴィッド
[著]「7歳までに伝えたいしあわせのバケツ」 TOブックス 2012
Messing, Debra メッシング, デブラ
エミー賞 プライムタイム・エミー賞 最優秀主演女優賞(コメディシリーズ)(第55回(2003年)) "Will & Grace"
Messing, Joachim メッシング, ジョアキム
[国]アメリカ ウルフ賞 農業部門(2013年)
Messing, Ulrica メッシング, ウルリカ
[国]スウェーデン 通信・地域政策担当相
Messmer, Pierre メスメル, ピエール
1916〜2007 [国]フランス 政治家, 外交官 フランス首相 本名＝Messmer, Pierre Auguste Joseph
Messner, Kate メスナー, ケイト
[国]アメリカ 作家 [専]児童書
Messner, Reinhold メスナー, ラインホルト
1944〜 [国]イタリア 登山家, 作家
Messner, Tammy Faye メスナー, タミー・フェイ
?〜2007 [国]アメリカ テレビ伝道師
Messone, Nelson メソヌ, ネルソン
[国]ガボン 森林・環境・天然資源保護相
Messou, Malan メス, マラン
[国]コートジボワール 文化・フランス語圏担当相

Messud, Claire メスード, クレア
1966〜 国アメリカ 作家 分文学
Mesta, Emily メスタ, エミリー
著「難破船の日記」ハーレクイン 2003
Mestecky, Jili M. メステッキー, ジェリー
著「インターネットをめぐる米国判例・法律100選」日本貿易振興会 2001
Mesters, Carlos メステルス, カルロス
1931〜 著「「ルツ記」を読む」聖母の騎士社 2009
Mestmäcker, Ernst-Joachim メストメッカー, エルンスト=ヨアヒム
1926〜 著「EUの法秩序と経済秩序」法律文化社 2011
Meston, Cindy M. メストン, シンディ・M.
著「科学者が徹底追究！なぜ女性はセックスをするのか？」講談社 2012
Mestrallet, Gérard メストラレ, ジェラール
1949〜 国フランス 実業家 GDFスエズ会長・CEO
Mestre, Dayaris メストレ, ダヤリス
国キューバ 柔道選手
Meszaros, Anett メサロシュ
国ハンガリー 柔道選手
Mészáros, Gabriella ガブリエッラ, メーサーロシュ
著「ワインの国ハンガリー」美術出版社 2009
Mészáros, István メーサロシュ, イシュトヴァン
著「社会主義か野蛮か」こぶし書房 2004
Mészáros, Márta メサーロシュ, マルタ
ベルリン国際映画祭 ベルリナーレ・カメラ賞（第57回（2007年））
Mészöly, Miklós メーセイ, ミクローシュ
1921〜2001 国ハンガリー 作家, 詩人, 童話作家
Meta, Ilir Rexhep メタ, イリル
1969〜 国アルバニア 政治家 アルバニア国会議長 アルバニア首相
Metcalf, Barbara Daly メトカーフ, バーバラ・D.
1941〜 著「インドの歴史」創土社 2006
Metcalf, Dan メトカーフ, ダン
著「なぞとき博物館」KADOKAWA 2016
Metcalf, Franz メトカルフ, フランツ
著「ブッダが職場の上司だったら」日本文芸社 2013
Metcalf, Paula メトカーフ, ポーラ
著「いもうとガイドブック」少年写真新聞社 2015
Metcalf, Thomas R. メトカーフ, トーマス・R.
著「インドの歴史」創土社 2006
Metcalfe, Janet メトカルフェ, J.
著「メタ認知基礎と応用」北大路書房 2010
Metcalfe, John メトカーフ, ジョン
著「こわい話気味のわるい話」沖積舎 2012
Metcalfe, Josie メトカーフ, ジョージー
著「届かぬ薔薇」ハーレクイン 2012
Metcalfe, J.Stanley メトカーフ, J.スタンレー
著「進化的経済学と創造的破壊」日本経済評論社 2011
Metefara, Marcel メテファラ, マルセル
国中央アフリカ 法相
Metella, Malia メテラ
国フランス 競泳選手
Metella, Medhy メテラ, メディ
国フランス 水泳選手
Metheny, Norma A. メセニー, ノーマ・A.
著「看護のための体液・電解質・輸液管理」メディカ出版 2008
Metheny, Pat メセニー, パット
1954〜 国アメリカ ジャズ・ギタリスト, 作曲家 本名＝Metheny, Patrick Bruce
Methol, Javier メトル, ハビエル
1935〜2015 国ウルグアイ "アンデスの奇跡"の生還者 本名＝Methol Abal, Javier Alfredo
Metia, Lotoala メティア, ロトアラ
国ツバル 財務・経済開発相
Metri, Tareq ミトリ, タレク
国レバノン 情報相
Metro, David G. メトロ, デーヴィド・G.
著「麻酔科エラーブック」メディカル・サイエンス・インターナショナル 2010
Mets, Alan メッツ, アラン
1961〜 著「はなくそ」ロクリン社 2015
Metselaar, Menno メッツェラー, メンノ
著「マンガで学ぶナチスの時代」汐文社 2009
Metsing, Mothetjoa メツィン, モツェチョア

国レソト 副首相
Metsker, Steven John メツカー, スティーブン・ジョン
著「Javaによるパーサ構築技法」ピアソン・エデュケーション 2001
Metsola, Aino-Maija メッツォラ, アイノ・マイヤ
著「くるまのじゅうたい」大日本絵画 2016
Metsu, Bruno メツ, ブルーノ
1954〜2013 国フランス サッカー指導者, サッカー選手 サッカー・セネガル代表監督 メツ, ブルーノ
Mettenberger, Zach メッテンバーガー, ザック
国アメリカ アメフト選手
Metternich, Josef メッテルニヒ, ヨーゼフ
1915〜2005 国ドイツ バリトン歌手 外メッテルニヒ, ヨゼフ
Mettler, René メトレ, ルネ
著「たまごの本」岳陽舎 2007
Mettra, Claude メトラ, クロード
著「フランス文化史」論創社 2012
Metwalli, Sulayman メタワリ, スレイマン
国エジプト 運輸通信相
Metz, Claudia メッツ, クラウディア
1960〜 著「さぁ, 出発だ！」風雲舎 2008
Metz, Eldon メッツ, エルドン
著「Javaスタイルブック」翔泳社 2009
Metz, Melinda メッツ, メリンダ
国アメリカ 作家 ヤングアダルト, ミステリー
Metz, Sandi メッツ, サンディ
著「オブジェクト指向設計実践ガイド」技術評論社 2016
Metzelder, Christoph メッツェルダー, クリストフ
1980〜 国ドイツ サッカー指導者, 元サッカー選手 TuSハルテルン会長
Metzgar, Jayme Farris メッツガー, ジェイミー・ファリス
1977〜 著「母なるあなたへ」ホームスクーリング・ビジョン 2005
Metzger, Barbara メッツガー, バーバラ
著「令嬢と愛犬は伯爵に出会う」オークラ出版 2014
Metzger, Chantal メジェ, シャンタル
著「平和と和解」旬報社 2015
Metzger, Philip William メッツガー, フィリップ・W.
1931〜 著「初めて学ぶ遠近法」エムディエヌコーポレーション, インプレスコミュニケーションズ（発売） 2012
Metzger, Phillippe Léopold メッツガー, フィリップ・レオポルド
1954〜 国アメリカ 実業家 ピアジェCEO
Metzger, Rainer メッツガー, ライナー
1961〜 著「ゴッホ全油彩画」Taschen c2006
Metzger, Stein メッツガー
国アメリカ ビーチバレー選手
Metzger, Steve メツガー, スティーヴ
著「ぼくのいいとこ」少年写真新聞社 2016
Metzinger, Thomas メッツィンガー, トーマス
1958〜 著「エゴ・トンネル」岩波書店 2015
Metzl, Jonathan メツル, ジョナサン・M.
1964〜 著「不健康は悪なのか」みすず書房 2015
Metzler, Ruth メッツラー, ルート
国スイス 副大統領兼司法警察相
Metzmacher, Ingo メッツマッハー, インゴ
1957〜 国ドイツ 指揮者 新日本フィルハーモニー交響楽団コンダクター・イン・レジデンス
Meulens, Hensley ミューレン, ヘンスリー
1967〜 国オランダ 元プロ野球選手 野球オランダ代表監督
Meuli, Daniela ムリ, ダニエラ
国スイス スノーボード選手
Meunier, Christiane ムニエ, クリスティアヌ
1948〜 著「ラベンダーとラバンジン」フレグランスジャーナル社 2005
Meunier, Paul ムニエ, ポール
1958〜 著「「星の王子さま」が教えてくれたこと」ランダムハウス講談社 2007
Meunier, Thomas ムニエ, トーマス
国ベルギー サッカー選手
Meurer, Michael James モイラー, マイケル・J.
著「破綻する特許」現代人文社, 大学図書（発売） 2014
Meuris, Jacques メウリス, ジャック
1923〜 著「ルネ・マグリット」Taschen c2005
Meurville, Elizabeth de ムルヴィル, エリザベス・ド
著「ロブション自伝」中央公論新社 2008

Meusburger, Peter　モイスブルガー、ペーター
　㊤「「ジプシー」と呼ばれた人々」学文社　2005
Meuser, Bernhard　モイザー、ベルンハルト
　㊤「YOUCAT」カトリック中央協議会　2015
Meviane, Francine　メビアネ、フランシーヌ
　㊥ガボン　国民監督・検査相
Mew, Darren　ミュー
　㊥イギリス　競泳選手
Mewa, Commins Aston　メワ、コミンズ・アストン
　㊥ソロモン諸島　通信・航空相
Mewburn, Kyle　ミューバーン、カイル
　1963～　㊤「ねずみのへやもありません」岩崎書店　2011
Mewhort, Jack　ミューホート、ジャック
　㊥アメリカ　アメフト選手
Mexia, António　メヒア、アントニオ
　㊥ポルトガル　公共事業・運輸・通信相
Mey, Jacob　メイ、ヤコブ・L.
　㊤「批判的社会語用論入門」三元社　2005
Meyer, Albrecht　マイヤー、アルブレヒト
　1960～　㊥ドイツ　オーボエ奏者　ベルリン・フィルハーモニー管弦楽団首席オーボエ奏者
Meyer, Alex　メイヤー、アレックス
　㊥アメリカ　野球選手
Meyer, Andreas K.　マイヤー、アンドリュー・K.
　グラミー賞 最優秀クラシック室内楽/小編成演奏（2014年（第57回））"In 27 Pieces - The Hilary Hahn Encores" プロデューサー
Meyer, Armin H.　マイヤー、アーミン
　1914～2006　㊥アメリカ　外交官　駐米国大使　㊦メイヤー、アーミン
Meyer, Bertrand　メイヤー、バートランド
　1950～　㊤「言語設計者たちが考えること」オライリー・ジャパン、オーム社（発売）　2010
Meyer, Birgit　マイヤー、ビルギト
　㊤「きゅっきゅっきゅっくまさん」大日本絵画　2003
Meyer, Cameron　マイヤー、キャメロン
　1988～　㊥オーストラリア　自転車選手　通称＝Meyer, Cam　㊦マイアー
Meyer, Charlotte　メイヤー、シャーロット
　㊤「ベニーフランスへいく」日本二分脊椎・水頭症研究振興財団　2008
Meyer, Cheryl L.　マイヤー、C.L.
　1959～　㊤「わが子を殺す母親たち」勁草書房　2002
Meyer, Chris　メイヤー、クリス
　㊤「Adobe After Effects DVノンリニア編集のすべて」エムディエヌコーポレーション、インプレスコミュニケーションズ（発売）　2001
Meyer, Christopher　マイヤー、クリストファー
　㊦メイヤー、クリストファー　㊤「いかに「高業績チーム」をつくるか」ダイヤモンド社　2005
Meyer, Claude　メイヤー、クロード
　㊤「金融危機後のアジア」時事通信出版局、時事通信社（発売）　2010
Meyer, Clemens　マイヤー、クレメンス
　1977～　㊥ドイツ　作家　㊦文学、フィクション、短編ほか
Meyer, Cynthia　メイヤー、シンシア
　㊥カナダ　射撃選手
Meyer, Danny　マイヤー、ダニー
　㊤「おもてなしの天才」ダイヤモンド社　2008
Meyer, Deon　マイヤー、デオン
　1958～　㊥南アフリカ　作家　㊦ミステリー　㊦メイヤー、デオン
Meyer, Dominique　マイヤー、ドミニク
　ウィーン国立歌劇場総裁
Meyer, Edgar　メイヤー、エドガー
　グラミー賞 最優秀コンテンポラリー・インストゥルメンタル・アルバム（2014年（第57回））ほか
Meyer, Eduard　マイヤー、エドワルト
　㊤「歴史は科学か」みすず書房　2011
Meyer, Enrique　メジェル、エンリケ
　㊥アルゼンチン　観光相　㊦メイエル、エンリケ
Meyer, Éric　メイエール、エリック
　1961?～　㊤「ヴェルサイユの密謀」新潮社　2010
Meyer, Eric A.　メイヤー、エリック・A.
　㊤「スタイルシートスキルアップ・デザインブック」毎日コミュニケーションズ　2006
Meyer, Erin　メイヤー、エリン
　㊤「異文化理解力」英治出版　2015
Meyer, Gregory J.　メイヤー、グレゴリー・J.
　㊤「ロールシャッハ・アセスメントシステム」金剛出版　2014
Meyer, Heiko　マイアー
　㊥ドイツ　飛び込み選手
Meyer, Heyneke　メイヤー、ハイネケ
　㊥南アフリカ　ラグビーコーチ
Meyer, Hilbert　マイヤー、ヒルベルト
　㊦マイヤー、H.　㊤「ドイツ教授学へのメタ分析研究の受容」デザインエッグ　2015
Meyer, James Sampson　マイヤー、ジェイムズ
　1962～　㊤「ミニマリズム」ファイドン　2011
Meyer, Joyce　マイヤー、ジョイス
　1943～　㊤「争いのない生活」サムソン・パブリケーションズ　2003
Meyer, Jürgen　メイヤー、ユルゲン
　1933～　㊤「ホールの響きと音楽演奏」市ケ谷出版社　2015
Meyer, Kai　マイヤー、カイ
　1969～　㊤「伝説の都」東京創元社　2016
Meyer, Karl-Heinz　マイヤー、カール・ハインツ
　㊥ドイツ　元・BV04会長、元・フォルトゥナ・デュッセルドルフ会長
Meyer, Kerstin　マイヤー、ケルスティン
　1966～　㊤「きえたぐらぐらのは」WAVE出版　2013
Meyer, Lothar B.　マイヤー、L.B.
　㊤「音楽のリズム構造」音楽之友社　2001
Meyer, Marissa　メイヤー、マリッサ
　1984～　㊥アメリカ　作家　㊦SF、ファンタジー
Meyer, Marshall W.　メイヤー、マーシャル・W.
　㊦マイヤー、マーシャル・W.　㊤「活動基準利益分析ABPA」シュプリンガー・フェアラーク東京　2004
Meyer, Martin　マイヤー、マルティン
　㊥リヒテンシュタイン　副首相兼経済相兼運輸相建設・公共事業相
Meyer, Martin　マイヤー、マルティン
　1951～　㊤「対話録「さすらい人」ブレンデル」音楽之友社　2001
Meyer, Marvin W.　マイヤー、マービン
　㊤「イエスが愛した聖女」日経ナショナルジオグラフィック社、日経BP出版センター（発売）　2006
Meyer, Max　マイヤー、マックス
　㊥ドイツ　サッカー選手
Meyer, Michael　マイヤー、マイケル
　1952～　㊤「1989世界を変えた年」作品社　2010
Meyer, Michael　マイヤー、ミヒャエル
　1964～　㊤「批判的談話分析入門」三元社　2010
Meyer, Michael J.　マイヤー、マイケル・J.
　㊤「ジョン・スタインベック事典」雄松堂出版　2009
Meyer, Morten Andreas　マイエル、モッテン・アンドレアス
　㊥ノルウェー　近代化担当相
Meyer, Pamela　メイヤー、パメラ
　㊤「しょっちゅうウソをつかれてしまうあなたへ」主婦の友社　2011
Meyer, Paul　メイエ、ポール
　1965～　㊥フランス　クラリネット奏者, 指揮者　東京佼成ウインドオーケストラ首席指揮者　㊦メイエー、ポール
Meyer, Paul J.　マイヤー、ポール・J.
　1928～　㊦マイヤー、ポール・J.　㊤「なぜ、ノウハウ本を実行できないのか」ダイヤモンド社　2009
Meyer, Robert G.　メイヤー、R.G.
　㊤「システムLSIのためのアナログ集積回路設計技術」培風館　2003
Meyer, Roger N.　メイヤー、ロジャー・N.
　㊤「アスペルガー症候群の人の就労ハンドブック」明石書店　2009
Meyer, Roy　マイヤー、ロイ
　㊥オランダ　柔道選手
Meyer, Russ　メイヤー、ラス
　1922～2004　㊥アメリカ　映画監督
Meyer, Stephenie　メイヤー、ステファニー
　1973～　㊥アメリカ　作家　㊦SF、ファンタジー、ロマンスほか
Meyer, Susan　メイヤー、スーザン
　1986～　㊤「時代をきりひらくIT企業と創設者たち」岩崎書店　2013
Meyer, Thomas　メイヤー、トーマス
　1959～　㊤「プライベート・エクイティの投資実務」きんざい　2013

Meyer, Trish　メイヤー, トリシュ
　著「Adobe After Effects DVノンリニア編集のすべて」エムディエヌコーポレーション, インプレスコミュニケーションズ (発売) 2001
Meyer, Urs A.　マイヤー, U.A.
　著「ファーマコゲノミクス」テクノミック 2002
Meyer-Abich, Klaus Michael　マイヤー＝アービッヒ, クラウス
　1936〜　著「自然との和解への道」みすず書房 2006
Meyerbröer, Helga　マイヤーブレーカー, ヘルガ
　著「シュタイナー教育クラフトワールド」イザラ書房 2015
Meyer-Krahmer, Frieder　マイヤー・クラーマー, フリーダー
　国ドイツ　元・フラウンホーファー研究機構システム・イノベーション研究所長, 元・連邦教育研究省事務次官
Meyerowitz, Joel　マイヤーウィッツ, ジョール
　1938〜　国アメリカ　写真家　他マイロウィッツ, ジョエル
Meyer-Rochow, V.B.　マイヤーロホ, V.B.
　著「動物たちの奇行には理由 (ワケ) がある」技術評論社 2010
Meyers, Andrew W.　メイヤーズ, アンドリュー・W.
　1949〜　著「ギャンブル依存」金剛出版 2015
Meyers, Anne Akiko　マイヤーズ, アン・アキコ
　1970〜　国アメリカ　バイオリニスト　他マイヤース, アン・アキコ
Meyers, Charles　メイヤーズ, チャールズ
　1926〜　著「隠れた証拠」立花書房 2005
Meyers, Dave　メイヤーズ, デーブ
　監督　グラミー賞 最優秀短編ビデオ作品 (2005年 (第48回)) "Lose Control"
Meyers, Jean-Victor　マイヤーズ, ジャン＝ビクター
　国フランス　ロレアル取締役
Meyers, Joe　マイヤーズ, ジョー
　アメリカ探偵作家クラブ賞 エラリー・クイーン賞 (2012年)
Meyers, Jonathan Rhys　マイヤーズ, ジョナサン・リス
　ゴールデン・グローブ賞 テレビ 男優賞 (ミニシリーズ) (第63回 (2005年度)) "Elvis"
Meyers, Morton A.　マイヤーズ, モートン
　著「セレンディピティと近代医学」中央公論新社 2015
Meyers, Nancy　マイヤーズ, ナンシー
　1949〜　国アメリカ　映画監督, 脚本家, 映画プロデューサー　他メイヤーズ, ナンシー
Meyers, Randy　マイヤーズ, ランディ
　国アメリカ　作家　分文学　本名＝Meyers, Randy Susan
Meyers, Robert J.　メイヤーズ, ロバート・J.
　著「アルコール依存のための治療ガイド」金剛出版 2016
Meyers, Scott Douglas　メイヤーズ, スコット
　著「Effective C++」丸善出版 2014
Meyers, Steven N.　メイヤーズ, スティーブン・N.
　著「フラワースピリッツ」グラフィック社 2013
Meyers, Susan　メイヤーズ, スーザン
　著「こいぬがいっぱいわんわんわん！」岩崎書店 2015
Meyerson, Daniel　メイヤーソン, ダニエル
　著「ナポレオンと言語学者」河出書房新社 2005
Meyerson, Debra E.　メイヤーソン, デブラ・E.
　著「静かなる改革者」ダイヤモンド社 2009
Meyer-Stabley, Bertrand　メヤ・スタブレ, ベルトラン
　1955〜　著「バッキンガム宮殿の日常生活」文園社 2011
Meylan, Thomas　メイラン, トーマス
　1956〜　著「NASA好機をつかむ組織」日経BP社, 日経BP出版センター (発売) 2008
Meyler, David　メイラー, デイヴィッド
　国アイルランド　サッカー選手
Meymanaliyev, Tilekbek　メイマナリエフ, チレクベク
　国キルギス　保健相
Meyrowitz, Carol　メイロウィッツ, キャロル
　国アメリカ　TJXカンパニーズ最高経営責任者
Meyrowitz, Joshua　メイロウィッツ, ジョシュア
　著「場所感の喪失」新曜社 2003
Meystre, Pierre　メスター, P.
　著「原子光学」シュプリンガー・フェアラーク東京 2003
Meza, Darlyn　メサ, ダルリン
　国エルサルバドル　教育相
Meza, James P.　メザ, ジェイムズ・P.
　著「ナラティブとエビデンスの間」メディカル・サイエンス・インターナショナル 2013
Meza, Jenny　メサ, ジェニー
　国ホンジュラス　保健相
Meza De Lopez Contreras, Armida Villela　メサデロペス・コントレラス, アルミダ・ビジェラ
　国ホンジュラス　副大統領
Meza López, Víctor Orlando　メサ・ロペス, ビクトル・オルランド
　国ホンジュラス　内相
Meza Vargas, Ángela Yadira　メサ・バルガス, アンヘラ・ヤディラ
　国ニカラグア　女性相
Mezey, Mathy Doval　メゼイ, M.D.
　他メゼイ, マシー・D.　著「高齢者のヘルスアセスメント」西村書店 2004
Mezile, Yanick　メジル, ヤニック
　国ハイチ共和国　女性問題相
Mezilov, Gurbanmyrat　メジロフ, グルバンムイラト
　国トルクメニスタン　副首相
Mezirow, Jack　メジロー, ジャック
　1923〜　著「おとなの学びと変容」鳳書房 2012
Mezouar, Salaheddine　メズアール, サラフディン
　国モロッコ　外務・協力相　他メズーアル, サラヘディン
Mezrich, Ben　メズリック, ベン
　1969〜　著「イヴの聖杯」竹書房 2016
Mezzadra, Sandro　メッザードラ, サンドロ
　1963〜　著「資本の専制, 奴隷の叛逆」航思社 2016
Mezzo　メッツォ
　1960〜　著「LOVE IN VAIN」ジュリアンパブリッシング 2015
Mezzogiorno, Giovanna　メッツォジョルノ, ジョヴァンナ
　ヴェネチア国際映画祭 最優秀女優賞 (第62回 (2005年)) "La bestia nel cuore"
Mfoumou, Edouard Akame　ムフム, エドゥアル・アカメ
　国カメルーン　経済・財政相
Mfoumou Ondo, Flavienne　ムフムオンド, フラビエンヌ
　国ガボン　交通・物流相
Mfoutou, Simon　ムフトゥー, サイモン
　国コンゴ共和国　大統領府相　他ムフトゥ, シモン
Mghebrishvili, Giorgi　ムゲブリシビリ, ギオルギ
　国ジョージア　内相
Mgimwa, William　ムギムワ, ウィリアム
　国タンザニア　財務相
Mguabo, Stella Ford　ムガボ, ステラ・フォード
　国ルワンダ　内閣担当相
Mg'wandu, Pius　ヌグワンドゥ, ピウス
　国タンザニア　科学・技術・高等教育相
Mhadji, Naïlane　ムハジ, ナイラネ
　国コモロ　開発・住宅・エネルギー・都市開発相
Mhagama, Jenista Joakim　ムハガマ, ジェニスタ・ジョアキム
　国タンザニア　政策・国会案件・労働・青年・雇用・障害者担当相
al-Mhailbi, Abdullah Saud　ムハイルビ, アブドラ・サウド
　国クウェート　国務相 (自治担当)
Mhamdi, Bilel　ムハムディ, ビレル
　国チュニジア　ボクシング選手
Mhango, Bazuka　ムハンゴ, バズカ
　国マラウイ　司法・憲法相
Mhango, Jappie　ムハンゴ, ヤッピー
　国マラウイ　運輸・公共事業相
M'henni, Hédi　ムヘンニ, ヘディ
　国チュニジア　国防相
Mhlaba, Raymond　ムフラバ, レイモンド
　1920〜2005　国南アフリカ　市民運動指導者, 政治家, 外交官　アフリカ民族会議 (ANC) 軍事部門司令官, 東ケープ州首相　本名＝Mhlaba, Mpakamis Raymond
Mhoumadi Sidi, Ibrahima　ムマディシディ, イブラヒマ
　国コモロ　国防・内務・情報相
M.I.A.　エムアイエイ
　1977〜　国イギリス　ミュージシャン　本名＝アルプラガサム, マヤ〈Arulpragasam, Maya〉
Mia, Mohammed Sidik　ミヤ, モハメド・シディック
　国マラウイ　運輸・公共事業相
Mia, Sidik　ミヤ, シディック
　国マラウイ　運輸・公共事業相　他ミア, シディク
Miagmarzhavyn Ganbaatar　ミャグマルジャヴ・ガンバータル
　1975〜　著「恋と革命のモンゴル」ユーフォーブックス 2012
Miailhe, Florence　ミアイユ, フローランス
　カンヌ国際映画祭 審査員特別賞 (短編映画) (第59回 (2006年)) "Conte de quartier"
Miakushko, Serhiy　ミャクシュコ, セルゲイ
　国ウクライナ　サッカー選手

M

Mialet, Hélène ミアレ, エレーヌ
[著]「ホーキングInc.」 柏書房 2014
Miall, Hugh マイアル, ヒュー
1949～ [著]「現代世界の紛争解決学」 明石書店 2009
Miall, Lawrence マイアル, ローレンス
[著]「一目でわかる小児科学」 メディカル・サイエンス・インターナショナル 2008
Miami, Rita マイアミ, リタ
[著]「フルハウス」 マッグガーデン 2007
Mian, Atif ミアン, アティフ
1975～ [著]「ハウス・オブ・デット」 東洋経済新報社 2015
Mian, Jasmine ミアン, ジャスミン
[国]カナダ レスリング選手
Mian, Marcellina ミアン, マーセリーナ
[著]「エビデンスに基づく子ども虐待の発生予防と防止介入」 明石書店 2011
Miangue, Senna ミアング, セナ
[国]ベルギー サッカー選手
Miani, Marcello マイニ, マルチェロ
[国]イタリア ボート選手
Miankova, Aksana ミアンコワ, アクサナ
1982～ [国]ベラルーシ ハンマー投げ選手 [異]ミアンコワ
Miarczynski, Przemyslaw ミアルチンスキ
[国]ポーランド セーリング選手 [異]ミャルチンスキ
Miarom, Betel ミアロム, ベテル
[国]チャド 青年・スポーツ・余暇相
Miazzo, Francesca ミアッツォ, フランチェスカ
[著]「We Own The City」 フィルムアート社 2015
Mibuy, Angel Masie ミブイ, アンヘル・マシエ
[国]赤道ギニア 首相府相(国会・司法担当)
Micah, Ben マイカ, ベン
[国]パプアニューギニア 公共事業・投資相
Micciancio, Daniele ミッチアンチオ, D.
[著]「暗号理論のための格子の数学」 シュプリンガー・ジャパン 2006
Miceli, Felisa ミチェリ, フェリサ
[国]アルゼンチン 経済生産相
Miceli, Joe ミセリ, ジョー
[著]「ポール・オースターが朗読するナショナル・ストーリー・プロジェクト」 アルク 2005
Michael マイケル
1926～ [著]「ソウルメイトを探せ！」 中央アート出版社 2002
Michael ミハエル1世
1921～ [国]ルーマニア 国王 [異]ミカエル / ミハイ
Michael, Albert マイケル, アルバート
[著]「読むだけでコツがつかめる問診力トレーニング」 アルタ出版 2010
Michael, Asot マイケル, アソット
[国]アンティグア・バーブーダ 観光・経済開発・投資・エネルギー相
Michael, Christine マイケル, クリスティン
[国]アメリカ アメフト選手
Michael, David マイケル, デビッド
[著]「世界を動かす消費者たち」 ダイヤモンド社 2014
Michael, George マイケル, ジョージ
1963～2016 [国]イギリス シンガー・ソングライター 本名＝Panayiotou, Georgios Kyriacos
Michael, Jan マイケル, ジャン
[著]「ぼくはジョシュア」 小峰書店 2004
Michael, Kamran マイケル, カムラン
[国]パキスタン 人権相
Michael, Livi マイケル, リビ
ネスレ子どもの本賞 9～11歳部門 銅賞(2005年) "The Whispering Road"
Michael, T.S. マイケル, T.S.
1960～ [著]「離散数学パズルの冒険」 青土社 2012
Michaelides, Antonis ミハイリディス, アンドニス
[国]キプロス 商工・観光相
Michael McAdoo, James マッカドゥー, ジェームズ・マイケル
[国]アメリカ バスケットボール選手
Michael Roberts, R. ロバーツ, R.マイケル
[国]アメリカ ウルフ賞 農業部門(2002/2003年)
Michaels, Alan C. ミカエル, アラン・C.
[著]「アメリカ捜査法」 レクシスネクシス・ジャパン 2014
Michaels, Anne マイケルズ, アン
1958～ [国]カナダ 詩人, 作家 [異]マイクルズ, アン
Michaels, Ed マイケルズ, エド
1942～ [著]「いかに「問題社員」を管理するか」 ダイヤモンド社 2005
Michaels, Fern マイケルズ, ファーン
[著]「シュガー＆スパイス」 ヴィレッジブックス 2007
Michaels, Helga マイケルズ, ヘルガ
[著]「動きこそいのち」 みくに出版 2009
Michaels, J.C. マイケルズ, J.C.
[国]イギリス 作家 [専]ヤングアダルト
Michaels, Jeff マイケルズ, J.
[著]「ARISを活用したシステム構築」 シュプリンガー・フェアラーク東京 2005
Michaels, Jess マイケルズ, ジェス
[著]「ただ悦びのために」 扶桑社 2014
Michaels, Jillian マイケルズ, ジリアン
[著]「ジリアン・マイケルズの30日間集中ダイエットパーフェクト・ガイド」 TOブックス 2012
Michaels, Kasey マイケルズ, ケイシー
[著]「美しき嘘」 ハーレクイン 2010
Michaels, Leigh マイケルズ, レイ
[著]「別れのクリスマス」 ハーレクイン 2007
Michaels, Leonard マイケルズ, レオナルド
1933～2003 [国]アメリカ 作家, 脚本家 [異]マイケルズ, レナード
Michaels, Walter Benn マイケルズ, ウォルター・ベン
1948～ [著]「シニフィアンのかたち」 彩流社 2006
Michael Santos ミチャエル・サントス
[国]ウルグアイ サッカー選手
Michaels-beerbaum, Meredith ミヒャエルスビールバウム
[国]ドイツ 馬術選手
Michaelson, Gerald A. マイケルソン, ジェラルド
[著]「成功への孫子」 主婦の友社 2006
Michaelson, Steven マイケルソン, スティーヴン
[著]「成功への孫子」 主婦の友社 2006
Michail, Ashraf ミチャイル, アシュラフ
[著]「エッセンシャルSilverlight 3」 翔泳社 2010
Michal, Kristen ミッハル, クリステン
[国]エストニア 経済・社会基盤相
Michal, Ptaszynski ミハウ, プタシンスキ
[著]「心を交わす人工知能」 森北出版 2016
Michalak, Frédéric ミシャラク, フレデリク
[国]フランス ラグビー選手
Michalik, Michal ミハリク
[国]チェコ 近代五種選手
Michalik, Monika ミハリク, モニカ
[国]ポーランド レスリング選手 [異]ミハリク
Michalko, Michael マハルコ, マイケル
1940～ [著]「クリエイティブ・シンキング入門」 ディスカヴァー・トゥエンティワン 2013
Michalowicz, Mike ミカロウィッツ, マイク
[著]「トイレットペーパーの起業家」 花泉社 2014
Michalska, Julia ミカルスカ
[国]ポーランド ボート選手
Michalski, Arkadiusz ミハルスキ, アルカディウシュ
[国]ポーランド 重量挙げ選手
Michalski, Brent ミカルスキ, ブレント
[著]「Perl & CGIWebアプリケーション開発」 ピアソン・エデュケーション 2002
Michalski, Tilman ミヒャルスキィ, ティルマン
[著]「ミヒャルスキィ夫妻のお絵かきと工作」 アトリエニキティキ 2009
Michalski, Ute ミヒャルスキィ, ウーテ
[著]「ミヒャルスキィ夫妻のお絵かきと工作」 アトリエニキティキ 2009
Michan, Alberto ミチャンアルビンゲル
[国]メキシコ 馬術選手
Michanek, Christina ミシャネック, クリスティーナ
1984～ [国]デンマーク バレリーナ デンマーク・ロイヤル・バレエ団ソリスト
Michaud, Andrée A. ミショー, アンドレ・A.
カナダ総督文学賞 フランス語 小説(2014年) "Bondrée"
Michaud, Ellen ミショー, エレン
[著]「美人睡眠」 ランダムハウス講談社 2009
Michaud, Stephen G. ミショー, ステファン・G.
1948～ [著]「生還」 K&Bパブリッシャーズ 2015
Michavilla, José María ミチャビリャ, ホセ・マリア
[国]スペイン 法相

Michel, Cécile　ミシェル, セシル
　㋥「楔形文字をよむ」山川出版社　2012
Michel, Charles　ミシェル, シャルル
　1975〜　㋵ベルギー　政治家　ベルギー首相
Michel, Dominique　ミッシェル, ドミニク
　㋥「ヴァテル」東京創元社　2001
Michel, Donald E.　ミッシェル, ドナルド・E.
　㋥「音楽療法の原理と実践」音楽之友社　2007
Michel, Gilles　ミシェル, ジル
　1956〜　㋵フランス　実業家　イメリス社長
Michel, Henri　ミシェル, アンリ
　1947〜　㋵フランス　サッカー指導者, 元サッカー選手　サッカー・ケニア代表監督　サッカー・フランス代表監督
Michel, James　ミシェル, ジェームズ
　㋵セーシェル　副大統領兼財務・経済計画・情報相　㋭ミシェル, ジャム
Michel, James Alix　ミシェル, ジェームズ・アリックス
　1944〜　㋵セーシェル　政治家　セーシェル大統領　ジェームズ・アリックス / ミッシェル, ジェイムス・アリックス
Michel, Jean-Baptiste　ミシェル, ジャン＝バティースト
　㋥「カルチャロミクス」草思社　2016
Michel, Louis　ミシェル, ルイ
　㋵ベルギー　副首相兼外相
Michel, Macedo　ミシェル・マカド
　㋵ブラジル　サッカー選手
Michel, Mario　マイケル, マリオ
　㋵セントルシア　教育・人的資源開発・青年・スポーツ相
Michel, Marjory　ミシェル, マルジョリ
　㋵ハイチ共和国　女性問題相
Michel, Marken　ミシェル, マーケン
　㋵アメリカ　アメフト選手
Michel, Rodolphe　マイケル, R.
　㋥「DB2ユニバーサル・データベースfor Solaris」ピアソン・エデュケーション　2001
Michel, Serge　ミッシェル, セルジュ
　1969〜　㋥「アフリカを食い荒らす中国」河出書房新社　2009
Michel, Smark　ミシェル, スマーク
　1937〜2012　㋵ハイチ共和国　政治家, 実業家　ハイチ首相　㋭ミシェル, スマルク
Michel, Sylvio　ミシェル, シルビオ
　㋵モーリシャス　漁業相
Michele, Chrisette　ミッシェル, クリセット
　グラミー賞 最優秀アーバン/オルタナティヴ・アーティスト（2008年（第51回））　"Be OK"
Micheletti, Andrea　ミケレッティ, アンドレア
　㋵イタリア　ボート選手
Micheletti, Roberto　ミチェレッティ, ロベルト
　㋵ホンジュラス　政治家　ホンジュラス暫定大統領
Micheli, Enrico　ミケリ, エンリコ
　㋵イタリア　官房長官
Michelin, Edouard　ミシュラン, エドゥアール
　1963〜2006　㋵フランス　実業家　ミシュラン社主・CEO　㋭ミシュラン, エドアール / ミシュラン, エドワール
Michelin, François　ミシュラン, フランソワ
　1926〜2015　㋵フランス　実業家　ミシュラン会長
Michelini, Carlo Alberto　ミケリーニ, カルロ・アルベルト
　㋥「タルタ・ルギーナのおうちはどこ？」ワールドライブラリー　2015
Michelli, Joseph A.　ミケーリ, ジョゼフ
　1960〜　㋥「スターバックス輝きを取り戻すためにこだわり続けた5つの原則」日本経済新聞出版社　2014
Michelon, Pascale　マイケロン, パスカル
　㋥「脳を最適化する」CCCメディアハウス　2015
Michelot, Pierre　ミシュロ, ピエール
　1928〜2005　㋵フランス　ジャズベース奏者
Michelot, Vincent　ミシュロ, ヴァンサン
　㋥「アメリカ大統領」創元社　2009
Michelotti, Augusto　ミケロッティ, アウグスト
　㋵サンマリノ　国土・環境・農業・観光・国民保護・公共事業公社担当・青少年政策長官
Michelotto, Gabriella　ミケロット, ガブリエラ
　㋥「ドリーム・バルーン」ナランハ　c2005
Michelotto, Paolo　ミケロット, パウロ
　㋥「バルーン・ニュー・スカルプチャー」ナランハ　〔2003〕
Michels, Barry　マイケルズ, バリー
　㋥「5つのツール」早川書房　2015

Michels, Birgit　ミヘルス
　㋵ドイツ　バドミントン選手
Michels, Elizabeth　ミシェルズ, エリザベス
　㋥「愛は偽りの出会いから」オークラ出版　2015
Michels, Rinus　ミケルス, リヌス
　1928〜2005　㋵オランダ　サッカー指導者　サッカー・オランダ代表監督
Michels, Volker　ミヒェルス, フォルカー
　㋥「ヘッセの読書術」草思社　2013
Michelsen, Neil F.　マイケルセン, ニール・F.
　㋥「21世紀占星天文暦」魔女の家books　2007
Michelson, G.G.　マイケルソン, G.G.
　㋥「コーポレート・ガバナンス」ダイヤモンド社　2001
Michelson, Patricia　マイケルソン, パトリシア
　㋥「世界極上アルチザンチーズ図鑑」ガイアブックス, 産調出版（発売）　2010
Michels-Wenz, Ursula　ミヒェルス＝ヴェンツ, ウルズラ
　1943〜　㋥「ニーチェからの贈りもの」白水社　2004
Michel-Thiriet, Philippe　ミシェル＝チリエ, フィリップ
　㋥「事典プルースト博物館」筑摩書房　2002
Micheluzzi, Attilo　ミケルッツィ, アッティロ
　アングレーム国際漫画祭 遺産賞（2011年）　"Bab-EL-Mandeb"〈Mosquito〉
Michetti, Gabriela　ミケティ, ガブリエラ
　㋵アルゼンチン　副大統領
Michie, Christine　ミッキー, クリスティーヌ
　㋥「サイコパシー・ハンドブック」明石書店　2015
Michie, David　ミチー, デイビッド
　㋥「気づきの旅」サンガ　2008
Michieletto, Damiano　ミキエレット, ダミアーノ
　㋵イタリア　オペラ演出家
Michiels, Githa　ミシェルズ, ギサ
　㋵ベルギー　自転車選手
Michine, Alexei　ミチン, アレクセイ
　1979〜　㋵ロシア　レスリング選手
Michl, Thomas R.　マイクル, トーマス・R.
　1951〜　㋭マイクル, T.R.　㋥「マクロ経済理論」学文社　2004
Michuki, John　ミチュキ, ジョン
　㋵ケニア　環境・鉱物資源相
Mickaharic, Draja　ミツカハリッチ, ドラジャ
　㋥「マイナスの祓い方」ビジネス社　2010
Mickel, Tom　ミケル, トム
　㋵ドイツ　サッカー選手
Mickelson, Phil　ミケルソン, フィル
　1970〜　㋵アメリカ　プロゴルファー　本名＝Mickelson, Philip Alfred
Mickens, Jaydon　ミケンズ, ジェイドン
　㋵アメリカ　アメフト選手
Mickey, Jordan　ミッキー, ジョーダン
　㋵アメリカ　バスケットボール選手
Micklethwait, John　ミクルスウェイト, ジョン
　㋥「増税よりも先に「国と政府」をスリムにすれば？」講談社　2015
Micklos, David A.　ミクロス, デーヴィッド・A.
　㋥「DNAサイエンス」医学書院　2006
Miclea, Mircea　ミクレア, ミルチェア
　㋵ルーマニア　教育相
Micolo, Rosa Luís De Sousa　ミコロ, ロザ・ルイス・デソウザ
　㋵アンゴラ　国会担当相
Micovic, Zarko　ミチョビッチ, ジャルコ
　㋵モンテネグロ　保健相
Mićunović, Branislav　ミチュノビッチ, ブラニスラブ
　㋵モンテネグロ　文化相
Midana, Augusto　ミダナ, アウグスト
　㋵ギニアビサウ　レスリング選手　㋭ミダナ
Middelhoff, Thomas　ミッデルホフ, トーマス
　1953〜　㋵ドイツ　実業家, 出版人　BLMパートナーズ会長　アルカンドールCEO, ベルテルスマンCEO
Middleberg, Don　ミドルバーグ, ドン
　㋥「インターネット広報戦略」ソフトバンクパブリッシング　2001
Middlebrooks, Will　ミドルブルックス, ウィル
　㋵アメリカ　野球選手
Middles, Mick　ミドルズ, ミック
　㋥「ザ・ストーン・ローゼズディス・イズ・ザ・ワン」シンコー・ミュージック　2001
Middleton, Charlotte　ミドルトン, シャーロット

著「タンポポたいへん！」鈴木出版 2011
Middleton, Doug ミドルトン, ダグ
　国アメリカ　アメフト選手
Middleton, John ミドルトン, ジョン
　1964〜　著「報道被害者の法的・倫理的救済論」有斐閣 2010
Middleton, Keynan ミドルトン, ケイナン
　国アメリカ　野球選手
Middleton, Khris ミドルトン, クリス
　国アメリカ　バスケットボール選手
Middleton, Nick ミドルトン, ニック
　1960〜　著「地球でいちばん過酷な地を行く」阪急コミュニケーションズ 2004
Middleton, Robin ミドルトン, ロビン
　著「図説世界建築史」本の友社 2002
Middleton, Susan ミドルトン, スーザン
　1948〜　著「海の美しい無脊椎動物」グラフィック社 2015
Middleton, Timothy ミドルトン, ティモシー
　著「債券王ビル・グロース常勝の投資哲学」東洋経済新報社 2004
Middleton, William D. ミドルトン, ウィリアム・D.
　著「ケースレビュー超音波診断」メディカル・サイエンス・インターナショナル 2003
*El-*mideoui, Ahmed エル・ミドウイ, アハメド
　国モロッコ　内務担当国務相
Midgely, Amy ミッジレー, A.
　著「動物病院スタッフ教育ハンドブック」チクサン出版社, 緑書房（発売）2001
Midgette, Anne ミジェット, アン
　著「王様と私」集英社 2006
Midgley, James ミッジリィ, ジェームズ
　国ミッジリィ, ジェームズ　著「ソーシャルワークと社会開発」丸善出版 2012
Midgley, John ミッドグレイ, ジョン
　アカデミー賞 音響賞（第84回（2011年））"Hugo"
Midgley, Mary ミッジリー, メアリー
　著「哲学者は何を考えているのか」春秋社 2006
Midgley, Nick ミッジリー, ニック
　1968〜　著「子どもの心理療法と調査・研究」創元社 2012
Midler, Bette ミドラー, ベット
　1945〜　国アメリカ　歌手, 女優
Midler, Paul ミドラー, ポール
　1968〜　著「だまされて。」東洋経済新報社 2012
Midol, Jonathan ミドル, J.
　国フランス　フリースタイルスキー選手
Midon, Raul ミドン, ラウル
　1966〜　国アメリカ　作曲家, 歌手, ギタリスト
Midzi, Amos ミジ, エイモス
　国ジンバブエ　鉱業・鉱山開発相　国ミジ, アモス
Miedaner, Talane ミーダナー, タレン
　著「人生改造宣言」税務経理協会 2004
Mielants, Eric ミラン, エリック
　1973〜　社会学者　フェアフィールド大学准教授
Miele, Lino ミエール, リノ
　著「アシュタンガヨガ」ゴマブックス 2015
Miele, Markus ミーレ, マルクス
　1968〜　国ドイツ　実業家　ミーレ社長
Mielke, Fred ミールケ, フレート
　1922〜　著「人間восн性なき医学」ビイング・ネット・プレス, 星雲社（発売）2001
Mielke, Thomas R.P. ミールケ, トーマス・B.P.
　著「皇帝の魔剣」扶桑社 2004
Miell, Dorothy ミール, ドロシィ
　国ミエル, ドロシー　著「音楽的コミュニケーション」誠信書房 2012
Mier, Martha ミアー, マーサ
　著「マーサ・ミアーひとりでピアノ, いっしょにピアノ」全音楽譜出版社 2002
Mieres, Gaston ミエレス, ガストン
　国ウルグアイ　ラグビー選手
Miermont, Stephane メルモン, ステファン
　1967〜　著「ステファン・メルモンのピラメトリクスダイエット」広済堂あかつき 2009
Miesiedjan, Martin ミシジャン, マーチン
　国スリナム　法務・警察相
Miessler, Gary L. ミースラー, G.L.
　1949〜　著「ミースラー・タール無機化学」丸善 2003

Mieszkowska, Krystyna Zabojszcz ミエシュコフスカ, クリスティーナ・ザボイシチ
　国ポーランド　元・在ポーランド日本国大使館現地職員
Miethke, Wolfgang ミートケ, ヴォルフガング
　国ドイツ　元・デュッセルドルフ市経済振興局長
Miettinen, Reijo ミエッティネン, レイヨ
　1948〜　著「フィンランドの国家イノベーションシステム」新評論 2010
Miettinen, Satu ミエッティネン, サトゥ
　著「This is service design thinking.」ビー・エヌ・エヌ新社 2013
Miéville, China ミエヴィル, チャイナ
　1972〜　国イギリス　作家　国ミービル, チャイナ / ミーヴィル, チャイナ
Mifsud, Hubert Charles ミフスッド, ヒューバート・チャールズ
　国マルタ　在マルタ日本国名誉総領事
Mifsud-bonnici, Carmelo ミフスッドボンニチ, カルメロ
　国マルタ　法務・内務相
Migan, Assétou Founè Samaké ミガン, アセトゥ・フーネ・サマケ
　国マリ　高等教育・科学研究相
Migeon, Mary B. ミジョン, メアリー・B.
　著「内科クラークシップガイド」メディカル・サイエンス・インターナショナル 2004
Migereko, Daudi ミゲレコ, ダウディ
　国ウガンダ　国土・住宅・都市開発相
Mighton, John マイトン, ジョン
　カナダ総督文学賞 英語 戯曲（2005年）"Half Life"
Mighty Fine マイティ・ファイン
　著「フレンチキティパリへ行く」二見書房 2005
Migiro, Asha-rose ミギロ, アシャ・ローズ
　1956〜　国タンザニア　政治家　タンザニア法務憲法問題相　国連副事務総長　本名=Migiro, Asha-rose Mtengeti
Miglani, Bob ミグラニ, ボブ
　著「インドでバスに乗って考えた」KADOKAWA 2015
Migliaccio, Giulio ミリアッチョ, ジュリオ
　国イタリア　サッカー選手
Migliore, Daniel L. ミグリオリ, D.L.
　1935〜　著「現代キリスト教神学」日本キリスト教団出版局 2016
Mignerey, Sharon ミネリー, シャロン
　著「やさしい罠」ハーレクイン 2001
Mignola, Michael ミニョーラ, マイク
　1960〜　著「コズミック・オデッセイ」ヴィレッジブックス 2016
Mignolet, Simon ミニョレ, シモン
　国ベルギー　サッカー選手
Mignon, Jean-Marie ミニヨン, ジャン＝マリー
　著「アニマトゥール」明石書店 2007
Mignon, Patrick ミニョン, パトリック
　著「サッカーの情念」社会評論社 2002
Mignon, Philippe ミニョン, フィリップ
　著「せかいの国ぐに」主婦の友社 2007
Miguel, Edward ミゲル, エドワード
　著「悪い奴ほど合理的」NTT出版 2014
Miguel, Girlyn ミゲル, ガーリン
　国セントビンセント・グレナディーン　副首相兼教育相
Miguel, Luis ミゲル, ルイス
　1970〜　歌手
Miguel Flano ミゲル・フラーニョ
　国スペイン　サッカー選手
Miguel Torres ミゲル・トーレス
　国スペイン　サッカー選手
Míguez-Bonino, José ミゲス・ボニーノ, ホセ
　1924〜2012　国アルゼンチン　神学者, 牧師（メソジスト派）ブエノスアイレス神学研究所名誉教授　国解放の神学
Miguil, Abdallah Abdillahi ミギル, アブダラ・アブディラヒ
　国ジブチ　住宅環境・都市計画・開発相
Mihaileanu, Radu ミヘイレアニュ, ラドゥ
　1958〜　国フランス　映画監督
Mihailescu, Constantin ミハイレスク, コンスタンチン
　国モルドバ　環境天然資源相
Mihăilescu, Petru Şerban ミハイレスク, ペトル・シェルバン
　国ルーマニア　内閣官房長官　国ミハイレスク, ペトルシェルバン
Mihailova, Nadezhda ミハイロワ, ナジュダ

[国]ブルガリア　外相
Mihailovic, Dragoslav　ミハイロヴィッチ, ドラゴスラヴ
1930～　[著]「南瓜の花が咲いたとき」 未知谷　2005
Mihajlivić, Dušan　ミハイロビッチ, ドゥシャン
[国]セルビア　副首相兼内相
Mihajlovic, Lidija　ミハイロビッチ
[国]セルビア　射撃選手
Mihajlovic, Sinisa　ミハイロヴィッチ, シニシャ
1969～　[国]セルビア　サッカー監督, 元サッカー選手　サッカー・セルビア代表監督　[異]ミハイロビッチ, シニサ
Mihajlović, Zorana　ミハイロビッチ, ゾラナ
[国]セルビア　副首相兼建設・運輸・インフラ相
Mihajlovski, Ljubomir　ミハイロフスキ, リュボミル
[国]マケドニア　内相
Mihal, Dzianis　ミハル, ジアニス
[国]ベラルーシ　ボート選手
Mihál, Jozef　ミハール, ヨゼフ
[国]スロバキア　副首相兼労働・福祉・家族相
Mihaljevic, John　ミハルジェビック, ジョン
1976～　[著]「バリュー投資アイデアマニュアル」 パンローリング　2014
Mihambo, Malaika　ミアンボ, マライカ
[国]ドイツ　陸上選手
Mihbek, Muhammad Zafer　ミフベク, ムハンマド・ザフェル
[国]シリア　経済・通商相
Mihelic, Tina　ミヘリッチ, ティナ
[国]クロアチア　セーリング選手
Mihm, Stephen　ミーム, スティーブン
1968～　[著]「大いなる不安定」 ダイヤモンド社　2010
Mihoubi, Azzedine　ミフビ, アゼディヌ
[国]アルジェリア　文化相
Mihura, Joni L.　ミウラ, ジョニ・L.
[著]「ロールシャッハ・アセスメントシステム」 金剛出版　2014
Mihychuk, MaryAnn　ミハイチャック, メアリーアン
[国]カナダ　雇用・労働力開発・労働相
Mijangos, José Luis　ミハンゴス, ホセ・ルイス
[国]グアテマラ　大統領府相
Mijiyawa, Moustafa　ミジヤワ, ムスタファ
[国]トーゴ　保健・社会保護相
Mika　ミーカ
1983～　[国]イギリス　シンガー・ソングライター　本名＝Penniman, Michael Holbrook Jr.
Mikaelsen, Ben　マイケルセン, ベン
1952～　[著]「コービーの海」 鈴木出版　2015
Mikalaitis, Marcella Ann　ミカライティス, マーセラ・アン
[著]「最強のモニター心電図」 ガイアブックス　2013
Mikalson, Jon D.　マイケルソン, ジョン・D.
1943～　[著]「古典期アテナイ民衆の宗教」 法政大学出版局　2004
Mikan, George Lawrence　マイカン, ジョージ
1924～2005　[国]アメリカ　バスケットボール選手
Mikati, Mohammed Najib　ミカティ, モハメド・ナジブ
[国]レバノン　公共事業・運輸相
Mikati, Najib　ミカティ, ナジブ
1955～　[国]レバノン　政治家, 実業家　レバノン首相　本名＝Mikati, Najib Azmi　[異]ミカーティ, ナジーブ
Mikautadze, Kote　ミカウタゼ, コテ
[国]ジョージア　ラグビー選手
Mikec, Damir　ミケッツ, ダミル
[国]セルビア　射撃選手　[異]ミケッチ
Mikel, John Obi　ミケル, ジョン・オビ
[国]ナイジェリア　サッカー選手
Mikel Gonzalez　ミケル・ゴンサレス
[国]スペイン　サッカー選手
Mikel Rico　ミケル・リコ
[国]スペイン　サッカー選手
Mikels, Jennifer　マイケルズ, ジェニファー
[著]「愛は落札ずみ」 ハーレクイン　2007
Mikesh, Robert C.　ミケシュ, ロバート・C.
[著]「破壊された日本軍機」 三樹書房　2014
Mikhael, Wijdan　ミハエル, ウィジダン
[国]イラク　人権相
Mikhail, Jessica　ミハイル, ジェシカ
[著]「エレノアのひとりじめ」 辰巳出版　2013
Mikha'il, Murad　ミカイル, ムラド
[著]「現代世界アジア詩集」 土曜美術社出版販売　2010
Mikhailov, Boris　ミハイロフ, ボリス
1938～　[国]ウクライナ　写真家
Mikhailovsky, Katya　ミハイロフスカヤ, カーチャ
[著]「クリスマスの人形たち」 徳間書店　2008
Mikhalkov, Nikita　ミハルコフ, ニキータ
1945～　[国]ロシア　映画監督, 俳優　本名＝Mikhalkov, Nikita Sergeevich
Mikhalkov, Sergei Vladimirovich　ミハルコフ, セルゲイ
1913～2009　[国]ロシア　劇作家, 詩人, 児童文学作家　[異]ミハルコーフ, セルゲーイ
Mikhalkov-Konchalovskii, Andrei Sergeevich　ミハルコフ・コンチャロフスキー, アンドレイ
1937～　[国]ロシア　映画監督
Mikhalovich, Aleh　ミハロビッチ
[国]ベラルーシ　レスリング選手
Mikhaylin, Alexandre　ミハイリン, アレクサンドル
1979～　[国]ロシア　柔道選手　[異]ミハイリン / ミハイリン, アレクサンダー
Mikhelson, Leonid　ミケルソン, レオニード
[国]ロシア　ノヴァテクCEO
al-**Mikhlafi, Abdul-Malek**　ミフラーフィ, アブドルマリク
[国]イエメン　副首相兼外相
al-**Mikhlafi, Mohammed**　ミフラーフ, ムハンマド
[国]イエメン　法相　[異]ミフラーフィー, ムハンマド
Mikhnevich, Andrei Anatolyevich　ミフネビッチ
[国]ベラルーシ　陸上選手
Mikhnevich, Natallia　ミフネビッチ
[国]ベラルーシ　陸上選手
Mikhnushev, Alexander　ミフナーシェフ, A.
[著]「イエス・キリスト」 鈴木出版　2001
Miki, Arthur Kazumi　ミキ, アーサー・カズミ
[国]カナダ　マニトバ日系文化協会会長, 元・全カナダ日系人協会会長
Miki, Danny　ミキ, ダニー
[著]「バットマン：ゼロイヤー陰謀の街」 小学館集英社プロダクション　2015
Miki, Toshio　ミキ, トシオ
[著]「移動通信基礎技術ハンドブック」 丸善　2002
Mikina, Sabina　ミキナ, サビナ
[国]アゼルバイジャン　フェンシング選手
Mikishin, Yury　ミキーシン, ユーリ
[著]「景観の大変容」 昭和堂　2011
Mikitenko, Irina　ミキテンコ
[国]ドイツ　陸上選手
Mikkelsen, Brian　ミケルセン, ブリアン
[国]デンマーク　経済産業相
Mikkelsen, Mads　ミケルセン, マッツ
1965～　[国]デンマーク　俳優　本名＝Mikkelsen, Mads Dittmann
Mikkonen, Suvi　ミッコネン, スビ
[国]フィンランド　テコンドー選手　[異]ミッコネン
Miklautsch, Karin　ミクラウチ, カリン
[国]オーストリア　法相
Miklavčič, Borut　ミクラウチチュ, ボルト
[国]スロベニア　保健相
Miklínová, Galina　ミクリーノワ, ガリーナ
1970～　[著]「ベルンカとやしの実じいさん」 福音館書店　2015
Mikleitner, Johanna　ミクルライトナー, ヨハナ
[国]オーストリア　内相
Miklos, Edit　ミクロシュ
[国]ハンガリー　アルペンスキー選手
Mikloš, Ivan　ミクロシュ, イワン
1960～　[国]スロバキア　政治家　スロバキア副首相・財務相　[異]ミクロシュ, イバン
Miklóš, László　ミクローシュ, ラースロー
[国]スロバキア　環境相　[異]ミクロス, ラースロー
Miklósi, Adam　ミクロシ, アダム
[著]「イヌの動物行動学」 東海大学出版部　2014
Mikolaj, Ján　ミコライ, ヤーン
[国]スロバキア　副首相兼教育相
Mikolajczewski, Artur　ミコライチェフスキ, アルトゥル
[国]ポーランド　ボート選手
Mikolajczyk, Beata　ミコライチュク, ベアタ
[国]ポーランド　カヌー選手
Mikolas, Lauren　マイコラス, ローレン
[著]「Fearless Charm」 双葉社　2016
Mikolo, Jacqueline Lydia　ミコロ, ジャックリーヌ・リディア

㊁コンゴ共和国　保健・国民相
Mikos　ミクロス
　MTVアワード　最優秀編集(第19回(2002年))　"Fell in Love with A Girl"
Mikosch, Thomas　ミコシュ, T.
　㊃「損害保険数理」シュプリンガー・ジャパン　2009
Mikov, Mihail　ミコフ, ミハイル
　㊁ブルガリア　内相
Mikowski, Michael S.　ミコウスキー, マイケル・S.
　㊃「シングルページWebアプリケーション」オライリー・ジャパン, オーム社(発売)　2014
Mikrogianakis, Angelo　マイクロジアナキス, アンジェロ
　㊃「トロント小児病院外傷マニュアル」メディカル・サイエンス・インターナショナル　2008
Mikser, Sven　ミクセル, スベン
　㊁エストニア　外相　㊛ミクサル, スベン
Mikulak, Samuel　ミクラク, サミュエル
　㊁アメリカ　体操選手
Miky, Fuji Roy　ミキ, フジ・ロイ
　1941〜　㊁カナダ　カーリング指導者
Mil, José van　ミル, ジョゼ・ヴァン
　㊃「がん治療中の食事」ガイアブックス, 産調出版(発売)　2012
Milam, Erin E.　ミラム, エリン・E.
　㊃「健康な赤ちゃんを産み育てる本」ジャパンタイムズ　2001
Milam Tang, Ignacio　ミラムタン, イグナシオ
　㊁赤道ギニア　第1副大統領　㊛ミラム・タン, イグナシオ / ミラムタング, イグナシオ
Milan, Courtney　ミラン, コートニー
　㊁アメリカ　作家　㊃ロマンス, 歴史
Milani, Milena　ミラーニ, ミレーナ
　㊃「ぶどう酒色の海」イタリア文芸叢書刊行委員会　2013
Milani, Mino　ミラーニ, ミーノ
　1928〜　㊃「きっと天使だよ」鈴木出版　2006
Milani, Raffaele　ミラーニ, ラッファエレ
　㊃「風景の美学」ブリュッケ, 星雲社(発売)　2014
Milano, Brett　ミラノ, ブレット
　㊃「ビニール・ジャンキーズ」河出書房新社　2004
Milanov, Georgi　ミラノフ, ゲオルギ
　㊁ブルガリア　サッカー選手
Milanov, Philip　ミラノフ, フィリップ
　㊁ベルギー　陸上選手
Milanović, Branko　ミラノヴィッチ, ブランコ
　㊃「不平等について」みすず書房　2012
Milanović, Zoran　ミラノヴィッチ, ゾラン
　1966〜　㊁クロアチア　政治家　クロアチア首相　㊛ミラノビッチ, ゾラン
Milberg, William S.　ミルバーグ, ウィリアム
　1957〜　㊃「経済社会の形成」丸善出版　2014
Milbourne, Anna　ミルボーン, アナ
　㊛ミルボーン, アンナ　㊃「うちゅうをのぞいてみよう」大日本絵画　〔2016〕
Milburn, Alan　ミルバーン, アラン
　㊁イギリス　ランカスター公領相
Milburn, Gerard J.　ミルバーン, G.J.
　㊃「ファインマン・プロセッサ」岩波書店　2003
Milburn, Ken　ミルバーン, ケン
　1935〜　㊃「デジタルフォトグラフィー」オライリー・ジャパン, オーム社(発売)　2005
Milburn, Michael A.　ミルバーン, マイケル
　1950〜　㊃「セクシュアル・インテリジェンス」原書房　2002
Milburne, Melanie　ミルバーン, メラニー
　㊃「庭師の娘の恋わずらい」ハーパーコリンズ・ジャパン　2016
Milchev, Mikola　ミルチェフ, ミコラ
　㊁ウクライナ　射撃選手
Milder, Edmund A.　ミルダー, エドマンド・A.
　㊃「臨床実習へのステップアップ」メディカル・サイエンス・インターナショナル　2004
Milder, Eugene　ミルダー, ユージン
　㊃「臨床実習へのステップアップ」メディカル・サイエンス・インターナショナル　2004
Mildinhall, John　ミルディンホール, ジョン
　㊃「10代からの心理学図鑑」三省堂　2015
Mildt, Christina　ミルト, クリスティーナ
　1948〜　㊃「実践押圧マッサージ療法」ガイアブックス, 産調出版(発売)　2011
Miled, Houda　ミレド, フダ
　㊁チュニジア　柔道選手
Miler, Katerina Lovis　ミレル, カテリーナ
　㊃「もぐらくんとあき」偕成社　2009
Miler, Zdenek　ミレル, ズデネック
　1921〜2011　㊁チェコ　アニメーション作家, 絵本作家
Miles, Al　マイルズ, アル
　1951〜　㊃「ドメスティック・バイオレンス」日本キリスト教団出版局　2005
Miles, Ava　マイルズ, エヴァ
　㊃「ノーラ・ロバーツ・ランド」ハーパーコリンズ・ジャパン　2016
Miles, Barry　マイルズ, バリー
　㊃「ビートルズ世界証言集」ポプラ社　2006
Miles, C.J.　マイルズ, CJ
　㊁アメリカ　バスケットボール選手
Miles, Derek　マイルズ
　㊁アメリカ　陸上選手
Miles, Gina　マイルズ
　㊁アメリカ　馬術選手
Miles, Hugh　マイルズ, ヒュー
　1977〜　㊃「アルジャジーラ報道の戦争」光文社　2005
Miles, Ian　マイルズ, イアン
　㊃「現代イギリスの政治算術」北海道大学図書刊行会　2003
Miles, Jack　マイルズ, ジャック
　1942〜　㊃「イエス・キリスト」青土社　2002
Miles, Linda　マイルズ, リンダ
　㊃「アイ・ラブ・トラブル」ハーレクイン　2001
Miles, Lisa　マイルズ, リサ
　㊃「バレエの世界へようこそ!」河出書房新社　2015
Miles, Louella　マイルズ, ルエラ
　㊃「マーケティングをつくった人々」東洋経済新報社　2008
Miles, Michelle　マイルズ, ミシェル
　㊁アメリカ　作家　㊃ロマンス, ファンタジー
Miles, Robert P.　マイルズ, ロバート・P.
　㊃「バフェット投資の王道」ダイヤモンド社　2005
Miles, Rontez　マイルズ, ロンテス
　㊁アメリカ　アメフト選手
Miles, Rosalind　マイルズ, ロザリンド
　㊃「我が名はエリザベス」近代文芸社　2005
Miles, Russell　マイルズ, ラス
　㊃「入門UML 2.0」オライリー・ジャパン, オーム社(発売)　2007
Miles, Ruthie Ann　マイルズ, ルーシー・アン
　トニー賞　ミュージカル　助演女優賞(2015年(第69回))　"The King and I"
Miles, Stephen A.　マイルズ, スティーブン・A.
　㊃「リーダーシップ・マスター」英治出版　2013
Miles, Thom　マイルズ, トム
　㊃「ピアニストならだれでも知っておきたい「からだ」のこと」春秋社　2006
Miles, Wyman　マイルズ, ワイマン
　㊃「ハック・プルーフィングSolaris 8対クラッカー防衛大全」秀和システム　2002
Miles Clark, Jearl　クラーク, マイルズ
　㊁アメリカ　陸上選手
Milev, Emil　ミレブ, エミル
　㊁アメリカ　射撃選手
Miley, Arthur　マイリー, アーサー
　㊁アメリカ　アメフト選手
Miley, Hannah　マイリ, ハナ
　㊁イギリス　水泳選手　㊛マイリ
Miley, Linda　マイリー, リンダ
　㊃「最後の真珠貝ダイバー藤井富太郎」時事通信出版局, 時事通信社(発売)　2016
Miley, Marissa　マイリー, マリサ
　㊃「レストレス・ヴァージンズ」ブックマン社　2009
Miley, Wade　マイリー, ウェイド
　㊁アメリカ　野球選手
Milford, Kate　ミルフォード, ケイト
　アメリカ探偵作家クラブ賞　ジュヴナイル賞(2015年)　"Greenglass House"
Milgrim, David　ミルグリム, デーヴィッド
　㊃「すきすきラッキー」小学館　2002
Milgrom, Paul R.　ミルグロム, ポール
　1948〜　㊃「オークション理論とデザイン」東洋経済新報社　2007
Milham, Allan　ミルハム, アラン

㊞「感動と共感のお客様サービス」生産性出版 2005
Milhouse, Greg ミルハウス, グレッグ
　㊞アメリカ　アメフト選手
Miliband, David ミリバンド, デイヴィド
　㊞「個別化していく教育」明石書店 2007
Miliband, David ミリバンド, デービッド
　1965〜　㊞イギリス　政治家　英国外相　本名＝Miliband, David Wright　㊞ミリバンド, デビッド
Miliband, Ed ミリバンド, エド
　1969〜　㊞イギリス　政治家　英国労働党党首, 英国エネルギー気候変動相　本名＝ミリバンド, エドワード〈Miliband, Edward Samuel〉　㊞ミリバンド, エドワード
Milic, Hrvoje ミリッチ, フルヴォイェ
　㊞クロアチア　サッカー選手
Milik, Arkadiusz ミリク, アルカディウシュ
　㊞ポーランド　サッカー選手
Milinkovic-savic, Sergej ミリンコヴィッチ・サヴィッチ, セルゲイ
　㊞セルビア　サッカー選手
Milinović, Darko ミリノビッチ, ダルコ
　㊞クロアチア　副首相兼保健・社会福祉相
Milioti, Cristin ミリオティ, クリスティン
　グラミー賞 最優秀ミュージカル・シアター・アルバム（2012年（第55回））"Once: A New Musical" プリンシパル・ソリスト
Milis, Ludovicus ミリス, ルドー・J.R.
　1940〜　㊞「異教的中世」新評論 2002
Milius, John ミリアス, ジョン
　1944〜　㊞アメリカ　映画監督, 脚本家
Miljanic, Miljan ミリャニッチ, ミリャン
　1930〜2012　㊞セルビア　サッカー指導者　サッカー・ユーゴスラビア代表監督, ユーゴスラビア・サッカー協会会長　㊞ミリャニッチ, ミリヤン
Miljenić, Orsat ミリェニッチ, オルサト
　㊞クロアチア　法相
Milko CroCop ミルコ・クロコップ
　1974〜　㊞クロアチア　格闘家, 元政治家　クロアチア国会議員　本名＝フィリポビッチ, ミルコ
Milkota, Aleksandr A. ミルコタ, アレクサンドル・A.
　㊞ベラルーシ　住宅相
Milkowski, Bill ミルコウスキー, ビル
　1954〜　㊞「ジャコ・パストリアスの肖像」立東舎, リットーミュージック（発売）2016
Milla, Roger ミラ, ロジェ
　1952〜　㊞カメルーン　元サッカー選手　カメルーン特別親善大使, 国際エイズ計画親善大使　本名＝ミラー, アルベール・ロバート〈Miller, Albert Robert〉　㊞ミラ, アルベール・ロジェ・ムー／ミラ, ロジャー
Millan, Bruce ミラン, ブルース
　1927〜2013　㊞イギリス　政治家　EU欧州委員会委員, 英国下院議員（労働党）
Millan, Cesar ミラン, シーザー
　㊞「ザ・カリスマドッグトレーナーシーザー・ミランの犬と幸せに暮らす方法55」日経ナショナルジオグラフィック社, 日経BPマーケティング（発売）2015
Millan, Gordon ミラン, ゴードン
　1946〜　㊞「マラルメの火曜会」行路社 2012
Millán, José Antonio ミリャン, ホセ・アントニオ
　1954〜　㊞「データベースの冒険」バジリコ 2005
Millan, Scott ミラン, スコット
　アカデミー賞 音響賞（第80回（2007年））ほか
Millar, David ミラー, デビッド
　㊞「土を持続させるアフリカ農民」松香堂書店 2011
Millar, Mark ミラー, マーク
　㊞「シビル・ウォー」ヴィレッジブックス 2016
Millar, Martin ミラー, マーティン
　1956〜　㊞「ニューヨークに舞い降りた妖精たち」ソニー・マガジンズ 2005
Millar, Miles ミラー, マイルズ
　1970〜　㊞「ハムナプトラ3」竹書房 2008
Millar, Peter ミラー, ピーター
　㊞「神の火を盗んで」徳間書店 2001
Millard, Anne ミラード, アン
　㊞「絵で見るある港の歴史」さ・え・ら書房 2006
Millard, Candice ミラード, キャンディス
　1968〜　アメリカ探偵作家クラブ賞 犯罪実話賞（2012年）"Destiny of the Republic: A Tale of Madness, Medicine and the Murder of a President"
Millard, Glenda ミラード, グレンダ
　㊞オーストラリア　作家　児童書, ヤングアダルト
Millard, Trey ミラード, トレイ
　㊞アメリカ　アメフト選手
Millares Rodríguez, José Manuel ミジャレス・ロドリゲス, ホセ・マヌエル
　㊞キューバ　財務相
Millay, Edna St.Vincent ミレー, エドナ・セント・ヴィンセント
　㊞「心に風が吹き, かかとに炎が燃えている」メディアファクトリー 2001
Millburn, Joshua Fields ミルバーン, ジョシュア・フィールズ
　㊞「あるミニマリストの物語」フィルムアート社 2016
Mille, Richard ミル, リシャール
　1951〜　㊞フランス　実業家　リシャール・ミルCEO
Millegan, Kris ミレガン, クリス
　㊞「闇の超世界権力スカル＆ボーンズ」徳間書店 2004
Millen, Joyce V. ミレン, ジョイス
　1962〜　㊞「グローバル・エイズ」明石書店 2005
Millender-McDonald, Juanita ミレンダーマクドナルド, ジャニタ
　1938〜2007　㊞アメリカ　政治家　米国下院議員（民主党）
Miller, A.D. ミラー, A.D.
　1974〜　㊞イギリス　作家, 編集者　㊞ミステリー
Miller, Alan S. ミラー, アラン・S.
　1956〜　㊞「女が男を厳しく選ぶ理由」阪急コミュニケーションズ 2007
Miller, Alec L. ミラー, アレック・L.
　㊞「児童虐待」金剛出版 2012
Miller, Aleksei Borisovich ミレル, アレクセイ
　1962〜　㊞ロシア　実業家　ガスプロム社長・CEO　ロシアエネルギー省次官
Miller, Alex ミラー, アレックス
　㊞「プロジェクト・マネジャーが知るべき97のこと」オライリー・ジャパン, オーム社（発売）2011
Miller, Alice ミラー, アリス
　1923〜2010　㊞「魂の殺人」新曜社 2013
Miller, Allisha A. ミラー, アリッシャ・A.
　㊞「レベニュー・マネージメント概論」流通経済大学出版会 2016
Miller, Andrea Wells ミラー, A.W.
　㊞「恋愛依存症の心理分析」大和書房 2001
Miller, Andrew ミラー, A.D.
　1974〜　㊞「すべては雪に消える」早川書房 2011
Miller, Andrew ミラー, アンドリュー
　㊞アメリカ　野球選手
Miller, Andrew ミラー, アンドリュー
　㊞「仮想通貨の教科書」日経BP社, 日経BPマーケティング（発売）2016
Miller, Ann ミラー, アン
　1922〜2004　㊞アメリカ　女優　本名＝Collier, Lucille Ann
Miller, Arthur ミラー, アーサー
　1915〜2005　㊞アメリカ　劇作家, 脚本家　本名＝Miller, Arthur Ashur
Miller, Arthur I. ミラー, アーサー・I.
　㊞イギリス　科学史家　ロンドン・ユニバーシティ・カレッジ教授　㊞科学史, 科学哲学
Miller, Arthur Raphael ミラー, アーサー・R.
　1934〜　㊞「アメリカ知的財産権法」八朔社 2008
Miller, Ashley Edward ミラー, アシュリー・エドワード
　㊞「マイティ・ソー」講談社 2014
Miller, Bennett ミラー, ベネット
　1966〜　㊞アメリカ　映画監督
Miller, Bill ミラー, ビル
　グラミー賞 最優秀ネイティブアメリカン・ミュージック・アルバム（2009年（第52回））ほか
Miller, Billie ミラー, ビリー
　㊞バルバドス　外務・貿易相
Miller, Blair ミラー, B.
　㊞「創造的リーダーシップ」北大路書房 2007
Miller, Bode ミラー, ボディ
　1977〜　㊞アメリカ　スキー選手　本名＝Miller, Samuel Bode　㊞ミラー／ミラー, ボード／ミラー, ボディー
Miller, Brad ミラー, ブラッド
　㊞アメリカ　野球選手
Miller, Braxton ミラー, ブラクストン

㊛アメリカ　アメフト選手
Miller, Brent A.　ミラー, ブレント
　㊟「Bluetoothテクノロジーへの招待」ピアソン・エデュケーション　2002
Miller, Brian Cole　ミラー, ブライアン・コール
　1956〜　㊟「15分でチームワークを高めるゲーム39」ディスカヴァー・トゥエンティワン　2015
Miller, Bruce　ミラー, ブルース
　㊨オーストラリア　外交官　駐日オーストラリア大使
Miller, Bruce　ミラー, ブルース
　㊛アメリカ　アメフト選手
Miller, Bryan　ミラー, ブライアン
　㊟「アーユルヴェーダとアロマテラピー」フレグランスジャーナル社　2001
Miller, Bryan Q.　ミラー, ブライアン・Q.
　㊟「バットマン：ブルース・ウェインの選択」小学館集英社プロダクション　2014
Miller, Carolin　ミラー, キャロリン
　㊟「キャロリン・ミラー 音楽会ってステキ！」全音楽譜出版社　2015
Miller, Carolyn　ミラー, キャロリン
　㊟「短期で攻めるセンター英語リスニング問題別攻略100問」ピアソン桐原　2012
Miller, Christopher　ミラー, クリストファー
　1961〜　㊨アメリカ　作家　その他
Miller, Clark　ミラー, クラーク
　㊟「PK」イースト・プレス　2002
Miller, Claude　ミレール, クロード
　1942〜2012　㊨フランス　映画監督
Miller, Cody　ミラー, コディ
　㊨アメリカ　水泳選手
Miller, Craig　ミラー, クレイグ
　1954〜　㊟「アニメおさるのジョージはるよこい」金の星社　2013
Miller, Dan　ミラー, ダン
　1932〜2016　㊨アメリカ　プロレスラー　通称＝Miller, Danny
Miller, Danny　ミラー, ダニー
　1947〜　㊟「イカロス・パラドックス」亀田ブックサービス　2006
Miller, David　ミラー, デイヴィッド
　1946〜　㊟「政治的に考える」風行社　2012
Miller, David　ミラー, デービッド
　1973〜　㊨アメリカ　テノール歌手　㊛ミラー, デイヴィッド
Miller, David A.　ミラー, デイビッド・A.
　㊟「リスニングで学ぶパラグラフ・リーディング」南雲堂　2006
Miller, David Alan　ミラー, デヴィッド・アラン
　グラミー賞 最優秀クラシック器楽独奏（2013年（第56回））
　"Corigliano: Conjurer - Concerto For Percussionist & String Orchestra"
Miller, David Cameron　ミラー, デイヴィッド・C.
　1951〜　㊟「ダーク・エデン」彩流社　2009
Miller, David M.O.　ミラー, デヴィッド
　㊟「世界の潜水艦」学習研究社　2002
Miller, Deanna　ミラー, ディーナ
　㊟「いじめをやめて！と言うべき時です」英光社　2009
Miller, Derek B.　ミラー, デレク・B.
　1970〜　英国推理作家協会賞 ジョン・クリーシー記念賞（2013年）　"Norwegian By Night"
Miller, Diane Disney　ミラー, ダイアン・ディズニー
　1933〜　㊟「私（わたし）のパパ ウォルト・ディズニー」講談社　2010
Miller, Don　ミラー, ドン
　1961〜　㊟「プロ・トレーダー」日経BP社, 日経BPマーケティング（発売）　2016
Miller, Donalyn　ミラー, ドナリン
　㊟「子どもが「読書」に夢中になる魔法の授業」かんき出版　2015
Miller, Douglas　ミラー, ダグラス
　㊟「戦場のスイス兵」新紀元社　2001
Miller, Edgar　ミラー, エドガー
　㊟「痴呆の心理学入門」中央法規出版　2001
Miller, Edward　ミラー, エドワード
　世界幻想文学大賞 アーティスト（2008年）
Miller, Edward S.　ミラー, エドワード・S.
　㊟「日本経済を殲滅せよ」新潮社　2010
Miller, Edwin Haviland　ミラー, エドウィン・ハヴィランド
　㊟「セイレムは私の住み処」近代文芸社　2002

Miller, Elisa　ミラー, エリザ
　カンヌ国際映画祭 短編映画パルムドール（第60回（2007年））　"Ver llover"
Miller, Elise Abrams　ミラー, エリース・エイブラムズ
　㊟「セレブな恋にご用心」集英社　2007
Miller, Emma　ミラー, エマ
　㊟「G8」ブーマー, トランスワールドジャパン（発売）　2005
Miller, Erica T.　ミラー, エリカ
　？〜2003　㊟「デイスパ開業マニュアル」フレグランスジャーナル社　2007
Miller, Ezra　ミラー, エズラ
　1992〜　㊨アメリカ　俳優
Miller, Frank　ミラー, フランク
　1957〜　㊟「デアデビル：マン・ウィズアウト・フィアー」ヴィレッジブックス　2015
Miller, Franklin G.　ミラー, フランクリン・G.
　㊟「精神科臨床倫理」星和書店　2011
Miller, Fred L.　ミラー, フレッド・L.
　㊟「いやな気分を消す方法」PHP研究所　2005
Miller, Gail　ミラー, ゲイル
　㊨アメリカ　ユタ・ジャズオーナー
Miller, Geoffrey F.　ミラー, ジェフリー・F.
　1965〜　㊟「恋人選びの心」岩波書店　2002
Miller, George　ミラー, ジョージ
　1945〜　㊨オーストラリア　映画監督, 映画プロデューサー
Miller, George Armitage　ミラー, ジョージ
　1920〜2012　㊨アメリカ　心理学者　プリンストン大学名誉教授
Miller, Gerhard　ミラー, ゲアハルト
　1956〜　㊟「ホメオパシーと占星術」ホメオパシー出版　2012
Miller, Gloria J.　ミラー, グロリア・J.
　㊟「分析力のマネジメント」ダイヤモンド社　2007
Miller, Granville　ミラー, グランビル
　㊟「実践eXtremeプログラミング」九天社　2004
Miller, Greg　ミラー, グレッグ
　1968〜　㊟「陸軍尋問官」扶桑社　2005
Miller, Gustavus Hindman　ミラー, G.H.
　㊟「完本夢占い」文芸春秋　2005
Miller, G.Wayne　ミラー, G.ウェイン
　㊟「上脳・下脳」河出書房新社　2014
Miller, G.William　ミラー, ウィリアム
　1925〜2006　㊨アメリカ　米国連邦準備制度理事会（FRB）議長, 米国財務長官　㊛ミラー, ビル
Miller, Harlan　ミラー, ハーラン
　㊨アメリカ　アメフト選手
Miller, Harland　ミラー, ハーランド
　1964〜　㊟「スロー・ダウン・アーサー、スティック・トゥ・30」DHC　2002
Miller, Ian　ミラー, イアン
　1980〜　㊟「水の歴史」原書房　2016
Miller, Jacques-Alain　ミレール, ジャック＝アラン
　㊟「転移」岩波書店　2015
Miller, James　ミラー, ジェイムズ
　エミー賞 プライムタイム・エミー賞 最優秀監督賞（ノンフィクション番組）（第57回（2005年））　"Death In Gaza"
Miller, James D.　ミラー, ジェームズ
　㊟「仕事に使えるゲーム理論」阪急コミュニケーションズ　2004
Miller, Jane　ミラー, ジェーン
　㊟「女性のキャリアアップ38の嘘」すばる舎　2016
Miller, Jason　ミラー, ジェイソン
　1939〜2001　㊨アメリカ　俳優, 劇作家　㊛ミラー, ジェーソン
Miller, Jason Alan　ミラー, ジェイスン
　㊟「マットとジェイスンの一幸せな結婚に出会う1万2千マイルの旅」幸福の科学出版　2008
Miller, Jay　ミラー, ジェイ
　1948〜　㊟「最強戦闘機F-22ラプター」並木書房　2007
Miller, J.David　ミラー, J.デイビッド
　㊟「環境医学入門」中央法規出版　2003
Miller, J.Elizabeth　ミラー, J.エリザベス
　㊟「アカデミック・ポートフォリオ」玉川大学出版部　2009
Miller, Jeremie　ミラー, ジェレミー
　㊟「ソフトウェアの未来」翔泳社　2001
Miller, Jeremy C.　ミラー, ジェレミー
　㊟「バフェット伝説の投資教室」日本経済新聞出版社　2016
Miller, Jerzy　ミレル, イエジ
　㊨ポーランド　内務・行政相
Miller, Joe　ミラー, ジョー

㊐「EHR実践マニュアル」篠原出版新社 2009
Miller, John ミラー, ジョン
㊂アメリカ　アメフト選手
Miller, John Donald Bruce ミラー, J.D.B.
㊐「危機の20年と思想家たち」ミネルヴァ書房 2002
Miller, John E. ミラー, ジョン・E.
1945～㊐「ローラ・インガルス・ワイルダー伝」リーベル出版 2001
Miller, John G. ミラー, ジョン・G.
1958～㊐「成功スイッチ！」講談社 2009
Miller, John Jackson ミラー, ジョン・ジャクソン
㊐「スター・ウォーズ新たなる夜明け」ヴィレッジブックス 2015
Miller, John P. ミラー, ジョン・P.
1943～㊐「魂にみちた教育」晃洋書房 2010
Miller, John Parr ミラー, J.P.
1913～㊐「すてきなおうち」フレーベル館 2006
Miller, Jonathan Wolfe ミラー, ジョナサン
1934～㊂イギリス　演出家, 映画監督, 神経科医, 作家　オールド・ビック劇場芸術監督
Miller, Jonny Lee ミラー, ジョニー・リー
ローレンス・オリヴィエ賞 プレイ 男優賞（2012年（第36回））"Frankenstein"
Miller, Joseph Hillis ミラー, J.ヒリス
1928～㊐「文学の読み方」岩波書店 2008
Miller, Judith ミラー, ジュディス
㊐「バイオテロ！」朝日新聞社 2002
Miller, Julie ミラー, ジュリー
1960～㊐「シンデレラは眠らない」ハーレクイン 2005
Miller, Justin ミラー, ジャスティン
1977～2013㊂アメリカ　野球選手　本名＝Miller, Justin Mark
Miller, K.C. ミラー, K.C.
㊐「トゥリーディング」ビオ・マガジン 2010
Miller, Keith ミラー, K.
㊐「恋愛依存症の心理分析」大和書房 2001
Miller, Kim ミラー, キム
㊐「オラクル流コンサルティング」日本実業出版社 2016
Miller, Kirsten ミラー, キルステン
1973～㊂アメリカ　作家　児童書
Miller, Lamar ミラー, ラマー
㊂アメリカ　アメフト選手
Miller, Laura ミラー, ローラ
㊐「サロン・ドット・コム現代英語作家ガイド」研究社 2003
Miller, Lennox ミラー, レノックス
1946～2004㊂ジャマイカ　陸上選手
Miller, Leslie ミラー, レスリー
㊂バハマ　農業・海洋資源相　㊋ミラー, レズリー
Miller, Leszek ミレル, レシェク
㊂ポーランド　首相
Miller, Light ミラー, ライト
㊐「アーユルヴェーダとアロマテラピー」フレグランスジャーナル社 2001
Miller, Linda ミラー, リンダ
㊐「リーダーシップ・マスター」英治出版 2013
Miller, Linda Lael ミラー, リンダ・ラエル
㊐「夏に恋したシンデレラ」ハーパーコリンズ・ジャパン 2016
Miller, Lisa ミラー, リサ
1939～㊐「子どもを理解する」岩崎学術出版社 2013
Miller, Lyle H. ミラー, ライル・H.
㊐「「問題社員」の管理術」ダイヤモンド社 2007
Miller, Madeline ミラー, マデリン
1978～㊂アメリカ　作家　歴史
Miller, Marcus ミラー, マーカス
1959～㊂アメリカ　ジャズ・ベース奏者, 作曲家
Miller, Marc W. ミラー, マーク・W.
㊐「High guard」雷鳴 c2004
Miller, Maria ミラー, マリア
㊂イギリス　文化・メディア・スポーツ相兼女性・機会均等担当相
Miller, Mark ミラー, マーク
1959～㊐「ザ・リーダーシップ」ダイヤモンド社 2008
Miller, Mark Crispin ミラー, マーク・クリスピン
㊐「不正選挙」亜紀書房 2014
Miller, Mark D. ミラー, マーク・D.
㊐「スポーツ診療ビジュアルブック」メディカル・サイエンス・インターナショナル 2016
Miller, Mark J. ミラー, マーク・J.
㊐「国際移民の時代」名古屋大学出版会 2011
Miller, Marshall V. ミラー, マーシャル・ヴァーン
㊂アメリカ　在カンザスシティ日本国総領事館顧問弁護士, 元・外国貿易地区全国協会会長
Miller, Martin ミラー, マーティン
1956～㊐「ミルクから逃げろ！」青山出版社 2002
Miller, Marvin Julian ミラー, マービン
1917～2012㊂アメリカ　大リーグ選手会専務理事
Miller, Mary ミラー, メアリー
㊐「サイエンスライティング」地人書館 2013
Miller, Mary Alice ミラー, メアリ・A.
㊐「看護にいかすクリティカルシンキング」医学書院 2002
Miller, Melissa ミラー, メリッサ
㊐「すぐわかる！あなたの犬の知能指数」ソニー・マガジンズ 2002
Miller, Merle ミラー, マール
1919～㊐「直言の人ハリーSトルーマン」アルファー（製作）2003
Miller, Michael ミラー, マイケル
1958～㊐「P2Pコンピューティング入門」翔泳社 2002
Miller, Michael Vincent ミラー, マイケル・ヴィンセント
㊐「愛はテロリズム」紀伊国屋書店 2001
Miller, Mike ミラー, マイク
㊂アメリカ　バスケットボール選手
Miller, Mitch ミラー, ミッチ
1911～2010㊂アメリカ　指揮者, 音楽プロデューサー, オーボエ奏者　本名＝ミラー, ミッチェル・ウィリアム〈Miller, Mitchell William〉
Miller, Mitchell ミラー, ミッチェル
1947～㊐「魔法使いの少年」みすず書房 2002
Miller, Nancy E. ミラー, ナンシー・E.
㊐「アスペルガー症候群と感覚敏感性への対処法」東京書籍 2004
Miller, Nicole ミラー, ニコル
㊐「プロは語る。」アスペクト 2005
Miller, Norman G. ミラー, ノーマン・G.
㊐「不動産投資分析」プログレス 2006
Miller, Paddy ミラー, パディ
㊐「イノベーションは日々の仕事のなかに」英治出版 2014
Miller, Patina ミラー, パティナ
トニー賞 ミュージカル 主演女優賞（2013年（第67回））"Pippin"
Miller, Paul B.W. ミラー, ポール・B.W.
㊐「投資家のための企業会計革命」パンローリング 2004
Miller, Paul D. ミラー, ポール・D.
㊐「リズム・サイエンス」青土社 2008
Miller, Paul Steven ミラー, ポール・スティーブン
㊐「遺伝子操作時代の権利と自由」緑風出版 2012
Miller, Peter ミラー, ピーター
1954～㊐「群れのルール」東洋経済新報社 2010
Miller, Ramon ミラー
㊂バハマ　陸上選手
Miller, Randi ミラー
㊂アメリカ　レスリング選手
Miller, Rebecca ミラー, レベッカ
1962～㊂アメリカ　映画監督, 脚本家, 作家　㊋文学
Miller, Rex ミラー, レックス
㊐「壊人」文芸春秋 2003
Miller, Richard ミラー, リチャード
㊐「ガウディ サグラダ・ファミリア聖堂」西村書店 2004
Miller, Richard ミラー, リチャード
1926～2009㊐「歌唱の仕組み」音楽之友社 2014
Miller, Riel ミラー, リール
㊐「個別化していく教育」明石書店 2007
Miller, Robert Bruce ミラー, ロバート・B.
1931～㊐「「説得」の戦略」ダイヤモンド社 2006
Miller, Robert S. ミラー, ロバート・S.
㊐「われわれに不況はない」扶桑社 2002
Miller, Robert Stevens ミラー, スティーブ
㊐「伝説の再建人」幸福の科学出版 2008
Miller, Robert Warwick ミラー, ロバート
?～2006㊂アメリカ　疫学者　㊋胎児被曝研究
Miller, Roger LeRoy ミラー, ロジャー・レロイ
㊐「マクロイシューの経済学」ピアソン桐原 2010
Miller, Ron ミラー, ロン
1947～㊐「宇宙画の150年史」河出書房新社 2015

Miller, Ronald D.　ミラー, ロナルド・D.
　1939～　㊈「ミラー麻酔科学」メディカル・サイエンス・インターナショナル　2007
Miller, Ross M.　ミラー, ロス・M.
　㊈「実験経済学入門」日経BP社, 日経BP出版センター（発売）　2006
Miller, Rowland S.　ミラー, ロウランド
　㊈「パーソナルな関係の社会心理学」北大路書房　2004
Miller, Roy　ミラー, ロイ
　㊆アメリカ　アメフト選手
Miller, Roy W.　ミラー, ロイ
　㊈「XPエクストリーム・プログラミング適用編」ピアソン・エデュケーション　2002
Miller, R.Tyler　ミラー, R.タイラー
　㊈「腎臓病シークレット」メディカル・サイエンス・インターナショナル　2004
Miller, Sara　ミラー, サラ
　㊈「ニモのビッグレース」大日本絵画　2013
Miller, Sara Swan　ミラー, サラ・スワン
　㊈「ワンちゃんにきかせたい3つのはなし」評論社　2007
Miller, Scott　ミラー, スコット
　㊈「子犬の健康生活」ペットライフ社, 緑書房（発売）　2008
Miller, Scott D.　ミラー, スコット・D.
　㊈「「治療不能」事例の心理療法」金剛出版　2001
Miller, Shaunae　ミラー, ショーニー
　㊆バハマ　陸上選手
Miller, Shelby　ミラー, シェルビー
　㊆アメリカ　野球選手
Miller, Sienna　ミラー, シエナ
　1981～　㊆アメリカ　女優
Miller, Stephan　ミラー, ステファン
　㊈「わかる! 心臓画像診断の要点」メディカル・サイエンス・インターナショナル　2009
Miller, Sue　ミラー, スウ
　㊈「アメリカ新進作家傑作選」DHC　2008
Miller, Thoms C.　ミラー, トーマス・C.
　㊈「ジョンベネ殺し」バジリコ　2007
Miller, Von　ミラー, ボン
　㊆アメリカ　アメフト選手
Miller, Wayne F.　ミラー, ウェイン
　1918～2013　㊆アメリカ　写真家　マグナム会長　㊉ミラー, ウエイン
Miller, W.David　ミラー, W.デビッド
　㊈「「二重奏」」三樹書房　2003
Miller, Wentworth　ミラー, ウェントワース
　1972～　㊆アメリカ　俳優
Miller, William　ミラー, ウイリアム
　1959～　㊈「ぼくの図書館カード」新日本出版社　2010
Miller, William F.　ミラー, ウィリアム・F.
　㊈「シリコンバレー」日本経済新聞社　2001
Miller, William P., II　ミラー, ウィリアム, 2世
　㊈「実践ヘッジファンド投資」日本経済新聞社　2001
Miller, William Richard　ミラー, ウイリアム・R.
　㊈「動機づけ面接法の適用を拡大する」星和書店　2016
Miller, Zach　ミラー, ザック
　㊆アメリカ　アメフト選手
Millerand, Helene　ミルラン, エレーヌ
　㊈「コケットな女」光文社　2001
Miller Frank, Felicia　ミラー・フランク, フェリシア
　1952～　㊈「機械仕掛けの歌姫」東洋書林　2010
Miller-Perrin, Cindy Lou　ミラー・ペリン, シンディー・L.
　1962～　㊈「子ども虐待問題の理論と研究」明石書店　2003
Miller-Ricci, May　ミラーリッチ, メイ
　㊈「21世紀型スキル」北大路書房　2014
Miller-Zarneke, Tracey　ミラー・ゼルニケ, トレイシー
　㊈「The Artofブレーンズ」ボーンデジタル　2015
Millet, Catherine　ミエ, カトリーヌ
　㊈「嫉妬の日々」早川書房　2012
Millet, Damien　ミレー, ダミアン
　㊈「世界の貧困をなくすための50の質問」柘植書房新社　2006
Millet, Lydia　ミレット, リディア
　㊈「女友だちの賞味期限」プレジデント社　2006
Millett, Allan Reed　ミレット, アラン・R.
　㊈「アメリカ社会と戦争の歴史」彩流社　2011
Millett, Kate　ミレット, ケイト
　㊈「マザー・ミレット」新水社　2008

Millhauser, Steven　ミルハウザー, スティーブン
　1943～　㊆アメリカ　作家　㊉ミルハウザー, スティーヴン
Millhollon, Mary　ミルホロン, メアリー
　㊈「Microsoft Office Word 2003オフィシャルマニュアル」日経BPソフトプレス, 日経BP出版センター（発売）　2004
Millidge, Judith　ミリッジ, ジュディス
　㊈「スムージー&ジュース」産調出版　2005
Milliez, Jacques　ミリエズ, ジャック
　㊆フランス　作家, 医師　パリ第6大学産婦人科学教授　㊉ミステリー
Milligan, Andy　ミリガン, アンディ
　㊈「できない人ほど、データに頼る」ダイヤモンド社　2007
Milligan, Andy　ミリガン, アンディ
　㊈「デビッド・ベッカム」ソフトバンクパブリッシング　2004
Milligan, Douglas John　ミリガン, ダグラス・ジョン
　㊆ニュージーランド　フェスティバル・オブ・ジャパン実施委員会事務局長
Milligan, J.　ミリガン, J.
　㊈「ビッグバードが教えてくれた大切なこと」PHP研究所　2005
Milligan, John　ミリガン, ジョン
　㊆アメリカ　Gilead SciencesCEO
Milligan, Peter　ミリガン, ピーター
　㊈「バットマン: ラーズ・アル・グールの復活」小学館集英社プロダクション　2012
Milligan, Spike　ミリガン, スパイク
　1918～2002　㊆イギリス　喜劇俳優, 喜劇作家
Milli Hussein, Michael　ミリ・フセイン, マイケル
　㊆南スーダン　保健相
Millikan, Ruth Garrett　ミリカン, ルース・G.
　1933～　㊉ミリカン, ルース・ギャレット　㊈「意味と目的の世界」勁草書房　2007
Milliner, Dee　ミリナー, ディー
　㊆アメリカ　アメフト選手
Millington, Barry　ミリントン, バリー
　㊈「ワーグナー」悠書館　2013
Millington, Mil　ミリントン, ミル
　㊈「ああいえばこういう。」河出書房新社　2005
Milliot, Sylvette　ミリヨ, シルヴェット
　㊈「弦楽四重奏」白水社　2008
Millman, Cynthia R.　ミルマン, シンシア・R.
　1954～　㊈「FRANKIE MANNING」幻冬舎ルネッサンス　2012
Millman, Dan　ミルマン, ダン
　1946～　㊈「運命のしくみ成功のしくみ」徳間書店　2004
Millman, John　ミルマン, ジョン
　㊆オーストラリア　テニス選手
Millman, Marcia　ミルマン, マルシア
　㊈「セブン・ラブ・アディクション」実業之日本社　2003
Millner, Denene　ミルナー, デニーン
　㊈「ドリームガールズ」小学館　2007
Millon, Marc　ミロン, マルク
　㊈「ワインの歴史」原書房　2015
Millon, Theodore　ミロン, セオドア
　㊈「自己愛の障害」金剛出版　2003
Millot, Laurent　ミヨ, ローラン
　1969～　㊈「ネコトピア」幻冬舎　2013
Mills, Alan　マイルズ, アラン
　㊆アメリカ　ボルティモア・オリオールズコーチ
Mills, Alden M.　ミルズ, オルデン・M.
　㊈「必ず、できる!」すばる舎　2015
Mills, Alec　ミルズ, アレック
　㊆アメリカ　野球選手
Mills, Alice　ミルズ
　㊆オーストラリア　競泳選手
Mills, Alice　ミルズ, アリス
　1946～　㊈「世界神話大図鑑」東洋書林　2009
Mills, Andrea　ミルズ, アンドレア
　㊈「ウソのような現実の大図鑑」東京書籍　2016
Mills, Billy　ミルズ, ビリー
　1938～　㊈「ウォッキニ」大和書房　2005
Mills, Brad　ミルズ, ブラッド
　㊆アメリカ　クリーブランド・インディアンスコーチ
Mills, Christopher　ミルズ, クリストファー
　㊈「イングリッシュ・ガーデン」求竜堂　2014
Mills, Claudia　ミルズ, クラウディア
　1954～　㊈「読書マラソン、チャンピオンはだれ?」文溪堂

Mills, Crispian　ミルズ, クリスピアン
　1973〜　国イギリス　ミュージシャン
Mills, Daniel　ミルズ, ダニエル
　1950〜　著「パワー・オブ・ナウ「今・ここ」という悟り方」徳間書店　2005
Mills, Daniel Quinn　ミルズ, D.クイン
　訳ミルズ, D.クイン　著「ハーバード流人的資源管理「入門」」ファーストプレス　2007
Mills, David　ミルズ, デヴィッド
　アメリカ探偵作家クラブ賞 TVフィーチャー・ミニシリーズ賞（2007年）"The Wire, Season 4"
Mills, D.L.　ミルズ, D.L.
　著「非線型光学の基礎」シュプリンガー・ジャパン　2008
Mills, Hannah　ミルズ, ハナ
　国イギリス　セーリング選手
Mills, Harry　ミルズ, ハリー
　1950〜　著「絶対に負けないスマート交渉術」フォレスト出版　2006
Mills, Jalen　ミルズ, ジェイレン
　国アメリカ　アメフト選手
Mills, Janet　ミルズ, ジャネット
　著「演奏を支える心と科学」誠信書房　2011
Mills, Janet　ミルズ, ジャネット
　1953〜　著「五つの約束」コスモス・ライブラリー, 星雲社（発売）2012
Mills, Jeff　ミルズ, ジェフ
　1963〜　国アメリカ　ミュージシャン, DJ
Mills, Jenna　ミルズ, ジェナ
　著「さすらいの乙女」ハーレクイン　2007
Mills, John Atta　ミルズ, ジョン・アッタ
　1944〜2012　国ガーナ　政治家　ガーナ大統領　本名＝Mills, John Evans Atta
Mills, John Lewis Ernest Watts　ミルズ, ジョン
　1908〜2005　国イギリス　俳優, 演出家
Mills, Jordan　ミルズ, ジョーダン
　国アメリカ　アメフト選手
Mills, Kyle　ミルズ, カイル
　1966〜　著「全米無差別テロの恐怖」扶桑社　2004
Mills, Magnus　ミルズ, マグナス
　1954〜　著「紙の空から」晶文社　2006
Mills, Marie　ミルズ, マリー
　著「パーソン・センタード・ケア」クリエイツかもがわ, 京都　かもがわ出版（発売）2007
Mills, Mark　ミルズ, マーク
　1963〜　国イギリス　作家, 脚本家　著ファンタジー
Mills, Mike　ミルズ, マイク
　1958〜　国アメリカ　ロック・ベース奏者　異マイルス, マイク
Mills, Mike　ミルズ, マイク
　1966〜　国アメリカ　映画監督, CMディレクター, グラフィックデザイナー
Mills, Nii Osah　ミルズ, ニー・オサ
　国ガーナ　土地・天然資源相
Mills, Patty(Patrick)　ミルズ, パティ
　国オーストラリア　バスケットボール選手
Mills, Roger W.　ミルズ, ロジャー・W.
　著「SVA戦略価値分析による企業価値評価法」東洋経済新報社　2002
Mills, Sara　ミルズ, サラ
　1954〜　著「ミシェル・フーコー」青土社　2006
Mills, Steve　ミルズ, スティーブ
　国アメリカ　ニューヨーク・ニックスGM
Mills, William J.　ミルズ, ウィリアム・J.
　著「プロジェクト・マネジャーが知るべき97のこと」オライリー・ジャパン, オーム社（発売）2011
Millsap, Paul　ミルサップ, ポール
　国アメリカ　バスケットボール選手
Millstein, Seth　ミルスタイン, セス
　著「ドナルド・トランプ, 大いに語る」講談社　2016
Millstine, Wendy　ミルスタイン, ウェンディ
　著「朝5分スピリチュアル・セラピー」主婦の友社　2007
Millstone, Erik　ミルストーン, エリック
　著「食料の世界地図」丸善　2009
Millward, Gwen　ミルワード, グウェン
　訳ミルウォード, グウェン　著「まほうの森のプニュル」小学館　2012
Millwood, Kevin　ミルウッド, ケビン
　1974〜　国アメリカ　野球選手　本名＝Millwood, Kevin Austin
Mil Mascaras　ミル・マスカラス
　1942〜　国メキシコ　プロレスラー　本名＝ロドリゲス, アロン〈Rodriguez, Aaron〉
Milne, Derek L.　ミルン, デレク・L.
　1949〜　著「ソーシャルセラピー」ミネルヴァ書房　2004
Milne, Hugh　ミルン, ヒュー
　著「ザ・ハート・オブ・リスニング」産学社エンタプライズ出版部　2008
Milne, Jo　ミルン, ジョー
　1974〜　著「音に出会った日」辰巳出版　2016
Milne, Kevin Alan　ミルン, ケヴィン・アラン
　1973〜　著「ペーパーバッグクリスマス」いのちのことば社フォレストブックス　2016
Milne, Markus　ミルン, マーカス
　著「トリプルボトムライン」創成社　2007
Milne, Rebecca　ミルン, R.
　著「取調べの心理学」北大路書房　2003
Milne, Simon　ミルン, サイモン
　著「ニュージーランド」ほるぷ出版　2010
Milne, Stephen　ミルン
　国イギリス　水泳選手
Milner, A.David　ミルナー, デイヴィッド
　著「もうひとつの視覚」新曜社　2008
Milner, Angela C.　ミルナー, アンジェラ
　著「恐竜事典」あすなろ書房　2008
Milner, Chris　ミルナー, C.
　著「産業内貿易の経済学」文真堂　2008
Milner, Hoby　ミルナー, ホビー
　国アメリカ　野球選手
Milner, James　ミルナー, ジェームズ
　国イングランド　サッカー選手
Milner, Judith　ミルナー, J.
　著「ソーシャルワーク・アセスメント」ミネルヴァ書房　2001
Milner, Rebecca　ミルナー, レベッカ
　著「ビジネスで使える英語のことわざ・名言100」IBCパブリッシング　2016
Milner, Yuri　ミルナー, ユリ
　国ロシア　投資家　異ミルナー, ユーリー
Milner-Gulland, Robin R.　ミルナー・ガランド, ロビン
　著「ロシア・ソ連史」朝倉書店　2008
Milner-skudder, Nehe　ミルナー＝スカッダー, ネヘ
　国ニュージーランド　ラグビー選手
Milnor, J.　ミルナー, J.
　著「モース理論」吉岡書店　2004
Milnor, John　ミルナー, ジョン
　国アメリカ　ニューヨーク州立大学ストーニーブルック校　アーベル賞（2011年）
Milnor, John Willard　ミルナー, ジョン・ウィラード
　1931〜　国アメリカ　数学者　ニューヨーク州立大学ストーニーブルック校教授　著微分位相幾何学
Milo, Paskal　ミロ, パスカル
　国アルバニア　外相
Milo, Roni　ミロ, ロニ
　国イスラエル　地域協力相
Milon, J.Walter　マイロン, J.ワルター
　著「食品安全と栄養の経済学」農林統計協会　2002
Milone, Tommy　ミローン, トミー
　国アメリカ　野球選手
Miloš　ミロシュ
　1983〜　ギター奏者　本名＝カラダグリッチ, ミロシュ〈Karadaglic, Miloš〉
Milosavlević, Tomica　ミロサブリェビッチ, トミツァ
　国セルビア　保健相
Milosavljević, Slobodan　ミロサブリェビッチ, スロボダン
　国セルビア　貿易・サービス相
Milosavljević, Tomica　ミロサブリェビッチ, トミツァ
　国セルビア　保健相
Milosevic, Alexander　ミロセビッチ, アレクサンデル
　国スウェーデン　サッカー選手
Milošević, Domagoj Ivan　ミロシェビッチ, ドマゴイ・イバン
　国クロアチア　副首相（投資担当）
Milošević, Dragan　ミロセビッチ, ドラガン
　著「プロジェクトマネジメント・ツールボックス」鹿島出版会　2007
Milošević, Slobodan　ミロシェヴィッチ, スロボダン

1941～2006 [国]セルビア・モンテネグロ　政治家　ユーゴスラビア連邦大統領　[異]ミロシェビッチ, スロボダン / ミロセビッチ

Milošević, Tarzan　ミロシェビッチ, タルザン
[国]モンテネグロ　農業・農村開発相

Milososki, Antonio　ミロショスキ, アントニオ
[国]マケドニア　外相

Miłosz, Czesław　ミウォシュ, チェスワフ
1911～2004 [国]ポーランド　詩人, 随筆家　カリフォルニア大学教授　[異]ミロシュ, チェスワフ

Milous, Sofiane　ミル
[国]フランス　柔道選手

Milovanović, Dragan　ミロバノビッチ, ドラガン
[国]セルビア　労働雇用相

Milovanovic, Nicolas　ミロヴァノヴィチ, ニコラ
[著]「マリー・アントワネット」 原書房　2015

Milovanović, Vojislav　ミロバノビッチ, ボイスラブ
[国]セルビア　宗教相

Milquet, Joëlle　ミルケ, ジョエル
[国]ベルギー　副首相兼内務・機会均等相

Milrod, Barbara　ミルロッド, バーバラ・L.
[異]ミルロッド, バーバラ　[著]「パニック症と不安症への精神力動的心理療法」 金剛出版　2015

Milroy, Patrick　ミルロイ, パトリック
[著]「ランニング解剖学」 ベースボール・マガジン社　2010

Milsom, Clare　ミルソム, クレア
[著]「ひとめでわかる化石のみかた」 朝倉書店　2005

Milsom, Jeffrey W.　ミルソム, J.W.
[著]「腹腔鏡下大腸手術」 シュプリンガー・ジャパン　2007

Milsom, Lauren　ミルソム, ローレン
[著]「左利きの子」 東京書籍　2009

Milstein, César　ミルスタイン, セザール
1927～2002 [国]イギリス　分子生物学者, 免疫学者　ケンブリッジ分子生物学研究所副所長　[異]ミルシュタイン, セザール / ミルスタイン, シーザー / ミルスタイン, セサル / ミルステイン

Milstein, Cindy　ミルスタイン, シンディ
[著]「アナキズムの展望」 『アナキズム叢書』刊行会, 『アナキズム』誌編集委員会 (発売)　2014

Milstein, Sarah　ミルスタイン, サラ
[著]「Google」 オライリー・ジャパン, オーム社 (発売)　2004

Miltenberger, Raymond G.　ミルテンバーガー, レイモンド・G.
[著]「行動変容法入門」 二瓶社　2006

Milton, Chris　ミルトン, クリス
[国]アメリカ　アメフト選手

Milton, Giles　ミルトン, ジャイルズ
1966～ [著]「レーニン対イギリス秘密情報部」 原書房　2016

Milton, Jane　ミルトン, J.
[著]「精神分析入門講座」 岩崎学術出版社　2006

Milton, Keavon　ミルトン, キーボン
[国]アメリカ　アメフト選手

Milton, Michael　ミルトン, マイケル
[著]「Head Firstデータ解析」 オライリー・ジャパン, オーム社 (発売)　2010

Milton, Nick J.　ミルトン, ニック
[著]「プロジェクト・ナレッジ・マネジメント」 生産性出版　2009

Milton, Stephanie　ミルトン, ステファニー
[著]「MINECRAFTサバイバーズの秘密の本」 技術評論社　2016

Milunsky, Aubrey　ミランスキー, オーブリー
[著]「あなたの病気は遺伝かもしれない」 朝日新聞社　2002

Milutinovic, Bora　ミルティノヴィッチ, ボラ
1944～ [国]セルビア　サッカー指導者, 元サッカー選手　サッカー中国代表監督, サッカー・イラク代表監督　本名＝ミルティノヴィッチ, ベリボール〈Milutinovic, Velibor〉 [異]ミルチノビッチ, ボラ

Milutinović, Milan　ミルティノヴィッチ, ミラン
1942～ [国]セルビア　法律家, 政治家　セルビア共和国大統領　[異]ミルティノビッチ, ミラン

Milward, Peter　ミルワード, ピーター
1925～ [著]「ミルワード先生のシェイクスピア講義」 彩流社　2016

Milyukov, Pavel　ミリュコフ, パヴェル
[国]ロシア　チャイコフスキー国際コンクール ヴァイオリン 第3位 (2015年 (第15回))

Mimica, Neven　ミミツァ, ネベン
[国]クロアチア　副首相 (内政・外交・EU担当)

Mimiko, Rahman　ミミコ, ラーマン
[国]ナイジェリア　住宅・都市開発相

Mimoune, Smail　ミムーン, スマイル
[国]アルジェリア　観光・手工業相

Mimouni, Gilles　ミモーニ, ジル
1956～ [著]「ホワイト・ライズ」 竹書房　2004

Mims, Cedric A.　ミムス, セドリック
[著]「ひとが死ぬとき」 青土社　2001

Min, Kyung Ji　ミン・キュンジ
[国]韓国　ロン・ティボー・クレスパン国際音楽コンクール ヴァイオリン 第4位 (2014年 (第42回))

Min, Willemien　ミン, ウィレミーン
1956～ [著]「はいいろねずみのフレイシェ」 文溪堂　2007

Mina, Carlos Andres　ミナ, カルロス
[国]エクアドル　ボクシング選手

Miná, Gianni　ミナ, ジャンニ
ベルリン国際映画祭 ベルリナーレ・カメラ賞 (第57回 (2007年))

Minah, Vandi Chidi　ミナ, バンディ・チディ
[国]シエラレオネ　交通・航空相

Minahan, Brian　ミナハン, ブライアン
1952～ [著]「日本で仕事がなくなってもグローバル企業で働ける人になる本」 中経出版　2012

Minaj, Nicki　ミナージュ, ニッキー
1982～ [国]アメリカ　歌手

Minakir, Pavel Aleksandrovich　ミナキル, パーヴェル
1947～ [国]ロシア　経済学者　ロシア科学アカデミー極東研究所経済研究所所長

Minala, Joseph　ミナラ, ジョセフ
[国]カメルーン　サッカー選手

Minallah, Fauzia Aziz　ミナラ, フォージア
1962～ [著]「サダコの祈り」 ANT-Hiroshima　c2008

Minami, Shion　ミナミ, シオン
[国]日本　ロン・ティボー・クレスパン国際音楽コンクール ヴァイオリン 第2位 (2005年 (第35回)) ほか　漢字名＝南紫音

Minami, Thomas　ミナミ, トマ
[国]ブルンジ　通産相

Minasi, Mark　ミナシ, マーク
[著]「Windows NT/2000管理者のためのLinux相互運用ガイド」 IDGジャパン　2001

Minasyan, Artsvik　ミナシャン, アルツビク
[国]アルメニア　環境相

Minasyan, Gor　ミナシャン, ゴリ
[国]アルメニア　重量挙げ選手

Minaya, Jorge　ミナヤ, ホルヘ
[国]ドミニカ共和国　青年相

Minaya, Juan　ミナヤ, ホアン
[国]ドミニカ共和国　野球選手

Minc, Carlos　ミンク, カルロス
[国]ブラジル　環境相

Minchin, Nick　ミンチン, ニック
[国]オーストラリア　予算・行政相

Minchinton, Jerry　ミンチントン, ジェリー
[著]「自分の価値に気づくヒント」 ディスカヴァー・トゥエンティワン　2016

Mincuzzi, Angelo　ミンクッツィ, アンジェロ
[著]「世界の権力者が寵愛した銀行」 講談社　2015

Mincza-nébald, Ildikó　ミンツァナバルド
[国]ハンガリー　フェンシング選手　[異]ミンツァ

Mindaoudou, Aichatou　ミンダウドゥ, アイシャトゥ
[国]ニジェール　外相　[異]ミンダウドゥ, アイチャトゥ

Mindell, Amy　ミンデル, エイミー
[著]「クリエイティブ・プロセスワーク」 春秋社　2013

Mindell, Arnold　ミンデル, アーノルド
1940～ [著]「ワールドワーク」 誠信書房　2013

Mindell, Earl　ミンデル, アール
1940～ [著]「ミンデル博士のダイエット・バイブル」 ネコ・パブリッシング　2004

Minder, Robert　マンデル, ロベール
[著]「アドラーの思い出」 創元社　2007

Minderhoud, Hans Peter　ミンデルフート, ハンスペーター
[国]オランダ　馬術選手　[異]ミンデルフート

Mindorashvili, Revazi　ミンドラシビリ
[国]ジョージア　レスリング選手

Mineebani, Abdul-Nasser　ミニバニ, アブドルナセル
[国]イエメン　保健・人口相

Minelli, Laura Laurencich　ミネリ, ラウラ・ラウレンチック
[著]「インカ帝国歴史図鑑」 東洋書林　2002

Miner, Al　マイナー, アル

[著]「死後世界へのソウルガイド&ナビゲーション」 徳間書店 2011
Miner, Earl マイナー, アール
1927～2004 [国]アメリカ プリンストン大学教授 [専]英文学, 比較文学
Miner, Robert C. マイナー, ロバート・C.
[著]「フィボナッチブレイクアウト売買法」 パンローリング 2010
Minervini, Mark ミネルヴィニ, マーク
[著]「成長株投資の神」 パンローリング 2016
Mineta, Norman ミネタ, ノーマン
[国]アメリカ 運輸長官
Ming ミン
1973～ [国]台湾 ミュージシャン 漢字名＝冠佑
Mingarelli, Hubert マンガレリ, ユベール
1956～ [著]「おわりの雪」 白水社 2013
Mingau, Muriel マンゴー, ミュリエル
1961～ [著]「黒グルミのからのなかに」 西村書店 2007
Minger, Elda ミンガー, エルダ
[著]「炎の夜」 ハーレクイン 2009
Mingers, John ミンガース, ジョン
[著]「経営と社会」 同友館 2001
Minghella, Anthony ミンゲラ, アンソニー
1954～2008 [国]イギリス 映画監督, 劇作家, 脚本家
Mingins, Christine ミンギンズ, クリスティン
[著]「デザインパターンと契約」 ピアソン・エデュケーション 2001
Mingmoon, Witoon ミンムーン, ウィトゥーン
[国]タイ 重量挙げ選手
Mingo, Barkevious ミンゴ, バークビアス
[国]アメリカ アメフト選手
Mings, Tyrone ミングス, タイロン
[国]イングランド サッカー選手
Minguzzi, Andrea ミングッツィ
[国]イタリア レスリング選手
Minh, Pham Binh ミン, ファム・ビン
[国]ベトナム 副首相兼外相
Minh-ha, Trinh T. ミンハ, トリン・T.
1952～ [国]アメリカ 詩人, 作家, 映像作家, 作曲家 カリフォルニア大学バークレー校教授 [専]女性学, 映像論
Minh Hanh ミン・ハン
1961～ [国]ベトナム ファッションデザイナー
Minibaev, Viktor ミニバエフ, ビクトル
[国]ロシア 水泳選手
Minichmayr, Birgit ミニヒマイヤー, ビルギット
ベルリン国際映画祭 銀熊賞 女優賞(第59回(2009年)) "Alle Anderen"
Minier, Bernard ミニエ, ベルナール
1960～ [著]「氷結」 ハーパーコリンズ・ジャパン 2016
Minirth, Frank B. ミナース, フランク
[著]「「うつ」をやめれば、楽になる」 PHP研究所 2005
Minister, Peter ミニスター, ピーター
[著]「スーパービジュアル恐竜図鑑」 講談社 2016
Miniter, Richard ミニター, リチャード
[著]「なぜ企業はシェアで失敗するのか！」 日本経済新聞社 2003
Miniter, Richard F. ミニター, リチャード・F.
[著]「僕がほしいのはパパとママと釣りざおだった」 PHP研究所 2002
Mink, Janis ミンク, ヤニス
[異]ミンク, ジャニス [著]「マルセル・デュシャン」 Taschen c2001
Mink, Nicolaas ミンク, ニコラース
[著]「鮭の歴史」 原書房 2014
Mink, Patsy Takemoto ミンク, パツィー・タケモト
1927～2002 [国]アメリカ 政治家, 弁護士 米国国務次官補, 米国下院議員(民主党)
Minkara, Ahmad Sami ミンカラ, アハマド・サミ
[国]レバノン 教育・高等教育相
Minke, Gernot ミンケ, ゲルノート
[著]「土・建築・環境」 西村書店東京出版編集部 2010
Minkel, Jean ミンケル, ジーン
1958～ [著]「車いすの選び方」 医学書院 2001
Min Khin ミン・クン
[国]カンボジア 宗教問題相
Minkjan, Mark ミンクヤン, マーク
[著]「We Own The City」 フィルムアート社 2015
Minkler, Michael ミンクラー, マイケル
アカデミー賞 音響賞(第79回(2006年)) "Dreamgirls"
Minkoff, Eli C. ミンコフ, イーライ・C.
[著]「コルバート・脊椎動物の進化」 築地書館 2004
Minkoff, Rebecca ミンコフ, レベッカ
[国]アメリカ ファッションデザイナー
Minkoff, Rob ミンコフ, ロブ
1962～ [国]アメリカ 映画監督
Minkov, Michael ミンコフ, マイケル
1959～ [著]「多文化世界」 有斐閣 2013
Minkowski, Eugène ミンコフスキー, E.
[著]「生きられる時間」 みすず書房 2005
Minkowski, Marc ミンコフスキ, マルク
1962～ [国]フランス 指揮者
Min Kyaw ウ・ミンジョー
1933～ [著]「夜明けの蓮」 米子今井書店 2002
Minna, Maria ミンナ, マリア
[国]カナダ 国際協力相
Minnaar, Hannes ミナー, ハンネス
[国]オランダ エリザベート王妃国際コンクール ピアノ 第3位(2010年)
Minne ミンヌ
1956～ [著]「スキ…」 くもん出版 2005
Minne, Brigitte ミンネ, ブリジット
1962～ [異]ミンネ, ビルヒッテ [著]「魔女になりたかった妖精」 ブロンズ新社 2002
Minnelli, Liza ミネリ, ライザ
1946～ [国]アメリカ 女優, 歌手 本名＝Minnelli, Liza May
Minnery, John ミネリー, ジョン
[著]「ザ・暗殺術」 第三書館 2002
Minney, Safia ミニー, サフィア
[著]「By Hand」 幻冬舎ルネッサンス 2009
Minnick, Chris ミニック, クリス
[著]「XHTML技術大全」 ピアソン・エデュケーション 2002
Minnick, Mary E. ミニック, メアリー
1959～ [国]アメリカ 実業家 ライオンキャピタルパートナー コカ・コーラ副社長
Minning, Michel ミニグ, ミシェル
1952～ [国]スイス 人道支援活動家 赤十字国際委員会(ICRC)南米駐在代表, 赤十字国際委員会(ICRC)ペルー駐在代表 [異]ミニング, ミシェル
Minnis, Hubert ミニス, ヒューバード
[国]バハマ 保健相 [異]ミニス, ヒューバート
Minnis, Ivan ミニス, イアン
[著]「北アイルランド紛争」 文渓堂 2003
Minniti, Marco ミンニーティ, マルコ
[国]イタリア 内相
Minogue, Kylie ミノーグ, カイリー
1968～ [国]オーストラリア 歌手, 女優 本名＝Minogue, Kylie Ann
Minois, Georges ミノワ, ジョルジュ
1946～ [著]「無神論の歴史」 法政大学出版局 2014
Minor, Halsey マイナー, ハルシー
[国]アメリカ 起業家 Uphold会長・チーフビジョナリー・創業者, シーネット創業者
Minor, Marian マイナー, メリアン
[著]「慢性疾患自己管理ガイダンス」 日本看護協会出版会 2001
Minor, Mike マイナー, マイク
[国]アメリカ 野球選手
Minor, Vernon Hyde マイナー, ヴァーノン・ハイド
[著]「美術史の歴史」 ブリュッケ, 星雲社(発売) 2003
Minor, Wendell マイナー, ウェンデル
[著]「レイチェル」 BL出版 2005
Minore, Renato ミノーレ, R.
[著]「風と一縷の愛」 思潮社 2013
Minoski, Kiril ミノスキ, キリル
[国]マケドニア 財務相
Miñoso, Minnie ミニョソ, ミニー
1922～2015 [国]アメリカ 野球選手 本名＝Miñoso, Saturnino Orestes Armas Arrieta [異]ミノーソ, ミニー / ミノソ, ミニー
Minot, Susan マイノット, スーザン
[著]「いつか眠りにつく前に」 河出書房新社 2008
Minoui, Delphine ミヌイ, デルフィヌ
1974～ [著]「わたしはノジュオド、10歳で離婚」 河出書房新社 2010
Minow, Martha ミノウ, マーサ
1954～ [著]「復讐と赦しのあいだ」 信山社出版, 大学図書(発売) 2003

M

Minsky, Marvin Lee ミンスキー, マービン
1927〜2016 [国]アメリカ コンピューター科学者 マサチューセッツ工科大学名誉教授 [専]人工知能(AI), ロボット [異]ミンスキー, マーヴィン
Mintekoé, Thierry Marie ミンテコエ, ティエリ・マリ
[国]中央アフリカ 治安・移民相
Minter, J. ミンター, ジェイ
[国]アメリカ 作家 [専]その他
Minter, Kevin ミンター, ケビン
[国]アメリカ アメフト選手
Min Thein ミン・テイン
[国]ミャンマー SPDC議長担当相
Min Thein Kha ミンテインカ
1939〜 [著]「マヌサーリー」 てらいんく 2004
Minto, Barbara ミント, バーバラ
[著]「考える技術・書く技術 ワークブック」 ダイヤモンド社 2006
Minto, Francesco ミント, フランチェスコ
[国]イタリア ラグビー選手
Mintoff, Dominic ミントフ, ドミニク
1916〜2012 [国]マルタ 政治家 マルタ首相 別名＝ミントフ, ドム〈Mintoff, Dom〉
Minton, Kekuni ミントン, ケクニ
[著]「トラウマと身体」 星和書店 2012
Minton, Stephen James ミントン, スティーブン・ジェームズ
[著]「教育現場で役立つ心理学の基礎」 福村出版 2015
Minton, T.D. ミントン, T.D.
[著]「日本人の英語表現」 研究社 2012
Mintz, Elliot ミンツ, エリオット
[著]「メモリーズ・オブ・ジョン」 イースト・プレス 2006
Mintz, Shlomo ミンツ, シュロモ
1957〜 [国]イスラエル バイオリニスト
Mintz, Sidney W. ミンツ, シドニー
[著]「マクドナルドはグローバルか」 新曜社 2003
Mintzberg, Henry ミンツバーグ, ヘンリー
[著]「私たちはどこまで資本主義に従うのか」 ダイヤモンド社 2015
Mintzer-McMahon, Barbara ミンツァー＝マクマホン, バーバラ
[著]「リーダーシップ・マスター」 英治出版 2013
Mintzi, Vali ミンツィ, ヴァリ
1971〜 [著]「白い池黒い池」 光村教育図書 2015
Minucci, Daria ミヌッチ, ダリア
[著]「医学の暴力にさらされる女たち」 インパクト出版会 2002
Minuchin, Salvador ミニューチン, サルバドール
[著]「家族・夫婦面接のための4ステップ」 金剛出版 2010
Minutko, Vitaliĭ Leonidovich ミヌートコ, ヴィタリー・レオニードヴィッチ
[著]「うつ病」 星和書店 2016
Minwoo ミヌ
1980〜 [国]韓国 歌手 ソロ名＝M
Minyana, Philippe ミンヤナ, フィリップ
1946〜 [著]「亡者の家 プロムナード」 れんが書房新社 2011
Minzenberg, Michael J. ミンゼンバーグ, マイケル・J.
[著]「サイコパシー・ハンドブック」 明石書店 2015
Miodownik, Mark ミーオドヴニク, マーク
[著]「人類を変えた素晴らしき10の材料」 インターシフト, 合同出版(発売) 2015
Mion, Jeremie ミオン, ジェレミ
[国]フランス セーリング選手
Miou-Miou ミュウ・ミュウ
1950〜 [国]フランス 女優 本名＝Héry, Sylvette [異]ミウ・ミウ
Miqdad, Kassem ミクダド, カッセム
[国]シリア 観光相
Miquel, Pierre Gabriel Roger ミケル, ピエール
1930〜2007 [国]フランス ソルボンヌ大学教授, ジャーナリズム研修学院長 [専]歴史, マスコミ論 [異]ミケル, ピエール＝ガブリエル＝ロジェ
Miquilena, Luis ミキレナ, ルイス
[国]ベネズエラ 内務法務相
Mir, Amidou ミル, アミドゥ
[国]フランス 自転車選手
Mir, Amir ミール, アミール
[著]「ジハード戦士真実の顔」 作品社 2008
Mirabai, Chanu Saikhom ミラバイ, チャヌ
[国]インド 重量挙げ選手
Mirabal, Jaime David ミラバル, ハイメ・ダビド
[国]ドミニカ共和国 環境・天然資源相 [異]ミラバル, ハイメ・ダビ
Mirabal Acosta, Roberto Ignacio ミラバル・アコスタ, ロベルト・イグナシオ
[国]ベネズエラ 鉱業開発・エコロジー相
Mirabella, Erin ミラベラ
[国]アメリカ 自転車選手
Miracle, Donna Jo ミラクル, ドナ・ジョー
[著]「エビデンスに基づく看護学教育」 医学書院 2003
Miraliyev, Movlud ミラリエフ
[国]アゼルバイジャン 柔道選手
Mirallas, Kevin ミララス, ケヴィン
[国]ベルギー サッカー選手
Miralles, Francesc ミラージェス, フランセスク
1968〜 [国]スペイン 作家 [専]フィクション, スピリチュアル, ヤングアダルト
Mirambo, Prosper Kibuey ミランボ, プロスペル・キブエ
[国]コンゴ民主共和国 公共事業相
Miranda ミランダ
[国]ブラジル サッカー選手
Miranda, Ariel ミランダ, アリエル
[国]キューバ 野球選手
Miranda, Arturo ミランダ
[国]カナダ 飛び込み選手
Miranda, Claudio ミランダ, クラウディオ
アカデミー賞 撮影賞(第85回(2012年)) "Life of Pi"
Miranda, Erika ミランダ, エリカ
[国]ブラジル 柔道選手
Miranda, João Bernardo de ミランダ, ジョアン・ベルナルド・デ
[国]アンゴラ 外相
Miranda, Lin-Manuel ミランダ, リン・マニュエル
[国]アメリカ ミュージカル作曲家
Miranda, Patricia ミランダ
[国]アメリカ レスリング選手
Miranda, Rosa America ミランダ, ロサ・アメリカ
[国]ホンジュラス 労相
Miranda Nava, Luis Enrique ミランダ・ナバ, ルイス・エンリケ
[国]メキシコ 社会開発相
Miran Fashandi, Mahmoud Reza ミランファシャンディ
[国]イラン 柔道選手
Mirante, Antonio ミランテ, アントニオ
[国]イタリア サッカー選手
Miranti, Paul J., Jr. ミランティ, P.J., Jr.
[著]「ファイナンス発達史」 文眞堂 2005
Mirarchi, Adam J. ミラーチ, アダム・J.
[著]「臨床実習へのステップアップ」 メディカル・サイエンス・インターナショナル 2004
Mirbekov, Serik ミルベコフ, セリク
[国]ウズベキスタン カヌー選手
Mirchandani, Bharati ミルチャンダニ, バーラティ
[著]「静寂の瞬間」 ナチュラルスピリット 2007
Mireille, Ossey ミレイユ, オセイ
[国]ニジェール 労働相
Mireille Martin, Maria Francesca ミレイユ・マルタン, マリア・フランセスカ
[国]モーリシャス 男女平等・児童教育・家族福祉相
Miret Prieto, Pedro ミレ・プリエト, ペドロ
[国]キューバ 閣僚評議会副議長
Mirghani, Ahamad Al ミルガニ, アハマド・アル
1941〜2008 [国]スーダン 政治家 スーダン大統領 [異]ミルガニ, アフメド
Mirghani Hussein, Ammar ミルガニ・フセイン, アンマール
[国]スーダン イスラム指導相
Mirheydar, Dorreh ミールヘイダール, ドーレ
[著]「イラン」 ほるぷ出版 2009
Mir-Hosseini, Ziba ミール＝ホセイニー, ズィーバー
[著]「イスラームとジェンダー」 明石書店 2004
Mirikitani, Jimmy ミリキタニ, ジミー
1920〜2012 [国]アメリカ 画家 姓の漢字名＝三力谷 [異]ミリキタニ, ジミー・ツトム / ミリキタニ, ツトム
Mirimanov, Vil' Borisovich ミリマノフ, ヴィーリ
[著]「ロシア・アヴァンギャルドと20世紀の美的革命」 未来社 2001
Miringtoro, Jimmy ミリングトロ, ジミー
[国]パプアニューギニア 通信情報技術相
Mirisch, Marvin ミリッシュ, マービン

1918〜2002　国アメリカ　映画プロデューサー
Mirkazemi, Masoud　ミルカゼミ, マスード
　国イラン　石油相
Mirman, Anne　ミルマン, アンヌ
　1945〜　著「ぼくは青ねこ」ディー・ティー・ジャパン　c2014
Mirnyi, Max　ミルヌイ, マックス
　1977〜　国ベラルーシ　テニス選手　本名＝Mirnyi, Maxim Nikolaevich
Miro, Mohamad Mustafa　ミロ, モハマド・ムスタファ
　国シリア　首相　列ミロ, モハメド・ムスタファ
Mironchyk-Ivanova, Nastassia　ミロンチュクイワノワ
　国ベラルーシ　陸上選手
Mironcic, Florin Georgian　ミロンチイッチ
　国ルーマニア　カヌー選手
Mironov, Evgenii　ミロノフ, エフゲニー
　1966〜　国ロシア　俳優　本名＝Mironov, Evgenii Vitalievich
　列ミローノフ, エヴゲーニー
Mironov, Gennady　ミロノフ, ゲナディ
　著「プロジェクト・マネジャーが知るべき97のこと」オライリー・ジャパン, オーム社（発売）　2011
Mironov, Sergei Mikhailovich　ミロノフ, セルゲイ
　1953〜　国ロシア　政治家　ロシア下院議員, 公正ロシア党首　ロシア上院議長　列ミローノフ, セルゲイ
Mironova, Ekaterina　ミロノワ
　国ロシア　スケルトン選手
Mirotic, Nikola　ミロティッチ, ニコラ
　国スペイン　バスケットボール選手
Mirren, Helen　ミレン, ヘレン
　1945〜　国イギリス　女優　本名＝Mirren, Helen Lydia
Mirrlees, James Alexander　マーリーズ, ジェームズ
　1936〜　国イギリス　経済学者　ケンブリッジ大学名誉教授　専公共経済学
Mir-tajeddini, Mohammad-Reza　ミルタジェッディニ, モハマドレザ
　国イラン　副大統領（国会担当）
Mirtskhulava, David　ミルツフラワ, ダビド
　国ジョージア　燃料エネルギー相
Mirza, Abdulhussain bin Ali　ミルザ, アブドルフセイン・ビン・アリ
　国バーレーン　電力水利相
Mirza, Haroon　ミルザ, ハルーン
　国イギリス　ヴェネチア・ビエンナーレ 銀獅子賞（2011年（第54回））
Mirza, Jill　ミルザ, ジル
　著「混色の実践テクニック」グラフィック社　2002
Mirza, Sania　ミルザ, サニア
　国インド　テニス選手
Mirzaev, Zoyir　ミルザエフ, ゾイル
　国ウズベキスタン　副首相兼農業水利相
Mirzaeva, Yodgoroy　ミルザエワ, ヨドゴロイ
　国ウズベキスタン　ボクシング選手
Mirzakhani, Maryam　ミルザハニ, マリアム
　1977〜　国イラン　数学者　スタンフォード大学教授　専タイヒミューラー理論, 双曲幾何学, エルゴード理論ほか
Mirzakhanian, Emil　ミルザッカニアン, エミール
　1960〜　国イタリア　ファッションデザイナー　ミルザッカニアン・オーナー
Mirzakhidov, Khurshid　ミルザヒドフ, フルシド
　国ウズベキスタン　情報通信技術開発相
Mirzayev, Ruslan　ミルザエフ, ルスラン
　国ウズベキスタン　国防相
Mirzayev, Turan　ミルゾエフ
　国アゼルバイジャン　重量挙げ選手
Mirziyoyev, Shavkat M.　ミルジヨエフ, シャフカト・M.
　国ウズベキスタン　大統領
Mirzo, Sherali　ミルゾ, シェラリ
　国タジキスタン　国防相
Misa, Telefoni Retzlaff　ミサ・テレフォニ・レッツラフ
　国サモア　副首相兼商業・産業・労働相　列ミサ・テレフォニ
Misajlovski, Vlado　ミサヤロフスキ, ブラド
　国マケドニア　運輸・通信相
Misaka, Jeanette M.　ミサカ, ジャネット・M.
　国アメリカ　元・日系米国人市民連盟ソルトレイク・シティ支部長, 元・日系米国人市民連盟山間部地区代表
Misanchuk, Melanie　ミサンチャク, メラニー
　著「インストラクショナルデザインの理論とモデル」北大路書房

2016
Misani, Nicola　ミザーニ, ニコラ
　著「保険リスクの証券化と保険デリバティブ」シグマベイスキャピタル　2002
Misbah, Hesham　メシバ
　国エジプト　柔道選手
Misch, Rochus　ミッシュ, ローフス
　1917〜2013　国ドイツ　ナチス・ドイツのヒトラーの護衛　列ミッシュ, ローフス
Mischel, Walter　ミシェル, ウォルター
　著ミシェル, W. 著「マシュマロ・テスト」早川書房　2015
Mischkind, Louis A.　ミスキンド, ルイス・A.
　著「熱狂する社員」英治出版　2006
Mischnick, Wolfgang　ミシュニク, ウォルフガング
　1921〜2002　国ドイツ　政治家　西ドイツ自由民主党（FDP）院内総務
Misejnikov, Stas　ミセジニコフ, スタス
　国イスラエル　観光相
Miserendino, Leo J.　ミセレンディーノ, レオ
　著「Lasers in dentistry」クインテッセンス出版　2004
Miserey, Yves　ミズレー, イヴ
　著「魚のいない海」NTT出版　2009
Miserocchi, H.Kevin　ミゼロッキ, H.ケヴィン
　著「アダムス・ファミリー全集」河出書房新社　2011
Misezhnikov, Stas　ミセジニコフ, スタス
　国イスラエル　観光相
Misfeldt, Trevor　ミスフェルト, トレバー
　1969〜　著「Javaスタイルブック」翔泳社　2009
Mishabae　ミシャバエ
　著「パートナー・ヨーガ」産調出版　2005
Mishal, Nissim　ミシャル, ニシム
　1949〜　著「モサド・ファイル」早川書房　2014
Mishan, E.J.　ミシャン, E.J.
　1917〜2014　国イギリス　経済学者　ロンドン大学経済学教授　専厚生経済学, 環境問題　別名＝ミシャン, エドワード・ジョシュア〈Mishan, Edward Joshua〉
Mishchuk, Taras　ミシチュク, タラス
　国ウクライナ　カヌー選手
Mishin, Aleksey　ミチン
　国ロシア　レスリング選手
Mishra, Kalraj　ミシュラ, カルラージ
　国インド　中小零細企業相
Mishra, Pankaj　ミシュラ, パンカジ
　1969〜　著「アジア再興」白水社　2014
Misi, Koa　ミシ, コア
　国アメリカ　アメフト選手
Misiano, Christopher　ミシアノ, クリストファー
　エミー賞 プライムタイム・エミー賞 最優秀監督賞（ドラマシリーズ）（第55回（2003年））"The West Wing"
Misihairabwimushonga, Priscilla　ミシハイラブウィムションガ, プリシラ
　国ジンバブエ　地域統合・国際協力相
Misino, Dominick J.　ミシーノ, ドミニク・J.
　著「NYPD no.1ネゴシエーター最強の交渉術」フォレスト出版　2005
Miskin, Michael　ミスキン, マイケル
　国スリナム　労働・技術開発・環境相
Miškov, Juraj　ミシュコフ, ユライ
　国スロバキア　経済相
al-Mismari, Saleh Rajab　ミスマリ, サレハ・ラジャブ
　国リビア　公安書記（公安相）
Misner, Ivan R.　マイズナー, アイヴァン
　1956〜　著「リファーラルマーケティング」デイメーカーズ・パブリッシング, アチーブメント出版（発売）　2015
Misner, Stacia　ミズナー, ステイシア
　著「意思決定を支えるビジネスインテリジェンス」日経BPソフトプレス, 日経BP出版センター（発売）　2007
Misner, Stacia　ミズナー, ステイシア
　著「Microsoft SQL Server 2005オフィシャルマニュアル」日経BPソフトプレス, 日経BP出版センター（発売）　2007
Missambo, Paulette　ミサンボ, ポーレット
　国ガボン　公共保健相
Missillier, Steve　ミシリエ
　国フランス　アルペンスキー選手
Missiroli, Massimo　ミシローリ, マッシモ
　著「かたつむりタクシーそろりごう」大日本絵画　〔2009〕

Missiroli, Simone　ミッシローリ, シモーネ
　国イタリア　サッカー選手
Missongo, Pascal Désiré　ミソンゴ, パスカル・デジレ
　国ガボン　治安・移民相
Missoni, Angera　ミッソーニ, アンジェラ
　1958～　国イタリア　ファッションデザイナー　ミッソーニ・クリエイティブディレクター
Missoni, Ottavio　ミッソーニ, オッタヴィオ
　1921～2013　国イタリア　ファッションデザイナー, ニットデザイナー　ミッソーニ創設者　本名＝Missoni, Tai Ottavio　別ミッソーニ, オッタビオ
Missoni, Vittorio　ミッソーニ, ヴィットリオ
　1954～2013　国イタリア　実業家　ミッソーニCEO　別ミッソーニ, ビットリオ
Missouloukagne, Marie　ミスルカニェ, マリ
　国ガボン　民間部門・社会経済・手工業振興相
Miss Read　ミス・リード
　1913～2012　国イギリス　作家, 脚本家　本名＝セイント, ドーラ〈Saint, Dora Jessie〉
Mistoul, Flore　ミストゥル, フロール
　国ガボン　環境・天然資源・森林・海洋保護相
Mistry, Cyrus Pallonji　ミストリー, サイラス
　1968～　国アイルランド　実業家　タタグループ会長
Mistry, Dilaawar　ミストリー, ディラーワル
　著「スポーツ診療ビジュアルブック」メディカル・サイエンス・インターナショナル　2016
Mistry, Neville F.　ミストリー, ネヴィル・F.
　著「ワシントンマニュアル」メディカル・サイエンス・インターナショナル　2011
Mitakis, Ioannis　ミタキス, イオアニス
　国ギリシャ　セーリング選手
Mitali, Protais　ミタリ, プロテイス
　国ルワンダ　スポーツ・文化相　別ミタリ, プロティス
Mitas, Efthimios　ミタス, エフティミオス
　国ギリシャ　射撃選手
Mitcham, Matthew　ミッチャム, マシュー
　1988～　国オーストラリア　飛び込み選手
Mitcham, Samuel W.　ミッチャム, サミュエル・W.
　著「ヒットラーと鉄十字の鷲」学習研究社　2008
Mitchard, Jacquelyn　ミチャード, ジャクリーン
　国アメリカ　作家　別文学, ヤングアダルト　別ミッチャード, ジャクエリン
Mitchel, Doug　ミッチェル, ダグ
　著「ハーレーの名車たち」スタジオタッククリエイティブ　2008
Mitchel, Tevin　ミッチェル, テビン
　国アメリカ　アメフト選手
Mitchell, Adrian　ミッチェル, エイドリアン
　1932～2008　国イギリス　詩人, 劇作家
Mitchell, Adrian　ミッチェル, エイドリアン
　国グレナダ　青年スポーツ・社会開発相
Mitchell, Alex　ミッチェル, アレックス
　1974～　国イギリス　作家, 考古学者　別ミステリー, スリラー　本名＝Mitchell, Alexandre G.
Mitchell, Andrew　ミッチェル, アンドルー
　国イギリス　国際開発相　別ミッチェル, アンドリュー
Mitchell, Billy　ミッチェル, ビリー
　1931～2002　国アメリカ　歌手　旧グループ名＝クローバーズ〈Clovers〉
Mitchell, Brian R.　ミッチェル, ブライアン・R.
　1929～　著「アジア・アフリカ・大洋州歴史統計」東洋書林　2002
Mitchell, Bryan　ミッチェル, ブライアン
　国アメリカ　野球選手
Mitchell, Chris　ミッチェル, クリス
　著「アスペルガー流人間関係」東京書籍　2011
Mitchell, Colin　ミッチェル, コリン
　著「「ブランディング」は組織力である」ダイヤモンド社　2005
Mitchell, Craig　ミッチェル, クレイグ
　著「消えた天使」メディアファクトリー　2007
Mitchell, David　ミッチェル, デービッド
　1969～　国イギリス　作家　別フィクション　別ミッチェル, デイヴィッド
Mitchell, David R.　ミッチェル, デビッド
　著「インクルーシブ教育システムを構築するために知っておきたい27の教育法略」ブックウェイ　2016
Mitchell, Derek Robert　ミッチェル, デレク

著「サイコパス」星和書店　2009
Mitchell, Dreda Say　ミッチェル, ドレダ・セイ
　英国推理作家協会賞 ジョン・クリーシー記念賞(2005年)　"Running Hot"
Mitchell, Drew　ミッチェル, ドリュー
　国オーストラリア　ラグビー選手
Mitchell, Earl　ミッチェル, アール
　国アメリカ　アメフト選手
Mitchell, Ed　ミッチェル, エド
　著「ハック・プルーフィングSolaris 8対クラッカー防衛大全」秀和システム　2002
Mitchell, Edgar D.　ミッチェル, エドガー
　1930～2016　国アメリカ　宇宙飛行士
Mitchell, Emma　ミッチェル, エマ
　著「いきいきエネルギーアップ」産調出版　2004
Mitchell, Ethan　ミッチェル, イーサン
　国ニュージーランド　自転車選手
Mitchell, Fred　ミッチェル, フレッド
　国バハマ　外相兼公共サービス相
Mitchell, Fred　ミッチェル, フレッド
　著「タイガー・ウッズへの道」講談社　2001
Mitchell, Frederick　ミッチェル, フレデリック
　国バハマ　外務・移民相
Mitchell, George John　ミッチェル, ジョージ
　1933～　国アメリカ　政治家, 法律家　米国民主党上院院内総務, 米国中東和平担当大統領特使
Mitchell, George P.　ミッチェル, ジョージ
　1919～2013　国アメリカ　実業家, 資産家　ミッチェル・エナジー・アンド・デベロップメント創業者
Mitchell, Greg　ミッチェル, グレッグ
　1947～　著「ウィキリークスの時代」岩波書店　2011
Mitchell, Jack　ミッチェル, ジャック
　著「顧客も社員も「大満足」と言ってくれる5つの原則」日本経済新聞出版社　2009
Mitchell, James A.　ミッチェル, ジェイムズ・A.
　著「革命のジョン・レノン」共和国　2015
Mitchell, James K.　ミッチェル, ジェイムズ・K.
　1943～　著「巨大都市と変貌する災害」古今書院　2006
Mitchell, Jann　ミッチェル, ジャン
　著「愛の素」早川書房　2002
Mitchell, Jeffrey T.　ミッチエル, ジェフリー・T.
　別ミッチェル, J.T.　著「惨事ストレスケア」誠信書房　2004
Mitchell, Jerry　ミッチェル, ジェリー
　トニー賞 ミュージカル 振付賞(2013年(第67回))ほか
Mitchell, John Cameron　ミッチェル, ジョン・キャメロン
　1963～　国アメリカ　映画監督, 俳優
Mitchell, John G.　ミッチェル, ジョン・G.
　著「ザ・ワイルドライフ・フォトグラフス」日経ナショナルジオグラフィック社, 日経BP出版センター(発売)　2001
Mitchell, Jon　ミッチェル, ジョン
　1974～　著「追跡・沖縄の枯れ葉剤」高文研　2014
Mitchell, Joni　ミッチェル, ジョニ
　グラミー賞 最優秀ポップ・インストゥルメンタル・アーティスト(2007年(第50回))　"One Week Last Summer"
Mitchell, Kathryn　ミッチェル, キャスリン
　国オーストラリア　陸上選手
Mitchell, Keith　ミッチェル, キース
　1946～　国グレナダ　政治家　グレナダ首相　本名＝Mitchell, Keith Claudius
Mitchell, Lauren　ミッチェル
　国オーストラリア　体操選手
Mitchell, Lawrence E.　ミッチェル, ローレンス・E.
　著「なぜ企業不祥事は起こるのか」麗沢大学出版会, 柏 広池学園事業部(発売)　2005
Mitchell, Lisa　ミッチェル, リサ
　著「オーストラリア」メディアファクトリー　2004
Mitchell, Malcolm　ミッチェル, マルコム
　国アメリカ　アメフト選手
Mitchell, Marc　ミッチェル, マーク
　著「ポール・オースターが朗読するナショナル・ストーリー・プロジェクト」アルク　2006
Mitchell, Margaree King　ミッチェル, マーガリー・キング
　著「ジェドおじさんはとこやさん」汐文社　2014
Mitchell, Mark　ミッチェル, マーク
　国ニュージーランド　土地管理相兼統計相
Mitchell, Mary　ミッチェル, メアリー

Mitchell, Melanie　ミッチェル, メラニー
　㊐「プロは語る。」アスペクト　2005
Mitchell, Melanie　ミッチェル, メラニー
　㊐「せかいでいちばんおおきなもの」ドン・ボスコ社　2012
Mitchell, Melanie　ミッチェル, メラニー
　㊐「ガイドツアー複雑系の世界」紀伊國屋書店　2011
Mitchell, Mike　ミッチェル, マイク
　㊚アメリカ　アメフト選手
Mitchell, Mitch　ミッチェル, ミッチ
　1947〜2008　㊚イギリス　ロック・ドラマー
Mitchell, Neil James　ミッチェル, ネイル・J.
　1953〜　㊐「社会にやさしい企業」同友館　2003
Mitchell, Olivia S.　ミッチェル, オリビア
　㊐「オリビア・ミッチェルのわが国公的年金運用の課題と対応に関する提言」野村資本市場研究所　2008
Mitchell, Peter R.　ミッチェル, ピーター・R.
　㊐「現代世界で起こったこと」日経BP社, 日経BP出版センター（発売）　2008
Mitchell, Randall　ミッチェル, ランダル
　㊚トリニダード・トバゴ　住宅・都市開発相
Mitchell, Robert Cameron　ミッチェル, ロバート・キャメロン
　㊐「CVMによる環境質の経済評価」山海堂　2001
Mitchell, Ryan　ミッチェル, ライアン
　㊐「PythonによるWebスクレイピング」オライリー・ジャパン, オーム社（発売）　2016
Mitchell, Scott　ミッチェル, スコット
　㊐「標準ASP.NETプログラミング」翔泳社　2002
Mitchell, Sirah　ミッチェル, シラー
　グラミー賞 最優秀ダンス・レコーディング作品（2012年（第55回））"Bangarang"
Mitchell, Stephen　ミッチェル, スティーヴン
　1943〜　㊐「タオを生きる」ダイヤモンド社　2014
Mitchell, Terrance　ミッチェル, テレンス
　㊚アメリカ　アメフト選手
Mitchell, Timothy　ミッチェル, ティモシー
　1955〜　㊐「エジプトを植民地化する」法政大学出版局　2014
Mitchell, Tyler　ミッチェル, テイラー
　㊐「入門Webマッピング」オライリー・ジャパン, オーム社（発売）　2006
Mitchell, William John　ミッチェル, ウィリアム・J.
　1944〜2010　㊐「「考えるクルマ」が世界を変える」東洋経済新報社　2012
Mitchell, W.J.Thomas　ミッチェル, W.J.T.
　1942〜　㊐「エドワード・サイード対話は続く」みすず書房　2009
Mitchinson, John　ミッチンソン, ジョン
　1963〜　㊐「常識破壊トレーニング」早川書房　2007
Mitchum, John　ミッチャム, ジョン
　1919〜2001　㊚アメリカ　俳優
Mitenbuler, Reid　ミーテンビュラー, リード
　㊐「バーボンの歴史」原書房　2016
Miteva, Silviya　ミテワ
　㊚ブルガリア　新体操選手
Mithen, Steven J.　ミズン, スティーヴン
　1960〜　㊐「氷河期以後」青土社　2015
Mithers, Carol Lynn　ミザーズ, キャロル
　㊐「祈りよ力となれ」英治出版　2012
Mitkova, Tatyana　ミトコワ, タチヤナ
　㊚ロシア　テレビキャスター　ロシア独立テレビ（NTV）副社長　㊛ミトコーワ, タチアナ
Mitnic, Kevin　ミトニック, ケビン
　1963〜　㊚アメリカ　コンサルタント
Mitogo, Alfredo Mitogo　ミトゴ, アルフレド・ミトゴ
　㊚赤道ギニア　貿易・企業振興相
Mitov, Daniel　ミトフ, ダニエル
　㊚ブルガリア　外相
Mitra, Amit　ミトラ, アミット
　㊚インド　インド商工会議所連盟事務局長
Mitra, Siddhartha　ミトラ, S.
　㊐「農産物の輸出規制：その経済厚生の含意と貿易規律」国際農林業協働協会　2009
Mitrea, Miron Tudor　ミトレア, ミロン・トドール
　㊚ルーマニア　公共事業・運輸・住宅相　㊛ミトレア, ミロントドール
Mitreva, Ilinka　ミトレワ, イリンカ
　㊚マケドニア　外相
Mitrita, Alexandru　ミトリタ, アレクサンドル
　㊚ルーマニア　サッカー選手

Mitroff, Ian　ミトロフ, イアン
　㊐「「リスク感度」の高いリーダーが成功を重ねる」ダイヤモンド社　2005
Mitroglou, Konstantinos　ミトログル, コンスタンティノス
　㊚ギリシャ　サッカー選手
Mitrou, Viktor　ミトル
　㊚ギリシャ　重量挙げ選手
Mitscherlich, Alexander　ミッチャーリッヒ, アレキサンダー
　㊐「人間性なき医学」ビイング・ネット・プレス, 星雲社（発売）　2001
Mitscherlich, Margarete　ミッチャーリヒ, マルガレーテ
　㊐「女性と攻撃性」新思索社　2007
Mitsuko　ミツコ
　1965〜　㊐「おひさま」あかね書房　2001
Mittal, Banwari　ミッタル, バ
　㊐「バリュースペース戦略」ダイヤモンド社　2004
Mittal, Lakshmi Niwas　ミッタル, ラクシュミ
　1950〜　㊚インド　実業家　アルセロール・ミッタル会長・CEO　㊛ミタル, ラクシュミ
Mittal, Suneet　ミッタル, スニート
　㊐「不整脈治療のThe Basics」メディカル・サイエンス・インターナショナル　2011
Mittelberg, Mark　ミッテルバーグ, マーク
　㊐「感染力の強いクリスチャンになる」福音社　2004
Mittelman, James H.　ミッテルマン, ジェームズ
　1944〜　㊛ミッテルマン, ジェームズ・H.　㊐「オルター・グローバリゼーション」新曜社　2008
Mittelstadt, Maximilian　ミッテルシュタット, マキシミリアン
　㊚ドイツ　サッカー選手
Mittelstaedt, Ted　ミッテルスタッド, テッド
　㊐「FreeBSDネットワーク管理ガイド」ピアソン・エデュケーション　2001
Mitten, Andy　ミッテン, アンディ
　1974〜　㊐「ダービー!!」東邦出版　2009
Mitter, Matt　ミッター, マット
　㊐「モンスターズユニバーシティ サリーとガオー!」大日本絵画　2013
Mitter, Rana　ミッター, ラナ
　1969〜　㊐「五四運動の残響」岩波書店　2012
Mitterlehner, Reinhold　ミッテルレーナー, ラインホルト
　㊚オーストリア　副首相兼経済・科学・研究相
Mittermeier, Russell　ミッターマイヤー, ラッセル
　㊚アメリカ　霊長類学者, 熱帯雨林生物保護活動家　コンサベーション・インターナショナル会長
Mitterrand, Danielle　ミッテラン, ダニエル
　1924〜2011　㊚フランス　人権活動家　フランス・リベルテ・ダニエル・ミッテラン基金総裁
Mitterrand, Frédéric　ミッテラン, フレデリック
　㊚フランス　文化・通信相
Mittica, Pierpaolo　ミッティカ, ピエルパオロ
　1971〜　㊐「原発事故20年」柏書房　2011
Mittler, Peter J.　ミットラー, ピーター
　㊐「インクルージョン教育への道」東京大学出版会　2002
Mitton, Jacqueline　ミットン, ジャクリーン
　㊐「なんでもまる見え大図鑑」河出書房新社　2014
Mitton, Tony　ミトン, トニー
　㊐「どうしてどうして?」小学館　2009
Mittwer, Henry　ミトウ, ヘンリ
　1918〜2012　㊚アメリカ　僧侶, 華道家　天竜寺塔頭南芳院住職　法号=清泉
Mitu, Andreea　ミトゥ, アンドレア
　㊚ルーマニア　テニス選手
Miturich, Mai　ミトゥーリチ, マイ
　1925〜2008　㊚ロシア　画家, 挿絵画家　モスクワ印刷芸術大学絵画科教授　本名=ミトゥーリチ・フレブニコフ, マイ〈Miturich Khlebnikov, Mai〉
Miturich, Mai Petrovich　ミトゥーリチ, M.
　1925〜2008　㊐「イワーシェチカと白い鳥」福音館書店　2013
Miturich-Khlebnikov, Mai　ミトゥーリチ・フレブニコフ, マイ
　㊚ロシア　画家, 元・モスクワ国立印刷芸術大学主任教授　㊛ミトゥーリチ＝フレーブニコフ, マイ
Mityukov, Ihor A.　ミチュコフ, イホール・A.
　㊚ウクライナ　蔵相
Miura, Mieko　ミウラ, ミエコ
　㊚ブラジル　元・在サンパウロ日本国総領事館現地職員　漢字名=三浦美恵子
Miwa, Masahiro　ミワ, マサヒロ

M

[国]日本 プリ・アルス・エレクトロニカ デジタル・ミュージック&サウンド・アート(2007年) "Reverse-Simulation Music" 漢字名=三輪眞弘
Miyagishima, Tak ミヤギシマ, タクオ
アカデミー賞 ゴードン・E.ソーヤー賞(第77回(2004年)) 漢字名=宮城島卓夫
Miyahara, Maki Hiroyuki ミヤハラ, マキ・ヒロユキ
[国]アメリカ 全米剣道連盟顧問, 元・米国剣道連盟会長, 元・南加剣道連盟会長
Miyahira, Wayne Tadashi ミヤヒラ, ウェイン・タダシ
1944〜2008 [国]アメリカ ハワイ沖縄連合会会長 漢字名=宮平, ウェイン・正
Miyake, Issey ミヤケ, イッセイ
[国]日本 高松宮殿下記念世界文化賞 彫刻部門(2005年(第17回)) 漢字名=三宅一生
Miyanda, Godfrey ミヤンダ, ゴドフリー
[国]ザンビア 教育相
Miyanda, Samuel ミヤンダ, サミュエル
[国]ザンビア 国土相
Miyao, Richard Takaomi ミヤオウ, リチャードタカオミ
[国]アメリカ 在ホノルル日本国総領事館顧問弁護士 漢字名=宮王, リチャード・孝臣
Miyar Barrueco, José Miguel ミジャル・バルエコ, ホセ・ミゲル
[国]キューバ 科学技術・環境相
Miyasaka Machida, Francisco Shinichi ミヤサカ・マチダ, フランシスコ・シンイチ
[国]キューバ キューバ日系人協会会長
Miyataki, Glenn Katsuichi ミヤタキ, グレンカツイチ
[国]アメリカ 元・日米経営科学研究所(JAIMS)所長, 元・ハワイ大学ビジネス経営学部准学部長 漢字名=宮瀧, グレン・勝一
Miyazaki, Hayao ミヤザキ, ハヤオ
[国]日本 アカデミー賞 名誉賞(第87回(2014年))ほか 漢字名=宮崎駿
Miyoshi, Masao ミヨシ, マサオ
1928〜2009 [国]アメリカ カリフォルニア大学サンディエゴ校名誉教授 [専]英文学, 非西欧文学, 日本文学ほか 日本名=三好将夫(ミヨシ・マサオ)
Mizan Zainal Abidin ミザン・ザイナル・アビディン
1962〜 [国]マレーシア 国王(第13代) [異]アビディン
Mizdal, Ewa ミズダル
[国]ポーランド 重量挙げ選手
Mizgaitis, Mindaugas ミズガイティス
[国]リトアニア レスリング選手
Mizielińska, Aleksandra ミジェリンスカ, アレクサンドラ
1982〜 [著]「アンダーアース・アンダーウォーター」 徳間書店 2016
Mizieliński, Daniel ミジェリンスキ, ダニエル
1982〜 [著]「アンダーアース・アンダーウォーター」 徳間書店 2016
Mizio, Francis ミジオ, フランシス
[著]「革命児たちの仰天!?情熱人生」 岩崎書店 2012
Mizouri, Laroussi ミズーリ, ラルシ
[国]チュニジア 宗教相
Mizrahi, Isaac ミズラヒ, アイザック
1961〜 [国]アメリカ ファッションデザイナー
Mizue, Mirai ミズエ, ミライ
[国]日本 アヌシー国際アニメーション映画祭 その他の賞 "CANAL+creative aid"賞(短編作品)(2014年) "Wonder" 漢字名=水江未来
Mizuno, Reina ミズノ, レイナ
[著]「ハーバードMBA合格者のエッセイを読む」 オープンナレッジ 2007
Mizushiri, Yoriko ミズシリ, ヨリコ
[国]日本 ザグレブ国際アニメーション映画祭 グランド・コンペティション 審査員特別賞(2014年) "Futon" 漢字名=水尻自子
Mizutani, Miki ミズタニ, ミキ
[国]日本 ローザンヌ国際バレエコンクール 3位・スカラシップ(第37回(2009年)) 漢字名=水谷実喜
Mizutani, Satoshi ミズタニ, サトシ
[著]「知の歴史」 徳間書店 2002
Mizzi, Joe ミッツィ, ジョー
[国]マルタ 運輸・インフラ相
Mizzi, Konrad ミッツィ, コンラッド
[国]マルタ エネルギー・保健相
al-**Mjdlani, Ahmed** ムジュラニ, アハメド
[国]パレスチナ 労相
Mkaima, Miguel ムカイマ, ミゲル
[国]モザンビーク 文化相
Mkapa, Benjamin William ムカパ, ベンジャミン・ウィリアム
[国]タンザニア 大統領
Mkhitaryan, Henrikh ムヒタリアン, ヘンリク
[国]アルメニア サッカー選手
Mkpatt, Bidoung ムクパット, ビドゥン
[国]カメルーン 青少年スポーツ相
Mkrtchian, Ararat ムクルチャン, アララト
[国]アルメニア 保健相
Mkrtchian, Levon ムクルトチャン, レボン
[国]アルメニア 教育科学相 [異]ムクルチャン, レボン
Mkrtchyan, Levon ムクルチャン, レボン
[国]アルメニア 教育科学相
Mkrtchyan, Margarita ムクルチャン
[国]ロシア テコンドー選手
Mkuchika, George ムクチカ, ジョージ
[国]タンザニア 情報・スポーツ文化相
Mkulo, Mustafa Haidi ムクロ, ムスタファ・ハイディ
[国]タンザニア 財務・経済相 [異]ムクロ, ムスタファ・ハイディ・マクンガニャ
Mládek, Jan ムラーデク, ヤン
[国]チェコ 産業貿易相
Mladenov, Ivan ムラデノフ, I.
1953〜 [著]「パースから読むメタファーと記憶」 勁草書房 2012
Mladenov, Nickolay ムラデノフ, ニコライ
[国]ブルガリア 外相
Mladenov, Philip V. ムラデノフ, フィリップ・V.
[著]「海洋生物学」 丸善出版 2015
Mladenov, Totyu ムラデノフ, トチュ
[国]ブルガリア 労働・社会政策相
Mladenovic, Filip ムラデノヴィッチ, フィリップ
[国]セルビア サッカー選手
Mladenovic, Kristina ムラデノビッチ, クリスティナ
[国]フランス テニス選手
Mladenovska-djordjevska, Meri ムラデノフスカ=ジョルジェフスカ, メリ
[国]マケドニア 法相
Mladić, Ratko ムラディッチ, ラトコ
1942〜 [国]ボスニア・ヘルツェゴビナ 軍人 セルビア人勢力軍最高司令官 [異]ムラジッチ, ラトコ
Mlakar, Davorin ムラカル, ダボリン
[国]クロアチア クロアチア・日本友好議員連盟会長, 元・駐日大使, 元・行政大臣
Mlakar, Julijana Bizjak ムラカル, ユリヤナ・ビズヤク
[国]スロベニア 文化相
Mlambo-Ngcuka, Phumzile ムランボヌクカ, プムジレ
1955〜 [国]南アフリカ 政治家 UNウィメン事務局長 南アフリカ副大統領
Mlanga, Lee ムランガ, リー
[国]マラウイ 水資源開発相
Mlangeni, Titus ムランゲニ, タイタス
[国]スワジランド 公共事業・運輸相
Mlinarić, Marijan ミナリッチ, マリヤン
[国]クロアチア 内相
Mlodinow, Leonard ムロディナウ, レナード
1954〜 [著]「この世界を知るための人類と科学の400万年史」 河出書房新社 2016
Mlotok, Natalia ムロートク, ナタリア
[著]「ハーバードMBA合格者のエッセイを読む」 オープンナレッジ 2007
Mlynář, Vladimír ムリナージ, ウラジミール
[国]チェコ 情報科学相
Mlynowski, Sarah ムリノフスキ, サラ
[国]カナダ 作家 [専]ヤングアダルト, ファンタジー
Mmadi, Djaffar マディ, ジャファル
[国]コモロ 公務員・雇用・労働相
Mmanga, Dereck Lawrence ムマンガ, デレク・ローレンス
[国]マラウイ 元・国際協力機構(JICA)事務所, 元・在マラウイ日本国大使館現地職員
Mnangagwa, Emmerson ムナンガグワ, エマーソン
[国]ジンバブエ 第1副大統領兼司法・法務・議会問題相 [異]ムナンガグワ, エマソン
Mnatsakanian, Mamikon A. ムナットサカニアン, マミコン・A.

著「Aha！ひらめきの幾何学」共立出版　2016
Mnatsakanyan, Garnik　ムナツァカニャン、ガルニク
　国アルメニア　レスリング選手
Mneimneh, Hassan　ムネイムネ、ハッサン
　国レバノン　教育相
Mnouchkine, Ariane　ムヌーシュキン、アリアーヌ
　1939〜　国フランス　演出家、映画監督　太陽劇団（テアトル・デュ・ソレイユ）主宰　異ムヌーシュキン、アリアネ
Mnuchin, Steve　ムニューチン、スティーブ
　国アメリカ　財務長官
Mnuchin, Steven　ムニューシン、スティーブン
　国アメリカ　財務長官
Mo, Tae-bum　モ・テボム
　1989〜　国韓国　スピードスケート選手　漢字名＝牟太釩　異モ・テボン
Mo, Tianquan　モー・チアンクアン
　国中国　ソウファン　漢字名＝莫天生
Mo, Timothy　モー、ティモシー
　1950〜　著「香港の起源」みすず書房　2001
Mo, Yan　モー・イェン
　1955〜　国中国　作家　漢字名＝莫言　異モー・イエン／モオ・イエン
Moacanin, Radmila　モアカニン、ラドミラ
　著「ユングとチベット密教」ビイング・ネット・プレス、星雲社（発売）　2001
Moakley, Joe　モークリー、ジョー
　1927〜2001　国アメリカ　政治家　米国下院議員（民主党）　本名＝Moakley, John Joseph　異モークリー、ジョゼフ
Moala, David　モーラ、デービッド
　国アメリカ　アメフト選手
Moalem, Sharon　モアレム、シャロン
　著「人はなぜsexをするのか？」アスペクト　2010
Moan, Magnus　モアン、マグヌス
　1983〜　国ノルウェー　スキー選手　本名＝Moan, Magnus Hovdal
Moan, Magnus Hovdal　モアン
　国ノルウェー　ノルディック複合選手
Moates, Marianne Merrill　モウツ、マリアン・M.
　著「子供時代への懸け橋」英宝社　2006
Moats, Arthur　モーツ、アーサー
　国アメリカ　アメフト選手
Moawad, Nayla　モアワド、ナイラ
　国レバノン　社会問題相
Moayyad, Muhammad Mutia　モアイヤド、ムハンマド・ムティア
　国シリア　国務相
Moberg, Gary P.　モバーグ、G.P.
　著「動物実験における人道的エンドポイント」アドスリー、丸善出版事業部（発売）　2006
Moberg, Kerstin Uvnäs　モベリ、シャスティン・ウヴネース
　著「オキシトシン」晶文社　2014
Mobley, Mary Ann　モーブリー、メアリー・アン
　1937〜2014　国アメリカ　女優
Mobutu, François Nzanga　モブツ、フランソワ・ヌザンガ
　国コンゴ民主共和国　副首相兼雇用・労働・社会保障相
Moby　モービー
　1965〜　国アメリカ　ミュージシャン　本名＝ホール、リチャード・メルビル〈Hall, Richard Melville〉
Mocco, Steven　モッコ
　国アメリカ　レスリング選手
Mocdouall-gaye, Neneh　マクドゥアルゲイ、ネネ
　国ガンビア　外相
Mochizuki, Ken　モチヅキ、ケン
　1954〜　国アメリカ　作家　異モチヅキ、ケン
Mochizuki, Mike Masato　モチヅキ、マイク・マサト
　1950〜　国アメリカ　政治学者　ジョージ・ワシントン大学教授　著日本外交論、日米関係　異モチヅキ、マイク
Mochoboroane, Selibe　モチョボロアネ、セレビ
　国レソト　通信・科学技術相　異モチョボロアネ、セリビ
Mocio, Lucas　モシオ、リュカ
　国フランス　サッカー選手
Mock, Ray　モック、レイ
　著「BANKSY IN NEW YORK」パルコエンタテインメント事業部　2016
Mockett, Marie Mutsuki　モケット、マリー・ムツキ
　著「死者が立ち止まる場所」晶文社　2016

Mockevicius, Egidijus　モスカビチャス、エギディユス
　国リトアニア　バスケットボール選手
Mockford, Caroline　モックフォード、キャロライン
　著「クレオのひっこし」教育画劇　2004
Mockler, Marcus　モックラー、マルクス
　1965〜　著「「ハムスターの回り車」から脱出しませんか？」中経出版　2004
el-Moctar, Brahim Ould M'Bareck Ould Mohamed　モクタール、ブラヒム・ウルド・エムバーレク・ウルド・モハメド
　国モーリタニア　水利相
Moctar, Brahim Ould M'bareck Ould Mohamed El　モクタール、ブラヒム・ウルド・エムバーレク・ウルド・モハメド・エル
　国モーリタニア　農村開発相
Moctar, Isselmou Ould Sid'el　モクタール、イセルム・ウルド・シーディー
　国モーリタニア　国家教育相
el-Moctar, Moulaty Mint　モクタール、ムラティ・ミント
　国モーリタニア　社会問題・子ども・家族相
Moctar, Moulaty Mint El　モクタール、ムラティ・ミント・エル
　国モーリタニア　社会問題・子供・家族相
Mocumbi, Pascoal Manuel　モクンビ、パスコアル・マヌエル
　国モザンビーク　首相
Mod, Craig　モド、クレイグ
　著「ぼくらの時代の本」ボイジャー　2014
Modak, Prasad　モダック、プラサッド
　著「環境影響評価のすべて」アサヒビール、清水弘文堂書房（発売）　2001
Modan, Rutu　モエダン、ルートゥー
　著「パパがサーカスと行っちゃった」評論社　2005
Moddelmog, Debra A.　モデルモグ、デブラ
　著「欲望を読む」松柏社　2003
Modderno, Craig　モデーノ、クレイグ
　1950〜　著「監督と俳優のコミュニケーション術」フィルムアート社　2012
Modell, Art　モデル、アート
　1925〜2012　国アメリカ　実業家　ボルティモア・レーベンズ・オーナー、NFL会長　本名＝Modell, Arthur B.
Modéré, Armelle　モデレ、アルメール
　1971〜　異モデレ、アルメル　著「おいしゃさん」佼成出版社　2005
Modert, Octavie　モデルト、オクタビ
　国ルクセンブルク　文化相兼議会関係相
Modeste, Anthony　モデスト、アントニー
　国フランス　サッカー選手
Modeste, Clarice　モデスト、クラリス
　国グレナダ　保健・環境相
Modeste, Dennoth　モデステ、デノス
　国グレナダ　公共事業・国土開発・公益事業相
Modestecurwen, Clarice　モデストカーウェン、クラリス
　国グレナダ　観光・民間航空相
Modi, Monkaila　モディ、モンカイラ
　国ニジェール　内務・地方分権相
Modi, Narendra　モディ、ナレンドラ
　1950〜　国インド　政治家　インド首相　本名＝Modi, Narendra Damodardas
Modiano, Patrick　モディアノ、パトリック
　1945〜　国フランス　作家　本名＝Modiano, Patrick Jean　異モディアーノ、パトリック
Modibbo Umar, Aliyu　モディボウマル、アリユ
　国ナイジェリア　商業相
Modica, Guy　モディカ、ガイ
　著「音と映像」風間書房　2012
Modica, Joe　モディカ、ジョー
　著「ソフトウェアの未来」翔泳社　2001
Modigliani, Franco　モディリアーニ、フランコ
　1918〜2003　国アメリカ　経済学者　マサチューセッツ工科大学名誉教授　異フランコ・モジリアニ／モジリアニ、フランコ
Modine, Matthew　モディーン、マシュー
　1959〜　国アメリカ　俳優、映画監督　本名＝Modine, Matthew Avery　異モディン、マシュー
Modkins, Curtis　モドキンス、カーティス
　国アメリカ　サンフランシスコ・フォーティナイナーズコーチ
Mödl, Martha　メードル、マルタ
　1912〜2001　国ドイツ　ソプラノ歌手
Modley, Rudolf　モドレイ、ルドルフ

㊗「ピクトグラフィ・ハンドブック」産調出版　2006
Modos, Peter　モドシュ
　㊀ハンガリー　レスリング選手
Modrić, Luka　モドリッチ, ルカ
　1985〜　㊀クロアチア　サッカー選手
Modrich, Paul　モドリッチ, ポール
　1946〜　化学者　デューク大学教授
Modu Acuse Bindang, Carmelo　モドゥアクゼビンダン, カルメロ
　㊀赤道ギニア　大統領府相（行政担当）　㊧モドゥアクセビンダン, カルメロ
Modzmanashvili, Davit　モズマナシビリ
　㊀ジョージア　レスリング選手
Moe, Jorgen　モー, J.
　㊗「ノルウェーの昔話」福音館書店　2003
Moe, Michael　モー, マイケル
　㊗「10倍株投資の実践理論」ダイヤモンド社　2009
Moe, Ola Borten　モー, オーラ・ボッテン
　㊀ノルウェー　石油・エネルギー相
Moe, Terry M.　モー, テリー・M.
　㊗「公共選択の展望」多賀出版　2001
Moeaki, Tony　モーアキ, トニー
　㊀アメリカ　アメフト選手
Moeakiola, Matekitonga　モエアキオラ, マテキトンガ
　㊀アメリカ　ラグビー選手
Moebius　メビウス
　1938〜2012　㊀フランス　漫画家, イラストレーター　旧筆名＝ジル〈Gir〉
Möedder, Ulrich　メーダー, ウルリッヒ
　1945〜　㊗「わかる！頭頸部画像診断の要点」メディカル・サイエンス・インターナショナル　2009
Moelgg, Manfred　メルグ
　㊀イタリア　アルペンスキー選手
Moeller, David　メラー
　㊀ドイツ　リュージュ選手
Moeller, Felix　メラー, フェーリクス
　1965〜　㊗「映画大臣」白水社　2009
Moeller, Heinz　メレル, ヘインス
　㊀エクアドル　外相
Moeller, Robert R.　メラー, ロバート・R.
　㊗「サーベンス・オクスレー法と内部監査」レクシスネクシス・ジャパン, 雄松堂出版（発売）　2007
Moellhausen, Nathalie　モエルアウゼン, ナタリー
　㊀ブラジル　フェンシング選手
Moemeka, Jerod　モメカ, ジェロド
　㊗「プロフェッショナルC#」インプレス, インプレスコミュニケーションズ（発売）　2002
Moen, Anita　モーエン
　㊀ノルウェー　クロスカントリースキー選手
Moen, Bruce　モーエン, ブルース
　1948〜　㊗「死後探索マニュアル」ハート出版　2009
Moeng, Sophearith　モエン, ソフ
　㊗「第二次大戦世界の軍用機図鑑」イカロス出版　2014
Moenne Loccoz, Nelly　メネロコズ
　㊀フランス　スノーボード選手
Moerane, Mofelehetsi　モエラネ, モフェレヘツィ
　㊀レソト　運輸・公共事業相
Moerbeek, Kees　モアビーク, キース
　㊧モービーク, キース　㊗「イソップものがたり」大日本絵画　2011
Moerk, Christian　モルク, クリスチャン
　㊗「狼の王子」早川書房　2013
Moerner, William Esco　モーナー, ウィリアム
　1953〜　㊀アメリカ　物理化学者　スタンフォード大学教授　㊧モーナー, ウィリアム・E.
Moers, Walter　メアス, ヴァルター
　1957〜　㊧ミョルス, ヴァルター　㊗「夜間の爆走」而立書房　2014
Moeschberger, Melvin L.　メシュベルガー, M.L.
　㊗「生存時間解析」シュプリンガー・ジャパン　2009
Moeshart, Herman J.　ムースハルト, ヘルマン
　1937〜　㊗「ポルスブルック日本報告」雄松堂出版　2007
Moestadja, Soewarto　モエスタジャ, ソワルト
　㊀スリナム　労相
Moeur, Kelly　モア, ケリー
　㊀アメリカ　アリゾナ日本祭り実行委員会理事, 在フェニックス日本国名誉総領事, 元・フェニックス日米協会会長

Moeyaert, Bart　ムイヤールト, バルト
　㊗「かきねのむこうはアフリカ」ほるぷ出版　2001
Mofaz, Shaul　モファズ, シャウル
　1948〜　㊀イスラエル　政治家, 軍人　カディマ党首　イスラエル副首相・国防相
Moffat, Chris　モファット, C.
　㊀カナダ　リュージュ選手
Moffat, David Burns　モファット, D.B.
　㊗「一目でわかる解剖学」メディカル・サイエンス・インターナショナル　2003
Moffat, Ivan　モファット, アイバン
　？〜2002　㊀アメリカ　脚本家　㊧モファット, アイヴァン
Moffat, John W.　モファット, ジョン・W.
　㊗「重力の再発見」早川書房　2009
Moffat, Mike　モファット, M.
　㊀カナダ　リュージュ選手
Moffat, Sarah　モファット, サラ
　グラミー賞 最優秀レコーディング・パッケージ（2008年（第51回））　"Death Magnetic"　アート・ディレクター
Moffat, Steven　モファット, スティーヴン
　1961〜　アメリカ探偵作家クラブ賞 TVエピソード賞（2013年）"A Scandal in Belgravia"
Moffatt, Emma　モファット, エマ
　㊀オーストラリア　トライアスロン選手　㊧モファット
Moffett, Mark W.　モフェット, マーク・W.
　㊗「アリたちとの大冒険」化学同人　2013
Moffett, Michael H.　モフェット, マイケル・H.
　㊗「国際ビジネスファイナンス」麗澤大学出版会, 広池学園事業部（柏）（発売）　2011
Moffett, Sebastian　モフェット, セバスチャン
　1965〜　㊗「日本式サッカー革命」集英社インターナショナル, 集英社（発売）　2004
Moffett, Shannon　モフェット, シャノン
　1972〜　㊗「脳科学者たちが読み解く脳のしくみ」日経BP社, 日経BP出版センター（発売）　2009
Moffitt, John　モフィット
　㊀アメリカ　陸上選手
Moffo, Anna　モッフォ, アンナ
　1932〜2006　㊀アメリカ　オペラ歌手
Mofid, Kamran　モフィッド, カムラン
　1952〜　㊗「公益のためのグローバル化」ドン・ボスコ社　2003
Mogae, Festus　モハエ, フェスタス
　㊀ボツワナ　大統領
Mogami, Thebe　モガミ, テベ
　㊀ボツワナ　労働・内務相
Mogensen, Carsten　モゲンセン, カールステン
　㊀デンマーク　バドミントン選手　㊧モゲンセン
Moger, Peter　モージャー, ピーター
　1964〜　㊗「礼拝はすべての人生を変えてゆく」聖公会出版　2012
Moggach, Deborah　モガー, デボラ
　1948〜　㊀イギリス　作家, 脚本家
Moggach, Lottie　モガー, ロッティ
　㊀イギリス　作家, ジャーナリスト　㊧ミステリー
Moggridge, Donald Edward　モグリッジ, ドナルド
　1943〜　㊗「ケインズ全集」東洋経済新報社　2016
Moggridge, William　モグリッジ, ウィリアム
　1943〜2012　㊀イギリス　インダストリアルデザイナー　通称＝モグリッジ, ビル〈Moggridge, Bill〉
Moghaddam, Fathali M.　モハダム, ファザーリ・M.
　㊗「集団間関係の社会心理学」晃洋書房　2010
Moghazy, Hossam　ムガジー, ホサム
　㊀エジプト　水資源・かんがい相
Mogherini, Federica　モゲリーニ, フェデリカ
　㊀イタリア　EU外務・安全保障政策（CSDP）上級代表
Mogil, H.Michael　モーギル, H.マイケル
　㊗「異常気象」昭文社　2009
Moguenara, Sosthene　モゲナラ, ソステン
　㊀ドイツ　陸上選手
Mohadi, Kembo　モハディ, ケンボ
　㊀ジンバブエ　内相　㊧モハジ, ケンボ
Mohamad, Khairul Anuar　モハマド, カイルルアヌアル
　㊀マレーシア　アーチェリー選手　㊧モハマド
Mohamad, M.H.　モハマド, M.H.
　㊀スリランカ　西部地方開発相
Mohamed, Abdi　モハメド, アブディ

㊀ケニア　地域開発相
Mohamed, Abdinur Sheikh　モハメド, アブディヌール・シェイク
㊀ソマリア　教育・高等教育・文化相
Mohamed, Abdirisak Omar　モハメド, アブディリサク・オマル
㊀ソマリア　石油・水・鉱物資源相　㊇モハメド, アブディリサク・オマール
Mohamed, Abdoulkarim　モハメド, アブドゥカリム
㊀コモロ　外務・協力相
Mohamed, Abdullahi Yussuf　モハメド, アブドラヒ・ユスフ
㊀ソマリア　エネルギー・石油相
Mohamed, Ahmed　モハメッド, アハメッド
㊀ニジェール　運輸・観光・手工芸相
Mohamed, Ahmed　モハメド, アハメド
㊀モルディブ　経済開発相
Mohamed, Ahmed Jamseed　モハメド, アハメド・ジャムシード
㊀モルディブ　保健相
Mohamed, Aida　モハメド, アイダ
㊀ハンガリー　フェンシング選手　㊇モハメド
Mohamed, Amina C.　モハメド, アミナ・C.
㊀ケニア　外務长官, 第6回アフリカ開発会議(TICAD)閣僚級事前会合共同議長
Mohamed, bin Abdurrahman al-Thani　ムハンマド・ビン・アブドゥルラフマン・サーニー
㊀カタール　外相
Mohamed, Daud　モハメド・ダウド
㊀ブルネイ　青年・スポーツ・文化相
Mohamed, Dini Farah　モハメド, ディニ・ファラ
㊀ジブチ　保健相
Mohamed, Dirir　モハメド・ディリル
㊀エチオピア　鉱業相
Mohamed, Gaber　モハメド, ガベル
㊀エジプト　重量挙げ選手
Mohamed, Hassan Shatigadud　モハメド, ハッサン・シャティガドッド
㊀ソマリア　労働・社会相
Mohamed, Hawo Hassan　モハメド, ハウォ・ハッサン
㊀ソマリア　保健相
Mohamed, Hussein Bantu　モハメド, フセイン・バンツ
㊀ソマリア　家畜・漁業・環境相
Mohamed, Ibrahim　モハメド, イブラヒム
㊀ケニア　北部ケニア・乾燥地帯開発担当相
Mohamed, Issa Bushura　モハメド, イサ・ブシュラ
㊀スーダン　科学・通信相
Mohamed, Mohamed Ali　モハメド, モハメド・アリ
㊀ジブチ　エネルギー資源相
Mohamed, Mohamed Aly Zaghloul　ザグロウ, モハメド
㊀エジプト　レスリング選手
Mohamed, Mohamed Ibrahim　モハメド, モハメド・イブラヒム
㊀ソマリア　陸上・航空運送相
Mohamed, Mohamed Moallim Hassan　モハメド, モハメド・モアリム・ハッサン
㊀ソマリア　漁業・海洋資源・環境相
Mohamed, Musa　モハメド, ムサ
㊀ナイジェリア　閣内調整相
Mohamed, Omer　モハメド, オメル
㊀エリトリア　外相
Mohamed, Said Ahmed　モハメッド, サイード・アフメド
1947〜　㊡「離散」東京外国語大学アジア・アフリカ言語文化研究所　2003
Mohamed, Samiyah Ahmad　モハメド, サミヤ・アハマド
㊀スーダン　社会福祉相　㊇モハメド, サミヤハ・ハマド
Mohamed, Shakeel Ahmed Yousuf Abdul Razack　モハメド, シャキール・アフメド・ユスフ・アブドゥル・ラザク
㊀モーリシャス　労働・労使関係・雇用相　㊇モハメド, シャキール・アーメド・ユスフ・アブドゥル・ラザク
Mohamed, Shifa　モハメド, シファ
㊀モルディブ　教育相
Mohamed, Suad Abdelrazig　モハメド, スアド・アブドラジク
㊀スーダン　教育相
Mohamed, Zahabi Ould Sidi　モハメド, ザハビ・ウルド・シディ
㊀マリ　国民和解相
Mohamed Ahmed Mansoib, Djaffar　モハメドアフメドマンソイブ, ジャファル
㊀コモロ　法務・イスラム問題相
Mohamed Aly Ould Sidi Mohamed　モハメド・アリ・ウルド・シディ・モハメド
㊀モーリタニア　エネルギー・石油相
Mohamed Auzi, Bin Daud　モハメド・アウジ・ビン・ダウド
㊀マレーシア　元・東南アジア青年の船マレーシア同窓会会長, 元・東南アジア青年の船マレーシア・ナショナル・リーダー
Mohamed Didi, Aishath　モハメドディディ, アイシャット
㊀モルディブ　性差家族問題相
Mohamed Dileita, Dileita　モハメッド・ディレイタ, ディレイタ
㊀ジブチ　国民議会議員, 元・首相
Mohamed Ezzat A.Mostafa　ムハンマド・エッザド
1958〜　㊡「イスラム教徒とキリスト教徒の対話」北樹出版　2001
Mohamed-lemine, Mohamed Mahmoud Ould　モハメドレミン, モハメド・マハムード・ウルド
㊀モーリタニア　国防相
Mohamed Mustafa Ishak　モハメド・ムスタファ・イスハック
㊡「マレーシア国民のゆくえ」日本マレーシア協会, 紀伊国屋書店(発売)　2015
Mohamedo Soilihi, Ali　モハメド・ソイ, アリ
㊀コモロ　社会・連帯・地方分権・郵政・運輸担当相
Mohamedou, Mohamed Mahmoud Ould　モハメドゥ, モハメド・マハムード・ウルド
㊀モーリタニア　外務協力相
Mohamed Zain, Serudin　モハメドザイン・セルデイン
㊀ブルネイ　宗教相　㊇モハメドザイン・セルデイン
Mohammad, Abdullah al-Mubarak al-Sabah　ムハンマド・アブドラ・ムバラク・サバハ
㊀クウェート　内閣担当相
Mohammad, Abdul Rahman　モハマド・アブドルラーマン
㊀ブルネイ　宗教相
Mohammad, Abubaker al-Hadi　ムハンマド, アブバクル・ハディ
㊀リビア　地方行政相
Mohammad, Qari Din　モハマド, カリ・ディン
㊀アフガニスタン　高等教育相
Mohammad, Yar　モハマド, ヤル
㊀アフガニスタン　兵たん相
Mohammad al-Khaled, al-Hamad al-Sabah　ムハンマド・ハレド・ハマド・サバハ
㊀クウェート　副首相兼国防相
Mohammad bin Naif　ムハンマド・ビン・ナエフ
1959〜　㊀サウジアラビア　政治家　サウジアラビア副皇太子・第2副首相
Mohammadi, Bismillah　モハマディ, ビスメッラ
㊀アフガニスタン　国防相
Mohammadi, Juma Mohammad　モハマディ, ジュマモハマド
㊀アフガニスタン　鉱工業相
Mohammadi, Mohammad Hosein　モハンマディ, モハンマド=ホセイン
1979〜　㊡「すずめの空」ブルース・インターアクションズ　2006
Mohammadi, Seyedmorad　モハンマディ
㊀イラン　レスリング選手
Mohammadizadeh, Mohammad-Javad　モハマディザデ, モハマドジャバド
㊀イラン　副大統領(兼環境庁長官)
Mohammad Osmani, Faiz　モハマド・オスマニ, ファイズ
㊀アフガニスタン　巡礼相
Mohammadpour Karkaragh, Saeid　モハマドポウルカルカラグ
㊀イラン　重量挙げ選手
Mohammed, Abdi　モハメド, アブディ
㊀ケニア　地域開発相
Mohammed, Abubakar Sadiq　モハメド, アブバカル・サディク
㊀ナイジェリア　文化観光相
Mohammed, Adan　モハメド, アダン
㊀ケニア　産業化・企業開発相
Mohammed, Ali bin al-Shaikh Mansoor al-Sitri　モハメド・アリ・ビン・シェイク・マンソール・シトリ
㊀バーレーン　法相
Mohammed, Amina　モハメド, アミナ
㊀ケニア　外務・国際貿易相

M

Mohammed, Amina モハメド, アミナ
[国]ナイジェリア 環境相
Mohammed, Bala モハメド, バラ
[国]ナイジェリア 連邦首都圏相
Mohammed, bin Abdul-Ghaffar モハメド・ビン・アブドルガファル
[国]バーレーン 情報相
Mohammed, bin Abdullah al-Khalifa モハメド・ビン・アブドラ・ハリファ
[国]バーレーン 国務相(国防担当)
Mohammed, bin Ahmed bin Jassim al-Thani モハメド・ビン・アハマド・ビン・ジャシム・サーニ
[国]カタール 経済商業相
Mohammed, bin Ali al-Alawi ムハンマド・ビン・アリ・アラウィ
[国]オマーン 法務担当相
Mohammed, bin Khalifa al-Khalifa モハメド・ビン・ハリファ・アル・ハリファ
[国]バーレーン 内相
Mohammed, bin Mubarak al-Khalifa ムハンマド・ビン・ムバラク・ハリファ
[国]バーレーン 副首相
Mohammed, bin Rashid al-Maktoum ムハンマド・ビン・ラシド・マクトム
[国]アラブ首長国連邦 副大統領兼首相兼国防相
Mohammed, bin Sultan bin Hamood al-Busaidi ムハンマド・ビン・スルタン・ビン・ハムード・ブサイディ
[国]オマーン 国務相兼ドファール州知事
Mohammed, Dirir モハメド・ディリル
[国]エチオピア 鉱業相
Mohammed, Jamal モハメド, ジャマル
[国]トリニダード・トバゴ 情報相
Mohammed, Kamal Ahmed ムハンマド, カマル・アハメド
[国]バーレーン 運輸・通信相 [異]モハメド, カマル・アハメド
Mohammed, Kamal Ali モハメド, カマル・アリ
[国]スーダン 水利相
Mohammed, Khadra モハメッド, カードラ
[著]「ともだちのしるしだよ」 岩崎書店 2009
Mohammed, Khaled al-Hamad al-Sabah モハメド・ハレド・アル・ハマド・アル・サバハ
[国]クウェート 副首相兼内相
Mohammed, Lai モハメド, ライ
[国]ナイジェリア 情報相
Mohammed, Maalim モハメド, マリム
[国]ケニア 地方開発相
Mohammed, Magaji モハメド, マガジ
[国]ナイジェリア 産業相
Mohammed, Muntaka モハメド, ムンタカ
[国]ガーナ 青年・スポーツ相
Mohammed, Nurudeen モハメド, ヌルディン
[国]ナイジェリア 情報相
Mohammed, Rafi モハメド, ラフィ
[著]「値段ひとつで儲かるカラクリ」 トランスワールドジャパン 2007
Mohammed, Sabah al-Salem al-Sabah モハメド・サバハ・アル・サレム・アル・サバハ
[国]クウェート 国務相(外務担当)
Mohammed, Salah bin Ali モハメド, サラフ・ビン・アリ
[国]バーレーン 国務相(人権担当)
Mohammed, Samiya Ahmad モハメド, サミヤ・アハマド
[国]スーダン 社会福祉・児童相
Mohammed Ⅵ モハメド6世
1963〜 [国]モロッコ 国王, イスラム諸国会議機構(OIC)エルサレム委員会委員長 本名=シディ・モハメド〈Sidi Mohammed〉 [異]ムハンマド6世 / モハメッド / モハメド
Mohamud, Abdinur Moallim モハムド, アブディヌール・モアリム
[国]ソマリア 青年・スポーツ・労働相
Mohamud, Hassan Sheikh モハムド, ハッサン・シェイク
1955〜 [国]ソマリア 政治家 ソマリア大統領 [異]マハムード, ハサン
Mohamud Filish, Omar Mohamed モハムド・フィリッシュ, オマル・モハメド
[国]ソマリア 宗教相
Mohan, Giles モハン, ジャイルズ
1966〜 [著]「変容する参加型開発」 明石書店 2008
Mohan, Mohan モハン, モハン
[著]「「問題社員」の管理術」 ダイヤモンド社 2007
*al-*Mohannadi, Hassan Lahdan Saqr** ムハンナディ, ハッサン・ラハダン・サクル
[国]カタール 法相
Mohanty, Chandra Talpade モーハンティー, C.T.
1955〜 [著]「境界なきフェミニズム」 法政大学出版局 2012
Mohaqqeq, Mohammad モハッケク, モハマド
[国]アフガニスタン 計画相 [異]モハキ, ムハマド
Mohay, Miklos モハイ, ミクローシュ
1960〜 [著]「音のシンメトリー」 全音楽譜出版社 2002
Mohd.Yusof Bin Ismail モハマド・ユソフ・ビン・イスマイル
1954〜 [著]「やっぱりゾウがいちばん」 オリコン・エンタテインメント 2004
Mohd Zin, Mohamed モハメド・ジン・モハメド
[国]マレーシア 公共事業相
Mohedano, Lourdes モエダノ
[国]スペイン 新体操選手
Moher, Frank モハー, フランク
1955〜 [国]カナダ 劇作家, 演出家
Mohieddin, Mahmoud モヘディン, マハムード
[国]エジプト 投資相 [異]モヘディン, マフムード
Mohindra, Dhruv モヒンドラ, ドゥルーブ
[著]「Javaセキュアコーディングスタンダード」 アスキー・メディアワークス, 角川グループパブリッシング(発売) 2012
Mohler, Diana モーラー, ダイアナ
[著]「がんばれ! ウィリー」 キッズネット, 角川書店(発売) 2004
Mohmod, Abdul Latif モハマド, アブドゥル・ラティフ
[国]マレーシア マレーシア森林研究所所長 [専]林学
Mohombi モホンビ
1986〜 歌手 本名=モホンビ・ンザシ・ムポンド〈Mohombi Nzasi Moupondo〉
Mohr, Bärbel モーア, ベルベル
1964〜 [著]「その望みは宇宙がかなえてくれる」 サンマーク出版 2008
Mohr, Franz モア, フランツ
1927〜 [著]「ピアノの巨匠たちとともに」 音楽之友社 2002
Mohr, Gerold モアー, G.
[著]「機能的運動療法」 シュプリンガー・ジャパン 2007
Mohr, Jean モア, ジャン
1925〜 [著]「果報者ササル」 みすず書房 2016
Mohr, Klaus モール, クラウス
[著]「カラー図解これならわかる薬理学」 メディカル・サイエンス・インターナショナル 2012
Mohr, Magni モア, マグニ
[著]「パフォーマンス向上に役立つサッカー選手の体力測定と評価」 大修館書店 2015
Mohr, Stephen モア, スティーブン
[著]「プロフェッショナルBizTalk」 インプレス, インプレスコミュニケーションズ(発売) 2001
Mohr, Tara モア, タラ
1968〜 [著]「繊細な女性のための大胆な働き方」 講談社 2015
Mohr, Tim モーア, ティム
[著]「ポール・スタンレー自伝」 シンコーミュージック・エンタテイメント 2014
Mohseni Ezhei, Gholamhossein モホセニエジェイ, ゴラムホセイン
[国]イラン 情報相
Mohyeldin, Mohamed モヒェルディン, モハメド
[国]エジプト 柔道選手
Mohylov, Anatoliy モギリョフ, アナトリー
[国]ウクライナ 内相
Moi, Daniel T. arap モイ, ダニエル・T.アラップ
[国]ケニア 大統領
Moi, Toril モイ, トリル
1953〜 [著]「ボーヴォワール」 平凡社 2003
Moignot, Daniel モアノ, ダニエル
[著]「火山の本」 岳陽舎 2006
Moi Gomez モイ・ゴメス
[国]スペイン サッカー選手
Moily, M. Veerappa モイリー, M.ビーラパ
[国]インド 石油・天然ガス相
Moin, Mostafa モイーン, モスタファ
[国]イラン 科学技術相
Moine, Mohamed Ould Mohamed Abderrahmane Ould モイン, モハメド・ウルド・モハメド・アブデラーマン・ウルド
[国]モーリタニア 通信・国会担当相
Moioli, Michela モイオリ
[国]イタリア スノーボード選手

Moir, Scott　モイヤー, スコット
　1987～　国カナダ　フィギュアスケート選手　旧モイア, スコット／モイヤー
Moisander, Niklas　モイサンデル, ニクラス
　国フィンランド　サッカー選手
Moïse, Jovenel　モイーズ, ジョブネル
　国ハイチ共和国　大統領
Moiseev, Andrey　モイセエフ, アンドレイ
　国ロシア　近代五種選手　旧モイセエフ
Moiseyev, Igor Aleksandrovich　モイセーエフ, イーゴリ
　1906～2007　国ロシア　舞踊家, 振付師, 演出家　ロシア国立アカデミー民族舞踊アンサンブル（モイセーエフバレエ団）創設者・芸術監督
Moïsi, Dominique　モイジ, ドミニク
　1946～　国フランス　国際政治学者, コラムニスト　フランス国際関係研究所（IFRI）上級顧問　著フランス外交, 欧米関係, 安全保障　旧モイジ, ドミニク
Moisiu, Alfred　モイシウ, アルフレド
　国アルバニア　大統領
Moisseeff, Michaël　モワッセフ, ミカエル
　著「ワインを楽しむ58のアロマガイド」原書房　2012
Moitland, Kristopher　モイトランド
　国コスタリカ　テコンドー選手
Mojica, Beatriz Pardiñas　モヒカ, ベアトリス・パーディニアス
　国フィリピン　日本語センター財団校長, フィリピン日本語文化学院財団校長
Mojica, Melissa　モヒカ, メリッサ
　国プエルトリコ　柔道選手
Mojsov, Lazar　モイソフ, ラザール
　1920～2011　国マケドニア　政治家, 外交官　ユーゴスラビア連邦幹部会議長（元首）　旧モイゾフ
Mok, Heidi　モク, ヘイディ
　著「助産師の意思決定」エルゼビア・ジャパン　2006
Mok, Karen　モク, カレン
　1970～　国香港　女優, 歌手　漢字名＝莫文蔚
Moka, Alain　モカ, アラン
　国コンゴ共和国　保健・人口相
Mokaila, Kitso　モカイラ, キツォ
　国ボツワナ　鉱業・エネルギー・水資源相
Mokaila, Onkokame Kitso　モカイラ, オンコカメ・キツォ
　国ボツワナ　運輸・通信相　旧モカイラ, オンコカメ
Mokalake, Lebonamang　モカラケ, レボナマン
　国ボツワナ　国土・住宅相
Mokamanede, Godefroy　モカマネデ, ゴデフロイ
　国中央アフリカ　公共事業・雇用相
Mokeretla, Tšoeu　モケレトラ, ツォエウ
　国レソト　運輸・公共事業相
Mokgothu, Boometswe　モクォトゥ, ボーメツェ
　国ボツワナ　鉱業・エネルギー水利相　旧モコトゥ, ボーメツェ
Mokhehle, Shakhane　モヘレ, シャハネ
　国レソト　司法相
Mokhosi, Tšeliso　モコシ, ツェリソ
　国レソト　国防相
Mokhothu, Mathibeli　モコトゥ, マティベリ
　国レソト　ジェンダー・青年・スポーツ相
Mok Mareth　モク・マレット
　国カンボジア　環境相　旧モク・マレット
Moko, Démole Issa　モコ, デモル・イッサ
　国ベナン　地方分権・地域社会・国土管理相
Mokoena, Godfrey Khotso　モコエナ
　国南アフリカ　陸上選手
Mokoki, Gilbert　モコキ, ジルベール
　国コンゴ共和国　交通・民間航空・海運相
Mokoma, Lesole　モコマ, レソレ
　国レソト　農業・食料安全保障相
Mokonyane, Nomvula　モコンヤネ, ノムブラ
　国南アフリカ　水・衛生相
Mokopete, Guy Marc　モコペテ, ギ・マルク
　国中央アフリカ　内閣官房・関係機関担当相
Mokose, Lincon Ralechate　モコセ, リンコン・ラレハテ
　国レソト　農業・食料安全保障相
Mokose, Ralechate　モコセ, ラレハテ
　国レソト　森林・土地開拓相
Mokuy, Agapito Mba　モクイ, アガピト・ムバ
　国赤道ギニア　外務・協力相

Mokuy, Alfonso Nsue　モクイ, アルフォンソ・ヌスエ
　国赤道ギニア　第3副首相（人権担当）
Mol, Annemarie　モル, アネマリー
　1958～　著「多としての身体」水声社　2016
Mola, Mario　モラ, マリオ
　国スペイン　トライアスロン選手
Molaison, Henry　モレゾン, ヘンリー
　?～2008　国アメリカ　人間の脳の解明に貢献した記憶喪失患者　通称＝H・M
Molale, Eric Mothusi　モラレ, エリック・モトゥシ
　国ボツワナ　大統領府・統治・公共政策相
Molan, Peter C.　モラン, ピーター・C.
　著「ハチミツと代替医療」フレグランスジャーナル社　2002
Moland, Lydia L.　モーランド, リディア・L.
　著「ケアの複雑性」エルゼビア・ジャパン　2007
Molander, Roger　モランダー, ロジャー
　1940～2012　国アメリカ　反核戦争指導者　ランド研究所上級政策研究員　本名＝Molander, Roger Carl
Molano Vega, Diego　モラノ・ベガ, ディエゴ
　国コロンビア　情報技術・通信相
Molapo, Joang　モラポ, ジョアン
　国レソト　内相
Molasky, Michael S.　モラスキー, マイク
　1956～　著「日本文化に何をみる？」共和国　2016
Molaverdi, Shahindokht　モラベルディ, シャヒンドフト
　国イラン　副大統領（女性・家族問題担当）
Molay, Bruce　モレイ, ブルース
　著「Unix/Linuxプログラミング」アスキー・メディアワークス, 角川グループパブリッシング（発売）　2008
Molay, Frédérique　モレイ, フレデリク
　1968～　国フランス　作家　ミステリー
Moldanov, Timofei　モルダノフ, チモフェイ
　著「シベリア・ハンティ族の熊送りと芸能」勉誠出版　2001
Moldenke, Alma Lance　モルデンケ, A.
　1908～　著「聖書の植物事典」八坂書房　2014
Moldiz Mercado, Hugo　モルディス・メルカド, ウゴ
　国ボリビア　内相
Moldner-schmidt, Antje　モルドナーシュミット
　国ドイツ　陸上選手
Moldogaziev, Rysbek　モロドガジエフ, リスベク
　1969～　国キルギス　外交官　駐日キルギス大使
Moldovan, Nikolina　モルドバン, ニコリナ
　国セルビア　カヌー選手
Moldovan, Olivera　モルドバン, オリベラ
　国セルビア　カヌー選手
Moldovanu, Mihai　モルドバヌ, ミハイ
　国モルドバ　副首相（社会政策担当）
Moldoveanu, Alin George　モルドベアヌ, アリンゲオルゲ
　1983～　国ルーマニア　射撃選手　旧モルドベアヌ
Moldvaer, Anette　モルドヴァ, アネット
　著「COFFEE BOOK」誠文堂新光社　2015
Molefhi, Nonofo　モレフィ, ノノフォ
　国ボツワナ　インフラ・科学技術相
Moleleki, Monyane　モレレキ, モニャネ
　国レソト　警察・公安相　旧モレレキ, モンヤネ
Molema, Leloba Sefetogi　モレマ, レロバ
　1942～　著「南アフリカの女たち―闘争と亡命の語り　南部アフリカにおける女たちの声―歴史の書き換え」国立民族学博物館地域研究企画交流センター　2004
Molerio, Pedro Antonio Valle　モレリオ, ペドロ・アントニオ・バージェ
　1955～　著「リアル・キューバ音楽」ヤマハミュージックメディア　2015
Molero Bellavia, Diego Alfredo　モレロ・ベジャビア, ディエゴ・アルフレド
　国ベネズエラ　国防相
Molesini, Andrea　モレジーニ, アンドレア
　1954～　著「ベネチア人にしっぽがはえた日」汐文社　2006
Molesky, Joanne　モレスキー, ジョアンヌ
　著「リーンエンタープライズ」オライリー・ジャパン, オーム社（発売）　2016
Molesworth, Carl　モールズワース, カール
　著「太平洋戦線のP-40ウォーホークエース」大日本絵画　2002
Moletsane, Maboee　モレツァネ, マボエエ
　国レソト　開発計画相
Molewa, Bomo Edna　モレワ, ボモ・エドナ
　国南アフリカ　環境相　旧モレワ, エドナ

M

Molfetta, Carlo モルフェッタ, カルロ
1984～ [国]イタリア テコンドー選手 [異]モルフェッタ
Molho, Renata モルホ, レナータ
1951～ [著]「ジョルジオ・アルマーニ」 日本経済新聞出版社 2007
Moli, Kalfau モリ, カルファウ
[国]バヌアツ 農業・検疫・林業・漁業相
Molijn, Radboud L.J.Maria モライン, ラッドバウト・L.J.マリア
[国]オランダ 蘭日貿易連盟事務局長, 非営利法人ネザーランド・ヘルプ・ジャパン副会長, グローバル・ブリッジズ社社長
Molik, Alicia モリク
[国]オーストラリア テニス選手
Molina, Alfred モリナ, アルフレッド
1953～ [国]アメリカ 俳優
Molina, César Antonio モリナ, セサル・アントニオ
[国]スペイン 文化相
Molina, Jorge Alberto モリナ, ホルヘ・アルベルト
[国]エルサルバドル 国防相
Molina, Juan Manuel モリナ
[国]スペイン 陸上選手
Molina, Luisa T. モリナ, ルイザ・T.
[著]「環境医学入門」 中央法規出版 2003
Molina, Marcos モリーナ, マルコス
[国]ドミニカ共和国 野球選手
Molina, Mario José モリナ, マリオ
1943～ [国]アメリカ 化学者 カリフォルニア大学サンディエゴ校教授 [専]フロンガス研究 [異]モリーナ, マリオ
Molina, Ricardo モリナ, リカルド
[国]ベネズエラ 運輸相
Molina, Rocío モリーナ, ロシオ
1984～ [国]スペイン フラメンコダンサー
Molina, Terese モリーナ, テレーゼ
[著]「ハーバードMBA合格者のエッセイを読む」 オープンナレッジ 2007
Molina, Yadier モリーナ, ヤディエル
1982～ [国]プエルトリコ 野球選手 本名＝Molina, Yadier Benjamin [異]モリーナ, ヤディアー / モリナ, ヤディエル
Molina Jiménez, Iván モリーナ, イバン
[著]「コスタリカの歴史」 明石書店 2007
Molina Lopez, T. モリーナ・ロペス, T.
[著]「鍼のエビデンス」 医道の日本社 2009
Molinar, Lucy モリナル, ルーシー
[国]パナマ 教育相 [異]モリナル, ルシ
Molinar Horcasitas, Juan Francisco モリナル・オルカシタス, フアン・フランシスコ
[国]メキシコ 通信・運輸相
Molinari, Federico モリナリ
[国]アルゼンチン 体操選手
Molinari, Marco Paolo モリナーリ, マルコ・パオーロ
1966～ [国]イタリア 料理人 ラ・カーサ・ディ・マルコオーナーシェフ [異]モリナーリ, マルコ・パオロ
Molinaro, Albert モリナーロ, アルバート
[著]「フェンダー・ベース・ヒストリー」 リットーミュージック 2002
Molinaro, Anthony モリナロ, アンソニー
[著]「SQLクックブック」 オライリー・ジャパン, オーム社（発売） 2007
Molinaro, Cristian モリナーロ, クリスティアン
[国]イタリア サッカー選手
Molinaro, Edouard モリナロ, エドゥアール
1928～2013 [国]フランス 映画監督
Molinaro, Frank モリナロ, フランク
[国]アメリカ レスリング選手
Moline, Georganne モリーン
[国]アメリカ 陸上選手
Moline, Karen モリーン, カレン
[著]「囚われて」 講談社 2001
Molinero, Cecilio Mar モリネロ, C.マー
[著]「現代イギリスの政治算術」 北海道大学図書刊行会 2003
Molino, Jean モリノ, ジャン
[著]「音楽の起源」 人間と歴史社 2013
Molio'o, Teofilo モリオオ・テオフィロ
[国]サモア 法相, 農水・気象相
Molipe, Jean-Claude モリペ, ジャンクロード
[国]コンゴ民主共和国 予算相
Molisa, Sela モリサ, セラ
[国]バヌアツ 財務・経済企画相 [異]モリザ, セラ
Molisale, Havo モリサレ, ハボ
[国]バヌアツ 農業・林業・漁業相
Moliterno, James E. モリテルノ, J.E.
[著]「模擬法律事務所はロースクールを変えるか」 関西学院大学出版会 2006
Molitor, Katharina モリター
[国]ドイツ 陸上選手 [異]モリトル
Molitor, Paul モリター, ポール
1956～ [国]アメリカ 大リーグ監督, 元野球選手 本名＝Molitor, Paul Leo
Moliwa, Athanasie モリワ, アタナジー
[国]コンゴ民主共和国 保健相
Moliwa, Moleko モリワ, モレコ
[国]コンゴ民主共和国 労働・社会保障相
Molkhou, Jean-Michel モルク, ジャン＝ミシェル
[著]「偉大なるヴァイオリニストたち」 ヤマハミュージックメディア 2012
Moll, James モル, ジェームズ
監督 グラミー賞 最優秀長編ビデオ作品（2011年（第54回））“Foo Fighters: Back And Forth”
Moll, Jorge モル, ジョルジュ
[著]「モーラルブレイン」 麗沢大学出版会, 広池学園事業部（柏）（発売） 2013
Moll, Sam モール, サム
[国]アメリカ 野球選手
Moll, Stephen モル, シュテファン
[著]「フェアな未来へ」 新評論 2013
Molla, Jean モラ, ジャン
1958～ [国]フランス 作家 [専]文学
Molla, Tareq el モッラ, ターレク
[国]エジプト 石油鉱物資源相
Mollaei, Saeid モラエイ, サイード
[国]イラン 柔道選手
Mollard, Claude モラール, クロード
[著]「バベルの神話」 法政大学出版局 2001
Mollard, Michel モラール, ミッシェル
1964～ [著]「ライプツィヒへの旅バッハ＝フーガの探究」 春秋社 2013
Mollaret, Henri H. モラレ, アンリ・H.
1923～2008 [著]「見えない敵との闘い」 人文書院 2015
Mollé, Roland Le モレ, ロラン・ル
[著]「ジョルジョ・ヴァザーリ」 白水社 2003
Møllehave, Johannes ミュレヘーヴェ, ヨハネス
1937～ [著]「アンデルセンの塩」 新評論 2005
Mollema, Bauke モレマ, バウケ
[国]オランダ 自転車選手
Möllemann, Jürgen W. メレマン, ユルゲン
1945～2003 [国]ドイツ 政治家 ドイツ経済相・副首相
Mollenkopf, Steve モレンコフ, スティーブ
[国]アメリカ エンジニア, 実業家 クアルコムCEO
Möller, Anne メッラー, アンネ
1970～ [著]「巣をつくるあなをほる」 岩波書店 2006
Möller, Cannie メッレル, カンニ
1947～ [著]「サンドラ、またはエスのバラード」 新宿書房 2012
Möller, Christian メラー, クリスティアン
1940～ [著]「魂への配慮としての説教」 教文館 2014
Møller, Claus モレール, クラウス
1942～ [著]「苦情という名の贈り物」 生産性出版 2006
Moller, Kristjan メレル, クリスチャン
[国]アイスランド 通信相
Möller, Lennart メラー, レナート
[著]「環境医学入門」 中央法規出版 2003
Moller, N. モレル, N.
[著]「クルスクの戦い」 大日本絵画 2007
Møller, Per Stig ムラー, ペア・スティー
[国]デンマーク 文化相
Möller, Torsten B. メーラー, トルステン・B.
[著]「CT・MRI画像解剖ポケットアトラス」 メディカル・サイエンス・インターナショナル 2015
Möllers, Christoph メラース, クリストフ
1969～ [著]「越境する司法」 風行社 2014
Mollon, Phil モロン, フィル
[著]「現代精神分析における自己心理学」 北大路書房 2007
Mollov, Nezhdet モロフ, ネジデト
[国]ブルガリア 無任所相

Molloy, John T. モロイ, ジョン・T.
(著)「Good marriage」 主婦の友社 2004
Molloy, Michael モロイ, マイケル
1940～ (著)「アビーと光の魔法使い」 徳間書店 2002
Molmenti, Daniele モルメンティ, ダニエレ
1984～ (国)イタリア カヌー選手
Molmenti, Ernesto P. モルメンティ, エルネスト・P.
(著)「肝移植アトラス」 エルゼビア・ジャパン 2004
Molnár, Csaba モルナール・チャバ
(国)ハンガリー 運輸・通信・エネルギー相
Molnár, Ilona モルナー, イローナ
(著)「ゆびぺたスタンプアートブックお姫様と妖精&100の不思議な仲間たち」 玄光社 2016
Molnár, Lajos モルナール・ラヨシュ
(国)ハンガリー 保健相
Molnar, Michael モルナール, マイクル
(著)「フロイト最後の日記」 日本教文社 2004
Molnar, Peter モルナー, ピーター
(国)アメリカ クラフォード賞 地球科学(2014年)
Molnar, Peter モルナル, ペーテル
(国)ハンガリー カヌー選手
Molnos, Angela モルノス, アンジェラ
1923～ (著)「精神分析とブリーフセラピー」 川島書店 2003
Molodiakov, Vasiliĭ モロジャコフ, ワシーリー
1968～ (著)「ジャポニズムのロシア」 藤原書店 2011
Molojen, Vladimir モロジェン, ウラジーミル
(国)モルドバ 情報開発相
Moloney, Kate モロニー, ケイト
(著)「誰でも美しくなれる10の法則」 宝島社 2011
Moloney, Paddy モローニ, パディ
1938～ (国)アイルランド 音楽家
Molopo, Notsi モロポ, ノツィ
(国)レソト 雇用・労働相
Moloua, Félix モルア, フェリックス
(国)中央アフリカ 経済計画・協力相
Molteni, Sonia モルテーニ, ソニア
(著)「ラストコンサート」 竹書房 2004
Molterer, Wilhelm モルタラー, ウィルヘルム
(国)オーストリア 副首相兼財務相 (異)モルテラー, ウィルヘルム
Moltke, Freya von モルトケ, フライア・フォン
1911～2010 (国)アメリカ 反ナチス運動家
Moltmann, Jürgen モルトマン, ユルゲン
1926～ (著)「希望の倫理」 新教出版社 2016
Molyneaux, Brian Leigh モリノー, ブライアン・L.
(著)「世界の神話百科」 原書房 2002
Molyviatis, Petros モリビアティス, ペトロス
(国)ギリシャ 外相
Molz, Redmond Kathleen モルツ, レドモンド・キャスリーン
1928～ (著)「シビックスペース・サイバースペース」 勉誠出版 2013
Momah, Ifeanyi ママー, アイフィーニ
(国)アメリカ アメフト選手
Momand, Farida モマンド, ファリダ
(国)アフガニスタン 高等教育相
Momani, Mohammad al モマニ, ムハンマド
(国)ヨルダン メディア担当相
Momatiuk, Yva ママチェク, イバ
1940～ (著)「ペンギン」 ほるぷ出版 2011
Mombeshora, Douglas モンベショラ, ダグラス
(国)ジンバブエ 土地・再定住相
Mombeshoro, Swithun モンベショロ, スイスン
(国)ジンバブエ 高等教育・技術相 (異)モンベショラ, スイスン
Momjian, Bruce モムジャン, ブルース
(著)「はじめてのPostgreSQL」 ピアソン・エデュケーション 2001
Momma, Lemina Mint Kotob Ould マンマ, ラミーナ・ミント・クトゥブ・ウルド
(国)モーリタニア 社会問題・子ども・家族相
Mommert-Jauch, Petra モマート - ヤオホ, ペトラ
(著)「ノルディックウォーキング ウォーキングとストレッチ」 ナップ 2007
Mommsen, Hans モムゼン, ハンス
1930～ (著)「ヴァイマール共和国史」 水声社 2001
Mommsen, Wolfgang J. モムゼン, ヴォルフガング・J.
1930～ (著)「帝国主義と国民統合」 未来社 2002
Momo モモ
(国)スペイン サッカー選手
Momoh, Joseph Saidu モモ, ジョゼフ
1937～2003 (国)シエラレオネ 政治家 シエラレオネ大統領
Momotaro, Dennis モモタロウ, デニス
(国)マーシャル諸島 財務相
Momunaliev, Nurkhanbek モムナリエフ, ヌルハンベク
(国)キルギス 官房長官
Mona, Erik モナ, エリック
(著)「魔物の書」 ホビージャパン 2007
Monachino, Ted モナキノ, テッド
(国)アメリカ インディアナポリス・コルツコーチ
Monaco, Juan モナコ, フアン
(国)アルゼンチン テニス選手
Monaco, Octavia モナコ, オクタヴィア
1963～ (著)「ゴッホ風がはこんだ色彩」 西村書店 2010
Monáe, Janelle モネイ, ジャネル
MTVアワード 最優秀アート・ディレクション(第30回(2013年))ほか
Monaghan, Paul モナハン, ポール
(著)「トリプルボトムライン」 創成社 2007
Monahan, John モナハン, ジョン
1946～ (著)「暴力のリスクアセスメント」 星和書店 2011
Monahan, William モナハン, ウィリアム
アメリカ探偵作家クラブ賞 映画賞(2007年)ほか
Monaque, Mathilde モナク, マチルド
1989～ (著)「私のうつ病日記」 オープンナレッジ 2007
Monare, Phallang モナレ, パラング
(国)レソト 警察・公安相
Monash, Paul モナシュ, ポール
1917～2003 (国)アメリカ 映画製作者, 脚本家
Monastra, Vincent J. モナストラ, ヴィンセント・J.
(著)「ADHDのある子のやる気を引き出すペアレントトレーニング」 明石書店 2012
Monastyrskiĭ, Mikhail Il'ich モナスティルスキー, マイケル
1945～ (著)「フィールズ賞で見る現代数学」 筑摩書房 2013
Monbaron, Simon モンバロン, サイモン
1930～ (著)「スブドのすべて」 文芸社 2004
Monbiot, George モンビオット, ジョージ
1963～ (異)モンビオ, ジョージ (著)「地球を冷ませ!」 日本教文社 2007
Monbouquette, Bill モンブケット, ビル
1936～2015 (国)アメリカ 野球選手 本名=Monbouquette, William Charles (異)モンブーケット
Monbourquette, Jean モンブルケット, ジャン
(著)「「ゆるし」のステップ」 PHP研究所 2006
Moncada, Riccy モンカダ, リシィ
(国)ホンジュラス 労相
Moncada, Yoan モンカダ, ヨアン
(国)キューバ 野球選手
Moncada Colindres, Denis Ronald モンカダ・コリンドレス, デニス・ロナルド
(国)ニカラグア 外相
Monchamp, Marie-Anne モンシャン, マリアンヌ
(国)フランス 障害者担当相
Moncrief, Donte モンクリーフ, ドンテ
(国)アメリカ アメフト選手
Moncrief, William モンクリフ, ウィリアム
(国)カナダ カンバーランド村議会議員, 元・カンバーランド村長
Monda, Antonio モンダ, アントニオ
1962～ (著)「エンニオ・モリコーネ、自身を語る」 河出書房新社 2013
Monda, Lorena モンダ, ロレーナ
(著)「自己変容をもたらすホールネスの実践」 星和書店 2014
Mondale, Eleanor モンデール, エレノア
1960～2011 (国)アメリカ モンデール元副大統領の長女
Mondale, Joan Adams モンデール, ジョーン・アダムス
1930～2014 (国)アメリカ 陶芸家 (異)モンデール, ジョアン
Mondale, Walter Fritz モンデール, ウォルター
1928～ (国)アメリカ 弁護士, 政治家 米国副大統領, 駐日米国大使 本名=Mondale, Walter Frederick (異)モンデイル
Mondavi, Robert G. モンダビ, ロバート・ジェラルド
1913～2008 (国)アメリカ ワイン生産者, 醸造家 ロバート・モンダビ・ワイナリー創設者 (異)モンダビー, ロバート / モンダヴィ, ロバート
Monday, Will マンデイ, ウィル
(国)アメリカ アメフト選手
Monde, Greyford モンデ, グレイフォード

[国]ザンビア　漁業・畜産相
Mondeh, Sama Sahr　モンデー, サマ・サハル
[国]シエラレオネ　農業・食料安全保障相
Mondesi, Raul　モンデシー, ラウル
[国]アメリカ　野球選手
Mondesir, Keith　モンデジー, キース
[国]セントルシア　保健・家族・国家動員・福祉・男女平等相　[異]モンデサー, キース
Mondiere, Anne-Sophie　モンディエール
[国]フランス　柔道選手
Mondjo, Charles Richard　モンジョ, シャルル・リシャール
[国]コンゴ共和国　国防相
Mondlane, Agostinho Salvador　モンドラーネ, アゴスティーニョ・サルバドール
[国]モザンビーク　海洋・内水・漁業相
Mondlane, Alberto　モンドラネ, アルベルト
[国]モザンビーク　内相
Mondon, Macsuzy　モンドン, マクスジー
[国]セーシェル　地方自治相
Monénembo, Tierno　モネネムボ, チエルノ
1947～　作家
Monestier, Alain　モネスティエ, アラン
[著]「伝説の大富豪たち」 宝島社　2008
Monestier, Martin　モネスティエ, マルタン
[著]「図説食人全書」 原書房　2015
Monet, Nicole　モネ, ニコール
[著]「熱い手のなかで」 ハーパーコリンズ・ジャパン　2016
Monetti, David M.　モネッチ, デイビット・M.
[著]「インストラクショナルデザインの理論とモデル」 北大路書房　2016
Money, Nicholas P.　マネー, ニコラス・P.
[著]「キノコと人間」 築地書館　2016
Moneypenny, *Mrs.*　マニーペニー, ミセス
[著]「マニーペニー先生の仕事に生きる女性の教科書」 クロスメディア・パブリッシング, インプレスコミュニケーションズ(発売)　2013
Monféry, Dominique　モンフェリー, ドミニク
ザグレブ国際アニメーション映画祭 観客賞(2011年)ほか
Monfils, Gael　モンフィス, ガエル
[国]フランス　テニス選手　[異]モンフィス
Monfort, Charles K.　モンフォート, チャールズ
1959～　[国]アメリカ　コロラド・ロッキーズオーナー　通称＝モンフォート, ディック〈Monfort, Dick〉　[異]モンフォート, チャーリー
Monfreid, Dorothée de　モンフレッド, ドロテ・ド
1973～　[著]「ママのスカート」 千倉書房　2013
Monge, Guido Alberto　モンヘ, ギド・アルベルト
[国]コスタリカ　住宅相
Monge, Jean-Baptiste　モンジュ, ジャン＝バティスト
[著]「星降る夜のお化けたち」 東洋書林　2004
Mongel, Aurore　モンジェル
[国]フランス　競泳選手
Monges, Juan Darío　モンヘス, フアン・ダリオ
[国]パラグアイ　法務・労働相
Mongin, Jean Paul　モンジャン, ジャン＝ポール
[著]「デカルト氏の悪霊」 ディスカヴァー・トゥエンティワン　2011
Mongin, Pierre　モンジャン, ピエール
[著]「できる人のマップ思考」 PHP研究所　2007
Mongkol, Na Songkhla　モンコン・ナソンクラー
[国]タイ　保健相
Mongolian Stomper　モンゴリアン・ストンパー
1936～2016　[国]カナダ　プロレスラー　本名＝ゴルディー, アーチボルド・エドワード〈Gouldie, Archibald Edward〉　[異]モングレディエン, スー
Monheit, Jane　モンハイト, ジェーン
1977～　[国]アメリカ　ジャズ歌手
Moni, Dipu　モニ, ディプ
[国]バングラデシュ　外相
Monicelli, Mario　モニチェリ, マリオ
1915～2010　[国]イタリア　映画監督, 脚本家　別名＝バディエク, ミケーレ　[異]モニチェッリ, マリオ
Moning, Karen Marie　モニング, カレン・マリー
1964～　[著]「聖なる槍に導かれ」 ヴィレッジブックス　2015
Mo'nique　モニーク
[国]アメリカ　ゴールデン・グローブ賞 映画 助演女優賞(ドラマ)(第67回(2009年度))ほか
Moniz, Ernest　モニズ, アーネスト
[国]アメリカ　エネルギー長官
Monk, Ellen F.　モンク, エレン
[著]「マネジメント入門」 トムソンラーニング, ビー・エヌ・エヌ新社(発売)　2006
Monk, Gerald　モンク, ジェラルド
1954～　[著]「話がこじれたときの会話術」 北大路書房　2014
Monk, Jane　モンク, ジェーン
[著]「ヒーリングぬり絵タングル模様の宝もの」 玄光社　2016
Monk, Karyn　モンク, キャリン
[著]「エメラルドは静かに燃えて」 ランダムハウス講談社　2010
Monk, Malik　モンク, マリック
[国]アメリカ　バスケットボール選手
Monk, Ray　モンク, レイ
[著]「哲学者は何を考えているのか」 春秋社　2006
Monk, Simon　モンク, サイモン
[著]「Raspberry Piクックブック」 オライリー・ジャパン, オーム社(発売)　2014
Monk, Thelonious　モンク, セロニアス
[国]アメリカ　ピュリッツアー賞 特別賞 特別表彰(2006年)
Mönkäre, Sinikka　モンカレ, シニッカ
[国]フィンランド　社会問題・保健相　[異]マンカレ, シニッカ
Monken, Todd　モンケン, トッド
[国]アメリカ　タンパベイ・バッカニアーズコーチ
Monkevičius, Algirdas　モンケビチウス, アルギルダス
[国]リトアニア　教育・科学相
Monkhorgil, Tsendiin　モンフオリギル, ツェンディーン
[国]モンゴル　外相
Monks, Jonathan　モンクス, ジョナサン
[著]「ヨーガーピラーティス」 ガイアブックス　2015
Monks, Judith　モンクス, ジュディス
[著]「障害と文化」 明石書店　2006
Monks, Julie　モンクス, ジュリー
[著]「100のたいこのように」 小峰書店　2010
Monks, Lydia　モンクス, リディア
[著]「どうにかしてよイイイヨオオオ！」 評論社　2006
Monloubou, Laure　モンルブ, ロール
[著]「はずかしがりやのミリアム」 ひさかたチャイルド　2012
Monmarche, Carole　モンマルシェ, キャロル
[著]「聖ヨハネ・ボスコ」 ドン・ボスコ社　2001
Monnet, Léon-Emmanuel　マネ, レオンエマニュエル
[国]コートジボワール　鉱業・エネルギー相
Monneyron, Frédéric　モネイロン, F.
[著]「ファッションの社会学」 白水社　2009
Monnier, Gerard　モニエ, ジェラール
[著]「二十世紀の建築」 白水社　2002
Monnier, Jeremy　モニエ, ジェレミー
[国]フランス　射撃選手
Monnier, Mathilde　モニエ, マチルド
1959～　[著]「ダンスについての対話アリテラシオン」 現代企画室　2006
Monno, Harunur Rashid Khan　モンノ, ハルヌル・ラシド・カーン
[国]バングラデシュ　無任所相
Monnoyer, Eric　モンワイエ, エリック
[著]「マッキンゼーITの本質」 ダイヤモンド社　2005
Monory, Jacques　モノリ, ジャック
1924～　[国]フランス　画家
Monory, René　モノリ, ルネ
1923～2009　[国]フランス　政治家　フランス上院議長　本名＝Monory, René Claude Aristide
Monreal, Nacho　モンレアル, ナチョ
[国]スペイン　サッカー選手
Monro, Robin　モンロー, ロビン
[著]「よくわかるヨーガ療法」 産調出版　2005
Monroe, Aly　モンロー, アリー
英国推理作家協会賞 エリス・ピーターズ・ヒストリカル・ダガー(2012年)　"Icelight"
Monroe, Chris　モンロー, クリス
[著]「チコ・ボンボンとすてきなどうぐベルト」 ひさかたチャイルド　2009
Monroe, Donald　モンロー, ドナルド
[国]コスタリカ　住宅相
Monroe, Greg　モンロー, グレッグ
[国]アメリカ　バスケットボール選手
Monroe, Keith　モンロー, キース

Monroe, Lucy　モンロー, ルーシー
　1967～　著「燃えるアテネ」ハーパーコリンズ・ジャパン　2016
Monroe, Mary Alice　モンロー, メアリー・アリス
　著「風の谷の約束」ハーレクイン　2005
Monroe, Robert A.　モンロー, ロバート・A.
　著「ロバート・モンロー「体外への旅」」ハート出版　2007
Monroe, Steve　モンロー, スティーヴ
　1961～　著「成り上がりの掟」早川書房　2001
Monrou, Rafiatou　モンル, ラフィアトゥ
　国ベナン　デジタル経済・通信相
Monsaingeon, Bruno　モンサンジョン, ブリューノ
　著「ぼくはエクセントリックじゃない」音楽之友社　2001
Monsef, Maryam　モンセフ, マリアム
　国カナダ　民主機構相
Monsman, Gerald Cornelius　モンズマン, ジェラルド
　著「ガストン・ド・ラトゥール」松柏社　2009
Monster　モンスター
　1976～　国台湾　ミュージシャン　漢字名＝怪獣
Montagnier, Luc Antoine　モンタニエ, リュック
　1932～　国フランス　医学者　世界エイズ予防財団（WFARP）代表, パリ大学名誉教授　専腫瘍学, エイズ研究
Montagny, Franck　モンタニー, フランク
　1978～　国フランス　レーシングドライバー, 元F1ドライバー
Montague, John　モンタギュー, ジョン
　1944～　著「定本パースの教科書」パイインターナショナル　2015
Montague, Lisa　モンタギュー, リサ
　1963～　国イギリス　実業家　ロエベCEO
Montague, Robert　モンテギュー, ロバート
　国ジャマイカ　国家安全保障相
Montague, Ty　モンタギュー, タイ
　著「スーパーストーリーが人を動かす」日経BP社, 日経BPマーケティング（発売）　2014
Montaigne, Marion　モンテーニュ, マリオン
　アングレーム国際漫画祭 キュルトゥラ読者賞（2013年）　"Tu mourras moins bête…"（T2）
Montalban, Ricardo　モンタルバン, リカルド
　1920～2009　国メキシコ　俳優
Montalembert, Anne de　モンタランベール, アンヌ・ド
　著「パリのミュゼたち」大日本印刷, DNPアートコミュニケーションズ（発売）　2012
Montalván, Luis Carlos　モンタルバン, ルイス・カルロス
　著「チューズデーに逢うまで」並木書房　2015
Montalvo, Gustavo　モンタルボ, グスタボ
　国ドミニカ共和国　大統領府相
Montan, Chris　モンタン, クリス
　グラミー賞 最優秀映像メディア向けコンピレーション・サウンドトラック・（2014年（第57回））　"Frozen"　コンピレーション・プロデューサー
Montana, Claude　モンタナ, クロード
　1946～　国フランス　ファッションデザイナー
Montana, LeRoy　モンタナ, リロイ
　著「クリスタル占い」二見書房　2004
Montanari, Eva　モンタナーリ, エヴァ
　1977～　訳モンタナリ, エバ　著「とんがりぼうしのクロチルダ」光村教育図書　2008
Montanari, Massimo　モンタナーリ, マッシモ
　1949～　訳モンタナーリ, M.　著「食のイタリア文化史」岩波書店　2011
Montanari, Richard　モンタナリ, リチャード
　国アメリカ　作家　専ミステリー, スリラー
Montanaro, Silvana Quattrocchi　モンタナーロ, シルバーナ・Q.
　著「いのちのひみつ」KTC中央出版　2003
Montanelli, Indro　モンタネリ, インドロ
　1909～2001　国イタリア　ジャーナリスト, 作家　「イルジョルナレ」創刊者
Montañes, Polo　モンタニェス, ポロ
　?～2002　国キューバ　歌手　本名＝ボレゴ, フェルナンド
Montano, Aldo　モンタノ, アルド
　1978～　国イタリア　フェンシング選手　訳モンタノ
Montano, Danny　モンタノ, ダニー
　国トリニダード・トバゴ　労働・中小企業相
Montano, Judith　モンターノ, ジュディス・ベーカー
　著「エレガント刺しゅうステッチ」日本ヴォーグ社　2001

Montano Arroyo, Andres Roberto　モンタノアロヨ, アンドレスロベルト
　国エクアドル　レスリング選手
Montaño Rivera, Tito Rolando　モンタニョ・リベラ, ティト・ロランド
　国ボリビア　スポーツ相
Montas, Frankie　モンタス, フランキー
　国ドミニカ共和国　野球選手
Montás, Temístocles　モンタス, テミストクレス
　国ドミニカ共和国　商工相
Montazeri, Hussein Ali　モンタゼリ, フセイン・アリ
　1922～2009　国イラン　イスラム神学者　イスラム教シーア派指導者　訳モンタゼリ, ホセイン・アリ／モンタゼリー／モンタゼリ師
Montcho, Théophile　モンチョ, セオフィル
　国ベナン　文化・スポーツ・レジャー相
Monte, Marisa　モンチ, マリーザ
　1967～　国ブラジル　歌手
Monte, Tom　モンテ, トム
　著「ウッドストックがやってくる」河出書房新社　2009
Monteagudo, Lourdes　モンテアグド, ルルド
　著「科学力のためにできること」近代科学社　2008
Montealegre, Eduardo　モンテアレグレ, エドゥアルド
　国ニカラグア　財務相
Montebourg, Arnaud　モントブール, アルノー
　国フランス　生産力再建相
Montebrun, Manuela　モントブラン
　国フランス　陸上選手
Montefiore, Simon Sebag　モンテフィオーリ, サイモン・セバーグ
　訳モンテフィオーレ, サイモン・シーバッグ　著「スターリン」白水社　2010
Monteiro, Alexandre Dias　モンテイロ, アレクサンドル・ディアス
　国カボベルデ　貿易・産業・エネルギー相
Monteiro, Antonio Isaac　モンテイロ, アントニオ・イザク
　国ギニアビサウ　外務・国際協力・共同体相　訳モンテイロ, アントニオ
Monteiro, Antonio Mascarenhas　モンテイロ, アントニオ・マスカレニャス
　国カボベルデ　大統領
Monteiro, Armando　モンテイロ, アルマンド
　国ブラジル　開発・工業・貿易相
Monteiro, Helder　モンテイロ, ヘルダー
　国モザンビーク　農業・地方開発相
Monteiro, Jaime Basílio　モンテイロ, ジャイミ・バジリオ
　国モザンビーク　内相
Monteiro, Joao Jose Silva　モンテイロ, ジョアン・ジョゼ・シルバ
　国ギニアビサウ　教育・科学技術相
Monteiro, José Antonio Pinto　モンテイロ, ジョゼ・アントニオ・ピント
　国カボベルデ　農業・食糧・環境相
Monteiro, Longuinhos　モンティロ, ロンギニョス
　国東ティモール　内相　訳モンテイロ, ロンギニョス
Monteiro, Roberto Leal　モンテイロ, ロベルト・レアル
　国アンゴラ　内相
Monteiro, Sidónio　モンテイロ, シドニオ
　国カボベルデ　労働・連帯相
Monteiro, Telma　モンテイロ, テルマ
　国ポルトガル　柔道選手
Monteiro, Walcyr　モンテイロ, ヴァルシル
　1940～　著「ゆうれいからのクリスマスプレゼント」新世研　2003
Monteiro Dodean, Daniela　モンテイロドデアン, ダニエラ
　国ルーマニア　卓球選手
Monteith, Cory　モンティス, コリー
　1982～2013　国カナダ　俳優　本名＝Monteith, Cory Allan Michael　訳モンテース, コーリー
Montejo, Daynellis　モンテホ
　国キューバ　テコンドー選手
Montejo, Mario　モンテホ, マリオ
　国フィリピン　科学技術相
Monteleone, Claudio　モンテオレーネ, クラウディオ
　著「プリズナーズ・オブ・アート」マイティブック　2004
Monteleone, James A.　モンテリオン, ジェームズ・A.
　著「児童虐待の発見と防止」慶応義塾大学出版会　2003

Monteleone, Thomas F. モンテルオーニ, トマス・F.
1946〜 著「破滅の使徒」扶桑社 2001
Montella, Vincenzo モンテラ, ヴィンツェンツォ
1974〜 国イタリア サッカー指導者, 元サッカー選手 異モンテッラ／モンテラ, ヴィンツェンツィオ／モンテラ, ビンチェンツォ
Montemayor, Leonard モンテマヨール, レオナルド
国フィリピン 農相
Montenegro, Diego モンテネグロ, ディエゴ
国ボリビア 農相
Montenegro, Mario モンテネグロ, マリオ
国ニカラグア 労相
Montenegro, Mario モンテネグロ, マリオ
1952〜 著「エングラシアおばちゃんのおくりもの」福音館書店 2005
Montero, Fernando モンテロ, フェルナンド
著「タフガイの仕事術」阪急コミュニケーションズ 2012
Montero, Jefferson モンテーロ, ジェフェルソン
国エクアドル サッカー選手
Montero, Luis モンテーロ, ルイス
国ドミニカ共和国 バスケットボール選手
Montero, Miguel モンテロ, ミゲル
国ベネズエラ 野球選手
Montero, Rafael モンテロ, ラファエル
国ドミニカ共和国 野球選手
Montero, Rene モンテロ, レネ
国ベリーズ 公共事業相
Monterroso, Augusto モンテロッソ, アウグスト
1921〜2003 国グアテマラ 作家 別名＝Monterroso, Tito 異モンテロッソ, アウグスツ
Monterroso, Luis Enrique モンテロッソ, ルイス・エンリケ
国グアテマラ 保健相
Montes, Cristina モンテス, クリスティーナ
著「アントニ・ガウディの自然・技術・芸術」デザインエクスチェンジ 2002
Montes, Juan Carlos モンテス, フアン・カルロス
著「ハーレーダビッドソン」グラフィック社 2010
Montes, Julio モンテス, フリオ
国ベネズエラ 住宅相
Montes de Oca, Wendy モンテス・デ・オカ, ウェンディ
著「コンテンツ・マーケティング入門」ダイレクト出版 2012
Montes Gongora, Jose Lino モンテスゴンゴラ
国メキシコ 重量挙げ選手
Montezemolo, Luca Cordero di モンテゼモーロ, ルカ・コルデロ・ディ
1947〜 国イタリア 実業家 フェラーリ会長 異モンテゼモーロ, ルカ・ディ
Montford, A.W. モントフォード, A.W.
著「ホッケースティック幻想」第三書館 2016
Montgomerie, Colin モンゴメリー, コリン
1963〜 国イギリス プロゴルファー 異モンティ／モントゴメリー, コリン
Montgomery, Alex モンゴメリー, アレックス
1943〜 著「プレミアリーグの戦術と戦略」ベストセラーズ 2012
Montgomery, Alice モンゴメリー, アリス
著「スーザン・ボイル夢かなって」早川書房 2010
Montgomery, Cynthia A. モンゴメリー, シンシア
1952〜 国モンゴメリー, シンシア・A. 著「ハーバード戦略教室」文芸春秋 2014
Montgomery, David モンゴメリー, デビッド
国アメリカ フィラデルフィア・フィリーズオーナー
Montgomery, David R. モンゴメリー, デイヴィッド・R.
1961〜 異モントゴメリー, デイビッド 著「土と内臓」築地書館 2016
Montgomery, Jon モンゴメリー, ジョン
1979〜 国カナダ スケルトン選手
Montgomery, Lee モンゴメリー, リー
著「人体を旅する」理論社 2004
Montgomery, Michael モントゴメリー, マイケル・G.
1952〜 著「サンタクロースの11かげつ」岩崎書店 2016
Montgomery, Mike モンゴメリー, マイク
国アメリカ 野球選手
Montgomery, Ruth モンゴメリー, ルース
1913〜2001 国アメリカ 霊能力者 異モントゴメリー, ルース
Montgomery, Scott L. モンゴメリ, スコット・L.
1951〜 著「翻訳のダイナミズム」白水社 2016
Montgomery, Sy モンゴメリー, サイ
作家
Montgomery, Toccara モンゴメリ
国アメリカ レスリング選手
Montgomery, Ty モンゴメリー, タイ
国アメリカ アメフト選手
Montgomery Hunter, Kathryn モンゴメリー, キャサリン
1939〜 著「ドクターズ・ストーリーズ」新曜社 2016
Monti, Mario モンティ, マリオ
1943〜 国イタリア 政治家, 経済学者 イタリア終身上院議員, ボッコーニ大学総長 イタリア首相, EU欧州委員 異金融・財政政策
Montias, John Michael モンティアス, ジョン
？〜2005 国アメリカ 経済学者, フェルメール研究家
Montiel, Eduardo モンティエル, エドゥアルド
国ニカラグア 財務相
Montiel, Fernando モンティエル, フェルナンド
1979〜 国メキシコ プロボクサー WBC・WBO統一世界バンタム級チャンピオン
Montier, James モンティア, ジェームス
著「わが子と考えるオンリーワン投資法」パンローリング 2006
Montigiani, Nicolas モンティジアニ, ニコラ
1973〜 著「UFOは…飛んでいる！」宝島社 2008
Montilla, José モンティーリャ, ホセ
国スペイン 産業・通商・観光相
Montillet-Carles, Carole モンティエ・カルレ
国フランス アルペンスキー選手
Montminy, Zelana モントミニー, ゼラーナ
著「折れない心のつくり方」ハーパーコリンズ・ジャパン 2016
Montolivo, Riccardo モントリーヴォ, リッカルド
国イタリア サッカー選手
Montoro, Angel モントロ, アンヘル
国スペイン サッカー選手
Montoro, Cristóbal モントロ, クリストバル
国スペイン 財務・公共行政相
Montoro Romero, Cristóbal モントロ・ロメロ, クリストバル
国スペイン 財務・公共行政相
Montoute, Lenard モントゥート, レナード
国セントルシア 公平・社会正義・格差是正・青年・スポーツ・文化・地方自治相 異モントート, レナード・スパイダー
Montoya, Antonio Nunez モントーヤ, アントニオ・ヌニェス
？〜2005 国スペイン フラメンコ歌手 別名＝エル・チョコラテ〈El Chocolate〉
Montoya, Juan モントーヤ, ファン
1975〜 国コロンビア レーシングドライバー, 元F1ドライバー 本名＝モントーヤ, ファン・パブロ〈Montoya, Juan Pabro〉 異モントーヤ, ファン
Montoya, Julian モントーヤ, ジュリアン
国アルゼンチン ラグビー選手
Montoya, Martin モントーヤ, マルティン
国スペイン サッカー選手
Montoya, Peter モントヤ, ピーター
著「パーソナルブランディング」東洋経済新報社 2005
Montoyo, Charlie モントーヤ, チャーリー
国アメリカ タンパベイ・レイズコーチ
Montparker, Carol モンパーカー, キャロル
著「作曲家たちの風景」ヤマハミュージックメディア 2016
Montresor, Beni モントレソール, ベニ
著「クリスマス・イブ」ほるぷ出版 2003
Montrose, Kenneth A. モントローズ, ケネス・A.
著「統合失調症とアルコール・薬物依存症を理解するためのセルフ・ワークブック」金剛出版 2014
Montrose, Sharon モンツローズ, シャロン
著「子犬の目方」二見書房 2003
Montross, David H. モントロス, デイヴィッド・H.
著「仕事に就ける子どもを育てる」センゲージラーニング, 同友館（発売） 2009
Montsalvatge, Xavier モンサルバーチェ, ハビエル
1912〜2002 国スペイン 作曲家, 音楽評論家 異モンサルバチェ, ハビエル
Montserrat Montserrat, Dolors モンセラット・モンセラット, ドロルス
国スペイン 保健・社会サービス・平等相
Montsho, Amantle モントショー
国ボツワナ 陸上選手
Montsho, Sejo モンツォ, セジョ

[国]ボツワナ　臨時代理大使, 公使参事官
Montuschi, Olivia　モンツチ, オリビア
[著]「大好きなあなただから、真実を話しておきたくて」 帝塚山大学出版会　2011
Montvalon, Dominique de　モンヴァロン, ドミニク・ド
1947～　[著]「原発はほんとうに危険か？」 原書房　2011
Monyamane, Molotsi　モニャマネ, モロツィ
[国]レソト　保健相
Monzon, Roberto　モンソン
[国]キューバ　レスリング選手
Monzón Campos, José Luis　モンソン, ホセ・ルイス
[著]「スペイン社会的経済概括報告書」 非営利・協同総合研究所いのちとくらし　2005
Moo, Barbara E.　ムー, バーバラ・E.
[著]「C++プライマー」 翔泳社　2016
Moo, Douglas J.　ムー, ダグラス・J.
[著]「ヤコブの手紙」 いのちのことば社　2009
Mooa, Baraniko　モア, バラニコ
[国]キリバス　保健相
Moock, Colin　ムーク, コリン
[著]「ActionScriptデスクトップリファレンス」 オライリー・ジャパン, オーム社(発売)　2003
Moody, Anne　ムーディ, アン
1940～　[著]「貧困と怒りのアメリカ南部」 彩流社　2008
Moody, David　ムーディ, デービッド
1970～　[国]イギリス　作家　[専]ホラー, スリラー　[異]ムーディ, デイヴィッド
Moody, James　ムーディー, ジェームズ
1925～2010　[国]アメリカ　ジャズ・サックス奏者　[異]ムーディ, ジェームス
Moody, Patricia E.　ムーディー, パトリシア・E.
[著]「リーンシグマ経営」 ダイヤモンド社　2003
Moody, Raymond A.　ムーディ, レイモンド
[著]「生きる/死ぬその境界はなかった」 ヒカルランド　2013
Moody, Richard　ムーディ, リチャード
1939～　[異]ムーディ, リチャード・T.J.　[著]「恐竜ファイル」 ネコ・パブリッシング　2007
Moody, Rick　ムーディ, リック
[著]「ゾエトロープ」 角川書店　2003
Moody, Ron　ムーディ, ロン
1924～2015　[国]イギリス　俳優　本名＝Moodnick, Ronald
Moody, Winfield　ムーディ, ウィンフィールド
[著]「未完のハーン伝」 大空社　2002
Moodysson, Lukas　ムーディソン, ルーカス
1969～　[国]スウェーデン　映画監督, 詩人, 作家
Moog, Helmut　モーク, ヘルムート
1927～　[著]「就学前の子どもの音楽体験」 大学教育出版　2002
Moog, Robert　モーグ, ロバート
1934～2005　[国]アメリカ　シンセサイザーの開発者
Mooi, Raymond　ムーイ, レイモンド
[著]「主はすべてをいやされる」 ウィズダム出版　2011
Mooij, Marieke K.de　モーイ, マリーケ・デ
1943～　[著]「グローバル・マーケティング・コミュニケーション」 千倉書房　2016
Mooji　ムージ
1954～　[著]「絶対なるものの息」 ナチュラルスピリット　2014
Moolman-pasio, Ashleigh　ムールマンパシオ, アシュリー
[国]南アフリカ　自転車選手
Moon, Brian　ムーン, ブライアン
[著]「ウェブオペレーション」 オライリー・ジャパン, オーム社(発売)　2011
Moon, Chae-won　ムン・チェウォン
1986～　[国]韓国　女優
Moon, Chung-in　ムン・ジョンイン
1951～　[国]韓国　政治学者　延世大学政治外交学科教授　漢字名＝文正仁　[異]ムン・チョンイン
Moon, Dae-sung　ムン・デソン
1976～　[国]韓国　元テコンドー選手　国際オリンピック委員会(IOC)委員　漢字名＝文大成
Moon, Daniel　ムン, ダニエル
[著]「話せない英語はニセモノだ！」 ダイヤモンド社　2007
Moon, Elizabeth　ムーン, エリザベス
1945～　[国]アメリカ　作家
Moon, Fábio　ムーン, ファビオ
1976～　[著]「デイトリッパー」 小学館集英社プロダクション　2014
Moon, Geun-young　ムン・グニョン
1987～　[国]韓国　女優　漢字名＝文根英
Moon, Hee-sang　ムン・ヒサン
1945～　[国]韓国　政治家　韓国国会議員(新政治民主連合)　韓日議員連盟会長, ウリ党議長, 韓国大統領秘書室長　漢字名＝文喜相
Moon, Hyung-pyo　ムン・ヒョンピョ
[国]韓国　保健福祉相　漢字名＝文亨杓
Moon, Jae-in　ムン・ジェイン
1953～　[国]韓国　政治家, 弁護士　大統領　漢字名＝文在寅
Moon, Jo　ムーン, ジョー
[著]「にこにこきしゃぽっぽ」 大日本絵画　〔2008〕
Moon, kook-hyun　ムン・グクヒョン
1949～　[国]韓国　実業家, 環境保護運動家, 政治家　柳韓キムバリー社長, 創造韓国党代表　漢字名＝文国現　[異]ムン・クキョン/ムン・クックヒョン/ムン・グックヒョン
Moon, Kum Sook　ムン, クムスク
[著]「現代世界アジア詩集」 土曜美術社出版販売　2010
Moon, Lilith　ムーン, リリス
[著]「ビートルズ世界証言集」 ポプラ社　2006
Moon, Marianne　ムーン, マリアンヌ
[著]「ひと目でわかるMicrosoft Windows XP home edition」 日経BPソフトプレス, 日経BP出版センター(発売)　2001
Moon, Modean　ムーン, モディーン
[著]「闇に消えた花嫁」 ハーパーコリンズ・ジャパン　2016
Moon, Pat　ムーン, パット
[国]イギリス　児童文学作家
Moon, Rev.S.　ムーン, レバレンド
[異]ムーン, Rev.S.M.　[著]「神様からの贈り物」 光言社　2004
Moon, Sarah　ムーン, サラ
1941～　[著]「サラ・ムーン」 創元社　2012
Moon, So-ri　ムン・ソリ
1974～　[国]韓国　女優　漢字名＝文素利
Moon, Sung-hyun　ムン・ソンヒョン
1952～　[国]韓国　政治家　韓国民主労働党代表　漢字名＝文成賢
Moon, Sun-myung　ムン・ソンミョン
1920～2012　[国]韓国　宗教家　世界基督教統一神霊協会(統一教会)創始者・教主　漢字名＝文鮮明
Moon, Youngme　ムン, ヤンミ
[著]「ビジネスで一番、大切なこと」 ダイヤモンド社　2010
Mooney, Bel　ムーニー, ベル
1946～　[著]「名犬ボニーはマルチーズ」 徳間書店　2013
Mooney, Brian　ムーニイ, ブライアン
[著]「インスマス年代記」 学習研究社　2001
Mooney, Chris　ムーニー, クリス
[国]アメリカ　作家　[専]ミステリー, スリラー
Mooney, Edward, Jr.　ムーニー, エドワード, Jr.
[国]アメリカ　作家　[専]文学
Mooney, Harold Alfred　ムーニー, ハロルド
1932～　[国]アメリカ　植物生態学者　スタンフォード大学名誉教授　[専]収斂進化
Mooney, Michael J.　ムーニー, マイケル・J.
[著]「アメリカン・スナイパー」 竹書房　2015
Mooney, Stephen　ムーニー, スティーブン
[異]ムーニイ, ステファン　[著]「グレイソン」 小学館集英社プロダクション　2016
Mooney, Ted　ムーニイ, テッド
1951～　[著]「ほかの惑星への気楽な旅」 河出書房新社　2013
Mooneyham, Mike　ムーニハム, マイク
[著]「WWEの独裁者」 ベースボール・マガジン社　2004
Moonilal, Roodal　ムーニラル, ルーダル
[国]トリニダード・トバゴ　住宅・都市開発相
Moonjean, Hank　ムーンジーン, ハンク
1930～2012　[国]アメリカ　映画プロデューサー
Moonlight, John　ムーンライト, ジョン
[国]カナダ　ラグビー選手
Moorcock, Michael　ムアコック, マイクル
ネビュラ賞 グランド・マスター(2007年)
Moorcraft, Paul.L.　ムーアクラフト, ポール・L.
[著]「独房の修道女」 扶桑社　2004
Moore, Alan　ムーア, アラン
1953～　アングレーム国際漫画祭 批評家賞(ACBD)(2001年)　"From Hell"〈Delcourt〉
Moore, Alan　ムーア, アラン
1961～　[著]「システムズモデリング言語SysML」 東京電機大学出版局　2012

M

Moore, Ann S.　ムーア, アン
1950～　[国]アメリカ　実業家, 出版人　タイム会長・CEO
Moore, Arden　ムーア, アーデン
[著]「犬デリレシピ」 マーブルトロン, 中央公論新社(発売)　2004
Moore, A.W.　ムーア, A.W.
1956～　[著]「無限」 講談社　2012
Moore, Basil J.　ムーア, バズル・J.
[著]「ポスト・ケインズ派経済学入門」 日本経済評論社　2003
Moore, Beth　ムーア, ベス
1957～　[著]「神のことばで祈る」 いのちのことば社　2010
Moore, Betty　ムーア, ベティ
ゴードン・ムーア夫人, 慈善家　[異]ムーア, ベティー
Moore, Caleb　ムーア, ケーレブ
1987～2013　[国]アメリカ　スノーモービル選手
Moore, Carlos　ムーア, カルロス
[著]「フェラ・クティ自伝」 KEN BOOKS, 現代企画室(発売) 2013
Moore, Charles　モア, チャールズ
1947～　[著]「プラスチックスープの海」 NHK出版　2012
Moore, Charlotte　ムーア, シャーロット
1959～　[著]「自閉症ボーイズジョージ&サム」 アスペクト　2008
Moore, Chris　ムーア, クリス
[国]アメリカ　アメフト選手
Moore, Christlyn　ムーア, クリストリン
[国]トリニダード・トバゴ　司法相
Moore, Christopher　ムーア, クリストファー
カナダ総督文学賞 英語 児童文学(物語) (2011年)　"From Then to Now: A Short History of the World"
Moore, Corey　ムーア, コリー
[国]アメリカ　アメフト選手
Moore, David Cooper　ムーア, デビッド・クーパー
[著]「メディア・リテラシー教育と出会う」 弘前大学出版会　2016
Moore, David S.　ムーア, デイヴィッド
[著]「実データで学ぶ、使うための統計入門」 日本評論社　2008
Moore, David Scott　ムーア, デイヴィッド・S.
1960～　[著]「遺伝子神話の崩壊」 徳間書店　2005
Moore, Dawn　ムーア, ドーン
1974～　[著]「刑事司法における薬物処遇の社会学」 現代人文社, 大学図書(発売)　2015
Moore, Dayton　ムーア, デイトン
[国]アメリカ　カンザスシティ・ロイヤルズGM
Moore, Demi　ムーア, デミ
1962～　[国]アメリカ　女優　本名=ガインズ, デミ〈Guynes, Demi Gene〉
Moore, Don A.　ムーア, ドン・A.
1970～　[著]「行動意思決定論」 白桃書房　2011
Moore, Dudley　ムーア, ダドリー
1935～2002　[国]イギリス　俳優, ジャズピアニスト　本名=Moore, Dudley Stuart John
Moore, Ernest Eugene　ムーア, アーネスト・E.
[著]「外科診療シークレット」 メディカル・サイエンス・インターナショナル　2005
Moore, E'Twaun　モア, イートワン
[国]アメリカ　バスケットボール選手
Moore, Eva　ムーア, エヴァ
[著]「よかったね、カモのおちびちゃん」 BL出版　2014
Moore, Francis Charles Timothy　ムーア, F.C.T.
[著]「人間の身体と精神の関係」 早稲田大学出版部　2001
Moore, Gary　ムーア, ゲーリー
1952～2011　[国]イギリス　ロックギタリスト　[異]ムーア, ゲイリー
Moore, Geoffrey A.　ムーア, ジェフリー
1946～　[著]「キャズム」 翔泳社　2014
Moore, Gordon Earle　ムーア, ゴードン
1929～　[国]アメリカ　実業家　インテル名誉会長
Moore, Graham　ムーア, グレアム
アカデミー賞 脚色賞(第87回(2014年))　"The Imitation Game"
Moore, Harold G.　ムーア, ハロルド・G.
1922～　[著]「ワンス・アンド・フォーエバー」 角川書店　2002
Moore, Heidi　ムーア, ハイディ
1976～　[著]「超(チョー)ふしぎなダイオウグソクムシとびっくりエビたち」 鈴木出版　2014
Moore, Inga　ムーア, インガ
[著]「くろねこのロク空をとぶ」 徳間書店　2015
Moore, James　ムア, ジェイムズ
1929～　[著]「グルジェフ伝」 平河出版社　2002
Moore, James　ムーア, ジェイムズ
1972～　[著]「10代で大富豪になる方法」 主婦の友社　2008
Moore, James　ムーア, ジェイムズ
[著]「図説・英国の帆船軍艦」 原書房　2011
Moore, James　ムーア, ジェームズ
[国]カナダ　産業相
Moore, James Richard　ムーア, ジェイムズ・R.
1947～　[著]「ダーウィンが信じた道」 日本放送出版協会　2009
Moore, Jane　ムーア, ジェーン
1962～　[著]「元カレ・ファイル」 文芸春秋　2004
Moore, Jo　ムーア, ジョー
[著]「ひと」 大日本絵画　2001
Moore, Joel David　ムーア, ジョエル・デービッド
ゴールデン・ラズベリー賞(ラジー賞) 最低カップル賞(第29回(2008年))　"The Hottie & the Nottie"
Moore, John　ムーア, ジョン
[国]アイルランド　ロバート・キャパ賞(2007年度)　The Assassination of Benazir Bhutto
Moore, John　ムーア, ジョン
1970～　[著]「スターバックスはなぜ、値下げもテレビCMもしないのに強いブランドでいられるのか？」 ディスカヴァー・トゥエンティワン　2014
Moore, John Alexander　ムーア, ジョン
1915～2002　[国]アメリカ　生物学者　カリフォルニア大学リバーサイド校名誉教授　[専]進化と発生　[異]ムーア, ジョン・A.
Moore, John T.　ムーア, J.
[著]「科学を志す人のための基礎数学」 アグネ技術センター　2009
Moore, Julianne　ムーア, ジュリアン
1960～　[国]イギリス　女優
Moore, Kashif　ムーア, カシフ
[国]アメリカ　アメフト選手
Moore, Katherine A.　ムーア, ケイト
[著]「聖人を誘惑して」 オークラ出版　2011
Moore, Keith L.　ムーア, キース・L.
[著]「ムーア臨床解剖学」 メディカル・サイエンス・インターナショナル　2016
Moore, Kellen　ムーア, ケレン
[国]アメリカ　アメフト選手
Moore, LeRoi　ムーア, リロイ
?～2008　[国]アメリカ　サックス奏者
Moore, Lilian　ムーア, リリアン
1909～2004　[国]アメリカ　詩人, 童話作家
Moore, Lorrie　ムーア, ローリー
[著]「サンタクロースの忘れもの」 新潮社　2001
Moore, Lynne　ムーア, リン
[著]「どうぶつきかんしゃしゅっぱつしんこう！」 ポプラ社　2012
Moore, Margaret　ムーア, マーガレット
[著]「放蕩貴族の初恋」 ハーレクイン　2013
Moore, Mark H.　ムーア, マーク・H.
[著]「グローバル化で世界はどう変わるか」 英治出版　2004
Moore, Marlon　ムーア, マーロン
[国]アメリカ　アメフト選手
Moore, Mary-Margaret　ムーア, メアリーマーガレット
[著]「バーソロミュー」 ナチュラルスピリット　2013
Moore, Matt　ムーア, マット
[国]アメリカ　野球選手
Moore, Melodie　ムーア, メロディー
1961～　[著]「酢で暮らすナチュラル・ライフ」 ブロンズ新社　2003
Moore, Michael　ムーア, マイケル
1954～　[国]アメリカ　映画監督, ジャーナリスト, 作家　本名=Moore, Michael Francis
Moore, Michael　ムーア, マイケル
[国]イギリス　スコットランド相
Moore, Michael　ムーア, マイケル
[著]「糖質を考えた健康的なライフスタイルのための低GIキヌア・ヘルシーレシピ」 医道の日本社　2015
Moore, Michael G.　ムーア, マイケル・G.
[著]「遠隔教育」 海文堂出版　2004
Moore, Michael Kenneth　ムーア, マイケル
1949～　[国]ニュージーランド　政治家　世界貿易機関(WTO)事務局長, ニュージーランド首相　別称=ムーア, マイク〈Moore, Mike〉
Moore, Pat　ムーア, パット
[著]「私は三年間老人だった」 朝日出版社　2005
Moore, Patrick　ムーア, パトリック

1923〜 [異]ムーア, サー・パトリック [著]「グリニッジ天文台が選んだ絶景天体写真」 パイインターナショナル 2014
Moore, Pauline ムーア, ポーリン
1914〜2001 [国]アメリカ 女優
Moore, Pete ムーア, ピーター
1962〜 [著]「図説世界を変えた50の科学」 原書房 2014
Moore, Peter D. ムーア, ピーター
[著]「環境と生態」 朝倉書店 2007
Moore, Puala Hotston ムーア, ポーラ・ホットストン
[著]「動物病院スタッフのための輸液療法」 チクサン出版社, 緑書房(発売) 2011
Moore, Rahim ムーア, ラーイム
[国]アメリカ アメフト選手
Moore, Ray A. ムーア, レイ・A.
[国]アメリカ アマースト大学名誉教授, 元・アマースト大学教授
Moore, Ray Arvil ムーア, レイ・A.
1933〜 [国]アメリカ 歴史学者 アマースト大学名誉教授 [専]戦後史, アジア史, アジア言語・文化研究
Moore, Rich ムーア, リッチ
1963〜 [国]アメリカ アニメーション監督
Moore, Robin ムーア, ロビン
1925〜2008 [国]アメリカ 作家 本名＝ムーア, ロバート・L.(Jr.)
Moore, Rodney J. ムーア, ロドニー・J.
[著]「アイデア&プロセスの法則レイアウトデザイン」 毎日コミュニケーションズ 2005
Moore, Roger ムーア, ロジャー
1927〜 [国]イギリス 俳優 国連児童基金(ユニセフ)親善大使
Moore, Ryan ムーア, ライアン
1983〜 [国]イギリス 騎手
Moore, Scotty ムーア, スコッティ
1931〜2016 [国]アメリカ ギタリスト 本名＝Moore, Winfield Scott [異]ムーア, スコティ
Moore, Sean ムーア, ショーン
1970〜 [国]イギリス ロック・ドラマー
Moore, Sharon ムーア, シャロン
[著]「大好き！ ハリー・ポッター」 角川書店 2001
Moore, Sio ムーア, シオ
[国]アメリカ アメフト選手
Moore, Spencer ムーア, S.
[著]「ソーシャル・キャピタルと健康政策」 日本評論社 2013
Moore, Stephen ムーア, ステファン
1960〜 [著]「増税が国を滅ぼす」 日経BP社, 日経BP出版センター(発売) 2009
Moore, Stephen モア, スティーブン
[国]オーストラリア ラグビー選手
Moore, Stephen Fred ムーア, ステファン・F.
[異]ムーア, ステファン [著]「ピアノレッスンのためのリトミック」 河合楽器製作所・出版部 2012
Moore, Sterling ムーア, スターリング
[国]アメリカ アメフト選手
Moore, Steve ムーア, スティーヴ
[著]「Vフォー・ヴェンデッタ」 竹書房 2006
Moore, Stuart ムーア, スチュアート
[異]ムーア, スチューアート [著]「アート・オブ・アイアンマン3」 小学館集英社プロダクション 2013
Moore, Susanna ムーア, スザンナ
1946〜 [著]「神々のハワイ」 早川書房 2004
Moore, Susan Thompson ムーア, スーザン・トンプソン
[著]「アスペルガー症候群への支援」 東京書籍 2005
Moore, Suzi ムーア, スージー
[著]「わたし、まだねむたくないの！」 岩崎書店 2011
Moore, Thomas ムーア, トマス
1940〜 [著]「ヨブ記」 コスモス・ライブラリー, 星雲社(発売) 2003
Moore, Thurston ムーア, サーストン
1958〜 [国]アメリカ ミュージシャン
Moore, Timothy E. ムーア, ティモシー・E.
[著]「臨床心理学における科学と疑似科学」 北大路書房 2007
Moore, Tomm ムーア, トム
ザグレブ国際アニメーション映画祭 “Mr.M”賞(観客投票による最優秀作品) 長編(2015年) ほか
Moore, Tony ムーア, トニー
1978〜 [著]「デッドプール」 小学館集英社プロダクション 2015
Moore, Tyler ムーア, タイラー
[国]アメリカ 野球選手
Moore, Wendy ムーア, ウェンディ
1952〜 [著]「理想の花嫁と結婚する方法」 原書房 2014
Moore, William Gyude モア, ウィリアム・ギュデ
[国]リベリア 公共事業相 [異]ムーア, ウィリアム・ギュデ
Moore, Zach ムーア, ザック
[国]アメリカ アメフト選手
Mooren, Jeroen モーレン, イエルン
[国]オランダ 柔道選手
Moores, Donald F. ムーアズ, ドナルド・F.
[著]「聴覚障害児の学力を伸ばす教育」 明石書店 2010
Moore-towers, Kirsten ムーアタワーズ
[国]カナダ フィギュアスケート選手
Moorey, Stirling ムーリー, S.
[著]「がん患者の認知行動療法」 北大路書房 2016
Moorey, Teresa ムーリー, テレサ
[異]モーレー, テレサ [著]「数秘術バイブル」 ガイアブックス, 産調出版(発売) 2013
Moorhead, Sue ムアヘッド, スー
[著]「看護成果分類」 医学書院 2010
Moorhouse, Roger ムーアハウス, ロジャー
1968〜 [著]「戦時下のベルリン」 白水社 2012
Moorjani, Anita ムアジャーニ, アニータ
1959〜 [著]「もしここが天国だったら？」 ナチュラルスピリット 2016
Moos, Moritz モス, モリツ
[国]ドイツ ボート選手
Moosa, Ali bin Muhammad bin ムーサ, アリ・ビン・ムハンマド・ビン
[国]オマーン 保健相
Moosa, Mohammed Valli ムサ, モハメド・バリ
[国]南アフリカ 環境・観光相
Moosbrugger, Patty ムースブラガー, パティ
[著]「塩で暮らすナチュラル・ライフ」 ブロンズ新社 2004
Moost, Nele モースト, ネレ
1952〜 [著]「きらめく船のあるところ」 BL出版 2004
Moota, Yuma ムータ, ユマ
[国]コンゴ民主共和国 国土・環境・観光相
Moote, Margaret A. ムート, マーガレット・A.
[著]「エコシステム・マネージメントの政治学」 青山社 2014
Mootee, Idris ムーティ, イドリス
[著]「60分であなたもブランド戦略家」 宣伝会議 2005
Moppès, Catherine van モペス, カトリーヌ・ヴァン
[著]「エミリー」 アートン 2006
Moqbel, Zarar Ahmad モクベル, ザラル・アフマド
[国]アフガニスタン 麻薬対策相
Mor, Emre モル, エムレ
[国]トルコ サッカー選手
Mora, Alexander モラ, アレクサンデル
[国]コスタリカ 貿易相
Mora, Galo モラ, ガロ
[国]エクアドル 文化相
Mora, Gilles モラ, ジル
[著]「写真のキーワード」 昭和堂 2001
Mora, Gladys モラ
[国]コロンビア テコンドー選手
Mora, Nelson モラ, ネルソン
[国]パラグアイ 内相
Mora, Pat モーラ, パット
[著]「トマスと図書館のおねえさん」 さ・え・ら書房 2010
Mora, Sonia Marta モラ, ソニア・マルタ
[国]コスタリカ 教育相
Moradi, Behrooz モラディ, ベフルーズ
[国]イラン 副大統領(計画・戦略監督担当)
Moradi, Sohrab モラディ, ソウラブ
[国]イラン 重量挙げ選手
Moraes, Alexandre モラエス, アレシャンドレ
[国]ブラジル 法務・市民相
Moraes, Junior モラエス, ジュニオール
[国]ブラジル サッカー選手
Moragoda, Milinda モラゴダ, ミリンダ
[国]スリランカ 観光相
Morais, Eduardo Leopoldo Severim De モライス, エドゥアルド・レオポルド・セベリン・デ
[国]アンゴラ 財務相
Morais, Isaltino モライス, イザルチノ
[国]ポルトガル 都市・国土計画・環境相
Morais, José Maria da Silva Vieira de モライス, ジョゼ・

マリア・ダ・シルヴァ・ヴィエイラ・デ
　国モザンビーク　駐日特命全権大使
Morais, José Pedro de　モライス, ジョゼ・ペドロ・デ
　国アンゴラ　財務相
Morais, Marisa Helena　モライス, マリザ・エレナ
　国カボベルデ　内相　®モレス, マリサ・エレナ
Morais, Richard C.　モレイス, リチャード・C.
　1960〜　国アメリカ　作家　®その他
Moraitis, Dimitri　モレイティス, ディミトリ
　著「オーラ・ヒーリングのちから」ナチュラルスピリット　2011
Moral, Rafael del　モラル, ラファエル・デル
　著「懐疑論者に語るスペインの諸言語史」佐藤工房　2016
Morales, Alfredo　モラレス, アルフレド
　国アメリカ　サッカー選手
Morales, Ana Teresa　モラレス, アナ・テレサ
　国ボリビア　生産開発相
Morales, Carlos　モラレス, カルロス
　国ドミニカ共和国　外相
Morales, Erik　モラレス, エリック
　1976〜　国メキシコ　元プロボクサー　WBC・IBF世界スーパーフェザー級チャンピオン, WBC世界スーパーバンタム級チャンピオン
Morales, Evo　モラレス, エボ
　1959〜　国ボリビア　政治家　ボリビア大統領　本名＝モラレス・アイマ, フアン・エボ〈Morales Ayma, Juan Evo〉
Morales, Francisco　モラレス, フランシスコ
　国コスタリカ　労働・社会保障相
Morales, Gil　モラレス, ギル
　1959〜　著「株式売買スクール」パンローリング　2012
Morales, Jimmy　モラレス, ジミー
　1969〜　国グアテマラ　大統領　グアテマラ次期大統領, 国民集中戦線（FCN）党首
Morales, José F.　モラーレス, ジョゼ・F.
　著「遺伝子操作時代の権利と自由」緑風出版　2012
Morales, Kendrys　モラレス, ケンドリス
　1983〜　国アメリカ　野球選手　旧登録名＝モラレス, ケンドリー〈Morales, Kendry〉　®モラーレス, ケンドリス／モラレス, ケンドリアス
Morales, Manuel, Jr.　モラーレス, マヌエル, Jr.
　国アメリカ　在サン・ホワン日本国名誉総領事, 元・プエルト・リコ商工会議所会頭
Morales, Michael　モラレス, マイケル
　著「コルバート・脊椎動物の進化」築地書館　2004
Morales, Rags　モラレス, ラグス
　著「NEW 52：スーパーマン／ヤング・ジャスティス」ヴィレッジブックス　2013
Morales, Roberta A.　モラーレス, ロバータ・A.
　著「食品安全と栄養の経済学」農林統計協会　2002
Morales, Sebastian　モラレス, セバスティアン
　国コロンビア　水泳選手
Morales, Victor　モラレス, ビクトル
　国コスタリカ　労働社会保障相
Morales Ayma, Juan Evo　モラレス・アイマ, フアン・エボ
　国ボリビア　大統領
Morales Carazo, Jaime　モラレス・カラソ, ハイメ
　国ニカラグア　副大統領
Morales Cartaya, Alfredo　モラレス・カルタヤ, アルフレド
　国キューバ　労働・社会保障相
Morales Landívar, Carlos　モラレス・ランディバル, カルロス
　国ボリビア　住宅・基本サービス相
Morales Mazún, Ana Isabel　モラレス・マスン, アナ・イサベル
　国ニカラグア　内相
Morales Monroy, Rubén Estuardo　モラレスモンロイ, ルベン・エストウアルド
　国グアテマラ　経済相
Morales Mora, Victor　モラレス・モラ, ビクトル
　国コスタリカ　労働・社会保険相
Morales Moscoso, Carlos Raúl　モラレス・モスコソ, カルロス・ラウル
　国グアテマラ　外相
Morales Ojeda, Roberto　モラレス・オヘダ, ロベルト
　国キューバ　保健相
Mora Mora, Alejandra　モラ・モラ, アレハンドラ
　国コスタリカ　女性相
Moran, Colin　モラーン, コリン
　国アメリカ　野球選手

Moran, Daniel　モラン, ダニエル
　著「戦略論」勁草書房　2012
Moran, Daniel J.　モラン, ダニエル・J.
　著「ACT（アクセプタンス＆コミットメント・セラピー）を実践する」星和書店　2009
Moran, Elizabeth　モラン, エリザベス
　著「誰でもわかる正統派風水」太玄社, ナチュラルスピリット（発売）　2014
Moran, Jim　モーラン, ジム
　国アメリカ　ポートランド・トレイルブレイザーズアシスタントコーチ（バスケットボール）
Moran, Lindsay　モラン, リンジー
　著「わたしはCIA諜報員だった」集英社　2006
Moran, Paul　モラン, ポール
　著「みつけて！ミーアキャット」辰巳出版　2012
Moran, Peter　モラン, ピーター
　著「MITスローン・スクール戦略論」東洋経済新報社　2003
Moran, Richard　モラン, リチャード
　著「処刑電流」みすず書房　2004
Moran, Robin Macloni　モラン, ロビン・マクロニ
　国グアテマラ　国防相
Moran, Thomas　モラン, トマス
　著「箱のなかのユダヤ人」東京創元社　2002
Moran, Timothy　モラン, ティモシー
　著「ジャック・ケルアックと過ごした日々」トランジスター・プレス　2010
Moran, Victoria　モラン, ヴィクトリア
　®モラン, ビクトリア　著「体の中から「キレイ」になれる50の習慣」ベストセラーズ　2002
Morandé, Felipe　モランデ, フェリペ
　国チリ　運輸・通信相
Morandi, Matteo　モランディ
　国イタリア　体操選手
Morandini, Mickey　モランディーニ, ミッキー
　国アメリカ　フィラデルフィア・フィリーズコーチ
Morant, Bénédicte　モラン, ベネディクト
　著「星降る夜のお化けたち」東洋書林　2004
Moranville, Sharelle Byars　モランビル, シャレール・バイアーズ
　国アメリカ　作家　児童書　®モランヴィル, シャレール・バイアーズ
Morar, Sandra　モラール, サンドラ
　著「食品の機能性表示と世界のレギュレーション」薬事日報社　2015
Morata, Alvaro　モラタ, アルバロ
　国スペイン　サッカー選手
Morata, Ginés　モラタ, ヒネス
　著「知の歴史」徳間書店　2002
Morath, Inge　モラス, インゲ
　1923〜2002　国アメリカ　写真家　本名＝Morath, Ingeborg Hermine　®モラース, インゲ／モラート, インゲ
Morath, Kurt　モラス, カート
　国トンガ　ラグビー選手
Moratinos, Miguel Ángel　モラティノス, ミゲル・アンヘル
　国スペイン　外相
Moratti, Letizia　モラッティ, レティツィア
　国イタリア　教育相
Morauta, Mekere　モラウタ, メケレ
　1946〜　国パプアニューギニア　政治家　パプアニューギニア党党首　パプアニューギニア首相・財務相　®ムラウタ, メケレ
Moravcik, Eva　モラヴィック, エヴァ
　著「保育学入門」ミネルヴァ書房　2010
Moravcik, Gina Marie　モラヴチク, ジーナ・M.
　著「自閉症スペクトラムの少女が大人になるまで」東京書籍　2010
Moravcova, Martina　モラフコバ
　国スロベニア　競泳選手
Moravec, Hans P.　モラベック, ハンス
　著「シェーキーの子どもたち」翔泳社　2001
Moravec, Ivan　モラヴェッツ, イヴァン
　1930〜2015　国チェコ　ピアニスト　プラハ芸術アカデミー教授　®モラヴェツ, イヴァン
Moravec, Ondrej　モラベツ
　国チェコ　バイアスロン選手
Moravek, Jan　モラヴェク, ヤン
　国チェコ　サッカー選手
Morawiecki, Mateusz　モラウィエツキ, マテウシュ

[国]ポーランド　副首相兼開発相
Moraz, Patrick　モラーツ, パトリック
[国]スイス　作曲家, キーボード奏者
Morbach, Bernhard　モールバッハ, ベルンハルト
1949～　[著]「ルネサンスの音楽世界」 法政大学出版局　2016
Morby, John E.　モービー, ジョン・E.
？～2010　[著]「世界歴代王朝・王名ハンドブック」 柊風舎　2014
Mordaunt, Kim　キム・モダン
ベルリン国際映画祭 審査員新人賞（第63回（2013年））　"The Rocket"
Morduch, Jonathan　モーダック, ジョナサン
[著]「最底辺のポートフォリオ」 みすず書房　2011
Moré, Ivan　モレー, イヴァン
[著]「ネイマール」 徳間書店　2014
Morea, Valentina　モレア, ヴァレンティーナ
1966～　[著]「ナポレオンがおしえてくれたんだ！」 文化学園文化出版局　2013
Moreau, Daniel　モロー, ダニエル
1948～　[著]「みどりのダンス」 イザラ書房　2008
Moreau, Donna　モリュー, ドナ
[著]「思春期うつ病の対人関係療法」 創元社　2016
Moreau, Edgar　モロー, エドガー
[国]フランス　チャイコフスキー国際コンクール チェロ 第2位（2011年（第14回））
Moreau, Hervé　モロー, エルヴェ
1977～　[国]フランス　バレエダンサー　パリ・オペラ座バレエ団エトワール
Moreau, Jeanne　モロー, ジャンヌ
1928～　[国]フランス　女優, 映画監督
Moreau, Laurent　モロー, ロラン
1982～　[著]「カント教授の多忙な1日」 ディスカヴァー・トゥエンティワン　2011
Moreau, Marc-Andre　モロー
[国]カナダ　フリースタイルスキー選手
Moreau, Pauline　モロー, ポリーヌ
[著]「ヨガエクスタシー」 アーティストハウスパブリッシャーズ　2006
Moreau, Pierre-François　モロー, ピエール＝フランソワ
1948～　[著]「スピノザ入門」 白水社　2008
Moreau, Yolande　モロー, ヨランド
セザール賞 主演女優賞（第34回（2008年））ほか
Morehouse, Lyda　モアハウス, ライダ
1967～　[国]アメリカ　作家　[専]SF, ファンタジー
Morehouse, Timothy　モアハウス
[国]アメリカ　フェンシング選手
Morehouse, Ward, Ⅲ　モアハウス, ウォード, 3世
[著]「ザ・プラザ」 ソニー・マガジンズ　2003
Morei, Ion　モレイ, イオン
[国]モルドバ　司法相
Moreira, Andre　モレイラ, アンドレ
[国]ポルトガル　サッカー選手
Moreira, Inacio　モレイラ, イナシオ
[国]東ティモール　交通・通信相
Moreira, João　モレイラ, ジョアン
1983～　[国]ブラジル　騎手
Moreira, Telmo　モレイラ, テルモ
[国]ポルトガル　ローザンヌ国際バレエコンクール 5位・スカラシップ（第37回（2009年））ほか
Moreira, Yanick　モレイラ, ヤニック
[国]アンゴラ　バスケットボール選手
Moreira Da Silva, Jorge　モレイラダシルバ, ジョルジ
[国]ポルトガル　環境・国土・エネルギー相
Moreira Lopéz, María Alexandra　モレイラ・ロペス, マリア・アレハンドラ
[国]ボリビア　環境・水資源相
Morejón, Pedro　モレホン, ペドロ
[国]ベネズエラ　国民経済相
Morel, Alex　モレル, アレックス
[国]アメリカ　作家　[専]ヤングアダルト
Morel, Anaïk　モレル, アナイク
[国]フランス　エリザベート王妃国際コンクール 声楽 第4位（2011年）
Morel, Christian　モレル, クリスチャン
1948～　[著]「愚かな決定を回避する方法」 講談社　2005
Morel, Françoise　モレル, フランソワーズ
1925～　[著]「賽の一振りは断じて偶然を廃することはないだろう」 行路社　2009
Morel, Jeremy　モレル, ジェレミー
[国]フランス　サッカー選手
Morel, Tanja　モレル
[国]スイス　スケルトン選手
Moreland, Eric　モアランド, エリック
[国]アメリカ　バスケットボール選手
Moreland, Mitch　モアランド, ミッチ
[国]アメリカ　野球選手
Moreland, Peggy　モアランド, ペギー
[著]「華麗なる紳士たち」 ハーレクイン　2008
Morell, Michael J.　モレル, マイケル
1958～　[著]「秘録CIAの対テロ戦争」 朝日新聞出版　2016
Morell, Virginia　モレル, ヴァージニア
[異]モレル, バージニア　[著]「なぜ犬はあなたの言っていることがわかるのか」 講談社　2015
Morella, Constance Albanese　モレラ, コンスタンス・アルバニーズ
[国]アメリカ　元・米連邦議員経験者協会会長, 元・経済協力開発機構米国政府代表部大使, 元・連邦下院議員
Morelli, Anne　モレリ, アンヌ
[著]「戦争プロパガンダ10の法則」 草思社　2015
Morelli, Marco　モレリ, マーコ
[著]「実践インテグラル・ライフ」 春秋社　2010
Morello, Paolo　モレッロ, パオロ
[著]「イタリア写真の精粋1945-1975」 青幻舎　2010
Moreń, Peter　モーレン, ピーター
[国]スウェーデン　ミュージシャン
Morenés, Pedro　モレネス, ペドロ
[国]スペイン　国防相
Moreno, Alfredo　モレノ, アルフレド
[国]チリ　外相
Moreno, Arte　モレノ, アート
[国]アメリカ　ロサンゼルス・エンジェルスオーナー
Moreno, Hector　モレノ, エクトル
[国]メキシコ　サッカー選手
Moreno, Jonathan D.　モレノ, ジョナサン・D.
[著]「操作される脳」 アスキー・メディアワークス, 角川グループパブリッシング（発売）　2008
Moreno, José Guillermo　モレノ, ホセ・ギジェルモ
[国]グアテマラ　社会開発相
Moreno, Joyce　モレーノ, ジョイス
1948～　[国]ブラジル　シンガー・ソングライター
Moreno, Lenín　モレノ, レニン
[国]エクアドル　副大統領
Moreno, Maria José　モレノ, マリア・ホセ
グラミー賞 最優秀オペラ録音（2005年（第48回））　"Verdi: Falstaff"　ソリスト
Moreno, Michael R.　モレノ, マイケル・R.
1968～　[著]「世界一きれいになる17日間ダイエット」 日本文芸社　2012
Moreno, Mike　モレノ, マイケル
1968～　[著]「17日間で老化は止められる！」 日本文芸社　2014
Moreno, Patricia　モレノ
[国]スペイン　体操選手
Moreno, Paula Marcela　モレノ, パウラ・マルセラ
[国]コロンビア　文化相
Moreno, Rodrigo　モレノ, ロドリゴ
ベルリン国際映画祭 アルフレッド・バウアー賞（第56回（2006年））　"El custodio"
Moreno, Yipsi　モレノ
[国]キューバ　陸上選手
Moreno Mengíbal, Andrés　モレーノ・メンヒバル, アンドレス
[著]「集いと娯楽の近代スペイン」 彩流社　2011
Moreno-Ocampo, Luis　モレノオカンポ, ルイス
1953～　[国]アルゼンチン　検察官　国際刑事裁判所主任検察官
Moresco, Robert　モレスコ, ボビー
アカデミー賞 オリジナル脚本賞（第78回（2005年））　"Crash"
Moret, Roger　モレ, ロジェ
1947～　[著]「目で楽しむナノの世界」 丸善　2009
Moreti, Martin　モレス, マーティン
[国]キリバス　労働・人材資源開発相　[異]モレティ, マーティン
Moreton, David C.　モートン, ディビット
[著]「泰緬鉄道からの生還」 雄山閣　2009
Moretti, Emiliano　モレッティ, エミリアーノ
[国]イタリア　サッカー選手
Moretti, Enrico　モレッティ, エンリコ

M

[著]「年収は「住むところ」で決まる」 プレジデント社 2014
Moretti, Franco モレッティ, フランコ
1950～ 全米書評家協会賞 批評(2013年) “Distant Reading”
Moretti, Nanni モレッティ, ナンニ
1953～ [国]イタリア 映画監督, 俳優 本名＝Moretti, Giovanni
Moretz, Chloe Grace モレッツ, クロエ・グレース
1997～ [国]アメリカ 女優
Morey, Daryl モーリー, ダレル
[国]アメリカ ヒューストン・ロケッツGM
Morey, Tomeu モリー, トム
[著]「デスストローク」 小学館集英社プロダクション 2016
Morey, Trish モーリ, トリッシュ
[著]「琥珀の寵姫」 ハーパーコリンズ・ジャパン 2016
Morgachyov, Nikita モルガチェワ, ニキータ
[国]ロシア ボート選手
Morgado, Carlos モルガド, カルロス
[国]モザンビーク 通産相
Morgan, Adam モーガン, アダム
[国]アメリカ 野球選手
Morgan, Alex モーガン, アレックス
1989～ [国]アメリカ サッカー選手
Morgan, Alice モーガン, A.
[異]モーガン, アリス [著]「子どもたちとのナラティヴ・セラピー」 金剛出版 2007
Morgan, Ben モーガン, ベン
[国]イングランド ラグビー選手
Morgan, Bill モーガン, ビル
1949～ [著]「アレン・ギンズバーグと旅するサンフランシスコ」 ブルース・インターアクションズ 2010
Morgan, Brian モーガン, ブライアン
[著]「クリスマスの祈り」 いのちのことば社 2003
Morgan, Brian Edward モーガン, ブライアン
[著]「CCNP self-study：CCNP BCRAN試験認定ガイド」 ソフトバンクパブリッシング 2004
Morgan, Chris モーガン, クリス
[著]「セルラー」 メディアファクトリー 2005
Morgan, Chris モーガン, クリストファー
[国]オーストラリア ボート選手
Morgan, Darin モーガン, ダリン
[著]「X‐ファイル2016」 竹書房 2016
Morgan, David モーガン, デヴィッド
1960～ [著]「モンティ・パイソン・スピークス！」 イースト・プレス 2003
Morgan, David モーガン, デービッド
[国]アメリカ アメフト選手
Morgan, David モーガン, デービッド
[国]オーストラリア 水泳選手
Morgan, David H.J. モーガン, デイビィド・H.J.
[著]「ジェンダーと暴力」 明石書店 2001
Morgan, David Owen モーガン, デービッド・O.
1958～ [著]「細胞周期」 メディカル・サイエンス・インターナショナル 2008
Morgan, Derrick モーガン, デリック
[国]アメリカ アメフト選手
Morgan, Edmund S. モーガン, エドマンド・S.
[国]アメリカ ピュリッツアー賞 特別賞 特別表彰(2006年)
Morgan, Edwin モーガン, エドウィン
[著]「動物たちの謝肉祭」 BL出版 2007
Morgan, Edwin George モーガン, エドウィン
1920～2010 [国]イギリス 詩人 グラスゴー大学教授
Morgan, Elaine モーガン, エレイン
1920～2013 [国]イギリス 著述家, 脚本家
Morgan, Gareth モーガン, ガレス
[著]「ザ・ビートルズ・ベース/マッカートニー・スタイル」 白夜書房 2007
Morgan, Glen モーガン, グレン
1961～ [著]「X‐ファイル2016」 竹書房 2016
Morgan, Glenn モーガン, グレン
[著]「経営と社会」 同友館 2001
Morgan, Harry モーガン, ハリー
1915～2011 [国]アメリカ 俳優 旧芸名＝モーガン, ヘンリー 〈Morgan, Henry〉
Morgan, Helen モーガン, ヘレン
[著]「世界最高額の切手「ブルー・モーリシャス」を探せ！」 光文社 2007
Morgan, Howard モーガン, ハワード
[著]「リーダーシップ・マスター」 英治出版 2013
Morgan, Howard Lee モーガン, ハワード
1945～ [著]「成功した起業家が毎日考えていること」 中経出版 2004
Morgan, James モーガン, ジェームズ
1944～ [著]「非常事態のリーダーシップ」 ジャパンタイムズ 2003
Morgan, James モーガン, ジェームズ
1944～ [著]「マティスを追いかけて」 アスペクト 2006
Morgan, James M. モーガン, ジェームズ・M.
[著]「トヨタ製品開発システム」 日経BP社, 日経BP出版センター(発売) 2007
Morgan, Jerry L. モーガン, ジェリー・L.
[著]「言語分析の技法」 東京大学出版会 2006
Morgan, Joël モーガン, ジョエル
[国]セーシェル 教育・人材開発相 [異]モルガン, ジョエル
Morgan, Johnny モーガン, ジョニー
[著]「レディー・ガガ」 AC Books 2010
Morgan, Juan David モルガン, ファン・ダヴィ
[著]「黄金の馬」 三冬社 2014
Morgan, Judith モーガン, ジュディス
[著]「ドクター・スースの素顔」 彩流社 2007
Morgan, Julie モーガン, ジュリー
[著]「性加害行動のある少年少女のためのグッドライフ・モデル」 誠信書房 2015
Morgan, Karl Ziegler モーガン, カール・Z.
1908～ [著]「原子力開発の光と影」 昭和堂 2003
Morgan, Kevin モーガン, ケヴィン
[著]「学校給食改革」 筑波書房 2014
Morgan, Kevin モーガン, ケビン
1950～ [著]「看護実践における睡眠管理」 コメディカルエディター, ブレーン出版(発売) 2003
Morgan, Lacey モーガン, レーシー
[著]「みんな大切！」 新科学出版社 2011
Morgan, Lisa モーガン, リサ
[著]「Voice」 河出書房新社 2002
Morgan, Marcia K. モーガン, マルシア
[著]「性的虐待を受けた子どもから話を聞くには」 トロル出版部, 筒井書房(発売) 2003
Morgan, Mark モーガン, マーク
1954～ [著]「戦略実行」 東洋経済新報社 2012
Morgan, Matthew モーガン, マシュー
[国]ウェールズ ラグビー選手
Morgan, Michaela モーガン, ミカエラ
[著]「とんとんとん！ だれかな？」 岩崎書店 2013
Morgan, Michael Hamilton モーガン, マイケル・ハミルトン
[著]「失われた歴史」 平凡社 2010
Morgan, Michael John モーガン, マイケル
1942～ [著]「アナログ・ブレイン」 新曜社 2006
Morgan, Michèle モルガン, ミシェル
1920～2016 [国]フランス 女優 本名＝ルッセル, シモーヌ 〈Roussel, Simone〉 [異]モルガン, ミシェール
Morgan, Mike モーガン, マイク
[国]アメリカ アメフト選手
Morgan, Neil Bowen モーガン, ニール
1924～ [著]「ドクター・スースの素顔」 彩流社 2007
Morgan, Nick モーガン, ニック
[著]「ミーティングを「時間の無駄」にしない」 ファーストプレス 2008
Morgan, Nicky モーガン, ニッキー
[国]イギリス 教育・女性・機会均等相
Morgan, Nicola モーガン, ニコラ
1961～ [国]イギリス 作家 [専]児童書
Morgan, Nina モルガン, ニーナ
[著]「化学の世界」 朝倉書店 2006
Morgan, Paul モーガン, ポール
1953～ [著]「ペラギウス・コード」 原書房 2010
Morgan, Peter モーガン, ピーター
1963～ [国]イギリス 脚本家, 劇作家
Morgan, Raye モーガン, レイ
[著]「恋を知ったシンデレラ」 ハーレクイン 2014
Morgan, Rhea Volk モーガン, R.V.
[著]「モーガン小動物臨床ハンドブック」 文永堂出版 2011
Morgan, Richard K. モーガン, リチャード
1965～ [国]イギリス 作家 [専]SF, コミック, グラフィックノベルほか
Morgan, Robert モーガン, ロバート

ザグレブ国際アニメーション映画祭 グランド・コンペティション 審査員特別賞(ブリート・バルン)(2012年)ほか

Morgan, Sally モーガン, サリー
著「人がつなげる科学の歴史」文渓堂 2010

Morgan, Sarah モーガン, サラ
1948～ 著「十八歳の臆病な花嫁」ハーパーコリンズ・ジャパン 2016

Morgan, Shirley モーガン, シャーリー
1933～ 著「あめあめふれふれもっとふれ」のら書店 2005

Morgan, Steve モーガン, S.
著「メンタルヘルスにおける支援関係」ブレーン出版 2002

Morgan, Tesni モーガン, テスニー
著「別れの報酬」光文社 2002

Morgan, Tina モーガン
国オーストラリア テコンドー選手

Morgan, Victoria モーガン, ヴィクトリア
著「運命の賭けは金の髪を隠して」竹書房 2014

Morgan, Wes モーガン, ウェズ
国ジャマイカ サッカー選手

Morganella, Michel モルガネッラ, ミチェル
国スイス サッカー選手

Morgan-Jones, David モーガン=ジョーンズ, デヴィッド
著「化学物質による災害管理」メディカルレビュー社 2001

Morgano, Michael モルガーノ, マイケル
著「プログラマーのためのANDROID」ピアソン桐原 2012

Morganti, Giuseppe Maria モルガンティ, ジュゼッペ・マリア
国サンマリノ 教育・文化長官

Morgen, Brett モーゲン, ブレット
著「カート・コバーン」ヤマハミュージックメディア 2016

Morgenroth, Hartmut モルゲンロート, H.
著「赤ちゃんがすやすやネンネする魔法の習慣」PHP研究所 2009

Morgensoror, Jyon モーゲンソーラー, ジョン
著「45歳以上の女性のための天然ホルモン補充療法」ライフサイエンス研究所, ごま書房(発売) 2004

Morgenstern, Dan モーゲンスターン, ダン
グラミー賞 最優秀アルバム・ライナーノーツ(2009年(第52回))ほか

Morgenstern, Erin モーゲンスターン, エリン
1978～ 国アメリカ 作家 国ファンタジー

Morgenstern, Joe モーゲンスターン, ジョー
国アメリカ ピュリッツァー賞 ジャーナリズム 批評(2005年)

Morgenstern, Julie モーゲンスターン, ジュリー
著「上位10%の人は知っている, 仕事がうまくいく方法」PHP研究所 2007

Morgenstern, Susie モルゲンステルヌ, スージー
1945～ 国フランス 作家, イラストレーター

Morgenstern, Thomas モルゲンシュテルン, トーマス
1986～ 国オーストリア スキー選手 国モルゲンシュテルン

Morgenthal, Deborah モーゲンタール, デボラ
1950～ 著「魔法使いの秘密の道具箱」技術評論社 2004

Morgenthal, Jeffrey P. モーゲンサル, J. P.
1966～ 著「XMLとJavaによるEAI」ピアソン・エデュケーション 2001

Morgulov, Igor V. モルグロフ, イーゴリ
1961～ 国ロシア 外交官 ロシア外務次官(アジア太平洋地域担当)

Morgun, Zoya Fyodorovna モルグン・ゾーヤ・フョードロヴナ
1947～ 国ロシア 極東連邦大学地域・国際研究スクール日本研究学科助教授, 元・ロシア科学アカデミー極東支部歴史・民族学研究所研究員 国モルグン, ゾーヤ

Mori, Emmanuel モリ, エマニュエル
1948～ 国ミクロネシア連邦 政治家, 銀行家 ミクロネシア連邦大統領 国モリ, イマニュエル

Mori, Gioia モーリ, ジョイア
1956～ 著「ウフィツィ美術館」日本経済新聞社 2001

Mori, Kazuhiro モリ, カズヒロ
国ブラジル 汎スザノ文化体育農事協会理事長 漢字名=森和弘

Mori, Kyoko モリ, キョウコ
著アメリカ フェニックス賞(2015年) "One Bird"

Mori, Masako モリ, マサコ
著「皮膚科学」メディカルサイエンス社, インターズ(発売) 2004

Mori, Shino モリ, シノ
国日本 ローザンヌ国際バレエコンクール 5位・スカラシップ (第34回(2006年)) 漢字名=森志乃

Mori, Shiro Floyd モリ, シロー・フロイド
国アメリカ 元・日系米国人市民連盟(JACL)会長, 元・カリフォルニア州議会議員, 元・カリフォルニア州プレザントン市長

Moriarty, Kieran J. モリアーティ, キーラン・J.
著「過敏性腸症候群」一灯舎, オーム社(発売) 2008

Moriarty, Liane モリアーティ, リアーン
1966～ 著「ささやかで大きな嘘」東京創元社 2016

Moriarty, Michael モリアーティ, マイケル
エミー賞 プライムタイム・エミー賞 最優秀助演男優賞(ミニシリーズ・映画)(第54回(2002年)) "James Dean"

Morias, Dan モリアス, ダン
国リベリア 内相

Morias, Marisa Helena モリア, マリサ・エレナ
国カボベルデ 法相

Morico, Lucia モリコ, ルチア
国イタリア 柔道選手

Morieux, Yves モリュー, イヴ
1960～ 著「組織が動くシンプルな6つの原則」ダイヤモンド社 2014

Moriguchi, Ignácio Tadayoshi モリグチ・タダヨシ イナシオ
国ブラジル 元・サンパウロ日伯援護協会会長, 元・ブラジル日本移民百周年記念協会副会長, 元・マウアー技術大学教授 漢字名=森口忠義 イナシオ

Moriguchi, Tomio モリグチ, トミオ
国アメリカ 元・ワシントン州日米協会会長, 元・日系米国人市協会シアトル支部会長, 現 日系米国人記念碑財団会長

Morikawa, Dennis J. モリカワ, デニス・J.
国アメリカ 在フィラデルフィア日本国名誉総領事, フィラデルフィア日米協会理事

Morimando, Shawn モリマンド, ショーン
国アメリカ 野球選手

Morin, Amy モーリン, エイミー
著「メンタルが強い人がやめた13の習慣」講談社 2015

Morin, Charles M. モリン, チャールズ
著「睡眠障害に対する認知行動療法」風間書房 2015

Morin, Edgar モラン, エドガール
1921～ 国フランス 社会学者, 思想家 フランス国立科学研究センター(CNRS)名誉研究部長

Morin, Hervé モラン, エルベ
国フランス 国防相

Morin, Jack モーリン, ジャック
1946～ 著「アナル全書」作品社 2004

Morin, Mike モリン, マイク
国アメリカ 野球選手

Morineau, Michel モリノー, ミシェル
著「開かれた歴史学」藤原書店 2006

Moring, Wim モーリング, ウィム
著「うちの犬ががんになった」緑書房 2011

Morion, Pierre モリオン, ピエール
著「閉ざされた城の中で語る英吉利人」中央公論新社 2003

Morishita, Yoko モリシタ, ヨウコ
国日本 高松宮殿下記念世界文化賞 演劇・映像部門(2012年(第24回)) 漢字名=森下洋子

Morisi, Luca モリージ, ルカ
国イタリア ラグビー選手

Morison, David モリソン, デイビッド・J.
著「デジタル・ビジネスデザイン戦略」ダイヤモンド社 2001

Morison, Robert モリソン, ロバート
著「分析力を駆使する企業」日経BP社, 日経BPマーケティング(発売) 2011

Morison, Slade モリソン, スレイド
著「子どもたちに自由を!」みすず書房 2002

Morison, Toby モリソン, トビィ
著「ルーイの旅立ち大空へ」鳥影社 2015

Morissette, Alanis モリセット, アラニス
1974～ 国カナダ ロック歌手 本名=Morissette, Alanis Nadine

Morita, Noriyuki Pat モリタ, ノリユキ・パット
1932～2005 国アメリカ 俳優 本名=Morita, Noriyuki 国モリタ, パット / モリタ, パット・ノリユキ

Morita, Richard H. モリタ, リチャード・H.
著「3賢者の成功哲学」イーハトーヴフロンティア 2007

Moritsugu, Frank モリツグ, フランク
著「ロッキーの籠の学校から」東信堂 2011

Moritz, Dorothea モリッツ, ドロシー
ベルリン国際映画祭 ベルリナーレ・カメラ賞(第57回(2007年))

Moritz, Helmut モーリッツ, H.
1933～ [著]「物理測地学」 シュプリンガー・ジャパン 2006
Moriuchi, Mique モリウチ, ミク
1975～ [著]「へんてこりんなどうぶつたち」大日本絵画 〔2008〕
Moriyama, Raymond モリヤマ, レイモンド
1929～ [国]カナダ 建築家 日本名＝モリヤマ, ジュンイチ
Moriya Maciel, Zunilda モリヤ・マシエル, スニルダ
[国]パラグアイ 元・在パラグアイ日本国大使館現地職員
Morizot, Raymonde モリゾー, レイモンド
1935～ [著]「ヴォルテールの現代性」 三恵社 2008
Morjane, Kamel モジャーン, カマル
1948～ [国]チュニジア 外交官, 政治家 チュニジア外相, チュニジア国防相, 国連難民高等弁務官事務所（UNHCR）高等弁務官補 [異]モルジャン, カマル
Mørk, Christian モルク, クリスチャン
1966～ [国]デンマーク 作家 [専]ミステリー
Mørk, Truls モルク, トルルス
1961～ [国]ノルウェー チェロ奏者 スタヴァンゲル国際室内楽音楽祭芸術監督 本名＝Mørk, Truls Otterbech
Morkot, Robert モアコット, ロバート
[著]「ビジュアル版 世界の歴史都市」 柊風舎 2016
Morkov, Michael メルコゥ
[国]デンマーク 自転車選手
Morleo, Archimede モルレオ, アルキメデ
[国]イタリア サッカー選手
Morley, Eileen D. モーレイ, アイリーン
[著]「ブレークスルー思考」 ダイヤモンド社 2001
Morley, Isla モーリー, アイラ
[国]アメリカ 南アフリカ出身の作家 [専]文学
Morley, Karen モーリー, カレン
1909～2003 [国]アメリカ 女優
Morley, Simon モーリー, サイモン
[著]「シェーマでわかる胸部単純X線写真パーフェクトガイド」 メディカル・サイエンス・インターナショナル 2012
Morlot, Frédéric モルロー, フレデリック
[著]「アルバート・アインシュタインのひらめき」 ディスカヴァー・トゥエンティワン 2011
Mormando, Franco モルマンド, フランコ
[著]「ベルニーニ」 一灯舎 2016
Mornar, Vedran モルナル, ベドラン
[国]クロアチア 科学・教育・スポーツ相
Morneau, Justin モアノー, ジャスティン
1981～ [国]カナダ 野球選手 [異]モーノー, ジャスティン / モーノウ, ジャスティン / モルノー, ジャスティン
Morneau, William Francis モルノー, ウィリアム・フランシス
[国]カナダ 財務相
Mornement, Adam モーネメント, アダム
[著]「ツリーハウスで遊ぶ」 二見書房 2006
Moro, Abba モロ, アッバ
[国]ナイジェリア 内相
Moro, Javier モロ, ハビエル
1955～ [著]「ボーパール午前零時五分」 河出書房新社 2002
Moroff, Max モロフ, マックス
[国]アメリカ 野球選手
Morogo, William モロゴ, ウィリアム
[国]ケニア 道路公共事業相
Moroka, Daniel モロカ, ダニエル
[国]ボツワナ 通産相
Moroka, Neo モロカ, ネオ
[国]ボツワナ 通産相
Morokuma, Keiji モロクマ, ケイジ
[著]「GPU computing gems」 ボーンデジタル 2011
Moroney, Tracey モローニー, トレーシー
[著]「だいすき！ クリスマスのおはなし」 CS成長センター, いのちのことば社（発売） 2004
Moroni, Lisa モローニ, リーサ
1983～ [著]「トーラとパパの夏休み」 あすなろ書房 2014
Moroni, Matias モローニ, マティアス
[国]アルゼンチン ラグビー選手
Moronta, Reyes モランタ, レイズ
[国]ドミニカ共和国 野球選手
Morosini, Piermario モロジーニ, ピエルマリオ
1986～2012 [国]イタリア サッカー選手
Morova, Antonina P. モロワ, アントニナ・P.
[国]ベラルーシ 労働・社会保障相
Moroziuk, Mykola モロジュク, ミコラ
[国]ウクライナ サッカー選手
Morozov, Nikolai モロゾフ, ニコライ
1975～ フィギュアスケート指導者
Morozov, Stanislav モロゾフ
[国]ウクライナ フィギュアスケート選手
Morozov, Valeriĭ Ėdgartovich モローゾフ, ヴァレリーエドガルトヴィチ
1960～ [異]モローゾフ, V.E. [著]「ロシア語学術文体演習」 群像社 2015
Morozov, Vladimir モロゾフ, ウラジーミル
[国]ロシア 水泳選手
Morphy, Howard モーフィ, ハワード
[著]「アボリジニ美術」 岩波書店 2003
Morpurgo, Michael モーパーゴ, マイケル
1943～ [国]イギリス 児童文学作家
Morqos, Joudeh モルコス, ジュダ
[国]パレスチナ 観光相
Morquette, Yves Rose モルケット, イブ・ローズ
[国]ハイチ共和国 女性問題相
Morrall, John B. モラル, J.B.
[著]「中世の政治思想」 平凡社 2002
Morrell, David マレル, デイヴィッド
1943～ [著]「真夜中に捨てられる靴」 ランダムハウス講談社 2007
Morrell, Jon モレル, ジョン
ローレンス・オリヴィエ賞 衣装デザイン賞（2013年（第37回）） "Top Hat"
Morrell, Margot モレル, マーゴ
[著]「シャクルトン」 PHP研究所 2001
Morrell, Maureen F. モーレル, モーリン・F.
[著]「自閉症の親として」 岩崎学術出版社 2009
Morrell, Peter S. モレル, ピーター・S.
1946～ [著]「国際航空貨物輸送」 成山堂書店 2016
Morrell, Steve モレル, スティーブ
[著]「CRMパーフェクトビジョン」 リックテレコム 2002
Morrel-Samuels, Palmer モレル・サミュエルズ, パルマー
[著]「人材育成の戦略」 ダイヤモンド社 2007
Morrey, Bernard F. モーリー, バーナード・F.
[著]「手術展開のマスターテクニック」 診断と治療社 2010
Morrey, Matthew C. モレー, マシュー・C.
[著]「手術展開のマスターテクニック」 診断と治療社 2010
Morrice, Norman モリス, ノーマン
1931～2008 [国]イギリス 振付師, ダンサー 英国ロイヤル・バレエ団芸術監督 本名＝Morrice, Norman Alexander
Morricone, Ennio モリコーネ, エンニオ
1928～ [国]イタリア 作曲家 [専]映画音楽 別名＝サヴィオ, ダン, ニコルス, レオ
Morris モリス
1923～2001 [国]ベルギー 漫画家 本名＝ドベベール, モーリス
Morris, Akeel モリス, アキール
[国]アメリカ 野球選手
Morris, Alfred モリス, アルフレッド
[国]アメリカ アメフト選手
Morris, Amanda モリス, アマンダ
[著]「ハーバードMBA合格者のエッセイを読む」 オープンナレッジ 2007
Morris, Annie モリス, アニー
[著]「クリエイティブスペース」 グラフィック社 2011
Morris, Aubrey モリス, オーブリー
1926～2015 [国]イギリス 俳優 本名＝Steinberg, Aubrey Jack
Morris, Ben モリス, ベン
アカデミー賞 特殊効果賞（第80回（2007年）） "The Golden Compass"
Morris, Bob モリス, ボブ
1950～ [国]アメリカ 作家 [専]ミステリー, スリラー
Morris, Broderick モーリス, ブロデリック
[著]「マイケル・ジャクソンリアルカムバック」 ポジティブプロダクション, きこ書房（発売） 2010
Morris, Bryan モリス, ブライアン
[国]アメリカ 野球選手
Morris, Charles R. モリス, チャールズ・R.
[著]「世界経済の三賢人」 日本経済新聞出版社 2010
Morris, Darryl モリス, ダリル
[国]アメリカ アメフト選手
Morris, David モリス
[国]オーストラリア フリースタイルスキー選手

Morris, David　モリス, デイヴィッド
1963〜　著「コルセアKD 431」オフィスHANS　2009
Morris, Derek John　モリス, デレク・J.
1954〜　著「神の完全な武具を身に着けよ」福音社　2013
Morris, Desmond　モリス, デズモンド
1928〜　著「ボディートーク」三省堂　2016
Morris, Dick　モリス, ディック
著「ヒラリーvs.ライス」アスペクト　2007
Morris, Doug　モリス, ダグ
1938〜　国アメリカ　実業家　米国ソニー・ミュージックエンタテインメント会長・CEO　ユニバーサルミュージック会長・CEO
Morris, Elizabeth A.　モリス, エリザベス・A.
著「乳腺top100診断」メディカル・サイエンス・インターナショナル　2005
Morris, Errol　モリス, エロール
1948〜　国アメリカ　映画監督　本名＝Morris, Errol Mark
Morris, George H.　モリス, ジョージ・H.
著「ハンターシート馬術」恒星社厚生閣　2010
Morris, Gilbert　モリス, ギルバート
1929〜　著「猫探偵ジャック＆クレオ」早川書房　2009
Morris, Henry Madison　モリス, ヘンリー・M.
1918〜2006　著「世界の始まり」ホームスクーリング・ビジョン　2006
Morris, Howard J.　モリス, ハワード・J.
著「地雷を踏む男、踏ませる女」講談社　2011
Morris, Ian　モリス, イアン
1960〜　国アメリカ　歴史学者　スタンフォード大学教授
Morris, Jackie　モリス, ジャッキー
国イギリス　イラストレーター, 絵本作家
Morris, James　モリス, ジェームス
国アメリカ　アメフト選手
Morris, James T.　モリス, ジェームズ
1943〜　国アメリカ　実業家　IWCリソース会長・CEO　国連世界食糧計画（WFP）事務局長　異モリス, ジェームス
Morris, Jan　モリス, ジャン
1926〜　著「ビジュアル版 世界の歴史都市」柊風舎　2016
Morris, Jasper　モリス, ジャスパー
著「ブルゴーニュワイン大全」白水社　2012
Morris, Jay Hunter　モリス, ジェイ・ハンター
グラミー賞 最優秀クラシック・オペラ録音（2012年（第55回））"Wagner: Der Ring Des Nibelungen"　ソリスト
Morris, Jim　モリス, ジム
1964〜　著「オールド・ルーキー」文芸春秋　2002
Morris, John　モリス, ジョン
国カナダ　カーリング選手
Morris, John David　モリス, ジョン
1946〜　著「恐竜に本当は何が起こったの？」ICM出版　2007
Morris, John E.　モリス, ジョン・E.
1957〜　著「ブラックストーン」東洋経済新報社　2011
Morris, Julianna　モリス, ジュリアナ
著「プレイボーイの帰還」ハーレクイン　2010
Morris, Julie　モリス, ジュリー
著「スーパーフードスムージー」医道の日本社　2015
Morris, Justin　モリス, ジャスティン
著「戦略論」勁草書房　2012
Morris, Kenneth M.　モリス, ケネス・M.
著「金融用語集」マグロウヒル・エデュケーション, 日本出版貿易（発売）　2007
Morris, Kimberly　モリス, キンバリー
著「ティンカー・ベルと妖精の家」講談社　2011
Morris, Langdon　モリス, ラングドン
著「イノベーションを生み続ける組織」日本経済新聞出版社　2009
Morris, Leon　モリス, レオン
1914〜2006　著「ルカの福音書」いのちのことば社　2014
Morris, Lisa Rappaport　モリス, リサ・ラパポート
1957〜　著「障害のある子どものための遊びと学びのアクティビティ」明石書店　2006
Morris, Marcus　モリス, マーカス
国アメリカ　バスケットボール選手
Morris, Mark　モリス, マーク
1956〜　国アメリカ　振付師, ダンサー　マーク・モリス・ダンス・グループ芸術監督　本名＝Morris, Mark William
Morris, Mark　モリス, マーク
1963〜　著「ノア約束の舟」泰文堂　2014
Morris, Markieff　モリス, マーキーフ

国アメリカ　バスケットボール選手
Morris, Mary　モリス, メアリー
著「女友だちの賞味期限」プレジデント社　2006
Morris, Meaghan　モリス, ミーガン
著「カルチュラル・スタディーズで読み解くアジア」せりか書房　2011
Morris, Melvyn　モリス, メルビン
キング・デジタル・エンタテインメント共同創業者
Morris, Monte　モリス, モンテ
国アメリカ　バスケットボール選手
Morris, Neil　モリス, ニール
著「ワールド・イン・ザ・ラウンド 動きだす世界地図」青幻舎インターナショナル, 青幻舎（京都）（発売）　2016
Morris, Oswald　モリス, オズワルド
1915〜2014　国イギリス　映画撮影監督
Morris, Peter　モリス, ピーター
著「職場をダメにするモンスター」柏出版社　2008
Morris, Ramona　モリス, ラモナ
著「人間とヘビ」平凡社　2006
Morris, Richard　モリス, リチャード
1939〜　著「ビッグ・クエスチョンズ」はまの出版　2002
Morris, Rien　モリス, リエン
国マーシャル諸島　法相
Morris, Robin　モリス, ロビン
1958〜　著「痴呆の心理学入門」中央法規出版　2001
Morris, Romar　モリス, ロマー
国アメリカ　アメフト選手
Morris, Sandi　モリス, サンディ
国アメリカ　陸上選手
Morris, S.Brent　モリス, S.ブレント
著「フリーメイソン完全ガイド」楽工社　2008
Morris, Stephen　モリス, スティーブン
国アメリカ　アメフト選手
Morris, Tom　モーリス, トム
トニー賞 プレイ 演出賞（2011年（第65回））"War Horse"
Morris, Virginia　モリス, ヴァージニア
著「「死」への不安から自由になるための16章」飛鳥新社　2003
Morris, Virginia B.　モリス, バージニア・B.
モリス, ヴァージニア・B.　著「金融用語集」マグロウヒル・エデュケーション, 日本出版貿易（発売）　2007
Morris, Wayne　モーリス, ウェイン
著「標準サービスレベルマネジメント」オーム社　2003
Morrison, Alex　モリソン, アレックス
1941〜　著「国連平和活動と日本の役割」文化書房博文社　2001
Morrison, Anthony P.　モリソン, アンソニー・P.
著「精神病かな？と思ったときに読む本」星和書店　2012
Morrison, Antonio　モリソン, アントニオ
国アメリカ　アメフト選手
Morrison, Blake　モリソン, ブレイク
著「ビートルズ世界証言集」ポプラ社　2006
Morrison, Boyd　モリソン, ボイド
1967〜　国アメリカ　作家, 俳優　題ミステリー, スリラー
Morrison, Delcy Schram　モリソン, デルシー・シュラム
著「サイコドラマ」金剛出版　2003
Morrison, Denny　モリソン, デニー
1985〜　国カナダ　スピードスケート選手　異モリソン
Morrison, Elizabeth　モリソン, エリザベス
1968〜　著「「ハリ・ポタ第5巻」超早読みガイドブック」経済界　2004
Morrison, Frank　モリソン, フランク
1971〜　著「はばたけ、ルイ！」リーブル　2012
Morrison, Gary　モリソン, ゲーリー・R.
著「インストラクショナルデザインとテクノロジ」北大路書房　2013
Morrison, Gary R.　モリソン, G.R.
著「教育工学を始めよう」北大路書房　2002
Morrison, Gordon　モリソン, ゴードン
著「ハクトウワシ」ほるぷ出版　2007
Morrison, Grant　モリソン, グラント
1960〜　著「DCコミックスアンソロジー」パイインターナショナル　2016
Morrison, Greg　モリソン, グレッグ
トニー賞 ミュージカル 楽曲賞（2006年（第60回））"The Drowsy Chaperone"
Morrison, Helen　モリソン, ヘレン
1942〜　著「隣に棲む連続殺人犯」ソニー・マガジンズ　2005

Morrison, James モリソン, ジェームス
1984～ 国イギリス シンガー・ソングライター 本モリソン, ジェームズ

Morrison, James モリソン, ジェームズ
国スコットランド サッカー選手

Morrison, Jasper モリソン, ジャスパー
1959～ 著「ジャスパー・モリソン A Book of Things」ADP 2015

Morrison, J.B. モリソン, J.B.
1960～ 著「フランク・デリク81歳素晴らしき普通の人生」三賢社 2016

Morrison, Jenean モリソン, ジャニーヌ
著「マンダラデザインぬり絵ブック」かんき出版 2016

Morrison, Judith H. モリスン, ジュディス・H.
著「本当の自分を取りもどすアーユルヴェーダ」ガイアブックス 2014

Morrison, Karin モリソン, カーリン
著「子どもの思考が見える21のルーチン」北大路書房 2015

Morrison, Logan モリソン, ローガン
国アメリカ 野球選手

Morrison, Malcolm モリソン, マルコルム
著「クラシカル・アクティング」而立書房 2003

Morrison, Martha A. モリスン, マルサ
著「ユダヤ教」青土社 2004

Morrison, Melissa モリソン, メリッサ
国アメリカ 陸上選手

Morrison, Michael L. モリソン, M.L.
著「生息地復元のための野生動物学」朝倉書店 2007

Morrison, Phillip モリソン, フィリップ
1915～2005 国アメリカ 物理学者 マサチューセッツ工科大学名誉教授 専天体物理学

Morrison, Phylis モリソン, フィリス
1927～2002 国アメリカ 科学啓蒙家

Morrison, Ravel モリソン, ラヴェル
国イングランド サッカー選手

Morrison, Scott モリソン, スコット
国オーストラリア 財務相

Morrison, Slade モリソン, スレイド
著「ほんをひらいて」ほるぷ出版 2014

Morrison, Steven J. モリソン, スティーヴン・J.
著「演奏を支える心と科学」誠信書房 2011

Morrison, Taylor モリソン, テイラー
著「アメリカ海岸地図を作った男たち」BL出版 2006

Morrison, Todd A. モリソン, トッド・A.
著「競争政策の経済学」NERA 2005

Morrison, Tommy モリソン, トミー
1969～2013 国アメリカ プロボクサー WBO世界ヘビー級チャンピオン

Morrison, Toni モリソン, トニ
1931～ 国アメリカ 作家, 編集者 プリンストン大学名誉教授 ランダムハウス社文芸編集者 本名=モリソン, クロウィ・アントニー〈Morrison, Chloe Anthony〉 本モリスン, トニ

Morrison, Walter モリソン, ウォルター
1920～2010 国アメリカ フライングディスクの発明者

Morris-Pierce, Elizabeth ピアス, エリザベス・M.
1934～ 著「情報品質管理」中央経済社 2008

Morrisroe, Patricia モリズロー, パトリシア
1951～ 著「メイプルソープ」新潮社 2001

Morriss, Anne モリス, アン
著「ハーバード・ビジネススクールが教える顧客サービス戦略」日経BP社, 日経BPマーケティング(発売) 2013

Morrissette, Rob モリセット, ロブ
著「根にふれる祈り」マルコーシュ・パブリケーション 2007

Morrissey モリッシー
1959～ 国イギリス ミュージシャン 本名=モリッシー, スティーブン・パトリック〈Morrissey, Steven Patrick〉

Morrissey, Donna モリッシー, ドナ
1956～ 著「キットの法」青山出版社 2003

Morrissey, Kevin モリセイ, ケビン
著「技術翻訳のチェックポイント」丸善 2005

Morrissey, Muriel モーリセイ, ミュリエル
著「友よ 弔辞という詩」河出書房新社 2007

Morrissey, Thomas モリッシー, トーマス
アメリカ探偵作家クラブ賞 ロバート・L.フィッシュ賞(2005年) "Can't Catch Me"

Morris Suzuki, Tessa I.J. モーリス・スズキ, テッサ
1951～ 国オーストラリア 日本研究家 オーストラリア国立大学アジア太平洋研究学院教授 専日本経済史, 日本経済思想史, アジア地域研究 本モーリス・鈴木, テッサ

Morrow, Anthony モロー, アンソニー
国アメリカ バスケットボール選手

Morrow, Bill モロー, ビル
1959～ 国アメリカ 実業家 英国ボーダフォン社長, ボーダフォン社長, 日本テレコムホールディングス社長 本名=モロー, ウィリアム〈Morrow, William T.〉

Morrow, Bradford モロー, ブラッドフォード
1951～ 著「古書贋作師」東京創元社 2016

Morrow, Brandon モロー, ブランドン
国アメリカ 野球選手

Morrow, Carol Ann モロウ, キャロル・アン
著「年を重ねるほど知恵を深めるセラピー」サンパウロ 2014

Morrow, Chris モロー, クリス
著「ラッセル・シモンズの成功哲学」フィルムアート社 2009

Morrow, Cousin Brucie モロー, カズン・ブルーシー
著「メモリーズ・オブ・ジョン」イースト・プレス 2006

Morrow, James D. モロー, ジェイムズ
1957～ 著「政治学のためのゲーム理論」勁草書房 2016

Morrow, Keith モロウ, キース
著「ヨーロッパ言語共通参照枠〈CEFR〉から学ぶ英語教育」研究社 2013

Morrow, Lance モロー, ランス
1939～ 著「悪の謎に挑む」法政大学出版局 2006

Morsbach, Helmut モルシュバッハ, ヘルムート
著「外国人だけが知っている日本の正しい礼儀作法」視覚障害者支援総合センター 2007

Morschheuser, Klaus モルシュホイザー, クラウス
アヌシー国際アニメーション映画祭 TVおよび受託作品 最優秀TVスペシャル(2011年)ほか

Morse, Janice M. モース, ジャニス・M.
著「モース&フィールドの看護研究」日本看護協会出版会 2012

Morse, Jeremy モース, ジェレミー
1928～2016 国イギリス 銀行家 ロイズ銀行会長, ブリストル大学総長 本名=モース, クリストファー・ジェレミー〈Morse, Christopher Jeremy〉

Morse, John J. モース, ジョン・J.
著「動機づける力」ダイヤモンド社 2009

Morse, Mike モース, マイク
国アメリカ 野球選手

Morse, Mitch モース, ミッチ
国アメリカ アメフト選手

Morse, Ronald A. モース, ロナルド
1938～ 国アメリカ 日本研究家 カリフォルニア大学ロサンゼルス校教授 専日本民俗学, 中国問題

Morse, Samuel C. モース, サムエル・C.
著「奈良・南都仏教の伝統と革新」勉誠出版 2010

Morse, Stephen J. モース, スティーブン・J.
著「精神科臨床倫理」星和書店 2011

Morsella, Ezequiel モーセラ, E.
著「紛争管理論」日本加除出版 2003

Morsi, Muhammad モルシ, ムハンマド
1951～ 国エジプト 政治家 エジプト大統領 本ムルシ, ムハンマド

Morsi, Pamela モルシ, パメラ
著「ラングストン家の花嫁」ハーレクイン 2006

Morstad, Julie モースタッド, ジュリー
著「スワン」BL出版 2015

Morstead, Thomas モースラッド, トーマス
国アメリカ アメフト選手

Morte, Albertino Francisco Boa モルティ, アルベルティヌ・フランシスコ・ボア
国サントメ・プリンシペ 青少年・スポーツ相

Mortelette, Dorian モルテレト, ドリアン
国フランス ボート選手

Mortell, Peter モーテル, ピーター
国アメリカ アメフト選手

Mortensen, Dale T. モーテンセン, デール
1939～2014 国アメリカ 経済学者 ノースウエスタン大学教授 専労働経済学, マクロ経済学 本モーテンセン, デール・T. / モルテンセン, デール

Mortensen, Kurt W. モーテンセン, カート
著「人を惹きつけ, 幸運を呼び込む方法を教えよう」ディスカヴァー・トゥエンティワン 2013

Mortensen, Viggo モーテンセン, ビゴ

1958～ [国]アメリカ　俳優　本名＝Mortensen, Viggo Peter Jr. [異]モーテンセン, ヴィーゴ / モーテンセン, ヴィゴ
Mortenson, Greg　モーテンソン, グレッグ
[著]「スリー・カップス・オブ・ティー」 サンクチュアリ出版 2010
Mortier, Gérard　モルティエ, ジェラール
1943～2014 [国]ベルギー　オペラ監督　パリ・オペラ座総裁, ザルツブルク音楽祭総監督・芸術監督, ベルギー王立モネ劇場総裁
Mortier, Roland F.J.　モルティエ, ロラン
1920～2015 [国]ベルギー　文学者　ベルギー自由大学名誉教授 [専]フランス文学, 比較文学 [異]モルチエ
Mortier, Tine　モルティール, ティヌ
1970～ [著]「マールとおばあちゃん」 ブロンズ新社　2013
Mortimer, Anne　モーティマー, アン
[著]「ちいさなねずみのクリスマス」 徳間書店　2014
Mortimer, Carole　モーティマー, キャロル
[著]「クリスマスは愛のとき」 ハーパーコリンズ・ジャパン　2016
Mortimer, Charlie　モーティマー, チャーリー
1952～ [著]「定職をもたない息子への手紙」 ポプラ社　2015
Mortimer, Emily　モーティマー, エミリー
1971～ [国]イギリス　女優
Mortimer, John　モーティマー, ジョン
1923～2009 [国]イギリス　作家, 劇作家, 脚本家, 弁護士　本名＝Mortimer, John Clifford
Mortimer, Sean　モーティマー, ショーン
[著]「ザ・マット」 トランスワールドジャパン　2009
Mortimer, Vicki　モーティマー, ヴィッキー
ローレンス・オリヴィエ賞 衣装デザイン賞（2008年（第32回））"The Man Of Mode"
Mortimore, Denise　モルティモア, デニス
[著]「栄養療法ガイドブック」 産調出版　2005
Mortman, Doris　モートマン, ドリス
[著]「私だけを見ていて」 二見書房　2007
Morton, A.L.　モートン, アーサー・レズリ
[著]「イングランド人民の歴史」 未来社　2007
Morton, Alan R.　モートン, A.
[著]「スポーツのオーバートレーニング」 大修館書店　2001
Morton, Andrew　モートン, アンドリュー
1953～ [著]「アンジェリーナ・ジョリー暴かれた秘密」 ぴあ　2011
Morton, Brian　モートン, ブライアン
1954～ [著]「プリンス」 スペースシャワーブックス, スペースシャワーネットワーク（発売）　2016
Morton, Charlie　モートン, チャリー
[国]アメリカ　野球選手
Morton, Chris　モートン, クリス
1963～ [著]「クリスタル・スカルの2012：超予言」 徳間書店　2008
Morton, Danelle　モートン, ダネル
[著]「ペットの力」 主婦の友社　2003
Morton, David B.　モートン, D.B.
[著]「動物実験における人道的エンドポイント」 アドスリー, 丸善出版事業部（発売）　2006
Morton, Frederic　モートン, フレデリック
1925～ [著]「ルドルフ」 集英社　2008
Morton, James　モートン, ジェイムズ
[著]「わが名はヴィドック」 東洋書林　2006
Morton, John　モートン, ジョン
[著]「アライナー矯正治療」 丸善プラネット, 丸善出版（発売）　2015
Morton, Kate　モートン, ケイト
1976～ [国]オーストラリア　作家 [専]文学, フィクション
Morton, Lisa　モートン, リサ
1958～ [著]「ハロウィーンの文化誌」 原書房　2014
Morton, Patricia A.　モルトン, パトリシア
[著]「パリ植民地博覧会」 ブリュッケ, 星雲社（発売）　2002
Morton, Samantha　モートン, サマンサ
1977～ [国]イギリス　女優　本名＝モートン, サマンサ・ジェーン〈Morton, Samantha-Jane〉
Morton, Stephanie　モートン, ステファニー
[国]オーストラリア　自転車選手
Morton, Stephen　モートン, スティーヴン
1972～ [著]「ガヤトリ・チャクラヴォルティ・スピヴァク」 青土社　2005
Morton-Cooper, Alison　モートン＝クーパー, アリソン
[著]「ヘルスケアに活かすアクションリサーチ」 医学書院　2005
Morton-Shaw, Christine　モートン＝ショー, クリスティン
[著]「さあ、おきて、おきて！」 評論社　2007
Morvan, Lydwine　モルヴァン, リュドウィン
[著]「きょうりゅう」 世界文化社　2011
Morvan, Stéphanie　モルヴァン, ステファニー
[著]「きょうりゅう」 世界文化社　2011
Morvan, Véronique　モルヴァン, ヴェロニク
[著]「エルヴェ・モルヴァン」 ピエ・ブックス　2010
Morville, Peter　モービル, ピーター
[著]「情報アーキテクチャ」 オライリー・ジャパン, オーム社（発売）　2016
Morwood, James　モーウッド, ジェームズ
[著]「図解古代ギリシア」 東京書籍　2006
Morwood, Mike J.　モーウッド, マイク
[著]「ホモ・フロレシエンシス」 日本放送出版協会　2008
Morzez, Philip Ninj@　モーゼズ, フィリップ・N.
1969～ [国]アメリカ　作家 [専]SF, ファンタジー
Mosad, Mostafa　ムスアド, モスタファ
[国]エジプト　高等教育相
Mosak, Harold H.　モサック, ハロルド・H.
[著]「現代に生きるアドラー心理学」 一光社　2006
Mosakowski, Elaine　モサコフスキー, エレイン
[著]「EQを鍛える」 ダイヤモンド社　2005
Mosbacher, Robert Adam　モスバカー, ロバート
1927～2010 [国]アメリカ　政治家, 実業家　米国商務長官, モスバカー・エナジー会長 [異]モスバッカー, ロバート
Mosby, Steve　モスビー, スティーブ
英国推理作家協会賞 ダガー・イン・ザ・ライブラリ（2012年）
Mosca, Paolo　モスカ, パオロ
1943～ [著]「人生の塩」 ダイヤモンド社　2003
Moscatt, Valentina　モスカット, バレンティナ
[国]イタリア　柔道選手
Möschel, Wernhard　メーシェル, ヴェルンハルト
1941～ [著]「ドイツ株式法」 信山社出版　2011
Moscheo, Joe　モスケイオ, ジョー
？～2016 [著]「エルヴィスの真実」 いのちのことば社フォレストブックス　2016
Moscoso, Mireya Elisa　モスコソ, ミレヤ・エリサ
[国]パナマ　大統領
Moscovich, Ivan　モスコビッチ, I.
[著]「線の迷宮」 光文社　2003
Moscovich, Rotem　モスコヴィッチ, ロテム
[著]「アニメおさるのジョージハワイへいこう」 金の星社　2013
Moscovici, Pierre　モスコビシ, ピエール
[国]フランス　経済・財政相
Moscovitch, Dylan　モスコビッチ
[国]カナダ　フィギュアスケート選手
Moscovitch, Hannah　モスコヴィッチ, ハナ
1979～ [著]「ベルリンの東」 彩流社　2015
Moscow, Alvin　モスコー, A.
[著]「プロフェッショナルマネジャー」 プレジデント社　2004
Mosdell, Chris　モズデル, クリス
[著]「絹の都」 新評論　2014
Moseley, Jonny　モズリー
[国]アメリカ　フリースタイルスキー選手
Moseley, Michael E.　モーズリー, マイケル・E.
[著]「災害の人類学」 明石書店　2006
Moseley, Rachel　モーズリー, レイチェル
[著]「オードリーの魅力をさぐる」 東京書籍　2005
***Al*-moselhi, Ali El-Sayed**　モセルヒ, アリ・サイエド
[国]エジプト　社会保障相
Moser, Alfred　モーザー, アルフレッド
1948～ [著]「明治初期日本の原風景と謎の少年写真家」 洋泉社　2016
Moser, Barry　モーザー, バリー
[著]「人生の最初の思い出」 みすず書房　2001
Moser, Benjamin　モーゼル, ベンジャミン
[国]ドイツ　チャイコフスキー国際コンクール ピアノ 第5位（2007年（第13回））
Moser, Edvard Ingjald　モーセル, エドバルト
1962～ [国]ノルウェー　脳科学者　ノルウェー科学技術大学教授・脳科学システム研究所所長 [異]モーザー, エドバルド / モーゼル, エドバルド・I.
Moser, Maximilian　モーザー, マクシミリアン
1956～ [著]「時間生物学と時間医学」 東京コア　2006
Moser, May-Britt　モーセル, マイブリット
1963～ [国]ノルウェー　脳科学者　ノルウェー科学技術大学教

授・脳計算センター長　国モーザー, マイブリット / モーザー, メイブリット
Moser, Mike　モーザー, マイク
　1953〜　著「パワー・ブランディング」ダイヤモンド社　2003
Moser, W.O.J.　モーザー, W.
　著「離散幾何学における未解決問題集」シュプリンガー・ジャパン　2009
Moser-Wellman, Annette　モーザー＝ウェルマン, アネット
　著「仕事の壁を破る！ブレイクスルー思考術」徳間書店　2003
Moses, Brian　モーゼス, ブライアン
　訳モーゼス, ブライアン　著「さあじぶんでやってみよう」評論社　2001
Moses, Dennis　モーゼス, デニス
　国トリニダード・トバゴ　外相・カリブ共同体（カリコム）担当相
Moses, Dezman　モーゼス, デズマン
　国アメリカ　アメフト選手
Moses, Donna　モーゼス, ドンナ
　著「ハッピーライフペインティング」日本ヴォーグ社　2002
Moses, Elissa　モーゼス, エリッサ
　著「ティーンズ・マーケティング」ダイヤモンド社　2002
Moses, Kate　モーゼス, ケイト
　1962〜　著「シルヴィア」ランダムハウス講談社　2004
Moses, Kim　モーゼス, キム
　著「ゴースト〜天国からのささやきスピリチュアルガイド」フォーインスクリーンプレイ事業部（発売）　2010
Moses, Morgan　モーゼス, モーガン
　国アメリカ　アメフト選手
Mosès, Stéphane　モーゼス, ステファヌ
　1931〜　著「歴史の天使」法政大学出版局　2003
Moses, Victor　モーゼス, ヴィクター
　国ナイジェリア　サッカー選手
Moses, Will　モーゼス, ウィル
　著「メリーさんのひつじ」福音館書店　2014
Moshaei, Rahim　モシャイ, ラヒム
　国イラン　副大統領（文化遺産・観光担当）
Mosharaf, Alhaj Rashed　モシャラフ, アルハジ・ラシド
　国バングラデシュ　国土相
Mosher, Steven　モシャー, スティーブン
　1958〜　著「地球温暖化スキャンダル」日本評論社　2010
Mosher, Steven W.　モッシャー, スティーブン・W.
　1949〜　著「強制退去アメリカ人研究者の中国はこれほど戦争を好む」成甲書房　2005
Mosin, Vasily　モシン, ワシリー
　国ロシア　射撃選手
Mosionier, Beatrice　モジニェー, ビアトリス・カルトン
　1949〜　著「エイプリル・レイントゥリーを探して」明石書店　2004
Mosisili, Pakalitha　モシシリ, パカリタ
　1945〜　国レソト　政治家　レソト首相, レソト民主主義会議（LCD）党首　本名＝Mosisili, Bethuel Pakalitha
Moskalenko, Alexander　モスカレンコ
　国ロシア　トランポリン選手
Moskalenko, Svetlana　モスカレンコ, スヴェトラーナ
　国ロシア　チャイコフスキー国際コンクール　声楽（女声）第2位（2015年（第15回））
Moskalenko, Vitaly　モスカレンコ, ビタリー
　国ウクライナ　保健相
Moskov, Petre　モスコフ, ペタル
　国ブルガリア　保健相
Moskova, Emma　モスコワ, エマ
　国ブルガリア　文化相
Moskovitz, Dustin　モスコヴィッツ, ダスティン
　起業家, フェイスブック創業者
Moskovski, Ivaylo　モスコフスキ, イバイロ
　国ブルガリア　運輸・IT・通信相
Moskowitz, Howard R.　モスコウィッツ, ハワード
　著「モスコウィッツ博士のものづくり実験室」英治出版　2008
Moskowitz, Tobias Jacob　モスコウィッツ, トビアス・J.
　1971〜　著「オタクの行動経済学者, スポーツの裏側を読み解く」ダイヤモンド社　2012
Moskvina, Marina　マスクビナー, マリーナ
　1954〜　著「ワニになにがおこったか」偕成社　2007
Moslehi, Heydar　モスレヒ, ヘイダル
　国イラン　情報相
Mosley, C.J.　モスリー, C.J.
　国アメリカ　アメフト選手

Mosley, Jamahl　モーズリー, ジャマール
　国アメリカ　ダラス・マーベリックスアシスタントコーチ（バスケットボール）
Mosley, Michael　モーズリー, マイケル
　訳モスリー, マイケル　著「世界一素朴な質問, 宇宙一美しい答え」河出書房新社　2013
Mosley, Shane　モズリー, シェーン
　1971〜　国アメリカ　プロボクサー　WBA・WBC統一世界スーパーウエルター級チャンピオン, WBC世界ウエルター級チャンピオン　国モズレー, シェーン
Mosley, Walter　モズリー, ウォルター
　1952〜　訳モズリイ, ウォルター　著「ベスト・アメリカン・ミステリクラック・コカイン・ダイエット」早川書房　2007
Mosley-smith, Khaynin　モズリー・スミス, ケイニン
　国アメリカ　アメフト選手
Mosop, Moses　モソプ
　国ケニア　陸上選手
Mosothoane, 'Makabelo Priscilla　モソツォアネ, マカベロ・プリシラ
　国レソト　教育・訓練相
Mosqueda, Olga T.　モスケーダ, オルガ・T.
　訳モスケーダ, オルガ　著「オラフのはじめてのクリスマス」講談社　2015
Mosquera, Alecksey　モスケラ, アレクセイ
　国エクアドル　電力・代替エネルギー相
Mosquera, Mabel　モスケラ
　国コロンビア　重量挙げ選手
Mosquera, Pedro　モスケラ, ペドロ
　国スペイン　サッカー選手
Mosquera Lozano, Luis Javier　モスケラ
　国コロンビア　重量挙げ選手
Moss, Alexandra　モス, アレクサンドラ
　著「ロイヤルバレエスクール・ダイアリー」駒草出版　2014
Moss, Brandon　モス, ブランドン
　国アメリカ　野球選手
Moss, David A.　モス, デヴィッド
　1964〜　訳モス, デービッド・A.　著「世界のエリートが学ぶマクロ経済入門」日本経済新聞出版社　2016
Moss, Dena Simone　モス, ディナ・シモーン
　著「ニューヨーク　ジョフリー・バレエスクール」健康ジャーナル社　2005
Moss, Eliot　モス, エリオット
　著「ガベージコレクション」翔泳社　2016
Moss, Elisabeth　モス, エリザベス
　ゴールデン・グローブ賞 テレビ 女優賞（ミニシリーズ）（第71回（2013年度））　"Top of the Lake"
Moss, Frank　モス, フランク
　1949〜　著「MITメディアラボ」早川書房　2012
Moss, Helen　モス, ヘレン
　1964〜　国イギリス　作家　国児童書
Moss, Jane　モス, ジェイン
　著「ケンブリッジ版カナダ文学史」彩流社　2016
Moss, Jason　モス, ジェイソン
　1975〜　著「「連続殺人犯」の心理分析」講談社　2002
Moss, Jeff　モス, ジェフ
　著「キャロライン・ケネディが選ぶ「心に咲く名詩115」」早川書房　2014
Moss, Joanne　モス, ジョアンナ
　1971〜　著「クリスマスくまくん」学習研究社　2003
Moss, Joel W.　モス, ジョエル・W.
　グラミー賞 最優秀録音技術アルバム（クラシック以外）（2004年（第47回））　"Genius Loves Company"
Moss, Kate　モス, ケイト
　1974〜　国イギリス　ファッションモデル
Moss, Lenny　モス, レニー
　1952〜　著「遺伝子には何ができないか」青灯社　2008
Moss, Margaret P.　モス, マーガレット・P.
　著「ケアのなかの癒し」看護の科学社　2016
Moss, Michael　モス, マイケル
　1955〜　著「フードトラップ」日経BP社, 日経BPマーケティング（発売）　2014
Moss, Michael S.　モス, マイケル・S.
　著「スコッチウイスキーの歴史」国書刊行会　2004
Moss, Miriam　モス, ミリアム
　1955〜　著「モーリーのすてきなおいしゃさんバッグ」ひさかたチャイルド　2014
Moss, Randy　モス, ランディ

1977～ [国]アメリカ 元アメフト選手
Moss, Robert モス, ロバート
1946～ [著]「「夢力」を鍛えて、未来を変える。」 メディアファクトリー 2008
Moss, Sarah モス, サラ
[著]「チョコレートの歴史物語」 原書房 2013
Moss, Steve モス, スティーヴ
1948～ [著]「極短小説」 新潮社 2004
Moss, Tara モス, タラ
1973～ [著]「魔性」 ヴィレッジブックス 2011
Moss, Todd モス, トッド
[著]「黄金の時間」 早川書房 2016
Mössbauer, Rudolf Ludwig メスバウアー, ルドルフ
1929～2011 [国]ドイツ 物理学者 ミュンヘン工科大学名誉教授
Mosse, Kate モス, ケイト
1961～ [国]イギリス 作家 [異]モス, ケート
Mossé, Philippe モッセ, P.
[著]「ケアの組織を比較する」 北樹出版 2006
Mossely, Estelle モスリ, エステル
[国]フランス ボクシング選手
Mossi, Hafsa モッシ, ハフサ
[国]ブルンジ 情報相
Mossialos, Elias モシアロス, エリアス
[著]「医療財源論」 光生館 2004
Mostafa, Atef モスタファ, アテフ
[国]エジプト 運輸相
Mostafavi, Farid ムスタファヴィ, ファリド
ヴェネチア国際映画祭 脚本賞(第71回(2014年)) "Ghesseha"
Mostafavi, Mohsen ムスタファヴィ, モーセン
[著]「青木淳Jun Aoki complete works」 INAX出版 2004
Mostert, Raheem モスタート, ラヒーム
[国]アメリカ アメフト選手
Mostow, George モストウ, ジョージ
[国]アメリカ ウルフ賞 数学部門(2013年)
Mostow, Joshua S. モストウ, ジョシュア
1957～ [著]「伊勢物語享受の展開」 竹林舎 2010
Mostyn, David モスティン, デーヴィッド
1944～ [著]「ふん!」 講談社 2002
Moszyk-Strelkauskas, Danielle モシク‐ストレルコースカス, ダニエル
[著]「微生物学」 メディカル・サイエンス・インターナショナル 2012
Mota, Rosa モタ, ロザ
1958～ [国]ポルトガル 元マラソン選手 本名=モタ, ロザ・マリア・コレイア・ドス・サントス [異]モタ, ロサ
Motamedi, Ahmad モタメディ, アハマド
[国]イラン 郵政通信相
Motang, Hlalele モタング, ハラレレ
[国]レソト 観光・スポーツ・文化相
Motanyane, Sephiri モタニャネ, セフィリ
[国]レソト 首相府担当相
Motaqi, Khan モタキ, ハン
[国]アフガニスタン 教育相
Motasem, Abdol Wasay Aghajan モタセム, アブドル・ワサイ・アガジャン
[国]アフガニスタン 財務相
Mota Soares, Pedro モタソアレス, ペドロ
[国]ポルトガル 連帯・雇用・社会保障相
Motaze, Louis Paul モタゼ・ルイ・ポール
[国]カメルーン 経済・計画・国土整備相 [異]モタゼ, ルイ・ポール
Motee, Ahmmadollah モティ, アフマドラ
[国]アフガニスタン 通信・労働相
Mothersill, Cydonie マザーシル
[国]ケイマン諸島 陸上選手
Mothokho, Mapalesa モトコ, マパレサ
[国]レソト 農業・食糧安全保障相
Motian, Paul モチアン, ポール
1931～2011 [国]アメリカ ジャズ・ドラム奏者, 作曲家 本名=Motian, Stephen Paul
Motion, Andrew モーション, アンドルー
1952～ [国]イギリス 詩人, 作家 ロンドン大学教授 [異]モーション, アンドリュー
Motlana, Nthato Harrison モトラナ, タト
1925～2008 [国]南アフリカ 医師, 黒人解放運動家
Motlanthe, Kgalema モトランテ, ハレマ
1949～ [国]南アフリカ 政治家 南アフリカ副大統領, アフリカ民族会議(ANC)副議長 [異]モトランテ, カレマ
Motley, Constance Baker モトリー, コンスタンス・ベーカー
1921～2005 [国]アメリカ 法律家 米国連邦判事, 米国上院議員
Motoboli, Maphoka モトボリ, マポカ
[国]レソト 雇用・労働相
Motoc, Mihnea Ioan モトク, ミフネア・ヨアン
[国]ルーマニア 国防相
Motreanu, Dan モトレアヌ, ダン
[国]ルーマニア 農相
Motro, Joseph Michel Georges モトロ, ジョゼフ・ミッシェル・ジョルジュ
[国]フランス KINOTAYO協会名誉会長, 元・国際情報科学技術大学院校長, 元・VIFIナタン社社長, 元・テキサス・インスツルメンツ・ヨーロッパ社欧州計画部長
Motshekga, Angelina モチェハ, アンジェリーナ
[国]南アフリカ 基礎教育相 [異]モツェカ, マツィエ・アンジェリーナ
Motsoaledi, Pakishe Aaron モツォアレディ, パキシェ・アーロン
[国]南アフリカ 保健相 [異]モツォアレディ, アーロン
Motsuenyane, Samuel モツェンヤネ, サミュエル
[国]南アフリカ 元・黒人商工会議所会頭, 元・国際商工会議所理事, 元・南アフリカ共和国上院議員, 元・駐サウジアラビア大使
Motsumi, Lesego モツミ, レセホ
[国]ボツワナ 大統領府相(公共政策兼司法、安全保障担当) [異]モツミ, レセゴ
Motswagae, Oscar Naledi モツワハエ, オスカー・ナレディ
[国]ボツワナ 元・駐日ボツワナ大使
Mott, Edith モット, エディス
?～2006 [国]アメリカ 原爆開発計画に携わった米国情報分析員 本名=モット, エディス・グレース〈Mott, Edith Grace〉
Mott, Jason モット, ジェイソン
[著]「よみがえり」 ハーパーコリンズ・ジャパン 2015
Mott, Tony モット, トニー
[著]「死ぬまでにやりたいゲーム1001」 ボーンデジタル 2011
Motta, Thiago モッタ, チアゴ
[国]イタリア サッカー選手
Motta Domínguez, Luis モッタ・ドミンゲス, ルイス
[国]ベネズエラ 電力相
Mottaki, Manouchehr モッタキ, マヌチェフル
1953～ [国]イラン 外交官, 政治家 イラン外相, 駐日イラン大使 [異]モッタキ, マヌーチェヘル
Motte, Jason モット, ジェイソン
[国]アメリカ 野球選手
Motter, Taylor モッター, テイラー
[国]アメリカ 野球選手
Motterlini, Matteo モッテルリーニ, マッテオ
1967～ [著]「世界は感情で動く」 紀伊国屋書店 2009
Mottet, Maxime モテット, マキシム
[国]ベルギー 射撃選手
Mottini, Roger モッティーニ, ロジャー
1959～ [著]「未知との遭遇スイスと日本」 彩流社 2010
Mottley, Barnice Williams モトリー, バーニース・ウイリアムス
[著]「エキスパートナースとの対話」 照林社 2004
Mottley, Mia モトリー, ミア
[国]バルバドス 副首相兼経済開発相
Mottola, Chad モトーラ, チャド
[国]アメリカ タンパベイ・レイズコーチ
Mottommamoni, Leonidas Carel モトムマモニ, レオニダス・カレル
[国]コンゴ共和国 文化・芸術相
Mottram, Craig モットラム
[国]オーストラリア 陸上選手
Motulsky, Arno G. モトルスキー, A.G.
1923～ [著]「人類遺伝学」 朝倉書店 2005
Motulsky, Harvey モトルスキー, ハーベイ
[著]「数学いらずの医科統計学」 メディカル・サイエンス・インターナショナル 2011
Motum, Mekasa モトマ・メカサ
[国]エチオピア 鉱業・石油・天然ガス相
Motuzas, Remigijus モツザス, レミギユス
[国]リトアニア 教育・科学相
Motwani, Prem モトワニ, プレム
[著]「早わかりインドビジネス」 日刊工業新聞社 2008
Motwani, Rajeev モトワニ, R.

M

M

[著]「オートマトン言語理論計算論」 サイエンス社 2003
Motyer, J.A. モティア, アレック
[著]「イザヤ書」 いのちのことば社 2006
Motyer, S. モティア, スティーブン
[著]「新約聖書入門」 いのちのことば社 2016
Motyl, Vladimir モトィリ, ウラジーミル
1927～2010 [国]ロシア 映画監督, 脚本家 本名＝Motyl, Vladimir Yakovlevich
Motz, Bill モッツ, ビル
[著]「ベルの素敵なクリスマス」 竹書房 2005
Mouakher, Riadh ムアッハル, リアド
[国]チュニジア 地方問題・環境相
Mouamba, Clément ムアンバ, クレマン
[国]コンゴ共和国 首相
Mouat, Adrian モウアット, エイドリアン
[著]「Docker」 オライリー・ジャパン, オーム社(発売) 2016
Mouawad, Wajdi ムアワッド, ワジディ
1968～ [著]「沿岸」 れんが書房新社 2010
Moubayed, Sami M. ムバイヤド, サーミー
[著]「イスラーム国の黒旗のもとに」 青土社 2016
Moubelet Boubeya, Pacôme ムベレブベヤ, パコム
[国]ガボン 外務・フランス語圏・地域統合相
Mouelle Kombi, Jean Narcisse ムエルコンビ・ジャン・ナルシス
[国]カメルーン 芸術・文化相
Mouer, Ross E. マオア, ロス
1944～ [著]「労働社会学入門」 早稲田大学出版部 2006
Mouffe, Chantal ムフ, シャンタル
1943～ [著]「民主主義の革命」 筑摩書房 2012
Mougany, Yvonne Adélaïde ムガニ, イボンヌ・アデライド
[国]コンゴ共和国 中小企業・手工業・インフォーマルセクター相
Mougayar, William ムーゲイヤー, ウィリアム
[著]「ビジネスブロックチェーン」 日経BP社, 日経BPマーケティング(発売) 2016
Mougey, Midge Odermann モウギー, ミッジ・オダーマン
[著]「学校や家庭で教えるソーシャルスキル実践トレーニングバイブル」 明石書店 2010
Mougouni, Ahmat Hissein ムグニ, アハマト・イセイン
[国]チャド 職業訓練・技能促進相
Mouknass, Naha Mint Hamdy Ould ミクナース, ナーハ・ミント・ハマディ・ウルド
[国]モーリタニア 商業・工業・観光相 [異]ムクナス, ナハ・ミント・ハムディ・ウルド
Moukoko Mbonjo, Pierre ムココムボンジョ・ピエール
[国]カメルーン 外相 [異]ムココボンジョ, ピエール
Moulana, Alavi マウラナ, アラビ
[国]スリランカ 労相
Moulay, Zeinabou ムレー, ザイナブ
[国]ニジェール 女性・児童担当相
Mould, Chris モルド, クリス
[著]「クリスマスとよばれた男の子」 西村書店東京出版編集部 2016
Mould, Richard Francis モールド, リチャード・F.
[著]「目で見るチェルノブイリの真実」 西村書店東京出版編集部 2013
Moulden, Heather M. モールデン, ヘザー・M.
[著]「性犯罪者の治療と処遇」 日本評論社 2010
Moulenguiboukossou, Vincent ムランギブコス, バンサン
[国]ガボン 高等教育相
Moulin, Jean-Luc ムーラン, ジャン＝リュック
[著]「フランスのチョコレート菓子」 学習研究社 2008
Moulinet, Bertrand ムラネ
[国]フランス 陸上選手
Mouliom Roosalem, Marlyn ムリオム・ロザレム, マリリン
[国]中央アフリカ 商工相
Moulonguet, Thierry ムロンゲ, ティエリー
1951～ [国]フランス 実業家 ルノーCFO, 日産自動車副社長・CFO
Mouloungui, Jean Felix ムルンギ, ジャン・フェリックス
[国]ガボン 中小企業・手工業相
Moulton, Alexander Eric モールトン, アレクサンダー
1920～2012 [国]イギリス 実業家, 技術者 アレックス・モールトン社長 通称＝モールトン, アレックス〈Moulton, Alex〉
Moulton, Brent R. モールトン, ブレント・R.
[著]「ディジタル・エコノミーを制する知恵」 東洋経済新報社 2002
Moulton, Gary モールトン, ゲーリー
1949～ [著]「アクセシブルテクノロジ」 日経BPソフトプレス, 日経BP出版センター(発売) 2003
Moumin, Mashqatt ムーミン, マシュカット
[国]イラク 環境相
Moumini, Ali モウミニ, アリ
[国]コモロ 国務相(外相補佐、協力、内閣報道官担当)
Moumouni, Amina ムムニ, アミナ
[国]ニジェール エネルギー相
***al*-Mounajed, Bashir** アル・ムナジェド, バシル
[国]シリア 通信相
Mounari, Claudine ムナリ, クロディン
[国]コンゴ共和国 商業・供給相
Moundele-ngollo, Adélaïde ムンデレヌゴロ, アデライド
[国]コンゴ共和国 中小企業相
Moundounga, Séraphin ムンドゥンガ, セラファン
[国]ガボン 第2副首相兼法務・人権相
Moungalla, Thierry ムンガラ, ティエリ
[国]コンゴ共和国 広報・報道相兼政府報道官
Mounier, Anthony ムニエ, アントニー
[国]フランス サッカー選手
Mounier, Fabienne ムニエ, ファビエンヌ
1958～ [著]「ちいさなもみのき」 ほるぷ出版 2006
Mounier, Germaine ムニエ, ジェルメーヌ
1920～2006 [国]フランス ピアニスト エコール・ノルマル・ドゥ・ミュジック教授, パリ国立高等音楽院名誉教授, 大阪国際コンクール名誉芸術監督
Mounkeo, Olaboun ムンケオ・オラブン
[国]ラオス 情報文化相
Mounouna Foutsou ムヌナ・フツゥ
[国]カメルーン 青年・市民教育相
Mount, A.R. マウント, A.R.
[著]「物理化学キーノート」 シュプリンガー・フェアラーク東京 2002
Mount, Balfour M. マウント, バルフォー・M.
[著]「新たな全人的ケア」 日本ホスピス・緩和ケア研究振興財団, 青海社(発売) 2016
Mount, David W. マウント, デービッド・W.
[異]マウント, D.W. [著]「バイオインフォマティクス」 メディカル・サイエンス・インターナショナル 2005
Mount, Deiontrez マウント, ディアイオントレス
[国]アメリカ アメフト選手
Mountain, Fiona マウンテン, フィオナ
1968～ アメリカ探偵作家クラブ賞 メアリ・ヒギンズ・クラーク賞(2007年) "Bloodline"
Mountain, Ross Stewart マウンテン, ロス
1944～ [国]ニュージーランド 国連レバノン担当人道調整官 DARA事務局長
Mountain Dreamer, Oriah マウンテン・ドリーマー, オーリア
1954～ [著]「ただ、それだけ」 サンマーク出版 2001
Mountcastle, Robert マウントキャッスル, ロバート
[著]「テロ対策ハンドブック」 ブルース・インターアクションズ 2005
Mountcastle, Vernon マウントカッスル, バーノン
1918～2015 [国]アメリカ 神経生理学者 ジョンズ・ホプキンズ大学名誉教授 本名＝Mountcastle, Vernon Benjamin (Jr.) [異]マウントカッスル, ヴァーノン
Mountford, S.Joy マンフォード, S.ジョイ
[著]「ヒューマンインターフェースの発想と展開」 ピアソン・エデュケーション 2002
Mountrose, Jane モンローズ, ジェーン
[著]「スピリチュアル・ヘルス」 ヴォイス 2008
Mountrose, Phillip モンローズ, フィリップ
[著]「スピリチュアル・ヘルス」 ヴォイス 2008
Moura, Ann モウラ, アン
1947～ [著]「グリーンウイッチの書」 パンローリング 2016
Moura, Joaquim Pina モーラ, ジョアキン・ピナ
[国]ポルトガル 財政相
Mourad, Kenizé ムラト, ケニーゼ
1940～ [著]「バダルプルの庭」 清流出版 2006
Mourao, Ronaldo モウラン, ロナウド
1935～ [著]「天文学と仏法を語る」 第三文明社 2009
Mouret, Philippe ムレ, フィリップ
[著]「ラパロスコピー」 本田財団 〔2007〕
Mourey, Risa Lavizzo モーリー, リサ・ラヴィッソ
[国]アメリカ ロバート・ウッド・ジョンソン財団総裁兼CEO
Mourinho, Jose モウリーニョ, ジョゼ
1963～ [国]ポルトガル サッカー監督 [異]モーリーニョ, ジョセ

／モウリーニョ, ジョセ／モウリーニョ, ホセ
Mouris, Jens ムリス
　🏳オランダ　自転車選手
Mouritzen, Hans モウリッツェン, ハンス
　📖「拡大ヨーロッパの地政学」文眞堂　2011
Mourlevat, Jean-Claude ムルルヴァ, ジャン・クロード
　1952〜　🏳フランス　作家　児童書, ファンタジー
Mourlevat, Thérèse ムールヴァ, テレーズ
　📖「その女（ひと）の名はロジィ」原書房　2011
Mourlon Beernaert, Pierre ムルロン・ベールネール, ピエール
　1937〜　📖「マルコ福音書のイエス」原書房　2007
Mouro, Eduardo Souto de ソウト・デ・モウラ, エドゥアルド
　🏳ポルトガル　ウルフ賞 芸術部門（建築）（2013年）ほか
Mourrain, Sébastien ムーラン, セバスチャン
　1976〜　📖「まめまめくん」あすなろ書房　2016
Mousa, Allam ムーサ, アラム
　🏳パレスチナ　通信・情報技術相
Mousa, Issam Suleiman ムーサ, スレイマン
　📖「アラブが見たアラビアのロレンス」中央公論新社　2002
Mousavi, Ahmad ムサビ, アハマド
　🏳イラン　副大統領（法律・議会担当）
Mousavi, Mirhossein ムサビ, ミルホセイン
　1941〜　🏳イラン　政治家　イラン改革派指導者　イラン首相
Mousavi, Sayed Askar ムーサヴィー, サイエド・アスカル
　📖「アフガニスタンのハザーラ人」明石書店　2011
Mousavilari, Abdol-wahed ムサビラリ, アブドルワヘド
　🏳イラン　内相
Mousavizadeh, Nader ムザヴィザドゥ, ネイダー
　📖「介入のとき」岩波書店　2016
Mouse, Danger マウス, デンジャー
　グラミー賞 最優秀プロデューサー（クラシック以外）（2010年（第53回））
Mouser, David B. マウサー, デイヴィッド・B.
　📖「マグルのためのハリー・ポッター魔法百科」早川書房　2002
Moushioutas, Andreas ムシウタス, アンドレアス
　🏳キプロス　労働・社会保障相　🏳ムシュタス, アンドレアス
Mousley, Kevin モーズリー, ケヴィン
　📖「サッカーてんやわんや」東京書籍　2002
Moussa, Abary Maï ムサ, アバリ・マイ
　🏳ニジェール　農業開発相
Moussa, Abderahman ムーサ, アブデラマン
　🏳チャド　治安・移住相
Moussa, Abdoulaye ムーサ, アブドゥライエ
　🏳中央アフリカ　公務員・近代化・勤務管理・雇用・社会保障相
Moussa, Ahmed Gamal Eddin ムーサ, アフマド・ガマール・エディン
　🏳エジプト　教育相
Moussa, Amr Mahmoud ムーサ, アムル・マハムード
　1936〜　🏳エジプト　政治家, 外交官　アラブ連盟事務局長, エジプト外相　🏳ムーサ, アムル・マハムド
Moussa, Hassane Barazé ムサ, ハッサン・バラゼ
　🏳ニジェール　鉱山・産業開発相
Moussa, Labo ムサ, ラボ
　🏳ニジェール　農業開発相
Moussa, Mahaman ムサ, マハマン
　🏳ニジェール　農業開発相
Moussa, Mati Elhadj ムサ, マティ・エルハジ
　🏳ニジェール　法相
Moussa, Mohktar ムーサ, モクタール
　🏳チャド　鉱業・エネルギー相
Moussa, Noureddine ムーサ, ヌレディヌ
　🏳アルジェリア　住宅・都市計画相　🏳ムーサ, ヌレディーヌ
Moussa, Osman Ahmed ムサ, オスマン・アハメド
　🏳ジブチ　大統領府相兼投資促進相　🏳ムーサ, オスマン・アハメド
Moussa, Otban Goita ムーサ, オトバン・ゴイタ
　🏳ジブチ　青年・スポーツ・レジャー観光相
Moussa, Oumar Ben ムーサ, ウマル・ベン
　🏳チャド　中等教育相
Moussa, Pierre ムーサ, ピエール
　🏳コンゴ共和国　経済・計画・国土整備・統一相
Moussaoui, Abd Samad ムサウイ, アブド・サマド
　📖「二十人目のテロリスト？」河出書房新社　2002
Moussaoui, Ahmed ムーサウイ, アハメド
　🏳モロッコ　青年・スポーツ相

Moussavou, Florentin ムサブ, フローランタン
　🏳ガボン　国民教育・市民教育相
Moussavou, Rufin ムサブ, ルファン
　🏳ガボン　文化・芸術・市民教育相
Moussavou, Rufin Martial ムサブ, ルファン・マルシャル
　🏳ガボン　鉱山・産業相
Mousset, Lys ムセ, リス
　🏳フランス　サッカー選手
Moussoulbes, David ムスルベス
　🏳スロバキア　レスリング選手
Moussouroulis, Konstantinos ムスルリス, コンスタンディノス
　🏳ギリシャ　海運・エーゲ海相
Moustakas, Mike ムスタカス, マイク
　🏳アメリカ　野球選手
Moustaki, Georges ムスタキ, ジョルジュ
　1934〜2013　🏳フランス　シャンソン歌手, 作詞・作曲家　本名＝ムスタッチ, ヨセフ〈Mustacchi, Yussef〉
Moustaki, Nikki ムスタキ, ニッキー
　1970〜　📖「ザ・ヨウム」誠文堂新光社　2007
Moustapha, Imad ムスタファ, イマド
　🏳シリア　外交官, 情報技術学者　駐中国シリア大使
Moustapha, Kane ムスタファ, カーン
　🏳モーリタニア　水利エネルギー相
Moustopoulos, Roman ムストブロス, ロマン
　🏳ギリシャ　柔道選手
Moustpha, Isselmou Ould Sidi El ムスタファ, イッセルム・ウルド・シディ・エル
　🏳モーリタニア　文化・イスラム指導相
Moutari, Kalla ムタリ, カラ
　🏳ニジェール　国防相
Moutawakel, Nawal El ムータワキル, ナワル・エル
　1962〜　🏳モロッコ　元陸上選手　国際オリンピック委員会（IOC）副会長　モロッコ青少年・スポーツ大臣
el-Moutawakil, Nawal ムータワキ, ナワル
　🏳モロッコ　青年・スポーツ相
Moutaye, Anzoumana ムタイエ, アズマナ
　🏳コートジボワール　国民起業・中小企業振興・手工業相
Moutia, Sutyadeo ムティア, スティヤデオ
　🏳モーリシャス　公務員・行政改革相
Moutier, Marie ムーティエ, マリー
　📖「ドイツ国防軍兵士たちの100通の手紙」河出書房新社　2016
Mouton, Alex ムートン, アレックス
　1964〜　📖「ライカと歩く京都」PHP研究所　2015
Mouton, Jane S. ムートン, ジェイン・S.
　📖「交渉の戦略スキル」ダイヤモンド社　2002
Mouton, Patrick ムートン, パトリック
　📖「ジャック・マイヨール」講談社　2003
Mouw, Richard J. マウ, リチャード・J.
　1940〜　📖「アブラハム・カイパー入門」教文館　2012
Moüy, Iris de ムイ, イリス・ドゥ
　1975〜　📖「ニノンしあわせってなぁに？」ジュウ・ドゥ・ポゥム, 主婦の友社（発売）　2007
Mouzalas, Yannis ムザラス, ヨアニス
　🏳ギリシャ　移民政策相
Mouzat, Virginie ムザ, ヴィルジニー
　1966〜　🏳フランス　ファッションジャーナリスト, 作家　フランス版「バニティフェア」編集長
Movasakanya, Henri モバサカニャ, アンリ
　🏳コンゴ民主共和国　住宅・環境・観光相
Movchan, Olena モフチャン
　🏳ウクライナ　トランポリン選手
Moverman, Oren ムーヴァーマン, オーレン
　ベルリン国際映画祭 銀熊賞 脚本賞（第59回（2009年））　"The Messenger"
Movshuk, Oleksandr モヴシュク, オレクサンダー
　1968〜　📖「東アジアにおける鉄鋼産業の構造変化」創文社　2007
Movsissyan, Armen モブシシャン, アルメン
　🏳アルメニア　エネルギー・天然資源相
Mowat, Farley McGill モワット, ファーリー
　1921〜2014　🏳カナダ　作家, 児童文学作家, 生物学者　🏳モーワット／モウェット, ファーリー／モウワット／モワット, ファーレイ
Mowbray, Miranda モウブレイ, ミランダ
　1962〜　📖「オンライン・コミュニティ」ピアソン・エデュケーション　2002

Mowe, Ken　モウ, ケン
　MTVアワード 最優秀編集(第31回(2014年))ほか
Mower, Liam　モーワー, リアム
　ローレンス・オリヴィエ賞 ミュージカル・エンタテインメント男優賞(2006年(第30回))　"Billy Elliot The Musical"
Mower, Thomas W.　マウア, トム
　1942～　著『ニューウエイズ物語』風雲舎　2004
Mowinckel, Ragnhild　モウィンケル
　国ノルウェー　アルペンスキー選手
Mowlam, Marjorie　モーラム, マージャリ
　1949～2005　国イギリス　政治家　北アイルランド相　通称＝モーラム, モー〈Mowlam, Mo〉　※モーラヌ, マージャリ
Mowll, Joshua　モウル, ジョシュア
　国イギリス　作家　❀スリラー
Mowrer, O.Hobart　マウラー, O.ホバート
　著『アドラーの思い出』創元社　2007
Moxey-ingraham, Theresa　モクシーイングラハム, テレサ
　国バハマ　農水相
Moxley, Russ S.　モクスレイ, ラス・S.
　著『リーダーシップ開発ハンドブック』白桃書房　2011
Moy, John T.　モイ, ジョン・T.
　著『詳解OSPF』翔泳社　2003
Moya, Carlos　モヤ
　国スペイン　テニス選手
Moya, María　モヤ, マリア
　1988～　著『木の葉つかいはどこいった？』きじとら出版　2015
Moya, Miguel Angel　モヤ, ミゲル・アンヘル
　国スペイン　サッカー選手
Moya, Sergio Alvarez　モヤ, セルヒオ
　国スペイン　馬術選手
Moya, Steven　モヤ, スティーブン
　国プエルトリコ　野球選手
Moya Pons, Frank　モヤ・ポンス, フランク
　国ドミニカ共和国　環境・天然資源相
Moyen, Georges　モワヤン, ジョルジュ
　国コンゴ共和国　高等教育相　※モワイアン, ジョルジュ
Moyer, Edward W.　モイヤー, エドワード・W.
　著『アウトソーシングのためのビジネス英文メール入門』オーム社　2010
Moyer, Jack T.　モイヤー, ジャック
　1929～2004　国アメリカ　海洋生物学者, 環境教育コンサルタント　❀魚類・サンゴ礁の生態系と行動
Moyer, Jamie　モイヤー, ジェイミー
　1962～　国アメリカ　元野球選手
Moyers, Bill D.　モイヤーズ, ビル
　著『神話の力』早川書房　2010
Moyes, David　モイーズ, デイヴィッド
　国スコットランド　サンダーランド監督
Moyes, Jojo　モイーズ, ジョジョ
　1969～　国イギリス　作家, ジャーナリスト　❀ロマンス, ミステリー
Moyes, Rebecca Ann　モイズ, レベッカ・A.
　1960～　著『自閉症スペクトラム学び方ガイド』クリエイツかもがわ, 京都 かもがわ出版(発売)　2008
Moyle, Franny　モイル, フラニー
　著『オスカー・ワイルドの妻コンスタンス』書肆侃侃房　2014
Moynahan, Molly　モイナハン, モリー
　1957～　著『石の庭園』中央公論新社　2006
Moynihan, Brian　モイニハン, ブライアン
　1959～　国アメリカ　銀行家, 法律家　バンク・オブ・アメリカ会長・CEO　本名＝Moynihan, Brian Thomas
Moynihan, Daniel Patrick　モイニハン, ダニエル
　1927～2003　国アメリカ　政治家　米国上院議員(民主党), 国連大使
Moynihan, Lauren E.　モイニハン, ローレン・E.
　著『ディスレクシアってなあに？』明石書店　2006
Moynihan, Michael　モイニハン, マイケル
　著『ブラック・メタルの血塗られた歴史』メディア総合研究所　2008
Moynihan, Ray　モイニハン, レイ
　著『怖くて飲めない！』ヴィレッジブックス　2008
Moyo, Dambisa　モヨ, ダンビサ
　著『すべての富を中国が独り占めする』ビジネス社　2013
Moyo, Gorden　モヨ, ゴーデン
　国ジンバブエ　国営・公営企業相
Moyo, Jonathan　モヨ, ジョナサン
　国ジンバブエ　高等教育・科学・技術相
Moyo, July　モヨ, ジュライ
　国ジンバブエ　エネルギー・電力開発相
Moyo, Nkosana　モヨ, ヌコサナ
　国ジンバブエ　通産相
Moyse, Heather　モイズ, ヘザー
　1978～　国カナダ　ボブスレー選手
Mozafar, Hosein　モザファル, ホセイン
　国イラン　教育相
Mozeliak, John　モゼラック, ジョン
　国アメリカ　セントルイス・カーディナルスGM
Mozgalova, Kira　モズガロワ
　国ロシア　射撃選手
Mozgov, Timofey　モズゴフ, ティモフィ
　国ロシア　バスケットボール選手
Mozzetti, Francesco　モッツェッティ, フランチェスコ
　1966～　著『ティツィアーノ《ピエトロ・アレティーノの肖像》』三元社　2001
Mozzi, Giulio　モッツィ, ジュリオ
　著『地上の歌声』思潮社　2001
Mpahlwa, Mandisi　ムパルワ, マンディシ
　国南アフリカ　通産相
Mpamba, David　ムパンバ, デービッド
　国ザンビア　観光相
Mpango, Philip　ムパンゴ, フィリップ
　国タンザニア　財務・計画相
Mpariwa-gwanyanya, Paurina　ムパリワグワニャニャ, ポーリーナ
　国ジンバブエ　労働・社会福祉相
Mpawenayo, Prosper　ムパウェナヨ, プロスペール
　国ブルンジ　国民教育相　※ムパウェナヨ, プロスペル
Mphafi, Nyane　ムファフィ, ニャネ
　国レソト　郵政・情報相
Mphahlele, Es'kia　ムファレレ, エスキア
　1919～2008　国南アフリカ　作家, 評論家　ウィットウォーターズランド大学名誉教授　本名＝ムファレレ, エゼキエル〈Mphahlele, Ezekiel〉　※ムパシェーレ, エスキア／ムパシェーレ, エゼキエル
Mphande, David　ムパンデ, デビッド
　国マラウイ　保健相
Mphoko, Phelekezela　ムポコ, ペレケゼラ
　国ジンバブエ　第2副大統領
Mpofu, Obert　ムポフ, オーバート
　国ジンバブエ　マクロ経済計画・投資促進相
M'pokomandji, Sonny　ムポコマンジ, ソニー
　国中央アフリカ　設備・運輸相
Mpombo, George　ムポンボ, ジョージ
　国ザンビア　国防相
Mponda, Haji Hussein　ムポンダ, ハジ・フセイン
　国タンザニア　保健・社会福祉相
Mpouho, Ernest　ムプオ, エルネスト
　国ガボン　交通相
Mpozeriniga, Félix　ムポゼリニガ, フェリクス
　国ブルンジ　行政・労働・雇用相
Mrabet, Mohamed Ali　ムラベ, モハメドアリ
　国チュニジア　カヌー選手
Mrak, Anja Kopač　ムラク, アニャ・コパッチ
　国スロベニア　労働・家族・社会問題・機会均等相
Mrak, Tina　ムラック, ティナ
　国スロベニア　セーリング選手
Mrak-taritaš, Anka　ムラクタリタシュ, アンカ
　国クロアチア　建設・都市計画相
Mramba, Basil　ムランバ, バシル
　国タンザニア　通産相　※ムランバ, バジル
Mramor, Dušan　ムラモル, ドゥシャン
　国スロベニア　財務相
Mratovic, Luka　ムラトビッチ, ルカ
　国クロアチア　セーリング選手
Mraz, Jason　ムラーズ, ジェイソン
　1977～　国アメリカ　シンガー・ソングライター
Mrázková, Daisy　ムラースコヴァー, デイジー
　1923～　著『かえでの葉っぱ』理論社　2012
Mrkić, Ivan　ムルキッチ, イバン
　国セルビア　外相
Mrkonjić, Milutin　ムルコニッチ, ミルティン
　国セルビア　運輸相

Mr.Lordi　ミスターローディ
　国フィンランド　ミュージシャン
Mrouni, Elie　ムルーニ, エリー
　国レバノン　観光相
Mrożek, Sławomir　ムロジェク, スワヴォミル
　1930〜2013　国ポーランド　劇作家, 作家, 漫画家　㉟ムロージェク
Mr.Pets　ミスターペッツ
　1980〜　国台湾　作家　㉟ミステリー　漢字名＝寵物先生
Mrsić, Mirando　ムルシッチ, ミランド
　国クロアチア　労働・年金相
Mrvaljevic, Srdjan　ムルバリエビッチ, スルジャン
　国モンテネグロ　柔道選手
Mrvar, Andrej　ムルヴァル, アンドレイ
　著「Pajekを活用した社会ネットワーク分析」東京電機大学出版局　2009
Msabaha, Ibrahim　ムサバハ, イブラヒム
　国タンザニア　東アフリカ協力相
M'saidie, Houmed　マサイディエ, ウメド
　国コモロ　内務・情報・地方分権・国家機関関係相兼政府報道官　㉟マサイディエ, ウメド
Msaka, Bright　ムサカ, ブライト
　国マウライ　天然資源・エネルギー・鉱業相
Msibi, Themba　ムシビ, テンバ
　国スワジランド　教育相
Msika, Joseph　ムシカ, ジョゼフ
　国ジンバブエ　副大統領
Msimang, Mantombazana Tshabalala-　ムシマング, マントンバザナ・シャバララ
　国南アフリカ　大統領府相　㉟チャバララムシマング, マント
Msolla, Peter　ムソラ, ピーター
　国タンザニア　通信・科学技術相
Mssaquoi, Jonathan　マサーコイ, ジョナサン
　国アメリカ　アメフト選手
Mswati Ⅲ　ムスワティ3世
　1968〜　国スワジランド　国王　本名＝Makhosetive Mswati Ⅲ
Mtafu, George　ムタフ, ジョージ
　国マラウイ　教育相
Mtawarira, Tendai　ムタワリラ, テンダイ
　国南アフリカ　ラグビー選手
Mthembi-mahanyele, Sankie　ムテンビマハニェレ, サンキ
　国南アフリカ　住宅相
Mthethwa, Nathi　ムテトワ, ナティ
　国南アフリカ　芸術・文化相
Mtumuke, Atanásio Salvador　ムトゥムケ, アタナジオ・サルバドール
　国モザンビーク　国防相
Mu, Guo-guang　ムー・グオグワン
　1931〜2012　国中国　光学者　南開大学学長・光学研究所所長　漢字名＝母国光
Mu, Qing　ムー・チン
　1921〜2003　国中国　ジャーナリスト　新華社社長　漢字名＝穆青　㉟ム・チン
Mua, Dickson　ムア, ディクソン
　国ソロモン諸島　森林・研究相
Muafumua, Joaquim Ekuma　ムアフムア, ジョアキン・エクマ
　国アンゴラ　商業相
Muala, Elijah Doro　ムアラ, イライジャ・ドロ
　国ソロモン諸島　商工・労働・入国管理相　㉟ムアラ, エライジャ・ドロ　㉟ムアラ, エリジャ・ドロ
al-Mualimi, Abdul-Malik　ムアリミ, アブドルマリク
　国イエメン　通信・情報技術相　㉟アル・ムアリミ, アブドルマリク / ムアリミ, アブドルマリム
al-Mualla, Humaid bin Ahmed　アル・ムアラ, フマイド・ビン・アハメド
　国アラブ首長国連邦　計画相　㉟アル・ムアラ, フマイド・ビン・アハマド
Mu'alla, Muhammad Yahya　ムアッラ, ムハンマド・ヤハヤ
　国シリア　高等教育相
al-Muallem, Walid　ムアレム, ワリード
　国シリア　副首相兼外相
Muamba, Henoc　ミュアンバ, ヘノク
　国アメリカ　アメフト選手
Muambo, Rebecca　ムアンボ, レベッカ
　国カメルーン　レスリング選手
Muammar, Abdullah Bin Abdul-Aziz Bin　ムアンマル, アブドラ・ビン・アブドルアジズ・ビン

国サウジアラビア　農業相　㉟ムアンマル, アブドラ・ビン・アブドル・アジズ・ビン
Muandumba, Gonçalves Manuel　ムアンドゥンバ, ゴンサルベス・マヌエル
　国アンゴラ　社会福祉・社会復帰相
Muaria, Carvalho　ムアリア, カルバリョ
　国モザンビーク　観光相
Muasher, Marwan　ムアシェル, マルワン
　国ヨルダン　副首相兼国務相(内閣問題担当)
al-Mubarak, Maasouma Saleh　ムバラク, マスーマ・サレハ
　国クウェート　通信相
Mubarak, Muhammad Hosni　ムバラク, ムハンマド・ホスニ
　1928〜　国エジプト　政治家, 軍人　エジプト大統領　㉟ムバーラク / ムバラク, ホスニ / ムバラク, ムハマド・ホスニニ
Mubarak, Umid Midhat　ムバラク, ウミド・ミドハト
　国イラク　保健相
Muccino, Gabriele　ムッチーノ, ガブリエレ
　1967〜　国イタリア　映画監督
Mucha, Joanna　ムハ, ヨアンナ
　国ポーランド　スポーツ・観光相
Muchamore, Robert　マカモア, ロバート
　1972〜　国イギリス　作家　㉟ヤングアダルト
Muchembled, Robert　ミュッシャンブレ, ロベール
　1944〜　著「オルガスムの歴史」作品社　2006
Muchena, Olivia　ムチェナ, オリビア
　国ジンバブエ　高等教育・科学・技術相
Mucheru, Boniface　ツムティ, ボニフェスムチェル
　国ケニア　陸上選手
Mucheru, Joe　ムチェル, ジョー
　国ケニア　情報通信技術相
Muchinguri, Oppah　ムチングリ, オッパ
　国ジンバブエ　環境・水・気候相　㉟ムチングリ, オパー
Muchiri, Bedan Karoki　ムチリ, ビダン・カロキ
　国ケニア　陸上選手
Muchnick, Marc　マチニック, マーク
　㉟マッチニック, マーク　著「後悔しない生き方」ディスカヴァー・トゥエンティワン　2011
Muci, Mustafa　ムチ, ムスタファ
　国アルバニア　公共経済・民営化相
Muckenhoupt, Margaret　マッケンハウプト, マーガレット
　著「フロイト」大月書店　2008
Mucklestone, Mary Jane　マックルストーン, メリー・ジェーン
　著「フェアアイル模様集200」文化学園文化出版局　2013
Mucklow, Lacy　マクロウ, レイシー
　著「心がおだやかになる自然風景100の塗り絵」ガイアブックス　2015
Mucyo, Jean de Dieu　ムヨ, ジャン・ドデュー
　国ルワンダ　司法相　㉟ムシヨ, ジャン・ドデュー
al-Mudadi, Abdullah bin Barak　ムダディー, アブドラ・ビン・バラク
　国カタール　環境相
Mudavadi, Musalia　ムダバディ, ムサリア
　国ケニア　副首相　㉟ムダバディ, ムサイラ
Muddiman, Dave　マディマン, デーブ
　著「コミュニティのための図書館」東京大学出版会　2004
Mudd-Ruth, Maria　マッド・ルース, マリア
　著「昆虫のなかま」大日本絵画　〔2010〕
Mudenge, Stan　ムデンゲ, スタン
　国ジンバブエ　高等教育相
Mudenge, Stanislaus　ムデンゲ, スタニスラウス
　国ジンバブエ　高等教育相
Mudey, Hassan Ahmed　ムデイ, ハッサン・アハメド
　国ソマリア　商業・工業相
al-Mudhafar, Sami　ムダファル, サミ
　国イラク　教育相
Mudiay, Emmanuel　ムディエイ, エマニュエル
　国コンゴ民主共和国　バスケットボール選手
Mudidi, Emmanuel　ムディディ, エマニュエル
　国ルワンダ　教育相
Mudiyanselage Sunil, Lansakara Herath　ムディヤンセラーゲー・スニル, ランサカーラ・ヘーラット
　国スリランカ　元・在スリランカ日本国大使館現地職員
Mudranov, Beslan　ムドラノフ, ベスラン
　国ロシア　柔道選手
Mudumbi, Joseph　ムドゥンビ, ジョゼフ
　国コンゴ民主共和国　高等教育相

Mueck, Ron ミュエック, ロン
1958〜 著「ロン・ミュエック」フォイル 2008
Mueenuddin, Daniyal ムイーヌッディーン, ダニヤール
1963〜 著「遠い部屋、遠い奇跡」白水社 2014
Mueller, Bill ミラー, ビル
国アメリカ セントルイス・カーディナルスコーチ
Mueller, Charles ミューラー, チャールズ
著「食品・栄養・食事療法事典」産調出版, 産業調査会（発売） 2006
Mueller, Dagmar H. ミュラー, ダグマー・H.
著「忘れても好きだよおばあちゃん！」あかね書房 2006
Mueller, Dennis C. ミューラー, デニス・C.
著「公共選択の展望」多賀出版 2001
Mueller, Don ミラー, ドン
1927〜2011 国アメリカ 野球選手 本名＝Mueller, Donald Frederick ミューラー, ドン
Mueller, Donna H. ミューラー, ドナ・H.
著「食品・栄養・食事療法事典」産調出版, 産業調査会（発売） 2006
Mueller, Felice ミュラー, フェリス
国アメリカ ボート選手
Mueller, Jessie ミューラー, ジェシー
グラミー賞 最優秀ミュージカル・シアター・アルバム（2014年（第57回））ほか
Mueller, M. ミューラー, マイケル
著「アコースティック・ギターの極意」シンコー・ミュージック 2003
Mueller, Manuela ミュラー
国スイス フリースタイルスキー選手
Mueller, Martin ミュラー, マーチン
著「GP100ケース」メディカル・サイエンス・インターナショナル 2011
Mueller, Pamela Bauer ミュラー, パメラ・バウアー
著「ハローグッバイアイラブユー」燦葉出版社 2012
Mueller, Robert Swan Ⅲ モラー, ロバート
1944〜 国アメリカ 米国連邦捜査局（FBI）長官
Mueller, Tom ミューラー, トム
著「エキストラバージンの嘘と真実」日経BP社, 日経BPマーケティング（発売） 2012
Mueller-Stahl, Armin ミューラー・スタール, アーミン
ベルリン国際映画祭 名誉金熊賞（第61回（2011年））
Muenzer, Lori-Ann ムエンザー
国カナダ 自転車選手
Mueser, Kim Tornvall ミューザー, キム・T.
著「わかりやすいSSTステップガイド」星和書店 2005
Müezzinoğlu, Mehmet ムエジンオール, メフメト
国トルコ 労働社会保障相
Mufamadi, Sydney ムファマディ, シドニー
国南アフリカ 地方政府相
Muferihat, Kamil ムフェリハット・カミル
国エチオピア 女性問題相
Muffat, Camille ムファ, カミーユ
1989〜2015 国フランス 水泳選手 別ムファ, カミユ
Mufonkolo, Marie-Ange Lukiana ムフォンコロ, マリアンジュ・ルキナ
国コンゴ民主共和国 ジェンダー・家族相
Mufson, Laura マフソン, ローラ
著「思春期うつ病の対人関係療法」創元社 2016
al-Mufti, Turhan Mudhir ムフティ, トゥルハン・ムズヒル
国イラク 通信相代行
Mufwankolo, Marie-Ange Lukiana ムファンコロ, マリアンジュ・ルキナ
国コンゴ民主共和国 女性地位向上・家族・児童相 別ムフワンコル, マリーアンジュ・ルキアナ
Mugabe, Robert ムガベ, ロバート
1924〜 国ジンバブエ 政治家 ジンバブエ大統領, ジンバブエ・アフリカ民族同盟愛国戦線（ZANU-PF）議長 本名＝ムガベ, ロバート・ガブリエル〈Mugabe, Robert Gabriel〉 別ムガベ, ロバート・ゲイブリエル
Mugabo, Stella Ford ムガボ, ステラ・フォード
国ルワンダ 首相府相
Muganza, Angelina ムガンザ, アンジェリナ
国ルワンダ 国務相（技能開発・職業訓練・労働）
Muganza, Angeline ムガンザ, アンジェリン
国ルワンダ 性差別・女性地位向上相
Mugerwa, Kisamba ムゲルワ, キサンバ
国ウガンダ 農業・畜産・水産相

Mugford, Simon マグフォード, サイモン
著「とびだす図鑑恐竜」あかね書房 2007
Mügge, Andreas ミュゲ, A.
著「塞栓症ハンドブック」西村書店 2003
Muggenthaler, Eva ムッゲンターラ, エファ
著「ペーター・ブムのともだちさがし」フレーベル館 2010
Mughnieh, Imad ムグニエ, イマド
?〜2008 国レバノン イスラム原理主義過激派活動家 ヒズボラ幹部
Mugliett, Jesmond ムグレ, ジズモンド
国マルタ 都市開発・道路相
Mugnos, Sabrina ムニョス, サブリーナ
1971〜 著「マヤ2012宇宙のニューサイクル」徳間書店 2011
Mugo, Beth ムゴ, ベス
国ケニア 公共保健・衛生相
Mugorewera, Drocella ムゴレウェラ, ドロセラ
国ルワンダ 土地環境相
Muguruza, Garbine ムグルサ, ガルビネ
国スペイン テニス選手
Muhaimin, Iskandar ムハイミン・イスカンダル
国インドネシア 労働・移住相
Muhaimin, Yahya ムハイミン, ヤフヤ
国インドネシア 教育相
Muhairiq, Ali Mohammad ムハイリク, アリ・ムハンマド
国リビア 電力相
Muhaisin, Muzahim ムハイシン, ムザヒム
国ヨルダン 農相
Muhajir, Effendy ムハジル・エフェンディ
国インドネシア 教育・文化相
Muhammad, Abd al-Zahra Uthman ムハンマド, アブドルザフラ
?〜2004 国イラク 政治家 イラク統治評議会議長 別名＝Izz al-Din Salim
Muhammad, Abdi Gouled ムハマド, アブディ・グレド
国ソマリア 運輸相
Muhammad, Abdiguled ムハマド, アブディグレド
国ソマリア 航空・地上交通相
Muhammad, Abdiqadir Yussuf ムハマド, アブディカディル・ユフス
国ソマリア 復興・定住相
Muhammad, Ali Mursale ムハマド, アリ・ムルサレ
国ソマリア 文化・遺産相
Muhammad, al-Sabah al-Salem al-Sabah ムハンマド・サバハ・サレム・サバハ
国クウェート 副首相兼外相
Muhammad, bin Ali al-Alawi ムハンマド・ビン・アリ・アラウィ
国オマーン 法務担当相 別ムハンマド・ビン・アリ・アル・アラウィ
Muhammad, bin Khalifa al-Thani ムハマド・ビン・ハリファ・アル・サーニ
国カタール 副首相 別ムハムド・ビン・ハリファ・アル・サーニ
Muhammad, bin Khalifa bin Hamad al-Khalifa ムハマド・ビン・ハリファ・ビン・ハマド・アル・ハリファ
国バーレーン 内相
Muhammad, bin Mubarak al-Khalifa ムハマド・ビン・ムバラク・アル・ハリファ
国バーレーン 外相
Muhammad, bin Nayef ムハンマド・ビン・ナエフ
国サウジアラビア 副首相兼内相, 皇太子
Muhammad, bin Salman ムハンマド・ビン・サルマン
国サウジアラビア 第2副首相兼国防相, 副皇太子
Muhammad, Dalilah ムハンマド, ダリラ
国アメリカ 陸上選手
Muhammad, Faris Petra ムハマド・ファリス・ペトラ
国マレーシア 副国王
Muhammad, Ibtihaj ムハンマド, イブティハジ
国アメリカ フェンシング選手
Muhammad, Lutalo ムハンマド, ルタロ
国イギリス テコンドー選手 別ムハマド
Muhammad, Muhammad Dayfallah ムハマド, ムハマド・デイファラ
国イエメン 国防相
Muhammad, Muhammad Taib ムハマド・ムハマド・タイブ
国マレーシア 地方・地域開発相
Muhammad, Samila ムハンマド, サムラ
国イエメン 社会問題・労働相

Muhammad, Shabazz モハメド, シャバズ
[国]アメリカ バスケットボール選手
Muhammad, Shine ムハンマド, シャイン
[著]「六本木発、「東京のエロティシズムの世界へようこそ」」 Asiatic Publishing 2004
Muhammad V ムハマド5世
[国]マレーシア 国王
Muhammad bin Rashid al-Maktoum ムハンマド・ビン・ラシド・アル・マクトム
1948～ [国]アラブ首長国連邦 政治家 アラブ首長国連邦(UAE)副大統領・首相・国防相, ドバイ首長, ゴドルフィン・レーシング総帥 [異]ムハンマド・マクトム / ムハマド・ビン・ラシド・アル・マクトム
Muhammed, Bala ムハメド, バラ
[国]ナイジェリア 連邦首都圏相
Muhammed, Bello ムハメド, ベロ
[国]ナイジェリア 通信相
Muhammedov, Begmyrat ムハメドフ, ベグムイラト
[国]トルクメニスタン 法相
Muhammedov, Hojamuhammet ムハメドフ, ホジャムハメト
[国]トルクメニスタン 副首相
Muhammedov, Muhammetguly ムハメドフ, ムハメドグルイ
[国]トルクメニスタン 財務相
Muhanna, Ali ムハンナ, アリ
[国]パレスチナ 法相
Mühe, Ulrich ミューエ, ウルリッヒ
1953～2007 [国]ドイツ 俳優 [異]ミューエ, ウルリヒ
Muheim, Harry ミューヘイム, ハリイ
[著]「謎のギャラリー」 新潮社 2002
Muheya, Richie ムヘヤ, リッチ
[国]マラウイ かんがい・水資源開発相
Muheya, Ritchie Bizwick ムヘヤ, リーチ・ビズウィック
[国]マラウイ 水開発・かんがい相
Muhiddinov, Farrukh ムヒディノフ, ファルフ
[国]タジキスタン 副首相
Muhlbach, Don マールバック, ドン
[国]アメリカ アメフト選手
Muhlberger, Joseph B. ムイベルガー, ヨゼフ・B.
1941～ [著]「日本における信仰」 サンパウロ 2004
Mühle, Jörg ミューレ, イョルク
1973～ [著]「おやすみ」 キーステージ21 2016
Mühlegg, Johann ミューレック
[国]スペイン クロスカントリースキー選手
Mühlemann, Lukas ミューレマン, ルーカス
1950～ [国]スイス 実業家 クレディ・スイス・グループ(CSG)会長・CEO
Mühlhäuser, Regina ミュールホイザー, レギーナ
1971～ [著]「戦場の性」 岩波書店 2015
Mühling, Markus ミューリンク, マルクス
1969～ [著]「C.S.ルイス「ライオンと魔女」の謎を解く」 一麦出版社, 大阪 創元社(発売) 2006
Muhlocker, Friedrich ミューレッカー, フリードリヒ
1944～ [著]「哲学の問い」 晃洋書房 2002
Muhlstein, Anka ミュルシュタイン, アンカ
1935～ [国]フランス 伝記作家
Muhongo, Sospeter ムホンゴ, ソスペター
[国]タンザニア エネルギー・鉱物相 [異]ムホンゴ, ソスペテ
Mühry, Henry ミューリー, H.
[著]「クォークの不思議」 シュプリンガー・フェアラーク東京 2005
Muhs, William ミュース, ヴィルヘルム
[著]「感謝について100の言葉」 女子パウロ会 2013
Muhtar, Mansur ムフタル, マンスル
[国]ナイジェリア 財務相
Muhwezi, Jim ムフウェジ, ジム
[国]ウガンダ 情報・国家指導相 [異]ムウェジ, ジム
Muhwezi, Katugugu ムウェジ, カツググ
[国]ウガンダ 保健相
Muhyadin, Abdirisak Sheikh ムヒャディン, アブディリサク・シェイク
[国]ソマリア 鉱物資源相
Muhyiddin, Yassin ムヒディン・ヤシン
[国]マレーシア 副首相兼教育相
Mui, Anita ムイ, アニタ
1963～2003 [国]香港 女優, 歌手 中国名＝梅艶芳
Mui, Chunka ムイ, チュンカ
1962～ [著]「7つの危険な兆候」 海と月社 2011
Muir, Blake マイアー, ブレイク
[国]アメリカ アメフト選手
Muir, Julia ミュール, ジュリア
[著]「米国の研究者が書いたTPPがよくわかる本」 日本経済新聞出版社 2013
Muir, Laura ミュア, ローラ
[国]イギリス 陸上選手
Muir, Robin ミューア, ロビン
[著]「ヴォーグ・モデル」 Pヴァイン・ブックス, ブルース・インターアクションズ(発売) 2011
Muir, Tom ミュア, トム
1963～ [著]「人魚と結婚した男」 あるば書房 2004
Muižnieks, Nils ムイジネクス, ニルス
[国]ラトビア 社会統合担当特命相
Muizzu, Mohamed ムイズ, モハメド
[国]モルディブ 住宅・社会基盤相 [異]ムイッズ, モハメド
Mujahid, Ali Ahsan Mohammad ムジャヒド, アリ・アーサン・モハマド
[国]バングラデシュ 社会福祉相
Mujawamariya, Jeanned'Arc ムジャワマリヤ, ジャンヌダルク
[国]ルワンダ 女性地位向上相
Mujawar, Ali Muhammad ムジャワル, アリ・ムハンマド
1953～ [国]イエメン 政治家 イエメン首相
Mujawar, Farid Ahmed ムジャワル, ファリド・アハマド
[国]イエメン 農業・かんがい相 [異]ムジャッワル, ファリード
Müjdeci, Kaan ミュデジ, カーン
ヴェネチア国際映画祭 審査員特別賞(第71回(2014年))
"Sivas"
Mujić, Nazif ムジチ, ナジフ
ベルリン国際映画祭 銀熊賞 男優賞(第63回(2013年))
"Epizoda u životu berača željeza"
Mujica, Edward ムヒーカ, エドワード
[国]ベネズエラ 野球選手
Mujica, José ムヒカ, ホセ
1935～ [国]ウルグアイ 政治家 ウルグアイ大統領 別名＝ムヒカ, ペペ〈Mujica, Pepe〉
Mujota, Fehmi ムヨタ, フェウミ
[国]コソボ 社会基盤相 [異]ムヨタ, フェフミ
Mujur, Ali Mohammed ムジュル, アリ・モハメド
[国]イエメン 電力相
Mujuru, Joice ムジュル, ジョイス
[国]ジンバブエ 副大統領
Mukabagwiza, Edda ムカバグウィザ, エダ
[国]ルワンダ 法相
Mukalayi Nsungu, Banza ムカライヌスング, バンザ
[国]コンゴ民主共和国 文化・芸術相 [異]ムカライ・ヌスング, バンザ
Mukanga, Yamfwa ムカンガ, ヤムファ
[国]ザンビア 公共事業・調達・通信相
Mukangara, Fenella ムカンガラ, フェネッラ
[国]タンザニア 情報青年スポーツ相
Mukantabana, Marie ムカンタバナ, マリー
[国]ルワンダ 女性地位向上相
Mukantabana, Séraphine ムカンタバナ, セラフィン
[国]ルワンダ 災害対策・難民問題相
Mukaruriza, Monique ムカルリザ, モニーク
[国]ルワンダ 東アフリカ共同体相
Mukasa, Muruli ムカサ, ムルリ
[国]ウガンダ 公務員担当相
Mukasa, Wilson ムカサ, ウィルソン
[国]ウガンダ 女性地位向上・労働・社会問題相
Mukeba, Timothée ムケバ, ティモテ
[国]コンゴ民主共和国 青年・スポーツ相
Mukena, Aimé Ngoy ムケナ, エメ・ヌゴイ
[国]コンゴ民主共和国 石油相 [異]ムケナ, エメ・ムゴイ
Mukendi, Philémon ムケンディ, フィレモン
[国]コンゴ民主共和国 文化・芸術相
Mukeshimana, Geraldine ムケシマナ, ジェラルディン
[国]ルワンダ 農業・動物資源相
Mukhamediuly, Arystanbek ムハメディウルイ, アルイスタンベク
[国]カザフスタン 文化スポーツ相 [異]ムハメディウリ, アリスタンベク
Mukhamedjanov, Baurzhan ムハメドジャノフ, バウルジャン

㊀カザフスタン　内相
Mukhamedov, Irek　ムハメドフ, イレク
　1960〜　㊀ロシア　バレエダンサー　ギリシャ国立バレエ団芸術監督　英国ロイヤル・バレエ団プリンシパル　本名＝Mukhamedov, Irek Javdatovich
Mukhamedzhanov, Abylai　ムハメジャノフ, アブイライ
　㊀キルギス　法相
Mukhammedov, Khodzhammukhamet　ムハメドフ, ホジャムハメト
　㊀トルクメニスタン　副首相
Mukherjee, Bharati　ムカジー, バラティ
　1942〜2013　㊏「新たな地球文明の詩を」第三文明社　2016
Mukherjee, Paul　マッカージー, ポール
　㊏「VDM++（ブイディーエムプラスプラス）によるオブジェクト指向システムの高品質設計と検証」翔泳社　2010
Mukherjee, Pranab　ムカジー, プラナブ
　1935〜　㊀インド　政治家　インド大統領　インド財務相・外相　本名＝Mukherjee, Pranab Kumar　㊁ムケルジー
Mukherjee, Siddhartha　ムカジー, シッダールタ
　1970〜　腫瘍内科医、がん研究者　コロンビア大学医学部准教授
Mukhia, Harish C.　ムキア, ハリシュ・C.
　㊏「ダージリン茶園ハンドブック」R.S.V.P., 丸善出版（発売）2012
Mukhiddinov, Azimjan　ムヒディノフ, アジムジャン
　㊀ウズベキスタン　副首相
Mukhina, Elena　ムヒナ, エレナ
　？〜2006　㊀ロシア　体操選手
Mukhitdinov, Ravshan　ムヒトディノフ, ラフシャン
　㊀ウズベキスタン　法相　㊁ムヒトディノフ, ラブシャン
Mukhopadhyay, Subhash　ムコッパダエ, シュバシュ
　㊏「もうひとつの夢」大同生命国際文化基金　2013
Mukhortova, Maria　ムホルトワ
　㊀ロシア　フィギュアスケート選手
Mukhtar　ムフタール・マーイー
　1972〜　㊏「生贄の女ムフタール」ソフトバンククリエイティブ　2006
Mukhtar, Abdiaziz Sheikh　ムクタル, アブディアジズ・シェイク
　㊀ソマリア　科学技術相
Mukhtar, Chaudhry Ahmed　ムフタル, チョードリー・アフマド
　㊀パキスタン　水利・電力相
Mukhtar, Kedir　ムクタル・ケディル
　㊀エチオピア　副首相兼行政サービス相
Muki, Sagi　ムキ, サギ
　㊀イスラエル　柔道選手
Mukoko Samba, Daniel　ムココサンバ, ダニエル
　㊀コンゴ民主共和国　副首相兼予算相　㊁ムココ・サンバ, ダニエル
Mukonoweshuro, Eliphas　ムコノウェシューロ, エリファス
　㊀ジンバブエ　公共サービス相
Mukulumanya, Auguste Mopipi　ムクルマニア, オーギュスト・モピピ
　㊀コンゴ民主共和国　公衆衛生相
Mukulungu, Benjamin　ムクルング, ベンジャミン
　㊀コンゴ民主共和国　公務員相
Mukuma, Ronald　ムクマ, ロナルド
　㊀ザンビア　大統領府担当相
Mukuna, Tshiakatumba　ムクナ, チャカトゥンバ
　？〜2014　㊏「アフリカン・ドラムは魂の響き」ヤマハミュージックメディア　2003
Mukunga, Yamfwa　ムクンガ, ヤムフワ
　㊀ザンビア　鉱業・エネルギー・水開発相
Mukwaya, Janat　ムクワヤ, ジャナット
　㊀ウガンダ　女性地位向上・労働・社会問題相
Mukwege, Denis　ムクゥエジ, デニス
　㊀コンゴ民主共和国　性暴力を受けた女性を治療するパンジ病院の院長　国連人権賞（2008年（第8回））
Mul, Jos de　ムル, ジョス・デ
　㊏「オープンデザイン」オライリー・ジャパン, オーム社（発売）2013
Mulally, Alan　ムラーリー, アラン
　1945〜　㊀アメリカ　実業家　グーグル取締役　フォード・モーター社長・CEO、ボーイング民間航空機部門社長・CEO　本名＝Mulally, Alan Roger　㊁マラーリー, アラン
Mularczyk, Andrzej　ムラルチク, アンジェイ
　1930〜　㊏「カティンの森」集英社　2009

Mularkey, Mike　マラーキー, マイク
　㊀アメリカ　テネシー・タイタンズコーチ
Mularoni, Antonella　ムラローニ, アントネラ
　㊀サンマリノ　国土・環境・農業長官
Mulatu Teshome　ムラトゥ・テショメ
　1957〜　㊀エチオピア　政治家, 外交官　エチオピア大統領
Mulaudzi, Mbulaeni　ムラウジ, ムブレニ
　1980〜2014　㊀南アフリカ　陸上選手　㊁ムラウジ
Mulazzani, Simona　ムラッツァーニ, シモーナ
　1964〜　㊏「グーグースース」そうえん社　2016
Mulbah, Joe　ムルバ, ジョー
　㊀リベリア　運輸相
Mulcahy, Anne Marie　マルケイヒー, アン
　1952〜　㊀アメリカ　実業家　ゼロックス会長・CEO
Mulcare, Mike　ムルケア, マイク
　㊏「Microsoft Windows Server 2008リソースキット」日経BPソフトプレス, 日経BP出版センター（発売）2008
Mulder, Bertus　ムルダー, ベルタス
　㊏「リートフェルト・シュレーダー邸」彰国社　2010
Mulder, Elisabeth　ムルデル, エリザベート
　㊏「星空への旅」みくに出版　2012
Mulder, Harm　ミュルデル, H.
　1910〜　㊏「ルカによる福音書」教文館　2008
Mulder, Mandy　ムルダー, マンデー
　㊀オランダ　セーリング選手
Mulder, Michel　ムルダー, ミヘル
　1986〜　㊀オランダ　スピードスケート選手　本名＝Mulder, Michel Theodoor　㊁ムルダー, ミシェル
Mulder, M.J.　ミュルデル, M.J.
　㊏「雅歌」教文館　2010
Mulder, Ronald　ムルダー, R.
　㊀オランダ　スピードスケート選手
Mulder, Teun　ムルダー
　㊀オランダ　自転車選手
Muldrow, Diane　ムルドロー, ダイアン
　㊏「ディズニー きっと、幸せに。」講談社　2016
Mulenga, Andrew　ムレンガ, アンドルー
　㊀ザンビア　教育相
Mulens Herrera, Pedro Isaac　ムレンスエレラ
　㊀キューバ　レスリング選手
Mulford, Charles W.　マルフォード, チャールズ・W.
　1951〜　㊏「投資家のための粉飾決算入門」パンローリング　2004
Mulgray, Helen　マルグレイ, ヘレン
　㊀イギリス　作家　㊂ミステリー
Mulgray, Morna　マルグレイ, モーナ
　㊏「ねこ捜査官ゴルゴンゾーラとハギス缶の謎」ヴィレッジブックス　2009
Mulhall, Douglas　マルホール, ダグラス
　㊏「ナノテクノロジー・ルネッサンス」アスペクト　2003
Mulhall, Stephen　ムルホール, スティーヴン
　1962〜　㊏「リベラル・コミュニタリアン論争」勁草書房　2007
Mulhern, Francis J.　マルハーン, フランシス・J.
　㊏「統合マーケティング戦略論」ダイヤモンド社　2003
Muliira, Hamu　ムリイラ, ハム
　㊀ウガンダ　通信・情報相
Mulikov, Isgender　ムリコフ, イスゲンデル
　㊀トルクメニスタン　内相
Mulino, José Raúl　ムリノ, ホセ・ラウル
　㊀パナマ　治安相
Mulipola, Logovi'i　ムニポラ, ロコヴィイ
　㊀サモア　ラグビー選手
Mulira, Hamu　ムリラ, ハム
　㊀ウガンダ　通信・情報相
Mulisch, Harry　ムリシュ, ハリー
　1927〜2010　㊀オランダ　作家　本名＝Mulisch, Harry Kurt Viktor　㊁ミュリス, ハッリー／ムリス, ハリ・クルト・ヴィクトル
Mulitalo, Siafausa　ムリタロ・シアファウサ
　㊀サモア　保健相
Mulkey, Marthe　ミュルケ, マルテ
　㊏「リラックス塗り絵」河出書房新社　2015
Mulki, Hani　ムルキ, ハニ
　㊀ヨルダン　首相兼国防相
Mulla, Muhammad bin Jameel bin Ahmad　ムッラ, ムハンマド・ビン・ジャミール・ビン・アハマド

国サウジアラビア　通信情報技術相
Mullagildin, Rishat　ムラギルディン, リシャット
1969〜　著「ロシア建築案内」TOTO出版　2002
Mullainathan, Sendhil　ムッライナタン, センディル
著「いつも「時間がない」あなたに」早川書房　2015
Mullally, Megan　ムラリー, メーガン
エミー賞 プライムタイム・エミー賞 最優秀助演女優賞（コメディシリーズ）（第58回（2006年））"Will & Grace"
Mullan, Cecil Brooke　ムーラン, セシル・ブルック
1944〜　著「おじいちゃんが小さかった頃」アークプロダクト, キリスト新聞社出版事業部（発売）　2013
Mullane, Brendan　ムーラン, ブレンダン
1975〜　国イギリス　ファッションデザイナー　ブリオーニ・クリエイティブディレクター
Mullane, Laura Ann　ムラネ, ラウラ・アン
著「ルワンダ・ジェノサイド生存者の証言」立教大学出版会, 有斐閣（発売）　2015
Mullane, R.Mike　ミュレイン, マイク
翻ミュレイン, R.マイク　著「ライディング・ロケット」化学同人　2008
Mullaney, James　マラニー, ジェームズ
著「ハーシェル天体ウォッチング」地人書館　2009
Mullaney, Richard　マラニー, リチャード
国アメリカ　アメフト選手
Mullany, Janet　ムラニー, ジャネット
著「結婚は赤い糸のきまぐれ」竹書房　2012
Mulle, Karen　ミュール, K.
著「認知行動療法による子どもの強迫性障害治療プログラム」岩崎学術出版社　2008
Mullen, Brendan　マレン, ブレンダン
著「レッド・ホット・チリ・ペッパーズ オフィシャル・バイオグラフィ」シンコーミュージック・エンタテイメント　2011
Mullen, Larry　ミューレン, ラリー
1961〜　国イギリス　ロック・ドラマー　翻マレン, ラリー
Mullen, Michael　マレン, マイケル
1946〜　国アメリカ　元軍人　米国統合参謀本部議長　愛称＝マレン, マイク〈Mullen, Mike〉
Mullen, Paul E.　ミューレン, P.E.
著「ストーカーの心理」サイエンス社　2003
Mullen, Rodney　ミューレン, ロドニー
1966〜　著「ザ・マット」トランスワールドジャパン　2009
Mullen, Tony　マレン, トニー
1971〜　著「マスタリングBlender」アスキー・メディアワークス, 角川グループパブリッシング（発売）
Mullenberg, Peter　ミューレンベルク, ペーター
国オランダ　ボクシング選手
Mullender, Audrey　マレンダー, オードレイ
著「今求められるソーシャルワーク・マネジメント」久美　2009
Mullenheim-Rechberg, Burkard　ミュレンハイム＝レッヒベルク, ブルカルト・フォン
1910〜　著「巨大戦艦ビスマルク」早川書房　2002
Muller, Aurelie　ミュレ, オレリ
国フランス　水泳選手
Müller, Bernhard　ミュラー, ベルンハルト
1961〜　著「修道院の断食」創元社　2011
Müller, Birte　ムゥラー, ビルテ
1973〜　翻ミュラー, ビルテ　著「ねえくまちゃん, はやくねなくっちゃ！」BL出版　2006
Muller, Bobby　ミュラー, ボビー
著「メモリーズ・オブ・ジョン」イースト・プレス　2006
Müller, Christian Philipp　ミュラー, クリスチャン・フィリップ
1957〜　著「椅子としての美術館の肖像」リヴォルヴァー　c2006
Muller, Eddie　ミューラー, エディー
著「拳よ, 闇を払え」早川書房　2002
Müller, Eric L.　ミューラー, エリック・L.
著「コダクロームフィルムで見るハートマウンテン日系人強制収容所」紀伊國屋書店　2014
Müller, Florence　ミュラー, フロランス
1957〜　著「ルイ・ヴィトンシティバッグナチュラル・ヒストリー」グラフィック社　2014
Muller, Florian　ミュラー, フロリアン
国ドイツ　サッカー選手
Muller, Frederick　ムラー, フレデリック
国マーシャル諸島　資源・開発相
Müller, George　ミュラー, ジョージ

著「ジョージ・ミュラー信仰」いのちのことば社　2003
Müller, Gerd　ミュラー, ゲルト
国ドイツ　経済協力開発相
Muller, Gerda　ミュラー, ゲルダ
1926〜　絵本作家
Müller, Hans-Harald　ミュラー, ハンス＝ハラルト
1943〜　著「ウィーン五月の夜」法政大学出版局　2010
Müller, Herta　ミュラー, ヘルタ
1953〜　国ドイツ　作家
Müller, Hildegard　ミュラー, ヒルデガルト
著「リナとちいさなドラゴン」BL出版　2002
Müller, Jan-Werner　ミュラー, ヤン・ヴェルナー
1970〜　著「カール・シュミットの「危険な精神」」ミネルヴァ書房　2011
Muller, Jerry Z.　ミューラー, ジェリー・Z.
1954〜　著「ユダヤ人の成功と悲劇」一灯舎, オーム社（発売）2012
Müller, Jörg　ミュラー, イエルク
著「うさぎの島」ほるぷ出版　2003
Müller, Jost　ミュラー, ヨスト
1959〜　著「新世界秩序批判」以文社　2005
Müller, Jürgen　ミュラー, ジャーガン
1961〜　著「シネマ90s」Taschen　c2002
Müller, Lars　ミューラー, ラース
1955〜　著「Helvetica forever」ビー・エヌ・エヌ新社　2009
Müller, Leos　ミュラー, レオス
1962〜　著「近世スウェーデンの貿易と商人」嵯峨野書院　2006
Müller, Lothar　ミュラー, ローター
1954〜　著「メディアとしての紙の文化史」東洋書林　2013
Muller, Marcia　マラー, マーシャ
アメリカ探偵作家クラブ賞 巨匠賞（2005年）
Muller, Marie　ミュラー
国ルクセンブルク　柔道選手
Muller, Marius　ミュラー, マリウス
国ドイツ　サッカー選手
Müller, Matthias　ミュラー, マティアス
1953〜　国ドイツ　実業家　フォルクスワーゲン（VW）社長
Muller, Mélanie　ムーレール, メラニー
国フランス　作家, 画家, 彫刻家　国その他
Müller, Michael　ミュラー, ミハエル
著「ビジュアル科学大事典」日経ナショナルジオグラフィック社, 日経BP出版センター（発売）　2009
Muller, Nadine　ミュラー, ナディン
国ドイツ　陸上選手　翻ミュラー
Müller, Nestor Luiz　ミュラー, N.L.
著「肺HRCT」丸善　2010
Muller, Nicolai　ミュラー, ニコライ
国ドイツ　サッカー選手
Müller, Peter　ミュラー, P.
1950〜　著「この男は何者なのか」教文館　2007
Muller, Phillip　ムラー, フィリップ
国マーシャル諸島　保健相
Muller, René J.　マラー, レネイ・J.
著「アメリカ精神科ER」新興医学出版社　2007
Muller, Richard A.　ムラー, リチャード・A.
1944〜　著「エネルギー問題入門」楽工社　2014
Muller, Robert J.　マラー, ロバート・J.
著「オブジェクト指向設計法によるデータベース設計技法」三元社　2002
Muller, Sven　ミュラー, スヴェン
国ドイツ　サッカー選手
Müller, Thomas　ミュラー, トーマス
1989〜　国ドイツ　サッカー選手
Muller, Tony　ムラー, トニー
国マーシャル諸島　公共事業相
Müller, Werner　ミュラー, ウェルナー
1946〜　国ドイツ　政治家　国ドイツ経済相
Müller-Doohm, Stefan　ミュラー＝ドーム, シュテファン
1942〜　著「アドルノ伝」作品社　2007
Müller-Madej, Stella　ミュラー・マデイ, ステラ
著「鳥のいない空」幻戯書房　2009
Müllerovà, Lucie　ミュレロヴァ, ルーシー
著「ひつじのメェーリンダ」岩崎書店　2008
Müllerová, Ludmila　ミュレロバー, ルドミラ
国チェコ　労働社会相
Müller-Preis, Ellen　ミュラー・プライス, エレン

1912〜2007 [国]オーストリア フェンシング選手
Müller-Rommel, Ferdinand ミューラー・ロンメル, F.
[著]「西欧比較政治」 一芸社 2004
Müller-Schott, Daniel ミュラー・ショット, ダニエル
1976〜 [国]ドイツ チェロ奏者
Müller-Wohlfahrt, Hans-Wilhelm ミュラー - ヴォールファート, ハンス - ヴィルヘルム
1942〜 [著]「スポーツ筋損傷 診断と治療法」 ガイアブックス 2014

M

Mulligan, Andy マリガン, アンディ
[国]イギリス 作家 [専]文学 [異]ムリガン, アンディ
Mulligan, Blackjack マリガン, ブラックジャック
1942〜2016 [国]アメリカ プロレスラー 本名＝ウィンダム, ロバート・デロイ〈Windham, Robert Deroy〉
Mulligan, Carey マリガン, キャリー
1985〜 [国]イギリス 女優
Mulligan, John P. マリガン, ジョン・P.
[著]「Solaris 8エッセンシャル・リファレンス」 ピアソン・エデュケーション 2001
Mulligan, Matthew マリガン, マシュー
[国]アメリカ アメフト選手
Mulligan, Robert マリガン, ロバート
1925〜2008 [国]アメリカ 映画監督
Mulligan, Timothy Patrick マリガン, ティモシー・P.
1950〜 [著]「Uボート部隊の全貌」 学研パブリッシング, 学研マーケティング(発売) 2011
Mullin, Glenn H. ムリン, グレン・H.
[著]「14人のダライ・ラマ」 春秋社 2006
Mullin, Nancy ムリン, ナンシー
[著]「オルヴェウス・いじめ防止プログラム」 現代人文社, 大学図書(発売) 2013
Mullings, Clive マリングス, クライブ
[国]ジャマイカ エネルギー相
Mullings, Seymour マリングズ, シーモア
[国]ジャマイカ 副首相兼土地環境相
Mullins, Debra マリンズ, デブラ
[国]アメリカ 作家 [専]ロマンス
Mullins, Eustace マリンズ, ユースタス
1923〜2010 [著]「カナンの呪い」 成甲書房 2015
Mullins, John Walker マリンズ, ジョン
[異]ムリンズ, ジョン・W. [著]「プランB」 文芸春秋 2011
Mullins, Mark マリンズ, マーク・R.
1954〜 [著]「メイド・イン・ジャパンのキリスト教」 トランスビュー 2005
Mullis, Darrell ミュリス, ダレル
[著]「アカウンティングゲーム」 プログレス 2002
Mullis, Fran ムリス, フラン
[著]「学校コンサルテーション入門」 金子書房 2012
Mullis, Kary B. マリス, カリー
1944〜 [国]アメリカ 生化学者, 生化学アドバイザー スター・ジーン社会長 シータス社研究員 [専]分子生物学 [異]マリス, キャリー
Mullova, Viktoria ムローヴァ, ヴィクトリア
1959〜 [国]ロシア バイオリニスト [異]ムルロワ / ムルロヴァ / ムローバ, ビクトリア / ムローワ
Mulloy, Peggy マロイ, ペギー
[著]「Sayuriオフィシャル・ビジュアルブック」 学習研究社 2005
Mulloy, Phil ムロイ, フィル
[国]イギリス オタワ国際アニメーション映画祭 グランプリ(最優秀長編アニメーション)(2011年)ほか
Mullur, Rashmi S. マラー, ラシュミ・S.
[著]「ワシントンマニュアル」 メディカル・サイエンス・インターナショナル 2012
Mulongoti, Mike ムロンゴティ, マイク
[国]ザンビア 建設・調達相
Muloni, Irene ムロニ, アイリーン
[国]ウガンダ エネルギー・鉱物資源相
Mulroney, Louise マローニー, ルイス
[著]「家族のカウンセリング」 ブレーン出版 2005
Mulroney, Martin Brian マルルーニー, マーティン・ブライアン
1939〜 [国]カナダ 政治家 カナダ首相
Multala, Sari ムルタラ
[国]フィンランド セーリング選手
Multhaup, Maurice ムルトハウプ, モーリス
[国]ドイツ サッカー選手
Mulumba, Andy ミュランバ, アンディー
[国]アメリカ アメフト選手
Mulumba, Chantal Ngalula ムルンバ, シャンタル・ヌガルラ
[国]コンゴ民主共和国 貿易相
Mulungulaodigiera, Elias ムルングラオディギエラ, エリア
[国]コンゴ民主共和国 環境相
Muluzi, Atupele ムルジ, アトゥペレ
[国]マウライ 土地・住宅・都市開発相 [異]ムルジ, アトペレ
Muluzi, Bakili ムルジ, バキリ
1943〜 [国]マラウイ 政治家 マラウイ統一民主戦線(UDF)党首 マラウイ大統領
Mulva, Jim ムルバ, ジム
1946〜 [国]アメリカ 実業家 コノコフィリップス会長・CEO 本名＝ムルバ, ジェームズ〈Mulva, James J.〉
Mulvenon, James C. マルヴィノン, ジェームズ
1970〜 [著]「中国の産業スパイ網」 草思社 2015
Mulvey, Lisa マルヴィー, リサ
[著]「グローバル化と言語能力」 明石書店 2015
Mulvey Roberts, Marie マルヴィーロバーツ, マリー
[著]「ゴシック入門」 英宝社 2012
Mulyani Indrawati, Sri ムルヤニ・インドラワティ, スリ
[国]インドネシア 財務相
Mumba, Nevers ムンバ, ネバース
[国]ザンビア 副大統領
Mumba Matipa, Wivine ムンバマティパ, ウィビヌ
[国]コンゴ民主共和国 法務・人権相 [異]ムンバ・マティパ, ウィビン
Mumbengegwi, Samuel ムンベンゲグウィ, サミュエル
[国]ジンバブエ 財務相
Mumbengegwi, Simbarashe ムンベンゲグウィ, シンバラシェ
[国]ジンバブエ 外相
Mumbioko, Patrick Mayombe ムンビオコ, パトリック・マヨンベ
[国]コンゴ民主共和国 農相
Mumcu, Erkan ムムジュ, エルカン
[国]トルコ 文化観光相
Mumford マムフォード
グラミー賞 最優秀アルバム(2012年(第55回)) "Babel"
Mumford, David Bryant マンフォード, デービッド・ブライアント
1937〜 [国]アメリカ 数学者 ブラウン大学名誉教授 [専]代数幾何学
Mumford, Susan マンフォード, スーザン
[著]「マッサージ入門ガイド」 ガイアブックス, 産調出版(発売) 2011
Mumm, Dean マム, ディーン
[国]オーストラリア ラグビー選手
Mumphery, Keith マンフリー, キース
[国]アメリカ アメフト選手
Mumuni, Muhammad ムムニ, モハマド
[国]ガーナ 外務・地域統合相 [異]ムムニ, モハメド
Mun, Il-bong ムン・イルボン
[国]北朝鮮 財政相 漢字名＝文一峰
Mun, Jae-dok ムン・ジェドク
[国]北朝鮮 体育指導委員長 漢字名＝文在徳
Mun, Jonathan マン, ジョナサン
[著]「実践リアルオプションのすべて」 ダイヤモンド社 2003
Mun, Myong-hak ムン・ミョンハク
[国]北朝鮮 石炭工業相
Mun, Ung-jo ムン・ウンチョ
[国]北朝鮮 収買糧政相 漢字名＝文応朝
Muna, Ama Tutu ムナ, アマ・ツツ
[国]カメルーン 文化相
Muna, Noor Addin ムナ, ノア・アディン
[国]シリア 農業農地改良相
Munafò, Marcus ムナフォ, マーカス
1972〜 [著]「精神科臨床のための心理学入門」 世論時報社 2007
***al*-Munajjid, Bashir** ムナジド, バシル
[国]シリア 通信相
Munanga, Kaliba ムナンガ, カリバ
[国]コンゴ民主共和国 農村開発相
Munari, Claudine ムナリ, クロディヌ
[国]コンゴ共和国 商業・供給相
Munari, Gianni ムナーリ, ジャンニ
[国]イタリア サッカー選手
Munavvar, Mohamed ムナバル, モハメド
[国]モルディブ 司法長官

Munawar, Ahmed　ムナッワル, アハメド
　国モルディブ　財務相
Munbengegwi, Simbarashe　ムンベンゲグウィ, シンバラシェ
　国ジンバブエ　外相
Munby, Zoë　マンビー, ゾエ
　著「イギリス労働者教育協会（WEA）の女性たち」新水社　2009
Muncaster, Harriet　マンカスター, ハリエット
　著「イザドラ・ムーンキャンプにいく！」静山社　2016
Münch, Karlheinz　ミュンヒ, カールハインツ
　著「ヤークトパンター戦車隊戦闘記録集」大日本絵画　2010
Münchhausen, Marco von　ミュンヒハウゼン, マルコ・フォン
　1956～　著「会社をダメにする隣の小さなサボリ豚」技術評論社　2005
Munchy, Max　マンシー, マックス
　国アメリカ　野球選手
Munck, Ronaldo　マンク, ロナルド
　1951～　著「現代マルクス主義のフロンティア」萌書房　2010
Munda, Kariya　ムンダ, カリヤ
　国インド　鉱業相
Munday, Jeremy　マンデイ, ジェレミー
　著「翻訳学入門」みすず書房　2009
Mundell, David　マンデル, デービッド
　国イギリス　スコットランド相
Mundell, Robert Alexander　マンデル, ロバート
　1932～　国カナダ　経済学者　コロンビア大学教授　賞国際貿易
Mundine, Jimmay　マンダイン, ジメイ
　国アメリカ　アメフト選手
Mundinger, Peter　ムンディンガー, ペーター
　著「スポーツ筋損傷 診断と治療法」ガイアブックス　2014
Mundo, Mike Del　ムンド, マイク・デル
　著「A+X：アベンジャーズ＋X-MEN＝最強」小学館集英社プロダクション　2015
Mundy, Jon　マンディ, ジョン
　1943～　著「『奇跡のコース』を生きる」ナチュラルスピリット　2012
Mundy, Linus　マンディ, ライナス
　著「うつを乗り越えるセラピー」サンパウロ　2014
Mundy, Liza　マンディ, ライザ
　1960～　著「ミシェル・オバマ」日本文芸社　2009
Munembwe, Elysee　ムネンブウェ, エリゼ
　国コンゴ民主共和国　教育相
Munford, William Arthur　マンフォード, ウィリアム
　1911～2002　著「エドワード・エドワーズ」金沢文圃閣　2008
Munford, Xavier　マンフォード, ザビエル
　国アメリカ　バスケットボール選手
Mungai, Joseph　ムンガイ, ジョゼフ
　国タンザニア　内相
Munga Mesonzi, Louise　ムンガメソンジ, ルイズ
　国コンゴ民主共和国　国営企業相
Munger, Katy　マンガー, ケイティ
　著「時間ぎれ」新潮社　2003
Mungiu, Cristian　ムンジウ, クリスチアン
　1968～　ルーマニア　映画監督, 脚本家　賞ムンギウ, クリスチャン
Munguía Payés, David Victoriano　ムンギア・パジェス, ダビ・ビクトリアノ
　国エルサルバドル　国防相　賞ムンギア・パジェス, ダビド・ビクトリアノ
Mungunda, Marlene　ムングンダ, マーリン
　国ナミビア　男女平等・児童福祉相　賞ムングンダ, マルレネ
Mungwambe, Antonio Francisco　ムングワンベ, アントニオ・フランシスコ
　国モザンビーク　運輸・通信相
Munholland, John Kim　マンホランド, ジョン・キム
　著「ヒトラーが勝利する世界」学習研究社　2006
Muniain, Iker　ムニアイン, イケル
　国スペイン　サッカー選手
Muniesa, Marc　ムニエサ, マルク
　国スペイン　サッカー選手
Munion, W.Michael　ムニオン, W.マイケル
　著「ミルトン・エリクソン」金剛出版　2003
Munir　ムニール
　1965～2004　国インドネシア　人権活動家
Muniyappa, K.H.　ムニヤッパ, K.H.
　国インド　中小零細企業相
Muñiz, Susana　ムニス, スサナ
　国ウルグアイ　保健相

Munk, Walter　ムンク, ウォルター
　国アメリカ　クラフォード賞 地球科学（2010年）
Münkel, Andreas　ミュンケル, アンドレアス
　著「人間とは何か」法政大学出版局　2009
Munkel, Wayne I.　マンケル, ウエイン・I.
　著「児童虐待の発見と防止」慶応義塾大学出版会　2003
Munkhbat, Jamiyangiin　ムンフバト, ジャミヤンギン
　国モンゴル　官房長官
Munkhbat, Urantsetseg　モンフバット
　国モンゴル　柔道選手
Munkhbayar, Gombosurengiin　ムンフバヤル, ゴムボスレンギン
　国モンゴル　建設・都市計画相
Munkhorgil, Tsendiin　ムンフオリギル, ツェンジン
　国モンゴル　外相
Munkhtsetseg, T.　ムンフツェツェグ, T.
　著「チンギス・ハーン」アルド書店　2016
Munn, Pamela　マン, パメラ
　1956～　著「ハチミツと代替医療」フレグランスジャーナル社　2002
Munn, Pamela　マン, パーメラ
　著「学校からの排除にかかわる実践的方策を探る」創風社　2014
Munnell, Alicia Haydock　マネル, アリシア
　著「老後資金がショートする」中央経済社, 中央経済グループパブリッシング（発売）　2016
Munnerlyn, Captain　マナーリン, キャプテン
　国アメリカ　アメフト選手
Muños, Heraldo　ムニョス, エラルド
　国チリ　外相
Muñoz, Alexander　ムニョス, アレクサンデル
　1979～　国ベネズエラ　プロボクサー　WBA世界スーパーフライ級チャンピオン
Munoz, Azahara　ムニョス, アサハラ
　国スペイン　ゴルフ選手
Muñoz, Cristina　ムニョス, クリスティナ
　国パラグアイ　女性問題担当相
Muñoz, David　ムニョス, ダヴィド
　著「ヴァンパイアの大地」ユマノイド, パイインターナショナル（発売）　2015
Munoz, Ezequiel　ムニョス, エセキエル
　国アルゼンチン　サッカー選手
Muñoz, Gema Martín　ムニョス, ヘマ・マルティン
　カサ・アラベ会長　賞イスラム
Muñoz, Gustavo Cano　ムニョス, グスタボ・カノ
　著「ドイツ空軍装備大図鑑」原書房　2014
Muñoz, José　ムニョース, ホセ
　アングレーム国際漫画祭 アングレーム市グランプリ（2007年）
Muñoz, María　ムニョス, マリア
　国ウルグアイ　教育文化相
Muñoz, Maria Isabel　ムニョス, マリア・イサベル
　国ニカラグア　青少年家族相
Muñoz, María Julia　ムニョス, マリア・フリア
　国ウルグアイ　保健相
Munoz, Yairo　ムニョス, ヤイロ
　国ドミニカ共和国　野球選手
Muñoz Alá, Alicia　ムニョス・アラ, アリシア
　国ボリビア　内相
Muñoz Delgado, Maximiliano William　ムニョス・デルガド, マキシミリアノ・ウィリアム
　国ドミニカ共和国　国防相
Munoz Jaramillo, Carlos Andres　ムニョスハラミジョ, カルロスアンドレス
　国コロンビア　レスリング選手
Munoz Oviedo, Oscar　ムニョス
　国コロンビア　テコンドー選手
Munoz Ramírez, Francesc　ムニョス・ラミレス, フランセスク
　著「俗都市化」昭和堂　2013
Munro, Alice　マンロー, アリス
　1931～　国カナダ　作家
Munro, Chris　ムンロ, クリス
　アカデミー賞 音響賞（第86回（2013年））"Gravity"
Munro, Christiaan　マンロー, クリスティアン
　グラミー賞 最優秀ボックス, 特別限定版パッケージ（2008年（第51回））"In Rainbows"　アート・ディレクター
Munro, Moira　マンロー, モイラ
　1961～　著「テディベアのハミッシュ」オリコン・エンタテインメント　2004

Munro, Nell　モンロ, ネル
1979～　著「自閉症スペクトラム児との暮らし方」田研出版　2008

Munro, Roxie　マンロ, ロクシー
著「ひこうせん」ブッキング　2008

Munroe, Randall　マンロー, ランドール
著「ホワット・イズ・ディス?」早川書房　2016

Munsch, Robert N.　マンチ, ロバート
1945～　著「かしの木の子もりうた」岩崎書店　2014

Munshi, Aaftab　ムンシ, アフタブ
著「OpenGL ES 2.0プログラミングガイド」ピアソン・エデュケーション　2009

Munski, Maximilian　ムンスキ, マキシミリアン
国ドイツ　ボート選手

Muntagirov, Vadim　ムンタギロフ, ワジム
1990～　国ロシア　バレエダンサー　英国ロイヤル・バレエ団プリンシパル　ムンタギーロフ, ワジム

Muntasar, Omar Mustafa al　ムンタサル, オマル・ムスタファ・アル
?～2001　国リビア　政治家　リビア首相

Muntean, Andrei　ムンテアン, アンドレイバシレ
国ルーマニア　体操選手

Munteanu, Francisc　ムンティアヌ, フランチスク
1924～　著「一きれのパン」ポプラ社　2008

Munteanu, Marioara　ムンテアヌ
国ルーマニア　重量挙げ選手

Munteanu, Valeriu　ムンチャヌ, バレリウ
国モルドバ　環境相

Müntefering, Franz　ミュンテフェリング, フランツ
1940～　国ドイツ　政治家　ドイツ副首相・労働社会相, ドイツ社会民主党(SPD)党首　訳ミュンテフェーリング / ミュンテフェリンク, フランツ

Munter, Mary　ムンター, メアリー
著「対話力」講談社　2003

Munton, Don　マントン, ドン
著「キューバ危機」中央公論新社　2015

Munton, Gill　ムントン, ジル
著「レタスをたべたのはだれ?」大日本絵画　2013

Munuz, Erol　ムヌス, エロル
著「注文の多い地中海グルメ・クルージング」早川書房　2008

Munyakayanza, Eugene　ムニャカヤンザ, ユージン
国ルワンダ　国務相(初中等教育)

Munyanganizi, Bikoro　ムニャンガニジ, ビコロ
国ルワンダ　国務相(水・天然資源)

Munyao, Joseph　ムニャオ, ジョゼフ
国ケニア　畜産・水産開発相

Munyao, Jpseph Kanzolo　ムニャオ, ジョセフ・カンゾロ
国ケニア　畜産・水産開発相

Mun Yee, Leong　ムンイー, リョン
国マレーシア　飛び込み選手

Munyenyembe, Rodwel　ムニェニェエンベ, ロドウェル
国マラウイ　国防相　訳ムンエンエンベ, ロドウェル

Munyer, Daniel　マニヤー, ダニエル
国アメリカ　アメフト選手

Munyes, John　ムニェス, ジョン
国ケニア　労相　訳ムンエス, ジョン

Munz, Diana　マンズ
国アメリカ　競泳選手

Muolo, Paul　ミュオロ, ポール
著「実録サブプライム危機」日本評論社　2009

Mupfumira, Priscah　ムプミラ, プリスカ
国ジンバブエ　公共サービス・労働・社会福祉相

Mupira, Pierre　ムピラ, ピエール
国ブルンジ　地域計画・開発相

Muqam, Amir　ムクアム, アミル
国パキスタン　政務相

al-Muqbel, Abdullah bin Abdulrahman　ムクベル, アブドラ・ビン・アブドルラフマン
国サウジアラビア　運輸相

Muqbil, Samir　ムクビル, サミル
国レバノン　副首相兼国防相

Muqbil, Zarar Ahmad　ムクビル, ザラル・アハマド
国アフガニスタン　麻薬対策相

Muqrin bin Abdul Aziz al-Saud　ムクリン・ビン・アブドルアジズ・アル・サウド
1945～　国サウジアラビア　政治家　サウジアラビア皇太子, サウジアラビア副首相　訳ムクリンアブドルアジズ / ムクリン皇太子

Mura, David　ムラ, デイヴィッド
1952～　著「肉体が記憶と出会う場所」柏艪舎, 星雲社(発売)　2006

Muracciole, Jean-François　ミュラシオル, J.F.
著「フランス・レジスタンス史」白水社　2008

Murad, Abdel-Raheem　ムラド, アブデルラヒーム
国レバノン　国防相　訳ムラド, アブデルラヒム

Murad, Abdul Satar　ムラド, アブドルサタル
国アフガニスタン　経済相

Murad, Ferid　ムラド, フェリド
1936～　国アメリカ　薬理学者　ジョージ・ワシントン大学教授

Murad, Samir　ムラド, サミール
国ヨルダン　労相

Muradov, Shirvani　ムラドフ
国ロシア　レスリング選手

Muradyan, Armen　ムラジャン, アルメン
国アルメニア　保健相

Muradyan, Murad　ムラディヤン, ムラト
国アルメニア　環境相

Murail, Elvire　ミュライユ, エルヴィール
1958～　著「ゴーレム」新樹社, 草土文化(発売)　2010

Murail, Lorris　ミュライユ, ロリス
1951～　著「ゴーレム」新樹社, 草土文化(発売)　2010

Murail, Marie-Aude　ミュライユ, マリー＝オード
ドイツ児童文学賞 青少年審査委員賞(2008年) "Simpel"

Murakami, Asayo　ムラカミ, アサヨ
1898～2002　国カナダ　映画「おばあちゃんのガーデン」のモデル　日本名＝村上朝代

Murakami, Haruki　ムラカミ, ハルキ
国日本　世界幻想文学大賞 長編(2006年) "Kafka on the Shore"　漢字名＝村上春樹

Murakami, Jimmy Teruaki　ムラカミ, ジミー・テルアキ
1933～2014　国アイルランド　アニメーション監督　訳ムラカミ, ジミー・テル

Murakami, Raymond Shoji　ムラカミ, レイモンド・ショウジ
国アメリカ　元・日系市民連盟ワシントン支部会長, 元・全米日系米国人メモリアル基金会長

Murakami, Sheryl　ムラカミ, シェリル
MTVアワード 最優秀振付(第28回(2011年)) "Run the World (Girls)"

Muralidhar, Arun S.　ムラリダール, アルン・S.
著「年金マネジメント・イノベーション」金融財政事情研究会, きんざい(発売)　2005

Muraliyev, Amangeldy　ムラリエフ, アマンゲルディ
国キルギス　経済発展・産業・貿易相

Muraoka, Joel T.　ムラオカ, ジョエル・T.
著「科学技術系の現場で役立つ英文の書き方」講談社　2007

Muraoka, Roy　ムラオカ, ロイ
国アメリカ　元・サンディエゴ日系連合協議会会長

Murashev, Nurbek　ムラシェフ, ヌルベク
国キルギス　農業・土地改良相

Murat, Laure　ミュラ, ロール
1967～　著「ブランシュ先生の精神病院」原書房　2003

Murataj, Andamion　ムラタジ, アンダミオン
ベルリン国際映画祭 銀熊賞 脚本賞(第61回(2011年)) "The Forgiveness Of Blood"

Murati, Valon　ムラティ, バロン
国コソボ　国外在住者相

Muratori, Fred　ムラトリ, フレッド
著「ポール・オースターが朗読するナショナル・ストーリー・プロジェクト」アルク　2006

Muratyan, Vahram　ミュラティアン, ヴァラム
著「パリ・ヴァーサス・ニューヨーク」ビー・エヌ・エヌ新社　2013

Murawski, Bob　ムラウスキー, ボブ
アカデミー賞 編集賞(第82回(2009年)) "The Hurt Locker"

Murawski, Darlyne　ムロウスキー, ダーリーン
著「チョウ」ほるぷ出版　2012

Muray Kobory, Alfonso　ムライ・コボリ, アルフォンソ
国メキシコ　元・日墨協会会長, 元・日墨文化学院会長

Murazzo, Felix　ムラソ, フェリックス
国ペルー　内相

Murcer, Bobby　マーサー, ボビー
1946～2008　国アメリカ　野球選手, アナウンサー　本名＝Murcer, Bobby Ray

Murch, Walter　マーチ, ウォルター
　1943〜　著「映画もまた編集である」みすず書房　2011
Murchie, David Neil　マーチー, D.N.
　1945〜　著「はじめて学ぶキリスト教」教文館　2002
Murcutt, Glenn　マーカット, グレン
　1936〜　著「グレン・マーカットの建築」TOTO出版　2008
Murdani, Benny　ムルダニ, ベニ
　1932〜2004　国インドネシア　軍人　インドネシア国防治安相, インドネシア軍事司令官　愛ベニ・ムルダニ / ムルダニ, ベニー
Murdin, Paul　マーディン, ポール
　著「私たちは宇宙から見られている？」日本評論社　2016
Murdoch, Andrew　マードーク
　国ニュージーランド　セーリング選手
Murdoch, David Hamilton　マードック, デヴィッド・H.
　1937〜　著「カウボーイ事典」あすなろ書房　2007
Murdoch, Elisabeth　マードック, エリザベス
　1909〜2012　国オーストラリア　慈善家
Murdoch, Elizabeth　マードック, エリザベス
　1968〜　国イギリス　実業家　シャイン会長・CEO　スカイ・ネットワーク社長
Murdoch, Iris　マードック, アイリス
　著「ジャクソンのジレンマ」彩流社　2002
Murdoch, James　マードック, ジェームズ
　1972〜　国アメリカ　実業家　21世紀フォックスCEO　本名＝Murdoch, James Rupert Jacob
Murdoch, John　マードック, ジョン
　著「建設契約」技報堂出版　2011
Murdoch, Julian　マードック, ジュリアン
　著「アートオブバイオショックインフィニット」一迅社　2013
Murdoch, Lachlan　マードック, ラクラン
　1971〜　国アメリカ　実業家　21世紀フォックス会長, Illyria会長　ニューズ・コーポレーション副COO, ニューズ・リミテッド会長・CEO, ニューヨーク・ポスト発行人　本名＝Murdoch, Lachlan Keith　愛マードック, ロクラン
Murdoch, Rupert　マードック, ルパート
　1931〜　国アメリカ　実業家　ニューズ・コーポレーション会長, 21世紀フォックス会長　本名＝Murdoch, Keith Rupert
Murdoch, Tom　マードック, トム
　国キリバス　財務・経済開発相
Mureiko, Sergei　モレイコ
　国ブルガリア　レスリング選手
Murekezi, Anastase　ムレケジ, アナスタズ
　国ルワンダ　首相
Murenzi, Romain　ムレンジ, ロマン
　国ルワンダ　科学技術担当相
Murerwa, Herbert　ムレルワ, ハーバート
　国ジンバブエ　土地・再定住相
Mureta, Chad　ムレタ, チャド
　1981〜　著「プログラムもできない僕はこうしてアプリで月に1000万円稼いだ」二見書房　2013
Murfin, Teresa　マーフィン, テレサ
　著「おばけやしきなんてこわくない」国土社　2008
Murgallis, Robert R.　マーガリス, ロバート・P.
　著「協力のリーダーシップ」ダイヤモンド社　2009
Murganič, Nada　ムルガニッチ, ナダ
　国クロアチア　人口・家族・青年・社会政策相
Murgia, Alessandro　ムルジャ, アレッサンドロ
　国イタリア　サッカー選手
Murgueytio, Nelson　ムルゲイティオ, ネルソン
　国エクアドル　都市開発・住宅相
Muric, Robert　ムリッチ, ロベルト
　国クロアチア　サッカー選手
Muriel, Luis　ムリエル, ルイス
　国コロンビア　サッカー選手
Muriel, Oscar de　ミュリエル, オスカル・デ
　1983〜　著「悪魔のソナタ」KADOKAWA　2016
Murigande, Charles　ムリガンデ, チャールズ
　国ルワンダ　教育相　愛ムリガンデ, シャルル
Murillo, Jeison　ムリージョ, ジェイソン
　国コロンビア　サッカー選手
Murillo, John　ムリエル, ジョン
　国コロンビア　陸上選手
Murillo, Luis Gilberto　ムリジョ, ルイス・ヒルベルト
　国コロンビア　環境相
Murillo, Miguel　ムリジョ, ミゲル
　国コスタリカ　柔道選手

Murillo de la Rocha, Javier　ムリジョ・デラロチャ, ハビエル
　国ボリビア　外相
Murillo Jorge, Marino Alberto　ムリジョ・ホルヘ, マリノ・アルベルト
　国キューバ　閣僚評議会副議長
Murillo Karam, Jesús　ムリジョ・カラム, ヘスス
　国メキシコ　連邦検察庁長官
Murillo Zambrana, Rosario Maria　ムリジョ・サンブラーナ, ロサリオ・マリア
　国ニカラグア　副大統領
Murimurivalu, Kini　ムリムリヴァル, キニ
　国フィジー　ラグビー選手
Murk, Jöri　ムルク, ヨリ
　著「パンフルート演奏入門」本の風景社, 横浜　ココデ出版（発売）2007
Murkin, Henry R.　マーキン, H.R.
　著「野生動物の研究と管理技術」文永堂出版　2001
Murkoff, Heidi Eisenberg　マーコフ, H.
　著「すべてがわかる妊娠と出産の本」アスペクト　2004
Mūrniece, Linda　ムルニエツェ, リンダ
　国ラトビア　内相
Muro, Paco　ムーロ, パコ
　著「なぜ、エグゼクティブは大雨でもスコアが乱れないのか？」ゴマブックス　2009
Murowchick, Robert E.　マロウチック, ロバート
　1956〜　著「古代中国」BL出版　2013
Murphy, Alan　マーフィー, アラン
　著「英国」メディアファクトリー　2003
Murphy, Annalise　マーフィー, アナリーズ
　国アイルランド　セーリング選手　愛マーフィー
Murphy, Bill　マーフィ, ビル
　著「墜落事故調査官」二見書房　2001
Murphy, Bill, Jr.　マーフィー, ビル, Jr.
　著「ハーバードビジネススクールが教えてくれたこと、教えてくれなかったこと」阪急コミュニケーションズ　2011
Murphy, Bobby　マーフィー, ボビー
　国アメリカ　起業家　スナップチャット共同創業者
Murphy, Brittany　マーフィ, ブリタニー
　1977〜2009　国アメリカ　女優　愛マーフィー, ブリタニー
Murphy, Catherine J.　マーフィ, キャサリン・J.
　著「ブラウン一般化学」丸善出版　2015
Murphy, Cathy　マーフィー, キャッシー
　著「看護における反省的実践」ゆみる出版　2005
Murphy, Cecil John, Jr.　マーフィー, セシル・ジョン, Jr.
　国アメリカ　元・ニューオーリンズ日本人会会長
Murphy, Chris　マーフィー, クリス
　著「カラーマネジメント」帆風, ビー・エヌ・エヌ新社（発売）2005
Murphy, Chuck　マーフィー, チャック
　著「びっくりかたちいぬあそび」大日本絵画　2011
Murphy, Cillian　マーフィー, キリアン
　1976〜　国アイルランド　俳優　愛マーフィ, キリアン
Murphy, Clayton　マーフィー, クレイトン
　国アメリカ　陸上選手
Murphy, Colleen　マーフィ, コーリン
　カナダ総督文学賞 英語 戯曲（2007年）"The December Man (L'homme de décembre)"
Murphy, Craig　マーフィー, クレイグ・N.
　著「国連開発計画〈UNDP〉の歴史」明石書店　2014
Murphy, Dallas　マーフィー, ダラス
　著「MBAのマーケティング」日本経済新聞社　2003
Murphy, Daniel　マーフィー, ダニエル
　国アメリカ　野球選手
Murphy, Dean E.　マーフィー, ディーン・E.
　1958〜　著「マンハッタン、9月11日」中央公論新社　2002
Murphy, Eddie　マーフィ, エディ
　1961〜　国アメリカ　コメディアン, 俳優　本名＝Murphy, Edward Regan　愛マーフィ, エディー / マーフィー, エディ
Murphy, Gael　マーフィー, ゲイル
　著「もう戦争はさせない！」文理閣　2007
Murphy, Gillian　マーフィー, ジリアン
　1979〜　国アメリカ　バレリーナ　アメリカン・バレエ・シアター（ABT）プリンシパル　愛マーフィ, ジリアン
Murphy, Glenn　マーフィー, グレン
　著「発明」昭文社　2008
Murphy, Graeme　マーフィー, グレアム
　1950〜　国オーストラリア　振付師, 元バレエダンサー　シド

ニー・ダンス・カンパニー芸術監督　異マーフィ, グレアム

Murphy, James E.　マーフィ, ジェームズ・E.
著「マーケティングのジレンマ」 ダイヤモンド社　2004

Murphy, James T.　マーフィー, ジェームズ・T.
著「経済地理学キーコンセプト」 古今書院　2014

Murphy, Jana　マーフィ, ジェイナ
著「うちの子、どうして同じ服ばかり着たがるの？」 草思社　2006

Murphy, Jean　マーフィー, ジィーン
著「心の財産になる自分を励ます50の言葉」 三笠書房　2002

Murphy, Jill　マーフィ, ジル
1949～　著「まいごのまいごのアルフィーくん」 評論社　2016

Murphy, Jim　マーフィー, ジム
国イギリス　スコットランド相

Murphy, Jobi　マーフィー, ジョービー
著「マックス・レミースーパースパイ」 童心社　2008

Murphy, John　マーフィー, ジョン
著「魔術師たちのトレーディングモデル」 パンローリング　2001

Murphy, John J.　マーフィー, ジョン・J.
1952～　著「市場間分析入門」 パンローリング　2005

Murphy, John Joseph　マーフィー, ジョン・J.
1955～　著「中学校・高校でのブリーフカウンセリング」 二瓶社　2002

Murphy, John Ryan　マーフィー, ジョン・ライアン
国アメリカ　野球選手

Murphy, Jordi　マーフィー, ジョーディー
国アイルランド　ラグビー選手

Murphy, Kelly　マーフィー, ケリー
1977～　著「見習い幻獣学者ナサニエル・フラッドの冒険」 あすなろ書房　2013

Murphy, Kevin　マーフィー, ケビン
国アメリカ　バスケットボール選手

Murphy, Kyle　マーフィー, カイル
国アメリカ　アメフト選手

Murphy, Laurence　マーフィー, ローレンス
著「ニュージーランド福祉国家の再設計」 法律文化社　2004

Murphy, Liam B.　マーフィー, L.
著「税と正義」 名古屋大学出版会　2006

Murphy, Louis　マーフィー, ルイス
国アメリカ　アメフト選手

Murphy, Marcus　マーフィー, マーカス
国アメリカ　アメフト選手

Murphy, Margaret　マーフィ, マーガレット
英国推理作家協会賞 短編ダガー（2012年）　"The Message"

Murphy, Mark L.　マーフィ, マーク
著「Android4プログラミング教本」 翔泳社　2012

Murphy, Mary　マーフィ, メアリー
1961～　異マーフィー, メアリー　著「あかちゃんにちゅっ！」 フレーベル館　2004

Murphy, Michael　マーフィー, マイケル
1930～　著「進化する魂」 角川書店　2004

Murphy, Michael Patrick　マーフィー, M.P.
1963～　著「生命とは何か」 培風館　2001

Murphy, Pace　マーフィー, ペイス
国アメリカ　アメフト選手

Murphy, Pat　マーフィー, パット
国アメリカ　ミルウォーキー・ブルワーズコーチ

Murphy, Pat　マーフィー, パット
著「ノービットの冒険」 早川書房　2001

Murphy, Paul　マーフィ, ポール
国イギリス　ウェールズ相

Murphy, Raymond　マーフィー, R.
著「マーフィーのケンブリッジ英文法」 Cambridge University Press, Asian Branch, United Publishers Services（発売）　2005

Murphy, Richard　マーフィー, リチャード
1958～　著「タックスヘイブン」 作品社　2013

Murphy, Rita　マーフィー, リタ
著「真夜中の飛行」 小峰書店　2004

Murphy, Robert Patrick　マーフィー, ロバート・P.
1976～　著「学校で教えない大恐慌・ニューディール」 大学教育出版　2015

Murphy, R.Taggart　マーフィー, R.ターガート
1952～　著「日本呪縛の構図」 早川書房　2015

Murphy, Ryan　マーフィー, ライアン
エミー賞 プライムタイム・エミー賞 最優秀監督賞（コメディシリーズ）（第62回（2010年））　"Glee"

Murphy, Ryan　マーフィー, ライアン
国アメリカ　アメフト選手

Murphy, Ryan　マーフィー, ライアン
国アメリカ　水泳選手

Murphy, Scott　マーフィー, スコット
国アメリカ　ミュージシャン

Murphy, Sean　マーフィ, ショーン
1963～　著「暗号理論」 岩波書店　2004

Murphy, Shane　マーフィー, シェーン
著「スポーツ選手のためのキャリアプランニング」 大修館書店　2005

Murphy, Tab　マーフィ, タブ
著「ブラザー・ベア」 竹書房　2004

Murphy, Terry Weible　マーフィー, テリー
著「僕は人生を巻き戻す」 文芸春秋　2009

Murphy, Thomas A.　マーフィ, トーマス
1915～2006　国アメリカ　実業家　ゼネラル・モーターズ（GM）会長・CEO　異マーフィー, トーマス

Murphy, Tom　マーフィー, トム
国アメリカ　野球選手

Murphy, Trent　マーフィー, トレント
国アメリカ　アメフト選手

Murphy, Warren　マーフィ, ウォーレン
1933～2015　国アメリカ　作家　共同筆名＝ストライカー, デブ〈Stryker, Dev〉　異マーフィー, ウォーレン

Murphy-O'Connor, Jerome　マーフィー・オコナー, J.
1935～　著「叢書新約聖書神学」 新教出版社　2009

Murphy-Shigematsu, Stephen　マーフィ・シゲマツ, スティーヴン
著「スタンフォード大学マインドフルネス教室」 講談社　2016

*al-*Murr, Elias　アル・ムール, エリアス
国レバノン　内務・地方自治相

Murr, Elias　ムル, エリアス
国レバノン　副首相兼国防相

Murrain, Paul　ミューラン, パウル
著「感応する環境」 鹿島出版会　2011

Murray, Aaron　マレー, アーロン
国アメリカ　アメフト選手

Murray, Alan Robert　マーレイ, アラン・ロバート
アカデミー賞 音響効果賞（第87回（2014年））ほか

Murray, Alan S.　マーレイ, アラン
1954～　異マレー, アラン　著「ウォール・ストリート・ジャーナル ザ・マネジメント」 かんき出版　2013

Murray, Albert　マレー, アルバート
1916～2013　国アメリカ　作家, 評論家　本名＝Murray, Albert Lee　異マリー, アルバート

Murray, Alex　マリー, アレックス
1980～　著「ジョルジョ・アガンベン」 青土社　2014

Murray, Alison　マレー, アリソン
著「ペネロペひめとにげだしたこねこ」 徳間書店　2016

Murray, Andy　マリー, アンディ
1987～　国イギリス　テニス選手　本名＝マリー, アンドルー〈Murray, Andrew Barron〉　異マレー, アンディ

Murray, Bill　マレー, ビル
1950～　国アメリカ　俳優, タレント, 脚本家　本名=Doyle-Murray, William　異マーレー, ビル / マーレイ, ビル / マレイ, ビル

Murray, Bruce　マレー, ブルース
1931～2013　国アメリカ　科学者　米国航空宇宙局ジェット推進研究所所長

Murray, Charles A.　マレー, チャールズ
1943～　著「階級「断絶」社会アメリカ」 草思社　2013

Murray, Charles Shaar　マリー, チャールズ・シャー
1951～　著「ジミ・ヘンドリックスとアメリカの光と影」 フィルムアート社　2010

Murray, Conor　マレー, コナー
国アイルランド　ラグビー選手

Murray, Dain H.　マレ, ダイアン・H.
著「女海賊大全」 東洋書林　2003

Murray, David　マレイ, デビッド
著「The world ofカーズあたらしい友だち」 大日本絵画　〔2009〕

Murray, David Kord　マレイ, デイビッド・コード
著「PlanB」 東洋経済新報社　2012

Murray, Dejounte　マレー, デジョンテ
国アメリカ　バスケットボール選手

Murray, DeMarco　マレー, デマルコ

Murray, Donald Morison　マレー, ドナルド・M.
　1924〜　著「人生、これからがときめきの日々」集英社　2002
Murray, Elspeth　ムーレイ, エラスペス
　著「業績評価の理論と実務」東洋経済新報社　2004
Murray, Eric　マレー, エリック
　1982〜　ニュージーランド　ボート選手　異マレー, エリク
Murray, Eric　マレー, エリック
　国アメリカ　アメフト選手
Murray, Glenn　マリー, グレン
　著「おなら犬ウォルターのみの市で大さわぎ！」サンマーク出版　2008
Murray, Gordon S.　マレー, ゴードン・S.
　？〜2001　著「投資とお金について最後に伝えたかったこと」日本経済新聞出版社　2011
Murray, Jamal　マレー, ジャマール
　国カナダ　バスケットボール選手
Murray, James Dickson　マレー, ジェームズ・D.
　1931〜　著「マレー数理生物学 応用編」丸善出版　2016
Murray, Jamie　マレー, ジェイミー
　国イギリス　テニス選手
Murray, Jocelyn　マーレイ, ジョスリン
　著「アフリカ」朝倉書店　2008
Murray, John　マリー, ジョン
　1962〜　著「熱帯産の蝶に関する二、三の覚え書き」ソニー・マガジンズ　2005
Murray, Joseph Edward　マレー, ジョセフ・エドワード
　1919〜2012　国アメリカ　外科医　ハーバード大学医学部外科学名誉教授　専外科学, 腎臓移植, 形成外科　異マレイ, ジョセフ
Murray, Justin　マレー, ジャスティン
　国アメリカ　アメフト選手
Murray, Katherine　マーレイ, キャサリン
　1961〜　著「Microsoft Office Word 2003オフィシャルマニュアル」日経BPソフトプレス, 日経BP出版センター（発売）　2004
Murray, Kiel　マレー, キール
　著「カーズ クリスマスだいさくせん！」講談社　2010
Murray, Latavius　マレー, ラタビアス
　国アメリカ　アメフト選手
Murray, Linda　マレイ, リンダ
　1913〜2004　著「オックスフォードキリスト教美術・建築事典」東信堂　2013
Murray, Liz　マレー, リズ
　1980〜　著「ブレイキング・ナイト」阪急コミュニケーションズ　2012
Murray, Lynne　マリー, リン
　著「母子臨床の精神力動」岩崎学術出版社　2011
Murray, Margo　マリー, マーゴ
　1935〜　著「メンタリングの奇跡」PHP研究所　2003
Murray, Martine　マレイ, マータイン
　著「シーダー・B・ハートリーのまるきり嘘ではない話」主婦の友社　2004
Murray, Marti P.　ミュレイ, マーティ
　著「実践ヘッジファンド投資」日本経済新聞社　2001
Murray, Michael T.　マレイ, マイケル・T.
　著「患者さんの信頼を勝ちえる自然療法活用ハンドブック」ガイアブックス　2015
Murray, Nicholas　マレー, ニコラス
　著「マシュー・アーノルド伝」英宝社　2007
Murray, Patrick　マレー, パトリック
　国アメリカ　アメフト選手
Murray, Paul　マレー, ポール
　著「症例から学ぶ統合失調症の認知行動療法」日本評論社　2007
Murray, Peter J.　マーレイ, ピーター・J.
　著「モーキー・ジョー」フレーベル館　2006
Murray, Raymond L.　マレー, レイモンド・L.
　著「マレー原子力学入門」講談社　2015
Murray, Richard　マリー, リチャード
　国南アフリカ　トライアスロン選手
Murray, Robert Emmett　マレー, ロバート・エメット
　1939〜2008　著「アメリカの労働社会を読む事典」明石書店　2012
Murray, Robert K.　マレー, R.K.
　著「イラストレイテッド ハーパー・生化学」丸善　2003
Murray, Robin　マレー, R.M.
　1944〜　著「統合失調症の常識は本当か？」培風館　2009
Murray, Robin　マレー, ロビン
　1940〜　著「ゴミポリシー」築地書館　2003

Murray, Samantha　マリー, サマンサ
　国イギリス　近代五種選手　異マリー
Murray, Sarah Elizabeth　マレー, サラ
　著「死者を弔うということ」草思社　2014
Murray, Scott　マレイ, スコット
　著「インタラクティブ・データビジュアライゼーション」オライリー・ジャパン, オーム社（発売）　2014
Murray, Simon　マレー, サイモン
　著「ファッションメガネ図鑑」ガイアブックス　2013
Murray, Stuart　マレー, スチューアート
　1948〜　著「写真が語るベトナム戦争」あすなろ書房　2006
Murray, Stuart A.P.　マレー, スチューアート・A.P.
　著「図説図書館の歴史」原書房　2011
Murray, T.Scott　マレー, T.スコット
　著「キー・コンピテンシー」明石書店　2006
Murray, Virginia　マレー, ヴァージニア
　著「化学物質による災害管理」メディカルレビュー社　2001
Murray, William H.　マレー, ウィリアム・H.
　1943〜　著「C++デバッグ技術」技術評論社　2001
Murray, Williamson　マーレー, ウイリアムソン
　著「検証太平洋戦争とその戦略」中央公論新社　2013
Murray-Smith, Joannna　マレースミス, ジョアンナ
　異マレー＝スミス, ジョアンナ　著「ラブ・チャイルド アウェイ」オセアニア出版社　2006
Murrell, Amy R.　マレル, エイミー・R.
　著「やさしいみんなのペアレント・トレーニング入門」金剛出版　2014
Murrell, John　マレル, ジョン
　著「サラーカナダ戯曲選集 ハイ・ライフーカナダ戯曲選集」彩流社　2002
Murrell, Kathleen Berton　ミューレル, キャスリーン・バートン
　著「写真でたどるロシアの文化と歴史」あすなろ書房　2007
Murrell, Kenneth L.　マレル, ケネス
　著「ブライトな上司」ディスカヴァー・トゥエンティワン　2007
Murrey, Jeneth　マレー, ジェネス
　著「アルカディのもとへ」ハーレクイン　2003
Murrieta, Ed　ムリエタ, エド
　著「いないいないブー」大日本絵画　2003
Murrin, Jack　ミュリン, ジャック
　著「企業価値評価」ダイヤモンド社　2002
Murro, Ernesto　ムロ, エルネスト
　国ウルグアイ　労働・社会保障相
Murru, Nicola　ムッル, ニコラ
　国イタリア　サッカー選手
Murry, Toure　マリー, トーレ
　国アメリカ　バスケットボール選手
Mursaliyev, Elvin　ムルサリエフ, エルビン
　国アゼルバイジャン　レスリング選手
Murschetz, Luis　ムルシェツ, ルイズ
　1936〜　著「もぐらのグラボー」新栄堂書店, 実業之日本社（発売）　2006
Mursell, Gordon　マーセル, ゴードン
　著「キリスト教のスピリチュアリティ」新教出版社　2006
Murtada, Hani　ムルタダ, ハニ
　国シリア　高等教育相
Murtagh, Johnny　ムルタ, ジョニー
　1970〜　国アイルランド　調教師, 元騎手
Murtagh, Niall　ムルター, ニアル
　著「青い目のサラリーマン、ザイバツを行く」ランダムハウス講談社　2006
Murtazaliev, Makhach　ムルタザリエフ
　国ロシア　レスリング選手
Murtha, John　マーサ, ジョン
　1932〜2010　国アメリカ　政治家　米国下院議員（民主党）　本名＝Murtha, John Patrick
Murthy, B.N.Narashimha　ムールティ, B.N.ナラシンハ
　著「サッティヤム・シヴァム・スンダラム」サティヤサイ出版協会　2012
Murthy, Narayana　ムールティー, ナラヤナ
　1946〜　国インド　実業家　インフォシス・テクノロジーズ創業者・名誉会長　本名＝Murthy, Nagavara Ramarao Narayana　異ムルティ, ナラヤナ／ムルティー, ナラヤナ
Murthy, Vasudev　ムルティ, ヴァスデーヴ
　著「ホームズ、ニッポンへ行く」国書刊行会　2016
Murton, Matt　マートン, マット

1981〜　国アメリカ　野球選手,元野球選手　本名＝Murton, Matthew Henry
Murua, Ainhoa　ムルア，アイノア
　国スペイン　トライアスロン選手　愛ムルア
Murugi, Esther　ムルギ，エスタ
　国ケニア　特別プログラム担当相
Murungaru, Christopher　ムルンガル，クリストファー
　国ケニア　大統領府国務相
Murungi, Kiraitu　ムルンギ，キライツ
　国ケニア　エネルギー相　愛ムルンギ，キライトゥ
Musa, Ahmed　ムサ，アーメド
　国ナイジェリア　サッカー選手
Musa, Ali bin Muhammad bin　ムサ，アリ・ビン・ムハマド・ビン
　国オマーン　保健相
Musa, Michel　ムーサ，ミシェル
　国レバノン　環境相
Musa, Mohamad　ムサ・モハマド
　国マレーシア　教育相
Musa, Musa Tibin　ムーサ，ムーサ・タイビン
　国スーダン　畜産相
Musa, Mutaz　ムサ，ムタアズ
　国スーダン　水資源・灌漑・電力相
Musa, Said　ムサ，サイド
　国ベリーズ　首相兼財務・公益事業相
Musacchio, Mateo　ムサッキオ，マテオ
　国アルゼンチン　サッカー選手
Musaev, Magomed　ムサエフ，マゴメド
　国キルギス　レスリング選手　愛ムサエフ
Musafiri, Papias Malimba　ムサフィリ，パピアス・マリンバ
　国ルワンダ　教育相
Musagala, Ronald　ムサガラ，ロナルド
　国ウガンダ　陸上選手
Musante, Tony　ムサンテ，トニー
　1936〜2013　国アメリカ　俳優
Musatti, Claire　ムザッティ，クレール
　著「マンガ聖書の時代の人々と暮らし」バベルプレス　2007
al-Musawi, Faysal Radhi　アル・ムサウィ，ファイサル・ラドヒ
　国バーレーン　保健相
Muscă, Monica　ムスカ，モニカ
　国ルーマニア　文化相
Muscala, Mike　マスカラ，マイク
　国アメリカ　バスケットボール選手
Muscat, Joseph　マスカット，ジョゼフ
　国マルタ　首相
Muschg, Adolf　ムシュク，アドルフ
　1934〜　国スイス　作家，批評家，ドイツ文学者　チューリヒ工科大学教授　愛ムシュク，アードルフ
Muscolino, Joseph E.　マスコリーノ，ジョセフ・E.
　著「頸部の手技療法」緑書房　2016
Muse, Charlie　ミューズ，チャーリー
　?〜2005　国アメリカ　野球用ヘルメットの開発者
Musebo, Etienne Kitanga Eshima　ムセボ，エティエン・キタンガ・エシマ
　国コンゴ民主共和国　農相
Museh, Abdullahi Boqor　ムセ，アブドゥライ・ボコー
　国ソマリア　国防相
Muselier, Renaud　ミュズリエ，ルノー
　国フランス　外務担当相
Musema, Gaston　ムセマ，ガストン
　国コンゴ民主共和国　初等・中等・職業教育相
Museminari, Rosemary　ムセミナリ，ローズマリー
　国ルワンダ　外相
Muşetescu, Ovidiu Tiberiu　ムシェテスク，オビディウ・ティベリウ
　国ルーマニア　民営化相　愛ムシェテスク，オビディウティベリウ
Museveni, Janet　ムセベニ，ジャネット
　国ウガンダ　教育・スポーツ相
Museveni, Yoweri Kaguta　ムセベニ，ヨウェリ・カグタ
　1944〜　国ウガンダ　政治家　ウガンダ大統領　愛ムセヴェニ
Musgrave, Bill　マスグレイブ，ビル
　国アメリカ　オークランド・レイダーズコーチ
Musgrave, James　マスグレイブ，ジェームズ
　グラミー賞 最優秀ボックス,特別限定版パッケージ(2013年(第56回))　"Wings Over America（Deluxe Edition）"　アート・ディレクター
Musgrave, Richard Abel　マスグレイブ，リチャード
　1910〜2007　国アメリカ　財政学者　ハーバード大学教授　愛マスグレーヴ／マスグレイブ，リチャード・A.
Musgraves, Kacey　マスグレイヴス，ケイシー
　グラミー賞 最優秀カントリー楽曲(2013年(第56回))ほか
Musgrove, Joe　マスグローブ，ジョー
　国アメリカ　野球選手
Mushantat, Nihad　ムシャンタト，ニハド
　国シリア　住宅・建設相
Musharraf, Pervez　ムシャラフ，ペルベズ
　1943〜　国パキスタン　政治家,軍人　パキスタン大統領，パキスタン国軍総参謀長　愛ムシャッラフ／ムシャラフ，パルベーズ／ムシャラフ，パルヴェーズ／ムシャラフ，ペルバイズ
Mushaweh, Lubanah　ムシャウイフ，ルバナ
　国シリア　文化相
Musheja, Amanya　ムシェジャ，アマニャ
　国ウガンダ　公共事業相
Mushidi, Kostja　ムシディ，コスティア
　国ドイツ　バスケットボール選手
Mushikiwabo, Louise　ムシキワボ，ルイーズ
　国ルワンダ　外務・協力相
Mushimba, Brian　ムシンバ，ブライアン
　国ザンビア　運輸通信相
Mushobueka, Marie Ange　ムショブエカ，マリ・アンジュ
　国コンゴ民主共和国　人権相
Mushowe, Christopher　ムショウェ，クリストファー
　国ジンバブエ　メディア・情報・放送相　愛ムショウェ，クリス
Mushyk, Anatoliy　ムシュク
　国ウクライナ　重量挙げ選手
Musial, Stan　ミュージアル，スタン
　1920〜2013　国アメリカ　野球選手　愛称＝スタン・ザ・マン〈Stan the Man〉
Music, Graham　ミュージック，グレイアム
　1957〜　著「子どものこころの発達を支えるもの」誠信書房　2016
Musick, John A.　ミュージック，ジョン・A.
　著「サメとその生態」昭文社　2008
Musierowicz, Małgorzata　ムシェロヴィチ，マウゴジャタ
　1945〜　国ポーランド　児童文学作家
Musig, Todd　ミュージグ，トッド
　著「象はポケットに入れるな！」マガジンハウス　2007
Musin, Aslan　ムシン，アスラン
　国カザフスタン　副首相兼経済予算計画相
Musk, Elon　マスク，イーロン
　1971〜　国アメリカ　起業家　テスラ・モーターズ会長・CEO，スペースX創業者・CEO
Muskens, Eefje　ムスケンス，エーフィア
　国オランダ　バドミントン選手
Musker, John　マスカー，ジョン
　著「プリンセスと魔法のキス」竹書房　2010
Al-muslahi, Khalid bin Hashil bin Mohammed　アル・ムスラヒ，ハリッド・ビン・ハシル・ビン・モハメッド
　国オマーン　駐日特命全権大使
Muslera, Graciela　ムスレラ，グラシエラ
　国ウルグアイ　住宅・環境相
Muslimov, Salim　ムスリモフ，サリム
　国アゼルバイジャン　労働・社会保障相
Mu Sochua　ムー・ソクフア
　国カンボジア　女性問題担当相
Mu Sok Huor　ムー・ソク・フォー
　国カンボジア　復員軍人・女性問題担当相
Musokotwane, Situmbeko　ムソコトワネ，シトゥムベコ
　国ザンビア　財務・国家計画相
Musonda, Charly　ムソンダ，チャーリー
　国ベルギー　サッカー選手
Musonge, Peter Mafany　ムソンゲ，ピーター・マファニ
　国カメルーン　首相　愛ムソング，ピーター・マファニ
Musoni, James　ムソニ，ジェームズ
　国ルワンダ　インフラ相
Musoni, Protais　ムソニ，プロテ
　国ルワンダ　首相府相
Musoyeva, Rafiqa　ムソエワ，ラフィカ
　国タジキスタン　労働雇用・厚生相
Musrasrik, Emilio　ムスラスリク，エミリオ
　国ミクロネシア連邦　法相

al-Musrati, Muhammad Ali　アル・ムスラティ, ムハンマド・アリ
　国リビア　法務・治安書記(法務・治安相)
Muss, Angela　ムス, アンジェラ
　著「だあれ？　くりすますのおはなし」女子パウロ会　2016
Muss, David　マス, ディビッド
　1943〜　著「トラウマ」講談社　2004
Mussa, Henry Amon Robin　ムッサ, ヘンリー・アモン・ロビン
　国マラウイ　労働・青年・スポーツ・人材開発相
Mussa, Jaffali　ムッサ, ジャファリ
　国マラウイ　住宅都市開発相　旧ムッサ, ジャファリー
Mussa, Uladi　ムッサ, ウラディ
　国マラウイ　内相
Mussa, Yunus　ムッサ, ユナス
　国マラウイ　労働相
Musselwhite, Charlie　マッスルホワイト, チャーリー
　グラミー賞 最優秀ブルース・アルバム(2013年(第56回))
　"Get Up！"
Musser, Charles　マッサー, チャールズ
　著「エジソンと映画の時代」森話社　2015
Musser, David R.　マッサー, ディビッド・R.
　著「C++標準テンプレートライブラリ」ピアソン・エデュケーション　2001
Mussi, Fabio　ムッシ, ファビオ
　国イタリア　大学・研究相
Müssner, Renate　ミュスナー, レナーテ
　国リヒテンシュタイン　保健相兼社会相兼環境・土地利用・農林兼相
Musso, Guillaume　ミュッソ, ギヨーム
　1974〜　国フランス　作家　分文学
Mussolini, Romano　ムッソリーニ, ロマノ
　1927〜2006　国イタリア　ジャズピアニスト, ジャズ評論家　旧ムソリーニ, ロマーノ / ムソリーニ, ロマノ
Mussoni, Francesco　ムッソーニ, フランチェスコ
　国サンマリノ　保健長官
Must, Raul　ムスト, ラウル
　国エストニア　バドミントン選手
Mustafa, Abu Ali　ムスタファ, アブ・アリ
　？〜2001　国パレスチナ　政治家　パレスチナ解放人民戦線(PFLP)議長　本名＝ムスタファ, ジブリ
Mustafa, Assad　ムスタファ, アサド
　国シリア　農業農地改良相
Mustafa, Faizer　ムスタファ, ファイザー
　国スリランカ　州議会・地方政府相
Mustafa, Isa　ムスタファ, イサ
　1951〜　国コソボ　政治家　コソボ首相
Mustafa, Mohammed Abu-Zaid　ムスタファ, ムハンマド・アブザイド
　国スーダン　観光・文化財・野生生物相
Mustafa, Muhammad　ムスタファ, ムハンマド
　国パレスチナ　副首相(経済担当)
Mustafa, Shakir　ムスタファ, シャキール
　著「イラク」ほるぷ出版　2008
Mustafa, Susan D.　ムスタファ, スーザン
　著「殺人鬼ゾディアック」亜紀書房　2015
Mustafaj, Besnik　ムスタファイ, ベスニク
　国アルバニア　外相
Mustafayev, Shahin　ムスタファエフ, シャヒン
　国アゼルバイジャン　経済産業相
Mustafi, Shkodran　ムスタフィ, シュコドラン
　国ドイツ　サッカー選手
Mustafina, Aliya　ムスタフィナ, アリーヤ
　1994〜　国ロシア　体操選手
Mustaine, Dave　ムステイン, デイブ
　1961〜　国アメリカ　ロック歌手
Mustapa, Fatehah　ムスタパ, ファテハ
　国マレーシア　自転車選手
Mustapa, Mohamed　ムスタパ・モハメド
　国マレーシア　貿易産業相
Mustapha, Shettima　ムスタファ, シェティマ
　国ナイジェリア　国防相
Mustappha, Sirat　ムスタファ・シラト
　国ブルネイ　通信相
Musto, David F.　ムスト, デイビッド・F.
　著「精神科臨床倫理」星和書店　2011

Mustonen, Olli　ムストネン, オリ
　1967〜　国フィンランド　ピアニスト, 指揮者, 作曲家
Musumeci, Gian-Paolo D.　ムズメキ, ジャン・パオロ・D.
　著「Unixシステムパフォーマンスチューニング」オライリー・ジャパン, オーム社(発売)　2003
Musungayi Bampale, Remy　ムスンガイバンパレ, レミー
　国コンゴ民主共和国　産業・中小企業相　旧ムスンガイ・バンパレ, レミー
Musyoka, Kalonzo　ムショカ, カロンゾ
　国ケニア　副大統領兼内相　旧ムショカ, スティーブン・カロンゾ
Muszenbrook, Anne　ムーセンブロック, アンネ
　著「きゅっきゅっきゅっおじさん」大日本絵画　2003
al-Mutaafi, Abdul-Halim Ismail　ムータフィ, アブドルハリム・イスマイル
　国スーダン　農相　旧ムターフィ, アブドルハリム・イスマイル
Mutaboba, Joseph　ムタボバ, ジョゼフ
　国ルワンダ　大統領府相
Mutafchiev, Petar　ムタフチエフ, ペタル
　国ブルガリア　運輸相
Mutagamba, Maria　ムタガンバ, マリア
　国ウガンダ　観光・野生動植物相
al-Mutahami, Saud bin Saeed bin Abdul-Aziz abu Nuqtah　ムタハミ, サウド・ビン・サーイド・ビン・アブドルアジズ・アブ・ヌクタ
　国サウジアラビア　国務相(諮問評議会担当)
Mutai, Abel Kiprop　ムタイ, A.
　国ケニア　陸上選手
Mutai, Geoffrey　ムタイ, ジョフリー
　1981〜　国ケニア　マラソン選手
Mutai, Munyo Solomon　ムタイ, ムニョソロモン
　国ウガンダ　陸上選手
Mutaib, Ibn Abdul-Aziz　ムタイブ・イブン・アブドルアジズ
　国サウジアラビア　公共事業住宅相　旧ムタイブ・イブン・アブドル・アジズ・サウド
Mutalamu, Laurent Muzangisa　ムタラム, ローラン・ムザンギザ
　国コンゴ民主共和国　エネルギー相
Mutalimov, Marid　ムタリモフ
　国カザフスタン　レスリング選手
Mutambara, Arthur　ムタンバラ, アーサー
　国ジンバブエ　副首相
Mutangiji, Anicet Kuzunda　ムタンギジ, アニセ・クズンダ
　国コンゴ民主共和国　産業相
Mutasa, Didymus　ムタサ, ディディムス
　国ジンバブエ　国家安全保障・土地・再定住担当相　旧ムタサ, ディディムス
Mutassim, bin Hamoud al-Busaidi　ムタッシム・ビン・ハムード・ブサイディ
　国オマーン　国務相兼マスカット州知事　旧ムタッシム・ビン・ハムード・アル・ブサイディ
Mutati, Felix　ムタティ, フェリックス
　国ザンビア　財務相
al-Mutawa, Abdulrahman Abdulkareem　ムタワ, アブドラフマン・アブドルカリーム
　国クウェート　公共事業相
al-Mutawa, Mohammed bin Ibrahim　ムタワ, ムハンマド・ビン・イブラヒム
　国バーレーン　国務相(内閣担当)　旧アル・ムタワ, モハメド・ビン・イブラヒム / ムタワ, モハメド・ビン・イブラヒム
al-Mutawakel, Yahya　ムタワキル, ヤハヤ
　国イエメン　通産相
Mutawakil, Abdul Wakil　ムタワキル, アブドル・ワキル
　国アフガニスタン　外相
Mutch, Jordon　マッチ, ジョーダン
　国イングランド　サッカー選手
Muteia, Helder dos Santos　ムテイア, エルデル・ドスサントス
　国モザンビーク　農業・地方開発相
Muteka, Fernando Faustino　ムテカ, フェルナンド・ファウスティノ
　国アンゴラ　国土行政相
Muteragiranwa, Barnabe　ムテラギラヌワ, バルナベ
　国ブルンジ　文化青年スポーツ相
Mutezo, Munacho　ムテゾ, ムナチョ
　国ジンバブエ　水開発相
Muth, Jon J.　ミュース, ジョン・J.
　国アメリカ　絵本作家, イラストレーター
Muth, Jörg　ムート, イエルク

Muthambi, Faith　ムタンビ, フェイス
　1967〜　著「コマンド・カルチャー」中央公論新社　2015
　国南アフリカ　広報相
Mutharika, Arthur Peter　ムタリカ, アーサー・ピーター
　1940〜　国マラウイ　政治家　マラウイ大統領・国防相
Mutharika, Bingu　ムタリカ, ビング
　1934〜2012　国マラウイ　政治家　マラウイ大統領, マラウイ民主進歩党党首　本名＝ムタリカ, ビング・ワ〈Mutharika, Bingu Wa〉　異ムタリカ, ビング・ワ
Mutharika, Callista　ムタリカ, カリスタ
　国マラウイ　母子保健相
Muthemba, Cadmiel　ムテンバ, カドミエル
　国モザンビーク　公共事業・住宅相
Muthesius, Stefan　マテシアス, ステファン
　1939〜　著「ヴィクトリア朝の建築」英宝社　2007
Muthu, Rajendran　ムース, ラジェンドラン
　著「マレーシアの社会と社会福祉」明石書店　2002
Muti, Riccardo　ムーティ, リッカルド
　1941〜　国イタリア　指揮者　シカゴ交響楽団音楽監督　ミラノ・スカラ座音楽監督
Mutinde, Pedro　ムティンデ, ペドロ
　国アンゴラ　ホテル・観光相　異ムティンディ, ペドロ
Mutinhiri, Ambrose　ムティニリ, アンブロース
　国ジンバブエ　青年育成・雇用創出相
Mutiri Wa Bashara, Elvis　ムンティリ・ワ・バシャラ, エルビス
　国コンゴ民主共和国　観光相
Mutiti, Ndiyoi Muliwana　ムティティ, ンディオイ・ムリワナ
　国ザンビア　駐日特命全権大使
Mutko, Vitaly L.　ムトコ, ビタリー・L.
　国ロシア　副首相
al-Mutlaq, Saleh　ムトラク, サレハ
　国イラク　副首相
Mutlu, Halil　ムトル
　国トルコ　重量挙げ選手
Mutola, Maria　ムトラ
　国モザンビーク　陸上選手
Mutombo, Patrick　ムトンボ, パトリック
　国アメリカ　トロント・ラプターズアシスタントコーチ（バスケットボール）
Mutorwa, John　ムトルワ, ジョン
　国ナミビア　農業・水利・森林相　異ムトワ, ジョン
Mutrie, Nanette　ムツリ, ナネット
　1953〜　著「身体活動の健康心理学」大修館書店　2005
Mutsch, Lydia　ムッチ, リディア
　国ルクセンブルク　保健・機会均等相
Mutschler, Hans-Dieter　ムチュラー, ハンス・ディーター
　著「越境する環境倫理学」現代書館　2010
Mutsekwa, Giles　ムツェクワ, ジャイルズ
　国ジンバブエ　住宅・社会施設相
Mutsvangwa, Christopher　ムツァングワ, クリストファー
　国ジンバブエ　退役軍人等福祉サービス相
Muttahar, Muhammad　ムタハル, ムハンマド
　国イエメン　高等教育・学術研究相　異ムタッハル, ムハンマド
Muttawa, Hamad Abdulla Al　ムタワ, ハマド・アブダッラー・アル
　国アラブ首長国連邦　元・農業水産省副大臣
Muttelsee, Willy　ムッテルゼー, ヴィリー
　著「鉄条網の中の四年半」井上書房, 潮出版社（発売）　2006
Mutter, Anne-Sophie　ムター, アンネ・ゾフィー
　1963〜　国ドイツ　バイオリニスト　異ムッター, アンネ＝ゾフィー
Mutti, Andrea　ムッティ, アンドレア
　著「マッドマックス怒りのデス・ロード」Graffica Novels, 誠文堂新光社（発売）　2015
Mutu, Adrian　ムトゥ, アドリアン
　1979〜　国ルーマニア　サッカー選手
Mutuib, bin Abdul-Aziz　ムトゥイブ・ビン・アブドルアジズ
　国サウジアラビア　都市村落相
Mutuib, bin Abdullah bin Abdul-Aziz　ムトイブ・ビン・アブドラ・ビン・アブドルアジズ
　国サウジアラビア　国家警備相　異ムトイブ・ビン・アブドラ
Muudey, Abdiweli Ibrahim Ali Sheikh　ムーデイ, アブディウェリ・イブラヒム・アリ・シェイク
　国ソマリア　労相
Muya, Generose Lushiku　ムヤ, ジェネローズ・ルシク
　国コンゴ民主共和国　都市計画・住宅相
Muyej Mangez, Richard　ムイエジマンゲズ, リシャール
　国コンゴ民主共和国　内務・治安・地方分権・慣習担当相　異ムイエジ・マンゲズ, リシャール
Muyzenberg, Laurenz van den　ムイゼンバーグ, ローレンス・ファン・デン
　著「ダライ・ラマのビジネス入門」マガジンハウス　2008
Muzembi, Walter　ムゼンビ, ウォルター
　国ジンバブエ　観光相
Muzenda, Simon　ムゼンダ, サイモン
　国ジンバブエ　副大統領
Muzik, Katherine　ミュジック, キャサリン
　著「サンゴの森」草炎社　2007
Muzito, Adolphe　ムジト, アドルフ
　国コンゴ民主共和国　首相
Muzorewa, Abel Tendekayi　ムゾレワ, アベル・テンデカイ
　1925〜2010　国ジンバブエ　政治家, 牧師　ジンブブエ首相, 統一アフリカ民族評議会（UANC）議長
Muzungu, Christophe　ムズング, クリストフ
　国コンゴ民主共和国　文化・芸術相
Muzyka, Zhena　ミュジカ, ジーナ
　著「「夢をかなえる」自分になる」大和書房　2015
Muzzarelli, Maria Giuseppina　ムッツァレッリ, M.G.
　1951〜　著「イタリア・モード小史」知泉書館　2014
Mvogo, Yvon　ムヴォゴ, イヴォン
　国スイス　サッカー選手
Mvouba, Isidore　ムブバ, イジドール
　国コンゴ共和国　産業開発・民間部門促進相　異ムブバ, イシドール
Mvouo, Philippe　ムブオ, フィリップ
　国コンゴ共和国　鉱業・エネルギー相
Mvovo, Lwazi　ンヴォヴォ, ルワジ
　国南アフリカ　ラグビー選手
Mvula, Laura　マブーラ, ローラ
　1987〜　国イギリス　シンガー・ソングライター　異マヴーラ, ローラ
Mvunabandi, Celestin　ムブナバンディ, セレスタン
　国コンゴ民主共和国　公営企業相
Mwaanga, Vernon　ムワアンガ, バーノン
　国ザンビア　情報・放送相
Mwakasa, Eva　ムワカサ, エバ
　国コンゴ民主共和国　運輸相
Mwakwere, Chirau　ムワクウェレ, チラウ
　国ケニア　環境・鉱物資源相　異ムワクウェレ, チラウ・アリ
Mwakyembe, Harrison　ムワキェンベ, ハリソン
　国タンザニア　運輸相
Mwakyusa, David　ムワキュサ, デービッド
　国タンザニア　保健・社会福祉相
Mwakywmbe, Harrison　ムワキエンベ, ハリソン
　国タンザニア　憲法・司法相
Mwale, Maxwell　ムワレ, マクセル
　国ザンビア　鉱山・鉱物開発相
Mwale, Theresa　ムワレ, テレサ
　国マラウイ　男女同権・児童育成相
Mwale, Vincent　ムワレ, ビンセント
　国ザンビア　地方自治相
Mwalimu, Ummy　ムワリム, ウミー
　国タンザニア　保健・村落開発・ジェンダー・高齢者・児童相
Mwamba, François　ムワンバ, フランソワ
　国コンゴ民主共和国　財務相
Mwanakatwe, Margaret　ムワナカトゥエ, マーガレット
　国ザンビア　商業・貿易・産業相
Mwanamveka, Joseph　ムワナムベカ, ジョセフ
　国マラウイ　産業・貿易・観光相
Mwanawasa, Levy Patrick　ムワナワサ, レビ
　1948〜2008　国ザンビア　政治家, 弁護士　ザンビア大統領
Mwanba, Godfrey　ムワンバ, ゴドフレイ
　国ザンビア　国防相
Mwandosha, Mark　ムワンドシャ, マーク
　国タンザニア　水・かんがい開発相
Mwange, Marie Louise　ムワンゲ, マリ・ルイズ
　国コンゴ民主共和国　ジェンダー・家族・子ども相
Mwangu Famba, Maker　ムワングファンバ, マケル
　国コンゴ民主共和国　初等・中等・職業教育・新市民権広報相
Mwangunga, Shamsa Selengia　ムワングンガ, シャムサ・セレンギア

国タンザニア　天然資源・観光相
Mwanke, Augustin Katumba　ムワンケ, オーギュスタン・カトゥンバ
国コンゴ民主共和国　大統領府相
Mwansa, Kalombo　ムワンサ, カロンボ
国ザンビア　国防相　ムワンザ, カロンボ
Mwanza, Peter　ムワンザ, ピーター
国マラウイ　農業・食料安全保障相
Mwanza, Rachel　ムワンザ, ラシェル
ベルリン国際映画祭 銀熊賞 女優賞（第62回（2012年））"Rebelle"
Mwanza, Thoto　ムワンザ, トト
国マラウイ　国防相
Mwapachu, Bakari　ムワパチュ, バカリ
国タンザニア　治安相
Mwapachu, Harith Bakari　ムワパチュ, ハリス・バカリ
国タンザニア　法相
Mwau, Adelina Ndeto　ムワウ, アデリーナ
著「オクスファム男女共同参画研修マニュアル」北樹出版　2011
Mwawa, Yusef　ムワワ, ユセフ
国マラウイ　教育相　国ムワワ, ユスフ
Mwazo, Danson　ムワゾ, ダンソン
国ケニア　観光相
Mwemwenikarawa, Nabuti　メメニカラワ, ナブシ
国キリバス　財務・経済開発相
Mwenda Bambinganila, Raphael　ムウェンダ・バンビンガニラ, ラファエル
国コンゴ民主共和国　臨時代理大使, 全権公使
Mwenye Hadithi　ムウェニエ・ハディシ
1950〜　著「くいしんぼうシマウマ」西村書店東京出版編集部　2016
Mwesige, Adolf　ムウェシジェ, アドルフ
国ウガンダ　国防相
Mwesigye, Hope　ムウェシジェ, ホープ
国ウガンダ　農業・畜産・水産相
Mwijjage, Charles　ムウィジャゲ, チャールズ
国タンザニア　産業・貿易・投資相
Mwila, Davis　ムウィラ, デービス
国ザンビア　内相
Mwinyi, Hussein　ムウィニ, フセイン
国タンザニア　国防・国家奉仕相
Mwiraria, Daudi　ムウィラリア, ダウディ
国ケニア　財務相
Mwiraria, David　ムウィラリア, デービッド
国ケニア　財務相
Mya　マイア
国アメリカ　MTVアワード 最優秀ビデオ（第18回（2001年））ほか
Mya Aye　ミャ・エイ
国ミャンマー　教育相
Myalytsya, Anatoliy　ミャリツァ, アナトリー
国ウクライナ　産業政策相
Myasnikovich, Mikhail V.　ミャスニコビッチ, ミハイル・V.
国ベラルーシ　首相
Myat Hein　ミャ・ヘイン
国ミャンマー　通信・情報技術相　国ミャト・ヘイン
Myat Myat Ohn Khin　ミャ・ミャ・オン・キン
国ミャンマー　社会福祉・救済復興相
Myboto, Zacharie　ミボト, ザカリ
国ガボン　施設・建設相
Myburgh, Alwyn　マイバーグ
南アフリカ　陸上選手
Mycielska, Małgorzata　ミチェルスカ, マウゴジャタ
1973〜　著「奇想天外発明百科」徳間書店　2016
Mycio, Mary　マイシオ, メアリー
著「チェルノブイリの森」日本放送出版協会　2007
Mydans, Carl　マイダンス, カール
1907〜2004　国アメリカ　写真家
Mydans, Shelley　マイダンス, シェリー
？〜2002　国アメリカ　ジャーナリスト, 作家　本名＝マイダンス, シェリー・スミス
Myers, Arnold　マイヤー, アノルド
著「歴史的楽器の保存学」音楽之友社　2002
Myers, Bob　マイヤーズ, ボブ
国アメリカ　ゴールデンステイト・ウォリアーズGM
Myers, Brandon　マイヤーズ, ブランドン
国アメリカ　アメフト選手
Myers, Cindi　マイヤーズ, シンディ
著「熱いウイークエンド」ハーレクイン　2003
Myers, David G.　マイヤーズ, デーヴィッド
1942〜　国マイヤーズ, デヴィッド・G.　著「マイヤーズ心理学」西村書店　2015
Myers, Ehren　マイヤーズ, アーレン
著「早わかり看護ノート」照林社　2005
Myers, Eleanor W.　マイヤーズ, E.W.
著「模擬法律事務所はロースクールを変えるか」関西学院大学出版会　2006
Myers, Glenford J.　マイヤーズ, J.
1946〜　著「ソフトウェア・テストの技法」近代科学社　2006
Myers, Helen R.　マイヤーズ, ヘレン・R.
著「キスの次には」ハーレクイン　2013
Myers, Isabel Briggs　マイヤーズ, イザベル・ブリッグス
著「MBTIタイプ入門」JPP　2011
Myers, Jason　マイヤーズ, ジェイソン
国アメリカ　アメフト選手
Myers, Jean　マイヤー, ジーン
著「サンタから…メリークリスマス」サンーケイ（製作）　2005
Myers, John E.B.　マイヤーズ, ジョン・E.B.
著「子ども虐待医学」明石書店　2013
Myers, John Peterson　マイヤーズ, ジョン・ピーターソン
著「自然と人間」有斐閣　2005
Myers, Katharine D.　マイヤーズ, キャサリン・D.
著「MBTIタイプ入門」JPP　2011
Myers, Lorna　マイヤーズ, ローナ
著「心因性非てんかん性発作へのアプローチ」医学書院　2015
Myers, Marc　マイヤーズ, マーク
1956〜　著「メーク・ラック」三笠書房　2008
Myers, Michael F.　マイヤーズ, ミカエル・F.
著「医師が患者になるとき」メディカル・サイエンス・インターナショナル　2009
Myers, Mike　マイヤーズ, マイク
1963〜　国カナダ　俳優, コメディアン
Myers, Norman　マイヤーズ, ノーマン
1934〜　国アメリカ　生態学者, 環境開発コンサルタント　異マイアーズ, ノーマン
Myers, Paul　マイヤーズ, ポール
著「トッド・ラングレンのスタジオ黄金狂時代」ブルース・インターアクションズ　2011
Myers, Pete　マイヤーズ, ピート
国アメリカ　シカゴ・ブルズアシスタントコーチ（バスケットボール）
Myers, Richard B.　マイヤーズ, リチャード
1942〜　国アメリカ　軍人　米国統合参謀本部議長
Myers, Robert　マイヤーズ, ロバート
国アメリカ　アメフト選手
Myers, Sonny　マイヤーズ, サニー
1924〜2007　国アメリカ　プロレスラー　NWA世界ジュニアヘビー級チャンピオン
Myers, Stewart C.　マイヤーズ, スチュワート・C.
著「コーポレートファイナンス」日経BP社, 日経BPマーケティング（発売）　2014
Myers, Thomas W.　マイヤーズ, トーマス・W.
著「アナトミー・トレイン」医学書院　2016
Myers, Tony　マイヤーズ, トニー
1969〜　著「スラヴォイ・ジジェク」青土社　2005
Myers, Walter Dean　マイヤーズ, ウォルター・ディーン
1937〜2014　国アメリカ　作家　異マイアーズ, ウォルター・ディーン
Myers, Ware　マイヤーズ, ウエア
著「初めて学ぶソフトウエアメトリクス」日経BP社, 日経BP出版センター（発売）　2005
Myers, Wil　マイヤーズ, ウィル
国アメリカ　野球選手
Myers, William　マイヤーズ, ウィリアム
著「バイオアート」ビー・エヌ・エヌ新社　2016
Myerscough, Marie　マイヤスコウ, マーリ
著「イタリア・オペラを支える陰の主役ウバルド・ガルディーニ」開成出版　2007
Myerscough, Morag　マイアーズコフ, モーラグ
著「Supergraphics」ビー・エヌ・エヌ新社　2011
Myerson, George　マイアソン, ジョージ
1957〜　著「エコロジーとポストモダンの終焉」岩波書店　2007

Myerson, Joel マイヤースン, ジョーエル
1945〜 ㋺マイアソン, ジョエル ㋕「ルイーザ・メイ・オールコットの日記」西村書店 2008
Myerson, Roger B. マイヤーソン, ロジャー
1951〜 ㋷アメリカ 経済学者 シカゴ大学教授 ㋕メカニズム・デザイン理論 ㋺マイヤーソン, ロジャー・B.
Myhill, Boaz マイヒル, ボアズ
㋷ウェールズ サッカー選手
Myhill, Debra マイヒル, デブラ
㋕「英国初等学校の創造性教育」ITSC静岡学術出版事業部 2009
Myhre, John マイヤー, ジョン
アカデミー賞 美術監督・装置賞（第78回（2005年）） "Memoirs of a Geisha"
Myhrer, Andre ミレル
㋷スウェーデン アルペンスキー選手
Myint Aung ミン・アウン
㋷ミャンマー 鉱業相
Myint Hlaing ミン・フライン
㋷ミャンマー 農業・かんがい相
Myint Htwe ミン・トゥエ
㋷ミャンマー 保健相
Myint Maung ミン・マウン
㋷ミャンマー 宗教相
Myint Swe ミン・スエ
㋷ミャンマー 副大統領
Mykhal'chenko, Iryna ミハルチェンコ
㋷ウクライナ 陸上選手
Mykkänen, Kai ミュッカネン, カイ
㋷フィンランド 貿易・開発相
Myland, Jan C. マイランド, ヤン・C.
㋕「関数事典」朝倉書店 2013
Mylander, Maureen マイランダー, モーリーン
㋕「パッチ・アダムスと夢の病院」主婦の友社 2005
Myles, Brenda マイルズ, ブレンダ・スミス
1957〜 ㋕「発達障害がある子のための「暗黙のルール」」明石書店 2010
Myles, Bruce マイルズ, ブルース
㋕「出撃！魔女飛行隊」学習研究社 2009
Mylroie, Laurie ミルロイ, ローリー
㋕「サダム・フセインとアメリカの戦争」講談社 2002
Mynbay, Darkhan ムインバイ, ダルハン
㋷カザフスタン 文化情報相
Mynbayev, Sauat ムインバエフ, サウアト
㋷カザフスタン 石油天然ガス相 ㋺ミンバエフ, サウアト
Mynors-Wallis, Laurence マイナーズ・ウォリス, ローレンス
㋕「不安と抑うつに対する問題解決療法」金剛出版 2009
Myo Thein Gyi ミョー・テイン・ジー
㋷ミャンマー 教育相
Myradov, Gulmyrad ムイラドフ, グルムイラト
㋷トルクメニスタン 文化・テレビ・ラジオ相
Myrdal, Jan ミュルダール, ヤーン
1927〜 ㋷スウェーデン 批評家, 作家, 随筆家 ㋺ミューダール/ミュールダール, ヤーン
Myrgren, Rasmus ミルグレン
㋷スウェーデン セーリング選手
Myrick, Leland マイリック, リーランド
㋕「マンガはじめましてファインマン先生」講談社 2013
Myron, Vicki マイロン, ヴィッキー
1948〜 ㋕「としょかんねこデューイ」文化学園文化出版局 2012
Myrsatayev, Ruslan ミルサタエフ
㋷カザフスタン ボクシング選手
Myrzakhmetov, Askar ムイルザフメトフ, アスカル
㋷カザフスタン 副首相兼農相
Mysak, Denis ミサク, デニス
㋷スロバキア カヌー選手
Myskina, Anastasia ミスキナ
㋷ロシア テニス選手
Mysłakowski, Piotr ミスワコフスキ, ピョートル
㋕「ショパン家のワルシャワ」ポーランド国立フリデリク・ショパン・インスティトゥート 2014
Myss, Caroline メイス, キャロライン
㋕「癒しはどこからやってくる？」サンマーク出版 2010
Mystakidou, Elisavet ミスタキドウ
㋷ギリシャ テコンドー選手
Mystery ミステリー

Myserson, Joel ㋕「口説きの教典」パンローリング 2015
Myszka, Piotr ミシュカ, ピオトル
㋷ポーランド セーリング選手
Mytton, Jill ミットン, J.
1944〜 ㋕「カウンセリング/心理療法の4つの源流と比較」北大路書房 2005
Mzali, Mohamed ムザリ, モハメド
1925〜2010 ㋷チュニジア 政治家 チュニジア首相, 国際オリンピック委員会（IOC）副会長

【 N 】

N., Ebi ナウマン, エビ
㋕「小さいのが大きくて、大きいのが小さかったら」岩波書店 2012
Na, An ナ, アン
1972〜 ㋕「天国までもう一歩」白水社 2002
Na, Il Sung ナ, イルソン
1979〜 ㋕「ブルルルル」光村教育図書 2010
Na, Jin ナ, ジン
㋷中国 ベルリン国際映画祭 銀熊賞 脚本賞（第60回（2010年）） "Tuan Yuan"
Naam, Ramez ナム, ラメズ
㋕「超人類へ！」インターシフト, 河出書房新社（発売） 2006
Nababkin, Kirill ナバブキン, キリル
㋷ロシア サッカー選手
Nabagou, Bissoune ナバグ, ビスヌ
㋷トーゴ 地方整備開発相 ㋺ナバグ, ビスネ
Nabare, Bernard ナバレ, ベルナール
㋷ブルキナファソ 地方行政・分権相
Nabarrete Zanetti, Arthur ナバレッテ・ザネッティ, アルトゥール
㋷ブラジル 体操選手
Nabhan, Gary Paul ナバーン, ゲイリー・ポール
㋺ナブハン, ゲイリー・ポール ㋕「トウガラシの叫び」春秋社 2012
Nabhan, Mohammed bin ナブハン, ムハンマド・ビン
㋷イエメン 石油・鉱物資源相
Nabi, Heiki ナビ, ヘイキ
㋷エストニア レスリング選手 ㋺ナビ
Nabi, Youcef ナビ, ユセフ
1968〜 ㋷フランス 実業家 ランコムインターナショナル社長
Nabinne, S.B. ナビンナ, S.B.
㋷スリランカ 消費者福祉相
al-Nabit, Saleh Mohamed Salem ナビト, サレハ・ムハンマド・サレム
㋷カタール 開発計画・統計相
Na Bitchita, Sola Nquilin ナビチータ, ソラ・ヌキリン
㋷ギニアビサウ 農業・農村開発相
Nabiullina, Elvira Sakhipzadovna ナビウリナ, エリヴィラ
1963〜 ㋷ロシア 経済学者 ロシア中央銀行総裁 ㋺ナビウリナ, エリビラ
Nabo, Clément ナボ, クレモン
㋷コートジボワール 水・森林相
Nabokov, Dmitri ナボコフ, ドミトリ
1934〜2012 翻訳家, 作家, バス歌手 ㋺ナボコフ, ドミトリー
Nabulsi, Faris ナブルシ, ファリス
㋷ヨルダン 副首相兼法相
Naceri, Samy ナセリ, サミー
カンヌ国際映画祭 男優賞（第59回（2006年）） "Indigènes"
Naceur, Mohamed ナスール, モハメド
㋷チュニジア 社会問題相
Nachev, Gencho ナシェフ, G.
㋕「ARISを活用したチェンジマネジメント」シュプリンガー・フェアラーク東京 2003
Nachinshonhor ナチンションホル
㋕「世界でいま起こっていること」清泉女学院大学人間学部文化心理学科総合講座 2007
Nachman, Patricia Ann ナックマン, パトリシア・A.
㋕「「ひとりっ子だから」なんて言わせない」主婦の友社 2004
Nachmanovitch, Stephen ナハマノヴィッチ, スティーヴン
㋕「フリープレイ」フィルムアート社 2014
Nacho, Fernandez ナチョ・フェルナンデス
㋷スペイン サッカー選手

Nacho Cases ナチョ・カセス
　国スペイン　サッカー選手
Nacht, Jonathan ナクト, ジョナサン
　著「1日5分間トレーニング！脳を鍛える英語のクイズ」中経出版　2007
Nachtergaele, F.O. ナハテルゲーレ, F.O.
　著「世界の土壌資源」古今書院　2002
Nachtwey, James A. ナクトウェイ, ジェームズ
　1948～　アメリカ　写真家　異ナクトウェー, ジェームズ／ナックウェイ
Naciri, Khalid ナシリ, ハリド
　国モロッコ　情報相兼政府報道官
Naciri, Mohamed ナシリ, モハメド
　国モロッコ　法相
Naço, Nasip ナチョ, ナシプ
　国アルバニア　法相
Nacuva, Pita ナズバ, ピタ
　国フィジー　観光相　異ナズバ, ピタ
Nada, Abbas Haffadh ナダ・アッバス・ハファダ
　国バーレーン　保健相
Nadal, Rafael ナダル, ラファエル
　1986～　国スペイン　テニス選手　本名＝Nadal Parera, Rafael
Nadal Belda, Alvaro ナダル・ベルダ, アルバロ
　国スペイン　エネルギー・観光・デジタル政策相
Nadar, Shiv ナダル, シブ
　国インド　実業家
Nadareishvili, Revaz ナダレイシビリ, レバジ
　国ジョージア　レスリング選手
Nádas, Péter ナーダシュ, ペーテル
　1942～　著「ある一族の物語の終わり」松籟社　2016
Nadaud, Stéphane ナドー, ステファヌ
　1969～　著「アンチ・オイディプスの使用マニュアル」水声社　2010
Nadda, Jagat Prakash ナッダ, ジャガット・プラカシュ
　国インド　保健家族福祉相
Naddaf, Atef ナダーフ, アーティフ
　国シリア　高等教育相
Naddour, Alexander ナドア, アレクサンダー
　国アメリカ　体操選手
Nadeau, Janice ナドー, ジャニス
　アヌシー国際アニメーション映画祭 その他の賞 国際映画批評家連盟（FIPRESCI）賞（2014年）ほか
Nadeau, Jean-Benoît ナドー, ジャン＝ブノワ
　著「フランス語のはなし」大修館書店　2008
Nadeau, Kathleen G. ナドー, キャスリーン・G.
　著「きみもきっとうまくいく」東京書籍　2007
Nadeau, Rodney A. ナダル, ロドニー・A.
　著「パートナー暴力」北大路書房　2011
Nadeau, Stepahane ナドー, ステファン
　1969～　「アンチ・オイディプス草稿」みすず書房　2010
Nadel, Barbara ナデル, バーバラ
　国イギリス　作家　動ミステリー, スリラー
Nadel, Dan ネーデル, ダン
　アート・ディレクター　グラミー賞 最優秀レコーディング・パッケージ（2004年（第47回））　"A Ghost Is Born"
Nadel, Ira Bruce ナデル, イラ・ブルース
　著「レナード・コーエン伝」夏目書房　2005
Nadel, Olivier ナデル, オリヴィエ
　著「かいぞく」文化出版局　2002
Nadella, Satya ナデラ, サトヤ
　1967～　国アメリカ　実業家　マイクロソフトCEO　本名＝Nadella, Satyanarayana　異ナデラ, サティヤ
Nader, George ネイダー, ジョージ
　1921～2002　国アメリカ　俳優　異ネーダー, ジョージ
Nader, Ralph ネーダー, ラルフ
　1934～　国アメリカ　消費者運動家, 弁護士　異ネイダー, ラルフ
Naderi, Amir ナデリ, アミール
　1946～　国イラン　映画監督, 脚本家
Naderi, Sadat Mansoor ナデリ, サダド・マンスール
　国アフガニスタン　都市開発相
Nadhoim, Idi ナドイム, イディ
　国コモロ　副大統領兼農業・水産・環境・エネルギー・伝統工芸担当相
Nadingar, Emmanuel ナディンガル, エマニュエル
　国チャド　首相　異ナディンガー, エマヌエル
Nadir, Manzoor ナディル, マンズール
　国ガイアナ　労相　異ナディル, マンズール
Nadiradze, Zaza ナディラゼ, ザザ
　国ジョージア　カヌー選手
Nadis, Steven J. ネイディス, スティーヴ
　著「見えざる宇宙のかたち」岩波書店　2012
Nadja ナジャ
　著「モモ、いったいどうしたの？」文化出版局　2001
Nadler, David A. ナドラー, デーヴィッド・A.
　著「取締役会の改革」春秋社　2007
Nadler, Mark B. ナドラー, マーク・B.
　著「取締役会の改革」春秋社　2007
Nadler, Steven M. ナドラー, スティーヴン
　1958～　著「スピノザ」人文書館　2012
Nadolny, Sten ナドルニー, シュテン
　1942～　国ドイツ　作家
Nadolo, Nemani ナドロ, ネマニ
　1988～　国フィジー　ラグビー選手
Nadzhmuddinov, Safarali ナジムディノフ, サファラリ
　国タジキスタン　財務相
al-Naeem, Halima hassaballa ナイーム, ハリマ・ハサバラ
　国スーダン　議会担当相
Naef, Kurt ネフ, クルト
　1926～　著「ネフのおもちゃ」青幻舎　2005
Naef, Ralph ネフ
　国スイス　自転車選手
Naeher, Ulrich ネーアー, ウルリヒ
　著「日本の未来について話そう」小学館　2011
Naek, Farooq Hamid ナイク, ファルーク・ハミド
　国パキスタン　法務・議会問題相　異ナイク, ファルーク
Naes, Tormod ナース, トールモー
　著「官能評価データの分散分析」東京図書　2010
Naeslund, Sandra ネスルント
　国スウェーデン　フリースタイルスキー選手
Naess, Arne ネス, アルネ
　1937～2004　国ノルウェー　海運王, 登山家　異ナエス, アルネ
Naezon, Walton ナエゾン, ウォルトン
　国ソロモン諸島　商工・雇用相　異ネゾン, ウォルトン
Nafile, Nafile Ali ナフィル, ナフィル・アリ
　国スーダン　連邦政府担当相
al-Nafisah, Matlab bin Abdullah ナフィサ, ムトラブ・ビン・アブドラ
　国サウジアラビア　国務相　異ナフィーサ, ムトラブ・ビン・アブドラ
Nafisi, Azar ナフィーシー, アーザル
　著「語れなかった物語」白水社　2014
Nafo, Traore Fatoumata ナフォ, トラオレ・ファツマタ
　国マリ　保健相
Nafsiah, Mboi ナフシア・ムボイ
　国インドネシア　保健相
Nafus, Dawn ナフス, ダウン
　著「絶え間なき交信の時代」NTT出版　2003
Nagamootoo, Moses ナガモートー, モーゼス
　国ガイアナ　第1副大統領, 首相　異ナガムートゥー, モセス
Nagano, Kent ナガノ, ケント
　1951～　国アメリカ　指揮者　モントリオール交響楽団音楽監督　本名＝ナガノ, ケント・ジョージ〈Nagano, Kent George〉
Nagao, Haruka ナガオ, ハルカ
　国日本　ロン・ティボー・クレスパン国際音楽コンクール ヴァイオリン 第5位（2008年（第37回））　漢字名＝長尾春花
Nagaraju, Harsha ナガラジュ, ハーシャ
　著「だれがいちばんえらいの？」ワールドライブラリー　2016
Nagarathna, R. ナガラートナ, R.
　著「よくわかるヨーガ療法」産調出版　2005
Nagay, Agnieszka ナゲイ, アグニェシュカ
　国ポーランド　射撃選手
Nagbe, Eugene ナグベ, ユーゲン
　国リベリア　情報・文化・観光相　異ナグベ, ユージン
Nagda, Ann Whitehead ナグダ, アン・ホワイトヘッド
　1945～　著「いたずらニャーオ」福音館書店　2006
Nagejkina, Svetlana ナゲイキナ
　国ベラルーシ　クロスカントリースキー選手
Nagel, Christian ナジェル, クリスチャン
　1965～　異ナジェル, クリスティーン　著「Windowsシステム再構築実践開発ガイド」翔泳社　2007
Nagel, Maggy ナゲル, マギー
　国ルクセンブルク　文化・住宅相

Nagel, Monica　ナヘル, モニカ
　国コスタリカ　法相
Nagel, Susan　ネーゲル, スーザン
　1954～　著「マリー・テレーズ」近代文芸社　2009
Nagel, Thomas　ネーゲル, トマス
　1937～　国アメリカ　哲学者　ニューヨーク大学名誉教授　専認識論, 心の哲学, 倫理学ほか　愛ネイゲル
Nagelsmann, Julian　ナーゲルスマン, ユリアン
　国ドイツ　ホッフェンハイム監督
Nagendra, H.R.　ナゲンドラ, H.R.
　著「よくわかるヨーガ療法」産調出版　2005
Naghizadeh, Mohammad　ナギザデ, モハマド
　国イラン　明治学院大学国際学部教授, 元・明治学院大学国際学部付属研究所所長
Nagib, Lúcia　ナジブ, ルシア
　1956～　著「ニュー・ブラジリアン・シネマ」プチグラパブリッシング　2006
Nagiyev, Alib　ナギエフ, アリブ
　国アゼルバイジャン　労働・社会保障相
Nagiyev, Ali T.　ナギエフ, アリ・T.
　国アゼルバイジャン　労働・社会保障相
Nagl-Docekal, Herta　ナーグル=ドツェカル, ヘルタ
　1944～　著「フェミニズムのための哲学」青木書店　2006
Nagle, Thomas T.　ネイゲル, トーマス・T.
　1951～　著「プライシング戦略」ピアソン・エデュケーション　2004
Naglieri, Jack A.　ナグリエリ, ジャック・A.
　著「エッセンシャルズ DN‐CASによる心理アセスメント」日本文化科学社　2010
Nagmanov, Kazhmurat　ナグマノフ, カジュムラト
　国カザフスタン　運輸・通信相
Nago, Mathurin　ナゴ, マスリン
　国ベナン　高等教育・職業訓練相
Nagornyy, Nikita　ナゴルニー, ニキータ
　国ロシア　体操選手
Nagorski, Andrew　ナゴルスキ, アンドリュー
　1947～　著「ヒトラーランド」作品社　2014
Nagou, Yves Mado　ナグ, イブ・マド
　国トーゴ　初等・中等・技術教育・職業訓練・識字相
Nagpal, Sarita　ナグパル, サリタ
　国インド　元・インド工業連盟次長
Nagu, Mary　ナグ, マリー
　国タンザニア　通産相　愛ナグ, メアリー
Naguwa, Stanley M.　ナグワ, スタンレー・M.
　著「アレルギー・免疫学シークレット」メディカル・サイエンス・インターナショナル　2006
Nagwani, Anoop　ナグワニ, アヌープ
　著「ウェブオペレーション」オライリー・ジャパン, オーム社（発売）　2011
Nagy, Adam　ナジ, アダム
　国ハンガリー　サッカー選手
Nagy, Charles　ナギー, チャールズ
　国アメリカ　ロサンゼルス・エンジェルスコーチ
Nagy, József　ナジ, ヨージェフ
　国スロバキア　環境相
Nagy, Krisztina Kállai　ナギー, クリスティーナ・カライ
　愛ナギー, クリスティーナ　著「最初の復活祭」サンパウロ　2015
Nagy, Margit Maria　ナジ, マルギット・マリア
　国アメリカ　アワー・レイディ・オブ・ザ・レイク大学歴史学科教授, アワー・レイディ・オブ・ザ・レイク大学歴史学科長, 元・サンアントニオ日米協会会長
Nagy, Peter　ナジ, ペテル
　国ハンガリー　重量挙げ選手
Nagy, Thomas F.　ネイギー, トマス・F.
　著「APA倫理規準による心理学倫理問題事例集」創元社　2007
Nagy, Timea　ナジュ
　国ハンガリー　フェンシング選手
Nagy, Zsolt　ナギ, ゾルト
　国ルーマニア　通信相
Nagymarosy, András　ナジマロシィ, アンドラーシュ
　著「ワインの国ハンガリー」美術出版社　2009
Nahan, Stu　ナハン, スチュ
　1926～2007　国アメリカ　スポーツ・キャスター
Nahar, Ahmed Babiker　ナハル, アハメド・バビケル
　国スーダン　労働・行政改革相
Nahari, Meshulam　ナハリ, メシュラム
　国イスラエル　無任所相
Nahas, Charbel　ナハス, シャルベル
　国レバノン　通信相
Nahavandi, Afsaneh　ナハヴァンディ, アフサネ
　著「実践リーダーシップ学」万来舎　2004
Nahayan, bin Mubarak al-Nahayan　ナハヤン・ビン・ムバラク・アル・ナハヤン
　国アラブ首長国連邦　高等教育相
Nahayo, immaculée　ナハヨ, イマキュレ
　国ブルンジ　国家連帯・人権・男女同権相
Nahhas, Nicolas　ナッハース, ニコラ
　国レバノン　経済貿易相
Nahid, Kishvar　ナーヒード, キシュワル
　1940～　著「ウルドゥー（パキスタン）文学と女性」国際交流基金アジアセンター　2002
Nahid, Nurul Islam　ナヒド, ヌルル・イスラム
　国バングラデシュ　教育相
Nahin, Paul J.　ナーイン, ポール・J.
　1940～　著「0と1の話」青土社　2013
Nahles, Andrea　ナーレス, アンドレア
　国ドイツ　労働社会相
Nahodha, Shamsi　ナホザ, シャムシ
　国タンザニア　国防相　愛ナホザ, シャムシ・ブアイ
Naholo, Waisake　ナホロ, ワイサケ
　国ニュージーランド　ラグビー選手
Nahrgang, Frauke　ナールガング, フラウケ
　1951～　著「キッカーズ！」小学館　2007
Nahuel, Matias　ナウエル, マティアス
　国スペイン　サッカー選手
Nahum, Lucien　ネイハム, ルシアン
　著「シャドー81」早川書房　2008
Nahyan, bin Mubarak al-Nahyan　ナハヤン・ビン・ムバラク・ナハヤン
　国アラブ首長国連邦　文化・知識開発相
al-Nahyan, Hamdan bin Mubarak　ナハヤン, ハムダン・ビン・ムバラク
　国アラブ首長国連邦　公共事業相
al-Nahyan, Mansour bin Zayed　ナハヤン, マンスール・ビン・ザイド
　国アラブ首長国連邦　副首相兼大統領官房相
al-Nahyan, Saif bin Zayed　ナハヤン, サイフ・ビン・ザイド
　国アラブ首長国連邦　副首相兼内相
Naiburg, Eric J.　ナイバーグ, エリック・J.
　著「データベース設計のためのUML」翔泳社　2003
Naick, Indran　ネイック, I.
　著「DB2ユニバーサル・データベースアプリケーション開発環境」ピアソン・エデュケーション　2001
Naidan, Tuvshinbayar　ナイダン, トゥブシンバヤル
　国モンゴル　柔道選手
Naidoo, Beverly　ナイドゥー, ビバリー
　1943～　国イギリス　児童文学作家　愛ナイドゥー, ビヴァリー
Naidoo, Rajani　ネイドゥ, ラジャニ
　著「グローバル化・社会変動と教育」東京大学出版会　2012
Naidoo, Trevor　ナイドゥ, トレバー
　愛ネイドー, T.　著「ARISを活用したシステム構築」シュプリンガー・フェアラーク東京　2005
Naidu, Siddartha　ナイドゥ, シッダールタ
　著「Google BigQuery」オライリー・ジャパン, オーム社（発売）　2015
Naidu, Venkaiah　ナイドゥ, ベンカイア
　国インド　住宅・都市貧困問題軽減相兼情報・放送相兼都市開発相　愛ナイドゥー, ベンカイヤ
Naifeh, Steven W.　ネイフ, スティーヴン
　1952～　著「ファン・ゴッホの生涯」国書刊行会　2016
Naik, Ram　ナイク, ラム
　国インド　石油・天然ガス相
Naik, Shripad Yesso　ナイク, シュリパド・ヤッソ
　国インド　伝統医学相
Naik, Zakir　ナイク, ザキル
　1965～　著「Dr.ザキル・ナイクが語るイスラームの新常識」国書刊行会　2015
Nailatikau, Ratu Epeli　ナイラティカウ, ラツ・エペリ
　1941～　国フィジー　政治家　フィジー大統領　愛ナイラティカウ, エペリ
Naim, Asher　ナイム, アシェル
　1930～　著「エチオピアのユダヤ人」明石書店　2005
Naim, Basem　ナイム, バセム

国パレスチナ　保健相

Naím, Moisés　ナイム, モイセス
著「権力の終焉」日経BP社, 日経BPマーケティング（発売）2015

Naĭman, Anatoliĭ　ナイマン, アナトーリイ
1936〜　著「アフマートヴァの想い出」群像社　2011

Naimark, Michael　ネイマーク, マイケル
著「ヒューマンインターフェースの発想と展開」ピアソン・エデュケーション　2002

Naimark, Norman M.　ナイマーク, ノーマン・M.
1944〜　著「ナイマーク, ノーマン・M.」著「民族浄化のヨーロッパ史」刀水書房　2014

Nainggolan, Radja　ナインゴラン, ラジャ
国ベルギー　サッカー選手

Naipaul, Vidiadhar Surajprasad　ナイポール, ビディアダール・スーラジプラサド
1932〜　国イギリス　作家　異ネイポール

Naiqamu, Osea　ナインガム, オセア
国フィジー　林業相

Nair, Kanika　ナイル, カニカ
1989〜　著「いちばにいくファルガさん」光村教育図書　2015

Nair, Mira　ナイール, ミラ
1957〜　国インド　映画監督　異ナーイル／ナイール, ミーラー

Nair, Ramesh　ナイール, ラメッシュ
バッグデザイナー　モワナ・アーティスティックデザイナー

Nair, Thottuvelil Krishna Pilla Aiyappankutty　ナイヤル, トットベリル・クリシュナ・ピラ・アヤッパンクティ
国インド　元・首相顧問, 元・首相府首席次官, 元・公企業任命委員会委員長, 元・パンジャブ州首席次官

Nair, V.P.　ナイア, V.P.
著「現代的な視点からの場の量子論」シュプリンガー・ジャパン　2009

Nairne, Sandy　ネアン, サンディ
1953〜　著「美術品はなぜ盗まれるのか」白水社　2013

Naisbitt, John　ネスビッツ, ジョン
1929〜　著「ネズビッツ, ジョン」著「マインドセット」ダイヤモンド社　2008

Naish, Darren　ナーシュ, ダレン
著「恐竜ウルトラチャンピオン」学研教育出版, 学研マーケティング（発売）c2013

Naish, Ginny　ナイシュ, ジニー
著「滅びゆく世界の言語小百科」柊風舎　2016

Naite, Moustapha　ナイテ, ムスタファ
国ギニア　青少年相

Nai Thet Lwin　ナイ・テ・ルウィン
国ミャンマー　民族相

Naivalu, Solomone　ナイバル, ソロモネ
国フィジー　保健相

Naja, Karolina　ナヤ, カロリナ
国ポーランド　カヌー選手

Najafi, Babak　ナジャフィ, ババク
ベルリン国際映画祭　審査員新人賞（第60回（2010年））"Sebbe"

Najafi, Daoud Ali　ナジャフィ, ダウド・アリ
国アフガニスタン　運輸航空相

Najarro, Antonio　ナハーロ, アントニオ
1975〜　国スペイン　振付師, 元フラメンコダンサー　スペイン国立バレエ団芸術監督　異ナハロ, アントニオ

Najdek, Pawel　ナイデク
国ポーランド　重量挙げ選手

Naji, Jawad　ナージ, ジャワード
国パレスチナ　経済相

Najib, Razak　ナジブ・ラザク
国マレーシア　首相兼財務相

Najib Abdul Razak, Mohamad　ナジブ・アブドル・ラザク, モハマド
1953〜　国マレーシア　政治家　マレーシア首相・財務相, 統一マレー国民組織（UMNO）総裁　異ナジブ・ラザク／ナジブ・ラザク, モハマド

Najie, Reza　ナジエ, レザ
ベルリン国際映画祭　銀熊賞 男優賞（第58回（2008年））"Avaze Gonjeshk-ha"

Najita, Tetsuo　ナジタ, テツオ
1936〜　著「思想史としての現代日本」岩波書店　2016

Najjar, Ibrahim　ナジャール, イブラヒム
国レバノン　法相

Najjar, Mohamed Raouf　ナジャル, モハメド・ラウフ
国チュニジア　教育・訓練相

Najjar, Mohammad　ナジャル, モハマド
国ヨルダン　水利相

Najjar, Mohammed Al　ナジャー, モハンマド・アル
著「業績評価の理論と実務」東洋経済新報社　2004

Najjar, Mostafa Mohammad　ナッジャル, モスタファ・モハマド
国イラン　内相

Najjar, Raouf　ナジャール, ラウーフ
国チュニジア　青少年・スポーツ相

Najman, Dragoljub　ナイマン, ドラゴリューブ
1931〜　著「西・西対立―米・欧関係の将来　国連改革は可能か？―その目的と方法」同志社　2005

Najmuddinov, Safarali　ナジュムディノフ, サファラリ
国タジキスタン　財務相

Naka, John Yoshio　ナカ, ジョン・ヨシオ
1914〜2004　国アメリカ　盆栽家

Nakache, Olivier　ナカシュ, オリヴィエ
1973〜　国フランス　映画監督　異ナカシュ, オリビエ

Nakai, Kate Wildman　ナカイ, ケイト・ワイルドマン
1942〜　国ナカイ, ケイト・W.　著「越境する日本文学研究」勉誠出版　2009

Nakai, Sardar Talib Husain　ナカイ, サルダール・タリブ・フセイン
国パキスタン　住宅相

Nakaitaci, Noa　ナケタシ, ノア
国フランス　ラグビー選手

Nakamoto, Steve　ナカモト, スティーヴ
著「賢い女はビッグな男を釣りあげる」広済堂出版　2001

Nakamura, Masumi　ナカムラ, マスミ
著「プログラミングAndroid」オライリー・ジャパン, オーム社（発売）2012

Nakamura, Robert M.　ナカムラ, ロバート・M.
1927〜　著「タヒボ抽出物の奇跡」エディションq, クインテッセンス出版（発売）2001

Nakamura, Shuji　ナカムラ, シュウジ
国アメリカ　ノーベル賞 物理学賞（2014年）　漢字名=中村修二

Nakamura, Yuichi　ナカムラ, ユウイチ
著「JavaによるWebサービス構築」ソフトバンクパブリッシング　2002

Nakano, Helen Michiyo　ナカノ, ヘレン ミチヨ
国アメリカ　国際なぎなた連盟副会長, 元・米国なぎなた連盟会長　漢字名=中野ヘレン・三千代

Nakano, Lane　ナカノ, レーン
？〜2005　国アメリカ　俳優

Nakano, Russell　ナカノ, ラッセル
著「Webコンテンツマネジメントシステム入門」ピアソン・エデュケーション　2002

Nakara, Tetabo　ナカラ, テタボ
国キリバス　漁業・海洋資源開発相

Nakarawa, Leone　ナカラワ, レオネ
国フィジー　ラグビー選手

Nakariakov, Sergei　ナカリャコフ, セルゲイ
1977〜　国ロシア　トランペット奏者

Nakayama, Tosiwo　ナカヤマ, トシオ
1931〜2007　国ミクロネシア連邦　政治家　ミクロネシア連邦大統領

Nakazawa, Donna Jackson　ナカザワ, ドナ・ジャクソン
著「免疫の反逆」ダイヤモンド社　2012

Nakeshbandi, Mohamad Nouraldin　ナケシュバンディ, ムハンマド・ヌールアルディン
国シリア　外務省研修所アラビア語講師, 東京外国語大学非常勤講師, 早稲田大学オープン教育センター非常勤講師, アジア・アフリカ語学院講師

Nakhle, Carole　ナフル, キャロル
著「地球の呼吸はいつ止まるのか？」ウェッジ　2007

Nakić, Dario　ナキッチ, ダリオ
国クロアチア　保健相

Nakielski, Kathleen P.　ナキルスキ, キャサリーン・P.
著「助産師の意思決定」エルゼビア・ジャパン　2006

Nakisbendi, Kara　ナキスベンディ, カーラ
著「妊娠セラピー」二見書房

Nakkach, Silvia　ナカッチ, シルビア
著「声を自由に!!」アーツ・コミュニケーション・ラボ, 神戸新聞総合出版センター（神戸）（発売）2016

Nakken, Craig　ナッケン, クレイグ
著「やめられない心」講談社　2014

Nako, Sokol　ナコ, ソコル

[国]アルバニア　国務相(欧州統合担当)
Nakone, Lanna　ナコーネ, ランナ
[著]「片づけられないから忙しいんです。」 ヴィレッジブックス 2007
Nakonechnyi, Vitalii　ナコネチニー
[国]ウクライナ　体操選手
Nalbandian, Edward　ナルバンジャン, エドワルド
[国]アルメニア　外相
Nalbandyan, Aleksan　ナルバンディアン
[国]アルメニア　ボクシング選手
Nalbantoğlu, Hasan Ünal　ナルバントオウル, ハサン・ウナル
[著]「Anytime」 NTT出版　2001
Nalbone, John　ナルボーン, ジョーン
[著]「エンタープライズ統一プロセス」 翔泳社　2006
Naldini, Nico　ナルディーニ, ニコ
[著]「魂の詩人パゾリーニ」 鳥影社　2012
Naldo　ナウド
[国]ブラジル　サッカー選手
Nalebuff, Barry　ネイルバフ, バリー
1958～　[著]「夢はボトルの中に」 英治出版　2015
Nali, Nestor Mamadou　ナリ, ネストール・ママドゥ
[国]中央アフリカ　保健・人口相
Nalini, Andrea　ナリーニ, アンドレア
[国]イタリア　サッカー選手
Nalivaiko, Sergey E.　ナリワイコ, セルゲイ・E.
[国]ベラルーシ　税務相
Nalke Dorogo, André　ナルケドロゴ, アンドレ
[国]中央アフリカ　保健・エイズ対策相
Nall, Tamara　ノール, タマラ
[著]「ハーバードMBA合格者のエッセイを読む」 オープンナレッジ　2007
Nalty, Bernard C.　ノールティ, バーナード・C.
[著]「ヒトラーが勝利する世界」 学習研究社　2006
Naluak, Vesa Gomes　ナルアック, ベサ・ゴメス
[国]ギニアビサウ　法相
Nalumango, Mutale　ナルマンゴ, ムタレ
[国]ザンビア　情報・放送相
Nam, Duck-woo　ナム・ドクウ
1924～2013　[国]韓国　政治家, 経済学者　韓国首相・財務相, 韓日協力委員会会長　漢字名＝南悳祐, 号＝智岩
Nam, Gisèle Annie　ナム, ジゼル・アニー
[国]中央アフリカ　初等中等教育・識字相
Nam, Jaeook　ナム, ジェウク
[著]「MMORPGゲームサーバープログラミング」 ソフトバンクパブリッシング　2005
Nam, Tae-hyun　ナム・テヒョン
1994～　[国]韓国　歌手
Nam, Vignaket　ナム・ウィニャケート
[国]ラオス　商工相
Nam, Yong　ナム・ヨン
[国]韓国　実業家　LG電子CEO　漢字名＝南鏞
Namaduk, Remy　ナマドゥク, レミ
[国]ナウル　財務相　[異]ナマドゥク, レミー
Namah, Belden　ナマ, ベルデン
[国]パプアニューギニア　森林相
Namaliu, Rabbie　ナマリュー, ラビー
[国]パプアニューギニア　財務相
Namangoniy, Juma　ナマンゴニ, ジュマ
1969～2001　[国]ウズベキスタン　ゲリラ指導者　タリバン野戦司令官, イスラム運動ウズベキスタン指導者　[異]ナマンガニ, ジュマ
Namashulua, Carmelita Rita　ナマシュルア, カルメリタ・リタ
[国]モザンビーク　行政管理・公共機能相　[異]ナマシュルア, カルメリタ
Namata, Adamou　ナマタ, アダム
[国]ニジェール　環境・砂漠化対策相
Namayanja, Rose　ナマヤンジャ, ローズ
[国]ウガンダ　情報・国家指導相
Namazi, Hosein　ナマジ, ホセイン
[国]イラン　経済財政相
Nambu, Yoichiro　ナンブ, ヨウイチロウ
[国]アメリカ　ノーベル賞 物理学賞(2008年)　漢字名＝南部陽一郎
Namburete, Salvador　ナンブレテ, サルバドール
[国]モザンビーク　エネルギー相　[異]ナンブレーテ, サルバドール
Namdak, Tenzin　ナムダク, ロポン・テンジン
1926～　[著]「智恵のエッセンス」 春秋社　2007
Namesnik, Eric　ネームスニック, エリック
1970～2006　[国]アメリカ　水泳選手　愛称＝スニック〈Snik〉
Namjoo, Majid　ナムジュー, マジド
[国]イラン　エネルギー相
Namkhai Norbu　ナムカイ・ノルブ
[著]「叡智の鏡」 大法輪閣　2002
Namkosserena, Salomon　ナンコセレナ, サロモン
[国]中央アフリカ　地方開発相
al-**Namla, Ali bin Ibrahim**　ナムラ, アリ・ビン・イブラヒム
[国]サウジアラビア　社会問題相　[異]アル・ナムラ, アリ・ビン・イブラヒム
Namnam, Helmy　ナムナム, ヘルミ
[国]エジプト　文化相
Namoloh, Charles　ナモロ, チャールズ
[国]ナミビア　安全保障相
Namsénéï, Robert　ナムセネイ, ロベール
[国]中央アフリカ　環境・持続的発展相
Namugala, Catherine　ナムガラ, キャサリン
[国]ザンビア　観光・環境・天然資源相
Namulambe, Gabriel　ナムランベ, ガブリエル
[国]ザンビア　スポーツ・青少年育成相
Namuyamba, Bates　ナムヤンバ, ベイツ
[国]ザンビア　運輸・通信相
Namwamba, Ababu　ナムワンバ, アバブ
[国]ケニア　青年・スポーツ相
Namwandi, David　ナムワンディ, デビッド
[国]ナミビア　教育相
Nana Djimou Ida, Antoinette　ナナジム
[国]フランス　陸上選手
Nanai-williams, Tim　ナナイ＝ウィリアムズ, ティム
[国]サモア　ラグビー選手
Nanan, Adesh Curtis　ナナン, アデシュ・カーティス
[国]トリニダード・トバゴ　環境相
Nanayakkara, Vasudeva　ナナヤッカラ, ワスディワ
[国]スリランカ　民族言語・社会統合相
Nanbatcha, Boata　ナンバチャ, ボアタ
[国]ギニアビサウ　復員軍人相
Nance, John J.　ナンス, ジョン・J.
[著]「軌道離脱」 早川書房　2007
Nance, Larry, Jr.　ナンス, ラリー, Jr.
[国]アメリカ　バスケットボール選手
Nancy, Jean-Luc　ナンシー, ジャン・リュック
1940～　[国]フランス　哲学者　ストラスブール・マルク・ブロック大学名誉教授
Nancy, Ted L.　ナンシー, テッド・L.
[著]「世界最強の手紙の書き方」 講談社　2003
Nanda, Ashish　ナンダ, アシシュ
[著]「金融サービス業の戦略思考」 ダイヤモンド社　2005
Nanda, Bal Ram　ナンダ, B.R.
1917～2010　[国]インド　歴史家　国立ネルー記念博物館初代館長　[専]近現代インド史　[異]ナンダ, バール・ラーム
Nanda, Ved P.　ナンダ, ベッド・P.
1934～　[著]「インドの精神」 東洋哲学研究所　2005
Nanda, Vikram　ナンダ, ビクラム・K.
[著]「経営戦略のためのファイナンス入門」 東洋経済新報社　2008
Nandigna, Adiato Diallo　ナンディグナ, アディアト・ディアロ
[国]ギニアビサウ　文化・青年・スポーツ相
Nandigna, Maria Adiato Djalo　ナンディナ, マリア・アジャト・ジャロ
[国]ギニアビサウ　大統領府閣議・広報・議会担当相
Nandi Ndaitwah, Netumbo　ナンディヌダイトワ, ネツンボ
[国]ナミビア　副首相兼外相　[異]ナンディヌダイトワ, ネトゥンボ
Nandinzayaa Gankhuyagiin　ナンディンザヤ・ガンフヤグ
[国]モンゴル　射撃選手
Nandja, Zakari　ナンジャ, ザカリ
[国]トーゴ　水浄化・村落給水相
Nandlall, Anil　ナンドラル, アニル
[国]ガイアナ　法相
Nanetti, Angela　ナネッティ, アンジェラ
1942～　[著]「おじいちゃんの桜の木」 小峰書店　2002
Ñáñez, Freddy　ニャニェス, フレディ
[国]ベネズエラ　文化相
Nanga, Mawapanga Mwana　ナンガ, マワパンガ・ムワナ
[国]コンゴ民主共和国　漁業畜産相
Nangombe, Sophia-Namupa　ナンゴンベ, ソフィア＝ナムパ

国ナミビア　駐日特命全権大使
Nani
　1986〜　国ポルトガル　サッカー選手　本名＝Cunha, Luis Carlos Almeida da　敬ナーニ／ナニ, ルイス
Nani, Christel　ナニ, クリステル
　著「きっと天使が助けてくれる」草思社　2009
Nani, Mohamed Ould　ナニ, モハメド・ウルド
　国モーリタニア　経済・開発相
Naniyev, Alan　ナニエフ
　国アゼルバイジャン　重量挙げ選手
Nanjappa, Prakash　ナンジャッパ, プラカシュ
　国インド　射撃選手
Nanji, Azim　ナンジー, アズィーム
　著「イスラーム歴史文化地図」悠書館　2008
Nankhumwa, Kondwani　ナンクムワ, コンドワニ
　国マウライ　地方自治・農村開発相
Nannestad, Katrina　ナネスタッド, カトリーナ
　著「いたずらっ子がやってきた」さ・え・ら書房　2016
Nano　ナノ
　国スペイン　サッカー選手
Nano, Fatos Thanas　ナノ, ファトス
　1952〜　国アルバニア　政治家, 経済学者　アルバニア首相
Nansen, Fridtjof　ナンセン, フリッチョフ
　著「狩猟文学マスターピース」みすず書房　2011
Nanson, Bill　ナンソン, ビル
　著「ブルゴーニュ」ガイアブックス, 産調出版(発売)　2012
Nansounon, Rufin Orou Nan　ナンスノン, リュファン・オル・ナン
　国ベナン　農業・畜産・漁業相
Nanthavongdouangsy, Viengkham　ナンサヴォンドァンシイ, ヴィエンカム
　著「布が語るラオス」進栄堂出版, コスモの本(発売)　2008
Nantz, Michael H.　ナンツ, M.H.
　著「最新有機合成法」化学同人　2009
Nanus, Burt　ナナス, バート
　著「本物のリーダーとは何か」海と月社　2011
Naoueyama, François　ナウヤマ, フランソワ
　国中央アフリカ　環境・自然保護相
Naoura, Salah　ナオウラ, ザラー
　1964〜　国ドイツ　作家, 翻訳家　敬児童書
Naparstek, Belleruth　ナパステック, ベルルース
　著「6センスワークブック」ヴォイス出版事業部　2005
Napat, Jotham　ナパット, ジョサム
　国バヌアツ　公共事業相
Napier, Bill　ネイピア, ビル
　1940〜　国イギリス　作家, 天文学者　カーディフ大学名誉教授　敬スリラー　本名＝Napier, William M.　敬ネーピア, ビル
Napier, Charles　ネイピア, チャールズ
　1936〜2011　国アメリカ　俳優
Napier, Shabazz　ネイピアー, シャバズ
　国アメリカ　バスケットボール選手
Napier, Susan　ネーピア, スーザン
　著「二重生活」ハーレクイン　2011
Napier, Susan Jolliffe　ネイピア, スーザン・J.
　1955〜　著「現代日本のアニメ」中央公論新社　2002
Napiwotzky, Annedore　ナピヴォツキー, アンネドーレ
　著「緩和ケアの本質と実践」ガイアブックス　2014
Napoléon, Charles　ナポレオン, シャルル
　1950〜　国フランス　歴史作家
Napoleon, Nanette Naioma　ナポレオン, ナネット・ナイオマ
　著「ハワイ」メディアファクトリー　2005
Napoleon, Ryan　ナポレオン
　国オーストラリア　競泳選手
Napoleoni, Loretta　ナポリオーニ, ロレッタ
　1955〜　著「人質の経済学」文芸春秋　2016
Napoli, Donna Jo　ナポリ, ドナ・ジョー
　国アメリカ　作家, 言語学者
Napoli, Mike　ナポリ, マイク
　国アメリカ　野球選手
Napolitano, Giorgio　ナポリターノ, ジョルジョ
　1925〜　国イタリア　政治家　イタリア終身上院議員　イタリア大統領　筆名＝ピニャテッリ, トマッソ
Napolitano, Janet　ナポリターノ, ジャネット
　国アメリカ　国土安全保障長官
Napolitano, Jim　ナポリターノ, J.
　著「現代の量子力学」吉岡書店　2015
Napp, Daniel　ナップ, ダニエル
　1974〜　著「ティップトップとゾウ」ブーマー, トランスワールドジャパン(発売)　2005
Napper, Lewis　ナッパー, ルイス
　著「WinSock 2プログラミング」ソフトバンクパブリッシング　2005
Nappey, Grégoire　ナッペイ, グレゴワール
　1973〜　著「スイスの歴史ガイド」春風社　2014
Nappo, Donato　ナッポ, ドナート
　1970〜　著「2CV」グラフィック社　2010
Napwon, Josephine　ナプウォン, ジョセフィーン
　国南スーダン　環境相
al-Naqeeb, Falah　ナキーブ, ファラハ
　国イラク　内相
al-Naqshabandi, Mondhir Muhammed Asad　アル・ナクシャバンディ, ムンドヒル・ムハンマド・アサド
　国イラク　労働・社会問題相
Naquin, Tyler　ネイクイン, タイラー
　国アメリカ　野球選手
Naqvi, Mukhtar Abbas　ナクビ, ムクタル・アッバス
　国インド　マイノリティー問題相
Narace, Jerry　ナリス, ジェリー
　国トリニダード・トバゴ　保健相
Naradevo, Phra Yuki　ナラテボー, プラユキ
　著「脳と瞑想」サンガ　2016
Narang, Gagan　ナランゲ, ガガン
　国インド　射撃選手
Narang, Rishi K.　ナラン, リシ・K.
　著「クオンツトレーディング入門」パンローリング　2010
Naranji, Corine　ナラニィ, コリーネ
　1940〜　著「はばたけ！ ザーラ」日本ライトハウス　2007
Naranjo, Jose　ナランホ, ホセ
　国スペイン　サッカー選手
Naranjo, Sandra　ナランホ, サンドラ
　国エクアドル　観光相
Narantsatsralt, Janlav　ナランツァツラルト, ジャンラブ
　1957〜2007　国モンゴル　政治家　モンゴル首相　敬ナランツァツラルト, ジャンラビーン
Narasimhan, Sundar　ナラーシムハーン, サンダール
　著「ウィンストンのJava 2」ピアソン・エデュケーション　2002
Narayan, Giddu　ナラヤン, G.
　1925〜　著「知られざるクリシュナムルティ」太陽出版　2015
Narayan, R.K.　ナーラーヤン, R.K.
　1906〜2001　国インド　作家, 政治家　インド上院議員　本名＝ナーラーヤン, ラシプラム・クリシュナスワーミー〈Narayan, Rasipuram Krishnaswami〉　敬ナラヤン, R.K.／ナラヤン, ラシプラム・クリシュナスワミ
Narayan, Uma　ナーラーヤン, ウマ
　著「文化を転位させる」法政大学出版局　2010
Narayanan, Arvind　ナラヤナン, アーヴィンド
　著「仮想通貨の教科書」日経BP社, 日経BPマーケティング(発売)　2016
Narayanan, Kocheril Raman　ナラヤナン, コチェリル・ラーマン
　1920〜2005　国インド　政治家　インド大統領
Narayanan, M.P.　ナラヤナン, M.P.
　著「経営戦略のためのファイナンス入門」東洋経済新報社　2008
Narayen, Shantanu　ナラヤン, シャンタヌ
　1963〜　国アメリカ　実業家　アドビシステムズ社長・CEO
Narbaeva, Tanzila　ナルバエワ, タンジラ
　国ウズベキスタン　副首相
Narbikova, Valeriya Spartakovna　ナールビコワ, ワレーリヤ
　1958〜　国ロシア　作家　敬ナールビコヴァ
Narbona, Cristina　ナルボナ, クリスティナ
　国スペイン　環境相
Narchemashvili, Koba　ナルチェマシビリ, コバ
　国ジョージア　内相
Nardelli, Robert L.　ナルデリ, ロバート
　1948〜　国アメリカ　実業家　ホーム・デポ会長・CEO, クライスラー会長・CEO
Nardo, Anna K.　ナード, アナ・K.
　著「ミルトンと対話するジョージ・エリオット」英宝社　2011
Nardolillo, Jo　ノルドリリョ, ジョー
　1972〜　著「図解弦楽器用語事典」ヤマハミュージックメディア　2015
Nardone, Giorgio　ナルドーネ, ジョルジョ
　著「癒しの心理学」晃洋書房　2004

Naren-hua ナーレンホア
1962～ [国]中国 女優 漢字名＝娜仁花

Naret, Jean-Luc ナレ, ジャンリュック
1961～ [国]フランス 編集者 ミシュランガイド総責任者

Nari, Tony ナリ, トニー
[国]バヌアツ 公共事業相

Nariashvili, Mikheil ナリアシヴィリ, ミヘイル
[国]ジョージア ラグビー選手

Narimanidze, Khatuna ナリマニゼ, カトゥナ
[国]ジョージア アーチェリー選手

Narindrapong, Norodom ナリンドラポン, ノロドム
1954～2003 [国]カンボジア シアヌーク国王の息子

Narine, Jarette ナリン, ジャレッテ
[国]トリニダード・トバゴ 地方政府相

Narine, Jarrette ナリン, ジャレット
[国]トリニダード・トバゴ 農業・国土・海洋資源相

Narita, Megumi ナリタ, メグミ
[著]「山中iPS細胞・ノーベル賞受賞論文を読もう」 一灯舎, オーム社(発売) 2012

Narita, Tatsuki ナリタ, タツキ
[国]日本 エリザベート王妃国際コンクール ヴァイオリン 第2位(2012年)ほか 漢字名＝成田達輝

Narizzano, Silvio ナリッツァーノ, シルヴィオ
1928～2011 [国]カナダ 映画監督

Narkiewicz, Jan D. ナーキウィズ, ジャン・D.
[著]「プロフェッショナルVB.NET」 インプレス, インプレスコミュニケーションズ(発売) 2002

Narkiewicz, Władysław ナルキェヴィッチ, W.
1936～ [著]「素数定理の進展」 丸善出版 2013

Narla, Francisco ナルラ, フランシスコ
1978～ [著]「ブラックボックス」 ハーパーコリンズ・ジャパン 2016

Narmania, David ナルマニア, ダビド
[国]ジョージア 地域発展・社会基盤相

Narong, Pipatanasai ナロン・ピパッタナサイ
[国]タイ 副首相

Narongchai, Akrasanee ナロンチャイ・アッカラセーニー
[国]タイ エネルギー相

Narro Robles, José ナロ・ロブレス, ホセ
[国]メキシコ 保健相

Narsingh, Luciano ナルシン, ルシアーノ
[国]オランダ サッカー選手

Narsipur, Chandramouli ナルシプル, チャンドラモウリ
[著]「知られざるクリシュナムルティ」 太陽出版 2015

Naruishkin, Sergei E. ナルイシキン, セルゲイ・E.
[国]ロシア 官房長官

Narus, James A. ナルス, ジェームズ・A.
[著]「営業チームの強化法」 ダイヤモンド社 2007

Naruseb, Alpheus ナルセブ, アルフェウス
[国]ナミビア 公共事業・運輸相

Narvaez, Omar ナルバエズ, オマー
[国]ベネズエラ 野球選手

Narváez Ojeda, Paula ナルバエス・オヘダ, パウラ
[国]チリ 官房長官

Naryshkin, Sergei Yevgenyevich ナルイシキン, セルゲイ
1954～ [国]ロシア 政治家 ロシア下院議長 ロシア大統領府長官 [異]ナルィシキン, セルゲイ / ナルイシキン, セルゲイ・E.

Nas, Tevfik F. ナス, T.F.
[著]「費用・便益分析」 勁草書房 2007

Na Sainchogt ナ・サインチョクト
[異]サイチンガ [著]「モンゴル文学への誘い」 明石書店 2003

Nasalyk, Ihor ナサリク, イーホル
[国]ウクライナ エネルギー・石炭産業相

Nasanburmaa Ochirbatyn ナサンブルマー・オチルバト
[国]モンゴル レスリング選手

Nasanjargal, Darjaagiin ナサンジャルガル, ダルジャギーン
[国]モンゴル 食料・農牧業相

Nasantchamna, Dinis Kadlon ナサンチャムナ, ディニス・カドロン
[国]ギニアビサウ 内相

Nasar, Sylvia ナサー, シルヴィア
1947～ [国]アメリカ 作家, ジャーナリスト 「ニューヨーク・タイムズ」記者

Nasasira, John ナサシラ, ジョン
[国]ウガンダ 通信・情報通信技術相

Nasasira, John Mwoono ナサシラ, ジョン・ムウォノ
[国]ウガンダ 総務・首相府相

Nasaw, David ナソー, デイヴィッド
[著]「新聞王ウィリアム・ランドルフ・ハーストの生涯」 日経BP社, 日経BP出版センター(発売) 2002

Nasaw, Jonathan Lewis ナソー, ジョナサン
1947～ [著]「監禁治療」 早川書房 2001

Naschy, Paul ナッシー, ポール
？～2009 [国]スペイン 俳優, 映画監督, 脚本家 別名＝モル, ジャック, モリン, ジェームズ [異]ナッチー, ポール

Nascimbene, Yan ナッシンベンネ, ヤン
1949～ [著]「Hachiko」 フレーベル館 2005

Nascimbeni, Barbara ナシンベニ, バルバラ
1969～ [著]「ボクは船長」 童話屋 2012

Nascimento, Adão Do ナシメント, アダン・ド
[国]アンゴラ 高等教育相 [異]ナシメント, アダン・ガスパル・ペレイラ・ド

Nascimento, Alfredo ナシメント, アルフレド
[国]ブラジル 運輸相

Nascimento, Milton ナシメント, ミルトン
1942～ [国]ブラジル ピアニスト, シンガー・ソングライター

Naseer, Umar ナシール, ウマル
[国]モルディブ 内相

Naser Din, Safa ナセルディン, サファ
[国]パレスチナ 通信・情報技術相

Naseryar, Amin ナセリヤル, アミン
[国]アフガニスタン 巡礼相

Nash, Andrew ナッシュ, アンドリュー
[著]「PKI」 翔泳社 2002

Nash, Catherine ナッシュ, キャサリン
[著]「モダニティの歴史地理」 古今書院 2005

Nash, Damien ナッシュ, ダミアン
1982～2007 [国]アメリカ アメフト選手 [異]ナッシュ, デイミアン

Nash, Douglas E. ナッシュ, ダグラス・E.
[著]「チェルカッシィ包囲突破戦」 大日本絵画 2008

Nash, Fiona ナッシュ, フィオナ
[国]オーストラリア 地域開発相

Nash, Graham ナッシュ, グラハム
1942～ [国]アメリカ ロック歌手, 写真家

Nash, Jay Robert ナッシュ, J.ロバート
[著]「セレブ殺人事件」 中央アート出版社 2009

Nash, John Forbes, Jr. ナッシュ, ジョン, Jr.
1928～2015 [国]アメリカ 数学者 プリンストン大学数学科上級研究員 [専]ゲーム理論

Nash, Juliana C. ナッシュ, ジュリアナ・C.
[著]「ポール・オースターが朗読するナショナル・ストーリー・プロジェクト」 アルク 2006

Nash, Katerina ナッシュ, カテリナ
[国]チェコ 自転車選手

Nash, Lewis ナッシュ, ルイス
グラミー賞 最優秀ジャズ・インストゥルメンタル・アルバム(個人またはグループ)(2004年(第47回)) "Illuminations"

Nash, Poppy ナッシュ, ポピー
[著]「口唇口蓋形成不全の研究」 かんと出版 2006

Nash, Roderick Frazier ナッシュ, ロデリック・フレイザー
1939～ [著]「原生自然とアメリカ人の精神」 ミネルヴァ書房 2015

Nash, Ronald H. ナッシュ, ロナルド・H.
？～2006 [著]「幼子の救い」 新教出版社 2008

Nash, Sophia ナッシュ, ソフィア
[著]「黄金の乙女に恋の手ほどき」 竹書房 2011

Nash, Stephen ナッシュ, スティーヴン
1928～ [著]「日本人と武士道」 角川春樹事務所 2004

Nash, Susan Smith ナッシュ, スーザン・スミス
[著]「インストラクショナルデザインとテクノロジ」 北大路書房 2013

Nasha, Margaret ナシャ, マーガレット
[国]ボツワナ 地方自治相

***Al*-nasha-shibi, Mohammad** アル・ナシャシビ, ムハマド
[国]パレスチナ 蔵相

Nasheed, Mohamed ナシード, モハメド
1967～ [国]モルディブ 政治家 モルディブ大統領, モルディブ人民主党(MDP)党首

Nashir, Abdallah Abd al-Wali ナシル, アブダラ・アブド・アル・ワリ
[国]イエメン 保健相

***al*-Nasili, Obayd bin Saif** アル・ナシリ, オベイド・ビン・サイフ

㊀アラブ首長国連邦　石油・鉱物資源相
Nasim, Mohammed　ナシム, ムハンマド
　㊀バングラデシュ　保健家族福祉相
Nasir, Amir Ibrahim　ナシル, イブラヒム
　1926〜2008　㊀モルディブ　政治家　モルディブ大統領（初代）
Nasir, bin Muhammad al-Thani　ナシル・ビン・ムハンマド・サーニ
　㊀カタール　内閣担当相
Nasir, Mohamad　ナシール, モハマド
　㊀インドネシア　研究・技術・高等教育相
Nasirinia, Shahin　ナシリニア
　㊀イラン　重量挙げ選手
Nasirshelal, Navab　ナシルシェラル
　㊀イラン　重量挙げ選手
Nasko, Siegfried　ナスコ, ジークフリート
　1943〜　㊆「カール・レンナー」成文社　2015
Näslund, Görel Kristina　ネースルンド, ヨレル・K.
　1940〜　ネースルンド, ヨレル・クリスティーナ　㊆「りんごのえほん」偕成社　2008
Nason, John William　ネーソン, ジョン
　1905〜2001　㊀アメリカ　教育者　スワスモア大学学長, カールトン大学学長
Nasr, Farouk Seif El　ナスル, ファルーク・セイフ・エル
　㊀エジプト　法相
Nasr, Sahar　ナスル, サハル
　㊀エジプト　国際協力相
Nasrallah, Hassan　ナスララ, ハッサン
　1960〜　㊀レバノン　政治家, 宗教指導者　ヒズボラ指導者（党首）　㊄ナスララ師
Nasri, Samir　ナスリ, サミル
　1987〜　㊀フランス　サッカー選手
Nasrullayev, Namik N.　ナスルラエフ, ナミク・N.
　㊀アゼルバイジャン　経済相
Nass, Clifford Ivar　ナス, クリフォード
　㊆「人はなぜコンピューターを人間として扱うか」翔泳社　2001
Nass, Herbert E.　ナス, ハーバート・E.
　㊆「セレブの遺言書」PHP研究所　2015
Nassehi, Armin　ナセヒ, アルミン
　1960〜　㊆「ブルデューとルーマン」新泉社　2006
Nasser, Hazem al　ナセル, ハゼム
　㊀ヨルダン　水・灌漑相
Nasser, Jacques A.　ナッサー, ジャック
　1947〜　㊀オーストラリア　実業家　BHPビリトン会長　フォード・モーター社長・CEO　通称＝Nasser, Jac
Nasser, José　ナッセル, ジョゼ
　㊀ブラジル　ブラジル工業連盟副会長, 元・アマゾナス州工業連盟会長
Nasser, Kamal　ナセル, カマル
　㊀ヨルダン　政治改革相兼法律問題担当国務相
Nasser, Sabah al-Ahmad al-Sabah　ナセル・サバハ・アハマド・サバハ
　㊀クウェート　首長府担当相
Nasser, Vali　ナーセ, ヴァーリ
　1943〜　㊆「インド人教師が使っている本物のインド式数学の本」二見書房　2007
Nasser Muhammad al-Ahmad al-Sabah　ナセル・ムハンマド・アハマド・サバハ
　1940〜　㊀クウェート　政治家　首相
Nassib, Carl　ナッシブ, カール
　㊀アメリカ　アメフト選手
Nassib, Ryan　ナッシブ, ライアン
　㊀アメリカ　アメフト選手
Nassief, Yvor　ナシエフ, イボール
　㊀ドミニカ共和国　観光・産業・公共部門相
Nassif, Michael　ナシフ, マイケル
　㊆「ワシントンマニュアル」メディカル・サイエンス・インターナショナル　2015
al-Nassir, Hala Muhammad　ナーセル, ハラ・ムハンマド
　㊀シリア　観光相
al-Nassiri, Obeid bin Saif　アル・ナシリ, オベイド・ビン・サイフ
　㊀アラブ首長国連邦　石油鉱物資源相
Nassur Madi, Abdou　ナスールマディ, アブドゥ
　㊀コモロ　生産・環境・エネルギー・産業・伝統工芸担当相
Nast, Jamie　ナスト, ジェイミー
　1960〜　㊆「アイデアマップ」阪急コミュニケーションズ　2008
Năstase, Adrian　ナスタセ, アドリアン

Năstase, Adrian　ナスタセ, アドリアン
　1950〜　㊀ルーマニア　政治家, 法学者　ルーマニア首相, ルーマニア下院議長　㊄ナスターセ／ナスターゼ／ナスタゼ
Nastasi, Alison　ナスタシ, アリソン
　㊆「アーティストが愛した猫」エクスナレッジ　2015
Nastasic, Matija　ナスタシッチ, マティヤ
　㊀セルビア　サッカー選手
Nasufi, Dzevdet　ナスフィ, ジェブデト
　㊀マケドニア　法相
Nasution, Darmin　ナスティオン, ダルミン
　㊀インドネシア　調整相（経済）
Nata, Theophile　ナタ, テオフィ
　㊀ベナン　農業畜産漁業相　㊄ナタ, テオフィレ
Natali, Vincenzo　ナタリ, ヴィンチェンゾ
　1969〜　㊆「カンパニー・マン」アーティストハウスパブリッシャーズ, 角川書店（発売）　2002
Natalini, Sandro　ナタリーニ, サンドロ
　㊆「赤ずきんのほんとうのお話」大日本絵画　〔2008〕
Na Tamba, Adelina　ナタンバ, アデリナ
　㊀ギニアビサウ　社会連帯・家族・貧困対策相
Natano, Kausea　ナタノ, カウセア
　㊀ツバル　副首相兼運輸・通信・公共事業相
Natapei, Edward　ナタペイ, エドワード
　㊀バヌアツ　首相兼公共サービス相
Natarajan, Bharathi　ナタラヤン, バラシィ
　㊆「独習JSP」翔泳社　2002
Natarajan, Jayanthi　ナタラジャン, ジャヤンティ
　㊀インド　環境・森林相
Natcho, Bibras　ナトホ, ビブラス
　㊀イスラエル　サッカー選手
Natea, Daniel　ナテア, ダニエル
　㊀ルーマニア　柔道選手
Natel, Jean-Marc　ネイテル, ジャン・マルク
　㊆「レ・ミゼラブル」渡辺音楽出版社, ドレミ楽譜出版社（発売）　2013
Natenberg, Sheldon　ネイテンバーグ, シェルダン
　㊆「オプションボラティリティ売買入門」パンローリング　2006
Natera, Francisco　ナテラ, フランシスコ
　㊀ベネズエラ　特別経済区開発相
Nath, Kamal　ナート, カマル
　㊀インド　都市開発相兼議会担当相
Nathan, Andrew James　ネイサン, アンドルー
　1943〜　㊀アメリカ　政治学者　コロンビア大学政治学教授　中国政治・外交政策　㊄ネイサン, アンドリュー
Nathan, Debbie　ネイサン, デビー
　㊆「1冊で知るポルノ」原書房　2010
Nathan, Ian　ネイサン, イアン
　㊆「魔法への招待：『ファンタスティック・ビーストと魔法使いの旅』メイキング・ブック」ハーパーコリンズ・ジャパン　2016
Nathan, Joe　ネイサン, ジョー
　㊀アメリカ　野球選手
Nathan, John　ネイスン, ジョン
　1940〜　㊆「ソニードリーム・キッズの伝説」文芸春秋　2002
Nathan, Sarah　ネイサン, サラ
　㊆「アナと雪の女王」偕成社　2014
Nathan, S.R.　ナーザン, S.R.
　1924〜2016　㊀シンガポール　政治家　シンガポール大統領　本名＝Nathan, Sellapan Ramanathan〈ナーザン, セッラパン・ラーマナタン〉　㊄ナザン, セラパン・ラマ／ナザン, S.R.／ナザン, セッラパン・ラーマナータン
Nathan, Tobie　ナタン, トビ
　1948〜　㊆「他者の狂気」みすず書房　2005
Nathanson, Paul　ナサンソン, ポール
　1947〜　㊆「広がるミサンドリー」彩流社　2016
Nation, I.S.P.　ネーション, I.S.P.
　㊆「英語教師のためのボキャブラリー・ラーニング」松柏社　2005
Natividad, Irene　ナティビダッド, アイリーン
　㊀アメリカ　フェミニズム運動家　グローバル・サミット・オブ・ウィメン創設者
Natoli, Joseph P.　ナトーリ, ジョウゼフ・P.
　1943〜　㊆「キーパーソンで読むポストモダニズム」新曜社　2005
Natoli, Louise　ナトリ
　㊀オーストラリア　カヌー選手
Natonde, Aké　ナトンデ, アケ

[国]ベナン 中等・技術・専門教育相
Natsagdorzh, Shagdarzhavyn ナツァグドルジ, Sh.
1918～2001 [著]「チンギス・ハーン」アルド書店 2016
***al*-Natsheh, Rafiq** アル・ナチェハ, ラフィク
[国]パレスチナ 農相 [異]アル・ナチェ, ラフィク
Natsios, Andrew S. ナチオス, アンドリュー・S.
[著]「北朝鮮飢餓の真実」扶桑社 2002
Natsir, Liliyana ナッチル, リリアナ
[国]インドネシア バドミントン選手 [異]ナッチル
Natsir, Lilyana ナッチル
[国]インドネシア バドミントン選手
Natta, Alessandro ナッタ, アレッサンドロ
1917～2001 [国]イタリア 政治家 イアリタ共産党書記長
Natter, Tobias Günter ナター, トビアス・G.
[著]「「クリムト1900年ウィーンの美神展」カタログ」「クリムト1900年ウィーンの美神展」カタログ委員会 2003
Nattermann, Peter ナッターマン, P.
[著]「ARISを活用したチェンジマネジメント」シュプリンガー・フェアラーク東京 2003
Natti, Susanna ナティ, スザンナ
[著]「こんな日だってあるさ」童話館出版 2006
Nattiez, Jean-Jacques ナティエ, ジャン＝ジャック
1945～ [著]「レヴィ＝ストロースと音楽」アルテスパブリッシング 2013
Nattrass, Sue ナトラス
[国]カナダ 射撃選手
Natuman, Joe ナツマン, ジョー
[国]バヌアツ 副首相兼商業・観光・貿易相 [異]ナトゥマン, ジョー
Natuva, Timoci Lesi ナトゥバ, ティモジ・レシ
[国]フィジー 移民相兼国家安全保障・国防相
Nau, Heinz ナウ, ハインツ
1943～ [著]「バルプロ酸の臨床薬理」ライフ・サイエンス 2006
Nau, Henry R. ナウ, ヘンリー
[国]アメリカ ジョージ・ワシントン大学教授 [専]政治学, 国際関係学
Nau, Jean-Yves ノ, ジャン・イブ
[著]「狂牛病日誌」東洋経済新報社 2002
Nauck, Todd ナウク, トッド
[異]ノック, トッド [著]「ルーク・ケイジ：無慈悲の街」ヴィレッジブックス 2016
Naude, Beyers ノディア, ベイヤーズ
1915～2004 [国]南アフリカ 人権活動家, 聖職者
Naudin, Jean-Bernard ノーダン, ジャン・ベルナール
[著]「モネの食卓」日本テレビ放送網 2004
Naughten, Denis ノックトン, デニス
[国]アイルランド 通信・気候変動・環境相
Naughton, Barry ノートン, バリー
[著]「呉敬璉、中国経済改革への道」NTT出版 2015
Naughton, Elisabeth ノートン, エリザベス
[著]「ボディガードの恋のルール」オークラ出版 2014
Naughton, Gabriel ノートン, ガブリエル
[著]「シャルダン」西村書店 2002
Naughton, Kyle ノートン, カイル
[国]イングランド サッカー選手
Naugrette, Jean-Pierre ノーグレット, ジャン＝ピエール
1955～ [著]「ハイド氏の奇妙な犯罪」東京創元社 2003
Nauk, Todd ナウク, トッド
[著]「スパイダーマン：エレクション・デイ」小学館集英社プロダクション 2013
Naul, Roland ナウル, ローラント
1948～ [著]「オリンピック教育」大修館書店 2016
Nault, Robert ノルト, ロバート
[国]カナダ インディアン・北部開発相
Naulu, Josateki ナウル, ジョサテキ
[国]フィジー 柔道選手
Nauman, Bruce ノーマン, ブルース
1941～ [国]アメリカ 彫刻家 [異]ナウマン, ブルース
Naumann, Bernd ナウマン, ベルント
1938～ [著]「ドイツ語造語論入門」三修社 2008
Naumann, Earl ノーマン, アール
1946～ [著]「「ひと目ぼれ」の秘密」東京書籍 2001
Naumann, Francis M. ナウマン, フランシス・M.
[著]「マルセル・デュシャン書簡集」白水社 2009
Naumann, G.O.H. ナウマン, G.O.H.
[著]「眼病理学」シュプリンガー・フェアラーク東京 2003
Naumann, Klaus Dieter ナウマン, クラウス
1939～ [国]ドイツ 元軍人 ドイツ連邦軍総監, NATO軍事委員会議長
Naumann, Klaus Friedrich ナウマン, クラウス・フリードリッヒ
[国]ドイツ 日本美術専門家
Naumava, Darya ナウマワ, ダリア
[国]ベラルーシ 重量挙げ選手
Naumov, Oleg V. ナウーモフ, オレグ・V.
[著]「大粛清への道」大月書店 2001
Naumov, Radomir ナウモフ, ラドミル
[国]セルビア 鉱業・エネルギー相 [異]ナウモブ, ラドミル
Naumov, Vladimir V. ナウモフ, ウラジーミル・V.
[国]ベラルーシ 内相 [異]ナウモフ, ウラジーミル
Naumovski, Vasko ナウモブスキ, バシュコ
[国]マケドニア 副首相(欧州統合担当)
Naupoto, Villiame ナウポト, ビリアメ
[国]フィジー 青年スポーツ相
Nauta, Yvonne ナウタ
[国]オランダ スピードスケート選手
Nauzet Perez ナウセ・ペレス
[国]スペイン サッカー選手
Nava, Daniel ナバ, ダニエル
[国]アメリカ 野球選手
Nava, Horacio ナバ, オラシオ
[国]メキシコ 陸上選手 [異]ナバ
Nava, Michael ナーヴァ, マイケル
[著]「秘められた掟」東京創元社 2002
Navacelle, Marie-Christine de ナヴァセル, マリー＝クリスティーヌ・ドゥ
[著]「Hiroshima 1958」インスクリプト 2008
Navakamocea, Jone ナバカモチェア, ジョネ
[国]フィジー 地方自治相
Navakauskas, Ignas ナバカウスカス, イグナス
[国]リトアニア カヌー選手
Navalnyi, Aleksei Anatolievich ナワルニー, アレクセイ
1976～ [国]ロシア 反政権ブロガー ロシア国民連合党首 [異]ナワリヌイ, アレクセイ
Navardauskas, Ramunas ナバルダウスカス, ラムナス
[国]リトアニア 自転車選手
Navarre-marie, Marie Arianne ナバレマリ, マリー・アリアンヌ
[国]モーリシャス 女性・家族福祉相
Navarrete Prida, Jesús Alfonso ナバレテ・プリダ, ヘスス・アルフォンソ
[国]メキシコ 労働・社会保障相
Navarro, Ann ナバロ, アン
[著]「XHTML時代のWebデザインバイブル」オーム社 2001
Navarro, Efren ナバーロ, エフレン
[国]アメリカ 野球選手
Navarro, Fernanda ナバロ, フェルナンダ
[著]「不確定な唯物論のために」大村書店 2002
Navarro, Garcia ナバロ, ガルシア
1941～2001 [国]スペイン 指揮者 テアトロ・レアル音楽監督, シュトゥットガルト歌劇場音楽総監督 [異]ナバッロ, ガルシア / ナヴァロ, ガルシア
Navarro, Guillermo ナヴァロ, ギジェルモ
アカデミー賞 撮影賞(第79回(2006年)) “El laberinto del fauno”
Navarro, Héctor ナバロ, エクトル
[国]ベネズエラ 教育相
Navarro, Joe ナヴァロ, ジョー
1953～ [著]「FBIプロファイラーが教える「危ない人」の見分け方」河出書房新社 2015
Navarro, José Augusto ナバロ, ホセ・アウグスト
[国]ニカラグア 農牧林業相
Navarro, Julia ナバロ, フリア
1953～ [著]「聖骸布血盟」ランダムハウス講談社 2005
Navarro, Leopoldo ナバロ, レオポルド
[国]ニカラグア 副大統領
Navarro, Leticia ナバロ, レティシア
[国]メキシコ 観光相
Navarro, Morgan ナヴァーロ, モルガン
1975～ アングレーム国際漫画祭 大胆な作品賞(2012年) “Teddy Beat”〈Les Requins Marteaux〉 [異]ナヴァロ, モルガン
Navarro, Peter ナバロ, ピーター
[国]アメリカ 経済学者 カリフォルニア大学アーバイン校ビジネススクール教授 [専]公共政策 [異]ナヴァロ, ピーター

Navarro, Vicenç　ナバロ, ビセンス
　著「もうひとつの道はある」柘植書房新社　2013
Navarro, Yvonne　ナヴァーロ, イヴォンヌ
　訳ナヴァロ, イヴォンヌ　著「ウルトラヴァイオレット」竹書房　2006
Navarro Castañeda, Emilio　ナバロ・カスタニェダ, エミリオ
　国ペルー　大統領府長官
Navarro Díaz, Héctor Augusto　ナバロ・ディアス, エクトル・アウグスト
　国ベネズエラ　電力相
Navarro García, Andrés　ナバロ・ガルシア, アンドレス
　国ドミニカ共和国　教育相
Navarro Miranda, César　ナバロ・ミランダ, セサル
　国ボリビア　鉱業・金属相
Navarro Valdez, Carlos Ruben　ナバロ, カルロス
　国メキシコ　テコンドー選手
Navarro Yudes, David Fernando　ナバッロ・ユデス, ダビッド・フェルナンド
　スペイン　ローザンヌ国際バレエコンクール 4位・プロ研修賞 (第42回 (2014年))ほか
Navarsete, Liv Signe　ナーバルセーテ, リーブ・シグネ
　国ノルウェー　自治・地方開発相
Navasky, Victor S.　ナヴァスキー, ヴィクター・S.
　著「ハリウッドの密告者」論創社　2008
Navas Vera, César　ナバス・ベラ, セサル
　国エクアドル　治安調整相
Navavichit, Bhusdee　ナワウィチット, ブッサディー
　国タイ　タイ王室日本語通訳・翻訳家, 元日本留学生協会理事兼日本国費留学生財団理事, 元・泰日経済技術振興協会付属語学学校長
Navazio, Franco　ナバジオ, フランコ
　著「老化の生命科学」アークメディア　2007
Nave, Yolanda　ネイブ, ヨランダ
　著「ブルーな気分を吹き飛ばす64の方法」新講社　2001
Naveen, Ron　ナヴィーン, ロン
　著「愛しのペンギン」角川書店　2001
Naveh, Danny　ナベ, ダニ
　国イスラエル　厚相　訳ナベ, ダン
Naveh, Joseph　ナヴェー, ヨセフ
　著「初期のアルファベットの歴史」法政大学出版局　2007
Navellier, Louis　ナベリア, ルイス
　著「成長株投資の公理」パンローリング　2008
Navia, Luis E.　ナヴィア, ルイス・E.
　著「哲学の冒険」武蔵野美術大学出版局　2002
Navickas, Vytas　ナビツカス, ビータス
　国リトアニア　経済相
Navin, Jacqueline　ネイヴィン, ジャクリーン
　著「氷の公爵と家庭教師」ハーレクイン　2014
Navinne, S.B.　ナビンナ, S.B.
　国スリランカ　地方産業・自営業促進相
Navka, Tatiana　ナフカ, タチアナ
　国ロシア　フィギュアスケート選手
Navon, Yitzhak　ナボン, イツハク
　1921〜2015　国イスラエル　政治家　イスラエル大統領　訳ナヴォン, イツハク
Navracsics, Tibor　ナブラチッチ・ティボル
　国ハンガリー　副首相兼行政・法務相
Navratilova, Martina　ナブラチロワ, マルチナ
　1956〜　国アメリカ　テニス選手　訳ナブラチロワ
Navruzov, Ikhtiyor　ナフルゾフ, イフティヨル
　国ウズベキスタン　レスリング選手
Nawaf al-Ahmad al-Jabir al-Sabah　ナワフ・アル・アハマド・アル・ジャビル・アル・サバハ
　1938〜　国クウェート　皇太子　クウェート第1副首相　訳ナワフ・アル・アハマド・アル・サバハ / ナワフ・アハマド・ジャビル・サバハ
Nawbatt, Harrinarine　ナウバット, ハリナライン
　国ガイアナ　住宅・水道相
Nawej Mundele, Charles　ナウェジムンデレ, シャルル
　国コンゴ民主共和国　社会福祉・人道・国民連帯相　訳ナウェジ・ムンデレ, シャルル
Nawijn, Hilbrand　ナーバイン, ヒルブラント
　国オランダ　移民・社会統合相
Nawinne, S.B.　ナビンナ, S.B.
　国スリランカ　消費者福祉相　訳ナウィンナ, S.B.
Nawowuna, Alice Aprot　ネウォウナ
　国ケニア　陸上選手

Nawwaf, al-Ahmad al-Sabah　ナワフ・アハマド・サバハ
　国クウェート　第1副首相兼内相
Nay, Meagen　ネイ
　国オーストラリア　競泳選手
Nayacalevu, Waisea　ナヤザレヴ, ワイセア
　国フィジー　ラグビー選手
Nayak, Ajaya Shankar　ナヤク, アジャヤ・シャンカル
　国ネパール　法務・司法・議会担当相
Nayar, Ritu　ネイヤー, R.
　著「ベセスダシステム2001アトラス」シュプリンガー・ジャパン　2007
Nayar, Vineet　ナイアー, ヴィニート
　著「社員を大切にする会社」英治出版　2012
Naydenov, Miroslav　ナイデノフ, ミロスラフ
　国ブルガリア　農業・食料相
Naydenova, Tsvetelina　ナイデノワ, ツベテリーナ
　国ブルガリア　新体操選手
Nayduch, Donna　ネイダッチ, ドナ
　著「脳神経外科臨床看護マネジメント」メディカ出版　2003
al-Nayef, Sa'ad Abdul-Salam　ナイフ, サアド・アブドルサラム
　国シリア　保健相
Nayef bin Abdul-Aziz　ナエフ・ビン・アブドルアジズ
　1934?〜2012　国サウジアラビア　政治家　サウジアラビア皇太子, サウジアラビア第1副首相・内相
Nayler, Sarah　ネイラー, サラ
　著「ママにあかちゃんができたの！」講談社　2006
Naylor, Craig　ネイラー, クレイグ
　1948〜2015　国アメリカ　実業家　日本板硝子社長・CEO, デュポン上席副社長
Naylor, Grant　ネイラー, グラント
　著「宇宙船レッド・ドワーフ号」河出書房新社　2003
Naylor, Lesley　ネイラー, レズリー
　1964〜　著「施設・里親家庭で暮らす子どもとはじめるクリエイティブなライフストーリーワーク」福村出版　2015
Naylor, Phyllis Reynolds　ネイラー, フィリス・レイノルズ
　1933〜　国アメリカ　児童文学作家
Naylor, Sharon　ネイヤー, シャロン
　著「彼と別れる100の理由別れない100の理由」ソニー・マガジンズ　2005
Naylor, Thomas H.　ネイラー, トーマス・H.
　1936〜　著「消費伝染病「アフルエンザ」」日本教文社　2004
Naylor, William　ネイラー, ウィリアム
　著「シルバー・バーチの霊訓」潮文社　2004
Nayo Ketchanke, Gaelle Verlaine　ナヨ, ガエル
　国フランス　重量挙げ選手
Nazarahari, Reza　ナザルアーハリ, レザー
　国イラン　駐日特命全権大使
Nazarbaev, Nursultan Abishuli　ナザルバエフ, ヌルスルタン
　1940〜　国カザフスタン　政治家　カザフスタン大統領　訳ナザルバーエフ
Nazarbayeva, Dariga　ナザルバエワ, ダリガ
　国カザフスタン　副首相
Nazare-Aga, Isabelle　ナザル＝アガ, イザベル
　著「こころの暴力夫婦という密室で」紀伊国屋書店　2001
Nazari, Dilbar　ナザリ, ディルバル
　国アフガニスタン　女性問題相
Nazari, Enayatullah　ナザリ, エナヤトラ
　国アフガニスタン　難民相
Nazarian, Armen　ナザリャン
　国ブルガリア　レスリング選手
Nazarian, Arthur　ナザリアン, アルトゥール
　国レバノン　エネルギー・水資源相
Nazarov, Dilshod　ナザロフ, ジルショド
　国タジキスタン　陸上選手
Nazarov, Talbak　ナザロフ, タルバク
　国タジキスタン　外相
Nazarova, Anna　ナザロワ
　国ロシア　陸上選手
Nazarova, Olga　ナザロワ
　国ベラルーシ　バイアスロン選手
Nazaruk, Viacheslav Mikhailovich　ナザルーク, V.M.
　著「金の鶏」未知谷　2004
Nazaryan, Armen　ナザリャン
　国ブルガリア　レスリング選手
Nazeer, Kamran　ナジール, カムラン
　著「ぼくたちが見た世界」柏書房　2011

N

Nazer, Hisham ナーゼル, ヒシャム
1932～2015 ㊖サウジアラビア 政治家, 外交官 サウジアラビア石油相 本名＝Nazer, Hisham Mohieddin
Nazer, Mende ナーゼル, メンデ
㊞「メンデ」 ソニー・マガジンズ 2006
Nazhmuddinov, Safarali ナジムディノフ, サファラリ
㊖タジキスタン 財務相
Nazif, Ahmad Muhammad ナジフ, アハマド・ムハンマド
1952～ ㊖エジプト 政治家 エジプト首相 本名＝Ahmad Mahmoud Muhammad ㊢ナジフ, アハメド
Nazim, Mohamed ナジム, モハメド
㊖モルディブ 国防・治安・保健相
Nazirov, Abdukakhir ナジロフ, アブドカヒル
㊖タジキスタン 土地改良・水資源相
Nazirov, Feruz ナジロフ, フェルズ
㊖ウズベキスタン 保健相 ㊢ナジロフ, フェルス
Nazri, Abdul Aziz ナズリ・アブドル・アジズ
㊖マレーシア 起業家育成相
Nazri, Aziz ナズリ・アジズ
㊖マレーシア 観光・文化相
Nazrin, Muizzuddin Shah ナズリン・ムイズディンシャー
㊖マレーシア 副国王
Nazroo, James Y. ナズロー, J.Y.
㊞「現代イギリスの政治算術」 北海道大学図書刊行会 2003
Nchemba, Mwingulu Lameck ヌチェンバ, ムウィグル・ラメック
㊖タンザニア 内相 ㊢ンチェンバ, ムウィグル・ラメック
Nchimbi, Emmanuel John ヌチンビ, エマニュエル・ジョン
㊖タンザニア 内相
Ncogo, Braulio ヌコゴ, ブラウリオ
㊖赤道ギニア 大統領府相(文民内閣担当)
Ncube, Abednigo ヌーベ, アベドニゴ
㊖ジンバブエ 地方開発・文化遺産保護相
Ncube, Welshman ヌーベ, ウェルシュマン
㊖ジンバブエ 通産相
N'dackala, Marie Solange Pagonendji ヌダッカラ, マリー・ソランジュ・パゴネンジ
㊖中央アフリカ 家族・社会問題相
N'dah, Eric Kouagou ヌダ, エリック・クアグ
㊖ベナン 初等教育相 ㊢ヌダ, エリック
Ndahimananjara, Bénédicte Johanita ヌダヒマナジャラ, ベネディクト・ジョハニタ
㊖マダガスカル 環境・自然保護・森林相 ㊢ヌダイマナンジャラ, ジョアニータ
Ndaitwah, Netumbo ヌダイトワ, ネトゥンボ
㊖ナミビア 女性問題・児童開発相
Ndaki, Barnabé ヌダキ, バルナベ
㊖ガボン 職業訓練相
Ndakolo, Penda Ya ヌダコロ, ペンダ・ヤ
㊖ナミビア 国防相
Ndalana, René ダラナ・ルネ
㊖マダガスカル 青少年・スポーツ相
Ndalichako, Joyce ンダリチャコ, ジョイス
㊖タンザニア 教育・科学・技術・職業訓練相
Ndambuki, Gideon ヌダンブキ, ギデオン
㊖ケニア 計画相
N'dam N'jikam, Hassan ヌダムンジカム
㊖カメルーン ボクシング選手
Ndanga Ndinga, Badel ヌダンガヌディンガ, バデル
㊖カメルーン 工業・鉱業・技術開発相
Ndanusa, S.M. ヌダヌサ, S.M.
㊖ナイジェリア スポーツ相
Ndarata, Jean-Dominique ヌダラタ, ジャンドミニク
㊖中央アフリカ 青年スポーツ相
Ndau, Malison ヌダウ, マリソン
㊖マラウイ 情報・通信技術相
Ndayiragije, Samuel ヌダイラギジェ, サミュエル
㊖ブルンジ エネルギー・鉱業相
Ndayiragije, Serges ヌダイラギエ, セルジュ
㊖ブルンジ ガバナンス・計画担当相
Ndayirukiye, Cyrille ヌダイルキエ, シリル
㊖ブルンジ 国防相
Ndayishimye, Evaristre ヌダイシミイエ, エバリストル
㊖ブルンジ 内務・治安相
Ndayizeye, Domitien ヌダイゼイエ, ドミティアン
㊖ブルンジ 大統領 ㊢ヌダイゼイエ, ドミシアン
Ndebele, Joel Sbusiso ヌデベレ, ジョエル・スブシソ
㊖南アフリカ 矯正相
Ndémanga, Jacques ヌデマンガ, ジャック
㊖中央アフリカ 都市・公共建築相
Ndemezoobiang, Rene ヌデメゾオビアン, ルネ
㊖ガボン 青少年・スポーツ・余暇相
Ndenge, Tsiy William ヌデンゲ, ツィー・ウィリアム
㊖ドイツ サッカー選手
Nderagakura, Ferdinand ヌデラガクラ, フェルディナン
㊖ブルンジ 農相
Ndereba, Catherine ヌデレバ, キャサリン
1972～ ㊖ケニア マラソン選手 ㊢ヌデレバ
Ndesandjo, Mark Obama デサンジョ, マーク・オバマ
㊖ケニア オバマ大統領の異母弟
Ndi, Dani エンディ, ダニ
㊖カメルーン サッカー選手
Ndiaye, Alfred エンディアイェ, アルフレッド
㊖セネガル サッカー選手
Ndiaye, Aly Ngouille ヌジャイ, アリ・ヌグイユ
㊖セネガル 工業・鉱山相
Ndiaye, Aminata Mbengue ヌジャイ, アミナタ・ムバング
㊖セネガル 畜産相
Ndiaye, Awa ヌディアエ, アワ
㊖セネガル 対アフリカ・外国女性団体関係相
N'diaye, Bah ヌジャイ, バフ
㊖マリ 観光・工芸相 ㊢ヌジャイ, バー
Ndiaye, Diakite Fatoumata ヌジェイ, ジャキテ・ファツマタ
㊖マリ 社会発展・連帯相
N'diaye, Ibrahima ヌディアエ, イブラヒマ
㊖マリ 雇用・職業訓練相
Ndiaye, Kadiatou ヌディアイエ, カディアト
㊖ギニア 環境・水・森林相
N'diaye, Kéita Rokiatou ヌジャイ, ケイタ・ロキアトゥ
㊖マリ 保健相
Ndiaye, Mankeur ヌジャイ, マンクール
㊖セネガル 外務・在外セネガル人相
NDiaye, Marie ンディアイ, マリー
1967～ ゴンクール賞(2009年) "Trois Femmes puissantes"
Ndiaye, Mbagnick ヌジャイ, ムバニク
㊖セネガル 文化・通信相
Ndiaye, Ousmane Masseck ヌディアエ, ウスマン・マセック
㊖セネガル 自治体・地方分権相
Ndiaye, Pap ンディアイ, パップ
㊞「アメリカ黒人の歴史」 創元社 2010
Ndiaye, Rachid ヌジャイ, ラシード
㊖ギニア 広報相
Ndiaye, Sada ヌディアエ, サダ
㊖セネガル 国外在留者相
Ndiaye, Souleymane Ndéné ヌディアエ, スレイマン・ヌデーネ
㊖セネガル 首相
Ndiaye, Youssoupha ヌディアエ, ユースファ
㊖セネガル スポーツ相 ㊢ヌディアイ, ユースファ
Ndiaye-ba, Soukeyna ヌディアエバ, スケイナ
㊖セネガル 地方公共団体交流・地域計画相
Ndiaye Rose, Doudou ンジャイ・ローズ, ドゥドゥ
㊖セネガル ドゥドゥ・ンジャイ・ローズ・パーカッション・オーケストラ団長, 元・国立芸術院教授
Ndiaye-seck, Saoudatou ヌディアエセク, サウダトゥー
㊖セネガル 女性起業支援・中小企業金融相
N'dicka Matam, Samson ヌディカ
㊖フランス 重量挙げ選手
Ndihokubwayo, Domitien ヌディホクブワヨ, ドミシアン
㊖ブルンジ 財務・予算・民営化相
Ndikumagenge, Pierre ヌディクマゲンゲ, ピエール
㊖ブルンジ 農相
Ndikumana, Jean Bosco ヌディクマナ, ジャン・ボスコ
㊖ブルンジ 法相
Ndikumana, Victoire ヌディクマナ, ビクトワール
㊖ブルンジ 商業・産業・郵便・観光相
Ndikumugongo, Severin ヌディクムゴンゴ, セブラン
㊖ブルンジ 運輸郵政相 ㊢ヌディクムゴニョ, セブラン
Ndirahisha, Janviére ヌディラシャ, ジャンビエール
㊖ブルンジ 教育・高等教育・科学研究相
Nditabiriye, Dismas ヌディタビリエ, ディスマス
㊖ブルンジ 労働社会保障相

Ndjengbot, Fernande　ヌジェンボ、フェーナンド
　国中央アフリカ　保健・公衆衛生・人口相
Ndlangamandla, Dumisani　ヌドゥランガマンドラ、ドゥミサニ
　国スワジランド　情報通信・技術相
Ndlovu, Hlobsile　ヌドロブ、シュロビシレ
　国スワジランド　スポーツ・文化・青年相　異ヌドロブ、フロブシレ
Ndlovu, Sikhanyiso　ヌドロブ、シカニソ
　国ジンバブエ　情報広報相
Ndolou, Jacques Yvon　ヌドル、ジャック・イボン
　国コンゴ共和国　スポーツ教育相
Ndoma, Ibrahim Françoise　ヌドマ、イブラヒム・フランソワーズ
　国中央アフリカ　社会問題・家族相
Ndombasi, Abdoulaye　ヌドンバシ、アブドゥライ
　国コンゴ民主共和国　副大統領
Ndong, Demetrio Elo　ヌドング、デメトリオ・エロ
　国赤道ギニア　第2副首相(内政・民主主義担当)
N'dong, Didier　エンドング、ディディエ
　国ガボン　サッカー選手
Ndong, Joseph　ヌドン、ジョセフ
　国セネガル　郵政・通信相
Ndong, Pierre Marie　ヌドン、ピエール・マリ
　国ガボン　文化・芸術・国民教育相
Ndongala, Eugene　ヌドンガラ、ウジェンヌ
　国コンゴ民主共和国　鉱業相
Ndong Esonoeyang, Fausto　ヌドンエソノヤン、フォウスト
　国赤道ギニア　公務・行政改革相
Ndong-jatta, Ann Therese　ヌドンジャッタ、アン・テレス
　国ガンビア　教育相
Ndong Mba, Anatolio　ヌドン・ムバ、アナトリオ
　国赤道ギニア　計画・国際協力担当相
Ndong Mifumu, Miguel Oyono　ヌドンミフム、ミゲル・オヨノ
　国赤道ギニア　農林相　異ヌドン・ミフム、ミゲル・オヨノ
Ndong Nguema, Juan　ヌドンヌゲマ、フアン
　国赤道ギニア　保健・社会福祉相
Ndong-nguéma, Paul　ヌドンヌゲマ、ポール
　国ガボン　通信・郵便・デジタル経済相
Ndong Ntutumu, Antonio Martin　ヌドングヌトゥトゥム、アントニオ・マルティン
　国赤道ギニア　保健・社会福祉相
Ndongou, Jean François　ヌドング、ジャン・フランソワ
　国ガボン　内務・公安・移民・地方分権相
Ndongsima, Raymond　ヌドンシマ、レイモン
　国ガボン　首相
Ndoram, Kevin　ヌドラム、ケヴィン
　国フランス　サッカー選手
N'dori, Raymond Abouo　ヌドリ、レイモン・アブオ
　国コートジボワール　保健相
Ndorimana, Romaine　ヌドリマナ、ロメーヌ
　国ブルンジ　女性・福祉・社会問題相
Ndouane, Lambert　ヌドゥアン、ランベール
　国コンゴ共和国　労働・社会保障相
Ndouba, Florence Lydie　ヌドゥバ、フロランス・リディ
　国中央アフリカ　国民和解・政治対話・市民文化振興相
Ndougou, Raymond　ヌドゥグ、レイモン
　国中央アフリカ　内務・治安相
Ndour, Maurice　ンドゥール、モーリス
　国セネガル　バスケットボール選手
N'doutingai, Sylvain　ヌドティンガイ、シルバン
　国中央アフリカ　鉱業・エネルギー相
Ndownjie, Sira Wally　ヌドウンジャイ、シラ・ワリ
　国ガンビア　石油・エネルギー相
Ndoye, Arame　ヌドイ、アラム
　国セネガル　国土整備・地方自治体相
N'dré, Paul Yao　ヌドレ、ポール・ヤオ
　国コートジボワール　内務・地方分権相
Ndremanjary, Jean André　ヌドレマンジャリ、ジャン・アンドレ
　国マダガスカル　技術教育・職業訓練相
Ndrianasolo　ヌドリアナスル
　国マダガスカル　青少年・スポーツ相
N'dri-yoman, Thérèse　ヌドゥリヨマン、テレーズ
　国コートジボワール　保健・エイズ対策相
Ndudi, Zherlin　ンドゥジ、ジェルリン
　国ウクライナ　ローザンヌ国際バレエコンクール 2位・スカラシップ(第33回(2005年))
Ndulue, Chuka　エヌデュルー、チュカ
　国アメリカ　アメフト選手
Nduom, Kwesi　ヌドム、クウェシ
　国ガーナ　エネルギー相　異ヌドゥム、クウェシ
Nduwayo, Jean-Claude　ヌドゥワヨ、ジャンクロード
　国ブルンジ　水・環境・土地整備・都市計画相
Nduwimana, Edouard　ヌドゥイマナ、エドゥアール
　国ブルンジ　内相　異ヌドゥイマナ、エドアール
Nduwimana, Marie-Goreth　ヌドゥウィマナ、マリゴレト
　国ブルンジ　女性社会活動・地位向上相
Nduwimana, Martin　ヌドゥイマナ、マルタン
　国ブルンジ　第1副大統領
Nduwimana, Osesime　ヌドゥイマナ、オゼシム
　国ブルンジ　通信相兼政府報道官
Ndwiga, Peter　ヌドウィガ、ピーター
　国ケニア　企業開発相
Ndwiga, Peter Njeru　ヌドウィガ、ピーター・ヌジェル
　国ケニア　協同組合開発相
Ndzengue, Pierre　ンジェンゲ、ピエール
　国カメルーン　駐日特命全権大使
Neal, Christopher Silas　ニール、クリストファー・サイラス
　著「どこかでだれかがねむくなる」福音館書店　2016
Neal, Durron　ニール、ダロン
　国アメリカ　アメフト選手
Neal, Keanu　ニール、キーヌ
　国アメリカ　アメフト選手
Neal, Larry　ニール、ラリー
　1941～　著「概説世界経済史」東洋経済新報社　2013
Neal, M.J.　ニール、ミカエル・J.
　著「一目でわかるニューロサイエンス」メディカル・サイエンス・インターナショナル　2009
Neal, Patricia　ニール、パトリシア
　1926～2010　国アメリカ　女優　本名＝Neal, Patsy Lou
Neal, Penelope　ニール、ペネロピー
　著「マイルスのゆるゆるうんち」サイエンティスト社　2011
Neal, Rajion　ニール、ラジオン
　国アメリカ　アメフト選手
Neal, Virginia　ニール、バージニア
　著「出土遺物の応急処置マニュアル」柏書房　2002
Neale, John M.　ニール、J.M.
　1943～　著「テキスト臨床心理学」誠信書房　2007
Nealer, Kevin G.　ニーラー、ケビン・G.
　著「次の超大国・中国の憂鬱な現実」朝日新聞社　2003
Nealy, Quayshaun　ニーリー、ケイショーン
　国アメリカ　アメフト選手
Neame, Ronald　ニーム、ロナルド
　1911～2010　国イギリス　映画監督、映画撮影監督、映画プロデューサー
Nearne, Eileen　ニアン、アイリーン
　1921～2010　国イギリス　ナチスの拷問に耐えた元スパイ
Neary, Aaron　ニーリー、アーロン
　国アメリカ　アメフト選手
Neary, David　ニアリー、D.
　著「神経解剖カラーテキスト」医学書院　2008
Neary, Ian　ニアリー、イアン
　著「部落問題と近現代日本」明石書店　2016
Neary, Paul　ニアリー、ポール
　著「エイジ・オブ・ウルトロン」ヴィレッジブックス　2015
Neasman, Sharrod　ニースマン、シャーロッド
　国アメリカ　アメフト選手
Neate, Patrick　ニート、パトリック
　1970～　国イギリス　作家　著文学、ミステリー、音楽
Neath, Ian　ニース、I.
　1965～　著「記憶の原理」勁草書房　2012
Neben, Amber　ネーベン
　国アメリカ　自転車選手
Nebenzahl, Kenneth　ネベンザール、ケネス
　1927～　著「シルクロードとその彼方への地図」ファイドン　2005
Nebo, Chinedu Ositadinma　ネボ、チネドゥ・オシタディンマ
　国ナイジェリア　電力相
Neborsky, Robert J.　ネボルスキー、ロバート
　著「短期力動療法入門」金剛出版　2014
Nečas, Petr　ネチャス、ペトル

1964〜　国チェコ　政治家　チェコ首相
Nechaeva, Lyudmila Timofeevna　ネチャーエヴァ, リュドミラ・チモフェーエヴナ
　国ロシア　モスクワ国立大学附属アジア・アフリカ諸国大学教授, モスクワ国立大学附属アジア・アフリカ諸国大学「中・高等学校における東洋語」研究室室長, ロシア・CIS日本語教師会会長
Nechayeva, Yelena　ネチャエワ
　国ロシア　フェンシング選手
Necib, Hocine　ネシブ, ホシン
　国アルジェリア　水資源相
Necip, Uysal　ネジプ・ウイサル
　国トルコ　サッカー選手
Necker, Tyl　ネッカー, ティル
　1930〜2001　国ドイツ　実業家　ドイツ産業連盟 (BDI) 会長, HAKO製作所創設者
Nectoux, Jean Michel　ネクトゥー, ジャン＝ミシェル
　1946〜　著「ガブリエル・フォーレ」新評論 2008
Nedealco, Evgheni　ネデアルコ, エフゲニー
　国モルドバ　レスリング選手
Nedelcheva, Petya　ネデルシェワ
　国ブルガリア　バドミントン選手
Nedelcu, Clément　ネデルク, クレマン
　著「ハイパフォーマンスHTTPサーバNginx入門」アスキー・メディアワークス, 角川グループパブリッシング (発売) 2011
Nedergaard, Tina　ネダゴー, ティナ
　国デンマーク　教育相
Nederpelt, Travis　ネダーペルト
　国オーストラリア　競泳選手
Nederveen Pieterse, Jan　ネーデルフェーン・ピーテルス, ヤン
　著「グローバル化か帝国か」法政大学出版局 2007
Nedialkov, Dimitar　ネディアルコフ, ディミタール
　著「ノモンハン航空戦全史」芙蓉書房出版 2010
Nedimović, Branislav　ネディモビッチ, ブラニスラブ
　国セルビア　農業・環境保護相
Nedirov, Bayramgeldi　ネディロフ, バイラムゲルディ
　国トルクメニスタン　石油ガス産業・鉱物資源相
Nedjma　ネジュマ
　著「秘められた部分」文芸春秋 2005
Nedup, Sangey　ニドゥプ, サンギェ
　国ブータン　社会サービス相
Nedvěd, Pavel　ネドヴェド, パヴェル
　1972〜　国チェコ　元サッカー選手　ユベントス副会長　⊠ネドビェド, パベル / ネドベド, パベル
Needham, Hal　ニーダム, ハル
　1931〜2013　国アメリカ　映画監督, スタントマン
Needham, Kate　ニードハム, ケイト
　著「探し絵ツアー」文溪堂 2009
Needham, Richard Francis　ニーダム, リチャード・フランシス
　国イギリス　日英21世紀委員会英側委員, 枢密顧問官, 元・貿易担当閣外大臣
Needham, Roger　ニーダム, ロジャー
　著「科学技術とジェンダー」明石書店 2004
Needham, Tristan　ニーダム, T.
　著「ヴィジュアル複素解析」培風館 2002
Needler, Matthew　ニードラー, マシュー
　著「Minecraft公式コンストラクションハンドブック」技術評論社 2016
Neel, Julien　ニール, ジュリアン
　アングレーム国際漫画祭　子ども向け作品賞 (2010年) "Lou！(T5)"〈Glénat〉
Neels, Betty　ニールズ, ベティ
　？〜2001　国イギリス　ロマンス作家
Neely, Andy D.　ニーリー, アンディ
　著「業績評価の理論と実務」東洋経済新報社 2004
Ne'eman, Jacob　ニーマン, ヤコブ
　国イスラエル　法相
Neeman, Sylvie　ネーマン, シルヴィ
　1963〜　著「水曜日の本屋さん」光村教育図書 2009
Neeman, Yaakov　ニーマン, ヤコブ
　国イスラエル　法相
Neeman, Yuval　ネーマン, ユバル
　1925〜2006　国イスラエル　物理学者, 政治家　テルアビブ大学名誉教授, イスラエル・エネルギー相・科学技術相　著素粒子物理学　⊠ネーマン, ユヴァル
Neemia, Namoliki　ニミア, ナモリキ

国ツバル　内務・農村開発相
Neenan, Michael　ニーナン, マイケル
　著「あなたの自己回復力を育てる」金剛出版 2015
Neer, Robert M.　ニーア, ロバート・M.
　1964〜　著「ナパーム空爆史」太田出版 2016
Neergheen-Bhujun, Vidushi S.　ニールギーン・ブジュン, ヴィドゥシ・S.
　著「食品の機能性表示と世界のレギュレーション」薬事日報社 2015
Neeson, Gael　ニーソン, ガエル
　慈善家
Neeson, Liam　ニーソン, リーアム
　1952〜　国イギリス　俳優　⊠ニースン, ライアム
Neethling, Ryk　ニースリング
　国南アフリカ　競泳選手
Nef, Sonja　ネフ
　国スイス　アルペンスキー選手
Neferingani, Inès Bertille　ネフェールインガニ, イネス・ベルティーユ
　コンゴ共和国　女性向上・女性開発統合相
Neff, Henry H.　ネフ, ヘンリー・H.
　国アメリカ　作家　⊠ファンタジー
Neff, Jolanda　ネフ, ヨランダ
　国スイス　自転車選手
Neff, Kristin　ネフ, クリスティーン
　著「セルフ・コンパッション」金剛出版 2014
Neff, Mindy　ネフ, ミンディ
　著「愛しすぎた結末・不実な御曹子」ハーレクイン 2006
Neff, Thomas J.　ネフ, トーマス
　著「CEO最高経営責任者」アスペクト 2005
Neffati, Chadli　ネファティ, シャドリ
　国チュニジア　社会問題相　⊠ネファーティ, シェドリ
Neffinger, John　ネフィンジャー, ジョン
　著「人の心を一瞬でつかむ方法」あさ出版 2015
Neftci, Salih N.　ネフツィ, S.N.
　著「ファイナンスへの数学」朝倉書店 2001
Negaso, Gidada　ネガソ・ギダダ
　国エチオピア　大統領
Neggers, Carla　ネガーズ, カーラ
　著「甘い戦争」ハーレクイン 2009
Negin, Oleg　ネギン, オレグ
　カンヌ国際映画祭　脚本賞 (第67回 (2014年))　"Leviathan"
Negishi, Ei-ichi　ネギシ, エイイチ
　国日本　ノーベル賞　化学賞 (2010年)　漢字名＝根岸英一
Negodaylo, Alexey　ネゴダイロ, アレクセイ
　1989〜　国ロシア　ボブスレー選手　本名＝Negodaylo, Alexey Aleksandrovich
Negrão, Fernando　ネグラン, フェルナンド
　国ポルトガル　社会保障・家族・児童相
Negredo, Alvaro　ネグレド, アルバロ
　国スペイン　サッカー選手
Negri, Antonio　ネグリ, アントニオ
　1933〜　国イタリア　政治哲学者, 思想家　パドバ大学教授・政治学研究所所長　著マルクスやスピノザの研究　通称＝Toni N.
Negrin, Fabian　ネグリン, ファビアン
　1963〜　著「ひみつの足あと」岩波書店 2011
Negrino, Tom　ネグリノ, トム
　著「Macromedia Contributeの使い方」ソフトバンクパブリッシング 2003
Negromonte, Mario　ネグロモンテ, マリオ
　国ブラジル　都市相
Negroponte, John Dimitri　ネグロポンテ, ジョン
　1939〜　国アメリカ　外交官　米国国務副長官, 米国国家情報長官, 国連大使
Negroponte, Nicholas P.　ネグロポンテ, ニコラス
　1943〜　国アメリカ　マサチューセッツ工科大学教授　著メディア研究, 情報研究
Negruta, Veaceslav　ネグルツァ, ベヤチェスラフ
　国モルドバ　財務相
Negus, Keith　ニーガス, キース
　1957〜　著「ポピュラー音楽理論入門」水声社 2004
Nehamas, Alexander　ネハマス, アレクサンダー
　1946〜　著「ニーチェ」理想社 2005
Neher, Erwin　ネーアー, エルウィン
　1944〜　国ドイツ　生物物理学者　マックス・プランク生物物理化学研究所所長　⊠ネーア, エルヴィン
Nehwal, Saina　ネワル, サイナ

⦿インド　バドミントン選手　㊔ネワル
Neider, Jackie　ニーダー, ジャッキー
　㊐「OpenGLプログラミングガイド」ピアソン・エデュケーション　2006
Neidhart, Christoph　ナイハード, クリストフ
　1954〜　㊐「ヌードルの文化史」柏書房　2011
Neidich, Charles　ナイディック, チャールズ
　1954〜　⦿アメリカ　クラリネット奏者
Neihardt, John Gneisenau　ナイハルト, ジョン・G.
　㊐「ブラック・エルクは語る」めるくまーる　2001
Neikov, Ivan　ネイコフ, イワン
　⦿ブルガリア　労働・社会問題相
Neil, Drew　ネイル, ドリュー
　㊐「実践Vim」アスキー・メディアワークス, KADOKAWA（発売）　2013
Neil, Fred　ニール, フレッド
　1937〜2001　⦿アメリカ　フォーク歌手
Neil, Joanna　ニール, ジョアンナ
　㊐「再会は甘くせつなく」ハーレクイン　2008
Neil, Theresa　ニール, テレサ
　㊐「モバイルデザインパターン」オライリー・ジャパン, オーム社（発売）　2015
Neil, Vince　ニール, ヴィンス
　1961〜　⦿ニール, ヴィニス　㊐「ヴィンス・ニール自伝」シンコーミュージック・エンタテイメント　2011
Neill, Andrew　ニール, アンディ
　㊐「A LIFE IN PICTURES」スペースシャワーネットワーク（発売）　2015
Neill, Jason　ネイル, ジェイソン
　⦿アメリカ　アメフト選手
Neill, Michael　ニール, マイケル
　㊐「100％人生が変わる1％のひらめき」主婦と生活社　2009
Neill, Sam　ニール, サム
　1947〜　⦿ニュージーランド　俳優　本名＝Neill, Nigel John Dermott
Neilson, Gary L.　ニールソン, ゲイリー・L.
　㊔ネイルソン, ゲイリー・L.　㊐「組織行動論の実学」ダイヤモンド社　2007
Neiman, Carol　ニーマン, キャロル
　㊐「忙しいあなたのためのクイックレイキ」産調出版　2005
Neiman, LeRoy　ニーマン, リロイ
　1921〜2012　⦿アメリカ　画家　㊔ニーマン, リーロイ
Neiman, Ophélie　ネマン, オフェリー
　㊐「ワインは楽しい！」パイインターナショナル　2015
Neimark, Jill　ニーマーク, ジル
　㊐「「いい人」には「いいこと」が起こる！」幸福の科学出版　2007
Neimeyer, Robert A.　ニーマイアー, ロバート・A.
　㊔ニーメヤー, ロバート・A.　㊐「心的外傷後成長ハンドブック」医学書院　2014
Neimi, Salwa Al　ネイミ, サルワ・アル
　1946〜　作家, 詩人, ジャーナリスト
Neini, Ahmed Ould Mohamed　ネイニー, アフメド・ウルド・モハメド
　⦿モーリタニア　イスラム・宗教教育相
Neirinck, Edmond　ネランク, エドモン
　㊐「プロのためのフランス料理の歴史」学習研究社　2005
Neise, Ludwig　ナイゼ, L.
　㊐「熱力学・統計力学」シュプリンガー・ジャパン　2009
Neises, Charles P.　ナイセス, チャールズ・P.
　㊐「ビートルズ世界証言集」ポプラ社　2006
Neisser, Ulric　ナイサー, ウルリック
　1928〜2012　⦿アメリカ　心理学者　コーネル大学名誉教授　認知心理学　本名＝Neisser, Ulric Richard Gustav
Neistat, Van　ネイスタット, ヴァン
　㊐「クリエイティブスペース」グラフィック社　2011
Neisworth, John T.　ネイスワース, ジョン・T.
　㊐「自閉症百科事典」明石書店　2010
Neiwert, David A.　ナイワート, デヴィッド・A.
　1956〜　㊐「ストロベリー・デイズ」みすず書房　2013
Nekrassova, Irina　ネクラソワ
　⦿カザフスタン　重量挙げ選手
Nekriosius, Ricardas　ネクリオシウス, リカルダス
　⦿リトアニア　カヌー選手
Nel, Philip　ネル, フィリップ
　1969〜　㊐「小説「ハリー・ポッター」入門」而立書房　2002
Nel, WP.　ネル, WP

⦿スコットランド　ラグビー選手
Nelkin, Dorothy　ネルキン, ドロシー
　㊐「血液クライシス」現代人文社, 大学図書（発売）　2003
Nell, Edward J.　ネル, E.J.
　㊐「金融不安定性と景気循環」日本経済評論社　2007
Nellis, J.G.　ネリス, ジョゼフ・G.
　㊐「ビジネス・エコノミクス原理」ピアソン・エデュケーション　2009
Nelly　ネリー
　⦿アメリカ　MTVアワード　最優秀ラップ・ビデオ（第18回(2001年)）　"Ride Wit Me"
Nelscott, Kris　ネルスコット, クリス
　㊐「危険な道」早川書房　2001
Nelsen, Robert　ニールセン, ロバート
　投資家
Nelsen, Roger B.　ニールセン, ロジャー・B.
　㊐「証明の展覧会」東海大学出版会　2003
Nelsinho　ネルシーニョ
　1950〜　⦿ブラジル　サッカー監督　本名＝バチスタ, ネルソン・ジュニオール〈Baptista, Nelson Junior〉
Nelson, Aaron P.　ネルソン, アーロン・P.
　㊐「今すぐできる！記憶力を強くする方法」エクスナレッジ　2010
Nelson, Adam　ネルソン
　⦿アメリカ　陸上選手
Nelson, Allen　ネルソン, アレン
　1947〜2009　⦿アメリカ　反戦運動家, 軍人
Nelson, Andy　ネルソン, アンディ
　アカデミー賞　音響賞（第85回(2012年)）　"Les Misérables"
Nelson, Anne　ネルソン, アン
　1954〜　㊐「The guys消防士たち」平凡社　2002
Nelson, Audrey　ネルソン, オードリー
　1948〜　㊐「しぐさでバレる男のホンネ, 女の本心」草思社　2005
Nelson, Barbara　ネルソン, バーバラ
　㊐「わなにかかったフォーン」講談社　2008
Nelson, Barry　ネルソン, バリー
　？〜2007　⦿アメリカ　俳優
Nelson, Blamo　ネルソン, ブラモ
　⦿リベリア　内相
Nelson, Bob　ネルソン, ボブ
　1956〜　㊐「職場をしあわせにするウブントゥ」早川書房　2010
Nelson, Brendan　ネルソン, ブレンダン
　⦿オーストラリア　国防相　㊔ネルソン, ブレンデン
Nelson, Bret　ネルソン, ブレット・P.
　1973〜　㊐「救急で使える超音波診断マニュアル」メディカル・サイエンス・インターナショナル　2014
Nelson, Bruce　ネルソン, ブルース
　㊐「金管奏法のカリスマ―アーノルド・ジェイコブスはかく語りき」杉原書店　2010
Nelson, Byron　ネルソン, バイロン
　1912〜2006　⦿アメリカ　プロゴルファー
Nelson, Corey　ネルソン, コリー
　⦿アメリカ　アメフト選手
Nelson, David Lee　ネルソン, D.L.
　1942〜　㊐「レーニンジャーの新生化学」広川書店　2015
Nelson, Donn　ネルソン, ドン
　⦿アメリカ　ダラス・マーベリックスGM
Nelson, Dwight　ネルソン, ドワイト
　⦿ジャマイカ　国家安全保障相
Nelson, Ed　ネルソン, エド
　1928〜2014　⦿アメリカ　俳優
Nelson, Edward　ネルソン, エドワード
　1932〜2014　㊐「ブラウン運動の動力学理論」太陽書房　2016
Nelson, Gaylord Anton　ネルソン, ゲイロード
　1916〜2005　⦿アメリカ　政治家, 環境保護運動家　米国上院議員（民主党）, ウィスコンシン州知事
Nelson, Gerald E.　ネルソン, ジェラルド・E.
　1933〜　㊐「1分間しつけ法」PHP研究所　2003
Nelson, G.Lynn　ネルソン, G.リン
　㊐「書くこと, そして, 生きること」文芸社　2010
Nelson, Gunnar　ネルソン, ガナー
　⦿アメリカ　ロック歌手
Nelson, Hank　ネルソン, ハンク
　㊐「岩波講座　アジア・太平洋戦争」岩波書店　2006
Nelson, Jameer　ネルソン, ジャミーア

Nelson, Jamie　ネルソン, ジェイミー
　国アメリカ　タンパベイ・レイズコーチ
Nelson, Jandy　ネルソン, ジャンディ
　1965～　著「君に太陽を」集英社　2016
Nelson, Jessie　ネルソン, ジェシー
　著「アイ・アム・サム」竹書房　2002
Nelson, Jesy　ネルソン, ジェシー
　1991～　国イギリス　歌手
Nelson, Jimmy　ネルソン, ジミー
　国アメリカ　野球選手
Nelson, Jimmy　ネルソン, ジミー
　著「BEFORE THEY PASS AWAY」パイ インターナショナル　2016
Nelson, J.J.　ネルソン, J.J.
　国アメリカ　アメフト選手
Nelson, John D.　ネルソン, J.D.
　1930～　著「ネルソン小児感染症治療ガイド」医学書院　2013
Nelson, Jon　ネルソン, ジョン
　著「雪の結晶ノート」あすなろ書房　2009
Nelson, Jordy　ネルソン, ジョーディー
　国アメリカ　アメフト選手
Nelson, Kadir　ネルソン, カディール
　著「マイケル・ジョーダン」汐文社　2014
Nelson, Kent　ネルソン, ケント
　著「ベスト・アメリカン・ミステリアイデンティティ・クラブ」早川書房　2006
Nelson, Kevin　ネルソン, ケヴィン
　著「死と神秘と夢のボーダーランド」インターシフト, 合同出版 (発売)　2013
Nelson, Kyle　ネルソン, カイル
　国アメリカ　アメフト選手
Nelson, Larry　ネルソン, ラリー
　著「エグゼクティブのための正しいゴルフの習い方」ディスカヴァー・トゥエンティワン　2011
Nelson, Lars　ネルソン, ラース
　1985～　国スウェーデン　スキー選手　本名=Nelson, Lars Fredrik
Nelson, Lee　ネルソン, リー
　1943～　著「アグレッシブポーカー」パンローリング　2013
Nelson, Mary　ネルソン, メアリー
　著「ラストンセラピー・オリジナル教本」フレグランスジャーナル社　2007
Nelson, Mary Carroll　ネルソン, メアリー・キャロル
　著「恐怖を越えて」コスモス・ライブラリー, 星雲社 (発売)　2006
Nelson, Matthew　ネルソン, マシュー
　国アメリカ　ロック歌手
Nelson, Maureen　ネルソン, モーリーン
　著「乳幼児精神保健ケースブック」金剛出版　2007
Nelson, Mexico Mike　ネルソン, マイク
　1950～　著「頭のいい人の片づけ方」PHP研究所　2005
Nelson, Michael J.　ネルソン, マイク
　著「史上最高のオバカ映画はコレだ!」産業編集センター　2002
Nelson, Noelle C.　ネルソン, ノエル・C.
　著「仕事で感謝するということ」サンマーク出版　2007
Nelson, Paula　ネルソン, ポーラ
　1945～　著「強みを活かせ!」日本経済新聞社　2001
Nelson, Peter　ネルソン, ピーター
　1962～　著「ツリーハウスをつくる」二見書房　2005
Nelson, Peter　ネルソン, ピート
　1953～　著「少年が救った提督の名誉」文芸春秋　2003
Nelson, Ralph Lowell　ネルソン, ラルフ・L.
　1926～　著「アメリカ産業の合同活動: 1895年～1956年」浅野礼子　2004
Nelson, Ray Faraday　ネルスン, レイ
　1931～　訳ネルソン, レイ　著「ガニメデ支配」東京創元社　2014
Nelson, Reggie　ネルソン, レジー
　国アメリカ　アメフト選手
Nelson, Rhonda　ネルソン, ロンダ
　著「恋はミステリー」ハーレクイン　2008
Nelson, Richard E.　ネルソン, リチャード・E.
　著「友だちに「死にたい」といわれたとき, きみにできること」ゴマブックス　2007
Nelson, Richard Hedeen　ネルソン, リチャード
　1925～2003　国アメリカ　エノラ・ゲイの乗員

Nelson, Richard R.　ネルソン, リチャード・R.
　著「月とゲットー」慶応義塾大学出版会　2012
Nelson, Robbie　ネルソン, ロビー
　グラミー賞 最優秀録音技術アルバム (クラシック以外) (2014年 (第57回))　"Morning Phase"　エンジニア
Nelson, Robert　ネルソン, ロバート
　国アメリカ　アメフト選手
Nelson, Robert　ネルソン, ロバート
　1961～　著「営業マンはつくられる」ダイヤモンド社　2003
Nelson, Robert S.　ネルソン, ロバート・S.
　1947～　著「美術史を語る言葉」ブリュッケ, 星雲社 (発売)　2002
Nelson, Sioban　ネルソン, シオバン
　著「ケアの複雑性」エルゼビア・ジャパン　2007
Nelson, Stanley　ネルソン, スタンリー
　エミー賞 プライムタイム・エミー賞 最優秀監督賞 (ノンフィクション番組) (第55回 (2003年))　"American Experience"
Nelson, Stephen L.　ネルソン, スティーブン・L.
　著「ひと目でわかるMicrosoft money 2003」日経BPソフトプレス, 日経BP出版センター (発売)　2003
Nelson, Steven　ネルソン, スティーブン
　国アメリカ　アメフト選手
Nelson, Sue　ネルソン, スー
　著「ブロンド美女の作り方」バジリコ　2007
Nelson, Suzanne Marie　ネルソン, スザンヌ
　1976～　著「幽霊白書」ポプラ社　2015
Nelson, Theodor Holm　ネルソン, セオドア・ホーム
　著「ヒューマンインターフェースの発想と展開」ピアソン・エデュケーション　2002
Nelson, Troy　ネルソン, トロイ
　著「ギター・フレーズの極意」シンコー・ミュージック　2003
Nelson, Vaunda Micheaux　ネルソン, ヴォーンダ・ミショー
　著「ハーレムの闘う本屋」あすなろ書房　2015
Nelson, Waldo Emerson　ネルソン, W.E.
　著「ネルソン小児科学」エルゼビア・ジャパン　2015
Nelson, Willie Hugh　ネルソン, ウィリー
　1933～　国アメリカ　カントリー歌手
Nelson-Pallmeyer, Jack　ネルソン-ポールミヤー, ジャック
　1951～　著「アメリカの暗殺者学校」緑風出版　2010
Nelsons, Andris　ネルソンス, アンドリス
　1978～　国ラトビア　指揮者　ボストン交響楽団音楽監督
Nelson Semedo　ネルソン・セメド
　国ポルトガル　サッカー選手
Nelson-Spielman, Lori　ネルソン=スピールマン, ローリ
　著「幸福を見つける20のレッスン」KADOKAWA　2016
Nelsova, Zara　ネルソバ, ザラ
　1918～2002　国アメリカ　チェロ奏者　異ネルソヴァ, ザラ
Nemarq, Alain　ネマルク, アラン
　1953～　国フランス　実業家　モーブッサンCEO
Nematzadeh, Mohammad Reza　ネマトザデ, モハンマドレザ
　国イラン　鉱工業相　異ネマトザデ, モハンマドレザ
Nembang, Narendra Bikram　ネムバン, ナレンドラ・ビクラム
　国ネパール　司法・議会担当相
Nembot, Stephane　ネンボット, ステファニー
　国アメリカ　アメフト選手
Nemchinov, Anatolii　ネムーノフ, アナトーリー
　1959～　著「スズメと子ネズミとホットケーキ」ネット武蔵野　2003
Nemcsics, Robert　ニェムチッチ, ロベルト
　国スロバキア　副首相兼経済相
Nemcsik, Zsolt　ネムチク
　国ハンガリー　フェンシング選手
Němec, Pavel　ニェメツ, パベル
　国チェコ　副首相兼法相
Nemecek, Larry　ネメセック, ラリー
　著「スタートレックネクストジェネレーションコンパニオン」DAI-X出版　2005
Němeček, Svatopluk　ネメチェク, スバトプルク
　国チェコ　保健相
Nemeczek, Alfred　ネメチェク, アルフレート
　著「ファン・ゴッホ」岩波書店　2010
Nemeroff, Charles B.　ネメロフ, チャールズ
　異ネメロフ, チャールズ・B.　著「精神神経薬理学大事典」西村書店　2009
Nemerov, Bruce　ネメロフ, ブルース
　グラミー賞 最優秀ライナー・ノーツ (2007年 (第50回))　"John

Work, III: Recording Black Culture"
Nemerov, Howard ネメロフ, ハワード
　㊗「紙の空から」晶文社　2006
Nemes, László ネメス, ラズロ
　カンヌ国際映画祭 グランプリ（第68回（2015年））　"Saul Fia"
Nemes, Viktor ネメス, ビクトル
　㊙セルビア　レスリング選手
Nemeshegyi, Peter ネメシェギ, ペトロ
　㊙ハンガリー　元・上智大学神学部長
Nemeth, Evi ネメス, エヴィ
　㊗「UNIXシステム管理者ハンドブック」ソフトバンクパブリッシング　2004
Németh, Imre ネーメト・イムレ
　㊙ハンガリー　農業・地域開発相
Németh, Lászlóné ネーメト・ラースローネー
　㊙ハンガリー　国家開発相
Nemeth, Maria ニームス, マリア
　1944〜　㊗「お金に好かれる人嫌われる人」日本教文社　2001
Németh, Miklós ネーメト, ミクローシュ
　1948〜　㊙ハンガリー　政治家　ハンガリー首相, 欧州復興開発銀行（EBRD）副総裁
Nemeth, Zsanett ネメト, ジャネット
　㊙ハンガリー　レスリング選手
Nemi, Orsola ネーミ, オルソラ
　㊗「カトリーヌ・ド・メディシス」中央公論新社　2003
Nemirschi, Nicolae ネミルスキ, ニコラエ
　㊙ルーマニア　環境相
Nemo, Philippe ネモ, フィリップ
　1949〜　㊗「倫理と無限」筑摩書房　2010
Nemoto, Rina ネモト, リナ
　㊙日本　ローザンヌ国際バレエコンクール 6位・プロ研修賞（第37回（2009年））　漢字名＝根本里菜
Nemov, Alexei ネモフ
　㊙ロシア　体操選手
Nemoyato Begepole, Jean-Paul ネモヤトベゲポレ, ジャンポール
　㊙コンゴ民主共和国　経済・商業相　㊙ネモヤト・ベゲポレ, ジャンポール
Nemsadze, Giorgi ネムサゲ, ギオルギ
　㊙ジョージア　ラグビー選手
Nemtsov, Boris Yefimovich ネムツォフ, ボリス
　1959〜2015　㊙ロシア　政治家, 物理学者　ロシア下院議員, ロシア第1副首相　㊙ネムツォーフ, ボリス
Nemyria, Hryhoriy ネミリャ, グリゴリー
　㊙ウクライナ　副首相
Nemzer, Nickolay ネムザー, ニコリー
　㊗「ほらあなのおくのおおきなたまご」トランスワールドジャパン　2005
Nen, Nguyen Van ネン, グエン・バン
　㊙ベトナム　政府官房長官
Nena, Nena ネナ, ネナ
　㊙ミクロネシア連邦　保健・教育・社会サービス相
Nenchev, Nikolay ネンチェフ, ニコライ
　㊙ブルガリア　国防相
Nene ネネ
　㊙ブラジル　バスケットボール選手
Nene, Bhushan ネーネ, ブーシャン
　㊗「OBA開発入門」日経BPソフトプレス, 日経BP出版センター（発売）　2008
Nene, Nhlanhla Musa ネネ, ヌシュランシュラ・ムサ
　㊙南アフリカ　財務相
Nenem, Kourabi ネネム, コーラビ
　㊙キリバス　副大統領, 公共事業相
Nenezić, Predrag ネネジッチ, プレドラグ
　㊙モンテネグロ　観光・環境保護相
Nengbaga Tshingbangba, Jean ネンバガチンバンガ, ジャン
　㊙コンゴ民主共和国　職業・技術教育相
Nenola, Aili ネノラ, アイリ
　㊗「ロウヒのことば」文理閣　2003
Neophytou, Averof ネオフィトゥ, アベロフ
　㊙キプロス　通信・建設相
Néouanic, Lionel Le ネウアニック, リオネル・ル
　㊗「ねこ」少年写真新聞社　2007
Nepal, Madhav ネパール, マダブ
　1953〜　㊙ネパール　政治家　ネパール首相　本名＝ネパール, マダブ・クマル〈Nepal, Madhav Kumar〉
Nepilly, Ellen ネピリー, エレン
　㊗「ラグジュアリー バー＆ラウンジ」グラフィック社　2008
Nepo, Mark ネポ, マーク
　㊗「「自分を変える」心の磨き方」三笠書房　2012
Nepomnin, V.Ya. ニエポムニン, V.
　㊗「アイハヌム」東海大学出版会　2009
Neptune, Yvon ネプトゥン, イボン
　㊙ハイチ共和国　首相
Nerburn, Kent ナーバーン, ケント
　1946〜　㊙ネルバーン, ケント　㊗「ネイティブ・アメリカン幸せを呼ぶ魔法の言葉（スピリチュアル・ワーズ）」日本文芸社　2014
Nerdinger, Winfried ネルディンガー, ヴィンフリート
　1944〜　㊗「建築・権力・記憶」鹿島出版会　2009
Néré, Jacques ネレ, ジャック
　㊗「1929年の恐慌」現代図書, 星雲社（発売）　2014
Nerell, Ida-Theres ネレル
　㊙スウェーデン　レスリング選手
Néret, Gilles ネレ, ジル
　1933〜2005　㊗「エロティカ・ユニバーサリー」Taschen　c2010
Nergard, Torger ネルガート
　㊙ノルウェー　カーリング選手
Neri, Kris ネリ, クリス
　1948〜　㊗「花嫁誘拐記念日」早川書房　2002
Neri, Romulo ネリ, ロムロ
　㊙フィリピン　経済開発庁長官
Nerina, Nadia ネリナ, ナディア
　1927〜2008　㊙イギリス　バレリーナ　英国ロイヤル・バレエ団プリンシパル　本名＝ジュッド, ナディア
Neris, Hector ネリース, ヘクター
　㊙ドミニカ共和国　野球選手
Nerius, Steffi ネリウス
　㊙ドイツ　陸上選手
Nerrière, Jean-Paul ネリエール, ジャン＝ポール
　㊗「世界のグロービッシュ」東洋経済新報社　2011
Nerz, Ryan ネルツ, ライアン
　㊗「大食いたちの宴」バジリコ　2006
Nes, Irene van ネス, イレーネ・ヴァン
　㊗「新しい時代のブランドロゴのデザイン」ビー・エヌ・エヌ新社　2015
Nesaule, Agate ニソール, エーガット
　㊗「女性の人権とジェンダー」明石書店　2007
Nesbitt, Christine ネスビット
　㊙カナダ　スピードスケート選手
Nesbitt, Christine ネスビット, クリスティン
　1985〜　㊙カナダ　スピードスケート選手
Nesbø, Jo ネスボ, ジョー
　1960〜　㊙ノルウェー　作家　㊗ミステリー, 児童書
Nesetril, Jaroslav ネシェトリル, J.
　1946〜　㊗「離散数学への招待」シュプリンガー・フェアラーク東京　2002
Neshat, Shirin ネシャット, シリン
　1957〜　㊙アメリカ　映像作家
Neshek, Pat ニシェック, パット
　㊙アメリカ　野球選手
Nesi, Nerio ネジ, ネリオ
　㊙イタリア　公共事業相
Nesi, Sioux ネシ, スー
　㊗「ブルックリン・ストリート・スタイル」DU BOOKS, ディスクユニオン（発売）　2016
Nesic-Vuckovic, Tanja ネシッジ・ブコビッチ, ターニャ
　㊗「子どもの心理療法と調査・研究」創元社　2012
Nesin, Aziz ネスィン, アズィズ
　㊗「口で鳥をつかまえる男」藤原書店　2013
Neslisah Sultan ネスリシャー・スルタン
　1921〜2012　㊙トルコ　オスマン帝国最後のスルタンの孫　別名＝Princess Neslisah　㊙ネスリシャ妃
Nesme, Alexis ネズム, アレクシ
　㊗「べべ・コアラのいろをさがそう！」文化学園文化出版局　2009
Nespoli, Mauro ネスポリ, マウロ
　㊙イタリア　アーチェリー選手
Nesquens, Daniel ネスケンス, ダニエル
　1967〜　㊗「だいじょうぶカバくん」講談社　2015
Nesredin, Ali Bekit ネスレディン・アリ・ベキト
　㊙エリトリア　貿易・産業相
Ness, Caro ネス, カロ

㊻「実践アレクサンダー・テクニーク」ガイアブックス,産調出版(発売) 2010
Ness, Patrick ネス,パトリック
1971〜 ㊀アメリカ 作家 ㊇ヤングアダルト,SF,ファンタジー
Nesse, Randolph M. ネッセ,ランドルフ・M.
㊻ネシー,ランドルフ・M. ㊻「モーラルブレイン」麗沢大学出版会,広池学園事業部(柏)(発売) 2013
Nesser, Håkan ネッセル,ホーカン
1950〜 ㊻「終止符」講談社 2003
Nesta, Alessandro ネスタ,アレッサンドロ
1976〜 ㊀イタリア サッカー選手
Nesterenko, Alexey V. ネステレンコ,アレクセイ・V.
㊻「チェルノブイリ被害の全貌」岩波書店 2013
Nesterenko, Vasiliĭ Borisovich ネステレンコ,ヴァシリー・B.
?〜2008 ㊻「チェルノブイリ被害の全貌」岩波書店 2013
Nestle, Marion ネッスル,マリオン
㊻ネスル,マリオン ㊻「食の安全」岩波書店 2009
Nestler, Eric Jonathan ネスラー,E.J.
1954〜 ㊻「分子神経薬理学」西村書店 2004
Nestmann, Earle R. ネストマン,アール・R.
㊻「食品の機能性表示と世界のレギュレーション」薬事日報社 2015
Nestor, Daniel ネスター,ダニエル
1972〜 ㊀カナダ テニス選手
Nestor, Diaz ネストル・ディアス
㊀スペイン サッカー選手
Nestor, Eiki ネストル,エイキ
㊀エストニア 社会福祉相
Nestor, Grigory ネスチル,グリゴリー
1891〜2007 ㊀ウクライナ 長寿世界一の男性(116歳) ㊻ネストル,フリホリー
Nestorovski, Ilija ネストロフスキ,イリヤ
㊀マケドニア サッカー選手
Nestruev, Mikhail ネストルエフ
㊀ロシア 射撃選手
Nestsiarenka, Yuliya ネステレンコ
㊀ベラルーシ 陸上選手
Netanyahu, Benjamin ネタニヤフ,ベンヤミン
1949〜 ㊀イスラエル 政治家,外交官 イスラエル首相,リクード党首 ㊻ネタニヤウ
Netara, Atarake ネタラ,アタラケ
㊀キリバス 内相
Netelenbos, Tineke ネーテレンボス,ティネケ
㊀オランダ 運輸・公共事業・水利相
Netherland, Wynn ニーザーランド,ウィン
㊻「Sass & Compass徹底入門」翔泳社 2014
Neto ネト
㊀ブラジル サッカー選手
Neto, Antonio Burity Da Silva ネト,アントニオ・ブリティ・ダ・シルバ
㊀アンゴラ 教育相 ㊻ネト,アントニオ・ブリティ・ダシルバ
Neto, António Domingos Pitra Costa ネト,アントニオ・ドミンゴス・ピトラ・コスタ
㊀アンゴラ 行政・雇用・社会保障相 ㊻ネト,アントニオ・ドミンゴス・ピトラ・ダ・コスタ/ネト,アントニオ・ドミンゴス・ピルタ・コスタ
Neto, Ernesto ネト,エルネスト
1964〜 ㊀ブラジル 現代美術家
Neto, Joao ネト
㊀ポルトガル 柔道選手
Neto, Manuel da Cruz ネト,マヌエル・ダ・クルス
㊀アンゴラ 官房長官
Neto, Natália Pedro Da Costa Umbelina ネト,ナタリア・ペドロ・ダ・コスタ・ウンベリナ
㊀サントメ・プリンシペ 外務・協力・共同体相
Neto, Pedro Hendrick Vaal ネト,ペドロ・エンドリック・バール
㊀アンゴラ 社会情報相 ㊻ネト,ペドロ・ヘンドリック・バール
Neto, Raul ネト,ラウル
㊀ブラジル バスケットボール選手
Neto, Vitória Francisco Lopes Cristovão De Barros ネト,ビトリア・フランシスコ・ロペス・クリストバン・デ・バロス
㊀アンゴラ 水産相
Netrebko, Anna ネトレブコ,アンナ
1971〜 ㊀オーストリア ソプラノ歌手
Nettelhorst, R.P. ネッテルホルスト,R.P.
㊻「図説聖書人物記」創元社 2009
Nettle, Daniel ネトル,ダニエル
㊻「パーソナリティを科学する」白揚社 2009
Nettles, Jennifer ネトルズ,ジェニファー
グラミー賞 最優秀カントリー・ヴォーカル・コラボレーション(2006年(第49回)) "Who Says You Can't Go Home"
Nettleton, Sarah ネットルトン,サラ
1960〜 ㊻「薬学と社会」共立出版 2004
Netz, Reviel ネッツ,リヴィエル
㊻「解読!アルキメデス写本」光文社 2008
Netzer, Calin Peter ネッツァー,カリン・ペーター
ベルリン国際映画祭 金熊賞(第63回(2013年)) "Pozitia Copilului"
Neuberger, Roy ニューバーガー,ロイ
1903〜2010 ㊀アメリカ 投資家,絵画収集家 ニューバーガー・バーマン・グループ創業者
Neubert, Ehrhart ノイベルト,エールハルト
1940〜 ㊻「われらが革命」彩流社 2010
Neubig, Graham ニュービッグ,グラム
㊻「自然言語処理の基本と技術」翔泳社 2016
Neuburg, Matt ニューバーグ,マット
㊻「詳解iOS SDK」オライリー・ジャパン,オーム社(発売) 2014
Neuburger, Jean-Frederic ヌーブルジェ,ジャン・フレデリック
1986〜 ㊀フランス ピアニスト
Neuburger, Robert ヌーピュルジェ,ロベール
1939〜 ㊻「新しいカップル」新評論 2002
Neudorfer, Alfred ノイドルファ,アルフレッド
㊻「安全な機械の設計」NPO安全工学研究所 2002
Neuer, Manuel ノイアー,マヌエル
1986〜 ㊀ドイツ サッカー選手
Neufeld, Gordon ニューフェルド,ゴードン
㊻「思春期の親子関係を取り戻す」福村出版 2014
Neufeld, Irvin ノイフェルト,アーヴィン
㊻「アドラーの思い出」創元社 2007
Neufeld, Jacqueline Krause ニュフェルド,J.K.
㊻「技術英語ハンドブック」朝倉書店 2006
Neufeld, Mace ニューフェルド,メース
1928〜 ㊀アメリカ 映画プロデューサー ㊻ニューフェルド,メイス
Neufeld, Peter ニューフェルド,ピーター
トニー賞 トニー名誉賞(2005年(第59回))
Neufeldt, Susan Allstetter ニューフェルツ,S.A.
㊻「スーパービジョンの技法」培風館 2003
Neufeldt, Victor A. ノイフェルト,ヴィクター・A.
㊻「シャーロット・ブロンテ全詩集」彩流社 2014
Neufville, Christian ネウフビル,クリスチャン
㊀リベリア 労相
Neuharth, Allen H. ニューハース,アレン
1924〜2013 新聞人 ガネット社会長,フリーダム・フォーラム財団会長,USAトゥデイ創刊者 通称=ニューハース,アル〈Neuharth, Al〉
Neuharth, Dan ニューハース,ダン
1953〜 ㊻「不幸にする親」講談社 2012
Neuhaus, Nele ノイハウス,ネレ
1967〜 ㊀ドイツ 作家 ㊇ミステリー,ヤングアダルト
Neukom, Bill ニューコム,ビル
㊀アメリカ サンフランシスコ・ジャイアンツオーナー
Neuman, M.Gary ニューマン,M.ゲイリー
㊻「結婚カウンセラーがそっと教える終わらない愛の育てかた」春秋社 2002
Neuman, Michael ノイマン,ミカエル
㊻「人道的交渉の現場から」小学館スクウェア 2012
Neuman, Robert P. ノイマン,ロバート・P.
㊻「シックスシグマ・ウエイ実践マニュアル」日本経済新聞社 2003
Neuman, Tom S. ニューマン,トム・S.
㊻「高気圧酸素治療のための医学・生理学」へるす出版 2013
Neuman, W.Russell ニューマン,W.ラッセル
㊻「ニュースはどのように理解されるか」慶応義塾大学出版会 2008
Neumann, Adam ニューマン,アダム
起業家,ウィーワーク創業者
Neumann, Craig S. ノイマン,クレイグ・S.
㊻「サイコパシー・ハンドブック」明石書店 2015
Neumann, Iver B. ノイマン,アイヴァー・B.

Neumann, Jennifer　ノイマン, ジェニファ
　㊌「科学技術とジェンダー」明石書店　2004
Neumann, Karl　ノイマン, カール
　1939～　㊌「日本とドイツの教師教育改革」東信堂　2010
Neumannová, Katerina　ノイマノバ, カテリナ
　㊥チェコ　距離スキー選手　㊥ノイマノバ
Neumayer, Michael　ノイマイヤー
　㊥ドイツ　スキージャンプ選手
Neumeier, John　ノイマイヤー, ジョン
　1942～　㊥ドイツ　振付師, バレエ演出家, 元バレエダンサー　ハンブルク・バレエ団総裁・芸術監督・主席振付師
Neumeier, Marty　ニューマイヤー, マーティ
　㊌「小さな天才になるための46のルール」ビー・エヌ・エヌ新社　2016
Neuner, Angelika　ノイナー
　㊥オーストリア　リュージュ選手
Neuner, Frank　ノイナー, フランク
　㊌「ナラティヴ・エクスポージャー・セラピー」金剛出版　2010
Neuner, Magdalena　ノイナー, マグダレナ
　1987～　㊥ドイツ　バイアスロン選手
Neurath, Hans　ノイラート, ハンス
　1909～2002　㊥アメリカ　生化学者　ワシントン大学名誉教授　㊥タンパク質研究
Neureiter, Norman P.　ニューライタ, ノーマン
　㊥アメリカ　実業家　日本テキサス・インスツルメンツ（TI）取締役・アジア太平洋担当副社長
Neureuther, Felix　ノイロイター
　㊥ドイツ　アルペンスキー選手
Neurohr, Jean Frederic　ノイロール, J.F.
　㊌「第三帝国の神話」未来社　2008
Neuschel, Robert Percy　ニューシェル, ロバート・P.
　1919～　㊌「ケロッグMBAスクールで教えるリーダーシップ・エッセンシャルズ」生産性出版　2006
Neuschutz, Karin　ノイシュツ, カーリン
　㊌「テレビを消してみませんか？」学陽書房　2001
Neusner, Jacob　ニューズナー, J.
　1932～　㊌「ユダヤ教」教文館　2005
Neustadt, Richard E.　ニューススタット, リチャード・E.
　㊌「豚インフルエンザ事件と政策決断」時事通信出版局, 時事通信社（発売）　2009
Neustadter, Roman　ノイシュテッター, ロマン
　㊥ロシア　サッカー選手
Neustupný, Jiří Václav　ネウストプニー, イジー・ヴァーツラフ
　1933～　㊥オーストラリア　言語学者　モナシュ大学日本研究センター所長, 大阪大学教授, 桜美林大学大学院教授　㊥日本語, 日本語教育, コミュニケーション論ほか　㊥ネウストプニー, イルジー・ヴァーツラフ
Neuville, Jerome　ヌビル
　㊥フランス　自転車選手
Neuwirth, Erich　ノイヴィルト, E.
　㊌「ExcelでR自由自在」シュプリンガー・ジャパン　2010
Neuwirth, Robert　ニューワース, ロバート
　㊌「「見えない」巨大経済圏」東洋経済新報社　2013
Nevansuu, Mira　ネバンスー
　㊥フィンランド　射撃選手
Neveling, Elmar　ネーヴェリング, エルマー
　1976～　㊌「ユルゲン・クロップ」イースト・プレス　2015
Neven, Ruth Schmidt　ネーブン, ルース・シュミット
　㊌「ADHD医学モデルへの挑戦」明石書店　2006
Nevens, T.Michael　ネヴェンズ, T.マイケル
　㊌「シリコンバレー」日本経済新聞社　2001
Neverauskas, Dovydas　ネベラスカス, ドビダス
　㊥リトアニア　野球選手
Neverovic, Jaroslav　ネベロビッチ, ヤロスラフ
　㊥リトアニア　エネルギー相
Nevers, Patricia　ネヴァース, パトリツィア
　㊌「越境する環境倫理学」現代書館　2010
Neves, Andrea M.P.　ネビス, アンドレア・M.P.
　㊌「リスクバジェッティング」パンローリング　2002
Neves, Carlos da Costa　ネベス, カルロス・ダコスタ
　㊥ポルトガル　農水相
Neves, Francisco Pedro　ネベス, フランシスコ・ペドロ
　㊥カボベルデ　社会基盤・住宅相兼教育相
Neves, Javier　ネベス, ハビエル
　㊥ペルー　労働雇用促進相

Neves, José Maria Pereira　ネベス, ジョゼ・マリア・ペレイラ
　㊥カボベルデ　首相兼国家改革相　㊥ネベス, ジョゼ・マリア
Neves, Madalena　ネベス, マダレナ
　㊥カボベルデ　労働・家族・連帯相
Neves, Richard　ニーヴス, リチャード
　㊌「リチャード・ニーヴス博士のヒプノセラピー・セッション」ヴォイス　2008
Neves, Vania　ネベス
　㊥ポルトガル　水泳選手
Neville, Adam M.　ネビル, A.M.
　㊌「ネビルのコンクリートバイブル」技報堂出版　2004
Neville, Barret　ネヴィル, バレット
　㊌「人を動かす火事場の鉄則」講談社　2007
Neville, David　ネビル
　㊥アメリカ　陸上選手
Neville, Helen　ネヴィル, ヘレン
　1943～　㊌「わが子の動物キャラクターを知っていますか？」学習研究社　2002
Neville, John　ネビル, ジョン
　1925～2011　㊥イギリス　俳優　㊥ネヴィル, ジョン
Neville, Katherine　ネヴィル, キャサリン
　1945～　㊌「マジック・サークル」学習研究社　2003
Neville, Leigh　ネヴィル, リー
　㊌「図説現代の特殊部隊百科」原書房　2016
Neville, Lesley　ネヴィル, レスリー
　㊌「愛犬とあそぶ11の芸」二見書房　2006
Neville, Miranda　ネヴィル, ミランダ
　㊌「誘惑はバニラの香りとともに」オークラ出版　2012
Neville, Morgan　ネヴィル, モーガン
　監督　グラミー賞 最優秀長編ビデオ作品（2014年（第57回））"20 Feet From Stardom"
Neville, Stuart　ネビル, スチュアート
　1972～　㊥イギリス　作家　㊌ミステリー, スリラー　㊥ネヴィル, スチュアート
Neville-Neil, George V.　ネヴィル・ニール, ジョージ・V.
　㊌「BSDカーネルの設計と実装」アスキー　2005
Nevin, John Joe　ネビン
　㊥アイルランド　ボクシング選手
Nevin, Phil　ネビン, フィル
　㊥アメリカ　サンフランシスコ・ジャイアンツコーチ
Nevins, Francis M.　ネヴィンズ, フランシス・M.
　1943～　㊥ネヴィンズ, フランシス・M., Jr.　㊌「エラリー・クイーン推理の芸術」国書刊行会　2016
New, W.H.　ニュー, W.H.
　㊌「ケンブリッジ版カナダ文学史」彩流社　2016
Newall, Diana　ニューオール, ダイアナ
　㊌「世界の文様歴史文化図鑑」柊風舎　2013
Newberg, Andrew B.　ニューバーグ, アンドリュー
　1966～　㊌「ワーキングメモリと日常」北大路書房　2015
Newberry, Deb　ニューメモリー, デブ
　㊌「ナノテクビジネス指南」丸善　2004
Newberry, Giorgio　ニューベリー, ジオージオ
　㊥アメリカ　アメフト選手
Newbery (michell), Chantelle　ニューベリー
　㊥オーストラリア　飛び込み選手
Newbery, Linda　ニューベリー, リンダ
　1952～　ネスレ子どもの本賞 9～11歳部門　銀賞（2007年）"Catcall"
Newbery, Robert　ニューベリー
　㊥オーストラリア　飛び込み選手
Newbold, Heather　ニューボルド, ヘザー
　1947～　㊌「ライフ・ストーリーズ」シュプリンガー・フェアラーク東京　2001
Newbold, Robert C.　ニューボルド, ロバート・C.
　㊌「時間に遅れないプロジェクトマネジメント」共立出版　2005
Newbury, John Ernest　ニューベリー, ジョン・アーネスト
　㊥南アフリカ　元・南アフリカ日産社長, 元・南アフリカ日産会長, 元・南アフリカ自動車工業会会長
Newbury, Mickey　ニューベリー, ミッキー
　1940～2002　㊥アメリカ　シンガーソングライター
Newby, David M.　ニュービー, デイビッド・M.
　㊌「ヒーリング・ザ・ランド」小牧者出版　2006
Newby, Eric　ニュービー, エリック
　1919～2006　㊥イギリス　旅行作家　本名＝Newby, George Eric
Newcomb, Jacky　ニューカム, ジャッキー

Newcomb, Richard F. ニューカム, R.F.
　ニューカム, リチャード　著「硫黄島」光人社　2006
Newcomb, Sean ニューカム, ショーン
　国アメリカ　野球選手
Newdick, Thomas ニューディック, トマス
　著「ヴィジュアル大全航空機搭載兵器」原書房　2014
Newell, Adam ニューウェル, アダム
　著「バットマンvsスーパーマン ジャスティスの誕生Tech Manual」Graffica Novels, 誠文堂新光社（発売）　2016
Newell, Frederick ニュウェル, フレデリック
　1926～　著「ワイヤレスCRM」日経BP社, 日経BP出版センター（発売）　2002
Newell, Gabe ニューウェル, ゲイブ
　国アメリカ　バルブ共同創業者
Newell, Mike ニューウェル, マイク
　1942～　国イギリス　映画監督
Newell, Patrick ニュウエル, パトリック
　著「未来を生き抜くスキルはこう育てる」小学館　2015
Newell, Pete ニューエル, ピート
　?～2008　国アメリカ　バスケットボールコーチ
Newell, Ronald J. ニューエル, ロナルド・J.
　著「学びの情熱を呼び覚ますプロジェクト・ベース学習」学事出版　2004
Newell, Tricia ニューウェル, トリシア
　著「神託のタロット」原書房　2014
Newham, Cameron ニューハム, キャメロン
　著「入門bash」オライリー・ジャパン, オーム社（発売）　2005
Newhard, Jamie ニューハード, ジェイミー
　著「越境する日本文学研究」勉誠出版　2009
Newhouse, Donald ニューハウス, ドナルド
　国アメリカ　実業家
Newhouse, John ニューハウス, ジョン
　著「帝国アメリカ」河出書房新社　2004
Newhouse, Joseph P. ニューハウス, ジョゼフ・P.
　著「医療過誤対策」青木書店　2001
Newhouse, Marshall ニューハウス, マーシャル
　国アメリカ　アメフト選手
Newhouse, Samuel, Jr. ニューハウス, サミュエル, Jr.
　国アメリカ　富豪
Ne Win ネ・ウィン
　1911～2002　国ミャンマー　政治家, 軍人　ミャンマー大統領, ミャンマー社会主義計画党（BSPP）議長　別名＝マウン・シュー・マウン〈Maung Shu Maung〉　ネ・ウィン, ウー／ネー・ウィン／ネウィン
Newitt, Malyn ニューイット, マリアン
　著「ビジュアル版 世界の歴史都市」柊風舎　2016
Newitz, Annalee ニューイッツ, アナリー
　1969～　著「次の大量絶滅を人類はどう超えるか」インターシフト, 合同出版（発売）　2015
Newkey-Burden, Chas ニューキー＝バーデン, チャス
　著「ジャスティン・ビーバー」マーブルトロン, メディアパル（発売）　2011
Newkirk, James ニューカーク, ジェームス・W.
　著「アジャイルソフトウェア開発の奥義」ソフトバンククリエイティブ　2008
Newland, Marv ニューランド, マーヴ
　国カナダ　オタワ国際アニメーション映画祭 カナダ映画協会（最優秀カナダ作品）選外佳作（2011年）"CMYK"
Newland, Samuel J. ニューランド, サミュエル・J.
　著「ヒトラーが勝利する世界」学習研究社　2006
Newlin, Keith ニューリン, キース
　著「セオドア・ドライサー事典」雄松堂出版　2007
Newman, Arnold ニューマン, アーノルド
　1918～2006　国アメリカ　写真家
Newman, Barbara ニューマン, バーバラ
　1944～　著「ダーシー・バッセルが紹介するバレエ名作ストーリー」文園社　2001
Newman, Brooke ニューマン, ブルック
　著「リトルターン」集英社　2006
Newman, Cory Frank ニューマン, コリー・F.
　著「自殺予防の認知療法」日本評論社　2005
Newman, Danny ニューマン, ダニー
　著「予約会員獲得のすすめ」芸団協出版部, 丸善出版事業部（発売）　2001

Newman, David ニューマン, デービッド
　1937～2003　国アメリカ　脚本家　ニューマン, デイヴィッド
Newman, David ニューマン, デービッド
　1933～2009　国アメリカ　ジャズサックス奏者　ニューマン, デビッド
Newman, Frank ニューマン, フランク
　1918～　著「シルバーバーチのスピリチュアルな法則」ハート出版　2003
Newman, Jack ニューマン, ジャック
　1946～　著「母乳育児が必ずうまくいく本」メディカ出版　2008
Newman, Jeff ニューマン, ジェフ
　1976～　著「カバ！じゃない、サイ！」ほるぷ出版　2006
Newman, Joseph P. ニューマン, ジョセフ・P.
　著「サイコパシー・ハンドブック」明石書店　2015
Newman, Katherine S. ニューマン, キャサリン・S.
　1953～　著「親元暮らしという戦略」岩波書店　2013
Newman, Kevin ニューマン, ケビン
　国アメリカ　野球選手
Newman, Kim ニューマン, キム
　著「ドラキュラ崩御」東京創元社　2002
Newman, Margaret A. ニューマン, マーガレット
　著「変容を生みだすナースの寄り添い」医学書院　2009
Newman, Marjorie ニューマン, マージョリー
　著「あいしているから」評論社　2003
Newman, Mark ニューマン, マーク
　著「グローバル統計地図」東洋書林　2009
Newman, Martin ニューマン, マーティン
　1963～　国イギリス　プレゼンテーションコーチ
Newman, Michael G. ニューマン, M.G.
　著「Carranza'sクリニカルペリオドントロジー」クインテッセンス出版　2005
Newman, Mildred ニューマン, M.
　1920～　著「ベスト・フレンド」実業之日本社　2001
Newman, Nanette ニューマン, ナネット
　著「ねことねずみ愛のものがたり」平和のアトリエ　2002
Newman, Paul ニューマン, ポール
　1925～2008　国アメリカ　俳優, 映画監督
Newman, Paul ニューマン, ポール
　1945～　著「恐怖の歴史」三交社　2006
Newman, Phyllis ニューマン, フィリス
　トニー賞 特別賞（2009年（第63回））
Newman, Randy ニューマン, ランディ
　1943～　国アメリカ　作曲家　映画音楽
Newman, Robert G. ニューマン, ロバート・G.
　国アメリカ　元・ベス・イスラエル・メディカルセンター院長, 元・コンティニューム・ヘルス・パートナーズ病院グループ名誉総院長, 元・アルバート・アインシュタイン医科大学教授
Newman, Sally ニューマン, サリー
　著「グローバル化時代を生きる世代間交流」明石書店　2008
Newman, Sam ニューマン, サム
　著「マイクロサービスアーキテクチャ」オライリー・ジャパン, オーム社（発売）　2016
Newman, Stuart A. ニューマン, スチュアート・A.
　著「遺伝子操作時代の権利と自由」緑風出版　2012
Newman, Terence ニューマン, テレンス
　国アメリカ　アメフト選手
Newman, Thomas ニューマン, トマス
　グラミー賞 最優秀映像メディア向けスコア・サウンドトラック（2013年（第56回））ほか
Newman, Victor ニューマン, ビクター
　著「人材育成のジレンマ」ダイヤモンド社　2004
Newmark, Andy ニューマーク, アンディ
　著「メモリーズ・オブ・ジョン」イースト・プレス　2006
Newmyer, Robert F. ニューマイヤー, ロバート
　1956～2005　国アメリカ　映画プロデューサー　通称＝ニューマイヤー, ボビー〈Newmyer, Bobby〉　ニューメイヤー, ボビー／ニューメイヤー, ロバート
Newport, Cal ニューポート, カル
　著「大事なことに集中する」ダイヤモンド社　2016
Newport, Jerry ニューポート, ジェリー
　1948～　著「思春期からの性と恋愛」クリエイツかもがわ, 京都かもがわ出版（発売）　2010
Newport, Mary ニューポート, メアリー
　1955～　著「思春期からの性と恋愛」クリエイツかもがわ, 京都かもがわ出版（発売）　2010
Newport, Mary T. ニューポート, メアリー・T.

Newsom, Gavin Christopher　ニューサム, ギャビン
　1967〜　㊗「未来政府」東洋経済新報社　2016
Newsome, James D.　ニューサム, J.D.
　㊗「出エジプト記」日本キリスト教団出版局　2010
Newson, Elizabeth　ニューソン, E.
　1929〜　㊗「おもちゃと遊具の心理学」黎明書房　2007
Newson, John　ニューソン, J.
　1925〜　㊗「おもちゃと遊具の心理学」黎明書房　2007
Newstrom, John W.　ニューストローム, ジョン・W.
　㊗「不機嫌な職場を楽しい職場に変えるチーム術」日本能率協会マネジメントセンター　2010
Newth, Eirik　ニュート, アイリック
　1964〜　㊗「世界のたね」KADOKAWA　2016
Newth, Philip　ヌート, フィリップ
　㊗「ちびまるのぼうけん」偕成社　2007
Newton, Cam　ニュートン, キャム
　㊅アメリカ　アメフト選手
Newton, Chris　ニュートン
　㊅イギリス　自転車選手
Newton, Derek　ニュートン, デレック
　㊅アメリカ　アメフト選手
Newton, Eddie　ニュートン, エディー
　アメリカ探偵作家クラブ賞 ロバート・L.フィッシュ賞（2006年）"Home"
Newton, Grant W.　ニュートン, G.W.
　㊗「破産専門家のための財務ハンドブックと破産・支払不能会計」〔川島貞一〕　2002
Newton, Helmut　ニュートン, ヘルムート
　1920〜2004　㊅オーストラリア　ファッション写真家
Newton, Jill　ニュートン, ジル
　1964〜　㊗「ちびっこタフィーのとくいわざ」大日本絵画　2007
Newton, John　ニュートン, ジョン
　グラミー賞 最優秀録音技術アルバム（クラシック）（2012年（第55回））ほか
Newton, Kristin　ニュートン, クリスティン
　㊗「絵を右脳で描く」旬報社　2001
Newton, Michael　ニュートン, マイケル
　1931〜　㊗「死後の世界を知ると人生は深く癒される」パンローリング　2014
Newton, Richard　ニュートン, リチャード
　1964〜　㊗「つべこべ言わずにやってみよう」アルファポリス, 星雲社（発売）　2013
Newton, Roger G.　ニュートン, ロジャー・G.
　1926〜　㊅ニュートン, ロジャー　㊗「エネルギーとはなにか」講談社　2015
Newton, Teddy　ニュートン, テディ
　㊗「デイ＆ナイト」主婦の友社　2010
Newton, William Ritchey　ニュートン, ウィリアム・リッチー
　1945〜　㊗「ヴェルサイユ宮殿に暮らす」白水社　2010
Newton-John, Olivia　ニュートン・ジョン, オリビア
　1948〜　㊅イギリス　歌手, 女優　国連環境計画（UNEP）親善大使　㊅ニュートン・ジョン, オリヴィア
Neyama, Ryo　ネヤマ, リョウ
　㊗「JavaによるWebサービス構築」ソフトバンクパブリッシング　2002
Neyazi, Yousuf　ネジャジ, ユスフ
　㊅アフガニスタン　巡礼相　㊅ネヤジ, ユシフ
Neykov, Svilen　ネイコフ, スビレン
　㊅ブルガリア　体育・スポーツ相
Neykova, Rumyana　ネイコバ, ルムヤナ
　㊅ブルガリア　ボート選手　㊅ネイコバ
Neylon, Margaret　ネイロン, マーガレット
　㊗「エンジェル・マジック」三笠書房　2009
Neymar　ネイマール
　1992〜　㊅ブラジル　サッカー選手　本名＝ネイマール・ダ・シウバ・サントス・ジュニオール〈Neymar da Silva Santos Junior〉
Neymar　ネイマール
　1965〜　㊅ジュニオール, ネイマール　㊗「あなたの知らない85のネイマール」フロムワン, 朝日新聞出版（発売）　2014
Ne-Yo　ニーヨ
　1979〜　㊅アメリカ　ミュージシャン
Neyrand, Georges　ネラン, ジョルジュ
　1920〜2011　㊅フランス　カトリック神父
Neyts, Annemie　ネイツ, アネミ
　㊅ベルギー　農業担当国務相

Nez, Chester　ネズ, チェスター
　1921〜2014　㊅アメリカ　軍人
Nézet-Séguin, Yannick　ネゼ・セガン, ヤニク
　1975〜　㊅カナダ　指揮者　モントリオール・メトロポリタン管弦楽団首席指揮者, ロッテルダム・フィルハーモニー管弦楽団首席指揮者・音楽監督
Neziri, Bekim　ネツィリ, ベキム
　㊅マケドニア　経済相
Nezu, Christine M.　ネズ, クリスティン・M.
　㊗「認知行動療法事典」日本評論社　2010
Nezworski, Mary Teresa　ネゾースキ, M.テレサ
　㊗「ロールシャッハテストはまちがっている」北大路書房　2006
Ng, Andrew　ング, アンドリュー
　スタンフォード大学教授
Ng, Anthony T.　ウン, アンソニー T.
　㊗「災害精神医学」星和書店　2015
Ng, Eng Hen　ウン・エンヘン
　㊅シンガポール　国防相　漢字名＝黄永宏
Ng, Francees　ン, フランシス
　1961〜　㊅香港　俳優　漢字名＝呉鎮宇（ン・ジャンユー）　㊅ウー, フランシス / ウー・ジャンユー
Ng, Josiah　ヌグ
　㊅マレーシア　自転車選手
Ng, Pak Tee　ウン, パク・ティー
　㊗「どうして小さい魚は大きな魚に食べられちゃうの？」主婦の友社　2006
Ng, Pan-Wei　ング, パンウェイ
　1969〜　㊗「ユースケースによるアスペクト指向ソフトウェア開発」翔泳社　2006
Ng, Philip　ン, フィリップ
　㊅シンガポール　実業家　漢字名＝黄志達
Ng, Robert　ン, ロバート
　㊅シンガポール　実業家　漢字名＝黄志祥
Ng, Sandra　ン, サンドラ
　1965〜　㊅香港　女優, 歌手　漢字名＝呉君如
Ng, Yan Yee　ウン, ヤンイー
　㊅マレーシア　水泳選手
Ng, Yen Yen　ウン・イェンイェン
　㊅マレーシア　観光相
Ngafuan, Augustine　ヌガファン, オーガスティン
　㊅リベリア　外相
Ngako Tomdio, Michael　ヌガコトムディオ, マイケル
　㊅カメルーン　エネルギー・水資源相
Ngakoue, Yannick　ガーコウ, ヤニック
　㊅アメリカ　アメフト選手
Ngalale, Precious　ヌガラレ, プレシャス
　㊅ナイジェリア　商務相
Ngalle Bibehe Massena, Jean Ernest　ヌガル・ビベ・マセナ・ジャン・エルネスト
　㊅カメルーン　中等教育相
Ngam, Yahya　ンガム, ヤヒヤ
　㊅モーリタニア　駐日特命全権大使
Ngambia, Magloire　ンガンビア, マグロワール
　㊅ガボン　インフラ・住宅・国土整備相
Ngan, Nguyen Thi Kim　ガン, グエン・ティ・キム
　㊅ベトナム　労働・傷病軍人・社会事業相
Ngandajina, João Baptista　ヌガンダジーナ, ジョアン・バティスタ
　㊅アンゴラ　科学技術相
Nganou Djoumessi, Emmanuel　ヌガヌジュメシ・エマニュエル
　㊅カメルーン　公共事業相
Ngarambe, Francois　ヌガランベ, フランソワ
　㊅ルワンダ　青年・文化・スポーツ相
Ngardiguina, Abdoulaye　ヌガルディギナ, アブドゥライエ
　㊅チャド　文化・青年スポーツ相
Ngari, Idriss　ヌガリ, イドリス
　㊅ガボン　観光・国立公園相
Ngarimaden, David Houdeingar　ヌガリマデン, ダビッド・フデンガー
　㊅チャド　農相
Ngaro, Alfred　ヌガロ, アルフレッド
　㊅ニュージーランド　社会貢献相兼太平洋島しょ民担当相
Ngarso, Silvère　ヌガルソ, シルベール
　㊅中央アフリカ　若者・スポーツ振興・市民サービス相
Ngasongwa, Juma　ヌガソンガ, ジュマ
　㊅タンザニア　計画・経済相　㊅ヌガソングワ, ジュマ

Ngata, Haloti　ナータ, ハロティ
　㊀アメリカ　アメフト選手
Ngatjizeko, Immanuel　ヌガチゼコ, イマニュエル
　㊀ナミビア　産業化・貿易・中小企業開発相
Ngauamo, Paula　ナガアモ, パウラ
　㊀トンガ　ラグビー選手
Ngaunje, Marjorie　ヌゴンジェ, マジョリ
　㊀マラウイ　保健相
N'gawara, Mamouth Nahor　ヌガワラ, ヤムト・ナオール
　㊀チャド　保健相
Ngcamphalala, David　ヌガンパララ, デービッド
　㊀スワジランド　スポーツ・青年・文化相
Ngcobo, Lauretta　ゴッボ, ロレッタ
　1931～2015　㊀南アフリカ　作家
Ngedup, Sangay　ニドゥップ, サンゲイ
　㊀ブータン　農相　㊃ニドゥップ, サンゲ
Ngeleja, William Mganga　ヌゲレジャ, ウィリアム・ムガンガ
　㊀タンザニア　エネルギー・鉱物相
Ngendahayo, Francoise　ヌジェンダハヨ, フランソワーズ
　㊀ブルンジ　国家連帯・人権相
Ngendanganya, Casimir　ヌゲンダンガニャ, カシミル
　㊀ブルンジ　自治体開発相
Ng'eny, Kipng'eno arap　ヌゲニ, キプンゲノ・アラップ
　㊀ケニア　水資源相
Nghi, Pham Quang　ギ, ファム・クアン
　㊀ベトナム　文化・情報相
Nghia, Truong Quang　ギア, チュオン・クアン
　㊀ベトナム　運輸相
Nghidinwa, Rosalia　ヌギディンワ, ロザリア
　㊀ナミビア　男女平等・児童福祉相
Nghiem, Paul T.　ニーム, ポール・T.
　㊁「環境医学入門」中央法規出版　2003
Nghimtina, Erkki　ヌギムティナ, アーキ
　㊀ナミビア　労働・労使関係・雇用創出相　㊃ヌギムティナ, エリッキ
Ngige, Chris Nwabueze　ヌギゲ, クリス・ヌワブエゼ
　㊀ナイジェリア　労働雇用相
Ngilu, Charity　ヌギル, チャリティ
　㊀ケニア　土地・住宅・土地開発相
Ngimbi, César Lubamba　ヌギンビ, セザール・ルバンバ
　㊀コンゴ民主共和国　都市計画・住宅相
Ngimbu, Christabel　ヌギンブ, クリスタベル
　㊀ザンビア　国土・天然資源・環境保護相
Ngiraingas, Jackson　ヌギラインガス, ジャクソン
　㊀パラオ　インフラ・商工相
Ngirmang, Gregorio　ニルマン, グレゴリオ
　㊀パラオ　保健相
Ngo, Le Huy　ゴ, レ・フイ
　㊀ベトナム　農業・地方開発相
Ngoc, Ta Quang　ゴク, タ・クアン
　㊀ベトナム　水産相
Ngoepe, Gift　ンゴエペ, ギフト
　㊀南アフリカ　野球選手
Ngogwanubusa, Juvenal　ヌゴグワヌブサ, ジュベナル
　㊀ブルンジ　公務員・労働相
Ngole Ngwese, Philip　ヌゴレヌグウェセ, フィリップ
　㊀カメルーン　森林・野生生物相　㊃ヌゴレヌグエセ, フィリップ
Ngolle Ngolle, Elvis　ヌゴルヌゴル, エルビス
　㊀カメルーン　森林・野生動物相
Ngom, Nafissatou Diouf　ヌゴム, ナフィサトゥ・ディフ
　㊀セネガル　運輸・国土整備相
Ngom, Ousmane　ヌゴム, ウスマン
　㊀セネガル　内相
Ngoma, Angelique　ヌゴマ, アンジェリック
　㊀ガボン　労働・雇用・社会共通相　㊃ヌゴマ, アンジェリク
Ngoma, Arthur　ヌゴマ, アルチュール
　㊀コンゴ民主共和国　副大統領　㊃ヌゴマ, アルトゥール
Ngoma Madoungou, Senturel　ヌゴママドゥング, サンチュレル
　㊀ガボン　中小企業相
Ngomo Mbengono, Francisco Javier　ヌゴモムメノノ, フランシスコ・ファビエル
　㊀赤道ギニア　法務・宗教相
N'gon Baba, Laurent　ヌゴンババ, ローラン
　㊀中央アフリカ　法相
Ngor, Ngor Kolong　ヌゴル, ヌゴル・コロン
　㊀南スーダン　公共サービス・人材開発相
Ngouandjika, Fidéle　ヌガンジカ, フィデル
　㊀中央アフリカ　農村開発・対話・国民和解相
Ngoua Neme, Pastor　ヌグアヌム, パストール
　㊀ガボン　デジタル経済・郵政相
Ngoubeyou, François-Xavier　ヌグベユ, フランソワザビエル
　㊀カメルーン　外相
Ngoubou, Etienne　ヌグブ, エチエンヌ
　㊀ガボン　石油・炭化水素相　㊃ヌグブ, エティエンヌ
N'goulou, Abraham Gotto　ヌグル, アブラハム・ゴト
　㊀中央アフリカ　都市計画・住宅相
Ngoulou, Gata　ヌグル, ガタ
　㊀チャド　国土整備・都市化・住宅相
Ngoulou, Ngata　ヌグル, ヌガタ
　㊀チャド　財務・予算相
Ngouonimba, Josué Rodrigue　ヌグオニンバ, ジョズエ・ロドリグ
　㊀コンゴ共和国　設備・道路保全相
Ngo Van Long　ゴ・バン・ロング
　㊁「レントシーキングの経済理論」勁草書房　2002
Ngowembona, Dieudonne　ヌゴウェムボナ, ドゥードンヌ
　㊀ブルンジ　開発計画・再建相
Ngoy, Honorius　ヌゴイ, オノリウス
　㊀コンゴ民主共和国　法相
Ngoy, Julien　エンゴイ, ジュリアン
　㊀ベルギー　サッカー選手
Ngua Nfumu, Santiago　ヌグア・ヌフム, サンチアゴ
　㊀赤道ギニア　教育・科学・フランス語圏相
Ngubane, Ben　ヌグバネ, ベン
　㊀南アフリカ　芸術・文化・科学技術相
Ngueadoum, Assane　ヌゲアドゥーム, アッサン
　㊀チャド　公衆衛生相　㊃ヌゲアドゥム, アッサネ
Nguele, Réné Ze　ヌグル, レネ・ゼ
　㊀カメルーン　公益事業・行政改革相　㊃ヌゲレ, レネ・ゼ
Nguema, Teodoro Obiang　ヌゲマ, テオドロ・オビアン
　1942～　㊀赤道ギニア　政治家, 軍人　赤道ギニア大統領・最高軍事評議会議長　本名＝ヌゲマ・ムバソゴ, テオドロ・オビアン〈Nguema Mbasogo, Teodoro Obiang〉　㊃ムバソゴ
Nguema Esono, Lucas　ヌゲマエソノ, ルカ
　㊀赤道ギニア　第2副首相（社会担当）兼教育科学相　㊃ヌゲマ・エソノ, ルカス
Nguema Mba, Manuel　ヌゲマムバ, マヌエル
　㊀赤道ギニア　国家安全保障相
Nguema Mbasogo, Teodoro Obiang　ヌゲマ・ムバソゴ, テオドロ・オビアン
　㊀赤道ギニア　大統領
Nguemaobiang Mangu, Teodoro　ヌゲマオビアンマング, テオドロ
　㊀赤道ギニア　副大統領
Nguema Obono, Salomón　ヌゲマオボノ, サロモン
　㊀赤道ギニア　保健・社会福祉相
Nguema Onguene, Clemente Engonga　ヌゲマ・オンゲネ, クレメンテ・エンゴンガ
　㊀赤道ギニア　内務・地方協力相
Nguema Onguene, Marcelino　ヌゲマ・オンゲネ, マルセリノ
　㊀赤道ギニア　保健社会福祉相　㊃ヌゲマ・オングエン, マルセリノ
Nguene Kendeck, Pauline Iréne　ヌゲヌ・ケンデク・ポーリヌ・イレーヌ
　㊀カメルーン　社会問題相
Nguenha, Alcido　ヌゲーニャ, アルシド
　㊀モザンビーク　教育相
N'guessan, Amani　ヌゲサン, アマニ
　㊀コートジボワール　国民教育相
N'guessan, Joel　ンゲッサン, ジョエル
　㊀コートジボワール　人権相
Ngugi Wa Thiong'o　グギ・ワ・ジオンゴ
　1938～　㊁「泣くな, わが子よ」第三書館　2012
Nguhenha, Alcido　ヌグエニャ, アルシド
　㊀モザンビーク　教育相
Nguimbi, Pierre Michel　ヌギンビ, ピエール・ミシェル
　㊀コンゴ共和国　技術・職業教育相
Nguinda, Pierre-Daniel　ヌグインダ, ピエール・ダニエル
　㊀フランス　サッカー選手
Nguni, Sylvester　ヌグニ, シルベスター
　㊀ジンバブエ　経済開発相
Ngute, Joseph Dion　ヌグトゥ, ジョゼフ・ディオン

国カメルーン 英連邦担当相
Ngutu, Joseph ヌグトゥ, ジョセフ
　国ケニア 労働相
Nguy, Thomson ングイ, トムソン
　著「ハーバードMBA合格者のエッセイを読む」オープンナレッジ 2007
Nguyen, Bac Son グエン・バク・ソン
　国ベトナム 情報通信相
Nguyen, Duc グエン, ドク
　1981〜 著 グエン・ドク 著「心はつながっている」幻冬舎 2001
Nguyêñ, Duc Kiên グエン, ズク・キエン
　著「後発者の利を活用した持続可能な発展」ビスタピー・エス 2016
Nguyen, Dustin グエン, ダスティン
　1976〜 著「スーパーマン：アンチェインド」ヴィレッジブックス 2015
Nguyen, Eric グエン, エリック
　著「スーパーセル」国書刊行会 2015
Nguyen, Frank グエン, フランク
　著「インストラクショナルデザインとテクノロジ」北大路書房 2013
Nguyen, Hong Thai グエン, ホン・タイ
　著「後発者の利を活用した持続可能な発展」ビスタピー・エス 2016
Nguyen, Hung Quoc グエン, フン・Q.
　著「インターネットアプリケーションのためのソフトウェアテスト」ソフトバンクパブリッシング 2003
Nguyen, Kien グエン, キエン
　1967〜 著「憎しみの子ども」早川書房 2001
Nguyen, Le Nhung グエン, レ・ニュン
　著「ベトナムアーカイブズの成立と展開」ビスタ ピー・エス 2016
Nguyen, Mai Hoa グエン, マイ・ホア
　著「おいしいベトナム料理」めこん 2011
Nguyen, Marcel ニューエン, マゼル
　1987〜 国ドイツ 体操選手
Nguyen, Ngọc Thuan グエン, ゴック・トゥアン
　1972〜 著「囚われた天使たちの丘」大同生命国際文化基金 2016
Nguyen, Nhât Ánh グエン, ニャット・アイン
　1955〜 著「つぶらな瞳」てらいんく 2004
Nguyen, Peter グエン, ピーター
　著「バットマン：ブルース・ウェインの選択」小学館集英社プロダクション 2014
Nguyen, Pham Khoi グエン, ファム・コイ
　国ベトナム 天然資源・環境相
Nguyen, Phanxicô Xaviê Văn Thuan グエン, フランシスコ・ヴァン・トゥアン
　著「5つのパンと2ひきの魚」女子パウロ会 2007
Nguyen, Quang Thieu グエン, クアン・ティウ
　著「ベトナム独立・自由・鎮魂詩集175篇」コールサック社 2013
Nguyen, Quang Trung Tien グエン, クアン・チュン・ティエン
　著「フエ地域の歴史と文化」関西大学文化交渉学教育研究拠点 2012
Nguyen, Quoc Cuong グエン, クオック・クオン
　国ベトナム 駐日特命全権大使
Nguyen, Quoc Huan グエン
　国ベトナム テコンドー選手
Nguyen, The Sang グエン, テー・サン
　?〜2003 著「ラグライの昔話」ティエラコーポレーション, 岩田書院(発売) 2005
Nguyen, Thi Binh グエン, ティ・ビン
　著「『家族、仲間、そして祖国』」コールサック社 2013
Nguyen, Thi Dinh グエン, ティン
　1920〜 著 グエン, ティ 著「母さんはおるす」新日本出版社 2004
Nguyen, Thi Lua グエン, ティ・ルア
　国ベトナム レスリング選手
Nguyen, Thi Phuong Thao グエン, ティ・フォン・タリオ
　国ベトナム ソビコ・ホールディングス共同創業者, 会長
Nguyen, Thi Thiet ニュエン, ティエット
　国ベトナム 重量挙げ選手
Nguyen, Thi Thuy トゥイ
　国ベトナム 重量挙げ選手
Nguyen, Tien Minh グエン, テン・ミン

国ベトナム バドミントン選手
Nguyen, Tri Dung グエン, トリ・ユン
　国ベトナム ベトナム祖国戦線中央委員会委員, トリ・ユン・ビジネススクール理事長, ミントラン株式会社社長, 日越パートナーシップクラブ副会長
Nguyen, Tri Huan グエン, チー・フアン
　1947〜 著「ツバメ飛ぶ」てらいんく 2002
Nguyen, Van Chuyen グュエン, ヴァン・チュエン
　1944〜 著「コーヒーの科学と機能」アイ・ケイコーポレーション 2006
Nguyen, Văn Hàm グエン, ヴァン・ハム
　著「ベトナムアーカイブズの成立と展開」ビスタ ピー・エス 2016
Nguyen, Van-Thuan グエン, ヴァン・トゥアン
　著「希望の道」ドン・ボスコ社 2003
Nguyen, Xuan Oanh グエン, スアン・オアイン
　著「ドイモイよ蘇れ」ビスタ・ピー・エス 2003
Nguyen Cao Ky グエン・カオ・キイ
　1930〜2011 国ベトナム 軍人, 政治家 南ベトナム副大統領
Nguyên Dinh Thi グエン・ディン・ティ
　1924〜2003 国ベトナム 作家, 文学者 旧グエン・ディン・ティ
Nguyen Duc グエン・ドク
　1981〜 国ベトナム ベトナム戦争の枯れ葉剤被害者 旧ドク／ドック
Nguyen-Hatsushiba, Jun グエン＝ハツシバ, ジュン
　1968〜 著「ジュン・グエン＝ハツシバ」森美術館 2004
Nguyen Khanh グエン・カーン
　1927〜2013 国ベトナム 政治家, 軍人 南ベトナム大統領・首相, 南ベトナム国軍司令官 旧グエン・カイン
Nguyen Lan Phuong グエン・ラン・フン
　国ベトナム 女優
Nguyen Minh Triet グエン・ミン・チェット
　1942〜 国ベトナム 政治家 ベトナム国家主席(大統領)
Nguyen Phu Trong グエン・フー・チョン
　1944〜 国ベトナム 政治家 ベトナム共産党書記長
Nguyen Tan Dung グエン・タン・ズン
　1949〜 国ベトナム 政治家 ベトナム首相, ベトナム共産党政治局常務委員
Nguyen Thi Cuc グエン・ティ・クック
　国ベトナム 税理士 ベトナム税理士会会長 ベトナム国税総務局次長
Nguyen Van Thieu グエン・バン・ティエウ
　1923〜2001 国ベトナム 軍人, 政治家 南ベトナム大統領 旧グエン・バン・チュー／グエン・ヴァン・ティュウ
Nguyen Van Thuan グエン・バン・トゥアン
　1928〜2002 国ベトナム カトリック枢機卿 カトリック名＝François Xavier Nguyen Van Thuan
Nguyen Viet グエン・ベト
　1981〜2007 国ベトナム 結合双生児 旧ベト
Nguyen Xuan Oanh グエン・スアン・オアイン
　1921〜2003 国ベトナム エコノミスト, 政治家 ベトナム国会副議長, ベトナム政府経済顧問
Nguza Karl-I-Bond ヌグザ・カルルイボンド
　1938〜2003 国コンゴ民主共和国 政治家, 外交官 ザイール首相
Ngwaboubou, Ernest ヌグワブブ・エルネスト
　国カメルーン 鉱業・産業・技術開発相
Ng'wandu, Pius ヌグワンドゥ, ビウス
　国タンザニア 科学・技術・高等教育相
Ngwanmessia, Lucy ヌグワンメッシア, ルシー
　国カメルーン 国家高等監査担当相
Ngwenya, Takudzwa ングウェニア, タクズワ
　国アメリカ ラグビー選手
Ngwenyama, Ojelanki ニュエンヤマ, オジェランキ
　著「アジャイルソフトウェア開発ソフトウェアチーム」九天社 2004
Ngwilizi, Hassan ヌグウィリジ, ハッサン
　国タンザニア 大統領府国務相
Nha, Chu Tuan ニャ, チュー・トゥアン
　国ベトナム 科学技術・環境相
Nha, Phung Xuan ニャ, フン・スアン
　国ベトナム 教育・訓練相
Nhaca, Soares ニャッカ, ソアレス
　国モザンビーク 農相
Nhamajo, Manuel Serifo ヌハマジョ, マヌエル・セリフォ

1958〜 [国]ギニアビサウ 政治家 ギニアビサウ暫定大統領
Nhambiu, Jorge Olívio Penicela ニャンビウ, ジョルジ・オリビオ・ペニセラ
[国]モザンビーク 科学技術・高等教育・職業教育相
Nhan, Nguyen Thien ニャン, グエン・ティエン
[国]ベトナム 副首相
Nhasse, Bilony ニャス, ビロニ
[国]ギニアビサウ 女性・家族・社会統合相
Nheira ネイラ
[著]「LIBERTY」ナナ・コーポレート・コミュニケーション 2008
Nhek Bun Chhay ニャク・ブンチャイ
[国]カンボジア 副首相 [異]ニャク・ブンチャイ
Nhema, Francis ネマ, フランシス
[国]ジンバブエ 青年・現地化・経済開発相
Nhep Bun Chin ネプ・ブン・チン
[国]カンボジア 労相
Nhial, Abdalla Deng ニアル, アブダラ・デン
[国]南スーダン 環境相
Nhlanhla, Joe ヌーランラ, ジョー
[国]南アフリカ 情報相
Nhlapo, Sifiso ヌラポ
[国]南アフリカ 自転車選手
Nhleko, Nkosinathi ヌシュレコ, ヌコシナスィ
[国]南アフリカ 警察相
Nhunga, Marcos Alexandre ニュンガ, マルコス・アレシャンドレ
[国]アンゴラ 農相
Ni, Maoshing ニー, マオシン
[著]「病気にならない277の智恵」阪急コミュニケーションズ 2007
Ni, Xia Lian ニ, シャリャン
[国]ルクセンブルク 卓球選手
Ni, Zhi-fu ニー・ズーフー
1933〜2013 [国]中国 政治家, 機械技師 中国全国人民代表大会(全人代)常務委員会副委員長, 中国共産党中央委員, 中華全国総工会主席 漢字名＝倪志福
Niandou, Barry Bibata ニアンドゥ, バリー・ビバタ
[国]ニジェール 女性・児童相
Niane, Mary Teuw ニャン, マリートゥ
[国]セネガル 高等教育・研究相
Niang, Amadou ニアン, アマドゥ
[国]セネガル 商業相
Niang, Assmaa ニアング, アスマー
[国]モロッコ 柔道選手
Niang, Cheikh ニャング, シェール
[国]セネガル 駐日特命全権大使
Niang, Georges ニアン, ジョージ
[国]アメリカ バスケットボール選手
Niang, Hamane ニアング, ハマヌ
[国]マリ 青年・スポーツ相 [異]ニアング, ハマネ
Niang, Madické ニアン, マディケ
[国]セネガル 外相
Niang, Mamadou ニアン, ママドゥ
[国]セネガル 内相 [異]ニャング, ママドゥ
Niang, Mame Mbaye ニャン, マム・ムバイ
[国]セネガル 青年・雇用・市民組織相
Niang, M'Baye ニアン, エムバイェ
[国]フランス サッカー選手
Niangkouara, Nery Mantey ニアンクアラ
[国]ギリシャ 競泳選手
Niare, Haby ニアレ, アビ
[国]フランス テコンドー選手
Niasse, Alamara ニアセ, アラマラ
[国]ギニアビサウ 農林相
Niasse, Moustapha ニアセ, ムスタファ
[国]セネガル 首相
Niazi, Sher Afghan Khan ニアジ, シェール・アフガン・カーン
[国]パキスタン 議会問題相 [異]ニアジ, シェール・アフガン
Nibali, Vincenzo ニバリ, ビンチェンツォ
[国]イタリア 自転車選手
Nibbs, Arthur ニブス, アーサー
[国]アンティグア・バーブーダ 農業・国土・漁業・バーブーダ島問題相
Nibert, David Alan ナイバート, デビッド・A.
1953〜 [著]「動物・人間・暴虐史」新評論 2016
Nibigira, Concilie ニビギラ, コンシリ
[国]ブルンジ 通信・情報・国会関係担当相
Nibiratije, Jean-Marie ニビラティジェ, ジャンマリー
[国]ブルンジ 水・環境・土地整備・都市計画相
Niblett, Robin ニブレット, ロビン
1962〜 [国]イギリス 英国王立国際問題研究所所長
Nibley, Lydia ニブリー, リディア
[著]「ベートーヴェンの真実」PHP研究所 2012
Nica, Dan ニカ, ダン
[国]ルーマニア 通信・情報技術相
Nicasio, Juan ニカシオ, ホアン
[国]ドミニカ共和国 野球選手
Nicastro, Nicholas ニカストロ, ニコラス
[著]「アレキサンダー大王陽炎の帝国」清流出版 2005
Niccol, Andrew ニコル, アンドリュー
[著]「ロード・オブ・ウォー」竹書房 2005
Niccoli, Riccardo ニッコリ, リッカルド
[著]「世界の飛行機」河出書房新社 2014
Niccum, Christian ニッカム
[国]アメリカ リュージュ選手
NicDhòmhnaill, Flòraidh マックドナルド, フローラ
[著]「ココアとカニ」近代文芸社 2013
Nice ニーチェ
[著]「せいしょ」ドン・ボスコ社 2001
Nice, Claudia ナイス, クローディア
1948〜 [著]「ペン&インク」マール社 2013
Nice, Jill ナイス, ジル
[著]「ハーブ活用百科事典」産調出版 2006
Nichanian, Veronique ニシャニアン, ヴェロニク
[国]フランス ファッションデザイナー エルメス紳士服プレタポルテ・ディレクター・デザイナー
Nichkasov, Anatoly I. ニチカソフ, アナトリー・I.
[国]ベラルーシ 建設相
Nichol, David ニコル, デイビッド
[著]「重い心が軽くなる1分間ストレス解消法」PHP研究所 2002
Nichol, James W. ニコル, ジェイムズ・W.
[著]「ミッドナイト・キャブ」ヴィレッジブックス 2007
Nicholaisen, Ida ニコライセン, アイダ
[著]「障害と文化」明石書店 2006
Nicholas, Albert ニコラス, アルバート
[国]クック諸島 内相兼青少年・スポーツ相兼オンブズマン担当相
Nicholas, Alexander S. ニコラス, アレクサンダー S.
[著]「オステオパシーアトラス」医道の日本社 2010
Nicholas, Brett ニコラス, ブレット
[国]アメリカ 野球選手
Nicholas, Evan A. ニコラス, エヴァン・A.
[著]「オステオパシーアトラス」医道の日本社 2010
Nicholas, Fayard ニコラス, フェイヤード
1914〜2006 [国]アメリカ タップダンサー
Nicholas, Jack D. ニコラス, J.D.
[著]「統合軍参謀マニュアル」白桃書房 2009
Nicholas, Joseph G. ニコラス, ジョセフ・G.
1959〜 [著]「リスクバジェッティング」パンローリング 2002
Nicholas, Lynn H. ニコラス, リン・H.
[著]「ヨーロッパの略奪」白水社 2002
Nicholas, Melford ニコラス, メルフォード
[国]アンティグア・バーブーダ 放送・通信・情報技術・情報相
Nicholas, Ted ニコラス, テッド
1934〜 [著]「テッド・ニコラスのマーケティング戦術成功法則大全」ダイレクト出版 2012
Nicholaus, Bret ニコラウス, ブレット
[著]「こころのチェックブック」道出版 2001
Nicholaw, Casey ニコロー, ケーシー
ローレンス・オリヴィエ賞 振付賞(2014年(第38回))ほか
Nicholl, Charles ニコル, チャールズ
[著]「レオナルド・ダ・ヴィンチの生涯」白水社 2009
Nicholls, Alex ニコルズ, アレックス
[著]「フェアトレード」岩波書店 2009
Nicholls, Bob ニコルス, ボブ
[著]「サバイバルガイド恐竜」大日本絵画 2012
Nicholls, David ニコルズ, デービッド
1966〜 [国]イギリス 作家, 脚本家 [専]文学 [異]ニコルズ, デイヴィッド
Nicholls, Geoff ニコルズ, ジェフ
[著]「真像ジョン・ボーナム」リットーミュージック 2010
Nicholls, Henry ニコルズ, ヘンリー
1973〜 [著]「「偶然」と「運」の科学」SBクリエイティブ 2016

Nicholls, Jamie　ニコルズ
　国イギリス　スノーボード選手
Nicholls, Peter　ニコルズ, ピーター
　ヒューゴー賞 関連図書（2012年）　"The Encyclopedia of Science Fiction, Third Edition"
Nicholls, Sally　ニコルズ, サリー
　1983～　国イギリス　作家　著児童書
Nichols, Austin　ニコルス, オースティン
　国アメリカ　バスケットボール選手
Nichols, Catherine　ニコルズ, キャサリン
　著「アリスのワンダーランド」 ゆまに書房　2016
Nichols, Jeff　ニコルズ, ジェフ
　1966～　著「真実の愛」 鹿砦社　2013
Nichols, John　ニコルズ, ジョン
　著「市民蜂起」 かもがわ出版　2012
Nichols, Linda　ニコルズ, リンダ
　1954～　著「Dr.ハンディーマン」 早川書房　2001
Nichols, Lisa　ニコルズ, リーサ
　著「やるべきことだけに集中しなさい！」 ダイヤモンド社　2009
Nichols, Michael　ニコルズ, マイケル
　著「ゴリラ」 ほるぷ出版　2012
Nichols, Michael P.　ニコルス, マイケル・P.
　著「わが子との言い争いはもうやめよう！」 星和書店　2014
Nichols, Mike　ニコルズ, マイク
　1931～2014　国アメリカ　映画監督, 演出家　本名＝Peschkowsky, Michael Igor
Nichols, Ralph G.　ニコルズ, ラルフ・G.
　著「コミュニケーション戦略スキル」 ダイヤモンド社　2002
Nichols, Robin　ニコルズ, ロビン
　1955～　著「ウェブ・イメージング」 グラフィック社　2002
Nichols, Sarah　ニコルズ, サラ
　著「腕で歩く」 竹書房　2001
Nichols, Shana　ニコルズ, シャナ
　著「自閉症スペクトラムの少女が大人になるまで」 東京書籍　2010
Nichols, Theo　ニコルス, T.
　著「現代イギリスの政治算術」 北海道大学図書刊行会　2003
Nicholson, Andrew　ニコルソン
　国ニュージーランド　馬術選手
Nicholson, Andrew　ニコルソン, アンドリュー
　国カナダ　バスケットボール選手
Nicholson, Arnold　ニコルソン, アーノルド
　国ジャマイカ　外務・貿易相　異ニコルソン, アーノルド・J.
Nicholson, Bill　ニコルソン, ビル
　1919～2004　国イギリス　サッカー監督　本名＝Nicholson, William Edward
Nicholson, Ernest Wilson　ニコルソン, アーネスト・ウィルソン
　1938～2013　国イギリス　旧約学者　オックスフォード大学副総長, ケンブリッジ大学ペンブルク・カレッジ学長
Nicholson, Geoff　ニコルソン, ジェフ
　1953～　国イギリス　作家　異ニコルスン, ジェフ
Nicholson, Heather Norris　ニコルソン, ヘザー・ノリス
　著「グローバル・ティーチャーの理論と実践」 明石書店　2011
Nicholson, Helen　ニコルソン, ヘレン
　1958～　著「応用ドラマ」 而立書房　2015
Nicholson, Jack　ニコルソン, ジャック
　1937～　国アメリカ　俳優, 映画監督　本名＝ニコルソン, ジョン　異ニコルスン, ジャック
Nicholson, Jim　ニコルソン, ジム
　国アメリカ　退役軍人長官
Nicholson, Jon　ニコルソン, ジョン
　著「Inside Ferrari」 トランスワールドジャパン　2006
Nicholson, Joy　ニコルソン, ジョイ
　著「波のかなた」 ソニー・マガジンズ　2001
Nicholson, Michael　ニコルソン, マイケル
　1937～2016　国イギリス　作家, ジャーナリスト　本名＝Nicholson, Michael Thomas
Nicholson, Nigel　ニコルソン, ナイジェル
　著「いかに「問題社員」を管理するか」 ダイヤモンド社　2005
Nicholson, Peggy　ニコルソン, ペギー
　著「裏切りの花婿」 ハーレクイン　2003
Nicholson, Robert　ニコルソン, ロバート
　国カナダ　国防相
Nicholson-Lord, David　ニコルソン, デヴィッド
　著「プラネットアースメイキング」 日本放送出版協会　2006

Nichopoulos, George　ニコポウラス, ジョージ
　1927～2016　国アメリカ　医師　本名＝Nichopoulos, George Constantine
Nicieza, Fabian　ニシーザ, ファビアン
　著「ケーブル＆デッドプール：青の洗礼」 ヴィレッジブックス　2016
Nick　ニック
　1980～　国アメリカ　歌手　別称＝カーター, ニック〈Carter, Nick〉
Nick, Christophe　ニック, クリストフ
　1958～　著「死のテレビ実験」 河出書房新社　2011
Nickell, Joe　ニッケル, ジョー
　著「オカルト探偵ニッケル氏の不思議事件簿」 東京書籍　2001
Nickl, Hans　ニィクル, ハンス
　著「ホスピタルアーキテクチャー」 新建築社　2013
Nicklaus, Jack　ニクラウス, ジャック
　1940～　国アメリカ　プロゴルファー　本名＝Nicklaus, Jack William　異ニクラス, ジャック
Nicklen, Paul　ニックレン, ポール
　著「海に生きるいのち」 日経ナショナルジオグラフィック社, 日経BPマーケティング（発売）　2014
Nickles, Elizabeth　ニクルズ, リズ
　著「この世の時間すべて」 ソニー・マガジンズ　2001
Nicklin, Flip　ニックリン, フリップ
　著「イルカ」 ほるぷ出版　2012
Nicklin, Jane　ニックリン, J.
　著「微生物学キーノート」 シュプリンガー・フェアラーク東京　2001
Nicklin, Linda　ニックリン, リンダ
　著「イルカ」 ほるぷ出版　2012
Nickl-Weller, Christine　ニィクル・ウェーラー, クリスティン
　著「ホスピタルアーキテクチャー」 新建築社　2013
Nickoloff, Edward L.　ニコロフ, エドワード・L.
　著「はじめての放射線物理学」 メディカル・サイエンス・インターナショナル　2008
Nicks, Stevie　ニックス, スティービー
　1948～　国アメリカ　シンガー・ソングライター　本名＝Nicks, Stephanie　異ニックス, スティーヴィー
Nickson, David　ニクソン, デイビッド
　著「プロジェクト・マネジメント危機からの脱出マニュアル」 ダイヤモンド社　2006
Nicodemus, Ryan　ニコデマス, ライアン
　著「あるミニマリストの物語」 フィルムアート社　2016
Nicol, A.M.　ニコル, A.M.
　著「怪物執事」 太田出版　2014
Nicol, C.W.　ニコル, C.W.
　1940～　著「アファンの森の物語」 アートデイズ　2013
Nicol, Janni　ニコル, ジャニィ
　著「もみの木のねがい」 福音館書店　2016
Nicol, Maggie　ニコル, マギー
　著「臨床が変わる！ PT・OTのための認知行動療法入門」 医学書院　2014
Nicol, Rachel　ニコル, レイチェル
　国カナダ　水泳選手
Nicola, Davide　ニコラ, ダヴィデ
　国イタリア　クロトーネ監督
Nicola, Jill　ニコラ, ジル
　著「ストリームラインオブジェクトモデリング」 ピアソン・エデュケーション　2002
Nicolăescu, Eugen　ニコラエス, ユージェン
　国ルーマニア　保健相
Nicolaï, Atzo　ニコライ, アッツォ
　国オランダ　行政改革相兼王室関係相
Nicolai, Paolo　ニコライ, パオロ
　国イタリア　ビーチバレー選手
Nicolaidi, Mike　ニコライディ, マイク
　1938～　著「射殺されたガダルカナル日本兵捕虜」 新人物往来社　2011
Nicolaj, Aldo　ニコライ, アルド
　1920～2004　著「現代フランス戯曲名作選」 カモミール社　2012
Nicola-Lisa, W.　ニコラ・リサ, W.
　著「モーゼスおばあさんの四季」 BL出版　2003
Nicolaou, Ionas　ニコラウ, イオナス
　国キプロス　法務・公安相
Nicolas　ニコラス
　著「ちいさなおんどり」 童話館出版　2010
Nicolas, Adolfo　ニコラス, アドルフォ

1936～ 国スペイン カトリック神父 イエズス会総長 上智大学神学部教授 秘跡神学,司牧神学
Nicolas, Alrich ニコラ, アルリッシュ
国ハイチ共和国 外務・宗教相
Nicolas, Astier ニコラ, アスティエ
国フランス 馬術選手
Nicolas, Dadi ニコラス, ダディ
国アメリカ アメフト選手
Nicolas, Moritz ニコラス, モリッツ
国ドイツ サッカー選手
Nicolay, Chris ニコレイ, クリス
著「音楽の起源」人間と歴史社 2013
Nicole ニコル
1991～ 歌手
Nicolelis, Miguel ニコレリス, ミゲル
神経科学者 デューク大学アン・W.ディーン神経科学教授
Nicolet, Aurèle ニコレ, オーレル
1926～2016 国スイス フルート奏者 ベルリン・フィルハーモニー管弦楽団首席フルート奏者 異ニコレ, オーレール
Nicoletti, Manuel ニコレッティ, マヌエル
国イタリア サッカー選手
Nicolino, Justin ニコリーノ, ジャスティン
国アメリカ 野球選手
Nicoll, Andrew ニコル, アンドルー
1962～ 国イギリス 作家 例ロマンス, ミステリー 異ニコル, アンドリュー
Nicoll, Helen ニコル, ヘレン
1937～ 著「メグつきにいく」偕成社 2007
Nicoll, Mercedes ニコル
国カナダ スノーボード選手
Nicoll, Neil ニコール, ニール
著「わが子と歩む道」オープンナレッジ 2007
Nicolle, David ニコル, デヴィッド
1944～ 著「イスラム世界歴史地図」明石書店 2014
Nicollin, Louis ニコラン, ルイ
国フランス 実業家 ニコリン・グループ社長, モンペリエオーナー
Nicoloso, Paolo ニコローゾ, パオロ
1957～ 著「建築家ムッソリーニ」白水社 2010
Nicolson, Iain ニコルソン, イアン
著「ビジュアル宇宙大図鑑」日経ナショナルジオグラフィック社, 日経BPマーケティング(発売) 2012
Nicolson, Nigel ニコルソン, ナイジェル
著「ヴァージニア・ウルフ」岩波書店 2002
Nicosia, Gerald ニコシア, ジェラルド
1949～ 著「ガールズ・オン・ザ・ロード」河出書房新社 2013
Niculescu, Monica ニクレスク, モニカ
国ルーマニア テニス選手
Nida, Eugene Albert ナイダ, ユージーン・アルバート
1914～2011 国アメリカ 言語学者, 聖書翻訳家, 牧師 米国聖書協会翻訳部長, 米国言語学会会長 異ナイダ, ユージン
Nida-Rümelin, Julian ニーダ=リューメリン, ユリアン
1954～ 著「ソクラテス・クラブへようこそ」阪急コミュニケーションズ 2013
Nidhi, Bimalendra ニディ, ビマレンドラ
国ネパール 副首相兼内相
Ní Dhomhnaill, Nuala ニゴーノル, ヌーラ
1952～ 異ニー・ゴーノル, ヌーラ 著「ヌーラ・ニゴーノル詩集」土曜美術社出版販売 2010
Nido, Tomas ニド, トーマス
国アメリカ 野球選手
Niebel, Dirk ニーベル, ディルク
国ドイツ 経済協力開発相
Niebuhr, Richard R. ニーバー, リチャード・R.
著「復活と歴史的理性」新教出版社 2009
Niedan-Feichtinger, Susana ニーダン=ファイヒティンガー, ズザーナ
1953～ 異ニーダン・ファイヒティンガー, ズザーナ 著「シュスラーティッシュソルトで体内ミネラルのバランスを整える」ガイアブックス 2016
Niederberger, Andreas ニーダーベルガー, アンドレアス
1972～ 著「平和構築の思想」梓出版社 2011
Niederer, Armin ニーデラー
国スイス フリースタイルスキー選手
Niederhauser, Emil ニーデルハウゼル, エミル
1923～2010 著「総覧東欧ロシア史学史」北海道大学出版会 2013

Niederhoffer, Victor ニーダホッファ, ビクター
1943～ 著「実践的スペキュレーション」現代書林 2004
Niederlechner, Florian ニーダーレヒナー, フローリアン
国ドイツ サッカー選手
Niederman, Derrick ニーダーマン, デリック
著「数字マニアック」化学同人 2014
Niedermeier, Georg ニーダーマイアー, ゲオルク
国ドイツ サッカー選手
Niedermeier, Michael ニーダーマイヤー, ミヒャエル
1954～ 著「エロスの庭」三元社 2013
Niedernhuber, Barbara ニーデルンフーバー
国ドイツ リュージュ選手
Niehaus, Dave ニーハウス, デーブ
1935～2010 国アメリカ アナウンサー シアトル・マリナーズ専属アナウンサー 異ニーハウス, デイブ
Niehaus, Greg R. ニーハウス, G.R.
著「保険とリスクマネジメント」東洋経済新報社 2005
Niehoff, Debra ニーホフ, デブラ
著「平気で暴力をふるう脳」草思社 2003
Niekro, Joe ニークロ, ジョー
1944～2006 国アメリカ 野球選手 本名=Niekro, Joseph Franklin
Nieländer, Peter ニーレンダー, ペーター
著「めくってしらべるめくってわかる宇宙のひみつ」講談社 2016
Nield, Ted ニールド, テッド
著「超大陸」青土社 2008
Nielsen, Christopher ニールセン, クリストファー
国ノルウェー アヌシー国際アニメーション映画祭 長編映画クリスタル賞(最優秀長編作品)(2007年) "Slipp Jimmy Fri"(英題：Free Jimmy)〈製作国：ノルウェー/イギリス〉
Nielsen, Elsebeth Gerner ニールセン, エルズベス・ゲーナー
国デンマーク 文化相
Nielsen, Gyda Skat ニールセン, ギッダ・スカット
著「ディスレクシアのための図書館サービスのガイドライン」日本障害者リハビリテーション協会(製作) c2013
Nielsen, Hanne Warming ニールセン, ハンネ・ウォルミング
著「社会ケアサービス」本の泉社 2003
Nielsen, Hans Frede ニールセン, ハンス・F.
1943～ 著「イェスペルセン自叙伝」文化書房博文社 2002
Nielsen, Havard ニールセン, ホーヴァル
国ノルウェー サッカー選手
Nielsen, Helen ニールセン, ヘレン
1918～2002 国アメリカ ミステリー作家, 脚本家 異ニールスン, ヘレン / ニールソン, ヘレン
Nielsen, Holger ニールセン, ホルガー
国デンマーク 税務相
Nielsen, Jaime ニールセン, ジェイミー
国ニュージーランド 自転車選手
Nielsen, Jakob ニールセン, ヤコブ
1957～ 著「モバイル・ユーザビリティ」翔泳社 2013
Nielsen, Jakob Axel ニールセン, ヤコブ・アクセル
国デンマーク 保健・予防医療相
Nielsen, Jennifer A. ニールセン, ジェニファー・A.
国アメリカ 作家 例ヤングアダルト, ファンタジー
Nielsen, Jerri ニールセン, ジェリ
著「南極点より愛をこめて」講談社 2002
Nielsen, Jorgen Erik ニールセン, ヨーゲン・エリック
著「イェスペルセン自叙伝」文化書房博文社 2002
Nielsen, Kim E. ニールセン, キム・E.
著「ヘレン・ケラーの急進的な生活」明石書店 2005
Nielsen, Kris R. ニールセン, クリス・アール
著「"絶滅貴種"日本建設産業」英光社 2008
Nielsen, Leslie ニールセン, レスリー
1926～2010 国アメリカ 俳優, コメディアン
Nielsen, Michael ニールセン
国デンマーク 射撃選手
Nielsen, Michael A. ニールセン, マイケル
1974～ 異ニールセン, ミカエル 著「オープンサイエンス革命」紀伊國屋書店 2013
Nielsen, Mie ニールセン, ミー
国デンマーク 水泳選手
Nielsen, Niels Christian ニールセン, ニールス・クリスチャン
著「科学技術とジェンダー」明石書店 2004
Nielsen, Peder Holk ニールセン, ペダーホルク
国デンマーク Novozymes

Nielsen, Rick　ニールセン, リック
1946〜　国アメリカ　ロック・ギタリスト　本名＝ニールセン, リチャード〈Nielsen, Richard〉
Nielsen, Sofie Carsten　ニールセン, ソフィ・カーステン
国デンマーク　科学技術開発・高等教育相
Nielsen, Stine　ニールセン, シュティン
国デンマーク　射撃選手
Niemann, Linda　ニーマン, リンダ
著「彼女たちのエロチカ」集英社　2005
Niemczyk, Leon　ニエンチク, レオン
1923〜2006　国ポーランド　俳優
Niemesch, Luisa　ニーメシュ, ルイサ
国ドイツ　レスリング選手
Niemeyer, Oscar　ニーマイヤー, オスカー
1907〜2012　国ブラジル　建築家　本名＝Niemeyer Soares Filho, Oscar Ribeiro de Almeida　異ニーマイアー, オスカル
Niemeyer, Peter　ニーマイアー, ペーター
国ドイツ　サッカー選手
Niemi, Hannele　ニエミ, H.
著「フィンランドの先生学力世界一のひみつ」桜井書店　2008
Niemi, Marjaana　ニエミ, マルヤーナ
1963〜　著「世界史のなかのフィンランドの歴史」明石書店　2011
Niemi, Mikael　ニエミ, ミカエル
1959〜　著「世界の果てのビートルズ」新潮社　2006
Nieminen, Kai　ニエミネン, カイ
1950〜　フィンランド　作家, 翻訳家, 詩人
Nieminen, Leo　ニエミネン, レオ
フィンランド　元・フィンランド日本協会会長
Niemöller, Martin　ニーメラー, マルティン
著「光の降誕祭」教文館　2004
Nien, Nguyen Dy　ニエン, グエン・ジー
国ベトナム　外相
Niepanhui　ネハンカイ
国中国　作家　漢字名＝涅槃灰　異ネハンハイ
Niepold, Ruprecht　ニーポルド, ルプレヒト
国ドイツ　欧州委員会情報社会メディア総局総局長顧問
Nieporte, Grant　ニーポート, グラント
著「7つの贈り物」メディアファクトリー　2009
Niere, Mary　ニール, メリー
著「どう祈ったらよいか」女子パウロ会　2006
Nierenberg, Danielle　ニィーレエンベルク, ダニエル
著「地球と環境」同友館　2002
Nierenberg, Juliet　ニーレンバーグ, ジュリエット
著「女性的感性を活かす交渉力」産調出版　2007
Nierendorf, Karl　ニーレンドルフ, カール
異ニーデンドルフ, カルル　著「ヴァイマルの国立バウハウス 1919-1923」中央公論美術出版　2009
Nies, Alan S.　ニース, A.S.
著「薬理書」広川書店　2003
Nies-Berger, Edouard　ニースバーガー, エドゥアルド
?〜2002　国アメリカ　オルガン奏者　ニューヨーク交響楽団オルガン奏者
Niessen, Susan　ニーセン, スーザン
著「きゅっきゅっきゅっおじさん」大日本絵画　2003
Nieta, Ana I.Sánchez de la　ニエタ, アナ・サンチェス・デ・ラ
著「ファッション」聖母の騎士社　2008
Nieto, Alejandro　ニエト, アレハンドロ
国ウルグアイ　ラグビー選手
Nieto, Jamie　ニート
国アメリカ　陸上選手
Nieto, Sonia　ニエト, ソニア
著「アメリカ多文化教育の理論と実践」明石書店　2009
Nieto López, José de Jesús　ニエト＝ロペス, ホセ＝デ＝ヘスス
著「メキシコの歴史」明石書店　2009
Nieto Menéndez, Jorge　ニエト・メネンデス, ホルヘ
国エルサルバドル　公共事業相
Nieto Montesinos, Jorge　ニエト・モンテシノス, ホルヘ
国ペルー　国防相
Nieto Rodrígues, Rigoberto　ニエト＝ロドリゲス, リゴベルト
?〜2005　著「メキシコの歴史」明石書店　2009
Nieuwenhuis, Kirk　ニューウェンハイス, カーク
国アメリカ　野球選手
Nieuwenhuysen, Andrée Van　ニーベンヒューゼン, アンドレー・ヴァン

Nieuwerburgh, Stijin Van　ニューワーバー, スタジン・ヴァン
著「建築記録アーカイブズ管理入門」書肆ノワール　2006
著「金融規制のグランドデザイン」中央経済社　2011
Nieve Arroyo, Oliba Seledina　ニエベアロヨ
国エクアドル　重量挙げ選手
Nievergelt, Yves　ニイベルゲルト, イヴェス
著「ウェーブレット変換の基礎」森北出版　2004
Nieves, Juan　ニエベス, ホアン
国アメリカ　マイアミ・マーリンズコーチ
Nievod, Abraham　ニーボッド, アブラハム
著「臨床心理学における科学と疑似科学」北大路書房　2007
Niewiadoma, Katarzyna　ニエウィアドマ, カタジナ
国ポーランド　自転車選手
Niffenegger, Audrey　ニッフェネガー, オードリー
1963〜　国アメリカ　作家　分文学
Nifontov, Ivan　ニフォントフ
国ロシア　柔道選手
Nigg, Joe　ニグ, ジョーゼフ
著「ドラゴン飼い方育て方」原書房　2008
Niggle, Christopher J.　ニッグル, C.J.
著「金融不安定性と景気循環」日本経済評論社　2007
Nigh, Douglas William　ナイ, ダグラス・W.
異ナイ, ダグラス　著「社会経営学の視座」文真堂　2004
Night, P.J.　ナイト, P.J.
著「恐怖のお泊まり会」KADOKAWA　2015
Nightingale, Virginia　ナイチンゲール, バージニア
著「メディアオーディエンスとは何か」新曜社　2007
Night Shyamalan, M.　シャマラン, M.ナイト
ゴールデン・ラズベリー賞(ラジー賞)最低監督賞(第31回(2010年)ほか
Nighy, Bill　ナイ, ビル
1949〜　国イギリス　俳優　本名＝Nighy, William Francis
Nihangaza, Charles　ニハンガザ, シャルル
国ブルンジ　蔵相
Niimura, J.M.Ken　ニイムラ, J.M.ケン
1981〜　国スペイン　漫画家, イラストレーター　異ニイムラ, ケン
Niinistö, Jussi　ニーニスト, ユッシ
国フィンランド　国防相
Niinistö, Sauli Väinämö　ニーニスト, サウリ
1948〜　国フィンランド　政治家　フィンランド大統領
Niinistö, Ville　ニーニスト, ビレ
国フィンランド　環境相
Nijenhuis, Ellert R.S.　ナイエンフイス, エラート・R.S.
著「構造的解離」星和書店　2011
Nijimbere, Josiane　ニジムベレ, ジョジアンヌ
国ブルンジ　保健・エイズ対策相
Nijkamp, Franciscus Petrus　ナイカンプ, F.P.
1947〜　著「免疫薬理学の原理」シュプリンガー・フェアラーク東京　2004
Nijland, Stern　ナイランド, スターン
1976〜　著「王さまと王さま」ポット出版　2015
Nijssen, Elfi　ネイセン, エルフィ
1974〜　国ベルギー　著「でも、わすれないよベンジャミン」講談社　2012
Nikaidô, Fumi　ニカイドウ, フミ
国日本　ヴェネチア国際映画祭　マルチェロ・マストロヤンニ賞(第68回(2011年))　"Himizu"　漢字名＝二階堂ふみ
Nikiema, Frederic　ニキエマ, フレデリック
国ブルキナファソ　通信相兼政府報道官
Nikiforov, Nikolai A.　ニキフォロフ, ニコライ・A.
国ロシア　通信情報相
Nikiforov, Toma　ニキフォロフ, トマ
国ベルギー　柔道選手
Nikishin, Bogdan　ニキシン, ボグダン
国ウクライナ　フェンシング選手
Nikitas, Derek　ニキータス, デレク
国アメリカ　作家　ミステリー, スリラー
Nikitin, Evgeny　ニキチン, エフゲニー
1973〜　国ロシア　テノール歌手
Nikitin, Gleb　ニキチン, グレブ
1964〜　国ロシア　指揮者, バイオリニスト　東京交響楽団第1コンサートマスター　異ニキチン, グレープ／ニキチン, グレープ
Nikitin, Vladimir
国ロシア　ボクシング選手
Nikitin, Yuri　ニキチン, ユーリー

Nikitina, Elena　ニキチナ
　㋺ロシア　スケルトン選手
Nikki　ニッキー
　1994～　㋺カナダ　ジャズ歌手　本名＝ヤノフスキー, ニッキー〈Yanofsky, Nikki〉　㋱ニッキ／ヤノフスキー, ニッキ
Niklas, Troy　ニクラス, トロイ
　㋺アメリカ　アメフト選手
Niklaus, Andre　ニクラウス
　㋺ドイツ　陸上選手
Niko, D.J.　ニコ, D.J.
　1966～　㋛「十人目の聖人」オークラ出版　2016
Niko, Lee Hang　ニコ・リー・ハング
　㋺サモア　財務相
Nikobamye, Gaetan　ニコバミェ, ゲタン
　㋺ブルンジ　国土開発・環境・観光相
Nikolaev, Andrian Grigorievich　ニコラエフ, アンドリアン
　1929～2004　㋺ロシア　宇宙飛行士, 空軍少将　㋱ニコラーエフ／ニコライエフ
Nikolaides, Nicos　ニコライデス, ニコス
　㋺キプロス　通信・公共事業相
Nikolaidis, Alexandros　ニコライディス
　㋺ギリシャ　テコンドー選手
Nikolaidis, Antonis　ニコライディス
　㋺キプロス　射撃選手
Nikolaidou, Aikaterini　ニコラウドゥ, アイカテリニ
　㋺ギリシャ　ボート選手
Nikolaishvili, Ramaz　ニコライシビリ, ラマズ
　㋺ジョージア　地域発展・社会基盤相
Nikolajeva, Maria　ニコラエヴァ, マリア
　ケンブリッジ大学教授　㋛児童文学　㋱ニコラエバ, マリア
Nikolaou, Ionas　ニコラウ, イオナス
　㋺キプロス　法務・治安相
Nikolaschka, Jack　ニコラシカ, ジャック
　㋛「あなたならどうする？」ぶんか社　2001
Nikolayenko, Stanislav　ニコラエンコ, スタニスラフ
　㋺ウクライナ　教育科学相
Nikolic, Djordje　ニコリッチ, ジョルジェ
　㋺セルビア　サッカー選手
Nikolić, Mišo　ニコリッチ, ミショ
　1940～2007　㋛「あるロマ家族の遍歴」現代書館　2012
Nikolić, Tomislav　ニコリッチ, トミスラヴ
　1952～　㋺セルビア　政治家　セルビア大統領　㋱ニコリッチ, トミスラブ
Nikolla, Lindita　ニコラ, リンディタ
　㋺アルバニア　教育・スポーツ相
Nikolov, Vladmir　ニコロフ, ウラジミール
　1977～　㋺ブルガリア　バレーボール選手
Nikonov, Vyacheslav Alekseevich　ニコノフ, ビャチェスラフ
　1956～　㋺ロシア　政治評論家, 政治家　ロシア下院議員　㋱ニーコノフ
Nikora, Amberoti　ニコラ, アンベロシ
　㋺キリバス　環境・土地・農業開発相
Nikpai, Rohullah　ニクパイ, ロウラ
　1987～　㋺アフガニスタン　テコンドー選手　㋱ニクパ, ロフラ／ニクパイ, ルホーラ／ニクパイ, ロフラ
Nikulchina, Irina　ニクルチナ
　㋺ブルガリア　バイアスロン選手
Nikulina, Anna　ニクリーナ, アンナ
　㋺ロシア　バレリーナ　ボリショイ・バレエ団リーディング・ソリスト
Nikulina, Ina　ニクリナ, イナ
　㋺ベラルーシ　ボート選手
Nikzad, Ali　ニクザド, アリ
　㋺イラン　住宅・都市開発・道路交通相兼通信情報技術相
Nil, Adam　ニル, アダム
　㋺パラグアイ　公共事業通信相
Nila, F. Moeloek　ニラ・F・ムルク
　㋺インドネシア　保健相
Nila, F. Moeloek　ニラ・F・ムルク
　㋺インドネシア　保健相
Niland, Kilmeny　ナイランド, キルメニー
　1950～2009　㋛「かわいがってくれるの, だぁれ？」評論社　2016
Nile, Richard　ナイル, リチャード
　㋛「オセアニア」朝倉書店　2008

Nilekani, Nandan M.　ニレカニ, ナンダン
　1955～　㋺インド　実業家　インフォシス・テクノロジーズ創業者, インド身分証明庁（UIDAI）長官
Niles, Angie　ナイルス, アンジー
　㋛「巴里のアメリカ人パリジェンヌの秘かな楽しみ方を学ぶ」ビジネス社　2016
Niles, Meredith　ナイルズ, メレディス
　㋛「動物工場」緑風出版　2016
Nilsen, Anna　ニールセン, アナ
　1948～　㋛「謎解きパズルヒーローズ」文渓堂　2016
Nilsson, Ann-Mari　ニルソン, アンマリー
　㋛「スウェーデンから届いたハンドワークリネン＆ウール」NHK出版　2014
Nilsson, Birgit　ニルソン, ビルギット
　1918～2005　㋺スウェーデン　ソプラノ歌手　本名＝Niklasson, Fru Bertil　㋱ニルソン, マルタ・ビルギット
Nilsson, Henrik　ニルソン, ヘンリク
　1976～　㋺スウェーデン　カヌー選手　㋱ニルソン
Nilsson, Lennart　ニルソン, レナート
　1922～　㋺スウェーデン　写真家　㋛医学写真, 科学写真　㋱ニルソン, レナルト
Nilsson, Mattias, Jr.　ニルソン
　㋺スウェーデン　バイアスロン選手
Nilsson, Pia　ニールソン, ピア
　1958～　㋺スウェーデン　プロゴルファー（ティーチングプロ）
Nilsson, Stefan　ニルソン, ステファン
　㋺スウェーデン　射撃選手
Nilsson, Sten　ニルソン, ステン
　㋛「前立腺癌の治療について」浅羽医学研究所　2004
Nilsson, Ulf　ニルソン, ウルフ
　1948～　㋺スウェーデン　児童文学作家
Nilsson Thore, Maria　ニルソン・トーレ, マリア
　㋛「ペトラ」クレヨンハウス　2013
Nimani, Fuad　ニマニ, フアド
　㋺モンテネグロ　人権・少数民族問題相
Nimbona, Leon　ニムボナ, レオン
　㋺ブルンジ　開発・再建相
Nimchenko, Ievgeniia　ニムチェンコ, エフゲニア
　㋺ウクライナ　ボート選手
Nimi, Robert Koji　ニイミ, ロバート・コウジ
　㋺カナダ　日系シニアズ・ヘルスケア住宅協会理事長
Nimier, Marie　ニミエ, マリー
　1957～　㋛「ヌーヴェル・ポルノグラフィー」角川書店　2002
Nimke, Stefan　ニムケ
　㋺ドイツ　自転車選手
Nimley, Thomas Yaya　ニムレ, トーマス・ヤヤ
　㋺リベリア　外相
Nimmer, Melville B.　ニマー, メルビル・B.
　㋛「アメリカ著作権法とその実務」雄松堂出版　2004
Nimmo, Brandon　ニモ, ブランドン
　㋺アメリカ　野球選手
Nimmo, Harry　ニモ, H.アロ
　㋛「フィリピン・スールーの海洋民」現代書館　2005
Nimmo, Jenny　ニモ, ジェニー
　1944～　㋛「王の森のふしぎな木」徳間書店　2008
Nimoy, Leonard　ニモイ, レナード
　1931～2015　㋺アメリカ　俳優, 映画監督
Nimrod, Elvin　ニムロッド, エルビン
　㋺グレナダ　副首相兼外務・法務・地方自治・カリアク・小マルティニーク問題相　㋱ニムロド, エルビン
Nimubona, Julien　ニムボナ, ジュリアン
　㋺ブルンジ　高等教育・科学研究相
Nimura, Janice P.　ニムラ, ジャニス・P.
　㋛「少女たちの明治維新」原書房　2016
Nimy, Romain　ニミ, ロマン
　㋺コンゴ民主共和国　農相
Nindorera, Eugene　ニンドレラ, ユージン
　㋺ブルンジ　人権・機構改革・国会担当相
Niney, Pierre　ニネ, ピエール
　セザール賞 主演男優賞（第40回（2014年））　"Yves Saint Laurent"
Ning, Feng　ニン, フェン
　㋺中国　パガニーニ国際ヴァイオリン・コンクール 第1位（2006年（第51回））ほか
Ning, Tak H.　ニン, T.H.
　1943～　㋛「タウア・ニン最新VLSIの基礎」丸善出版　2013

Ningatoloum Sayo, Armel ニンガトルムサヨ, アルメル
　国中央アフリカ　住宅・住居相　愛ニンガトルム・サヨ, アルメル

Ninh, Vu Van ニン, ブー・バン
　国ベトナム　副首相

Ninie ニニー
　著「さわれるまなべるきょうりゅうたち」パイインターナショナル　2016

Ni Ni Mynt ニー・ニー・ミン
　1941〜　著「ミャンマーにおける女性の地位」アジア女性交流・研究フォーラム　2003

Nininahazwe, Godelieve ニニナハズウェ, ゴドリーブ
　国ブルンジ　国家連帯・人権・男女同権相

Ninio, Jacques ニニオ, ジャック
　1942〜　著「錯覚の世界」新曜社　2004

Ninja, Willi ニンジャ, ウィリー
　1961〜2006　国アメリカ　ダンサー　本名＝リーク, ウィリアム〈Leake, William〉

Ninkovic, Nikola ニンコヴィッチ, ニコラ
　国セルビア　サッカー選手

Ninkovich, Rob ニンコビッチ, ロブ
　国アメリカ　アメフト選手

Nin Novoa, Rodolfo ニンノボア, ロドルフォ
　国ウルグアイ　外相　愛ニンノボア, ロドルフォ

Ninomiya, Joanne Miyako ニノミヤ・ジョアンミヤコ
　国アメリカ　元・キクテレビ社長　漢字名＝二宮ジョアン・美矢子

Ninomiya, Sonia Regina Longhi ニノミヤ, ソーニア・レジナ・ロンギ
　国ブラジル　リオデジャネイロ連邦大学文学部東洋スラブ語学科日本語科准教授, 元・リオデジャネイロ連邦大学文学部東洋スラブ語学科長, 元・ブラジル日本研究者学会会長

Niphit, Intharasombat ニピット・インタラソムバット
　国タイ　文化相

Nipper, Zachary ニッパー, ザカリー
　アート・ディレクター　グラミー賞 最優秀レコーディング・パッケージ（2007年（第50回））　"Cassadaga"

Nippert, Louise ニッパート, ルイーズ
　？〜2012　国アメリカ　実業家　シンシナティ・レッズ球団オーナー　愛ニパート, ルイス

Niquet, Hervé ニケ, エルヴェ
　1957〜　国フランス　指揮者, 作曲家　ル・コンセール・スピリテュエル創設者

Niragira, Clotilde ニラジラ, クロチルド
　国ブルンジ　国家連帯・人権・男女同権相

Nirenberg, Jesse S. ニーレンバーグ, ジェシー・S.
　著「『話し方』の心理学」日本経済新聞社　2005

Nirenberg, Louis ニーレンバーグ, ルイス
　国カナダ, アメリカ　アーベル賞（2015年）

Nirenberg, Marshall Warren ニーレンバーグ, マーシャル
　1927〜2010　国アメリカ　生化学者, 遺伝学者　米国国立心肺血研究所遺伝生化学研究室主任　愛ナイレンバーグ／ニレンバーグ

Nirje, Bengt ニィリエ, ベンクト
　1924〜2006　国スウェーデン　ウプサラ大学ハンディキャップ研究センター顧問　社会福祉, 障害者福祉

Nirkko, Tapio ニルッコ, タピオ
　国フィンランド　セーリング選手

Nirmala ニルマラ尼
　1934〜2015　国インド　カトリック修道女　神の愛の宣教者会総会長　通称＝シスター・ニルマラ　愛シスターニルマラ／ニルマーラ

Nirua, Jean-Pierre ニルア, ジャンピエール
　国バヌアツ　教育相

Nisan, Noam ニサン, ノーム
　著「コンピュータシステムの理論と実装」オライリー・ジャパン, オーム社（発売）　2015

Nisbett, Patrice ニズベット, パトリス
　国セントクリストファー・ネイビス　法務・外務・国土安全保障・労働相　愛ニスベット, パトリス

Nisbett, Richard E. ニスベット, リチャード・E.
　著「頭のでき」ダイヤモンド社　2010

Nish, Ian Hill ニッシュ, イアン・ヒル
　1926〜　国イギリス　歴史学者　ロンドン・スクール・オブ・エコノミクス名誉教授　日英学術学会会長　愛日英関係史, 極東外交史　愛ニシ, イアン

Nishani, Bujar Faik ニシャニ, ブヤール
　1966〜　国アルバニア　政治家　アルバニア大統領

Nishi, Setsuko Matsunaga ニシ, セツコ・マツナガ
　1921〜2012　国アメリカ　社会学者, 社会運動家　ニューヨーク市立大学名誉教授, ニューヨーク・アジア系米国人連盟初代会長

Nishi, Tak Takehiro ニシ, タック・タケヒロ
　国アメリカ　元・南加県人会協議会会長, 元・ソーテル日本学院理事長, 元・南加日本民謡協会会長　漢字名＝西タック 武弘

Nishié, Sarah Ann ニシエ, サラ・アン
　著「みにくいあひるのこ　ナイチンゲール」ラボ教育センター　2002（第7刷）

Nishikubo, Mizuho ニシクボ, ミズホ
　国日本　アヌシー国際アニメーション映画祭 長編映画 審査員特別表彰（2014年）"Giovanni no Shima"　漢字名＝西久保瑞穂

Nishio, Alan Takeshi ニシオ, アラン・タケシ
　国アメリカ　元・リトル東京サービスセンター理事長, 元・カリフォルニア州日系コミュニティリーダーカウンシル理事長

Nishio Nisio, Victor ニシオ・ニシオ, ビクトル
　国ペルー　ペルー日系人協会顧問, 元・ペルー日系人協会会長, 元・ペルー水産加工センター会長

Nishizawa, Luis ニシザワ, ルイス
　1918〜2014　国メキシコ　画家

Nishizawa, Ryue ニシザワ, リュウエ
　国日本　プリツカー賞（2010年）　漢字名＝西沢立衛

Nisima, Maureen ニシマ
　国フランス　フェンシング選手

Niska, Kathleen ニスカ, キャスリーン
　著「ケアのなかの癒し」看護の科学社　2016

Niskanen, Iivo ニスカネン, イーヴォ
　1992〜　国フィンランド　スキー選手　愛ニスカネン

Niskanen, Kerttu ニスカネン
　国フィンランド　クロスカントリースキー選手

Niskier, Arnaldo ニスキエル, アルナルド
　著「悲しい物語」国際語学社　2007

Nissala, Laoukissam ニサラ, ラウキサム
　国チャド　高等教育相

Nissel, John J. ニッセル, ジョン
　1925〜2009　国アメリカ　上智大学名誉教授　愛言語学

Nissen, George P. ニッセン, ジョージ
　1914〜2010　国アメリカ　トランポリン創始者

Nissen, Kyle ニッセン
　国カナダ　フリースタイルスキー選手

Nissenbaum, Stephen ニッセンボーム, スティーヴン
　著「呪われたセイレム」渓水社　2008

Nissim, Doron ニッシム, ドロン
　著「公正価値会計のフレームワーク」中央経済社　2012

Nistor, Steliana ニストル
　国ルーマニア　体操選手

Niță, Constantin ニツァ, コンスタンティン
　国ルーマニア　中小企業・通商相

Nithi Ieosiwong ニティ・イーオシーウォン
　1940〜　国タイ　歴史学者, 評論家　愛ニティ・イオシーウォン

Nitsch, Cornelia ニッチュ, コルネリア
　著「おはなしのくすり箱」PHP研究所　2004

Nitya, Pibulsonggram ニット・ピブンソンクラーム
　国タイ　外相

Nitz, Wolfgang R. ニッツ, ウルフガング・R.
　1953〜　著「一目瞭然！　画像でみるMRI撮像法」メディカル・サイエンス・インターナショナル　2015

Nitze, Paul Henry ニッツ, ポール・ヘンリー
　1907〜2004　国アメリカ　外交戦略家　米国国防副長官, 米国海軍提督

Nitzsch, Rudiger Von ニーチュ, リュディガー・フォン
　1960〜　著「行動ファイナンス」ダイヤモンド社　2002

Nitzsche, Dirk ニッチェ, ダーク
　著「ファイナンスの基礎理論」慶応義塾大学出版会　2013

Niu, Chen-zer ニウ・チェンザー
　1966〜　国台湾　映画監督, 俳優　漢字名＝鈕承沢, 愛称＝豆子, 豆導

Niua, Folau ニウア, フォラウ
　国アメリカ　ラグビー選手

NiuNiu ニュウニュウ
　1997〜　国中国　ピアニスト　漢字名＝牛牛

Nivatthamrong, Boonsongpaisal ニワットタムロン・ブンソンパイサーン
　国タイ　首相府相

Nivelle, Armand ニヴェル, アルマン
　1922〜　著「啓蒙主義の美学」晃洋書房　2004

Niven, David　ニーブン, デビッド
　1971〜　㊻「好きな人と最高にうまくいく100の秘密」ベストセラーズ　2008
Niven, Jennifer　ニーヴン, ジェニファー
　㊻「僕の心がずっと求めていた最高に素晴らしいこと」辰巳出版　2016
Niven, Larry　ニーヴン, ラリイ
　1938〜　㊻「リングワールドの子供たち」早川書房　2006
Niven, Paul R.　ニヴン, ポール・R.
　㊻「新たなる戦略への旅路」税務経理協会　2011
Niven, Steve　ニベン, スティーヴ
　㊻「「問題社員」の管理術」ダイヤモンド社　2007
Nivola, Claire A.　ニヴォラ, クレア
　1947〜　イラストレーター, 絵本作家
Niv Sithong　ニウ・シトン
　㊹カンボジア　法相
Nivyabandi, Martin　ニビャバンディ, マルタン
　㊹ブルンジ　人権・社会・ジェンダー相
Nix, Garth　ニクス, ガース
　1963〜　㊹オーストラリア　作家　㊽SF, ファンタジー, ヤングアダルト
Nix, Jonathan　ニックス, ジョナサン
　㊹オーストラリア　アヌシー国際アニメーション映画祭 短編映画 FIPRESCI 賞(2004年) "Hello"
Nix, Louis　ニックス, ルイス
　㊹アメリカ　アメフト選手
Nix, Matt　ニックス, マット
　アメリカ探偵作家クラブ賞 TVエピソード賞(2008年) "Pilot"
Nix, Roosevelt　ニックス, ルーズベルト
　㊹アメリカ　アメフト選手
N！xau　ニカウ
　?〜2003　㊹ナミビア　映画「ミラクル・ワールド・ブッシュマン」シリーズに主演したコイサン人　本名＝ザウ・ゴマ
Nixon, Cynthia　ニクソン, シンシア
　1966〜　㊹アメリカ　女優
Nixon, Paul G.　ニクソン, ポール・G.
　㊻「サイバープロテスト」晧星社　2009
Nixon, Rob　ニクソン, ロブ
　1954〜　㊻「テンペスト」インスクリプト　2007
Nixon, Robin　ニクソン, ロビン
　1961〜　㊻「初めてのPHP、MySQL、JavaScript & CSS」オライリー・ジャパン, オーム社(発売)　2013
Nixon, Taurean　ニクソン, トーリアン
　㊹アメリカ　アメフト選手
Nix-Rice, Nancy　ニクス＝ライス, ナンシー
　㊻「成功する男の服装戦略」朝日新聞社　2003
Niyama, Haruo　ニヤマ, ハルオ
　㊹日本　ローザンヌ国際バレエコンクール 1位・スカラシップ(第42回(2014年))　漢字名＝二山治雄
Niyazalieva, Damira　ニヤザリエワ, ダミラ
　㊹キルギス　副首相(社会問題担当)
Niyazbekov, Daulet　ニヤズベコフ
　㊹カザフスタン　レスリング選手
Niyazov, Saparmurat A.　ニヤゾフ, サパルムラト
　1940〜2006　㊹トルクメニスタン　政治家　トルクメニスタン大統領・首相　㊺ニヤゾフ, サパルムラト・A.
Niyazov, Shailoobek　ニヤゾフ, シャイロオベク
　㊹キルギス　保健相
Niyazymbetov, Adilbek　ニヤジムベトフ, アディルベク
　㊹カザフスタン　ボクシング選手　㊺ニヤジムベトフ
Niyonkuru, Emmanuel　ニヨンクル, エマニュエル
　㊹ブルンジ　水・環境・土地整備・都市計画相
Niyonkuru, Pélate　ニヨンクル, ペラト
　㊹ブルンジ　商業・産業・観光相
Niyonsaba, Ambroise　ニヨンサバ, アンブロワーズ
　㊹ブルンジ　和平プロセス担当相
Niyonsaba, Francine　ニヨンサバ, フランシーヌ
　㊹ブルンジ　陸上選手
Niyot Kok, Peter　ニヨット・コック, ピーター
　㊹スーダン　高等教育・科学研究相
Niyoyankana, Germain　ニヨヤンカナ, ジェルマン
　㊹ブルンジ　国防相
Niyungeko, Vincent　ニユンゲコ, ビンセント
　㊹ブルンジ　国防相
Nizami, Maulana M. Rahman　ニザミ, モーラナ・M.ラーマン
　㊹バングラデシュ　農相
Nizami, Rahman　ニザミ, ラーマン
　㊹バングラデシュ　工業相
Nizhegorodov, Denis　ニジェゴロドフ
　㊹ロシア　陸上選手　㊺ニジェゴロドフ
Nizigama, Clotilde　ニジガマ, クロチルド
　㊹ブルンジ　財務相
Nizigama, Gabriel　ニジガマ, ガブリエル
　㊹ブルンジ　公安相
Nizigire, Potame　ニジジレ, ポタム
　㊹ブルンジ　公共事業・設備相
Nizigivimana, Marie Rose　ニジギビマナ, マリー・ローズ
　㊹ブルンジ　商業・産業・郵便・観光相
Njaatun, Ida　ニョトゥン
　㊹ノルウェー　スピードスケート選手
Njami, Simon　ンジャミ, シモン
　㊻「「アフリカ・リミックス—多様化するアフリカの現代美術」展」森美術館　2006
Njeru, Peter　ヌジェル, ピーター
　㊹ケニア　共同開発相
Njeze, Fidelia　ヌジェゼ, フィデリア
　㊹ナイジェリア　航空相
Njie, Alhaji Bakary　ヌジャイ, アルハジ・バカリ
　㊹ガンビア　通信情報技術相
Njie, Malick　ヌジー, マリック
　㊹ガンビア　保健・社会福祉相
Njie, Mamburay　ヌジャイ, マンビュライ
　㊹ガンビア　経済計画・工業発展相
Njie, Nancy　ヌジー, ナンシー
　㊹ガンビア　観光文化相
Njiemoun, Issac　ヌジェムン, イサック
　㊹カメルーン　郵政相
Njiesaidy, Isatou　ヌジャイセイディ, アイサトゥ
　㊹ガンビア　副大統領兼女性問題相　㊺ヌジーセイディ, アイサトゥ
Njoh Mouelle, Ebénézer　ヌジョムエル, エベネゼ
　㊹カメルーン　情報相
Njoni, Philippe　ヌジョニ, フィリップ
　㊹ブルンジ　運輸・郵政・通信相
Nkaissery, Joseph　ンカイセリー, ジョセフ
　㊹ケニア　内務・政府調整相
Nkambule, Mfomfo　ヌカンブレ, ムフォンフォ
　㊹スワジランド　資源・エネルギー相
Nkangi, Mayanja　ヌカンギ, マヤンジャ
　㊹ウガンダ　司法・憲法相
Nkate, Jacob　ヌカテ, ジェイコブ
　㊹ボツワナ　教育相
Nkavadeka, Isabel Manuel　ヌカバデカ, イザベル・マヌエル
　㊹モザンビーク　大統領府議会担当相
Nkea, Francis　ヌケア, フランシス
　㊹ガボン　憲法機関相
Nkeka, René Issekemanga　ヌケカ, ルネ・イセケマンガ
　㊹コンゴ民主共和国　石油相
Nkemdiche, Robert　ンケムディック, ロバート
　㊹アメリカ　アメフト選手
Nkezabahizi, Tharcisse　ヌケザバヒジ, タルシス
　㊹ブルンジ　通信・情報・国会関係担当相
Nkili, Robert　ヌキリ・ロベール
　㊹カメルーン　運輸相
Nkoana-mashabane, Maite　ヌコアナマシャバネ, マイテ
　㊹南アフリカ　国際関係・協力相(外相)
Nkoghe Bekale, Julien　ヌコゲベカレ, ジュリアン
　㊹ガボン　農業・牧畜・漁業・地方開発相
Nkogo Ndong, Florentino　ヌコゴ・ヌドン, フロレンチノ
　㊹赤道ギニア　公共事業・住宅・都市計画相　㊺ヌコゴ・ヌドン, フロレンティノ
Nkolo, Balamage　ヌコロ, バラマージュ
　㊹コンゴ民主共和国　公営企業相
Nkolo, Cecile Bomba　ヌコロ, セシル・ボンバ
　㊹カメルーン　社会事業相
Nko-mbula, Juan　ヌコムブラ, フアン
　㊹赤道ギニア　公共事業・社会基盤相
Nkomo, John　ヌコモ, ジョン
　㊹ジンバブエ　副大統領
Nkomo, Samuel　ヌコモ, サミュエル
　㊹ジンバブエ　水資源開発相
Nkongo, Maxime N'Koue　ヌコンゴ, マキシム・ヌクエ

Nkoudou, Georges-Kevin　エンクドゥ, ジョルジュ・ケヴィン
　国フランス　サッカー選手
N'koue, Ange　ヌクエ, アンジュ
　国ベナン　観光・文化相
Nkoulou, Nicolas　ヌクル, ニコラ
　国カメルーン　サッカー選手
Nkoy, Boongo　コイ, ボオンゴ
　国コンゴ民主共和国　中小企業・中間層相
Nkuete, Jean　ヌクエテ, ジャン
　国カメルーン　副首相兼農業・農村開発相　別ヌクエト, ジャン
Nkundikije, Andre　ヌクンジキエ, アンドレ
　国ブルンジ　エネルギー鉱業相
Nkunku, Christopher　ヌクンク, クリストファー
　国フランス　サッカー選手
Nkurunziza, Pascal　ヌクルニザ, パスカル
　国ブルンジ　難民・帰還問題担当相
Nkurunziza, Pierre　ヌクルンジザ, ピエール
　1963～　国ブルンジ　政治家　ブルンジ大統領　別ウンクルンジザ / ンクルンジザ, ピエール
Nkurunziza, Triphonie　ヌクルンジザ, トリフォニー
　国ブルンジ　保健相
Nkusi, Laurent　ヌクジ, ローラン
　国ルワンダ　首相府相　別ヌクシ, ローラン
Nkusi, Sam　ヌクシ, サム
　国ルワンダ　国務相（エネルギー・通信）
Nkutumula, Alberto Hawa Januário　ヌクトゥムラ, アルベルト・ハワ・ジャヌアーリオ
　国モザンビーク　青年・スポーツ相
Nkwinti, Gugile　ヌクウィンティ, グギレ
　国南アフリカ　農村開発・土地改革相　別ヌクウィンティ, グジレ
Nlend, Henri Hogbe　ヌレンド, アンリ・オグベ
　国カメルーン　科学・技術研究相
Nnauye, Nape Moses　ンナウエ, ナペ・モーゼス
　国タンザニア　情報・文化・芸術・スポーツ相
Noa　ノア
　1969～　国イスラエル　歌手　本名＝Nini, Achinoam
Noah, Joakim　ノア, ジョアキム
　国フランス　バスケットボール選手
Noah, Mohamed Abdullahi Hassan　ノア, モハメド・アブドラヒ・ハッサン
　国ソマリア　青年・スポーツ相
Noam, Eli M.　ノーム, エリ・M.
　著「テレコム・メルトダウン」NTT出版　2005
Nobakht, Mohammad Baqer　ノバフト, モハマドバゲル
　国イラン　副大統領（改革・戦略監督担当）　別ノバフト, モハマドバゲル
Nobbs, David　ノブズ, デービッド
　1935～2015　国イギリス　作家, 脚本家　本名＝Nobbs, David Gordon　別ノブス, デビッド
Nobbs, Jeffrey　ノブス, ジェフリー
　著「げんきなあひるのこ」大日本絵画　2005
Noble, Adrian Keith　ノーブル, エイドリアン
　1950～　国イギリス　演出家　ロイヤル・シェイクスピア・カンパニー(RSC)芸術監督
Noble, Cate　ノーブル, ケイト
　著「バッド・バッド・ボーイズ」早川書房　2011
Noble, David F.　ノーブル, デービッド・F.
　1945～　著「人間不在の進歩」こぶし書房　2001
Noble, Denis　ノーブル, デニス
　著「生命の音楽」新曜社　2009
Noble, James　ノーブル, ジェイムズ
　1967～　著「省メモリプログラミング」ピアソン・エデュケーション　2002
Noble, Kate　ノーブル, ケイト
　1978～　著「伯爵の危険な賭け」オークラ出版　2016
Noble, Mark　ノーブル, マーク
　国イングランド　サッカー選手
Noble, Martha　ノーブル, マーサ
　著「動物工場」緑風出版　2016
Noble, Paul　ノーブル, ポール
　1955～　著「広報・PR効果は本当に測れないのか？」ダイヤモンド社　2007
Noble, Vicki E.　ノーブル, ビッキ・E.
　1969～　著「救急で使える超音波診断マニュアル」メディカル・サイエンス・インターナショナル　2014

Nobleman, Marc Tyler　ノーブルマン, マーク・タイラー
　著「ちがいの分かれ目」小学館　2007
Nobles, Ralph　ノーブルズ, ラルフ
　1920～2015　国アメリカ　核物理学者
Noboa, Gustavo　ノボア, グスタボ
　国エクアドル　大統領
Nóbrega, Tobías　ノブレガ, トビアス
　国ベネズエラ　財務相
Nobs, Olivia　ノブス
　国スイス　スノーボード選手
Nocella, Anthony J., II　ノチェッラ, アントニー・J., 2世
　著「動物と戦争」新評論　2015
Nocenti, Ann　ノセンティ, アン
　著「ジョーカー：喪われた絆」小学館集英社プロダクション　2014
Nocera Pucet, Gwladys　ノセラ, グラディス
　国フランス　ゴルフ選手
Nock, Matthew　ノック, マシュー・K.
　著「世界自殺統計」明石書店　2015
Nock, Mike　ノック, マイク
　1940～　国ニュージーランド　ジャズ・ピアニスト, 作曲家　シドニー音楽院教授
Noddings, Nel　ノディングズ, ネル
　訳ノディングズ, ネル　著「幸せのための教育」知泉書館　2008
Nodell, Martin　ノデル, マーティン
　1915～2006　国アメリカ　漫画家
Nodelman, Perry　ノーデルマン, ペリー
　著「エターナル・マインド」あかね書房　2002
Noë, Alva　ノエ, アルヴァ
　1964～　著「知覚のなかの行為」春秋社　2010
Noe, Barbara A.　ノウ, バーバラ・A.
　著「プロヴァンスとコート・ダジュール」日経ナショナルジオグラフィック社, 日経BP出版センター（発売）　2005
Noé, Gaspar　ノエ, ギャスパー
　1963～　国フランス　映画監督
Noël, Alyson　ノエル, アリソン
　国アメリカ　作家　別ヤングアダルト, ロマンス
Noël, Bernard　ノエル, ベルナール
　1930～　国フランス　詩人, 評論家, 作家　別名＝d'Orlhac, Urbain
Noel, Genevieve　ノエル, ジュヌビエーブ
　1943～　著「ぼくパパになるんだよ」講談社　2002
Noel, Gordon L.　ノエル, ゴードン・L.
　1941～　著「変貌する日本の医学教育」金原出版　2004
Noel, James L.　ノエル, ジェームズ・L.
　1943～　著「リーダーを育てる会社・つぶす会社」英治出版　2004
Noel, Nerlens　ノエル, ナーレンズ
　国アメリカ　バスケットボール選手
Noel, William　ノエル, ウィリアム
　著「解読！アルキメデス写本」光文社　2008
Noel-Bardis, Melanie　ノエル
　国フランス　重量挙げ選手
Noelle-Neumann, Elisabeth　ノエル・ノイマン, エリザベス
　1916～2010　国ドイツ　政治学者　アレンスバッハ世論調査研究所所長, マインツ大学新聞研究所教授　別世論
Noels, Kimberly A.　ノエルズ, キンバリー・A.
　著「グローバル化時代を生きる世代間交流」明石書店　2008
Noelson, William　ノエルソン, ウィリアム
　国マダガスカル　公職・労働・社会立法相
Noens, Nastasia　ノアンス
　国フランス　アルペンスキー選手
Noersalim, Mohamed　ヌールサリム, モハメド
　国スリナム　内相
Noessel, Christopher　ノエセル, クリストファー
　著「SF映画で学ぶインタフェースデザイン」丸善出版　2014
Noev, Boiko　ノエフ, ボイコ
　国ブルガリア　国防相
Noffsinger, Jay E.　ノフジンガー, ジェイ・E.
　著「児童虐待の発見と防止」慶応義塾大学出版会　2003
Nofi, Albert A.　ノフィ, アルバート・A.
　著「ワーテルロー戦役」コイノニア社　2004
Nofsinger, John R.　ノフシンガー, ジョン
　訳ノフシンガー, ジョン・R.　著「最新行動ファイナンス入門」ピアソン・エデュケーション　2009
Nofziger, Lyn　ノフジガー, リン

Noga, Artur ノガ
　1924〜2006　国アメリカ　米国大統領補佐官
　国ポーランド　陸上選手
Noghaideli, Zurab ノガイデリ, ズラブ
　国ジョージア　首相
Nogrady, Bianca ノグレーディー, ビアンカ
　著「第6の波」徳間書店　2011
Noguchi, Marcio ノグチ, マルシオ
　著「世界のオリガミ・マスターズFLOWERS」駒草出版株式会社ダンク出版事業部　2015
Nogueira, Antonio Rodorigo ノゲイラ, アントニオ・ホドリゴ
　1976〜　国ブラジル　柔術家, 格闘家　別名＝ノゲイラ, ミノタウロ〈Nogueira, Minotauro〉　異ノゲイラ, アントニオ・ロドリゴ
Nogueira, Antonio Rogerio ノゲイラ, アントニオ・ホジェリオ
　1976〜　国ブラジル　柔術家
Nogueira, Lucas ノゲイラ, ルーカス
　国ブラジル　バスケットボール選手
Nogueira, Ronald ノゲイラ, ロナルド
　国ブラジル　労相
Nogueira, Rui ノゲイラ, ルイ
　1938〜　著「サムライ」晶文社　2003
Noguera, Lucas ノゲーラ, ルカス
　国アルゼンチン　ラグビー選手
Noguera de la Espriella, Elsa デラエスプリエジャ, エルサ・ノゲラ
　国コロンビア　住宅・都市・国土開発相
Noguès, Jean-Côme ノゲス, ジャン＝コーム
　1934〜　著「湖の騎士ランスロット」小峰書店　2013
Noguez, Dominique ノゲーズ, ドミニク
　1942〜　著「人生を完全にダメにするための11のレッスン」青土社　2005
Noh, Jin-kyu ノ・ジンギュ
　1992〜2016　国韓国　スピードスケート選手　漢字名＝盧珍圭　異ノ・ジンキュ
Noh, Mu-hyun ノ・ムヒョン
　国韓国　海洋水産相　漢字名＝盧武鉉
Noh, Omar ノーフ, オマル
　国マレーシア　都市福祉・住宅・地方政府相　異ノー・オマル
Noh, Seung-yul ノ・スンヨル
　1991〜　国韓国　プロゴルファー　漢字名＝盧承烈
Nohria, Nitin ノーリア, ニティン
　1962〜　経営学者　ハーバード大学ビジネススクール学長　異ノーリア, ニッティン
Noiret, Philippe ノワレ, フィリップ
　1930〜2006　国フランス　俳優
Noiriel, Gérard ノワリエル, ジェラール
　1950〜　著「フランスという坩堝」法政大学出版局　2015
Noiville, Christine ノワヴィル, クリスティヌ
　著「バイオバンク」白水社　2012
Nój, Nahta ノージ, ナータ
　著「いろいろな色いろの動物づくり」大日本絵画　2013
Noka, Flamur ノカ, フラムル
　国アルバニア　内相
Noked, Orit ノケド, オリト
　国イスラエル　農相
Nokes, Sebastian ノークス, セバスティアン
　著「ITコストの管理」東洋経済新報社　2001
Nokta, Harripersaud ノクタ, ハリパソード
　国ガイアナ　地方自治相　異ノクタ, ハリパーソード
Nola, Aaron ノラ, アーロン
　国アメリカ　野球選手
Nola, Austin ノラ, オースティン
　国アメリカ　野球選手
Nolan, Bernie ノーラン, バーニー
　1960〜2013　国イギリス　歌手, 女優
Nolan, Christopher ノーラン, クリストファー
　1970〜　国イギリス　映画監督, 脚本家　本名＝Nolan, Christopher Jonathan James
Nolan, Graham ノーラン, グラハム
　1962〜　著「バットマンアンソロジー」パイインターナショナル　2014
Nolan, Jonathan ノーラン, ジョナサン
　著「インターステラー」竹書房　2014
Nolan, Ken ノーラン, ケン
　著「ブラックホーク・ダウン」愛育社　2002
Nolan, Liam ノーラン, リアム
　著「「アンクル・ジョン」とよばれた男」いのちのことば社フォレストブックス　2005
Nolan, Riall W. ノラン, リオール・W.
　著「開発人類学」古今書院　2007
Nolan, Richard L. ノーラン, リチャード
　著「ビジネスリーダーにITがマネジメントできるか」日経BP社, 日経BP出版センター（発売）　2010
Nolan, Thomas E. ノーラン, トーマス・E.
　著「MBA式医療経営戦略ハンドブック」日本医療企画　2006
Nolan, William F. ノーラン, ウィリアム・F.
　世界幻想文学大賞 特別賞(2013年)
Noland, Kenneth ノーランド, ケネス
　1924〜2010　国アメリカ　画家　抽象画　本名＝Noland, Kenneth Clifton
Noland, Marcus ノーランド, マーカス
　1959〜　著「北朝鮮飢餓の政治経済学」中央公論新社　2009
Noland, Mimi ノーランド, ミミ
　著「Hugしようよ！」扶桑社　2002
Nolasco, Ricky ノラスコ, リッキー
　国アメリカ　野球選手
Nolen, Stephanie ノーレン, ステファニー
　著「シェイクスピアの顔」バベルプレス　2009
Nolen-Hoeksema, Susan ノーレン・ホークセマ, スーザン
　1959〜　著「ヒルガードの心理学」金剛出版　2015
Nolet, Carlos ノレット, カルロス
　国オランダ　実業家
Nolito ノリート
　国スペイン　サッカー選手
Noll, Mark A. ノール, マーク・A.
　著「神と人種」岩波書店　2010
Noll, Richard ノル, リチャード
　1959〜　著「ユング・カルト」創土社　2011
Noll, Terrie ノール, テリー
　著「接ぎ手完全ガイド」グラフィック社　2016
Nolledo, Jose N. ノリエド, J.N.
　1934〜　著「フィリピン家族法」明石書店　2007
Noller, Bill ノーラー, ビル
　著「聖書の物語365」サンパウロ　2014
Nollmann, Gerd ノルマン, ゲルト
　1967〜　著「ブルデューとルーマン」新泉社　2006
Nolt, Steven M. ノルト, スティーブン・M.
　著「アーミッシュの赦し」亜紀書房　2008
Nolte, Dorothy Law ノルト, ドロシー・ロー
　1924〜2005　国アメリカ　教育学者, 家庭教育コンサルタント, 作家
Nolte, Ernst ノルテ, エルンスト
　1923〜2016　国ドイツ　歴史家　ベルリン自由大学歴史学教授　著ファシズム　本名＝Nolte, Ernst Hermann
Nolte, Nick ノルティ, ニック
　1941〜　国アメリカ　俳優
Noman, Abdullah Al ノーマン, アブドラ・アル
　国バングラデシュ　食糧相
Nomao, Ibrahim ノマオ, イブラヒム
　国ニジェール　設備相
Nombo, Louis-Marie ノンボ, ルイマリ
　国コンゴ共和国　海運相
Nomtoibayar, Nyamtaishiryin ノムトイバヤル, ニャムタイシリン
　国モンゴル　労働・社会保障相
Nomuan, Abdul-Hafez ノーマン, アブドルハフェズ
　国イエメン　技術職業訓練相
Nomura, Carl ノムラ, カール
　1922〜　著「ストレスなしでビジネスで成功する！」経済産業調査会　2013
Nomura, Catherine ノムラ, キャサリン
　1967〜　著「大きな幸福をもたらす小さな習慣」主婦の友社　2007
Nonde-simukoko, Joyce ノンデシムココ, ジョイス
　国ザンビア　労働・社会保障相
Nong Duc Manh ノン・ドク・マイン
　1940〜　国ベトナム　政治家　ベトナム共産党書記長, ベトナム国会議長　異ノン・ドゥク・マイン
Noni, Alda ノニ, アルダ
　1916〜2011　国イタリア　ソプラノ歌手
Nonu, Ma'a ノヌー, マーア
　国ニュージーランド　ラグビー選手

Noodles ヌードルズ
1963〜 [国]アメリカ ミュージシャン 本名＝Wasserman, Kevin

Nool, Erki ノール
[国]エストニア 陸上選手

Noon, Jeff ヌーン, ジェフ
1957〜 [著]「未来少女アリス」 早川書房 2004

Noon, Steve ヌーン, スティーブ
[著]「絵で見るある港の歴史」 さ・え・ら書房 2006

Noonan, David ヌーナン, デヴィッド
[著]「ダンジョン・デルヴ」 ホビージャパン 2011

Noonan, Maryellen ヌーナン, メアリーエレン
[著]「統合的短期型ソーシャルワーク」 金剛出版 2014

Noonan, Michael ヌーナン, マイケル
[国]アイルランド 財務相

Noor, Asaduzzaman ヌール, アサドゥザマン
[国]バングラデシュ 文化相 [異]ヌール, アサドゥッザマン

Noor, Fadzil ノール, ファジル
？〜2002 [国]マレーシア 政治家 全マレーシア・イスラム党(PAS)総裁

Noor, Muhamad ヌール, モハマド
[国]マレーシア 外交官 世界貿易機関(WTO)大使, アジア太平洋経済協力会議(APEC)事務局長 [異]ヌール, ムハマド

Noordam, Bart ノールダム, バルト
[著]「理工系&バイオ系大学院で成功する方法」 日本評論社 2010

Noordin Sopiee ノルディン・ソピー
1944〜2005 [国]マレーシア 国際政治学者, ジャーナリスト マレーシア戦略国際問題研究所(ISIS)会長・CEO [専]国際関係, 東南アジア問題 [異]ノルディーン・ソピー

Noordin Top ヌルディン・トップ
？〜2009 [国]マレーシア ジェマ・イスラミア強硬派指導者

Noorzai, Aref ヌルザイ, アレフ
[国]アフガニスタン 国境問題相

Nooteboom, Cees ノーテボーム, ケース
1933〜 [国]オランダ 作家, 詩人 本名＝Nooteboom, Cornelis Johannes Jacobus Maria [異]ノーテボーム, セース

Nooyi, Indra K. ヌーイ, インドラ
1955〜 [国]アメリカ 実業家 ペプシコ会長・CEO [異]ノーイ, インドラ

Nopola, Sinikka ノポラ, シニッカ
[著]「リストとゆかいなラウハおばさん」 小峰書店 2009

Nopola, Tiina ノポラ, ティーナ
[著]「リストとゆかいなラウハおばさん」 小峰書店 2009

Nora, Pierre ノラ, ピエール
1931〜 [国]フランス 歴史学者 フランス社会科学高等研究院教授

Norac, Carl ノラック, カール
1960〜 [国]ベルギー 絵本作家, 詩人

Noramou, Siba ノラム, シバ
[国]ギニア 法相

Noras, Arto ノラス, アルト
1942〜 [国]フィンランド チェロ奏者 シベリウス・アカデミー教授

Norberg, Anette ノルベリ, アネッテ
1966〜 [国]スウェーデン カーリング選手 [異]ノルベリ

Norberg-hodge, Helena ノーバーグ・ホッジ, ヘレナ
[国]スウェーデン ローカリゼーション運動家, 言語学者 エコロジーと文化のための国際協会(ISEC)代表

Norberg-Schulz, Christian ノルベルグ＝シュルツ, クリスチャン
[異]ノベルグ＝シュルツ, クリスチャン [著]「図説世界建築史」 本の友社 2003

Norbu, Tenzin ヌルブ, テンジン
1971〜 [国]ネパール 画家, 僧侶

Norbu, Wangdi ノルブ, ワンディ
[国]ブータン 財務相

Norbury, Paul Henri ノーブリー, ポール・ヘンリ
[国]イギリス 元・グローバル・オリエンタル出版最高経営責任者

Nørby, Ellen Trane ノアビュ, エレン・トラーネ
[国]デンマーク 児童・教育・平等相

Norcross, John C. ノークロス, ジョン・シー
1957〜 [著]「心理療法の諸システム」 金子書房 2010

Nord, Walter R. ノード, ウォルター・R.
[著]「経営と社会」 同友館 2001

Nordal, Ólöf ノルダル, オロフ
[国]アイスランド 内相

Nordeen, Lon O. ノルディーン, ロン・O.
1953〜 [著]「スミソニアン現代の航空戦」 原書房 2005

Norden, Arthur van ノルデン, アーテュア・ファン
[著]「まんまるトムはどこ？」 ワールドライブラリー 2015

Norden, Lisa ノルデン, リサ
[国]スウェーデン トライアスロン選手 [異]ノーデン

Nordenfelt, Lennart ノルデンフェルト, レナート
1945〜 [著]「健康の本質」 時空出版 2003

Nordeng, Donald ノーディング, ドナルド
[著]「オーガニック食品ビジネス実践ハンドブック」 日本食糧新聞社 2010

Nordenstam, Sara ノルデンスタム
[国]ノルウェー 競泳選手

Nordfeldt, Kristoffer ノルフェルト, クリストファー
[国]スウェーデン サッカー選手

Nordfors, Mikael ノードフォース, ミカエル
[著]「セントジョーンズワートとうつ病」 フレグランスジャーナル社 2004

Nordgren, Pehr Henrik ノルドグレン, ペール・ヘンリク
1944〜2008 [国]フィンランド 作曲家 [異]ノルドグレン, ペール・ヘンリック

Nordhagen, Christine ノードヘーゲン
[国]カナダ レスリング選手

Nordhaus, William D. ノードハウス, ウィリアム
[異]ノードハウス, ウィリアム・D. [著]「気候カジノ」 日経BP社, 日経BPマーケティング(発売) 2015

Nordhielm, Christie L. ノードハイム, クリスティ・L.
[著]「マーケティングビッグ・ピクチャー」 ファーストプレス 2006

Nordin, Margareta ノルディン, マルガレータ
[著]「バイオメカニクス」 エヌ・ティー・エス 2001

Nordlander, Lars ノルドランダー, ラース
[著]「社会ケアサービス」 本の泉社 2003

Nordmann, Ingeborg ノルトマン, インゲボルク
1944〜 [著]「思索日記」 法政大学出版局 2006

Nordqvist, Anna ノルドクビスト, アンナ
1987〜 [国]スウェーデン プロゴルファー [異]ノードクイスト, アンナ

Nordqvist, Sven ノードクヴィスト, スヴェン
[著]「自分で考えよう」 晶文社 2016

Nordstokke, Kjell ノールストッケ, チェル
1946〜 [著]「人間、このかけがえのないもの」 いのちのことば社 2004

Nordström, Jockum ノードストリューム, ヨックム
1963〜 [著]「セーラーとペッカは似た者どうし」 偕成社 2007

Nordström, Kjell A. ノードストレム, シェル・A.
[異]ノードストレム, シェル [著]「成功ルールが変わる！」 PHPエディターズ・グループ, PHP研究所(発売) 2004

Nordtveit, Havard ノルトヴェイト, ホーヴァル
[国]ノルウェー サッカー選手

Nordwind, Timothy ノルドウィンド, ティモシー
グラミー賞 最優秀短編ビデオ作品(2006年(第49回)) "Here It Goes Again" 監督

Norell, Mark ノレル, マーク
[異]ノレル, マーク・A. [著]「恐竜ハンター」 ソフトバンククリエイティブ 2008

Norem, Julie K. ノレム, ジュリー・K.
1960〜 [著]「ネガティブだからうまくいく」 ダイヤモンド社 2002

Norén, Lars ノレーン, ラーシュ
1944〜 [国]スウェーデン 詩人, 劇作家

Norfolk, Lawrence ノーフォーク, ローレンス
1963〜 [著]「ジョン・ランプリエールの辞書」 東京創元社 2006

Norful, Smokie ノーフル, スモーキー
グラミー賞 最優秀ゴスペル・アーティスト/楽曲(2014年(第57回))ほか

Norgaard, Mette ノルガード, メッテ
[著]「リーダーの本当の仕事とは何か」 ダイヤモンド社 2012

Norgaard, Richard B. ノーガード, リチャード・B.
1943〜 [著]「裏切られた発展」 勁草書房 2003

Norgard, Jorgen Stig ノルゴー, ヨアン・S.
[著]「エネルギーと私たちの社会」 新評論 2002

Norge ノルジュ
[著]「フランス現代詩アンソロジー」 思潮社 2001

Norgren, Christiana A.E. ノーグレン, ティアナ
1970〜 [著]「中絶と避妊の政治学」 青木書店 2008

Norguet, Jean-Pierre ノルグ, ジャン・ピエール

[著]「WebSphere version 4アプリケーション開発ハンドブック」 ソフトバンクパブリッシング 2002
Nori, Micah ノーリ, ミカ
[国]アメリカ デンバー・ナゲッツアシスタントコーチ（バスケットボール）
Noriega, Manuel Antonio ノリエガ, マヌエル・アントニオ
1934〜 [国]パナマ 政治家, 軍人 パナマ最高実力者, パナマ国軍最高司令官・将軍 別称＝ノリエガ将軍 [異]ノリエガ, アントニオ
Norilee, Wizard ノリリー, ウイザード
[著]「ディズニー シンデレラの法則」 講談社 2016

N

Norkeh, Frederick ノーケ, フレデリック
[国]リベリア 郵政通信相 [異]ノルケ, フレデリック
Norland, Erik ノーランド, エリク
[著]「実践ヘッジファンド投資」 日本経済新聞社 2001
Norlander, Linda ノーランダー, L.
1949〜 [著]「あなたが選ぶ人生の終焉」 メディカ出版 2004
Norman, Al ノーマン, アル
1947〜 [著]「被告人・ウォルマート」 仙台経済界 2006
Norman, Colin ノーマン, コリン
[著]「サイエンスライティング」 地人書館 2013
Norman, David ノーマン, デビッド
1930〜 [著]「恐竜」 丸善出版 2014
Norman, David James ノーマン, デイビッド・ジェイムス
[著]「CFD完全ガイド」 同友館 2010
Norman, Donald Arthur ノーマン, ドナルド・アーサー
1935〜 [国]アメリカ 心理学者, 認知科学者 カリフォルニア大学サンディエゴ校名誉教授, ニールセン・ノーマン・グループ共同創業者 別名＝ノーマン, ドン〈Norman, Don〉
Norman, Dwayne ノーマン, ドウェイン
[国]アメリカ アメフト選手
Norman, Edward ノーマン, エドワード
1938〜 [著]「図説 ローマ・カトリック教会の歴史」 創元社 2007
Norman, Elizabeth M. ノーマン, エリザベス・M.
[著]「バターン死の行進」 河出書房新社 2011
Norman, Geoffrey R. ノーマン, ジェフリー・R.
[著]「医学的測定尺度の理論と応用」 メディカル・サイエンス・インターナショナル 2016
Norman, Greg ノーマン, グレッグ
1955〜 [国]オーストラリア プロゴルファー 本名＝Norman, Gregory John [異]ノーマン, グレグ
Norman, Howard A. ノーマン, ハワード
1949〜 [著]「静寂のノヴァスコシア」 早川書房 2005
Norman, Jessye ノーマン, ジェシー
1945〜 [国]アメリカ ソプラノ歌手
Norman, Jill ノーマン, ジル
[著]「スパイス完全ガイド」 山と渓谷社 2006
Norman, John Matthew ノーマン, ジョン・マシュー
1942〜 [著]「生物環境物理学の基礎」 森北出版 2010
Norman, Josh ノーマン, ジョシュ
[国]アメリカ アメフト選手
Norman, Marie K. ノーマン, マリー・K.
[著]「大学における「学びの場」づくり」 玉川大学出版部 2014
Norman, Marsha ノーマン, マーシャ
1947〜 [国]アメリカ 作家, 劇作家
Norman, Michael ノーマン, マイケル
1947〜 [著]「バターン死の行進」 河出書房新社 2011
Norman, Peter ノーマン, ピーター
1942〜2006 [国]オーストラリア 陸上選手
Norman, Peter ノーマン, ピーター
[国]スウェーデン 金融市場担当相
Norman, Philip ノーマン, フィリップ
1943〜 [著]「ビートルズ世界証言集」 ポプラ社 2006
Norman, Remington ノーマン, レミントン
[著]「ブルゴーニュのグラン・クリュ」 白水社 2013
Norman, Richard ノーマン, リチャード
[著]「バリューチェーン・マネジメント」 ダイヤモンド社 2001
Norman, Richard J. ノーマン, リチャード・J.
1943〜 [著]「道徳の哲学者たち」 ナカニシヤ出版 2001
Norman, Sam Hinga ノーマン, サム・ヒンガ
[国]シエラレオネ 内相
Norman, Trevor R. ノーマン, トレヴァー・R.
[著]「パニック障害」 日本評論社 2001
Norman, Victor ノルマン, ビクトル
[国]ノルウェー 労働・行政相
Normand, Charles E.M. ノルマンド, C.E.M.
[著]「国際的視点から学ぶ医療経済学入門」 東京大学出版会 2004
Normand, Michelle ノーマンド, ミシェル
[著]「30分で塗れるマンダラ塗り絵」 春秋社 2012
Normanton, E.L. ノーマントン, E.L.
[著]「政府のアカウンタビリティと会計検査」 全国会計職員協会 2005
Normuradov, Mamarizo ノルムラドフ, ママリゾ
[国]ウズベキスタン 財務相
Nornes, Markus ノーネス, マーク
[著]「日本映画研究へのガイドブック」 ゆまに書房 2016
Noroozi, Omid Haji ノロオジ, オミドハジ
1986〜 [国]イラン レスリング選手
Norov, Vladimir ノロフ, ウラジーミル
[国]ウズベキスタン 外相
Norovbanzad, Namjilyn ノロゥバンザト, ナムジリン
1930〜2002 [国]モンゴル 声楽家 [奥]オルティン・ドー [異]ノロバンザド / ノロブバンザド / ノロブバンザド, ナムジルィン / ノロブバンザド, ナムジルイン / ノロヴバンザド
Norrby, Erling ノルビー, アーリング
1937〜 [国]スウェーデン 元・スウェーデン王立科学アカデミー事務総長, 元・カロリンスカ研究所医学部長 [異]ノルビ, アーリング
Norregaard, Allan ノレゴール, アラン
[国]デンマーク セーリング選手
Norretranders, Tor ノーレットランダーシュ, トール
1955〜 [著]「気前の良い人類」 アーティストハウスパブリッシャーズ, 角川書店（発売） 2004
Norrgren, Flemming ノーグレン, フレミング
[著]「動機づける力」 ダイヤモンド社 2009
Norrington, Roger ノリントン, ロジャー
1934〜 [国]イギリス 指揮者 チューリヒ室内管弦楽団首席指揮者 本名＝Norrington, Roger Arthur Carver
Norris, Bruce ノリス, ブルース
[国]アメリカ ピュリッツアー賞 文学・音楽 戯曲（2011年） “Clybourne Park”
Norris, Bud ノリス, バド
[国]アメリカ 野球選手
Norris, Carina ノリス, カリーナ
[著]「なんか変！ ひょっとしてあなたは発達障害？」 飛鳥新社 2010
Norris, Chris ノリス, クリス
[著]「図説哺乳動物百科」 朝倉書店 2007
Norris, Christopher ノリス, クリストファー
1947〜 [著]「ポール・ド・マン」 法政大学出版局 2004
Norris, Chuck ノリス, チャック
1940〜 [著]「チャック全開！」 新潮社 2013
Norris, Dan ノリス, ダン
1980〜 [著]「7日間起業」 朝日新聞出版 2016
Norris, Daniel ノリス, ダニエル
[国]アメリカ 野球選手
Norris, Derek ノリス, デレク
[国]アメリカ 野球選手
Norris, Jared ノリス, ジャレッド
[国]アメリカ アメフト選手
Norris, John ノリス, ジョン
[著]「8.8cm対空砲と対戦車砲」 大日本絵画 2004
Norris, Keith ノリス, キース
1967〜 [著]「私のビッグ・リリー」 北斗書房 2007
Norris, Patricia ノリス, パトリシア
1931〜2015 [国]アメリカ 衣裳デザイナー
Norris, Pippa ノリス, ピパ
[著]「グローバル化で世界はどう変わるか」 英治出版 2004
Norris, Rick ノーリス, リック
1959〜 [著]「希望の子育て」 牧歌舎, 星雲社（発売） 2011
Norris, Robert F. ノリス, ロバート・F.
[著]「IPM総論」 築地書館 2006
Norris, Stephanie ノリス, ステファニー
1949〜 [著]「実践カラーヒーリング」 産調出版 2008
Norriss, Andrew ノリス, アンドリュー
[著]「秘密のマシン、アクイラ」 あすなろ書房 2009
Norrix, Linda ノリス, リンダ
[著]「コミュニケーション障害入門」 大修館書店 2005
Norsa, Michele ノルサ, ミケーレ
1948〜 [国]イタリア 実業家 サルヴァトーレ・フェラガモCEO
Norsett, Syvert Paul ネルセット, S.P.
[著]「常微分方程式の数値解法」 シュプリンガー・ジャパン 2007

Norshtein, Yurii　ノルシュテイン, ユーリー
1941～ [国]ロシア　アニメーション作家 [異]ノルシュタイン, ユーリー / ノルシュテイン, ユーリ
North, Adrian C.　ノース, エイドリアン
[異]ノース, エイドリアン・C. [著]「音楽的コミュニケーション」誠信書房　2012
North, Chris　ノース, クリス
[著]「COSMOS」丸善出版　2016
North, Claire　ノース, クレア
1986～ [著]「ハリー・オーガスト、15回目の人生」KADOKAWA　2016
North, Darian　ノース, ダリアン
[著]「蝶のめざめ」文芸春秋　2001
North, Douglass Cecil　ノース, ダグラス
1920～2015 [国]アメリカ　経済学者　ワシントン大学名誉教授 [専]経済史
North, George　ノース, ジョージ
[国]ウェールズ　ラグビー選手
North, Marquez　ノース, マーキス
[国]アメリカ　アメフト選手
North, Michael　ノルト, ミヒャエル
[著]「人生の愉楽と幸福」法政大学出版局　2013
North, Robert C.　ノース, ロバート・C.
[著]「ポール・オースターが朗読するナショナル・ストーリー・プロジェクト」アルク　2006
North, Ryan　ノース, ライアン
1980～ [著]「アドベンチャー・タイム」KADOKAWA　2016
North, Sheree　ノース, シェリー
1933～2005 [国]アメリカ　女優　本名＝Bethel, Dawn
North, Will　ノース, ウィル
[国]アメリカ　作家 [専]文学, ロマンス
Northcott, Deryl　ノースコット, デリル
[著]「戦略的投資決定と管理会計」中央経済社　2010
Northcutt, Stephen　ノースカット, ステフェン
[著]「ネットワーク侵入解析ガイド」ピアソン・エデュケーション　2001
Northcutt, Wendy　ノースカット, ウェンディー
[著]「ダーウィン・アワード」アスペクト　2007
Northfield, Sian　ノースフィールド, サイアン
[著]「わたしの一花」グラフィック社　2012
Northoff, Georg　ノルトフ, ゲオルク
[著]「脳はいかに意識をつくるのか」白揚社　2016
Northouse, Laurel Lindhout　ノートハウス, ローレル・L.
[著]「ヘルス・コミュニケーション」九州大学出版会　2010
Northouse, Peter Guy　ノートハウス, ピーター・G.
[著]「ヘルス・コミュニケーション」九州大学出版会　2010
Northrop, Suzane　ノースロップ, スーザン
1948～ [著]「すべての出来事には理由がある」ベストセラーズ　2008
Northrup, Christiane　ノースロップ, クリスティアン
[異]ノースロップ, C. [著]「女が40代になったら知っておきたいこと」三笠書房　2016
Northrup, Jim　ノースラップ, ジム
1939～2011 [国]アメリカ　野球選手　本名＝Northrup, James Thomas
Northrup, Tony　ノースラップ, トニー
[著]「Microsoft Windows Vistaリソースキット導入・展開ガイド」日経BPソフトプレス, 日経BP出版センター(発売)　2008
Northug, Petter　ノールトゥグ, ペッテル
1986～ [国]ノルウェー　スキー選手
Nortman, Brad　ノートマン, ブラッド
[国]アメリカ　アメフト選手
Norton, Andre　ノートン, アンドレ
1912～2005 [国]アメリカ　作家　別筆名＝ノース, アンドリュー, ウェストン, アレン
Norton, Carla　ノートン, カーラ
[国]アメリカ　作家, 編集者 [専]ミステリー, スリラー
Norton, Cliff　ノートン, クリフ
1918～2003 [国]アメリカ　俳優
Norton, David L.　ノートン, デイヴィッド・L.
1930～ [著]「幸福主義社会への途」第三文明社　2001
Norton, David P.　ノートン, デビッド・P.
[著]「ハーバード・ビジネス・レビューBEST10論文」ダイヤモンド社　2014
Norton, Edward　ノートン, エドワード
1969～ [国]アメリカ　俳優, 脚本家, 映画監督　本名＝Norton, Edward Harrison
Norton, Gale　ノートン, ゲール
[国]アメリカ　内務長官
Norton, George　ノートン, ジョージ
[国]ガイアナ　公衆衛生相
Norton, George W.　ノートン, G.W.
[著]「農業開発の経済学」青山社　2012
Norton, Jim　ノートン, ジム
トニー賞 プレイ 助演男優賞(2008年(第62回))ほか
Norton, Joseph Jude　ノートン, ジョゼフ・J.
[著]「国際電子銀行業」信山社出版　2002
Norton, Ken　ノートン, ケン
1943～2013 [国]アメリカ　プロボクサー　WBC世界ヘビー級チャンピオン
Norton, Ken, Jr.　ノートン, ケン, Jr.
[国]アメリカ　オークランド・レイダースコーチ
Norton, Liss　ノートン, リス
[著]「きらきら雪のワンダーランド」学研教育出版, 学研マーケティング(発売)　2014
Norton, Marcellene　ノートン, マーセリーン
1940～ [著]「先住民族のガバナンス」北海道大学大学院法学研究科附属高等法政教育研究センター　2004
Norton, Michael　ノートン, マイケル
1975～ [著]「変革の知」KADOKAWA　2015
Norton, Mike　ノートン, マイク
[著]「ヤング・アベンジャーズ：スタイル>サブスタンス」ヴィレッジブックス　2016
Norton, Miriam　ノートン, ミリアム
[著]「ねずみにそだてられたこねこ」徳間書店　2001
Norton, Natalie　ノートン, ナタリー
[著]「「バカ？」と言われて大正解」パンローリング　2015
Norton, O.Richard　ノートン, リチャード
[著]「隕石コレクター」築地書館　2007
Norton, Richie　ノートン, リッチー
[著]「「バカ？」と言われて大正解」パンローリング　2015
Norton, Rob　ノートン, ロブ
[著]「エネルギーの未来」日本経済新聞出版社　2009
Norton, Steve　ノートン, スティーブ
1962～ [著]「リンパ浮腫マネジメント」ガイアブックス　2015
Norton, Trevor　ノートン, トレヴァー
[著]「世にも奇妙な人体実験の歴史」文芸春秋　2016
Norvell, Anthony　ノーヴェル, アンソニー
[著]「サイキックパワー」成甲書房　2006
Norville, Deborah　ノーヴィル, デボラ
[著]「サンキューパワー」バベル・プレス　2009
Norwell, Andrew　ノーウェル, アンドリュー
[国]アメリカ　アメフト選手
Norwich, Brahm　ノーウィッチ, ブラーム
[著]「イギリス特別なニーズ教育の新たな視点」ジアース教育新社　2012
Norwich, Grace　ノーウィッチ, グレース
[異]ノーウィッチ, グレイス [著]「ジョージ・ルーカス」講談社　2016
Norwich, John Julius　ノーウィッチ, ジョン・ジュリアス
[著]「ビジュアル版 世界の歴史都市」柊風舎　2016
Norwood, Ann E.　ノアウッド, アン・E.
[異]ノーウッド, A.E. [著]「不測の衝撃」金剛出版　2014
Norwood, Jordan　ノーウッド, ジョーダン
[国]アメリカ　アメフト選手
Norwood, Kevin　ノーウッド, ケビン
[国]アメリカ　アメフト選手
Norwood, Levi　ノーウッド, リーバイ
[国]アメリカ　アメフト選手
Norwood, Mary Marcia　ノーウッド, メアリー・マーシャ
[著]「空っぽのくつした」光文社　2002
Norwood, Melita　ノーウッド, メリタ
?～2005 [国]イギリス　スパイ
Nosco, Peter　ノスコ, ピーター
1950～ [著]「江戸のなかの日本、日本のなかの江戸」柏書房　2016
Nosé, Alberto　ノセ, アルベルト
[国]イタリア　ロン・ティボー・クレスパン国際音楽コンクール ピアノ 第2位(2004年(第34回))ほか
Noseda, Gianandrea　ノセダ, ジャナンドレア
1964～ [国]イタリア　指揮者　トリノ王立歌劇場音楽監督・首席指揮者
Nossiter, Anthony　ノシター
[国]オーストラリア　セーリング選手

Nossiter, Jonathan　ノシター, ジョナサン
　1961〜　国「ワインの真実」作品社　2014
Nossov, Dmitri　ノソフ
　国ロシア　柔道選手
Nostitz, Nick　ノスティック, ニック
　著「赤VS黄」めこん　2014
Nöstlinger, Christine　ネストリンガー, クリスティーネ
　1936〜　国オーストリア　児童文学作家
Nöstlinger, Christine, Jr.　ネストリンガー, クリスティーネ, Jr.
　「プラネックさんにご注意！」岩波書店　2002
Not, Sara　ノット, サラ
　著「フィギュア・ドリーム」メディアファクトリー　2010
Notari, Aldo　ノタリ, アルド
　1932〜2006　国イタリア　国際野球連盟（IBAF）会長
Notbohm, Ellen　ノットボム, エレン
　著「自閉症の生徒が親と教師に知ってほしいこと」筑摩書房　2012
Note, Kessai H.　ノート, ケサイ
　1950〜　国マーシャル諸島　政治家　マーシャル諸島大統領
Nöteberg, Staffan　ヌーテバーグ, スタファン
　著「ポモドーロテクニック入門」アスキー・メディアワークス, 角川グループパブリッシング（発売）　2010
Notehelfer, Fred George　ノートヘルファー, フレッド・ジョージ
　1939〜　国アメリカ　歴史学者　カリフォルニア大学ロサンゼルス校名誉教授
Nothdurft, William E.　ナスダーフト, ウィリアム
　著「失われた恐竜をもとめて」ソニー・マガジンズ　2003
Nothof, Anne　ノーソフ, アン
　著「ケンブリッジ版カナダ文学史」彩流社　2016
Nothomb, Amélie　ノートン, アメリー
　1967〜　国ベルギー　作家　国ノトン, アメリ
Noto, Phil　ノト, フィル
　著「STAR WARSフォースの覚醒前夜」講談社　2016
Nott, Andrea　ノット
　国アメリカ　シンクロナイズド・スイミング選手
Nott, Jonathan　ノット, ジョナサン
　1962〜　国イギリス　指揮者　東京交響楽団音楽監督
Nottage, Bernard J.　ノッテージ, バーナード・J.
　国バハマ　国家安全保障相　国ノテージ, バーナード
Nottage, Lynn　ノッテージ, リン
　国アメリカ　ピュリッツアー賞 文学・音楽 戯曲（2009年）"Ruined"
Nottingham, Jacob　ノッティンガム, ジェイコブ
　国アメリカ　野球選手
Noualhat, Laure　ヌアラ, ロール
　「放射性廃棄物」緑風出版　2012
Noudegbessi, François Gbénoukpo　ヌデベシ, フランソワ・ベヌクポ
　国ベナン　都市計画・不動産改革相　国ヌデグベシ, フランソワ・グベヌクポ
Noudelmann, François　ヌーデルマン, フランソワ
　著「終わりなきデリダ」法政大学出版局　2016
Nouganga, Jean-Baptiste　ヌガンガ, ジャン・バティスト
　国中央アフリカ　環境・水利・森林・狩猟・漁業相
Nougaro, Claude　ヌガロ, クロード
　1929〜2004　国フランス　シャンソン歌手
Nougayrède, Natalie　ヌゲレード, ナタリー
　1966〜　国フランス　出版人, ジャーナリスト　ルモンド社長
Nouhak Phoumsavanh　ヌハク・プームサワン
　1914〜2008　国ラオス　政治家　ラオス大統領
Nouhou, Amadou　ヌフ, アマドゥ
　国ニジェール　運輸・民間航空相　国ヌホ, アマドゥ
Noui, Ahmed　ヌイ, アハメド
　国アルジェリア　官房長官
Noui, Tarik　ヌイ, タリク
　著「トーキョー・ラブ・ドール」エディシオン・トレヴィル, 河出書房新社（発売）　2008
Noujaim, Jehane　ヌージャイム, ジハーン
　エミー賞 プライムタイム・エミー賞 最優秀監督賞（ノンフィクション番組）（第66回（2014年））"The Square"
Noumonvi, Melonin　ヌモンビ
　国フランス　レスリング選手
Noupokou, Dammipi　ヌポク, ダミピ
　国トーゴ　鉱山・エネルギー相
al-Nour, Abdel-safi　ヌール, アブデルサフィ
　国スーダン　内閣問題担当相
Nour, Mariam Mahamat　ヌール, マリアム・マハマト
　国チャド　経済・開発計画相
Nourdine, Chabani　ヌルディンヌ, シャバニ
　国マダガスカル　産業・民間開発相
Noure, Moukadas　ヌール, ムカダ
　国中央アフリカ　国民教育・高等教育・科学研究相
Nouri, Abdelhak　ヌリ, アブデラク
　国オランダ　サッカー選手
Nouri, Abdelouahab　ヌリ, アブデルワハブ
　国アルジェリア　国土整備・観光・手工業相
al-Nouri, Hassan　ヌーリ, ハッサン
　国シリア　行政発展相　国ヌーリ, ハサン
Nouri, Mahamat　ヌリ, マハマット
　国チャド　国防相
Nouri Jouini, Mohamed　ヌーリジュイニ, モハメド
　国チュニジア　国際協力開発相
Nourissier, François　ヌーリシエ, フランソワ
　1927〜2011　国フランス　作家, 文芸批評家　ゴンクール・アカデミー総裁
Nourmand, Tony　ヌールマンド, トニー
　著「「2001年シネマ・オデッセイ―映画ポスターの20世紀」展カタログ」サントリーミュージアム「天保山」　c2001
Noursakhedov, Dovran　ヌルサフドフ, ドブラン
　国トルクメニスタン　工業相
Nourse, Alan Edward　ナース, アラン・E.
　「火星ノンストップ」早川書房　2005
Nouvel, Jean　ヌーヴェル, ジャン
　1945〜　国フランス　建築家　国ヌーベル, ジャン
Nouvian, Claire　ヌヴィアン, クレール
　著「深海」晋遊舎　2008
Nouy, Danièle　ヌイ, ダニエル
　国フランス　銀行家　欧州銀行監督委員会（CEBS）委員長
Nova, Ivan　ノバ, イバン
　国ドミニカ共和国　野球選手
Novac, Ana　ノヴァク, アナ
　1929〜2010　著「14歳のアウシュヴィッツ」白水社　2011
Novacek, Michael J.　ノヴァチェック, マイケル・J.
　著「ドラゴンハンター」技術評論社　2006
Novachkov, Borislav　ノバチコフ, ボリスラフ
　国ブルガリア　レスリング選手
Novais Lima, Pedro　ノバイス・リマ, ペドロ
　国ブラジル　観光相
Novak, Alexander V.　ノバク, アレクサンドル・V.
　国ロシア　エネルギー相
Novak, B.J.　ノバク, B.J.
　1979〜　国アメリカ　俳優, 脚本家, 作家　国文学　本名＝ノヴァク, ベンジャミン・ジョセフ・マナリー〈Novak, Benjamin Joseph Manually〉　国ノヴァク, B.J.
Novak, David　ノバック, デイビッド
　1953〜　著「トレーラーハウスから巨大企業の社長になった、幸運な私」インデックス・コミュニケーションズ　2008
Novak, Jeannie　ノバック, ジーニー
　1966〜　著「ゲームインターフェイスデザイン」ボーンデジタル　2012
Novak, Ljudmila　ノバック, リュドミラ
　国スロベニア　副首相兼在外スロベニア人問題担当相
Novak, Miroslav Michal　ノバック, ミロスロフ・M.
　1949〜　「実践eXtremeプログラミング」九天社　2004
Novak, Nick　ノバック, ニック
　国アメリカ　アメフト選手
Novak, Robert　ノバック, ロバート
　1931〜2009　国アメリカ　コラムニスト, テレビコメンテーター
　国ノバック, ロバート
Novak, Steve　ノーバック, スティーブ
　国アメリカ　バスケットボール選手
Novak, Thomas P.　ノバック, トーマス・P.
　著「ディジタル・エコノミーを制する知恵」東洋経済新報社　2002
Novak, Vasily A.　ノワク, ワシリー・A.
　国ベラルーシ　国有財産管理・民営化相
Novakovic, Marko　ノバコビッチ, マルコ
　国セルビア　カヌー選手
Novakovic, Phebe　ノバコビッチ, フィービー
　国アメリカ　ゼネラル・ダイナミクス最高経営責任者

Novakovich, Josip　ノヴァコヴィッチ, ヨシップ
　1956～　国アメリカ　作家　異ノヴァコヴィチ, ヨシプ
Novarina, Valère　ノヴァリナ, ヴァレール
　1942～　著「紅の起源」れんが書房新社　2013
Nove, Aldo　ノーヴェ, アルド
　著「地上の歌声」思潮社　2001
Novell, Cappi　ノベル, キャッピー
　著「くまのプーさんあらしがやってきた」大日本絵画　2006
Novelli, Luca　ノヴェッリ, ルカ
　著「アルキメデス」岩崎書店　2009
Novelline, Robert A.　ノベリン, ロバート・A.
　著「救急外傷top100診断」メディカル・サイエンス・インターナショナル
Novesky, Amy　ノベスキー, エイミー
　著「ドリー、泳ぎつづけてごらん」講談社　2016
Nović, Sredoje　ノビッチ, スレドイェ
　ボスニア・ヘルツェゴビナ　民生相　異ノビッチ, スレドイエ
Novick, Ed　ノヴィック, エド
　アカデミー賞 音響賞（第83回（2010年））　"Inception"
Novik, Naomi　ノビク, ナオミ
　1973～　国アメリカ　作家　分文学, フィクション, SFほか　異ノヴィク, ナオミ
Novikau, Mikalai　ノビカウ
　国ベラルーシ　重量挙げ選手
Novikava, Nastassia　ノビカワ
　国ベラルーシ　重量挙げ選手
Novikov, Sergei Petrovich　ノヴィコフ, セルゲイ
　1938～　国ロシア　数学者　メリーランド大学教授　分位相幾何学　異ノーヴィコフ／ノビコフ／ノヴィコフ, セルゲイ・P.
Novikov, Sergey　ノビコフ
　国ベラルーシ　バイアスロン選手
Novikov, Yury Vasilievich　ノヴィコフ, ユーリー・ヴァシーリエヴィチ
　国ロシア　ヤロスラヴリ国立医科大学総長
Novitsky, Gennady V.　ノビツキー, ゲンナジー・V.
　国ベラルーシ　首相
Novitsky, Volodimir　ノビツキー, ウォロディミル
　国ウクライナ　産業政策相
Novkovski, Nenad　ノフコフスキ, ネナド
　国マケドニア　教育・科学相
Novoa, Rodolfo　ノボア, ロドルフォ
　国ウルグアイ　外相
Novoa, Teresa　ノボア, テレザ
　1955～　著「くろねこのソルトといぬのパグ」学習研究社　2002
Novoa Aguinaga, Juan Camilo　アギナガ, ノボア
　国コロンビア　ボクシング選手
Novobilski, Andrew J.　ノボビルスキ, A.J.
　著「オブジェクト指向のプログラミング」新紀元社　2004
Novogratz, Jacqueline　ノボグラッツ, ジャクリーン
　国アメリカ　アキュメン・ファンド設立者　異ノヴォグラッツ, ジャクリーン
Novosel, John　ノヴォセル, ジョン
　著「TOUR TEMPO」宝島社　2006
Novoselic, Krist　ノヴォセリック, クリス
　グラミー賞 最優秀ロック楽曲（2013年（第56回））　"Cut Me Some Slack"
Novoselov, Konstantin Sergeevich　ノボセロフ, コンスタンチン
　1974～　国イギリス　物理学者　マンチェスター大学教授　異ノヴォセロフ, コンスタンチン
Novoselsky, Anguel　ノヴォセルスキー, アンゲル
　著「Oracle XMLハンドブック」翔泳社　2001
Novosjolov, Nikolai　ノボスヨロフ, ニコライ
　国エストニア　フェンシング選手
Novotna, Katerina　ノボトナ
　国チェコ　ショートトラック選手
Novotny, Roman　ノボトニー
　国チェコ　陸上選手
Nowacka, Oktawia　ノワツカ, オクタウィア
　国ポーランド　近代五種選手
Nowak, Drew　ノワク, ドリュー
　国アメリカ　アメフト選手
Nowak, Sławomir　ノバク, スワボミル
　国ポーランド　運輸・建設・海事経済相
Nowak-Jezierański, Jan　ノヴァクイエジョランスキ, ヤン
　1913～2005　国ポーランド　ジャーナリスト

Nowakowska-ziemniak, Weronika　ノバコフスカジェムニアク
　国ポーランド　バイアスロン選手　異ノバコフスカ
Nowakowski, Richard J.　ノワコフスキー, R.J.
　著「組合せゲーム理論入門」共立出版　2011
Nowakowski, Richard S.　ノヴァコフスキー, リチャード・S.
　著「精神分裂病の胎生期障害仮説」新興医学出版社　2001
Nowell, Jack　ノウェル, ジャック
　国イングランド　ラグビー選手
Nowén, Ylva　ノーベン
　国スウェーデン　アルペンスキー選手
Nowicki, Maciej　ノウィツキ, マチェイ
　国ポーランド　環境相
Nowicki, Wojciech　ノビツキ, ボイチェフ
　国ポーランド　陸上選手
Nowinski, Joseph　ノヴィンスキー, ジョゼフ
　著「このままじゃダメだと思っているあなたへ」早川書房　2003
Nowitzki, Dirk　ノビツキー, ダーク
　1978～　国ドイツ　バスケットボール選手　異ノビツキー, ディルク
Nowotny, Ewald　ノボトニー, エーヴァルト
　1944～　国オーストリア　経済学者, 銀行家, 政治家　オーストリア国立銀行総裁, 欧州中央銀行（ECB）理事　オーストリア国民議会議員（社会民主党）　異ノボトニー, エワルド
Nowowiejska, Kasia　ノボビエイスカ, カーシャ
　1984～　著「ブルルン猛レース」大日本絵画　〔2016〕
Nowra, Louis　ナウラ, ルイス
　1950～　著「コシ　ゴールデン・エイジ」オセアニア出版社　2006
Noyd, Dale Edwin　ノイド, デール
　1933～2007　国アメリカ　軍人　米国空軍大尉
Noyer, Christian　ノワイエ, クリスチャン
　1950～　国フランス　銀行家　フランス中央銀行総裁
Noyes, Deborah　ノイス, デボラ
　1965～　著「「死」の百科事典」あすなろ書房　2014
Noyes, John K.　ノイズ, ジョン・K.
　1955～　著「マゾヒズムの発明」青土社　2002
Noyes, Randi B.　ノイス, ランディ・B.
　著「北欧流スローライフ・コーチング」主婦の友社　2007
Noyori, Ryoji　ノヨリ, リョウジ
　国日本　ウルフ賞 化学部門（2001年）　漢字名＝野依良治
Nozadze, Ramaz　ノザゼ
　国ジョージア　レスリング選手
Nozaki, Albert　ノザキ, アルバート
　1912～2003　国アメリカ　映画美術監督, 演出家
Nozari, Gholamhossein　ノーザリ, ゴラムホセイン
　国イラン　石油相
Nozick, Robert　ノージック, ロバート
　1938～2002　国アメリカ　哲学者　ハーバード大学教授
Nqakula, Charles　ヌカクラ, チャールズ
　国南アフリカ　国防相　異ヌカクラ, チャールズ
Nquilim Nabitchita, Sola　ヌキリムナビシタ, ソラ
　国ギニアビサウ　地方行政相
Nsadhu, Basoga　ヌサドゥ, バソガ
　国ウガンダ　情報相
Nsairat, Soud　ヌサイラト, サウド
　国ヨルダン　運輸相
N'sa Mputu Elima, Bavon　ヌサムプトゥエリマ, バボン
　国コンゴ民主共和国　環境・自然保護・観光相
Nsanzabaganwa, Monique　ヌサンザバガンワ, モニーク
　国ルワンダ　貿易・産業相
Nsanze, Augustin　ヌサンゼ, オギュスタン
　国ブルンジ　外相
Nsekhe, Ty　セクヒー, タイ
　国アメリカ　アメフト選手
Nse Nfuma, Augusutin　ヌセ・ヌフマ, オーグスティン
　国赤道ギニア　文化・観光相
Nse Nfumu, Agustin　ヌセヌフム, アグスティン
　国赤道ギニア　情報相
Nsengimana, Jean Philbert　ヌセンギマナ, ジャン・フィルベール
　国ルワンダ　青年・情報通信技術相
Nsengiyumva, Albert　ヌセンギュンバ, アルバート
　国ルワンダ　社会基盤相
Nsengiyumva, Jean-Pacifique　ヌセンギユムバ, ジャンパシフィック
　国ブルンジ　土地・環境相

Nshimirimana, Adolphe ヌシミリマナ, アドルフ
1964～2015 ㊃ブルンジ 軍人 ブルンジ軍参謀長・国家情報局長官 ㊋ンシミリマナ

Nshimirimana, Denis ヌシミリマナ, ドニ
㊃ブルンジ 地域開発・手工業相

Nshuti, Manasseh ヌシュティ, マナセ
㊃ルワンダ 公益事業労働相 ㊋ヌシュティ, マナス

Nsibambi, Apolo ヌシバンビ, アポロ
㊃ウガンダ 首相

Nsibandze, Macford ヌシバンゼ, マクフォード
㊃スワジランド 観光・環境相 ㊋ヌシバンゼ, マックフォード

Nsilou, Claude Alphonse ヌシルー, クロード・アルフォンス
㊃コンゴ共和国 建設・都市化・住宅相

Nsilou, Clause Alphonse ヌシルー, クローズ・アルフォンス
㊃コンゴ共和国 建設・都市計画相

Nsimba, Charles Mwando ヌシンバ, シャルル・ムワンド
㊃コンゴ民主共和国 国防・在郷軍人相

Nsingo, Marina ヌシンゴ, マリナ
㊃ザンビア 地域開発・社会福祉相 ㊋ンシンゴ, マリナ

Nsobeya Efuman Nchama, Santiago ヌソベヤエフマンスチャマ, サンティアゴ
㊃赤道ギニア 情報・文化・観光相 ㊋ヌソベヤ・エフマン, サンチアゴ

Nsue, Emilio エンスエ, エミリオ
㊃赤道ギニア サッカー選手

Nsue Micha, Fidel ヌスエミチャ, フィデル
㊃赤道ギニア 社会基盤・都市計画相

Nsue Milang, Diosdado Vicente ヌスエミラン, ディオスダド・ビセンテ
㊃赤道ギニア 保健・社会福祉相

Nsue Mokuy, Alfonso ヌスエモクイ, アルフォンソ
㊃赤道ギニア 大統領府相(情報・文化・観光担当)

Ntaba, Hetherwick ヌタバ, ヘザーウィック
㊃マラウイ 保健相

Ntafu, George ヌタフ, ジョージ
㊃マラウイ 教育相

Ntahobari, Stanislas ヌタホバリ, スタニスラス
㊃ブルンジ 保健相

Ntahomenyereye, Salvator ヌタホメニエレイエ, サルバトール
㊃ブルンジ 公共事業設備相

Ntahomvukiye, Emmanuel ヌタホンビュキエ, エマニュエル
㊃ブルンジ 国防・退役軍人相

Ntahomvukiye, Severin ヌタホムブキエ, セブラン
㊃ブルンジ 外務協力相

Ntakaburimvo, Ancilla ヌタカブリムボ, アンシラ
㊃ブルンジ 法相

Ntakarutimana, Sabine ヌタカルチマナ, サビーヌ
㊃ブルンジ 保健・エイズ対策相 ㊋ヌタカルチマナ, ザビーヌ

Ntang, Ignacio Milam ヌタン, イグナシオ・ミラン
㊃赤道ギニア 青年・スポーツ相

Ntantu-mey, Jean-Marie ヌタントゥメイ, ジャンマリー
㊃コンゴ民主共和国 運輸通信相

Ntanyotora, Joseph ヌタンヨトラ, ジョゼフ
㊃ブルンジ 商工・観光相

Ntanyungu, Festus ヌタニュング, フェストゥス
㊃ブルンジ 公務員相

Ntap, Innocence タップ, イノサンス
㊃セネガル 労働・職業団体相 ㊋ヌタップ, イノサンス

Ntawukuriryayo, Damascéne ヌタウクリリャヨ, ダマスセーン
㊃ルワンダ 保健相 ㊋ヌタウクリリャヨ, J.ダマスセーン

Ntcham, Olivier ヌチャム, オリヴィエ
㊃フランス サッカー選手

Ntchama, Antonio Suka ヌチャマ, アントニオ・スカ
㊃ギニアビサウ 内相

N'tchama, Caetano ヌチャマ, カエタノ
㊃ギニアビサウ 首相

Ntchango, Gabriel ヌチャンゴ, ガブリエル
㊃ガボン 水利・森林相

Ntelnoumbi, Faustin ヌテルヌンビ, フォスティン
㊃中央アフリカ 都市化相

Ntihabose, Salvator ヌティハボーズ, サルバトール
㊃ブルンジ 教育相

Ntilikina, Frank ニティリキナ, フランク
㊃フランス バスケットボール選手

Ntimama, William Ole ヌティママ, ウイリアム・オレ
㊃ケニア 大統領府国務相(公共サービス担当)

Ntirampeba, Gaspard ヌチラムペバ, ガスパール
㊃ブルンジ 公共事業・住宅相

Ntiruhungwa, Jean de Dieu ヌティルフングワ, ジャン・ドデュー
㊃ルワンダ 内相 ㊋ヌチルフングワ, ジャン・ドデュー

Ntisezerana, Gabriel ニセゼラナ, ガブリエル
㊃ブルンジ 第2副大統領

Ntoutoume, Aurélien トゥトゥム, オレリアン
㊃ガボン 議会・憲法機関・地域統合・人権担当相

Ntoutoume-émane, Jean-François ヌトゥトゥムエマヌ, ジャンフランソワ
㊃ガボン 首相 ㊋ヌトゥトゥムエマネ, ジャン・フランソワ

Ntoutoume Emane, Simon ントゥトゥムエマヌ, シモン
㊃ガボン 労働・雇用相

Ntow, Saah ヌトウ, サア
㊃リベリア 青年スポーツ相

Ntshagase, Abednego ヌツァガセ, アベドネゴ
㊃スワジランド 外務貿易相 ㊋ヌツァンガセ, アベニゴ

Ntshangase, Wilson ヌトゥシャンガセ, ウィルソン
㊃スワジランド 教育・訓練相 ㊋ヌトゥジャンガセ, ウィルソン

Ntshebe, Siphiwo ヌツェベ, シフィウォ
1974～2010 ㊃南アフリカ 歌手 本名＝Ntshebe, Siphiwo Desmond

Ntsiba, Florent ヌツィバ, フロラン
㊃コンゴ共和国 労働・社会保障相 ㊋ヌツィバ, フローラン

Ntsinyi, Lebohang ヌツィニ, レボハン
㊃レソト 観光・環境・文化相

Ntsoaole, Sekh'ulumi ヌツォアオレ, セフルミ
㊃レソト 貿易・産業相

Ntumuke, Atanásio Salvador ヌトゥムケ, アタナジオ・サルバドール
㊃モザンビーク 国防相

Ntungamulongo, Raymond Tshibanda ヌツンガムロンゴ, レイモン・チバンダ
㊃コンゴ民主共和国 国際・地域協力相

Ntunzwenimana, Jean Bosco ヌトゥンズウェニマナ, ジャン・ボスコ
㊃ブルンジ 運輸・公共事業・設備相

Ntutumu, Juan Antonio Bibang ヌツツム, フアン・アントニオ・ビバン
㊃赤道ギニア 青年スポーツ相 ㊋ヌツツム, フアン・アントニオ

Ntutumu Nguema, Filiberto ヌトゥトゥムヌゲマ, フィリベルト
㊃赤道ギニア 教育・科学・スポーツ相

*al-*Nuaimi, Abdullah Belhaif** ヌアイミ, アブドラ・ビルハイフ
㊃アラブ首長国連邦 インフラ開発相

*al-*Nuaimi, Ali Ibrahim** ヌアイミ, アリ・イブラヒム
1935～ ㊃サウジアラビア 政治家, 実業家 サウジアラビア石油鉱物資源相 本名＝ヌアイミ, アリ・ビン・イブラヒム〈al-Nuaimi, Ali bin Ibrahim〉

*al-*Nuaimi, Issa Saad al-Jafali** ヌアイミ, イーサ・サード・ジャファリ
㊃カタール 行政開発・労働・社会問題相 ㊋ヌアイミ, イッサ・サード・ジャファリ

*al-*Nuaimi, Majid bin Ali** ヌアイミ, マジド・ビン・アリ
㊃バーレーン 教育相

*al-*Nuaymi, Mohammed Yahya Awdah** ヌアイミ, モハメド・ヤハヤ・アウダ
㊃イエメン 保健・人口相

Nuaymi, Salwá ネイミ, サルワ・アル
㊉「蜜の証拠」講談社 2010

Nubel, Alexander ニューベル, アレクサンダー
㊃ドイツ サッカー選手

Nuber, Ursula ヌーバー, ウルズラ
1954～ ㊉「〈傷つきやすい子ども〉という神話」岩波書店 2005

Nucci, Leo ヌッチ, レオ
1942～ ㊃イタリア バリトン歌手

Nudds, John R. ナッズ, J.R.
㊉「世界の化石遺産」朝倉書店 2009

Nuder, Pär ヌーデル, ペール
1963～ ㊃スウェーデン 政治家 スウェーデン財務相 ㊋ヌーデル, パール

Nueimi, Tayseer ヌエイミ, タイシール
㊃ヨルダン 教育相

Nuepane, Badri Prasad ネオパネ, バドリ・プラサド

[国]ネパール　女性・子ども・社会福祉相
Nugent, David　ニュージェント, デイヴィッド
[国]イングランド　サッカー選手
Nugent, Leah　ヌジェント, リア
[国]ジャマイカ　陸上選手
Nugent, Mike　ニュージェント, マイク
[国]アメリカ　アメフト選手
Nugent, Richard　ニュージェント, リチャード
[著]「自信の秘密50」 CCCメディアハウス　2016
Nugent, Stephen　ニュージェント, スティーブ
[著]「いのちの鎖」 四海書房　2006
Nugent, Tom　ニュージェント, トム
?～2006　[国]アメリカ　アメリカンフットボール監督
Nuh, Mohammad　ヌー, モハンマド
[国]インドネシア　元・スラバヤ工科大学学長, 元・国家教育大臣, 元・教育文化大臣
Nuhu, Kasim　ナウー, カシム
[国]ガーナ　サッカー選手
Nuissl, Ekkehard　ヌイスル, エッケハルト
[著]「おとなの学びを支援する」 鳳書房　2003
al-**Nujayfi, Usama**　ナジャフィ, ウサマ
[国]イラク　副大統領
Nujoma, Sam　ヌジョマ, サム
[国]ナミビア　大統領兼情報放送相
Nujoma, Sam Daniel　ヌジョマ, サム・ダニエル
1929～　[国]ナミビア　政治家, 黒人解放運動家　ナミビア大統領, 南西アフリカ人民機構（SWAPO）議長　本名＝Nujoma, Samuel Shafiihuma
Nujoma, Utoni　ヌヨマ, ウトニ
[国]ナミビア　土地改革相
Nukan, Atinc　ヌカン, アティンチ
[国]トルコ　サッカー選手
Nuku　ヌク
[国]トンガ　公共事業相
Nuland, Sherwin B.　ヌーランド, シャーウィン・B.
1930～　[著]「レオナルド・ダ・ヴィンチ」 岩波書店　2003
Nulman, Andy　ナルマン, アンディー
[著]「えっ!?」 阪急コミュニケーションズ　2010
Numanović, Suad　ヌマノビッチ, スアド
[国]モンテネグロ　人権・少数民族権利相
Numbi, Denis Kalume　ヌンビ, ドニ・カルメ
[国]コンゴ民主共和国　計画・復興相
Numbi, Félix Kabange　ヌンビ, フェリクス・カバンゲ
[国]コンゴ民主共和国　土地問題相
Numeiry, Gaafar Mohammed　ヌメイリ, ガファル・モハメド
1930～2009　[国]スーダン　政治家, 軍人　スーダン大統領　[異]ヌメイリー
Nummerdor, Reinder　ヌメルドル, ラインデル
[国]オランダ　ビーチバレー選手　[異]ヌメルドル
Nundu, Omar Rashidi　ヌンドゥ, オマール・ラシディ
[国]タンザニア　運輸相
Nunen, Anton van　ヌーネン, アントン・ヴァン
1950～　[著]「フィデューシャリー・マネジメント」 金融財政事情研究会, きんざい（発売）　2009
Nunes, Debra A.　ニューンズ, デボラ・A.
[著]「成功する経営リーダーチーム6つの条件」 生産性出版　2009
Nunes, Paul F.　ヌーネス, ポール・F.
1963～　[異]ヌーンズ, ポール・F. / ニューンズ, ポール・F.　[著]「ビッグバン・イノベーション」 ダイヤモンド社　2016
Nunes Correia, Francisco　ヌニェス・コレイア, フランシスコ
[国]ポルトガル　環境・国土整備・地域開発相
Nunes De Oliveira, Lais　ヌニェスデオリベイラ, ライス
[国]ブラジル　レスリング選手
Nunes Ferreira, Aloysio　ヌネス・フェレイラ, アロイジオ
[国]ブラジル　大統領府総務長官
Ñúñez, Aloha　ヌニェス, アロア
[国]ベネズエラ　先住民相
Núñez, Carlos　ヌニェス, カルロス
1971～　[国]スペイン　バグパイプ奏者
Nunez, Eduardo　ヌニェス, エデュアルド
[国]ドミニカ共和国　野球選手
Nuñez, Gabriela　ヌニェス, ガブリエラ
[国]ホンジュラス　蔵相
Nuñez, Marianela　ヌニェス, マリアネラ
1982～　[国]アルゼンチン　バレリーナ
Núñez, Marisa　ヌーニェス, マリサ
[著]「シマウマのカミーラ」 オリコン・エンタテインメント　2004
Nunez, Mijain Lopez　ヌネス, ミハイン・ロペス
1982～　[国]キューバ　レスリング選手
Núñez, Rafael E.　ヌーニェス, R.
1960～　[著]「数学の認知科学」 丸善出版　2012
Nunez, Renato　ヌニェス, レナト
[国]ベネズエラ　野球選手
Nunez, Sigrid　ヌーネス, シークリット
1951～　[著]「ミッツ」 水声社　2008
Nunez-roches, Rakeem　ヌーネス・ロークス, ラキーム
[国]アメリカ　アメフト選手
Nunir, El Haddadi　ムニル・エル・ハダディ
[国]スペイン　サッカー選手
Nunn, John Francis　ナン, ジョン・フランシス
[著]「麻酔の偉人たち」 総合医学社　2016
Nunn, Kem　ナン, ケム
[著]「源にふれろ」 早川書房　2004
Nunneley, John　ナンネリー, ジョン
1922～　[著]「日本兵のはなし」 マネジメント社　2002
Nuno, Espirito Santo　ヌーノ・エスピリト・サント
[国]ポルトガル　ポルト監督
Nuno, Vidal　ヌーニョ, ビダル
[国]アメリカ　野球選手
Nuño Mayer, Aurelio　ヌニョ・マジェル, アウレリオ
[国]メキシコ　教育相
Nunu Kumba, Jemma　ヌヌクンバ, ジェマ
[国]南スーダン　観光相　[異]ヌヌ・クンバ, ジェマ
Nunyabu, Komlan　ヌニャブ, コムラン
[国]トーゴ　都市計画・住環境相
Nuon Chea　ヌオン・チェア
1926～　[国]カンボジア　政治家　カンボジア人民代表議会議長　本名＝Long Bunruot　[異]ヌオン・チア
Nuppeney, Burkhard　ヌッペナイ, ブルクハルト
[著]「プリンセス・リリーのちいさなバレリーナ」 ブロンズ新社　2007
Nur, Abdullahi Abyan　ヌール, アブドラヒ・アブヤン
[国]ソマリア　司法・宗教問題相
al-**Nur, Awad al-Hassan**　ヌール, アワド・ハッサン
[国]スーダン　法相　[異]ヌール, アワド・ハサン
Nur, Dahir Sheikh Muhammad　ヌル, ダイル・シェイク・ムハマド
[国]ソマリア　内務・地域開発
Nur, Hassan Mohammed　ヌル, ハッサン・モメハド
[国]ソマリア　財務相
Nur, Mohamud Salaad　ヌル, モメハド・サラド
[国]ソマリア　水・天然資源相
Nur, Sheikh Adan Mohamed　ヌル, シェイク・アダン・モハメド
[国]ソマリア　法相　[異]ヌル, シーク・アデン・モハメド
Nur, Uulu　ヌル, ウール
[国]キルギス　教育科学青年相
Nurgaliyev, Rashid Gumarovich　ヌルガリエフ, ラシド
1956～　[国]ロシア　政治家　ロシア安全保障会議副書記　ロシア内相
al-**Nuri, Mahmud Abdul-Khalid**　ヌリ, マハムード・アブドルハリド
[国]クウェート　財務相
Nuri, Said Abdullo　ヌリ, サイド・アブドゥロ
1947～2006　[国]タジキスタン　政治家　イスラム復興党党首　本名＝Abdullo Nuriddinovich Saidov　[異]ヌーリ, サイド・アブドゥロ / ヌーリ, サイド・アブドロ
Nuristani, Yusuf　ヌリスタニ, ユスフ
[国]アフガニスタン　かんがい環境相
Nurkic, Jusuf　ヌルキッチ, ユスフ
[国]ボスニア・ヘルツェゴビナ　バスケットボール選手
Nurković, Amir　ヌルコビッチ, アミル
[国]セルビア・モンテネグロ　対内経済関係相
Nurmahmudi, Ismail　ヌルマフムディ・イスマイル
[国]インドネシア　林業担当相
Nurmammedov, Mammetniyaz　ヌルマメドフ, マンメトヌイヤズ
[国]トルクメニスタン　公共事業相
Nurmatov, Shermat　ヌルマトフ, シェルマト
[国]ウズベキスタン　農業水利相
Nurmesniemi, Antti　ヌルメスニエミ, アンティ
1927～2003　[国]フィンランド　インダストリアルデザイナー, 建築家　国際インダストリアルデザイン団体協議会（ICSID）会長

Nurmesniemi, Vuokko Eskolin　ヌルメスニエミ, ヴォッコ・エスコリン
　1930〜　国フィンランド　テキスタイルデザイナー, ファッションデザイナー
Nurminen, Marjo T.　ヌルミネン, マルヨ・T.
　1967〜　著「才女の歴史」東洋書林　2016
Nurmukhambetova, Anna　ヌルムハンベトワ
　国カザフスタン　重量挙げ選手
Nurmyradova, Byagul　ヌルムイラドワ, ビャグリ
　国トルクメニスタン　副首相
Nürnberger, Christian　ニュルンベルガー, クリスチアン
　1951〜　著「17歳からの聖書の読み方」主婦の友社　2007
Nurnberger, John I.　ナーンバーガー, ジョン・I.
　著「双極うつ病」星和書店　2013
Nurse, Cristy　ナース, クリスティ
　国カナダ　ボート選手
Nurse, Nick　ナース, ニック
　国アメリカ　トロント・ラプターズアシスタントコーチ（バスケットボール）
Nurse, Paul Maxime　ナース, ポール
　1949〜　国イギリス　生化学者　ロイヤル・ソサエティ会長　ロックフェラー大学学長
Nur Shatigudud, Hassan Mohamed　ヌル・シャティグドゥド, ハッサン・モハメド
　国ソマリア　農相
Nurudinov, Ruslan　ヌルディノフ, ルスラン
　国ウズベキスタン　重量挙げ選手　別ヌルディノフ
Nurumakhmatov, Dzhurabek　ヌルマフマトフ, ジュラベク
　国タジキスタン　エネルギー相
Nury, Fabien　ニュリ, ファビアン
　アングレーム国際漫画祭 シリーズ賞（2011年）"Il était une fois en France (T4)"〈Glénat〉
Nuryana, Mu'man　ヌルヤナ, ムマン
　1957〜　著「地球環境問題の現場検証」八千代出版　2006
Nussbaum, Jay　ナスバウム, ジェイ
　著「アトランティスのイルカ」アーティストハウス, 角川書店（発売）　2002
Nussbaum, Martha Craven　ヌスバウム, マーサ
　1947〜　国アメリカ　法哲学者　シカゴ大学法学部教授　著アリストテレス研究, 古代ギリシャ研究, フェミニズム論ほか
Nussbaum, Robert L.　ナスバウム, ロバート・L.
　著「トンプソン＆トンプソン遺伝医学」メディカル・サイエンス・インターナショナル　2009
Nüssel, Friederike　ニュッセル, フリーデリケ
　著「キリスト教の主要神学者」教文館　2014
Nussle, James Allen　ナッスル, ジェームズ
　1960〜　国アメリカ　政治家, 法律家　米国行政管理予算局（OMB）局長, 米国下院議員　別称＝ナッスル, ジム〈Nussle, Jim〉　ナッセル, ジェームズ
Nüsslein-Volhard, Christiane　ニュスライン・フォルハルト, クリスティアーネ
　1942〜　国ドイツ　遺伝学者　マックス・プランク発生生物学研究所遺伝学部長　ニュスラインフォルハルト
Nüssli, Rosmarie　ニュッスリ, ローズマリー
　1937〜　著「わたしはいらない子なの？」せせらぎ出版　2013
Nutbeam, Donald　ナットビーム, ドン
　著「ナットとハリスのヘルスプロモーション・ガイド・ブック」垣内出版　2003
Nuth Sokhom　ヌット・ソコム
　国カンボジア　保健相　別ヌット・ソコム
Nutley, Sandra M.　ナトリー, サンドラ・M.
　著「研究活用の政策学」明石書店　2015
Nutt, Amy Ellis　ナット, エイミー・エリス
　著「10代の脳」文芸春秋　2015
Nutt, David J.　ナット, デービッド・J.
　1951〜　著「パニック障害」日本評論社　2001
Nutt, Gary J.　ナット, ゲーリー
　著「実習Linuxカーネル」ピアソン・エデュケーション　2001
Nutt, Roberta L.　ナット, ロバート・L.
　著「パートナー暴力」北大路書房　2011
Nuttall, Jeff　ナットール, ジェフ
　著「ビートルズ世界証言集」ポプラ社　2006
Nutting, Bob　ナッティング, ボブ
　国アメリカ　ピッツバーグ・パイレーツオーナー
Nuwawea, Jacob　ヌワウェア, ヤコブ
　国インドネシア　労働・移住相
Nuxhall, Joe　ナックスホール, ジョー
　1928〜2007　国アメリカ　野球選手　本名＝Nuxhall, Joseph Henry
Nuyen, Jenny-mai　ニュエン, ジェニー・マイ
　1988〜　国ドイツ　作家　ヤングアダルト, ファンタジー
Nuyt, Andrea　ノイト
　国オランダ　スピードスケート選手
Nuzzi, Gianluigi　ヌッツィ, ジャンルイージ
　1969〜　著「バチカン株式会社」柏書房　2010
Nve Ngu, Antonio Fernando　ヌベ・ヌグ, アントニオ・フェルナンド
　国赤道ギニア　教育科学相兼政府スポークスマン
Nvinne, S.B.　ナビンナ, S.B.
　国スリランカ　国内情勢・文化相
Nwaba, Barbara　ヌワバ, バーバラ
　国アメリカ　陸上選手
Nwachukwu, Uzoma　ヌアチューク, ウゾマ
　国アメリカ　アメフト選手
Nwakwi, Edith　ヌワクウィ, エディス
　国ザンビア　労働・社会保障相
Nwanze, Kanayo F.　ヌワンゼ, カナヨ
　国ナイジェリア　国際農業開発基金（IFAD）総裁　別ウワンゼ, カナヨ
Nweke, Frank　ヌウェケ, フランク
　国ナイジェリア　情報相
Nwosu, Alphonsus　ヌウォス, アルフォンサス
　国ナイジェリア　保健相
Nxesi, Thembelani Thulas　ヌゲシ, テンベラニ・トゥーラス
　国南アフリカ　公共事業相　別ネクシ, テンベラニ
Nxumalo, Owen　ヌズマロ, オーウェン
　国スワジランド　公共サービス相
Nyaba, Peter Adowok　ニャバ, ピーター・アドック
　国スーダン　高等教育・科学研究相
Nyabally, Lamin　ニャバリ, ラミン
　国ガンビア　漁業相
Nyachae, Simeon　ニャチャエ, シメオン
　国ケニア　道路・公共事業相
Nyad, Diana　ナイアド, ダイアナ
　1949〜　著「対岸へ。」三賢社　2016
Nyagha, Joseph　ニャガ, ジョセフ
　国ケニア　協同組合開発相
Nyakairima, Aronda　ニャカイリマ, アロンダ
　国ウガンダ　内相
Nyakane, Trevor　ニャカニ, トレヴァー
　国南アフリカ　ラグビー選手
Nyalandu, Lazaro Samuel　ニャランドゥ, ラザロ・サミュエル
　国タンザニア　天然資源・観光相
Nyambayar, Tugstsogt　ニャンバヤル
　国モンゴル　ボクシング選手
Nyambuya, Michael　ニャンブヤ, マイケル
　国ジンバブエ　エネルギー・電力開発相
Nyamdavaa, Pagvajavyn　ニャムダバー, パグバジャビーン
　国モンゴル　厚生相
Nyamdorj, Tsendiin　ニャムドルジ, ツェンディーン
　国モンゴル　法務・内務相　別ニャムドルジ, ツェンジーン
Nyamitwe, Alain Aimé　ニャミトウェ, アラン・エメ
　国ブルンジ　外務・国際協力相
Nyamu, Jesaya　ヌヤム, ジェサヤ
　国ナミビア　通産相　別ニャム, ジェサヤ
Nyamugabo, Claude Bazibuhe　ニャムガボ, クロード・バジブヘ
　国コンゴ民主共和国　青年・スポーツ相　別ニャムラブ, クロード・バシブヘ
Nyamwisi, Antipas Mbusa　ニャムウィシ, アンティパ・ムブサ
　国コンゴ民主共和国　地方分権・国土整備相
Nyamwiza, Gerard　ニャムウィザ, ジェラール
　国ブルンジ　青年・スポーツ・文化相
Nyandwi, Desire　ニャンドウィ, デジレ
　国ルワンダ　地方政府相
Nyandwi, Simon　ニャンドウィ, シモン
　国ブルンジ　内相
Nyanga, Yannick　ニヤンガ, ヤニック
　国フランス　ラグビー選手
Nyangau, Ruth Bisibori　ニャンガウ
　国ケニア　陸上選手
Nyanor, Charles Omar　ニャノ, チャールズ・オマー
　国ガーナ　経済担当相

Nyan Tun　ニャン・トゥン
　国ミャンマー　副大統領
Nyan Tun Aung　ニャン・トゥン・アウン
　国ミャンマー　運輸・鉄道運輸相
Nyan Win　ニャン・ウィン
　1953～　国ミャンマー　政治家,軍人　バゴー管区知事　ミャンマー外相　旧ニャン・ウィン
Nyarugabomuhizi, Moïse　ヌヤルガボムイジ,モイーズ
　国コンゴ民主共和国　経済相
Nyaruhirira, Innocent　ニャルヒリラ,イノサン
　国ルワンダ　国務相(エイズ・感染症)
Nyasango, Cuthbert　ニャサンゴ
　国ジンバブエ　陸上選手
Nyberg, Fredrik　ニーベリ
　国スウェーデン　アルペンスキー選手
Nyberg, Lars　ナイバーグ,ラーズ
　1951～　著「企業価値の源泉」翔泳社 2004
Nyblom, Haakan Erik　ニブロム
　国デンマーク　レスリング選手
Nyczek, Tadeusz　ニクツェック,タデウス
　著「ベクシンスキー1929-2005」エディシオン・トレヴィル,河出書房新社(発売) 2016
Nydell, Margaret Kleffner　ナイデル,マーガレット・K.
　著「アラブ人の不思議な習慣」飛鳥新社 2001
Nye, David　ネイ,デービッド
　著「内部告発」丸善 2003
Nye, Doug　ナイ,ダグ
　1945～　著「ベンツと自動車」玉川大学出版部 2016
Nye, Jody Lynn　ナイ,ジョディ・リン
　1957～　著「魔法塾、はじめました！」早川書房 2008
Nye, Joseph Samuel, Jr.　ナイ,ジョゼフ, Jr.
　1937～　国アメリカ　政治学者　ハーバード大学特別功労教授　米国国防次官補　旧国際政治学、国際安全保障論、公共政策　旧ナイ,ジョセフ
Nye, Naomi Shihab　ナイ,ネオミ・シーハブ
　1952～　旧ナイ,ネオミ・シーハブ　著「キャロライン・ケネディが選ぶ「心に咲く名詩115」」早川書房 2014
Nyenimigabo, Jean-Jacques　ヌエニミガボ,ジャン・ジャック
　国ブルンジ　青年・スポーツ・文化相　旧ヌエニミガボ,ジャンジャック
Nyenze, Francis　ニェンゼ,フランシス
　国ケニア　環境相
Nyeu, Tao　ニュウ,タオ
　著「魔法のしろくま」長崎出版 2009
Nygren, Lennart　ニグレン,レンナート
　著「社会ケアサービス」本の泉社 2003
Nygren, Tord　ニグレン,トード
　1936～　著「おじいちゃんのライカ」評論社 2005
Nyhaug, Tory　ナイハウグ,トリー
　国カナダ　自転車選手
Nyhoff, Larry R.　ニーホフ,ラリー
　著「入門Fortran 90」ピアソン・エデュケーション 2001
Nyhus, Svein　ニーフース,スヴァイン
　1962～　著「パパと怒り鬼」ひさかたチャイルド 2011
Nyirahabimana, Solina　ニラハビマナ,ソリナ
　国ルワンダ　大統領府相　旧ニイラハビマナ,ソリナ
Nyirahabineza, Valerrie　ニラハビネザ,バレリー
　国ルワンダ　女性地位向上相
Nyiramirimo, Odette　ニイラミリモ,オデット
　国ルワンダ　国務相(社会問題)
Nyirasafari, Esperance　ニラサファリ,エスペランス
　国ルワンダ　ジェンダー・家族計画相
Nyirenda, Carol　ニレンダ,キャロル
　国ザンビア　世界エイズ・結核・マラリア対策基金理事
Nyirongo, Gladys　ニロンゴ,グラティス
　国ザンビア　国土相　旧ニロンゴ,グラディス
Nykvist, Ann-Christin　ニークビスト,アンクリスティン
　国スウェーデン　農業・食糧・漁業相
Nykvist, Sven　ニクヴィスト,スヴェン
　1922～2006　国スウェーデン　映画撮影監督　旧ニクビスト,スベン
Nyland, Orjan　ニュランド,エリアン
　国ノルウェー　サッカー選手
Nylund, Camilla　ニールントゥ,カミラ
　1968～　国フィンランド　ソプラノ歌手　旧ニールンド,カミラ／ニルンド,カミラ

Nylund, David　ナイランド,デイヴィッド
　著「構成主義的心理療法ハンドブック」金剛出版 2006
Nylund, Eric S.　ナイランド,エリック
　著「ヘイロー」TOブックス 2012
Nyman, Anders　ニューマン,アンデシュ
　1946～　著「性的虐待を受けた少年たち」新評論 2008
Nyman, Marcus　ニーマン,マルクス
　国スウェーデン　柔道選手
Nyman, Mark　ナイマン,マーク
　著「人事大変革」生産性出版 2010
Nyom, Allan　ニョム,アラン
　国カメルーン　サッカー選手
Nyombi, Peter　ニオンビ,ピーター
　国ウガンダ　司法長官
Nyongo, Anyang　ニョンゴ,アニャン
　国ケニア　医療サービス相
Nyong'o, Lupita　ニョンゴ,ルピタ
　アカデミー賞 助演女優賞(第86回(2013年)) "12 Years a Slave"
Nyongolo, Ami Ambatombe　ヌヨンゴロ,アミ・アンバトンベ
　国コンゴ民主共和国　郵政・電気通信・新情報・情報技術相
Nyoni, Sithembiso　ニョニ,シテンビソ
　国ジンバブエ　中小企業・協同組合開発相　旧ニョニ,シセンビソ
Nyschuk, Yevhen　ニシチェク,イェウヘン
　国ウクライナ　文化相
Nys-Mazure, Colette　ニース＝マズール,コレット
　1939～　著「でも、わたし生きていくわ」文渓堂 2009
Nyssens, Marthe　ニッセンズ,マース
　著「欧州サードセクター」日本経済評論社 2007
Nystad, Claudia　ニスタッド,クラウディア
　1978～　国ドイツ　スキー選手　本名＝キュンツェル・ニスタット,クラウディア〈Kuenzel Nystad, Claudia〉
Nystrand, Stefan　ニーストランド
　国スウェーデン　競泳選手
Nyunt Tin　ニュン・ティン
　国ミャンマー　農相
Nyusi, Filipe Jacint　ニュシ,フィリペ・ジャシント
　1959～　国モザンビーク　政治家　モザンビーク大統領
Nzeocha, Mark　エンゼオカ,マーク
　国アメリカ　アメフト選手
Nzesso, Madias　ヌゼソ
　国カメルーン　重量挙げ選手
Nzet Biteghe, Honorine　ヌゼビテゲ,オノリーヌ
　国ガボン　家族・社会問題相
Nzeyimana, Léontine　ヌエイマナ,レオンティーヌ
　国ブルンジ　東アフリカ共同体担当相
Nziengui Nzoundou, Flavien　ヌゼンギンズウンドゥ,フラビアン
　国ガボン　第3副首相兼職業訓練相
Nzila, Pierre　ヌジラ,ピエール
　国コンゴ共和国　教育・科学研究相
Nzimande, Blade　ヌジマンデ,ブレード
　国南アフリカ　高等教育・訓練相　旧ヌジマンデ,ブレイド
Nzondo, Eloi　ヌゾンド,エロワ
　国ガボン　労働・雇用・技術教育・職業訓練・青少年統合相
N'zonzi, Steven　エンゾンジ,スティーヴン
　国フランス　サッカー選手
Nzouba, Léon　ヌズバ,レオン
　国ガボン　保健・人口相
Nzulama Thimothe, Moleka　ヌズラマ・ティモテ,モレカ
　国コンゴ民主共和国　青年スポーツ相
Nzuzi Wa Mbombo, Catherine　ヌズジ・ワムボンボ,カトリーヌ
　国コンゴ民主共和国　人道問題相

【O】

O, Jong Ae　オ・ジョンエ
　国北朝鮮　重量挙げ選手
O, Song-nam　オ・ソンナム
　国北朝鮮　レスリング選手
O, Su-yong　オ・スヨン
　国北朝鮮　電子工業相　漢字名＝呉秀容

O, Tar-su オ・ダルス
1968〜 国韓国 俳優
Oakes, John Bertram オークス, ジョン
1913〜2001 国アメリカ ジャーナリスト 「ニューヨーク・タイムズ」論説委員
Oakeshott, Isabel オークショット, イザベル
著「ファーマゲドン」日経BP社, 日経BPマーケティング（発売）2015
Oakland, Thomas オークランド, トーマス・D.
著「世界の学校心理学事典」明石書店 2013
Oakley, Barbara A. オークリー, バーバラ
訳オークレイ, バーバラ「直感力を高める数学脳のつくりかた」河出書房新社 2016
Oakley, Francis オークレイ, フランシス
著「人文科学に何が起きたか」玉川大学出版部 2001
Oakley, Graham オークリー, グレアム
1929〜 国イギリス 挿絵画家, 作家
Oakley, Natasha オークリー, ナターシャ
著「砂漠に魅せられて」ハーレクイン 2009
Oakley, Ros オークレイ, ロス
著「トリプルボトムライン」創成社 2007
Oakley-Browne, Mark A. オークレー・ブラウン, マーク・A.
著「パニック障害」日本評論社 2001
Oak Oak ワックワック
1981〜 著「まちかどちょい足しアート」グラフィック社 2016
Oaks, Scott オークス, スコット
著「Javaパフォーマンス」オライリー・ジャパン, オーム社（発売）2015
Oates, Colin オーツ, コリン
国イギリス 柔道選手 別オーツ
Oates, Joan オーツ, ジョーン
著「ビジュアル版 世界の歴史都市」柊風舎 2016
Oates, John オーツ, ジョン
1949〜 国アメリカ ミュージシャン, ギタリスト
Oates, John オーツ, ジョン
1946〜 著「子どもの認知と言語はどう発達するか」松柏社 2010
Oates, John A. オーツ, J.A.
著「薬理書」広川書店 2003
Oates, John F. オーツ, ジョン・F.
著「自然保護の神話と現実」緑風出版 2006
Oates, Jonny Lane オーツ, ジョニー
1946〜2004 国アメリカ 大リーグ監督 別オーツ, ジョン
Oates, Joyce Carol オーツ, ジョイス・キャロル
1938〜 国アメリカ 作家, 詩人, 批評家 プリンストン大学教授 別名＝スミス, ロザモンド〈Smith, Rosamond〉, ケリー, ローレン〈Kelly, Lauren〉
Oates, R.Kim オーツ, R.キム
著「虐待された子ども」明石書店 2003
Oatley, Keith オートリー, キース
1939〜 国イギリス 作家
Oatley, Kristy オウトリー, クリスティ
国オーストラリア 馬術選手
Oba, Pierre オバ, ピエール
国コンゴ共和国 鉱物資源・地質相
Obada, Efe オバダ, エフェ
国アメリカ アメフト選手
Obaid, Ali Muftah オバイド, アリ・ムフタフ
国リビア 高等教育相
Obaid, Obaidullah オバイド, オバイドラ
国アフガニスタン 高等教育相
Obaid, Samira オバイド, サミーラ
国イエメン 社会問題・労働相
Obaid, Thoraya Ahmed オバイド, トラヤ・アフマド
1945〜 国サウジアラビア 元・国際連合人口基金（UNFPA）事務局長 国連人口基金（UNFPA）事務局長
Obaid-Chinoy, Sharmeen オベイド・チノイ, シャルミーン
国パキスタン 映画監督
al-Obaidi, Abdul-Qadir Jashim オベイディ, アブデルカデル・ジャシム
国イラク 国防相
al-Obaidi, Ali Saad オベイディ, アリ・サード
国クウェート 保健相
Obalk, Hector オバルク, エクトール
著「マルセル・デュシャン書簡集」白水社 2009
Obama, Barack オバマ, バラク
1961〜 国アメリカ 政治家, 弁護士 大統領（第44代） 本名＝オバマ, バラク・フセイン〈Obama, Barack Hussein〉
Obama, Michelle オバマ, ミシェル
1964〜 国アメリカ 弁護士 本名＝Obama, Michelle La Vaughn Robinson
Obama Asue, Francisco Pascual オバマアスエ, フランシスコ・パスクアル
国赤道ギニア 首相
Obama Nchama, Nicolas オバマヌチャマ, ニコラス
国赤道ギニア 国家安全保障相
Obama Nsue, Francisco-Pascual オバマヌスエ, フランシスコ・パスカル
国赤道ギニア 保健・社会福祉相
Obama Nve, Justino オバマヌベ, ホスティノ
国赤道ギニア 保健・社会福祉相
Obame, Anthony オバム
国ガボン テコンドー選手
O'Bannon, Dan オバノン, ダン
1946〜2009 国アメリカ 脚本家, 映画監督
O'Bannon, Frank Lewis オバナン, フランク
1930〜2003 国アメリカ 政治家 インディアナ州知事 別オバーノン, フランク
O'Barry, Richard オバリー, リチャード
1939〜 国アメリカ イルカ専門家, イルカ解放活動家 ドルフィン・プロジェクト設立者 通称＝オバリー, リック〈O'Barry, Ric〉
Obarski, Tom オバースキ, トム
国アメリカ アメフト選手
Obasanjo, Olusegun オバサンジョ, オルセグン
国ナイジェリア 大統領
Obed, Ellen Bryan オベッド, エレン・ブライアン
1944〜 著「12種類の氷」ほるぷ出版 2013
Obee, Patricia オビー, パトリシア
国カナダ ボート選手
Obeegadoo, Louis Steven オビーガドゥー, ルイ・スティーブン
国モーリシャス 教育・科学研究相 別オビーガドゥー, スティーブン
Obeid, Abdullah bin Salih オベイド, アブドラ・ビン・サリハ
国サウジアラビア 教育相
Obeid, Atef Muhammad Muhammad オベイド, アテフ・ムハンマド・ムハンマド
国エジプト 首相 別オベイド, アテフ・ムハマド
Obeid, Kamal Mohamed オベイド, カマル・モハメド
国スーダン 情報相
Obeid, Mokarram オベイド, モカッラム
国シリア 運輸相
Obeidat, Mohammad オベイダト, モハマド
国ヨルダン 公共事業・住宅相
al-Obeidi, Abdul-Fittah Younis オベイディ, アブドルファタフ・ユニス
国リビア 公安書記（公安相）
al-Obeidi, Khalid オベイディ, ハリド
国イラク 国防相
Obelar de Duarte, Blanca オベラル・デ・ドゥアルテ, ブランカ
国パラグアイ 教育文化相
Oben, Tanyi Mbianyor オベン, タンニ・ビアニオ
国カメルーン 環境・森林相
Ober, Clinton オーバー, クリントン
1938〜 著「アーシング」ヒカルランド 2015
Ober, Lisa オーバー, リサ
著「ピーマンなんてこわくない」アリス館 2002
Oberdorfer, Bernd オーバードルファー, ベルント
著「死者の復活」日本キリスト教団出版局 2016
Oberdorfer, Don オーバードーファー, ドン
1931〜2015 国アメリカ ジャーナリスト 「ワシントン・ポスト」記者 別オーバードーファー, ドナルド
Oberg, Dianne オバーグ, ダイアン
著「IFLA学校図書館ガイドラインとグローバル化する学校図書館」学文社 2016
Oberg, Scott オバーグ, スコット
国アメリカ 野球選手
Obergfoll, Christina オーベルクフェル, クリスティーナ
国ドイツ 陸上選手 別オーベルクフェル
Oberhauser, Sabine オーバーハウザー, ザビーネ
国オーストリア 保健相
Oberhofer, Karin オベルホファー

国イタリア　バイアスロン選手
Oberholtzer, Brett　オバーホルツァー, ブレッド
国アメリカ　野球選手
Oberhuemer, Pamela　オーバーヒューマ, パメラ
著「ヨーロッパの保育と保育者養成」大阪公立大学共同出版会　2004
Obermaier, Frederik　オーバーマイヤー, フレデリック
1984～　著「パナマ文書」KADOKAWA　2016
Oberman, Michelle　オバーマン, M.
著「わが子を殺す母親たち」勁草書房　2002
Obermayer, Bastian　オーバーマイヤー, バスティアン
1977～　著「パナマ文書」KADOKAWA　2016
Obermeier, Siegfried　オーバーマイヤー, ジークフリート
著「皇帝の魔剣」扶桑社　2004
Oberoi, Mohan Singh　オベロイ, モハン・シン
1900～2002　国インド　実業家　オベロイ・グループ会長, インド上院議員
Oberson, Swann　オーベルソン
国スイス　オープンウォーター選手
Oberstolz, Christian　オーベルシュトルツ
国イタリア　リュージュ選手
Obertas, Julia　オベルタス
国ロシア　フィギュアスケート選手
Oberthur, Sebastian　オーバーテュアー, S.
著「京都議定書」シュプリンガー・フェアラーク東京　2001
Obetsebi-lamptey, Jake　オベツェビランプティ, ジェイク
国ガーナ　観光・首都近代化相
Obexer, Linus　オベクサー, リヌス
国スイス　サッカー選手
Obeyesekere, Gananath　オベーセーカラ, ガナナート
1930～　国スリランカ　文化人類学者　プリンストン大学名誉教授
Obholzer, Anton　オブホルツァー, アントン
1938～　著「組織のストレスとコンサルテーション」金剛出版　2014
Obholzer, Karin　オブホルツァー, K.
1943～　著「W氏との対話」みすず書房　2001
Obi, Joel　オビ, ジョエル
国ナイジェリア　サッカー選手
Obiang, Eugenio Nze　オビアン, エウジェニオ・ヌゼ
国赤道ギニア　情報相
Obiang, Pedro　オビアング, ペドロ
国スペイン　サッカー選手
Obichang, Charles　オビアン, チャールズ
国パラオ　公共基盤・産業・商業相
Obidov, Okiljon　オビドフ, オキルジョン
国ウズベキスタン　社会保障相
Obikwelu, Francis　オビクウェル
国ポルトガル　陸上選手
Obinna, Victor　オビンナ, ヴィクトル
国ナイジェリア　サッカー選手
Obioha, Julien　オビオーハ, ジュリエン
国アメリカ　アメフト選手
Obiora, Leslie　オビオラ, レスリー
国ナイジェリア　鉱業相
Obiri, Hellen Onsando　オビリ, ヘレン
国ケニア　陸上選手
Oblak, Jan　オブラク, ヤン
国スロベニア　サッカー選手
Obler, Loraine K.　オブラー, L.K.
著「言語と脳」新曜社　2002
Obler, Martin　オブラー, マーティン
著「オブラー博士の危険な患者」早川書房　2001
Oblinger, Helmut　オブリンガー
国オーストリア　カヌー選手
Oblinger-peters, Violetta　オブリンガー・ペータース
国オーストリア　カヌー選手
Obmascik, Mark　オブマシック, マーク
著「ザ・ビッグイヤー」アスペクト　2004
Obonaji, Osama Abdul-Salam　ウブナージ, オサマ・アブドルサラーム
国リビア　制憲議会担当相
Obono Engono, Jesusa　オボノエンゴノ, ヘスサ
国赤道ギニア　女性進出相
Oborne, Martine　オーボーン, マーティン
著「ママのたからもの」主婦の友社　2005
Oborududu, Blessing　オボルドゥドゥ, ブレッシング
国ナイジェリア　レスリング選手
Obote, Apollo Milton　オボテ, ミルトン
1924～2005　国ウガンダ　政治家　ウガンダ大統領　異オボテ, アポロ・ミルトン
Obradović, Žarko　オブラドビッチ, ジャルコ
国セルビア　教育・科学・技術開発相
Obradovic, Zivota　オブラドヴィッチ, ジヴォタ
国セルビア　元・在ユーゴスラビア日本国大使館現地職員
Obraztsov, Youri　オブラズツォフ, ユーリ
著「女性狙撃手」原書房　2015
Obraztsova, Elena Vasilievna　オブラスツォワ, エレーナ
1939～2015　国ロシア　メゾソプラノ歌手　異オブラスツォバ, エレーナ / オブラスツォヴァ, エレーナ
Obraztsova, Yevgenia　オブラスツォーワ, エフゲーニャ
1984～　国ロシア　バレリーナ　マリインスキー・バレエ団ソリスト
Obrecht, Bettina　オブレヒト, ベッティーナ
1964～　著「ハンナの夢さがし」偕成社　2015
Obrecht, Jas　オブレヒト, ジャス
著「ロバート・ジョンソンより前にブルース・ギターを物にした9人のギタリスト」リットーミュージック　2016
Obregón, Manuel　オブレゴン, マヌエル
国コスタリカ　文化・青年相
Obreht, Téa　オブレヒト, テア
1985～　国アメリカ　作家　専文学, フィクション, 歴史
Obreno, Hannes　オブレノ, ハネス
国ベルギー　ボート選手
O'Brian, Hugh　オブライアン, ヒュー
1925～2016　国アメリカ　俳優　本名＝クランプ, ヒュー〈Krampe, Hughes Charles〉　異オブライエン, ヒュー
O'Brien, Anne　オブライエン, アン
著「恋に落ちたレディたち」ハーレクイン　2009
O'Brien, Anthony Patrick　オブライエン, アンソニー・パトリック
著「ハバード経済学」日本経済新聞出版社　2014
O'brien, Bill　オブライエン, ビル
国アメリカ　ヒューストン・テキサンズコーチ
O'Brien, Brendan　オブライエン, ブレンダン
グラミー賞 最優秀プロデューサー(クラシック以外)(2009年(第52回))
Obrien, Brittany　オブライエン, ブリタニー
国オーストラリア　水泳選手
O'Brien, Charles　オブライアン, チャールズ
著「王宮劇場の惨劇」早川書房　2002
O'Brien, Conor Cruise　オブライエン, コナー・クルーズ
1917～2008　国アイルランド　歴史家, 文芸評論家, 政治家　ダブリン大学名誉総長, アイルランド郵政相　筆名＝O'Donnell, Donat
O'Brien, Cormac　オブライエン, コルマック
1967～　著「大統領たちの通信簿」集英社インターナショナル, 集英社(発売)　2004
O'Brien, Daniel　オブライエン, ダニエル
著「指輪物語ガイドブック」イースト・プレス　2002
O'Brien, Dominic　オブライエン, ドミニク
著「記憶に自信のなかった私が世界記憶力選手権で8回優勝した最強のテクニック」エクスナレッジ　2012
O'Brien, Ed　オブライエン, エド
1968～　国イギリス　ミュージシャン　本名＝O'Brien, Edward John
O'Brien, Edna　オブライエン, エドナ
著「しみじみ読むイギリス・アイルランド文学」松柏社　2007
O'Brien, Glenn　オブライエン, グレン
著「New York beat.」プチグラパブリッシング　2001
O'Brien, Greg　オブライエン, グレッグ
1966～　著「アメリカ・インディアンの歴史」東洋書林　2010
O'Brien, Jack　オブライエン, ジャック
トニー賞 プレイ 演出賞(2007年(第61回))　"The Coast of Utopia"
O'Brien, James　オブライエン, ジェイムズ
アメリカ探偵作家クラブ賞 批評・評伝賞(2013年)　"The Scientific Sherlock Holmes: Cracking the Case with Science and Forensics"
O'Brien, Jeffrey M.　オブライアン, ジェフリー・M.
1952～　著「世界をより良いものへと変えていく」ピアソン桐原　2011
O'brien, Jim　オブライエン, ジム
国アメリカ　フィラデルフィア・セブンティシクサーズアシスタ

ントコーチ（バスケットボール）
O'brien, J.J. オブライエン, JJ
[国]アメリカ バスケットボール選手
O'Brien, John オブライエン, ジョン
[著]「糖尿病・動脈硬化症とグリケーション仮説」 考古堂書店 2001
O'Brien, John オブライエン, ジョン
1953〜 [著]「トマス・ジェファソン本を愛し、集めた人」 さ・え・ら書房 2014
O'Brien, Justine オブライエン, ジャスティン
1932〜 [著]「ヒマラヤ聖者の教え」 徳間書店 2008
Obrien, Kate オブライエン, ケイト
[国]カナダ 自転車選手
O'Brien, Kathleen オブライエン, キャスリーン
[著]「春に愛を見つけて」 ハーレクイン 2003
O'Brien, Kevin オブライエン, ケヴィン
1955〜 [著]「最後の生贄」 講談社 2007
O'brien, Kitt オブライエン, キット
[国]アメリカ アメフト選手
O'Brien, Larry オブライエン, ラリー
？〜2005 [国]カナダ アメリカのプロゴルファー・ジャック・ニクラウスの広報担当
O'Brien, Lucy オブライエン, ルーシー
1962〜 [著]「マドンナ永遠の偶像」 二見書房 2008
O'Brien, Mary Barmeyer オブライエン, メアリー・バーマイヤー
[著]「非戦の人ジャネット・ランキン」 水曜社 2004
O'brien, Meg オブライエン, メグ
[著]「緋色の影」 ハーレクイン 2004
O'Brien, Michael Vincent オブライエン, マイケル・ビンセント
1917〜2009 [国]イギリス 調教師 [異]オブライエン, ビンセント / オブライエン, ヴィンセント
O'Brien, Niall オブライアン, ニール
[著]「たのしい小児科診察」 メディカル・サイエンス・インターナショナル 2008
O'Brien, Parry オブライエン, パリー
？〜2007 [国]アメリカ 砲丸投げ選手
O'brien, Peter オブライエン, ピーター
[国]アメリカ 野球選手
O'Brien, Sally オブライエン, サリー
[著]「ベストオブトリノ」 メディアファクトリー 2005
O'Brien, S.C. オブライエン, S.C.
[著]「知の歴史」 徳間書店 2002
O'brien, Seán オブライエン, ショーン
[国]アイルランド ラグビー選手
O'Brien, Stacey オブライエン, ステイシー
[著]「フクロウからのプロポーズ」 日経ナショナルジオグラフィック社, 日経BPマーケティング（発売） 2011
O'Brien, Terry オブライエン, テリー
[著]「CATCH PHRASE」 南雲堂 2008
O'Brien, Tim オブライエン, ティム
グラミー賞 最優秀トラディショナル・フォーク・アルバム（2005年（第48回）） "Fiddler's Green"
O'Brien, Timothy M. オブライエン, ティモシー・M.
[著]「Maven」 オライリー・ジャパン, オーム社（発売） 2006
O'Brien, Virginia オブライエン, バージニア
1946〜 [著]「MBAの経営」 日本経済新聞社 2003
O'Brien, William B. オブライアン, ウィリアム・B.
[著]「薬物依存からの脱出」 日本評論社 2008
Obrist, Hans-Ulrich オブリスト, ハンス・ウルリッヒ
1968〜 [著]「ミュージック」 フィルムアート社 2015
Obrist, Jürg オブリスト, ユルク
[著]「シマウマくんはシマウマくん」 ワールドライブラリー 2015
Obrowsky, Walter オブロブスキー, W.
[著]「ARISを活用したチェンジマネジメント」 シュプリンガー・フェアラーク東京 2003
O'bryant, Johnny オブライアント, ジョニー
[国]アメリカ バスケットボール選手
Obsieh Bouh, Elmi オブシェブー, エルミ
[国]ジブチ 住宅環境・都市計画・開発相
Obsieh Waiss, Elmi オブシェワイス, エルミ
[国]ジブチ 住宅・都市化・環境相 [異]オブシエーワイス, エルミ
Obstfeld, Maurice オブズフェルド, M.
[著]「クルーグマンの国際経済学」 丸善出版 2014
Obuljen Koržinek, Nina オブリェンコルジネク, ニナ
[国]クロアチア 文化相
Obure, Chris オブル, クリス
[国]ケニア 公共事業相 [異]オブレ, クリス
Obwocha, Henry オブオチャ, ヘンリー
[国]ケニア 計画・開発相
O'Byrne, Patrick オバーン, P.
[著]「ソーシャルワーク・アセスメント」 ミネルヴァ書房 2001
Öcalan, Abdullah オジャラン, アブドラ
1948〜 [国]トルコ 政治家 クルド労働者党（PKK）創設者
O'Callaghan, Gemma オチャラハン, ジェマ
[著]「だれにも話さなかった祖父のこと」 あすなろ書房 2015
O'Callaghan, Maxine オキャラハン, マクシン
[著]「ミニ・ミステリ100」 早川書房 2005
Ocampo, Jahir オカンポ, ハイル
[国]メキシコ 水泳選手
Ocampo, José Antonio オカンポ, ホセ・アントニオ
1952〜 [国]コロンビア 経済学者 コロンビア大学教授 国連事務次長, コロンビア財務相
Ocampos, Lucas オカンポス, ルーカス
[国]アルゼンチン サッカー選手
Ocaña, Graciela オカニャ, グラシエラ
[国]アルゼンチン 保健相
Ocante Da Silva, Aristides オカンテダシルバ, アリスティデス
[国]ギニアビサウ 独立戦争闘士・社会統合相 [異]オカンテ・ダシルバ, アリスティデス
O'Carroll, Brendan オキャロル, ブレンダン
1955〜 [国]アイルランド 作家, 脚本家, 俳優 [専]文学
Ocasio Rodriguez, Asuncion オカシオロドリゲス
[国]プエルトリコ テコンドー選手
Occhi, Gilberto オッシ, ジルベルト
[国]ブラジル 国家統合相
Occhiogrosso, Peter オチオグロッソ, ピーター
[著]「フランク・ザッパ自伝」 河出書房新社 2004
Occhiuzzi, Diego オッキウツィ, ディエゴ
[国]イタリア フェンシング選手 [異]オッキウツィ
Ocean, Frank オーシャン, フランク
[国]アメリカ グラミー賞 最優秀ラップ/サング・コラボレーション（2012年（第55回））ほか
Ocelot, Michel オスロ, ミッシェル
1943〜 [国]フランス アニメーション作家
Ochefu, Daniel オチェフ, ダニエル
[国]アメリカ バスケットボール選手
Ochekpe, Sarah Reng オチュペ, サラ・レング
[国]ナイジェリア 水資源相 [異]オチェペ, サラ・レング
Ochi, Victor オチ, ビクター
[国]アメリカ アメフト選手
Ochichi, Isabella オチチ
[国]ケニア 陸上選手
Ochigava, Sofya オチガワ
[国]ロシア ボクシング選手
Ochigava, Zurab オチガヴァ, ズラブ
[国]ウクライナ サッカー選手
Ochirbat, Burmaa オチルバト
[国]モンゴル レスリング選手
Ochirbat, P. オチルバト, ポンサルマーギーン
1942〜 [著]「モンゴル国初代大統領オチルバト回想録」 明石書店 2001
Ochirbatyn Dashbalbar オチルバティーン・ダシバルバル
[著]「モンゴル文学への誘い」 明石書店 2003
Ochirkhuu, Tuvdengiin オチルフー, ツベデンギーン
[国]モンゴル エネルギー相
Ochoa, Francisco Fernandez オチョア, フランシスコ・フェルナンデス
1950〜2006 [国]スペイン スキー選手
Ochoa, Guillermo オチョア, ギジェルモ
1985〜 [国]メキシコ サッカー選手
Ochoa, Isis オチョア, イシス
[国]ベネズエラ コミューン・社会運動相
Ochoa, Lorena オチョア, ロレーナ
1981〜 [国]メキシコ 元プロゴルファー 本名＝Ochoa, Lorena Reyes
Ochoa, Paquito オチョア, パキト
[国]フィリピン 官房長官
Ochoa Quinteros, Pablo Alcides オチョア・キンテロス, パブロ・アルシデス
[国]エルサルバドル 農牧相

Ochs, Michael オクス、マイケル
1937～ 著「1000レコードジャケット」タッシェン・ジャパン、洋販(発売) 2002
Ochs, Philipp オクス、フィリップ
国ドイツ サッカー選手
Ocker, J.W. オッカー、J.W.
アメリカ探偵作家クラブ賞 批評・評伝賞(2015年) "Poe-Land: The Hallowed Haunts of Edgar Allan Poe"
Öckerman, Per-Arne オッカーマン、ペラーン
1933～ 著「免疫力で健康増進生命力回復の「新医学」」シルバーストーン、紀伊國屋書店(発売) 2005
Ockleford, Elizabeth M. オックルフォード、エリザベス・M.
著「あなたと心理学」二瓶社 2002
Ockman, Joan オクマン、ジョアン
著「グラウンド・ゼロから」鹿島出版会 2008
Ockrent, Christine オクラン、クリスチーヌ
1944～ 著「オックラン、クリスチヌ」 著「ヒラリーという生き方」ベストセラーズ 2003
O'Clery, Conor オクレリー、コナー
著「無一文の億万長者」ダイヤモンド社 2009
O'Connell, Carol オコネル、キャロル
1947～ 著「ウィンター家の少女」東京創元社 2016
O'Connell, Fergus オコネル、ファーガス
著「成果を上げて、定時に帰る方法」日本能率協会マネジメントセンター 2007
O'Connell, Jack オコネル、ジャック
著「ベスト・アメリカン・ミステリスネーク・アイズ」早川書房 2005
O'Connell, Jennifer L. オコネル、ジェニファー
著「あの日の私で恋がしたい」ランダムハウス講談社 2003
O'connell, Paul オコネル、ポール
国アイルランド ラグビー選手
O'Connell, Stephen A. オコネル、S.
著「金融不安定性と景気循環」日本経済評論社 2007
O'Conner, Carroll オコナー、キャロル
1924～2001 国アメリカ 俳優
O'Conner-Von, Susan オコナー・フォン、スーザン
著「ケアのなかの癒し」看護の科学社 2016
O'Connor, Barbara オコナー、バーバラ
国アメリカ 作家 児童書 ⑳オコーナー、バーバラ
O'connor, Brendan オコナー、ブランドン
国アメリカ ロサンゼルス・クリッパーズアシスタントコーチ(バスケットボール)
O'connor, Brendan オコナー、ブレンダン
国オーストラリア 住宅相兼ホームレス問題相兼小企業担当相
O'Connor, Cian オコナー、シアン
1979～ 国アイルランド 馬術選手 ⑳オコーナー、シアン
O'connor, Damien オコナー、ダミエン
国ニュージーランド 矯正相兼観光相
O'connor, David オコナー、デービッド
著「開発のための政策一貫性」明石書店 2006
O'Connor, Denis オコナー、デニス
1934～ 著「田舎暮らしの猫」武田ランダムハウスジャパン 2011
O'Connor, Donald オコナー、ドナルド
1925～2003 国アメリカ 俳優、コメディアン ⑳ドナルド・オコナー
O'Connor, Francis G. オコナー、F.G.
著「ランニング医学大事典」西村書店 2013
O'Connor, Gordon オコナー、ゴードン
1939～ 国カナダ 政治家 カナダ国防相
O'Connor, Joseph オコナー、ジョセフ
1944～ 著「コーチングのすべて」英治出版 2012
O'Connor, Kaori オコナー、カオリ
著「パイナップルの歴史」原書房 2015
O'Connor, Kelley オコナー、ケリー
グラミー賞 最優秀オペラ録音(2006年(第49回)) "Golijov: Ainadamar: Fountain Of Tears" ソリスト
O'connor, Mary Mitchell オコナー、メアリ・ミッチェル
国アイルランド 雇用・企業・技術革新相
O'Connor, Michael オコナー、マイケル
アカデミー賞 衣装デザイン賞(第81回(2008年)) "The Duchess"
O'Connor, Michael J. オコーナー、マイケル
1944～ 著「リーダーシップ行動の源泉」ダイヤモンド社 2009
O'Connor, Paul オコナー、ポール
著「現場安全の技術」海文堂出版 2012
O'Connor, Philip F. オコナー、フィリップ・F.
1966～ 著「アドバンスト・コーポレート・ファイナンス」ピアソン・エデュケーション 2004
O'Connor, Robert オコナー、ロバート
1959～ 著「バッファロー・ソルジャーズ」早川書房 2002
O'Connor, Sandra Webb オコナー、サンドラ
著「アメリカのIEP個別の教育プログラム」中央法規出版 2012
O'Connor, Siobhan-Marie オコーナー、ショボーンマリー
国イギリス 水泳選手
O'connor, Susan オコーナー
国カナダ カーリング選手
O'Connor, Ulick オコナー、ユーリック
著「われらのジョイス」みすず書房 2009
O'Connor, Varley オコナー、ヴァーレー
著「ミスター・Bの女神」チャイコ 2014
O'Connor, Victoria オコナー、ヴィクトリア
著「介護セラピー」サンパウロ 2009
O'Conor, John オコナー、ジョン
1947～ 国アイルランド ピアニスト アイルランド国立音楽大学教授、ダブリン国際ピアノコンクール芸術監督 ⑳オコーナー、ジョン
O'Cooner, Patricia T. オコナー、パトリシア・T.
著「ネイティヴ・スピーカーが教えるシンプル英文法」DHC 2002
O'Crean, Maureen オクリーン、モーリーン
著「女30からの世界一簡単なしあわせの作り方」光文社 2005
Ó cuív, Éamon オクイーブ、イーモン
国アイルランド 社会保護・国防・環境・文化財・地方自治相
Oczipka, Bastian オツィプカ、バスティアン
国ドイツ サッカー選手
Oczko, Aleksander オチコ、アレクサンデル
1951～ 著「海辺のネコ」水声社 2011
Oda, Beverly オダ、ビバリー
国カナダ 国際協力相
Odagiu, Stefan オダジュ、シュテファン
国モルドバ 副首相兼経済改革相
Odam, George オーダム、ジョージ
著「音楽家の身体(からだ)メンテナンスbook」春秋社 2008
O'Day, Anita オデイ、アニタ
1919～2006 国アメリカ ジャズ歌手 本名=Belle Colton, Anita
O'day, Darren オディ、ダレン
国アメリカ 野球選手
O'day, Gail R. オデイ、G.R.
著「ヨハネ福音書」ATD・NTD聖書註解刊行会 2009
Odbayar, Dorjiin オドバヤル、ドルジーン
国モンゴル 法相
Oddo, Massimo オッド、マッシモ
国イタリア ペスカーラ監督
Oddsson, David オッドソン、ダビッド
国アイスランド 外相
O'dea, Willie オディ、ウィリー
国アイルランド 国防相
Odegaard, Martin ウーデゴーア、マルティン
国ノルウェー サッカー選手
Odeh, Abeer オデ、アビール
国パレスチナ 国民経済相
Odeh, Ayman オデ、アイマン
国ヨルダン 法相
Odeh, John オデ、ジョン
国ナイジェリア 環境相
Odekon, Mehmet オデコン、メフメト
著「世界格差・貧困百科事典」明石書店 2012
O'Dell, Charles Robert オデール、C.ロバート
1937～ 著「オリオン星雲」恒星社厚生閣 2011
O'Dell, Chris オーデル、クリス
1947～ 著「ミス・オーデル」レインボウブリッジ、星雲社(発売) 2010
Odell, Jay Scott オデル、ジェイ・スコット
著「歴史的楽器の保存学」音楽之友社 2002
Odell, Mats オーデル、マッツ
国スウェーデン 地方行政・金融市場担当相
Odell, Tom オデール、トム
1990～ 国イギリス シンガー・ソングライター 本名=Odell, Tom Peter
Odello, Luigi オデッロ、ルイージ
1951～ 著「グラッパ」三恵社 2007

Odemwingie, Peter　オデムウィンギー, ピーター
　1981〜　⒩ナイジェリア　サッカー選手　本名＝オデムウィンギー, ピーター・オサゼ〈Odemwingie, Peter Osaze〉　⒫オデムウィンギ, ピーター
Oden, Tinsley　オーデン, ティンズリー
　1936〜　⒩アメリカ　計算力学者　テキサス大学オースティン校コンピューター科学科教授・計算工学・科学研究所(ICES)所長　本名＝Oden, J.Tinsley
Odenberg, Mikael　オーデンベリ, ミカエル
　⒩スウェーデン　国防相
Odent, Michel　オダン, ミシェル
　1930〜　⒯「お産でいちばん大切なこととは何か」メディカ出版 2014
Odenthal, Marc　オーデンタール, マルク
　⒩ドイツ　柔道選手
Odersky, Martin　オダースキー, マーティン
　⒯「Scalaスケーラブルプログラミング」インプレス 2016
Odetta　オデッタ
　1930〜2008　⒩アメリカ　歌手　本名＝ホームズ, オデッタ〈Holmes, Odetta〉　⒫オデッタ, フェリオス・ゴードン
O'Dette, Paul　オデット, ポール
　グラミー賞 最優秀クラシック・オペラ録音(2014年(第57回))
　"Charpentier: La Descente D'Orphée Aux Enfers"
Odewahn, Andrew　オディウェン, アンドリュー
　⒯「ビューティフルビジュアライゼーション」オライリー・ジャパン, オーム社(発売) 2011
Odey, John Ogar　オディ, ジョン・オガー
　⒩ナイジェリア　環境相
Odgård Iversen, Bo　オドガード・イヴァーセン, ボー
　⒯「デザートサーカス」講談社 2008
Odhiambo, Rees　オディアンボー, リース
　⒩アメリカ　アメフト選手
Odhner, John L.　オドナー, ジョン
　⒯「荷は軽い」アルカナ出版 2004
Odifreddi, Piergiorgio　オディフレッディ, ピエルジョルジョ
　1950〜　⒯「数学の20世紀」青土社 2009
Odighizuwa, Owa　オディアイズワ, オワ
　⒩アメリカ　アメフト選手
Odikadze, Elizbar　オディカゼ, エリズバル
　⒩ジョージア　レスリング選手
Odinga, Raila　オディンガ, ライラ
　1945〜　⒩ケニア　政治家　オレンジ民主運動(ODM)党首　ケニア首相　本名＝Odinga, Raila Amolo
Odinot, Jan Hendrik　オディノ, ヤン・ヘンドリック
　⒩オランダ　元・オランダ剣道連盟会長
Odio, Elizabeth　オディオ, エリザベス
　⒩コスタリカ　第2副大統領兼環境エネルギー相
Odisharia, Guram　オジシャリア, グラム
　⒩ジョージア　文化相
Odlum, George　オドラム, ジョージ
　⒩セントルシア　外務・貿易相
Odom, John C.　オドム, ジョン
　1982〜2008　⒩アメリカ　野球選手
Odom, Lamar　オドム, ラマー
　1979〜　⒩アメリカ　バスケットボール選手
Odom, Mel　オドム, メル
　⒯「トリプルX」角川書店 2002
Odom, Wendell　オドム, ウェンデル
　⒯「シスコ技術者認定試験公式ガイドブックCisco CCNA Routing and Switching ICND2 200-101J」インプレスジャパン, インプレスコミュニケーションズ(発売) 2014
Odonchimed, Luvsangiin　オドンチメド, L.
　1943〜　⒯「駱駝は生きた恐竜である」Interpress 〔2007〕
Odonchimed, Luvsangiin　オドンチメド, ルブサンギーン
　⒩モンゴル　社会保障・労働相
Odone, Lorenzo　オドーネ, ロレンツォ
　1978〜2008　映画「ロレンツォのオイル」のモデル
Odongo, Jeje　オドンゴ, ジェジェ
　⒩ウガンダ　内相
O'Donnell, Adam J.　オドネル, アダム
　⒯「19の罠」翔泳社 2003
O'donnell, Chris　オドネル, クリス
　1970〜　⒩アメリカ　俳優　本名＝O'donnell, Christopher Eugene
O'Donnell, Donat　オドンネル, ドナト
　1917〜2008　⒯「マリア・クロス」彩流社 2011

O'Donnell, E.B.　オドネル, E.B.
　⒯「グローバル化と言語能力」明石書店 2015
O'Donnell, Jodi　オドネル, ジョーディ
　⒯「許されない恋心」ハーレクイン 2007
O'Donnell, Joe　オダネル, ジョー
　1922〜2007　⒩アメリカ　写真家
O'Donnell, John R.　オドンネル, ジョン
　⒯「D.トランプ破廉恥な履歴書」飛鳥新社 2016
O'Donnell, Mark　オドネル, マーク
　⒯「ヘアスプレー」ゴマブックス 2007
O'donnell, Pat　オドネル, パット
　⒩アメリカ　アメフト選手
O'Donnell, Phil　オドネル, フィル
　1972〜2007　⒩イギリス　サッカー選手
O'Donnell, Rosie　オドネル, ロージー
　トニー賞 イザベラ・スティーブン賞(2014年(第68回))
O'Donnell, Shannon　オドンネル, シャノン
　⒯「ビジネスリーダーにITがマネジメントできるか」日経BP社, 日経BP出版センター(発売) 2010
O'donnell, Tela　オドネル, テラ
　⒩アメリカ　レスリング選手
O'Donnell, Timothy　オドネル, ティモシー
　⒯「世界的な有名デザイナーたちのアイデア・スケッチ」グラフィック社 2009
O'donoghue, John　オドノフー, ジョン
　⒩アイルランド　芸術・スポーツ・観光相　⒫オドノヒュー, ジョン
O'Donohue, William T.　オドナヒュー, ウィリアム・T.
　⒫オドノヒュー, ウィリアム・T.　⒯「認知行動療法という革命」日本評論社 2013
O'Donovan, Gene　オドノヴァン, ジーン
　トニー賞 トニー名誉賞(2015年(第69回))
Odor, Rougned　オドーア, ルーネッド
　⒩ベネズエラ　野球選手
Odorizzi, Jake　オドリッジ, ジェイク
　⒩アメリカ　野球選手
Odorova, Eva　オドロバ, エバ
　⒩スロバキア　卓球選手
Odoux, Eric　オドゥー, エリック
　⒯「バニラのすべて」フレグランスジャーナル社 2015
Odrick, Jared　オドリック, ジャレッド
　⒩アメリカ　アメフト選手
Odriozola, Elena　オドリオゾーラ, エレナ
　1967〜　⒩スペイン　絵本画家
O'Driscoll, Brian　オドリスコル, ブライアン
　1979〜　⒩アイルランド　ラグビー選手
O'Driscoll, Michael P.　オドリスコル, M.P.
　⒯「ストレスマネジメントと職場カウンセリング」川島書店 2002
Oduahogiemwonyi, Stella　オドゥアオギエンウォニ, ステラ
　⒩ナイジェリア　航空相
Odubajo, Moses　オドゥバジョ, モーゼス
　⒩イングランド　サッカー選手
Odum, Eugene Pleasants　オダム, ユージン
　1913〜2002　⒩アメリカ　生態学者　ジョージア大学名誉教授　⒫オーダム, ユージン
Odumosu, Muizat Ajoke　オドゥモス
　⒩ナイジェリア　陸上選手
O'dwyer, Kelly　オドワイヤー, ケリー
　⒩オーストラリア　歳入・金融サービス相
Ody, Penelope　オディ, ペネラピ
　⒯「ニールズヤードレメディーズ」緑書房 2012
Odzoki, Serge Michel　オゾキ, セルジュ・ミシェル
　⒩コンゴ共和国　スポーツ・青少年相
Oedekerk, Steve　オーデカーク, スティーブ
　⒯「ブルース・オールマイティ」竹書房 2003
Oehlman, Damon　エールマン, ダモン
　⒯「HTML5によるAndroidアプリ開発入門」日経BP社, 日経BPマーケティング(発売) 2012
Oehlschlaeger, Fritz　エールシュレーガー, F.
　⒯「ヘンリー・ソローの暮らし」風行社, 開文社出版(発売) 2001
Oei, Tian Po　ウィー, ティアン・ポー
　⒯「ギャンブル依存のための認知行動療法ワークブック」金剛出版 2015
Oelker, Petra　エルカー, ペトラ
　1947〜　⒯「皇帝の魔剣」扶桑社 2004

Oermann, Marilyn H. オールマン, マリリン・H.
　㊃オーマン, マリリン・H. ㊃「臨地実習のストラテジー」医学書院 2002
Oerter, Al オーター, アル
　1936～2007 ㊃アメリカ 円盤投げ選手 本名＝Oerter, Alfred Adolf（Jr.） ㊃アーター, アル
Oeser, Jennifer エーザー, イエニファー
　㊃ドイツ 陸上選手
Oestberg, Ingvild Flugstad エストベルグ
　㊃ノルウェー クロスカントリースキー選手
Oester, Marlies エスター
　㊃スイス アルペンスキー選手
Oetama, Jacob ウタマ, ヤコブ
　1931～ ㊃インドネシア ジャーナリスト 「コンパスデイリー」社主, コンパス・グラメディア・グループ会長
Oetinger, Bolko von アーティンガー, ボルコ・フォン
　㊃「クラウゼヴィッツの戦略思考」ダイヤモンド社 2002
Oettingen, Gabriele エッティンゲン, ガブリエル
　㊃「成功するにはポジティブ思考を捨てなさい」講談社 2015
Ofa Mbo, Fortunato オファムボ, フォルトゥナト
　赤道ギニア 大統領府事務局長
O'Faolain, Julia オフェイロン, ジュリア
　1932～ ㊃アイルランド 作家
O'Faolain, Nuala オフェイロン, ヌーラ
　1940～ ㊃「ダブリンに, たったひとり」WAVE出版 2002
O'Farrell, Brigid オファレ, ブリジッド
　㊃「ビヨンド・ジェンダー」青木書店 2003
O'Farrell, John オファレル, ジョン
　㊃オファーレル, ジョン ㊃「乳首のイエス様」ソニー・マガジンズ 2002
O'Farrell, Maggie オファーレル, マギー
　1972～ ㊃「アリスの眠り」世界文化社 2002
O'Farrill, Arturo オ・ファリル, アルトゥーロ
　グラミー賞 最優秀ラテン・ジャズ・アルバム（2014年（第57回））ほか
O'Farrill, Chico オファリル, チコ
　1921～2001 ㊃アメリカ ジャズ作曲家・編曲家 本名＝O'Farrill, Arturo
Off, Carol オフ, キャロル
　㊃「チョコレートの真実」英治出版 2007
Off, Frank オフ, フランク
　㊃「SAPシステムのセキュリティと権限管理」日経BPソフトプレス, 日経BP出版センター（発売） 2007
Offe, Claus オッフェ, クラウス
　1940～ ㊃ドイツ 政治学者 ベルリン・フンボルト大学教授
Offenbach, Jacques オッフェンバック, ジャック
　㊃「恋のたわむれ」カモミール社 2007
Offermann, Lynn R. オファーマン, リン・R.
　㊃「昇進者の心得」ダイヤモンド社 2009
Officer, Alana オフィサー, アラナ
　㊃「世界障害報告書」明石書店 2013
Offill, Jenny オフィル, ジェニー
　1968～ ㊃「女友だちの賞味期限」プレジデント社 2014
Offit, Paul A. オフィット, ポール
　㊃オフィット, ポール・A. ㊃「代替医療の光と闇」地人書館 2015
Offmann, Karl オフマン, カール
　㊃モーリシャス 大統領
Ofili, Cindy オフィリ, シンディ
　㊃イギリス 陸上選手
O'flaherty, Eric オフラハティ, エリック
　㊃アメリカ 野球選手
O'Flanagan, Sheila オフラナガン, シーラ
　㊃「パーフェクト・マリッジ」産業編集センター 2002
Ofner, Katrin オフナー
　㊃オーストリア フリースタイルスキー選手
Ofosu-adjare, Elizabeth オフォスアジャレ, エリザベス
　㊃ガーナ 観光・文化・独創芸術相 ㊃オフォスアジェレ, エリザベス
Ofri, Danielle オーフリ, ダニエル
　㊃「医師の感情」医学書院 2016
Ogandaga, Jean-Marie オガンダガ, ジャンマリ
　㊃ガボン 行政相
Ogando, Nefi オガンド, ネイフィ
　㊃ドミニカ共和国 野球選手
Ogar, Jolanta オガー, ヨランタ
　㊃オーストリア セーリング選手
Ogas, Ogi オーガス, オギ
　㊃「性欲の科学」阪急コミュニケーションズ 2012
Ogata, Ken オガタ, ケン
　㊃「業績評価の理論と実務」東洋経済新報社 2004
Ogawa, Dennis Masaaki オガワ, デニス・マサアキ
　㊃アメリカ ハワイ大学教授, 日本ゴールデンネットワーク合資会社会長
Ogawa, Masako オガワ, マサコ
　㊃「ITI treatment guide」クインテッセンス出版 2013
Ogawa, Yoshikazu オガワ, ヨシカズ
　㊃「構造改革時代における大学教員の人事政策」広島大学高等教育研究開発センター 2004
Ogbah, Emmanuel オグバ, エマニュエル
　㊃アメリカ アメフト選手
Ogbeh, Andu Innocent オグベウ, アンドゥ・イノセント
　㊃ナイジェリア 農業・農村開発相
Ogbonna, Angelo オグボンナ, アンジェロ
　㊃イタリア サッカー選手
Ogborn, Jon オグボーン, J.
　㊃「アドバンシング物理A2」シュプリンガー・フェアラーク東京 2006
Ogbuehi, Cedric オブウェイヒ, セドリック
　㊃アメリカ アメフト選手
Ogbuewu, Franklin オグブエウ, フランクリン
　㊃ナイジェリア 文化・観光相
Ogburn, Jacqueline K. オグバン, ジャクリーン・K.
　㊃「ケーキやさんのゆうれい」フレーベル館 2007
Ogden, Jonathan オグデン, ジョナサン
　1974～ ㊃元アメフト選手 本名＝Ogden, Jonathan Phillip
Ogden, Joseph P. オグデン, ジョセフ・P.
　㊃「アドバンスト・コーポレート・ファイナンス」ピアソン・エデュケーション 2004
Ogden, Michael オグデン, マイケル
　1911～2002 ㊃アメリカ ジャーナリスト AP通信編集局長会会長
Ogden, Pat オグデン, パット
　㊃「トラウマと身体」星和書店 2012
Ogden, Thomas H. オグデン, T.H.
　1946～ ㊃「夢見の拓くところ」岩崎学術出版社 2008
Ogden, Timothy N. オグデン, ティモシー・N.
　㊃「トヨタ危機の教訓」日経BP社, 日経BPマーケティング（発売） 2011
Ogerman, Claus オガーマン, クラウス
　グラミー賞 最優秀ヴォーカル伴奏編曲（2009年（第52回）） "Quiet Nights"
Ogg, Gabi M. オッグ, ガビー・M.
　㊃「要説地質年代」京都大学学術出版会 2012
Ogg, James George オッグ, ジェームズ・G.
　1952～ ㊃「要説地質年代」京都大学学術出版会 2012
Oghassabian, Jean オガサビア, ジャン
　㊃レバノン 行政改革相
Ogiefield, Mike L. オギーフィールド, マイク・L.
　㊃「ニューヨークは泣かない」夏目書房 2004
Ogilvie, Gregory K. オグルヴィー, G.K.
　㊃「小動物の臨床栄養学」マーク・モーリス研究所 2001
Ogilvie, Sara オギルヴィー, サラ
　1971～ ㊃「とんでもプリンセスとドラゴン」フレーベル館 2016
Ogilvie-Herald, Chris オージルヴィー＝ヘラルド, クリス
　㊃「ツタンカーメンと出エジプトの謎」原書房 2004
Ogilvy, Guy オグルヴィ, ガイ
　㊃「錬金術」創元社 2009
Ogilvy, Ian オグビー, イアン
　1943～ ㊃「ミーズルと無敵のドラゴドン」講談社 2005
Ogio, Michael オギオ, マイケル
　パプアニューギニア 総督 ㊃オギオ, マイエル
Ogle, James L. オグル, ジェームズ
　？～2005 ㊃アメリカ 作家
Ogletree, Alec オグレトリー, アレク
　㊃アメリカ アメフト選手
Ogogo, Anthony オゴゴ
　㊃イギリス ボクシング選手
Ogoke, Edith オゴケ
　㊃ナイジェリア ボクシング選手
O'Gorman, Jim オゴーマン, ジム

㊕「実践Metasploit」 オライリー・ジャパン, オーム社(発売) 2012
Ogoum, Ahmat Abdoulaye オグム, アフマト・アブドゥラエ
㊖チャド 人権担当相
Ogouwalangaawore, Lucienne オグワンガウォレ, ルシエンヌ
㊖ガボン 内務・地方分権・地方開発相
O'Grady, Stuart オグレイディ, スチュアート
1973~ ㊖オーストラリア 元自転車選手 本名=O'Grady, Stuart Peter ㊞オグレイディ / オグレディ
O'Grady, William オグレイディ, ウィリアム
1952~ ㊕「子どもとことばの出会い」 研究社 2008
Oguéwa, Célestine オグワ, セレスティーヌ
㊖ガボン 技術教育・職業訓練相
Oguni, Hirokazu オグニ, ヒロカズ
㊕「てんかん症候群」 中山書店 2007
Ogunkelu, Bimbola オグンケル, ビンボラ
㊖ナイジェリア 地方統合・協力相
Ogunlewe, Adeseye オグンレウェ, アデセイェ
㊖ナイジェリア 建設相
Oguwu, Joy オグウ, ジョイ
㊖ナイジェリア 外相
Oguwuche, Grace オグウチェ, グレース
㊖ナイジェリア 政府間問題担当相
Oguzhan, Ozyakup オウズハン・オズヤクプ
㊖トルコ サッカー選手
Oh, Dae-Soo オ・デス
㊖韓国 元・韓国スカウト済州連盟長 呉大秀
Oh, Eun-sun オ・ウンソン
㊖韓国 登山家 漢字名=呉銀善
Oh, Jae-shik オ・ジェシク
?~2013 ㊖韓国 民主化運動家 漢字名=呉在植
Oh, Ji-ho オ・ジホ
1976~ ㊖韓国 俳優 漢字名=呉智昊
Oh, Jin-hyek オ・ジンヒョク
1981~ ㊖韓国 アーチェリー選手 漢字名=呉真爀
Oh, Joung-wan オ・ジョンワン
1964~ ㊖韓国 映画製作者 ボム映画代表 漢字名=呉姃琓
Oh, Keo-don オ・コドン
㊖韓国 海洋水産相 漢字名=呉巨敦
Oh, Michael オー, マイケル
1971~ ㊕「和解を通して」 ヨベル 2014
Oh, Myung オ・ミョン
㊖韓国 副首相兼科学技術相 漢字名=呉明
Oh, Sandra オー, サンドラ
ゴールデン・グローブ賞 テレビ 助演女優賞(ミニシリーズ)(第63回(2005年度)) "Grey's Anatomy"
Oh, Se-hoon オ・セフン
1961~ ㊖韓国 政治家, 弁護士 ソウル市長, 韓国国会議員(ハンナラ党), 淑明女子大学教授 漢字名=呉世勲
Oh, Seung-hwan オ・スンファン
1982~ ㊖韓国 野球選手 漢字名=呉昇桓
Oh, Seung Hwan オ・スンファン
㊖韓国 野球選手
Oh, Tae-seok オ・テソク
1940~ ㊖韓国 演出家, 劇作家 劇団木花主宰 漢字名=呉泰錫 ㊞オ・テッソク
Oh, Young-doo オ・ヨンドゥ
1975~ ㊖韓国 映画監督, 脚本家
Oh, Young-kyo オ・ヨンギョ
㊖韓国 行政自治相 漢字名=呉盈教
O'Hagan, Andrew オヘイガン, アンドリュー
1968~ ㊖イギリス 作家 ㊒文学, フィクション ㊞オヘイガン, アンドリュー
Ohana, Asher オハナ, アシェル
㊖イスラエル 宗教相
O'Hanlon, Bill オハンロン, ビル
㊕「人生を劇的に変えるほんの少しの習慣」 宝島社 2016
O'Hanlon, Michael E. オハンロン, マイケル・E.
1961~ ㊕「米中衝突を避けるために」 日本経済新聞出版社 2015
O'Hanlon, Pete オハンロン, ピート
㊖アイルランド ミュージシャン
O'Hanlon, Redmond オハンロン, レドモンド
1947~ ㊕「コンゴ・ジャーニー」 新潮社 2008
O'Hanlon, William Hudson オハンロン, W.H.
㊕「ミルトン・エリクソンの催眠療法入門」 金剛出版 2016
Ohanyan, Seyran オハニャン, セイラン
㊖アルメニア 国防相
O'Hara, Daniel T. オハラ, ダニエル・T.
㊕「現代批評理論」 平凡社 2001
O'Hara, Elizabeth オハラ, エリザベス
1954~ ㊕「サリーの愛する人」 さ・え・ら書房 2012
O'Hara, John オハラ, ジョン
㊕「巨匠の選択」 早川書房 2001
O'Hara, Karen オハラ, カレン
アカデミー賞 美術監督・装置賞(第83回(2010年)) "Alice in Wonderland"
O'Hara, Kelli オハラ, ケリー
トニー賞 ミュージカル 主演女優賞(2015年(第69回)) "The King and I"
O'Hara, Maureen オハラ, モーリーン
1920~2015 ㊖アメリカ 女優 本名=Fitz-Simons, Maureen ㊞オハラ, モーリン
Ohara, Tuyoci オオハラ, ツヨシ
㊖ブラジル 元・在サンパウロ日本国総領事館顧問弁護士
O'Hare, Mick オヘア, ミック
1964~ ㊕「わたしのハムスターを化石で残すには?」 ランダムハウス講談社 2008
O'Harrow, Robert オハロー, ロバート
㊕「プロファイリング・ビジネス」 日経BP社, 日経BP出版センター(発売) 2005
Oher, James M. オハー, ジェームス・M.
㊕「EAPハンドブック」 フィスメック 2005
Oher, Michael オアー, マイケル
1986~ ㊖アメリカ アメフト選手 ㊞オーア, マイケル
O'Herlihy, Dan オハーリー, ダン
1919~2005 俳優
Ohi, Debbie Ridpath オーイ, デビー・リドパス
1962~ ㊕「はだかんぼ!」 ひさかたチャイルド 2015
O'Higgins, Michael オヒギンズ, マイケル・B.
1947~ ㊕「ダウの犬投資法」 パンローリング 2008
Ohin, Eliott オイヌ, エリオット
㊖トーゴ 国家改革・行政近代化相
Öhlberger, Camillo エールベルガー, カミロ
1921~2013 ㊖オーストリア ファゴット奏者 ウィーン・フィルハーモニー管弦楽団ファゴット奏者 ㊞エールベルガー, カミーロ
Ohlberger, Karl エールベルガー, カール
1912~2001 ㊖オーストリア ファゴット奏者 ウィーン・フィルハーモニー管弦楽団首席ファゴット奏者, ウィーン国立音楽大学教授
Ohler, Norbert オーラー, ノルベルト
1935~ ㊕「中世の旅」 法政大学出版局 2014
Ohlig, Stefanie オーリッグ, ステファニー・F.
㊕「Hochst」 文化出版局 2001
Ohlott, Patricia J. オーロット, パトリシア・J.
㊕「仕事を通じたリーダーシップ開発」 英治出版 2004
Ohlsen, Becky オールセン, ベッキー
㊕「シアトル」 メディアファクトリー 2008
Ohlsson, Birgitta オルソン, ビルギッタ
㊖スウェーデン 欧州連合(EU)担当相
Ohlsson, Esbjørn オールソン, エスビョルン
㊕「一般化線形モデルを使用した損害保険料率の算定」 日本アクチュアリー会 2014
Ohlsson, Garrick オールソン, ギャリック
1948~ ㊖アメリカ ピアニスト ㊞オールソン, ギャーリック
Ohlsson, Kristina オルソン, クリスティーナ
1979~ ㊖スウェーデン 作家 ㊒ミステリー, スリラー
Ohm, Jeanne オーム, ジニー
㊕「カイロプラクティックのプロフェッショナル20人が語る仕事の流儀」 科学新聞社出版局 2012
Ohnishi, S.Tsuyoshi オオニシ, スタンレー
1931~ ㊕「現代科学から仏法を見る」 第三文明社 2001
Ohn Maung オン・マウン
㊖ミャンマー ホテル・観光相
Ohn Myint オン・ミン
㊖ミャンマー 畜水産・地方開発相
Ohno, Apolo Anton オーノ, アポロ・アントン
1982~ ㊖アメリカ 元スピードスケート選手
Ohnuki, Mari オオヌキ, マリ
㊕「山中iPS細胞・ノーベル賞受賞論文を読もう」 一灯舎, オーム社(発売) 2012

Ohnuki-Tierney, Emiko　オオヌキ・ティアニー, エミコ
[異]大貫・ティアニー/恵美子　[著]「マクドナルドはグローバルか」 新曜社　2003
Ohn Win　オン・ウィン
[国]ミャンマー　資源・環境保護相
Ohouochi, Clotilde　オウオシ, クロティルド
[国]コートジボワール　国家統合・社会保障相　[異]オウオチ, クロティルド
Ohrbach, Barbara Milo　オーバック, バーバラ・ミロ
[著]「あなたに贈る希望の言葉」 PHP研究所　2004
Ohryzko, Volodimir　オグリスコ, ウォロディミル
[国]ウクライナ　外相
Ohta, Herb　オオタ, ハーブ
1934～　[国]アメリカ　ウクレレ奏者　通称＝オオタサン　[異]オオタ, ハーバート・イチロー / ハーブオオタ
Ohta, Tomoko　オオタ, トモコ
[国]日本　クラフォード賞 生物学（2015年）　漢字名＝太田朋子
Ohtahara, Shunsuke　オオタハラ, シュンスケ
[著]「てんかん症候群」 中山書店　2007
Ohuruogu, Christine　オフルオグ, クリスティーン
1984～　[国]イギリス　陸上選手　[異]オールグー, クリスティーン / オフルオグ, クリスティン
Oier, Olazabal　オイエル・オラサバル
[国]スペイン　サッカー選手
Oier, Sanjurjo　オイエル・サンフルホ
[国]スペイン　サッカー選手
Oikonomou, Marios　オイコノム, マリオス
[国]ギリシャ　サッカー選手
Oilouch, Raynold　オイロー, レイノルド
[国]パラオ　副大統領兼法相
Oiticica, Christina　オイティシカ, クリスティーナ
1951～　[著]「雲と砂丘の物語」 TOブックス　2012
Oiwa, Oscar　オオイワ・オスカール
1965～　[国]ブラジル　美術家　漢字名＝大岩オスカール
Oja, Erkki　オヤ, エルキ
[著]「「詳解」独立成分分析」 東京電機大学東京電機大学出版局　2005
Ojemudia, Mario　オジムダイア, マリオ
[国]アメリカ　アメフト選手
Ojha, Devi Prasad　オジャ, デビ・プラシャド
[国]ネパール　教育・スポーツ相
Ojha, Siddaraj　オイハ, シッダラージ
[国]ネパール　人口・環境相
Ojo, Bayo　オジョ, バヨ
[国]ナイジェリア　法相
Ojo, Matthews A.　オジョ, マシューズ・A.
[著]「ナイジェリア」 ほるぷ出版　2009
Ojo, Sheyi　オジョ, セイ
[国]イングランド　サッカー選手
Ojukwu, Chukwuemeka Odumegwu　オジュク, チュクエメカ
1933～2011　[国]ナイジェリア　軍人, 政治家, 反政府指導者　ビアフラ共和国大統領
Ojuland, Kristiina　オユランド, クリスティーナ
[国]エストニア　外相
Okada, Pamela J.　オカダ, P.J.
[著]「小児救急学習用テキスト」 診断と治療社　2006
Okada, Victor N.　オカダ, ヴィクター・N
[著]「勝利は武器によるものでなく」 新教出版社　2002
Okafor, Alex　オカフォー, アレックス
[国]アメリカ　アメフト選手
Okafor, Franky　オカフォー, フランキー
[国]アメリカ　アメフト選手
Okafor, Jahlil　オカフォー, ジャリル
[国]アメリカ　バスケットボール選手
Okagbare, Blessing　オカグバレ, ブレッシング
[国]ナイジェリア　陸上選手
Okaka, Stefano　オカカ, ステファノ
[国]イタリア　サッカー選手
Okamoto, Tetsuo　オカモト, テツオ
？～2007　[国]ブラジル　水泳選手
Okamoto, Toshikazu　オカモト, トシカズ
[国]アメリカ　元・日系コンサーンズ会長
Okamura, Frank Masao　オカムラ, フランク・マサオ
1911～2006　[国]アメリカ　庭師, 盆栽指導者
Okamura, Tomio　オカムラ, トミオ
1972～　[国]チェコ　政治家, 実業家　チェコ上院議員
Okanla, Moussa　オカンラ, ムサ
[国]ベナン　外相
Okano, Kenneth Takashi　オカノ, ケネス・T.
1927～　[著]「あるハワイ移民の遺言」 川辺書林　2005
Okarma, Thomas B.　オカーマ, トーマス
[国]アメリカ　実業家　ジェロン社長・CEO
Okasha, A.　オカシャ, A.
[著]「ICD-10ケースブック」 医学書院　2012
Okasha, Samir　オカーシャ, サミール
[著]「科学哲学」 岩波書店　2008
Okazaki, Krystyna　オカザキ, クリスティーナ
？～2008　[国]ポーランド　日本文学研究者　ワルシャワ大学東洋学研究所日本・韓国学科長
Okazaki, Steven　オカザキ, スティーブン
1952～　[国]アメリカ　映画監督, 映画プロデューサー　[異]オカザキ, スティーヴン
Oke, Alan　オーク, アラン
グラミー賞 最優秀クラシック・オペラ録音（2013年（第56回））“Adès: The Tempest”　ソリスト
Oke, Janette　オーク, ジャネット
1935～　[著]「愛のよろこび」 ファミリー・フォーラム・ジャパン　2009
Oke, Tosin　オケ
[国]ナイジェリア　陸上選手
O'Keefe, Arthur Joseph, Ⅳ　オキーフ, アーサー・ジョゼフ, 4世
[著]「ハーバードMBA合格者のエッセイを読む」 オープンナレッジ　2007
O'Keefe, Catherine　オキーフ, キャサリン
英国推理作家協会賞 デビュー・ダガー（2009年）　“The Pathologist”
O'Keefe, John　オキーフ, ジョン
1939～　[国]イギリス　脳神経学者　ロンドン大学院大学（UCL）教授　[専]認知神経科学
O'keefe, Julie　オキーフ, ジュリー
[著]「刷新してほしい患者移動の技術」 日本看護協会出版会　2003
O'Keefe, Mark　オキーフ, マーク
[著]「ブルース・オールマイティ」 竹書房　2003
O'keeffe, Batt　オキーフ, バット
[国]アイルランド　教育・科学相
O'Keeffe, Jac　オキーフ, ジャック
[著]「生まれながらの自由」 ナチュラルスピリット　2015
O'Keeffe, Katherine O'Brien　オキーフ, キャサリン・オブライエン
[著]「人文学と電子編集」 慶応義塾大学出版会　2011
O'Keeffe, Niamh　オキーフ, ニアム
[著]「あなたは最初の100日間に何をすべきか」 日本経済新聞出版社　2013
Okell, Sam　オクル, サム
グラミー賞 最優秀ヒストリカル・アルバム（2011年（第54回））ほか
O'Kelly, Eugene　オケリー, ユージーン
？～2005　[著]「ビジネスマンに贈る最後の言葉」 アスペクト　2006
Okelo, Joseph　オケロ, ジョセフ
[国]スーダン　議会担当相
Okemo, Chrisanthus　オケモ, クリサンザス
[国]ケニア　蔵相
Okenve Ndoho, Conrado　オケンベヌドホ, コンラド
[国]赤道ギニア　経済・計画・公共投資相
Okert, Steven　オカート, スティーブン
[国]アメリカ　野球選手
Okeson, Jeffrey P.　オケソン, ジェフリー・P.
[著]「Okeson TMD」 医歯薬出版　2006
Oketa, Gazmend　オケタ, ガズメンド
[国]アルバニア　国防相
Okey, Robin　オーキー, ロビン
[著]「ハプスブルク君主国」 NTT出版　2010
Okieh, Djama Elmi　オキエ, ジャマ・エルミ
[国]ジブチ　保健相
Okiemy, Bienvenu　オキエミ, ビアンブニュ
[国]コンゴ共和国　文化・芸術相
Okies, Leigh　オーキーズ, リー
[著]「Meaningful Bouquets 言葉を伝える花束」 クロニクルブックス・ジャパン, 徳間書店（発売）　2016
Okimoto, Daniel I.　オキモト, ダニエル

1942～ [国]アメリカ 政治学者 スタンフォード大学名誉教授 [専]比較政治経済学, 日米関係論, ハイテク論
Okimoto, Jean Davies オキモト, ジーン・デービス
[異]オキモト, ジーン・D. [著]「ホッキョクグマのウィンストン」 ランダムハウス講談社 2008
Okimoto, Poliana オキモト, ポリアナ
[国]ブラジル 水泳選手 [異]オキモト
Okin, Susan Moller オーキン, スーザン・モラー
1946～2004 [著]「正義・ジェンダー・家族」 岩波書店 2013
Okine, Earl オカイン, アール
[国]アメリカ アメフト選手
Okitundu, Léonard She オキトゥンドゥ, レオナール・シェ
[国]コンゴ民主共和国 外相
Okitundu, She オキツンドゥ, シェ
[国]コンゴ民主共和国 副首相兼外務・地域統合相
Okker, Patricia オッカー, パトリシア
[著]「女性編集者の時代」 青土社 2003
Oklejak, Marianna オクレヤク, マリアンナ
[著]「どんどんめくってはっけん！ ちきゅうのふしぎ」 学研教育出版, 学研マーケティング(発売) 2015
Okolie, Lawrence オコリー, ローレンス
[国]イギリス ボクシング選手
Okolo, Courtney オコロ, コートニー
[国]アメリカ 陸上選手
Okombi Salissa, André オコンビサリサ, アンドレ
[国]コンゴ共和国 技術・職業訓練・雇用相 [異]オコンビ・サリサ, アンドレ
Okonedo, Sophie オコネド, ソフィ
トニー賞 プレイ 助演女優賞(2014年(第68回)) “A Raisin in the Sun”
Okonjo-iweala, Ngozi オコンジョイウェアラ, ヌゴジ
[国]ナイジェリア 財務相 [異]オコンジョ・イウェアラ, イゴジ
Okorafor, Nnedi オコルフォア, ナディ
世界幻想文学大賞 長編(2011年) “Who Fears Death” [著]「光の妖精イリデッサ」 講談社 2014
Okormi, Mahamat Bechir オコルミ, マハマト・ベシール
[国]チャド 環境・漁業資源相
Okotcha, Bennett オコチャ, ベネット
[国]アメリカ アメフト選手
Okotie, Elleen オコティ, エレーン
[著]「性加害行動のある少年少女のためのグッドライフ・モデル」 誠信書房 2015
Okouda, Martin オクダ, マルタン
[国]カメルーン 公共事業相 [異]オクダ, マルティン
Okoulou-kantchati, Issifou オクルカンチャティ, イシフ
[国]トーゴ 居住環境・都市化相
Okounkov, Andrei オクンコフ, アンドレイ
1969～ [国]ロシア 数学者 コロンビア大学教授 本名＝Okounkov, Andrei Yurovich [異]オコンコフ, アンドレイ
Okoye, Lawrence オコイエ, ローレンス
[国]アメリカ アメフト選手
Okpalaugo, Tristan オクパラーゴ, トリスタン
[国]アメリカ アメフト選手
Okrand, Fred オークランド, フレッド
？～2002 [国]アメリカ 弁護士
Okreglak, Maciej オクレグラク, マチェイ
[国]ポーランド カヌー選手
Okri, Ben オクリ, ベン
1959～ [国]ナイジェリア 作家
Okruashvili, Adam オクルアシビリ, アダム
[国]ジョージア 柔道選手
Okruashvili, Irakli オクルアシビ, イラクリ
[国]ジョージア 国防相
Oksala, Johanna オクサラ, ヨハンナ
1966～ [著]「フーコーをどう読むか」 新泉社 2011
Oksanen, Sofi オクサネン, ソフィ
1977～ [国]フィンランド 作家, 脚本家 [専]文学
Oksanen, Tuula オクサネン, T.
[著]「ソーシャル・キャピタルと健康政策」 日本評論社 2013
Oksuz, Enis オクスズ, エニス
[国]トルコ 運輸相
Okubo, Mine オオクボ, ミネ
？～2001 [国]アメリカ 画家
Okuda, D. オクダ, デニス
[著]「スタートレックエンサイクロペディア」 Dai-X出版 2003
Okuda, Junji オクダ, ジュンジ
[異]奥田準ニ [著]「腹腔鏡下大腸手術」 シュプリンガー・ジャパン 2007
Okuda, Michael オクダ, マイケル
[著]「ザ・バイブル・スタートレックネクストジェネレーション」 ぶんか社 2003
Okuefuna, David オクエフナ, デイヴィッド
[著]「アルベール・カーン コレクション」 日本放送出版協会 2009
Okulicz, Karen オクリックズ, カレン
[著]「すばやく決断できる人の考え方」 主婦の友社 2005
Okumura, Akihisa オクムラ, アキヒサ
[著]「てんかん症候群」 中山書店 2007
Okun, Michael S. オークン, マイケル
[著]「運動障害診療マニュアル」 医学書院 2013
Okung, Russell オカング, ラッセル
[国]アメリカ アメフト選手
Okura, Patrick オクラ, パトリック
？～2005 [国]アメリカ 公民権運動家 日系米国人市民連合(JACL) 会長 本名＝Okura, Kiyoshi Patrick
Okurut, Mary オクルト, メアリー
[国]ウガンダ 総務・首相府相
Okuyan, Yasar オクヤン, ヤシャル
[国]トルコ 労働・社会保障相
Okwachi, Rebecca Joshua オクワチ, レベッカ・ジョシュア
[国]南スーダン 道路相
Okwara, Romeo オクワラ, ロメオ
[国]アメリカ アメフト選手
Okwir, Betty オクウィル, ベティ
[国]ウガンダ 副大統領担当相
Okwiri, Rayton Nduku オクウィリ, レイトン
[国]ケニア ボクシング選手
Ola, Michael オーラ, マイケル
[国]アメリカ アメフト選手
Ola, Sis Ram オラ, シス・ラム
[国]インド 鉱山相
Olaberria Dorronsoro, Leire オラベリアドロンソロ
[国]スペイン 自転車選手
Oladipo, Victor オラディポ, ヴィクター
[国]アメリカ バスケットボール選手
Ólafsdóttir, Björt オラフスドッティル, ビョルト
[国]アイスランド 環境・資源相
Olafsen, Helene オラフセン
[国]ノルウェー スノーボード選手
Olafsson, Olaf オラフソン, オラフ
1962～ [国]アイスランド 作家 [異]オラフ・オラフソン
Olah, Benedek ウーラ, ベネデク
[国]ベネズエラ 卓球選手
Olah, George Andrew オラー, ジョージ
1927～ [国]アメリカ 化学者 南カリフォルニア大学名誉教授 [専]有機化学 [異]オラー, G.A. / オラー, ジョージ・アンドリュー / オラー, ジョージ・アンドルー
Olaizola, José Luis オライソラ, ホセ・ルイス
1927～ [著]「女王フアナ」 角川書店 2004
Olander, Stefan オーランダー, ステファン
[著]「ベロシティ思考」 パイインターナショナル 2012
Olanguenaawono, Urbain オランゲナアウォノ, ユルバン
[国]カメルーン 保健相 [異]オランゲナアウォノ, イルバン [異]オランゲナ・アウォノ, ユルバン
Olasunkanmi, Akinlabi オラスンカンミ, アキンラビ
[国]ナイジェリア 青年開発相 [異]オラスンカンミ, A.
Olatoye, Deji オラトイ, デヒ
[国]アメリカ アメフト選手
Olatunji, Bunmi O. オラタンジ, B.O.
[著]「嫌悪とその関連障害」 北大路書房 2014
O'Laughlin, Michael オラフリン, マイケル
[異]オラーリン, マイケル [著]「ヘンリ・ナウエン」 聖公会出版 2012
Olausson-Säll, Katarina オラウソン・セル, K.
[著]「わたしはわたし」 文化出版局 2001
Olavae, Trevor オラバエ, トレバー
[国]ソロモン諸島 農業・家畜相 [異]オラウエ, トレバー
Olavide, Miguel オラビデ, ミゲル
[国]スペイン サッカー選手
Olawale, Jamize オラワリー, ジャマイズ
[国]アメリカ アメフト選手
Olaya Gutierrez, Andrea Carolina オラヤグティエレス, アンドレア

国コロンビア　レスリング選手
Olayan, Lubna　オラヤン, ルブナ
　国サウジアラビア　オラヤン・ファイナンシングCEO
Olayan, Lubna S.　オラィアン, ルブナ
　1955～　国サウジアラビア　実業家　オライアン・ファイナンシング・グループCEO・副会長　本名＝Olayan, Lubna Suliman　異オラヤン, ルブナ
Olazábal, José María　オラサバル, ホセ・マリア
　1966～　国スペイン　プロゴルファー
Olbrychski, Daniel　オルブリフスキ, ダニエル
　国ポーランド　俳優　モスクワ国際映画祭 スタニスラフスキー賞（第29回（2007年））
Olcay, Sahan　オルジャイ・シャハン
　国トルコ　サッカー選手
Ölçer, Ramazan　オルサー, ラマザン
　著「魂の視線」高木書房 2011
Olcott, George　オルコット, ジョージ
　1955～　著「外資が変える日本的経営」日本経済新聞出版社 2010
Old, Hughes Oliphant　オールド, ヒューズ・オリファント
　著「改革派教会の礼拝」教文館 2012
Old, Marnie　オールド, マーニー
　著「ビジュアルでわかるワインの知識とテイスティング」誠文堂新光社 2016
Oldenburg, Brandon　オルデンブルク, ブランドン
　アメリカ　オタワ国際アニメーション映画祭 最優秀子ども向け短編アニメーション 選外佳作（2011年）"The Fantastic Flying Books of Mr.Morris Lessmore"
Oldenburg, Ray　オルデンバーグ, レイ
　1932～　著「サードプレイス」みすず書房 2013
Oldershausen, Karin von　オルダースハウゼン, カリン・フォン
　著「クリスマスをわすれたサンタクロース」評論社 2005
Oldershaw, Mark　オールダーショー, マーク
　国カナダ　カヌー選手　異オールダーシャー
Oldfield, Amelia　オールドフィールド, アメリア
　著「こころとからだを育む音楽ゲーム」音楽之友社 2003
Oldfield, Elizabeth　オールドフィールド, エリザベス
　著「リオのランデブー」ハーパーコリンズ・ジャパン 2016
Oldfield, Jenny　オールドフィールド, ジェニー
　1949～　著「プリンセス★マジックルビー」ポプラ社 2015
Oldham, Andrew Loog　オールダム, アンドリュー・ルーグ
　グラミー賞 最優秀ヒストリカル・アルバム（2013年（第56回））"Charlie Is My Darling - Ireland 1965" コンピレーション・プロデューサー
Oldham, John M.　オールダム, ジョン・M.
　著「境界性パーソナリティ障害最新ガイド」星和書店 2006
Oldham, Keith B.　オルダム, キース・B.
　著「関数事典」朝倉書店 2013
Ol'Dirty Bastard　オール・ダーティー・バスタード
　1968～2004　国アメリカ　ミュージシャン, 作詞家　本名＝ジョーンズ, ラッセル〈Jones, Russell Tyrone〉
Oldland, Nicholas　オールドランド, ニコラス
　著「せかせかビーバーさん」クレヨンハウス 2012
Oldman, Gary　オールドマン, ゲーリー
　1958～　国イギリス　俳優　異オールドマン, ゲイリー／オウルドマン, ゲアリ
Oldman, Mark　オールドマン, マーク
　著「NYスタイルワイン・ブック」ヴィレッジブックス 2006
Oldridge, Darren　オルドリッジ, ダレン
　著「針の上で天使は何人踊れるか」柏書房 2007
Olds, Sharon　オールズ, シャロン
　国アメリカ　ピュリッツアー賞 文学・音楽 詩（2013年）"Stag's Leap"
Olds, Shelley　オールズ
　国アメリカ　自転車選手
O'Leary, Brian Francis　オレアリ, ブライアン
　著「マニフェスト本の未来」ボイジャー 2013
O'Leary, Charles J.　オリーリ, チャールズ・J.
　著「カップルと家族のカウンセリング」金剛出版 2002
O'Leary, Hal　オレアリー, ハル
　著「障害者スキー教本」山と渓谷社 2003
O'Leary, John　オリーリー, ジョン
　著「モグはかせのびっくりマシーン」新風舎 2007
O'leary, Nick　オリアリー, ニック
　国アメリカ　アメフト選手

O'Leary, Patrick　オリアリー, パトリック
　1952～　著「不在の鳥は霧の彼方へ飛ぶ」早川書房 2003
Olegario, Rowena　オレガリオ, ロウェナ
　著「P&Gウェイ」東洋経済新報社 2013
Oleinic, Sergiu　オレイニク, セルジュ
　国ポルトガル　柔道選手
Oleinokov, Igor　オライノコフ, イゴール
　1953～　著「ねむれないよう！」学習研究社 2005印刷
Olejniczak, Wojciech　オレイニチャク, ウォイチェフ
　国ポーランド　農相
Olekas, Juozas　オレカス, ユオザス
　国リトアニア　国防相
Oleksiak, Carol　オレクシアク, キャロル
　著「乳幼児精神保健ケースブック」金剛出版 2007
Oleksiak, Penny　オレクシアク, ペニー
　国カナダ　水泳選手
Oleksy, Józef　オレクシ, ユゼフ
　1946～2015　国ポーランド　政治家　ポーランド首相, ポーランド民主左翼連合（SLD）幹部　異オレクシ, ヨゼフ
Olender, Piotr　オレンダー, ピョートル
　著「日露海戦1905」大日本絵画 2011
Olenghankoy, Joseph　オレンガンコイ, ジョゼフ
　国コンゴ民主共和国　運輸相
Olesen, Peter　オーレスン, ピーダ
　1946～　著「ガンと向き合う力」新評論 2015
Olesen, Thorbjorn　オルセン, トービョン
　国デンマーク　ゴルフ選手
Olesin, Mikhail　アレーシン, ミハイル
　著「世界初の女性大使」東洋書店 2010
Olesker, Daniel　オレスケル, ダニエル
　国ウルグアイ　社会開発相
Oleynikov, Igor　オレイニコフ, イーゴリ
　1953～　著「ピーター・パン」学習研究社 2009
Olezza Bazan, Facundo　オレッサバザン, ファクンド
　国アルゼンチン　セーリング選手
Olfert, Ernest D.　オルファート, E.D.
　著「動物実験における人道的エンドポイント」アドスリー, 丸善出版事業部（発売）2006
Olgiati, Valerio　オルジャティ, ヴァレリオ
　1958～　著「長谷川豪カンバセーションズ」LIXIL出版 2015
Olguner, Fahrettin　オルグネル, ファフレッティン
　1938～　著「ファーラービーの哲学」幻冬舎ルネッサンス 2012
Oli, K.P. Sharma　オリ, K.P.シャルマ
　国ネパール　首相兼平和復興・労働雇用担当・都市開発相
Oliansky, Joel　オリアンスキー, ジョエル
　1935～2002　国アメリカ　脚本家, 映画・テレビ監督　異オリアンスキー, ジョール
Olicier, Pierieche　オリシエ, ピエリシュ
　国ハイチ共和国　在外自国民相
Oliinyk, Denys　オリーニク, デニス
　国ウクライナ　サッカー選手
Olijars, Stanislavs　オリヤルス
　国ラトビア　陸上選手
Olijnik, Andrej　オリニク, アンドレイ
　国リトアニア　カヌー選手
Olimov, Karomatullo　オリモフ, カロマトゥロ
　国タジキスタン　文化相
Olimpio Stock, Carlos　オリンピオストック, カルロス
　国サントメ・プリンシペ　防衛・海洋相　異オリンピオ・ストック, カルロス
Olin, Chuck　オリン, チャック
　?～2005　国アメリカ　映画監督
Olin, Mary　オーリン, メアリー
　著「ルイスと未来泥棒」偕成社 2007
Olin, Nelly　オラン, ネリー
　国フランス　エコロジー・持続的開発相
Oline, Lena　オリン, レナ
　1955～　国スウェーデン　女優
Olins, Wally　オリンス, ウォーリー
　著「ブランド創造史」創元社 2014
Oliphant, Mildred　オリファント, ミルドレッド
　国南アフリカ　労相
Oliu, Walter E.　オリウ, W.E.
　著「科学・ビジネス英語ハンドブック」研究社 2009
Olivar, Celia Bocobo　オリバー, セリア・ボコボ
　著「ホルヘ・ボコボ伝」彩流社 2002

Olive, David I. オリーヴ, デイヴィッド・I.
　著「ポール・ディラック」筑摩書房　2012
Olivé, Eva オリビエ, エバ
　1973～　著「トックトックのうたごえ」学習研究社　2005印刷
Olivé, Sylvie オリーブ, シルヴィー
　ヴェネチア国際映画祭 オゼッラ賞（技術貢献賞）（第66回（2009年））　"Mr.Nobody"
Oliveira, Álamo オリヴェイラ, アラモ
　1945～　著「チョコレートはもういらない」ランダムハウス講談社　2008
Oliveira, Ana Rodrigues オリヴェイラ, アナ・ロドリゲス
　著「ポルトガルの歴史」明石書店　2016
Oliveira, Anderson オリベイラ, アンデルソン
　国ブラジル　カヌー選手
Oliveira, Bruno オリヴェイラ, ブルーノ
　1978～　著「モウリーニョ」講談社　2007
Oliveira, Carmen L. オリヴェイラ, カルメン・L.
　著「めずらしい花ありふれた花」水声社　2016
Oliveira, Dyogo オリベイラ, ディオゴ
　国ブラジル　企画・予算管理相
Oliveira, Eunício オリベイラ, エウニシオ
　国ブラジル　通信相
Oliveira, Flavia オリベイラ, フラビア
　国ブラジル　自転車選手
Oliveira, Ingrid オリベイラ, イングリド
　国ブラジル　水泳選手
Oliveira, Lorrane オリベイラ, ローラン
　国ブラジル　体操選手
Oliveira, Manoel de オリヴェイラ, マノエル・ド
　1908～2015　国ポルトガル　映画監督,脚本家　本名＝オリヴェイラ, マノエル・カンディド・ピント・ド　異オリヴェイラ, マノエル・デ / オリヴェイラ, マノエル・ド / オリヴェイラ, マノエル・デ
Oliveira, Odecil Costa オリヴェイラ, オデシル・コスタ
　国ブラジル　在サルバドール日本国名誉総領事, 元・バイーア伯日文化協会会長
Oliveira, Oswaldo オリヴェイラ, オズワルド
　1950～　国ブラジル　サッカー監督　本名＝オリヴェイラ, フィリョ・オズワルド・デ〈Oliveira, Filho Oswaldo de〉　異オリベイラ, オズワルド
Oliveira, Pamella オリベイラ
　国ブラジル　トライアスロン選手
Oliveira e Costa, João Paulo オリヴェイラ・イ・コスタ, ジョアン・パウロ
　国ポルトガル　リスボン新大学人文社会学部教授, リスボン新大学・アソーレス大学付属海外交流史研究所所長, 元・ポルトガル日本友好協会会長
Oliveira-Souza, Ricardo de オリヴェイラ・ソーザ, リカルド・デ
　著「モーラルブレイン」麗沢大学出版会, 広池学園事業部（柏）（発売）　2013
Olivennes, Francois オリヴァンヌ, フランソワ
　著「婦人科医が答える誰にも聞けないセックスの悩み」太田出版　2014
Oliver, Anne オリバー, アン
　1949～　著「時の果実が熟すまで」ハーレクイン　2011
Oliver, Branden オリバー, ブランデン
　国アメリカ　アメフト選手
Oliver, Cameron オリバー, キャメロン
　国アメリカ　バスケットボール選手
Oliver, Chad オリバー, チャド
　著「時間と空間の冒険」岩崎書店　2005
Oliver, Clare オリバー, クレア
　著「海のふしぎ」文研出版　2011
Oliver, Clayton オリヴァー, クレイトン
　著「ヴァンパイア・ストーリーテラー・コンパニオン日本語版」アトリエサード, 書苑新社（発売）　2001
Oliver, David オリバー
　国アメリカ　陸上選手
Oliver, David オリバー, デイビッド
　1951～　著「交渉テクニックを学べ!!」ディスカヴァー・トゥエンティワン　2006
Oliver, Elizabeth Anne オリバー, エリザベス
　1940～　著「日本の犬猫は幸せか」集英社　2015
Oliver, Frank オリバー, フランク
　1948～2014　国ニュージーランド　ラグビー選手　本名＝Oliver, Francis Frank
Oliver, Jamie オリバー, ジェイミー
　1975～　国イギリス　料理人　本名＝Oliver, James Trevor　異オリヴァー, ジェイミー
Oliver, Joan Duncan オリバー, ジョーン・ダンカン
　著「よいカルマ」サンマーク出版　2008
Oliver, Joe オリバー, ジョー
　国カナダ　財務相
Oliver, Lauren オリバー, ローレン
　1982～　国アメリカ　作家　異ヤングアダルト, SF　異オリヴァー, ローレン
Oliver, Lloyd オリバー, ロイド
　？～2011　国アメリカ　軍人
Oliver, Mark オリバー, マーク
　1960～　著「かわいいどうぶつずかん」大日本絵画　2005
Oliver, Martin オリバー, マーティン
　著「イエティを探せ」ゆまに書房　2002
Oliver, Michael オリバー, マイケル
　1945～　著「障害学にもとづくソーシャルワーク」金剛出版　2010
Oliver, Paul オリヴァー, ポール
　1927～　著「ブルースと話し込む」土曜社　2016
Oliver, Paul オリバー, ポール
　1927～　著「世界の住文化図鑑」東洋書林　2004
Oliver, Paul オリバー, ポール
　著「世界の宗教を読む事典」講談社　2007
Oliver, Richard W. オリバー, リチャード・W.
　1946～　著「バイオエコノミー」ダイヤモンド社　2002
Oliver, Roland Anthony オリバー, ローランド
　1923～2014　国イギリス　アフリカ学者　異オリヴァー, ローランド
Oliver, Steve オリヴァー, スティーヴ
　著「探偵はいつも憂鬱」早川書房　2002
Oliver, Torres オリベル, トーレス
　国スペイン　サッカー選手
Oliver, Willard Varnell オリバー, ウィラード
　1921～2009　国アメリカ　軍人
Olivera, Maximiliano オリベーラ, マキシミリアーノ
　国ウルグアイ　サッカー選手
Oliveraboropu, Antoino Pedro オリベラボロブ, アントニオ・ペドロ
　国赤道ギニア　貿易相
Oliveri, Fabio オリヴェリ, ファビオ
　著「清原お玉」Krea　2003
Oliverio, Alberto オリヴェリオ, アルベルト
　著「創造力の不思議」創元社　2010
Oliverio Ferraris, Anna オリヴェリオ・フェッラーリス, アンナ
　著「胎児の脳老人の脳」創元社　2008
Olivero, Magda オリヴェーロ, マグダ
　1910～2014　国イタリア　ソプラノ歌手　異オリベーロ, マグダ / オリベロ, マグダ
Oliveros, Pauline オリベロス, ポーリン
　1932～　国アメリカ　作曲家, アコーディオン奏者　異オリヴェロス, ポーリーン / オリヴェロス, ポーリン
Oliver-Smith, Anthony オリヴァー＝スミス, アンソニー
　著「災害の人類学」明石書店　2006
Olivetti, Ariel オリベッティ, アリエル
　著「パニッシャー・ウォージャーナル：シビル・ウォー」ヴィレッジブックス　2016
Olivier, Christiane オリヴィエ, クリスティアーヌ
　著「母と娘の精神分析」法政大学出版局　2003
Olivier, Marc-Antoine オリビエ, マルクアントワヌ
　国フランス　水泳選手
Olivier, Suzannah オリヴィエ, スザンナ
　著「デトックスマニュアル」バベルプレス　2007
Olivieri, Aldo オリビエリ, アルド
　1910～2001　国イタリア　サッカー選手　異オリヴィエリ, アルド
Olivierre, Nicole オリビエール, ニコール
　国トリニダード・トバゴ　エネルギー相
Olivo, Karen オリボ, カレン
　トニー賞 ミュージカル 助演女優賞（2009年（第63回））　"West Side Story"
Oliwenstein, Lori オリヴェンシュタイン, ロリ
　著「スーパーヒューマン」清流出版　2004
Oljira, Beleynesh オルジラ
　国エチオピア　陸上選手

Olkowski, Pawel　オルコフスキ, パヴェウ
　国ポーランド　サッカー選手
Olldashi, Sokol　オルダシ, ソコル
　国アルバニア　公共事業・運輸相
Oller, Erika　オラー, エリカ
　著「ふとっちょエルシーさんのキャベツスープ」バベルプレス 2007
Oller, Olga Brody　オラー, オルガ・ブロディ
　著「アドラーの思い出」創元社 2007
Olley, Greg　オリー, グレッグ
　国イングランド　サッカー選手
Olli, Petra　オッリ, ペトラマーリト
　国フィンランド　レスリング選手
Olliffe, Patrick　オリフェ, パトリック
　著「スパイダーマン：エレクション・デイ」小学館集英社プロダクション 2013
Ollinger, Michael　オーリンジャー, マイケル
　著「食品安全と栄養の経済学」農林統計協会 2002
Ollivier, Bernard　オリヴィエ, ベルナール
　1938～　著「サマルカンドへ」藤原書店 2016
Ollivier, Jean-Yves　オリヴィエ, ジャン・イヴ
　1944～　国フランス　実業家　異オリビエ, ジャンイブ
Ollivier, Jonathan　オリビエ, ジョナサン
　1977～2015　国イギリス　バレエダンサー　異オリヴィエ, ジョナサン
Olmert, Ehud　オルメルト, エフド
　1945～　国イスラエル　政治家　イスラエル首相, エルサレム市長, カディマ党首
Olmi, Ermanno　オルミ, エルマンノ
　1931～　国イタリア　映画監督
Olmstead, Evan　オルムステッド, エヴァン
　国カナダ　ラグビー選手
Olmstead, Marvin L.　オームステッド, M.L.
　著「新・小動物骨折内固定マニュアル」メディカルサイエンス社, インターズ（発売）2001
Olmsted, Frederick Law　オルムステッド, フレデリック・ロウ
　著「アメリカの環境主義」同友館 2004
Olnek, Madeleine　オルネック, マデリーン
　著「俳優のためのハンドブック」フィルムアート社 2012
Olofsson, Anna carin　オロフソン, アンナ・カリン
　1973～　国スウェーデン　バイアスロン選手
Olofsson, Maud　オロフソン, モード
　国スウェーデン　企業・エネルギー相
Olofsson-zidek, Anna Carin　オロフソン
　国スウェーデン　バイアスロン選手　異オロフソン, アンナカリン
Olopade, Dayo　オロパデ, ダヨ
　著「アフリカ希望の大陸」英治出版 2016
Olopeng, Thapelo　オロペン, タペロ
　国ボツワナ　青年地位向上・スポーツ・文化相
O'Loughlin, Gerald Stuart　オローリン, ジェラルド・スチュアート
　1921～2015　国アメリカ　俳優
O'Loughlin, James　オラフリン, ジェームズ
　著「バフェットの経営術」パンローリング 2013
Olpin, Michael　オルピン, マイケル
　著「ストレス・フリー」キングベアー出版 2015
Olrich, Tomas Ingi　オルリッチ, トマス・インギ
　国アイスランド　教育・科学・文化相
Olris, Vibeke　オルリス, ヴィベケ
　1951～　著「デンマークのクロスステッチ色いろボーダー」文化出版局 2004
Olschleger, Hans-Dieter　オイルシュレーガー, ハンス＝ディーター
　著「アイヌ」〔小松和弘〕2002
Olsen, Andy　オルソン, アンディ
　著「Visual Basicプログラマのための「クラス設計」ガイドブック」ソシム 2003
Olsen, Corey　オルセン, コリー
　著「トールキンの「ホビット」を探して」KADOKAWA 2014
Olsen, David　オルセン, デーヴィッド
　著「人材育成のジレンマ」ダイヤモンド社 2004
Olsen, Frances E.　オルセン, フランセス
　異オルセン, フランシス　著「ジェンダー平等と多文化共生」東北大学出版会 2010
Olsen, Greg　オルセン, グレッグ
　国アメリカ　アメフト選手

Olsen, Ib Spang　オルセン, イブ・スパング
　1921～2012　国デンマーク　画家, 絵本作家, 挿絵画家　異オルセン, イブ・スパン
Olsen, Joachim Broechner　オルセン
　国デンマーク　陸上選手
Olsen, Justin　オルセン, ジャスティン
　1987～　国アメリカ　ボブスレー選手
Olsen, Kenneth Harry　オルセン, ケネス・ハリー
　1926～2011　国アメリカ　実業家, コンピューター科学者　ディジタル・イクイプメント（DEC）創業者・CEO　通称＝オルセン, ケン〈Olsen, Ken〉
Olsen, Larry Dean　オルセン, ラリー・D.
　1939～　著「アウトドア・サバイバル技法」エイアンドエフ 2014
Olsen, Morten　オルセン, モルテン
　1949～　国デンマーク　サッカー指導者, 元サッカー選手　サッカー・デンマーク代表監督　異オルセン, モアテン
Olsen, Rikke　オルセン
　国デンマーク　バドミントン選手
Olsen, Rolf Bang　オールセン, ロルフ・バング
　著「デンマーク発痴呆介護ハンドブック」ミネルヴァ書房 2003
Olsen, Russ　オルセン, ラス
　著「明解！ Ruby」ピアソン桐原 2012
Olsen, Scott Anthony　オルセン, スコット
　著「黄金比」創元社 2009
Olsen, Shallon　オルセン, シャロン
　国カナダ　体操選手
Olsen, Timothy　オールセン, ティモシー
　著「13歳からの投資のすすめ」東洋経済新報社 2006
Olsen, Vivian Zarl　オルセン, ヴィヴィアン・ザール
　1942～　著「10までかずをかぞえたこやぎ」ワールドライブラリー 2015
Olsen, Winifred I.　オルセン, ウィニフレッド・I.
　国アメリカ　元・国際連合日本政府代表部現地職員
Olsenius, Richard　オルセニウス, リチャード
　1946～　著「ナショナルジオグラフィックプロの撮り方デジタルカメラ」日経ナショナルジオグラフィック社, 日経BP出版センター（発売）2006
Olshaker, Mark　オルシェイカー, マーク
　著「「動機」が怖いほど読める！」三笠書房 2001
Olshansky, Stuart Jay　オルシャンスキー, S.ジェイ
　1954～　著「長生きするヒトはどこが違うか？」春秋社 2002
Olshey, Neil　オルシェイ, ニール
　国アメリカ　ポートランド・トレイルブレイザーズGM
Ol'shvang, V.　オリシヴァング, ワレンチン
　1961～　国オリシヴァング, ヴァレンチン　著「フェドーラばあさんおおよわり」偕成社 2010
Olski, Patrick　オルスキー, パトリック
　1926～　著「足は十三文半、雲つくような大男」柏艪舎, 星雲社（発売）2008
Olson, Barbara　オルソン, バーバラ
　?～2001　国アメリカ　テレビ・コメンテーター, 弁護士, 元・検察官　CNNコメンテーター
Olson, Carl　オルソン, カール
　1929～2002　国アメリカ　プロボクサー　世界ミドル級チャンピオン　別名＝オルソン, ボボ〈Olson, Bobo〉
Olson, Cheryl K.　オルソン, シェリル・K.
　著「ゲームと犯罪と子どもたち」インプレスジャパン, インプレスコミュニケーションズ（発売）2009
Olson, Danel　オルソン, ダネル
　世界幻想文学大賞 アンソロジー（2013年）"Postscripts #28/#29: Exotic Gothic 4"
Olson, Greg　オルソン, グレッグ
　国アメリカ　ジャクソンビル・ジャガーズコーチ
Olson, Jeff A.　オルソン, ジェフ
　著「スライト・エッジ」きこ書房 2016
Olson, Matt　オルソン, マット
　国アメリカ　野球選手
Olson, Matthew S.　オルソン, マシュー・S.
　著「ストール・ポイント」阪急コミュニケーションズ 2010
Olson, Neil　オルスン, ニール
　1964～　国アメリカ　作家　歴史, ミステリー
Olson, Parmy　オルソン, パーミー
　著「我々はアノニマス」ヒカルランド 2013
Olson, Roberta K.　オルソン, ロバータ・K.
　著「エビデンスに基づく看護学教育」医学書院 2003

Olson, Russell L. オルソン, ラッセル・L.
　㊅「企業年金運用の成功条件」東洋経済新報社　2001
Olson, S. オルソン, スティーヴン
　㊅「偽薬効果」春秋社　2002
Olson, Shannon オルソン, シャノン
　㊅「迷子になったわたしの惑星」ソニー・マガジンズ　2002
Olson, Steve オルソン, スティーヴ
　1956～　㊅「アナーキー進化論」柏書房　2014
Olson, Steven Douglas オルソン, スティーブン・ダグラス
　㊅「Ajax & Java」オライリー・ジャパン, オーム社（発売）2007
Olson-Hort, Sven E. オルソン＝ホート, シュヴェン・E.
　㊅「アジアの福祉国家政策」芦書房　2006
Olssen, Mark オルセン, マーク
　㊅「グローバル化・社会変動と教育」東京大学出版会　2012
Olsson, Anna オルソン, アンナ
　1976～　㊾スウェーデン　元スキー選手　㊛オルソン
Olsson, Christian オルソン
　㊾スウェーデン　陸上選手
Olsson, Fredrick T. オルソン, フレドリック・T.
　1969～　㊾スウェーデン　作家　㊛ミステリー
Olsson, Gunnar L. オルソン, グンナー・L.
　㊅「アクセプタンス＆コミットメント・セラピー実践ガイド」明石書店　2014
Olsson, Johan オルソン, ヨハン
　1980～　㊾スウェーデン　スキー選手　本名＝Olsson, Johan Arne　㊛オルソン
Olsson, Jonas オルソン, ヨナス
　㊾スウェーデン　サッカー選手
Olsson, Josefin オルソン, ヨセフィン
　㊾スウェーデン　セーリング選手
Olsson, Linda オルソン, リンダ
　㊾ニュージーランド　作家　㊛文学, ロマンス
Olubolade, Caleb オルボラデ, カレブ
　㊾ナイジェリア　警察相
Olubusola, Omobola Johnson オルブソラ, オモボラ・ジョンソン
　㊾ナイジェリア　通信技術相
Olujinmi, Akinlolu オルジンミ, アキンロル
　㊾ナイジェリア　法相
Olusola, Kevin オルソラ, ケヴィン
　グラミー賞 最優秀インストゥルメンタル編曲（アカペラ）（2014年（第57回））"Daft Punk" 編曲
Olve, Nils-Göran オルヴ, ニルス・ゲラン
　1947～　㊅「バランス・スコアカードへの招待」生産性出版　2006
Olver, Elizabeth オルヴァー, エリザベス
　㊅「ヨーロッパのクリエイティヴジュエリー」美術出版社　2002
Olweus, Dan オルヴェウス, ダン
　1931～　㊅「オルヴェウス・いじめ防止プログラム」現代人文社, 大学図書（発売）2013
Olympio, Harry Octavianus オリンピオ, ハリー・オクタビアヌス
　㊾トーゴ　民主化・法治国家促進相
Olynyk, Kelly オリニク, ケリー
　㊾カナダ　バスケットボール選手
Olyunin, Nikolay オリューニン
　㊾ロシア　スノーボード選手
Om, Yun-chol オム・ユンチョル
　1991～　㊾北朝鮮　重量挙げ選手
Omaar, Mohamed Abdullahi オマール, モハメド・アブドラヒ
　㊾ソマリア　副首相兼外相
O'mahony, Peter オマホニー, ピーター
　㊾アイルランド　ラグビー選手
al-Omair, Ali Saleh オメール, アリ・サレハ
　㊾クウェート　石油相兼議会担当相
Omalanga, Lambert Mende オマランガ, ランベール・メンデ
　㊾コンゴ民主共和国　通信・メディア相
O'Malley, Bryan Lee オマリー, ブライアン・リー
　㊅「スコット・ピルグリムVSジ・ユニバース」ヴィレッジブックス　2011
O'Malley, Kevin オマリー, ケビン
　1961～　㊅「太陽系の惑星」小峰書店　2005
O'Malley, Martin Joseph オマリー, マーティン
　1963～　㊾アメリカ　政治家　メリーランド州知事
O'Malley, Michael オマリー, マイケル
　1954～　㊅「芸術家に学ぶリーダーシップ」マグロウヒル・エデュケーション, 日本経済新聞出版社（発売）2012
O'Malley, Peter オマリー, ピーター
　㊾アメリカ　元・ロサンゼルス・ドジャース社長兼オーナー　ドジャース会長
O'malley, Ryan オマリー, ライアン
　㊾アメリカ　アメフト選手
O'malley, Shawn オマリー, ショーン
　㊾アメリカ　野球選手
Omameh, Patrick オーメイメ, パトリック
　㊾アメリカ　アメフト選手
Omamo, Raychelle オマモ, レイチェル
　㊾ケニア　国防相
Oman, Jason オーマン, ジェイソン
　㊅「史上最高のセミナー」きこ書房　2011
Oman, Kathleen S. オマーン, キャスリン・S.
　㊅「救急看護」エルゼビア・ジャパン　2006
Omar, Abdul オマル, アブドゥル
　㊾ガーナ　ボクシング選手
Omar, Abdusalam Hadlie オマル, アブドゥサラム・ハドリエ
　㊾ソマリア　外相　㊛オマル, アブドゥサラム・ハドリー
Omar, Dullah オマール, ドラ
　㊾南アフリカ　運輸相
Omar, Julian オマール, フリアン
　㊾スペイン　サッカー選手
Omar, Mohamed Ben オマル, モハメド・ベン
　㊾ニジェール　高等教育・科学研究相
Omar, Muhammad オマル, ムハマド
　1959～2013　㊾アフガニスタン　タリバン最高指揮者　㊛ウマル, モハマド / オマール, ムハマド / オマル, ムハンマド
Omar, Muneer Ali オマル, ムニール・アリー
　㊾リビア　経済相
Omar, Rashad オマル, ラシャド
　㊾イラク　科学技術相
Omarov, Magomed オマロフ
　㊾ロシア　ボクシング選手
Omarova, Anna オマロワ
　㊾ロシア　陸上選手
Omarr, Sydney オマール, シドニー
　?～2003　㊾アメリカ　占星術師
Omartian, Stormie オマーティアン, ストーミー
　㊅「主よ、心を癒やしてください」いのちのことば社CS成長センター　2014
Omatuku, Philomène オマトゥク, フィロメーヌ
　㊾コンゴ民主共和国　産業・中小企業相
Omba Biongolo, Paul オンバビオンゴロ, ポール
　㊾フランス　ボクシング選手
Ombel, Constant オンベル, コンスタン
　㊾コンゴ民主共和国　初等教育相
O'Meara, Mark オメーラ, マーク
　1957～　㊾アメリカ　プロゴルファー　本名＝オメーラ, マーク・フランシス〈O'Meara, Mark Francis〉
Omelchuk, Oleh オメルチュク, オレ
　㊾ウクライナ　射撃選手
Omelyan, Volodymyr オメリヤン, ウォロディミル
　㊾ウクライナ　インフラ相
Omer, Ahmed Sa'ad オマル, アハメド・サード
　㊾スーダン　内閣担当相
Omer, Devorah オメル, デボラ
　1932～　㊅「心の国境」日本図書センター　2005
Omer, Haim オマー, ハイム
　㊅「暴力や自己破壊に非暴力で対応する」ナカニシヤ出版　2010
Omer, Ibrahim Ahmad オマル, イブラヒム・アハマド
　㊾スーダン　科学技術相
Omer, Sismanoglu エメル・シシュマノール
　㊾トルコ　サッカー選手
Omer Cubukcu オメル
　㊾トルコ　レスリング選手
Omidyar, Pierre M. オミディア, ピエール
　㊾アメリカ　実業家　eベイ創業者
Omilanowska, Małgorzata オミラノフスカ, マウゴジャータ
　㊾ポーランド　文化・国家遺産相
Ominami Pascual, Carlos Ⅲ オミナミ, カルロス, 3世
　1951～　㊾チリ　経済学者, 政治家　チリ経済相　本名＝Ominami Pascual, Carlos Octavio　㊛オミナミ, カルロス・オクタビオ・パスクアル

Omischl, Steve オミシュル
⊕カナダ　フリースタイルスキー選手

Ommen, Erik van オメン, エリック・ファン
1956〜　㊟「平戸の空」長崎文献社　2006

Ommen, Sylvia Van オメン, シルヴィア・ファン
1978〜　㊟「ドロップ」竹書房　2003

Omoile, Oni オモイル, オニ
⊕アメリカ　アメフト選手

Omonte Durand, Carmen オモンテ・ドゥランド, カルメン
⊕ペルー　女性・社会開発相

Omotoba, Babatunde オモトバ, ババトゥンデ
⊕ナイジェリア　航空相

Omoush, Ibrahim オムシュ, イブラヒム
⊕ヨルダン　首相府担当相

Ompoka, Jean-Pierre Bokole オンポカ, ジャンピエール・ボコレ
⊕コンゴ民主共和国　科学研究相

Omran, Adnan オムラン, アドナン
⊕シリア　情報相

Omran, Al-Mabrouk Gharaira オムラン, マブルーク・カリール
⊕リビア　司法相

Omuraliyev, Taalaibek オムラリエフ, タアライベク
⊕キルギス　国防相

Omuraliyev, Tolobek オムラリエフ, トロベク
⊕キルギス　地方自治・地域開発相

Ona, Enrique オナ, エンリケ
⊕フィリピン　保健相

Oña, Iván オニャ, イバン
⊕エクアドル　大統領府報道官

Önal, Ayşe ヨナル, アイシェ
1955〜　㊟「名誉の殺人」朝日新聞出版　2013

Onana, Andre オナナ, アンドレ
⊕カメルーン　サッカー選手

Ona Ondo, Daniel オナオンド, ダニエル
⊕ガボン　首相

Ona Ono, Daniel オナオノ, ダニエル
⊕ガボン　郵政・通信相

Onari, Benedicto Zulita オオナリ, ベネディクト・ズリータ
⊕フィリピン　元・フィリピン日系人連合会会長, 元・セブ日系人会会長

Oncken, William, Jr. オンケン, ウィリアム, Jr.
㊟「1分間マネジャーの時間管理」パンローリング　2013

Ondaatje, Michael オンダーチェ, マイケル
1943〜　⊕カナダ　作家, 詩人

Ondekane, Jean-Pierre オンデカネ, ジャンピエール
⊕コンゴ民主共和国　国防相

Ondo, Estelle オンド, エステル
⊕ガボン　森林経済・漁業・環境相

Ondoa, Christine オンドア, クリスティン
⊕ウガンダ　保健相

Ondo Bile, Pastor Micha オンドビレ, パストール・ミチャ
⊕赤道ギニア　外相

Ondo Methogo, Emmanuel オンドメトゴ, エマニュエル
⊕ガボン　副首相兼議会関係・省庁間委員会調整担当相

Ondongo, Gilbert オンドンゴ, ジルベール
⊕コンゴ共和国　経済・産業開発・民間部門促進相

Ondo Nguema, Pedro オンドヌゲマ, ペドロ
⊕赤道ギニア　公共事業・社会基盤相

Ondo Nkumu, Salvador オンドヌクム, サルバドル
⊕赤道ギニア　法務・宗教相

Ondo Nzang, Consuelo オンドヌザン, コンスエロ
⊕赤道ギニア　社会問題・女性進出相

Ondo Ossa, Albert オンドオッサ, アルベール
⊕ガボン　科学研究・技術開発相

Ondosabar, Carmen オンドサバル, カルメン
㊟「読書へのアニマシオン」柏書房　2001

Ondoua, Pius オンドゥア, ピウス
⊕カメルーン　労働・社会福祉相

Ondoua, Sylvestre Naah オンドゥア, シルベストル・ナア
⊕カメルーン　環境・林業相

Ondrejka, Cory オンドレイカ, コリー
㊟「セカンドライフ公式ガイド」インプレスR&D, インプレスコミュニケーションズ（発売）　2007

Ondříček, Miroslav オンドリチェク, ミロスラフ
1934〜2015　⊕チェコ　映画撮影監督　㊙オンドジーチェク, ミロスラフ

Ondrusek, Logan オンドルセック, ローガン
⊕アメリカ　野球選手

Ondzounga, Ruffin Pacome オンズンガ, リュファン・パコム
⊕カボン　国防相

O'neal, Cedric オニール, セドリック
⊕アメリカ　アメフト選手

O'Neal, Katherine オニール, キャサリン
㊟「すべては君のために」扶桑社　2012

O'Neal, Shaquille オニール, シャキール
1972〜　⊕アメリカ　元バスケットボール選手　本名＝オニール, シャキール・ラシャウン〈O'Neal, Shaquille Rashaun〉

O'Neal, Stanley オニール, スタンリー
1951〜　⊕アメリカ　金融家　メリルリンチ会長・CEO　本名＝O'Neal, E.Stanley　㊙オニール, スタンレー

O'Neal, Synthia オニール, シンシア
㊟「メモリーズ・オブ・ジョン」イースト・プレス　2006

O'Neal, Tatum オニール, テータム
1963〜　⊕アメリカ　女優　㊙オニール, テイタム

O'Neal, Ted オニール, テッド
㊟「定年退職セラピー」サンパウロ　2012

Onec, Omnec オネク, オムネク
㊟「金星人オムネクとの対話」TOブックス　2013

Onechanh, Thammavong オンチャン・タンマウォン
⊕ラオス　労働・社会福祉相

O'Neil, Buck オニール, バック
1911〜2006　⊕アメリカ　野球選手　本名＝オニール, ジョン・ジョーダン

O'Neil, Cathy オニール, キャシー
㊟「データサイエンス講義」オライリー・ジャパン, オーム社（発売）　2014

O'Neil, Dennis オニール, デニス
1939〜　㊟「グリーンランタン/グリーンアロー」小学館集英社プロダクション　2011

O'Neil, Denny オニール, デニー
㊟「IRON MAN」小学館集英社プロダクション　2010

O'Neil, Di オニール, ディー
1946〜　㊟「家族のカウンセリング」ブレーン出版　2005

O'Neil, James M. オニール, ジェームズ・M.
㊟「パートナー暴力」北大路書房　2011

O'neil, Jim オニール, ジム
⊕アメリカ　サンフランシスコ・フォーティナイナーズコーチ

O'Neil, John R. オニール, ジョン
㊟「成功して不幸になる人びと」ダイヤモンド社　2003

O'Neil, Joseph オニール, ジョゼフ
㊟「独習Java」翔泳社　2008

O'Neil, Louisa Peat オニール, ピート
1949〜　㊟「旅行ライター入門講座」バベルプレス　2008

O'neil, Peter オニール, ピーター
⊕パプアニューギニア　公共サービス相

O'Neil, William J. オニール, ウィリアム・J.
㊟「オニールの成長株発掘法」パンローリング　2011

O'neill, Aiden オニール, アイデン
⊕オーストラリア　サッカー選手

O'Neill, Barrett オニール, バレット
㊟「カー・ブラックホールの幾何学」共立出版　2002

O'Neill, Gerard オニール, ジェラード
㊟「ブラック・スキャンダル」KADOKAWA　2015

O'Neill, Hannah オニール, ハンナ
⊕ニュージーランド　ローザンヌ国際バレエコンクール1位・スカラシップ（第37回（2009年））

O'Neill, Jason オニール, ジェイソン
⊕アイルランド　ダンサー　㊙アイリッシュダンス

O'Neill, Jim オニール, ジム
1957〜　⊕イギリス　エコノミスト　ゴールドマン・サックス・アセット・マネジメント（GSAM）会長

O'Neill, John オニール, ジョン
1956〜　㊟「エコロジーの政策と政治」みすず書房　2011

O'Neill, Joseph オニール, ジョゼフ
1964〜　作家

O'Neill, Kevin オニール, ケビン
1953〜　㊟「リーグ・オブ・エクストラオーディナリー・ジェントルメン」ヴィレッジブックス　2015

O'Neill, Luke A.J. オニール, L.A.J.
㊟「生命とは何か」培風館　2001

O'Neill, Matthew オニール, マシュー

エミー賞 プライムタイム・エミー賞 最優秀監督賞(ノンフィクション番組)(第58回(2006年)) “Baghdad ER”

O'Neill, Michael E. オニール, マイケル
1946〜 [国]アメリカ 銀行家 シティグループ会長

O'Neill, Onora オニール, オノラ
1941〜 [著]「正義の境界」 みすず書房 2016

O'Neill, Patrick オニール, パトリック
1945〜 [著]「言説のフィクション」 松柏社 2001

O'neill, Paul オニール, ポール
[国]アメリカ 財務長官

O'Neill, Paul オニール, ポール
[著]「基本臨床技能試験のコアスキル」 西村書店 2004

O'Neill, Peter オニール, ピーター
1965〜 [国]パプアニューギニア 政治家 パプアニューギニア首相, パプアニューギニア人民国民会議(PNC)党首 本名＝O'Neill, Peter Charles Paire

O'Neill, Robert E. オニール, ロバート・E.
1957〜 [著]「子どもの視点で考える問題行動解決支援ハンドブック」 学苑社 2003

O'Neill, Robert V. オニール, ロバート・V.
1940〜 [著]「景観生態学」 文一総合出版 2004

O'Neill, Susan オニール, スーザン
[著]「森へ駈けた少年」 柏艪舎, 星雲社(発売) 2003

O'Neill, Susan A. オニール, スーザン・A.
[著]「演奏を支える心と科学」 誠信書房 2011

O'Neill, Thomas J. オニール, トーマス・J.
[国]アメリカ 実業家 ハリー・ウィンストンCEO, ハリー・ウィンストン・ダイヤモンド・コーポレーション社長

O'Neill, Timothy R. オニール, ティモシー・R.
[著]「ウェスト・ポイントの幽霊」 早川書房 2007

O'neill, Tyler オニール, タイラー
[国]カナダ 野球選手

Onek, Hilary オネク, ヒラリー
[国]ウガンダ 救援・防災相

Onek, Joseph オネーク, ジョセフ
[著]「精神科臨床倫理」 星和書店 2011

Oney, Steve オネイ, スティーブ
アメリカ探偵作家クラブ賞 大鴉賞(2005年)

Oney, Walter オネー, W.
[著]「Microsoft WDMプログラミング」 アスキー 2001

Onfray, Michel オンフレ, ミシェル
1959〜 [著]「ニーチェ」 筑摩書房 2012

Ong, Aihwa オング, アイファ
[著]「《アジア》、例外としての新自由主義」 作品社 2013

Ong, Andrew Chester オング, A.チェスター
[著]「チャイナ・モダン」 チャールズ・イー・タトル出版 2005

Ong, Carah オン, カラー
[著]「ミサイル防衛」 高文研 2002

Ong, Jason C. オン, ジェイソン
[著]「睡眠障害に対する認知行動療法」 風間書房 2015

Ong, Ka Chuan オン・カチュアン
[国]マレーシア 住宅・地方自治相

Ong, Ka Ting オン・カティン
[国]マレーシア 住宅・地方自治相

Ong, Keng-sen オン・ケンセン
1963〜 [国]シンガポール 舞台芸術家, 演出家 シアターワークス芸術監督 漢字名＝王景生 [異]オン・ケン・セン / オン・ケンセン

Ong, Keng-yong オン・ケンヨン
1954〜 [国]シンガポール 外交官 駐マレーシア・シンガポール大使 東南アジア諸国連合(ASEAN)事務局長 漢字名＝王景栄

Ong, Tee Keat オン・ティーキアット
[国]マレーシア 運輸相

Ong, Teng-cheong オン・テンチョン
1936〜2002 [国]シンガポール 政治家 シンガポール大統領 中国名＝王鼎昌 [異]オン・テンチョン

Ong, Wilson オング, ウィルソン
[著]「てんごくは、ほんとうにある」 かんよう出版 2015

Ongenda, Hervin オンジェンダ, エルヴァン
[国]フランス サッカー選手

Ongeri, Sam オンゲリ, サム
[国]ケニア 教育相

Ongeri, Samson オンゲリ, サムソン
[国]ケニア 外相

Onians, John オナイアンズ, ジョン
1942〜 [著]「世界美術史アトラス」 東洋書林 2008

Onifade Babamoussa, Sofiatou オニファデババムッサ, ソフィアトゥ
[国]ベナン 産業・商業・中小企業相

Onika, Joseph オニカ, ジョセフ
[国]ソロモン諸島 土地・住宅・調査相

Onions, Oliver オニオンズ, オリヴァー
[著]「怪奇礼讃」 東京創元社 2004

Onishchuk, Mykola オニシチュク, ミコラ
[国]ウクライナ 法相

Onisiwo, Karim オニシウォ, カリム
[国]オーストリア サッカー選手

Onkelinx, Laurette オンカリンクス, ロレット
[国]ベルギー 副首相兼社会問題・保健相

Onneua, Phommachanh オヌア・ポマチャン
[国]ラオス 首相府相

Onnis, Maurizio オンニス, マウリツィオ
1963〜 [著]「アウシュヴィッツの囚人写真家」 河出書房新社 2016

Ono, hana オノ, ハナ
[国]日本 オタワ国際アニメーション映画祭 ウォルト・ディズニー賞(最優秀卒業制作アニメーション) 選外佳作(2014年) “Crazy Little Things” 漢字名＝小野ハナ

Ono, Kentaro オノ, ケンタロ
1977〜 [著]「キリバスという国」 エイト社 2009

Ono, Yoko オノ・ヨーコ
[国]アメリカ ヴェネチア・ビエンナーレ 金獅子賞 生涯功労賞(2009年(第53回))

Onolememen, Mike オノレメメン, マイク
[国]ナイジェリア 公共事業相

Onomah, Josh オノマー, ジョシュ
[国]イングランド サッカー選手

Onon, Urgungge オノン, ウルグンゲ
1919〜 [著]「はじめてのかり」 福音館書店 2005

Ono Nakamura, Armando オノ・ナカムラ, アルマンド
[国]メキシコ プエブラ日墨協会会長, プエブラ日本語学校理事長

Onorbat Purevjavyn ウヌルバト・プレブジャブ
[国]モンゴル レスリング選手

Onorio, Teima オノリオ, テイマ
[国]キリバス 副大統領兼内務・社会問題相

Onouviet, Richard Auguste オヌビエ, リシャール・オギュスト
[国]ガボン 計画・開発相 [異]オヌビエ, リシャール

Onozuka de Gómez-Morán, Chiho オノズカ・デ・ゴメス - モラン, チホ
[異]ゴメス - モラン, チホ・オノヅカ・デ [著]「スペインの家庭料理いちばんおいしい87」 日東書院本社 2010

Onso Esono, Anselmo オンソエソノ, アンセルモ
[国]赤道ギニア 教育・科学・スポーツ相

Ontiveros, Javier オンティベロス, ハビエル
[国]スペイン サッカー選手

Onu, Ogbonnaya オヌ, オグボナヤ
[国]ナイジェリア 科学技術相

Onuaku, Arinze オヌアク, アリンゼ
[国]アメリカ バスケットボール選手

Onuaku, Chinanu オヌアク, チナヌ
[国]アメリカ バスケットボール選手

Onuora, Anyika オヌオラ, アニーカ
[国]イギリス 陸上選手

Onwuasor, Patrick オヌザー, パトリック
[国]アメリカ アメフト選手

Onyango, Zeituni オンヤンゴ, ザイタン
1952〜2014 [国]アメリカ オバマ大統領の叔母

Onyeama, Geoffrey オンエアマ, ジオフリー
[国]ナイジェリア 外相

Onyefulu, Ifeoma オニェフル, イフェオマ
[著]「いっしょにあそぼう」 偕成社 2007

Onyemah, Vincent オニェマー, ビンセント
[著]「営業チームの強化法」 ダイヤモンド社 2007

Onyemata, David オニエマータ, デービッド
[国]アメリカ アメフト選手

Onyschenko, Hanna オニシチェンコ, ハンナ
[国]ウクライナ 内閣相

Onyshko, Isabela オニシコ, イザベラ
[国]カナダ 体操選手

Ooft, Hans オフト, ハンス
1947〜 [国]オランダ サッカー指導者 サッカー日本代表監督 本名＝オフト, マリウス・ヨハン〈Ooft, Marius Johan〉

Oogink, Reshmie　オーヒンク, レシュミ
　国オランダ　テコンドー選手
Ooms, Herman　オームス, ヘルマン
　1937～　著「徳川ビレッジ」ぺりかん社　2008
Oorebeek, André　オーレベーク, アンドレ
　1949～　著「調律師のためのピアノ整音（ヴォイシング）ガイド」音楽之友社　2012
Oorzhak, Lorisa　オールザック
　国ロシア　レスリング選手
Oosterlinck, André　オーステルリンク, アンドゥレ
　著「産学協同ナレッジ・マネジメント」文部科学省科学技術政策研究所　2003
Oosterom, Arne van　オーステロム, アーン・ファン
　著「This is service design thinking.」ビー・エヌ・エヌ新社　2013
Oosterveld, Jan P.　オスターバルト, ヤン・P.
　著「MITスローン・スクール 戦略論」東洋経済新報社　2003
Oosthuizen, Coenie　ウーストハイゼン, コニー
　国南アフリカ　ラグビー選手
Oosthuizen, Louis　オイストハイセン, ルイ
　1982～　国南アフリカ　プロゴルファー　本名=オイストハイセン, ロディウィーカス・セオドラス〈Oosthuizen, Lodewicus Theodorus〉　圏ウーストハイゼン, ルイ / ウェストヘーゼン, ルイ
Opačić, Milanka　オパチッチ, ミランカ
　国クロアチア　副首相兼社会政策・青年相
Opal, Charlotte　オパル, シャーロット
　著「フェアトレード」岩波書店　2009
Opala, Grzegorz　オパラ, グシェゴシュ
　国ポーランド　保健相
Opalev, Maksim　オパレフ, マクシム
　国ロシア　カヌー選手　圏オパレフ
Opałka, Roman　オパルカ, ロマン
　1931～2011　著「ロマン・オパルカ」アキライケダギャラリー　2014
Opare, Daniel　オパレ, ダニエル
　国ガーナ　サッカー選手
Opawski, Krzysztof　オパウスキ, クジシュトフ
　国ポーランド　社会基盤相
Opeloge, Ele　オペロゲ
　国サモア　重量挙げ選手
Opeña, Jerome　オプーナ, ジェローム
　著「アベンジャーズ：アベンジャーズ・ワールド」ヴィレッジブックス　2016
Openshaw, Peter J.M.　オープンショー, ピーター
　著「鳥インフルエンザ完全防御マニュアル」イースト・プレス　2005
Opertti, Didier　オペルティ, ディディエル
　国ウルグアイ　外相
Opgenoorth, Winfried　オプゲノールト, ヴィンフリート
　1939～　著「ティーナとリコーダー」河合楽器製作所・出版部　2008
Ophüls, Marcel　オフュルス, マルセル
　ベルリン国際映画祭 ベルリナーレ・カメラ賞（第65回（2015年））
Opie, Julian　オピー, ジュリアン
　1958～　国イギリス　現代美術家　本名=Opie, Julian Gilbert　圏オーピー, ジュリアン
Opie, Lionel H.　オピー, ライオネル・H.
　著「オピーの心臓生理学」西村書店　2008
Opimbat, Léon Alfred　オピンバ, レオン・アルフレド
　国コンゴ共和国　スポーツ・体育相
Opio, Gabriel　オピオ, ガブリエル
　国ウガンダ　女性地位向上・労働・社会問題相
Ople, Blas F.　オプレ, ブラス
　1927～2003　国フィリピン　政治家　フィリピン外相, フィリピン上院議員
Opocensky, Milan　オポチェンスキー, ミラン
　1931～　著「悪の鎖を断て」一麦出版社　2001
Opoku, Andrew　オポーク, アンドリュー
　国アメリカ　アメフト選手
Opotow, Susan　オプトウ, S.
　著「紛争管理論」日本加除出版　2003
Oppel, Kenneth　オッペル, ケネス
　1967～　カナダ総督文学賞 英語 児童文学（物語）（2004年）"Airborn"
Oppenheim, David　オッペンハイム, ダビッド
　1958～　著「アタッチメントを応用した養育者と子どもの臨床」ミネルヴァ書房　2011
Oppenheim, Dennis　オッペンハイム, デニス
　1938～2011　国アメリカ　彫刻家　圏アースワーク
Oppenheim, Joanne　オッペンハイム, ジョーン
　著「みんななかよしけんかばし」童話館出版　2016
Oppenheimer, Andres　オッペンハイマー, アンドレ
　1951～　国アメリカ　ジャーナリスト, コラムニスト
Oppenheimer, Catherine　オッペンハイマー, キャサリン
　著「精神科臨床倫理」星和書店　2011
Oppenheimer, Helen　オッペンハイマー, ヘレン
　著「境界を超える看護」エルゼビア・ジャパン　2006
Oppenheimer, Jerry　オッペンハイマー, ジェリー
　著「Front Rowアナ・ウィンター」マーブルトロン, 中央公論新社（発売）　2010
Oppenheimer, Joshua　オッペンハイマー, ジョシュア
　1974～　国アメリカ　映画監督　圏ドキュメンタリー映画
Oppenheimer, Michael　オッペンハイマー, マイケル
　著「ポール・オースターが朗読するナショナル・ストーリー・プロジェクト」アルク　2006
Oppenheimer, Stephen　オッペンハイマー, スティーヴン
　著「人類の足跡10万年全史」草思社　2007
Oppitz, Gerhard　オピッツ, ゲルハルト
　1953～　国ドイツ　ピアニスト　ミュンヘン音楽大学ピアノ科教授
Oppong-fosu, Akwasi　オポンフォス, アクワシ
　国ガーナ　環境・科学技術相
Oprea, Gabriel　オプレア, ガブリエル
　国ルーマニア　副首相兼内相　圏オプレア, カブリエル
Oprea, Laura　オペラ, ラウラ
　国ルーマニア　ボート選手
Oprea, Marian　オプレア
　国ルーマニア　陸上選手
Opstelten, Ivo　オプステルテン, イボ
　国オランダ　治安・司法相
Opsvik, Peter　オプスヴィック, ピーター
　1939～　著「"座る"を考えなおす」ガイアブックス, 産調出版（発売）　2009
Oquendo Zabala, Carlos Mario　オケンド, カルロス
　国コロンビア　自転車選手　圏オケンドサバラ
O'Quinn, Ken　オークイン, ケン
　著「ビジネスで即使える英文フレーズ365」マグロウヒル・エデュケーション, 日本出版貿易（発売）　2008
O'quinn, Kyle　オクイン, カイル
　国アメリカ　バスケットボール選手
O'Quinn, Terry　オクイン, テリー
　エミー賞 プライムタイム・エミー賞 最優秀助演男優賞（ドラマシリーズ）（第59回（2007年））　"Lost"
Öquist, Gunnar　エークヴィスト, グンナル
　スウェーデン　ウメオ大学名誉教授, 元・スウェーデン王立科学アカデミー事務局長, 元・ウメオ大学教授
Ora, Rita　オラ, リタ
　1990～　国イギリス　シンガー・ソングライター
Ó Raghallaigh, Colmán　オラハリー, コルマーン
　著「トーイン」フューシャ　2014
Orakpo, Brian　オクラボ, ブライアン
　国アメリカ　アメフト選手
Oral, Feridun　オラル, フェリドゥン
　1961～　著「おばあちゃんはだれににているの？」復刊ドットコム　2016
Oral, Sumer　オラル, シュメル
　国トルコ　財務相
Oral, Yilmaz　オラル, ユルマズ
　国トルコ　元・トルコ航空総裁
Oram, Andrew　オラム, アンディ
　著「Making Software」オライリー・ジャパン, オーム社（発売）　2011
Oram, Christopher　オラム, クリストファー
　トニー賞 プレイ 衣装デザイン賞（2015年（第69回））ほか
Oram, Gayle　オーラム, ゲイル
　著「ローズマリングスタイル＆スタディ」S.Y.P.　2001
Oram, Hiawyn　オラム, ハーウィン
　著「キョウリュウがほしい」BL出版　2016
Oram, Jual　オラム, ジュエル
　国インド　部族問題相
Oramas, Faustino　オラマス, ファウスティノ
　1911～2007　国キューバ　歌手, 作曲家　別名=エル・グアヤ

ベーロ〈El Guayabero〉
Oramo, Sakari　オラモ, サカリ
　1965～　国フィンランド　指揮者　ロイヤル・ストックホルム・フィルハーモニー首席指揮者, フィンランド放送交響楽団首席指揮者
Orams, Mark　オラムス, マーク
　1963～　著「海洋観光学入門」立教大学出版会, 有斐閣（発売）2003
Oran, Mouhammad　ウラン, ムハンマド
　国ヨルダン　政治改革相
Orange, Jason　オレンジ, ジェイソン
　国イギリス　歌手
Oraybi, Muhammad　オレイビ, ムハンマド
　国イラク　国務相
al-Orayed, Jawad bin Salem　アル・オラエド, ジャワド・ビン・サレム
　国バーレーン　法相
Orazbakov, Galym　オラズバコフ, ガルイム
　国カザフスタン　産業貿易相
Orazgeldiev, Esenmyrat　オラズゲルディエフ, エセンムイラト
　国トルクメニスタン　副首相
Orazguliyev, Yarmuhammed　オラズグリエフ, ヤルムハメト
　国トルクメニスタン　エネルギー・工業相
Orazmyradov, Dovran　オラズムイラドフ, ドブラン
　国トルクメニスタン　貿易・対外経済相
Orazmyradov, Saparmyrat　オラズムイラドフ, サパルムイラト
　国トルクメニスタン　工業相
Orazov, Deryageldi　オラゾフ, デリャゲルディ
　国トルクメニスタン　副首相　愛オラゾフ, デリアゲルディ
Orbach, Susie　オーバック, スージー
　著「on eating」主婦と生活社　2002
Orbach, Uri　オルバフ, ウリ
　国イスラエル　年金相
Orback, Jens　オーバック, イェンス
　国スウェーデン　統合融和・都市・男女平等担当相
Orban, Leonard　オルバン, レオナルド
　国ルーマニア　欧州問題相
Orban, Lukas　オルバン, ルーカス
　国アルゼンチン　サッカー選手
Orbán, Viktor　オルバン, ヴィクトル
　1963～　国ハンガリー　政治家　ハンガリー首相, フィデス・ハンガリー市民連盟党首　愛オルバーン, ヴィクトル / オルバン, ビクトル
Orban, Willi　オルバン, ヴィリ
　国ドイツ　サッカー選手
Orbanes, Philip E.　オルベーンズ, フィリップ・E.
　著「投資とお金の大事なことはモノポリーに学べ！」日本実業出版社　2013
Orchard, Grant　オーチャード, グラント
　国アメリカ　オタワ国際アニメーション映画祭　最優秀短編物語（2012年）ほか
Orchard, Nate　オーチャード, ネイト
　国アメリカ　アメフト選手
Orchestra, Maria Schneider　マリア・シュナイダー・オーケストラ
　グラミー賞　最優秀ジャズ・ビッグバンド・アルバム（2004年（第47回））　"Concert In The Garden"
Orci, Roberto　オーチー, ロベルト
　ゴールデン・ラズベリー賞（ラジー賞）最低脚本賞（第30回（2009年））　"Transformers: Revenge Of The Fallen"
Ord, Timothy　オード, ティモシー
　1949～　著「スイングトレードの法則」パンローリング　2009
Orden, David　オーデン, D.
　著「食の安全を守る規制と貿易」家の光協会　2005
Ord-Hume, Arthur W.J.G.　オードヒューム, アーサー
　著「永久運動の夢」筑摩書房　2014
Ordine, Nuccio　オルディネ, ヌッチョ
　1958～　著「ロバのカバラ」東信堂　2002
Ordóñez, Roberto　オルドニェス, ロベルト
　国ホンジュラス　インフラ・公共事業相
Ordóñez, Sara　オルドニェス, サラ
　国コロンビア　保健相
Ordway, Jerry　オルドウェイ, ジェリー
　著「DCユニバース : レガシーズ」ヴィレッジブックス　2012
Ore, Djimon　オレ, ディモン

Oreb, Tom　オレブ, トム
　著「ふしぎの国のアリス」竹書房　2003
O'Regan, Hannah　オリーガン, ハンナ
　著「氷河時代」悠書館　2011
Oreiji, Rony　オレイジ, ロニ
　国レバノン　文化相
O'Reilly, Arthur　オレイリー, アーサー
　著「ディーセント・ワークへの障害者の権利」International Labour Office　2008
O'Reilly, Barry　オレイリー, バリー
　著「リーンエンタープライズ」オライリー・ジャパン, オーム社（発売）2016
O'Reilly, Bill　オライリー, ビル
　1949～　国アメリカ　キャスター
O'Reilly, Charles A.　オライリー, チャールズ
　著「隠れた人材価値」翔泳社　2002
O'Reilly, Dave　オライリー, デーブ
　1947～　国アメリカ　実業家　シェブロン・テキサコ会長・CEO　本名＝オライリー, デービッド〈O'Reilly, David J.〉　愛オライリー, デービッド / オライリー, デイビッド / オライリー, デヴィッド
O'Reilly, David　オライリー, デイヴィッド
　オタワ国際アニメーション映画祭 ネルバナ社グランプリ（最優秀インディペンデント短編アニメーション）（2010年）ほか
O'Reilly, Emily　オライリー, エミリー
　著「ヴェロニカ・ゲリン」ソフトバンクパブリッシング　2004
O'Reilly, Evelyn M.　オライリー, イヴリン・M.
　1931～　著「「老い」とアメリカ文化」リーベル出版　2004
O'Reilly, John Boyle　オレイリー, ジョン・ボイル
　著「訳詩集 平和の天使」文芸社　2002
O'Reilly, Kathleen　オライリー, キャスリーン
　著「夢で会えるから」ハーレクイン　2004
O'Reilly, Mark F.　オレイリー, M.
　著「挑戦的行動と発達障害」コレール社　2004
O'Reilly, Michael　オライリー, マイケル
　国アイルランド　ボクシング選手
O'Reilly, Sonnie　オレイリー, ソニー
　著「バレンタインの本」ブイツーソリューション, 星雲社（発売）2012
O'Reilly, Tim　オライリー, ティム
　著「UNIXパワーツール」オライリー・ジャパン, オーム社（発売）2003
Orekhova, Natalia　オレホワ
　国ロシア　フリースタイルスキー選手
Orellana, Fabian　オレジャーナ, ファビアン
　国チリ　サッカー選手
Orellana, Gabriel　オレジャナ, ガブリエル
　国グアテマラ　外相
Orellana, René Gonzalo　オレジャナ, レネ・ゴンサロ
　国ボリビア　開発企画相　愛オレジャナ, レネ
Orellana Mercado, Ángel Edmundo　オレジャナ・メルカド, アンヘル・エドムンド
　国ホンジュラス　国防相
Orelli, Carlo　オレッリ, カルロ
　?～2005　国イタリア　軍人
Orem, Dorothea Elizabeth　オレム, ドロセア・E.
　1914～　著「オレム看護論」医学書院　2005
Oremus, Stephen　オルムス, スティーブン
　グラミー賞 最優秀ミュージカル・シアター・アルバム（2013年（第56回））ほか
Oren, Daniel　オーレン, ダニエル
　1955～　国イスラエル　指揮者　サレルノ・ヴェルディ歌劇場芸術監督　愛オレン, ダニエル
Oren, Eitan　オレン, エイタン
　著「トラウマケアとPTSD予防のためのグループ表現セラピーと語りのちから」風間書房　2016
Oren, Ido　オレン, イド
　1958～　著「アメリカ政治学と国際関係」御茶の水書房　2010
Oren, Michael B.　オレン, マイケル・B.
　1955～　著「第三次中東戦争全史」原書房　2012
Oren, Tim　オーレン, ティム
　著「ヒューマンインターフェースの発想と展開」ピアソン・エデュケーション　2002
Orengo, James　オレンゴ, ジェームス
　国ケニア　土地相
Orenstein, Arbie　オレンシュタイン, アービー

㈹「ラヴェル」音楽之友社　2006
Orenstein, Catherine　オレンスティーン, キャサリン
1968〜　㈹「赤ずきんちゃんはなぜ狼と寝たのか」河出書房新社　2003
Orenstein, Julian　オレンスタイン, ジュリアン
㈹「泣いている赤ちゃんが泣きやむ185の方法」祥伝社　2003
Orenstein, Peggy　オレンスタイン, ペギー
㈹「プリンセス願望には危険がいっぱい」東洋経済新報社　2012
Orepić, Vlaho　オレビッチ, ブラホ
㈳クロアチア　内相
Oresharski, Plamen　オレシャルスキ, プラメン
1960〜　㈳ブルガリア　政治家　ブルガリア首相
Oreshkin, Maksim S.　オレシキン, マクシム・S.
㈳ロシア　経済発展相
Oresi, Peter　オレシ, ピーター
㈳パプアニューギニア　矯正相
Oreskes, Naomi　オレスケス, ナオミ
㈹「こうして、世界は終わる」ダイヤモンド社　2015
Orešković, Tihomir　オレシュコビッチ, ティホミル
㈳クロアチア　首相
Orey, Cal　オレイ, カル
1952〜　㈹「てんかん」エー・ディー・サマーズ, さいたま 海苑社（発売）　2004
Orfalea, Paul　オーファラ, ポール
㈹「夢は、「働きがいのある会社」を創ること。」アスペクト　2006
Orgad, Dorit　オルガッド, ドリット
1937〜　㈹「シュクラーンぼくの友だち」鈴木出版　2005
Organ, Dennis W.　オーガン, デニス
㈹「組織市民行動」白桃書房　2007
Orgel, Doris　オーゲル, ドリス
㈹「どうして十二支にネコ年はないの？」徳間書店　2010
Orheim, Karita Bekkemellem　オールヘイム, カリータ・ベッケメレム
㈳ノルウェー　児童家族問題相
Orhun, Emre　オルン, エムル
1976〜　㈹「アリ・ババと40人の盗賊」小峰書店　2011
Orians, Gordon H.　オリアンズ, ゴードン・H.
㈹「生物学！」築地書館　2003
Orient, Jane M.　オリエント, ジェーン・M.
㈹「サパイラ身体診察のアートとサイエンス」医学書院　2013
Origa　オリガ
1970〜2015　㈳ロシア　シンガー・ソングライター　本名＝ヤコブレワ, オリガ・ヴィタリエヴナ〈Yakovleva, Olga Vitalevna〉
Origas, Jean-Jacques　オリガス, ジャン・ジャック
1937〜2003　㈳フランス　日本文学研究家, 比較文学者　フランス国立東洋言語文化研究所日本語学科教授　㈹近代日本文学, 日本語教育　㈶オリガス, ジャンジャック
Origi, Divock　オリジ, ディヴォック
㈳ベルギー　サッカー選手
Orihuela, Nuris　オリウエラ, ヌリス
㈳ベネズエラ　科学技術相
Oriol Riera　オリオール・リエラ
㈳スペイン　サッカー選手
O'Riordan, Dolores　オリオーダン, ドロレス
㈳アイルランド　ロック歌手
O'Riordan, Kate　オリオーダン, ケイト
㈹「レディたちのフィンバーズ・ホテル」東京創元社　2001
Oripov, Abdulla　オリポフ, アブドラ
㈳ウズベキスタン　副首相
Oritiz Peláez, Luis Romero　オルティス・ペラエス, ルイス・ロメロ
㈳グアテマラ　エネルギー・鉱山相
Orizio, Riccardo　オリツィオ, リッカルド
1961〜　㈹「独裁者の言い分」柏書房　2003
Orji, Keturah　オルジ, ケトゥーラ
㈳アメリカ　陸上選手
Örkény, István　エルケーニュ, イシュトヴァーン
㈹「薔薇の展示会」未知谷　2001
Orkhon Purevdorjiin　オルホン・プレブドルジ
㈳モンゴル　レスリング選手
Orkrania, Alexia　オークラニア, アレクシア
㈹「123のゆめみてる」ワールドライブラリー　2015
Orland, Ted　オーランド, テッド
㈹「アーティストのためのハンドブック」フィルムアート社　2011
Orlandi, Claudia Waller　オーランディ, クラウディア・ウォーラー
㈹「ドッグブリーディングの基本」ジャパンケネルクラブ千葉西バセット・ハウンドクラブ国際教育部　〔200-〕
Orlando, Andrea　オルランド, アンドレア
㈳イタリア　法相
Orlando, Paulo　オーランド, パウロ
㈳ブラジル　野球選手
Orlando, Silvio　オルランド, シルヴィオ
ヴェネチア国際映画祭 最優秀男優賞（第65回（2008年））　"Il papa di Giovanna"
Orlans, Michael　オーランズ, マイケル
㈹「愛着障害と修復的愛着療法」ミネルヴァ書房　2005
Orléan, André　オルレアン, アンドレ
1950〜　㈹「価値の帝国」藤原書店　2013
Orlean, Susan　オーリアン, スーザン
1955〜　㈳アメリカ　ノンフィクション作家, ジャーナリスト
Orlev, Uri　オルレブ, ウリ
1931〜　㈳イスラエル　児童文学作家　㈶オルレブ, ウーリー
Orlick, Sheila　オーリック, シーラ
㈹「エキスパートナースとの対話」照林社　2004
Orlick, Terry　オーリック, テリー
㈹「ザ・エクセレンス」ダイレクト出版　2012
Orlikowski, Wanda J.　オーリコフスキー, ワンダ・J.
㈹「昇進者の心得」ダイヤモンド社　2009
Orlińska, Wanda　オルリンスカ, ワンダ
㈹「くつやのドラテフカ」福音館書店　2015
Orliński, Bogusław　オルリンスキ, ボグスワフ
1941〜　㈹「仕立屋のニテチカさんが王さまになった話」偕成社　2010
Orloff, Greg　オロフ, グレッグ
アカデミー賞 音響賞（第77回（2004年））　"Ray"
Orloff, Judith　オルロフ, ジュディス
㈹「スピリチュアル・パワーアップ・レッスン」ハート出版　2007
Orloff, Judith Handler　オルロフ, ジュディス
㈹「アカウンティングゲーム」プログレス　2002
Orlov, Dmitry　オルロフ, ドミートリー
1962〜　㈹「崩壊5段階説」新評論　2015
Orlov, Melissa　オーロフ, メリッサ
㈹「あなたのツレはADHDなんです」柏書房　2016
Orlova, Anna　オルロワ
㈳ラトビア　リュージュ選手
Orlova, Maria　オルロワ
㈳ロシア　スケルトン選手
Orlovsky, Dan　オーロフスキー, ダン
㈳アメリカ　アメフト選手
Ormaechea, Agustin　オルマエチェア, アグスティン
㈳ウルグアイ　ラグビー選手
Orman, Suze　オーマン, スージー
㈹「幸せになれる人バカな人生を送る人のお金の法則」エレファントパブリッシング　2007
Ormerod, Jan　オーメロッド, ジャン
㈹「さよなら、ねずみちゃん」誠信書房　2015
Ormerod, Paul　オームロッド, ポール
㈹「経済は「予想外のつながり」で動く」ダイヤモンド社　2015
Ormond, Julia　オーモンド, ジュリア
エミー賞 プライムタイム・エミー賞 最優秀助演女優賞（ミニシリーズ・映画）（第62回（2010年））　"Temple Grandin"
Ormsin, Chivapruck　オムシン・チワプルーク
㈳タイ　首相府相
Orna, Elizabeth　オルナ, エリザベス
㈹「博物館情報学入門」勉誠出版　2003
Ornaghi, Lorenzo　オルナギ, ロレンツォ
㈳イタリア　文化相
Ornellas, Waldeck　オルネラス, バウデク
㈳ブラジル　社会保障相
Ornish, Dean　オーニッシュ, ディーン
㈹「プロは語る。」アスペクト　2005
Ornitz, Edward M.　オルニッツ, エドワード・M.
㈹「自閉症」黎明書房　2006
Ornstedt, Louise　オルンステッド
㈳デンマーク　競泳選手
Ornstein, Leo　オーンスタイン, レオ
1895〜2002　㈳アメリカ　作曲家, ピアニスト　㈶オルンシティン, レオ / オルンスタイン, レオ
Ornstein, Paul H.　オーンスタイン, ポール・H.

[著]「自己愛の障害」 金剛出版 2003
Ornstein, Robert Evan オーンスタイン, ロバート
[著]「右脳は天才？ それとも野獣？」 朝日新聞社 2002
Orofino, Francisco オウロフィーノ, フランシスコ
[著]「母なる地球」 ラキネット出版, DTP出版(発売) 2007
Oropeza, José オロペサ, ホセ
[国]ベネズエラ 栄養問題担当相
Orosz, Joel J. オロズ, ジョエル・J.
[著]「助成という仕事」 明石書店 2005
Orou, Jean Bio Tchabi オルー, ジャン・ビオ・チャビ
[国]ベナン 初等中等教育相
Orou, Sakinatou Abdou Alfa オル, サキナトゥ・アブドゥ・アルファ
[国]ベナン 中小企業担当相

O'Rourke, Jim オルーク, ジム
1969～ [国]アメリカ ミュージシャン, 音楽プロデューサー
O'Rourke, Joseph オルーク, ジョセフ
[著]「折り紙のすうり」 近代科学社 2012
O'rourke, Mary オルーク, メアリー
[国]アイルランド 公営企業相
O'rourke, Ryan オルーク, ライアン
[国]アメリカ 野球選手
Orozco, Alejandra オロスコ, アレハンドラ
[国]メキシコ 水泳選手 [異]オロスコ
Orozco, Gabriel オロスコ, ガブリエル
1962～ [著]「ガブリエル・オロスコ内なる複数のサイクル」 フィルムアート社 2015
Orozco, John オロスコ
[国]アメリカ 体操選手
Orpinas, Jean-Paul オルピーニャス, ジャン・ポール
[著]「塔の上のラプンツェル」 うさぎ出版, インフォレスト(発売) 2011
Orpo, Petteri オルポ, ペッテリ
[国]フィンランド 財務相
Orr, Alberta L. オル, アルバータ・L.
[著]「高齢化社会と視覚障害」 日本盲人福祉委員会 2003
Orr, Anne Murray オア, アン・マリー
[著]「子どもと教師が紡ぐ多様なアイデンティティ」 明石書店 2011
Orr, David オール, デイヴィッド
全米書評家協会賞 ノーナ・バラキアン賞(2004年)
Orr, Gordon オー, ゴードン
[異]オール, ゴードン [著]「日本の未来について話そう」 小学館 2011
Orr, Leon オーア, レオン
[国]アメリカ アメフト選手
Orr, Leonard オァー, レナード
[著]「不死の探求」 ナチュラルスピリット 2009
Orr, Mary オア, メリー
1910～2006 [国]アメリカ 作家, 女優 [異]オー, メアリ
Orr, Richard オル, リチャード
[著]「動物とえもの」 学習研究社 2002
Orr, Wendy オルー, ウェンディー
[著]「秘密の島のニム」 あすなろ書房 2008
Orr, Zach オーア, ザック
[国]アメリカ アメフト選手
Orr, Zelma オール, ゼルマ
[著]「メモリー」 ハーレクイン 2013
Orrego, Claudio オレゴ, クラウディオ
[国]チリ 福祉・住宅相
Orrell, David オレル, デイヴィッド
1962～ [著]「経済学とおともだちになろう」 東洋経済新報社 2012
Orrell, Martin オーレル, マーティン
[著]「認知症の人のための認知活性化療法マニュアル」 中央法規出版 2015
Orringer, Julie オリンジャー, ジュリー
1973～ [国]アメリカ 作家 [専]文学
Orsag, Jiri オルサッグ, イジ
[国]チェコ 重量挙げ選手 [異]オルサグ
Orsenna, Erik オルセナ, エリック
1947～ [著]「コットンをめぐる世界の旅」 作品社 2012
Orser, Brian オーサー, ブライアン
1961～ [国]カナダ フィギュアスケート指導者
Orsillo, Susan M. オーシロ, スーザン・M.
[著]「アクセプタンス＆コミットメント・セラピー実践ガイド」 明石書店 2014
Ortag, Christian オルタク, クリスティアン
[国]ドイツ サッカー選手
Ortalo-Magné, François オルタロ＝マーニェ, フランソワ
[著]「現代農業政策論」 食料・農業政策研究センター, 農山漁村文化協会(発売) 2003
Ortberg, John オートバーグ, ジョン
[著]「舟から出て、水の上を歩いて…」 いのちのことば社 2009
Ortega, Amancio オルテガ, アマンシオ
1936～ [国]スペイン 実業家 ザラ創業者 本名＝オルテガ・ガオナ, アマンシオ〈Ortega Gaona, Amancio〉
Ortega, Ariel オルテガ, アリエル
1974～ [国]アルゼンチン 元サッカー選手 本名＝オルテガ, アルナンド・アリエル
Ortega, Daniel オルテガ, ダニエル
1945～ [国]ニカラグア 政治家, 革命指導者 ニカラグア大統領, サンディニスタ民族解放戦線(FSLN)党首 本名＝オルテガ・サーベドラ, ホセ・ダニエル〈Ortega Saavedra, José Daniel〉 [異]オルテガ・サーベドラ, ダニエル
Ortega, Dionisio オルテガ, ディオニシオ
[国]パラグアイ 私立ニホンガッコウ学長, 元・下院パラグアイ日本友好議員連盟会長, 元・下院議員
Ortega, Flora Pérez オルテガ, フローラ・ペレス
アマンシオ・オルテガ夫人
Ortega, Kenny オルテガ, ケニー
エミー賞 プライムタイム・エミー賞 最優秀監督賞(バラエティ・音楽番組)(第54回(2002年)) “Opening Ceremony Salt Lake 2002 Olympic Winter Gam”
Ortega, Orlando オルテガ, オルランド
[国]スペイン 陸上選手 [異]オルテガ
Ortega, Rafael オルテガ, ラファエル
[国]ベネズエラ 野球選手
Ortega, Victor オルテガ
[国]コロンビア 飛び込み選手
Ortega, Yuvirí オルテガ, ジュビリ
[国]ベネズエラ 環境・天然資源相
Ortega Barredo, Mary Blanca オルテガ・バレド, マリ・ブランカ
[国]キューバ 国内流通相
Ortega Desio, Javier オルテガ・デシオ, ハビエル
[国]アルゼンチン ラグビー選手
Ortega Díaz, Humberto オルテガ・ディアス, ウンベルト
[国]ベネズエラ 公共銀行相
Ortega Navarete, Luis オルテガ・ナバレテ, ルイス
[国]ペルー 運輸・通信・住宅・建設相
Ortega Pacheco, Daniel オルテガ・パチェコ, ダニエル
[国]エクアドル 環境相
Ortega Saavedra, José Daniel オルテガ・サーベドラ, ホセ・ダニエル
[国]ニカラグア 大統領 [異]オルテガ・サアベドラ, ホセ・ダニエル
Ortet, Eva Verona Teixeira オルテ, エバ・ベロナ・テイシェイラ
[国]カボベルデ 農村開発相
Ortez Andrade, Orestes Fredesman オルテス・アンドラデ, オレステス・フレデスマン
[国]エルサルバドル 農牧相
Ortheil, Hanns-Josef オルトハイル, ハンス・ヨゼフ
1951～ [国]ドイツ 作家
Ortiz, Christina オルティス, クリスティーナ
[国]スペイン ファッションデザイナー サルヴァトーレ・フェラガモ・チーフ・デザイナー [異]オルティーズ, クリスティナ
Ortiz, Christina オルティーズ, クリスティーナ
1950～ [国]ブラジル ピアニスト [異]オルティス, クリスティナ
Ortiz, Cristóbal Francisco オルティス, クリストバル・フランシスコ
[国]ベネズエラ 環境相
Ortiz, David オルティス, デービッド
1975～ [国]ドミニカ共和国 野球選手 本名＝Ortiz, David Americo [異]オティーズ, デービッド / オティーズ, デビッド / オルティス, デビッド
Ortiz, Ernesto オルティス, エルネスト
[著]「アカシックレコードの使い手になる！」 ヒカルランド 2016
Ortiz, Hector オティーズ, ヘクター
[国]アメリカ テキサス・レンジャーズコーチ
Ortiz, Idalys オルティス, イダリス
1989～ [国]キューバ 柔道選手 本名＝Ortiz Boucurt, Idalys
Ortiz, José オルティス, ホセ

㊊ペルー　運輸・通信相
Ortiz, Patricio　オルティス, パトリシオ
　㊋エクアドル　社会福祉相
Ortiz, Rosa María　オルティス, ロサ・マリア
　㊋ペルー　エネルギー・鉱山相
Ortiz, Tatiana　オルティス
　㊋メキシコ　飛び込み選手
Ortiz Ascencio, Óscar Samuel　オルティス・アセンシオ, オスカル・サムエル
　㊋エルサルバドル　副大統領
Ortiz Bosch, Milagros Maria　オルティス・ボッシュ, ミラグロス・マリア
　㊋ドミニカ共和国　副大統領, 教育芸術宗務相
Ortiz Nuevo, José Luis　オルティス・ヌエボ, ホセ・ルイス
　㊐「集いと娯楽の近代スペイン」彩流社　2011
Ortmann, Andreas　オルトマン, アンドレアス
　㊐「ビジネスとしての高等教育」出版研, 人間の科学新社（発売）2011
Ortner, Nick　オートナー, ニック
　1978～　㊋オートナー, ニコラス　㊐「タッピング・ソリューション」駒草出版　2014
Ortola, Adrian　オラトラ, アドリアン
　㊋スペイン　サッカー選手
Ortolani, Riz　オルトラーニ, リズ
　1926～2014　㊋イタリア　作曲家　㊐映画音楽　本名＝Ortolani, Riziero　㊋オルトラニ, リズ
Ortoli, François-Xavier　オルトリ, フランソワ
　1925～2007　㊋フランス　政治家, エコノミスト　EC委員長
Orton, Bob　オートン, ボブ
　1929～2006　㊋アメリカ　プロレスラー
Orton, Randy　オートン, ランディ
　1980～　㊋アメリカ　プロレスラー　本名＝オートン, ランディ・キース〈Orton, Randy Keith〉
Ortzen, Tony　オーツセン, トニー
　㊐「霊的新時代の到来」スピリチュアリズム普及会　2014（2刷）
Oru, Stephen Orise　オル, ステファン・オリセ
　㊋ナイジェリア　ニジェール川デルタ問題相
Orubebe, Peter Godsday　オルベベ, ピーター・ゴッズデイ
　㊋ナイジェリア　ニジェール川デルタ問題相
Orujov, Rustam　オルジョイ, ルスタム
　㊋アゼルバイジャン　柔道選手
Orumbekzoda, Shamsiddin　オルムベクゾダ, シャムシッジン
　㊋タジキスタン　文化相
Orvola, Mirja　オルヴォラ, ミルヤ
　㊐「ふしぎなボタン」猫の言葉社　2010
Orwig, Sara　オーウィグ, サラ
　㊐「百万ドルの一年間」ハーレクイン　2011
Oryakhil, Nasreen　オリヤヘイル, ナスリン
　㊋アフガニスタン　労働・社会問題相
O'Ryan, Ellie　オライアン, エリー
　㊐「ディズニープリンセスなぞ解きへようこそ」講談社　2016
Orynbayev, Yerbol　オリンバエフ, エルボル
　㊋カザフスタン　副首相　㊋オルインバエフ, エルボル
Orzeck, Pam　オルゼック, パム
　1971～　㊐「家族介護者のサポート」筒井書房　2005
Orzel, Chad　オーゼル, チャド
　㊐「犬でもわかる現代物理」早川書房　2010
Os, Erik van　オス, エリック・ファン
　㊐「なにももたないくまの王さま」ソニー・マガジンズ　2006
Os, H.W.van　オス, ヘンク・ファン
　㊐「シエナ派の祭壇画」オーケー印刷　2002
Osacar　オスカル
　㊋スペイン　サッカー選手
Osadchil, A.　オサッチル, A.
　㊐「ロシア資源"戦略"の背景」日本グローバル・インフラストラクチャー研究財団　2009
Osafo-marfo, Yaw　オサフォマルフォ, ヨー
　㊋ガーナ　財務・経済計画相　㊋オサフマルフォ, ヨー
Osagie, Andrew　オサギー
　㊋イギリス　陸上選手
Osang, Alexander　オザング, アレクサンダー
　㊐「世界の作家32人によるワールドカップ教室」白水社　2006
Osa Osa Ekoro, Jeronimo　オサオサエコロ, ヘロニモ
　㊋赤道ギニア　情報・文化・観光相　㊋オサオサエコロ, ジェロニモ
Osborn, Anne G.　オズボーン, アン・G.

1943～　㊐「脳top100診断」メディカル・サイエンス・インターナショナル　2005
Osborn, Claudia L.　オズボーン, クローディア
　㊐「オーバーマイヘッド」クリエイツかもがわ, 京都　かもがわ出版（発売）2006
Osborn, Cynthia J.　オズボーン, シンシア・J.
　㊐「学校を変えるカウンセリング」金剛出版　2001
Osborn, Rick　オズボーン, リック
　㊐「アンチエストロゲン・ダイエット」リヨン社, 二見書房（発売）2009
Osborn, Tommy Lee　オズボーン, T.L.
　1923～　㊐「新しいいのち」角笛出版　2010
Osborne, Carl A.　オズボーン, カール
　㊐「小動物の臨床栄養学」マーク・モーリス研究所　2001
Osborne, Carol　オズボーン, キャロル
　㊐「イヌの健康生活ガイド」朝日出版社　2001
Osborne, Carol　オズボーン, キャロル
　㊐「競争政策の経済学」NERA　2005
Osborne, Charles　オズボーン, チャールズ
　1927～　㊐「ブラック・コーヒー」早川書房　2004
Osborne, David E.　オズボーン, デビッド
　㊋オズボーン, デービット　㊐「財政革命」日本能率協会マネジメントセンター　2013
Osborne, Elsie　オズボーン, E.
　㊐「学校現場に生かす精神分析」岩崎学術出版社　2008
Osborne, Frances　オズボーン, フランシス
　㊐「リラ, 遥かなる愛の旅路」ウェッジ　2008
Osborne, George　オズボーン, ジョージ
　1971～　㊋イギリス　政治家　財務相　本名＝オズボーン, ジョージ・ギデオン・オリバー〈Osborne, George Gideon Oliver〉
Osborne, Jason　オズボーン, ジェーソン
　㊋ドイツ　ボート選手
Osborne, Kenan B.　オズボーン, ケナン・B.
　㊐「共同体・エウカリスティア・霊性」新世社　2010
Osborne, Marie　オズボーン, マリー
　1911～2010　㊋アメリカ　女優
Osborne, Mark　オズボーン, マーク
　1970～　㊋アメリカ　映画監督
Osborne, Mary Pope　オズボーン, メアリー・ポープ
　1949～　㊋アメリカ　作家
Osborne, Richard　オズボーン, リチャード
　㊐「ヘルベルト・フォン・カラヤン」白水社　2001
Osborne, Robin　オズボン, ロビン
　1957～　㊐「ギリシアの古代」刀水書房　2011
Osborne, Roger　オズボーン, ロジャー
　1954～　㊐「進化地図」河出書房新社　2011
Osborne, Will　オズボーン, ウイル
　㊐「タイタニック」メディアファクトリー　2013
Osbourne, Dale　オズボーン, デイル
　㊋アメリカ　ポートランド・トレイルブレイザーズアシスタントコーチ（バスケットボール）
Osbourne, Ozzy　オズボーン, オジー
　1948～　㊋イギリス　ロック歌手　本名＝Osbourne, John
Oscanyan, Frederick S.　オスカニアン, フレデリック
　㊐「子どものための哲学授業」河出書房新社　2015
Oscar　オスカル
　㊋ブラジル　サッカー選手
Oscar, Amy　オスカー, エイミー
　㊐「天使体験」ベストセラーズ　2008
Oscar Duarte　オスカル・ドゥアルテ
　㊋コスタリカ　サッカー選手
Oscarsson, Markus　オスカルション, マルクス
　1977～　㊋スウェーデン　カヌー選手　㊋オスカルソン／オスカルソン, マルクス
Oscarsson, Per　オスカルション, ペール
　1927～2010　㊋スウェーデン　俳優　本名＝Oscarsson, Per Oscar Heinrich　㊋オスカルソン, ペール
Oschman, James L.　オシュマン, ジェームズ・L.
　㊐「エネルギー療法と潜在能力」エンタプライズ　2005
Oseary, Guy　オセアリー, ガイ
　1972～　㊐「告白します」ロッキング・オン　2011
Osemele, Kelechi　オセメリー, ケレチ
　㊋アメリカ　アメフト選手
Osgerby, Bill　オズガービー, ビル
　㊐「アウトロー・バイカー伝説」スタジオタッククリエイティブ　2008

Osgood, Peter　オズグッド, ピーター
　?〜2006　国イギリス　サッカー選手
O'shaughnessy, James　オショーネシー, ジェームス
　国アメリカ　アメフト選手
O'Shaughnessy, James P.　オショーネシー, ジェームズ・P.
　著「大逆張り時代の到来」パンローリング　2007
O'Shaughnessy, Perri　オショーネシー, ペリー
　著「敵対証人」小学館　2005
O'Shea, Donal　オシア, ドナル
　1953〜　著「グレブナ基底と代数多様体入門」丸善出版　2016
Oshea, Glenn　オシェイ, グレン
　国オーストラリア　自転車選手　異オーシー
O'Shea, John　オシエー, ジョン
　1957〜　著「音楽と病」法政大学出版局　2007
O'shea, John　オシェイ, ジョン
　国アイルランド　サッカー選手
O'Shea, Mark　オシー, マーク
　著「爬虫類と両生類の写真図鑑」日本ヴォーグ社　2001
O'Shea, Michael　オーシェイ, マイケル
　著「脳」岩波書店　2009
O'Shea, Mick　オシェイ, ミック
　著「ワン・ダイレクション」シンコーミュージック・エンタテイメント　2013
O'Shei, Tim　オーシェイ, ティム
　著「ポンペイのひみつ」六耀社　2015
Osheroff, Douglas Dean　オシェロフ, ダグラス
　1945〜　国アメリカ　物理学者　スタンフォード大学教授
Oshineye, Adewale　オシネエ, アデウェール
　著「アプレンティスシップ・パターン」オライリー・ジャパン, オーム社 (発売)　2010
Oshinsky, David M.　オシンスキー, デヴィッド・M.
　国アメリカ　ピュリッツァー賞 文学・音楽 歴史 (2006年)　"Polio: An American Story"
Oshiro, Robert C.　オオシロ, ロバート
　?〜2008　国アメリカ　政治家　米国下院議員 (民主党)
Osho, Pierre　オショ, ピエール
　国ベナン　国防相
Oshrin, Andy　オシュリン, アンディ
　1964〜　国アメリカ　ミリーCEO
O Siadhail, Micheal　オー・シール, ミホール
　1947〜　国アイルランド　詩人
Osich, Josh　オシック, ジョシュ
　国アメリカ　野球選手
Osieck, Holger　オジェック, ホルガー
　1948〜　国ドイツ　サッカー指導者　サッカー・カナダ代表監督, サッカー・オーストラリア代表監督
Osim, Ivica　オシム, イヴィチャ
　1941〜　国ボスニア・ヘルツェゴビナ, オーストリア　サッカー指導者, 元サッカー選手　ボスニア・ヘルツェゴビナサッカー連盟正常化委員長　サッカー日本代表監督, サッカー・ユーゴスラビア代表監督　異オシム, イビカ / オシム, イビチャ / オシム, イヴィカ
Osinbajyo, Yemi　オシンバジョ, イェミ
　国ナイジェリア　副大統領
Osipenko-rodomska, Inna　オシペンコロドムスカ, インナ
　国アゼルバイジャン　カヌー選手
Osipova, Natalia　オシポワ, ナタリヤ
　国ロシア　バレリーナ　ボリショイ・バレエ団プリンシパル　異オシポワ, ナタリア
Oskanian, Vardan　オスカニャン, バルダン
　国アルメニア　外相
Oski, Frank A.　オスキー, フランク
　著「なぜ「牛乳」は体に悪いのか」東洋経済新報社　2010
Oslance, Jeff　オスランス, ジェフ
　著「エクササイズ・ボール完全活用マニュアル」科学新聞社　2001
Oslender, Ulrich　オスレンダー, ウルリッヒ
　著「コロンビア」ほるぷ出版　2009
Osler, Audrey　オスラー, オードリー
　1953〜　著「シティズンシップと教育」勁草書房　2009
Oslie, Pamala　オズリー, パマラ
　1952〜　著「ラブカラー」ライトワークス, ステップワークス (発売)　2009
Osman, Abdelwahab Mohamed　オスマン, アブドルワッハーブ・モハメド
　国スーダン　工業相
Osman, Abdirahman Abdi　オスマン, アブディラフマン・アブディ
　国ソマリア　商業・工業相
Osman, Abdul-Wahab Mohamed　オスマン, アブドルワハブ・モハメド
　国スーダン　道路・橋梁相
Osman, Aden Abdulla　オスマン, アデン・アブドラ
　1908〜2007　国ソマリア　政治家　ソマリア大統領 (初代)
Osman, Ahmatjan　オスマン, アフメットジャン
　1964〜　著「ウイグルの詩人アフメットジャン・オスマン選詩集」左右社　2015
Osman, Ahmed Bilal　オスマン, アハメド・ビラル
　国スーダン　情報相
Osman, Ali Hassan　オスマン, アリ・ハッサン
　国ソマリア　農相
Osman, Chris　オスマン, クリス
　著「ネイビー・シールズ」原書房　2009
Osman, Kassim Issak　オスマン, カシム・イサク
　国ジブチ　保健相
Osman, Monique　オマン, モニク
　著「上司からのストレスを軽くする本」講談社　2002
Osman, Osman Muhammad　オスマン, オスマン・ムハンマド
　国エジプト　計画相
Osman, Saleh　オスマン・サレ
　国エリトリア　外相
Osman, Tarek　オスマーン, ターレク
　著「エジプト岐路に立つ大国」青土社　2011
Osman, Yeafesh　オスマン, ヤフェス
　国バングラデシュ　科学技術相
Osmani, Addy　オスマーニ, アディ
　著「Backbone.jsアプリケーション開発ガイド」オライリー・ジャパン, オーム社 (発売)　2014
Osmani, Ali Ahmad　オスマニ, アリ・アフマド
　国アフガニスタン　エネルギー・水利相
Osmani, Bujar　オスマニ, ブヤル
　国マケドニア　保健相
Osmani, Faiz Mohammad　オスマニ, ファイズ・モハマド
　国アフガニスタン　巡礼相
Osman Muse, Saleh Sheikh　オスマン・ムセ, サラ・シェイク
　国ソマリア　公共事業・国土再建相　異オスマン・ムセ, サレー・シェイク
Osmanović, Adil　オスマノビッチ, アディル
　国ボスニア・ヘルツェゴビナ　民生相
Osmić, Zekerijah　オスミッチ, ゼケリヤフ
　国ボスニア・ヘルツェゴビナ　国防相
Osmonov, Kyrmanbek　オスモノフ, クイルマンベク
　国キルギス　第1副首相兼法相
Osnei　オスネイ
　著「おかしなおかしなじゅういさん」新世研　2002
Osnos, Evan　オズノス, エヴァン
　1976〜　著「ネオ・チャイナ」白水社　2015
Osokins, Andrejs　オソキンス, アンドレイス
　国ラトビア　ロン・ティボー・クレスパン国際音楽コンクール ピアノ 第6位 (2012年 (第41回))
Osomo, Mobolaji　オソモ, モボラジ
　国ナイジェリア　住宅・都市開発相
Osorio, Ana　オソリオ, アナ
　国ベネズエラ　環境・天然資源相
Osorio, Carlos　オソリオ, カルロス
　国ベネズエラ　大統領府相
Osorio, Elsa　オソリオ, エルサ
　1952〜　著「ルス、闇を照らす者」ソニー・マガジンズ　2001
Osorio, Félix　オソリオ, フェリクス
　国ベネズエラ　食料相　異オソリオ, フェリックス
Osorio, Marta　オソリオ, マルタ
　著「棒きれ木馬の騎手たち」行路社　2007
Osorio, Óscar Armando　オソリオ, オスカル・アルマンド
　国パナマ　農牧開発相
Osorio, Víctor　オソリオ, ビクトル
　国チリ　国有財産相
Osorio Chong, Miguel Ángel　オソリオ・チョン, ミゲル・アンヘル
　国メキシコ　内相
Osotimehin, Babatunde　オショティメイン, ババトゥンデ
　1949〜　国ナイジェリア　医師　国連人口基金 (UNFPA) 事務局長　ナイジェリア保健相　異オソティメイン, ババトゥンデ
Ospina, Bernardo　オスピナ, ベルナルド

Ospina, David　オスピナ, ダビド
　国コロンビア　サッカー選手
Ossana, Diana　オサナ, ダイアナ
　アカデミー賞 脚色賞 (第78回 (2005年)) ほか
Ossard, Claudie　オサール, クローディ
　著「パリ, ジュテーム」講談社　2007
Ossébi, Henri　オセビ, アンリ
　国コンゴ共和国　エネルギー・水利相
Ossetoumba, Lekoundzou Itihi　オセトゥンバ, レクンズ・イティヒ
　国コンゴ共和国　大統領府相(国防)
Osseyi, Rodolphe Kossivi　オセイ, ロドルフ・コシビ
　国トーゴ　公務員・労働・雇用相　国オセイ, ルドルフ・コシビ
Ossinovski, Jevgeni　オシノフスキー, エブゲニ
　国エストニア　保健・労働相
Ossio Acuña, Juan　オシオ・アクニャ, フアン
　国ペルー　文化相
Ossoucah Raponda, Christiane Rose　オスカ・ラポンダ, クリスティアンヌ・ローズ
　国ガボン　予算・会計・公務員相
Ost, Daniel　オスト, ダニエル
　1955～　国ベルギー　フラワーアーティスト
Osta, Clairemarie　オスタ, クレールマリ
　1971～　国フランス　バレリーナ　パリ・オペラ座バレエ団エトワール
Ostacher, Michael J.　オスタチャー, マイケル・J.
　著「双極うつ病」星和書店　2013
Ostapchuk, Nadzeya　オスタプチュク
　国ベラルーシ　陸上選手
Ostapchuk, Yuliya　オスタプチュク
　国ウクライナ　レスリング選手
Østberg, Ingvild　エストベルグ, イングヴィル
　1990～　国ノルウェー　スキー選手　本名＝Østberg, Ingvild Flugstad
Osteen, Joel　オースティン, ジョエル
　訳オスティーン, ジョエル　著「あなたの出番です！」PHP研究所　2009
Osten, Manfred　オステン, マンフレート
　1938～　著「ファウストとホムンクルス」慶応義塾大学出版会　2009
Östensson, Pia　オステンソン, ピア
　著「体系への情熱」Natur & Kultur　c2007
Oster, Christian　オステール, クリスチャン
　1949～　国フランス　作家
Oster, Emily　オスター, エミリー
　著「お医者さんは教えてくれない妊娠・出産の常識ウソ・ホント」東洋経済新報社　2014
Oster, Gerald D.　オスター, ジェラルド・D.
　著「描画による診断と治療」黎明書房　2005
Oster, Grigoriy　オステル, グリゴリー
　1947～　国ロシア　児童文学作家　本名＝オステル, グリゴリー・ベンツィオノヴィチ
Oster, Sharon M.　オスター, S.M.
　著「NPOの戦略マネジメント」ミネルヴァ書房　2005
Österberg, Sven-Erik　オスターベリ, スベンエリック
　国スウェーデン　地方財政・金融市場担当相
Osterbrock, Donald E.　オスターブロック, ドナルド
　1924～2007　国アメリカ　天文学者　カリフォルニア大学サンタ・クルーズ校名誉教授, リック天文台長
Østergaard, Morten　オスタゴー, モーテン
　国デンマーク　経済・内務相
Osterhammel, Jürgen　オースタハメル, ユルゲン
　1951～　著「植民地主義とは何か」論創社　2005
Osterhaus, Frank　オスターハウス, F.
　著「アメリカン・ドリームを探して」英宝社　2005
Osterhaven, M.Eugene　オスターヘーベン, M.ユージン
　著「改革派神学の新しい視座」一麦出版社　2002
Osterloh, Margit　オステロフ, マーギット
　著「業績評価の理論と実務」東洋経済新報社　2004
Osterman, Paul　オスターマン, ポール
　1946～　訳オスターマン, ポール　著「ワーキング・イン・アメリカ」ミネルヴァ書房　2004
Ostermayer, Josef　オスターマイヤー, ヨーゼフ
　国オーストリア　芸術・文化・憲法・メディア相

Ostermeyer, Micheline　オステルメイエ, ミシュリーヌ
　1922～2001　国フランス　陸上選手, ピアニスト
Osterroth, Jochen von　オステロート, ヨッヒェン・フォン
　著「BMW」トランスワールドジャパン　2006
Oster Soussouev, Pierre　オステル・スッスエフ, ピエール
　著「フランス現代詩アンソロジー」思潮社　2001
Osterwald, Bibi　オスターワルド, ビビ
　1918～2002　国アメリカ　女優　本名＝Osterwald, Margaret
Osterwalder, Alexander　オスターワルダー, アレックス
　著「バリュー・プロポジション・デザイン」翔泳社　2015
Osterwalder, Konrad　オスターヴァルダー, コンラッド
　1942～　国スイス　物理学者　スイス連邦工科大学学長, 国連大学長　著理論物理学　国オスターバルダー, コンラッド
Osterwold, Tilman　オスターヴォルト, ティルマン
　1943～　著「ポップ・アート」Taschen　c2001
Ostojić, Ranko　オストイッチ, ランコ
　国クロアチア　副首相兼内相　国オストイッチ, ライコ
Ostojić, Veljko　オストイッチ, ベリコ
　国クロアチア　観光相
Ostrcil, Marian　オストルツィル
　国スロバキア　カヌー選手
Ostriker, Jeremiah P.　オストライカー, ジェレミア・P.
　著「宇宙の創成と進化」日本経済新聞社　2005
Ostrogorski, Georgije　オストロゴルスキー, ゲオルグ
　1902～　著「ビザンツ帝国史」恒文社　2001
Ostrom, Elinor　オストロム, エリノア
　1933～2012　国アメリカ　政治学者　インディアナ大学教授
Ostrom, Hans A.　オストロム, ハンス
　著「ラングストン・ヒューズ事典」雄松堂出版　2006
Östros, Thomas　エストロス, トーマス
　国スウェーデン　産業・貿易相
Ostrov, Svetozar Aleksandrovich　オストローフ, スヴィトザール・アレクサンドロヴィチ
　1941～　挿絵画家　国オストローフ, スビトザール・アレクサンドロビチ
Ostrow, Kim　オストロー, キム
　著「E.T.とぼく」ポプラ社　2002
Ostrowski, Helen　オストロウスキー, ヘレン
　実業家　ポーターノベリ会長
Ostrzolek, Matthias　オストルツォレク, マティアス
　国ドイツ　サッカー選手
Ostuni, Elizabeth　オストゥニ, エリザベス
　著「痴呆を生きる人とのコミュニケーション・マニュアル」じほう　2004
Osuji, Fabian Ngozi Chinedum　オスジ, ファビアン・ヌゴジ・シネドゥム
　国ナイジェリア　教育相
O'Sullivan, Anne　オサリヴァン, アン
　著「グローバル化時代を生きる世代間交流」明石書店　2008
O'Sullivan, Brian　オサリバン, ブライアン
　著「謎のギャラリー」新潮社　2002
O'Sullivan, Catherine　オサリバン, キャサリン
　著「粒子個別要素法」森北出版　2014
O'sullivan, Jan　オサリバン, ジャン
　国アイルランド　教育・技能相
O'Sullivan, Kate　オサリヴァン, ケイト
　1986～　著「アニメおさるのジョージあか, あお, きいろ」金の星社　2014
O'Sullivan, Patrick　オサリバン, パトリック
　著「行きづまったとき」女子パウロ会　2002
O'Sullivan, Shane　オサリバン, シェーン
　1969～　国イギリス　映画監督　国オサリヴァン, シェーン
O'Sullivan, Susan B.　オサリバン, S.B.
　著「リハビリテーション」西村書店東京出版編集部　2014
Osuna, Jose　オスーナ, ホゼ
　国ベネズエラ　野球選手
Osuna, Roberto　オスーナ, ロベルト
　国メキシコ　野球選手
Osuna, Rosa　オスナ, ロサ
　1961～　著「いつまでもそばにいてね」ひさかたチャイルド　2010
Oswald, Gerhard　オズワルド, ゲラルド
　著「SAPサービス＆サポート 第2版」日経BPソフトプレス, 日経BP出版センター(発売)　2005
Oswald, Yvonne　オズワルド, イヴォンヌ
　著「言葉のパワー」ダイヤモンド社　2012

Oswalt, Roy オズワルト, ロイ
1977～ [国]アメリカ 元野球選手 本名＝Oswalt, Roy Edward [異]オーズウォルト, ロイ
Osweiler, Brock オズウェイラー, ブロック
[国]アメリカ アメフト選手
Oswick, Cliff オズウィック, クリフ
[著]「ハンドブック組織ディスコース研究」 同文舘出版 2012
Osypenko, Inna オスイペンコ
[国]ウクライナ カヌー選手 [異]オシペンコ, イナ
Ota, Henry Yasushi オオタ, ヘンリー・ヤスシ
[国]アメリカ 元・日米文化会館理事長, 元・米日カウンシル副理事長
Otafiire, Kahinda オタフィレ, カヒンダ
[国]ウガンダ 司法・憲法問題相 [異]オタフィーレ, カヒンダ
Otai, Mana オタイ, マナ
[国]トンガ ラグビーコーチ
Otakhonov, Foziljon オタホノフ, フォジルジョン
[国]ウズベキスタン 法相
Otamendi, Nicolas オタメンディ, ニコラス
[国]アルゼンチン サッカー選手
al-**Otari, Muhammad Naji** オタリ, ムハンマド・ナジ
1944～ [国]シリア 政治家 シリア首相
Otárola, Fredy オタロラ, フレディ
[国]ペルー 労働雇用促進相
Otarsultanov, Dzhamal オタルスルタノフ, ジャマル
1987～ [国]ロシア レスリング選手
Otavio オタヴィオ
[国]ブラジル サッカー選手
Otazo, Karen L. オタゾ, カレン
[著]「エグゼクティブ・コーチング」 日本能率協会マネジメントセンター 2005
Otegui, Antonio オテギ, アントニオ
[国]スペイン サッカー選手
Otellini, Paul S. オッテリーニ, ポール
1950～ [国]アメリカ 実業家 インテル社長・CEO
Otepka, Hannah オテプカ, ハンナ
[著]「ワシントンマニュアル」 メディカル・サイエンス・インターナショナル 2015
Otero, Dan オテロ, ダン
[国]アメリカ 野球選手
Otete Omanga, Laurent-Charles オテテオマンガ, ローランシャルル
[国]コンゴ民主共和国 社会問題相
Otgonbaatar, Uuganbaatar オトゴンバートル, ウーガンバートル
[国]モンゴル 柔道選手
Otgonbayar, Sainbuyangiin オトゴンバヤル, サインボヤンギーン
[国]モンゴル 国務相
Otgonbayar, Yondongiin オトゴンバヤル, ヨンドンギーン
[国]モンゴル 教育・文化・科学相
Otgontsetseg Galbadrakhyn オトゴンツェツェグ・ガルバドラフ
[国]カザフスタン 柔道選手
al-**Othaimeen, Yusuf bin Ahmad** オサイミーン, ユースフ・ビン・アハマド
[国]サウジアラビア 社会問題相
Othaman, Rizafizah Binti オサマン, リザフィザ・ビンティ
[著]「やさしいマレーシア語 カタコト会話帳」 すばる舎 2009
Othman, Abdul-Rahman Mohammed Ali オスマン, アブドルラハマン・モハメド・アリ
[国]イエメン 通商産業相
Othman, Arwaa オスマン, アルワ
[国]イエメン 文化相
Othman, Mamo Farhad オスマン, マモ・ファラハド
[国]イラク 国務相
Othman, Muhammad オスマン, ムハンマド
[国]エジプト 計画相
Othman, Narmin オスマン, ナルミン
[国]イラク 環境相
Othmani, Saad-Eddine El オトマニ, サアド・エッディン・エル
[国]モロッコ 外相
Othmer, Donald Frederick オスマー, D.F.
[著]「カーク・オスマー化学技術・環境ハンドブック」 丸善出版 2016
Othoniel, Jean-Michel オトニエル, ジャン・ミシェル
1964～ [国]フランス 現代美術家
Oti, Patterson オティ, パテソン
[国]ソロモン諸島 外相 [異]オティ, パティソン
Otieno, Tabitha オティエノ, タビサ
[著]「ケニア」 ほるぷ出版 2008
Otieno, Wambui Waiyaki オティエノ, ワンボイ・ワイヤキ
1936～ [著]「マウマウの娘」 未来社 2007
Otis, John D. オーティス, ジョン・D.
[著]「慢性疼痛の治療」 星和書店 2011
Otis, Johnny オーティス, ジョニー
1921～2012 [国]アメリカ R&B歌手 本名＝Veliotes, John Alexander
Otley, David オットレー, デイビッド
[著]「業績評価の理論と実務」 東洋経済新報社 2004
O'Toole, Brian オトゥール, ブライアン
1958～ [著]「資産設計の黄金比率」 パンローリング 2009
O'Toole, Dan オトゥール, ダン
[著]「ビジュアル1001の出来事でわかる世界史」 日経ナショナルジオグラフィック社, 日経BPマーケティング(発売) 2012
O'toole, Erin オトゥール, エリン
[国]カナダ 退役軍人相
O'Toole, Jim オトゥール, ジム
1937～2015 [国]アメリカ 野球選手 本名＝O'Toole, James Jerome
O'Toole, Mary Ellen オトゥール, メアリー・エレン
[著]「FBI元心理分析官が教える危険な人物の見分け方」 学研パブリッシング, 学研マーケティング(発売) 2014
O'Toole, Mary Louise オトゥール, メアリー・L.
[著]「スポーツのオーバートレーニング」 大修館書店 2001
O'Toole, Peter オトゥール, ピーター
1932～2013 [国]アイルランド 俳優 本名＝O'Toole, Peter Seamus
Otorbayev, Joomalt オトルバエフ, ジョオマルト
[国]キルギス 首相
Otoshi, Kathryn オートシ, キャサリン
[著]「One」 講談社 2015
Otounga Ossibadjouo, Mathias オトゥンガオシバジョ, マティアス
[国]ガボン 予算・会計相
Otryad, Gundegmaa オッテリアッド, グンデクマー
[国]モンゴル 射撃選手 [異]オトリャド
Otsuka, Julie オオツカ, ジュリー
1962～ [異]オーツカ, ジュリー [著]「屋根裏の仏さま」 新潮社 2016
Otsuka, Ronald Yetsuo オオツカ, ロナルド・エツオ
[国]アメリカ 元・デンバー美術館アジア美術部長, 元・コロラド日米協会理事
Ott, Alexander オット, アレクサンダー
1968～ [著]「マーカースケッチデザインブック」 トゥールズ 2005
Ott, Alice Sara オット, アリス・サラ
1988～ [国]ドイツ ピアニスト [異]オット, アリス＝紗良
Ott, Carole オット, キャロル
クワイア・ディレクター グラミー賞 最優秀クラシック・アルバム(2005年(第48回))ほか
Ott, Henry W. オットー, ヘンリー・W.
1936～ [著]「詳解EMC工学」 東京電機大学出版局 2013
Ott, Hermann E. オット, ヘルマン・E.
[異]オット, H.E. [著]「フェアな未来へ」 新評論 2013
Ott, John オット, ジョン
[著]「集合知の力、衆愚の罠」 英治出版 2010
Ott, Jordan オット, ジョーダン
[国]アメリカ ブルックリン・ネッツアシスタントコーチ(バスケットボール)
Ott, Jurg オット, ジュルグ
[著]「ヒトゲノムの連鎖分析」 講談社 2002
Ott, Konrad オット, コンラート
1959～ [著]「越境する環境倫理学」 現代書館 2010
Ott, Tyler オットー, タイラー
[国]アメリカ アメフト選手
Ottaviani, Jim オッタヴィアニ, ジム
[著]「マンガ現代物理学を築いた巨人ニールス・ボーアの量子論」 講談社 2016
Ottavino, Adam オッタビーノ, アダム
[国]アメリカ 野球選手
Ottaway, Peter Berry オタウェイ, ピーター・ベリー
[著]「食品の機能性表示と世界のレギュレーション」 薬事日報社

2015
Otten, Jürgen　オッテン, ユルゲン
　1964〜　著「ファジル・サイ」アルテスパブリッシング　2012
Otter, Anne Sophie von　オッター, アンネ・ソフィー・フォン
　1955〜　国スウェーデン　メゾソプラノ歌手　異オッター, アンネ・ゾフィー・フォン
Ottesen, Jeanette　オッテセン, ヤネッテ
　国デンマーク　水泳選手
Ottey, Merlene　オッティ, マーリーン
　1960〜　国スロベニア　陸上選手　異オッティ, マリーン
Ottinger, Didier　オッタンジェ, ディディエ
　1957〜　著「シュルレアリスム辞典」創元社　2016
Otto, Bjorn　オットー
　国ドイツ　陸上選手
Otto, Christie　オットー, クリスティ
　マイケル・オットー夫人
Otto, Eckart　オットー, E.
　1944〜　著「モーセ」教文館　2007
Otto, Frei　オットー, フライ
　1925〜2015　国ドイツ　建築家　シュトゥッツガルト大学教授・軽量構造研究所創立所長, ベルリン工科大学教授　専膜構造建築　本名＝Otto, Frei Paul
Otto, Michael　オットー, ミハエル
　オットーグループ会長
Otto, Michael W.　オットー, マイケル・W.
　著「大人のADHDの認知行動療法セラピストガイド」日本評論社　2011
Otto, Paul　オット, ポール
　国中央アフリカ　法相
Otto, Svend　オットー, スヴェン
　著「よろこびの木」徳間書店　2001
Otto, Sylke　オットー, ジルケ
　国ドイツ　リュージュ選手　異オットー
Otto, Thomas　オットー, トーマス
　著「私が独裁者？　モーツァルトこそ！」音楽之友社　2006
Ottone, Ernesto　オットーネ, エルネスト
　国チリ　文化相
Ottosson, Anna　オットソン
　国スウェーデン　アルペンスキー選手
Ottosson, Christina　オットソン, クリスティーナ
　著「スウェーデンのあたたかい暮らし」ピエ・ブックス　2007
Ottosson, Paul N.J.　オットソン, ポール・N.J.
　アカデミー賞 音響効果賞（第85回（2012年））ほか
Otunbayeva, Roza Isakovna　オトゥンバエワ, ローザ
　1950〜　国キルギス　政治家　キルギス大統領・首相　異オトゥンバエワ, ロザ／オトゥンバエワ, ロザ・I.
Otuoma, Paul　オトゥオマ, ポール
　国ケニア　青年・スポーツ相
Otway, Helen　オトウェイ, ヘレン
　異オトウェー, ヘレン　著「くまのプーさんみんなどこにいるの？」大日本絵画　2006
Ouadahi, Mohamed Amine　ウアダヒ
　国アルジェリア　ボクシング選手
Ouaddar, Abdelkebir　ウアダー, アブデルケビル
　国モロッコ　馬術選手
Ouafa, Mohamed El　ウアファ, モハメド・エル
　国モロッコ　教育相
Ouaili, Montassar　ウアイリ, モンタサル
　国チュニジア　通信技術相
Ouakanga, Albert Francis　ウアカンガ, アルベール・フランシス
　国中央アフリカ　通信相
Ouaki, Fabien　ウアキ, ファビアン
　著「ダライ・ラマ, 生命と経済を語る」角川書店　2003
Oualalou, Fathallah　ウアラルー, ファサラ
　国モロッコ　財務・民営化相　異ウアラルー, ファタラ
Ouali, Abdelkader　ウアリ, アブデルカデル
　国アルジェリア　水資源・環境相
Oualline, Steve　オーライン, スティーブ
　異ワリーン, スティーブ　著「Vi IMproved-Vim完全バイブル」技術評論社　2004
Ouande, Jules Bernard　ワンデ, ジュールベルナール
　国中央アフリカ　内務・治安・国土・分権化相
Ouane, Moctar　ウアネ, モクタル
　国マリ　外相
Ouardi, El Hossein El　ウアルディ, ホセイン
　国モロッコ　保健相　異ウアルディ, エル・ホセイン・エル

Ouatah, Newfel　オウアタ
　国アルジェリア　ボクシング選手
Ouattara, Alassane Dramane　ワタラ, アラサン
　1942〜　国コートジボワール　政治家　コートジボワール大統領・国防相　コートジボワール首相
Ouattara, Benoît　ワタラ, ベノワ
　国ブルキナファソ　商業・手工業相　異ウアタラ, ベノワ
Ouattara, Moussa　ワタラ, ムッサ
　国ブルキナファソ　中高等教育相
Ouattara, Soungalo　ワタラ, スンガロ
　国ブルキナファソ　公務・労働・社会保障相
Ouattara, Tené Birahima　ワタラ, テネ・ビラヒマ
　国コートジボワール　大統領問題担当相
Oubaali, Nordine　ウバーリ
　国フランス　ボクシング選手
Oubida, François　ウビダ, フランソワ
　国ブルキナファソ　駐日特命全権大使
Oubre, Carroll L.　オーブル, C.L.
　著「ファイトレメディエーション」シュプリンガー・フェアラーク東京　2001
Oubre, Kelly　オーブレイ, ケリー
　国アメリカ　バスケットボール選手
Oubrerie, Clément　ウブルリ, クレマン
　アングレーム国際漫画祭 子ども向け作品賞（2015年）ほか
Oubtil, Mahjouba　ウブティル
　国モロッコ　ボクシング選手
Oud, Sam　オート
　国オランダ　カヌー選手
Ouda, Bassem　オウダ, バーシム
　国エジプト　供給・国内商業相
Oudaa, Mohamed Abdallahi Ould　ウダーア, モハメド・アブダッラーヒ・ウルド
　国モーリタニア　水利相　異ウッダー, モハメド・アブドライ・ウルド
Oudeh, Mohammad　オデー, モハメッド
　？〜2010　パレスチナ過激派指導者　別名＝アブ・ダウード〈Abu Daoud〉
Oudin, Bernard　ウダン, ベルナール
　1934〜　著「殺人の歴史」創元社　2012
Oudine, Saleban Omar　ウディン, サレバン・オマル
　国ジブチ　商工相
Oudine, Souleiman Omar　ウディン, スレイマン・オマール
　国ジブチ　都市計画・住宅環境・開発相
Ouedrago, Mahamoudou　ウエドラゴ, マハムドゥ
　国ブルキナファソ　芸術・文化相
Ouedraogo, Albert　ウエドラオゴ, アルベール
　国ブルキナファソ　人権・市民権促進相
Ouedraogo, Emile　ウエドラオゴ, エミル
　国ブルキナファソ　治安相
Ouedraogo, Fulgence　ウドゥラオゴ, フルジャンス
　国フランス　ラグビー選手
Ouedraogo, Gilbert　ウエドラオゴ, ジルベール
　国ブルキナファソ　運輸・郵政・デジタル経済相　異ウエドラオゴ, ギルベール／ウエドラオゴ, ジルベール・ノエル
Ouedraogo, Guédé Jacques　ウエドラオゴ, ゲデ・ジャック
　国ブルキナファソ　大統領府・分析・予想担当相
Ouedraogo, Jacob　ウエドラオゴ, ジャコブ
　国ブルキナファソ　農業・水整備相
Ouedraogo, Jacques Guédé　ウエドラオゴ, ジャック・ゲデ
　国ブルキナファソ　大統領府・分析・予想担当相
Ouedraogo, Jean　ウエドラオゴ, ジャン
　国ブルキナファソ　社会基盤・へき地開発相
Ouedraogo, Jérémie　ウエドラオゴ, ジェレミ
　国ブルキナファソ　動物資源相
Ouedraogo, Josephine　ウエドラオゴ, ジョゼフィーヌ
　国ブルキナファソ　法務・人権・市民向上相
Ouedraogo, Mahamoudou　ウエドラオゴ, マアムドゥ
　国ブルキナファソ　文化芸術・観光相　異ウエドラオゴ, ムハマドゥ
Ouedraogo, Mathieu R.　ウエドラオゴ, マチュー・R.
　国ブルキナファソ　基礎教育相　異ウエドラオゴ, マティウ・R.
Ouedraogo, Niouga Ambroise　ウエドラオゴ, ニウガ・アンブロワズ
　国ブルキナファソ　水・衛生相
Ouedraogo, Ram　ウエドラオゴ, ラム
　国ブルキナファソ　無任所相

O

Ouedraogo, Raymond Edouard ウエドラオゴ, レイモン・エドゥアール
[国]ブルキナファソ 情報相
Ouedraogo, Smaïla ウエドラオゴ, スマイラ
[国]ブルキナファソ 保健相
Ouedraogo, Yacouba ウエドラオゴ, ヤクバ
[国]ブルキナファソ スポーツ・余暇相
Ouédraogo, Youssouf ウエドラオゴ, ユスフ
[国]ブルキナファソ 外務・地域協力相
Ouedraogo Boni, Bibiane ウエドラオゴ・ボニ, ビビアンヌ
[国]ブルキナファソ 女性地位向上相
Ouellette, Alicia ウーレット, アリシア
[著]「生命倫理学と障害学の対話」 生活書院 2014
Ouellette, Jennifer ウーレット, ジェニファー
[著]「黒体と量子猫」 早川書房 2007
Ouellette, Raymond ウィレット, レイモンド
[著]「世界の運命、未来への警告」 中央アート出版社 2005
Ouellette, Robert J. ウーレット, R.J.
1938～ [著]「ウーレット有機化学」 化学同人 2002
Oueslati, Oussama ウエスラティ, ウサマ
[国]チュニジア テコンドー選手
Ouimet, David ウイメット, デイヴィッド
1965～ [著]「夜の白昼夢」 飛鳥新社 2015
Ouinsavi, Christine ウインサビ, クリスティン
[国]ベナン 商務相 [異]ウインサビ, クリスティーヌ
Oujar, Mohamed ウージャール, モハメド
[国]モロッコ 人権担当相
Oukacha, Larification オウカシャ, ラリフィケーション
[国]コモロ 国土・インフラ・都市開発・住宅相
Ouk Rabun ウック・ラブン
[国]カンボジア 農村開発相
Oulaye, Hubert ウライエ, ユベール
[国]コートジボワール 公務員・雇用相
Ould Abbas, Djamel ウルドアッバス, ジャメル
[国]アルジェリア 保健・国民・医療施設改革相 [異]ウルド・アッバス, ジャメル / ウルドアベス, ジャマル
Ould Ali, El-Hadi ワラドアリ, エルハーディ
[国]アルジェリア 青年・スポーツ相
Ould Braham, Myriam ウルド・ブラーム, ミリアム
[国]フランス バレリーナ パリ・オペラ座バレエ団エトワール
Ould Kablia, Dahou ウルドカブリア, ダフ
[国]アルジェリア 内務・地方自治相
Oulotto, Anne Désirée ウロト, アンヌ・デジレ
[国]コートジボワール 連帯・家族・女性・児童相
Oulton, Will オールトン, ウィル
[著]「グリーン投資戦略ハンドブック」 東洋経済新報社 2014
Oum, Tae Hoon ウム, テー・フーン
[著]「都市間交通と気候変動」 運輸政策研究機構 2014
Oumani, Bety Aïchatou Habibou ウマニ, ベティ・アイシャトゥ・ハビブ
[国]ニジェール 中等教育相
Oumarou, Alma ウマル, アルマ
[国]ニジェール 商業・民間部門促進相
Oumarou, Almou ウマロゥ, アルモ
[国]ニジェール 経済改革・民営化相
Oumarou, Ide ウマル, イデ
1937～2002 [国]ニジェール 外交官, 作家 アフリカ統一機構(OAU)事務総長, ニジェール外相
Oumarou, Seyni ウマル, セイニ
[国]ニジェール 首相
Oumarou, Sidikou ウマル, シディク
[国]ニジェール 中高等教育・研究・科学技術相
Oumiha, Sofiane ウミア, ソフィアヌ
[国]フランス ボクシング選手
Oumou Sangare ウム・サンガレ
[国]マリ グラミー賞 最優秀ポップ・ヴォーカル・コラボレーション(2010年(第53回)) "Imagine"
Õunapuu, Harri ウウナプー, ハッリ
[国]エストニア 財務相
Õunapuu, Jaan ウウナプー, ヤーン
[国]エストニア 地域担当相
Oundjian, Peter ウンジャン, ピーター
1955～ [国]イギリス 指揮者, 元バイオリニスト トロント交響楽団音楽監督, ロイヤル・スコティッシュ・ナショナル管弦楽団首席指揮者 東京クヮルテット第1バイオリニスト
Ouneies, Ahmed ウナイエス, アハメド
[国]チュニジア 外相
Ounouted, Raymond ウヌテ, レイモン
[国]ギニア 漁業相
Ounsworth, Alec オンスワース, アレック
[国]アメリカ ミュージシャン
Ounthala, Khambai ウンタラー, カンバイ
[国]ラオス 元・在ラオス日本国大使館現地職員
Ouosso, Emile ウオソ, エミール
[国]コンゴ共和国 労働・社会保障相
Ourahmoune, Sarah ウラムヌ, サラ
[国]フランス ボクシング選手
Ouredník, Patrik オウジェドニーク, パトリク
1957～ [国]チェコ 作家
Oursel, Luc ウルセル, リュック
1959～2014 [国]フランス 実業家 アレバCEO
Oury, Gerard ウーリー, ジェラール
1919～2006 [国]フランス 映画監督 本名=Tannenbaum, Max-Gérard Houry
Oury, Jean ウリ, ジャン
1924～2014 [著]「精神医学と制度精神療法」 春秋社 2016
Ouseph, Rajiv オーセフ, ラジフ
[国]イギリス バドミントン選手
Ousey, Byron ウジー, バイロン
[著]「インドの鉄人」 産経新聞出版, 日本工業新聞社(発売) 2010
Ousland, Borge オウスラント, ボルゲ
1962～ [国]ノルウェー 極地探検家, 冒険家 [異]アウズルン, バーガ / ウースラント, ボルゲ
Ousmane, Ba ウスマン, バー
[国]モーリタニア 官房長官
Ousmane, Mahamane Elhadji ウスマン, マハマヌ・エルハジ
[国]ニジェール 牧畜相
Ousseini, Abdoulwahid Halimatou ウセイニ, アブドゥルワヒド・ハリマトゥ
[国]ニジェール 社会開発・人口・女性・児童相
Ousseini, Mamadou ウセイニ, ママドゥ
[国]ニジェール 国防相
Ousseni, Abdou ウセニ, アブドゥ
[国]コモロ 法務・公務員・行政改革・人権・イスラム問題相
Oustinoff, Michaël ウスティノフ, ミカエル
[著]「翻訳」 白水社 2008
Outerelo, Luiz アウテレロ, ルイスフェリペ
[国]ブラジル 水泳選手
Outhmane Djame, Haoua ウトマンジャメ, ハウア
[国]チャド 環境・漁業相
Outteridge, Nathan アウタリッジ, ネーサン
1986～ [国]オーストラリア セーリング選手 [異]アウタリッジ, ネイサン
Outtrim, Eliza アウトリム
[国]アメリカ フリースタイルスキー選手
Ouwehand, André オウヴェハンド, アンドレ
1952～ [著]「オランダの社会住宅」 ドメス出版 2009
Ouyahia, Ahmed ウーヤヒア, アハメド
1952～ [国]アルジェリア 政治家 アルジェリア首相 [異]ウーヤヒヤ, アハメド
Ouyenga, Agouta ウイェンガ, アグタ
[国]トーゴ 青年・スポーツ相
Ouzzine, Mohamed ウッジンヌ, モハメド
[国]モロッコ 青年・スポーツ相
Ovalle Cabrera, Ludwig Werner オバジェ・カブレラ, ルドビッヒ・ウェルネル
[国]グアテマラ 保健相
Ovary, Zoltan オヴァリー, ゾルタン
1907～2005 [著]「免疫学の巨人」 集英社 2010
Ovason, David オーヴァソン, デイヴィッド
[著]「秘密結社の1ドル札」 学習研究社 2009
Ovcharov, Rumen オフチャロフ, ルメン
[国]ブルガリア 経済・エネルギー相
Ovchinnikov, Serguey オフチニコフ, セルゲイ
1969～2012 [国]ロシア バレーボール監督 バレーボール女子ロシア代表監督
Ovchinnikov, Vsevolod Vladimirovich オフチンニコフ, フセヴォロド・ウラジーミロヴィチ
1926～ [国]ロシア ロシア新聞論説員, 元・プラウダ紙日本支局特派員 [異]オフチンニコフ, フセワロード
Ovechkin, Alexander オベチキン, アレクサンドル
1985～ [国]ロシア アイスホッケー選手 通称=オベチキン, ア

レックス〈Ovechkin, Alex〉　㊞オベチキン, アレクサンダー / オベチキン, アレクサンダー
Ovelar, Blanca　オベラル, ブランカ
　㊀パラグアイ　教育・文化相
Ovelar, Silvio　オベラル, シルビオ
　㊀パラグアイ　社会福祉事業庁長官
Ovenden, Mark　オーブンデン, マーク
　1963〜　㊞「世界の美しい地下鉄マップ」日経ナショナルジオグラフィック社, 日経BPマーケティング(発売)　2016
Overbaugh, Jeff　オーバーボー, ジェフ
　㊀アメリカ　アメフト選手
Overbeck, Lndger　オーバーベック, ロジャー
　㊞「クレジットリスクモデリング入門」シグマベイスキャピタル　2007
Overbeek, Edzard J.C.　オーバービーク, エザード
　㊞「日本の未来について話そう」小学館　2011
Overby, Charles M.　オーバビー, チャールズ・M.
　1926〜　㊞オーバービー, チャールズ・M.　㊞「地球憲法第九条」たちばな出版　2005
Overby, Jason Scott　オーバービー, ジェイソン
　1970〜　㊞「化学基本の考え方を学ぶ問題と解答」東京化学同人　2011
Overbye, Dennis　オーヴァーバイ, デニス
　㊞オーヴァバイ, デニス　㊞「アインシュタインの恋」青土社　2003
Overeem, Alistair　オーフレイム, アリスター
　1980〜　㊀オランダ　格闘家
Övergaard, Gunnar　ウーハガード, G.
　㊞「オブジェクト指向ソフトウェア工学OOSE」エスアイビー・アクセス　2003
Overholt, Emily　オーバーホルト, エミリー
　㊀カナダ　水泳選手
Overland, Amanda　オーバーランド
　㊀カナダ　ショートトラック選手
Overly, Michael R.　オーバリー, マイケル・R.
　㊞「eポリシー」日経BP社, 日経BP出版センター(発売)　2001
Overman, Howard　オーヴァーマン, ハワード
　㊞「魔術師マーリン」角川書店, 角川グループパブリッシング(発売)　2009
Overmars, Mark　オーバマーズ, M.
　㊞「コンピュータ・ジオメトリ」近代科学社　2010
Overmier, J.Bruce　オーバーマイヤー, J.ブルース
　㊞「心理学の大学・大学院教育はいかにあるべきか」関西学院大学出版会　2007
Overmyer, Eric　オーヴァーマイヤー, エリック
　アメリカ探偵作家クラブ賞 TVフィーチャー・ミニシリーズ賞(2007年)　"The Wire, Season 4"
Overstreet, Nash　オーバーストリート, ナッシュ
　1986〜　㊀アメリカ　ミュージシャン　㊞オーヴァーストリート, ナッシュ
Overton, Dillon　オーバートン, ディロン
　㊀アメリカ　野球選手
Overton, Matt　オーバートン, マット
　㊀アメリカ　アメフト選手
Overton, Richard E.　オバートン, リチャード・ユージン
　1925〜　㊞「今ここに神はいない」梧桐書院　2010
Overton, Tina　オヴァートン, T.
　㊞「化学するアタマ」化学同人　2002
Overwater, Georgien　オーバーワーター, ジョージーン
　㊞「ワニがうちにやってきた!」岩崎書店　2001
Overy, R.J.　オウヴァリー, リチャード
　㊞「ヒトラーと第三帝国」河出書房新社　2015
Ovezov, Bayramgeldi　オベゾフ, バイラムゲルディ
　㊀トルクメニスタン　通信相　㊞オウェゾフ, バイラムゲルディ
Oviedo, Bryan　オビエド, ブライアン
　㊀コスタリカ　サッカー選手
Oviedo, Francisco　オビエド, フランシスコ
　㊀パラグアイ　財務・経済相
Oviir, Liisa　オビール, リーサ
　㊀エストニア　企業相
Oviir, Siiri　オビール, シーリ
　㊀エストニア　社会問題相
Ovrutsky, Mikhail　オヴルツキー, ミハイル
　㊀アメリカ　エリザベート王妃国際コンクール ヴァイオリン 第5位(2005年)
Ovtcharov, Dimitrij　オフチャロフ, ドミトリー
　㊀ドイツ　卓球選手　㊞オフチャロフ
al-Owais, Humaid bin Nasir　アル・オワイス, フマイド・ビン・ナシル
　㊀アラブ首長国連邦　電力水利相　㊞アル・オワイス, フマイド・ナセル
al-Oweis, Abdul-Rahman Mohammed　オウェイス, アブドゥルラハマン・ムハンマド
　㊀アラブ首長国連邦　保健・予防相　㊞オウェイス, アブドゥルラハマン・ムハンマド
Oweis, Wajih　オウェイス, ワジフ
　㊀ヨルダン　高等教育・科学研究相兼教育相
Owen, Bruce M.　オーウェン, ブルース・M.
　㊞「ブロードバンドの発展と政策」NTT出版　2005
Owen, Charlie　オーウェン, C.
　㊞「現代イギリスの政治算術」北海道大学図書刊行会　2003
Owen, Charlotte　オウエン, シャーロッテ
　㊞「ピリオド」アーニ出版　2006
Owen, Clive　オーエン, クライブ
　1964〜　㊀イギリス　俳優　㊞オーウェン, クライブ / オーウェン, クライヴ
Owen, Dave　オーエン, D.
　㊞「会計とアカウンタビリティ」白桃書房　2003
Owen, David　オーウェン, デイヴィッド
　㊞オーウェン, デイヴィット　㊞「成熟と近代」新曜社　2002
Owen, David　オーウェン, デイヴィッド
　1939〜　㊞「墜落事故」原書房　2003
Owen, David　オーウェン, デイヴィッド
　1939〜　㊞「アルファ・ロメオ」二玄社　2012
Owen, David　オーウェン, デーヴィッド
　1955〜　㊞「パパ銀行のマネー哲学」アンドリュース・クリエイティブ　2002
Owen, Gareth　オーウェン, ギャレス
　ローレンス・オリヴィエ賞 音楽デザイン賞(2015年(第39回))ほか
Owen, Geoffrey　オーウェン, ジェフリー
　1934〜　㊞「帝国からヨーロッパへ」名古屋大学出版会　2004
Owen, Harrison　オーエン, ハリソン
　1935〜　㊞「オープン・スペース・テクノロジー」ヒューマンバリュー　2007
Owen, James A.　オーウェン, ジェームズ・A.
　㊀アメリカ　作家, イラストレーター　㊞SF, ファンタジー
Owen, James P.　オーウェン, ジェームズ
　㊞「ヘッジファンド投資入門」ダイヤモンド社　2002
Owen, Jean　オーエン, J.
　㊞「ベスト・フレンド」実業之日本社　2001
Owen, Jo　オーエン, ジョー
　㊞「管理力」ピアソン桐原　2012
Owen, Mark　オーウェン, マーク
　1976?〜　㊞「NO HERO」講談社　2016
Owen, Mark　オーエン, マーク
　㊀イギリス　歌手　㊞オーウェン, マーク
Owen, Michael　オーエン, マイケル
　1979〜　㊀イギリス　元サッカー選手　㊞オーウェン, マイクル / オーウェン, マイケル
Owen, Roger　オーエン, ロジャー
　1935〜　㊞「現代中東の国家・権力・政治」明石書店　2015
Owen, Sarah　オーウェン, サラ
　㊞「美人を作るジュースベスト100」講談社　2008
Owen, Sean　オーエン, ショーン
　㊞オーウェン, ショーン　㊞「Sparkによる実践データ解析」オライリー・ジャパン, オーム社(発売)　2016
Owen, Thomas　オーエン, トーマス
　1910〜2002　㊀ベルギー　幻想小説作家, 弁護士　本名=Bertot, Gérald　㊞オーウェン, トーマス / オーエン, トーマ
Owen-Jones, Lindsay　オーエンジョーンズ, リンゼイ
　1946〜　㊀イギリス　実業家　ロレアル会長　㊞オーエンジョーンズ, リンゼー
Owens, Allan　オーエンズ, アレン
　㊞「やってみよう! アプライドドラマ」図書文化社　2010
Owens, Buck　オーエンズ, バック
　1929〜2006　㊀アメリカ　カントリー歌手, ギタリスト　㊞オウエンズ, バック
Owens, David　オーウェンズ, D.
　㊞「医学英語論文の読み方」朝倉書店　2005
Owens, Diana L.　オーエンズ, ダイアナ・L.
　1951〜　㊞「インストラクショナルデザイン入門」東京電機大学

出版局 2003
Owens, Elizabeth オーエンズ, エリザベス
1948〜 圏「霊視力の獲得」心交社 2006
Owens, Eric オーウェンズ, エリック
グラミー賞 最優秀クラシック・オペラ録音(2011年(第54回))
"Adams: Doctor Atomic" ソリスト
Owens, Henry オーウェンス, ヘンリー
国アメリカ 野球選手
Owens, Jerry M. オーエンズ, J.M.
圏「小動物の臨床X線診断」メディカルサイエンス社, インターズー(発売) 2001
Owens, J.F. オーウェンス, J.F.
圏「友よ 弔辞という詩」河出書房新社 2007
Owens, Ken オーウェンズ, ケン
国ウェールズ ラグビー選手
Owens, Laura オーエンズ, ローラ
1970〜 圏「ローラ・オーエンズ」資生堂企業文化部 2005
Owens, Patricia オーウェンズ, パトリシア
1975〜 圏「戦争と政治の間」岩波書店 2014
Owens, Simon オーエンズ, サイモン
圏「クリエイティブスペース」グラフィック社 2011
Owens, Solomon オウエンス, ソロモン
国ガンビア 農相
Owens, Terrell オーウェンズ, テレル
1973〜 国アメリカ アメフト選手 他オーウェンズ, テレル/オーエンス, テレル
Owens, Trevor オーエンズ, トレヴァー
圏「リーン・スタートアップを駆使する企業」日経BP社, 日経BPマーケティング(発売) 2015
Owens-Reid, Dannielle オウェンズ=リード, ダニエル
圏「LGBTの子どもに寄り添うための本」白桃書房 2016
Owings, Chris オーウィングス, クリス
国アメリカ 野球選手
Own, Ahmed Abdel Karim Salem オウン, アフマド・アブドルカリーム・サーレム
国リビア 駐日特命全権大使
Owona, Grégoire オウォナ, グレゴワール
国カメルーン 国会担当相 他オワナ, グレゴワール
Owona, Grégoire オウォナ・グレゴワール
国カメルーン 労働・社会保障相
Owona, Joseph オウォナ, ジョゼフ
国カメルーン 国民教育相 他オワナ, ジョゼフ
Owono, François Engonga オウォノ, フランソワ・エンゴンガ
国ガボン 国民教育相
Owono Asangono, Alejandro Evuna オウォノ・アサンゴノ, アレハンドロ・エブナ
国赤道ギニア 大統領府特命相
Owono Edu, Marcelino オウォノエドゥ, マルセリノ
国赤道ギニア 財務相
Owono Essono, Fabian オウォノ・エソノ, フェビアン
国ガボン 農畜産・地方経済相
Owusuaankoma, Paapa オウスアンコマ, パアパ
国ガーナ 議会対策相
Owusuagyeman, Hackman オウスアギマン, ハックマン
国ガーナ 外相
Owusuankomah, Papa オウスアンコマ, パパ
国ガーナ 教育・科学・スポーツ相
Oxenbury, Helen オクセンベリー, ヘレン
1938〜 国イギリス 絵本作家
Oxford, Reece オックスフォード, リース
国イングランド サッカー選手
Oxlade, Chris オックスレード, クリス
圏「PLANES, TRAINS AND AUTOMOBILES」ポプラ社 2014
Oxlade-chamberlain, Alex オックスレード・チェンバレン, アレックス
国イングランド サッカー選手
Oxley, Mat オクスレイ, マット
1959〜 圏「バレンティーノ・ロッシ」講談社 2003
Oxley, Philip オクスレー, フィリップ
圏「移動の制約の解消が社会を変える」近代文芸社 2004
Oxnam, Robert B. オクスナム, ロバート・B.
圏「多重人格者の日記」青土社 2006
Oyakawa Mariano, Arthur マリアーノ, アルトゥール・オヤカワ
国ブラジル 体操選手
Oyarzabal, Mikel オヤルサバル, ミケル

国スペイン サッカー選手
Oyé Mba, Casimir オイエムバ, カジミール
国ガボン 工業・石油・水資源・エネルギー相 他オイエンバ, カジミル
Oyepitan, Abiodun オイピタン
国イギリス 陸上選手
Oyer, John S. オイヤー, ジョン・S.
圏「殉教者の鏡物語」シャローム出版 2002
Oyer, Paul Edward オイヤー, ポール
1963〜 圏「オンラインデートで学ぶ経済学」NTT出版 2016
Oyètádé, Benjamin Akintúndé オイエタデ, ベンジャミン・アキントゥンデ
圏「ナイジェリア」ほるぶ出版 2009
Oyeyemi, Helen オイエイェミ, ヘレン
1984〜 国イギリス 作家 分野文学
Oyiba, Jean-Pierre オイバ, ジャンピエール
国ガボン インフラ・公共投資・国土整備相
Oyo Ebule, Evangelina オヨエブレ, エバンゲリナ
国赤道ギニア 労働・社会保障相
Oyoebule, Evangelina Filomena オヨエブレ, エバンジェリナ・フィロメナ
国赤道ギニア 法務・宗教相
Oyono, Ferdinand Léopold オヨノ, フェルディナン・レオポール
国カメルーン 文化相 他オヨノ, フェルディナン・レオポルド
Oyono Nyutumu, Marcelino オヨノニュトゥム, マルセリノ
国赤道ギニア 社会基盤・都市計画相
Oyoubi, Luc オユビ, リュック
国ガボン 農業・牧畜・漁業・食料安全保障相
O'Young, Bryan オーヤング, ブライアン・J.
1962〜 圏「リハビリテーションシークレット」メディカル・サイエンス・インターナショナル 2005
Oyun, Sanjaasuren オヨーン, サンジャースレン
国モンゴル 自然環境・グリーン開発相
Oyunbaatar, Tserendash オヨーンバータル, ツェレンダシ
国モンゴル 副首相
Oyungerel, Tsedevdamba オヨーンゲレル, ツェデブダンバ
国モンゴル 文化・スポーツ・観光相
Oyunhorol, Dulamsurengiin オユンホロル, ドラムスレンギン
国モンゴル 自然環境・観光相 他オヨーンホロル, ドラムスレン
Oz, Amos オズ, アモス
1939〜 国イスラエル 作家, 平和運動家 ベングリオン大学教授 本名=Klausner, Amos
Oz, Mehmet C. オズ, メフメト・C.
圏「若さのスイッチを入れる方法」東京書籍 2008
Oz, Tony オズ, トニー
圏「オズの実践トレード日誌」パンローリング 2001
Özak, Faruk Nafiz オザク, ファルク・ナフィズ
国トルコ 公共事業・住宅相 他オザク, フアルク・ナフィズ
Özakman, Turgut オザクマン, トゥルグット
1930〜 国トルコ 劇作家 トルコ国立劇場館長
Ozal, Mehmet オザル
国トルコ レスリング選手
Ozalp, Ayse オザルプ, アイシェ
国トルコ 元・トルコ航空客室乗務員
Ozan, Tufan オザン・トゥファン
国トルコ サッカー選手
Ozanne, Marie-Angélique オザンヌ, マリー=アンジェリーク
圏「テオもうひとりのゴッホ」平凡社 2007
Ozanne, Robert W. オザーン, ロバート
圏「アメリカ労使関係の一系譜」関西大学出版部 2002
Ozawa, Luke H. オザワ, ルーク
圏「ルーク・オザワのヒコーキ写真の撮り方」誠文堂新光社 2014
Ozawa, Seiji オザワ, セイジ
国日本 高松宮殿下記念世界文化賞 音楽部門(2011年(第23回)) 漢字名=小澤征爾
Ozbilen, Ilham Tanui オズビレン
国トルコ 陸上選手
Ozbiliz, Aras オスビリス, アラス
国アルメニア サッカー選手
Ozcan, Ramazan エズカン, ラマザン
国オーストリア サッカー選手
Ozcan, Salih エズカン, サリフ
国ドイツ サッカー選手
Ozdemir, Ali オズデミル, アリ

[国]トルコ　元・トルコ航空パイロット
Ozeki, Ruth L.　オゼキ, ルース
1956～　[国]アメリカ　作家, 僧侶　[専]フィクション
Ozer, Tiki　オゼル, ティキ
[著]「SHALOM」 ミルトス　2016
Ozerets, Alexander V.　オゼレツ, アレクサンドル・V.
[国]ベラルーシ　エネルギー相
Ozersky, Josh　オザースキー, ジョシュ
[著]「ハンバーガーの世紀」 河出書房新社　2010
Ozgur, Gozde　オズギュル, ギョズデ
[国]トルコ　ローザンヌ国際バレエコンクール ベスト・スイス賞（第36回（2008年））
Ozhan, Najibullah　オウジャン, ナジブラ
[国]アフガニスタン　公共事業相
Ozhaseki, Mehmet　オズハセキ, メフメト
[国]トルコ　環境都市相
Ozick, Cynthia　オージック, シンシア
[著]「アメリカエッセイ傑作選」 DHC　2001
Özil, Mesut　エジル, メスト
1988～　[国]ドイツ, トルコ　サッカー選手　[異]エジル, メズート / オジル, メズート
Ozilhan, Tuncay　オズィルハン, トゥンジャイ
[国]トルコ　アナドルグループ会長, 元・トルコ実業家起業家協会会長, 元・トルコ海外経済評議会トルコ日本経済委員会委員長（日土合同経済委員会トルコ側委員長）
Ozkan, Husamettin　オズカン, ヒュサメッティン
[国]トルコ　副首相兼国務相
Özkan, Serdar　オズカン, セルダル
1975～　[国]トルコ　作家　[専]文学
Ozkan, Sibel　オズカン
[国]トルコ　重量挙げ選手
Özkan, Suha　オズカン, スハ
[著]「Anytime」 NTT出版　2001
Ozley, Lee　オズリー, リー
1939～　[著]「ハーレーダビッドソン経営再生への道」 翔泳社　2001
Ozlu, Bekir　オズル, ベキル
[国]トルコ　柔道選手
Ozlu, Faruk　オズリュ, ファルク
[国]トルコ　科学産業技術相
Ozment, Steven E.　オズメント, スティーヴン
[著]「市長の娘」 白水社　2001
Ozon, François　オゾン, フランソワ
1967～　[国]フランス　映画監督, 脚本家
Ozonoff, Sally　オゾノフ, サリー
[著]「自閉症と発達障害研究の進歩」 星和書店　2006
Ozouf, Mona　オズーフ, モナ
[著]「世界で一番美しい愛の歴史」 藤原書店　2004
Ozsvald, Ian　オズワルド, イアン
[著]「ハイパフォーマンスPython」 オライリー・ジャパン, オーム社（発売）　2015
Oztunali, Levin　エズトゥナリ, レヴィン
[国]ドイツ　サッカー選手
Ozu, Nikola　オズ, ニコラ
[著]「エキスパートから学ぶXML実践プログラミング」 インプレス, インプレスコミュニケーションズ（発売）　2001
Ozuna, Marcell　オズーナ, マーセル
[国]ドミニカ共和国　野球選手
Ozzie, Ray　オッジ, レイ
[著]「ソフトウェアの未来」 翔泳社　2001

【P】

P., Melissa　ピー, メリッサ
1985～　[著]「おやすみ前にブラッシング100回」 河出書房新社　2004
Pääbo, Svante　ペーボ, スヴァンテ
1955～　[著]「ネアンデルタール人は私たちと交配した」 文芸春秋　2015
Paal, Douglas　パール, ダグラス
[国]アメリカ　国際問題研究家　カーネギー国際平和財団副所長　米国大統領特別補佐官, 米国国家安全保障会議（NSC）アジア部長　[専]アジア問題, 安全保障問題
Paalman, Anthony　パールマン, アンソニー
[著]「障害馬術」 ベースボール・マガジン社　2010
Paananen, Ilkka　パーナネン, イルッカ
[国]フィンランド　スーパーセル共同創業者兼CEO
Paar, Jack　パー, ジャック
1918～2004　[国]アメリカ　テレビ司会者
Paasilinna, Arto　パーシリンナ, アルト
1942～　[著]「魅惑の集団自殺」 新樹社　2007
Paaske, Lars　ポースケ
[国]デンマーク　バドミントン選手
Paatero, Sirpa　パーテロ, シルパ
[国]フィンランド　国際協力相
Paauw, Douglas S.　パァウ, ダグラス・S.
1958～　[著]「内科クラークシップガイド」 メディカル・サイエンス・インターナショナル　2004
Pabedinskienė, Algimanta　パベディンスキエネ, アルギマンタ
[国]リトアニア　社会保障・労働相
Pablo Fernandez　パブロ・フェルナンデス
[国]スペイン　サッカー選手
Pablo Hernandez　パブロ・エルナンデス
[国]チリ　サッカー選手
Pabrai, Mohnish　パブライ, モニッシュ
[著]「ダンドー」 パンローリング　2009
Pabriks, Artis　パブリクス, アルティス
[国]ラトビア　国防相
Pabst, Reinhard　パプスト, R.
[著]「図説人体解剖学」 医学書院　2002
Pacari, Nina　パカリ, ニナ
[国]エクアドル　外相
Pacat, C.S.　パキャット, C.S.
[著]「叛獄の王子」 新書館　2016
Pacchiano Alamán, Rafael　パキアノ・アラマン, ラファエル
[国]メキシコ　環境・資源相
Pace, Alessandro　パーチェ, A.
[著]「憲法の硬性と軟性」 有信堂高文社　2003
Pace, Jim　ペース, ジム
[著]「レストラン・マジシャンズ・ガイドブック」 リアライズ・ユア・マジック　2014
Pace, Peter　ペース, ピーター
1945～　[国]アメリカ　元軍人　米国統合参謀本部議長
Pacek, Martin　パセク, マルティン
[国]スウェーデン　柔道選手
Pacelle, Mitchel　パーセル, ミッチェル
[著]「エンパイア」 文芸春秋　2002
Pacey, Arnold　パーシー, アーノルド
1937～　[著]「世界文明における技術の千年史」 新評論　2001
Pach, János　パッハ, J.
[著]「離散幾何学における未解決問題集」 シュプリンガー・ジャパン　2009
Pacha, David Day　パッチャ, デービッド・デイ
[国]ソロモン諸島　鉱業・エネルギー・地方電化相　[異]パチャ, デービッド・デイ
Pachabut, Darya　パチャブト
[国]ベラルーシ　重量挙げ選手
Pachauri, Rajendra K.　パチャウリ, ラジェンドラ
1940～　[著]「地球温暖化防止の国際的枠組み」 東洋経済新報社　2010
Pachauri, Rajendra Kumar　パチャウリ, ラジェンドラ
1940～　[国]インド　気候変動に関する政府間パネル（IPCC）議長, タタ・エネルギー資源研究所所長　[専]産業工学, エネルギー・環境工学, 経済学
Pacheco, Abel　パチェコ, アベル
[国]コスタリカ　大統領
Pacheco, Alexander J.　パシェコ, アレックス・J.
[著]「祝福へのパスポート」 イーグレープ　2008
Pacheco, Gabriel　パチェコ, ガブリエル
1973～　[著]「水おとこのいるところ」 岩崎書店　2009
Pacheco, Jorge　パチェコ, ホルヘ
[国]ボリビア　労働相
Pacheco, José Condungua António　パシェコ, ジョゼ・コンドゥングア・アントニオ
[国]モザンビーク　農業・食糧安全保障相　[異]パシェコ, ジョゼ
Pacheco, José Emilio　パチェーコ, ホセ・エミリオ
1939～2014　[国]メキシコ　作家, 詩人, 翻訳家, 脚本家　メリーランド大学名誉教授　[異]パチェコ, ホセ・エミリオ
Pacheco, Máximo　パチェコ, マキシモ
[国]チリ　エネルギー相

P

Pacheco, Ovidio　パチェコ, オビディオ
　㈲コスタリカ　公共事業・運輸相
Pacheco, Peter S.　パチェコ, P.
　㊈「MPI並列プログラミング」培風館　2001
Pacheco, Rommel　パチェコ, ロメル
　㈲メキシコ　水泳選手
Pacheco, Rubén　パチェコ, ルベン
　㈲コスタリカ　観光相
Pachecoo, Julián　パチェコ, フリアン
　㈲ホンジュラス　治安相
Pachman, Luděk　パッハマン, ルディック
　1924～2003　㊈「チェス戦略大全」評言社　2010
Pachter, Barbara　パクター, バーバラ
　㊈「小さなことで大きな差がつくビジネスマナー」ダイヤモンド社　2003
Pachulia, Zaza　パチューリア, ザザ
　㈲ジョージア　バスケットボール選手
Paci, Paolo　パーチ, パオロ
　1959～　㊈「世界の小さな町歩き」日経ナショナルジオグラフィック社, 日経BPマーケティング(発売)　2013
Pacierpnik, Natalia　パチエルピナク, ナタリア
　㈲ポーランド　カヌー選手　㊀パチエルブニク
Pacino, Al　パチーノ, アル
　1940～　㈲アメリカ　俳優　本名＝Pacino, Alfredo James
Pack, Charles A.　パック, チャールズ
　㊈「ORACLE MASTER Platinum認定ガイド」日経BP社, 日経BP出版センター(発売)　2003
Pack, Joe　パック
　㈲アメリカ　フリースタイルスキー選手
Pack, Robert　パック, ロバート
　㈲アメリカ　ニューオリンズ・ペリカンズアシスタントコーチ(バスケットボール)
Pack, Robert　パック, ロバート
　1942～　㊈「竜のかぎ爪康生」岩波書店　2011
Packard, George R.　パッカード, ジョージ
　1932～　㈲アメリカ　国際政治学者　米日財団理事長　国際大学学長, ジョンズ・ホプキンズ大学高等国際問題研究大学院(SAIS)学院長　㊀パッカード, ジョージ・R.
Packard, Jake　パッカード, ジェーク
　㈲オーストラリア　水泳選手
Packard, Mary　パッカード, メリー
　㊈「ミッキーとプルート」うさぎ出版, 永岡書店(発売)　2001
Packard, Vance　パッカード, バンス
　㊈「ビートルズ世界証言集」ポプラ社　2006
Packer, Alex J.　パッカー, アレックス・J.
　1951～　㊈「子どもが伸びる魔法のカレンダー」PHP研究所　2005
Packer, Ann　パッカー, アン
　1959～　㊈「クローゼン桟橋のさざ波」早川書房　2004
Packer, Duane R.　パッカー, デュエン
　㊈「オープニング・トゥ・チャネル」ナチュラルスピリット　2005
Packer, Frank　パッカー, フランク
　㊈「日本金融システムの危機と変貌」日本経済新聞社　2001
Packer, George　パッカー, ジョージ
　1960～　全米図書賞ノンフィクション(2013年)　"The Unwinding: An Inner History of the New America"
Packer, James　パッカー, ジェームズ
　㈲オーストラリア　カジノ王
Packer, James Innell　パッカー, J.I.
　1926～　㊀パッカー, ジェームズ・I.　㊈「神を知るということ」いのちのことば社　2016
Packer, Jane　パッカー, ジェーン
　1959～　㊈「ジェーン・パッカーのcolourアレンジ」世界文化社　2009
Packer, Kerry Francis Bullmore　パッカー, ケリー
　1937～2005　㈲オーストラリア　実業家　パブリッシング・アンド・ブロードキャスティング(PBL)オーナー
Packer, Lester　パッカー, L.
　㊈「アンチオキシダント ミラクル」講談社　2002
Packer, Tracy　パッカー, トレイシー
　㊈「パーソン・センタード・ケア」クリエイツかもがわ, 京都　かもがわ出版(発売)　2007
Paco Alcacer　パコ・アルカセル
　㈲スペイン　サッカー選手
Paco de Lucía　パコ・デ・ルシア
　1947～2014　㈲スペイン　フラメンコ・ギタリスト　本名＝サンチェス・ゴメス, フランシスコ〈Sánchez Gomes, Francisco〉
Paco Durán, Marianela　パコ・ドゥラン, マリアネラ
　㈲ボリビア　通信相
Paco Jemez　パコ・ヘメス
　㈲スペイン　グラナダ監督
Pacolli, Behgjet　パツォーリ, ベジェット
　㈲コソボ　第1副首相
Pacovská, Kveta　パツォウスカー, クヴィエタ
　1928～　㊈「マッチ売りの少女」ほるぷ出版　2006
Pacquiao, Manny　パッキャオ, マニー
　1978～　㈲フィリピン　プロボクサー, 政治家　フィリピン下院議員　WBC世界フライ級・スーパーフェザー級・ライト級・スーパーウエルター級チャンピオン　本名＝Pacquiao, Emmanuel Dapidran
Pacuraru, Ion　パクラル, イオン
　㈲モルドバ　文化相
Paczynski, Bohdan　パチンスキー, ボーダン
　1940～2007　㈲アメリカ　天文学者　プリンストン大学教授　㊈天体物理学
Padacke Albert, Pahimi　パダッケ・アルベール, パイミ
　㈲チャド　郵政・新通信技術相　㊀パダケ, アルベール・パヒミ
Padaiga, Žilvinas　パダイガ, ジルビナス
　㈲リトアニア　保健相
Padar, Ivari　パダル, イバリ
　㈲エストニア　農相　㊀パダル, イワリ
Padare, Jean Bernard　パダレ, ジャン・ベルナール
　㈲チャド　土地問題相
Padayachie, Radhakrishna　パダヤチ, ラダクリシュナ
　㈲南アフリカ　通信相
Padden, Carol　パッデン, キャロル
　1955～　㊀パドン, キャロル　㊈「「ろう文化」案内」明石書店　2016
Pade, Victoria　ペイド, ヴィクトリア
　㊈「キスの予感」ハーレクイン　2007
Padelli, Daniele　パデッリ, ダニエレ
　㈲イタリア　サッカー選手
Paderanga, Cayetano　パデランガ, カエタノ
　㈲フィリピン　国家経済開発長官
Paderina, Natalia　パデリナ
　㈲ロシア　射撃選手
Padesky, Christine A.　パデスキー, クリスティーン・A.
　㊈「カップルの認知療法」星和書店　2012
Padgett, Herman　パジェット, エルマン
　㈲ホンジュラス　文化芸術・スポーツ相
Padgett, Jason　パジェット, ジェイソン
　㊈「31歳で天才になった男」講談社　2014
Padian, Kevin　パディアン, ケビン
　㊈「恐竜大図鑑」日経ナショナルジオグラフィック社, 日経BP出版センター(発売)　2002
Padilha, Alexandre　パジリャ, アレシャンドレ
　㈲ブラジル　保健相
Padilha, Eliseu　パディリャ官房長官
　㈲ブラジル　官房長官　㊀パジリャ, エリゼウ
Padilha, Janea　パディーヤ, ジョニー
　㊈「セクシー＆ハッピーな生き方」サンマーク出版　2012
Padilha, Jose　パジーリャ, ジョゼ
　ベルリン国際映画祭 金熊賞(第58回(2008年))　"Tropa de elite"
Padilla, Cesar　パディーヤ, シーザー
　㊈「アンダーグラウンド・ロックTシャツ」ブルース・インターアクションズ　2010
Padilla, Mathew　パデイラ, マシュー
　㊈「実録サブプライム危機」日本評論社　2009
Padilla, Stan　パディラ, スタン
　1945～　㊈「最初の教え」マーブルトロン, 三交社(発売)　2011
Padilla Castro, Nelson Fredy　パディーリャ, ネルソン・フレディ
　1968～　㊈「ハメス・ロドリゲス信じる」実業之日本社　2015
Padirac, Commandant de　パディラック, コマンダン・ドゥ
　㊈「乗馬の愉しみ」恒星社厚生閣　2001
Padjen, Robert　ページェン, ロバート
　㊈「Cisco CCNP認定ガイド」日経BP社, 日経BP出版センター(発売)　2004
Padoan, Pier Carlo　パドアン, ピエール・カルロ
　㈲イタリア　エコノミスト　イタリア経済財務相　経済協力開発機構(OECD)事務次長・チーフエコノミスト　㊀パドアン, ピエトロ・カルロ

Padoa-Schioppa, Tommaso　パドア・スキオッパ, トマゾ
　1940～2010　国イタリア　政治家　イタリア経済財務相, 欧州中央銀行（ECB）理事　異パドア・スキオッパ, トンマーゾ／パドアスキオッパ, トマゾ
Padoin, Simone　パドイン, シモーネ
　国イタリア　サッカー選手
Padovani, Martin　パドヴァニ, マーティン・H.
　著「傷ついた感情へのいやし」文芸社　2005
Padrino López, Vladimir　パドリノ・ロペス, ブラディミル
　国ベネズエラ　国防相
Padró, Santi　パドロー, サンティ
　著「Barca」経済界　2011
Padrón, Justo-Jorge　パドロン, フスト＝ホルヘ
　1943～　著「地獄の連環」澪標　2001
Padura, Leonardo　パドゥーラ, レオナルド
　1955～　著「アディオス, ヘミングウェイ」ランダムハウス講談社　2007
Paduraru, Simona　パドゥラル
　国ルーマニア　競泳選手
Pae, Hak　ペ, ハク
　国北朝鮮　原油工業相　漢字名＝裴学
Pae, Tal-jun　ペ, ダルジュン
　国北朝鮮　国家建設監督相　漢字名＝裵達俊
Paea, Stephen　ペイア, スティーブン
　国アメリカ　アメフト選手
Paek, Chang-ryong　ペク・チャンリョン
　国北朝鮮　購買政相　漢字名＝白昌竜
Paek, Hak-rim　ペク・ハクリム
　1918～2006　国北朝鮮　軍人, 政治家　朝鮮人民軍次帥, 北朝鮮人民保安相, 北朝鮮国防委員会委員, 朝鮮労働党中央軍事委員　漢字名＝白鶴林
Paek, Nam-sun　ペク・ナムスン
　1929～2007　国北朝鮮　外交官, 政治家　北朝鮮外相　別名＝白南俊（ペク・ナムジュン）　異ハク・ナンジュン
Paelabang Danapan　パァラバン・ダナパン
　漢字名＝孫大川　著「台湾エスニックマイノリティ文学論」草風館　2012
Paeni, Stephen　パエニ, ステファン
　国ソロモン諸島　鉱業・エネルギー相
Paeniu, Bikenibeu　パエニウ, ビケニベウ
　国ツバル　財務・経済計画・産業相
Paerson, Anja　パーション, アニヤ
　1981～　国スウェーデン　元スキー選手　異パーション, アニャ
Paes, Leander　パエス, リーンダァ
　国インド　テニス選手　異パエス
Paes, Rui　パイシュ, ルイ
　著「オカネ・モッチャが見つけたしあわせ」ホーム社, 集英社（発売）2005
Paese, Matthew J.　ペース, マシュー・J.
　著「「AP」方式による次世代リーダーの発掘と集中的育成」ダイヤモンド社　2006
Paet, Urmas　パエト, ウルマス
　国エストニア　外相
Paeth, Scott R.　ペイス, S.R.
　著「はじめてのニーバー兄弟」教文館　2015
Paeth Rohlfs, Bettina　ペート・ロールフス, ベッティーナ
　著「ボバースコンセプト実践編」ガイアブックス　2013
Pagan, Angel　パガーン, エンジェル
　国プエルトリコ　野球選手
Pagan, Jeoffrey　ペガーン, ジェフリー
　国アメリカ　アメフト選手
Pagan, Jose　パガン, ホセ
　1935～2011　野球選手
Paganelli, Flavia　パガネリ, フラビア
　著「Amazon Web Servicesプログラミング」オライリー・ジャパン, オーム社（発売）2012
Pagano, Chuck　パガノ, チャック
　国アメリカ　インディアナポリス・コルツコーチ
Pagano, Joe　パガーノ, J.
　著「暗殺予告電話」語学春秋社　2006
Pagano, John　パガノ, ジョン
　国アメリカ　サンディエゴ・チャージャーズコーチ
Pagano, John O.A.　パガノ, ジョン・O.A.
　著「自然療法で「乾癬」を治す」中央アート出版社　2005
Pagdanganan, Robert　パグダンガナン, ロベルト
　国フィリピン　土地改革相

Pagden, Anthony　パグデン, アンソニー
　著「民族と帝国」ランダムハウス講談社　2006
Page, Andrew　ペイジ, アンドリュー
　著「不安障害の認知行動療法」星和書店　2003
Page, Anita　ペイジ, アニタ
　1910～2008　国アメリカ　女優　異ページ, アニタ
Page, Ann E.K.　ペイジ, アン
　著「患者の安全を守る」日本評論社　2006
Page, Betty　ページ, ベティ
　1923～2008　国アメリカ　モデル, 女優　本名＝Mae, Bettie　異ペイジ, ベティ
Page, Bryony　ページ, ブライオニー
　国イギリス　トランポリン選手
Page, Christine R.　ペイジ, クリスティン
　著「チャクラ 治癒力の目覚め」サンマーク出版　2010
Page, Elen　ペイジ, エレン
　1987～　女優　異ページ, エレン
Page, Janet Blair　ペイジ, ジャネット・ブレア
　著「1年以内に理想の結婚をする方法」アルファポリス, 星雲社（発売）2014
Page, Jason　ペイジ, ジェイソン
　著「ヌルルンブルルン伯爵」大日本絵画〔2002〕
Page, Jeffrey　ペイジ, ジェフリー
　MTVアワード 最優秀振付（第28回（2011年））"Run the World (Girls)"
Page, Jimmy　ペイジ, ジミー
　1944～　国イギリス　ロック・ギタリスト　異ページ, ジミー
Page, Katherine Hall　ペイジ, キャサリン・ホール
　著「スープ鍋につかった死体」扶桑社　2002
Page, Larry　ペイジ, ラリー
　1973～　国アメリカ　実業家, コンピュータ科学者　グーグルCEO・共同創業者　本名＝Page, Lawrence Edward　異ペイジ, ラリー
Page, Lesley　ページ, レズリー
　著「新助産学」メデイカ出版　2002
Page, Malcolm　ページ, マルコム
　1972～　国オーストラリア　セーリング選手　異ページ
Page, Martin　パージュ, マルタン
　1975～　国フランス　作家　分文学, フィクション, 児童書
Page, Nick　ペイジ, ニック
　1961～　著「バイブルワールド」いのちのことば社　2013
Page, Patti　ページ, パティ
　1927～2013　国アメリカ　歌手　本名＝Fowler, Clara Ann　異ペイジ, パティ
Page, Raymond Ian　ペイジ, R.I.
　著「ヴァイキングの世界」朝倉書店　2008
Page, Robin　ページ, ロビン
　1957～　著「生きものビックリ食事のじかん」評論社　2015
Page, Scott E.　ペイジ, スコット
　著「「多様な意見」はなぜ正しいのか」日経BP社, 日経BP出版センター（発売）2009
Page, Sharon　ペイジ, シャロン
　著「いけない公爵のつかまえ方」集英社クリエイティブ, 集英社（発売）2015
Page, Stephen　ページ, S.
　1963～　著「交通と観光の経済学」日本経済評論社　2001
Page, Tim　ペイジ, ティム
　1954～　著「グレン・グールド」アルファベータ　2004
Page, Willis　ペイジ, ウィリス
　1918～2013　国アメリカ　指揮者　読売日本交響楽団初代常任指揮者　異ペイジ, ウィリス
Page-Jones, Meilir　ペイジ＝ジョーンズ, メイリー
　著「ソフトウェア開発のカオス」構造計画研究所, 共立出版（発売）2003
Pagels, Elaine H.　ペイゲルス, エレーヌ
　1943～　著「『ユダ福音書』の謎を解く」河出書房新社　2013
Pagès, Alain　パジェス, アラン
　1950～　著「フランス自然主義文学」白水社　2013
Pagés, Maria　パヘス, マリア
　国スペイン　フラメンコダンサー, 振付師　マリア・パヘス舞踊団主宰
Paget, Lou　パジェット, ルー
　著「愛を永遠にするシークレット・テクニック」幻冬舎　2008
Paglen, Jack　パグレン, ジャック
　著「トランセンデンス」竹書房　2014
Pagli, John Michael, Jr.　パグリ, ジョン・マイケル, Jr.

Pagliarulo, Mike　パグリアルーロ,マイク
　国アメリカ　マイアミ・マーリンズコーチ
Pagliuca, Steve　パリュウカ,スティーブ
　国アメリカ　ボストン・セルティックス共同所有者
Pagnini, Marta　パグニーニ,マルタ
　国イタリア　新体操選手
Pagnoni, Roberta　パニョーニ,ロベルタ
　著「ゆきんこクリスマス」ドン・ボスコ社　2014
Pagnotta, Antonio　パニョッタ,アントニオ
　1956～　国フランス　著「スクープ撮！」講談社　2001
Pagola, José Antonio　パゴラ,エロルサ・ホセ・アントニオ
　1937～　著「イエスあなたはいったい何者ですか」ドン・ボスコ社　2015
Pagonendjindakara, Marie Solange　パゴネンジヌダカラ,マリ・ソランジュ
　国中央アフリカ　観光・手工業相
Pagot, Tony　パゴット,トニー
　？～2001　国イタリア　漫画家,アニメーション作家　本名＝パゴット,アントニオ　愛パゴー,トニー
Pagrotsky, Leif　パグロツキー,レイフ
　国スウェーデン　教育・文化相
Pagtakhan, Rey　パグタカン,レイ
　国カナダ　復員軍人相
Pagulayan, Carlos　パグラヤン,カルロス
　著「マイティ・アベンジャーズ：シークレット・インベージョン」ヴィレッジブックス　2014
Pahad, Essop　パハド,エソップ
　国南アフリカ　大統領府相　愛パハド,エソプ
Paharia, Rajat　パハリア,ラジャット
　著「顧客ロイヤルティ戦略はこう変わる」アルファポリス,星雲社（発売）　2014
Pahiama, Kundi　パイアーマ,クンディ
　国アンゴラ　国防相
Pahimi, Kalzeube　パヒミ,カルズベ
　国チャド　法相
Pahimi Padacke, Albert　パイミ・パダケ・アルベール
　国チャド　首相　愛パヒミパダッケ・アルベール
Pahkala, Riikka　パッカラ,リッカ
　著「フィンランドの教育力」学習研究社　2008
Pahlavi, Ali-Reza　パーレビ,アリレザ
　1966～2011　イラン・パーレビ王朝第2代国王の息子
Pahlevi, Reza Ⅱ　パーレビ,レザ,2世
　1960～　イラン皇太子　愛パーラビ
Pahor, Borut　パホル,ボルト
　1963～　国スロベニア　政治家　スロベニア大統領　スロベニア首相,スロベニア社会民主党党首
Pahud, Emmanuel　パユ,エマニュエル
　1970～　国スイス　フルート奏者　ベルリン・フィルハーモニー管弦楽団首席フルート奏者
Pai, Yang　バイ・ヤン
　1920～2008　国台湾　作家,評論家　漢字名＝柏楊　愛ボー・ヤン／ポー・ヤン
Paiboon, Khumchaya　パイブーン・クムチャヤ
　国タイ　法相
Paiboon, Wattanasiritham　パイブーン・ワタナシリタム
　国タイ　社会開発・人間安全保障相
Paicheler, Pénélope　ペシュレ,ペネロープ
　著「親子で読む地球環境の本」講談社　2007
Païdassi, Solenne　パイダシ,ソレンヌ
　国フランス　ロン・ティボー・クレスパン国際音楽コンクールヴァイオリン　第1位（2010年（第39回））ほか
Paige, Alison　ペイジ,アリソン
　著「恋に溺れる5つの理由」ハーパーコリンズ・ジャパン　2016
Paige, Laurie　ペイジ,ローリー
　著「月影に魅せられて」ハーレクイン　2011
Paige, Marcus　ペイジ,マーカス
　国アメリカ　バスケットボール選手
Paige, Rod　ページ,ロッド
　国アメリカ　教育長官
Paige, Rudy　ペイジ,ルディー
　国南アフリカ　ラグビー選手
Paihama, Kundi　パイアマ,クンディ
　国アンゴラ　退役軍人相　愛パヤマ,クンディ
Paik, Hee-young　ペク・ヒヨン
　国韓国　女性家族相　漢字名＝白喜英

Paik, Karen　ペック,カレン
　著「THE ART OFモンスターズユニバーシティ」スタジオジブリ,徳間書店（発売）　2013
Paik, Keun Wook　パイク,グンウク
　1959～　著「中ロの石油・ガス協力」文真堂　2016
Paik, Kun-woo　パイク,クンウー
　1946～　国韓国　ピアニスト　漢字名＝白建宇（ペク・コンウ）　愛パイク・クン・ウー
Paik, Nam June　パイク,ナム・ジュン
　1932～2006　国アメリカ　ビデオアーティスト,音楽家　韓国名＝白南準（ペク・ナムジュン）〈Paek, Nam-jun〉　愛パク,ナムジュン／ペイク,ナムジュン
Paillard, Jean-François　パイヤール,ジャン・フランソワ
　1928～2013　国フランス　指揮者,音楽学者　パイヤール室内管弦楽団創設者
Pailles, Lionel　パイエス,リオネル
　著「フランスのパパはあわてない」CCCメディアハウス　2016
Pain, Clare　ペイン,クレア
　著「トラウマと身体」星和書店　2012
Pain, Jeff　ペイン
　国カナダ　スケルトン選手
Pain, Roger H.　ペイン,R.H.
　著「タンパク質のフォールディング」シュプリンガー・フェアラーク東京　2002
Paine, Angela E.　パイン,アンジェラ・エリス
　著「精神保健のためのボランティア」東京都精神保健福祉ボランティア連絡協議会　2007
Paine, Caleb　ペイン,カレブ
　国アメリカ　セーリング選手
Paine, Lynn Sharp　ペイン,リン・S.
　愛ペイン,リン・シャープ　著「ハーバードが教える10年後に生き残る会社、消える会社」徳間書店　2013
Paine, Robert　ペイン,ロバート
　著「災害の人類学」明石書店　2006
Paine, Robert Treat　ペイン,ロバート・トリート
　1933～　国アメリカ　海洋生物生態学者　ワシントン大学名誉教授
Paine, Sheila　ペイン,シーラ
　愛ペイン,シェイラ　著「世界お守り・魔よけ文化図鑑」柊風舎　2006
Paine, Sheperd　ペイン,シェパード
　著「シェパード・ペインのダイオラマの作り方」新紀元社　2007
Paine, Stephen　ペイン,スティーブン
　著「デジタル署名」翔泳社　2003
Paino, Melinda　パイノ,メリンダ
　1976～　著「光の星」集英社　2005
Painter, Anthony　ペインター,アンソニー
　著「オバマの原点」中経出版　2009
Painter, Melissa　ペインター,メリッサ
　著「Girl on fire」ブルース・インターアクションズ　2008
Painter, Nell Irvin　ペインター,ネル・アーヴィン
　著「白人の歴史」東洋書林　2011
Painter, Vinsten　ペインター,ビンストン
　国アメリカ　アメフト選手
Paionni, Alessandra　パイオンニ,アレッサンドラ
　著「パニック障害」日本評論社　2001
Paire, Benoit　ペア,ブノワ
　国フランス　テニス選手
Paire Davis, Lavone　ペア・デービス,ラボン
　1924～2013　国アメリカ　女子野球選手　愛ペア・デイビス,ラボン
Pais, Gabriel　パイス,ガブリエル
　国ウルグアイ　運輸・公共事業相
Paischer, Ludwig　パイシャー,ルートウィヒ
　国オーストリア　柔道選手　愛パイシャー
Paisley, Brad　ペイズリー,ブラッド
　グラミー賞　最優秀男性カントリー歌手（2008年（第51回））ほか
Paisley, Ian Richard Kyle　ペイズリー,イアン・リチャード・カイル
　1926～2014　国イギリス　政治家,牧師　北アイルランド自治政府首相,英国民主統一党（DUP）党首
Paisner, Daniel　ペイズナー,ダニエル
　著「9月11日の英雄たち」早川書房　2002
Paiva, Marcella de　パイヴァ,マルセラ・デ
　国ブラジル　ローザンヌ国際バレエコンクール　7位・スカラシップ（第36回（2008年））
Paiva, Tatiana　パイヴァ,タチアナ

1977～ 著「あまくておいしいこいのものがたり」光村教育図書 2009
Paiva Salas, Ernesto José　パイバ・サラス、エルネスト・ホセ
　国ベネズエラ　環境・水資源相
Pajares, Santiago　パハーレス、サンティアーゴ
　1979～　国スペイン　作家　著フィクション
Pajaziti, Zenun　パヤジティ、ゼヌン
　国コソボ　内相
Paje, Ramon　パヘ、ラモン
　国フィリピン　環境天然資源相
Pajic, Dejan　パイッチ、デヤン
　国セルビア　カヌー選手
Pajín Iraola, Leire　パヒン・イラオラ、レイレ
　国スペイン　保健・社会政策・平等相
Pajón, Mariana　パホン、マリアナ
　1991～　国コロンビア　自転車選手
Pajor, Jeffrey J.　ページャー、ジェフリー・J.
　著「標準Red Hat Linuxリファレンス」インプレス, インプレスコミュニケーションズ（発売）2001
Pak, Cheor-su　パク・チョルス
　1948～2013　国韓国　映画監督　漢字名＝朴哲洙
Pak, Chol Min　パク・チョルミン
　国北朝鮮　柔道選手
Pak, Chun-nam　パク・チュンナム
　国北朝鮮　文化相　漢字名＝朴春男
Pak, Greg　パック、グレッグ
　著「ドクター・ストレンジ：シーズンワン」小学館集英社プロダクション　2016
Pak, Hak-son　パク・ハクソン
　国北朝鮮　体育指導委員長　漢字名＝朴学先
Pak, Hyon Suk　パク・ヒョンスク
　国北朝鮮　重量挙げ選手
Pak, Kyong-ni　パク・キョンリ
　1926～2008　国韓国　作家　漢字名＝朴景利　異パク・キョンニ／パク・ギョンニ
Pak, Nam-chil　パク・ナムチル
　国北朝鮮　電力工業相　漢字名＝朴南七
Pak, Nam-gi　パク・ナムギ
　国北朝鮮　国家計画委員長　漢字名＝朴南基
Pak, Ok-Song　パク・オクソン
　国北朝鮮　柔道選手
Pak, Pong-ju　パク・ポンジュ
　1939～　国北朝鮮　政治家　北朝鮮首相、朝鮮労働党政治局員　漢字名＝朴奉珠
Pak, Pyong-shik　パク・ビョンシク
　1955～　国韓国　法学者　東国大学法学部教授　著死刑廃止問題　漢字名＝朴秉植
Pak, Se-ri　パク・セリ
　1977～　国韓国　プロゴルファー　漢字名＝朴セリ
Pak, Song-chol　パク・ソンチョル
　1913～2008　国北朝鮮　政治家　北朝鮮国家副主席、朝鮮労働党政治局員　漢字名＝朴成哲
Pak, Song-nam　パク・ソンナム
　国北朝鮮　国土環境保護相　漢字名＝朴松南
Pak, Su-gil　パク・スギル
　国北朝鮮　副首相兼財政相　漢字名＝朴寿吉
Pak, Thae-won　パク・テウォン
　国北朝鮮　水産相　漢字名＝朴泰遠
Pak, Ui-chun　パク・ウィチュン
　1932～　国北朝鮮　外交官　北朝鮮外相　漢字名＝朴宜春　異パク・イチュン
Pak, Wan-so　パク・ワンソ
　1931～2011　国韓国　作家　漢字名＝朴婉緒　異パク・ウワンソ
Pak, Yong-hui　パク・ヨンヒ
　国北朝鮮　射撃選手
Pak, Yong-sik　パク・ヨンシク
　国北朝鮮　人民武力部長（国防相）　漢字名＝朴永植
Pak, Yong-sok　パク・ヨンソク
　?～2007　国北朝鮮　政治家　朝鮮労働党検閲委員会委員長、北朝鮮最高人民会議代議員　漢字名＝朴容錫
Pakaluk, Michael　パカラック、マイケル
　1957～　著「会計倫理の基礎と実践」同文館出版　2011
Pakdaman, Ali　パクダマン、アリ
　国イラン　フェンシング選手
Pakenham, Thomas　パケナム、トマス
　1933～　著「ビジュアル版 世界の歴史都市」柊風舎　2016
Pakenyte, Santa　パケニテ、サンタ
　国リトアニア　柔道選手
Paker, Henry　パーカー、ヘンリー
　著「遅刻男スティーヴ101の言いわけ」青土社　2012
Paker, Willie　パーカー、ウィリー
　1980～　国アメリカ　元アメフト選手　異パーカー、ウィーリー
Pakhalina, Julia　パハリナ
　国ロシア　飛び込み選手
Pako Ayestaran　パコ・アジェスタラン
　国スペイン　バレンシア監督
Pakola, Eija　パコラ、エイヤ
　著「フィンランド中学校現代社会科書」明石書店　2011
Paksas, Rolandas　パクサス、ロランダス
　国リトアニア　大統領
Paku　パク
　著「みつけて！タイムトラベル」理論社　2015
Pal, Vannarirak　パル、ヴァンナリーレアク
　1954～　著「カンボジア花のゆくえ」段々社, 星雲社（発売）2003
Pala, Ano　パラ、アノ
　国パプアニューギニア　法相
Pala, Giovanni Maria　パーラ、ジョヴァンニ・マリア
　著「ダ・ヴィンチ秘密の楽譜」イースト・プレス　2008
Palacci, Patrick　パラッチ、パトリック
　著「インプラント審美歯科」クインテッセンス出版　2002
Palacio, Alfredo　パラシオ、アルフレド
　国エクアドル　副大統領
Palacio, Kache　パラシオ、カシェ
　国アメリカ　アメフト選手
Palacio, R.J.　パラシオ、R.J.
　国アメリカ　作家　著文学, 児童書　本名＝Palacio, Raquel Jaramillo
Palacio, Rodrigo　パラシオ、ロドリゴ
　国アルゼンチン　サッカー選手
Palacio Betancourt, Diego　パラシオ・ベタンクール、ディエゴ
　国コロンビア　社会保障相　異パラシオ・ベラタンクール、ディエゴ
Palacios, Beatriz　パラシオス、ベアトリス
　1958～2003　著「『悪なき大地』への途上にて」編集室インディアス, 現代企画室（発売）2008
Palacios, Héctor　パラシオス、エクトル
　1981～　著「グアダラハラを征服した日本人」現代企画室　2010
Palacios, Julian　パラシオス、ジュリアン
　1971～　著「ベック」DHC　2001
Palacios, Rolando　パラシオス、ロランド
　国エクアドル　鉱山・石油相
Palacios-Huerta, Ignacio　パラシオス＝ウエルタ、イグナシオ
　著「経済学者、未来を語る」NTT出版　2015
Palade, George Emil　パラーデ、ジョージ
　1912～2008　国アメリカ　細胞学者　エール大学細胞生物学教授　異パラーデ、ジョージ・エミール／パラーディ／パラディー
Palafox Gamir, J.　パラフォクス・ガミル、J.
　著「スペインの歴史」明石書店　2014
Palahniuk, Chuck　パラニューク、チャック
　1962～　国アメリカ　作家　著文学, フィクション
Palaitis, Raimundas　パライティス、ライムンダス
　国リトアニア　内相
Palamar, Vita　パラマル
　国ウクライナ　陸上選手
Palamariu, George Alexandru　パラマリウ、ゲオルゲ
　国ルーマニア　ボート選手
Palameika, Madara　パラメイカ、マダラ
　国ラトビア　陸上選手　異パラメーカ
Palamo, Thretton　パラモ、スレットン
　国アメリカ　ラグビー選手
Palán, Aleš　パラーン、アレシュ
　著「黄金のプラハから来たイエズス会士」教友社　2015
Palan, Ronen　パラン、ロナン
　1957～　著「タックスヘイブン」作品社　2013
Palance, Jack　パランス、ジャック
　1919～2006　国アメリカ　俳優　本名＝パラヌーク、ウォルター・ジャック〈Palahnuk, Walter Jack〉
Palanivel, G.　パラニベル、G.
　国マレーシア　天然資源・環境相
Palanovics, Norbert　ノルバート、パラノビチ
　国ハンガリー　駐日特命全権大使
Palas, Jaroslav　パラス、ヤロスラフ

[国]チェコ　農相
Palast, Greg　パラスト, グレッグ
[著]「告発！ エネルギー業界のハゲタカたち」 早川書房　2012
Palasz Rutkowska, Ewa　パワシュ・ルトコフスカ, エヴァ
1953～　[国]ポーランド　ワルシャワ大学東洋学部日本学科教授　[専]日本文化・近代史, ポーランド・日本関係史
Palayer, Jean　パレイエ, ジャン
[著]「犬のバルボッシュ」 福音館書店　2013
Palazzani, Guglielmo　パラッツァーニ, グリエルモ
[国]イタリア　ラグビー選手
Palca, Joe　パルカ, ジョー
[著]「サイエンスライティング」 地人書館　2013
Palciauskas, Victor　パルシアウスカス, V.
1941～　[著]「岩石物性入門」 シュプリンガー・ジャパン　2008
Paldanius, Sofia　パルダニウス, ソフィア
[国]スウェーデン　カヌー選手　[異]パルダニウス
Palden Gyatso　パルデン・ギャツォ
1933～　[著]「雪の下の炎」 ブッキング　2008
Paldiel, Mordecai　パルディール, モルデカイ
1937～　[著]「ホロコーストと外交官」 人文書院　2015
Palecek, Josef　パレチェク, ヨゼフ
[著]「ちいさなよるのおんがくかい」 アットアームズ　2009
Palecková, Libuse　パレチコヴァー, リブシェ
[著]「ちいさなよるのおんがくかい」 アットアームズ　2009
Palefau, Tevita　パレファウ, テビタ
[国]トンガ　教育・女性問題・文化相
Palem, Robert M.　パレム, ロベール・M.
1934～　[著]「アンリ・エーと器質力動論」 そうろん社　2004
Paleologu, Theodor　パレオログ, テオドル
[国]ルーマニア　文化・宗教相
Palepoi, Tenny　ペイルポイ, テニー
[国]アメリカ　アメフト選手
Palepu, Krishna G.　パレプ, クリシュナ・G.
1954～　[異]パレプ, K.G.　[著]「新興国マーケット進出戦略」 日本経済新聞出版社　2012
Palermo, Jeffrey　パレルモ, ジェフリー
[著]「ASP(えーえすぴー).NET MVC(えむぶいしー)2プログラミングリソース」 翔泳社　2011
Palermo, Tony　パラーモ, トニー
[著]「カイロプラクティックのプロフェッショナル20人が語る仕事の流儀」 科学新聞社出版局　2012
Paletta, Gabriel　パレッタ, ガブリエル
[国]イタリア　サッカー選手
Paley, Grace　ペイリー, グレイス
1922～2007　[著]「人生のちょっとした煩い」 文芸春秋　2009
Paley, Maggie　ペイリー, マギー
[著]「男と女のためのPの話」 新潮社　2001
Paley, Nicholas　ペーリー, ニコラス
[著]「キッズ・サバイバル」 フィルムアート社　2001
Paley, Nina　ペイリー, ニナ
[国]アメリカ　アヌシー国際アニメーション映画祭 長編映画 クリスタル賞(最優秀長編作品)(2008年)ほか
Palfi, Gyorgy　パールフィ, ジョルジ
1974～　[国]ハンガリー　映画監督　[異]パールフィ・ジョルジ
Palfrey, John Gorham　ポールフリー, ジョン
1972～　[著]「ネット時代の図書館戦略」 原書房　2016
Palier, Bruno　パリエ, ブルーノ
[著]「医療制度改革」 白水社　2010
Palin, Michael　ペイリン, マイケル
1943～　[国]イギリス　俳優, 脚本家, 作家　本名＝ペイリン, マイケル・エドワード〈Palin, Michael Edward〉　[異]パリン, マイケル
Palin, Sarah　ペイリン, サラ
1964～　[国]アメリカ　政治家　アラスカ州知事　本名＝Palin, Sarah Louise Heath
Palisca, Claude V.　パリスカ, クロード・V.
[著]「新西洋音楽史」 音楽之友社　2001
Palix, Flore　パリクス, フロール
1978～　[著]「テラリウム・デコ」 グラフィック社　2016
Palka, Daniel　パルカ, ダニエル
[国]アメリカ　野球選手
Palka, Krystyna　パウカ
[国]ポーランド　バイアスロン選手
Palko, Vladimír　パルコ, ウラジミール
[国]スロバキア　内相　[異]パルコ, ブラジミール
Pall, Ellen　ポール, エレン
1952～　[著]「ジュリエットと気まぐれ詩人」 ソニー・マガジンズ　2006
Palladino, Lucy Jo　パラディーノ, ルーシー・ジョー
[著]「最強の集中術」 エクスナレッジ　2011
Palladino, Raffaele　パッラディーノ, ラッファエレ
[国]イタリア　サッカー選手
Pallana, Kumar　パラーナ, クマール
1918～2013　[国]アメリカ　俳優, ボードビリアン
Pallanti, Giuseppe　パッランティ, ジュゼッペ
1951～　[著]「モンナ・リーザ」 一芸社　2005
Pallardy, Pierre　パラルディ, ピエール
[著]「おなか健康法」 バベル・プレス　2010
Pallares, Galo　パジャレス, ガロ
[国]エクアドル　農相
Paller, Kenneth Alan　パラー, ケン
1959～　[著]「脳がよろこぶ仕事術」 ベストセラーズ　2010
Pallett, Clare　パレット, クレア
[著]「子どもの問題行動への理解と対応」 福村出版　2013
Pallingston, Jessica　パリンストン, ジェシカ
[著]「私の知っているリップスティックのすべて教えます」 アップリンク, 河出書房新社(発売)　2002
Palli-petralia, Fani　パリペトラリア, ファニ
[国]ギリシャ　雇用・社会保障相
Pallis, Yuki　パリス, ユキ
[著]「サジューのお裁縫箱」 カラーフィールド　2009
Palliser, Charles　パリサー, チャールズ
1947～　[著]「五輪の薔薇」 早川書房　2003
Pallo, Jackie　パロ, ジャッキー
1926～2006　[国]イギリス　プロレスラー　リング名＝ミスターTV(ミスターテレビ)
Pallotta-Chiarolli, Maria　パロッタ＝キアロッリ, マリア
[著]「みんな大切！」 新科学出版社　2011
Pallotta della Torre, Leopoldina　パッロッタ・デッラ・トッレ, レオポルディーナ
[著]「私はなぜ書くのか」 河出書房新社　2014
Pallud, Jean-Paul　パリュ, ジャン・ポール
1949～　[著]「西方電撃戦」 大日本絵画　2013
Pally, Regina　パリー, R.
[著]「乳児研究から大人の精神療法へ」 岩崎学術出版社　2008
Palm, Carl Magnus　パルム, カール・マグヌス
1965～　[著]「ABBA『マンマ・ミーア！』への道」 日之出出版　2002
Palm, Jean-Pierre　パルム, ジャンピエール
[国]ブルキナファソ　スポーツ余暇相　[異]パルム, ジャン・ピエール
Palma, Félix J.　パルマ, フェリクス・J.
1968～　[国]スペイン　作家　[専]文学　本名＝Palma Macías, Félix Jesús
Palma, Nivia　パルマ, ニビア
[国]チリ　国有財産相
Palmadottir, Ingibjorg　パルマドッティル, インギビョルグ
[国]アイスランド　保健・社会保障相
Palmano, Penny　パルマノ, ペニー
[著]「英国式古き良き子育て」 主婦の友社　2006
Palmaru, Raivo　パルマル, ライボ
[国]エストニア　文化相
Palmer, Alan Warwick　パーマー, アラン
1926～　[著]「ナポレオンもう一人の皇妃」 中央公論新社　2003
Palmer, Alex　パーマー, アレックス
[国]イングランド　サッカー選手
Palmer, Amanda　パーマー, アマンダ
1976～　[著]「お願いの女王」 早川書房　2016
Palmer, Andy　パーマー, アンディ
[国]イギリス　実業家　アストン・マーティンCEO　日産自動車副社長
Palmer, Ann　パーマー, アン
1955～　[著]「自閉症の親として」 岩崎学術出版社　2009
Palmer, Anna　パルマー, アンナ
[著]「図説世界を変えた50の経済」 原書房　2014
Palmer, Arnold　パーマー, アーノルド
1929～2016　[国]アメリカ　プロゴルファー　本名＝Palmer, Arnold Daniel
Palmer, Bartlett Joshua　パーマー, B.J.
[著]「人の思うがままに」 たにぐち書店　2013
Palmer, Betsy　パーマー, ベッツィ
1926～2015　[国]アメリカ　女優
Palmer, Brandon　パーマー, ブランドン
1970～　[著]「検証日本統治下朝鮮の戦時動員」 草思社　2014
Palmer, Brooks　パーマー, ブルックス

1961〜 [著]「心の中がグチャグチャで捨てられないあなたへ」 ディスカヴァー・トゥエンティワン 2011
Palmer, Carl パーマー, カール
1950〜 [国]イギリス ロック・ドラマー
Palmer, Carson パーマー, カーソン
1979〜 [国]アメリカ アメフト選手 [異]パーマー, カールソン
Palmer, Craig パーマー, クレイグ
[著]「人はなぜレイプするのか」 青灯社 2006
Palmer, Cristiana Paşca パルメル, クリスティーナ・パシュカ
[国]ルーマニア 環境・水利・森林相
Palmer, Diana パーマー, ダイアナ
[著]「拒まれた恋心」 ハーパーコリンズ・ジャパン 2016
Palmer, Donald パルマー, ドナルド・D.
[著]「サルトル」 筑摩書房 2003
Palmer, Douglas パーマー, ダグラス
[著]「カラーイラストで見る恐竜・先史時代の動物百科」 原書房 2015
Palmer, Earl パーマー, アール
1924〜2008 [国]アメリカ ジャズドラマー [異]パルマー, アール
Palmer, Gabrielle パーマー, ガブリエル
[著]「母乳育児のポリティクス」 メディカ出版 2015
Palmer, Harry パルマー, ハリー
[著]「リビング・デリバレイトリー」 KN & Associates 2003
Palmer, Helen パーマー, ヘレン
[著]「「9つの性格」で自分がわかる、相性がわかる!」 三笠書房 2004
Palmer, Hugh パーマー, ヒュー
[著]「世界で一番美しい村プロヴァンス」 ガイアブックス 2013
Palmer, Jessica パーマー, ジェシカ
[著]「眠りの森の宝石」 竹書房 2016
Palmer, John D. パーマー, ジョン・D.
1932〜 [著]「生物時計の謎をさぐる」 大月書店 2003
Palmer, John Milton パーマー, ジョン・M.
1922〜 [著]「ことばと聞こえの解剖学」 学苑社 2001
Palmer, Joy A. パーマー, ジョイ・A.
1951〜 [異]パルマー, ジョイ・A. [著]「教育思想の50人」 青土社 2012
Palmer, Kelvin パーマー, ケルビン
[国]アメリカ アメフト選手
Palmer, Kylie パーマー
[国]オーストラリア 競泳選手
Palmer, Libbi パーマー, リビ
[著]「一人でできる中高生のためのPTSD〈心的外傷後ストレス障害〉ワークブック」 黎明書房 2015
Palmer, Lindsey J. パーマー, リンゼイ・J.
[著]「スキャンダラス」 早川書房 2016
Palmer, Louis パーマー, ルイス
[国]アメリカ アメフト選手
Palmer, Mark パーマー, マーク
[著]「欲しいものをすべて手に入れて思い通りの人生を生きる方法」 主婦の友社 2011
Palmer, Martin パーマー, マーチン
[著]「地球環境を救う聖なる言葉」 あ・うん 2005
Palmer, Michael パーマー, マイケル
1942〜 [著]「復讐病棟」 ソニー・マガジンズ 2006
Palmer, Michael パーマー, マイケル
1943〜 [著]「粒子の薔薇」 思潮社 2004
Palmer, Michel パーマー, マイケル
[著]「オペレーティングシステムセキュリティ入門」 トムソンラーニング, ビー・エヌ・エヌ新社(発売) 2005
Palmer, Nate パーマー, ネイト
[国]アメリカ アメフト選手
Palmer, Nathan パーマー, ネイサン
[国]アメリカ アメフト選手
Palmer, Parker J. パルマー, パーカー・J.
1939〜 [異]パーマー, P.J. [著]「いのちの声に聴く」 いのちのことば社 2016
Palmer, Pat パルマー, パット
1928〜 [著]「おとなになる本」 径書房 2013
Palmer, Rebekka S. パルマー, レベッカ・S.
[著]「リラプス・プリベンション」 日本評論社 2011
Palmer, Robert パーマー, ロバート
1949〜2003 [国]イギリス ロック歌手
Palmer, Robert L. パーマー, ロバート・L.
1944〜 [著]「摂食障害者への援助」 金剛出版 2002
Palmer, Sarah パーマー, セーラ
[著]「次の超大国・中国の憂鬱な現実」 朝日新聞社 2003
Palmer, Stephen パーマー, スティーブン
1955〜 [著]「コーチング心理学ハンドブック」 金子書房 2011
Palmer, Stephen Richard パルマー, スティーブン・R.
1968〜 [著]「アジャイル開発手法FDD」 ピアソン・エデュケーション 2003
Palmer, Steven Paul パーマー, スティーヴン
[著]「コスタリカの歴史」 明石書店 2007
Palmer, Sue パーマー, スー
1947〜 [著]「子どもはなぜモンスターになるのか」 小学館 2007
Palmer, Svetlana パーマー, スヴェトラーナ
1969〜 [著]「私(わたし)たちが子どもだったころ、世界は戦争だった」 文芸春秋 2010
Palmer, Tom パーマー, トム
1967〜 [国]イギリス 作家 [専]児童書
Palmer, Tony パーマー, トニー
[著]「ビートルズ世界証言集」 ポプラ社 2006
Palmer, William J. パーマー, ウィリアム・J.
1943〜 [著]「文豪ディケンズと倒錯の館」 新潮社 2001
Palmetta, Alberto パルメタ, アルベルト
[国]アルゼンチン ボクシング選手
Palmieri, Eddie パルミエリ, エディ
グラミー賞 最優秀ラテン・ジャズ・アルバム(2006年(第49回)) ほか
Palmieri, Franco パルミエーリ, フランコ
[著]「ウンベルト・エコ作『女王ロアーナの謎の炎』逆(裏)読み」 而立書房 2010
Palmiotti, Jimmy パルミオッティ, ジミー
[著]「ハーレイ・クイン:パワー・アウテイジ」 小学館集英社プロダクション 2016
Palmisano, Antonella パルミザノ, アントネラ
[国]イタリア 陸上選手
Palmisano, Samuel J. パルミサーノ, サミュエル
[国]アメリカ 実業家 IBM取締役会会長 IBM会長・CEO
Palmore, Erdman Ballagh パルモア, アードマン・B.
1930〜 [著]「エイジズム」 明石書店 2002
Pal'o, L'uboslav パリョ, リュボスラウ
1968〜 [著]「1+1=2」 小学館 2007
Palo, Urve パロ, ウルベ
[国]エストニア 企業IT相
Palocci Filho, Antonio パロシ・フィリョ, アントニオ
[国]ブラジル 官房長官 [異]パロシ, アントニオ
Palombo, Angelo パロンボ, アンジェロ
[国]イタリア サッカー選手
Palomeque, Mathias パロメケ, マティアス
[国]ウルグアイ ラグビー選手
Palomo-Lovinski, Noël パロモ=ロヴィンスキー, ノエル
[著]「もっとも影響力を持つ50人のファッションデザイナー」 グラフィック社 2012
Paloschi, Alberto パロスキ, アルベルト
[国]イタリア サッカー選手
Palsyte, Airine パルシテ, アイリネ
[国]リトアニア 陸上選手
Paltrinieri, Gregorio パルトリニエリ, グレゴリオ
[国]イタリア 水泳選手 [異]パルトリニエリ
Paltrow, Bruce パルトロウ, ブルース
1943〜2002 [国]アメリカ 映画監督, 脚本家
Paltrow, Gwyneth パルトロウ, グウィネス
1972〜 [国]アメリカ 女優 [異]パルトロー, ギニース
Palu, Wycliff パールー, ワイクリフ
[国]オーストラリア ラグビー選手
Pałubicki, Janusz パウビツキ, ヤヌシュ
[国]ポーランド 無任所相兼特別行政調整官
Paludan, Johan Peter パルーダン, ヨハン・ペーター
[著]「個別化していく教育」 明石書店 2007
Palumbi, Anthony R. パルンビ, アンソニー・R.
1984〜 [著]「海の極限生物」 築地書館 2015
Palumbi, Stephen R. パルンビ, スティーブン・R.
[著]「海の極限生物」 築地書館 2015
Palusalue, Faapo Ⅱ パルサルエ・ファアポ2世
[国]サモア 通信・情報技術相
Palusci, Vincent J. パルーシ, ビンセント・J.
[著]「子どもの性虐待に関する医学的評価」 診断と治療社 2013
Pal Vannarirak パル・ヴァンナリーレアク
1954〜 [国]カンボジア 作家
Pambo, Dieudonné パンボ, ディウドネ
[国]ガボン 高等教育相 [異]パンボ, デュドネ

P

Pamborides, George　パンボリディス, ヨルゴス
　国キプロス　保健相
Pamg, Pandelela Rinong　パム, パンデレラ
　国マレーシア　水泳選手　別パン
Pammi, Tara　パミー, タラ
　著「国王と寵愛なき愛人」ハーパーコリンズ・ジャパン　2016
Pamphile, Kevin　パンプファイル, ケビン
　国アメリカ　アメフト選手
Pampuro, José　パンプロ, ホセ
　国アルゼンチン　国防相
Pamuk, Orhan　パムク, オルハン
　1952〜　国トルコ　作家　コロンビア大学教授
Pan, Lynn　パン, リン
　著「世界華人エンサイクロペディア」明石書店　2012
Pan, Marta　パン, マルタ
　1923〜2008　国フランス　彫刻家
Pan, Philip P.　パン, フィリップ・P.
　著「毛沢東は生きている」PHP研究所　2009
Pan, Sutong　パン・ストン
　国香港　実業家　漢字名＝潘蘇通
Pan, Xiang-li　パン, シアンリー
　1966〜　国中国　作家　漢字名＝潘向黎
Pana, Gisèle　パナ, ジゼル
　国中央アフリカ　芸術・観光・文化・フランス語圏相
Panadda, Diskul　パナダ・ディッサクン
　国タイ　首相府相
Panafieu, Jean-Baptiste de　パナフィユー, ジャン＝バティスト・ド
　1955〜　別パナフュー, ジャン＝バプティスト・ド　著「骨から見る生物の進化」河出書房新社　2011
Panagiotopoulos, Panagiotis　パナヨトプロス, パナヨティス
　国ギリシャ　国防相
Panahi, Jafar　パナヒ, ジャファル
　1960〜　国イラン　映画監督　別パナヒ, ジャファール
Panama, Norman　パナマ, ノーマン
　1914〜2003　国アメリカ　映画監督, 脚本家
Panara Sereyvuth, Sisovath　パナラ・シリブット, シソワット
　国カンボジア　文化芸術相
Panarina, Olga　パナリナ
　国ベラルーシ　自転車選手
Panariti, Edmond　パナリティ, エドモンド
　国アルバニア　農業・地域開発・水利相
Panariti, Franco　パナリッティ, フランコ
　1945〜　著「アイルトン・セナ15年目の真実」竹書房　2009
Panas, Jerold　パナス, ジェロルド
　著「パワー・クエスチョン」阪急コミュニケーションズ　2013
Pan Aung　パン・アウン
　国ミャンマー　首相府相
Panayi, Panikos　パナイー, パニコス
　著「近現代イギリス移民の歴史」人文書院　2016
Panayiotopoulos, Panos　パナヨトプロス, パノス
　国ギリシャ　雇用・社会保障相
Panayioutou, Andreas　パナイオトゥ, アンドレアス
　国キプロス　内相
Panayotopoulou, Penny　パナヨトプル, ペニー
　著「パパにさよならできるまで」メディアファクトリー　2007
Panayotov, Plamen　パナヨトフ, プラメン
　国ブルガリア　副首相
Panchenko, Aleksandr Mikhailovich　パンチェンコ, アレクサンドル
　1937〜2002　国ロシア　歴史家　ロシア科学アカデミー・ロシア文学研究所教授
Panchen Lama Ⅺ　パンチェン・ラマ11世
　宗教指導者　チベット仏教（ラマ教）指導者, 人民政治協商会議（全国政協）委員, 中国仏教教会副会長
Pančić, Ivica　パンチッチ, イビツァ
　国クロアチア　退役軍人相
Pancochova, Sarka　パンチョホバ
　国チェコ　スノーボード選手
Pancol, Katherine　パンコル, カトリーヌ
　1949〜　国フランス　作家, ジャーナリスト　別パンコール, カトリーヌ
Panday, Basdeo　パンデイ, バスデオ
　国トリニダード・トバゴ　首相
Panday, Bikram　パンデ, ビクラム
　国ネパール　土地改革管理相

Panday, Hitraj　パンデ, ヒトラジュ
　国ネパール　連邦・地方開発相
Pande, Kabinga　パンデ, カビンガ
　国ザンビア　外相
Pande, Mahendra Bahadur　パンデ, マヘンドラ・バハドゥル
Pande, Peter S.　パンディ, ピーター・S.
　著「シックスシグマ・ウエイ実践マニュアル」日本経済新聞社　2003
Pandelela Rinong Anak Pamg　パンデレラ・バム
　国マレーシア　水泳選手
Pandemou, Desire　パンデム, デジレ
　国中央アフリカ　運輸航空相
Pandeni, John　パンデニ, ジョン
　国ナミビア　地方自治・住宅相
Pandev, Goran　パンデフ, ゴラン
　国マケドニア　サッカー選手
Pandey, Ramesh Nath　パンデイ, ラメシュ・ナート
　国ネパール　外相　別パンディ, ラメシュ・ナス
Pandey, Som Prasad　パンデイ, ソム・プラサド
　国ネパール　産業相
Pandit, Lal Babu　パンディト, ラル・バブ
　国ネパール　総務相
Pandit, Vikram S.　パンディット, ビクラム
　1957〜　国アメリカ　銀行家　シティグループCEO　別パンディット, ヴィクラム
Pandolfini, Bruce　パンドルフィーニ, ブルース
　著「チェス思考に学べ！」バベル・プレス　2005
Pandor, Naledi　パンドール, ナレディ
　国南アフリカ　科学技術相
Pandya, Anand A.　バーンディヤ, アナンド
　著「災害精神医学」星和書店　2015
Pandya, Kamlesh　バーンディヤ, カムレシュ
　著「アスペルガー流人間関係」東京書籍　2011
Pandzhikidze, Maya　パンジキゼ, マイア
　国ジョージア　外相
Panebianco, Angelo　パーネビアンコ, A.
　1948〜　著「政党」ミネルヴァ書房　2005
Panek, Richard　パネク, リチャード
　著「自閉症の脳を読み解く」NHK出版　2014
Panella, Vince　パネラ, ヴィンス
　著「1日を26時間にする, 最強の時間活用術」PHP研究所　2002
Panenić, Tomislav　ペネニッチ, トミスラブ
　国クロアチア　経済相
Panetta, Leon Edward　パネッタ, レオン
　1938〜　国アメリカ　政治家, 法律家　米国国防長官, 米国中央情報局（CIA）長官, 米国大統領首席補佐官　別パネッタ, リオン
Panettiere, Hayden　パネッティーア, ヘイデン
　1989〜　国アメリカ　女優, 歌手　本名＝パネッティーア, ヘイデン・レスリー〈Panettiere, Hayden Leslie〉
Panfilov, Evgenii　パンフィーロフ, エフゲニー
　1955〜2002　国ロシア　バレエ演出家・振付師　エフゲニー・パンフィーロフ・バレエ主宰
Panfilov, Gleb　パンフィーロフ, グレブ
　モスクワ国際映画祭 特別賞（第36回（2014年））
Pang, Alex　パン, アレックス
　著「サンダーバード映画版X-ray cross-sections」ジャイブ　2004
Pang, Chol Ram　パン, チョル・ラム
　国スーダン　運輸相
Pang, Danny　パン, ダニー
　1965〜　国香港　映画監督・編集者, 脚本家
Pang, Ho-cheung　パン・ホーチョン
　1973〜　国香港　映画監督, 脚本家　漢字名＝彭浩翔　別名＝パン, エドモンド〈Pang, Edmond〉
Pang, May　パン, メイ
　著「ジョン・レノンロスト・ウィークエンド」河出書房新社　2008
Pang, Mei-che Samantha　パン, メイチェ・サマンサ
　著「看護倫理」日本看護協会出版会　2002
Pang, Oxide　パン, オキサイド
　1965〜　国香港　映画監督, 脚本家, カラーリスト
Pang, Qing　パン・チン
　1979〜　国中国　元フィギュアスケート選手　漢字名＝龐清
Pangalos, Theodoros　パンガロス, セオドロス
　国ギリシャ　副首相
Pangandaman, Nasser　パンガンダマン, ナッセー

[国]フィリピン　農地改革相
Panganiban, Domingo　パンガニバン, ドミンゴ
[国]フィリピン　農相
Pangborn, Edgar　パングボーン, エドガー
[著]「デイヴィー荒野の旅」 扶桑社　2002
Pangestu, Mari Elka　パンゲストゥ, マリ・エルカ
[国]インドネシア　観光・創造経済相
Pangilinan, Manuel Velez　パンギリナン, マヌエル
1946～ [国]フィリピン　実業家　ファースト・パシフィック CEO, フィリピン長距離電話(PLDT)会長
Pango, Ylli　パンゴ, イリ
[国]アルバニア　観光・文化・青年・スポーツ相
Pangritz, Walter　パングリッツ, ヴァルター
[著]「聖書に登場する動物」 けやき出版(制作)　2015
Paniagua, Valentín　パニアグア, バレンティン
1936～2006 [国]ペルー　政治家, 法学者　ペルー大統領, リマ大学教授　本名＝パニアグア・コラサオ, バレンティン〈Paniagua Corazao, Valentín〉
Paniagua Corazao, Valentín　パニアグア・コラサオ, バレンティン
[国]ペルー　大統領
Panichelli, Stéphanie　パニチェリ, ステファニー
1978～ [著]「絆と権力」 新潮社　2010
Panichpatikum, Jakkrit　ジャックリト
[国]タイ　射撃選手
Panik, Joe　パニック, ジョー
[国]アメリカ　野球選手
Panitch, Leo　パニッチ, レオ
[著]「アメリカ帝国主義と金融」 こぶし書房　2005
Panizza, Oskar　パニツァ, オスカー
[著]「血と薔薇」 河出書房新社　2005
Panjabi, Archie　パンジャビ, アーチー
エミー賞 プライムタイム・エミー賞 最優秀助演女優賞(ドラマシリーズ)(第62回(2010年))　"The Good Wife"
Panjaitan, Luhut Binsar　パンジャイタン, ルフト・ビンサル
[国]インドネシア　産業・貿易相
Panke, Helmut　パンケ, ヘルムート
1946～ [国]ドイツ　実業家　BMW社長
Pankhurst, Andy　パンクハースト, アンディー
1968～ [著]「Study of ART」 ビー・エヌ・エヌ新社　2013
Pankratov, Oleg　パンクラトフ, オレク
[国]キルギス　副首相
Pankretić, Božidar　パンクレティッチ, ボジダル
[国]クロアチア　副首相兼地域開発・林業・利水相　[異]パンクレチッチ, ボジダル
Panna Rittikrai　パンナー・リットグライ
1961～2014 [国]タイ　アクション指導家, 映画監督, 俳優
Panné, Jean-Louis　パネ, ジャン＝ルイ
[著]「共産主義黒書」 恵雅堂出版　2006
Pannella, Marco　パンネッラ, マルコ
1930～2016 [国]イタリア　政治家　イタリア急進党創設者, イタリア下院議員　本名＝Pannella, Giacinto [異]パネッラ, マルコ
Pannenberg, Wolfhart Ulrich　パネンベルク, ヴォルフハルト
1928～2014 [国]ドイツ　神学者　ミュンヘン大学名誉教授 [専]組織神学
Panoff, Michel　パノフ, ミシェル
[著]「無文字民族の神話」 白水社　2013
Panofsky, Dora　パノフスキー, ドーラ
[著]「パンドラの匣」 法政大学出版局　2001
Panofsky, Wolfgang　パノフスキー, ウォルフガング
1919～2007 [国]アメリカ　物理学者　スタンフォード線形加速器センター長　本名＝パノフスキー, ウォルフガング・クルト・ヘルマン〈Panofsky, Wolfgang Kurt Hermann〉
Panofsky, Wolfgang K.H.　パノフスキー, W.K.H.
[著]「新版 電磁気学」 吉岡書店　2002
Panou, Koffi　パヌー, コフィ
[国]トーゴ　外務協力相
Panou, Themis　パヌ, テミス
ヴェネチア国際映画祭 最優秀男優賞(第70回(2013年))　"Miss Violence"
Panov, Aleksandr Nikolaevich　パノフ, アレクサンドル
1944～ [国]ロシア　外交官　ロシア外務省外交アカデミー校長　駐日ロシア大使
Pansera, Celso　パンセラ, セルソ
[国]ブラジル　科学技術相
Pansky, Ben　パンスキー, ベン
[著]「解剖学」 西村書店東京出版編集部　2016
Pan Sorasak　パン・ソラサック
[国]カンボジア　商業相
Pantale, Chris　パンタル, クリス
[国]アメリカ　アメフト選手
Pantaleoni, Lucia　パンタレオニ, ルシア
[著]「Paris発、マドレーヌ・サレ&シュクレ」 世界文化社　2011
Pantalon, Michael V.　パンタロン, マイケル
[著]「思い通りに相手を変える6つのステップ」 ソフトバンククリエイティブ　2013
Pantani, Marco　パンタニ, マルコ
1970～2004 [国]イタリア　自転車選手 [異]パンターニ, マルコ
Pantazis, Christina　パンタツィス, C.
[著]「現代イギリスの政治算術」 北海道大学図書刊行会　2003
Pantè, Franca Antonietta　パンテ, フランカ・アントニエッタ
[著]「脳のリハビリテーション」 協同医書出版社　2005
Pantelei, Nikolai P.　パンテレイ, ニコライ・P.
[国]ベラルーシ　通信相
Pantelimon, Oana　パンテリモン
[国]ルーマニア　陸上選手
Pantelis, Christos　パンテリス, クリストス
[著]「精神科臨床倫理」 星和書店　2011
Pantic, Aleksandar　パンティッチ, アレクサンダル
[国]セルビア　サッカー選手
Pantilimon, Costel　パンティリモン, コステル
[国]ルーマニア　サッカー選手
Panting, Patricia　パンティング, パトリシア
[国]ホンジュラス　天然資源・環境相
Pantley, Elizabeth　パントリー, エリザベス
[著]「赤ちゃんが朝までぐっすり眠る方法」 エクスナレッジ　2006
Pantoliano, Joe　パントリアーノ, ジョー
エミー賞 プライムタイム・エミー賞 最優秀助演男優賞(ドラマシリーズ)(第55回(2003年))　"The Sopranos"
Pantzer, Peter　パンツァー, ペーター
1942～ [著]「明治初期日本の原風景と謎の少年写真家」 洋泉社　2016
Panula, Jorma　パヌラ, ヨルマ
1930～ [国]フィンランド　指揮者　シベリウス・アカデミー教授
Panyachand, Preeda　パンヤージャン, プリーダー
[著]「やまあらしのあまやどり」 新世研　2002
Panych, Morris　パニッチ, モーリス
1952～ [国]カナダ　劇作家, 演出家, 俳優
Panzetta, Girolamo　パンツェッタ, ジローラモ
1962～ [著]「ジローラモが太鼓判を押すイタリアン本場の味」 集英社　2008
Panzhinskiy, Alexander　パンジンスキー
[国]ロシア　クロスカントリースキー選手
Panzieri, Lucia　パンツィエーリ, ルチーア
1973～ [著]「こころやさしいワニ」 岩崎書店　2012
Panzner, Michael J.　パンズナー, マイケル
[著]「金融ハルマゲドン」 青志社　2009
Pao, Basil　パオ, バジル
[著]「マイケル・ペイリンのヘミングウェイ・アドベンチャー」 産業編集センター　2001
Paolini, Christopher　パオリーニ, クリストファー
1983～ [国]アメリカ　作家 [専]ヤングアダルト, ファンタジー
Paolitto, Diana Pritchard　パオリット, D.P.
[著]「道徳性を発達させる授業のコツ」 北大路書房　2004
Paolozzi, Eduardo Luigi　パオロッツィ, エドゥアルド
1924～2005 [国]イギリス　彫刻家 [異]パオロッツィ, エデュアルド
Paolucci, Antonio　パオルッチ, アントーニオ
1939～ [国]イタリア　美術史家　バチカン美術館館長 [異]パオルッチ, アントニオ
Papaconstantinou, Georgios　パパコンスタンティヌ, ヨルギオス
[国]ギリシャ　財務相
Papacostas, Costas　パパコスタス, コスタス
[国]キプロス　国防相
Papadakis, Maxine A.　パパダキス, マキシン・A.
[著]「カレント・メディカル診断と治療」 日経BP社, 日経BP出版センター(発売)　2004
Papadatos, Alecos　パパダトス, アレコス
[著]「ロジ・コミックス」 筑摩書房　2015
Papademetriou, Lisa　パパディメトリュー, リサ
[異]パパデメトリュー, リーザ [著]「楽しいハプニング」 講談社

P

2009
Papademos, Lucas Demetrios　パパディモス、ルーカス
　1947～　国ギリシャ　政治家、銀行家、経済学者　アテネ大学教授　ギリシャ首相、欧州中央銀行（ECB）副総裁、ギリシャ銀行総裁　他国際経済　他パパディモス、ルカス／パパデモス、ルーカス／パパデモス、ルカス
Papadimitriou, Christos H.　パパディミトリウ、クリストス
　著「ロジ・コミックス」筑摩書房　2015
Papadimitriou, Demetrio　パパディミトリウ、デメトリオ
　国パナマ　大統領府相
Papadopoulos, Alekos　パパドプロス、アレコス
　国ギリシャ　保健・福祉相
Papadopoulos, Kyriakos　パパドプーロス、キリアコス
　国ギリシャ　サッカー選手
Papadopoulos, Tassos　パパドプロス、タソス
　1934～2008　国キプロス　政治家　キプロス大統領
Papagiannis, Georgios　パパヤニス、ヨーゴス
　国ギリシャ　バスケットボール選手
Papahristou, Paraskevi　パパフリストゥ、パラスケビ
　国ギリシャ　陸上選手
Papaioannou, Miltiades　パパヨアヌ、ミルティアデス
　国ギリシャ　首相府相
Papaioannou, Virginia E.　パパイオアンヌ、ヴァージニア・E.
　著「マウス表現型解析」メディカル・サイエンス・インターナショナル　2006
Papaligouras, Anastasis　パパリグーラス、アナスタシス
　国ギリシャ　海運・島しょ政策相　他パパリグラス、アナスタシオス
Papandreou, Georgios A.　パパンドレウ、ヨルギオス
　1952～　国ギリシャ　政治家　ギリシャ首相　他パパンドレウ、イェオルギオス
Papandreou, Giōrgos A.　パパンドレウ、ジョージ
　1952～　著「金持ちは税率70%でもいいvsみんな10%課税がいい」東洋経済新報社　2014
Papandreou, Vasso　パパンドレウ、バソ
　国ギリシャ　環境・都市計画・公共事業相
Papanek, Ernst　パパーネック、エルンスト
　著「アドラーの思い出」創元社　2007
Papanek, Helene　パパーネック、ヘレネ
　著「アドラーの思い出」創元社　2007
Papanikolaou, Nikos A.　パパニコラウ、ニコス
　1926～　著「ヘタイラは語るかつてギリシャでは…」而立書房　2006
Papantoniou, Yiannos　パパントニウ、ヤノス
　国ギリシャ　国防相
Papapavlou, Cleopatra Helen Claire　パパパブル、クレオパトラ・ヘレン・クレア
　国ギリシャ　元・アテネ大学文学部講師
Paparone, Pamela　パパローン、パメラ
　著「おはよう・おやすみ」のら書店　2004
Papas, Nikos　パパス、ニコス
　国ギリシャ　デジタル政策・通信・情報相
Papasan, Jay　パパザン、ジェイ
　著「ワン・シング」SBクリエイティブ　2014
Papastathopoulos, Sokratis　パパスタソプーロス、ソクラティス
　国ギリシャ　サッカー選手
Papathanasiou, Aimilios　パパサナシウ
　国ギリシャ　セーリング選手
Papathanasiou, Joannis　パパサナシウ、ヤニス
　国ギリシャ　経済・財務相
Papavrami, Tedi　パパヴラミ、テディ
　1971～　著「ひとりヴァイオリンをめぐるフーガ」藤原書店　2016
Papa Wemba　パパ・ウェンバ
　1949～2016　国コンゴ民主共和国　ミュージシャン　本名＝Jules Shungu Wembadio Pene Kikumba　他パパウェンバ
Papazian, Charlie　パパジアン、チャーリー
　著「自分でビールを造る本」浅井事務所、技報堂出版（発売）2001
Papazoglou, Evangelia　パパゾグル
　国ギリシャ　水泳選手
Pape, Baptist de　パペ、バプティスト・デ
　1977～　著「ザ・パワー・オブ・ザ・ハート」KADOKAWA　2015
Pape, Lygia　パペ、リジア
　国ブラジル　ヴェネチア・ビエンナーレ特別賞（2009年（第53回））
Pape, Pascal　パペ、パスカル
　国フランス　ラグビー選手
Pape, René　パーペ、ルネ
　1964～　国ドイツ　バス歌手
Pape, Ulf　パーペ、ウルフ
　著「臨床現場で役立てるタイマッサージ活用法」ガイアブックス、産調出版（発売）2012
Pape Cheikh　パペ・シェイク
　国スペイン　サッカー選手
Papelbon, Jonathan　パペルボン、ジョナサン
　1980～　国アメリカ　野球選手　本名＝Papelbon, Jonathan Robert
Papernow, Patricia L.　ペーパーナウ、パトリシア
　1946～　著「ステップファミリーをいかに生き、育むか」金剛出版　2015
Papert, Seymour　パパート、シーモア
　1928～2016　国アメリカ　数学者　マサチューセッツ工科大学名誉教授　他コンピューター言語、人工知能　本名＝Papert, Seymour Aubrey
Papier, Hans-Jürgen　パピアー、ハンスユルゲン
　1943～　国ドイツ　法律家　ミュンヘン大学法学部教授　ドイツ連邦憲法裁判所長官
Papiev, Mykhailo　パピエフ、ミハイロ
　国ウクライナ　労働社会政策相
Papillault, Anne　パピヨー、アンヌ
　著「謎を解く人びと」シュプリンガー・ジャパン　2008
Papinashvili, Amiran　パピナシビリ、アミラン
　国ジョージア　柔道選手
Papini, Mauricio R.　パピーニ、M.R.
　著「パピーニの比較心理学」北大路書房　2005
Papiyev, Mykhaylo　パピエフ、ミハイロ
　国ウクライナ　労働・社会政策相
Papolos, Demitri F.　パポロス、ディミトリ・F.
　著「子どもの双極性障害」東京書籍　2008
Papolos, Janice　パポロス、ジャニス
　著「子どもの双極性障害」東京書籍　2008
Papon, Maurice　パポン、モーリス
　1910～2007　国フランス　政治家　フランス予算相　本名＝Papon, Maurice Arthur Jean
Papoudi, Despina　パプーディ、D.
　著「自閉症の子どもたち」ミネルヴァ書房　2005
Papoulias, Karolos　パプリアス、カロロス
　1929～　国ギリシャ　政治家　ギリシャ大統領
Papoutsis, Christos　パプチス、クリストス
　国ギリシャ　市民擁護相　他パプツィス、クリストス
Papov, Vadim　パポフ、ワジム
　国ベラルーシ　農業・食糧相
Papp, Laszlo A.　パップ、ラズロ・A.
　著「不安障害」日本評論社　2005
Papp, Lisa　パップ、リサ
　著「わたしのそばできいていて」WAVE出版　2016
Papp, Mark　パプ
　国ハンガリー　水泳選手
Papp, Stefan　パップ、ステファン
　著「スウェーデンのFMT脳機能回復促進音楽療法」春秋社　2007
Pappalardo, Marco　パッパラルド、マルコ
　著「教皇フランシスコのことば365」女子パウロ会　2016
Pappalardo, Umberto　パッパラルド、ウンベルト
　1949～　著「古代ローマ邸宅の壁画」岩波書店　2006
Pappano, Antonio　パッパーノ、アントニオ
　1959～　国イギリス　指揮者、ピアニスト　ロイヤル・オペラハウス（ROH）音楽監督、サンタ・チェチーリア管弦楽団音楽監督　モネ劇場音楽監督　通称＝Pappano, Tony
Pappano, Marilyn　パパーノ、マリリン
　著「届かなかった伝言」ハーレクイン　2007
Pappa-papavasilopoulou, Eftihia　パパパシロプル、パパ
　国ギリシャ　飛び込み選手
Pappas, Chris H.　パパス、クリス・H.
　1953～　著「C++デバッグ技術」技術評論社　2001
Pappas, Theoni　パパス、テオニ
　著「数学の楽しみ」筑摩書房　2007
Pappe, Ia.Sha.　パッペ、ヤコブ・シャヤヴィッチ
　1953～　著「ロシアのビッグビジネス」文理閣　2003
Pappé, Ilan　パペ、イラン
　1954～　著「イラン・パペ、パレスチナを語る」柘植書房新社

2008
Pappworth, Sara パップワース, サラ
 著「僕はモネ」パイインターナショナル 2015
Paprotta, Astrid パプロッタ, アストリット
 国ドイツ 作家 分ミステリー
Papuashvili, Georgi パプアシビリ, ゲオルギ
 国ジョージア 法相
Papuc, Gheorghe パプク, ゲオルゲ
 国モルドバ 内相
Papworth, Michael パプウォース, M.
 著「教師・教育関係者のためのストレス撃退法」北大路書房 2006
Paquet, Catherine パケット, キャサリン
 著「CCNP self-study：BSCI認定テキスト」ソフトバンクパブリッシング 2005
Paquet, Marcel パケ, マルセル
 1947～ 著「ルネ・マグリット」Taschen c2001
Paquet-Brenner, Gilles パケ・ブレネール, ジル
 1974～ 国フランス 映画監督
Paquete, Helder パケテ, エルデール
 国サントメ・プリンシペ 商業・産業・観光相
Paquette, Yanick パケット, ヤニック
 著「バットマン：インコーポレイテッド」小学館集英社プロダクション 2014
Paquin, Anna パキン, アンナ
 ゴールデン・グローブ賞 テレビ 女優賞（ドラマ）（第66回（2008年度）） "True Blood"
Para, Jean-Baptiste パラ, ジャン＝バチスト
 著「フランス現代詩アンソロジー」思潮社 2001
Paracchini, Gian Luigi パラッキーニ, ジャン・ルイージ
 1947～ 著「プラダ選ばれる理由」実業之日本社 2015
Parad, Howard J. パラド, ハワード・J.
 著「心的外傷の危機介入」金剛出版 2003
Parad, Libbie G. パラド, リビー・G.
 著「心的外傷の危機介入」金剛出版 2003
Paradimitriu, Dimitris パパディミトリウ, ディミトリス
 国ギリシャ 経済・開発相
Paradis, Annie パラディ, アニー
 著「モーツァルト魔法のオペラ」白水社 2005
Paradis, Christian パラディー, クリスチャン
 国カナダ 国際開発兼フランス語圏諸国連合担当相
Paradis, Matt パラディス, マット
 国アメリカ アメフト選手
Paradis, Nichole パラディス, ニコル
 著「乳幼児精神保健ケースブック」金剛出版 2007
Paradis, Vanessa パラディ, ヴァネッサ
 1972～ 国フランス 歌手, 女優 ⸺パラディ, バネッサ
Paradiso, Michael A. パラディーソ, M.A.
 著「神経科学」西村書店 2007
Paraison, Edwin パレゾン, エドウィン
 国ハイチ共和国 在外ハイチ人相
Parajuli, Hari Prasad パラジュリ, ハリ・プラサド
 国ネパール 農業開発相
Paramatmananda パラマートマーナンダ
 著パラマートマーナンダ, スワーミ 著「アンマとの出会い」知玄舎, 星雲社（発売）2004
Paramonova, Irina M. パラモノヴァ, I.M.
 著「対称性・数え上げ」海鳴社 2007
Parapolo, Bartholomew パラポロ, バーソロミュー
 国ソロモン諸島 文化・観光相
Paras bir Bikram Shah パラス・ビール・ビクラム・シャハ
 1971～ 国ネパール ネパール皇太子 ⸺パーレス
Parasca, Vasile パラスカ, バシレ
 国モルドバ 保健相
Paraschivoiu, Ion パラシキブイユ, イオン
 1942～ 著「風車の理論と設計」インデックス出版 2007
Parashar, Fiona パラシャー, フィオナ
 著「いつも何かに追い立てられていると感じているあなたへ」主婦の友社 2004
Paraskevopoulos, Nikos パラスケボプロス, ニコス
 国ギリシャ 法相
Parata, Hekia パラタ, ヘキア
 国ニュージーランド 教育相
Paratova, Iuliia パラトワ, ユリア
 国ウクライナ 重量挙げ選手 ⸺パラトワ
Paravac, Borislav パラバツ, ボリスラブ
 国ボスニア・ヘルツェゴビナ 幹部会員

Parberry, Ian パーベリー, イアン
 著「実例で学ぶゲーム3D数学」オライリー・ジャパン, オーム社（発売）2008
Parcells, Bill パーセルズ, ビル
 1941～ 国アメリカ アメフト監督 ジェッツ競技部門最高責任者, ドルフィンズ副社長 本名＝パーセルズ, デュエイン・チャールズ〈Parcells, Duane Charles〉
Parchment, Hansle パーチメント
 国ジャマイカ 陸上選手
Pardeck, John T. パーデック, ジョン・T.
 著「障害者差別禁止法とソーシャルワーク」中央法規出版 2003
Pardew, Alan パーデュー, アラン
 国イングランド クリスタル・パレス監督
Pardi, Charlotte パーディ, シャロッテ
 1971～ 著「泣いてもいい？」今人舎 2013
Pardi, Francesca パルディ, フランチェスカ
 著「たまごちゃん、たびにでる」イタリア会館出版部 2013
Pardlo, Gregory パードロ, グレゴリー
 国アメリカ ピュリッツァー賞 文学・音楽 詩（2015年）"Digest"
Pardo, Laura S. パルド, ローラ・S.
 著「言語力を育てるブッククラブ」ミネルヴァ書房 2012
Pardo, Mauricio パルド, マウリシオ
 著「コロンビア」ほるぷ出版 2009
Pardo, Robert パルド, ロバート
 1951～ 著「アルゴリズムトレーディング入門」パンローリング 2010
Pardo, Rogelio パルド, ロヘリオ
 国コスタリカ 科学技術相
Pardo, Ruben パルド, ルベン
 国スペイン サッカー選手
Pardo Cruz, Salvador パルド・クルス, サルバドル
 国キューバ 産業相
Pardoe, James パードウ, ジェームズ
 著「世界一シンプルなバフェットの投資」アスペクト 2010
Pardoe, Jon パードウ, ジョン
 著「日英交流史」東京大学出版会 2001
Pardo Rueda, Rafael パルド・ルエダ, ラファエル
 国コロンビア 労相
Pare, Joseph パレ, ジョゼフ
 国ブルキナファソ 中高等教育・科学研究相
Paré, P.D. パレ, P.D.
 著「フレイザー呼吸器病学エッセンス」西村書店東京出版編集部 2009
Pare, Richard ペア, リチャード
 著「光の色」ファイドン 2004
Pared, Sigfrido パレ, シグフリド
 国ドミニカ共和国 国防相
Paredes, Carlos パレーデス, カルロス
 ？～2004 国ポルトガル ギター奏者
Paredes, Eduardo パレイデス, エデュアルド
 国ベネズエラ 野球選手
Paredes, Juan Carlos パレデス, フアン・カルロス
 国エクアドル サッカー選手
Paredes, Leandro パレデス, レアンドロ
 国アルゼンチン サッカー選手
Paredes, Marcela パレデス, マルセラ
 国パナマ 教育相
Paredes, Melanio パレデス, メラニオ
 国ドミニカ共和国 教育相
Paredes Rodríguez, Carlos パレデス・ロドリゲス, カルロス
 国ペルー 運輸・通信相
Pared Pérez, Sigfrido パレ・ペレス, シグフリド
 国ドミニカ共和国 国防相
Pareja, Nicolas パレハ, ニコラス
 国アルゼンチン サッカー選手
Pareja Yannuzzelli, Carlos パレハ・ヤヌセリ, カルロス
 国エクアドル 炭化水素相
Parejo, Daniel パレホ, ダニエル
 国スペイン サッカー選手
Parekh, Nikunj パレク, ニクンジ
 国インド ムンバイ印日協会会長, ムンバイ印日協会盆栽研究部長, 世界盆栽友好連盟理事, 国際盆栽クラブ第二副会長
Parellis, Apostolos パレリス, アポストロス
 国キプロス 陸上選手
Parent, Claude パラン, クロード

1923～ [著]「斜めにのびる建築」 青土社 2008
Parent, Joseph ペアレント, ジョセフ
1950～ [著]「禅テニス」 ベースボール・マガジン社 2016
Parent, Marc ペアレント, マーク
[著]「魚釣り、三輪車、でんぐり返し」 主婦の友社 2002
Parent, Nancy ペーレント, ナンシー
[著]「いないいないブー」 大日本絵画 2003
Parente, Pedro パレンチ, ペドロ
[国]ブラジル 大統領府文官長
Parenteau, Shirley パレントー, シャーリー
[著]「おおゆきくまちゃん」 岩崎書店 2016
Parenti, Enrico パレンティ, エンリコ
1978～ [国]アメリカ 映画監督
Parenzan, Peter パレンツァン, ペーター
[著]「19世紀ウィーンへの旅」 名古屋市博物館 2003
Paret, Peter パレット, ピーター
[著]「クラウゼヴィッツ」 中央公論新社 2005
Pareto, Paula パレト, パウラ
[国]アルゼンチン 柔道選手
Paretsky, Sara N. パレツキー, サラ
1947～ [国]アメリカ 作家
Parfait, Françoise パルフェ, フランソワーズ
[著]「イメージ・リテラシー工場」 フィルムアート社 2006
Parfit, Derek パーフィット, デレク
1942～ [国]イギリス 倫理学者 オックスフォード大学オール・ソウルズ・カレッジ名誉シニア・リサーチ・フェロー [専]形而上学
Parfitt, Adam パーフィット, アダム
[著]「オーランド・ブルーム」 ビジネス社 2005
Pargeter, Margaret パージター, マーガレット
[著]「償い」 ハーレクイン 2012
Parghie, Cristi-Ilie ピルギエ, クリスティイリエ
[国]ルーマニア ボート選手
Pargiter, Russell パーギター, ラッセル
[著]「精神科臨床倫理」 星和書店 2011
Parham, A.Philip パーハム, フィリップ
[著]「神にゆだねて」 キリスト新聞社出版事業課 2016
Parham, Peter パーラム, ピーター
1950～ [著]「エッセンシャル免疫学」 メディカル・サイエンス・インターナショナル 2016
Parigini, Vittorio パリジーニ, ヴィットーリオ
[国]イタリア サッカー選手
Parijs, Philippe van パリース, P.ヴァン
1951～ [著]「ベーシック・インカムの哲学」 勁草書房 2009
Parinello, Anthony パリネロ, アンソニー
[著]「パワー・セールスの技術」 ダイヤモンド社 2005
Paringaux, Roland-Pierre パランゴー, ロラン・ピエール
1941～ [著]「闇に消える美術品」 東京書籍 2003
Parini, Jay パリーニ, ジェイ
[著]「終着駅トルストイ最後の旅」 新潮社 2010
Parirenyatwa, David パリレニャトワ, デービッド
[国]ジンバブエ 保健・児童福祉相
Paris, A. パリース, A.
[著]「ベルリン・デザイン・ハンドブックはデザインの本ではない！」 ベアリン出版, 新宿書房(発売) 2013
Paris, Barry パリス, バリー
[著]「オードリー・ヘップバーン物語」 集英社 2001
Paris, Erna パリス, アーナ
1938～ [著]「歴史の影」 社会評論社 2004
Paris, Gilles パリス, ジル
1959～ [著]「奇跡の子」 ポプラ社 2004
Paris, Hernando パリス, エルナンド
[国]コスタリカ 法相
Paris, Joel パリス, ジョエル
1940～ [著]「DSM-5をつかうということ」 メディカル・サイエンス・インターナショナル 2015
Paris, Reine-Marie パリス, レーヌ＝マリー
[著]「カミーユ・クローデル」 創元社 2005
Paris, Wendy パリス, ウエンディ
1966～ [著]「シンデレラが幸せになった理由」 飛鳥新社 2002
Paris, Wendy パリス, ウエンディ
[異]ハリス, ウェンディ [著]「甘い復讐」 光文社 2002
Pariser, Eli パリサー, イーライ
1980～ [著]「フィルターバブル」 早川書房 2016
Parish, John Howard パリッシュ, J.H.
[著]「生命情報学キーノート」 シュプリンガー・フェアラーク東京 2003
Parisi, Arturo パリージ, アルトゥロ
[国]イタリア 国防相
Parisi, Giorgio パリージ, G.
[著]「場の理論」 吉岡書店 2004
Parisi, Hugo パリシ, ウーゴ
[国]ブラジル 水泳選手
Parisi, Paolo パリージ, パオロ
1980～ [著]「コルトレーン」 Pヴァイン, 日販アイ・ピー・エス(発売) 2016
Parisse, Sergio パリッセ, セルジョ
[国]イタリア ラグビー選手
Parivodić, Milan パリボディッチ, ミラン
[国]セルビア 対外経済関係相
Parizeau, Jacques パリゾー, ジャック
1930～2015 [国]カナダ 政治家, エコノミスト ケベック州首相, ケベック党党首 [異]パリゾ, ジャック
Park, Barbara パーク, バーバラ
1947～2013 [著]「ママ！ たいくつきゅうくつなんにもな～い！」 バベルプレス 2016
Park, Byung Ho パク・ビョンホ
[国]韓国 野球選手
Park, Chang-o パク・チャンオ
1917～2012 [国]韓国 作詞家, 作曲家, 歌手 韓国歌謡作詞家協会元老委員長 漢字名＝朴正吾, 別名＝半夜月(パン・ヤウォル)
Park, Chan-ho パク・チャンホ
1973～ [国]韓国 元プロ野球選手, 元野球選手 登録名＝朴贊浩
Park, Chan-mo パク・チャンモ
1935～ [国]韓国 コンピューター科学者 韓国研究財団(NRF)理事長 浦項工科大学総長 漢字名＝朴贊謨
Park, Chan-wook パク・チャヌク
1963～ [国]韓国 映画監督 漢字名＝朴贊郁 [異]パク・チャンウク
Park, Cheol-hee パク・チョルヒ
1963～ [国]韓国 政治学者 ソウル大学日本研究所長 [専]日本の政党・選挙 漢字名＝朴喆熙 [異]パク・チョルヒー
Park, Christine パーク, クリスティーン
[著]「指導医いらずの実践麻酔手技免許皆伝」 メディカル・サイエンス・インターナショナル 2014
Park, Chung-cha パク・ジョンジャ
1927～2002 [国]韓国 女性問題研究家 韓日女性親善協会名誉会長, 韓日協力委員会諮問委員, 韓国国会議員 漢字名＝朴貞子 [異]パク・チュンジャ / パク・チョンジャ
Park, Chu-young パク・チュヨン
1985～ [国]韓国 サッカー選手 漢字名＝朴主永
Park, Clara Claiborne パーク, クララ・クレイボーン
[著]「自閉症の娘との四十年の記録」 河出書房新社 2002
Park, Denise C. パーク, デニス・C.
[著]「認知のエイジング」 北大路書房 2004
Park, Gene パーク, ジーン
1971～ [著]「財政赤字の国際比較」 岩波書店 2016
Park, Geun-hye パク・クネ
1952～ [国]韓国 政治家 大統領 漢字名＝朴槿恵 [異]パク・クンへ
Park, Hae-il パク・ヘイル
1977～ [国]韓国 俳優 漢字名＝朴海日
Park, Hae-jin パク・ヘジン
1983～ [国]韓国 俳優 漢字名＝朴海鎭
Park, Hee-tae パク・ヒテ
1938～ [国]韓国 政治家, 弁護士 ハンナラ党代表 漢字名＝朴熺太
Park, Ho-koon パク・ホグン
1947～ [国]韓国 科学者 仁川大学総長 韓国科学技術相 漢字名＝朴虎君
Park, Hong-soo パク・ホンス
[国]韓国 農林相 漢字名＝朴弘綬
Park, Hyesang パク・ヘソン
[国]韓国 エリザベート王妃国際コンクール 声楽 第5位(2014年)
Park, Hye-yoon パク, ヘユン
[国]韓国 バイオリニスト
Park, Hyuk-moon パク・ヒョンムン
1963～ [国]韓国 作家 [専]歴史 漢字名＝朴赫文
Park, Hyun-bin パク・ヒョンビン
1982～ [国]韓国 トロット歌手
Park, Hyun-wook パク・ヒョンウク
1967～ [国]韓国 作家 [専]文学
Park, In-bee パク・インビ

1988～ [国]韓国 プロゴルファー 漢字名＝朴仁妃
Park, In-yong パク・インヨン
[国]韓国 国民安全庁長官 漢字名＝朴仁鎔
Park, Jack パーク, ジャック
[著]「XML topic maps」 プラトニックウェーブ, 星雲社（発売） 2004
Park, Jae-Kyu パク・ジェギュ
[国]韓国 統一相 漢字名＝朴在圭
Park, James パーク, ジェームズ
起業家, フィットビット創業者
Park, Janie Jaehyun パク, ジェヒョン
[著]「とらとほしがき」 光村教育図書 2006
Park, Jisoo パク・ジズ
[国]韓国 ローザンヌ国際バレエコンクール 2位・プロ研修賞（第43回（2015年））
Park, Ji-sung パク・チソン
1981～ [国]韓国 元サッカー選手 漢字名＝朴智星 [異]パク・ジソン
Park, Ji-won パク・ジウォン
1942～ [国]韓国 政治家 韓国国会議員（民主党） 韓国文化観光相, 韓国大統領秘書室長 漢字名＝朴智元 [異]パク・チウォン
Park, Ji Yoon パク・チユン
[国]韓国 ロン・ティボー・クレスパン国際音楽コンクール ヴァイオリン 第4位（2005年（第35回））ほか
Park, Jong-ku パク・ジョング
1937～2002 [国]韓国 実業家 錦湖グループ会長, 韓国全国経済人連合会副会長 漢字名＝朴定求 [異]パク・チョング
Park, Jongmin パク・ジョンミン
[国]韓国 チャイコフスキー国際コンクール 声楽（男声） 第1位（2011年（第14回））
Park, Jong-soo パク・ジョンス
1932～2003 [国]韓国 政治家 韓国国会議員（国民会議）, 韓国外交通商相 漢字名＝朴定洙 [異]パク・チョンス
Park, Joo-bong パク・ジュボン
1964～ [国]韓国 バドミントン監督, 元バドミントン選手 バドミントン日本代表監督 漢字名＝朴柱奉
Park, Joo-ho パク・チュホ
1987～ [国]韓国 サッカー選手 漢字名＝朴柱昊
Park, Joong-hoon パク・チュンフン
1964～ [国]韓国 俳優, 映画監督
Park, Jung-bum パク・ジョンボム
1976～ [国]韓国 映画監督
Park, Junyoung パク・ジュニョン
1982～ [国]韓国 歌手 漢字名＝朴俊映, 愛称＝ジュニー
Park, JuYoung パク・ジュヨン
[国]韓国 ロン・ティボー・クレスパン国際音楽コンクール ピアノ 第4位（2012年（第41回））
Park, Kye-hyung パク・ケーヒョン
1943～ [国]韓国 作家 中国延辺科学技術大学兼任教授 漢字名＝朴啓馨
Park, Linda Sue パーク, リンダ・スー
1960～ [国]アメリカ 児童文学作家 [専]児童書
Park, Linkin リンキン・パーク
[国]アメリカ MTVアワード 最優秀ロック・ビデオ（第25回（2008年））ほか
Park, Michael パーク, ミカエル
1966～2005 [国]イギリス ラリードライバー
Park, Min-gyu パク・ミンギュ
1968～ [国]韓国 作家 [専]文学
Park, Myong-chol パク・ミョンチョル
1941～ [国]北朝鮮 北朝鮮国防委員会参事 漢字名＝朴明哲
Park, Myung-jae パク・ミョンジェ
[国]韓国 行政自治相 漢字名＝朴明在
Park, Nick パーク, ニック
1958～ [国]イギリス アニメーション作家 アードマン・アニメーションズパートナー [専]クレイアニメ 本名＝Park, Nicholas W.
Park, Robert パーク, ロバート
[著]「成長への賭け」 ファーストプレス 2006
Park, Robert L. パーク, ロバート・L.
[著]「わたしたちはなぜ「科学」にだまされるのか」 主婦の友社 2007
Park, Ruth パーク, ルース
1917～2010 [国]オーストラリア 作家, ジャーナリスト
Park, Sae-Eun パク・セウン
[国]韓国 ローザンヌ国際バレエコンクール 1位・スカラシップ（第35回（2007年））
Park, Sae-jik パク・セジク
1933～2009 [国]韓国 政治家, 軍人 韓国国会議員, ソウル市長, 韓国国家安全企画部長, ソウル五輪組織委員長 漢字名＝朴世直 [異]パク・セジュク
Park, Sam パク, サム
[著]「50イングリッシュキッズ」 ダイヤモンド社 2004
Park, Sam-koo パク・サムグ
1945～ [国]韓国 実業家 錦湖アシアナグループ会長 漢字名＝朴三求
Park, Sejong パク・セジョン
[国]韓国 アヌシー国際アニメーション映画祭 短編映画 Jean-Luc Xiberrasデビュー作品賞（2004年） "Birthday Boy"〈オーストラリア〉
Park, Seong-yowng パク・ソンヨン
1932～2005 [国]韓国 実業家 錦湖アシアナグループ名誉会長, 全経連副会長, 韓日経済協力会副会長 漢字名＝朴晟容
Park, Seung-hi パク・スンヒ
1992～ [国]韓国 スピードスケート選手 漢字名＝朴勝羲
Park, Seung-ho パク, スンホ
1960～ [著]「韓国企業のグローバル戦略」 中央大学出版部 2005
Park, Shin-yang パク・シニャン
1968～ [国]韓国 俳優 漢字名＝朴新陽
Park, So-hee パク・ソヒ
[国]韓国 漫画家 漢字名＝朴素熙
Park, Sol-mi パク・ソルミ
1978～ [国]韓国 女優 本名＝パク・ヘジョン
Park, Sonya S. パーク, ソニア
[著]「SONYA'S SHOPPING MANUAL 202TO301」 マガジンハウス 2009
Park, Steven パーク, スティーヴン
1975～ [著]「ル・コルビュジエの住宅3Dパース全集」 エクスナレッジ 2013
Park, Tae-hwan パク・テファン
1989～ [国]韓国 水泳選手 漢字名＝朴泰桓
Park, Tae-joon パク・テジュン
1927～2011 [国]韓国 政治家, 実業家 浦項総合製鉄初代社長, 韓国首相, 韓日議員連盟会長 漢字名＝朴泰俊 [異]パク・テチュン
Park, Tong-jin パク・ドンジン
1922～2013 [国]韓国 外交官 韓国外相, 駐米韓国大使 漢字名＝朴東鎮 [異]パク・トンジン
Park, Won-heung パク・ウォンフン
1942～ [国]韓国 政治家, ジャーナリスト 韓日親善協会中央会副会長 韓国国会議員（ハンナラ党） 漢字名＝朴源弘 [異]パク・ウォンホン
Park, Won-soon パク・ウォンスン
1956～ [国]韓国 政治家, 弁護士, 市民運動家 ソウル市長, 参与連帯代表 「ハンギョレ」新聞論説委員 漢字名＝朴元淳
Park, Yang-shin パク・ヤンシン
1962～ [国]韓国 翰林大学翰林科学院研究教授 [専]日本政治史 漢字名＝朴羊信
Park, Ye-jin パク・イェジン
1981～ [国]韓国 女優 漢字名＝林芸珍
Park, Yong-ha パク・ヨンハ
1977～2010 [国]韓国 俳優, 歌手 漢字名＝朴容夏
Park, Yong Kun パーク, ヨーン・K.
[著]「このガン代替療法は、なぜ支持されるのか」 土屋書店 2007
Park, Yong-sung パク・ヨンソン
1940～ [国]韓国 実業家 斗山グループ副会長, 斗山重工業会長, 国際柔道連盟（IJF）会長, 国際オリンピック委員会（IOC）委員 漢字名＝朴容晟
Park, Young-ok パク・ヨンオク
1929～2015 [国]韓国 金鍾泌首相の妻 漢字名＝朴栄玉
Park, Young-sook パク・ヨンスク
1932～2013 [国]韓国 女性問題活動家, 環境運動家, 政治家 韓国環境社会政策研究所所長, 韓国女性基金推進委員会執行委員長, 韓国国会議員 漢字名＝朴英淑
Park, Yu-ha パク・ユハ
1957～ [国]韓国 日本文学研究家 世宗大学日本文学科教授 [専]近代日本文学 漢字名＝朴裕河
Parkanová, Vlasta パルカノバー, ブラスタ
[国]チェコ 国防相
Parker, Alan パーカー, アラン
1965～ [著]「シド・ヴィシャス」 シンコーミュージック・エンタテイメント 2008
Parker, Alan William パーカー, アラン
1944～ [国]イギリス 映画監督, 脚本家
Parker, Andrew パーカー, アンドリュー

1967～ [著]「眼の誕生」 草思社 2006
Parker, Annise パーカー, アニース
1956～ [国]アメリカ 政治家 ヒューストン市長
Parker, Ant パーカー, アント
[著]「ねがいごとをしてごらん」 評論社 2004
Parker, Barry R. パーカー, バリー
[著]「戦争の物理学」 白揚社 2016
Parker, Brant パーカー, ブラント
1920～2007 [国]アメリカ 漫画家 本名＝パーカー, ブラント・ジュリアス〈Parker, Brant Julius〉
Parker, Brian パーカー, ブライアン
[国]アメリカ アメフト選手
Parker, Candace パーカー, キャンデス
1986～ [国]アメリカ バスケットボール選手
Parker, David パーカー, デヴィッド
アカデミー賞 音響賞（第80回（2007年）） "The Bourne Ultimatum"
Parker, David パーカー, デービッド
[国]ニュージーランド エネルギー相兼土地情報相
Parker, David パーカー, デビッド
1949～ [著]「ビジネス・エコノミクス原理」 ピアソン・エデュケーション 2009
Parker, D.C. パーカー, D.C.
[著]「人文学と電子編集」 慶応義塾大学出版会 2011
Parker, DeVante パーカー, ディバント
[国]アメリカ アメフト選手
Parker, Eddie パーカー, エディ
1931～2001 [国]アメリカ ビリヤード選手 別名＝ファースト・エディ〈Fast Eddie〉 [異]パーカー, エディー
Parker, Edna パーカー, エドナ
1893～2008 [国]アメリカ 世界最高齢者（115歳）
Parker, Edward パーカー, エドワード
1961～ [著]「熱帯雨林のは虫類・両生類」 鈴木出版 2003
Parker, Eleanor パーカー, エリノア
1922～2013 [国]アメリカ 女優 本名＝Parker, Eleanor Jean [異]パーカー, エリナー / パーカー, エレノア
Parker, Fess パーカー, フェス
1924～2010 [国]アメリカ 俳優 本名＝Parker, Fess Elisha II
Parker, Franklin Calvin パーカー, F.カルヴィン
1926～2010 [著]「仙太郎」 アガリ総合研究所 2011
Parker, Frederick D. パーカー, フレデリック・D.
[著]「ヒトラーが勝利する世界」 学習研究社 2006
Parker, Geoffrey パーカー, ジェフリー
[著]「ヨーロッパ歴史地図」 原書房 2001
Parker, Ian パーカー, I.
[著]「現代イギリスの政治算術」 北海道大学図書刊行会 2003
Parker, Ian パーカー, イアン
1956～ [著]「ラディカル質的心理学」 ナカニシヤ出版 2008
Parker, Jabari パーカー, ジャバリ
[国]アメリカ バスケットボール選手
Parker, Jake パーカー, ジェイク
1977～ [著]「ちいさなゆきかきブルドーザープラウくん」 岩崎書店 2016
Parker, Jarrett パーカー, ジャレット
[国]アメリカ 野球選手
Parker, Jason パーカー
[国]アメリカ 射撃選手
Parker, Jeff パーカー, ジェフ
[著]「X-MEN ： ファーストクラス」 小学館集英社プロダクション 2011
Parker, Jeff パーカー, ジェフ
[著]「マンガ現代物理学を築いた巨人ニールス・ボーアの量子論」 講談社 2016
Parker, Jonathan パーカー, ジョナサン
1960～ [著]「これからのソーシャルワーク実習」 見洋書房 2012
Parker, Kenneth P. パーカー, ケン
[著]「バウンダリスキャンハンドブック」 青山社 2012
Parker, K.J. パーカー, K.J.
世界幻想文学大賞 中編（2013年）ほか
Parker, Marjorie Blain パーカー, マージョリー・ブライン
1960～ [著]「色の魔術師 アンリ・マティスものがたり」 六耀社 2016
Parker, Mark G. パーカー, マーク
[国]アメリカ 実業家 ナイキ社長・CEO
Parker, Mary-Louise パーカー, メアリー＝ルイーズ
ゴールデン・グローブ賞 テレビ 女優賞（ミュージカル・コメディ）（第63回（2005年度））ほか
Parker, Michael D. パーカー, マイケル
1946～ [国]アメリカ 実業家 ダウ・ケミカル社長・CEO
Parker, Nathan パーカー, ネイサン
MTVアワード 最優秀アート・ディレクション（第28回（2011年）） "Rolling in the Deep"
Parker, Nathaniel パーカー, ナサニエル
ローレンス・オリヴィエ賞 プレイ 助演男優賞（2015年（第39回）） "Wolf Hall" "Bring Up The Bodies"
Parker, Olivia パーカー, オリヴィア
[著]「壁の花の舞踏会」 竹書房 2010
Parker, Olivia パーカー, オリヴィア
[著]「花婿選びの舞踏会」 竹書房 2011
Parker, Peter パーカー, ピーター
1924～2002 [国]イギリス 実業家 欧州三菱電機会長, ブリティッシュ・レール会長
Parker, Philip パーカー, フィリップ
1965～ [著]「世界の交易ルート大図鑑」 柊風舎 2015
Parker, Randall E. パーカー, R.E.
1960～ [著]「大恐慌を見た経済学者11人はどう生きたか」 中央経済社 2005
Parker, Richard パーカー, リチャード
1946～ [著]「ガルブレイス」 日経BP社, 日経BP出版センター（発売） 2005
Parker, Robert B. パーカー, ロバート・B.
1932～2010 [国]アメリカ ミステリー作家 本名＝Parker, Robert Brown [異]パーカー, ロバート・ブライアン
Parker, Robert Henry パーカー, R.H.
[著]「会計士の歴史」 慶応義塾大学出版会 2006
Parker, Robert McDowell, Jr. パーカー, ロバート
1947～ [国]アメリカ ワイン評論家, ジャーナリスト
Parker, Ron パーカー, ロン
[国]アメリカ アメフト選手
Parker, Rosalie パーカー, ロザリー
世界幻想文学大賞 特別賞（ノンプロ）（2012年）
Parker, Sarah Jessica パーカー, サラ・ジェシカ
1965～ [国]アメリカ 女優
Parker, Sean パーカー, ショーン
起業家, フェイスブック創業者
Parker, Sonja パーカー, ソニア
[著]「「三つの家」を活用した子ども虐待のアセスメントとプランニング」 明石書店 2015
Parker, Steve パーカー, スティーブ
？～2001 [国]アメリカ 映画製作者
Parker, Steve パーカー, スティーブ
[著]「動物ウルトラチャンピオン」 学研教育出版, 学研マーケティング（発売） c2013
Parker, Suzy パーカー, スージー
1933～2003 [国]アメリカ 女優, モデル 本名＝パーカー, セシリア〈Parker, Cecilia〉
Parker, T.Jefferson パーカー, T.ジェファーソン
1953～ [国]アメリカ 作家
Parker, Tony パーカー, トニー
1982～ [国]フランス バスケットボール選手
Parker, Tony パーカー, トニー
[著]「殺人者たちの午後」 新潮社 2016
Parker, Trey パーカー, トレイ
トニー賞 ミュージカル 演出賞（2011年（第65回））ほか
Parker, Victoria パーカー, ヴィクトリア
[著]「大富豪と禁断の眠り姫」 ハーパーコリンズ・ジャパン 2016
Parker, Virginia Reynolds パーカー, バージニア・レイノルズ
[著]「実践ヘッジファンド投資」 日本経済新聞社 2001
Parker, Walter パーカー, ウォルター
[著]「社会科教育カリキュラム」 ルック 2009
Parker-allotey, Sylvester Jude Kpakpo パーカー・アロテ, シルベスタ・ジュドゥ・パポ
[国]ガーナ 駐日特命全権大使
Parker-Pope, Tara パーカー＝ポープ, タラ
[著]「夫婦ゲンカで男はなぜ黙るのか」 NHK出版 2011
Parker-Rees, Guy パーカー＝リース, ガイ
[著]「きりんはダンスをおどれない」 大日本絵画 〔2009〕
Parkes, Colin Murray パークス, コリン・マレイ
[著]「死別」 メディカ出版 2002
Parkey, Cody パーキー, コディー
[国]アメリカ アメフト選手
Parkhurst, Carolyn パークハースト, キャロリン
1971～ [著]「バベルの犬」 角川書店 2004

Parkin, Alan J.　パーキン, アラン・J.
　㊞「記憶」新樹会創造出版 2004
Parkin, D.Maxwell　パーキン, D.マクスウェル
　㊞「がんの世界地図」丸善 2009
Parkin, John C.　パーキン, ジョン・C.
　㊞「FUCK IT「思い込み」をぶっこわせ!」三笠書房 2016
Parkin, Margaret　パーキン, M.
　㊞「人を動かす50の物語」ディスカヴァー・トゥエンティワン 2004
Parkins, David　パーキンズ, デイヴィッド
　1955〜　㊞「ソフィーのねがい」評論社 2005
Parkinson, Barry　パーキンソン, バリー
　1974〜　㊞「血液型×星座占い48ランキングで本当の自分が分かる!」扶桑社 2008
Parkinson, Brett T.　パーキンソン, ブレッド・T.
　㊞「乳腺top100診断」メディカル・サイエンス・インターナショナル 2005
Parkinson, Cecil　パーキンソン, セシル
　1931〜2016　㊐イギリス　政治家　英国運輸相　本名＝Parkinson, Cecil Edward
Parkinson, Georgina　パーキンソン, ジョージナ
　1938〜2009　㊐イギリス　バレリーナ　英国ロイヤル・バレエ団プリンシパル, アメリカン・バレエ・シアター（ABT）バレエ・ミストレス
Parkinson, Joy　パーキンスン, ジョイ
　㊞「実践・看護の英会話」南雲堂 2013
Parkinson, Kathy　パーキンソン, キャシー
　㊞「かなしいときには」PHP研究所 2011
Parkinson, Michael　パーキンソン, マイケル
　㊞「人間と組織」三修社 2005
Parkinson, Siobhán　パーキンソン, シヴォーン
　㊞「空色の凧」さ・え・ら書房 2011
Parkinson, Tessa　パーキンソン
　㊐オーストラリア　セーリング選手
Parkkinen, Jukka　パルッキネン, ユッカ
　㊞「ムーミン谷の名言集」講談社 2014
Parks, Dennis　パークス, デニス
　㊐アメリカ　アメフト選手
Parks, Gordon　パークス, ゴードン
　1912〜2006　㊐アメリカ　写真家, 映画監督, 作曲家
Parks, Rosa　パークス, ローザ
　1913〜2005　㊐アメリカ　公民権運動家　ローザ・アンド・レイモンド・パークス自己開発教育センター共同創立者
Parks, Sharon Daloz　パークス, シャロン・ダロッツ
　1942〜　㊞「リーダーシップは教えられる」ランダムハウス講談社 2007
Parks, Steve　パークス, スティーブ
　1973〜　㊞「スタート・ユア・ビジネス!」学文社 2007
Parks, Tim　パークス, ティム
　1954〜　㊐イギリス　作家　本名＝Parks, Timothy Harold
Parks, Walter F.　パークス, ウォルター
　㊐アメリカ　映画プロデューサー, 脚本家　ドリームワークス代表
Parks, Will　パークス, ウィル
　㊐アメリカ　アメフト選手
Parkyn, Chetan　パーキン, チェタン
　1951〜　㊞「ヒューマンデザイン」ナチュラルスピリット 2011
Parley, Winifred A.　パーレィ, ウィニーフレッド
　㊞「ブラヴァツキーのことば365日」アルテ, 星雲社（発売）2009
Parling, Geoff　パーリング, ジェフ
　㊐イングランド　ラグビー選手
Parloff, Gloria H.　パーロフ, グロリア・H.
　㊞「サリヴァンの精神科セミナー」みすず書房 2006
Parly, Florence　パルリ, フロランス
　㊐フランス　予算担当相
Parmar, Babubhai Chimanbhai　パルマー・バブバイ・チマンバイ
　㊐インド　元・在ムンバイ日本国総領事館現地職員
Parmegiani, Francesco　パルメジャーニ, フランチェスコ
　1924〜2012　㊞「精神病院のない社会をめざして」岩波書店 2016
Parmelee, Arthur H.　パーミリー, A.H.
　㊞「早期関係性障害」岩崎学術出版社 2003
Parmelee, Chris　パーメリー, クリス
　㊐アメリカ　野球選手
Parmelin, Guy　パルムラン, ギー

㊐スイス　国防・市民防衛・スポーツ相
Parmentier, Michael　パーモンティエ, ミハエル
　1943〜　㊞「ミュージアム・エデュケーション」慶応義塾大学出版会 2012
Parmessar, Rabindre　パルメッサー, ラビンドル
　㊐スリナム　公共事業相
Parms, Damian　パームス, デイミアン
　㊐アメリカ　アメフト選手
Pärn, Olga　パルン, オルガ
　㊐エストニア　ザグレブ国際アニメーション映画祭　グランド・コンペティション　グランプリ（最優秀短編作品）(2010年)ほか
Pärn, Priit　パルン, プリート
　㊐エストニア　ザグレブ国際アニメーション映画祭　グランド・コンペティション　グランプリ（最優秀短編作品）(2010年)ほか
Parnall, Peter　パーナル, ピーター
　㊞「すべてのひとに石がひつよう」河出書房新社 2010
Parncutt, Richard　パーンカット, リチャード
　1957〜　㊞「演奏を支える心と科学」誠信書房 2011
Parnell, Bobby　パーネル, ボビー
　㊐アメリカ　野球選手
Parnell, Jermey　パーネル, ジェレミー
　㊐アメリカ　アメフト選手
Parnell, Mel　パーネル, メル
　1922〜2012　㊐アメリカ　野球選手　本名＝Parnell, Melvin Lloyd
Parnell, Peter　パーネル, ピーター
　㊞「タンタンタンゴはパパふたり」ポット出版 2008
Parness, Michael　パーネス, マイケル
　㊞「くそったれマーケットをやっつけろ!」パンローリング 2002
Parnet, Claire　パルネ, クレール
　㊞「ディアローグ」河出書房新社 2011
Parnham, Michael J.　パーンハム, M.J.
　1951〜　㊞「免疫薬理学の原理」シュプリンガー・フェアラーク東京 2004
Parnia, Sam　パーニア, サム
　㊞「人はいかにして蘇るようになったのか」春秋社 2015
Parnoja, Mihkel　パルノヤ, ミフケル
　㊐エストニア　経済相
Parodi, Claudia　パロディ, クラウディア
　㊞「統語論キーターム事典」開拓社 2016
Parodi, John　パロディ, ジョン
　㊞「MDAマニフェスト」エスアイビー・アクセス, 星雲社（発売）2005
Parodi, Teresa　パロディ, テレサ
　㊐アルゼンチン　文化相
Parody d'Echeona, Gina María　パロディ・デチェオナ, ジナ・マリア
　㊐コロンビア　教育相
Parolin, Pietro　パロリン, ピエトロ
　㊐バチカン　国務長官（首相）
Paroline, Shelli　パロライン, シェリィ
　㊞「アドベンチャー・タイム」KADOKAWA 2016
Parolo, Marco　パローロ, マルコ
　㊐イタリア　サッカー選手
Paronnaud, Vincent　パロノー, ヴァンサン
　カンヌ国際映画祭　審査員賞（第60回(2007年)）ほか
Parot, Catalina　パロ, カタリナ
　㊐チリ　国有財産相
Paroubek, Jiří　パロウベク, イジー
　㊐チェコ　地域開発相
Paroz, Jean-François　パロ, ジャン＝フランソワ
　1946〜　㊐スイス　作家, 外交官　駐日特命全権大使
Parpiyev, Azimzhon　パルピエフ, アジムジョン
　㊐ウズベキスタン　高等・中等教育相
Parpiyev, Botir　パルピエフ, ボティル
　㊐ウズベキスタン　非常事態相
Parr, Ben　パー, ベン
　㊞「アテンション」飛鳥新社 2016
Parr, Jerry　パー, ジェリー
　1930〜2015　㊐アメリカ　米国大統領警護隊員　本名＝Parr, Jerry Studstill
Parr, Maria　パル, マリア
　1981〜　㊞「ぼくたちとワッフルハート」さ・え・ら書房 2011
Parr, Martin　パー, マーティン
　1952〜　㊐イギリス　写真家

Parr, Terence John　パー, テレンス
　著「言語実装パターン」オライリー・ジャパン, オーム社（発売）2011
Parr, Todd　パール, トッド
　1962～　国アメリカ　絵本作家
Parra, Derek　パーラ
　国アメリカ　スピードスケート選手
Parra, Gerardo　パーラ, ヘラルド
　国ベネズエラ　野球選手
Parra, John　パッラ, ジョン
　著「こないかな, ロバのとしょかん」新日本出版社　2012
Parra, Morgan　パラ, モルガン
　国フランス　ラグビー選手
Parra, Nicanor　パラ, ニカノール
　セルバンテス賞（2011年）
Parrado, Nando　パラード, ナンド
　1949～　著「アンデスの奇蹟」山と渓谷社　2009
Parrat-Dayan, Silvia　パラット＝ダヤン, シルビア
　著「ピアジェの教育学」三和書籍　2005
Parratto, Jessica　パラット, ジェシカ
　国アメリカ　水泳選手
Parravicini, Giuseppe Pastori　パラビチニ, G.P.
　著「固体物理学」吉岡書店　2005
Parreira, Carlos Alberto　パレイラ, カルロス・アルベルト
　1943～　国ブラジル　サッカー指導者　サッカー・ブラジル代表監督, サッカー南アフリカ代表監督
Parreño, Earl G.　パレーニョ, アール・G.
　著「フィリピンを乗っ取った男」太田出版　2005
Parrikar, Manohar　パリカル, マノハル
　国インド　国防相
Parrilli, Oscar　パリジ, オスカル
　国アルゼンチン　大統領府長官
Parrillo, Lucio　パーリロ, ルチオ
　著「シージ」ヴィレッジブックス　2015
Parrinder, Edward Geoffrey　パリンダー, ジェフリー
　著「神秘主義」講談社　2001
Parrish, P.J.　パリッシュ, P.J.
　著「殺しが二人を別つまで」早川書房　2007
Parrish, R.G.　パリッシュ, R.G.
　著「知の歴史」徳間書店　2002
Parrocha-Doctolero, Beth　パロッチャードクトレロ, ベス
　著「おじいさんのぼうし」ひくまの出版　2010
Parrondo, José　パロンド, ジョゼ
　1965～　著「ピエールとジャンヌのパパ! お話しして!」くらしき絵本館
Parrot, Andrea　パロット, アンドレア
　著「デートレイプってなに?」大月書店　2005
Parrot, Maxence　パロ
　国カナダ　スノーボード選手
Parrott, Andrew Haden　パロット, アンドルー
　1947～　国イギリス　指揮者　タヴァナー・コンソート＆プレイヤーズ主宰　別パラット, アンドルー／パロット, アンドリューー
Parrott, Leslie L.　パロット, レスリー
　1964～　別パロット, レス　著「結婚する君に贈る本」ベストセラーズ　2003
Parrott, Ryan　パロット, ライアン
　著「バットマン: ゲート・オブ・ゴッサム」小学館集英社プロダクション　2014
Parry, Alan　パリー, アラン
　1940～　著「クリストファーの冒険」いのちのことば社フォレストブックス　2005
Parry, David　パリー, デービッド
　国アメリカ　アメフト選手
Parry, James　パリー, ジェームズ
　著「野生動物王国」ネコ・パブリッシング　2008
Parry, Jo　パリィ, ジョー
　著「クリスマスのおきゃくさま」いのちのことば社CS成長センター　2016
Parry, Linda　パリー, リンダ
　1944～　著「クリストファーの冒険」いのちのことば社フォレストブックス　2005
Parry, Mark E.　パリー, マーク・E.
　1957～　著「ケースで学ぶ戦略的マーケティング・マネジメント」黎明出版　2001
Parry, Michael　パリー, マイケル
　1945～　著「モリス商会」東京美術　2013
Parry, Richard Lloyd　パリー, リチャート・ロイド
　1969～　著「黒い迷宮」早川書房　2015
Parry, S.Jim　パリー, ジム
　著「オリンピックのすべて」大修館書店　2008
Parry, Stephen　パリー
　国イギリス　競泳選手
Parry-Jones, Jemima　パリー・ジョーンズ, ジェマイマ
　著「フクロウのすべてがわかる本」誠文堂新光社　2006
Pars, Krisztián　パルシュ, クリスティアン
　1982～　国ハンガリー　ハンマー投げ選手　別パルシュ, クリスチャン
Parsanlal, Neil　パーサンラル, ニール
　国トリニダード・トバゴ　情報相
Parse, Rosemarie Rizzo　パースィ, ローズマリー・リゾ
　著「パースィ看護理論」医学書院　2004
Parshall, Sandra　パーシャル, サンドラ
　国アメリカ　作家　ミステリー, スリラー
Parshall, Steven　パーシャル, スティーブン
　1951～　著「プロブレム・シーキング」彰国社　2003
Parsley, Lea Ann　パーズリー
　国アメリカ　スケルトン選手
Parson, Ann B.　パーソン, アン・B.
　著「幹細胞の謎を解く」みすず書房　2005
Parsons, April　パーソンズ, エイプリル
　著「食品安全と栄養の経済学」農林統計協会　2002
Parsons, Caroline　パーソンズ, キャロライン
　著「Voice」河出書房新社　2002
Parsons, Chandler　パーソンズ, チャンドラー
　国アメリカ　バスケットボール選手
Parsons, Charles　パーソンズ, チャールズ
　著「フレーゲ哲学の最新像」勁草書房　2007
Parsons, Craig　パーソンズ, クレッグ
　著「東アジアにおける鉄鋼産業の構造変化」創文社　2007
Parsons, David　パーソンズ, デビッド
　著「Webアプリケーション開発教本」センゲージラーニング, ビー・エヌ・エヌ新社（発売）2009
Parsons, Garry　パーソンズ, ギャリー
　著「デイジーのめちゃくちゃ! おさかなつり」小峰書店　2012
Parsons, Jim　パーソンズ, ジム
　エミー賞　プライムタイム・エミー賞　最優秀主演男優賞（コメディシリーズ）（第66回（2014年））ほか
Parsons, Joanne　パーソンズ, ジョアン
　著「みんな大切!」新科学出版社　2011
Parsons, Julie　パーソンズ, ジュリー
　1951～　著「殺人者は蜜蜂をおくる」扶桑社　2002
Parsons, Michael J.　パーソンズ, マイケル・J.
　1935～　著「絵画の見方」法政大学出版局　2015
Parsons, Paul　パーソンズ, ポール
　1971～　著「サイエンスペディア1000」ディスカヴァー・トゥエンティワン　2015
Parsons, Polly E.　パーソンズ, ポリー・E.
　1954～　著「呼吸器診療シークレット」メディカル・サイエンス・インターナショナル　2008
Parsons, Richard Dean　パーソンズ, リチャード
　1948～　国アメリカ　実業家, 弁護士　シティグループ会長, タイム・ワーナー会長・CEO　別名＝Parsons, Dick Dean
Parsons, Russ　パースンズ, ラス
　著「理屈で攻める, 男の料理術」草思社　2004
Parsons, Scott　パーソンズ
　国アメリカ　カヌー選手
Parsons, Thomas Sturges　パーソンズ, トーマス・スタージェス
　著「脊椎動物のからだ」法政大学出版局　2007
Parsons, Tina　パーソンズ, ティナ
　著「ホリスティックガイドリフレクソロジー」フレグランスジャーナル社　2009
Parsons, Tom　パーソンズ
　国イギリス　陸上選手
Parsons, Tony　パーソンズ, トニー
　1953～　国イギリス　作家, 音楽ジャーナリスト　その他
Parsons, Tony　パーソンズ, トニー
　1933～　著「オープン・シークレット」ナチュラルスピリット　2016
Pärt, Arvo　ペルト, アルヴォ
　1935～　国エストニア　作曲家　別ペルト, アルヴォ／ペルト, アルボ
Part, Michael　パート, マイケル
　1949～　著「ハメス・ロドリゲス」ポプラ社　2016

Partap, Harry　パータプ, ハリー
　国トリニダード・トバゴ　労働・産業関係相
Partnoy, Frank　パートノイ, フランク
　1967〜　著「すべては『先送り』でうまくいく」ダイヤモンド社 2013
Parton, Allen　パートン, アレン
　著「エンダル」マガジンランド 2010
Parton, Dolly　パートン, ドリー
　1946〜　国アメリカ　シンガー・ソングライター　本名=Parton, Dolly Rebecca
Parton, Sandra　パートン, サンドラ
　著「エンダル」マガジンランド 2010
Partridge, Andy　パートリッジ, アンディ
　1953〜　国イギリス　ミュージシャン
Partridge, Christopher Hugh　パートリッジ, クリストファー
　1961〜　著「現代世界宗教事典」悠書館 2009
Partridge, James　パートリッジ, ジェームズ
　著「チェンジング・フェイス」集英社 2002
Parts, Juhan　パルツ, ユハン
　国エストニア　経済・通信相
Partsch, Susanna　パルチュ, ズザンナ
　著「グスタフ・クリムト」岩波書店 2009
Partyka, Natalia　パルティカ, ナタリア
　1989〜　国ポーランド　卓球選手
Parupalli, Kashyap　パルパリ
　国インド　バドミントン選手
Paruzzi, Gabriella　パルッツィ
　国イタリア　距離スキー選手
Parv, Valerie　パーヴ, ヴァレリー
　著「結婚は偽りの香り」ハーレクイン 2007
Parvanov, Georgi　パルバノフ, ゲオルギ
　1957〜　国ブルガリア　政治家,歴史学者　ブルガリア大統領,ブルガリア社会党議長　本名=Parvanov, Georgi Sedefchov
Parvela, Timo　パルヴェラ, ティモ
　1964〜　著「マウとパウの新しい家」文研出版 2014
Pas, Rob Ten　パ, ロブ・テン
　著「ジョニー・ブンコの冒険デキるやつに生まれかわる6つのレッスン」講談社 2009
Pasachoff, Naomi E.　パサコフ, ナオミ
　著「グラハム・ベル」大月書店 2011
Pasalic, Mario　パシャリッチ, マリオ
　国クロアチア　サッカー選手
Pasaribu, Linda　パサリブ, リンダ
　国インドネシア　元・在インドネシア日本国大使館現地職員
Pascal, Amy Beth　パスカル, エイミー
　1958〜　国アメリカ　実業家　ソニー・ピクチャーズ・エンタテインメント(SPE)共同会長
Pascal, Dominique　パスカル, ドミニク
　著「フレデリック・クレスタン＝ビエのフランス・アンティーク糸の世界」カラーフィールド 2009
Pascal, Georges　パスカル, ジョルジュ
　1924〜　著「アランの哲学」吉夏社 2012
Pascal, Philippe　パスカル, フィリップ
　1954〜　国フランス　実業家　LVMHウォッチ＆ジュエリー部門社長
Pascale, Richard T.　パスカル, リチャード・T.
　著「MITスローン・スクール戦略論」東洋経済新報社 2003
Pascall, Robert　パスカル, ロバート
　著「ロマン派の音楽」音楽之友社 2016
Paschalides, Antonis　パスハリーデス, アントニス
　国キプロス　商工・観光相　旧パスハリーデス, アントニス
Paschalidis, Georgios　パスハリディス, ヨルギオス
　国ギリシャ　マケドニア・トラキア相　旧パスハリディス, ゲオルギオス
Paschkis, Julie　パシュキス, ジュリー
　著「ひらめきの建築家ガウディ」光村教育図書 2010
Pascoe, Bear　パスコー, ベアー
　国アメリカ　アメフト選手
Pascoe, Judy　パスコー, ジュディ
　著「パパの木」アーティストハウスパブリッシャーズ, 角川書店(発売) 2002
Pașcu, Ioan Mircea　パシュク, イオアン・ミルチャ
　国ルーマニア　国防相　旧パシュク, イオアンミルチャ
Pascua, Marlon　パスクア, マルロン
　国ホンジュラス　国防相
Pascual, Amparo Serrano　パスクーアル, アンパロ・セラーノ
　著「ジェンダー主流化と雇用戦略」明石書店 2003
Pascual, Beatriz　パスクアル, ベアトリス
　国スペイン　陸上選手　旧パスクアル
Pascual, Claudia　パスクアル, クラウディア
　国チリ　女性事業局相
Pascual, Gema　パスクアル
　国スペイン　自転車選手
Pascual-Leone, Álvaro　パスカル・レオン, アルバロ
　著「どうして弾けなくなるの?」音楽之友社 2012
Paseka, Maria　パセカ, マリア
　国ロシア　体操選手
Pasetti, Alessandro　パセッティ, アレッサンドロ
　著「フレームレット」翔泳社 2005
Pasha, Mustapha Kamal　パシャ, ムスタファ・カマル
　著「多国間主義と同盟の狭間」国際書院 2006
Pashayev, Nizami　パシャエフ, ニザミ
　国アゼルバイジャン　重量挙げ選手
Pashtun, Yousef　パシュトゥン, ユスフ
　国アフガニスタン　都市開発相
Pasic, Jelena　パシッチ, イェレナ
　国ボスニア・ヘルツェゴビナ　臨時代理大使,参事官
Pasin, Lucia　パジン, ルチア
　1938〜　国イタリア　実業家　フライ創業者
Pasinetti, Luigi Lodovico　パシネッティ, ルイジ
　1930〜　国イタリア　経済学者　ミラノ・カトリック大学名誉教授　専経済分析,理論経済学
Pasini, Marilena　パジーニ, マリレーナ
　著「ぼく, ママのおなかにいたいの…」くもん出版 2001
Pasini, Willy　パジーニ, ウィリー
　旧パジーニ, ウイリー　著「自信回復クリニック」バジリコ 2004
Pasinović, Milenko　パシノビッチ, ミレンコ
　国モンテネグロ　スタジオ・ストルガル 2006
Pasion, Francis Xavier　パシオン, フランシス・セイビヤー
　1978〜2016　国フィリピン　映画監督
Pask, Scott　パスク, スコット
　トニー賞 ミュージカル 舞台デザイン賞(2011年(第65回))ほか
Paskevich, Sergeï　パスケービッチ, セルゲイ
　著「チェルノブイリ, 現実の世界」本の泉社 2013
Pasley, Malcolm　パスリー, マルコム
　1926〜　著「カフカ＝シンポジウム」吉夏社 2005
Pasolini, Uberto　パゾリーニ, ウベルト
　1957〜　国イタリア　映画監督
Pasols, Paul-Gérard　パソル, ポール＝ジェラール
　著「ルイ・ヴィトン」河出書房新社 2012
Pasqua, Charles Victor　パスクア, シャルル
　1927〜2015　国フランス　政治家　フランス内相,フランス連合(RPF)党首　旧パスクワ, シャルル
Pasqual, Manuel　パスクアル, マヌエル
　国イタリア　サッカー選手
Pasquali, Elena　パスカリ, エレナ
　著「こどもせいしょ」いのちのことば社 2016
Pasquier, Eva　パスキエー, エファ
　1945〜　国ドイツ　オペラ演出家　バイロイト音楽祭総監督　別名=ワーグナー・パスキエ, エファ〈Wagner-Pasquier, Eva〉　旧パスキエ, エーファ／パスキエ, エヴァ
Pasquini, Nello　パスクイーニ, ネロ
　著「ポリプロピレンハンドブック」日刊工業新聞社 2012
Pasricha, Neil　パスリチャ, ニール
　著「心に雨が降った日に開く本」扶桑社 2011
Pass, Ingrid　パス, イングリット
　国オーストリア　元・在オーストリア日本国大使館現地職員
Pass, John　パス, ジョン
　カナダ総督文学賞 英語 詩(2006年)　"Stumbling in the Bloom"
Passailaigue, Roberto　パサイライゲ, ロベルト
　国エクアドル　教育・文化相
Passard, Alain　パッサール, アラン
　1956〜　著「庭の小さな仲間たちの季節の野菜レシピ」幻冬舎 2007
Passarge, Eberhard　パッサルゲ, エーベルハルト
　著「カラー図解基礎から疾患までわかる遺伝学」メディカル・サイエンス・インターナショナル 2009
Pássaro, Dulce　パッサロ, ドルセ
　国ポルトガル　環境・地域整備相
Passera, Corrado　パッセラ, コラド
　国イタリア　経済発展相兼インフラ・運輸相

Passerman, Daniel S. パッサーマン, ダニエル・S.
　㊟「ナラティブとエビデンスの間」メディカル・サイエンス・インターナショナル　2013
Passeron, René パスロン, ルネ
　1920〜　㊟「ルネ・マグリット」河出書房新社　2006
Passet, Joanne Ellen パセット, ジョアン・E.
　1954〜　㊟「アメリカ西部の女性図書館員」京都大学図書館情報学研究会, 日本図書館協会（発売）　2004
Passin, Günther パッシン, ギュンター
　1937〜2014　㊟ドイツ　オーボエ奏者　ベルリン放送交響楽団第1ソロオーボエ奏者
Passin, Herbert パッシン, ハーバート
　1916〜2003　㊟アメリカ　人類学者, 社会学者, 日本研究家　コロンビア大学名誉教授, 米国連合国軍最高司令部（GHQ）民間情報局世論社会調査課長
Passineau, Joseph パッシノ, ジョセフ
　㊟「子どもが地球を愛するために」人文書院　2012
Passlack, Felix パスラック, フェリックス
　㊟ドイツ　サッカー選手
Passman, Donald S. パスマン, ドナルド・S.
　㊟「あなたがアーティストとして成功しようとするなら」ソニー・マガジンズ　2002
Passmore, John Arthur パスモア, ジョン
　1914〜2004　㊟オーストラリア　哲学者　オーストラリア国立大学名誉教授
Passmore, Kevin パスモア, ケヴィン
　㊟「ファシズムとは何か」岩波書店　2016
Passos, Paulo Sérgio パソス, パウロ・セルジオ
　㊟ブラジル　運輸相
Passy, Solomon パシ, ソロモン
　㊟ブルガリア　外相
Paster, Maxim ペステル, マキシム
　㊟ウクライナ　チャイコフスキー国際コンクール　声楽（男声）第3位（2007年（第13回））
Pasternack, Bruce A. パスターナック, ブルース・A.
　㊟「最強企業が最強であり続けるための組織デザイン」日本経済新聞社　2006
Pasternak, Harley パスターナック, ハーレイ
　㊟「ハリウッドセレブ専属トレーナーが教えるファイブファクターダイエット」宝島社　2011
Pasternak, Ken パステルナーク, ケン
　1951〜　㊟「フォーミュラ・ワン」一灯舎　2006
Pastior, Oskar パスティオール, オスカー
　1927〜2006　㊟ドイツ　詩人, 作家
Pastor, Ana パストール, アナ
　㊟スペイン　公共事業相　㊟パストル, アナ・マリア
Pastor, Anthony パストール, アントニー
　アングレーム国際漫画祭　フランス国鉄サスペンス（ミステリー）作品賞（2013年）"Castilla Drive"
Pastor, Miguel パストル, ミゲル
　㊟ホンジュラス　公共事業・運輸・住宅相
Pastor, Perico パストール, ペリーコ
　1953〜　㊟「まだ名前のない小さな本」晶文社　2005
Pastor, Robert A. パスター, ロバート・A.
　㊟「アメリカの中南米政策」明石書店　2008
Pastor, Rodolfo パストール, ロドルフォ
　1940〜　㊟「カペリートのかかし」講談社　2005
Pastor, Terry パスター, テリー
　㊟「くるま」大日本絵画　2011
Pástor, Wilson パストル, ウィルソン
　㊟エクアドル　天然資源相
Pastoras, Das パストラス, ダス
　㊟「カスタカ」ユマノイド, パイインターナショナル（発売）　2015
Pastor Bolnick, Jamie パスター・ボルニック, ジェイミー
　㊟「ティーナ16歳, トンネルの中の青春」飛鳥新社　2001
Pastore, Francesco パストーレ, フランチェスコ
　㊟「イタリア」ほるぷ出版　2007
Pastore, Frank パスタ, フランク
　1957〜2012　㊟アメリカ　野球選手
Pastore, Javier パストーレ, ハビエル
　1989〜　㊟アルゼンチン　サッカー選手
Pastorelli, Robert パストレリ, ロバート
　1954〜2004　㊟アメリカ　俳優
Pastor Fasquelle, Rodolfo パストル・ファスケル, ロドルフォ
　㊟ホンジュラス　文化・芸術・スポーツ相

Pastor Lafuente, Ivan ラフエンテ, イバン
　㊟スペイン　セーリング選手
Pastoureau, Michel パストゥロー, ミシェル
　1947〜　㊟パストゥロー, ミッシェル　㊟「熊の歴史」筑摩書房　2014
Pastowski, Andreas パストウスキー, アンドレアス
　㊟「フェアな未来へ」新評論　2013
Pastrana, Andrés パストラナ, アンドレス
　㊟コロンビア　大統領
Pasuk Phongpaichit パースック・ポンパイチット
　㊟「タイ国」刀水書房　2006
Pasveer, Remko パスフェール, レムコ
　㊟オランダ　サッカー選手
Paswan, Bishwendra パスワン, ビシュウェンドラ
　㊟ネパール　化学・技術・環境相
Paswan, Ramvilas パスワン, ラムビラス
　㊟インド　消費者問題・食料・公的供給相　㊟パスワン, ラム・ビラス
Pasztor, Austin パッツァー, オースティン
　㊟アメリカ　アメフト選手
Pata, Levi パタ, リーバイ
　1985〜　㊟「小さい部屋から」HeHe　2015
Pataki, George パタキ, ジョージ
　1945〜　㊟アメリカ　政治家　ニューヨーク州知事　本名＝Pataki, George Elmer
Patalon, William, III パタロン, ウィリアム, 3世
　㊟「カウンターゲーム」パンローリング　2001
Patang, Ghulam Mujtaba パタン, グラム・モジュタバ
　㊟アフガニスタン　内相
Patarkatsishvili, Badri パタルカツィシビリ, バドリ
　？〜2008　㊟ジョージア　実業家
Patassé, Ange-Félix パタセ, アンジュ・フェリクス
　1937〜2011　㊟中央アフリカ　政治家　中央アフリカ大統領
Patch Adams パッチ・アダムス
　1945〜　㊟アメリカ　医師　ゲズンドハイト・インスティテュート主宰　本名＝アダムス, ハンター〈Adams, Hunter〉
Patchell, Angela パッチェル, アンジェラ
　㊟「ヴィンテージ・スタイル・グラフィックス」グラフィック社　2011
Patchett, Ann パチェット, アン
　1963〜　㊟アメリカ　作家
Patel, Burzin パテル, バージン
　㊟「Microsoft SQL Server 2005オフィシャルマニュアル」日経BPソフトプレス, 日経BP出版センター（発売）　2007
Patel, Dinsha パテル, ディンシャ
　㊟インド　鉱山相
Patel, Dipak パテル, ディパック
　㊟ザンビア　商工相
Patel, Ebrahim パテル, エブラヒム
　㊟南アフリカ　経済開発相
Patel, Indraprasad Gordhanbhai パテル, インドラプラスド・ゴルダンバイ
　1924〜2005　㊟インド　エコノミスト　インド中央銀行総裁, ロンドン・スクール・オブ・エコノミクス（LSE）ディレクター
Patel, Lilian パテル, リリアン
　㊟マラウイ　労働・職業訓練相
Patel, Mukesh Mangalbhai パテル, ムケッシュ・マンガルバイ
　㊟インド　グジャラート印日友好協会会長, 元・グジャラート商工会議所会頭, 元・アーメダバード・マネジメント・アソシエイション総裁
Patel, Nipam H. パテル, ニパム・H.
　㊟「進化」メディカル・サイエンス・インターナショナル　2009
Patel, P.R. パテル, P.R.
　㊟「放射線診断学レクチャーノート」シュプリンガー・ジャパン　2007
Patel, Praful パテル, プラフル
　㊟インド　重工業・公企業相
Patel, Priti パテル, プリティ
　㊟イギリス　国際開発相
Patel, Raj パテル, ラジ
　1972〜　㊟「肥満と飢餓」作品社　2010
Patella, Vincent Michael パテラ, V.M.
　㊟「緑内障診療のための自動静的視野計測」医学書院　2001
Patelli, Alessandra パテリ, アレサンドラ
　㊟イタリア　ボート選手
Pateman, Carole ペイトマン, キャロル

1940～ [著]「秩序を乱す女たち？」法政大学出版局 2014
Patent, Arnold M. パテント, アーノルド
[異]パテント, アーノルド・M. [著]「成功と幸せの法則最終ハードル」徳間書店 2010
Paterniti, Michael パタニティ, マイケル
[著]「アインシュタインをトランクに乗せて」ソニー・マガジンズ 2004
Paterson, Barbara L. パターソン, バーバラ
[著]「質的研究のメタスタディ実践ガイド」医学書院 2010
Paterson, Brian パターソン, ブライアン
[著]「しましまゼビーおうちにありがやってきた」岩波書店 2004
Paterson, Jeff パターソン, ジェフ
[国]アメリカ 「抵抗する勇気」創設者
Paterson, Katherine Womeldorf パターソン, キャサリン
1932～ [国]アメリカ 児童文学作家
Paterson, Mark パターソン, マーク
アカデミー賞 音響賞(第85回(2012年)) "Les Misérables"
Paterson, Mike パターソン, マイケル
1956～ [著]「図説ディケンズのロンドン案内」原書房 2010
Paterson, Owen パターソン, オーウェン
[国]イギリス 環境・食料・農村相
Paterson, Ron パタースン, ロン
[著]「元帳の締め切り」〔川島貞一〕 2002
Pathé, Michele パテ, M.
1959～ [著]「ストーカーの心理」サイエンス社 2003
Pathirana, Richard パティラナ, リチャード
[国]スリランカ 内務・公共行政・行政改革相
Patience, Allan ペイシェンス, アラン
[著]「多国間主義と同盟の狭間」国際書院 2006
Patience, Luke ペイシェンス, ルーク
[国]イギリス セーリング選手
Patil, Balasahib Vikhe パティル, バラサヒブ・ビク
[国]インド 重工業・公企業相
Patil, Pratibha パティル, プラティバ
1934～ [国]インド 政治家 インド大統領 本名＝パティル, プラティバ・デビシン〈Patil, Pratibha Devisingh〉
Patil, Shivraj V. パティル, シブラジ・V.
[国]インド 内相
Patin, Cléa パタン, クレア
[国]フランス 社会学者 [専]芸術社会学, 文化経済学
Patiño, Raúl パティニョ, ラウル
[国]エクアドル 社会福祉相
Patiño, Ricardo パティニョ, リカルド
[国]エクアドル 経済相
Patiño Aroca, Ricardo パティニョ・アロカ, リカルド
[国]エクアドル 国防相
Patmawa, Patmawati パトマワティ
[国]インドネシア 重量挙げ選手
Patmon, Tyler パットモン, タイラー
[国]アメリカ アメフト選手
Patnoe, Shelley パトノー, シェリー
[著]「ジグソー法ってなに？」丸善プラネット, 丸善出版(発売) 2016
Pato, Alexandre パト, アレシャンドレ
1989～ [国]ブラジル サッカー選手 本名＝ロドリゲス・ダシウバ, アレシャンドレ〈Rodrigues da Silva, Alexandre〉
Pato, Rimbink パト, リムビンク
[国]パプアニューギニア 外務移民相
Paton, Carol ペイトン, キャロル
[著]「症例で学ぶ精神科薬物療法」金剛出版 2003
Paton, John ペイトン, ジョン
[国]アメリカ 新聞経営者 デジタル・ファースト・メディアCEO
Paton, John Glenn ペートン, ジョン・グレン
[著]「原曲に基づく新イタリア歌曲集」音楽之友社 2001
Paton Walsh, Jill ペイトン・ウォルシュ, ジル
1937～ [著]「おばあちゃんがちいさかったころ」評論社 2004
Patota, Giuseppe パトータ, ジュゼッペ
[著]「イタリア語の歴史」白水社 2008
Patrialis, Akbar パトリアリス・アクバル
[国]インドネシア 法務・人権相
Patriarca, Camilla パトリアルカ, カミラ
[国]イタリア 新体操選手
Patriat, François パトリア, フランソワ
[国]フランス 中小企業・商業・手工業・消費問題担当相
Patric パトリック
[国]スペイン サッカー選手
Patricelli, Leslie パトリセリ, レスリー
[著]「おしっこおしっこどこでする？」パインターナショナル 2016
Patricia, Matt パトリシア, マット
[国]アメリカ ニューイングランド・ペイトリオッツコーチ
Patrick, Bethanne Kelly パトリック, ベサニー
[著]「マナーとエチケットの文化史」原書房 2013
Patrick, Christopher J. パトリック, クリストファー・J.
[著]「サイコパシー・ハンドブック」明石書店 2015
Patrick, Danica パトリック, ダニカ
1982～ [国]アメリカ レーシングドライバー
Patrick, Graham L. パトリック, G.L.
[著]「有機化学キーノート」シュプリンガー・フェアラーク東京 2004
Patrick, Hugh T. パトリック, ヒュー
1930～ [国]アメリカ 経済学者 コロンビア大学名誉教授 [専]日本経済
Patrick, John パトリック, ジョン
1932～ [著]「バカラ必勝法」BABジャパン出版局 2005
Patrick, Lucas パトリック, ルーカス
[国]アメリカ アメフト選手
Patrick, Natalie パトリック, ナタリー
[著]「ベニスのシンデレラ・億万長者の誘惑」ハーレクイン 2005
Patrick, Ronald パトリック, ロナルド
[国]アメリカ アメフト選手
Patrick, William パトリック, ウィリアム
1948～ [著]「孤独の科学」河出書房新社 2010
Patrick, William B. パトリック, ウィリアム・B.
1949～ [著]「看護師として生きる」西村書店 2016
Patricof, Alan J. パトリコフ, アラン・J.
[著]「コーポレート・ガバナンス」ダイヤモンド社 2001
Patrikeev, Yuri パトリケフ
[国]アルメニア レスリング選手
Patriota, Antonio パトリオタ, アントニオ
[国]ブラジル 外相
Patrissi, JAC パトリッシ, ジャク
[著]「別れる？ それともやり直す？ カップル関係に悩む女性のためのガイド」明石書店 2016
Patron, Susan パトロン, スーザン
1948～ [国]アメリカ 児童文学作家
Patrushev, Nikolai P. パトルシェフ, ニコライ・P.
[国]ロシア 連邦保安局長官
Patsalides, Christos パツァリデス, フリストス
[国]キプロス 保健相
Patsalis, Philippos パツァリス, フィリポス
[国]キプロス 保健相
Patskevich, Aleksandra パツケビッチ, アレクサンドラ
[国]ロシア 水泳選手
Pat-sowe, Momodu Allieu パッソー, モモドゥ・アリウ
[国]シエラレオネ 貿易・産業相 [異]パッソー, モモドゥ・アリゥ
Patt, Doug パット, ダグ
1968～ [著]「建築家へのABC」鹿島出版会 2012
Patt, Hugo パット, ヒューゴ
[国]ベリーズ 労働・地方政府・農村開発・公務員人事・エネルギー・公共サービス相 [異]パット, フューゴ
Pattabhi Jois, Sri K. パタビジョイス, シュリ・K.
[異]パタビ・ジョイス, シュリ・K. [著]「アシュタンガヨガ」インフォレスト, ローカス(発売) 2008
Pattakos, Alex パタコス, アレックス
[著]「希望の見つけかた」日経BP社, 日経BP出版センター(発売) 2005
Pattantyus, Adam パタンチュシュ, アダム
[国]ハンガリー 卓球選手
Patteeuw, Veronique パテヴ, ヴェロニク
[著]「What is OMA」TOTO出版 2005
Patten, Brian パッテン, ブライアン
1946～ [著]「いっしょにいってもいい？」BL出版 2014
Patten, Cassandra パッテン
[国]イギリス 競泳選手
Patten, Christine Taylor パッテン, クリスティン・テイラー
1940～ [著]「オキーフの家」メディアファクトリー 2003
Patten, Christopher Franeis パッテン, クリストファー
1944～ [国]イギリス 政治家 英国上院議員 香港総督, EU欧州委員会委員 別名＝Patten of Barnes, 別称＝パッテン, クリス〈Patten, Chris〉, 漢字名＝彭定康 [異]パテン, クリストファー
Patten, Edward パッテン, エドワード
1939～2005 [国]アメリカ 歌手

Patten, Terry　パッテン, テリー
　㊃「実践インテグラル・ライフ」春秋社　2010
Pattern, Melvin A.　パタン, メルヴィン・アレックシィ
　1970～　㊃「The Inner Me」イズミヤ出版　2002
Patterson, Barbara J.　パターソン, バーバラ・J.
　㊃「虹の彼方からきた子どもたち」学陽書房　2004
Patterson, Carly　パターソン, カーリ
　㊉アメリカ　体操選手
Patterson, Casey　パターソン, ケーシー
　㊉アメリカ　ビーチバレー選手
Patterson, Charles　パターソン, チャールズ
　1935～　㊃「永遠の絶滅収容所」緑風出版　2007
Patterson, Colin　パターソン, C.
　㊃「現代進化学入門」岩波書店　2001
Patterson, Cordarrelle　パターソン, コーダーレリ
　㊉アメリカ　アメフト選手
Patterson, Danny　パターソン, ダニー
　㊃「ActionScript 3.0：デザインパターン」翔泳社　2009
Patterson, David　パターソン, デービッド
　㊉ガイアナ　公共インフラ相
Patterson, David A.　パターソン, デイビッド・A.
　㊃「コンピュータの構成と設計」日経BP社, 日経BPマーケティング（発売）　2014
Patterson, Ellie　パターソン, エリー
　㊃「こぐまくんのはじめてのぼうけん」ワールドライブラリー　2015
Patterson, Eric　パターソン, エリック
　㊉アメリカ　アメフト選手
Patterson, Floyd　パターソン, フロイド
　1935～2006　㊉アメリカ　プロボクサー　世界ヘビー級チャンピオン
Patterson, Francine　パターソン, フランシーヌ・ペニー
　1947～　㊃「ココ」あかね書房　2002
Patterson, James　パターソン, ジェームズ
　1947～　㊉アメリカ　ミステリー作家　㊉パタースン, ジェイムズ
Patterson, James T.　パターソン, ジェイムズ・T.
　㊃「ブラウン判決の遺産」慶応義塾大学出版会　2010
Patterson, JoEllen　パターソン, ジョーエレン
　㊃「家族面接・家族療法のエッセンシャルスキル」星和書店　2013
Patterson, Jordan　パターソン, ジョーダン
　㊉アメリカ　野球選手
Patterson, Kay　パタソン, ケイ
　㊉オーストラリア　家族・地域社会相
Patterson, Kerry　パターソン, ケリー
　1946～　㊃「自分を見違えるほど変える技術」阪急コミュニケーションズ　2012
Patterson, Lamar　パターソン, ラマー
　㊉アメリカ　バスケットボール選手
Patterson, Miles L.　パターソン, マイルズ・L.
　㊃「ことばにできない想いを伝える」誠信書房　2013
Patterson, Orlando　パターソン, オルランド
　1940～　㊃「世界の奴隷制の歴史」明石書店　2001
Patterson, Patrick　パターソン, パトリック
　㊉アメリカ　バスケットボール選手
Patterson, Percival J.　パタソン, パーシバル・J.
　㊉ジャマイカ　首相兼国防相
Patterson, Ray　パターソン, レイ
　1911～2001　㊉アメリカ　アニメ製作者
Patterson, Richard North　パタースン, リチャード・ノース
　1947～　㊃「野望への階段」PHP研究所　2009
Patterson, Scott　パタースン, スコット
　1969～　㊃「ウォール街のアルゴリズム戦争」日経BP社, 日経BPマーケティング（発売）　2015
Patterson, W.Bruce　パターソン, W.B.
　㊃「ITLSアクセス」メディカ出版　2010
Patterson, William Patrick　パターソン, W.P.
　㊃「グルジェフを求めて」コスモス・ライブラリー, 星雲社（発売）　2003
Pattie, Charles　パティー, C.
　㊃「現代イギリスの政治算術」北海道大学図書刊行会　2003
Pattinson, Robert　パティンソン, ロバート
　1986～　㊉イギリス　俳優
Pattison, Eliot　パティスン, エリオット
　㊃「霊峰の血」早川書房　2004
Pattison, James M.　パティソン, ジェイムズ
　㊃「内科診断100ケース」メディカル・サイエンス・インターナショナル　2008
Pattison, Jim　パティソン, ジム
　㊉カナダ　実業家
Pattison, Ted　パティソン, テッド
　1962～　㊃「インサイドMicrosoft SharePoint 2010」日経BP社, 日経BPマーケティング（発売）　2012
Patton, Bruce M.　パットン, ブルース
　㊃「話す技術・聞く技術」日本経済新聞出版社　2012
Patton, Darvis　パットン
　㊉アメリカ　陸上選手
Patton, Harvey　パットン, ハーヴェイ
　㊃「発信源グロソフト」早川書房　2010
Patton, Jeff　パットン, ジェフ
　㊃「ユーザーストーリーマッピング」オライリー・ジャパン, オーム社（発売）　2015
Patton, Mark　パットン, マーク
　㊃「モテる男の生き方とモテないヤツのやり方」集英社　2003
Patton, Michael Quinn　パットン, マイケル・クイン
　㊃「誰が世界を変えるのか」英治出版　2008
Patton, Paul　パットン, ポール
　㊃「デリダ, 脱構築を語る」岩波書店　2005
Patton, Quinton　パットン, クイントン
　㊉アメリカ　アメフト選手
Patwa, Sunder Lal　パトワ, スンデル・ラル
　㊉インド　鉱業相
Patzer, Andrew　パッツァー, アンドリュー
　㊃「例解JSPベストプラクティス」翔泳社　2003
Patzi Paco, Félix　パツィ・パコ, フェリクス
　㊉ボリビア　教育文化相
Patzlaff, Rainer　パツラフ, ライナー
　㊃「シュタイナー教育基本指針」水声社　2015
Pauc, Robin　パウク, ロビン
　㊃「なんか変！ ひょっとしてあなたは発達障害？」飛鳥新社　2010
Paudel, Bishnu Prasad　バウデル, ビシュヌ・プラサド
　㊉ネパール　財務相　㊉ポーデル, ビシュヌ
Paudel, Dhaniram　ポーデル, ダニラム
　㊉ネパール　教育相
Paudel, Purshottam　バウデル, プルショッタム
　㊉ネパール　青年スポーツ相
Paufler, Alexander　パウフラー, アレキサンダー
　1953～　㊃「ダイムラークライスラー日本のIT革命」日経BP社, 日経BP出版センター（発売）　2001
Paugam, Serge　ポーガム, セルジュ
　1960～　㊃「貧困の基本形態」新泉社　2016
Pauker, Benjamin　パウカー, ベンジャミン
　㊃「世界の作家32人によるワールドカップ教室」白水社　2006
Paul, Aaron　ポール, アーロン
　エミー賞 プライムタイム・エミー賞 最優秀助演男優賞（ドラマシリーズ）（第66回（2014年））ほか
Paul, Alan　ポール, アラン
　1949～　㊉アメリカ　歌手
Paul, Ann Whitford　ポール, アン・ウィットフォード
　㊃「どうぶつたちのおやすみなさい」岩崎書店　2015
Paul, Ayonika　パウル, アヨニカ
　㊉インド　射撃選手
Paul, Barbara　ポール, バーバラ
　㊃「ペイシェンツ・アイズ」日経BP社, 日経BP出版センター（発売）　2001
Paul, Bill　ポール, ビル
　㊃「組織変革のジレンマ」ダイヤモンド社　2004
Paul, Billy　ポール, ビリー
　1934～2016　㊉アメリカ　ソウル歌手　本名＝ウィリアムズ, ポール〈Williams, Paul〉
Paul, Brandon　ポール, ブランドン
　㊉アメリカ　バスケットボール選手
Paul, Chris　ポール, クリス
　1985～　㊉アメリカ　バスケットボール選手
Paul, Christian　ポール, クリスチャン
　㊉フランス　海外県・海外領土担当相
Paul, David　ポール, デイビッド
　㊃「子ども中心ではじめる英語レッスン」桐原書店　2005
Paul, Evans　ポール, エバンス
　㊉ハイチ共和国　首相
Paul, Gill　ポール, ギル

1960〜 㲒「50の事物で知る図説医学の歴史」 原書房 2016
Paul, Graham Sharp ポール, グレアム・シャープ
　囲オーストラリア　スリランカ出身の作家　㲒SF, ファンタジー
Paul, Harry ポール, ハリー
　1950〜　㲒「大きな結果をもたらす小さな習慣」 かんき出版 2006
Paul, Henry A. ポール, ヘンリー・A.
　㲒「子どもの『心の病気』がわかる事典」 PHP研究所 2002
Paul, John ポール, ジョン
　1968〜　㲒「自動ソフトウェアテスト」 ピアソン・エデュケーション 2002
Paul, Korky ポール, コーキー
　㲒「まじょのウィニーとまほうのパソコン」 静山社 2013
Paul, Les ポール, レス
　1915〜2009　囲アメリカ　ギタリスト　本名＝Polfus, Lester
Paul, Marilyn ポール, マリリン
　㲒「だから片づかない。なのに時間がない。」 ダイヤモンド社 2015
Paul, Maruthanakuzhiyil ポール, M.K.
　㲒「コルカタの聖なるマザー・テレサ」 サンパウロ 2007
Paul, Nigel ポール, ナイジェル
　囲トリニダード・トバゴ　ボクシング選手
Paul, Niles ポール, ナイルズ
　囲アメリカ　アメフト選手
Paul, Pamela ポール, パメラ
　㲒「『短命結婚』の時代」 原書房 2002
Paul, Rand ポール, ランド
　1963〜　囲アメリカ　政治家　米国上院議員（共和党）　本名＝Paul, Randal Howard
Paul, Richard W. ポール, リチャード
　㲒「クリティカル・シンキング 実践編」 東洋経済新報社 2003
Paul, Romain ポール, ロマン
　ヴェネチア国際映画祭 マルチェロ・マストロヤンニ賞（第71回（2014年））"Le Dernier Coup De Marteau"
Paul, Ron ポール, ロン
　1935〜　囲アメリカ　政治家　米国下院議員（共和党）　本名＝Paul, Ronald Ernest
Paul, Roselyn ポール, ロゼリン
　囲ドミニカ共和国　商業・企業・小企業開発相　㐧ポール, ロズリン
Paul, Sandra ポール, サンドラ
　㲒「パピー、マイ・ラブ」 ハーレクイン 2008
Paul, Stephan パウル, シュテファン
　㲒「経営学の基本問題」 中央経済社 2011
Paul, Susan Spencer ポール, スーザン・スペンサー
　㲒「剣を我が手に」 ハーレクイン 2009
Paula, Paulo Roberto パウラ
　囲ブラジル　陸上選手
Paul Alivisatos, A. ポール・アリヴィサトス, A.
　囲アメリカ　ウルフ賞 化学部門（2012年）
Pau-langevin, George ポーランジュバン, ジョルジュ
　囲フランス　海外県・海外領土相
Pauli, Gunter パウリ, グンター
　1956〜　囲ベルギー　ZERIファウンデーション代表　国連大学学長顧問
Pauli, Lorenz パウリ, ローレンツ
　1967〜　㲒「としょかんのよる」 ほるぷ出版 2013
Pauli, Tatjana パウリ, タチアーナ
　㲒「クリムト」 昭文社 2007
Paulica, Ion パウリカ, イオン
　囲ルーマニア　ラグビー選手
Paulick, Ray ポーリック, レイ
　㲒「運命に噛みついた馬」 産経新聞ニュースサービス, 扶桑社（発売） 2002
Paulien, Jon ポーリーン, ジョン
　1949〜　㲒「ジョン・ポーリーン博士の黙示録講義」 福音社 2012
Paulinho, Sergio パウリーニョ
　囲ポルトガル　自転車選手
Paulino, Alberto パウリノ, アルベルト
　囲サントメ・プリンシペ　首相補佐官兼国会担当相
Paulino, David パウリーノ, デビド
　囲ドミニカ共和国　野球選手　㐧ポリーノ, デビッド
Paulino Sem, Rubén Darío パウリノ・セム, ルベン・ダリオ
　囲ドミニカ共和国　国防相
Paulis, Ilse ポーリス, イルセ
　囲オランダ　ボート選手
Paulissen, Roel パウリセン
　囲ベルギー　自転車選手
Paull, Jennifer ポール, ジェニファー
　㲒「ダ・ヴィンチ・コード謎の旅ガイド」 バベル・プレス 2006（第2刷）
Paull, Marion ポール, マリオン
　㲒「マイ・ヴィンテージ・ハロウィン」 グラフィック社 2015
Paulman, Audrey A. ポールマン, オードリー・A.
　㲒「10分間診断マニュアル」 メディカル・サイエンス・インターナショナル 2009
Paulman, Paul M. ポールマン, ポール・M.
　1953〜　㲒「テイラー10分間鑑別診断マニュアル」 メディカル・サイエンス・インターナショナル 2015
Paulo, Filo パウロ, フィロ
　囲サモア　ラグビー選手
Paulo Oliveira パウロ・オリヴェイラ
　囲ポルトガル　サッカー選手
Paulos, John Allen パウロス, ジョン・アレン
　1945〜　㲒「数学者の無神論」 青土社 2008
Paulo Sousa パウロ・ソウザ
　囲ポルトガル　フィオレンティーナ監督
Paulraj, Arogyaswami ポーラジ, アロギャスワミ
　㲒「MIMOワイヤレス通信」 東京電機大学出版局 2009
Paulsen, Gary ポールセン, ゲイリー
　㲒「ローン・ボーイ」 文芸社 2010
Paulsen, Logan ポールセン, ローガン
　囲アメリカ　アメフト選手
Paulsen, Norman ポールセン, ノーマン
　1929〜2006　㲒「キリスト意識」 ナチュラルスピリット・パブリッシング80 2010
Paulsen, Sandra ポールセン, サンドラ
　㲒「トラウマと解離症状の治療」 東京書籍 2012
Paulsmeier, Karin パウルスマイアー, カーリン
　1943〜　㲒「記譜法の歴史」 春秋社 2015
Paulson, Henry ポールソン, ヘンリー
　囲アメリカ　財務長官
Paulson, Henry Merritt, Jr. ポールソン, ヘンリー, Jr.
　1946〜　囲アメリカ　金融家　ジョンズ・ホプキンズ大学名誉客員学者　米国財務長官, ゴールドマン・サックス会長・CEO　別称＝ポールソン, ハンク〈Paulson, Hank〉　㐧ポールソン, ヘンリー
Paulson, John ポールソン, ジョン
　㲒「実践ヘッジファンド投資」 日本経済新聞社 2001
Paulson, Steven D. ポールソン, S.
　㲒「はじめてのルター」 教文館 2008
Paulus, Diane パウルス, ダイアン
　トニー賞 ミュージカル 演出賞（2013年（第67回））　"Pippin"
Paulwell, Phillip ポールウェル, フィリップ
　囲ジャマイカ　科学・技術・エネルギー・鉱業相
Pauly, Daniel ポーリー, ダニエル
　1946〜　囲フランス　水産資源学者　ブリティッシュ・コロンビア大学海洋資源研究所教授
Paumier, Cy ポーミア, シィ
　㲒「活気ある都市センター（中心市街地）を創る」 三井不動産S&E総合研究所, 中央公論新社（発売） 2006
Paunga, Giulio Masasso パウンガ, ギウリオ・マサソ
　囲トンガ　労働・商業・産業・観光相　㐧パウンガ, ギウリオ・マサッソ
Paungger, Johanna パウンガー, ヨハンナ
　1953〜　㲒「ザ・コード」 ソフトバンククリエイティブ 2012
Paunovski, Ljuben パウノフスキ, リュベン
　囲マケドニア　国防相
Paurd, Clément ポール, クレマン
　㲒「したがう？ したがわない？ どうやって判断するの？」 岩崎書店 2016
Pauro Lopes パウロ・ロペス
　囲ポルトガル　サッカー選手
Pausch, Jai パウシュ, ジェイ
　1966〜　㲒「もうひとつの『最後の授業』」 講談社 2013
Pausch, Randy パウシュ, ランディ
　1960〜2008　囲アメリカ　コンピューター科学者　カーネギーメロン大学教授　㲒バーチャルリアリティ（仮想現実）
Pausewang, Gudrun パウゼヴァング, グードルン
　1928〜　㲒「片手の郵便配達人」 みすず書房 2015
Pausini, Laura パウジーニ, ラウラ
　グラミー賞 最優秀ラテン・ポップ・アルバム（2005年（第48回））

"Escucha"
Pauvert, Jean Jacques ポーヴェール, ジャン＝ジャック
1926〜 [著]「サド侯爵の生涯」 河出書房新社 2012
Paval, Ana パバル
[国]ルーマニア レスリング選手
Pavalkis, Dainius パバルキス, ダイニュス
[国]リトアニア 教育科学相
Pavan, Sarah パバン, サラ
[国]カナダ ビーチバレー選手
Pavanel, Jane パヴァネル, ジェーン
1957〜 [著]「セックス・ブック」 河出書房新社 2008
Pavao, Aaron パヴァオ, アーロン
[著]「ランナーズ・コンパニオン」 新紀元社 2015
Pavarotti, Luciano パヴァロッティ, ルチアーノ
1935〜2007 [国]イタリア テノール歌手 [異]パバロッティ, ルチアーノ
Pavel, Margaret Paloma パヴェル, マーガレット・パロマ
1951〜 [著]「きままにやさしくいみなくうつくしくいきる」 現代思潮新社 2012
Paver, Michelle ペイバー, ミシェル
1960〜 [国]イギリス 作家, 弁護士 [専]SF, ファンタジー, 児童書ほか [異]ペイヴァー, ミシェル
Pavey, Joanne ペービー
[国]イギリス 陸上選手
Paveza, Gregory J. パベッツァ, グレゴリー・J.
[著]「高齢者アセスメントマニュアル」 メディカ出版 2006
Pavia, Automne パビア, オトンヌ
[国]フランス 柔道選手 [異]パビア
Pavić, Milorad パヴィチ, ミロラド
1929〜2009 [国]セルビア 文学史家, 詩人, 作家 ベオグラード大学教授 [専]バロック, 象徴主義文学 [異]パビチ, ミロラド
Pavich, Frank パビッチ, フランク
[国]アメリカ 映画監督, 映画プロデューサー [異]パヴィッチ, フランク
Pavitt, K.L.R. パビット, キース
？〜2002 [著]「イノベーションの経営学」 NTT出版 2004
Pavlátová, Michaela パヴラトヴァ, ミカエラ
アヌシー国際アニメーション映画祭 短編映画 アヌシークリスタル賞 (2012年) ほか
Pavlenko, Oleksii パブレンコ, オレクシー
[国]ウクライナ 農業食糧相
Pavlenko, Yuriy パブレンコ, ユーリー
[国]ウクライナ 家族・青年スポーツ相
Pavliashvili, Solomon パブリアシビリ, ソロモン
[国]ジョージア 国有資産管理相
Pavlicevic, Mercédès パブリチェヴィック, メルセデス
[著]「音楽的コミュニケーション」 誠信書房 2012
Pavlicevic, Zeliko パブリセビッチ, ジェリコ
1951〜 [国]クロアチア バスケットボール監督 バスケットボール男子日本代表監督 [異]パブリセヴィッチ
Pavlichenko, Semen パブリチェンコ
[国]ロシア リュージュ選手
Pavličić, Miodrag パブリチッチ, ミオドラグ
[国]モンテネグロ 保健相
Pavlides, Merope パブリデス, メロピー
1957〜 [著]「自閉症のある人のアニマルセラピー」 明石書店 2011
Pavlidis, Aristotelis パブリディス, アリストテリス
[国]ギリシャ エーゲ海相
Pavlidis, Elias パブリディス
[国]ギリシャ ボクシング選手
Pavlinič-krebs, Irma パウリニチュクレブス, イルマ
[国]スロベニア 公共行政相
Pavlis, Pavol パブリス, パボル
[国]スロバキア 経済相
Pavlishin, G. パヴリーシン, G.
1938〜 [異]パブリーシン, G.D. [著]「デルス・ウザラー」 群像社 2006
Pavloff, Franck パヴロフ, フランク
[著]「茶色の朝」 大月書店 2003
Pavlopoulos, Prokopios パブロプロス, プロコピス
[国]ギリシャ 大統領
Pavlou, Stel パヴロー, ステル
[著]「暗号解読」 アスペクト 2005
Pavlov, Aleksandr パブロフ, アレクサンドル
[国]カザフスタン 第1副首相
Pavlov, Igor パブロフ
[国]ロシア 陸上選手
Pavlov, Valentin S. パヴロフ, ワレンチン
1937〜2003 [国]ロシア 政治家 ソ連首相 [異]パブロフ, ワレンチン
Pavlova, Anna パブロワ
[国]ロシア 体操選手
Pavlova, Lilyana パブロバ, リリャナ
[国]ブルガリア 地域開発・公共事業相 [異]パウロバ, リリアナ
Pavlovic, Daniel パヴロヴィッチ, ダニエル
[国]スイス サッカー選手
Pavlovsky, Bruno パヴロフスキー, ブルーノ
[国]フランス 実業家 シャネル・フランスファッション部門社長 [異]パブロフスキー, ブルーノ
Pavluts, Daniels パブリュツ, ダニエルス
[国]ラトビア 経済相
Pavlyatenko, Victor パブリャチェンコ, ビクトル
1947〜 [国]ロシア 日本研究家 ロシア科学アカデミー極東研究所日本研究センター所長 [異]パブリャテンコ, ビクトル
Pavlyuchenkova, Anastasia パブリュチェンコワ, アナスタシア
[国]ロシア テニス選手
Pavoletti, Leonardo パヴォレッティ, レオナルド
[国]イタリア サッカー選手
Pavón Cardozo, Antolín パボン・カルドソ, アントリン
[国]パラグアイ 元・在パラグアイ日本国大使館現地職員
Pavone, Chris パボーネ, クリス
1968〜 [国]アメリカ 作家 [専]ミステリー, スリラー [異]パヴォーネ, クリス
Pavoni, Verena パヴォーニ, フェレーナ
[著]「おやすみのまえに」 いのちのことば社 2007
Pavord, Anna パヴォード, アンナ
[著]「チューリップ」 日本点字図書館 (製作) 2002
Pawar, Sharad パワル, シャラド
[国]インド 農相兼食品加工業相
Pawel, Dybala パヴェウ, ディバワ
[著]「心を交わす人工知能」 森北出版 2016
Pawel, Rebecca パウエル, レベッカ
1977〜 [著]「青と赤の死」 早川書房 2004
Pawelski, Cheryl パウェルスキー, シェリル
グラミー賞 最優秀ヒストリカル・アルバム (2014年 (第57回))
"The Garden Spot Programs, 1950" コンピレーション・プロデューサー
Pawina, Thongsuk パウィナ
[国]タイ 重量挙げ選手
Pawironadi, Samuel パウィロナディ, サミュエル
[国]スリナム 社会問題・住宅相
Pawlak, Paweł パヴラック, パヴィル
1962〜 [著]「しつれいですが, 魔女さんですか」 小峰書店 2003
Pawlak, Waldemar パブラク, ワルデマル
[国]ポーランド 副首相兼経済相
Pawlan, Monica ポーラン, モニカ
1949〜 [著]「J2EEチュートリアル」 ピアソン・エデュケーション 2002
Pawlenka, Claudia パヴレンカ, クラウディア
1968〜 [著]「スポーツ倫理学の射程」 晃洋書房 2016
Pawley, Christine ポーリー, クリスティン
1945〜 [著]「20世紀アメリカの図書館と読者層」 京都図書館情報学研究会, 日本図書館協会 (発売) 2014
Pawliw-Fry, J.P. ポーリウ＝フライ, J.P.
[著]「プレッシャーなんてこわくない」 早川書房 2015
Pawson, Anthony James ポーソン, アンソニー・ジェームス
1952〜2013 [国]イギリス 分子生物学者 トロント大学教授 [専]細胞の信号伝達
Pawson, John ポーソン, ジョン
1949〜 [著]「Minimum」 デザインエクスチェンジ 2001
Pawson, T. ポーソン, トニー
[著]「細胞のシグナル伝達」 メディカル・サイエンス・インターナショナル 2016
Pax, Salam パックス, サラーム
[著]「サラーム・パックス」 ソニー・マガジンズ 2003
Paxman, Jeremy パックスマン, ジェレミー
1950〜 [異]パクスマン, ジェレミー [著]「ポリティカル・アニマル」 アドスリー, 丸善出版事業部 (発売) 2007
Paxmann, Christine パクスマン, クリスティーネ
[著]「世界を変えた建物」 エクスナレッジ 2013
Paxson, Monica Rix パクソン, モニカ・R.

[著]「沈黙の惑星」 ダイヤモンド社 2002
Paxton, James パクストン, ジェームズ
[国]カナダ 野球選手
Paxton, Robert O. パクストン, ロバート
1932～ [異]パクストン, ロバート・O. [著]「ファシズムの解剖学」桜井書店 2009
Payá, Oswaldo パヤ, オズワルド
1952～2012 [国]キューバ 反体制活動家 キリスト教自由運動代表 本名=Payá Sardiñas, Oswaldo José
Payama, Kundy パヤマ, クンディ
[国]アンゴラ 国防相
Payao Poontarat パヤオ・プーンタラット
1956～2006 [国]タイ プロボクサー WBA世界ジュニア・バンタム級チャンピオン
Paye, Burrall ペイ, バロル
1938～ [著]「バスケットボールポストプレーのスキル&ドリル」大修館書店 2009
Paye, Won-Ldy ペイ, ウォン=ディ
[著]「ほーら、これでいい！」 アートン 2006
Paye-baye, Mewaseh ペイベイ, メワセ
[国]リベリア 郵政通信相
Payet, Dimitri パイェ, ディミトリ
[国]フランス サッカー選手
Payet, Laetitia パイエ, レティシア
[国]フランス 柔道選手
Payet, Rolph ペイエ, ロルフ
[国]セーシェル 環境・エネルギー相
Payette, Bruce ペイエット, ブルース
[著]「Windows PowerShell インアクション」 ソフトバンククリエイティブ 2007
Payhama, Kundy パヤマ, クンディ
[国]アンゴラ 国防相
Payimi Deubet, Kalzeubé パイミドゥベ, カルズーベ
[国]チャド 首相
Paymar, Michael ペイマー, マイケル
[著]「暴力男性の教育プログラム」 誠信書房 2004
Payne, Adreian ペイン, エイドリアン
[国]アメリカ バスケットボール選手
Payne, Alex ペイン, アレックス
[著]「プログラミングScala」 オライリー・ジャパン, オーム社(発売) 2011
Payne, Alexander ペイン, アレクサンダー
1961～ [国]アメリカ 映画監督, 脚本家
Payne, Binet ペイン, ビネー
[著]「みんなでためすミミズコンポスト・マニュアル」 合同出版 2002
Payne, Cameron ペイン, キャメロン
[国]アメリカ バスケットボール選手
Payne, Chris ペイン, クリス
[著]「標準ASP.NETプログラミング」 翔泳社 2002
Payne, David ペイン
[国]アメリカ 陸上選手
Payne, Don ペイン, ドン
[著]「マイティ・ソー ダーク・ワールド」 講談社 2014
Payne, Douglas William ペイン, ダグラス
1972～ [国]イギリス ロック・ベース奏者 [異]ペイン, ダギー
Payne, Frederick ペイン, フレデリック
1911～2015 [国]アメリカ 軍人 本名=Payne, Frederick Rounsville (Jr.) [異]ペーン, フレデリック
Payne, Geoffrey K. ペイン, ジェフ
[著]「ソーシャルリサーチ」 新曜社 2008
Payne, Jared ペイン, ジャレッド
[国]アイルランド ラグビー選手
Payne, Judy ペイン, ジュディ
[著]「ソーシャルリサーチ」 新曜社 2008
Payne, Katharine ペイン, キャサリーン
[著]「音楽の起源」 人間と歴史社 2013
Payne, Keri-Anne ペイン
[国]イギリス 水泳選手
Payne, Kim John ペイン, キム・ジョン
1960～ [著]「ミニマル子育て」 風濤社 2016
Payne, Liam ペイン, リアム
1993～ [国]イギリス 歌手
Payne, Marise ペイン, マリス
[国]オーストラリア 国防相
Payne, Michael ペイン, マイケル
1958～ [著]「オリンピックはなぜ、世界最大のイベントに成長したのか」 グランドライン, サンクチュアリ・パブリッシング(発売) 2008
Payne, Roger ペイン, ロジャー
1935～ [著]「オデッセイ号航海記」 角川学芸出版, 角川グループパブリッシング(発売) 2007
Payne, Stuart ペイン, スチュアート
[著]「英国流ビスケット図鑑」 バベルプレス 2008
Payne-James, Jason ペイン-ジェームズ, ジェイソン
[著]「Dr.アップルの早期発見の手引き診断事典」 ガイアブックス 2013
Paysinger, Spencer ペイシンガー, スペンサー
[国]アメリカ アメフト選手
Payton, Elfrid ペイトン, エルフリッド
[国]アメリカ バスケットボール選手
Payton, Gary, II ペイトン, ゲイリー, 2世
[国]アメリカ バスケットボール選手
Payton, Jordan ペイトン, ジョーダン
[国]アメリカ アメフト選手
Payton, Sean ペイトン, ショーン
[国]アメリカ ニューオーリンズ・セインツコーチ
Payton, Stephen ペイトン, スティーブン
[国]ニュージーランド 駐日特命全権大使
Paytress, Mark ペイトレス, マーク
[著]「レディオヘッド」 シンコーミュージック・エンタテイメント 2006
Payutto, P.O. パユットー, ポー・オー
[著]「テーラワーダ仏教の実践」 サンガ 2007
Payzant, Geoffrey ペイザント, ジェフリー
1926～2004 [著]「グレン・グールド、音楽、精神」 音楽之友社 2007
Paz, Abel パス, アベル
1921～ [著]「スペイン革命のなかのドゥルーティ」 れんが書房新社 2001
Paz, Anton パス
[国]スペイン セーリング選手
Paz, Jacobo パス, ハコボ
[国]ホンジュラス 農牧相
Paz, Moira パス, モイラ
[国]ボリビア 持続的開発・計画相
Paz Estenssoro, Victor パス・エステンソロ, ビクトル
1907～2001 [国]ボリビア 政治家 ボリビア大統領 [異]パス・エステンソーロ / パスエステンソロ, ビクトル
Pažin, Zoran パジン, ゾラン
[国]モンテネグロ 法相
Pazinski, Piotr パジンスキ
[国]ポーランド テコンドー選手
Pazmiño Borja, Miguel パスミーニョ・ボルハ, ミゲル
[国]エクアドル 元・在エクアドル日本国大使館現地職員
Pazos, James パゾス, ジェイムス
[国]アメリカ 野球選手
Pazo Torrado, Carlos Manuel パソ・トラド, カルロス・マヌエル
[国]キューバ 運輸相
Pázsit, Imre パツィット, イムレ
[国]スウェーデン, ハンガリー 元・チャルマーシュ工科大学原子力工学科教授
Paz Soldán, Edmundo パス・ソルダン, エドゥムンド
1967～ [国]ボリビア 作家, 文学者 コーネル大学教授 [専]ラテンアメリカ文学
Pchelnik, Darya プチェルニク
[国]ベラルーシ 陸上選手
Peabody, Bo ピーボディ, ボー
[著]「セレンディピティ」 ソニー・マガジンズ 2005
Peabody, Cora ピーボディ, コラ
[国]リベリア 通産相
Peace, David ピース, デービッド
1967～ [国]イギリス 作家 [専]フィクション [異]ピース, デイビッド / ピース, デイヴィッド
Peace, John ピース, ジョン
1949～ [国]イギリス 実業家 スタンダードチャータード会長, バーバリー・グループ会長, エクスペリアン会長 本名=Peace, John Wilfred
Peace, Richard Arthur ピース, リチャード
1933～ [著]「ドストエフスキイ『地下室の手記』を読む」 のべる出版企画, コスモヒルズ(発売) 2006
Peach, Ceri ピーチ, ケリ

[著]「海外における日本人、日本のなかの外国人」 昭和堂 2003
Peacock, Alison ピーコック, アリソン
[著]「イギリス教育の未来を拓く小学校」 大修館書店 2015
Peacock, Brad ピーコック, ブラッド
[国]アメリカ 野球選手
Peacock, Edward ピーコック, エドワード
[著]「性犯罪者の治療と処遇」 日本評論社 2010
Peacock, Fletcher ピーコック, F.
[著]「咲かせたい花に水をあげましょう」 ビーケイシー 2010
Peacock, Janet ピーコック, ジャネット
[著]「EBM実践のための統計学的Q&A」 篠原出版新社 2002
Peacock, John ピーコック, ジョン
[著]「西洋コスチューム大全」 グラフィック社 2010
Peacock, Judith ピーコック, ジュディス
[著]「私たちの暮らしにとって情報リテラシーとは何か」 高橋隆一郎 2005
Peacock, Judith ピーコック, ジュディス
1942〜 [著]「ADDとADHD」 大月書店 2005
Peacock, Shane ピーコック, シェーン
[著]「あるアーティストと悪がきだったぼくのこと」 六耀社 2016
Pead, Isaisah ピード, イサイアー
[国]アメリカ アメフト選手
Peake, Charone ピーク, チャロン
[国]アメリカ アメフト選手
Peake, Karolína ピーク, カロリーナ
[国]チェコ 副首相
Peake, Lilian ピーク, リリアン
[著]「愛よもう一度」 ハーレクイン 2001
Peake, Ryan ピーク, ライアン
[国]カナダ ミュージシャン
Peakman, Julie ピークマン, ジュリー
1957〜 [著]「庶民たちのセックス」 ベストセラーズ 2006
Pearce, Ann Philippa ピアス, フィリッパ
1920〜2006 [国]イギリス 児童文学作家 [異]ピアス, フィリパ
Pearce, Chris ピアス, クリス
[著]「Cisco CallManager設定ガイド」 ソフトバンクパブリッシング 2003
Pearce, Craig L. ピアース, クレイグ・L.
[著]「ドラッカー・ディファレンス」 東洋経済新報社 2010
Pearce, David William ピアス, デービッド
1941〜2005 [国]イギリス 経済学者 ロンドン大学ユニバーシティ・カレッジ名誉教授 [専]環境経済学 [異]ピアス, D.
Pearce, Donn ピアーズ, ドン
1929〜 [著]「クール・ハンド・ルーク」 文遊社 2001
Pearce, Douglas G. ピアス, ダグラス
1949〜 [著]「現代観光地理学」 明石書店 2001
Pearce, Fred ピアス, フレッド
[著]「外来種は本当に悪者か？」 草思社 2016
Pearce, Guy ピアース, ガイ
エミー賞 プライムタイム・エミー賞 最優秀助演男優賞（ミニシリーズ・映画）（第63回（2011年）） "Mildred Pierce"
Pearce, John A., Ⅱ ピアース, ジョン・A., 2世
[著]「戦略とは何か」 東洋経済新報社 2004
Pearce, Joseph ピアース, J.
1961〜 [著]「スモール・イズ・スティル・ビューティフル」 英宝社 2010
Pearce, Kate ピアース, ケイト
[著]「背徳のレディ」 幻冬舎 2012
Pearce, Marni ピアス, マーニ
[著]「子どもと教師が紡ぐ多様なアイデンティティ」 明石書店 2011
Pearce, Philippa ピアス, フィリパ
1920〜2006 [著]「消えた犬と野原の魔法」 徳間書店 2014
Pearce, Russel G. ピアース, ラッセル・G.
[著]「プロフェッショナリズム・パラダイムの転換」 最高裁判所事務総局 〔2001〕
Pearce, Steve ピアース, スティーブ
[国]アメリカ 野球選手
Pearce, Steven ピアス, スティーブン
[著]「影響力の秘密50」 CCCメディアハウス 2016
Pearce, Virginia H. ピアース, ヴァージニア・H.
[著]「神殿がだいすき」 トリーハウス 2006
Pearl, Eric パール, エリック
[著]「ザ・ゲート」 KADOKAWA 2013
Pearl, Eve パール, イヴ
[著]「セレブリティのメイク術」 ベストセラーズ 2004
Pearl, Harold パール, ハロルド
[著]「ダンボ」 うさぎ出版, シルバーバック（発売） 2006
Pearl, Mariane パール, マリアンヌ
[著]「マイティ・ハート」 潮出版社 2005
Pearl, Matthew パール, マシュー
[国]アメリカ 作家 [専]歴史, スリラー
Pearl, Peggy S. パール, ペギー・S.
[著]「児童虐待の発見と防止」 慶応義塾大学出版会 2003
Pearl, Phillip L. パール, フィリップ・L.
[著]「ニューロ・ロジック」 メディカル・サイエンス・インターナショナル 2015
Pearlman, Cindy パールマン, シンディー
[著]「ハリウッド女優おすすめの美しくなるためのダイエット」 近代映画社 2009
Pearlman, Edith パールマン, イーディス
1936〜 全米書評家協会賞 小説（2011年） "Binocular Vision"
Pearlman, Leslie K. ブライトナー, レスリー・K.
[異]パールマン, レスリー [著]「アンソニー英文会計の基礎」 ピアソン・エデュケーション 2008
Pearman, Roger R. ペアマン, ロジャー・R.
1956〜 [異]ペアマン, R.R. [著]「MBTIへのいざない」 JPP 2012
Pears, Erik ピアース, エリック
[国]アメリカ アメフト選手
Pearsall, Paul ピアソール, ポール
[著]「負ける！ やめる！ あきらめる！」 光文社 2006
Pearsall, Thomas P. ピアサル, トーマス・P.
[著]「エッセンシャルフォトニクスデバイス」 オーム社 2007
Pearson, Allison ピアソン, アリソン
1960〜 [著]「ケイト・レディは負け犬じゃない」 ソニー・マガジンズ 2004
Pearson, Anne ピアソン, アン
[著]「古代ギリシア入門」 あすなろ書房 2005
Pearson, Carol Lynn ピアソン, キャロル・リン
[著]「レッスン」 平凡社 2002
Pearson, Carol S. ピアソン, キャロル・S.
1944〜 [著]「英雄の旅」 実務教育出版 2013
Pearson, Christine ピアソン, クリスティーン
[著]「「問題社員」の管理術」 ダイヤモンド社 2007
Pearson, Christopher E.M. ピアソン, クリストファー・E.M.
[著]「世界の建築1000の偉業」 二玄社 2011
Pearson, David ピアソン, デイヴィッド
1955〜 [著]「本」 ミュージアム図書 2011
Pearson, David ピアソン, デヴィッド
1940〜 [著]「Newナチュラルハウスブック」 産調出版 2008
Pearson, Jason ピアソン, ジェイソン
[著]「バットマン：ラーズ・アル・グールの復活」 小学館集英社プロダクション 2012
Pearson, Judy C. ピアソン, ジュディ・C.
[著]「「夫婦の危機」からの脱出」 北星堂書店 2008
Pearson, Lea ピアソン, リー
[著]「フルート奏者ならだれでも知っておきたい「からだ」のこと」 誠信書房 2010
Pearson, Linda Joan ピアソン, リンダ
[著]「Dr.リンダの子育て魔法の3原則」 ダイヤモンド社 2007
Pearson, Mary E. ピアソン, メアリ・E.
1955〜 [著]「ジェンナ奇跡を生きる少女」 小学館 2012
Pearson, Matt ピアソン, マット
[著]「ジェネラティブ・アート」 ビー・エヌ・エヌ新社 2014
Pearson, Michael ピアソン, マイケル
1951〜 [著]「山本作兵衛と日本の近代」 弦書房 2014
Pearson, Neil D. ピアソン, ニール・D.
[著]「リスク・バジェッティングのためのVaR」 パンローリング 2003
Pearson, Nick ピアソン
[国]アメリカ スピードスケート選手
Pearson, Pat ピアソン, パット
[著]「幸せを願うすべての人よ、自分制限を突破せよ！」 中央アート出版社 2010
Pearson, Ridley ピアソン, リドリー
1953〜 [著]「ピーター・パン」 講談社 2009
Pearson, Ryne Douglas ピアーソン, ライン・ダグラス
1964〜 [著]「ノウイング」 メディアファクトリー 2009
Pearson, Sally ピアソン, サリー
1986〜 [国]オーストラリア 陸上選手
Pearson, Simon ピアソン, サイモン
1961〜 [著]「大脱走」 小学館 2014

Pearson, Stuart ピアソン, スチュアート
[著]「「問題社員」の管理術」 ダイヤモンド社 2007
Pearson, Sue ピアソン, スー
[著]「脳外傷の子どもたち」 明石書店 2006
Pearson, Thomas Reid ピアソン, T.R.
[著]「柴田元幸と9人の作家たち」 アルク 2004
Pearson-mclellan, Sally マクレラン
[国]オーストラリア 陸上選手
Peart, Dean A. ピアート, ディーン・A.
[国]ジャマイカ 自治・環境相
Peart, Sandra パート, サンドラ
[著]「ジェヴォンズの経済学」 多賀出版 2006
Pease, Allan ピーズ, アラン
[国]イギリス 作家
Pease, Barbara ピーズ, バーバラ
ピーズ・トレーニング・インターナショナルCEO
Peaslee, Robert L. ピースリー, ロバート・L.
[著]「ろう付の足跡」 ハードフエースウエルドカンパニー, 産報出版（発売） 2008
Peat, Andrus ピート, アンドルス
[国]アメリカ アメフト選手
Peat, F.David ピート, F.デヴィッド
[著]「量子の宇宙のアリス」 徳間書店 2003
Peat, Malcolm ピート, マルコム
[著]「CBR地域に根ざしたリハビリテーション」 明石書店 2008
Peattie, Mark R. ピーティー, マーク
1930～2014 [著]「植民地」 慈学社出版, 大学図書（発売） 2012
Peaty, Adam ピーティ, アダム
[国]イギリス 水泳選手
Peaucelle, Jean Louis ポーセル, ジャンールイ
1943～ [著]「アンリ・ファヨールの世界」 文眞堂 2005
Peavy, Jake ピービ, ジェイク
1981～ [国]アメリカ 野球選手 本名＝Peavy, Jacob Edward [異]ピービー, ジェーク / ピービー, ジェイク / ピーヴィー, ジェイク
Pebley, Jacob ペブリー, ジェーコブ
[国]アメリカ 水泳選手
Pecek, Željko ペツェク, ジェリコ
[国]クロアチア 中小企業相
Pech, Benjamin ペッシュ, バンジャマン
1974～ [国]フランス バレエダンサー パリ・オペラ座バレエ団エトワール
Pech, Stanley Z. ペフ, スタンレイ・Z.
[著]「チェコ革命1848年」 牧歌舎東京本部, 星雲社（発売） 2011
Pechalat, Nathalie ペシャラ
[国]フランス フィギュアスケート選手
Pechanova, Jana ペハノバ, ヤナ
[国]チェコ 水泳選手 [異]ペチャノバ
Peche, Matthieu ペシェ, マチュー
[国]フランス カヌー選手
Pechefsky, Rebecca ペチェフスキー, レベッカ
[著]「ブルーノ・ワルター」 音楽之友社 2015
Pechonkina (nosova), Yuliya ペチョンキナ
[国]ロシア 陸上選手
Pechstein, Claudia ペヒシュタイン, クラウディア
1972～ [国]ドイツ スピードスケート選手 [異]ペヒシュタイン
Peci, Spiro ペチ, スピロ
[国]アルバニア 法相
Peck, Gregory ペック, グレゴリー
1916～2003 [国]アメリカ 俳優 本名＝ペック, エルドレッド・グレゴリー〈Peck, Eldred Gregory〉
Peck, Jamie ペック, J.
[著]「現代イギリスの政治算術」 北海道大学図書刊行会 2003
Peck, M.Scott ペック, M.スコット
1936～2005 [国]アメリカ 心理療法カウンセラー, 医師 [専]精神科学
Peck, Richard ペック, リチャード
1934～ [国]アメリカ 児童文学作家, 評論家
Peck, Robert Newton ペック, ロバート・ニュートン
[著]「スープを会長に！」 金の星社 2002
Peck, Robert S. ペック, ロバート・S.
[著]「図書館・表現の自由・サイバースペース」 日本図書館協会 2002
Peckham, Morse ペッカム, モース
1914～ [著]「悲劇のヴィジョンを超えて」 Sophia University Press上智大学出版, ぎょうせい（制作・発売） 2014
Pecoraro Scanio, Alfonso ペコラロスカーニオ, アルフォンソ
[国]イタリア 環境相 [異]ペコラロ・スカニオ, アルフォンソ
Pecorino, Lauren ペコリーノ, ローレン
[著]「ペコリーノがんの分子生物学」 メディカル・サイエンス・インターナショナル 2014
Pecotic, Branka ペコティック, B.
[著]「自閉症とパーソナリティ」 創元社 2006
Pécresse, Valérie ペクレス, バレリー
[国]フランス 高等教育・研究相
Peddi, Parvin F. ペディー, パーヴィン・F.
[著]「ワシントンマニュアル」 メディカル・サイエンス・インターナショナル 2011
Pederiali, Giuseppe ペデリアーリ, ジュゼッペ
1937～ [著]「霧に消えた約束」 二見書房 2005
Pedersen, Anders ペデルセン, アンデシュ
[国]ノルウェー セーリング選手
Pedersen, Christinna ペデルセン, クリスティナ
[国]デンマーク バドミントン選手
Pedersen, Helga ペデシェン, ヘルガ
[国]ノルウェー 漁業・沿岸問題相
Pedersen, Hilde G ペデルセン
[国]ノルウェー 距離スキー選手
Pedersen, Lasse H. ペダーソン, ラッセ・H.
[著]「金融規制のグランドデザイン」 中央経済社 2011
Pedersen, Maya ペデルセン, マヤ
[国]スイス スケルトン選手 [異]ペデルセン
Pedersen, Niels-Henning Orsted ペデルセン, ニールス・ヘニング・オルステッド
1946～2005 [国]デンマーク ジャズベース奏者
Pedersen, Olof ペダーセン, オロフ
1946～ [著]「古代メソポタミアにおける図書館と文書館の歴史」 高橋信一 2013
Pedersen, Peter David ピーダーセン, ピーター・D.
1967～ [著]「レジリエント・カンパニー」 東洋経済新報社 2015
Pedersen, Rikke ペーダーセン
[国]デンマーク 競泳選手
Pedersen, Rikke Moller ペデルセン, リッケ
[国]デンマーク 水泳選手
Pedersen, Sverre Lunde ペデシェン
[国]ノルウェー スピードスケート選手
Pedersen, Thor ペーダーセン, トー
[国]デンマーク 財務相
Pederson, Doug ピーダーソン, ダグ
[国]アメリカ フィラデルフィア・イーグルスコーチ
Pederson, Joc ピーダーソン, ジョク
[国]アメリカ 野球選手
Pederzolli, Nicola ペデロッツォリ
[国]オーストリア スノーボード選手
Pedler, Caroline ペドラー, キャロライン
[著]「クリスマスを見なかった？」 ドン・ボスコ社 2006
Pedotti, Christine ペドッティ, クリスティン
[著]「絵で見るはじめてのキリスト教」 ドン・ボスコ社 2013
Pedraza, Gustavo ペドラサ, グスタボ
[国]ボリビア 持続開発相
Pedraza Rodríguez, Lina ペドラサ・ロドリゲス, リナ
[国]キューバ 財務・価格相
Pedraza Sierra, Wilfredo ペドラサ・シエラ, ウィルフレド
[国]ペルー 内相
Pedrazzini, Mauro ペドラッツィーニ, マウロ
[国]リヒテンシュタイン 社会問題相
Pedretti, Carlo ペドレッティ, カルロ
[著]「レオナルド・ダ・ヴィンチ 芸術と発明」 東洋書林 2008
Pedro, Diaz ペドロ・ディアス
[国]スペイン サッカー選手
Pedro, Jimmy ペドロ
[国]アメリカ 柔道選手
Pedro-Carroll, JoAnne L. ペドロ‐キャロル, ジョアン
1951～ [著]「別れてもふたりで育てる」 明石書店 2015
Pedroia, Dustin ペドロイア, ダスティン
1983～ [国]アメリカ 野球選手 本名＝Pedroia, Dustin Luis
Pedro Leon ペドロ・レオン
[国]スペイン サッカー選手
Pedro Raposo, Roberto ペドロラポソ, ロベルト
[国]サントメ・プリンシペ 法務・人権相
Pedro Rodriguez ペドロ・ロドリゲス
1987～ [国]スペイン サッカー選手 本名＝レデスマ, ペドロ・

P

ロドリゲス〈Ledesma, Pedro Rodriguez〉
Pedrosa, Cyril ペドロサ, シリル
アングレーム国際漫画祭 BD Fnac賞(2012年)ほか
Pedrosa, Dani ペドロサ, ダニ
1985〜 [国]スペイン オートバイライダー
Pedroso, Giovanna ペドロソ, ジョバンナ
[国]ブラジル 水泳選手
Pedroso, Ivan ペドロソ
[国]キューバ 陸上選手
Pedroso, Joao Pedro ペドロソ, ジョア・ペドロ
[著]「メタヒューリスティクスの数理」 共立出版 2009
Pedroso, Yadier ペドロソ, ヤディエル
1986〜2013 [国]キューバ 野球選手 本名=Pedroso Gonzalez, Yadier
Pedullà, Alfredo ペドゥッラ, アルフレード
1964〜 [著]「Shunsuke」 朝日新聞社 2005
Peduzzi, Antono ペドゥッツィ, アントニオ
[著]「糸をたぐると」 立教大学ビジネスクリエーター創出センター 2013
Peebles, Curtis ピーブルズ, カーティス
[著]「人類はなぜUFOと遭遇するのか」 文芸春秋 2002
Peebles, Mary Jo ピーブルズ, メアリー・J.
[著]「初回面接」 金剛出版 2010
Peebles, P.James E. ピーブルス, P.J.E.
[国]アメリカ クラフォード賞 天文学(2005年) [異]ピーブルズ, P.ジェームズ・E.
Peecher, Mark E. ピーチャー, マーク・E.
[著]「21世紀の公開会社監査」 国元書房 2010
Peek, Charles A. ピーク, チャールズ・A.
[著]「ウィリアム・フォークナー事典」 雄松堂出版 2006
Peek, Dan ピーク, ダン
?〜2011 [国]アメリカ ミュージシャン
Peek, Hammond ピーク, ハモンド
アカデミー賞 音響賞(第78回(2005年)) "King Kong"
Peek, Jerry D. ピーク, ジェリー・D.
[著]「UNIXパワーツール」 オライリー・ジャパン, オーム社(発売) 2003
Peel, Andrée ピール, アンドレ
1905〜2010 対ナチス抵抗運動活動家
Peel, Ian ピール, イアン
1972〜 [著]「ポール・マッカートニーとアヴァンギャルド・ミュージック」 ストレンジ・デイズ 2004
Peel, John ピール, ジョン
1939〜2004 [国]イギリス DJ
Peel, John ピール, ジョン
1954〜 [著]「メルトダウン」 偕成社 2003
Peel, Laura ピール
[国]オーストラリア フリースタイルスキー選手
Peele, Roger ピール, ロジャー
[著]「精神科臨床倫理」 星和書店 2011
Peeling, Nic ピーリング, ニック
1954〜 [著]「最良の管理職とは何か」 PHP研究所 2010
Peeñafiel Larrea, Freddy ペニャフィエル・ラレア, フレディ
[国]エクアドル 教育相
Peerman, Cedric ピーアマン, セドリック
[国]アメリカ アメフト選手
Peers, Bobbie ピアーズ, ボビー
カンヌ国際映画祭 短編映画パルムドール(第59回(2006年)) "Sniffer"
Peers, John ピアーズ, ジョン
[国]オーストラリア テニス選手
Pees, Dean ピース, ディーン
[国]アメリカ ボルティモア・レイブンズコーチ
Peet, Bill ピート, ビル
1915〜2002 [国]アメリカ 絵本作家, 脚本家, アニメーション作家
Peet, Mal ピート, マル
1947〜2015 [国]イギリス 児童文学作家 [専]ヤングアダルト, 児童書
Peet, M.M. ピート, M.M.
[著]「トマトオランダの多収技術と理論」 農山漁村文化協会 2012
Peet, Vincent ピート, ビンセント
[国]バハマ 金融サービス・投資相
Peete, Calvin ピート, カルビン
1943〜2015 [国]アメリカ プロゴルファー
Peeters, Benoît ペータース, ブノワ
1956〜 [国]フランス 作家
Peeters, Elvis ペーテルス, エルヴィス
1957〜 [著]「火曜日」 松籟社 2016
Peeters, Frederik ペータース, フレデリック
1974〜 アングレーム国際漫画祭 シリーズ賞(2013年)ほか
Peeters, Kris ペーテルス, クリス
[国]ベルギー 副首相兼雇用・経済・消費者保護・対外貿易相
Pef ペフ
1939〜 [著]「コルチャック先生」 汐文社 2015
Pege, Aladar ペゲ, アラダー
1939〜2006 [国]ハンガリー ジャズ・ベース奏者
Pegg, Simon ペッグ, サイモン
1970〜 [国]イギリス 俳優, 脚本家 本名=Beckingham, Simon John [異]ペグ, サイモン
Pegler, Martin ペグラー, マーティン
1954〜 [著]「ミリタリー・スナイパー」 大日本絵画 2006
Pegolo, Gianluca ペーゴロ, ジャンルカ
[国]イタリア サッカー選手
Pegoraro, Renzo ペゴラノ, レンツォ
[著]「病院倫理入門」 丸善出版 2011
Pegrum, Juliet ペグラム, ジュリエット
[著]「40歳からのストレッチヨーガ」 ガイアブックス, 産調出版(発売) 2010
Pehlivan, Ferhat ペフリワン
[国]トルコ ボクシング選手
Pehrsson, Cristina Husmark パーション, クリスティーナ・ヒュースマルク
[国]スウェーデン 社会保障担当相
Pei, Ieoh Ming ペイ, イオ・ミン
1917〜 [国]アメリカ 建築家 漢字名=貝聿銘
Pei, Minxin ペイ, ミンシン
[著]「次の超大国・中国の憂鬱な現実」 朝日新聞社 2003
Peierls, Tim パイエルス, ティム
[著]「Java並行処理プログラミング」 ソフトバンククリエイティブ 2006
Peiffer, Vera ペイファー, ヴェラ
1953〜 [異]ペイファー, ベラ [著]「ひとりを楽しんで暮らす方法」 視覚障害者支援総合センター 2002
Peijs, Karla ペイス, カルラ
[国]オランダ 運輸・公共事業・水利相
Peikari, Cyrus パイカリ, サイレス
[著]「セキュリティウォリア」 オライリー・ジャパン, オーム社(発売) 2004
Peikoff, Lori パイコフ, ロリー
[著]「ポール・オースターが朗読するナショナル・ストーリー・プロジェクト」 アルク 2005
Peile, Ed ペイル, エド
[著]「価値に基づく診療」 メディカル・サイエンス・インターナショナル 2016
Peillon, Vincent ペイヨン, バンサン
[国]フランス 国民教育相
Peinado, Javier ペイナード, ハビエル
[著]「コロンビアの環境建築」 鹿島出版会 2016
Peinkofer, Jim ペインコファー, ジム
[著]「泣いてる赤ちゃんがごきげんになる100の魔法」 PHP研究所 2003
Peinnukrochon, Vichai ピャンヌコチョン, ウイチャイ
[著]「タイ舞踊」 日本・アジア芸術協会 2001
Peiperl, Maury A. パイパール, モーリー・A.
[著]「人材育成の戦略」 ダイヤモンド社 2007
Peirano, Louis ペイラノ, ルイス
[国]ペルー 社会学者 ペルー文化相, カトリカ大学教授 [専]コミュニケーション論, 大衆演劇 [異]ペイラーノ
Peirano Falconí, Luis Alberto ペイラノ・ファルコニ, ルイス・アルベルト
[国]ペルー 文化相
Peirce, Lincoln ピアス, リンカーン
[著]「クラスで1番! ビッグネートホームランをうっちゃった!!」 ポプラ社 2011
Peirce, Penney ピアース, ペニー
[著]「人生を変える波動の法則」 PHP研究所 2010
Peiris, Gamini L. ペイリス, G.L.
[国]スリランカ 外相 [異]ペイリス, ガミニ・L.
Peirsol, Aaron ピアソル, アーロン
1983〜 [国]アメリカ 元水泳選手
Peisakhovitch, Larissa ペサホビッチ
[国]イスラエル カヌー選手
Peisel, Thomas パイゼル, トマス

㊉「幸せになる明晰夢の見方」 イースト・プレス 2014
Peizerat, Gwendal ペーゼラ
　㊨フランス　フィギュアスケート選手
Pejanović-Đurišić, Milica ペヤノビッチジュリシッチ, ミリツァ
　㊨モンテネグロ　国防相
Pejcic, Snjezana ペイチッチ, スニェヤナ
　㊨クロアチア　射撃選手
Péju, Pierre ペジュ, ピエール
　1946〜　㊉「怪物―わたしたちのべつの顔?」岩崎書店 2011
Pek, Ryong-chon ペク・リョンチョン
　㊨北朝鮮　中央銀行総裁　漢字名=白竜天
Pekar, Harvey ピーカー, ハービー
　1939〜2010　㊨アメリカ　漫画原作者　本名=Pekar, Harvey Lawrence
Pekarik, Peter ペカリーク, ペテル
　㊨スロバキア　サッカー選手
Pekerman, José ペケルマン, ホセ
　1949〜　㊨アルゼンチン　サッカー指導者, 元サッカー選手　サッカー・コロンビア代表監督　サッカー・アルゼンチン代表監督
Pekkanen, Robert ペッカネン, ロバート
　1966〜　㊉「日本における市民社会の二重構造」木鐸社 2008
Pekkarinen, Mauri ペッカリネン, マウリ
　㊨フィンランド　経済相
Pekli, Maria ペクリ
　㊨オーストラリア　柔道選手
Peko, Domata ペコ, ドマタ
　㊨アメリカ　アメフト選手
Peko, Kyle ペコ, カイル
　㊨アメリカ　アメフト選手
Pekovic, Nikola ペコビッチ, ニコラ
　㊨モンテネグロ　バスケットボール選手
Peláez, Martha ペレーズ, マーサ
　㊉「グローバル化時代を生きる世代間交流」明石書店 2008
Pelagotti, Alberto ペラゴッティ, アルベルト
　㊨イタリア　サッカー選手
Pélata, Patrick ペラタ, パトリック
　1955〜　㊨フランス　実業家　ルノーCOO, 日産自動車副社長
Pelayo Castañón, José ペラヨ・カスタニョン, ホセ
　㊨グアテマラ　エネルギー・鉱山相
Pelé ペレ
　1940〜　㊨ブラジル　元サッカー選手　ブラジル・スポーツ相　本名=エドソン・アランテス・ド・ナシメント〈Edson Arantes do Nascimento〉
Pelecanos, George P. ペレケーノス, ジョージ・P.
　1957〜　㊨アメリカ　ミステリー作家
Peled-Elhanan, Nurit プレド・エルハナン, ヌリット
　㊉「もう戦争はさせない!」文理閣 2007
Pelegrín, Javier ペレグリン, ハビエル
　1967〜　㊉「イフ」未知谷 2011
Pelembe, Luis ペレンベ, ルイス
　㊨モザンビーク　科学技術相
Pelenc, Arielle ペラン, アリエル
　㊉「ジェフ・ウォール」ファイドン 2006
Pelesala, Leti ペレサラ, レティ
　㊨ツバル　内務・地方・都市開発相
Peleshi, Niko ペレシ, ニコ
　㊨アルバニア　副首相
Pelesko, John A. ペレスコ, ジョン・A.
　㊉「自己組織化」森北出版 2015
Pelevin, Viktor Olegovich ペレーヴィン, ヴィクトル
　1962〜　㊨ロシア　作家　㊨ペレービン, ビクトル
Pélez Morales, Alvaro ペレス・モラレス, アルバロ
　㊨キューバ　運輸相
Pelfrey, Mike ペルフリー, マイク
　㊨アメリカ　野球選手
Pelgrom, Els ペルフロム, エルス
　1934〜　㊉「第八森の子どもたち」福音館書店 2007
Pelham, David ペルハム, デイビット
　㊉「アニマルギャラリー」大日本絵画 2013
Pelham, Erik ペラム, エリック
　1954〜　㊉「バタフライ&シーエッセンス入門ガイド」フレグランスジャーナル社 2014
Pelham, Sophie ペルハム, ソフィー
　㊉「おいしいかずあそび」大日本絵画 〔2015〕
Peligro, Kid ペリグロ, キッド
　㊉「ブラジリアン柔術サブミッション・グラップリングテクニック」新紀元社 2004
Pelikan, Jaroslav ペリカン, ヤーロスラフ
　1923〜2006　㊨アメリカ　歴史学者　エール大学名誉教授　㊨哲学, 神学　本名=Pelikan, Jaroslav Jan
Pélissolo, Antoine ペリッソロ, アントワーヌ
　㊉「パニック障害」日本評論社 2001
Pelka, Fred ペルカ, フレッド
　1954〜　㊉「障害者権利擁護運動事典」明石書店 2015
Pelkmans, Jacques ペルクマンス, J.
　㊉「EU経済統合」文真堂 2004
Pell, Arthur R. ペル, アーサー・R.
　㊉「新マーフィー逆境の成功法則」マーブルトロン, 中央公論新社(発売) 2009
Pell, Claiborne de Borda ペル, クレイボーン
　1918〜2009　㊨アメリカ　政治家　米国上院議員(民主党)
Pellat-finet, Lucien ペラフィネ, ルシアン
　㊨フランス　ファッションデザイナー
Pellegrin, Paolo ペレグリン, パオロ
　㊨イタリア　ロバート・キャパ賞(2006年度)　True Pain: Israel & Hizbullah
Pellegrini, Anthony D. ペレグリーニ, A.D.
　㊉「進化発達心理学」新曜社 2008
Pellegrini, Federica ペレグリニ, フェデリカ
　1988〜　㊨イタリア　水泳選手
Pellegrini, Lorenzo ペッレグリーニ, ロレンツォ
　㊨イタリア　サッカー選手
Pellegrini, Peter ペレグリニ, ペテロ
　㊨スロバキア　副首相(投資担当)　㊨ペレグリーニ, ペテル
Pellegrino, Charles R. ペレグリーノ, チャールズ
　㊨アメリカ　作家, 科学者　㊨海洋学, 宇宙生物学
Pellegrino, Mauricio ペジェグリーノ, マウリシオ
　㊨アルゼンチン　アラベス監督
Peller, Jane E. ペラー, ジェーン・E.
　㊉「ブリーフセラピーの再創造」金剛出版 2005
Pellerin, Charles James ペレリン, チャールズ・J.
　1944〜　㊉「NASAのチームビルディング」アチーブメント出版 2010
Pellerin, David ペレリン, デビッド
　㊉「C言語による実践的FPGAプログラミング」エスアイビー・アクセス, 星雲社(発売) 2011
Pellerin, Fleur ペルラン, フルール
　1973〜　㊨フランス　政治家　フランスデジタル経済担当相　韓国名=キム・ジョンスク〈Kim, Jong-suk〉
Pelletier, David ペルティエ
　㊨カナダ　フィギュアスケート選手
Pelletier, Louis-Thomas ペルティエ, ルイ=トマ
　1965〜　㊉「お人形と結婚した男」扶桑社 2003
Pelletier, Michel ペルティエ, ミッシェル
　1960〜　㊉「Zope技術入門」ピアソン・エデュケーション 2002
Pelletier, Paul ペルティエ, ポール
　㊉「ジャスティス・リーグ:アトランティスの進撃」小学館集英社プロダクション 2014
Pelletière, Stephen C. ペレティエ, スティーブン
　㊉「陰謀国家アメリカの石油戦争」ビジネス社 2006
Pelley, Kathleen T. ペリー, キャスリーン・T.
　㊉「マグナス・マクシマス、なんでもはかります」光村教育図書 2010
Pellico, Silvio ペッリコ, シルヴィオ
　㊉「わが獄中記」本の友社 2001
Pellicone, Mateo ペリコーネ, マテオ
　㊨イタリア　国際レスリング協会副会長, イタリア柔道レスリング空手武道連盟会長
Pellielo, Giovanni ペリエロ, ジョバンニ
　㊨イタリア　射撃選手　㊨ペリエロ
Pellisier, Jérôme ペリシエ, ジェローム
　㊉「Humanitude」トライアリスト東京, 舵社(発売) 2014
Pellissier, Caroline ペリシェ, カロリーヌ
　1971〜　㊉「おやすみなさい」アノニマ・スタジオ, KTC中央出版(発売) 2014
Pellissier, Sergio ペリシエ, セルジオ
　㊨イタリア　サッカー選手
Pelon, Claude ペロン, クロード
　㊨アメリカ　アメフト選手
Pelosi, Nancy ペロシ, ナンシー
　1940〜　㊨アメリカ　政治家　米国民主党下院院内総務　米国下

院議長　㊂ペローシ, ナンシー
Pelot, Pierre　ペロー, ピエール
㊃「ジェヴォーダンの獣」ソニー・マガジンズ　2002
Pelouch, Jan　ペロウフ, ヤン
㊐チェコ　元・在チェコ日本国大使館現地職員
Peltier, Melissa Jo　ペルティエ, メリッサ・ジョー
㊃「あなたの犬は幸せですか」講談社　2006
Peltola, Markku　ペルトラ, マルック
1956〜2007　㊐フィンランド　俳優
Pelton, Fred L.　ペルトゥン, フレッド・L.
㊃「魔道書ネクロノミコン外伝」学研パブリッシング, 学研マーケティング(発売)　2011
Pelton, Jeremy　ペルトン, ジェレミー
㊃「症例から学ぶ統合失調症の認知行動療法」日本評論社　2007
Pelton, Leroy H.　ペルトン, リーロイ・H.
㊃「児童虐待のポリティクス」明石書店　2006
Pelton, Robert Young　ペルトン, ロバート・ヤング
1955〜　㊃「現代の傭兵たち」原書房　2006
Peltoniemi, Sari　ペルトニエミ, サリ
㊃「ケルップの友だち」文研出版　2010
Peltz, Lois　ペルス, ルイ
1956〜　㊃「ヘッジファンドの魔術師」パンローリング　2005 (第2刷)
Peltz, Nicola　ペルツ, ニコラ
1995〜　㊐アメリカ　女優
Peluso, Federico　ペルーゾ, フェデリコ
㊐イタリア　サッカー選手
Pelzer, Dave　ペルザー, デーブ
㊐アメリカ　作家　㊂ペルザー, デイヴ
Pelzer, Richard B.　ペルザー, リチャード
㊃「ペルザー家虐待の連鎖」ソニー・マガジンズ　2004
Pema Gyalpo　ペマ・ギャルポ
㊃「ダライ・ラマ心の宝石」東京書籍　2009
Pema Tseden　ペマ・ツェテン
1969〜　㊐チベット　作家, 映画監督
Pemberton, Delia　ペンバートン, デリア
㊃「図解古代エジプト」東京書籍　2005
Pembroke, Greg　ペンブローク, グレッグ
㊃「うちの子が泣いてるワケ」新潮社　2015
Pembroke, Sophie　ペンブローク, ソフィー
㊃「都合のいい花嫁」ハーパーコリンズ・ジャパン　2015
Pempel, T.J.　ペンペル, T.J.
1942〜　㊃「日本の高等教育政策」玉川大学出版部　2004
Pemper, Mieczysław　ペンパー, ミーテク
1920〜2011　㊃「救出への道」大月書店　2007
Pe Myint　ペー・ミン
㊐ミャンマー　情報相
Peña, Elizabeth　ペーニャ, エリザベス
1959〜2014　㊐アメリカ　女優
Pena, Ernesto　ペニャ
㊐キューバ　レスリング選手
Pena, Felix　ペーニャ, フェリックス
㊐ドミニカ共和国　野球選手
Pena, Francisco　ペーニャ, フランシスコ
㊐ドミニカ共和国　野球選手
Peña, Javier López　ペニャ, ハビエ・ロペス
?〜2013　㊐スペイン　反政府勢力指導者　バスク祖国と自由(ETA)最高指導者
Peña, Marcos　ペニャ, マスコス
㊐アルゼンチン　官房長官
Peña, Maritza Rosabal　ペニャ, マリッザ・ロザバル
㊐カボベルデ　教育・家族・社会包括相
Pena, Paul　ペナ, ポール
1950〜2005　㊐アメリカ　ブルース音楽家
Peña, Pedro　ペニャ, ペドロ
㊐ドミニカ共和国　国防相
Peña, Roberto　ペニャ, ロベルト
㊐エクアドル　貿易・工業化・漁業相
Peña, Santiago　ペニャ, サンティアゴ
㊐パラグアイ　財務相
Pena, Tony　ペーニャ, トニー
㊐アメリカ　ニューヨーク・ヤンキースコーチ
Pena, William　ペニャ, ウイリアム
㊃「プロブレム・シーキング」彰国社　2003
Pena Abreu, Yamilet　ペニャアブレウ
㊐ドミニカ共和国　体操選手

Peña Claros, Claudia　ペニャ・クラロス, クラウディア
㊐ボリビア　地方自治相
Peña Guaba, Antonio　ペニャ・グアバ, アントニオ
㊐ドミニカ共和国　青年問題担当相
Peña Guaba, Francisco　ペニャ・グアバ, フランシスコ
㊐ドミニカ共和国　青年問題担当相
Peñaherrera, Estuardo　ペニャエレラ, エストゥアルド
㊐エクアドル　公共事業・通信相
Peñailillo, Rodrigo　ペニャイリジョ, ロドリゴ
㊐チリ　内相
Penalber, Victor　ペナウベル, ビクトル
㊐ブラジル　柔道選手
Peña Nieto, Enrique　ペニャニエト, エンリケ
1966〜　㊐メキシコ　政治家　メキシコ大統領
Peña Pentón, Damodar　ペニャ・ペントン, ダモダル
㊐キューバ　保健相
Penaranda, Adalberto　ペニャランダ, アダルベルト
㊐ベネズエラ　サッカー選手
Penas, Oscar　ペナス
㊐スペイン　柔道選手
Penashue, Peter　ペナシュー, ピーター
㊐カナダ　州政府間関係相
Penberthy, John　ペンバーシー, ジョン
㊃「山の向こうに何がある？」PHP研究所　2010
Pence, Alan　ペンス, アラン
㊃「グローバル化時代を生きる世代間交流」明石書店　2008
Pence, Ellen　ペンス, エレン
1948〜2012　㊐アメリカ　社会運動家　ドゥルース家庭内暴力介入プロジェクト共同創設者
Pence, Gregory E.　ペンス, グレゴリー・E.
㊃「遺伝子組換え食品」青土社　2003
Pence, Hunter　ペンス, ハンター
1983〜　㊐アメリカ　野球選手　本名＝Pence, Hunter Andrew
Pence, Mike　ペンス, マイク
㊐アメリカ　副大統領
Penck, Stefanie　ペンク, シュテファニー
㊃「タマラ・ド・レンピッカ」岩波書店　2009
Penderecki, Krzysztof　ペンデレツキ, クシシュトフ
1933〜　㊐ポーランド　作曲家, 指揮者　㊂ペンデレッキー／ペンデレツキ, クシュシトフ／ペンデレツキ, クリシュトフ／ペンデレツキー
Pendergrass, Teddy　ペンダーグラス, テディ
1950〜2010　㊐アメリカ　ソウル歌手
Pendergrast, Mark　ペンダーグラスト, マーク
㊃「鏡の歴史」河出書房新社　2007
Pendeš, Marina　ペンデシュ, マリナ
㊐ボスニア・ヘルツェゴビナ　国防相
Pendlebury, Sarah T.　ペンドルベリー, サラ・T.
㊃「エマージェンシー神経学」メディカル・サイエンス・インターナショナル　2009
Pendleton, Don　ペンドルトン, ドン
グラミー賞 最優秀レコーディング・パッケージ(2014年(第57回)) "Lightning Bolt" アート・ディレクター
Pendleton, Terry　ペンドルトン, テリー
㊐アメリカ　アトランタ・ブレーブスコーチ
Pendleton, Victoria　ペンドルトン, ビクトリア
1980〜　㊐イギリス　自転車選手　本名＝Pendleton, Victoria Louise　㊂ペンドルトン, ヴィクトリア
Pendleton, William Frederic　ペンドルトン, W.F.
㊃「著作からの話題」スヴェーデンボリ出版　2012
Pendragon, Paul　ペンドラゴン, ポール
㊃「シルバーベリー・ツリー」青山社　2004
Pendrel, Catharine　ペンドレル, キャサリン
㊐カナダ　自転車選手　㊂ペンドレル
Pendy-bouyiki, Jean-Rémy　パンディブイキ, ジャンレミ
㊐ガボン　中小企業・地域統合相　㊂パンディブイキ, ジャン・レミ
Penenberg, Adam L.　ペネンバーグ, アダム
1962〜　㊃「バイラル・ループ」講談社　2010
Peneux, Robert　ペノー, ロバート
㊐スリナム　教育・科学・文化相
Penev, Luboslav Mladenov　ペネフ, ルボスラフ・ムラデノフ
1966〜　㊐ブルガリア　サッカー指導者, 元サッカー選手　サッカー・ブルガリア代表監督　㊂ペネス, リュボスラフ
Penfold, Brent　ペンフォールド, ブレント
1962〜　㊃「システムトレード基本と原則」パンローリング

Peng, Chong　ポン・ツォン
　1915〜2010　国中国　政治家　中国全国人民代表大会(全人代)常務委員副委員長、中国共産党書記・中央委員　漢字名＝彭冲
Peng, Eddie　ポン, エディ
　1982〜　国台湾　俳優　漢字名＝彭于晏
Peng, Li-yuan　ポン・リーユアン
　1962〜　国中国　歌手、歌劇芸術家　中国人民解放軍総政治部歌舞団団長、中国音楽家協会副主席　漢字名＝彭麗媛
Peng, Lucy　ペン, ルーシー
　国中国　アリババグループMicro Fini Svcs最高経営責任者
Peng, Lucy　ポン, ルーシー
　国中国　アント・ファイナンシャルCEO、アリババ創業メンバー　漢字名＝彭蕾
Peng, Scott Y.　ペン, スコット・Y.
　著「仕組債入門」シグマベイスキャピタル　2001
Peng, T.K.　ペン, T.K.
　著「リメイド・イン・アメリカ」中央大学出版部　2005
Peng, Zhaoqian　ペン, ツァオキアン
　国中国　ローザンヌ国際バレエコンクール 2位・スカラシップ(第37回(2009年))
Pengel, Patrick　ペンゲル, パトリック
　国スリナム　保健相
Pengelly, Andrew　ペンゲリー, アンドリュー
　著「ハーバリストのための薬用ハーブの化学」フレグランスジャーナル社　2008
Pengilly, Adam　ペンギリー
　国イギリス　スケルトン選手
Penhallow, David　ペンハロウ, デビッド
　著「スケートボーダーズ・アート」グラフィック社　2006
Peni, Istvan　ペニ, イストバン
　国ハンガリー　射撃選手
Penke, Normans　ペンケ, ノールマンス
　ラトビア　駐日特命全権大使
Penker, Magnus　ペンカー, M.
　著「UMLによるビジネスモデリング」ソフトバンクパブリッシング　2002
Penman, Danny　ペンマン, ダニー
　1966〜　著「自分でできるマインドフルネス」創元社　2016
Penman, Stephen H.　ペンマン, ステファン
　別ペンマン, S.H.　著「公正価値会計のフレームワーク」中央経済社　2012
Penn, Arthur　ペン, アーサー
　1922〜2010　国アメリカ　映画監督、演出家
Penn, Audrey　ペン, オードリー
　1947〜　著「The kissing hand」アシェット婦人画報社　2007
Penn, Chris　ペン, クリス
　1965〜2006　国アメリカ　俳優　本名＝ペン, クリストファー〈Penn, Christopher〉
Penn, David L.　ペン, デイビッド
　著「社会認知ならびに対人関係のトレーニング(SCIT)」星和書店　2011
Penn, Donald　ペン, ドナルド
　国アメリカ　アメフト選手
Penn, Irving　ペン, アービング
　1917〜2009　国アメリカ　写真家　別ペン, アーヴィング
Penn, Mark J.　ペン, マーク・J.
　著「マイクロトレンド」日本放送出版協会　2008
Penn, Robert　ペン, ロバート
　著「夢のロードバイクが欲しい！」白水社　2012
Penn, Sean　ペン, ショーン
　1960〜　国アメリカ　俳優、映画監督
Penn, Thomas　ペン, トマス
　著「冬の王」彩流社　2016
Pennac, Daniel　ペナック, ダニエル
　1944〜　国フランス　作家　本名＝ペナッキオーニ, ダニエル〈Pennacchioni, Daniel〉
Pennak, Sara　ペンナク, サラ
　著「新種の冒険」朝日新聞出版　2015
Pennant-Rea, Rupert　ペナンリー, ルパート
　著「経済政策の公共選択分析」勁草書房　2002
Pennario, Leonard　ペナリオ, レナード
　1924〜2008　国アメリカ　ピアニスト
Pennart, Geoffroy de　ペナール, ジョフロワ・ド
　1951〜　著「子ヤギのバルタザール！」評論社　2005
Pennebaker, D.A.　ペネベイカー, D.A.
　アカデミー賞 名誉賞(第85回(2012年))
Pennebaker, James W.　ペネベーカー, ジェームズ・W.
　著「こころのライティング」二瓶社　2007
Pennel, Mike　ペンネル, マイク
　国アメリカ　アメフト選手
Pennell, Joan　ペネル, ジョン
　著「ソーシャルワークと修復的正義」明石書店　2012
Penner, Elvin　ペナー, エルビン
　国ベリーズ　国務相(移民・国境監視担当)
Penner, Erdman　ペナー, アードマン
　著「わんわん物語」竹書房　2003
Pennes, Gregoire　ペネ
　国フランス　トランポリン選手
Pennetier, Jean-Claude　ペネティエ, ジャン・クロード
　1942〜　国フランス　ピアニスト, 指揮者, 作曲家　別ペンティエ, ジャン・クロード
Pennetta, Flavia　ペネッタ, フラヴィア
　1982〜　国イタリア　テニス選手　別ペンネッタ／ペンネッタ, フラビア
Penney, Alexandra　ペニー, アレグザンドラ
　著「「もう、いやだ」というときに一気分をリセットする100の言葉」主婦の友社　2003
Penney, Dixianne　ペニー, ディキシアンヌ
　著「境界性パーソナリティ障害最新ガイド」星和書店　2006
Penney, Stef　ペニー, ステフ
　1969〜　国イギリス　作家, 映画監督　著ミステリー
Pennick, Nigel　ペニック, ナイジェル
　著「ヨーロッパ異教史」東京書籍　2005
Pennie, Fiona　ペニー, フィオナ
　国イギリス　カヌー選手
Pennington, Bill　ペニントン, ビル
　著「19の罠」翔泳社　2003
Pennington, Cliff　ペニントン, クリフ
　国アメリカ　野球選手
Pennington, Kate　ペニントン, ケイト
　1949〜　著「エリザベス女王のお針子」徳間書店　2011
Pennington, Matthew　ペニントン, マシュー
　国イングランド　サッカー選手
Penninx, Kees　ペニンクス, キース
　著「グローバル化時代を生きる世代間交流」明石書店　2008
Penn Setharin　ペン・セタリン
　著「カンボジア」ポプラ社　2007
Penny, Elijhaa　ペニー, エリハー
　国アメリカ　アメフト選手
Penny, Louise　ペニー, ルイーズ
　1958〜　国カナダ　作家　著ミステリー, スリラー
Penny, Nicholas　ペニー, ニコラス
　1949〜　著「額縁と名画」八坂書房　2014
Pennypacker, Sara　ペニーパッカー, サラ
　1951〜　国アメリカ　作家　著児童書
Penone, Giuseppe　ペノーネ, ジュゼッペ
　1947〜　国イタリア　彫刻家
Penot, Christophe　ブノー, クリストフ
　著「MEMOIRE」未知谷　2002
Penque, Sue　ペンク, スー
　著「ケアのなかの癒し」看護の科学社　2016
Penrose, Andrea　ペンローズ, アンドレア
　著「スペシャリテには罠をひとさじ」ヴィレッジブックス　2014
Penrose, Antony　ペンローズ, アントニー
　著「ピカソはぼくの親友なんだ」六耀社　2011
Penrose, Roger　ペンローズ, ロジャー
　1931〜　著「心の影」みすず書房　2016
Pen Sovan　ペン・ソバン
　1936〜　国カンボジア　政治家　カンボジア国家評議会議長　別ペン・ソヴァン
Pentak, Stephen　ペンタック, スティーブン
　著「DESIGN BASICS」ビー・エヌ・エヌ新社　2012
Pentak, William　ペンタック, ウィリアム
　著「頑固な羊の動かし方」草思社　2005
Pentecôte, Philippe　パントコート, フィリップ
　1964〜　著「フランスサラダ」駿河台出版社　2008
Pentland, Alex　ペントランド, アレックス
　1952〜　別ペントランド, アレックス(サンディ)　著「ソーシャル物理学」草思社　2015
Pentus-rosimannus, Keit　ペントゥスロシマヌス, ケイト
　国エストニア　外相　別ペントス, ケイト

Penzias, Arno Allan ペンジアス, アルノ・アラン
1933～ 国アメリカ 電波天文学者 （異ペンジアス, アーノ／ペンジアス, アーノウ

Penzler, Otto ペンズラー, オットー
アメリカ探偵作家クラブ賞 批評・評伝賞（2010年）"The Lineup: The Worlds Greatest Crime Writers Tell the Inside Story of Their Greatest Detectives"

Penzo, Jeanine A. ペンゾォ, ジェニーン・A.
著「家庭と学校ですぐに役立つ感情を爆発させる子どもへの接し方」明石書店 2011

Pep, Melchior ペプ, メルチオール
国パプアニューギニア 矯正相

Pep, Willie ペップ, ウィリー
1922～2006 国アメリカ プロボクサー 世界フェザー級チャンピオン 本名＝Papaleo, Guglielmo

Pepe ペペ
1983～ 国ポルトガル サッカー選手 本名＝ラベラン・リマ・フェレイラ, ケブレル〈Laveran Lima Ferreira, Kléper〉

Pepe, Osman ペペ, オスマン
国トルコ 観光森林相

Pepe, Phil ペペ, フィル
1935～ 著「コア・フォー」作品社 2015

Pepe, Simone ペペ, シモーネ
国イタリア サッカー選手

Pépin, Charles ペパン, シャルル
1973～ 著「賢者の惑星」明石書店 2014

Pépin, Jacques ペパン, ジャック
1958～ 著「エイズの起源」みすず書房 2013

Pepitone, James S. ペピトン, J.S.
著「組織を救うモティベイター・マネジメント」ディスカヴァー・トゥエンティワン 2002

Pepler, Tina ペプラー, ティナ
著「玉砕／Gyokusai」岩波書店 2006

Pepper, Barry ペッパー, バリー
エミー賞 プライムタイム・エミー賞 最優秀主演男優賞（ミニシリーズ・映画）（第63回（2011年））"The Kennedys"

Pepper, Daisy ペパー, デイジー
著「猫のおまじない」BABジャパン 2007

Pepper, Hamish ペッパー
国ニュージーランド セーリング選手

Pepper, John Ennis, Jr. ペッパー, ジョン
1938～ 国アメリカ 実業家 ウォルト・ディズニー・カンパニー会長, プロクター・アンド・ギャンブル（P&G）会長・CEO （異ペパー, ジョン

Pepper, Terence ペッパー, テレンス
著「永遠のオードリー・ファッション」二見書房 2016

Pepperberg, Irene M. ペパーバーグ, アイリーン・M.
著「アレックスと私」幻冬舎 2010

Peppercorn, David ペッパーコーン, デイヴィッド
著「ボルドー・ワイン」早川書房 2006

Peppers, Don ペパーズ, ドン
著「ITマーケティング」ダイヤモンド社 2001

Peppers, Julius ペッパーズ, ジュリアス
国アメリカ アメフト選手

Peppiatt, Michael ペピアット, マイケル
1941～ 著「フランシス・ベイコン」新潮社 2005

Pepple, Ama ペプル, アマ
国ナイジェリア 都市住宅都市開発相

Pequegnot, Laure ペクニョ
国フランス アルペンスキー選手

Pequeno, Ovidio ペケノ, オビディオ
国サントメ・プリンシペ 外務・協力相

Pera, Robert ペラ, ロバート
起業家, ワイヤレス・ネットワーキング・ギア創業者

Perahia, Murray ペライア, マレイ
1947～ 国アメリカ ピアニスト, 指揮者 （異ペライア, マリー／ペライア, マレー／ペラハイヤ, マレイ

Peralta, David ペラルタ, デビッド
国ベネズエラ 野球選手

Peralta, Jhonny ペラルタ, ジョニー
国ドミニカ共和国 野球選手

Peralta, José Ramón ペラルタ, ホセ・ラモン
国ドミニカ共和国 大統領府官房長官

Peralta, Patrick ペラルタ, パトリック
著「Oracle Coherence入門」アスキー・メディアワークス, 角川グループパブリッシング（発売） 2011

Peralta, Wandy ペラルタ, ワンディ
国ドミニカ共和国 野球選手

Peralta, Wily ペラルタ, ウィリー
国ドミニカ共和国 野球選手

Peralta, Yamil Alberto ペラルタ, ヤミル
国アルゼンチン ボクシング選手

Peralta Gascon, Juan ペラルタ, フアン
国スペイン 自転車選手

Peralta Jara, Yamil ペラルタ
国アルゼンチン ボクシング選手

Perarnau, Martí パラルナウ, マルティ
1955～ 国ペラルナウ, マルティ 著「ペップ・グアルディオラ キミにすべてを語ろう」東邦出版 2015

Peraud, Jean-Christophe プロー
国フランス 自転車選手

Peraza, Jose ペラーザ, ホセ
国ベネズエラ 野球選手

Perazella, Mark A. ペラゼラ, マーク・A.
著「30日で学ぶ水電解質と腎臓病」メディカル・サイエンス・インターナショナル 2007

Perben, Dominique ペルベン, ドミニク
国フランス 運輸・設備・観光・海洋相

Percin, Laurence de ペルサン, ロランス・ド
著「バックス」緑風出版 2004

Percival, Bernard パーシバル, バーナード
国アンティグア・バーブーダ 保健・社会改良相

Percival, Brian パーシヴァル, ブライアン
エミー賞 プライムタイム・エミー賞 最優秀監督賞（ミニシリーズ・映画・ドラマスペシャル番組）（第63回（2011年））"Downton Abbey"

Percival, John パーシヴァル, ジョン
著「ウォートンスクールの次世代テクノロジー・マネジメント」東洋経済新報社 2002

Percivale, Tommaso ペルチヴァーレ, トンマーゾ
1977～ 著「13歳までにやっておくべき50の冒険」太郎次郎社エディタス 2016

Percy, Benjamin パーシー, ベンジャミン
1979～ 国アメリカ 作家 （異スリラー, ホラー

Percy, Charles Harting パーシー, チャールズ
1919～2011 国アメリカ 政治家, 実業家 米国上院外交委員長（共和党）

Percy, David S. パーシー, デヴィッド・S.
著「アポロは月に行ったのか？」雷韻出版 2002

Percy, Iain パーシー, イアイン
1976～ 国イギリス セーリング選手 （異パーシー

Perdomo, Antonio ペルドモ, アントニオ
1943～2009 国キューバ バレーボール監督 バレーボール女子キューバ代表監督

Perdomo, Carlos パードモ, カルロス
国ベリーズ 防衛・移民相

Perdomo, Luis ペルドモ, ルイス
国ドミニカ共和国 野球選手

Perdue, Leo G. パーデュー, L.G.
著「箴言」日本キリスト教団出版局 2009

Perdue, Lewis パーデュー, ルイス
著「ダ・ヴィンチ・レガシー」集英社 2006（第5刷）

Perdue, Sonny パーデュー, ソニー
国アメリカ 農務長官

Péré-Christin, Evelyne ペレ＝クリスタン, エヴリーヌ
1948～ 著「階段」白揚社 2003

Pereira, Agio ペレイラ, アジオ
国東ティモール 閣議議長担当相

Pereira, Alexander ペレイラ, アレクサンダー
1947～ 国オーストリア ミラノ・スカラ座総裁

Pereira, Andy ペレイラ, アンディ
国キューバ 卓球選手

Pereira, Aristides Maria ペレイラ, アリスティデス・マリア
1923～2011 国カボベルデ 政治家 カボベルデ大統領

Pereira, Camilo Simoes ペレイラ, カミロ・シモエス
国ギニアビサウ 保健相

Pereira, Carla Soares ペレイラ, カルラ・ソアレス
著「ジャングルの人形」新世研 2003

Pereira, Domingos Simões ペレイラ, ドミンゴス・シモエス
国ギニアビサウ 首相 （異ペレイラ, ドミンゴス・シモンス

Pereira, Florentino ペレイラ, フロランティノ
国ギニアビサウ エネルギー・工業相

Pereira, Heitor　ペレイラ, ハイター
　グラミー賞 最優秀ヴォーカル伴奏編曲（2005年（第48回））
　"What Are You Doing The Rest Of Your Life？"
Pereira, Joao　ペレイラ, ジョアン
　国ポルトガル　トライアスロン選手
Pereira, João Aníbal　ペレイラ, ジョアオ・アニバル
　国ギニアビサウ　農業・地方開発相
Pereira, Luís Filipe　ペレイラ, ルイス・フェリペ
　国ポルトガル　保健相　　ペレイラ, ルイス・フィリペ
Pereira, Luís Miguel　ペレイラ, ルイス・ミゲル
　1969〜　著「クリスティアーノ・ロナウドの『心と体をどう磨く？』」三五館　2015
Pereira, Marcos Antônio　ペレイラ, マルコス・アントニオ
　国ブラジル　産業・貿易相
Pereira, Matheus　ペレイラ, マテウス
　国ブラジル　サッカー選手
Pereira, Pedro　ペレイラ, ペドロ
　国ポルトガル　サッカー選手
Pereira, Rui　ペレイラ, ルイ
　国ポルトガル　内相
Pereira, Teliana　ペレイラ, テリアナ
　国ブラジル　テニス選手
Pereira, Teresinka　ペレイラ, テレシンカ
　著「現代世界アジア詩集」土曜美術社出版販売　2010
Pereira, Thiago　ペレイラ, ティアゴ
　国ブラジル　水泳選手　　ペレイラ
Pereira, Virgílio Ferreira De Fontes　ペレイラ, ビルジリオ・フェレイラ・デ・フォンテス
　国アンゴラ　国土行政相　　ペレイラ, ビルジリオ・フェレイラ・フォンテス
Pereira Hernández, Carlos Miguel　エルナンデス, カルロス・ミゲル・ペレイラ
　国キューバ　駐日特命全権大使
Pereiro, Gaston　ペレイロ, ガストン
　国ウルグアイ　サッカー選手
Perel, Daniel　ペレル, ダニエル
　1956〜　国フランス　実業家　ティファニー・ジャパン代表
Perel, Esther　ペレル, エステル
　著「セックスレスは罪ですか？」ランダムハウス講談社　2008
Perelman, Grigori　ペレルマン, グレゴリー
　1966〜　国ロシア　数学者　本名＝Perelman, Grigori Yakovlevich　　ペレルマン, グリゴリー
Perelman, Ronald　ペレルマン, ロナルド
　国アメリカ　実業家
Perenara, TJ.　ペレネラ, TJ.
　国ニュージーランド　ラグビー選手
Perenise, Anthony　ペレニセ, アンソニー
　国サモア　ラグビー選手
Perényi, Miklós　ペレーニ, ミクローシュ
　1948〜　国ハンガリー　チェロ奏者
Perepetchenov, Oleg　ペレペチェノフ
　国ロシア　重量挙げ選手
Perer, Adam　ペラー, アダム
　著「ビューティフルビジュアライゼーション」オライリー・ジャパン, オーム社（発売）　2011
Perera, Dilan　ペレラ, ディラン
　国スリランカ　海外雇用・福祉相
Perera, Felix　ペレラ, フェリックス
　国スリランカ　社会サービス相　　ペレラ, フェリクス
Perera, Gamini Jayawickrema　ペレラ, ガミニ・ジャヤウィクラマ
　国スリランカ　持続的発展・野生生物相　　ペレラ, ガミニ・J.
Perera, Joseph Michael　ペレラ, ジョセフ・マイケル
　国スリランカ　内相
Perera, Sylvia Brinton　ペレラ, シルヴィア・ブリントン
　1932〜　著「夢分析実践テキストブック」創元社　2007
Peres, Asher　ペレス, A.
　1934〜　著「ペレス量子論の概念と手法」丸善出版事業部　2001
Peres, Shimon　ペレス, シモン
　1923〜2016　国イスラエル　政治家　イスラエル大統領・首相, イスラエル労働党党首　本名＝ペルスキ, シモン〈Perski, Shimon〉
Peresada, Anatolii　ペレサダ, A
　著「シャリャーピンとバラライカ」新読社　2002
Peretti, Frank E.　ペレティ, フランク・E.
　著「この暗闇の世界」サムソン・パブリケーションズ　2007

Peretyagin, Aleksander　ペレチャギン
　国ロシア　リュージュ選手
Peretz, Amir　ペレツ, アミール
　1952〜　国イスラエル　政治家　イスラエル副首相, イスラエル国防相, イスラエル労働党党首
Pérévet, Zacharie　ペレベ, ザシャリ
　国カメルーン　雇用・職業訓練相
Perevozchikov, Aleksandr　ペレヴォースチコフ, アレクサンドル
　著「モスクワ上空の戦い」大日本絵画　2002
Pereyra, Roberto　ペレイラ, ロベルト
　国アルゼンチン　サッカー選手
Pérez, Asier　ペレス, アシエル
　著「This is service design thinking.」ビー・エヌ・エヌ新社　2013
Perez, Carlos　ペレス
　国スペイン　カヌー選手
Perez, Carlos　ペレス, カルロス
　国ベネズエラ　野球選手
Perez, Cecilia　ペレス
　国メキシコ　トライアスロン選手
Pérez, Cecilia　ペレス, セシリア
　国チリ　女性問題相
Pérez, Christophe-Alexis　ペレス, クリストフ＝アレクシス
　著「100パズルぬりえ」グラフィック社　2016
Perez, Darley　ペレス
　国コロンビア　ボクシング選手
Perez, Eddie　ペレス, エディ
　国アメリカ　アトランタ・ブレーブスコーチ
Perez, Eury　ペレス, ユーリ
　国ドミニカ共和国　野球選手
Perez, Felipe　ペレス, フェリペ
　1965〜　国キューバ　政治家　キューバ外相, キューバ国家評議会委員　本名＝ペレス・ロケ, フェリペ・ラモン〈Perez Roque, Felipe Ramón〉
Pérez, Florentino Rodriguez　ペレス, フロレンティーノ
　1947〜　国スペイン　実業家　レアル・マドリード会長　　ペレス, フロレンティノ
Pérez, George　ペレス, ジョージ
　1954〜　著「アベンジャーズ/エイジ・オブ・ウルトロン：プレリュード」小学館集英社プロダクション　2015
Perez, Guillermo　ペレス
　国メキシコ　テコンドー選手
Perez, Hernan　ペレス, エルナン
　国ベネズエラ　野球選手
Perez, Hernani　ペレス, ヘルナニ
　国フィリピン　法相
Perez, Irving　ペレス
　国メキシコ　トライアスロン選手
Perez, Jefferson　ペレス
　国エクアドル　陸上選手
Perez, Jessica　ペレス, ジェシカ
　著「けんせつこうじさぎょうちゅう」大日本絵画　2004
Peréz, Jesus Arnoldo　ペレス, ヘスス・アルノルド
　国ベネズエラ　外相
Perez, John　ペレ, ジョン
　MTVアワード 最優秀撮影（第27回（2010年））　"Empire State of Mind"
Pérez, Joseph　ペレ, ジョセフ
　1931〜　著「カール5世とハプスブルク帝国」創元社　2002
Perez, Juan J.　ペレス, ファン
　著「Visual Studio Team Systemで実践するソフトウェアエンジニアリング」日経BPソフトプレス, 日経BP出版センター（発売）　2007
Pérez, Manuel de Jesús　ペレス, マヌエル・デヘスス
　国ドミニカ共和国　公共事業・通信相　　ペレス, マヌエル
Perez, Martin　ペレス, マーティン
　国ベネズエラ　野球選手
Perez, Monica　ペレス, モニカ
　著「おさるのジョージはいしゃさんへいく」岩波書店　2014
Pérez, Nancy　ペレス, ナンシー
　国ベネズエラ　保健相
Perez, Oliver　ペレス, オリバー
　国メキシコ　野球選手
Perez, Paola　ペレス
　国ベネズエラ　水泳選手
Perez, Pascual　ペレス, パスカル

1957～2012 [国]ドミニカ共和国　野球選手　本名＝Perez, Pascual Gross [異]ペレス, パスクアル
Pérez, Patricia　ペレス, パトリシア
[国]チリ　法相
Perez, Paul　ペレス, ポウル
[国]サモア　ラグビー選手
Perez, Pere　ペレス, ペール
[著]「バットマン：ブルース・ウェインの選択」 小学館集英社プロダクション　2014
Perez, Roberto　ペレス, ロベルト
[国]プエルトリコ　野球選手
Pérez, Rodrigo　ペレス, ロドリゴ
[国]チリ　住宅・都市開発相兼国有財産相
Pérez, Rodulfo　ペレス, ロドゥルフォ
[国]ベネズエラ　基礎教育相
Perez, Salvador　ペレス, サルバドール
[国]ベネズエラ　野球選手
Perez, Santiago　ペレス
[国]スペイン　陸上選手
Perez, Thomas　ペレス, トーマス
[国]アメリカ　労働長官
Pérèz, Vincent　ペレーズ, ヴァンサン
1964～ [国]フランス　俳優, 映画監督 [異]ペレーズ, バンサン
Perez, Vincent　ペレス, ビンセント
[国]フィリピン　エネルギー長官
Pérez, Walter Fernando　ペレス, ワルテル・フェルナンド
1975～ [国]アルゼンチン　自転車選手 [異]ペレス
Perez, William　ペレス, ウィリアムズ
[国]ベネズエラ　野球選手
Perez, Yaime　ペレス, ヤイメ
[国]キューバ　陸上選手
Perez, Yefri　ペレス, イェフリ
[国]ドミニカ共和国　野球選手
Pérez Abad, Miguel　ペレス・アバド, ミゲル
[国]ベネズエラ　産業・商業相
Perezagua, Marina　ペレサグア, マリーナ
1978～ [著]「リトル・ボーイ」 水声社　2016
Pérez Arias, Guillermo　ペレス・アリアス, ギジェルモ
[国]ホンジュラス　外相
Perezchica, Tony　ペレジカ, トニー
[国]アメリカ　アリゾナ・ダイヤモンドバックスコーチ
Pérez Del Castillo, Santiago　ペレスデルカスティジョ, サンティアゴ
[国]ウルグアイ　労働・社会保障相
Pérez Esquivel, Adolfo　ペレス・エスキベル, アドルフォ
1931～ [国]アルゼンチン　平和運動家, 彫刻家, 建築家
Pérez Féliz, Joaquín　ペレス・フェリス, ホアキン
[国]ドミニカ共和国　国防相
Pérez Guadalupe, José　ペレス・グアダルペ, ホセ
[国]ペルー　内相
Pérez Jara, Cecilia　ペレス・ハラ, セシリア
[国]チリ　官房長官
Pérez Jiménez, Marcos　ペレス・ヒメネス, マルコス
1914～2001 [国]ベネズエラ　軍人, 政治家　ベネズエラ大統領
Pérez Molina, Otto Fernando　ペレス・モリーナ, オットー
1950～ [国]グアテマラ　政治家, 元軍人　グアテマラ大統領 [異]ペレス・モリナ, オットー / ペレスモリナ, オットー
Pérez Montero, José　ペレス・モンテーロ, ホセ
[著]「ゲームで学ぶ子どものせいしょ」 サンパウロ　2016
Pérez Montoya, Elba Rosa　ペレス・モントヤ, エルバ・ロサ
[国]キューバ　科学技術・環境相
Perez Mora, Luillys Jose　ペレス, ルイリスホセ
[国]ベネズエラ　レスリング選手
Pérez Othón, Jesús　ペレス・オトン, ヘスス
[国]キューバ　軽工業相
Pérez-Reverte, Arturo　ペレス・レベルテ, アルトゥーロ
1951～ [国]スペイン　作家, ジャーナリスト
Perez-Reverte, Arturo　ペレス＝レベルテ, アルトゥーロ
英国推理作家協会賞 インターナショナル・ダガー（2014年） “The Siege”
Pérez Rodríguez, Carlos Andrés　ペレス, カルロス・アンドレス
1922～2010 [国]ベネズエラ　政治家　ベネズエラ大統領
Pérez Roque, Felipe Ramón　ペレス・ロケ, フェリペ・ラモン
[国]キューバ　外相
Pérez Sierra, Nancy　ペレス・シエラ, ナンシ
[国]ベネズエラ　女性・男女平等相
Pérez Tello, María Soledad　ペレス・テジョ, マリア・ソレダ
[国]ペルー　法務・人権相
Perez Tigrero, Mercedes Isabel　ペレス, メルセデス
[国]コロンビア　重量挙げ選手
Pérez Yoma, Edmundo　ペレス・ジョマ, エドムンド
[国]チリ　内相
Perfecto, Ivette　ペルフェクト, イヴェット
[著]「生物多様性〈喪失〉の真実」 みすず書房　2010
Perfetti, Carlo　ペルフェッティ, カルロ
1940～ [著]「認知神経リハビリテーション入門」 協同医書出版社　2016
Pergamenschchikov, Boris　ペルガメンシチコフ, ボリス
1948～2004 [国]ドイツ　チェロ奏者 [異]ペルガメンシコフ, ボリス
Perho, Maija　ペルホ, マイヤ
[国]フィンランド　社会問題・保健担当相
Perić, Milovan　ペリッチ, M.
1957～ [著]「コンピュータによる流体力学」 シュプリンガー・フェアラーク東京　2003
Perica, Stipe　ペリツァ, スティペ
[国]クロアチア　サッカー選手
Pericak, Will　ペリキャック, ウィル
[国]アメリカ　アメフト選手
Périer, François　ペリエ, フランソワ
1919～2002 [国]フランス　俳優
Perilli, Alessandra　ペリリ, アレッサンドラ
[国]サンマリノ　射撃選手 [異]ペリーリ
Perilli, Arianna　ペリリ, アリアナ
[国]サンマリノ　射撃選手
Perillo, Giuseppe　ペリッロ, ジュゼッペ
[著]「医学の暴力にさらされる女たち」 インパクト出版会　2002
Perillo, Justin　ペリロ, ジャスティン
[国]アメリカ　アメフト選手
Perin, Mattia　ペリン, マッティア
[国]イタリア　サッカー選手
Perine, Denzell　ペリン, デンゼル
[国]アメリカ　アメフト選手
Perino, Dana Marie　ペリーノ, ダナ
1972～ [国]アメリカ　ジャーナリスト　米国大統領報道官
Peris, Luisa　ペリス, ルイーザ
[著]「味覚の学校」 木楽舎　2012
Perisan, Samuele　ペリサン, サムエル
[国]イタリア　サッカー選手
Perisic, Ivan　ペリシッチ, イヴァン
[国]クロアチア　サッカー選手
Perissinotto, Alessandro　ペリッシノット, アレッサンドロ
1964～ [国]イタリア　作家 [専]ミステリー
Perkins, Anne　パーキンズ, アン
[著]「図説世界を変えた50の政治」 原書房　2014
Perkins, Christopher　パーキンズ, クリストファー
[著]「五つ国」 ホビージャパン　2008
Perkins, Dwight H.　パーキンズ, ドワイト・H.
[著]「東アジアのイノベーション」 シュプリンガー・フェアラーク東京　2005
Perkins, Edwin J.　パーキンス, エドウィン・J.
[著]「ウォール街を蘇らせた男チャールズ・メリル」 東洋経済新報社　2001
Perkins, Franklin　パーキンズ, フランクリン
[著]「ライプニッツ」 講談社　2015
Perkins, Glen　パーキンス, グレン
[国]アメリカ　野球選手
Perkins, Greg　パーキンス, グレッグ
[著]「医薬品マーケティングの基本戦略」 日経BP社, 日経BP出版センター（発売）　2005
Perkins, Gwyn　パーキンス, グウィン
[著]「いぬのおやくそく」 アールアイシー出版　2007
Perkins, John　パーキンス, ジョン
1945～ [著]「エコノミック・ヒットマン」 東洋経済新報社　2007
Perkins, Josh　パーキンス, ジョシュ
[国]アメリカ　アメフト選手
Perkins, Kenneth J.　パーキンズ, ケネス
1946～ [著]「チュニジア近現代史」 風行社　2015
Perkins, Lynne Rae　パーキンス, リン・レイ
ニューベリー賞（2006年） “Criss Cross”
Perkins, Mike　パーキンス, マイク
[著]「キャプテン・アメリカ：シビル・ウォー」 ヴィレッジブック

ス　2016
Perkins, Mitali　パーキンス, ミタリ
[著]「モンスーンの贈りもの」 鈴木出版　2016
Perkins, Paul　パーキンス, ポール
[国]アメリカ　アメフト選手
Perkins, Ralph　パーキンス, ラルフ
[著]「国際赤十字」 ほるぷ出版　2003
Perkins, Shane　パーキンス
[国]オーストラリア　自転車選手
Perkins, Susan L.　パーキンズ, スーザン・L.
[著]「マイクロバイオームの世界」 紀伊国屋書店　2016
Perkins, Willie　パーキンス, ウィリー
グラミー賞 最優秀トラディショナル・ブルース・アルバム (2010年 (第53回))　"Joined At The Hip"
Perko, Sandra J.　ペルコ, サンドラ
[著]「インフルエンザのホメオパシー的治療法」 ホメオパシー出版　2010
Perković, Sandra　ペルコヴィッチ, サンドラ
1990～　[国]クロアチア　円盤投げ選手　[異]ペルコビッチ, サンドラ
Perkowitz, Sidney　パーコウィッツ, シドニー
[異]パーコウィツ, シドニー　[著]「遅い光 (スローライト) と魔法の透明マント」 草思社　2014
Perks, W.David　パークス, デビッド
[著]「最強軍団アメリカ海兵隊」 並木書房　2009
Perl, Arnold　パール, アーノルド
[国]アメリカ　弁護士, 元・テネシー日米協会会長
Perl, Lila　パール, リラ
[著]「おまもり」 あすなろ書房　2002
Perl, Martin Lewis　パール, マーティン
1927～2014　[国]アメリカ　物理学者　スタンフォード大学線型加速器センター (SLAC) 教授　[専]軽粒子物理学　[異]パール, マーチン
Perl, Susan　パール, スーザン
[著]「ともだちができちゃった！」 大日本図書　2010
Perla, Victoria　ペルラ, ビクトリア
[著]「みどりのふくのサンタさん」 バベルプレス　2012
Perle, Richard N.　パール, リチャード・N.
[著]「アメリカはなぜイラク攻撃をそんなに急ぐのか？」 朝日新聞社　2002
Perlemuter, Vlado　ペルルミュテール, ヴラド
1904～2002　[国]フランス　ピアニスト　パリ音楽院教授　[異]ペルルミュテール, ブラド / ペルルミュテール, ヴラード
Perler, Jeremy　パーラー, ジェレミー
[著]「会計不正はこう見抜け」 日経BP社, 日経BPマーケティング (発売)　2015
Perlingeiro, Marlene　ペルリンジェイロ, マルレネ
[著]「海の女神、イエマンジャ」 新世研　2002
Perlis, Michael L.　ペルリス, マイケル・L.
[著]「睡眠障害に対する認知行動療法」 風間書房　2015
Perlitt, Lothar　パーリット, ローター
[著]「光の降誕祭」 教文館　2004
Perlman, Carol A.　パールマン, キャロル・A.
[著]「大人のADHDの認知行動療法セラピストガイド」 日本評論社　2011
Perlman, Itzhak　パールマン, イツァーク
1945～　[国]イスラエル　バイオリニスト　[異]パールマン, イツハーク / パールマン, イツハク
Perlman, Nicole　パールマン, ニコール
ネビュラ賞 レイ・ブラッドベリ賞 (2014年)　"Guardians of the Galaxy"
Perlman, Radia　パールマン, ラディア
[著]「インターコネクションズ」 翔泳社　2001
Perlman, Steve　パールマン, スティーブ
1961～　[国]アメリカ　起業家　リアデン・スティール・テクノロジーズCEO　WebTVネットワークス社長
Perlmutter, Bruce　パールムッター, ブルース
[著]「VPN入門」 ピアソン・エデュケーション　2001
Perlmutter, David　パールマター, デイビッド
1954～　[著]「「腸の力」であなたは変わる」 三笠書房　2016
Perlmutter, Saul　パールマター, ソール
1959～　[国]アメリカ　天体物理学者　カリフォルニア大学バークレー校教授　[異]パールマッター
Perlow, Leslie　パルロー, レスリー
[著]「組織行動論の実学」 ダイヤモンド社　2007
Perls, Thomas T.　パールズ, トーマス・T.
[著]「100万人100歳の長生き上手」 講談社　2002
Perlstein, Susan　パールスタイン, スーザン
[著]「グローバル化時代を生きる世代間交流」 明石書店　2008
Perman, Finley　パーマン, フィンレイ
[国]ミクロネシア連邦　財務相
Perman, Stacy　パーマン, ステイシー
[著]「スーパー・コンプリケーション」 太田出版　2014
Permeh, Ryan　ペルメー, ライアン
[著]「ハッキング対策マニュアル」 ソフトバンクパブリッシング　2003
Perner, Josef　パーナー, ジョセフ
1948～　[著]「発達する〈心の理論〉」 ブレーン出版　2006
Perner, Wolfgang　ペルナー
[国]オーストリア　バイアスロン選手
Pernetta, John　パーネット, ジョン
[著]「世界海の百科図鑑」 東洋書林　2004
Pernia, Ernesto　パーニャ, エルネスト
[国]フィリピン　経済開発庁長官
Pernick, Ron　パーニック, ロン
[著]「クリーンテック革命」 ファーストプレス　2008
Perniola, Mario　ペルニオーラ, マリオ
1941～　[著]「無機的なもののセックス・アピール」 平凡社　2012
Pero, Lenier Eunice　ペロ, レニエル
[国]キューバ　ボクシング選手
Perol, Huguette　ペロル, ユゲット
[著]「パリおしゃべり散歩」 光文社　2003
Pérols, Sylvaine　ペロル, シルベーヌ
[異]ペロル, ジルベーヌ　[著]「とらの本」 岳陽舎　2007
Perón, María Estela Martínez de　ペロン, マリア・エステラ
1931～　[国]アルゼンチン　政治家　アルゼンチン大統領, アルゼンチン正義党 (ペロン党) 党首　通称＝ペロン, イサベル〈Perón, Isabel〉, 別称＝ペロン, イサベリータ〈Perón, Isabelita〉
Perona, Elizabeth　ペローナ, エリザベス
[著]「死ぬまでにやりたいことリスト」 原書房　2016
Peroni, Carlo　ペロニ, カルロ
1929～2011　[国]イタリア　漫画家
Perot, Ross　ペロー, ロス
1930～　[国]アメリカ　実業家, 政治家　ペロー・グループ代表, ペロー・システムズ創業者, エレクトロニクス・データ・システムズ (EDS) 創業者　米国改革党代表　本名＝Perot, Henry Ross
Perotti, Diego　ペロッティ, ディエゴ
[国]アルゼンチン　サッカー選手
Pérouse de Montclos, Jean-Marie　ペルーズ・ド・モンクロ, ジャン＝マリー
[著]「芸術の都パリ大図鑑」 西村書店　2012
Perova, Ksenia　ペロワ, クセニア
[国]ロシア　アーチェリー選手
Perowne, Stewart　ペローン, ステュワート
[著]「ローマ皇帝ハドリアヌス」 河出書房新社　2001
Perraton, Jonathan　ペラトン, ジョナサン
[著]「グローバル・トランスフォーメーションズ」 中央大学出版部　2006
Perraud, Marie-Aurore Marie-Joyce　ペロー, マリーオロール・マリージョイス
[国]モーリシャス　男女平等・児童発達・家庭福祉相
Perrault, Dominique　ペロー, ドミニク
1953～　[国]フランス　建築家
Perrault, Gilles　ペロー, ジル
[著]「かげろう」 早川書房　2003
Perraut, Laetitia　ペロー, レティシア
1972～　[著]「日仏英プロのためのワイン会話集」 柴田書店　2006
Perreira, Marcelino　ペレイラ, マルチェリノ
[国]ギニアビサウ　公共事業相
Perreira, Raimundo　ペレイラ, ライムンド
[国]ギニアビサウ　法相
Perren, Irina　ペレン, イリーナ
[国]ロシア　バレリーナ　ミハイロフスキー・バレエ団プリンシパル
Perret, Geoffrey　ペレット, ジェフリー
[著]「老兵は死なず」 鳥影社　2016
Perrett, Bryan　ペレット, ブライアン
1934～　[著]「突撃砲兵と戦車猟兵」 大日本絵画　2003
Perrey, Hans-Jürgen　ペライ, ハンス・ユルゲン
1951～　[国]ドイツ　児童文学作家
Perricone, Nicholas　ペリコーン, ニコラス
[著]「ペリコーン博士のアンチエイジング革命」 幻冬舎メディアコンサルティング, 幻冬舎ルネッサンス (発売)　2005
Perrie, Maureen　ペリー, モーリーン

1946〜 㸿「スターリンとイヴァン雷帝」成文社 2009
Perriman, Breshad ペリマン,ブレシャド
国アメリカ アメフト選手
Perrin, David ペリン,デイヴィッド
㸿「動物のお医者さんは、今日も迷走中！」ヴィレッジブックス,ソニー・マガジンズ（発売） 2008
Perrin, Gaetan ペラン,ガエタン
国フランス サッカー選手
Perrin, Georgette ペラン,G.
㸿「看護職とは何か」白水社 2005
Perrin, Ignacio ペリン,イグナシオ
国アルゼンチン ボクシング選手
Perrin, Jacques ペラン,ジャック
1941〜 国フランス 俳優,映画監督,映画プロデューサー 別名＝Simonet, Jacques
Perrin, Josyane ペラン,ジョジアーヌ
1952〜 㸿「母の手を逃れて」紀伊国屋書店 2002
Perrin, Martine ペラン,マルティーヌ
1965〜 㸿「おしろでだあれ」フレーベル館 2007
Perrin, Robin D. ペリン,ロビン・D.
㸿「子ども虐待問題の理論と研究」明石書店 2003
Perrin, Sean ペリン,ショーン
㸿「子どもと家族の認知行動療法」誠信書房 2013
Perris, Andrew ペリス,アンドリュー
㸿「世界の美しい猫」グラフィック社 2016
Perrissin, Christian ペリサン,クリスチャン
アングレーム国際漫画祭 5つの優秀作品賞（2009年） "Martha Jane Cannary（T1）" 〈Futuropolis〉
Perro, Bryan ペロー,ブリアン
1968〜 国カナダ 作家 国児童書
Perrone, Paul ペローネ,ポール
㸿「Java 2セキュリティプログラミング」ピアソン・エデュケーション 2001
Perrone-Moisés, Leyla ペロネ＝モイセス,レイラ
㸿「ロートレアモンと文化的アイデンティティー」水声社 2012
Perrons, Diane ペロンズ,D.
㸿「現代イギリスの政治算術」北海道大学図書刊行会 2003
Perrot, Charles ペロ,シャルル
1929〜2013 㸿「イエス」白水社 2015
Perrot, Jean-Yves ペロ,ジャン・イブ
㸿「インフラと公共サービスの財政」国際建設技術協会 2001
Perrot, Michelle ペロー,M.
1928〜 㸿「歌姫コンシュエロ」藤原書店 2008
Perrotta, Lucilla ペロッタ
国イタリア ビーチバレー選手
Perrotta, Paolo ペロッタ,パウロ
㸿「メタプログラミングRuby」オライリー・ジャパン,オーム社（発売） 2015
Perrottet, Tony ペロテット,トニー
㸿「驚異の古代オリンピック」河出書房新社 2004
Perrow, Mike ペロー,マイク
㸿「反復型開発のエコノミクス」ピアソン・エデュケーション 2009
Perrow, Susan ペロー,スーザン
㸿「お話で育む子どもの心」東京書籍 2013
Perrupato, Mariangela ペルパット,マリアンジェラ
国イタリア 水泳選手 国ベルパト
Perrus, Leonore ペルス
国フランス フェンシング選手
Perry, Abigayl ペリー,アビー
㸿「看護とヘルスケアの社会学」医学書院 2005
Perry, Alycia ペリー,アリシア
㸿「ブランディング・ゲーム」東洋経済新報社 2004
Perry, Anne ペリー,アン
1938〜 国イギリス 推理作家
Perry, Anne Griffin ペリー,アン・グリフィン
㸿「ポッター＆ペリー看護の基礎」エルゼビア・ジャパン 2007
Perry, Brian ペリー,ブライアン
1966〜 㸿「VMware vSphere 4（フォー）」翔泳社 2011
Perry, Bruce.D. ペリー,ブルース・D.
㸿「脳科学が明らかにする大人の学習」ヒューマンバリュー 2016
Perry, Bruce W. ペリー,ブルース
㸿「Ajax Hacks」オライリー・ジャパン,オーム社（発売） 2006
Perry, Dave ペリー,デイヴ
㸿「Dave Perryのセーリング競技規則の解説」武田書店 2001

Perry, Galen P. ペリー,ガレン・P.
㸿「DNAキーワード小事典」メディカル・サイエンス・インターナショナル 2004
Perry, George C. ペリィ,ジョージ
㸿「ジェームス・ディーン」バジリコ 2005
Perry, Grayson ペリー,グレイソン
1960〜 㸿「我が文明：グレイソン・ペリー展」金沢21世紀美術館 2007
Perry, Greg M. ペリー,グレッグ
㸿「プログラミングをはじめよう」ピアソン・エデュケーション 2002
Perry, Helen Swick ペリー,ヘレン・スウィック
㸿「サリヴァンの生涯」みすず書房 2002
Perry, Jacquelin ペリー,J.
㸿「歩行分析」医歯薬出版 2007
Perry, Jan ペリー,ジャン
国アメリカ 元・ロサンゼルス市議会議員,元・ゴー・フォー・ブローク全米教育センター理事
Perry, Joe ペリー,ジョー
1952〜 国アメリカ ロック・ギタリスト
Perry, John ペリー,ジョン
1943〜 㸿「スタンフォード教授の心が軽くなる先延ばし思考」東洋経済新報社 2013
Perry, John ペリー,ジョン
1950〜 㸿「演劇入門ブック」玉川大学出版部 2014
Perry, John D. ペリー,ジョン・D.
㸿「友情セラピー」サンパウロ 2015
Perry, Joshua ペリー,ジョシュア
国アメリカ アメフト選手
Perry, Katy ペリー,ケイティ
1984〜 国アメリカ シンガー・ソングライター 前名＝ハドソン, ケイティ〈Hudson, Katy〉
Perry, Kenny ペリー,ケニー
1960〜 国アメリカ プロゴルファー
Perry, Ludlow ペリー,ラドロー
㸿「ポール・オースターが朗読するナショナル・ストーリー・プロジェクト」アルク 2006
Perry, Matthew Galbraith ペリー,マシュー・ガルブレイス
国アメリカ 生物学者 国海鳥の生態調査
Perry, Michael R. ペリー,マイケル・R.
1963〜 㸿「テッド・バンディの帰還」東京創元社 2002
Perry, Nick
アメリカ探偵作家クラブ賞 犯罪実話賞（2011年） "Scoreboard, Baby: A Story of College Football, Crime and Complicity"
Perry, Nick ペリー,ニック
国アメリカ アメフト選手
Perry, Nick ペリー,ニック
国アメリカ アメフト選手
Perry, Paul ペリー,ポール
1950〜 㸿「臨死体験9つの証拠」ブックマン社 2014
Perry, Philippa ペリー,フィリッパ
1957〜 㸿「まんがサイコセラピーのお話」金剛出版 2013
Perry, Phyllis J. ペリー,フィリス
1933〜 㸿「海の生きもの」グラフィック社 2014
Perry, Rick ペリー,リック
1950〜 国アメリカ 政治家 テキサス州知事 本名＝Perry, James Richard
Perry, Rupert ペリー,ルパート
㸿「ノーザン・ソングス」シンコーミュージック・エンタテイメント 2010
Perry, Senorise ペリー,セノライズ
国アメリカ アメフト選手
Perry, Stephani Danelle ペリー,S.D.
㸿「バイオハザード」中央公論新社 2006
Perry, Steve ペリー,スティーヴ
㸿「スター・ウォーズデス・スター」エフエックス,星雲社（発売） 2008
Perry, Thomas ペリー,トマス
1947〜 㸿「マヤの古代都市を探せ！」扶桑社 2015
Perry, Tyler ペリー,タイラー
ゴールデン・ラズベリー賞（ラジー賞）最低女優賞（第34回（2013年）） "A Madea Christmas"
Perry, William E. ペリー,ウィリアム・E.
㸿「テスト担当者を悩ませる、10の難題克服法」日経BP社, 日経BP出版センター（発売） 2007
Perry, William James ペリー,ウィリアム
1927〜 国アメリカ 政治家,数学者 スタンフォード大学上級

研究員・FSI名誉教授　米国対北朝鮮政策調整官, 米国国防長官　[異]ペリー, ウィリアム・J.
Perryman, Denzel　ペリーマン, デンゼル
[国]アメリカ　アメフト選手
Persad-bissessar, Kamla　パサードビセッサー, カムラ
[国]トリニダード・トバゴ　首相　[異]パーサドビスサー, カムラ
Peršak, Anton　ペルシャク, アントン
[国]スロベニア　文化相
Persányi, Miklós　ペルシャーニ・ミクローシュ
[国]ハンガリー　環境・水利相
Persaud, Ganga　パサード, ガンガ
[国]ガイアナ　地方政府・地方開発相
Persaud, Reepu Daman　パソード, リープ・ダマン
[国]ガイアナ　議会担当相
Persaud, Robert　パサード, ロバート
[国]ガイアナ　天然資源・環境相
Persaud, Robert Montgomery　パサード, ロバート・モントゴメリー
[国]ガイアナ　農相
Pershin, Ivan　ペルシン
[国]ロシア　柔道選手
Persichetti, Bob　パーシケッティ, ボブ
[著]「リトルプリンス」 竹書房　2015
Persico, Joseph E.　パーシコ, ジョゼフ・E.
[著]「ニュルンベルク軍事裁判」 原書房　2003
Persky, Lester　パースキー, レスター
1927～2001　[国]アメリカ　映画・テレビプロデューサー
Person, Mike　パーソン, マイク
[国]アメリカ　アメフト選手
Personnaz, Raphaël　ペルソナ, ラファエル
1981～　[国]フランス　俳優
Persoons, Jan　ペルゾーンス, ヤン
[著]「振動音響療法」 人間と歴史社　2003
Persse, Lee-Ann　ペルシ, リーアン
[国]南アフリカ　ボート選手
Persson, Anders　パーソン, アンダース
[著]「ビューティフルビジュアライゼーション」 オライリー・ジャパン, オーム社(発売)　2011
Persson, Göran　ペーション, ヨーラン
1949～　[国]スウェーデン　政治家　スウェーデン首相, スウェーデン社会民主労働党党首
Persson, Gunilla Linn　ペルソン, グニラ・リン
1956～　[著]「アリスは友だちをつくらない」 さ・え・ら書房　2008
Persson, Hans　パーソン, ハンス
[著]「環境医学入門」 中央法規出版　2003
Persson, Johanna　ペーション
[国]スウェーデン　バドミントン選手
Persson, Jörgen　ペーション
[国]スウェーデン　卓球選手
Persson, Kristina　パーション, クリスティーナ
[国]スウェーデン　国家戦略相
Persson, Markus　ペルソン, マルクス
モヤン共同創業者
Persson, Nina　パーション, ニーナ
1974～　[国]スウェーデン　ミュージシャン　本名＝Persson, Nina Elisabet
Persson, Roland S.　ピアソン, ローランド・S.
[著]「演奏を支える心と科学」 誠信書房　2011
Persson, Stefan　ペルソン, ステファン
[国]スウェーデン　H&M会長
Pertegaz, Manuel　ペルテガス, マヌエル
1918～2014　[国]スペイン　ファッションデザイナー
Pertelson, Indrek　ペルテルソン
[国]エストニア　柔道選手
Pertusi, Michele　ペルトゥージ, ミケーレ
1965～　[国]イタリア　バス歌手
Perutz, Max　ペルツ, マックス
1914～2002　[国]イギリス　分子生物学者　ケンブリッジ大学分子生物学研究所所長　[専]ヘモグロビン　本名＝ペルツ, マックス・ファーディナンド〈Perutz, Max Ferdinand〉　[異]ペラッツ, マックス / ペルーツ, マックス
Peruzzi, Britt　ペルッツィ, ブリット
[著]「バニラソースの家」 今人舎　2006
Pervillé, Guy　ペルヴィエ, ギー
1948～　[著]「アルジェリア戦争」 白水社　2012
Pervis, Francois　ペルビス, フランソワ
[国]フランス　自転車選手
Pervukhin, Ilya　ペルフヒン, イリヤ
[国]ロシア　カヌー選手
Péry, Nicole　ペリ, ニコル
[国]フランス　女性権利・職業団体担当相
Pesántez Benítez, Johana　ペサンテス・ベニテス, ジョアナ
[国]エクアドル　法務・人権相
Pesavento, Larry　ペサベント, ラリー
[著]「フィボナッチ逆張り売買法」 パンローリング　2008
Pesce, Mark　ペシ, マーク
[著]「プレイフル・ワールド」 早川書房　2001
Peschier, Benoit　ペシエ
[国]フランス　カヌー選手
Pesci, Joe　ペシ, ジョー
1943～　[国]アメリカ　俳優　別名＝リッチー, リトル・ジョー
Pescio, Claudio　ペッショ, クラウディオ
[著]「レオナルド・ダ・ヴィンチ芸術と科学」 グッドシップス, イースト・プレス(発売)　2006
Pesek, John　ペセック, ジョン
[著]「食品安全と栄養の経済学」 農林統計協会　2002
Pesek, William　ペセック, ウィリアム
[著]「ジャパナイゼーション」 作品社　2016
Peshalov, Nikolai　ペシャロフ
[国]クロアチア　重量挙げ選手
Peshevski, Vladimir　ペシェフスキ, ブラディミール
[国]マケドニア　副首相(欧州担当)
Pesic, Aleksandar　ペシッチ, アレクサンダー
[国]セルビア　サッカー選手
Pešić, Dragiša　ペシッチ, ドラギシャ
1954～　[国]モンテネグロ　政治家　セルビア・モンテネグロ首相, モンテネグロ社会人民党副党首
Pesic, Peter　ペジック, ピーター
[国]アメリカ　物理学者, ピアニスト, 作家　セントジョンズカレッジ講師
Peske, Nancy K.　ペスケ, ナンシー
1962～　[著]「気分deシネマ」 産業編集センター　2002
Peskimo　ペスキーモ
[著]「1から100までかずのえほん」 大日本絵画　〔2015〕
Pesko, Manuela Laura　ペスコ
[国]スイス　スノーボード選手
Pesky, Johnny　ペスキー, ジョニー
1919～2012　[国]アメリカ　野球選手　本名＝Paveskovich, John Michael
Peslier, Olivier　ペリエ, オリビエ
1973～　[国]フランス　騎手
Pessina, Massimo　ペシーナ, マッシモ
[著]「メゾンカイザーのパンレシピ」 グラフィック社　2016
Pessl, Marisha　ペスル, マリーシャ
1977～　[国]アメリカ　作家　[専]ミステリー
Pessoa, Anna　ペソア, アナ
[国]東ティモール　国家行政相
Pessoa, Regina　ペソア, レジーナ
アヌシー国際アニメーション映画祭 短編映画 アヌシークリスタル賞(2006年)　"Historia trágica com final feliz"(英題：Tragic Story with Happy Ending/仏題：Histoire tragique avec fin heureuse)〈製作国：フランス/カナダ/ポルトガル〉
Pessoa, Rodrigo　ペソア
[国]ブラジル　馬術選手
Pestka, Elizabeth L.　ペストカ, エリザベス・L.
[著]「ケアのなかの癒し」 看護の科学社　2016
Pestoff, Victor Alexis　ペストフ, ビクター・A.
1941～　[異]ペストフ, ヴィクトール　[著]「欧州サードセクター」 日本経済評論社　2007
Pestov, Pyotr　ペーストフ, ピョートル
1929～2011　[国]ロシア　バレエ教師　ボリショイ・バレエ学校教師
Petagna, Andrea　ペターニャ, アンドレア
[国]イタリア　サッカー選手
Petaja-siren, Tuuli　ペトヤ
[国]フィンランド　セーリング選手
Petchkoom, Worapoj　ウォラポート
[国]タイ　ボクシング選手
Petchsuwan, Kosol　ペッツワン, ゴーソン
[国]タイ　元・モンクット王ラカバン工科大学学長, 元・モンクット王工科大学工学部長
Peten, Chantal　ペタン, シャンタル
1974～　[著]「美術館ってどんなところ？」 西村書店東京出版編集

部 2013
Peter, Elizabeth ピーター, エリザベス
[著]「境界を超える看護」 エルゼビア・ジャパン 2006
Peter, John ピーター, ジョン
1917～ [著]「近代建築の証言」 TOTO出版 2001
Peter, Niklaus ペーター, ニクラウス
1953～ [著]「信仰のいろはをつづる」 一麦出版社 2014
Peter, Ralf ペーター, ラルフ
[著]「21世紀のサッカー選手育成法」 大修館書店 2006
Peter, Yukio ピーター
[国]ナウル 重量挙げ選手
Peteraf, Margaret A. ペトラフ, マーガレット
[著]「ダイナミック・ケイパビリティ」 勁草書房 2010
Peterfreund, Diana ピーターフロインド, ダイアナ
[著]「恋とニュースのつくり方」 早川書房 2011
Peterkin, Mike ピーターキン, マイク
[著]「プリンセスハートのえほん」 大日本絵画 2003
Peterman, Michael ピーターマン, マイケル
[著]「ケンブリッジ版カナダ文学史」 彩流社 2016
Peternolli, Giovanni ペテルノッリ, ジョヴァンニ
[国]イタリア 東洋美術研究センター設立理事長, 元・「京都を守る会」会長, 元・京都大学伊文学・伊語外国人教師
Peterov, Aleksandr Mikhailovich ペトロフ, A.M.
[著]「アイハヌム」 東海大学出版会 2009
Peters, Andy ピータース, アンディ
[著]「80にちかんうちゅうのふしぎめいろでぼうけん！」 日本文芸社 2016
Peters, Ann ピーターズ, アン
[国]グレナダ 保健相
Peters, Anne ピータース, アン
[著]「土曜の夜の出会い」 ハーレクイン 2002
Peters, Anya ピーターズ, アーニャ
[著]「ひとりぼっちのアーニャ」 バジリコ 2009
Peters, Artuur ペータース, アルトゥール
[国]ベルギー カヌー選手
Peters, Bernadette ピーターズ, バーナデット
トニー賞 イザベラ・スティーブン賞（2012年（第66回））
Peters, B.Guy ピータース, B.ガイ
[著]「新制度論」 芦書房 2007
Peters, Brian ピータース, ブライアン
[国]アメリカ アメフト選手
Peters, Brock ピータース, ブロック
1927～2005 [国]アメリカ 俳優 本名＝Fisher, Brock
Peters, Charlie ピーターズ, チャーリー
[著]「ポール・オースターが朗読するナショナル・ストーリー・プロジェクト」 アルク 2006
Peters, Chris ピータース, クリス
[国]アメリカ ファッションデザイナー クリーチャーズオブザウィンドデザイナー 本名＝ピータース, クリストファー〈Peters, Christopher〉
Peters, Corey ピータース, コリー
[国]アメリカ アメフト選手
Peters, David ピーターズ, デーヴィッド
1948～ [著]「マインド・ボディ・スピリット大全」 ガイアブックス, 産調出版（発売） 2010
Peters, Diane McFerrin ピータース, ダイアン・M.
[著]「顧客第2主義」 翔泳社 2003
Peters, Dimitri ペテルス
[国]ドイツ 柔道選手
Peters, Elizabeth ピーターズ, エリザベス
1927～ [国]アメリカ 作家, 考古学者 別名＝マイケルズ, バーバラ〈Michaels, Barbara〉 [異]マイクルズ, バーバラ
Peters, Elizabeth Dipuo ピータース, エリザベス・ディプオ
[国]南アフリカ 運輸相
Peters, Hank ピータース, ハンク
1924～2015 [国]アメリカ 実業家 ボルティモア・オリオールズGM 本名＝Peters, Henry John
Peters, James F. ピーターズ, J.
[著]「VoIP基本ガイド」 ソフトバンクパブリッシング 2001
Peters, Jason ピータース, ジェイソン
[国]アメリカ アメフト選手
Peters, John ピータース, ジョン
[国]アメリカ アメフト選手
Peters, Lana ピータース, ラナ
1926～2011 [国]アメリカ スターリンの一人娘 [異]ピーターズ, スベトラーナ
Peters, Marcus ピータース, マーカス
[国]アメリカ アメフト選手
Peters, Mary E. ピーターズ, メアリー
1948～ [国]アメリカ 運輸長官
Peters, Michael ピータース, マイケル
[著]「ニュージーランド福祉国家の再設計」 法律文化社 2004
Peters, Scott ピータース, スコット
[著]「THE 4400FORTY FOUR HUNDRED SEASON 3」 竹書房 2007
Peters, Steffen ピーターズ, ステファン
[国]アメリカ 馬術選手
Peters, Steve ピーターズ, スティーブ
[著]「ぶれない生き方」 三笠書房 2012
Peters, Ted ピーターズ, テッド
1941～ [著]「死者の復活」 日本キリスト教団出版局 2016
Peters, Tom ピーターズ, トム
[国]アメリカ 経営コンサルタント トム・ピーターズ・グループ代表 本名＝ピーターズ, トーマス〈Peters, Thomas J.〉
Peters, Ulrich ペータース, ウルリッヒ
[国]ドイツ 演出家 ミュンヘン・ゲルトナー・プラーツ劇場総裁
Peters, William ピーターズ, ウィリアム
1921～2007 [国]アメリカ ジャーナリスト 本名＝ピーターズ, ウィリアム・アーネスト〈Peters, William Ernest〉
Peters, Winston ピーターズ, ウィンストン
[国]ニュージーランド 外相（閣外相）
Peters, Winston ピーターズ, ウィンストン
[国]トリニダード・トバゴ 地域開発相
Peters, W.J.Th. ペーテルス, W.J.Th.
[著]「ポンペイの壁画」 岩波書店 2001
Petersen, David ピーターセン, デイビッド
1977～ [著]「マウスガード」 小学館集英社プロダクション 2015
Petersen, James R. ピーターセン, ジェームズ・R.
[著]「Playboy」 集英社 2005
Petersen, Jan ペターセン, ヤン
[国]ノルウェー 外相
Petersen, Jenna ピーターセン, ジェンナ
[著]「暗号は愛のささやき」 ぶんか社 2010
Petersen, Nils ペーターゼン, ニルス
[国]ドイツ サッカー選手
Petersen, Rasmus ペーターセン, ラスムス
[国]デンマーク 気候・エネルギー・建設相
Petersen, Rudolf ペーターゼン, ルドルフ
[著]「フェアな未来へ」 新評論 2013
Petersen, Sandy ピーターセン, サンディ
[著]「クトゥルフ神話TRPGクトゥルフ神話怪物図鑑」 KADOKAWA 2016
Petersen, Sara Slott ピーターセン, サラスロット
[国]デンマーク 陸上選手
Petersen, Sue ペーターセン, スー
[著]「ソフトウェア開発のカオス」 構造計画研究所, 共立出版（発売） 2003
Petersen, Wolfgang ペーターゼン, ウォルフガング
1941～ [国]ドイツ 映画監督, 映画プロデューサー [異]ペーターゼン, ヴォルフガング
Peterson, Adrian ピーターソン, エイドリアン
[国]アメリカ アメフト選手
Peterson, Bob ピーターソン, ボブ
[著]「ファインディング・ニモ」 竹書房 2012
Peterson, Brandon ピーターソン, ブランドン
[著]「エイジ・オブ・ウルトロン」 ヴィレッジブックス 2015
Peterson, Bryan ピーターソン, ブライアン
1952～ [著]「ナショナルジオグラフィックプロの撮り方創造力を極める」 日経ナショナルジオグラフィック社, 日経BPマーケティング（発売） 2015
Peterson, Christopher ピーターソン, クリストファー
[著]「幸福だけが人生か？」 春秋社 2016
Peterson, Darrin ピーターソン, ダリン
[国]アメリカ アメフト選手
Peterson, D.J. ピーターソン, DJ.
[国]アメリカ 野球選手
Peterson, Eric T. パターソン, エリック・T.
[著]「WEB解析hacks」 オライリー・ジャパン, オーム社（発売） 2006
Peterson, Eugene H. ピーターソン, ユージン・H.
1932～ [著]「詩編とともに祈る365日」 日本キリスト教団出版局 2005
Peterson, Greg ピーターソン, グレッグ

㊊アメリカ　ラグビー選手
Peterson, Holly　ピーターソン, ホリー
　㊗「迷える彼女のよくばりな選択」ヴィレッジブックス　2009
Peterson, Ingela　ペーテション, インゲラ
　㊗「のりものレース、スタート！」大日本絵画　〔2003〕
Peterson, Jace　ピーターソン, ジェイス
　㊊アメリカ　野球選手
Peterson, Jeret　ピーターソン, ジャレット
　1981〜2011　㊊アメリカ　スキー選手
Peterson, Jon A.　ピーターソン, ジョン・A.
　㊗「アメリカ都市計画の誕生」鹿島出版会　2011
Peterson, Ken M.　ピーターソン, ケン・M.
　㊗「原子力開発の光と影」昭和堂　2003
Peterson, Kent D.　ピターソン, K.D.
　㊗「学校文化を創るスクールリーダー」風間書房　2002
Peterson, Kevin　ピーターソン, ケビン
　㊊アメリカ　アメフト選手
Peterson, Linda Mary　ピーターソン, リンダ
　1947〜　㊗「あなたがペットの安楽死を決断するとき」ジュリアン　2007
Peterson, Linda Whitney　ピーターソン, L.W.
　㊗「危機にある子を見つける」講談社　2001
Peterson, L.Mark　ピーターソン, L.マーク
　㊗「臨床現場で使える思春期心理療法の経過記録計画」明石書店　2015
Peterson, Lorne　ピーターソン, ローン
　㊗「SCULPTING A GALAXY」ボーンデジタル　2016
Peterson, Marilyn Strachan　ピーターソン, マリリン・ストラッチェン
　㊗「児童虐待とネグレクト対応ハンドブック」明石書店　2012
Peterson, Mark F.　ピーターソン, マーク・F.
　㊗「リメイド・イン・アメリカ」中央大学出版部　2005
Peterson, Monique　ピーターソン, モニク
　㊕ピーターソン, モニーク　㊗「ネバーランドの妖精たち」講談社　2008
Peterson, Oscar Emmanuel　ピーターソン, オスカー
　1925〜2007　㊊カナダ　ジャズピアニスト
Peterson, Patrick　ピーターソン, パトリック
　㊊アメリカ　アメフト選手
Peterson, Peter G.　ピーターソン, ピーター・G.
　㊗「老いてゆく未来」ダイヤモンド社　2001
Peterson, Richard L.　ピーターソン, リチャード・L.
　1972〜　㊗「脳とトレード」パンローリング　2007
Peterson, Rudolph A.　ピーターソン, ルドルフ
　1904〜2003　㊊アメリカ　銀行家　バンク・オブ・アメリカ会長, 国連開発計画（UNDP）事務局長
Peterson, Shane　ピーターソン, シェーン
　㊊アメリカ　野球選手
Peterson, Stacy　ピーターソン, ステイシー
　㊗「イングリッシュローズィズ」ホーム社, 集英社（発売）　2007
Peterson, Teodor　ペテション
　㊊スウェーデン　クロスカントリースキー選手
Peterson, Theodore　ピーターソン, セオドア
　㊗「アメリカ―コミュニケーション研究の源流」春風社　2005
Peterson, Vicki　ピーターソン, ビッキー
　㊗「メモリーズ・オブ・ジョン」イースト・プレス　2006
Peterson, William S.　ピーターソン, ウィリアム・S.
　1939〜　㊗「理想の書物」筑摩書房　2006
Petersone, Karina　ペテルソネ, カリナ
　㊊ラトビア　文化相
Pētersons, Reinis　ペーテルソヌス, レイニス
　㊊ラトビア　ザグレブ国際アニメーション映画祭 ズラトコ・グルギッチ賞（最優秀初監督作品）（2012年）　"Ursus"
Petersson, Havard Vad　ペテルソン
　㊊ノルウェー　カーリング選手
Petersson, Olof　ペタション, オロフ
　1947〜　㊗「北欧の政治」早稲田大学出版部　2003
Petersson, Tom　ピーターソン, トム
　㊊アメリカ　ロック・ベース奏者
Petervari-molnar, Bendeguz　ペテルバリモリナル, ベンデグス
　㊊ハンガリー　ボート選手
Pe Thet Khin　ペー・テ・キン
　㊊ミャンマー　保健相
Pethick, Christopher　ペシィック, C.
　㊗「ボーズ・アインシュタイン凝縮」吉岡書店　2005
Petibon, Patricia　プティボン, パトリシア
　1970〜　㊊フランス　ソプラノ歌手

Petievich, Gerald　ペティヴィッチ, ジェラルド
　1944〜　㊗「謀殺の星条旗」ソニー・マガジンズ　2004
Petilla, Carlos Jericho　ペティリア, カルロス・ジェリコ
　㊊フィリピン　エネルギー相
Pétillon, René　ペティヨン, ルネ
　アングレーム国際漫画祭 最優秀作品賞（2001年）　"Jack Palmer: L'Enquête corse"〈Albin Michel〉
Petit, Jean-Pierre　プチ, ジャン＝ピエール
　㊗「アメリカが盗んだ宇宙人ユミットのプラズマ科学」徳間書店　2007
Petit, Laurence　ペティ, ローレンス
　1973〜　㊗「主要国における特許権行使」経済産業調査会　2003
Petit, Philippe　プティ, フィリップ
　1949〜　㊊フランス　綱渡り師, パフォーミング・アーティスト
Petit, Roland　プティ, ローラン
　1924〜2011　㊊フランス　振付師, バレエダンサー・監督　マルセーユ国立バレエ団芸術総監督　㊕プティ, ロラン
Petit, Xavier-Laurent　プティ, グザヴィエ・ローラン
　1956〜　㊊フランス　作家
Petit, Yusmeiro　ペティート, ユスメイル
　㊊ベネズエラ　野球選手
Petitcollin, Christel　プチコラン, クリステル
　㊗「「ひとこと言いたい私」にさようなら！」飛鳥新社　2010
Petitfils, Jean Christian　プティフィス, ジャン＝チャンチャン
　1944〜　㊗「ルイ十六世」中央公論新社　2008
Petitpas, Albert J.　プティパ, アルバート
　㊗「スポーツ選手のためのキャリアプランニング」大修館書店　2005
Petitt, Barbara S.Pécherot　プティ, バーバラ・S.ペシェロット
　㊗「企業価値評価」ピアソン・エデュケーション　2003
Petkanov, Georgi　ペトカノフ, ゲオルギ
　㊊ブルガリア　法相
Petkov, Rumen　ペトコフ, ルメン
　㊊ブルガリア　内相
Petkova, Temenuzhka　ペトコバ, テメヌジカ
　㊊ブルガリア　エネルギー相
Petkovic, Andrea　ペトコビッチ, アンドレア
　㊊ドイツ　テニス選手
Petković, Bratislav　ペトコビッチ, ブラティスラブ
　㊊セルビア　文化・メディア相
Petković, Dušan　ペエトコヴィッチ, ドゥーシャン
　㊗「SQL Server 2008ビギナーズガイド」翔泳社　2009
Petkovšek, Mitja　ペトコブセク, ミトヤ
　1977〜　㊊スロベニア　体操選手　㊕ペトコブセク
Petorison, Lisa A.　ペトリソン, リサ・A.
　㊗「統合マーケティング戦略論」ダイヤモンド社　2003
Petrache, Mihai　ペトラーチェ, ミハイ
　㊊モルドバ　内閣相
Petraeus, David　ペトレアス, デービッド
　1952〜　㊊アメリカ　元軍人　KKRグローバル・インスティテュート会長　米国中央情報局（CIA）長官, 米国陸軍中央軍司令官, イラク駐留多国籍軍司令官　本名＝Petraeus, David Howell　㊕ペトレアス, デビッド
Petras, James F.　ペトラス, ジェームズ
　1937〜　㊗「「帝国アメリカ」の真の支配者は誰か」三交社　2008
Petras, Kathryn　ペトラス, キャスリン
　㊗「問題な英語」イースト・プレス　2007
Petras, L.　ペトラス, ロス
　㊗「問題な英語」イースト・プレス　2007
Petrassi, Goffredo　ペトラッシ, ゴッフレード
　1904〜2003　㊊イタリア　作曲家, 指揮者
Petrauskas, Evaldas　ペトラウスカス, エバルダス
　㊊リトアニア　ボクシング選手　㊕ペトラウスカス
Petre, Peter　ピーター, ピーター
　㊗「先駆のオトーマス・ワトソン・ジュニア」ダイヤモンド社　2006
Petre, Tracy　ペーター, トレイシー
　㊗「パーソン・センタード・ケア」クリエイツかもがわ, 京都 かもがわ出版（発売）　2007
Petreley, Nick　ペトレリ, ニコラス
　㊗「Linuxデスクトップhacks」オライリー・ジャパン, オーム社（発売）　2005
Petrenko, Kirill　ペトレンコ, キリル
　1972〜　㊊ロシア　指揮者　バイエルン州立歌劇場音楽総監督　ベルリン・コーミッシェオーパー音楽総監督
Petrenko, Pavlo　ペトレンコ, パウロ

㊥ウクライナ　法相
Petrenko, Vasilii　ペトレンコ, ヴァシリー
1976～　㊥ロシア　指揮者　オスロ・フィルハーモニー管弦楽団首席指揮者　ロイヤル・リバプール管弦楽団首席指揮者
Petrescu, Dan　ペトレスク, ダン
1949～　㊗「エリアーデ＝クリアーヌ往復書簡」慶応義塾大学出版会　2015
Petrétei, József　ペトレーテイ・ヨージェ
㊥ハンガリー　法相　㊙ペトレーティ・ヨージェフ
Petri, Bernhard　ペトリ, ベルンハルト
㊗「黄金分割」共立出版　2005
Petri, Carl-Johan　ペトリ, カール・ジョアン
㊗「実践バランス・スコアカード経営」生産性出版　2005
Petri, Michala　ペトリ, ミカラ
1958～　㊥デンマーク　リコーダー奏者
Petri, Mike　ペトリ, マイク
㊥アメリカ　ラグビー選手
Petri, Thomas Evert　ピートライ, トーマス・エバート
㊥アメリカ　日米国会議員会議共同議長, 連邦下院議員, 元・議会日本研究グループ共同議長
Petriashvili, Aleksi　ペトリアシビリ, アレクシ
㊥ジョージア　国務相（欧州統合担当）
Petriashvili, Geno　ペトリアシビリ, ゲノ
㊥ジョージア　レスリング選手
Petrich, Mike　ペトリッチ, マイク
㊗「ティンカリングをはじめよう」オライリー・ジャパン, オーム社（発売）2015
Petrick, Joseph A.　ペトリック, ジョーゼフ・A.
1946～　㊗「プロジェクト品質マネジメント」生産性出版　2003
Petricka, Jake　ペトリチカ, ジェイク
㊥アメリカ　野球選手
Petrie, Aviva　ペトリー, アヴィヴァ
㊗「医科統計学が身につくテキスト」メディカル・サイエンス・インターナショナル　2014
Petrie, Geoff　ペトリー, ジェフ
㊥アメリカ　サクラメント・キングスGM
Petrikov, Pavel　ペトリコフ, パベル
㊥チェコ　柔道選手
Petrila, John　ペトリラ, ジョン
㊗「サイコパシー・ハンドブック」明石書店　2015
Petrin, Tea　ペトリン, テア
㊥スロベニア　経済相　㊙ペトリン, テア
Petrini, Carlo　ペトリーニ, カルロ
1949～2012　㊥イタリア　ワイン・フードジャーナリスト　スローフード国際協会会長
Petris, Giovanni　ペトリス, ジョヴァンニ
㊗「Rによるベイジアン動的線型モデル」朝倉書店　2013
Petriv, Oleksandr　ペトリフ, オレクサンドル
㊥ウクライナ　射撃選手
Petrlik-Huseinović, Andrea　ペトルリック・フセイノヴィッチ, アンドレア
1966～　㊗「ノアのはこぶね」講談社　2015
Petro, Louis W.　ペトロ, ルイス・W.
㊗「プライベート・エクイティ」中央経済社　2011
Petro, Robert J.　ペトロ, ロバート・J.
㊗「秘密の本」飛鳥新社　2009
Petroff, N.　ペトロフ, N.
㊗「現代軸受の誕生」新樹社　2003
Petro-koni-zeze, Marguerite　ペトロ・コニ・ゼゼ, マルグリット
㊥中央アフリカ　社会問題・国民連帯・男女共同参画相
Petrone, Sonia　ペトローネ, ソニア
㊗「Rによるベイジアン動的線型モデル」朝倉書店　2013
Petrone, Valeria　ペトローネ, バレリア
㊗「あひるさんのすてきなくつ」小学館　2006
Petros, Matheus　ペトロス・マテウス
㊥ブラジル　サッカー選手
Petros, Peter　ペトロス, ピーター・パパ
㊗「インテグラル理論から考える女性の骨盤底疾患」シュプリンガー・ジャパン　2006
Petros, Solomon　ペトロス・ソロモン
㊥エリトリア　漁業相
Petrosian, Karlos　ペトロシャン, カルロス
㊥アルメニア　国家保安相
Petroski, Henry　ペトロスキー, ヘンリー
1942～　㊗「エンジニアリングの真髄」筑摩書房　2014
Petrossian, Michel　ペトロッシアン, ミシェル

㊥フランス　エリザベート王妃国際コンクール　作曲（2012年）"In the wake of Ea"
Petrosyan, Artur　ペトロシャン, アルトゥル
㊥アルメニア　スポーツ・青年相
Petrounias, Eleftherios　ペトルニアス, エレフテリオス
㊥ギリシャ　体操選手
Petrov, Alexandre　ペトロフ, アレクサンドル
1957～　㊗「春のめざめ」スタジオジブリ, 徳間書店（発売）2007
Petrov, Andrei Pavlovich　ペトロフ, アンドレイ
1930～2006　㊥ロシア　作曲家　サンクトペテルブルク・フィル協会会長
Petrov, Anton　ペトロフ, アントン
㊗「ぎょろめのぴょんた」大日本絵画〔2014〕
Petrov, Božo　ペトロブ, ボジョ
㊥クロアチア　副首相
Petrov, Ivan Ivanovich　ペトロフ, イワン
1920～2003　㊥ロシア　バス歌手
Petrov, Leonid A.　ペトロフ, レオニド・A.
㊗「韓国」ほるぷ出版　2008
Petrov, Nikolai　ペトロフ, ニコライ
1943～2011　㊥ロシア　ピアニスト　モスクワ音楽院教授　本名＝Petrov, Nikolai Arnoldovich
Petrov, Plamen　ペトロフ, プラメン
㊥ブルガリア　運輸通信相
Petrov, Slavko　ペトロフ, スラブコ
㊥マケドニア　農林水資源相
Petrov, Vasilii Alekseevich　ペトロフ, V.
㊗「金正日に悩まされるロシア」草思社　2004
Petrov, Vasilii Ivanovich　ペトロフ, ワシリー
1917～2014　㊥ロシア　軍人　ソ連第1国防次官
Petrova, Galina　ペトロワ, ガリーナ
1913～2015　㊥ロシア　バレリーナ, バレエ教師　ボリショイ劇場バレリーナ
Petrova, Lyudmila　ペトロワ
㊥ロシア　陸上選手
Petrova, Maria　ペトロワ
㊥ロシア　フィギュアスケート選手
Petrova, Nadia　ペトロワ, ナディア
1982～　㊥ロシア　テニス選手　㊙ペトロワ
Petrova, Olesya　ペトロヴァ, オレシャ
㊥ロシア　チャイコフスキー国際コンクール　声楽（女声）第2位（2007年（第13回））
Petrova, Stanimira　ペトロバ, スタニミラ
㊥ブルガリア　ボクシング選手
Petrova, Stoyka　ペトロワ
㊥ブルガリア　ボクシング選手
Petrova Arkhipova, Tatyana　ペトロワ
㊥ロシア　陸上選手
Petrovic, Mihailo　ペトロヴィッチ, ミハイロ
1957～　㊥オーストリア　サッカー監督　㊙ペトロビッチ, ミハイロ
Petrovic, Radosav　ペトロヴィッチ, ラドサフ
㊥セルビア　サッカー選手
Petrovic, Svetlana　ペドロヴィック, スヴェトラーナ
㊗「しろいクマちゃいろいクマ」小峰書店　2007
Petroviq, Slobodan　ペトロビッチ, スロボダン
㊥コソボ　副首相兼地方自治政府相
Petrovskii, Vladimir Fedorovich　ペトロフスキー, ウラジーミル
1933～　㊥ロシア　外交官　国連欧州本部事務局長
Petrunek, Viktor Petrovich　ペトルニク, V.P.
㊗「子育て・納得のアドバイス」新読書社　2006
Petrus, Hugo　ペトラス, ヒューゴ
㊗「IRON MAN」小学館集英社プロダクション　2010
Petrushanskaia, Rèma　ペトルシャーンスカヤ, レーマ
㊗「わいわいきのこのおいわいかい」カランダーシ　2015
Petrushevskaya, Liudmila Stefanovna　ペトルシェフスカヤ, リュドミラ・スチェファノブナ
1938～　㊥ロシア　劇作家, 作家
Petryna, Adriana　ペトリーナ, アドリアナ
1966～　㊗「曝された生」人文書院　2016
Petsalnikos, Philippos　ペチャルニコス, フィリポス
㊥ギリシャ　法相
Petschauer, Joni Webb　ピッチャウバー, J.W.
㊗「初年次教育」丸善　2006
Petsko, Gregory A.　ペツコ, グレゴリー・A.

㊗「カラー図説タンパク質の構造と機能」メディカル・サイエンス・インターナショナル 2005
Petsos, Thanos ペツォス, サノス
㊨ギリシャ　サッカー選手
Pettegree, Andrew ペティグリー, アンドルー
㊗「印刷という革命」白水社 2015
Petter, Frank Arjava ペッター, フランク・アジャバ
㊗「This is霊気」BABジャパン 2014
Pettersen, Oeystein ペテルセン, オイステイン
1983～　㊨ノルウェー　スキー選手　㊙ペテルセン
Pettersen, Suzann ペテルセン, スサン
1981～　㊨ノルウェー　プロゴルファー　㊙ペターセン
Petterson, Per ペッテルソン, ペール
1952～　㊨ノルウェー　作家　㊕文学
Petteway, Shaq ペッテウェイ, シャック
㊨アメリカ　アメフト選手
Pettigrew, Antonio ペティグルー, アントニオ
1967～2010　㊨アメリカ　陸上選手　㊙ペティグリュー, アントニオ
Pettigrew, Brandon ペティグルー, ブランドン
㊨アメリカ　アメフト選手
Pettigrew, Jim, Jr. ペティグルー, ジム, Jr.
㊗「音楽ビジネス」音楽之友社 2002
Pettigrew, Pierre ペティグルー, ピエール
㊨カナダ　外相
Pettinari, Stefano ペッティナーリ, ステファノ
㊨イタリア　サッカー選手
Pettinato, Dan ペティナート, ダン
㊨アメリカ　アメフト選手
Pettinato, Tuono ペッティナート, トゥオノ
㊗「マンガエニグマに挑んだ天才数学者チューリング」講談社 2015
Petti Pagadizabal, Guido ペッティ・パガディサバル, グイド
㊨アルゼンチン　ラグビー選手
Pettis, Gary ペティス, ゲーリー
㊨アメリカ　ヒューストン・アストロズコーチ
Pettit, Justin ペティート, ジャスティン
1965～　㊗「成長戦略とM&Aの未来」日本経済新聞出版社 2010
Pettitt, Charles William プティット, チャールズ
㊗「博物館情報学入門」勉誠出版 2003
Pettitt, Sabina ペティット, サビーナ
㊗「エナジー・メディスン」中央アート出版社 2007
Pettitt, Stephen ペティット, スティーヴン
㊗「オペラの世界」ほんのしろ, 開文社出版(発売) 2010
Pettitte, Andy ペティット, アンディ
1972～　㊨アメリカ　元野球選手　本名＝Pettitte, Andrew Eugene　㊙ペティート, アンディ
Pettler, Pamela ペトラー, パメラ
㊗「ティム・バートンのコープスブライド」竹書房 2006
Pettman, Ralph ペットマン, ラルフ
1947～　㊗「人権のための教育」明石書店 2003
Pettman, Simon ペットマン, サイモン
㊗「食品の機能性表示と世界のレギュレーション」薬事日報社 2015
Pettway, D.J. ペットウェイ, D.J.
㊨アメリカ　アメフト選手
Petty, Bryce ペティー, ブライス
㊨アメリカ　アメフト選手
Petty, Kate ペティ, ケイト
㊗「イギリスの野の花えほん」あすなろ書房 2010
Petty, Will ペティ, ウィル
㊗「大迫力！ポップアップ人体図鑑」主婦の友社 2011
Petukhov, Alexey ペトゥホフ
㊨ロシア　クロスカントリースキー選手
Petursdottir, Solveig ペトルスドッティル, ソルベイグ
㊨アイスランド　司法・宗教相
Petursson, Pall ペトルソン, ポール
㊨アイスランド　社会問題相
Petzel, Todd E. ペッツェル, トッド・E.
㊗「リスクバジェッティング」パンローリング 2002
Petzold, Charles ペゾルド, チャールズ
1953～　㊗「プログラミングWindows」日経BP社, 日経BPマーケティング(発売) 2013
Petzold, Christian ペッツォルト, クリスティアン
1960～　㊨ドイツ　映画監督　㊙ペツォールト, クリスティアン
Petzold, Linda Ruth ペツォルド, L.R.

㊗「常微分方程式と微分代数方程式の数値解法」培風館 2006
Petzoldt, Martin ペッツォルト, マルティン
1946～　㊗「バッハの街」東京書籍 2005
Peuhmond, Jeanne プーモン, ジャンヌ
㊨コートジボワール　家族・女性・社会問題相
Peuker, Elmar T. ボイカー, エルマー・T.
㊗「鍼療法図鑑」ガイアブックス, 産調出版(発売) 2011
Pevkur, Hanno ペフクル, ハンノ
㊨エストニア　内相　㊙ペブクル, ハンノ
Pevney, Joseph ペブニー, ジョセフ
?～2008　㊨アメリカ　映画監督, テレビ監督　㊙ペヴニー, ジョーゼフ
Pevný, Pavol ペヴニー, パヴォル
㊗「世界の甲冑・武具歴史図鑑」原書房 2014
Pevtsov, Rostyslav ペフツォフ, ロスティスラフ
㊨アゼルバイジャン　トライアスロン選手
Peya, Alexander ペヤ, アレクサンダー
㊨オーストリア　テニス選手
Peyceré, David ペイセレ, ダビッド
㊗「建築記録アーカイブズ管理入門」書肆ノワール 2006
Peycheva, Simona ペイチェバ
㊨ブルガリア　新体操選手
Peymani, Christine ペイマニ, クリスティーン
㊗「塔の上のラプンツェル」うさぎ出版, インフォレスト(発売) 2011
Peyrefitte, Michael ペイレフィッテ, マイケル
㊨ベリーズ　司法長官
Peyrelevade, Jean ペイルルヴァッド, ジャン
㊗「世界を壊す金融資本主義」NTT出版 2007
Peyrot González, Marco Antonio ペイロ・ゴンサレス, マルコ・アントニオ
㊨メキシコ　海運相　㊙ペイロト・ゴンサレス, マルコ・アントニオ
Peyrous, Bernard ペイルス, ベルナール
㊗「炎と希望」サンパウロ 2003
Peyroux, Madeleine ペルー, マデリン
1974～　㊨アメリカ　シンガー・ソングライター
Peyser, John ペイザー, ジョン
1916～2002　㊨アメリカ　テレビ・映画監督　㊙ペイサー, ジョン
Peyton, Kathleen M. ペイトン, K.M.
1929～　㊗「愛ふたたび」岩波書店 2009
Pez, Catherine ペ, カトリーヌ
㊗「顔の体操」ガイアブックス, 産調出版(発売) 2008
Pezeshkian, Masoud ペゼシュキアン, マスード
㊨イラン　保健相　㊙ペゼシュキア, マスード
Pezzarossi García, Dwight Antony ペサロッシ・ガルシア, ドワイト・アントニ
㊨グアテマラ　文化・スポーツ相
Pezzella, German ペッセージャ, ヘルマン
㊨アルゼンチン　サッカー選手
Pezzella, Giuseppe ペッツェラ, ジュゼッペ
㊨イタリア　サッカー選手
Pezzutto, Antonio ペッツート, アントニオ
1953～　㊗「カラー図解臨床に役立つ免疫学」メディカル・サイエンス・インターナショナル 2006
Pfaff, Tristan プァッフ, トリスタン
㊨フランス　ロン・ティボー・クレスパン国際音楽コンクール　ピアノ　第6位(2007年(第36回))
Pfaltz, Kay プファルツ, ケイ
㊗「波乗り介助犬リコシェ」辰巳出版 2015
Pfannmoller, Stefan プファンメラー
㊨ドイツ　カヌー選手
Pfarr, Bernd プファー, ベルント
1958～　㊗「耳をすませば」講談社 2001
Pfeffer, Jeffrey フェファー, ジェフリー
㊨アメリカ　組織行動学者　スタンフォード大学ビジネススクール教授　㊙ペッファー, ジェフリー
Pfeifer, Erik プファイファー, エリク
㊨ドイツ　ボクシング選手
Pfeifer, Melanie ファイファー, メラニー
㊨ドイツ　カヌー選手
Pfeifer, Phillip E. ファイファー, フィリップ・E.
㊗「マーケティング・メトリクス」ピアソン桐原 2011
Pfeiffer, Boris プファイファ, ボリス
㊗「よみがえった恐竜たち」草土文化 2009

Pfeiffer, Bruce Brooks　ファイファー, ブルース・ブルックス
　㊞「フランク・ロイド・ライト」Taschen　c2002
Pfeiffer, Gabriele　プファイファー, ガブリエレ
　㊞「愛する犬猫（ワンニャン）のためのホメオパシー自然療法」ガイアブックス　2016
Pfeiffer, Michelle　ファイファー, ミシェル
　1957～　㊀アメリカ　女優　㊁フェイファー
Pfeiffer, Raymond S.　ファイファー, レイモンド・S.
　㊞「48のケースで学ぶ職業倫理」センゲージラーニング, 同友館（発売）2014
Pfeiffer, Steven I.　パイファー, S.I.
　㊞「幼児期～青年期までのメンタルヘルスの早期介入」北大路書房　2005
Pfeil, Ken　フェイル, ケン
　㊞「ハッキング対策マニュアル」ソフトバンクパブリッシング　2003
Pfeilschifter, Sonja　ファイルシフター
　㊀ドイツ　射撃選手
Pfendsack, Werner　プフェントザック, ヴェルナー
　㊞「光の降誕祭」教文館　2004
Pfeuffer, Martina　フォイファー, マルティーナ
　1970～　㊞「ドイツに住んでみて」新風舎　2007
Pfiffner, Pamela S.　フィフナー, パメラ
　㊞「The Adobe story」アスキー　2003
Pfister, Daniel　プフィスター, D.
　㊀オーストリア　リュージュ選手
Pfister, Marcus　フィスター, マーカス
　1960～　㊀スイス　グラフィックアーティスト, 絵本作家
Pfister, Wally　フィスター, ウォーリー
　アカデミー賞 撮影賞（第83回（2010年））"Inception"
Pfitzinger, Pete　フィッツィンジャー, ピート
　1957～　㊞「アドバンスト・マラソントレーニング」ベースボール・マガジン社　2010
Pfleeger, Shari Lawrence　プリーガー, シャリ・ローレンス
　㊞「ソフトウェア工学」ピアソン・エデュケーション　2001
Pflimlin, Édouard　プラムラン, エドアール
　㊞「私たちのヨーロッパ」信山社出版　2004
Pflugbeil, Sebastian　プフルークバイル, セバスチャン
　1947～　㊀ドイツ　物理学者, 反核運動家　ドイツ放射線防護協会会長　東ドイツ暫定政府無任所大臣　㊁プフルグバイル, セバスチャン
Pflugfelder, Gregory　フルーグフェルダー, グレゴリー
　1959～　㊀アメリカ　コロンビア大学ドナルド・キーン日本文化センター所長　近代日本女性史
Pflughaupt, Laurent　プリューゴープト, ローラン
　1964～　㊞「アルファベットの事典」創元社　2007
Pfoertsch, Waldemar　ファルチ, ヴァルデマール
　㊞「コトラーのイノベーション・ブランド戦略」白桃書房　2014
Pfund, Arthur　プファンド, アーサー
　㊞「Cisco CCNP認定ガイド」日経BP社, 日経BP出版センター（発売）2004
Pfützner, H.　ピュッツナー, H.
　1931～　㊞「回転体の力学」森北出版　2004
Phabongkhapa, Je　パボンカッパ, ジェ
　㊞「大きな至上の喜びの素早い道」タルパジャパン　2009
Phadermchai, Sasomsab　パドゥームチャイ・サソムサップ
　㊀タイ　労相
Phaithoon, Kaeothong　パイトゥーン・ケオトン
　㊀タイ　労相
Phalon, William　フェイロン, W.
　㊞「アメリカ社会をどう読むか」開文社出版　2001
Phaly, Nuon　パリー, ヌオン
　1943～　㊞「激動のカンボジアを生きぬいて」たちばな出版　2005
Pham, Dinh Son　ファム, ディン・ソン
　1963～　㊞「世界でいま起こっていること」清泉女学院大学人間学部文化心理学科総合講座　2007
Pham, Duc Nam　ファム, ドゥック・ナム
　1982～　㊞「おいしいベトナム料理」めこん　2011
Pham, Khoi　ファム, コワ
　㊞「マイティ・アベンジャーズ：シークレット・インベージョン」ヴィレッジブックス　2014
Pham, LeUyen　ファム, レウィン
　1973～　㊞「アラスカの小さな家族」講談社　2015
Pham, Tommy　ファム, トミー
　㊀アメリカ　野球選手
Pham Duy　ファム・ズイ
　1921～2013　㊀ベトナム　作曲家　本名＝Pham Duy Can
Phamotse, Mahali　パモツェ, マハリ
　㊀レソト　教育・訓練相
Phan, Michelle　ファン, ミシェル
　1987～　㊀アメリカ　クリエーター　イプシー（ipsy）共同創設者, アイコン（ICON）設立者
Phan, Ngoc Liên　ファン, ゴク・リエン
　㊞「ベトナムの歴史」明石書店　2008
Phan, Van Dop　ファン, ヴァン・ヨップ
　㊞「ラグライの昔話」ティエラコーポレーション, 岩田書院（発売）2005
Phandouangchit, Vongsa　パンドゥアンチット・ウォンサ
　㊀ラオス　情報文化相
Phankham, Viphavanh　パンカム・ウィッパーワン
　㊀ラオス　国家副主席（副大統領）
Phan Van Khai　ファン・バン・カイ
　1933～　㊀ベトナム　政治家　ベトナム共産党政治局員　ベトナム首相, ホーチミン市長　㊁ファン・ヴァン・カイ
Phao, Bounnaphonh　パオ・ブンナポン
　㊀ラオス　通信・運輸・郵政・建設相
Pharaon, Michel　ファラオン, ミシェル
　㊀レバノン　観光相
Pharo, Ingvild　ファロ, イングヴィル
　㊞「ノルウェー聖なる自然」アヴァンタルト社　2008
Pharrell　ファレル
　㊀アメリカ　ヒップホップ・ミュージシャン
Phat, Cao Duc　ファット, カオ・ドク
　㊀ベトナム　農業・地方開発相
Phatak, S.R.　ファタック, S.R.
　㊞「ファタックのマテリア・メディカ」ホメオパシー出版　2010
Phatlum, Pornanong　パットルム, ポルナノン
　㊀タイ　ゴルフ選手
Pheasant, Stephen　フェザント, スティーブン
　㊞「刷新してほしい患者移動の技術」日本看護協会出版会　2003
Phegley, Josh　フェグリー, ジョシュ
　㊀アメリカ　野球選手
Phelan, Jay　フェラン, ジェイ
　㊞「いじわるな遺伝子」日本放送出版協会　2002
Phelan, John Joseph, Jr.　フェラン, ジョン
　1931～2012　㊀アメリカ　ニューヨーク証券取引所（NYSE）理事長
Phelan, Karen　フェラン, カレン
　㊞「申し訳ない, 御社をつぶしたのは私です。」大和書房　2014
Phelan, Matt　フェラン, マット
　㊞「いつまでもずっと」岩崎書店　2012
Phelan, Mike　フィーラン, マイク
　㊀イングランド　ハル監督
Phelan, Peggy　フェラン, ペギー
　㊞「アート＆フェミニズム」ファイドン　2005
Phelan, Thomas W.　フェラン, トーマス・W.
　1943～　㊞「「言い聞かせる」をやめればしつけはうまくいく！」阪急コミュニケーションズ　2012
Phelp, Michael　フェルプス
　㊀アメリカ　競泳選手
Phelps, Bruce　フェルプス, ブルース
　㊞「債券ポートフォリオの計量分析」東洋経済新報社　2010
Phelps, David　フェルプス, デビッド
　㊀アメリカ　野球選手
Phelps, Edmund Strother　フェルプス, エドムンド
　1933～　㊀アメリカ　経済学者　コロンビア大学教授　㊞政治経済学　㊁フェルプス, エドモンド
Phelps, Elizabeth A.　フェルプス, E.A.
　㊞「ヒト扁桃体研究ハンドブック」西村書店東京出版編集部　2015
Phelps, James R.　フェルプス, ジム
　1953～　㊞「「うつ」がいつまでも続くのは, なぜ？」星和書店　2011
Phelps, Marshall　フェルプス, マーシャル
　㊞「マイクロソフトを変革した知財戦略」発明協会　2010
Phelps, Michael　フェルプス, マイケル
　1985～　㊀アメリカ　元水泳選手
Phelps, Timothy H.　フェルプス, ティム
　㊞「音楽家ならだれでも知っておきたい「呼吸」のこと」誠信書房　2004
Pherselidze, Guram　フェルセリゼ
　㊀ジョージア　レスリング選手
Phet, Phomphiphak　ペット・ポンピパーク

Pheto, Moeng　ペト, モエング
　国ボツワナ　青年・スポーツ・文化相
Philander, David　フィランダー, デヴィッド
　国ナミビア　ラグビー選手
Philbin, J.J.　フィルビン, J.J.
　著「ヒーローズシーズン2」角川書店, 角川グループパブリッシング (発売)　2009
Philbin, John　フィルビン, ジョン
　著「ハイインテンシティ・トレーニング」アスペクト　2009
Philbrick, Nathaniel　フィルブリック, ナサニエル
　1956〜　著「白鯨との闘い」集英社　2015
Philemon, Bart　フィレモン, バート
　国パプアニューギニア　財務相
Philip, Danny　フィリップ, ダニー
　国ソロモン諸島　開発計画・援助調整相
Philip, Neil　フィリップ, ニール
　1955〜　著「神話入門」あすなろ書房　2004
Philiponet, Gabrielle　フィリポネ, ガブリエル
　国フランス　エリザベート王妃国際コンクール 声楽第6位 (2008年)
Philipp, Lillie H.　フィリップ, リリー・H.
　著「ピアノ演奏のテクニック」シンフォニア　2008
Philipp, Maximilian　フィリップ, マキシミリアン
　国ドイツ　サッカー選手
Philippe, Jacques　フィリップ, ジャック
　著「神の御前で」ドン・ボスコ社　2002
Philippe, Jean　フィリップ, ジャン
　1965〜　著「ジダン」阪急コミュニケーションズ　2010
Philippe Ⅰ　フィリップ1世
　1960〜　国ベルギー　国王 (第7代)　本名=Philippe Léopold Louis Marie
Philippo, Witten　フィリッポ, ウィッテン
　国マーシャル諸島　法相
Philippon, Thomas　フィリッポーン, トーマス
　著「金融規制のグランドデザイン」中央経済社　2011
Philipps, Carolin　フィリップス, カロリン
　1954〜　著「サンダーレの夢」日本ライトハウス　2011
Philipps, Eugène　フィリップス, ウージェーヌ
　1918〜　著「アルザスの言語戦争」白水社　2010
Philips, Charles　フィリップス, チャールズ
　著「図説世界史を変えた50の指導者 (リーダー)」原書房　2016
Philips, George K.　フィリップス, ジョージ・K.
　著「血液/腫瘍学シークレット」メディカル・サイエンス・インターナショナル　2004
Philips, Sabrina　フィリップス, サブリナ
　著「ひと月だけの恋人」ハーレクイン　2010
Philips, Sabrina　フィリップス, サブリナ
　著「悲しいすれ違い」ハーレクイン　2011
Philipsz, Susan　フィリップス, スーザン
　国スコットランド　ターナー賞 (2010年)
Philliips, Matt　フィリップス, マット
　国スコットランド　サッカー選手
Phillip, Glen　フィリップ, グレン
　国セントクリストファー・ネービス　青年・スポーツ・情報技術・通信・郵政相
Phillip, Njisane Nicholas　フィリップ
　国トリニダード・トバゴ　自転車選手
Phillip, Rohan　フィリップ, ローハン
　国グレナダ　検事総長
Phillipo, Witten　フィリッポ, ウィットン
　国マーシャル諸島　大統領補佐相
Phillipov, Michelle　フィリッポフ, ミシェル
　著「脂肪の歴史」原書房　2016
Phillippe, Ryan　フィリップ, ライアン
　1974〜　国アメリカ　俳優　本名=Phillippe, Matthew Ryan
Phillipps, Steve　フィリップス, スティーヴン
　著「銀河」日本評論社　2013
Phillips, Adam　フィリップス, アダム
　1954〜　著「ダーウィンのミミズ, フロイトの悪夢」みすず書房　2006
Phillips, Adrian　フィリップス, エイドリアン
　1954〜　国アメリカ　アメフト選手　異フィリップス, アダム
Phillips, Andrew　フィリップス, アンドリュー
　著「Scalaパズル」翔泳社　2016
Phillips, Anne K.　フィリップス, アン・K.
　著「ルイザ・メイ・オルコット事典」雄松堂出版　2008
Phillips, Barty　フィリップス, バーティ
　著「フィリップス, バーティー」著「絨毯のある暮らし」千毬館　2005
Phillips, Bob　フィリップス, ボブ
　1940〜　著「ノアの箱舟の秘密」扶桑社　2005
Phillips, Brandon　フィリップス, ブランドン
　国アメリカ　野球選手
Phillips, Brett　フィリップス, ブレット
　国アメリカ　野球選手
Phillips, Carl　フィリップス, カール
　著「グローバル・リテラシー」光文社　2001
Phillips, Carly　フィリップス, カーリー
　著「魅惑の招待状」ハーレクイン　2009
Phillips, Carmen　フィリップス, カーメン
　1937〜2002　国アメリカ　女優
Phillips, Caryl　フィリップス, キャリル
　1958〜　作家, 英文学者　エール大学教授
Phillips, Cassandra　フィリップス, カッサンドラ
　著「プラスチックスープの海」NHK出版　2012
Phillips, Charles　フィリップス, チャールズ
　1962〜　著「視覚力養成パズル」ディスカヴァー・トゥエンティワン　2010
Phillips, Christopher　フィリップス, クリストファー
　1959〜　著「ソクラテス・カフェにようこそ」光文社　2003
Phillips, Clare　フィリップス, クレア
　著「V&Aの名品でみるヨーロッパの宝飾芸術」東京美術　2014
Phillips, Dashaun　フィリップス, ダショーン
　国アメリカ　アメフト選手
Phillips, David　フィリップス, デイヴィッド
　1949〜　著「クオリティ・オブ・ライフ」出版研, 人間の科学新社 (発売)　2011
Phillips, David M.H.　フィリップス, デビッド
　著「企業情報の開示」東洋経済新報社　2002
Phillips, D.C.　フィリップス, D.C.
　著「知の歴史」徳間書店　2002
Phillips, Dwayne　フィリップス, ドゥエイン
　著「ソフトウェア開発のカオス」構造計画研究所, 共立出版 (発売)　2003
Phillips, Dwight　フィリップス, ドワイト
　1977〜　国アメリカ　走り幅跳び選手　異フィリップス
Phillips, Estelle　フィリップス, エステール・M.
　1928〜　著「博士号のとり方」出版サポート大樹舎　2010
Phillips, Flip　フィリップス, フリップ
　1915〜2001　国アメリカ　ジャズ・テナーサックス奏者　本名=Phillips, Joseph Edward
Phillips, Fredelic J.　フィリップス, フレデリック
　1905〜2005　国オランダ　実業家　フィリップス社長
Phillips, Graham　フィリップス, グレアム
　1953〜　異フィリップス, グラハム　著「聖母マリアをめぐる沈黙の陰謀」三交社　2006
Phillips, Hubert　フィリップス, ヒューバート
　著「天才パズル」三笠書房　2001
Phillips, Ian　フィリップス, イアン
　著「LOST」アーティストハウス　2003
Phillips, Jack J.　フィリップス, ジャック・J.
　著「インストラクショナルデザインとテクノロジ」北大路書房　2013
Phillips, Jo　フィリップス, ジョン
　1957〜　著「レオナルド・ダ・ヴィンチ」BL出版　2009
Phillips, John　フィリップス, ジョン
　1935〜2001　国アメリカ　シンガー・ソングライター　旧グループ名=ママス・アンド・パパス〈The Mamas&The Papas〉
Phillips, Jonathan P.　フィリップス, ジョナサン
　1965〜　著「第四の十字軍」中央公論新社　2007
Phillips, Jordan　フィリップス, ジョーダン
　国アメリカ　アメフト選手
Phillips, Judith E.　フィリップス, J.
　著「高齢者ソーシャルワーク」晃洋書房　2008
Phillips, Julia　フィリップス, ジュリア
　1944〜2002　国アメリカ　映画プロデューサー
Phillips, Kathy　フィリップス, キャシー
　著「ヨーガの世界」産調出版　2007
Phillips, Liam　フィリップス, リーアム
　国イギリス　自転車選手　異フィリップス
Phillips, Lou Diamond　フィリップス, ルー・ダイヤモンド

Phillips, Maggie フィリップス, マギー
1962〜 ⓝアメリカ 俳優
㊽「最新心理療法」春秋社 2002
Phillips, Marie フィリップス, マリー
1976〜 ⓝイギリス 作家 ⓙユーモア
Phillips, Melba フィリップス, M.
㊽「新版 電磁気学」吉岡書店 2002
Phillips, Michael W., Jr. フィリップス, マイケル・W., Jr.
㊽「図説金の文化史」原書房 2016
Phillips, Neil フィリップス, ニール
㊽「学校いやいやお化けウォブリー」明星大学出版部 2003
Phillips, Nicholas フィリップス, ニコラス
1938〜 ⓝイギリス 法律家 英国最高裁初代長官 本名＝Phillips, Nicholas Addison
Phillips, Patricia P. フィリップス, パトリシア・P.
㊽「インストラクショナルデザインとテクノロジ」北大路書房 2013
Phillips, Peg フィリップス, ペグ
1918〜2002 ⓝアメリカ 女優 本名＝Phillips, Margaret ⓡフィリップ, ペグ
Phillips, Peter フィリップス, ピーター
ⓝジャマイカ 財務・計画相
Phillips, Philip W. フィリップス, P.
㊽「上級固体物理学」丸善プラネット, 丸善出版（発売） 2015
Phillips, Richard フィリップス
ⓝジャマイカ 陸上選手
Phillips, Richard フィリップス, リチャード
1956〜 ㊽「キャプテンの責務」早川書房 2013
Phillips, Robert S. フィリップス, ロバート・S.
㊽「EBMオンコール急性疾患」中山書店 2005
Phillips, Ronald L. フィリップス, ロナルド・L.
ⓝアメリカ ウルフ賞 農業部門（2006/2007年）
Phillips, S. フィリップス, S.
㊽「シルバー・バーチの霊訓」潮文社 2004
Phillips, Sam フィリップス, サム
1923〜2003 ⓝアメリカ 音楽プロデューサー 本名＝Phillips, Samuel Cornelius
Phillips, Scott フィリップス, スコット
㊽「ベスト・アメリカン・ミステリジュークボックス・キング」早川書房 2005
Phillips, Scott フィリップス, スコット
1974〜 ㊽「テンプルトン卿の流儀」パンローリング 2010
Phillips, Sean フィリップス, ショーン
㊽「マーベルゾンビーズ：デッド・デイズ」ヴィレッジブックス 2014
Phillips, Shakim フィリップス, シャキム
ⓝアメリカ アメフト選手
Phillips, Susan Elizabeth フィリップス, スーザン・エリザベス
㊽「その腕のなかで永遠に」二見書房 2015
Phillips, Susanna フィリップス, スザンナ
ⓝアメリカ ソプラノ歌手
Phillips, Tim フィリップス, ティム
1967〜 ⓡフィリップス, T. ㊽「ラッセル先生が「幸せになる哲学」を教えてくれた」PHP研究所 2010
Phillips, Todd フィリップス, トッド
㊽「直前必修問題集MCP/MCSE試験番号70-222 Windows 2000 Migration」IDGジャパン 2001
Phillips, Tony フィリップス, トニー
1959〜2016 ⓝアメリカ 野球選手 本名＝Phillips, Keith Anthony
Phillips, Tori フィリップス, トーリ
㊽「水都の麗人」ハーレクイン 2009
Phillips, Trish フィリップス, トリッシュ
㊽「よくばりなこいぬ」大日本絵画 〔2008〕
Phillips, Valerie フィリップス, ヴァレリー
㊽「ANOTHER GIRL ANOTHER PLANET」DU BOOKS, ディスクユニオン（発売） 2016
Phillips, Wade フィリップス, ウェイド
ⓝアメリカ デンバー・ブロンコスコーチ
Phillips, William Daniel フィリップス, ウィリアム
1948〜 ⓝアメリカ 物理学者 米国国立標準技術研究所（NIST）技術スタッフ
Phillips, Zara Anne Elizabeth フィリップス
ⓝイギリス 馬術選手
Phillipson, Andy フィリップソン, アンドリュー
ⓝフィリップソン, アンディ ㊽「カーズ2」うさぎ出版, インフォレスト（発売） 2011
Phillipson, Chris フィリップソン, クリス
㊽「フィリップソン, クリス ㊽「高齢者虐待対応マニュアル」ミネルヴァ書房 2005
Phillipson, Nicholas T. フィリップソン, ニコラス
㊽「デイヴィッド・ヒューム」白水社 2016
Phillipson, Robert フィリップソン, ロバート
1942〜 ㊽「言語帝国主義」三元社 2013
Phillpotts, Beatrice フィルポッツ, ビアトリス
㊽「魔法使いになるための魔法の呪文教室」東洋書林 2004
Philmore, R. フィルモア, R.
㊽「ミステリの美学」成甲書房 2003
Philo, Phoebe ファイロ, フィービー
ⓝフランス ファッションデザイナー セリーヌ・クリエイティブディレクター
Philon, Darius フィロン, ダリアス
ⓝアメリカ アメフト選手
Philonenko, Alexis フィロネンコ, アレクシス
㊽「ヨーロッパ意識群島」法政大学出版局 2007
Philonenko, Laurent フィロネンコ, ローレン
㊽「CRMパーフェクトビジョン」リックテレコム 2002
Philonenko, Marc フィロネンコ, マルク
1930〜 ㊽「主の祈り」新教出版社 2003
Philp, Janette フィルプ, ジャネット
㊽「笑って愛して生きよう！」JMA・アソシエイツステップワークス事業部 2014
Philp, Mark フィルプ, マーク
1953〜 ㊽「トマス・ペイン」未来社 2007
Philpot, Terry フィルポット, テリー
㊽「わたしの物語」福村出版 2012
Philpott, Jane フィルポット, ジェーン
ⓝカナダ 保健相
Philpott, Tom フィルポット, トム
㊽「動物工場」緑風出版 2016
Phimmasone, Leauangkhamma ピマソン・ルアンカマ
ⓝラオス 教育相
Phinit, Charusombat ピニット・ジャルソムバット
ⓝタイ 副首相
Phinn, Gervase フィン, ゲルバズ
㊽「ぼくはだれだろう」童話屋 2013
Phinney, Taylor フィーニー, テーラー
ⓝアメリカ 自転車選手
Phipps, Nick フィップス, ニック
ⓝオーストラリア ラグビー選手
Phipps, Simon フィップス, サイモン
㊽「ソフトウェアの未来」翔泳社 2001
Phiri, John ピリ, ジョン
ⓝザンビア 教育相
Phoca, Sophia フォカ, ソフィア
㊽「イラスト図解"ポスト"フェミニズム入門」作品社 2003
Phoenix フェニックス
ⓝアメリカ ロック・ベース奏者
Phoenix, Joaquin フェニックス, ホアキン
1974〜 ⓝアメリカ 俳優 本名＝Phoenix, Joaquin Rafael
Phoenix, Tom フェニックス, トム
㊽「初めてのPerl」オライリー・ジャパン, オーム社（発売） 2013
Phoeung Sakona プウン・サコナー
ⓝカンボジア 文化芸術相
Phonemek, Dalaloy ポーンメク・ダラロイ
ⓝラオス 保健相
Phong, Hoang Van フォン, ホアン・バン
ⓝベトナム 科学技術相
Phongthep, Thepkanjana ポンテープ・テープカンチャナー
ⓝタイ 副首相兼教育相 ⓡポンテープ・テープカンチャナ
Phoofolo, Haae Edward ブーフォロ, ハアエ・エドワード
ⓝレソト 司法・人権・憲法問題相
Phooko, Motloheloa ブーコ, モトロヘロア
ⓝレソト 行政相
Phororo, Rakoro ポロロ, ラホロ
ⓝレソト 農業・食糧安保相 ⓡフォロロ, ラコロ
Photikarm, Elma D. フォティカーム, エルマ・D.
㊽「現代世界アジア詩集」土曜美術社出版販売 2010
Phoumy, Thippavone プーミー・ティパウォン
ⓝラオス 商業観光相
Phouphet, Khamphounvong ブーペット・カンプワンウォン

Phoya, Henry　ポヤ、ヘンリー
　国ラオス　財務相　訳プーペット・カムポンウォン
　国マラウイ　土地住宅相　訳フォヤ、ヘンリー
Phra Thēpwēthī Prayut　ポー・オー・パユットー
　1938〜　著「テーラワーダ仏教の実践」サンガ　2012
Phraxayavong, Viliam　プラサヤボン、ビリアム
　著「ラオス」ほるぷ出版　2010
Phrayuki Naradevo　プラユキ・ナラテボー
　著「「気づきの瞑想」を生きる」佼成出版社　2009
Phu, Giang Seo　フー、ザン・セオ
　国ベトナム　少数民族委員長
Phuc, Nguyen Xuan　フック、グエン・スアン
　国ベトナム　首相
Phuc, Vo Hong　フック、ボー・ホン
　国ベトナム　計画投資相　訳フック、ヴォー・ホン
Phumaphi, Joy　フマフィ、ジョイ
　国ボツワナ　厚相
Phumisa, Kaliyoma　フミーサ、カリヨマ
　国マラウイ　情報相
Phumisa, Samuel　フミーサー、サミュエル
　国マラウイ　運輸相
Phun-tshogs-dbaṅ-rgyal, Sgo-ra-naṅ-pa　プンツォク・ワンギェル, ゴラナンパ
　著「チベット人哲学者の思索と弁証法」明石書店　2012
Phuoc, Ksor　フォック、クソル
　国ベトナム　少数民族委員長
Phuong, Do Nguyen　フオン、ド・グエン
　国ベトナム　保健相
Physh, Alice　フィッシュ、アリス
　著「忠臣蔵」講談社　2013
Pi, Hongyan　ピ
　国フランス　バドミントン選手
Pia, David　ピア、ダヴィット
　国スイス　チャイコフスキー国際コンクール チェロ 第6位（2007年（第13回））
Piaget, Yves G.　ピアジェ、イヴ
　1942〜　国スイス　実業家　ピアジェ会長
Pialat, Maurice　ピアラ、モーリス
　1925〜2003　国フランス　映画監督
Pialorsi, Paolo　ピアロッシ、パオロ
　著「プログラミングMicrosoft LINQ」日経BPソフトプレス, 日経BP出版センター（発売）2009
Piano, Renzo　ピアノ、レンゾ
　1937〜　国イタリア　建築家
Piasecki, Bartosz　ピアセツキ
　国ノルウェー　フェンシング選手
Piasecki, Bruce　ピアスキー、ブルース
　1955〜　著「ワールドインク」英治出版　2008
Piasecki, Pierre Edmond　ピアセキ
　国フランス　射撃選手
Piatrenia, Tatsiana　ピアトレニア、タチアナ
　国ベラルーシ　トランポリン選手　訳ペトレニア
Piatti, Celestino　ピヤッチ、チェレスチーノ
　著「しあわせな ふくろう」福音館書店　2012
Piatti, Pablo　ピアッティ、パブロ
　国アルゼンチン　サッカー選手
Piatti-Farnell, Lorna　ピアッティ＝ファーネル、ローナ
　1980〜　著「バナナの歴史」原書房　2016
Piazza, Giovanni　ピアッザ, G.
　1942〜　著「追悼ウンベルト・エコ」文化書房博文社　2016
Piazza, Marina　ピアッツァ、マリーナ
　著「母性と仕事に揺れる三十代」ミネルヴァ書房　2007
Pic, Anne-Sophie　ピック、アンヌ・ソフィー
　国フランス　料理人　メゾン・ピック・シェフ
Picacio, John　ピカシオ、ジョン
　ヒューゴー賞 プロアーティスト（2013年）ほか
Picado, Sonia　ピカード、ソニア
　国コスタリカ　人間の安全保障諮問委員会議長, 元・人間の安全保障委員会委員, 元・米州人権機構理事長
Picamoles, Louis　ピカモル、ルイ
　国フランス　ラグビー選手
Picard, Barbara Leonie　ピカード・バーバラ・レオニ
　1917〜2011　国イギリス　児童文学作家
Picard, Carol　ピカード、キャロル
　著「ケアリング プラクシス」すぴか書房　2013
Picard, Liza　ピカード、ライザ

　1927〜　著「18世紀ロンドンの私生活」東京書籍　2002
Picard, Michaël　ピカード、マイケル
　著「おもしろパラドックス」創元社　2016
Picardi, Vincenzo　ピカルディ
　国イタリア　ボクシング選手
Picardie, Justine　ピカディ、ジャスティン
　1961〜　著「ココ・シャネル伝説の軌跡」マーブルトロン, メディアパル（発売）2012
Picarella, Giuseppe　ピカレッラ、ジュゼッペ
　著「エアロ・ディテール」大日本絵画　2010
Picasso, Marina　ピカソ、マリーナ
　1950〜　著「マイ・グランパパ、ピカソ」小学館　2004
Picasso, Paloma　ピカソ、パロマ
　1949〜　ジュエリーデザイナー
Picat, Marie-Laure　ピカ、マリー・ロール
　1972〜2009　著「天国のママから届いた最後の贈り物」講談社　2012
Piccard, Bertrand　ピカール、ベルトラン
　1958〜　国スイス　冒険家, 精神科医, 飛行家　訳ピッカール、ベルトラン
Piccard, Jacques　ピカール、ジャック
　1922〜2008　国スイス　深海探検家, 深海潜水技術者　本名＝Piccard, Jacques Ernest Jean
Piccarella, John　ピッカレラ、ジョン
　著「ビートルズ世界証言集」ポプラ社　2006
Picciani, Leonardo　ピシアニ、レオナルド
　国ブラジル　スポーツ相
Piccini, Cristiano　ピッチーニ、クリスティアーノ
　国イタリア　サッカー選手
Piccinini, Patricia　ピッチニーニ、パトリシア
　1965〜　国オーストラリア　美術家
Piccioni, Piero　ピッチオーニ、ピエロ
　1921〜2004　国イタリア　作曲家
Piccionni, Giuseppe　ピッチョーニ、ジュゼッペ
　1953〜　国イタリア　映画監督
Picciotto, Concepcion　ピチョット、コンセプシオン
　1935頃〜2016　国アメリカ　平和運動家　愛称＝コニー〈Connie〉
Picciotto, Richard　ピッチョート、リチャード
　著「9月11日の英雄たち」早川書房　2002
Piccoli, Michel　ピッコリ、ミシェル
　1925〜　国フランス　俳優　本名＝Piccoli, Jacques Daniel Michel　訳ピコリ、ミシェル
Pichet, Durongkaveroj　ピチェート・ドゥロンカウェロート
　国タイ　デジタル経済社会相
Pichler, Günter　ピヒラー、ギュンター
　1940〜　国オーストリア　バイオリニスト, 指揮者　アルバン・ベルク弦楽四重奏団第1バイオリン奏者
Pichler, Roman　ピヒラー、ローマン
　著「スクラムを活用したアジャイルなプロダクト管理」ピアソン桐原　2012
Pichois, Claude　ピショワ、クロード
　1925〜2004　国フランス　伝記作家, フランス文学者　ソルボンヌ大学名誉教授, バンダービルト大学名誉教授
Pichon, Frederic　ピション、フレデリック
　著「サトウキビ畑のカニア」日本ライトハウス　2005
Pichon, Liz　ピーション、リズ
　国イギリス　イラストレーター, 絵本作家　訳児童書
Pichot, Teri　ピショー、テリー
　著「解決志向アプローチ再入門」金剛出版　2008
Picht-Axenfeld, Edith　ピヒト・アクセンフェルト、エディット
　1914〜2001　国ドイツ　ピアニスト, チェンバロ奏者
Pickard, Nancy　ピカード、ナンシー
　1945〜　国アメリカ　ミステリー作家
Pickart, Joan Elliott　ピカート、ジョーン・エリオット
　著「世紀のウエディング」ハーレクイン　2007
Picken, Stuart　ピッケン、スチュアート
　国イギリス　スコットランド日本協会会長, 元・国際基督教大学教授, 元・名古屋商科大学教授
Pickens, Andrea　ピケンズ、アンドレア
　著「誘惑された女神」扶桑社　2012
Pickens, Charles　ピッケンズ、チャールズ
　著「イリデッサとティンクの大冒険」講談社　2008
Pickens, James W.　ピッケンズ、ジェームス・W.
　1945〜　著「完全なる売り方買わせ方」ベストセラーズ　2003
Pickens, Thomas Boone　ピケンズ、ブーン

1928〜 ㊃「どん底から億万長者」エクスナレッジ 2009
Pickeral, Tamsin ピッケラル, タムシン
㊃「世界で一番美しい犬の図鑑」エクスナレッジ 2016
Pickering, Eric B. ピカリング, E.B.
㊃「DN・CASによる子どもの学習支援」日本文化科学社 2010
Pickering, Heydon ピカリング, ヘイドン
㊃「コーディングWebアクセシビリティ」ボーンデジタル 2015
Pickering, William Hayward ピカリング, ウィリアム
1910〜2004 ㊁アメリカ 物理学者, 宇宙開発工学者 カリフォルニア工科大学名誉教授 ㊂ジェット推進
Pickering, W.S.F. ピカリング, W.S.F.
㊃「デュルケムと現代教育」同時代社 2003
Pickersgill, Robert ピッカースギル, ロバート
㊁ジャマイカ 水・土地・環境・気候変動相 ㊄ピッカーズギル, ロバート
Pickett, George B. ピケット, G.B.
㊃「統合軍参謀マニュアル」白桃書房 2009
Pickett, John A. ピケット, ジョン・A.
㊁イギリス ウルフ賞 農業部門(2008年)
Pickett, Kate ピケット, ケイト
㊃「平等社会」東洋経済新報社 2010
Pickett, Philip ピケット, フィリップ
1950〜 ㊁イギリス 指揮者 ニュー・ロンドン・コンソート主宰者
Pickett, Rex ピケット, レックス
1952〜 ㊃「サイドウェイズ」ヴィレッジブックス 2009
Pickford, Jordan ピックフォード, ジョーダン
㊁イングランド サッカー選手
Pickford, Louise ピックフォード, ルイーズ
㊃「サラダを彩る素敵な極上ドレッシングレシピ」ガイアブックス 2014
Pickles, Eric ピクルス, エリック
㊁イギリス 地域・地方政府担当相
Picknett, Lynn ピクネット, リン
㊃「光の天使ルシファーの秘密」青土社 2006
Pickover, Clifford A. ピックオーバー, クリフォード・A.
1957〜 ㊁アメリカ サイエンスライター IBMワトソン研究所リサーチスタッフ ㊂コンピューター・グラフィックス
Pickrem, Sydney ピクレム, シドニー
㊁カナダ 水泳選手
Picollo, Franco ピコッロ, フランコ
㊃「カオスの神, 園子温」フィルムアート社 2012
Picon, Charline ピコン, シャルリーヌ
㊁フランス セーリング選手 ㊄ピコン
Picone, Giuseppe ピッコーネ, ジョゼッペ
㊃「PICONEアルチビオのえほん」ビキジャパン(制作) 2016
Picot, Arnold ピコー, アーノルド
㊄ピコット, アーノルド ㊃「新制度派経済学による組織入門」白桃書房 2007
Picoult, Jodi ピコー, ジョディ
1966〜 ㊁アメリカ 作家
Picqué, Charles ピケ, シャルル
㊁ベルギー 経済・科学研究相
Pictet, Jean S. ピクテ, ジャン
1914〜2002 ㊃「解説赤十字の基本原則」東信堂 2010
Picton, Margaret ピクトン, マーガレット
㊃「ハーブの魔術」作品社 2001
Picula, Tonino ピツラ, トニノ
㊁クロアチア 外相
Pidaev, Andriy ピダエフ, アンドリー
㊁ウクライナ 保健相
Pidaev, Shakirdzhan Rasulovich ピダエフ, Sh.
㊃「アイハヌム」東海大学出版会 2007
Piddington, Phyllis ピディングトン, フィリス
1910〜 ㊃「南の虹のルーシー」竹書房 2004
Pidhrushna, Olena ピドルシュナ, オレーナ
1987〜 ㊁ウクライナ 元バイアスロン選手 本名=Pidhrushna, Olena Mykhailivna ㊄ピドルシュナ/ピドルシュナー, オレーナ
Pie, Luisito ピエ, ルイシト
㊁ドミニカ共和国 テコンドー選手
Piëch, Ferdinand Karl ピエヒ, フェルディナント
1937〜 ㊁ドイツ 実業家 フォルクスワーゲン(VW)監査役会会長 ㊄ピエヒ, フェルディナント
Piechociński, Janusz ピエホチンスキ, ヤヌシュ
㊁ポーランド 副首相兼経済相

Pieczenik, Steve R. ピチェニック, スティーブ
1944〜 ㊁アメリカ 精神科医, 作家 ㊄ピチェニック, スティーヴ
Pied, Jeremy ピエ, ジェレミー
㊁フランス サッカー選手
Piehler, G.Kurt ピーラー, G.カート
1961〜 ㊃「アメリカは戦争をこう記憶する」松籟社 2013
Piehslinger, Eva ピースリンガー, エヴァ
1961〜 ㊃「臨床家のための歯科補綴学」クインテッセンス出版 2007
Piek, Selena ピーク, セレナ
㊁オランダ バドミントン選手
Pielieshenko, Oleksandr ピエリエシェンコ, オレクサンドル
㊁ウクライナ 重量挙げ選手
Pielou, E.C. ピルー, E.C.
㊃「水の自然誌」河出書房新社 2001
Piemontesi, Francesco ピアモンテージ, フランチェスコ
㊁スイス エリザベート王妃国際コンクール ピアノ 第3位(2007年)
Pienaar, Ruan ピナール, ルーアン
㊁南アフリカ ラグビー選手
Pienaar, Steven ピーナール, スティーヴン
㊁南アフリカ サッカー選手
Piendl, Stefan ピーンドル, シュテファン
㊃「私が独裁者?モーツァルトこそ!」音楽之友社 2006
Piene, Otto ピーネ, オットー
1928〜2014 ㊁ドイツ 美術家 マサチューセッツ工科大学(MIT)高等視覚研究所教授 本名=Piene, Otto Ludwig Wilhelm Hermann Leonhard
Pieńkowski, Jan ピエンコフスキー, ヤン
㊃「クリスマス」日本キリスト教団出版局 2016
Pieper, Annemarie ピーパー, アンネマリー
1941〜 ㊁ドイツ 倫理学者 バーゼル大学教授 ㊂応用倫理学, フェミニズム哲学, 実存主義哲学
Pieper, Christiane ピーパー, クリスティアーネ
1962〜 ㊃「ぞうはわすれないよ」鈴木出版 2010
Pieper, Martha Heineman ピーパー, マーサ・ハイネマン
1941〜 ㊃"不幸な自分"が好きな人たち」サンマーク出版 2003
Pieper, William J. ピーパー, ウイリアム・J.
㊃"不幸な自分"が好きな人たち」サンマーク出版 2003
Piepmeier, Alison ピープマイヤー, アリスン
㊃「ガール・ジン」太田出版 2011
Pierantozzi, Sandra ピエラントッツィ, サンドラ
㊁パラオ 副大統領兼保健相
Pierard, Richard V. ピラード, リチャード・V.
1934〜 ㊃「アメリカの市民宗教と大統領」麗沢大学出版会, 柏広池学園事業部(発売) 2003
Pierce, Barbara ピアス, バーバラ
㊃「麗しき密告者」扶桑社 2012
Pierce, Billy ピアース, ビリー
1927〜2015 ㊁アメリカ 野球選手 本名=Pierce, Walter William
Pierce, Casey ピアース, ケーシー
㊁アメリカ アメフト選手
Pierce, David Hyde ピアース, デイヴィッド・ハイド
トニー賞 イザベラ・スティーブン賞(2010年(第64回))ほか
Pierce, John Robinson ピアース, ジョン・ロビンソン
1910〜2002 ㊁アメリカ 電子工学者, 科学作家 カリフォルニア工科大学名誉教授, スタンフォード大学名誉客員教授 ㊂通信理論, 音響学 筆名=カップリング, J.J.
Pierce, Lloyd ピアース, ロイド
㊁アメリカ フィラデルフィア・セブンティシクサーズアシスタントコーチ(バスケットボール)
Pierce, Mary ピエルス
㊁フランス テニス選手
Pierce, Meredith Ann ピアス, メレディス・アン
㊃「夏星の子」東京創元社 2007
Pierce, Michael ピアース, マイケル
㊁アメリカ アメフト選手
Pierce, Patricia ピアス, パトリシア
1943〜 ㊃「シェイクスピア贋作事件」白水社 2005
Pierce, Paul ピアース, ポール
1977〜 ㊁アメリカ バスケットボール選手
Pierce, Tamora ピアス, タモラ
1954〜 ㊃「サークル・マジック」小学館 2009
Pierce, Valerie ピアース, ヴァレリー

㉘「「話の通じない相手」への頭のいい対応術」イースト・プレス　2004
Pierce, William　ピアース、ウィリアム
　?～2002　㊥アメリカ　白人至上主義指導者　㉚ピエース、ウィリアム
Piercy, Rohase　ピアシー、ローズ
　㉘「わが愛しのホームズ」新書館　2015
Pierer, Heinrich von　ピーラー、ハインリッヒ・フォン
　1941～　㊥ドイツ　実業家　シーメンスAG社長
Pierfederici, Mirco　ピエルフェデリチ、マーコ
　㉘「スパイダーマンの日常」講談社　2016
Pieribone, Vincent　ピエルボン、ヴィンセント
　㉘「光るクラゲ」青土社　2010
Pieroni, Aldo　ピエローニ、アルド
　1954～　㉘「「認知を生きる」ことの意味」協同医書出版社　2003
Pieroth, Bodo　ピエロート、ボード
　㉘「現代ドイツ基本権」法律文化社　2001
Pierre, Abbé　ピエール、アベ
　1912～2007　㊥フランス　カトリック神父、難民救済運動家　ピエール神父
Pierre, Dominique　ピエール、ドミニク
　㊥ハイチ共和国　環境相
Pierre, Emmalin　ピエール、エマリン
　㊥グレナダ　青少年・スポーツ・宗教相
Pierre, Martina　ピエール、マルティナ
　㉘「グローバル化時代を生きる世代間交流」明石書店　2008
Pierre, Olsen　ピエール、オルセン
　㊥アメリカ　アメフト選手
Pierre, Philip　ピエール、フィリップ
　㊥セントルシア　副首相兼社会基盤整備・港湾・運輸相
Pierre, Roland　ピエール、ロラン
　㊥ハイチ共和国　計画・対外協力・環境相
Pierre, Vanneur　ピエール、バヌール
　㊥ハイチ共和国　国民教育・職業訓練相
Pierre, Webster　ピエール、ベブステル
　㊥ハイチ共和国　環境相
Pierre-louis, Kevin　ピエール・ルイス、ケビン
　㊥アメリカ　アメフト選手
Pierre-louis, Michèle Duvivier　ピエールルイ、ミシェル・デュビビエ
　㊥ハイチ共和国　首相
Pierre-paul, Jason　ピエール・ポール、ジェイソン
　㊥アメリカ　アメフト選手
Pierret, Christian　ピエレ、クリスチャン
　㊥フランス　産業担当相
Piersanti, Silvio　ピエールサンティ、シルヴィオ
　1935～　㉚ピエルサンティ、シルヴィオ　㉘「イタリア・マフィア」筑摩書房　2007
PierSath, Chath　ピアサス、チェイス
　㉘「現代世界アジア詩集」土曜美術社出版販売　2010
Pierse, Annamay　ピアース
　㊥カナダ　競泳選手
Pierson, Christopher　ピアスン、クリストファー
　㉘「ギデンズとの対話」而立書房　2001
Pierson, Frank　ピアソン、フランク
　1925～2012　㊥アメリカ　脚本家、映画・テレビ監督　米国映画芸術科学アカデミー（AMPAS）会長
Pierson, Kate　ピアソン、ケイト
　㉘「メモリーズ・オブ・ジョン」イースト・プレス　2006
Pierson, Matt　ピアーソン、マット
　㊥アメリカ　アメフト選手
Pierson, Melissa Holbrook　ピアソン、メリッサ・H.
　㉘「馬の物語」青土社　2002
Pierson, Paul　ピアソン、ポール
　1959～　㉘「ポリティクス・イン・タイム」勁草書房　2010
Piesiewicz, Krzysztof　ピェシェヴィチ、クシシュトフ
　1945～　㉘「美しき運命の傷痕」イースト・プレス　2006
Pietarinen, Pertti A.　ピエタリネン、ペルッティ・A.
　㉘「ねこのルーシーとちいさなこねこたち」〔Pertti A. Pietarinen〕c2015
Pieters, Danny　ピーテルス、ダニー
　1956～　㉘「社会保障の基本原則」法律文化社　2011
Pieters, Erik　ピーテルス、エリック
　㊥オランダ　サッカー選手
Pieters, Thomas　ピエテルス、トマス
　㊥ベルギー　ゴルフ選手
Pietersen, JP.　ピーターセン、JP

㊥南アフリカ　ラグビー選手
Pietersma, Paul　ピーテルスマ、ポール
　1965～　㉘「マネジャーのための経営モデルハンドブック」ピアソン桐原　2012
Pietilae-holmner, Maria　ピエティレホルムナー
　㊥スウェーデン　アルペンスキー選手　㉚ホルムナー、ピエティレ
Pietragalla, Marie-Claude　ピエトラガラ、マリ・クロード
　1963～　㊥フランス　振付師、バレリーナ　マルセーユ・バレエ団芸術監督
Pietri, Loic　ピエトリ、ロイック
　㊥フランス　柔道選手
Pietro, Mary Jo Cook Santo　ピエトロ、マリー
　1945～　㉘「痴呆を生きる人とのコミュニケーション・マニュアル」じほう　2004
Piffero, Benoit　ピフェイロ、ブノワ
　㊥カナダ　ラグビー選手
Pigeon, Sharon　ピジョン、シャロン
　㉘「学校における自傷予防」金剛出版　2010
Piggott, Arnold　ピゴット、アーノルド
　㊥トリニダード・トバゴ　農業・国土・海洋資源相
Piglia, Ricardo　ピグリア、リカルド
　1940～　㉘「人工呼吸」水声社　2015
Pigliacelli, Mirko　ピリアチェッリ、ミルコ
　㊥イタリア　サッカー選手
Pignarre, Philippe　ピニャール、フィリップ
　1952～　㉘「反資本主義宣言」柘植書房新社　2011
Pignataro, Anna　ピンヤタロ、アンナ
　1965～　㉘「どこまでも」主婦の友社　2010
Pigneur, Yves　ピニュール、イヴ
　㉘「バリュー・プロポジション・デザイン」翔泳社　2015
Pignoni, Maria Teresa　ピニョニ、マリア・テレーザ
　㉘「行動する失業者」法律文化社　2003
Pih, Darren　ファイ、ダレン
　㉘「マグリット事典」創元社　2015
Pihl, Jüri　ピフル、ユーリ
　㊥エストニア　内相
Piiroinen, Peetu　ピロイネン
　㊥フィンランド　スノーボード選手
Pike, Douglas　パイク、ダグラス
　?～2002　㊥アメリカ　ベトナム問題研究家　㉚インドシナ問題
Pike, Graham　パイク、グラハム
　㉘「グローバル・クラスルーム」明石書店　2007
Pike, Robert W.　パイク、ロバート
　㉚パイク、ボブ　㉘「不機嫌な職場を楽しい職場に変えるチーム術」日本能率協会マネジメントセンター　2010
Pike, Rosamund　パイク、ロザムンド
　1979～　㊥イギリス　女優
Pikett, Wilson　ピケット、ウィルソン
　1941～2006　㊥アメリカ　ソウル歌手
Piketty, Thomas　ピケティ、トマ
　1971～　㊥フランス　経済学者　パリ経済学校教授
Pikioune, Gaetan　ピキオウネ、ゲータン
　㊥バヌアツ　財務相
Pikkel, Ryan　ピッケル、ライアン
　㉘「ビジネスモデル・イノベーション」朝日新聞出版　2014
Pikovsky, Arkady　ピコフスキー、アルカディ
　1956～　㉘「同期理論の基礎と応用」丸善　2009
Pikus-pace, Noelle　パイクスペース
　㊥アメリカ　スケルトン選手　㉚ピクスペース
Pil, Frits K.　ビル、フリッツ・K.
　㉘「21世紀の自動車産業」文眞堂　2007
Pilate, Pascal　パイラト、パスカル
　㉘「Ma chérie」芸術書院、星雲社（発売）　2008
Pilati, Stefano　ピラーティ、ステファノ
　1965～　ファッションデザイナー　エルメネジルド・ゼニアヘッドデザイナー　㉚ピラーティー、ステファノ
Pilavachi, Costa　ピラバッキ、コスタ
　実業家　ユニバーサルミュージックグループインターナショナル上級副社長
Pilcher, Jane　ピルチャー、ジェイン
　㉘「キーコンセプトジェンダー・スタディーズ」新曜社　2009
Pilcher, Jeffrey M.　ピルチャー、ジェフリー・M.
　㉘「食の500年史」NTT出版　2011
Pilcher, Rosamunde　ピルチャー、ロザムンド
　1924～　㊥イギリス　作家

Pile, John F.　パイル、ジョン
　㊟「インテリアデザインの歴史」柏書房　2015
Pilger, John　ピルジャー、ジョン
　㊟「世界の新しい支配者たち」岩波書店　2004
Pilgrim, Mark　ピルグリム、マーク
　㊟「入門HTML5」オライリー・ジャパン、オーム社（発売）
　2011
Pilgrim, Will Corona　ピルグリム、ウィル・コロナ
　㊟「シビル・ウォー／キャプテン・アメリカ：プレリュード」小
　学館集英社プロダクション　2016
Piligian, Craig　ピリジャン、クレッグ
　㊟「ヌスムビジネス」ソフトバンクパブリッシング　2004
Pilikán, Robert　ペリカーン、ロベルト
　国チェコ　法相
Pilkey, Dav　ピルキー、デイブ
　1966～　㊟「スーパーヒーロー・パンツマン」徳間書店　2014
Pilkington, Brian　ピルキントン、ブライアン
　㊟「やねの上にさいた花」さ・え・ら書房　2006
Pilkington, Doris　ピルキングトン、ドリス
　1937～　㊟「裸足の1500マイル」メディアファクトリー　2003
Pilkington, J.D.H.　ピルキングトン、J.D.H.
　㊟「知の歴史」徳間書店　2002
Pilkington-Smythe　ピルキントン＝スマイズ
　1974～　㊟「世界の奇妙な生き物図鑑」エクスナレッジ　2014
Pillar, Kevin　ピラー、ケビン
　国アメリカ　野球選手
Pillari, Ross J.　ピラリ、ロス・J.
　㊟「動機づける力」ダイヤモンド社　2005
Pillay, Navanethem　ピレイ、ナバネセム
　1941～　国南アフリカ　法律家　国連人権高等弁務官　別名＝
　Pillay, Navi
Pillay, Patrick　ピレイ、パトリック
　国セーシェル　外相
Pillay, Srinivasan S.　ピレイ、スリニバサン・S.
　㊟「不安を希望に変える」早川書房　2011
Pillay Chedumbrum, Tassarajen　ピレイ・チェダンブラム、
　タサラジェン
　国モーリシャス　情報通信技術相　別名＝ピレイチェダンブラム、タ
　サラジェン
Pille, Lolita　ピーユ、ロリータ
　1982～　㊟「Hell」アシェット婦人画報社　2004
Pillemer, Karl A.　ピルマー、カール
　㊟「1000人のお年寄りに教わった30の知恵」サンマーク出版
　2013
Piller, Gerina　ピラー、ジュリーナ
　国アメリカ　ゴルフ選手
Piller, Ingrid　ピラー、イングリッド
　1967～　㊟「異文化コミュニケーションを問いなおす」創元社
　2014
Piller Cottrer, Pietro　コットレル、ピレル
　国イタリア　クロスカントリースキー選手
Pillet, Jean　ピレ、ジーン
　㊟「音楽家の手」協同医書出版社　2006
Pillet, Julien　ピレ
　国フランス　フェンシング選手
Pilling, David　ピリング、デービッド
　ジャーナリスト　「フィナンシャル・タイムズ」アジア編集長
　国ピリング、デイヴィッド
Pillo, Cary　ピロー、キャリー
　㊟「こわい目にあったアライグマくん」誠信書房　2015
Pillot, Giancarlo　ピロ、ジャンカルロ
　㊟「WM血液・腫瘍内科コンサルト」メディカル・サイエンス・
　インターナショナル　2005
Pillow, Michelle M.　ピロー、ミッシェル・M.
　国アメリカ　作家　㊙ロマンス
Pillsbury, Michael　ピルズベリー、マイケル
　㊟「China 2049」日経BP社、日経BPマーケティング（発売）
　2015
Pilone, Dan　パイロン、ダン
　㊟「Head firstソフトウェア開発」オライリー・ジャパン、オーム
　社（発売）　2009
Pilot, Sachin　パイロット、サチン
　国インド　企業相
Pilzer, Paul Zane　ピルツァー、ポール・ゼイン
　㊟「健康ビジネスで成功を手にする方法」私には夢がある，英治
　出版（発売）　2003
Pim, Ralph L.　ピム、ラルフ
　㊟「バスケットボールオフェンス」社会評論社　2010
Pimenta, Fernando　ピメンタ、フェルナンド
　国ポルトガル　カヌー選手
Pimentel, Fernando Damata　ピメンテル、フェルナンド・ダ
　マタ
　国ブラジル　開発・工業・貿易相
Pimentel, José Antonio　ピメンテル、ホセ・アントニオ
　国ボリビア　鉱業・金属相
Pimentel, Josefina　ピメンテル、ホセフィナ
　国ドミニカ共和国　教育相
Pimentel, Miguel Jontel　ピメンテル、ミゲル・ジョンテル
　グラミー賞　最優秀R&B楽曲（2012年（第55回））　"Adorn"
Pimlott, John　ピムロット、ジョン
　1948～　㊟「第2次世界大戦」河出書房新社　2014
Pimont, Marie-Renée　ピモン、マリ＝ルネ
　㊟「絵でわかる馬の本」WAVE出版　2014
Pimpare, Stephen　ピムペア、スティーヴン
　㊟「民衆が語る貧困大国アメリカ」明石書店　2011
Piña, Antonio Velasco　ピーニャ、アントニオ・ベラスコ
　1935～　㊟「レヒーナ」ナチュラルスピリット　2002
Pina, Filomeno de　ピナ、フィロメノ・デ
　国ギニアビサウ　閣議担当・社会通信相
Pina, Francisco Conduto de　ピナ、フランシスコ・コンドゥ
　ト・デ
　国ギニアビサウ　観光相　別名＝ピナ、フランシスコ・コンデュト・デ
Pina, Joao　ピナ
　国ポルトガル　柔道選手
Pina, Jorge　ピナ
　国スペイン　フェンシング選手
Pina, Manny　ピーニャ、マニー
　国ベネズエラ　野球選手
Pina, Tomas　ピナ、トマス
　国スペイン　サッカー選手
Pinard, Ian　ピナード、イアン
　国ドミニカ共和国　公共事業・港湾相
Pinas, Falisie　ピナス、ファリジ
　国スリナム　運輸・通信・観光相
Pinaud, Florence　ピノー、フロランス
　㊟「世界一おもしろい数の本」ポプラ社　2015
Pinault, François　ピノー、フランソワ
　1936～　国フランス　実業家、美術収集家　ケリング創業者
Pinault, François-Henri　ピノー、フランソワ・アンリ
　1962～　国フランス　実業家　ケリング会長・CEO
Pinborough, Jan　ピンボロー、ジャン
　㊟「図書館に児童室ができた日」徳間書店　2013
Pincetich, Maria T.　ピンスティック、マリア・T.
　㊟「クレジット・スコアリング」シグマベイスキャピタル　2001
Pinch, Steven　ピンチ、スティーヴン
　㊟「都市社会地理学」古今書院　2013
Pinch, Trevor J.　ピンチ、T.
　㊟「迷路のなかのテクノロジー」化学同人　2001
Pinchot, Gifford　ピンショー、ギフォード
　㊟「ソフトウェア開発のカオス」構造計画研究所, 共立出版（発
　売）　2003
Pinçon, Michel　パンソン、ミシェル
　㊟「パリの万華鏡」原書房　2006
Pinçon-Charlot, Monique　パンソン＝シャルロ、モニク
　㊟「パリの万華鏡」原書房　2006
Pincott, Jena　ピンコット、ジェナ
　㊟「あなたがその人を捕まえたいと思ったら？」飛鳥新社　2010
Pincus, Jonathan H.　ピンカス、ジョナサン・H.
　1935～　㊟「脳が殺す」光文社　2002
Pincus, Mark　ピンカス、マーク
　ジンガ共同創業者
Pincus, P.A.　ピンカス、P.
　㊟「ソフトマター物理学」吉岡書店　2010
Pinczés, István　ピンツェーシュ・イシュトヴァーン
　ハンガリー　劇団プレイヤーズ・スタジオ・デブレツェン代表，
　元・デブレツェン市チョコナイ劇場首席演出家
Pind, Søren　ピン、ソアン
　国デンマーク　法相　別名＝ピン、ソレン
Pinda, Mizengo Kayanza Peter　ピンダ、ミゼンゴ・カヤン
　ザ・ピーター
　国タンザニア　首相
Pinder, Andrew　ピンダー、アンドリュー
　㊟「ひまつぶしで脳を鍛える！　大人の落書き帳」ディスカ

ヴァー・トゥエンティワン 2016
Pinder, Chad ピンダー, チャド
　国アメリカ　野球選手
Pinder, Demetrius ピンダー
　国バハマ　陸上選手
Pinder, Eric パインダー, エリック
　1970〜　著「おじゃまなクマのおいだしかた」岩崎書店 2016
Pinder, Ryan ピンダー, ライアン
　国バハマ　金融サービス相
Pindling, Marguerite ピンドリング, マーギュレット
　国バハマ　総督
Pindyck, Robert S. ピンダイク, ロバート・S.
　訳ピンディク, ロバート・S.　著「ピンダイク＆ルビンフェルドミクロ経済学」KADOKAWA 2014
Pine, Arthur パイン, アーサー
　著「チャンスの扉」ディスカヴァー・トゥエンティワン 2006
Pine, B.Joseph, II パイン, B.ジョセフ, 2世
　著「ほんもの」東洋経済新報社 2009
Pine, Chris パイン, クリス
　1980〜　国アメリカ　俳優
Pine, Chris パイン, クリス
　著「初めてのプログラミング」オライリー・ジャパン, オーム社（発売） 2006
Pine, Daniel パイン, ダニエル
　著「児童青年精神医学」明石書店 2015
Pine, Fred パイン, フレッド
　著「欲動, 自我, 対象, 自己」創元社 2003
Pine, Karen Jane パイン, カレン
　著「大人の女はお金とどうつきあうか？」CCCメディアハウス 2015
Pine, Ray パイン, レイ
　著「ホテル産業のグローバル戦略」白桃書房 2002
Pineda, Ana ピネダ, アナ
　国ホンジュラス　司法・人権相
Pineda, Arnel ピネダ, アーネル
　1967〜　国フィリピン　ロック歌手
Pineda, José Felipe ピネダ, ホセ・フェリペ
　国ベネズエラ　元・在ベネズエラ日本国大使館現地職員
Pineda, Michael ピネイダ, マイケル
　国ドミニカ共和国　野球選手
Pineda, Pedro Alexander ピネダ, ペドロ・アレクサンデル
　国ホンジュラス　大統領府行政・財務管理相
Pineda, Victor ピネダ, ビクター・サンチャゴ
　著「わたしたちのできること」日本障害者リハビリテーション協会（製作） c2013
Pineda Ponce, Rafael ピネダ・ポンセ, ラファエル
　国ホンジュラス　教育相
Piñeiro, Caridad ピニェーロ, カリダ
　訳ピニェイロ, カリダード　著「美しき血の変奏曲」ヴィレッジブックス 2011
Pinel, John P.J. ピネル, ジョン
　訳ピネル, J.P.J.　著「ピネル脳と心のカラーリングブック」西村書店 2012
Pinel, Sylvia ピネル, シルビア
　国フランス　住宅・地域間平等・農村問題相
Pinelli, Tullio ピネッリ, トゥリオ
　1908〜2009　国イタリア　脚本家　訳ピネッリ, トゥッリョ
Piñera, Sebastián ピニェラ, セバスティアン
　1949〜　国チリ　政治家, 経済学者　チリ大統領　本名＝ピニェラ・エチェニケ, ミゲル・フアン・セバスティアン〈Piñera Echenique, Miguel Juan Sebastián〉
Pines, Ayala M. パインズ, A.M.
　著「恋愛と結婚の燃えつきの心理」北大路書房 2004
Pines, David パインズ, デービッド
　1924〜　国アメリカ　物理学者　イリノイ大学教授
Pines, Jesse M. パインズ, ジェシー・M.
　著「EBM救急医学」西村書店 2016
Pines, Ophir ピネス, オフィル
　国イスラエル　内相
Pinet, Hélène ピネ, エレーヌ
　1952〜　著「カミーユ・クローデル」創元社 2005
Pinet, Paul R. ピネ, ポール・R.
　著「海洋学」東海大学出版会 2010
Pineur, Catherine ピヌール, カトリーヌ
　1969〜　著「もしもママとはぐれたら…」講談社 2006
Pinfold, Levi ピンフォールド, レーヴィ

ケイト・グリーナウェイ賞（2013年）"Black Dog"
Ping, Jean ピン, ジャン
　国ガボン　外務・協力・フランス語圏・地域統合相　訳ピング, ジャン
Pingaud, Bernard パンゴー, ベルナール
　1923〜　国フランス　作家, 文芸評論家
Pingel, Falk ピンゲル, ファルク
　1944〜　著「ファルク・ピンゲル」日本放送出版協会 2008
Pinheiro, Angela Dos Santos Ramos Jose Da Costa ピンヘイロ, アンジェラ・ドス・サントス・ラモス・ジョゼ・ダ・コスタ
　国サントメ・プリンシペ　保健・社会事業相
Pinheiro, José C. ピネイロ, J.C.
　著「S-PLUSによる混合効果モデル解析」シュプリンガー・ジャパン 2010
Pinheiro, Miguel ピニェイロ, ミゲル
　国ポルトガル　ローザンヌ国際バレエコンクール 4位・プロ研修賞（第43回（2015年））ほか
Pinheiro, Tenny ピニェイロ, テニー
　著「サービス・スタートアップ」早川書房 2015
Pinheiro Rodrigues, Danny ロドリグ, ダニー
　国フランス　体操選手　訳ロドリグ
Pinho, Manuel ピニョ, マヌエル
　国ポルトガル　経済・開発相
Pini, Ryan ピニ
　国パプアニューギニア　競泳選手
Piniella, Lou ピネラ, ルー
　1943〜　国アメリカ　元大リーグ監督, 元野球選手　本名＝Piniella, Louis Victor　訳ピニエラ, ルー
Pinij, Jarusombat ピニット・ジャルソムバット
　国タイ　科学技術相
Pinilla, Mauricio ピニージャ, マウリシオ
　国チリ　サッカー選手
Pinilla Cisneros, Susana ピニジャ・シスネロス, スサナ
　国ペルー　労働雇用促進相
Pininfarina, Andrea ピニンファリーナ, アンドレア
　1957〜2008　国イタリア　実業家　ピニンファリーナ会長
Pininfarina, Sergio ピニンファリーナ, セルジオ
　1926〜2012　国イタリア　カーデザイナー, 実業家　ピニンファリーナ名誉会長, イタリア終身上院議員　訳ピニンファリーナ, セルジョ
Pinion, Bradley ピニオン, ブラッドリー
　国アメリカ　アメフト選手
P!NK ピンク
　1979〜　国アメリカ　歌手　本名＝ムーア, アリーシア〈Moore, Alecia Beth〉
Pink, Daniel H. ピンク, ダニエル
　1964〜　国アメリカ　フリーライター
Pink, Sidney W. ピンク, シドニー
　1916〜2002　国アメリカ　映画製作者, 映画監督
Pink, Steve ピンク, スティーヴ
　著「ハイ・フィデリティ」新潮社 2001
Pinker, Robert ピンカー, ロバート
　1931〜　著「社会福祉三つのモデル」黎明書房 2003
Pinker, Steven ピンカー, スティーブン
　1954〜　国アメリカ　認知科学者, 進化心理学者　ハーバード大学教授
Pinker, Susan ピンカー, スーザン
　1957〜　著「なぜ女は昇進を拒むのか」早川書房 2009
Pinkerton, Elizabeth ピンカートン, エリザベス
　著「アメリカを動かした日系女性」琉球新報社 2001
Pinkham, Mary Ellen ピンカム, メアリー・エレン
　著「プロは語る。」アスペクト 2005
Pinkins, Eric ピンキンス, エリック
　国アメリカ　アメフト選手
Pinkner, Jeff ピンクナー, ジェフ
　著「アメイジングスパイダーマン2」講談社 2014
Pinkney, Bill ピンクニー, ビル
　？〜2007　国アメリカ　歌手
Pinkney, Jerry ピンクニー, ジェリー
　コルデコット賞（2010年）"The Lion & the Mouse"
Pinna, Nicola ピンナ, ニコラ
　1988〜　国イタリア　騎手
Pinnell-Stephens, June ピネル・スティーブンズ, ジューン
　著「公立図書館で知的自由を擁護する」京都図書館情報学研究会, 日本図書館協会（発売） 2012

Pinnington, Noel John ピニングトン, ノエル・ジョン
[著]「中世能楽論における「道」の概念」 国際日本文化研究センター 2005

Pinnock, Anna ピノック, アンナ
アカデミー賞 美術監督・装置賞(第87回(2014年)) "The Grand Budapest Hotel"

Pinnock, Jonathan ピノック, ジョナサン
[著]「プロフェッショナルVB.NET」 インプレス, インプレスコミュニケーションズ(発売) 2002

Pinnock, Leigh-Anne ピノック, レイ・アン
1991〜 [国]イギリス 歌手 [異]ピノック, リー・アン

Pinnock, Trevor ピノック, トレバー
1946〜 [国]イギリス ハープシコード奏者, 指揮者 ヨーロピアン・ブランデンブルク・アンサンブル主宰 本名=Pinnock, Trevor David [異]ピノック, トレヴァー

P

Pinochet, Augusto ピノチェト, アウグスト
1915〜2006 [国]チリ 政治家, 軍人 チリ大統領, チリ陸軍総司令官 本名=ピノチェト・ウガルテ, アウグスト〈Pinochet Ugarte, Augusto José Ramón〉

Piñol, Emmanuel ピニョル, エマヌエル
[国]フィリピン 農相

Pinoteau, Claude ピノトー, クロード
1925〜2012 [国]フランス 映画監督

Pino Toro, Manuel ピノ・トロ, マヌエル
[著]「33人」 主婦の友社 2011

Pinotti, Marco ピノッティ
[国]イタリア 自転車選手

Pinotti, Roberta ピノッティ, ロベルタ
[国]イタリア 国防相

Pinsker, Henry ピンスカー, ヘンリー
1928〜 [著]「動画で学ぶ支持的精神療法入門」 医学書院 2015

Pinsky, Linda E. ピンスキー, L.E.
[著]「あなたもできる外来教育」 診断と治療社 2006

Pinsky, R.H. ピンスキー, ルース・H.
[著]「偽薬効果」 春秋社 2002

Pinsky, Robert Neal ピンスキー, ロバート
1940〜 [国]アメリカ 詩人 ボストン大学教授

Pinson, Joe ピンソン, ジョーゼフ
[著]「音楽療法の原理と実践」 音楽之友社 2007

Pinsonnat, Paul パンソナ, ポール
1937〜 [著]「シェディディ」 しょういん 2007

Pinstrup-Andersen, Per ピンストラップ - アンダーセン, パー
[著]「遺伝子組換え作物」 学会出版センター 2005

Pint, Helder ピント, エルデール
[国]サントメ・プリンシペ 農漁業・地方開発相

Pintado, Enrique ピンタド, エンリケ
[国]ウルグアイ 運輸・公共事業相

Pintasilgo, Maria ピンタシルゴ, マリア
1930〜2004 [国]ポルトガル 政治家 ポルトガル首相, 世界人口賢人会議委員長 本名=ピンタシルゴ, マリア・デ・ルールデス〈Pintasilgo, Maria Di Luludes〉

Pinter, Harold ピンター, ハロルド
1930〜2008 [国]イギリス 劇作家, 詩人, 脚本家

Pintér, Sándor ピンテール・シャーンドル
[国]ハンガリー 内相 [異]ピンター, シャンドル

Pinto, Alexandre Gonçalves ピント, アレシャンドレ・G.
[著]「ショーロはこうして誕生した」 彩流社 2015

Pinto, Alfonso ピント
[国]イタリア ボクシング選手

Pinto, Armando Sevinate ピント, アルマンド・セビナテ
[国]ポルトガル 農水相

Pinto, Arthur R. ピント, アーサー・R.
[著]「アメリカ会社法」 レクシスネクシス・ジャパン 2010

Pinto, Elsa Teixeira de Barros ピント, エルザ・テイシェイラ・デ・バロス
[国]サントメ・プリンシペ 国防相 [異]ピント, エルサ・テキシェーラ

Pinto, Freida ピント, フリーダ
1984〜 [国]インド 女優

Pinto, Inbal ピント, インバル
[国]イスラエル ダンサー, 振付師 インバル・ピント&アブシャロム・ポラック・ダンスカンパニー主宰 [専]コンテンポラリー・ダンス

Pinto, Matthew ピント, マシュー
[著]「パッションガイドブック100のQ&A」 ドン・ボスコ社 2004

Pinto, Pedro ピント, ペドロ
[国]エクアドル 副大統領

Pinto, Ricardo ピント, リカルド
[国]ベネズエラ 野球選手

Pinto de De Hart, Martha Elena ピント・デデハルト, マルタ・エレナ
[国]コロンビア 通信相

Pintoff, Ernest ピントフ, アーネスト
1931〜2002 [国]アメリカ 映画監督

Pintoff, Stefanie ピントフ, ステファニー
[国]アメリカ ミステリー作家 [専]ミステリー, スリラー

Pinto Perez, Andreina del Valle ピント, A.
[国]ベネズエラ 競泳選手

Pinturault, Alexis パンチュロー
[国]フランス アルペンスキー選手

Pin Yathay ピン・ヤータイ
[著]「息子よ、生き延びよ」 連合出版 2009

Pinyosinwat, Jumpol ピニョシンワット, ジュンポン
[著]「開発途上国及び地域にとっての知的財産権行使モデル」 知的財産研究所 2007

Pinzel, Johann Georg ピンゼル, ヨハン・ゲオルク
[著]「ピンゼル」 未知谷 2011

Pinzenik, Viktor ピンゼニク, ビクトル
[国]ウクライナ 財務相

Pinzón Bueno, Juan Carlos ピンソン・ブエノ, フアン・カルロス
[国]コロンビア 国防相

Pioche, Bonne ピオッシュ, ボンヌ
[著]「皇帝ペンギン」 ソフトバンクパブリッシング 2005

Piollet, Wilfried ピオレ, ウィルフリード
1943〜2015 [国]フランス バレリーナ パリ・オペラ座バレエ団エトワール

Pion, Joseph パイオン, ヨゼフ
[著]「おとなのひとにいってほしかった24のこと」 祥伝社 2005

Pion, Paul D. パイオン, ポール・D.
[著]「猫のいる生活」 清流出版 2003

Piontek, Heinz ピオンテク, ハインツ
1925〜2003 [国]ドイツ 詩人, 作家 [異]ピオンテック, ハインツ

Piontek, Zack ピオンテク, ザック
[国]南アフリカ 柔道選手

Piore, Michael Joseph ピオリ, マイケル・J.
[著]「第二の産業分水嶺」 筑摩書房 2016

Piot, Peter ピオット, ピーター
1949〜 [国]ベルギー 医師 ロンドン大学衛生・熱帯医学大学院教授・学長 国連エイズ合同計画(UNAIDS)事務局長 [専]感染症, 免疫学 [異]ピヨット, ピーター

Piotrovskii, Mikhail Borisovich ピオトロフスキー, ミハイル
1944〜 [国]ロシア 考古学者, 美術研究家 エルミタージュ美術館館長

Piotrowska, Teresa ピョトロフスカ, テレサ
[国]ポーランド 内相

Piotrowski, Maryann V. ピィオトゥロウスキー, マーヤン・V.
[著]「英語で作るビジネス文書ルールとマナー」 IBCパブリッシング 2008

Pipe, Jemima パイプ, ジェマイマ
[著]「ドールハウス」 大日本絵画 2012

Piper, Adrian パイパー, エイドリアン
[国]アメリカ ヴェネチア・ビエンナーレ 金獅子賞 国際展示部門(2015年(第56回))

Piper, Carly パイパー
[国]アメリカ 競泳選手

Piper, Frederick Charles パイパー, フレッド
1940〜 [著]「暗号理論」 岩波書店 2004

Piper, John パイパー, ジョン
1946〜 [著]「聖書が語る真実のイエス」 いのちのことば社 2006

Piper, Michael Collins パイパー, マイケル・コリンズ
1960〜 [著]「ケネディとユダヤの秘密戦争」 成甲書房 2006

Piper, Nikolaus ピーパー, ニコラウス
1952〜 [著]「フェリックスとお金の秘密」 徳間書店 2008

Piper, Roddy パイパー, ロディ
1954〜2015 [国]カナダ プロレスラー, 俳優 リングネーム=パイパー, ラウディ・ロディ〈Piper, Rowdy Roddy〉

Piper, Ross パイパー, ロス
[著]「知られざる地球動物大図鑑」 東京書籍 2016

Piper, Sophie パイパー, ソフィー
[著]「かみさまきいてねよるのおいのり」 女子パウロ会 2016

Piper, Tom ピパー, トム

ローレンス・オリヴィエ賞 衣装デザイン賞（2009年（第33回））
"The Histories"
Piper, Watty パイパー、ワッティー
　著「ちびっこきかんしゃだいじょうぶ」ヴィレッジブックス 2007
Pipes, Richard パイプス、リチャード
　1923〜 著「共産主義が見た夢」ランダムハウス講談社 2007
Pipite, Marcellino ピピテ、マーセリノ
　国バヌアツ　バヌアツ国民事業相
Pipkin, Bernard W. ピプキン、B.W.
　著「シリーズ環境と地質」古今書院 2003
Pipkin, Donald L. ペプキン、ドナルド
　著「企業・ユーザーのための情報セキュリティ戦略」ピアソン・エデュケーション 2002
Pippard, A.B. ピパード、ブライアン
　著「20世紀の物理学」丸善 2004
Pippin, Robert B. ピピン、ロバート・B.
　1948〜 著「ヘーゲルの実践哲学」法政大学出版局 2013
Pique, Gerard ピケ、ジェラール
　1987〜 国スペイン　サッカー選手
Piqué i Camps, Josep ピケ・イ・カンプス、ジョセップ
　国スペイン　西日財団理事長、スペイン経済同友会長、元・外務大臣、科学技術大臣、工業・エネルギー大臣
Piquemal, Michel ピクマル、ミシェル
　1954〜 著「人生を変える3分間の物語」PHP研究所 2005
Pirapan, Salirathavibhaga ピラパン・サリーラッタウィパク
　国タイ　法相
Pires, Alfredo ピレス、アルフレド
　国東ティモール　石油・鉱物資源相
Pires, Carmelita ピレス、カルメリタ
　国ギニアビサウ　法相
Pires, Emília ピレス、エミリア
　国東ティモール　財務相
Pires, Mamadú Dialó ピレス、ママドゥ・ジャロ
　国ギニアビサウ　法相
Pires, Maria João ピリス、マリア・ジョアン
　1944〜 国ポルトガル　ピアニスト　※ピレシュ、マリア・ジョアオ／ピレシュ、マリア・ジョアン
Pires, Mario ピレス、マリオ
　国ギニアビサウ　首相
Pires, Pedoro Verona Rodrigues ピレス、ペドロ・ベロナ・ロドリゲス
　1934〜 国カボベルデ　政治家　カボベルデ大統領・首相
Pires, Sandra ピレス、サンドラ
　国ブラジル　ビーチバレー選手
Pires, Waldir ピレス、バルジル
　国ブラジル　国防相
Pires De Lima, António ピーレスデリマ、アントニオ
　国ポルトガル　経済相
Pires de Lima, Isabel ピレス・デリマ、イザベル
　国ポルトガル　文化相
Pirie, David ピリー、デイヴィッド
　1946〜 著「患者の眼」文芸春秋 2005
Pirlo, Andrea ピルロ、アンドレア
　1979〜 国イタリア　サッカー選手
Pirlog, Vitalie ピルログ、ビタリエ
　国モルドバ　法相
Pirollo, Nick ピロロ、ニック
　SCHOLLY共同創業者
Piron Candelario, Beatriz Elizabeth ピロン、ベアトリス
　国ドミニカ共和国　重量挙げ選手
Pirotta, Saviour ピロッタ、セイヴィア
　著「恐い海ぞくの大きな絵本」グラフィック社 2014
Pirozhkova, Elena ピロズコフ、エレナ
　国アメリカ　レスリング選手
Pirsig, Robert M. パーシグ、ロバート・M.
　著「禅とオートバイ修理技術」早川書房 2008
Pirveli, Medea ピルヴェリ、メデア
　国ジョージア　元・トビリシ・アジア・アフリカ大学日本語学科長代行
Piryns, E. ピレインス、エルネスト・D.
　1930〜 著「出会いと対話からの宣教と福音化」オリエンス宗教研究所 2002
Pirzada, Riaz Hussain ピールザダ、リアズ・フセイン
　国パキスタン　州間調整相
Pisacane, Fabio ピザカーネ、ファビオ
　国イタリア　サッカー選手

Pisano, Gary ピサノ、ゲイリー
　著「組織能力の経営論」ダイヤモンド社 2007
Pisano, Gary P. ピサノ、ゲイリー・P.
　著「サイエンス・ビジネスの挑戦」日経BP社, 日経BP出版センター（発売）2008
Pisanthanakun, Banjong ピサンタナクーン、バンジョン
　著「心霊写真」角川書店 2006
Pisanu, Giuseppe ピザヌ、ジュゼッペ
　国イタリア　内相
Pisarevskiy, Gleb ピサレフスキー
　国ロシア　重量挙げ選手
Pischelina, Valeriya ピスシェリナ、ワレリア
　国ベラルーシ　新体操選手
Pischetsrieder, Bernd Peter ピシェッツリーダー、ベルント
　1948〜 国ドイツ　実業家　BMW社長、フォルクスワーゲン（VW）社長　ピシェッツリーダー
Pischke, Jörn-Steffen ピスケ、ヨーン・シュテファン
　著「「ほとんど無害」な計量経済学」NTT出版 2013
Piscione, Deborah Perry ピスィオーニ、デボラ・ペリー
　著「シリコンバレー最強の仕組み」日経BP社, 日経BPマーケティング（発売）2014
Piscotty, Stephen ピスコッティ、スティーブン
　国アメリカ　野球選手
Pishchalnikov, Bogdan ピシチャルニコフ
　国ロシア　陸上選手
Pishchalnikova, Darya ピシチャルニコワ
　国ロシア　陸上選手
Pisi, George ピシ、ジョージ
　国サモア　ラグビー選手
Pisi, Ken ピシ、ケン
　国サモア　ラグビー選手
Pisi, Tusi ピシ、トゥシ
　国サモア　ラグビー選手
Pisier, Marie-France ピジェ、マリー・フランス
　1944〜2011 国フランス　女優　本名＝Chanchat, Clandia　※ピジエ、マリー・フランス
Piśkiewicz, Agnieszka ピスキエヴィッチ、アグニエシュカ
　1979〜 著「甦りと記憶」ミルトス 2013
Piskorski, Mikołaj Jan ピスコロスキ、ミコワイ・ヤン
　著「ハーバード流ソーシャルメディア・プラットフォーム戦略」朝日新聞出版 2014
Piskur, Jure ピスクール、ユーレ
　著「構造生物学」化学同人 2012
Pissarides, Christopher ピサリデス、クリストファー
　1948〜 国キプロス　経済学者　ロンドン・スクール・オブ・エコノミクス教授　本名＝Pissarides, Christopher Antoniou
Pissarides, Christopher A. ピサリデス、クリストファー・A.
　国キプロス　ノーベル賞 経済学賞（2010年）
Pistoletto, Michelangelo ピストレット、ミケランジェロ
　1933〜 国イタリア　現代美術家
Pistorello, Jacqueline ピストレッロ、ジャクリーン
　著「アクセプタンス＆コミットメント・セラピー実践ガイド」明石書店 2014
Pistorius, Martin ピストリウス、マーティン
　1975〜 著「ゴースト・ボーイ」PHP研究所 2015
Pistorius, Oscar ピストリウス、オスカー
　1986〜 国南アフリカ　陸上選手
Pisu, Silverio ピズ、シルヴェリオ
　著「海をゆくイタリア」平凡社 2001
Piszczek, Lukasz ピシュチェク、ウカシュ
　国ポーランド　サッカー選手
Piszk, Sandra ピシュク、サンドラ
　国コスタリカ　労働・社会保険相
Pita, Elisala ピタ、エリサラ
　国ツバル　天然資源相
Pita, Matthieu ピタ、マティウ
　国コンゴ民主共和国　運輸・通信相
Pitak, Intravitayanun ピタック・イントラウィッタヤナン
　国タイ　副首相
Pitakaka, Moses Puibangara ピタカカ、モーゼス
　1945〜2011 国ソロモン諸島　政治家　ソロモン諸島総督
Pitaro, Regina M. ピタロ、レジーナ・M.
　著「アービトラージの極意」Gabelli Japan 2014
Pitcher, Annabel ピッチャー、アナベル
　1982〜 国イギリス　作家　著児童書
Pitcher, Caroline ピッチャー、キャロライン

Pitcher, Frederick　ピッチャー, フレデリック
　国ナウル　商業・産業・環境相
Pitcher, Wallace S.　ピッチャー, ウォレス・スペンサー
　著「花崗岩の成り立ち」愛智出版　2002
Pitchford, Liam　ピッチフォード, リアム
　国イギリス　卓球選手
Pitchon, Patricia　ピッチョン, パトリシア
　1944〜　著「マイトレーヤを探して」アルテ, 星雲社（発売）
　2007
Pite, Crystal　パイト, クリスタル
　ローレンス・オリヴィエ賞 ダンス 功績賞（2015年（第39回））
　"A Picture Of You Falling" "The Tempest Replica" "Polaris"
Pitelis, Christos　ピテリス, クリストス
　著「グリーン・バリュー経営への大転換」NTT出版　2013
Pithart, Petr　ピトハルト, ペトル
　1941〜　国チェコ　政治家　チェコ共和国首相　異ピタルト, ペトル
Pitić, Goran　ピティッチ, ゴラン
　国セルビア　対外経済関係相
Pitino, Rick　ピティーノ, リック
　著「成功をめざす人に知っておいてほしいこと」ディスカヴァー・トゥエンティワン　2010
Pitiot, Sylvain　ピティオ, シルヴァン
　著「地図でみるブルゴーニュ・ワイン」早川書房　2016
Pitipong, Pungbun Na Ayudhaya　ピッティポン・プンブン・ナ・アユタヤ
　国タイ　農業協同組合相
Pitkamaki, Tero　ピトカマキ
　国フィンランド　陸上選手
Pitman, Neil　ピットマン, ニール
　著「UML 2.0クイックリファレンス」オライリー・ジャパン, オーム社（発売）2006
Pitman, Teresa　ピットマン, テレサ
　著「母乳育児が必ずうまくいく本」メディカ出版　2008
Pitman, Walter C.　ピットマン, ウォルター
　著「ノアの洪水」集英社　2003
Pitney, Gene　ピットニー, ジーン
　1941〜2006　国アメリカ　歌手
Pitof　ピトフ
　国フランス　ゴールデン・ラズベリー賞（ラジー賞）最低監督賞（第25回（2004年））"Catwoman"
Pitofsky, Robert　ピトフスキー, ロバート
　1929〜　著「アメリカ反トラスト政策論」晃洋書房　2010
Pitoi, Falesa　ピトイ, ファレサ
　国ツバル　教育・青年・スポーツ相
Pitoitua, Ropati　ピトイトゥア, ロパティ
　国アメリカ　アメフト選手
Pitol, Sergio　ピトル, セルヒオ
　1933〜　国メキシコ　作家, 外交官
Pitoniak, Scott　ピトニアック, スコット
　著「ヤンキー・スタジアム物語」早川書房　2008
Pitra Neto, António Domingos　ピトラネト, アントニオ・ドミンゴス
　国アンゴラ　雇用・社会保障相
Pitrėnienė, Audronė　ピトレニエネ, アウドロネ
　国リトアニア　教育科学相
Pitt, Brad　ピット, ブラッド
　1963〜　国アメリカ　俳優　本名＝ピット, ウィリアム・ブラッドリー〈Pitt, William Bradley〉
Pitt, Brice　ピット, ブライス
　1931〜　著「老年精神医学入門」みすず書房　2002
Pitt, Esmond　ピット, エズモンド
　著「Javaネットワークプログラミングの真髄」ソフトバンククリエイティブ　2007
Pitt, Harvey Lloyd　ピット, ハーベイ
　1945〜　国アメリカ　弁護士　カロラマ・パートナーズCEO　米国証券取引委員会（SEC）委員長　著「証券取引法」異ピット, ハービー / ピット, ハービィ
Pitt, Michael　ピット, マイケル
　1981〜　国アメリカ　俳優　本名＝Pitt, Michael Carmen
Pitt, Steve　ピット, スティーブ
　1954〜　著「からかい」大月書店　2009
Pitt, William Rivers　ピット, ウィリアム・リバーズ
　1971〜　著「イラク戦争」合同出版　2003
Pitta, Dennis　ピッタ, デニス
　国アメリカ　アメフト選手

Pittampalli, Al　ピタンパリ, アル
　著「次の会議までに読んでおくように！」すばる舎　2013
Pittau, Francisco　ピトー, フランチェスコ
　著「かわいいどうぶつぬりえブック」グラフィック社　2014
Pittau, Joseph　ピタウ, ヨゼフ
　1928〜2014　国イタリア　カトリック大司教, 教育者　バチカン教育省次官, グレゴリアン大学学長, 上智大学学長　専哲学, 神学, 政治学　異ピタウ, ジュゼッペ
Pitte, Jean-Robert　ピット, ジャン・ロベール
　1949〜　国フランス　ソルボンヌ大学教授　専地理学
Pittin, Alessandro　ピッティン
　国イタリア　ノルディック複合選手
Pittman, Jana　ピットマン
　国オーストラリア　陸上選手
Pittner, Ladislav　ピトネル, ラディスラブ
　国スロバキア　内相
Pitts, Brenda G.　ピッツ, B.G.
　著「スポーツ・マーケティングの基礎」白桃書房　2006
Pitts, David　ピッツ, デビッド
　著「標準Red Hat Linuxリファレンス」インプレス, インプレスコミュニケーションズ（発売）2001
Pitts, Forrest Ralph　ピッツ, フォレスト・R.
　1924〜　著「地理学の声」古今書院　2008
Pitts, Lafayette　ピッツ, ラファイエット
　国アメリカ　アメフト選手
Pitt-Watson, David　ピット・ワトソン, デビッド
　著「新たなる資本主義の正体」ランダムハウス講談社　2008
Pitzorno, Bianca　ピッツォルノ, ビアンカ
　1942〜　国イタリア　児童文学作家
Piukala, Saia　ピウカラ, サイア
　国トンガ　保健相
Piukala, Sione　ピウカラ, シオネ
　国トンガ　ラグビー選手
Piumini, Roberto　ピウミーニ, ロベルト
　1947〜　国イタリア　児童文学作家
Piutau, Siale　ピウタウ, シアレ
　国トンガ　ラグビー選手
Piva, Alfio　ピバ, アルフィオ
　国コスタリカ　第1副大統領
Piven, Jeremy　ピヴェン, ジェレミー
　エミー賞 プライムタイム・エミー賞 最優秀助演男優賞（コメディシリーズ）（第60回（2008年））ほか
Piven, Jerry S.　ピヴェン, ジェリー・S.
　著「日本の狂気」日本評論社　2007
Piven, Joshua　ペイビン, ジョシュア
　著「この方法で生きのびろ！」草思社　2012
Piver, Susan　パイヴァー, スーザン
　1957〜　著「結婚までにふたりで解決しておきたい100の質問」祥伝社　2010
Pivetta, Nick　ピベッタ, ニック
　国カナダ　野球選手
Pivniceru, Mona　ピブニチェル, モナ
　国ルーマニア　法相
Piwowarski, Marcin　ピウォワースキ, マーシン
　著「エブリデイバイブル」いのちのことば社CS成長センター　2009
Piyasakol, Sakolsatayadorn　ピヤサコン・サコンサタヤトーン
　国タイ　保健相
Piyasheva, Larisa Ivanovna　ピヤシェワ, ラリサ
　1947〜2003　国ロシア　経済学者　モスクワ国立公開大学学部長
Piyasvasti, Amranand　ピヤサワット・アマラナン
　国タイ　エネルギー相
Pizam, Abraham　ピザム, エイブラハム
　著「ホスピタリティマネジメント事典」産業調査会事典出版センター　2009
Pizano, Eduardo　ピサノ, エドゥアルド
　国コロンビア　大統領府長官
Pizarro, Claudio　ピサロ, クラウディオ
　1978〜　国ペルー, イタリア　サッカー選手　異ピサーロ, クラウディオ
Piziks, Steven　ピジクス, スティーヴン
　著「エクソシストビギニング」竹書房　2004
Pizzi　ピッツィ
　国ポルトガル　サッカー選手
Pizzo, Christopher　ピゾ, C.
　著「だから, 彼女の恋はうまくいく」三笠書房　2005
Pizzo, Paolo　ピッツォ, パオロ

[国]イタリア　フェンシング選手
Pizzo, Philip A.　ピッツォ, フィリップ・A.
[著]「ともだちになろうよ！」 偕成社 2002
Pizzolatto, Nic　ピゾラット, ニック
1975〜 [国]アメリカ 作家, 脚本家 [専]ミステリー
Pizzorno, Joseph E., Jr.　ピゾルノ, ジョゼフ・E., Jr.
[著]「患者さんの信頼を勝ちえる自然療法活用ハンドブック」 ガイアブックス 2015
Pjaca, Marco　ピアツァ, マルコ
[国]クロアチア　サッカー選手
Pjanic, Miralem　ピアニッチ, ミラレム
[国]ボスニア・ヘルツェゴビナ　サッカー選手
Place, Adélaïde de　プラース, アデライード・ド
1945〜 [著]「革命下のパリに音楽は流れる」 春秋社 2002
Place, François　プラス, フランソワ
1957〜 [著]「江戸の小雀と北斎爺さん」 丸善仙台出版サービスセンター（制作） 2010
Plachkov, Ivan　プラチコフ, イワン
[国]ウクライナ　燃料エネルギー相
Plaetzer, Kjersti　プレッツェル
[国]ノルウェー　陸上選手
Plager, Karen A.　プラガー, カレン・A.
[著]「ベナー解釈的現象学」 医歯薬出版 2006
Plagnol, Henri　プラニョル, アンリ
[国]フランス　国家改革担当相
Plait, Philip C.　プレイト, フィリップ
[著]「宇宙（そら）から恐怖がやってくる！」 日本放送出版協会 2010
Plamondon, Pascal　プラモンドン, パスカル
[国]カナダ　重量挙げ選手
Planas, Carles　プラナス, カルレス
[国]スペイン　サッカー選手
Planchon, Roger　プランション, ロジェ
1931〜2009 [国]フランス 演出家, 劇作家, 俳優, 映画監督 モリエール財団理事長, フランス国立民衆劇場（TNP）共同主宰者
Planel, Niels　プラネル, ニルス
1981〜 [著]「僕が猪瀬事務所で見たニッポン大転換」 草思社 2007
Planer, Christian　プレーナー
[国]オーストリア　射撃選手
Planhol, Xavier de　プラノール, グザヴィエ・ド
[著]「フランス文化の歴史地理学」 二宮書店 2005
Plank, David N.　プランク, D.N.
[著]「格差社会アメリカの教育改革」 明石書店 2007
Plank, Robert　プランク, ロバート
[著]「アドラーの思い出」 創元社 2007
Plankensteiner, Gerhard　プランケンシュタイナー
[国]イタリア　リュージュ選手
Plano Clark, Vicki L.　プラノ・クラーク, V.L.
[著]「人間科学のための混合研究法」 北大路書房 2010
Plant, Jane A.　プラント, ジェイン
1945〜 [著]「乳がんと牛乳」 径書房 2008
Plant, Robert　プラント, ロバート
1948〜 [国]イギリス　ロック歌手
Plantamura, Carol　プランタムラ, キャロル
[著]「ヨーロッパ オペラの旅」 音楽之友社 2003
Plante, Elena　プラント, エレナ
1961〜 [著]「コミュニケーション障害入門」 大修館書店 2005
Plantier, Laurent　プランティエ, ローラン
[著]「100語でわかるガストロノミ」 白水社 2012
Plantilla, Jefferson R.　プランティリア, ジェファーソン・R.
[著]「国際人権法と国際人道法の交錯」 現代人文社, 大学図書（発売） 2005
Plantinga, Adam　プランティンガ, アダム
[著]「アメリカンポリス400の真実！」 並木書房 2016
Plascencia, Salvador　プラセンシア, サルバドール
1976〜 [国]アメリカ 作家 [専]SF, ファンタジー
Plasker, Eric　プラスカー, エリック
[著]「100歳までの人生戦略」 WAVE出版 2009
Plassmann, Engelbert　プラスマン, エンゲルベルト
[著]「ドイツの図書館」 日本図書館協会 2008
Plassnik, Ursula　プラスニク, ウルスラ
[国]オーストリア　外相
Plasson, Michel　プラッソン, ミシェル
1933〜 [国]フランス 指揮者 トゥールーズ・キャピトル管弦楽団名誉指揮者 トゥールーズ市立歌劇場音楽監督 [異]プラッソン, ミッシェル
Plasterk, Ronald　プラステルク, ロナルド
[国]オランダ　内務・王室関係相
Plastrik, Peter　プラストリック, ピーター
[著]「脱「官僚主義」」 PHP研究所 2001
Plat, Nico　プラット, ニコ
[著]「VDM++（ブイディーエムプラスプラス）によるオブジェクト指向システムの高品質設計と検証」 翔泳社 2010
Platanioti, Evangelia　プラタニオティ, エバンゲリア
[国]ギリシャ　水泳選手
Plata Páez, Luis Guillermo　プラタ・パエス, ルイス・ギジェルモ
[国]コロンビア　商業・産業・観光相
Platas, Fernando　プラタス
[国]メキシコ　飛び込み選手
Platel, Richard　プラテル, リチャード
[著]「セカンドライフ公式ガイドプロフェッショナルクリエーション」 インプレスR&D, インプレスコミュニケーションズ（発売） 2008
Platini, Michel　プラティニ, ミシェル
1955〜 [国]フランス 元サッカー選手 欧州サッカー連盟（UEFA）会長 フランス・サッカー代表監督, サッカーW杯フランス大会組織委員会委員長 本名＝Platini, Michel François [異]プラティーニ, ミシェル / プラティニ, ミッシェル
Platkin, Charles Stuart　プラトキン, チャールズ・S.
[著]「パターンを変えれば、きっとうまくいく！」 PHP研究所 2004
Platt, Charles　プラット, チャールズ
[著]「フィリップ・K・ディック・リポート」 早川書房 2002
Platt, Cynthia　プラット, シンシア
[著]「おさるのジョージどうぶつだいすき」 岩波書店 2014
Platt, Lewis E.　プラット, ルイス
1941〜2005 [国]アメリカ 実業家 ヒューレット・パッカード（HP）会長, ボーイング会長 [異]プラット, ルー
Platt, Polly　プラット, ポリー
1939〜2011 [国]アメリカ 映画プロデューサー, 映画美術・衣裳デザイナー, 脚本家 本名＝Platt, Mary Marr
Platt, Richard　プラット, リチャード
1953〜 [著]「もっとたのしいハロウィンがいっぱい！」 小学館 2016
Platte, Felix　プラッテ, フェリックス
[国]ドイツ　サッカー選手
Plattenhardt, Marvin　プラッテンハルト, マルヴィン
[国]ドイツ　サッカー選手
Platter, Günther　プラッター, ギュンター
[国]オーストリア　内相
Plattner, Hasso　プラットナー, ハッソ
1944〜 [国]ドイツ 実業家 SAP共同創業者
Plattner, Marc F.　プラットナー, M.F.
[著]「シビリアン・コントロールとデモクラシー」 刀水書房 2006
Platz, Thomas　プラッツ, トーマス
[著]「上肢リハビリテーション評価マニュアル」 医歯薬出版 2011
Platzeck, Matthias　プラツェク, マティアス
1953〜 [国]ドイツ 政治家 ドイツ社会民主党（SPD）党首, ブランデンブルク州首相
Platzer, Werner　プラッツァー, ヴェルナー
[著]「分冊解剖学アトラス」 文光堂 2002
Plauger, P.J.　プラウガー, P.J.
[著]「C++標準テンプレートライブラリ」 ピアソン・エデュケーション 2001
Plavčan, Peter　プラウチャン, ペテル
[国]スロバキア　教育・科学・研究・スポーツ相
Plavins, Martins　プラビニス
[国]ラトビア　ビーチバレー選手
Plavsic, Zac　プラブシッチ
[国]カナダ　セーリング選手
Plawecki, Kevin　プラウェッキ, ケビン
[国]アメリカ　野球選手
Plawgo, Marek　プラウゴ
[国]ポーランド　陸上選手
Player, Gary　プレイヤー, ゲーリー
1935〜 [国]南アフリカ プロゴルファー 本名＝Player, Gary Jim [異]プレーヤー, ゲーリー / プレイヤー, ゲイリー
Playfair, J.H.L.　プレーフェア, J.H.L.
[著]「一目でわかる免疫学」 メディカル・サイエンス・インターナショナル 2007
Plaza, José María　プラサ, ホセ・マリア

P

㊱「ふしぎな動物モオ」行路社 2006
Plazier, Mark プレイジア、マーク
㊱「モーラルブレイン」麗沢大学出版会, 広池学園事業部(柏)(発売) 2013
Pleah, Natié プレア、ナティエ
㊎マリ 国防相
Pleasant, Eddie プリーサント、エディー
㊎アメリカ アメフト選手
Pleasence, Pascoe プレザンス、パスコウ
㊱「訴訟の原因：民事法と社会正義」法律扶助協会 2004
Plecas, Jennifer プレカス、ジェニファー
㊱「かぜっぴきのドラゴンたち」評論社 2005
Pledge, Robert プレッジ、ロバート
1942〜 ㊱「紅色新聞兵」ファイドン 2005
Pledger, Maurice プレジャー、モーリス
㊱「海の中の動物」大日本絵画 [2015]
Plekhanov, Sergeï プレハノフ、セルゲイ
1949〜 ㊱「玉座の改革者」朝日新聞出版 2010
Plender, John プレンダー、ジョン
㊱「金融危機はまた起こる」白水社 2016
Plenel, Edwy プレネル、エドウィ
1952〜 ㊎フランス ジャーナリスト 「メディアパート」代表・編集長 「ル・モンド」編集長 ㊥プレネル、エドウィ
Plenković, Andrej プレンコビッチ、アンドレイ
㊎クロアチア 首相
Plenzdorf, Ulrich プレンツドルフ、ウルリヒ
1934〜2007 ㊎ドイツ 作家, 脚本家, 演出家 ㊥プレンツドルフ、ウルリッヒ
Plesca, Valeriu プレスカ、バレリウ
㊎モルドバ 国防相
Pleshakov, Konstantin プレシャコフ、コンスタンティン
㊱「日本海海戦悲劇への航海」日本放送出版協会 2010
Pleshette, Suzanne プレシェット、スザンヌ
1937〜2008 ㊎アメリカ 女優
Plesnieks, Arturs プレスニエクス、アルツルス
㊎ラトビア 重量挙げ選手
Pless, Claudia プレス、クラウディア
1967〜 ㊱「あなたの男運を診断します」草思社 2004
Pleticha, Heinrich プレティヒャ、ハインリヒ
1924〜 ㊱「中世への旅騎士と城」白水社 2010
Pletikosic, Stevan プレチコシツ、ステバン
㊎セルビア 射撃選手
Pletnëv, Mikhail プレトニョフ、ミハイル
1957〜 ㊎ロシア ピアニスト, 指揮者 ロシア・ナショナル管弦楽団創立者 本名＝Pletnëv, Mikhail Vasilievich ㊥プレトニェフ
Pleve, I.R. プレーヴェ、イーゴリ・R.
㊱「ヴォルガ・ドイツ人」彩流社 2008
Plevneliev, Rosen Asenov プレヴネリエフ、ロセン
1964〜 ㊎ブルガリア 政治家 ブルガリア大統領 ㊥プレブネリエフ、ロセン
Plewa, Martin プレーヴァ、マルティン
㊱「ドレッサージュのヒント」恒星社厚生閣 2012
Plewe, Brandon プリュー、B.
1968〜 ㊱「インターネットGIS」古今書院 2001
Plewis, Ian プルイス、I.
㊱「現代イギリスの政治算術」北海道大学図書刊行会 2003
Pleynet, Marcelin プレネ、マルスラン
1933〜 ㊎フランス 詩人, 評論家
Plibersek, Tanya プリバーセック、タニヤ
㊎オーストラリア 保健相
Pličanič, Senko プリチャニッチ、センコ
㊎スロベニア 法相
Plichota, Anne プリショタ、アンヌ
1968〜 ㊎フランス 作家 ㊥ファンタジー
Plienbamrung, Preeprem プリアンバムルン、プリプレム
㊱「でっかい魚はだれのもの？」新世研 2003
Plihon, Dominique プリオン、ドミニク
㊱「別のダボス」柘植書房新社 2002
Plimmer, Martin プリマー、マーティン
㊱「本当にあった嘘のような話」アスペクト 2012
Plimpton, George プリンプトン、ジョージ
1926〜2003 ㊎アメリカ 作家, ジャーナリスト
Plisetskaya, Maiya プリセツカヤ、マイヤ
1925〜2015 ㊎ロシア バレリーナ, 振付師 ボリショイ・バレエ団プリマ, スペイン国立バレエ団芸術監督 本名＝プリセツカヤ, マイヤ・ミハイロヴナ〈Plisetskaya, Maiya Mikhailovna〉 ㊥プリセーツカヤ、マイヤ／プリセツカヤ、マヤ
Plisson, Pascal プリッソン、パスカル
㊱「学校へいきたい！世界の果てにはこんな通学路が！」六耀社 2016
Plisson, Philip プリソン、フィリップ
㊱「フィリップ・プリソン」アシェット婦人画報社 2003
Plitmann, Hila プリットマン、ヒラ
グラミー賞 最優秀クラシック声楽(2008年(第51回))
"Corigliano：Mr.Tambourine Man：Seven Poems Of Bob Dylan"
Plizzari, Alessandro プリッツァーリ、アレッサンドロ
㊎イタリア サッカー選手
Plný, Luboš プルニー、ルボシュ
1961〜 ㊱「解剖と変容」現代企画室 2012
Plodprasop, Suraswadi プロートプラソップ・スラサワディ
㊎タイ 副首相
Plomin, Robert プローミン、ロバート
1948〜 ㊱「遺伝子を生かす教育」新曜社 2016
Plooij, Frans X. プローイ、F.
㊱「赤ちゃんの言いたいことがわかる本」PHP研究所 2007
Plopper, George プロッパー、G.
㊱「プロッパー細胞生物学」化学同人 2013
Ploßel, Thomas プロエセル、トーマス
㊎ドイツ セーリング選手
Plotkin, Mark J. プロトキン、マーク
㊱「もう抗生物質では治らない」日本放送出版協会 2003
Plotnikoff, Gregory A. プロトニコフ、グレゴリー・A.
㊱「ケアのなかの癒し」看護の科学社 2016
Plotz, David プロッツ、デイヴィッド
㊱「ノーベル賞受賞者の精子バンク」早川書房 2007
Plouffe, Trevor プルーフ、トレバー
㊎アメリカ 野球選手
Ploumen, Lilianne プラウメン、リリアン
㊎オランダ 貿易・開発協力相
Plous, Scott プラウス、スコット
㊱「判断力」マグロウヒル・エデュケーション, 日本経済新聞出版社(発売) 2012
Ployhar, James D. プロイハー、J.D.
㊱「3Dバンド・ブック」ヤマハミュージックメディア 2003
Pluchek, Valentin Nikolaevich プルーチェク、ワレンチン
1909〜2002 ㊎ロシア 演劇家, 俳優 モスクワ風刺劇場首席演出家 ㊥プルチェク、ワレンチン
Plucknett, Benn プラクネット、ベン
1954〜2002 ㊎アメリカ 円盤投げ選手
Pludermacher, Georges プルーデルマッハー、ジョルジュ
㊎フランス ピアニスト パリ音楽院教授
Pludra, Benno プルードラ、ベンノー
1925〜 ㊱「氷の上のボーツマン」日本ライトハウス 2013
Plug, Cornelis プラグ、コーネリス
㊱「月の錯視」勁草書房 2014
Plugtschieva, Meglena プルグチエワ、メグレナ
㊎ブルガリア 副首相
Plum, Claus Munk プロム、クラウス・モンク
?〜2002 ㊱「按針と家康」出帆新社 2006
Plum, Emily Lupita プラム、エミリー・ラピタ
1977〜 ㊱「水と石」鉱脈社 c2004
Plum, Fred プラム、フレッド
㊱「プラムとポスナーの昏迷と昏睡」メディカル・サイエンス・インターナショナル 2010
Plum, Ingrid プロム、イングリット
㊱「イングリット・プロムのデンマーク・クロスステッチ」ヤマナシヘムスロイド, ブッキング(発売) 2008
Plumb, Rovana プルンブ、ロバナ
㊎ルーマニア 労働・家庭・社会保障相
Plume, Ilse プルーム、イルセ
㊱「まきばののうふ」福音館書店 2012
Plumlee, Marshall プラムリー、マーシャル
㊎アメリカ バスケットボール選手
Plumlee, Mason プラムリー、メイソン
㊎アメリカ バスケットボール選手
Plumlee, Miles プラムリー、マイルス
㊎アメリカ バスケットボール選手
Plummer, Andy プラマー、アンディ
㊱「スタック＆チルトゴルフスウィング」ゴルフダイジェスト社 2012

Plummer, Christopher　プラマー, クリストファー
　1927～　国カナダ　俳優　本名＝プラマー, アーサー・クリストファー・オーム〈Plummer, Arthur Christopher Orme〉
Plummer, David　プラマー, デービッド
　国アメリカ　水泳選手
Plummer, Deborah　プラマー, デボラ
　著『自己肯定・自尊の感情をはぐくむ援助技法』生活書院　2009
Plummer, Henry　プラマー, ヘンリー
　1946～　著『自然光を活かした建築』ガイアブックス, 産調出版（発売）　2010
Plummer, Michael G.　プランマー, マイケル・G.
　著『開発のための政策一貫性』明石書店　2006
Plummer, Terrance　プラマー, テレンス
　国アメリカ　アメフト選手
Plunkett, Kilian　プランケット, キリアン
　著『スーパーマン：レッド・サン』小学館集英社プロダクション　2012
Plunkett, Kim　プランケット, K.
　著『認知過程のコネクショニスト・モデル』北樹出版　2005
Plunkett, Richar　プランケット, リチャード
　著『トルコ』メディアファクトリー　2004
Plunkett, Signe J.　プランケット, シグニー
　著『伴侶動物のための救急医療』エルゼビア・ジャパン, 緑書房（発売）　2015
Plunz, Richard　プランツ, リチャード
　著『ニューヨーク都市居住の社会史』鹿島出版会　2005
Plushenko, Evgenii　プルシェンコ, エフゲニー
　1982～　国ロシア　フィギュアスケート選手　本名＝Plushenko, Evgenii Viktorovich
Plutko, Adam　プラッコ, アダム
　国アメリカ　野球選手
Plutschow, Herbert E.　プルチョウ, ヘルベルト
　1939～2010　国アメリカ　城西国際大学人文学部教授, カリフォルニア大学ロサンゼルス校名誉教授　日本古典文学, 日本文化史　プルチョウ, ハーバート
Plympton, Bill　プリンプトン, ビル
　国アメリカ　アヌシー国際アニメーション映画祭　長編映画　審査員賞（2014年）ほか
Plyushchenko, Evgeny　プルシェンコ
　国ロシア　フィギュアスケート選手
Poarangan, Siri　ポアランガン, シリ
　1976～　著『世界の文字と記号の大図鑑』研究社　2014
Poast, Paul D.　ポースト, ポール・D.
　著『戦争の経済学』バジリコ　2007
Pobbe, Marcella　ポッペ, マルチェラ
　1921～2003　国イタリア　ソプラノ歌手　ポッペ, マルチェルラ
Poblete, Patricia　ポブレテ, パトリシア
　国チリ　住宅・都市計画相
Pochettino, Mauricio　ポチェッティーノ, マウリシオ
　国アルゼンチン　トッテナム監督
Pöchhacker, Franz　ポェヒハッカー, フランツ
　著『通訳学入門』みすず書房　2008
Pochinok, Aleksandr P.　ポチノク, アレクサンドル・P.
　国ロシア　労働社会発展相
Pochwala, Marcin　ポヒワラ, マルチン
　国ポーランド　カヌー選手
Poci, Spartak　ポチ, スパルタク
　国アルバニア　運輸通信相
Počiatek, Ján　ポチアテク, ヤーン
　国スロバキア　交通・建設・地域開発相
Počivalšek, Zdravko　ポチバルシェク, ズドラウコ
　国スロベニア　経済開発・技術相
Pocock, Barbara　ポーコック, バーバラ
　著『親の仕事と子どものホンネ』岩波書店　2010
Pocock, David　ポーコック, デヴィッド
　国オーストラリア　ラグビー選手
Pocock, John Greville Agard　ポーコック, J.G.A.
　1924～　著『島々の発見』名古屋大学出版会　2013
Poda, Jean-Noel　ポダ, ジャンノエル
　国ブルキナファソ　科学研究・技術革新相
Podalko, Petr　ポダルコ, ピョートル
　1964～　著『異郷に生きる』成文社　2016
Podeschi, Marco　ポデスキ, マルコ
　国サンマリノ　教育・文化・大学・研究・情報・スポーツ・技術革新・公共サービス公社担当長官

Podesta, Connie　ポデスタ, コニー
　著『勝ち抜く人の8つの習慣』ディスカヴァー・トゥエンティワン　2009
Podesta, John David　ポデスタ, ジョン・デービッド
　1949～　国アメリカ　米国進歩センター（CAP）所長・CEO　米国大統領首席補佐官
Podestà, Rossana　ポデスタ, ロッサナ
　1934～2013　国イタリア　女優　本名＝ポデスタ, カルラ・ドーラ〈Podestà, Carla Dora〉
Podgainy, Mikhail V.　ポドガイヌイ, ミハイル・V.
　国ベラルーシ　情報相
Podger, Rachel　ポッジャー, レイチェル
　1968～　国イギリス　バイオリニスト　ポッジャー, レーチェル
Podhrasky, Martin　ポドフラースキー
　国チェコ　射撃選手
Podladtchikov, Iouri　ポドラドチコフ, ユーリ
　1988～　国スイス　スノーボード選手　本名＝Podladtchikov, Iouri Aleksandrovich
Podnieks, Elizabeth　ポドニークス, エリザベス
　著『世界の高齢者虐待防止プログラム』明石書店　2004
Podobedova, Svetlana　ポドベドワ, スベトラーナ
　1986～　国カザフスタン　重量挙げ選手
Podobnik, Janez　ポドブニク, ヤネズ
　国スロベニア　環境・地域計画相
Podoinikova, Irina　ポドイニコバ, イリーナ
　国カザフスタン　カヌー選手
Podolny, Joel Marc　ポドルニー, ジョエル
　著『戦略経営論』東洋経済新報社　2002
Podolski, Lukas　ポドルスキ, ルーカス
　1985～　国ドイツ　サッカー選手　ポドルスキー
Podol'skii, Nal'　ポドリスキイ, ナリ
　1935～　著『猫の町』群像社　2009
Podres, Johnny　ポドレス, ジョニー
　1932～2008　国アメリカ　野球選手　本名＝Podres, John Joseph　ポドレス, ジョーニー
Podsakoff, Philip M.　ポザコフ, フィリップ
　著『組織市民行動』白桃書房　2007
Poe, Curtis Ovid　ポー, カーチス・オビッド
　著『Perl hacks』オライリー・ジャパン, オーム社（発売）　2007
Poe, Dontari　ポー, ドンダリ
　国アメリカ　アメフト選手
Poe, Fernando, Jr.　ポー, フェルナンド, Jr.
　1939～2004　国フィリピン　俳優, 映画監督　本名＝Poe, Ronald Allan Kelley
Poe, Grace　ポー, グレース
　国フィリピン　政治家　フィリピン上院議員
Dr.Poe, Harry Lee　ポー, ハリー・リー
　アメリカ探偵作家クラブ賞　批評・評伝賞（2009年）　"Edgar Allan Poe: An Illustrated Companion to His Tell-Tale Stories"
Poe, Maxwell　ポー, マクスウェル
　国リベリア　内相
Poe, Richard　ポー, リチャード
　1958～　著『アインシュタイン・ファクター』きこ書房　2015
Poehler, Amy　ポーラー, エイミー
　ゴールデン・グローブ賞　テレビ女優賞（ミュージカル・コメディ）（第71回（2013年度））　"Parks And Recreation"
Poehls, William　ポールズ, ウイリアム
　国アメリカ　アメフト選手
Poehnell, Gray R.　ポーネル, G.R.
　著『キャリア・パスウェイ』ナカニシヤ出版　2005
Poeltl, Jakob　ポートル, ヤコプ
　国オーストリア　バスケットボール選手
Poet, Bruno　ポエット, ブルーノ
　ローレンス・オリヴィエ賞　照明デザイン賞（2012年（第36回））　"Frankenstein"
Poewe, Sarah　ポーベ
　国ドイツ　競泳選手
Pofalla, Ronald　ポファラ, ロナルド
　国ドイツ　官房長官
Pogačnik, Milan　ポガチュニク, ミラン
　国スロベニア　農林食料相
Pogany, Elaine　ポガニー, エレーン
　著『金のニワトリ』岩波書店　2001
Pogba, Paul　ポクバ, ポール
　1993～　国フランス　サッカー選手　本名＝Pogba, Paul Labile

Pogea, Gheorghe ポジェア, ゲオルゲ
 国ルーマニア 財務相
Pogge, R.C. パッグ, レイモンド・C.
 著「偽薬効果」春秋社 2002
Pogge, Thomas Winfried Menko ポッゲ, トマス
 1953〜 著「なぜ遠くの貧しい人への義務があるのか」生活書院 2010
Pöggeler, Otto ペゲラー, オットー
 1928〜2014 著「ヘーゲル講義録研究」法政大学出版局 2015
Poggi, Bruno ポギ, ブルノ
 国エクアドル 都市開発・住宅相
Poggi, Matthew Adam ポジィ, マシュー・アダム
 著「日米対談 ジャパン・ライジング」丸善プラネット, 丸善出版 (発売) 2011
Poggio, Tomaso A. ポッジオ, トマソ・A.
 著「ソフトウェアの未来」翔泳社 2001
Poghisio, Samuel ポギシオ, サミュエル
 国ケニア 情報通信相
Poghosyan, Hasmik ポゴシャン, アスミク
 国アルメニア 文化相
Poghosyan, Sona ポゴシャン, ソナ
 国アルメニア 重量挙げ選手
Pogliani, Giuliano ポグリアニ, G.
 著「人体カラーアトラス」総合医学社 2001
Pogonii, Ya.F. ポゴーニイ, Ya.F.
 著「KGB㊙調書ヒトラー最期の真実」光文社 2001
Pogorelich, Ivo ポゴレリチ, イーヴォ
 1958〜 国クロアチア ピアニスト 異名ポゴレリッチ
Pogorelov, Aleksandr ポゴレロフ
 国ロシア 陸上選手
Pogorzelec, Daria ポゴジェレツ, ダリア
 国ポーランド 柔道選手
Pogosian, David ポゴシャン
 国ジョージア レスリング選手
Pogossian, Garegin ポゴシアン, ガロジャン
 国フランス ローザンヌ国際バレエコンクール 5位・プロ研修賞 (第42回 (2014年))
Pogosyan, Grant ポゴシャン, グラント
 国アルメニア 駐日特命全権大使
Pogreb, Sofya ポグレブ, ソフィア
 著「マッキンゼーITの本質」ダイヤモンド社 2005
Pogreban, Vasily ポグレバン, ワシリー
 国ロシア カヌー選手
Pogue, David ポーグ, デビッド
 1963〜 著「Mac OS 10」オライリー・ジャパン, オーム社 (発売) 2003
Poguntke, Thomas ポグントケ, トマス
 著「民主政治はなぜ「大統領制化」するのか」ミネルヴァ書房 2014
Pohamba, Hifikepunye ポハンバ, ヒフィケプニェ
 1935〜 国ナミビア 政治家 ナミビア大学学長 ナミビア大統領 本名=Pohamba, Hifikepunye Lucas
Pohan, Saur Maruli ポハン, サウール・マルリ
 国インドネシア 茶道裏千家淡交会インドネシア協会会長
Pohiva, Akilisi ポヒバ, アキリシ
 国トンガ 首相兼外務・貿易相兼内相
Pohjanpalo, Joel ポーヤンパロ, ヨエル
 国フィンランド サッカー選手
Pohl, Dieter ポール, ディータァ
 1964〜 著「ホロコーストを知らなかったという嘘」現代書館 2011
Pohl, Frederik ポール, フレデリック
 1919〜2013 国アメリカ SF作家, 雑誌編集者 アメリカSF作家協会会長
Pohl, Ira ポール, アイラ
 著「基本から学ぶC言語」日経BP社, 日経BP出版センター (発売) 2002
Pöhl, Karl Otto ペール, カール・オットー
 1929〜2014 国ドイツ 経済学者 ドイツ連邦銀行総裁
Pohl, Klaus ポール, クラウス
 1960〜 著「ソフトウェアプロダクトラインエンジニアリング」エスアイビー・アクセス, 星雲社 (発売) 2009
Pohl, Manfred ポール, マンフレッド
 国ドイツ ハンブルク大学アジア・アフリカ研究所日本学科名誉教授, 元・ハンブルク大学アジア・アフリカ研究所長
Pohl, Stephanie ポール
 国ドイツ ビーチバレー選手
Pohlad, Carl ポーラッド, カール
 ?〜2009 国アメリカ 銀行家 ミネソタ・ツインズオーナー
Pohlad, Jim ポーラッド, ジム
 国アメリカ ミネソタ・ツインズオーナー
Pohl Alfaro, Lina Dolores ポル・アルファロ, リナ・ドロレス
 国エルサルバドル 環境・天然資源相
Pohle, Rita ポーレ, リタ
 著「1週間でごっそり捨てる技術」主婦の友社 2016
Pohlman, Jennifer ポールマン, ジェニファー
 著「シンプルピラティス」朝日新聞社 2005
Pöhlmann, Horst Georg ペールマン, H.G.
 1933〜 著「現代教義学総説」新教出版社 2008
Pohlmann, Petra ポールマン, ペトラ
 1961〜 著「ドイツ・ヨーロッパ保険法・競争法の新展開」中央大学出版部 2016
Pohly, Michael ポーリー, ミハエル
 1956〜 著「オサマ・ビンラディン野望と実像」日本文芸社 2001
Pohm, Matthias ペーム, マティアス
 著「話の主導権を握る会話術」主婦の友社, 角川書店 (発売) 2001
Pohren, D.E. ポーレン, ドン・E.
 1929〜2007 著「ひとつの生きかた」ブッキング 2009
Poiares Maduro, Miguel ポイアレスマドゥーロ, ミゲル
 国ポルトガル 地域開発相
Poignault, Rémy ポワニョ, レミ
 著「ハドリアヌス帝」白水社 2010
Poijula, Soili ポイユラ, ソイリ
 1958〜 著「トラウマから恢復するためのPTSDワークブック」明石書店 2009
Poilâne, Lionel ポワラーヌ, リオネル
 1945〜2002 国フランス パン職人 ポワラーヌ社長
Poile, David ポイル, デービッド
 ?〜2005 アイスホッケー選手 通称=Poile, Bud 異名ポイル, デビッド
Poillevé, Sylvie ポワルヴェ, シルヴィ
 1960〜 著「ちいさなぽむさん」主婦の友社 2008
Poilvet, Laurent ポワルヴェ, ローラン
 著「うちのお菓子はブルターニュ」文化学園文化出版局 2009
Poinsett, Brenda ポインセット, ブレンダ
 著「うつになった聖徒たち」いのちのことば社CS成長センター 2008
Pointer, June ポインター, ジューン
 1953〜2006 国アメリカ 歌手
Poiree (skjelbreid), Liv Grete ポワレ
 国ノルウェー バイアスロン選手
Pöirée, Raphael ポワレ
 国フランス バイアスロン選手
Poirier, Jacques ポワリエ, J.
 1937〜 著「エスクロール基本神経病理学」西村書店 2009
Poirot-Cherif, Sandra ポワロ＝シェリフ, サンドラ
 1977〜 著「たいせつなあなたへ」講談社 2010
Poirot-Delpech, Bertrand ポワロー・デルペッシュ, ベルトラン
 1929〜2006 国フランス 批評家, 作家, ジャーナリスト 「ル・モンド」文芸時評担当者
Poisson, David ポワソン
 国フランス アルペンスキー選手
Poistogova, Ekaterina ポイストゴワ
 国ロシア 陸上選手
Poitier, Anton ポワティエ, アントン
 著「いろ」小学館 2016
Poitier, Sidney ポワティエ, シドニー
 1924〜 国アメリカ 俳優, 映画監督 異名ポワチエ, シドニー
Poje, Andrew ポジェ
 国カナダ フィギュアスケート選手
Pok, Fabian ポク, ファビアン
 国パプアニューギニア 国防相
Pokaski, Joe ポカスキ, ジョー
 著「ヒーローズシーズン2」角川書店, 角川グループパブリッシング (発売) 2009
Pokharel, Aananda Prasad ポカレル, アナンダ・プラサド
 国ネパール 文化・観光・民間航空相
Pokharel, Girirajmani ポカレル, ギリラジマニ
 国ネパール 教育相
Pokorni, Zoltán ポコルニ, ゾルターン
 1962〜 国ハンガリー 政治家, 元高校教師 フィデス・ハンガ

リー市民連盟副党首　ハンガリー教育相

Pokornik, Brigitte　ポコーニク, ブリジッテ
　著「くまさんのいちにち」大日本絵画　〔2002〕

Pokrovskii, Boris Aleksandrovich　ポクロフスキー, ボリス
　1912〜2009　国ロシア　オペラ演出家　モスクワ・シアター・オペラ芸術監督, ボリショイ劇場演出総監督　関ポクローフスキー, ボリス

Pol, Anne-Marie　ポル, アンヌ=マリー
　著「バレエ！」メディアファクトリー　2010

Pol, Lotte van de　ポル, ロッテ・C.ファン・ドゥ
　1949〜　著「兵士になった女性たち」法政大学出版局　2007

Pol, Marek　ポル, マレク
　国ポーランド　副首相兼社会基盤相

Polacco, Patricia　ポラッコ, パトリシア
　1944〜　著「ありがとう, フォルカーせんせい」日本障害者リハビリテーション協会（製作）c2013

Poláček, Karel　ポラーチェク, カレル
　著「ポケットの中の東欧文学」成文社　2006

Polaczek, Jerzy　ポラチェク, イエジ
　国ポーランド　運輸相

Polaczyk, Grzegorz　ポラチク
　国ポーランド　カヌー選手

Polaczyk, Mateusz　ポラチク
　国ポーランド　カヌー選手

Polak, Christian Philippe　ポラック, クリスチャン
　1950〜　著「百合と巨砲」在日フランス商工会議所　c2013

Polak, Paul　ポラック, ポール
　著「世界一大きな問題のシンプルな解き方」英治出版　2011

Polančec, Damir　ポランチェツ, ダミル
　国クロアチア　副首相兼経済・労働・中小企業相

Polanco, Gregory　ポランコ, グレゴリー
　国ドミニカ共和国　野球選手

Polanco, Jorge　ポランコ, ホーヘイ
　国ドミニカ共和国　野球選手

Poland, Marguerite　ポーランド, マーグリート
　1950〜　著「カマキリと月」福音館書店　2004

Polaner, David M.　ポラナー, デイビッド
　著「小児の麻酔」メディカル・サイエンス・インターナショナル　2011

Polanski, Andrzej　ポランスキ, A.
　著「バイオインフォマティクス」シュプリンガー・ジャパン　2010

Polanski, Eugen　ポランスキ, オイゲン
　国ポーランド　サッカー選手

Polanski, Roman　ポランスキー, ロマン
　1933〜　国フランス　映画監督, 脚本家, 俳優　本名=リブリング, ロマン　関ポランスキ, ロマン

Polanyi, John Charles　ポラーニ, ジョン・チャールズ
　1929〜　国カナダ　化学者　トロント大学教授　関ポラニ, ジョン・チャールズ / ポラニー, ジョン・チャールズ / ポランニー, ジョン・チャールズ

Polaris, Michelle　ポラリス, ミッシェル
　著「魔術師（マジシャン）の鎖」オークラ出版　2011

Polaski, Deborah　ポラスキ, デボラ
　1949〜　国アメリカ　ソプラノ歌手

Polataivao, Fosi　ポラタイバオ・フォシ
　国サモア　労相

Polatajko, Helene J.　ポラタイコ, ヘレン
　1949〜　著「作業療法の視点」大学教育出版　2011

Polatci, Aydin　ポラトジ
　国トルコ　レスリング選手

Polavder, Lucija　ポラウデル
　国スロベニア　柔道選手

Polcanova, Sofia　ポルカノワ, ソフィア
　国オーストリア　卓球選手

Polchinski, Joseph Gerard　ポルチンスキー, ジョセフ
　著「ストリング理論」シュプリンガー・フェアラーク東京　2006

Polcyn, Kenneth A.　ポルシン, ケネス・A.
　1936〜　著「PEO雇用革命」東洋経済新報社　2004

Poledouris, Basil　ポールドゥリス, バジル
　1945〜2006　国アメリカ　作曲家　映画音楽　関ポールデュリス, ベイジル / ポールドゥリス, ベイジル

Poleska, Anne　ポレスカ
　国ドイツ　競泳選手

Polet, François　ポレ, フランソワ
　著「別のダボス」柘植書房新社　2002

Polet, Robert　ポレット, ロバート
　1955〜　国オランダ　実業家　グッチグループCEO

Poletti, Giuliano　ポレッティ, ジュリアーノ
　国イタリア　労働・社会政策相

Poletti, Rosette　ポレッティ, ロゼット
　著「人生の重荷のほどき方」PHP研究所　2006

Poletto, Eraldo　ポレット, エラルド
　1960〜　国イタリア　実業家　フルラCEO

Polfer, Lydie　ポルファー, リディ
　国ルクセンブルク　副首相兼外務・貿易相兼公共・行政改革相

Poli, Andrea　ポーリ, アンドレア
　国イタリア　サッカー選手

Poliakov, Sergei　ポリアコフ
　国ロシア　射撃選手

Polian, P.M.　ポリャーン, パーヴェル
　1952〜　著「二つの独裁の犠牲者」原書房　2008

Polidoras, Byron　ポリドラス, バイロン
　国ギリシャ　公安相

Polii, Greysia　ポリー, グレイシア
　国インドネシア　バドミントン選手

Polimeni, Albert D.　ポリメニ, アルバート・D.
　1938〜　著「証明の楽しみ」丸善出版　2014

Polin, Richard A.　ポーリン, リチャード・A.
　1945〜　著「新生児科シークレット」メディカル・サイエンス・インターナショナル　2008

Poling, Harold Arthur　ポーリング, ハロルド・アーサー
　1925〜2012　国アメリカ　実業家　フォード・モーター会長・CEO

Poling, Kimberly D.　ポリング, キンバリー・D.
　著「思春期・青年期のうつ病治療と自殺予防」医学書院　2012

Polinsky, Maria　ポリンスキー, マリア
　著「世界言語文化図鑑」東洋書林　2005

Polis, Ben　ポリス, ベン
　1981〜　著「ぼくは, ADHD！」三輪書店　2003

Polishuk, Mikola　ポリシュク, ミコラ
　国ウクライナ　保健相

Pólit, Carlos　ポリ, カルロス
　国エクアドル　大統領府長官

Politano, Anthony　ポリターノ, アンソニー・L.
　著「チーフ・パフォーマンス・オフィサー」キューフォー, 英治出版（発売）　2005

Politano, Matteo　ポリターノ, マッテオ
　国イタリア　サッカー選手

Polites, Geoff　ポライテス, ジェフ
　1948〜2008　国オーストラリア　実業家　ジャガー・ランドローバーCEO

Politi, A.　ポリティ, アントニオ
　1955〜　著「複雑さの数理」産業図書　2001

Politkovskaya, Anna　ポリトコフスカヤ, アンナ
　1958〜2006　ジャーナリスト

Polit-O'Hara, Denise　ポーリット, D.F.
　著「看護研究」医学書院　2010

Politycki, Matthias　ポリティキ, マティアス
　1955〜　著「アサヒ・ブルース」松本工房　2015

Politzer, H.David　ポリツァー, デービッド
　1949〜　国アメリカ　物理学者　カリフォルニア工科大学教授　関素粒子　関ポリツァー, デビッド

Polivy, Janet　ポリヴィ, ジャネット
　著「摂食障害」金剛出版　2011

Polk, Laray　ポーク, ラリー
　著「複雑化する世界, 単純化する欲望」花伝社, 共栄書房（発売）　2014

Polke, Christian　ポルケ, クリスティアン
　1980〜　著「キリスト教神学の主要著作」教文館　2013

Polke, Sigmar　ポルケ, ジグマー
　1941〜2010　国ドイツ　画家, インスタレーション・アーティスト　関ポルケ, シグマー

Polkinghorn, Bette　ポーキングホーン, B.
　1937〜　著「女性経済学者群像」御茶の水書房　2008

Polkinghorne, J.C.　ポーキングホーン, J.
　1930〜　著「自然科学とキリスト教」教文館　2003

Polkinghorne, John　ポーキングホーン, ジョン
　著「時間とは何か, 空間とは何か」岩波書店　2013

Pollack, Golan　ポラック, ゴラン
　国イスラエル　柔道選手

Pollack, Henry　ポラック, ヘンリー
　著「地球の「最期」を予測する」イースト・プレス　2010

Pollack, Judah　ポラック, ジューダ

[著]「ひらめきはカオスから生まれる」 日経BP社, 日経BPマーケティング(発売) 2014
Pollack, Kay ポラック, ケイ
[著]「歓びを歌にのせて」 竹書房 2005
Pollack, Kenneth Michael ポラック, ケネス・M.
1966～ [著]「ザ・パージャン・パズル」 小学館 2006
Pollack, Mark H. ポラック, マーク・H.
[著]「不安障害臨床マニュアル」 日本評論社 2007
Pollack, Nathaniel ポラック, ナサニエル
[著]「俳優のためのハンドブック」 フィルムアート社 2012
Pollack, Olaf ポラック
[国]ドイツ 自転車選手
Pollack, Pam ポラック, パム
[著]「ジョージ・ルーカス」 ポプラ社 2015
Pollack, Rachel ポラック, レイチェル
1945～ [著]「タロットの書」 フォーテュナ, JRC(発売) 2014
Pollack, Sydney ポラック, シドニー
1934～2008 [国]アメリカ 映画監督, 俳優
Pollack, William S. ポラック, ウィリアム
[著]「男の子が心をひらく親、拒絶する親」 講談社 2002
Pollak, Avshalom ポラック, アブシャロム
[国]イスラエル 俳優, 演出家, 振付師 [異]ポラック, アヴシャロム
Pollak, David ポラック, デイビッド
[著]「Scalaプログラミング入門」 日経BP社, 日経BP出版センター(発売) 2010
Pollán, Laura ポジャン, ラウラ
1948～2011 [国]キューバ 人権活動家 白い服の女性たち女性共同代表
Pollan, Michael ポーラン, マイケル
1955～ [国]アメリカ ジャーナリスト 「ハーパーズ・マガジン」総編集長
Pollan, Stephen M. ポーラン, ステファン・M.
[著]「セカンド・アクトーいまから本当の人生が始まる!」 ダイヤモンド社 2004
Pollard, C.William ポラード, ウィリアム
[著]「企業のすべては人に始まる」 ダイヤモンド社 2003
Pollard, Handré ポラード, ハンドレ
[国]南アフリカ ラグビー選手
Pollard, Justin ポラード, ジャスティン
1968～ [著]「アレクサンドリアの興亡」 主婦の友社 2009
Pollard, Nigel ポラード, ナイジェル
[著]「ビジュアル版 世界の歴史都市」 柊風舎 2016
Pollay, David J. ポーレイ, デイヴィッド・J.
[著]「あなたの心の「ごみバケツ」を空にする本」 イースト・プレス 2011
Pollesch, René ポレシュ, ルネ
1962～ [国]ドイツ 劇作家 ベルリン・フォルクスビューネ劇場プラーター芸術監督
Pollet, Cédric ポレ, セドリック
[著]「世界で一番美しい樹皮図鑑」 創元社 2013
Polley, Sarah ポーリー, サラ
1979～ [国]カナダ 女優, 映画監督
Pollice, Gary ポリス, ゲイリー
[著]「アルゴリズムクイックリファレンス」 オライリー・ジャパン, オーム社(発売) 2016
Pollin, Robert ポーリン, ロバート
1950～ [著]「ポスト・ケインズ派の経済理論」 多賀出版 2009
Polling, Kim ポリング, キム
[国]オランダ 柔道選手
Pollini, Maurizio ポリーニ, マウリツィオ
1942～ [国]イタリア ピアニスト, 指揮者 [異]ポッリーニ / ポルリーニ
Pollino, David ポリーノ, デビッド
[著]「19の罠」 翔泳社 2003
Pollio, Howard R. ポリオ, ハワード・R.
[著]「患者の声を聞く」 エルゼビア・ジャパン 2006
Pollitt, J.J. ポリット, J.J.
[著]「ギリシャ美術史」 ブリュッケ, 星雲社(発売) 2003
Pollitt, Michael ポリット, マイケル
[著]「グリーン・バリュー経営への大転換」 NTT出版 2013
Pollmer, Udo ポルマー, ウード
1954～ [著]「健康と食べ物あっと驚く常識のウソ」 草思社 2004
Pollner, John D. ポルナー, ジョン・D.
[著]「代替的リスク財務と保険プール機構」 西日本法規出版 2005
Pollo, Genc ポロ, ジェンツ
[国]アルバニア 改革・情報通信技術相
Pollock, A.J. ポロック, AJ.
[国]アメリカ 野球選手
Pollock, Allyson ポラック, A.
[著]「現代イギリスの政治算術」 北海道大学図書刊行会 2003
Pollock, David C. ポロック, デビッド・C.
?～2004 [著]「サードカルチャーキッズ」 スリーエーネットワーク 2010
Pollock, John Charles ポロック, ジョン・C.
[著]「終極の標的」 早川書房 2002
Pollock-Ellwand, Nancy ポロック‐エルワンド, ナンシー
[著]「文化的景観」 農村開発企画委員会 2007
Pollzhani, Aziz ポロジャニ, アジズ
[国]マケドニア 教育科学相
Polman, Linda ポルマン, リンダ
[著]「クライシス・キャラバン」 東洋経済新報社 2012
Polmear, Caroline ポルマー, C.
[著]「精神分析入門講座」 岩崎学術出版社 2006
Polo, Sela ポロ, セラ
[国]トーゴ 法相
Polonskii, Yakov Petrovich ポロンスキー, ヤーコブ・ペトロビッチ
[著]「訳詩集 平和の天使」 文芸社 2002
Polonsky, Gennady ポロンスキー, ゲンナージー
1957～ [著]「市場経済移行諸国の企業経営」 昭和堂 2007
Polonsky, Gill ホロンスキー, ジル
[著]「シャガール」 西村書店 2012
Polota-nau, Tatafu ポロタ＝ナウ, タタファ
[国]オーストラリア ラグビー選手
Polozeni, Aziz ポロゼニ, アジス
[国]マケドニア 教育相
Polsak, Udomporn ウドンポーン
[国]タイ 重量挙げ選手
Polster, Burkard ポルスター, バーカード
[著]「Q.E.D.」 創元社 2012
Poltavets, Viktor ポルタベツ, ビクトル
[国]ウクライナ 石炭産業相
Pöltner, Günther ペルトナー, ギュンター
1942～ [著]「医療倫理学の基礎」 時空出版 2011
Poltorak, Stepan ポルトラク, ステパン
[国]ウクライナ 国防相
Poltoranin, Alexey ポルタラニン
[国]カザフスタン クロスカントリースキー選手
Polunin, Sergiy ポルニン, セルゲイ
[国]ウクライナ ローザンヌ国際バレエコンクール 1位・スカラシップ(第34回(2006年))ほか
Polutov, Andrei Vadimovich ポルトフ, アンドレイ・V.
1958～ [著]「ソ連/ロシア原潜建造史」 海人社 2005
Poluyan, Vladimir M. ポルヤン, ウラジーミル・M.
[国]ベラルーシ 税務相
Poluyan, Vladimir N. ポルヤン, ウラジーミル・N.
[国]ベラルーシ 税務相
Polverosi, Alberto ポルヴェロージ, アルベルト
[著]「奇跡のコーチング」 TAC出版 2016
Polvino, Lynne ポルヴィーノ, リン
[著]「アニメおさるのジョージりんごりんごりんご」 金の星社 2012
Polvonzoda, Abdusamad ポルボンゾダ, アブドゥサマド
[国]ウズベキスタン 法相
Pólya, George ポーヤ, G.
[著]「自然科学における数学的方法」 シュプリンガー・ジャパン 2007
Polyachenko, Yuriy ポリャチェンコ, ユーリー
[国]ウクライナ 保健相
Polyák, Imre ポリャク, イムレ
1932～2010 [国]ハンガリー レスリング選手
Polyakov, Viktor ポリャコフ
[国]ウクライナ ボクシング選手
Polyakov, Vladislav ポリアコフ
[国]カザフスタン 競泳選手
Polyakova, Evgeniya ポリャコワ
[国]ロシア 陸上選手
Polyanskiy, Dmitry ポリャンスキー, ドミトリー
[国]ロシア トライアスロン選手
Polyanskiy, Igor ポリャンスキー, イーゴリ
[国]ロシア トライアスロン選手
Polyarush, Dmitry ポリアルシュ
[国]ベラルーシ トランポリン選手

Polye, Don　ポリエ, ドン
　国パプアニューギニア　財務相
Polynikis, Michalis　ポリニキス, ミハリス
　国キプロス　農業・資源・環境相
Polzer, Miroslav　ポルツァー, ミロスラフ
　著「「ジプシー」と呼ばれた人々」学文社　2005
Polzer-Srienz, Mirjam　ポルツァー・スリエンツ, ミリアム
　著「「ジプシー」と呼ばれた人々」学文社　2005
Polzin, David J.　ポリツィン, D.J.
　著「小動物の臨床栄養学」マーク・モーリス研究所　2001
Poma, Ruben　ポマ, ルベン
　国ボリビア　住宅相
Pomagalski, Julie　ポマガルスキ
　国フランス　スノーボード選手
Pomarède, Vincent　レッシング, エリック
　著「ルーヴル美術館収蔵絵画のすべて」ディスカヴァー・トゥエンティワン　2011
Pomat, Job　ポマト, ジョブ
　国パプアニューギニア　政府間関係相
Pombo, Guy Mikulu　ポンボ, ギュイ・ミクル
　国コンゴ民主共和国　職業訓練・雇用・手工芸相
Pombo Silva, Alex William　ポンボシルバ, アレックスウィリアム
　国ブラジル　柔道選手
Pomerants, Marko　ポメランツ, マルコ
　国エストニア　環境相
Pomerantz, Charlotte　ポメランツ, シャーロット
　1930～　著「カモさん, なんか？」徳間書店　2012
Pomeranz, Drew　ポメランツ, ドリュー
　国アメリカ　野球選手
Pomeranz, Kenneth　ポメランツ, K.
　1958～　著「大分岐」名古屋大学出版会　2015
Pomerol, Charles　ポムロール, シャルル
　著「フランスのワインと生産地ガイド」古今書院　2014
Pomeroy, Charles　ポメロイ, チャールズ
　著「在日外国特派員」新聞通信調査会　2007
Pomfret, Richard　ポンフレット, リチャード
　著「開発のための政策一貫性」明石書店　2006
Pomian, Krzysztof　ポミアン, クシシトフ
　1934～　著「記憶の場」岩波書店　2002
Pomianowski, Jerzy　ポミャノフスキ, イエジ
　1960～　国ポーランド　外交官　ポーランド外務次官　駐日ポーランド大使
Pomini, Alberto　ポミーニ, アルベルト
　国イタリア　サッカー選手
Pommaret-Imaeda, Francoise　ポマレ, フランソワーズ
　著「チベット」創元社　2003
Pommaux, Yvan　ポモー, イワン
　1946～　著「テレビがなかったころ」西村書店　2008
Pommepuy, Marie　ポムピュイ, マリー
　1978～　著「かわいい闇」河出書房新社　2014
Pommerat, Joël　ポムラ, ジョエル
　1963～　著「時の商人　うちの子は」れんが書房新社　2011
Pommier, Maurice　ポミエ, モーリス
　著「ヨーロッパの城」評論社　2001
Pomodoro, Arnaldo　ポモドーロ, アルナルド
　1926～　国イタリア　彫刻家, 舞台美術家
Pompey, Dalton　ポンペイ, ダルトン
　国カナダ　野球選手
Pompidou, Claude　ポンピドー, クロード
　1912～2007　国フランス　ポンピドーフランス大統領夫人　クロード・ポンピドー基金代表　別ポンピドゥー, クロード
Pompilio, Pedro　ポンピリオ, ペドロ
　？～2008　国アルゼンチン　実業家　ボカ・ジュニアーズ会長
Ponce, Charles　ポンセ, チャールス
　著「カバラー」創樹社　2001
Ponce, Ezequiel　ポンセ, エセキエル
　国アルゼンチン　サッカー選手
Ponce, Javier　ポンセ, ハビエル
　国エクアドル　農牧水産相
Ponce de León Paiva, Antón　ポンセ・デ・レオン・パイヴァ, アントン
　1930～　著「ムーからのスピリチュアル・ビジョン」ヒカルランド　2011
Ponce León, Ximena　ポンセ・レオン, ヒメナ
　国エクアドル　経済社会参画相

Poncet, Christophe　ポンセ, クリストフ
　1963～　著「ボッティチェリ《プリマヴェラ》の謎」勁草書房　2016
Ponchaud, François　ポンショー, フランソワ
　1939～　著「カンボジア・ゼロ年」連合出版　2009
Pond, David　ポンド, デヴィッド
　1948～　著「チャクラ・エクササイズ」心交社　2004
Pond, Graham　ポンド, グラハム
　著「セカンドライフ非公式まるわかりガイド」徳間書店　2007
Ponder, Catherine　ポンダー, キャサリン
　1927～　著「「宇宙の力」を使いこなす方法」サンマーク出版　2009
Ponder, Christian　ポンダー, クリスチャン
　国アメリカ　アメフト選手
Pondexter, Quincy　ポンデクスター, クインシー
　国アメリカ　バスケットボール選手
Pondsmith, Michael　ポンスミス, マイク・A.
　著「キャッスル・ファルケンシュタイン」国際通信社, 星雲社（発売）　2003
Ponemek, Dalaloy　ポーンメク・ダラロイ
　国ラオス　保健相
Ponge, Francis　ポンジュ, フランシス
　著「ダダ・シュルレアリスム新訳詩集」思潮社　2016
Pongpol, Adirekusarn　ポンポン・アディレクーサーン
　国タイ　教育相
Pongprayoon, Kaeo　ゲーオ
　国タイ　ボクシング選手
Pongsak, Ruktapongpisal　ポンサック・ラクタポンパイサーン
　国タイ　エネルギー相
Pongsaklek Wonjongkam　ポンサクレック・ウォンジョンカム
　1977～　国タイ　プロボクサー　WBC世界フライ級チャンピオン　別名＝ポンサクレック・クラティンデンジム〈Pongsaklek Kratindaeng-Gym〉, ポンサクレック・シンワンチャー　異ポンサクレック・ワンジョンカム
Pongthep, Thepkanjana　ポンテープ・テープカンチャナ
　国タイ　法相
Poniachik, Karen　ポニアチク, カレン
　国チリ　鉱業相
Poniatowska, Elena　ポニアトウスカ, エレナ
　1932～　セルバンテス賞（2013年）
Poniatowski, Martin　ポニャトスキー, マーティ
　著「HP-UX 11iシステム管理」ピアソン・エデュケーション　2001
Poniatowski, Michel Casimir　ポニアトウスキ, ミシェル
　1922～2002　国フランス　政治家　フランス独立共和派総裁, フランス内相, 欧州議会議員
Poni Lokudu, Agnes　ポニ・ロクドゥ, アグネス
　国南スーダン　運輸相
Ponmek, Dalaloi　ポンメーク・ダラロイ
　国ラオス　保健相
Ponniah, Thomas　ポニア, トーマス
　1966～　著「もうひとつの世界は可能だ」日本経済評論社　2003
Ponnimit, Wisut　ポンニミット, ウィスット
　1976～　著「ヒーシーイットレモン」ナナロク社　2016
Ponomarenko Janic, Spela　ポノマレンコヤニッチ, スペラ
　国スロベニア　カヌー選手
Pono Opape, Joël　ポノオパペ, ジョエル
　国ガボン　国家改革相
Ponor, Cătălina　ポノル
　国ルーマニア　体操選手
Ponor, Catalina　ポノル, カタリナ
　1987～　国ルーマニア　体操選手
Pons, Peter T.　ポンズ, ピーター・T.
　著「ER・救急シークレット」メディカル・サイエンス・インターナショナル　2008
Pons, Philippe　ポンス, フィリップ
　著「裏社会の日本史」筑摩書房　2006
Ponsana, Boonsak　ポンサナ, ブーンサック
　国タイ　バドミントン選手
Pons Ramon, Joan Lluis　ポンス
　国スペイン　水泳選手
Ponta, Victor　ポンタ, ビクトル
　国ルーマニア　首相
Pontalis, J.B.　ポンタリス, J.-B.
　1924～　著「彼女たち」みすず書房　2008
Pontecorvo, Gillo　ポンテコルヴォ, ジロ
　1919～2006　国イタリア　映画監督　異ポンテコルボ, ジロ

Pontes, Leonel Pinto d'Assunção ポンティシュ, リオネル・ピント・ダスンサウ
　国サントメ・プリンシペ　保健・社会事業相
Ponti, Carlo ポンティ, カルロ
　1912〜2007　国イタリア　映画プロデューサー
Ponti, Claude ポンティ, クロード
　1948〜　著「ペトロニーユと120ぴきのこどもたち」福音館書店 2009
Ponti, James ポンティ, ジェームズ
　著「パイレーツ・オブ・カリビアン」偕成社 2011
Ponticelli, Lazare ポンティセリ, ラザール
　1897〜2008　国フランス　軍人
Pontiggia, Giuseppe ポンティッジャ, ジュゼッペ
　1934〜2003　国イタリア　作家
Ponting, Clive ポンティング, クライヴ
　著「世界を変えた火薬の歴史」原書房 2013
Ponton, Lynn E. ポントン, リン
　著「なぜ10代は危険なことをするのか」WAVE出版 2001
Pontormo, Jacopo Carucci ポントルモ, ヤコポ・ダ
　著「ルネサンスの画家ポントルモの日記」白水社 2001
Pontzious, Richard パンチャス, リチャード
　1934〜　国アメリカ　指揮者, 音楽家　アジア・ユース・オーケストラ（AYO）創設者・芸術監督
Ponza, Michela ポンツァ
　国イタリア　バイアスロン選手
Pook, Jocelyn ブーク, ジョセリン
　ローレンス・オリヴィエ賞 音楽デザイン賞（2008年（第32回））"Saint Joan"
Pookutty, Resul プークティ, レスール
　アカデミー賞 音響賞（第81回（2008年））"Slumdog Millionaire"
Pool, Jackie プール, ジャッキー
　著「パーソン・センタード・ケア」クリエイツかもがわ, 京都 かもがわ出版（発売） 2007
Pool, Mic プール, マイク
　トニー賞 プレイ 音響デザイン賞（2008年（第62回））"The 39 Steps"
Pool, Robert プール, ロバート
　1955〜　著「超一流になるのは才能か努力か？」文芸春秋 2016
Pool, Sylvette プール, シルベット
　国セーシェル　芸術・文化・スポーツ相
Poole, Brian プール, ブライアン
　国アメリカ　アメフト選手
Poole, Charles P. ポール, C.
　著「古典力学」吉岡書店 2009
Poole, Hilary プール, ヒラリー
　著「ハンドブック世界の人権」明石書店 2001
Poole, Jack プール, ジャック
　1933〜2009　国カナダ　実業家　バンクーバー五輪組織委員会会長
Poole, Josephine プール, ジョゼフィーン
　1933〜　著「アンネ・フランク」あすなろ書房 2005
Poole, Regan プール, リーガン
　国ウェールズ　サッカー選手
Poole, Richard A. プール, リチャード
　1919〜2006　国アメリカ　外交官, 軍人　連合国軍総司令部（GHQ）外事担当海軍少尉
Poole, Sara プール, サラ
　1951〜　国アメリカ　作家　⑬歴史, ミステリー
Poole, Terry プール, テリー
　国アメリカ　アメフト選手
Pooley, Emma プーリー, エマ
　国イギリス　自転車選手
Poon, Christine A. プーン, クリスティーヌ
　国アメリカ　実業家　ジョンソン・エンド・ジョンソン副会長
Poon, Thomas プーン, T.
　1968〜　著「基本有機化学」広川書店 2006
Poonawalla, Cyrus S. プナワラ, サイラス
　国インド　実業家
Poonia, Krishna ポーニア
　国インド　陸上選手
Poor, H.Vincent プアー, H.ヴィンセント
　著「MIMOワイヤレス通信」東京電機大学出版局 2009
Poort, Jarrod ポート, ジャロッド
　国オーストラリア　水泳選手
Poorvu, William J. ポルブー, ウィリアム・J.
　著「ハーバード・ビジネススクールが教える不動産投資ゲーム」日経BP社, 日経BP出版センター（発売） 2007
Pop, Iggy ポップ, イギー
　1947〜　国アメリカ　ロック歌手　本名＝オスターバーク, ジェームス・ニューウェル〈Osterberg, James Newell〉
Pop, Mihail ボブ, ミハイル
　国モルドバ　財務相
Popay, Jennie ポペイ, ジェニー
　著「質的研究と量的研究のエビデンスの統合」医学書院 2009
Popchanka, Alena ポプチェンコ
　国ベラルーシ　競泳選手
Popcorn, Faith ポップコーン, フェイス
　著「彼女が買うわけ、会社が伸びるわけ」早川書房 2002
Pope, Catherine ポープ, キャサリン
　著「質的研究と量的研究のエビデンスの統合」医学書院 2009
Pope, Jeff ポープ, ジェフ
　ヴェネチア国際映画祭 脚本賞（第70回（2013年））"Philomena"
Pope, Nick ポープ, ニック
　国イングランド　サッカー選手
Pope, Rob ポープ, ロブ
　1951〜　著「イングリッシュ・スタディーズ入門」彩流社 2008
Pope, Troymaine ポープ, トロイメイン
　国アメリカ　アメフト選手
Pope-Hennessy, John Wyndham ポープ＝ヘネシー, ジョン
　著「ルネサンスの肖像画」中央公論美術出版 2002
Popescu, Adela ポペスク, アデラ
　1936〜　著「私たちの間に一時間」未知谷 2003
Popescu, Ana Maria ポペスク, アナマリア
　国ルーマニア　フェンシング選手
Popescu, Dan-Ioan ポペスク, ダンイオアン
　国ルーマニア　産業資源相
Popescu, Georgian ポペスク
　国ルーマニア　ボクシング選手
Popescu, Ionel ポペスク, イヨネル
　国ルーマニア　財務相
Popescu-tăriceanu, Călin ポペスクタリチェアヌ, カリン
　国ルーマニア　首相
Popham, Peter ポパム, ピーター
　著「アウンサンスーチー」明石書店 2012
Popiela, Dariusz ポピエラ
　国ポーランド　カヌー選手
Popijać, Duro ポピヤッツ, デューロ
　国クロアチア　経済・労働・中小企業相
Popik, Emma ポピック, エマ
　著「魔法の国の扉を開け！」清流出版 2007
Popirlan, Valentin ポパルラン, ヴァレンティン
　国ルーマニア　ラグビー選手
Popivanov, Peter R. ポピヴァノフ, ピーター・R.
　著「非線形波動理論入門」共立出版 2013
Popkin, Barry M. ポプキン, バリー
　1944〜　著「あなたは、なぜ太ってしまうのか？」朝日新聞出版 2009
Popkin, Michael ポプキン, マイケル
　1950〜　著「より良い親子関係講座」星和書店 2004
Popkin, Samuel L. ポプキン, サミュエル
　著「メディアが変える政治」東京大学出版会 2008
Popkov, Alexander A. ポプコフ, アレクサンドル・A.
　国ベラルーシ　副首相
Popkov, Sergei P. ポプコフ, セルゲイ・P.
　国ベラルーシ　通信情報文化相
Poplawski, Paul ポプラウスキー, ポール
　著「ジェイン・オースティン事典」鷹書房弓プレス 2003
Pople, John Anthony ポープル, ジョン・アンソニー
　1925〜2004　国イギリス　化学者　ノース・ウェスタン大学教授　⑬量子化学
Pople, Nicolas ポープル, ニコラス
　著「Small house」エクスナレッジ 2003
Poponawa, Benjamin ポポナワ, ベンジャミン
　国パプアニューギニア　労働工業関係相
Poposki, Nikola ポポスキ, ニコラ
　国マケドニア　副首相兼外相
Popov, Aleksandr ポポフ, アレクサンドル
　1971〜　国ロシア　元水泳選手　国際オリンピック委員会（IOC）委員
PoPov, Alexander N. ポポフ, アレクサンダー
　著「景観の大変容」昭和堂 2011
Popov, Dan ポポフ, ダン

[著]「家族をつなぐ52のキーワード」 太陽出版　2009
Popov, Dimitar　ポポフ, ディミタル
1927〜2015　[国]ブルガリア　政治家, 法律家　ブルガリア首相　[専]運輸関係法, 刑法　本名＝Popov, Dimitar Iliev　[異]ポポフ, ディミテル
Popov, Ivan　ポポフ, イワン
[国]オーストラリア　レスリング選手
Popov, Linda Kavelin　ポポフ, リンダ・カヴェリン
[著]「52の美徳教育プログラム」 太陽出版　2016
Popova, Lidiya　ポポーワ, リジヤ
[著]「Игрушки」 淡交社　2004
Popova, Margarita　ポポバ, マルガリータ
[国]ブルガリア　副大統領
Popova, Tatiyana　ポポーヴァ, タチアーナ
[著]「モスクワ劇場占拠事件」 小学館　2003
Popova, Valentina　ポポワ
[国]ロシア　重量挙げ選手
Popova, Veronika　ポポワ, ベロニカ
[国]ロシア　水泳選手
Popović, Aleksandar　ポポビッチ, アレクサンダル
[国]セルビア　科学・環境保護相
Popovic, Branimir　ポポビッチ, ブラニミル
[国]モンテネグロ　文化相
Popović, Dragana　ポポヴィッチ, ドラガナ
[著]「ユーゴ内戦後の女たち」 柘植書房新社　2005
Popovic, Ranko　ポポヴィッチ, ランコ
1967〜　[国]オーストリア, セルビア　サッカー指導者
Popović, Veljko　ポポヴィッチ, ヴェリコ
[国]クロアチア　ザグレブ国際アニメーション映画祭 グランド・コンペティション&学生コンペティション審査員による Cartoon East賞(2010年)ほか
Popovich, Gregg　ポポビッチ, グレッグ
[国]アメリカ　サンアントニオ・スパーズヘッドコーチ(バスケットボール)
Popovski, Nikola　ポポフスキ, ニコラ
[国]マケドニア　財務相
Popovski, Vlado　ポポフスキ, ブラド
[国]マケドニア　副首相
Popp, Eduard　ポップ, エドゥアルド
[国]ドイツ　レスリング選手
Popp, Walter　ポップ, ヴァルター
1948〜　[著]「ゼルプの裁き」 小学館　2002
Poppe, K.J.　ポッペ, クライン・J.
[著]「EUの農協」 農林統計出版　2015
Poppe, Thomas　ポッペ, トーマス
[著]「ザ・コード」 ソフトバンククリエイティブ　2012
Poppel, Peter　ポッペル, ペーテル
1933〜2010　[著]「親と子ども：運命を決める出会い」 明治図書出版　2008
Poppen, Christoph　ポッペン, クリストフ
1956〜　[国]ドイツ　指揮者, バイオリニスト　ミュンヘン音楽演劇大学教授　ドイツ放送フィルハーモニー管弦楽団音楽監督
Poppendieck, Mary　ポッペンディーク, メアリー
[著]「リーンソフトウェア開発と組織改革」 アスキー・メディアワークス, 角川グループパブリッシング(発売)　2010
Poppendieck, Thomas David　ポッペンディーク, トム
[著]「リーンソフトウェア開発と組織改革」 アスキー・メディアワークス, 角川グループパブリッシング(発売)　2010
Popper, Nathaniel　ポッパー, ナサニエル
[著]「デジタル・ゴールド」 日本経済新聞出版社　2016
Popplestone, John A.　ポップルストーン, J.A.
1928〜　[著]「写真で読むアメリカ心理学のあゆみ」 新曜社　2001
Poppleton, Marjorie　ポプルトン, M.
[著]「ちいさなくし」 福音館書店　2005
Poprzecka, Maria　ポプシェンツカ, マリア
1942〜　[著]「珠玉のポーランド絵画」 創元社　2014
Porat, Hanan　ポラト, ハナン
1943〜2011　[国]イスラエル　政治家　イスラエル国会議員
Porat, Ruth M.　ポラット, ルース
1958〜　[国]アメリカ　金融家　グーグルCFO　モルガン・スタンレーCFO
Porath, Christine　ポラス, クリスティーン
[著]「「問題社員」の管理術」 ダイヤモンド社　2007
Porath, Finn　ポラト, フィン
[国]ドイツ　サッカー選手
Porcaro, Mike　ポーカロ, マイク
1955〜2015　[国]アメリカ　ベース奏者　本名＝Porcaro, Michael Joseph
Porcello, Rick　ポーセロ, リック
[国]アメリカ　野球選手
Porcher, Louis　ポルシェ, ルイ
[著]「比較教育―1997年　比較教育に関する著作の草案と予備的見解―1817年」 文教大学出版事業部　2011
Porcile, François　ポルシル, フランソワ
1944〜　[著]「ベル・エポックの音楽家たち」 水声社　2016
Porges, Arthur　ポージス, アーサー
1915〜2006　[国]アメリカ　作家
Poritsky, Ray　ポリスキー, レイ
[著]「カラーリングで覚える神経解剖学」 西村書店　2007
Pörksen, Uwe　ペルクゼン, ウヴェ
1935〜　[著]「プラスチック・ワード」 藤原書店　2007
Pornchai, Rujiprapa　ポンチャイ・ルッチプラパ
[国]タイ　情報通信技術相
Pornthiva, Nakasai　ポーンティワ・ナカサイ
[国]タイ　商業相
Poroshenko, Petro Oleksiyovych　ポロシェンコ, ペトロ
1965〜　[国]ウクライナ　政治家, 実業家　ウクライナ大統領, ロシェン創業者　ウクライナ外相
Porras, Jerry I.　ポラス, ジェリー
[著]「ビジョナリー・ピープル」 英治出版　2007
Porrit, Jonathon　ポリット, ジョナソン
[著]「トリプルボトムライン」 創成社　2007
Porsche, Ferdinand Alexander　ポルシェ, フェルディナント・アレクサンダー
1935〜2012　[国]ドイツ　自動車デザイナー　ポルシェデザイン創設者
Port, Michael　ポート, マイケル
1970〜　[著]「一生、お客に困らない！ 日本人の知らなかったフリーエージェント起業術」 ダイレクト出版　2013
Portal León, Marcos　ポルタル・レオン, マルコス
[国]キューバ　基幹産業相
Portalupi, JoAnn　ポータルピ, ジョアン
[著]「ライティング・ワークショップ」 新評論　2007
Portas, Paulo　ポルタス, パウロ
[国]ポルトガル　副首相
Porte, Richie　ポート, リッチー
[国]オーストラリア　自転車選手
Portela, Francis　ポーテラ, フランシス
[著]「NEW 52 ： スーパーマン/ヤング・ジャスティス」 ヴィレッジブックス　2013
Portela, Maria　ポルテラ, マリア
[国]ブラジル　柔道選手
Portela, Teresa　ポルテラ, テレサ
[国]ポルトガル　カヌー選手
Portela Rivas, Teresa　ポルテラリバス, テレサ
[国]スペイン　カヌー選手
Portelli, Alessandro　ポルテッリ, アレッサンドロ
1942〜　[著]「オーラルヒストリーとは何か」 水声社　2016
Portenart, Victor　ポルトナール, ヴィクトル
1944〜　[著]「あなたの"キレイ"を引き出す5つの色」 PHPエディターズ・グループ, PHP研究所(発売)　2001
Porteneuve, Christophe　ポルトヌーブ, クリストフ
[著]「Prototype & script.aculo.us」 オライリー・ジャパン, オーム社(発売)　2008
Portenoy, Russell K.　ポルトノイ, ラッセル・K.
[著]「鎮痛補助薬(アジュバント)ガイド」 春秋社　2011
Porter, Andrew N.　ポーター, アンドリュー
[著]「帝国主義」 岩波書店　2006
Porter, Angela　ポーター, アンジェラ
[著]「心がおだやかになる自然風景100の塗り絵」 ガイアブックス　2015
Porter, Billy　ポーター, ビリー
グラミー賞 最優秀ミュージカル・シアター・アルバム(2013年(第56回))ほか
Porter, Bruce　ポーター, ブルース
[著]「Blow」 アーティストハウス　2001
Porter, Christian　ポーター, クリスチャン
[国]オーストラリア　社会サービス担当相
Porter, Darrell Ray　ポーター, ダレル
1952〜2002　[国]アメリカ　野球選手　[異]ポーター, ダーレル / ポーター, ダリル
Porter, Donald　ポーター, ドナルド
[著]「Cisco CCDA認定ガイド」 日経BP社, 日経BP出版センター

P

（発売）2001
Porter, Don E. ポーター, ドン
　国アメリカ　国際ソフトボール連盟(ISF)会長, 国際オリンピック委員会(IOC)広報委員
Porter, Edgar A. ポーター, エドガー・A.
　著「毛沢東の同志馬海徳先生」海竜社 2010
Porter, Eduardo ポーター, エドアルド
　著「「生き方」の値段」日本経済新聞出版社 2011
Porter, George ポーター, ジョージ
　1920～2002　国イギリス　物理化学者　ロンドン大学インペリアルカレッジ教授, ロイヤル・ソサエティ会長　別名＝Porter of Luddenham
Porter, George A. ポーター, G.A.
　著「臨床家のための腎毒性物質のすべて」シュプリンガー・ジャパン 2008
Porter, George Albert ポーター, ジョージ・A.
　1930～　著「ペットER・傷ついた犬たち」ベストセラーズ 2003
Porter, Glenn ポーター, グレン
　1944～　著「レイモンド・ローウィ」美術出版社 2004
Porter, Gregory ポーター, グレゴリー
　1971～　国アメリカ　ジャズ歌手
Porter, Henry ポーター, ヘンリー
　1953～　英国推理作家協会賞 イアン・フレミング・スティール・ダガー(2005年)　"Brandeburg"
Porter, Howard ポーター, ハワード
　著「JLA：バベルの塔」小学館集英社プロダクション 2013
Porter, Jane ポーター, ジェイン
　1964～　著「婚礼宮にさらわれて」ハーパーコリンズ・ジャパン 2015
Porter, Lindsay ポーター, リンゼイ
　著「暗殺の歴史」創元社 2011
Porter, Louise ポーター, L.
　1958～　著「教師と親のコラボレーション」田研出版 2005
Porter, Lynnette R. ポーター, リネット
　1957～　著「ベネディクト・カンバーバッチ覚醒」ビジネス社 2013
Porter, Michael E. ポーター, マイケル
　アメリカ　エコノミスト　ハーバード大学ビショップ・ウィリアム・ローレンス講座教授
Porter, Oliver W. ポーター, オリバー・W.
　著「自治体を民間が運営する都市」時事通信出版局, 時事通信社（発売）2009
Porter, Otto ポーター, オット
　国アメリカ　バスケットボール選手
Porter, Pamela ポーター, パメラ
　カナダ総督文学賞 英語 児童文学(物語)(2005年)　"The Crazy Man"
Porter, Peter ポーター, ピーター
　1929～2010　国イギリス　詩人　本名＝Porter, Peter Neville Frederick
Porter, Philip ポーター, フィリップ
　著「Original Jaguar E-type」二玄社 2002
Porter, Richard C. ポーター, リチャード・C.
　著「入門廃棄物の経済学」東洋経済新報社 2005
Porter, Roy ポーター, ロイ
　1946～2002　国イギリス　歴史家　ウェルカム医学史研究所名誉教授　社会史, 医学史
Porter, Sanford D. ポーター, S.D.
　著「ヒアリの生物学」海游舎 2008
Porter, Sarah ポーター, サラ
　著「オイルマッサージによるタッチセラピー」産調出版 2002
Porter, Sean ポーター, ショーン
　国アメリカ　アメフト選手
Porter, Stephen ポーター, ステファン
　著「サイコパシー・ハンドブック」明石書店 2015
Porter, Theodore M. ポーター, セオドア・M.
　1953～　著「数値と客観性」みすず書房 2013
Porter, Tiffany ポーター, ティファニー
　国イギリス　陸上選手
Porter, Tracey ポーター, トレイシー
　著「プラムガール」ポプラ社 2002
Porter, Tracy ポーター, トレイシー
　国アメリカ　アメフト選手
Porterfield, Kay Marie ポーターフィールド, ケイ・マリー
　著「共依存かもしれない」大月書店 2006
Porter-Roth, Bud ポーター・ロス, バド
　著「RFP入門」日経BPソフトプレス, 日経BP出版センター（発売）2004
Portes, Alejandro ポルテス, アレハンドロ
　1944～　著「現代アメリカ移民第二世代の研究」明石書店 2014 (2刷)
Portillo, Alfonso ポルティジョ, アルフォンソ
　国グアテマラ　大統領
Portillo, Blanca ポルティージョ, ブランカ
　カンヌ国際映画祭 女優賞(第59回(2006年))　"Volver"
Portillo, Michael Denzil Xavier ポーティロ, マイケル
　1953～　国イギリス　元政治家　英国下院議員(保守党), 英国国防相
Portis, Antoinette ポーティス, アントワネット
　著「まって」あすなろ書房 2015
Portis, Bobby ポーティス, ボビー
　国アメリカ　バスケットボール選手
Portis, Charles ポーティス, チャールズ
　著「トゥルー・グリット」早川書房 2011
Portman, Natalie ポートマン, ナタリー
　1981～　国アメリカ　女優
Portner, Paul ポートナー, ポール
　1966～　著「意味ってなに？」勁草書房 2015
Portocarrero, Blancanieve ポルトカレロ, ブランカニエベ
　国ベネズエラ　労相
Portoff, Michael ポートフ, ミヒャエル
　1947～　国ドイツ　実業家　バイエルホールディング社長
Portolani, Maurizio ポルトラーニ, マウリツィオ
　著「Cisco ACIポリシーベースのデータセンター」インプレス 2015
Ports, Suki Terada ポーツ, スキ・テラダ
　国アメリカ　ニューヨーク日系人会副会長, 元・アジア太平洋人HIV・エイズ連合共同創設者
Portuondo, Omara ポルトゥオンド, オマーラ
　1930～　国キューバ　歌手
Portzamparc, Christian de ポルザンパルク, クリスチャン・ド
　1944～　国フランス　建築家
Porudominskiĭ, Vladimir ポルドミンスキイ, V.
　著「ロシア絵画の旅」群像社 2012
Porumboiu, Corneliu ポランボア, コーネル
　カンヌ国際映画祭 カメラドール(第59回(2006年))　"A fost sau n-a fost ?"
Porzingis, Kristaps ポルジンギス, クリスタプス
　国ラトビア　バスケットボール選手
Posada, Jennifer ポサダ, ジェニファー
　著「あなたはすべての答えを知っている」徳間書店 2011
Posada, Joachim de ポサダ, ホアキム・デ
　著「成功する人のシンプルな法則」アスペクト 2006
Posada, Jorge ポサダ, ホルヘ
　1971～　プエルトリコ　元野球選手　本名＝Posada, Jorge Rafael　ポサダ, ホーヘイ／ポサダ, ホルヘJr.
Posada, Mia ポサダ, ミア
　著「たまごのなかにいるのはだあれ？」福音館書店 2010
Posada Moreno, Jesús ポサダ・モレノ, ヘス
　国スペイン　公共行政相
Posamentier, Alfred S. ポザマンティエ, アルフレッド・S.
　著「数学まちがい大全集」化学同人 2015
Pošarac, Aleksandra ポサラック, アレクサンドラ
　著「世界障害報告書」明石書店 2013
Posavec, Josip ポサヴェツ, ヨシプ
　国クロアチア　サッカー選手
Posch, Waltraud ポッシュ, ヴァルトラウト
　1972～　著「なぜそんなに痩せたいの？」ティビーエス・ブリタニカ 2003
Poschardt, Ulf ポーシャルト, ウルフ
　1967～　著「DJカルチャー」三元社 2004
Posehn, Brian ポゼーン, ブライアン
　著「デッドプール」小学館集英社プロダクション 2016
Posen, Adam S. ポーゼン, アダム
　1966～　国アメリカ　エコノミスト　ピーターソン国際経済研究所所長　マクロ経済政策, 日本経済, 金融問題
Posen, Willie ポゼン, ウィリー
　国バヌアツ　社会基盤・公益企業相
Posener, Alan ポズナー, アラン
　1949～　著「二つの名前を持ったネコ」アイビーシーパブリッシング, 日本洋書販売（発売）2005
Posey, Buster ポージー, バスター
　1987～　国アメリカ　野球選手　本名＝Posey, Buster Gerald

㈱ポセイ, バスター
Posey, DeVier　ポージー, デビーア
　㈲アメリカ　アメフト選手
Posey, James　ポージー, ジェームズ
　㈲アメリカ　クリーブランド・キャバリアーズアシスタントコーチ（バスケットボール）
Poskitt, Kjartan　ポスキット, クジャータン
　㈲「さんすうがいっぱい！」小学館　2015
Posluszny, Paul　ポスラズニー, ポール
　㈲アメリカ　アメフト選手
Posner, Barry Z.　ポスナー, バリー
　㈲アメリカ　サンタクララ大学教授, リービー経営大学院教授
　㈲行動科学, 経営学
Posner, Donn　ポスナー, ドン
　㈲「睡眠障害に対する認知行動療法」風間書房　2015
Posner, Eric A.　ポズナー, エリク・A.
　㈲「法と社会規範」木鐸社　2002
Posner, Jerome B.　ポスナー, ジェローム・B.
　㈲「プラムとポスナーの昏迷と昏睡」メディカル・サイエンス・インターナショナル　2010
Posner, John　ポスナー, ジョン
　㈲「臨床試験ガイドブック」じほう　2003
Posner, Kenneth　ポズナー, ケネス
　トニー賞 プレイ 照明デザイン賞（2007年（第61回））　"The Coast of Utopia"
Posner, Kenneth A.　ポズナー, ケネス・A.
　㈲「マーケットのブラック・スワン」実務教育出版　2011
Posner, Michael I.　ポスナー, マイケル・I.
　㈲「脳を教育する」青灯社　2012
Posner, Richard Allen　ポズナー, リチャード・アレン
　1939～　㈲アメリカ　法律家　米国連邦第7巡回控訴裁判所裁判官　シカゴ大学ロースクール教授
Posner-Sanchez, Andrea　ポズナー・サンチェス, アンドレア
　㈲「ディズニー ライオン・ガード」KADOKAWA　2016
Pospíšil, Jiří　ポスピーシル, イジー
　㈲チェコ　法相
Pospisil, Vasek　ポシュピシル, バセク
　㈲カナダ　テニス選手
Pospisilova-cechlova, Vera　ポスピシロバ
　㈲チェコ　陸上選手
Pospos, P.　ポスポス, P.
　1919～　㈲「スマトラの学校時代」現代図書, 星雲社（発売）2002
Possamai, Stephanie　ポサメ
　㈲フランス　柔道選手
Posser Da Costa, Guilherme　ポセル・ダコスタ, ギリェルメ
　㈲サントメ・プリンシペ　首相
Post, Alise　ポスト, アリーズ
　㈲アメリカ　自転車選手
Post, James E.　ポスト, ジェームズ・E.
　㈲「企業と社会」ミネルヴァ書房　2012
Post, Jeffrey Edward　ポスト, ジェフリー・E.
　㈲「岩石と鉱物」化学同人　2014
Post, Peggy　ポスト, ペギー
　1945～　㈲「エミリー・ポストのエチケット」宝島社　2013
Post, Peter　ポスト, ピーター
　㈲「カップルマナー」オープンナレッジ　2007
Post, Robert M.　ポスト, ロバート・M.
　㈲「児童青年期の双極性障害」東京書籍　2008
Post, Stephen Garrard　ポスト, スティーブン
　1951～　㈲「人を助けるということ」創元社　2013
Post, Ted　ポスト, テッド
　1918～2013　㈲アメリカ　映画監督, テレビ演出家
Post, Willard Ellwood　ポウスト, W.E.
　㈲「キリスト教シンボル・デザイン事典」教文館　2007
Postel, Sandra　ポステル, サンドラ
　1956～　㈲「生命の川」新樹社　2006
Poster, Mark　ポスター, マーク
　1941～　㈲「情報様式論」岩波書店　2001
Poster, Randall　ポスター, ランダル
　グラミー賞 最優秀映像メディア向けスコア・サウンドトラック（2014年（第57回））ほか
Postgate, John Raymond　ポストゲート, ジョン・レイモンド
　1922～2014　㈲イギリス　微生物学者　サセックス大学名誉教授
　㈳ポストゲイト
Posthuma, Sieb　ポスツマ, シブ

　1960～2014　㈲「リンチェはどこ？」ワールドライブラリー　2015
Postlethwaite, Pete　ポスルスウェイト, ピート
　1946～2011　㈲イギリス　俳優　本名＝Postlethwaite, Peter William　㈳ポステルスウェイト, ピート
Postlethwaite, T.Neville　ポッスルウェイト, ネヴィル
　？～2009　㈲「国際学力調査と教育政策」東信堂　2015
Postma, Ids　ポストマ
　㈲オランダ　スピードスケート選手
Postma, Lidia　ポストマ, リディア
　1952～　㈲「グリム童話集」西村書店東京出版編集部　2013
Postma, Pieter-Jan　ポストマ
　㈲オランダ　セーリング選手
Postman, Leo Joseph　ポストマン, L.
　㈲「デマの心理学」岩波書店　2008
Postman, Neil　ポストマン, ニール
　1931～2003　㈲「愉しみながら死んでいく」三一書房　2015
Postmes, Theo　ポストメス, テオ
　㈲「ハチミツと代替医療」フレグランスジャーナル社　2002
Postone, Moishe　ポストン, モイシェ
　1942～　㈲「時間・労働・支配」筑摩書房　2012
Postow, Michael A.　ポストウ, マイケル・A.
　㈲「がん診療ポケットレファランス」メディカル・サイエンス・インターナショナル　2016
Postoyalko, Ludmila A.　ポストヤルコ, リュドミラ・A.
　㈲ベラルーシ　保健相
Postrigay, Yury　ポストリガイ, ユーリー
　1988～　㈲ロシア　カヌー選手　㈳ポストリガイ, ユーリ
Pot, Chimney　ポット, チムニー
　MTVアワード 最優秀特殊効果（第26回（2009年））　"Paparazzi"
Pota, Georgina　ポータ, ゲオルギナ
　㈲ハンガリー　卓球選手
Potanin, Vladimir　ポターニン, ウラジーミル
　㈲ロシア　実業家
Potape, Francis　ポタペ, フランシス
　㈲パプアニューギニア　運輸相兼首相補佐相
Potec, Camelia　ポテク, カメリア
　㈲ルーマニア　競泳選手
Potemkin, Aleksandr　ポチョムキン, アレクサンドル
　1949～　㈲「私（ヤー）」群像社　2013
Potent, Warren　ポテント, ウォーレン
　㈲オーストラリア　射撃選手
Pothain, Jordan　ポテン
　㈲フランス　水泳選手
Pothecary, Andrew　ポセケリ, アンドリュー
　㈲「英国人デザイナーが教えるアルファベットのひみつ」エムディエヌコーポレーション, インプレス（発売）　2016
Pothier, Eric　ポティエ
　㈲カナダ　リュージュ選手
Pothier, Gilles　ポティエ, ジル
　㈲「ジル・ポティエ パリロマンティックノエル」草土出版, 星雲社（発売）　2008
Potil'chak, Oleksandr　ポトイリチャク, O.
　1965～　㈲「ウクライナに抑留された日本人」東洋書店　2013
Poting, Tatiana　ポティング, タチアナ
　㈲モルドバ　副首相（社会政策担当）
Potkonen, Mira　ポトコネン, ミラ
　㈲フィンランド　ボクシング選手
Potkovac-Endrighetti, Mirna　ポトコワツ・エンドリゲッティ, ミルナ
　1953～　㈲「津波のはなし」マティヤス・フラツィウス発行社　2005
Potman, George　ポットマン, ジョージ
　1955～　㈲「ジョージ・ポットマンの平成史」大和書房　2012
Potocnik, Felix　ポトクニク, フェリックス
　㈲「不安障害」日本評論社　2005
Potočnik, Janez　ポトチュニク, ヤネズ
　㈲スロベニア　無任所相（欧州問題）
Potok, Chaim　ポトク, ハイム
　1929～2002　㈲アメリカ　作家　㈳ポトック, ハイム
Potokar, John　ポトカー, ジョン
　㈲「最新うつ病治療ハンドブック」日本評論社　2004
Potorti, David　ポトーティ, ディビッド
　1956～　㈲「われらの悲しみを平和への一歩に」岩波書店　2004
Pottage, Hazel D.L.　ポッテージ, ヘイゼル
　㈲「アスペルガー流人間関係」東京書籍　2011

Potter, Andrew　ポター, アンドルー
1970〜　著「反逆の神話」NTT出版　2014
Potter, Beverly A.　ポッター, ビヴァリー
著「くよくよ虫と仲良しになる21のコツ」すばる舎　2005
Potter, Ellen　ポッター, エレン
1963〜　国アメリカ　作家　書児童書
Potter, Frank　ポッター, フランクリン
1944〜　著「おもしろ物理雑学」主婦の友社　2002
Potter, Giselle　ポター, ジゼル
イラストレーター
Potter, Grace　ポッター, グレース
国アメリカ　ロック歌手　別ポッター, グレイス
Potter, Heidi Caroline　ポッター, ハイディ・キャロライン
国イギリス　日本協会事務局長, 元・ジャパン21事務局長
Potter, Henry　ポッター, ヘンリー
1918〜2002　国アメリカ　軍人　米国空軍大佐
Potter, Jeff　ポッター, ジェフ
1977〜　著「Cooking for Geeks」オライリー・ジャパン, オーム社（発売）　2016
Potter, John Deane　ポッター, ジョン・ディーン
著「太平洋の提督」恒文社　2008
Potter, Keith　ポッター, キース
著「揺るぎない結婚」あめんどう　2013
Potter, Lawrence　ポッター, ローレンス
1975〜　著「学校では教えてくれなかった算数」草思社　2016
Potter, Melody Milam　ポッター, メロディ・M.
著「健康な赤ちゃんを産み育てる本」ジャパンタイムズ　2001
Potter, Mick　ポッター, ミック
ローレンス・オリヴィエ賞 音楽デザイン賞（2005年（第29回））"The Woman In White"
Potter, Patricia　ポッター, パトリシア
著「恋するレディたち」ハーレクイン　2008
Potter, Patricia Ann　ポッター, パトリシア・A.
著「ポッター&ペリー看護の基礎」エルゼビア・ジャパン　2007
Potter, Patrick　ポッター, パトリック
著「BANKSY YOU ARE AN ACCEPTABLE LEVEL OF THREAT」パルコエンタテインメント事業部　2013
Potter, Pitman B.　ポッター, ピットマン・B.
著「法の選択的適応」シーニュ　2013
Potter, Robert F.　ポター, ロバート・F.
著「メディア心理生理学」北大路書房　2014
Potter, Sally　ポッター, サリー
1949〜　著「耳に残るは君の歌声」角川書店　2001
Potter-Efron, Patricia S.　ポッターエフロン, パトリシア・S.
著「アンガーマネジメント11の方法」金剛出版　2016
Potter-Efron, Ronald T.　ポッターエフロン, ロナルド・T.
著「アンガーマネジメント11の方法」金剛出版　2016
Potters, Marc　ポッター, M.
1969〜　著「金融リスクの理論」朝倉書店　2003
Potthast, Thomas　ポットハスト, トマス
著「越境する環境倫理学」現代書館　2010
Pottie, Marjolein　ポティ, マルジョラン
1970〜　著「ヒックゴロゴロはっくしょんひめ」らんか社　2016
Pottier, Johan　ポティエ
著「コンゴ民主共和国東部における人間の安全保障の危機への理解」大阪大学グローバルコラボレーションセンター　2010
Pottier, Magalie　ポティエ
国フランス　自転車選手
Pottinger, Stanley　ポッティンガー, スタン
著「ラスト・ナチ」柏艪舎, 星雲社（発売）　2005
Potts, Debby　ポッツ, デビー
著「犬のストレスがスーッと消えていく「なで方」があった」青春出版社　2015
Potts, Paul　ポッツ, ポール
1970〜　国イギリス　テノール歌手
Potts, Rolf　ポッツ, ロルフ
著「旅に出ろ！」ヴィレッジブックス　2007
Potts, Stephen　ポッツ, スティーヴン
1957〜　著「コンパス・マーフィー」求竜堂　2005
Potupchik, Vladimir N.　ポトゥプチク, ウラジーミル・N.
国ベラルーシ　エネルギー相
Potyekhina, Viktoriya　ポチェヒナ
国ウクライナ　飛び込み選手
Potylitsina, Olga　ポティリツィナ
国ロシア　スケルトン選手
Potyomkin, Aleksandr　ポチョムキン, アレクサンドル
1949〜　国ロシア　作家, 経済学者
Pötzsch, Oliver　ペチュ, オリヴァー
1970〜　国ドイツ　作家　歴史, ミステリー
Poudel, Ramchandra　パウデル, ラムチャンドラ
国ネパール　副首相兼内相
Poudiougou, Abdoulaye　プジグ, アブドゥラエ
国マリ　法相
Pouhier, Frédéric　プイエ, フレデリック
1975〜　著「今日もパリの猫は考え中」大和書房　2015
Pouillon, Fernand　プイヨン, フェルナン
著「粗い石」形文社　2002
Poujade, Pierre　プジャド, ピエール
1920〜2003　国フランス　政治家　商工業者防衛同盟代表　別プジャード, ピエール
Poujol, Catherine　プジョル, カトリーヌ
著「カザフスタン」白水社　2006
Poujol, Geneviève　プジョル, ジュヌヴィエーヴ
1930〜　著「アニマトゥール」明石書店　2007
Poulain, Benoit　プラン, ブノワ
国フランス　サッカー選手
Poulain, Jean-Pierre　プーラン, ジャン＝ピエール
著「プロのためのフランス料理の歴史」学習研究社　2005
Poulet, Gerard　プーレ, ジェラール
1938〜　国フランス　バイオリニスト
Poulot, Dominique　プーロ, ドミニク
著「ヨーロッパの博物館」雄松堂出版　2007
Poulsen, Jens Aage　ポールセン, イェンス・オーエ
著「デンマークの歴史教科書」明石書店　2013
Poulsen, Keila　ポールセン, ケイラ・B.
著「アンダーソン血液学アトラス」メディカル・サイエンス・インターナショナル　2014
Poulsen, Kevin　ポールセン, ケビン
1965〜　著「アイスマン」祥伝社　2012
Poulsen, Rene Holten　ポウルセン
国デンマーク　カヌー選手
Poulsen, Simon　ポウルセン, シモン
国デンマーク　サッカー選手
Poulsen, Troels Lund　ポールセン, トローエルス・ルン
国デンマーク　産業・成長相
Poulsen, Yussuf　ポウルセン, ユスフ
国デンマーク　サッカー選手
Poulsson, Emilie　ポウルソン, エミリー
著「大人が楽しむイングリッシュ・ポエチュリー」リーベル出版　2007
Poulsson, Tina Grette　プールソン, ティナ・グレッテ
1974〜　著「修復は紡ぎだす詩」美術の図書三好企画　2014
Pouncey, Maurkice　パウンシー, モーキス
国アメリカ　アメフト選手
Pouncey, Mike　パウンシー, マイク
国アメリカ　アメフト選手
Pound, John　パウンド, ジョン
著「コーポレート・ガバナンス」ダイヤモンド社　2001
Pound, Peter　パウンド, ピーター
著「マッドマックス怒りのデス・ロード」Graffica Novels, 誠文堂新光社（発売）　2015
Pound, Richard　パウンド, リチャード
1942〜　国カナダ　弁護士, 元水泳選手　国際オリンピック委員会（IOC）委員　世界反ドーピング機構（WADA）会長　別名＝パウンド, ディック〈Pound, Dick〉
Pounders, Brooks　パウンダーズ, ブルックス
国アメリカ　野球選手
Poundstone, William　パウンドストーン, ウィリアム
著「科学で勝負の先を読む」青土社　2014
Pountain, Dick　パウンテン, ディック
1945〜　著「クール・ルールズ」研究社　2003
Pountney, David Willoughby　パウントニー, デービッド
1947〜　国イギリス　オペラ演出家　ウェールズ国立歌劇場総裁・芸術監督　別パウントニー, デヴィッド
Poupeau, Franck　プポー, F.
1970〜　著「介入」藤原書店　2015
Poupel, Antoine　プーベル, アントワーヌ
1956〜　国フランス　写真家
Pouria, Soroor　プーリヤ, ソルール
1944〜　著「やんちゃねずみをたすけるのはだれ？」新世研　2003
Pour-mohammadi, Mostafa　プルモハンマディ, モスタファ

[国]イラン 法相
Pournelle, Jerry E. パーネル, ジェリー
1933~ [著]「ロボットvs.人類」 ポプラ社 2005
Pourroy, Janine プロイ, ジャニーン
[著]「アート&メイキング・オブ・ダークナイト・トリロジー」 ヴィレッジブックス 2012
Pousse, André プース, アンドレ
1919~2005 [国]フランス 俳優
Pousseur, Henri プスール, アンリ
1929~2009 [国]ベルギー 作曲家 リエージュ音楽院院長 [異]プースール, アンリ
Poussier, Audrey プシエ, オードレイ
1978~ [著]「クリスマスをみにいったヤシの木」 徳間書店 2013
Poutala, Mika ポウタラ
[国]フィンランド スピードスケート選手
Poutasi, Jeremiah ポータシ, ジェレミアー
[国]アメリカ アメフト選手
Poutiainen, Tanja プティアイネン
[国]フィンランド アルペンスキー選手
Pouy, Jean-Bernard プイ, ジャン・ベルナール
[著]「天才たちのびっくり!?子ども時代」 岩崎書店 2010
Pouyanné, Patrick プヤンネ, パトリック
[国]フランス 実業家 トタルCEO
Pouyaud, Dominique プイヨー, D.
[著]「フランス行政法」 三省堂 2007
Poveda, Christian ポヴェダ, クリスチャン
1957~2009 [国]フランス 映画監督, 報道写真家 [異]ポベダ, クリスチャン
Poveda Bonilla, Rafael ポベダ・ボニジャ, ラファエル
[国]エクアドル 戦略部門調整相
Poveda Ricaurte, Walter ポベダ・リカウルテ, ウォーター
[国]エクアドル 農業・牧畜業・水産業・漁業相
Povetkin, Alexander ポベトキン, アレクサンドル
1979~ [国]ロシア プロボクサー WBA世界ヘビー級チャンピオン
Povey, Jeff ポヴェイ, ジェフ
[著]「シリアル・キラーズ・クラブ」 柏艪舎, 星雲社(発売) 2006
Povey, Thomas ポベイ, トーマス
[著]「難問・奇問で語る世界の物理」 丸善出版 2016
Povh, Bogdan ポッフ, ボクダン
[著]「素粒子・原子核物理入門」 シュプリンガー・ジャパン 2011
Povkh, Mariya ポフ, マリア
[国]ウクライナ カヌー選手
Povoa, Pedro ポボア
[国]ポルトガル テコンドー選手
Powdthavee, Nattavudh ポータヴィー, ナッターヴート
[著]「幸福の計算式」 阪急コミュニケーションズ 2012
Powdthavee, Nick ポータヴィー, ニック
[著]「幸福の計算式」 阪急コミュニケーションズ 2012
Powdyel, Thakur Singh ポウデル, タクール・シン
[国]ブータン 教育相
Powe, Darius ポウィー, ダリアス
[国]アメリカ アメフト選手
Powe, Jerrell ポウィー, ジェレル
[国]アメリカ アメフト選手
Powell, Alonzo パウエル, アロンゾ
[国]アメリカ ヒューストン・アストロズコーチ
Powell, Andy パウエル, アンディ
1984~ [著]「蝶をいじめてはいけない!」 ランダムハウス講談社 2004
Powell, Anthony ポウエル, アントニー
[著]「ロンドンで本を読む」 マガジンハウス 2001
Powell, Antoinette パウエル, アントワネット
[著]「マンハッタンの夜が明けて」 光文社 2003
Powell, Asafa パウエル, アサファ
1982~ [国]ジャマイカ 陸上選手
Powell, Aubrey パウエル, オーブリー
[国]イギリス フィルムディレクター, グラフィックデザイナー
Powell, Benjamin パウエル, ベンジャミン
1978~ [著]「移民の経済学」 東洋経済新報社 2016
Powell, Benny パウエル, ベニー
1930~2010 [国]アメリカ トロンボーン奏者 本名=Powell, Benjamin Gordon
Powell, Bilal パウエル, ビラル
[国]アメリカ アメフト選手
Powell, Billy パウエル, ビリー
1952~2009 [国]アメリカ キーボード奏者
Powell, Boog パウエル, ブーグ
[国]アメリカ 野球選手
Powell, Brian パウエル, ブライアン
[著]「日英交流史」 東京大学出版会 2001
Powell, Colin Luther パウエル, コリン
1937~ [国]アメリカ 政治家, 軍人 米国国務長官, 米国統合参謀本部議長 [異]パウエル, コーリン
Powell, Douglas H. パウエル, ダグラス
[著]「脳の老化を防ぐ生活習慣」 中央法規出版 2014
Powell, Dwight パウエル, ドワイト
[国]カナダ バスケットボール選手
Powell, Ellen パウエル, エレン
[著]「ポール・オースターが朗読するナショナル・ストーリー・プロジェクト」 アルク 2005
Powell, Gareth L. パウエル, ガレス・L.
1970~ [国]イギリス 作家 [専]SF, ファンタジー
Powell, James パウエル, ジェイムズ
1932~ [著]「道化の町」 河出書房新社 2008
Powell, James Lawrence パウエル, ジェームズ・ローレンス
1936~ [著]「白亜紀に夜がくる」 青土社 2001
Powell, James Newton パウエル, ジェイムズ・N.
[著]「エロスと精気」 法政大学出版局 2003
Powell, Jennie パウエル, ジェニー
[著]「認知障害者の心の風景」 福村出版 2006
Powell, Jillian パウエル, ジリアン
1957~ [異]パウェル, ジリアン [著]「世界自然保護基金」 ほるぷ出版 2003
Powell, Joe パウエル, ジョー
[国]アメリカ アメフト選手
Powell, John パウエル, ジョン
?~2008 [国]アメリカ ジャーナリスト
Powell, John Wesley パウエル, ジョン・ウェスリー
[著]「アメリカの環境主義」 同友館 2004
Powell, Joseph Michael パウエル, ジョセフ・M.
[著]「オーストラリア」 ほるぷ出版 2008
Powell, Josh C. ポウエル, ジョシュ・C.
[著]「シングルページWebアプリケーション」 オライリー・ジャパン, オーム社(発売) 2014
Powell, Julie パウエル, ジュリー
[著]「ジュリー&ジュリア」 早川書房 2009
Powell, Ken パウエル, ケネス
1947~ [著]「世界の建築家図鑑」 原書房 2012
Powell, Lane H. パウエル, レイン・H.
[著]「家族生活教育」 南方新社 2013
Powell, Michael パウエル, マイケル
1965~ [著]「ふん!」 講談社 2002
Powell, Michael K. パウエル, マイケル
1963~ [国]アメリカ 法律家 米国連邦通信委員会(FCC)委員長
Powell, Mike パウエル, マイク
1963~ [国]アメリカ 元走り幅跳び選手
Powell, Natalie パウエル, ナタリー
[国]イギリス 柔道選手
Powell, Norman パウエル, ノーマン
[国]アメリカ バスケットボール選手
Powell, Richard パウエル, リチャード
1957~ [著]「いないいないだあれ」 大日本絵画 2009
Powell, Sandy パウエル, サンディ
アカデミー賞 衣装デザイン賞(第82回(2009年))ほか
Powell, Sophie パウエル, ソフィー
1980~ [著]「マッシュルームマン」 DHC 2004
Powell, Stacie パウエル
[国]イギリス 飛び込み選手
Powell, Thomas A. パウエル, T.A.
1968~ [著]「Webサイトエンジニアリング入門」 東京電機大学出版局 2001
Powell, Tim パウエル, ティム
1943~ [著]「交通の経済理論」 NTT出版 2008
Powell, Tony パウエル, トニー
[著]「ポール・オースターが朗読するナショナル・ストーリー・プロジェクト」 アルク 2006
Powell, Tyvis パウエル, タイビス
[国]アメリカ アメフト選手
Powell, Vance パウエル, ヴァンス
グラミー賞 最優秀録音技術アルバム(クラシック以外)(2008年

P

（第51回））"Consolers Of The Lonely"
Powell, Walt　パウエル, ウォルト
　国アメリカ　アメフト選手
Powell, William Dylan　パウエル, ウィリアム・ディラン
　アメリカ探偵作家クラブ賞 ロバート・L.フィッシュ賞（2007年）"Evening Gold"
Powell, William F.　パウエル, ウィリアム・F.
　著「混色パーフェクトレシピ1500」マール社　2013
Powell Jobs, Laurene　パウエル＝ジョブズ, ローレン
　国アメリカ　富豪慈善家, スティーブ・ジョブズ夫人
Powell-Jones, Mark　パウエル＝ジョーンズ, マーク
　著「印象派の絵画」西村書店　2001
Power, Anne　パワー, アン
　著「都市この小さな国の」鹿島出版会　2004
Power, Carla　パワー, カーラ
　1966～　著「コーランには本当は何が書かれていたか？」文芸春秋　2015
Power, Dermot　パワー, ダーモット
　1967～　著「『ファンタスティック・ビースト と魔法使いの旅』アートワークのすべて」ハーパーコリンズ・ジャパン　2016
Power, Elizabeth　パワー, エリザベス
　著「消せない一夜の宝物」ハーパーコリンズ・ジャパン　2015
Power, James Ⅳ　パワー, J.D., 4世
　著「J.D.パワー顧客満足のすべて」ダイヤモンド社　2006
Power, Martin　パワー, マーティン
　著「ジェフ・ベック｜孤高のギタリスト」ヤマハミュージックメディア　2015
Power, Michael　パワー, マイケル
　著「リスクを管理する」中央経済社　2011
Power, Michael A.　パワー, マイケル
　著「先生のためのアイディアブック」日本協同教育学会, 京都 ナカニシヤ出版（発売）　2005
Power, Rhoda　パウア, ロウダ
　著「朗読劇台本集」玉川大学出版部　2002
Power, Samantha　パワー, サマンサ
　1970～　国アメリカ　ジャーナリスト　国連大使　関人権政策
Power, Sean　パワー, シーン
　著「ウェブオペレーション」オライリー・ジャパン, オーム社（発売）　2011
Power, Simon　パワー, サイモン
　国ニュージーランド　法相兼国有企業相兼商業相
Power, Ted　パワー, テッド
　国アメリカ　シンシナティ・レッズコーチ
Power, Thomas J.　パワー, トーマス・J.
　著「診断・対応のためのADHD評価スケール」明石書店　2008
Power, Thomas M.　パワー, トーマス・M.
　著「米国におけるアメニティを活用した農村経済の発展講演記録集」農村開発企画委員会　2002
Power, Vic　パワー, ビック
　1927～2005　国プエルトリコ　野球選手　別名＝Power, Victor Pellot
Powers, Alan　パワーズ, アラン
　1955～　著「自宅の書棚」産調出版　2006
Powers, Becky J.　パワーズ, ベッキー・J.
　著「児童虐待の発見と防止」慶応義塾大学出版会　2003
Powers, Bruce R.　パワーズ, ブルース・R.
　著「グローバル・ヴィレッジ」青弓社　2003
Powers, Jerraud　パワーズ, ジェロード
　国アメリカ　アメフト選手
Powers, Joan　パワーズ, ジョーン
　著「クマのプーさんエチケット・ブック」筑摩書房　2012
Powers, Joseph　パワーズ, ジョセフ
　著「知っておきたい熱力学の法則と賢いエネルギー選択」エヌ・ティー・エス　2012
Powers, Kevin　パワーズ, ケビン
　1980～　国アメリカ　作家　関フィクション, 伝記, 歴史　別パワーズ, ケヴィン
Powers, Kimiko　パワーズ, キミコ
　1936～　国アメリカ　美術収集家
Powers, Richard　パワーズ, リチャード
　1957～　国アメリカ　作家, 英文学者　イリノイ大学教授
Powers, Richard B.　パワーズ, リチャード
　1932～　著「多様性ゲーム「エイリアンの住む惑星への旅立ち」」バベルプレス　2008
Powers, Ron　パワーズ, ロン
　1941～　著「父親たちの星条旗」イースト・プレス　2006

Powers, Ross　パワーズ, ロス
　1979～　国アメリカ　スノーボード選手
Powers, Shelley　パワーズ, シェリー
　著「JavaScriptクックブック」オライリー・ジャパン, オーム社（発売）　2011
Powers, Tim　パワーズ, ティム
　1952～　国アメリカ　作家
Powers, William　パワーズ, ウィリアム
　1961～　著「つながらない生活」プレジデント社　2012
Powledge, Tabitha M.　パウレッジ, タビサ・M.
　著「サイエンスライティング」地人書館　2013
Powles, Cyril　パウルス, セロ・H.
　1918～　著「この時代を見分ける」新世社　2001
Powlik, James　ポーリック, ジェームズ
　著「腐海」徳間書店　2001
Powling, Chris　ポーリング, クリス
　1943～　著「ダールさんってどんな人？」評論社　2007
Pownall-Gray, Dickon　パウナル＝グレイ, ディコン
　1955～　著「ワークブック いじめを乗りこえる」ブロンズ新社　2007
Powrie, Olivia　ポーリー, オリビア
　1987～　国ニュージーランド　セーリング選手
Powrie, Polly　ポーリー, ポリー
　国ニュージーランド　セーリング選手
Powter, Daniel　パウター, ダニエル
　1971～　国カナダ　シンガー・ソングライター
Powys, John Cowper　ポウイス, ジョン・クーパー
　著「ウルフ・ソレント」国書刊行会　2001
Poxon, David　ポクソン, デヴィッド
　別ポクソン, デビッド　著「すてきな静物画の手帖」グラフィック社　2009
Poyer, Jordan　ポイヤー, ジョーダン
　国アメリカ　アメフト選手
Poyet, Gustavo　ポジェ, グスタボ
　国ウルグアイ　ベティス監督
Poyner, Barry　ポイナー, B.
　著「デザインは犯罪を防ぐ」都市防犯研究センター　2003
Poynter, Dan　ポインター, ダン
　著「年老いた猫との暮らし方」岩波書店　2011
Poynter, Ray　ポインター, レイ
　著「オンライン・ソーシャルメディアリサーチ・ハンドブック」東洋経済新報社　2011
Poynter, Toni Sciarra　ポインター, トニ・シアラ
　著「FBIプロファイラーが教える「危ない人」の見分け方」河出書房新社　2015
Poythress, Alex　ポイトレス, アレックス
　国アメリカ　バスケットボール選手
Poythress, Norman G.　ポイスレス, ノーマン・G.
　著「サイコパシー・ハンドブック」明石書店　2015
Pozarnovs, Andrejs　ポジャルノフス, アンドレイス
　国ラトビア　福祉相
Pozas, Claudio　ポサス, クラウディオ
　著「プレイヤーズ・オプション：妖精郷の勇者」ホビージャパン　2012
Pozdnyakov, Stanislav　ポツニャコフ
　国ロシア　フェンシング選手
Pozdnyakova, Anastasia　ポズドニアコワ
　国ロシア　飛び込み選手
Pozen, Robert C.　ポーゼン, ロバート・C.
　著「ハーバード式「超」効率仕事術」早川書房　2015
Poznanski, Ursula　ポツナンスキ, ウルズラ
　1968～　国オーストリア　作家　関ミステリー, ヤングアダルト　別筆名＝Archer, Ursula P.
Pozo, Mauricio　ポソ, マウリシオ
　国エクアドル　財務相
Pozo Garza, Luz　ポソ・ガルサ, ルース
　1922～　著「ルース・ポソ・ガルサ詩集」土曜美術社出版販売　2012
Pozzessere, Heather Graham　ポゼッサー, ヘザー・グレアム
　著「容疑者」ハーレクイン　2003
Pozzo di Borgo, Philippe　ポッツォ・ディ・ボルゴ, フィリップ
　1951～　著「A Second Wind」アチーブメント出版　2012
Praag, Anna van　プラーハ, アナ・ファン
　1967～　著「シタとロット」西村書店東京出版編集部　2016
Praag, Menna van　プラーグ, メナ・バン
　1977～　国イギリス　作家　関文学, 歴史　別プラーグ, メナ・ヴァン

Prabda Yoon　プラープダー・ユン
　1973〜　国タイ　作家、脚本家、編集者、グラフィックデザイナー、イラストレーター、写真家
Prabhakar, Arati　プラボカー、アラティ
　1959〜　国アメリカ　米国国防高等研究計画局(DARPA)長官　邦プラバッカー、アーティー
Prabhakaran, Velupillai　プラバカラン、ベルピライ
　1954〜2009　国スリランカ　ゲリラ活動家　タミル・イーラム解放のトラ(LTTE)議長
Prabhu, Jaideep C.　プラブ、ジャイディープ
　著「イノベーションは新興国に学べ！」日本経済新聞出版社 2013
Prabhu, Suresh　プラブ、スレシュ
　国インド　鉄道相
Prabowo Subianto　プラボウォ・スビアント
　1951〜　国インドネシア　政治家、元軍人　グリンドラ党最高顧問会議議長　インドネシア陸軍特殊部隊司令官
Pracha, Promnok　プラチャー・プロムノック
　国タイ　法相
Prachai Leophairatana　プラチャイ・レオパイラタナ
　1944〜　国タイ　実業家　タイ・ペトロケミカル・インダストリー(TPI)創業者　漢字名＝廖漢宣　邦プラチャイ・リアオパイラット
Prachett, Terry　プラチェット、テリー
　1948〜2015　国イギリス　SF作家
Prachya Pinkaew　プラッチャヤー、ピンゲーオ
　1962〜　国タイ　映画監督、映画プロデューサー　邦ピンゲーオ、プラッチャヤー
Prada, Joaquin　プラダ、ホアキン
　国ウルグアイ　ラグビー選手
Prada, Miuccia　プラダ、ミウッチャ
　1949〜　国イタリア　ファッションデザイナー　プラダ・デザイナー
Pradeep, A.K.　プラディープ、A.K.
　1963〜　著「マーケターの知らない「95％」」阪急コミュニケーションズ 2011
Pradel, Jacques　プラデル、ジャック
　1941〜　著「海に消えた星の王子さま」緑風出版 2009
Pradères, Jean-Pierre　プラデーレ、ジャン＝ピエール
　1947〜　著「ハンドメイド自転車の黄金時代」グラフィック社 2011
Prades, Valentin　プラデ、バレンタン
　国フランス　近代五種選手
Pradhan, Dharmendra　プラダン、ダルメンドラ
　国インド　石油・天然ガス相
Pradhan, Mahesh Lal　プラダン、マヘシュ・ラル
　国ネパール　産業・通商・供給相
Pradhan, Sahana Devi　プラダン、シャハナ
　1932〜2014　国ネパール　政治家、弁護士、婦人問題活動家　ネパール外相・通産相
Pradit, Sintavanarong　プラディット・シンタワナロン
　国タイ　保健相
Prado, Joe　プラド、ジョー
　著「アクアマン：王の遺産」小学館集英社プロダクション 2016
Prado, Martin　プラド、マーティン
　国ベネズエラ　野球選手
Prado Edgar　プラード、エドガー
　1967〜　国アメリカ　騎手
Prados, Emilio　プラドス、エミリオ
　著「ロルカと二七年世代の詩人たち」土曜美術社出版販売 2007
Praet, Dennis　プラート、デニス
　国ベルギー　サッカー選手
Praet, Peter　プラート、ピーター
　1949〜　国ドイツ　エコノミスト　欧州中央銀行(ECB)専務理事　欧州委員会経済顧問、ブリュッセル大学教授
Praff, Giora A.　プラフ、ギオラ・A.
　著「ハンナの戦争」ミルトス 2011
Prager, Dennis　プレガー、デニス
　1948〜　著「現代アメリカ社会再考」東京図書出版会、星雲社(発売) 2003
Prahalad, C.K.　プラハラード、C.K.
　1941〜2010　著「コ・イノベーション経営」東洋経済新報社 2013
Prahl, Hans-Werner　プラール、ハンス＝ヴェルナー
　1944〜　著「大学制度の社会史」法政大学出版局 2015
Prajin, Jantong　プラジン・ジャントン
　国タイ　副首相

Prakash, G.K.Surya　プラカーシュ、G.K.S.
　著「メタノールエコノミー」化学同人 2010
Prakash, Madhu Suri　プラカシュ、マドゥ・スリ
　1951〜　著「学校のない社会への招待」現代書館 2004
Prakosa, M.　プラコサ、M.
　国インドネシア　林業相
Prak Sokhonn　プラク・ソコン
　国カンボジア　外相
Pramanik, Emaz Uddin　プラマニク、イマジュッディン
　国バングラデシュ　繊維・ジュート相
Pramarn Adireksarn　プラマーン・アディレクサーン
　1913〜2010　国タイ　軍人、政治家　タイ国民党党首、タイ副首相　邦プラマーン・アディレークサーン
Pramas, Chris　プラマス、クリス
　著「魔術の書：レルム・オヴ・ソーサリー」ホビージャパン 2008
Pramatarski, Alexander　プラマタルスキ、アレクサンデル
　国ブルガリア　無任所相
Pramoedya Ananta Toer　プラムディヤ・アナンタ・トゥール
　1925〜2006　国インドネシア　作家　邦プラムディア・アナンタ・トゥル／プラムディヤ・アナンタ・トゥル
Pramongkhol, Sirivimon　シリビモン
　国タイ　重量挙げ選手
Pramon Sutivong　プラモン・スティウォン
　国タイ　実業家　トヨタ・モーター・タイランド(TMT)会長
Prananto, Jujur　プラナント、ジュジュル
　著「ビューティフル・デイズ」ソニー・マガジンズ 2005
Prance, Sir Ghillean T.　プランス、ギリアン・T.
　著「生物学！」築地書館 2003
Prance, Ghillean Tolmie　プランス、ギリアン・トルミー
　1937〜　国イギリス　植物学者　レディング大学教授、英国王立キュー植物園園長
Prandi, Kyle　ブランディ
　国アメリカ　飛び込み選手
Prange, Heike　プランゲ、ハイケ
　著「トランペット」河合楽器製作所・出版部 2007
Prap, Lila　プラップ、リラ
　1955〜　著「なぜ？どうして？がおがおぶーっ！」アノニマ・スタジオ、KTC中央出版(発売) 2009
Prapakamol, Sudket　プラパカモル
　国タイ　バドミントン選手
Prapat, Panyachatraksa　プラパット・パンヤーチャートラック
　国タイ　天然資源環境相
Praquin, Marc　プラキン、マーク
　著「美しく、しかけのあるデザイン事務所の名刺from overseas」ビー・エヌ・エヌ新社 2010
Prasad, Arnold　プラサド、アーノルド
　国バヌアツ　青年雇用・スポーツ開発相
Prasad, Lalu　プラサド、ラルー
　国インド　鉄道相
Prasad, Mahavir　プラサド、マハビル
　国インド　小規模産業相兼農村産業相
Prasad, Ravi Shankar　プラサド、ラビ・シャンカール
　国インド　情報通信技術相
Prasad, V.S.Skanda　プラサッド、V.S.スカンダ
　著「現代世界アジア詩集」土曜美術社出版販売 2010
Prasadam-Halls, Smriti　プラサダム・ホールズ、スムリティ
　邦プラサーダム・ホールズ、スムリティ　著「うみのなかでなかまさがし」大日本絵画〔2016〕
Prasastapādācārya　プラシャスタパーダ
　著「インドの「多元論哲学」を読む」春秋社 2008
Prasenjit Duara　プラセンジット・ドゥアラ
　著「岩波講座 アジア・太平洋戦争」岩波書店 2006
Prasert, Boonchaisuk　プラスート・ブンチャイスック
　国タイ　工業相
Prashad, Manniram　プラシャド、マニラム
　国ガイアナ　観光・産業・商業相
Prashad, Vijay　プラシャド、ヴィジャイ
　著「褐色の世界史」水声社 2013
Prasolov, Ihor　プラソロフ、イーホル
　国ウクライナ　経済発展・貿易相
Prassinos, Gisèle　プラシノス、ジゼル
　著「ダダ・シュルレアリスム新訳詩集」思潮社 2016
Prata, Guilhermina Contreiras Da Costa　プラタ、ギリェルミナ・コントレイラス・ダ・コスタ
　国アンゴラ　法相
Pratchett, Terry　プラチェット、テリー

世界幻想文学大賞 生涯功労賞（2010年）ほか
Prateep Ungsongtham プラティープ・ウンソンタム
　1952〜　国タイ　社会教育者,社会福祉家　ドゥアン・プラティープ財団創設者　タイ上院議員　本名＝プラティープ・ウンソンタム・秦（プランティープ・ウンソンタム・ハタ）〈Prateep Ungsongtham Hata〉
Prater, John プレイター,ジョン
　著「おおきなふかいくらやみ」評論社　2007
Prater, Kyle プラター,カイル
　国アメリカ　アメフト選手
Prater, Matt プラター,マット
　国アメリカ　アメフト選手
Prater, Shaun プラター,ショーン
　国アメリカ　アメフト選手
Prat Gay, Alfonso プラットガイ,アルフォンソ
　国アルゼンチン　経済財務相
Prather, Hugh プレイサー,ヒュー
　1938〜　著「いまここにいるわたしへ」日本教文社　2006
Prather, Richard S. プラザー,リチャード・S.
　1921〜2007　著「墓地の謎を追え」論創社　2014
Prather, Richard Scott プラザー,リチャード
　1921〜2007　国アメリカ　作家
Pratikno プラティクノ
　国インドネシア　国家官房長官
Prato, Rodica プレイトー,ロディカ
　著「88 keys」小峰書店　2001
Pratt, Andrew J. プラット,A.J.
　著「ケミカルバイオロジーの基礎」化学同人　2004
Pratt, Anna L. プラット,アンナ・L.
　著「エビデンスに基づく高齢者の作業療法」ガイアブックス　2014
Pratt, Cynthia プラット,シンシア
　国バハマ　副首相兼国家治安相
Pratt, Denise プラット,デニス
　著「学校や家庭で教えるソーシャルスキル実践トレーニングバイブル」明石書店　2010
Pratt, Gill A. プラット,ギル
　1961〜　国アメリカ　トヨタ・リサーチ・インスティテュート（TRI）CEO
Pratt, Kathryn Ann プラット,キャサリン・アン
　著「エキスパートナースとの対話」照林社　2004
Pratt, Ken プラット,ケン
　著「リュック・タイマンス」ワコウ・ワークス・オブ・アート　2013
Pratt, Larry プラット,ラリー
　著「ザ・ラスト・グレート・フォレスト」緑風出版　2001
Pratt, Oswald T. プラット,オズワルド・T.
　著「毒舌精神科医の愛の言葉」東京書籍　2001
Pratt, Scott プラット,スコット
　1956〜　国アメリカ　作家　⊕ミステリー,スリラー
Pratt, Tim プラット,ティム
　ヒューゴー賞 短編（2007年）　"Impossible Dreams"
Praught, Aisha プラウト
　国ジャマイカ　陸上選手
Praunheim, Rosa von フォン・ブラウンハイム,ローザ
　ベルリン国際映画祭 ベルリナーレ・カメラ賞（第63回（2013年））
Prauss, Gerold プラウス,ゲロルト
　著「ハイデガーと実践哲学」法政大学出版局　2001
Prawit, Wongsuwan プラウィット・ウォンスワン
　国タイ　副首相兼国防相
Prawy, Marcel プラヴィ,マルセル
　1911〜2003　国オーストリア　音楽学者,オペラ評論家　⊕プラビ,マルセル
Prayuth, Chan-ocha プラユット・チャンオーチャー
　国タイ　首相
Prayuth Chan-o-cha プラユット・チャンオーチャー
　1954〜　国タイ　軍人,政治家　タイ首相　タイ陸軍司令官　⊕プラユット・ジャンオーチャー
Prce, Franjo プルセ,フランジョ
　国クロアチア　サッカー選手
Prchal, Josef T. パーシャル,ジョセフ・T.
　著「ウィリアムズ血液学マニュアル」メディカル・サイエンス・インターナショナル　2013
Pre, Sinfeitcheou プレ,シンフェイチェウ
　国トーゴ　計画・開発相
Preble, Adam プレブル,アダム

著「MAC OS 10 COCOAプログラミング」東京電機大学出版局　2014
Prébois, Sigolène プレボワ,シゴレーヌ
　著「ツェツェの旅の宝物たち」ギャップ出版,ジャパン・プランニング・アソシエーション（発売）　2001
Precht, Richard David プレヒト,リヒャルト・ダーフィト
　1964〜　著「どうしてボクはいるの？」柏書房　2013
Prechter, Robert Rougelot, Jr. プレクター,ロバート・R., Jr.
　著「エリオット波動入門」パンローリング　2009
Preciado, Antonio プレシアド,アントニオ
　国エクアドル　文化相
Precourt, Geoffrey プレコート,ジェフリー
　著「マーケティング戦略の未来」日本経済新聞出版社　2011
Predko, Michael プレドコ,マイク
　著「独習デジタル回路」翔泳社　2008
Predoiu, Catalin プレドユ,カタリン
　国ルーマニア　法相
Preeg, Steve プリーグ,スティーブ
　アカデミー賞 特殊効果賞（第81回（2008年））"The Curious Case of Benjamin Button"
Preeprem Plienbamrung プリプレム・プリアンバムルン
　著「オラたちのたけやぶ」新世研　2003
Preer, Jean L. プリアー,ジーン・L.
　著「図書館倫理」京都図書館情報学研究会,日本図書館協会（発売）　2011
Prégardien, Christoph プレガルディエン,クリストフ
　1956〜　国ドイツ　テノール歌手　⊕リリック・テノール
Prehn, Kristin プレン,クリスティン
　著「モーラルブレイン」麗沢大学出版会,広池学園事業部（柏）（発売）　2013
Preis, Michael W. プライス,マイケル・W.
　著「ビジネススクールで学ぶ101のアイデア」フィルムアート社　2011
Prekop, Jirina プレコップ,イリーナ
　1929〜　著「ドイツ流賢母のすすめ」PHP研究所　2007
Princess **Preksha** プレクシャー王女
　?〜2001　国ネパール　ギャネンドラ国王の弟妃
Preljocaj, Angelin プレルジョカージュ,アンジュラン
　1957〜　国フランス　振付師　バレエ・プレルジョカージュ主宰者　⊕コンテンポラリーダンス
Preller, A.J. プレラー,A.J.
　1977〜　国アメリカ　パドレスGM・上級副社長
Preller, James プレラー,ジェームズ
　著「亡霊ゲーム」KADOKAWA　2016
Prelutsky, Jack プリラツキー,ジャック
　著「キャロライン・ケネディが選ぶ「心に咲く名詩115」」早川書房　2014
Premack, Ann J. プレマック,アン
　著「心の発生と進化」新曜社　2005
Premack, David プレマック,デイヴィッド
　1925〜　著「心の発生と進化」新曜社　2005
Premadasa, Sajith プレマダサ,サジット
　国スリランカ　住宅・建設相
Premajayantha, Susil プレマジャヤンタ,スシル
　科学・技術・研究大臣,元・タイ日本友好議員連盟会長,元・電力・エネルギー大臣
Premji, Azim プレムジ,アジム
　国インド　実業家
Premoli-Droulers, Francesca プレモリ=ドルーレ,フランチェスカ
　著「作家の家」西村書店東京出版編集部　2009
Premont, Marie-Helene プレモン
　国カナダ　自転車選手
Prem Tinsulanonda プレム・ティンスラノン
　1920〜　国タイ　政治家,軍人　タイ枢密院議長　タイ首相,タイ陸軍司令官　⊕プレーム・ティンスーラーノン／プレム・チンスラノン
Premužić, Jagoda プレムジッチ,ヤゴダ
　国クロアチア　内閣官房長官
Prendergast, Grace プレンダギャスト,グレース
　国ニュージーランド　ボート選手
Prenot, Josh プリノ,ジョシュ
　国アメリカ　水泳選手
Prensky, Marc プレンスキー,マーク
　著「ディジタルネイティヴのための近未来教室」共立出版　2013
Prentice, Jim プレンティス,ジム

[国]カナダ　環境相
Preobrazhenskaya, Natalya E.　プレオブラジェンスカヤ, ナタリヤ・E.
[著]「チェルノブイリ被害の全貌」 岩波書店　2013
Prepuk, Anikó　プレプク, アニコー
[著]「ロシア、中・東欧ユダヤ民族史」 彩流社　2004
Presant, Seth　プレサント, セス
グラミー賞 最優秀録音技術アルバム(クラシック以外)(2004年(第47回)) "Genius Loves Company"
Prescod, Nzingha　プレスコッド, ニンジャ
[国]アメリカ　フェンシング選手
Prescod, Trevor　プレスコッド, トレバー
[国]バルバドス　社会変革相
Prescott, Dak　プレスコット, ダク
[国]アメリカ　アメフト選手
Prescott, David S.　プレスコット, デビッド・S.
[著]「グッドライフ・モデル」 誠信書房　2013
Prescott, Edward C.　プレスコット, エドワード
1940〜 [国]アメリカ　経済学者　アリゾナ州立大学教授　[専]マクロ経済学
Prescott, John　プレスコット, ジョン
[国]イギリス　副首相
Presečnik, Jakob　プレセチュニク, ヤコブ
[国]スロベニア　運輸相
Presland, Gary　プレスランド, ゲーリー
[著]「オーストラリア」 メディアファクトリー　2004
Presley, Alex　プレスリー, アレックス
[国]アメリカ　野球選手
Presley, Cora Ann　プレスリー, コーラ・アン
[著]「マウマウの娘」 未来社　2007
Presley, Lisa-Marie　プレスリー, リサ・マリー
1968〜 [国]アメリカ　歌手
Press, Frank　プレス, フランク
1924〜 [国]アメリカ　地球物理学者　マサチューセッツ工科大学名誉教授　米国科学アカデミー総裁　[専]地震学
Press, Hans Jürgen　プレス, ハンス・ユルゲン
1926〜2002 [著]「くろて団は名探偵」 岩波書店　2010
Press, Irina　プレス, イリーナ
1939〜2004 [国]ウクライナ　陸上選手　ロシア体育観光委員会部長　[異]プレス, イリナ
Press, James E.　プレス, ジェームズ
1946〜 [国]アメリカ　実業家　北米トヨタ自動車社長, クライスラー副会長, 米国自動車工業会会長　通称＝プレス, ジム〈Press, Jim〉
Press, Julian　プレス, ユリアン
1960〜 [著]「くろグミ団は名探偵」 岩波書店　2016
Pressburger, Chava　プレスブルゲル, ハヴァ
1930〜 [著]「プラハ日記」 平凡社　2006
Pressel, Morgan　プレッセル, モーガン
1988〜 [国]アメリカ　プロゴルファー　[異]プレセル, モーガン
Presser, Helmut　プレッサー, ヘルムート
1914〜 [著]「書物の本」 法政大学出版局　2008
Pressey, Phil　プレッシー, フィル
[国]アメリカ　バスケットボール選手
Pressfield, Steven　プレスフィールド, スティーブン
1943〜 [国]アメリカ　作家, 脚本家　[専]歴史　[異]プレスフィールド, スティーヴン
Pressler, Menahem　プレスラー, メナヘム
1928〜 [国]イスラエル　ピアニスト　[異]プレスラー, メナハム
Pressler, Mirjam　プレスラー, ミリアム
1940〜 [国]ドイツ　児童文学作家, 翻訳家　[異]プレスラー, ミリヤム
Pressler, Paul S.　プレスラー, ポール
1956〜 [国]アメリカ　実業家　ウォルト・ディズニー・グローバル・テーマパーク・アンド・リゾーツ部門会長, ギャップ社長・CEO
Pressley, Jhurrell　プレスリー, ジェーレル
[国]アメリカ　アメフト選手
Pressly, Jaime　プレスリー, ジェイミー
エミー賞 プライムタイム・エミー賞 最優秀助演女優賞(コメディシリーズ)(第59回(2007年)) "My Name Is Earl"
Pressly, Ryan　プレスリー, ライアン
[国]アメリカ　野球選手
Pressman, Norman　プレスマン, ノルマン
[著]「北国の街づくりと景観」 北海道大学図書刊行会　2002
Pressman, Roger S.　プレスマン, ロジャー・S.
[著]「実践ソフトウェアエンジニアリング」 日科技連出版社　2005
Pressnell, Forest Charles　プレスネル, フォレスト
1906〜2001 [国]アメリカ　野球選手
Pressouyre, Léon　プレスイール, レオン
1935〜2009 [著]「シトー会」 創元社　2012
Prestel, Alexander　プレステル, A.
[著]「数」 シュプリンガー・フェアラーク東京　2004
Presti, Sam　プレスティ, サム
[国]アメリカ　オクラホマシティ・サンダーGM
Prestigiacomo, Stefania　プレスティジャコモ, ステファニア
[国]イタリア　環境相
Preston, Billy　プレストン, ビリー
1946〜2006 [国]アメリカ　シンガーソングライター, キーボード奏者
Preston, Brian　プレストン, ブライアン
1957〜 [著]「ポット・プラネット」 太田出版　2003
Preston, Douglas J.　プレストン, ダグラス
[著]「殺人者の陳列棚」 二見書房　2003
Preston, Fayrene　プレストン, フェイリン
[著]「鏡のなかの予感」 二見書房　2004
Preston, Gary A.　プレストン, ゲリー・A.
[著]「限られた資源でできる感染防止」 日本看護協会出版会　2001
Preston, Janice　プレストン, ジャニス
[著]「伯爵と壁の花」 ハーパーコリンズ・ジャパン　2016
Preston, John D.　プレストン, ジョン・D.
[著]「双極性障害のための認知行動療法ポケットガイド」 金剛出版　2016
Preston, Katherine　プレストン, キャサリン
1984〜 [著]「吃音を生きる」 東京書籍　2014
Preston, Marcia K.　プレストン, M.K.
[国]アメリカ　作家　[専]ミステリー, ロマンス　別筆名＝プレストン, マーシャ〈Preston, Marcia〉
Preston, Neal　プレストン, ニール
[著]「狂熱の日々」 ブルース・インターアクションズ　2009
Preston, Paul　プレストン, ポール
1946〜 [著]「スペイン内戦」 明石書店　2009
Preston, Paul M.　プレストン, ポール
[著]「聞こえない親をもつ聞こえる子どもたち」 現代書館　2003
Preston, Peter　プレストン, ピーター
1938〜 [著]「51番目の州」 東京創元社　2009
Preston, Richard　プレストン, リチャード
1954〜 [国]アメリカ　ジャーナリスト, 作家
Preston-Mafham, Ken　プレストン・マフハム, ケン
1949〜 [著]「世界チョウ図鑑500種」 ネコ・パブリッシング　2009
Preston-Sabin, Jennie　プレストン - サビン, ジェニー
[著]「障害のある学生を支える」 文理閣　2006
Preston-werner, Tom　プレストン＝ワーナー, トム
[国]アメリカ　起業家, ギットハブ創業者
Prestowitz, Clyde V., Jr.　プレストウィッツ, クライド, Jr.
1941〜 [国]アメリカ　米国経済戦略研究所所長　米国商務省審議官　[専]経済戦略, 日本経済
Pretell Zárate, Eduardo　プレテル・サラテ, エドゥアルド
[国]ペルー　保健相
Pretelt Dela Vega, Sabas　プレテル・デラベガ, サバス
[国]コロンビア　内務・法務相
Pretorius, E.Scott　プレトリウス, E.スコット
[著]「画像診断シークレット」 メディカル・サイエンス・インターショナル　2007
Pretor-Pinney, Gavin　プレイター＝ピニー, ギャヴィン
[著]「「雲」のコレクターズ・ガイド」 河出書房新社　2010
Prêtre, Georges　プレートル, ジョルジュ
1924〜 [国]フランス　指揮者
Pretrick, Eliuel　プレトリック, エリウエル
[国]ミクロネシア連邦　保健・教育・社会サービス相
Pretsch, Ernö　プレシュ, E.
[著]「有機化合物の構造決定」 シュプリンガー・フェアラーク東京　2004
Pretti-Frontczak, Kristie　プリティフロンザック, クリスティ
[著]「子どものニーズに応じた保育」 二瓶社　2011
Pretty, Jules N.　プレティ, ジュールス
[著]「百姓仕事で世界は変わる」 築地書館　2006
Prettyman, Tristan　プリティマン, トリスタン
1982〜 [国]アメリカ　シンガー・ソングライター
Preud'homme, Michel　プロドーム, ミシェル
[国]ベルギー　クラブ・ブルージュ監督

P

Preus, Margi　プロイス, マーギー
[国]アメリカ　児童文学作家, 劇作家
Preussler, Otfried　プロイスラー, オトフリート
1923～2013　[国]ドイツ　児童文学作家
Préval, René Garcia　プレバル, ルネ・ガルシア
1943～　[国]ハイチ共和国　政治家, 農学者　ハイチ大統領　[異]プレヴァル, ルネ・ガルシア
Prevc, Peter　プレブツ
[国]スロベニア　スキージャンプ選手
Previn, André George　プレビン, アンドレ
1929～　[国]アメリカ　指揮者, ピアニスト, 作曲家　ロンドン交響楽団桂冠指揮者, NHK交響楽団名誉客演指揮者　[異]プレヴィン, アンドレ
Previto, Robert　プレヴィット, ロバート
[著]「俳優のためのハンドブック」 フィルムアート社　2012
Prevolaraki, Maria　プレボララキ, マリア
[国]ギリシャ　レスリング選手
Prevost, Greg　プレヴォスト, グレッグ
[著]「ザ・ローリング・ストーンズ楽器大名鑑」 DU BOOKS, ディスクユニオン(発売)　2015
Prévost, Guillaume　プレヴォー, ギヨーム
1964～　[国]フランス　作家　[専]ファンタジー
Prévot, Franck　プレヴォ, フランク
1968～　[著]「ワンガリ・マータイ」 汐文社　2015
Prévotat, Jacques　プレヴォタ, ジャック
[著]「アクシオン・フランセーズ」 白水社　2009
Prez, John Du　デュ・プレ, ジョン
グラミー賞 最優秀ミュージカル・ショー・アルバム(2005年(第48回)) "Monty Python's Spamalot"
Preziosi, Alessandra　プレジオーシ, アレッサンドラ
[著]「アニメおさるのジョージ イルカさんありがとう」 金の星社　2014
Priakhn, Georgii　プリャーヒン, ゲオルギー
[著]「大空からの手紙」 新読書社　2003
Prianishnikov, Vladyslav　プリアニシュニコフ
[国]ウクライナ　射撃選手
Pribyl, Bill　プリビル, ビル
[著]「Oracle PL/SQLデスクトップリファレンス」 オライリー・ジャパン, オーム社(発売)　2004
Pribyl, Charles B.　プリブル, チャールズ・B.
1964～　[著]「現代プレゼンテーション正攻法」 ナカニシヤ出版　2004
Price, Alan　プライス, アラン
1963～　[著]「彼はいかにしてマネージャーからリーダーへと成長したか?」 ディスカヴァー・トゥエンティワン　2004
Price, Alfred　プライス, アルフレッド
[著]「スーパーマリン・スピットファイアのすべて」 大日本絵画　2009
Price, Bill　プライス, ビル
[著]「図説世界史を変えた50の食物」 原書房　2015
Price, Bob　プライス, ボブ
1942～　[著]「痴呆の旅路」 ニコム, 名古屋 人間社(発売)　2003
Price, Brian　プライス, ブライアン
[国]アメリカ　アメフト選手
Price, Bryan　プライス, ブライアン
[国]アメリカ　シンシナティ・レッズ監督
Price, Charlie　プライス, チャーリー
アメリカ探偵作家クラブ賞 YA賞(2011年) "The Interrogation of Gabriel James"
Price, Chase　プライス, チェイス
[国]アメリカ　アメフト選手
Price, Colin　プライス, コリン
[著]「ポストM&A」 ファーストプレス　2007
Price, Daniel　プライス, ダニエル
[国]アメリカ　実業家　ロッククリーク・グローバル・アドバイザー社社長　米国大統領補佐官(国際経済問題担当)
Price, David　プライス
[国]イギリス　ボクシング選手
Price, David　プライス, デイヴィッド・A.
1961～　[著]「ピクサー」 早川書房　2015
Price, David　プライス, デービッド
1985～　[国]アメリカ　野球選手　本名=Price, David Taylor　[異]プライス, デイヴィッド / プライス, デビッド
Price, Deanna　プライス
[国]アメリカ　陸上選手
Price, Deborah L.　プライス, デボラ
1958～　[著]「「性格別」お金持ちになる方法」 PHP研究所　2001
Price, Elizabeth　プライス, エリザベス
[国]イギリス　ターナー賞(2012年)
Price, George Cadle　プライス, ジョージ
1919～2011　[国]ベリーズ　政治家　ベリーズ首相
Price, Givens　プライス, ギブンズ
[国]アメリカ　アメフト選手
Price, Glanville　プライス, グランヴィル
[著]「ヨーロッパ言語事典」 東洋書林　2003
Price, Huw　プライス, ヒュー
1953～　[著]「時間の矢の不思議とアルキメデスの目」 講談社　2001
Price, Jabari　プライス, ジャバリ
[国]アメリカ　アメフト選手
Price, Jill　プライス, ジル
1965～　[著]「忘れられない脳」 ランダムハウス講談社　2009
Price, Joan　プライス, ジョアン
[著]「輝く星」 地湧社　2004
Price, Joe D.　プライス, ジョー
1929～　[国]アメリカ　美術収集家
Price, John Randolph　プライス, ジョン・ランドルフ
[著]「豊かさの法則」 講談社　2009
Price, John Scott　プライス, ジョン・スコット
1930～　[著]「進化精神医学」 世論時報社　2011
Price, Len　プライス, レン
[著]「プロフェッショナルのためのアロマテラピー」 フレグランスジャーナル社　2009
Price, Lissa　プライス, リッサ
[国]アメリカ　作家　[専]ヤングアダルト, SF
Price, Lonny　プライス, ロニー
エミー賞 プライムタイム・エミー賞 最優秀監督賞(バラエティ・音楽特別番組)(第63回(2011年)) "Sondheim! The Birthday Concert (Great Performances)"
Price, Maggie　プライス, マギー
1951～　[著]「エメラルドの誘惑」 ハーレクイン　2005
Price, Margaret　プライス, マーガレット
1941～2011　[国]イギリス　ソプラノ歌手　本名=Price, Margaret Berenice
Price, Mary V.　プライス, M.V.
[著]「カラー図解アメリカ版大学生物学の教科書」 講談社　2014
Price, Mathew　プライス, マシュー
[著]「このゆびとまれ! おはなしいっぱい」 岩波書店　2004
Price, Matthew Arlen　プライス, マシュー・A.
[著]「キリスト教の歴史」 BL出版　2001
Price, Nick　プライス, ニック
1957～　[国]ジンバブエ　プロゴルファー　本名=プライス, ニコラス・レイモンド・レイジ〈Price, Nicholas Raymond Leige〉
Price, Norman　プライス, ノーマン
[国]アメリカ　アメフト選手
Price, Penny　プライス, ペニー
[著]「赤ちゃんと子どものためのアロマセラピー」 フレグランスジャーナル社　2005
Price, Ray　プライス, レイ
1926～2013　[国]アメリカ　カントリー歌手
Price, Raymond Lewis　プライス, レイモンド・L.
[著]「シリアル・イノベーター」 プレジデント社　2014
Price, Reynolds　プライス, レイノルズ
[著]「ミレニアムのイエス」 新風舎　2001
Price, Richard　プライス, リチャード
1949～　[国]アメリカ　作家, 脚本家
Price, Richard　プライス, リチャード
[著]「国際関係リーディングズ」 東洋書林　2004
Price, Robert M.　プライス, ロバート・M.
1954～　[著]「クトゥルーの子供たち」 KADOKAWA　2014
Price, Roger　プライス, ロジャー
1944～　[著]「フランスの歴史」 創土社　2008
Price, Ronnie　プライス, ロニー
[国]アメリカ　バスケットボール選手
Price, Sheldon　プライス, シェルドン
[国]アメリカ　アメフト選手
Price, Shirley　プライス, シャーリー
[著]「プロフェッショナルのためのアロマテラピー」 フレグランスジャーナル社　2009
Price, Steven　プライス, スティーヴン
アカデミー賞 作曲賞(第86回(2013年)) "Gravity"
Price, Susan　プライス, スーザン
1955～　[著]「7つの怖い夜ばなし」 ロクリン社　2016

Price, Tom　プライス, トム
　国アメリカ　厚生長官
Price Hossell, Karen　プライス・ホッセル, カレン
　1957～　著「ヒエログリフ・暗号」丸善 2004
Priceman, Marjorie　プライスマン, マージョリー
　著「熱気球はじめてものがたり」フレーベル館 2010
Pricha, Rengsomboonsuk　プリチャー・レンソンブーンスック
　国タイ　天然資源・環境相
Prichā Nunsuk　プリーチャー・ヌンスック
　1949～　著「タイを揺るがした護符信仰」第一書房 2009
Prichinello, Michael　プリチネージョ, マイケル
　著「クチコミで動かす！」PHP研究所 2005
Priddy, Eunice F.　プリディ, ユニス・F.
　著「聖書の女性50人」いのちのことば社CS成長センター 2008
Prideaux, Sue　プリドー, スー
　著「ムンク伝」みすず書房 2007
Pridiyathorn Devakula　プリディヤトン・テワクン
　1947～　国タイ　政治家,銀行家　タイ副首相・財務相,タイ中央銀行総裁　異プリディヤトーン / プリディヤトン・デバクラ
Priebke, Erich　プリーブケ, エーリッヒ
　1913～2013　ナチス親衛隊将校　異プリーブケ, エーリヒ
Priebst, Christin　プリーブスト
　国ドイツ　ショートトラック選手
Prien, Gunther　プリーン, ギュンター
　著「スカパ・フローへの道」中央公論新社 2001
Pries-Heje, Jan　プレスヘジ, ジャン
　著「アジャイルソフトウェア開発ソフトウェアチーム」九天社 2004
Priest, Cherie　プリースト, シェリー
　1975～　国アメリカ　作家　題SF, ファンタジー
Priest, Christopher　プリースト, クリストファー
　1943～　国イギリス　SF作家
Priest, Dana　プリースト, デイナ
　国アメリカ　ジャーナリスト　「ワシントン・ポスト」記者　異プリースト, ダナ
Priest, Graham　プリースト, グレアム
　1948～　著「存在しないものに向かって」勁草書房 2011
Priest, Keith　プリースト, キース
　著「コンタクト」ヴォイス 2014
Priester, Gary　プリースター, ゲイリー
　著「どんどん目が良くなるマジカル・アイ BEST SELECTION MINI」宝島社 2016
Priestland, Andreas　プリーストランド, アンドレアス
　著「人材育成の戦略」ダイヤモンド社 2007
Priestland, Rhys　プリースランド, リース
　国ウェールズ　ラグビー選手
Priestley, Chris　プリーストリー, クリス
　1958～　国イギリス　イラストレーター, 漫画家, 作家　題ホラー, 児童書, ノンフィクション
Priestley, Mark　プリーストリー, M.
　著「ENIAC」共立出版 2016
Priestley, Mary　プリーストリー, メアリー
　1925～　著「分析的音楽療法とは何か」音楽之友社 2003
Prieto, José Luis　プリエト, ホセ・ルイス
　国ベネズエラ　国防相
Prieto, Rodrigo　プリエト, ロドリゴ
　ヴェネチア国際映画祭 オゼッラ賞（技術貢献賞）（第64回（2007年））　"Se, jie"
Prieto Jiménez, Abel　プリエト・ヒメネス, アベル
　国キューバ　文化相
Prifitera, Aurelio　プリフィテラ, アウレリオ
　1952～　著「WISC-IVの臨床的利用と解釈」日本文化科学社 2012
Prigatano, George P.　プリガターノ, G.P.
　著「神経心理学的リハビリテーションの原理」医歯薬出版 2002
Prigioni, Pablo　プリジオーニ, パブロ
　国アルゼンチン　バスケットボール選手
Prigogine, Ilya　プリゴジーン, イリヤ
　1917～2003　国ベルギー　化学者, 物理学者　ブリュッセル自由大学名誉教授, けいはんな最高顧問　題熱力学　異プリゴジン, イリヤ
Prijadi, Prapto Suhardjo　プリヤディ・プラプト・スハルジョ
　国インドネシア　蔵相
Prikhodko, Sergei E.　プリホチコ, セルゲイ・E.
　国ロシア　副首相兼官房長官
Prikhodtchenko, Konstantin　プリホドチェンコ
　国ロシア　射撃選手
Prilepov, Anton　プリレポフ, アントン
　国ベラルーシ　アーチェリー選手
Prilukov, Yuri　プリルコフ
　国ロシア　競泳選手
Primack, Richard B.　プリマック, リチャード・B.
　1950～　著「保全生物学のすすめ」文一総合出版 2008
Primakov, Evgenii Maksimovich　プリマコフ, エフゲニー
　1929～2015　国ロシア　政治家, 経済学者　ロシア首相・外相, ソ連科学アカデミー世界経済国際関係研究所 (IMEMO) 所長　題エジプト, 中東問題　異プリマコーフ, エフゲニー
Prime, George　プライム, ジョージ
　国グレナダ　環境・貿易・輸出発展・カリアク・小マルティニーク問題相
Primorac, Dragan　プリモラツ, ドラガン
　国クロアチア　教育・科学相
Primorac, Zoran　プリモラツ
　国クロアチア　卓球選手
Primrose, Neil Maxwell　プリムローズ, ニール
　1972～　国イギリス　ロック・ドラマー
Prina, Francesca　プリーナ, フランチェスカ
　1964～　著「イタリア人が教える日本人の知らない建築の見かた」エクスナレッジ 2013
Prince　プリンス
　1958～2016　国アメリカ　ミュージシャン, 俳優　本名＝ネルソン, プリンス・ロジャーズ〈Nelson, Prince Rogers〉
Prince, Alan　プリンス, アラン
　著「最適性理論」岩波書店 2008
Prince, Alison　プリンス, アリソン
　著「サマーハウス」小峰書店 2008
Prince, Charles O. Ⅲ　プリンス, チャールズ
　1950～　国アメリカ　銀行家　シティグループ会長・CEO
Prince, Clive　プリンス, クライブ
　著「火星＋エジプト文明の建造者「9神」との接触」徳間書店 2004
Prince, George M.　プリンス, ジョージ・M.
　著「コミュニケーション戦略スキル」ダイヤモンド社 2002
Prince, Gerald　プリンス, ジェラルド
　著「物語論辞典」松柏社 2015
Prince, Harold　プリンス, ハロルド
　トニー賞 特別賞（2006年（第60回））
Prince, Jane　プリンス, ジェーン
　著「ココ, きみのせいじゃない」太郎次郎社エディタス, 太郎次郎社（発売）2004
Prince, Jefferson　プリンス, ジェファーソン
　著「AD/HD&body」花風社 2003
Prince, Jonathan　プリンス, ジョナサン
　著「迷惑な進化」日本放送出版協会 2007
Prince, Russ Alan　プリンス, ラス・アラン
　1958～　著「ファミリーオフィス」東洋経済新報社 2008
Prince, St.Clair　プリンス, セントクレア
　国セントビンセント・グレナディーン　教育・国民和解・宗教問題相
Prince, Taurean　プリンス, トリアン
　国アメリカ　バスケットボール選手
Prince, Tom　プリンス, トム
　国アメリカ　ピッツバーグ・パイレーツコーチ
Principe, Lawrence M.　プリンチペ, ローレンス・M.
　著「科学革命」丸善出版 2014
Principi, Anthony　プリンシピ, アンソニー
　国アメリカ　退役軍人長官
Prine, John　プライン, ジョン
　グラミー賞 最優秀コンテンポラリー・フォーク・アルバム（2005年（第48回））　"Fair & Square"
Prineas, Sarah　プリニース, サラ
　1966～　国アメリカ　作家　題児童書, ファンタジー
Pring, Linda　プリング, リンダ
　著「認知障害者の心の風景」福村出版 2006
Pring, Roger　プリング, ロジャー
　著「ウェブ・カラー」グラフィック社 2001
Pringle, Colombe　プリングル, コロンブ
　著「ルイ・ヴィトンシティバッグナチュラル・ヒストリー」グラフィック社 2014
Pringle, David　プリングル, デイヴィッド
　ヒューゴー賞 特別賞（2005年）
Pringle, Heather Anne　プリングル, ヘザー

1952～ 著「ミイラはなぜ魅力的か」早川書房 2002
Pringsheim, Klaus H. プリングスハイム, クラウス・H.
著「ヒトラー, ゾルゲ, トーマス・マン」彩流社 2007
Prins, Nomi プリンス, ノミ
著「大統領を操るバンカーたち」早川書房 2016
Print, Bobbie プリント, ボビー
著「性加害行動のある少年少女のためのグッドライフ・モデル」誠信書房 2015
Prinz, Alfred プリンツ, アルフレート
1930～2014 国オーストリア クラリネット奏者 ウィーン・フィルハーモニー管弦楽団クラリネット第1奏者
Prinz, Jesse J. プリンツ, ジェシー
著「はらわたが煮えくりかえる」勁草書房 2016
Prinz, Peter プリンツ, ピーター
著「Cクイックリファレンス」オライリー・ジャパン, オーム社(発売) 2016
Prinz, Steven M. プリンツ, スティーブン
著「不安な脳」日本評論社 2012
Prinzler, Hans Helmut プリンツラー, ハンス・ヘルムート
ベルリン国際映画祭 ベルリナーレ・カメラ賞(第56回(2006年))
Priolo, Lou プリオロ, ルー
著「キレる子どもたち」ホームスクーリング・ビジョン 2006
Prior, James Michael Leathes プライアー, ジェームズ
1927～2016 国イギリス 政治家 英国北アイルランド相
Prior, Katherine プライアー, キャサリン
著「ユニセフ」ほるぷ出版 2003
Prior, Mary プライアー, メアリー
1922～2012 国イギリス 歴史家 異プライア, メアリ
Prior, Natalie Jane プライアー, ナタリー・ジェーン
1963～ 著「リリーとアシュビーを守れ」学習研究社 2009
Prior, Vivien プライア, ビビアン
著「愛着と愛着障害」北大路書房 2008
Priore, Domenic プライア, ドミニク
著「スマイル」K&Bパブリッシャーズ 2006
Pristavkin, Anatolii Ignatievich プリスターフキン, アナトリー
1931～2008 国ロシア 作家 ゴーリキー文学大学教授 異プリスターフキン, アナトーリー
Pritchard, Alexis プリチャード
国ニュージーランド ボクシング選手
Pritchard, Anthony プリチャード, アンソニー
著「ランボルギーニ」二玄社 2011
Pritchard, Dorian J. プリチャード, ドリアン・J.
著「一目でわかる臨床遺伝学」メディカル・サイエンス・インターナショナル 2014
Pritchard, John プリチャード, ジョン
著「日英交流史」東京大学出版会 2001
Pritchard, Michael プリチャード, マイケル
1964～ 著「50の名機とアイテムで知る図説カメラの歴史」原書房 2015
Pritchett, Price プリチェット, プライス
著「楽観脳」東京書籍 2008
Pritchin, Aylen プリッチン, アイレン
国ロシア ロン・ティボー・クレスパン国際音楽コンクール ヴァイオリン 第1位(2014年(第42回))ほか
Pritzker, J.B. プリツカー, J.B.
慈善家
Pritzker, M.K. プリツカー, M.K.
慈善家
Pritzker, Penny S. プリツカー, ペニー
1959～ 国アメリカ 弁護士, 実業家 米国商務長官, クラシック・レジデンス・バイ・ハイアット会長, トランス・ユニオンLLC会長
Pritzker, Thomas J. プリツカー, トーマス
1950～ 国アメリカ 実業家 ハイアット・ホテルズ会長 異プリッツカー, トーマス
Privalova, Alexandra プリワロワ, アレクサンドラ
国ベラルーシ 卓球選手
Privert, Jocelerme プリベール, ジョスレルム
国ハイチ共和国 内相
Privitera, James R. プリビテラ, J.
著「見逃すな! 血液が警告する「血栓」」中央アート出版社 2010
Prix, Wolf D. プリックス, ヴォルフ・D.
1942～ 国オーストリア 建築家 コープ・ヒンメルブラウCEO・デザイン主幹
Priyadharsana, Anura プリヤダルサナ, アヌラ

国スリランカ 情報メディア相
Prizant, Barry M. プリザント, バリー・M.
著「SCERTSモデル」日本文化科学社 2012
Prizreni, Sahit プリズレニ, サヒト
国オーストラリア レスリング選手
Prlić, Jadranko プルリッチ, ヤドランコ
国ボスニア・ヘルツェゴビナ 外相
Proakis, John G. プロアキス, ジョン・G.
著「移動通信基礎技術ハンドブック」丸善 2002
Probosutedjo プロボステジョ
1930～ 国インドネシア 実業家 ムルチュ・ブアナ創業者
Probst, Jeff プロブスト, ジェフ
1962～ 著「SURVIVOR」講談社 2016
Probst, Jennifer プロブスト, ジェニファー
著「億万長者と契約結婚」オークラ出版 2013
Probst, Pierre プロブスト, ピエール
1913～2007 国フランス 絵本作家
Prochaska, James O. プロチャスカ, ジェームズ・O.
著「心理療法の諸システム」金子書房 2010
Prochazkova, Iva プロハースコヴァー, イヴァ
1953～ 著「夕ごはんまでの五分間」日本ライトハウス 2001
Prochorow, Alexej プロチョロウ, アレクセイ
国ドイツ 重量挙げ選手
Prock, Markus プロック
国オーストリア リュージュ選手
Procter, Garry プロクター, G.
著「有機反応の立体選択性」化学同人 2001
Procter, James プロクター, ジェームス
著「スチュアート・ホール」青土社 2006
Proctor, Bob プロクター, ボブ
著「イメージは物質化する」きこ書房 2016
Proctor, Peter プロクター, ピーター
著「イラクサをつかめ」ホメオパシー出版 2012
Proctor, Robert N. プロクター, ロバート・N.
著「健康帝国ナチス」草思社 2015
Proctor, Sue プロクター, スー
著「助産学研究入門」医学書院 2003
Proctor, William プロクター, ウィリアム
著「ブレイクアウト!」PHP研究所 2004
Prodan, Yuriy プロダン, ユーリー
国ウクライナ 燃料エネルギー相
Prodi, Romano プローディ, ロマーノ
1939～ 国イタリア 政治家, 経済学者 イタリア首相, イタリア民主党議長, EU欧州委員会委員長, イタリア産業復興公社(IRI)総裁 異プロディ, ロマーノ
Prodl, Sebastian プリョードル, セバスティアン
国オーストリア サッカー選手
Proeve, Michael プルーヴ, マイケル
著「性犯罪者の治療と処遇」日本評論社 2010
Profar, Jurickson プロファー, ジェリクソン
国キュラソー 野球選手
Proffit, William R. プロフィット, ウィリアム・R.
著「プロフィットの現代歯科矯正学」クインテッセンス出版 2004
Profumo, Francesco プロフモ, フランチェスコ
国イタリア 教育相
Profumo, John プロヒューモ, ジョン
1915～2006 国イギリス 政治家 英国陸相 本名＝プロフューモ, ジョン・デニス〈Profumo, John Dennis〉 異プロフューモ, ジョン
Prohaska, Wolfgang プロハスカ, ヴォルフガング
著「ウィーン美術史美術館」スカラ・ブックス c2006
Prokh, Andy プロック, アンディ
1963～ 著「ケイトとキャットのABC」グラフィック社 2015
Prokhorov, Aleksandr Mikhailovich プロホロフ, アレクサンドル
1916～2002 国ロシア 物理学者 ロシア科学アカデミー物理学天文学部長 著「量子エレクトロニクス, 量子電波物理学」異プローホロフ
Prokhorov, A.V. プロホロフ, A.
著「コルモゴロフの確率論入門」森北出版 2003
Prokhorov, Mikhail Dmitriyevich プロホロフ, ミハイル
1965～ 国ロシア 実業家, 政治家 オネクシム・グループ創設者 市民プラットフォーム党首 異プローホロフ, ミハイル
Prokhorova, Yelena プロホロワ
国ロシア 陸上選手
Prokof'ev, M.M. プロコーフィエフ, M.M.

1952〜　㊗「サハリンと千島の擦文文化の土器」函館工業高等専門学校　2012
Prokofieff, Sergei O.　プロコフィエフ,セルゲイ・O.
1954〜　㊗「人智学とはなにか」涼風書林　2014
Prokofyeva, Elena　プロコフィエワ,エレーナ
㊀ロシア　水泳選手
Prokofyeva, Maryna　プロコフィエワ
㊀ウクライナ　柔道選手
Prokop, Liese　プロコップ,リーゼ
1941〜2006　㊀オーストリア　政治家,五種競技選手　オーストリア内相
Prokopchuk, Iuliia　プロコプチュク,ユリア
㊀ウクライナ　水泳選手
Prokopcov, Dmitrij　プロコツォフ,ドミトリ
㊀チェコ　卓球選手
Prokopcuka, Jelena　プロコプツカ,エレナ
㊀ラトビア　陸上選手
Prokopenko, Anastasiya　プロコペンコ,アナスタシア
㊀ベラルーシ　近代五種選手
Prokopovič, Pavol　プロコポビッチ,パボル
㊀スロバキア　運輸・郵政・通信相
Prokovsky, André　プロコフスキー,アンドレ
1939〜2009　バレエダンサー,振付師　ロンドン・フェスティバル・バレエ団プリンシパル,ニュー・ロンドン・バレエ団創立者
Prole, Helen　プロール,ヘレン
㊗「まいにちのおいのりバイリンガル」いのちのことば社CS成長センター　2011
Proleskovsky, Oleg V.　プロレスコフスキー,オレク・V.
㊀ベラルーシ　情報相
Pröll, Josef　プレル,ヨゼル
㊀オーストリア　副首相兼財務相
Prolongeau, Hubert　プロロンジョ,ユベール
㊗「映画はやめる」春風社　2015
Promlek, Kasem　プロムレック,カセーム
㊗「今日はタイ料理をつくろう!」信濃毎日新聞社　2010
Prommegger, Andreas　プロメガー
㊀オーストリア　スノーボード選手
Prommin, Lertsuridej　プロンミン・ラートスラデート
㊀タイ　エネルギー相
Pron, Nick　プロン,ニック
㊗「危険な結婚」中央アート出版社　2002
Pronger, Chris　プロンガー,クリス
1974〜　㊀カナダ　アイスホッケー選手
Pronk, Jan　プロンク,ヤン
1940〜　㊀オランダ　政治家　オランダ環境相　本名＝Pronk, Johannes Pieter
Pronko, Michael　プロンコ,マイケル
㊗「トーキョーの謎は今日も深まる」メディアファクトリー　2009
Pronsky, Zaneta M.　プロンスキー,ザネタ・M.
㊗「食品・栄養・食事療法事典」産調出版,産業調査会(発売)　2006
Pronzini, Bill　プロンジーニ,ビル
アメリカ探偵作家クラブ賞 巨匠賞(2008年)
Proof　プルーフ
?〜2006　㊀アメリカ　ラップ歌手　本名＝ホルトン,ドゥショーン〈Holton, Deshaun〉
Proper, Darcy　プロパー,ダーシー
グラミー賞 最優秀サラウンド・サウンド・アルバム(2012年(第55回))ほか
Proppé, Óttarr　プロッペ,オッタル
㊀アイスランド　保健相
Propper, Davy　プレパー,ダヴィ
㊀オランダ　サッカー選手
Prosch, Jay　プロシュ,ジェイ
㊀アメリカ　アメフト選手
Prose, Francine　プローズ,フランシーン
1947〜　㊗「暴食の世界史」築地書館　2010
Prosek, James　プロセック,ジェイムズ
1975〜　㊗「ウナギと人間」築地書館　2016
Proshkin, Andrei　プロシュキン,アンドレイ
モスクワ国際映画祭 銀賞 監督賞(第34回(2012年))　"The Horde"(ロシア)
Prosinečki, Robert　プロシネチキ,ロベルト
1969〜　㊀クロアチア　サッカー指導者,元サッカー選手　サッカー・アゼルバイジャン代表監督　㊥プロシネッキ,ロベルト
Prosinski, Chris　プロシンスキー,クリス
㊀アメリカ　アメフト選手
Prosise, C.J.　プロサイス,C.J.
㊀アメリカ　アメフト選手
Prosise, Jeff　プロサイス,ジェフ
㊗「プログラミングMicrosoft.NET」日経BPソフトプレス,日経BP出版センター(発売)
Proskuriakov, Oleh　プロスクリャコフ,オレフ
㊀ウクライナ　環境・天然資源相
Prosser, Julien　プロッサー
㊀オーストラリア　ビーチバレー選手
Prosser, Peggy Lin　プロッサー,ペギー・リン
㊗「聾は決して障害じゃない!」丸善　2003
Prot, Baudouin　プロ,ボドワン
1951〜　㊀フランス　銀行家　BNPパリバ会長　本名＝Prot, Baudouin Daniel Claude
Prothée, Claude　プロテ,クロード
㊗「うちには,ライオンがいるんです!」ワールドライブラリー　c2014
Prothero, Donald R.　プロセロ,ドナルド・R.
㊗「未確認動物UMAを科学する」化学同人　2016
Prothero, Stephen R.　プロセロ,スティーヴン
1960〜　㊗「宗教リテラシー」麗沢大学出版会,広池学園事業部(柏)(発売)　2014
Protopapas, Christos　プロトパパス,クリストス
㊀ギリシャ　出版マスメディア相
Protosevich, Mark　プロトセヴィッチ,マーク
㊗「マイティ・ソー」講談社　2014
Protsenko, Andriy　プロツェンコ,アンドリー
㊀ウクライナ　陸上選手
Protter, Eric　プロッター,エリック
1927〜　㊗「19世紀の画家たち」八坂書房　2009
Protzman, Ferdinand　プロッツマン,フェルディナンド
㊗「地球のハローワーク」日経ナショナルジオグラフィック社,日経BP出版センター(発売)　2009
Proud, Ben　プラウド,ベンジャミン
㊀イギリス　水泳選手
Proud, Linda　プラウド,リンダ
㊗「デザインにおける写真処理」ビー・エヌ・エヌ新社　2003
Proulx, Annie　プルー,アニー
1935〜　㊗「ブロークバック・マウンテン」集英社　2006
Proulx, Gregory A.　プルークス,グレゴリー・A.
㊗「乳幼児精神保健ケースブック」金剛出版　2007
Proulx, Jean　プロール,ジーン
㊗「性犯罪者の治療と処遇」日本評論社　2010
Prouse, Lynda　プラウズ,リンダ
㊗「Overcome」周地社　2005
Prouty, Garry　プラウティ,ゲリー
㊗「プリセラピー」日本評論社　2001
Prouty, IlaSahai　プラウティ,イラサハイ
㊗「対立がちからに」C.S.L.学習評価研究所,みくに出版(発売)　2001
Prouty, Leroy Fletcher　プラウティ,レロイ・フレッチャー
1917〜2001　㊗「JFK」文芸社　2013
Prouvost, Laure　プルーヴォ,ロール
㊀フランス　ターナー賞(2013年)
Provance, Patricia Geise　プロバンス,P.G.
㊗「筋:機能とテスト」西村書店　2006
Provancha, Briana　プロバンチャ,ブリアナ
㊀アメリカ　セーリング選手
Pröve, Ralf　プレーヴェ,ラルフ
1960〜　㊗「19世紀ドイツの軍隊・国家・社会」創元社　2010
Provensen, Alice　プロベンセン,アリス
1918〜　㊗「たまごってふしぎ」講談社　2012
Provine, Robert R.　プロヴァイン,ロバート・R.
㊗「あくびはどうして伝染するのか」青土社　2013
Provoost, Anne　プロヴォースト,アンネ
1964〜　㊗「フランダースの声」松籟社　2013
Provost, Foster　プロヴォスト,フォスター
1964〜　㊗「戦略的データサイエンス入門」オライリー・ジャパン,オーム社(発売)　2014
Provost, Ronald H.　プロボスト,ロナルド・H.
㊀アメリカ　元・昭和ボストン学長,元・セントマイケルズ大学副学長
Provoste, Yasna　プロボステ,ジャスナ
㊀チリ　教育相
Prøysen, Alf　プリョイセン,アルフ
1914〜　㊗「10までかずをかぞえたこやぎ」ワールドライブラ

リー 2015
Prskavec, Jiri プルスカベツ, イジ
 国チェコ カヌー選手
Pruaitch, Patrick プルアイッチ, パトリック
 国パプアニューギニア 財務相
Prucksakorn, Tanyaporn プルックサコーン, タンヤポーン
 国タイ 射撃選手
Prudel, Mariusz プルデル, マリウシュ
 国ポーランド ビーチバレー選手
Prudencio, Claudine プルデンシオ, クロディヌ
 国ベナン 観光・手工業相
Prud'homme, Alex プルドーム, アレックス
 著「いつだってボナペティ!」中央公論新社 2009
Prudhomme, David プリュドム, ダヴィッド
 アングレーム国際漫画祭 世界への視線賞(2010年) ほか
Prudnikovas, Vladimiras プルドゥニコバス, ウラディミラス
 国リトアニア 文化相
Prudon, Theodore H.M. プルードン, テオドール・H.M.
 著「近代建築保存の技法」鹿島出版会 2012
Pruett, Michael H. プルット, マイケル・H.
 著「シュトラハヴィッツ機甲戦闘団」大日本絵画 2009
Pruett, M.K. プルエ, M.K.
 著「学校危機への準備と対応」誠信書房 2004
Pruetzel-Thomas, Anna プルツェル・トーマス, アンナ
 著「子どもの心理療法と調査・研究」創元社 2012
Pruidze, Giorgi プルイゼ, ギオルギ
 国ジョージア ラグビー選手
Pruitt, Austin プルーイット, オースティン
 国アメリカ 野球選手
Pruitt, Gary プルーイット, ゲーリー
 1957〜 国アメリカ AP通信社長・CEO 米国新聞協会会長 別プルイット, ゲーリー
Pruitt, George プルート, ジョージ
 1967〜 著「トレードシステムはどう作ればよいのか」パンローリング 2013
Pruitt, Jimmy プライット, ジミー
 国アメリカ アメフト選手
Pruitt, John プルーイット, ジョン・S.
 著「ペルソナ戦略」ダイヤモンド社 2007
Pruitt, MyCole プライット, マイコール
 国アメリカ アメフト選手
Pruitt, William Obadiah プルーイット, ウィリアム
 1922〜 著「極北の動物誌」新潮社 2002
Prüm, André プリュム, アンドレ
 著「ヨーロッパ契約法原則」法律文化社 2008
Prună, Raluca Alexandra プルナ, ラルカ・アレクサンドラ
 国ルーマニア 法相
Prunier, James プルニエール, ジャミ
 著「クリスマスたんけん」岳陽舎 2007
Prunskienė, Kazimira プルンスキエネ, カジミラ
 国リトアニア 農相
Prunty, Joe ブランティ, ジョー
 国アメリカ ミルウォーキー・バックスアシスタントコーチ(バスケットボール)
Prunty, Morag ブランティ, モラグ
 1964〜 著「幸せな結婚はパンケーキの匂いがする」徳間書店 2007
Prusak, Laurence プルサック, ローレンス
 著「ストーリーテリングが経営を変える」同文舘出版 2007
Prusiner, Stanley Ben プルジナー, スタンリー
 1942〜 神経学者 カリフォルニア大学サンフランシスコ校医学部教授 著神経学, 生化学 別プリジナー, スタンリー / プルシナー, スタンレー
Prusse, Daniela プルッセ, ダニエラ
 著「トントンギコギコおうちをなおそう」講談社 2013
Pruyser, Paul W. プルイザー, ポール
 著「牧師による診断」すぐ書房 2004
Pruzan, Todd プルザン, トッド
 著「モーティマー夫人の不機嫌な世界地誌」バジリコ 2007
Pryce, Evelyn プライス, イーヴリン
 著「仮面のなかの微笑み」二見書房 2014
Pryce, Nat プライス, ナット
 著「実践テスト駆動開発」翔泳社 2012
Pryce, Vicky プライス, ヴィッキー
 著「グリーン・バリュー経営への大転換」NTT出版 2013
Pryce, Will プライス, ウィル

著「世界の図書館」河出書房新社 2014
Pryhorov, Oleksiy プリゴロフ
 国ウクライナ 飛び込み選手
Pryke, Richard ブライク, リチャード
 アカデミー賞 音響賞(第81回(2008年)) "Slumdog Millionaire"
Pryor, Alton プライヤー, アルトン
 著「ほとんど知らないハワイの歴史物語」風詠社, 星雲社(発売) 2012
Pryor, Calvin プライアー, カルビン
 国アメリカ アメフト選手
Pryor, Karen プライア, カレン
 1932〜 著「猫のクリッカートレーニング」二瓶社 2006
Pryor, Mark プライヤー, マーク
 1967〜 国イギリス 作家 ミステリー, スリラー
Pryor, Richard プライアー, リチャード
 1940〜2005 国アメリカ コメディアン, 俳優 別プライア, リチャード / プライヤー, リチャード
Pryor, Terrelle プライアー, テレール
 国アメリカ アメフト選手
Prysyazhnyuk, Mykola プリシャジニュク, ミコラ
 国ウクライナ 農業・食糧相
Prywes, Yaron プリヴェス, ヤーロン
 著「部下を伸ばす上司は爬虫類型か哺乳類型か」オープンナレッジ 2008
Przybytek, Lukasz プジビテク, ルカシュ
 国ポーランド セーリング選手
Psacharopulo, Alessandra サカロプロ, アレッサンドラ
 著「とびだす! きょうりゅう」大日本絵画 〔2016〕
Psarra, Evangelia プサラ, エバンゲリア
 国ギリシャ アーチェリー選手
Psimhis, Monthe Mauricette Joséphine ピミス, モンテ・モーリセット・ジョゼフィーヌ
 国中央アフリカ 観光・芸術・文化・手工業相
PSY サイ
 1977〜 国韓国 ラップ歌手
Ptacnikova, Jirina プタチニコバ
 国チェコ 陸上選手
Ptak, Thomas プタック, トーマス
 著「救急外傷top100診断」メディカル・サイエンス・インターナショナル 2006
Ptakauskas, Kestutis プタカウスカス, ケストゥティス
 国リトアニア 非営利団体盆栽スタジオ代表, リトアニア盆栽協会会長, 元・国際盆栽クラブ技術専門員
Ptashne, Mark プタシュネ, マーク
 著「図解遺伝子の調節機構」オーム社 2006
Puafisi, Sila プアフィシ, シラ
 国トンガ ラグビー選手
Puan, Maharani プアン・マハラニ
 国インドネシア 調整相(人材開発・文化)
Puapua, Tomasi プアプア, トマシ
 国ツバル 総督
Puard, Bertrand ピュアール, ベルトラン
 1977〜 著「夜の音楽」集英社 2002
Pucci, Aldo R. プッチ, アルド・R.
 著「認知行動療法セルフカウンセリング・ガイド」金剛出版 2016
Pucci, Lou Taylor プッチ, ルー・テイラー
 ベルリン国際映画祭 銀熊賞 男優賞(第55回(2005年)) "Thumbsucker"
Pucciarelli, Manuel プッチャレッリ, マヌエル
 国イタリア サッカー選手
Puccini, Simonetta プッチーニ, シモネッタ
 1929〜 著「評伝プッチーニ」音楽之友社 2004
Pucelik, R.Frank ピューセリック, R.フランク
 著「マジックオブNLP」メディアート出版 2005
Puchala, Véronique ピュシャラ, ヴェロニク
 著「ブーレーズありのままの声で」慶応義塾大学出版会 2011
Puchkov, Vladimir A. プチコフ, ウラジーミル・A.
 国ロシア 非常事態相
Puck, Wolfgang パック, ウルフギャング
 1949〜 著「アメリカを10倍おいしくした料理人ウルフギャング・パック」柴田書店 2001
Puckett, Kelley パケット, ケリー
 著「バットマン:ノーマンズ・ランド」小学館集英社プロダクション 2015
Puckett, Kirby パケット, カービー

1960〜2006 [国]アメリカ　野球選手
Puckette, Madeline　パケット, マデリン
[著]「The WINE」 日本文芸社　2016
Pucko, Danijel　プチコ, ダニエル
[著]「市場経済移行諸国の企業経営」 昭和堂　2007
Pucks, Marianne　プックス, マリアンネ
[国]ドイツ　ベルリン独日協会監事, 元・いけばなインターナショナル・ベルリン支部長
Pudakov, Amangeldy　プダコフ, アマンゲリディ
[国]トルクメニスタン　石油・ガス・鉱物資源相
Puddicombe, Andy　プディコム, アンディ
[著]「からっぽ！」 辰巳出版　2011
Puddinu, Paolo　プッディーヌ, パオロ
[国]イタリア　歴史学者　サッサリ大学政治学部教授　[専]アジア史, 日本史
Pudney, Warwick　パドニー, ワーウィック
[著]「おこりんぼうさんとつきあう25の方法」 明石書店　2006
Puech, Michel　ピュエシュ, ミシェル
[著]「哲学のおやつ 幸福と不幸」 汐文社　2010
Puedpong, Buttree　ブットリー
[国]タイ　テコンドー選手
Puel, Claude　ピュエル, クロード
[国]フランス　サウサンプトン監督
Puerta, Antonio　プエルタ, アントニオ
1984〜2007 [国]スペイン　サッカー選手
Puerta Zapata, Fabian Hernando　プエルタサパタ, ファビアンエルナンド
[国]コロンビア　自転車選手
Puértolas, Romain　プエルトラス, ロマン
1975〜 [国]フランス　作家　[専]文学, ユーモア
Pueschel, Siegfried M.　プエスケル, ジークフリード・M.
[著]「ダウン症の若者支援ハンドブック」 明石書店　2008
Puett, Michael J.　ピュエット, マイケル
1964〜 [著]「ハーバードの人生が変わる東洋哲学」 早川書房　2016
Pugacheva, Alla　プガチョワ, アラ
1949〜 [国]ロシア　歌手　本名＝Pugacheva, Alla Borisovna
Puggioni, Christian　プッジョーニ, クリスティアン
[国]イタリア　サッカー選手
Pugh, Derek　ピュー, デレク
1930〜2015 [国]イギリス　心理学者　オープン・ユニバーシティ名誉教授　[専]組織行動学　本名＝Pugh, Derek Salman　[異]ピュー, D.S. / ピュー, デリック / ピュー, デレック・S.
Pugh, Gareth　ピュー, ガレス
1981〜 [国]イギリス　ファッションデザイナー
Pugh, Justin　ピュー, ジャスティン
[国]アメリカ　アメフト選手
Pugh, Kenneth　パーク, ケン
[著]「プレファクタリング」 オライリー・ジャパン, オーム社(発売)　2006
Pugh, Marc　ピュー, マーク
[国]イングランド　サッカー選手
Pughsley, Jarrod　ピューズリー, ジャロッド
[国]アメリカ　アメフト選手
Pugliese, Ella　プリーセ, エラ
[国]イタリア　映画監督
Pugliesi, Maurizio　プリエージ, マウリツィオ
[国]イタリア　サッカー選手
Puglisi, Anna B.　プイージ, アンナ・B.
[著]「中国の産業スパイ網」 草思社　2015
Puglisi, Becca　パグリッシ, ベッカ
[著]「性格類語辞典」 フィルムアート社　2016
Puglisi, Gianni　プリージ, ジョバンニ
1945〜 [著]「世界遺産」 ポプラ社　2015
Puhalac, Slobodan　プハラツ, スロボダン
[国]ボスニア・ヘルツェゴビナ　貿易経済相
Puig, Max　プイグ, マックス
[国]ドミニカ共和国　労相
Puig, Monica　プイグ, モニカ
[国]プエルトリコ　テニス選手
Puig, Yasiel　プイーグ, ヤシエル
[国]キューバ　野球選手
Puig Ortoneda, Albert　プッチ・オルトネーダ, アルベルト
1968〜 [著]「FCバルセロナの人材育成術」 アチーブメント出版　2011
Puisais, Jacques　ピュイゼ, ジャック
[著]「ピュイゼ子どものための味覚教育」 講談社　2016
Pujalet-Plaà, Éric　ピュジャレープラー, エリック
[著]「伝説のトランク100」 河出書房新社　2010
Pujals, Bernadette　プハルス, ベルナデテ
[国]メキシコ　馬術選手
Pujats, Pauls　プジャツ, パウルス
[国]ラトビア　陸上選手
Pujeh, Momoh　プジェ, モモー
[国]シエラレオネ　運輸通信相
Pujol, Jordi　プジョル, ジョルディ
1930〜 [国]スペイン　政治家　カタルーニャ自治州首相　本名＝Pujol I Soley, Jordi
Pujol, Laetitia　ピュジョル, レティシア
1975〜 [国]フランス　バレリーナ　パリ・オペラ座バレエ団エトワール　[異]プジョル, レティシア
Pujol, Rosendo　プホル, ロセンド
[国]コスタリカ　住宅相
Pujols, Albert　プホルス, アルバート
1980〜　野球選手　本名＝Pujols Alcántara, Jose Albert　[異]プーホルズ, アルバート
Puka, Temu　プカ, テム
[国]パプアニューギニア　土地計画相
Pula-shiroka, Justina　プーラシロカ, ユスティナ
[国]コソボ　エネルギー・鉱業相
Pulayasi, Brian　プラヤシ, ブライアン
[国]パプアニューギニア　科学技術・高等教育相
Pule, Dina Deliwe　プレ, ダイナ・デリウェ
[国]南アフリカ　通信相
Puleo, Joe　プレオ, ジョー
[著]「ランニング解剖学」 ベースボール・マガジン社　2010
Pulev, Tervel　プレフ
[国]ブルガリア　ボクシング選手
Pulgar, Erick　プルガル, エリック
[国]チリ　サッカー選手
Pulgar-vidal, Manuel　プルガルビダル, マヌエル
[国]ペルー　環境相
Pulido, Javier　プリード, ハビエル
[著]「ホークアイ：L.A.ウーマン」 小学館集英社プロダクション　2015
Pulis, Tony　ピューリス, トニー
[国]ウェールズ　ウェスト・ブロムウィッチ監督
Pulisic, Christian　プリシッチ, クリスティアン
[国]アメリカ　サッカー選手
Pulitzer, Lilly　ピュリッツァー, リリー
1931〜2013 [国]アメリカ　ファッションデザイナー　[異]ピュリツァー, リリー
Pulizzi, Joe　ピュリッジ, ジョー
[著]「エピック・コンテンツマーケティング」 マグロウヒル・エデュケーション, 日本経済新聞出版社(発売)　2014
Pull, C.　プル, C.
[著]「ICD-10ケースブック」 医学書院　2012
Pullard, Hayes　プラード, ヘイズ
[国]アメリカ　アメフト選手
Pulley, Kelly　ポリー, ケリー
[著]「バイリンガルこどもバイブル」 CS成長センター, いのちのことば社(発売)　2006
Pulley, Spencer　パリー, スペンサー
[国]アメリカ　アメフト選手
Pullicino, George　プッリチーノ, ジョージ
[国]マルタ　資源・農村問題相
Pullin, Jorge　プリン, J.
[著]「初級講座ループ量子重力」 丸善プラネット, 丸善出版(発売)　2014
Pullinger, Kate　プリンジャー, ケイト
カナダ総督文学賞 英語 小説(2009年)　"The Mistress of Nothing"
Pullman, Philip　プルマン, フィリップ
1946〜 [国]イギリス　作家
Pullum, Geoffrey K.　プラム, ジェフリー・K.
1945〜 [著]「世界音声記号辞典」 三省堂　2003
Pulu, Isileli　プル, イシレリ
[国]トンガ　観光相
Pulvers, Roger　パルバース, ロジャー
1944〜 [国]オーストラリア　作家, 劇作家, 演出家　東京工業大学教授・世界文明センター長
Pumariega, Andres J.　プマリエガ, アンドレス・J.
[著]「児童青年の地域精神保健ハンドブック」 明石書店　2007

P

Pun, Barshaman プン, バルサマン
[国]ネパール 財務相

Pun, Ganesh Man プン, ガネシュ・マン
[国]ネパール 商業・供給相

Pun, Narayan Singh プン, ナラヤン・シン
[国]ネパール 公共事業・計画相

Puna, Henry プナ, ヘンリー
1949〜 [国]クック諸島 政治家 クック諸島首相

Punch, Keith パンチ, K.F.
1940〜 [著]「社会調査入門」 慶応義塾大学出版会 2005

Puncheon, Jason パンチョン, ジェイソン
[国]イングランド サッカー選手

Punchi Banda, Sabhapathi Mudiyanselage プンチ・バンダ, サバーパティ・ムディヤンセラゲ
[国]スリランカ JICAスリランカ事務所シニア・アドバイザー, 日本帰国留学生の会副会長

Pundari, John プンダリ, ジョン
[国]パプアニューギニア 環境保全・気候変動相

Pundick, Michele パンディック, M.
[著]「自閉症とパーソナリティ」 創元社 2006

Pundyk, Grace パンデューク, グレース
[著]「インド」 メディアファクトリー 2004

Pungea, Horatiu プンジェア, ホラツィウ
[国]ルーマニア ラグビー選手

Pungura, Vicente プングラ, ビセンテ
[国]ギニアビサウ 教育・青年・文化・スポーツ相

Punka, György プンカ, ジョルジョ
[著]「ハンガリー空軍のBf109エース」 大日本絵画 2003

Punke, Michael パンク, マイケル
1964〜 [著]「レヴェナント」 早川書房 2016

Puno, Ronald プノ, ロナルド
[国]フィリピン 内務・自治相

Punongbayan, Raymundo S. プノンバヤン, レイムンド
？〜2005 [国]フィリピン 地震学者 フィリピン火山地震研究所所長

Punset, Elsa プンセット, エルサ
1964〜 [著]「心のリュックを軽くする」 阪急コミュニケーションズ 2014

Punter, David パンター, デイヴィッド
1949〜 [著]「恐怖の文学」 松柏社 2016

Punwichai, Lakkana パンウィチャイ, ラッカナー
[著]「やすらぎのタイ食卓」 めこん 2005

Punzel, Tina プンツェル
[国]ドイツ 水泳選手

Punzi, Andrea プンツィ, アンドレア
[国]イタリア サッカー選手

Pupo, Leuris プポ, レウリス
1977〜 [国]キューバ 射撃選手

Puppy, Rain Forest パピー, レイン・フォレスト
[著]「ハッキング対策マニュアル」 ソフトバンクパブリッシング 2003

Puppy, Snarky パピー, スナーキー
グラミー賞 最優秀R&B歌手(2013年(第56回)) "Something"

Purachai, Piumsombun プラチャイ・ピアムソンブーン
[国]タイ 副首相

Purcell, Deirdre パーセル, ディアドラ
[著]「レディたちのフィンバーズ・ホテル」 東京創元社 2001

Purcell, Mike パーセル, マイク
[国]アメリカ アメフト選手

Purcell, Rosemary パーセル, R.
1969〜 [著]「ストーカーの心理」 サイエンス社 2003

Purchase, Zac パーチェイス, ザック
1986〜 [国]イギリス ボート選手 本名=Purchase, Zachary Jake Nicholas

Purdom, Edmund パードム, エドマンド
1924〜2009 [国]イギリス 俳優 [異]パードム, エドモンド

Purdom, Vivianne プルドム, ヴィヴィアン
[著]「写真集 ウィーン・フィルハーモニーと名指揮者たち」 アルファベータ 2004

Purdum, Tanner パーダム, タナー
[国]アメリカ アメフト選手

Purdy, Gregor N. パーディ, グレゴリー・N.
[著]「Linuxネットワーク管理」 オライリー・ジャパン, オーム社(発売) 2005

Purdy, James パーディ, ジェームズ
1914〜2009 [国]アメリカ 作家, 詩人, 劇作家 [異]パーディ, ジェイムズ

Purevdorj, Serdamba プレブドルジ
[国]モンゴル ボクシング選手

Purevjargal, Lkhamdegd プレブジャルガル, ラハマデギド
[国]モンゴル 柔道選手

Pürevjavyn Bayarsaikhan プレブジャビーン・バヤルサイハン
[著]「モンゴル文学への誘い」 明石書店 2003

Purevsuren, Lundeg プレブスレン, ルンデグ
[国]モンゴル 外相

Puri, Amrish プリ, アムリッシュ
1932〜2005 [国]インド 俳優

Puri, Kamal プリ, カマル
[著]「生物多様性条約下における日本企業の遺伝資源へのアクセスについて」 知的財産研究所 2007

Puricelli, Arturo プリチェリ, アルトゥロ
[国]アルゼンチン 国防相

Purisima, Cesar プリシマ, セサル
[国]フィリピン 財務相

Purita, Marcela プリータ, マルセラ
1976〜 [著]「くろ犬サルタン」 新世研 2003

Purne, Iveta プルネ, イベタ
[国]ラトビア 福祉相

Purnell, James パーネル, ジェームズ
[国]イギリス 雇用・年金相

Purnomo, Yusgiantoro プルノモ・ユスギアントロ
[国]インドネシア 国防相

Puro, Jukka-Pekka プロ, ユッカ＝ペッカ
[著]「絶え間なき交信の時代」 NTT出版 2003

Purryag, Rajkeswur Kailash ピュリヤグ, ラジュケスウール
1947〜 [国]モーリシャス 政治家 モーリシャス大統領

Pursel, Jack パーセル, ジャック
[著]「ラザリス」 飛鳥新社 2002

Pursey, Ann パーシー, A.
[著]「看護とヘルスケアの社会学」 医学書院 2005

Purton, Campbell パートン, キャンベル
1943〜 [著]「フォーカシング指向カウンセリング」 コスモス・ライブラリー, 星雲社(発売) 2009

Purves, Barry J.C. パーヴス, バリー
[国]イギリス アヌシー国際アニメーション映画祭 TVスペシャル グランプリ(2002年) "Hamilton Mattress"

Purves, Ian パーブ, イアン
[著]「ナラティブ・ベイスト・メディスン」 金剛出版 2001

Purvis, Christopher パービス, クリストファー
[国]イギリス ボランティア活動家 日本協会理事長, UBSウォーバーグ・アドバイザー

Purvis, Christopher Thomas Bremner パーヴィス, クリストファー・トマス・ブレムナー
[国]イギリス バービカン・センター財団理事長, 元・日本協会理事長, 元・「ジャパン2001」事務総長, 元・王立音楽院理事

Purvis, Leland パーヴィス, リーランド
[著]「マンガ現代物理学を築いた巨人ニールス・ボーアの量子論」 講談社 2016

Puryear, Herbert B. パーヤー, ハーバート・B.
[著]「「超意識」活用法入門」 中央アート出版社 2004

Pusapati, Ashok Gajapathi Raju プサパティ, アショク・ガジャパティ・ラジュ
[国]インド 民間航空相

Pusarla, V.Sindhu プサルラ, シンドゥ
[国]インド バドミントン選手

Puscas, Vasile プシュカシュ, バシレ
[国]ルーマニア 欧州連合(EU)加盟交渉首席交渉官

Pushkov, Vladimir プシュコフ, ウラジーミル
？〜2012 [国]ロシア 外交官 駐新潟ロシア総領事 [異]プシュコフ, ウラジミル

Pushpakumara, Jagath プシュパクマラ, ジャガット
[国]スリランカ ココナツ開発・国営プランテーション開発相

Pusić, Vesna プシッチ, ベスナ
[国]クロアチア 第1副首相兼外務・欧州問題相

Puskas, Ferenc プスカシュ, フェレンツ
1927〜2006 [国]ハンガリー サッカー選手 本名=プスカシュ, フェレンツ・ビーロー〈Puskas, Ferenc Biro〉

Puskepalis, Sergei プスケパリス, セルゲイ
ベルリン国際映画祭 銀熊賞 男優賞(第60回(2010年)) "Kak ya provel etim letom"

Puspanyoga, Aagn プスパヨガ, AAGN
[国]インドネシア 協同組合・中小企業相

Puspure, Sanita パスプレ, サニタ

[国]アイルランド　ボート選手
Pusser, Brian　パッサー, ブライアン
[著]「新興国家の世界水準大学戦略」 東信堂　2013
Pustejovsky, James　プステヨフスキー, ジェームズ
[著]「動きを理解するコンピュータ」 日本評論社　2014
Pusterla, Fabio　プステルラ, ファビオ
[著]「地上の歌声」 思潮社　2001
Puthenkalam, John Joseph　プテンカラム, ジョン・ジョセフ
1956～　[著]「経済開発から人間開発へ」 Puthen Research Initiative　2001
Putin, Vladimir Vladimirovich　プーチン, ウラジーミル
1952～　[国]ロシア　政治家　ロシア大統領, 統一ロシア党首　ロシア首相, ロシア連邦保安局 (FSB) 長官　[異]プチン, ウラジーミル / プチン, ウラジミル
Putman, Andrée　プットマン, アンドレ
1925～2013　[国]フランス　インテリアデザイナー　エカール・インターナショナル・オーナー
Putnam, Frank W.　パトナム, フランク・W.
[著]「解離」 みすず書房　2001
Putnam, Hilary　パトナム, ヒラリー
1926～2016　[国]アメリカ　哲学者　ハーバード大学名誉教授
Putnam, James　パトナム, ジェームズ
[著]「ピラミッド事典」 あすなろ書房　2005
Putnam, Joe Billy, Jr.　プットナム, J.B., Jr.
[著]「肺癌」 シュプリンガー・ジャパン　2006
Putnam, Lance　パットナム, ランス
[著]「ビューティフルビジュアライゼーション」 オライリー・ジャパン, オーム社 (発売)　2011
Putnam, Lawrence H.　パトナム, ローレンス・H.
[著]「初めて学ぶソフトウエアメトリクス」 日経BP社, 日経BP出版センター (発売)　2005
Putnam, Robert D.　パットナム, ロバート・D.
1941～　[著]「流動化する民主主義」 ミネルヴァ書房　2013
Putnam, Zach　パットナム, ザック
[国]アメリカ　野球選手
Putney, Mary Jo　パトニー, メアリー・ジョー
[著]「公爵は海がくれた贈り物」 集英社クリエイティブ, 集英社 (発売)　2016
Putney, William W.　パトニー, ウィリアム・W.
1920～2003　[著]「ドッグメン」 柏艪舎, 星雲社 (発売)　2004
Putoto, Giovanni　プトト, ジョバンニ
[著]「病院倫理入門」 丸善出版　2011
Puts, Kevin　パッツ, ケビン
[国]アメリカ　ピュリッツアー賞 文学・音楽 音楽 (2012年) "Silent Night: Opera in Two Acts"
Puttapipat, Niroot　プタピパット, ニルート
[著]「くるみわり人形」 大日本絵画　〔2015〕
Puttnam, David Terence　パットナム, デービッド
1941～　[国]イギリス　映画プロデューサー　コロンビア映画会長・CEO　[異]パットナム, デーヴィッド / パットナム, デイヴィッド / パットナム, デヴィッド / パトナム, デービッド
Puttock, Simon　パトック, サイモン
[著]「ぼく、もうなかないよ」 徳間書店　2002
Putze, Martin　プッツェ
[国]ドイツ　ボブスレー選手
Putzer, Karen　プッツァー
[国]イタリア　アルペンスキー選手
Putzger, F.W.　プッツガー, F.W.
[著]「プッツガー歴史地図 日本語版」 帝国書院　2013
Puurunen, Paavo　プールネン
[国]フィンランド　バイアスロン選手
Puvogel, Renate　プフォーゲル, レナーテ
[著]「カール・ラーソン」 タッシェン・ジャパン, 洋販 (発売)　2003
Puwak, Hildegard Carola　ピューワック, ヒルデガルド・カロラ
[国]ルーマニア　欧州統合相
Puybaret, Éric　ピュイバレ, エリック
1976～　[著]「魔法のドラゴンパフ」 ランダムハウス講談社　2008
Puyol, Carles　プジョル, カルレス
1978～　[国]スペイン　サッカー選手　本名＝プジョル・サフォルカーダ, カルレス〈Puyol Saforcada, Carles〉　[異]プジョル, カルラス / プジョル, カルロス / プジョル・サフォルカーダ, カルレス
Puzder, Andy　パズダー, アンディ
[国]アメリカ　労働長官
Puzikov, Aleksandr　プジコフ, アレクサンドル
1911～　[著]「日常と祝祭」 水声社　2001
Py, Olivier　ピィ, オリヴィエ
1965～　[国]フランス　劇作家, 演出家, 俳優, 映画監督　オデオン座芸術総監督
Pyant, Paul　ピャント, ポール
ローレンス・オリヴィエ賞 照明デザイン賞 (2014年 (第38回)) "Charlie And The Chocolate Factory"
Pyatetski-Shapiro, Ilya Iosifovich　ピャテツキー・シャピロ, イリヤ
1929～2009　[国]イスラエル　数学者　テルアビブ大学教授　[異]ピャテッツキイ・シャピロ
Pyatnytsya, Oleksandr　ピャートニッツァ
[国]ウクライナ　陸上選手
Pyatt, David　パイアット, デービッド
1974～　[国]イギリス　ホルン奏者　ロンドン交響楽団首席奏者　[異]パイアット, デイヴィッド
Pyatykh, Anna　ピャトイフ
[国]ロシア　陸上選手
Pybus, Catherine　パイバス, キャサリン
[著]「ネムネムのじかん」 BL出版　2013
Pybus, Meg　パイバス, メグ
[著]「ネムネムのじかん」 BL出版　2013
Pychetský, Pavel　リヘツキー, パベル
[国]チェコ　副首相兼法相
Pye, Ali　パイ, アリー
[著]「あぶないよ、ふわふわケムちゃん！」 評論社　2016
Pye, Claire　パイ, クレアー
[著]「フューチャー・イズ・ワイルド完全図解」 ダイヤモンド社　2005
Pye, Jennifer　パイ, ジェニファー
[著]「ポール・オースターが朗読するナショナル・ストーリー・プロジェクト」 アルク　2006
Pye, Michael　パイ, マイケル
[著]「仏教とキリスト教の対話」 法蔵館　2004
Pye, Michael　パイ, マイケル
1946～　[著]「テイキングライブス」 徳間書店　2004
Pyi Sone　ピー・ソン
[国]ミャンマー　首相府相
Pykett, Lyn　パイケット, リン
[著]「ウィルキー・コリンズ」 彩流社　2016
Pykhachov, Artem　プパチョフ, アルチョム
[国]ロシア　バレエダンサー　レニングラード国立バレエ団
Pyle, James O.　パイル, ジェームズ・O.
1950～　[著]「米陸軍諜報指導官に質問されたらあなたは何も隠せない」 三五館　2015
Pyle, Kenneth B.　パイル, ケネス・B.
[著]「欧化と国粋」 講談社　2013
Pyle, Rod　パイル, ロッド
[著]「NASA式最強組織の法則」 朝日新聞出版　2015
Pyleva, Olga　プイレワ
[国]ロシア　バイアスロン選手
Pylyshyn, Zenon W.　ピリシン, ゼノン・W.
1937～　[著]「ものと場所」 勁草書房　2012
Pym, Anthony　ピム, アンソニー
1956～　[著]「翻訳理論の探求」 みすず書房　2010
Pym, Christine　ピム, クリスティーヌ
[著]「てんきはどうしてかわるの？」 大日本絵画　〔2016〕
Pym, Francis　ピム, フランシス
1922～2008　[国]イギリス　政治家　英国外相　本名＝Pym, Francis Leslie
Pynchon, Thomas　ピンチョン, トーマス
1937～　[国]アメリカ　作家　本名＝Pynchon, Thomas Ruggles, Jr.　[異]ピンチョン, トマス
Pyne, Christopher　パイン, クリストファー
[国]オーストラリア　防衛産業相
Pyne, Stephen J.　パイン, スティーヴン・J.
1949～　[著]「図説火と人間の歴史」 原書房　2014
Pyon, Yong-rip　ピョン・ヨンリプ
[国]北朝鮮　科学院長　漢字名＝辺英立
Pyper, Andrew　パイパー, アンドルー
1968～　[国]カナダ　作家　[専]文学, フィクション, ミステリーほか　[異]パイパー, アンドリュー
Pyper, Robert　パイパー, ロバート
[著]「イギリスの行政改革」 ミネルヴァ書房　2010
Pyrak-Nolte, Laura J.　パイラック・ノルテ, L.J.
[著]「英語で学ぶ土質力学」 コロナ社　2010
Pyrek, Monika　ピレク

[国]ポーランド 陸上選手
Pyrgos, Henry ピルゴス, ヘンリー
[国]スコットランド ラグビー選手
Pyrohov, Volodymyr Leonidovich ピロゴフ, ウラジーミル・レオニードヴィチ
[国]ウクライナ キエフ国立言語大学東洋言語学部極東言語文明学科長、准教授
Pyron, Tim パイロン, ティム
[著]「Microsoft Project 2000徹底解説」 ソフトバンクパブリッシング 2001
Pysmenska, Anna プリスメンスカ
[国]ウクライナ 飛び込み選手
Pysmenska, Hanna ピスメンスカ
[国]ウクライナ 飛び込み選手
Pyvovarskyi, Andrii ピボバルスキー, アンドリー
[国]ウクライナ インフラ相
Pywell, Sharon L. パイウェル, シャロン
[著]「ヘンリーの身に起こったこと」 早川書房 2005
Pyzdek, Thomas ピゼック, トーマス
[著]「シックスシグマ・ハンドブック」 日本能率協会マネジメントセンター 2001

Q

【Q】

Qabbani, Khaled カッバニ, ハレド
[国]レバノン 教育相
Qabha, Wasfi カバハ, ワスフィ
[国]パレスチナ 政治犯担当相
Qabil, Tareq カービール, ターレク
[国]エジプト 通商産業相
Qaboos bin Said カブース・ビン・サイド
1940～ [国]オマーン 政治家, 軍人 オマーン国王, オマーン首相・国防相・外相・財務相, オマーン国軍最高司令官 本名＝Qaboos bin Said as-Said [異]カーブース・イブン・サイード
Qaddafi, Khamis カダフィ, ハミス
？～2011 [国]リビア 軍人 [異]カダフィ, ハミース
al-**Qaddafi, Muammar** カダフィ, ムアマル・アル
1942～2011 [国]リビア 政治家, 軍人 リビア最高指導者 通称＝カダフィ大佐(カダフィタイサ)
Qaddafi, Saif Al-Arab カダフィ, セイフ・アラブ
？～2011 [国]リビア カダフィ大佐の息子 [異]カダフィ, セイフルアラブ
al-**Qaddafi, Saif al-Islam** カダフィ, セイフ・イスラム
1972～ [国]リビア 政治家 カダフィ国際慈善財団(カダフィ財団)総裁 [異]カダフィ, セイフルイスラム
Qaddour, Nasser カッドゥール, ナセル
[国]シリア 国務相(移民担当)
Qaderi, Habibullah カデリ, ハビブラ
[国]アフガニスタン 麻薬対策相
al-**Qadi, Abdulsalam** カディ, アブドルサラム
[国]リビア 第3副首相
Qadi, Yasser el カーディ, ヤセル
[国]エジプト 通信・情報技術相
al-**Qadiri, Rima** カディリ, リマ
[国]シリア 社会問題相
al-**Qadri, Ahmad** カドリ, アハマド
[国]シリア 農業・農業改革相
Qahtan, Abdul-Qader カハタン, アブドルカデル
[国]イエメン 内相
al-**Qahtani, Abdullah bin Khalid** カハタニ, アブドラ・ビン・ハリド
[国]カタール 保健相
Qaiouh, Abdessamad カイウ, アブデッサマド
[国]モロッコ 手工業相
al-**Qaissi, Daoud** カイシ, ダウード
？～2003 [国]イラク 歌手 イラク芸術家連盟会長
al-**Qalaa, Sádallah Agha** カラー, サダラ・アガ
[国]シリア 観光相
al-**Qalallie, Abdul-Salam** カラリ, アブドルサラム
[国]リビア 高等教育書記(高等教育相)
Qamar, Naveed カマル, ナビード
[国]パキスタン 民営化相
Qamar, Syed Naveed カマル, サイヤド・ナビード
[国]パキスタン 国防相
Qandil, Hisham Muhammad カンディール, ヒシャム・ムハンマド
1962～ [国]エジプト 政治家 エジプト首相
Qanout, Maha カヌート, マハ
[国]シリア 文化国民指導相
Qanso, Ali カンソ, アリ
[国]レバノン 国務相
Qanuni, Yunus カヌニ, ユヌス
[国]アフガニスタン 大統領顧問(治安問題担当)兼教育相
Qaraqa, Isa カラケ, イーサ
[国]パレスチナ 政治犯担当相
Qarase, Laisenia ガラセ, ライセニア
1941～ [国]フィジー 政治家 フィジー首相
Qaridi, Abdiaziz Mukhtar カリディ, アブディアジズ・ムクタル
[国]ソマリア スポーツ・青年相
Qarqeen, Noor Mohammad カルキン, ヌール・モハマド
[国]アフガニスタン 労働社会問題・殉教戦傷者相
al-**Qasaibi, Majid bin Abdullah** カサビ, マジド・ビン・アブドラ
[国]サウジアラビア 商業・投資相
Qasemi, Enayatullah カセミ, エナヤトラ
[国]アフガニスタン 運輸相
Qasim, Guled Hussein カシム, グレド・フセイン
[国]ソマリア 郵便・通信相
Qasim, Maryan カシム, マリヤン
[国]ソマリア 社会開発サービス相
Qāsim, Na'im カーシム, ナイーム
1953～ [著]「レバノン・ヒズブッラーの政治戦略と「抵抗社会」」 上智大学アジア文化研究所イスラーム地域研究拠点 2010
al-**Qasimi, Fahim bin Sultan** カシミ, ファヒム・ビン・スルタン
[国]アラブ首長国連邦 最高評議会・湾岸協力会議担当相 [異]アル・カシミ, ファヒム・ビン・スルタン
Qasimi, Sheikha Lubna bint Khalid Al カシミ, シェイカ・ルブナ・アル
[国]アラブ首長国連邦 寛容担当大臣
Qassis, Nabil カシス, ナビル
[国]パレスチナ 財務相
al-**Qatabi, Mohammed** カタビ, ムハンマド
[国]オマーン 漁業相
al-**Qatami, Humaid Mohammed Obaid** カタミ, フメイド・ムハンマド・オベイド
[国]アラブ首長国連邦 教育相 [異]カッターミ, フメイド・ムハンマド・オベイド
Qatamine, Nidal al カタミン, ニダル
[国]ヨルダン 労相
Qatarneh, Fares カタルネ, ファレス
[国]ヨルダン 内閣担当相
Qawasmeh, Khaled カワスミ, ハレド
[国]パレスチナ 地方相
Qazzi, Sejaan カジ, セジャン
[国]レバノン 労相
Qera, Akapusi ンゲラ, アカプシ
[国]フィジー ラグビー選手
Qetaki, Alipate ゲタキ, アリパテ
[国]フィジー 法相
Qi, Gong チー・ゴン
1912～2005 [国]中国 書家, 文物鑑定家 中国書法家協会名誉主席, 北京師範大学教授, 中国人民政治協商会議全国委員会(全国政協)常務委員 [専]古典文学 漢字名＝啓功, 満州名＝愛新覚羅元白〈Aisin, Giorro〉
Qi, Zhong-yi チ・ゾンイ
1927～2007 [国]中国 最後のモンゴル諸侯 内モンゴル自治区政治協商会議副主席 漢字名＝奇忠義
Qian, Jia-ju チェン・ジャジュイ
1909～2002 [国]中国 経済学者 中国民主同盟副主席, 中国人民政治協商会議全国委員会(全国政協)常務委員 漢字名＝千家駒
Qian, Qi-chen チェン・チーツン
1928～ [国]中国 政治家, 外交官 中国副首相・外相, 中国共産党政治局員 漢字名＝銭其琛
Qian, Wei-zhang チェン・ウェイツアン
1912～2010 [国]中国 力学者, 数学者 上海大学学長, 中国人民政治協商会議全国委員会副主席, 中国民主同盟中央副主席 [専]力

数,応用数学,弾性力学ほか　漢字名=銭偉長
Qian, Xue-sen　チェン・シュエセン
　1911〜2009　国中国　ロケット工学者,物理学者　中国科学技術協会名誉主席,中国力学学会名誉会長　漢字名=銭学森,欧文名=Tsien, H.S.
Qiao, Pei-xin　キョウ・バイシン
　1912〜2007　国中国　銀行家　中国人民銀行副総裁　漢字名=喬培新
Qiao, Shi　チャオ・スー
　1924〜2015　国中国　政治家　中国全国人民代表大会(全人代)常務委員長,中国共産党政治局常務委員　漢字名=喬石　邦チアオ・シー/チャオ・シー
Qin, Chuan　チン・ツワン
　1919〜2003　国中国　人民日報社長,中国共産党中央委員,中国全国人民代表大会(全人代)常務委員　漢字名=秦川
Qin, Esther　キン, エスター
　国オーストラリア　水泳選手
al-Qirbi, Abu-Bakur　キルビ, アブバクル
　国イエメン　外相　邦キルビ, アブバクル・アブドラ
Qiu, Xiaolong　シャーロン, ジョー
　1953〜　著「上海の紅い死」早川書房 2001
Qortbawi, Shakib　コルトバウィ, シャキブ
　国レバノン　法相
Qrei, Ahmed　クレイ, アハメド
　国パレスチナ　首相兼情報相兼宗教財産相
Qteishat, Khaldoun　クテイシャト, ハルドゥーン
　国ヨルダン　エネルギー・鉱物資源相
Q-Tip　Q-ティップ
　グラミー賞 最優秀ダンス・レコーディング作品(2005年(第48回)) "Galvanize"
Quaadvliet, Hendrikus　クワードブリット, ヘンドリックス
　国オランダ　元・アジア福祉教育財団難民事業本部姫路定住促進センター名誉所長
Quackenbush, Kevin　クアッケンブッシュ, ケビン
　国アメリカ　野球選手
Quader, Ghulam Muhammed　カデル, グラム・ムハメド
　国バングラデシュ　商業相
Quader, Golam Mohammad　カデル, ゴラム・モハマド
　国バングラデシュ　民間航空・観光相
Quader, Obaidul　カデル, オバイドゥル
　国バングラデシュ　運輸相
Quaderer, Hugo　クアデラー, フーゴ
　国リヒテンシュタイン　内相兼教育相兼スポーツ相
Quadri, Argeo　クワドリ, アルジェオ
　1911〜2004　国イタリア　指揮者　東京フィルハーモニー交響楽団名誉指揮者　邦ファードリ, アルジェーオ/ファドリ, アルジェオ
Quadros, Ketleyn　ガドロス
　国ブラジル　柔道選手
Quagliarella, Fabio　クアリャレッラ, ファビオ
　国イタリア　サッカー選手
Quagliata, Emanuela　カグリアータ, E.
　著「こどものこころのアセスメント」岩崎学術出版社 2007
Quaid, Dennis　クエイド, デニス
　1954〜　国アメリカ　俳優　邦クウェイド, デニス/クェイド, デニス
Quaison, Robin　クアイソン, ロビン
　国スウェーデン　サッカー選手
al-Quaiti, Munasser　クアイティ, ムナッセル
　国イエメン　財務相
Qualls, Chad　クオルズ, チャド
　国アメリカ　野球選手
Qualls-Corbett, Nancy　クォールズ=コルベット, N.
　著「「女性」の目覚め」新曜社 2003
Qualman, Erik　クォルマン, エリック
　1972〜　著「つぶやき進化論」イースト・プレス 2010
Qualtrough, Carla　クワルトロー, カーラ
　国カナダ　スポーツ・障害者相
Quammen, David　クアメン, デビッド
　1948〜　著「エボラの正体」日経BP社,日経BPマーケティング(発売) 2015
Quammen, David　クォメン, デイヴィッド
　著「アメリカエッセイ傑選」DHC 2001
Quan, Nguyen　クアン, グエン
　国ベトナム　科学技術相
Quan, Nguyen Hong　クアン, グエン・ホン
　国ベトナム　建設相
Quan, Tracy　クワン, トレイシー
　国アメリカ　作家　著文学, ユーモア
Quan'an, Wang　ワン・チュアンアン
　ベルリン国際映画祭 金熊賞(第57回(2007年)) "Tuya's Marriage"
Quandt, Johanna　クヴァント, ヨハンナ
　国ドイツ　BMW特別顧問
Quandt, Stefan　クヴァント, シュテファン
　国ドイツ　実業家
Quang, Nguyen Minh　グアン, グエン・ミン
　国ベトナム　天然資源・環境相
Quang, Tran Dai　クアン, チャン・ダイ
　国ベトナム　国家主席(大統領)
Quant, Mary　クウント, マリー
　1934〜　著「マリー・クワント」晶文社 2013
Quante, Michael　クヴァンテ, ミヒャエル
　1962〜　著「人間の尊厳と人格の自律」法政大学出版局 2015
Quantick, David　カンティック, デヴィッド
　1961〜　著「ホワイト・アルバムネイキッド」扶桑社 2006
Quaratiello, Arlene Rodda　クオラティエロ, アーリーン・R.
　著「レイチェル・カーソン」鳥影社 2006
Quarello, Maurizio A.C.　クゥアレーロ, マウリツィオ・A.C.
　著「アンネの木」くもん出版 2010
Quaresma, Ricardo　クアレスマ, リカルド
　1983〜　国ポルトガル　サッカー選手　本名=Quaresma Andrade, Ricardo Bernardo
Quaresma Dos Santos Afonso Fernandes, Agostinho　クアレズマ・ドス・サントス・アフォンソ・フェルナンデス, アゴスティーニョ
　国サントメ・プリンシペ　経済・国際協力相
Quarles, Kelcy　クアーレス, ケルシー
　国アメリカ　アメフト選手
Quarless, Andrew　クアーレス, アンドリュー
　国アメリカ　アメフト選手
Quarless, Sylvester　クォレス, シルベスター
　国グレナダ　社会開発・労働・社会保障・聖職者問題相
Quarrington, Paul　クォリントン, ポール
　1953〜2010　著「ホエール・ミュージック」Du Books, ディスクユニオン(発売) 2016
Quarshigah, Courage　カルシガ, クラージュ
　国ガーナ　農相
Quart, Alissa　クォート, アリッサ
　著「ブランド中毒にされる子どもたち」光文社 2004
Quartarolo, Jennifer　コルタロロ, ジェニファー・M.
　著「WM総合内科コンサルト」メディカル・サイエンス・インターナショナル 2006
Quarterman, John S.　クォーターマン, ジョン
　著「4.4BSDの設計と実装」アスキー 2003
Quarterman, Tim　クォーターマン, ティム
　国アメリカ　バスケットボール選手
Quarteroni, Alfio　クアルテローニ, アルフィオ
　著「MATLABとOctaveによる科学技術計算」丸善出版 2014
Quarton, Marjorie　クォートン, マージョリー
　著「牧羊犬シェップと困ったボス」東京創元社 2005
Quartz, Steven　クウォーツ, スティーヴン
　著「クール」日本経済新聞出版社 2016
Quashigah, Courage　クアシガ, クラージュ
　国ガーナ　保健相
Quasthoff, Thomas　クヴァストホフ, トーマス
　グラミー賞 最優秀クラシック声楽(2005年(第48回)) "Bach: Cantatas"
Quatraro, Matt　クアトラロ, マット
　国アメリカ　クリーブランド・インディアンスコーチ
Quattrocchi, Vito　クアトロッチ, ドン・ヴィト
　著「ザ・秒殺術」第三書館 2002
Quay, Emma　クエイ, エマ
　著「みずたまりぴょん」ひさかたチャイルド 2010
Quay, Stephen　クアイ, スティーヴン
　国ポーランド　アヌシー国際アニメーション映画祭 短編映画SACEM賞(オリジナル音楽)(2011年) "Maska"
Qubain, Karim Elias Wadie　クバイン, カリム・エリアス・ワディエ
　国ホンジュラス　在サンペドロスーラ日本国名誉総領事, インテグラル基金会長,元・ホンジュラス商工会議所会長
Qubati, Mohammaed　クバティ, ムハンマド
　国イエメン　観光相

Qudah, Yarub クダト, ヤアラブ
[国]ヨルダン 産業貿易・供給相
***al*-Qudsi, Baria** アル・クドシ, バリア
[国]シリア 社会労働相
Quederni, Ahmed Lyadh ウデルニ, アフメド・リャド
[国]チュニジア 教育相
Queen, Ben クイーン, ベン
[著]「THE ART OFカーズ2」 スタジオジブリ, 徳間書店(発売) 2011
Queen, Carol クィーン, キャロル
[著]「5分間エロティカ」 扶桑社 2004
Queen, Mel クイーン, メル
1942～2011 [国]アメリカ 野球選手, 大リーグコーチ 本名＝Queen, Melvin Douglas
Queen, William クウィーン, ウィリアム
[著]「潜入捜査官」 ヴィレッジブックス, ソニー・マガジンズ(発売) 2007
Queffélec, Anne ケフェレック, アンヌ
1948～ [国]フランス ピアニスト

Q

Queirós, Bartolomeu Campos ケイロス, バルトロメウ・カンポス・デ
1944～ [著]「ガラスの片目」 藤代亜紀 2009
Queirós, Manuel Francisco ケイロス, マヌエル・フランシスコ
[国]アンゴラ 地質・鉱山相
Queiroz, Agnelo ケイロス, アグネロ
[国]ブラジル スポーツ相
Queiroz, Carlos ケイロス, カルロス
1953～ [国]ポルトガル サッカー指導者, 元サッカー選手 サッカー・イラン代表監督 サッカー・ポルトガル代表監督
Queiroz Dos Santos, Isaquias ケイロスドスサントス, イザケアス
[国]ブラジル カヌー選手
Queita, Adelino Mano ケイタ, アデリノ・マノ
[国]ギニアビサウ 外相
Quej, Haroldo ケフ, アロルド
[国]グアテマラ 環境天然資源相
Quek, Leng Chan クウェック・レンチャン
[国]マレーシア 実業家 漢字名＝郭令燦
Quelch, John A. クウェルチ, ジョン・A.
[著]「ブランド・マネジメント」 ダイヤモンド社 2001
Quella-Villéger, Alain ケラ＝ヴィレジェ, アラン
1955～ [著]「ピエール・ロチ伝」 水声社 2010
Quellmalz, Edys クエルマルツ, エディス
[著]「21世紀型スキル」 北大路書房 2014
Queloz, Didier クロ, ディディエ
[著]「知の歴史」 徳間書店 2002
Quenk, Naomi L. クエンク, ナオミ・L.
[著]「MBTIタイプ入門」 金子書房 2007
Quentin, Carlos クエンティン, カルロス
1982～ [国]アメリカ 元野球選手 本名＝Quentin, Carlos José
Queralt, María Pilar ケラルト・デル・イエロ, マリア・ピラール
[著]「スペイン王家の歴史」 原書房 2016
Quercize, Stanislas de ケルシズ, スタニスラス・ド
1957～ [国]フランス 実業家 カルティエ・インターナショナル社長・CEO
Quéré, David ケレ, D.
[著]「表面張力の物理学」 吉岡書店 2008
Quereda, Alejandra ケレダ, アレハンドラ
[国]スペイン 新体操選手
Quesada, Joe カザーダ, ジョー
1962～ [著]「スパイダーマン：ワン・モーメント・イン・タイム」 小学館集英社プロダクション 2014
Quesada, Yoelvis ケサダ
[国]キューバ 陸上選手
Quesenbery, Whitney キューゼンベリー, ホイットニー
[著]「ユーザエクスペリエンスのためのストーリーテリング」 丸善出版 2011
Quest, Paul クエスト, ポール
[著]「性加害行動のある少年少女のためのグッドライフ・モデル」 誠信書房 2015
Quétel, Claude ケテル, クロード
1939～ [著]「独裁者の子どもたち」 原書房 2016
Queval, Michel ケヴァル, ミシェル
1929～2005 [国]フランス 指揮者 パリ・オペラ座専任指揮者, パリ音楽院教授 [専]楽曲分析 [異]ケバル, ミッシェル
Quevedo, Manuel ケベド, マヌエル
[国]ベネズエラ 住宅相
Quevedo Flores, Rafael ケベド・フロレス, ラファエル
[国]ペルー 農相
Queyranne, Jean-Jack ケイランヌ, ジャンジャック
[国]フランス 議会関係相
Queyras, Jean-Guihen ケラス, ジャン・ギアン
1967～ [国]フランス チェロ奏者 シュトゥットガルト音楽大学教授
Quezada Toruno, Rodolfo ケサダ・トルーニョ, ロドルフォ
1932～2012 [国]グアテマラ カトリック枢機卿 グアテマラ大司教
***al*-Quhali, Mujahid** クハリ, ムジャヒド
[国]イエメン 移民問題相
Quibuyen, Floro C. キブイェン, フロロ・C.
1947～ [著]「フィリピン歴史研究と植民地言説」 めこん 2004
Quick, Amanda クイック, アマンダ
[著]「恋の始まりは謎に満ちて」 二見書房 2016
Quick, Brian クイック, ブライアン
[国]アメリカ アメフト選手
Quick, Jeff クイック, ジェフ
[著]「アンダーダーク」 ホビージャパン 2007
Quick, Matthew クイック, マシュー
1973～ [国]アメリカ 作家 [専]文学, フィクション, ヤングアダルト
Quick, William Thomas クイック, ウィリアム・トーマス
[著]「猿の惑星」 角川書店 2001
Quiggin, John クイギン, ジョン
1956～ [著]「ゾンビ経済学」 筑摩書房 2012
Quigley, Claire クイグリー, クレール
[著]「10才からはじめるプログラミング図鑑」 創元社 2015
Quigley, Colleen クイグリー, コリーン
[国]アメリカ 陸上選手
Quigley, James H. クィグリー, ジェームス
[著]「As One」 プレジデント社 2011
Quigley, Ryan クイグリー, ライアン
[国]アメリカ アメフト選手
Quigley, Sebastian キグレイ, セバスチャン
[著]「大人の宇宙図鑑」 日経ナショナルジオグラフィック社, 日経BP出版センター(発売) 2009
Quignard, Pascal Charles Edmond キニャール, パスカル
1948～ [国]フランス 作家, チェロ奏者
Quijada, Flavio キハダ, フラビオ
[国]ベネズエラ 高等教育相
Quijandría, Alvaro キハンドリア, アルバロ
[国]ペルー 農相
Qui-jandría Salmón, Alvaro Enrique キハンドリア・サルモン, アルバロ・エンリケ
[国]ペルー 農相
Quijandría Salmón, Jaime キハンドリア・サルモン, ハイメ
[国]ペルー エネルギー鉱業相
Quijano, Ricardo キハノ, リカルド
[国]パナマ 貿易産業相
Quill, John キル, ジョン
[国]アメリカ ラグビー選手
Quillen, Daniel G. クィレン, ダニエル
1940～2011 [国]アメリカ 数学者 オックスフォード大学教授 [専]位相幾何学
Quiller-Couch, *Sir* Arthur Thomas キラ・クーチ, アーサー
[著]「ミステリーズ！」 東京創元社 2012
Quilliam, Susan キリアム, スーザン
[著]「ムカつく人には理由がある」 ソニー・マガジンズ 2005
Quilt, Linda キルト, リンダ
1950～ [著]「怖るべき天才児」 三修社 2006
Quin, Glover クィン, グローバー
[国]アメリカ アメフト選手
Quin, Hai-lu チン・ハイルー
1978～ [国]中国 女優 漢字名＝秦海璐
Quina, Domingos クイナ, ドミンゴス
[国]ポルトガル サッカー選手
Quincy, Diana クインシー, ダイアナ
[著]「青い水晶の瞳に魅せられて」 竹書房 2014
Quindlen, Anna クィンドレン, アナ
1953～ [著]「グッドドッグ・ステイ」 集英社 2011
Quinlan, David クィンラン, デイヴィッド
1941～ [著]「クィンラン版世界映画俳優大事典」 講談社 2002
Quinlan, Joseph P. クインラン, ジョセフ・P.

著「次の超大国・中国の憂鬱な現実」朝日新聞社 2003
Quinlan, Michael Edward クインラン, マイケル・エドワード
1930〜2009 国イギリス ディッチリー財団所長、英国防次官
Quinlan, Susan E. クインラン, スーザン・E.
著「サルが木から落ちる」さ・え・ら書房 2008
Quinn, Aidan クイン, エイダン
1959〜 国アメリカ 俳優 異クイン, アイダン
Quinn, Anthony クイン, アンソニー
1915〜2001 国アメリカ 俳優 本名＝Quinn, Anthony Rudolph Oaxaca 異クウィン, アンソニー
Quinn, Bill クイン, ビル
1912〜 著「ウォルマートがアメリカをそして世界を破壊する」成甲書房 2003
Quinn, Brian クイン, ブライアン
著「ビジネスモデル・イノベーション」朝日新聞出版 2014
Quinn, Brian, C.S.W. クイン, ブライアン・P.
著「「うつ」と「躁」の教科書」紀伊国屋書店 2003
Quinn, Chris クイン, クリス
国アメリカ マイアミ・ヒートアシスタントコーチ（バスケットボール）
Quinn, Dan クイン, ダン
国アメリカ アトランタ・ファルコンズコーチ
Quinn, Eric クイン, エリック
著「CCNP」翔泳社 2004
Quinn, Erin クイン, エリン
1963〜 著「めぐりゆくケルトの瞳」ヴィレッジブックス 2011
Quinn, Feargal クイン, ファーガル
1936〜 著「小さなスーパーの世界一のサービス」かんき出版 2009
Quinn, Francesco クイン, フランチェスコ
1963〜2011 国アメリカ 俳優 本名＝Quinn, Francesco Daniele
Quinn, Gary クイン, ゲーリー
著「この7つの天使があなたに奇跡を起こす」ヒカルランド 2012
Quinn, Glenn クイン, グレン
1970〜2002 国アメリカ 俳優
Quinn, Helen R. クイン, H.R.
著「クォークの不思議」シュプリンガー・フェアラーク東京 2005
Quinn, James E. クイン, ジェームズ・E.
1952〜 国アメリカ 実業家 ティファニー社長
Quinn, Joanna クイン, ジョアンナ
国イギリス アヌシー国際アニメーション映画祭 短編映画 観客賞（2006年）ほか
Quinn, Julia クイン, ジュリア
1970〜 著「恋のはじまりは屋根の上で」竹書房 2016
Quinn, Kelly クイン, ケリー
著「英語で解く世界史101」IBCパブリッシング 2013
Quinn, Molly Jane クイン, モリー・ジェーン
著「20世紀建築の巨匠に学ぶ名作住宅をつくる方法」エクスナレッジ 2013
Quinn, Patricia O. クイン, パトリシア・O.
著「ADHDコーチング」明石書店 2011
Quinn, Paula クイン, ポーラ
著「ハイランドの炎に掠（さら）われて」竹書房 2009
Quinn, Robert クィン, ロバート
国アメリカ アメフト選手
Quinn, Robert E. クイン, ロバート・E.
著「ディープ・チェンジ」海と月社 2013
Quinn, Roman クイン, ロマン
国アメリカ 野球選手
Quinn, Ruairí クイン, ローリー
国アイルランド 教育・技能相
Quinn, Spencer クイン, スペンサー
1947〜 著「誘拐された犬」東京創元社 2015
Quinn, Tara Taylor クイン, タラ・T.
著「涙がかれるまで」ハーパーコリンズ・ジャパン 2016
Quinn, Tom クイン, トム
1956〜 著「人類対インフルエンザ」朝日新聞出版 2010
Quinnell, A.J. クィネル, A.J.
1940〜2005 国イギリス 冒険作家
Quinnett, Paul G. クイネット, ポール
1939〜 著「パブロフの鱒」角川書店 2001
Quinn-leandro, Jacqui クインレアンドロ, ジャッキー
国アンティグア・バーブーダ 教育・スポーツ・青少年問題・男女平等相

Quino キノ
1932〜 著「マファルダ」エレファントパブリッシング 2008
Quinodoz, Jean-Michel キノドス, ジャン・ミシェル
著「フロイトを読む」岩崎学術出版社 2013
Quinon, Pierre キノン, ピエール
1962〜2011 国フランス 棒高跳び選手
Quinones, C.Kenneth キノネス, ケネス
1943〜 国北朝鮮 中央公論新社 2003
Quinones, Victor キニョネス, ビクター
？〜2006 国プエルトリコ プエルトリコIWA代表
Quinonez, Alex キニョネス
国エクアドル 陸上選手
Quinonez, Jackson キニョネス
国スペイン 陸上選手
Quinsey, Vernon L. キンゼイ, ヴァーノン・L.
著「サイコパシー・ハンドブック」明石書店 2015
Quint, Michel カン, ミシェル
1949〜 国フランス 作家
Quintana, Jose キンターナ, ホゼ
国コロンビア 野球選手
Quintana, José M. キンタナ, ホセ
著「実践ヘッジファンド投資」日本経済新聞社 2001
Quintana, Juan Ramón キンタナ, フアン・ラモン
国ボリビア 大統領府相
Quintana, Yandro Miguel キンタナ
国キューバ レスリング選手
Quintanal, Maria キンタナル
国スペイン 射撃選手
Quintana Meléndez, Paula キンタナ・メレンデス, パウラ
国チリ 企画相
Quintana Taborga, Juan Ramón キンタナ・タボルガ, フアン・ラモン
国ボリビア 大統領府相
Quintanilla, Carlos キンタニジャ, カルロス
国エルサルバドル 副大統領
Quintão, Geraldo Magela キンタン, ジェラウド・マジェラ
国ブラジル 国防相
Quintavalle, Giulia クインタヴァレ, ジュリア
1983〜 国イタリア 柔道選手 異クインタバレ, ジュリア
Quintella, Maurício キンテラ, マウリシオ
国ブラジル 運輸・港湾・民間航空相
Quintero, Josephine クインテロ, ジョセフィン
著「イタリア」メディアファクトリー 2007
Quintero, Rafael キンテロ, ラファエル
国プエルトリコ 水泳選手
Quinteros Aguilar, Manuel Orlando キンテロス・アギラル, マヌエル・オルランド
国エルサルバドル 公共事業相
Quintet, Paquito D'Rivera パキート・デリヴェラ・クインテット
グラミー賞 最優秀ラテン・ジャズ・アルバム（2007年（第50回））"Funk Tango"
Quintin, Michel カンタン, ミシェル
著「知ってるかな？ カエルの生活」旺文社 2006
Quinton, Anthony クイントン, アンソニー
著「不完全性の政治学」東信堂 2003
Quinton, John Grand クィントン, ジョン・グランド
1929〜2012 国イギリス 銀行家 バークレイズ会長
Quipo Pilataxi, Carlos Eduardo キポピラタシ, カルロスエドゥアルド
国エクアドル ボクシング選手
Quiquampoix, Jean キカンポワ, ジャン
国フランス 射撃選手
Quique Flores キケ・フローレス
国スペイン エスパニョール監督
Quique Setien キケ・セティエン
国スペイン ラス・パルマス監督
Quirk, Matthew クワーク, マシュー
著「The 500」早川書房 2012
Quiroga, María Soledad キロガ, マリア・ソレダ
国ボリビア 教育相
Quiroga Ramírez, Jorge キロガ・ラミレス, ホルヘ
国ボリビア 副大統領
Quiros, José Angel キロス, ホセ・アンヘル
国エルサルバドル 公共事業相
Quiroz, Ulises Granados キロス, ウリセス・グラナドス
著「共存と不和」松籟社 2010

Quist, Rasmus　クイスト, ラスムス
　1980〜　国デンマーク　ボート選手
Quitely, Frank　クワイトリー, フランク
　1968〜　著「オールスター：スーパーマン」ヴィレッジブックス　2015
Quow, Renny　クォー
　国トリニダード・トバゴ　陸上選手
al-Quraish, Al Samawaal Khakafalla　クライシュ, サマワル・ハカファラ
　国スーダン　文化相
Qurboniyon, Abdusalom　クルボニヨン, アブドゥサロム
　国タジキスタン　財務相
Qurbonov, Abdusalom　クルボノフ, アブドゥサロム
　国タジキスタン　財務相
Qurbonov, Bahrom　クルボノフ, バフロム
　国ウズベキスタン　文化相
Qureshi, Mehmood　クレシ, メヘムード
　国パキスタン　外相
Qurunfleh, Mustafa　クルンフレ, ムスタファ
　国ヨルダン　農相
al-Qusseibi, Khalid Bin Muhammad　アル・クセイビ, ハリド・ビン・ムハンマド
　国サウジアラビア　企画相兼郵政相
Qussos, Zeid　クソス, ゼイド
　国ヨルダン　観光遺跡相
al-Qutaybi, Muhammad bin Ali　アル・クタビ, ムハマド・ビン・アリ
　国オマーン　電力相
Qvale, Brent　クベイル, ブレント
　国アメリカ　アメフト選手

【 R 】

Ra, Jong-yil　ラ・ジョンイル
　1940〜　国韓国　政治学者　又石大学総長　慶熙大学政治経済学部教授, 駐日韓国大使　漢字名＝羅鍾一　国ナ・ジョンイル
Ra, Tong-hui　ラ・ドンヒ
　国北朝鮮　陸海運相　漢字名＝羅東熙
Ra, Un-sim　ラ・ウンシム
　1988〜　国北朝鮮　サッカー選手
Raabe, Peter B.　ラービ, ピーター・B.
　著「哲学カウンセリング」法政大学出版局　2006
Raad, Khaled　ラード, ハレド
　国シリア　副首相（経済問題担当）
Raalte-Geel, Henriette van　ラールテ・ヘール, ヘンリエッテ・ファン
　1940〜　著「母への賛歌」いのちのことば社　2010
Ra'anan, Uri　ラーナン, ウリ
　1926〜　著「イスラエル現代史」明石書店　2004
Raba'a, Rasheed Ba　ラバア, ラシード・バ
　国イエメン　石油・鉱物資源相
Rabagliati, Michel　ラバグリアティ, ミシェル
　アングレーム国際漫画祭　読者賞（Fnac-SNCF賞）（2010年）"Paul à québec"〈La Pastèque〉
Rábago, Karl R.　ラバゴ, カール・R.
　著「スモール・イズ・プロフィタブル」省エネルギーセンター　2005
Rabah, Sadok　ラバハ, サドク
　国チュニジア　通信運輸相
Rabal, Francisco　ラバル, フランシスコ
　1925〜2001　国スペイン　俳優　本名＝Valera, Francisco
Rabarisoa, Jacky　ラバリソア, ジャッキー
　国マダガスカル　エネルギー・鉱山相
Rabarison, Jacquis　ラバリソン, ジャッキー
　国マダガスカル　エネルギー・鉱山相
Rabarison, Philémon　ラバリソン, フィレモン
　国マダガスカル　青少年・スポーツ相
Rabary, Andrianiaina Paul　ラバリ, アンジアニアイナ・ポール
　国マダガスカル　教育相
Rabasa Díaz, Enrique　ラバサ・ディアス, エンリケ
　著「石による形と建設」中央公論美術出版　2009
Rabaté, Dominique　ラバテ, ドミニク
　著「〈声〉とテクストの射程」知泉書館　2010

Rabaté, Pascal　ラバテ, パスカル
　1961〜　アングレーム国際漫画祭　優秀賞（2008年）"La Marie en Plastique"〈Futuropolis〉
Rabatti, Alerrandro　ラバッティ, アレッサンドロ
　著「宇宙から原子へ・原子から宇宙へ」理論社　2004
Rabb, Ivan　ラブ, イバン
　国アメリカ　バスケットボール選手
Rabb, M.E.　ラブ, M.E.
　国アメリカ　作家　ミステリー　別名＝ラブ, マーゴ〈Rabb, Margo〉
Rabbah, Aziz　ラバハ, アジズ
　国モロッコ　設備・運輸相
Rabbani, Burhanuddin　ラバニ, ブルハヌディン
　1940〜2011　国アフガニスタン　政治家, 神学者　アフガニスタン大統領, イスラム協会（JI）最高指導者
Rabbani, Muhammad　ラバニ, ムハマド
　?〜2001　国アフガニスタン　政治家　アフガニスタン暫定統治評議会議長
Rabbani, Raza　ラバニ, ラザ
　国パキスタン　州間問題相
Rabbani, Salahuddin　ラバニ, サラフディン
　国アフガニスタン　外相
Rabbe, Luis　ラベ, ルイス
　国グアテマラ　通信相
Rabbe, Max　ラーベ, マックス
　1964〜　国ドイツ　歌手
Rabbitte, Pat　ラビット, パット
　国アイルランド　通信・エネルギー・資源相
Rabchenyuk, Anastasiya　ラブチェニュク
　国ウクライナ　陸上選手
Rabe, Hubertus　ラーベ, フーベルトゥス
　著「私だって言ってみたい！」講談社　2002
Rabe, Tish　レイビー, ティシュ
　著「いつもありがとうのウサギくん」女子パウロ会　2011
Rabeh, Sadok　ラベフ, サドク
　国チュニジア　農相
Rabei, Carolina　ラベイ, カロリーナ
　著「なんでもないなつの日「夏の夕ぐれ」」岩崎書店　2016
Rabelais, Manuel António　ラベライス, マヌエル・アントニオ
　国アンゴラ　マスコミュニケーション相
Rabemananjara, Charles　ラベマナンジャラ, シャルル
　国マダガスカル　首相兼内相
Rabémananjara, Jacques　ラブマナンジャラ, ジャック
　1913〜2005　国マダガスカル　詩人, 作家, 政治家　マダガスカル外相　国ラベマナンジャラ
Rabenirina, Jean Jacques　ラベニリナ, ジャン・ジャック
　国マダガスカル　文化・工芸推進・遺産保護相
Raber, Douglas　レイバー, ダグラス
　1949〜　著「司書職と正当性」京都大学図書館情報学研究会, 日本図書館協会（発売）　2007
Rabesahala, Henri　ラベサハラ, アンリ
　国マダガスカル　商業・消費相
Rabhi, Pierre　ラビ, ピエール
　1938〜　著「良心的抗争への呼びかけ」四明書院　2015
Rabiah, Abdessadek　ラビーア, アブデサデク
　国モロッコ　内閣官房長官
al-Rabiah, Abdullah　ラビーア, アブドラ
　国サウジアラビア　保健相
al-Rabiah, Tawfeeq bin Fawzan　ラビア, タウフィーク・ビン・ファウザン
　国サウジアラビア　保健相
Rabiei, Ali　ラビーイ, アリ
　国イラン　労働・協同組合・社会福祉相
Rabii, Abdessadek　ラビー, アブデサデク
　国モロッコ　内閣官房長官
Rabii, Mohammed　ラビ, モハメド
　国モロッコ　ボクシング選手
Rabin, Susan　ラビン, スーザン
　著「プロは語る。」アスペクト　2005
Rabin, Trevor　ラビン, トレバー
　1954〜　ロック・ギタリスト, 作曲家
Rabinovich, Abraham　ラビノビッチ, アブラハム
　著「ヨムキプール戦争全史」並木書房　2008
Rabinovitch, Isaac　ラビノビッチ, アイザック
　著「Javaチュートリアル」ピアソン・エデュケーション　2007
Rabinowitz, Alan　ラビノヴィッツ, アラン

1953～ 㓰「ジャガーとのやくそく」 あかね書房 2015
Rabiot, Adrien ラビオ, アドリアン
　国フランス　サッカー選手
Rabkin, Yakov M. ラブキン, ヤコブ
　1945～　歴史学者　モントリオール大学教授　㓰科学史, ロシア史, ユダヤ史
Rabl, Walter ラブル, ヴァルテル
　㓰「絞首刑は残虐な刑罰ではないのか?」 現代人文社, 大学図書(発売) 2011
Rabl-stadler, Helga ラーブル・シュタットラー, ヘルガ
　国オーストリア　政治家, 実業家　ザルツブルク音楽祭総裁　オーストリア国会議員
Rabotoarison, Charles Sylvain ラブトゥアリスン, シャル・シルバン
　国マダガスカル　環境・治水森林相
Rabson, Arthur ロブソン, A.
　㓰「メディカル免疫学」 西村書店 2006
Rabuffetti, Clementina ラブフェッティ, クレメンティーナ
　1951～　㓰「健康な子供」 ホメオパシー出版 2008
Raburn, Ryan レイバーン, ライアン
　国アメリカ　野球選手
Raby, Fiona レイビー, フィオナ
　㓰「スペキュラティヴ・デザイン」 ビー・エヌ・エヌ新社 2015
Raby, Julian レイビー, ジュリアン
　国イギリス　スミソニアン美術館フリーア・サックラー・ギャラリー館長
Raby, Peter レイビー, ピーター
　㓰「博物学者アルフレッド・ラッセル・ウォレスの生涯」 新思索社 2007
Račan, Ivica ラチャン, イビツァ
　1944～2007　国クロアチア　政治家　クロアチア首相
Race, Harley レイス, ハーリー
　1943～　㓰「ハーリー・レイス自伝」 エンターブレイン 2006
Rachedi, Mabrouck ラシュディ, マブルーク
　1976～　国フランス　作家　㓰文学
Rachels, James レイチェルズ, ジェームズ
　1941～2003　㔔レイチェルズ, ジェームズ　㓰「哲学のアポリア」 晃洋書房 2015
Rachels, Stuart レイチェルズ, スチュアート
　1969～　㓰「哲学のアポリア」 晃洋書房 2015
Racherbaumer, Jon ラッカーバーマー, ジョン
　1940～　㓰「カードマジックカウント事典」 東京堂出版 2008
Rachewiltz, Boris de ラケヴィルツ, ボリス・デ
　㓰「ファラオの目」 文芸社 2012
Rachid ラシド
　国アルジェリア　サッカー選手
Rachid, Leila ラチド, レイラ
　国パラグアイ　外相
Rachid Kechiche, Mohamed ラシードケシシュ, モハメド
　国チュニジア　内閣官房長官
Rachlin, Julian ラクリン, ジュリアン
　1974～　国オーストリア　バイオリニスト, ビオラ奏者　㔔ラハリン, ユリアン
Rachman, Carla ラックマン, カーラ
　㓰「モネ」 岩波書店 2003
Rachman, Stanley ラックマン, スタンレイ
　㓰「汚染恐怖」 世論時報社 2010
Rachman, Stephen ラックマン, スティーブン
　㓰「ナラティブ・ベイスト・メディスン」 金剛出版 2001
Rachman, Tom ラックマン, トム
　1974～　国イギリス, カナダ　ジャーナリスト, 作家　㓰文学, ミステリー
Rachyba, Vasyl ラチバ
　国ウクライナ　レスリング選手
Racina, Thom ラシーナ, トム
　㓰「殺人者の日記」 扶桑社 2002
Racine, Magalie ラシーヌ, マガリ
　国ハイチ共和国　青年・スポーツ・市民活動相
Racinet, Delphine ロー
　国フランス　射撃選手
Raciti, Travis ラシティ, トラビス
　国アメリカ　アメフト選手
Rackham, David W. ラッカム, D.W.
　1946～　㓰「心理学のための英語案内」 サイエンス社 2004
Rackham, Neil ラッカム, ニール
　1944～　㓰「大型商談を成約に導く「SPIN」営業術」 海と月社 2009
Rackham, Oliver ラッカム, オリバー
　㓰「イギリスのカントリーサイド」 昭和堂 2012
Rácz, Jenö ラーツ・イエネー
　国ハンガリー　保健相
Raczka, Bob ラッチカ, ボブ
　㓰「ぼくたちの春と夏と秋と冬」 主婦の友社 2011
Raczymow, Henri ラクシモヴ, アンリ
　1948～　㓰「失われたパリを求めて」 春風社 2010
Rad, Parviz F. ラッド, パービッツ・F.
　1942～　㓰「プロジェクト・コストマネジメント」 生産性出版 2004
Radanova, Evgenia ラダノワ
　国ブルガリア　ショートトラック選手
Radanova, Evgeniya ラダノワ
　国ブルガリア　ショートトラック選手
Rada Rodriguez, Sergio Armando ラダロドリゲス
　国コロンビア　重量挙げ選手
Rada Vélez, Alfred Octavio ラダ・ベレス, アルフレド・オクタビオ
　国ボリビア　内相
Radavidson, Andriamparany Benjamin ラダビドソン, アンジアンパラニ・バンジャマン
　国マダガスカル　財政・予算相
Radbill, Samuel X. ラッドビル, サミュエル・X.
　㓰「虐待された子ども」 明石書店 2003
Radbruch, Gustav ラートブルフ, グスタフ
　㓰「イェーリング法学論集」 信山社出版 2002
Radchenko, Volodymyr ラドチェンコ, ウォロディミル
　国ウクライナ　副首相
Radcliffe, Daniel ラドクリフ, ダニエル
　1989～　国イギリス　俳優　本名=Radcliffe, Daniel Jacob
Radcliffe, James Christopher ラドクリフ, J.C.
　1958～　㓰「爆発的パワー養成プライオメトリクス」 大修館書店 2004
Radcliffe, Paula ラドクリフ, ポーラ
　1973～　国イギリス　マラソン選手　本名=Radcliffe, Paula Jane
Radcliffe, Steve ラドクリフ, スティーブ
　㓰「リーダーシップは難しくない!」 ピアソン桐原 2012
Radcliffe, Ted ラドクリフ, テッド
　1902～2005　国アメリカ　野球選手　本名=ラドクリフ, セオドア・ルーズベルト
Radcliffe, Timothy ラドクリフ, ティモシィ
　1945～　㓰「なぜクリスチャンになるの」 教文館 2016
Radebaugh, Lee H. ラデボー, リー・H.
　㓰「多国籍企業の会計」 中央経済社 2007
Radebe, Jeff ラデベ, ジェフ
　国南アフリカ　法務・憲法整備相
Radebe, Jeffrey ラデベ, ジェフリー
　国南アフリカ　大統領府相(計画, パフォーマンス, モニタリング評価, 管理担当)
Radebe, Mamahele ラデベ, ママヘレ
　国レソト　観光・環境・文化相
Radecke, Gabriele ラデッケ, G.
　㓰「もう一人のゲーテ」 法政大学出版局 2001
Rademacher, Christoph ラーデマッハ, クリストフ
　㓰「デザイン保護法制の現状と課題」 日本評論社 2016
Rademakers, Fons ラデメーカーズ, フォンス
　1920～2007　国オランダ　映画監督　本名=Rademakers, Alphonse Marie　㔔レイドメイカーズ
Rader, Cheryl レイダー, シェリル
　㓰「最強のモニター心電図」 ガイアブックス 2013
Rader, Kae レイダー, ケイ
　㓰「なぜ, あのリーダーの職場は明るいのか?」 日本経済新聞出版社 2012
Rader, Laura レーダー, ローラ
　㓰「おしゃれのすきなサンタさん」 文渓堂 2001
Radev, Mouravei ラデフ, ムラベイ
　国ブルガリア　蔵相
Radev, Rumen ラデフ, ルメン
　国ブルガリア　大統領
Radevica, Ineta ラデビチャ
　国ラトビア　陸上選手
Radevich, Alexander M. ラジェービチ, アレクサンドル・M.
　国ベラルーシ　産業相
Radford, Andrew ラドフォード, アンドリュー
　㓰「入門ミニマリスト統語論」 研究社 2006

Radford, Eric ラドフォード
[国]カナダ フィギュアスケート選手
Radford, Jill ラドフォード, ジル
[著]「ジェンダーと暴力」 明石書店 2001
Radford, John ラドフォード, ジョン
1931～ [著]「シャーロック・ホームズ事件と心理の謎」 講談社 2001
Radford, Lorraine ラドフォード, ロレイン
[著]「ジェンダーと暴力」 明石書店 2001
Radford, Michael ラドフォード, マイケル
1946～ [国]イギリス 映画監督 [異]ラドフォード, マイクル
Radford, Robert ラドフォード, ロバート
[著]「ダリ」 岩波書店 2002
Radhakrishnan, Neelakanta ラダクリシュナン, ニーラカンタ
1944～ [国]インド ガンジー研究家 マハトマ・ガンジー非暴力開発センター所長 ガンジー記念館館長
Radhakrishnan, Sarvepalli ラーダークリシュナン, S.
[著]「インド仏教思想史」 大蔵出版 2001
Rādhākrshnana, Mimi ラダクリシュナン, ミミ
1955～ [著]「ベンガルの苦行者」 未知谷 2006
Radhi, Ahmed Ould Idey Ould Mohamed ラーズィ, アフメド・ウルド・イディ・ウルド・モハメド
[国]モーリタニア 国防相
Radi, Abdelwahed ラディ, アブデルワヘド
[国]モロッコ 法相
Radi, Ahmed ラーディ, アハメド
[国]エジプト 保健・人口相
***al*-Radi, Mahmoud** ラディ, マハムード
[国]イラク 労働社会問題相
Radić, Darja ラディッチ, ダリャ
[国]スロベニア 経済相
Radic, Smiljan ラディッチ, スミリャン
1965～ [異]ラディック, スミルハン [著]「スミルハン・ラディック 寓話集」 TOTO出版 2016
Radičová, Iveta ラディツォヴァー, イヴェタ
1956～ [国]スロバキア 政治家, 社会学者 スロバキア首相 [異]ラジチョヴァー / ラディツォバー, イベタ
Radin, Dean I. ラディン, ディーン
[著]「量子の宇宙でからみあう心たち」 徳間書店 2007
Radinsky, Scott ラディンスキー, スコット
[国]アメリカ ロサンゼルス・エンジェルスコーチ
Radish, Kris ラディッシュ, クリス
[著]「他人からよく思われたい長男、完璧を求めてしまう次男」 PHP研究所 2002
Radišić, Źivko ラディシッチ, ジブコ
[国]ボスニア・ヘルツェゴビナ 幹部会議長
Radivilov, Igor ラディビロフ, イーゴリ
[国]ウクライナ 体操選手
Radjou, Navi ラジュ, ナヴィ
[著]「イノベーションは新興国に学べ！」 日本経済新聞出版社 2013
Radkau, Joachim ラートカウ, ヨアヒム
1943～ [著]「原子力と人間の歴史」 築地書館 2015
Radke, Robert ラトケ, ローベルト
[著]「子供にもわかるホメオパシー」 ホメオパシー出版 2008
Radkov, Aleksandr M. ラジコフ, アレクサンドル・M.
[国]ベラルーシ 教育相
Radlanski, Ralf Johannes ラドランスキー, ラルフ・J.
[著]「グラフィックスフェイス」 クインテッセンス出版 2013
Radley, Chris ラドリー, クリス
1936～ [著]「まんがカップル・セラピー」 金剛出版 2015
Radley, Tessa ラドリー, テッサ
[著]「離れられない理由」 ハーレクイン 2014
Radmanović, Nebojša ラドマノヴィッチ, ネボイシャ
1949～ [国]ボスニア・ヘルツェゴビナ 政治家 ボスニア・ヘルツェゴビナ幹部会員(セルビア人代表) [異]ラドマノビッチ, ネボイシャ
Radnedge, Keir ラドネッジ, キア
[著]「2010 FIFAワールドカップ南アフリカ大会オフィシャルガイド」 小学館集英社プロダクション 2010
Radoi, Andrei ラドイ, アンドレイ
[国]ルーマニア ラグビー選手
Radoja, Nemanja ラドヤ, ネマニャ
[国]セルビア サッカー選手
Radojević, Velimir ラドエビッチ, ベリミル
[国]ユーゴスラビア 無任所相
Radon, Jaroslav ラドン, ヤロスラフ
[国]チェコ カヌー選手
Radončić, Fahrudin ラドンチッチ, ファフルディン
[国]ボスニア・ヘルツェゴビナ 治安相
Radoš, Jozo ラドシュ, ヨゾ
[国]クロアチア 国防相
Radosevich, Jennifer ラドセヴィッチ, ジェニファー
[著]「食品の機能性表示と世界のレギュレーション」 薬事日報社 2015
Radovanovic, Ivan ラドヴァノヴィッチ, イヴァン
[国]セルビア サッカー選手
Radović, Miraš ラドビッチ, ミラシュ
[国]モンテネグロ 法相
Radtke, Autumn ラドキー, オータム
？～2014 [国]アメリカ 実業家 ファーストメタCEO
Radtke, Matt ラドケ, マット
[著]「高勝率システムの考え方と作り方と検証」 パンローリング 2014
Radtke, Philipp ラドケ, フィリップ
[著]「日本の未来について話そう」 小学館 2011
Radu, Ionut ラドゥ, ヨヌーツ
[国]ルーマニア サッカー選手
Radu, Stefan ラドゥ, ステファン
[国]ルーマニア サッカー選手
Răducan, Marcel ラドゥカン, マルチェル
[国]モルドバ 建設・地域開発相
Raducan, Marcel ラドゥカン, マルチェル
[国]モルドバ 建設・地域開発相
Răducu, Aura Carmen ラドゥク, アウラ・カルメン
[国]ルーマニア 欧州基金相
Radulović, Milan ラドロビッチ, ミラン
[国]セルビア 宗教相
Radulovic, Nemanja ラドゥロヴィッチ, ネマニャ
1985～ [国]セルビア バイオリニスト
Radunović, Miodrag ラドゥノビッチ, ミオドラグ
[国]モンテネグロ 保健相
Radunsky, Vladimir ラドゥンスキー, ウラジーミル
1954～ [著]「おしっこぼうや」 セーラー出版 2003
Radwan, Samir ラドワン, サミール
[国]エジプト 財務相
Radwanska, Agnieszka ラドワンスカ, アグニエシュカ
1989～ [国]ポーランド テニス選手
Radzhabov, Safarali ラジャボフ, サファラリ
[国]タジキスタン 教育相
Radzi, Sheikh Ahmad ラドジ・シーク・アーマド
[国]マレーシア 内相
Radzinskii, Edvard ラジンスキー, エドワード
1936～ [著]「アレクサンドル2世暗殺」 日本放送出版協会 2007
Radzinskii, Edvard Stanislavovich ラジンスキー, エドワルド
1936～ [国]ロシア 作家, 劇作家 [異]ラジンスキー, エドアルド
Radzivil, Svetlana ラジビル, スベトラーナ
[国]ウズベキスタン 陸上選手
Radziwiłł, Konstanty ラジウィウ, コンスタンティ
[国]ポーランド 保健相
Rae, Andrew レイ, アンドリュー
[著]「僕はウォーホル」 パイインターナショナル 2014
Rae, Corinne bailey レイ, コリーヌ・ベイリー
[国]イギリス シンガー・ソングライター
Rae, Ian レイ, イアン
[著]「ケンブリッジ版カナダ文学史」 彩流社 2016
Rae, Michael レイ, マイケル
[著]「老化を止める7つの科学」 日本放送出版協会 2008
Raeburn, Paul レイバーン, ポール
[著]「サイエンスライティング」 地人書館 2013
Raeff, Marc ラエフ, マルク
1923～ [著]「ロシア史を読む」 名古屋大学出版会 2001
Raelert, Andreas レーレルト
[国]ドイツ トライアスロン選手
Raemy, Marianne de レミー, マリアンヌ・デ
[著]「ギフト用小物に描く」 美術出版社 2002
Raeve, Louise de リーヴ, ルイーズ・ディ
[著]「看護倫理」 日本看護協会出版会 2002
Rafa, Silva ラファ・シルヴァ
[国]ポルトガル サッカー選手
Rafael ラファエウ
[国]ブラジル サッカー選手
Rafael, Da Silva ラファエウ・ダ・シウヴァ
[国]ブラジル サッカー選手

Rafael, Vicente L. ラファエル、ビセンテ・L.
1956〜 著「フィリピン歴史研究と植民地言説」めこん 2004

Rafael Lantigua, José ラファエル・ランティグア、ホセ
国ドミニカ共和国 文化相

Rafael Mir ラファエル・ミル
国スペイン サッカー選手

Rafaelov, Lior ラファエロフ、リオル
国イスラエル サッカー選手

Rafaelovich, Kamaile ラファエロヴィッチ、カマイリ
著「ホ・オポノポノライフ」講談社 2014

Rafajlovska, Vera ラファイロフスカ、ベラ
国マケドニア 経済相

Rafal, Rzepka ラファウ、ジェプカ
著「心を交わす人工知能」森北出版 2016

Rafalovich, Nikita ラファロビッチ、ニキータ
国ウズベキスタン テコンドー選手

Rafalska, Elżbieta ラファルスカ、エルジビエタ
国ポーランド 家族・労働・社会政策相

Rafa Navarro ラファ・ナバーロ
国スペイン サッカー選手

Rafeeq, Hamza ラフィーク、ハムザ
国トリニダード・トバゴ 保健相

Rafeeq, Ibrahim ラフィーク、イブラヒム
国モルディブ 住宅・都市開発相

Raff, Gideon ラフ、ギデオン
アメリカ探偵作家クラブ賞 TVエピソード賞（2012年）"Pilot"

Raff, Murray ラフ、ムレー
著「アジア太平洋諸国の収用と補償」成文堂 2006

Raffael ラファエウ
国ブラジル サッカー選手

Raffarin, Jean-Pierre ラファラン、ジャン・ピエール
1948〜 国フランス 政治家 フランス上院議員 フランス首相

Raffay, Ágnes ラッファイ・アーグネシュ
国ハンガリー 元・在ハンガリー日本国大使館現地職員

Rafferty, Laura ラファティ、ローラ
著「事故分析のためのヒューマンファクターズ手法」海文堂出版 2016

Raffle, Angela E. ラッフル、アンジェラ
著「スクリーニング」同人社 2009

Raffoni, Melissa ラフォーニ、メリッサ
著「限られた時間を上手に活用する」ファーストプレス 2007

Rafidah, Aziz ラフィダ・アジズ
国マレーシア 通産相

Rafidimanana, Narson ラフィディマナナ、ナルソン
国マダガスカル 大統領府付大統領プロジェクト・国土整備・設備担当相

Rafinha ラフィーニャ
国ブラジル サッカー選手

Rafinha ラフィーニャ
国ブラジル サッカー選手

Rafini, Brigi ラフィニ、ブリジ
国ニジェール 首相

Rafique, Saad ラフィーク、サード
国パキスタン 鉄道相

Rafsanjani, Ali Akbar Hashemi ラフサンジャニ、アリ・アクバル・ハシェミ
1934〜 国イラン 政治家、イスラム神学者 イラン最高評議会議長 イラン大統領 ⓔラフサンジャーニー / ラフサンジャニ、アクバル・ハシェミ / ラフサンジャニ、モハマド・ハシェミ / ラフサンジャニー

Raftos, Peter ラフトス、ピーター
国オーストラリア 作家、ジャーナリスト ⓔホラー

Raful, Tony ラフル、トニー
国ドミニカ共和国 文化相

Rafuse, Erin ラフューズ、エリン
国カナダ セーリング選手

Ragab, Abdelhay Saad Abdelrazek ラガブ、アブダラ
国エジプト 重量挙げ選手

al-Ragabani, Saeed Muhammad ラガバニ、サイード・ムハンマド
国アラブ首長国連邦 農水相 ⓔアル・ラガバニ、サイード・ムハンマド

Ragalia, A.L. ラガリア、A.
著「鍼のエビデンス」医道の日本社 2009

Ragan, Anthony ラガン、アンソニー
著「シグマの継承者」ホビージャパン 2008

Ragan, Philip レーガン、フィリップ
著「宇宙旅行はエレベーターで」オーム社 2013

Ragan, Sandra L. レイガン、サンドラ
著「緩和ケアのコミュニケーション」新曜社 2013

Ragas, Matthew W. ラガス、マシュー・W.
著「カルトになれ！」フォレスト出版 2005

Ragette, Friedrich ラゲット、フリードリヒ
著「アラブの住居」マール社 2016

Raggam, August ラッガム、アウグスト
1937〜 著「バイオマスは地球を救う」現代人文社、大学図書（発売）2015

Raggett, Dave ラゲット、デイブ
著「ビギニングXHTML」インプレス、インプレスコミュニケーションズ（発売）2001

Raggett, Isobel ラゲット、イゾベル
著「XPエクストリーム・プログラミングウェブ開発編」ピアソン・エデュケーション 2003

Raggett, Jenny ラゲット、ジェニー
著「ビギニングXHTML」インプレス、インプレスコミュニケーションズ（発売）2001

Raggi, Andrea ラッジ、アンドレア
国イタリア サッカー選手

al-Ragheb, Ali Abu アル・ラゲブ、アリ・アブ
国ヨルダン 首相兼国防相

Raghoebarsing, Kermechend ラグバルシン、ケルメチャンド
国スリナム 農業・畜産・漁業相

Ragiagia, Mataiasi Vave ランギンギア、マタイアシ・バベ
国フィジー 地方・住宅・環境相

Ragimov, Azad ラギモフ、アザド
国アゼルバイジャン 青年・スポーツ相

Ragin, Charles C. レイガン、チャールズ・C.
著「質的比較分析（QCA）と関連手法入門」晃洋書房 2016

Ragins, Mark レーガン、マーク
著「ビレッジから学ぶリカバリーへの道」金剛出版 2005

Ragland, Reggie ラグランド、レジー
国アメリカ アメフト選手

Ragland, Robert Oliver ラグランド、ロバート・O.
1931〜2012 国アメリカ 作曲家 ⓔ映画音楽

Rago, Stephen A. ラーゴ、スティーブン・A.
著「詳解UNIXプログラミング」翔泳社 2014

Ragon, Michel ラゴン、ミシェル
1924〜 国フランス 作家、美術批評家

Ragondet, Nathalie ラゴンデ、ナタリー
著「シールをはって楽しくおぼえる世界がわかる地図絵本」東京書籍 2016

Ragosta, Michael ラゴスタ、マイケル
著「臨床血行動態学」メディカル・サイエンス・インターナショナル 2011

Ragoussis, Yiannis ラグーシス、ヤニス
国ギリシャ 内務・地方分権・電子政府相

Rags, Eriks ラグス
国ラトビア 陸上選手

Ragsdale, Grady, Jr. ラグスデール、グラディ、Jr.
1946〜 著「スティーブ・マックィーンさよならの365日」近代映画社 2013

Ragueneau, Philippe ラグノー、フィリップ
1917〜2003 著「愛は死を超えて」ハート出版 2006

Raguin, Virginia Chieffo ラガン、ヴァージニア・チエッフォ
1941〜 著「世界ステンドグラス文化図鑑」東洋書林 2005

Ragusa, Antonino ラグーザ、アントニーノ
国イタリア サッカー選手

Raguz, Martin ラグズ、マルティン
国ボスニア・ヘルツェゴビナ 首相兼人権・難民相

Rahael, John ラハエル、ジョン
国トリニダード・トバゴ 保健相

Rahaingosoa, Odette ラハイングスア、オデットゥ
国マダガスカル 文化相

Rahajason, Harry Laurent ラアジャソン、アリー・ローラン
国マダガスカル コミュニケーション相

Rahal, Mohammed ラハール、ムハンマド
国レバノン 環境相

Rahali, Maroua ラハリ
国チュニジア ボクシング選手

Rahaman, Vashanti ラハーマン、バシャンティ
著「ママ、お話読んで」新日本出版社 2010

Rahamani, Cherif ラハマニ、シェリフ
国アルジェリア 産業・中小企業・投資促進相

Rahamou, Gazobi ラハムゥ, ガゾビ
[国]ニジェール 民営化・企業再建相
Rahantalalao, Henriette ラハンタララウ, アンリエット
[国]マダガスカル 保健相
Raharimalala, Marie Lydia Toto ラハリマララ, マリー・リディア・トゥトゥ
[国]マダガスカル 雇用・技術教育・職業訓練相
Rahaya, Hassan ラハヤ, ハッサン
[国]インドネシア イダハム・ハリッド大学イスラム教学部長, 元・日本留学生協会事務局長, 元・最高諮問会議議員
Rahbar, M.Reza ラハバ, レザ
[著]「家庭で楽しむペルシャ料理」 河出書房新社 2009
Raheb, Mitri ラヘブ, ミトリ
[著]「私はパレスチナ人クリスチャン」 日本キリスト教団出版局 2004
Raheen, Sayed Makhdoom ラヒーン, サイヤド・マフドゥーム
[国]アフガニスタン 情報・文化相
Rahiel, Mustapha Karim ラヒエル, ムスタファ・カリム
[国]アルジェリア 首相府官房長
Rahim, Tahar ラヒム, タハール
セザール賞 主演男優賞(第35回(2009年)) "Un prophète"
Rahimi, Atiq ライミ, アティク
1962～ 作家, 映画監督 [専]文学, フィクション, 詩ほか [異]ラヒーミー, アティーク
Rahimi, Hassan ラヒミ, ハッサン
[国]イラン レスリング選手
Rahimi, Mohammad Asif ラヒミ, モハマド・アシフ
[国]アフガニスタン 農相
Rahimi, Mohammad Reza ラヒミ, モハマドレザ
[国]イラン 第1副大統領
Rahimov, Abdurahim ラヒモフ, アブドゥラヒイム
[国]タジキスタン 文化相
Rahimov, Azad ラヒモフ, アザド
[国]アゼルバイジャン 青年・スポーツ相
Rahimov, Nijat ラヒモフ, ニヤト
[国]カザフスタン 重量挙げ選手
Rahimov, Rustamhodza ラヒモフ
[国]ドイツ ボクシング選手
Rahimov, Vitaliy ラヒモフ
[国]アゼルバイジャン レスリング選手
Rahimzoda, Hamro ラヒムゾダ, ハムロ
[国]タジキスタン 内相
Rahimzoda, Ramazon ラヒムゾダ, ラマゾン
[国]タジキスタン 内相
Rahimzoda, Sharif ラヒムゾダ, シャリフ
[国]タジキスタン 経済発展貿易相
Rahko, Peter S. ラーコ, ピーター・S.
[著]「症例でつかむ心不全」 メディカル・サイエンス・インターナショナル 2015
Rahl, Leslie ラール, レスリー
[著]「リスクバジェッティング」 パンローリング 2002
Rahlves, Daron ラルベス, ダロン
1973～ [国]アメリカ 元スキー選手 本名＝Rahlves, Daron Louis
Rahman, Abdul ラフマン, アブドル
?～2002 [国]アフガニスタン 政治家 アフガニスタン暫定行政機構航空観光相 [異]ラーマン, アブドル / レーマン, アブドル
Rahman, Abdul ラーマン, アブドル
[国]ブルネイ 産業資源相
Rahman, A.R. ラーマン, A.R.
グラミー賞 最優秀映画・TV・その他ヴィジュアルメディア音楽作品(2009年(第52回))ほか
Rahman, Hasim ラクマン, ハシム
1972～ [国]アメリカ プロボクサー WBC・IBF・IBO世界ヘビー級チャンピオン [異]ラーマン, ハシム
Rahman, Matior ラハマン, マシウル
[国]バングラデシュ 宗教相
Rahman, Mostafizur ラハマン, ムスタフィズル
[国]バングラデシュ 初等・成人教育相
Rahman, Mustafizur ラーマン, ムスタフィズー
[著]「開発のための政策一貫性」 明石書店 2006
Rahman, Najeeb.Abdur ラーマン, N.A.
[著]「数理統計演習」 講談社出版サービスセンター 2007
Rahman, Saifur M. ラーマン, サイフル・M.
[国]バングラデシュ 財務・計画相
Rahman, Salifur M. ラーマン, サリフル・M.
[国]バングラデシュ 財務計画相
Rahman, Shamsur ラーマン, シャムスル
1929～2006 [国]バングラデシュ 詩人, ジャーナリスト
Rahman, Sheikh Mujibur ロホマン, シェーク・ムジブル
[著]「バングラデシュ建国の父シェーク・ムジブル・ロホマン回想録」 明石書店 2015
Rahman, Zillur ラーマン, ジルル
1929～2013 [国]バングラデシュ 政治家 大統領
Rahmani, Chérif ラハマニ, シェリフ
[国]アルジェリア 国土整備・環境相
Rahmani Fazli, Abdolreza ラハマニファズリ, アブドルレザ
[国]イラン 内相
Rahmat, Gobel ラフマット・ゴーベル
[国]インドネシア 貿易相
Rahmati, Mohammad ラフマティ, モハマド
[国]イラン 道路交通相
Rahmatov, Tursun ラフマトフ, トゥルスン
[国]タジキスタン 農相
Rahmonov, Uktamjon ラフモノフ
[国]ウズベキスタン ボクシング選手
Rahmouni Benhida, Bouchra ラムゥニ・ベンヒーダ, ブーシュラ
[著]「文明の交差路としての地中海世界」 白水社 2016
Rahn, Helmut ラーン, ヘルムート
1929～2003 [国]ドイツ サッカー選手 [異]ヘルムート・ラーン / ヘルムト, ラーン
Raholm, Maj-Britt ラホルム, マジ・ブリット
[著]「境界を超える看護」 エルゼビア・ジャパン 2006
Rahoma, Masood ラフーマ, マスード
[国]リビア 国防相
Rahouli, Baya ラフーリ
[国]アルジェリア 陸上選手
Rahrig, Collin ラーリッグ, コリン
[国]アメリカ アメフト選手
Rahschulte, Tim J. ラシュルト, ティム
[著]「グローバルプロジェクトチームのまとめ方」 慶応義塾大学出版会 2015
Rahtz, Sebastian ラーツ, セバスティアン
[著]「人文学と電子編集」 慶応義塾大学出版会 2011
Rai, Arisha ライ, アリーシャ
[著]「ヴェールド・デザイアー―年下彼氏とのつきあい方 モア・ザン・フレンズ―友達のまま」 主婦の友社 2013
Rai, Bali ライ, バリ
1971～ [国]イギリス 作家 [専]ヤングアダルト, ロマンス
Rai, Dhanpat ライ, ダンパット
[著]「溶解度法による熱力学データ整備」 日本原子力研究開発機構 2014
Rai, Jitu ライ, ジツ
[国]インド 射撃選手
Rai, Milan ライ, ミラン
1965～ [著]「イラク攻撃を中止すべき10の理由」 日本放送出版協会 2003
Rai, Nandalal ライ, ナンダラル
[国]ブータン 情報通信相
Rai, Sherdhan ライ, シェルダン
[国]ネパール 情報通信相
Rai, Yash ライ, ヤシュ
1947～ [著]「奇跡のハーブホーリーバジル「トゥルシー」」 出帆新社 2010
Raicea, Iulian ライチェア
[国]ルーマニア 射撃選手
Raicevic, Ivan ライチェビッチ, イワン
[国]モンテネグロ 通商相
Raich, Benjamin ライヒ, ベンヤミン
1978～ [国]オーストリア スキー選手 [異]ライヒ, ベンジャミン
Raichle, Bernadette ライチェル, バーナデット
1951～ [著]「乳幼児のためのシュタイナー保育」 水声社 2009
Raichle, Marcus E. ライクリー, マーカス・E.
[著]「知の歴史」 徳間書店 2002
Raichlen, Steven ライクレン, スティーヴン
[著]「バーベキューの王様が教える世界no.1レシピ」 アーティストハウスパブリッシャーズ, 角川書店(発売) 2004
Raidma, Mati ライドマ, マティ
[国]エストニア 環境相
Raiffa, Howard ライファ, ハワード
[著]「意思決定の思考技術」 ダイヤモンド社 2001

Raijmakers, Bas ラージメイカーズ, バス
[著]「This is service design thinking.」 ビー・エヌ・エヌ新社 2013

Räikkönen, Kimi ライコネン, キミ
1979～ [国]フィンランド F1ドライバー, ラリードライバー 本名＝Räikkönen, Kimi Matias [異]ライッコネン, キミ

Raile Alligood, Martha レイラ・アリグッド, マーサ
[著]「看護理論家とその業績」 医学書院 2004

Raileanu, Ion ライレアヌ, イオン
[国]モルドバ 環境相

Railey, Paige レイリー, ページ
[国]アメリカ セーリング選手

Railey, Zach レイリー
[国]アメリカ セーリング選手

Railsback, Brian E. レイルズバック, ブライアン
[著]「ジョン・スタインベック事典」 雄松堂出版 2009

Raimi, Ivan ライミ, イヴァン
1956～ [著]「スパイダーマン3」 角川書店, 角川グループパブリッシング(発売) 2007

Raimi, Sam ライミ, サム
1959～ [国]アメリカ 映画監督, 映画プロデューサー, 俳優 本名＝Raimi, Samuel Marshall

Raimond, Jean Bernard レモン, ジャン・ベルナール
1926～2016 [国]フランス 政治家 外相 [異]レイモン

Raimondi, Cristian ライモンディ, クリスティアン
[国]イタリア サッカー選手

Raimondi, Gianni ライモンディ, ジャンニ
1923～2008 [国]イタリア テノール歌手

Raimondi, Pablo ライモンディ, パブロ
[著]「レッドフード：ロスト・デイズ」 小学館集英社プロダクション 2016

Raimondi, Ruggero ライモンディ, ルッジェーロ
1941～ [国]イタリア バス歌手

Rain レイン
1982～ [国]韓国 歌手, 俳優 別名＝ピ〈Pi〉

Raindl, Marco ラインデル, マルコ
[著]「手紙・メールのドイツ語」 三修社 2011

Raine, Adrian レイン, エイドリアン
[異]レイン, アドリアン [著]「サイコパシー・ハンドブック」 明石書店 2015

Raine, Craig レイン, クレイグ
1944～ [著]「T.S.エリオット」 彩流社 2008

Raine, Derek J. レイン, D.J.
1946～ [著]「アインシュタインと相対性理論」 玉川大学出版部 2015

Raine, Jerry レイン, ジェリー
1955～ [著]「本末転倒の男たち」 扶桑社 2001

Raine, Kathleen Jessie レイン, キャスリン
1908～2003 [国]イギリス 詩人 [異]レイン, キャスリーン

Raine, Sue レイン, スー
[著]「英国ボバース講師会議によるボバース概念」 ガイアブックス 2016

Raineau, Guillaume レノー, ギヨーム
[国]フランス ボート選手

Rainen, William レーネン, ウィリアム
[著]「「ドリームタイム」の智慧」 KADOKAWA 2016

Rainer, Ingomar ライナー, インゴマー
[著]「正しい楽譜の読み方」 現代ギター社 2009

Rainer, Luise ライナー, ルイーゼ
1910～2014 [国]ドイツ 女優 [異]ライナー, ルイーズ / レイナー, ルイーズ

Rainer, Reinhold ライナー
[国]イタリア リュージュ選手

Raineri, Ricardo ライネリ, リカルド
[国]チリ エネルギー相

Raines, Martin レインズ, マーティン
[著]「二輪グランプリ60年史」 スタジオタッククリエイティブ 2010

Rainey, Bobby レイニー, ボビー
[国]アメリカ アメフト選手

Rainey, Lawrence レイニー, ロレンス
[著]「モダニズムとは何か」 松柏社 2002

Rainier Ⅲ レーニエ3世
1923～2005 [国]モナコ モナコ公(元首) 本名＝Rainier Louis Henri Maxence Bertrand de Grimaldi [異]レーニエ

Rainko, Marcin ラインコ, マルツィン
[著]「38式駆逐戦車ヘッツァー」 大日本絵画 2010

Rains, Rob レインズ, ロブ
[著]「メジャー」 集英社 2002

Rainsalu, Urmas レインサル, ウルマス
[国]エストニア 法相

Rainville, Claudia ランヴィル, クローディア
1951～ [著]「超医療セラピー」 ハート出版 2011

Raiola, Joe ライオラ, ジョー
[著]「メモリーズ・オブ・ジョン」 イースト・プレス 2006

Rais, Yatim ライス・ヤティム
[国]マレーシア 情報・通信・文化相

Raiser, Thomas ライザー, トーマス
1935～ [著]「法社会学の基礎理論」 法律文化社 2012

Raisman, Alexandra レイズマン, アレクサンドラ
1994～ [国]アメリカ 体操選手

Raisner, Kim ライスナー
[国]ドイツ 近代五種選手

Raiss, Sid'Ahmed Ould ラーイス, シディアフメド・ウルド
[国]モーリタニア 経済・開発相

Raisson, Virginie レッソン, ヴィルジニー
[著]「2033年地図で読む未来世界」 早川書房 2012

Raita, Henna ライタ
[国]フィンランド アルペンスキー選手

Raitt, Bonnie Lynn レイット, ボニー
1949～ [国]アメリカ 歌手 [異]レイト, ボニー

Raitt, John Emmett レイット, ジョン
1917～2005 [国]アメリカ ミュージカル歌手

Raitt, Lisa レイト, リサ
[国]カナダ 運輸相

Raize, Jason レイズ, ジェイソン
1975～2004 [国]アメリカ 俳優

Raizen, Senta ライゼン, ゼンタ
[著]「21世紀型スキル」 北大路書房 2014

Raj, George Shiu ラジ, ジョージ・シウ
[国]フィジー 多民族問題相

Raj, Kapil ラジ, カピル
[著]「近代科学のリロケーション」 名古屋大学出版会 2016

Raja, A. ラジャ, A.
[国]インド 環境・森林相

Raja, Ali S. ラジャ, A.S.
[著]「EBM救急医学」 西村書店 2016

Raja, Allar ラヤ, アラル
[国]エストニア ボート選手

Raja, Andimuthu ラジャ, アンディムス
[国]インド 通信・情報技術相

Raja, Farzana ラジャ, ファルザナ
[国]パキスタン ベナジル所得支援計画相

Rajab, Mansoor bin Hassan bin ラジャブ, マンスール・ビン・ハッサン・ビン
[国]バーレーン 地方自治・農業相

Rajabov, Safarali ラジャボフ, サファラリ
[国]タジキスタン 教育相

Rajabzadeh, Hashem ラジャブザーデ, ハーシエム
[国]イラン 龍谷大学非常勤講師, 元・大阪外国語大学客員教授

Raja Easa Al Gurg ラジャ・イーサ・アル・ガルグ
[国]アラブ首長国連邦 イーサ・サレハ・アル・ガルグ・グループ専務理事

Rajakovic, Darko ラジャコビッチ, ダーコ
[国]アメリカ オクラホマシティ・サンダーアシスタントコーチ(バスケットボール)

Rajala, Kari ラヤラ, カリ
[著]「フィンランド中学校現代社会教科書」 明石書店 2011

Rajamäki, Kari ラヤマキ, カリ
[国]フィンランド 内相

Rajamani, Lavanya ラジャマニ, ラバンニャ
[著]「地球公共財の政治経済学」 国際書院 2005

Rajan, Kaushik Sunder ラジャン, カウシック・S.
[著]「バイオ・キャピタル」 青土社 2011

Rajan, Raghuram G. ラジャン, ラグラム
1963～ [国]インド 経済学者 インド準備銀行総裁 [専]国際経済, 銀行論, 金融システム論

Rajan, S.Ravi ラジャン, S.ラヴィ
[著]「災害の人類学」 明石書店 2006

Rajan, Yagnaswami Sundara ラジャン, Y.S.
1943～ [著]「インド2020」 日本経済新聞出版社 2007

Rajaniemi, Hannu ライアニエミ, ハンヌ
1978～ [国]フィンランド 作家 [専]SF, ファンタジー

Raja Nong Chik, Raja Zainal Abidin　ラジャ・ノン・チク・ラジャ・ザイナル・アビディン
　国マレーシア　連邦直轄区相
Rajaonah, Alice　ラジャウナ, アリス
　国マダガスカル　法相
Rajaonarimampianina, Hery　ラジャオナリマンピアニナ, ヘリー
　1958～　国マダガスカル　政治家　マダガスカル大統領
Rajaonarison, Pascal Jacques　ラジャオナリソン, パスカル・ジャック
　国マダガスカル　保健相
Rajaonarivelo, Pierrot　ラジャオナリベロ, ピエロ
　国マダガスカル　外相
Rajapaksa, Basil　ラジャパクサ, バシル
　国スリランカ　経済開発相
Rajapaksa, Lalitha　ラージャパクサ, ラリタ
　国スリランカ　スリランカ・日本友好協会副顧問, 元・スリランカ・日本友好協会会長
Rajapaksa, Mahinda　ラジャパクサ, マヒンダ
　1945～　国スリランカ　政治家　スリランカ大統領・首相　異ラジャパクセ, マヒンダ
Rajapaksa, Wijeyadasa　ラジャパクサ, ウィジェダサ
　国スリランカ　法相
Rajapakse, Mahinda　ラジャパクセ, マヒンダ
　国スリランカ　漁業・水産資源開発相
Rajapov, Matkarim　ラジャポフ, マトカリム
　国トルクメニスタン　環境保護相
Rajar, Haji Khuda Bukhsh　ラジャル, ハジ・クダ・バクシュラ
　国パキスタン　麻薬対策相
Rajar, Haji Khuda Bux　ラジャル, ハジ・クダ・バクシュ
　国パキスタン　麻薬対策相
Rajaram, Dhiraj　ラジャラム, ディラージ
　国インド　実業家　ミューシグマCEO
Rajata, Rajatanavin　ラッチャタ・ラッチャタナーウィン
　国タイ　保健相
Rajaton　ラヤトン
　著「ラヤトン無限の森へ」プロダクション・エイシア　2011
Rajcak, Hélène　ラッジカク, エレーヌ
　1981～　著「世界の絶滅動物いなくなった生き物たち」汐文社 2015
Rajchman, John　ライクマン, ジョン
　著「Anytime」NTT出版　2001
Rajel, Ishagh Ould　ラジェル, イシャグ・ウルド
　国モーリタニア　鉱工業相
Rajhi, Farhat　ラジュヒ, ファルハト
　国チュニジア　内相
Rajiha, bint Abdul Amir bin Ali　ラジハ・ビン・アブドル・アミール・ビン・アリ
　国オマーン　観光相
Rajiha, Dawoud　ラジハ, ダウド
　1947～2012　国シリア　軍人, 政治家　シリア国防相, シリア陸軍参謀総長
Rajinikanth　ラジニカーント
　1949～　国インド　俳優　本名＝Shivaji Rao Gaekwad
Rajkovic, Slobodan　ライコヴィッチ, スロボダン
　国セルビア　サッカー選手
Rajlich, Jirí　ライリヒ, イジー
　著「第二次大戦のスロヴァキアとブルガリアのエース」大日本絵画　2005
Rajlich, Nathan　ラジリック, ネイサン
　著「実践Node.jsプログラミング」翔泳社　2014
Rajoelina, Andry Nirina　ラジョエリナ, アンドリー
　1974～　国マダガスカル　政治家　マダガスカル暫定大統領　異ラジェリナ
Rajohnson, Rija　ラジョンソン, リジャ
　国マダガスカル　治水・森林相
Rajoub, Nayef　ラジューブ, ナイフ
　国パレスチナ　宗教相
Rajoy Brey, Mariano　ラホイブレイ, マリアノ
　1955～　国スペイン　政治家　スペイン首相, スペイン国民党党首　異ラホイ, マリアノ
Raju, B.Ramalinga　ラジュ, ラマリンガ
　1954～　国インド　起業家　サティヤム・コンピュータ・サービス創業者　本名＝Raju, Byrraju Ramalinga
Raju, Jagmohan　ラジュー, ジャグモハン
　1954～　経営学者　ペンシルベニア大学ウォートン校マーケティング学部長
Raju, Pallam　ラジュ, パラム
　国インド　人的資源開発相
al-Rakad, Rakad bin Salem　アル・ラカド, ラカド・ビン・サレム
　国アラブ首長国連邦　公共事業住宅相　異アル・ラカド, ラガド・ビン・サレム
Rakcevic, Zarko　ラクチェビッチ, ジャルコ
　国モンテネグロ　副首相
Rake, Katherine　レイク, キャサリン
　著「ジェンダーと福祉国家」ミネルヴァ書房　2009
Rakhimov, Ramazan　ラヒモフ, ラマザン
　国タジキスタン　内相
Rakhimov, Saidakhmad　ラヒモフ, サイダフマド
　国ウズベキスタン　財務相
Rakhimova, Regina　ラヒモワ
　国ロシア　フリースタイルスキー選手
Rakhlin, Anatolii　ラフリン, アナトリー
　？～2013　国ロシア　柔道家　ロシア柔道連盟副会長
Rakhmanaliev, Rustan　ラフマナリエフ, R.
　著「アイハヌム」東海大学出版会　2008
Rakhmanov, Akmamed　ラフマノフ, アクマメド
　国トルクメニスタン　内相
Rakhmon, Emomali　ラフモン, エモマリ
　1952～　国タジキスタン　政治家　タジキスタン大統領　本名＝Rakhmon, Emomali Sharifovich
Rakhmonov, Abbos　ラフモノフ, アボス
　国ウズベキスタン　レスリング選手
Rakhmonov, Abdujabbor　ラフモノフ, アブドゥジャボル
　国タジキスタン　教育相
Rakitic, Ivan　ラキティッチ, イヴァン
　国クロアチア　サッカー選手
Rakoff, Joanna　ラコフ, ジョアンナ
　1972～　著「サリンジャーと過ごした日々」柏書房　2015
Rakotoarimanana, François Marie Maurice Gervais　ラコトアリマナナ, フランソワ・マリー・モーリス・ジェルベ
　国マダガスカル　財務・予算相
Rakotoarimasy, Lucien　ラコトアリマシ, ルシアン
　国マダガスカル　国防相
Rakotoarisoa, Florent　ラクトゥアリスア, フロラン
　国マダガスカル　内相
Rakotomalala, Mireille Mialy　ラコトマララ, ミレイユ・ミアリ
　国マダガスカル　文化・遺産相
Rakotomamonjy, André Neypatraiky　ラコトマモンジ, アンドレ・ネイパトライキ
　国マダガスカル　郵便・通信・デジタル開発相
Rakotomamonjy, Jean Max　ラクトゥマモンジ, ジャン・マックス
　国マダガスカル　観光相
Rakotomihantarizaka, Rémy Sylvain Organès　ラコトミハンタリザカ, レミー・シルバン・オルガネス
　国マダガスカル　国家安全相
Rakotondrasoa　ラクトゥンドラスア
　国マダガスカル　牧畜相
Rakotondrazaka, Arsène　ラクトンドラザカ, アルセンヌ
　国マダガスカル　公安相
Rakotonirainy, Soalahy Georges　ラクトゥニライヌ, スライ・ジョルジュ
　国マダガスカル　科学研究相
Rakotovahiny, Emmanuel　ラコトバヒニー, エマニュエル
　国マダガスカル　共同大統領
Rakotovao, Rivo　ラコトバオ, リボ
　国マダガスカル　大統領府付農業・畜産担当相
Rakotozafy, Dominique Jean Olivier　ラコトザフィ, ドミニク・ジャン・オリビエ
　国マダガスカル　国防相
Rakov, Maxim　ラコフ, マキシム
　国カザフスタン　柔道選手
Rakowski, Mieczysław Franciszek　ラコフスキ, ミエチスワフ
　1926～2008　国ポーランド　政治家, ジャーナリスト　ポーランド首相, ポーランド統一労働者党第1書記, 「ポリチカ」編集長
Rakuoane, Lekhetho　ラクオアネ, レケト
　国レソト　内相
Rakusa, Iluma　ラクーザ, イルマ
　1946～　著「ラングザマー」共和国　2016
Raleigh, Lori E.　ローリー, ロリ・E.

Ralison, Alphonse ラリソン, アルフォンス
国マダガスカル 消費者問題相

Rallis, Georgios ラリス, ジョルジオ
1918〜2006 国ギリシャ 政治家 ギリシャ首相

Ralotsia, Patrick Pule ラロツィア, パトリック・プレ
国ボツワナ 農業開発・食料安全保障相

Ralph, Derry ラルフ, デリー
国南アフリカ 元・シブイ盆栽会会長, 元・いけばなインターナショナル・ヨハネスブルグ支部長

Ralph, LeAnn ラルフ, リーアン
著「空っぽのくつした」光文社 2002

Ralston, Aron ラルストン, アーロン
1975〜 著「127時間」小学館 2011

Ram, Andi ラム
国イスラエル テニス選手

Ram, Jack ラム, ジャック
国トンガ ラグビー選手

Ram, Rajeev ラム, ラジーブ
国アメリカ テニス選手

Rama, Edi ラマ, エディ
1964〜 国アルバニア 政治家 アルバニア首相 本名＝Rama, Edi Kristag

Rama, Luan ラマ, ルアン
国アルバニア 治安相

Ramachandran, A. ラマチャンドラン, A.
1935〜 著「10にんのきこり」講談社 2007

Ramachandran, Rama ラマチャンドラン, ラマ
著「プロフェッショナルVB.NET」インプレス, インプレスコミュニケーションズ（発売） 2002

Ramachandran, Vilayanur S. ラマチャンドラン, V.S.
著「脳のなかの天使」角川書店, 角川グループパブリッシング（発売） 2013

Ramadan, Fatime Issa ラマダン, ファティメ・イサ
国チャド 商業・手工業相

Ramadan, Noël ラマダン, ノエル
国中央アフリカ 公務員・労働・社会保障相

Ramadan, Samah ラマダン
国エジプト 柔道選手

Ramadan, Taha Yassin ラマダン, タハ・ヤシン
1938〜2007 国イラク 政治家 イラク副大統領

Ramadane, Abakar ラマダネ, アバカル
国チャド 水利相

Ramadane, Fatime Issa ラマダン, ファティム・イッサ
国チャド 社会行動・国連連携・家族相

Ramadan Ibrahim, Ibrahim ラマダンイブラヒム
国エジプト 重量挙げ選手

Ramadan Mohamed, Nahla ラマダンモハメド
国エジプト 重量挙げ選手

Ramadhar, Prakash ラマダー, プラカシュ
国トリニダード・トバゴ 法相

Ramadharsingh, Glenn ラマダーシン, グレン
国トリニダード・トバゴ 国民・社会開発相

Ramadier, Cédric ラマディエ, セドリック
1968〜 著「ここからだしてくれ〜！」ポプラ社 2016

Ramaili, Mannete ラマイリ, マネテ
国レソト 観光・環境・文化相

Ramakrishnan, Niranjan ラマクリシュナン, ニランジャン
著「Oracle XMLハンドブック」翔泳社 2001

Ramakrishnan, P.S. ラーマクリシュナン, P.S.
著「持続可能な農業と環境」食料・農業政策研究センター, 農山漁村文化協会（発売） 2001

Ramakrishnan, Venkatraman ラマクリシュナン, ベンカトラマン
1952〜 国アメリカ 結晶学者, 構造生物学者 MRC分子生物学研究所グループリーダー

Ramalason, Olga ラマラソン, オルガ
国マダガスカル 商業相

Ramaley, Judith A. ラマレイ, ジュディス
著「科学力のためにできること」近代科学社 2008

Ramalho, Andre ラマーリョ, アンドレ
国ブラジル サッカー選手

Ramamonjisoa, Virapin ラマモンジソア, ビラパン
国マダガスカル スポーツ相

Raman, Anand P. ラマン, アナンド・P.
著「マーケティングのジレンマ」ダイヤモンド社 2004

Raman, Sengadu Abbu Pattabi ラーマン, センガドゥ・アブ・パタビ
国インド 元・在インド日本国大使館現地職員

Ramanantenasoa, Noëline ラマナンテナソア, ノエリーヌ
国マダガスカル 法相

Ramanantsoa, Benjamina Ramarcel ラマナンツア, ベンジャミナ・ラマルセル
国マダガスカル 運輸相

Ramanantsoa, Herivelona ラマナンツァ, エリブルナ
国マダガスカル 国土・都市整備相

Ramanantsoa, Jean Rodolphe ラマナントソア, ジャン・ロドルフ
国マダガスカル エネルギー相

Ramanantsoa, Ramarcel Benjamina ラマナンツォア, ラマルセル・ベンジャミナ
国マダガスカル 交通・気象相

Ramanauskas, Edvinas ラマナウスカス, エドビナス
国リトアニア カヌー選手

Ramandimbiarison, Zaza Manitranja ラマンディンビアリスン, ザザ・マニトランジャ
国マダガスカル 副首相（経済企画・運輸・公共事業・国土整備担当）

Ramanna, Raja ラマンナ, ラジャ
？〜2004 国インド 核科学者 バーバ原子力研究センター所長, インド原子力委員会委員長 業核爆発装置の開発 娘ラマナ, ラジャ

Ramaphosa, Cyril ラマポーザ, シリル
国南アフリカ 副大統領

Ramaroson, Nadine ラマロソン, ナディン
国マダガスカル 人口・社会問題相

Ramaroson, Olga ラマルソン, オルガ
国マダガスカル 人口相

Ramaswamy, Venkatram ラマスワミ, ベンカト
著「コ・イノベーション経営」東洋経済新報社 2013

Ramaswamy, Vivek ラマスワミ, ヴィヴェク
起業家, ロイヴァント創業者

Ramatlapeng, Mphu ラマトラペン, ムプ
国レソト 保健・社会福祉相

Ramatlhodi, Ngoako ラマトロディ, ヌゴアコ
国南アフリカ 公共サービス・管理相

Ramatov, Achilbay ラマトフ, アチルバイ
国ウズベキスタン 第1副首相

Ramazan, Ayvalli ラマザン, アイワッル
著「愛すべき預言者様」呉智世理夢 2010

Ramazani, Emmanuel ラマザニ, エマニュエル
国コンゴ民主共和国 副首相兼内相

Ramazani Baya, Raymond ラマザニ・バヤ, レイモン
国コンゴ民主共和国 外務・国際協力相

Ramazanoglu, Caroline ラマザノグル, キャロリン
著「ジェンダーと暴力」明石書店 2001

Ramazanoğlu, Sema ラマザンオール, セマ
国トルコ 家族・社会政策相

Ramazanov, Murad ラマザノフ
国マケドニア レスリング選手

Rambach, Anne ランバック, アンヌ
1970〜 国フランス 作家 得ミステリー

Rambachan, Surujrattan ランバチャン, スールージュラタン
国トリニダード・トバゴ 公共事業・社会基盤相

Rambaldi, Carlo ランバルディ, カルロ
1925〜2012 国イタリア 映画特殊効果技師 得SFX

Rambally, Menissa ラムバリー, メニッサ
国セントルシア 社会変革・文化・自治相

Rambeloalijaona, Jean Seth ランベルアリゾンヌ, ジャン・セットゥ
国マダガスカル 内相

Ramberg, Jan ランバーグ, ジャン
著「ICCインコタームズ2010の手引き」国際商業会議所日本委員会 2012

Rambert, Pascal ランベール, パスカル
1962〜 国フランス 劇作家, 演出家 ジュヌヴィリエ国立演劇センター芸術監督

Rambharat, Clarence ランバラット, クラレンス
国トリニダード・トバゴ 農水・国土相

Rambi, Sani ランビ, サニ
国パプアニューギニア 労働雇用関係相

Rambis, Kurt ランビス, カート

[国]アメリカ　ニューヨーク・ニックスアシスタントコーチ（バスケットボール）
Rambo, Joyce　ランボー, ジョイス
1934～2008　[国]アメリカ　ゴスペル歌手　別名＝ランボー, ドティ〈Rambo, Dottie〉
Rambo, Lewis Ray　ランボー, ルイス・R.
1943～　[著]「宗教的回心の研究」 ビイング・ネット・プレス 2014
Rambukwella, Keheliya　ランブクウェラ, ケヒリヤ
[国]スリランカ　マスメディア・情報相
Ram Dass　ラム・ダス
[著]「死の処方箋」 雲母書房　2003
Ramdass, Motee　ラムダス, モティー
[国]モーリシャス　商業・消費者保護相
Ramdoss, Anbumani　ラムドス, アンブマニ
[国]インド　保健・家族福祉相
Rame, Franca　ラーメ, フランカ
1929～2013　[国]イタリア　女優, 政治家　イタリア上院議員
Rameil, Udo　ラーマイル, ウド
1948～　[著]「G.W.F.ヘーゲル 論理学講義」 文理閣　2010
Ramel, Charlotte　ラメル, C.
[著]「わたしはわたし」 文化出版局　2001
Ramesh, Jairam　ラメシュ, ジャイラム
[国]インド　農村開発相

R

Ramgoolam, Navinchandra　ラムグーラム, ナビンチャンドラ
1947～　[国]モーリシャス　政治家, 医師　モーリシャス労働党（MLP）党首　モーリシャス首相・国防相・内相　[異]ラムグラーム / ラングーラム, ナヴィチャンドラ
Ramgoolam, Rudrawatee　ラムグーラム, ルドラワティー
[国]トリニダード・トバゴ　総務相
Rami, Adil　ラミ, アディル
[国]フランス　サッカー選手
Ramiaramanana, Patrick　ラミアラマナナ, パトリック
[国]マダガスカル　スポーツ・文化相
Ramid, Mustafa　ラミッド, ムスタファ
[国]モロッコ　法相
Ramin, Cathryn Jakobson　ラミン, キャスリン・ジェイコブソン
[著]「記憶力をのばしたい！」 講談社　2008
Ramin, Obaidullah　ラミン, ウベイドゥラ
[国]アフガニスタン　農相
Ramírez, Augusto　ラミレス, アウグスト
[国]コロンビア　経済開発相
Ramirez, Bruno　ラミレス, ブルーノ
1942～　[著]「労働者が闘う時」 関西大学出版部　2004
Ramirez, Cristina　ラミレス, クリスティナ
[国]コスタリカ　法相
Ramírez, Edgardo　ラミレス, エドガルド
[国]ベネズエラ　高等教育相
Ramirez, Erasmo　ラミレス, エラスモ
[国]ニカラグア　野球選手
Ramirez, Gaston　ラミレス, ガストン
[国]ウルグアイ　サッカー選手
Ramirez, Hanley　ラミレス, ハンリー
1983～　[国]ドミニカ共和国　野球選手
Ramirez, Harold　ラミレス, ハロルド
[国]コロンビア　野球選手
Ramirez, J.C.　ラミレス, JC.
[国]ニカラグア　野球選手
Ramirez, Jose　ラミレス, ホゼ
[国]ドミニカ共和国　野球選手
Ramirez, Jose　ラミレス, ホゼ
[国]ドミニカ共和国　野球選手
Ramírez, Luis　ラミレス, ルイス
[国]コロンビア　国防相
Ramirez, Manny　ラミレス, マニー
1972～　[国]アメリカ　野球選手　本名＝Ramirez, Manuel Aristides
Ramírez, Marta　ラミレス, マルタ
[国]コロンビア　貿易相
Ramirez, Matthew　ラミレズ, マシュー
WRITELAB共同創業者
Ramirez, Noe　ラミレス, ノエ
[国]アメリカ　野球選手
Ramírez, Patricia　ラミレス, パトリシア
[国]グアテマラ　経済相
Ramírez, Rafael　ラミレス, ラファエル
[国]ベネズエラ　外相
Ramirez, Robeisy　ラミレス, ロベイシー
1993～　[国]キューバ　ボクシング選手　本名＝Ramirez Carrazana, Robeisy
Ramirez, Sara　ラミレス, サラ
トニー賞 ミュージカル 助演女優賞（2005年（第59回））“Monty Python's Spamalot”
Ramirez, Yefrey　ラミレス, イェフリー
[国]ドミニカ共和国　野球選手
Ramírez Acuña, Francisco Javier　ラミレス・アクニャ, フランシスコ・ハビエル
[国]メキシコ　内相
Ramírez de Rincón, Martha Lucía　ラミレス・デリンコン, マルタ・ルシア
[国]コロンビア　国防相
Ramírez Landaverde, Mauricio Ernesto　ラミレス・ランダベルデ, マウリシオ・エルネスト
[国]エルサルバドル　法務・治安相
Ramírez Lezcano, Rubén　ラミレス・レスカノ, ルベン
[国]パラグアイ　外相
Ramírez Marín, Jorge Carlos　ラミレス・マリン, ホルヘ・カルロス
[国]メキシコ　農地改革相
Ramírez Mercado, Marcia Petrona　ラミレス・メルカド, マルシア・ペトロナ
[国]ニカラグア　家族青少年相
Ramírez Mercado, Sergio　ラミレス, セルヒオ
1942～　[国]ニカラグア　政治家, 作家, 弁護士　ニカラグア副大統領
Ramírez Noguera, Glenda Auxiliadora　ラミレス・ノゲラ, グレンダ・アウキシリアドラ
[国]ニカラグア　家族相
Ramirez Yepes, Carlos Alberto　ラミレスジェペス, カルロスアルベルト
[国]コロンビア　自転車選手
Ramis, Harold　ライミス, ハロルド
1944～2014　[国]アメリカ　映画監督, 脚本家, 俳優　[異]レイミス, ハロルド
Ramis, Ivan　ラミス, イバン
[国]スペイン　サッカー選手
Ramjattan, Khemraj　ラムジャッタン, ケムラジ
[国]ガイアナ　副大統領, 国家安全保障相
Ramkrishna, Chitra　ラマクリシュナ, チトラ
[国]インド　金融家　インド・ナショナル証券取引所（NSE）CEO
Ramlall, Vishva　ラムラル, ビシュワ
[著]「製薬業界におけるデータ保護」 知的財産研究所　2004
Ramler, Siegfried　ラムラー, ジークフリート
1924～　[著]「ニュルンベルク裁判と同時通訳」 エンタイトル出版 2007
Ramli, Rizal　ラムリ, リザル
1953～　[国]インドネシア　政治家, エコノミスト　インドネシア財務相, インドネシア経済担当調整相　[専]経済分析
Ramlogan, Anand　ラムローガン, アナンド
[国]トリニダード・トバゴ　検事総長
Ramm, Alexander　ラム, アレクサンドル
[国]ロシア　チャイコフスキー国際コンクール チェロ 第2位（2015年（第15回））
Rammo, Karl-Martin　ラモ, カールマルティン
[国]エストニア　セーリング選手
Ramnarine, Kevin　ラムナライン, ケビン
[国]トリニダード・トバゴ　エネルギー相
Ramnerö, Jonas　ランメロ, ユーナス
[著]「臨床行動分析のABC」 日本評論社　2009
Ramo, Joshua Cooper　ラモ, ジョシュア・クーパー
[著]「不連続変化の時代」 講談社インターナショナル　2009
Ramo, Simon　ラモー, サイモン
1913～2016　[国]アメリカ　物理学者, 実業家　[異]ラモ, サイモン / ラモー, シモン / レーモー, サイモン
Ramoin, Tony　ラモワン
[国]フランス　スノーボード選手
Ramon, Elisa　ラモン, エリサ
1957～　[著]「いつまでもそばにいてね」 ひさかたチャイルド 2010
Ramon, Haim　ラモン, ハイム
[国]イスラエル　副首相
Ramon, Ilan　ラモン, イラン
1954～2003　[国]イスラエル　宇宙飛行士, 軍人　イスラエル空軍

大佐
Ramon-Cortés, Ferran ラモン・コルテス, フェラン
　1962～　㉖「話すヒント」アスペクト　2006
Ramone, Dee Dee ラモーン, ディー・ディー
　1952～2002　国アメリカ　ロック・ベース奏者　旧グループ名＝ラモーンズ〈Ramones〉
Ramone, Joey ラモーン, ジョーイ
　1951～2001　国アメリカ　ロック歌手　本名＝ハイマン, ジェフリー〈Hyman, Jeffrey〉
Ramone, Johnny ラモーン, ジョニー
　1948～2004　国アメリカ　ロック・ギタリスト　本名＝カミングス, ジョン〈Cummings, John〉
Ramone, Phil ラモーン, フィル
　1934～2013　国アメリカ　音楽プロデューサー, 録音技術者
Ramone, Tommy ラモーン, トミー
　1949～2014　国アメリカ　ドラム奏者　本名＝タマス, アーデライ〈Tamás, Erdélyi〉
Ramoneda, Arturo M. ラモネダ, アルトゥロ
　1946～　㉖「ロルカと二七年世代の詩人たち」土曜美術社出版販売　2007
Ramonet, Ignacio ラモネ, イニャシオ
　1943～　国フランス　ジャーナリスト　「ルモンド・ディプロマティック」社主・総編集長, パリ第7大学教授　㊗ラモネ, イグナシオ / ラモネ, イグナチオ
Ramonov, Murat ラモノフ, ムラト
　国キルギス　レスリング選手
Ramonov, Soslan ラモノフ, ソスラン
　国ロシア　レスリング選手
Ramos, Adrian ラモス, アドリアン
　国コロンビア　サッカー選手
Ramos, A.J. ラモス, AJ.
　国アメリカ　野球選手
Ramos, Americo d'Oliveira Dos ラモス, アメリコ・ドリベイラ・ドス
　国サントメ・プリンシペ　財務・国際協力相
Ramos, Arlindo ラモス, アルリンド
　国サントメ・プリンシペ　内相
Ramos, Basílio Mosso ラモス, バジリオ・モソ
　国カボベルデ　保健相
Ramos, Edubray ラモス, エデュブレイ
　国ベネズエラ　野球選手
Ramos, Fidel Valdez ラモス, フィデル
　1928～　国フィリピン　政治家, 軍人　フィリピン大統領, フィリピン国防相, フィリピン国軍参謀総長
Ramos, Humberto ラモス, ウンベルト
　㉖「スーペリア・スパイダーマン：ワースト・エネミー」ヴィレッジブックス　2016
Ramos, Joana ラモス, ジョアナ
　国ポルトガル　柔道選手
Ramos, José Reis da Silva ラモス, ジョゼ・レイス・ダ・シルヴァ
　国ポルトガル　在ポルト日本国名誉総領事, トヨタ・カエターノ社代表取締役社長
Ramos, Juan Antonio ラモス
　国スペイン　テコンドー選手
Ramos, Manuel Salvador Dos ラモス, マニュエル・サルバドール・ドス
　国サントメ・プリンシペ　外相
Ramos, Mario ラモ, マリオ
　1958～　国ベルギー　イラストレーター, 絵本作家
Ramos, Pablo Marcial Ortiz ラモス, パブロ・マルシアール・オルティース
　㉖「プエルト・リコ！ カリブのラテントリオ」彩流社　2007
Ramos, Rogelio ラモス, ロヘリオ
　国コスタリカ　公安相
Ramos, Tommy ラモス
　国プエルトリコ　体操選手
Ramos, Vitorino ラモス, ヴィトリーノ
　㉖「群知能とデータマイニング」東京電機大学出版局　2012
Ramos, Wilmer ラモス, ウィルメル
　国コスタリカ　経済商業相
Ramos, Wilson ラモス, ウィルソン
　国ベネズエラ　野球選手
Ramos-Horta, José ラモス・ホルタ, ジョゼ
　1949～　国東ティモール　政治家, 人権活動家　東ティモール大統領, 東ティモール首相, 東ティモール民族抵抗評議会（CNRT）副議長

Ramos Martínez, Rogelio ラモス・マルティネス, ロヘリオ
　国コスタリカ　内相兼公安相
Ramos Morales, Ana Verónica ラモス・モラレス, アナ・ベロニカ
　国ボリビア　生産開発・複合経済相
Ramos-Poqui, Guillem ラモスポーキ, ギレム
　1944～　㉖「イコンの描き方」サンパウロ　2002
Ramos-vinolas, Albert ラモス, アルベルト
　国スペイン　テニス選手
Ramotar, Donald ラモター, ドナルド
　1950～　国ガイアナ　政治家　ガイアナ大統領
Ramparany, Anthelme ランパラニ, アンテルム
　国マダガスカル　畜産相
Rampersad, Hubert K. ランパサッド, ヒューバート
　1957～　㉖「トータル・パフォーマンス・スコアカード」生産性出版　2004
Rampling, Charlotte ランプリング, シャーロット
　1946～　国イギリス　女優　本名＝Rampling, Tessa Charlotte
Rampling, Isabelle ランプリング
　国カナダ　シンクロナイズド・スイミング選手
Rampton, Sheldon ランプトン, シェルダン
　1957～　㉖「粉飾戦争」インフォバーン　2004
Ramsammy, Leslie ラムサミー, レスリー
　国ガイアナ　農相
Ramsaran, Bheri ラムサラン, ベリ
　国ガイアナ　保健相
Ramsaran, Manohar ラムサラン, マノハール
　国トリニダード・トバゴ　社会・スポーツ・消費者問題相
Ramsauer, Peter ラムザウアー, ペーター
　国ドイツ　運輸・建設・都市開発相
Ramsay, Anna ラムゼイ, アナ
　㉖「白衣のシンデレラ」ハーレクイン　2002
Ramsay, Ansil ラムゼイ, アンシル
　㉖「レント、レント・シーキング、経済開発」出版研, 人間の科学新社（発売）　2007
Ramsay, Gordon ラムゼイ, ゴードン
　国イギリス　シェフ
Ramsay, J.Russell ラムゼイ, ラッセル
　㉖「成人のADHDに対する認知行動療法」金剛出版　2012
Ramsbotham, Oliver ラムズボサム, オリバー
　1943～　㉖「現代世界の紛争解決学」明石書店　2009
Ramsden, Frank ラムズデン, フランク
　国ボツワナ　運輸・通信相
Ramsden, Paul ラムズデン, ポール
　㉖「高等教育における教育・学習のリーダーシップ」東北大学高等教育開発推進センター　2014
Ramselaar, Bart ラムセラール, バルト
　国オランダ　サッカー選手
Ramsey, Aaron ラムジー, アーロン
　国ウェールズ　サッカー選手
Ramsey, Benjamin ラムジー, ベン
　㉖「ドラゴンボールエボリューション」小学館集英社プロダクション　2009
Ramsey, Dave ラムジー, デイヴ
　㉖「アントレ・リーダーの「情熱」仕事術」早川書房　2012
Ramsey, Jalen ラムゼイ, ジェイレン
　国アメリカ　アメフト選手
Ramsey, Norman Foster ラムゼー, ノーマン
　1915～2011　国アメリカ　物理学者　ハーバード大学名誉教授　㊗原子物理学　㊗ラムジー, ノーマン / ラムゼイ, ノーマン
Ramseyer, J.Mark ラムザイヤー, J.マーク
　1954～　㉖「ケースブックM&A」商事法務　2015
Ramson, Charles ラムソン, チャールズ
　国ガイアナ　法相
Ramstein, Anne-Margot ラムスタイン, アン・マルゴー
　㉖「アルバート・アインシュタインのひらめき」ディスカヴァー・トゥエンティワン　2011
Ramstetter, Eric D. ラムステッター, エリック・D.
　㉖「東アジアにおける鉄鋼産業の構造変化」創文社　2007
Ramtha ラムサ
　㉖「ラムサホワイトブック」水山産業出版部　2014
Ramthun, Bonnie ラムサン, ボニー
　㉖「テロリストのウォーゲーム」集英社　2003
Ramzes, Vadim ラムゼス, バディム
　1933～2008　国ロシア　経済学者　㊗日本経済　本名＝Ramzes, Vadim Borisovich
Ramzi, Rashid ラムジ, ラシド

国バーレーン　陸上選手
Rana, Dal Bahadur　ラナ, ダル・バハドゥル
国ネパール　土地改革管理相
Rana, Ivan　ラナ
国スペイン　トライアスロン選手
Rana, Kashiram　ラナ, カシラム
国インド　繊維相
Rana, Kashiram Chabildas　ラーナ, カシラム・チャビルダス
国インド　繊維相
Rana, Madhukar Shumsher　ラナ, マドゥカル・シュムシャー
国ネパール　財務相
Ranade, Subhash　ラナーデ, スバーシュ
著「アーユルヴェーダとマルマ療法」 ガイアブックス, 産調出版（発売）　2009
Ranadivé, Vivek　ラナディヴェ, ヴィヴェック
著「予測力」 朝日新聞出版　2012
Ranaivo, Serge　ラナイボ, セルジュ
国マダガスカル　青年・余暇相
Ranaivoharivony, Bakolalao　ラナイバアリボ, バコララオ
国マダガスカル　法相
Ranaivosoa, Roilya　ラナイボソア
国モーリシャス　重量挙げ選手
Ranaldo, Lee　ラナルド, リー
1958～　国アメリカ　ミュージシャン
Ranariddh, Norodom　ラナリット, ノロドム
1944～　国カンボジア　政治家　王党派国民政党のコミュニティー党首　カンボジア下院議長, カンボジア第1首相, フンシンペック党（FUNCINPEC）党首　異ラナリット殿下
Ranasinghe, Thusitha　ラナシンハ, ツシッタ
著「ぼくのウンチはなんになる？」 ミチコーポレーション, 英治出版（発売）　2006
Ranatunga, Arjuna　ラナトゥンガ, アルジュナ
国スリランカ　港湾・海運相
Ranawaka, Patali Champika　ラナワカ, パタリ・チャンピカ
国スリランカ　大都市・西部開発相
Rancatore, Désirée　ランカトーレ, デジレ
1977～　国イタリア　ソプラノ歌手
Rance, Joseph　ランス, ジョゼフ
1940～　著「新幹線大爆破」 論創社　2010
Rancière, Jacques　ランシエール, ジャック
1940～　国フランス　哲学者, 美学者　パリ第8大学名誉教授　専政治哲学, 教育哲学, 美学ほか
Rand, Ann　ランド, アン
1918？～2012　著「エドワードとうま」 岩波書店　2015
Rand, Casey　ランド, ケイシー
著「超（チョー）とうめいなガラスイカとおもしろイカのなかまたち」 鈴木出版　2014
Rand, Harry　ランド, ハリー
著「Hundertwasser」 Taschen　c2007
Rand, Mailis　ランド, マイリス
国エストニア　教育相
Rand, Nicholas Thomas　ランド, ニコラス
著「フロイトの矛盾」 書肆心水　2016
Randal, Jude　ランドル, ジュード
著「愛の奇跡を信じて」 ハーレクイン　2003
Randall, Connor　ランドール, コナー
国イングランド　サッカー選手
Randall, Damarious　ランドール, ダマリアス
国アメリカ　アメフト選手
Randall, Kikkan　ランドール
国アメリカ　クロスカントリースキー選手
Randall, Lisa　ランドール, リサ
1962～　国アメリカ　理論物理学者　ハーバード大学物理学教授　専素粒子物理学, ひも理論, 宇宙論　異ランダル, リサ
Randall, Mac　ランダル, マック
著「エグジット・ミュージック」 シンコーミュージック・エンタテイメント　2011
Randall, Peter　ランドル, ピーター・E.
1940～　著「ポーツマス会議の人々」 原書房　2002
Randall, Ronne　ランドール, ロニー
著「生きている!?恐竜の世界」 岩崎書店　2012
Randall, Tony　ランドール, トニー
1920～2004　国アメリカ　喜劇俳優　本名＝Rosenberg, Anthony Leonard
Randall, William T.　ランドール, ウィリアム・T.
著「非暴力思想の研究」 編集工房東洋企画　2002
Randazzo, Aníbal Florencio　ランダソ, アニバル・フロレンシオ
国アルゼンチン　内務・運輸相
Randers, Jorgen　ランダース, ヨルゲン
1945～　国ノルウェー　経済・社会予測専門家　BIノルウェービジネススクール教授　専政策分析, 未来研究
Randimbisoa, Blaise Richard　ランディンビソア, ブレーズ・リシャール
国マダガスカル　公安相
Randisi, Robert J.　ランディージ, ロバート・J.
著「フィリップ・マーロウの事件」 早川書房　2007
Randle, Chasson　ランドル, チェイソン
国アメリカ　バスケットボール選手
Randle, John H.　ランドル, ジョン・H.
著「British Life Today ： An Introduction」 南雲堂　2010
Randle, Julius　ランドル, ジュリアス
国アメリカ　バスケットボール選手
Randle, Michael　ランドル, マイケル
著「市民的抵抗」 新教出版社　2003
Randle, Rueben　ランドル, ルーベン
国アメリカ　アメフト選手
Randle, Yvonne　ランドル, イボンヌ
著「アントレプレナーマネジメント・ブック」 ダイヤモンド社　2001
Randleman, Kevin　ランデルマン, ケビン
1971～2016　国アメリカ　格闘家
Randles, Jenny　ランドルズ, ジェニー
著「タイムマシン開発競争に挑んだ物理学者たち」 日経BP社, 日経BP出版センター（発売）　2007
Rando, Caterina　ランド, カタリーナ
著「人生を変えるパワーシンキング」 産調出版　2003
Randolph, Boots　ランドルフ, ブーツ
？～2007　国アメリカ　サックス奏者　本名＝Randolph, Homer Louis
Randolph, Brian　ランドルフ, ブライアン
国アメリカ　アメフト選手
Randolph, Darren　ランドルフ, ダレン
国アイルランド　サッカー選手
Randolph, Elizabeth　ランドルフ, エリザベス
著「愛犬のための家庭の医学」 ソニー・マガジンズ　2003
Randolph, Shakiel　ランドルフ, シャキール
国アメリカ　アメフト選手
Randolph, Zach　ランドルフ, ザック
国アメリカ　バスケットボール選手
Randriafeno, Tolotrandry Rajo Daniella　ランジアフェノ, トロトランジ・ラジョ・ダニエラ
国マダガスカル　鉱業相
Randriamampionona, Rolland　ランドリアマンピオノナ, ロラン
国マダガスカル　公共事業・気象相
Randriamanantsoa, Tabera　ランジアマナンツア, タベル
国マダガスカル　公職・労働・社会立法相
Randriamandranto, Ihanta　ランジアマンドラント, イアンタ
国マダガスカル　畜産相
Randrianambinina, Alfonse　ランドリアナンビニナ, アルフォンス
国マダガスカル　商業・消費相
Randrianazary　ランジアナザリ
国マダガスカル　憲兵隊担当相
Randrianjatovo, Henri François Victor　ランジアンジャトボ, アンリ・フランソワ・ビクトール
国マダガスカル　青少年・スポーツ相
Randriarimanana, Harison　ランドリアリマナナ, アリソン
国マダガスカル　環境・治水・森林・観光相
Randriarimanana, Harison Edmond　ランジアリマナナ, アリソン・エドモン
国マダガスカル　農業・畜産・漁業相
Randriasandratriniony, Yvan　アンジアンサジャチニウニ, イバン
国マダガスカル　農業・畜産相
Randver, Rein　ランドバール, レイン
国エストニア　環境相
Raney, Richard.Beverly　レイニー, R.B.
著「小児がん」 シュプリンガー・ジャパン　2008
Raney-norman, Catherine　レイニー
国アメリカ　スピードスケート選手
Ranft, Joe　ランフト, ジョー

1960～2005 [国]アメリカ 脚本家
Rang, H.P. ラング, H.P.
[著]「ラング・デール薬理学」 西村書店 2011
Rangan, V.Kasturi ランガン, V.カストゥーリ
[著]「流通チャネルの転換戦略」 ダイヤモンド社 2013
Rangba, Samuel ランバ, サミュエル
[国]中央アフリカ 外務・アフリカ統合・フランス語圏相
Rangel, Angel ランヘル, アンヘル
[国]スペイン サッカー選手
Rangel, Doris ランジェル, ドリス
[著]「ロマンスしましょう」 ハーレクイン 2002
Rangel, José ランヘル, ホセ
[国]ベネズエラ 国防相
Rangel, José Vicente ランヘル, ホセ・ビセンテ
[国]ベネズエラ 副大統領
Rangel Briceño, Gustavo ランヘル・ブリセニョ, グスタボ
[国]ベネズエラ 国防相
Ranger, Terence レンジャー, テレンス
1929～2015 [国]イギリス 歴史家 オックスフォード大学教授 [専]アフリカ宗教史, アフリカ文化史 本名＝Ranger, Terence Osborn
Rangert, Bo ランガート, B.
[著]「インプラント審美歯科」 クインテッセンス出版 2002
Ranghieri, Alex ランギエリ, アレックス
[国]イタリア ビーチバレー選手
Rania ラニア王妃
1970～ [国]ヨルダン 王妃 本名＝ラニア, アル・アブドラ〈Rania Al-Abdullah〉
Ranieri, Claudio ラニエリ, クラウディオ
[国]イタリア レスター監督
Ranjatoelina, Rolland ランジャトエリナ, ローラン
[国]マダガスカル 運輸相
Ranjbar, Amir S. ランジバー, アミール・S.
[著]「CCNP self-study：CCNP CIT試験認定ガイド」 ソフトバンクパブリッシング 2004
Ranjeva, Marcel ランジェバ, マルセル
[国]マダガスカル 外相
Ranjivason, Jean Theodore ランジバソン, ジャン・セオドア
[国]マダガスカル 高等教育相
Ranjivason, Théodore ランジバスン, テオドール
[国]マダガスカル 公益事業・労働・社会法相
Ránki, Dezsö ラーンキ, デジェー
1951～ [国]ハンガリー ピアニスト [異]ラーンキ, デジュー
Rankin, Arthur, Jr. ランキン, アーサー, Jr.
1924～2014 [国]アメリカ アニメーション作家
Rankin, Casey ランキン, ケーシー
1946～2009 [国]アメリカ ミュージシャン
Rankin, Ian ランキン, イアン
1960～ [国]イギリス 作家 別名＝ハーベイ, ジャック〈Harvey, Jack〉
Rankin, Kenny ランキン, ケニー
1940～2009 [国]アメリカ 歌手
Rankin, Kyle ランキン, カイル
[著]「Knoppix hacks」 オライリー・ジャパン, オーム社（発売） 2005
Rankin, Laura ランキン, ローラ
[著]「あたし、うそついちゃった」 評論社 2013
Rankin, Lissa ランキン, リサ
1969～ [著]「病は心で治す」 河出書房新社 2015
Rankin, Marianne ランキン, マリアン
[著]「シシリー・ソンダース」 日本看護協会出版会 2016
Rankin, Nicholas ランキン, ニコラス
1950～ [著]「戦争特派員」 中央公論新社 2008
Rankin, Robert ランキン, ロバート
1949～ [著]「ブライトノミコン」 東京創元社 2008
Rankin, Robert A. ランキン, ロバート
1915～2001 [国]イギリス 数学者 グラスゴー大学教授 [異]ランキン, R.A.
Rankins, Sheldon ランキンズ, シャルドン
[国]アメリカ アメフト選手
Rankle, Theadora Van ランクル, セオドア・ヴァン
1928～2011 [国]アメリカ 衣裳デザイナー [異]ランクル, セオドア・バン
Rannells, Andrew ラネルズ, アンドリュー
グラミー賞 最優秀ミュージカル・シアター・アルバム（2011年（第54回）） "The Book Of Mormon"
Ranney, Karen ラニー, カレン
[著]「伯爵とキスのつづきを」 扶桑社 2016
Ranocchia, Andrea ラノッキア, アンドレア
[国]イタリア サッカー選手
Ranongruk, Suwunchwee ラノンラック・スワンチャウィー
[国]タイ 情報通信技術相
Ranschburg, Jenó ランシュブルグ, エネー
[著]「親と子ども：運命を決める出会い」 明治図書出版 2008
Ransley, Joan K. ランズレイ, ジョアン・K.
1955～ [著]「食品と栄養サプリメント」 エヌ・ティー・エス 2003
Ransom, David ランサム, デイヴィッド
[著]「フェア・トレードとは何か」 青土社 2004
Ransom, Jeanie Franz ランソン, ジニー・フランツ
1957～ [著]「いまは話したくないの」 大月書店 2007
Ransom, Stephen ランサム, ステファン
[著]「第400戦闘航空団」 大日本絵画 2011
Ransome, James E. ランサム, ジェームズ
[著]「ジェドおじさんはとこやさん」 汐文社 2014
Ranstrom, Gail ランストーム, ゲイル
[著]「恋に落ちたレディたち」 ハーレクイン 2009
***al*-Rantissi, Abdel Aziz** ランティシ, アブドルアジズ
1947～2004 [国]パレスチナ 政治家 ハマス最高指導者 [異]ランティシ, アブデルアジズ
Rantšo, Keketso ランツォ, ケケツォ
[国]レソト 雇用・労働相
Ranucci, Claudia ラヌッチ, クラウディア
1973～ [著]「100回いったでしょ！」 講談社 2009
Rao, Calyampudi Radhakrishna ラオ, C.R.
1920～ [著]「統計学とは何か」 筑摩書房 2010
Rao, Chandra Sekhar ラオ, チャンドラ・セカル
[国]インド 労相
Rao, Chintamani Nagesa Ramachandra ラオ, チンターマニー・ナーゲーシャ・ラーマチャンドラ
[国]インド ジャワハルラル・ネルー先端科学研究所名誉所長, 元・インド科学大学院大学学長, 元・日印合同科学評議会インド側委員長
Rao, C.N.R. ラオ, C.N.R.
1934～ [国]インド 材料化学者 ジャワハルラル・ネルー先端科学研究所名誉所長 本名＝Rao, Chintamani Nagesa Ramachandra [異]ラーオ
Rao, Inderjit Singh ラオ, インドラジット・シン
[国]インド 計画相
Rao, Kotamraju Ashu ラオ, K.アシュ
[著]「ラオ先生のやさしいインド占星術」 ストーク, 星雲社（発売） 2001
Rao, Kotamraju Narayana ラオ, K.ナラヤン
1931～ [著]「ラオ先生のやさしいインド占星術」 ストーク, 星雲社（発売） 2001
Rao, Narasimha ラオ, ナラシマ
1921～2004 [国]インド 政治家, 詩人 インド首相, インド国民会議派総裁
Rao, Shanta Rameshwar ラオ, シャンタ・R.
[著]「現代版マハーバーラタ物語」 而立書房 2016
Rao, Sirish ラオ, シリシュ
[著]「1・2・3インドのかずのえほん」 アートン 2005
Rao, Srikumar S. ラオ, スリクマー・S.
[著]「ラオ教授の「幸福論」」 マグロウヒル・エデュケーション, 日本経済新聞出版社（発売） 2011
Raonic, Milos ラオニッチ, ミロシュ
1990～ [国]カナダ テニス選手
Raos, Andrea ラオス, アンドレア
[著]「地上の歌声」 思潮社 2001
Raote, Komilla ラーオーテ, コーミラー
1950～ [著]「ながいながいかみのおひめさま」 アートン 2006
Raoul, Élisabeth ラウル, エリザベット
[著]「ヨーガに生まれる」 牧歌舎, 星雲社（発売） 2008
Raoul, Émilienne ラウル, エミリエンヌ
[国]コンゴ共和国 社会問題・人権活動・連帯相
Rapace, Noomi ラパス, ノオミ
1979～ [国]スウェーデン 女優
Rapaport, Era ラパポート, エラ
1945～ [著]「テル・モンド監獄からの手紙」 近代文芸社 2003
Rapaport, Herman ラパポート, ハーマン
1947～ [著]「ハイデッガーとデリダ」 法政大学出版局 2003
Rapee, Ronald M. ラペー, ロナルド・M.
[著]「不安障害」 日本評論社 2005
Rapelli, Paola ラペッリ, パオラ

[著]「モネ」 昭文社 2007
Raphael, Beverley ラファエル, ビヴァリー
[著]「災害の襲うとき」 みすず書房 2016
Raphael, D.D. ラフィル, D.D.
[著]「アダム・スミスの道徳哲学」 昭和堂 2009
Raphael, Frederic Michael ラファエル, フレデリック
1931～ [国]アメリカ 作家, 脚本家 [異]レイフル, フレデリック
Raphael, John ラファエル, ジョン
[国]トリニダード・トバゴ 保健相
Raphael, Lev ラファエル, レヴ
[著]「強い自分になる方法」 筑摩書房 2005
Raphael, Serge ラファエル, セルジュ
[国]ハイチ共和国 公共事業・運輸・通信相
Raphael, Taffy E. ラファエル, タフィー・E.
[著]「言語力を育てるブッククラブ」 ミネルヴァ書房 2012
Raphaell, Katrina ラファエル, カトリーナ
[著]「クリスタリン・イルミネーション」 和尚エンタープライズジャパン 2009
Raphael-Leff, Joan ラファエル‐レフ, ジョーン
1941～ [著]「母子臨床の精神力動」 岩崎学術出版社 2011
Rapmund, Norm ラップマンド, ノーム
[著]「NEW 52 : スーパーマン/ヤング・ジャスティス」 ヴィレッジブックス 2013

Rapoport, Amos ラポポート, エイモス
[著]「文化・建築・環境デザイン」 彰国社 2008
Rapp, Adam ラップ, アダム
[著]「きみといつか行く楽園」 徳間書店 2008
Rapp, Bernard André ラップ, ベルナール
1945～2006 [国]フランス ジャーナリスト, 映画監督, テレビ演出家・プロデューサー フランス3プロデューサー
Rapp, Birgitta ラップ, ビルギッタ
[著]「Ma chérie」 芸術書院, 星雲社(発売) 2008
Rapp, Burt ラップ, B.
[著]「ザ・尋問術」 第三書館 2004
Rapp, Charles Anthony ラップ, チャールズ・A.
[著]「ストレングスモデル」 金剛出版 2014
Rapp, Clemens ラップ, クレメンス
[国]ドイツ 水泳選手
Rapp, Richard T. ラップ, リチャード・T.
[著]「競争政策の経済学」 NERA 2005
Rapp, William V. ラップ, ウィリアム
[著]「成功企業のIT戦略」 日経BP社, 日経BP出版センター(発売) 2003
Rappaccioli Baltodano, Emilio de Jesús ラパチオリ・バルトダノ, エミリオ・デヘスス
[国]ニカラグア エネルギー・鉱物資源相
Rappaport, Alfred ラパポート, アルフレッド
[著]「エクスペクテーション投資入門」 日本経済新聞社 2003
Rappaport, Doreen ラパポート, ドリーン
[著]「ヘレン・ケラーのかぎりない夢」 国土社 2014
Rappaport, Ivan ラパポート, I.
[著]「現代イギリスの政治算術」 北海道大学図書刊行会 2003
Rappaport, Laury ラパポート, ローリー
[著]「フォーカシング指向アートセラピー」 誠信書房 2009
Rappaport, Stephen D. ラパポート, スティーブン・D.
1952～ [著]「リッスン・ファースト!」 翔泳社 2012
Rappaport, Theodore S. ラパポート, T.
1960～ [著]「ディジタル移動通信」 科学技術出版 2002
Rappé, Tamara ラッペ, タマラ
[著]「エミール・ガレとドーム兄弟」 アートインプレッション c2006
Rappeneau, Jean-Paul ラプノー, ジャン・ポール
1932～ [国]フランス 映画監督
Rappoport, Paul N. ラパポート, ポール・N.
[著]「ブロードバンドの発展と政策」 NTT出版 2005
Rappoport, Xenia ラパポルト, クセニア
モスクワ国際映画祭 スタニスラフスキー賞(第35回(2013年)) ほか
al-**Raqabani, Said Muhammad** アル・ラカバニ, サイド・ムハマド
[国]アラブ首長国連邦 農水相
Raqib, Abdol ラキブ, アブドル
[国]アフガニスタン 難民相
Rare, Mohamed Ould Ahmed Salem Ould Mohamed ララ, モハメド・ウルド・アフメド・サーレム・ウルド・モハメド
[国]モーリタニア 内務・地方分権化相
Rarison Ramaroson, Hyppolite ラリソンラマロソン, イポリト
[国]マダガスカル 外相
Rasamindrakotrokotra, Andry ラサミンジャクツカ, アンジ
[国]マダガスカル 保健相
Rasamoely, Brigitte ラサモエリ, ブリジット
[国]マダガスカル 文化・手工業相
Räsänen, Päivi ラサネン, パイビ
[国]フィンランド 内相
Rasano, Eva ラッサーノ, エバ
1970～ [著]「こおりのくにのシェイディー」 学習研究社 〔2005〕
al-**Rasas, Rashad Ahmad** ラサス, ラシャド・アハマド
[国]イエメン 国務相(議会・諮問評議会担当)
al-**Rasas, Rashad Ahmad Yahya** ラサス, ラシャド・アハマド・ヤハヤ
[国]イエメン 立法問題相
Rasaw, Humayoon ラサー, フマユーン
[国]アフガニスタン 通商産業相
Rascal ラスカル
[著]「まっくろヒヨコ」 偕成社 2003
Raschka, Christopher ラシュカ, クリス
1959～ [著]「むらさきふうせん」 BL出版 2008
Raschka, Sebastian ラシュカ, セバスチャン
[著]「Python機械学習プログラミング」 インプレス 2016
Raschke, Linda Bradford ラシュキ, リンダ・ブラッドフォード
[著]「魔術師たちのトレーディングモデル」 パンローリング 2001
Rasco, Jermauria ラスコー, ジャーマウリア
[国]アメリカ アメフト選手
Rašeta Vukosavlević, Marija ラシェタ・ブコサブリェビッチ, マリヤ
[国]セルビア 運輸通信相
Rash, Jim ラッシュ, ジム
アカデミー賞 脚色賞(第84回(2011年)) "The Descendants"
Rash, Ron ラッシュ, ロン
1953～ [著]「セリーナ」 集英社 2015
Rashad, Shakeel ラシャッド, シャキール
[国]アメリカ アメフト選手
al-**Rashdi, Hamad bin Mohammed** ラシュディ, ハマド・ビン・ムハンマド
[国]オマーン 情報相 [異]アル・ラシュディ, ハマド・ビン・ムハンマド
Rashed, bin Abdulla al-Khalifa ラシド・ビン・アブドラ・ハリファ
[国]バーレーン 内相
Rashed, Muhammad Yehia ラシド, ムハンマド・ヤヒヤ
[国]エジプト 観光相
Rashed, Roshdi ラーシェド, ロシュディー
1936～ [著]「アラビア数学の展開」 東京大学出版会 2004
Rasheed, Mohamed ラシード, モハメド
[国]モルディブ 経済開発相
al-**Rasheed, Muhammad bin Ahmad** ラシード, ムハンマド・ビン・アハマド
[国]サウジアラビア 教育相 [異]アル・ラシード, ムハンマド・ビン・アハマド
Rasheed, Raid ラシード
[国]イラク テコンドー選手
al-**Rasheedi, Thekra** ラシーディ, ゼクラ
[国]クウェート 社会労働相
Rashford, Marcus ラッシュフォード, マーカス
[国]イングランド サッカー選手
Rashid, Abdullah al-Nuaimi ラシド・アブドラ・ヌアイミ
[国]アラブ首長国連邦 外相
Rashid, Abdul-Latif ラシード, アブドルラティフ
[国]イラク 水利相
Rashid, Ahmed ラシッド, アハメド
1948～ [著]「聖戦」 講談社 2002
al-**Rashid, Kazim** ラシード, カジム
[国]イラク 通信相
Rashid, Mohamed Abu Ujaylah ラシド, ムハンマド・アブウジャイラ
[国]リビア 保健・環境書記(保健・環境相)
Rashid, Pervaiz ラシード, パルベイズ
[国]パキスタン 情報・放送・国家遺産・法務・司法・人権相
Rashid, Rashid Muhammad ラシード, ラシード・ムハンマド
[国]エジプト 通商産業相
Rashid, Seif Seleman ラシッド, セイフ・セレマン
[国]タンザニア 保健・社会福祉相

Rashid al-Ubaydi, Amir Muhammad　ラシド・アル・ウバイディ、アミル・ムハマド
　国イラク　石油相
Rashidi, Syed Sadaruddin Shah　ラシディ、サイヤド・サダルディン・シャー
　国パキスタン　在外パキスタン人・人材開発相
Rashidov, Vezhdi　ラシドフ、ベジディ
　国ブルガリア　文化相
Rashka, Jeff　ラシュカ、ジェフ
　著「自動ソフトウェアテスト」ピアソン・エデュケーション　2002
Rashkovskiy, Ilya　ラシュコフスキー、イリヤ
　国ロシア　エリザベート王妃国際コンクール　ピアノ　第4位（2007年）
Rashwan, Mohamed Ali　ラシュワン、モハメド
　国エジプト　柔道家
Rasi, Abdul-Kareem　ラシ、アブドルカリム
　国イエメン　保健・人口相
Raši, Richard　ラースイ、リヒャルト
　国スロバキア　保健相
Rašić, Nenad　ラシッチ、ネナド
　国コソボ　労働・社会福祉相
Rasič, Saša　ラシッチ、サーシャ
　国コソボ　地域社会・帰還相
Rasiel, Ethan M.　ラジエル、イーサン・M.
　著「マッキンゼー式世界最強の仕事術」ソフトバンククリエイティブ　2006
Rasi-Zade, Artur Tair Oglu　ラシザーデ、アルトゥル
　1935～　国アゼルバイジャン　政治家　アゼルバイジャン首相
Rask, Maija　ラスク、マイヤ
　国フィンランド　教育相
Rask, Märt　ラスク、マルト
　国エストニア　法相
Raskin, Jef　ラスキン、ジェフ
　1943～2005　国アメリカ　コンピューター技術者
Rasmus, Colby　ラスマス、コルビー
　国アメリカ　野球選手
Rasmussen, Eric　ラスムセン、エリック
　著「ゲームと情報の経済分析」九州大学出版会　2012
Rasmussen, Alex Nicki　ラスムセン
　国デンマーク　自転車選手
Rasmussen, Anders Fogh　ラスムセン、アナス・フォー
　1953～　国デンマーク　政治家　北大西洋条約機構（NATO）事務総長、デンマーク首相、デンマーク自由党（ベンスタ）党首　愛ラスムセン、フォー
Rasmussen, Eric　ラスムッセン、エリック
　1960～　著「シェイクスピアを追え！」岩波書店　2014
Rasmussen, Hedvig　ラスムセン、ヘドビグ
　国デンマーク　ボート選手
Rasmussen, Inger Johanne　ラスムッセン、インゲル・ヨハンネ
　1958～　著「リテリングフェルト・アートの世界」青幻舎　2009
Rasmussen, Jonas　ラスムセン
　国デンマーク　バドミントン選手
Rasmussen, Juliane　ラスムセン、ユリアネ
　国デンマーク　ボート選手
Rasmussen, Lars Løkke　ラスムセン、ラース・ロッケ
　1964～　国デンマーク　政治家　デンマーク首相、デンマーク自由党（ベンスタ）党首　愛ラスムセン、ラース・リュッケ
Rasmussen, Mads　ラスムセン、マス
　1981～　国デンマーク　ボート選手　本名＝Rasmussen, Mads Reinholdt　愛ラスムセン、マッズ
Rasmussen, Mikkel B.　ラスムセン、ミゲル・B.
　著「なぜデータ主義は失敗するのか？」早川書房　2015
Rasmussen, Patricia　ラスムッセン、パトリシア
　1954～　著「スノーフレーク」山と溪谷社　2010
Rasmussen, Poul Nyrup　ラスムッセン、ポール・ニュルップ
　1943～　国デンマーク　政治家　デンマーク首相、欧州社会党（PES）党首
Rasmussen, Robert　ラスムセン、ロバート
　1946～　著「戦略を形にする思考術」徳間書店　2016
Rasmussen, Steven A.　ラスムッセン、スティーヴン・A.
　著「不安障害」日本評論社　2005
Rasmusson, Jonathan　ラスマセン、ジョナサン
　著「アジャイルサムライ」オーム社　2011
Rasnačs, Dzintars　ラスナッチ、ジンタルス
　国ラトビア　法相

Rasoamanarivo, Rosette Lalatiana　ラソアマナリヴォ、ロゼット・ララティアナ
　国マダガスカル　臨時代理大使、参事官
Rasoazananera, Marie Monique　ラソアザナネラ、マリー・モニーク
　国マダガスカル　高等教育・学術研究相
Rasoja, Charles　ラソジャ、シャルル
　国マダガスカル　エネルギー・鉱山相
Rasolofonirina, Beni Xavier　ラスルフニリナ、ベニ・グザビエ
　国マダガスカル　国防相
Rasolonahy, Charles Angelo　ラスルナイ、シャルル・アンジェル
　国マダガスカル　運輸・気象相
Rasolondraibe, Jean-Jacques　ラスルンドライベ、ジャンジャック
　国マダガスカル　内相
Rasoul, Ali Mahmoud Abdel　ラスール、アリ・マフムード・アブデル
　国スーダン　財務・国民経済相
Rasputin, Valentin Grigorievich　ラスプーチン、ワレンチン
　1937～2015　国ロシア　作家、環境保護運動家
Rassam, Suha　ラッサム、スハ
　1941～　著「イラクのキリスト教」キリスト新聞社出版事業課　2016
al-Rassas, Rashad Ahmad　ラサス、ラシャド・アハマド
　国イエメン　議会担当相
Rasseen, Ba Emdo　ラシーン、バ・エムド
　国モーリタニア　設備・運輸相
Rassoul, Zalmai　ラスール、ザルマイ
　国アフガニスタン　外相
Rast, Gregory　ラスト
　国スイス　自転車選手
Råstam, Hannes　ロースタム、ハンネス
　1955～2012　著「トマス・クイック」早川書房　2015
Rastami, Mouhidine　ラスタミ・ムイディンヌ
　国コモロ　郵政・通信・新情報技術促進・運輸・観光相
Rastelli, Massimo　ラステッリ、マッシモ
　国イタリア　カリアリ監督
Raster, Michael J.　ラスター、マイケル・J.
　著「不安障害」日本評論社　2005
Rastner, Patrick　ラストナー
　国イタリア　リュージュ選手
Rastvorov, Yurii A.　ラストヴォロフ、ユーリー
　1921～2004　国スパイ　在日ソ連代表部2等書記官　米国名＝サイモンズ、マーティン・F.　愛ラストボロフ、ユーリー
Rasulov, Elshod　ラスロフ、エルショド
　国ウズベキスタン　ボクシング選手
Rasulov, Hojiakbar Abdurahimovich　ラスロフ・ホジアクバル・アブドゥラヒーモビッチ
　国ウズベキスタン　タシケント市市民サービス局局長
Rasulzoda, Qohir　ラスルゾダ、コヒル
　国タジキスタン　首相
Ratakele, Talemo　ラタケレ、タレモ
　国フィジー　内務・移民相
Ratas, Juri　ラタス、ユリ
　国エストニア　首相
Ratcliff, Todd　ラトクリフ、トッド
　1967～　著「太陽系探検ガイド」朝倉書店　2012
Ratcliffe, Spurgeon Vaughn　ラトクリフ、スパージョン・ヴォーン
　著「スチームパンク・ジュエリー」光村推古書院　2015
Ratej, Martinka　ラテイ
　国スロベニア　陸上選手
Rateliff, John D.　レイトリフ、ジョン・D.
　著「ダンジョンズ＆ドラゴンズサプリメントキャラクター作成ガイド」ホビージャパン　2004
Ratelle, Will　ラテル、ウィル
　国アメリカ　アメフト選手
Ratey, John J.　レイティ、ジョン・J.
　1948～　著「GO WILD野生の体を取り戻せ！」NHK出版　2014
Ratey, Nancy A.　レイティ、ナンシー・A.
　著「ADHDコーチング」明石書店　2011
Rath, Claudia　ラート、クラウディア
　国ドイツ　陸上選手
Rath, Tom　ラス、トム
　著「元気は、ためられる」ヴォイス出版事業部　2015
Rathakrishnan, Ethirajan　ラサクリシュナン、E.

[著]「圧縮性流れの理論」 丸善 2008
Rathbone, Dominic ラズボーン, ドミニク
[著]「古代文明の世界大図鑑」 ガイアブックス, 産調出版(発売) 2010
Rathbone, Jackson ラスボーン, ジャクソン
ゴールデン・ラズベリー賞(ラジー賞) 最低助演男優賞(第31回(2010年)) “The Last Airbender” “Twilight Saga: Eclipse”
Rathbone, Julian ラズボーン, ジュリアン
1935〜2008 [国]イギリス 作家, 詩人
Rathburn, Cliff ラスバーン, クリフ
[著]「ウォーキング・デッド」 飛鳥新社 2015
Rather, Dan ラザー, ダン
1931〜 [国]アメリカ ニュースキャスター CBSキャスター 本名=Rather, Daniel Irvin Jr.
Rathgeber, David ラトゥジェベール, ダヴィッド
[著]「ル・クルーゼでつくる基本のフランスビストロ料理」 地球丸 2006
Rathgeber, Holger ラスゲバー, ホルガー
[著]「カモメになったペンギン」 ダイヤモンド社 2007
Rathje, Annette ラッチェ, アネッテ
[著]「エトルリア文明」 遊タイム出版 2001
Rathmann, Peggy ラスマン, ペギー
[著]「おやすみゴリラくん」 徳間書店 2015
R
Rathnayake, C.B. ラトナヤケ, C.B.
[国]スリランカ 民間交通サービス相
Rathore, Rajyavardhan Singh ラトール
[国]インド 射撃選手
Rathus, Jill H. レイサス, ジル・H.
[著]「弁証法的行動療法」 金剛出版 2008
Ratih, Ayu ラティ, アユ
[著]「インドネシア九・三〇事件と民衆の記憶」 明石書店 2009
Ratkevich, Yuliya ラトケビッチ, ユリア
[国]アゼルバイジャン レスリング選手
Ratliff, Ben ラトリフ, ベン
[著]「ジョン・コルトレーン」 ブルース・インターアクションズ 2008
Ratmansky, Alexei ラトマンスキー, アレクセイ
1968〜 [国]ロシア バレエダンサー, 振付師 アメリカン・バレエ・シアター(ABT)アーティスト・イン・レジデンス ボリショイ・バレエ団芸術監督
Ratnayake, Amara P. ラトナヤケ, アマラ・P.
[国]スリランカ 女性問題相
Ratnayake, Rakhitha Nimesh ラーネヤク, ラーキサ・ニーメシュ
[著]「WordPressによるWebアプリケーション開発」 オライリー・ジャパン, オーム社(発売) 2014
Ratnayake, Sagala ラトナヤケ, サガラ
[国]スリランカ 南部開発・治安相
Ratner, David L. ラトナー, デービッド・L.
[著]「「最新」米国証券規制法概説」 商事法務 2003
Ratner, Vaddey ラトナー, バディ
1970〜 [国]アメリカ 作家 [専]文学 [異]ラトナー, ヴァディ
Rato, Rodrigo ラト, ロドリゴ
1949〜 [国]スペイン 銀行家, 政治家 マドリード銀行頭取 バンキア会長, 国際通貨基金(IMF)専務理事, スペイン第1副首相・経済相 本名=ラト・イ・フィガレド, ロドリゴ〈Rato y Figaredo, Rodrigo〉
Ratolojanahary, Marius ラトロ・ジャナハリ, マリウス
[国]マダガスカル 農業・畜産相
Raton, Dithny Joan ラトン, ディトニー・ジョアン
[国]ハイチ共和国 文化相
Ratovomalala, Mamy ラトボマララ, マミー
[国]マダガスカル 鉱業・石油資源相
Rätsch, Christian レッチュ, クリスティアン
1957〜 [著]「図説快楽植物大全」 東洋書林 2007
Ratschiller, Tobias ラチチュラー, トビアス
[著]「PHP 4でつくるWebアプリケーション」 ピアソン・エデュケーション 2001
Ratsiarovala, Lala ラチアルバラ, ララ
[国]マダガスカル 法相
Ratsifandrihamanana, Lila ラチファンドリアマナナ, リラ
[国]マダガスカル 外相
Ratsiharovala, Lala Henriette ラチアルバラ, ララ・エンリオット
[国]マダガスカル 法相
Ratsiraka, Didier ラチラカ, ディディエ
[国]マダガスカル 大統領
Ratsiraka, Larovana Roland ラツィラカ, ラロバナ・ロラン
[国]マダガスカル 公共事業相
Ratsiraka, Roland ラチラカ, ロラン
[国]マダガスカル 観光相
Rattansi, Piyo ラッタンシ, P.M.
1930〜 [著]「ニュートンと万有引力」 玉川大学出版部 2016
Rattelmüller, Paul Ernst ラッテルミュラー, P.E.
[著]「オーバーバイエルンのリュフトル画」 宮崎周子 2011
Rattle, Simon ラトル, サイモン
1955〜 [国]イギリス 指揮者 ベルリン・フィルハーモニー管弦楽団首席指揮者・芸術監督 バーミンガム市交響楽団音楽監督 [異]ラットル, サイモン
Rattray, Ben ラトレイ, ベン
1980〜 [国]アメリカ 実業家, 社会活動家 Change.org創業者
Ratuniyarawa, Api ラトゥニャラワ, アピ
[国]フィジー ラグビー選手
Ratwatte, Anuruddha ラトワッテ, アヌルダ
[国]スリランカ 電力・エネルギー相
Räty, Laura ラテュ, ラウラ
[国]フィンランド 社会問題相
Rau, Dana Meachen ラウ, ダナ・ミーチェン
1971〜 [著]「おひさまがのぼったら」 大日本絵画 2007
Rau, Gretchen ラウ, グレッチェン
1939〜2006 [国]アメリカ 映画美術装飾家
Rau, Johannes ラウ, ヨハネス
1931〜2006 [国]ドイツ 政治家 ドイツ大統領 [異]ラオ, ヨハネス
Rau, Okka ラウ
[国]ドイツ ビーチバレー選手
Raubolt, Richard Raleigh ローボルト, リチャード
[著]「スーパーヴィジョンのパワーゲーム」 金剛出版 2015
Rauch, Scott L. ローチ, スコット・L.
[著]「不安障害」 日本評論社 2005
Rauch-kallat, Maria ラオホカラト, マリア
[国]オーストリア 厚生・女性問題相
Rauckhorst, Louise Hartnett ラウクホースト, L.H.
[著]「高齢者のヘルスアセスメント」 西村書店 2004
Raud, Piret ラウド, ピレット
1971〜 [著]「ピンクだいすき!」 福音館書店 2014
Raud, Rein ラウド, レイン
1961〜 [国]エストニア 日本文学研究家, 作家 タリン大学教授, ヨーロッパ日本研究協会(EAJS)会長 タリン大学学長
Raudales, Julio ラウダレス, フリオ
[国]ホンジュラス 計画・国際協力相
Ráudez Rodríguez, Miriam Soledad ラウデス・ロドリゲス, ミリアム・ソレダ
[国]ニカラグア 教育相
Raudsik, Riina ラウドシク, リーナ
[著]「振動音響療法」 人間と歴史社 2003
Rauger, Jean-François ロジェ, ジャン・フランソワ
1959〜 [国]フランス 映画批評家 シネマテーク・フランセーズ・プログラムディレクター
Rauhala, Pirkko-Liisa ラウハラ, ピルッコ・リイサ
[異]ラウハラ, ピルコ・リイサ [著]「社会ケアサービス」 本の泉社 2003
Rauhaus, Alfred ラウハウス, アルフレート
1945〜 [著]「信じるということ」 教文館 2011
Rauhe, Ronald ロイエ, ロナルド
[国]ドイツ カヌー選手
Rauhi, Samih ラウヒ, サミフ
[国]パレスチナ 運輸相
Raul Garcia ラウール・ガルシア
[国]スペイン サッカー選手
Raul Garcia ラウール・ガルシア
[国]スペイン サッカー選手
Raúl Gonzáles ラウル・ゴンサレス
1977〜 [国]スペイン 元サッカー選手 本名=ブランコ, ラウル・ゴンサレス〈Blanco, Raúl Gonzáles〉 [異]ラウール・ゴンサーレス
Raul Lizoain ラウール・リソアイン
[国]スペイン サッカー選手
Raul Navas ラウール・ナバス
[国]スペイン サッカー選手
Rault, Lucie ロー, リュシー
[著]「世界の民族楽器文化図鑑」 柊風舎 2013
Raupp, Marco Antonio ラウッピ, マルコ・アントニオ
[国]ブラジル 科学技術相

Rausch, Konstantin　ラウシュ, コンスタンティン
　国ドイツ　サッカー選手
Rauschenberg, Robert　ラウシェンバーグ, ロバート
　1925〜2008　国アメリカ　造形作家, 画家　別ローシェンバーグ
Rauscher, Sibylle　ラウシャー, ズィビレ
　国ドイツ　パッサウ独日協会会長
Rause, Vince　ローズ, ヴァンス
　著「アンデスの奇蹟」山と溪谷社　2009
Raushenbush, Paul B.　ラウシェンブッシュ, ポール
　著「キリスト教と社会の危機」新教出版社　2013
Raustiala, Kal　ラウスティアラ, カル
　著「パクリ経済」みすず書房　2015
Rautavaara, Einojuhani　ラウタヴァーラ, エイノユハニ
　1928〜2016　国フィンランド　作曲家　シベリウス音楽アカデミー教授　別ラウタパーラ, エイノユハニ
Rauterberg, Hanno　ラウターベルグ, ハンノ
　著「現代建築家20人が語るいま, 建築にできること」丸善　2010
Rautiainen, Pirjo　ラウティアイネン, ピリヨ
　著「絶え間なき交信の時代」NTT出版　2003
Ravacchioli, Maria Rosaria　ラヴァッキオーリ, マリア・ロザリア
　国イタリア　元・在イタリア日本国大使館現地職員
Ravai, Peni　ラバイ, ペニ
　国フィジー　ラグビー選手
Ravalomanana, Marc　ラベロマナナ, マルク
　1949〜　国マダガスカル　政治家, 実業家　TIKO創業者　マダガスカル大統領, アンタナナリボ市長　別ラバロマナナ
Ravanelli, Terry　ラバネリ, テリー
　著「ADHDってなあに？」明石書店　2009
Ravard, François　ラヴァール, フランソワ
　アングレーム国際漫画祭 サスペンス（ミステリー）作品部門 審査員特別賞（2012年）〈"La faute aux chinois"〉〈Futuropolis〉
Ravasi, Gianfranco　ラヴァージ, ジャンフランコ
　1942〜　著「出会い」フリープレス, 星雲社（発売）　2014
Ravatomanga, Rolland　ラバトマンガ, ロラン
　国マダガスカル　水道・衛生・下水相
Ravelli, Louise　ラバリー, ルイース
　著「意味とメッセージ」リーベル出版　2002
Ravell-Pinto, Thelma　ラヴェル＝ピント, テルマ
　1944〜　著「南アフリカの女たち—闘争と亡命の語り　南部アフリカにおける女たちの声—歴史の書き換え」国立民族学博物館地域研究企画交流センター　2004
Ravelonarijaona, Marcel　ラベルアリジョナ, マルセル
　国マダガスカル　農相
Raveloharison, Herilanto　ラベロハリソン, エリラント
　国マダガスカル　経済・企画相
Ravelomanantsoa, Elia　ラベロマナンツア, エリア
　国マダガスカル　文化・遺産相
Ravelonarivo, Jean　ラベロナリボ, ジャン
　国マダガスカル　首相
Ravelonarivo, Julien Laporte　ラベロナリボ, ジュリアン・ラポルテ
　国マダガスカル　運輸相
Raven, Floyd　レイベン, フロイド
　国アメリカ　アメフト選手
Raven, Hazel　レイブン, ヘイゼル
　著「実践エンジェル」ガイアブックス, 産調出版（発売）　2011
Raven, Peter Hamilton　レーベン, ピーター
　1936〜　国アメリカ　植物学者　ミズーリ植物園名誉園長　米国科学アカデミー事務局長
Raven, Simon Arthur Noël　レイブン, サイモン
　1927〜2001　国イギリス　作家, ジャーナリスト　別レーベン, サイモン
Ravenne, Jacques　ラヴェンヌ, ジャック
　著「ヒラムの儀式」講談社　2009
Ravenscroft, Anna Martelli　レベンスクロフト, アンナ・マーテリ
　著「Pythonクックブック」オライリー・ジャパン, オーム社（発売）　2007
Ravenscroft, Helena　レイヴェンズクロフト, ヘレナ
　著「ネットの恋」光文社　2003
Ravenscroft, Linda　ラベンスクロフト, リンダ
　著「ファンタジーの世界を描く」ボーンデジタル　2010
Ravenscroft, Thurl　レイブンスクロフト, サール
　1914〜2005　国アメリカ　声優
Ravenscroft, Trevor　レヴンズクロフト, トレヴァ
　著「ロンギヌスの槍」学習研究社　2002
Ravenswaay, Eileen O.van　レーヴェンスウェーイ, アイリーン・O.ヴァン
　著「食品安全と栄養の経済学」農林統計協会　2002
Ravera-scaramozzino, Elodie　ラベラスカラモジーノ, エロディ
　国フランス　ボート選手
Ravet, Yoric　ラヴェ, ヨリク
　国フランス　サッカー選手
Ravetch, Irving　ラベッチ, アービング
　1920〜2010　国アメリカ　脚本家　本名＝Ravetch, Irving Dover　別ラヴェッチ, アーヴィング
Ravetch, Jeffrey　ラヴェッチ, ジェフリー
　国アメリカ　ウルフ賞 医学部門（2015年）
Ravetz, Jerome Raymond　ラベッツ, ジェローム
　1929〜　国イギリス　科学史家, 科学哲学者　別名＝ラベッツ, ジェリー〈Ravetz, Jerry〉　別ラヴェッツ, ジェリー／ラヴェッツ, ジェローム
Ravetz, Jerry　ラヴェッツ, J.
　著「数学」現代書館　2001
Ravi, Vayalar　ラビ, バヤラル
　国インド　在外インド人相
Ravin, Josh　ラビン, ジョシュ
　国アメリカ　野球選手
Ravina, Mark　ラビナ, マーク
　1961〜　著「『名君』の蹉跌」NTT出版　2004
Ravindran, Karthik　ラビンドラン, カールティック
　著「OBA開発入門」日経BPソフトプレス, 日経BP出版センター（発売）　2008
Ravinet, Jaime　ラビネ, ハイメ
　国チリ　国防相
Ravishankar　ラビシャンカル
　？〜2008　国スリランカ　軍人　タミル・イーラム解放のトラ（LTTE）陸軍情報部門トップ　通称＝チャールズ大佐
Ravishankar, Anushka　ラヴィシャンカ, アヌシュカ
　1961〜　著「猫が好き」グラフィック社　2015
Ravi Shankar, Sri Sri　ラビ・シャンカール, シュリ・シュリ
　著「ゴッド・ラブズ・ファン」出帆新社　2002
Ravitch, Diane　ラビッチ, ダイアン
　1938〜　著「アメリカ間違いがまかり通っている時代」東信堂　2015
Ravkov, Andrei A.　ラフコフ, アンドレイ・A.
　国ベラルーシ　国防相
Ravnjak, Tim-Kevin　ラブニャク
　国スロベニア　スノーボード選手
Ravnskov, Uffe　ダウンスコウ, ウフェ
　著「作られたコレステロール悪玉説」西海出版　2015
Ravulo, Malakai　ラブロ, マラカイ
　国フィジー　ラグビー選手
Ravutia, Albert　ラブティア, アルバート
　国バヌアツ　農林水産相
al-Rawahi, Ahmad bin Khalfan bin Muhammad　アル・ラワヒ, アハマド・ビン・ハルファン・ビン・ムハマド
　国オマーン　農水相
Rawal, Bhim Bahadur　ラワル, ビム・バハドゥル
　国ネパール　副首相兼国防相
Rawanduzi, Firyad　ラワンドゥジ, フィルヤド
　国イラク　文化・遺跡・観光相
Rawat, Harish　ラワット, ハリシュ
　国インド　水資源相
Rawat, Harish　ラワト, ハリッシュ
　著「プロフェッショナルPHPプログラミング」インプレス, インプレスコミュニケーションズ（発売）　2001
Rawat, Prem　ラワット, プレム
　1957〜　著「あなのあいたおけ」文屋, サンクチュアリ出版（発売）　2016
Rawdon, Alexina　ロードン, アレクシナ
　著「二人の折り返し点」ハーレクイン　2003
Raweh, Abdul-Wahhab　ラウェハ, アブドル・ワッハーブ
　国イエメン　高等教育・科学研究相
Al-rawi, Faris　アルラウィ, ファリス
　国トリニダード・トバゴ　検事総長
Rawicz, Slavomir　ラウイッツ, スラヴォミール
　1915〜2004　著「脱出記」ヴィレッジブックス　2007
al-Rawih, Abd al-Wahhab　アル・ラウィハ, アブドルワハブ
　国イエメン　青年・スポーツ相
al-Rawishan, Jalal　ルワイシャン, ジャラル

Rawiy
　国イエメン　内相
Rawiya, bint Saud al-Busaidiyah　ラウィヤ・ビント・サウド・ブサイディヤ
　国オマーン　高等教育相
Rawiya, bint Saud bin Ahmed al-Busaidi　ラウィヤ・ビン・サウド・ビン・アハメド・ブサイディ
　国オマーン　高等教育相
Rawlings-Anderson, Karen　ローリングズ・アンダーソン, カレン
　著「ナースのための医療処置マニュアル」医学書院　2001
Rawlins, Debbi　ローリンズ, デビー
　著「テキサス・シーク」ハーレクイン　2008
Rawlinson, Julia　ローリンソン, ジュリア
　著「ファーディのクリスマス」理論社　2011
Rawls, John　ロールズ, ジョン
　1921～2002　国アメリカ　哲学者　ハーバード大学哲学部終身教授
Rawls, Lou　ロウルズ, ルー
　1935～2006　国アメリカ　歌手　異ロールズ, ルー
Rawls, Thomas　ロールズ, トーマス
　国アメリカ　アメフト選手
Rawls, Wilson　ロールズ, ウィルソン
　著「ダンとアン」めるくまーる　2002
Rawnsley, Vivienne　ラウンスレー, ヴィヴィエンネ
　著「ホメオパシー・レメディーカード」ホメオパシー出版　2007
Rawson, Hugh　ローソン, ヒュー
　著「あなたを変える人生の決定的法則」河出書房新社　2005
Rawson, Jane　ローソン, ジェーン
　著「オーストラリア」メディアファクトリー　2004
Rawson, Martyn　ローソン, マーティン
　著「シュタイナー教育」イザラ書房　2015
Rawson, Nancy E.　ローソン, ナンシー・E.
　著「食品の機能性表示と世界のレギュレーション」薬事日報社　2015
Rawson, Richard A.　ローソン, リチャード・A.
　著「リラプス・プリベンション」日本評論社　2011
Rawsthorn, Alice　ローソーン, アリス
　1958～　著「HELLO WORLD」フィルムアート社　2013
Ray, Angie　レイ, アンジー
　著「花嫁への階段」ハーレクイン　2006
Ray, Billy　レイ, ビリー
　著「フライトプラン」メディアファクトリー　2006
Ray, Erik T.　レイ, エリック・T.
　著「入門XML」オライリー・ジャパン, オーム社（発売）　2004
Ray, James A.　レイ, ジェームズ・アーサー
　著「豊かさを引き寄せるシークレット」ソフトバンククリエイティブ　2008
Ray, Jane　レイ, ジェーン
　1960～　国イギリス　絵本作家, 画家
Ray, Jenny　レイ, ジェニー
　著「レジェンドシンガー」フレグランスジャーナル社　2016
Ray, John　レイ, ジョン
　著「ヒエログリフ解読史」原書房　2008
Ray, John　レイ, ジョン
　1971～　著「はじめてのXcode 4」ピアソン桐原　2012
Ray, Joseph　レイ, ジョセフ
　グラミー賞 最優秀リミックス・レコーディング（クラシック以外）（2012年（第55回））　"Promises (Skrillex & Nero Remix)" リミキサー
Ray, Mary　レイ, メアリー
　1955～　著「ドッグダンス」ペットライフ社, 緑書房（発売）　2007
Ray, Mary Lyn　レイ, メアリー・リン
　1946～　著「どこかでだれかがねむくなる」福音館書店　2016
Ray, Meg　レイ, メグ
　著「ミエッテのお菓子」クロニクルブックス・ジャパン, 徳間書店（発売）　2016
Ray, Michael L.　レイ, マイケル
　著「ハイエスト・ゴール」日本経済新聞社　2006
Ray, Mo　ライ, M.
　著「高齢者ソーシャルワーク」晃洋書房　2008
Ray, Nicholas　レイ, ニコラス
　1911～　著「わたしは邪魔された」みすず書房　2001
Ray, Nick　レイ, ニック
　著「ベトナム」メディアファクトリー　2008
Ray, Rachael Domenica　レイ, レイチェル
　1968～　国アメリカ　テレビ司会者, 料理研究家

Ray, Rebbecca　レイ, レベッカ
　1980～　著「癒えない傷口」扶桑社　2003
Ray, Robbie　レイ, ロビー
　国アメリカ　野球選手
Ray, Shane　レイ, シェイン
　国アメリカ　アメフト選手
Ray, Sondra　レイ, ソンドラ
　著「奇跡の習慣」ビジネス社　2008
Ray, Susan　レイ, スーザン
　著「わたしは邪魔された」みすず書房　2001
Ray, Wendel A.　レイ, ウェンデル
　著「家族相互作用」金剛出版　2015
Ray, William　レイ, ウィリアム
　著「はじめてのXcode 4」ピアソン桐原　2012
Ray, William J.　レイ, W.J.
　1932～　著「エンサイクロペディア心理学研究方法論」北大路書房　2013
Rayamajhi, Top Bahadur　ラヤマジ, トップ・バハドゥル
　国ネパール　副首相兼エネルギー相
Rayano, Felipe　パジャノ, フェリペ
　国ドミニカ共和国　スポーツ・体育教育相　異パヤノ, フェリペ・
Raye, Kimberly　レイ, キンバリー
　著「お嬢様はヴァンパイア」ソフトバンククリエイティブ　2009
Rayev, Sultan　ラエフ, スルタン
　国キルギス　文化・情報相
Rayfiel, David　レイフィール, デービッド
　1923～2011　国アメリカ　脚本家　異レイフィール, デイヴィッド
Ray Guevara, Milton　ライ・ゲバラ, ミルトン
　国ドミニカ共和国　労相
Raylu, Namrata　レイルー, ナムラタ
　著「ギャンブル依存のための認知行動療法ワークブック」金剛出版　2015
Raymer, Beth　レイマー, ベス
　1976～　著「レイ・ザ・フェイバリット」小学館　2012
Raymo, Chet　レイモ, チェット
　著「星空の恋人たち」ソニー・マガジンズ　2001
Raymond, Eric S.　レイモンド, エリック・S.
　著「The art of UNIX programming」アスキー　2007
Raymond, Halloran　ハロラン, レイモンド
　1922～2011　国アメリカ　軍人　通称＝ハロラン, レイ・ハップ〈Halloran, Ray Hap〉
Raymond, Janice L.　レイモンド, ジャニス・L.
　著「栄養学と食事療法大事典」ガイアブックス　2015
Raymond, Kalif　レイモンド, カリフ
　国アメリカ　アメフト選手
Raymond, Lee R.　レイモンド, リー
　1938～　国アメリカ　実業家　エクソン・モービル会長・CEO
Raymond, Lisa　レイモンド
　国アメリカ　テニス選手
Raymond, Scott　レイモンド, スコット
　著「Ajax on Rails」オライリー・ジャパン, オーム社（発売）　2007
Raynaldy, Romain　レイナルディ, ロマン
　著「フランス歌曲の珠玉」春秋社　2009
Raynaud, Alexis　レイノー, アレクシ
　国フランス　射撃選手
Raynaud, Jean Pierre　レイノー, ジャン＝ピエール
　1939～　著「ジャン＝ピエール・レイノー展：国旗プロジェクト」現代企画室　2005
Rayne, Mark　レイン, マーク
　著「精神病早期介入」日本評論社　2011
Rayner, Catherine　レイナー, キャサリン
　ケイト・グリーナウェイ賞（2009年）　"Harris Find His Feet"
Rayner, Harvey　レイナー, ハーヴェイ
　著「パターンと配色のパーフェクトガイド」グラフィック社　2010
Rayner, John L.　レイナー, J.L.
　著「ニューゲイト・カレンダー大全」大阪教育図書　2003
Rayner, Olivia　レイナー, オリビア
　著「のりものたのしいな」大日本絵画　2004
Rayner, Richard　レイナー, リチャード
　著「天使の街の地獄」文芸春秋　2001
Rayner, Sarah　レイナー, サラ
　著「不安と友だちになる」創元社　2016
Raynor, Maureen D.　レイノー, モーリーン・D.

[著]「助産師の意思決定」 エルゼビア・ジャパン 2006
Raynor, Michael E. レイナー, マイケル・E.
[著]「戦略のパラドックス」 翔泳社 2008
Raynor, Nigel レイナー, ナイジェル
[著]「アベンジャーズ：シーズンワン」 小学館集英社プロダクション 2014
Rayport, Jeffrey F. レイポート, ジェフリー・F.
[著]「顧客サービスのプロフェッショナル」 ダイヤモンド社 2006
Raysse, Martial レイス, マルシャル
1936～ [国]フランス 現代美術家
Raz, Jakob ラズ, ヤコブ
1944～ [国]イスラエル テルアビブ大学人文学部日本東アジア研究学科教授, 元・同学科長
Raz, Joseph ラズ, ジョセフ
1939～ [国]イスラエル 法哲学者 [異]ラズ, ジョゼフ
Raz, Tahl ラズ, タール
[著]「一生モノの人脈力」 パンローリング 2012
Raza, Werner G. ラザ, ヴェルナー・G.
[著]「持続可能な農業と環境」 食料・農業政策研究センター, 農山漁村文化協会(発売) 2001
Razafimahefa, Ivohasina ラザフィマエファ, イボハシナ
[国]マダガスカル 経済・商業・計画・民間企業相
Razafimanazato, Julien ラザフィマナザト, ジュリアン
[国]マダガスカル 教育相
Razafimandimby, Eric ラザフィマンディンビ, エリック
[国]マダガスカル 公共事業相
Razafimanjato, Blandin ラザフィマンジャート, ブランダン
[国]マダガスカル 観光相
Razafimihary, Mejamirado ラザフィミハリ, メジャミラド
[国]マダガスカル 産業・手工業相
Razafinakanga, Alice ラザフィナカンガ, アリス
[国]マダガスカル 公務・労働・社会法相
Razafindehibe, Etienne Hilaire ラザフィンデイベ, エティエンヌ・イレール
[国]マダガスカル 高等教育相
Razafindramiandra, Vola Dieudonne ラザフンジャランブ, ブラ・ディウドネ
[国]マダガスカル 公務相
Razafindrandriatsimaniry, Dieudonne Michel ラザフィンジャチアマニリ, ディウドネ・ミシェル
[国]マダガスカル 中等・基礎教育相
Razafindroriaka, Nestor ラザフィンドロリアカ, ネストール
[国]マダガスカル エネルギー相
Razafinjatovo, Haja ラザフィンジャトゥブ, ハジャ
[国]マダガスカル 教育相
Razafinjatovo, Haja Nirina ラザフィンジャトボ, ハジャ・ニリナ
[国]マダガスカル 財政・予算相
Razafitombo, Elisa ラザフィトンブ, エリザ
[国]マダガスカル 工芸促進相
Razaka, Elise ラザカ, エリゼ
[国]マダガスカル エネルギー・鉱業相
Razakov, Zhenish ラザコフ, ジェニシ
[国]キルギス 副首相
Razali Ismail ラザリ・イスマイル
1939～ [国]マレーシア 外交官 国連大使, 国連総会議長
Razanamahasoa, Chiristine ラザナマハソア, クリスティン
[国]マダガスカル 司法相
Razaq, Abdol ラザク, アブドル
[国]アフガニスタン 貿易相
Razavi, Amir H. ラザビ, アーミーア・H.
1957～ [著]「VBAによるArcGISプログラミングガイド」 トムソンラーニング, ビー・エヌ・エヌ新社(発売) 2003
Razee, Mahmood ラジー, マフムード
[国]モルディブ 経済開発相
Razeghi, Andrew J. ラツギ, アンドリュー・J.
[著]「統合マーケティング戦略論」 ダイヤモンド社 2003
***Al*-razek, Hisham Abdel** アル・ラゼク, ヒシャム・アブドル
[国]パレスチナ 政治犯担当相
Razem, Alam ラズム, アレム
[国]アフガニスタン 軽工業食糧相
Razgaitis, Richard ラズガイティス, R.
[著]「アーリーステージ知財の価値評価と価格設定」 中央経済社 2004
Razin, Aharon ラージン, アーロン
[国]イスラエル ウルフ賞 医学部門(2008年)
Razon, Enrique K. ラゾン, エンリケ
[国]フィリピン 実業家 インターナショナル・コンテナ・ターミナル・サービシズ(ICTSI)会長
Razoronov, Igor ラゾロノフ
[国]ウクライナ 重量挙げ選手
Razzaque, Muhammad Abdur ラザック, ムハマド・アブドゥル
[国]バングラデシュ 食料相
Razzi, Manuela ラッツィ, マニュエラ
[著]「光の妖精イリデッサ」 講談社 2014
Razzoli, Giuliano ラッツォーリ, ジュリアーノ
1984～ [国]イタリア スキー選手
Re, Maurizio アレ, モウリチオ
[著]「古代文明の旅エジプト」 日経ナショナルジオグラフィック社, 日経BP出版センター(発売) 2003
Rea, Colin レイ, コリン
[国]アメリカ 野球選手
Reach, Andrew R. リーチ, A.R.
[著]「分子モデリング概説」 地人書館 2004
Read, Andrew P. リード, アンドリュー
[著]「ヒトの分子遺伝学」 メディカル・サイエンス・インターナショナル 2011
Read, Anthony リード, アンソニー
1935～2015 [国]イギリス 作家, テレビプロデューサー
Read, Cedric リード, C.
[著]「The CFO」 東洋経済新報社 2005
Read, Edna Eguchi リード, エドナ・エグチ
1929～ [著]「スパイにされた日本人」 悠書館 2012
Read, Kieran リード, キーラン
1985～ [国]ニュージーランド ラグビー選手 [異]リード, キアラン
Read, Miss リード, ミス
[著]「懐かしいラヴ・ストーリーズ」 平凡社 2006
Read, N.W. リード, ニコラス・W.
[著]「食品と栄養サプリメント」 エヌ・ティー・エス 2003
Read, Piers Paul リード, ピアズ・ポール
1941～ [国]イギリス 作家, ノンフィクション作家
Read, Raudy リード, ラウディ
[国]ドミニカ共和国 野球選手
Reade, Julian リード, ジュリアン
[著]「ビジュアル版 世界の歴史都市」 柊風舎 2016
Reade, Shanaze リード
[国]イギリス 自転車選手
Reader, D.J. リーダー, D.J.
[国]アメリカ アメフト選手
Reader, Eddi リーダー, エディ
1959～ [国]イギリス 歌手
Reading, Mario レディング, マリオ
[著]「ノストラダムス封印された予言詩」 新潮社 2010
Ready, Dee レディー, ディー
[著]「あたしの一生」 小学館 2016
Reagan, Maureen レーガン, モーリーン
1941～2001 [国]アメリカ フェミニズム運動家, 元・女優 米国共和党全国委員会副委員長, 国連女性の地位委員会米国代表, 全米アルツハイマー病協会理事 [異]レーガン, モーリン / レーガン, モリーン
Reagan, Nancy Davis レーガン, ナンシー
1921～2016 [国]アメリカ 女優 ナンシー・レーガン財団名誉会長
Reagan, Ronald Wilson レーガン, ロナルド
1911～2004 [国]アメリカ 政治家 米国大統領(第40代)
Reagan, Steven J. リーガン, スティーブン・J.
[著]「マーケティング戦略論」 ダイヤモンド社 2001
Reagan, Susan レーガン, スーザン
[著]「ティムはだいじなともだち」 いのちのことば社フォレストブックス 2006
Reagan, Timothy G. レーガン, ティモシー・G.
[著]「多文化・人権教育学校をつくる」 明石書店 2003
Reah, Danuta レイ, ダヌータ
英国推理作家協会賞 短編ダガー(2005年) "No Flies on Frank"
Real, Ubaldino レアル, ウバルディノ
[国]パナマ 大統領府相
Real Crazy Man リアル・クレージー・マン
[著]「みんなの血液型くん！」 アース・スターエンターテイメント, 泰文堂(発売) 2014
Realmuto, J.T. リアルミュート, JT.
[国]アメリカ 野球選手
Réaly, Onitiana Voahariniaina レアリ, オニティアナ・ボア

ハリニアイナ
[国]マダガスカル 国民・社会保障・女性向上相
Reamer, Frederic G. リーマー, フレデリック・G.
1953～ [著]「ソーシャルワークの価値と倫理」 中央法規出版 2001
Reardon, Betty リアドン, ベティ
[著]「戦争をなくすための平和教育」 明石書店 2005
Reardon, Jim リアドン, ジム
ネビュラ賞 脚本(2008年) "WALL-E"
Reardon, Lisa リアドン, リーサ
1962～ [著]「パートタイム・サンドバッグ」 ランダムハウス講談社 2005
Reardon-Reeves, Nina リアドン, ニーナ
[著]「吃音のある学齢児のためのワークブック」 学苑社 2015
Reas, Casey リース, ケイシー
[著]「Processingをはじめよう」 オライリー・ジャパン, オーム社(発売) 2016
Reaser, Keith リーサー, キース
[国]アメリカ アメフト選手
Reason, Ben リーズン, ベン
1972～ [著]「ビジネスで活かすサービスデザイン」 ビー・エヌ・エヌ新社 2016
Reason, James リーズン, ジェームズ
[著]「ヒューマンエラー」 海文堂出版 2014
Reasoner, James リーズナー, ジェイムズ
[著]「聞いてないとは言わせない」 早川書房 2008
Reátegui, Jabier Edmundo レアテギ, ハビエル・エドムンド
[国]ペルー 運輸通信相
Reaves, Darrin リーブス, ダリン
[国]アメリカ アメフト選手
Reaves, DeAndre リーブス, ディアンドレ
[国]アメリカ アメフト選手
Reaves, Michael リーヴス, マイケル
[著]「スター・ウォーズ ダース・モール闇の狩人」 竹書房 2012
Reay, Dave レイ, デイヴ
1972～ [著]「異常気象は家庭から始まる」 日本教文社 2007
Reay, Diane レイ, ダイアン
[著]「グローバル化・社会変動と教育」 東京大学出版会 2012
Rebagliati, Gabriele レバリアーティ, ガブリエレ
[著]「ロディとほしたち」 プレビジョン, KADOKAWA(発売) 2015
Rebaud, Denis ルボー, ドゥニ
[著]「できる人のマップ思考」 PHP研究所 2007
Rebbe, Peter レッベ, ペーター
[著]「ライアー」 ライアー響会 2009
Rebeck, Theresa レベック, テレサ
ゴールデン・ラズベリー賞(ラジー賞) 最低脚本賞(第25回(2004年)) "Catwoman"
Rebell, Walter レベル, W.
1951～ [著]「新約外典・使徒教父文書概説」 教文館 2001
Rebella, Juan Pablo レベージャ, フアン・パブロ
1974～2006 [国]ウルグアイ 映画監督
Rebellin, Davide レベリン
[国]イタリア 自転車選手
Rebello, Stephen レベロ, スティーヴン
[著]「ヒッチコック&メイキング・オブ・サイコ」 白夜書房 2013
Rebelo, Aldo レベロ, アルド
[国]ブラジル 国防相
Rebelo De Sousa, Marcelo レベロデソウザ, マルセロ
[国]ポルトガル 大統領
Rebelo Figueiredo, José Aldo レベロ・フィゲイレド, ジョゼ・アルド
[国]ブラジル スポーツ相
Rébéna, Frédéric レベナ, フレデリック
[著]「自由って、なに？」 朝日出版社 2007
Rebensburg, Viktoria レーベンスブルク, ヴィクトリア
1989～ [国]ドイツ スキー選手 [異]レーベンスブルク, ビクトリア
Réber, László レーベル, ラースロー
1920～2001 [著]「ぼくはじまんのむすこだよ!?」 文渓堂 2010
Rebeyrol, Antoine ルベイロ, アントワーヌ
[著]「ワルラスの経済思想」 慶応義塾大学出版会 2006
Rebic, Ante レビッチ, アンテ
[国]クロアチア サッカー選手
Rebícek, Aleš ジェビーチェク, アレシュ
[国]チェコ 運輸相
Rebonato, Riccardo レボネト, リカルド
[著]「なぜ金融リスク管理はうまくいかないのか」 東洋経済新報社 2009
Reboza, Julien レブザ, ジュリアン
[国]マダガスカル 水資源相
Rebrov, Serhiy レブロフ, セルゲイ
1974～ [国]ウクライナ サッカー監督, 元サッカー選手
Rebsamen, François レブサマン, フランソワ
[国]フランス 労働・雇用・職業教育・労使対話相
Recanati, Francois レカナティ, フランソワ
[著]「ことばの意味とは何か」 新曜社 2006
Recchia, Lucia レッキア
[国]イタリア アルペンスキー選手
Recean, Dorin レキャン, ドリン
[国]モルドバ 内相
Rech, Benno レッヒ, ベンノー
[著]「僕、片隅の客」 思潮社 2012
Rech, Irmgard レッヒ, イルムガルト
[著]「僕、片隅の客」 思潮社 2012
Recheis, Käthe レヒアイス, ケーテ
[著]「ウルフ・サーガ」 福音館書店 2004
Rechichi, Elise レチッチ, エリーゼ
1986～ [国]オーストラリア セーリング選手
Rechtschaffen, Stephan レクトシャッフェン, ステファン
[著]「タイムシフティング」 日本経済新聞社 2001
Recinos, Julio レシノス, フリオ
[国]グアテマラ 農相
Recinos de Martínez, María Emma レシーノス・デ・マルティネス, マリア・エンマ
[国]エルサルバドル いけばなインターナショナル・サンサルバドル244支部長
Recio レシオ
[国]スペイン サッカー選手
Reck, Ross R. レック, ロス
[著]「大きな結果をもたらす小さな習慣」 かんき出版 2006
Recker, Anthony レッカー, アンソニー
[国]アメリカ 野球選手
Recker, Keith レッカー, キース
[著]「20世紀の配色」 パイインターナショナル 2011
Reckermann, Jonas レッケルマン, ヨナス
1979～ [国]ドイツ 元ビーチバレー選手
Reckitt, Helena レキット, ヘレナ
[著]「アート&フェミニズム」 ファイドン 2005
Record, Jeffrey レコード, ジェフリー
[著]「アメリカはいかにして日本を追い詰めたか」 草思社 2013
Recorvits, Helen レコルヴィッツ, ヘレン
[著]「パパに仕事がなくなって」 花風社 2002
Rector, Edward レクター, エドワード
?～2001 [国]アメリカ 軍人, パイロット 米国空軍大佐
Réda, Jacques レダ, ジャック
1929～ [著]「静けさへの帰還」 紘灯社 2007
Redbank, Tennant レッドバンク, テナント
[著]「ディズニーロイヤルペット」 KADOKAWA 2015
Redd, Silas レッド, サイラス
[国]アメリカ アメフト選手
Reddan, Eoin レダン, ヨアン
[国]アイルランド ラグビー選手
Redden, Jim レッデン, ジム
1952～ [著]「監視と密告のアメリカ」 成甲書房 2004
Reddick, Josh レディック, ジョシュ
[国]アメリカ 野球選手
Redding, Noel レディング, ノエル
1945～2003 [国]イギリス ロックベース奏者 旧グループ名＝ジミ・ヘンドリックス・エクスペリエンス〈Jimi Hendrix Experience〉
Redding, Stan レディング, スタン
[著]「世界をだました男」 新潮社 2001
Reddy, Dabbala Raj レディ, ラジ
1937～ [著]「社会的要請にこたえるロボット工学と知能システム」 本田財団 〔2005〕
Reddy, Linda A. レディ, L.A.
[著]「幼児期～青年期までのメンタルヘルスの早期介入」 北大路書房 2005
Reddy, Mahendra レディ, マヘンドラ
[国]フィジー 教育・遺産・芸術相
Reddy, Martin レディ, マーティン
[著]「C++のためのAPIデザイン」 ソフトバンククリエイティブ

2012
Reddy, Patsy　レディ, パッツィ
　国ニュージーランド　総督
Reddy, S. Jaipal　レディ, S.ジャイパル
　国インド　科学技術相兼地球科学相
Reddy, Vasudevi　レディ, ヴァスデヴィ
　著「驚くべき乳幼児の心の世界」ミネルヴァ書房　2015
Redel, Kurt　レーデル, クルト
　1918～　著「指揮のテクニック」音楽之友社　2002
Redelinghuys, Johnny　レデリンハイス, ジョニー
　国ナミビア　ラグビー選手
Reder, Peter　レイダー, ピーター
　1946～　著「子どもが虐待で死ぬとき」明石書店　2005
Redfern, Elizabeth　レッドファーン, エリザベス
　1950～　著「天球の調べ」新潮社　2002
Redfern, Ioteba　レッドファーン, イオテバ
　国キリバス　労働・人材資源開発相
Redfern, Kasey　レッドファーン, ケーシー
　国アメリカ　アメフト選手
Redfern, Martin　レッドファーン, マーティン
　1954～　著「地球」丸善出版　2013
Redfern, Nicholas　レッドファーン, ニック
　1964～　著「ペンタゴン特定機密ファイル」成甲書房　2013
Redfield, James　レッドフィールド, ジェームズ
　国アメリカ　作家
Redford, Dorothy Spruill　レッドフォード, ドロシー・スプルール
　1943～　著「奴隷制の記憶」彩流社　2002
Redford, Robert　レッドフォード, ロバート
　1936～　国アメリカ　俳優, 映画監督　サンダンス・グループ社長　本名＝レッドフォード, チャールズ・ロバート〈Redford, Charles Robert, Jr.〉
Redgrave, Corin　レッドグレーブ, コリン
　1939～2010　国イギリス　俳優　異レッドグレーヴ, コリン / レッドグレイヴ, コリン
Redgrave, Lynn　レッドグレーブ, リン
　1943～2010　国イギリス　女優　異レッドグレーヴ, リン / レッドグレイヴ, リン
Redgrave, Vanessa　レッドグレーブ, バネッサ
　1937～　国イギリス　女優　異レッドグレーヴ, ヴァネッサ / レッドグレイヴ, ヴァネッサ
Redick, J.J.　レディック, J.J.
　国アメリカ　バスケットボール選手
Rediker, Marcus　レディカー, マーカス
　1951～　著「奴隷船の歴史」みすず書房　2016
Reding, Jamie　レディング, ジェイミー
　著「Microsoft SQL Server 2000オフィシャルマニュアル」日経BPソフトプレス, 日経BP出版センター（発売）　2001
Redish, Edward F.　レディッシュ, エドワード・F.
　著「科学をどう教えるか」丸善出版　2012
Redjimi, Mourad　レジミ, ムラド
　国アルジェリア　保健相
Redkin, Sergey　レチキン, セルゲイ
　国ロシア　チャイコフスキー国際コンクール　ピアノ　第3位（2015年（第15回））
Redli, Andras　レドリ, アンドラス
　国ハンガリー　フェンシング選手
Redman, Dewey　レッドマン, デューイ
　1931～2006　国アメリカ　ジャズ・テナーサックス奏者　別名＝レッドマン, ウォーター〈Redman, Walter〉
Redman, Joshua　レッドマン, ジョシュア
　1969～　国アメリカ　ジャズ・サックス奏者　楽テナー・サックス
Redman, Matt　レッドマン, マット
　グラミー賞　最優秀ゴスペル/コンテンポラリー・クリスチャン・ミュージック（2012年（第55回））ほか
Redman, Peter　レッドマン, ピーター
　著「みんな大切！」新科学出版社　2011
Redman, Rich　レッドマン, リッチ
　著「d20モダン基本ルールブック」ホビージャパン　2006
Redman, Thomas C.　レドマン, トーマス・C.
　著「戦略的データマネジメント」翔泳社　2010
Redmayne, Eddie　レッドメイン, エディ
　1982～　国イギリス　俳優　本名＝Redmayne, Edward John David
Redmond, Adam　レドモンド, アダム
　国アメリカ　アメフト選手

Redmond, Alex　レドモンド, アレックス
　国アメリカ　アメフト選手
Redmond, Eric　レドモンド, エリック
　著「7つのデータベース7つの世界」オーム社　2013
Redmond, Michael　レドモンド, マイケル
　1963～　著「黄竜士」清流出版　2012
Redmond, Mike　レドモンド, マイク
　国アメリカ　コロラド・ロッキーズコーチ
Redmond, Nathan　レドモンド, ネイサン
　国イングランド　サッカー選手
Redmond, Patrick　レドモンド, パトリック
　1966～　国イギリス　作家　楽スリラー
Redmond, Will　レドモンド, ウィル
　国アメリカ　アメフト選手
Redniss, Lauren　レドニス, ローレン
　著「放射能」国書刊行会　2013
Redon, Juan　ルドン, ジュアン
　著「クリエイティブスペース」グラフィック社　2011
Redondo, Dolores　レドンド, ドロレス
　1969～　著「バサジャウンの影」早川書房　2016
Redpath, Ophelia　レッドパス, オフィーリア
　著「ちいさなワオキツネザルのおはなし」徳間書店　2014
Redstone, Sumner Murray　レッドストーン, サムナー
　1923～　国アメリカ　法律家, 実業家　バイアコム執行会長, CBS執行会長
Redwan, Hussein　レドワン, フセイン
　国エチオピア　スポーツ・青年相
Redwin, Eleanor　レッドウィン, エレノア
　著「アドラーの思い出」創元社　2007
Redzepi, René　レゼピ, レネ
　1977～　著「進化するレストランNOMA」ファイドン　2015
Ree, Jonathan　レー, ジョナサン
　著「哲学者は何を考えているのか」春秋社　2006
Reece, Jane B.　リース, ジェーン・B.
　著「エッセンシャル・キャンベル生物学」丸善出版　2016
Reece, Marcel　リース, マーセル
　国アメリカ　アメフト選手
Reece, Robert M.　リース, ロバート・M.
　著「子ども虐待医学」明石書店　2013
Reed, Addison　リード, アディソン
　国アメリカ　野球選手
Reed, A.J.　リード, AJ.
　国アメリカ　野球選手
Reed, Alfred　リード, アルフレッド
　1921～2005　国アメリカ　作曲家, 指揮者　洗足学園音楽大学客員教授
Reed, Allison　リード, アリソン
　1994～　国アメリカ　フィギュアスケート選手
Reed, Barry　リード, バリー
　1927～2002　国アメリカ　作家, 弁護士
Reed, Ben　リード, ベン
　著「クール・カクテルズ」河出書房新社　2002
Reed, Benjamin　リード, ベンジャミン
　著「ZooKeeperによる分散システム管理」オライリー・ジャパン, オーム社（発売）　2014
Reed, Beverly　リード, ビバリー・D.
　著「高等教育機関のための寄付募集入門」東京大学大学総合教育研究センター　2008
Reed, Brooks　リード, ブルックス
　国アメリカ　アメフト選手
Reed, Cathy　リード, キャシー
　国日本　フィギュアスケート選手
Reed, Cedric　リード, セドリック
　国アメリカ　アメフト選手
Reed, Chris　リード, クリス
　国日本　フィギュアスケート選手
Reed, Chris　リード, クリス
　1956～　著「国際電子銀行業」信山社出版　2002
Reed, Christopher　リード, クリストファー
　国アメリカ　アメフト選手
Reed, Cody　リード, コディ
　国アメリカ　野球選手
Reed, Douglas S.　リード, D.S.
　著「格差社会アメリカの教育改革」明石書店　2007
Reed, Fred A.　リード, フレッド・A.
　カナダ総督文学賞　英語　翻訳（仏文英訳）（2005年）　"Truth or

Death: The Quest for Immortality in the Western Narrative Tradition"
Reed, Gary リード, ゲリー
㋟カナダ 陸上選手
Reed, Hannah リード, ハンナ
1953〜 ㋟アメリカ 作家 ㋱ミステリー, ユーモア 本名＝ベーカー, デブ〈Baker, Deb〉
Reed, Harrison リード, ハリソン
㋟イングランド サッカー選手
Reed, Henry リード, ヘンリー
㋕「エドガー・ケイシー超能力開発のすすめ」中央アート出版社 2008
Reed, Jan リード, ジャン
㋕「考える看護」医学書院 2001
Reed, Jarran リード, ジェイラン
㋟アメリカ アメフト選手
Reed, Jennie リード
㋟アメリカ 自転車選手
Reed, Jeremy リード, ジェレミー
㋕「ワイルド・サイドの歩き方」スペースシャワーブックス, スペースシャワーネットワーク（発売）2015
Reed, Jerry リード, ジェリー
1937〜2008 ㋟アメリカ カントリー歌手, 俳優 本名＝Hubbard, Jerry
Reed, John Roland リード, ジョン
1942〜 ㋕「逃走航路」二見書房 2004
Reed, John Shepard リード, ジョン
1939〜 ㋟アメリカ 銀行家 シティグループ共同会長・CEO, シティコープ会長・CEO
Reed, Jordan リード, ジョーダン
㋟アメリカ アメフト選手
Reed, Kalan リード, ケイラン
㋟アメリカ アメフト選手
Reed, Kit リード, キット
㋕「ロボット・オペラ」光文社 2004
Reed, Lou リード, ルー
1942〜2013 ㋟アメリカ ロック・ミュージシャン 本名＝リード, ルイス・アラン〈Reed, Lewis Allan〉
Reed, Mandy リード, マンディ
㋕「精神病早期介入」日本評論社 2011
Reed, Marty リード, マーティ
㋟アメリカ アトランタ・ブレーブスコーチ
Reed, Michael リード, マイケル
㋟アメリカ 野球選手
Reed, Patrick リード, パトリック
㋟アメリカ ゴルフ選手
Reed, Paul R., Jr. リード, ポール・R., Jr.
㋕「Developing applications with Java and UML」ビー・エヌ・エヌ新社 2003
Reed, Pete リード, ピート
㋟イギリス ボート選手
Reed, Peyton リード, ペイトン
1964〜 ㋟アメリカ 映画監督
Reed, Robert リード, ロバート
1956〜 ヒューゴー賞 長中編（2007年）"A Billion Eves"
Reed, Rondi リード, ロンディ
トニー賞 プレイ 助演女優賞（2008年（第62回））"August: Osage County"
Reed, Roy M. リード, ロイ・M.
㋕「栄光の教会」カルバリー・バプテスト教会 2013
Reed, Trovon リード, トロボン
㋟アメリカ アメフト選手
Reed, Walter リード, ウォルター
1916〜2001 ㋟アメリカ 俳優
Reed, Warren リード, ウォーレン
1945〜 ㋕「儒教ルネッサンス」たちばな出版 2002
Reed, William リード, ウィリアム
1952〜 ㋕「ゲリラ・マーケティング進化論」講談社 2007
Reed, William S. リード, ウィリアム・S.
㋕「高等教育機関のための寄付募集入門」東京大学大学総合教育研究センター 2008
Reed, Willie リード, ウィリー
㋟アメリカ バスケットボール選手
Reeder, Clare リーダー, クレア
㋕「統合失調症の認知機能改善療法」金剛出版 2011
Reedie, Craig リーディー, クレイグ
1941〜 ㋟イギリス 元バドミントン選手 国際オリンピック委員会（IOC）評価委員長, 世界反ドーピング機関（WADA）委員長
Reedus, Norman リーダス, ノーマン
1969〜 ㋟アメリカ 俳優, ファッションモデル
Reedy, Bernard リーディー, バーナード
㋟アメリカ アメフト選手
Reek, Harriët van レーク, ハリエット・ヴァン
㋕「ボッケ」朔北社 2006
Reek, Wouter van レーク, ワウター・ヴァン
1960〜 ㋕「ケープドリ」朔北社 2013
Reeman, Douglas リーマン, ダグラス
1923〜 ㋕「起爆阻止」早川書房 2004
Rees, A.L. リーズ, A.L.
㋕「実験映像の歴史：映画とビデオ」晃洋書房 2010
Rees, Andrew リーズ, アンディ
1961〜 ㋕「遺伝子組み換え食品の真実」白水社 2013
Rees, Celia リーズ, セリア
1949〜 ㋕「シャイニング・オン」理論社 2007
Rees, Chris リース, クリス
㋕「スーパーセヴン」二玄社 2006
Rees, Fran リース, フラン
㋕「ファシリテーター型リーダーの時代」プレジデント社 2002
Rees, G. リース, G.
㋕「グローバル化・社会変動と教育」東京大学出版会 2012
Rees, Gareth J.G. リー, ガレス
㋕「がん」一灯舎, オーム社（発売）2008
Rees, Gordon Jackson リース, ゴードン・ジャクソン
㋕「麻酔の偉人たち」総合医学社 2016
Rees, Judy リーズ, ジュディ
㋕「クリーン・ランゲージ入門」春秋社 2010
Rees, Libby リース, リビー
1995〜 ㋕「Happyをさがしてあるこう」メイツ出版 2006
Rees, Martin John リース, マーティン
1942〜 ㋟イギリス 天体物理学者 ケンブリッジ大学名誉教授
Rees, Matt Beynon リース, マット・ベイノン
1967〜 ㋟イギリス 作家, ジャーナリスト ㋱ミステリー, スリラー
Rees, Matthew J. リース, マシュー・J.
㋕「CCNA」翔泳社 2004
Rees, Paul リース, ポール
㋕「ロバート・プラント」ヤマハミュージックメディア 2014
Rees, P.John リース, P.ジョン
1949〜 ㋕「心の診療100ケース」メディカル・サイエンス・インターナショナル 2012
Rees, Roger リース, ロジャー
1944〜2015 ㋟イギリス 俳優
Rees, Roy リーズ, ロイ
㋕「サッカー・サクセスフルコーチング」大修館書店 2007
Rees, Stephen リース, ステファン
㋕「リスクバジェッティング」パンローリング 2002
Rees, Teresa リース, テレサ
㋕「科学技術とジェンダー」明石書店 2004
Rees, William E. リース, ウィリアム・E.
1943〜 ㋟カナダ 生態学者, 動物行動学者 ブリティッシュ・コロンビア大学教授 ㋱生態経済学
Reese, Brittney リース, ブリトニー
1986〜 ㋟アメリカ 走り幅跳び選手
Reese, Fabian リーズ, ファビアン
㋟ドイツ サッカー選手
Reese, George リース, ジョージ
㋕「MySQLデスクトップリファレンス」オライリー・ジャパン, オーム社（発売）2004
Reese, Laura リーズ, ローラ
㋕「Mの日記」早川書房 2007
Reese, Mark リース, マーク
㋕「フェルデンクライスの脳と体のエクササイズ」晩成書房 2005
Reese, Rebecca リーセ, レベッカ
㋕「インストラクショナルデザインとテクノロジ」北大路書房 2013
Reese, Samuel J. リース, サミュエル
㋕「重要顧客マネジメント」ダイヤモンド社 2004
Reese, Tracy リース, トレイシー
1964〜 ㋟アメリカ ファッションデザイナー ㋺リース, トレーシー
Reese, Vibeke Sch リーセ, ヴィベケ

1964〜 㓂「ドッグ・トレーナーに必要な「子犬レッスン」テクニック」誠文堂新光社 2014
Reese, William J. リース、ウイリアム・J.
1951〜 㓂「アメリカ公立学校の社会史」東信堂 2016
Rees-Mogg, William リース・モッグ、ウィリアム
1928〜2012 囸イギリス ジャーナリスト、ファイナンシャル・アドバイザー BBC副会長、「タイムズ」編集長 別名＝リース・モッグ（ヒントン・ブルーイットの）〈Rees-Mogg of Hinton Blewitt〉
Reete, Tangariki レーテ、タガリキ
囸キリバス 女性・青年・スポーツ相
Reeve, Christopher リーブ、クリストファー
1952〜2004 囸アメリカ 俳優 㓂リーヴ、クリストファー
Reeve, Dana リーブ、ダナ
？〜2006 囸アメリカ 社会活動家、女優 クリストファー・リーブ基金会長 㓂リーブ、デイナ
Reeve, Philip リーブ、フィリップ
1966〜 囸イギリス 作家 㓂児童書、ヤングアダルト、SFほか 㓂リーヴ、フィリップ
Reeve, Rosie リーヴ、ロージー
1965〜 㓂「わたし、まだねむたくないの！」岩崎書店 2011
Reeves, Byron リーブス、バイロン
1949〜 㓂「人はなぜコンピューターを人間として扱うか」翔泳社 2001
Reeves, Carl Nicholas リーヴス、ニコラス
1956〜 㓂「古代エジプト探検百科」原書房 2002
Reeves, David リーブス、デービッド
囸アメリカ アメフト選手
Reeves, Dianne リーブス、ダイアン
1956〜 囸アメリカ ジャズ歌手 㓂リーヴス、ダイアン
Reeves, Helen リーブス
囸イギリス カヌー選手
Reeves, Hubert リーヴズ、ユベール
㓂「地球（ほし）の授業」飛鳥新社 2009
Reeves, Keanu リーブス、キアヌ
1964〜 囸カナダ 俳優 本名＝Reeves, Keanu Charles 㓂リーヴス、キアヌ
Reeves, Marjorie リーヴス、マージョリ
1905〜2003 㓂「中世の預言とその影響」八坂書房 2006
Reeves, Martin リーブス、マーティン
㓂リーブス、マーティン 㓂「人工知能」ダイヤモンド社 2016
Reeves, Matthew リーブス、M.
㓂「通勤電車でイライラしない技術」大和書房 2006
Reeves, Paul リーヴス、ポール
㓂「スウィンギン・ロンドン50's-60's」スウィンギン・ロンドン50's-60's出版委員会、梧桐書院（発売）2010
Reeves, Paul Alfred リーブス、ポール
1932〜2011 囸ニュージーランド アングリカン・チャーチ司祭 ニュージーランド総督、オークランド工科大学総長 㓂リーヴス／リーヴズ
Reeves, Richard リーブス、リチャード
囸アメリカ 作家、コラムニスト 「ニューヨーク・タイムズ」記者
Reeves, Robert リーブス、ロバート
㓂「あなたの未来は直感力で変えられる」JMA・アソシエイツステップワークス事業部 2016
Reeves, Ron リーブス、ロン
㓂「Win32システムサービスプログラミング」ピアソン・エデュケーション 2002
Reeves, Rosser リーブス、ロッサー
㓂「USPユニーク・セリング・プロポジション」海と月社 2012
Reeves, Tony リーヴス、トニー
㓂「世界の映画ロケ地大事典」晶文社 2004
Reeves-Stevens, Garfield リーブス・スティーブンス、ガーフィールド
㓂「スタートレックネクストジェネレーションコンティニューイング・ミッション」DAI-X出版 2001
Reeves-Stevens, Judith リーブス・スティーブンス、ジュディス
㓂「スタートレックネクストジェネレーションコンティニューイング・ミッション」DAI-X出版 2001
Refalo, Anton レファロ、アントン
囸マルタ ゴゾ島相
Refalo, Michael レファロ、マイケル
囸マルタ 観光相
Refn, Nicolas Winding レフン、ニコラス・ウィンディング
1970〜 囸デンマーク 映画監督
Refsnyder, Rob レフスナイダー、ロブ
囸韓国 野球選手
Regalado, Antonio レガラード、アントニオ
㓂「サイエンスライティング」地人書館 2013
Regalado, Jacobo レガラド、ハコボ
囸ホンジュラス 農牧相
Regalia, Ida レガーリア、イダ
㓂「ヨーロッパの労働組合」生活経済政策研究所 2004
Regalla, Agnelo レガラ、アニェロ
囸ギニアビサウ 社会通信相
Regan, Donald Thomas リーガン、ドナルド
1918〜2003 囸アメリカ 実業家 米国財務官、メリルリンチ会長
Regan, Geoff リーガン、ジェフ
囸カナダ 漁業海洋相
Regan, Geoffrey リーガン、ジェフリー
？〜2005 㓂「「決戦」の世界史」原書房 2008
Regan, Lara Jo レーガン、ララ・ジョー
㓂「ぼくはMr.ウィンクル」二見書房 2002
Regan, Lisa リーガン、リサ
㓂「ライラの冒険黄金の羅針盤」ゴマブックス 2007
Regan, Patrick リーガン、パトリック
1966〜 㓂「ペンギンがおしえてくれる幸せのヒント」二見書房 2008
Regan, Sally レーガン、サリー
㓂リーガン、サリー 㓂「ビジュアル歴史図鑑20世紀」日経ナショナルジオグラフィック社、日経BPマーケティング（発売）2013
Regardie, Israel リガルディー、イスラエル
㓂「柘榴の園」国書刊行会 2002
Regás, Lluis レガス、ルイス
㓂「ビラノバとは何者か？」ベースボール・マガジン社 2013
Regasel, Yanni レゲゼル、ヤンニ
囸ドイツ サッカー選手
Regazzo, Lorenzo レガッツォ、ロレンツォ
グラミー賞 最優秀オペラ録音（2004年（第47回））"Mozart: Le Nozze Di Figaro" ソリスト
Regazzoni, Clay レガツォーニ、クレイ
1939〜2006 囸スイス F1ドライバー
Regenvanu, Ralph レゲンバヌ、ラルフ
囸バヌアツ 国土・資源相 㓂リゲンバヌ、ラルフ
Reger, Rob リーガー、ロブ
㓂「エミリーの記憶喪失ワンダーランド」理論社 2010
Reger, Steven I. レーガー、S.I.
㓂「神経リハビリテーション」医学書院 2001
Regev, Miri レゲブ、ミリ
囸イスラエル 文化・スポーツ相
Reggiani, Serge レッジャーニ、セルジュ
1922〜2004 囸イタリア 俳優、シャンソン歌手 㓂レジアニ、セルジュ／レジャーニ、セルジュ
Regier, Darrel A. レジエ、D.
㓂「DSM-V研究行動計画」みすず書房 2008
Reginald, Stanley レギナルド、スタンレー
囸バヌアツ 副首相兼社会基盤・公益企業相
Regini, Marino レジーニ、マリーノ
1943〜 㓂「ヨーロッパの労働組合」生活経済政策研究所 2004
Regini, Vasco レジーニ、ヴァスコ
囸イタリア サッカー選手
Regis, Edward レジス、エド
㓂「悪魔の生物学」河出書房新社 2001
Regnér, Åsa レグネール、オーサ
囸スウェーデン 児童・高齢者・男女平等相
Regnier, Victor レーニエ、ヴィクター
1947〜 㓂「シニアリビング101」鹿島出版会 2007
Regniers, Beatrice Schenk de レーニエ、ベアトリス・シェンク・ド
㓂レニエ、ビアトリス・シェンク・ドゥ 㓂「ともだちつれてよろしいですか」童話館出版 2003
Rego, Emanuel レゴ、エマヌエル
囸ブラジル ビーチバレー選手
Regonessa, Maurice レゴネッサ、モーリス
囸中央アフリカ 国防相 㓂ルゴネッサ、モーリス
Regy, Claude レジ、クロード
1923〜 囸フランス 演出家
Reh, Rusalka レー、ルザルカ

[著]「どこに行ったの？ 子ネコのミニ」 徳間書店 2012
Rehak, Melanie レハック, メラニー
アメリカ探偵作家クラブ賞 批評・評伝賞(2006年) “Girl Sleuth: Nancy Drew and the Women Who Created Her”
Rehberger, Tobias レーバーガー, トビアス
[国]ドイツ ヴェネチア・ビエンナーレ 金獅子賞 国際展示部門(2009年(第53回))
Rehder, Ben レーダー, ベン
[著]「馬鹿・テキサス」 早川書房 2004
Rehfuess, Eva リーヒュス, エヴァ
[著]「子どもと健康の世界地図」 丸善 2008
Rehhagel, Otto レーハーゲル, オットー
1938～ [国]ドイツ サッカー指導者, 元サッカー選手 サッカー・ギリシャ代表監督
Rehm, Patrice K. レイム, パトリス・K.
1954～ [著]「ケースレビュー核医学診断」 メディカル・サイエンス・インターナショナル 2004
Rehman, Sherry レーマン, シェリー
[国]パキスタン 情報放送相
Rehn, Olli レーン, オッリ
[国]フィンランド 経済相
Rehnquist, William H. レンキスト, ウィリアム
1924～2005 [国]アメリカ 裁判官 米国最高裁長官 [異]レーンクイスト, ウィリアム

R

Rehr, Henrik レア, ヘンリック
[著]「ラスムスクルンプ さがしてあそぼう！」 小学館 2016
Rehuher-marugg, Faustina レウエルマルック, ファウスティーナ
[国]パラオ 社会・文化相
Rehula, Juha レフラ, ユハ
[国]フィンランド 家庭・社会福祉相
Reibel, Emmanuel レベル, エマニュエル
[著]「ナチュール」 アルテスパブリッシング 2016
Reiber, Erhard ライバー, エアハルト
[国]ドイツ ベルリン独日協会副会長, 独日協会連合会副会長, 元・メルクジャパン社長, 元・欧州ビジネス協会医薬委員長, 元・東京横浜独逸学園理事長
Reibstein, David J. レイブシュタイン, ディビッド・J.
[著]「マーケティング・メトリクス」 ピアソン桐原 2011
Reich, Christopher ライク, クリストファー
1961～ [国]アメリカ 作家 [専]ミステリー, スリラー
Reich, Frank レイチ, フランク
[国]アメリカ フィラデルフィア・イーグルスコーチ
Reich, Michael ライシュ, マイケル
1950～ [国]アメリカ 生化学者, 政治学者 ハーバード大学教授 [専]国際保健, 公衆衛生 本名＝ライシュ, マイケル・ロビン〈Reich, Michael Robin〉
Reich, Robert Bernard ライシュ, ロバート
1946～ [国]アメリカ 経済学者 カリフォルニア大学バークレー校教授 米国労働長官, ハーバード大学教授 [専]政治経済学, 経済政策, 行政学
Reich, Russell ライシ, ラッセル
1963～ [著]「「教える」ことの覚え書き」 フィルムアート社 2013
Reich, Steve ライヒ, スティーブ
1936～ [国]アメリカ 作曲家, ピアニスト, 打楽器奏者 本名＝Reich, Stephan Michael R. [異]ライク, スティーブ / ライク, スティーヴ / ライシュ, スティーブ / ライシュ, スティーヴ / ライヒ, スティーヴ
Reichard, Kevin リチャード, ケビン
[著]「独習UNIX」 翔泳社 2007
Reiche, Dietlof ライヒェ, ディートロフ
1941～ [著]「フレディ」 旺文社 2004
Reichel, Kealii レイシェル, ケアリイ
[国]アメリカ シンガー・ソングライター, クム・フラ
Reichel, Peter ライヒェル, ペーター
1942～ [著]「ドイツ過去の克服」 八朔社 2006
Reichel Verlag, G. レイチェル, G.
[著]「ババジ・光への道」 森北出版 2006
Reichenbach, Harald ライヘンバッハ, ハラルド
[国]ドイツ 元・連邦司法・消費者保護省裁判所構成法等担当課長
Reichert, Bernhard ライヒャルト, ベルンハルト
1959～ [著]「療法士のための体表解剖学」 ガイアブックス 2016
Reichert, Folker ライヒェルト, フォルカー
1949～ [著]「世界の体験」 法政大学出版局 2005
Reichert, Susan K. ライカート, スーザン・K.
[著]「虐待された子ども」 明石書店 2003
Reichert-Anderson, Pamela レイチャート＝アンダーソン, パメラ
[著]「食品・栄養・食事療法事典」 産調出版, 産業調査会(発売) 2006
Reichheld, Frederick F. ライクヘルド, フレッド
[著]「ネット・プロモーター経営」 プレジデント社 2013
Reichl, Ruth ライクル, ルース
[著]「落ち込んだときは料理を作ろう」 はまの出版 2002
Reichle, Joe ライクリー, ジョー
1951～ [著]「ビギニング・コミュニケーターのためのAAC活用事例集」 福村出版 2009
Reichler, Robert J. ライクラー, R.J.
[異]ライヒラー, ロバート・J. [著]「CARS小児自閉症評定尺度」 岩崎学術出版社 2008
Reichlin, Bruno ライシュリン, ブルーノ
[著]「ジャン・プルーヴェ」 TOTO出版 2004
Reichlin-meldegg, Hanni ライヘルン‐メルデッジ, ハンニ
[著]「オーラソーマ風水」 モデラート 2006
Reichman, Henry ライヒマン, ヘンリー
1947～ [著]「学校図書館の検閲と選択」 京都大学図書館情報学研究会, 日本図書館協会(発売) 2002
Reichman, Nancy リッチマン, ナンシー
[著]「オゾン・コネクション」 日本評論社 2005
Reichmann, Paul ライヒマン, ポール
1930～2013 [国]カナダ 実業家 ライヒマングループ総帥
Reich-Ranicki, Marcel ライヒ・ラニツキ, マルセル
1920～2013 [国]ドイツ 文芸評論家 「フランクフルター・アルゲマイネ」文芸デスク [異]ライヒ・ラニツキー, マルセル
Reichs, Kathy ライクス, キャシー
[国]アメリカ 法人類学者, 作家 ノースカロライナ大学教授 [専]骨鑑定 本名＝ライクス, キャスリーン〈Reichs, Kathleen〉 [異]レイクス, キャシー / レイクス, キャスリーン
Reichstein, Alexander ライヒシュタイン, アレクサンダー
1957～ [著]「クリスマスの真珠」 いのちのことば社フォレストブックス 2003
Reid, Aileen リード, アイリーン
[国]アイルランド トライアスロン選手
Reid, Alastair リード, アラステア
1926～2014 [著]「ききゅうをろめんでんしゃに」 ファイドン 2011
Reid, Anita レイド, アニタ
[著]「アレルギーのない住まい」 産調出版 2001
Reid, Anthony リード, アンソニー
1939～ [著]「大航海時代の東南アジア」 法政大学出版局 2002
Reid, Brendan リード, ブレンダン
[著]「同僚に知られずにこっそり出世する方法」 ダイヤモンド社 2015
Reid, Brian J. リード, B.J.
[著]「地球環境化学入門」 シュプリンガー・フェアラーク東京 2005
Reid, Brigid リード, ブリジッド
[著]「看護における反省的実践」 ゆみる出版 2005
Reid, Camilla リード, カミラ
[著]「ルルちゃんのくつ」 大日本絵画 2012
Reid, Caraun リード, カローン
[国]アメリカ アメフト選手
Reid, Constance リード, C.
[著]「ヒルベルト」 岩波書店 2010
Reid, Cornelius L. リード, コーネリウス
[著]「声楽用語辞典」 キックオフ 2005
Reid, Dennis H. レイド, デニス
[著]「発達障害のある人と楽しく学習」 二瓶社 2010
Reid, Elizabeth J. レイド, エリザベス・J.
[著]「NPOと政府」 ミネルヴァ書房 2007
Reid, Eric リード, エリック
[国]アメリカ アメフト選手
Reid, Francis リード, フランシス
1931～ [著]「光を聴きながら」 未来社 2011
Reid, Gordon リード, ゴードン
[国]スコットランド ラグビー選手
Reid, Grace リード, グレース
[国]イギリス 水泳選手
Reid, Grant レイド, グラント
1958～ [著]「カイロプラクティックマニュアル」 医道の日本社 2001
Reid, Greg S. リード, グレッグ
[異]リード, グレッグ・S. [著]「金鉱まで残り3フィート」 きこ書房

2011
Reid, Harry リード, ハリー
1939～ [国]アメリカ 政治家 米国民主党上院院内総務 本名＝Reid, Harry Mason
Reid, Howard リード, ハワード
[著]「アレクサンドリアの興亡」 主婦の友社 2009
Reid, Jah リード, ジャー
[国]アメリカ アメフト選手
Reid, Jan レイド, ジャン
[著]「デレク＆ザ・ドミノス」 シンコーミュージック・エンタテイメント 2007
Reid, John リード, ジョン
[国]イギリス 内相
Reid, Jon リード, ジョン
[著]「jQuery Mobile」 オライリー・ジャパン, オーム社(発売) 2011
Reid, L.A. リード, L.A.
[国]アメリカ 音楽プロデューサー アイランド・デフ・ジャム・ミュージックオーナー アリスタ・レコード社長 別称＝リード, アントニオ・L.A.〈Reid, Antonio L.A.〉
Reid, Lori リード, ロリー
[著]「月の魔法」 ベストセラーズ 2003
Reid, Martine リード, マルティーヌ
[著]「なぜ〈ジョルジュ・サンド〉と名乗ったのか？」 藤原書店 2014
Reid, Mary Graham リード, メアリ・グラハム
[著]「動乱の中国にキリストの愛をたずさえて」 いのちのことば社 2008
Reid, Michelle リード, ミシェル
[著]「復讐は愛ゆえに」 ハーパーコリンズ・ジャパン 2016
Reid, Morris L. リード, モリス・L.
[著]「プロは語る。」 アスペクト 2005
Reid, Neil P. レイド, ニール
[著]「802.11(Wi-Fi)無線LANネットワーク技術教本」 ソフトバンクパブリッシング 2004
Reid, Pamela J. リード, パメラ・J.
[著]「エクセレレーティッド・ラーニング」 レッドハート 2007
Reid, Robert リード, ロバート
[著]「90年代SF傑作選」 早川書房 2002
Reid, Robert リード, ロバート
[著]「ニューヨーク」 メディアファクトリー 2007
Reid, Robert リード, ロバート
[著]「診断・対応のためのADHD評価スケール」 明石書店 2008
Reid, Ruel リード, ルエル
[国]ジャマイカ 教育・青年・情報相
Reid, Ryan リード, ライアン
[国]アメリカ バスケットボール選手
Reid, Sarah リード
[国]カナダ スケルトン選手
Reid, Stacy リード, ステイシー
[著]「誘惑の夜に溺れて」 二見書房 2016
Reid, Stella リード, ステラ
[著]「ナニー911：お父さんお母さんのための子育て110番！」 メディア総合研究所 2008
Reid, Steven リード, S.
[著]「うつ病という時限爆弾」 日本評論社 2003
Reid, Susan リード, スーザン
1946～ [著]「自閉症とパーソナリティ」 創元社 2006
Reid, Theresa A. ライド, テレザ・A.
[著]「マルトリートメント子ども虐待対応ガイド」 明石書店 2008
Reid, Tom R. リード, トム
[著]「日本の未来について話そう」 小学館 2011
Reid, Winston リード, ウィンストン
[国]ニュージーランド サッカー選手
Reidenbach, R.Eric レイデンバッハ, R.エリック
[著]「リピーターをつかむ経営」 日本経済新聞社 2003
Reidenberg, Joy ライデンバーグ, ジョイ
[著]「巨大生物解剖図鑑」 スペースシャワーネットワーク 2016
Reider, Katja ライダー, カーチャ
[著]「はつこい」 学習研究社 2006
Reidy, Jamie レイディ, ジェイミー
[著]「全米セールスno.1に輝いた〈バイアグラ〉セールスマン涙と笑いの奮闘記」 アスペクト 2005
Reif, Emil レイフ, エミール
[著]「CT・MRI画像解剖ポケットアトラス」 メディカル・サイエンス・インターナショナル 2015
Reif, F. ライフ, F.
[著]「統計熱物理学の基礎」 吉岡書店 2006
Reĭf, Igor' レイフ, イーゴリ
1938～ [著]「天才心理学者ヴィゴツキーの思想と運命」 ミネルヴァ書房 2015
Reiff, Chris リーフ, クリス
[著]「スター・ウォーズデス・スター計画」 辰巳出版 2015
Reiff, Riley レイフ, ライリー
[国]アメリカ アメフト選手
Reigeluth, Charles M. ライゲルース, チャールス・M.
[異]ライゲルース, チャールズ・M. [著]「インストラクショナルデザインの理論とモデル」 北大路書房 2016
Reiger, John F. ライガー, ジョン・F.
[著]「アメリカの環境主義」 同友館 2004
Reiher, Tinian ライアー, シニアン
[国]キリバス 漁業・海洋資源開発相
Reiherd, Dmitriy レイヘルド
[国]カザフスタン フリースタイルスキー選手
Reij, Chris レイジ, クリス
1948～ [著]「土を持続させるアフリカ農民」 松香堂書店 2011
Reijen, Willem van レイイェン, ヴィレム・ファン
1938～ [著]「ベンヤミンの現在」 法政大学出版局 2013
Reil, Steve リール, スティーブ
[著]「女が好きになる男」 PHP研究所 2003
Reiland, Rachel レイランド, レイチェル
[著]「ここは私の居場所じゃない」 星和書店 2007
Reiling, J. レイリング, J.
1923～2005 [著]「ヘブライ人への手紙」 教文館 2012
Reiljan, Villu レイリアン, ビル
[国]エストニア 環境相
Reilly, Charles Nelson レイリー, チャールズ・ネルソン
1931～2007 [国]アメリカ 俳優 [異]ライリー, チャールズ・ネルソン
Reilly, Edward T. ライリー, エドワード・T.
[著]「アメリカの「管理職の基本」を学ぶマネジメントの教科書」 ダイヤモンド社 2013
Reilly, Harold J. レイリー, ハロルド・J.
[著]「健康ハンドブック」 中央アート出版社 2003
Reilly, Jack レイリー, ジャック
1932～ [著]「ハーモニー・オブ・ビル・エヴァンス」 ヤマハミュージックメディア 2014
Reilly, James ライリー, ジェームズ
[国]アイルランド 児童・青少年相
Reilly, John C. ライリー, ジョン・C.
1965～ [国]アメリカ 俳優
Reilly, Mark ライリー, マーク
1960～ [国]イギリス ミュージシャン
Reilly, Matthew ライリー, マシュー
1974～ [国]オーストラリア 作家 [専]ミステリー, スリラー
Reilly, Mike ライリー, マイク
[国]アメリカ アメフト選手
Reilly, Patrick M. ライリー, パトリック・M.
[著]「外傷患者の初期診療」 メディカル・サイエンス・インターナショナル 2005
Reilly, Peter レイリー, ピーター
[著]「頭部外傷の初期診療」 メディカル・サイエンス・インターナショナル 2011
Reilly, Philip レイリー, フィリップ・R.
1947～ [著]「病気を起こす遺伝子」 東京化学同人 2007
Reilly, Rick ライリー, リック
[著]「キャディは見た！ ゴルフの道」 ランダムハウス講談社 2006
Reilly, Robert F., Jr. ライリ, ロバート・F., Jr.
[著]「30日で学ぶ水電解質と腎臓病」 メディカル・サイエンス・インターナショナル 2007
Reilly, Trevor ライリー, トレバー
[国]アメリカ アメフト選手
Reilly-Spong, Maryanne ライリー・スポング, メアリアン
[著]「ケアのなかの癒し」 看護の科学社 2016
Reiman, Jeffrey H. ライマン, ジェフリー
1942～ [著]「金持ちはますます金持ちに貧乏人は刑務所へ」 花伝社, 共栄書房(発売) 2011
Reiman, Leonid D. レイマン, レオニード・D.
[国]ロシア 情報技術通信相
Reiman, Tonya ライマン, トーニャ
[著]「さりげなく「人の心をつかむ」技術！」 三笠書房 2010
Reimann, Aribert ライマン, アリベルト
1936～ [国]ドイツ 作曲家, ピアニスト

R

Reimann, Matthias　ライマン, マティアス
　国ドイツ　富豪
Reimann, Monika　ライマン, モニカ
　著「ドイツ語の基本」三修社　2008
Reimann, Renate　ライマン, レナト
　国ドイツ　富豪
Reimann, Robert　レイマン, ロバート
　著「About Face 3」アスキー・メディアワークス, 角川グループパブリッシング(発売)　2008
Reimann, Stefan　ライマン, シュテファン
　国ドイツ　富豪
Reimann, Wolfgang　ライマン, ウォルフガング
　国ドイツ　富豪
Reimer, Joseph　ライマー, J.
　著「道徳性を発達させる授業のコツ」北大路書房　2004
Reimer, Stan　レイマー, スタン
　1958〜　著「Microsoft Windows Server 2008リソースキット」日経BPソフトプレス, 日経BP出版センター(発売)　2008
Reina, Carlos Roberto　レイナ, カルロス・ロベルト
　1926〜2003　国ホンジュラス　政治家　ホンジュラス大統領　本名＝Reina Idiaquez, Carlos Roberto
Reina, Francisco Mungamba　ムンガンバ, レイナ・フランシスコ
　国スペイン　ローザンヌ国際バレエコンクール 2位・プロ研修賞(第38回(2010年))
Reina, Jorge Arturo　レイナ, ホルヘ・アルトゥロ
　国ホンジュラス　内相
Reina, Jose Manuel　レイナ, ホセ・マヌエル
　国スペイン　サッカー選手
Reinalter, Helmut　ラインアルター, ヘルムート
　1943〜　著「フリーメイソンの歴史と思想」三和書籍　2016
Reinberg, Alain　レンベール, アラン
　著「時間生物学とは何か」白水社　2001
Reinberg, Danny　ラインバーグ, D.
　著「エピジェネティクス」培風館　2010
Reinders, James　レインダース, ジェームス
　著「インテルXeon Phiコプロセッサー ハイパフォーマンス・プログラミング」カットシステム　2014
Reine-adelaide, Jeff　レーネ・アデレード, ジェフ
　国フランス　サッカー選手
Reinecke, Mark A.　ライネッケ, マーク・A.
　著「臨床実践を導く認知行動療法の10の理論」星和書店　2012
Reiner, Jonathan　ライナー, ジョナサン
　著「心臓」国書刊行会　2014
Reiner, Rob　ライナー, ロブ
　著「映画監督という仕事」フィルムアート社　2001
Reinert, Dietmar　ライネルト, ディートマール
　著「オートメーション用安全バスシステム」安全工学研究所, オートメレビュー社(発売)　2003
Reinfeldt, Fredrik　ラインフェルト, フレデリック
　1965〜　国スウェーデン　政治家　スウェーデン首相　本名＝ラインフェルト, ジョン・フレデリック⟨Reinfeldt, John Fredrik⟩　国ラインフェルト, フレデリック
Reingold, Dan　レインゴールド, ダン
　1953〜　著「ウォールストリートのスノーマン」オープンナレッジ　2007
Reingold, Jennifer　レインゴールド, ジェニファー
　著「ウォールストリートのスノーマン」オープンナレッジ　2007
Reinhard, Johan　ラインハルト, ヨハン
　1943〜　著「インカ帝国」日経ナショナルジオグラフィック社, 日経BP出版センター(発売)　2008
Reinhard, Rebekka　ラインハルト, レベッカ
　1972〜　著「恋に嘘、仕事にルブタンは必要か?」CCCメディアハウス　2015
Reinhardt, Burt　ラインハート, バート
　1920〜2011　国アメリカ　実業家, ジャーナリスト　CNNテレビ社長　本名＝Reinhardt, Burton
Reinhardt, Robert　ラインハルト, ロバート
　著「Flashクックブック」オライリー・ジャパン, オーム社(発売)　2007
Reinhardt, Stephan　ラインハルト, シュテファン
　著「ドイツ」ガイアブックス　2013
Reinhart, Carmen M.　ラインハート, カーメン・M.
　著「国家は破綻する」日経BP社, 日経BPマーケティング(発売)　2011
Reinhart, Matthew　ラインハート, マシュー
　著「ディズニープリンセスマジカルポップアップ」大日本絵画

〔2016〕
Reinheimer, Jack　レインハンマー, ジャック
　国アメリカ　野球選手
Reinhold, Caroline　ラインホルト, キャロライン
　著「婦人科top100診断」メディカル・サイエンス・インターナショナル　2005
Reinig, Patricia　ライニッヒ, パトリシア
　著「絵でわかる馬の本」WAVE出版　2014
Reinius, Kaj　レイニウス, カイ
　国スウェーデン　外交官　在日スウェーデン大使館参事官
Reinsalu, Urmas　レインサル, ウルマス
　国エストニア　法務相
Reinschmidt, Joerg　ラインシュミット, ジョージ
　著「ビジネス・インテリジェンスオフィシャルガイド」ピアソン・エデュケーション　2002
Reinsdorf, Jerry　ラインズドルフ, ジェリー
　国アメリカ　シカゴ・ブルズ所有者, シカゴ・ホワイトソックス所有者
Reinstein, Mara　ラインスタイン, マーラ
　著「ブラッド・ピットの結婚狂騒曲」ファインフィルムズ, メディアックス(発売)　2005
Reirs, Jānis　レイルス, ヤーニス
　国ラトビア　財務相　国レイリス, ヤニス
Reis, Fernando Saraiva　サライバ, フェルナンド
　国ブラジル　重量挙げ選手
Reis, Ivan　リース, アイヴァン
　1976〜　著「アクアマン:王の遺産」小学館集英社プロダクション　2016
Reis, Maria Edileuza Fontenelle　レイス, マリア・エディレウザ・フォンテネレ
　国レイス, マリア・エヂレウザ・フォンテネレ　著「在日ブラジル人」Kaleidos-Primus Consultoria e Comunicação Integrada　2001
Reisch, Lisa　ライシュ, リサ
　1978〜　著「天空の草原のナンサ」アーティストハウスパブリッシャーズ　2005
Reisch, Lucia　ライシュ, ルチア
　著「越境する環境倫理学」現代書館　2010
Reischauer, Haru Matsukata　ライシャワー, ハル
　1915〜　著「ライシャワー大使日録」講談社　2003
Reiser, Jesse　ライザー, ジェシー
　著「アトラス」彰国社　2008
Reiser, Paul　ライザー, ポール
　著「メモリーズ・オブ・ジョン」イースト・プレス　2006
Reiser, Robert A.　リーサー, ロバート・A.
　著「インストラクショナルデザインとテクノロジ」北大路書房　2013
Reiser, Robert P.　レイサー, ロバート・P.
　著「双極性障害」金剛出版　2011
Reisert, Rebecca　ライザート, レベッカ
　国アメリカ　作家, 劇作家, 演出家　国文学
Reisheh, Hassan　レイシェ, ハッサン
　国シリア　高等教育相
Reishus, Sandra　リシャース, サンドラ
　著「娘をダメにする魔の母親遺伝子」講談社インターナショナル　2005
Reisinger, Dan　ライジンガー, ダン
　著「Supergraphics」ビー・エヌ・エヌ新社　2011
Reisman, Michael　ライスマン, マイケル
　1972〜　著「重力の番人」文渓堂　2013
Reisman, William Michael　リースマン, W.マイケル
　著「国家の非公然活動と国際法」中央大学出版部　2001
Reisner, Howard M.　ライスナー, ハワード・M.
　著「ルービン カラー基本病理学」西村書店東京出版編集部　2015
Reiss, Bob　リース, ボブ
　著「モルジブが沈む日」日本放送出版協会　2002
Reiss, Eric L.　ライス, エリック
　1954〜　国ライス, エリック・L.　著「ほんとに使える「ユーザビリティ」」ビー・エヌ・エヌ新社　2013
Reiss, Gary　リース, ゲアリー
　著「自己変容から世界変容へ」コスモス・ライブラリー, 星雲社(発売)　2005
Reiss, Mike　リース, マイク
　1959〜　著「サンタクロースの11かげつ」岩崎書店　2016
Reiss, R.Scott　ライス, R.スコット
　1951〜　著「石油消滅」早川書房　2008
Reiss, Sidonia　ライス, シドニア

㊚「アドラーの思い出」創元社 2007
Reiss, Steven リース、スティーブン
㊚「本当に欲しいものを知りなさい」角川書店 2006
Reiss, Tom リース、トム
1964〜 ㊤アメリカ ピュリッツァー賞 文学・音楽 伝記・自伝（2013年） "The Black Count: Glory, Revolution, Betrayal, and the Real Count of Monte Cristo"
Reisz, Karel ライス、カレル
1926〜2002 ㊤イギリス 映画監督
Reisz, Tiffany ライス、ティファニー
㊚「秘密の扉、恋のルール」ハーレクイン 2014
Reit, Seymour V. ライト、シーモア
1918〜2001 ㊤アメリカ 作家、イラストレーター ㊐ライト、セイモア
Reitemeier, Lutz ライテマイヤー、ルッツ
ベルリン国際映画祭 銀熊賞 芸術貢献賞（カメラ）（第62回（2012年）） "Bai lu yuan"
Reiter, Austin ライター、オースティン
㊤アメリカ アメフト選手
Reiter, Mark ライター、マーク
㊚「トリガー」日本経済新聞出版社 2016
Reith, Peter リース、ピーター
㊤オーストラリア 国防相
Reithmayer, Nina ライトマイヤー
㊤オーストリア リュージュ選手
Reitman, Ivan ライトマン、アイバン
1946〜 ㊤カナダ 映画監督、映画プロデューサー ㊐ライトマン、アイヴァン
Reitman, Jason ライトマン、ジェイソン
1977〜 ㊤カナダ 映画監督
Reitz, Christian ライツ、クリスチャン
㊤ドイツ 射撃選手 ㊐ライツ
Reitz, Joe ライツ、ジョー
㊤アメリカ アメフト選手
Reivich, Karen ライビッチ、カレン
㊚「レジリエンスの教科書」草思社 2015
Reizin, Paul レイジン、ポール
㊚「ヒラリーと別れよう！」産業編集センター 2002
Reizniece-ozola, Dana レイズニエツェオゾラ、ダナ
㊤ラトビア 経済相
Rej, Bent レイ、ベンツ
1940〜 ㊚「ザ・ローリング・ストーンズ イン・ザ・ビギニング」小学館 2006
Rejepov, Berdimirat レジェポフ、ベルジミラト
㊤トルクメニスタン 副首相兼通信相
Rejepov, Dovranmammet レジェポフ、ドブランマンメト
㊤トルクメニスタン エネルギー相
Rekik, Selma レキーク、サルマ
㊤チュニジア 観光・手工業相 ㊐レキク、サルマ
Relaño, Alfredo レラーニョ、アルフレド
1951〜 ㊚「レアル・マドリードvsFCバルセロナ因縁の100年史」ソフトバンククリエイティブ 2012
Reld, Andy リード、アンディー
㊤アメリカ カンザスシティ・チーフスコーチ
Relethford, John リレスフォード、ジョン
㊚「遺伝子で探る人類史」講談社 2005
Relf, Adam リーフ、アダム
㊚「パパのおくりもの」講談社 2008
Religa, Zbigniew レリガ、ズビグニェフ
㊤ポーランド 保健相
Relin, David Oliver レーリン、デイヴィッド・オリヴァー
㊚「スリー・カップス・オブ・ティー」サンクチュアリ出版 2010
Relph, Edward C. レルフ、エドワード
1944〜 ㊚「都市景観の20世紀」筑摩書房 2013
Relvas, Miguel ヘルバス、ミゲル
㊤ポルトガル 議会対策相
Relyveld, Steven リーレフェルト、スティーブン
㊤スリナム 区画計画相 ㊐レリーベルド、スティーブン
Remarenco, Ivan レマレンコ、イワン
㊤アラブ首長国連邦 柔道選手
Rembert, Virginia Pitts レンバート、ヴァージニア・ピッツ
㊚「モンドリアン」二玄社 2007
Rembi, Lauren レンビ、ローラン
㊤フランス フェンシング選手
Remen, Rachel Naomi リーメン、レイチェル・ナオミ

1938〜 ㊚「祖父の恵み」中央公論新社 2005
Remengesau, Tommy レメンゲサウ、トミー
1956〜 ㊚パラオ 政治家 パラオ大統領 本名＝Remengesau, Tommy Esang Jr.
Remenski, Frosina Tashevska レメンスキ、フロシナ・タシェフスカ
㊤マケドニア 労働・社会相
Remensnyder, Amy G. リーメンシュナイダー、エイミー・G.
㊚「現代を読み解くための西洋中世史」明石書店 2014
Remenyi, Dan レメニイ、ダン
1944〜 ㊚「社会科学系大学院生のための研究の進め方」同文舘出版 2002
Remig, Valentina M. レミグ、ヴァレンティナ・M.
㊚「食品・栄養・食事療法事典」産調出版、産調出版会（発売） 2006
Remijn, Gerard B. レメイン、ジェラード・B.
㊚「聴覚の文法」コロナ社 2014
Remillard, Kemp レミラード、ケンプ
㊚「スター・ウォーズ／フォースの覚醒クロス・セクション」講談社 2016
Remkes, Johan レムケス、ヨハン
㊤オランダ 内相
Remmel, Kerri S. レメル、ケリ・S.
㊚「症状からみた神経内科ハンドブック」メディカル・サイエンス・インターナショナル 2003
Remmers, Mike レマース、マイク
㊤アメリカ アメフト選手
Remmert, Reinhold レンメルト、R.
1930〜 ㊚「数学が経済を動かす」シュプリンガー・ジャパン 2009
Remnick, David J. レムニック、デービッド
1958〜 ㊤アメリカ ジャーナリスト、ノンフィクション作家 「ニューヨーカー」編集長 ㊐レムニック、デイビッド
Remond, Rene レモン、ルネ
1918〜2007 ㊤フランス 歴史家、政治評論家 ㊚フランス現代史
Rempt, Fiona レンプト、フィオナ
㊚「すてきなおくりもの」コクヨS&T 2008
Remus, Timothy リマス、ティモシー
㊚「ハーレーダビッドソン華麗なる変身カタログ」ティビーエス・ブリタニカ 2001
Remus, Timothy レミュズ、ティム
㊚「Theカスタムペイント」リペアテック 2003
Rémy, Bernard レミィ、ベルナール
㊚「ディオクレティアヌスと四帝統治」白水社 2010
Remy, Loic レミー、ロイク
㊤フランス サッカー選手
Remy, Pascal レミ、パスカル
㊚「裏ミシュラン」バジリコ 2004
Ren, Hui-ying レン・ホイイン
㊤中国 出版人 北方連合出版伝媒集団社長 漢字名＝任慧英
Ren, Ji-yu レン・ジーユイ
1916〜2009 ㊤中国 哲学者、宗教学者 中国社会科学院世界宗教研究所名誉所長、北京図書館長 ㊚中国哲学史、中国仏教史、中国道教史 漢字名＝任継愈
Ren, Zheng-fei レン・ジェンフェイ
1944〜 ㊤中国 実業家 華為技術CEO 漢字名＝任正非
Ren, Zhuoling レン、ツオリング
㊚「ホリスティック家庭の医学療法」ガイアブックス、産調出版（発売） 2010
Renard, David レナード、デヴィッド
㊚「ラスト・マガジン」ピエ・ブックス 2007
Renard, Gary R. レナード、ゲイリー・R.
㊚「愛は誰も忘れていない」ナチュラルスピリット 2016
Renardy, Lisbeth ルナルディ、リスベット
㊚「お姫さまの大集会」ワールドライブラリー c2014
Renato, Stefani レナト、ステファニ
1937〜2003 ㊚「アッサベからの便り」東ティモール子ども募金 2004
Renato Sanches レナト・サンチェス
㊤ポルトガル サッカー選手
Renaud, Blake レノード、ブレイク
㊤アメリカ アメフト選手
Renaude, Noëlle ルノード、ノエル
1949〜 ㊚「亡者の家 プロムナード」れんが書房新社 2011
Renauld, Lener ルノー、ルネル
㊤ハイチ共和国 国防相兼外務・宗教相

Renault, Emmanuel　ルノー, エマニュエル
1967〜　㊗「100語でわかるマルクス主義」白水社　2015
Renault, Michel　ルノー, ミシェル
1929〜　㊗「脱成長の道」コモンズ　2011
Renaut, Alain　ルノー, アラン
1948〜　㊗「個人の時代」法政大学出版局　2002
Renchinii Choinom　レンチニー・チョイノム
㊗「モンゴル文学への誘い」明石書店　2003
Rencic, Joseph J.　レンシック, ジョセフ・J.
㊗「診断推論のバックステージ」メディカル・サイエンス・インターナショナル　2016
Renda, Tony　レンダ, トニー
㊀アメリカ　野球選手
Rendall, John　レンダル, ジョン
㊗「ライオンのクリスチャン」早川書房　2009
Rendell, Ruth　レンデル, ルース
1930〜2015　㊀イギリス　ミステリー作家　別筆名＝バイン, バーバラ〈Vine, Barbara〉
Rendell-Baker, Leslie　レンデル・ベーカー, レスリー
㊗「麻酔の偉人たち」総合医学社　2016
Rendely, Ruth　レンドリー, ルース
㊗「セラフィム・ブループリント」ヴォイス　2010
Rendle, Steve　レンドル, スティーブ
㊗「レッドブル・レーシングF1マシン　2010年〈RB6〉」大日本絵画
Rendon, Ana Maria　レンドン, アナマリア
㊀コロンビア　アーチェリー選手
Rendon, Anthony　レンドーン, アンソニー
㊀アメリカ　野球選手
Rendon, Rebecca　レンドン, レベカ
㊗「Songes夢でキスして」パイインターナショナル　2015
Rendon, Rodolfo　レンドン, ロドルフォ
㊀エクアドル　環境相
Rendra　レンドラ
1935〜2009　㊀インドネシア　詩人, 劇作家, 演出家　レンドラ・ベンケル劇団主宰　本名＝ウィリブロドゥス・スレンドラ・ブロト・レンドラ　㊙レンドラ, W.S.
Rendschmidt, Max　レントシュミット, マックス
㊀ドイツ　カヌー選手
René, France Albert　ルネ, フランス・アルベール
1935〜　㊀セーシェル　政治家　セーシェル大統領, セーシェル人民進歩戦線（SPPF）党首　㊙ルネ, アルベール
Renfree, Sean　レンフリー, ショーン
㊀アメリカ　アメフト選手
Renfrew, Colin　レンフルー, コリン
1937〜　㊗「先史時代と心の進化」ランダムハウス講談社　2008
Renfrew, Glen　レンフルー, グレン
1928〜2006　㊀オーストラリア　実業家　ロイター社長　㊙レンフリュー
Renfrew, Mary　レンフルー, メアリー
㊗「助産学研究入門」医学書院　2003
Renfro, Brad　レンフロ, ブラッド
1982〜2008　㊀アメリカ　俳優
Renfroe, Hunter　レンフロー, ハンター
㊀アメリカ　野球選手
Renfrow, Justin　レンフロウ, ジャスティン
㊀アメリカ　アメフト選手
Rengachary, Dave A.　レンガチャリー, デイブ・A.
㊗「神経内科」メディカル・サイエンス・インターナショナル　2005
Renik, Owen　レニック, オーウェン
㊗「セラピストと患者のための実践的精神分析入門」金剛出版　2007
Renjifo Vélez, Federico　レンヒフォ・ベレス, フェデリコ
㊀コロンビア　鉱山・エネルギー相
Renna, Tony　レナ, トニー
1976〜2003　㊀アメリカ　レーシングドライバー
Renneberg, Reinhard　レンネバーグ, ラインハート
1951〜　㊗「カラー図解EURO版バイオテクノロジーの教科書」講談社　2014
Renner, Barbara Rochen　ラナー, B.R.
㊗「CARS小児自閉症評定尺度」岩崎学術出版社　2008
Renner, Bryn　レナー, ブライン
㊀アメリカ　アメフト選手
Renner, Diana　レナー, ダイアナ
㊗「「無知」の技法」日本実業出版社　2015
Renner, Jack　レナー, ジャック
グラミー賞 最優秀録音技術アルバム（クラシック）（2004年（第47回））　"Higdon: City Scape, Concerto For Orchestra"
Renner, James　レナー, ジェイムス
1978〜　㊀アメリカ　作家　ミステリー, スリラー
Renner, Jeremy　レナー, ジェレミー
1971〜　㊀アメリカ　俳優
Renner, Michael　レナー, マイケル
漢字名＝レナー, ミカエル　㊗「地球と環境」同友館　2002
Renner, Rolf Gunter　レンナー, ロルフ・ギュンター
㊗「エドワード・ホッパー」Taschen　c2001
Renner, Sara　レナー
㊀カナダ　距離スキー選手
Rennie, Drummond　レニー, ドルモンド
㊗「医学文献ユーザーズガイド」凸版メディア　2010
Rennison, Louise　レニソン, ルイーズ
1951〜2016　㊀イギリス　作家　ヤングアダルト, 文学, フィクション
Rennke, Helmut G.　レンケ, ヘルムート・G.
㊗「体液異常と腎臓の病態生理」メディカル・サイエンス・インターナショナル　2015
Reno, Hilary　リノ, ヒラリー・E.L.
㊗「ワシントンマニュアル」メディカル・サイエンス・インターナショナル　2008
Reno, Janet　リノ, ジャネット
1938〜2016　㊀アメリカ　法律家　米国司法長官　㊙レノ, ジャネット
Reno, Jean　レノ, ジャン
1948〜　㊀フランス　俳優　本名＝Jederique y Jimenez, Juan Moreno
Renold, Emma　レノルド, エマ
㊗「児童の施設養護における仲間による暴力」筒井書房　2009
Renouf, Eloise　リノーフ, エロイーズ
㊗「まねして描こう森といきものの図案集」マール社　2014
Renshaw, Amanda　レンショー, アマンダ
㊗「子どものためのアートブック」ファイドン　2007
Renshaw, Mark　レンショー
㊀オーストラリア　自転車選手
Renshaw, Molly　レンショー, モリー
㊀イギリス　水泳選手
Renteria, Edgar　レンテリア, エドガー
1975〜　㊀コロンビア　元野球選手　本名＝Renteria, Edgar Enrique　㊙レンテリーア, エドガー／レンテリーヤ, エドガー
Renteria, Jackeline　テンテリア
㊀コロンビア　レスリング選手
Renteria, Rick　レンテリーア, リック
㊀アメリカ　シカゴ・ホワイトソックス監督
Renteria Castillo, Jackeline　カスティージョ, ジャクリン
㊀コロンビア　レスリング選手　㊙レンテリア
Renton, Julia C.　レントン, ジュリア・C.
㊗「精神病かな？と思ったときに読む本」星和書店　2012
Rentta, Sharon　レンタ, シャロン
1974〜　㊗「どうぶつこうむてんこうじちゅう」岩崎書店　2013
Renvall, Johan　レンヴォール, ヨハン
1959〜2015　バレエダンサー　アメリカン・バレエ・シアター（ABT）プリンシパル　㊙レンボール, ヨハン
Renvert, Stefan　レンパート, ステファン
㊗「インプラント周囲炎」クインテッセンス出版　2013
Renwick, Robbie　レンウィック
㊀イギリス　競泳選手
Renzi, Matteo　レンツィ, マッテオ
1975〜　㊀イタリア　政治家　イタリア首相
Renzulli, Joseph S.　レンズーリ, J.S.
1936〜　㊗「個性と才能をみつける総合学習モデル」玉川大学出版部　2001
Reouven, René　レウヴァン, ルネ
1925〜　㊗「シャーロック・ホームズの気晴らし」国書刊行会　2014
Repacholi, Daniel　レパチョリ, ダニエル
㊀オーストラリア　射撃選手
Repcheck, Jack　レプチェック, ジャック
㊗「ジェイムズ・ハットン」春秋社　2004
Repeta, Lawrence　レペタ, ローレンス
㊗「闇を撃つ」日本評論社　2006
Repin, Vadim　レーピン, ワディム
1971〜　㊀ロシア　バイオリニスト　本名＝Repin, Vadim

Viktorovich 国レーピン, ワジム／レーピン, ヴァディム
Repinski, Martin レピンスキー, マルティン
　国エストニア　地方相
Repko, Allen F. レプコ, アレン・F.
　著「学際研究」九州大学出版会　2013
Reppas, Dimitris レパス, ディミトリス
　国ギリシャ　社会基盤・運輸・通信相　国レパス, ディミトリオス
Reppen, Randi レッペン, ランディ
　著「コーパス言語学」南雲堂　2003
Reps, Mailis レプス, マイリス
　国エストニア　教育科学相
Repše, Einars レプシェ, エイナルス
　1961～　国ラトビア　政治家　ラトビア首相, ラトビア中央銀行総裁　国レプシェ, エイナルス
Requena, Gladys レケナ, グラディス
　国ベネズエラ　女性・ジェンダー相
Requena, Osvaldo レケーナ, オスバルド
　1931～2010　国アルゼンチン　ピアニスト　本名＝Requena, Osvaldo Francisco
Resch, Alexander レッシュ, アレクサンダー
　1979～　国ドイツ　リュージュ選手　国レッシュ
Resch, Nikolaus レシュ, ニコラウス
　国オーストリア　セーリング選手
Resende, Nuno レゼンデ, ヌーノ
　1976～　著「モウリーニョ」講談社　2007
Reshad, Khaled レシャード, カレッド
　1950～　著「戦争に巻きこまれた日々を忘れない」新日本出版社　2016
Resick, Patricia A. レシック, パトリシア・A.
　著「PTSDハンドブック」金剛出版　2014
Resig, John レシグ, ジョン
　著「JavaScript Ninjaの極意」翔泳社　2013
Resler, Bill レスラー, ビル
　著「ハート・オブ・ザ・チーム」boid　2008
Resnais, Alain レネ, アラン
　1922～2014　国フランス　映画監督　国レネ, アラン
Resnick, Evelyn レニック, エヴリン
　著「レナード・バーンスタイン」ヤマハミュージックメディア　2002
Resnick, Lynda レズニック, リンダ
　国アメリカ　実業家
Resnick, Mike レズニック, マイク
　ヒューゴー賞　短編（2005年）　"Travels with My Cats"
Resnick, Mitchel レスニック, ミッチェル
　著「非集中システム」コロナ社　2001
Resnick, Robert レスニック, R.
　1923～　著「演習・物理学の基礎」培風館　2004
Resnick, Robert J. レズニック, ロバート・J.
　著「成人のADHD臨床ガイドブック」東京書籍　2003
Resnick, Steve レズニック, スティーブ
　著「エッセンシャルWCF」翔泳社　2009
Resnick, Stewart レズニック, スチュアート
　国アメリカ　実業家
Resnik, Regina レズニック, レジーナ
　1922～2013　国アメリカ　メゾソプラノ歌手　国レズニック, リジャイナ
Ress, Georg レス, ゲオルク
　1935～　著「EU法の現状と発展」信山社出版　2001
Ressler, Robert K. レスラー, ロバート・K.
　著「FBI心理分析官」早川書房　2001
Ressler, Tony レスラー, トニー
　国アメリカ　アトランタ・ホークスオーナー
Restak, Richard M. レスタック, リチャード
　1942～　著「遊ぶ脳みそ」日本経済新聞出版社　2012
Restany, Pierre レスタニー, ピエール
　1930～2003　国フランス　美術評論家, 美術ジャーナリスト　パレ・ド・トーキョー館長
Restayn, Jean ルスタン, ジャン
　著「クルスクの戦い」大日本絵画　2007
Restellini, Marc レステリーニ, マルク
　1964～　国フランス　美術展監修者, 美術史家　ピナコテーク美術館館長
Restrepo, Laura レストレーポ, ラウラ
　1950～　国コロンビア　作家
Restrepo Rivera, Jairo レストレポ・リベラ, ハイロ
　著「月と農業」農山漁村文化協会　2008

Restrepo Salazar, Juan Camilo レストレポ・サラサル, ファン・カミロ
　国コロンビア　農相
Retallack, Simon レタラック, サイモン
　著「ポストグローバル社会の可能性」緑風出版　2006
Retallick, Brodie レタリック, ブロディー
　国ニュージーランド　ラグビー選手
Reteguiz, Jo-Ann レテギス, ジョー・アン
　国レテギス, ジョアン　著「OSCE/CSAによる外来診察マスターブック」医学書院　2002
Reteno Assonouet, Ida レテノアソヌエ, イダ
　国ガボン　国民教育・技術教育・職業教育相
Réthelyi, Miklós レートヘイ・ミクローシュ
　国ハンガリー　国家人材相
Réthoret-Mélin, Marie-Anne レトレ＝メラン, マリー＝アンヌ
　著「フランスのかわいい村のクロスステッチ」グラフィック社　2013
Retno, Marsudi ルトノ・マルスディ
　国インドネシア　外相
Reto, Paula レト, ポーラ
　国南アフリカ　ゴルフ選手
Retreage, Vanessa リトリージ, バネッサ
　国ベリーズ　司法長官
Rettelbusch, Ernst レッテルブッシュ, エルンスト
　著「世界家具・装飾デザイン集成」日本図書センター　2010
Rettl, Martin レトル
　国オーストリア　スケルトン選手
Reuben, Jacklyn ルーベン, ジャクリン
　国バヌアツ　国土鉱物資源相
Reuben, Susan ルーベン, スーザン
　著「おいしいかずあそび」大日本絵画　〔2015〕
Reuland, Konrad ロイランド, コンラッド
　国アメリカ　アメフト選手
Reuland, Rob ルーランド, ロブ
　1963～　著「哀しみの街の検事補」扶桑社　2004
Reus, Katie レウス, ケイティ
　著「標的」オークラ出版　2014
Reus, Marco ロイス, マルコ
　国ドイツ　サッカー選手
Reus González, María Esther レウス・ゴンサレス, マリア・エステル
　国キューバ　法相
Reuss, Norman H. ロイス, ノーマン・H.
　著「解決へのステップ」金剛出版　2003
Reuteler, Fabienne ロイテラー
　国スイス　スノーボード選手
Reuter, Andreas ロイター, アンドレアス
　著「トランザクション処理」日経BP社, 日経BP出版センター（発売）　2001
Reuter, Bjarne B. ロイター, ビャーネ
　1950～　著「ファイサル王子の指輪」WAVE出版　2005
Reuter, Hans-Richard ロイター, H.-R.
　1947～　著「行為と存在」新教出版社　2007
Reutimann, Romuald ルティマン, ロミュアルド
　アングレーム国際漫画祭 シリーズ賞（2012年）　"Cité14 saison 2 (T1)"〈Les Humanoïdes Associés〉
Reutlinger, Raanon ロイトリンガー, R.
　著「DB2 UDBパフォーマンス・チューニングガイド」ピアソン・エデュケーション　2001
Reutter, Angelika U. ロイッター, アンゲリーカ・U.
　著「ピース・ウーマン」英治出版　2009
Reutter, Katherine ロイター
　国アメリカ　ショートトラック選手
Reva, Andrii レバ, アンドリー
　国ウクライナ　社会政策相
Reva, Grygoriy レワ, グリゴリー
　国ウクライナ　非常事態・チェルノブイリ原発事故対策相
Rêvah, Frédéric ルヴァ, フレデリック
　1962～　著「死と老化の生物学」新思索社　2003
Réval, Annie レヴァル, アニー
　著「アズナヴール」審美社　2005
Réval, Bernard レヴァル, ベルナール
　著「アズナヴール」審美社　2005
Revault d'Allonnes, Myriam ルヴォー・ダロンヌ, ミリアム
　著「なぜ世界には戦争があるんだろう。どうして人はあらそうの？」岩崎書店　2011

Revel, Jean-François ルヴェル, ジャン・フランソワ
1924〜2006 [国]フランス ジャーナリスト, 評論家 [異]ルベル

Reveler, Norma リベラー, ノーマ
[著]「ニュースからヒストリーへ」 南雲堂 2006

Revelli, Nuto レヴェッリ, ヌート
1919〜2004 [著]「ふたつの戦争を生きて」 岩波書店 2010

Revenco, Valerian レベンコ, バレリアン
[国]モルドバ 労働・社会保障相

Revenson, Jody レベンソン, ジョディ
[著]「ハリー・ポッター 魔法グッズ大図鑑」 静山社 2016

Revere, Ben リビア, ベン
[国]アメリカ 野球選手

Revere, Paul リビア, ポール
1938〜2014 [国]アメリカ オルガン奏者 本名＝Dick, Paul Revere [異]リヴィア, ポール

Reverol, Néstor レベロル, ネストル
[国]ベネズエラ 内務・法務相 [異]レベロル, ネストル・ルイス

Revheim, Nadine レヴハイム, ナディン
[著]「「精神疾患における認知機能障害の矯正法」臨床家マニュアル」 星和書店 2008

Reviere, Osborne ルビエア, オズボーン
[国]ドミニカ共和国 外務・貿易相

R

Revill, Jo レビル, ジョー
[著]「鳥インフルエンザ完全防御マニュアル」 イースト・プレス 2005

Revilla, Beatriz Pineda レヴィラ, ビアトリス・ピネタ
[著]「We Own The City」 フィルムアート社 2015

Revis, Darrelle レビス, ダレル
[国]アメリカ アメフト選手

Revkin, Andrew C. レヴキン, アンドリュー・C.
[異]レヴキン, アンドリュー [著]「サイエンスライティング」 地人書館 2013

Revoyr, Nina ルヴォワル, ニーナ
1969〜 [国]アメリカ 作家 [専]ミステリー

Revuelta, Pilar レブエルタ, ピラール
アカデミー賞 美術監督・装置賞(第79回(2006年)) "El laberinto del fauno"

Revy, Shawn レビ, ショーン
1968〜 映画監督 [異]レヴィ, ショーン

Rew, Quentin リュー, クエンティン
[国]ニュージーランド 陸上選手

Rex, John Arderne レックス, ジョン
1925〜2011 [国]イギリス 社会学者 ウォリック大学名誉教授 [専]民族関係学

Rexford, Jennifer レックスフォード, ジェニファー
[著]「Webプロトコル詳解」 ピアソン・エデュケーション 2002

Rexhepi, Bajram レジェピ, バイラム
[国]コソボ 内相

Rexrodt, Günter レクスロート, ギュンター
1941〜2004 [国]ドイツ 政治家 ドイツ経済相 [異]レックスロート

Rey, Anne レエ, アンヌ
1944〜 [著]「エリック・サティ」 白水社 2004

Rey, Jean-François レイ, ジャン＝フランソワ
1948〜 [著]「レヴィナスと政治哲学」 法政大学出版局 2006

Rey, Jean-Michel レイ, ジャン＝ミシェル
1942〜 [著]「詩と絵画」 未知谷 2011

Rey, Luis V. レイ, ルイス・V.
[著]「恐竜ジオラマ図鑑」 大日本絵画 2011

Rey, Marie Michèle レ, マリー・ミシェル
[国]ハイチ共和国 外務・宗教相

Rey, Patrick レイ, パトリック
[著]「ラーニングFlash 5」 エムディエヌコーポレーション, インプレスコミュニケーションズ(発売) 2001

Rey, Vincent レイ, ビンセント
[国]アメリカ アメフト選手

Rey-Bellet, Corinne レベレ, コリーヌ
1972〜2006 [国]スイス スキー選手 [異]レベレ

Reyburn, Wallace レイバーン, ウォレス
1913〜2001 [著]「トイレになった男」 論創社 2005

Reyes, Alex レイエス, アレックス
[国]アメリカ 野球選手

Reyes, Alina レイエス, アリーナ
[著]「七日目の夜」 アーティストハウスパブリッシャーズ 2005

Reyes, Angelo レイエス, アンヘロ
[国]フィリピン エネルギー相

Reyes, Erick レイエス, エリク
[国]コロンビア 持続的開発相

Reyes, Fabiola レイエス, ファビオラ
[著]「ワールドパッケージデザイン」 グラフィック社 2008

Reyes, Francisco レイエス, フランシスコ
[国]グアテマラ 副大統領

Reyes, Jose レイエス, ホゼ
[国]ドミニカ共和国 野球選手 [異]レジェス, ホセ

Reyes, José Adolfo レイエス, ホセ・アドルフォ
[国]グアテマラ 内相

Reyes, Jose Antonio レジェス, ホセ・アントニオ
[国]スペイン サッカー選手

Reyes, José Manuel レイエス, ホセ・マヌエル
1961〜 [著]「スペイン」 ほるぷ出版 2011

Reyes, Kendall レイエス, ケンドール
[国]アメリカ アメフト選手

Reyes, Kyle レイズ, カイル
[国]カナダ 柔道選手

Reyes, Melba Falck レジェス, メルバ・ファルク
[著]「グアダラハラを征服した日本人」 現代企画室 2010

Reyes, Samuel Armando レジェス, サムエル・アルマンド
[国]ホンジュラス 国防相 [異]レジェス, サムエル

Reyes, Sonia レイエス
[国]スペイン テコンドー選手

Reyes Alvarado, Yesid レジェス・アルバラド, ジェシ
[国]コロンビア 法相 [異]レジェス・アルバラド, ジェシッド

Reyes-Picknell, James V. ピクネル, ジェームス・V.リーイエス
[著]「アップタイムマネジメント」 翔泳社 2009

Reygadas, Carlos レイガダス, カルロス
カンヌ国際映画祭 監督賞(第65回(2012年))ほか

Reyher, Becky ライアー, ベッキー
[著]「わたしのおかあさんは世界一びじん」 大日本図書 2010

Rey-Mermet, Théodule レメルメ, テオドゥール
?〜2002 [著]「あなたの娘たちは預言する」 新世社 2002

Reymond, Bernard レモン, ベルナール
1932〜 [著]「プロテスタントの宗教建築」 教文館 2003

Reymond, William レモン, ウィリアム
[著]「JFK暗殺」 原書房 2004

Reynard, Denise レナル, デニズ
[著]「カンペール陶器のすべて」 ミュゼ, アム・プロモーション(発売) 2005

Reynard, Sylvain レイナード, シルバイン
[国]カナダ 作家 [専]文学, ロマンス [異]レイナード, シルヴァイン

Reynaud, Florence リノー, フローレンス
1954〜 [著]「きつねと私の12か月」 世界文化社 2008

Reynders, Didier レインデルス, ディディエ
1958〜 [国]ベルギー 政治家 ベルギー財務相

Reynolds, Adrian レイノルズ, エイドリアン
[著]「ピートとポロのぶくぶくうみのぼうけん」 評論社 2001

Reynolds, Alastair レナルズ, アレステア
1966〜 [国]イギリス 作家

Reynolds, Albert レイノルズ, アルバート
1932〜2014 [国]アイルランド 政治家 アイルランド首相, アイルランド共和党党首

Reynolds, Alvina レイノルズ, アルビナ
[国]セントルシア 保健・健康・福祉・男女平等相

Reynolds, Andre' レイノルズ, アンドレ
1960〜 [著]「アンドレさんのゴスペル料理帳」 セルバ出版, 共同発売：三省堂書店, 創英社(発売) 2012

Reynolds, Anna レイノルズ, アンナ
1930〜2014 [国]イギリス メゾソプラノ歌手 [異]レノルズ, アンナ

Reynolds, Ann E. レイノルズ, アン・E.
[著]「ハートウェル遺伝学」 メディカル・サイエンス・インターナショナル 2010

Reynolds, Anthony レイノルズ, アンソニー
[著]「渾沌のエンパイア」 ホビージャパン 2008

Reynolds, Betty レイノルズ, ベティー
[著]「Japanese celebrations」 Tuttle Pub. 2006

Reynolds, Bonnie Jones レイノルズ, ボニー・ジョーンズ
[著]「どうぶつと話したい」 ランダムハウス講談社 2006

Reynolds, Brett レイノルズ, ブレット
[著]「音と映像」 風間書房 2012

Reynolds, Burt レイノルズ, バート
1936〜 [国]アメリカ 俳優, 映画監督 本名＝Reynolds, Burton

Leon Jr. [異]レーノルズ, バート
Reynolds, Chase レイノルズ, チェイス
[国]アメリカ　アメフト選手
Reynolds, David K. レイノルズ, デヴィッド・K.
1940～ [著]「行動が人生を動かす」 朱鷺書房 2004
Reynolds, David West レイノルズ, デイヴィッド・ウエスト
[著]「ファインディング・ニモ」 竹書房 2012
Reynolds, Debbie レイノルズ, デビー
1932～2016 [国]アメリカ　女優, 歌手　本名＝レイノルズ, デビー・マリー・フランシス〈Reynolds, Debbie Mary Frances〉 [異]レーノルズ, デビー
Reynolds, Ed レイノルズ, エド
[国]アメリカ　アメフト選手
Reynolds, Frances レイノルド, フランシス
[著]「エビデンスに基づく高齢者の作業療法」 ガイアブックス 2014
Reynolds, Garr レイノルズ, ガー
[著]「裸のプレゼンター」 丸善出版 2014
Reynolds, Garrett レイノルズ, ギャレット
[国]アメリカ　アメフト選手
Reynolds, Helen レイノルズ, ヘレン
1956～ [著]「くつ」 ほるぷ出版 2015
Reynolds, John レイノルズ, ジョン
[著]「シトロエン」 二玄社 2006
Reynolds, John Lawrence レイノルズ, ジョン・ローレンス
[著]「秘密結社を追え！」 主婦の友社 2007
Reynolds, Keenan レイノルズ, キーナン
[国]アメリカ　アメフト選手
Reynolds, LaRoy レイノルズ, ラロイ
[国]アメリカ　アメフト選手
Reynolds, Lauren レイノルズ, ローレン
[国]オーストラリア　自転車選手
Reynolds, Mark レイノルズ, マーク
[国]アメリカ　野球選手
Reynolds, Matt レイノルズ, マット
[国]アメリカ　野球選手
Reynolds, Matthew レイノルズ, マシュー
[著]「プロフェッショナルVB.NET」 インプレス, インプレスコミュニケーションズ(発売) 2002
Reynolds, Nancy レイノルズ, ナンシー
1938～ [著]「20世紀ダンス史」 慶応義塾大学出版会 2013
Reynolds, Patrick レイノルズ, パトリック
[著]「クエスチョンクエスト : ランゲージカードゲーム」 アールアイシー出版 2013
Reynolds, Paul レイノルズ, ポール
1962～ [著]「入門情報社会の社会科学」 NTT出版 2003
Reynolds, Paula Rosput レイノルズ, ポーラ
[国]アメリカ　実業家　アメリカン・インターナショナル・グループ(AIG)副会長・事業再編担当者
Reynolds, Peter H. レイノルズ, ピーター
1961～ [国]カナダ　絵本作家, アニメーション作家
Reynolds, Rashaad レイノルズ, ラシャード
[国]アメリカ　アメフト選手
Reynolds, Robert Hugh レイノルズ, ロバート・ヒュー
[国]アメリカ　在インディアナポリス日本国名誉総領事(初代), 元・インディアナ日米協会会長
Reynolds, Ross レイノルズ, ロス
[著]「地球驚異の自然現象」 河出書房新社 2012
Reynolds, Ryan レイノルズ, ライアン
俳優
Reynolds, Sean K. レイノルズ, ショーン・K.
[著]「フェイルーンの魔法」 ホビージャパン 2005
Reynolds, Shirley レイノルズ, S.
[著]「ストレスマネジメントと職場カウンセリング」 川島書店 2002
Reynolds, Siimon レイノルズ, サイモン
1965～ [著]「幸福を感じる50の公式」 ディスカヴァー・トゥエンティワン 2004
Reynolds, Simon レイノルズ, サイモン
1963～ [著]「ポストパンク・ジェネレーション」 シンコーミュージック・エンタテイメント 2010
Reynolds, Stanley レイノルズ, スタンリー
[著]「ビートルズ世界証言集」 ポプラ社 2006
Reynolds, Toby レイノルズ, トビー
[著]「幸せに生きる60のヒント」 パイインターナショナル 2011
Reynolds, William L. レイノルズ, ウィリアム・L.
[著]「アメリカ抵触法」 レクシスネクシス・ジャパン, 雄松堂書店(発売) 2011
Rey Rey, Rafael レイ・レイ, ラファエル
[国]ペルー　生産相
Rey Rosa, Rodrigo レイローサ, ロドリゴ
[著]「アフリカの海岸」 現代企画室 2001
Reza, Ovais レザ, オヴァイス
[著]「Delphi Win32 Graphics APIリファレンス」 アスキー 2001
Rezaei, Alireza ラザイ
[国]イラン　レスリング選手
Rezaei, Ghasem レザエ, グハセム
1985～ [国]イラン　レスリング選手　本名＝Rezaei, Ghasem Gholamreza [異]レザーイー, ガーセム / レザエイ, ガセム
Reza Zadeh, Hossein レザザデ
[国]イラン　重量挙げ選手
Rezende, Antonio Claret de レゼンデ, アントニオ・クラレ・デ
[国]ブラジル　パラナ日伯元留学生協会役員, ブラジル・ジャーナリスト観光協会パラナ支部長, 「外交と観光ニュースレター」発刊者, インドゥストリア&コメルシオ紙外交欄編集者
Rezende, Sérgio レゼンジ, セルジオ
[国]ブラジル　科学技術相
Rezentes, William C., Ⅲ レゼンテス, ウィリアム・C., 3世
[著]「カ・ラマ・ククイ」 岡山大学出版会 2014
Re Zin Tun ペー・ズィン・トゥン
[国]ミャンマー　電力・エネルギー相
Reznick, David N. レズニック, デイヴィッド・N.
1952～ [著]「21世紀に読む「種の起原」」 みすず書房 2015
Reznik, Boris L'vovich レズニク, ボリス・リヴォヴィチ
[国]ロシア　元・国家院対日議員グループ代表
Reznor, Trent レズナー, トレント
1965～ [国]アメリカ　ミュージシャン
Rhafes, Mohammed ラフェス, モハメド
[国]モロッコ　水産相
Rhame, Jacob レイム, ジェイコブ
[国]アメリカ　野球選手
Rhaney, Demetrius レイニー, デメトリアス
[国]アメリカ　アメフト選手
Rhea, James T. リーア, ジェームズ・T.
[著]「救急外傷top100診断」 メディカル・サイエンス・インターナショナル 2006
Rhee, Chang-yong イ・チャンヨン
[国]韓国　経済学者　アジア開発銀行(ADB)チーフエコノミスト　漢字名＝李昌鏞
Rhee, Soo Hyun リー, スー・ヒョン
[著]「サイコパシー・ハンドブック」 明石書店 2015
Rheims, Bettina ランス, ベッティナ
1952～ [国]フランス　写真家
Rheinberger, Marguerite M. ラインバーガー, マルグリート・M.
[著]「虐待された子ども」 明石書店 2003
Rheingold, Howard ラインゴールド, ハワード
1947～ [著]「新・思考のための道具」 パーソナルメディア 2006
Rheinisch, Eoin リーニッシュ
[国]アイルランド　カヌー選手
Rheon, Iwan レオン, イワン
ローレンス・オリヴィエ賞 ミュージカル・エンタテインメント助演俳優賞(2010年(第34回)) "Spring Awakening"
Rhett, Alicia レット, アリシア
1915～2014 [国]アメリカ　女優
Rhimes, Shonda ライムズ, ションダ
[著]「Yes」 あさ出版 2016
Rhissa, Ousmane Ag リサ, ウスマン・アグ
[国]マリ　環境・衛生相
Rhoades, Gary ローズ, ゲイリー
[著]「アカデミック・キャピタリズムとニュー・エコノミー」 法政大学出版局 2012
Rhode, Deborah L. ロード, デボラ・L.
[著]「キレイならいいのか」 亜紀書房 2012
Rhode, Kim ロード, キム
1979～ [国]アメリカ　射撃選手　本名＝ロード, キンバリー・スーザン〈Rhode, Kimberly Susan〉
Rhode, Maria ロード, マリア
[異]ロード, M. [著]「自閉症の精神病への展開」 明石書店 2009
Rhode, Robin ロード, ロビン
1976～ [著]「ロビン・ロード」 資生堂企業文化部 2006
Rhode, Will ロード, ウィリアム

1972〜　働「ペイパーバック・ライター」アーティストハウスパブリシャーズ, 角川書店(発売)　2003
Rhodes, Antony　ローズ, アントニー
1964〜　働「英会話スクール120%活用法」三省堂　2003
Rhodes, Arthur　ローズ, アーサー
1969〜　働アメリカ　元野球選手　本名＝Rhodes, Arthur Lee Jr.
Rhodes, Dan　ローズ, ダン
1972〜　働イギリス　作家　働文学
Rhodes, David　ローズ, デビッド
働「BCG未来をつくる戦略思考」東洋経済新報社　2013
Rhodes, Dusty　ローズ, ダスティ
1945〜2015　働アメリカ　プロレスラー　本名＝Runnels, Virgil Riley (Jr.)
Rhodes, Jordan　ローズ, ジョーダン
働スコットランド　サッカー選手
Rhodes, Linda　ローデス, リンダ
英国推理作家協会賞 ゴールド・ダガー(ノン・フィクション)(2006年) "The Dagenham Murder"
Rhodes, Luke　ローズ, ルーク
働アメリカ　アメフト選手
Rhodes, Neil　ローズ, ニール
1962〜　働「Palm OSプログラミング」オライリー・ジャパン, オーム社(発売)　2003
Rhodes, Nick　ローズ, ニック
1962〜　働イギリス　ロック・キーボード奏者　本名＝バテス, ニコラス・ジェームズ〈Bates, Nicholas James〉
Rhodes, R.A.W.　ローズ, R.A.W.
働「ウェストミンスター政治の比較研究」法律文化社　2015
Rhodes, Richard　ローズ, リチャード
働「原爆から水爆へ」紀伊国屋書店　2001
Rhodes, William R.　ローズ, ウィリアム・R.
働「国際金融危機にどう立ち向かうか」日本経済新聞出版社　2012
Rhodes, Xavier　ローズ, エグゼビアー
働アメリカ　アメフト選手
Rhodolfo　ロドウフォ
働ブラジル　サッカー選手
Rholes, William Steven　ロールズ, W.スティーヴン
働「成人のアタッチメント」北大路書房　2008
Rhue, Morton　ルー, モートン
働「ザ・ウェーブ」新樹社　2009
Rhyne, Teresa J.　ライン, テレサ・J.
働「おさわがせマギーがくれた勇気」KADOKAWA　2014
Rhyu, Si-min　ユ・シミン
働韓国　保健福祉相　漢字名＝柳時敏
Ri, Chol-man　リ・チョルマン
働北朝鮮　副首相兼農相　漢字名＝李哲万
Ri, Chun-hi　リ・チュンヒ
1943〜　働北朝鮮　アナウンサー(朝鮮中央テレビ)　働李/チュンヒ
Ri, Chun-sam　リ・チュンサム
働北朝鮮　国家資源開発相　漢字名＝李春三
Ri, Hak-chol　リ・ハクチョル
働北朝鮮　採取工業相
Ri, Ha-sop　リ・ハソプ
働北朝鮮　農業相　漢字名＝李河燮
Ri, Hyok　リ・ヒョク
働北朝鮮　水産相　漢字名＝李革
Ri, Hyon-ok　リ・ヒョノク
働北朝鮮　射撃選手
Ri, Ja-bang　リ・チャバン
働北朝鮮　国家科学技術委員長　漢字名＝李子方
Ri, Je-son　リ・ジェソン
働北朝鮮　原子力工業相　漢字名＝李済善
Ri, Jong-guk　リ・ジョングク
働北朝鮮　機械工業相　漢字名＝李宗国
Ri, Jong-mu　リ・ジョンム
働北朝鮮　体育相　漢字名＝李宗茂
Ri, Jong Myong　リ・ジョンミョン
働北朝鮮　レスリング選手
Ri, Ju-o　リ・ジュオ
働北朝鮮　副首相　漢字名＝李周午　働リ・チュオ
Ri, Kum-bom　リ・クムボム
働北朝鮮　逓信相　漢字名＝李琴範
Ri, Kwang-gon　リ・グァンゴン
働北朝鮮　中央銀行総裁　漢字名＝李光昆
Ri, Kwang-gun　リ・グァングン
働北朝鮮　貿易相　漢字名＝李光根
Ri, Kwang-ho　リ・グァンホ
働北朝鮮　科学院長　漢字名＝李光濠
Ri, Kwang-nam　リ・グァンナム
働北朝鮮　採取工業相　漢字名＝李鉱男
Ri, Kyong-sik　リ・ギョンシク
働北朝鮮　農業相　漢字名＝李景植　働リ・キョンシク
Ri, Mu-yong　リ・ムヨン
働北朝鮮　副首相兼化学工業相　漢字名＝李務栄
Ri, Myong-su　リ・ミョンス
働北朝鮮　人民保安部長　漢字名＝李明秀
Ri, Myong Sun　リ・ミョンスン
働北朝鮮　卓球選手
Ri, Ryong-nam　リ・リョンナム
働北朝鮮　副首相　漢字名＝李竜男
Ri, Sang-mu　リ・サンム
働北朝鮮　林業相　漢字名＝李相武
Ri, Se Gwang　リ・セグァン
働北朝鮮　体操選手
Ri, Sol-ju　リ・ソルジュ
1989〜　働北朝鮮　金正恩第1書記の妻　漢字名＝李雪主
Ri, Song-ho　リ・ソンホ
働北朝鮮　商業相　漢字名＝李成豪
Ri, Song Hui　リ・ソンヒ
働北朝鮮　重量挙げ選手
Ri, Song-ung　リ・ソンウン
働北朝鮮　水産相　漢字名＝李成雄
Ri, Sung-ho　リ・スンホ
働北朝鮮　中央統計局長　漢字名＝李勝好
Ri, Su-yong　リ・スヨン
1940〜　働北朝鮮　外交官　北朝鮮外相　漢字名＝李洙墉, 別名＝李哲(リ・チョル)
Ri, Thae-nam　リ・テナム
働北朝鮮　副首相　漢字名＝李泰男
Ri, Won-il　リ・ウォンイル
働北朝鮮　労働相　漢字名＝李元一
Ri, Yong-gil　リ・ヨンギル
1955〜　働北朝鮮　軍人　朝鮮人民軍総参謀長, 朝鮮労働党政治局員候補・中央軍事委員　朝鮮人民軍総参謀長　漢字名＝李永吉
Ri, Yong-ho　リ・ヨンホ
働北朝鮮　外交官　北朝鮮外務次官　漢字名＝李容浩　働イ・ヨンホ
Ri, Yong-ho　リ・ヨンホ
1942〜　働北朝鮮　軍人, 政治家　朝鮮労働党政治局常務委員・中央軍事委員会副委員長, 朝鮮人民軍総参謀長・次帥　漢字名＝李英鎬　働イ・ヨンホ
Ri, Yong-mu　リ・ヨンム
1923〜　働北朝鮮　軍人　北朝鮮国防委員会副委員長, 次帥　漢字名＝李勇武　働イ・ヨン
Ri, Yong-son　リ・ヨンソン
働北朝鮮　商業相　漢字名＝李勇善
Ri, Yong-su　リ・ヨンス
働北朝鮮　軽工業相　漢字名＝李淵守
Riabi, Hela　リアビ, ヘラ
働チュニジア　レスリング選手
Riabko, Alexandre　リアブコ, アレクサンドル
1978〜　働ウクライナ　バレエダンサー　ハンブルク・バレエ団プリンシパル
Riach, P.A.　リーアック, P.A.
働「一般理論—第二版」多賀出版　2005
Riachi, Melham　リアーシ, メルハム
働レバノン　情報相
Riady, Mochtar　リアディ, モフタル
1929〜　働インドネシア　実業家　リッポー・グループ会長・創業者　漢字名＝李文正〈Lie, Mo-tie〉　働リヤディ, モフタル
Riak, Awan Guol　リアク, アワン・グオル
働南スーダン　大統領府相
Rianoshek, Richard　リアノシェク, R.
働「会話のマネジメント」ディスカヴァー・トゥエンティワン　2004
Riart Montaner, Luis Alberto　リアルト・モンタネル, ルイス・アルベルト
働パラグアイ　教育・文化相
Riba, Michelle B.　リーバ, マイケル・B.
働「薬物療法における医師—患者関係」星和書店　2004

Ribas, Rosa　リーバス, ロサ
1963〜　㊉「偽りの書簡」東京創元社　2016
Ribaudo, Julie　リバウド, ジュリー
㊉「乳幼児精神保健ケースブック」金剛出版　2007
Ribault, Nadine　リボー, ナディーヌ
1964〜　㊉「ナディーヌ・リボーコラージュ作品集」エディション・イレーヌ　2014
Ribault, Thierry　リボー, ティエリー
1963〜　㊉「震災とヒューマニズム」明石書店　2013
Ribaut, Jean-Claude　リボー, ジャン＝クロード
㊉「100％パン」毎日新聞社　2005
Ribbat, Ernst　リバット, エルンスト
1939〜　㊉「ドイツロマン主義と文化学」中央大学人文科学研究所　2005
Ribé, Montse　リベ, モンセ
アカデミー賞 メイクアップ賞（第79回（2006年））　"El laberinto del fauno"
Ribeiro, Aguinaldo　リベイロ, アギナルド
㊀ブラジル　都市相
Ribeiro, André　リベイロ, アンドレ
1962〜　㊉「背番号10」白水社　2008
Ribeiro, Joao　リベイロ, ジョアン
㊀ポルトガル　カヌー選手
Ribeiro, Jonas　リベイロ, ジョナス
㊉「あまくておいしいこいのものがたり」光村教育図書　2009
Ribeiro, José António Pinto　リベイロ, ジョゼ・アントニオ・ピント
㊀ポルトガル　文化相
Ribeiro, Licínio Tavares　リベイロ, リシニオ・タバレス
㊀アンゴラ　郵政・通信相
Ribeiro, Marcus Venício　リベイロ, マルクス・ヴェニシオ
1948〜　㊉「ブラジルの歴史」明石書店　2003
Ribeiro, Mendes　リベイロ, メンデス
㊀ブラジル　農牧・食料供給相
Ribeiro, Renata　レナタ
㊀ブラジル　ビーチバレー選手
Rībena, Inguna　リベナ, イングナ
㊀ラトビア　文化相
Ribenboim, Paulo　リーベンボイム, P.
1928〜　㊀リーベンボイム, パウロ　㊉「少年と素数の物語」共立出版　2011
Ribery, Frank　リベリー, フランク
1983〜　㊀フランス　サッカー選手　㊁リベリ, フランク／リベリー, フランク・ビラル
Ribes, Emilio　リベス, エミリオ
㊉「行動分析学からの発達アプローチ」二瓶社　2001
Ribes, Guy　リブ, ギイ
1948〜　㊉「ピカソになりきった男」キノブックス　2016
Ribic, Esad　リビッチ, エサッド
㊁リビック, エッサッド・T.　㊉「ソー＆ロキ：ブラッド・ブラザーズ」小学館集英社プロダクション　2016
Ribisi, Giovanni　リビシ, ジョバンニ
1974〜　㊀アメリカ　俳優　本名＝Ribisi, Antonino Giovanni　㊁リビシ, ジョヴァンニ
Riboud, Antoine Amédée Paul　リブー, アントワーヌ
1918〜2002　㊀フランス　実業家　ダノン・グループ社長
Riboud, Franck　リブー, フランク
1955〜　㊀スイス　実業家　ダノン・グループ会長・CEO
Riboud, Marc　リブー, マルク
1923〜2016　㊀フランス　写真家　マグナム会長
Ribowsky, Mark　リボウスキー, マーク
㊉「フィル・スペクター／甦る伝説」白夜書房　2008
Ricard, Matthieu　リカール, マチウ
1946〜　㊉「Happiness幸福の探求」評言社　2008
Ricardinho　リカルジーニョ
1985〜　㊀ポルトガル　フットサル選手　本名＝リカルド・フェリペ・ダ・シルバ・ブラガ〈Ricardo Filipe Da Silva Braga〉
Ricardo Guerra, José Amado　リカルド・ゲラ, ホセ・アマド
㊀キューバ　閣僚評議会書記
Ricardo Santos　リカルド
㊀ブラジル　ビーチバレー選手
Ricca, Federico　リッカ, フェデリコ
㊀ウルグアイ　サッカー選手
Riccardi, Andrea　リッカルディ, アンドレア
1950〜　㊉「対話が世界を変える」春風社　2006
Riccardi, Marino　リッカルディ, マリーノ
㊀サンマリノ　執政

Riccardi, Theodore　リカーディ, テッド
㊉「シャーロック・ホームズ東洋の冒険」光文社　2004
Riccardo, John J.　リッカルド, ジョン
1924〜2016　㊀アメリカ　実業家　クライスラー会長・CEO
Ricchetti, Alberto　リケッティ, アルベルト
㊀イタリア　カヌー選手
Ricci, Barbara　リッチ, バルバラ
1967〜　㊉「アヒルを白鳥にカエルを王子様に変える本」祥伝社　2003
Ricci, Christina　リッチ, クリスティーナ
1980〜　㊀アメリカ　女優　㊁リッチ, クリスティナ
Ricci, Federico　リッチ, フェデリコ
㊀イタリア　サッカー選手
Ricci, Lawrence　リッチー, ローレンス・R.
㊉「子ども虐待医学」明石書店　2013
Ricci, Nino　リッチ, ニーノ
カナダ総督文学賞 英語 小説（2008年）　"The Origin of Species"
Ricci, Ron　リッチ, ロン
㊉「コラボレーション革命」日経BP社, 日経BPマーケティング（発売）　2013
Ricci, Ruggiero　リッチ, ルッジェーロ
1918〜2012　㊀アメリカ　バイオリニスト　㊁リッチ, ルッジェロ
Ricci, Stefania　リッチ, ステファニア
㊉「オードリー・ヘプバーン：私のスタイル」朝日新聞社　2001
Ricciardi, Antonio　リッチャルディ, アントニオ
㊉「聖者マキシミリアノ・コルベ」聖母の騎士社　2009
Riccioni, Francesca　リッチョーニ, フランチェスカ
㊉「マンガエニグマに挑んだ天才数学者チューリング」講談社　2015
Rice, Anne　ライス, アン
1941〜　㊉「呪われた天使, ヴィットーリオ」扶桑社　2003
Rice, Anthony　ライス, アンソニー
㊉「会計の謎を解く」ピアソン桐原　2012
Rice, Ashley　ライス, アシュリー
㊉「フレンズ・ルール」汐文社　2005
Rice, Ben　ライス, ベン
1972〜　㊉「世界の作家32人によるワールドカップ教室」白水社　2006
Rice, Christopher　ライス, クリストファー
1979〜　㊉「ぼくたちの終わらない夏」角川書店　2001
Rice, Condoleezza　ライス, コンドリーザ
1954〜　㊀アメリカ　国際政治学者　スタンフォード大学フーバー研究所上級研究員・政治科学教授　米国国務長官, 米国大統領補佐官（国家安全保障問題担当）
Rice, David　ライス, デイヴィッド
1971〜　㊉「欠陥ソフトウェアの経済学」オーム社　2010
Rice, David　ライス, デービッド
1964〜　㊀アメリカ　作家　児童書　㊁ライス, デイヴィッド
Rice, Denzel　ライス, デンゼル
㊀アメリカ　アメフト選手
Rice, Dorothy P.　ライス, ドロシー・P.
㊉「不安障害」日本評論社　2005
Rice, Eve　ライス, イブ
1951〜　㊉「サムはけっしてわすれません」童話館出版　2005
Rice, Heidi　ライス, ハイディ
㊉「億万長者の隠された天使」ハーパーコリンズ・ジャパン　2015
Rice, Jeff　ライス, ジェフ
1944〜　㊉「事件記者コルチャック」早川書房　2013
Rice, Jerry　ライス, ジェリー
1962〜　㊀アメリカ　元アメフト選手　本名＝Rice, Jerry Lee
Rice, Laura North　ライス, ローラ・N.
1920〜2004　㊉「感情に働きかける面接技法」誠信書房　2006
Rice, Lisa Marie　ライス, リサ・マリー
1951〜　㊉「真夜中の炎」扶桑社　2016
Rice, Luanne　ライス, ルアンヌ
㊀アメリカ　作家　㊁ライス, ルアン
Rice, Mark P.　ライス, マーク・P.
㊉「組織変革のジレンマ」ダイヤモンド社　2004
Rice, Marnie E.　ライス, マーニー・E.
㊉「サイコパシー・ハンドブック」明石書店　2015
Rice, Patricia　ライス, パトリシア
1949〜　㊉「みだれる想いはきっと魔法」扶桑社　2011
Rice, Patrick　ライス, パトリック
㊉「鋼鉄のシャッター」コスモス・ライブラリー, 星雲社（発売）　2003

Rice, Randall W.　ライス, ランドール・W.
　著「テスト担当者を悩ませる、10の難題克服法」日経BP社, 日経BP出版センター (発売)　2007
Rice, Robert　ライス, ロバート
　1945〜　著「ルシタニアの夜」東京創元社　2006
Rice, Rob S.　ライス, ロブ・S.
　著「戦闘技術の歴史」創元社　2010
Rice, Stephanie　ライス, ステファニー
　1988〜　国オーストラリア　水泳選手
Rice, Stuart A.　ライス, スチュアート・A.
　国アメリカ　ウルフ賞 化学部門 (2011年)
Rice, Susan　ライス, スーザン
　1964〜　国アメリカ　政治家, 外交官　米国大統領補佐官 (国家安全保障問題担当)　国連大使, 米国国務次官補　本名＝Rice, Susan Elizabeth
Rice, Tim Miles Bindon　ライス, ティム
　1944〜　国イギリス　作詞家　本名＝Rice, Timothy Miles Bindon
Rice, William H., Ⅳ　ライス, ウィリアム
　著「MoodleによるeラーニングシステムØ構築と運用」技術評論社　2009
Rich, Adrienne　リッチ, アドリエンヌ
　1929〜2012　国アメリカ　詩人, フェミニズム批評家　スタンフォード大学教授　本名＝Rich, Adrienne Cecile　異リッチ, アドリアンヌ / リッチ, エイドリアン / リッチ, エイドリエン
Rich, Alexander　リッチ, アレクサンダー
　1924〜2015　国アメリカ　分子生物学者　マサチューセッツ工科大学生物物理学教授　異リッチ, アレキサンダー
Rich, David A.　リッチ, デービッド・A.
　著「磁石のように人をひきつける法則」かんき出版　2005
Rich, Frank Hart, Jr.　リッチ, フランク
　1949〜　国アメリカ　演劇評論家, ジャーナリスト　「ニューヨーク・タイムズ」コラムニスト
Rich, Michael　リッヒ
　国ドイツ　自転車選手
Rich, Mike　リッチ, マイク
　1959〜　著「僕はラジオ」竹書房　2004
Rich, Phil　リッチ, フィル
　著「セカンドライフを愉しむ」ファーストプレス　2006
Richalet, Jacques　リシャレ, ジャック
　著「モデル予測制御」日本工業出版　2007
Richard, Alain　リシャール, アラン
　国フランス　国防相
Richard, Clayton　リチャード, クレイトン
　国アメリカ　野球選手
Richard, Cliff　リチャード, クリフ
　1940〜　国イギリス　ロック歌手　本名＝ウェッブ, ハリー・ロジャー〈Webb, Harry Rodger〉
Richard, Guy　リシャール, ギ
　1930〜　著「移民の一万年史」新評論　2002
Richard, Jalen　リチャード, ジェイレン
　国アメリカ　アメフト選手
Richard, Jean　リシャール, ジャン
　1921〜　著「十字軍の精神」法政大学出版局　2004
Richard, Jean-Louis Robinson　リヤルド, ジャンルイ・ロビンソン
　国マダガスカル　保健・家族計画相
Richard, Jean-Pierre　リシャール, ジャン・ピエール
　1922〜　国フランス　文芸批評家, 作家　パリ第4大学教授
Richard, John　リチャード, ジョン
　著「ハーバードMBA合格者のエッセイを読む」オープンナレッジ　2007
Richard, Kris　リチャード, クリス
　国アメリカ　シアトル・シーホークスコーチ
Richard, Pierre　リシャール, ピエール
　1941〜　国フランス　実業家　デクシアグループ会長・CEO
Richard, Sophie　リチャードソン, ソフィー
　著「フランス人がときめいた日本の美術館」集英社インターナショナル, 集英社 (発売)　2016
Richards, Ann　リチャーズ, アン
　著「その薬がなぜ、どのように効くのか」ガイアブックス　2013
Richards, Anne Willis　リチャーズ, アン
　1933〜2006　国アメリカ　政治家　テキサス州知事
Richards, Charles L.　リチャーズ, チャールズ
　著「『普通の人』は気づかないけれど、億万長者はここを見ている」三笠書房　2014
Richards, Christina　リチャーズ, クリスティーナ
　著「エビデンスに基づく高齢者の作業療法」ガイアブックス　2014
Richards, Cliff　リチャーズ, クリフ
　著「バットマン：ブルース・ウェインの選択」小学館集英社プロダクション　2014
Richards, David　リチャーズ, D.
　著「ストレスマネジメントと職場カウンセリング」川島書店　2002
Richards, David　リチャーズ, デービッド
　国アメリカ　アメフト選手
Richards, Emilie　リチャーズ, エミリー
　著「愛するキモチ」ハーレクイン　2011
Richards, Frederic Middlebrook　リチャーズ, フレデリック
　1925〜2009　国アメリカ　生化学者　エール大学名誉教授　専分子生物学
Richards, Garrett　リチャーズ, ギャレット
　国アメリカ　野球選手
Richards, George Maxwell　リチャーズ, ジョージ・マクスウェル
　1931〜　国トリニダード・トバゴ　政治家, 化学工学者　ウエスト・インディーズ大学 (UWI) 名誉教授　トリニダード・トバゴ大統領　異リチャーズ, ジョージ・マックスウェル
Richards, Jack C.　リチャーズ, ジャック・C.
　著「ロングマン言語教育・応用言語学用語辞典」南雲堂　2013
Richards, Janet Radcliffe　リチャーズ, ジャネット・ラドクリフ
　著「哲学者は何を考えているのか」春秋社　2006
Richards, Jordan　リチャーズ, ジョーダン
　国アメリカ　アメフト選手
Richards, Joscelyn　リチャーズ, ジョセリン
　著「精神分析的心理療法の現在」岩崎学術出版社　2007
Richards, Justin　リチャーズ, ジャスティン
　著「消せない炎」理論社　2008
Richards, Keith　リチャーズ, キース
　1943〜　国イギリス　ロック・ギタリスト　本名＝リチャード, キース〈Richard, Keith〉
Richards, Keith N.　リチャーズ, キース・N.
　1951〜　著「ニューヨーク州児童虐待調査官」PHP研究所　2001
Richards, Kitty　リチャーズ, キティ
　著「ディズニープリンセス愛のものがたり」講談社　2016
Richards, Kristi　リチャーズ
　国カナダ　フリースタイルスキー選手
Richards, Lloyd　リチャーズ, ロイド
　?〜2006　国アメリカ　舞台演出家
Richards, Lucy　リチャーズ, ルーシー
　著「おそらのカーテン」評論社　2005
Richards, Lyn　リチャーズ, L.
　著「質的データの取り扱い」北大路書房　2009
Richards, Mose　リチャーズ, モス
　著「北極のナヌー」日経ナショナルジオグラフィック社, 日経BP出版センター (発売)　2007
Richards, Norman　リチャーズ, ノーマン
　著「JBoss」オライリー・ジャパン, オーム社 (発売)　2006
Richards, Odayne　リチャーズ, オーデイン
　国ジャマイカ　陸上選手
Richards, Paul G.　リチャーズ, P.G.
　1943〜　著「地震学」古今書院　2004
Richards, Penny　リチャーズ, ペニー
　著「罪深き二人」ハーレクイン　2004
Richards, Shawn　リチャーズ, ショーン
　国セントクリストファー・ネイビス　副首相兼教育・青少年・スポーツ・文化相
Richards, Stephen　リチャーズ, スティーブン
　著「宇宙にお願いすれば、どんな夢も叶う！」PHP研究所　2009
Richards, Theodora　リチャーズ, セオドラ
　1985〜　著「ガス・アンド・ミー」ポプラ社　2014
Richardson, Arleta　リチャードソン, アリータ
　著「メイベル短編集」日向房, 星雲社 (発売)　2001
Richardson, Bill　リチャードソン, ビル
　1947〜　国アメリカ　政治家, 外交官　米国エネルギー長官, 国連大使, ニューメキシコ州知事　本名＝Richardson, William Blaine
Richardson, Bill　リチャードソン, ビル
　1955〜　著「ハーメルンの笛吹きを追え！」白水社　2004
Richardson, Bobby　リチャードソン, ボビー
　国アメリカ　アメフト選手
Richardson, Bradley M.　リチャードソン, ブラッドリー
　1928〜2015　国アメリカ　政治学者, 日本研究家　オハイオ州立

大学教授・日本研究所所長　㊥日本政治　㊛リチャードソン, ブラッドリー・モーア
Richardson, Cheryl　リチャードソン, シェリル
　㊐「12の「行動」で人生が愉しくなる」PHP研究所 2010
Richardson, C.S.　リチャードソン, C.S.
　1955〜　㊎カナダ　作家, ブックデザイナー　㊡文学　㊛リチャードソン, C.S.
Richardson, Cyril　リチャードソン, サイリル
　㊎アメリカ　アメフト選手
Richardson, Daryl　リチャードソン, ダリル
　㊎アメリカ　アメフト選手
Richardson, David　リチャードソン, デイヴィッド
　1946〜　㊐「環大西洋奴隷貿易歴史地図」東洋書林 2012
Richardson, Don　リチャードソン, ドン
　1935〜　㊐「ピース・チャイルド」いのちのことば社 2002
Richardson, Doug　リチャードソン, ダグ
　㊐「狂信者の黙示録」東京創元社 2004
Richardson, Ellen　リチャードソン, エレン
　㊐「ビーチサンダルガールズ」フレーベル館 2013
Richardson, Hazel　リチャードソン, ヘーゼル
　㊐リチャードスン, ヘイゼル　㊐「恐竜博物図鑑」新樹社 2005
Richardson, Heather　リチャードソン, ヘザー
　㊎アメリカ　スピードスケート選手
Richardson, Hugh　リチャードソン, ヒュー
　1947〜　㊎イギリス　外交官　駐日欧州連合大使
Richardson, Ian William　リチャードソン, イアン
　1934〜2007　㊎イギリス　俳優
Richardson, Jack　リチャードソン, ジャック
　1940〜　㊐「水」小峰書店 2006
Richardson, Jared　リチャードソン, ジャレッド
　㊐「プロジェクト・マネジャーが知るべき97のこと」オライリー・ジャパン, オーム社（発売）2011
Richardson, Jason　リチャードソン
　㊎アメリカ　陸上選手
Richardson, Jerry　リチャードソン, ジェリー
　アメフト選手, カロライナ・パンサーズオーナー
Richardson, John　リチャードソン, ジョン
　1924〜　㊐「ピカソ」白水社 2016
Richardson, John E.　リチャードソン, ジョン・E.
　㊐「ジャーナリズム用語事典」国書刊行会 2009
Richardson, John T.E.　リチャードソン, ジョン・T.E.
　㊐「イメージの心理学」早稲田大学出版部 2002
Richardson, John W.　リチャードソン, ジョン・W.
　㊐「フライト・ゲーム」竹書房 2014
Richardson, Josh　リチャードソン, ジョシュ
　㊎アメリカ　バスケットボール選手
Richardson, Julie　リチャードソン, ジュリー
　㊐「トリプルボトムライン」創成社 2007
Richardson, Justin　リチャードソン, ジャスティン
　1963〜　㊐「タンタンタンゴはパパふたり」ポット出版 2008
Richardson, Kate　リチャードソン
　㊎カナダ　体操選手
Richardson, Keith　リチャードソン, キース
　㊐「奇跡の絵」メディアート出版 2004
Richardson, Leonard　リチャードソン, レオナルド
　1979〜　㊐「RESTful Webサービス」オライリー・ジャパン, オーム社（発売）2007
Richardson, Louise　リチャードソン, ルイーズ
　㊎アメリカ　国際政治学者　オックスフォード大学次期総長, セントアンドルーズ大学学長
Richardson, Malachi　リチャードソン, マラカイ
　㊎アメリカ　バスケットボール選手
Richardson, Matt　リチャードソン, マット
　㊐「Raspberry Piをはじめよう」オライリー・ジャパン, オーム社（発売）2013
Richardson, Matthew　リチャードソン, マシュー
　1964〜　㊐「金融規制のグランドデザイン」中央経済社 2011
Richardson, Miranda　リチャードソン, ミランダ
　1958〜　㊎イギリス　女優　㊛リチャードスン, ミランダ
Richardson, Natasha　リチャードソン, ナターシャ
　1963〜2009　㊎イギリス　女優　本名＝Richardson, Natasha Jane　㊛リチャドスン, ナターシャ
Richardson, Paul　リチャードソン, ポール
　㊎アメリカ　アメフト選手
Richardson, Peter　リチャードソン, ピーター
　㊐「業績評価の理論と実務」東洋経済新報社 2004

Richardson, Phyllis　リチャードソン, フィリス
　㊐「NANO HOUSE」エクスナレッジ 2013
Richardson, Rico　リチャードソン, リコ
　㊎アメリカ　アメフト選手
Richardson, Robert　リチャードソン, ロバート
　アカデミー賞 撮影賞（第84回（2011年））ほか
Richardson, Robert Coleman　リチャードソン, ロバート
　1937〜2013　㊎アメリカ　物理学者　コーネル大学教授
Richardson, Robin　リチャードソン, ロビン
　㊐「グローバル・ティーチャーの理論と実践」明石書店 2011
Richardson, Rosamond　リチャードソン, ロザモンド
　㊐「ナチュラルな暮らし方と生活環境」産調出版 2008
Richardson, Ruth　リチャードソン, ルース
　㊐「グレイ解剖学の誕生」東洋書林 2010
Richardson, Scott　リチャードソン, スコット
　1954〜　㊐「部下をやる気にさせる100の方法」ディスカヴァー・トゥエンティワン 2006
Richardson, Sheldon　リチャードソン, シェルドン
　㊎アメリカ　アメフト選手
Richardson, Terry　リチャードソン, テリー
　㊐「レディー・ガガ×テリー・リチャードソン」日本文芸社 2011
Richardson, Virginia E.　リチャードソン, ヴァージニア・E.
　㊐「退職カウンセリング」北樹出版 2002
Richardson, Wallace G.　リチャードソン, ウォレス・G.
　㊐「心・体・魂を癒す宝石療法」中央アート出版社 2012
Richardson, Wendy　リチャードソン, ウエンディ
　1936〜　㊐「水」小峰書店 2006
Richards-Ross, Sanya　リチャーズ・ロス, サーニャ
　1985〜　㊎アメリカ　陸上選手　㊛リチャーズ・ロス, サンヤ
Richardsson, Daniel　リチャードソン, ダニエル
　1982〜　㊎スウェーデン　スキー選手　本名＝Richardsson, Jan Olof Daniel　㊛リチャードソン
Richburg, Weston　リッチバーグ, ウエストン
　㊎アメリカ　アメフト選手
Riché, Pierre　リシェ, ピエール
　1921〜　㊐「大グレゴリウス小伝」知泉書館 2013
Richebächer, Sabine　リッヒェベッヒャー, ザビーネ
　1951〜　㊐「ザビーナ・シュピールラインの悲劇」岩波書店 2009
Richelson, Jeffrey　リチェルソン, ジェフリー・T.
　㊐「トップシークレット」太陽出版 2004
Richemont, Enid　リッチモント, イーニド
　1940〜　㊐「だあれもねずみにきづかない」ワールドライブラリー 2015
Richer, John　リッチャー, ジョン
　㊐「自閉症」黎明書房 2006
Richer, Néron　リッシュ, ネロン
　㊐「フランスの馬肉」日本馬事協会 2009
Richert, Stefanie　リヒャルト, ステファニー
　㊐「Excelでやさしく学ぶ時系列」東京図書 2002
Richert, Willi　リチャート, ウィリ
　㊐「実践機械学習システム」オライリー・ジャパン, オーム社（発売）2014
Richert, William　リチャート, ウィリアム
　㊐「友と 弔辞という詩」河出書房新社 2007
Riches, John Kenneth　リッチズ, ジョン
　1939〜　㊐「聖書」岩波書店 2004
Richeson, David Scott　リッチェソン, デビッド・S.
　㊐「世界で二番目に美しい数式」岩波書店 2014
Richet, Jean-Francois　リシェ, ジャン＝フランソワ
　セザール賞 監督賞（第34回（2008年））　"L'instinct de mort"
Richie, Donald　リチー, ドナルド
　1924〜2013　㊎アメリカ　映画評論家, 映像史家, 作家　ニューヨーク近代美術館映画部長　㊛リッチー, ドナルド
Richie, Lionel　リチー, ライオネル
　1949〜　㊎アメリカ　歌手, ソングライター
Richie, Nicole　リッチー, ニコール
　㊐「プライスレス」トランスメディア 2011
Richir, Marc　リシール, マルク
　1943〜　㊐「身体」ナカニシヤ出版 2001
Richler, Mordecai　リッチラー, モルデカイ
　1931〜2001　㊎カナダ　作家　㊛リクラー, モルデカイ
Richman, Jason　リッチマン, ジェイソン
　㊐「9デイズ」メディアファクトリー 2002
Richman, Josh　リッチマン, ジョス

[著]「うんち、快腸？」 リヨン社, 二見書房(発売) 2009
Richman, Linda リッチマン, リンダ
[著]「リンダ・リッチマンのこうなったら、笑うしかない…。」 ヴォイス 2002
Richman, Lucas リッチマン, ルーカス
グラミー賞 最優秀クラシック・クロスオーバー・アルバム(2010年(第53回)) "Tin, Christopher: Calling All Dawns"
Richman, Shira リッチマン, シーラ
1972～ [著]「自閉症スペクトラムへのABA入門」 東京書籍 2015
Richman, William M. リッチマン, ウィリアム・M.
[著]「アメリカ抵触法」 レクシスネクシス・ジャパン, 雄松堂書店(発売) 2011
Richmond, Emma リッチモンド, エマ
[著]「過去を忘れたい」 ハーレクイン 2003
Richmond, Howard リッチモンド, ハワード
[著]「刷新してほしい患者移動の技術」 日本看護協会出版会 2003
Richmond, Joshua リッチモンド, ジョシュア
[国]アメリカ 射撃選手
Richmond, Virginia P. リッチモンド, V.P.
[著]「非言語行動の心理学」 北大路書房 2006
Richtel, Matt リヒテル, マット
[著]「神経ハイジャック」 英治出版 2016
Richter, Ansgar リヒター, アンズガー
[著]「マッキンゼー組織の進化」 ダイヤモンド社 2003
Richter, Brian D. リクター, ブライアン
[著]「生命の川」 新樹社 2006
Richter, Burton リヒター, バートン
1931～ [国]アメリカ 物理学者 スタンフォード大学教授・線型加速研究所名誉所長 [異]リクター, バートン
Richter, Falk リヒター, ファルク
1969～ [国]ドイツ 演出家, 劇作家, 翻訳家
Richter, Gerhard リヒター, ゲルハルト
1932～ [国]ドイツ 画家, 現代美術家
Richter, Ján リフテル, ヤーン
[国]スロバキア 労働・社会・家庭相
Richter, Jeffrey リヒター, ジェフリー
[著]「プログラミング.NET Framework」 日経BP社, 日経BPマーケティング(発売) 2013
Richter, Jutta リヒター, ユッタ
[著]「黄色いハートをつけたイヌ」 さ・え・ら書房 2007
Richter, Peter-Cornell リヒター, ピーター＝コーネル
[著]「ジョージア・オキーフとアルフレッド・スティーグリッツ」 岩波書店 2010
Richter, Philipp リヒター, フィリップ
1960～ [著]「手技療法とオステオパシーにおけるトリガーポイントと筋肉連鎖」 ガイアブックス, 産調出版(発売) 2009
Richter, Sandra L. リクター, サンドラ・L.
[著]「エデンの物語」 いのちのことば社(発売) 2016
Richter, W.D. リクター, W.D.
[著]「ステルス」 竹書房 2005
Richter-Gebert, Jürgen リヒター‐ゲバート, J.
[著]「シンデレラ」 シュプリンガー・フェアラーク東京 2003
Rickard, Brenton リカード, ブレントン
1983～ [国]オーストラリア 水泳選手 [異]リカード
Rickard, Joey リカード, ジョーイ
[国]アメリカ 野球選手
Rickards, James リカーズ, ジェームズ
[国]アメリカ 投資家
Rickards, John リカーズ, ジョン
1978～ [国]イギリス 作家, ジャーナリスト [専]ミステリー
Rickards, Lynne リカーズ, リン
1962～ [著]「ピンクになっちゃった！」 1万年堂出版 2013
Rickayzen, Alan リカイゼン, アラン
[著]「SAP実践ワークフロー」 日経BP社, 日経BP出版センター(発売) 2003
Ricke, Kai-Uwe リッケ, カイウベ
1961～ [国]ドイツ 実業家 ドイツ・テレコム(DT)CEO
Rickel, Annette U. リッケル, アネット・U.
1941～ [著]「ADHD」 金剛出版 2014
Rickenbacher, Karl Anton リッケンバッハー, カール・アントン
1940～2014 [国]スイス 指揮者 [異]リッケンバッヒャー, カール・アントン
Ricker, Audrey リッカー, オードリー
[著]「子供の「口ごたえ」と上手につきあう法」 PHP研究所 2004
Ricker, Maëlle リカー, メール
1978～ [国]カナダ スノーボード選手
Rickert, M. リッカート, M.
世界幻想文学大賞 短編(2007年)ほか
Rickertsen, Rick リッカートセン, リック
[著]「バイアウト」 パンローリング 2002
Rickerty, Simon リカティー, サイモン
[著]「ぼくたちのピーナッツ」 講談社 2013
Ricketts, Tom リケッツ, トム
[国]アメリカ シカゴ・カブスオーナー
Rickford, Greg リックフォード, グレッグ
[国]カナダ 天然資源相
Rickman, Alan リックマン, アラン
1946～2016 [国]イギリス 俳優
Ricks, Christopher B. リックス, クリストファー
[著]「三月兎の調べ」 国文社 2002
Ricks, Thomas E. リックス, トーマス
[国]アメリカ ジャーナリスト, 作家 [異]リックス, トマス / リックス, トマス・E.
Ricky, George リッキー, ジョージ
1907～2002 [国]アメリカ 彫刻家
Ricky Kej リッキー・Kej
グラミー賞 最優秀ニュー・エイジ・アルバム(2014年(第57回)) "Winds Of Samsara"
Rico, David F. リコ, デイビッド・F.
[著]「ソフトウェア・プロセス改善のROI」 テクノ 2006
Ricoeur, Paul リクール, ポール
1913～2005 [国]フランス 哲学者 パリ大学名誉教授, シカゴ大学名誉教授 [専]現象学的解釈学
Ricossa, Sergio リコッサ, セルジョ
1927～ [著]「超ブルジョアがこの世を救う」 中央公論新社 2010
Ricquier, William J.M. リクエア, ウィリアム・J.M.
[著]「アジア太平洋諸国の収用と補償」 成文堂 2006
Ric Riera, Salvador リック・リエラ, サルバドル
[国]ボリビア 公共事業相
Riddell, Chris リデル, クリス
ネスレ子どもの本賞 6～8歳部門 金賞(2007年)ほか
Ridderstrale, Jonas リッデルストラレ, ヨーナス
[著]「成功ルールが変わる！」 PHPエディターズ・グループ, PHP研究所(発売) 2004
Riddick, Shaquille リディック, シャキール
[国]アメリカ アメフト選手
Riddick, Theo リディック, セオ
[国]アメリカ アメフト選手
Ridding, John リディング, ジョン
新聞人 フィナンシャル・タイムズ(FT)グループCEO
Riddle, A.G. リドル, A.G.
[著]「転位宇宙」 早川書房 2016
Riddle, J.T. リドル, JT.
[国]アメリカ 野球選手
Riddle, Mike リドル
[国]カナダ フリースタイルスキー選手
Riddlestone, Sue リドルストーン, スー
[著]「バイオリージョナリズムの挑戦」 群青社, 星雲社(発売) 2004
Riddoch, M.Jane リドック, M.ジェーン
[著]「認知障害者の心の風景」 福村出版 2006
Ride, Sally ライド, サリー
1951～2012 [国]アメリカ 宇宙飛行士, 物理学者 カリフォルニア大学サンディエゴ校教授, サリーライド・サイエンス社主宰 [専]宇宙科学 本名＝ライド, サリー・クリスティン〈Ride, Sally Klisten〉
Rideout, Patricia L. ライドアウト, パトリシア・L.
[著]「ソーシャルワークと修復的正義」 明石書店 2012
Rideout, Philip ライドアウト, フィリップ
[著]「iPhone 3Dプログラミング」 オライリー・ジャパン, オーム社(発売) 2011
Ridge, Tess リッジ, テス
[著]「子どもの貧困と社会的排除」 桜井書店 2010
Ridge, Tom リッジ, トム
[国]アメリカ 国土安全保障長官
Ridgeway, Andrei リッジウェイ, アンドレイ
[著]「直観力の育て方」 PHP研究所 2011
Ridgeway, Hassan リッジウェイ, ハッサン
[国]アメリカ アメフト選手
Ridgway, Christie リッジウェイ, クリスティ
[著]「花嫁にキスを」 オークラ出版 2013
Ridgway, Judy リッジウェイ, ジュディ

㊃「こだわりのチーズ」ネコ・パブリッシング 2003
Riding, Alan ライディング, アラン
㊃「シェイクスピアヴィジュアル事典」新樹社 2006
Ridley, Glynis リドリー, グリニス
㊃「サイのクララの大旅行」東洋書林 2009
Ridley, Jane リドレイ, ジェーン
㊃「ビジュアル版 世界の歴史都市」柊風舎 2016
Ridley, John リドリー, ジョン
アカデミー賞 脚色賞(第86回(2013年)) "12 Years a Slave"
Ridley, Mark リドリー, マーク
リドリー, マーク ㊃「30秒で学ぶ科学理論」スタジオタック クリエイティブ 2013
Ridley, Matt リドレー, マット
1958～ ㊃「人類は絶滅を逃れられるのか」ダイヤモンド社 2016
Ridley, Stevan リドリー, スティーバン
㊐アメリカ アメフト選手
Ridpath, Ian リドパス, イアン
㊃「天文」新樹社 2007
Ridsdale, Colin リズデイル, コリン
㊃「樹木」新樹社 2007
Ridsdale, Julian Errington リズデール, ジュリアン
1915～2004 ㊐イギリス 政治家 英国下院議員, 英日議員連盟会長 ㊕リズデイル
Ridsdale, Leone リッズデール, レオーヌ
㊃「エビデンスに基づくプライマリケアの実践テキスト」じほう 2004
Riebe, Deborah リーブ, デボラ
㊃「高齢者の運動と行動変容」ブックハウス・エイチディ 2005
Rieber, Lloyd P. リーバー, ロイド・P.
㊃「インストラクショナルデザインとテクノロジ」北大路書房 2013
Riedel, Ingrid リーデル, イングリッド
1935～ ㊕リーデル, イングリット ㊃「クレーの天使」青土社 2004
Riedel, Lars リーデル
㊐ドイツ 陸上選手
Riedel, Manfred リーデル, マンフレッド
1936～ ㊃「ガンス法哲学講義1832/33」法律文化社 2009
Rieder, Anton リーダー, アントン
1944～ ㊃「ウィーンの森」南窓社 2007
Rieder, Ludwig リーダー, L.
㊐イタリア リュージュ選手
Rieder, Tim リーダー, ティム
㊐ドイツ サッカー選手
Riederer, Sven リーデラー, スベン
㊐スイス トライアスロン選手 ㊕リーデラー
Riedewald, Jairo リーデヴァルト, ヤイロ
㊐オランダ サッカー選手
Riefenstahl, Leni リーフェンシュタール, レニ
1902～2003 ㊐ドイツ 映画監督, 写真家, 作家, 女優 本名=リーフェンシュタール, ベルタ・ヘレネ・アマリエ〈Riefenstahl, Berta Helene Amalie〉㊕レニ・リーフェンシュタール
Rieff, David リーフ, デイヴィッド
1952～ ㊃「こころは体につられて」河出書房新社 2014
Rieger, Berndt リーガー, ベルント
㊃「痛みを癒すホメオパシー」ホメオパシー出版 2007
Riegler, Claudia リーグラー, C.
㊐オーストリア スノーボード選手
Riekeman, Guy リークマン, ガイ
㊃「カイロプラクティックのプロフェッショナル20人が語る仕事の流儀」科学新聞社出版局 2012
Riekstiņš, Maris リエクスティンシュ, マリス
㊐ラトビア 外相
Riel, Cees B.M.Van リール, セス・B.M.ファン
㊃「コーポレート・レピュテーション」東洋経済新報社 2005
Riemann, Bernhard リーマン, ベルンハルト
㊃「幾何学の基礎をなす仮説について」筑摩書房 2013
Riemer, Edith ライマー, イーディス
㊃「ポール・オースターが朗読するナショナル・ストーリー・プロジェクト」アルク 2005
Riemer, Robert Joseph リーマー・ロバート・ジョセフ
㊐アメリカ 元・南山大学学長
Riemschneider, Burkhard リームシュナイダー, ブルクハルト
1962～ ㊃「アート・ナウ」Taschen c2002
Rienda Contreras, María José コントレラス, リエンダ
㊐スペイン アルペンスキー選手

Riera, Enrique リエラ, エンリケ
㊐パラグアイ 教育・文化相
Riera, Joan リエラ, ヨアン
㊃「模擬起業」CCCメディアハウス 2015
Ries, Al ライズ, アル
㊃「実戦ボトムアップ・マーケティング戦略」日本能率協会マネジメントセンター 2011
Ries, Eric リース, エリック
1978～ ㊕ライズ, エリック ㊃「リーンブランディング」オライリー・ジャパン, オーム社(発売) 2016
Ries, Laura ライズ, ローラ
㊃「マーケティング脳vsマネジメント脳」翔泳社 2009
Riès, Philippe リエス, フィリップ
1948～ ㊃「カルロス・ゴーン経営を語る」日本経済新聞社 2005
Riesch, Maria ヘフルリーシュ
㊐ドイツ アルペンスキー選手
Riese, Jane リース, シェーン
㊃「オルヴェウス・いじめ防止プログラム」現代人文社, 大学図書(発売) 2013
Riesenhuber, Karl リーゼンフーバー, カール
㊃「法の同化」De Gruyter Recht c2006
Riesenhuber, Klaus リーゼンフーバー, K.
1938～ ㊃「近代哲学の根本問題」知泉書館 2014
Riesgo, Asier リエスゴ, アシエル
㊐スペイン サッカー選手
Riesman, David リースマン, デービッド
1909～2002 ㊐アメリカ 社会学者, 批評家 ハーバード大学教授 ㊕リースマン, デイヴィッド
Riesner, Dean リーズナー, ディーン
1918～2002 ㊐アメリカ 脚本家 ㊕ライズナー, ディーン
Riesner, Frank リースナー, フランク
1965～ ㊃「私は東ドイツに生まれた」東洋書店 2012
Riess, Adam G. リース, アダム
1969～ ㊐アメリカ 物理学者 ジョンズ・ホプキンス大学教授 ㊕リース, アダム・G.
Riess, Stefan リース, ステファン
㊃「ダライ・ラマ式子育て法」現文メディア, 理論社(発売) 2008
Riessen, Reimer リーゼン, レイマー
㊃「わかる！心臓画像診断の要点」メディカル・サイエンス・インターナショナル 2009
Riessle, Fabian リースレ
㊐ドイツ ノルディック複合選手
Riessman, Catherine Kohler リースマン, キャサリン・コーラー
1939～ ㊃「人間科学のためのナラティヴ研究法」クオリティケア 2014
Riess-Passer, Susanne リースパッサー, スザンネ
1961～ ㊐オーストリア 政治家 オーストリア副首相, オーストリア自由党党首 ㊕リースパッサー, スザンヌ
Riester, Walter リースター, ワルター
㊐ドイツ 労働・社会相
Riether, Sascha リーター, サシャ
㊐ドイツ サッカー選手
Riethmuller, Paul リースマラー, ポール
㊃「持続可能な農業と環境」食料・農業政策研究センター, 農山漁村文化協会(発売) 2001
Rietschel, Ernst Theodor リーチェル, エルンスト・テオドール
㊐ドイツ 免疫化学者 リューベック大学教授, ライプニッツ協会会長 ㊕エンドトキシン
Rieu, Alain-Marc リウー, アラン=マルク
1947～ ㊃「未完の国」水声社 2013
Rieu, André リュウ, アンドレ
1949～ ㊐オランダ バイオリニスト ヨハン・シュトラウス・オーケストラ主宰
al-**Rifai, Ghassam** アル・リファイ, ガッサム
㊐シリア 経済貿易相
El-**rifai, Mustafa Mohammed Osman** エルリファイ, ムスタファ・モハメド・オスマン
㊐エジプト 工業相
Rifai, Samir リファイ, サミル
1966～ ㊐ヨルダン 政治家 ヨルダン首相・国防相 本名=Rifai, Samir Zaid ar-
Rifai, Taleb リファイ, タレブ
㊐ヨルダン 観光・遺跡相

Riff, Hélène　リフ, エレーヌ
　1969〜　㊛「きいろいくつした」バロル舎　2003
Riffo, Natalia　リッフォ, ナタリア
　国チリ　スポーツ相
Rifi, Ashraf　リフィ, アシュラフ
　国レバノン　法相
Rifkin, Benjamin A.　リフキン, ベンジャミン・A.
　㊛「人体解剖図」二見書房　2007
Rifkin, Glenn　リフキン, グレン
　㊛「MBA全1冊」日本経済新聞社　2005
Rifkin, Jeremy　リフキン, ジェレミー
　1945〜　㊛「限界費用ゼロ社会」NHK出版　2015
Rifkind, Malcolm Leslie　リフキンド, マルコム
　1946〜　国イギリス　政治家　英国外相・国防相
Rifzal, Rivai　リザル・リファイ
　国インドネシア　元・在インドネシア日本国大使館現地職員
Rigaud, Louis　リゴー, ルイ
　1985〜　㊛「オセアノ号、海へ！」アノニマ・スタジオ, KTC中央出版（発売）　2013
Rigaudo, Elisa　リガウド, エリザ
　国イタリア　陸上選手　㊛リガウド
Rigault, Robert　リゴ, ロベール
　㊛「少年ドメニコ・サヴィオ」ドン・ボスコ社　2004
Rigaux, Jacky　リゴー, ジャッキー
　1948〜　㊛「ブルゴーニュ華麗なるグランクリュの旅」作品社　2012
Rigazio-DiGilio, Sandra A.　リガジオ・ディジリオ, サンドラ A.
　㊛「パートナー暴力」北大路書房　2011
Rigbey, Liz　リグビー, リズ
　1957〜　㊛「波に消された記憶」ヴィレッジブックス, ソニー・マガジンズ（発売）　2007
Rigby, Eleanor　リグビー, エレノア
　㊛「マゲオーテと賢者の猫」コスミック出版, コスミックインターナショナル（発売）　2004
Rigby, Robert　リグビー, ロバート
　㊛「ゴール！2」イースト・プレス　2007
Rigby, Susan　リグビー, スー
　㊛「ひとめでわかる化石のみかた」朝倉書店　2005
Rigden, John S.　リグデン, J.S.
　㊛「アインシュタイン奇跡の年1905」シュプリンガー・フェアラーク東京　2005
Rigdon, Susan M.　リグダン, スーザン・M.
　㊛「キューバ革命の時代を生きた四人の男」明石書店　2007
Rigg, Bryan Mark　リッグ, ブライアン・マーク
　1971〜　㊛「ナチからの脱出」並木書房　2006
Rigg, Diana　リグ, ダイアナ
　1938〜　国イギリス　女優　本名＝Rigg, Diana Elizabeth
Riggins, Lloyd　リギンズ, ロイド
　1969〜　国アメリカ　バレエダンサー　ハンブルク・バレエ団プリンシパル
Riggleman, Jim　リグルマン, ジム
　国アメリカ　シンシナティ・レッズコーチ
Riggs, Cody　リッグス, コディー
　国アメリカ　アメフト選手
Riggs, Paula Detmar　リグス, ポーラ・デトマー
　国リグス, ポーラ・デトマー　㊛「名だけの永遠」ハーレクイン　2006
Riggs, Ransom　リグス, ランサム
　国アメリカ　作家　㊛ヤングアダルト, スリラー
Riggs, Roger　リッグス, ロジャー
　㊛「Java 2 platform micro editionプログラミング」ピアソン・エデュケーション　2002
Righetti, Dave　リゲッティ, デーブ
　国アメリカ　サンフランシスコ・ジャイアンツコーチ
Righi, Carol　ライヒ, キャロル
　㊛「人間中心設計の海外事例」近代科学社　2013
Righton, Caroline　ライトン, キャロライン
　㊛「自分のすべてを整理する本」PHP研究所　2006
Rigo, Laura　リーゴ, ラウラ
　国リゴ, L.　㊛「ゆきんこクリスマス」ドン・ボスコ社　2014
Rigobert, Gale T.C.　リゴバート, ゲイル・T.C.
　国セントルシア　教育・革新・男女平等・持続可能な開発相
Rigondeaux, Guillermo　リゴンドウ, ギジェルモ
　1980〜　国キューバ　プロボクサー　WBO・WBA世界スーパーバンタム級チャンピオン　本名＝Rigondeaux Ortiz, Guillermo　㊛リゴンドー, ギジェルモ／リゴンドウ

Rigoni, Luca　リゴーニ, ルカ
　国イタリア　サッカー選手
Rigoni, Nicola　リゴーニ, ニコラ
　国イタリア　サッカー選手
Rigoni Stern, Mario　リゴーニ・ステルン, マーリオ
　1921〜2008　国イタリア　作家　㊛リゴーニ・ステルン, マリオ
Rigoulot, Pierre　リグロ, ピエール
　1944〜　㊛「北朝鮮の真実」角川書店　2004
Rigsbee, Jordan　リッグスビー, ジョーダン
　国アメリカ　アメフト選手
Rigutto, Bruno　リグット, ブルーノ
　1945〜　国フランス　ピアニスト　パリ音楽院教授
Riha, Karl　リーハ, カール
　㊛「ダダの詩」関西大学出版部　2004
Rihanna　リアーナ
　1988〜　国バルバドス　歌手　本名＝フェンティ, ロビン・リアーナ〈Fenty, Robyn Rihanna〉
Rihoux, Benoît　リウー, ブノワ
　1965〜　㊛「質的比較分析（QCA）と関連手法入門」晃洋書房　2016
Rihter, Andreja　リヒテル, アンドレヤ
　国スロベニア　文化相
Riisjohansen, Terje　リースヨハンセン, テリエ
　国ノルウェー　石油・エネルギー相
Rijal, Minendra　リジャル, ミネンドラ
　国ネパール　情報通信相
Rijkaard, Frank　ライカールト, フランク
　1963〜　国オランダ　サッカー指導者, 元サッカー選手　サッカー・サウジアラビア代表監督, サッカー・オランダ代表監督
Rikala, Anne　リカラ
　国フィンランド　カヌー選手
Rikardsson, Richard　リカードソン
　国スウェーデン　スノーボード選手
Rikhter, Elena Roudolfovna　リヒテル, エレーナ
　1938〜　㊛「ネイガウスのピアノ講義」音楽之友社　2007
Riklis, Eran　リクリス, エラン
　1954〜　国イスラエル　映画監督
Riley, Andy　ライリー, アンディ
　㊛「たぶん最期の自殺うさぎの本」青山出版社　2012
Riley, Bridget　ライリー, ブリジット
　1931〜　国イギリス　画家　本名＝Riley, Bridget Louise　㊛ライリー, ブリジェット
Riley, Curtis　ライリー, カーティス
　国アメリカ　アメフト選手
Riley, Dick　ライリー, ディック
　㊛「シャーロック・ホームズ」原書房　2010
Riley, Elizabeth　ライリー, エリザベス
　㊛「みんな大切！」新科学出版社　2011
Riley, Gillian　ライリー, ジリアン
　㊛「イギリス式「完全禁煙プログラム」」講談社　2008
Riley, Gregory John　ライリー, グレゴリー・J.
　1947〜　㊛「英雄・イエス」近代文芸社　2004
Riley, James C.　ライリー, ジェイムス
　㊛「健康転換と寿命延長の世界誌」明和出版　2008
Riley, James Whitcomb　ライリー, ジェームス・W.
　㊛「大人が楽しむイングリッシュ・ポエチュリー」リーベル出版　2007
Riley, Joe　ライリー, ジョー
　国イングランド　サッカー選手
Riley, Michael　ライリー, ミカエル
　㊛「イギリスの歴史」明石書店　2012
Riley, Mike　ライリー, マイク
　1941〜　㊛「30日で失恋から立ち直る方法」ソニー・マガジンズ　2005
Riley, Olive　ライリー, オリーブ
　1899〜2008　国オーストラリア　世界最高齢のブロガー
Riley, Pat　ライリー, パット
　国アメリカ　マイアミ・ヒートGM
Riley, Patrick G.　ライリー, パトリック・G.
　㊛「鉄則！企画書は「1枚」にまとめよ」阪急コミュニケーションズ　2003
Riley, Perry　ライリー, ペリー
　国アメリカ　アメフト選手
Riley, Peter D.　ライリー, ピーター
　国ライリー, ピーター・D.　㊛「地球のすがた」文研出版　2009
Riley, Philip　ライリー, フィリップ

[著]「バイリンガル・ファミリー」 明石書店 2006
Riley, Richard Wilson ライリー, リチャード
1933～ [国]アメリカ 政治家 米国教育長官, サウスカロライナ州知事
Riley, Sam ライリー, サム
1980～ [国]イギリス 俳優
Riley, Shirley ライリー, シャーリー
[著]「ファミリー・アートセラピー」 金剛出版 2007
Riley, Steve ライリー, スティーヴ
グラミー賞 最優秀リージョナル・ルーツ・ミュージック・アルバム(2012年(第55回)) "The Band Courtbouillon"
Riley, Talulah ライリー, タルラ
イーロン・マスク夫人, 女優
Riley, Terence ライリー, テレンス
[著]「谷口吉生のミュージアム」 中日新聞社 〔2005〕
Rilling, Helmuth リリング, ヘルムート
1933～ [国]ドイツ 指揮者, オルガン奏者 フランクフルト音楽大学教授
Rim, Che-min イム・チェミン
[国]韓国 保健福祉相 漢字名＝林采民
Rim, Jong-sim リム・ジョンシム
1993～ [国]北朝鮮 重量挙げ選手
Rim, Kyong-man リム・ギョンマン
[国]北朝鮮 貿易相 漢字名＝林景萬
Rim, Nam-su リム・ナムス
[国]北朝鮮 石炭工業相 漢字名＝林南洙
Rima, Samuel D. ライマ, サミュエル・D.
[著]「リーダーシップのダークサイド」 いのちのことば社 2013
Rimadjita, Ngariera リマジタ, ヌガリエラ
[国]チャド 公衆衛生相
Ríman, Martin ジーマン, マルチン
[国]チェコ 産業貿易相
Rimas, Andrew リマス, アンドリュー
[著]「食糧の帝国」 太田出版 2013
Rimassa, Alessandro リマッサ, アレッサンドロ
1975～ [国]イタリア 作家 [専]文学
Rimer, Danny ライマー, ダニー
投資家
Rimestad, Erling リーメスタ, アーリン
[国]ノルウェー 駐日特命全権大使
Rimington, Stella リミントン, ステラ
1935～ [国]イギリス 作家 英国情報局保安部(MI5)部長 [専]ミステリー, スリラー
Rimland, Bernard リムランド, バーナード
1928～2006 [国]アメリカ 心理学者, 医師 [専]自閉症治療
Rimmer, Christine リマー, クリスティン
[著]「輝きのとき」 ハーパーコリンズ・ジャパン 2016
Rin, Sang-mu リ・サンム
[国]北朝鮮 林業相 漢字名＝李相武
Rinaldi, Joe リナルディ, ジョー
[著]「わんわん物語」 竹書房 2003
Rinard, Martin ライナード, マーティン
[著]「ソフトウェアの未来」 翔泳社 2001
Rincon, Lucas リンコン, ルカス
[国]ベネズエラ 内務法務相
Rincon, Tomas リンコン, トマス
[国]ベネズエラ サッカー選手
Rincón, Ximena リンコン, ヒメナ
[国]チリ 労働・社会保障相
Rind, Sardar Yar Muhammad リンド, サルダル・ヤル・ムハンマド
[国]パキスタン 辺境地域相 [異]リンド, サルダル・ヤム・ムハンマド
Rindell, Suzanne リンデル, スーザン
[国]アメリカ 作家 [専]歴史
Rinderknecht, Nico リンデルクネヒト, ニコ
[国]ドイツ サッカー選手
Rindom, Anne-Marie リンドン, アンマリー
[国]デンマーク セーリング選手
Rineberg, Dave ラインバーグ, デイブ
1965～ [著]「ビーナス&セリーナ勝つテニス」 西村書店 2007
Rinehart, Georgina Hope ラインハート, ジョージナ・ホープ
1954～ [国]オーストラリア 実業家 ハンコック・プロスペクティング会長 通称＝ラインハート, ジーナ〈Rinehart, Gina〉
Riner, Teddy リネール, テディ
1989～ [国]フランス 柔道選手
Rines, Robert ラインズ, ロバート
1922～2009 [国]アメリカ 法律家, 探検家, 発明家, 音楽家
Ring, Peter リング, ピーター
[著]「チャーリーの秘密のノート」 PHP研究所 2005
Ring, Reinhard リング, ラインハルト
1948～ [著]「リトミック事典」 開成出版 2006
Ring, Wallace Harold リング, ウォーレス・ハロルド
[著]「麻酔の偉人たち」 総合医学社 2016
Ringbom, Antonia リングボム, アントニア
[著]「お母さん、お父さんどうしたのかな？」 東京大学出版会 2016
Ringdahl, Debbie リングダール, デビー
[著]「ケアのなかの癒し」 看護の科学社 2016
Ringe, Dagmar リンゲ, ダグマール
[著]「カラー図説タンパク質の構造と機能」 メディカル・サイエンス・インターナショナル 2005
Ringe, Donald A. リンジ, ドナルド・A.
[著]「アメリカ・ゴシック小説」 松柏社 2005
Ringer, Jenifer リンガー, ジェニファー
[著]「プロは語る。」 アスペクト 2005
Ringer, Robert J. リンガー, ロバート・J.
[著]「無理をしない、あたりまえの人生がいい」 主婦の友社, 角川書店(発売) 2002
Ringholm, Bosse リングホルム, ボッセ
[国]スウェーデン 副首相 [異]リングホルム, ブッセ
Ringi, Kjell リンギ, シェル
1939～ [著]「しらないひと」 講談社 2004
Ringo, Christian リンゴ, クリスチャン
[国]アメリカ アメフト選手
Ringo, John リンゴー, ジョン
1963～ [国]アメリカ 作家 [専]SF, ファンタジー
Ringtved, Glenn リングトゥヴィズ, グレン
1968～ [著]「泣いてもいい？」 今人舎 2013
Rini, Snyder リニ, シュナイダー
[国]ソロモン諸島 財務相
Rini, Soemarno リニ・スマルノ
[国]インドネシア 国営企業相
Rini, Soewandi リニ・スワンディ
[国]インドネシア 産業・貿易相
Rinke, Claudia リンケ, クラウディア
[著]「ダライ・ラマ子どもと語る」 春秋社 2016
Rinker, Sherri Duskey リンカー, シェリー・ダスキー
[著]「おやすみ、はたらくくるまたち」 ひさかたチャイルド 2016
Rinkēvičs, Edgars リンケービッチ, エドガルス
[国]ラトビア 外相
Rinne, Antti リンネ, アンッティ
[国]フィンランド 副首相兼財務相
Rinne, Leena リンネ, リーナ
[著]「5つの選択」 キングベアー出版 2015
Rinner, Louann リナー, ルーアン
[著]「アスペルガー症候群と感覚敏感性への対処法」 東京書籍 2004
Rinong, Pandelela パン
[国]マレーシア 飛び込み選手 [異]パム
Rinpoche, Tenzin Wangyal リンポチェ, テンジン・ワンギェル
[著]「チベット聖なる呼吸法」 学研パブリッシング, 学研マーケティング(発売) 2011
Rinpoche, Yongey Mingyur リンポチェ, ヨンゲイ・ミンゲール
1976～ [著]「今、ここを生きる」 パンローリング 2016
Rinser, Luise リンザー, ルイーゼ
1911～2002 [国]ドイツ 作家
Rinta-Aho, Harri リンタ＝アホ, ハッリ
1958～ [著]「世界史のなかのフィンランドの歴史」 明石書店 2011
Rinzler, Jonathan W. リンズラー, J.W.
[著]「スター・ウォーズ制作現場日誌」 玄光社 2016
Rio, Joao do リオ, ジョアウン・ド
[著]「カーニバルの終わりに」 新世研 2003
Rio, Michel リオ, ミシェル
[著]「踏みはずし」 白水社 2001
Riopelle, Jean-Paul リオペール, ジャン・ポール
1923～2002 [国]カナダ 画家 [異]リオペル
Riordan, Jim リオーダン, ジム
1936～2012 [国]イギリス 作家 ブラッドフォード大学教授 本名＝リオーダン, ジェームズ・ウィリアム〈Riordan, James

William〉 [異]リアダン, ジム / リオーダン, ジェイムズ
Riordan, Rick リオーダン, リック
1964～ [国]アメリカ 作家 [専]児童書, SF, ファンタジー [異]ライアダン, リック
Riot, Richard リオット, リチャード
[国]マレーシア 人的資源相
Riou, Marc リウー, マルク
[著]「ミス」 ユマノイド, パイインターナショナル(発売) 2015
Riou, Marie リウ, マリ
[国]フランス セーリング選手
Rip, Michael Russell リップ, マイケル・ラッセル
1954～ [著]「測位精度の革命」 穴井誠二 2010
Ripamonti, Nicola リパモンティ, ニコラ
[国]イタリア カヌー選手
Riphagen, Loes リプハーヘ, ルース
1983～ [著]「ベンおじさんのふしぎなシャツ」 朝日学生新聞社 2011
Ripken, Cal, Jr. リプケン, カル, Jr.
1960～ [国]アメリカ 元野球選手 本名＝Ripken, Calvin Edwin Jr.
Ripkowski, Aaron リップコウスキー, アーロン
[国]アメリカ アメフト選手
Ripley, Alexandra リプリー, アレクサンドラ
?～2004 [国]アメリカ 作家
Ripley, Alice リプリー, アリス
トニー賞 ミュージカル 主演女優賞(2009年(第63回)) "Next to Normal"
Ripley, Amanda リプリー, アマンダ
[著]「世界教育戦争」 中央公論新社 2014
Ripley, Brian D. リプリー, B.D.
1952～ [著]「S-PLUSによる統計解析」 シュプリンガー・ジャパン 2009
Ripley, Kimberly リプリイ, キンバリー
[著]「空っぽのくつした」 光文社 2002
Ripley, Martin リプリー, マーティン
[著]「21世紀型スキル」 北大路書房 2014
Ripley, Warren L. リプリー, W.L.
[著]「夢なき街の狩人」 東京創元社 2005
Rippe, James M. リッピ, ジェイムス・M.
[著]「ICUマニュアル」 メディカル・サイエンス・インターナショナル 2003
Ripplewood, Dean リップルウッド, ディーン
[著]「バターはどこへ溶けた？」 道出版 2001
Rips, Michael リップス, マイケル
1954～ [著]「イタリアの田舎暮らし」 角川書店 2002
Ripstein, Gabriel リプステイン, ガブリエル
ベルリン国際映画祭 審査員新人賞(第65回(2015年)) "600 Millas"
Riquelme, Hernán リケルメ, H.
[著]「欧州のMBA教授が見た高業績CEOの意思決定」 中央経済社 2006
Riquelme, Juan Román リケルメ, ファン・ロマン
1978～ [国]アルゼンチン サッカー選手
Riqueña, La リケーナ, ラ
グラミー賞 最優秀トロピカル・ラテン・アルバム(2012年(第55回)) "Retro"
Rischard, J.F. リシャール, J.F.
[著]「問題はグローバル化ではないのだよ、愚か者」 草思社 2003
Rischel, Anna-Grethe リシェル, アンナ＝グレーテ
[著]「流沙出土の文字資料」 京都大学学術出版会 2001
Rischin, Rebecca リシン, レベッカ
1967～ [著]「時の終わりへ」 アルファベータ 2008
Risco, Elle D. リスコ, エル・D.
[著]「アリエルとふしぎな落とし物」 講談社 2013
Rise リセ
?～2014 [国]韓国 タレント 本名＝クォン・リセ
Risen, James ライゼン, ジェームズ
1955～ [著]「戦争大統領」 毎日新聞社 2006
Risi, Bruno リジ
[国]スイス 自転車選手
Risi, Dino リージ, ディノ
1916～2008 [国]イタリア 映画監督
Risikko, Paula リシッコ, パウラ
[国]フィンランド 内相
Rising, Linda ライジング, リンダ
[著]「アジャイルに効くアイデアを組織に広めるための48のパターン」 丸善出版 2014
Riskin, Daniel K. リスキン, ダン
1975～ [著]「母なる自然があなたを殺そうとしている」 築地書館 2014
Riso, Don Richard リソ, ドン・リチャード
[著]「エニアグラム」 角川書店 2001
Risom, Ole リソム, オーレ
[著]「うさぎのニコラス」 好学社 2016
Rispoli, Andrea リスポリ, アンドレア
[国]イタリア サッカー選手
Rispoli, Umberto リスポリ, ウンベルト
1988～ [国]イタリア 騎手
Risques Corbella, M. リスケス・コルベーリャ, M.
[著]「スペインの歴史」 明石書店 2014
Risse, Marcel リッセ, マルセル
[国]ドイツ サッカー選手
Risser, Thomas リーサ, トーマス
[著]「Javaチュートリアル」 ピアソン・エデュケーション 2007
Rissler, Albrecht リスラー, アルブレヒト
1944～ [著]「魔法の夜」 講談社 2001
Risso, Eduardo リッソ, エドゥアルド
[著]「ビフォア・ウォッチメン：ナイトオウル/Dr.マンハッタン」 ヴィレッジブックス 2014
Rissveds, Jenny リスベドス, ジェニー
[国]スウェーデン 自転車選手
Rist, Pipilotti リスト, ピピロッティ
1962～ [国]スイス 現代美術家
Riste, O. リステ, オーラヴ
[著]「ノルウェーと第二次世界大戦」 東海大学出版会 2003
Ristic, Ivan リスティク, アイヴァン
[著]「Apacheセキュリティ」 オライリー・ジャパン, オーム社(発売) 2005
Ristom, Bassam Mohamad リストム, バッサム・モハマド
[国]シリア 供給商業相
Ristovski, Spiro リストフスキ, スピロ
[国]マケドニア 労働・社会相
Risztov, Éva リストフ, エバ
1985～ [国]ハンガリー 水泳選手
Rita, Mateus Meira リタ, マテウス・メイラ
[国]サントメ・プリンシペ 外務協力相
Ritberger, Carol ライトバーガー, キャロル
[著]「感情地図」 ビジネス社 2008
Ritcher, Nick リッチャー, ニック
[国]アメリカ アメフト選手
Ritchhart, Ron リチャート, ロン
[著]「子どもの思考が見える21のルーチン」 北大路書房 2015
Ritchie, Catherine リシ, カトリーヌ
[著]「ラルース図説世界史人物百科」 原書房 2005
Ritchie, Dennis リッチー, デニス
1941～2011 [国]アメリカ コンピューター科学者 AT&Tベル研究所特別名誉技師 [専]コンピューター言語, オペレーティング・システム設計 本名＝Ritchie, Dennis MacAlistair
Ritchie, Elspeth Cameron リチー, エルスペス・キャメロン
[著]「巨大惨禍への精神医学的介入」 弘文堂 2013
Ritchie, Guy リッチー, ガイ
1968～ [国]イギリス 映画監督 [異]リチー, ガイ
Ritchie, Michael リッチー, マイケル
1938～2001 [国]アメリカ 映画監督
Ritenour, Lee Mack リトナー, リー
1952～ [国]アメリカ ギタリスト i.e.ミュージック専属プロデューサー
Riter, Caio ヒッテル, カイオ
1962～ [著]「ワニと7わのアヒルのこ」 ワールドライブラリー 2015
Rith, Klaus リーツ, クラウス
[著]「素粒子・原子核物理入門」 シュプリンガー・ジャパン 2011
Rithy Panh リティ・パニュ
1964～ [著]「消去」 現代企画室 2014
Rithy Panh リティ・パン
1964～ [国]カンボジア 映画監督, 映画プロデューサー ボパナ視聴覚リソースセンター代表 [異]リティ・パニュ
Ritoo, Satyaprakash リトゥ, サティアプラカシュ
[国]モーリシャス 青年・スポーツ相 [異]リトゥー, サティアプラカシュ
Ritt, Michael J., Jr. リット, マイケル, Jr.
[著]「「成功哲学」を体系化した男ナポレオン・ヒル」 きこ書房 2012
Rittelmeyer, Christian リッテルマイヤー, C.

Rittenberg, Larry E. リッテンバーグ, ラリー・E.
著「COSO内部統制の統合的フレームワーク」日本内部監査協会 2014
Rittenhouse, Ariel リッテンハウス
国アメリカ 飛び込み選手
Rittenhouse, L.J. リッテンハウス, ローラ・J.
著「信頼できる経営者を見分ける法」シグマベイスキャピタル 2008
Ritter, Gerhard A. リッター, ゲアハルト
1929〜2015 国ドイツ 歴史家 ミュンヘン大学名誉教授 著ドイツ史 別リッター, ゲルハルト・A.
Ritter, J.M. リッター, J.M.
著「ラング・デール薬理学」西村書店 2011
Ritter, John リッター, ジョン
1948〜2003 国アメリカ 俳優 本名=Ritter, Jonathan Southworth 別ジョン・リッター
Ritter, Saulius リテル, サウリウス
国リトアニア ボート選手
Ritter, Scott リッター, スコット
著「イラク戦争」合同出版 2003
Rittershausen, Brian リッターズハウゼン, ブライアン
著「スタイリッシュ蘭」産調出版 2006
Rittershausen, Wilma リッターズハウゼン, ウィルマ
著「スタイリッシュ蘭」産調出版 2006
Ritts, Herb リッツ, ハーブ
1952〜2002 国アメリカ 写真家
Ritvo, Edward R. リトヴォー, E.R.
著「自閉症」黎明書房 2006
Ritvo, Harriet リトヴォ, ハリエット
1946〜 著「階級としての動物」国文社 2001
Ritz, Charles C. リッツ, シャルル
著「ア・フライフィッシャーズ・ライフ」未知谷 2016
Ritz, David リッツ, デヴィッド
1943〜 著「アレサ・フランクリン リスペクト」シンコーミュージック・エンタテイメント 2016
Ritz, Gerry リッツ, ゲリー
国カナダ 農業・農産食品相
Ritzer, George リッツア, ジョージ
著「消費社会の魔術的体系」明石書店 2009
Riumana, Selwyn リウマナ, セルウィン
国ソロモン諸島 農業・畜産相
Rius, Edwardo リウス, エドワルド・デル
著「リウスのパレスチナ問題入門」第三書館 2001
Rius Espinosa, Adrián リウス, アドリアン
著「フランシスコ・タレガ」現代ギター社 2005
Riva, Emmanuelle リヴァ, エマニュエル
1927〜2017 国フランス 女優 別リバ, エマニュエル
Riva, Giovanni リヴァ, ジョバンニ
1942〜2012 別リヴァ, ジョヴァンニ 著「イエスを知るために」ドン・ボスコ社 2012
Riva, Pam リーバ, パム
著「シルバー・バーチの霊訓」潮文社 2004
Rivadeneira, Francisco リバデネイラ, フランシスコ
国エクアドル 貿易相
Rivaldo リバウド
1972〜 国ブラジル サッカー選手 モジミリン会長 本名=ボルバ・フェレイラ, リバウド・ビトル〈Borba Ferreira, Rivaldo Victor〉
Rivans, Stuart リヴァンス, スチュアート
著「ウイスキー・ドリーム」白水社 2011
Rivard, Yvon リヴァール, イヴォーン
カナダ総督文学賞 フランス語 ノンフィクション（2013年） "Aimer, enseigner"
Rivas, Candido Muatetema リバス, キャンディド・ムアテテマ
国赤道ギニア 首相
Rivas, Claudia リバス, クラウディア
国メキシコ トライアスロン選手
Rivas, Delia リバス, デリア
国ホンジュラス 保健相
Rivas, Ivonne リバス, イヴォネ
著「ひかりがうまれたとき」新世研 2002
Rivas, Jon リバス, ジョン
1959〜 著「ビエルサの狂気」ベースボール・マガジン社 2013
Rivas, Lazaro リバス
国キューバ レスリング選手
Rivas, Manuel リバス, マヌエル
1957〜 国スペイン 作家, 詩人
Rivas, Oscar リバス
国コロンビア ボクシング選手
Rivas, Robert F. ライバス, ロバート・F.
著「グループワーク入門」中央法規出版 2003
Rivas Almada, Francisco José リバス・アルマダ, フランシスコ・ホセ
国パラグアイ 商工相
Rivas Arteaga, Betsi Gabriela リバスアルテアガ
国ベネズエラ 重量挙げ選手
Rivas Franchini, Eda Adriana リバス・フランチニ, エダ・アドリアナ
国ペルー 法相
Rivas Lara, Francisco リバス・ララ, フランシスコ
国グアテマラ 内相
Rivas-Micoud, Miguel リーヴァスミクー, ミゲール
著「カルロス・ゴーン」IBCパブリッシング, 日本洋書販売（発売） 2007
Rivas Ordonez, Lina Marcela リバス
国コロンビア 重量挙げ選手
Rivela Salazar, Rodrigo リベラ・サラサル, ロドリゴ
国コロンビア 国防相
Rivele, Stephen J. ライベル, スティーブン・J.
1949〜 著「アリ」愛育社 2002
Rivera, Alba Marina リベラ, アルバ・マリーナ
1974〜 著「パパのところへ」岩波書店 2014
Rivera, Arden リベラ, アルデン
国ホンジュラス 経済開発相
Rivera, Christian リベラ, クリスティアン
国スペイン サッカー選手
Rivera, Jessica リヴェラ, ジェシカ
グラミー賞 最優秀オペラ録音（2006年（第49回）） "Golijov: Ainadamar: Fountain Of Tears" ソリスト
Rivera, Jose リベーラ, ホセ
著「ジュリエットからの手紙」ヴィレッジブックス 2011
Rivera, Luis リベラ, ルイス
国アメリカ トロント・ブルージェイズコーチ
Rivera, Lupillo リヴェラ, ルピージョ
グラミー賞 最優秀バンダ・アルバム（2009年（第52回）） "Tu Esclavo Y Amo"
Rivera, Mariano リベラ, マリアノ
1969〜 国パナマ 元野球選手 別リベラ, マリアーノ / リヴェラ, マリアノ
Rivera, Mychal リベラ, マイカル
国アメリカ アメフト選手
Rivera, Paolo リベラ, パオロ
1981〜 著「スパイダーマン：ワン・モーメント・イン・タイム」小学館集英社プロダクション 2014
Rivera, Patricio リベラ, パトリシオ
国エクアドル 経済政策調整相
Rivera, Rene リベラ, レネ
国プエルトリコ 野球選手
Rivera, Reynaldo リベラ, レイナルド
国パナマ 労相
Rivera, Ron リベラ, ロン
国アメリカ カロライナ・パンサーズコーチ
Rivera, T.J. リベラ, TJ.
国アメリカ 野球選手
Rivera, Yadiel リベラ, ヤディエル
国プエルトリコ 野球選手
Riverbend リバーベンド
著「いま、イラクを生きる」アートン 2006
Rivere, Isabelle リヴェール, イザベル
著「イギリス王子ウィリアム」ベストセラーズ 2002
Rivero, Armando リベロ, アーマンド
国キューバ 野球選手
Rivero, Felipe リベロ, フェリペ
国ベネズエラ 野球選手
Rivero, José Ramón リベロ, ホセ・ラモン
国ベネズエラ 労相
Rivero, Mary Antoinette リベロ
国フィリピン テコンドー選手
Rivero, Oswaldo de リベロ, オスワルド・デ
1936〜 著「発展神話の仮面を剥ぐ」古今書院 2005
Rivero, Wigberto リベロ, ウィグベルト
国ボリビア 農民・先住民相

R

Rivero Guzman, Susana リベロ・グスマン, スサナ
[国]ボリビア 生産・中小企業相
Riveros, Blas リベロス, ブラス
[国]パラグアイ サッカー選手
Riveros Diaz, Barbara リベロス, バルバラ
[国]チリ トライアスロン選手
Rivero Torres, Otto リベロ・トレス, オットー
[国]キューバ 閣僚評議会副議長
Rivers, Austin リバース, オースティン
[国]アメリカ バスケットボール選手
Rivers, Charlotte リバース, シャーロット
[著]「世界のペーパーステーショナリー」 グラフィック社 2012
Rivers, Christian リヴァーズ, クリスチャン
アカデミー賞 特殊効果賞(第78回(2005年)) "King Kong"
Rivers, Doc リバース, ドック
[国]アメリカ ロサンゼルス・クリッパーズヘッドコーチ(バスケットボール)
Rivers, Gerald リバース, ジェラルド
[国]アメリカ アメフト選手
Rivers, Joan リバース, ジョーン
1933~2014 [国]アメリカ 喜劇女優, テレビ司会者 本名＝モリンスキー, ジョーン・アレクザンドラ〈Molinsky, Joan Alexandra〉 [異]リバーズ, ジョーン / リヴァース, ジョーン / リヴァーズ, ジョーン
Rivers, Natalie リバース, ナタリー
[著]「妻と呼ばないで」 ハーレクイン 2011
Rivers, Philip リバース, フィリップ
[国]アメリカ アメフト選手
Rives リーブス
[著]「ぼくがしろくまだったら」 大日本絵画 〔2001〕
Rivest, Ronald L. リベスト, R.
[異]リベスト, R.L. [著]「アルゴリズムイントロダクション」 近代科学社 2013
Rivett, Rachel リヴェット, レイチェル
[著]「しりたがりやのこりす」 女子パウロ会 2008
Rivette, Jacques リヴェット, ジャック
1928~2016 [国]フランス 映画監督 本名＝Rivette, Pierre Louis [異]リベット, ジャック
Rivgauche, Michel リブゴーシュ, ミシェル
?~2005 [国]フランス シャンソン作詞家
Riviere, Emmanuel リヴィエール, エマニュエル
[国]フランス サッカー選手
Rivière, François リヴィエール, フランソワ
1949~ [著]「グラン＝ギニョル」 未来社 2011
Riviere, Osborne リビエア, オズボーン
[国]ドミニカ共和国 外務・貿易相
Rivière Lubin, Ginette リビエールリュバン, ジネット
[国]ハイチ共和国 女性問題相
Rivkin, Mary S. リブキン, M.S.
[著]「8歳までに経験しておきたい科学」 北大路書房 2007
Rivkin, Neta リブキン
[国]イスラエル 新体操選手
Rivkin, Steve リヴキン, スティーブ
1947~ [著]「独自性の発見」 海と月社 2011
Rivlin, Alice Mitchell リブリン, アリス
1931~ [国]アメリカ エコノミスト ブルッキングズ研究所上級研究員 米国連邦準備制度理事会(FRB)副議長, 米国行政管理予算局(OMB)局長
Rivlin, Reuven リブレン, レウベン
1939~ [国]イスラエル 政治家 イスラエル大統領 [異]リブリン, レウベン / リヴレン, レウヴェン
Rivoli, Pietra リボリ, ピエトラ
[著]「あなたのTシャツはどこから来たのか?」 東洋経済新報社 2007
Rivža, Baiba リバージャ, バイバ
[国]ラトビア 教育・科学相
Rix, Jamie リックス, J.
[著]「ワンホットペンギン」 文研出版 2005
Rix, Martyn リックス, マーチン
[著]「フローラ」 産調出版 2005
Rix, Megan リクス, ミーガン
1962~ [国]イギリス 作家 [専]児童書 本名＝サイメス, ルース〈Symes, Ruth〉
Rizal, Ramli リザル・ラムリ
[国]インドネシア 調整相(海事)
Rizal y Alonso, Jose リサール, ホセ
[著]「見果てぬ祖国」 潮出版社 2003
Rizatdinova, Ganna リザディノワ, ガンナ
[国]ウクライナ 新体操選手
Rizk, Charles リズク, シャルル
[国]レバノン 法相
Rizo Castellón, José リソ・カステジョン, ホセ
[国]ニカラグア 副大統領
Rizov, Anton リゾフ, アントン
[国]ブルガリア 射撃選手
Rizq, Hassan Osman リズク, ハッサン・オスマン
[国]スーダン 青年・スポーツ相
Rizqa, Yousef リズカ, ユーセフ
[国]パレスチナ 情報相
Rizza, Manfredi リツァ, マンフレディ
[国]イタリア カヌー選手
Rizzi, Luigi リッツィ, ルイジ
1952~ [著]「自然と言語」 研究社 2008
Rizzi, Renato リッツィ, レナート
[著]「Anytime」 NTT出版 2001
Rizzo, Anthony リゾー, アンソニー
[国]アメリカ 野球選手
Rizzo, Gary A. リッツォ, ゲイリー・A.
アカデミー賞 音響賞(第83回(2010年)) "Inception"
Rizzo, Joe リゾ, ジョー
[著]「ポール・オースターが朗読するナショナル・ストーリー・プロジェクト」 アルク 2005
Rizzo, Luca リッツォ, ルカ
[国]イタリア サッカー選手
Rizzo, Michele リッツォ, ミケーレ
[国]イタリア ラグビー選手
Rizzo, Mike リゾー, マイク
[国]アメリカ ワシントン・ナショナルズGM
Rizzo, Paula リッツォ, ポーラ
[著]「リストマニアになろう!」 飛鳥新社 2016
Rizzolatti, Giacomo リゾラッティ, ジャコモ
1937~ [著]「ミラーニューロン」 紀伊国屋書店 2009
Rizzoli, Paul リッツォーリ, ポール・B.
[著]「メキメキ上達する頭痛のみかた」 メディカル・サイエンス・インターナショナル 2016
Rizzuto, Ron リッツト, ロン
[著]「財務とは何か」 日経BP社, 日経BP出版センター(発売) 2001
Ro, Ming-soo リュイ・ミンツー
1964~ [国]台湾 プロ野球指導者, 元プロ野球選手 漢字名＝呂明賜
Ro, Myong-gun ノ・ミョングン
?~2007 [国]北朝鮮 政治家 朝鮮労働党中央委員会委員・財政経理部長 漢字名＝盧明根
Ro, Tu-chol ロ・ドゥチョル
[国]北朝鮮 副首相兼国家計画委員長 漢字名＝盧斗哲 [異]ロ・ドチョル
Roa, Hugbel ロア, ウグベル
[国]ベネズエラ 大学教育・科学技術相
Roa Bastos, Augusto Antonio ロア・バストス, アウグスト
1917~2005 [国]パラグアイ 作家, ジャーナリスト, 詩人
Roach, Chris ローチ, クリス
[著]「フライト・ゲーム」 竹書房 2014
Roach, Geshe Michael ローチ, ゲシェ・マイケル
1952~ [著]「愛のカルマ」 セルバ出版, 創英社/三省堂書店(発売) 2016
Roach, Jay ローチ, ジェイ
1957~ [国]アメリカ 映画監督, 映画プロデューサー
Roach, Marion ローチ, マリオン
1954~ [著]「科学が死体に語らせる」 早川書房 2002
Roach, Mary ローチ, メアリー
[国]アメリカ 科学ジャーナリスト
Roach, Max ローチ, マックス
1924~2007 [国]アメリカ ジャズ・ドラマー マサチューセッツ大学音楽教授 本名＝Roach, Maxwell Lemuel [異]マックス・ローチ
Roach, Melanie ローク
[国]アメリカ 重量挙げ選手
Roach, Pat ローチ, パット
1937~2004 [国]イギリス 俳優
Roach, Stephen S. ローチ, スティーブン
1945~ [国]アメリカ エコノミスト エール大学シニアフェロー

モルガン・スタンレー・アジア会長　㊕米国経済産業分析　㊛ローチ, ステファン
Roach, Trevor　ローチ, トレバー
　㊐アメリカ　アメフト選手
Roads, Michael J.　ローズ, マイケル・J.
　1937～　㊏「魂への旅」知玄舎　2015
Roaf, Michael　ローフ, マイケル
　㊏「古代のメソポタミア」朝倉書店　2008
Roam, Dan　ローム, ダン
　㊏「描いて、見せて、伝えるスゴい！プレゼン」講談社　2015
Roark, Tanner　ロアーク, タナー
　㊐アメリカ　野球選手
Rob, A.S.M. Abdur　ロブ, A.S.M.アブドゥル
　㊐バングラデシュ　漁業・畜産相
Robach, Nils Magnus　ローバック, ニルス・マグヌス
　㊐スウェーデン　駐日特命全権大使
Robaina, Alejandro　ロバイナ, アレハンドロ
　？～2010　㊐キューバ　タバコ農場主
Robards, Karen　ロバーズ, カレン
　㊏「恋のかけひきは密やかに」二見書房　2012
Robb, Andrew　ロブ, アンドリュー
　㊐オーストラリア　貿易・投資相
Robb, Andrew　ロブ, アンドリュー
　㊏「写真の手入れ、取り扱い、保存」日本図書館協会　2006
Robb, Brian J.　ロブ, ブライアン・J.
　㊏「ヴィジュアル大全スチームパンク」原書房　2014
Robb, Douglas　ロブ, ダグラス
　㊐アメリカ　ミュージシャン　通称＝Robb, Doug
Robb, J.D.　ロブ, J.D.
　1950～　㊏「冷笑は祝祭の影で」ヴィレッジブックス　2016
Robb, John　ロブ, ジョン
　1961～　㊏「ザ・ストーン・ローゼズ・ストーリー」フロムワン, 朝日新聞出版（発売）　2013
Robbe-Grillet, Alain　ロブ・グリエ, アラン
　1922～2008　㊐フランス　作家, 脚本家, 映画監督
Robben, Arjen　ロッペン, アリエン
　1984～　㊐オランダ　サッカー選手　㊛ロッベン, アルイェン／ロッペン, アルヤン
Robberecht, Thierry　ロブレヒト, ティエリー
　1960～　㊏「えほんからとびだしたオオカミ」岩崎書店　2015
Robbin-coker, Oluniyi　ロビンコーカー, オルニイ
　㊐シエラレオネ　エネルギー・水資源相
Robbins, Alexandra　ロビンズ, アレクサンドラ
　1976～　㊏「スカル＆ボーンズ」成甲書房　2004
Robbins, Anthony　ロビンズ, アンソニー
　㊏「アンソニー・ロビンズの自分を磨く」三笠書房　2014
Robbins, Arnold　ロビンズ, アーノルド
　㊏「詳解シェルスクリプト」オライリー・ジャパン, オーム社（発売）　2006
Robbins, Carol　ロビンズ, キャロル
　㊏「ポール・ノードフ音楽療法講義」音楽之友社　2003
Robbins, Clarence R.　ロビンズ, クラーレンス・R.
　㊏「毛髪の科学」フレグランスジャーナル社　2006
Robbins, Clive　ロビンズ, クライヴ
　㊏「音楽する人間」春秋社　2007
Robbins, David L.　ロビンズ, デービッド
　1954～　㊐アメリカ　作家　㊕スリラー　㊛ロビンズ, デイヴィッド
Robbins, Dianne　ロビンズ, ダイアン
　1939～　㊏「ついに実現した地下存在との対話」徳間書店　2009
Robbins, Frederick Chapman　ロビンズ, フレデリック
　1916～2003　㊐アメリカ　ウイルス学者, 小児科医　ケースウエスタン・リザーブ大学名誉医学部長・名誉教授　㊛ロビンズ, フレデリック・チャプマン
Robbins, Harold　ロビンズ, ハロルド
　㊏「冒険者たち」集英社　2001
Robbins, Herbert　ロビンズ, ハーバート
　1915～　㊏「数学とは何か」岩波書店　2001
Robbins, Irvine　ロビンズ, アーバイン
　1917～2008　㊐アメリカ　実業家　バスキン・ロビンス共同創業者
Robbins, James　ロビンズ, ジェームズ
　㊏「月曜日の朝9分ですべてがうまく回りだす」日本実業出版社　2013
Robbins, Jesse　ロビンズ, ジェシー
　㊏「ウェブオペレーション」オライリー・ジャパン, オーム社（発売）　2011
Robbins, Jim　ロビンズ, ジム
　㊏「ニューロフィードバック」星和書店　2005
Robbins, John　ロビンズ, ジョン
　1964～　㊏「.NET & Windowsプログラマのためのデバッグテクニック徹底解説」日経BPソフトプレス, 日経BP出版センター（発売）　2003
Robbins, John　ロビンズ, ジョン
　㊏「100歳まで元気に生きる！」アスペクト　2006
Robbins, John B.　ロビンズ, ジョン・B.
　㊏「内科オンコール」メディカル・サイエンス・インターナショナル　2004
Robbins, Kathleen A.　ロビンズ, キャスリーン・A.
　㊏「絶え間なき交信の時代」NTT出版　2003
Robbins, Keith　ロビンズ, キース
　㊏「オックスフォード ブリテン諸島の歴史」慶応義塾大学出版会　2013
Robbins, Ken　ロビンズ, ケン
　㊏「パンプキン」BL出版　2007
Robbins, Lisa A.　ロビンズ, リサ・A.
　㊏「アスペルガー症候群と感覚敏感性への対処法」東京書籍　2004
Robbins, Louise E.　ロビンズ, ルイーズ・E.
　㊏「ルイ・パスツール」大月書店　2010
Robbins, Louise S.　ロビンズ, ルイーズ・S.
　㊏「20世紀アメリカの図書館と読者層」京都図書館情報学研究会, 日本図書館協会（発売）　2014
Robbins, Matthew　ロビンズ, マシュー
　㊏「クリムゾン・ピーク」扶桑社　2016
Robbins, Maurice　ロビンズ, モーリス
　㊏「考古学ハンドブック」六一書房　2005
Robbins, Mike　ロビンズ, マイク
　1974～　㊏「ありのままの自分を生きてみよう！」PHP研究所　2010
Robbins, Richard　ロビンズ, リチャード
　1940～2012　㊐アメリカ　作曲家　㊕映画音楽　㊛ロビンズ, リチャード
Robbins, Stephen P.　ロビンズ, スティーブン・P.
　1943～　㊏「マネジメント入門」ダイヤモンド社　2014
Robbins, Tim　ロビンズ, ティム
　1958～　㊐アメリカ　俳優, 映画監督, 脚本家　㊛ロビンズ, ティム
Robeck, Sylvia　ローベック, ジルヴィア
　㊏「ベルリン・デザイン・ハンドブックはデザインの本ではない！」ベアリン出版, 新宿書房（発売）　2013
Robelin, Cécile　ロブラン, セシル
　㊏「天才のら犬、教授といっしょに哲学する。人間ってなに？」岩崎書店　2010
Robelin, Jean　ロブラン, ジャン
　1949～　㊏「天才のら犬、教授といっしょに哲学する。人間ってなに？」岩崎書店　2010
Roberge, Claude　ロベルジュ, クロード
　1928～　㊏「ことばと人間」Sophia University Press上智大学出版, ぎょうせい（発売）　2012
Roberge, Kalyna　ロベルジェ
　㊐カナダ　ショートトラック選手
Roberson, Andre　ロバーソン, アンドレ
　㊐アメリカ　バスケットボール選手
Roberson, Bruce　ロバーソン, ブルース
　㊏「ビジネスを成功に導く「4＋2」の公式」ソフトバンクパブリッシング　2003
Roberson, Marcus　ロバーソン, マーカス
　㊐アメリカ　アメフト選手
Roberson, Tre　ロバーソン, トリー
　㊐アメリカ　アメフト選手
Roberson, Tyler　ロバーソン, タイラー
　㊐アメリカ　バスケットボール選手
Prince **Robert**　ロベール皇太子
　1968～　㊐ルクセンブルク　ルクセンブルク皇太子, ドメーヌ・クラレンス・ディロン会長・CEO　本名＝プリンス・ロベール・ド・ルクセンブルク〈Prince Robert de Luxembourg〉　㊛プリンス・ロベール／ロベール殿下
Robert, Alain　ロベール, アラン
　1962～　㊐フランス　フリークライマー
Robert, Caroline　ロバート, キャロライン
　アート・ディレクター　グラミー賞 最優秀レコーディング・パッケージ（2011年〈第54回〉）　"Scenes From The Suburbs"

Robert, Christian P. ロバート, クリスチャン・P.
1961～ [著]「Rによるモンテカルロ法入門」 丸善出版 2012
Robert, Denis ロベール, ドゥニ
1958～ [著]「愛撫の手帖」 角川書店 2004
Robert, Frederic ロベール, フレデリック
[著]「ちょっと辛口」 春秋社 2002
Robert, Jean-Noël ロベール, ジャン・ノエル
1949～ [国]フランス フランス国立高等研究院教授 [専]日本仏教史, 天台教学
Robert, Julien ロベール
[国]フランス バイアスロン選手
Robèrt, Karl-Henrik ロベール, カール＝ヘンリク
1947～ [著]「ナチュラル・ステップ」 新評論 2010
Robert, Lorin ロバート, ローリン
[国]ミクロネシア連邦 外相
Robert, Maketo ロバート, マケト
[国]ミクロネシア連邦 法相
Robert, Nadine ロベール, ナディーヌ
[著]「ちびっこゴリラ、ほんとうにほんとう？」 BL出版 2015
Robert, Na'íma bint ロバート, ナイマ・B.
1977～ [著]「ラマダンのお月さま」 解放出版社 2016
Robert, Philippe ロベール, フィリップ
1958～ [著]「エクスペリメンタル・ミュージック」 NTT出版 2009
Robert, Pierre ロバート, ピエール
1930～2005 [国]カナダ 静岡聖光学院理事長
Robert, Véronique ロベール, ヴェロニック
[著]「セリーヌ」 河出書房新社 2003
Robert, Yves ロベール, イヴ
1920～2002 [国]フランス 映画監督, 俳優, 映画プロデューサー [異]ロベール, イブ
Roberti, Alessio ロベルティ, アレッシオ
[著]「リチャード・バンドラーの3日で人生を変える方法」 ダイヤモンド社 2012
Robert Ibanez ロベルト・イバニェス
[国]スペイン サッカー選手
Robert-michon, Melina ロベールミション, メリナ
[国]フランス 陸上選手 [異]ロベールミション
Robert Mike ロベルト・ミケ
[国]ハンガリー カヌー選手
Roberto, Jimenez ロベルト・ヒメネス
[国]スペイン サッカー選手
Roberto, Michael A. ロベルト, マイケル・A.
[著]「なぜ危機に気づけなかったのか」 英治出版 2010
Roberto Carlos ロベルト・カルロス
1973～ [国]ブラジル サッカー監督・選手 本名＝シウバ, ロベルト・カルロス・ダ〈Silva, Roberto Carlos da〉
Roberto Torres ロベルト・トーレス
[国]スペイン サッカー選手
Roberts, Alice M. ロバーツ, アリス
1973～ [著]「人類20万年遙かなる旅路」 文芸春秋 2016
Roberts, Alison ロバーツ, アリスン
1956～ [著]「いたいけなキューピッド」 ハーパーコリンズ・ジャパン 2016
Roberts, Andre ロバーツ, アンドレ
[国]アメリカ アメフト選手
Roberts, Andrew ロバーツ, アンドルー
1963～ [著]「歴史に「もし」があったなら」 バベルプレス 2006
Roberts, Anil ロバーツ, アニル
[国]トリニダード・トバゴ スポーツ相
Roberts, Anita ロバーツ, アニタ
[著]「自分を守る力を育てる」 金子書房 2006
Roberts, Anthony ロバーツ, アンソニー
[国]トリニダード・トバゴ 社会開発相
Roberts, Barbara ロバーツ, バーバラ
1936～ [著]「夫と共に死を見つめて」 プレジデント社 2004
Roberts, Ben ロバーツ, ベン
[国]アメリカ アメフト選手
Roberts, Benjamin ロバーツ, ベンジャミン
[国]ガンビア 観光・文化相
Roberts, Bernadette ロバーツ, バーナデット
1931～ [著]「無我の体験」 ナチュラルスピリット 2014
Roberts, Bernard ロバーツ, バーナード
1933～2013 [国]イギリス ピアニスト 英国王立音楽大学(RCM)教授
Roberts, Bradley ロバーツ, ブラッドリー
[国]バハマ 公共事業・公益事業相
Roberts, Brian ロバーツ, ブライアン
[国]アメリカ バスケットボール選手
Roberts, Brian ロバーツ, ブライアン
コムキャストCEO
Roberts, Bryan ロバーツ, ブライアン
投資家
Roberts, Buddy ロバーツ, バディ
？～2012 [国]アメリカ プロレスラー
Roberts, Caroline ロバーツ, キャロライン
1966～ [著]「世界グラフィック・デザイナー名鑑」 スペースシャワーブックス, スペースシャワーネットワーク(発売) 2015
Roberts, Chalmers McGeagh ロバーツ, チャルマーズ
1910～2005 [国]アメリカ ジャーナリスト, コラムニスト 「ワシントン・ポスト」コラムニスト 通称＝ロバーツ, チャル〈Roberts, Chal〉
Roberts, Charlotte ロバーツ, シャーロット
[著]「フィールドブック学習する組織「10の変革課題」」 日本経済新聞社 2004
Roberts, Chris ロバーツ, クリス
[著]「ヒース・レジャー追悼写真集」 ブルース・インターアクションズ 2010
Roberts, Clare ロバーツ, クレア
[著]「オークとなかまたち」 講談社 2007
Roberts, Darryl ロバーツ, ダリル
1972～ [国]アメリカ アメフト選手 [異]ロバーツ, デーブ
Roberts, Dave ロバーツ, デーブ
1972～ [国]アメリカ 大リーグ監督, 元野球選手
Roberts, David ロバーツ, デイヴィッド
1970～ ネスレ子どもの本賞 6～8歳部門 金賞(2006年) "Mouse Noses on Toast"
Roberts, David ロバーツ, デイヴィッド
1943～ [著]「アローンオンザウォール」 山と渓谷社 2016
Roberts, David L. ロバーツ, デイビッド
[著]「社会認知ならびに対人関係のトレーニング(SCIT)」 星和書店 2011
Roberts, Donna H. ロバーツ, D.H.
[著]「食の安全を守る規制と貿易」 家の光協会 2005
Roberts, Doreen ロバーツ, ドリーン
[著]「禁じられた絆」 ハーレクイン 2007
Roberts, Doris ロバーツ, ドリス
エミー賞 プライムタイム・エミー賞 最優秀助演女優賞(コメディシリーズ)(第57回(2005年))ほか
Roberts, Dorothy ロバーツ, ドロシー
[著]「不健康は悪なのか」 みすず書房 2015
Roberts, Dustyn ロバーツ, ダスティン
[著]「Making Things Move」 オライリー・ジャパン, オーム社(発売) 2012
Roberts, Earl ロバーツ, アール
[著]「ポール・オースターが朗読するナショナル・ストーリー・プロジェクト」 アルク 2006
Roberts, Ed ロバーツ, エド
1941～2010 [国]アメリカ コンピューター技術者 本名＝Roberts, H.Edward
Roberts, Elandon ロバーツ, エランドン
[国]アメリカ アメフト選手
Roberts, Elisabeth ロバーツ, エリザベス
[著]「とけいのあおくん」 福音館書店 2014
Roberts, Gene ロバーツ, ジーン
[国]アメリカ ピュリッツアー賞 文学・音楽 歴史(2007年) "The Race Beat: The Press, the Civil Rights Struggle, and the Awakening of a Nation"
Roberts, Geoffrey ロバーツ, ジェフリー
1952～ [著]「スターリンの将軍ジューコフ」 白水社 2013
Roberts, Gerrylynn ロバーツ, G.
[著]「理性と信仰」 すぐ書房 2003
Roberts, Gil ロバーツ, ギル
[国]アメリカ 陸上選手
Roberts, Gillian ロバーツ, ギリアン
[著]「わたしをさがさないで」 集英社 2002
Roberts, Glyn ロバーツ, グリン
1937～2016 [国]イギリス 社会運動家 自立のための道具の会(TFSR)設立者
Roberts, Glynis ロバーツ, グリニス
[国]グレナダ 労働・社会保障・聖職者問題相
Roberts, Gregory David ロバーツ, グレゴリー・デービッド
1952～ [国]オーストラリア 作家 [専]フィクション [異]ロバー

ツ, グレゴリー・デイヴィッド
Roberts, Jacqueline ロバーツ, ジャクリン
　㊃「自閉症と発達障害研究の進歩」星和書店　2005
Roberts, Jaleel ロバーツ, ジャリール
　㊆アメリカ　バスケットボール選手
Roberts, James ロバーツ, ジェームズ
　㊆オーストラリア　水泳選手
Roberts, James Deotis ロバーツ, J.ディオティス
　1927～　㊃「ボンヘッファーとキング」日本キリスト教団出版局　2008
Roberts, Jamie ロバーツ, ジェイミー
　㊆ウェールズ　ラグビー選手
Roberts, Jeffrey W. ロバーツ, J.W.
　㊃「遺伝子の分子生物学」東京電機大学出版局　2001
Roberts, Jimmy ロバーツ, ジミー
　㊃「スランプからの脱出法」日本経済新聞出版社　2010
Roberts, John ロバーツ, ジョン
　1945～　㊃「現代企業の組織デザイン」NTT出版　2005
Roberts, John Glover, Jr. ロバーツ, ジョン
　1955～　㊆アメリカ　法律家　米国連邦最高裁長官
Roberts, John Morris ロバーツ, ジョン・モリス
　1928～2003　㊆イギリス　歴史学者　サウサンプトン大学副学長
Roberts, John Peter Lee ロバーツ, ジョン・P.L.
　1930～　㊃「グレン・グールド発言集」みすず書房　2005
Roberts, Julia ロバーツ, ジュリア
　1967～　㊆アメリカ　女優　本名＝Roberts, Julie Fiona
Roberts, Justin ロバーツ, ジャスティン
　㊃「ちっちゃなサリーはみていたよ」岩崎書店　2015
Roberts, Katherine ロバーツ, キャサリン
　1962～　㊃「セヌとレッドのピラミッド」集英社　2003
Roberts, Keith ロバーツ, キース
　1937～　㊃「ドガ」西村書店　2009
Roberts, Ken ロバーツ, ケン
　1951～　㊃「「気づき」の物語」PHP研究所　2008
Roberts, Kenny Sr. ロバーツ, ケニー, Sr.
　1951～　㊆アメリカ　レーシングチーム監督, 元オートバイライダー　本名＝Roberts, Kenneth Leroy
Roberts, Kevin ロバーツ, ケビン
　1949～　㊃「永遠に愛されるブランドラブマークの誕生」ランダムハウス講談社　2005
Roberts, Kyle ロバーツ, カイル
　㊆アメリカ　アメフト選手
Roberts, Luke ロバーツ
　㊆オーストラリア　自転車選手
Roberts, Marc J. ロバーツ, マーク
　㊃「実践ガイド・医療改革をどう実現すべきか」日本経済新聞出版社　2010
Roberts, Mary Louise ロバーツ, メアリー・ルイーズ
　㊃「兵士とセックス」明石書店　2015
Roberts, Michael ロバーツ, マイケル
　1947～　㊃「グレース」スペースシャワーネットワーク（発売）2013
Roberts, Michael C. ロバーツ, マイケル・C.
　㊃「小児医療心理学」エルゼビア・ジャパン　2007
Roberts, Monty ロバーツ, モンティ
　㊆セントビンセント・グレナディーン　住宅・自治・青年スポーツ・地域開発相
Roberts, M.Susan ロバーツ, S.
　㊆ロバーツ, M.S.　㊃「「グズ病」が完全に治る本」三笠書房　2006
Roberts, Nancy L. ロバーツ, ナンシー・L.
　1954～　㊃「アメリカ報道史」松柏社　2016
Roberts, Nora ロバーツ, ノーラ
　1950～　㊆アメリカ　ロマンス作家　別名＝ロブ, J.D.〈Robb, J.D.〉
Roberts, Paul ロバーツ, ポール
　1961～　㊃「ローマ皇帝」学芸書林　2010
Roberts, Paul ロバーツ, ポール
　1961～　㊃「「衝動」に支配される世界」ダイヤモンド社　2015
Roberts, Pernell Elvin ロバーツ, パーネル
　1928～2010　㊆アメリカ　俳優
Roberts, Peter ロバーツ, ピーター
　1950～　㊃「〈原色・原寸〉世界きのこ大図鑑」東洋書林　2012
Roberts, Ralph ロバーツ, ラルフ
　㊃「シャーロック・ホームズのSF大冒険」河出書房新社　2006
Roberts, Richard John ロバーツ, リチャード
　1943～　㊆アメリカ　生物学者　ニューイングランド生物学研究所学術部長
Roberts, Robin Evan ロバーツ, ロビン
　1926～2010　㊆アメリカ　野球選手
Roberts, Russell D. ロバーツ, ラス
　㊆ロバーツ, ラッセル　㊃「スミス先生の道徳の授業」日本経済新聞出版社　2016
Roberts, S.C. ロバーツ, S.C.
　㊃「シャーロック・ホームズの栄冠」論創社　2007
Roberts, Seth ロバーツ, セス
　㊆アメリカ　アメフト選手
Roberts, Seth Douglass ロバーツ, セス
　1953～　㊃「シャングリラ・ダイエット」フォレスト出版　2008
Roberts, Siobhan ロバーツ, シュボーン
　㊃「多面体と宇宙の謎に迫った幾何学者」日経BP社, 日経BP出版センター（発売）2009
Roberts, Susan ロバーツ, スーザン
　㊆オーストラリア　元・タウンズビル市姉妹都市委員会委員長, 元・北アジア・北オーストラリア女性会議事務局長
Roberts, Susan Barbara ロバーツ, スーザン
　1957～　㊃「子どもの成長は、6歳までの食事で決まる」PHP研究所　2006
Roberts, Tanya ロバーツ, タニヤ
　㊃「食品安全と栄養の経済学」農林統計協会　2002
Roberts, Vaughan ロバーツ, ヴォーン
　㊃「神の大いなる物語（ストーリー）」いのちのことば社　2016
Roberts, Vega Zagier ロバーツ, ヴェガ・ザジェ
　1948～　㊃「組織のストレスとコンサルテーション」金剛出版　2014
Roberts, Victoria ロバーツ, ヴィクトリア
　㊃「ハイランドの逃亡者」オークラ出版　2014
Roberts, Walter B., Jr. ロバーツ, ウォルター, Jr.
　㊃「いじめっ子・いじめられっ子の保護者支援マニュアル」金剛出版　2015
Roberts, Wayne ロバーツ, ウェイン
　㊃「食糧が危ない」青土社　2009
Roberts, Wess ロバーツ, ウェス
　㊃「フォー・リーダーズ」祥伝社　2004
Roberts, Willo Davis ロバーツ, ウィロー・デイビス
　㊃「糖尿病なんて大きらい！」メディカルレビュー社　2001
Robertshaw, Angela ロバートショー, アンジェラ
　㊃「実践レイキ」産調出版　2006
Robertson, Andrea ロバートソン, アンドレア
　㊃「心により添う助産術実践テキスト」メディカ出版　2007
Robertson, Andrew ロバートソン, アンドリュー
　㊆スコットランド　サッカー選手
Robertson, Bryon ロバートソン, バイロン
　？～2007　㊆アメリカ　プロレスラー　リングネーム＝ミッシング・リンク〈Missing Link〉, ロバートソン, デューイ〈Robertson, Dewey〉
Robertson, Chad ロバートソン, チャド
　㊃「タルティーン・ブレッド」クロニクルブックス・ジャパン, 徳間書店（発売）2015
Robertson, Cliff ロバートソン, クリフ
　1923～2011　㊆アメリカ　俳優　本名＝ロバートソン, クリフォード・パーカー（3世）〈Robertson, Clifford Parker（III）〉　㊆ロバートスン, クリフ
Robertson, Craig ロバートソン, クレイグ
　㊆アメリカ　アメフト選手
Robertson, Daniel ロバートソン, ダニエル
　㊆アメリカ　野球選手
Robertson, Daniel ロバートソン, ダニエル
　㊆アメリカ　野球選手
Robertson, David ロバートソン, D.
　1947～　㊃「ロバートソン自律神経学」エルゼビア・ジャパン　2015
Robertson, David ロバートソン, デイビッド
　1946～　㊃「人権事典」明石書店　2006
Robertson, David ロバートソン, デヴィッド
　グラミー賞 最優秀クラシック・オーケストラ演奏（2014年（第57回））"Adams, John: City Noir"
Robertson, David ロバートソン, デビッド
　㊆アメリカ　野球選手
Robertson, David Chandler ロバートソン, デビッド・C.
　㊃「レゴはなぜ世界で愛され続けているのか」日本経済新聞出版社　2014
Robertson, D.Gordon E. ロバートソン, ゴードン
　1950～　㊃「身体運動のバイオメカニクス研究法」大修館書店

2008
Robertson, Douglas L. ロバートソン, ダグラス・L.
　㊞「FDガイドブック」玉川大学出版部　2014
Robertson, Edwin ロバートソン, E.
　1912〜　㊞「ウィクリフ」新教出版社　2004
Robertson, George Islay MacNeill ロバートソン, ジョージ
　1946〜　㊌イギリス　政治家　北大西洋条約機構（NATO）事務総長, 英国国防相
Robertson, Ian H. ロバートソン, イアン・H.
　㊞「半側空間無視の診断と治療」診断と治療社　2004
Robertson, Imogen ロバートソン, イモジェン
　1973〜　㊌イギリス　作家　㊞歴史, ミステリー　㊨ロバートスン, イモジェン
Robertson, James ロバートソン, ジェイムズ
　㊞「新しい貨幣の創造」日本経済評論社　2001
Robertson, James ロバートソン, ジェームズ
　㊌ジャマイカ　エネルギー・鉱業相
Robertson, James ロバートソン, ジェームズ
　㊞「アドレナリンジャンキー」日経BP社, 日経BP出版センター（発売）　2009
Robertson, Jason ロバートソン, ジェイソン
　㊞「ハリエットレーンハンドブック」メディカル・サイエンス・インターナショナル　2007
Robertson, Jin Kyu ロバートソン, ジン・ギュ
　1948〜　㊞「希望」宝島社　2003
Robertson, John ロバートソン, ジョン
　㊞「ザ・ビートルズ」シンコー・ミュージック　2002
Robertson, Julian, Jr. ロバートソン, ジュリアン, Jr.
　㊌アメリカ　慈善家
Robertson, Malcolm ロバートソン, マルコム
　㊞「箱の本」デザインエクスチェンジ, ビー・エヌ・エヌ新社（発売）　2004
Robertson, Mary M. ロバートソン, メアリー
　㊞「図説精神医学入門」日本評論社　2011
Robertson, Michael ロバートソン, マイケル
　㊞「精神科臨床倫理」星和書店　2011
Robertson, Michelle M. ロバートソン, M.M.
　㊞「マクロ人間工学」日本出版サービス　2006
Robertson, Mike ロバートソン
　㊌カナダ　スノーボード選手
Robertson, Mike ロバートソン, マイク
　ローレンス・オリヴィエ賞 照明デザイン賞（2007年（第31回））"Sunday In The Park With George"
Robertson, Miranda ロバートソン, ミランダ
　㊞「免疫」メディカル・サイエンス・インターナショナル　2009
Robertson, M.P. ロバートソン, マーク
　㊨ロバートソン, M.P.　㊞「恐い海ぞくの大きな絵本」グラフィック社　2014
Robertson, Nathan ロバートソン
　㊌イギリス　バドミントン選手
Robertson, Pat ロバートソン, パット
　㊞「神の10の法則」角笛出版　2005
Robertson, Paul D. ロバートソン, ポール・D.
　㊌ジャマイカ　開発相
Robertson, Paul L. ロバートソン, ポール
　㊞「企業制度の理論」NTT出版　2004
Robertson, Pete ロバートソン, ピート
　㊌アメリカ　アメフト選手
Robertson, Ritchie ロバートソン, リッチー
　㊞「カフカ」岩波書店　2008
Robertson, Robert Ireland ロバートソン, ロブ
　1962〜　㊞「名将の軌跡」ソフトバンククリエイティブ　2013
Robertson, Scott ロバートソン
　㊌オーストラリア　飛び込み選手
Robertson, Scott ロバートソン, スコット
　1966〜　㊞「スコット・ロバートソンのHOW TO RENDER」ボーンデジタル　2015
Robertson, Scott A. ロバートソン, S.A.
　1959〜　㊞「TOC意思決定の技術」日本能率協会マネジメントセンター　2001
Robertson, S.D. ロバートソン, S.D.
　㊞「いま、君にさよならを告げる」ハーパーコリンズ・ジャパン　2016
Robertson, Sheila ロバートソン, シェイラ
　㊞「Taking the lead」順天堂大学マルチサポート事業（女性アスリートの戦略的サポート事業）女性リーダーシップ開発プロジェクト委員会　2012

Robertson, Shirley ロバートソン
　㊌イギリス　セーリング選手
Robertson, Suzanne ロバートソン, スザンヌ
　㊞「アドレナリンジャンキー」日経BP社, 日経BP出版センター（発売）　2009
Robertson, Terence ロバートソン, テレンス
　㊞「大西洋の脅威U99」光人社　2005
Robertson, Theo ロバートソン, セオ
　㊌アメリカ　ロサンゼルス・レイカーズアシスタントコーチ（バスケットボール）
Robertson, William H.P. ロバートソン, ウィリアム・H.P.
　㊞「アメリカ競馬史」中央競馬振興会　2002
Robertson-harris, Roy ロバートソン・ハリス, ロイ
　㊌アメリカ　アメフト選手
Roberty, Marc ロバーティ, マーク
　㊞「Eric Clapton全活動記録1983-2016」シンコーミュージック・エンタテイメント　2016
Robeva, Neshka Stefanova ロベヴァ, ネシュカ・ステファノヴァ
　㊌ブルガリア　レフスキ新体操クラブ代表, 元・ブルガリア新体操ナショナルチーム監督, 元・ブルガリアオリンピック委員会委員
Robey, Nickell ロビー, ニッケル
　㊌アメリカ　アメフト選手
Robichaud, Audrey ロビショー
　㊌カナダ　フリースタイルスキー選手
Robideaux, Sharon ロビドー, シャロン
　㊞「ママと踊ったワルツ」保健同人社　2006
Robien, Gilles de ドロビアン, ジル
　㊌フランス　国民教育・高等教育・研究相
Robillard, Lucienne ロビヤール, ルシエンヌ
　㊌カナダ　枢密院議長兼政府間関係相　㊨ロビリャール, ルシエヌ
Robin, Jennifer ロビン, ジェニファー
　1974〜　㊞「最高の職場」ミネルヴァ書房　2012
Robin, Marie-Monique ロバン, マリー=モニク
　1960〜　㊞「モンサント」作品社　2015
Robinette, Scott ロビネッティ, スコット
　㊞「エモーションマーケティング」日本能率協会マネジメントセンター　2002
Robinho ロビーニョ
　1984〜　㊌ブラジル　サッカー選手　本名＝ソウザ, ロブソン・ジ〈Souza, Robson de〉
Robinovitz, Karen ロビノヴィッツ, カレン
　㊞「2週間でセレブになる方法」主婦の友社　2005
Robins, Arthur ロビンス, アーサー
　㊞「ぼくどこからきたの？」河出書房新社　2002
Robins, David ロビンズ, デイヴィット
　1944〜　㊞「クール・ルールズ」研究社　2003
Robins, Kevin ロビンス, ケヴィン
　㊨ロビンズ, ケヴィン　㊞「サイバー・メディア・スタディーズ」フィルムアート社　2003
Robins, Sari ロビンス, サリ
　㊞「無垢な令嬢と危険な契約」宙出版　2009
Robins, Sinai ロビンス, S.
　㊞「離散体積計算による組合せ数学入門」シュプリンガー・ジャパン　2010
Robinson, Adam ロビンソン, アダム
　㊞「テロリスト」青土社　2002
Robinson, Alan G. ロビンソン, アラン・G.
　㊞「企業創造力」英治出版　2007
Robinson, Aldrick ロビンソン, オルドリック
　㊌アメリカ　アメフト選手
Robinson, Allen ロビンソン, アレン
　㊌アメリカ　アメフト選手
Robinson, Aminah Brenda Lynn ロビンソン, アミーナ・ブレンダ・リン
　1940〜　㊞「イライジャの天使」晶文社　2012
Robinson, Andrew ロビンソン, アンドルー
　1957〜　㊞「図説地震と人間の歴史」原書房　2013
Robinson, Andrew C. ロビンソン, アンドルー・C.
　㊞「ザ・フィフスビートル」ジュリアンパブリッシング　2015
Robinson, A.N. Raymond ロビンソン, A.N.レイモンド
　㊌トリニダード・トバゴ　大統領
Robinson, Arthur Howard ロビンソン, アーサー
　1915〜2004　㊌アメリカ　地図学者, 地理学者　国際地図学協会（ICA）会長, ウィスコンシン大学名誉教授
Robinson, A'Shawn ロビンソン, アショーン

Robinson, Bill　ロビンソン, ビル
　1938～2014　⑳イギリス　プロレスラー　通称＝Robinson, Billy
Robinson, Brett　ロビンソン, ブレット
　⑳オーストラリア　陸上選手
Robinson, Chris　ロビンソン, クリス
　1967～　㊗「ライアン・ラーキンやせっぽちのバラード」太郎次郎社エディタス　2009
Robinson, Christian　ロビンソン, クリスチャン
　1986～　㊗「おばあちゃんとバスにのって」鈴木出版　2016
Robinson, Clark　ロビンソン, C.
　㊗「力学系」シュプリンガー・フェアラーク東京　2001
Robinson, Clint　ロビンソン, クリント
　⑳アメリカ　野球選手
Robinson, Corey　ロビンソン, コリー
　⑳アメリカ　アメフト選手
Robinson, D.A.　ロビンソン, デイヴィッド
　1945～　㊗「自然景観の謎」ガイアブックス, 産調出版（発売）2012
Robinson, Dana Gaines　ロビンソン, デイナ・ゲイン
　1944～　㉟ロビンソン, ダナ　㊗「パフォーマンス・コンサルティング」ヒューマンバリュー　2010
Robinson, David　ロビンソン, デイヴ
　1944～　㊗「ビギナーズ倫理学」筑摩書房　2014
Robinson, David　ロビンソン, デイヴィッド
　㊗「チャップリンと戦争」日本チャップリン協会, とっても便利出版部（発売）2007
Robinson, David　ロビンソン, デイビッド
　㊗「中国東アジア外交交流史の研究」京都大学学術出版会　2007
Robinson, David J.　ロビンソン, デイビッド・J.
　㊗「ブラジル」ほるぷ出版　2010
Robinson, David Ryan　ロビンソン, デビット・ライアン
　㊗「リンゴをさがせ！」ネコ・パブリッシング　2015
Robinson, Demarcus　ロビンソン, デマーカス
　⑳アメリカ　アメフト選手
Robinson, Denard　ロビンソン, ディナード
　⑳アメリカ　アメフト選手
Robinson, Donny　ロビンソン
　⑳アメリカ　自転車選手
Robinson, Drew　ロビンソン, ドリュー
　⑳アメリカ　野球選手
Robinson, Edmond　ロビンソン, エドモンド
　⑳アメリカ　アメフト選手
Robinson, Elisabeth　ロビンソン, エリザベス
　1965～　㊗「ハント姉妹のほんとうにあったすばらしい冒険」ランダムハウス講談社　2005
Robinson, Fay　ロビンソン, フェイ
　㊗「まさかおさかな」BL出版　2007
Robinson, Francis　ロビンソン, フランシス
　㉟ロビンソン, フランシス　㊗「ムガル皇帝歴代誌」創元社　2009
Robinson, Frank　ロビンソン, フランク
　1935～　⑳アメリカ　大リーグ監督・選手　米国大リーグ機構シニアアドバイザー・アリーグ名誉会長
Robinson, Frank M.　ロビンソン, フランク・M.
　㊗「ウェイティング」角川書店　2003
Robinson, Fred Miller　ロビンソン, フレッド・ミラー
　1942～　㊗「山高帽の男」水声社　2002
Robinson, Gertrude J.　ロビンソン, ガートルード・J.
　㊗「アメリカーコミュニケーション研究の源流」春風社　2005
Robinson, Glenn, Ⅲ　ロビンソン, グレン, 3世
　⑳アメリカ　バスケットボール選手
Robinson, Greg　ロビンソン, グレッグ
　⑳アメリカ　アメフト選手
Robinson, Gwen　ロビンソン, グウェン
　㊗「日本の未来について話そう」小学館　2011
Robinson, Hilary　ロビンソン, ヒラリー
　1962～　㊗「みんなでクリスマス」絵本塾出版　2016
Robinson, Jamal　ロビンソン, ジャマル
　⑳アメリカ　アメフト選手
Robinson, James A.　ロビンソン, ジェイムズ・A.
　1960～　㊗「国家はなぜ衰退するのか」早川書房　2016
Robinson, James C.　ロビンソン, ジェームス・C.
　1930～　㉟ロビンソン, ジム　㊗「パフォーマンス・コンサルティング」ヒューマンバリュー　2010
Robinson, James McConkey　ロビンソン, J.M.
　1924～　㊗「ユダの秘密」教文館　2007

Robinson, Jancis　ロビンソン, ジャンシス
　1950～　㊗「世界のワイン図鑑」ガイアブックス　2014
Robinson, Janet L.　ロビンソン, ジャネット
　1950～　⑳アメリカ　新聞人　「ニューヨーク・タイムズ」社長・CEO
Robinson, Jean-Louis　ロバンソン, ジャンルイ
　⑳マダガスカル　保健・家族計画相
Robinson, Jeffrey　ロビンソン, ジェフリー
　1945～　⑳アメリカ　作家
Robinson, Jennifer　ロビンソン
　⑳カナダ　フィギュアスケート選手
Robinson, Jeremy　ロビンスン, ジェレミー
　1974～　⑳アメリカ　作家　㉔スリラー, SF　別筆名＝ビショップ, ジェレミー〈Bishop, Jeremy〉, ナイト, ジェレマイア〈Knight, Jeremiah〉　㉟ロビンソン, ジェレミー
Robinson, Jonathan　ロビンソン, ジョナサン
　1959～　㊗「ムダな努力をしないで幸福になる方法」PHP研究所　2004
Robinson, Josh　ロビンソン, ジョシュ
　⑳アメリカ　アメフト選手
Robinson, Julian　ロビンソン, ジュリアン
　㊗「肉体美大全」東洋書林　2005
Robinson, Kara　ロビンソン, カラ
　アメリカ探偵作家クラブ賞　大鴉賞（2005年）
Robinson, Keenan　ロビンソン, キーナン
　⑳アメリカ　アメフト選手
Robinson, Ken　ロビンソン, ケン
　1950～　㊗「才能を磨く」大和書房　2014
Robinson, Khiry　ロビンソン, キリー
　⑳アメリカ　アメフト選手
Robinson, Kim Stanley　ロビンソン, キム・スタンリー
　1952～　⑳アメリカ　SF作家　㉟ロビンスン, キム・スタンリー
Robinson, Lauri　ロビンソン, ローリー
　㊗「注文された花婿」オークラ出版　2010
Robinson, Leah Ruth　ロビンソン, レイア・ルース
　㊗「研修医に死の贈り物を」東京創元社　2007
Robinson, Lynn A.　ロビンソン, リン・A.
　㊗「お金と本当の豊かさ」ヴォイス　2012
Robinson, Lynne　ロビンソン, リン
　㊗「あなたのため特別に」女子パウロ会　2009
Robinson, Lytle W.　ロビンソン, L.W.
　㊗「人類の運命を読む」中央アート出版社　2004
Robinson, Maggie　ロビンソン, マギー
　㊗「永遠の誓いは青いドレスで」幻冬舎　2012
Robinson, Marilynne　ロビンソン, マリリン
　⑳アメリカ　全米書評家協会賞　小説（2014年）ほか
Robinson, Martin　ロビンソン, マーティン
　1951～　㊗「ニュージーランド」メディアファクトリー　2004
Robinson, Mary　ロビンソン, メアリー
　1944～　⑳アイルランド　政治家　気候変動国連特使, ダブリン大学名誉総長　アイルランド大統領, 国連人権高等弁務官　㉟ロビンソン, メリー
Robinson, Michael J.T.　ロビンソン, M.J.T.
　㊗「立体化学入門」化学同人　2002
Robinson, Mike　ロビンソン, マイク
　1960～　㊗「文化観光論」古今書院　2009
Robinson, Nicola　ロビンソン, ニコラ・L.
　1982～　㊗「オズの魔法使い」大日本絵画　〔2015〕
Robinson, Patricia　ロビンソン, パトリシア
　㊗「アクセプタンス＆コミットメント・セラピー実践ガイド」明石書店　2014
Robinson, Patrick　ロビンソン, パトリック
　1940～　⑳イギリス　ジャーナリスト, 作家　㉔ミステリー, スリラー
Robinson, Patrick　ロビンソン, パトリック
　⑳アメリカ　アメフト選手
Robinson, Paul　ロビンソン, ポール
　⑳イングランド　サッカー選手
Robinson, Peter　ロビンソン, ピーター
　1948～　⑳イギリス　政治家　北アイルランド自治政府首相, 英国民主統一党（DUP）党首　本名＝Robinson, Rt Hon. Peter David
Robinson, Peter　ロビンソン, ピーター
　1950～　ミステリー作家　㉟ロビンスン, ピーター
Robinson, Peter　ロビンソン, ピーター
　㊗「仕事の社会心理学」ナカニシヤ出版　2001

Robinson, Peter ロビンソン, ピーター
㊟「人文学と電子編集」 慶応義塾大学出版会 2011
Robinson, Phil Alden ロビンソン, フィル・アルデン
エミー賞 プライムタイム・エミー賞 最優秀監督賞(ミニシリーズ・映画・ドラマスペシャル番組)(第54回(2002年)) "Band Of Brothers"
Robinson, Rashard ロビンソン, ラシャード
㊐アメリカ アメフト選手
Robinson, Ray ロビンソン, レイ
1920〜 ㊟「雑学 世界の有名人、最期の言葉」 ソニー・マガジンズ 2003
Robinson, Raymond ロビンソン, レイモンド
1926〜2014 ㊐トリニダード・トバゴ 政治家 トリニダード・トバゴ大統領・首相 本名=Robinson, Arthur Napoleon Raymond ㊞ロビンソン, A.N.レイモンド
Robinson, Richard ロビンソン, リチャード
1950〜 ㊟「やっぱり、あるあるマーフィーの法則」 阪急コミュニケーションズ 2005
Robinson, Robert G. ロビンソン, ロバート・G.
1945〜 ㊟「脳卒中における臨床神経精神医学」 星和書店 2013
Robinson, Roger ロビンソン, ロジャー
トニー賞 プレイ 助演男優賞(2009年(第63回)) "Joe Turner's Come and Gone"
Robinson, Roxana ロビンスン, ロクサーナ
㊟「アメリカミステリ傑作選」 DHC 2003
Robinson, Russ ロビンソン, ラス
㊟「小グループで教会は変わる」 福音社 2004
Robinson, Ryan ロビンソン, ライアン
㊐アメリカ アメフト選手
Robinson, Scott ロビンソン, スコット
㊟「マッキンゼーITの本質」 ダイヤモンド社 2005
Robinson, Shahine ロビンソン, シャヒーン
㊐ジャマイカ 労働・社会保障相
Robinson, Simon ロビンソン, シモン
1965〜 ㊟「プロフェッショナルC#」 インプレス, インプレスコミュニケーションズ(発売) 2002
Robinson, Thelma M. ロビンソン, テルマ・M.
㊟「第二次世界大戦を生きた日系人女性たちの物語」 バベルプレス 2008
Robinson, Thomas ロビンソン, トーマス
㊐アメリカ バスケットボール選手
Robinson, Timothy M. ロビンソン, ティモシィ
1967〜 ㊟「人は死ぬとどうなるの?」 トリーハウス 2007
Robinson, Tony ロビンソン, トニー
㊟「図説「最悪」の仕事の歴史」 原書房 2007
Robinson, Trenton ロビンソン, トレントン
㊐アメリカ アメフト選手
Robinson, Wendy ロビンソン, ウェンディ
㊟「殻のなかの優しいあなたへ」 DHC 2001
Robinson-baker, Nicholas ロンソンベーカー
㊐イギリス 飛び込み選手 ㊞ロビンソンベーカー
Robinson-regis, Camille ロビンソンレジス, カミーユ
㊐トリニダード・トバゴ 計画・開発相 ㊞ロビンソンレジス, カミル
Robiskie, Terry ロビスキー, テリー
㊐アメリカ テネシー・タイタンズコーチ
Robison, Arch D. ロビソン, アーク・D.
㊟「構造化並列プログラミング」 カットシステム 2013
Robison, Brian ロビンソン, ブライアン
㊐アメリカ アメフト選手
Robison, John Elder ロビソン, ジョン・エルダー
㊟「変わり者でいこう」 東京書籍 2012
Robleh, Bodeh Ahmed ロブレ, ボデ・アハメド
㊐ジブチ 予算相
Robles, Dayron ロブレス, ダイロン
㊐キューバ 陸上選手
Robles, Hansel ロブレス, ハンセル
㊐ドミニカ共和国 野球選手
Robles, Joel ロブレス, ジョエル
㊐スペイン サッカー選手
Robles, Sarah ロブレス, サラ
㊐アメリカ 重量挙げ選手 ㊞ロブレス
Robles Berlanga, Rosario ロブレス・ベルランガ, ロサリオ
㊐メキシコ 農地土地都市開発相
Robleto, David ロブレト, ダビド
㊐ニカラグア 運輸建設相兼海外協力相
Robleto, Fernando ロブレト, フェルナンド
㊐ニカラグア 教育・文化・スポーツ相
Robotham, Michael ロボサム, マイケル
1960〜 ㊟「生か、死か」 早川書房 2016
Robredo, Jesse ロブレド, ジェシー
㊐フィリピン 内務・自治相
Robredo, Maria Leonor ロブレド, マリアレオノール
㊐フィリピン 副大統領
Robshaw, Chris ロブショウ, クリス
㊐イングランド ラグビー選手
Robson, Bobby ロブソン, ボビー
1933〜2009 ㊐イギリス サッカー選手 サッカー・イングランド代表監督 本名=Robson, Robert William
Robson, Eleanor ロブソン, エレノア
㊟「Oxford数学史」 共立出版 2014
Robson, Ethan ロブソン, イーサン
㊐イングランド サッカー選手
Robson, John E. ロブソン, ジョン
?〜2002 ㊐アメリカ 米国輸出入銀行総裁, 米国民間航空委員会(CAB)委員長
Robson, Josh ロブソン, ジョシュ
㊐イングランド サッカー選手
Robson, Justina ロブソン, ジャスティナ
1968〜 ㊐イギリス 作家 ㊫SF, ファンタジー
Robson, Keith ロブソン, K.
㊟「社会・組織を構築する会計」 中央経済社 2003
Robson, Kirsteen ロブソン, カースティーン
㊞ロブソン, カースティン ㊟「みつけてかぞえてどこどこどうぶつゆかいなまきば」 河出書房新社 2016
Robson, Laura ロブソン
㊐イギリス テニス選手
Robson, Matt ロブソン, マット
㊐ニュージーランド 矯正相兼法廷相兼軍縮軍備管理相
Robson, Tom ロブソン, トム
㊐イングランド サッカー選手
Robson, William Wallace ロブスン, W.W.
1923〜 ㊟「バスカヴィル家の犬」 河出書房新社 2002
Robson-kanu, Hal ロブソン・カヌ, ハル
㊐ウェールズ サッカー選手
Robuchon, Joël ロブション, ジョエル
1945〜 ㊐フランス 料理人 ㊞ロビュション, ジョエル
Roby, Bradley ロビー, ブラッドリー
㊐アメリカ アメフト選手
Roby, Steven ロビー, スティーブン
㊟「ジミ・ヘンドリクスかく語りき」 スペースシャワーブックス, スペースシャワーネットワーク(発売) 2013
Roca, François ロカ, フランソワ
1971〜 ㊟「宝島」 小峰書店 2012
Roca, Núria ロカ, ヌリア
1965〜 ㊟「おしばいにいこう!」 日本劇作家協会, ブロンズ新社(発売) 2006
Rocafort, Kenneth ロカフォート, ケネス
㊟「レッドフード&アウトローズ」 小学館集英社プロダクション 2016
Roca Iglesias, Alejandro ロカ・イグレシアス, アレハンドロ
㊐キューバ 食品工業相
Rocard, Michel Louis Léon ロカール, ミシェル
1930〜2016 ㊐フランス 政治家 フランス首相, フランス社会党第1書記 ㊞ローカル, ミッシェル / ロカール, ミッシェル
Rocca, Alessandro ロッカ, アレクサンドロ
㊟「ナチュラルアーキテクチャー」 ビー・エヌ・エヌ新社 2008
Rocca, Giorgio ロッカ
㊐イタリア アルペンスキー選手
Rocco, Alex ロッコ, アレックス
1936〜2015 ㊐アメリカ 俳優
Rocco, John ロッコ, ジョン
㊟「Nirvana」 アップフロントブックス, ワニブックス(発売) 2002
Rocco, John ロッコ, ジョン
㊟「くらくてあかるいよる」 光村教育図書 2011
Rocco, Marc ロッコ, マーク
1962〜2009 ㊐アメリカ 映画監督, 脚本家
Roćen, Milan ロチェン, ミラン
㊐モンテネグロ 外務・欧州統合相
Rocha, José Carvalho Da ロシャ, ジョゼ・カルバーリョ・ダ
㊐アンゴラ 電気通信・情報技術相
Rocha, Luís Miguel ローシャ, ルイス・ミゲル

1976～2015 ㋻ポルトガル 作家 ㋕ミステリー, スリラー
Rocha, Paulo ローシャ, パウロ
1935～2012 ㋻ポルトガル 映画監督 在日ポルトガル大使館文化担当官 ㋫ロシャ, ポーロ
Rocha, Paulo Augusto Costa ロシャ, パウロ・アウグスト・コスタ
㋻カボベルデ 内相
Rochat, Alain ロシャ, アラン
㋻スイス サッカー選手
Rochat, Philippe ロシャ, P.
1950～ ㋐「乳児の世界」ミネルヴァ書房 2004
Rochat-Moser, Franziska ロカトモザー, フランジスカ
1966～2002 ㋻スイス マラソン選手 ㋫ロシャ・モザー, F.
Rochberg, George ロックバーグ, ジョージ
？～2005 ㋻アメリカ 作曲家
Rochberg-Halton, Eugene ロックバーグ＝ハルトン, ユージン
1950～ ㋐「モノの意味」誠信書房 2009
Roche, Alex F. ロッシュ, アレックス・F.
㋐「身体組成研究の基礎と応用」大修館書店 2001
Roche, Charlotte ローシュ, シャーロッテ
1978～ ㋻イギリス 作家, タレント ㋕文学 本名＝Roche, Charlotte Elisabeth Grace
Roche, Daniel ロシュ, ダニエル
1935～ ㋐「わが人生の記」白水社 2006
Roche, Dick ローチ, ディック
㋻アイルランド 環境・遺産・地方自治相
Roche, Eileen ロッシュ, アイリーン
㋐「「問題社員」の管理術」ダイヤモンド社 2007
Roche, James M. ローチ, ジェームズ
1906～2004 ㋻アメリカ 実業家 ゼネラル・モーターズ(GM)会長
Roche, Maïte ロッシュ, マイテ
㋐「マリアのおはなし」ドン・ボスコ社 2013
Roche, Mary Alice ロシェ, メアリー・アリス
㋐「センサリーアウェアネス」ビイング・ネット・プレス 2014
Roche, Nicolas ロシュ, ニコラス
㋻アイルランド 自転車選手
Rochell, Hannah ロシェル, ハンナ
㋐「フラットシューズ宣言」プレジデント社 2015
Rocher, Yves ロシェ, イブ
1930～2009 ㋻フランス 実業家 イブ・ロシェグループ創業者
Rocheron, Guillaume ロシェロン, ギョーム
アカデミー賞 特殊効果賞(第85回(2012年)) "Life of Pi"
Rochette, Joannie ロシェット, ジョアニー
1986～ ㋻カナダ フィギュアスケート選手 ㋫ロシェット
Rochi, José Rubén ロチ, ホセ・ルベン
㋻エルサルバドル 観光相 ㋫ロッシ, ホセ・ルベン
Rochier, Gilles ロシエ, ジル
アングレーム国際漫画祭 新人賞(Révélation賞)(2012年) "TMLP: Ta mère la pute"〈6 Pieds Sous Terre〉
Rochmawati, Ika Yuliana ロクマワティ, イカ
㋻インドネシア アーチェリー選手
Rock ロック
1972～ ㋐ザ・ロック ㋐「ザ・ロック」白夜書房 2002
Rock, Allan ロック, アラン
㋻カナダ 産業相
Rock, Andrea ロック, アンドレア
㋐「脳は眠らない」ランダムハウス講談社 2009
Rock, Chris ロック, クリス
グラミー賞 最優秀コメディ・アルバム(2005年(第48回)) "Never Scared"
Rock, Edward B. ロック, エドワード・B.
㋐「会社法の解剖学」レクシスネクシス・ジャパン 2009
Rock, Joanne ロック, ジョアン
㋐「遠い約束」ハーレクイン 2003
Rock, Lois ロック, ロイス
1953～ ㋐「クリスマスの夜」ドン・ボスコ社 2015
Rock, Michael T. ロック, マイケル・T.
㋐「レント、レント・シーキング、経済開発」出版研, 人間の科学新社(発売) 2007
Rock, Mick ロック, ミック
㋐「ブラッド＆グリッター」グラフィック社 2002
Rock, Robert M. ロック, ロバート・M.
㋐「ポール・オースターが朗読するナショナル・ストーリー・プロジェクト」アルク 2005
Rockefeller, David ロックフェラー, デービッド
1915～2017 ㋻アメリカ 銀行家, 慈善事業家 チェース・マンハッタン銀行会長・CEO, ジャパン・ソサエティ名誉会長 ㋫ロックフェラー, デイビッド／ロックフェラー, デイヴィッド
Rockefeller, James Stillman ロックフェラー, ジェームズ・スティルマン
1902～2004 ㋻アメリカ 実業家 ナショナルシティバンク頭取
Rockefeller, John Davison Ⅳ ロックフェラー, ジョン4世
1937～ ㋻アメリカ 政治家 米国上院議員(民主党) ウェスト・バージニア州知事 別名＝ロックフェラー, ジェイ〈Rockefeller, Jay〉㋫ロックフェラー, ジョン・デイビソン, 四世
Rockefeller, Laurance Spelman ロックフェラー, ローランス
1910～2004 ㋻アメリカ 実業家, 慈善事業家, 自然保護運動家 ロックフェラー・ブラザーズ・ファンド会長, 米国自然保護協会名誉会長 ㋫ロックフェラー, ローレンス
Rockefeller, Richard ロックフェラー, リチャード
？～2014 ㋻アメリカ 医師
Rockenbauer, Zoltán ロッケンバウアー, ゾルタン
㋻ハンガリー 文化相
Rockett, Paul ロケット, ポール
㋐「いまを生きる180万種以上の動物」玉川大学出版部 2016
Rockfeller, Steven C. ロックフェラー, スティーヴン・C.
㋐「マルチカルチュラリズム」岩波書店 2007
Rockmore, Tom ロックモア, トム
1942～ ㋐「カントの航跡のなかで」法政大学出版局 2008
Rockstein, Margitta ロックシュタイン, マルギッタ
1952～ ㋐「遊びが子どもを育てる」福村出版 2014
Rockström, Johan ロックストローム, ヨハン
1965～ ㋻スウェーデン 環境学者 ストックホルム・レジリエンス・センター所長, ストックホルム大学教授 ㋕農業科学, 環境科学
Rockwell, Anne ロックウェル, アン
㋐「みんなおおきくなるんだよ」福音館書店 2011
Rockwell, David B. ロックウェル, デイヴィッド
1955～ ㋐「クマとアメリカ・インディアンの暮らし」どうぶつ社 2001
Rockwell, Robert ロックウェル, ロバート
1920～2003 ㋻アメリカ 俳優
Rockwell, Thomas ロックウェル, トマス
1933～ ㋐「ミミズ・フライの食べ方」早川書房 2003
Rockwood, Charles A. ロックウッド, C.A.
1936～ ㋐「ロックウッドに学ぶ骨折ハンドブック」メディカル・サイエンス・インターナショナル 2004
Roco, Raul ロコ, ラウル
㋻フィリピン 教育文化スポーツ相
Rocquet, Claude Henri ロケ, クロード＝アンリ
1933～ ㋐「エリアーデ自身を語る迷宮の試煉」作品社 2009
Rodado Noriega, Carlos Enrique ロダド・ノリエガ, カルロス・エンリケ
㋻コロンビア 鉱山・エネルギー相
Rodaki, Mohammad Reza ロダキ
㋻イラン 柔道選手
Rodale, Maya ローデイル, マヤ
㋐「さる上流婦人の憂鬱」オークラ出版 2013
Rodao García, Florentino ロダオ, フロレンティーノ
1960～ ㋫ロダオ, フロレンティノ ㋐「フランコと大日本(だいにっぽん)帝国」晶文社 2012
Rodas, Haroldo ロダス, アロルド
㋻グアテマラ 外相
Rodas, João Grandino ローダス, ジョアン・グランディーノ
㋻ブラジル サンパウロ大学法学部教授, 元・サンパウロ大学学長
Rodas Baca, Patricia ロダス・バカ, パトリシア
㋻ホンジュラス 外相
Rodas Gamero, Jorge Alberto ロダス・ガメロ, ホルヘ・アルベルト
㋻ホンジュラス 治安相
Rodat, Robert ロダット, ロバート
㋐「マイティ・ソー ダーク・ワールド」講談社 2014
Rødbotten, Marit ロズボッテン, マリット
㋐「官能評価データの分散分析」東京図書 2010
Rodd, Jillian ロッド, ジリアン
㋐「保育におけるリーダーシップ」あいり出版 2009
Rodd, Laurel Rasplica ロッド, ローレル・ラスプリカ
㋻アメリカ 元・コロラド大学ボルダー校アジア研究センター所長, 元・コロラド大学ボルダー校東アジア言語学部日本語及び比較文学教授, 元・全米日本語教育学会会長
Rodda, Emily ロッダ, エミリー

1948〜 国オーストラリア 児童文学作家 本名＝ロウ, ジェニファー
Roddam, George ロッダム, ジョージ
著「僕はゴッホ」パイインターナショナル 2015
Roddenberry, Eugene W., Jr. ロッデンベリー, ユージーン・W., Jr.
著「ザ・バイブル」ぶんか社 2005
Roddenberry, Majel ロッデンベリー, メイジェル
1932〜2008 国アメリカ 女優 女優名＝バレット, メイジェル〈Barrett, Majel〉
Roddick, Anita Lucia ロディック, アニータ
1942〜2007 国イギリス 実業家, 環境保護運動家 ボディショップ創業者
Roddie, Shen ロディ, シェーン
著「ブタさんカバさんふたりはなかよし」PHP研究所 2009
Roddis, Miles ロッディス, マイルズ
著「イタリア」メディアファクトリー 2007
Rode, Herbert ローデ, ヘルベルト
国ドイツ 元・ヴィンゼン・ルーヘ独日協会会長
Rode, Sebastian ローデ, セバスティアン
国ドイツ サッカー選手
Rodelys, Maharavo ロデリス, マハラボ
国マダガスカル 労働・社会問題相
Roden, Barbara ローデン, バーバラ
世界幻想文学大賞 アンソロジー(2005年) "Acquainted With The Night"
Roden, Christopher ローデン, クリストファー
世界幻想文学大賞 アンソロジー(2005年) "Acquainted With The Night"
Roden, Steve ローダン, スティーヴ
著「クレイジー・キッズ・フード！」タッシェン・ジャパン 2004
Rodenbeck, Christina ローデンベック, クリスティーナ
著「瞑想」産調出版 2006
Rodenburg, Patsy ローデンバーグ, パッツィ
1953〜 著「あなたの生き方を変えるボイストレーニングの本」劇書房, 構想社(発売) 2001
Roder, Heinrich ローダー, H.
著「タンパク質のフォールディング」シュプリンガー・フェアラーク東京 2002
Roderbourg, Makiko ローダーバーグ, マキコ
1952〜 著「ぼく、おおきくなったら…」学習研究社 2001
Roderick, John ロデリック, ジョン
1914〜2008 国アメリカ ジャーナリスト AP通信東京特派員, 日本外国特派員協会会長
Rodero, Paz ロデロ, パズ
著「ひとりぼっちのナルシッサ」学習研究社 〔2004〕
Rodet, Alain-Pierre ロデ, アラン・ピエール
国フランス 国民議会議員, 国民議会日友好議員連盟理事, リモージュ市長
Rodger, Iain ロッジャー, イアン
著「シュタイナー医学入門」群青社, 星雲社(発売) 2005
Rodgers, Aaron ロジャース, アーロン
1983〜 国アメリカ アメフト選手 ロジャーズ, アーロン
Rodgers, Brady ロジャース, ブレイディ
国アメリカ 野球選手
Rodgers, David ロジャーズ, デイヴィッド
1942〜 著「ロセッティ」西村書店 2001
Rodgers, Frank ロジャース, フランク
1944〜 著「でっかいでっかいモヤモヤ袋」草炎社 2005
Rodgers, Ilona ロジャーズ, イローナ
著「ふたりでおかいもの」そうえん社 2008
Rodgers, Jacquizz ロジャース, ジャッキーズ
国アメリカ アメフト選手
Rodgers, Jake ロジャーズ, ジェイク
国アメリカ アメフト選手
Rodgers, Joann Ellison ロジャーズ, ジョアン・エリソン
著「サイエンスライティング」地人書館 2013
Rodgers, Kacy ロジャース, ケーシー
国アメリカ ニューヨーク・ジェッツコーチ
Rodgers, Mary ロジャーズ, メアリー
1931〜2014 国アメリカ ミュージカル作曲家, 児童文学作家
Rodgers, Nigel ロジャーズ, ナイジェル
著「ローマ帝国大図鑑」ガイアブックス 2013
Rodgers, Nile ロジャース, ナイル
1952〜 国アメリカ ギタリスト, 音楽プロデューサー

Rodgers, Paul ロジャース, ポール
1949〜 国イギリス ロック歌手
Rodgers, Richard ロジャース, リチャード
国アメリカ アメフト選手
Rodgers, Theodore Stephen ロジャーズ, シオドア・S.
1934〜 著「アプローチ＆メソッド・世界の言語教授・指導法」東京書籍 2007
Rodgers-Cromartie, Dominique ロジャース・クロマティ, ドミニク
1986〜 国アメリカ アメフト選手 ロジャース・クロマティー, ドミニク/ロジャーズ・クロマティ, ドミニク
Rodham, Karen ロドハム, カレン
1970〜 著「自傷と自殺」金剛出版 2008
Rodi, Robert ロディ, ロバート
著「ソー＆ロキ：ブラッド・ブラザーズ」小学館集英社プロダクション 2016
Rodic, Yvan ロディック, イヴァン
著「フェイスハンター」グラフィック社 2011
Rodigari, Nicola ロディガリ
国イタリア ショートトラック選手
Rodin, Gail ロディン, ゲイル
著「AD/HD&body」花風社 2003
Rodino, Peter Wallace, Jr. ロディノ, ピーター, Jr.
1909〜2005 国アメリカ 政治家 米国下院司法委員会委員長, 米国下院議員
Rodionov, Igor Nikolayevich ロジオノフ, イーゴリ・ニコラエヴィチ
1936〜2014 国ロシア 政治家, 軍人 ロシア国防相
Rodionov, Valentin ロジオノフ, ワレンチン
国ロシア 元建築家 ロシア国立トレチャコフ美術館総館長 ロシア副文化相
Rodionova, Alexandra ロディオノワ
国ロシア リュージュ選手
Rodkin, Denis ロジキン, デニス
国ロシア バレエダンサー ボリショイ・バレエ団リーディング・ソリスト
Rodley, Chris ロドリー, クリス
著「デイヴィッド・リンチ」フィルムアート社 2007
Rodman, Dennis ロッドマン, デニス
1961〜 国アメリカ 元バスケットボール選手 本名＝ロッドマン, デニス・キース〈Rodman, Dennis Keith〉 国ロッドマン, デニス
Rodman, Francis Robert ロッドマン, F.ロバート
著「ウィニコット著作集」岩崎学術出版社 2002
Rodman, Robert ロッドマン, ロバート
1940〜 著「フロムキンの言語学」トムソンラーニング, ビー・エヌ・エヌ新社(発売) 2006
Rodney, Fernando ロドニー, フェルナンド
国ドミニカ共和国 野球選手
Rodnight, R. ロッドナイト, R.
著「自閉症」黎明書房 2006
Rodon, Carlos ロドン, カルロス
国アメリカ 野球選手
Rodorigues, Roque ロドリゲス, ロケ
国東ティモール 国防担当国務相
Rodríguez Torres, Miguel ロドリゲス・トレス, ミゲル
国ベネズエラ 内務・法務相
Rodowicz-Czechowska, Jadwiga Maria ロドヴィチ・チェホフスカ, ヤドヴィガ・マリア
国ポーランド 文化・国家遺産大臣総合顧問, 元・駐日大使
Rodrigo ロドリゴ
国スペイン サッカー選手
Rodrigo, Hernandez ロドリゴ・エルナンデス
国スペイン サッカー選手
Rodrigo, Miguel ロドリゴ, ミゲル
1970〜 国スペイン フットサル監督 フットサル日本代表監督 本名＝Rodrigo, Miguel Conde Salazar
Rodrigues, Anabela ロドリゲス, アナベラ
国ポルトガル 内相
Rodrigues, Antonio Carlos ロドリゲス, アントニオ・カルロス
国ブラジル 運輸相
Rodrigues, Arinda ロドリゲス, アリンダ
著「ポルトガルの歴史」明石書店 2016
Rodrigues, Carolyn ロドリゲス, キャロリン
国ガイアナ 外相
Rodrigues, Eduardo Ferro ロドリゲス, エドアルド・フェロ

Ⓝポルトガル　労働相
Rodrigues, Joao　ロドリゲス
　Ⓝポルトガル　セーリング選手
Rodrigues, Maria de Lurdes　ロドリゲス, マリア・デ ルデス
　Ⓝポルトガル　教育相　Ⓡロドリゲス, マリア・デ・ルルデス
Rodrigues, Roberto　ロドリゲス, ロベルト
　Ⓝブラジル　農牧相
Rodriguesaguiar, Armindo Vaz　ロドリゲスアギアル, アルミンド・バス
　Ⓝサントメ・プリンシペ　公務員・行政改革相
Rodrigues-birkett, Carolyn　ロドリゲスバーケット, キャロリン
　Ⓝガイアナ　外相
Rodrigues Pereira, Maria Celeste　ロドリゲス・ペレイラ, マリア・セレスチ
　Ⓝブラジル　元・在ベレン日本国総領事館現地職員
Rodriguez, Alex　ロドリゲス, アレックス
　1975～　Ⓝアメリカ　野球選手　通称＝A・ロッド〈A-Rod〉
Rodriguez, Alexis　ロドリゲス
　Ⓝキューバ　レスリング選手
Rodríguez, Alí　ロドリゲス, アリ
　Ⓝベネズエラ　電力相
Rodríguez, Carlos Manuel　ロドリゲス, カルロス・マヌエル
　Ⓝコスタリカ　環境エネルギー相
Rodríguez, Carolina　ロドリゲス, カロリナ
　Ⓝスペイン　新体操選手
Rodriguez, Deborah　ロドリゲス, デボラ
　Ⓐ「カブール・ビューティー・スクール」早川書房　2007
Rodríguez, Delcy　ロドリゲス, デルシ
　Ⓝベネズエラ　外相
Rodriguez, Disney　ロドリゲス
　Ⓝキューバ　レスリング選手
Rodriguez, Edel　ロドリゲス, エーデル
　Ⓐ「えーと、えーとね、ぼくペンギン？」ポプラ社　2009
Rodriguez, Edgar Leonel　ロドリゲス, エドガル・レオネル
　Ⓝグアテマラ　社会開発相　Ⓡロドリゲス, エドガル
Rodriguez, Eduardo　ロドリゲス, エデュアルド
　Ⓝベネズエラ　野球選手
Rodríguez, Erick　ロドリゲス, エリク
　Ⓝベネズエラ　保健相
Rodriguez, Fernando　ロドリゲス, フェルナンド
　Ⓝアメリカ　野球選手
Rodriguez, Francisco　ロドリゲス, フランシスコ
　1982～　Ⓝベネズエラ　野球選手　愛称＝K・ロッド〈K-Rod〉
Rodriguez, Franklin　ロドリゲス, フランクリン
　Ⓝドミニカ共和国　青年相
Rodríguez, Gabriel　ロドリゲス, ガブリエル
　1974～　Ⓐ「ロック＆キー」飛鳥新社　2015
Rodríguez, Gilberto　ロドリゲス, ヒルベルト
　Ⓝベネズエラ　厚生社会開発相
Rodriguez, Gina　ロドリゲス, ジーナ
　ゴールデン・グローブ賞 テレビ 女優賞（ミュージカル・コメディ）（第72回（2014年度））　"Jane The Virgin"
Rodríguez, Héctor　ロドリゲス, エクトル
　Ⓝベネズエラ　教育相
Rodriguez, Ismael　ロドリゲス, イスマエル
　1917～2004　Ⓝメキシコ　映画監督・脚本家
Rodriguez, Ivan　ロドリゲス, イバン
　1971～　元野球選手　Ⓡロドリゲス, アイバン／ロドリゲス, イワン
Rodríguez, James　ロドリゲス, ハメス
　1991～　Ⓝコロンビア　サッカー選手　本名＝Rodríguez Rubio, James Davíd
Rodriguez, Jay　ロドリゲス, ジェイ
　Ⓝイングランド　サッカー選手
Rodriguez, Jennifer　ロドリゲス
　Ⓝアメリカ　スピードスケート選手
Rodriguez, Joely　ロドリゲス, ジョーリー
　Ⓝドミニカ共和国　野球選手
Rodríguez, Jorge　ロドリゲス, ホルヘ
　Ⓝチリ　経済・エネルギー相
Rodríguez, Jorge　ロドリゲス, ホルヘ
　Ⓝベネズエラ　副大統領
Rodríguez, José Antonio　ロドリゲス, ホセ・アントニオ
　Ⓝドミニカ共和国　文化相
Rodriguez, Juan Miguel　ロドリゲス

　Ⓝキューバ　射撃選手
Rodríguez, Luis Ramón　ロドリゲス, ルイス・ラモン
　Ⓝドミニカ共和国　農相
Rodríguez, Manuel　ロドリゲス, マヌエル
　Ⓝペルー　外相
Rodríguez, María Cecilia　ロドリゲス, マリア・セシリア
　Ⓝアルゼンチン　治安相
Rodríguez, María Isabel　ロドリゲス, マリア・イサベル
　Ⓝエルサルバドル　保健相
Rodríguez, Mauricio　ロドリゲス, マウリシオ
　Ⓝベネズエラ　通信・情報相
Rodríguez, Maxi　ロドリゲス, マキシ
　1981～　Ⓝアルゼンチン　サッカー選手　本名＝Rodríguez, Maximiliano Rubén
Rodríguez, Miguel Angel　ロドリゲス, ミゲル・アンヘル
　Ⓝコスタリカ　大統領
Rodriguez, Misael Uziel　ロドリゲス, ミサエル
　Ⓝメキシコ　ボクシング選手
Rodriguez, Natalia　ロドリゲス
　Ⓝスペイン　陸上選手
Rodriguez, Noelie　ロドリゲス, N.
　Ⓐ「自己観察の技法」誠信書房　2006
Rodriguez, Paco　ロドリゲス, パコ
　Ⓝアメリカ　野球選手
Rodríguez, Rachel　ロドリゲス, レイチェル
　Ⓐ「ひらめきの建築家ガウディ」光村教育図書　2010
Rodriguez, Raiber　ロドリゲス, ライベル
　Ⓝベネズエラ　レスリング選手
Rodriguez, Ramon L.　ロドリゲス, ラモン
　Ⓐ「運動障害診療マニュアル」医学書院　2013
Rodriguez, Ricardo　ロドリゲス, リカルド
　Ⓝスイス　サッカー選手
Rodriguez, Richard　ロドリゲス, リチャード
　Ⓝドミニカ共和国　野球選手
Rodriguez, Robbi　ロドリゲス, ロビー
　Ⓐ「エッジ・オブ・スパイダーバース」ヴィレッジブックス　2016
Rodriguez, Robert　ロドリゲス, ロバート
　1968～　Ⓝアメリカ　映画監督
Rodríguez, Salvador　ロドリゲス, サルバドル
　Ⓝパナマ　教育相
Rodriguez, Sean　ロドリゲス, ショーン
　Ⓝアメリカ　野球選手
Rodriguez, Sergio　ロドリゲス, セルヒオ
　Ⓝスペイン　バスケットボール選手
Rodriguez, Sophie　ロドリゲス
　Ⓝフランス　スノーボード選手　Ⓡロドリギュー
Rodriguez, Victor　ロドリゲス, ビクター
　Ⓝアメリカ　ボストン・レッドソックスコーチ
Rodriguez, Yorgelis　ロドリゲス, ヨルヘリス
　Ⓝキューバ　陸上選手
Rodriguez-Chamussy, Lourdes　ロドリゲス＝チャムシー, ローデス
　Ⓐ「グローバル化と言語能力」明石書店　2015
Rodriguez del Alisal, Maria Dolores　ロドリゲス・デル・アリサル, マリア
　Ⓐ「弁当と日本文化」国際日本文化研究センター　2001
Rodríguez Gairí, Sique　ロドリゲス・ガイリ, シーケ
　1981～　Ⓐ「バルサ選手のジュニア時代」カンゼン　2013
Rodríguez García, José Luis　ロドリゲス・ガルシア, ホセ・ルイス
　Ⓝキューバ　閣僚評議会副議長兼経済計画相
Rodriguez Gonzalez, Manuel　ロドリゲス・ゴンサレス, マヌエル
　Ⓝスペイン　元・在スペイン日本国大使館現地職員
Rodríguez González-Rubio, Cecilia　ロドリゲス・ゴンザレス・ルビオ, セシリア
　Ⓝコロンビア　環境相
Rodriguez Macal, Virgilio　ロドリゲス・マカル, ビルヒリオ
　1916～　Ⓐ「ケツァル鳥の館」文芸春秋　2001
Rodriguez Medrano, Antonia　ロドリゲス・メドラノ, アントニア
　Ⓝボリビア　生産開発相
Rodríguez Menéndez, Romeo Augusto　ロドリゲス・メネンデス, ロメオ・アウグスト
　Ⓝグアテマラ　エネルギー・鉱山相
Rodriguez Mitjan, Marina de la Caridad　ロドリゲス

[国]キューバ 重量挙げ選手
Rodriguez Oliver, Joaquin ロドリゲスオリバー, ホアキン
[国]スペイン 自転車選手
Rodriguez Pargas, Rosa Andreina ロドリゲス, ロサ
[国]ベネズエラ 陸上選手
Rodríguez Parrilla, Bruno ロドリゲス・パリジャ, ブルノ
[国]キューバ 外相
Rodríguez Rollero, Gustavo ロドリゲス・ロジェロ, グスタボ
[国]キューバ 農相
Rodríguez Romay, Orlando Felipe ロドリゲス・ロマイ, オルランド・フェリペ
[国]キューバ 水産相
Rodríguez Romero, Casimira ロドリゲス・ロメロ, カシミラ
[国]ボリビア 法務担当相
Rodriguez Sios, Vicente ロドリゲスシオス, ビセンテ
[国]赤道ギニア 漁業・環境相
Rodríguez soldevilla, José ロドリゲス・ソルデビジャ, ホセ
[国]ドミニカ共和国 厚相 [異]ロドリゲス・ソルデビラ, ホセ
Rodríguez Zapatero, José Luis ロドリゲス・サパテロ, ホセ・ルイス
1960～ [国]スペイン 政治家 スペイン首相, スペイン社会労働党(PSOE)書記長 [異]ロドリゲス・サパテーロ
Rodrik, Dani ロドリック, ダニ
1957～ [著]「グローバリゼーション・パラドクス」 白水社 2014
Rodwell, Jack ロドウェル, ジャック
[国]イングランド サッカー選手
Rodwell, Victor W. ロッドウェル, ビクター・W.
[著]「イラストレイテッド ハーパー・生化学」 丸善 2003
Roe, Chaz ロー, チャズ
[国]アメリカ 野球選手
Roe, Paula ロウ, ポーラ
[著]「小さな天使と秘めた恋」 ハーパーコリンズ・ジャパン 2016
Roe, Preacher ロー, プリーチャー
1916～2008 [国]アメリカ 野球選手 本名＝Roe, Elwin Charles
Roebuck, John Arthur, Jr. ローバック, J.A., Jr.
[著]「人体計測マニュアル」 朝倉書店 2003
Roeck, Bernd レック, ベルント
1953～ [著]「歴史のアウトサイダー」 昭和堂 2001
Roederer, Charlotte ルドレール, シャルロット
[著]「きたないことば」 ブロンズ新社 2002
Roederer, Juan G. ローダラー, ホアン・G.
1929～ [著]「音楽の科学」 音楽之友社 2014
Roediger, David R. ローディガー, デイヴィッド・R.
[著]「アメリカにおける白人意識の構築」 明石書店 2006
Roediger, Henry L. ローディガー, ヘンリー
1947～ [著]「使える脳の鍛え方」 NTT出版 2016
Roedy, Bill ローディ, ビル
[著]「ビジネスはロックだ！」 朝日新聞出版 2012
Roegner, Eric V. ログナー, エリック・V.
[著]「価格優位戦略」 ダイヤモンド社 2005
Roehe, Stephanie ローエ, シュテファニー
1975～ [著]「こねずみミコのいぬがかいたい！」 BL出版 2006
Roehling, Mark V. ローリング, マーク・V.
[著]「「問題社員」の管理術」 ダイヤモンド社 2007
Roelandts, Jurgen レランツ
[国]ベルギー 自転車選手
Roelcke, Eckhard レルケ, エックハルト
1960～ [著]「指揮棒は魔法の杖？」 音楽之友社 2007
Roelfzema, Erik Hazelhoff ルールズマ, エリック・ハーゼルホフ
1917～2007 [国]オランダ 対ナチス抵抗運動活動家
Roels, Marc James ロエルズ, マーク・ジェイムス
[国]ベルギー, フランス オタワ国際アニメーション映画祭 最優秀宣伝用アニメーション 選外佳作(2014年)ほか
Roemer, John E. ローマー, ジョン・E.
[著]「平等主義の政治経済学」 大村書店 2002
Roemer, Kenneth M. ローマー, ケネス・M.
1945～ [著]「道ばたで出会った日本」 彩流社 2002
Roemer, Lizabeth レーマー, リザベス
[著]「アクセプタンス&コミットメント・セラピー実践ガイド」 明石書店 2014
Roenicke, Ron レネキー, ロン
[国]アメリカ ロサンゼルス・エンジェルスコーチ
Roenneberg, Till レネベルク, ティル
[著]「なぜ生物時計は、あなたの生き方まで操っているのか？」 インターシフト, 合同出版(発売) 2014
Roericht, Hans (Nick) レーリヒト, ハンス(ニック)
[著]「ベルリン・デザイン・ハンドブックはデザインの本ではない！」 ベアリン出版, 新宿書房(発売) 2013
Roesch, Jacob ロッシュ, ジェイコブ
[著]「1, 001 幾何学模様パターン・パーツ集」 グラフィック社 2010
Roesch, Roberta ロッシュ, ロバータ
[著]「いつも時間がないA君と片づけられないBさんへ」 幻冬舎 2003
Roese, Neal J. ローズ, ニール
[著]「後悔を好機に変える」 ナカニシヤ出版 2008
Roessler, Pat ロースラー, パット
[国]アメリカ ニューヨーク・メッツコーチ
Roessner, Jane ロスナー, ジェーン
[著]「キュアリング・ヘルスケア」 中山書店 2002
Roessner, Michaela ロスナー, ミカエラ
[著]「星の運命」 扶桑社 2005
Roetert, Paul ローテルト, ポール
[著]「テニス解体新書」 スタジオタッククリエイティブ 2012
Roethlisberger, Ben ロスリスバーガー, ベン
1982～ [国]アメリカ アメフト選手
Roets, Jo ルーツ, ヨー
1961～ [著]「カンテクレール」 朝日学生新聞社 2012
Roffat, Sébastien ロファ, セバスチャン
1980～ [著]「アニメとプロパガンダ」 法政大学出版局 2011
Roffe, Marcelo ロフェ, マルセロ
[著]「サッカー・メンタル強化書」 実業之日本社 2008
Roffe, Thomas J. ロフェ, T.J.
[著]「野生動物の研究と管理技術」 文永堂出版 2001
Roffey, Maureen ロフィー, マウリーン
[異]ロフィー, モーリン [著]「わたしのおうちあなたのおうち」 童話館出版 2013
Roffman, Roger A. ロフマン, ロジャー・A.
[著]「リラプス・プリベンション」 日本評論社 2011
Rog, Marko ログ, マルコ
[国]クロアチア サッカー選手
Rogachev, Igor Alekseevich ロガチョフ, イーゴリ
1932～2012 [国]ロシア 外交官 駐中国ロシア大使, ソ連外務次官 [異]ロガチョフ, イゴール
Rogak, Lisa ロガック, ライザ
1962～ [著]「図書館ねこベイカー&テイラー」 早川書房 2016
Rogala, Jozef ロガラ, ジョゼフ
[著]「The genius of Mr. Punch」 Yurindo 2004
Rogalski, Kelly M. ロガルスキー, ケリー・M.
[著]「十代の自殺の危険」 金剛出版 2016
Rogán, Antal ロガーン・アンタル
[国]ハンガリー 内閣官房長官
Rogan, Charlotte ローガン, シャーロット
[国]アメリカ 作家 [専]文学
Rogan, Eugene L. ローガン, ユージン
[著]「アラブ500年史」 白水社 2013
Rogan, Markus ローガン
[国]オーストリア 競泳選手
Rogé ロジェ
1972～ カナダ総督文学賞 フランス語 児童文学(イラストレーション)(2006年) “Le gros monstre qui aimait trop lire”
Rogé, Pascal ロジェ, パスカル
1951～ [国]フランス ピアニスト
Roger ロジェール
[国]ブラジル サッカー選手
Roger, Elena ロジャー, エレーナ
ローレンス・オリヴィエ賞 ミュージカル・エンタテインメント 女優賞(2009年(第33回)) “Piaf”
Roger, frère ロジェ, ブラザー
1915～2005 [著]「暗闇、それが内なる光となるために」 サンパウロ 2012
Roger, Michel ロジェ, ミシェル
[国]モナコ 国務相
Roger, Philippe ロジェ, フィリップ
1949～ [著]「アメリカという敵」 法政大学出版局 2012
Rogers, Adam ロジャース, アダム
1970～ [著]「酒の科学」 白揚社 2016
Rogers, Alan ロジャーズ, アラン
1933～ [著]「ノンフォーマル教育」 国立教育政策研究所 2009
Rogers, Ann E. ロジャーズ, アン
[著]「睡眠障害に対する認知行動療法」 風間書房 2015

Rogers, Anthony ロジャース, アンソニー
㊟「ヨーロピアンアンティーク大百科」 西洋堂 2004
Rogers, Benedict ロジャーズ, ベネディクト
1974～ ㊟「ビルマの独裁者タンシュエ」 白水社 2011
Rogers, Bernard William ロジャーズ, バーナード
1921～2008 ㊐アメリカ 軍人 北大西洋条約機構(NATO)軍最高司令官, 米国陸軍大将
Rogers, Brittany ロジャース
㊐カナダ 体操選手
Rogers, Bruce Holland ロジャーズ, ブルース・ホランド
世界幻想文学大賞 短編集(2006年) "The Keyhole Opera"
Rogers, C. ロジャーズ, C.
㊟「鍼のエビデンス」 医道の日本社 2009
Rogers, Chester ロジャース, チェスター
㊐アメリカ アメフト選手
Rogers, Colin ロジャーズ, C.
1948～ ㊟「貨幣・利子および資本」 日本経済評論社 2004
Rogers, David J. ロジャーズ, デービッド
1942～ ㊟「古今の名将に学ぶ経営戦略」 ミネルヴァ書房 2013
Rogers, Donald W. ロジャーズ, D.W.
㊟「コンサイス物理化学」 東京化学同人 2013
Rogers, Edward ロジャース, エドワード
㊐アメリカ トロント・ブルージェイズオーナー
Rogers, Eli ロジャース, イーライ
㊐アメリカ アメフト選手
Rogers, Elizabeth Kendall ロジャーズ, エリザベス
1965～ ㊟「グリーンブック」 マガジンハウス 2008
Rogers, Emma ロジャース, エマ
㊟「ポケットにはなにがはいっているの?」 大日本絵画 〔2002〕
Rogers, Eric ロジャース, エリック
㊐アメリカ アメフト選手
Rogers, Everett M. ロジャーズ, エベレット
1931～2004 ㊐アメリカ 社会学者 南カリフォルニア大学教授 ㊥普及学
Rogers, Gabriele ロジャー, カブリエレ
㊟「音楽家の手」 協同医書出版社 2006
Rogers, Helene ロジャース, ヘレン
㊟「名もない道」 二見書房 2003
Rogers, James Beeland, Jr. ロジャーズ, ジェームス・ビーランド, Jr.
1942～ ㊐アメリカ 投資家 ロジャーズ持株会社会長 クォンタム・ファンド共同創設者 通称=ロジャーズ, ジム〈Rogers, Jim〉 ㊜ロジャース, ジム
Rogers, James Steven ロジャーズ, ジェイムズ・スティーヴン
1951～ ㊟「イギリスにおける商事法の発展」 弘文堂 2011
Rogers, Jane ロジャーズ, ジェイン
1952～ ㊟「世界を変える日に」 早川書房 2013
Rogers, Jason ロジャース, ジェイソン
㊐アメリカ 野球選手
Rogers, Jim ロジャーズ, ジム
1942～ ㊟「冒険投資家ジム・ロジャーズのストリート・スマート」 ソフトバンククリエイティブ 2013
Rogers, John ロジャース, ジョン
ゴールデン・ラズベリー賞(ラジー賞) 最低脚本賞(第25回(2004年)) "Catwoman"
Rogers, John ロジャース, ジョン
㊟「次元界の書」 ホビージャパン 2009
Rogers, Julia ロジャーズ, ジュリア
1962～ ㊟「子どもと家族の認知行動療法」 誠信書房 2013
Rogers, Katharine M. ロジャーズ, キャサリン・M.
㊟「豚肉の歴史」 原書房 2015
Rogers, Kazuko ロジャース, カズコ
㊟「チビまるはどーこだ?」 評論社 2001
Rogers, Kirsteen ロジャーズ, カースティーン
㊟「イラストでわかる! ジュニア科学辞典」 成美堂出版 2013
Rogers, Martha ロジャーズ, マーサ
㊟「ITマーケティング」 ダイヤモンド社 2001
Rogers, Mary M. ロジャース, メアリー・M.
㊟「アフガニスタン」 国土社 2002
Rogers, Matt ロジャーズ, マット
1962～ ㊟「リソース・レボリューションの衝撃」 プレジデント社 2015
Rogers, Michael ロジャース
㊐オーストラリア 自転車選手 ㊜ロジャーズ
Rogers, Michael E. ロジャース, マイケル
㊟「高齢者のための地域型運動プログラムの理論と実際」 ナップ 2006
Rogers, Nicole L. ロジャース, N.L.
㊟「高齢者のための地域型運動プログラムの理論と実際」 ナップ 2006
Rogers, Paul ロジャース, ポール
㊜ロジャーズ, ポール ㊟「暴走するアメリカの世紀」 法律文化社 2003
Rogers, Paul ロジャース, ポール
1957～ ㊟「はじまりの日」 岩崎書店 2010
Rogers, P.Clint ロジャース, P.クリント
㊟「インストラクショナルデザインの理論とモデル」 北大路書房 2016
Rogers, Peter Denny ロジャーズ, ピーター・D.
1941～ ㊟「怒りのセルフコントロール」 明石書店 2011
Rogers, Richard ロジャース, リチャード
㊐イギリス プリッカー賞(2007年)
Rogers, Richard ロジャース, リチャード
1951～ ㊟「反応暴走」 化学工業日報社 2002
Rogers, Richard A. ロジャース, リック
1949～ ㊟「はじめて学ぶAndroidゲームプログラミング」 ピアソン桐原 2012
Rogers, Richard George ロジャーズ, リチャード
1933～ ㊐イギリス 建築家 ㊜ロジャース, リチャード
Rogers, Rita ロジャーズ, リタ
1941～ ㊟「愛の絆」 中央アート出版社 2001
Rogers, Robert D. ロジャース, ロバート・D.
㊟「サイコパシー・ハンドブック」 明石書店 2015
Rogers, Roo ロジャース, ルー
㊜ロジャーズ, ローズマリー ㊟「シェア」 NHK出版 2016
Rogers, Rosemary ロジャーズ, ローズマリー
1932～ ㊟「堕天使の瞳に魅せられて」 オークラ出版 2016
Rogers, Scott ロジャーズ, スコット
㊟「「タッチパネル」のゲームデザイン」 オライリー・ジャパン, オーム社(発売) 2013
Rogers, Selwyn O., Jr. ロジャーズ, S.O., Jr.
㊟「ICUポケットレファランス」 メディカル・サイエンス・インターナショナル 2014
Rogers, Shirley ロジャーズ, シャーリー
㊟「再会がくれた苦しみ」 ハーレクイン 2007
Rogers, Simon ロジャース, サイモン
㊟「ライオンはなぜ、汗をかかないのか?」 主婦と生活社 2016
Rogers, Steven ロジャース, スティーブン
㊟「ニューヨークの恋人」 竹書房 2002
Rogers, Taylor ロジャース, テイラー
㊐アメリカ 野球選手
Rogers, Todd ロジャーズ
㊐アメリカ ビーチバレー選手
Rogers, Tommy ロジャース, トミー
1961～2015 ㊐アメリカ プロレスラー 本名=Couch, Tommy
Rogers, Wendy A. ロジャース, ウェンディ・A.
㊟「高齢者のためのデザイン」 慶応義塾大学出版会 2013
Rogers, William Pierce ロジャーズ, ウィリアム
1913～2001 ㊐アメリカ 政治家, 弁護士 米国国務長官 ㊜ロジャーズ, ウイリアム
Rogerson, Barnaby ロジャーソン, バーナビー
㊟「ビジュアル版 世界の歴史都市」 柊風舎 2016
Rogerson, John William ロジャーソン, ジョン
1935～ ㊜ロジャーソン, J.W. ㊟「新聖書地図」 朝倉書店 2008
Rogge, Jacques ロゲ, ジャック
1942～ ㊐ベルギー 整形外科医, 元セーリング選手 国際オリンピック委員会(IOC)名誉会長 国際オリンピック委員会(IOC)会長(第8代)
Röggla, Kathrin レグラ, カトリン
1971～ ㊟「私たちは眠らない」 論創社 2006
Rögner, Heinz レークナー, ハインツ
1929～2001 ㊐ドイツ 指揮者 読売日本交響楽団常任指揮者, ベルリン放送交響楽団首席指揮者 ㊜レーグナー, ハインツ / レグナー, ハインツ
Rogoff, Barbara ロゴフ, バーバラ
㊟「文化的営みとしての発達」 新曜社 2006
Rogoff, Kenneth S. ロゴフ, ケネス
1953～ ㊐アメリカ 経済学者 ハーバード大学教授 国際通貨基金(IMF)チーフエコノミスト・調査局長 ㊥国際金融 ㊜ロゴフ, ケネス・S.
Rogov, Igor ロゴフ, イーゴリ
㊐カザフスタン 法相

R

Rogovin, Milton　ロゴビン，ミルトン
1909〜2011　⑯アメリカ　写真家　㊕ロゴヴィン，ミルトン
Rogowska, Anna　ロゴフスカ
⑯ポーランド　陸上選手
Rogowski, Michael　ロゴフスキー，ミヒャエル
⑯ドイツ　元・ドイツ産業連盟会長, 元・フォイト取締役会長
Rogoyska, Jane　ロゴイスカ，ジェーン
㊕「ゲルダ・タロー」白水社　2016
Rogozin, Dmitry O.　ロゴジン，ドミトリー・O.
⑯ロシア　副首相
Rogoziński, Marek　ロゴジンスキー，マレク
㊕「高速スケーラブル検索エンジンElasticSearch Server」KADOKAWA　2014
Roh, Jae-won　ノ・ジェウォン
1932〜　⑯韓国　外交官　駐中国韓国大使　漢字名＝盧載源　㊕ノ・ゼウォン
Roh, Jun-hyong　ノ・ジュンヒョン
⑯韓国　情報通信相　漢字名＝盧俊亨
Roh, Moo-hyun　ノ・ムヒョン
1946〜2009　⑯韓国　政治家, 弁護士　大統領（第16代）　漢字名＝盧武鉉
Roh, Tae-woo　ノ・テウ
1932〜　⑯韓国　政治家, 軍人　大統領　漢字名＝盧泰愚, 雅号＝庸堂

R

Rohály, Gábor　ロハーイ，ガーボル
㊕「ワインの国ハンガリー」美術出版社　2009
Rohani, Abdul Karim　ロハニ・アブドル・カリム
⑯マレーシア　女性・家族・社会開発相
Rohatyn, Felix G.　ロハティン，フェリックス
1928〜　㊕「フェリックス・ロハティン自伝」鹿島出版会　2012
Rohbar, Qosim　ロフバル，コシム
⑯タジキスタン　農相
Rohde, Julia　ローデ
⑯ドイツ　重量挙げ選手
Rohden, Marcus　ローデン，マルクス
⑯スウェーデン　サッカー選手
Rohee, Clement　ローヒー，クレメント
⑯ガイアナ　内相
Róheim, Geza　ローハイム，ゲザ
㊕「竜の中の燃える火」新曜社　2005
Rohen, Johannes Wilhelm　ローエン，J.W.
㊕「解剖学カラーアトラス」医学書院　2007
Röhig, Bernard　レーリッヒ，B.
㊕「オブジェクトデータベースCaché入門」シュプリンガー・フェアラーク東京　2004
Rohit, Swami Antar　ロイット，スアミ・アンタル
1960〜　㊕「ジャングルの人形」新世研　2003
Rohkamm, Reinhard　ローカム，ラインハルト
1946〜　㊕「カラー図解臨床でつかえる神経学」メディカル・サイエンス・インターナショナル　2006
Rohler, Thomas　レーラー，トーマス
⑯ドイツ　陸上選手
Rohlfs, Jeffrey H.　ロルフス，ジェフリー・H.
㊕「バンドワゴンに乗る」NTT出版　2005
Rohls, Jan　ロールス，ヤン
㊕「キリスト教の主要神学者」教文館　2014
Röhm, Klaus-Heinrich　レーム，クラウス・ハインリッヒ
㊕「見てわかる生化学」メディカル・サイエンス・インターナショナル　2015
Rohmann, Eric　ローマン，エリック
1957〜　㊕「ブルくんのだいじなひ」講談社　2016
Rohmann, Teresa　ローマン
⑯ドイツ　競泳選手
Rohmer, Eric　ロメール，エリック
1920〜2010　⑯フランス　映画監督, 映画批評家　本名＝シェレール，モーリス・アンリ〈Schérer, Maurice Henri Joseph〉
Rohn, E.James　ローン，ジム
？〜2009　㊕「逆境は天からの贈り物」きこ書房　2007
Röhner, Thomas　ローナー，トーマス
㊕「ふうせんぞうさん」大日本絵画　2005
Rohner, Tim　ローナー，ティム
1961〜　㊕「ベンチャービジネスオフィス」生産性出版　2004
Rohovy, Vasyl　ロホビイ，ワシル
⑯ウクライナ　経済相
Rohrbach, Gunter　ロールバッハ，ギュンター
ベルリン国際映画祭　ベルリナーレ・カメラ賞（第59回（2009年））

Rohrbach, Peter-Thomas　ロアバック，ピーター・トマス
㊕「カリットへの旅」サンパウロ　2003
Rohrbaugh, Richard　ロアボー，リチャード
1936〜　㊕「共観福音書の社会科学的註解」新教出版社　2001
Rohrer, Heinrich　ローラー，ハインリッヒ
1933〜2013　⑯スイス　物理学者　IBMフェロー, 東北大学金属材料研究所客員教授　㊕ローラー，ハインリヒ
Rohrwacher, Alba　ロルヴァケル，アルバ
ヴェネチア国際映画祭　最優秀女優賞（第71回（2014年））　"Hungry Hearts"
Rohrwacher, Alice　ロルヴァケル，アリーチェ
カンヌ国際映画祭　グランプリ（第67回（2014年））　"Le Meraviglie"
Rohweder, Liisa　ローヴェーデル，リーサ
㊕「フィンランドの高等教育ESDへの挑戦」明石書店　2011
Roibu, Alexei　ロイブ，アレクセイ
⑯モルドバ　内相
Roig, Marie-Josée　ロワグ，マリジョゼ
⑯フランス　内務担当相
Roiphe, Katie　ロイフェ，ケイティー
㊕「女友だちの賞味期限」プレジデント社　2006
Roitfeld, Carine　ロワトフェルド，カリーヌ
1954〜　⑯フランス　編集者　「CR Fashion Book」編集長　「ヴォーグ」編集長
Roitman, Zoya Pavlovna　ロイトマン・ゾーヤ・パヴロヴナ
⑯ロシア　ハバロフスク対外友好協会部長, 対日友好クラブ「すずらん」会長
Roitt, Ivan M.　ロアット，アイヴァン・M.
㊕「ミムス微生物学」西村書店　2012
Roitt, Ivan Maurice　ロアット，I.M.
㊕「メディカル免疫学」西村書店　2006
Rõivas, Taavi　ロイバス，タービ
⑯エストニア　首相
Roizen, Michael F.　ロイゼン，マイケル・F.
㊕「若さのスイッチを入れる方法」東京書籍　2008
Rojas, Álvaro　ロハス，アルバロ
⑯チリ　農相
Rojas, Euclides　ロハス，ユークリデス
⑯アメリカ　ピッツバーグ・パイレーツコーチ
Rojas, Germán　ロハス，ヘルマン
⑯パラグアイ　財務相
Rojas, Gonzalo　ロハス，ゴンサロ
1917〜2011　㊕「ゴンサロ・ロハス詩集〈アンソロジー〉」現代企画室　2015
Rojas, José　ロハス，ホセ
⑯ベネズエラ　蔵相
Rojas, Miguel　ロハス，ミゲル
⑯ベネズエラ　野球選手
Rojas, Roberto　ロハス，ロベルト
⑯コスタリカ　外相
Rojas, Yulimar　ロハス，ユリマル
⑯ベネズエラ　陸上選手
Rojas Giraldo, Jorge Eduardo　ロハス・ヒラルド，ホルヘ・エドゥアルド
⑯コロンビア　運輸相
Rojas Gómez, Bautista　ロハス・ゴメス，バウティスタ
⑯ドミニカ共和国　環境・天然資源相
Rojas Mesa, Miguel Tadeo　ロハス・メサ，ミゲル・タデオ
⑯パラグアイ　内相
Rojas Rivera, Julian Alberto　ロハスリベラ
⑯コロンビア　テコンドー選手
Rojek, Chris　ロジェク，クリス
㊕「カルチュラル・スタディーズを学ぶ人のために」世界思想社　2009
Rojer, Jean-Julien　ロイヤー，ジャンジュリエン
⑯オランダ　テニス選手
Rojo, Marcos　ロホ，マルコス
⑯アルゼンチン　サッカー選手
Rojo, Tamara　ロホ，タマラ
1974〜　⑯スペイン　バレリーナ　イングリッシュ・ナショナル・バレエ団（ENB）芸術監督・リードプリンシパル　英国ロイヤル・バレエ団プリンシパル
Rojumana, Clement　ロジュマナ，クレメント
⑯ソロモン諸島　自治・地域開発相
Rokhmin, Dahuri　ロクミン・ダフリ
⑯インドネシア　海洋・水産相

Rokoff, June　ロコフ, ジューン
[著]「人材育成のジレンマ」 ダイヤモンド社　2004
Rol, Ruud van der　ロール, リュート・ファン・デア
[著]「マンガで学ぶナチスの時代」 汐文社　2009
Rolak, Loren A.　ローラック, ローレン・A.
[著]「神経内科シークレット」 メディカル・サイエンス・インターナショナル　2006
Roland, Claudine　ロラン, クローディヌ
[著]「きょうりゅう」 文化出版局　2002
Roland, David　ローランド, ディヴィッド
[著]「演奏を支える心と科学」 誠信書房　2011
Roland, Paul　ローランド, ポール
1959～　[著]「実践するカバラ」 出帆新社　2011
Rolandis, Nicos　ロランディス, ニコス
[国]キプロス　商工・観光相
Roland-Lévy, Christine　ロラン‐レヴィ, クリスティーヌ
[著]「欧州統合とシティズンシップ教育」 明石書店　2006
Roleder, Cindy　ロールダー, シンディ
[国]ドイツ　陸上選手
Rolen, Scott　ローレン, スコット
1975～　[国]アメリカ　野球選手　本名＝Rolen, Scott Bruce
Rolf, Robert　ロルフ, ロバート・T.
[著]「カントリー音楽のアメリカ」 南雲堂フェニックス　2008
Rolfe, John　ロルフ, ジョン
[著]「サルになれなかった僕たち」 主婦の友社　2007
Rolighed, Arne　ローリヘト, アーネ
[国]デンマーク　保健相
Röling, Niels　ローリング, ニールス・G.
[著]「持続可能な農業への道」 農林統計協会　2002
Röll, Iris　レル, イリス
1970～　[著]「わが子からいつか感謝される45のこと」 サンマーク出版　2015
Roll, Paul　ロル, ポール
[著]「Ma chérie」 芸術書院, 星雲社（発売）　2008
Rolland, Kevin　ロラン
[国]フランス　フリースタイルスキー選手
Rolle, Jumal　ローリー, ジュマル
[国]アメリカ　アメフト選手
Rollin, Bernard E.　ローリン, バーナード・E.
[異]ローリン, バーナード　[著]「動物工場」 緑風出版　2016
Rollin, Catherine　ロリン, キャサリン
[著]「ロリン・ピアノ・コース テクニック」 全音楽譜出版社　2007
Rollin, Jean　ローラン, ジャン
1938～2010　[国]フランス　映画監督　[異]ローリン, ジャン
Rollins, Billy J.　ロリンズ, ビリー・J.
[著]「「問題社員」の管理術」 ダイヤモンド社　2007
Rollins, Brianna　ロリンズ, ブライアナ
[国]アメリカ　陸上選手
Rollins, Catherine E.　ローリンズ, C.E.
1950～　[著]「励ます技術」 ディスカヴァー・トゥエンティワン　2013
Rollins, James　ロリンズ, ジェームズ
1961～　[国]アメリカ　作家　[専]ミステリー, スリラー, 文学ほか
Rollins, Jimmy　ロリンズ, ジミー
1978～　[国]アメリカ　野球選手　本名＝Rollins, James Calvin
Rollins, Kevin B.　ロリンズ, ケビン
1952～　[国]アメリカ　実業家　デルCEO
Rollins, Quinten　ロリンズ, クインテン
[国]アメリカ　アメフト選手
Rollins, Sonny　ロリンズ, ソニー
1930～　[国]アメリカ　ジャズ・テナーサックス奏者　本名＝Rollins, Theodore Walter
Rollnick, Stephen　ロルニック, ステファン
1952～　[著]「動機づけ面接法」 星和書店　2012
Rollo, Gord　ロロ, ゴード
[国]イギリス, カナダ　作家　[専]ホラー, サスペンス
Rolls, Edmund T.　ロールズ, E.T.
[著]「認知過程のコネクショニスト・モデル」 北樹出版　2005
Rolls, Elizabeth　ロールズ, エリザベス
[著]「伯爵の無垢な乙女」 ハーパーコリンズ・ジャパン　2016
Roloff, Helmut　ロロフ, ヘルムート
1912～2001　[国]ドイツ　ピアニスト　ベルリン音楽大学学長
Roloff, Jürgen　ロロフ, J.
1930～2004　[著]「イエス」 教文館　2011
Rolofson, Kristine　ロロフソン, クリスティン
[著]「ロマンスは四日だけ」 ハーレクイン　2003
Rolph, Mic　ロルフ, ミック
1945～　[著]「いのちのもといでんし」 岩波書店　2003
Rol-Tanguy, Henri　ロルタンギ, アンリ
1908～2002　[国]フランス　政治家, レジスタンス指導者
Rom, Paul　ロム, ポール
[著]「アドラーの思い出」 創元社　2007
Romagnoli, Alessio　ロマニョーリ, アレッシオ
[国]イタリア　サッカー選手
Romain, Trevor　ロメイン, トレボー
[異]ロメイン, トレヴォア　[著]「大空の下で」 主婦の友社　2003
Romaine, Deborah S.　ロメイン, デボラ
1956～　[著]「狂牛病時代に何をどう食べるか」 ベストセラーズ　2002
Romaine, Suzanne　ロメイン, スザンヌ
[著]「消えゆく言語たち」 新曜社　2001
Roman, Aida　ロマン, アイダ
[国]メキシコ　アーチェリー選手
Roman, Alberto　ロマン, アルベルト
[国]ウルグアイ　ラグビー選手
Roman, Christine　ロマーン, クリスティーン
[著]「家族に潜む権力」 青木書店　2001
Roman, Ed　ローマン, エド
1976～　[著]「マスタリングEnterprise JavaBeans」 翔泳社　2003
Roman, Gil　ロマン, ジル
1960～　[国]フランス　バレエダンサー, 振付師　モーリス・ベジャール・バレエ団芸術監督
Roman, Greg　ロマン, グレッグ
[国]アメリカ　バッファロー・ビルズコーチ
Roman, Kenneth　ローマン, ケネス
[著]「デイヴィッド・オグルヴィ広告を変えた男」 海と月社　2012
Roman, Orlando　ロマン, オーランド
1978～　[国]プエルトリコ　野球選手
Roman, Sanaya　ロウマン, サネヤ
[著]「リヴィング・ウィズ・ジョイ」 ナチュラルスピリット　2014
Roman, Sela　ローマン, セラ
[異]ローマン, シーラ　[著]「アナと雪の女王」 偕成社　2014
Romance, Trisha　ロマンス, トリシャ
1951～　[著]「聖夜のおくりもの」 岩波書店　2008
Romanczyk, Raymond G.　ロマンジーク, レイモンド・G.
[著]「臨床心理学における科学と疑似科学」 北大路書房　2007
Romanek, Mark　ロマネク, マーク
1959～　[国]アメリカ　映画監督, 脚本家, ミュージック・ビデオ・ディレクター
Romanelli, Serena　ロマネリ, セリーナ
[著]「おさるのボーボたこをあげる」 ノルドズッド・ジャパン　2003
Romani, Darlan　ロマニ, ダーラン
[国]ブラジル　陸上選手
Romani, Paolo　ロマーニ, パオロ
[国]イタリア　経済発展相
Romanillos, José L.　ロマニリョス, ホセ・ルイス
1932～　[著]「アントニオ・デ・トーレス」 教育出版センター　2003
Romano, Luciano　ロマーノ, ルチャーノ
[著]「古代ローマ邸宅の壁画」 岩波書店　2006
Romano, Luke　ロマノ, ルーク
[国]ニュージーランド　ラグビー選手
Romano, Phil　ロマーノ, フィル
1939～　[著]「外食の天才が教える発想の魔術」 日本経済新聞出版社　2007
Romano, Ray　ロマノ, レイ
1957～　[国]アメリカ　俳優, コメディアン　本名＝ロマノ, レイモンド〈Romano, Raymond〉
Romano, Richard Michael　ロマノ, リチャード・M.
1967～　[異]ロマノ, リチャード　[著]「未来を創る」 日本印刷技術協会　2015
Romano, Ruggiero　ロマーノ, ルッジェーロ
1923～2002　[著]「イタリアという「国」」 岩波書店　2011
Romano, Sal　ロマーノ, サル
[国]アメリカ　野球選手
Romanov, Alexander　ロマノフ, アレクサンダー
1966～　[著]「ソウルマトリックス」 ヒカルランド　2012
Romanov, Andrey　ロマーノフ, アンドレイ
1962～　[著]「この道は母へとつづく」 ランダムハウス講談社　2007
Romanov, Grigorii Vasilievich　ロマノフ, グリゴリー
1923～2008　[国]ロシア　政治家　ソ連共産党政治局員・書記

R

Romanova, Elena ロマノワ, エレーナ
1963～2007 [国]ロシア 陸上選手
Romanova, Leonida ロマノワ, レオニダ
1914～2010 [国]ロシア ロシア帝国ロマノフ王家ウラジーミル・ロマノフ大公の妻 本名＝Georgiyevna Romanova, Leonida
Romanova, Vera Konstantinovna ロマノワ, ベーラ・コンスタンチノブナ
1906～2001 [国]ロシア ロマノフ王朝最後の生存者
Romanovsky, Alexander ロマノフスキー, アレクサンダー
[国]ウクライナ チャイコフスキー国際コンクール ピアノ 第4位(2011年(第14回))
Romário ロマーリオ
1966～ [国]ブラジル 政治家, 元サッカー選手 ブラジル上院議員 本名＝ファリア, ロマーリオ・デ・ソウザ〈Farias, Romário De Souza〉 [異]ロマリオ
Romashina, Svetlana ロマシナ, スベトラーナ
1989～ [国]ロシア シンクロナイズドスイミング選手
Rombach, H.Dieter ロンバック, ディーター
[著]「ソフトウェア工学・システム工学ハンドブック」 コンピュータ・エージ社 2005
Romdhane, Habiba Zéhi Ben ロムダン, ハビバ・ゼヒ・ベン
[国]チュニジア 保健相
Rome, Adi ローマ, アディ
[著]「Symbian OSマルチメディアプログラミング」 翔泳社 2009
Rome, David I. ローム, デヴィッド・I.
[著]「マインドフル・フォーカシング」 創元社 2016
Rome, Esther R. ローム, エスター・R.
[著]「愛!?」 松香堂書店 2001
Rome, Margaret ローム, マーガレット
[著]「翼をもがれて」 ハーパーコリンズ・ジャパン 2016
Romeike, Hinrich ロマイケ, ヘンリッヒ
[国]ドイツ 馬術選手 [異]ロマイケ
Roméo Dallaire, Lt.-Gen. ダレール, ロメオ
カナダ総督文学賞 英語 ノンフィクション (2004年) "Shake Hands with the Devil: The Failure of Humanity in Rwanda"
Romer, Alfred Sherwood ローマー, アルフレッド・シャーウッド
[著]「脊椎動物のからだ」 法政大学出版局 2007
Romer, Andrzej ロメル, アンジェイ・タデウシュ
[著]「日本・ポーランド関係史」 彩流社 2009
Romer, David ローマー, デビッド
[著]「上級マクロ経済学」 日本評論社 2010
Römer, Thomas レーマー, トーマス・C.
1955～ [異]レーメル, トーマス [著]「申命記史書」 日本キリスト教団出版局 2008
Romerc, Cecilia ロメロ, セシリア
[著]「食品・栄養・食事療法事典」 産調出版, 産業調査会 (発売) 2006
Romeril, John ロメリル, ジョン
1945～ [著]「ミス・タナカ 心中―ラブ・スーサイズ」 オセアニア出版社 2012
Romero, Alvaro ロメロ, アルバロ
[国]ホンジュラス 治安相
Romero, Amilcar ロメロ, アミルカル
[国]ドミニカ共和国 農相
Romero, Ana María ロメロ, アナマリア
[国]ペルー 女性問題・社会開発相
Romero, Carlos ロメロ, カルロス
[国]ボリビア 内相
Romero, Diego Emilio ロメロ
[国]イタリア セーリング選手
Romero, Enny ロメロ, エニー
[国]ドミニカ共和国 野球選手
Romero, Fernando ロメロ, フェルナンド
[国]ドミニカ共和国 野球選手
Romero, George A. ロメロ, ジョージ・A.
1940～ [国]アメリカ 映画監督, 作家
Romero, Jordan ロメロ, ジョーダン
1996～ [国]アメリカ 登山家
Romero, Luisa ロメロ, ルイサ
[国]ベネズエラ 生産・貿易相
Romero, Manueru Peresu ロメーロ, マヌエル・ペーレス
[著]「初期在北米日本人の記録」 文生書院 2007
Romero, Otto ロメロ, オット
[国]エルサルバドル 国防相
Romero, Rebecca ロメロ
[国]イギリス 自転車選手
Romero, Ricky ロメロ, リッキー
1943～2006 [国]アメリカ プロレスラー リングネーム＝メヒコ・グランデ〈Mexico Grande〉 [異]メシコ・グランデ
Romero, Sergio ロメロ, セルヒオ
[国]アルゼンチン サッカー選手
Romero, Yoel ロメロ
[国]キューバ レスリング選手
Romero Bonifaz, Carlos Gustavo ロメロ・ボニファス, カルロス・グスタボ
[国]ボリビア 内相
Romerolozada Lauezzari, Ana María ロメロロサダ・ラウエサリ, アナ・マリア
[国]ペルー 女性・社会的弱者相 [異]ロメロ・ラウエサリ, アマナリア
Romero Ramos, Eduardo ロメロ・ラモス, エドゥアルド
[国]メキシコ 行政サービス相
Rometty, Virginia M. ロメッティ, バージニア
1958～ [国]アメリカ 実業家 IBM会長・社長・CEO 別名＝Rometty, Ginni M.
Romeu, Oriol ロメウ, オリオール
[国]スペイン サッカー選手
Romeyer-Dherbey, Gilbert ロメイエ＝デルベ, ジルベール
[著]「ソフィスト列伝」 白水社 2003
Romić, Davor ロミッチ, ダボル
[国]クロアチア 農相
Romine, Andrew ロマイン, アンドリュー
[国]アメリカ 野球選手
Romine, Austin ロマイン, オースティン
[国]アメリカ 野球選手
Romiszowski, Alexander ロミゾウスキー, アレクサンダー
[著]「インストラクショナルデザインの理論とモデル」 北大路書房 2016
Romita, John, Jr. ロミータ, ジョン, Jr.
1956～ [著]「ブラックパンサー：暁の黒豹」 小学館集英社プロダクション 2016
Romita, John, Sr. ロミータ, ジョン, Sr.
[著]「スパイダーマン：ステイシーの悲劇」 小学館集英社プロダクション 2014
Romm, James S. ロム, ジェイムズ
[著]「セネカ哲学する政治家」 白水社 2016
Romme, Gianni ロメ
[国]オランダ スピードスケート選手
Romme, Marius A.J. ローム, マリウス
1934～ [著]「まわりには聞こえない不思議な声」 日本評論社 2016
Rommel, Frank ロンメル
[国]ドイツ スケルトン選手
Rommel, Manfred ロンメル, マンフレート
1928～2013 [国]ドイツ 政治家 シュトゥットガルト市長
Rommelspacher, Thomas ロンメルスパッハー, トーマス
1947～ [著]「ドイツ環境史」 リーベル出版 2007
Romney, Mitt ロムニー, ミット
1947～ [国]アメリカ 政治家, 実業家 マサチューセッツ州知事, ソルトレークシティ五輪組織委員会 (SLOC) 会長 本名＝Romney, Willard Mitt
Romo, Sergio ロモ, セルジオ
[国]アメリカ 野球選手
Romo, Tony ロモ, トニー
1980～ [国]アメリカ アメフト選手 本名＝Romo, Antonio Ramiro
Romoeren, Bjoern Einar ロメレン
[国]ノルウェー スキージャンプ選手
Romp, Graham ロンプ, G.
[著]「ゲーム理論とその経済学への応用」 シーエーピー出版 2011
Romson, Åsa ロムソン, オーサ
[国]スウェーデン 副首相兼環境相
Romulo, Alberto ロムロ, アルベルト
[国]フィリピン 外相
Ronald, Pamela C. ロナルド, パム
[著]「有機農業と遺伝子組換え食品」 丸善出版 2011
Ronald, Pamera C. ロナルド, パメラ
[国]アメリカ 農学者 カリフォルニア大学デービス校教授 [専]植物病理学, イネ育種, 遺伝子組み換え
Ronaldinho ロナウジーニョ
1980～ [国]ブラジル サッカー選手 別名＝ロナウジーニョ・ガウショ〈Ronaldinho Gaúcho〉
Ronaldo ロナウド

1976～ ⓝブラジル 元サッカー選手 本名＝ルイス・ナザーリオ・ダ・リマ, ロナウド〈Luis Nazário da Lima, Ronaldo〉
Ronaldson, Jake ロナルドソン, ジェイク
 ⓦ「英語で読むアインシュタイン」IBCパブリッシング 2012
Ronan, Brian ローナン, ブライアン
 トニー賞 ミュージカル 音響デザイン賞（2014年（第68回））ほか
Ronan, Mark ロナン, マーク
 ⓦ「シンメトリーとモンスター」岩波書店 2008
Ronan, Saoirse ローナン, シアーシャ
 1994～ ⓝアイルランド 女優
Roncaglia, Alessandro ロンカッリア, アレッサンドロ
 ⓦ「ポスト・ケインズ派経済学入門」日本経済評論社 2003
Roncaglia, Facundo ロンカリア, ファクンド
 ⓝアルゼンチン サッカー選手
Roncaglia, Silvia ロンカーリア, シルヴィア
 ⓦ「ロンカーリア, シルヴィア」⓪「ルンピ・ルンピ」集英社 2012
Roncagliolo Orbegoso, Rafael ロンカグリオロ・オルベゴソ, ラファエル
 ⓝペルー 外相
Rončević, Berislav ロンチェビッチ, ベリスラブ
 ⓝクロアチア 国防相 ⓟロンチェビッチ, ベリスラブ
Ronchi, Andrea ロンキ, アンドレア
 ⓝイタリア 欧州連合（EU）政策担当相
Ronchi, Susanna ロンチ, スザンナ
 ⓦ「サンタのクリスマスハウス」金の星社 2006
Ronconi, Luca ロンコーニ, ルカ
 1933〜2015 ⓝイタリア 演出家 ⓟロンコーニ, ルーカ
Rondberg, Terry A. ロンドバーグ, テリー・A.
 ⓦ「カイロプラクティックのプロフェッショナル20人が語る仕事の流儀」科学新聞社出版局 2012
Rondeau, Silas ロンドウ, シラス
 ⓝブラジル 鉱業・エネルギー相
Rondina, Catherine ロンディナ, キャサリン
 ⓦ「うわさ・かげぐち」大月書店 2008
Rondinelli, Jackson ロンジネリ, ジャクソン
 ⓝブラジル 水泳選手
Rondo, Rajon ロンド, ラジョン
 ⓝアメリカ バスケットボール選手
Rondon, Bruce ロンドン, ブルース
 ⓝベネズエラ 野球選手
Rondon, Hector ロンドン, ヘクター
 ⓝベネズエラ 野球選手
Rondón, Isidro ロンドン, イシドロ
 ⓝベネズエラ 社会基盤相
Rondon, Jose ロンドン, ホセ
 ⓝベネズエラ 野球選手
Rondon, Salomon ロンドン, サロモン
 ⓝベネズエラ サッカー選手
Roney, Carley ロニー, カーレイ
 ⓟロニー, カーリー ⓦ「プロは語る。」アスペクト 2005
Roney, Christopher R.J. ロニー, C.J.R.
 ⓦ「未知なるものに揺れる心」北大路書房 2003
Roney, J.Matthew ローニー, J.マシュー
 ⓦ「大転換」岩波書店 2015
Ronfaut, Aurélie ロンフォ, オーレリー
 ⓦ「ぬりえ星マンダラ」創元社 2015
Ron-Feder-Amit, Galilah ロンフェデル・アミット, ガリラ
 1949～ ⓦ「ぼくによろしく」さ・え・ら書房 2006
Rong, Gao-tang ロン, ガオタン
 1912〜2006 ⓝ中国 宋慶齢基金会副主席, 中国国家体育委員会副主任 漢字名＝栄高棠
Rong, Yap Kun ロン, ヤップ・クン
 ⓦ「ファンタジーの世界観を描く」エムディエヌコーポレーション, インプレス（発売）2015
Rong, Yi-ren ロン・イーレン
 1916〜2005 ⓝ中国 政治家, 民族資本家 中国国家副主席, 中国国際信託投資公司（CITIC）理事長 漢字名＝栄毅仁
Rong, Yu ロン, ユー
 1970～ ⓦ「がーこちゃんあそぶ」徳間書店 2005
Rong Rong ロンロン
 1968～ ⓝ中国 写真家 漢字名＝栄栄 ⓟエイエイ
Ronis, Aivis ロニス, アイビス
 ⓝラトビア 運輸相
Ronis, Willy ロニス, ウィリー
 1910〜2009 ⓝフランス 写真家
Rönkä, Matti ロンカ, マッティ

1959～ ⓝフィンランド 作家 ⓙミステリー
Ronkainen, Mikko ロンカイネン
 ⓝフィンランド フリースタイルスキー選手
Ronnblom, Anders F. ロンブロム, アンダース・F.
 ⓦ「Metalheart is movement」デザインエクスチェンジ 2003
Ronningstam, Elsa F. ロニングスタム, エルザ・F.
 ⓦ「自己愛の障害」金剛出版 2003
Rönns, Christel レンス, クリステル
 1960～ ⓦ「でておいで森のようせい」学研教育出版, 学研マーケティング（発売）2009
Ronson, Jon ロンソン, ジョン
 1967～ ⓟロンスン, ジョン ⓦ「サイコパスを探せ！」朝日出版社 2012
Ronson, Mark ロンソン, マーク
 グラミー賞 最優秀プロデューサー（クラシック以外）（2007年（第50回））
Ronstadt, Frank ロンシュタット, フランク
 ⓝドイツ サッカー選手
Roob, Alexander ローブ, アレクサンダー
 1956～ ⓦ「錬金術と神秘主義」Taschen c2006
Roocroft, Amanda ルークロフト, アマンダ
 ローレンス・オリヴィエ賞 オペラ 功績賞（2007年（第31回））"Jenůfa"
Rood, Brian ルード, ブライアン
 ⓦ「スター・ウォーズエピソード4新たなる希望」偕成社 2016
Rookard, Jilleanne ルカード
 ⓝアメリカ スピードスケート選手
Rooke, David ルーク, デヴィッド
 ⓦ「行動探求」英治出版 2016
Rooke, Steve ルーク, スティーブ
 グラミー賞 最優秀ヒストリカル・アルバム（2011年（第54回））ほか
Rooksby, Rikky ルックスビー, リッキー
 ⓦ「詩人スウィンバーンの生涯」大阪教育図書 2012
Roon, T. ローン, タチヤーナ
 1961～ ⓦ「サハリンのウイルタ」北海道大学大学院文学研究科 2005
Rooney, Andy ルーニー, アンディ
 1919〜2011 ⓝアメリカ コラムニスト, テレビコメンテーター 本名＝ルーニー, アンドルー〈Rooney, Andrew A.〉
Rooney, Anne ルーニー, アン
 ⓦ「地図の物語」日経ナショナルジオグラフィック社, 日経BPマーケティング（発売）2016
Rooney, Gerald P. ルーニー, ジェラルド・P.
 ⓝアメリカ ホイットフィールド・万次郎友好協会会長
Rooney, Giaan ルーニー
 ⓝオーストラリア 競泳選手
Rooney, Glenda Dewberry ルーニー, グレンダ・デューベリー
 ⓦ「ダイレクト・ソーシャルワークハンドブック」明石書店 2015
Rooney, Martyn ルーニー
 ⓝイギリス 陸上選手
Rooney, Michael ルーニー, マイケル
 ⓝアメリカ MTVアワード 最優秀振付（第19回（2002年））ほか
Rooney, Mickey ルーニー, ミッキー
 1920〜2014 ⓝアメリカ 俳優 本名＝ユール, ジョセフ〈Yule, Joseph (Jr.)〉
Rooney, Natalie ルーニー, ナタリー
 ⓝニュージーランド 射撃選手
Rooney, Ronald H. ルーニー, ロナルド・H.
 1945～ ⓦ「ダイレクト・ソーシャルワークハンドブック」明石書店 2015
Rooney, Wayne ルーニー, ウェイン
 1985～ ⓝイギリス サッカー選手
Roopnaraine, Rupert ループナライン, ルパート
 ⓝガイアナ 教育・文化・青少年・スポーツ相
Roopun, Prithvirajsing ルーパン, プリトビラシン
 ⓝモーリシャス 社会統合・経済エンパワーメント相
Roorbach, Bill ローバック, ビル
 ⓦ「人生の物語を書きたいあなたへ」草思社 2004
Roos, Daniel ルース, ダニエル
 ⓦ「エンジニアリングシステムズ」慶応義塾大学出版会 2014
Roos, Don ルース, ドン
 ⓦ「偶然の恋人」愛育社 2001
Roos, Göran ルース, ヨーラン
 ⓦ「日本企業の知的資本マネジメント」中央経済社 2008

Roos, Johan ルース, ヨハン
[著]「オーガニゼーショナル・エピステモロジー」 文真堂 2010

Roos, John ルース, ジョン
1955～ [国]アメリカ 弁護士 駐日米国大使 本名＝Roos, John Victor

Roosa, John ローサ, ジョン
[著]「インドネシア九・三〇事件と民衆の記憶」 明石書店 2009

Roosa, Mark ルーサ, マーク
[著]「写真の手入れ, 取り扱い, 保存」 日本図書館協会 2006

Roosevelt, Kermit Ⅲ ルーズベルト, カーミット3世
1971～ [国]アメリカ 法学者 ペンシルベニア大学ロースクール教授 [専]憲法, 抵触法 [異]ルーズヴェルト, カーミット / ルーズヴェルト, カーミット, 3世

Roosh V ルーシュV
[著]「抱けるナンパ術」 パンローリング 2015

Root, Barry ルート, バリー
1954～ [著]「ポテト・スープが大好きな猫」 講談社 2008

Root, Jeff ルート, ジェフ
1969～ [著]「できる100ワザSEO & SEM」 インプレスジャパン, インプレスコミュニケーションズ（発売） 2006

Root, Kimberly Bulcken ルート, キンバリー・バルケン
[著]「灯台守のバーディ」 BL出版 2006

Root, Phyllis ルート, フィリス
1949～ [著]「おひさまはどこ？」 岩崎書店 2008

Root, Sue C. ルート, スー・C.
[国]アメリカ マサチューセッツ北海道協会会長, 元・西マサチューセッツ国際問題評議会会長

Root, Wayne Allyn ルート, ウェイン・アリン
1961～ [著]「ユダヤ人億万長者に学ぶ「不屈」の成功法則」 サンマーク出版 2016

Roozeman, Jonathan ローゼマン, ヨナタン
[国]オランダ チャイコフスキー国際コンクール チェロ 第6位（2015年（第15回））

Roozen, Nico ローツェン, ニコ
1953～ [著]「フェアトレードの冒険」 日経BP社, 日経BP出版センター（発売） 2007

Rop, Albert Kibichii ロップ, アルバートキビチ
[国]バーレーン 陸上選手

Rop, Anton ロップ, アントン
[国]スロベニア 首相

Rope, Crispin ロープ, C.
[著]「ENIAC」 共立出版 2016

Roper, Jon ロウパー, ジョン
[著]「アメリカ大統領の歴史大百科」 東洋書林 2012

Roper, Miryam ローパー, ミリアム
[国]ドイツ 柔道選手

Roper, Nancy ローパー, ナンシー
[著]「ローパー・ローガン・ティアニー看護モデル」 日本看護協会出版会 2006

Roponen, Riitta-Liisa ロポネン
[国]フィンランド クロスカントリースキー選手

Ropper, Allan H. ロッパー, アラン・H.
[著]「こちら脳神経救急病棟」 河出書房新社 2015

Roque, Marianito ロケ, マリアニト
[国]フィリピン 労働雇用相

Roqué, Miki ロケ, ミキ
1988～2012 [国]スペイン サッカー選手 本名＝ロケ・ファレーロ, ミゲル〈Roqué Farrero, Miguel〉

Roquebert, María ロケベルト, マリア
[国]パナマ 社会開発相

Roquebert, Michel ロクベール, ミシェル
1928～ [著]「異端カタリ派の歴史」 講談社 2016

Roque Mendoza, Bredni ロケ, ブレドニ
[国]メキシコ 重量挙げ選手

Roque Mesa ロケ・メサ
[国]スペイン サッカー選手

Roques, Dominique ローク, ドミニク
1948～ [著]「アナ！ アナ！」 ポプラ社 2014

Rorty, Richard Mckay ローティ, リチャード
1931～2007 [国]アメリカ 哲学者 スタンフォード大学教授

Rorvik, David M. ローヴィック, D.M.
[著]「男の子・女の子の産み分け法」 主婦の友社 2006

Ros, Carolyn ロス, キャロリン
1951～ [著]「夢が破れたとき, 約束は成就した」 アイシーメディックス, 星雲社（発売） 2006

Ros, Elisabet ロス, エリザベット
1969～ バレリーナ ベジャール・バレエ・ローザンヌプリンシパル

Roš, Hana ローシュ, ハナ
[著]「天才学者がマンガで語る脳」 西村書店 2016

Rosa, Draco ロサ, ドラコ
グラミー賞 最優秀ラテン・ポップ・アルバム（2013年（第56回）） "Vida"

Rosa, Emilton Moreira ローザ, エミルトン・モレイラ
[国]ブラジル 在サルヴァドール日本国名誉総領事, 元・バイア伯日文化協会文化担当部長

Rosa, Gilberto Santa ローザ, ジルベルト・サンタ
グラミー賞 最優秀トロピカル・ラテン・アルバム（2006年（第49回）） "Directo Al Corazo'n"

Rosa, Henrique Pereira ロザ, エンリケ
1946～2013 [国]ギニアビサウ 政治家 暫定大統領 [異]ロサ, エンリケ

Rosa Bautista, Leonidas ロサ・バウティスタ, レオニダス
[国]ホンジュラス 外相

Rosa Chávez, Herman Humberto ロサチャベス, エルマン・ウンベルト
[国]エルサルバドル 環境・天然資源相

Rosadilla, Luis ロサディジャ, ルイス
[国]ウルグアイ 国防相

Rosado, Marlow ロサード, マルロウ
グラミー賞 最優秀トロピカル・ラテン・アルバム（2012年（第55回）） "Retro"

Rosaforte, Tim ロザフォート, ティム
[著]「新帝王伝説」 文芸春秋 2001

Rosales, Adam ロザレス, アダム
[国]アメリカ 野球選手

Rosales, Emili ロサーレス, エミーリ
1968～ [著]「まぼろしの王都」 河出書房新社 2009

Rosales, Ramon ロサレス, ラモン
[国]ベネズエラ 生産貿易相

Rosales, Roberto ロサレス, ロベルト
[国]ベネズエラ サッカー選手

Rosales del Toro, Ulises ロサレス・デルトロ, ウリセス
[国]キューバ 閣僚評議会副議長

Rosanas, Ramon ロザーナ, ラモン
[異]ロザナス, ラモン [著]「アントマン：セカンド・チャンスマン」 ヴィレッジブックス 2015

Rosanbo, Loïc de ロザンボ, ロイク・ド
[著]「世界は希望に満ちている」 バジリコ 2004

Rosanes, Kerby ロザーンス, カービィ
[著]「animorphia」 英和出版社, 三交社（発売） 2016

Rosanvallon, Pierre ロザンヴァロン, ピエール
1948～ [著]「連帯の新たなる哲学」 勁草書房 2006

Rosario, Alberto ロザリオ, アルベルト
[国]ドミニカ共和国 野球選手

Rosario, Amed ロザリオ, アーメッド
[国]ドミニカ共和国 野球選手

Rosário, Carlos Agostinho do ロザーリオ, カルロス・アゴスティーニョ・ド
[国]モザンビーク 首相

Rosario, Eddie ロザリオ, エディ
[国]プエルトリコ 野球選手

Rosario, Jose ロザリオ, ホゼ
[国]アメリカ 野球選手

Rosario, Randy ロザリオ, ランディ
[国]ドミニカ共和国 野球選手

Rosas, Aldrick ロサス, オルドリック
[国]アメリカ アメフト選手

Rosas De Mata, Doris ロサス・デマタ, ドリス
[国]パナマ 教育相

Rosati, Dariusz Kajetan ロサティ, ダリウシュ
1946～ [国]ポーランド 政治家 ポーランド外相

Rosati, Ivo ロザーティ, イーヴォ
1971～ [著]「水おとこのいるところ」 岩崎書店 2009

Rosati, Simon ロザーティ, サイモン
[著]「フォークソングの視点からみた現代イギリス」 英宝社 2012

Rosatti, Horacio ロサティ, オラシオ
[国]アルゼンチン 法務・人権相

Rosberg, Nico ロズベルグ, ニコ
1985～ [国]ドイツ F1ドライバー

Rosch, Eleanor ロッシュ, エレノア
[著]「身体化された心」 工作舎 2001

Rosch, Michael ロッシュ

[国]ドイツ　バイアスロン選手
Roscoe, Lily　ロスコウ, リリー
[著]「よるのおさんぽ」岩崎書店　2016
Rose, Andrea　ローズ, アンドレア
[著]「ラファエル前派」西村書店　2009
Rose, Axl　ローズ, アクセル
1962～　[国]アメリカ　ロック歌手　本名＝Bailey, William
Rose, Carol　ローズ, キャロル
1943～　[著]「世界の怪物・神獣事典」原書房　2014
Rose, Colin　ローズ, コリン
[著]「コリン・ローズの加速学習法・実践テキスト」ダイヤモンド社　2004
Rose, Daniel E.　ローズ, ダニエル・E.
[著]「その数式、プログラムできますか？」翔泳社　2015
Rose, Danny　ローズ, ダニー
[国]イングランド　サッカー選手
Rose, David　ローズ, デイヴィッド
1946～　[著]「意識の脳内表現」培風館　2008
Rose, David　ロス, デイビド
[著]「船の百科事典」東洋書林　2005
Rose, Deborah Bird　ローズ, デボラ・バード
1946～　[著]「生命の大地」平凡社　2003
Rose, Derrick　ローズ, デリック
1988～　[国]アメリカ　バスケットボール選手
Rose, Eilidh　ローズ, エリー
[異]ローズ, アイリー　[著]「ちいさなペンギンがはじめておよぐひ」ワールドライブラリー　c2014
Rose, Elizabeth　ローズ, エリザベス
[著]「川のぼうけん」岩波書店　2012
Rose, Emilie　ローズ, エミリー
[著]「しあわせの面影」ハーパーコリンズ・ジャパン　2015
Rose, Frank　ローズ, フランク
1949～　[著]「のめりこませる技術」フィルムアート社　2012
Rose, Gerald　ローズ, ジェラルド
1935～　[著]「川のぼうけん」岩波書店　2012
Rose, Gideon　ローズ, ギデオン
[著]「終戦論」原書房　2012
Rose, Gillian　ローズ, ジリアン
1962～　[著]「ジェンダーの地理学」古今書院　2002
Rose, Harald　ローズ, ハラルト
[国]ドイツ　ウルフ賞 物理学部門（2011年）
Rose, Irwin　ローズ, アーウィン
1926～2015　[国]アメリカ　分子生物学者　カリフォルニア大学アーバイン校医学部スペシャリスト　[専]たんぱく質分解　本名＝Rose, Irwin Ernie
Rose, Jack　ローズ, ジャック
[国]イングランド　サッカー選手
Rose, Jacqueline　ローズ, ジャクリーン
1949～　[著]「エドワード・サイード対話は続く」みすず書房　2009
Rose, Jeanne　ローズ, ジニー
1940～　[著]「エッセンシャルオイル＆ハーブウォーター375」BABジャパン出版局　2004
Rose, Joan B.　ローズ, J.B.
[著]「水の微生物リスクとその評価」技報堂出版　2001
Rose, Joel　ローズ, ジョエル
[著]「漆黒の鳥」早川書房　2007
Rose, June　ローズ, ジューン
1926～　[著]「モディリアーニ」西村書店　2007
Rose, Justin　ローズ, ジャスティン
1980～　[国]イギリス　プロゴルファー
Rose, Karen　ローズ, カレン
1964～　[著]「愛の炎が消せなくて」二見書房　2015
Rose, Kay　ローズ, ケイ
1922～2002　[国]アメリカ　映画音響編集者
Rose, Kimberly　ローズ, キム
[著]「子どもの思考力を高める「スクイーク」」WAVE出版　2005
Rose, Leo E.　ローズ, レオ・E.
[著]「ブータンの政治」明石書店　2001
Rose, Linda Joy　ローズ, リンダ
[著]「あなたの人生を変える催眠療法」雷韻出版　2001
Rose, Lionel　ローズ, ライオネル
1948～2011　[国]オーストラリア　ボクシング選手　WBA・WBC世界バンタム級王者　本名＝ローズ, ライオネル・エドマンド〈Rose, Lionel Edmund〉
Rose, Louis F.　ローズ, L.F.
1942～　[著]「ペリオドンタルメディスン」医歯薬出版　2001
Rose, Malcolm　ローズ, マルコム
[著]「水のぼうけん」大日本絵画　〔2015〕
Rose, Mārtiņš　ロゼ, マルティンシュ
[国]ラトビア　農相
Rose, Matthew　ローズ, マシュー
グラミー賞 最優秀クラシック・オペラ録音（2009年（第52回））“Britten: Billy Budd”
Rose, Michael Robertson　ローズ, マイケル・R.
1955～　[著]「老化の進化論」みすず書房　2012
Rose, Mike　ローズ, マイク
[国]アメリカ　アメフト選手
Rose, M.J.　ローズ, M.J.
[著]「記憶をベッドに閉じこめて」ハーレクイン　2008
Rose, Morris E.　ローズ, M.E.
[著]「角運動量の基礎理論」みすず書房　2003
Rose, Murray　ローズ, マレー
1939～2012　[国]オーストラリア　水泳選手
Rose, Nancy Patricia　ローズ, ナンシー
1954～　[著]「りすのピーナッツ メリー・クリスマス！」KADOKAWA　2015
Rose, Nikolas S.　ローズ, ニコラス
1947～　[著]「魂を統治する」以文社　2016
Rose, Oren H.　ロース, オーレン
1970～　[著]「ユダヤ人なら年金を絶対国にまかせない！」宝島社　2008
Rose, Pauline　ローズ, ポーリン
[著]「グローバル化・社会変動と教育」東京大学出版会　2012
Rose, Pete　ローズ, ピート
1941～　[国]アメリカ　元野球選手・監督　本名＝Rose, Peter Edward Sr.
Rose, Resinald　ローズ, レジナルド
1920～2002　[国]アメリカ　脚本家
Rose, Richard　ローズ, リチャード
1933～　[異]ローズ, R.　[著]「世界の福祉国家」新評論　2002
Rose, Richard　ローズ, リチャード
1965～　[著]「わたしの物語」福村出版　2012
Rose, Robert　ローズ, ロバート
[著]「戦略的コンテンツマーケティング」翔泳社　2013
Rose, Romani　ローゼ, ロマニ
[著]「ナチス体制下におけるスィンティとロマの大量虐殺」反差別国際運動日本委員会, 大阪 解放出版社（発売）　2010
Rose, Samantha　ローズ, サマンサ
[著]「スピリテッド」ナチュラルスピリット　2012
Rose, Sarah　ローズ, サラ
[著]「紅茶スパイ」原書房　2011
Rose, Shane　ローズ, シェーン
[国]オーストラリア　馬術選手
Rose, Sonya O.　ローズ, ソニア・O.
[著]「ジェンダー史とは何か」法政大学出版局　2016
Rose, Tara　ローズ, タラ
[著]「基本からのロールシャッハ法」金子書房　2005
Rose, Tom　ローズ, トム
1956～　[著]「だれもがクジラを愛してる。」竹書房　2012
Rose, Tricia　ローズ, トリーシャ
[著]「ブラック・ノイズ」みすず書房　2009
Rose, Winston　ローズ, ウィンストン
[国]アメリカ　アメフト選手
Roseberry, Monica　ローズベリー, モニカ
[著]「マッサージ」産調出版　2002
Roseboom, David　ローズブーム, デビッド
[国]アメリカ　野球選手
Rosecrance, Richard N.　ローズクランス, リチャード
[著]「フォーリン・アフェアーズ傑作選」朝日新聞社　2001
Rosedale, Philip　ローズデール, フィリップ
[国]アメリカ　実業家　リンデンラボ創業者
Rosei, Federico　ロージ, フェデリコ
1972～　[著]「科学者として生き残る方法」日経BP社, 日経BP出版センター（発売）　2008
Rösel, Peter　レーゼル, ペーター
1945～　[国]ドイツ　ピアニスト　ドレスデン音楽大学教授
Rosell, Quim　ルッサール, キム
[著]「ミニマリスト・インテリア」エディシオン・トレヴィル, 河出書房新社（発売）　2001
Rosellubial, Paulyn Jean　ロセルウビアル, ポーリーンジーン
[国]フィリピン　保健相
Rosemffet, Gustavo　グスティ

R

Rosemond, John K. ロズモンド, ジョン
1947〜 ㊈「ローズモンド, ジョン ㊈「家族力」 主婦の友社 2006

Rosemoor, Patricia ローズムーア, パトリシア
㊈「さよならは甘く」 ハーレクイン 2005

Rosen, Alan ローゼン, アラン
1945〜 ㊈「小泉八雲作品抄」 恒文社 2009

Rosen, Alan D. ローゼン, A.D.
㊈「ファッションとアパレル英語小事典」 英光社 2007

Rosen, Andrew ローゼン, アンドリュー
㊈「現代イギリス社会史」 岩波書店 2005

Rosen, Brenda ローゼン, ブレンダ
㊈「妖怪バイブル」 ガイアブックス, 産調出版 (発売) 2009

Rosen, Charles ローゼン, チャールズ
1927〜2012 ㊈アメリカ ピアニスト, 音楽学者 ニューヨーク州立大学教授 ㊈ローゼン, チャールズ

Rosen, David H. ローゼン, デイヴィッド
㊈「ユングの生涯とタオ」 創元社 2002

Rosen, Emanuel ローゼン, エマニュエル
㊈「ウソはバレる」 ダイヤモンド社 2016

Rosen, Gerald M. ローゼン, ジェラルド・M.
㊈「臨床心理学における科学と疑似科学」 北大路書房 2007

Rosen, Harris ローゼン, ハリス
㊈アメリカ ローゼン・ホテルズ&リゾート社長兼最高執行責任者, 元・在オーランド日本国名誉総領事

Rosen, Jeremy ローゼン, ジェレミー
1942〜 ㊈ローゼン, ラビ・ジェレミー ㊈「世界はなぜ争うのか」 朝倉書店 2016

Rosen, John ローゼン, ジョン
㊈「購買意欲はこうして測れ」 翔泳社 2009

Rosen, Larry D. ローゼン, ラリー・D.
㊈「毒になるテクノロジー」 東洋経済新報社 2012

Rosen, Lawrence ローゼン, ローレンス
1941〜 ㊈「文化としての法」 福村出版 2011

Rosen, Leonard ローゼン, レナード
㊈アメリカ 作家 ㊈ミステリー, スリラー

Rosen, Marion ローゼン, マリオン
1914〜2012 ㊈「ローゼンメソッドボディワーク」 BABジャパン 2013

Rosen, Michael ローゼン, マイケル
ネスレ子どもの本賞 6〜8歳部門 銅賞 (2005年) "Michael Rosen's Sad Book"

Rosen, Michael ローゼン, マイケル
1956〜 ㊈「Webアプリケーションのためのシステム開発とアーキテクチャ」 日経BP社, 日経BP出版センター (発売) 2001

Rosen, Michael J. ローゼン, マイケル・J.
1954〜 ㊈「はじまりのはな」 くもん出版 2014

Rosen, Mike ローゼン, マイク
㊈「MDAマニフェスト」 エスアイビー・アクセス, 星雲社 (発売) 2005

Rosen, Paul M. ローゼン, P.M.
㊈「自傷行為」 金剛出版 2005

Rosen, Rebecca ローゼン, レベッカ
㊈「スピリテッド」 ナチュラルスピリット 2012

Rosen, Robert H. ローゼン, ロバート・H.
㊈「グローバル・リテラシー」 光文社 2001

Rosén, Staffan ローゼン, スタファン
㊈「流沙出土の文字資料」 京都大学学術出版会 2001

Rosenau, Henning ローゼナウ, ヘニング
1964〜 ㊈「刑罰論と刑罰正義」 成文堂 2012

Rosenau, James N. ローズナウ, ジェームズ
1924〜2011 ㊈アメリカ 政治学者 ジョージ・ワシントン大学特任教授 ㊈政治学, 国際関係論 ㊈ローズノウ, ジェームズ

Rosenbach, Marcel ローゼンバッハ, マルセル
1972〜 ㊈「全貌ウィキリークス」 早川書房 2011

Rosenbaum, Art ローゼンバウム, アート
グラミー賞 最優秀ヒストリカル・アルバム (2008年 (第51回)) "Art Of Field Recording Volume I: Fifty Years Of Traditional American Music Documented By Art Rosenbaum" コンピレーション・プロデューサー

Rosenbaum, Deborah ローゼンバウム, デボラ
㊈「臨床心理学における科学と疑似科学」 北大路書房 2007

Rosenbaum, Jerrold F. ローゼンバウム, ジェロルド・F.
㊈ローゼンバウム, J.F. ㊈「不安障害」 日本評論社 2005

Rosenbaum, Marcus ローゼンバウム, マーカス
㊈「ポール・オースターが朗読するナショナル・ストーリー・プロジェクト」 アルク 2006

Rosenbaum, Robert G. ローゼンバウム, ロバート
㊈「サプライチェーン・エクセレンス」 JIPMソリューション 2005

Rosenbaum, Stephen ローゼンバウム, ステファン
アカデミー賞 特殊効果賞 (第82回 (2009年)) "Avatar"

Rosenbaum, Steven C. ローゼンバウム, スティーブン
1961〜 ㊈「キュレーション」 プレジデント社 2011

Rosenberg, Aaron ローゼンバーグ, アーロン
㊈「宿命の種族」 ホビージャパン 2006

Rosenberg, Alexander ローゼンバーグ, アレックス
1946〜 ㊈「科学哲学」 春秋社 2011

Rosenberg, Bob ローゼンバーグ, ボブ
㊈「人文学と電子編集」 慶応義塾大学出版会 2011

Rosenberg, Donna Andrea ローゼンバーグ, ドナ・アンドレア
㊈「虐待された子ども」 明石書店 2003

Rosenberg, Doug ローゼンバーグ, ダグ
㊈「ユースケース駆動開発実践ガイド」 翔泳社 2007

Rosenberg, Emily S. ローゼンバーグ, エミリー・S.
㊈「アメリカは忘れない」 法政大学出版局 2007

Rosenberg, Frank P. ローゼンバーグ, フランク
? 〜2002 ㊈アメリカ 映画製作者

Rosenberg, Joel C. ローゼンバーグ, ジョエル・C.
1967〜 ㊈「第三の標的」 オークラ出版 2016

Rosenberg, Jonathan ローゼンバーグ, ジョナサン
1961〜 ㊈「How Google Works」 日本経済新聞出版社 2014

Rosenberg, Justin ローゼンバーグ, ジャスティン
㊈「市民社会の帝国」 桜井書店 2008

Rosenberg, Larry ローゼンバーグ, ラリー
㊈「呼吸による癒し」 春秋社 2001

Rosenberg, Marc J. ローゼンバーグ, マーク・J.
㊈「インストラクショナルデザインとテクノロジ」 北大路書房 2013

Rosenberg, Mario Z. ローゼンバーグ, マリオ
㊈「肥満は病気です!」 ダイヤモンド社 2004

Rosenberg, Marshall B. ローゼンバーグ, マーシャル・B.
㊈「NVC」 日本経済新聞出版社 2012

Rosenberg, Nancy Taylor ローゼンバーグ, ナンシー・テイラー
㊈ローゼンバーグ, ナンシー・テイラ ㊈「エンジェルの怒り」 二見書房 2007

Rosenberg, Neil V. ローゼンバーグ, ニール・V.
㊈「ブルーグラス」 松柏社 2002

Rosenberg, Pierre ローザンベール, ピエール
1936〜 ㊈「シャルダン展」 三菱一号館美術館 2012

Rosenberg, Raben ローゼンベルグ, ラーベン
㊈「パニック障害」 日本評論社 2001

Rosenberg, Scott ローゼンバーグ, スコット
㊈「ハイ・フィデリティ」 新潮社 2001

Rosenberg, Scott ローゼンバーグ, スコット
㊈「ブログ誕生」 NTT出版 2010

Rosenberg, Scott Mitchell ローゼンバーグ, スコット・ミッチェル
㊈「カウボーイ&エイリアン」 小学館集英社プロダクション 2011

Rosenberg, Shalom ローゼンベルク, シャローム
1935〜 ㊈「ユダヤ教思想における善と悪」 晃洋書房 2003

Rosenberg, Steven A. ローゼンバーグ, スティーブン
1940〜 ㊈アメリカ 医師, 免疫学者 米国国立がん研究所 (NCI) 外科部門長 ㊈がん免疫療法 ㊈ローゼンバーグ, スティーブン・A.

Rosenberg, Stuart ローゼンバーグ, スチュアート
1927〜2007 ㊈アメリカ テレビ演出家, 映画監督

Rosenberg, Tina ローゼンバーグ, ティナ
1960〜 ㊈「クール革命」 早川書房 2012

Rosenberg, Viqui ローゼンバーグ, ヴィッキー
㊈「精神分析的心理療法の現在」 岩崎学術出版社 2007

Rosenberg, William ローゼンバーグ, ウィリアム
1916〜2002 ㊈アメリカ 実業家 ダンキンドーナツ創業者

Rosenblatt, Bill ローゼンブラット, ビル
㊈ローゼンブラット, ビル ㊈「入門GNU Emacs」 オライリー・ジャパン, オーム社 (発売) 2007

Rosenblatt, David S. ローゼンブラット, デヴィッド・S.
㊈「新たな全人的ケア」 日本ホスピス・緩和ケア研究振興財団, 青海社 (発売) 2016

Rosenblatt, Julia Carlson　ローゼンブラット, ジュリア・カールスン
㊗「シャーロック・ホームズとお食事を」東京堂出版 2006
Rosenblatt, Roger　ローゼンブラット, ロジャー
㊗「だれもあなたのことなんか考えていない」早川書房 2002
Rosenbloom, Alfred A., Jr.　ローゼンブルーム, アルフレッド・A., Jr.
㊗「高齢化社会と視覚障害」日本盲人福祉委員会 2003
Rosenblum, Lawrence D.　ローゼンブラム, ローレンス・D.
㊗「最新脳科学でわかった五感の驚異」講談社 2011
Rosenblum, Michael　ローゼンブラム, ミヒャエル
1956〜　㊗「同期理論の基礎と応用」丸善 2009
Rosenblum, Mort　ローゼンブラム, モート
1943〜　㊗「チョコレート」河出書房新社 2009
Rosenblum, Richard　ローゼンブラム, リチャード
㊗「地震だ!」リブリオ出版
Rosenbluth, Frances McCall　ローゼンブルース, フランシス
㊗「日本政治の大転換」勁草書房 2012
Rosenbluth, Hal F.　ローゼンブルース, ハル
㊗「顧客第2主義」翔泳社 2003
Rosenboom, Hilke　ローゼンボーム, ヒルケ
1957〜2008　㊗「ペットショップはぼくにおまかせ」徳間書店 2011
Rosendorf, Neal M.　ローゼンドルフ, ニール・M.
㊗「グローバル化で世界はどう変わるか」英治出版 2004
Rosenfeld, Alexis　ローザンフェルド, アレクシス
㊗「星の王子さまの眠る海」ソニー・マガジンズ 2005
Rosenfeld, Alvin A.　ローゼンフェルド, アルヴィン
㊗「親をやりすぎる親たち」講談社 2001
Rosenfeld, Hellmut　ローゼンフェルト, ヘルムート
㊗「中世後期のドイツ文化」三修社 2006
Rosenfeld, Herbert A.　ローゼンフェルト, H.
1910〜　㊗「治療の行き詰まりと解釈」誠信書房 2001
Rosenfeld, Irene B.　ローゼンフェルド, アイリーン
㊥アメリカ　実業家　モンデリーズ・インターナショナル会長・CEO
Rosenfeld, Isadore　ローゼンフェルド, イザドア
㊗「40歳から気になる病気, 危ない兆候」草思社 2001
Rosenfeldt, Hans　ローセンフェルト, ハンス
1964〜　㊥スウェーデン　作家, 脚本家, 司会者　㊥ミステリー
Rosenfelt, David　ローゼンフェルト, デイヴィッド
㊗「悪徳警官はくたばらない」文芸春秋 2005
Rosengarten, Jacob　ローゼンガーテン, ヤコブ
㊗「リスクバジェッティング」パンローリング 2002
Rosengarten, Theodore　ローゼンガーテン, セオドア
1944〜　㊗「アメリカ南部に生きる」彩流社 2006
Rosengren, Björn　ローセングレン, ビョーン
スウェーデン　貿易産業相
Rosengren, David B.　ローゼングレン, デイビッド・B.
㊗「動機づけ面接を身につける」星和書店 2013
Rosenhan, David L.　ローゼンハン, デヴィッド・L.
㊗「異常心理学大事典」西村書店 2016
Rosenheim, Stephanie　ローゼンハイム, ステファニー
㊗「超じいちゃん」光村教育図書 2007
Rosenhouse, Jason　ローゼンハウス, ジェイソン
㊗「「数独」を数学する」青土社 2014
Rosenman, Leonard　ローゼンマン, レナード
1924〜2008　㊥アメリカ　作曲家　㊥映画音楽
Rosenquist, James　ローゼンクイスト, ジェームズ
1933〜　㊥アメリカ　画家　㊥ローゼンクイスト
Rosenstein, Bruce　ローゼンステイン, ブルース
㊗「ドラッカーに学ぶ自分の可能性を最大限に引き出す方法」ダイヤモンド社 2011
Rosenstein, Donald L.　ローゼンスタイン, ドナルド・L.
㊗「精神科臨床倫理」星和書店 2011
Rosenstiehl, Agnès　ローゼンスティール, アニエス
㊗「ミミ・クラクラ ゆきであそぼう!」白泉社 2007
Rosenstiel, Tom　ローゼンスティール, トム
㊗「インテリジェンス・ジャーナリズム」ミネルヴァ書房 2015
Rosenstock, Aron　ローゼンストック, アロン
㊗「ワシントンマニュアル」メディカル・サイエンス・インターナショナル 2015
Rosenstock, Barb　ローゼンストック, バーブ
㊗「にぎやかなえのぐばこ」ほるぷ出版 2016
Rosenstock, Gabriel　ローゼンストック, ガブリエル
1949〜　㊗「御名を唱えて」日本国際詩人協会 2012
Rosenström-Bennhagen, Susann　ローセンストレーム＝ベンハーゲン, スサンヌ
1963〜　㊗「見て! 聞いて! 分かって! 知的障害のある人の理解と支援とは」明石書店 2009
Rosensweet, Jesse　ロッセンスウィート, イェッセ
オタワ国際アニメーション映画祭 最優秀初監督作品(2003年) "Stone of Folly"〈Sweet Thing Production, カナダ国立映画製作庁〉
Rosensweig, Larry　ローゼンスワイグ, ラリー
㊥アメリカ　元・森上博物館・日本庭園館長, 元・南フロリダ日米協会会長
Rosenthal, Abraham Michael　ローゼンタール, エイブラハム
1922〜2006　㊥アメリカ　ジャーナリスト, コラムニスト 「ニューヨーク・タイムズ」編集局長　㊥ローゼンソール, エイブラハム / ローゼンタール, A.M. / ローゼンタール, アブラハム
Rosenthal, Amy Krouse　ローゼンタール, エイミー・クローズ
㊥ローゼンサール, エイミー・クロウズ / ローゼンタール, エイミー・クラウス　㊗「スプーンくん」BL出版 2010
Rosenthal, David K.　ローゼンタール, デイヴィッド
1958〜　㊗「学校におけるADHD臨床」誠信書房 2012
Rosenthal, Donna　ローゼンタール, ドナ
1950〜　㊗「イスラエル人とは何か」徳間書店 2008
Rosenthal, Eileen　ローゼンタール, アイリーン
㊗「どうしよう!」クレヨンハウス 2013
Rosenthal, Jan　ローゼンタール, ヤン
ドイツ　サッカー選手
Rosenthal, Jeffrey Seth　ローゼンタール, ジェフリー・S.
1967〜　㊗「運は数学にまかせなさい」早川書房 2010
Rosenthal, Joe　ローゼンタール, ジョー
1911〜2006　㊥アメリカ　報道写真家　㊥ローゼンソール, ジョー
Rosenthal, Manuel　ロザンタール, マニュエル
1904〜2003　㊥フランス　指揮者, 作曲家　リエージュ管弦楽団常任指揮者　㊥ロザンタル, マニュエル / ロゼンタル, マニュエル
Rosenthal, Marc　ローゼンタール, マーク
1949〜　㊗「どうしよう!」クレヨンハウス 2013
Rosenthal, Michael　ローゼンタール, マイケル
㊥パラオ　法相
Rosenthal, Norman E.　ローゼンタール, ノーマン
㊗「超越瞑想癒しと変容」さくら舎 2013
Rosenthal, Pam　ローゼンタール, パム
㊗「愛の記憶をめぐって」原書房 2012
Rosenthal, Philip　ローゼンタール, フィリップ
1916〜2001　㊥ドイツ　実業家, 政治家　ローゼンタール名誉会長, ドイツ連邦議会議員(社会民主党)
Rosenthal, Richard N.　ローゼンタール, リチャード・N.
㊗「動画で学ぶ支持的精神療法入門」医学書院 2015
Rosenthal, Sandra B.　ローゼンソール, サンドラ・B.
㊥「経営倫理学の新構想」文真堂 2001
Rosenthal, Saul H.　ローゼンタール, ソール・H.
㊗「45歳からのスローなセックス」講談社 2008
Rosenthal, Sean　ローゼンタル
㊥アメリカ　ビーチバレー選手
Rosenthal, Steve　ローゼンタール, スティーブン
グラミー賞 最優秀ヒストリカル・アルバム(2013年(第56回)) "Charlie Is My Darling - Ireland 1965" コンピレーション・プロデューサー
Rosenthal, Todd　ローゼンタール, トッド
ローレンス・オリヴィエ賞 装置デザイン賞(2009年(第33回)) ほか
Rosenthal, Trevor　ローゼンタール, トレバー
㊥アメリカ　野球選手
Rosenthal, Uri　ローゼンタル, ウリ
㊥オランダ　外相
Rosenthal, Yani　ロセンタル, ジャニ
㊥ホンジュラス　大統領府相
Rosenthal Koeningsberger, Gert　ロセンタル・ケニスベルゲル, ゲルト
㊥グアテマラ　外相
Rosenzweig, Miriam　ローゼンツヴァイグ, ミリアム
㊗「ポール・オースターが朗読するナショナル・ストーリー・プロジェクト」アルク 2006
Rosenzweig, Paul　ローゼンツヴァイク, ポール
1959〜　㊗「サイバー世界大戦」サイゾー 2016
Rosenzweig, Philip M.　ローゼンツワイグ, フィル
1955〜　㊗「なぜビジネス書は間違うのか」日経BP社, 日経BP出版センター(発売) 2008
Rosenzweig, Saul　ローゼンツァイク, ソウル

1907～2004 [著]「P-Fスタディ解説」 三京房 2007
Rosero, Evelio ロセーロ, エベリオ
1958～ [国]コロンビア 作家, 詩人, ジャーナリスト
Rosero, Gabriela ロセロ, ガブリエラ
[国]エクアドル 社会開発調整相
Rosero Diago, Evelio ロセーロ, エベリオ
1958～ [著]「無慈悲な昼食」 作品社 2012
Roseta, Pedro ロゼタ, ペドロ
[国]ポルトガル 文化相
Rosetree, Rose ローズトゥリー, ローズ
[著]「執着のコードを切る12ステップ」 ヴォイス 2008
Rosewarne, Graham ローズウォーン, グレアム
[著]「からだというふしぎな「機械」」 小峰書店 2002
Rosewood, Theresa ローズウッド, テレサ
[著]「イズムの泉」 北星堂書店 2007
Rosi, Aleandro ロージ, アレアンドロ
[国]イタリア サッカー選手
Rosi, Francesco ロージ, フランチェスコ
1922～2015 [国]イタリア 映画監督
Rosi, Gianfranco ロージ, ジャンフランコ
1964～ 映画監督
Rosi, Mauro ロッシ, マウロ
[著]「世界の火山百科図鑑」 柊風舎 2008
R
Rosicky, Tomás ロシツキー, トマーシュ
1980～ [国]チェコ サッカー選手 [異]ロシツキ, トマーシュ / ロシツキー, トマス
Rosier, Andree ロジェ, アンドレ
[国]フランス 料理人 銀座三越レ・ロジェ・エギュスキロール・シェフ [専]フランス料理
Rosine, Baiwong Djibergui Aman ロシンヌ, バイウォン・ジベルギ・アマンヌ
[国]チャド 農相
Rosing, Norbert ロージング, ノアバート
1953～ [著]「ホッキョクグマの親子」 二見書房 2010
Rosinski, Philippe ロジンスキー, フィリップ
[著]「コーチング・アクロス・カルチャーズ」 プレジデント社 2015
Roskrow, Dominic ロスクロウ, ドミニク
[著]「世界のベストウイスキー」 グラフィック社 2011
Rösler, Philipp レスラー, フィリップ
1973～ [国]ドイツ 政治家, 医師 ドイツ副首相・経済技術相, ドイツ自由民主党(FDP)党首
Roslund, Anders ルースルンド, アンデシュ
1961～ [国]スウェーデン 作家, ジャーナリスト [専]ミステリー, スリラー
Rosnau, Wendy ロズノー, ウェンディ
[著]「マイ・バレンタイン2007」 ハーレクイン 2007
Rosnay, Joël de ロネー, ジョエル・ド
[著]「世界でいちばん美しい物語」 筑摩書房 2006
Rosnay, Tatiana de ロネ, タチアナ・ド
1961～ [著]「サラの鍵」 新潮社 2010
Rosner, Bob ロズナー, ボブ
[著]「アメリカのビジネスマンの闘い方」 ぶんか社 2001
Rosner, Elizabeth ロズナー, エリザベス
[著]「光の軌跡」 早川書房 2003
Rosnow, Mimi ロスノウ, ミミ
1938～ [著]「心理学論文・書き方マニュアル」 新曜社 2008
Rosnow, Ralph L. ロスノウ, ラルフ・L.
[著]「心理学論文・書き方マニュアル」 新曜社 2008
Rosoff, Meg ローゾフ, メグ
1956～ [国]アメリカ 作家 [専]ヤングアダルト
Rosolino, Massimiliano ロソリーノ
[国]イタリア 競泳選手
Rosolova, Denisa ロソロバ
[国]チェコ 陸上選手
Ross, A.B. ロス, A.B.
[著]「大人が楽しむイングリッシュ・ポエチュリー」 リーベル出版 2007
Ross, Adam ロス, アダム
1967～ [国]アメリカ 作家 [専]文学, ミステリー
Ross, Alec ロス, アレック
1971～ [著]「未来化する社会」 ハーパーコリンズ・ジャパン 2016
Ross, Alex ロス, アレックス
1970～ [著]「これを聴け」 みすず書房 2015
Ross, Alex ロス, アレックス
1970～ [著]「ジャスティス」 ヴィレッジブックス 2016
Ross, Alistair ロス, アリステア
1956～ [著]「欧州統合とシティズンシップ教育」 明石書店 2006
Ross, Andrew ロス, アンドリュー
1968～ [著]「琥珀」 文一総合出版 2004
Ross, Andy ロス, アンディ
グラミー賞 最優秀短編ビデオ作品(2006年(第49回)) "Here It Goes Again" 監督
Ross, Ann B. ロス, アン・B.
[著]「ミス・ジュリア真夏の出来事」 集英社 2006
Ross, April ロス, エープリル
[国]アメリカ ビーチバレー選手 [異]ロス
Ross, Atticus ロス, アッティカス
グラミー賞 最優秀映像メディア向けスコア・サウンドトラック(2012年(第55回))ほか
Ross, Brandian ロス, ブランディアン
[国]アメリカ アメフト選手
Ross, Brandon ロス, ブランドン
[国]アメリカ アメフト選手
Ross, Cameron ロス, キャメロン
1951～ [著]「ロシアのエリート」 窓社 2001
Ross, Carne ロス, カーン
[著]「独立外交官」 英治出版 2009
Ross, Catherine ロス, キャシー
1953～ [著]「ロンドン歴史図鑑」 原書房 2015
Ross, Catherine Sheldrick ロス, キャサリン・シェルドリック
[著]「読書と読者」 京都大学図書館情報学研究会, 日本図書館協会(発売) 2009
Ross, Colin A. ロス, コリン・A.
[著]「脳科学が明らかにする大人の学習」 ヒューマンバリュー 2016
Ross, David ロス, デビッド
[国]アメリカ 野球選手
Ross, David Robertson ロス, デイヴィッド
1958～2010 [著]「グレイフライアーズ・ボビー」 あるば書房 2011
Ross, David Southerland ロス, デイヴィッド
[著]「世界鉄道百科図鑑」 悠書館 2007
Ross, Dennis B. ロス, デニス
1948～ [国]アメリカ 政治家 米国中東和平担当大統領特使 [専]中東外交
Ross, Diana ロス, ダイアナ
1944～ [国]アメリカ 歌手, 女優
Ross, Diana ロス, ダイアナ
1910～ [著]「ちいさなきかんしゃレッドごう」 あすなろ書房 2001
Ross, Emily ロス, エミリー
[著]「100 Inc.」 エクスナレッジ 2007
Ross, Erin ロス, イアリン
[著]「ゴンドラに乗って」 ハーパーコリンズ・ジャパン 2016
Ross, Finn ロス, フィン
トニー賞 プレイ 舞台デザイン賞(2015年(第69回))ほか
Ross, Gary ロス, ゲイリー
[著]「シービスケット」 ソニー・マガジンズ 2003
Ross, Gary Earl ロス, ゲイリー・アール
アメリカ探偵作家クラブ賞 演劇賞(2006年) "Matter of Intent"
Ross, Helen Elizabeth ロス, ヘレン
1935～ [著]「月の錯視」 勁草書房 2014
Ross, Herbert ロス, ハーバート
1927～2001 [国]アメリカ 映画監督, 振付師
Ross, Irene S. ロス, アイリーン・S.
[著]「女性的感性を活かす交渉力」 産調出版 2007
Ross, Irwin ロス, アーヴィン
1919～ [著]「EVA価値創造への企業変革」 日本経済新聞社 2002
Ross, James ロス, ジェームス
[国]アメリカ アメフト選手
Ross, Jenny ロス, ジェニー
[著]「アート・オブ・ロー・リビングフード」 ライトワークス, ステップワークス(発売) 2010
Ross, Jeremy ロス, ジェレミー
[国]アメリカ アメフト選手
Ross, Jerilyn ロス, ジェリリン
[著]「不安障害」 日本評論社 2005
Ross, Jim ロス, ジム・"J.R."
1952～ [著]「ストーンコールド・トゥルース」 エンターブレイン 2004
Ross, JoAnn ロス, ジョアン
[著]「誘惑の天使」 ハーレクイン 2015

Ross, Joe　ロス, ジョー
　国アメリカ　野球選手
Ross, Joe　ロス, ジョー
　著「ロスフックトレーディング」パンローリング　2002
Ross, Joel　ロス, ジョエル
　国アメリカ　アメフト選手
Ross, John F.　ロス, ジョン・F.
　著「リスクセンス」集英社　2001
Ross, Joseph　ロス, ジョセフ
　国トリニダード・トバゴ　観光相
Ross, Josephine　ロス, ジョゼフィーン
　著「ジェイン・オースティンのマナー教本」英宝社　2014
Ross, Julie A.　ロス, ジュリー・A.
　1959〜　著「離婚後の共同養育と面会交流実践ガイド」北大路書房　2013
Ross, Karen　ロス, カレン
　1957〜　著「メディアオーディエンスとは何か」新曜社　2007
Ross, Kathryn　ロス, キャスリン
　著「ボスにだまされて」ハーレクイン　2013
Ross, Keith W.　ロス, キース・W.
　1956〜　著「インターネット技術のすべて」ピアソン・エデュケーション　2004
Ross, Kenneth　ロス, ケネス
　著「エリザベス・キューブラー・ロスの思い出」麻布小寅堂　2007
Ross, Kevin　ロス, ケビン
　著「クトゥルフ神話TRPGキングスポートのすべて」KADOKAWA　2016
Ross, Kristin　ロス, クリスティン
　著「68年5月とその後」航思社　2014
Ross, Lisa M.　ロス, リサ・M.
　著「ミニマル子育て」風濤社　2016
Ross, Luke　ロス, ルーク
　著「キャプテン・アメリカ：リボーン」ヴィレッジブックス　2014
Ross, Marilyn　ロス, マリリン
　1912〜　著「ダーク・シャドウ血の唇」扶桑社　2012
Ross, Michael Lewin　ロス, M.L.
　1961〜　著「レント、レント・シーキング、制度崩壊」出版研, 人間の科学新社（発売）　2012
Ross, Mike　ロス, マイク
　国アイルランド　ラグビー選手
Ross, Nikki　ロス, ニッキー
　著「株の天才たち」パンローリング　2005（2刷）
Ross, Paul　ロス, ポール
　1961〜2007　国アメリカ　甲南大学国際言語文化センター准教授
Ross, Rashad　ロス, ラシャド
　国アメリカ　アメフト選手
Ross, Reuben
　国カナダ　飛び込み選手
Ross, Richard　ロス, リック
　著「フィールドブック学習する組織「10の変革課題」」日本経済新聞社　2004
Ross, Robbie, Jr.　ロス, ロビー, Jr.
　国アメリカ　野球選手
Ross, Robert　ロス, ロバート
　1949〜　著「南アフリカの歴史」創土社　2009
Ross, Robert J.　ロス, ロバート
　著「洋服を着る近代」法政大学出版局　2016
Ross, Ronald G.　ロス, ロナルド・G.
　著「アジャイル経営のためのビジネスルールマネジメント入門」日経BP社, 日経BPマーケティング（発売）　2013
Ross, Ruth　ロス, ルース
　1952〜　著「DSM-4-TRケーススタディ」医学書院　2004
Ross, Sara　ロス, セイラ
　著「行動探求」英治出版　2016
Ross, Shane　ロス, シェーン
　国アイルランド　運輸・観光・スポーツ相
Ross, Sheldon M.　ロス, S.M.
　著「ファイナンス」同友館　2002
Ross, Stephen A.　ロス, S.A.
　著「コーポレートファイナンスの原理」金融財政事情研究会, きんざい（発売）　2007
Ross, Steven M.　ロス, スティーブン・M.
　1947〜　国ロス, S.M.　著「インストラクショナルデザインとテクノロジ」北大路書房　2013
Ross, Stewart　ロス, スチュワート

国ロス, スチュワート　著「氷河時代」大日本絵画　〔2010〕
Ross, Suzanne　ロス, スザーン
　1962〜　著「漆に魅せられて」桜の花出版, 星雲社（発売）　2015
Ross, Ted　ロス, テッド
　1934〜2002　国アメリカ　俳優
Ross, Terrence　ロス, テレンス
　国アメリカ　バスケットボール選手
Ross, Tony　ロス, トニー
　1938〜　ネスレ子どもの本賞 5歳以下部門 銀賞（2003年）"Tadpole's Promise"
Ross, Tyson　ロス, タイソン
　国アメリカ　野球選手
Ross, Werner　ロス, ヴェルナー
　1912〜　著「ルー・アンドレアスーザロメ」リーベル出版　2002
Ross, Wilbur L., Jr.　ロス, ウィルバー, Jr.
　1937〜　国アメリカ　投資家　WLロス&カンパニー会長・CEO, ジャパン・ソサエティ会長
Ross, William C.　ロス, ビル
　著「スタートレック指揮官の条件」ダイヤモンド社　2003
Rossabi, Morris　ロッサビ, モリス
　著「現代モンゴル」明石書店　2007
Rossant, Cyrille　ロサント, シリル
　著「IPythonデータサイエンスクックブック」オライリー・ジャパン, オーム社（発売）　2015
Rossell, Judith　ロッセル, ジュディス
　著「ルビーとレナードのひ・み・つ」PHP研究所　2009
Rossellini, Gil　ロッセリーニ, ジル
　?〜2008　国イタリア　映画プロデューサー
Rossellini, Isabella　ロッセリーニ, イザベラ
　ベルリン国際映画祭 ベルリナーレ・カメラ賞（第63回（2013年））
Rosser, Alvin　ロサー, アルヴィン
　著「ポール・オースターが朗読するナショナル・ストーリー・プロジェクト」アルク　2006
Rosser, Zevan　ロッサー, ジバン
　著「初めてのActionScript 3.0」オライリー・ジャパン, オーム社（発売）　2008
Rosser-Owen, Mariam　ロッサー＝オーエン, マリアム
　著「宮殿とモスクの至宝」V&Aパブリケーションズ　2005
Rosset, Barney　ロセット, バーニー
　?〜2012　国アメリカ　編集者　グローブ・プレス社長
Rosset i Llobet, Jaume　ロセー・イ・リョベー, ジャウメ
　ルセット・イ・ジュベット, ジャウマ　著「どうして弾けなくなるの？」音楽之友社　2012
Rossett, Allison　ロセット, アリソン
　著「インストラクショナルデザインとテクノロジ」北大路書房　2013
Rossetti, Gabriele　ロッセティ, ガブリエレ
　国イタリア　射撃選手
Rossettini, Luca　ロッセッティーニ, ルカ
　国イタリア　サッカー選手
Rossetto, Miguel　ロセット, ミゲル
　国ブラジル　労働・社会保障相
Rossi, Agustín　ロッシ, アグスティン
　国アルゼンチン　国防相
Rossi, Allegra　ロッシ, アレグラ
　著「イル・ディーヴォ」集英社　2006
Rossi, Armand　ロッシ, アーマンド
　著「カイロプラクティックのプロフェッショナル20人が語る仕事の流儀」科学新聞社出版局　2012
Rossi, Berardo　ロッシ, ベラルド
　1922〜　著「聖フランシスコとその時代」サンパウロ　2009
Rossi, Ernest Lawrence　ロッシ, アーネスト・ローレンス
　著「ミルトン・エリクソンの催眠の現実」金剛出版　2016
Rossi, Franco　ロッシ, フランコ
　1944〜　著「フランコ・ロッシのカルチョ・イタリア通信」水曜社　2008
Rossi, Giuseppe　ロッシ, ジュゼッペ
　1987〜　国イタリア, アメリカ　サッカー選手
Rossi, Giuseppe　ロッシ, ジュゼッペ
　著「サン・マリーノ共和国小史」丸善出版サービスセンター（制作）　2010
Rossi, Jacques　ロッシ, ジャック
　1909〜2004　作家
Rossi, Jessica　ロッシ, ジェシカ
　1992〜　国イタリア　射撃選手
Rossi, Marcelo　ロッシ, マルセロ

1967〜 著「愛するということについて君と語ろう。」サンマーク出版 2014
Rossi, Paolo ロッシ, パオロ
1965〜 著「セリエAに挑んだ男たち」朝日新聞社 2005
Rossi, Paolo ロッシ, パオロ
1923〜 著「普遍の鍵」国書刊行会 2012
Rossi, Peter Henry ロッシ, ピーター・H.
1921〜2006 著「プログラム評価の理論と方法」日本評論社 2005
Rossi, Rossana ロッシ, ロッサーナ
著「トスカーナのおいしい生活」アップオン, 主婦の友社（発売）2009
Rossi, Sheila I. ロッシ, シーラ・I.
著「ミルトン・エリクソンの催眠の現実」金剛出版 2016
Rossi, Tiziano ロッシ, ティツィアーノ
1935〜 著「通りすぎてゆく人びと」花神社 2001
Rossi, Valentino ロッシ, ヴァレンティーノ
1979〜 国イタリア オートバイライダー 異ロッシ, バレンチーノ / ロッシ, バレンティーノ
Rossi, Víctor ロッシ, ビクトル
国ウルグアイ 運輸・公共事業相
Rossi, Wagner ロッシ, ワギネル
国ブラジル 農牧・食料供給相
Rossignol, Laurence ロシニョル, ロランス
国フランス 家族・児童・女性権利相
Rossing, Thomas D. ロッシング, T.D.
1929〜 著「楽器の物理学」シュプリンガー・フェアラーク東京 2002
Rossini, Stéphane ロッシーニ, ステファヌ
著「古代エジプト文字ヒエログリフ入門」河出書房新社 2015
Rossio, Terry ロッシオ, テリー
著「ローン・レンジャー」竹書房 2013
Rossit, Desiree ロシト, デジレー
国イタリア 陸上選手
Rossiter, David ロッシター, D.
著「現代イギリスの政治算術」北海道大学図書刊行会 2003
Rossiter, John R. ロシター, ジョン・R.
著「戦略的マーケティング・コミュニケーション」東急エージェンシー出版部 2009
Rossiter, Marsha ロシター, マーシャ
1948〜 著「成人のナラティヴ学習」福村出版 2012
Rössler, Almut レスラー, アルムート
1932〜 著「メシアン創造のクレド」春秋社 2008
Rossler, Otto E. レスラー, オットー・E.
著「カオスはこうして発見された」共立出版 2002
Rössler, Roman レスラー, R.
1914〜 著「ベルジャーエフ哲学の基本理念」行路社 2002
Rossmann, Irmgard ロッスマン, イルムガルト
1935〜 著「エーテルと生命力」涼風書林 2015
Ross-mcmanus, Heather マクマナス, ロス
国カナダ トランポリン選手
Rossmo, D.Kim ロスモ, D.キム
著「地理的プロファイリング」北大路書房 2002
Rossner, Judith ロスナー, ジュディス
?〜2005 国アメリカ 作家
Rosso, Brian ロッソ, ブリアン
国アルゼンチン ボート選手
Rosso, Lionel ロッソ, リオネル
1967〜 著「ハリルホジッチ勝利のスパイラル」日本文芸社 2015
Rosso, Renzo ロッソ, レンツォ
1955〜 国イタリア ディーゼル創業者
Rossotti, Charles O. ロソッティ, チャールズ・O.
著「巨大政府機関の変貌」大蔵財務協会 2007
Rossum, Emmy ロッサム, エミー
1986〜 国アメリカ 女優
Rossum, Wouter van ロッスム, ワウテル・ファン
著「営業チームの強化法」ダイヤモンド社 2007
Ross-williams, Tiffany ロスウィリアムズ
国アメリカ 陸上選手
Rost, Andrea ロスト, アンドレア
1962〜 国ハンガリー ソプラノ歌手
Rost, Gottfried ロスト, ゴットフリート
1931〜 著「司書」白水社 2005
Rost, Peter ロスト, ピーター
著「製薬業界の闇」東洋経済新報社 2009
Rost, Richard ロスト, リヒャルト
著「高血圧とスポーツ」杏林書院 2002
Rostain, Anthony L. ロスタイン, アンソニー
著「成人のADHDに対する認知行動療法」金剛出版 2012
Rostain, Michel ロスタン, ミシェル
1942〜 著「ぼくが逝った日」白水社 2012
Rostami, Kianoush ロスタミ, キアヌーシュ
国イラン 重量挙げ選手
Rostila, Mikael ロスティーラ, M.
著「ソーシャル・キャピタルと健康政策」日本評論社 2013
Rostomyan, Hrachya ロストミャン, フラチャ
国アルメニア スポーツ・青年相 異ロストミャン, ラチャ
Rostotskii, Stanislav ロストツキー, スタニスラフ
1922〜2001 国ロシア 映画監督
Rostova, Natasha ロストーヴァ, ナターシャ
著「ターニング・ポイント」光文社 2002
Rostovtsev, Pavel ロストフツェフ
国ロシア バイアスロン選手
Rostow, Eugene V. ロストウ, ユージン
1913〜2002 国アメリカ 米国国務次官, 米国軍備管理軍縮局長
Rostow, Walt Whitman ロストウ, ウォルト
1916〜2003 国アメリカ 経済学者 米国大統領特別補佐官 異ロストー
Rostowski, Jan Vincent ロストフスキ, ヤン・ビンセント
国ポーランド 財務相
Rostropovich, Mstislav Leopoldovich ロストロポーヴィチ, ムスティスラフ
1927〜2007 国ロシア チェロ奏者, 指揮者, ピアニスト ワシントン・ナショナル交響楽団音楽監督・首席指揮者 異ロストロポービチ / ロストロポービッチ / ロストロポーヴィッチ
Rostunov, Ivan Ivanovich ロストーノフ, I.I.
著「ソ連から見た日露戦争」原書房 2009
Rostworowski de Diez Canseco, María ロストウォロフスキ・デ・ディエス・カンセコ, マリア
1915〜2016 国ペルー 歴史学者 異アンデス文明
Rosu, Monica ロス
国ルーマニア 体操選手
Roszak, Theodore ローザク, シオドア
1933〜2011 国アメリカ 文明批評家, ミステリー作家 カリフォルニア州立大学歴史学部教授 異ローザック, シオドー / ローザック, セオドア
Roszel, Renee ローゼル, レニー
著「月夜がくれた贈り物」ハーレクイン 2007
Rotblat, Joseph ロートブラット, ジョセフ
1908〜2005 国イギリス 物理学者 パグウォッシュ会議会長, ロンドン大学名誉教授 異核物理学, 放射線物理学 異ロートブラット, ジョゼフ
Rotchev, Vasily ロチェフ
国ロシア 距離スキー選手
Rotenberg, Robert ローテンバーグ, ロバート
1953〜 国カナダ 作家, 弁護士 異ミステリー, スリラー
Rotfeld, Adam Daniel ロートフェルト, アダム・ダニエル
国ポーランド 外相
Roth, Alvin ロス, アルビン
1951〜 国アメリカ 経済学者 スタンフォード大学教授, ハーバード大学名誉教授 異ゲーム理論, 実験経済学, マーケットデザイン 本名=Roth, Alvin Elliot 異ロス, アルヴィン
Roth, Andrew ロス, アンドルー
1919〜2010 国アメリカ ジャーナリスト, 評論家 異ロス, アンドリュー
Roth, Ann ロス, アン
トニー賞 プレイ 衣装デザイン賞（2013年（第67回））"The Nance"
Roth, Ariel Adrean ロス, アリエル・A.
1927〜 著「オリジンズ・起源」福音社 2006
Roth, Bennett E. ロス, ベネット・E.
著「自己愛の障害」金剛出版 2003
Roth, Bernard ロス, バーナード
著「スタンフォード大学dスクール 人生をデザインする目標達成の習慣」講談社 2016
Roth, Brigitta ロート, ブリギッタ
1940〜 著「愛のアフォリズム」集英社 2002
Roth, Carolyn Kaut ロス, キャロリン・カート
著「MRI基礎と実践」西村書店 2012
Roth, David ロス, デビッド
著「グリーン・バリュー経営への大転換」NTT出版 2013
Roth, Eric ロス, エリック

[著]「グッド・シェパード」 ソフトバンククリエイティブ 2007
Roth, Erik A. ロス, エリック・A.
[著]「イノベーションの最終解」 翔泳社 2014
Roth, François-Xavier ロト, フランソワ・グザヴィエ
1971～ [国]フランス 指揮者 南西ドイツ放送交響楽団バーデン・バーデン&フライブルク(SWR)首席指揮者, レ・シエクル指揮者 [異]ロート, フランソワ・グザヴィエ / ロト, フランソワ・グザビエ
Roth, Geneen ロス, ジェニーン
[著]「読むダイエット」 マーブルトロン, 三交社(発売) 2011
Roth, George ロス, ジョージ
[著]「フィールドブック学習する組織「10の変革課題」」 日本経済新聞社 2004
Roth, Hans-Dieter ロート, ハンス - ディーター
[国]ドイツ バーデン・ヴュルテンベルク州国際経済学術協力公社産業立地及び投資促進担当理事(日本・アジア担当)
Roth, Joe ロス, ジョー
1948～ [国]アメリカ 映画プロデューサー レボリューション・ピクチャーズ創立者 ウォルト・ディズニー・スタジオ会長, 20世紀フォックス会長
Roth, John ロス, ジョン
[著]「われわれに不況はない」 扶桑社 2002
Roth, John ロス, ジョン
[著]「プロフェッショナルVB.NET」 インプレス, インプレスコミュニケーションズ(発売) 2002
Roth, John K. ロス, ジョン・K.
1940～ [著]「神は悪の問題に答えられるか」 教文館 2002
Roth, Klaus Friedrich ロス, クラウス・フリードリッヒ
1925～2015 [国]イギリス 数学者 ロンドン大学インペリアル・カレッジ学長 [専]数論
Roth, Kurt ロース, K.
1955～ [著]「土壌中の溶質移動の基礎」 九州大学出版会 2005
Roth, Lauren ロス, ローレン
[著]「Colors of Hawaii」 マリン企画 2016
Roth, Marie-Louise ロート＝ツィマーマン, マリー＝ルイーズ
1926～ [著]「アルザスの小さな鐘」 法政大学出版局 2004
Roth, Megan ロス, ミーガン
[著]「トイ・ストーリーなぞのきょうりゅうワールド」 KADOKAWA 2015
Roth, Melinda ロス, メリンダ
[著]「戦場で出会った子犬の物語」 日経BP社, 日経BP出版センター(発売) 2008
Roth, Pamela ロス, パメラ
[著]「ロマンチックが好き」 ハーレクイン 2001
Roth, Philip ロス, フィリップ
1933～ [国]アメリカ 作家 本名＝Roth, Philip Milton
Roth, Robert H. ロス, ロバート・H.
1939～ [著]「神経薬理学」 メディカル・サイエンス・インターナショナル 2005
Roth, Sanford ロス, サンフォード
[著]「Shine of Life 命、煌いて」 日之出出版 2011
Roth, Susan L. ロス, スーザン・L.
[著]「マングローブの木」 さ・え・ら書房 2013
Roth, Susanne ロート, ズザンネ
[著]「24時間ですっきり！ ぐちゃぐちゃデスクのシンプル整理術」 技術評論社 2006
Roth, Sydney ロス, シドニー
[著]「アドラーの思い出」 創元社 2007
Roth, Tim ロス, ティム
1961～ [国]イギリス 俳優, 映画監督
Roth, Veronica ロス, ベロニカ
1988～ [国]アメリカ 作家 [専]ヤングアダルト
Roth, Werner ロス, ワーナー
[著]「X-MEN/スパイダーマン」 小学館集英社プロダクション 2014
Roth, William V., Jr. ロス, ウィリアム, Jr.
1921～2003 [国]アメリカ 政治家 米国上院議員(共和党), 米国上院財政委員長
Rothärmel, Sonja ロートエルメル, ソーニャ
[著]「承諾、拒否権、共同決定」 中央大学出版部 2014
Rothbart, Mary Klevjord ロスバート, メアリー・K.
[著]「脳を教育する」 青灯社 2012
Rothbauer, Paulette M. ロスバウアー, ポーレット・M.
[著]「読書と読者」 京都大学図書館情報学研究会, 日本図書館協会(発売) 2009
Rothbaum, Barbara O. ロスバウム, バーバラ・O.
[著]「PTSDの持続エクスポージャー療法ワークブック」 星和書店 2012
Rothchild, John ロスチャイルド, ジョン
[著]「ピーター・リンチの株の教科書」 ダイヤモンド社 2006
Rothemund, Marc ローテムンド, マルク
ベルリン国際映画祭 銀熊賞 監督賞(第55回(2005年)) "Sophie Scholl: Die letzten Tage"
Rothenberg, Lawrence S. ローゼンバーグ, L.S.
1958～ [著]「成功する政府失敗する政府」 岩波書店 2004
Rothenberg, Leon ローゼンバーグ, レオン
トニー賞 プレイ 音響デザイン賞(2013年(第67回)) "The Nance"
Rothenberger, Anneliese ローテンベルガー, アンネリーゼ
1926～2010 [国]ドイツ ソプラノ歌手
Rothengatter, Werner ローテンガッター, ベルナー
[著]「都市間交通と気候変動」 運輸政策研究機構 2014
Rother, Franklyn M. ロザー, フランクリン・M.
[著]「ヒューマンサービス」 第一出版 2009
Rother, Mike ローザー, マイク
[著]「トヨタのカタ」 日経BP社, 日経BPマーケティング(発売) 2016
Rother, Rainer ローター, ライナー
1956～ [著]「レーニ・リーフェンシュタール美の誘惑者」 青土社 2002
Rother, Steve ロウザー, スティーヴ
[著]「リ・メンバー」 ナチュラルスピリット 2009
Rothert, Gene ロサート, ジーン
[著]「障害者高齢者のためのバリアフリーガーデニング」 エンパワメント研究所, 筒井書房(発売) 2002
Rothfeder, Jeffrey ロスフィーダー, ジェフリー
1951～ [著]「日本人の知らないHONDA」 海と月社 2016
Rothfield, Lawrence ロスフィールド, ローレンス
1956～ [著]「掠奪されたメソポタミア」 NHK出版 2016
Rothfuss, Patrick ロスファス, パトリック
1973～ [国]アメリカ 作家 [専]ファンタジー, ヤングアダルト
Rothko, Christopher ロスコ, クリストファー
1963～ [著]「ロスコ芸術家のリアリティ」 みすず書房 2009
Rothkopf, David Jochanan ロスコフ, デヴィッド
1955～ [著]「超・階級(スーパークラス)」 光文社 2009
Rothlin, Philippe ロートリン, フィリップ
[著]「ボーアウト」 講談社 2009
Rothlin, Viktor ロスリン
[国]スイス 陸上選手
Rothman, Carole R. ロスマン, キャロル・R.
[著]「困った親とどうつき合うか」 幻冬舎 2002
Rothman, Ellen Lerner ロスマン, エレン
[著]「ハーバード医学校」 西村書店 2005
Rothman, James E. ロスマン, ジェームズ
1950～ [国]アメリカ 生化学者, 生物物理学者 エール大学教授 [異]ロスマン, ジェームズ・E.
Rothman, Johanna ロスマン, ジョハンナ
[異]ロスマン, ヨハンナ [著]「ザ・ベスト」 翔泳社 2005
Rothman, Tony ロスマン, トニー
[著]「聖なる数学：算額」 森北出版 2010
Rothner, A.David ロスナー, A.D.
[著]「小児の頭痛」 診断と治療社 2002
Rothrock, Jane C. ロスロック, ジェイン・C.
1948～ [著]「周手術期看護ハンドブック」 医学書院 2004
Rothschild, Babette ロスチャイルド, バベット
[著]「これだけは知っておきたいPTSDとトラウマの基礎知識」 創元社 2015
Rothschild, David de ロスチャイルド, デヴィッド・デ
[著]「地球環境図鑑」 ポプラ社 2009
Rothschild, Edmund Leopold de ロスチャイルド, エドマンド・レオポルド・ド
1916～2009 [国]イギリス 銀行家 N.M.ロスチャイルド・アンド・サンズ会長 [異]ロスチャイルド, エドモンド・ド
Rothschild, Elie de ロートシルト, エリー・ド
1917～2007 [国]フランス 銀行家 本名＝Rothschild, Elie Robert de
Rothschild, Erica ロスチャイルド, エリカ
[著]「ちいさなプリンセスソフィアふたりのソフィア」 講談社 2015
Rothschild, Frank D. ロスチャイルド, F.D.
1944～ [著]「弁護士のための法廷テクノロジー入門」 慈学社出版, 大学図書(発売) 2011
Rothschild, Guy de ロートシルト, ギイ・ド
1909～2007 [国]フランス 銀行家 パリ・ロートシルト財閥総帥

R

本名＝Rothschild, Guy Edouard Alphonse Paul de 🏷ロスチャイルド, ギイ
Rothschild, Joel ロスチャイルド, ジョエル
1957〜 🏷「シグナル」ハート出版 2005
Rothschild, Larry ロスチャイルド, ラリー
🏷アメリカ ニューヨーク・ヤンキースコーチ
Rothschild, Nadine de ロスチャイルド, ナディーヌ
1932〜 🏷「ロスチャイルド夫人の愛される女性の法則」光文社 2004
Rothschild, William E. ロスチャイルド, ウィリアム・E.
1933〜 🏷「GE世界一強い会社の秘密」インデックス・コミュニケーションズ 2007
Rothstein, Barry ロススタイン, バリー
🏷「ページからうきあがる！とびだす！3Dこんちゅうずかん」主婦の友社 2011
Rothstein, Betsy ロススタイン, ベッツィー
🏷「ページからうきあがる！とびだす！3Dこんちゅうずかん」主婦の友社 2011
Rothstein, Dan ロススタイン, ダン
🏷「たった一つを変えるだけ」新評論 2015
Rothstein, Larry ロススタイン, ラリー
🏷「「思い」と「言葉」と「身体」は密接につながっている」ヴォイス 2001
Rothstein, Lawrence R. ロススタイン, ローレンス・R.
🏷「「問題社員」の管理術」ダイヤモンド社 2007
Rothwell, Peter M. ロズウェル, ピーター・M.
🏷「エマージェンシー神経学」メディカル・サイエンス・インターナショナル 2009
Rothwell, Timothy ロスウェル, ティモシー
🏷「マーケティングのジレンマ」ダイヤモンド社 2004
Rothwell, William J. ロスウェル, ウィリアム
1951〜 🏷「コンピテンシーを活用したトレーニングの基本」ヒューマンバリュー 2016
Rotich, Eliud Kipchoge エリウド・キプチョゲ
🏷ケニア 陸上選手
Rotich, Ferguson Cheruiyot ロティッチ, ファーガソン
🏷ケニア 陸上選手
Rotich, Henry ロティチ, ヘンリー
🏷ケニア 財務相
Rotich, Lydia Chebet ロティッチ
🏷ケニア 陸上選手
Rotilla, Rafael ロティリャ, ラファエル
🏷フィリピン エネルギー相
Rotkirch, Anna ロトキルヒ, アンナ
1966〜 🏷「フィンランドにおける性的ライフスタイルの変容」大月書店 2006
Rotman, Joseph ロットマン, ジョセフ
1934〜 🏷「ガロア理論」丸善出版 2016
Rotolo, Suze ロトロ, スージー
🏷「グリニッチヴィレッジの青春」河出書房新社 2010
Rotondi, Gianfranco ロトンディ, ジャンフランコ
🏷イタリア 政策実施担当相
Rotter, Ariel ロッター, アリエル
ベルリン国際映画祭 銀熊賞 審査員グランプリ（第57回（2007年））"El otro"
Röttgen, Norbert レトゲン, ノルベルト
🏷ドイツ 環境相
Rottman, Gordon L. ロットマン, ゴードン
🏷「ガントリビア99」並木書房 2016
Rottmann, Wolfgang ロットマン
🏷オーストリア バイアスロン選手
Rotunda, Ronald D. ロタンダ, ロナルド・D.
1945〜 🏷「アメリカの法曹倫理」彩流社 2015
Rouamba, Jean-Paul ルアンバ, ジャンポール
🏷ブルキナファソ 動物資源相
Rouaud, Jean ルオー, ジャン
🏷「世界文学全集」河出書房新社 2008
Roubaud, Jacques ルーボー, ジャック
1932〜 🏷「ジャック・ルーボーの極私的東京案内」水声社 2011
Roubaudi, Ludovic ルーボディ, リュドヴィック
1963〜 🏷「サーカスの犬」光文社 2004
Roubini, Nouriel ルービニ, ヌリエル
🏷「大いなる不安定」ダイヤモンド社 2010
Rouch, Jean ルーシュ, ジャン
1917〜2004 🏷フランス 映画監督, 人類学者
Rouchouse, Jacques ルシューズ, ジャック
🏷「オペレッタ」白水社 2013
al-Roudan, Khaled Nasser Abdullah ローダーン, ハリド・ナセル・アブドラ
🏷クウェート 商工相
al-Roudhan, Roudhan Abdulaziz ロダン, ロダン・アブドルアジズ
🏷クウェート 国務相（内閣担当）
Roudinesco, Elisabeth ルディネスコ, エリザベート
1944〜 🏷ルディネスコ, エリザベト 🏷「ラカン, すべてに抗って」河出書房新社 2012
Rouge, Corentin ルージュ, コランタン
1983〜 🏷「ひとのからだ」世界文化社 2011
Rouge, Élodie ルージュ, エロディ
🏷「パリジェンヌたちのとっておきのパリ」原書房 2016
Rougé, Jean ルージェ, ジャン
🏷「古代の船と航海」法政大学出版局 2009
Rougé, Jean-Luc ルジェ, ジャン＝リュク
🏷フランス 仏柔道・柔術・剣道等連盟会長, 国際柔道連盟事務総長
Rougemont, Charlotte ルジュモン, シャルロッテ
🏷"グリムおばさん"とよばれて」こぐま社 2003
Roughan, Howard ローワン, ハワード
1966〜 🏷「殺意がふたりを分かつまで」ヴィレッジブックス 2008
Rouhani, Hassan ロウハニ, ハッサン
1948〜 🏷イラン 政治家, 宗教学者 イラン大統領 本名＝Feridon, Hassan 🏷ロハニ, ハサン
Rouillard, Pierre ルヤール, ピエール
🏷ルイヤール, ピエール 🏷「楔形文字をよむ」山川出版社 2012
Rouissi, Moncer ルーイシ, モンセル
🏷チュニジア 教育相 🏷ルイシ, モンセル
Roukema, Richard W. ロウキマ, リチャード・W.
🏷「すぐ引ける, すぐわかる精神医学最新ガイド」星和書店 2008
Roulston, Hayden ルールストン
🏷ニュージーランド 自転車選手
al-Roumi, Maryam Mohammaed Khalfan ルーミー, マリアム・ムハンマド・ハルファン
🏷アラブ首長国連邦 社会問題相
Rounds Ganilau, Bernadette ラウンズ・ガニンラウ, ベルナンデッテ
🏷フィジー 労働・観光・環境相
Roupakiotis, Antonis ルパキヨティス, アンドニス
🏷ギリシャ 法務・情報公開担当・人権相
Rourke, Mickey ローク, ミッキー
1956〜 🏷アメリカ 俳優 本名＝Rourke, Philip André 〈Rourke, Philip Andre〉
Rouse, Allan ラウス, アラン
グラミー賞 最優秀ヒストリカル・アルバム（2010年（第53回））"The Beatles (The Original Studio Recordings)" コンピレーション・プロデューサー
Rouse, Christopher ラウズ, クリストファー
アカデミー賞 編集賞（第80回（2007年））"The Bourne Ultimatum"
Rouse, Irving ラウス, アービング
1913〜2006 🏷アメリカ 考古学者 エール大学名誉教授・附属ピーボディ博物館名誉学芸員, 米国考古学会会長 本名＝Rouse, Benjamin Irving 🏷ラウス, アーヴィング
Rouse, Pete ラウス, ピート
🏷アメリカ 政治家 米国大統領首席補佐官 本名＝Rouse, Peter M.
Rousey, Ronda ラウジー
🏷アメリカ 柔道選手
Rousmaniere, Nicole Coolidge ルーマニエール, ニコル・クーリッジ
🏷イギリス 日本文化研究家 セインズベリー日本芸術研究所所長 🏷日本陶芸史・工芸史 🏷ルマニエール
Roussan, Bassem ルーサン, バセム
🏷ヨルダン 情報通信技術相
Rousse, Georges ルース, ジョルジュ
1947〜 🏷フランス アーティスト
Rousseau, Jacques ルソー, ジャック
🏷ハイチ共和国 公共事業・運輸・エネルギー・通信相
Rousseau, Jean-Charles ルソー, ジャン＝シャルル
1930〜 🏷「ワンワンパクッ！」あすなろ書房 2009
Rousseau, Nina ルソー, ニーナ

Rousseau, Pierre-Alexandre ルソー
 著「ニュージーランド」メディアファクトリー 2004
 国カナダ フリースタイルスキー選手
Rousseff, Dilma Vana ルセフ, ジルマ・バナ
 1947〜 国ブラジル 政治家, 経済学者 ブラジル大統領 異ルセフ, ディルマ
Roussel, Eric ルーセル, エリック
 1951〜 著「ドゴール」祥伝社 2010
Roussel, Joseph ルーセル, ジョセフ
 1962〜 著「戦略的サプライチェーンマネジメント」英治出版 2015
Rousset, Christophe ルセ, クリストフ
 1961〜 国フランス 指揮者, チェンバロ奏者 異ルーセ, クリストフ
Roussinova, Zornitsa ルシノバ, ゾルニツァ
 国ブルガリア 労働・社会政策相
Routex, Diane ルーテクス, ダイアン
 著「醜聞(スキャンダル)美術館」ユーキャン学び出版 2015
Routh, Brandon ラウス, ブランドン
 1979〜 国アメリカ 俳優 本名=ラウス, ブランドン・ジェームズ〈Routh, Brandon James〉
Routh, Lisa C. ラウス, リサ
 著「脳画像でみる「うつ」と「不安」の仕組み」花風社 2004
Routh, Marvin L. ルーシュ, マーヴィン・L.
 著「リスク分析工学」丸善 2003
Routledge, Victoria ルートリッジ, ヴィクトリア
 1974〜 著「ダンとハリーとフラットで」産業編集センター 2002
Routledge, Wayne ラウトリッジ, ウェイン
 国イングランド サッカー選手
Rouvier, Jaques ルヴィエ, ジャック
 1947〜 国フランス ピアニスト パリ音楽院教授
Rouvillois, Frédéric ルヴィロワ, フレデリック
 1964〜 著「ベストセラーの世界史」太田出版 2013
Rouvoet, André ローフート, アンドレ
 国オランダ 副首相兼青年・家庭相
Rouwenhorst, K.Geert ルーヴェンホルスト, K.ゲールト
 著「商品先物の実話と神話」日経BP社, 日経BP出版センター(発売) 2006
Roux, Christian ルウ, クリスチャン
 1952〜 著「ぶち猫コヤバシ, とら猫タネダの禅をさがして」草思社 2005
Roux, Emmanuel de ルー, エマニュエル・ド
 1944〜 著「闇に消える美術品」東京書籍 2003
Roux, François-Xavier ルー, フランソワ=グザヴィエ
 著「並列計算の数理とアルゴリズム」森北出版 2015
Roux, Jean-Luc ルー, ジャン・リュック
 著「音楽家の手」協同医書出版社 2006
Roux, Jean-Paul ルー, ジャン=ポール
 1925〜 著「王」法政大学出版局 2009
Roux, La ラ・ルー
 グラミー賞 最優秀エレクトロニック/ダンス・アルバム(2010年(第53回)) "La Roux"
Roux, Marie-Genevieve ルー, マリー=ジュヌヴィエーヴ
 異ルー, ジュヌビエーブ 著「聖ルイーズ・ド・マリヤック」ドン・ボスコ社 2002
Roux, Rómulo ルークス, ロムロ
 国パナマ パナマ運河担当相
Roux, Rómulo Alberto ルークス, ロムロ・アルベルト
 国パナマ 外相
Roux, Simone ルー, シモーヌ
 1934〜 著「中世パリの生活史」原書房 2004
Roux, Stephane ルー, ステファン
 著「ガーディアンズ:チームアップ」小学館集英社プロダクション 2016
Rouyer, Philippe ルイエ, フィリップ
 著「ミヒャエル・ハネケの映画術」水声社 2015
Rouzbahani, Ehsan ルズバハニ, エーサン
 国イラン ボクシング選手 異ルーズバハニ
Rovatti, Pier Aldo ロヴァッティ, ピエル・アルド
 1942〜 著「弱い思考」法政大学出版局 2012
Rove, Karl ローブ, カール
 1950〜 国アメリカ 米国大統領次席補佐官 本名=Rove, Karl Christian
Rovell, Darren ロベル, ダレン
 1978〜 著「アメリカ・スポーツビジネスに学ぶ経営戦略」大修館書店 2006

Rovelli, Carlo ロヴェッリ, カルロ
 1956〜 著「世の中がかわりと変わって見える物理の本」河出書房新社 2015
Roven, Charles ローヴェン, チャールズ
 著「ダークナイト」フォーインスクリーンプレイ事業部(発売) 2012
Rovéro-Carrez, Julie ロヴェロ・カレズ, ジュリー
 1974〜 著「トーキョー・シスターズ」小学館 2011
Roversi, Tiziana ロヴェルシ, ティツィアーナ
 1957〜 著「オオカミの話キツネの話」ワールドライブラリー 2015
Rovin, Jeff ロヴィン, ジェフ
 著「狼男の逆襲」扶桑社 2006
Rovira, Alex ロビラ, アレックス
 1969〜 国スペイン 作家, ビジネスコンサルタント, 経済学者 著スピリチュアル, 自己啓発
Rovira, Guiomar ロビラ, G.
 1967〜 著「メキシコ先住民女性の夜明け」日本経済評論社 2005
Rovira Carol, Francisca ロビラ・カロル, フランチスカ
 1920〜 著「ベレンで巡る世界のクリスマス」文化評論 2005
Rovirosa-Madrazo, Citlali ロヴィローザ=マドラーソ, チットラーリ
 著「《非常事態》を生きる」作品社 2012
Rovit, Sam ロビット, サム
 著「M&A賢者の意思決定」ダイヤモンド社 2007
Rowa, Karen A. ロワ, カレン
 著「社交不安障害」金剛出版 2011
Rowan, Nina ローワン, ニーナ
 著「誘惑の方程式」扶桑社 2014
Rowan, Tiddy ローワン, ティディ
 著「マインドフルネスマンダラ」ガイアブックス 2016
Rowan, Tim ローワン, ティム
 1952〜 著「精神障害への解決志向アプローチ」金剛出版 2005
al-Rowas, Abdullah bin Salim ラッワス, アブドラ・ビン・サリム
 国オマーン 地方自治・水資源相
Rowbottom, David G. ローボトム, D.G.
 著「スポーツのオーバートレーニング」大修館書店 2001
Rowbottom, Mike ローボトム, マイク
 著「なぜ, スポーツ選手は不正に手を染めるのか」エクスナレッジ 2014
Rowbury, Shannon ローバリー, シャノン
 国アメリカ 陸上選手
Rowe, David C. ロウ, D.C.
 ?〜2003 著「犯罪の生物学」北大路書房 2009
Rowe, Eric ロウ, エリック
 国アメリカ アメフト選手
Rowe, Eriko ロウ, エリコ
 1957〜 著「太ったインディアンの警告」日本放送出版協会 2006
Rowe, Jeannette ロウ, ジャネット
 1954〜 著「だれのあしかな?」大日本絵画 2005
Rowe, Leonard ロウ, レオナルド
 著「マイケルに起きた真実」マイケルジャクソン世界平和委員会, さんが出版(発売) 2011
Rowe, Mary ロー, メリー
 異ローベ, メリー 著「「問題社員」の管理術」ダイヤモンド社 2007
Rowe, Michael ロウ, マイケル
 カンヌ国際映画祭 カメラドール(第63回(2010年)) "Año Bisiesto"
Rowe, Michele ロウ, マイケル
 英国推理作家協会賞 デビュー・ダガー(2011年) "Hidden Lies"
Rowe, Thomas D., Jr. ロウ, トーマス・D., Jr.
 著「アメリカ民事訴訟法の理論」商事法務 2006
Rowell, Patricia Frances ローエル, パトリシア・F.
 著「塔の中のペルセフォネ」ハーレクイン 2015
Rowell, Rainbow ロウェル, レインボー
 国アメリカ 作家 著文学
Rowen, Ben ローウェン, ベン
 国アメリカ 野球選手
Rowen, Henry S. ローエン, ヘンリー・S.
 著「シリコンバレー」日本経済新聞社 2001
Rowen, Michelle ローウェン, ミシェル
 著「悪魔姫(デーモンプリンセス)」ヴィレッジブックス 2013
al-Rowhani, Abdul-Wahab アル・ロウハニ, アブドワハブ

[国]イエメン 文化相
Rowland, Frank Sherwood ローランド, フランク・シャーウッド
1927～2012 [国]アメリカ 大気化学者 カリフォルニア大学アーバイン校教授 [専]ホットアトム化学, 気相反応機構, フロンガス研究 [異]ローランド, シャーウッド
Rowland, Ian ローランド, イアン
[著]「コールド・リーディング」 楽工社 2011.1
Rowland, William C. ローランド, ウィリアム・C.
[著]「特許の英語表現・文例集」 講談社 2004
Rowlands, Caroline ローランズ, キャロライン
[著]「ビックリ3D図鑑ジュラシック・ワールド」 岩崎書店 2015
Rowlands, Gena ローランズ, ジーナ
1930～ [国]アメリカ 女優 本名＝ローランズ, バージニア・キャスリン〈Rowlands, Virginia Cathryn〉
Rowlands, Graham ロウランズ, グラハム
[著]「実践ヘッジファンド投資」 日本経済新聞社 2001
Rowlands, J.Craig ローランズ, J.クレイグ
[著]「食品の機能性表示と世界のレギュレーション」 薬事日報社 2015
Rowlands, Mark ローランズ, マーク
1962～ [著]「哲学者が走る」 白水社 2013
Rowlands, Penelope ローランズ, ペネロピー
[著]「ジャン・プルヴェ」 フレックス・ファーム 2001
Rowlands, Tom ローランズ, トム
[国]イギリス ミュージシャン
Rowland-Warne, L. ローランド＝ワーン, L.
[著]「衣服の歴史図鑑」 あすなろ書房 2005
Rowley, Anna ローリー, アンナ
[著]「リーダー・セラピー」 阪急コミュニケーションズ 2009
Rowley, Arthur ローリー, アーサー
1926～2002 [国]イギリス サッカー選手, サッカー監督 本名＝Rowley, George Arthur
Rowley, Chris ローリー, クリス
[著]「グローバル・ティーチャーの理論と実践」 明石書店 2011
Rowley, G.G. ローリー, ゲイ
[著]「越境する日本文学研究」 勉誠出版 2009
Rowley, Keith ローリー, キース
[国]トリニダード・トバゴ 首相
Rowley, Laura ローリー, ローラ
[著]「ターゲット」 商業界 2005
Rowley, Londi L. ローリー, ロンディー
[異]ローリー, ロンディ [著]「メリー・ペザント」 サンーケイ（製作） 2004
Rowley, Neville ローレ, ヌヴィル
[著]「フラ・アンジェリコ」 創元社 2013
Rowley, Nic ローリー, ニック
[著]「いきいきエネルギーアップ」 産調出版 2004
Rowling, J.K. ローリング, J.K.
1965～ [国]イギリス 児童文学作家 [専]フィクション, ヤングアダルト, ファンタジー 筆名＝ガルブレイス, ロバート〈Galbraith, Robert〉 [異]ラウリング, J.K. / ラウリング, ジョアン
Rowling, Marye ローリング, メアリー
[著]「子どもと楽しむシュタイナー教育の手作りおもちゃ」 学陽書房 2005
Rowlinson, Michael ローリンソン, マイケル
[著]「組織と制度の経済学」 文真堂 2001
Rowly, Janet Davison ラウリー, ジャネット
1925～2013 [国]アメリカ 医師, 医学者 シカゴ大学人類遺伝学部ブラム・リース特別教授 [専]遺伝学, がん研究 [異]ロウリー, ジャネット
Rowntree, Derek ロウントリー, D.
[著]「新・涙なしの統計学」 新世社, サイエンス社（発売） 2001
Rowntree, Kate ラウントリー, ケイト
[著]「南アフリカ」 ほるぷ出版 2009
Rowson, James ローソン, ジェームズ
[国]アメリカ ミネソタ・ツインズコーチ
Rowthorn, Robert ローソン, ロバート
[著]「結婚と離婚の法と経済学」 木鐸社 2004
Roxas, Manuel Ⅱ ロハス, マヌエル
1957～ [国]フィリピン 政治家 フィリピン内務・自治相
Roxburgh, Peter ロクスバーグ, ピーター
[著]「標準J2EEテクノロジー」 翔泳社 2003
Roxin, Claus ロクシン, クラウス
[著]「ロクシン刑法総論」 信山社 2012
Roxon, Nicola ロクソン, ニコラ
[国]オーストラリア 司法長官兼緊急事態管理相
Roy, Arundhati ロイ, アルンダティ
1960～ [国]インド 作家, 脚本家, 活動家 本名＝Roy, Suzanna Arundhati [異]ロイ, アルダティー / ロイ, アルンダティー / ロイ, アルンドハティ
Roy, Ashok ロイ, アッシュ
1971～ [著]「インドと組めば日本は再建できる」 幻冬舎 2011
Roy, Callista ロイ, カリスタ
[異]ロイ, シスター・カリスタ [著]「ザ・ロイ適応看護モデル」 医学書院 2010
Roy, Geoffrey ロイ, ジェフリー
[著]「写真と地図で愉しむ世界一周夢の旅図鑑」 日経ナショナルジオグラフィック社, 日経BP出版センター（発売） 2007
Roy, Indrapramit ロイ, インドラプラミット
[著]「はらぺこライオン」 アートン 2005
Roy, Jan ロイ, ジャン
[著]「実践バランス・スコアカード経営」 生産性出版 2005
Roy, Jean ロワ, ジャン
[著]「サンソン・フランソワ」 ヤマハミュージックメディア 2001
Roy, Jean-Philippe ロワ
[国]カナダ アルペンスキー選手
Roy, Jim ロイ, ジム
1954～ [著]「ウィリアム・グラッサー」 アチーブメント出版 2015
Roy, Kenny ロイ, ケニー
[著]「Mayaキャラクターアニメーション」 ボーンデジタル 2014
Roy, Lori ロイ, ローリー
[国]アメリカ 作家 [専]ミステリー
Roy, Olivier ロワ, オリヴィエ
1949～ [著]「現代中央アジア」 白水社 2007
Roy, Ravi ロイ, ラビ
[著]「放射能」 ホメオパシー出版 2011
Roy, Roberto ロイ, ロベルト
[国]パナマ パナマ運河担当相
Roy, Ron ロイ, ロン
1940～ [著]「名画と怪盗オレンジ」 フレーベル館 2014
Roy, Sander ロイ, サンダー
[著]「リウマチ痛みからの解放」 〔村田昭子〕 2003
Roy, Sara M. ロイ, サラ
1955～ [著]「ホロコーストからガザへ」 青土社 2009
Roy, Sofie ロイ, ソフィー
[著]「実践バランス・スコアカード経営」 生産性出版 2005
Roy, Stapleton ロイ, ステープルトン
1935～ [国]アメリカ 外交官, アジア専門家 駐中国米国大使 [専]中国問題, アジア問題 [異]ロイ, ステープ / ロイ, ステイプルトン
Royal, Eddie ロイヤル, エディー
[国]アメリカ アメフト選手
Royal, Jacob ロイヤル, ジャコブ
[著]「Javaチュートリアル」 ピアソン・エデュケーション 2007
Royal, Lyssa ロイヤル, リサ
[著]「ギャラクティックファミリーと地球のめざめ」 ヴォイス 2013
Royal, Mark ロイヤル, マーク
1967～ [著]「エンゲージメント革命」 生産性出版 2012
Royal, Ségolène ロワイヤル, セゴレーヌ
1953～ [国]フランス 政治家 フランスエコロジー・持続可能開発・エネルギー相 本名＝Royal, Marie Ségolène [異]ロワヤル, セゴレーヌ
Royall, Baroness ロイヤル卿
[国]イギリス 上院院内総務兼枢密院議長
Royce, Amara ロイス, アマラ
[著]「時間（とき）の流れに愛を刻んで」 オークラ出版 2014
Royce, Catherine ロイス, キャサリン
[著]「行動探求」 英治出版 2016
Royce, Walker ロイス, ウォーカー
1955～ [著]「反復型開発のエコノミクス」 ピアソン・エデュケーション 2009
Royer, Isabelle ロワイエ, イザベル
[著]「いかに「プロジェクト」を成功させるか」 ダイヤモンド社 2005
Royer, Paul S. ロイヤー, ポール・S.
1946～ [著]「プロジェクト・リスクマネジメント」 生産性出版 2002
Roy Helland, J. ヘランド, J.ロイ
アカデミー賞 メイクアップ賞（第84回（2011年）） "The Iron Lady"

Royle, Aaron　ロイル、アーロン
　国オーストラリア　トライアスロン選手
Royle, Nicholas　ロイル、ニコラス
　著「インスマス年代記」学習研究社　2001
Royle, Nicholas　ロイル、ニコラス
　1957～　著「デリダと文学」月曜社　2014
Royle, Trevor　ロイル、トレヴァー
　1945～　著「薔薇戦争新史」彩流社　2014
Røys, Heidi Grande　ロイス、ハイディ・グランデ
　国ノルウェー　行政改革相
Royston, Angela　ロイストン、アンジェラ
　著「池上彰のニュースに登場する世界の環境問題」さ・え・ら書房　2011
Royte, Elizabeth　ロイト、エリザベス
　著「ミネラルウォーター・ショック」河出書房新社　2010
Rozan, S.J.　ローザン、S.J.
　国アメリカ　作家
Rozanski, Nick　ロザンスキ、ニック
　著「ソフトウェアシステムアーキテクチャ構築の原理」SBクリエイティブ　2014
Rozeanu, Angelica　ロゼアヌ、アンジェリカ
　1921～2006　国イスラエル　卓球選手
Rozenberg, Jacques J.　ローゼンベルグ、ジャック・J.
　著「生命倫理学」駿河台出版社　2001
Rozenberg, Pavlo　ロツェンベルク
　国ドイツ　飛び込み選手
Rozenko, Pavlo　ロゼンコ、パウロ
　国ウクライナ　副首相
Różewicz, Tadeusz　ルジェヴィチ、タデウシュ
　1921～2014　国ポーランド　詩人、劇作家、作家　愛ルジェービチ／ルジェウィッチ／ルジェビチ／ルジェビッチ／ルジェヴィッチ
Rozhdestvenskii, Gennadii　ロジェストヴェンスキー、ゲンナジイ
　1931～　国ロシア　指揮者　読売日本交響楽団名誉指揮者　ボリショイ劇場芸術総監督　本名=Rozhdestvenskii, Gennadii Nikolaevich　愛ロジェストベンスキー
Rozhetskin, A.M.　ロジェーツキン、A.
　著「露和大辞典」「現代語」出版社　2004
Rozhkova, Ekaterina　ロシコーワ、エカテリーナ
　著「エゴール少年大草原の旅」未知谷　2011
Rozier, Jacques　ロジエ、ジャック
　1926～　国フランス　映画監督
Rozier, Terry　ロジアー、テリ
　国アメリカ　バスケットボール選手
Rozov, Viktor Sergeevich　ローゾフ、ヴィクトル
　1913～2004　国ロシア　劇作家
Rozsa, Ameni　ローザ、アメニ
　著「ポール・オースターが朗読するナショナル・ストーリー・プロジェクト」アルク　2005
Rozukulov, Ulugbek　ロズクロフ、ウルグベク
　国ウズベキスタン　副首相
Rozum, John　ローザム、ジョン
　著「NEW 52：スーパーマン／ヤング・ジャスティス」ヴィレッジブックス　2013
Rozycki, John J.　ロジスキー、ジョン・J.
　著「アメリカ会計学」同友館　2013
Rozyev, Kurbanmurad　ロズイエフ、クルバンムラド
　国トルクメニスタン　副首相
Rrahmani, Imet　ラーマニ、イメット
　国コソボ　保健相
Rtveladze, Edvard Vasilévich　ルトヴェラゼ、エドヴァルド
　ルトヴェラーゼ、E.　著「考古学が語るシルクロード史」平凡社　2011
Rua, Ryan　ルア、ライアン
　国アメリカ　野球選手
Rua, To Huy　ルア、トー・フイ
　国ベトナム　越日友好議員連盟会長、元・共産党中央組織委員長
Ruak, Taur Matan　ルアク、タウル・マタン
　1956～　国東ティモール　政治家、軍人　東ティモール大統領　東ティモール国軍司令官　本名=バスコンセロス、ジョゼ・マリア
Ruano, Alfonso　ルアーノ、アルフォンソ
　1949～　著「ペドロの作文」アリス館　2004
Ruano-Borbalan, Jean-Claude　ルアノ=ボルバラン、ジャン=クロード
　愛リュアノ=ボルバラン、ジャン=クロード　著「個別化していく教育」明石書店　2007

Ruano Pascual, Virginia　ルアノパスクアル
　国スペイン　テニス選手
al-Rubai, Nasir　ルバイ、ナシル
　国イラク　労働・社会問題相
Rubalcaba, Alfredo Pérez　ルバルカバ、アルフレッド・ペレス
　国スペイン　第1副首相兼内相　愛ルバルカバ、アルフレッド
Rubalcaba, Gonzalo　ルバルカバ、ゴンサロ
　1963～　国キューバ　ジャズ・ピアニスト
Rubalcaba, Jill　ルバルカーバ、ジル
　著「古代エジプト」BL出版　2013
Ruban, Viktor　ルバン、ビクトル
　国ウクライナ　アーチェリー選手　愛ルバン
Rubel, David　ルーベル、デイヴィッド
　著「アメリカ」東洋書林　2010
Rubel, Nicole　ルーベル、ニコール
　著「あくたれラルフのハロウィン」PHP研究所　2016
Rubel, William　ルーベル、ウィリアム
　著「パンの歴史」原書房　2013
Ruben　ルベン
　国スペイン　サッカー選手
Ruben, Blanco　ルベン・ブランコ
　国スペイン　サッカー選手
Ruben, Nicholas E.　ルーベン、ニコラス・E.
　著「売り込まなくても売れる！」フォレスト出版　2002
Ruben Castro　ルベン・カストロ
　国スペイン　サッカー選手
Ruben Duarte　ルベン・ドゥアルテ
　国スペイン　サッカー選手
Rubenfeld, Jed　ルーベンフェルド、ジェド
　国アメリカ　作家、法学者　エール大学法科教授　愛ミステリー
Rubenis, Martins　ルベニス
　国ラトビア　リュージュ選手
Ruben Neves　ルベン・ネヴェス
　国ポルトガル　サッカー選手
Ruben Pena　ルベン・ペーニャ
　国スペイン　サッカー選手
Ruben Perez　ルベン・ペレス
　国スペイン　サッカー選手
Rubens, Bernice Ruth　ルーベンス、バーニス
　1928～2004　国イギリス　作家
Ruben Semedo　ルベン・セメド
　国ポルトガル　サッカー選手
Ruben Sobrino　ルベン・ソブリーノ
　国スペイン　サッカー選手
Rubenstein, David M.　ルーベンスタイン、デービッド
　1949～　国アメリカ　実業家、法律家　カーライル・グループ共同CEO・共同創業者　愛ルーベンシュタイン、デイビッド／ルーベンスタイン、デビッド
Rubenstein, Richard E.　ルーベンスタイン、リチャード・E.
　著「殺す理由」紀伊国屋書店　2013
Ruben Vezo　ルベン・ヴェソ
　国ポルトガル　サッカー選手
Ruben Yanez　ルベン・ジャニェス
　国スペイン　サッカー選手
Rubeo, Bruno　ルベオ、ブルーノ
　1946～2011　国イタリア　映画美術監督、プロダクション・デザイナー
Ruberwa, Azarias　ルベルワ、アザリアス
　国コンゴ民主共和国　副大統領
Rubin, Ahtyba　ルービン、アータイバ
　国アメリカ　アメフト選手
Rubin, Barry R.　ルービン、バリー・R.
　1947～　著「アメリカに学ぶ市民が政治を動かす方法」日本評論社　2002
Rubin, Charles　ルービン、チャールズ
　1953～　愛ルービン、チャールズ　著「Microsoft Office Word 2003オフィシャルマニュアル」日経BPソフトプレス、日経BP出版センター（発売）　2004
Rubin, Emanuel　ルービン、エマニュエル
　1928～　著「ルービン カラー基本病理学」西村書店東京出版編集部　2015
Rubin, Emily　ルービン、エミリー
　著「SCERTSモデル」日本文化科学社　2012
Rubin, Gretchen　ルービン、グレッチェン
　著「人生は「幸せ計画」でうまくいく！」サンマーク出版　2010
Rubin, James Henry　ルービン、ジェームズ・H.
　著「西洋名画の読み方」創元社　2016

Rubin, Jay　ルービン, ジェイ
1941～ [国]アメリカ　日本文学研究家, 翻訳家　ハーバード大学名誉教授 [専]文学, フィクション

Rubin, Judith Aron　ルービン, J.A.
[著]「芸術療法の理論と技法」 誠信書房　2001

Rubin, Ken　ルービン, ケン
1962～ [著]「火山と地震」 昭文社　2008

Rubin, Kenneth S.　ルービン, ケネス
[異]ルビン, ケネス・H. [著]「エッセンシャルスクラム」 翔泳社　2014

Rubin, Louis, Jr.　ルビン, ルイス, Jr.
全米書評家協会賞 イヴァン・サンドロフ賞（2004年）

Rubin, Richard　ルービン, リチャード
1949～ [著]「図書館情報学概論」 東京大学出版会　2014

Rubin, Rick　ルービン, リック
グラミー賞 最優秀プロデューサー（クラシック以外）（2008年（第51回））ほか

Rubin, Robert Edward　ルービン, ロバート
1938～ [国]アメリカ　実業家, 政治家　米国財務長官, ゴールドマン・サックス共同会長 [異]ルービン, ロバート・E.

Rubin, Ron　ルービン, ロン
1949～ [著]「「人生の成功者」になれる人」 大和書房　2003

Rubin, Sergio　ルビン, セルヒオ
[著]「教皇フランシスコとの対話」 新教出版社　2014

Rubin, Theodore Isaac　ルービン, セオドア・アイザック
[著]「物語に閉じこもる少年たち」 ポプラ社　2002

Rubinchik, IUrii Aronovich　ルビンチク, ユー・アー
[著]「ペルシア語文法」〔佐藤昭子〕　2004

Rubin Dranger, Joanna　ルービン・ドランゲル, ヨアンナ
1970～ [著]「わたしを探しに」 ワニブックス　2004

Rubinfeld, Daniel L.　ルビンフェルド, ダニエル・L.
[著]「ピンダイク＆ルビンフェルドミクロ経済学」 KADOKAWA　2014

Rubinger, Andrew Lee　ルビンジャー, アンドリュー・リー
[著]「Enterprise JavaBeans 3.1」 オライリー・ジャパン, オーム社（発売）　2011

Rubinger, Richard　ルビンジャー, リチャード
1943～ [著]「日本人のリテラシー」 柏書房　2008

Rubini, Alessandro　ルビーニ, アレッサンドロ
[著]「Linuxデバイスドライバ」 オライリー・ジャパン, オーム社（発売）　2005

Rubino, Guido P.　ルビーノ, グイド・P.
[著]「自転車競技の歴史を"変速"した革新のパーツたち」 椎出版社　2009

Rubino, Joe　ルビーノ, ジョー
[著]「魔法のランタン」 オーエス出版　2002

Rubino, John A.　ルビノ, ジョン
[著]「ドルの崩壊と資産の運用」 同友館　2007

Rubinstein, Ariel　ルービンシュタイン, アリエル
1951～ [異]ルビンシュタイン, アリエル [著]「ルービンシュタイン ゲーム理論の力」 東洋経済新報社　2016

Rubio, Gabriela　ルビオ, ガブリエラ
1966～ [著]「ぺぺおじさんとゆかいないぬ」 学習研究社　c2008

Rubio, Israel Jose　ルビオ
[国]ベネズエラ　重量挙げ選手

Rubio, Marco　ルビオ, マルコ
1971～ [国]アメリカ　政治家, 弁護士　米国上院議員（共和党）　本名＝Rubio, Marco Antonio

Rubio, Ricky　ルビオ, リッキー
[国]スペイン　バスケットボール選手

Rubio-Barreau, Vanessa　ルビオ・バロー, ヴァネッサ
[著]「美女と野獣」 竹書房　2014

Rubio Correa, Marcial　ルビオ・コレア, マルシアル
[国]ペルー　教育相

Rubio López de la Llave, Carlos　ルビオ・ロペス・デ・ラ・ジャベ, カルロス
[国]スペイン　翻訳家・執筆家（日本文学）, コンプルテンセ大学フェリペ2世校翻訳・通訳学部教授, 元・コンプルテンセ大学フェリペ2世校日本語・日本文化教授

Rubio Rodriguez, Eduardo　ルビオロドリゲス, エドゥアルド
[国]キューバ　ボート選手

Rublevska, Elena　ルブレフスカ
[国]ラトビア　近代五種選手

Rübsamen-Waigmann, Helga　リューブザーメン＝ヴァイクマン, ヘルガ
1949～ [著]「科学技術とジェンダー」 明石書店　2004

Ruby, Karine　ルビ, カリーヌ
1978～2009 [国]フランス　スノーボード選手 [異]リュビ / リュビ, カリーヌ

Ruby, Sam　ルビー, サム
[著]「RESTful Webサービス」 オライリー・ジャパン, オーム社（発売）　2007

Ruccio, David F.　ルッチオ, デイヴィッド
[著]「経済学と知」 御茶の水書房　2007

Ruch, Barbara　ルーシュ, バーバラ
[国]アメリカ　日本文学研究家　コロンビア大学名誉教授・中世日本研究所長 [専]日本中世文学

Rucht, Dieter　ルヒト, ディーター
[著]「サイバープロテスト」 皓星社　2009

Rucka, Greg　ルッカ, グレッグ
1970～ [国]アメリカ　作家 [専]ミステリー

Ruckauf, Carlos Federico　ルカウフ, カルロス
1944～ [国]アルゼンチン　政治家, 法律家　アルゼンチン副大統領, アルゼンチン外相

Rucker, Darius　ラッカー, ダリアス
グラミー賞 最優秀カントリーソロ歌手（2013年（第56回））"Wagon Wheel"

Rucker, Frostee　ラッカー, フロスティー
[国]アメリカ　アメフト選手

Rucker, Rudy von Bitter　ラッカー, ルディ
1946～ [異]ラッカー, ルーディ [著]「四次元の冒険」 工作舎　2007

Rückert, Sabine　リュッカート, ザビネ
[著]「未発覚殺人」 丸善京都出版サービスセンター（製作）　2003

Rucki, Eva　ルッキ, エヴァ
[著]「Supergraphics」 ビー・エヌ・エヌ新社　2011

Ruckman, William P.　ラックマン, ウィリアム・P.
[著]「女性のためのアメリカ医療ガイド」 ジェトロ　2002

Rudalevicius, Jonas　ルダレビチウス, ヨナス
[国]リトアニア　行革・地方自治相

Rudd, Amber　ラッド, アンバー
[国]イギリス　内相

Rudd, Kevin　ラッド, ケビン
1957～ [国]オーストラリア　政治家　オーストラリア首相・外相, オーストラリア労働党党首 [異]ラッド, ケヴィン

Ruddell, Peter　ルデル, P.
[著]「認知行動療法入門」 金剛出版　2004

Rudden, Marie　ラデン, マリー
1951～ [著]「うつ病の力動的精神療法」 金剛出版　2010

Rudder, Christian　ラダー, クリスチャン
[著]「ハーバード数学科のデータサイエンティストが明かすビッグデータの残酷な現実」 ダイヤモンド社　2016

Ruddock, Philip　ラドック, フィリップ
[国]オーストラリア　法相

Rude, Steve　ルード, スティーブ
[著]「ビフォア・ウォッチメン：オジマンディアス/クリムゾン・コルセア」 ヴィレッジブックス　2014

Rudel, Anthony J.　ルーデル, アンソニー
[著]「モーツァルトのドン・ジョヴァンニ」 角川書店　2003

Rudel, Jean　リュデル, ジャン
1917～2008 [著]「イタリア・ルネサンス絵画」 白水社　2010

Rudenstine, Neil Leon　ルーデンスタイン, ニール
1935～ [国]アメリカ　文学者　ハーバード大学学長 [専]ルネッサンス期の文学

Ruderman, Marian N.　ルダーマン, マリアン・N.
[著]「仕事を通じたリーダーシップ開発」 英治出版　2004

Ruderman, Rachel　ルダーマン, レイチェル
[著]「ちいさなプリンセスソフィアはじめてがいっぱいのクリスマス」 講談社　2016

Rudes, Jerome　ルーズ, ジェローム・ヘンリー
[著]「サミュエル・フラー自伝」 boid, JRC（発売）　2015

Rudez, Damjan　ルデジ, ダミヤン
[国]クロアチア　バスケットボール選手

Rudiantara　ルディアンタラ
[国]インドネシア　通信・情報相

Rudiger, Antonio　リュディガー, アントニオ
[国]ドイツ　サッカー選手

Rudin, Donald O.　ラディン, D.
[著]「医者も知らない亜麻仁油パワー」 中央アート出版社　2003

Rudin, Walter　ルディン, W.
1921～2010 [著]「現代解析学」 共立出版　2010

Rudini　ルディニ
1929～2006 [国]インドネシア　軍人　インドネシア総選挙委員

長, インドネシア陸軍参謀長
Rudisha, David　ルディシャ, デービッド
　1988～　国ケニア　陸上選手　本名＝ルディシャ, デービッド・レクタ〈Rudisha, David Lekuta〉　別ルディシャ, デイヴィッド
Ruditis, Paul　ラディティス, ポール
　著ラディティス, ポール／ラディティス, ポール「Bones－骨は語る－オフィシャルガイドseason 2」小学館集英社プロダクション　2008
Rudko, Artur　ルドコ, アルトゥール
　国ウクライナ　サッカー選手
Rudkovsky, Mykola　ルジコフスキー, ミコラ
　国ウクライナ　運輸・通信相
Rudlin, Pernille　ラドリン, パニラ
　1966～　著「ビジネス・コミュニケーション」ファーストプレス　2008
Rudman, Peter Strom　ラドマン, ピーター・S.
　著「数学はじめて物語」主婦の友社　2008
Rudman, Shelley　ラッドマン
　国イギリス　スケルトン選手
Rudman, Warren Bruce　ラドマン, ウォーレン
　1930～2012　国アメリカ　政治家, 弁護士　米国上院議員(共和党)　別ラッドマン, ウォーレン・ブルース
Rudnevs, Artjoms　ルドニェフス, アルチョムス
　国ラトビア　サッカー選手
Rudniańska, Joanna　ルドニャンスカ, ヨアンナ
　著「ブリギーダの猫」未知谷　2011
Rudnick, Elizabeth　ルドニック, エリザベス
　別ラドニック, エリザベス　著「アナと雪の女王」講談社　2016
Rudock, Jake　ルドック, ジェイク
　国アメリカ　アメフト選手
Rudolf, Mary　ルドルフ, メアリー
　著「一目でわかる小児科学」メディカル・サイエンス・インターナショナル　2008
Rudolph, Frederick　ルドルフ, F.
　著「アメリカ大学史」玉川大学出版部　2003
Rudolph, Jenny　ルドルフ, ジェニー
　著「行動探求」英治出版　2016
Rudolph, K.　ルドルフ, K.
　著「コンピュータ・フォレンジック完全辞典」幻冬舎ルネッサンス　2012
Rudolph, Kurt　ルドルフ, クルト
　1929～　著「グノーシス」岩波書店　2001
Rudolph, Kyle　ルドルフ, カイル
　国アメリカ　アメフト選手
Rudwick, Martin J.S.　ラドウィック, マーティン・J.S.
　著「化石の意味」みすず書房　2013
Rudy, Kazuko　ルディー, カズコ
　別ルディー和子　著「ダイレクト・マーケティング研究」早稲田大学産業経営研究所　2009
Rudy, Matthew　ルディ, マシュー
　著「無意識のパッティング」青春出版社　2016
Rudy, Rajiv Pratap　ルディ, ラジブ・プラタプ
　国インド　技能開発・企業促進相
Rudy, Sebastian　ルディ, セバスティアン
　国ドイツ　サッカー選手
Rueben, Hannah Amuchechi　ルーベン, ハナ
　国ナイジェリア　レスリング選手
Rueckert, Carla　ルカート, カーラ・L.
　1943～　著「ラー文書」ナチュラルスピリット　2008
Rueda, Claudia　ルエダ, クラウディア
　著「ふって！ふって！バニー」フレーベル館　2016
Rueda de Leon, Hector　ルエダ・デ・レオン, ヘクター
　1936～2002　国メキシコ　青山学院大学大学院国際マネジメント研究科教授　ラテンアメリカ文学　別ルエダ・デ・レオン, エクトル／ルエダ・デ・レオン, ヘクトル
Ruegenberg, Lukas　リューゲンベルク, ルーカス
　1928～　著「パパ・ヴァイト」汐文社　2015
Ruelius, Joseph　ルリアス, ジョセフ
　著「超定番の84パターンで世界中どこでも通じる英会話 実力UP キワメル編」Jリサーチ出版　2012
Ruelle, David Pierre　ルエール, ダヴィッド
　1935～　国フランス　数学者, 数理物理学者　フランス高等科学研究所(IHES)名誉教授　著「カオス」別ルエール, D.
Ruelle, Karen Gray　ルエル, カレン・グレイ
　著「パリのモスク」彩流社　2010
Ruenroeng, Amnat　ルエンロング, アムナト

国タイ　ボクシング選手　別アムナト
Ruesch, Hans　リューシュ, ハンス
　著「罪なきものの虐殺」新泉社　2002
Ruess, Nate　ルイス, ネイト
　MTVアワード 最優秀コラボレーション賞(第30回(2013年))　"Just Give Me A Reason"
El-rufai, Nasir　ルファイ, ナシル
　国ナイジェリア　連邦首都圏相　別ルファイ, ナシル・アフマド
Rufai, Ruqayyatu　ルファイ, ルカヤツ
　国ナイジェリア　教育相
Rufe, Philip D.　ルーフェ, フィリップ・D.
　著「ものづくり基礎学」茨城大学工学部　2007
Rufer-Bach, Kimberly　ルファー・バック, キンバリー
　著「セカンドライフ公式ガイドプロフェッショナルクリエーション」インプレスR&D, インプレスコミュニケーションズ(発売)　2008
Ruff, Anne　ルフ, アンヌ
　著「内部告発」丸善　2003
Ruff, Matt　ラフ, マット
　1965～　著「バッド・モンキーズ」文芸春秋　2009
Ruffalo, Mark　ラファロ, マーク
　1967～　国アメリカ　俳優
Ruffato, Luca　ルファート, ルーカ
　著「台南海軍航空隊」大日本絵画　2016
Ruffel, Denis　リュッフェル, ドゥニ
　1950～　著「アルティザン・トゥルトゥール」イル・ブルー・シュル・ラ・セーヌ企画　2003
Rüffer, Anne　リュッファー, アンネ
　1957～　著「ピース・ウーマン」英治出版　2009
Ruffin, Jimmy　ラフィン, ジミー
　1936～2014　国アメリカ　歌手　本名＝Ruffin, Jimmy Lee
Ruffinelli, Antonio Moreno　ルフィネリ, アントニオ・モレノ
　国パラグアイ　外相
Ruffini, Remo　ルフィーニ, R.
　1942～　著「ブラックホール」筑摩書房　2009
Ruffini, Simone　ルフィニ, シモーネ
　国イタリア　水泳選手
Ruffino, Marco　ルフィーノ, マルコ
　著「フレーゲ哲学の最新像」勁草書房　2007
Ruffle, Mark　ラッフル, マーク
　著「めくってわかる！ひとのからだ」岩崎書店　2014
Ruffo, Armand Garnet　ルーフォー, アーマンド・ガーネット
　著「ケンブリッジ版カナダ文学史」彩流社　2016
Rufin, Jean Christophe　リュファン, ジャン・クリストフ
　1952～　作家, 医師　国境なき医師団(MSF)副団長
Rufo, Marcel　リュフォ, マルセル
　1944～　著「心に傷をもった子供とどう向き合うか？」ベストセラーズ　2001
Rúfus, Milan　ルーフス, ミラン
　1928～2009　国スロバキア　詩人
Rufyikiri, Gervais　ルフイキリ, ジェルベ
　国ブルンジ　第2副大統領
Rugani, Daniele　ルガーニ, ダニエレ
　国イタリア　サッカー選手
Ruggie, John Gerard　ラギー, ジョン・ジェラルド
　1944～　著「正しいビジネス」岩波書店　2014
Ruggiero, Murray A.　ルジェーロ, マレー
　1963～　著「システムデイトレード」パンローリング　2006
Ruggiero, Renato　ルジェロ, レナート
　1930～2013　国イタリア　外交官　イタリア外相, 世界貿易機関(WTO)事務局長(初代)　別ルジエロ, レナート／ルッジェーロ, レナート／ルッジエロ, レナート
Ruggiu, François-Joseph　リュッジウ, フランソワ＝ジョゼフ
　1966～　著「都市・身分・新世界」山川出版社　2016
Ruggles, Dede Fairchild　ラッグルズ, フェアチャイルド
　著「図説イスラーム庭園」原書房　2012
Ruggles, Lucy　ラグルス, ルーシー
　著「キャンプ・ロック」講談社　2009
Ruggles, Rudy L.　ラグルス, ルディ
　1966～　著「知識革新力」ダイヤモンド社　2001
Rugman, Alan M.　ラグマン, アラン・M.
　著「ラグマン教授の国際ビジネス必読文献50撰」中央経済社　2010
Rugova, Ibrahim　ルゴバ, イブラヒム
　1944～2006　国セルビア・モンテネグロ　アルバニア系住民指導者　コソボ自治州大統領, コソボ民主同盟党首

Rugumayo, Edward ルグマヨ, エドワード
[国]ウガンダ　観光・通産相
Rugunda, Ruhakana ルグンダ, ルハカナ
[国]ウガンダ　首相兼政府企業長官
Rugwabiza, Valentine ルグワビザ, バレンティン
[国]ルワンダ　東アフリカ共同体相
Ruhe, Dick ルー, ディック
[著]「なぜ、ノウハウ本を実行できないのか」 ダイヤモンド社 2009
Ruhemann, Andrew ルヘマン, アンドリュー
アヌシー国際アニメーション映画祭 短編映画 アヌシークリスタル賞 (2010年) "The Lost Thing"〈製作国：イギリス/オーストラリア〉
Ruhemba, Kweronda ルヘンバ, クウェロンダ
[国]ウガンダ　経済相
Ruhindi, Fredrick ルヒンディ, フレドリック
[国]ウガンダ　司法長官
Ruhlman, Michael ルールマン, マイケル
1963〜 [著]「料理人誕生」 集英社 2001
Rui, Paolo ルイ, パオロ
[著]「ゴッホ」 鈴木出版 2001
Rui, Xing-wen ルイ・シンウェン
1927〜2005 [国]中国　政治家　中国国家計画委副主任, 中国共産党中央書記局書記　漢字名＝芮杏文

Ruia, Ravi ルイア, ラビ
[国]インド　実業家
Ruia, Shashi ルイア, シャシー
[国]インド　実業家
Ruillier, Jérôme リュイエ, ジェローム
1966〜 [著]「人生って、なに？」 朝日出版社 2006
Rui Patricio ルイ・パトリシオ
[国]ポルトガル　サッカー選手
Rui Vitoria ルイ・ヴィトーリア
[国]ポルトガル　ベンフィカ監督
Ruiz, Alan ルイス, アラン
[国]アルゼンチン　サッカー選手
Ruiz, Bryan ルイス, ブライアン
[国]コスタリカ　サッカー選手
Ruiz, Carlos ルイーズ, カルロス
[国]パナマ　野球選手 [異]ルイス, カルロス
Ruiz, Don Jose ルイス, ドン・ホセ
[著]「五つの約束」 コスモス・ライブラリー, 星雲社 (発売) 2012
Ruiz, Flor ルイス
[国]コロンビア　陸上選手
Ruiz, Hector de Jesus ルイズ, ヘクター
1945〜 [国]メキシコ　実業家　アドバンスト・マイクロ・デバイス (AMD) 会長
Ruiz, Hilton ルイス, ヒルトン
1952〜2006 [国]アメリカ　ジャズ・ピアニスト
Ruiz, Jose ルイーズ, ホゼ
[国]ベネズエラ　野球選手
Ruiz, Laureano ルイス, ラウレアーノ
[著]「バルセロナトレーニングメソッド」 カンゼン 2015
Ruiz, Lazaro ルイス
[国]キューバ　重量挙げ選手
Ruiz, Marco Vinicio ルイス, マルコ・ビニシオ
[国]コスタリカ　貿易相
Ruiz, Mari-Jo P. ルイス, マリジョー
[著]「数学ワンダーランドへの1日冒険旅行」 近代科学社 2010
Ruiz, Mark ルイス
[国]アメリカ　飛び込み選手
Ruiz, Miguel ルイス, ドン・ミゲル
1952〜 [著]「五つの約束」 コスモス・ライブラリー, 星雲社 (発売) 2012
Ruiz, Miguel, Jr. ルイス, ドン・ミゲル, Jr.
[著]「執着をゆるめてゆたかに生きる」 コスモス・ライブラリー, 星雲社 (発売) 2013
Ruiz, Pedro ルイース, ペドロ
1936〜 [著]「カプラン臨床精神医学テキスト」 メディカル・サイエンス・インターナショナル 2016
Ruiz, Raoul ルイス, ラウル
1941〜2011 [国]チリ　映画監督, 脚本家
Ruiz, Rio ルイーズ, リオ
[国]アメリカ　野球選手
Ruizenar, Theo ライゼナール, テオ
1965〜 [著]「フーリガン解体新書」 ビクターブックス 2002
Ruiz Esparza, Gerardo ルイスエスパルサ, ヘラルド
[国]メキシコ　通信・運輸相 [異]ルイス・エスパルサ, ヘラルド
Ruiz Massieu Salinas, Claudia ルイスマシュー・サリナス, クラウディア
[国]メキシコ　外相 [異]ルイスマシエウ・サリナス, クラウディア
Ruiz Mateos, Gerardo ルイス・マテオス, ヘラルド
[国]メキシコ　経済相
Ruizpalacios, Alonso パラシオス, アロンソ・ルイス
ベルリン国際映画祭 審査員新人賞 (第64回 (2014年)) "Güeros"
Ruíz Sevilla, Marta Elena ルイス・セビジャ, マルタ・エレナ
[国]ニカラグア　国防相
Ruiz Zafón, Carlos ルイス・サフォン, カルロス
1964〜 [著]「天国の囚人」 集英社 2014
Ruka, Ethem ルカ, エテム
[国]アルバニア　環境相 [異]ルカ, エトヘム
Rukajarvi, Enni ルカヤルビ
[国]フィンランド　スノーボード選手
Rukavina, Antonio ルカヴィナ, アントニオ
[国]セルビア　サッカー選手
Rukavishnikov, Nikolai Nikolayevich ルカヴィシニコフ, ニコライ
1932〜2002 [国]ロシア　宇宙飛行士 [異]ルカビシニコフ, ニコライ
Rukenkanya, Adolphe ルケンカニャ, アドルフ
[国]ブルンジ　青年・スポーツ・文化相
Rukingama, Luc ルキンガマ, リュク
[国]ブルンジ　大統領府相 (エイズ担当)
Rükl, Antonín ルークル, A.
[著]「月面ウォッチング」 地人書館 2004
Rukundo, Sam ルクンド
[国]ウガンダ　ボクシング選手
Rule, Ann ルール, アン
[著]「スモール・サクリファイス」 実業之日本社 2002
Rule, James B. ルール, ジェームズ・B.
[著]「絶え間なき交信の時代」 NTT出版 2003
Ruli, Genc ルリ, ジェンツ
[国]アルバニア　農業・食料・消費者保護相 [異]ルリ, ゲンツ
Rulli, Geronimo ルジ, ヘロニモ
[国]アルゼンチン　サッカー選手
Ruma ルマ
1956〜 [著]「ゆうれいからのクリスマスプレゼント」 新世研 2003
Ruma, S. Abba ルマ, S.アッバ
[国]ナイジェリア　農業・水資源相
al-**Rumaihi, Mohamed bin Abdullah** ルメイヒ, ムハンマド・ビン・アブドラ
[国]カタール　自治・環境相
Rumas, Sergei N. ルマス, セルゲイ・N.
[国]ベラルーシ　副首相
Rumbaugh, James ランボー, ジェームズ
[著]「言語設計者たちが考えること」 オライリー・ジャパン, オーム社 (発売) 2010
Rumbaut, Rubén G. ルンバウト, ルベン
[著]「現代アメリカ移民第二世代の研究」 明石書店 2014 (2刷)
Rumbewas, Raema Lisa ルンベワス
[国]インドネシア　重量挙げ選手
Rumble, Mike ランブル, マイク
[著]「21世紀型スキル」 北大路書房 2014
Rumelt, Richard P. ルメルト, リチャード・P.
[著]「良い戦略、悪い戦略」 日本経済新聞出版社 2012
Rumer ルーマー
[国]イギリス　歌手
Rumford, James ランフォード, ジェイムズ
1948〜 [異]ランフォード, ジェームス [著]「グーテンベルクのふしぎな機械」 あすなろ書房 2013
al-**Rumhy, Mohammed bin Hamad** ルムヒ, ムハンマド・ビン・ハマド
[国]オマーン　石油・ガス相
Rumianzev, Evgeniy ルミヤンツェフ, エフゲニー
[国]ロシア　チャイコフスキー国際コンクール チェロ 第4位 (2007年 (第13回))
Rumjancevs, Aleksejs ルムヤンチェフス, アレクセイス
[国]ラトビア　カヌー選手
Rummé, Daigaku ルメー・ダイガク
1950〜 [国]アメリカ　僧侶　曹洞宗北米国際布教総監部総監　本名＝ルメー, デービッド〈Rummé, David〉 [異]ルメー/大岳
Rummel, Rudolph J. ラムル, R.J.
[著]「中国の民衆殺戮」 パレード, 星雲社 (発売) 2008

Rummenigge, Karl-Heinz　ルンメニゲ, カール・ハインツ
1955～ [国]ドイツ　元サッカー選手　バイエルン・ミュンヘン代表取締役会長
Rummo, Paul-Eerik　ルッモ, パウルエーリク
[国]エストニア　人口問題相
Rumsfeld, Donald　ラムズフェルド, ドナルド
1932～ [国]アメリカ　政治家, 実業家　米国国防長官　本名＝Rumsfeld, Donald Henry
Rumyantsev, Aleksandr Y.　ルミャンツェフ, アレクサンドル・Y.
[国]ロシア　原子力相
Runberg, Sylvain　ランベール, シルヴァン
[著]「ミレニアム」 早川書房　2014
Runde, Jochen　ルンデ, ヨッヘン
[著]「グリーン・バリュー経営への大転換」 NTT出版　2013
Rundgren, Todd　ラングレン, トッド
1948～ [国]アメリカ　ミュージシャン, 音楽プロデューサー
Runeson, Bo　ルネソン, B.
[著]「自殺願望のある患者へのケア」 毎日コミュニケーションズ　2008
Runge, Val M.　ランゲ, バル・M.
[著]「一目瞭然！ 画像でみるMRI撮像法」 メディカル・サイエンス・インターナショナル　2015
Runggaldier, Lukas　ルンガルディエル
[国]イタリア　ノルディック複合選手
Runion, Meryl　ラニオン, メリル
[著]「パワーフレーズの英語力」 小学館プロダクション　2004
Runnells, Treesha　ラネルズ, トリーシャ
[著]「いまなんじ」 学習研究社　2005
Runnels, Rachel　ランネルズ, レイチェル
[著]「エドガー・ケイシーが示す愛と結婚の法則」 たま出版　2006
Runnicles, Donald　ラニクルズ, ドナルド
1954～ [国]イギリス　指揮者　ベルリン・ドイツ・オペラ(DOB)音楽監督, BBCスコティッシュ交響楽団首席指揮者
Runyan, Marla　ランヤン, マーラ
1969～ [著]「私の人生にゴールはない」 早川書房　2002
Runyon, Brent　ラニアン, ブレント
[著]「14歳。焼身自殺日記」 小学館　2007
Runyon, Melissa K.　ラニヨン, メリッサ・K.
[著]「子どもの性虐待に関する医学的評価」 診断と治療社　2013
Ruoff, Kenneth J.　ルオフ, ケネス
1966～ [国]アメリカ　日本史研究家　ポートランド州立大学准教授・日本研究センター所長　[専]現代天皇制
Ruoslahti, Erkki　ルースラーティ, エルキ
1940～ [国]アメリカ　細胞生物学者, 免疫学者　サンフォード・バーナム医学研究所教授
Rupel, Dimitrij　ルペル, ディミトリ
[国]スロベニア　外相
Rupp, Cameron　ラップ, キャメロン
[国]アメリカ　野球選手
Rupp, Deborah E.　ラップ, デボラ・E.
1975～ [著]「人事戦略のためのアセスメント・センター」 中央経済社　2014
Rupp, Galen　ラップ, ゲーリン
[国]アメリカ　陸上選手
Rupp, Hans Karl　ルップ, ハンス・カール
[著]「現代ドイツ政治史」 彩流社　2002
Rupp, Lukas　ルップ, ルーカス
[国]ドイツ　サッカー選手
Rupp, Rebecca　ラップ, レベッカ
[著]「ニンジンでトロイア戦争に勝つ方法」 原書房　2015
Rupprath, Thomas　ルプラト
[国]ドイツ　競泳選手
Rupprecht, Gerhard　ルップレヒト, G.
[著]「数学が経済を動かす」 シュプリンガー・ジャパン　2009
Rupprechter, Andrä　ルップレヒター, アンドレ
[国]オーストリア　農林・環境・水利相
Rurangwa, Révérien　ルラングァ, レヴェリアン
1978～ [著]「ルワンダ大虐殺」 マックス, 晋遊舎(発売)　2006
Rurema, Déo Guide　ルレマ, デオ・ギドゥ
[国]ブルンジ　農業・畜産相
Rurua, Nikoloz　ルルア, ニコロズ
[国]ジョージア　文化・遺跡保護相　[異]ルルア, ニカ
Rury, John L.　ルーリー, ジョン・L.
1951～ [著]「黒人ハイスクールの歴史社会学」 昭和堂　2016
Rus, Ioan　ルス, ヨアン
[国]ルーマニア　運輸相　[異]ルス, イオアン
Rusak, Leonid V.　ルサク, レオニード・V.
[国]ベラルーシ　農業・食糧相
Rusakevich, Vladimir V.　ルサケビッチ, ウラジーミル・V.
[国]ベラルーシ　情報相
Rusakov, Alexander　ルサコフ
[国]ロシア　トランポリン選手
Rusbridger, Alan　ラスブリッジャー, アラン
1953～ [国]イギリス　ジャーナリスト　「ガーディアン」編集長
Rusbult, Caryl E.　ラズバルト, キャリル
[著]「パーソナルな関係の社会心理学」 北大路書房　2004
Rusch, Gloria　ラッシュ, グロリア
[著]「ハリウッド・スタイルプロ・ヴォーカリスト養成術」 リットーミュージック　2011
Rusch, Kristine Kathryn　ラッシュ, クリスティン・キャスリン
[著]「18の罪」 ヴィレッジブックス　2012
Rusch, Laura C.　ラッシュ, ローラ・C.
[著]「認知行動療法の新しい潮流」 明石書店　2015
Ruscha, Edward　ルーシェ, エド
1937～ [著]「作品群をつくるアーティストたち」 富士ゼロックス　2007
Ruscio, John　ラッシオ, ジョン
[著]「本当は間違っている心理学の話」 化学同人　2014
Rusconi, Arturo Jahn　ルスコーニ, A.J.
[著]「図説千夜一夜物語(アラビアン・ナイト)」 而立書房　2015
Rusdi, Prima　ラスディ, プリマ
[著]「ビューティフル・デイズ」 ソニー・マガジンズ　2005
Ruse, Michael　ルース, マイケル
[著]「ダーウィンとデザイン」 共立出版　2008
Rusengwamihigo, Deogratias　ルセングワミヒゴ, デオグラシャス
[国]ブルンジ　人権制度改革議会関係相
Rusesabagina, Paul　ルセサバギナ, ポール
1955～ [著]「ホテル・ルワンダの男」 ヴィレッジブックス　2009
Rusetsky, Anatoly M.　ルセツキー, アナトリー・M.
[国]ベラルーシ　産業相
Rush, A.John　ラッシュ, A.ジョン
[著]「うつ病の認知療法」 岩崎学術出版社　2007
Rush, Alexander　ラッシュ, アレキサンダー
[著]「認知パターン」 ピアソン・エデュケーション　2001
Rush, Brandon　ラッシュ, ブランドン
[国]アメリカ　バスケットボール選手
Rush, Geoffrey　ラッシュ, ジェフリー
1951～ [国]オーストラリア　俳優
Rush, Mallory　ラッシュ, マロリー
[著]「ゲームの終わり」 ハーレクイン　2008
Rush, Marcus　ラッシュ, マーカス
[国]アメリカ　アメフト選手
Rush, Xavier　ラッシュ, エグゼビアー
[国]アメリカ　アメフト選手
Rushailo, Vladimir Borisovich　ルシャイロ, ウラジーミル
1953～ [国]ロシア　政治家　ロシア内相, ロシア安全保障会議書記　[異]ルシャイロ, ウラジーミル・B.
Rushby, Kevin　ラシュビー, ケヴィン
1964～ [著]「女王陛下のダイヤモンド」 中央公論新社　2004
Rushby, Nick　ラッシュビー, ニック
[著]「インストラクショナルデザインとテクノロジ」 北大路書房　2013
Rushdie, Salman　ラシュディ, サルマン
1947～ [国]イギリス　作家　本名＝Rushdie, Ahmed Salman　[異]ラシディ／ルシュディ
Rushing, Brad　ラッシング, ブラッド
MTVアワード 最優秀撮影(第19回(2002年)) “We Are All Made Of Stars”
Rushiti, Sulejman　ルシティ, スレイマン
[国]マケドニア　教育・科学相
Rushnell, Squire D.　ラッシュネル, スクワイア
1938～ [著]「「神様へのおねがい」がかなう本」 PHP研究所　2002
Rushton, Rosie　ラシュトン, ロージー
[著]「友だちができる本」 晶文社　2003
Rusin, Chris　ラシン, クリス
[国]アメリカ　野球選手
Rusiná, Enrica　ルシーナ, エンリカ
[著]「はじめてのたのしいかけざん」 小学館　2014
Rusinová, Zora　ルスィノヴァー, ゾラ

R

Ruska, Willem　ルスカ, ビレム
　1940〜2015　⑭オランダ　柔道家　別名＝ルスカ, ウィリエム
Rusko, Pavol　ルスコ, パボル
　⑭スロバキア　副首相兼経済相
Rusković, Pave Župan　ルスコビッチ, パベ・ジュパン
　⑭クロアチア　観光相
Rusland, Andojo　ルースランド, アンドヨ
　⑭スリナム　運輸・通信・観光相　㊋ルースランド, アンドジョ
Rusland, Gregory　ルースランド, グレゴリー
　⑭スリナム　天然資源相
Rusmajli, Ilir　ルスマイリ, イリル
　⑭アルバニア　副首相
Rušnok, Jiří　ルシュノク, イジー
　⑭チェコ　産業・貿易相
Russ, Joanna　ラス, ジョアンナ
　1937〜　⑭ラス, ジョアンナ　㊉「究極のSF」東京創元社　2002
Russ, Marco　ルス, マルコ
　⑭ドイツ　サッカー選手
Russel, Charlie　ラッセル, チャーリー
　㊉「Windows Server 2008オフィシャルマニュアル」日経BPソフトプレス, 日経BP出版センター（発売）　2009
Russel, Colin　ラッセル, C.
　㊉「宇宙の秩序」すぐ書房　2003
Russel, Daniel R.　ラッセル, ダニエル
　1953〜　⑭アメリカ　外交官　米国国務次官補　米国国家安全保障会議（NSC）アジア上級部長
Russel, George　ラッセル, ジョージ
　1923〜2009　⑭アメリカ　ジャズ作曲者・編曲者・演奏家
Russel, Ken　ラッセル, ケン
　1927〜2011　⑭イギリス　映画監督　本名＝ラッセル, ヘンリー・ケネス・アルフレッド〈Russel, Henry Kenneth Alfred〉
Russell, Addison　ラッセル, アディソン
　⑭アメリカ　野球選手
Russell, Alan　ラッセル, アラン
　1956〜　㊉「ファインダーの中の女」集英社　2007
Russell, Allan　ラッセル, アラン
　㊉「分析力のマネジメント」ダイヤモンド社　2007
Russell, Alonzo　ラッセル, アロンゾ
　⑭アメリカ　アメフト選手
Russell, Bob　ラッセル, ボブ
　1943〜　㊉「12の危機からあなたを守る聖書のメッセージ」いのちのことば社　2007
Russell, Colin A.　ラッセル, コリン・A.
　㊉「マイケル・ファラデー」大月書店　2007
Russell, Craig　ラッセル, クレイグ
　1956〜　⑭イギリス　作家　㊋ミステリー
Russell, Cristine　ラッセル, クリスティン
　㊉「サイエンスライティング」地人書館　2013
Russell, D'Angelo　ラッセル, ディアンジェロ
　⑭アメリカ　バスケットボール選手
Russell, Daniel C.　ラッセル, ダニエル・C.
　㊉「徳倫理学」春秋社　2015
Russell, David　ラッセル, デイヴィッド
　グラミー賞 最優秀クラシック器楽独奏（オーケストラなし）（2004年（第47回））"Aire Latino (Morel, Villa - Lobos, Ponce, etc.)"ソリスト
Russell, David E.　ラッセル, デイビッド・E.
　㊉「カール・ロジャーズ静かなる革命」誠信書房　2006
Russell, David O.　ラッセル, デービッド・O.
　1958〜　⑭アメリカ　映画監督, 脚本家　本名＝Russell, David Owen　㊋ラッセル, デビッド・O.
Russell, Diana E.H.　ラッセル, ダイアナ・E.H.
　㊉「シークレット・トラウマ」IFF出版部ヘルスワーク協会　2002
Russell, Eric Frank　ラッセル, エリック・フランク
　㊉「わたしは"無"」東京創元社　2013
Russell, Ethan A.　ラッセル, イーサン・A.
　1945〜　㊉「オルタモントのローリング・ストーンズ」K&Bパブリッシャーズ　2011
Russell, Finn　ラッセル, フィン
　⑭スコットランド　ラグビー選手
Russell, Gary　ラッセル, ゲーリー
　⑭アメリカ　ボクシング選手
Russell, Gary　ラッセル, ゲーリー
　㊋ラッセル, ゲイリー　㊉「インサイド・ストーリー」キネマ旬報社　2007
Russell, Gordon　ラッセル, ゴードン
　㊉「SQL Hacks」オライリー・ジャパン, オーム社（発売）　2007
Russell, Harold　ラッセル, ハロルド
　1914〜2002　⑭アメリカ　俳優　㊋ラセル, ハロルド
Russell, Henry　ラッセル, ヘンリー
　1954〜　⑭「ロシア」ほるぷ出版　2009
Russell, Jane　ラッセル, ジェーン
　1921〜2011　⑭アメリカ　女優　本名＝Russell, Ernestine Jane Geraldine　㊋ラッセル, ジェイン
Russell, Janieve　ラッセル, ジャニーブ
　⑭ジャマイカ　陸上選手
Russell, Jeffrey Burton　ラッセル, ジェフリー・バートン
　㊉「悪魔の系譜」青土社　2002
Russell, Jeffrey Lee　ラッセル, ジェフリー
　㊉「組織を変える基本」ヒューマンバリュー　2014
Russell, Jenna　ラッセル, ジェナ
　ローレンス・オリヴィエ賞 ミュージカル・エンタテインメント 女優賞（2007年（第31回））"Sunday In The Park With George"
Russell, John　ラッセル, ジョン
　⑭アメリカ　ボルティモア・オリオールズコーチ
Russell, John　ラッセル, ジョン
　㊉「クリスマスイブのサンタさん」大日本絵画　2012
Russell, John　ラッセル, ジョン
　1919〜2008　㊉「エーリヒ・クライバー」アルファベータ　2013
Russell, Karen　ラッセル, カレン
　1981〜　⑭アメリカ　作家　㊋文学, フィクション, 短編ほか
Russell, KeiVarae　ラッセル, ケイバラー
　⑭アメリカ　アメフト選手
Russell, Ken　ラッセル, ケン
　㊉「スーパーMENSA難問IQパズル200」主婦の友社　2002
Russell, Kenneth　ラッセル, ケネス
　⑭バハマ　住宅相
Russell, Kenneth A.　ラッセル, ケン
　㊉「みるみる脳を活性化させる大人のIQパズル」主婦の友社　2004
Russell, Kurt　ラッセル, カート
　1951〜　⑭アメリカ　俳優　本名＝Russell, Kurt von Vogel
Russell, Leon　ラッセル, レオン
　1942〜2016　⑭アメリカ　ミュージシャン　本名＝Bridges, Claude Russell　㊋ラッセル, リオン
Russell, Letty M.　ラッセル, レティ・M.
　？〜2007　㊉「ハガルとサラ, その子どもたち」日本キリスト教団出版局　2009
Russell, Linda　ラッセル, リンダ
　㊉「組織を変える基本」ヒューマンバリュー　2014
Russell, Matthew A.　ラッセル, マシュー・A.
　㊉「入門ソーシャルデータ」オライリー・ジャパン, オーム社（発売）　2014
Russell, Natalie　ラッセル, ナタリー
　㊉「きみにあいにきたよ」ポプラ社　2010
Russell, Peter　ラッセル, ピーター
　㊉「量子の宇宙のアリス」徳間書店　2003
Russell, Rachel Renee　ラッセル, レイチェル・ルネ
　㊉「ブー！ブー！ダイアリー」アルファポリス, 星雲社（発売）　2012
Russell, Raymond　ラッセル, レイモンド
　世界幻想文学大賞 特別賞（ノンプロ）（2012年）
Russell, Rebecca　ラッセル, レベッカ
　㊉「花嫁への階段」ハーレクイン　2006
Russell, Roberta　ラッセル, ロベルタ
　㊉「男の子を性被害から守る本」築地書館　2004
Russell, Robert J.　ラッセル, R.J.
　㊋ラッセル, ロバート・ジョン　㊉「死者の復活」日本キリスト教団出版局　2016
Russell, Robert M.　ラッセル, ロバート・M.
　㊉「最新栄養学」建帛社　2002
Russell, Robyn　ラッセル, ロビン
　㊉「トスカーナの熱い夏」光文社　2003
Russell, Ronald　ラッセル, ロナルド
　1924〜　㊉「全脳革命」ハート出版　2011
Russell, Ruth　ラッセル, ルース
　㊉「めいろでめちゃめちゃあそぶっくどきどきタイム」ポプラ社　2016
Russell, Ryan　ラッセル, ライアン
　⑭アメリカ　アメフト選手

Russell, Ryan　ラッセル, ライアン
　著「ハッキング対策マニュアル」ソフトバンクパブリッシング 2003
Russell, Shona　ラッセル, ショーナ
　著「ナラティヴ・セラピーみんなのQ&A」金剛出版 2006
Russell, Sinead　ラッセル
　カナダ　競泳選手
Russell, Stuart Jonathan　ラッセル, スチュワート・J.
　著「エージェントアプローチ人工知能」共立出版 2008
Russell, Vivian　ラッセル, ヴィヴィアン
　1952～　著「モネの庭」西村書店 2005
Russell, Willard　ラッセル, ウィラード
　リベリア　運輸相
Russell-Walling, Edward　ラッセル＝ウォリング, エドワード
　著「人生に必要な経営50」近代科学社 2010
Russert, Tim　ラサート, ティム
　1950～2008　国アメリカ　キャスター　NBCワシントン支局長　本名＝Russert, Timothy John (Jr.)　異ラッサート, ティム／ルサート, ティム
Russet, Pierre　ルッセ, ピエール
　著「台頭する中国その強靱性と脆弱性」柘植書房新社 2014
Russett, Bruce M.　ラセット, ブルース
　著「世界政治の分析手法」論創社 2002
Russianoff, Penelope　ラシアノフ, P.
　著「「なりたい自分」になれる本」三笠書房 2011
Russie, Alice　ルシー, A.
　著「心を新たに」教文館 2012
Russinovich, Mark E.　ルシノビッチ, マーク
　著「インサイドWindows」日経BP社, 日経BPマーケティング (発売) 2013
Russo, Anthony　ルッソ, アンソニー
　エミー賞　プライムタイム・エミー賞　最優秀監督賞 (コメディシリーズ) (第56回 (2004年))　"Arrested Development"
Russo, Clemente　ルッソ, クレメンテ
　イタリア　ボクシング選手
Russo, J.Edward　ルッソ, J.エドワード
　著「勝てる意思決定の技術」ダイヤモンド社 2003
Russo, Joe　ルッソ, ジョー
　エミー賞　プライムタイム・エミー賞　最優秀監督賞 (コメディシリーズ) (第56回 (2004年))　"Arrested Development"
Russo, Kristin　ルッソ, クリスティン
　著「LGBTの子どもに寄り添うための本」白桃書房 2016
Russo, Marco　ロッソ, マルコ
　著「プログラミングMicrosoft LINQ」日経BPソフトプレス, 日経BP出版センター (発売) 2009
Russo, Marisabina　ルッソ, マリサビーナ
　1950～　著「ことりのみずあび」あすなろ書房 2015
Russo, Nancy Felipe　ルッソ, ナンシー・フェリペ
　著「パートナー暴力」北大路書房 2011
Russo, Patricia F.　ルッソ, パトリシア
　1953～　国アメリカ　実業家　アルカテル・ルーセントCEO　異ルーソー, パトリシア
Russo, Rene　ルッソ, レネ
　1954～　国アメリカ　女優
Russu, Ion　ルッス, イオン
　モルドバ　農相
Rust, Dan　ラスト, ダン
　著「戦力「内」通告」ハーパーコリンズ・ジャパン 2016
Rust, Graham　ラスト, グラハム
　1942～　著「小公子セドリック」西村書店 2010
Rust, Roland T.　ラスト, ローランド・T.
　著「カスタマー・エクイティ」ダイヤモンド社 2001
Rustemier, Sharon　ラストマイアー, シャロン
　1968～　著「インクルーシヴ教育に向かって」八月書館 2008
Rustenbekov, Dzhanysh　ルステンベコフ, ジャヌイシ
　キルギス　非常事態相
Rüster, Detlef　リュスター, デトレフ
　著「外科医」法政大学出版局 2016
Rustin, Judice　ラスティン, J.
　著「乳児研究から大人の精神療法へ」岩崎学術出版社 2008
Rustin, Margaret　ラスティン, マーガレット
　異ラスティン, M.　著「ワーク・ディスカッション」岩崎学術出版 2015
Rustioni, Daniele　ルスティオーニ, ダニエーレ
　1983～　国イタリア　指揮者
Rustmann, F.W.　ラストマン, F.W.

著「CIA株式会社」毎日新聞社 2003
Rusu, Meredith　ルースー, メレディス
　著「スター・ウォーズ反乱者たち」KADOKAWA 2015
Rusyi, Mikhail I.　ルスイ, ミハイル・I.
　国ベラルーシ　副首相
Ruszala, Sue　ラスザラ, スー
　著「刷新してほしい患者移動の技術」日本看護協会出版会 2003
Ruszcynski, Stanley　ルーゼンスキー, スタンリー
　著「精神分析的心理療法の現在」岩崎学術出版社 2007
Ruta, Pietro　ルタ, ピエトロ
　国イタリア　ボート選手
Rutelli, Francesco　ルテリ, フランチェスコ
　1954～　国イタリア　政治家　イタリア副首相・文化相, ローマ市長, イタリア下院議員　異ルテッリ, フランチェスコ
Rutenberg, Peter　ルーテンベルグ, ピーター
　グラミー賞　最優秀クラシック小編成演奏 (2006年 (第49回))　"Padilla: Sun Of Justice"
Rutherford, Adam　ラザフォード, アダム
　著「生命創造」ディスカヴァー・トゥエンティワン 2014
Rutherford, Ann　ラザフォード, アン
　1917～2012　国アメリカ　女優
Rutherford, Edmund J.　ラザフォード, E.J.
　著「外傷患者の初期診療」メディカル・サイエンス・インターナショナル 2005
Rutherford, Greg　ラザフォード, グレッグ
　1986～　国イギリス　走り幅跳び選手　異ラザフォード, グレグ
Rutherford, James　ラザフォード, ジェームズ
　著「D.トランプ破廉恥な履歴書」飛鳥新社 2016
Rutherford, Kevin　ラザフォード, ケヴィン
　著「リファクタリングRuby」ピアソン桐原 2010
Rutherford, Stuart　ラザフォード, スチュアート
　著「最底辺のポートフォリオ」みすず書房 2011
Rutherfurd, Edward　ラザファード, エドワード
　著「ロンドン」集英社 2001
Rutherglen, Jason　ルーサーグレン, ジェイソン
　著「プログラミングHive」オライリー・ジャパン, オーム社 (発売) 2013
Ruthven, Malise　ルースヴェン, マリーズ
　1942～　異リズン, マリーズ　著「イスラーム歴史文化地図」悠書館 2008
Ruthven, Orlanda　ラトフェン, オーランダ
　著「最底辺のポートフォリオ」みすず書房 2011
Rutigliano, Tony　ルティリアーノ, トニー
　著「あなたのなかにあるセールスの才能」日本経済新聞社 2004
Rutkoski, Marie　ルツコスキ, マリー
　アメリカ　作家　ブルックリン大学教授　国ファンタジー
Rutland, Eva　ラトランド, エバ
　著「妻となる報酬」ハーレクイン 2001
Rutledge, Cynthia　ラトリッジ, シンシア
　著「いつしかシンデレラ」ハーレクイン 2006
Rutledge, Josh　ラトレッジ, ジョシュ
　国アメリカ　野球選手
Rutledge, Leigh W.　ラトリッジ, リー・W.
　1958～　著「左利きで行こう!」北星堂書店 2002
Rutledge, Thom　ルートレッジ, トム
　著「私はこうして摂食障害〈拒食・過食〉から回復した」星和書店 2015
Ruto, William　ルト, ウィリアム
　国ケニア　副大統領
Rutqvist, Jakob　ルトクヴィスト, ヤコブ
　1982～　著「サーキュラー・エコノミー」日本経済新聞出版社 2016
Rutschow-stomporowski, Katrin　ルチョウ・ストンポロウスキー
　国ドイツ　ボート選手
Ruttan, Sandra　ラタン, サンドラ
　1971～　国カナダ　作家　国ミステリー
Rutte, Mark　ルッテ, マルク
　1967～　国オランダ　政治家　オランダ首相, オランダ自由民主党 (VVD) 党首
Rutter, Michael　ラター, マイケル
　1933～　著「児童青年精神医学」明石書店 2015
Rutter, Virginia　ルッター, ヴァージニア
　著「Love test」角川書店 2001
Rüttermann, Markus　リュッターマン, マルクス
　1965～　著「近代日本の公と私, 官と民」NTT出版 2014
Rutz, Wolfgang　ルッツ, W.

[著]「うつ病という時限爆弾」 日本評論社 2003
Rutzen, Allan Richard ルッツェン, アラン・リチャード
[著]「盲・視覚障害百科事典」 明石書店 2009
Ruurs, Margriet ルアーズ, マーグリート
[著]「図書館ラクダがやってくる」 さ・え・ら書房 2010
Ruuskanen, Antti ルースカネン, アンティ
[国]フィンランド 陸上選手 [異]ルースカネン
Rüütel, Arnold リュイテリ, アルノルド
[国]エストニア 大統領
Ruvkun, Gary ラブカン, ゲイリー
[国]アメリカ ウルフ賞 医学部門(2014年)
al-**Ruwas, Abd al-Aziz bin Mohammad** アル・ルワス, アブドルアジズ・ビン・ムハマド
[国]オマーン 情報相
al-**Ruwayshan, Khalid Abdullah Saleh** ルワイシャン, ハリド・アブドラ・サレハ
[国]イエメン 文化相
Ruxton, Ian C. ラックストン, イアン・C.
[著]「アーネスト・サトウの生涯」 雄松堂出版 2003
Ruy Sánchez, Alberto ルイ・サンチェス, アルベルト
1951〜 [国]メキシコ 作家, 詩人, 批評家 「アルテス・デ・メヒコ」主筆
Ruyven, Kees van ラウフン, ケース・ファン
[著]「水都アムステルダム」 法政大学大学院エコ地域デザイン研究所 2007
Ruzaimi Mat Rani ルザイミ・マット・ラニ
[著]「スケッチパースの教室」 ビー・エヌ・エヌ新社 2013
Ruzhinska, Slaveyka ルジンスカ
[国]ブルガリア 重量挙げ選手
Ruzicic Benedek, Dalma ルジチッチベネデク, ダルマ
[国]セルビア カヌー選手
Růžička, Oldřich ルージチュカ, オルジフ
[著]「すばらしきくるまのせかい」 大日本絵画 2013
Ruziev, Zafar ルジエフ, ザファル
[国]ウズベキスタン 農業・水利相
Ruzimatov, Farukh ルジマートフ, ファルフ
1963〜 [国]ロシア バレエダンサー レニングラード国立バレエ団芸術顧問 本名＝Ruzimatov, Farukh Sadulloevich [異]ルジマートフ, ファルーフ / ルジマトフ, ファルフ
Ruzzier, Sergio ルッツィア, セルジオ
1966〜 [著]「まっていたてがみ」 光村教育図書 2015
Rwabuhihi, Ezekias ルワブヒヒ, エゼキアス
[国]ルワンダ 保健相
Rwakaikara, Kamara ルワカイカラ, カマラ
[国]コンゴ民主共和国 教育相
Rwangombwa, John ルワンゴムブワ, ジョン
[国]ルワンダ 財務相
Ryahov, Anton リャホフ
[国]ロシア カヌー選手
Ryall, Chris リアル, クリス
[著]「ゾンビVSロボット」 パイインターナショナル 2013
Ryall, Tony ライオール, トニー
[国]ニュージーランド 保健相兼国有企業相
Ryalls, John H. ライアルズ, ジャック
1954〜 [著]「音声知覚の基礎」 海文堂出版 2003
Ryamizard, Ryacudu リャミザルド・リャクドゥ
[国]インドネシア 国防相
Ryan, Alan ライアン, アラン
[著]「遺伝子革命と人権」 DHC 2001
Ryan, Anthony ライアン, アンソニー
1970〜 [国]イギリス 作家 [専]SF, ファンタジー
Ryan, Bill ライアン, ビル
[著]「MCTSスキルチェック問題集70-536Microsoft.NET Framework 2.0アプリケーション開発基礎」 日経BPソフトプレス, 日経BP出版センター(発売) 2007
Ryan, Brendan ライアン, ブレンダン
[国]アメリカ 野球選手
Ryan, Brittney ライアン, ブリトニー
[国]アメリカ 作家, 女優 [専]ファンタジー
Ryan, Cathy ライアン, キャシー
1964〜 [著]「Why story」 東京総合企画, 星雲社(発売) 2005
Ryan, Charles ライアン, チャールズ
[著]「d20モダン基本ルールブック」 ホビージャパン 2006
Ryan, Chris ライアン, クリス
1961〜 [国]イギリス 作家, 元軍人 [専]ミステリー, スリラー, ノンフィクション
Ryan, Christopher ライアン, クリストファー
1962〜 [著]「性の進化論」 作品社 2014
Ryan, David ライアン, デイヴィッド
[著]「北アメリカ大陸歴史地図」 東洋書林 2002
Ryan, Donal ライアン, ドナル
1977〜 [著]「軋む心」 白水社 2016
Ryan, Donnacha ライアン, ドナチャ
[国]アイルランド ラグビー選手
Ryan, Eamon ライアン, イーモン
[国]アイルランド 通信・エネルギー・天然資源相
Ryan, Eric ライアン, エリック
1972〜 [著]「メソッド革命」 ダイヤモンド社 2012
Ryan, Frank ライアン, フランク
1944〜 [著]「破壊する創造者」 早川書房 2014
Ryan, Gail ライアン, ゲイル
[著]「虐待された子ども」 明石書店 2003
Ryan, Hank Phillippi ライアン, ハンク・フィリップ
アメリカ探偵作家クラブ賞 メアリ・ヒギンズ・クラーク賞(2013年) "The Other Woman"
Ryan, Jaime ライアン, ジェイミー
[国]オーストラリア セーリング選手
Ryan, Jake ライアン, ジェイク
[国]アメリカ アメフト選手
Ryan, James R. ライアン, ジェームス・R.
[著]「失われた世界の記憶」 光村推古書院 2016
Ryan, Jeff ライアン, ジェフ
1976〜 [著]「ニンテンドー・イン・アメリカ」 早川書房 2011
Ryan, Jo ライアン, ジョー
[著]「人生を素敵にする60の言葉」 パイインターナショナル 2011
Ryan, Jon ライアン, ジョン
[国]アメリカ アメフト選手
Ryan, Kay ライアン, ケイ
[国]アメリカ ピュリッツアー賞 文学・音楽 詩(2011年) "The Best of It: New and Selected Poems"
Ryan, Kevin ライアン, ケヴィン
1957〜 [著]「ダイヤモンド・イン・パラダイス」 竹書房 2006
Ryan, Kevin ライアン, ケヴィン
1932〜 [著]「グローバル時代の幸福と社会的責任」 麗沢大学出版会, 広池学園事業部(柏)(発売) 2012
Ryan, Kyle ライアン, カイル
[国]アメリカ 野球選手
Ryan, Logan ライアン, ローガン
[国]アメリカ アメフト選手
Ryan, Margaret O'Loghlin リアン, マーガレット・O.
[著]「催眠における生活構造のリフレーミング」 亀田ブックサービス 2012
Ryan, Marie-Laure ライアン, マリー＝ロール
1946〜 [著]「可能世界・人工知能・物語理論」 水声社 2006
Ryan, Mary Jane ライアン, M.J.
1952〜 [著]「人生に奇跡を起こすたったひとつの教え」 ディスカヴァー・トゥエンティワン 2012
Ryan, Mathew ライアン, マシュー
[国]オーストラリア サッカー選手
Ryan, Matt ライアン, マット
[国]アメリカ アメフト選手
Ryan, Matt ライアン, マット
[著]「NEW 52 : ジャスティス・リーグ」 ヴィレッジブックス 2013
Ryan, Meg ライアン, メグ
1961〜 [国]アメリカ 女優
Ryan, Mia ライアン, ミア
[著]「レディ・ホイッスルダウンからの招待状」 竹書房 2011
Ryan, Michael ライアン, マイケル
1951〜 [著]「Film Analysis」 フィルムアート社 2014
Ryan, Mike ライアン, マイク
1960〜 [著]「世界の特殊部隊」 原書房 2004
Ryan, Nan ライアン, ナーン
[著]「忘れえぬ嵐」 ハーレクイン 2013
Ryan, Nolan ライアン, ノーラン
1947〜 [国]アメリカ 元野球選手 レンジャーズCEO 本名＝Ryan, Lynn Nolan Jr.
Ryan, Pam Muñoz ライアン, パム
1951〜 [国]アメリカ 児童文学作家, 絵本作家
Ryan, Patricia ライアン, パトリシア
[著]「キスよりもっと」 ハーレクイン 2002
Ryan, Patrick G. ライアン, パトリック

[国]アメリカ　実業家　エイオン・コーポレーション社長
Ryan, Paul　ライアン, ポール
1970～　[国]アメリカ　政治家　米国下院議長(共和党)
Ryan, Raymund　ライアン, レイマンド
[著]「クールコンストラクション」 産調出版　2002
Ryan, Rex　ライアン, レックス
[国]アメリカ　バッファロー・ビルズコーチ
Ryan, Rob　ライアン, ロブ
1951～　[国]イギリス　作家　[専]ミステリー
Ryan, Robbie　ライアン, ロビー
ヴェネチア国際映画祭 オゼッラ賞(撮影賞)(第68回(2011年))
"Wuthering Heights"
Ryan, Robert L.　ライアン, ロバート・L.
[著]「自然をデザインする」 誠信書房　2009
Ryan, Rocky　リャン, ロッキー
1973～　[著]「すごい！ 人生逆転の法」 三笠書房　2012
Ryan, Sean　ライアン, ショーン
[国]アメリカ　水泳選手
Ryan, Stephen G.　ライアン, スティーブン・G.
[著]「金融規制のグランドデザイン」 中央経済社　2011
Ryan, Terry　ライアン, テリー
[著]「テリー・ライアンのパピーブック」 ディーイーピー, マリン企画(発売)　2008
Ryan, Tony　ライアン, トニー
[著]「ライフストーリーワーク実践ガイド」 福村出版　2010
Ryan, William B.F.　ライアン, ウィリアム
[著]「ノアの洪水」 集英社　2003
Ryang, Chun Hwa　チュンハ, リャン
[国]北朝鮮　重量挙げ選手
Ryang, Sonia　リャン, ソニア
1960～　[著]「ディアスポラとしてのコリアン」 新幹社　2007
Ryang, Ui-kyong　リャン・ウィギョン
[国]北朝鮮　国家価格制定委員長　漢字名＝梁義卿
Ryang, Yong-gi　リャン・ヨンギ
1982～　[国]北朝鮮　サッカー選手　漢字名＝梁勇基
Ryave, Alan　ライヴ, A.
[著]「自己観察の技法」 誠信書房　2006
Ryazanov, Yury　リャザノフ, ユーリ
1987～2009　[国]ロシア　体操選手
Ryba, Alexander J.　リバ, アレキサンダー・J.
[著]「C++データ構造とプログラム設計」 ピアソン・エデュケーション　2001
Rybachuk, Oleh　ルイバチュク, オレフ
[国]ウクライナ　副首相(欧州統合問題担当)
Ryback, David　ライバック, デイヴィッド
[著]「気になる夢、本当になる夢」 早川書房　2001
Ryback, Timothy W.　ライバック, ティモシー
1954～　[国]アメリカ　歴史家　歴史的正義と和解研究所共同設立者　[専]歴史, 文学
Rybak, Volodymyr　ルイバク, ウォロディミル
[国]ウクライナ　副首相兼建設相
Rybakou, Andrei　リバコ
[国]ベラルーシ　重量挙げ選手　[異]ルイバコウ
Rybakov, Yaroslav　ルイバコフ
[国]ロシア　陸上選手
Rybalka, Serhiy　リバルカ, セルゲイ
[国]ウクライナ　サッカー選手
Rybczynski, Witold　リプチンスキ, ヴィトルト
1943～　[著]「ねじとねじ回し」 早川書房　2010
Rybin, Viktor Viktorovich　リビン, ヴィクター・ヴィクトロヴィッチ
[著]「知られざる歌麿」 国際日本文化研究センター　2004
Rybin, Volodymyr　ルイビン
[国]ウクライナ　自転車選手
Rybka, Olexandr　リブカ, オレクサンドル
[国]ウクライナ　サッカー選手
Rybus, Maciej　リブス, マチュイ
[国]ポーランド　サッカー選手
Rychen, Dominique Simone　ライチェン, ドミニク・S.
[著]「キー・コンピテンシー」 明石書店　2006
Rychetský, Pavel　リヒェツキー, パベル
[国]チェコ　副首相兼法相
Ryckeman, Brian　ライケマン
[国]ベルギー　オープンウォーター選手
Rydahl, Malene　ライダル, マレーヌ
[著]「デンマーク人が世界で一番幸せな10の理由」 サンマーク出版　2015
Rydberg, Jan　リュードベリ, J.
[著]「放射化学」 丸善　2005
Rydell, Patrick J.　ライデル, パトリック・J.
[著]「SCERTSモデル」 日本文化科学社　2012
Ryden, Barbara Sue　ライデン, バーバラ
[著]「宇宙論入門」 ピアソン・エデュケーション　2003
Ryden, Mark　ライデン, マーク
1963～　[著]「ザスノーヤクショー」 ピエ・ブックス　2010
Ryden, Vassula　ライデン, ヴァッスーラ
1942～　[著]「神のうちの真のいのち」 天使館, エンデルレ書店(発売)　c2005
Ryder, Alex　ライダー, アレックス
[著]「灼熱の国の恋人」 ハーレクイン　2002
Ryder, Julian　ライダー, ジュリアン
[著]「二輪グランプリ60年史」 スタジオタッククリエイティブ　2010
Ryder, Mads　ライダー, マッズ
1963～　実業家　ロイヤルコペンハーゲンCEO
Ryder, Peter　ライダー, ピーター
1954～　[著]「クラウドストーミング」 阪急コミュニケーションズ　2014
Ryder, Rowland　ライダー, ローランド
[著]「イーディス・キャベルの生涯」 東京教学社　2012
Ryder, Samuel　ライダー, サミュエル
1963～　[著]「ライオンは眠れない」 幻冬舎　2004
Ryder, Winona　ライダー, ウィノナ
1971～　[国]アメリカ　女優　本名＝Horowitz, Winona　[異]ライダー, ウィノーナ
Ryding, Erik S.　ライディング, エリック
1953～　[著]「ブルーノ・ワルター」 音楽之友社　2015
Rydzek, Johannes　ルゼック
[国]ドイツ　ノルディック複合選手
Ryemyen, Mariya　リエミエン, マリヤ
[国]ウクライナ　陸上選手
Ryer, Mat　ライヤー, マット
[著]「Go言語によるWebアプリケーション開発」 オライリー・ジャパン, オーム社(発売)　2016
Ryf, Daniela　リフ
[国]スイス　トライアスロン選手
Rykiel, Sonia　リキエル, ソニア
1930～2016　[国]フランス　ファッションデザイナー
Rylance, Mark　ライランス, マーク
1960～　[国]イギリス　俳優, 演出家　シェイクスピア・グローブ劇場芸術監督
Rylant, Cynthia　ライラント, シンシア
1954～　[国]アメリカ　児童文学作家, 詩人
Rylov, Evgeny　リロフ, エフゲニー
[国]ロシア　水泳選手
Ryman, Geoff　ライマン, ジェフ
ネビュラ賞 中編(2011年)　"What We Found"
Ryman, Robert　ライマン, ロバート
1930～　[国]アメリカ　画家　[専]ミニマルアート
Rymaszewski, Michael　リマズイスキー, マイケル
[著]「セカンドライフ公式ガイド」 インプレスR&D, インプレスコミュニケーションズ(発売)　2007
Ryn, Aude van　リン, オード・ヴァン
[著]「僕はモネ」 パイインターナショナル　2015
Rynck, Patrick De　リンク, パトリック・デ
1963～　[著]「西洋名画の読み方」 創元社　2010
Rynearson, Edward K.　ライナソン, E.K.
[著]「犯罪・災害被害遺族への心理的援助」 金剛出版　2008
Ryom, Chol-su　リョム・チョルス
[国]北朝鮮　国家資源開発相　漢字名＝廉哲粋
Ryom, Heidi　リオム, ハイディ
1955～2013　[国]デンマーク　バレリーナ　デンマーク・ロイヤル・バレエ団プリンシパル
Ryoo, Kihl-jae　リュ・ギルジェ
1959～　[国]韓国　政治家, 北朝鮮研究家　韓国統一相　北韓大学院大学教授　漢字名＝柳吉在
Ryoo, Seung-bum　リュ・スンボム
1980～　[国]韓国　俳優
Rypakova, Olga　ルイパコワ, オリガ
1984～　[国]カザフスタン　三段跳び選手, 走り幅跳び選手
Ryrie, Charlie　ライリー, チャーリー
[著]「ナチュラルなほんものの土と堆肥」 産調出版　2003
Rysaliyev, Zarylbek　ルイサリエフ, ザルイルベク

[国]キルギス 内相
Rytkheu, Yurii ルイトヘウ, ユリー
1930〜2008 [国]ロシア 作家 本名=Rytkheu, Yurii Sergeevich [異]ルィトヘウ, ユーリー / ルイトヘウ, ユーリー
Rytter Juhl, Kamilla リターユヒル, カミラ
[国]デンマーク バドミントン選手
Ryu リュウ
1974〜 [国]韓国 シンガー・ソングライター
Ryu, Eun-kyu リュ・ウンギュ
1962〜 [国]韓国 写真家 漢字名=柳銀珪 [異]ユ・ウンギュ
Ryu, Hyun-Jin リュ・ヒョンジン
[国]韓国 野球選手
Ryu, Seung-wan リュ・スンワン
1973〜 [国]韓国 映画監督, 俳優
Ryu, Si-won リュ・シウォン
1972〜 [国]韓国 俳優, 歌手 漢字名=柳時元
Ryu, So-yeon リュー・ソヨン
1990〜 [国]韓国 プロゴルファー 漢字名=柳簫然 [異]ユ・ソヨン
Ryu, Yong-sop リュ・ヨンソプ
[国]北朝鮮 通信相 漢字名=柳英燮
Ryza, Sandy ライザ, サンディ
[著]「Sparkによる実践データ解析」 オライリー・ジャパン, オーム社(発売) 2016
Ryzhuk, Serhiy リジュク, セルヒー
[国]ウクライナ 農業政策相
Ryzih, Lisa リジャ, リザ
[国]ドイツ 陸上選手 [異]リツィ
RZA レザ
1969〜 [国]アメリカ ミュージシャン, 映画監督, 俳優 別名=ボビー・デジタル〈Bobby Digital〉
Rzany, Andrzej ジャニ
[国]ポーランド ボクシング選手
Rzepczynski, Marc ゼプチンスキー, マーク
[国]アメリカ 野球選手
Rzhevskaya, Elena ルジェフスカヤ, エレーナ
1919〜 [著]「ヒトラーの最期」 白水社 2011

S

【S】

Sa, Andre サ, アンドレ
[国]ブラジル テニス選手
Sa, Ding-ding サー・ディンディン
1983〜 [国]中国 歌手 漢字名=薩頂頂 [異]サー・ディンディン
Sa, Jose サ, ジョゼ
[国]ポルトガル サッカー選手
Saad, Ahmed サード, アハメド
[国]エジプト 重量挙げ選手
Saad, Ahmed Mohamed Ibrahim サード, アフメド
[国]エジプト レスリング選手
Saad, bin Ibrahim al-Mahmoud サード・ビン・イブラヒム・マハムード
[国]カタール 教育・高等教育相 [異]サード・ビン・イブラヒム・マフムード
Saad, John サード, ジョン
[国]シエラレオネ 住宅・開発相
Sa'ad, Rafe'a Abu サード, ラーフィウ・アブ
[国]シリア 国務相
Saad al-Abdullah al-Salem al-Sabah サアド・アル・アブドラ・アル・サレム・アル・サバハ
1930〜2007 [国]クウェート 政治家 クウェート首長, クウェート首相 [異]サアド・アブドラ・サレム・サバハ
Saadaoui, Mohamed サーダウイ, モハメド
[国]チュニジア レスリング選手
Saadawi, Nawal El- サーダウィ, ナワル・エル
1931〜 [国]エジプト 作家, 精神科医, フェミニスト
al-**Sa'adi, Mohammed** サーディ, ムハンマド
[国]イエメン 計画・国際協力相
al-**Sa'adi, Sa'ad bin Mohammed bin Said al-Mardhouf** サアディ, サアド・ビン・ムハンマド・ビン・サイド・マルドゥーフ
[国]オマーン スポーツ相
Saadi, Salim サーディ, サリム
[国]アルジェリア 水資源相
Saaf, Abdallah サーフ, アブダラ
[国]モロッコ 国民教育相
Saaf, Donald サーフ, ドナルド
[著]「ぼくはいぬのプーシュキン」 ほるぷ出版 2002
Saafan, Muhammad サーファン, ムハンマド
[国]エジプト 労働力相
al-**Saaidi, Abdullah** サーイディ, アブドラ
[国]イエメン 外相
Saakashvili, Mikheil サーカシヴィリ, ミヘイル
1967〜 [国]ウクライナ 政治家 オデッサ州知事 ジョージア大統領 [異]サーカシビリ, ミヘイル / サアカシビリ / サアカシュビリ / サアカシュヴィリ
Saalman, Howard サールマン, ハワード
[著]「パリ大改造」 井上書院 2011
Sa'ar, Gideon サール, ギドン
[国]イスラエル 教育相
Saar, Indrek サール, インドレク
[国]エストニア 文化相
Saarela, Tanja サーレラ, タニヤ
[国]フィンランド 文化相
Saarepuu, Anti ソーレプー
[国]エストニア 距離スキー選手
Saarinen, Aino-Kaisa サーリネン
[国]フィンランド クロスカントリースキー選手 [異]サリネン
Saarki, Aboubakary サルキ, アブバカリ
[国]カメルーン 牧畜・漁業・畜産相
Saarni, Carolyn サーニ, C.
[著]「感情コンピテンスの発達」 ナカニシヤ出版 2005
Sa'at, Alfian サアット, アルフィアン
1977〜 [国]シンガポール 詩人, 作家, 劇作家 [専]文学
Saathoff, Adam サートホフ
[国]アメリカ 射撃選手
Saavedra, Jaime サアベドラ, ハイメ
[国]ペルー 教育相 [異]サーベドラ, ハイメ
Saavedra Bruno, Carlos サーベドラ・ブルノ, カルロス
[国]ボリビア 外相
Saavedra Chanduví, Jaime サアベドラ・チャンドゥビ, ハイメ
[国]ペルー 教育相
Saavedra Soto, Rubén サーベドラ・ソト, ルベン
[国]ボリビア 国防相
Saba, Daud Shah サバ, ダウド・シャー
[国]アフガニスタン 鉱業相
Saba, Elias サバ, エリアス
[国]レバノン 財務相 [異]サバア, ハッサン
Sabada, Oleksandra サバダ, オレクサンドラ
[国]ウクライナ 水泳選手
Sabah サバハ
1927〜2014 [国]レバノン 歌手, 女優 本名=Al-Feghali, Jeanette Gergis
Sabah al-Ahmad al-Jabir al-Sabah サバハ・アル・アハマド・アル・ジャビル・アル・サバハ
1929〜 [国]クウェート 政治家 クウェート首長 クウェート首相・外相 [異]サバハ, サバハ
Sabah al-Khalid, al-Hamad al-Sabah サバハ・ハリド・ハマド・サバハ
[国]クウェート 第1副首相兼外相
Saball, Paulina サバル, パウリナ
[国]チリ 住宅・都市開発相
Sabancı, Güler サバンジュ, ギュレル
[国]トルコ サバンジュ財閥会長
Sabaroche, Herbert サバローチ, ハーバート
[国]ドミニカ共和国 厚生・社会保障相
Sabathia, CC サバシア, CC
1980〜 [国]アメリカ 野球選手 本名=サバシア, カーステン・チャールズ〈Sabathia, Carsten Charles〉 [異]サバシア, C.C. / サバティア / サバティア, カーステン・チャーリー
Sabatier, Robert サバティエ, ロベール
1923〜2012 [国]フランス 作家, 詩人
Sabatier, Roland サバティエ, ロラン
1942〜 [著]「妖精図鑑」 文渓堂 2002
Sabatine, Marc S. サバティン, マーク・S.
[著]「内科ポケットレファランス」 メディカル・サイエンス・インターナショナル 2016
Sábato, Ernesto サバト, エルネスト
1911〜2011 [国]アルゼンチン 作家, 評論家 [異]サバト, アーネ

スト
Sabato, Larry J. サバト, ラリー
　国アメリカ　政治学者　バージニア大学教授・政治センター所長
　著選挙分析
Sabbagh, Karl サバー, カール
　著「子どもの頃の思い出は本物か」化学同人　2011
Sabbagh, Rana サバフ, ラナ
　著「調査報道実践マニュアル」旬報社　2016
Sabbah, Messod サバ, メソド
　1935～　著「出エジプト記の秘密」原書房　2002
Sabbah, Roger サバ, ロジェ
　1955～　著「出エジプト記の秘密」原書房　2002
Sabban, Françoise サバン, フランソワーズ
　著「パスタの歴史」原書房　2012
Sabbatini, Giuseppe サッバティーニ, ジュゼッペ
　1957～　国イタリア　テノール歌手
Sabbouni, Imad Abdul-Ghani サブニ, イマド・アブドルガニ
　国シリア　通信技術相
Sabdarat, Abdel Basit Saleh サブダラト, アブデル・バシト・サレハ
　国スーダン　法相　異サブダラト, アブデルバシト
Sabean, Brian R. セイビアン, ブライアン
　国アメリカ　サンフランシスコ・ジャイアンツ編成総責任者
Sabee, David シェバ, デヴィッド
　グラミー賞 最優秀録音技術アルバム（クラシック）（2010年（第53回））"Porter, Quincy: Complete Viola Works" エンジニア
Sabeh, Atallah サバハ, アタラ
　国パレスチナ　文化相
Sabel, Charles Frederick セーブル, チャールズ・F.
　著「第二の産業分水嶺」筑摩書房　2016
Sabella, Alejandro サベーラ, アレハンドロ
　1954～　国アルゼンチン　サッカー指導者, 元サッカー選手　サッカー・アルゼンチン代表監督　異サベジャ, アレハンドロ / サベラ, アレハンドロ
Saber, Mahfouz サベル, マハフーズ
　国エジプト　法相
Saberi, Helen サベリ, ヘレン
　著「お茶の歴史」原書房　2014
Saberi, Roxana サベリ, ロクサナ
　国アメリカ　記者
Šabić, Rodoljuv シャビッチ, ロドリュブ
　国セルビア　自治相
Sabin, Caroline セービン, キャロライン
　著「医科統計学が身につくテキスト」メディカル・サイエンス・インターナショナル　2014
Sabin, James E. セービン, ジェームズ・E.
　著「精神科臨床倫理」星和書店　2011
Sabine, Elizabeth サビーン, エリザベス
　1923～　著「ハリウッド・スタイル強いノドの作り方」リットーミュージック　2009
Sabin Merino サビン・メリノ
　国スペイン　サッカー選手
Sabino, Mariano Assanami サビノ, マリアノ・アサナミ
　国東ティモール　農水相
Sabirov, Shakhzodbek サビロフ, シャクソドベク
　国ウズベキスタン　柔道選手
Sabitov, I.Kh. サビトフ, I.Kh.
　著「面積・体積・トポロジー」海鳴社　2007
Sabitzer, Marcel サビツァー, マルセル
　国オーストリア　サッカー選手
Sáblíková, Martina サブリコヴァ, マルティナ
　1987～　国チェコ　スピードスケート選手　異サーブリーコヴァ, マルティナ / サブリコバ, マルティナ / サブリコワ, マルチナ
Sabo, Josaph サボ, ジョセフ
　著「ピノキオ」竹書房　2003
Sabo, Nassirou サボ, ナシロ
　国ニジェール　外務・協力相
Saboji, Mohan サボジ, M.
　著「DB2ユニバーサル・データベースアプリケーション開発環境」ピアソン・エデュケーション　2001
Sabolo, Monica サボロ, モニカ
　著「ウソつきフレンチタルト」産業編集センター　2001
Sabom, Michael B. セイボム, マイクル・B.
　著「「あの世」からの帰還」日本教文社　2006
Sabonis, Domantas サボニス, ドマンタス

　国リトアニア　バスケットボール選手
Saborido Loidi, José サボリド・ロイディ, ホセ
　国キューバ　高等教育相
Saborío, Lineth サボリオ, リネス
　国コスタリカ　第1副大統領兼大統領府相兼国家企画・経済政策相
Saborit, Enric サボリト, エンリク
　国スペイン　サッカー選手
Sabot, Hamilton サボ
　国フランス　体操選手
Sabounjian, Vrej サバンジヤン, ブレジ
　国レバノン　工業相
Sabouraud, Frédéric サブロー, フレデリック
　著「ランビュトー通り」Experimental Art Planet　2009
Sabouraud-Séguin, Aurore サブロー＝セガン, オロール
　著「トラウマを乗りこえるためのセルフヘルプ・ガイド」河出書房新社　2006
Sabouret, Jean-François サブレ, ジャン・フランソワ
　1946～　国フランス　社会学者　フランス国立科学研究センター（CNRS）名誉研究部長
Sabourin, Eric サブーラン, エリック
　著「持続可能な農業と環境」食料・農業政策研究センター, 農山漁村文化協会（発売）　2001
Saboya Sunyé, Gilbert サボヤスンエ, ジルベール
　国アンドラ　外相
Sabra, George サブラ, ジョージ
　1947～　国シリア　政治家　シリア国民評議会議長
Sabral, Jody サブラル, ジョディ
　英国推理作家協会賞 デビュー・ダガー（2014年）"The Movement"
Sabri, Naji サブリ, ナジ
　国イラク　外相
Sabri, Nur Dhabitah サブリ
　国マレーシア　水泳選手
Sabri, Wael サブリ, ワエル
　国ヨルダン　エネルギー・鉱物資源相
Sabrosa, Simão サブローサ, シモン
　1979～　国ポルトガル　サッカー選手　異サブローザ, シモン / サブロサ, シモン
al-Sabti, Khalid bin Abdullah サブティ, ハリド・ビン・アブドラ
　国サウジアラビア　高等教育相
Sabti, Qasim サブティー, カーシム
　1953～　国イラク　画家
Sabuda, Robert サブダ, ロバート
　著「クリスマスのおはなし」大日本絵画　〔2016〕
Sabuni, Nyamko サブニ, ニアンコ
　国スウェーデン　男女平等相
Saca, Antonio サカ, アントニオ
　1965～　国エルサルバドル　政治家, 元スポーツキャスター　エルサルバドル大統領　本名＝Saca Gonzáles, Elías Antonio
Sacasa, Noel サカサ, ノエル
　国ニカラグア　経済開発相
Sacca, Chris サッカ, クリス
　投資家
Saccheri, David サッケーリ, デビッド
　著「野生動物の声」大日本絵画　〔2010〕
Sacchi, Arrigo サッキ, アリーゴ
　1946～　国イタリア　サッカー指導者　サッカー・イタリア代表監督　異サッキ, アッリゴ / サッキ, アリゴ
Sacco, Joe サッコ, ジョー
　1960～　アングレーム国際漫画祭 世界への視線賞（2011年）"Gaza 1956: En marge de l'histoire"〈Futuropolis〉
Sacconi, Maurizio サッコニ, マウリツィオ
　国イタリア　労働・社会政策相
Sachar, Louis サッカー, ルイス
　1954～　国アメリカ　児童文学作家
Sacharin, Ken サカリン, ケン
　著「アテンション・マーケティング」ダイヤモンド社　2001
Sacharow, Anya サハロフ, アーニャ
　著「ブルックリン・ストリート・スタイル」DU BOOKS, ディスクユニオン（発売）　2016
Sachenbacher-Stehle, Evi ザッヘンバッハー・シェテレ, エヴィ
　1980～　国ドイツ　スキー選手　異ザッヘンバッハー, エヴィ / ザッヘンバッハー
Sachs, Angeli サックス, アンジェリ

㊐「世界の美術館」TOTO出版 2004
Sachs, Brad サックス, ブラッド・E.
1956〜 ㊐「反抗期ってむずかしい」オープンナレッジ 2006
Sachs, Hans ザックス, ハンス
㊐「ヴィッテンベルクの小夜啼鳥」八坂書房 2006
Sachs, Harvey サックス, ハーヴェイ
1946〜 ㊐「〈第九〉誕生」春秋社 2013
Sachs, Jeffrey David サックス, ジェフリー
1954〜 ㊁アメリカ 経済学者 コロンビア大学教授・地球研究所所長 ㊂国際金融, 政治経済学, 国際開発
Sachs, Jonah サックス, ジョナ
㊐「ストーリー・ウォーズ」英治出版 2013
Sachs, Judith サックス, ジュディス
1947〜 ㊐「20分・バカンス」講談社 2007
Sachs, Mendel サックス, メンデル
1927〜 ㊐「現代物理学がわかる10章」青土社 2008
Sachs, Wolfgang ザックス, ヴォルフガング
1946〜 ㊁ザックス, ウォルフガング ㊐「フェアな未来へ」新評論 2013
Sack, John サック, ジョン
1951〜 ㊐「竜頭」角川書店 2004
Sack, Richard サック, リチャード
㊐「教育省のガバナンス」東信堂 2015
Säcker, Horst ゼッカー, ホルスト
1941〜 ㊐「概観ドイツ連邦憲法裁判所」信山社出版 2002
Sackheim, William サックハイム, ウィリアム
?〜2004 ㊁アメリカ 脚本家, 映画製作者
Sacks, Leo サックス, レオ
プロデューサー グラミー賞 最優秀ヒストリカル・アルバム (2013年(第56回)) "The Complete Sussex And Columbia Albums"
Sacks, Lisbeth サックス, リズベス
㊐「障害と文化」明石書店 2006
Sacks, Marcy Goldberg サックス, マーシー・ゴールドバーグ
1974〜 ㊐「アニメおさるのジョージはるよこい」金の星社 2013
Sacks, Oliver Wolf サックス, オリバー
1933〜2015 ㊁イギリス 神経学者, 医師, 作家 ニューヨーク大学医学部教授 ㊂神経化学, 神経生理学 ㊁サックス, オリヴァー
Sacks, Steven サックス, スティーヴン
㊐「メイトマップ」バジリコ 2004
Sackville, Tom サックヴィル, T.
㊐「うつ病という時限爆弾」日本評論社 2003
Sacramone, Alicia サクラモーン
㊁アメリカ 体操選手
Sacré, Marie José サクレ, マリー・ジョゼ
1946〜 ㊐「もぐらくんがんばる」学習研究社 c2007
Sacre, Robert サクレ, ロバート
㊁カナダ バスケットボール選手
Sa'd, Ali サード, アリ
㊁シリア 教育相
Sada, Mohammed bin Saleh サダ, ムハンマド・ビン・サレハ
㊁カタール エネルギー・産業相
Sada, Muhammad サダ, ムハンマド
㊁カタール エネルギー・産業相
Sad'aa, Musa Mohammed サダ, ムサ・モハメド
㊁ナイジェリア 鉱物鉄鋼開発相
Sadakabatu, Connelly サダカバツ, コンネリー
㊁ソロモン諸島 開発計画・援助調整相
Sadalage, Pramod J. サダラージ, ピラモド
㊐「データベース・リファクタリング」ピアソン・エデュケーション 2008
Sadang, Elbuchel サダン, エルブエル
㊁パラオ 財務相
Sadat, Mandana サダト, マンダナ
1971〜 ㊐「ぼくのらいおん」新教出版社 2010
Sadava, David サダヴァ, デイヴィッド
㊁サダヴァ, D. ㊐「カラー図解アメリカ版大学生物学の教科書」講談社 2014
Saddam, Abdellatif サダム, アブデルラティフ
㊁チュニジア 経済開発相 ㊁サデム, アブデラティフ
Saddique, Boniface サディク, ボニフェイス
㊁ガーナ 人材開発・雇用相
Saddler, Sandy サドラー, サンディ
1926〜2001 ㊁アメリカ プロボクサー 世界フェザー級チャンピオン

Saddy, Pierre サディ, ピエール
㊐「建築家アンリ・ラブルースト」中央公論美術出版 2014
Sadecki, Ray サデッキー, レイ
1940〜2014 ㊁アメリカ 野球選手 本名＝Sadecki, Raymond Michael
Sadegh, Ismael Ould サーデク, イスマイル・ウルド
㊁モーリタニア 住宅・都市化・国土整備相
Sadelher, Malick サデレー, マリック
㊁ニジェール 農業・牧畜相
Sadeq, Mirwais サデク, ミルワイス
㊁アフガニスタン 航空観光相
Sadeqbonab, Ahmad サデクボナブ, アハマド
㊁イラン 道路交通相(代行)
Sadeque, A.S.H.K. サデク, A.S.H.K.
㊁バングラデシュ 教育相
Sader, Eugenia サデル, エウヘニア
㊁ベネズエラ 保健相
Sader, Talal サデル, タラル
㊁パレスチナ 国務相
al-Sa'di, Muhannad サーディ, ムハンナド
㊁イラク 水利相
Sadi, René Emmanuel サディ・ルネ・エマニュエル
㊁カメルーン 国土管理・地方分権相 ㊁サディ, ルネ・エマニュエル
Sadie, Stanley セイディ, スタンリー
1930〜2005 ㊐「新グローヴオペラ事典」白水社 2011
Sadie, Stanley John セーディ, スタンリー
1930〜2005 ㊁イギリス 音楽学者, 音楽批評家 「新グローヴ音楽・音楽家辞典」編集長
al-Sadig, Gazi サディク, ガジ
㊁スーダン イスラム指導相
Sadik, Nafis サディック, ナフィス
1929〜 ㊁パキスタン 小児科医, 産婦人科医 国連人口基金(UNFPA)事務局長 ㊂人口問題, 家族計画 ㊁サディク, ナフィス
Sadirin, Pavel サディリン, パヴェル
?〜2001 ㊁ロシア サッカー監督 サッカー・ロシア代表監督 ㊁サディリン, パベル
Sadissou, Yahouza サディス, ヤフザ
㊁ニジェール 雇用・労働・社会保障相
Sadka, Dewey サッカ, デューイ
㊐「デューイ式ハッピーカラー・バイブル」河出書房新社 2005
Sadler, Barry サドラー, バリー
㊐「効果的なSEAと事例分析」環境省 2003
Sadler, Christopher サドラー, クリストファー
㊁イギリス アヌシー国際アニメーション映画祭 TVシリーズ クリスタル賞(最優秀テレビ作品)(2007年) "Shaun the Sheep" 各話タイトル : Still Life
Sadler, Thomas W. サドラー, T.W.
㊁サドラー, トマス・W. ㊐「ラングマン人体発生学」メディカル・サイエンス・インターナショナル 2016
Sadler-Smith, Eugene サドラースミス, ユージン
㊐「直観力マネジメント」朝日新聞出版 2010
Sado, Besu サド, ベス
㊁エチオピア 陸上選手
Sadock, Benjamin J. サドック, ベンジャミン・J.
1933〜 ㊐「カプラン臨床精神医学テキスト」メディカル・サイエンス・インターナショナル 2016
Sadock, Virginia A. サドック, バージニア・A.
㊐「カプラン臨床精神医学テキスト」メディカル・サイエンス・インターナショナル 2016
Sadou, Ibrahim Issifi サドゥ, イブラヒム・イシフィ
㊁ニジェール 青年起業相
Sadouqi, Mohammad Ali サドゥギ, モハマド・アリ
㊁イラン 副大統領(法律・議会担当)
Sadova, Natalya サドワ
㊁ロシア 陸上選手
Sadović, Tarik サドビッチ, タリク
㊁ボスニア・ヘルツェゴビナ 治安相
Sadovnichy, Victor Antonovich サドーヴニチィ, ヴィクトル
1939〜 ㊁ロシア 数学者, 物理学者 モスクワ大学総長 ㊁サドービニチ / サドーブニチ, ビクトル / サドーヴニチ / サドーヴニチィ, V.A.
Sadovnikov, Aleksandr サドフニコフ, アレクサンドル
㊁ロシア 水泳選手
Sadowski, Deborah A. サドウスキー, D.A.
㊐「シミュレーション」コロナ社(発売) 2002

Sadowski, Randall P.　サドウスキー, R.P.
[著]「シミュレーション」 コロナ社　2007

***al*-Sadr, Muqtada**　サドル, ムクタダ
1973～　[国]イラク　イスラム教シーア派指導者　[異]サドル師

Sadri-Tafazoli, Faranak　サドリ‐タファゾリ, ファラナク
[著]「救急外傷top100診断」 メディカル・サイエンス・インターナショナル　2006

Sadulaev, Abdulrashid　サドゥラエフ, アブドルラシド
[国]ロシア　レスリング選手

Sadulayeva, Zarema　サドゥラエワ, ザレマ
1974～2009　[国]ロシア　人権活動家

Sadun, Erica　サドゥン, エリカ
[著]「iPhoneデベロッパーズクックブック」 ソフトバンククリエイティブ　2009

Sadurska, Kateryna　サドゥルスカ, カテリナ
[国]ウクライナ　水泳選手

Šadurskis, Kārlis　サドゥルスキス, カルリス
[国]ラトビア　教育・科学相

Sadykov, Dovletgeldi　サドイコフ, ドブレトゲルディ
[国]トルクメニスタン　財務相

Sadykov, Kanat　サディコフ, カナト
[国]キルギス　教育科学相

Sadzeck, Connor　サゼック, コナー
[国]アメリカ　野球選手

Šadžius, Rimantas　シャジュス, リマンタス
[国]リトアニア　財務相

Saeed, Fathimath Dhiyana　サイード, ファティマット・ディヤナ
[国]モルディブ　司法長官

Saeed, Fouzia　サイード, フォージア
[著]「タブー」 コモンズ　2010

Saeed, Mohamed　サイード, モハメド
[国]モルディブ　経済開発相

Saeed, Mohamed Shaheem Ali　サイード, モハメド・シャヒーム・アリ
[国]モルディブ　イスラム相

Saeed, Nadia　サイード, ナディア
[国]ヨルダン　通信情報技術相

Sa'eed, Reda　サイード, レダ
[国]シリア　保健相

***al*-Saeedi, Ahmed bin Mohammed bin Obaid**　サイーディ, アハメド・ビン・ムハンマド・ビン・オベイド
[国]オマーン　保健相

Saeedikia, Mohammad　サイーディキア, モハマド
[国]イラン　住宅・都市開発相

Saeed Lou, Ali　サイドルー, アリ
[国]イラン　副大統領(国際問題担当)

Saei, Hadi　サエイ
[国]イラン　テコンドー選手　[異]サエイボネコハル

***El*-saeidi, Ami Fahmy Ibrahim**　エルサエディ, アリ・ファフミ・イブラヒム
[国]エジプト　電力・エネルギー相

Saeijs, Frederieke　サイス, フレデリーケ
[国]オランダ　ロン・ティボー・クレスパン国際音楽コンクール ヴァイオリン 第1位(2005年(第35回))ほか

Saeks, Diane Dorrans　セイクス, ダイアン・ドーランズ
[著]「シーサイド・スタイル」 Taschen　c2002

Saendou, Djazila　センドゥ, ジャジラ
[国]コモロ　公務・行政改革・地方分権・人権相

Saenger, Ingo　ゼンガー, インゴ
1961～　[著]「ドイツ・ヨーロッパ・国際経済法論集」 中央大学出版部　2013

Saenko, Svetlana　サエンコ
[国]ウクライナ　レスリング選手

Saénz, Guido　サエンス, ギド
[国]コスタリカ　文化・青年・スポーツ相

Saénz, María del Rocío　サエンス, マリア・デルロシオ
[国]コスタリカ　保健相　[異]サエンス, マリア・デロシオ

Sáenz De Santamaría Antón, Soraya　サエンスデサンタマリア・アントン, ソラヤ
[国]スペイン　副首相兼首相府相兼地方行政相　[異]サエンスデサンタマリア, ソラヤ

Saer, Juan José　サエール, フアン・ホセ
1937～2005　[著]「孤児」 水声社　2013

Sætre, Lasse　サトレ
[国]ノルウェー　スピードスケート選手

Sáez-Martinez, Francisco J.　サエス・マルチネス, F.
1955～　[著]「欧州のMBA教授が見た高業績CEOの意思決定」 中央経済社　2006

Safa, Ali Mansur Mohammed bin　サファ, アリ・マンスール・モハメド・ビン
[国]イエメン　技術職業訓練相

Safadi, Ayman　サファディ, アイマン
[国]ヨルダン　副首相

***al*-Safadi, Hussam**　アル・サファディ, フサム
[国]シリア　住宅・公共事業相

***al*-Safadi, Mohammad**　サファディ, ムハンマド
[国]レバノン　財務相

Safadi, Mohammed　サファディ, モハメド
[国]レバノン　経済貿易相

Safar, Adel Ahmed　サファル, アーデル
1953～　[国]シリア　政治家　シリア首相　[異]サファル, アディル / サファル, アデル

Safar, Fadhil Safar Ali　サファル, ファディル・サファル・アリ
[国]クウェート　公共事業相兼地方行政担当相

Safar, Peter　サファー, ペーター
?～2003　医師

Safarov, Orkhan　サファロフ, オルカン
[国]アゼルバイジャン　柔道選手

Safarova, Lucie　サファロバ, ルーシー
[国]チェコ　テニス選手

Safaryan, David　サファリャン, デービッド
[国]アルメニア　レスリング選手

Safaryan, Devid　サファリャン
[国]アルメニア　レスリング選手

Safayev, Sodik　サファエフ, ソディク
[国]ウズベキスタン　外相

Safer, Jeanne　セイファー, ジーン
[著]「親を亡くしたあなたへ」 飛鳥新社　2011

Safer, Morley　セイファー, モーリー
1931～2016　[国]アメリカ　ジャーナリスト　CBSテレビ記者

Saffar Harandi, Hossein　サファルハランディ, ホセイン
[国]イラン　文化・イスラム指導相

Saffary, Sohrab Ali　サファリ, スフラブ・アリ
[国]アフガニスタン　公共事業相

Saffer, Dan　サファー, ダン
[著]「マイクロインタラクション」 オライリー・ジャパン, オーム社(発売)　2014

Safferstone, Todd　サファーストーン, トッド
[著]「昇進者の心得」 ダイヤモンド社　2009

Saffold, Rodger　サフォルド, ロジャー
[国]アメリカ　アメフト選手

***al*-Safi, Safa al-din**　サフィ, サファアディン
[国]イラク　国務相(議会担当)

Safia, Youssef Abu　サフィア, ユセフ・アブ
[国]パレスチナ　環境相

Safier, David　ザフィア, ダーヴィット
1966～　[国]ドイツ　脚本家, 作家　[専]ユーモア

Safin, Marat　サフィン, マラト
1980～　[国]ロシア　政治家, 元テニス選手　ロシア下院議員

Safin, Timur　サフィン, ティムール
[国]ロシア　フェンシング選手

Safina, Carl　サフィナ, カール
1955～　[著]「海の歌」 共同通信社　2001

Safina, Dinara　サフィナ
[国]ロシア　テニス選手

Safir, Adil　サフィル, アディル
[国]シリア　農業・農業改革相

Safire, William L.　サファイア, ウィリアム
1929～2009　[国]アメリカ　コラムニスト

Safitri, Dewi　サフィトリ
[国]インドネシア　重量挙げ選手

Safiye, Hassan　サフィエ, ハサン
[国]シリア　国内取引・消費者保護相

Safko, John L.　サーフコ, J.L.
[著]「古典力学」 吉岡書店　2009

Safoshkin, Alexander　サフォシュキン
[国]ロシア　体操選手

Safra, Joseph　サフラ, ジョゼフ
[国]ブラジル　サフラ・グループ会長

Safran, Samuel A.　サフラン, S.A.
[著]「コロイドの物理学」 吉岡書店　2001

Safranski, Rüdiger　ザフランスキー, リューディガー

1945〜　著「ゲーテとシラー」IPC出版センター・ビブロス　2014
Safren, Steven A.　サフレン、スティーブン・A.
著「大人のADHDの認知行動療法セラピストガイド」日本評論社　2011
Safrew, Ethan　サフリュー、イーサン
著「太陽系のふしぎ」大日本絵画　2011
Saftlas, Zev　サフトラス、ゼブ
著「やりとげる人の法則」ディスカヴァー・トゥエンティワン　2005
Safuneituuga, Paaga Neri　サフネイツウガ・パアガ・ネリ
国サモア　通信・情報技術相
Safwanullah, Syed　サフワヌッラー、サイド
国パキスタン　住宅・公共事業相
Sag, Ivan A.　サグ、アイバン・A.
著「統語論入門」岩波書店　2001
Sagadiyev, Yerlan　サガジエフ、エルラン
国カザフスタン　教育科学相
Sagal, Katey　セイガル、ケイティ
ゴールデン・グローブ賞 テレビ 女優賞（ドラマ）（第68回（2010年度））　"Sons Of Anarchy"
Sagan, Drion　セーガン、ドリオン
著「Within the stone」帆風、ワークスコーポレーション（発売）　2004
Sagan, Françoise　サガン、フランソワーズ
1935〜2004　国フランス　作家, 劇作家　本名＝クワレ, フランソワーズ〈Quoirez, Françoise〉
Sagan, Iwona　サガン、イウォナ
著「ポーランド」ほるぷ出版　2010
Sagan, Paul　セーガン、ポール
1959〜　国アメリカ　実業家　アカマイ社長・CEO、タイム・ワーナー副社長、ニューヨーク1副社長・制作編成責任者
Saganich, Al., Jr.　サガニック、アルバート・J., Jr.
著「Java 2によるXML開発技法」ピアソン・エデュケーション　2001
Sagara, David　サガラ、ダビド
国マリ　住宅・都市開発相
Sagario, Mario　サガリオ、マリオ
国ウルグアイ　ラグビー選手
Sagasti, Raúl　サガスティ、ラウル
国エクアドル　工業相
Sagastume, Gabriel　サガストゥメ
国グアテマラ　テコンドー選手
Sage, Angie　セイジ、アンジー
1952〜　国イギリス　作家　⊕ヤングアダルト, ファンタジー
Sage, Hayley　セージ
国イギリス　飛び込み選手
Sage, Lorna　セイジ、ローナ
1943〜2001　著「バッド・ブラッド」清流出版　2006
Sage, Peter　セージ、ピーター
1972〜　著「図解自分を超える法」ダイヤモンド社　2013
Sage, Rosemary　セージ、ローズマリー
著「場面緘黙へのアプローチ」田研出版　2009
Sägebrecht, Marianne　ゼーゲブレヒト、マリアンネ
1945〜　国ドイツ　女優
Sager, Mike　セイジャー、マイク
著「ヴィンス・ニール自伝」シンコーミュージック・エンタテイメント　2011
Saggese, Jaclyn　サジェス、ジャックリン
著「双極うつ病」星和書店　2013
Saghir, Shaif Ezi　サギル、シャイフ・エジ
国イエメン　国務相
Saghiri, Mahmud Ibrahim　サギリ、マフムード・イブラヒム
国イエメン　漁業相
Sagindykov, Adilkhan　サジデュコフ
国カザフスタン　テコンドー選手
Sagintayev, Bakytzhan　サギンタエフ、バクイトジャン
国カザフスタン　首相
Sagir, Taner　サギル
国トルコ　重量挙げ選手
Sagman, Stephen W.　サグマン、S.W.
著「ひと目でわかるトラブル解決！ Microsoft Windows XP」日経BPソフトプレス, 日経BP出版センター（発売）　2002
Sagmeister, Stefan　サグマイスター、ステファン
1962〜　アート・ディレクター　グラミー賞 最優秀レコーディング・パッケージ（2009年（第52回））ほか
Sagna, Bacary　サニャ、バカリ
国フランス　サッカー選手
Sagnia, Burama Keba　サニャ、ブラマ・ケバ
国ガンビア　計画相
Sagnier, Ludivine　サニエ、リュディヴィーヌ
1979〜　国フランス　女優
Sagno, Christine　サグノ、クリスティーヌ
国ギニア　環境・水・森林相
Sagno, Niankoye　サニョ、ニヤンコエ
国ギニア　計画相　旧サグノ、ファスー・ニアンコエ
Sagona, Marina　サゴナ、マリナ
著「わたしの手はおだやかです」ソニー・マガジンズ　2005
Sagstad, Egil　サグスタッド、エギル
著「ノルウェー聖なる自然」アヴァンタルト社　2008
Sagun, Miroslawa　サグン
国ポーランド　射撃選手
Sagymbaeva, Dinara　サギンバエワ、ディナラ
国キルギス　保健相
Sah, Ganesh　サー、ガネシュ
ネパール　環境科学技術相
Saha, Amit　サハ、アミット
著「Pythonからはじめる数学入門」オライリー・ジャパン, オーム社（発売）　2016
Saha, Gopal B.　サハ、G.B.
著「核医学」シュプリンガー・フェアラーク東京　2002
Saha, Mark　サハ、マーク
著「なぞの幽霊屋敷」大日本絵画　〔2001〕
Sahabi, Ezzatollah　サハビ、エザトラ
1930〜2011　国イラン　政治家　イラン国会議員
Sahabi, Haleh　サハビ、ハーレ
？〜2011　国イラン　人権活動家
Sahadeo, Christine　サハデオ、クリスティン
国トリニダード・トバゴ　財務担当国務相
Sahakian, Bako S.　サアキャン、バコ
1960〜　国アゼルバイジャン　政治家　ナゴルノカラバフ大統領　旧サハキャン、バコ／バコ・サアキャン
Sahanaye, Maina Touka　サハナイ、マイナ・トゥーカ
国チャド　厚生相
Sahay, Subodh Kant　サハイ、スボド・カント
国インド　食品加工工業相
Sahel, El Mustapha　サヘル、ムスタファ
国モロッコ　内相　旧サヘル、アル・ムスタファ
al-Sahhaf, Muhammad Saeed　アル・サハフ、ムハンマド・サイード
国イラク　情報相
al-Sahhaf, Muhammad Said Kazim　アル・サハフ、ムハマド・サイード・カジム
国イラク　外相
Sahili, Talal　サヒリ、タラル
国レバノン　農相
Şahin, Fatma　シャヒン、ファトマ
国トルコ　家族・社会政策相
Sahin, Hafize　シャヒン、ハフィゼ
国トルコ　レスリング選手
Şahin, İdris Naim　シャヒン、イドリス・ナイム
国トルコ　内相
Şahin, Mehmet Ali　シャヒン、メフメト・アリ
国トルコ　法相
Sahin, Nuri　シャヒン、ヌリ
国トルコ　サッカー選手
Sahin, Ramazan　サヒン
国トルコ　レスリング選手　旧シャヒン
Sahinguvu, Yves　サシングブ、イブ
国ブルンジ　第1副大統領
Sahlin, Mona　サーリン、モナ
国スウェーデン　住宅担当相　旧サリーン、モナ
Sahlins, Marshall David　サーリンズ、マーシャル
1930〜　著「石器時代の経済学」法政大学出版局　2012
Sahl-madsen, Charlotte　サールマセン、シャーロッテ
国デンマーク　科学技術開発相
Sahni, Bhisham　サーヘニー、ビーシュム
1915〜2003　国インド　作家　デリー大学教授
Sahtouris, Elisabet　サトゥリス、エリザベット
著「徒歩で行く150億年の旅」バベルプレス　2008
Sai Baba, Sathya　サイババ、サティア
1926〜2011　国インド　宗教家, 哲学者, 教育家, 慈善事業家　本名＝ラージュ, サティア・ナーラーヤナー〈Raju, Sathya

Narayana〉
Saibou, Ali サイブ, アリ
1940〜2011 国ニジェール 政治家, 軍人 ニジェール大統領 異セイブ, アリ／セブ, アリ
Saich, Tony サイチ, トニー
著サイク, トニー 著「中国グローバル市場に生きる村」鹿島出版会 2015
Said サイード
1947〜 著「スノーベアとであったひ」鈴木出版 2014
Said, Abdelmonem サイード, アブデルモネム
1948〜 国エジプト コラムニスト エジプト地域戦略研究所所長
Said, Abdelrahman サイード, アブデルラーマン
国スーダン 連邦統治相
Said, Aqiel Munawar サイド・アキエル・ムナワル
国インドネシア 宗教相
Said, Chris サイード, クリス
国マルタ 法務・対話・家庭相
Said, Davlatali サイド, ダブラタリ
国タジキスタン 第1副首相
Said, Edward Wadi サイード, エドワード
1935〜2003 国アメリカ 文芸評論家, 思想家 コロンビア大学教授 専英文学, 比較文学
Said, Essam bin Saad bin サイード, イサーム・ビン・サアド・ビン
国サウジアラビア 国務相
Said, Galal サイド, ガラル
国エジプト 運輸相
Said, Kurban サイード, クルバン
著「アリとニノ」河出書房新社 2001
Said, Mahmoud Ibrahim サイード, マハムード・イブラヒム
国シリア 運輸相
Said, Mohamed サイド, モハメド
国アルジェリア 情報相
Said, Mohammed Kabir サイド, モハメド・カビー
国ナイジェリア 環境相
Said, Nuriddin サイド, ヌリッジン
国タジキスタン 教育・科学相
Said, S.F. サイード, S.F.
1967〜 国イギリス 作家 児童書, ファンタジー 異セッド, SF
Saidakova, Nadia サイダコワ, ナディア
国ロシア バレリーナ ベルリン国立バレエ団プリンシパル
Saidau, Ibrahim サイダウ, イブラヒム
国ベラルーシ レスリング選手
Said Bakar, Abdourahim サイドバカル, アブドゥラヒム
国コモロ 郵便・通信相 異サイド・バカル, アブドゥラヒム
Said Guerni, Djabir サイドゲルニ
国アルジェリア 陸上選手
Said Hassane, Elarif サイードハッサン, エラリフ
国コモロ 外務・協力相
al-Saidi, Abdullah bin Mohammed bin Said サイーディ, アブドラ・ビン・ムハンマド・ビン・サイド
国オマーン 法相
Saïdi, Mahieddine サイディ, マヒエディン
著「教育省のガバナンス」東信堂 2015
al-Saidi, Mutahhar アル・サイディ, ムタハハル
国イエメン 内閣担当国務相
Said Ibrahim, Fahmi サイドイブラヒム, ファミ
国コモロ 外相
Saidou, Oua サイドゥ, ウア
国ニジェール 農相
Saïdou, Saley セイドゥ, サレイ
国ニジェール 運輸相 異サイドゥ, サリー
Saidov, Nuriddin サイドフ, ヌリッジン
国タジキスタン 教育相
Saidov, Renat サイドフ, レナト
国ロシア 柔道選手
Saidov, Zaid サイドフ, ザイド
国タジキスタン 工業相
Saidova, Galina サイドワ, ガリーナ
国ウズベキスタン 経済相
Said-panguindji, Dominique サイードパンギンジ, ドミニク
国中央アフリカ 司法・司法改革・人権相兼政府報道官
Saidy, Isatou Njie サイディ, イサトゥ・ヌジエ
国ガンビア 副大統領

Saiedi, Ali El サイエディ, アリ・エル
国エジプト 工業相
Saienko, Olexandr サイエンコ, オレクサンドル
国ウクライナ 内閣相
Saif, Abdullah bin Hassan サイフ, アブドラ・ビン・ハッサン
国バーレーン 財務国民経済相
Saif, bin Hamad al-Busaidi サイフ・ビン・ハマド・アル・ブサイディ
国オマーン 宮内相
Saif, bin Zayed al-Nahyan サイフ・ビン・ザイド・ナハヤン
国アラブ首長国連邦 副首相兼内相
Saif, Ibrahim サイフ, イブラヒム
国ヨルダン エネルギー・鉱物資源相
Saif, Linda J. サイフ, リンダ・J.
国アメリカ ウルフ賞 農業部門(2015年)
Saïfi, Tokia サイフィ, トキア
国フランス 持続的開発担当相
Saifuding サイフディン
1915〜2003 国中国 政治家, 作家 新疆ウイグル自治区初代主席, 中国人民政治協商会議全国委員会(全国政協)副主席 漢字名=賽福鼎(サイ・フクテイ), 艾則孜(ガイ・ソクシ) 異サイフジン
al-Sa'igh, Yousif アル・サイフ, ヨウシフ
著「現代世界アジア詩集」土曜美術社出版販売 2010
Saijonmaa, Arja サイヨンマー, アルヤ
著「アルヤこころの詩」清流出版 2002
Saikhanbileg, Chimed サイハンビレグ, チメド
1969〜 国モンゴル 政治家 モンゴル首相 本名=Saikhanbileg, Chimediin
Saiki, Kenneth Takao サイキ, ケネス・タカオ
国アメリカ 元・ハワイ日系人連合協会会長 漢字名=佐伯ケネス・隆男
Sailer, Anton Engelbert ザイラー, トニー
1935〜2009 国オーストリア スキー選手, 俳優 本名=Sailer, Toni Anton 異ザイラー, トニ
Saillard, Remi サヤー, レミ
著「かいぞく」文化出版局 2002
Sai Maa Lakshmi Devi サイ・マー・ラクシュミ・デヴィ
著「天恵(グレース)の花びら」太陽出版 2009
Sai Mauk Kham サイ・マウ・カン
国ミャンマー 副大統領
Saimon, Esmon サイモン, エスモン
国バヌアツ 公共事業相
Saina, Betsy サイナ, ベッツィ
国ケニア 陸上選手
Saine-firdaus, Marie セーヌファーダ, マリー
国ガンビア 法相
Saini, Atul サイニ, アトゥル
1963〜 著「STL標準テンプレートライブラリによるC++プログラミング」ピアソン・エデュケーション 2001
Sainio, Caitlin セイニオ, ケイトリン
著「雪の結晶モチーフ100」主婦の友社 2013
Sainjargal, Nyam-Ochir サインジャルガル
国モンゴル 柔道選手
Sainsbury, David セインズベリー, デービッド
国イギリス 実業家
Sainsbury, Lisa Ingeborg セインズベリー, リサ・インゲボルグ
国イギリス セインズベリー日本芸術研究所創設者
Sainsbury, Malcolm セインズベリー, M.
著「入門ヘテロ環の化学」化学同人 2004
Sainsbury, Richard Mark セインズブリー, R.M.
著「パラドックスの哲学」勁草書房 2001
Saint, Harry F. セイント, H.F.
著「透明人間の告白」河出書房新社 2011
Saint, Sanjay セイント, S.
異セイント, サンジェイ 著「難解な症例を推理せよ！」日経BP社, 日経BPマーケティング(発売) 2015
St.Albans, David T. セイント・オールバンズ, デイヴィッド・T.
著「魔道書ネクロノミコン外伝」学研パブリッシング, 学研マーケティング(発売) 2011
St.Andre, Ken セント・アンドレ, ケン
著「トンネルズ＆トロールズ」新紀元社 2006
Saint Andre, Philippe サンタンドレ, フィリップ
国フランス ラグビーコーチ
St.Ange, Alain サンタンジュ, アラン

[国]セーシェル　観光・民間航空・港湾相
Saint-Avit, Gilles de　サンタヴィ, ジル・ド
[著]「恋人」 白亜書房　2005
St.Bernard, Andrea　セントバーナード
[国]グレナダ　テコンドー選手
Saint-Blanquat, Henri de　サン＝ブランカ, アンリ・ド
1929～　[著]「人類の記憶」 法政大学出版局　2005
St.Claire, Erin　セント・クレア, エリン
[著]「二人だけの休日」 ハーレクイン　2001
St.Claire, Olivia　セント・クレア, オリビア
[著]「アフロディーテの愛し方」 主婦と生活社　2002
St.Claire, Roxanne　セントクレア, ロクサナ
[著]「優しき戦士に抱かれて」 扶桑社　2013
Saint-Denis, Alain　サン＝ドニ, アラン
[著]「聖王ルイの世紀」 白水社　2004
Saint Eloi, Rodney　サン＝エロワ, ロドニイ
1963～　[著]「ミラクルバナナ」 学習研究社　2001
Saint-Exupery, Arnaud de　サン・テグジュペリ, アルノー・ド
1971～　アンダーズ東京支配人
Saint Fleurant, Louisiane　サン・フルラン, ルイジアーヌ
1924～　[著]「ミラクルバナナ」 学習研究社　2001
St.Giles, Jennifer　セントジャイルズ, ジェニファー
[著]「海を渡る呼び声の秘密」 扶桑社　2009
St.-Hilaire, W.　サン＝ティレール, W.
[著]「わたしは壊れた玩具」 扶桑社　2006
St.James, Elaine　セントジェームズ, イレイン
1943～　[著]「シンプルに暮らす100の方法」 PHP研究所　2011
St.James, Lyn　セント・ジェイムズ, リン
[著]「ガソリンアレイの向こうで」 大阪教育図書　2016
St.James, Simone　セントジェームズ, シモーヌ
[著]「昏にはレクイエムを」 ヴィレッジブックス　2014
Saint-Jean, Petter　センジャン, ペター
[国]ドミニカ共和国　教育・人的資源開発相
St.John, Cheryl　セント・ジョン, シェリル
[著]「大空の花嫁たち」 ハーレクイン　2008
St.John, Lauren　セントジョン, ローレン
1966～　[著]「砂の上のイルカ」 あすなろ書房　2013
St.John, Noah　セント・ジョン, ノア
1967～　[著]「成功マインドのつくり方」 三笠書房　2013
St.John, Richard　ジョン, リチャード・セント
1947～　[著]「世界の一流だけが知っている成功するための8つの法則」 新潮社　2014
St.John, Susan　セント・ジョン, スーザン
1945～　[著]「ニュージーランド福祉国家の再設計」 法律文化社　2004
St.John, Warren　セント・ジョン, ウォーレン
[著]「フージーズ」 英治出版　2010
St.Laurent, Simon　セントローレント, サイモン
[著]「XML文書ルールブック」 IDGジャパン　2001
Saint-Laurent, Yves　サン・ローラン, イヴ
1936～2008　[国]フランス　ファッションデザイナー　イヴ・サンローラン (YSL) 創業者　本名＝サン・ローラン, イヴ・アンリ・ドナ・マテュー〈Saint-Laurent, Yves Henri Donat Mathieu〉　[異]サンローラン, イブ / サンローラン, イヴ
Saint-Lot, Danielle　サンロ, ダニエル
[国]ハイチ共和国　商工・観光相
St.Louis, Martin　セントルイス, マーティン
1975～　[国]カナダ　アイスホッケー選手
Saint-Loup, Margot　サン＝ルウ, マルゴ
[著]「フレンチlove&sex」 光芒社　2001
St.luce, John　セントルース, ジョン
[国]アンティグア・バーブーダ　内務・保健・社会改良・都市開発相
Saint Malo, Isabel　サインマロ, イサベル
[国]パナマ　副大統領, 外相
Saint-Marc, Laure　サン＝マルク, L.
[著]「地球にやさしいひとになる本」 晶文社　2004
St.Michael, Mick　セント・ミッチェル, ミック
[著]「マドンナ語録」 ブルース・インターアクションズ　2006
St.Onge, Ryan　セントオンジ
[国]アメリカ　フリースタイルスキー選手
Saint-Phalle, Niki de　サンファール, ニキ・ド
1930～2002　[国]フランス　前衛美術家, 彫刻家　[異]サンファル, ニキ・ド
St.Pierre, Kennedy　サンピエール, ケネディ
[国]モーリシャス　ボクシング選手
St.Pierre, Michael　セントピエール, M.
[著]「急性期医療の危機管理」 シュプリンガー・ジャパン　2009
Saint-Preux Craan, Eudes　サンプルークラーン, ユード
[国]ハイチ共和国　社会問題相
Saint-Sernin, Frédéric de　ドサンセルナン, フレデリック
[国]フランス　国土開発担当相
St.Vincent　セイント・ヴィンセント
[国]アメリカ　グラミー賞 最優秀オルタナティヴ・ミュージック・アルバム (2014年 (第57回))　“St.Vincent”
Sait, Sadiq M.　サイト, サディック・M.
1957～　[著]「組合せ最適化アルゴリズムの最新手法」 丸善　2002
Saith, Lenny　セイス, レニー
[国]トリニダード・トバゴ　首相府相兼貿易・産業相
Saiti, Dzemali　サイティ, ジェマリ
[国]マケドニア　自治相
Saïto, Christine　サイトウ, クリスティーヌ
[著]「アクティヴ・リラクゼーション」 春秋社　2004
Saito, Hiroshi　サイトウ, ヒロシ
[著]「臨床PCRプロトコール」 タカラバイオ, 丸善 (発売)　2002
Saito, Juniti　サイトウ, ジュンイチ
[国]ブラジル　軍人　ブラジル空軍総司令官　漢字名＝斉藤準一
Saito, Kazuya　サイトウ, カズヤ
[国]日本　ロン・ティボー・クレスパン国際音楽コンクール ピアノ マダム・ガービィ・パスキエ賞 (2009年 (第38回))　漢字名＝斉藤一也
Saitoti, George Kinuthia　サイトティ, ジョージ
1945～2012　[国]ケニア　政治家, 数学者　ケニア副大統領　[異]サイトチ, ジョージ
Saitov, Oleg　サイトフ
[国]ロシア　ボクシング選手
Sáiz, Agustín　サイス, アグスティン
1961～　[著]「日本軍装備大図鑑」 原書房　2012
Saiz, Jesus　サイス, ヘスス
[著]「DCユニバース ： レガシーズ」 ヴィレッジブックス　2012
Sajaya, Nugzar　サジャヤ, ヌグザル
？～2002　[国]ジョージア　政治家　グルジア安全保障会議書記
Sajjan, Harjit Singh　サージャン, ハルジット・シン
[国]カナダ　国防相
al-**Sajwani, Fuad bin Jaffar bin Mohammed**　サジュワーニ, ファアド・ビン・ジャーファル・ビン・ムハンマド
[国]オマーン　農業・漁業相　[異]サジュワーニ, ファアド・ビン・ジャファール・ビン・ムハンマド
Sak, Taras　サック, タラス
[著]「オルタナティヴ・ヴォイスを聴く」 音羽書房鶴見書店　2011
Saka, Manolya　サカ, マノルヤ
[国]トルコ　元・トルコ航空客室乗務員
al-**Sakaf, Nadia**　サカフ, ナディア
[国]イエメン　情報相
Sakafi, Khadijeh　サカフィ, ハディジェ
？～2009　[国]イラン　最高指導者・ホメイニ師の妻
Sakai, Kenji　サカイ, ケンジ
[国]日本　エリザベート王妃国際コンクール 作曲 (2011年)　“Concerto pour violon et orchestre”　漢字名＝酒井健治
Sakaida, Henry　サカイダ, ヘンリー
[著]「B-29対日本陸軍戦闘機」 大日本絵画　2004
Sakaio, Vete　サカイオ, ベテ
[国]ツバル　副首相兼公共事業相
Sakamoto, Kerri　サカモト, ケリー
1959～　[国]カナダ　作家
Sakanyi, Henry Mova　サカニイ, アンリ・モバ
[国]コンゴ民主共和国　情報相　[異]サカニイ, アンリ
Sakata, Thomas S.　サカタ, トーマス・S.
[国]アメリカ　元・ハワイ州観光局長, 元・日本ハワイ経済協議会事務局長, 元・日本人官約移民百周年記念行事実行委員長
Sakata, Tojuro　サカタ, トウジュウロウ
[国]日本　高松宮殿下記念世界文化賞 演劇・映像部門 (2008年 (第20回))　漢字名＝坂田藤十郎
Sakenfeld, Katharine Doob　サーケンフェルド, キャサリーン・ドゥーブ
1940～　[著]「ルツ記」 日本基督教団出版局　2001
Sakeni, Kennedy　サケニ, ケネディ
[国]ザンビア　情報・放送相
Sakey, Marcus　セイキー, マーカス
[国]アメリカ　作家　[専]ミステリー, スリラー, 文学ほか
Sakhan, Ivan Y.　サハニ, イワン・Y.
[国]ウクライナ　労働社会政策相
Sakharov, Vsevolod Ivanovich　サハロフ, フセヴォロド

1946〜 著「ブルガーコフ」群像社 2001
Sakhnovski, Sergei サフノフスキー
　国イスラエル　フィギュアスケート選手
Sakho, Diafra サコ、ディアフラ
　国セネガル　サッカー選手
Sakho, Mamadou サコー、ママドゥ
　国フランス　サッカー選手
Sakho, Moussa サホ、ムッサ
　国セネガル　技術教育・職業訓練相　異サコ、ムッサ
Sakhri, Ammar サハリ、アマル
　国アルジェリア　高等教育・科学研究相
Sakic, Joe サキック、ジョー
　1969〜　国カナダ　元アイスホッケー選手　本名＝Sakic, Joseph Steven
Sakim, Maria サキム、マリア
　1945〜 著「癒す力をさぐる」農山漁村文化協会 2006
Sakine, Ahmat Awad サキネ、アフマト・アワド
　国チャド　経済・財務相
Saklofske, Donald H. サクロフスキー、ドナルド・H.
　著「WISC-IVの臨床的利用と解釈」日本文化科学社 2012
Sakmann, Bert ザクマン、ベルト
　1942〜　国ドイツ　生物物理学者　ハイデルベルク大学生理学教授　マックス・プランク医学研究所細胞生理部門長　国細胞生理学
Sako, Bakary サコ、バカリ
　国マリ　サッカー選手
Sako, Cheick サコ、シエイク
　国ギニア　法相
Sako, Jean Willybiro サコ、ジャン・ウィリビロ
　国中央アフリカ　高等教育・科学技術相
Sakoda, Robin H. サコダ、ロビン
　著「『無条件勝利』のアメリカと日本の選択」時事通信社 2002
Sakota, Jimmy Takashi サコダ、ジミー・タカシ
　国アメリカ　元・ロサンゼルス郡検事局首席捜査官　漢字名＝佐古田ジミー・隆
Saks, Gene サックス、ジーン
　1921〜2015　国アメリカ　演出家、映画監督、俳優
Saks, Gidon サクス、ギドン
　グラミー賞 最優秀クラシック・オペラ録音（2009年（第52回））"Britten: Billy Budd"
Saks, Katrin サクス、カトリン
　国エストニア　民族問題相
Sakuma, Tadanobu サクマ、タダノブ
　国ブラジル　元・ブラジル戸田建設株式会社取締役、元・ブラジル北海道協会理事
Sakurai Nakagawa, María Guadalupe Eiko サクライ・ナカガワ、マリア・グアダルーペ・エイコ
　国メキシコ　元・在メキシコ日本国大使館現地職員
Sala, Fata Pinati サラ・ファタ・ピナティ
　国サモア　警察相
Sala, Jacopo サーラ、ヤコポ
　国イタリア　サッカー選手
Sala, Marius サラ、マリウス
　1932〜 著「ラテン語からルーマニア語へ」大阪外国語大学学術出版委員会 2001
Sala, Oskar ザラ、オスカー
　？〜2002　国ドイツ　作曲家
Sala, Renzo サラ、レンツォ
　著「教皇ベネディクト16世」ドン・ボスコ社 2005
Sala, Sharon サラ、シャロン
　著「哀しみのハート」ハーパーコリンズ・ジャパン 2016
Saladin-Grivatz, Catherine サラダン・グリジバツ、カトリーヌ
　1949〜 著「きちんと叱って信じられる親に」毎日新聞社 2004
Saladino, Irving サラディノ、アービング
　1983〜　国パナマ　走り幅跳び選手　異サラディノ、イルビング
Saladino, Tyler サラディーノ、タイラー
　国アメリカ　野球選手
Saladukha, Olga サラドゥハ
　国ウクライナ　陸上選手
Salah, Abdul Fattah サラハ、アブドゥルファタハ
　国ヨルダン　宗教相　異サラ、アブドゥル・ファタ
Salah, Mahamat Abba Ali サラ、マハマト・アッバ・アリ
　国チャド　公務・労働相
Salah, Mohamed サラー、モハメド
　国エジプト　サッカー選手
Salah, Munther サラハ、ムンザー
　国パレスチナ　高等教育相
Salah, Noureddine サラハ、ヌレディヌ
　国アルジェリア　国民教育相
Salahddin, Ghazi サラハディン、ガジ
　国スーダン　文化・情報相
Salah Orabi Abdelgawwad, Abdelrahman サラオラビアブデルガウワド、アブデルラフマン
　国エジプト　ボクシング選手
Salahuddin Abdul Aziz Shah サラフディン・アブドル・アジズ・シャー
　？〜2001　国マレーシア　国王（第11代）
Sala-i-Martin, Xavier サラ・イ・マーティン、X.
　著「内生的経済成長論」九州大学出版会 2006
Salakhov, Evgeny サラホフ
　国ロシア　カヌー選手
Salalima, Rodolfo サラリマ、ロドルフォ
　国フィリピン　情報通信相
Salam, Tammam サラーム、タマム
　1945〜　国レバノン　政治家　レバノン首相
Salama, Amr サラーマ、アムル
　国エジプト　高等教育相兼国務相（科学研究担当）
Salamat, Hashim サラマット、ハシム
　？〜2003　国フィリピン　政治家　モロ・イスラム解放戦線（MILF）議長
Salameh, Ghassan サラメハ、ガッサン
　国レバノン　文化相　異サラメ、ガッサン
Salameh, Youssef サラメ、ユーセフ
　国レバノン　国務相
al-**Salami, Alawi Salah** アル・サラミ、アラウィ・サラハ
　国イエメン　蔵相
Salamín, Edwin サラミン、エドウィン
　国パナマ　労働開発相
Sala-Molins, Louis サラ・モランス、ルイ
　1935〜 著「ソドム」月曜社 2010
Salamon, Bartosz サラモン、バルトシュ
　国ポーランド　サッカー選手
Salamon, Julie サラモン、ジュリー
　1953〜 著「大病院」河出書房新社 2013
Salamon, Lester M. サラモン、レスター・M.
　著「フィランソロピーのニューフロンティア」ミネルヴァ書房 2016
Salamony, Sandra サラモニー、サンドラ
　著「スイーツデコレーションのアイデア1000」グラフィック社 2012
Salandy, Giselle サランディ、ジゼル
　1987〜2009　国トリニダード・トバゴ　プロボクサー　WBC・WBA・WIBA世界女子スーパーウエルター級チャンピオン　本名＝Salandy, Jizelle Joseph
Salanié, Bernard サラニエ、ベルナール
　著「契約の経済学」勁草書房 2010
Salao, Idris サラオ、イドリス
　国中央アフリカ　郵政・通信相（先端技術担当）
Salaru, Anatolie シャラル、アナトリエ
　国モルドバ　国防相　異シャラル、アナトル
Salaru, Gheorghe シャラル、ゲオルゲ
　国モルドバ　環境相
Salas, Eduardo サラス、E.
　著「危機のマネジメント」ミネルヴァ書房 2007
Salas, Greg サラス、グレッグ
　国アメリカ　アメフト選手
Salas, Patricia サラス、パトリシア
　国ペルー　教育相
Šalaševičiūtė, Rimantė シャラシェビチウテ、リマンテ
　国リトアニア　保健相
Salas Perez, Reineris サラスペレス、レイネリス
　国キューバ　レスリング選手
Salas Rodriguez, Luis Alberto サラス・ロドリゲス、ルイス・アルベルト
　国ベネズエラ　生産向上経済担当相
Salatin, Joel サラティン、ジョエル
　著「動物工場」緑風出版 2016
Salaverría, Mario サラベリア、マリオ
　国エルサルバドル　農牧相
Salaviza, Joao サラヴィザ、ジョアン
　カンヌ国際映画祭 短編映画パルムドール（第62回（2009年））"Arena"

Salazar, Danny　サラザー, ダニー
　国ドミニカ共和国　野球選手
Salazar, Iridia　サラサル
　国メキシコ　テコンドー選手
Salazar, Jeff　サラザー, ジェフ
　国アメリカ　コロラド・ロッキーズコーチ
Salazar, Jesús　サラサル, ヘスス
　国ベネズエラ　大統領府相
Salazar, Jorge　サラサル, ホルヘ
　国ニカラグア　環境・天然資源相
Salazar, Ken　サラザール, ケン
　国アメリカ　内務長官
Salazar, Michael　サラザー, マイクル
　著「ロシアの超兵器を破壊せよ」扶桑社　2004
Salazar, Oscar　サラサル
　国メキシコ　テコンドー選手
Salazar, Pamela　サラサール, パメラ
　1977〜　著「リンゴはとべるの？」ZERIジャパン　2003
Salazar, Viviana Martin　サラサル, ビビアナ・マルティン
　国コスタリカ　法相
Salazar Adame, Florencio　サラサル・アダメ, フロレンシオ
　国メキシコ　農地改革相
Salazar Coll, César　サラサル・コル, セサル
　国ベネズエラ　公共事業相
Salazar García, Juan José　サラサル・ガルシア, フアン・ホセ
　国ペルー　農相
Salazar Nicolau, Guillermo　サラサル・ニコラウ, ギジェルモ
　国パナマ　農牧開発相
Salazar Quintero, Diego　サラサール
　国コロンビア　重量挙げ選手
Salazar Tetzaguic, Manuel　サラサル・テザウィック, マヌエル
　国グアテマラ　文化・スポーツ相　別サラサル・ツェツァグイ, マヌエル
Salber, Linde　ザルバー, リンデ
　1944〜　著「ルー・アンドレーアス＝ザロメ」アルク出版企画　2015
Salcedo, Carlos　サルセド, カルロス
　国メキシコ　サッカー選手
Salcedo, Doris　サルセド, ドリス
　1958〜　国コロンビア　現代美術家
Salcedo-Bastardo, José Luis　サルセド＝バスタルド, ホセ・ルイス
　1926〜2005　著「シモン・ボリーバル」春秋社　2008
Salci, Nuray　シャルジュ, ヌライ
　国トルコ　元・トルコ航空客室乗務員
Saldanha, Eugenia　サルダーニャ, エウゼニア
　国ギニアビサウ　社会連帯・貧困対策相
Saldanha, Gabriela　サルダーニャ, ガブリエラ
　著「翻訳研究のキーワード」研究社　2013
Saldivar, John　サルディバー, ジョン
　国ベリーズ　国防相
Saldmann, Frédéric　サルドマン, フレデリック
　1953〜　著「薬のいらない生き方」サンマーク出版　2014
Salé, Charles　サレ, シャルル
　国カメルーン　工業・鉱業・技術開発相
Sale, Chris　セール, クリス
　国アメリカ　野球選手
Sale, Colin　セール, コリン
　著「絵でわかる世界大地図」ネコ・パブリッシング　2004
Sale, Jamie　サレー
　国カナダ　フィギュアスケート選手
Sale, Kirkpatrick　セイル, カークパトリック
　著「アメリカの環境主義」同友館　2004
Sale, Tim　セイル, ティム
　著「キャプテン・アメリカ：ホワイト」小学館集英社プロダクション　2016
Saleem, Hiner　サレーム, ヒネル
　1964〜　著「父さんの銃」白水社　2007
Saleem, Jennifer　サリーム, ジェニファー
　著「ココナッツオイルのかんたんスキンケア」WAVE出版　2015
Saleem, Mohamed Adil　サリーム, モハメド・アディル
　国モルディブ　運輸・通信相
Saleh, Abdelmunim Ahmad　サレハ, アブデルムニム・アハマド
　国イラク　宗教相
al-Saleh, Abdul-Hadi Abdul-Hamid　サレハ, アブドルハーディ・アブドルハミド

　国クウェート　国務相（国民議会担当）
al-Saleh, Abdullah Hamid Mahmoud　アル・サレハ, アブドラ・ハミド・マハムード
　国イラク　農業相　別アレ・サレハ, アブドラ・ハミド・マフムード
Saleh, Ali Abdullah　サレハ, アリ・アブドラ
　1942〜　国イエメン　政治家, 軍人　イエメン大統領
al-Saleh, Ali bin Saleh　アル・サレハ, アリ・ビン・サレハ
　国バーレーン　商業相
al-Saleh, Anas Khaled　サレハ, アナス・ハリド
　国クウェート　副首相兼財務相
Saleh, Aziz Mahamat　サレー, アジズ・マハマト
　国チャド　経済・商業・観光開発相
Saleh, Bahaa E.A.　サレー, バハア・E.A.
　著「基本光工学」森北出版　2006
Saleh, Barham　サレハ, バルハム
　国イラク　副首相
al-Saleh, Faiqa bint Saeed　サレハ, ファイカ・ビント・サイード
　国バーレーン　保健相　別サレハ, ファイカ・サイード
Saleh, Hatem　サレハ, ハテム
　国エジプト　通商産業相
Saleh, Husin　サレフ・フシン
　国インドネシア　産業相
Saleh, Idris Kekia　サレハ・イドリス・ケキア
　国エリトリア　運輸・通信相
Saleh, Kimiya　サレー, キミヤ
　著「1日5分ベリーダンスで姫ボディ！」WAVE出版　2008
Saleh, Mariam　サレハ, マリアム
　国パレスチナ　女性問題担当相
Saleh, Meki　サレ・メキ
　国エリトリア　保健相
Saleh, Mina　サレー, ミーナ
　著「1日5分ベリーダンスで姫ボディ！」WAVE出版　2008
al-Saleh, Muhammad Mahdi　アル・サレハ, ムハンマド・マハディ
　国イラク　貿易相　別アル・サレハ, ムハマド・マハディ
Saleh, Osama　サレハ, オサマ
　国エジプト　投資相
Saleh, Rachid Ould　サレハ, ラシド・ウルド
　国モーリタニア　通信・議会担当相
Salehi, Ali Akbar　サレヒ, アリ・アクバル
　1949〜　国イラン　政治家, 物理学者　イラン原子力庁長官　イラン外相
Salekhov, Makhmadnazar　サレホフ, マフマドナザル
　国タジキスタン　内相
Salekin, Randall T.　セルキン, ランドール・T.
　著「サイコパシー・ハンドブック」明石書店　2015
Salem, Bassem　サレム, バセム
　国ヨルダン　労相
Salem, Ezedin Tlish　サレム
　国リビア　テコンドー選手
Salem, Lionel　セイラム, ライオネル
　著「誰かに教えたくなる世界一流企業のキャッチフレーズ」クロスメディア・パブリッシング, インプレスコミュニケーションズ（発売）　2013
Salem, Omar　サリム, オマル
　国エジプト　国務相（人民議会・諮問評議会担当）
Salem, Sidi Ould　サーレム, シディ・ウルド
　国モーリタニア　高等教育・科学研究国家相
Salem, Zeinabou Mint Ely　サーレム, ゼイナブ・ミント・エリー
　国モーリタニア　官房長官
Salen, Katie　サレン, ケイティ
　著「ルールズ・オブ・プレイ」ソフトバンククリエイティブ　2013
Saleri, Fausto　サレリ, ファウスト
　著「MATLABとOctaveによる科学技術計算」丸善出版　2014
Salerno, Shane　サレルノ, シェーン
　著サラーノ, シェーン　著「サリンジャー」KADOKAWA　2015
Salerno-Sonnenberg, Nadja　サレルノ・ソネンバーグ, ナージャ
　1961〜　国アメリカ　バイオリニスト
Sales, Gemma　サレス, ジェンマ
　別セール, ジェンマ　著「トックトックのうたごえ」学習研究社　2005印刷
Sales, Jane　セールズ, ジェーン

[著]「Symbian OS internals」 翔泳社 2006
Sales, Nancy Jo セールズ, ナンシー・ジョー
[国]アメリカ ジャーナリスト, 作家
Saleumxay, Khommasith サルムサイ・コンマシット
[国]ラオス 外相
Salewicz, Chris セールウィクズ, クリス
[著]「リデンプション・ソング」 シンコーミュージック・エンタテイメント 2007
Salfellnera, Haralda ザルフェルナー, ハラルド
[著]「プラハ」 Vitalis c2005
Salgado, Elena サルガド, エレナ
[国]スペイン 公共行政相
Salgado, Sebastião サルガド, セバスチャン
1944～ [著]「わたしの土地から大地へ」 河出書房新社 2015
Salgado Méndez, Elena サルガド・メンデス, エレナ
[国]スペイン 第2副首相兼経済・財務相
Salganik, Laura Hersh サルガニク, ローラ・H.
[著]「キー・コンピテンシー」 明石書店 2006
Salgueiro, Tiago サルゲイロ, ティアゴ
1975～ [著]「戦国の少年外交団秘話」 南島原市, 長崎文献社（長崎）（発売） 2014
Salhi, Zahia Smail サルヒー, ザヒア・スマイール
[著]「中東・北アフリカにおけるジェンダー」 明石書店 2012
Salifou, Amadou Elhadj サリフォ, アマドゥ・エラジ
[国]ニジェール 通信相
Salifou, Barmou サリフ, バルム
[国]ニジェール 水利・衛生相
***al*-Salih, Ali Salih Abdullah** アル・サリフ, アリ・サリフ・アブドラ
[国]バーレーン 商業相
Sālih, al-Tayyib サーリフ, タイイブ
1929～2009 [国]スーダン 作家 英語名＝Salih, Tayeb [異]サーリフ, アッ・タイイブ
Salih, Bakri Hassan サリハ, バクリ・ハッサン
[国]スーダン 国防相 [異]サレハ, バクリ・ハッサン
Salih, Salah Ahmed Mohamed サリハ, サラハ・アハメド・モハメド
[国]スーダン 大統領府担当相
Salih, Ucan サリフ・ウチャン
[国]トルコ サッカー選手
Salim, Anthoni サリム, アンソニー
1949～ [国]インドネシア 実業家 サリム・グループ会長・CEO, インドフード・スクセス・マクムル社長・CEO 漢字名＝林逢生
Salim, Emil サリム, エミル
1930～ [国]インドネシア 政治家 インドネシア大統領検討会議会長 インドネシア環境相, インドネシア大学教授 [専]経済学, 環境学
Salim, Frank サリム, フランク
[著]「プログラミングHTML5」 アスキー・メディアワークス, 角川グループパブリッシング（発売） 2011
Salim, Salim Ahmed サリム, サリム・アハメド
1942～ [国]タンザニア 政治家, 外交官 アフリカ統一機構（OAU）事務局長, タンザニア首相
Salim, Segaf Aljufri サリム・セガフ・アルジュフリ
[国]インドネシア 社会相
Salim, Sudono サリム, スドノ
1916～2012 [国]インドネシア 実業家 サリム・グループ統帥 中国名＝林紹良（リム・シューリョン）〈Liem, Sioe-liong〉 [異]リム・シウ・リオン / リム・スゥリョン
Salimane, Karimou サリマヌ, カリム
[国]ベナン 幼少・初等教育相
***al*-Salimi, Abdullah bin Mohammed** サリミ, アブドラ・ビン・ムハンマド
[国]オマーン 寄進財産・宗教問題相 [異]アル・サルミ, アブドラ・ビン・ムハンマド / サルミ, アブドラ・ビン・ムハンマド
Salimikordasiabi, Behdad サリミコルダシアビ, ベフダド
1989～ [国]イラン 重量挙げ選手 [異]サリミ, ベフダド / サリミコルダシアビ, ベダド / サリミコルダシアビ, ベフダッド
Salimov, Abdudzhalol サリモフ, アブドジャロル
[国]タジキスタン 運輸相
Salimov, Nusratullo サリモフ, ヌスラトゥロ
[国]タジキスタン 保健相
Salimzoda, Nusratullo サリムゾダ, ヌスラトゥッロ
[国]タジキスタン 保健・社会防衛相 [異]サリムゾダ, ヌスラトゥロ
Salin, Edgar ザリーン, エドガール
[著]「回想のマックス・ウェーバー」 岩波書店 2005
Salinger, Jerome David サリンジャー, J.D.
1919～2010 [国]アメリカ 作家 [異]サリンジャー, ジェロウム・デイヴィド
Salinger, M.A. サリンジャー, マーガレット・A.
[著]「我が父サリンジャー」 新潮社 2003
Salinger, Pierre Emil George サリンジャー, ピエール
1925～2004 [国]アメリカ ジャーナリスト, 政治家 米国大統領報道官, ABC放送パリ支局長
Salinog, Tomasa Dioso サリノグ, トマサ
？～2007 [国]フィリピン アジア女性基金の"償い金"の受け取りをただ1人拒否したフィリピン人元慰安婦
Salisbury, Bill サリスベリ, ビル
[著]「日本大使公邸襲撃事件」 イースト・プレス 2009
Salisbury, Dallas L. ソールズベリー, ダラス・L.
[著]「アメリカ年金事情」 新水社 2002
Salisbury, Dereck ソールズベリー, デレック
[著]「ケアのなかの癒し」 看護の科学社 2016
Salisbury, Gay ソールズベリー, ゲイ
[著]「ユーコンの疾走」 光文社 2005
Salisbury, Janet ソールズベリー, ジャネット
[著]「EBM楽しい演習帳」 金芳堂 2004
Salisbury, Laney ソールズベリー, レニー
[著]「偽りの来歴」 白水社 2011
Salisbury, Mark ソールズベリー, マーク
1966～ [異]サリスバリー, マーク / ソールズバーリー, マーク [著]「ギレルモ・デル・トロ クリムゾン・ピーク アート・オブ・ダークネス」 DU BOOKS, ディスクユニオン（発売） c2015
Salissou, Habi Mahamadou サリス, ハビ・マハマドゥ
[国]ニジェール 都市・都市衛生相 [異]サリス, ハビ
Salit, Cathy Rose サリット, キャシー
[著]「パフォーマンス・ブレークスルー壁を破る力」 徳間書店 2016
Säljö, Roger サーリョ, ロジャー
[著]「グローバル化・社会変動と教育」 東京大学出版会 2012
Salka, John サルカ, ジョン
[著]「人を動かす火事場の鉄則」 講談社 2007
Salkovskis, Paul M. サルコフスキス, ポール・M.
1956～ [著]「子どもと家族の認知行動療法」 誠信書房 2013
Sall, Adama サル, アダマ
[国]セネガル 都市化・衛生相
Sall, Djibrine サール, ジブリヌ
[国]中央アフリカ 職業技術教育相
Sall, Hamath サル, アマス
[国]セネガル 農相
Sall, Macky サル, マッキ
1961～ [国]セネガル 政治家 セネガル大統領
Sall, Seydou Sy サル, セイドゥ・シ
[国]セネガル 都市化・国土整備相
Sall, Thierno Alassane サル, チェルノ・アラッサン
[国]セネガル エネルギー・再生可能エネルギー開発相 [異]サル, チェルノ・アラサン
Sallah, Abderaman サラー, アブデラマン
[国]チャド 行政浄化・グッドガバナンス促進相
Sallah, Alhaji Hassan サラ, アルハジ・ハッサン
[国]ガンビア 貿易・産業・雇用相 [異]サラ, ハッサン
Sallah, Mahamat Abba Ali サラー, マハマト・アバ・アリ
[国]チャド 水利・農民相
Sallah, Mamadou サラ, ママドゥ
[国]ガンビア 観光相
Sallah, Michael サラ, マイケル
[著]「タイガーフォース」 WAVE出版 2007
Sallai, Roland サライ, ロランド
[国]ハンガリー サッカー選手
Sallam, Ismail サラム, イスマイル
[国]エジプト 保健・人口問題相
Sallam, Qasim サラム, カシム
[国]イエメン 観光相
***al*-Sallami, Alawi Saleh** サラミ, アラウィ・サレハ
[国]イエメン 副首相兼財務相 [異]アル・サラミ, アラウィ・サレハ
Sallé, Michel サレ, ミシェル
[国]中央アフリカ 内務・治安相
Salleh, Keruak サレー・ケルアック
[国]マレーシア 通信・マルチメディア相
Sallenave, Danièle サルナーヴ, ダニエル
1940～ [国]フランス 文芸評論家, 作家
Salles, Walter サレス, バルテル

1956～ [国]ブラジル 映画監督, 脚本家 英語名＝サレス, ウォルター〈Salles, Walter〉 [異]サレス, ヴァルテル
Sallis, James サリス, ジェームズ
1944～ [国]イギリス 作家 [異]サリス, ジェイムズ
Sallis, John サリス, ジョン
1938～ [著]「翻訳について」 月曜社 2013
Sallois, Jacques サロワ, ジャック
1941～ [著]「フランスの美術館・博物館」 白水社 2003
Salloukh, Fawzi サルーフ, ファウジ
[国]レバノン 外相
al-**Sallum, Naser Bin Muhammad** アル・サルーム, ナセル・ビン・ムハンマド
[国]サウジアラビア 運輸相
Sally, David サリー, デイビッド
[著]「サッカーデータ革命」 辰巳出版 2014
Salm, Frieder ザルム, フリーデル
1962～ [著]「ベルリン地下都市の歴史」 東洋書林 2011
Salma, Hassen サルマ・ハサン
[国]エリトリア 労働・人間福祉相
Salman, al-Hamoud al-Sabah サルマン・ハムード・サバハ
[国]クウェート 情報相兼青年担当相 [異]サルマン・サバハ
Salman, Ashraf サルマン, アシュラフ
[国]エジプト 投資相
Salman, bin Hamad al-Khalifa サルマン・ビン・ハマド・ハリファ
[国]バーレーン 皇太子, 首相, 第1副首相 [異]サルマン・ビン・ハマド・アル・ハリファ / サルマン・ビン・ハマド・ビン・イサ・アル・ハリファ
Salman bin Abdul-Aziz サルマン・ビン・アブドルアジズ
1935～ [国]サウジアラビア 政治家 サウジアラビア国王(第7代), サウジアラビア首相 [異]サルマン国王
Salmane, Mohamed サルマン, モハメド
[国]チュニジア 設備相
Salmans, Sandra サルマンズ, サンドラ
[著]「お仕事してても子は育つ」 新潮社 2004
Salmansohn, Karen サーマンソン, カレン
[異]サマンソン, カレン [著]「心の疲れがとれる本」 PHP研究所 2010
Salminen, Max サルミネン, マックス
1988～ [国]スウェーデン セーリング選手
Salmon, Catherine サーモン, キャスリン
1969～ [著]「女だけが楽しむ「ポルノ」の秘密」 新潮社 2004
Salmon, Deborah サーモン, デボラ
[著]「歌の翼に」 春秋社 2004
Salmon, Dimitri サルモン, ディミトリ
[著]「ジョルジュ・ド・ラ・トゥール」 創元社 2005
Salmon, John サルモン, ジョン
[著]「PCクラスタ構築法」 産業図書 2001
Salmon, Laurie サーモン, ローリー
[著]「Windows 2000 professional」 翔泳社 2001
Salmon, Paul M. サーモン, ポール
[著]「事故分析のためのヒューマンファクターズ手法」 海文堂出版 2016
Salmon, Walter J. サモン, ウォルター・J.
[著]「コーポレート・ガバナンス」 ダイヤモンド社 2001
Salmond, Alex サモンド, アレックス
1954～ [国]イギリス 政治家 スコットランド行政府首相, スコットランド民族党(SNP)党首 本名＝Salmond, Alexander Elliot Anderson
Salmonson, Jessica Amanda サーモンスン, ジェシカ・アマンダ
1950～ [著]「サイボーグ・フェミニズム」 水声社 2001
Salomão, Tomas サロマン, トマス
[国]モザンビーク 運輸・通信相
Salomé, Jacques サロメ, ジャック
1935～ [著]「自分であるという勇気」 上毛新聞社出版局(発売) 2006
Salomé, Jean-Paul サロメ, ジャン＝ポール
[著]「ルパン」 メディアファクトリー 2005
Salomon, David サロモン, デイビッド
1952～ [著]「ペンギン・ペディア」 河出書房新社 2013
Salomon, Gavriel ソロモン, ガブリエル
[著]「分散認知」 協同出版 2004
Salomon, William ソロモン, ウィリアム
1914～2014 [国]アメリカ 金融家 ソロモン・ブラザーズ・マネージングパートナー 通称＝Salomon, Billy
Salonen, Esa-Pekka サロネン, エサ・ペッカ
1958～ [国]フィンランド 指揮者, 作曲家 フィルハーモニア管弦楽団首席指揮者・音楽監督 ロサンゼルス・フィルハーモニック音楽監督 [異]サロネン, エサペッカ
Saloner, Garth サローナー, ガース
[著]「戦略経営論」 東洋経済新報社 2002
Saloor, Harry サローア, ハリー
1955～ [著]「パワフル・ライティング12+1のルール」 日本実業出版社 2003
Salovey, Peter サロベイ, ピーター
[著]「EQマネージャー」 東洋経済新報社 2004
Salsberg, Brian ソーズバーグ, ブライアン
[著]「日本の未来について話そう」 小学館 2011
Salsberg, Jon サルスバーグ, J.
[著]「ソーシャル・キャピタルと健康政策」 日本評論社 2013
Salsburg, David サルツブルグ, デイヴィッド
1931～ [著]「統計学を拓いた異才たち」 日本経済新聞出版社 2010
Saltalamacchia, Jarrod サルタラマッキア, ジャロッド
[国]アメリカ 野球選手
Saltarello, Andrea サルタレロ, アンドレア
[著]「.NETのエンタープライズアプリケーションアーキテクチャ」 日経BP社, 日経BPマーケティング(発売) 2015
Saltares, Javier サルタレス, ハビエル
[著]「バットマン：ブルース・ウェインの選択」 小学館集英社プロダクション 2014
Salter, Ammon J. ソルター, A.
[著]「ニュー・イノベーション・プロセス」 晃洋書房 2008
Salter, Anna C. ソルター, アンナ・C.
[著]「囚人分析医」 早川書房 2004
Salter, Colin ソルター, コリン
1957～ [著]「動物と戦争」 新評論 2015
Salter, James ソルター, ジェームズ
1925～2015 [国]アメリカ 作家 本名＝Horowitz, James Arnold
Salter, John ソルター, ジョン
[著]「アメリカミステリ傑作選」 DHC 2003
Saltveit, M.E. ソーベ, M.E.
[著]「トマトオランダの多収技術と理論」 農山漁村文化協会 2012
Saltyte, Lina サルティテ, リナ
[国]リトアニア ボート選手
Saltzberg, Barney ソルトバーグ, バーニー
[著]「やっちゃった…でもだいじょうぶ！」 大日本絵画 2012
Saltzman, Joel サルツマン, ジョエル
[著]「シェイク・ブレイン」 阪急コミュニケーションズ 2006
Salukvadze, Nino サルクワゼ, ニーノ
[国]ジョージア 射撃選手
Salum, Saada Mkuya サルム, サーダ・ムクヤ
[国]タンザニア 財務相
Salvador, Amos サルヴァドール, アモス
[著]「国際層序ガイド」 共立出版 2001
Salvador, Henri サルヴァドール, アンリ
1917～2008 [国]フランス シャンソン歌手・ギタリスト, 作曲家 [異]サルバドール, アンリ
Salvador, María Isabel サルバドル, マリア・イサベル
[国]エクアドル 観光相
Salvador Dosramos, Manuel サルバドルドスラモス, マヌエル
[国]サントメ・プリンシペ 外務・共同体相 [異]サルバドール・ドス・ラモス, マニュエル
Salva Ruiz サルバ・ルイス
[国]スペイン サッカー選手
Salva Sevilla サルバ・セビージャ
[国]スペイン サッカー選手
Salvatierra Gutiérrez, Hugo サルバティエラ・グティエレス, ウゴ
[国]ボリビア 農業・地方開発・先住民問題担当相
Salvatore, R.A. サルバトーレ, R.A.
1959～ [国]アメリカ 作家 [異]サルバトア / サルヴァトーレ / サルヴァトア, R.A.
Salvatore Rinella サルバトーレ
[国]イタリア レスリング選手
Salvatti, Ideli サルバチ, イデリ
[国]ブラジル 漁業・養殖相
Salvi, Cesare サルビ, チェザレ
[国]イタリア 労働相
Salvi, Manuela サルヴィ, マヌエラ
1975～ [著]「ひつじのメェーリンダ」 岩崎書店 2008
Salvio, Eduardo サルビオ, エドゥアルド

㉞アルゼンチン　サッカー選手
Salvo, Lucía　サルボ, ルシア
　㉞ニカラグア　保健相
Salwai, Charlot　サルワイ, シャルロット
　㉞バヌアツ　首相
Salway, J.G.　サルウェー, J.G.
　㉚「一目でわかる医科生化学」メディカル・サイエンス・インターナショナル　2007
Salway, Peter　サルウェイ, ピーター
　1932～　㉚「オックスフォード ブリテン諸島の歴史」慶応義塾大学出版会　2011
Salz, Jonah　サルズ, ジョナ
　㉚「猿から尼まで一狂言役者の修業」国際日本文化研究センター　2002
Salzano, Aniello　サルツァーノ, アニエッロ
　㉞イタリア　サッカー選手
Salza Prina Ricotti, Eugenia　サルツァ・プリーナ・リコッティ, エウジェニア
　㉚「古代ローマの饗宴」講談社　2011
Salzberg, Matt　サルツバーグ, マット
　元ベンチャー投資家、ブルー・エプロン共同創業者
Salzberg, Sharon　サルツバーグ, シャロン
　1952～　㉚「ニガテな奴が雨に打たれてる敵を愛せよ - 楽に生きるための心の技術」駒草出版　2015
Salzberger-Wittenberg, Isca　ザルツバーガー・ウィッテンバーグ, イスカ
　㉚「母子臨床の精神力動」岩崎学術出版社　2011
Salzgeber, Ulla　ザルツゲベー
　㉞ドイツ　馬術選手
Salzman, Karen L.　ソルツマン, カレン L.
　㉚「脳top100診断」メディカル・サイエンス・インターナショナル　2005
Salzman, Mark　サルツマン, マーク
　㉚「プリズン・ボーイズ」築地書館　2005
Sam, Bob　サム, ボブ
　1953～　㉞アメリカ　クリンギット族長老
Sam, Sydney　サム, シドニー
　㉞ドイツ　サッカー選手
Sama, Armand　サマ, アルマン
　㉞中央アフリカ　住宅・都市計画相
Sama, Koffi　サマ, コフィ
　㉞トーゴ　首相
Samaai, Rushwal　サマーイ, ルシュワル
　㉞南アフリカ　陸上選手
al-Samaani, Walid bin Mohammad　サマーニ, ワーリド・ビン・ムハンマド
　㉞サウジアラビア　法相　㉟サマーニ, ワーリド・ビン・ムハンマド・ビン・サレハ
Samad Abdulla, Abdul　サマド・アブドラ, アブドル
　㉞モルディブ　外相
Samaké, Sada　サマケ, サダ
　㉞マリ　治安・市民保護相
Samakova, Aitkul　サマコワ, アイトクリ
　㉞カザフスタン　環境相　㉟サマコワ, アイトクル
Samak Sundaravej　サマック・スンタラウェート
　1935～2009　㉞タイ　政治家　タイ首相, タイ国民の力党（PPP）党首, バンコク知事　㉟サマック・スンタラウェット / サマック・スントラウェート
Samar, Sima　サマル, シマ
　1957～　㉞アフガニスタン　医師, 人権活動家　アフガニスタン人権委員会委員長
Samara, Elizabeta　サマラ, エリザベータ
　㉞ルーマニア　卓球選手
Samara, Timothy　サマラ, ティモシー
　㉚「デザイン・ストーリーズ」エムディエヌコーポレーション, インプレスコミュニケーションズ（発売）　2009
Samara, Tony　サマラ, トニー
　㉚「シャーマンの叡智」ナチュラルスピリット　2014
Samarakês, Antônês　サマラーキス, アントーニス
　1919～2003　㉞ギリシャ　作家　㉟サマラキス, アントニス
Samaranch, Juan Antonio　サマランチ, ファン・アントニオ
　1920～2010　㉞スペイン　外交官, 実業家　国際オリンピック委員会（IOC）会長　本名＝サマランチ・トレリョ, ファン・アントニオ〈Samaranch y Torelló, Juan Antonio〉　㉟サマランチ, ホアン・アントニオ
Samaranch, Juan Antonio, Jr.　サマランチ, ファン・アントニオ, Jr.

1959～　㉞スペイン　国際オリンピック委員会（IOC）理事
Samaras, Antonis C.　サマラス, アントニス
　1951～　㉞ギリシャ　政治家　ギリシャ新民主主義党（ND）党首　ギリシャ首相・外相
Samarasinghe, Mahinda　サマラシンハ, マヒンダ
　㉞スリランカ　技術開発・職業訓練相
Samaravīra, Piyal Udaya　サマラウィーラ, ピヤル・ウダヤ
　㉚「あかちゃんゾウのたんじょうびパーティー」アジアパブリケーションディストゥリビューションエージェンシー　2006
Samaraweera, Mangala　サマラウィーラ, マンガラ
　㉞スリランカ　外相
Samarawickrama, Malik　サマラウィクラマ, マリク
　㉞スリランカ　開発戦略・国際貿易相
Samardžić-marković, Snežana　サマルジッチマルコビッチ, スネジャナ
　㉞セルビア　青年・スポーツ相
Samardzija, Jeff　サマージャ, ジェフ
　㉞アメリカ　野球選手
Samaris, Andreas　サマリス, アンドレアス
　㉞ギリシャ　サッカー選手
Samaritani, Riccardo　サマリターニ, リッカルド
　㉚「医学の暴力にさらされる女たち」インパクト出版会　2002
al-Samarray, Ayham　サマライ, エイハム
　㉞イラク　電力相
Samatar, Sahra Mohamed Ali　サマタル, サフラ・モハメド・アリ
　㉞ソマリア　女性問題相
Samatar, Sofia　サマタール, ソフィア
　世界幻想文学大賞 長編（2014年）ほか
Samb, Issa Mbaye　サム, イサ・ムバエ
　㉞セネガル　保健相
Samba, Sidi Ould　サンバ, シディ・ウルド
　㉞モーリタニア　文化・青年・スポーツ相
Samba, Sulayman　サンバ, スレイマン
　㉞ガンビア　大統領事案相
Samba Maliavo, Marguérite　サンバ・マリアボ, マルグリット
　㉞中央アフリカ　厚生・人口相　㉟サンバマリアボ, マルグリット
Samba-Panza, Catherine　サンバパンザ, カトリーヌ
　1954～　㉞中央アフリカ　政治家　中央アフリカ暫定大統領
Samba-panza, Cyriaque　サンバパンザ, シリアック
　㉞中央アフリカ　設備・経済開発相
Sambath, Oum　ソンバット, オム
　1951～　㉚「地獄の一三六日」大同生命国際文化基金　2007
Samberg, Andy　サムバーグ, アンディ
　ゴールデン・グローブ賞 テレビ 男優賞（ミュージカル・コメディ）（第71回（2013年度））　"Brooklyn Nine-Nine"
Sambi, Ahmed Abdallah Mohamed　サンビ, アフメド・アブダラ・モハメド
　1958～　㉞コモロ　政治家　コモロ大統領
Sambia, Chrysostome　サンビア, クリソストム
　㉞中央アフリカ　治安・移民相
Sambili, Helen　サンビリ, ヘレン
　㉞ケニア　東アフリカ共同体相
Sambo, Luís Gomes　サンボ, ルイス・ゴメス
　㉞アンゴラ　保健相
Sambo, Namadi　サンボ, ナマディ
　㉞ナイジェリア　副大統領
Sambo, Youba　サンボ, ユバ
　㉞セネガル　国防相
Sam-Bodden, Brian　サムボッデン, ブライアン
　㉚「プロジェクト・マネジャーが知るべき97のこと」オライリー・ジャパン, オーム社（発売）　2011
Sambora, Richie　サンボラ, リッチー
　1959～　㉞アメリカ　ロック・ギタリスト
Sambou, Benoît　サンブ, ブノワ
　㉞セネガル　青年・雇用・公民化相
Sambou, Isabelle　サンブ, イザベル
　㉞セネガル　レスリング選手　㉟サンブー
Sambou, Ismaila　サンブ, イスマイラ
　㉞ガンビア　地方自治体・国土・宗教問題担当相
Sambrailo, Ty　サンブレイロ, タイ
　㉞アメリカ　アメフト選手
Sambrook, Clare　サムブルック, クレア
　1964～　㉚「少年の瞳、九歳の夏」アーティストハウスパブリッシャーズ　2005
Sambu, Soares　サンブ, ソアレス

[国]ギニアビサウ　天然資源・環境相
Sambuchino, Chuck　サンブチーノ, チャック
[著]「庭のこびと“ノーム”から身を守る方法」 飛鳥新社　2013
Samdereli, Yasemin　サムデレリ, ヤセミン
1973～　[国]ドイツ　映画監督
Samdhong Rinpoche　サムドン・リンポチェ
政治家　チベット亡命政府首相
Sameen, Mohamed Isfahani　サミーン, モハメド・イスファハーニ
[国]スリランカ　元・国際青年会議所会頭, 元・スリランカ西部州議会議員
Sameera, bint Ibrahim Rajab　サミーラ・ビント・イブラヒム・ラジャブ
[国]バーレーン　国務相(情報担当)
Samek, Toni　セイメック, トニ
1964～　[著]「図書館の目的をめぐる路線論争」 京都大学図書館情報学研究会, 日本図書館協会(発売)　2003
Samelson, Nancy Morse　サメルソン, ナンシー・M.
[著]「建設工事の安全管理」 山海堂　2005
Samenow, Stanton E.　セイムナウ, スタントン・E.
[著]「犯罪者になる子、ならない子」 講談社　2001
Samere, Russom　サメレ・ルソム
[国]エリトリア　教育相
Sameroff, Arnold J.　ザメロフ, A.J.
[著]「早期関係性障害」 岩崎学術出版社　2003
SAMi　サミ
1950～　[著]「どうぶつのあかちゃん」 学習研究社　2007
Šami, Zoran　シャミ, ゾラン
[国]ユーゴスラビア　運輸相
Samir　サミール
[国]ブラジル　サッカー選手
Samitova-galkina, Gulnara　サミトワガルキナ, グルナラ
[国]ロシア　陸上選手　[異]サミトワ
Samková, Eva　サムコヴァ, エヴァ
1993～　[国]チェコ　スノーボード選手　[異]サムコバ, エバ
Samli, A.Coskun　サムリ, A.コスカン
[著]「国際的消費者行動論」 九州大学出版会　2010
***al*-Sammarai, Abd al-Karim**　サマライ, アブドルカリム
[国]イラク　科学技術相
Sammer, Eric　サマー, エリック
[著]「Hadoopオペレーション」 オライリー・ジャパン, オーム社(発売)　2013
Sammon, Paul M.　サモン, ポール・M.
[著]「メイキング・オブ・ブレードランナー ファイナル・カット」 ヴィレッジブックス, ソニー・マガジンズ(発売)　2007
Sammons, Brian A.　サモンズ, ブライアン A.
[著]「クトゥルフ神話TRPGクトゥルフ・フラグメント」 KADOKAWA　2015
Sammons, Mary F.　サモンズ, メアリー
1947～　[国]アメリカ　実業家　ライト・エイド社長・CEO
Samnee, Chris　サムニー, クリス
[著]「ソー：マイティ・アベンジャー」 ヴィレッジブックス　2011
Samo Hung Kimbo　サモ・ハン・キンポー
1949～　[国]香港　俳優, 映画監督・製作者　漢字名＝洪金宝(ハン・キンボー), 前名＝元龍
Samoilova, Tatyana　サモイロワ, タチアナ
モスクワ国際映画祭 特別賞(第29回(2007年))
Samoilovacvetanova, Ganka　サモイロワツベタノワ, ガンカ
[国]マケドニア　文化相
Samoilovs, Aleksandrs　サモイロフス, アレクサンデルス
[国]ラトビア　ビーチバレー選手
Samos, Daniel　サモス, ダニエル
[著]「応用シータヒーリング」 ナチュラルスピリット　2012
Samour, Saéed　サムール, サイード
[国]シリア　内相
Sampa, Chitalu　サンパ, チタル
[国]ザンビア　国防相
Sampaio, Jorge　サンパイオ, ジョルジェ
1939～　[国]ポルトガル　政治家　ポルトガル大統領　本名＝Sampaio, Jorge Fernando Branco de
Sampaoli, Jorge　サンパオリ, ホルヘ
[国]アルゼンチン　セビージャ監督
Sampar　サンパール
[著]「知ってるかな？ カエルの生活」 旺文社　2006
Sampedro, José Luis　サンペドロ, ホセ・ルイス
1917～2013　[国]スペイン　作家, 経済学者　マドリード大学教授
Samper, Sergi　サンペル, セルジ
[国]スペイン　サッカー選手
Samperi, Salvatore　サンペリ, サルヴァトーレ
1944～2009　[国]イタリア　映画監督　[異]サンペリ, サリヴァトーレ / サンペリ, サルバトーレ
Samphan, Boonyanan　サンパン・ブーンヤナン
[国]タイ　国防相
Sampiero, Dominique　サンピエロ, ドミニク
[著]「今日から始まる」 愛育社　2001
Sampil, Moussa　サンピル, ムサ
[国]ギニア　治安相
Sampirisi, Mario　サンピリージ, マリオ
[国]イタリア　サッカー選手
Sample, Clinton Kennedy, Ⅲ　サンプル, C.K., 3世
[著]「PSP hacks」 オライリー・ジャパン, オーム社(発売)　2006
Sample, Ian　サンプル, イアン
[著]「ヒッグス粒子の発見」 講談社　2013
Sample, James　サンプル, ジェームス
[国]アメリカ　アメフト選手
Sample, Joe　サンプル, ジョー
1939～2014　[国]アメリカ　ジャズ・ピアニスト　本名＝サンプル, ジョセフ〈Sample, Joseph Leslie〉
Sampras, Pete　サンプラス, ピート
1971～　[国]アメリカ　テニス選手
Sampson, Anthony Terrell Seward　サンプソン, アンソニー
1926～2004　[国]イギリス　ジャーナリスト, ノンフィクション作家　全英作家協会会長
Sampson, Catherine　サンプソン, キャサリン
[国]イギリス　作家　[専]ミステリー, スリラー
Sampson, Dorothy Madway　サンプソン, ドロシー・マッドウェイ
[著]「セカンドライフを愉しむ」 ファーストプレス　2006
Sampson, Fred　サンプソン, フレッド
[著]「Excelプロトタイピング」 オライリー・ジャパン, オーム社(発売)　2010
Sampson, JaKarr　サンプソン, ジャカール
[国]アメリカ　バスケットボール選手
Sampson, Michael R.　サンプソン, マイケル
[著]「ちびむしくん」 岩崎書店　2003
Sampson, Robert J.　サンプソン, ロバート・J.
1956～　[著]「犯罪学研究」 明石書店　2013
Sam Rainsy　サム・レンシー
1949～　[国]カンボジア　政治家　カンボジア救国党党首　カンボジア財政経済相　[異]サム・ランシー / サム・リャンシー
Samrieh, Hassan Idriss　サムリエ, ハッサン・イドリス
[国]ジブチ　労相
Sams, Aaron　サムズ, アーロン
[著]「反転学習」 オデッセイコミュニケーションズ　2015
Sams, Crawford F.　サムス, クロフォード・F.
[著]「GHQサムス准将の改革」 桐書房　2007
Sams, Jamie　サムズ, ジェイミー
1951～　[異]サムズ, ジェミー　[著]「メディスン・カード」 ヴォイス　2001
Samson, Jim　サムスン, ジム
1946～　[著]「ショパン孤高の創造者」 春秋社　2012
Samson, Mallory　サムスン, マロリー
[著]「アウトドア・ウェディング」 フレックス・ファーム　2005
Samson, Samsen　サムソン, サムセン
[国]バヌアツ　民間航空相
Samsonov, Vladimir　サムソノフ, ウラジーミル
[国]ベラルーシ　卓球選手
Samson Tow Buamaddo　サムソン・トー・ブアマッド
1983～　[国]タイ　プロボクサー　WIBA世界ミニフライ級チャンピオン　WBC世界女子ライトフライ級チャンピオン　旧リングネーム＝サムソン・ソー・シリポーン〈Somson Sor Siriporn〉
Sam-sumana, Sahr　サムスマナ, サー
[国]シエラレオネ　副大統領
Sam-sumana, Samuel　サムスマナ, サミュエル
[国]シエラレオネ　副大統領
Samu Castillejo　サム・カスティジェホ
[国]スペイン　サッカー選手
Samuda, Karl　サムダ, カール
[国]ジャマイカ　産業・商業・農業・漁業相　[異]サミューダ, カール
Samuel, Charlesworth　サミュエル, チャールズワース
[国]アンティグア・バーブーダ　農業・海洋資源相
Samuel, Claude　サミュエル, クロード

®「エクラ/ブーレーズ響き合う言葉と音楽」青土社 2006
Samuel, Janet サムユエル, ジャネット
®「メェー メェー ねるじかんですよ」大日本絵画 2008
Samuel, Juan サムユエル, ホアン
®アメリカ フィラデルフィア・フィリーズコーチ
Samuel, Philip サムユエル, フィリップ
®「発想を事業化するイノベーション・ツールキット」英治出版 2015
Samuel, Pierre サムユエル, P.
1921～ ®「数の代数的理論」シュプリンガー・フェアラーク東京 2005
Samuel, Rodger サムユエル, ロジャー
®トリニダード・トバゴ 国民多様性・社会統合相
Samuel, Walter サムエル, ワルテル
1978～ ®アルゼンチン サッカー選手 本名＝サムエル, ワルテル・アドリアン〈Samuel, Walter Adrian〉®サムユエル, ワルテル / サムエル, ワルター
Samuell, Yann サムユエル, ヤン
1965～ ®「世界でいちばん不運で幸せな私」メディアファクトリー 2004
Samuels, Andrew サミュエルズ, アンドリュー
®「ユングの13人の弟子が今考えていること」ミネルヴァ書房 2001
Samuels, Barbara サミュエルズ, バーバラ
®「ドロレスとダンカンもっとりっぱなネコがきた！」さ・え・ら書房 2008
Samuels, Charlie サミュエルズ, チャーリー
1961～ ®「イラク」ほるぷ出版 2008
Samuels, Dani サミュエルズ, ダニ
®オーストラリア 陸上選手
Samuels, Martin A. サミュエルズ, M.A.
®「脳卒中症候群」メディカル・サイエンス・インターナショナル 2016
Samuels, Maxwell サミュエルズ, マクスウェル
®ベリーズ 通信・運輸・公共事業相
Samuels, Richard J. サミュエルズ, リチャード
1951～ ®アメリカ 政治学者 マサチューセッツ工科大学教授
Samuels, Robert サミュエルズ, ロバート
1961～ ®「哲学による精神分析入門」夏目書房 2005
Samuelson, Paul Anthony サミュエルソン, ポール
1915～2009 ®アメリカ 経済学者 マサチューセッツ工科大学名誉教授 ®サムエルソン, ポール
Samuelsson, Bengt Ingemar サムエルソン, ベンクト
1934～ ®スウェーデン 生化学者 ノーベル財団理事長, カロリンスカ研究所所長 ®サミュエルソン, ベント / サムエルソン, ベングト
Samuelsson, Emma サムエルソン, エマ
®スウェーデン フェンシング選手
Samuelsson, Hakan サミュエルソン, ハカン
®スウェーデン Volvo Cars
Samuelsson, Jimmy サムエルソン, ジミー
®スウェーデン レスリング選手
Samuels Wilson, Sydney Alexander サムエルス・ウィルソン, シドニー・アレクサンデル
®グアテマラ 環境天然資源相
Samukai, Brownie サムカイ, ブラウニー
®リベリア 国防相
Samurgashev, Varteres サモウラガシェフ
®ロシア レスリング選手 ®サムルガチェフ
Samusevich-prokopenko, Anastasiya サムセビッチ
®ベラルーシ 近代五種選手
Samy, Vellu サミー・ベル
®マレーシア 公共事業相
Sana, Aminata サナ, アミナタ
®ブルキナファソ デジタル経済開発・郵政相
al-Sanaa, Yaacoub Abdulmihsen サナア, ヤクーブ・アブドルムフシン
®クウェート 司法相兼イスラム問題担当相 ®サナア, ヤアコブ・アブドルムフシン
Sanabria, Antonio サナブリア, アントニオ
®パラグアイ サッカー選手
Sanabria, José サナブリア, ホセ
®「ポンポインジャパン」駐日コロンビア大使館 2013
Sanader, Ivo サナデル, イボ
1953～ ®クロアチア 政治家 クロアチア首相, クロアチア民主同盟(HDZ)党首 ®サナデル, イヴォ
Sanago, Salikou サナゴ, サリク

®マリ 教育・識字・国語相
Sanan, Kachornprasat サナン・カチョンプラサート
®タイ 副首相
Sanat, Aryel サナト, アリエル
®「クリシュナムルティとは誰だったのか」コスモス・ライブラリー, 星雲社（発売） 2005
San Bao サン・バオ
1968～ ®中国 音楽家, 作曲家 漢字名＝三宝
Sanbar, Elias サンバー, エリアス
1948～ ®「パレスチナ」創元社 2002
Sanborn, David William サンボーン, デービッド
1945～ ®アメリカ ジャズ・アルトサックス奏者 ®サンボーン, デイヴィッド / サンボーン, デビッド / サンボーン, デヴィッド
Sanborn, Eunice サンボーン, ユニス
1896～2011 ®アメリカ 世界最高齢者(114歳) ®サンボーン, ユニス
Sanborn, Garrison サンボーン, ギャリソン
®アメリカ アメフト選手
Sanborn, Mark サンボーン, マーク
®「フレッドが教えてくれた仕事でいちばん大切なこと」ソフトバンクパブリッシング 2005
Sanca, Doménico Oliveira サンカ, ドメニコ・オリベイラ
®ギニアビサウ 青年・雇用相
Sanca, Luis de Oliveira サンカ, ルイス・デ・オリベイラ
®ギニアビサウ 地方行政相 ®サンカ, ルイ・オリベイラ
Sancar, Aziz サンジャル, アジズ
1946～ ®トルコ, アメリカ 化学者 ノースカロライナ大学チャペルヒル校教授 ®サンカー, アジズ / サンジャー, アジズ
Sanches, Daniel サンシェス, ダニエル
®ポルトガル 内相
Sánches De Lozada, Gonzalo サンチェスデ・ロサダ, ゴンサロ
®ボリビア 大統領
Sanchez, Aaron サンチェス, アーロン
®アメリカ 野球選手
Sanchez, Agapito サンチェス, アガピト
1970～2005 ®ドミニカ共和国 プロボクサー WBO世界スーパーバンタム級チャンピオン
Sanchez, Alejandro サンチェス, アレハンドロ
®「スター・トレック/グリーン・ランタン」小学館集英社プロダクション 2016
Sánchez, Ana María サンチェス, アナ・マリア
®ペルー 外相
Sanchez, Anibal サンチェス, アニバル
®ベネズエラ 野球選手
Sanchez, Bo サンチェス, ボウ
1966～ ®「あなたはすてきに生きられる」サンパウロ 2003
Sanchez, Clara サンシェス
®フランス 自転車選手
Sanchez, Davinson サンチェス, ダビンソン
®コロンビア サッカー選手
Sanchez, Eder サンチェス
®メキシコ 陸上選手
Sanchez, Etel サンチェス
®アルゼンチン 水泳選手
Sanchez, Fabien サンチェズ
®フランス 自転車選手
Sánchez, Félix サンチェス, フェリックス
1977～ ®ドミニカ共和国 陸上選手
Sánchez, Fidel サンチェス, フィデル
1917～2003 ®エルサルバドル 軍人, 政治家 エルサルバドル大統領 本名＝Sánchez Hernández, Fidel ®サンチェス・エルナンデス
Sánchez, Francisco サンチェス, フランシスコ
®「チェルノブイリ」朝日出版社 2012
Sanchez, Gary サンチェス, ゲリー
®ドミニカ共和国 野球選手
Sanchez, German サンチェス, ヘルマン
®メキシコ 水泳選手
Sanchéz, Glodomiro サンチェス, グロドミロ
®ペルー エネルギー・鉱業相
Sanchez, Hector サンチェス, ヘクター
®ベネズエラ 野球選手
Sánchez, Jeannette サンチェス, ジャネット
®エクアドル 経済・社会相

Sanchez, Julian サンチェス, J.
[国]メキシコ 飛び込み選手
Sanchez, Julio サンチェス, フリオ
[著]「15時間集中講座Java 2」 コンピュータ・エージ社 2001
Sanchez, Laura サンチェス
[国]メキシコ 飛び込み選手
Sánchez, Manuel Fernández サンチェス, マヌエル・フェルナンデス
[著]「牛の卵巣・子宮アトラス」 緑書房 2015
Sanchez, Mark サンチェス, マーク
[国]アメリカ アメフト選手
Sanchez, Natalia サンチェス, ナタリア
[国]コロンビア アーチェリー選手
Sanchez, Nicolas サンチェス, ニコラス
[国]アルゼンチン ラグビー選手
Sánchez, Olga Marta サンチェス, オルガ・マルタ
[国]コスタリカ 国家計画・経済政策相
Sanchez, Patti サンチェス, パティ
[著]「イルミネート：道を照らせ。」 ビー・エヌ・エヌ新社 2016
Sánchez, Reinaldo Antonio サンチェス, レイナルド・アントニオ
[国]ホンジュラス 大統領府相
Sanchez, Robert サンチェス, ロバート
[著]「父親になったジョナサン」 大月書店 2005
Sánchez, Samuel サンチェス, サムエル
1978～ [国]スペイン 自転車選手
Sanchez, Sofia サンチェス
[国]アルゼンチン 水泳選手
Sanchez, Tania サンチェス, タニア
[著]「世界香水ガイド」 原書房 2010
Sánchez, Victor サンチェス, ビクター
1995～2015 [国]ベネズエラ 野球選手 本名＝Sánchez, Victor David
Sánchez, Vladimir サンチェス, ウラジミル
[国]ボリビア 公共事業相
Sanchez, Yolmer サンチェス, ヨルマー
[国]ベネズエラ 野球選手
Sanchez, Zack サンチェス, ザック
[国]アメリカ アメフト選手
Sanchez Beron, Vanina Paola サンチェスベロン
[国]アルゼンチン テコンドー選手
Sanchez-Blazquez, Salustiano サンチェスブラスケス, サルスチアーノ
1901～2013 [国]アメリカ 世界最高齢の男性(112歳)
Sánchez Cerén, Salvador サンチェス・セレン, サルバドル
1944～ [国]エルサルバドル 政治家 エルサルバドル大統領
Sánchez de Revuelta, Inés サンチェス・デ・レブエルタ, イネス
[国]コスタリカ コスタリカ国営テレビ13チャンネル教育情報番組「TELECLUB」キャスター、プロデューサー、ディレクター
Sánchez Ferlosio, Rafael サンチェス・フェルロシオ, ラファエル
1927～ [国]スペイン 作家 [異]サンチェス, ラファエル
Sánchez Fernández, Luis Alberto サンチェス・フェルナンデス, ルイス・アルベルト
[国]ボリビア 炭化水素・エネルギー相
Sánchez Gamarra, Pedro サンチェス・ガマラ, ペドロ
[国]ペルー エネルギー・鉱山相
Sanchez-Hucles, Janis サンチェス - ウクレス, ジャニス
[著]「パートナー暴力」 北大路書房 2011
Sanchez Lopez, David サンチェスロペス, ダビド
[国]スペイン 重量挙げ選手
Sánchez Mora, Jonathan サンチェス, ジョナタン
[著]「サッカー代理人ジョルジュ・メンデス」 ソル・メディア 2015
Sánchez Pinol, Albert サンチェス・ピニョル, アルベール
1965～ [著]「冷たい肌」 中央公論新社 2005
Sanchez-Reilly, Sandra サンチェス - ライリー, サンドラ
[著]「緩和ケアのコミュニケーション」 新曜社 2013
Sanchez Rivero, Junior Antonio サンチェスリベロ
[国]ベネズエラ 重量挙げ選手
Sánchez Romero, Cecilia サンチェス・ロメロ, セシリア
[国]コスタリカ 法相
Sanchez Soto, Laura サンチェス
[国]メキシコ 飛び込み選手
Sánchez-Ventura y Pascual, Francisco サンチェス - ベントゥーラ・イ・パスクアル, F.
[著]「ガラバンダル聖母のメッセージ」 エンデルレ書店 2006
Sand, Barbara Lourie サンド, バーバラ・L.
[著]「天才を育てる」 音楽之友社 2001
Sand, Ilse サン, イルセ
[著]「鈍感な世界に生きる敏感な人たち」 ディスカヴァー・トゥエンティワン 2016
Sand, Jordan サンド, ジョルダン
1960～ [国]アメリカ 歴史学者 ジョージタウン大学歴史学部教授 [専]日本近代史, 建築都市史
Sand, Shlomo サンド, シュロモー
1946～ [国]イスラエル 歴史家 テルアビブ大学教授 [専]現代ヨーロッパ史
Sanda, Mounkaila サンダ, ムンカイラ
[国]ニジェール 青年相
Sanda, Soumana サンダ, スマナ
[国]ニジェール 保健相
Sandage, Allan Rex サンデージ, アラン・レックス
1926～2010 [国]アメリカ 天文学者 [専]銀河系外天文学 [異]サンディッジ
Sandage, Scott A. サンデージ, スコット・A.
[著]「「負け組」のアメリカ史」 青土社 2007
Sandahl, Phillip サンダール, フィル
[著]「コーチング・バイブル」 東洋経済新報社 2012
Sandall, Robert サンドール, ロバート
[著]「ビートルズ世界証言集」 ポプラ社 2006
Sandbach, John サンドバック, ジョン
[著]「ステップ・イントゥ・スカイ」 葉っぱの坑夫 2002
Sandbech, Staale サンベク
[国]ノルウェー スノーボード選手
Sandberg, Inger サンドベリ, インゲル
1930～ [著]「アンナのボールあそび」 日本障害者リハビリテーション協会(製作) c2013
Sandberg, Lasse サンドベリ, ラッセ
1924～ [著]「アンナのボールあそび」 日本障害者リハビリテーション協会(製作) c2013
Sandberg, Per サンベルグ, ペール
[国]ノルウェー 水産相
Sandberg, Ryne Dee サンドバーグ, ライン
1959～ [国]アメリカ 元大リーグ監督, 元野球選手
Sandberg, Sheryl サンドバーグ, シェリル
1969～ [国]アメリカ 実業家 フェイスブックCOO 本名＝Sandberg, Sheryl Kara
Sandburg, Carl サンドバーグ, カール
[著]「眩しい悲劇 光、風、水」 架空社 2003
Sandé, Emeli サンデー, エミリー
1987～ [国]イギリス 歌手 本名＝サンデー, アデル・エミリー〈Sandé, Adele Emeli〉
Sande, Mamadou サンデ, ママドゥ
[国]ギニア 経済・財務相
Sande, Merle A. サンデ, M.A.
1939～ [著]「サンフォード感染症治療ガイド」 ライフサイエンス出版 2002
Sandel, Michael J. サンデル, マイケル
1953～ [国]アメリカ 政治哲学者 ハーバード大学教授
Sandell, Dennis サンデル, D.
[著]「確率論へようこそ」 シュプリンガー・フェアラーク東京 2005
Sandell, Scott サンデル, スコット
投資家
Sandelowski, Margarete サンデロウスキー, マーガレット
[著]「質的研究をめぐる10のキークエスチョン」 医学書院 2013
Sandemose, Iben サンデモーセ, イベン
1950～ [著]「エングレペルス」 ネット武蔵野 2007
Sandeno, Kaitlin サンデノ
[国]アメリカ 競泳選手
Sander, Helge サンダー, ヘリエ
[国]デンマーク 科学技術相 [異]サンナー, ヘルゲ
Sander, Ian サンダー, イアン
[著]「ゴースト～天国からのささやきスピリチュアルガイド」 フォーインスクリーンプレイ事業部(発売) 2010
Sander, Jil サンダー, ジル
1943～ [国]ドイツ ファッションデザイナー ジル・サンダー会長・CEO 本名＝ザンダー, ハイデマリエ・イリネ〈Sander, Heidemarie Jiline〉 [異]ザンダー, イル
Sander, Otto ザンダー, オットー
1941～2013 [国]ドイツ 俳優

Sander, Peter J. サンダー, ピーター
[著]「ジョブズ・エッセンス」 辰巳出版 2012
Sanderhage, Per サナーヘーエ, ペア
[著]「ラスムスクルンプ さがしてあそぼう!」 小学館 2016
Sanderling, Kurt ザンデルリンク, クルト
1912~2011 [国]ドイツ 指揮者 ベルリン交響楽団首席指揮者, 読売日本交響楽団名誉指揮者 [異]サンダーリング / ザンデルリング, クルト
Sanderling, Thomas ザンデルリンク, トーマス
1942~ [国]ドイツ 指揮者 大阪シンフォニカー常任指揮者 [異]ザンデルリング, トーマス
Sanders, Alex サンデール, アレックス
1964~ [著]「わたしの世界一ひどいパパ」 福音館書店 2010
Sanders, Allan サンダース, アラン
[異]サンダーズ, アラン [著]「どうぶつのせかい」 大日本絵画 〔2016〕
Sanders, Andrew サンダーズ, アンドルー
1946~ [著]「チャールズ・ディケンズ」 彩流社 2015
Sanders, Barry サンダース, B.
[著]「ABC」 岩波書店 2008
Sanders, Ben サンダース, ベン
1989~ [著]「アメリカン・ブラッド」 早川書房 2016
Sanders, Bernie サンダース, バーニー
1941~ [国]アメリカ 政治家 米国上院議員(無所属) 米国下院議員, バーリントン市長 本名=サンダース, バーナード〈Sanders, Bernard〉
Sanders, Betsy A. サンダース, ベッツィ
[著]「サービスが伝説になる時」 ダイヤモンド社 2014
Sanders, Catherine M. サンダーズ, キャサリン・M.
[著]「家族を亡くしたあなたに」 筑摩書房 2012
Sanders, Chris サンダース, クリス
[国]アメリカ アニメーション監督, 脚本家, アニメーター 本名=Sanders, Christopher Michael
Sanders, Chris サンダース, クリス
1986~ [著]「実践パケット解析」 オライリー・ジャパン, オーム社(発売) 2012
Sanders, Corrie サンダース, コーリー
1966~2012 [国]南アフリカ プロボクサー WBO世界ヘビー級チャンピオン 本名=サンダース, コーネリアス〈Sanders, Cornelius Johannes〉
Sanders, Debra F. サンダース, D.F.
[異]サンダース, デブラ・F. [著]「日々是布哇」 TAO Lab 2010
Sanders, Deion サンダース, ディオン
1967~ [国]アメリカ 元アメフト選手, 元野球選手 本名=Sanders, Deion Luwynn
Sanders, Ed サンダース, エド
[著]「ビートルズ世界証言集」 ポプラ社 2006
Sanders, Ella Frances サンダース, エラ・フランシス
[著]「誰も知らない世界のことわざ」 創元社 2016
Sanders, Emmanuel サンダース, エマニュエル
[国]アメリカ アメフト選手
Sanders, E.P. サンダース, E.P.
[著]「イエス」 教文館 2011
Sanders, Glenda サンダーズ, グレンダ
[著]「ドクターは恋愛中」 ハーレクイン 2002
Sanders, Jason サンダース, ジェイソン
[著]「CUDA BY EXAMPLE汎用GPUプログラミング入門」 インプレスジャパン, インプレスコミュニケーションズ(発売) 2011
Sanders, Kenneth サンダース, ケネス
1928~ [著]「ポスト・クライン派の精神分析」 みすず書房 2013
Sanders, Leah サンダース, リー
[国]アメリカ 作家 [専]ロマンス
Sanders, Leonard サンダーズ, レオナード
[著]「心理捜査」 講談社 2001
Sanders, Lisa サンダース, リサ
1956~ [著]「患者はだれでも物語る」 ゆみる出版 2012
Sanders, Lori M. サンダース, ローリ・M.
[著]「Windows 2000ユーザー管理入門」 ピアソン・エデュケーション 2001
Sanders, Martin サンダース, マーティン
[著]「遊んで学べる! えほん世界地図」 主婦の友社 2015
Sanders, Matthew R. サンダース, マッシュー・R.
[著]「エブリペアレント」 明石書店 2006
Sanders, Nicholas M. サンダース, ニコラス・M.
1939~ [著]「学校と職場をつなぐキャリア教育改革」 学事出版 2011
Sanders, Pete サンダース, ピート
1951~ [著]「パーソンセンタード・アプローチの最前線」 コスモス・ライブラリー, 星雲社(発売) 2007
Sanders, Peter サンダース, P.
1967~ [著]「アルゴリズムとデータ構造」 シュプリンガー・ジャパン 2009
Sanders, Rupert サンダース, ルパート
1971~ [国]イギリス 映画監督, CMディレクター
Sanders, Thomas サンダース, トーマス
1956~ [著]「プレイグランド」 小学館 2003
Sanders, Tim サンダース, ティム
1961~ [著]「責任革命」 NTT出版 2010
Sanders-Brahms, Helma サンダース・ブラームス, ヘルマ
1940~2014 [国]ドイツ 映画監督
Sanderson, Brandon サンダーソン, ブランドン
1975~ [国]アメリカ 作家 [専]SF, ファンタジー, ヤングアダルト [異]サンダースン, ブランドン
Sanderson, Cael サンダーソン
[国]アメリカ レスリング選手
Sanderson, Dan サンダーソン, ダン
[著]「プログラミングGoogle App Engine」 オライリー・ジャパン, オーム社(発売) 2011
Sanderson, Henry サンダースン, ヘンリー
[著]「チャイナズ・スーパーバンク」 原書房 2014
Sanderson, Keith サンダーソン, キース
[国]アメリカ 射撃選手 [異]サンダーソン
Sanderson, Mark Winfierd サンダーソン, マーク・W.
[著]「遠い海の向こうに」 竹書房 2002
Sanderson, Michael サンダーソン, マイケル
1939~ [異]サンダーソン, M. [著]「イギリスの経済衰退と教育」 晃洋書房 2010
Sanderson, Nicole サンダーソン
[国]オーストラリア ビーチバレー選手
Sanderson, Peter サンダースン, ピーター
[著]「X-メンパーフェクト・ガイド」 小学館プロダクション 2003
Sanderson, William C. サンダーソン, ウィリアム・C.
[著]「不安障害」 日本評論社 2005
Sandeul サンドゥル
1992~ [国]韓国 歌手
Sandford, Gina サンドフォード, ジーナ
[著]「アクアリウムオーナーズ・マニュアル」 ネコ・パブリッシング 2003
Sandford, John サンドフォード, ジョン
1944~ [著]「餌食」 講談社 2003
Sandford, John Loren サンフォード, ジョン
[著]「家族の回復」 マルコーシュ・パブリケーション 2003
Sandford, Paula サンフォード, ポーラ
[著]「家族の回復」 マルコーシュ・パブリケーション 2003
Sandholtz, Kurt スタンドホルツ, カート
[著]「人事コンピテンシー」 生産性出版 2013
Sandhu, Manavjit Singh サンドゥ, マナブジトシン
[国]インド 射撃選手
Sandhu, Sukhdev サンドゥ, スークデーヴ
[著]「世界の作家32人によるワールドカップ教室」 白水社 2006
Sandi, Denis サンディ, デニス
[国]シエラレオネ 社会福祉・男女同権・子供担当相
Sandkühler, Hans-Jörg ザントキューラー, ハンス・イェルク
[著]「シェリング哲学」 昭和堂 2006
Sandland, Beau サンドランド, ビュー
[国]アメリカ アメフト選手
Sandler, Adam サンドラー, アダム
1966~ [国]アメリカ 俳優, コメディアン, 映画プロデューサー
Sandler, Corey サンドラー, C.
[著]「ソフトウェア・テストの技法」 近代科学社 2006
Sandler, Joseph サンドラー, ジョゼフ
[著]「患者と分析者」 誠信書房 2008
Sandler, Martin W. サンドラー, マーティン・W.
[著]「図説・大西洋の歴史」 悠書館 2014
Sandler, Robert サンドラー, ロバート
[著]「ノースロップ・フライのシェイクスピア講義」 三修社 2009
Sandman Lilius, Irmelin サンドマン=リリウス, イルメリン
1936~ [著]「ムッドレのくびかざり」 フェリシモ 2003
Sandoe, James サンドウ, ジェイムズ
[著]「ミステリの美学」 成甲書房 2003
Sándor, György シャンドール, ジョルジ

S

1912〜 ㊺「シャンドールピアノ教本」春秋社 2005
Sandoski, Aaron サンドスキ、アーロン
㊺「賢者たちの決断」徳間書店 2010
Sandoval, Arturo サンドヴァル、アルトゥーロ
グラミー賞 最優秀ジャズ・ビッグバンド・アルバム（2012年（第55回））"Dear Diz（Every Day I Think Of You）"
Sandoval, Jonathan サンドバル、J.
㊺「学校心理学による問題対応マニュアル」誠信書房 2006
Sandoval, Lynda サンドバル、リンダ
㊺「失われた絆」ハーレクイン 2006
Sandoval, Manuela Ines サンドバル、マヌエラ・イネス
㊀パナマ 元・在パナマ日本国大使館現地職員
Sandoval, Pablo サンドバル、パブロ
1986〜 ㊀ベネズエラ 野球選手 本名＝Sandoval, Pablo E.
Sandoval, Rafa サンドバル、ラファ
㊺「ジョーカー：喪われた絆」小学館集英社プロダクション 2014
Sandoval Villeda, Leopoldo サンドバル・ビジェダ、レオポルド
㊀グアテマラ 農相
Sandrelli, Stefania サンドレッリ、ステファニア
ヴェネチア国際映画祭 特別功労賞（第62回（2005年））
Sandriman, Walter サンドリマン、ワルター
㊀スリナム 教育・社会開発相
Sandro, Ramirez サンドロ・ラミレス
㊀スペイン サッカー選手
Sandrolini, John サンドロリーニ、ジョン
1965〜 ㊺「愛しき女（ひと）に最後の一杯を」早川書房 2016
Sands, Charlene サンズ、シャーリーン
㊺「国王陛下の花嫁探し」ハーパーコリンズ・ジャパン 2016
Sands, Deanna J. サンズ、ディアナ
㊺「自分で決めるゴール設定と意思決定の指導」学苑社 2006
Sands, Jerry サンズ、ジェリー
㊀アメリカ 野球選手
Sands, Leevan サンズ、L.
㊀バハマ 陸上選手 ㊧サンズ
Sands, Lynsay サンズ、リンゼイ
㊺「甘やかな夢のなかで」二見書房 2016
Sands, Matthew Linzee サンズ、M.L.
㊺「ファインマン物理学」岩波書店 2002
Sands, Stark サンズ、スターク
グラミー賞 最優秀ミュージカル・シアター・アルバム（2013年（第56回））"Kinky Boots" プリンシパル・ソリスト
Sandu, Gabriel サンドゥ、ガブリエル
㊀ルーマニア 通信・情報技術相
Sandu, Maia サンドゥ、マイヤ
㊀モルドバ 教育相
Sanduski, Steve サンダスキ、スティーヴ
㊺「山頂から本当の富を見わたすために」早川書房 2008
Sandy, John Edmund サンディー、ジョン・エドムンド
㊀トリニダード・トバゴ 国家安全保障相
Sane, Lamine サネ、ラミヌ
㊀セネガル サッカー選手
Sane, Leroy ザネ、リロイ
㊀ドイツ サッカー選手
Sane, Malal サネ、マラル
㊀ギニアビサウ 大統領府閣議・議会担当相
Sané, Pierre Gabriel Michel サネ、ピエール
1948〜 ㊀セネガル アムネスティ・インターナショナル事務総長
Sanello, Frank サネッロ、フランク
㊺「ジュリア・ロバーツ」講談社 2001
Saner, Hans ザーナー、H.
1934〜 ㊺「アーレント＝ヤスパース往復書簡」みすず書房 2004
Sanfilippo, Joseph S. サンフィリッポ、ジョセフ・S.
㊺「MBA式医療経営戦略ハンドブック」日本医療企画 2006
Sanfilippo, Simona サンフィリッポ、シモーナ
㊺「クリスマスイブのサンタさん」大日本絵画 2012
Sanford, Christopher サンフォード、クリストファー
㊺「トラベル・アンド・トロピカル・メディシン・マニュアル」メディカル・サイエンス・インターナショナル 2012
Sanford, Isabel サンフォード、イザベル
1917〜2004 ㊀アメリカ 女優
Sanford, Jamarca サンフォード、ジャマーカ
㊀アメリカ アメフト選手
Sanford, John A. サンフォード、ジョン・A.

1929〜 ㊺「うちなるみ国」聖公会出版 2007
Sanfratello, Ippolito サンフラテロ
㊀イタリア スピードスケート選手
Sanga, Joses サンガ、ジョゼス
㊀ソロモン諸島 官房長官
Sangala, Aaron サンガラ、アーロン
㊀マラウイ 内相
Sangalli, Arturo サンガッリ、アルトゥーロ
1940〜 ㊺「ピュタゴラスの復讐」日本評論社 2010
Sangalli, Jeff サンガリ、ジェフ
㊺「クリーチャーハンター」ボーンデジタル 2014
Sangare, Abdul Kader サンガレ、アブドルカデル
㊀ギニア 環境相
Sangaré, Aboudramane サンガレ、アブドラマン
㊀コートジボワール 外相
Sangare, Nestrine サンガレ、ネストリヌ
㊀ブルキナファソ 女性地位向上相
Sangaré, Tiémoko サンガレ、チェモコ
㊀マリ 鉱山相 ㊧サンガレ、ティエモコ
Sangay, Lobsang センゲ、ロブサン
1968〜 政治家、国際法学者 チベット亡命政府首相 ㊧ロブサン・サンガイ／ロブサン・センゲ
Sanger, David E. サンガー、デービッド
1960〜 ㊀アメリカ ジャーナリスト 「ニューヨーク・タイムズ」チーフ・ワシントン・コレスポンデント ㊧サンガー、デイビッド／サンガー、デビッド
Sanger, Frederick サンガー、フレデリック
1918〜2013 ㊀イギリス 生化学者
Sanger, James サンガー、ジェイムズ
1965〜 ㊺「テキストマイニングハンドブック」東京電機大学出版局 2010
Sanger, Mark サンガー、マーク
アカデミー賞 編集賞（第86回（2013年））"Gravity"
Sangha, Balvinder S. サンガ、バルビンダー・S.
㊺「クレジット・スコアリング」シグマベイスキャピタル 2001
Sanghani, Radhika サンガーニ、ラディカ
㊀イギリス 作家、ジャーナリスト ㊺ロマンス
Sanghera, Jasvinder サンゲーラ、ジャスビンダル
㊺「恥と名誉」解放出版社 2010
Sanghera, Paul サンヘラ、ポール
㊺「Javaプログラマ（SJC-P）」翔泳社 2009
Sangi, Vladimir Mikhaĭlovich サンギ、ウラジーミル
1935〜 ㊺「ケヴォングの嫁取り」群像社 2015
Sangin, Amirzai サンギン、アミールザイ
㊀アフガニスタン 通信相 ㊧サンギン、アミルザイ
Sango, Bernard Biando サンゴ、ベルナール・ビアンド
㊀コンゴ民主共和国 中小企業相
Sango, Damisi サンゴ、ダミシ
㊀ナイジェリア スポーツ・社会開発相
Sangra Gibert, Jordi サングラ
㊀スペイン カヌー選手
Sangster, Jim サングスター、ジム
㊺「『24』完全ガイド」扶桑社 2004
Sangster, Jimmy サングスター、ジミー
1927〜2011 ㊀イギリス 作家、脚本家
Sanguineti, Edoardo サンギネーティ、エドアルド
1930〜2010 ㊀イタリア 詩人、作家、評論家 ㊧サングイネーティ
Sanguinetti, Mateo サンギネッティ、マテオ
㊀ウルグアイ ラグビー選手
Sanha, Antonio Artur サンハ、アントニオ・アルツ
㊀ギニアビサウ 内務相
Sanha, Eduardo Costa サニャ、エドゥアルド・コスタ
㊀ギニアビサウ 国防相
Sanha, Issufo サーニャ、イスフォ
㊀ギニアビサウ 財務相
Sanhá, Malam Bacai サンハ、マラン・バカイ
1947〜2012 ㊀ギニアビサウ 政治家 ギニアビサウ大統領 ㊧サーニャ、マラム・バカイ／サニャ、マラム・バカイ
Sanha, Rui サニャ、ルイ
㊀ギニアビサウ 法相
Saniee, Parinoush サニイ、パリヌッシュ
1949〜 ㊀イラン 社会学者、作家 ㊺文学
Sanikidze, Tamar サニキゼ、タマル
㊀ジョージア 教育科学相
Sanjinés, Jorge サンヒネス、ホルヘ

1937～　国ボリビア　映画監督
Sanjmyatav, Yadamsuren　サンジミャタブ, ヤダムスレン
　国モンゴル　労相
San Jose, Mikel　サン・ホセ, ミケル
　国スペイン　サッカー選手
Sankey, Bishop　サンキー, ビショップ
　国アメリカ　アメフト選手
Sankey, Darnell　サンキー, ダーネル
　国アメリカ　アメフト選手
Sankhon, Ousmane Youla　サンコン, オスマン・ユーラ
　国ギニア　タレント, 駐日ギニア大使館顧問, 日本・ギニア友好協会広報官(広報室長), ギニア日本交流協会顧問
Sankoh, Foday　サンコー, フォダイ
　1937～2003　国シエラレオネ　政治家　革命統一戦線(RUF)議長
Sanku, Rani　サンク, ラニ
　1957～　著「インド数学」笠倉出版社　2007
Sanlaville, Mickaël　サンラヴィル, ミカエル
　アングレーム国際漫画祭 シリーズ賞(2015年)　"Lastman"(T6)
Sanli, Uno　サンリ
　国スウェーデン　テコンドー選手
San Miguel, Esther　サンミゲル
　国スペイン　柔道選手
Sanmiguel, Ines　サンミゲル, イネス
　著「黄金郷(エル・ドラド)を求めて」神奈川大学出版会, 丸善出版(発売)　2014
Sanmiguel Rodríguez, Walker　サンミゲル・ロドリゲス, ウォーケル
　国ボリビア　国防相
Sann, Jim　サン, ジム
　国アメリカ　トロント・ラプターズアシスタントコーチ(バスケットボール)
Sanna, Mario　サンナ, マリオ
　著「中耳手術アトラス」医学書院　2013
Sanna, Paul J.　サナ, ポール
　著「Windows 2000レジストリ」ピアソン・エデュケーション　2001
Sanneh, Edward Saja　サネ, エドワード・サジャ
　国ガンビア　エネルギー相
Sanneh, Kanja　サネ, カンジャ
　国ガンビア　農相
Sanneh, Sidi Moro　サンニー, シディモロ
　国ガンビア　外相
Sanner, Jan　サンネル, ヤン
　国ノルウェー　自治・近代化相
Sannes, Amy　サネス
　国アメリカ　スピードスケート選手
Sannia, Alessandro　サンニア, アレッサンドロ
　1974～　著「VWビートル」グラフィック社　2010
Sannoh, Benedict　サノー, ベネイクト
　国リベリア　法相兼検事総長
Sano, Koutoubou Moustapha　サノ, クトゥブ・ムスタファ
　国ギニア　国際協力相
Sano, Miguel　サノー, ミゲル
　国ドミニカ共和国　野球選手
Sano, Moustapha Koutoubou　サノ, ムスタファ・クトゥブ
　国ギニア　国際協力相
Sano, Takaya　サノ, タカヤ
　国日本　ロン・ティボー・クレスパン国際音楽コンクール ピアノ第5位(2009年(第38回))ほか　漢字名＝佐野隆哉
Sanogo, Mamadou　サノゴ, ママドゥ
　国コートジボワール　建設・住宅・排水・都市計画相
Sanogo, Sekou　サノゴ, セク
　国コートジボワール　サッカー選手
Sanogo, Yaya　サノゴ, ヤヤ
　国フランス　サッカー選手
Sanoh, Abdouramane　サノ, アブドゥラマヌ
　国ギニア　農相
Sanoko, Ousmane　サノコ, ウスマン
　国ギニア　内閣官房長官
Sanon, Jean Gustave　サノン, ジャン・ギュスタブ
　国ブルキナファソ　経済・財務相
Sanon, Jean Renel　サノン, ジャン・ルネル
　国ハイチ共和国　法務・公安相
Sanou, Mamadou　サヌ, ママドゥ
　国ブルキナファソ　商業・手工業相
Sanou, Stéphane　サヌ, ステファン
　国ブルキナファソ　商業・工業・手工業相
Sanou, Wilfried　サヌ, ウィルフリード
　1984～　国ブルキナファソ　サッカー選手　異サヌー, ウィルフリート / サヌー, ウィルフリード
Sanouillet, Michel　サヌイエ, ミッシェル
　1924～　著「パリのダダ」白水社　2007
al-Sanousi, Al-Taher　サヌーシ, タヘル
　国リビア　保健相
Sansanee, Nakpong　サンサニー・ナークポン
　国タイ　首相府相
San Segundo, María Jesús　サンセグンド, マリア・ヘスス
　国スペイン　教育・科学相
Sansom, C.J.　サンソム, C.J.
　1952～　国イギリス　作家, 弁護士　著歴史, ミステリー　本名＝Sansom, Christopher John
Sansom, Ian　サンソム, イアン
　1966～　国イギリス　作家　著ユーモア, ミステリー
Sansom, William　サンソム, ウィリアム
　著「棄ててきた女」早川書房　2007
Sanson, Yvonne　サンソン, イヴォンヌ
　1926～2003　国イタリア　女優　異サンソン, イボンヌ
Sansone, Nicola　サンソーネ, ニコラ
　国イタリア　サッカー選手
Sansweet, Stephen J.　サンスイート, スティーヴン J.
　1945～　著「スター・ウォーズ・ヴォールト」講談社　2007
Santacana, Carles　サンタカナ・イ・トーラス, カルラス
　1961～　著「バルサ, バルサ, バルサ!」彩流社　2007
Santa Cruz, Roque　サンタ・クルス, ロケ
　1981～　国パラグアイ　サッカー選手
Santagati, Steve　サンタガティ, スティーヴ
　著「バッドボーイが教える狙った男をメロメロにする恋愛術」早川書房　2008
Santalla Tórrez, Daniel　サンタジャ・トレス, ダニエル
　国ボリビア　労働・雇用・社会保障相
Santamaria, Josefina O.　サンタマリア, ジョセフィーナ・O.
　著「管理者のためのキャリア・カウンセリング入門」文化書房博文社　2006
Santamaria, Mongo　サンタマリア, モンゴ
　?～2003　国アメリカ　ラテン打楽器奏者　本名＝サンタマリア, ラモン〈Santamaria, Ramon〉
Santamaría Salamanca, Mauricio　サンタマリア・サラマンカ, マウリシオ
　国コロンビア　社会保障相
Santana, Carlos　サンタナ, カルロス
　1947～　国アメリカ　ロック・ギタリスト
Santana, Carlos　サンタナ, カルロス
　国ドミニカ共和国　野球選手
Santana, Danny　サンタナ, ダニー
　国ドミニカ共和国　野球選手
Santana, Domingo　サンタナ, ドミンゴ
　国ドミニカ共和国　野球選手
Santana, Ervin　サンタナ, アービン
　国ドミニカ共和国　野球選手
Santana, Isidoro　サンタナ, イシドロ
　国ドミニカ共和国　経済企画開発相
Santana, Johan　サンタナ, ヨハン
　1979～　国ベネズエラ　野球選手　本名＝Santana, Johan Alexander
Santana, Juan Carlos　サンタナ, J.C.
　1959～　著「イラストでみるSAQトレーニングドリル180」大修館書店　2003
Santana, Luz　サンタナ, ルース
　著「たった一つを変えるだけ」新評論　2015
Santana, Telê　サンターナ, テレ
　1931～2006　国ブラジル　サッカー監督　サッカー・ブラジル代表監督
Santana Lopes, Pedro　サンタナロペス, ペドロ
　国ポルトガル　首相
Santander, Anthony　サンタンデール, アンソニー
　国ベネズエラ　野球選手
Santangelo, Elena　サンタンジェロ, エレナ
　著「将軍の末裔」講談社　2004
Santaolalla, Gustavo　サンタオラヤ, グスターボ
　アカデミー賞 作曲賞(第79回(2006年))ほか
Santarius, Tilman　ザンタリウス, ティルマン
　著「フェアな未来へ」新評論　2013

Santat, Dan サンタット, ダン
コルデコット賞(2015年) "The Adventures of Beekle: The Unimaginary Friend"

Santee, Robert G. サンティ, ロバート・G.
㊤「タオ・ストレス低減法」北大路書房 2014

Santelli, Robert サンテリ, ロバート
㊤「ザ・ブルース」白夜書房 2004

Santer, Jacques サンテール, ジャック
1937～ ㊨ルクセンブルク 政治家 EU欧州委員会委員長, ルクセンブルク首相

Santi, Franco サンティ, フランコ
㊨サンマリノ 保健・社会保障・機会均等・国民保険・社会問題長官

Santi, Nello サンティ, ネッロ
1931～ ㊨イタリア 指揮者 ㊙サンティ, ネルロ

Santi, Promphat サンティ・プロムパット
㊨タイ 社会開発・人間安全保障相

Santiago, Alvaro サンチアゴ, アルバロ
㊨サントメ・プリンシペ 教育・文化相

Santiago, Angela Viegas サンティアゴ, アンジェラ・ビエガス
㊨サントメ・プリンシペ 財務・計画相

Santiago, Carlos Manuel サンティアゴ, カルロス・マニュエル
1926～2008 ㊨プエルトリコ 野球選手

Santiago, Hector サンティアゴ, ヘクター
㊨アメリカ 野球選手

Santiago, Luis サンティアゴ, ルイス
1945～ ㊤「だいすきなあなたへ」岩崎書店 2001

Santiago, Mikel サンティアゴ, ミケル
1975～ ㊤「トレモア海岸最後の夜」早川書房 2016

Santich, Barbara サンティッチ, バーバラ
㊤「世界の食用植物文化図鑑」柊風舎 2010

Santi Mina サンティ・ミナ
㊨スペイン サッカー選手

Santini, Bertrand サンティーニ, ベルトラン
1968～ ㊤「ヤーク」朝日学生新聞社 2012

Santis, Pablo de サンティス, パブロ・デ
1963～ ㊤「世界名探偵倶楽部」早川書房 2009

Santlofer, Jonathan サントロファー, ジョナサン
1946～ ㊨アメリカ 画家, 作家 ㊙ミステリー, スリラー

Santo, Branca Manuel da Costa Neto do Espírito サント, ブランカ・マヌエル・ダ・コスタ・ネト・ド・エスピリト
㊨アンゴラ 都市計画・住宅相

Santo, Ron サント, ロン
1940～2010 ㊨アメリカ 野球選手 本名=Santo, Ronald Edward

Santo-Domingo, Alejandro ドミンゴ, アレハンドロ
㊨アメリカ 富豪

Santokhi, Chandrikapersad サントキ, チャンドリカペルサッド
㊨スリナム 法務・警察相

Santolouco, Mateus サントラウコ, マテウス
1979～ ㊤「2ガンズ」小学館集英社プロダクション 2013

Santon, Davide サントン, ダヴィデ
㊨イタリア サッカー選手

Santoni, François サントニ, フランソワ
？～2001 ㊨フランス 民族主義活動家

Santopietro, Tom サントピエトロ, トム
㊤「サウンド・オブ・ミュージック・ストーリー」フォーインスクリーンプレイ事業部 2016

Santora, Nick サントーラ, ニック
1970～ ㊨アメリカ 脚本家, 作家, テレビプロデューサー ㊙スリラー

Santoro, Fabrice サントロ
㊨フランス テニス選手

Santorum, Rick サントラム, リック
1958～ ㊨アメリカ 政治家 米国上院議員(共和党) 本名=Santorum, Richard John

Santos, Aderlian サントス, アデルラン
㊨ブラジル サッカー選手

Santos, Anne Marie サントス, アン・マリー
㊤「ガールズ・オン・ザ・ロード」河出書房新社 2013

Santos, Cairo サントス, カイロ
㊨アメリカ アメフト選手

Santos, Christian サントス, クリスティアン
㊨ベネズエラ サッカー選手

Santos, Demóstenes Vasconcelos Pires Dos サント, デモステニシュ・バスコンセロス・ピリシュ・ド
㊨サントメ・プリンシペ 貿易・産業・観光相

Santos, Eduardo サントス
㊨ブラジル 柔道選手

Santos, Francisco San Emeterio サントス, フランシスコ・サン・エメテリオ
㊤「どうして弾けなくなるの？」音楽之友社 2012

Santos, Gustavo サントス, グスタボ
㊨アルゼンチン 観光相

Santos, Joel Rufino dos サントス, ジョエル・ルフィノ・ドス
㊤「アグーチのけっこんあいて」新世研 2003

Santos, Jordan サントス, ジョーダン
㊤「アダルナの歌」おはなしきゃらばんセンター 2006

Santos, Juan Manuel サントス, フアン・マヌエル
1951～ ㊨コロンビア 政治家 コロンビア大統領, コロンビア国民統一党党首 本名=サントス・カルデロン, フアン・マヌエル〈Santos Calderón, Juan Manuel〉

Santos, Luguelin サントス
㊨ドミニカ共和国 陸上選手

Santos, Marcelo サントス, マルセロ
㊨エクアドル 大統領府官房長官

Santos, Marisa de los サントス, マリサ・デ・ロス
㊨アメリカ 詩人, 作家 ㊙文学

Santos, Migel Angel サントス, ミゲルアンヘル
1959～ ㊤「ヨハン・クライフ」中央公論新社 2002

Santos, Rebeca サントス, レベカ
㊨ホンジュラス 財務相 ㊙サントス, レベッカ

Santos, Ricardo サントス, リカルド
㊨ブラジル セーリング選手

Santos, Vítor Pavao dos サントス, ヴィトール・パヴァオン・ドス
1937～ ㊤「アマリア・ロドリゲス」彩流社 2003

Santos Borre サントス・ボレ
㊨コロンビア サッカー選手

Santos Calderón, Francisco サントス・カルデロン, フランシスコ
㊨コロンビア 副大統領

Santos Calderón, Juan Manuel サントス・カルデロン, フアン・マヌエル
㊨コロンビア 大統領

Santos Lélis, Janine Tatiana サントスレリス, ジャニネ・タティアナ
㊨カボベルデ 法務・労働相

Santos López, Samuel サントス・ロペス, サムエル
㊨ニカラグア 外相

Santos Ordóñez, Elvin Ernesto サントス・オルドニェス, エルビン・エルネスト
㊨ホンジュラス 副大統領

Santos Pereira, Álvaro サントスペレイラ, アルバロ
㊨ポルトガル 経済・雇用相

Santos Reyes, Arturo サントスレイエス
㊨メキシコ ボクシング選手

Santos Silva, Augusto サントスシルバ, アウグスト
㊨ポルトガル 外相 ㊙サントス・シルバ, アウグスト

Santos Simoes Oliveira, Nelson Filipe オリベイラ
㊨ポルトガル 自転車選手

Santo Tomas, Patricia サントトマス, パトリシア
㊨フィリピン 労相

Santow, Leonard Jay サントウ, レナード
1936～ ㊤「FRB議長」日本経済新聞出版社 2009

Santry, Sean E. サントリ, S.E.
㊤「JavaプログラマのためのWebサービス大全」コンピュータ・エージ社 2003

Santschi, David サンチ, デビッド
㊤「株式インサイダー投資法」パンローリング 2006

Santy, Christiana Soenarno サンティ・クリスティアナ・スナルノ
㊨インドネシア 元・在インドネシア日本国大使館現地職員

Sanu, Mohamed サヌー, モハメド
㊨アメリカ アメフト選手

San Vincente, Patxi del Campo サン・ヴィンセンテ, パトクシ・デル・カンポ
㊤「振動音響療法」人間と歴史社 2003

Sanvitale, Francesco サンヴィターレ, フランチェスコ
㊤「トスティある人生の歌」東京堂出版 2010

Sanvoisin, Éric サンヴォワザン, エリック
㊤「ぼく, 飲みこまれちゃった！」ソニー・マガジンズ 2004

Sanyal, Steve サニヤル, スティーブ

「DB2ユニバーサル・データベースアプリケーション開発オフィシャルガイド」ピアソン・エデュケーション 2002
Sanyang, Ismaila サンヤン, イスメイラ
　国ガンビア　農相
Sanyang, Kebba サニャング, ケバ
　国ガンビア　法相
Sanya Thammasak サンヤ・タマサク
　1907〜2002　国タイ　政治家, 法律家　タイ首相, タイ枢密院議長, タイ最高裁長官　別サンヤ・タンマサック／サンヤ・ダルマサクティ／サンヤー・タンマサック
Sanz, Alejandro サンズ, アレハンドロ
　グラミー賞 最優秀ラテン・ポップ・アルバム (2010年 (第53回)) ほか
Sanz, Rodolfo サンス, ロドルフォ
　国ベネズエラ　基礎産業・鉱業相
Sanza, André Moke サンザ, アンドレ・モケ
　国コンゴ民主共和国　観光相
Sanz Lanz, Mateo サンツランツ, マテオ
　国スイス　セーリング選手
Sanzo, Salvatore サンツォ
　国イタリア　フェンシング選手
Saouma, Edouard サウマ, エドアルド
　1926〜2012　国レバノン　農業工学者　国連食糧農業機関 (FAO) 事務局長
Sapadin, Linda サパディン, リンダ
　1940〜　「グズの人にはわけがある」文芸春秋 2002
Saparbayev, Berdibek サパルバエフ, ベルジベク
　国カザフスタン　副首相　別サパルバエフ, ベルディベク
Sapardurdyyev, Nursahet サパルドゥルドィエフ, ヌルサヘト
　国トルクメニスタン　農業・水利相
Saparliyev, Hydyr サパルリエフ, フディル
　国トルクメニスタン　副首相　別サパルリエフ, ヒディル
Saparlyyev, Khadyr サパルルイエフ, ハドィル
　国トルクメニスタン　副首相
Saparov, Redzhep サパロフ, レジェプ
　国トルクメニスタン　副首相
Sapegin, Pjotr サペギン, ピョートル
　国ノルウェー　オタワ国際アニメーション映画祭 最優秀短編物語 選外佳作 (2011年) ほか
Saper, Clifford B. サパー, クリフォード・B.
　「プラムとポスナーの昏迷と昏睡」メディカル・サイエンス・インターナショナル 2010
Sapey, Bob サーペイ, ボブ
　「障害学にもとづくソーシャルワーク」金剛出版 2010
Sapin, Michel サパン, ミシェル
　1952〜　国フランス　政治家　フランス財務・公会計相
Sapira, Joseph D. サパイラ, J.D.
　1936〜　「サパイラ身体診察のアートとサイエンス」医学書院 2013
Sapiyev, Serik サピエフ, セリク
　1983〜　国カザフスタン　ボクシング選手
Sapkota, Agni Prasad サプコタ, アグニ・プラサド
　国ネパール　森林・土壌保全相
Sapkowski, Andrzej サプコフスキ, アンドレイ
　1948〜　「エルフの血脈」早川書房 2010
Sapo, Sergio サッポ, セルジオ
　1958〜　国ブラジル　フットサル監督　フットサル・ウズベキスタン代表監督　フットサル日本代表監督
Sapoen, Raymond サプーン, レイモンド
　国スリナム　貿易・産業相
Sapolsky, Fabrice サポルスキー, ファブリセ
　「エッジ・オブ・スパイダーバース」ヴィレッジブックス 2016
Sapolsky, Robert M. サポルスキー, ロバート・M.
　1957〜　「サルなりに思い出す事など」みすず書房 2014
Saponara, Riccardo サポナーラ, リッカルド
　国イタリア　サッカー選手
Sapone, Marcela サポーン, マーセラ
　HELLO ALFRED共同創業者
Sapori, Michelle サポリ, ミシェル
　1955〜　「ローズ・ベルタン」白水社 2012
Saport, Linda サポート, リンダ
　「希望の木」PHP研究所 2010
Sapp, Warren サップ, ウォーレン
　1972〜　国アメリカ　元アメフト選手　本名＝Sapp, Warren Carlos
Sapphire サファイア
　1950〜　国アメリカ　パフォーマンス詩人, 作家　本名＝ロフトン, ラモーナ
Sapronenko, Evgeni サプロネンコ
　国ラトビア　体操選手
Sapsiree, Taerattanachai サプシリー・タエラッタナチャイ
　国タイ　バドミントン選手
Sapurić, Zoran サプリチ, ゾラン
　国マケドニア　環境相
Saq, Mohammed bin Faisal Abu サーク, ムハンマド・ビン・ファイサル・アブ
　国サウジアラビア　国務相 (諮問評議会担当)
al-Saqqa, Saleem サッカ, サリーム
　国パレスチナ　法相
Sarabi, Habiba サラビ, ハビバ
　1957〜　国アフガニスタン　政治家　バーミヤン州知事　アフガニスタン女性問題相
Sarabia, Pablo サラビア, パブロ
　国スペイン　サッカー選手
Saracho, Olivia N. サラチョ, O.N.
　「乳幼児教育における遊び」培風館 2008
Sarafanov, Leonid サラファーノフ, レオニード
　国ウクライナ　バレエダンサー　ミハイロフスキー・バレエ団プリンシパル　マリインスキー・バレエ団プリンシパル
Sarafian, Richard C. サラフィアン, リチャード・C.
　1930〜2013　国アメリカ　映画監督, 俳優　本名＝Sarafian, Richard Caspar
Saragih, Bungaran サラギ, ブンガラン
　国インドネシア　農業相
Saragosse, Marie-Christine サラゴス, マリークリスティーヌ
　国フランス　TV5MONDE社長
Sarah サラ
　「アレが欲しい」ソニー・マガジンズ 2005
Sarai, Lisabet サライ, リザベット
　「情炎」徳間書店 2005
Saraiva, José H. サライーヴァ, ジョゼー・エルマーノ
　「マカオの岩窟で幾年月」文化書房博文社 2014
Saralee, Thungthongkam サラリー
　国タイ　バドミントン選手
Saramago, José サラマーゴ, ジョゼ
　1922〜2010　国ポルトガル　作家, 詩人　別サラマーゴ, ジョゼー
Sarandji, Simplice Mathieu サランジ, サンプリス・マシュー
　国中央アフリカ　首相
Sarandon, Susan サランドン, スーザン
　1946〜　国アメリカ　女優　本名＝Sarandon, Susan Abigail
Sarao, Anthony サラオー, アンソニー
　国アメリカ　アメフト選手
Saraqini, Valon サラチニ, バリョン
　国マケドニア　経済相
Saraskina, Ludmila サラスキナ, リュドミラ
　1947〜　「ドストエフスキー『悪霊』の衝撃」光文社 2012
Sarasohn, Eileen Sunada サラソーン, アイリーン・スナダ
　1943〜　「証言渡米一世の女性たち」燦葉出版社 2015
Saraste, Jukka-Pekka サラステ, ユッカ・ペッカ
　1956〜　国フィンランド　指揮者　ケルン放送交響楽団首席指揮者, オスロ・フィルハーモニー管弦楽団音楽監督, フィンランド放送交響楽団桂冠指揮者
Sarasvathy, Saras D. サラスバシー, サラス
　1959〜　「エフェクチュエーション」碩学舎, 中央経済社 (発売) 2015
Sarbaugh, Mike サーボー, マイク
　国アメリカ　クリーブランド・インディアンスコーチ
Sarbayev, Kadyrbek サルバエフ, カドィルベク
　国キルギス　外相
Sârbu, Ilie スルブ, イリエ
　国ルーマニア　農林・地方開発相
Sârbu, Marian スルブ, マリアン
　国ルーマニア　労働・家庭・社会保障相
Šarčević, Mladen シャルチェビッチ, ムラデン
　国セルビア　教育・科学・技術開発相
Sarchie, Ralph サーキ, ラルフ
　「エクソシストコップ」講談社 2001
Sarcone, Gianni A. サルコーネ, ジャンニ・A.
　1962〜　「謎解き錯視傑作135選」創元社 2015
Sardar, Zahid サルダール, ザヒド
　「世界の名自転車100」グラフィック社 2012

Sardar, Ziauddin サルダー、ジャウディン
㊞「Introducingメディア・スタディーズ」作品社 2008
Sardà Rico, Esther サルダ・リコ、エステル
1970～ ㊞「図解音楽家のための身体コンディショニング」音楽之友社 2006
Sarde, Michèle サルド、ミシェル
㊞「ラーゲリのフランス人」恵雅堂出版 2004
Sardegna, Jill サルデーニャ、ジル
㊞「盲・視覚障害百科事典」明石書店 2009
Sardello, Robert J. サーデッロ、ロバート
1942～ ㊞「静寂」涼風書林 2011
Sardenberg, Ronaldo サルデンベルグ、ロナウド
㊚ブラジル 科学技術相
Sardet, Christian サルデ、クリスティアン
㊞「美しいプランクトンの世界」河出書房新社 2014
Sardi, Vincent サルディ、ビンセント
1915～2007 ㊚アメリカ サルディズオーナー ㊛サルディ、ヴィンセント
Sardinas, Luis サーディナス、ルイス
㊚ベネズエラ 野球選手
Sardjoe, Ramdien サルジュ、ラムディン
㊚スリナム 副大統領
Sardo, Gennaro サルド、ジェンナーロ
㊚イタリア サッカー選手
Sardou, Romain サルドゥ、ロマン
1974～ ㊚フランス 作家 ㊛歴史
Sareen, Manu サリーン、マニュ
㊚デンマーク 児童・男女平等・統合・社会問題相
Sarfati, Jonathan D. サーファティ、ジョナサン
1964～ ㊞「アンサーズブック」ICM出版 2004
Sargeant, Malcolm サージェント、マルコム
㊞「内部告発」丸善 2003
Sargeant, Winthrop サージェント、ウィンスロップ
1903～ ㊞「ジャズ」法政大学出版局 2007
Sargent, Alvin サージェント、アルヴィン
㊞「スパイダーマン3」角川書店、角川グループパブリッシング（発売）2007
Sargent, Carl サージェント、カール
㊞「略奪品の貯蔵庫」ホビージャパン 2007
Sargent, Emma サージェント、エマ
㊞「話す力」ピアソン桐原 2012
Sargent, Inge サージェント、インゲ
1932～ ㊞「ビルマの黄昏」早稲田出版 2010
Sargent, Joseph サージェント、ジョセフ
1925～2014 ㊚アメリカ 映画監督 本名＝Sorgente, Giuseppe Danielle ㊛サージェント、ジョーゼフ
Sargent, Thomas John サージェント、トーマス
1943～ ㊚アメリカ 経済学者 ニューヨーク大学教授 ㊛サージェント、トーマス・J.
Sargsyan, Gurgen サルキシャン、グルゲン
㊚アルメニア 運輸・通信相
Sargsyan, Narek サルキシャン、ナレク
㊚アルメニア 都市開発相
Sargsyan, Serzh サルキシャン、セルジ
1954～ ㊚アルメニア 政治家 アルメニア大統領、アルメニア共和党党首
Sargsyan, Tigran サルキシャン、チグラン
㊚アルメニア 首相 ㊛サルキシャン、チルガン
Sargsyan, Vigen サルキシャン、ビゲン
㊚アルメニア 国防相
Sari, Fatma Güldemet サル、ファトマ・ギュルデメット
㊚トルコ 環境都市相
al-Sari, Hassan サリ、ハサン
㊚イラク 国務相
al-Sari, Hassan サリ、ハッサン
㊚シリア 国務相
Saric, Dario サリッチ、ダリオ
㊚クロアチア バスケットボール選手
Saric, Lazar サリック、ラザール
㊞「アニメおさるのジョージかっとばせー」金の星社 2014
Saric, Sandra シャリッチ
㊚クロアチア テコンドー選手
Sariev, Temir サリエフ、テミル
㊚キルギス 首相
Sarieva, Elvira サリエワ、エリビラ
㊚キルギス 教育科学相

Sarig, Oded H. サリグ、O.
㊞「コーポレート・ファイナンス」中央経済社 2002
Sarinzhipov, Aslan サリンジポフ、アスラン
㊚カザフスタン 教育科学相
Sariola, Petteri サリオラ、ペッテリ
㊚フィンランド ギタリスト
Saritov, Albert サリトフ、アルベルト
㊚ルーマニア レスリング選手
Sarjanen, Petri サルヤネン、ペトリ
1970～ ㊞「白い死神」アルファポリス、星雲社（発売）2013
Sarkam, Siswoto サルカム、シスワト
㊚インドネシア 元・在インドネシア日本国大使館現地職員
Sarkar, Deepayan ショーカー、D.
㊞「Rグラフィックス自由自在」シュプリンガー・ジャパン 2009
Sarkar, Saral K. ショルカル、ショラル
1936～ ㊞「エコ資本主義批判」月曜社 2012
Sarkar, Shrii Prabhat Ranjan サーカー、シュリ・プラバート・ランジャン
㊞「P.R.サーカーのことば」アナンダマルガヨガ協会、ナチュラルスピリット（発売）2004
Sarkar Arani, Mohammad Reza サルカール・アラニ、モハメッド・レザ
㊞「国境を越えた日本の学校文化」国際日本文化研究センター 2007
Sar Kheng サル・ケン
㊚カンボジア 副首相兼内相 ㊛サル・ケン
Sarki, Aboubakary サルキ、アブバカリ
㊚カメルーン 牧畜・漁業・畜産相
Sarkis, Joseph サルキス、ジョゼフ
㊚レバノン 観光相
Sarkis, Nazira Farah サルキス、ナジラ・ファラハ
㊚シリア 国務相（環境担当）
Sarkis, Stephanie サーキス、ステファニー・モールトン
㊞「大人のADD」創元社 2010
Sarkisov, K.O. サルキソフ、コンスタンチン
1942～ ㊛サルキソフ、K.O. ㊞「ロシアと日本」東京大学出版会 2016
Sarkomaa, Sari サルコマー、サリ
㊚フィンランド 教育相
Sarkozy, Nicolas サルコジ、ニコラ
1955～ ㊚フランス 政治家 フランス国民運動連合（UMP）党首 フランス大統領、フランス内相、フランス財務相 本名＝Sarközy de Nagy Bosca, Nicolas Paul Stéphane
Sarma, M.K. シャルマ、M.K.
1955～ ㊞「喪失の国、日本」文芸春秋 2004
Sarmento, Domingos サルメント、ドミンゴス
㊚東ティモール 司法相
Sarmento, Nuno Morais サルメント、ヌノ・モライス
㊚ポルトガル 大統領府相
Sarmiento, Mauro サルミエント
㊚イタリア テコンドー選手
Sarmiento, Senen サルミエント、セネン
㊚フィリピン 内務・自治相
Sarmiento, Valeria サルミエント、バレリア
1948～ 映画監督
Sarmientos, Jorge サルミエントス、ホルヘ
1931～2012 ㊚グアテマラ 指揮者、作曲家 グアテマラ国立交響楽団芸術監督 本名＝サルミエントス・デ・レオン、ホルヘ・アルバロ〈Sarmientos De Leon, Jorge Alvaro〉
Sarmientos De León, Jorge Alvaro サルミエントス・デ・レオン、ホルヘ・アルバロ
㊚グアテマラ 作曲家、指揮者
Sarmiento Soto, Juan サルミエント・ソト、フアン
㊚ペルー 住宅・建設・上下水道相
Sarnacki, Maciej サルナツキ、マチェイ
㊚ポーランド 柔道選手
Sarnak, Peter サルナック、ピーター
㊚アメリカ ウルフ賞 数学部門（2014年）
Sarnat, Joan E. サーナット、ジョアン・E.
㊞「新しいスーパービジョン関係」福村出版 2010
Sarnat, Marjorie サーナット、マージョリー
㊞「ねこのパーティー」朝日新聞出版 2016
Sarney Filho, José サルネイ・フィリョ、ジョゼ
㊚ブラジル 環境相
Sarno, John E. サーノ、ジョン・E.
1923～ ㊞「心はなぜ腰痛を選ぶのか」春秋社 2003

Sarouma, Abdallah Said サルマ, アブダラ・サイード
　国コモロ　副大統領兼運輸・郵政・通信・情報通信技術相
Šarović, Mirko シャロビッチ, ミルコ
　国ボスニア・ヘルツェゴビナ　副首相兼貿易経済関係相
Saroyan, Aram サロイヤン, アラム
　1943〜　著「ニューヨーク西85番通り」晶文社　2003
Sarpaneva, Timo サルパネヴァ, ティモ
　1926〜2006　国フィンランド　デザイナー, 彫刻家　本名=Sarpaneva, Timo Tapani　異サルパネパ, ティモ
Sarpashev, Taiyrbek サルパシェフ, タイルベク
　国キルギス　第1副首相　異サルパシェフ, タイルベク
Sarr, Abdoulaye Diouf サル, アブドゥライ・ジュフ
　国セネガル　地方政府・開発・国土整備相兼政府報道官
Sarr, Alioune サル, アリウン
　国セネガル　商業・インフォーマルセクター・消費・国際品販売促進・中小企業相
Sarr, Diène Farba サル, ジェン・ファルバ
　国セネガル　都市改革・住宅・生活水準相
Sarr, Jean-paul サール, ジャンポール
　国ギニア　農業・畜産相
Sarr, Mariama サル, マリアマ
　国セネガル　女性・家族・児童相　異サール, マリアマ
Sarr, Mouhamadou サール, ムアマドゥ
　国セネガル　サッカー選手
Sarr, Oumar サール, ウマール
　国セネガル　住宅・建設・水利相　異サル, ウマル
Sarr, Samuel Améte サール, サミュエル・アメット
　国セネガル　エネルギー相
al-Sarraf, Yaacoub サッラーフ, ヤアクーブ
　国レバノン　国防相
Sarrag, Nigel サラグ, ナイジェル
　MTVアワード 最優秀特殊効果（第20回（2003年））　"Go With The Flow"
Sarramon, Christian サラモン, クリスティアン
　1942〜　著「魅惑のアンティーク照明」西村書店東京出版編集部　2013
Sarr-ceesay, Mariama サルシセイ, マリアマ
　国ガンビア　高等教育・研究・科学・技術相
Sarri, Maurizio サッリ, マウリツィオ
　国イタリア　ナポリ監督
Sarris, Greg サリス, グレッグ
　著「夢を編む」中央アート出版社　2005
Sarris, Michalis サリス, ミハリス
　国キプロス　財務相
Al-sarroi, Khalifa Mesbah サルイ, ハリファ・マスバフ
　国リビア　教育相
al-Sarsam, Maan Abdullah アル・サルサム, マーン・アブドラ
　国イラク　住宅建設相　異アル・サルサム, マアン・アブドラ
Sarsekbayev, Bakhyt サルセクバエフ, バヒト
　国カザフスタン　ボクシング選手
Sarsenbayev, Altynbek サルセンバエフ, アルトインベク
　国カザフスタン　文化情報相
Sarson, Peter サースン, ピーター
　著「KV-1&KV-2重戦車」大日本絵画　2001
Sarthou-Lajus, Nathalie サルトゥー=ラジュ, ナタリー
　著「借りの哲学」太田出版　2014
Sartin, Laurence サーティン, ローレンス
　著「ミケランジェロの封印をとけ！」英治出版　2008
Sarto, Leonardo サルト, レオナルド
　国イタリア　ラグビー選手
Sarto, Montserrat サルト, モンセラット
　異サルト, M.M.　著「読書へのアニマシオン」柏書房　2001
Sartor, Diana ザルトル
　国ドイツ　スケルトン選手
Sartor, Klaus ザルトル, クラウス
　著「わかる！脳画像診断の要点」メディカル・サイエンス・インターナショナル　2009
Sartore, Joel サートレイ, ジョエル
　異サルトル, ジョエル　著「ナショナルジオグラフィックの絶滅危惧種写真集」スペースシャワーブックス, スペースシャワーネットワーク（発売）　2013
Sartori, Giovanni サルトーリ, ジョバンニ
　著「大統領制民主主義の失敗 理論編：その比較研究」南窓社　2003
Sartorius, Ghester サルトリウス, ゲステル
　著「ライカスタイルブック」朝日ソノラマ　2001

Sartorius, N. サルトリウス, ノーマン
　1935〜　著「パラダイム・ロスト」中央法規出版　2015
Sartwell, Matthew サートウェル, マシュー
　著「PMA夢をかなえるプラス思考」きこ書房　2012
Sarumi, Dapo サルミ, ダポ
　国ナイジェリア　地域統合・協力相
Sarungi, Philemon サルンギ, フィレモン
　国タンザニア　国防相
Sarvatjoo, Saeed サーバッジュー, S.パリッシュ
　著「整体概論」たにぐち書店　2009
Sarver, Robert サーバー, ロバート
　国アメリカ　フェニックス・サンズオーナー
Sarwono, Kusumaatmadja サルウォノ・クスマアトマジャ
　国インドネシア　海洋・水産相
Saryhanov, Mammetdurdy サリハノフ, マムメドゥルディ
　国トルクメニスタン　教育相
Saryyev, Geldi サルイエフ, ゲルディ
　国トルクメニスタン　エネルギー相
Sarzhayev, Batyr サルジャエフ, バトイル
　国トルクメニスタン　副首相兼国防相
Sarzo, Rudy サーゾ, ルディ
　1950〜　著「オフ・ザ・レイルズ」バーン・コーポレーション, シンコーミュージック・エンタテイメント（発売）　2007
Sasaki, Mariko ササキ, マリコ
　国日本　ローザンヌ国際バレエコンクール 3位・スカラシップ（第38回（2010年））　漢字名=佐々木万璃子
Sasaki, Marumo ササキ, マルモ
　チェロ奏者　ベルリン国立歌劇場管弦楽団永久正団員
Sasaki, Tazue Kiyono ササキ, タヅエ キヨノ
　国アメリカ　シアトル桜祭・日本文化祭実行委員会委員長
Sasi, Kimmo サシ, キンモ
　国フィンランド　運輸通信相
Sasportes, Jose サスポルテス, ジョゼ
　国ポルトガル　文化相
Sass, Katrin ザース, カトリーン
　ベルリン国際映画祭 ベルリナーレ・カメラ賞（第55回（2005年））
Sass, Neil サス, N.
　著「動物実験における人道的エンドポイント」アドスリー, 丸善出版事業部（発売）　2006
Sassanelli, Paolo サッサネッリ, パオロ
　著「ミルコのひかり」愛育社　2007
Sassen, Saskia サッセン, サスキア
　1947〜　社会学者　コロンビア大学教授　著国際労働移動, 世界都市論
Sasser, W.Earl サッサー, W.アール
　著「OQ」同友館　2010
Sassi, Hayet サシ
　国チュニジア　重量挙げ選手
Sassmannshausen, Wolfgang ザスマンスハウゼン, ヴォルフガング
　著「シュタイナー教育基本指針」水声社　2015
Sasson, Or サソン, オル
　国イスラエル　柔道選手
Sassoon, Vidal サスーン, ビダル
　1928〜2012　国イギリス　ヘアアーティスト　異サスーン, ヴィダル
Sassou-Nguesso, Denis サス・ヌゲソ, ドニ
　1943〜　国コンゴ共和国　政治家, 軍人　コンゴ共和国大統領, コンゴ労働党（PCT）党首　異サスー・ヌゲソ／サスヌゲソ
Sastin, Marianna シャスティン, マリアンナ
　国ハンガリー　レスリング選手
Sastre, Lluis サストレ, ジュイス
　国スペイン　サッカー選手
Sastroredjo, Martinus サストロレジョ, マルティナス
　国スリナム　区画計画・土地・森林相
Sata, Michael Chilufya サタ, マイケル・チルフヤ
　1937〜2014　国ザンビア　政治家　大統領
Satalino, Giacomo サタリーノ, ジャコモ
　国イタリア　サッカー選手
Satana, Tura サターナ, トゥラ
　1938〜2011　国アメリカ　女優　本名=ヤマグチ, トゥラ・ルナ・パスカル〈Yamaguchi, Tura Luna Pascual〉
Satari-far, Mohammad サタリファル, モハマド
　国イラン　副大統領（兼管理計画庁長官）
Satel, Sally L. サテル, サリー
　著「その〈脳科学〉にご用心」紀伊国屋書店　2015

Sater, Steven サテラ, スティーブン
トニー賞 ミュージカル 脚本賞（2007年（第61回））ほか
***al*-Sateri, Mohammed Ali bin al-Shaikh Mansoor** アル・サテリ, モハメド・アリ・ビン・アル・シャイハ・マンスール
[国]バーレーン 自治農業問題相
Satkowski, Leon George ザトコウスキ, レオン
1947〜 [著]「イタリア十六世紀の建築」 六耀社 2006
Satlykov, Satlyk サトルイコフ, サトルイク
[国]トルクメニスタン 副首相
Sato, Esther Masako Tateishi サトウ, エスター・マサコ・タテイシ
[国]アメリカ 元・ハワイ大学教育学部教授 漢字名＝佐藤, エスター・マサコ・立石
Sato, Futaro サトウ, フウタロウ
[国]ブラジル 元・ノロエステ連合日伯文化協会副会長, 元・バウルー日伯文化協会会長, 元・バウルー市議会議員 漢字名＝佐藤風太郎
Sato, Gary サトウ, ゲーリー
1955〜 [国]アメリカ バレーボール指導者, 元バレーボール選手 バレーボール男子日本代表監督
Sato, Gayle K. サトウ, ゲイル・K.
[著]「アジア周縁から見たアメリカ」 彩流社 2010
Sato, Mikio サトウ, ミキオ
[国]日本 ウルフ賞 数学部門（2002/2003年） 漢字名＝佐藤幹夫
Sato, Sabrina サトウ, サブリナ
1981〜 [国]ブラジル タレント

S

Satopaty, Rajine サトパティ, ラズニ
[著]「インド人ホメオパスラズニ・サトパティのマテリア・メディカ」 ホメオパシー出版 2004
Satoransky, Tomas サトランスキー, トマシュ
[国]チェコ バスケットボール選手
Satragno, Luigi サトラーニョ, L.
[著]「手のリウマチの画像診断」 シュプリンガー・フェアラーク東京 2005
Satran, Pamela Redmond サトラン, パメラ・レドモンド
[著]「すべての女性が30歳までに知っておきたい30のこと」 阪急コミュニケーションズ 2012
Satrapi, Marjane サトラピ, マルジャン
1969〜 作家, イラストレーター, アニメーション監督
Satrom, Brandon サトラム, ブランダン
[著]「JavaScriptによるWindows8.1アプリケーション構築」 翔泳社 2013
Sattar, Abdus サッタル, アブダス
[国]パキスタン 外相
Sattar, Anbaree Abdul サッタル, アンバリー・アブドル
[国]モルディブ 国務相（国防・国家治安担当）
Sattar, Muhammad Farooq サッタル, ムハンマド・ファルーク
[国]パキスタン 在外パキスタン人相
Sattari, Sorena サッタリ, ソレナ
[国]イラン 副大統領（科学技術担当）
Satterly, Faye サタリー, フェイ
[著]「看護師がいなくなる？」 西村書店 2005
Sattersten, Todd サッターステン, トッド
[著]「アメリカCEOのベストビジネス書100」 講談社 2009
Satterthwait, Walter サタスウェイト, ウォルター
[著]「仮面舞踏会」 東京創元社 2004
Satterwhite, Robb サターホワイト, ロブ
[著]「動物カフェ」 IBCパブリッシング 2015
Sattibayev, Olzhas サティバエフ, オルジャス
[国]カザフスタン ボクシング選手
Sattouf, Riad サトゥッフ, リアド
アングレーム国際漫画祭 最優秀作品賞（2015年）ほか
Satullo, Jane A.W. サツーロ, ジェーン・A.W.
[著]「男の子を性被害から守る本」 築地書館 2004
Satyanand, Anand サティヤナンド, アナンド
[国]ニュージーランド 総督
Satyarthi, Kailash サティヤルティ, カイラシュ
1954〜 [国]インド 児童労働問題活動家 児童労働に反対するグローバルマーチ代表 [異]サティアルティ / サティヤティ / サトヤルティ
Satybaldiev, Zhantoro サティバルディエフ, ジャントロ
[国]キルギス 首相
Satylykov, Satlyk サトルイコフ, サトルイク
[国]トルクメニスタン 公共事業相
Sau, Male サウ, マレ
[国]ニュージーランド ラグビー選手
Sau, Marco サウ, マルコ
[国]イタリア サッカー選手
Sau, Phan Van サウ, ファン・バン
[国]ベトナム 政府監察院長
Sauber, Tim ザオバー, ティム
1978〜 [異]サウバー, ティム [著]「イノベーション・アーキテクチャ」 同友館 2009
Saubert, Jean ソーバート, ジーン
1942〜2007 [国]アメリカ スキー選手
Sauceda, Sunny サウセダ, サニー
グラミー賞 最優秀テハノ・アルバム（2004年（第47回））
“Polkas, Gritos y Acordeo'nes”
Sauce Navarro, Luis Alfredo サウセ・ナバロ, ルイス・アルフレド
[国]ベネズエラ 運輸・公共事業相
Saud, bin Hilal bin Hamad al-Busaidi サウド・ビン・ヒラル・ビン・ハマド・ブサイディ
[国]オマーン 国務相兼マスカット州知事
Saud, bin Ibrahim al-Busaidi サウド・ビン・イブラヒム・ブサイディ
[国]オマーン 内相 [異]サウド・ビン・イブラヒム・アル・ブサイディ
Saud, bin Ibrahim bin Saud al-Busaidi サウド・ビン・イブラヒム・ビン・サウド・アル・ブサイディ
[国]オマーン 教育相
Saud, Narayan Prakash サウド, ナラヤン・プラカシュ
[国]ネパール かんがい相
Saudabayev, Kanat サウダバエフ, カナト
[国]カザフスタン 外相
Saudagaran, Shahrokh M. ソーダガラン, S.M.
[著]「国際会計論」 税務経理協会 2006
Saud al-Faisal サウド・アル・ファイサル
1940〜2015 [国]サウジアラビア 政治家 サウジアラビア外相 [異]サウード / サウド・ファイサル
Sauer, Jürgen ザウワー, J.
[著]「総合有機化学実験」 森北出版 2006
Sauer, Tim サウアー, T.D.
[著]「カオス」 シュプリンガー・ジャパン 2007
Sauerbreij, Nicolien ザウエルブライ, ニコリーン
1979〜 [国]オランダ スノーボード選手
Saul, John ソール, ジョン
1942〜 [著]「悪魔は地下室で歌う」 ランダムハウス講談社 2007
Saul, Niguez サウール・ニゲス
[国]スペイン サッカー選手
Saulala, Sione Sangster サウララ, シオーネ・サングスター
[国]トンガ 農業・食料・林業・水産相
Saule, Beatrix ソウル, ベアトリックス
[著]「ヴェルサイユ宮殿」 黙出版 2001
Saulnier, Celine A. ソールニア, スリーン・A.
[著]「自閉症スペクトラム障害の診断・評価必携マニュアル」 東京書籍 2014
Saulnier, Daniel ソルニエ, ドム・ダニエル
1954〜 [著]「グレゴリオ聖歌入門」 サンパウロ 2008
Saulo, Manasa サウロ, マナサ
[国]フィジー ラグビー選手
Saum, Pater Kilian ザウム, キリアン
[著]「修道院の薬草箱」 フレグランスジャーナル社 2007
Saumatua, Samuela サウマトゥア, サミュエラ
[国]フィジー 地方自治・都市開発・住宅供給・環境相
Saunavaara, Juha サウナワーラ, ユハ
1980〜 [著]「GHQ/SCAPと戦後の政治再建」 大学教育出版 2015
Saunders, Anthony サンダース, アンソニー
1949〜 [著]「金融規制のグランドデザイン」 中央経済社 2011
Saunders, Bernard サンダース, バーナード
1942〜 [著]「こうすれば組織は変えられる！」 フォレスト出版 2002
Saunders, Catherine サンダース, キャサリン
[著]「夢と魔法のプリンセスガイドブック」 講談社 2015
Saunders, Cicely ソンダース, シシリー
1918〜2005 [国]イギリス ホスピス運動家, 医師 聖クリストファー・ホスピス理事長, エール大学名誉教授 [専]終末期医療 本名＝Saunders, Cicely Mary Strode [異]サウンダース, シシリー
Saunders, David M. サンダース, デイビッド・M.
[著]「交渉力最強のバイブル」 マグロウヒル・エデュケーション, 日本経済新聞出版社（発売） 2011
Saunders, George ソーンダーズ, ジョージ

Saunders, George　サウンダース, ジョージ / サンダース, ジョージ / ソウンダース, ジョージ
　1958〜　国アメリカ　作家　シラキュース大学教授　⃝文学
Saunders, Jason　ソーンダース, ジェーソン
　国ニュージーランド　セーリング選手
Saunders, John　サウンダース, J.
　1947〜　著「トップ・ドラッグ」化学同人　2003
Saunders, John　サンダース, ジョン
　1948〜　著「神の家」小牧者出版　2001
Saunders, Kate　ソーンダス, ケイト
　1960〜　国イギリス　作家　⃝児童書
Saunders, Kevin D.　サーンダース, ケヴィン・D.
　著「ゲームインターフェイスデザイン」ボーンデジタル　2012
Saunders, Michael　ソーンダース, マイケル
　国カナダ　野球選手
Saunders, Raven　サウンダース, レーベン
　国アメリカ　陸上選手
Saunders, Rebecca M.　ソーンダーズ, レベッカ・M.
　著「アマゾン・コム」三修社　2004
Saunders, Ryan　サンダース, ライアン
　国アメリカ　ミネソタ・ティンバーウルブズアシスタントコーチ（バスケットボール）
Saunders, Sue　サンダース, スー
　著「ファッショングッズプロフェッショナル事典」ガイアブックス　2013
Saunders, Zina　サンダース, ジーナ
　著「かぜひきスポンジ・ボブ」ゴマブックス　2008
Saunier, Matthieu　ソニエ, マチュー
　国フランス　サッカー選手
Saunier, Nadine　ソニエ, ナディーヌ
　1942〜　著「アース」ランダムハウス講談社　2008
Saupold, Warwick　サーボルド, ワーウィック
　国オーストラリア　野球選手
Saura, Carlos　サウラ, カルロス
　1932〜　国スペイン　映画監督　本名＝Saura Atarés, Carlos
Saurel, Étienne　ソレル, エティエンヌ
　著「乗馬の歴史」恒星社厚生閣　2005
Saurel, Myrtho Célestin　ソレル, ミルトセレスタン
　国ハイチ共和国　教育相
Saurer, Helmut　ザオラー, H.
　著「GISと地球表層環境」古今書院　2004
Sauser, Christoph　ザウザー
　国スイス　自転車選手
Sautai, Raoul　ソテ, ラウル
　著「くじらの本」岳陽舎　2004
Sauter, Gerhard　ザウター, G.
　1935〜　著「終末論入門」教文館　2005
Sautin, Dmitri　サウティン
　国ロシア　飛び込み選手
Sautter, Christian　ソテール, クリスチャン
　1940〜　国フランス　政治家, 経済学者, 日本研究家　フランス財務相　⃝ソーテール, クリスチャン
Sautter, Elizabeth A.　ソーター, エリザベス・A.
　著「子どもの毎日の生活の中でソーシャルスキルが確実に身につく187のアクティビティ」黎明書房　2015
Sauvage, Jeanne　ソバージュ, ジーン
　著「おいしい！グルテンフリー」クロニクルブックス・ジャパン, 徳間書店（発売）　2016
Sauvagnargues, Jean Victor　ソヴァニャルグ, ジャン
　1915〜2002　国フランス　外交官, 政治家　フランス外相　⃝ソーバニャルグ / ソバニャルグ
Sauveplane, Valerian　ソベプラン, バレリアン
　国フランス　射撃選手
Sauvo, Tini　サウヴォ, ティニ
　1946〜　著「もぐらの宝物」キッズネット, 角川書店（発売）　2005
Savadogo, Lassané　サバドゴ, ラサネ
　国ブルキナファソ　公務員・国家改革相
Savage, Dan　サヴェージ, ダン
　1964〜　著「キッド」みすず書房　2016
Savage, David　サベージ, デイヴィッド
　1946〜　著「魂の木工家具」講談社　2011
Savage, Jon　サベッジ, ジョン
　著「ビートルズ世界証言集」ポプラ社　2006
Savage, Randy　サベージ, ランディ
　1952〜2011　国アメリカ　プロレスラー　愛称＝マッチョマン〈Macho Man〉
Savage, Stephen　サヴェッジ, スティーヴン
　1965〜　サベッジ, スティーヴン　著「スーパートラック」講談社　2016
Savage, Tom　サヴェージ, トム
　著「捕食者の貌」早川書房　2001
Savage, Tom　サベイジ, トム
　国アメリカ　アメフト選手
Savall, Jordi　サバール, ホルディ
　1941〜　国スペイン　ビオラ・ダ・ガンバ奏者, 指揮者　⃝サバール, ジョルディ
Savane, Landing　サバネ, ランディン
　国セネガル　手工業・産業相　⃝サバン, ランディン
Savard, Katerine　サバード, カテリン
　国カナダ　水泳選手
Savarese, Daniel F.　サバレーゼ, ダニエル・F.
　著「PCクラスタ構築法」産業図書　2001
Savarin, Charles　サバリン, チャールズ
　国ドミニカ共和国　大統領
Savary, Jérôme　サバリ, ジェローム
　1942〜2013　国フランス　演出家, 舞台装置家, 俳優　グランド・マジック・サーカス主宰　⃝サヴァリ, ジェローム
Savas, Georgia Routsis　サバス, ジョージア
　著「魔法の杖」ソニー・マガジンズ　2004
Savchenko, Aliona　サブチェンコ
　国ドイツ　フィギュアスケート選手
Savchuk, Anastasiya　サフチュク, アナスタシア
　国ウクライナ　水泳選手
Savea, Julian　サヴェア, ジュリアン
　国ニュージーランド　ラグビー選手
Savel'eva, Elena Ivanovna　サヴェーリエヴァ, エレーナ
　著「日本領樺太・千島からソ連領サハリン州へ」成文社　2015
Savelkouls, Tessie　サフェルクルス, テシー
　国オランダ　柔道選手
Savelyev, Oleg G.　サベリエフ, オレク・G.
　国ロシア　クリミア担当相
Savelyeva, Elena　サベリエワ
　国ロシア　ボクシング選手
Saverin, Eduardo　サベリン, エドゥアルド
　Facebook
Savery, John R.　サヴェーリー, ジョン・R.
　著「インストラクショナルデザインの理論とモデル」北大路書房　2016
Savga, Larisa　シャブガ, ラリサ
　国モルドバ　教育・青年相
Savialova, Olga　サビアロワ
　国ロシア　距離スキー選手
Saviano, Roberto　サヴィアーノ, ロベルト
　1979〜　国イタリア　作家　⃝サビアーノ, ロベルト
Savic, Dragan　サヴィッチ, ドラガン
　著「クロアチア空軍のメッサーシュミットBf109エース」大日本絵画　2004
Savic, Stefan　サヴィッチ, ステファン
　国モンテネグロ　サッカー選手
Savićević, Dejan　サヴィチェヴィッチ, デヤン
　1966〜　国モンテネグロ　サッカー指導者, 元サッカー選手　モンテネグロサッカー協会会長　サッカー・セルビア・モンテネグロ代表監督　⃝サビチェビッチ, デヤン
Savickas, Mark　サビカス, マーク・L.
　1947〜　著「サビカス ライフデザイン・カウンセリング・マニュアル」遠見書房　2016
Savignac, Raymond Pierre Guillaume　サヴィニャック, レイモン
　1907〜2002　国フランス　グラフィックデザイナー　⃝サビニャック, レーモン
Savigne, Yargelis　サビネ
　国キューバ　陸上選手
Savignon, Jéromine　サヴィニョン, ジェロミーヌ
　著「MICHAEL JACKSON」世界文化社　2010
Savignon, Sandra J.　サヴィニョン, サンドラ
　著「コミュニケーション能力」法政大学出版局　2016
Savikas, Andrew　サビカス, アンドリュー
　著「Word hacks」オライリー・ジャパン, オーム社（発売）　2005
Savile, Jimmy　サビル, ジミー
　1926〜2011　国イギリス　テレビ司会者　本名＝サビル, ジェームズ・ウィルソン・ビンセント〈Savile, James Wilson Vincent〉　⃝サヴィル, ジミー

Saville, Jane サビル
[国]オーストラリア 陸上選手
Savimbi, Jonas Malheiro サビンビ, ジョナス・マリェイロ
1934〜2002 [国]アンゴラ 政治家, 民族運動指導者 アンゴラ全面独立民族同盟(UNITA)議長, アンゴラ副大統領 [異]サヴィンビ, ジョナス・マリェイロ
Savin, Anatolii Pavlovich サヴィン, アナトリー
[著]「みえる数学の世界」 大竹出版 2001
Savino, Irene サビノ, イレネ
[著]「ひかりがうまれたとき」 新世研 2002
Savinova, Mariya サビノワ, マリア
1985〜 [国]ロシア 陸上選手 [異]サビノワ, マリヤ / サヴィノワ, マリア
Saviola, Javier サビオラ, ハビエル
1981〜 [国]アルゼンチン, スペイン サッカー選手 本名＝サビオラ・フェルナンデス, ハビエル・ペドロ〈Saviola Fernández, Javier Pedro〉 [異]サヴィオラ, ハヴィエル
Saviolo, Stefania サヴィオロ, ステファニア
[著]「ファッション&ラグジュアリー企業のマネジメント」 東洋経済新報社 2013
Savisaar, Edgar サビサール, エドガル
[国]エストニア 経済・通信相
Savitskaya, Kristina サビツカヤ
[国]ロシア 陸上選手
Savitz, Andrew W. サビッツ, アンドリュー
[著]「サステナビリティ」 アスペクト 2008
Savitz, Harriet May サヴィッツ, ハリエット・メイ
1933〜 [著]「おはなしのもうふ」 光村教育図書 2008
Saviye, David ザビエ, デービッド
[国]ザンビア エネルギー・水資源開発相
Savner, Jennifer L. サブナー, ジェニファー・L.
[著]「家庭と地域でできる自閉症とアスペルガー症候群の子どもへの視覚的支援」 明石書店 2006
Savoie, Matthew サボイ
[国]アメリカ フィギュアスケート選手
Savolainen, Salla サヴォライネン, サッラ
[著]「ふしぎなボタン」 猫の言葉社 2010
Savon, Amarilis サボン
[国]キューバ 柔道選手
Savon, Erislandy サボン, エリスランディー
[国]キューバ ボクシング選手
Savoy, Nick サヴォイ, ニック
[著]「理想の男性を勝ち取る恋の法則」 学研パブリッシング, 学研マーケティング(発売) 2013
Savoy, Wilson サボイ, ウィルソン
グラミー賞 最優秀リージョナル・ルーツ・ミュージック・アルバム(2012年(第55回)) "The Band Courtbouillon"
Savsek, Benjamin サブセク, ベンヤミン
[国]スロベニア カヌー選手 [異]サブセク
Savvides, Frixos サビデス, フリクソス
[国]キプロス 保健相
Savvides, Irini サヴィデス, アイリーニ
1967〜 [著]「もういいかい？」 バベルプレス 2013
Savvina, Iya サーヴィナ, イヤ
1936〜2011 [国]ロシア 女優 [異]サービナ, イヤ / サヴィーナ, イヤ
Sawa, George Dimitri サワ, ジョージ
1947〜 [著]「エジプト音楽」 イカロス出版 2014
Sawa, Massoud Ahmed Belqasem サワ, マスード・アフマド・ベルカーシム
[国]リビア 社会問題相
Sawa, Maureen サワ, モーリーン
[著]「本と図書館の歴史」 西村書店東京出版編集部 2010
Sawaby, Abdul Naser サワビー, アブドゥル・ナセル
1974〜 [著]「ガーゼルガーの黒い真珠」 三帆舎 2015
Sawad, Ahmed Ali サワド, アフメド・アリ
[国]モルディブ 観光・芸術・文化相
Sawadogo, Clement サワドゴ, クレマン
[国]ブルキナファソ 国土管理・地方分権相
Sawadogo, Filiga Michel サワドゴ, フィリガ・ミッシェル
[国]ブルキナファソ 高等教育・科学研究・技術革新相
Sawadogo, Filippe サワドゴ, フィリップ
[国]ブルキナファソ 文化・観光・通信相
Sawadogo, Laya サワドゴ, ラヤ
[国]ブルキナファソ 中高等教育・科学研究相
Sawadogo, Pengwindé Clément サワドゴ, ペングィンデ・クレモン
[国]ブルキナファソ 公務員・労働・社会保障相
Sawadogo, Salamata サワドゴ, サラマタ
[国]ブルキナファソ 法相
Sawadogo, Salifou サワドゴ, サリフ
[国]ブルキナファソ 環境相
Sawadogotapsoba, Salamah サワドゴタプソバ, サラマ
[国]ブルキナファソ 人権問題相
Sawallisch, Wolfgang サヴァリッシュ, ウォルフガング
1923〜2013 [国]ドイツ 指揮者, ピアニスト フィラデルフィア管弦楽団音楽監督, バイエルン州立歌劇場名誉会員, NHK交響楽団桂冠名誉指揮者 [異]サバリッシュ, ボルフガング / サヴァリシュ / サヴァリッシュ, ヴォルフガング / ザヴァリッシュ / ザバリッシュ
Saw Ba Thin Sein ソー・バ・ティン
？〜2008 [国]ミャンマー 政治家 カレン民族同盟(KNU)議長
Sawchik, Travis ソーチック, トラヴィス
[著]「ビッグデータ・ベースボール」 KADOKAWA 2016
Sawettabut, Suthasini サウェタブット, スタシニ
[国]タイ 卓球選手
Sawh, Satyadeow ソー, サタデオ
？〜2006 [国]ガイアナ 政治家 ガイアナ漁業牧畜相・農相
Sawhney, Mohanbir ソーニー, モハン
[著]「マーケティング戦略論」 ダイヤモンド社 2001
Sawi, Beth ソーイ, ベス
1952〜 [著]「いつも「忙しい」を言い訳にする人たち」 ソニー・マガジンズ 2004
Sawicki, Marek サビツキ, マレク
[国]ポーランド 農業・農村開発相 [異]サウィツキ, マレク
Sawicki, Mirosław サウィツキ, ミロスワフ
[国]ポーランド 教育相
Sawin, Martica ソーウィン, マーティカ
[著]「ジェームズ・マーストン・フィッチ論評選集」 鹿島出版会 2008
Saw Lwin ソー・ルイン
[国]ミャンマー 移民・人口問題相 [異]ソー・ルウィン
Saw Lwin ソー・ルウィン
[国]ミャンマー ホテル・観光相
Sawmynaden, Yogida サウミナデン, ヨギダ
[国]モーリシャス 青少年・スポーツ相
Sawrymowicz, Mateusz サブリノビッチ
[国]ポーランド 競泳選手
Saw Tun ソー・トゥン
[国]ミャンマー 建設相
Saw Tun ソー・トゥン
[国]ミャンマー 出入国管理・人口相
Sawyer, Amos ソーヤー, エーモス
1945〜 [国]リベリア 政治家 リベリア暫定大統領
Sawyer, Charles ソーヤー, チャールズ
[著]「キング・オブ・ザ・ブルース登場」 Pヴァイン, 日販アイ・ピー・エス(発売) 2015
Sawyer, Corinne Holt ソーヤー, コリン・ホルト
[国]アメリカ ミステリー作家
Sawyer, Diane ソーヤー, ダイアン
1945〜 [国]アメリカ ジャーナリスト, ニュースキャスター [異]ソウヤー, ダイアン
Sawyer, Robert J. ソウヤー, ロバート・J.
1960〜 [著]「スティーヴ・フィーヴァー」 早川書房 2010
Sawyer, Robert Keith ソーヤー, R.キース
[異]ソーヤー, キース / キース・ソーヤー, R. [著]「学習科学ハンドブック」 北大路書房 2016
Sawyer, Walter Warwick ソーヤー, W.W.
1911〜2008 [著]「微積分入門」 筑摩書房 2015
Sawyers, Jazmin ソーヤーズ, ジャズミン
[国]イギリス 陸上選手
Sax, Boria サックス, ボリア
1949〜 [著]「ナチスと動物」 青土社 2002
Sax, Doug サックス, ダグ
グラミー賞 最優秀サラウンド・サウンド・アルバム(2004年(第47回)) "Genius Loves Company"
Sax, Joseph Lawrence サックス, ジョセフ
1936〜2014 [国]アメリカ 環境法学者 カリフォルニア大学バークレー校名誉教授 [異]サックス, ジョセフ・L.
Sax, Leonard サックス, レナード
[著]「男の子の脳、女の子の脳」 視覚障害者支援総合センター 2007
Sax, Paul E. サックス, ポール・E.
[著]「本質のHIV」 メディカル・サイエンス・インターナショナル

2015
Saxe-coburg Gotha, Simeon サクスコブルクゴツキ, シメオン
  国ブルガリア　首相
Saxenian, AnnaLee サクセニアン, アナリー
  1954〜　著「現代の二都物語」日経BP社, 日経BP出版センター（発売）　2009
Saxon, Victoria サクソン, ビクトリア
  訳サクソン, ヴィクトリア　著「ディズニー ライオン・ガード」KADOKAWA　2016
Saxton, Barefoot Ken Bob サクストン, ベアフット・ケン・ボブ
  著「ベアフットランニング」スタジオタッククリエイティブ　2012
Saxton, Ben サクストン, ベン
  国カナダ　ビーチバレー選手
Saxton, Curtis サクストン, カーティス
  著「スター・ウォーズクロスセクション」小学館プロダクション　2007
Saxton, James W. サクストン, ジェームズ・W.
  著「ソーリー・ワークス！」医学書院　2011
Saxton, John サクストン, ジョン
  著「獣医のためのホメオパシー」ホメオパシー出版　2008
Saxton, Wes サクストン, ウェス
  国アメリカ　アメフト選手
Say, Allen セイ, アレン
  1937〜　著「紙しばい屋さん」ほるぷ出版　2007
Say, Fazil サイ, ファジル
  1970〜　国トルコ　ピアニスト, 作曲家
Say, Rick セイ
  国カナダ　競泳選手
Say, Rosa P. セイ, ローザ
  著「アロハ・マネジメント」講談社　2009
Sayādaw, Mahāsi サヤドー, マハーシ
  著「ヴィパッサナー瞑想」サンガ　2016
Sayag, Allain サヤグ, アラン
  著「ブラッサイ写真集成」岩波書店　2005
Sayahda サヤーダ
  著「オルハイ・ヒーリング」ナチュラルスピリット　2016
Sayan, Nejat Bora サヤン, ネジャット・ボラ
  国トルコ　アンカラ大学歯学部教授, 土日基金副理事長, トルコ日本帰国留学生協会会長
al-Sayani, Abd al-Malik Ali アル・サヤニ, アブドルマリク・アリ
  国イエメン　運輸相
Sayaphet, Ketkesone サヤペット, ケッケソン
  元・在ラオス日本国大使館現地職員
Saydam, Sabri サイダム, サブリ
  国パレスチナ　教育相
al-Sayed, Muhammad aAbdul-Sattar サイード, ムハンマド・アブドルサッタル
  国シリア　宗教財産相
Sayed, Sadoddin サイド, サドディン
  国アフガニスタン　計画相
Sayed-hossen, Cader サイエドホセン, カデル
  国モーリシャス　産業・商業・消費者保護相
Sayed Khaiyum, Aiyaz サイード・カイユム, アイヤズ
  国フィジー　法務・選挙制度改革・公社・汚職対策・商工・観光相
Sayeed, Abu サイード, アブ
  国バングラデシュ　情報相
Sayeed, P.M. サイード, P.M.
  国インド　電力相
al-Sayegh, Salim サーイグ, サリム
  国レバノン　社会問題相
Sayeh, Antoinette サイェ, アントワネット
  国リベリア　財務相
Sayer, Chloë セイヤー, クロエ
  著「メキシコの織」デザインエクスチェンジ　2003
al-Sayer, Hilal Musaed サイル, ヒラル・ムサイド
  国クウェート　保健相
Sayers, Goldie セイヤーズ
  国イギリス　陸上選手
Sayidov, Ramziddin サリドフ
  国ウズベキスタン　柔道選手
Sayifwanda, Sarah サイフワンダ, サラ
  国ザンビア　女性問題担当相
Sayin, Nevzat サユン, ネヴザット
  著「Anytime」NTT出版　2001
Sayit, Kayra サイト, カイラ
  国トルコ　柔道選手
Sayles, John Thomas セイルズ, ジョン
  1950〜　国アメリカ　作家, 映画監督, 脚本家
Saylor, David セイラー, デイビッド
  著「信頼を勝ち取る言葉」日経BPコンサルティング, 日経BPマーケティング（発売）　2014
Saynez, Mariano サイネス, マリアノ
  国メキシコ　海軍相
Sayo, Bernadette サヨ, ベルナデットゥ
  国中央アフリカ　社会問題相
Sayrafiezadeh, Said サイラフィザデー, サイード
  著「世界の作家32人によるワールドカップ教室」白水社　2006
Sayre, April Pulley セイヤー, エイブリル・プリー
  著「いちはかたつむり, じゅうはかに」評論社　2004
Sayre, Jeff セイヤー, ジェフ
  1963〜　著「いちはかたつむり, じゅうはかに」評論社　2004
Sayre, Kate セイヤー, ケイト
  著「ウーマン・エコノミー」ダイヤモンド社　2009
Say Samal サイ・ソムオル
  国カンボジア　環境相
Saysengly, Tengbliachue サイセンリー・テンブリアチュ
  国ラオス　首相府相
Saytiev, Buvaysa サイティエフ
  国ロシア　レスリング選手
Sayuk, Gregory S. セイヤック, グレゴリー・S.
  著「外来診療」メディカル・サイエンス・インターナショナル　2005
al-Sayyid, Mahmoud サイード, マハムード
  国シリア　文化相　訳アル・サエド, マハムード
al-Sayyid, Muhammad Turki サイード, ムハンマド・トルキ
  国シリア　国務相
Saz, Eva Garcia del サス, エバ・ガルシア・デル
  著「ラウーク！ソロバ村」南の風社　2003
Sazanavets, Dzina サザナベッ
  国ベラルーシ　重量挙げ選手
Sazhidov, Sazhid サジドフ
  国ロシア　レスリング選手
Sazonov, Aleksandr Y. サゾノフ, アレクサンドル・Y.
  国ベラルーシ　企業・投資相
Sbai, Abderrahmane ズバイ, アブデラマンヌ
  国モロッコ　国防管理担当相
Sbihi, Mohamed Amine スビヒ, モハメド・アミン
  国モロッコ　文化相
Scaasi, Arnold スカージ, アーノルド
  1930〜2015　国アメリカ　ファッションデザイナー
Scadden, Lawrence スキャッデン, ローレンス
  1939〜　国アメリカ　米国電子情報技術諮問委員会委員長　IT技術の障害者対応
Scagell, Robin スキャゲル, ロビン
  著「アトラスキッズ宇宙地図」主婦の友社　2012
Scaggs, Boz スキャッグス, ボズ
  1944〜　国アメリカ　ロック歌手　本名＝スキャッグス, ウィリアム・ロイス〈Scaggs, William Royce〉
Scahill, Jeremy スケイヒル, ジェレミー
  1974〜　著「アメリカの卑劣な戦争」柏書房　2014
Scahill, Lawrence スケイヒル, ローレンス
  著「子どもの怒りに対する認知行動療法ワークブック」金剛出版　2015
Scahill, Rob スケイヒル, ロブ
  国アメリカ　野球選手
Scaife, Richard Mellon スカイフ, リチャード・メロン
  1932〜2014　国アメリカ　実業家, 出版人
Scailliérez, Cécile スカイエレーズ, セシル
  著「モナリザの真実」日本テレビ放送網　2005
Scajola, Claudio スカイオーラ, クラウディオ
  国イタリア　経済発展相　訳スカヨラ, クラウディオ
Scala, Delia スカラ, デリア
  1929〜2004　国イタリア　女優
Scala, James スカラ, ジェームズ
  著「潰瘍性大腸炎・クローン病の食事療法」メディカ出版　2007
Scala, Simona スカラ, シモーナ
  著「美術春秋」芸術書院, 星雲社（発売）　2007
Scalapino, Robert Anthony スカラピーノ, ロバート
  1919〜2011　国アメリカ　政治学者　カリフォルニア大学バークレー校名誉教授　極東政治, アジア問題　訳スカラピーノ, ロ

バート・A.
Scalera, Darlene スカレーラ, ダーリーン
[著]「億万長者に恋して」 ハーレクイン 2007
Scales, Helen スケールズ, ヘレン
[著]「貝と文明」 築地書館 2016
Scales, Pat スケールズ, パット・R.
[著]「学校図書館で知的自由を擁護する」 京都図書館情報学研究会, 日本図書館協会(発売) 2010
Scales, Patrick スケイルズ, パトリック
[国]アメリカ アメフト選手
Scalfaro, Oscar Luigi スカルファロ, オスカル・ルイジ
1918〜2012 [国]イタリア 政治家 イタリア大統領, イタリア終身上院議員
Scali, Massimo スカリ
[国]イタリア フィギュアスケート選手
Scalia, Antonin スカリア, アントニン
1936〜2016 [国]アメリカ 法律家 米国連邦最高裁判事
Scalini, Mario スカリーニ, マリオ
[著]「芸術の都フィレンツェ大図鑑」 西村書店 2015
Scalzi, John スコルジー, ジョン
1969〜 [国]アメリカ 作家 [専]SF, ファンタジー, 科学ほか
Scamell-Katz, Siemon スキャメル＝カッツ, サイモン
[著]「無意識に買わせる心理戦略」 イースト・プレス 2014
Scandrick, Orlando スキャンドリック, オーランド
[国]アメリカ アメフト選手
Scanlan, Laetisha スカンラン, レティシャ
[国]オーストラリア 射撃選手
Scanlo, Brian L. スキャンロン, ブライアン・L.
[著]「マッキンゼーITの本質」 ダイヤモンド社 2005
Scanlon, Bill スキャンロン, ビル
[著]「禅テニス」 ベースボール・マガジン社 2016
Scanlon, Dan スキャンロン, ダン
[著]「モンスターズ・ユニバーシティ」 竹書房 2013
Scanlon, Elizabeth Garton スキャンロン, リズ・ガートン
[著]「この世界いっぱい」 ブロンズ新社 2011
Scanlon, Kathleen M. スキャンロン, K.M.
[著]「メディエイターズ・デスクブック」 三協法規出版 2003
Scanlon, Paul スキャンロン, ポール
[著]「ブック・オブ・エイリアン」 小学館集英社プロダクション 2012
Scanlon, Tara スキャロン, T.
[著]「Webサイトユーザビリティ入門」 東京電機大学出版局 2002
Scarantino, Mirco スカランティノ, ミルコ
[国]イタリア 重量挙げ選手
Scaravelli, Vanda スカラヴェリ, ヴァンダ
1908〜 [著]「自然(ナチュラル)ヨーガの哲学」 ガイアブックス, 産調出版(発売) 2009
Scarborough, Adrian スカーボロー, エンドリアン
ローレンス・オリヴィエ賞 プレイ 助演男優賞(2011年(第35回)) "After The Dance"
Scardamalia, Marlene スカーダマリア, マリーン
[著]「学びのイノベーション」 明石書店 2016
Scardina, Mark スカーディナ, マーク
[著]「Oracle XMLハンドブック」 翔泳社 2001
Scardino, Marjorie Morris スカルディーノ, マージョリー
1947〜 [国]イギリス 実業家, ジャーナリスト ノキア副会長 ピアソンCEO [異]スカーディーノ, マージョリー / スカルディノ, マージョリー
Scardino, Peter T. スカルディーノ, ピーター・T.
[著]「Dr.スカルディーノの前立腺全書」 ベクトル・コア 2007
Scarpa, David スカルパ, デヴィッド
[著]「地球が静止する日」 メディアファクトリー 2008
Scarpa, Tiziano スカルパ, ティツィアーノ
1963〜 [国]イタリア 作家 [専]フィクション
Scarpelli, Furio スカルペッリ, フリオ
1919〜2010 [国]イタリア 脚本家 [異]スカルペッリ, アージェ
Scarpetta, Guy スカルペッタ, ギィ
1946〜 [著]「小説の黄金時代」 法政大学出版局 2003
Scarre, Christopher スカー, クリス
[著]「ローマ帝国」 河出書房新社 2015
Scarre, Geoffrey スカール, ジェフリ
[著]「魔女狩り」 岩波書店 2004
Scarrow, Alex スカロウ, アレックス
1966〜 [国]イギリス 作家 [専]スリラー, ヤングアダルト
Scarry, Huck スキャリー, ハック
1953〜 [著]「スキャリーおじさんのミミズのローリーたのしいいちにち」 BL出版 2014
Scarry, Patricia M. スキャリー, パッツィ
1924〜 [著]「おやすみなさいくまくん」 好学社 2015
Scase, Richard スケース, リチャード
[著]「世界が変わる→会社が換わる→社員も替わる」 オープンナレッジ 2008
Scazzero, Peter スキャゼロ, ピーター
1956〜 [著]「情緒的に健康な教会をめざして」 いのちのことば社 2009
Scdoris, Rachael セドリス, レイチェル
1985〜 [著]「盲目の犬ぞりレーサー」 幻冬舎 2006
Scellier, François セリエ, フランソワ
[国]フランス 国民議会仏日友好議員連盟副会長, 国民議会議員, 元・サン・グラティアン市長
Sceppa, David セッパ, デビッド
1972〜 [著]「プログラミングMicrosoft ADO.NET 2.0」 日経BPソフトプレス, 日経BP出版センター(発売) 2007
Scerbatihs, Viktors スチェルバティス
[国]ラトビア 重量挙げ選手
Scerri, Eric R. シェリー, エリック・R.
1953〜 [著]「周期表」 丸善出版 2013
Schaadt, Renate-Maria シャート, レナーテ＝マリア
[国]ドイツ ハノーバー独日協会会長
Schaake, Erich シャーケ, エーリッヒ
[異]シャーケ, エーリヒ [著]「母さんもう一度会えるまで」 毎日新聞社 2005
Schaapman, Karina スカープマン, カリーナ
1960〜 [著]「マウスマンション」 KADOKAWA 2013
Schab, Lisa M. シャーブ, リサ・M.
[著]「自尊感情を持たせ, きちんと自己主張できる子を育てるアサーショントレーニング40」 黎明書房 2011
Schabas, William シャバス, ウィリアム
1950〜 [異]シャバス, ウィリアム・A. [著]「勝者の裁きか、正義の追求か」 岩波書店 2015
Schaber, Irme シャーバー, イルメ
1956〜 [著]「ゲルダ」 祥伝社 2015
Schabowski, Günter シャボフスキー, ギュンター
1929〜2015 [国]ドイツ 政治家 東ドイツ社会主義統一党政治局員
Schache, Ruediger シャへ, リューディガー
[著]「心のマグネットの秘密」 飛鳥新社 2011
Schacht, Henry Brewer シャクト, ヘンリー
1934〜 [国]アメリカ 実業家 ルーセント・テクノロジーズ会長・CEO
Schachter, Steven シャクター, スティーヴン
エミー賞 プライムタイム・エミー賞 最優秀監督賞(ミニシリーズ・映画・ドラマスペシャル番組)(第55回(2003年)) "Door To Door"
Schachtschneider, Boris ザッハシュナイダー, ボリス
[著]「ビジュアル科学大事典」 日経ナショナルジオグラフィック社, 日経BP出版センター(発売) 2009
Schacter, Daniel L. シャクター, ダニエル・L.
[著]「なぜ、「あれ」が思い出せなくなるのか」 日本経済新聞社 2004
Schad, Martha シャート, マルタ
1939〜 [著]「ヒトラーに抗した女たち」 行路社 2008
Schadler, Ted シャドラー, テッド
[著]「エンパワード」 翔泳社 2011
Schädlich, Hans Joachim シェートリヒ, ハンス＝ヨアヒム
1935〜 [著]「ヴォルテール、ただいま参上！」 新潮社 2015
Schaef, Anne Wilson シェイフ, アン・ウィルソン
[著]「何かを心配しているときにそっと読む本」 ベストセラーズ 2003
Schaefer, Carol シェーファー, キャロル
1946〜 [著]「世界を救う13人のおばあちゃんの言葉」 ゴマブックス 2007
Schaefer, Carole Lexa シェファー, キャロル・レクサ
[著]「もりのおくでおやすみなさい」 徳間書店 2001
Schaefer, Charles E. シェーファー, チャールズ・E.
[異]シェイファー, C.E. [著]「プレイセラピー14の基本アプローチ」 創元社 2011
Schaefer, Jenni シェーファー, ジェニー
[著]「私はこうして摂食障害〈拒食・過食〉から回復した」 星和書店 2015
Schaefer, Lola M. シェーファー, ローラ・M.
[著]「ライフタイム」 ポプラ社 2015
Schaefer, Mark W. シェイファー, マーク・W.

著「個人インフルエンサーの影響力」マグロウヒル・エデュケーション, 日本経済新聞出版社 (発売) 2012
Schaefer, Peter シェーファー, ピーター
著「冒険者の宝物庫」ホビージャパン 2010
Schaefer, Richard T. シェーファー, リチャード・T.
著「脱文明のユートピアを求めて」筑摩書房 2015
Schaefer, Scott J. シェーファー, スコット
著「道端の経営学」ヴィレッジブックス 2015
Schaefer, William Donald シェーファー, ウィリアム・ドナルド
1921~2011 国アメリカ 政治家 ボルティモア市長
Schaeffler, Georg F.W. シェフラー, ゲオルク・F.W.
1964~ 国ドイツ 実業家 シェフラー・グループ会長
Schaeffler, Jimmy シェフラー, ジミー
著「デジタルサイネージ入門」東京電機大学出版局 2011
Schaerer, Peter シアラー, ピーター
著「雪崩ハンドブック」東京新聞出版局 2007
Schaetzle, Anita シャツレ
国ドイツ レスリング選手
Schaewen, Deidi von シェーヴェン, ダイディ・フォン
1941~ 著「エキセントリック・スタイル」Taschen c2002
Schäfer, Bodo シェーファー, ボード
1960~ 著「イヌが教えるお金持ちになるための知恵」ソフトバンククリエイティブ 2008
Schafer, Carolin シェーファー, キャロリン
国ドイツ 陸上選手
Schäfer, Christine シェーファー, クリスティーネ
1965~ 国ドイツ ソプラノ歌手
Schafer, Jack シェーファー, ジャック
著「元FBI捜査官が教える「心を支配する」方法」大和書房 2015
Schafer, Jordan シェーファー, ジョーダン
国アメリカ 野球選手
Schäfer, Jürgen シェーファー, ユルゲン
著「教育者シラー」学文社 2007
Schafer, Logan シェイファー, ローガン
国アメリカ 野球選手
Schafer, Marcel シェーファー, マルセル
国ドイツ サッカー選手
Schäfer, Michael シェーファー, ミヒャエル
著「オートメーション用安全バスシステム」安全工学研究所, オートメレビュー社 (発売) 2003
Schafer, Pauline シェーファー, パウリネ
国ドイツ 体操選手
Schäfer, Peter シェーファー, ペーター
1943~ 著「タルムードの中のイエス」岩波書店 2010
Schafer, R.Murray シェーファー, R.マリー
1933~ 著「サウンド・エデュケーション」春秋社 2009
Schafer, Roy シェーファー, ロイ
著「現代クライン派の展開」誠信書房 2004
Schafer, William K. シェイファー, ウィリアム・K.
世界幻想文学大賞 特別賞 (プロ) (2014年)
Schaff, Adam シャフ, アダム
1913~2006 国ポーランド 哲学者, 社会学者 ポーランド科学アカデミー哲学社会学研究所長, ワルシャワ大学哲学教授
Schaffer, Heinz シェッファー, ハインツ
著「U-ボート977」学習研究社 2001
Schaffer, Herbert シャフェ, エルベール
著「アドラーの思い出」創元社 2007
Schaffer, H.Rudolph シャファー, H.R.
著「子どもの養育に心理学がいえること」新曜社 2001
Schaffer, Jane シェイファー, ジェーン
著「ファッショングッズプロフェッショナル事典」ガイアブックス 2013
Schaffer, Ronald シェイファー, ロナルド
著「アメリカの日本空襲にモラルはあったか」草思社 2007
Schaffer, Simon シャッファー, サイモン
1955~ 著「リヴァイアサンと空気ポンプ」名古屋大学出版会 2016
Schaie, Klaus Warner シャイエ, K.ワーナー
著「エイジング心理学ハンドブック」北大路書房 2008
Schalansky, Judith シャランスキー, ユーディット
1980~ 著「奇妙な孤島の物語」河出書房新社 2016
Schalk, Chaim スハルク, チャイム
国カナダ ビーチバレー選手
Schaller, Christian Tal シャラー, クリスチアン・タル
1944~ 著「光の剣」ハート出版 2004

Schaller, Lyle E. シャーラー, ライル・E.
著シャーラー, ライルE. 著「アメリカ公立高校の発展」あづま書房 2005
Schaller, Marcus シャラー, マーカス
著「ハシゴ大作戦」講談社 2008
Schaller, Michael シャラー, マイケル
1947~ 著「「日米関係」とは何だったのか」草思社 2004
Schalock, Robert L. シャロック, R.L.
著「障害をもつ人にとっての生活の質」相川書房 2002
Schaltegger, Stefan シャルテガー, シュテファン
著シャルテッガー, ステファン 著「現代環境会計」五絃舎 2003
Schama, Simon シャーマ, サイモン
1945~ 著「ビジュアル版 世界の歴史都市」柊風舎 2016
Schami, Rafik シャミ, ラフィク
1946~ 国ドイツ 作家
Schamoni, Wolfgang シャモニ, ヴォルフガング
国ドイツ ハイデルベルク大学教授
Schamp, Tom スカンプ, トム
著「センスええこにそだつ本やで~!」学研プラス 2016
Schamus, James シェイマス, ジェームズ
1959~ 著「ハルク」角川書店 2003
Schanberg, Sydney シャンバーグ, シドニー
1934~2016 国アメリカ ジャーナリスト 「ニューヨーク・タイムズ」記者 本名 = Schanberg, Sydney Hillel
Schank, Marco シャンク, マルコ
国ルクセンブルク 住宅相
Schank, Roger C. シャンク, ロジャー
著「子どもを伸ばす6つの大切なこと」講談社 2001
Schank, Stefan シャンク, シュテファン
1962~2005 著「ライナー・マリーア・リルケの肖像」朝日出版社 2007
Schano, Michael シャノー, ミヒャエル・J.
1947~ 著「三通の手紙」文芸社 2012
Schanz, Waldemar シャンツ
国ドイツ 射撃選手
Schaper, Heinz-Christian シャーパー, ハインツ=クリスティアン
1927~ 著「コンパクト音楽の表現形式」シンフォニア 2002
Schappell, Elissa シャッペル, エリッサ
著「女友だちの賞味期限」プレジデント社 2014
Schar, Fabian シェア, ファビアン
国スイス サッカー選手
Scharenberg, Lucy シャーレンベルク, ルーシー
著「おばあちゃんがいなくなっても…」あかね書房 2010
Schärer, Kathrin シェーラー, カトリーン
1969~ 著「こわい, こわい, こわい?」西村書店東京出版編集部 2016
Scharf, Caleb A. シャーフ, ケイレブ
1968~ 著「重力機械 (マシン)」早川書房 2013
Scharf, Walter シャーフ, ウォルター
1910~2003 国アメリカ 作曲家
Scharff-Kniemeyer, Marlis シャルフ=クニーマイヤー, マルリス
著「おくれてきたクリスマス」評論社 2002
Scharmer, Claus Otto シャーマー, C.オットー
1961~ 著「出現する未来から導く」英治出版 2015
Scharping, Rudolf シャーピング, ルドルフ
国ドイツ 国防相
Scharrer, Hans-Eckart シャーラー, ハンス・エッカート
1938~ 著「ユーロとEUの金融システム」日本経済評論社 2003
Scharschmidt, Sherry シャーシュミット, シェリー
著「おふとんかけて!」BL出版 2011
Scharsig, Marc シャーシッヒ, M.
著「ARISを活用したシステム構築」シュプリンガー・フェアラーク東京 2005
Schatz, Albert シャッツ, アルバート
1920~2005 著「世紀の新薬発見その光と影の物語」PHPパブリッシング 2009
Schatz, Dennis シャッツ, デニス
著「ティラノサウルス」講談社 2006
Schatzberg, Alan F. シャッツバーグ, アラン
著シャッツバーグ, アラン・F. 著「精神神経薬理学大事典」西村書店 2009
Schätzing, Frank シェッツィング, フランク
1957~ 国ドイツ 作家 著SF, ファンタジー, 歴史

Schatzker, Mark シャツカー, マーク
著「ステーキ！」中央公論新社 2015

Schatzle, Anita シェツレ
国ドイツ レスリング選手

Schatzman, Evry Léon シャツマン, エヴリー
1920～2010 国フランス 天文物理学者 ニース天文台台長, パリ大学教授 著恒星分光学 英シャッツマン, エヴリー

Schaub, Matt ショーブ, マット
国アメリカ アメフト選手

Schäuble, Wolfgang ショイブレ, ウォルフガング
1942～ 国ドイツ 政治家 ドイツ財務相 ドイツ・キリスト教民主同盟(CDU)党首

Schaudt, Martin シュミット
国ドイツ 馬術選手

Schauer, Frederick シャウアー, フレデリック
著「グローバル化で世界はどう変わるか」英治出版 2004

Schauer, Maggie シャウアー, マギー
著「ナラティヴ・エクスポージャー・セラピー」金剛出版 2010

Schauer, Martin シャウアー, マルティン
著「中東欧地域における私法の根源と近年の変革」中央大学出版部 2014

Schaufeli, Wilmar B. シャウフェリ, ウィルマー・B.
1953～ 著「ワーク・エンゲイジメント入門」星和書店 2012

Schäuffele, Jörg ショイフェレ, ヨーク
著「オートモーティブソフトウェアエンジニアリング」シュタールジャパン, 日刊工業新聞社(発売) 2008

Schaufler, Wolfgang シャウフラー, ヴォルフガング
1963～ 著「マーラーを語る」音楽之友社 2016

Schautz, Irmela シャウツ, イルメラ
1973～ 著「西洋珍職業づくし」悠書館 2014

Schavan, Annette シャバン, アンネッテ
国ドイツ 教育相

Schawbel, Dan ショーベル, ダン
著「プロモート・ユアセルフ」KADOKAWA 2015

Schebendach, Janet E. シェベンダーク, ジャネット・E.
著「食品・栄養・食事療法事典」産調出版, 産業調査会(発売) 2006

Schebler, Scott シェブラー, スコット
国アメリカ 野球選手

Schechter, Harriet シェクター, ハリエット
著「いつか片づけようと思いながらなかなかできないあなたへ」PHP研究所 2005

Scheck, Barry シェック, バリー
著「無実を探せ！ イノセンス・プロジェクト」現代人文社, 大学図書(発売) 2009

Scheck, Frank Rainer シェック, フランク・ライナー
1948～ 著「若い読者のための仏教」中央公論美術出版 2007

Schecter, Darrow シェクター, ダロウ
1961～ 著「グラムシとイタリア国家」ミネルヴァ書房 2012

Scheder, Sophie シェダー, ソフィー
国ドイツ 体操選手

Scheeder, Bettina シェーダー, ベティーナ
著「ベルリン・デザイン・ハンドブックはデザインの本ではない！」ベアリン出版, 新宿書房(発売) 2013

Scheel, Walter シェール, ワルター
1919～2016 国ドイツ 政治家 西ドイツ大統領, ドイツ自由民主党(FDP)名誉党首 英シェール, ウォルター / シェール, ヴァルター

Scheele, Paul R. シーリー, ポール
国アメリカ ラーニング・ストラテジーズ会長・共同設立者 著神経言語プログラミング, 加速学習分野の研究 英シーリィ, ポール

Scheepbouwer, Martin シープバウアー, マーティン
著「すべての仕事は〈逆〉から考えるとうまくいく」日本実業出版社 2012

Scheer, August-Wilhelm シェアー, A.-W.
著「ARISを活用したシステム構築」シュプリンガー・フェアラーク東京 2005

Scheer, Hermann シェーア, ヘルマン
1944～2010 国ドイツ 政治家 欧州議会議員, ユーロソーラー(ヨーロッパ太陽エネルギー協会)会長

Scheer, James F. シェール, ジェイムズ・F.
著「チア・シード」フレグランスジャーナル社 2007

Scheetz, Linda Jean シュイーツ, リンダ・J.
著「救急看護」エルゼビア・ジャパン 2006

Schefer, Jean-Louis シェフェール, ジャン・ルイ
1938～ 著「映画を見に行く普通の男」現代思潮新社 2012

Scheffel, Michael シェッフェル, ミヒャエル
著「物語の森へ」法政大学出版局 2006

Scheffer, Mechthild シェファー, メヒトヒルト
著「エドワード・バッチ魂の植物」フレグランスジャーナル社 2008

Scheffler, Axel シェフラー, アクセル
1957～ 国ドイツ イラストレーター, 絵本作家

Scheffler, Israel シェフラー, イズラエル
1923～2014 国アメリカ 教育哲学者 ハーバード大学名誉教授

Scheffran, Jürgen シェフラン, ユルゲン
著「地球の生き残り」日本評論社 2008

Schefold, Dian シェーフォルト, ディアン
1936～ 著「多層的民主主義の憲法理論」風行社 2009

Schefold, Karl シェーフォルト, カール
英シェーフォルト, カール 著「ポンペイの壁画」岩波書店 2001

Schefter, Karla シェフター, カルラ
1942～ 著「「哀しみの国」にすべてを捧げて」主婦と生活社 2002

Schegloff, Emanuel A. シェグロフ, E.A.
英シェグロフ, エマニュエル 著「会話分析基本論集」世界思想社 2010

Scheib, Walter シャイブ, ウォルター
著「大統領の料理人」ベストセラーズ 2008

Scheiber, Mario シャイバー
国オーストリア アルペンスキー選手

Scheibner, Herbert シャイブナー, ヘルベルト
国オーストリア 国防相

Scheid, Rickne C. シャイド, リッケン・C.
著「ウォールフェルの歯科解剖学図鑑」ガイアブックス 2015

Scheidt, Gintare シャイト, ギンタレ
国リトアニア セーリング選手

Scheidt, Gintare Volungeviciute シャイト, ギンタレ・ヴォルンゲヴィチウテ
国リトアニア セーリング選手

Scheidt, Robert シェイド, ロベルト
1973～ 国ブラジル セーリング選手

Scheier, Jacob シャイアー, ジェイコブ
カナダ総督文学賞 英語詩(2008年) "More to Keep Us Warm"

Scheijen, Sjeng スヘイエン, シェング
1972～ 著「ディアギレフ」みすず書房 2012

Scheil, Dennis シェイル, デニス
著「Windows 2000 directory services design」翔泳社 2001

Schein, Edgar H. シャイン, エドガー・H.
著「企業文化」白桃書房 2016

Schein, Elyse シャイン, エリス
1968～ 著「アイ・アム・ユー」ぶんか社 2009

Schein, Phillip G. シャイン, フィリップ・G.
著「Windows 2000 security design」翔泳社 2001

Scheinberger, Felix シャインベルガー, フェリクス
著「ルディのゆうき」ノルドズッド・ジャパン 2003

Scheindlin, Raymond P. シェインドリン, レイモンド・P.
著「ユダヤ人の歴史」河出書房新社 2012

Scheiner, David K. シャイナー, デイヴィッド・K.
著「カイロプラクティックのプロフェッショナル20人が語る仕事の流儀」科学新聞社出版局 2012

Scheiner, Elliot シャイナー, エリオット
グラミー賞 最優秀サラウンド・サウンド・アルバム(2014年(第57回))ほか

Scheinfeld, Robert シャインフェルド, ロバート
著「なにが起こっても,「絶対★幸せ」でいる法」ヴォイス 2013

Scheinkopf, Lisa J. シェインコフ, リサ・J.
著「頭のいい人の思考プロセス」PHP研究所 2004

Scheipl, Josef シャイプル, ヨーゼフ
著「オーストリアの歴史」明石書店 2014

Scheirman, Ben シャイアマン, ベン
著「ASP(えーえすぴー).NET MVC(えむぶいしー)2プログラミングリソース」翔泳社 2011

Schejter, Amit シェッター, アミット
著「絶え間なき交信の時代」NTT出版 2003

Schekman, Randy W. シェクマン, ランディ
1948～ 国アメリカ 生物学者 カリフォルニア大学バークレー校教授

Scheld, W.Michael スケルト, W.マイケル
著「感染症プラクティス」メディカル・サイエンス・インターナショナル 2014

Schell, David W. シェル, デイヴィット・W.
著「ゆるしセラピー」サンパウロ 2013

Schell, James M. シェル、ジェームズ・M.
　1949～　㊄「実務者のためのプライベート・エクイティ・ファンドのすべて」東洋経済新報社　2001
Schell, Jonathan シェル、ジョナサン
　1943～2014　㊄アメリカ　ジャーナリスト、反核活動家　ハーバード大学ケネディ行政大学院研究員、「ニューヨーカー」記者
Schell, Jozef Stephaan シェル、ジョゼフ
　1935～2003　㊄ベルギー　遺伝学者　ヘント大学遺伝学研究所教授、マックスプランク研究所植物育種遺伝学研究部長　㊙植物分子生物学
Schell, Karl-Heinz シェル、K.-H.
　1960～　㊄「賀川豊彦」教文館　2009
Schell, Maria シェル、マリア
　1926～2005　女優
Schell, Maximilian シェル、マクシミリアン
　1930～2014　㊄オーストリア　俳優、映画監督
Schell, Orville シェル、オーヴィル
　1940～　㊄「野望の中国近現代史」ビジネス社　2014
Schellenberg, Tobias シェレンベルク
　㊄ドイツ　飛び込み選手
Schellenberger, Hansjörg シェレンベルガー、ハンスイェルク
　1948～　㊄ドイツ　オーボエ奏者、指揮者　ベルリン・フィルハーモニー管弦楽団首席オーボエ奏者
Scheller, Christian Vibe シェラー、クリスチャン・バイブ
　㊄「ビジネスパターンによるモデル駆動設計」日経BPソフトプレス、日経BP出版センター（発売）　2007
Schelling, Thomas Crombie シェリング、トーマス
　1921～2016　㊄アメリカ　経済学者　メリーランド大学名誉教授　㊙国家安全保障政策
Schellmann, Jorg シェルマン、イョルグ
　㊄「アンディ・ウォーホル全版画」美術出版社　2003
Schelotto, Ezequiel スチェロット、エセキエル
　㊄イタリア　サッカー選手
Schelotto, Gianna スケロット、ジャンナ
　㊄「見えないこころ伝わらない気持ち」無名舎、マクミランランゲージハウス（発売）　2001
Schelvan, Ronda L. シェルヴァン、ロンダ・L.
　㊄「発達障害がある子のための「暗黙のルール」」明石書店　2010
Schemeil, Yves シュメイユ、イーヴ
　㊄「EUと東アジアの地域共同体」Sophia University Press上智大学出版、ぎょうせい（制作・発売）　2012
Schemla, Elisabeth シェムラ、エリザベト
　㊄「アルジェリアの闘うフェミニスト」水声社　2015
Schemmer, Kenneth E. シェンマー、ケネス・E.
　㊄「医療倫理の拠りどころ」日本看護協会出版会　2001
Schempp, Simon シェンプ
　㊄ドイツ　バイアスロン選手
Schenck, Kenneth シェンク、ケネス
　1966～　㊄「アレクサンドリアのフィロン」教文館　2008
Schenkel, Andrea Maria シェンケル、アンドレア
　1962～　㊄ドイツ　作家　㊙ミステリー　㊙シェンケル、アンドレア・M.
Schenker, Michael シェンカー、マイケル
　1955～　㊄ドイツ　ロック・ギタリスト
Schennach, Stefan シェンナッハ、シュテファン
　1965～　㊄「オシムが語る」集英社インターナショナル、集英社（発売）　2006
Schennikov, Georgi シェンニコフ、ゲオルギ
　㊄ロシア　サッカー選手
Schentag, Jerome J. シェンターク、ジェローム・J.
　㊄「薬物動態学と薬力学の臨床応用」メディカル・サイエンス・インターナショナル　2009
Schep, Peter スヘップ
　㊄オランダ　自転車選手
Schepkin, Sergei シェプキン、セルゲイ
　ピアニスト
Schepp, Emelie シェップ、エメリー
　1979～　㊄スウェーデン　作家　㊙ミステリー
Scheppers, Tanner シェパーズ、タナー
　㊄アメリカ　野球選手
Scher, Murray シャー、マレー
　㊄「カウンセリングとジェンダー」新水社　2004
Scher, Paula シェア、ポーラ
　㊄「Supergraphics」ビー・エヌ・エヌ新社　2011
Scher, Stephen シャー、スティーヴン
　㊄「血液クライシス」現代人文社、大学図書（発売）　2003

Scherer, Frances E. シャラー、フランセス・E.
　㊄「フランセスの思い出」文芸社　2008
Scherer, Hermann シェーラー、ヘルマン
　㊄「チャンスを逃さない技術」日本実業出版社　2013
Scherer, Rene シェレール、ルネ
　㊄「ドゥルーズへのまなざし」筑摩書房　2003
Scherer, Sarah シェラー、サラ
　㊄アメリカ　射撃選手
Scherff, Brandon シャーフ、ブランドン
　㊄アメリカ　アメフト選手
Scherhorn, Gerhard シェルホルン、ゲルハルト
　㊄「フェアな未来へ」新評論　2013
Scherick, Edgar J. シェリック、エドガー
　1924～2002　㊄アメリカ　映画製作者
Scherle, Max シェルレ、マックス
　1918～　㊄「推進工法の理論と実際」土木工学社　2001
Scherrer, Jean-Louis シェレル、ジャン・ルイ
　1935～2013　㊄フランス　ファッションデザイナー
Schertle, Alice シャートル、アリス
　㊄「あおいちびトラ」保育社　2015
Scherzer, Alfred L. シェルツァー、A.L.
　㊄「脳性まひ児の早期治療」医学書院　2003
Scherzer, Max シャーザー、マックス
　㊄アメリカ　野球選手
Schettler, Ted シェトラー、T.
　㊄「胎児の危機」藤原書店　2002
Schetyna, Grzegorz スヘティナ、グジェゴシュ
　㊄ポーランド　外相　㊙スヘティナ、グジェゴジュ
Scheu, Steven シュー、スティーブン
　㊄アメリカ　アメフト選手
Scheuble, Bernhard ショイブレ、ベルンハルト
　㊄ドイツ　ベルリン日独センター評議会議長、日独フォーラム共同議長、元・メルク社社長
Scheucher, Alois ショイヒャー、アロイス
　㊄「オーストリアの歴史」明石書店　2014
Scheuer, Michael ショワー、マイケル
　㊄「帝国の傲慢」日経BP社、日経BP出版センター（発売）　2005
Scheuermann, Hans-Dieter ショヤマン、H-D.
　㊄「The CFO」東洋経済新報社　2005
Scheuerpflug, Andreas ショイアープフルク
　㊄ドイツ　ビーチバレー選手
Scheuing, Dieter H. ショイイング、ディーター・H.
　1941～　㊄「ヨーロッパ法への道」中央大学出版部　2002
Scheuring, Paul T. シェアリング、ポール・T.
　㊄「プリズン・ブレイクseason 4」竹書房　2009
Schexnayder, Cliff J. シェクスナイダー、クリフォード・J.
　㊄「建設マネジメントの基礎〈土木・建築〉」全国土木施工管理技士会連合会　2012
Schiaffino, Juan Alberto スキアフィーノ、フアン・アルベルト
　1925～2002　㊄ウルグアイ　サッカー選手　㊙スキアフィーノ、ファン・アルベルト
Schiavelli, Vincent Andrew スキャベリ、ビンセント
　1948～2005　㊄アメリカ　俳優　㊙スキャヴェリ、ヴィンセント
Schiavi, Raul C. スキーアビ、ラウル・C.
　㊄「老いの始まりと終わりのない性」勁草書房　2001
Schiavone, Francesca スキアボーネ、フランチェスカ
　1980～　㊄イタリア　テニス選手　㊙スキアボーネ
Schic, Anna Stella シック、アンナ・ステラ
　㊄「白いインディオの想い出」トランスビュー　2004
Schich, Maximilian シック、マクシミリアン
　㊄「ビューティフルビジュアライゼーション」オライリー・ジャパン、オーム社（発売）　2011
Schick, Adina R. シック、アディーナ・R.
　㊄「グローバル化と言語能力」明石書店　2015
Schick, Patrik シック、パトリック
　㊄チェコ　サッカー選手
Schick, Thorsten シック、トルシュテン
　㊄オーストリア　サッカー選手
Schickel, Richard シッケル、リチャード
　1933～　㊄アメリカ　映画評論家、映画史研究家、作家、ドキュメンタリー作家　ロラック・プロダクション社長
Schickler, David シックラー、デイヴィッド
　1970～　㊄「マンハッタンでキス」早川書房　2001
Schider, Brian シャイダー、ブライアン
　㊄「ディバイン・インセプション」ナチュラルスピリット　2015
Schider, Crystal シャイダー、クリスタル

Schieber, Julian　シーバー, ユリアン
　㊄ドイツ　サッカー選手
Schiebinger, Londa L.　シービンガー, ロンダ
　㊃「ジェンダーは科学を変える!?」工作舎　2002
Schiebler, Ralf　シーブラー, ラルフ
　㊃「ダリ」岩波書店　2010
Schiechtl, Hugo Meinhard　シヒテル, フーゴー・マインハルト
　1922〜2002　㊃「生態工学の基礎」築地書館　2004
Schieffer, Thomas　シーファー, トーマス
　1947〜　㊄アメリカ　政治家　駐日米国大使　本名＝Schieffer, John Thomas　㊃シーファー, ジョン・トーマス
Schiegl, Markus　シーグル, M.
　㊄オーストリア　リュージュ選手
Schiegl, Tobias　シーグル, T.
　㊄オーストリア　リュージュ選手
Schield, Cat　シールド, キャット
　㊃「プリンスの望まれぬ花嫁」ハーパーコリンズ・ジャパン　2016
Schiemann, Gottfried　シーマン, ゴットフリート
　1943〜　㊃「ドイツ私法学の構造と歴史的展開」日本評論社　2008
Schiemel, Andrew W.　シメル, アンドリュー・W.
　㊃「日英対訳で学ぶ米国の臨床医学」南山堂　2004
Schiff, András　シフ, アンドラーシュ
　1953〜　㊄ハンガリー　ピアニスト
Schiff, Andrew J.　シフ, アンドリュー・J.
　㊃「なぜ政府は信頼できないのか」東洋経済新報社　2011
Schiff, Heinrich　シフ, ハインリッヒ
　1951〜2016　㊄オーストリア　チェロ奏者, 指揮者　㊃シフ, ハインリヒ
Schiff, Joel Linn　シフ, ジョエル・リン
　㊃「セルオートマトン」共立出版　2011
Schiff, Nancy Rica　シフ, ナンシー・リカ
　㊃「世にも奇妙な職業案内」ブルース・インターアクションズ　2006
Schiff, Nicholas D.　シフ, ニコラス・D.
　㊃「プラムとポスナーの昏迷と昏睡」メディカル・サイエンス・インターナショナル
Schiff, Peter D.　シフ, ピーター・D.
　㊃「アメリカが暴発する！大恐慌か超インフレだ」ビジネス社　2012
Schiff, Stacy　シフ, ステイシー
　㊃「クレオパトラ」早川書房　2011
Schifferer, Andreas　シフェラー
　㊄オーストリア　アルペンスキー選手
Schiffmacher, Henk　シフィッフマッガー, ヘンク
　㊃「タトゥー」タッシェン・ジャパン, 洋販(発売)　2002
Schiffman, Eric　シフマン, E.
　㊃「口腔顔面痛」クインテッセンス出版　2001
Schiffman, Mike　シフマン, マイク
　㊃「19の罠」翔泳社　2003
Schiffman, Richard　シフマン, リチャード
　㊃「クレジット・スコアリング」シグマベイスキャピタル　2001
Schiffman, Stephan　シフマン, ステファン
　㊃「ベテラン営業マンの仕事術」アルファポリス, 星雲社(発売)　2014
Schiffman, Suzanne　シフマン, シュザンヌ
　1929〜2001　㊄フランス　脚本家, 映画監督
Schiffrin, André　シフレン, アンドレ
　1935〜2013　㊄アメリカ　編集者, 出版人　ニュープレス設立者
Schifrin, Matthew　シフリン, マシュー
　㊃「となりのバフェットがやっている凄い投資」ダイヤモンド社　2011
Schilbach, Erich　シルバッハ, E.
　1920〜　㊃「法・権利・正義の哲学」晃洋書房　2006
Schilcher, Heinz　シルヘル, ハインツ
　㊃「カモミール事典」フレグランスジャーナル社　2007
Schild, Marlies　シルト, マルリース
　1981〜　㊄オーストリア　元スキー選手
Schild, Martina　シルト
　㊄スイス　アルペンスキー選手
Schildge, Sylvia　シルジュ, シルビア
　1950〜　㊃「ハートの本」ソニー・マガジンズ　2005
Schildgen, Robert　シルジェン, ロバート
　㊃「賀川豊彦」新教出版社　2007
Schildt, Göran　シルツ, ヨーラン
　1917〜　㊃「アルヴァー・アールト」鹿島出版会　2009
Schildt, Herbert　シルト, ハーバート
　㊃「独習C#」翔泳社　2010
Schilit, Howard Mark　シリット, ハワード
　1952〜　㊃「会計不正はこう見抜け」日経BP社, 日経BPマーケティング(発売)　2015
Schiller, Alex　シラー, アレックス
　㊃「本能を揺さぶる「魅力」の法則」大和書房　2016
Schiller, Bernt　シラー, ベルント
　㊃「ユダヤ人を救った外交官ラウル・ワレンバーグ」明石書店　2001
Schiller, Bradley R.　シラー, ブラッドリー・R.
　㊃「貧困と差別の経済学」ピアソン桐原　2010
Schiller, Carol　シラー, キャロル
　㊃「実用540アロマセラピーブレンド事典」ガイアブックス, 産調出版(発売)　2008
Schiller, David　シラー, デイヴィッド
　1942〜　㊃「実用540アロマセラピーブレンド事典」ガイアブックス, 産調出版(発売)　2008
Schiller, Lori　シラー, ロリ
　1959〜　㊃「ロリの静かな部屋」早川書房　2002
Schiller, Pamela Byrne　シラー, パム
　㊃「子どもに伝えたい16の価値観」サンマーク出版　2005
Schilling, Dale　シリング, デイル
　㊃「ハーバードMBA合格者のエッセイを読む」オープンナレッジ　2007
Schilling, Govert　スヒリング, ホヴァート
　1956〜　㊃シーリング, ホヴァート　㊃「世界で一番美しい深宇宙図鑑」創元社　2016
Schillo, Keith K.　スキッロ, キース・K.
　㊃「スキッロ動物生殖生理学」講談社　2011
Schilt, Semmy　シュルト, セーム
　1973〜　㊄オランダ　元格闘家
Schilthuis, Willy　スヒルトイス, ウィリー
　㊃「バイオダイナミック農法入門」ホメオパシー出版　2006
Schilthuizen, Menno　スヒルトハウゼン, メノ
　1965〜　㊃「ダーウィンの覗き穴」早川書房　2016
Schiltz, Jean-Louis　シルツ, ジャンルイ
　㊄ルクセンブルク　開発協力・人道援助相兼通信相兼国防相
Schily, Otto　シリー, オットー
　㊄ドイツ　内相
Schimank, Uwe　シマンク, ウヴェ
　1955〜　㊃「ドーピングの社会学」不昧堂出版　2001
Schimel, Lawrence　シメル, ローレンス
　1971〜　㊃「パパのところへ」岩波書店　2014
Schimke, R.Neil　シムケ, R.N.
　㊃「癌遺伝のメカニズム」メディカグローブ　c2001
Schimler, Amy　シムラー, エイミー
　㊃「そらはどうしてあおいの？」パイインターナショナル　2011
Schimmel, Annemarie　シンメル, アンネマリー
　㊃「アンネマリー・シンメルのパキスタン・インド歴史紀行」大学教育出版　2001
Schimmel, David　シメル, デヴィッド
　㊃「「教育改革」と教育基本法制」有斐閣　2002
Schimmel, Schim　シメール, シム
　1954〜　㊃「チョウの宝もの」小学館　2010
Schimmelpenninck van der Oye, David　シンメルペンニンク＝ファン＝デル＝オイェ, デイヴィド
　㊃「ロシアのオリエンタリズム」成文社　2013
Schimmelpfennig, Roland　シンメルフェニヒ, ローラント
　1967〜　㊄ドイツ　劇作家, 演出家
Schimpf, Ryan　シンフ, ライアン
　㊄アメリカ　野球選手
Schinazi, Rinaldo B.　シナジ, R.B.
　㊃「マルコフ連鎖から格子確率モデルへ」シュプリンガー・フェアラーク東京　2001
Schindehette, Susan　シンデーエット, スーザン
　㊃「善と悪」PHP研究所　2006
Schindler, Ana Von　シンドラー, アナ・フォン
　1944〜　㊃「驚異のメリディアンライン・マッサージ」主婦と生活社　2003
Schindler, Emilie　シンドラー, エミリエ
　1907〜2001　㊄ドイツ　ナチスからユダヤ人を救ったオスカー・シンドラーの妻
Schindler, Nina　シンドラー, ニーナ
　1946〜　㊃「弟なんていらない」さ・え・ら書房　2001

Schindler, Regine　シントラー, レギーネ
　1935～　著「希望の教育へ」日本キリスト教団出版局　2016
Schindler, S.D.　シンドラー, S.D.
　著「ユーゴ修道士と本を愛しすぎたクマ」光村教育図書　2015
Schiøler, Ebbe　シオラー, エビー
　著「遺伝子組換え作物」学会出版センター　2005
Schipper, Dörte　シッパー, デルテ
　1960～　著「人生最後の食事」シンコーミュージック・エンタテイメント　2011
Schipper, Jessicah　シッパー
　国オーストラリア　競泳選手
Schipper, Mineke　シッパー, ミネケ
　著「なぜ神々は人間をつくったのか」原書房　2013
Schipperges, Heinrich　シッパーゲス, ハインリッヒ
　1918～2003　国シッペルゲス, ハインリッヒ　著「医学と哲学の対話」新樹会創造出版　2005
Schippers, Dafne　スキッパーズ, ダフネ
　国オランダ　陸上選手
Schippers, Edith　スヒッペルス, エディス
　国オランダ　保健・福祉・スポーツ相
Schippers, Lies　スキパーズ, リース
　著「マンガで学ぶナチスの時代」汐文社　2009
Schipplock, Sven　シップロック, スヴェン
　国ドイツ　サッカー選手
Schirach, Ferdinand von　シーラッハ, フェルディナント・フォン
　1964～　国ドイツ　作家, 弁護士　分ミステリー, 短編
Schiraldi, Glenn R.　シラルディ, グレン・R.
　著「自尊心を育てるワークブック」金剛出版　2011
Schirmer, Ulf　シルマー, ウルフ
　1959～　国ドイツ　指揮者　ライプツィヒ歌劇場音楽総監督
Schirra, Walter Marty, Jr.　シラー, ウォルター
　1923～2007　国アメリカ　宇宙飛行士
Schirrmacher, Frank　シルマッハー, フランク
　1959～　著「老人が社会と戦争をはじめるとき」ソフトバンククリエイティブ　2005
Schiti, Valerio　スキティ, バレリオ
　著「ミュータントタートルズ：オムニバス」小学館集英社プロダクション　2015
Schivelbusch, Wolfgang　シヴェルブシュ, ヴォルフガング
　1941～　著「三つの新体制」名古屋大学出版会　2015
Schiwy Sj, Günther　シヴィー, ギュンター
　著「現代の哲学的人間学」白水社　2002
Schjoldager, Mette　ショルダガー
　国デンマーク　バドミントン選手
Schjøtt-pedersen, Karl Eirik　ショットペダシェン, カール・エイリック
　国ノルウェー　首相府担当相　国シュットペーダセン, カール・アイリック
Schlaffer, Heinz　シュラッファー, ハインツ
　1939～　著「ドイツ文学の短い歴史」同学社　2008
Schlaich, Jörg　シュライヒ, ヨルク
　1934～　著「鉄道橋のデザインガイド」鹿島出版会　2013
Schlaich, Mike　シュライヒ, マイク
　1960～　著「Footbridges」鹿島出版会　2011
Schlamme, Thomas　シュラム, トーマス
　エミー賞 プライムタイム・エミー賞 最優秀監督賞（ドラマシリーズ）（第53回(2001年)）"The West Wing"
Schlanger, Karin　シュランガー, カリーン
　著「解決が問題である」金剛出版　2011
Schlanger, Melanie　シュランガー, メラニー
　1986～　国オーストラリア　水泳選手　国シュランガー
Schlank, Anita　シュランク, アニタ
　著「性犯罪者の治療と処遇」日本評論社　2010
Schlechtriem, Peter　シュレヒトリーム, ペーター
　1933～　著「ヨーロッパ債務法の変遷」信山社　2007
Schleck, Andy　シュレック
　国ルクセンブルク　自転車選手
Schleck, Frank　シュレック, フランク
　国ルクセンブルク　自転車選手
Schleef, Einar　シュレーフ, アイナー
　1944～2001　著「ニーチェ三部作」論創社　2006
Schlegel, Stuart A.　シュレーゲル, スチュワート・A.
　著「熱帯雨林の知恵」アサヒビール, 清水弘文堂書房（発売）　2003
Schlegelmilch, Rainer W.　シュレゲルミルヒ, ライナー・W.
　1964～　国ドイツ　経済協力開発機構（OECD）事務総長特別顧問　国シュライヒャー, アンドレア　著「BMW」トランスワールドジャパン　2006
Schleicher, Andreas　シュライヒャー, アンドレア
　著「キー・コンピテンシー」明石書店　2006
Schlender, Brent　シュレンダー, ブレント
　著「スティーブ・ジョブズ」日本経済新聞出版社　2016
Schlenger, Sunny　シュレンジャー, サニー
　著「いつも時間がないA君と片づけられないBさんへ」幻冬舎　2003
Schlereth, Daniel　シュレーラ, ダニエル
　国アメリカ　野球選手
Schlesinger, Alice　シュレジンガー, アリス
　国イギリス　柔道選手　国シュレシンガー
Schlesinger, Arthur Meier, Jr.　シュレシンジャー, アーサー, Jr.
　1917～2007　国アメリカ　歴史家, 評論家　米国大統領特別補佐官, ニューヨーク市立大学名誉教授　国シュレージンガー / シュレジンガー, アーサー, Jr. / シュレジンジャー
Schlesinger, Dan　シュレジンジャー, ダン
　1955～　国アメリカ　画家, 元弁護士
Schlesinger, James Rodney　シュレシンジャー, ジェームズ
　1929～2014　国アメリカ　経済学者, 戦略問題専門家　米国国防長官, 米国中央情報局（CIA）長官　国シュレジンジャー, ジェームズ
Schlesinger, John　シュレシンジャー, ジョン
　1926～2003　国イギリス　映画監督　本名＝Schlesinger, John Richard　国シュレージンガー, ジョン / シュレシンガー / シュレジンガー / シュレジンジャー, ジョン
Schlesinger, Leonard A.　シュレシンジャー, レオナード・A.
　著「ジャスト・スタート」阪急コミュニケーションズ　2013
Schlesinger, Sarah　シュレジンガー, サラ
　1947～　著「ポアントのすべて」大修館書店　2015
Schlettwein, Calle　シュレットウエイン, コール
　国ナミビア　財務相
Schleu, Annika　シュロイ, アニカ
　国ドイツ　近代五種選手
Schley, Sara　シュリー, サラ
　著「持続可能な未来へ」日本経済新聞出版社　2010
Schlichting, Mark　シュリクティング, マーク
　著「ハリー君とおばけやしき」インタープログ, ディー・アート（発売）　2004
Schlichtmann, Klaus　シルヒトマン, K.
　1944～　著「ドイツ人学者から見た日本国憲法」本の泉社　2014
Schlickenrieder, Peter　シュリッケンリーダー
　国ドイツ　クロスカントリースキー選手
Schlie, Tania　シュリー, タニア
　著「私だって言ってみたい！」講談社　2002
Schlierenzauer, Gregor　シュリーレンツァウアー, グレゴア
　1990～　国オーストリア　スキー選手　国シュリーレンツァウアー
Schlime, Francesco Tristano　シュリメ, フランチェスコ・トリスターノ
　ピアニスト, 作曲家, 指揮者
Schling, Jaromír　シュリング, ヤロミール
　国チェコ　運輸相
Schlingensief, Christoph　シュリンゲンズィーフ, クリストフ
　1960～2010　国ドイツ　映画監督, 舞台演出家　本名＝Schlingensief, Christoph Maria　国シュリンゲンジーフ, クリストフ
Schlink, Basilea　シュリンク, バジレア
　1904～2001　著「神との語らい」カナン出版　2013
Schlink, Bernhard　シュリンク, ベルンハルト
　1944～　国ドイツ　作家, 弁護士, 法学者　ベルリン・フンボルト大学名誉教授
Schlittler, Joao　シュリッター
　国ブラジル　柔道選手
Schlitz, Laura Amy　シュリッツ, ローラ・エイミー
　ニューベリー賞（2008年）"Good Masters！ Sweet Ladies！ Voices from a Medieval Village"
Schloemann, Martin　シュレーマン, マルティン
　1931～　著「ルターのりんごの木」教文館　2015
Schlöndorff, Volker　シュレンドルフ, フォルカー
　1939～　国ドイツ　映画監督　国シュレーンドルフ, フォルカー
Schlör, Joachim　シュレーア, ヨアヒム
　1960～　著「大都会の夜」鳥影社・ロゴス企画部　2003
Schlosberg, Suzanne　シュロスバーグ, スーザン
　著「スーザンの1001日シングル・ダイアリー」ソフトバンクパブ

リッシング 2005
Schlossberg, Ari シュロスバーグ, アリ
㊗「ハイド・アンド・シーク」竹書房 2005
Schlossberg, Boris シュロスバーグ, ボリス
㊗「FXの小鬼たち」パンローリング 2009
Schlossberg, David シュロスバーグ, デビット
㊗「シュロスバーグ結核と非結核性抗酸菌症」メディカル・サイエンス・インターナショナル 2016
Schlossberg, Margaret C. シュロスバーグ, マーガレット・C.
㊗「パートナー暴力」北大路書房 2011
Schlosser, Eric シュローサー, エリック
1959〜 ㊣アメリカ ジャーナリスト
Schlossnagle, Theo スクロッシュナグル, セオ
㊗「ウェブオペレーション」オライリー・ジャパン, オーム社(発売) 2011
Schlottmann, Antje シュロットマン, アンティエ
㊗「ドイツ」ほるぷ出版 2008
Schluchter, Wolfgang シュルフター, W.
1938〜 ㊗「マックス・ヴェーバーの研究戦略」風行社 2009
Schlumberger, Andreas シュルムベルガー, アンドレアス
㊗「スポーツ筋損傷 診断と治療法」ガイアブックス 2014
Schlumpf, Fabienne シュルプ
㊣スイス 陸上選手
Schlupp, Jeff シュルップ, ジェフ
㊣ガーナ サッカー選手
Schlüter, Andreas シュリューター, アンドレアス
1958〜 ㊗「レベル4」岩崎書店 2007
Schluter, Dolph シュルーター, ドルフ
㊗「適応放散の生態学」京都大学学術出版会 2012
Schlütter, Andreas シュリッター
㊣ドイツ 距離スキー選手
Schmalfuss, Conny シュマルフス
㊣ドイツ 飛び込み選手
Schmalz, Klaus シュマルツ, クラウス
㊗「ユダヤ出自のドイツ法律家」中央大学出版部 2012
Schmandt, Chris シュマント, クリス
㊗「ヒューマンインターフェースの発想と展開」ピアソン・エデュケーション 2002
Schmandt-Besserat, Denise シュマント＝ベッセラ, デニス
1933〜 ㊗「文字はこうして生まれた」岩波書店 2008
Schmeichel, Kasper シュマイケル, カスパー
㊣デンマーク サッカー選手
Schmeidler, David シュマイドラー, デビッド
1939〜 ㊗「決め方の科学」勁草書房 2005
Schmeling, Max シュメリング, マックス
1905〜2005 ㊣ドイツ プロボクサー 世界ヘビー級チャンピオン
Schmelzer, Marcel シュメルツァー, マルセル
㊣ドイツ サッカー選手
Schmid, Andre シュミット, アンドレ
1963〜 ㊗「帝国のはざまで」名古屋大学出版会 2007
Schmid, Bernhard M. シュミッド, ベルンハルト・M.
1955〜 ㊗「明日へつづく道」ピエ・ブックス 2007
Schmid, Daniel シュミット, ダニエル
1941〜2006 ㊣スイス 映画監督
Schmid, Gary Bruno シュミット, ゲーリー・ブルーノ
1946〜 ㊗「人は悲しみで死ぬ動物である」アスペクト 2003
Schmid, Hanspeter シュミット, ハンスペーター
1957〜 ㊗「ホウキさんとメガネさん」評論社 2004
Schmid, Helmut シュミット, ヘルムート
1942〜 ㊗「ヘルムート・シュミット」DNP文化振興財団, DNPアートコミュニケーションズ(発売) 2015
Schmid, Jonathan シュミッド, ジョナタン
㊣フランス サッカー選手
Schmid, Konrad シュミート, K.
1965〜 ㊗「旧約聖書文学史入門」教文館 2013
Schmid, Matthias シュミット, マティアス
㊣オーストリア セーリング選手
Schmid, Michael シュミット, ミヒャエル
1984〜 ㊣スイス スキー選手
Schmid, Paul シュミッド, ポール
㊗「ぼくのわんこ」岩崎書店 2016
Schmid, Samuel シュミド, サムエル
㊣スイス 国防・国民保護・スポーツ相 ㊧シュミット, サムエル
Schmid, Sil シュミット, ジル

㊗「自由こそ治療だ」社会評論社 2013
Schmid, Thamas シュミット, トーマス
㊗「雲」朝日出版社 2001
Schmid, Wilfried シュミット, W.
1943〜 ㊗「数学の最先端21世紀への挑戦」シュプリンガー・フェアラーク東京 2002
Schmidheiny, Stephan シュミットハイニー, ステファン
㊣スイス 実業家
Schmidl, Peter シュミードル, ペーター
1941〜 ㊣オーストリア クラリネット奏者 ウィーン・フィルハーモニー管弦楽団(VPO)首席クラリネット奏者 ㊧シュミーデル, ペーター
Schmidt, Alfred シュミット, アルフレート
1931〜2012 ㊣ドイツ 哲学者, 社会学者 フランクフルト大学名誉教授, フランクフルト社会学研究所所長
Schmidt, André シュミット, アンドレ
㊗「Big bang Beijing」鹿島出版会 2007
Schmidt, Andy シュミット, アンディ
㊗「ガーディアンズ：チームアップ」小学館集英社プロダクション 2016
Schmidt, Brian P. シュミット, ブライアン
1967〜 ㊣アメリカ 天体物理学者 オーストラリア国立大学特別教授 ㊧シュミット, ブライアン・P.
Schmidt, Bruno シュミット
㊣ブラジル ビーチバレー選手
Schmidt, Carolina シュミット, カロリナ
㊣チリ 女性福祉相
Schmidt, Chris シュミット, クリス
㊗「スティーブ・ジョブズ グラフィックノベル」アチーブメント出版 2012
Schmidt, Christian シュミット, クリスティアン
㊣ドイツ 農相 ㊧シュミット, クリスチャン
Schmidt, Christophe シュミット
㊣ドイツ スノーボード選手
Schmidt, Chrystina シュミット, クリスティーナ
㊗「スカンジナビアン・モダン」ブーマー, トランスワールドジャパン(発売) 2005
Schmidt, Colton シュミット, コルトン
㊣アメリカ アメフト選手
Schmidt, David シュミット, デビット
㊗「しまうまストライプス」ソニー・マガジンズ 2005
Schmidt, Douglas C. シュミット, ダグラス・C.
㊗「C++ネットワークプログラミング」ピアソン・エデュケーション 2002
Schmidt, Dylan シュミット, ディラン
㊣ニュージーランド トランポリン選手
Schmidt, Eric E. シュミット, エリック
1955〜 ㊣アメリカ 実業家 グーグル会長 ノベル会長・CEO
Schmidt, Eric von シュミット, エリック・フォン
1931〜2007 ㊣アメリカ ギタリスト
Schmidt, Gary D. シュミット, ゲイリー
1957〜 ㊣アメリカ 作家 ㊙児童書, 文学 ㊧シュミット, ゲイリー・D.
Schmidt, Hans シュミット, ハンス
1925〜2012 ㊣カナダ プロレスラー 本名＝Larose, Guy
Schmidt, Hans Christian シュミット, ハンス・クリスチャン
㊣デンマーク 交通・建設相
Schmidt, Harvey シュミット, ハーヴィー
1929〜 ㊗「ファンタスティックス」劇書房, 構想社(発売) 2003
Schmidt, Helmut シュミット, ヘルムート
1918〜2015 ㊣ドイツ 政治家, エコノミスト 西ドイツ首相 本名＝Schmidt, Helmut Heinrich Waldemar
Schmidt, Jean シュミット, ジーン
1918〜2007 ㊣アメリカ 看護師 本名＝Kennedy, Imogene
Schmidt, Jeff von der シュミット, ジェフ・フォン・デル
グラミー賞 最優秀クラシック小編成演奏(指揮者あり, またはなし)(2004年(第47回)) "Carlos Chávez - Complete Chamber Music, Vol.2"
Schmidt, J.Eric シュミット, エリック
1955〜 ㊗「秩序の喪失」土曜社 2015
Schmidt, Joe シュミット, ジョー
㊣ニュージーランド ラグビーコーチ
Schmidt, Kim シュミット, キム
1965〜 ㊗「魔術師の魔力」草土文化 2008
Schmidt, Louis A. シュミット, ルイス・A.

㋵「社会不安障害とシャイネス」日本評論社 2006
Schmidt, M. シュミット, M.
㋵「知の歴史」徳間書店 2002
Schmidt, Martin シュミット, マルティン
㋴スイス マインツ監督
Schmidt, Michael シュミット, マイケル
㋴スイス ボート選手
Schmidt, Otto シュミット, オットー
㋵「ガーディアンズ：チームアップ」小学館集英社プロダクション 2016
Schmidt, Peter シュミット, ペーター
1937〜 ㋴ドイツ デザイナー
Schmidt, Rainer シュミット, ライナー
1965〜 ㋵「みじめなんかじゃない毅然として生きる」学研教育出版, 学研マーケティング（発売）2012
Schmidt, Renate シュミット, レナーテ
㋴ドイツ 家庭相
Schmidt, Richard シュミット, リチャード
㋵「ロングマン言語教育・応用言語学用語辞典」南雲堂 2013
Schmidt, Robert F. シュミット, R.F.
1932〜 ㋵シュミット, ロバート・F. ㋵「体性-自律神経反射の生理学」シュプリンガー・ジャパン 2007
Schmidt, Roger シュミット, ロジャー
㋴ドイツ レヴァークーゼン監督
Schmidt, Romy シュミット, ロミ
㋴チリ 国家資産相
Schmidt, Stanley シュミット, スタンリー
ヒューゴー賞 プロ編集者（短編）（2013年）
Schmidt, Suzanne シュミット, スザンネ
㋵「看護・介護のためのキネステティクス」ふくろう出版 2009
Schmidt, Thomas シュミット, トーマス
㋴ドイツ カヌー選手
Schmidt, Ulla シュミット, ウラ
㋴ドイツ 保健相
Schmidt, Ulrike シュミット, ウルリケ
1955〜 ㋵「動機づけ面接法の適用を拡大する」星和書店 2016
Schmidt, Warren H. シュミット, ウォレン・H.
㋵「ペンギンの国のクジャク」扶桑社 2004
Schmidt, Wendy シュミット, ウェンディ
㋴アメリカ エリック・シュミット夫人
Schmidt, Werner H. シュミット, W.H.
1935〜 ㋵「コンパクト旧約聖書入門」教文館 2009
Schmidt-Assmann, Eberhard シュミット・アスマン, エバーハルト
1938〜 ㋵「行政法理論の基礎と課題」東京大学出版会 2006
Schmidt-Bleek, F. シュミット＝ブレーク, フリードリヒ
㋵「エコリュックサック」省エネルギーセンター 2006
Schmidt-Nielsen, Knut シュミット・ニールセン, クヌート
1915〜2007 ㋴アメリカ 生理学者 デューク大学教授 ㋵比較生理学 ㋵シュミット・ニールセン, クヌート
Schmidt-Röger, Heike シュミット・レーガー, ハイケ
㋵「シニアドッグ」ペットライフ社, 緑書房（発売）2008
Schmied, Claudia シュミート, クラウディア
㋴オーストリア 教育・芸術・文化相 ㋵シュミード, クラウディア
Schmied, Wieland シュミート, ヴィーラント
1929〜 ㋵「エドワード・ホッパー アメリカの肖像」岩波書店 2009
Schmincke, Hans-Ulrich シュミンケ, ハンス・ウルリッヒ
㋵「火山学」古今書院 2016
Schmirl, Alexander シュミール, アレクサンダー
㋴オーストリア 射撃選手
Schmit, Nicolas シュミット, ニコラ
㋴ルクセンブルク 労相
Schmitt, Al シュミット, アル
グラミー賞 最優秀サラウンド・サウンド・アルバム（2013年（第56回））ほか
Schmitt, Allison シュミット, アリソン
1990〜 ㋴アメリカ 水泳選手
Schmitt, Bernd シュミット, バーンド・H.
㋵「大きく考える会社は, 大きく育つ」日本経済新聞出版社 2008
Schmitt, Betsy シュミット, ベッツィー
㋵「こんなときどうする？」いのちのことば社 2016
Schmitt, Charles B. シュミット, チャールズ・B.
㋵「ルネサンス哲学」平凡社 2003
Schmitt, Christopher シュミット, クリストファー
㋵「HTML5クックブック」オライリー・ジャパン, オーム社（発売）2012
Schmitt, C.W. シュミット, C.W.
㋵「ポール・オースターが朗読するナショナル・ストーリー・プロジェクト」アルク 2006
Schmitt, Donald R. シュミット, ドナルド
㋵「ロズウェルにUFOが墜落した」学研パブリッシング, 学研マーケティング（発売）2010
Schmitt, Eric-Emmanuel シュミット, エリック・エマニュエル
1960〜 ㋴フランス 劇作家, 作家
Schmitt, Jean Claude シュミット, ジャン＝クロード
1946〜 ㋵「中世の聖なるイメージと身体」刀水書房 2015
Schmitt, Martin シュミット, マルティン
1978〜 ㋴ドイツ 元スキー選手 ㋵シュミット
Schmitt, Pál シュミット, パール
1942〜 ㋴ハンガリー 政治家, 元フェンシング選手 ハンガリー大統領, 国際オリンピック委員会（IOC）副会長 ㋵シュミット, パル／シュミット・パール
Schmitt-Pantel, Pauline シュミット＝パンテル, ポーリーヌ
㋵「女性史は可能か」藤原書店 2001
Schmitz, Anthony シュミッツ, アンソニー
㋵「欲望の森の狼」ジュリアン 2006
Schmitz, Benno シュミッツ, ベンノ
㋴ドイツ サッカー選手
Schmitz, Helene シュミッツ, ヘレン
1960〜 ㋵「体系への情熱」Natur & Kultur c2007
Schmitz, Jerry シュミッツ, ジェリー
㋵「映画『I Loveスヌーピー THE PEANUTS MOVIE』の世界」小学館集英社プロダクション 2015
Schmitz, Martin シュミッツ, マルティン
㋵「ベルリン・デザイン・ハンドブックはデザインの本ではない！」ベアリン出版, 新宿書房（発売）2013
Schmitz, Thomas J. シュミッツ, T.J.
㋵「リハビリテーション」西村書店東京出版編集部 2014
Schmoe, Floyd シュモー, フロイド
？〜2001 ㋴アメリカ 平和運動家 ワシントン大学教授, ハワイ大学講師 ㋵森林学
Schmoeckel, Mathias シュメーケル, M.
1963〜 ㋵シュメーケル, マティアス ㋵「ヨーロッパ史のなかの裁判事例」ミネルヴァ書房 2014
Schmögnerová, Brigita シュメクネロバ, ブリギタ
㋴スロバキア 蔵相
Schmoldt, Hans シュモルト, ハンス
1938〜 ㋵「聖書人名小辞典」創元社 2014
Schmuller, Joseph シュムラー, ジョゼフ
㋵「独習UML」翔泳社 2002
Schnaars, Steven P. シュナーズ, スティーヴン・P.
㋵「マーケティング戦略」PHP研究所 2004
Schnabel, Julian シュナーベル, ジュリアン
1951〜 ㋴アメリカ 画家, 映画監督
Schnabl, Philipp シュナブル, フィリップ
㋵「金融規制のグランドデザイン」中央経済社 2011
Schnädelbach, Herbert シュネーデルバッハ, ヘルベルト
1936〜 ㋵「ドイツ哲学史1831-1933」法政大学出版局 2009
Schnaeiderman, Jill シュナイダーマン, ジル
㋵「地球と惑星探査」朝倉書店 2008
Schnapper, Dominique シュナペール, ドミニク
1934〜 ㋵「市民の共同体」法政大学出版局 2015
Schnarch, David Morris シュナーチ, デイヴィッド
1946〜 ㋵「パッショネイト・マリッジ」作品社 2002
Schnarf, Johanna スクナーフ
㋴イタリア アルペンスキー選手
Schnaubelt, Kurt シュナウベルト, カート
㋵「アドバンスト・アロマテラピー」フレグランスジャーナル社 2004
Schnebly-Black, Julia シェンブリー・ブラック, ジュリア
㋵「ピアノレッスンのためのリトミック」河合楽器製作所・出版部 2012
Schnee, Samantha シュニー, サマンサ
㋵「ゾエトロープ」角川書店 2003
Schneeberger, Guido シュネーベルガー, グイード
㋵「ハイデガー拾遺」未知谷 2001
Schneeweiss, Suzan シュネーヴァイス, スーザン
㋵「トロント小児病院救急マニュアル」メディカル・サイエンス・インターナショナル 2010
Schneewind, Jerome B. シュナイウィンド, J.B.

1930～ 㶅「自律の創成」法政大学出版局 2011
Schneider, Anton シュナイダー, アントン
1931～ 㶅「バウビオロギーという思想」建築資料研究社 2003
Schneider, Antoon シュネイダー, アントゥーン
㶅「「選択と集中」の戦略」ダイヤモンド社 2003
Schneider, Arthur S. シュナイダー, A.S.
㶅「コア病理学」丸善 2003
Schneider, Brian シュナイダー, ブライアン
国アメリカ マイアミ・マーリンズコーチ
Schneider, Catherine Chemin シュナイダー, キャサリン・シュマン
㶅「学力は感覚教育で飛躍的に伸びる」河出書房新社 2009
Schneider, Christine シュナイダー, クリスティン
㶅「けんせつこうじさぎょうちゅう」大日本絵画 2004
Schneider, David シュナイダー, デビッド・M.
1959～ 㶅「メタキャピタリズム」東洋経済新報社 2001
Schneider, Dieter シュナイダー, D.
1935～ 㶅「企業者職能論」森山書店 2008
Schneider, Dirk シュナイダー, ダーク
㶅「顧客をつかむe‐テール戦略」東洋経済新報社 2001
Schneider, Dorothee シュナイダー, ドロテ
国ドイツ 馬術選手
Schneider, Elaine Ernst シュナイダー, エレイン・アーンスト
㶅「きこえの障がいってなあに?」明石書店 2007
Schneider, Étienne シュナイダー, エティエン
国ルクセンブルク 副首相兼経済・公安・国防相 ㊧シュナイダー, エチエンヌ
Schneider, Fred シュナイダー, フレッド
㶅「メモリーズ・オブ・ジョン」イースト・プレス 2006
Schneider, Fred B. シュナイダー, F.B.
㶅「コンピュータのための数学」日本評論社 2001
Schneider, F.Wesley シュナイダー, F.ウェスリー
㶅「無頼大全」ホビージャパン 2008
Schneider, Gregor シュナイダー, グレゴール
1969～ 㶅「グレゴール・シュナイダー」ワコウ・ワークス・オブ・アート 2010
Schneider, Hans シュナイダー, ハンス
1941～ 㶅「ドイツにおけるラディカルな敬虔主義」関西大学出版部 2013
Schneider, Helga シュナイダー, ヘルガ
1937～ 㶅「黙って行かせて」新潮社 2004
Schneider, Jakob シュナイダー, ヤコブ
㶅「This is service design thinking.」ビー・エヌ・エヌ新社 2013
Schneider, Jeremy シュナイダー, ジェレミーD.
㶅「マッキンゼーITの本質」ダイヤモンド社 2005
Schneider, John シュナイダー, ジョン
プロデューサー グラミー賞 グラミー賞 最優秀クラシック・コンペンディアム(2014年(第57回)) "Partch: Plectra & Percussion Dances"
Schneider, John C. シュナイダー, ジョン・C.
㶅「臨床試験モニタリングガイドブック」サイエンティスト社 2006
Schneider, Joseph W. シュナイダー, ジョゼフ・W.
㶅「逸脱と医療化」ミネルヴァ書房 2003
Schneider, Konstantin シュナイダー
国ドイツ レスリング選手
Schneider, Manfred シュナイダー, マンフレッド
1938～ 国ドイツ 実業家 バイエル会長 ㊧シュナイダー, マンフレート
Schneider, Maria シュナイダー, マリア
1952～2011 国フランス 女優
Schneider, Maria シュナイダー, マリア
国アメリカ 作曲家
Schneider, Markus シュナイダー, マーカス
㶅「SAP実践ワークフロー」日経BP社, 日経BP出版センター(発売) 2003
Schneider, Marv シュナイダー, マーヴ
㶅「ジョー・ディマジオ」ネコ・パブリッシング 2003
Schneider, Michel シュネデール, ミシェル
1944～ 㶅「マリリン・モンローの最期を知る男」河出書房新社 2008
Schneider, Norbert シュナイダー, ノルベルト
1945～ 㶅「ヤン・ファン・エイク《ヘントの祭壇画》」三元社 2008
Schneider, Othmar シュナイダー, オトマール
1928～2012 国オーストリア スキー選手, 射撃選手

Schneider, Peter シュナイダー, ペーター
1939～ 国オーストリア 指揮者
Schneider, Peter シュナイダー, ペーター
1940～ 国ドイツ 作家
Schneider, Peter シュナイダー, ペーター
1957～ 㶅「スイスの使用説明書」新評論 2007
Schneider, Reinhard シュナイダー, R.
1948～ 㶅「音楽教育学要論」開成出版 2004
Schneider, Reto U. シュナイダー, レト・U.
1963～ 㶅「狂気の科学」東京化学同人 2015
Schneider, Richard Harold シュナイダー, リチャード・H.
1947～ 㶅「犯罪予防とまちづくり」丸善 2006
Schneider, Rob シュナイダー, ロブ
ゴールデン・ラズベリー賞(ラジー賞) 最低男優賞(第26回(2005年)) "Deuce Bigalow"
Schneider, Robert シュナイダー, ロベルト
1961～ 㶅「ローマのかくれんぼ」三修社 2003
Schneider, Rolf シュナイダー, ロルフ
㶅「本についての詩集」みすず書房 2002
Schneider, Romain シュナイダー, ロマン
国ルクセンブルク 社会保障・人道・スポーツ相
Schneider, Sherrie シュナイダー, シェリー
1959～ 㶅「ルールズ・ベスト」青春出版社 2015
Schneider, Stephan シュナイダー, ステファン
1969～ ファッションデザイナー ステファン・シュナイダー・デザイナー
Schneider, Stephen Henry シュナイダー, スティーブン
1945～2010 国アメリカ 気象学者 スタンフォード大学教授 ㊨気候変動分析 ㊧シュナイダー, スティーヴン
Schneider, Steven Jay シュナイダー, スティーヴン・ジェイ
1974～ 㶅「死ぬまでに観たい映画1001本」ネコ・パブリッシング 2011
Schneider, Wolf シュナイダー, ヴォルフ
1925～ 㶅「偉大なる敗北者たち」草思社 2005
Schneider, Wolfgang シュナイダー, ヴォルフガング
㶅「パンツァータクティク」大日本絵画 2002
Schneider-ammann, Johann シュナイダーアマン, ヨハン
国スイス 経済・教育・研究相
Schneiderhan, Wolfgang シュナイダーハン, ヴォルフガング
1915～2002 国オーストリア バイオニスト ウィーン・フィルハーモニー管弦楽団コンサートマスター ㊧シュナイダーハーン, ヴォルフガング
Schneiderheinze, Anja シュナイダーハインツェ
国ドイツ ボブスレー選手
Schneiderlin, Morgan シュナイデルラン, モルガン
国フランス サッカー選手
Schneiders, Werner シュナイダース, ヴェルナー
1932～ 㶅「理性への希望」法政大学出版局 2009
Schneidt, Hans-Martin シュナイト, ハンス・マルティン
1930～ 国ドイツ 指揮者, 作曲家, オルガン奏者 ミュンヘン・バッハ合唱団・管弦楽団芸術監督
Schneier, Bruce シュナイアー, ブルース
1963～ 㶅「超監視社会」草思社 2016
Schneier, Franklin R. シュナイアー, フランクリン・R.
㶅「社会不安障害とシャイネス」日本評論社 2006
Schnellbacher, Uwe シネルバッハー, ウーヴェ
1962～ 㶅「レオパルト2主力戦車」大日本絵画 2003
Schnippenkoetter, Beatrix シュニッペンケッター, ベアトリクス
1956～ 㶅「世界じゅうの子どもたち」主婦の友社 2008
Schnitzenbaumer, Sebastian スニチェンバウマー, セバスチャン
㶅「ビギニングXHTML」インプレス, インプレスコミュニケーションズ(発売) 2001
Schnur, Leslie シュヌール, レスリー
㶅「犬と歩けば恋におちる」文芸春秋 2004
Schnurbein, Stefanie V. シュヌーアバイン, S.V.
1961～ 㶅「現代社会のカルト運動」恒星社厚生閣 2001
Schnurre, Wolfdietrich シュヌレ, ヴォルフディートリヒ
1920～ 㶅「王女さまは4時におみえになる」偕成社 2001
Schober, Florian シュオバー, F.
㶅「ARISを活用したチェンジマネジメント」シュプリンガー・フェアラーク東京 2003
Schobert, Joe シューベルト, ジョー
国アメリカ アメフト選手
Schoch, Philipp ショッホ, フィリップ
1979～ 国スイス スノーボード選手

Schoch, Robert M. ショック, ロバート・M.
1957〜 ㊗「海を渡ったピラミッド」日本放送出版協会 2004
Schoch, Simon ショッホ, シモン
1978〜 ㊥スイス スノーボード選手 ㊥ショッホ, S.
Schocken, Shimon ショッケン, サイモン
㊗「コンピュータシステムの理論と実装」オライリー・ジャパン, オーム社(発売) 2015
Schock-Smith, Angyne J. ショック・スミス, アンジン・J.
㊗「プロジェクト・マネジャーが知るべき97のこと」オライリー・ジャパン, オーム社(発売) 2011
Schodt, Frederik L. ショット, フレデリック
1950〜 ㊥アメリカ 作家, 翻訳家, 通訳 ㊥ショット, フレデリック・L.
Schoeffel, John ショフェル, ジョン
㊗「現代世界で起こったこと」日経BP社, 日経BP出版センター(発売) 2008
Schoem, Alan H. シェーム, アラン・H.
㊗「マーケティングのジレンマ」ダイヤモンド社 2004
Schoemaker, Paul J.H. シューメーカー, ポール・J.H.
㊥ショーメーカー, ポール・J.H. ㊗「強い会社は「周辺視野」が広い」ランダムハウス講談社 2007
Schoeman, Henri シェーマン, ヘンリ
㊥南アフリカ トライアスロン選手
Schoeman, Roland スクーマン, Ro.
㊥南アフリカ 競泳選手
Schoen, Allen M. ショーン, アレン・M.
㊗「人はなぜ動物に癒されるのか」中央公論新社 2001
Schoen, Carl Fredrik Stefan シェーン, カール
㊥スウェーデン レスリング選手
Schoenberg, Loren ショーンバーグ, ローレン
グラミー賞 最優秀ライナー・ノーツ(2004年(第47回)) "The Complete Columbia Recordings Of Woody Herman And His Orchestra & Woodchoppers (1945 - 1947)"
Schoenberner, Gerhard シェーンベルナー, ゲルハルト
1931〜 ㊗「黄色い星」松柏社 2004
Schoendoerffer, Pierre シェンデルフェール, ピエール
1928〜2012 ㊥フランス 映画監督, 作家 ㊥シェンデルフェル, ピエール
Schoenfeld, Steven A. ショーンフェルド, スティーブン・A.
㊗「アクティブ・インデックス投資」東洋経済新報社 2006
Schoenfelder, Olivier ジェーンフェルダー
㊥フランス フィギュアスケート選手 ㊥シェーンフェルダー
Schoenfelder, Rainer シェーンフェルダー
㊥オーストリア アルペンスキー選手
Schoenhals, Michael シェーンハルス, マイケル
1953〜 ㊗「毛沢東 最後の革命」青灯社 2010
Schoenherr, John ショーエンヘール, ジョン
㊗「月夜のみみずく」日本障害者リハビリテーション協会(製作) c2013
Schoenwolf, Gary C. シェーンウォルフ, ゲイリー・C.
㊗「ラーセン人体発生学」西村書店東京出版編集部 2013
Schoeps, Julius Hans シェプス, ユーリウス・H.
1942〜 ㊗「死か洗礼か」行路社 2013
Schoettmer, Jeff ショートマー, ジェフ
㊥アメリカ アメフト選手
Schofield, Deniece スコフィールド, デニース
1947〜 ㊗「なぜか自然に家が片づくシンプルな方法」PHP研究所 2004
Schofield, Malcolm スコフィールド, M.
1942〜 ㊗「ソクラテス以前の哲学者たち」京都大学学術出版会 2006
Schofield, Michael スコフィールド, マイケル
㊥アメリカ アメフト選手
Schofield, Philip スコフィールド, フィリップ
1958〜 ㊗「ベンサム」慶応義塾大学出版会 2013
Schofield, S. スコフィールド, S.
㊗「スタートレックディープ・スペース・ナイン」角川書店 2001
Scholes, Edwin スコールズ, エドウィン
㊗「極楽鳥全種」日経ナショナルジオグラフィック社, 日経BPマーケティング(発売) 2013
Scholes, Katherine スコウルズ, キャサリン
㊗「ぼくのクジラ」文研出版 2001
Scholes, Ken スコールズ, ケン
1968〜 ㊥アメリカ 作家 ㊗SF, ファンタジー 本名=Scholes, Kenneth G.
Scholes, Myron S. ショールズ, マイロン

1941〜 ㊥アメリカ 経済学者 スタンフォード大学名誉教授
Scholes, Robert E. スコールズ, ロバート
㊗「ヘミングウェイのジェンダー」英宝社 2001
Scholey, Robert スコーリー, ロバート
1921〜2014 ㊥イギリス 実業家 ブリティッシュ・スチール会長 ㊥スコーレー, ロバート
Scholl, Andreas ショル, アンドレアス
1967〜 ㊥ドイツ カウンターテナー歌手
Scholl, William ショール, ウィリアム
1920〜2002 ㊥イギリス 健康サンダル発案者 ㊥ショール, ウィリアム
Schöllgen, Gregor ショレゲン, グレゴーア
1952〜 ㊗「ヴィリー・ブラントの生涯」三元社 2015
Schollhammer, Hans ショールハマー, ハンス
㊗「基礎概念と研究領域」文真堂 2001
Scholten, Jan ショートン, ジャン
1951〜 ㊗「ホメオパシーとエレメント」ホメオパシー出版 2011
Scholtz, Gunter ショルツ, グンター
㊗「論争の哲学史」理想社 2001
Scholtz, Jean ショルツ, ジーン
㊗「ソフトウェアの未来」翔泳社 2001
Scholz, Christoph ショルツ, クリストフ
㊗「素粒子・原子核物理入門」シュプリンガー・ジャパン 2011
Scholz, Christopher H. ショルツ, C.H.
㊗「地震と断層の力学」古今書院 2010
Scholz, Dieter David ショルツ, ディーター・ダーヴィット
㊗「指揮者が語る!」アルファベータ 2008
Scholz, Olaf ショルツ, オラフ
㊥ドイツ 労働社会相
Scholz, Tom ショルツ, トム
1947〜 ㊥アメリカ ロック・ギタリスト ㊥シュルツ, トム
Scholz, Torsten ショルツ, T.
㊗「ARISを活用したシステム構築」シュプリンガー・フェアラーク東京 2005
Scholz, Uwe ショルツ, ウヴェ
1958〜2004 ㊥ドイツ 振付師, ダンサー ライプツィヒ・バレエ団芸術監督 ㊥ショルツ, ウーヴェ
Schomacher, Jochen ショーマッハー, ヨヘン
1961〜 ㊗「マニュアルセラピー臨床現場における実践」ガイアブックス 2014
Schomper, Pans スコンペル, パンス
1926〜 ㊗「楽園から混沌へ」梨の木舎(発売) 2006
Schon, Mila ショーン, ミラ
1919〜2008 ㊥イタリア ファッションデザイナー
Schon, Neal ショーン, ニール
1954〜 ㊥アメリカ ロック・ギタリスト
Schonberg, Alan R. ションバーグ, アラン・R.
㊗「1分間で「できる社員」になる111のヒント」ディスカヴァー・トゥエンティワン 2004
Schönberg, Claude-Michel シェーンベルク, クロード・ミッシェル
1944〜 ㊥フランス 作曲家 ㊥シェーンベルグ, クロード・ミッシェル
Schonberg, Harold C. ショーンバーグ, ハロルド
1915〜2003 ㊥アメリカ 音楽評論家 ㊥ショーンバーグ, ハロルド・C.
Schönberger, Christoph シェーンベルガー, クリストフ
㊗「ドイツ連邦主義の崩壊と再建」岩波書店 2015
Schönborn, Richard ショーンボーン, リチャード
㊗「ショーンボーンのテニストレーニングbook」ベースボール・マガジン社 2007
Schönbucher, Philipp J. シェーンブッハー, フィリップ・J.
㊗「クレジット・デリバティブ」東洋経済新報社 2005
Schönburg, Alexander von シェーンブルク, アレクサンダー・フォン
1969〜 ㊗「優雅な暮らしにおカネは要らない」集英社インターナショナル, 集英社(発売) 2006
Schöne, Albrecht シェーネ, アルブレヒト
1925〜 ㊗「エンブレムとバロック演劇」ありな書房 2002
Schone, Lasse シェーネ, ラッセ
㊥デンマーク サッカー選手
Schone, Mark ショーン, マーク
1960〜 ㊗「狂気の詐欺師一家」早川書房 2002
Schone, Robin ショーン, ロビン
㊗「嵐の夜の夢」原書房 2010
Schoneborn, Lena ショーネボルン, レナ

[国]ドイツ　近代五種選手
Schonfeld, David J.　ショーンフェルド, D.J.
1959〜　[著]「学校危機への準備と対応」 誠信書房　2004
Schonlau, Julia　ションラウ, ジュリア
[著]「クリエイティブスペース」 グラフィック社　2011
Schönrich, Gerhard　シェーンリッヒ, ゲアハルト
1951〜　[著]「カントと討議倫理学の問題」 晃洋書房　2010
Schonwald, Josh　シェーンヴァルド, ジョシュ
[著]「未来の食卓」 講談社　2013
Schönwälder, Stephan　シェーンヴェルダー, シュテファン
[著]「マッキンゼーITの本質」 ダイヤモンド社　2005
Schooler, Lynn　スクーラー, リン
[著]「ブルーベア」 集英社　2003
Schooling, Joseph　スクーリング, ジョセフ
[国]シンガポール　水泳選手
Schoonmaker, Thelma　スクーンメイカー, セルマ
ヴェネチア国際映画祭 特別功労賞（第71回（2014年））ほか
Schoonooghe, Tom　スコーンオーヘ, トム
1973〜　[著]「はばたけ！ ザーラ」 鈴木出版　2005
Schoonover, Carl E.　シューノーヴァー, カール
[著]「脳の歴史」 河出書房新社　2011
Schoop, Jonathan　スコープ, ジョナサン
[国]キュラソー　野球選手
Schopf, Alessandro　シェプフ, アレッサンドロ
[国]オーストリア　サッカー選手
Schöpf, Alfred　シェップ, アルフレッド
1938〜　[著]「報復の連鎖」 学樹書院　2016
Schopler, Eric　ショプラー, E.
1927〜2006　[著]「CARS小児自閉症評定尺度」 岩崎学術出版社　2008
Schoppa, Leonard　ショッパ, レオナード
1962〜　[国]アメリカ　バージニア大学教授　[専]政治学　[異]ショッパ, レオナード・J. / ショッパ, レナード
Schor, Juliet B.　ショアー, ジュリエット
1955〜　[国]アメリカ　経済学者　ボストン大学社会学教授　[異]ショア, ジュリエット
Schore, Neil Eric　ショアー, N.E.
1948〜　[著]「ボルハルト・ショアー現代有機化学問題の解き方」 化学同人　2011
Schorer, Mark　スコラー, マーク
[異]スコラー, M.　[著]「新編 真ク・リトル・リトル神話大系」 国書刊行会　2007
Schorer, Suki　ショーラー, スキ
[著]「バランシン・テクニック」 大修館書店　2013
Schorn, Joel　ショーン, ジョエル
[著]「がんをかかえて生きるセラピー」 サンパウロ　2010
Schornberg, Jasmin　ショルンベルク
[国]ドイツ　カヌー選手
Schoser, Benedikt　ショーザー, ベネディクト
[著]「スポーツ筋損傷 診断と治療法」 ガイアブックス　2014
Schössow, Peter　シェッソウ, ペーター
ドイツ児童文学賞 児童書（2009年）ほか
Schots, Mik　スホッツ, ミック
1959〜　[著]「クライフ公認「トータル」フットボーラーの全貌」 東邦出版　2009
Schott, Ben　ショット, ベン
1974〜　[著]「ベン・ショットの英国博覧記」 日経BP社, 日経BP出版センター（発売）　2004
Schott, Hanna　ショット, ハンナ
1959〜　[著]「ただいま！ マラング村」 徳間書店　2013
Schott, Jeffrey J.　ショット, ジェフリー
1949〜　[国]アメリカ　国際経済学者　ピーターソン国際経済研究所上級フェロー　[異]ショット, ジェフリー・J.
Schott, Marge　ショット, マージ
？〜2004　[国]アメリカ　シンシナティ・レッズ・オーナー
Schotter, Roni　ショッター, ロニー
1946〜　[著]「秘密の道をぬけて」 あすなろ書房　2004
Schöttle, Rupert　シェトレ, ルーペルト
1957〜　[著]「舞台裏の神々」 音楽之友社　2004
Schottler, Peter　シェットラー, P.
1950〜　[著]「ナチズムと歴史家たち」 名古屋大学出版会　2001
Schottroff, Luise　ショットロフ, L.
1934〜　[著]「ナザレの人イエス」 日本キリスト教団出版局　2014
Schou, Ingjerd　スカウ, イングヤルド
[国]ノルウェー　社会問題相
Schouman, Michel　シューマン, ミシェル
[著]「ペニスの文化史」 作品社　2001
Schouten, Dirk　スハウテン, ダーク
[著]「メディア・アクション・プロジェクト」 部落解放・人権研究所, 大阪 解放出版社（発売）　2006
Schouten, Ronald　スハウテン, ロナルド
[著]「「問題社員」の管理術」 ダイヤモンド社　2007
Schover, Leslie R.　ショーバー, レズリー・R.
[著]「がん患者の〈幸せな性〉」 春秋社　2007
Schow, David J.　スカウ, デービッド
1955〜　[国]ドイツ　作家, 脚本家　[異]スカウ, デイヴィッド / スコウ, デイヴィッド
Schrader, Leonard　シュレーダー, レナード
1944〜2006　[国]アメリカ　脚本家, 映画監督　[異]シュレイダー, レナード
Schrader, Paul　シュレーダー, ポール
1946〜　[国]アメリカ　映画監督, 脚本家　本名＝Schrader, Paul Joseph　[異]シュレイダー, ポール
Schraeder, Ryan　シュレイダー, ライアン
[国]アメリカ　アメフト選手
Schrage, Wolfgang　シュラーゲ, W.
[著]「イエスの十字架の意味」 新教出版社　2005
Schragenheim, Eli　シュラーゲンハイム, エリ
[著]「ケースで学ぶTOC思考プロセス」 ダイヤモンド社　2004
Schrager, Adam　シュレイガー, アダム
1969〜　[著]「日系人を救った政治家ラルフ・カー」 水声社　2013
Schrager, Ian　シュレーガー, イアン
[著]「われわれに不況はない」 扶桑社　2002
Schraivogel, Ralph　シュライフォーゲル, ラルフ
1960〜　[著]「ラルフ・シュライフォーゲル」 ギンザ・グラフィック・ギャラリー, DNPアートコミュニケーションズ（発売）　2010
Schram, Martin　シュラム, マーティン
[著]「携帯電話」 集英社　2001
Schram, Stuart R.　シュラム, スチュアート・R.
1924〜2012　[国]イギリス　政治学者　ロンドン大学教授　[専]中国政治, 毛沢東研究
Schramm, Carl　シュラム, カール
[著]「特許侵害訴訟」 信山社　2008
Schramm, Carl J.　シュラム, カール・J.
[著]「良い資本主義悪い資本主義」 書籍工房早山　2014
Schramm, Tex　シュラム, テックス
1920〜2003　[国]アメリカ　実業家　カウボーイズ・ゼネラル・マネジャー　本名＝Schramm, Texas E.（Jr.）　[異]シューラム, テックス
Schramm, Wilbur　シュラム, ウィルバー
[著]「アメリカーコミュニケーション研究の源流」 春風社　2005
Schramme, Thomas　シュランメ, トーマス
1969〜　[著]「はじめての生命倫理」 勁草書房　2004
Schrape, Klaus　シュラーペ, クラウス
1946〜2001　[国]スイス　バーゼル大学教授, プログノス副社長　[専]コミュニケーション論
Schratz, Paul R.　シュラッツ, ポール・R.
[著]「ヒトラーが勝利する世界」 学習研究社　2006
Schrauzer, Gerhard N.　シュラウザー, ゲルハード・N.
[著]「ミネラル革命」 コスモトゥーワン　2006
Schreck, Sam　シュレック, サム
[国]ドイツ　サッカー選手
Schrefer, Eliot　シュレーファー, エリオット
1978〜　[著]「ボノボとともに」 福音館書店　2016
Schreiber, Brad　シュレイバー, ブラッド
[著]「L.A.検死官極秘ファイル」 イースト・プレス　2003
Schreiber, David Servan　シュレベール, ダヴィド・S.
1961〜2011　精神科医　ピッツバーグ医科大学教授・統合医療センター共同創設者　[専]臨床精神医学　[異]シュレベール, ダヴィッド・セルヴァン
Schreiber, Ellen　シュライバー, エレン
[著]「ヴァンパイア・キス」 メディアファクトリー　2009
Schreiber, Georg　シュライバー, ゲオルク
1922〜　[著]「偉大な妻のかたわらで」 谷沢書房　2003
Schreiber, Hermann　シュライバー, ヘルマン
1920〜　[著]「航海の世界史」 白水社　2010
Schreiber, Joe　シュライバー, ジョー
1969〜　[国]アメリカ　作家　[専]ホラー
Schreiber, Liev　シュライバー, リーブ
トニー賞 プレイ 助演男優賞（2005年（第59回））　"Glengarry Glen Ross"
Schreijäck, Thomas　シュライエック, トーマス

[著]「文化と宗教基礎用語事典」 海鳴社　2015
Schreiner, Andrea Streit　シュライナー, アンドレア・ストレイト
[著]「QOLを高める専門看護、介護を考える」 中央法規出版　2005
Schreiner, Emily　シュライナー, エミリー
[著]「世界のart図鑑」 ポプラ社　2010
Schreiner, Klaus　シュライナー, クラウス
1931～ [著]「マリア」 法政大学出版局　2011
Schreiner, Peter　シュライナー, ペーター
1953～ [著]「ドイツ流攻撃サッカーで点を取る方法」 講談社　2009
Schrempp, Juergen　シュレンプ, ユルゲン
[著]「われわれに不況はない」 扶桑社　2002
Schrenk, Johann　シュレンク, ヨーハン
1948～ [著]「ジャン・パウル エッセンス」 同学社　2012
Schrepfer, Robert　シュレファー, ロバート
[著]「最新運動療法大全」 ガイアブックス, 産調出版 (発売)　2012
Schreuder, H.　スクルーダー, ヘイン
[著]「組織の経済学入門」 文眞堂　2007
Schreuder, Hinkelien　シュレーダー
[国]オランダ　競泳選手
Schreuders, Piet　シュローダーズ, ピート
[著]「ビートルズを歩こう！」 プロデュース・センター出版局　2009
Schreurs, Miranda Alice　シュラーズ, ミランダ・A.
1963～ [著]「いま福島で考える」 桜井書店　2012
Schreyer, Paul　シュライアー, ポール
[著]「OECD生産性測定マニュアル」 慶応義塾大学出版会　2009
Schreyer, William Allen　シュライヤー, ウィリアム
1928～2011 [国]アメリカ　実業家　メリル・リンチ会長・CEO
Schrieffer, John Robert　シュリーファー, J.R.
1931～ [著]「シュリーファー超伝導の理論」 丸善プラネット, 丸善出版事業部 (発売)　2010
Schrier, Robert W.　シュライアー, ロバート・W.
[著]「シュライアー腎臓病と病態生理」 メディカル・サイエンス・インターナショナル　2011
Schrijvers, Joep P.M.　シュライヴァー, ジョープ・P.M.
[著]「ネズミ式会社で生き残る癒着と陰謀のテクニック」 アスペクト　2003
Schrock, Richard Royce　シュロック, リチャード
1945～ [国]アメリカ　化学者　マサチューセッツ工科大学教授 [専]有機合成におけるメタセシス反応の開発 [異]シュロック, リチャード・R.
Schroder, Carla　シュローダー, カーラ
[著]「Linuxクックブック」 オライリー・ジャパン, オーム社 (発売)　2005
Schroder, Dennis　シュローダー, デニス
[国]ドイツ　バスケットボール選手
Schroder, Dieter K.　シュロゥダー, ディーター・K.
[著]「半導体材料・デバイスの評価」 シーエムシー出版　2012
Schroder, Gerco　シュローダー
[国]オランダ　馬術選手
Schröder, Gerhard　シュレーダー, ゲアハルト
1944～ [国]ドイツ　政治家, 実業家　Nord Stream AG会長　ドイツ首相, ドイツ社会民主党 (SPD) 党首 [異]シュレーダー, ゲルハルト
Schröder, Jaap　シュレーダー, ヤープ
1925～ [著]「バッハ無伴奏ヴァイオリン作品を弾く」 春秋社　2010
Schroder, Kate　シュレーダー, ケイト
[著]「内部告発」 丸善　2003
Schröder, Kristina　シュレーダー, クリスティナ
[国]ドイツ　家庭・高齢者・女性・青少年相
Schroeder, Alice　シュローダー, アリス
[著]「スノーボール」 日本経済新聞出版社　2014
Schroeder, Binette　シュレーダー, ビネッテ
[著]「影の縫製機」 長崎出版　2006
Schroeder, Hans-Werner　シュレーダー, ハンス＝ヴェルナー
[著]「ミカエルの秘密」 涼風書林　2011
Schroeder, Karl　シュレイダー, カール
1962～ [著]「太陽の中の太陽」 早川書房　2008
Schroeder, Manfred Robert　シュレーダー, マンフレッド
1926～2009 [国]アメリカ　物理学者　ゲッティンゲン大学名誉教授 [専]音響学, コンピュータグラフィックス
Schroeder, Roger G.　シュレーダー, ロジャー・G.
[異]シュレーダー, R.G. [著]「リメイド・イン・アメリカ」 中央大学出版部　2005
Schroeder, Russell K.　シュローダー, ラッセル
[著]「Disney夢と魔法の100年」 世界文化社　2002
Schroeder, Ted　シュローダー, テッド
1921～2006 [国]アメリカ　テニス選手　本名＝シュローダー, フレデリック・ルドルフ〈Schroeder, Frederick Rudolph〉
Schroeder, Will　シュローダー, W.
[著]「Webサイトユーザビリティ入門」 東京電機大学出版局　2002
Schroeter, Werner　シュレーター, ヴェルナー
1945～2010 [国]ドイツ　映画監督
Schroff, Laura　シュロフ, ローラ
[著]「見えない糸」 海と月社　2013
Schröter, Michael　シュレーター, ミヒャエル
[著]「諸個人の社会」 法政大学出版局　2014
Schrott, Beate　シュロット
[国]オーストリア　陸上選手
Schrott, Erwin　シュロット, アーウィン
1972～ [国]ウルグアイ　バス・バリトン歌手
Schu, Rick　シュー, リック
[国]アメリカ　ワシントン・ナショナルズコーチ
Schubert, Andre　シューベルト, アンドレ
[国]ドイツ　ボルシアMG監督
Schubert, Dieter　シューベルト, ディーター
1947～ [著]「くまくんのたまご」 星の環会　2004
Schubert, E.Fred　シューベルト, E.フレッド
[著]「発光ダイオード」 朝倉書店　2010
Schubert, Ernst　シューベルト, エルンスト
1941～ [著]「名もなき中世人の日常」 八坂書房　2005
Schubert, Ingrid　シューベルト, イングリット
1953～ [著]「くまくんのたまご」 星の環会　2004
Schubert, Karl D.　シューバート, カール・D.
[著]「次世代CIO」 日経BPソフトプレス, 日経BP出版センター (発売)　2006
Schubert, Karsten　シュバート, K.
1961～ [著]「進化する美術館」 玉川大学出版部　2004
Schubert, Klaus　シューベルト, クラウス
1958～ [著]「さぁ、出発だ！」 風雲舎　2008
Schubert, Margaret　シューベルト, マーガレット
[著]「ソーシャルワークの面接技術」 相川書房　2005
Schubert, Pit　シューベルト, ピット
1935～ [著]「生と死の分岐点」 山と渓谷社　2004
Schubert, Stephen　シューバート, スティーヴン
[著]「モルデンカイネンの魔法大百貨」 ホビージャパン　2012
Schubiger, Jürg　シュービガー, ユルク
1936～2014 [国]スイス　児童文学作家
Schuchard, Ronald　シュハード, ロナルド
[著]「クラーク講演」 松柏社　2001
Schuchardt, Erika　シューハート, エリカ
1940～ [異]シューハルト, エリカ [著]「このくちづけを世界のすべてに」 アカデミア・ミュージック　2013
Schuerer, Doris　シューラー, ドーリス
1952～ [著]「ママのためのシュタイナー教育入門」 春秋社　2008
Schuessler, Deane L.　シュスラー, ディーン
1933～ [著]「結婚してよかった！」 教友社　2013
Schuette, Sarah L.　シュエット, サラ・L.
1976～ [著]「あったー！ いろのさがしもの」 PHP研究所　2013
Schug, John A.　シュグ, ジョン・A.
[著]「ピオ神父の生涯」 聖母の騎士社　2013
Schugel, A.J.　シューゲル, AJ.
[国]アメリカ　野球選手
Schuh, Angela　シュー, アンゲラ
[異]シュウ, アンゲラ [著]「クアオルト入門気候療法・気候性地形療法入門」 書肆犀　2012
Schuh, Berengere　シュー
[国]フランス　アーチェリー選手
Schuhl, Jean-Jacques　シュル, ジャン・ジャック
1941～ [国]フランス　作家 [異]シュール, ジャン・ジャック
Schuil, Rich　スホイル
[国]オランダ　ビーチバレー選手 [異]シュイル
Schuiten, François　スクイテン, フランソワ
1956～ [国]ベルギー　漫画家
Schulberg, Budd　シュルバーグ, バッド
1914～2009 [国]アメリカ　脚本家, 作家 [異]シュールバーグ, バッド
Schulenberg, David　シューレンバーグ, デイヴィッド
1955～ [著]「バッハの鍵盤音楽」 小学館　2001
Schüler, Bernhard　シューラー, ベルンハルト

1979〜　国ドイツ　ジャズ・ピアニスト
Schuler, Candace　シューラー, キャンディス
著「炎のとき」ハーレクイン　2006
Schüler, Chris　シュラー, クリス
著「写真と地図で愉しむ世界一周夢の旅図鑑」日経ナショナルジオグラフィック社, 日経BP出版センター（発売）　2007
Schüler, Jörg　シューラー, ヨルク
国ドイツ　元・デュッセンドルフ観光マーケティング社事業部長
Schüler-Springorum, Horst　シューラー＝シュプリンゴルム, ホルスト
著「ロクシン刑事法学への憧憬」信山社出版　2005
Schulkin, Jay　シュルキン, ジェイ
著「社会不安障害とシャイネス」日本評論社　2006
Schuller, Florian　シュラー, フロリアン
1946〜　著「ポスト世俗化時代の哲学と宗教」岩波書店　2007
Schuller, Gunther　シュラー, ガンサー
1925〜2015　国アメリカ　作曲家, 指揮者, ホルン奏者　本名＝Schuller, Gunther Alexander　異シューラー／シュラー, グンサー
Schuller, Robert Harold　シュラー, ロバート
1927〜　著「いかにして自分の夢を実現するか」三笠書房　2010
Schulman, Donniel S.　シュルマン, ダニエル
著「アメリカの真の支配者コーク一族」講談社　2015
Schulman, Helen　シュルマン, ヘレン
1961〜　著「ルイーズに訪れた恋は」メディアファクトリー　2006
Schulman, Sam　シュルマン, サム
1910〜2003　国アメリカ　スーパーソニックス初代オーナー
Schulmeyer, Heribert　シュールマイヤー, ヘリベルト
著「どこ行っちゃったの?」未知谷　2003
Schulte, Barbara　シュルテ, バルバラ
著「比較教育学」東信堂　2005
Schulte, Günter　シュルテ, ギュンター
1937〜　著「絵で見る哲学の歴史」中央公論美術出版　2010
Schulte-Nölke, Hans　シュルテ・ネルケ, ハンス
著「ヨーロッパ私法の原則・定義・モデル準則」法律文化社　2013
Schulte-Peevers, Andrea　シュルツ・ピープルス, アンドレア／シュルテ・ピーバーズ, アンドレア　著「ドイツ」メディアファクトリー　2004
Schultes, Richard Evans　シュルテス, リチャード・エヴァンズ
1915〜2001　著「図説快楽植物大全」東洋書林　2007
Schultz, Bo　シュルツ, ボー
国アメリカ　野球選手
Schultz, Don E.　シュルツ, ドン・E.
著「ケロッグ経営大学院ブランド実践講座」ダイヤモンド社　2006
Schultz, Hans Jürgen　シュルツ, ハンス・ユルゲン
1928〜　著「人生と愛」紀伊國屋書店　2010
Schultz, Heidi F.　シュルツ, ハイジ・F.
著「ケロッグ経営大学院ブランド実践講座」ダイヤモンド社　2006
Schultz, Heiko　シュルツ, ハイコ
著「キリスト教の主要神学者」教文館　2014
Schultz, Helmut　シュルツ, ヘルムート
1931〜2002　著「主に遣わされる毎日」日本ホーリネス教団, 東宣社（〔東村山〕）（発売）　2013
Schultz, Howard　シュルツ, ハワード
1953〜　国アメリカ　実業家　スターバックス会長・CEO
Schultz, Jaime　シュルツ, ジェイミー
国アメリカ　野球選手
Schultz, Judith M.　シュルツ, ジュディス・M.
著「看護診断にもとづく精神看護ケアプラン」医学書院　2007
Schultz, Majken　シュルツ, マイケン
著「「ブランディング」は組織力である」ダイヤモンド社　2005
Schultz, Pamela D.　シュルツ, パメラ・D.
著「9人の児童性虐待者」牧野出版　2006
Schultz, Patricia　シュルツ, パトリシア
著「死ぬまでに一度は行きたい世界の1000ヵ所 アジア・アフリカ編」イースト・プレス　2007
Schultz, Philip　シュルツ, フィリップ
1945〜　国アメリカ　ピュリッツアー賞 文学・音楽 詩（2008年）"Failure"
Schultze, Norbert　シュルツ, ノルベルト
1911〜2002　国ドイツ　作曲家
Schultz-Jones, Barbara　シュルツ＝ジョーンズ, バーバラ・A.
著「IFLA学校図書館ガイドラインとグローバル化する学校図書館」学文社　2016
Schultz-Tornau, Joachim　シュルツ＝トルナウ, ヨアヒム
国ドイツ　元・ビーレフェルト独日協会会長
Schulz, Eric　シュルツ, エリック
著「マーケティング・ゲーム」東洋経済新報社　2002
Schulz, Helga　シュルツ, ヘルガ
著「忘れん坊の森の魔女」出版工房ケンブリッジ　2008
Schulz, Hermann　シュルツ, ヘルマン
1938〜　著「ふたりきりの戦争」徳間書店　2006
Schulz, Kathryn　シュルツ, キャスリン
全米書評家協会賞 ノーナ・バラキアン賞（2011年）
Schulz, Linda　シュルツ, リンダ
1941〜　著「障害のある子どものための遊びと学びのアクティビティ」明石書店　2006
Schulz, Marianne　シュルツ, マリアンヌ
著「さまざまな家族」信山社出版　2004
Schulz, Marvin　シュルツ, マルヴィン
国ドイツ　サッカー選手
Schulz, Mona Lisa　シュルツ, モナ・リザ
著「すべてうまくいく」KADOKAWA　2014
Schulz, Nico　シュルツ, ニコ
国ドイツ　サッカー選手
Schulz, Wolfgang　シュルツ, ウォルフガング
1946〜2013　国オーストリア　フルート奏者　ウィーン・フィルハーモニー管弦楽団首席フルート奏者, ウィーン音楽大学教授　異シュルツ, ヴォルフガング
Schulze, Dallas　シュルツェ, ダラス
著「藁くじの花嫁」ハーレクイン　2012
Schulze, Franz　シュルツ, フランツ
1927〜　著「評伝ミース・ファン・デル・ローエ」鹿島出版会　2006
Schulze, Hans-Joachim　シュルツェ, ハンス＝ヨアヒム
著「バッハ＝カンタータの世界」東京書籍　2002
Schulze, Hans Kurt　シュルツェ, ハンス・K.
1932〜　著「西欧中世事典」ミネルヴァ書房　2013
Schulze, Ingo　シュルツェ, インゴ
1962〜　国ドイツ　作家, ジャーナリスト
Schulze, Katja　シュルツ, K.
著「統合失調症の常識は本当か?」培風館　2009
Schulze, Sabine　シュルツェ, ザビーネ
1954〜　著「Apple design」ボーンデジタル　2012
Schulze, Sharon　シュルツェ, シャロン
著「金髪の守護神」ハーレクイン　2009
Schulze, Thomas　シュルツェ, トーマス
国ドイツ　元・ライプツィヒ独日協会会長
Schulze-Marmeling, Dietrich　シュルツェ＝マルメリンク, D.
1956〜　著「ペップの狂気」カンゼン　2014
Schum, Jacob　シャム, ジェイコブ
国アメリカ　アメフト選手
Schumacher, Joel　シュマッチャー, ジョエル
1939〜　国アメリカ　映画監督　異シューマッカー, ジョエル／シュマッカー, ジョエル
Schumacher, Lori　シューマッハー, ローリ
著「これだけはおさえておきたいクリティカルケア看護」ガイアブックス　2013
Schumacher, Michael　シューマッハー, ミハエル
1969〜　国ドイツ　元F1ドライバー　異シューマッハ, M.／シューマッハ, ミヒャエル／ミハエル・シューマッハー
Schumacher, Thomas　シューマッカー, トーマス
著「ラフマニノフ24の前奏曲演奏の手引き」全音楽譜出版社　2006
Schumaker, Ward　シュメイカー, ワード
1943〜　著「おにわでみつけた1・2・3」偕成社　2004
Schuman, Michael　シューマン, マイケル・A.
著「スヌーピーと, いつもいっしょに」学研プラス　2015
Schuman, Michael H.　シューマン, マイケル
著「スモールマート革命」明石書店　2013
Schuman, Scott　シューマン, スコット
著「サルトリアリスト10」グラフィック社　2015
Schumann, Charles　シューマン, チャールズ
1941〜　著「バー・ブック」河出書房新社　2002
Schumann, Erik　シューマン, エリック
1982〜　国ドイツ　バイオリニスト　本名＝Schumann, Erik Robert
Schumann, Peter B.　シューマン, ペーター・B.
ベルリン国際映画祭 ベルリナーレ・カメラ賞（第56回（2006年））

Schumann, Ralf　シューマン
　国ドイツ　射撃選手
Schumann, Sascha　シュマン, サシャ
　著「プロフェッショナルPHPプログラミング」インプレス, インプレスコミュニケーションズ（発売）2001
Schumann-Antelme, Ruth　シュマン＝アンテルム, リュト
　著「図説エジプトの神々事典」河出書房新社　2007
Schumer, Chuck　シューマー, チャック
　国アメリカ　政治家
Schumm, Bruce A.　シューム, ブルース
　著「『標準模型』の宇宙」日経BP社, 日経BP出版センター（発売）2009
Schünemann, Bernd　シューネマン, ベルント
　著「ロクシン刑事法学への憧憬」信山社出版　2005
Schunk, Dale H.　シャンク, ディル・H.
　著「自己調整学習ハンドブック」北大路書房　2014
Schunk, Rick　シュンク, リック
　著「ハーレーダビッドソンリビルド＆レストア ナックル＆パンヘッド編」スタジオタッククリエイティブ　2013
Schünke, Michael　シュンケ, ミヒャエル
　著「解剖生理学図鑑」ガイアブックス, 産調出版（発売）2013
Schupp, Werner　シューブ, ワーナー
　著「アライナー矯正治療」丸善プラネット, 丸善出版（発売）2015
Schurhammer, George　シュールハンマー, ゲオルク
　著「イエズス会宣教師が見た日本の神々」青土社　2007
Schurian, Walter　シューリアン, ヴァルター
　1938～　著「幻想美術」Taschen　c2006
Schurrle, Andre　シュールレ, アンドレ
　国ドイツ　サッカー選手
Schurter, Nino　シュルター, ニーノ
　国スイス　自転車選手　他シュルター
Schüssel, Wolfgang　シュッセル, ウォルフガング
　1945～　国オーストリア　政治家　オーストリア首相, オーストリア国民党（OVP）党首
Schusser, Adelbelt　シュッサー, アーダルベルト
　著「19世紀ウィーンへの旅」名古屋市博物館　2003
Schüssler, Werner　シュスラー, ヴェルナー
　1955～　著「ヤスパース入門」月曜社　2015
Schuster, Dirk　シュスター, ディルク
　国ドイツ　アウクスブルク監督
Schuster, D.J.　シャスター, D.J.
　著「トマトオランダの多収技術と理論」農山漁村文化協会　2012
Schuster, Julian　シュスター, ユリアン
　国ドイツ　サッカー選手
Schuster, Marco　シュスター, マルコ
　国ドイツ　サッカー選手
Schuster, Robert　シュスター, ロバート
　著「ベナー解釈的現象学」医歯薬出版　2006
Schuster, Rudolf　シュステル, ルドルフ
　1934～　国スロバキア　政治家　スロバキア大統領
Schusterman, Lynn　シュスターマン, リン
　国アメリカ　慈善家
Schut, Henk　シュト, ヘンク
　著「死別体験」誠信書房　2014
Schutt, Rachel　シャット, レイチェル
　1976～　著「データサイエンス講義」オライリー・ジャパン, オーム社（発売）2014
Schütte, Thomas　シュッテ, トーマス
　1954～　国ドイツ　グラフィックアーティスト, 彫刻家
Schutten, Jan Paul　スクッテン, ヤン・パウル
　1970～　著「おしえて, レンブラントさん」BL出版　2015
Schutting, Jutta (Julian)　シュッティング, ユッタ（ユリアン）
　著「とき放されて」花神社　2013
Schuttler, Rainer　シュットラー
　国ドイツ　テニス選手
Schutz, Bernard F.　シュッツ, バーナード・F.
　著「相対論入門」丸善　2010
Schütz, Karl　シュッツ, カール
　著「ウィーン美術史美術館名品展」NHK　c2002
Schütz, Klaus　シュッツ, クラウス
　1926～2012　国ドイツ　政治家　西ベルリン市長, 駐イスラエル西ドイツ大使
Schutz, Sue　シュッツ, スー
　著「看護における反省的実践」看護の科学社　2014
Schutz, Susan Polis　シュッツ, スーザン・ポリス
　著「母から娘へ贈る愛の言葉」祥伝社　2005

Schütz, Violaine　シュッツ, ヴィオレーヌ
　著「ダフト・パンク」河出書房新社　2013
Schutz, Will　シュッツ, ウィル
　？～2002　著「ヒューマン・エレメント・アプローチ」白桃書房　2014
Schütze, Sebastian　シュッツェ, ゼバスチャン
　著「カラヴァッジョ」Taschen　c2010
Schuur, Jeremiah　シューア, J.D.
　著「EBM救急医学」西村書店　2016
Schuurman, Donna　シャーマン, ドナ
　著「おとなのいのちの教育」河出書房新社　2006
Schwaab, Daniel　シュヴァーブ, ダニエル
　国ドイツ　サッカー選手
Schwab, Charles　シュワップ, チャールズ
　著「チャールズ・シュワップが教える定年後資産倍増術」徳間書店　2003
Schwab, Francoise　シュワップ, フランソワーズ
　著「死とはなにか」青弓社　2003
Schwab, Klaus　シュワブ, クラウス
　1938～　国ドイツ　世界経済フォーラム（WEF）会長　ジュネーブ大学教授　他経営学
Schwab, Susan Carroll　シュワブ, スーザン
　1955～　国アメリカ　米国通商代表部（USTR）代表
Schwabe, Caspar　シュワーベ, カスパー
　1953～　著「ジオメトリック・アート」工作舎　2006
Schwabe, Christoph　シュヴァーベ, クリストーフ
　著「出会いの音楽療法」風媒社　2011
Schwaber, Ken　シュエイバー, ケン
　著「Software in 30 Days」アスキー・メディアワークス, 角川グループパブリッシング（発売）2013
Schwager, Jack D.　シュワッガー, ジャック・D.
　1948～　著「マーケットの魔術師」ダイヤモンド社　2014
Schwaiger, Doris　シュバイガー, D.
　国オーストリア　ビーチバレー選手
Schwaiger, Stefanie　シュバイガー, S.
　国オーストリア　ビーチバレー選手
Schwalb, Robert J.　シュワルブ, ロバート・J.
　著「不浄なる暗黒の書」ホビージャパン　2014
Schwalbe, Kathy　シュワルブ, キャシー
　著「IT業界のためのプロジェクトマネジメント教科書」アスキー　2004
Schwalbé, Michel　シュヴァルベ, ミシェル
　1919～2012　国フランス　バイオリニスト　ベルリン・フィルハーモニー管弦楽団第1コンサートマスター, ベルリン音楽大学教授　他シュワルベ, ミシェル
Schwalbe, Will　シュワルビ, ウィル
　著「さよならまでの読書会」早川書房　2013
Schwandner, Johann Georg von　シュヴァンドネル, ヨハン・ゲオルク
　著「すぐに使えるカリグラフィと飾りケイ」東京美術　2001
Schwandt, Thomas A.　シュワント, T.A.
　著「質的研究用語事典」北大路書房　2009
Schwanitz, Christina　シュワニツ, クリスティナ
　国ドイツ　陸上選手
Schwanitz, Dietrich　シュヴァニツ, D.
　1940～2004　著「ヨーロッパ精神の源流」世界思想社　2006
Schwarber, Kyle　シュワーバー, カイル
　国アメリカ　野球選手
Schwarcz, Joe　シュワルツ, ジョー
　著「チョコレートを食べても太らないってホント？」主婦の友社　2003
Schwarcz, Steven L.　シュウォーツ, スティーヴン・L.
　著「米国セキュリタイゼーション概説」レクシスネクシス・ジャパン, 雄松堂出版（発売）2007
Schwardt, Sara　シュワルト, サラ
　1958～　著「リンドグレーンと少女サラ」岩波書店　2015
Schwartz, Anna Jacobson　シュウォーツ, アンナ
　1915～2012　著「大収縮1929-1933」日経BP社, 日経BP出版センター（発売）2009
Schwartz, Antoine　シュワルツ, アントワーヌ
　著「欧州統合と新自由主義」論創社　2012
Schwartz, Arthur P.　シュワルツ, アーサー・P.
　著「こうすればゴキブリの退治ができる」新風舎　2004
Schwartz, Baron　シュワルツ, バロン
　著「実践ハイパフォーマンスMySQL」オライリー・ジャパン, オーム社（発売）2013
Schwartz, Barry　シュウォルツ, B.

1938～ ㊅シュウォルツ,バリー ㊃「北東アジアの歴史と記憶」勁草書房 2014
Schwartz, Barry シュワルツ,バリー
1946～ ㊃「なぜ選ぶたびに後悔するのか」武田ランダムハウスジャパン 2012
Schwartz, Betty Ann シュワルツ,ベティ・アン
㊃「1から10まで」大日本絵画 〔2008〕
Schwartz, Beverly シュワルツ,ビバリー
1949～ ㊃「静かなるイノベーション」英治出版 2013
Schwartz, Bob シュワルツ,ボブ
㊃「ダイエットしないで痩せる方法」白夜書房 2007
Schwartz, Cheryl M. シュワルツ,シェリル
㊃「犬・猫に効くツボ・マッサージ」世界文化社 2011
Schwartz, David G. シュワルツ,デヴィッド・G.
1973～ ㊃「ザ・カジノ・シティ」日経BP社,日経BPマーケティング（発売） 2015
Schwartz, David Joseph シュワルツ,ダビッド・J.
㊅シュワルツ,デイヴィッド・J. ㊃「大きく考える人が成功する」ダイヤモンド社 2005
Schwartz, David M. シュワルツ,デビット・M.
㊃「100万をはかってみよう」文研出版 2007
Schwartz, Ellen シュワルツ,エレン
㊃「描写レヴューで教師の力量を形成する」ミネルヴァ書房 2002
Schwartz, Eric J. シュワルツ,エリック・J.
㊃「アメリカ著作権法とその実務」雄松堂出版 2004
Schwartz, Evan I. シュワルツ,エヴァン・I.
㊃「発明家に学ぶ発想戦略」翔泳社 2013
Schwartz, Geoff シュワーツ,ジェフ
㊄アメリカ アメフト選手
Schwartz, Herman M. シュワルツ,ハーマン・M.
1958～ ㊃「グローバル・エコノミー」文真堂 2002
Schwartz, Jacob Theodore シュワルツ,ジェイコブ
1930～2009 ㊄アメリカ 数学者,コンピュータ科学者 ニューヨーク大学名誉教授 ㊅シュワルツ,ジャコブ
Schwartz, Jeffrey H. シュワルツ,ジェフリー
1959～2014 ㊄アメリカ 実業家 グローバル・ロジスティック・プロパティーズ共同創業者
Schwartz, Jeffrey M. シュウォーツ,ジェフリー・M.
㊃「心が脳を変える」サンマーク出版 2004
Schwartz, Jim シュワーツ,ジム
㊄アメリカ フィラデルフィア・イーグルスコーチ
Schwartz, John Burnham シュワルツ,ジョン・バーナム
1965～ ㊃「帰らない日々」早川書房 2007
Schwartz, Joyce R. シュワルツ,ジョイス・R.
㊃「サメ博士ジニーの冒険」新宿書房 2003
Schwartz, Laurent シュヴァルツ,L.
1915～2002 ㊃「闘いの世紀を生きた数学者」シュプリンガー・ジャパン 2006
Schwartz, Leslie シュウォーツ,レスリー
1962～ ㊃「天使の住む山」アーティストハウスパブリッシャーズ,角川書店（発売） 2004
Schwartz, Lisa M. シュワルツ,リサ・M.
㊃「過剰診断」筑摩書房 2014
Schwartz, Marilyn シュウォーツ,マリリン
㊃「バイアスフリーの英語表現ガイド」大修館書店 2003
Schwartz, Maxime シュワルツ,マキシム
1940～ ㊄フランス 分子生物学者 パスツール研究所所長 ㊃「バクテリア」 ㊅シュワルツ,マクシム
Schwartz, Melvin シュワルツ,メルビン
1932～2006 ㊄アメリカ 物理学者 デジタル・パスウエーズ社長 ㊅シュワルツ,メルヴィン
Schwartz, Mitchell シュワーツ,ミッチェル
㊄アメリカ アメフト選手
Schwartz, Nan シュワルツ,ナン
グラミー賞 最優秀ヴォーカル伴奏編曲（2008年（第51回））"Here's That Rainy Day"
Schwartz, Oded シュウォーツ,オーディド
㊃「プリザービング」山と渓谷社 2013
Schwartz, Pepper シュワルツ,ペッパー
㊃「本当の恋に出会える37のレッスン」ダイヤモンド社 2004
Schwartz, Randal L. シュワルツ,ランダル・L.
㊅シュワルツ,R.L. ㊃「初めてのPerl」オライリー・ジャパン,オーム社（発売） 2013
Schwartz, Richard シュワルツ,リチャード
㊃「ソフトウェアの未来」翔泳社 2001

Schwartz, Richard Evan シュヴァルツ,リチャード・エヴァン
㊅シュワルツ,R.E. ㊃「曲面の数学」日本評論社 2016
Schwartz, Robert シュワルツ,ロバート
1962～ ㊃「苦しみを選ぶ「勇敢な魂」」ソフトバンククリエイティブ 2009
Schwartz, Roslyn シュワルツ,ロスリン
㊃「あめふりだってたのしい」あかね書房 2002
Schwartz, Ruth Distler シュワルツ,ルース・ディスラー
㊃「職場いびり」緑風出版 2002
Schwartz, Stephanie シュワルツ,ステファニー
㊃「花物語」大日本絵画 〔2015〕
Schwartz, Stephen シュワルツ,スティーブン
トニー賞 イザベラ・スティーブン賞（2015年（第69回））ほか
Schwartz, Steven シュワルツ,スティーブン
㊃「競争政策の経済学」NERA 2005
Schwartz, Tony シュウォーツ,トニー
1952～ ㊅シュワルツ,トニー ㊃「トランプ自伝」筑摩書房 2008
Schwartz, William B. シュワルツ,W.B.
1922～ ㊃「病気のない世界」学樹書院 2002
Schwartzel, Charl シュワーツェル,チャール
1984～ ㊄南アフリカ プロゴルファー
Schwartzenberg, Roger-Gérard シュバルツァンベルグ,ロジェジェラール
㊄フランス 研究相
Schwartz-Nobel, Loretta シュワルツ＝ノーベル,ロレッタ
㊃「アメリカの毒を食らう人たち」東洋経済新報社 2008
Schwarz, Bluma シュワルツ,ブルーマ
㊃「空っぽのくつした」光文社 2002
Schwarz, Britta シュワルツ,ブリッタ
1966～ ㊄ドイツ 作家 ㊃児童書
Schwarz, Christina シュワルツ,クリスティーナ
㊃「湖の記憶」講談社 2003
Schwarz, Dieter シュワルツ,ディーター
㊄ドイツ 実業家
Schwarz, Friedhelm シュヴァルツ,フリードヘルム
1951～ ㊃「知られざる競争優位」ダイヤモンド社 2016
Schwarz, Helene シュワルツ,ヘレーネ
ベルリン国際映画祭 ベルリナーレ・カメラ賞（第55回（2005年））
Schwarz, Karl M. シュヴァルツ,カール・M.
㊃「根付の題材」里文出版 2001
Schwarz, Norbert シュワルツ,ノバート
㊃「認知のエイジング」北大路書房 2004
Schwarz, Patrick シュウォーツ,パトリック
㊃「先生のための自閉症のある子の「良いところ」を伸ばす20の方法」明石書店 2012
Schwarz, Roger M. シュワーツ,ロジャー
1956～ ㊃「ファシリテーター完全教本」日本経済新聞社 2005
Schwarz, Rudolf シュヴァルツ,ルドルフ
1930～ ㊃「時代を造形するウィルクハーン」宣伝会議 2005
Schwarz, Samuel シュワルツ
㊄ドイツ スピードスケート選手
Schwarz, Shaul シュワルツ,シャウル
㊄ケニア ロバート・キャパ賞（2008年度） Kenya: The Wreckage of a Democracy
Schwarz, Viviane シュワルツ,ヴィヴィアン
㊃「ぼくたちのいえはどこ？」徳間書店 2012
Schwarzenbach, Regula シュヴァルツェンバッハ,レグーラ
㊃「美しい響きの飛翔」音楽之友社 2014
Schwarzenberg, Karel シュワルツェンベルク,カレル
1937～ ㊄チェコ 政治家 TOP09党首 チェコ第一副首相・外相 ㊅シュワルツェンベルク,カール・ヨハネス／シュワルツェンベルグ／シュヴァルツェンベルク
Schwarzenegger, Arnold シュワルツェネッガー,アーノルド
1947～ ㊄アメリカ 政治家,俳優,元ボディビルダー カリフォルニア州知事 本名＝Schwarzenegger, Arnold Alois ㊅シュワルツェネガー
Schwarzkopf, Elisabeth シュワルツコップ,エリーザベト
1915～2006 ㊄イギリス ソプラノ歌手 本名＝Schwarzkopf, Elisabeth Legg- ㊅シュワルツコプ／シュヴァルツコップ／シュヴァルツコップフ／シュヴァルツコプ／シュヴァルツコプフ
Schwarzkopf, H.Norman シュワルツコフ,ノーマン
1934～2012 ㊄アメリカ 軍人 米国中央軍司令官,米国陸軍大将 愛称=嵐のノーマン〈Stormin'Norman〉 ㊅シュヴァルツコップ
Schwarzkopf, Lilli シュワルツコプフ
㊄ドイツ 陸上選手

Schwarzman, Stephen A. シュワルツマン, スティーブン
1947〜 ㊥アメリカ 投資家 ブラックストーン・グループCEO・共同創業者

Schwass, Joachim シュワス, ヨアキム
1950〜 ㊗「ファミリービジネス賢明なる成長への条件」中央経済社 2015

Schwazer, Alex シュバーツァー, アレックス
1984〜 ㊥イタリア 競歩選手

Schwebke, Shobhana シュエブカ, ショーバナ
㊗「ケアリングクラウン」晩成書房 2006

Schweblin, Samanta シュウェブリン, サマンタ
1978〜 ㊥アルゼンチン 作家 ㊥文学

Schwedt, Elke シュヴェート, エルケ
1939〜 ㊗「南西ドイツシュヴァーベンの民俗」文楫堂 2009

Schwedt, Herbert シュヴェート, ヘルベルト
1934〜 ㊗「南西ドイツシュヴァーベンの民俗」文楫堂 2009

Schwegel, Theresa シュウィーゲル, テリーザ
㊥アメリカ 作家 ㊥ミステリー ㊗シュヴィーゲル, テリーザ

Schwegler, Pirmin シュヴェクラー, ピルミン
㊥スイス サッカー選手

Schweid, Richard シュヴァイド, リチャード
1946〜 ㊗「タコの教科書」エクスナレッジ 2014

Schweidler, Walter シュヴァイドラー, ヴァルター
1957〜 ㊗「形而上学の克服」晃洋書房 2005

Schweiger, Til シュヴァイガー, ティル
1963〜 ㊥ドイツ 俳優, 映画監督, 映画プロデューサー ㊗シュバイガー, ティル / シュワイガー, ティル

Schweiker, Richard シュワイカー, リチャード
1926〜2015 ㊥アメリカ 政治家 米国厚生長官 本名=Schweiker, Richard Schultz

Schweikert, Ulrike シュヴァイケルト, ウルリケ
1966〜 ㊥ドイツ 作家 ㊥ファンタジー, ミステリー 別筆名=シュペーマン, リーケ〈Speemann, Rike〉

Schweinsteiger, Bastian シュバインシュタイガー, バスティアン
1984〜 ㊥ドイツ サッカー選手 ㊗シュヴァインシュタイガー, バスティアン

Schweisgut, Hans Dietmar シュヴァイスグート, ハンス・ディートマール
1951〜 ㊥オーストリア 外交官 駐中国欧州連合大使 駐日欧州連合大使, 駐日オーストリア大使

Schweitzer, Friedrich シュヴァイツァー, F.
1954〜 ㊗「子どもとの宗教対話」教文館 2008

Schweitzer, Louis シュヴァイツァー, ルイ
1942〜 ㊥フランス 実業家 フランス投資担当庁総督 ルノー会長, 欧州自動車工業(ACEA)会長 ㊗シュバイツァー, ルイ / シュバイツェル, ルイ / シュベゼール, ルイ

Schweitzer, Wes シュワイツァー, ウェス
㊥アメリカ アメフト選手

Schweizer, Andreas シュバイツァー
㊥スイス 体操選手

Schweizer, Christel シュヴァイツァー, クリステル
1940〜 ㊗「ドイツ流賢母のすすめ」PHP研究所 2007

Schweizer, Eduard シュヴァイツァー, E.
1913〜 ㊗「新約聖書における教会像」新教出版社 2004

Schweizer, Peter シュヴァイツァー, ピーター
1964〜 ㊗「クリントン・キャッシュ」LUFTメディアコミュニケーション 2016

Schweizer, Rolf シュヴァイツァー, ロルフ
㊗「オルガン教則本」バックスアーレン 2001

Schwengel, Deborah シュウェンゲル, デボラ
㊗「指導医いらずの実践麻酔手技免許皆伝」メディカル・サイエンス・インターナショナル 2014

Schwenk, Theodor シュベンク, テオドール
㊗「カオスの自然学」工作舎 2005

Schwenke, Brian シュウェンク, ブライアン
㊥アメリカ アメフト選手

Schwenkmezger, Peter シュヴェンクメッツガー, ペーター
1946〜 ㊗「怒りのコントロール」ブレーン出版 2004

Schwentker, Wolfgang シュヴェントカー, ヴォルフガング
1953〜 ㊗「マックス・ウェーバーの日本」みすず書房 2013

Schwentzel, Christian-Georges シュエンツェル, クリスティアン=ジョルジュ
㊗「クレオパトラ」白水社 2007

Schweppe, Ronald P. シュヴェッペ, ロナルド
㊗「カメが教えてくれた, 大切な7つのこと」サンマーク出版 2016

Schwermer, Heidemarie シュヴェルマー, ハイデマリー
1942〜 ㊗「食費はただ, 家賃も0円! お金なしで生きるなんてホントは簡単」アーティストハウスパブリッシャーズ, 角川書店(発売) 2003

Schwesig, Manuela シュウェーズィヒ, マヌエラ
㊥ドイツ 家庭相

Schwienbacher, Freddy シュビンバハー
㊥イタリア 距離スキー選手 ㊗シュビーンバッハー

Schwinning シュヴィンニング
㊗「現代軸受の誕生」新樹社 2003

Schwizgebel, Georges シュヴィッツゲベル, ジョルジュ
㊥スイス ザグレブ国際アニメーション映画祭 グランド・コンペティション 審査員特別賞(Léa Zagury)(2012年) ほか

Schwoebel, François シュウェーベル, フランソワ
㊗「デカルト氏の悪霊」ディスカヴァー・トゥエンティワン 2011

Schwolow, Alexander シュヴォロウ, アレクサンダー
㊥ドイツ サッカー選手

Schygulla, Hanna シグラ, ハンナ
ベルリン国際映画祭 名誉金熊賞(第60回(2010年))

Sciarra, Paul シアラ, ポール
起業家, ピンタレスト創業者 ㊗シャラ, ポール

Scicluna, Edward シクルーナ, エドワード
㊥マルタ 財務相

Scieszka, Jon シェスカ, ジョン
㊗「あぁとくんをみかけませんでしたか?」六耀社 2016

Scifres, Mike サイフレス, マイク
㊥アメリカ アメフト選手

Scindia, J.M. シンディア, J.M
㊥インド 電力相 ㊗スキレッピ, J.A.

Scioli, Daniel シオリ, ダニエル
㊥アルゼンチン 副大統領

Scioscia, Mike ソーシア, マイク
1958〜 ㊥アメリカ 大リーグ監督, 元野球選手 本名=Scioscia, Michael Lorri

Sciutto, Jim シュート, ジム
㊥アメリカ 外交官, 元テレビ記者 駐中国米国大使首席補佐官

Sclar, David Alexander スクラー, D.A.
㊗「うつ病という時限爆弾」日本評論社 2003

Scobell, Andrew スコベル, アンドリュー
㊗スコーベル, アンドルー ㊗「中国安全保障全史」みすず書房 2016

Scobie, Lorna スコビィ, ローナ
㊗「うみのなかでなかまさがし」大日本絵画 〔2016〕

Scoble, Robert スコーブル, ロバート
1965〜 ㊗「コンテキストの時代」日経BP社, 日経BPマーケティング(発売) 2014

Scoffham, Stephen スコッファム, スティーブン
㊗「いまがわかる! 世界なるほど大百科」河出書房新社 2011

Scofield, John スコフィールド, ジョン
1951〜 ㊥アメリカ ジャズ・ギタリスト

Scofield, Paul スコフィールド, ポール
1922〜2008 ㊥イギリス 俳優

Scoglio, Franco スコーリオ, フランコ
1941〜2005 ㊥イタリア サッカー監督 サッカー・チュニジア代表監督

Scola, Ettore スコラ, エットーレ
1931〜2016 ㊥イタリア 映画監督 ㊗スコーラ, エットレ

Scola, Luis スコラ, ルイス
㊥アルゼンチン バスケットボール選手

Scolari, Luiz Felipe スコラーリ, ルイス・フェリペ
1948〜 ㊥ブラジル サッカー監督, 元サッカー選手 サッカー・ブラジル代表監督, サッカー・ポルトガル代表監督 ㊗スコラリ, ルイスフェリペ

Scollins, Richard スコーリンズ, リチャード
㊗「聖騎士団」新紀元社 2001

Scollo, Chris スコロ, クリス
㊗「プロフェッショナルPHPプログラミング」インプレス, インプレスコミュニケーションズ(発売) 2001

Scollon, Bill スコーロン, ビル
㊗スコロン, ビル ㊗「ドリーのずっと友だちだよ」大日本絵画 〔2016〕

Scoones, Ian スコーンズ, イアン
㊗「土を持続させるアフリカ農民」松香堂書店 2011

Score, Herb スコア, ハーブ
1933〜2008 ㊥アメリカ 元・野球選手

Scorsese, Martin　スコセッシ, マーティン
　1942〜　国アメリカ　映画監督,映画プロデューサー,俳優　本名＝Scorsese, Martin Charles　関スコセッシ, マーチン
Scotchmer, Suzanne　スコッチマー, スザンヌ
　著「知財創出」日本評論社　2008
al-Scotri, Awad Saad　スコトリ, アワド・サード
　国イエメン　電力・エネルギー相
Scotson, John L.　スコットソン, ジョン・L.
　著「定着者と部外者」法政大学出版局　2009
Scott, Adam　スコット, アダム
　1980〜　国オーストラリア　プロゴルファー
Scott, Alicia　スコット, アリシア
　著「甘すぎた罠」ハーレクイン　2006
Scott, Allen John　スコット, アレン・J.
　1938〜　著「グローバル・シティー・リージョンズ」ダイヤモンド社　2004
Scott, Amber E.　スコット, アンバー・E.
　著「ゼンドリックの秘密」ホビージャパン　2007
Scott, Andrew　スコット, アンドリュー
　ローレンス・オリヴィエ賞　提携劇場における功績賞（2005年（第29回））　"A Girl In A Car With A Man"
Scott, Andrew　スコット, アンドリュー
　1965〜　著「LIFE SHIFT」東洋経済新報社　2016
Scott, Andy　スコット, アンディ
　国カナダ　インディアン・北部開発相
Scott, Art　スコット, アート
　著「アートオブロバート・マッギニス」マール社　2014
Scott, Barbara Ann　スコット, バーバラ
　1928〜2012　国カナダ　フィギュアスケート選手　本名＝King, Barbara Ann
Scott, Beckie　スコット
　国カナダ　距離スキー選手
Scott, Carole　スコット, キャロル
　著「絵本の力学」玉川大学出版部　2011
Scott, Charles R.　スコット, チャールズ・R.
　1967〜　国アメリカ　作家,冒険家　関スコット, チャールズ・R.
Scott, Chris　スコット, クリス
　国アメリカ　アメフト選手
Scott, Christian　スコット, クリスチャン
　1983〜　国アメリカ　ジャズ・トランペット奏者
Scott, Christine　スコット, クリスティーネ
　著「内気なシンデレラ」ハーレクイン　2015
Scott, Christopher Thomas　スコット, クリストファー・T.
　著「ES細胞の最前線」河出書房新社　2006
Scott, Coleman　スコット
　国アメリカ　レスリング選手
Scott, Cynthia D.　スコット, シンシア
　著「組織改革」鹿島出版会　2012
Scott, Damion　スコット, ダミオン
　関スコット, タミオン　著「バットマン：ノーマンズ・ランド」小学館集英社プロダクション　2015
Scott, David Meerman　スコット, デイヴィッド・ミーアマン
　著「月をマーケティングする」日経BP社,日経BPマーケティング（発売）　2014
Scott, David Randolph　スコット, デイヴィッド・R.
　1932〜　著「アポロとソユーズ」ソニー・マガジンズ　2005
Scott, Dick　スコット, ディック
　国アメリカ　ニューヨーク・メッツコーチ
Scott, Doug　スコット, ダグ
　著「ヒマラヤ探検史」東洋書林　2015
Scott, Duncan　スコット, ダンカン
　国イギリス　水泳選手
Scott, Emily　スコット
　国アメリカ　ショートトラック選手
Scott, Erin L.　スコット, エリン・L.
　著「不安障害」日本評論社　2005
Scott, Frederick　スコット, フレデリック
　グラミー賞　最優秀長編ビデオ作品（2013年（第56回））　"The Road To Red Rocks"
Scott, Giles　スコット, ジャイルズ
　国イギリス　セーリング選手
Scott, Gini Graham　スコット, ジーニ・グレアム
　著「ダメ上司につけるクスリ」講談社　2008
Scott, Gordon　スコット, ゴードン
　1927〜2007　国アメリカ　俳優　関スコット, ゴードン
Scott, Guy　スコット, ガイ
　国ザンビア　副大統領
Scott, Harold Lee, Jr.　スコット, ハロルド・リー, Jr.
　1949〜　国アメリカ　実業家　ウォルマート・ストアーズ社長・CEO　関スコット, リー
Scott, Helen　スコット, ヘレン
　著「音楽家の手」協同医書出版社　2006
Scott, Hillary　スコット, ヒラリー
　1986〜　国アメリカ　歌手
Scott, James C.　スコット, ジェームズ・C.
　1936〜　国アメリカ　政治学者　エール大学政治学部・人類学部教授　関政治学, 人類学
Scott, James F.　スコット, J.F.
　著「強誘電体メモリ」シュプリンガー・フェアラーク東京　2003
Scott, Jasper T.　スコット, ジャスパー・T.
　国カナダ　作家　関SF
Scott, Jay M.　スコット, ジェイ・M.
　著「ちっちゃなアレックスと夢のレモネード屋さん」戎光祥出版　2005
Scott, Jennifer Lynn　スコット, ジェニファー・L.
　著「フランス人は10着しか服を持たない」大和書房　2016
Scott, Jeremiah　スコット, ジェレマイア
　国セントビンセント・グレナディーン　農業・労相
Scott, Jessica　スコット, ジェシカ
　著「グローバル化と言語能力」明石書店　2015
Scott, Jill　スコット, ジル
　グラミー賞　最優秀アーバン／オルタナティヴ・アーティスト（2007年（第50回））ほか
Scott, Jimmy　スコット, ジミー
　1925〜2014　国アメリカ　ジャズ歌手
Scott, J.Julius, Jr.　スコット, J.ジュリアス, Jr.
　著「中間時代のユダヤ世界」いのちのことば社　2007
Scott, J.M.　スコット, J.M.
　著「人魚とビスケット」東京創元社　2001
Scott, Joan Wallach　スコット, ジョーン・W.
　1941〜　著「ヴェールの政治学」みすず書房　2012
Scott, John　スコット, ジョン
　著「アシュタンガ・ヨーガ」産調出版　2002
Scott, Josey　スコット, ジョージー
　MTVアワード　最優秀映画ビデオ（第19回（2002年））　"Hero"
Scott, Judith　スコット・RS・ホム, ジュデイス
　著「ホメオパシー・レメディーカード」ホメオパシー出版　2007
Scott, Justin　スコット, ジャスティン
　1944〜　国アメリカ　作家　筆名＝ブレイザー, J.S., ギャリス, ポール
Scott, Katie　スコット, ケイティ
　著「アニマリウム」汐文社　2016
Scott, Kendall　スコット, ケンドール
　1960〜　著「MDAのエッセンス」翔泳社　2004
Scott, Larry　スコット, ラリー
　1938〜2014　国アメリカ　ボディービルダー
Scott, Larry　スコット, ラリー
　国アメリカ　アメフト選手
Scott, Leslie Ann　スコット, レスリー
　1955〜　著「JENGA」東洋経済新報社　2013
Scott, Lisa A.　スコット, リサ
　著「吃音のある学齢児のためのワークブック」学苑社　2015
Scott, Liz　スコット, リズ
　著「ちっちゃなアレックスと夢のレモネード屋さん」戎光祥出版　2005
Scott, Manda　スコット, マンダ
　著「特別な年2012（にーまるいちにー）があっという間にわかるガイド」ヒカルランド　2011
Scott, Martha　スコット, マーサ
　?〜2003　国アメリカ　女優
Scott, Martin　スコット, マーティン
　1956〜　著「魔術探偵スラクサス」早川書房　2002
Scott, Martin J.　スコット, マーティン・J.
　著「動物のためのクリスタル・ヒーリング」中央アート出版社　2005
Scott, Marylin　スコット, マリリン
　著「デッサン・スケッチの実践バイブル」グラフィック社　2006
Scott, Matt　スコット, マット
　国スコットランド　ラグビー選手
Scott, Michael　スコット, マイケル
　1959〜　国アイルランド　作家　関ファンタジー, ホラー
Scott, Michael　スコット, マイケル
　著「環境犯罪学と犯罪分析」社会安全研究財団　2010

Scott, Michele スコット, ミシェル
1969～ [国]アメリカ 作家 [専]ミステリー, ファンタジー
Scott, Mike スコット, マイク
[国]アメリカ バスケットボール選手
Scott, Nathan Kumar スコット, ネイサン・クマール
[著]「マンゴーとバナナ」 アートン 2006
Scott, P.Anne スコット, P.アン
[著]「境界を超える看護」 エルゼビア・ジャパン 2006
Scott, Peter スコット, ピーター
[著]「平等主義の政治経済学」 大村書店 2002
Scott, Peter スコット, ピーター・J.
1961～ [異]スコット, ピーター [著]「Perlプログラミング救命病棟」 翔泳社 2005
Scott, Peter David スコット, ピーター・D.
[著]「海の生き物たち」 大日本絵画 2011
Scott, Peter R. スコット, ピーター・R.
1964～ [著]「ソーシャルメディア戦略」 日本内部監査協会 2013
Scott, P.F. スコット, P.F.
[著]「知の歴史」 徳間書店 2002
Scott, Philippa スコット, フィリッパ
[著]「世界の絹織物文化図鑑」 柊風舎 2007
Scott, Rashawn スコット, ラショーン
[国]アメリカ アメフト選手
Scott, Ridley スコット, リドリー
1937～ [国]イギリス 映画監督, 映画プロデューサー
Scott, Robby スコット, ロビー
[国]アメリカ 野球選手
Scott, Stanley スコット, スタンリー
[著]「聴いて学ぶアイルランド音楽」 アルテスパブリッシング 2008
Scott, Stephen スコット, S.
[著]「必携児童精神医学」 岩崎学術出版社 2010
Scott, Steve スコット, スティーヴン・K.
1948～ [著]「史上最強の大富豪になる方法」 トランスワールドジャパン 2009
Scott, Steven スコット, スティーブン
[国]イギリス 射撃選手
Scott, Susan スコット, スーザン
1944～ [著]「ズバリ！ うじうじしない会話術」 ソニー・マガジンズ 2005
Scott, Tim スコット, ティム
[国]アメリカ アメフト選手
Scott, Tony スコット, トニー
1921～2007 [国]アメリカ ジャズ・クラリネット奏者 本名＝シアッカ, アンソニー・ジョセフ〈Sciacca, Anthony Joseph〉
Scott, Tony スコット, トニー
1944～2012 [国]イギリス 映画監督, 映画プロデューサー 本名＝Scott, Anthony David
Scott, Traer スコット, トレア
[著]「夜行性動物写真集」 スペースシャワーネットワーク 2015
Scott, Trevor スコット, トレヴァー
[国]アメリカ 作家 [専]ミステリー, スリラー
Scott, Vaughn スコット
[国]ニュージーランド テコンドー選手
Scott, Walter, Jr. スコット, ウォルター, Jr.
バークシャー・ハサウェイ取締役
Scott, William Robert スコット, ウィリアム・R.
1931～ [著]「財務会計の理論と実証」 中央経済社 2008
Scott-Clark, Cathy クラーク, キャシー・スコット
英国推理作家協会賞 ゴールド・ダガー（ノン・フィクション）（2014年） "The Siege"
Scott-Heron, Gil スコット・ヘロン, ギル
1949～2011 [国]アメリカ 歌手, 詩人 本名=Scott-Heron, Gilbert
Scott-Morgan, Peter スコット・モーガン, ピーター
[著]「変革の陥穽」 東洋経済新報社 2001
Scottoline, Lisa スコットライン, リザ
1955～ [国]アメリカ 作家
Scotton, Rob スコットン, ロブ
[著]「ラッセルとクリスマスのまほう」 文化出版局 2007
Scott-Stokes, Henry スコット＝ストークス, ヘンリー
1938～ [異]ストークス, ヘンリー・S. [著]「戦争犯罪国はアメリカだった！」 ハート出版 2016
Scott-Thomas, Kristin Ann スコット・トーマス, クリスティン
1960～ [国]イギリス 女優
Scotty, Charmaine スコッティ, シャマイン
[国]ナウル 教育相兼内相兼土地管理相
Scotty, Ludwig Derangadage スコッティ, ルドウィグ
1948～ [国]ナウル 政治家 ナウル大統領 [異]スコティ, ルドウィグ
Scouten, Rex スコーテン, レックス
？～2013 [国]アメリカ ホワイトハウス執事長
Scowcroft, Brent スコウクロフト, ブレント
1925～ [国]アメリカ スコウクロフト・グループ代表, 元・国家安全保障担当大統領補佐官 スコウクロフト・グループ社長 米国大統領補佐官（国家安全保障問題担当）
Scown, Rebecca スカウン, レベッカ
[国]ニュージーランド ボート選手
Scozzoli, Fabio スコツォリ
[国]イタリア 競泳選手
Scranton, Philip スクラントン, フィリップ
1946～ [著]「エンドレス・ノヴェルティ」 有斐閣 2004
Scranton, William Warren スクラントン, ウィリアム
1917～2013 [国]アメリカ 政治家, 弁護士 ペンシルベニア州知事
Scratchy, Lili スクラッチ, リリ
[著]「かたちシールアクティビティブック」 学研プラス 2016
Screech, Michael Andrew スクリーチ, マイケル・A.
1926～ [著]「ラブレー笑いと叡智のルネサンス」 白水社 2009
Screech, Timon スクリーチ, タイモン
1961～ [国]イギリス ロンドン大学アジア・アフリカ研究学院（SOAS）教授, 多摩美術大学客員教授 [専]日本美術史, 江戸文化論
Scribano, Philip V. スクリバーノ, フィリップ・V.
[著]「子どもの性虐待に関する医学的評価」 診断と治療社 2013
Scribner, Belding H. スクリブナー, ベルディング
1921～2003 [国]アメリカ 医学者 ワシントン大学名誉教授 [専]人工透析
Scribner, Evan スクリブナー, エバン
[国]アメリカ 野球選手
Scribner, Kenn スクリブナー, ケナード
[著]「SOAP技術入門」 ピアソン・エデュケーション 2001
Scrimger, Rob スクリムガー, ロブ
1964～ [著]「MCSAテキストWindows 2000 Server Exam「70-215」」 ソフトバンクパブリッシング 2002
Scrimshaw, Nevin Stewart スクリムショウ, ネービン
1918～2013 [国]アメリカ 栄養学者 マサチューセッツ工科大学名誉教授
Scrivner, Jane スクリブナー, ジェーン
[著]「ラストーンセラピー・オリジナル教本」 フレグランスジャーナル社 2007
Scruggs, Earl スクラッグス, アール
1924～2012 [国]アメリカ バンジョー奏者
Scruggs, Greg スクラッグス, グレッグ
[国]アメリカ アメフト選手
Scruggs, Louise スクラッグス, ルイーズ
1928～2006 [国]アメリカ カントリー音楽マネージャー
Scruggs, Randy スクラッグス, ランディ
グラミー賞 最優秀カントリー・インストゥルメンタル・アーティスト（2004年（第47回））
Scruton, Roger スクルートン, ロジャー
[著]「論争グローバリゼーション」 岩波書店 2007
Scud スカッド
[国]香港 映画監督 漢字名＝雲翔
Scuffet, Simone スクフェット, シモーネ
[国]イタリア サッカー選手
Scull, Christina スカル, クリスティナ
[著]「トールキンのホビットイメージ図鑑」 原書房 2012
Sculley, John スカリー, ジョン
1939～ [著]「ムーンショット！」 パブラボ, 星雲社（発売） 2016
Scullion, Nigel スカリオン, ナイジェル
[国]オーストラリア 先住民問題相
Scully, Blaine スカリー, ブレイン
[国]アメリカ ラグビー選手
Scully, Claire スカリー, クレア
[著]「美しい模様の動物塗り絵」 河出書房新社 2016
Scully, Matthew スカリー, マシュー
[著]「動物工場」 緑風出版 2016
Scully, Vin スカリー, ビン
1927～ [国]アメリカ スポーツアナウンサー
Sculthorp, Frederick C. スカルソープ, F.C.
[著]「私の霊界紀行」 潮文社 2007

S

Sculthorpe, Peter Joshua スカルソープ, ピーター
1929～2014 [国]オーストラリア 作曲家
Scurlock, James D. スカーロック, ジェイムズ・D.
[著]「借りまくる人々」 朝日新聞社 2007
Scutts, Jerry スカッツ, ジェリー
[著]「第8航空軍のP-51マスタングエース」 大日本絵画 2002
Scvortov, Victor スクウォルトフ, ビクトル
[国]アラブ首長国連邦 柔道選手
Sde-Or, Imi スデ・オー, イミ
1910～ [著]「クラブマガ入門」 原書房 2001
Seaberg, Maureen シーバーグ, モリーン
[著]「31歳で天才になった男」 講談社 2014
Seabra, Maria do Carmo セアブラ, マリア・ドカルモ
[国]ポルトガル 教育相
Seabra, Verissimo Correira シーブラ, ベリシモ・カレイラ
[国]ギニアビサウ 国防相
Seabright, Paul シーブライト, ポール
[著]「殺人ザルはいかにして経済に目覚めたか？」 みすず書房 2014
Seabrook, Jeremy シーブルック, ジェレミー
1939～ [著]「世界の貧困」 青土社 2005
Seabrook, Sue シーブルック, スー
[著]「実親に会ってみたい」 明石書店 2007
Seacord, Robert C. シーコード, ロバート・C.
[著]「C/C++セキュアコーディング」 KADOKAWA 2014
Seacrest, Ryan シークレスト, ライアン
1974～ [国]アメリカ ラジオパーソナリティ, DJ 本名＝Seacrest, Ryan John
Seagal, Steven セガール, スティーブン
1951～ [国]アメリカ 俳優 [異]セーガル, スティーブン / セガール, スティーヴン
Seager, Corey シーガー, コリー
[国]アメリカ 野球選手
Seager, Joni シーガー, ジョニー
[著]「地図でみる世界の女性」 明石書店 2005
Seager, Kyle シーガー, カイル
[国]アメリカ 野球選手
Seagram, Barbara シーグラム, バーバラ
[著]「25のコンベンション」 日本コントラクトブリッジ連盟 2001
Seagrave, Peggy シーグレーヴ, ペギー
[著]「ヤマト王朝」 展望社 2007
Seagrave, Sterling シーグレーブ, スターリング
1937～ [国]アメリカ ジャーナリスト, ノンフィクション作家 [異]シーグレーヴ, スターリング
Seagull, Elizabeth A.W. シーガル, エリザベス・A.W.
[著]「虐待された子ども」 明石書店 2003
Seah, M.P. シーア, M.P.
[著]「表面分析：SIMS」 アグネ承風社 2003
Seakgosing, John セアコシン, ジョン
[国]ボツワナ 保健相
Seal シール
[国]イギリス グラミー賞 最優秀ポップ・ヴォーカル・コラボレーション（2010年（第53回）） “Imagine”
Sealey, Peter シーレイ, ピーター
1940～ [著]「シンプリシティ・マーケティング」 ダイヤモンド社 2002
Sealy, Richard シーリー, リチャード
[国]バルバドス 観光・国際運輸相
Seaman, Carolyn シーマン, キャロリン
[著]「ゴール＆ストラテジ入門」 オーム社 2015
Seaman, Donald シーマン, ドナルド
[著]「現代殺人百科」 青土社 2004
Seaman, Julian シーマン, ジュリアン
[著]「ファッションデザイン画コース」 文化出版局 2005
Seamands, David A. シーモンズ, デイビッド・A.
[著]「恵みを知らないクリスチャン」 イムマヌエル綜合伝道団出版局 2004
Seamster, Sammy シームスター, サミー
[国]アメリカ アメフト選手
Searage, Ray シーレイジ, レイ
[国]アメリカ ピッツバーグ・パイレーツコーチ
Searcy, Da'Norris シーアシー, ダノリス
[国]アメリカ アメフト選手
Searfoss, D.Gerald セアフォス, D.G.
[著]「元帳の締め切り」 〔川島貞一〕 2002
Seargeant, Philip サージェント, フィリップ
[著]「英語と開発」 春風社 2015
Searle, Ann サール, アン
[著]「心理学研究法入門」 新曜社 2005
Searle, John R. サール, ジョン・R.
1932～ [著]「心・脳・科学」 岩波書店 2015
Searle, Ronald サール, ロナルド
1920～2011 [国]イギリス 漫画家 本名＝Searle Ronald William Fordham
Searle, Sally サール, サリー
[著]「実践ピラーティス」 ガイアブックス, 産調出版（発売） 2010
Searles, Harold F. サールズ, ハロルド・F.
[著]「ノンヒューマン環境論」 みすず書房 2005
Searles, John サールズ, ジョン
[著]「ボーイ・スティル・ミッシング」 アーティストハウスパブリッシャーズ, 角川書店（発売） 2003
Searls, Doc サールズ, ドク
[著]「インテンション・エコノミー」 翔泳社 2013
Sears, Alfred シアーズ, アルフレッド
[国]バハマ 教育・科学技術相
Sears, Barry シアーズ, バリー
1947～ [著]「なにをしてもやせられなかった人のファイナルダイエット」 ビオ・マガジン 2010
Sears, James M. シアーズ, ジェームス
[著]「パパになったあなたへの25章」 主婦の友社 2009
Sears, Martha シアーズ, マーサ
[著]「シアーズ博士夫妻のベビーブック」 主婦の友社 2015
Sears, Michael シアーズ, マイクル
1950～ [国]アメリカ 作家 [専]ミステリー, スリラー
Sears, Robert シアーズ, ロバート
[著]「パパになったあなたへの25章」 主婦の友社 2009
Sears, Ted シアーズ, テッド
[著]「ふしぎの国のアリス」 竹書房 2003
Sears, William シアーズ, ウイリアム
[著]「シアーズ博士夫妻のベビーブック」 主婦の友社 2015
Sears-duru, Djustice シアーズ＝デュリュ, ディージャスティス
[国]カナダ ラグビー選手
Sease, Catherine シーズ, キャサリン
1947～ [著]「棒針の作り目と止め211種類のバリエーション」 グラフィック社 2015
Sease, Virginia シーズ, バージニア
1935～ [著]「『オイリュトミーの本質』講演録」 ルドルフ・シュタイナー芸術アカデミー, 精巧堂出版（〔大仙〕）（発売） 2013
Seastrunk, Lache シーストランク, ラチェ
[国]アメリカ アメフト選手
Seaton, Ryan シートン, ライアン
[国]アイルランド セーリング選手
Seaton, Samuel シートン, サムエル
[国]セントクリストファー・ネイビス 総督
Seau, Ian スー, イアン
[国]アメリカ アメフト選手
Seau, Junior セアウ, ジュニア
1969～2012 [国]アメリカ アメフト選手
Seaver, Charles シーバー, チャールズ
？～2004 [国]アメリカ ゴルフ選手
Sebag-Montefiore, Hugh シーバッグ＝モンティフィオーリ, ヒュー
[著]「エニグマ・コード」 中央公論新社 2007
Sebaht, Efrem セバート・エフレム
[国]エリトリア エネルギー・鉱業相
Sebald, W.G. ゼーバルト, W.G.
1944～2001 [国]イギリス 作家, ドイツ文学者 [専]ドイツ近代文学 本名＝Sebald, Winfried Georg
Sebarenzi, Joseph セバレンジ, ジョセフ
[著]「ルワンダ・ジェノサイド生存者の証言」 立教大学出版会, 有斐閣（発売） 2015
Sebastian, Cuthbert セバスチャン, クスバート
[国]セントクリストファー・ネイビス 総督
Sebástian, Joan セバスチャン, ジョアン
グラミー賞 最優秀バンダ・アルバム（2008年（第51回））ほか
Sebastián Gascón, Miguel セバスティアン・ガスコン, ミゲル
[国]スペイン 工業・観光・商務相
Sebastião, Francisco セバスチャオ, フランシスコ
[国]ポルトガル ローザンヌ国際バレエコンクール 7位・プロ研修賞（第41回（2013年））
Sebba, Anne セバ, アン
1951～ [著]「ローラ・アシュレイ」 バベル・プレス 2004

Sebba, Mark セバ, マーク
[著]「接触言語」 きこ書房 2013
Sebbag, Georges セバッグ, ジョルジュ
1942～ [著]「崇高点」 水声社 2016
Sebbah, François-David セバー, フランソワ＝ダヴィッド
1967～ [著]「限界の試練」 法政大学出版局 2013
Sebe, Emil シェーベ, エミル
[著]「なまえのないかいぶつ」 小学館 2008
Sebelius, Kathleen セベリウス, キャスリーン
[国]アメリカ 厚生長官
Sebenius, James K. セベニウス, ジェームズ・K.
[著]「最新ハーバード流3D交渉術」 阪急コミュニケーションズ 2007
Sebert, John A. シーバート, ジョン・A.
[著]「アメリカ法曹協会（ABA）ロースクール認定手続」 現代人文社, 大学図書（発売） 2002
Sebesky, Don セベスキー, ドン
トニー賞 ミュージカル 編曲賞（2015年（第69回）） "An American in Paris"
Sebestyen, Julia シェベシュチェン
[国]ハンガリー フィギュアスケート選手
Sebestyen, Victor セベスチェン, ヴィクター
1956～ [国]ハンガリー ジャーナリスト [異]セベスチェン, ビクター
Sebetlela, Boyce セベトレラ, ボイス
[国]ボツワナ 通信・科学技術相
Sebhat, Ephrem セブハト・エフレム
[国]エリトリア 国防相
Sebiger, Heinz ゼビガー, ハインツ
[国]ドイツ 元・DATEV eG理事長, 元・ドイツ連邦税理士会理事, 元・ニュルンベルク税理士会会長, 元・北バイエルン独日協会会長
Sebold, Alice シーボルド, アリス
1962～ [国]アメリカ 作家 [専]文学, フィクション, 伝記ほか [異]シーボルト, アリス
Sebold, John シーボルド, ジョン
[著]「DV加害者が変わる」 金剛出版 2012
Sebrle, Roman シェブルレ, ロマン
1974～ [国]チェコ 十種競技選手 [異]シェブルレ / セブルレ, ロマン
Sebudandi, Venetia セブダンディ, ヴェネティア
[国]ルワンダ 駐日特命全権大使
Séché, Andreas セシェ, アンドレアス
1968～ [著]「囀る魚」 西村書店東京出版編集部 2016
Sechehaye, M.-A. セシュエー, M.-A.
[著]「分裂病の精神療法」 みすず書房 2003
Sechin, Igor セチン, イーゴリ
1960～ [国]ロシア 実業家, 政治家 ロスネフチ社長, ロスネフテガス会長 ロシア副首相 本名＝Sechin, Igor Ivanovich [異]セーチン, イーゴリ / セチン, イーゴリ・I. / セチン, イゴール
Sechrist, Elsie セクリスト, エルシー
[著]「瞑想の実践」 中央アート出版社 2003
Seck, Idrissa セク, イドリッサ
[国]セネガル 首相
Seck, Louis セック, ルイ
[国]セネガル 再生可能エネルギー相
Seck, Maimouna Ndoye セック, マイナム・ヌドイ
[国]セネガル 観光・空輸相 [異]セック, マイムナ・ヌドイ
Seck, Mamadou セク, ママドゥ
[国]セネガル 社会基盤・設備・運輸相
Seck, Oumou Khairy Guèye セック, ウム・ハイリ・ゲイ
[国]セネガル 畜産相 [異]セク, ウム・カイリ・ゲイ
Seck, Papa Abdoulaye セック, パパ・アブドゥライ
[国]セネガル 農業・農村施設相
Seck, Pap Cheyassin セック, パップ・チェヤシン
[国]ガンビア 法相兼検事総長
Seck, Pathé セック, パテ
[国]セネガル 内相
Seckel, Al セッケル, アル
[著]「不可能図形コレクション90選」 創元社 2014
Secombe, Harry シーカム, ハリー
1921～2001 [国]イギリス コメディアン, 放送タレント, テノール歌手 本名＝Secombe, Harry Donald [異]シーコム, ハリー
Secord, James A. シコード, J.A.
[著]「ライエル地質学原理」 朝倉書店 2007
Secoske, Matt セコスキ, マット
[著]「プロジェクト・マネジャーが知るべき97のこと」 オライリー・ジャパン, オーム社（発売） 2011
Secter, Irving I. セクター, アービング・I.
[著]「ミルトン・エリクソンの臨床催眠セミナー」 亀田ブックサービス 2011
Seculin, Andrea セクリン, アンドレア
[国]イタリア サッカー選手
Sedaminou, Afognon Kouakou セダミヌ・アフォニョン・クアク
[国]トーゴ 臨時代理大使, 一等書記官
Sedar, Ed シーダー, エド
[国]アメリカ ミルウォーキー・ブルワーズコーチ
Sedaris, David セダリス, デービッド
1956～ [国]アメリカ 作家, ラジオパーソナリティ [異]セダーリス, デーヴィッド / セダリス
Seddik, Saâd セディク, サアド
[国]チュニジア 農業・水資源・漁業相
Seddiki, Abdesslam セディキ, アブドスラム
[国]モロッコ 雇用・社会問題相
Seddiqui, Daniel セディッキ, ダニエル
1983～ [著]「就職のことをいろいろ考えすぎて面倒くさくなったあなたへ」 共同通信社 2012
Seddon, Diane セドン, D.
[著]「ケアホームにおける家族参加」 風間書房 2013
Seddon, John セドン, ジョン
[著]「こんなISO9000はいらない」 日本図書刊行会 2001
Seddon, Tony セダン, トニー
1965～ [著]「20世紀デザイン」 東京美術 2016
Sedego, Laurent セデゴ, ローラン
[国]ブルキナファソ 農業・水産資源相 [異]セデゴ, ローランス
Seder, Rufus Butler セダー, ルーファス・バトラー
[著]「ピーナッツ スヌーピーとなかまたち名言集」 大日本絵画〔2015〕
Sedgewick, Robert セジウィック, R.
1946～ [著]「アルゴリズムC」 近代科学社 2004
Sedgwick, David セジウィック, デイヴィッド
1951～ [著]「ユングとサールズ」 金剛出版 2009
Sedgwick, Eve Kosofsky セジウィック, イヴ・コゾフスキー
[著]「男同士の絆」 名古屋大学出版会 2001
Sedgwick, Kyra セジウィック, キーラ
エミー賞 プライムタイム・エミー賞 最優秀主演女優賞（ドラマシリーズ）（第62回（2010年））ほか
Sedgwick, Marcus セジウィック, マーカス
1968～ [国]イギリス 作家 [専]ヤングアダルト, ホラー
Sedgwick, Mitchel セジウィック, ミッチェル
[著]「日本の組織」 東方出版 2003
Sedgwick, Modwena セジウィック, モドウィナ
1916～ [著]「げんきなぬいぐるみ人形ガルドラ」 日本ライトハウス 2015
Sedgwick, Peter R. セジウィック, ピーター
[著]「現代思想芸術事典」 青土社 2002
Sedgwick, Toby セジウィック, トビー
ローレンス・オリヴィエ賞 振付賞（2008年（第32回）） "War Horse"
Sedia, Ekaterina セディア, エカテリーナ
世界幻想文学大賞 アンソロジー（2009年） "Paper Cities: An Anthology of Urban Fantasy"
Sediq, Mir Mohammad セディク, ミル・モハマド
[国]アフガニスタン 鉱工業相
Sediq, Sohaila セディク, ソハイラ
[国]アフガニスタン 保健相
Sedki, Atef Mohamed Naguib セドキ, アテフ
1930～2005 [国]エジプト 政治家 エジプト首相 [異]シドキー
Sedláček, Tomáš セドラチェク, トーマス
1977～ [著]「善と悪の経済学」 東洋経済新報社 2015
Sedley, D.N. セドレー, D.
[著]「古代ギリシア・ローマの哲学」 京都大学学術出版会 2009
Sédogo, Laurent セドゴ, ローラン
[国]ブルキナファソ 環境相 [異]スドゴ, ローラン
Sedor, John R. セドール, ジョン・R.
[著]「腎臓病シークレット」 メディカル・サイエンス・インターナショナル 2004
Sedov, Vladimir セドフ
[国]カザフスタン 重量挙げ選手
Sedova, Yana セドワ, ヤナ
[著]「雪の女王」 BL出版 2016
See, Carolyn シー, キャロリン

[著]「夏休みのブルー」 DHC 2001
See, Lisa シー, リサ
1955～ [著]「雪花と秘文字の扇」 バベルプレス 2008
See, Prudence シー, プルーデンス
[著]「秘密の花園クックブック」 東洋書林 2007
Seebass, Scott スコット, シーバス
[著]「UNIXネットワーク管理者ハンドブック」 ソフトバンクパブリッシング 2003
Seebohm, Emily シーボム, エミリー
1992～ [国]オーストラリア 水泳選手 [異]シーボーム, エミリー
Seebun, Idranee シーバン, イドラネ
[国]モーリシャス 女性・児童・家族福祉相
Seed, Janet シード, ジャネット
[著]「オクスファム男女共同参画研修マニュアル」 北樹出版 2011
Seedat, Soraya シーダ, ソラヤ
[著]「不安障害」 日本評論社 2005
Seeder, Helir-Valdor セーデル, ヘリルバルドル
[国]エストニア 農相 [異]セーデル, ヘリルワルドル
Seedorf, Clarence セードルフ, クラレンス
1976～ [国]オランダ サッカー指導者, 元サッカー選手 本名＝Seedorf, Clarence Clyde
Seefeldt, Jürgen ゼーフェルト, ユルゲン
1953～ [著]「ドイツ図書館入門」 日本図書館協会 2011
Seeger, Elizabeth シーガー, エリザベス
[著]「ラーマーヤナ」 子ども文庫の会 2006
Seeger, Laura Vaccaro シーガー, ローラ・ヴァッカロ
[著]「はじめはタマゴ」 評論社 2014
Seeger, Melanie ゼーガー
[国]ドイツ 陸上選手
Seeger, Pete シーガー, ピート
1919～2014 [国]アメリカ フォーク歌手, バンジョー奏者, 作詞家, 作曲家 本名＝シーガー, ピーター〈Seeger, Peter〉
Seehofer, Horst ゼーホーファー, ホルスト
1949～ [国]ドイツ 政治家 バイエルン州首相, キリスト教社会同盟(CSU)党首 ドイツ大統領代行 本名＝ゼーホーファー, ホルスト・ローレンツ〈Seehofer, Horst Lorenz〉
Seel, Martin ゼール, マルティン
1954～ [著]「自然美学」 法政大学出版局 2013
Seeley, Thomas D. シーリー, トーマス・D.
1952～ [著]「野生ミツバチとの遊び方」 築地書館 2016
Seeley, Tim シーリー, ティム
[著]「デッドプールVS.サノス」 小学館集英社プロダクション 2016
Seelig, Tina シーリグ, ティナ
1957～ [国]アメリカ スタンフォード大学工学部スタンフォード・テクノロジー・ベンチャー・プログラムエグゼクティブ・ディレクター [専]起業家育成
Seely, Hart シーリー, ハート
1952～ [著]「人生は爆発だ！ 最狂トランプ伝説」 ビジネス社 2016
Seely, Ron シーリー, ロン
[著]「サイエンスライティング」 地人書館 2013
Seema, Patil シーマ, パティル
[著]「メヘンディアート」 出帆新社 2015
Seeman, Neil シーマン, ニール
[著]「抗精神病薬受容体の発見ものがたり」 星和書店 2011
Seeman, Philip シーマン, フィリップ
1934～ [著]「抗精神病薬受容体の発見ものがたり」 星和書店 2011
Seemann, Glenn シーマン, グレン
[著]「ゲーム開発者のためのAI入門」 オライリー・ジャパン, オーム社(発売) 2005
Seemungal, Jairam シームンガル, ジャイラム
[国]トリニダード・トバゴ 国土・海洋資源相
Seepersad-bachan, Carolyn シーパサードベイチャン, キャロリン
[国]トリニダード・トバゴ 総務相
Seeruttun, Mahen Kumar セルチャン, マヘン・クマール
[国]モーリシャス 農産業・食糧安全保障相
Seetaram, Jangbahadoorsing Iswurdeo Mola Roopchand シータラム, ジャングバハドーシング・イスールデオ・モラ・ループチャン
[国]モーリシャス ビジネス・企業・協同組合相
Seethaler, Sherry シーサラー, シェリー
1970～ [著]「「悪意の情報」を見破る方法」 飛鳥新社 2012
Seetharaman, Seshadri シータラーマン, セシャドリ
[著]「インドレッスン」 Ganesha材料＆環境Links LLP, 福岡 海鳥社(発売) 2007
Seetoo, Da-Hong セートゥ, ダ・ホン
グラミー賞 最優秀録音技術アルバム(クラシック)(2005年(第48回)) "Mendelssohn: The Complete String Quartets"
Seewald, Peter ゼーヴァルト, ペーター
1954～ [著]「修道院の医術」 創元社 2011
Seferi, Taulant セフェリ, タウラント
[国]マケドニア サッカー選手
Seferian-jenkins, Austin セフェリアン・ジェンキンス, オースティン
[国]アメリカ アメフト選手
Seferovic, Haris セフェロヴィッチ, ハリス
[国]スイス サッカー選手
Seff, Nancy R. セフ, N.R.
[著]「地球・生き物の神秘」 英光社 2010
Seff, Philip セフ, P.
[著]「地球・生き物の神秘」 英光社 2010
Seffinger, Michael A. セフェンジャー, マイケル・A.
[著]「エビデンスに基づいた徒手療法」 ガイアブックス, 産調出版(発売) 2012
Sefo, Ray セフォー, レイ
1971～ [国]ニュージーランド 格闘家
Sefolosha, Thabo セフォローシャ, タボ
[国]スイス バスケットボール選手
Sefon, Jordan セフォン, ジョーダン
[国]アメリカ アメフト選手
Sefor, Lynn セフォー, リン
[国]南アフリカ 南アフリカ剣道連盟会長
Segal, Anna シガール
[国]オーストラリア フリースタイルスキー選手
Segal, Charles シーガル, チャールズ
1936～ [著]「ディオニュソスの詩学」 国文社 2002
Segal, Erich シーガル, エリック
1937～2010 [国]アメリカ 作家, シナリオライター エール大学教授 [専]ギリシャ・ラテン文学
Segal, Inna シガール, イナ
[著]「魂が伝えるウェルネスの秘密」 ナチュラルスピリット 2015
Segal, Peter シーガル, ピーター
1962～ [国]アメリカ 映画監督
Segal, Ronald シーガル, ロナルド
1932～2008 [国]イギリス 作家 本名＝Segal, Ronald Michael
Segal, Zindel V. シーガル, ジンデル・V.
[異]シーガル, Z.V. [著]「うつのためのマインドフルネス実践」 星和書店 2012
Segall, Ken シーガル, ケン
[著]「Think Simple」 NHK出版 2012
Segaller, Stephen シガーラー, スティーブン
[著]「ザ・ファーストネットセンチュリー」 ハルアンドアーク 2001
Segaran, Toby セガラン, トビー
[著]「ビューティフルデータ」 オライリー・ジャパン, オーム社(発売) 2011
Segbefia, Alex セグベフィア, アレックス
[国]ガーナ 保健相
Segedin, Rob セゲディン, ロブ
[国]アメリカ 野球選手
Segel, Rick シーゲル, リック
[著]「笑って金持ちになる方法」 扶桑社 2002
Segell, Michael シーゲル, マイケル
1951～ [著]「サキソフォン物語」 青土社 2010
Segelström, Fabian セーゲルストレーム, ファビアン
[著]「This is service design thinking.」 ビー・エヌ・エヌ新社 2013
Seger, Linda シーガー, リンダ
[著]「サブテキストで書く脚本術」 フィルムアート社 2016
Seger, Maura シーガー, モーラ
[著]「ナイトに抱かれて」 ハーレクイン 2013
Segerstam, Leif セーゲルスタム, レイフ
1944～ [国]フィンランド 指揮者, 作曲家 ヘルシンキ・フィルハーモニー首席指揮者 [異]セゲルスタム, レイフ
Segerstråle, Ullica Christina Olofsdotter セーゲルストローレ, ウリカ
[著]「社会生物学論争史」 みすず書房 2005
Segerstrom, Suzanne C. セガストローム, スーザン・C.
[著]「幸せをよぶ法則」 星和書店 2008
Segev, Tom セゲフ, トム
1945～ [著]「七番目の百万人」 ミネルヴァ書房 2013

Segio Leon　セルヒオ・レオン
　国スペイン　サッカー選手
Segizbaev, Abdil　セギズバエフ, アブディル
　国キルギス　国家安全保障委員長　欧セギズバエフ, アブジル
Seglin, Jeffrey L.　セグリン, ジェフリー・L.
　1956〜　著「正しいこと」ダイヤモンド社　2004
Seglinš, Mareks　セグリンシ, マレクス
　国ラトビア　内相　欧セグリンシ, マレクス
Segnini, Carlos　セグニーニ, カルロス
　国コスタリカ　公共事業・交通相
Segnit, Niki　セグニット, ニキ
　著「風味の事典」楽工社　2016
Segovia, Carmen　セゴヴィア, カルメン
　1978〜　著「黒グルミのからのなかに」西村書店　2007
Segovia, María Lorena　セゴビア, マリア・ロレナ
　国パラグアイ　法務・労働相
Segovia, Stephen　セゴビア, スティーブン
　著「スパイダーマン：アメリカン・サン」小学館集英社プロダクション　2013
Segre, Cesare　セグレ, チェーザレ
　1928〜　著「テクストと文化モデル」而立書房　2008
Segre, Emanuele　セグレ, エマヌエーレ
　国イタリア　ギタリスト　クラシックギター
Segrè, Gino　セグレ, ジノ
　著「温度から見た宇宙・物質・生命」講談社　2004
Segrest, James　セグレスト, ジェイムズ
　1961〜　著「ハウリン・ウルフ ブルースを生きた狼の一生」ブルース・インターアクションズ　2009
Segrin, Chris　セグリン, クリス
　著「対人プロセスと心理的諸問題」晃洋書房　2011
Šegrt, Budimir　シェグルト, ブディミル
　国モンテネグロ　保健相
Segua, Derek　セグア, デレク
　国ソロモン諸島　教育・人的資源相
Séguéla, Philippe　セゲラ, フィリップ
　1959〜　著「宇宙探査機」飛鳥新社　2013
Séguin, Benoît　スガン, ベノワ
　1966〜　著「オリンピックマーケティング」スタジオタッククリエイティブ　2013
Séguin, Onésime-Édouard　セガン, エドゥアール
　著「初稿知的障害教育論」幻戯書房　2016
Seguin, Paul　セギン, パウル
　国ドイツ　サッカー選手
Séguin, Philippe Daniel Alain　セガン, フィリップ
　1943〜2010　国フランス　政治家　フランス会計検査院院長, フランス共和国連合(RPR)党首, フランス国民議会(下院)議長
Séguin-Fontes, Marthe　スガン＝フォント, マルト
　著「アリスのふしぎな夢」西村書店　2010
Segura, Jean　セグーラ, ジーン
　国ドミニカ共和国　野球選手
Segura Bonilla, Olman　セグラ・ボニジャ, オルマン
　国コスタリカ　労働・社会保険相
Segura Vasi, Alonso　セグラ・バシ, アロンソ
　国ペルー　経済・財務相
Segú y Martín, Fernando　セグ・イ・マルティン, フェルナンド
　国スペイン　「東京プロモーション64年」代表, 元・首相府ニュース部門チーフ
Sehar, Sardar Bahadur Khan　セヘル, サルダール・バハドゥル・カーン
　国パキスタン　国防生産相
Sehested, Ove H.　セヘステッド, O.
　著「自分を変える7日間」三笠書房　2003
Sehgal, Kabir　セガール, カビール
　著「貨幣の「新」世界史」早川書房　2016
Sehgal, Tino　セーガル, ティノ
　国イギリス, ドイツ　ヴェネチア・ビエンナーレ 金獅子賞 国際展示部門(2013年(第55回))
Sehlberg, Dan T.　セールベリ, ダン・T.
　1969〜　国スウェーデン　作家　SF
Sehmsdorf, Henning K.　セームスドルフ, ヘンニング・K.
　著「5人の語り手による北欧の昔話」古今社　2002
Sehnawi, Maurice　セハナウィ, モーリス
　国レバノン　エネルギー・水資源相
Sehnawi, Nicolas　サフナウィ, ニコラ
　国レバノン　通信相

Sehoueto, Lazare　セウエト, ラザル
　国ベナン　産業・商業・手工芸相
Seibel, Peter　サイベル, ピーター
　著「Coders at Workプログラミングの技をめぐる探求」オーム社　2011
Seibel, Scott　シーベル, スコット
　著「乗り物の音」大日本絵画　〔2010〕
Seibert, Dieter　ザイベルト, ディーター
　著「やさしく登れるアルプス3000m峰」山と渓谷社　2005
Seibold, J.Otto　シーボールド, ジェイ・オットー
　1960〜　欧シーボールド, J.オットー　著「ミスター・ランチをすくえ！」ソニー・マガジンズ　2005
Seicht, Gerhard　ザイヒト, ゲルハルト
　1938〜　著「ドイツ財務会計論の系譜」中央経済社　2004
Seid, Brahim　セイド, ブラヒム
　国チャド　郵政相兼国家開発・都市計画・住宅相
Seid Bauche, Abdelkerim　サイード・ボーシュ, アブデルケリム
　国チャド　公務員・雇用相
Seide, Cadi　セイデ, カディ
　国ギニアビサウ　公衆衛生相
Seide, Ron　セイド, ロン
　著「802.11(Wi-Fi)無線LANネットワーク技術教本」ソフトバンクパブリッシング　2004
Seidel, Christian　ザイデル, クリスチャン
　著「女装して、一年間暮らしてみました。」サンマーク出版　2015
Seidel, Robert W.　サイデル, ロバート・W.
　著「原子爆弾開発ものがたり」近代文芸社　2001
Seidel, Wolfgang　シーデル, ウォルフガング
　1935〜　著「苦情マネジメント大全」生産性出版　2008
Seiden, Allan　セイデン, アラン
　著「アート・オブ・フラ」アップフロントブックス, ワニブックス(発売)　2005
Seiden, Art　セイデン, アート
　著「おおきなきかんしゃちいさなきかんしゃ」講談社　2003
Seiden, Josh　セイデン, ジョシュ
　「Lean UX」オライリー・ジャパン, オーム社(発売)　2014
Seidensticker, Edward George　サイデンステッカー, エドワード・ジョージ
　1921〜2007　国アメリカ　日本文学者　コロンビア大学名誉教授
Seidensticker, John　セイデンスティッカー, ジョン
　著「猛獣と捕食者」昭文社　2008
Seidi, Lassana　セイディ, ラサナ
　国ギニアビサウ　内相
Seidl, Claudius　ザイドル, クラウディウス
　1959〜　著「サザンな大人たち」主婦の友社　2006
Seidl, Sebastian　ザイトル, セバスティアン
　国ドイツ　柔道選手
Seidl, Ulrich　ザイドル, ウルリヒ
　ヴェネチア国際映画祭 審査員特別大賞(第69回(2012年))　"Glaube"
Seidler, David　サイドラー, デヴィッド
　アカデミー賞 オリジナル脚本賞(第83回(2010年))　"The King's Speech"
Seidler, Robert　サイドラー, ロバート
　国オーストラリア　豪日経済委員会副会長, 元・豪日経済委員会インフラ小委員会委員長
Seidler, Tor　セイドラー, トア
　著「ダルシマーを弾く少年」ポプラ社　2004
Seidlmeier, Heinrich　ザイドルマイヤー, ハインリヒ
　著「ARISによるビジネスプロセス・モデリング」トムソンラーニング, ビー・エヌ・エヌ新社(発売)
Seidman, Daniel F.　シードマン, ダニエル・F.
　著「30日間「禁煙」プログラム」ワニ・プラス, ワニブックス(発売)　2010
Seidman, Dov　シードマン, ダヴ
　著「人として正しいことを」海と月社　2013
Seidman, Laurence S.　シードマン, ローレンス・S.
　著「累進消費税」文真堂　2004
Seidman, Lewis William　シードマン, ウィリアム
　1921〜2009　国アメリカ　経済コンサルタント　米国連邦預金保険公社(FDIC)総裁, 米国整理信託公社(RTC)総裁
Seïdou, Alassane　セイドゥ, アラサナ
　国ベナン　保健相　欧セイドゥ, アラサン
Seierstad, Åsne　セイエルスタッド, アスネ
　1970〜　国ノルウェー　ジャーナリスト　欧セイエルスタッド, オスネ

al-Seif, Abdullah Hassan　アル・セーフ，アブドラ・ハサン
　 国バーレーン　財政・国民経済相
Seife, Charles　サイフェ，チャールズ
　 国アメリカ　ニューヨーク大学准教授　 職ジャーナリズム論
Seif El Nasr, Farouk Mahmoud　セイフエルナスル，ファルーク・マハムド
　 国エジプト　法相
Seifert, Christian　ザイフェルト，クリスチャン
　1969～　 国ドイツ　ブンデスリーガCEO
Seifert, Gero　ザイフェルト，ゲーロ
　 国ドイツ　ハレ・ザーレクライス独日協会会長
Seifert, Werner G.　ザイフェルト，ヴェルナー・G.
　 著「もの言う株主」講談社　2008
Seifert, Wolfgang　ザイフェルト，ヴォルフガング
　1932～　 著「ギュンター・ヴァント」音楽之友社　2002
Seiffert, Peter　ザイフェルト，ペーター
　1954～　 国ドイツ　テノール歌手
Seiffert, Rachel　シーファー，レイチェル
　1971～　 著「暗闇のなかで」アーティストハウスパブリッシャーズ，角川書店（発売）　2003
Seifman, Jonathan　シーフマン，ジョナサン
　 著「中国の人事・労務トレンドと展望」CCH Japan Limited　2003
Seifried, Dieter　ザイフリート，ディーター
　1948～　 著「ネガワット」省エネルギーセンター　2001
Seifter, Harvey　セイフター，ハーヴェイ
　 著「オルフェウス・プロセス」角川書店　2002
Seigel, Michael　シーゲル，マイケル
　1947～　 著「多国間主義と同盟の狭間」国際書院　2006
Seigel, Michael　シーゲル，マイケル
　1947～　 著「教会の社会教説綱要」カトリック中央協議会　2009
Seigner, Emmanuelle　セニエ，エマニュエル
　1966～　 国フランス　女優
Seignoret, Clarence　セニョレ，クラレンス
　1919～2005　 国ドミニカ共和国　政治家　ドミニカ大統領　本名＝Seignoret, Clarence Henry Augustus
Seikkula, Jaakko　セイックラ，ヤーコ
　 著「オープンダイアローグ」日本評論社　2016
Seilacher, Adolf　ザイラッハー，アドルフ
　1925～　 著「化石芸術」化石芸術展実行委員会　2001
Seile, Mārīte　セイレ，マーリーテ
　 国ラトビア　教育・科学相
Seiler, Roland　ザイラー，R.
　 著「体育教師のための心理学」大修館書店　2006
Seiler, Thomas　サイラー，トマス
　 著「越境する環境倫理学」現代書館　2010
Seillière, Ernest-Antoine　セリエール，エルネスト・アントワーヌ
　1937～　 国フランス　実業家　CGIP会長，フランス企業運動（MEDEF）会長　本名＝Seillière de Laborde, Ernest-Antoine
Seim, Mart　セイム，マルト
　 国エストニア　重量挙げ選手
Seinfeld, Jerry　サインフェルド，ジェリー
　 国アメリカ　コメディアン
Sein Htwa　セイン・フトゥワ
　 国ミャンマー　社会福祉・救援・再定住相兼移民・人口問題相　セイン・トワー
Sein Lwin　セイン・ルイン
　？～2004　 国ミャンマー　政治家，軍人　ビルマ大統領，ビルマ社会主義計画党（BSPP）議長
Sein Win　セイン・ウィン
　1922～2013　 国ミャンマー　ジャーナリスト　「共同通信」通信員，「AP通信」通信員
Sein Win　セイン・ウィン
　 国ミャンマー　国防相
Seip, Stefan　ザイプ，シュテファン
　1964～　 著「地球の夜」原書房　2012
Seipp, Walter　ザイプ，ウォルター
　1925～2015　 国ドイツ　銀行家　コメルツ銀行頭取
Seiranyan, Spartak　セイラニャン，スパルタク
　 国アルメニア　教育科学相
Seisay, Mohammed　セイセイ，モハメド
　 国アメリカ　アメフト選手
Seitel, Fraser P.　サイテル，フレイザー
　 著「アイデアをいただいてしまえ！」ダイヤモンド社　2003
Seitz, Elisabeth　ザイツ，エリザベト
　 国ドイツ　体操選手

Seitz, Franz　ザイツ，フランツ
　1921～2006　 国ドイツ　映画プロデューサー，映画監督，脚本家　本名＝Seitz, Franz Xavier
Seitz, Frederic　サイツ，フレデリック
　 著「エッフェル塔物語」玉川大学出版部　2002
Seitz, Frederick　ザイツ，フレデリック
　1911～2008　 国アメリカ　理論物理学者　米国科学アカデミー会長，ロックフェラー大学名誉学長　 職固体量子論　 異サイツ，フレデリック
Seitz, Justin　サイツ，ジャスティン
　 著「サイバーセキュリティプログラミング」オライリー・ジャパン，オーム社（発売）　2015
Seitz, Manfred　ザイツ，マンフレート
　 著「光の降誕祭」教文館　2004
Seitzer, Kevin　サイツァー，ケビン
　 国アメリカ　アトランタ・ブレーブスコーチ
Seiwert, Lothar　ザイヴァート，ローター
　1957～　 著「「もっと単純に！」で人生はうまくいく」中経出版　2012
Sejani, Ackson　セジャニ，アクソン
　 国ザンビア　地方行政・住宅相
Sejdiu, Fatmir　セイディウ，ファトミル
　1951～　 国コソボ　政治家，法学者　コソボ大統領　 異セイディウ，ファトゥミル
Sejersted, Lotte Smiseth　セイエルステ
　 国ノルウェー　アルペンスキー選手
Sejima, Kazuyo　セジマ，カズヨ
　 国日本　プリッカー賞（2010年）　漢字名＝妹島和世
Sekachova, Iryna　セカチョワ
　 国ウクライナ　陸上選手
Sekal, Zbynek　セカール，ズビネック
　1923～　 著「ズビネック・セカール作品集」本の泉社　2001
Sekaric, Jasna　シェカリッチ
　 国セルビア　射撃選手　 異セカリッチ
Sekatle, Matumelo　セカトレ，マトゥメロ
　 国レソト　地方政府相
Sekatle, Pontšo　セカトレ，ポンツォ
　 国レソト　地方行政相
Sekatle, Semano　セカトレ，セマノ
　 国レソト　公共サービス相
Sekatle, Suzan　セカトレ，スーザン
　 国レソト　地方相
Sekeramayi, Sydney　セケラマイ，シドニー
　 国ジンバブエ　国防相
Šekerinska, Radmila　シェケリンスカ，ラドミラ
　 国マケドニア　副首相（欧州統合担当）　 異セケリンスカ，ラドミラ
Sekgopo, Motsereganye　セコボ，モツェレハニェ
　 国ボツワナ　環境天然資源保護観光省森林保護担当課長
Sekhamane, Tlohang　セカマネ，トロハング
　 国レソト　財務相
Sekibo, Abiye　セキボ，アビイエ
　 国ナイジェリア　運輸相　 異セキボ，アビィエ
Sekimoto, Shohei　セキモト，ショウヘイ
　 国日本　フレデリック・ショパン国際ピアノコンクール 第4位（2005年（第15回））　漢字名＝関本昌平
Sekiya, T.Raymond　セキヤ，トモユキレイモンド
　 国アメリカ　元・ハワイ日本文化センター理事長，元・クアキニ・ヘルス・システム理事長　漢字名＝関屋友行レイモンド
Sekizawa, Akihiko　セキザワ，アキヒコ
　 著「臨床PCRプロトコール」タカラバイオ，丸善（発売）　2002
Sekkouri, Lahcen　セクリ，ラハセン
　 国モロッコ　青年・スポーツ相
Sekmokas, Arvydas　セクモカス，アルビダス
　 国リトアニア　エネルギー相
Sekoff, Roy　シーコフ，ロイ
　 国アメリカ　「ハフィントン・ポスト」創設編集者
Sekulić, Predrag　セクリッチ，プレドラグ
　 国モンテネグロ　国土開発・観光相
Sekunda, Nick　セカンダ，ニック
　1953～　 著「共和制ローマの軍隊」新紀元社　2001
Sela, Dudi　セラ，ドゥディ
　 国イスラエル　テニス選手
Sela, Jonathan　セラ，ジョナサン
　MTVアワード　最優秀撮影（第26回（2009年））　"21 Guns"
Selaković, Nikola　セラコビッチ，ニコラ

[国]セルビア 司法相
Selänne, Teemu セラニ, テーム
1970〜 [国]フィンランド 元アイスホッケー選手 [異]セラーニ, ティーム
Selarón, Jorge セラロン, ホルヘ
?〜2013 [国]ブラジル 芸術家
Selberg, Atle セルバーグ, アトル
1917〜2007 [国]アメリカ 数学者 プリンストン高等研究所教授 [専]数論
Selby, Andrew セルビー
[国]イギリス ボクシング選手
Selby, Anna セルビー, アンナ
[著]「アーユルヴェーダ美容健康法」 ガイアブックス, 産調出版(発売) 2012
Selby, David セルビー, デイヴィッド
1945〜 [異]セルビー, デイヴィット [著]「グローバル・クラスルーム」 明石書店 2007
Selby, Hubert, Jr. セルビー, ヒューバート, Jr.
1928〜2004 [国]アメリカ 作家
Selby, John セルビー, ジョン
1945〜 [著]「願いを叶える7つの呪文」 ソフトバンククリエイティブ 2011
Selby, Philip セルビー, P.
1936〜 [著]「上手に老いるには」 視覚障害者支援総合センター 2003
Selby, Todd セルビー, トッド
[著]「おいしいセルビー 料理の職人たちをたずねて」 グラフィック社 2013
Selden, Wayne セルデン, ウェイン
[国]アメリカ バスケットボール選手
Selderhuis, Herman J. セルダーヘイス, ヘルマン・J.
[著]「キリスト教のスピリチュアリティ」 新教出版社 2006
Seldes, Marian セルデス, マリアン
1928〜2014 [国]アメリカ 女優 本名=Seldes, Marian Hall [異]セルディス, マリアン
Seldes, Rich セルディス, R.
[著]「だから、彼女の恋はうまくいく」 三笠書房 2005
Seldin, Peter セルディン, ピーター
[著]「アカデミック・ポートフォリオ」 玉川大学出版部 2009
Seldon, Anthony セルドン, アンソニー
[著]「ブレアのイギリス」 関西大学出版部 2012
Seles, Monica セレシュ, モニカ
1973〜 [国]アメリカ 元テニス選手 [異]セレス, モニカ
Seleskovitch, Danica セレスコヴィッチ, ダニッツァ
1921〜2001 [著]「会議通訳者」 研究社 2009
Seleznyov, Aleksandr I. セレズニョフ, アレクサンドル・I.
[国]ベラルーシ 建設相
Self, David セルフ, デイヴィッド
[著]「ウルフマン」 早川書房 2010
Self, Sharmistha セルフ, S.
1963〜 [著]「経済発展の政治経済学」 日本評論社 2008
Self, Will セルフ, ウィル
1961〜 [著]「元気なぼくらの元気なおもちゃ」 河出書房新社 2006
Selfe, Daphne セルフ, ダフネ
1928〜 [著]「人はいくつになっても、美しい」 幻冬舎 2016
Seli, Mbogo Ngabo スリ, ムボゴ・ヌガボ
[国]チャド 財務・予算相
Selic, Bran セリック, ブラン
[著]「MDAマニフェスト」 エスアイビー・アクセス, 星雲社(発売) 2005
Selick, Henry セリック, ヘンリー
アヌシー国際アニメーション映画祭 長編映画 クリスタル賞(最優秀長編作品)(2009年)ほか
Selig, Bud セリグ, バド
1934〜 [国]アメリカ 大リーグコミッショナー, ブリュワーズ・オーナー 本名=Selig, Allan Huber Bud
Seliger, Herbert W. セリガー, ハーバート・W.
1937〜 [著]「外国語教育リサーチマニュアル」 大修館書店 2001
Seligman, B.Z. セリグマン, B.Z.
[著]「アイヌの信仰とその儀式」 国書刊行会 2002
Seligman, Joel セリグマン, ジョエル
[著]「ウォールストリートの変革」 創成社 2006
Seligman, Martin E.P. セリグマン, マーティン
1942〜 [著]「異常心理学大事典」 西村書店 2016
Seligman, Patricia セリグマン, パトリシア
1950〜 [著]「水彩花のスケッチハンドブック」 グラフィック社 2006
Seligmann, Matthew S. セリグマン, マシュー
1967〜 [著]「写真で見るヒトラー政権下の人びとと日常」 原書房 2010
Seligson, Susan セリグソン, スーザン
1954〜 [著]「巨乳はうらやましいか?」 早川書房 2007
Selim, Fazlul Karim セリム, ファズルル・カリム
[国]バングラデシュ 厚生・福祉相
Selimov, Albert セリモフ, アルベルト
[国]アゼルバイジャン ボクシング選手
Selin, Yevhen セリン, イェフゲン
[国]ウクライナ サッカー選手
Selinger, Peter F. ゼーリンガー, ピーター・F.
[著]「『世界の滑空機』図鑑」 エアワークス 2003
Selinus, Olle セリヌス, オレ
[著]「環境医学入門」 中央法規出版 2003
Selja, Kumari セルジャ, クマリ
[国]インド 社会正義・能力開発相 [異]セルジャ
Selk, Jason セルク, ジェイソン
[著]「突破力」 マグロウヒル・エデュケーション, 日本出版貿易(発売) 2009
Selke, Davie ゼルケ, ダヴィー
[国]ドイツ サッカー選手
Selkow, Stanley セルコワ, スタンリー
1944〜 [著]「アルゴリズムクイックリファレンス」 オライリー・ジャパン, オーム社(発売) 2016
Sell, Colleen セル, コリーン
[著]「空っぽのくつした」 光文社 2002
Sell, Yvonne セル, イヴォンヌ
[著]「LEADERSHIP 2030」 生産性出版 2015
Selladurai, Ben セラデュライ, ベン
[著]「頭部外傷の初期診療」 メディカル・サイエンス・インターナショナル 2011
Sellal, Abdelmalek セラル, アブデルマレク
1948〜 [国]アルジェリア 政治家 アルジェリア首相
Sellar, Polly セラー, ポリー
[著]「美しい肌の本質」 産調出版 2007
Sellar, Wanda セラー, ワンダ
[著]「メディカルアストロロジー入門」 フレグランスジャーナル社 2010
Sellen, Abigail J. セレン, アビゲイル・J.
[著]「ペーパーレスオフィスの神話」 創成社 2007
Sellers, Alexandra セラーズ, アレキサンドラ
[著]「悩めるシーク」 ハーレクイン 2012
Sellier, Marie セリエ, マリー
[著]「プリミティブアートってなぁに?」 西村書店 2008
Sellier, Philippe セリエ, フィリップ
1931〜 [著]「聖書入門」 講談社 2016
Sellinger, Arie セリンジャー, アリー
1937〜 [国]アメリカ バレーボール監督 バレーボール米国女子・オランダ男子代表監督
Sellmair, Nikola ゼルマイヤー, ニコラ
1971〜 [著]「祖父はアーモン・ゲート」 原書房 2014
Sells, Chris セルズ, クリス
[著]「JavaScriptによるWindows8.1アプリケーション構築」 翔泳社 2013
Selmaier, Maria セルマイアー, マリア
[国]ドイツ レスリング選手
Selman, Eduardo セルマ, エドゥアルド
[国]ドミニカ共和国 無任所相
Selman, Martin J. セルマン, マーティン・J.
1947〜2004 [著]「歴代誌」 いのちのことば社 2013
Selmane, Mohamed Lemine Ould セルマン, モハメド・レミン・ウルド
[国]モーリタニア 保健・社会問題相
Selmani, Imer セルマニ, イメール
[国]マケドニア 副首相(枠組み合意担当)兼保険相
Selmani, Massinissa セルマーニ, マッシニッサ
[国]アルジェリア ヴェネチア・ビエンナーレ 特別賞 国際展示部門(2015年(第56回))
Selmani, Rexhep セルマニ, レジェプ
[国]マケドニア 保健相
Selms, Adrianus van セルムス, A.ファン
1906〜 [著]「ヨブ記」 教文館 2002
Selsky, Steve セルスキー, スティーブ
[国]アメリカ 野球選手
Selten, Reinhard ゼルテン, ラインハルト

S

1930〜 [国]ドイツ　経済学者　ボン大学名誉教授
Seltman, Kent D.　セルトマン, ケント・D.
[著]「メイヨー・クリニック奇跡のサービスマネジメント」 マグロウヒル・エデュケーション, 日本経済新聞出版社(発売)　2010
Seltzer, David　セルツァー, D.
[異]セルツァー, デヴィッド　[著]「オーメン」 河出書房新社　2006
Seluka, Alesana　セルカ, アレサナ
[国]ツバル　保健相兼教育・スポーツ相
Selva, Stefano　セルバ, ステファノ
[国]サンマリノ　射撃選手
Selva, T.　セルヴァ, T.
[著]「アーユルヴェーダ風水入門」 ビイング・ネット・プレス　2011
Selver, Charlotte　セルバー, シャーロット
[著]「センサリーアウェアネス」 ビイング・ネット・プレス　2014
Selvin, Joel　セルヴィン, ジョエル
[著]「サミー・ヘイガー自伝」 ヤマハミュージックメディア　2012
Selway, Phil　セルウェイ, フィル
1967〜 [国]イギリス　ミュージシャン　本名＝Selway, Philip James
Selznick, Brian　セルズニック, ブライアン
1966〜 [国]アメリカ　挿絵画家, 絵本作家
Selznick, Philip　セルズニック, フィリップ
[著]「グローバルな市民社会に向かって」 日本経済評論社　2001
Semanick, Michael　セマニック, マイケル
アカデミー賞 音響賞(第78回(2005年))　"King Kong"
S
Semashko, Pyotr M.　セマシコ, ピョートル・M.
[国]ベラルーシ　林業相　[異]セマシュコ, ピョートル
Semashko, Vladimir I.　セマシコ, ウラジーミル・I.
[国]ベラルーシ　副首相　[異]セマシュコ, ウラジーミル・I.
Sembach, Klaus-Jürgen　ゼンバッハ, クラウス・ユルゲン
[著]「アール・ヌーヴォー」 Taschen　c2007
Sembène, Ousmane　*センベーヌ, ウスマン
1923〜2007 [国]セネガル　映画監督, 作家　セネガルペンクラブ会長, セネガル監督協会会長, カンヌ国際映画祭審査員　[異]サンベーヌ
Semedo, Bawa　セメド, バワ
[国]トーゴ　通信・国民教育相
Semedo, Maria Helena　セメド, マリア・エレナ
[国]カボベルデ　観光・運輸・海洋相
Semedo, Odete　セメド, オデト
[国]ギニアビサウ　国民教育相　[異]セメド, オデテ
Semedo, Rui Mendes　セメド, ルイ・メンデス
[国]カボベルデ　議会・国防相
Semega, Hamed Diane　セメガ, ハメド・ディアンヌ
[国]マリ　設備・運輸相
Semel, Terry　セメル, テリー
1943〜 [国]アメリカ　実業家　ウィンザー・メディア会長・CEO　ヤフーCEO, ワーナー・ブラザース共同会長・CEO
Semelin, Jacques　セムラン, ジャック
[著]「非暴力ってなに?」 現代企画室　2002
Semenenko, Oleksii　セメネンコ, オレクシー
[国]ウクライナ　エリザベート王妃国際コンクール ヴァイオリン第2位(2015年)
Semenennko, Ysvgeny　セメネンコ, エフゲニー
[国]キルギス　労働社会保障相
Semenov, A.A.　セミョノフ, A.A.
[著]「アイハヌム」 東海大学出版会　2009
Semenov, Konstantin　セメノフ, コンスタンティン
[国]ロシア　ビーチバレー選手
Semenov, Mingiyan　セメノフ
[国]ロシア　レスリング選手
Semenov, Sergey　セメノフ, セルゲイ
[国]ロシア　レスリング選手
Semenova, Ksenia　セメノワ
[国]ロシア　体操選手
Semenuik, Nathalie　セメニーク, ナタリー
[著]「魅惑の黒猫」 グラフィック社　2015
Semenya, Caster　セメンヤ, キャスター
1991〜 [国]南アフリカ　陸上選手
Semenyaka, Lyudmila　セメニヤカ, リュドミラ
1952〜 [国]ロシア　バレリーナ　ボリショイ・バレエ団プリンシパル　本名＝Semenyaka, Lyudmila Ivanovna　[異]セメニャーカ, リュドミラ
Semerak, Ostap　セメラク, オスタプ
[国]ウクライナ　環境天然資源相
Semerdjiev, Ilko　セメルジエフ, イルコ
[国]ブルガリア　厚相
Semere, Russom　セメレ・ルソム
[国]エリトリア　教育相
Semerenko, Valj　セメレンコ, ワリ
1986〜 [国]ウクライナ　バイアスロン選手　本名＝Semerenko, Valentyna Oleksandrivna　[異]セメレンコ, Va. / セメレンコ, ワーリ
Semerenko, Vita　セメレンコ, ヴィタ
1986〜 [国]ウクライナ　バイアスロン選手　本名＝Semerenko, Viktoriya Oleksandrivna　[異]セメレンコ, Vi. / セメレンコ, ビタ
Šemeta, Algirdas　シェメタ, アルギルダス
[国]リトアニア　財務相
Semeysum, Liwa　セメイスム, リワ
[国]イラク　国務相(観光・遺跡担当)
Semichastny, Vladimir Y.　セミチャストヌイ, ウラジーミル
?〜2001 [国]ロシア　ソ連国家保安委員会(KGB)議長　[異]セミチャスヌイ, ウラジーミル
Semien, Marcus　セミエン, マーカス
[国]アメリカ　野球選手
Seminara, George　セミナラ, ジョージ
[著]「マグショット」 鹿砦社　2002
Semionova, Polina　セミオノワ, ポリーナ
1984〜 [国]ロシア　バレリーナ　ベルリン国立バレエ団プリンシパル
Semisch, Tim　セミシュ, ティム
[国]アメリカ　アメフト選手
Semjén, Zsolt　シェムイエーン・ジョルト
[国]ハンガリー　副首相
Semkov, Jerzy　セムコフ, イェジー
1928〜2014 [国]ポーランド　指揮者　ロチェスター交響楽団芸術監督・首席指揮者
Semler, Ricardo　セムラー, リカルド
1959〜 [著]「セムラーイズム」 ソフトバンククリエイティブ　2006
Semmelhack, Peter　センメルハック, ピーター
1965〜 [著]「ソーシャルマシン」 KADOKAWA　2014
Semmelroth, Carl　セメルロース, カール
[著]「つい、怒ってしまう人の心理学」 ダイヤモンド社　2005
Semmler, Willi　ゼムラー, ウィリー
[著]「金融不安定性と景気循環」 日本経済評論社　2007
Semodji, Mawussi Djossou　セモジ, マウシ・ジョス
[国]トーゴ　計画・開発・国土整備相
Semoso, Fidelis　セモソ, フィデリス
[国]パプアニューギニア　ブーゲンビル問題担当相兼貿易相
Sempé　サンペ, ジャン＝ジャック
1932〜 [著]「Sempe in New York」 Du Books, ディスクユニオン(発売)　2014
Sempf, Bill　センフ, ビル
[著]「プロフェッショナルVB.NET」 インプレス, インプレスコミュニケーションズ(発売)　2002
Semple, Stuart　センプル, スチュアート
[著]「クリエイティブスペース」 グラフィック社　2011
Semplicini, Andrea　センプリチーニ, アンドレア
[著]「病院倫理入門」 丸善出版　2011
Semprini, Andrea　センプリーニ, アンドレア
[著]「多文化主義とは何か」 白水社　2003
Semprún, Jorge　センプルン, ホルヘ
1923〜2011 [国]スペイン　作家　スペイン文化相　[異]センプルーン, ホルヘ
Semri, Ben　セムリ, ベン
[国]パプアニューギニア　漁業相
Semyonova, Marina　セミョーノワ, マリーナ
1908〜2010 [国]ロシア　バレリーナ, バレエ教師　ボリショイ劇場バレエ団プリンシパル　本名＝Semyonova, Marina Timofeevna　[異]セミョーノヴァ, マリーナ / セミョノワ, マリーナ
Sen, Amartya Kumar　セン, アマルティア
1933〜 [国]インド　経済学者　ハーバード大学教授　ケンブリッジ大学トリニティー・カレッジ学長　[専]厚生経済学, 福祉経済学　[異]セン, アマーチャ / セン, アマーティア
Sen, Chandan K.　セン, チャンダン・K.
[著]「食品の機能性表示と世界のレギュレーション」 薬事日報社　2015
Sen, Colleen Taylor　セン, コリーン・テイラー
[著]「カレーの歴史」 原書房　2013
Sen, Jai　セン, ジャイ

1946〜 ㊃「帝国への挑戦」作品社　2005
Sen, Mala　セン, マラ
　㊃「インドの女性問題とジェンダー」明石書店　2004
Sen, Ramesh Chandra　セン, ラメシュ・チャンドラ
　㊇バングラデシュ　水資源相
Sen, Robi　セン, ロビ
　㊃「コードからわかるAndroidプログラミングのしくみ」日経BP社, 日経BP出版センター (発売)　2010
Sen, Romesh Chandra　セン, ロメシュ・チャンドラ
　㊇バングラデシュ　水資源相
Sen, Sunanda　セン, スナンダ
　1935〜 ㊃「グローバリゼーションと発展途上国」新泉社　2012
Senait, Meshesha　セナイト・メシェシャ
　㊇エチオピア　元・在エチオピア日本国大使館現地職員
Senanayake, Rukman　セナナヤケ, ルクマン
　㊇スリランカ　環境・天然資源相
Senanayake, Sanjaya　セナナヤケ, サンジャヤ
　㊃「よくある症状―見逃せない疾患」メディカル・サイエンス・インターナショナル　2007
Senaratne, Rajitha　セナラトネ, ラジタ
　㊇スリランカ　保健・栄養・伝統医療相
Sénat, David　セナ, D.
　㊃「テロリズム」白水社　2008
Senatore, Leonardo　セナトーレ, レオナルド
　㊇アルゼンチン　ラグビー選手
Senaviratne, Athauda　セナウィラトネ, アタウダ
　㊇スリランカ　労働・海外雇用相
Senaviratne, John　セナウィラトナ, ジョン
　㊇スリランカ　法務・司法改革相
Sendak, Jack　センダック, ジャック
　㊃「魔法使いの少年」みすず書房　2002
Sendak, Maurice　センダック, モーリス
　1928〜2012 ㊇アメリカ　絵本作家, イラストレーター　本名=Sendak, Maurice Bernard　㊗センダック, モーリス / センダク, モーリス
Sendawula, Gerald　センダウラ, ジェラルド
　㊇ウガンダ　財務・計画・経済発展相
Sendazirasa, Annonciata　センダジラサ, アノンシアタ
　㊇ブルンジ　行政・労働・社会保障相
Sendejo, Andrew　センデーホ, アンドリュー
　㊇アメリカ　アメフト選手
Senden, Marius von　ゼンデン, M.フォン
　㊃「現代基礎心理学選書」協同出版　2009
Sender, Ramón　センダー, ラモン
　㊃「太陽とともに生きる」草思社　2006
Senderos, Phillippe　センデロス, フィリップ
　1985〜 ㊇スイス　サッカー選手
Senders, Jacques　センダース, ジャック
　㊃「不思議で美しい貝の図鑑」創元社　2015
Sendic, Raúl　センディック, ラウル
　㊇ウルグアイ　副大統領
Sendker, Jan-Philipp　センドカー, ヤン・フィリップ
　1960〜 ㊇ドイツ　ジャーナリスト, 作家　㊗文学
Sendlerowa, Irena　センドラー, イレーナ
　?〜2008 ㊇ポーランド　福祉活動家
Sendolo, Patrick　センドロ, パトリック
　㊇リベリア　土地・鉱業・エネルギー相
Sendrey, Gérard　サンドレイ, ジェラール
　1928〜 ㊃「率直な創造」ギャルリー宮脇　2013
Sendriute, Zinaida　センドリューテ, ジナイダ
　㊇リトアニア　陸上選手
Sene, Diégane　セン, ディエガン
　㊇セネガル　識字担当相
Sene, Josep　セニェ, ジョゼップ
　㊇スペイン　サッカー選手
Senechal, Marjorie　セネシャル, マージョリー
　㊃「数学を語ろう！」シュプリンガー・フェアラーク東京　2003
Şener, Abdullatif　シェネル, アブドゥラティフ
　㊇トルコ　副首相兼国務相
Sener, Ozbayrakli　シェネル・オズバイラクリ
　㊇トルコ　サッカー選手
Senevirathna, John　セネウィラトナ, ジョン
　㊇スリランカ　電力・エネルギー相
Seneviratne, Athauda　セネウィラトナ, アタウダ
　㊇スリランカ　農村問題相
Seneviratne, John　セネウィラトナ, ジョン

㊇スリランカ　公共行政・内相
Seneviratne, W.D.J.　セネビラトネ, W.D.J.
　㊇スリランカ　労働・労働組合関係相　㊗セネビラトナ, W.D.
Senewiratne, Lakshman　セネウィラトナ, ラクシュマン
　㊇スリランカ　生産性向上相
Senga, Valentin　センガ, バランタン
　㊇コンゴ民主共和国　農相
Sengdeuane, Lachathaboune　センドゥアン・ラーチャタブン
　㊇ラオス　教育・スポーツ相
Senge, Peter M.　センゲ, ピーター・M.
　㊃「学習する学校」英治出版　2014
Sengebau, Umiich　センゲバウ, ウミーチ
　㊇パラオ　天然資源・環境・観光相
Senger, Harro von　センゲル, ハロー・フォン
　1944〜 ㊃「兵法三十六計」ダイヤモンド社　2008
Sengers, Luuk　サンジェ, ルーク
　㊃「調査報道実践マニュアル」旬報社　2016
Senghaas, Dieter　ゼンクハース, ディーター
　1940〜 ㊃「諸文明の内なる衝突」岩波書店　2006
Senghor, Farba　サンゴール, ファルバ
　㊇セネガル　農業・水利相
Senghor, Léopold Sédar　サンゴール, レオポルド・セダール
　1906〜2001 ㊇セネガル　政治家, 詩人, 言語学者　セネガル初代大統領　㊗サンゴール, レオポルド・セダル
Senghore, Aboubacar　サンゴール, アブバカル
　㊇ガンビア　高等教育・研究・科学技術相
Sengnouan, Xayalath　センヌアン・サイニャラート
　㊇ラオス　国防相
Sengoopta, Chandak　センーグプタ, チャンダック
　㊃「指紋は知っていた」文芸春秋　2004
SengOuthai, Onesy　センウタイ, オンシー
　㊇ラオス　元・在ラオス日本国大使館現地職員
Sengupta, Krishanu　セングプタ, クリシャヌ
　㊃「食品の機能性表示と世界のレギュレーション」薬事日報社　2015
Sengupta, Preety　セングプタ, プリーティ
　㊃「現代世界アジア詩集」土曜美術社出版販売　2010
Senilagakali, Jona　セニランガカリ, ジョナ
　㊇フィジー　保健相
Seniloli, Henry　セニロイ, ヘンリー
　㊇フィジー　ラグビー選手
Senior, Clarence　シニア, クラレンス
　㊃「アドラーの思い出」創元社　2007
Senior, Donald　シニア, ドナルド
　1940〜 ㊃「ヨハネ福音書におけるイエスの受難」ドン・ボスコ社　2002
Senior, Jennifer　シニア, ジェニファー
　㊃「子育てのパラドックス」英治出版　2015
Senior, Tom　シニア, トム
　㊃「世界の難民の子どもたち」ゆまに書房　2016
Seni Sauvapong　セーニー・サオワポン
　1918〜 ㊃「敗者の勝利」大同生命国際文化基金　2004
Senker, Cath　センカー, カス
　㊃「コカ・コーラ」彩流社　2014
Senknesh, Ejigu　センクネシュ・エジグ
　㊇エチオピア　鉱物相
Senkut, Aydin　センカット, アイディン
　投資家　㊗センクット, アイディン
Senn, Stephen　セン, スティーヴン
　㊃「確率と統計のパラドックス」青土社　2005
Senna, Marcos　セナ, マルコス
　1976〜 ㊇スペイン　サッカー選手　本名=Senna, Marcos Antonio
Sennett, Richard　セネット, リチャード
　1943〜 ㊇アメリカ　社会学者, 作家　ロンドン・スクール・オブ・エコノミクス教授
Sennov, Anni　セノフ, アニ
　1962〜 ㊃「大人にも子供にも役立つ初めてのエネルギー護身術」ヒカルランド　2016
Sennov, Carsten　セノフ, カーステン
　1962〜 ㊃「大人にも子供にも役立つ初めてのエネルギー護身術」ヒカルランド　2016
Seno, Ethel　セーノ, エセル
　㊃「ストリートアート・カルチャー」Taschen　c2010
Senor, Dan　セノール, ダン
　㊃「アップル、グーグル、マイクロソフトはなぜ、イスラエル企

業を欲しがるのか？」ダイヤモンド社　2012
Senotier, Danièle　スノティエ, ダニエル
　著「読む事典・女性学」藤原書店　2002
Sensabaugh, Coty　センセイボー, コティー
　国アメリカ　アメフト選手
Sensenbrenner, Frank James　センセンブレナー, フランク・ジェームス
　国アメリカ　連邦下院議員, 元・日米国会議員会議共同議長
Senser, Robert A.　センサー, ロバート・A.
　著「次の超大国・中国の憂鬱な現実」朝日新聞社　2003
Sensi, Stefano　センシ, ステファノ
　国イタリア　サッカー選手
Sensier, Collette　センシア, コレット
　著「ケイティ・ペリー スタイル」マーブルトロン, 中央公論新社（発売）　2011
Sensini, Alessandra　ゼンシニ
　国イタリア　セーリング選手
Senson, Pat　センソン, パット
　1969～　著「見せびらかすイルカ、おいしそうなアリ」飛鳥新社　2011
Sentance, Bryan　センテンス, ブライアン
　著「世界の陶芸文化図鑑」東洋書林　2005
Sentumbwe, Nayinda　セントゥンブウェ, ナインダ
　著「障害と文化」明石書店　2006
Senzatela, Antonio　センザテラ, アントニオ
　国ベネズエラ　野球選手
Seo, Hee　ソ, ヒ
　国韓国　バレリーナ　アメリカン・バレエ・シアター（ABT）ソリスト
Seo, In-guk　ソ・イングク
　1987～　国韓国　俳優, 歌手
Seo, Jung-uck　ソ・ジョンウク
　国韓国　科学技術相　漢字名＝徐廷旭
Seo, Kay Kyeongju　セオ, ケイ・キョンジュ
　著「インストラクショナルデザインの理論とモデル」北大路書房　2016
Seo, Seongjo　ソ・ソンジョ
　国韓国　元・在釜山日本国総領事館現地職員　漢字名＝徐成祚
Seo, Sun Young　ソ・サンヨン
　国韓国　チャイコフスキー国際コンクール 声楽（女声）第1位（2011年（第14回））
Seo, Young-Jae　ソ・ヨンジェ
　国韓国　サッカー選手
Seo-cho, Joan M.　セオ＝チョウ, ジョーン・M.
　著「ロイ適応モデルにもとづく看護アセスメントツール」医学書院　2002
Seol, Ki-hyeon　ソル・ギヒョン
　1979～　国韓国　サッカー選手　漢字名＝薛琦鉉
Seović, Aleksandar　セオヴィク, アレクサンダー
　著「Oracle Coherence入門」アスキー・メディアワークス, 角川グループパブリッシング（発売）　2011
Sepaahi, Jamshid　セパーヒ, ジャムシード
　著「ひとりぼっちのしか」新世研　2001
Sepahvandi, Morteza　セパバンド
　国イラン　ボクシング選手
Sepe, Luigi　セペ, ルイジ
　国イタリア　サッカー選手
Sepeng, Hezekiel　セペング
　国南アフリカ　陸上選手
Sepetys, Ruta　セペティス, ルータ
　国アメリカ　作家　著文学, ヤングアダルト
Seppala, Hanna-Maria　セッパラ
　国フィンランド　競泳選手
Seppi, Andreas　セッピ, アンドレアス
　国イタリア　テニス選手
Seppik, Ain　セッピク, アイン
　国エストニア　内相
Seppo, Sanni　セッポ, サンニ
　著「フィンランド・森の精霊と旅をする」プロダクション・エイシア　2009
Sepúlveda, Luis　セプルベダ, ルイス
　著「カモメに飛ぶことを教えた猫」白水社　2005
Sepulveda, M.A.　セプルベダ, M.A.
　訳セプルベダ, ミゲル　著「エッジ・オブ・スパイダーバース」ヴィレッジブックス　2016
Sequeira, Jack　セケイラ, ジャック
　1932～　著「福音の解体新書」キリスト新聞社出版事業部　2003

Ser, Xiang Wei Jasmine　サー, シェンウェイジャスミン
　国シンガポール　射撃選手
Serafin, Xanthe Smith　セラフィン, ザンティ・スミス
　著「英語で読む美女と野獣／眠れる森の美女」IBCパブリッシング　2013
Séralini, Gilles-Eric　セラリーニ, ジル＝エリック
　著「食卓の不都合な真実」明石書店　2014
Serantes, Jon　セランテス, ジョン
　国スペイン　サッカー選手
Seraphin, Kevin　セラファン, ケビン
　国フランス　バスケットボール選手
Serapinaite, Ieva　セラピナイテ, イエバ
　国リトアニア　近代五種選手
Serban, Florin　セルバン, フロリン
　ベルリン国際映画祭 銀熊賞 審査員グランプリ（第60回（2010年））ほか
Serdar, Suat　セルダル, スアト
　国ドイツ　サッカー選手
Serdarov, Ata　セルダロフ, アタ
　国トルクメニスタン　保健・医療産業相
Serdinov, Andriy　セルジノフ
　国ウクライナ　競泳選手
Serdyukov, Anatolii　セルジュコフ, アナトリー
　1962～　国ロシア　ロシア国防相　本名＝Serdyukov, Anatolii Eduardovich
Sère, Bénédicte　セール, ベネディクト
　著「100語でわかる西欧中世」白水社　2014
Serebrov, Alexandre　セレブロフ, アレクサンドル
　1944～　著「宇宙と地球と人間」潮出版社　2004
Sereikaite, Vilija　セレウカイテ
　国リトアニア　自転車選手
Seremaia, Matai　セレマイア, マタイ
　国バヌアツ　農業・林業・漁業・バイオセキュリティ相
Seren, Leo　セレン, レオ
　？～2002　国アメリカ　物理学者
Sereny, Gitta　セレニー, ギッタ
　著「人間の暗闇」岩波書店　2005
Serertse, Vicente　セレツェ, ビセンテ
　国ボツワナ　貿易・産業相
Şereş, Codruţ　シェレシュ, コドルツ
　国ルーマニア　経済相
Seretse, Dikgakgamatso　セレツェ, ディカカマツォ
　国ボツワナ　大統領府相（司法, 安全保障担当）
Seretse, Ramadeluka　セレツェ, ラマデルカ
　国ボツワナ　大統領府相（司法, 国防担当）
Seretse, Tebelelo　セレツェ, テベレロ
　国ボツワナ　公共事業・運輸・通信相
Seretse, Vincent　セレツェ, ビンセント
　国ボツワナ　投資・貿易・産業相　旧セレツェ, ビセンテ
Serfaty, Simon　サーファティ, サイモン
　著「不可欠な米欧協調」ナカニシヤ出版　2009
Sergas, Giulia　セルガス, ジュリア
　国イタリア　ゴルフ選手
Sergay, Jane　セルゲイ, ジェーン
　著「子育ての問題をPBSで解決しよう！」金剛出版　2014
Sergeenko, David　セルゲイエンコ, ダビド
　国ジョージア　労働・保健・社会保障相
Sergeev, Igor Dmitrievich　セルゲーエフ, イーゴリ
　1938～2006　国ロシア　軍人, 政治家　ロシア国防相, ロシア大統領補佐官　旧セルゲエフ, イーゴリ
Sergeev, Viktor　セルゲーエフ, ヴィクトル
　？～2006　国ロシア　映画監督　レンフィルム代表　旧セルゲーエフ, ビクトル
Sergelen, Pureviin　セルゲレン, プレビン
　国モンゴル　食料・農牧業・軽工業相
Sergerie, Karine　セルジュリ
　国カナダ　テコンドー選手
Sergeyenko, David　セルゲイェンコ, ダビド
　国ジョージア　保健・労働・社会保障相
Sergeyev, Igor D.　セルゲーエフ, イーゴリ・D.
　国ロシア　国防相
Sergeyeva, Natalya　セルグエワ, ナタリア
　国カザフスタン　カヌー選手
Sergi Enrich　セルジ・エンリク
　国スペイン　サッカー選手
Sergi Gomez　セルジ・ゴメス

国スペイン　サッカー選手
Sergi Guardiola　セルジ・グアルティオラ
　国スペイン　サッカー選手
Sergio, Alvarez　セルヒオ・アルバレス
　国スペイン　サッカー選手
Sergio Alvarez　セルヒオ・アルバレス
　国スペイン　サッカー選手
Sergio Asenjo　セルヒオ・アセンホ
　国スペイン　サッカー選手
Sergio Llamas　セルヒオ・ジャマス
　国スペイン　サッカー選手
Sergio Oliveira　セルジオ・オリヴェイラ
　国ポルトガル　サッカー選手
Sergio Ramos　セルヒオ・ラモス
　1986〜　国スペイン　サッカー選手　本名＝Garcia, Sergio Ramos
Sergio Rico　セルヒオ・リコ
　国スペイン　サッカー選手
Sergi Roberto　セルジ・ロベルト
　国スペイン　サッカー選手
Seriche Dugan, Angel Serafin　セリチェ・ドゥガン, アンヘル・セラフィン
　国赤道ギニア　首相
Series, Caroline　シリーズ, キャロライン
　1951〜　著「インドラの真珠」日本評論社　2013
Šerifović, Nermin　セリフォヴィック, ネルミン
　著「Scalaパズル」翔泳社　2016
Serikawa, Garrett Kazuhiro　セリカワ, ギャレット・カズヒロ
　国米・ホノルル日本人商工会議所会頭, 元・ハワイ日本文化センター理事長
Serirath, Sisowath　シリラット, シソワット
　国カンボジア　国防相
Serkin, Peter　ゼルキン, ピーター
　1947〜　国アメリカ　ピアニスト　本名＝Serkin, Peter Adolf　旧サーキン, ピーター
Serkis, Andy　サーキス, アンディ
　1964〜　国イギリス　俳優
Serna, Víctor de la　セルナ, ビクトール・デ・ラ
　著「スペインリオハ＆北西部」ガイアブックス, 産調出版（発売） 2012
Sernett, Matthew　サーネット, マット
　訳サーネット, マシュー　著「ネヴァーウィンター・キャンペーン・セッティング」ホビージャパン　2013
Sernovitz, Andy　セルノヴィッツ, アンディ
　著「WOMマーケティング入門」海と月社　2010
Serofilli, Loretta　セロフィッリ, ロレッタ
　著「ちいさなもり」講談社　2001
Seros, Alexandra　セロス, A.
　著「ロスト・ソウルズ」徳間書店　2001
Serota, Nicholas Andrew　セロータ, ニコラス
　1946〜　国イギリス　テート・ブリテン館長
Seroussi, Gadiel　セロッシ, ガディエル
　1955〜　著「楕円曲線暗号」ピアソン・エデュケーション　2001
Seroussi, Karyn　セルーシ, キャリン
　1965〜　著「食事療法で自閉症が全治!!」コスモ21　2012
Serov, Alexander　セロフ
　国ロシア　自転車選手
Serova, V.V.　セロワ, ヴィクトリア・ウラジーミル
　著「切り紙でつくる雪の結晶」マール社　2013
Serpell, James　サーペル, ジェームス
　著「ドメスティック・ドッグ」チクサン出版社, 緑書房（発売） 2009
Serra, Angelo　セラ, アンジェロ
　著「ヴァチカン・アカデミーの生命倫理」知泉書館　2005
Serra, Joān　セラ, ジョアン
　国カボベルデ　財務・計画相
Serra, José　セラ, ジョゼ
　国ブラジル　外相
Serra, Richard　セラ, リチャード
　1939〜　国アメリカ　彫刻家, 画家　ミニマルアート
Serran, Geris A.　セラン, ジェリス・A.
　著「性犯罪者の治療と処遇」日本評論社　2010
Serrano, António　セラノ, アントニオ
　国ポルトガル　農業・農村開発・漁業相
Serrano, Claudia　セラノ, クラウディア
　国チリ　労働・社会保障相
Serrano, Jesus　セラノ

　国スペイン　射撃選手
Serrano, José　セラノ, ホセ
　国エクアドル　内相
Serrano, Juan Rene　セラノ
　国メキシコ　アーチェリー選手
Serrano, Roberto　セラーノ, R.
　著「厚生経済学と社会選択論」シーエーピー出版　2009
Serrano Suñer, Ramón　セラノ・スニェル, ラモン
　1901〜2003　国スペイン　政治家　スペイン外相
Serrault, Michel　セロー, ミシェル
　1928〜2007　国フランス　俳優　本名＝Serrault, Michel Lucien
Serravezza, Giuseppe　セラヴェッツァ, ジュゼッペ
　著「イタリア通になれる本」オフィスHANS　2008
Serreau, Coline　セロー, コリーヌ
　1947〜　国フランス　映画監督, 女優
Serrell, Allison　セレル, アリソン
　著「ハドソン・バレイの家」フレックス・ファーム　2006
Serrell, Mathilde　セレル, マティルド
　著「コンバ」うから　2013
Serre-Monteil, Claudine　セール＝モンテーユ, クローディーヌ
　1949〜　著「世紀の恋人」藤原書店　2005
Serres, Alain　セール, アラン
　1956〜　著「ネルソン・マンデラ」汐文社　2015
Serres, Michel　セール, ミシェル
　1930〜　国フランス　哲学者　旧セール, ミッシェル
Serrin, James Burton　セリン, ジェームズ・バートン
　1926〜2012　国アメリカ　数学者, 力学者　ミネソタ大学名誉教授
Serroy, Jean　セロワ, ジャン
　著「世界の最も美しい大学」エクスナレッジ　2016
Serry-kemal, Abdul　セリーケマル, アブドル
　国シエラレオネ　法相
Sertić, Željko　セルティッチ, ジェリコ
　国セルビア　経済相
Serufuli, Eugène　セルフリ, ユージェーヌ
　国コンゴ民主共和国　中小企業相　旧セルフリムガヤバセカ, エジェンヌ
Serugo, Ronald　セルゴ, ロナルド
　国ウガンダ　ボクシング選手
Seruiratu, Inia Batikoto　セルイラトゥ, イニア・バティコト
　国フィジー　農相兼農村・海洋開発相兼防災相　旧セルイラト, イニア・バティコト
Sérullaz, Maurice　セリュラス, モーリス
　著「呪われた画家たち」八坂書房　2010
Serup, Linda Melanie Villumsen　セルプ
　国デンマーク　自転車選手
Servais, Guy　セルヴェ, ギ
　1959〜　著「アトリエのきつね」BL出版　2011
Servais, Scott　サーバイス, スコット
　国アメリカ　シアトル・マリナーズ監督
Servan-Schreiber, Jean-Jacques　セルヴァン・シュレベール, ジャン・ジャック
　1924〜2006　国フランス　ジャーナリスト, 政治家　フランス急進社会党党首, 仏週刊誌「レクスプレス」創刊者　旧セルバン・シュレベール
Servan-Schreiber, Perla　セルヴァン＝シュレイベール, ペルラ
　著「美しい女になる」光文社　2003
Servant, Jean-Charles　セルヴァン, ジャン＝シャルル
　著「地図でみるブルゴーニュ・ワイン」早川書房　2016
Serventi, Silvano　セルヴェンティ, シルヴァーノ
　著「パスタの歴史」原書房　2012
Service, Robert　サーヴィス, ロバート
　1947〜　著「トロツキー」白水社　2013
Servos, John William　サーボス, J.W.
　1951〜　著「ライプツィヒの塔」文芸館　2006
Serwa, Kelsey　セルワ
　国カナダ　フリースタイルスキー選手
Serway, Raymond A.　サーウェイ, R.A.
　著「サーウェイ基礎物理学」東京化学同人　2013
Sesay, Alfred Bobson　セセイ, アルフレッド・ボブソン
　国シエラレオネ　国土計画・森林・環境相　旧セサイ, アルフレッド・ボブソン
Sesay, Ibrahim Kemoh　セセイ, イブラヒム・ケモ
　国シエラレオネ　労働・住宅・インフラ相　旧セサイ, イブラヒム・ケモー
Sesay, Kadi　セセイ, カディ

[国]シエラレオネ　貿易産業相　[異]セサイ, カディ
Sesay, Kemoh　セセイ, ケモー
[国]シエラレオネ　運輸相
Sesay, Sam　セセイ, サム
[国]シエラレオネ　農業・食料安全保障・林業相
Sesay, Shekou　セセイ, シェクウ
[国]シエラレオネ　大統領府担当相
Sesboüé, Bernard　セスブーエ, ベルナール
1929～　[著]「イエス・キリスト唯一の仲介者」サンパウロ　2006
Sese, Jacques　セセ, ジャック
[国]バヌアツ　教育相
Seshadri, Shyam　セシャドリ, シヤム
[著]「AngularJSアプリケーション開発ガイド」オライリー・ジャパン, オーム社(発売)　2014
Seshadri, Sridhar　シシャドリ, スリダー
[著]「トヨタ・サプライチェーン・マネジメント」マグロウヒル・エデュケーション, 日本経済新聞出版社(発売)　2010
Sesia, Davide　セシア, ダヴィデ
1967～　[著]「イタリア男の流儀」阪急コミュニケーションズ　2007
Sessa, Carlos　セッサ, カルロス
[著]「50 Android Hacks」KADOKAWA　2013
Sessenou, Fiatuwo Kwadjo　セセヌ, フィアチュオ・クワジョ
[国]トーゴ　都市計画・住環境・生活環境相
Sessions, Jeff　セッションズ, ジェフ
[国]アメリカ　司法長官
Sessions, Ramon　セッションズ, ラモン
[国]アメリカ　バスケットボール選手
Sessle, Barry J.　セッシル, B.J.
[著]「口腔顔面痛」クインテッセンス出版　2001
Sessouma, Tioudoun　セスマ, ティウドゥン
[国]ブルキナファソ　スポーツ余暇相
Sestak, Marija　シェスタク
[国]スロベニア　陸上選手
Sester, Sven　セステル, スベン
[国]エストニア　財務相
Sesto, Francisco　セスト, フランシスコ
[国]ベネズエラ　文化相
Szeszták, Miklós　シェスターク・ミクローシュ
[国]ハンガリー　国家開発相
Setchfield, Neil　セッチフィールド, ニール
[著]「世界で一番恐ろしい食べ物」エクスナレッジ　2013
Seth, Aftab　セート, アフターブ
[国]インド　特定非営利活動法人日印パートナーシップ・フォーラム理事長, 国際学校財団副会長・日本国際インド人学校理事長, 元・駐日インド大使, 元・慶應義塾大学教授・グローバルセキュリティ研究所所長
Setharin, Penn　セタリン, ペン
[著]「クメール語入門」連合出版　2008
Sethi, Anil K.　セティ, アニール・K.
[著]「インド式シンプル・ヨガ入門」家の光協会　2008
Sethi, Arjun　セティ, アルジュン
[国]インド　水資源相
Sethi, Ravi　セシィ, ラビ
[異]セシィ, R.　[著]「コンパイラ」サイエンス社　2009
Setia, Putu　スティア, プトゥ
1951～　[著]「プトゥ・スティアのバリ案内」木犀社　2007
Setiadi, Jadi　セティアディ
[国]インドネシア　重量挙げ選手
Setiawan, Hendra　セティアワン, ヘンドラ
1984～　[国]インドネシア　バドミントン選手
Setiawan, Iwan　セティアワン, イワン
[著]「コトラーのマーケティング3.0」朝日新聞出版　2010
Setipa, Joshua　セティパ, ジョシュア
[国]レソト　貿易・産業相
Seto, Michael C.　セト, マイケル・C.
[著]「サイコパシー・ハンドブック」明石書店　2015
Seton, Susannah　シートン, スザンナ
1952～　[著]「ガーデニングのシンプルな楽しみ」大和書房　2001
Setrowidjojo, Hendrik　セトロウィジョジョ, ヘンドリック
[国]スリナム　農業・畜産・水産相
Sette, Antonello　セッテ, アントネッロ
[著]「インタビューオサマ・ビンラディン」ダイヤモンド社　2001
Settekorn, Marion　ゼッテコルン, M.
[著]「EUと現代ドイツ」世界思想社　2003
Setterfield, Diane　セッターフィールド, ダイアン
1964～　[国]イギリス　作家, フランス文学者　[専]ミステリー
Settis, Salvatore　セッティス, サルヴァトーレ
1941～　[著]「〈古典的なるもの〉の未来」ありな書房　2012
Settle, Jane T.　セトル, ジェイン・T.
[著]「脳神経外科臨床看護マネジメント」メディカ出版　2003
Settle, Paul Gunter　セトル, ポール・G.
1935～　[著]「ウェストミンスター小教理Q&A107」いのちのことば社　2006
Setzer, Brian　セッツァー, ブライアン
1959～　[国]アメリカ　ミュージシャン
Seuk, Joon Ho　ソク, ジュンホ
[著]「「人格教育」のすすめ」コスモトゥーワン　2003
Seumalo, Isaac　シウマロ, アイザック
[国]アメリカ　アメフト選手
Seumanu, Aita Ah Wa　セウマヌ・アイタ・ア・ワ
[国]サモア　法相
Seung, Sebastian　スン, セバスチャン
[著]「コネクトーム」草思社　2015
Seung, Woo Back　スン, ウー・バック
[著]「Real world」フォイル　2007
Seung-yeon　スンヨン
1988～　[国]韓国　歌手　本名=ハン・スンヨン〈Han, Seung-yeon〉
Seva, Bhakti　セーヴァ, バクティー
[著]「インド聖者の星占い」中央アート出版社　2002
Sevdimov, Namig　セフディモフ
[国]アゼルバイジャン　レスリング選手
Sevele, Feleti　セベレ, フェレティ
[国]トンガ　首相
SE7EN　セブン
1984～　[国]韓国　歌手　本名=チェ・ドンウク〈Choi, Dong-wook〉
Seven, Doug　セブン, ダグ
[著]「標準ASP.NETプログラミング」翔泳社　2002
Sevene, Mario　セベネ, マリオ
[国]モザンビーク　労相　[異]シビン, マリオ
Severiano Teixeira, Nuno　セベリアノ・テイシェイラ, ヌノ
[国]ポルトガル　国防相
Severin, Glenn A.　セベリン, G.A.
[著]「セベリンの獣医眼科学」メディカルサイエンス社, インターズー(発売)　2003
Severinghaus, John Wendell　セバリングハウス, ジョン・ウェンデル
[著]「麻酔の偉人たち」総合医学社　2016
Severino, Luis　セベリーノ, ルイス
[国]ドミニカ共和国　野球選手
Severino, Paola　セベリノ, パオラ
[国]イタリア　法相
Severino, Pedro　セベリーノ, ペドロ
[国]ドミニカ共和国　野球選手
Severn, Dan　スバーン, ダン
1958～　[国]アメリカ　プロレスラー, 格闘家　本名=スバーン, ダニエル
Severovan, Mihai　セベロバン, ミハイ
[国]モルドバ　国土開発・建設相
Severson, Kimberly　セバーソン
[国]アメリカ　馬術選手
Sevigny, Chloë　セヴィニー, クロエ
ゴールデン・グローブ賞 テレビ 助演女優賞(ミニシリーズ)(第67回(2009年度))　"Big Love"
Sevilla, Jordi　セビリャ, ジョルディ
[国]スペイン　公共行政相
Sevrin, Francois　セブラン, フランソワ
[国]ハイチ共和国　農業・天然資源・農村開発相
Sewald, Wolfgang　ゼーヴァルト, ヴォルフガング
1956～　[著]「あなたが生まれてきた意味は？」花風社　2001
Seward, Desmond　スアード, デズモンド
1935～　[著]「ワインと修道院」八坂書房　2011
Seward, Ingrid　シュワード, イングリッド
[著]「ダイアナ妃の遺言」清流出版　2011
Sewell, Bill　スウェル, ビル
[著]「旧満州における戦前日本の町づくり活動」国際日本文化研究センター　2003
Sewell, Carl　スウェル, カール
[著]「一回のお客を一生の顧客にする法」ダイヤモンド社　2004
Sewell, Elizabeth　シューエル, エリザベス

1919～2001　㊳「オルフェウスの声」白水社　2014
Sewell, Laura M.　スウェル, ローラ
　1951～　㊳「職業としてのソフトウェアアーキテクト」ピアソン・エデュケーション　2002
Sewell, Marc T.　スウェル, マーク
　1949～　㊳「職業としてのソフトウェアアーキテクト」ピアソン・エデュケーション　2002
Sewell, Rufus　シーウェル, ルーファス
　ローレンス・オリヴィエ賞 プレイ 男優賞（2007年（第31回））"Rock 'N' Roll"
Sewell, Tom　シーウェル, トム
　㊳「穀物」日本麦類研究会　2002
Seweryński, Michał　セウェリンスキ, ミハウ
　㊥ポーランド　科学・高等教育相
Sexl, Roman U.　ゼクスル, R.U.
　㊳「アインシュタイン」岩波書店　2005
Sexsmith, Giselle　セクスミス, ジゼル
　㊳「ネットワーク・ビジネス25の成功法則」メタモル出版　2005
Sexsmith, John　セクスミス, ジョン
　㊳「ネットワーク・ビジネス25の成功法則」メタモル出版　2005
Sexson, Lynda　セクソン, リンダ
　㊳「バースデイ・ストーリーズ」中央公論新社　2006
Sexton, John　セクストン, ジョン
　㊳「アメリカの憲法が語る自由」第一法規出版　2001
Sexton, Jonathan　セクストン, ジョナサン
　㊥アイルランド　ラグビー選手
Sexton, Katy　セクストン
　㊥イギリス　競泳選手
Sexton, Marie　セクストン, マリー
　㊳「恋人までのA to Z」新書館　2016
Sexton, Mark　セクストン, マーク
　㊳「マッドマックス怒りのデス・ロード」Graffica Novels, 誠文堂新光社（発売）　2015
Sexwale, Tokyo　セクワレ, トーキョウ
　㊥南アフリカ　住宅相
Sey, Omar　セイ, オマール
　㊥ガンビア　保健・社会福祉相
Seyaum, Dawit　セイヨム, ダウィト
　㊥エチオピア　陸上選手
Seybold, Patricia B.　シーボルト, パトリシア
　㊳「「個」客革命」翔泳社　2001
Seyderhelm, Bettina　ザイデルヘルム, ベッティーナ
　㊳「聖杯」国立西洋美術館　2004
Seydou, Abdourahamane　セイドゥ, アブドゥラハマネ
　㊥ニジェール　青年・スポーツ相
Seydou, Sadou　セイドゥ, サドゥ
　㊥ニジェール　商業・民間部門促進相
Seydoux, Léa　セドゥ, レア
　1985～　㊥フランス　女優　㊨セイドゥ, レア／セドゥー, レア
Seyitkulyev, Rozymyrat　セイイトクルイエフ, ロズイムイラト
　㊥トルクメニスタン　鉄道運輸相
Seymour, Ana　シーモア, アナ
　㊳「十字架の誓い」ハーレクイン　2007
Seymour, Gerald　シーモア, ジェラルド
　㊳「囮」講談社　2001
Seymour, John　セイモア, ジョン
　1914～　㊳「図説イギリス手づくりの生活誌」東洋書林　2002
Seymour, Kevon　セイモアー, ケボン
　㊥アメリカ　アメフト選手
Seymour, Miranda　シーモア, ミランダ
　1948～　㊳「オットリン・モレル破天荒な生涯」彩流社　2012
Seymour, Pedrya　シーモア, ペドリャ
　㊥バハマ　陸上選手
Seymour, Ryan　セイモアー, ライアン
　㊥アメリカ　アメフト選手
Seymour, Tommy　シーモア, トミー
　㊥スコットランド　ラグビー選手
Seymour, Tres　シーモア, トレイス
　1966～　㊳「白い牛をおいかけて」ゴブリン書房　2008
Seymour-Smith, Martin　セイモア＝スミス, マーティン
　㊳「世界を変えた100冊の本」共同通信社　2003
Seyoum Mesfin　セヨウム・メスフィン
　1949～　㊥エチオピア　政治家, 外交官　政府間開発機構（IGAD）特使　エチオピア外相　㊨セヨウム・メスフィン
Sezer, Ahmet Necdet　セゼル, アフメト・ネジデット
　㊥トルコ　大統領

Sezibera, Richard　セジベラ, リシャール
　㊥ルワンダ　保健相
Sfakianou, Florentia　スファキアヌ
　㊥ギリシャ　飛び込み選手
Sfar, Joann　スファール, ジョアン
　1971～　アヌシー国際アニメーション映画祭 長編映画 クリスタル賞（最優秀長編作品）（2011年）ほか
Sfilli, Claudia　スフィッリ, クラウディア
　㊳「ナポレオンがおしえてくれたんだ！」文化学園文化出版局　2013
Sforza, Michell　スフォーザ, ミッシェル
　㊳「誰のためのWTOか？」緑風出版　2001
Sgardoli, Guido　スガルドリ, グイード
　1965～　㊥イタリア　作家　㊧児童書
Sghyr, Ismail　スジル
　㊥フランス　陸上選手
Sgreccia, Elio　スグレッチャ, E.
　1928～　㊳「人格主義生命倫理学総論」知泉書館　2015
Sgro, Judy　スグロ, ジュディ
　㊥カナダ　市民権・移民相
Shaaban, Bouthaynah　シャーバン, ブーサイナ
　㊥シリア　移民問題担当相
al-Shaaerie, Ali Morsie　シャーリエ, アリ・モルシエ
　㊥リビア　青年・スポーツ書記（青年・スポーツ相）
Shaahiyow, Mohamed Hassan Aden　シャーヒヨウ, モハメド・ハッサン・アデン
　㊥ソマリア　電力・水相
Shaalan, Hazim　シャラン, ハジム
　㊥イラク　国防相
Shaali, Muhammad Hussein al　シャーリ, ムハンマド・フセイン
　㊥アラブ首長国連邦　国務相（外務担当）
Shaami, Ahmed　シャーミー, アハマド
　㊥イエメン　公共サービス・保健相
Shaar, Bashar　シャール, バッシャール
　㊥シリア　国務相
al-Sha'ar, Muhammad Ibahim　シャアール, ムハンマド・イブラヒム
　㊥シリア　内相
Shaath, Nabil　シャース, ナビル
　㊥パレスチナ　外相
Shabalin, Maxim　シャバリン
　㊥ロシア　フィギュアスケート選手
Sha'ban, Mervet Akram　シャーバーン, メルヴェト・アクラム
　㊳「友だちになれたら、きっと。」鈴木出版　2007
Shaban, Naomi　シャバン, ナオミ
　㊥ケニア　女性地位向上・児童発達相
Shabanbay, Daulet　シャバンバイ, ダウレト
　㊥カザフスタン　レスリング選手　㊨シャバンバイ
Shabangu, Albert　シャバング, アルバート
　㊥スワジランド　副首相
Shabangu, Susan　シャバング, スーザン
　㊥南アフリカ　大統領府相（女性問題担当）
Shabani, Lirim　シャバニ, リリム
　㊥マケドニア　自治相
Shabazz, Al-Hajj　シャバズ, アル・ハージ
　㊥アメリカ　アメフト選手
Shabecoff, Philip　シャベコフ, フィリップ
　1934～　㊳「地球サミット物語」JCA出版　2003
Shabert, Judith K.　シャバート, ジュディス・K.
　㊳「食品・栄養・食事療法事典」産調出版, 産業調査会（発売）　2006
al-Shabibi, Saif bin Mohammed　シャビビ, サイフ・ビン・ムハンマド
　㊥オマーン　住宅相
Shabolotov, Tajimamat　シャボロトフ, タジママト
　㊥キルギス　国家間統合協力相
Shabtini, Alice　シャブティニ, アリス
　㊥レバノン　避難民問題相
Shachtman, Tom　シャットマン, トム
　㊳「FBI心理分析官」早川書房　2001
Shackelford, Jole　シャケルフォード, ジョール
　㊳「ウィリアム・ハーヴィ」大月書店　2008
Shackleton, Emma　シャクルトン, エマ
　㊳「アートで見る医学の歴史」河出書房新社　2012
Shackleton, Nicholas John　シャクルトン, ニコラス
　1937～2006　㊥イギリス　地質学者, 気象学者　ケンブリッジ大

学名誉教授・第四紀研究ゴッドウィン研究所所長　㊚地球温暖化
㊙シャックルトン, ニコラス
Shackman, Mark　シャックマン, マーク
　㊃「Symbian OS C++プログラミング」翔泳社　2007
Shadbolt, Maurice　シャドボルト, モーリス
　1932〜2004　㊄ニュージーランド　作家
Shadick, Bibi　シャディク, ビビ
　㊄ガイアナ　福祉・社会保障担当相
Shadid, Anthony　シャディド, アンソニー
　1968〜2012　㊄アメリカ　ジャーナリスト　「ニューヨーク・タイムズ」記者　㊙シャディッド, アンソニー
Shadiyev, Askarbek　シャディエフ, アスカルベク
　㊄キルギス　エネルギー相
Shadow, Nick　シャドウ, ニック
　㊃「真夜中の図書館」集英社　2011
Shadrin, Valery Ivanovich　シャドリン, ヴァレリー・イヴァノヴィチ
　㊄ロシア　チェーホフ国際演劇祭総長
Shadwick, Keith　シャドウィック, キース
　1951〜2008　㊃「ジミ・ヘンドリックス」TOブックス　2014
Shadyac, Tom　シャドヤック, トム
　㊃「恐れと真実の対話」講談社　2014
al-Shaer, Ibrahim　シャーイル, イブラヒム
　㊄パレスチナ　社会問題相
Shaer, Nasser　シャエル, ナセル
　㊄パレスチナ　副首相兼教育相

S

Shafarevich, Igor' Rotislavovich　シャファレヴィッチ, イゴール・R.
　1923〜　㊙シャハレビッチ, I.R.　㊃「代数入門」日本評論社　2009
Shafeeu, Ahmed　シャフィーウ, アハメド
　㊄モルディブ　漁業・農業相
Shafeeu, Ismail　シャフィーユ, イスマイル
　㊄モルディブ　国防・治安相
Shafer, Andrew Clay　シェーファー, アンドリュー・クレイ
　㊃「ウェブオペレーション」オライリー・ジャパン, オーム社（発売）2011
Shafer, Doug　シェーファー, ダグ
　㊃「ナパ奇跡のぶどう畑」阪急コミュニケーションズ　2014
Shafer, Glenn　シェイファー, G.
　1946〜　㊃「ゲームとしての確率とファイナンス」岩波書店　2006
Shafer, Jeffery S.　シェイファー, ジェフリー・S.
　㊃「日本の金融危機」東洋経済新報社　2001
Shaff, Valerie　シャフ, ヴァレリー
　㊃「犬のきもち」PHP研究所　2001
Shaffer, Anthony　シェーファー, アンソニー
　1926〜2001　㊄イギリス　劇作家　㊙シェイファー, アンソニー
Shaffer, Howard J.　シェイファー, ハワード・J.
　㊃「リラプス・プリベンション」日本評論社　2011
Shaffer, Marjorie　シェファー, マージョリー
　㊃「胡椒暴虐の世界史」白水社　2015
Shaffer, Mary Ann　シェイファー, メアリー・アン
　1934〜2008　㊃「ガーンジー島の読書会」イースト・プレス　2013
Shaffer, Peter Levin　シェーファー, ピーター
　1926〜2016　㊄イギリス　劇作家, 脚本家　㊙シェイファー, ピーター / シェファー, ピーター / シャファー, ピーター
Shaffner, George　シャフナー, ジョージ
　㊃「人生について数字が教えてくれること」角川書店　2001
Shafie, Apdal　シャフィー・アブダル
　㊄マレーシア　地方・地域開発相
Shafie, Ghazali　シャフィ, ガザリ
　1922〜2010　㊄マレーシア　政治家　マレーシア外相　本名=Shafie, Tan Sri Haji Muhammed Ghazali
Shafie, Salleh　シャフィー・サレ
　㊄マレーシア　高等教育相
Shafii, Abdullah　シャフェイ, アブドゥラ
　？〜2002　㊄インドネシア　軍人　自由アチェ運動（GAM）最高司令官　㊙シャフィイ, アブドラ
Shafik, Ahmed Muhammad　シャフィク, アハメド・ムハンマド
　㊄エジプト　首相　㊙シャフィク, アハマド・ムハンマド
Shafik, Nemat Minouche　シャフィク, ネマト・ミノウチ
　㊄イギリス　イングランド銀行副総裁　㊙シャフィク, ネマト
Shafiq, Ahmad　シャフィク, アハマド

㊄エジプト　民間航空相
Shafir, Eldar　シャフィール, エルダー
　㊃「いつも「時間がない」あなたに」早川書房　2015
Shafran, Andy　シャフラン, アンディ
　㊃「Paint Shop Pro 7Jでウェブデザイン」エムディエヌコーポレーション, インプレスコミュニケーションズ（発売）2001
Shagan, Ofer　シャガン, オフェル
　㊃「わらう春画」朝日新聞出版　2014
Shagari, Muktari　シャガリ, ムクタリ
　㊄ナイジェリア　水資源相
Shagdain Tsend-Ayuush　シャグダイン・ツェンドアヨーシ
　㊃「モンゴル文学への誘い」明石書店　2003
Shagimuratova, Albina　シャギマラトーワ, アルビナ
　㊄ロシア　チャイコフスキー国際コンクール　声楽（女声）第1位（2007年（第13回））
Shaguliyev, Nazarguly　シャグルイエフ, ナザルグルイ
　㊄トルクメニスタン　副首相
Shah, Anita　シャー, アニタ
　㊃「グレゴール・シュナイダー」ワコウ・ワークス・オブ・アート　2010
Shah, Anup　シャー, アヌップ
　㊃「セレンゲティ大接近」日経ナショナルジオグラフィック社, 日経BPマーケティング（発売）2013
Shah, Dharmesh　シャア, ダーメッシュ
　1967〜　㊃「インバウンドマーケティング」すばる舎リンケージ, すばる舎（発売）2011
Shah, Kaushal　シャー, コーシャル
　㊃「救急・ERエッセンシャル手技」メディカル・サイエンス・インターナショナル　2008
Shah, Narendra Bikram　シャー, ナレンドラ・ビクラム
　㊄ネパール　外相
Shah, Nilesh　シャー, ニーレシュ
　㊃「Oracle入門SQL & PL/SQL」ピアソン・エデュケーション　2002
Shah, Rupesh　シャー, ラペシュ
　㊃「トリプルボトムライン」創成社　2007
Shah, Sneh　シャー, スネー
　㊃「グローバル・ティーチャーの理論と実践」明石書店　2011
Shah, Sonia　シャー, ソニア
　1969〜　㊃「人類五〇万年の闘い」太田出版　2015
Shah, Syed Khursheed Ahmed　シャー, サイヤド・クルシード・アフマド
　㊄パキスタン　宗教問題相
Shah, Syed Nadeem Alam　シャー, サイヤド・ナディーム・アラム
　㊄パキスタン　在クエッタ日本国名誉総領事, パキスタン・日本友好協会（バロチスタン）会長
Shah, Tanvi　シャー, タンビ
　グラミー賞　最優秀映画・TV・その他ヴィジュアルメディア音楽作品（2009年（第52回））　"Jai Ho"（from「スラム・ドッグ・ミリオネア」）ソングライター
Shahabuddin, Makhdoom　シャハブディーン, マクドゥーム
　㊄パキスタン　繊維相
Shaham, Gil　シャハム, ギル
　1971〜　㊄イスラエル　バイオリニスト
Shaheed, Ahmed　シャヒード, アフメド
　㊄モルディブ　外相
Shaheed, Enamul Hoque Mostafa　シャヒド, エナムル・ハク・モスタファ
　㊄バングラデシュ　社会福祉相
Shaheen, Faiza　シャヒーン, ファイザ
　㊃「貧困家庭で暮らす子どもの発達・ライフチャンス保障問題」京都府立大学福祉社会学部津崎研究室　2007
Shaheen, Jamal Shaaban　シャヒーン, ジャマル・シャアバーン
　㊄シリア　国内取引・消費者保護相
Shahi, Dan Bahadur　シャヒ, ダン・バハドゥール
　㊄ネパール　内務・司法・議会担当相
Shahi, Jeevan Bahadur　シャーヒー, ジバン・バハドゥル
　㊄ネパール　文化・観光・民間航空相
Shahid, Enamul Haq Mostafa　シャヒド, エナムル・ハク・モスタファ
　㊄バングラデシュ　社会福祉相
Shahidi, Mohammad Ali　シャヒデ, モハンマドアリ
　㊄イラン　副大統領（殉教者献身者財団総裁）　㊙シャヒディ, モハマドアリ
Shahin, Abdul-Aziz　シャヒン, アブドルアジズ

[国]パレスチナ 供給相 [異]シャヒン, アブドルアジズ・アリ
Shahnavaz, Houshang シャーナバズ, H.
[著]「マクロ人間工学」 日本出版サービス 2006
Shahrani, Nehmatullah シャハラニ, ニアマトゥラ
[国]アフガニスタン 巡礼相
Shahrani, Waheedullar シャヘラニ, ワヒードゥッラ
[国]アフガニスタン 鉱工業相 [異]シャフラニ, ワヒードラ
Shahriari, Majid シャハリアリ, マジード
1970～2010 [国]イラン 核科学者 ベヘシュティ大学教授
Shahrir, Samad シャフリール・サマド
[国]マレーシア 国内取引・消費相
***al*-Shahristani, Hussein** シャハリスタニ, フセイン
[国]イラク 高等教育・科学技術相
Shahristani, Hussein シャハリスタニ, フセイン
[国]イラク 副首相
Shahrizat, Abdul Jalil シャリザット・アブドゥル・ジャリル
[国]マレーシア 女性・家族・社会開発相 [異]シャリザット・アブドル・ジャリル
Shahsavari, Neda シャハサバリ, ネダ
[国]イラン 卓球選手
***al*-Shaibani, Nashir Muhammad** アル・シャイバニ, ナシル・ムハマド
[国]イエメン 宗教指導相
***al*-Shaibi, Yahya Mohammed** シャイビ, ヤハヤ・ムハンマド
[国]イエメン 公共サービス・保険相 [異]シャイビ, ヤヒヤ・モハメド
Shaikh, Abdul Hafeez シェイク, アブドル・ハフィーズ
[国]パキスタン 財務・歳入・経済問題・統計相 [異]シェイク, アブドゥル・ハフィーズ
Shaikh, Abdul Salam シェイク, アブドゥル・サラーム
[国]インド 元・在ムンバイ日本国総領事館現地職員
Shaikh, Anwar シャイク, A.
[著]「金融不安定性と景気循環」 日本経済評論社 2007
Shaikh, Nermeen シャイク, ネルミーン
[著]「グローバル権力から世界をとりもどすための13人の提言」 青土社 2009
Shaikh Salman bin Ebrahim Al Khalifa シェイク・サルマン・ビン・エブラヒム・アル・ハリファ
[国]バーレーン アジアサッカー連盟(AFC)会長
Shaikh Salman bin Hamad al-Khalifa シェイク・サルマン・ビン・ハマド・アル・ハリファ
1969～ [国]バーレーン バーレーン皇太子, バーレーン第1副首相, バーレーン国防軍副最高司令官 [異]サルマーン・ビン・ハマド・アール・ハリーファ / シェイク・サルマン・ビン・ハマド・アール・ハリーファ
Shaimardanova, Victorij シャマンスカ
[国]ウクライナ 重量挙げ選手
Shain, Edith シェイン, イディス
1918～2010 [国]アメリカ 看護師
Shainberg, Catherine シェインバーグ, キャサリン
[著]「夢見る力」 ナチュラルスピリット 2008
Shainberg, Lawrence シャインバーグ, ローレンス
1936～ [著]「矛盾だらけの禅」 清流出版 2010
Shainee, Mohamed シャイニー, モハメド
[国]モルディブ 漁業・農業相
Shainova, Marina シャイノワ
[国]ロシア 重量挙げ選手
Shaismatov, Ergash シャイスマトフ, エルガシ
[国]ウズベキスタン 副首相
Shakar, Alex シェイカー, アレックス
1968～ [著]「ひかりの巫女」 アーティストハウスパブリッシャーズ, 角川書店(発売) 2003
Shakarchi, Rami シャカルチ, ラミ
[著]「複素解析」 日本評論社 2009
Shaked, Ayelet シャケド, アイェレト
[国]イスラエル 法相
Shakeela, Mariyam シャキーラ, マリヤム
[国]モルディブ 環境・エネルギー相
Shakely, Amanj シャクリー, アマンジ
1962～ [著]「カワと7にんのむすこたち」 福音館書店 2015
Shakely, Jamil シェイクリー, ジャミル
[著]「教科書に書かれなかった戦争」 梨の木舎 2001
Shaker, Muhammad シャキル, ムハンマド
[国]エジプト 電力・再生エネルギー相
Shaker, Zaid ibn シャケル, ザイド・イブン
1934～2002 [国]ヨルダン 政治家, 軍人 ヨルダン首相 本名＝Shaker, Field Marshal Sharif Zaid ibn
Shakespeare, Robbie シェイクスピア, ロビー
1953～ [国]ジャマイカ ミュージシャン [異]シェークスピア, ロビー
Shakespeare, Tom シェイクスピア, トム
1966～ [著]「ディスアビリティ・スタディーズ」 明石書店 2004
Shakhanbeh, Sharari シャハンベ, シャラリ
[国]ヨルダン 農相
Shakhlin, Boris シャハリン, ボリス
1932～2008 [国]ロシア 体操選手
Shakhnazarov, Georgii Khosroevich シャフナザーロフ, ゲオルギー
1924～2001 [国]アゼルバイジャン 政治学者 ゴルバチョフ・ソ連大統領補佐官 [異]シャフナザロフ, ゲオルギー
Shakhnazarov, Karen シャフナザーロフ, カレン
1952～ [国]ロシア 映画監督 モスフィルム撮影所社長 本名＝Shakhnazarov, Karen Georgyevich
Shakhshir, Khawla シャフシール, ハウラ
[国]パレスチナ 教育相
Shakhshir, Taher al シャフシール, タヘル
[国]ヨルダン 環境相 [異]シャフシル, タヘル
Shakhsuvarly, Kamran シャフスベルリ, カムラン
[国]アゼルバイジャン ボクシング選手
Shakib, Siba シャキブ, シバ
[著]「神様はアフガニスタンでは泣くばかり」 現代人文社, 大学図書(発売) 2007
Shakimova, Dariga シャキモワ, ダリガ
[国]カザフスタン ボクシング選手
Shakir, Susie シェイカー, スージー
[著]「1から10まで」 大日本絵画 〔2008〕
Shakira シャキーラ
1977～ [国]コロンビア 歌手
Shakiyev, Nurlanbek シャキエフ, ヌルランベク
[国]キルギス 文化・情報相
Shaklee, Beverly D. シャクリー, B.D.
1950～ [著]「ポートフォリオをデザインする」 ミネルヴァ書房 2001
Shakombo, Suleiman シャコンボ, スレイマン
[国]ケニア 国務相(国家遺産担当)
Shakooru, Aishath Azima シャクール, アイシャタ・アジマ
[国]モルディブ 司法長官
Shakuntara Davi シャクンタラ・デビ
1929～2013 [国]インド 数学教師
Shakur, Tupac シャクール, トゥパック・アマル
1971～ [著]「コンクリートに咲いたバラ」 河出書房新社 2001
Shakya, Ajaya Kranti シャーキャ, アジャヤ・クラーンティ
1968～ [著]「シャカ族」 徳間書店 2009
Shakya, Asta Laxmi シャキャ, アスタ・ラクシュミ
[国]ネパール 産業相
Shakya, Gopal シャキャ, ゴパル
[国]ネパール 青年スポーツ相
Shakya, Keshav Man シャキヤ, ケシャブ・マン
[国]ネパール 環境・科学技術相
Shala, Ahmet シャラ, アハメト
[国]コソボ 財務相
Shala, Kujtim シャラ, クイティム
[国]コソボ 文化相
Shalala, Donna Edna シャレーラ, ドナ
1941～ [国]アメリカ 政治学者 マイアミ大学学長 米国厚生長官, ウィスコンシン大学マディソン校学長 [異]シャレイラ, ドナ
Shale, Erin シェール, エリン
[著]「思春期という時限爆弾」 オープンナレッジ 2006
Shaler, Rhoberta シェラー, ロベルタ
[著]「「並の人生」では満足できない人の本」 三笠書房 2006
Shalev, Tseruyah シャレヴ, ゼルヤ
1959～ [著]「愛と背徳の香り」 扶桑社 2004
Shalev, Zahavit シェイレブ, ザハヴィット
[著]「写真でみる世界の子どもたちの暮らし」 あすなろ書房 2008
Shalgam, Abdulrahman Mohamed シャルガム, アブドルラハマン・ムハンマド
[国]リビア 対外連絡・国際協力書記(外相)
Shalhoub, Tony シャループ, トニー
エミー賞 プライムタイム・エミー賞 最優秀主演男優賞(コメディシリーズ)(第58回(2006年))ほか
Shalikashvili, John シャリカシュビリ, ジョン
1936～2011 [国]アメリカ 軍人 米国統合参謀本部議長, 米国陸軍大将 [異]シャリカシュヴィリ
Shalit, Wendy シャリット, ウェンディ

S

1975～ [著]「ライク・ア・ヴァージンの幸福論」 ワック 2002
Shalita, Zamir P. シャリタ, ザミール・P.
[著]「電磁波汚染と健康」 緑風出版 2014
Shallabi, Fawziya シャラビ, ファウジーヤ
[国]リビア 情報・大衆動員書記(情報相)
Shalleck, David シャレック, デイヴィッド
[著]「注文の多い地中海グルメ・クルージング」 早川書房 2008
Shalloway, Alan シャロウェイ, アラン
[著]「オブジェクト指向のこころ」 丸善出版 2014
Shalof, Tilda シャロフ, ティルダ
[著]「ICU看護師」 西村書店 2006
Shalom, Silvan シャローム, シルヴァン
1958～ [国]イスラエル 政治家, ジャーナリスト イスラエル副首相・内相 [異]シャローム, シルバン
Shalvey, Declan シャルベイ, デクラン
[著]「デッドプール」 小学館集英社プロダクション 2015
Shalvis, Jill シャルヴィス, ジル
[著]「甘い冒険」 ハーレクイン 2014
Shalygina, Yelena シャリギナ
[国]カザフスタン レスリング選手
Shamalov, Kirill シャマロフ, キリル
Petrochemicals
Shamas, Suhail bin Mustahil シャマス, スハイル・ビン・ムスタヒル
[国]オマーン 住宅電気水相
Shambaugh, David L. シャンボー, デイビッド
[著]「中国グローバル化の深層」 朝日新聞出版 2015
Shambos, Alecos シャンボス, アレコス
[国]キプロス 法相
Shamdasani, Sonu シャムダサーニ, ソヌ
1962～ [著]「ユング『赤の書』の心理学」 創元社 2015
***al*-Shamekh, Embarak Abdallah** シャミフ, エンバラク・アブドラ
[国]リビア 副書記(副首相)
***al*-Shamekh, Mubarak Abdullah** アル・シャメフ, ムバラク・アブドラ
[国]リビア 全人民委員会書記長(首相)
Shamenda, Fackson シャメンダ, ファクソン
[国]ザンビア 労働・社会保障相
Shames, Laurence シェイムズ, ローレンス
[著]「灼熱」 講談社 2001
Shamheed, Ahmed シャムヒード, アハメド
[国]モルディブ 運輸・通信相
***al*-Shami, Ali** シャーミ, アリ
[国]レバノン 外相
Shami, Nailah シャミ, ナイラ
[著]「もうカエルオトコなんて愛さない。」 竹書房 2002
Shami, Naser Al シャミ
[国]シリア ボクシング選手
Shamil Aliev シャミル
[国]タジキスタン レスリング選手
Shamir, Shimon シャミル, シモン
1933～ [国]イスラエル 歴史家, 元外交官 テルアビブ大学名誉教授 駐ヨルダン・イスラエル大使 [専]中東現代史
Shamir, Yair シャミル, ヤイル
[国]イスラエル 農業・農村開発相
Shamir, Yitzhak シャミル, イツハク
1915～2012 [国]イスラエル 政治家 イスラエル首相, リクード党首 [異]シャミール, イツハク
***Al*-Shamiri, Mansour Abdul-Ghani** アル・シャミーリ, マンスール・アブドルガニー
[国]イエメン 元・在イエメン日本国大使館現地職員
Shamkhani, Ali シャムハニ, アリ
[国]イラン 国防軍需相
Shamko, Alexander I. シャムコ, アレクサンドル・I.
[国]ベラルーシ スポーツ・観光相
Shamlan, Mohammed Saleh シャムラン, ムハンマド・サレハ
[国]イエメン 漁業相
Shamlaye, Bernard シャムレイ, ベルナール
[国]セーシェル 社会開発・文化相
***al*-Shammari, Ali** シャンマリ, アリ
[国]イラク 保健相
***al*-Shammari, Hasan** シャンマリ, ハサン
[国]イラク 法相
***al*-Shammari, Muhsin** シャンマリ, モハシン
[国]イラク 水利相
Shammas, Hassib Elias シャマス, ハシブ・エリアス
[国]シリア 国務相
***al*-Shammat, Kinda** シャマト, キンダ
[国]シリア 社会問題相
Shamoo, Adil E. シャムー, A.E.
[著]「臨床倫理学」 朝倉書店 2004
Shams, Mohammad Jalil シャムス, モハマド・ジャリル
[国]アフガニスタン 経済相
Shams al-Din, Muhammad Mahdi シャムスッディーン, ムハンマド・マフディー
1936～2001 [著]「ヒズブッラーの公開書簡とシャムスッディーン師の遺言」 上智大学アジア文化研究所イスラーム地域研究拠点 2008
Shamsan, Nabil シャムサン, ナビル
[国]イエメン 公共サービス・保険相
Shamsul Bahrin テンク・シャムスル・バリン
[著]「マレーシア連邦土地開発機構(FELDA)50年の歴史」 東南アジア社会問題研究会 2008
Shamu, Webster Kotiwani シャム, ウェブスター・コティワニ
[国]ジンバブエ 情報通信技術・郵便・クーリエサービス相 [異]シャム, ウェブスター
Shamyradov, Bekmyrat シャムイラドフ, ベクムイラト
[国]トルクメニスタン 労働・社会保障相
Shamzai, Nizamuddin シャムザイ, ニザムディン
?～2004 [国]パキスタン イスラム教スンニ派原理主義指導者 [異]シャムザイ, ムフティ
Shan, Darren シャン, ダレン
1972～ [国]アイルランド 作家 [専]ホラー, ヤングアダルト, SFほか 本名＝オショーネシー, ダレン〈O'Shaughnessy, Darren〉 [異]オシャネシー, ダレン
Shan, Sa シャン・サ
1972～ 作家, 詩人, アーティスト 漢字名＝山颯
Shanaeva, Aida シャナエワ, アイダ
[国]ロシア フェンシング選手
Shanahan, Kyle シャナハン, カイル
[国]アメリカ アトランタ・ファルコンズコーチ
Shanahan, Murray シャナハン, マレー
[著]「シンギュラリティ」 NTT出版 2016
Shand, Bruce シャンド, ブルース
1917～2006 [国]イギリス 軍人, 実業家 英国陸軍少佐
Shand, Hope シャンド, ホープ
[著]「遺伝子操作時代の権利と自由」 緑風出版 2012
Shand Kydd, Frances シャンド・キッド, フランセス
1936～2004 [国]イギリス ダイアナ元皇太子妃の実母 本名＝Shand Kydd, Frances Burke Roche [異]シャンドキッド, フランシス
Shandra, Volodimir シャンドラ, ウォロディミル
[国]ウクライナ 非常事態相 [異]シャンドラ, ボロジミル
Shane, Scott Andrew シェーン, スコット・A.
1964～ [著]「〈起業〉という幻想」 白水社 2011
Shanel, Peter シャネル, ピーター
[国]ソロモン諸島 商工・雇用相
Shaneman, Jhampa シャネマン, ジャンパ
1950～ [著]「インド占星術で識る英知」 心交社 2008
Shaner, Timothy シャーナー, ティモシー
[著]「E.T.メイキング&ストーリー・ブック」 アーティストハウス, 角川書店(発売) 2002
Shanes, Eric シェインズ, エリック
[著]「ウォーホル」 二玄社 2008
Shang, William シャング, ウィリアム
1957～ [著]「絵画に見る近代中国」 大修館書店 2001
Shanghala, Sacky シャンガラ, サッキー
[国]ナミビア 検事総長
Shanghvi, Dilip サングビ, ディリップ
[国]インド 実業家
Shani, Yaron シャーニ, ヤロン
カンヌ国際映画祭 カメラドール(特別賞)(第62回(2009年))
"Ajami"
Shaningwa, Sophia シャニングワ, ソフィア
[国]ナミビア 都市・地方開発相
Shank, Sam シャンク, サム
[国]アメリカ Hoteltonight
Shankar, Anoushka シャンカール, アヌーシュカ
[国]インド シタール奏者 [異]シャンカル, アヌーシュカ
Shankar, Pandrangi シャンカル, パンドランギ
[著]「インド人コンサルタントが教えるインドビジネスのルール」 中経出版 2012

Shankar, Ravi　シャンカール, ラヴィ
　1920～2012　国インド　シタール奏者, 作曲家　本名＝Chowdhury, Robindro Shaunkor　異シャンカール, ラビ／シャンカル, ラビ／シャンカル, ラヴィ
Shankari　シャンカリ
　著「人生を劇的に変える12の魔法と奇跡の石」ランダムハウス講談社　2007
Shanker, Wendy　シャンカー, ウェンディ
　1971～　著「ブラボー!!ファットガールズ」技術評論社　2005
Shankle, William Rodman　シャンクル, W.
　著「アルツハイマー病が予防できる」医歯薬出版　2008
Shanklin, J.D.　シャンクラン, J.D.
　著「知の歴史」徳間書店　2002
Shankman, Adam　シャンクマン, アダム
　1964～　国アメリカ　映画監督
Shankman, Peter　シャンクマン, ピーター
　1972～　国アメリカ　PRコンサルタント　ギーク・ファクトリーCEO
Shanks, Alison　シャンクス
　国ニュージーランド　自転車選手
Shanks, Hershel　シャンクス, ハーシェル
　著「イエスの弟」松柏社　2004
Shanks, John　シャンクス, ジョン
　グラミー賞 最優秀プロデューサー（クラシック以外）(2004年（第47回）)
Shanley, Andrew　シャンリー, アンドリュー
　著「父と子のゴルフ奮闘記」集英社　2001
Shanley, Eamon　シャンリィ, E.
　著「ナースのための臨床社会心理学」北大路書房　2001
Shanley, John Patrick　シャンリー, ジョン・パトリック
　1950～　国アメリカ　劇作家, 脚本家, 映画監督　異シャンリィ／シャンリイ
Shanley, Mark T.　シャンリー, マーク
　著「戦略の経済学」ダイヤモンド社　2002
Shanley, William　シェインリー, ウィリアム
　著「量子の宇宙のアリス」徳間書店　2003
Shanmugam, K.　シャンムガム, K.
　国シンガポール　内相兼法相
Shanmugaratnam, Tharman　シャンムガラトナム, ターマン
　国シンガポール　副首相兼経済・社会政策調整相
Shannon, Claude Elwood　シャノン, クロード・エルウッド
　1916～2001　国アメリカ　数学者, 電気工学者　マサチューセッツ工科大学名誉教授　業情報理論, 人工知能
Shannon, David　シャノン, デイビッド
　1959～　著「ようせいアリス」評論社　2009
Shannon, Eugene　シャノン, ユージン
　国リベリア　土地・鉱業・エネルギー相
Shannon, Frank　シャノン, フランク
　国アメリカ　アメフト選手
Shannon, George　シャノン, ジョージ
　著「やっとわかったぞ！」晶文社　2005
Shannon, Jeanne　シャノン, ジーン
　1936～　著「ざるで水を運ぶ」東西南北出版会　2002
Shannon, Jennifer　シャノン, ジェニファー
　著「10代のための人見知りと社交不安のワークブック」星和書店　2013
Shannon, Lauren McLernan　シャノン, ローレン・マクラーナン
　著「ハリー・ポッターの世界がわかる本」アールアイシー出版　2007
Shannon, Lisa J.　シャノン, リサ・J.
　1975～　著「私は、走ろうと決めた。」英治出版　2012
Shannon, Michael J.　シャノン, マイケル・J.
　著「CCNP」翔泳社　2004
Shannon, Ray　シャノン, レイ
　著「男殺しのロニー」ソニー・マガジンズ　2005
Shanteau, Eric　シャントー, エリク
　1983～　国アメリカ　水泳選手　異シャントー, エリック
Shao, Andrew　シャオ, アンドリュー
　著「食品の機能性表示と世界のレギュレーション」薬事日報社　2015
Shao, Yu　シャオ・ユー
　国中国　エリザベート王妃国際コンクール 声楽 第4位（2014年）
Shapcott, Richard　シャプコット, リチャード
　著「国際倫理学」岩波書店　2012
Shapin, Steven　シェイピン, スティーヴン
　1943～　著「リヴァイアサンと空気ポンプ」名古屋大学出版会

Shapira, Naomi　シャピラ, ナオミ
　1963～　著「紙のむすめ」光村教育図書　2013
Shapiro, Aaron　シャピロ, アーロン
　著「USERS」翔泳社　2013
Shapiro, A.K.　シャピロ, アーサー・K.
　著「パワフル・プラセボ」協同医書出版社　2003
Shapiro, Alan C.　シャピロ, アラン・C.
　著「ウォートンスクールの次世代テクノロジー・マネジメント」東洋経済新報社　2002
Shapiro, Anna D.　シャピロ, アンナ・D.
　トニー賞 プレイ 演出賞（2008年（第62回））　"August: Osage County"
Shapiro, Barbara J.　シャピロ, バーバラ・J.
　1934～　著「「合理的疑いを超える」証明とはなにか」日本評論社　2003
Shapiro, Beth Alison　シャピロ, ベス
　1976～　著「マンモスのつくりかた」筑摩書房　2016
Shapiro, Carl　シャピロ, カール
　著「ITマーケティング」ダイヤモンド社　2001
Shapiro, Cynthia　シャピロ, シンシア
　1967～　著「外資系キャリアの転職術」東洋経済新報社　2008
Shapiro, Daniel　シャピロ, ダニエル
　1971～　著「新ハーバード流交渉術」講談社　2006
Shapiro, David　シャピロ, デイヴィッド
　1926～　著シャピロ, D.　著「自己欺瞞の精神療法」北大路書房　2008
Shapiro, David A.　サピーロ, デイブ・A.
　1957～　著「人生に必要な荷物いらない荷物」サンマーク出版　2005
Shapiro, Francine　シャピロ, フランシーン
　異シャピロ, フランシーヌ　著「短期力動療法入門」金剛出版　2014
Shapiro, Gary　シャピロ, ゲーリー
　著「ニンジャ・イノベーション」アルファポリス, 星雲社（発売）　2013
Shapiro, Gary R.　シャピロ, ゲイリー
　著「再発・転移性乳がんを生きるための100の質問」彩流社　2011
Shapiro, Ian　シャピロ, イアン
　1956～　著「民主主義理論の現在」慶応義塾大学出版会　2010
Shapiro, Isaac　シャピロ, アイザック
　1931～　国アメリカ　弁護士
Shapiro, Joan　シャピーロ, ジョアン
　著「AD/HD&body」花風社　2003
Shapiro, Lawrence A.　シャピロ, ラリー
　著「禅的ランニング」道出版　2011
Shapiro, Lawrence E.　シャピロ, ローレンス・E.
　著「気持ちのコントロールと思いやりを身につけよう」福村出版　2014
Shapiro, Marc　シャピロ, マーク
　著「ジャック・ジョンソン」ブルース・インターアクションズ　2007
Shapiro, Mark A.　シャパイロ, マーク
　国アメリカ　トロント・ブルージェイズCEO
Shapiro, Mary　シャピロ, メアリー
　1955～　国アメリカ　米国証券取引委員会（SEC）委員長　異シャピロ, メリー
Shapiro, Matthew　シャピロ, マシュー
　著「グローバル化と言語能力」明石書店　2015
Shapiro, Matthias　シャピロ, マティアス
　著「ビューティフルビジュアライゼーション」オライリー・ジャパン, オーム社（発売）　2011
Shapiro, Michael　シャピロ, マイケル
　1951～　著「世界を動かしたユダヤ人100人」講談社　2001
Shapiro, Mo　シャピロ, モー
　著「シフト・シンキング」PHP研究所　2003
Shapiro, Robert J.　シャピロ, ロバート
　1950～　国アメリカ　エコノミスト　国際通貨基金（IMF）顧問　米国商務次官　異シャピロ, ロバート・J.
Shapiro, Robin　シャピロ, ロビン
　著「EMDRがもたらす治癒」二瓶社　2015
Shapiro, Ronald M.　シャパイロ, ロナルド・M.
　著「「困った人」とのトラブルに負けない対処術」アスペクト　2006
Shapiro, Semen　シャピロ, セミョン
　国ベラルーシ　農業・食料相
Shapiro, Stewart　シャピロ, スチュワート

1951〜 [著]「数学を哲学する」 筑摩書房 2012
Shapiro, Susan シャピロ, スーザン
[著]「私をふった5人の男」 早川書房 2005
Shapiro, Theodore シャピロ, セオドア
[著]「うつ病の力動的精神療法」 金剛出版 2010
Shapiro, Vivian シャピロ, ヴィヴィアン
[著]「母子臨床の精神力動」 岩崎学術出版社 2011
Shaplen, Jason T. シャプレン, ジェイソン・T.
[著]「アメリカと北朝鮮」 朝日新聞社 2003
Shapley, Lloyd シャプリー, ロイド
1923〜2016 [国]アメリカ 数学者, 経済学者 カリフォルニア大学ロサンゼルス校名誉教授 [専]数理経済学, ゲーム理論, マーケットデザイン 本名=Shapley, Lloyd Stowell [異]シャープレー, ロイド / シャプレー, ロイド
Shaposhnyk, Oleksandr シャポシニク
[国]ウクライナ テコンドー選手
Shapo Toure, Fode シャポトゥーレ, フォデ
[国]ギニア 治安相
Shaqiri, Xherdan シャキリ, ジェルダン
1991〜 [国]スイス サッカー選手 [異]シャチリ / シャチリ, ジェルダン
Shaqra, Fahd Salim シャクラ, ファハド・サリム
[国]イラク 教育相
al-**Shara, Farouk** シャラ, ファルーク
1938〜 [国]シリア 政治家 シリア副大統領 シリア外相 [異]アッ・シャラ, ファルーク
Shara, Munther シャラ, ムンセル
[国]ヨルダン 政策開発相
al-**Sharaf, Ali Hamid** アル・シャラフ, アリ・ハミド
[国]イエメン 電力・水供給相
Sharaf, Essam シャラフ, イサーム
1952〜 [国]エジプト 政治家, 土木工学者 エジプト首相
Sharaf, Hisham シャラフ, ヒシャム
[国]イエメン 高等教育・科学研究相
Sharaf, Ibrahim Al Saeed シャラフ, イブラヒム・アルサイエド
[国]アラブ首長国連邦 シャラフ・グループ会長
al-**Sharaf, Khaled** アル・シャラフ, ハレド
[国]イエメン 国務相
Sharaf al-Din, Hasan Ahmed ディン, ハサン・アハマド・シャラフ
[国]イエメン 国務相
Sharakova, Tatsiana シャラコワ, タチアナ
[国]ベラルーシ 自転車選手
Sharan, Shlomo シャラン, S.
1932〜 [著]「「協同」による総合学習の設計」 北大路書房 2001
Sharan, Yael シャラン, Y.
[著]「「協同」による総合学習の設計」 北大路書房 2001
Sharansky, Natan シャランスキー, ナタン
1948〜 [国]イスラエル 無任所相 [著]「なぜ、民主主義を世界に広げるのか」 ダイヤモンド社 2005
Sharapova, Maria Yuryevna シャラポワ, マリア
1987〜 [国]ロシア テニス選手 [異]シャラポア, マリア
Sharapova, Suzan シャラポワ, スーザン
[著]「母性の海エルミナ」 市田印刷出版, 星雲社 (発売) 2009
Sharar, Muhammad Deifallah シャラル, ムハンマド・ディファラ
[国]クウェート 副首相兼国務相 (国民議会担当) [異]シャラル, モハメド・ディファファラ
Shareef, Adam シャリーフ, アダム
[国]モルディブ 国防・治安相
Shareef, Mohamed Hussain シャリーフ, モハメド・フセイン
[国]モルディブ 駐日特命全権大使 [異]シャリーフ, モハメド・フサイン
al-**Sharhan, Abdul-Aziz** アル・シャルハン, アブドルアジズ
[国]アラブ首長国連邦 教育青年相 [異]アル・シャルハン, アリ・アブドルアジズ
Shariati, Sabah シャリアティ, サバヒ
[国]アゼルバイジャン レスリング選手
Shariatmadari, Mohammad シャリアトマダリ, モハンマド
[国]イラン 副大統領 (行政担当) [異]シャリアトマダリ, モハマド
Sharideh, Khalid シャライデ, ハリド
[国]ヨルダン エネルギー・鉱物資源相
al-**Sharif, Ali Hussein** シャリフ, アリ・フセイン
[国]リビア 住宅相
al-**Sharif, Ibrahim al-Zarouq** シャリーフ, イブラヒム・ザルーク
[国]リビア 社会問題書記 (社会問題相)
Sharif, Muhammad Safwat シャリフ, ムハマド・サフワト
[国]エジプト 情報相
Sharif, Nawaz シャリフ, ナワズ
1949〜 [国]パキスタン 政治家 パキスタン首相 本名=Sharif, Mian Mohammed Nawaz
Sharif, Omar シャリフ, オマー
1932〜2015 [国]エジプト 俳優 前芸名=Cherif, Omar [異]シャリフ, オマル
al-**Sharif, Osman Omer** シャリフ, オスマン・オマル
[国]スーダン 貿易相
al-**Sharif, Saif** シャリーフ, セイフ
[国]イエメン 石油・鉱物資源相
Sharifa, bint Khalfan bin Nasser al-Yahya シャリファ・ビン・ハルファン・ビン・ナセル・ヤハヤ
[国]オマーン 社会開発相
Sharifi, Rashid シャリフィ
[国]イラン 重量挙げ選手
al-**Sharifi, Sawsan** シャリフィ, サウサン
[国]イラク 農相
Sharifov, Abid シャリフォフ, アビド
[国]アゼルバイジャン 副首相 [異]シャリホフ, アビド / シャリフォフ, アビド・G.
Sharifov, Samir シャリフォフ, サミル
[国]アゼルバイジャン 財務相
Sharifov, Sharif シャリフォフ, シャリフ
1988〜 [国]アゼルバイジャン レスリング選手 [異]シャリホフ, シャリフ
Sharifzadegan, Mohammad Hossein シャリフザデガン, モハマド・ホセイン
[国]イラン 社会福祉相
Sharikadze, Merab シャリカゼ, メラブ
[国]ジョージア ラグビー選手
Sharikov, Sergey チャリコフ
[国]ロシア フェンシング選手
Sharipov, Khomidin シャリポフ, ホミディン
[国]タジキスタン 内相
Sharipov, Mirali シャリポフ, ミラリ
[国]ウズベキスタン 柔道選手 [異]シャリポフ
Sharis, Peter J. シャリス, ピーターJ.
[著]「エビデンス循環器病学」 ライフサイエンス出版 2004
Sharit, Joseph シャリット, ジョセフ
[著]「高齢者のためのデザイン」 慶応義塾大学出版会 2013
el-**Sharkawy, Ashraf** シャルカウィ, アシュラフ
[国]エジプト 公共事業相
Sharkey, John シャーキー, ジョン
1936〜 [著]「ミステリアス・ケルト」 平凡社 2013
Sharkey, John シャーキー, ジョン
[著]「神経筋療法トリガーポイントマニュアル」 ガイアブックス, 産調出版 (発売) 2011
Sharkey, Niamh シャーキー, ニーアム
1973〜 [著]「はらぺこかいじゅう」 ブロンズ新社 2004
Sharma, Anand シャーマ, アナンド
1945〜 [著]「リーンシグマ経営」 ダイヤモンド社 2003
Sharma, Anand シャルマ, アナンド
[国]インド 商工相兼繊維相
Sharma, Anil K. シャーマ, アニル・K.
[著]「食品の機能性表示と世界のレギュレーション」 薬事日報社 2015
Sharma, Chandresh シャーマ, チャンドレシュ
[国]トリニダード・トバゴ 運輸相
Sharma, Dinanath シャルマ, ディナナト
[国]ネパール 教育相
Sharma, Ishwar Chandra シャルマ, イシュバル・C.
1921〜 [著]「転生とカルマの法則」 中央アート出版 2004
Sharma, Janardan シャルマ, ジャナルダン
[国]ネパール エネルギー相
Sharma, Kuber Prasad シャルマ, クベール・プラシャド
[国]ネパール 文化・観光・民間航空相
Sharma, Mahesh シャルマ, マヘシュ
[国]インド 文化・観光相
Sharma, Neil シャルマ, ニール
[国]フィジー 保健相
Sharma, Rahul シャルマ, ラフル
[著]「Java message service導入ガイド」 ピアソン・エデュケーション 2003

Sharma, Rekha　シャルマ, レカ
　国ネパール　総務相
Sharma, Robin Shilp　シャーマ, ロビン
　1964～　著「答えはすでにあなたの心の中にある」ダイヤモンド社　2012
Sharma, Ruchir　シャルマ, ルチル
　著「ブレイクアウト・ネーションズ」早川書房　2015
Sharma, Vijay Kumar　シャルマ, ヴィジャイ・クマール
　国インド　元・在カタール日本国大使館現地職員
Sharma, Yubraj　シャルマ, ユブラジ
　著「スピリチュアル・マテリア・メディカ」ホメオパシー出版　2011
Sharman, Bill　シャーマン, ビル
　1926～2013　国アメリカ　バスケットボール監督, バスケットボール選手　本名＝Sharman, William Walton
Sharman-Burke, Juliet　シャーマン＝バーク, ジュリエット
　著「神託のタロット」原書房　2014
Sharmarke, Omar Abdirashid Ali　シェルマルケ, オマル・アブディラシド・アリ
　国ソマリア　首相
Sharmat, Craig　シャーマット, クレイグ
　著「いそがしいクリスマス」大日本図書　2014
Sharmat, Marjorie Weinman　シャーマット, マージョリー・ワインマン
　1928～　国アメリカ　児童文学作家
Sharmila, Irom　シャルミラ, イロム
　1972～　国インド　人権活動家　本名＝Sharmila, Irom Chanu
Sharom, Silvan　シャローム, シルバン
　国イスラエル　副首相兼外相
Sharon, Ariel　シャロン, アリエル
　1928～2014　国イスラエル　政治家, 軍人　イスラエル首相, リクード党首
Sharon, Nathan　シャロン, N.
　1925～　著「レクチン」シュプリンガー・フェアラーク東京　2006
Sharon, Rona　シャロン, ロナ
　著「海賊の王子にとらわれて」原書房　2011
Sharon, Thomas A.　シャロン, トーマス・A.
　著「病院で殺される」主婦の友社　2004
Sharopova, Nigina　シャロポワ, ニギナ
　国タジキスタン　副首相
Sharot, Tali　シャーロット, ターリ
　著「脳は楽観的に考える」柏書房　2013
Sharoyan, Roland　シャロヤン, ロランド
　国アルメニア　文化・青年スポーツ相
Sharp, Alena　シャープ, アリーナ
　国カナダ　ゴルフ選手
Sharp, Alex　シャープ, アレックス
　トニー賞 プレイ 主演男優賞(2015年(第69回))　"The Curious Incident of the Dog in the Night-Time"
Sharp, Anne　シャープ, アン
　著「きけんな動物大集合！」大日本絵画　2007
Sharp, Ann Margaret　シャープ, アン・マーガレット
　1942～2010　著「子どものための哲学授業」河出書房新社　2015
Sharp, Deborah　シャープ, デボラ
　1954～　国アメリカ　作家　著ミステリー, スリラー
Sharp, Evan　シャープ, エヴァン
　起業家, ピンタレスト創業者
Sharp, Gene　シャープ, ジーン
　1928～　国アメリカ　政治学者　アルバート・アインシュタイン研究所上級研究員
Sharp, Hunter　シャープ, ハンター
　国アメリカ　アメフト選手
Sharp, Isadore　シャープ, イザドア
　1931～　国カナダ　実業家　フォーシーズンズ・ホテル・アンド・リゾート創業者
Sharp, Ken　シャープ, ケン
　著「メイキング・オブ・ダブル・ファンタジー」シンコーミュージック・エンタテイメント　2010
Sharp, Kerri　シャープ, ケリー
　著「氷の微笑み」光文社　2003
Sharp, Kevin　シャープ, ケビン
　1970～2014　国アメリカ　カントリー歌手　異シャープ, ケヴィン
Sharp, Lynsey　シャープ, リンジー
　国イギリス　陸上選手
Sharp, Pam　シャープ, パム
　著「看護における反省的実践」ゆみる出版　2005
Sharp, Peter　シャープ, P.
　1955～　著「子どもをキレさせないおとなが逆ギレしない対処法」北大路書房　2003
Sharp, Phillip Allen　シャープ, フィリップ
　1944～　国アメリカ　生物学者　マサチューセッツ工科大学教授
Sharp, Remy　シャープ, レミー
　著「HTML5入門」ピアソン桐原　2012
Sharp, Timothy J.　シャープ, ティモシー・J.
　著「親も子も幸せになれる子育てのヒント100」バベルプレス　2012
Sharpe, Alice　シャープ, アリス
　著「無邪気なキューピッド」ハーレクイン　2009
Sharpe, Isabel　シャープ, イザベル
　著「罪深きファンタジー」ハーレクイン　2009
Sharpe, Kenneth Evan　シャープ, ケネス
　著「知恵」アルファポリス, 星雲社(発売)　2011
Sharpe, Michael　シャープ, マイケル
　1970～　著「第2次世界大戦作戦マップ」河出書房新社　2015
Sharpe, Shannon　シャープ, シャノン
　1968～　元アメフト選手
Sharpe, Tajae　シャープ, タジ
　国アメリカ　アメフト選手
Sharpe, Tom　シャープ, トム
　1928～2013　国イギリス　作家　本名＝Sharpe, Thomas Ridley
Sharpe, William Forsyth　シャープ, ウィリアム
　1934～　国アメリカ　経済学者　スタンフォード大学名誉教授　米国金融協会会長　著金融論, ポートフォリオ理論　異シャープ, ウィリアム・F.
Sharpless, Barry　シャープレス, バリー
　1941～　国アメリカ　化学者　スクリプス研究所教授　本名＝Sharpless, Karl Barry
Sharpley, Richard　シャープリー, R.
　1956～　著「発展途上世界の観光と開発」古今書院　2011
Sharratt, Aaron　シャラット, アーロン
　国アメリカ　ローザンヌ国際バレエコンクール 5位・プロ研修賞(第38回(2010年))
Sharratt, Nick　シャラット, ニック
　1962～　国イギリス　イラストレーター, 画家, 絵本作家
Sharry, John　シャリー, ジョン
　著「解決志向グループワーク」晃洋書房　2009
Sharshekeeva, Kamila　シャルシェケエワ, カミラ
　国キルギス　教育文化相
Shasha, Dennis Elliott　シャシャ, デニス
　著「生物化するコンピュータ」講談社　2013
Shashkin, Dimitri　シャシキン, ディミトリ
　国ジョージア　教育科学相　異シャシキン, ドミトリー
Shata, Mohammed　シャタ, モハメド
　国ナイジェリア　内相
Shatah, Mohammed　シャタハ, モハメド
　国レバノン　財務相
Shatil, Sharron　シュアティル, シャロン
　著「ロジックの世界」講談社　2015
Shatilov, Alexander　シャティロフ
　国イスラエル　体操選手
Shatley, Tyler　シャトリー, タイラー
　国アメリカ　アメフト選手
Shatner, William　シャトナー, ウィリアム
　1931～　国アメリカ　俳優
Shatróv, Mikhail　シャトローフ, ミハイル
　1932～2010　国ロシア　劇作家, 脚本家　本名＝シャトローフ, マルシャーク〈Shatróv, Marshak Mikhail Filippovich〉　異シャトロフ
Shatté, Andrew　シャテー, アンドリュー
　著「レジリエンスの教科書」草思社　2015
Shatter, Alan　シャッター, アラン
　国アイルランド　司法・平等・国防相
al-Shatti, Ismail Khudher　シャッティ, イスマイル・フデル
　国クウェート　副首相兼国務相(内閣担当)
al-Shatti, Iyad　アル・シャティ, イヤド
　国シリア　保健相
Shattuck, Cybelle　シャタック, シベール
　著「ヒンドゥー教」春秋社　2005
Shattuck, Roger　シャタック, ロジャー
　1923～2005　著「祝宴の時代」白水社　2015
Shaugee, Mahmood　シャウジー, マフムード

[国]モルディブ　観光・航空相　[異]シャウジー, マハムード
Shauger, Daniel　ショウガー, ダン
[著]「ゴルフボールのかっ飛ばし方」 創英社, 星雲社（発売） 2009
Shaughnessy, Adrian　ショーネシー, エイドリアン
[著]「ウィム・クロウエル」 ビー・エヌ・エヌ新社 2012
Shaughnessy, Matt　ショーネシー, マット
[国]アメリカ　アメフト選手
Shaughnessy, Pat　ショーネシ, パット
[著]「Rubyのしくみ」 オーム社 2014
Shaukat, Sidra　シャウカット, シドラ
[著]「プロは語る。」 アスペクト 2005
Shaukatullah　ショーカトゥラー
[国]パキスタン　辺境地域相　[異]ショーカットゥラー
Shaules, Joseph　ショールズ, ジョセフ
[著]「深層文化」 大修館書店 2013
Shavdatuashvili, Lasha　シャブダトゥアシビリ, ラシャ
1992～ [国]ジョージア　柔道選手　[異]シャフダトゥアシビリ, ラシャ
Shavell, Steven　シャベル, スティーブン
1946～ [著]「数理法務概論」 有斐閣 2014
Shavelson, Melville　シェイベルソン, メルビル
1917～2007 [国]アメリカ　脚本家, 映画監督　[異]シェイヴルスン, メルヴィル
Shaviro, Steven　シャヴィロ, スティーブン
[著]「モノたちの宇宙」 河出書房新社 2016
Shavit, David　シャヴィット, デイヴィッド
[著]「アジアにおけるアメリカの歴史事典」 雄松堂書店 2011
Shavliashvili, Davit　シャブリアシビリ, タビト
[国]ジョージア　地域発展・社会基盤相
Shavor, Sherry　シェイバー, シェリー
[著]「Java開発者のためのEclipseエキスパートガイド」 コンピュータ・エージ社 2004
Shaw, Artie　ショー, アーティ
1910～2004 [国]アメリカ　ジャズ・クラリネット奏者　本名＝Arshawsky, Arthur Jacob　[異]ショー, アーティー／ショウ, アーティ
Shaw, Arvell　ショウ, アーベル
1923～2002 [国]アメリカ　ジャズベース奏者
Shaw, Audley　ショー, オードリー
[国]ジャマイカ　財務・公共サービス相　[異]ショウ, オードリー
Shaw, Bob　ショウ, ボブ
[著]「結婚」 ポプラ社 2002
Shaw, Brian　ショウ, ブライアン
[国]アメリカ　ロサンゼルス・レイカーズアシスタントコーチ（バスケットボール）
Shaw, Brian F.　ショウ, ブライアン・F.
[著]「うつ病の認知療法」 岩崎学術出版社 2007
Shaw, Bryan　ショウ, ブライアン
[国]アメリカ　野球選手
Shaw, Bryony　ショー, ブライオニー
[国]イギリス　セーリング選手　[異]ショー
Shaw, Caroline　ショー, キャロライン
[国]アメリカ　ピュリッツアー賞 文学・音楽 音楽（2013年）"Partita for 8 Voices"
Shaw, Chantelle　ショー, シャンテル
[著]「百八十夜の愛人契約」 ハーパーコリンズ・ジャパン 2016
Shaw, Charles G.　ショー, チャールズ・G.
[著]「あれ、なんだろう？」 主婦の友社 2004
Shaw, Christine　ショー, クリスティーン
[著]「世界のキルト文化図鑑」 柊風舎 2008
Shaw, Connor　ショー, コナー
[国]アメリカ　アメフト選手
Shaw, Donald L.　ショー, D.L.
[著]「リーディングス政治コミュニケーション」 一芸社 2002
Shaw, Fiona　ショー, フィオナ
1958～ [国]アイルランド　女優　本名＝Wilson, Fiona
Shaw, Francesca　ショー, フランセスカ
[著]「嫉妬と傷心」 ハーレクイン 2012
Shaw, Garry J.　ショー, ギャリー・J.
[著]「ファラオの生活文化図鑑」 原書房 2014
Shaw, Graham　ショー, G.
1942～ [著]「場の量子論」 丸善プラネット, 丸善出版（発売） 2011
Shaw, Greg　ショー, グレッグ
[著]「さあ、おきて、おきて！」 評論社 2007
Shaw, Hannah　ショー, ハンナ
[著]「いたちのイジワリッチ・イタッチ」 岩崎書店 2010
Shaw, Ian　ショー, イアン
[著]「ビジュアル版 世界の歴史都市」 柊風舎 2016
Shaw, Ian　ショウ, イアン
[著]「食の安全」 建帛社 2006
Shaw, Ida A.　ショー, イダ・A.
[著]「グループスキーマ療法」 金剛出版 2016
Shaw, Johnny　ショー, ジョニー
[著]「負け犬たち」 オークラ出版 2016
Shaw, Josh　ショー, ジョシュ
[国]アメリカ　アメフト選手
Shaw, Julia　ショウ, ジュリア
[著]「脳はなぜ都合よく記憶するのか」 講談社 2016
Shaw, Kiran Mazumdar　ショウ, キラン・マズムダル
1953～ [国]インド　実業家　バイオコン会長
Shaw, Leslie M.　ショー, レスリー M.
[著]「薬物動態学と薬力学の臨床応用」 メディカル・サイエンス・インターナショナル 2009
Shaw, Luke　ショー, ルーク
1995～ [国]イギリス　サッカー選手　本名＝ショー, ルーク・ポール・ホーア〈Shaw, Luke Paul Hoare〉 [異]ショウ, ルーク
Shaw, Mary　ショウ, M.
[著]「現代イギリスの政治算術」 北海道大学図書刊行会 2003
Shaw, Melvin　ショウ, メルヴィン
[著]「バンビ」 うさぎ出版, ネコ・パブリッシング（発売） 2003
Shaw, Peter　ショー, ピーター
[著]「ロニーとまほうのもくば」 ワールドライブラリー c2014
Shaw, Phil　ショウ, フィル
[著]「決めゼリフを言う選手、捨てゼリフを吐く監督」 広済堂出版 2001
Shaw, Rajib　ショウ, ラジブ
[著]「防災教育」 明石書店 2013
Shaw, Robert　ショウ, ロバート
1946～ [著]「水滴系のカオス」 岩波書店 2006
Shaw, Scott Richard　ショー, スコット・リチャード
[著]「昆虫は最強の生物である」 河出書房新社 2016
Shaw, Stephen　ショー, スティーヴン
1950～ [著]「航空の経営とマーケティング」 成山堂書店 2009
Shaw, Tara　ショウ, タラ
[著]「描写レヴューで教師の力量を形成する」 ミネルヴァ書房 2002
Shaw, Travis　ショウ, トラビス
[国]アメリカ　野球選手
Shaw, Tucker　ショウ, タッカー
[著]「コマッテル？」 太陽出版 2003
Shaw, Vernon Lorden　ショー, バーノン・ローデン
[国]ドミニカ共和国　大統領
Shaw, Victoria Felice　ショー, ビクトリア
1968～ [著]「がまんしないで、性的な不快感」 大月書店 2008
Shaw, William　ショー, ウィリアム
[著]「自閉症と広汎性発達障害の生物学的治療法」 コスモトゥーワン 2011
Shaw, William T.　シャウ, W.T.
[著]「応用mathematica」 新紀元社 2004
Shawa, Abbie　シャワ, アビ
[国]マラウイ　開発計画・協力相
Shawcross, Ryan　ショウクロス, ライアン
[国]イングランド　サッカー選手
Shawe-Taylor, John　ショー - テイラー, ジョン
[著]「サポートベクターマシン入門」 共立出版 2005
Shaweys, Rowsch　シャウェス, ロージュ
[国]イラク　副首相
***al*-Shawi, Mundhir Ibrahim**　アル・シャーウィ, ムンドヒル・イブラヒム
[国]イラク　法相　[異]アル・シャーウィ, ムンディル・イブラヒム
Shaxson, Nicholas　シャクソン, ニコラス
[著]「タックスヘイブンの闇」 朝日新聞出版 2012
Shay, Bee　シェイ, ビー
[著]「コラージュの教室（ラボ）」 ボーンデジタル 2013
Shay, Kathryn　シェイ, キャスリン
[著]「天使は泣けないから」 原書房 2007
Shay, Ryan　シェイ, ライアン
？～2007 [国]アメリカ　マラソン選手
Shayeb, Hamdy Abdel-Salam El　シャエブ, ハムディ・アブデルサラム・エル
[国]エジプト　運輸相
Shaykh, Khalid Rajih　シャイフ, ハリド・ラジ

Shaykh, Mawlana
㋳イエメン　通商産業相
㊋「ホージャ・アフラールのマカーマート」東京外国語大学アジア・アフリカ言語文化研究所　2005
Shayne, Cameron　シェイン, キャメロン
㊋「武道魂レッスン」扶桑社　2008
Shayne, Maggie　シェイン, マギー
㊋「暗闇のメモリー」ハーレクイン　2009
Shaywitz, Sally E.　シェイウィッツ, サリー
㊋「読み書き障害（ディスレクシア）のすべて」PHP研究所　2006
Shazier, Ryan　シャイジアー, ライアン
㋳アメリカ　アメフト選手
Shaziman, Abu Mansor　シャジマン・アブー・マンスール
㋳マレーシア　公共事業相
Shazli, Kamal Muhammad El　シャズリ, カマル・ムハンマド El
㋳エジプト　国務相（人民議会担当）　㊌シャズリ, カマル・ムハンマド・エル
Shbeeb, Lina　シャビーブ, リナ
㋳ヨルダン　運輸相
Shcharbachenia, Stanislau　シュチャルバチェニア, スタニスラフ
㋳ベラルーシ　ボート選手
Shchedrin, Rodion　シチェドリン, ロディオン
1932〜　㋳ロシア　作曲家, ピアニスト　本名＝Shchedrin, Rodion Konstantinovich　㊌シチェドリーン／シチェドリン, ロジオン
Shchegolev, Igor O.　ショゴレフ, イーゴリ・O.
㋳ロシア　通信情報相
Shcherba, L.V.　シチェルバ, L.V.
㊋「ロシア語論集」揺籃社　2004
Shcherbatsevich, Yury　シュチェルバツェビッチ, ユーリー
㋳ベラルーシ　射撃選手
Shcherbo, Ivan I.　シチェルボ, イワン・I.
㋳ベラルーシ　運輸相
Shchetkina, Marianna A.　シチェトキナ, マリアンナ・A.
㋳ベラルーシ　労働・社会保障相　㊌シェトキナ, マリアンナ・A.
Shdeifat, Omar　シュデイファト, オマル
㋳ヨルダン　高等教育・科学研究相
Shea, Ammon　シェイ, アモン
㊋「そして、僕はOEDを読んだ」三省堂　2010
Shea, Andrew　シー, アンドリュー
1977〜　㊋「グラフィックデザインで世界を変える」ビー・エヌ・エヌ新社　2013
Shea, Chris　シェイ, クリス
㊋「クリスマス・ウィズ・ラヴ」いのちのことば社フォレストブックス　2004
Shea, Frank　シェイ, フランク
？〜2002　㋳アメリカ　野球選手
Shea, Gail　シェー, ゲール
㋳カナダ　漁業海洋相　㊌シェー, ゲイル
Shea, Jack　シェイ, ジャック
？〜2002　㋳アメリカ　スピードスケート選手
Shea, Jamie Patrick　シェイ, ジェイミー
1953〜　㋳イギリス　北大西洋条約機構（NATO）首席報道官
Shea, Jim　シェイ
㋳アメリカ　スケルトン選手
Shea, John　シェイ, ジョン
1958〜　㊋「Shinjo」朝日新聞社　2003
Shea, Mark　シェア, マーク
㊋「『ダ・ヴィンチ・コード』の真相」ドン・ボスコ社　2006
Shea, Michael　シェイ, マイクル
世界幻想文学大賞　中編（2005年）　"The Growlimb"
Shea, Richard　シア, リチャード
1972〜　㊋「L2TP」ピアソン・エデュケーション　2001
Shea, Shawn Christopher　シア, ショーン・クリストファー
㊋「自殺リスクの理解と対応」金剛出版　2012
Shea, Therese　シェイ, テレーズ
㊋「時代をきりひらくIT企業と創設者たち」岩崎書店　2013
Shea, Victoria　シェア, ビクトリア
1950〜　㊋「TEACCHとは何か」エンパワメント研究所, 筒井書房（発売）　2007
Shea, William R.　シーア, W.
㊋「ローマのガリレオ」大月書店　2005
Shead, DeShawn　シード, デショーン
㋳アメリカ　アメフト選手

Shealy, Daniel　シーリー, ダニエル
㊋「子どもが描く世界」彩流社　2010
Shear, M.Katherine　シャー, M.キャサリン
㊋「不安障害」日本評論社　2005
Sheard, Jabaal　シェアード, ジェイバール
㋳アメリカ　アメフト選手
Sheard, Karen Clark　シェアード, カレン・クラーク
グラミー賞　最優秀ゴスペル・アーティスト（2009年（第52回））　"Wait On The Lord"
Sheard, Kierra "KiKi"　シェアード, キアラ "キキ"
グラミー賞　最優秀ゴスペル楽曲（2009年（第52回））　"God In Me"
Sheard, Paul　シェアード, ポール
1954〜　ストラテジスト　スタンダード＆プアーズ（S&P）チーフグローバルエコノミスト　リーマン・ブラザーズ主席エコノミスト
Sheard Michael　シアード, マイケル
1940〜2005　㋳イギリス　俳優　㊌シェアード, マイケル
Shearer, Alex　シアラー, アレックス
1949〜　㋳イギリス　作家, 脚本家
Shearer, Moira　シアラー, モイラ
1926〜2006　㋳イギリス　女優, バレリーナ　本名＝キング, モイラ・シアラー〈King, Moira Shearer〉
Shearing, George Albert　シアリング, ジョージ
1919〜2011　㋳アメリカ　ジャズピアニスト, 作曲家, 編曲家
Shearman, John K.G.　シアマン, ジョン
1931〜2003　㊋「オンリー・コネクト…」ありな書房　2008
Shearman, Robert　シェアマン, ロバート
世界幻想文学大賞　短編集（2008年）　"Tiny Deaths"
Shearmur, Jeremy　シアマー, ジェレミー
1948〜　㊋「カール・ポパー社会と政治」ミネルヴァ書房　2014
Shears, Paul　シアーズ, ポール
㊋「カラー臨床微生物学チャート＆アトラス」西村書店　2009
Sheban, Chris　シーバン, クリス
㊋「さみしかった本」岩崎書店　2013
Shebanova, Tatiana　シェバノワ, タチアナ
1953〜2011　㋳ロシア　ピアニスト　㊌シェバノワ, タチャーナ
al-Shebli, Hashim　シェブリ, ハシム
㋳イラク　法相
Shechter, Hofesh　シェクター, ホフェッシュ
㋳イスラエル　振付師, 作曲家　ホフェッシュ・シェクター・カンパニー主宰
Shechtman, Daniel　シェヒトマン, ダニエル
1941〜　㋳イスラエル　物質科学者　テクニオン・イスラエル工科大学特別教授　通称＝シェヒトマン, ダン〈Shechtman, Dan〉
Sheckley, Barry G.　シェックリー, バリー・G.
㊋「脳科学が明らかにする大人の学習」ヒューマンバリュー　2016
Sheckley, Robert　シェクリー, ロバート
1928〜2005　㋳アメリカ　SF作家　㊌シェクリイ, ロバート
Shecter, Ben　シェクター, ベン
㊋「おとうさん」童話屋　2009
Shedroff, Nathan　シェドロフ, ネイサン
㊋「SF映画で学ぶインタフェースデザイン」丸善出版　2014
Sheed, Wilfrid　シード, ウィルフリッド
1930〜2011　㋳アメリカ　作家, 批評家　本名＝Sheed, Wilfrid John Joseph
Sheedy, Edna C.　シーディ, E.C.
㊋「バッド・バッド・ボーイズ」早川書房　2011
Sheedy Kurcinka, Mary　シーディ, メアリー
1953〜　㊋「言うことを聞かないのはどうしてなの？」サンマーク出版　2002
Sheehan, Aaron　シーハン, アーロン
グラミー賞　最優秀クラシック・オペラ録音（2014年（第57回））　"Charpentier: La Descente D'Orphée Aux Enfers"　ソリスト
Sheehan, Billy　シーン, ビリー
㋳アメリカ　ロック・ベース奏者
Sheehan, Carly　シーハン, カーリー
㊋「もう戦争はさせない！」文理閣　2007
Sheehan, Cindy　シーハン, シンディー
㊋「もう戦争はさせない！」文理閣　2007
Sheehan, Frederick　シーハン, フレデリック
㊋「グリーンスパンの正体」エクスナレッジ　2008
Sheehan, Michael　シーハン, マイケル
㊋「戦略論」勁草書房　2012
Sheehan, Richard　シーハン, リチャード

Sheehy, Kate シーヒー, ケイト
㊻「英語で学ぶMBAの授業」中経出版 2008
㊻「自宅でできる運動療法」ガイアブックス, 産調出版(発売) 2008

Sheehy, Shawn シーヒィ, ショーン
㊻「森のなかまたち」大日本絵画 〔2015〕

Sheehy, Sterling シーヒー, スターリン
㊻「ニモのビッグレース」大日本絵画 2013

Sheely, Rachelle K. シーリー, レイチェル・K.
㊻「自閉症・アスペルガー症候群のRDIアクティビティ」明石書店 2009

Sheen, Barry シーン, バリー
?〜2003 ㊳オーストラリア オートバイライダー

Sheen, Charlie シーン, チャーリー
1965〜 ㊳アメリカ 俳優 本名＝エステベス, カルロス・アーウィン〈Estevez, Carlos Irwin〉

Sheen, Martin シーン, マーティン
1940〜 ㊳アメリカ 俳優 本名＝Estevez, Ramon

Sheep, Aria シープ, アリア
㊻「ランビュトー通り」Experimental Art Planet 2009

Sheeran, Ed シーラン, エド
1991〜 ㊳イギリス シンガー・ソングライター

Sheeran, Josette シーラン, ジョゼット
1954〜 ㊻「ジョゼット・シーラン」日本放送出版協会 2008

Sheetrit, Meir シトリート, メイル
㊳イスラエル 内相

Sheets, Dutch シーツ, ダッチ
㊻「天と地を揺るがす祈り」マルコーシュ・パブリケーション 2001

Sheff, David シェフ, デビット
㊻「ビートルズ世界証言集」ポプラ社 2006

Sheffi, Yosef シェフィー, ヨッシー
1948〜 ㊻「企業のレジリエンシーと事業継続マネジメント」日刊工業新聞社 2007

Sheffield, Brian シェフィールド, ブライアン
起業家, 石油王

Sheffield, Charles シェフィールド, チャールズ
㊻「太陽レンズの彼方へ」東京創元社 2005

Sheffield, Justus シェフィールド, ジャスタス
㊳アメリカ 野球選手

Sheffield, Rob シェフィールド, ロブ
1967〜 ㊻「ラブ・イズ・ア・ミックステープ」ヴィレッジブックス 2012

Shefler, Yuri シェフラー, ユリ
㊳ロシア 実業家

Shefrin, Hersh シェフリン, ハーシュ
1948〜 ㊻「行動ファイナンスと投資の心理学」東洋経済新報社 2005

Shehab, Mofid Mahmoud シハブ, ムフィド・マハムード
㊳エジプト 法律問題・議会担当相

al-Shehabi, Sadiq bin Abdul-Karim シハビ, サディク・ビン・アブドルカリム
㊳バーレーン 保健相

Shehada, Salah シャハダ, サラハ
1953〜2002 ㊳パレスチナ パレスチナ解放活動家 ハマス武装部門カッサム隊指導者

Shehadeh, Ramsey D. シェハデ, ラムジー・D.
㊻「競争政策の経済学」NERA 2005

Shehata, Abdul Rahim シャハタ, アブデルラヒム
㊳エジプト 国務相(地方開発担当)

Shehayeb, Akram シェハイブ, アクラム
㊳レバノン 農相

Sheik, Duncan シーク, ダンカン
トニー賞 ミュージカル 楽曲賞(2007年(第61回))ほか

al-Sheikh, Abdullah bin Muhammad bin Ibrahim シェイフ, アブダラ・ビン・ムハンマド・ビン・イブラヒム
㊳サウジアラビア 法相

Sheikh, Anees A. シェイク, アニーズ・A.
㊻「イメージ療法ハンドブック」誠信書房 2003

al-Sheikh, Mohammed bin Adbulmalik シェイフ, ムハンマド・ビン・アブドルマリク
㊳サウジアラビア 国務相

Sheikh, Muhammad Ali el シェイフ, ムハンマド・アリ
㊳エジプト 供給・国内通商相

al-Sheikh, Saleh bin Abdulaziz シェイフ, サレハ・ビン・アブドルアジズ
㊳サウジアラビア イスラム問題・寄進財産・布教・指導相

シェイフ, サレハ・ビン・アブドルアジズ・ビン・ムハンマド・ビン・イブラヒム

al-Sheikha, Kamal シェイハ, カマル
㊳シリア 水資源相

Sheikh Mudey, Abdiweli Ibrahim シェイク・ムデイ, アブディウェリ・イブラヒム
㊳ソマリア 労相

Sheikholeslami, Abdulreza シェイホルエスラミ, アブドルレザ
㊳イラン 労働・社会問題・協同組合・社会福祉相

Sheila・E. シーラ・E.
1959〜 ㊳アメリカ パーカッション奏者 本名＝エスコヴェド, シーラ〈Escovedo, Sheila〉

Sheils, William J. シールズ, W.J.
㊻「イギリス宗教史」法政大学出版局 2014

Shein, Ali Mohamed シェイン, アリ・モハメド
㊳タンザニア ザンジバル自治政府大統領

Sheinkin, Rachel シェイキン, レイチェル
トニー賞 ミュージカル 脚本賞(2005年(第59回)) "The 25th Annual Putnam County Spelling Bee"

Sheinkin, Steve シャンキン, スティーヴ
㊻「原爆を盗め！」紀伊国屋書店 2015

Shekarabi, Ardalan シェカラビ, アルダラン
㊳スウェーデン 公共管理相

Shekarau, Ibrahim シェカラウ, イブラヒム
㊳ナイジェリア 教育相

Shekerbekova, Zhaina シェケルベコワ, ジャイナ
㊳カザフスタン ボクシング選手

Shekhar, Chandra シェカール, チャンドラ
1927〜2007 ㊳インド 政治家 インド首相, ジャナタ・ダル指導者

Shelah, Saharon シェラハ, サハロン
㊳イスラエル ウルフ賞 数学部門(2001年)

Shelanski, Howard A. シランスキ, ハワード・A.
㊻「ブロードバンドの発展と政策」NTT出版 2005

Shelby, Amanda M. シェルビー, アマンダ・M.
㊻「伴侶動物の麻酔テクニック」緑書房 2016

Shelby, Derrick シェルビー, デリック
㊳アメリカ アメフト選手

Shelby, Philip シェルビー, フィリップ
㊻「破滅の預言」角川書店 2002

Shelden, Lee シェルダン, リー
英国推理作家協会賞 ゴールド・ダガー(ノン・フィクション)(2006年) "The Dagenham Murder"

Sheldon, Bill シェルドン, ビル
㊻「プロフェッショナルVB.NET」インプレス, インプレスコミュニケーションズ(発売) 2002

Sheldon, Mary シェルダン, メアリ
1955〜 ㊻「母と娘の旅路」扶桑社 2003

Sheldon, Rose Mary シェルドン, ローズ・マリー
1948〜 ㊻「ローマとパルティア」白水社 2013

Sheldon, Sidney シェルダン, シドニー
1917〜2007 ㊳アメリカ 作家, 脚本家 ㊺シェルダン, シドニィ／シェルドン, シドニイ

Sheldrake, Philip シェルドレイク, P.
㊻「キリスト教霊性の歴史」教文館 2010

Sheldrake, Rupert シェルドレイク, ルパート
㊻「ぼくたちの相棒」あすなろ書房 2003

Sheldrick, Daphne シェルドリック, ダフニー
1930〜 ㊳イギリス 動物保護活動家 デービッド・シェルドリック・トラスト創設者 ㊺シェルドリック, ダフニ

Shelemay, Kay Kaufman シェレメイ, ケイ・カウフマン
㊻「エチオピア音楽民族誌」アルク出版企画 2009

Shelestyuk, Taras シェレスチュク
㊳ウクライナ ボクシング選手

Shell, Brandon シェル, ブランドン
㊳アメリカ アメフト選手

Shell, Ellen Ruppel シェル, エレン・ラペル
1952〜 ㊳アメリカ ジャーナリスト

Shell, G.Richard シェル, G.リチャード
1949〜 ㊻「無理せずに勝てる交渉術」パンローリング 2016

Shell, Marc シェル, マーク
㊻「芸術と貨幣」みすず書房 2004

Shellard, Dominic シェラード, ドミニク
㊻「図説『ウィリアム・シェイクスピア』」ミュージアム図書(発売) 〔2001〕

Shellenbarger, Sue　シェレンバーガー、スー
　㊟「錆びつかないで美しく生きるために」主婦の友社　2007
Shellenberger, Sylvia　シェレンバーガー、S.
　㊟「ジェノグラム（家系図）の臨床」ミネルヴァ書房　2009
Shelley, John　シェリー、ジョン
　1959〜　㊐イギリス　イラストレーター、絵本作家
Shelley, Julia　シェリー、J.
　㊟「ホルモン補充療法ガイドブック」丸善　2003
Shelley, Steve　シェリー、スティーブ
　1961〜　㊐アメリカ　ミュージシャン
Shelley, Toby　シェリー、トビー
　㊟「石油をめぐる世界紛争地図」東洋経済新報社　2005
Shelley, Violet　シェリー、バイオレット
　㊟「転生の終焉」中央アート出版社　2004
Shelly, Judith Allen　シェリー、ジュディス・アレン
　㊟「スピリチュアルケアにおける看護師の役割」いのちのことば社（発売）　2014
Shelly, Susan　シェリー、スーザン
　㊟「盲・視覚障害百科事典」明石書店　2009
Shelman, Mary　シェルマン、メリー
　㊟「ブランド・マネジメント」ダイヤモンド社　2001
Shelsky, Rob　シェルスキー、ロブ
　㊟「知ったら夜も眠れない月の重大な真実」ヒカルランド　2015
Shelton, Barrie　シェルトン、バリー
　1944〜　㊟「日本の都市から学ぶこと」鹿島出版会　2014
Shelton, Danny　シェルトン、ダニー
　㊐アメリカ　アメフト選手
Shelton, Derek　シェルトン、デレク
　㊐アメリカ　トロント・ブルージェイズコーチ
Shelton, Helen　シェルトン、ヘレン
　㊟「恋は、ある日突然に」ハーレクイン　2003
Shelton, Ken　シェルトン、ケン
　1947〜　㊟「ストーリーで学ぶ経営の真髄」徳間書店　2011
Shelton, Robert D.　シェルトン、ロバート・D.
　㊟「イノベーション・マネジメント」英治出版　2007
Shelton, Ron　シェルトン、ロン
　1945〜　㊟「ハリウッドの殺人事件」竹書房　2004
Sheltz, Matthew　シェルツ、マシュー
　㊟「直前必修問題集MCP/MCSA/MCSE試験番号70-218 Windows 2000 Network Management」IDGジャパン　2002
al-Shemali, Mustafa Jassem　シマリ、ムスタファ・ジャセム
　㊐クウェート　副首相兼財務相
Shemarov, Aleksandr　シェマロフ
　㊐ベラルーシ　レスリング選手
Shemarov, Aleksei　シェマロフ
　㊐ベラルーシ　レスリング選手
Shemer, Naomi　シェメル、ナオミ
　1930〜2004　㊐イスラエル　作詞家、作曲家　本名＝Sapir, Naomi　㊕シェマー、ナオミ
Shemin, Robert　シェミン、ロバート
　1963〜　㊟「優等生プアと劣等生リッチ」徳間書店　2008
Shem-Tov, Tami　シェム・トヴ、タミ
　1969〜　㊐イスラエル　児童文学作家　㊕ヤングアダルト　㊕シェム・トブ、タミ
Shemyakina, Yana　シェミャキナ、ヤナ
　1986〜　㊐ウクライナ　フェンシング選手
Shen, Neil　シェン、ニール
　投資家
Shen, Yanfei　シェン、ヤンフェイ
　㊐スペイン　卓球選手
Shenefield, John H.　シェネフィールド、J.H.
　㊟「アメリカ独占禁止法」三省堂　2004
Shengold, Leonard　シェンゴールド、レオナード
　㊟「魂の殺害」青土社　2003
Shenin, Oleg Semyonovich　シェーニン、オレグ
　1937〜2009　㊐ロシア　政治家　ソ連共産党政治局員・書記　㊕シェニン、オレグ
Shenk, David　シェンク、デイヴィッド
　1966〜　㊟「天才を考察する」早川書房　2012
Shenk, Joshua Wolf　シェンク、ジョシュア・ウルフ
　㊟「リンカーン」明石書店　2013
Shenkar, Oded　シェンカー、オーデッド
　㊟「コピーキャット」東洋経済新報社　2013
Shenkir, William G.　シェンキル、ウィリアム・G.
　㊟「戦略的事業リスク経営」東洋経済新報社　2004
Shenkman, Richard　シェンクマン、リック
　㊟「アメリカ人は嘆くわれわれはどこまでバカか？」扶桑社　2009
Shenon, Philip　シノン、フィリップ
　㊐アメリカ　ジャーナリスト
Shenouda Ⅲ　シェヌーダ3世
　1923〜2012　㊐エジプト　宗教家　コプト正教会総主教　㊕シェヌーダ
Shenoy, Suchitra　シェノイ、スキトラ
　㊟「ビジョナリーであるということ」ダイヤモンド社　2012
Shenton, Oliver　シェントン、オリヴァー
　㊐イングランド　サッカー選手
Shepard, Aaron　シェパード、アロン
　㊟「私にはもう出版社はいらない」WAVE出版　2010
Shepard, Andrea　シェパード、アンドレア
　㊟「戦略経営論」東洋経済新報社　2002
Shepard, Jim　シェパード、ジム
　㊟「わかっていただけますかねえ」白水社　2016
Shepard, Kris　シェパード、クリス
　㊟「私には夢がある」新教出版社　2003
Shepard, Larry　シェパード、ラリー
　1919〜2011　㊐アメリカ　大リーグ監督　本名＝Shepard, Lowrence William
Shepard, Lucius　シェパード、ルーシャス
　1943〜2014　㊐アメリカ　作家
Shepard, Martin　シェパード、マーティン
　1934〜　㊟「生きるための死に方」新潮社　2004
Shepard, Richard　シェパード、リチャード
　1965〜　エミー賞 プライムタイム・エミー賞 最優秀監督賞（コメディシリーズ）（第59回（2007年））"Ugly Betty"
Shepard, Russell　シェパード、ラッセル
　㊐アメリカ　アメフト選手
Shepard, Sam　シェパード、サム
　1943〜　㊐アメリカ　劇作家、俳優、脚本家、映画監督　本名＝シェパード・ロジャーズ、サミュエル〈Shepard Rogers, Samuel〉
Shepard, Sara　シェパード、サラ
　1977〜　㊐アメリカ　作家　㊕ヤングアダルト、ミステリー
Shepard, Sonny　シェパード、ソニー
　㊟「デス・アクシデント」第三書館　2001
Shepard, Sterling　シェパード、スターリング
　㊐アメリカ　アメフト選手
Shepel, Dmitry　シェペル
　㊐ロシア　スピードスケート選手
Shephard, Ben　シェファード、ベン
　1948〜　㊟「遠すぎた家路」河出書房新社　2015
Shephard, Roy J.　シェファード、ロイ・J.
　㊕シェパード、ロイ・J.　㊟「エンデュランストレーニングの科学」ナップ　2015
Shephard, Sue　シェパード、スー
　㊟「保存食品開発物語」文芸春秋　2001
Shepher, Joseph　シェファー、J.
　㊟「インセスト」学文社　2013
Shepherd, Austin　シェファード、オースティン
　㊐アメリカ　アメフト選手
Shepherd, David G.　シェファード、デイヴィッド・G.
　㊟「バフチンと文化理論」松柏社　2005
Shepherd, Elizabeth J.　シェパード、エリザベス
　1960〜　㊟「レコード・マネジメント・ハンドブック」日外アソシエーツ、紀伊国屋書店（発売）　2016
Shepherd, George　シェパード、ジョージ
　1962〜　㊟「プログラミングMicrosoft Visual C++.NET」日経BPソフトプレス、日経BP出版センター（発売）　2002
Shepherd, Gordon M.　シェファード、ゴードン・M.
　1933〜　㊟「美味しさの脳科学」インターシフト、合同出版（発売）　2014
Shepherd, Jack R.　シェパード、ジャック・R.
　㊟「虐待された子ども」明石書店　2003
Shepherd, JaCorey　シェファード、ジャコリー
　㊐アメリカ　アメフト選手
Shepherd, Jean　シェパード、ジーン
　㊟「狼の一族」早川書房　2007
Shepherd, Jodie　シェパード、ジョディ
　㊟「プリンセスマジック」大日本絵画　〔2008〕
Shepherd, John　シェパード、ジョン
　1947〜　㊟「ポピュラー・ミュージック・スタディズ」音楽之友社　2005
Shepherd, John Scott　シェパード、ジョン・スコット

1967〜 㟢「ヘンリーの悪行リスト」新潮社 2005
Shepherd, John Thompson シェパード, ジョン・T.
1919〜 㟢「メイヨー・クリニックの内側」ぱる出版 2007
Shepherd, Kandy シェパード, キャンディ
㟢「一夜にできた秘密」ハーパーコリンズ・ジャパン 2016
Shepherd, Lloyd シェパード, ロイド
国イギリス 作家, ジャーナリスト 㟢歴史, ミステリー
Shepherd, Mike シェパード, マイク
1947〜 国アメリカ SF作家 旧筆名＝モスコー, マイク〈Moscoe, Mike〉
Shepherd, Neil シェパード, ニール
㟢「アスペルガー流人間関係」東京書籍 2011
Shepherd, Rebecca M. シュパード, レベッカ・M.
㟢「WMリウマチ科コンサルト」メディカル・サイエンス・インターナショナル 2006
Shepherd, Samuel M. シェパード, サムエル
1945〜 国アメリカ 元・全米日米協会連合理事長, 元・日米教育委員会事務局長 日米教育委員会事務局長 㟢シェパード, サムエル・M.
Shepherd, Sherry Renmu シェパード, シェリー・レンム
㟢シェパード, シェリー・蓮夢 㟢「高野山夢の導き夢の山」創元社 2009
Shepherd, William G. シェパード, ウィリアム・G.
㟢「現代アメリカ産業論」創風社 2002
Sheppard, Bob シェパード, ボブ
1910〜2010 国アメリカ アナウンサー 本名＝Sheppard, Robert Leo
Sheppard, Kelvin シェパード, ケルビン
国アメリカ アメフト選手
Sheppard, Lowell シェパード, ローウェル
㟢「日本は「心」で溢れてる」リック, リックテレコム (発売) 2002
Sheppard, Philip シェパード, フィリップ
㟢「頭のいい子を育てる音楽の魔法」主婦の友社 2007
Sheppard, Rob シェパード, ロブ
㟢「だれでも簡単 デジタルカメラ プロの使い方」日経ナショナルジオグラフィック社, 日経BP出版センター (発売) 2003
Sheppard, Steve シェパード, スティーブ
1963〜 㟢「アメリカ法への招待」勁草書房 2014
Sher, Barbara シェール, バーバラ
㟢シェア, バーバラ 㟢「本当に好きなことをして暮らしたい！」ヴォイス 2013
Sher, Bartlett シェール, バートレット
トニー賞 ミュージカル 演出賞 (2008年 (第62回)) "Rodgers & Hammerstein's South Pacific"
Sher, Brian シャー, ブライアン
㟢「こうすれば儲かる！」きこ書房 2003
Sheralieva, Iuliia Rashidovna シェラリエーヴァ, ユリヤ
1982〜 㟢「巴比倫 (バベル) 之塔是氷山」而立書房 2012
Sheran, Ashtar シェラン, アシュター
㟢「地球着陸を目前に控えて」ヒカルランド 2012
Sherbini, El Helali el シェルビーニ, ヒラーリ
国エジプト 教育・技術教育相
Sherchan, Amik シェルチャン, アミク
国ネパール 副首相兼保健人口相
Sherels, Marcus シェレルズ, マーカス
国アメリカ アメフト選手
Sherez, Stav シェレズ, スタヴ
1970〜 国イギリス フリージャーナリスト, 音楽評論家, 作家 㟢ミステリー, スリラー
Sherfy, Jimmie シェルフィー, ジミー
国アメリカ 野球選手
Sheridan, Jim シェリダン, ジム
1949〜 国アイルランド 映画監督, 脚本家
Sheridan, Karen シェリダン, カレン
㟢「お金の心配をせずに暮らしたい人のマネー管理帳」PHP研究所 2003
Sheridan, Kirsten シェリダン, カーステン
㟢「イン・アメリカ」竹書房 2003
Sheridan, Naomi シェリダン, ナオミ
㟢「イン・アメリカ」竹書房 2003
Sheridan, Richard シェリダン, リチャード
1957〜 㟢「ジョイ・インク」翔泳社 2016
Sheridan, Sam シェリダン, サム
㟢「ファイターズ・ハート」白水社 2008
Sheridan, Tye シェリダン, タイ
ヴェネチア国際映画祭 マルチェロ・マストロヤンニ賞 (第70回 (2013年)) "Joe"
Sherif, Ibrahim al-Zarug シャリーフ, イブラヒム・ザルーク
国リビア 社会問題書記 (社会問題相)
Sherif, Muhammad Safwat El シェリフ, ムハンマド・サフワト・エル
国エジプト 情報相
Sherif, Shamsur Rahmah シェリフ, シャムスル・ラハマン
国バングラデシュ 土地相
Sherif, Yousef Mohammad シェリフ, ユーセフ・ムハンマド
国リビア 情報相
Sheripov, Yldash シェリポフ, ヨルダシ
国トルクメニスタン 経済発展相
Sherlock, Glenn シャーロック, グレン
国アメリカ ニューヨーク・メッツコーチ
Sherlock, Patti シャーロック, パティ
㟢「ウルフィーからの手紙」評論社 2006
Sherlock, Sheila シャーロック, S.
㟢"シャーロック"肝臓病学」西村書店 2004
Sherman, Anthony シャーマン, アンソニー
国アメリカ アメフト選手
Sherman, Bill シャーマン, ビル
トニー賞 ミュージカル 編曲賞 (2008年 (第62回)) "In The Heights"
Sherman, David シャーマン, デイヴィッド
㟢「スター・ウォーズ」ソニー・マガジンズ 2005
Sherman, Delia シャーマン, デリア
ネビュラ賞 アンドレ・ノートン賞 (2011年) "The Freedom Maze"
Sherman, Eric シャーマン, エリック
1947〜 㟢「ディレクティング・ザ・フィルム」キネマ旬報社 2010
Sherman, Judith シャーマン, ジュディス
グラミー賞 最優秀プロデューサー (クラシック) (2014年 (第57回)) ほか
Sherman, Lawrence W. シャーマン, ローレンス・W.
㟢「エビデンスに基づく犯罪予防」社会安全研究財団 2008
Sherman, Richard シャーマン, リチャード
国アメリカ アメフト選手
Sherman, Robert B. シャーマン, ロバート
1925〜2012 国アメリカ 作曲家, 作詞家
Sherman, Ronald シャーマン, R.
㟢「マゴットセラピー」大阪公立大学共同出版会 2006
Sherman, Sallie シャーマン, サリー
㟢「重要顧客マネジメント」ダイヤモンド社 2004
Sherman, Vincent シャーマン, ビンセント
1906〜2006 国アメリカ 映画監督 㟢シャーマン, ヴィンセント
Sherman, Wendy シャーマン, ウェンディ
国アメリカ 米国国務次官 (政治担当)
Sherman-Jones, Carol シャーマン＝ジョーンズ, キャロル
㟢「ポール・オースターが朗読するナショナル・ストーリー・プロジェクト」アルク 2006
Shermer, Michael シャーマー, マイケル
㟢シャーマー, マイクル 㟢「暗算の達人」ソフトバンククリエイティブ 2007
Sherpao, Aftab Ahmed Khan シェルパオ, アフタブ・アハメド・カーン
国パキスタン 内相 㟢シェルパオ, アフタブ・アハマド・カーン
Sherr, Lynn シェール, リン
㟢「なぜ人間は泳ぐのか？」太田出版 2013
Sherratt, Yvonne シェラット, イヴォンヌ
1966〜 㟢「ヒトラーと哲学者」白水社 2015
Sherrill, Martha シェリル, マーサ
㟢「日本の未来について話そう」小学館 2011
Sherrill, Steven シェリル, スティーヴン
1961〜 㟢「夢見るミノタウロス」角川書店 2005
Sherrow, Victoria シャーロー, ヴィクトリア
㟢「古代アフリカ」BL出版 2013
Sherry, John F., Jr. シェリー, ジョン・F., Jr.
㟢「マーケティング戦略論」ダイヤモンド社 2001
Sherry, Kevin シェリー, ケビン
1982〜 㟢「なんてったっておれさまがいちばんでかいかな」BL出版 2008
Sherry, Larry シェリー, ラリー
？〜2006 国アメリカ 野球選手
Shershan, Dzmitry シェルシャン, ドミトリー
国ベラルーシ 柔道選手

Sherwin, Bob シャーウィン, ボブ
1949～ ㊕「Ichiro」朝日新聞社 2005
Sherwin, Hiroko シャーウィン, ヒロコ
1936～ ㊜シャーウィン裕子 ㊕「夢のあと」講談社 2008
Sherwin, Martin J. シャーウィン, マーティン
㊖アメリカ ピュリッツアー賞 文学・音楽 伝記・自伝(2006年) ほか
Sherwood, Ben シャーウッド, ベン
㊖アメリカ 作家, ジャーナリスト ㊗ファンタジー
Sherwood, Pamela シャーウッド, パメラ
㊕「星降る夜にワルツを」竹書房 2013
Shestakov, Vasily B. シェスタコフ, ヴァシーリー・B.
㊖ロシア ロシア柔術連盟名誉会長, 国際サンボ連盟会長 ㊜シェスタコフ, ワシーリー
Shestakova, Oksana シェスタコワ, オクサーナ
㊖ロシア バレリーナ レニングラード国立バレエ団プリンシパル ㊜シェスタコワ, オクサナ
Sheth, Anish シェス, アーニッシュ
㊕「うんち、快腸？」リヨン社, 二見書房(発売) 2009
Sheth, Brian シェス, ブライアン
起業家, ビスタ・エクイティ創業者
Sheth, Jagdish シース, ジャグディシュ
㊖アメリカ 経営学者, 経営コンサルタント エモリー大学ゴイズエタ経営大学院教授 ㊗マーケティング
Shetler, Joanne シェトラー, ジョー
㊕「みことばは力をもって」日本ウィクリフ聖書翻訳協会 2003
Shettles, Landrum B. シェトルズ, L.B.
㊕「男の子・女の子の産み分け法」主婦の友社 2006
Shetty, Devi Prasad シェティ, デビ・プラサド
1953～ ㊖インド 外科医 ナラヤナ・ヘルス病院グループ会長・創業者 ㊗心臓外科
Shetty, Salil シェティ, サリル
1961～ ㊖インド 人権活動家 アムネスティ・インターナショナル事務局長
Shetwan, Fathi Omar Bin ビンシャトワン, ファトヒ・オマル
㊖リビア エネルギー書記(エネルギー相)
Shevardnadze, Eduard Amvrosievich シェワルナゼ, エドアルド
1928～2014 ㊖グルジア 政治家 グルジア大統領, ソ連外相 ㊜シェワルドナゼ / シェワルナゼ, エドアルド・A. / シェワルナゼ, エドゥアルド
Shevardnadze, Nanuli シェワルナゼ, ナヌリ
？～2004 ㊖ジョージア シェワルナゼ・グルジア大統領夫人
Shevchenko, Andriy シェフチェンコ, アンドレイ
1976～ ㊖ウクライナ 元サッカー選手 ㊜シェフチェンコ, アンドリー / シェフチェンコ, アンドリイ
Shevchenko, Ihor シェフチェンコ, イーホル
㊖ウクライナ 環境・天然資源相
Shevchenko, Irina シフチェンコ
㊖ロシア 陸上選手
Shevchenko, Valentina シェフチェンコ
㊖ウクライナ 距離スキー選手
Shevchenko, Yuri L. シェフチェンコ, ユーリー・L.
㊖ロシア 保健相
Shevchuk, Vasyl シェフチュク, ワシル
㊖ウクライナ 環境・天然資源相
Sheveleva, Svetlana A. シェヴェレヴァ, スヴェトラーナ・A.
㊕「食品の機能性表示と世界のレギュレーション」薬事日報社 2015
Shever, David シーバー, デービット
㊕「見よ、彼らの顔を聴け、彼らの声を」ブイツーソリューション, 星雲社(発売) 2009
Shevkomud, Igor IAkovlevich シェフコムード, I.Ya.
㊕「アムール下流域における新石器時代から初期鉄器時代への文化変容についての研究」東京大学大学院人文社会系研究科附属北海文化研究常呂実習施設 2005
Shevtsov, Aleksey シェフストフ
㊖ロシア レスリング選手
Shewfelt, Kyle シューフェルト
㊖カナダ 体操選手
Shewmake, Carrol Johnson シューメーク, キャロル・ジョンソン
1927～ ㊕「神の臨在を実感すること神の声を聞くこと」福音社 2012
Shewring, Leslie シェウリング, レスリー
㊕「花と雑貨で楽しむナチュラルインテリア」パイインターナショナル 2015
Sheyab, Mahmoud シャイヤブ, マハムード
㊖ヨルダン 保健相
Shi, Jay シ, ジェイ
㊖アメリカ 射撃選手
Shi, Shu-qing シー・シュチン
1945～ ㊖台湾 作家 漢字名＝施叔青 ㊜シー・シューチン
Shi, Wen-long シー・ウンロン
1928～ ㊖台湾 実業家 奇美グループ総帥 奇美実業会長 漢字名＝許文龍
Shi, Zhan-chun シー・チャンチュン
1928～2013 ㊖中国 登山家 中国登山協会主席, 中国国家体育委員会副局長 漢字名＝史占春 ㊜スー・ザンツゥン
Shi, Zheng-rong シ・ジェンロン
1963～ ㊖中国 実業家 サンテック・パワーホールディングス会長・CSO サンテック会長・CEO 漢字名＝施正栄 ㊜シー・チョンロン
Shiba, Paul Kunio シバ, クニオ・ポール
㊖アメリカ 西南シニア・シチズンズ・クラブ会長, 元・日本語学園共同システム理事長 漢字名＝柴邦雄・ポール
Shibaev, Alexander シバエフ, アレクサンドル
㊖ロシア 卓球選手
al-**Shibi, Ahmad** アル・シビ, アハマド
㊖パレスチナ 保健相
Shibulal, S.D. シブラル, S.D.
㊖インド 実業家 インフォシスCEO
Shiceka, Sicelo シセカ, シセロ
㊖南アフリカ 協調統治・伝統業務相
Shichenko, Anatoly Nikolaevich シチェンコ・アナートーリー・ニコラエヴィチ
㊖ロシア 元・在ロシア日本国大使館現地職員
Shicinga, Robert シチンガ, ロバート
㊖ザンビア 商業・通商・産業相
Shick, Theorore, Jr. シック, T., Jr.
㊕「クリティカルシンキング」北大路書房 2004
Shieh, Jennifer C. シェー, ジェニファー・C.
1981～ ㊕「脳・神経科学の研究ガイド」朝倉書店 2013
Shields, Andrew シールズ, アンドリュー
1959～ ㊕「ランニングを極める」春秋社 2009
Shields, Brooke シールズ, ブルック
1965～ ㊖アメリカ 女優 本名＝Shields, Brooke Christa Camille
Shields, Carol Ann シールズ, キャロル・アン
1935～2003 ㊖カナダ 作家 マン大学名誉教授 ㊜シールズ, キャロル
Shields, Carol Diggory シールズ, キャロル・ディゴリー
㊕「しあわせコインとあつあつココア」評論社 2007
Shields, Charles J. シールズ, チャールズ・J.
1951～ ㊖アメリカ 伝記作家
Shields, Claressa シールズ, クラレッサ
1995～ ㊖アメリカ ボクシング選手
Shields, David シールズ, デービッド
1956～ ㊖アメリカ 作家 ㊜シールズ, デイヴィッド
Shields, Erin シールズ, エリン
カナダ総督文学賞 英語 戯曲(2011年) "If We Were Birds"
Shields, Gillian シールズ, ジリアン
㊖イギリス 作家 ㊗ヤングアダルト
Shields, James シールズ, ジェームズ
㊖アメリカ 野球選手
Shields, Jody シールズ, ジョディ
1952～ ㊕「イチジクを喰った女」早川書房 2001
Shields, Martha シールズ, マーサ
㊕「プリンセスは逃走中」ハーレクイン 2002
Shields, Michael P. シールズ, M.P.
㊕「経済発展の政治経済学」日本評論社 2008
Shields, Sam シールズ, サム
㊖アメリカ アメフト選手
Shields, Sarah D. シールズ, サラ
1955～ ㊕「トルコ」ほるぷ出版 2011
Shields, Scott シールズ, スコット
㊕「救助犬ベア」金の星社 2005
Shields, Tom シールズ, トム
㊖アメリカ 水泳選手
Shields, Will シールズ, ウィル
1971～ ㊖アメリカ 元アメフト選手 本名＝Shields, Will Herthie
Shiely, John S. シーリー, ジョン・S.
1952～ ㊕「EVA価値創造への企業変革」日本経済新聞社 2002

Shiers, David シャイアズ, デビッド
　㊟「精神病早期介入」日本評論社　2011
Shiferaw, Jarso シフェラウ, ジャルソ
　㊀エチオピア　水資源相
Shiferaw, Shigute シフェラウ, シグテ
　㊀エチオピア　教育相
Shiferaw, Tekelemariam シフェラウ, テクレマリアム
　㊀エチオピア　教育相
Shifeta, Pohamba シフェタ, ポハンバ
　㊀ナミビア　環境・観光相
Shiff, Richard シフ, リチャード
　㊟「美術史を語る言葉」ブリュッケ, 星雲社（発売）　2002
Shiffman, Daniel シフマン, ダニエル
　㊟「NATURE OF CODE」ボーンデジタル　2014
Shiffman, John シフマン, ジョン
　㊟「FBI美術捜査官」文芸社　2014
Shiffman, Saul シフマン, サウル
　㊟「リラプス・プリベンション」日本評論社　2011
Shiffrin, Mikaela シフリン, ミカエラ
　1995～　㊀アメリカ　スキー選手
Shiflett, Chris シフレット, クリス
　㊟「入門PHPセキュリティ」オライリー・ジャパン, オーム社（発売）　2006
Shiga, Daniela シガ, ダニエラ
　㊟「実践レシピ「いつものパン」があなたを殺す では、何を食べる？」三笠書房　2015
Shigeta, James シゲタ, ジェームズ
　1933～2014　㊀アメリカ　俳優, 歌手　日本姓＝繁田
Shih, Chen-jung スー・ズンロン
　1944～　㊀台湾　実業家　エイサー名誉会長・共同創業者　漢字名＝施振栄, 英語名＝シー, スタン〈Shih, Stan〉　㊞シー・ジェンロン
Shih, Choon-fong シー・チョン・フォン
　1945～　㊀シンガポール　工学者　シンガポール国立大学学長, アブドラ国王科学技術大学学長　㊞非直線破砕力学
Shih, Kien シー・キエン
　1913～2009　㊀香港　俳優　漢字名＝石堅　㊞セツ・キン
Shihab, Alwi シハブ, アルウィ
　㊀インドネシア　調整相（公共福祉）
Shiham, Aishath シハム, アイシャト
　㊀モルディブ　教育相
Shihi, Ashraf シヒ, アシュラフ
　㊀エジプト　高等教育・科学研究相
Shiilegdamba, Gankhuyag シーレグダンバ, ガンホヤグ
　㊀モンゴル　保健・スポーツ相
Shikapwasha, Ronald シカプワシャ, ロナルド
　㊀ザンビア　情報・放送相
Shikapwasha, Ronnie シカプワシャ, ロニ
　㊀ザンビア　内相
Shikarova, Albina シャキロワ, アルビナ
　㊀ロシア　射撃選手
Shikatani, Gerry Osamu シカタニ, ジェリー・オサム
　1950～　㊀カナダ　詩人, 作家, 編集者　㊞文学
Shikhalizada, Nijat シハリザダ, ニヤト
　㊀アゼルバイジャン　柔道選手
Shikharulidze, David シハルリゼ, ダビド
　㊀ジョージア　国防相
Shikhova, Yekaterina シホワ
　㊀ロシア　スピードスケート選手
Shileshi, Bekele シレシ, ベケレ
　㊀エチオピア　水・灌漑・電力相
Shilkofski, Nicole シルコフスキー, ニコル
　㊟「ハリエットレーンハンドブック」メディカル・サイエンス・インターナショナル　2007
Shill, Steve シル, スティーヴ
　エミー賞 プライムタイム・エミー賞 最優秀監督賞（ドラマシリーズ）（第62回（2010年））　"Dexter"
Shiller, Robert J. シラー, ロバート・J.
　1946～　㊀アメリカ　経済学者　エール大学経済学部教授　㊞行動経済学　本名＝Shiller, Robert James
Shillingford, Gloria シリングフォード, グロリア
　㊀ドミニカ共和国　社会事業・地域開発・男女平等相
Shillingford, Ron シリングフォード, ロン
　㊟「実戦格闘術ハンドブック」原書房　2001
Shillingsburg, Peter L. シリングスバーグ, ピーター
　㊟「グーテンベルクからグーグルへ」慶応義塾大学出版会　2009

Shillony, Ben-Ami シロニー, ベン・アミー
　1937～　㊀イスラエル　歴史学者, 日本研究家　ヘブライ大学名誉教授　㊞日本史, アジア史, 天皇学
Shiloh, Michael シロー, マイケル
　㊟「Arduinoをはじめよう」オライリー・ジャパン, オーム社（発売）　2015
Shilov, Lev Alekseevich シーロフ, レフ・A.
　1932～2004　㊟「モスクワは本のゆりかご」群像社　2005
Shilts, Donna シルツ, ドナ
　㊟「最初に愛があったから」花風社　2001
Shim, Eduard Yu シム, エドゥアルド
　1930～　㊟「おしゃべりなもり」福音館書店　2005
Shim, Hyung-rae シム, ヒョンレ
　1958～　㊀韓国　映画監督, コメディアン　漢字名＝沈炯来
Shim, Jae K. シム, J.K.
　㊟「バロンズ英文会計用語辞典」プログレス　2008
Shim, Man-sup シム, マンソプ
　1928～2001　㊀韓国　中京大学名誉教授　㊞金融　漢字名＝沈晩燮　㊞チン・パンショウ
Shim, Suk-hee シム, ソクヒ
　1997～　㊀韓国　スピードスケート選手　漢字名＝沈錫希
Shim, Sung-bo シム, ソンボ
　㊀韓国　映画監督, 脚本家
Shima, Terry T. シマ, テリー・T.
　㊀アメリカ　日系米国人退役軍人協会（JAVA）アウトリーチ・教育委員会委員長, 元・日系米国人退役軍人協会（JAVA）事務局長, 元・米陸軍第442連隊広報担当事務所長
Shimabuku Azato, Roberto Luis シマブク・アサト, ロベルト・ルイス
　㊀ペルー　国立サン・マルコス大学教授, ペルー国立小児保健院新生児科医師長, 元・ペルー国立小児保健院院長, 元・日本人ペルー移住百周年記念病院初代医師長
Shimabukuro, Denise シマブクロ, デニース
　㊟「ロゼッタはおしゃれ番長さん」講談社　2013
Shimabukuro, Jake シマブクロ, ジェイク
　1976～　㊀アメリカ　ウクレレ奏者
Shimazaki, Aki シマザキ, アキ
　1954～　㊀日本　カナダ総督文学賞 フランス語 小説（2005年）　"Hotaru"
Shimazu, Akihito シマズ, アキヒト
　㊟「ワーク・エンゲイジメント」星和書店　2014
Shimo, Cedrick M. シモ, セドリック・マサキ
　㊀アメリカ　元・ホンダ・インターナショナル・トレーディング社副社長
Shimoff, Marci シャイモフ, マーシー
　㊟「ブレイクスルー！」フォレスト出版　2014
Shimohara, Katsunori シモハラ, カツノリ
　㊟「ハイパーリアリティ」電気通信協会, オーム社（発売）　2002
Shimomoto, Hatiro シモモト・ハチロウ
　㊀ブラジル　元・サンパウロ州議会議員, 元・サンパウロ州議会伯日友好議員協会会長, 元・ブラジル日本語学校連合会会長　漢字名＝下本八郎
Shimomura, Osamu シモムラ, オサム
　㊀日本　ノーベル賞 化学賞（2008年）　漢字名＝下村脩
Shimose, Pedro シモセ, ペドロ
　1940～　㊟「おめでとう」新潮社　2013
Shimov, Vladimir N. シモフ, ウラジーミル・N.
　㊀ベラルーシ　経済相
Shin, Chungha シン・ジョンハ
　㊀韓国　韓国YFU設立者・会長　漢字名＝辛定夏
Shin, Fu-Jin シー・フー・ジン
　㊟「看護倫理」日本看護協会出版会　2002
Shin, Gak-su シン, カクス
　1955～　㊀韓国　外交官　駐日韓国大使　漢字名＝申珏秀　㊞シン・カクス／シン・ガクス
Shin, Gyon-suk シン, ギョンスク
　1963～　㊀韓国　作家　漢字名＝申京淑
Shin, Ha-gyun シン・ハギュン
　1974～　㊀韓国　俳優　漢字名＝申河均
Shin, Hyon-hwak シン, ヒョンハク
　1920～2007　㊀韓国　政治家, 実業家　韓国首相, 三星物産会長　漢字名＝申鉉碻
Shin, Hyung-keun シン, ヒョングン
　1954～　㊀韓国　外交官　在広島韓国総領事　漢字名＝辛亨根
Shin, Hyun-joon シン・ヒョンジュン
　1968～　㊀韓国　俳優　漢字名＝申鉉濬
Shin, Hyun Song シン, ヒュン・ソン

[著]「リスクと流動性」 東洋経済新報社 2015
Shin, Hyun-su シン, ヒョンス
1987～ [国]韓国 バイオリニスト
Shin, Ji-yai シン・ジエ
1988～ [国]韓国 プロゴルファー 漢字名＝申智愛
Shin, Jong-kyun シン・チョンギュン
1956～ [国]韓国 実業家 サムスン電子社長 漢字名＝申宗均 [異]シン・ジョンギュン
Shin, Kook-hwan シン・グクファン
[国]韓国 産業資源相 漢字名＝辛国煥
Shin, Kuhn シン・ゴン
[国]韓国 国家情報院長 漢字名＝辛建
Shin, Min-ah シン・ミナ
1984～ [国]韓国 女優 漢字名＝申愍娥
Shin, Sang-okk シン・サンオク
1926～2006 [国]韓国 映画監督 漢字名＝申相玉
Shin, Seung-hun シン・スンフン
1968～ [国]韓国 歌手 漢字名＝申昇勲
Shin, Shaw-Niw シー, ショー - ニウ
[著]「看護倫理」 日本看護協会出版会 2002
Shin, Woon-hak シン・ウナク
[国]韓国 和静茶礼院院長, 韓国茶人連合会顧問, 元・在韓日本人物故者慰霊祭主催者 漢字名＝申雲鶴
Shin, Xue シェン・シュエ
1978～ [国]中国 元フィギュアスケート選手 漢字名＝申雪
Shinde, Gauri シンデー, ガウリ
1974～ [国]インド 映画監督
Shinde, Sushil Kumar シンデ, スシル・クマール
[国]インド 内相 [異]シンデ, スシル・クマル
Shinder, Debra Littlejohn シンダー, デブラ・リトルジョン
[著]「Windows 2000セキュリティ新技術」 翔泳社 2001
Shinder, Thomas W. シンダー, トーマス・W.
[著]「Windows 2000セキュリティ新技術」 翔泳社 2001
Shindler, Kelley L. シンドラー, ケリー・L.
[著]「臨床心理学における科学と疑似科学」 北大路書房 2007
Shine, Betty シャイン, ベティ
1929～2002 [著]「ベティ・シャインのイメージワークブック」 ナチュラルスピリット 2012
Shiner, Lewis シャイナー, ルイス
1950～ [国]アメリカ SF作家
Shing, Emmanuel Leung シン, エマニュエル・ルン
[国]モーリシャス 法相
Shing, Fui-on シン・フイオン
1955～2009 [国]香港 俳優 漢字名＝成奎安 [異]セン・フイオン
Shingh, Ganga シン, ガンガ
[国]トリニダード・トバゴ 人間開発・青年・文化相
Shingler, Jo シングラー, ジョー
[著]「性犯罪者の治療と処遇」 日本評論社 2010
Shingler, Martin シングラー, マーティン
1965～ [著]「メロドラマ映画を学ぶ」 フィルムアート社 2013
Shinn, James シン, ジェームス
[著]「コーポレートガバナンスの政治経済学」 中央経済社 2008
Shinn, Sharon シン, シャロン
1957～ [国]アメリカ 作家 [専]SF, ファンタジー
Shinoda, Mike シノダ, マイク
[国]アメリカ ロック歌手
Shinohara, Yukito シノハラ, ユキト
[著]「"Uncommon"脳卒中学」 西村書店 2004
Shinseki, Eric Ken シンセキ, エリック
1942～ [国]アメリカ 軍人 米国陸軍参謀総長, 米国退役軍人長官
Shinwari, Faisal Ahmad シンワリ, ファイサルアフマド
[国]アフガニスタン 最高裁長官
Shinyashiki, Roberto Tadeu シンヤシキ, ロベルト
1952～ [著]「ハピネス！」 SOLブックス, TOブックス(発売) 2009
Shipler, David K. シプラー, デイヴィッド・K.
[著]「ワーキング・プア」 岩波書店 2007
Shipley, Andrew H. シップリー, アンドリュー・H.
[著]「日本の値打ち」 イースト・プレス 2007
Shipley, A.Q. シプリー, A.Q.
[国]アメリカ アメフト選手
Shipley, Braden シプリー, ブレイデン
[国]アメリカ 野球選手
Shipley, Jaxon シプリー, ジャクソン
[国]アメリカ アメフト選手
Shipley, Mike シプリー, マイク
グラミー賞 最優秀録音技術アルバム(クラシック以外) (2011年(第54回)) "Paper Airplane" エンジニア
Shipman, Claire シップマン, クレア
1962～ [著]「なぜ女は男のように自信をもてないのか」 CCCメディアハウス 2015
Shipman, James T. シップマン, J.T.
[著]「新物理学」 学術図書出版社 2002
Shipman, Mark シップマン
[国]イギリス 飛び込み選手
Shipman, Pat シップマン, パット
1949～ [著]「ヒトとイヌがネアンデルタール人を絶滅させた」 原書房 2015
Shippen, Brandon シッペン, ブランドン
[国]アメリカ アメフト選手
Shippey, T.A. シッピー, トム
1943～ [著]「J.R.R.トールキン世紀の作家」 評論社 2015
Shipside, Steve シップサイド, スティーブ
[著]「わくわく「資本論」」 PHP研究所 2011
Shipton, Paul シップトン, ポール
1963～ ネスレ子どもの本賞 9～11歳部門 銅賞(2006年) "The Pig Who Saved the World" [異]シプトン, ポール
Shipulin, Anton シプリン, アントン
1987～ [国]ロシア バイアスロン選手 本名＝Shipulin, Anton Vladimirovich [異]シプリン
Shiraishi, Kazoshi シライシ・カゾシ
[国]ブラジル ノロエステ連合日伯文化協会会長, 元・アラサツーバ日伯文化協会会長, 元・ノロエステ日語普及会会長, 元・ノロエステ相撲連盟会長 漢字名＝白石一資
Shirakawa, Sam H. シラカワ, サム・H.
[異]白川, サム・H. [著]「フルトヴェングラー悪魔の楽匠」 アルファベータ 2004
Shiraliyev, Ogtay シラリエフ, オグタイ
[国]アゼルバイジャン 保健相
Shirane, Haruo シラネ, ハルオ
1951～ [著]「日本文学からの批評理論」 笠間書院 2009
Shirar, Lynda シラー, リンダ
[著]「解離する子どもたち」 明石書店 2008
Shirazi, Jack シラジ, ジャック
[著]「Javaパフォーマンスチューニング」 オライリー・ジャパン, オーム社(発売) 2003
Shirdon, Abdi Farah シルドン, アブディ・ファラ
[国]ソマリア 首相
Shire, Barre Adan シーレ, バレ・アダン
[国]ソマリア 国防相
Shire, Billy シャイア, ビリー
[著]「Dancing skeleton」 アスペクト 2001
Shire, Said Hassan シーレ, サイード・ハッサン
[国]ソマリア 復興相
Shireman, William K. シャーマン, ビル
[著]「熱帯雨林が教えてくれること」 主婦の友社 2004
Shirilla, Joan J. シリラ, ジョアン・J.
[著]「乳幼児精神保健ケースブック」 金剛出版 2007
Shīrīn, Nuzhat シリン, ネシャット
[著]「シリン・ネシャット展」 広島市現代美術館 2005
Shirinov, Temir シリノフ, テミール
[国]ウズベキスタン 国民教育相
Shirk, David シャーク, デヴィッド
アカデミー賞 特殊効果賞(第86回(2013年)) "Gravity"
Shirk, Susan L. シャーク, スーザン・L.
[著]「中国危うい超大国」 日本放送出版協会 2008
Shirky, Clay シャーキー, クレイ
[著]「みんな集まれ！」 筑摩書房 2010
Shirley, James Paul シャーリー, J.P.
[著]「境界性人格障害＝BPD実践ワークブック」 星和書店 2006
Shirley, John シャーリー, ジョン
1953～ [著]「バイオハザード リトリビューション」 角川書店, 角川グループパブリッシング(発売) 2012
Shirley, Josh シアリー, ジョシュ
[国]アメリカ アメフト選手
Shirley-Quirk, John シャーリー・カーク, ジョン
1931～2014 [国]イギリス バス・バリトン歌手 [異]シャーリー・クアーク, ジョン
Shiroka-pula, Justina シロカプーラ, ユスティナ
[国]コソボ エネルギー・鉱業相
Shiromany, A.A. シロマニー, A.A.

S

(著)「ダライ・ラマ14世法王の政治哲学」 万葉舎　2003
al-Shirshab, Adil Fahid　シルシャブ, アディル・ファヒド
(国)イラク　遺跡・観光相
Shirur, Suma　シルール
(国)インド　射撃選手
Shirvington, Jessica　シャービントン, ジェシカ
1979～　(国)オーストラリア　作家　(専)ファンタジー, ロマンス　(異)シャーヴィントン, ジェシカ
Shirwa, Abdullahi Muhammad　シルワ, アブドゥラヒ・ムハマド
(国)ソマリア　労相
Shishikin, V.A.　シシュキン, V.
(著)「アイハヌム」 東海大学出版会　2009
Shishkin, Mikhail　シーシキン, ミハイル
1961～　(国)ロシア　作家　本名＝Shishkin, Mikhail Pavlovich
Shishkin, Sergei Nikolaevich　シーシキン, S.N.
(著)「ノモンハンの戦い」 岩波書店　2006
Shishkina, Alla　シシュキナ, アーラ
(国)ロシア　水泳選手
Shishkoff, Eitan　シシコフ, エイタン
1948～　(著)「それじゃ、私たちは？」 イーグレープ　2013
Shishkov, Artiom　シシュコフ, アルティオム
(国)ベラルーシ　エリザベート王妃国際コンクール ヴァイオリン第6位（2012年）
Shitanda, Peter　シタンダ, ピーター
(国)ケニア　住宅相
Shitanda, Soita　シタンダ, ソイタ
(国)ケニア　住宅相
Shittu, Adebayo　シトゥ, アデバヨ
(国)ナイジェリア　通信相
Shittu, Aziz　シトゥ, アジーズ
(国)アメリカ　アメフト選手
Shiva, Vandana　シーバ, バンダナ
1952～　(国)インド　環境保護運動家, 科学哲学者　科学技術自然資源政策研究財団理事長　(専)環境哲学　(異)シーヴァ, ヴァンダナ / シバ, バンダナ / シヴァ, ヴァンダナ
Shivas, Mark　シーバス, マーク
1938～2008　(国)イギリス　映画プロデューサー, テレビプロデューサー　(異)シーヴァス, マーク
Shively, Donald Howard　シャイブリー, ドナルド・ハワード
1921～2005　(国)アメリカ　歴史学者, 日本文化研究者　カリフォルニア大学バークリー校教授・東アジア図書館長　(異)シャイブリ, ドナルド
Shivers, John　シヴァーズ, ジョン
トニー賞 ミュージカル 音響デザイン賞（2013年（第67回））"Kinky Boots"
Shiyab, Mahmoud　シヤブ, マフムード
(国)ヨルダン　保健相
Shkermankova, Maryna　シェルマンコワ
(国)ベラルーシ　重量挙げ選手
Shkidchenko, Volodymyr　シキチェンコ, ウォロディミル
(国)ウクライナ　国防相
Shkliar, Vasyl'　シクリャル, ヴァスィリ
(著)「チョルノブィリの火」 風媒社　2012
Shklyarov, Vladimir　シクリャローフ, ウラジーミル
(国)ロシア　バレエダンサー　マリインスキー・バレエ団プリンシパル
Shkolina, Svetlana　シコリナ
(国)ロシア　陸上選手
Shkolnik, Vladimir　シコリニク, ウラジーミル
(国)カザフスタン　エネルギー相　(異)シコルニク, ウラジーミル
Shlaes, Amity　シュレーズ, アミティ
(著)「アメリカ大恐慌」 NTT出版　2008
Shlah, Miyassar Rijab　シュラハ, ミヤサル・リジャブ
(国)イラク　工業鉱物資源相
Shlaim, Avi　シュライム, アヴィ
1945～　(著)「鉄の壁」 緑風出版　2013
Shlain, Leonard　シュレイン, レナード
？～2009　(著)「ダ・ヴィンチの右脳と左脳を科学する」 ブックマン社　2016
Shlehi Amiri, Reza　サレヒアミリ, レザ
(国)イラン　文化・イスラム指導相
Shleifer, Andrei　シュレイファー, A.
1961～　(著)「金融バブルの経済学」 東洋経済新報社　2001
Shleifer, Scott　シュライファー, スコット
投資家
Shleikher, Nikita　シュレイヘル, ニキータ
(国)ロシア　水泳選手
Shliazhko, Tanya　シリアズコ, ターニャ
(著)「かぎ針編みの花モチーフ」 ブティック社　2016
Shmatko, Nataliya Dmitrievna　シマトカ, N.D.
(著)「子どもに向かって「お前が悪い」と言わないで」 文芸社　2016
Shmatko, Sergei I.　シマトコ, セルゲイ・I.
(国)ロシア　エネルギー相
Shmelyov, Nikolai Petrovich　シメリョーフ, ニコライ
1936～2014　(国)ロシア　経済学者, 作家　ロシア科学アカデミーヨーロッパ研究所所長
Shmoys, David Bernard　シュモイシュ, デイビッド・B.
(著)「近似アルゴリズムデザイン」 共立出版　2015
Shmull, Temmy　シュムル, テミー
(国)パラオ　国務相
Shnayerson, Michael　シュナイアソン, マイケル
(著)「もう抗生物質では治らない」 日本放送出版協会　2003
Shneiderman, Ben　シュナイダーマン, ベン
(著)「ヒューマンインターフェースの発想と展開」 ピアソン・エデュケーション　2002
Shneidman, Edwin S.　シュナイドマン, エドウィン
1918～2009　(国)アメリカ　精神医学者　カリフォルニア大学ロサンゼルス校名誉教授, ロサンゼルス自殺予防センター共同創立者, 米国自殺学会創立者　(専)自殺, 死の学問（タナトロジー）
Shobaki, Jamal　ショバキ, ジャマル
(国)パレスチナ　地方行政相
Shobokshi, Osma Bin Abdul-Majid　ショボクシ, ウサマ・ビン・アブドルマジド
(国)サウジアラビア　保健相　(異)ショボクシ, ウサマ・ビン・アブドル・マジド
Shobukhova, Liliya　ショブホワ, リリア
1977～　(国)ロシア　マラソン選手　(異)ショブホワ
Shockney, Lillie D.　ショックニー, リリー
1953～　(著)「再発・転移性乳がんを生きるための100の質問」 彩流社　2011
Shoda, Yuichi　ショウダ, Y.
(著)「パーソナリティ心理学」 培風館　2010
Shoemaker, Matt　シューメイカー, マット
(国)アメリカ　野球選手
Shoemaker, Willie　シューメーカー, ウィリー
1931～2003　(国)アメリカ　騎手　通称＝ザ・シュー〈The Shoe〉, シューメーカー, ビル〈Shoemaker, Bill〉　(異)シューメイカー, ウィリー / ビル・シューメーカー
Shogren, Jason F.　ショグレン, J.F.
(異)ショーグレン, ジェイスン・F.　(著)「環境経済学」 勁草書房　2005
Shohamy, Elana Goldberg　ショハミー, イラーナ
(著)「外国語教育リサーチマニュアル」 大修館書店　2001
Shohet, Robin　ショエット, ロビン
(著)「心理援助職のためのスーパービジョン」 北大路書房　2012
Shohmurod, Rustam　ショフムロド, ルスタム
(国)タジキスタン　法相
Shoigu, Sergei Kuzhugetovich　ショイグ, セルゲイ
1955～　(国)ロシア　政治家　ロシア国防相　(異)ショイグ, セルゲイ・K.
Shojaee, Seyed Mahdi　ショジャイイ, セイイェド・メヘディ
(著)「さいごの一羽 さいごの一石」 新世研　2003
Shojania, Kaveh G.　ショジャニア, ケイヴェ・G.
(著)「新たな疫病「医療過誤」」 朝日新聞社　2007
Shokin, Dmitriy　ショキン, ドミトリー
(国)ウズベキスタン　テコンドー選手
Shokirov, Usmonkul　ショキロフ, ウスモンクル
(国)タジキスタン　環境相
al-Shola, Abdul-Nabi bin Abdullah　アル・ショラ, アブドルナビ・ビン・アブドラ
(国)バーレーン　国務相
Sholl, David S.　ショール, D.S.
(著)「密度汎関数理論入門」 吉岡書店　2014
Shoman, Assad　ショーマン, アサド
(国)ベリーズ　国土開発相
Shomin, Valeriy　ショミン
(国)ロシア　射撃選手
Shomron, Dan　ショムロン, ダン
1937～2008　(国)イスラエル　軍人　イスラエル軍参謀総長
Shone, Richard　ショーン, リチャード
(著)「シスレー」 西村書店　2012

Shongwe, Elijah　ショングウェ, エリジャ
　国スワジランド　公共事業・運輸相
Shongwe, Nelisiwe　ショングウェ, ネリシウェ
　国スワジランド　情報通信技術相　別ショングウェ, ニリシメ
Shongwe, Sibusiso　ショングウェ, シブシソ
　国スワジランド　司法・憲法問題相
Shongwe, Sipho　ショングウェ, シポ
　国スワジランド　地域開発・青少年問題相　別ショングウェ, シフォ
Shongwe, Thandi　ショングウェ, タンディ
　国スワジランド　観光相
Shoniber, Casiano　ショニバー, カシアノ
　国ミクロネシア連邦　教育相
Shoobs, Nahum E.　ショブス, ネイハム・E.
　著「アドラーの思い出」創元社　2007
Shook, E.Victoria　シュケ, E.ビクトリア
　著「ハワイ式問題解決法ホ'オポノポノ」学苑社　2008
Shook, John　シュック, ジョン
　著「トヨタ式A3プロセスで仕事改革」日刊工業新聞社　2009
Shook, Robert L.　シュック, ロバート・L.
　1938～　著「新薬誕生」ダイヤモンド社　2008
Shore, Cecilia M.　ショアー, C.M.
　著「言語発達ってみんな同じ？」学苑社　2009
Shore, Edwina　ショア, エドウィナ
　著「愛を信じない男」ハーレクイン　2002
Shore, Howard　ショア, ハワード
　グラミー賞 最優秀映画・TV・その他ヴィジュアルメディア音楽 サウンドトラック・アルバム（2004年（第47回））ほか
Shore, Sidney X.　ショア, シドニー
　著「ひらめきを富へ変える天才ひらめきをドブへ捨てる普通人」インターメディア出版　2001
Shore, Stephen　ショア, スティーヴン
　1947～　著ショアー, スティーヴン　著「Winslow Arizona」アマナ　2014
Shore, Stephen M.　ショア, スティーブン・M.
　1961～　著「自閉症スペクトラム生き方ガイド」クリエイツかもがわ, 京都 かもがわ出版（発売）　2007
Shores, Christopher F.　ショアーズ, クリストファー
　著「南方進攻航空戦1941-1942」大日本絵画　2002
Shores, Elizabeth F.　ショアー, エリザベス・F.
　著「ポートフォリオガイド」東洋館出版社　2001
Shorets, Andrei V.　ショレツ, アンドレイ・V.
　国ベラルーシ　住宅・公益事業相
Shorett, Peter　ショレット, ピーター
　1961～　著「遺伝子操作時代の権利と自由」緑風出版　2012
Shorey Hernandez, Pablo Enrique　エルナンデス
　国キューバ　レスリング選手
Shorr, Gadiel　ショア, ガディエル
　著「合気道小説 神技」BABジャパン　2007
Shorr, Karly　ショー
　国アメリカ　スノーボード選手
Short, Christopher　ショート, クリストファー
　著「シーレ」西村書店　2009
Short, Clare　ショート, クレア
　国イギリス　国際開発相
Short, Dan　ショート, ダン
　著「ミルトン・エリクソン心理療法」春秋社　2014
Short, John Rennie　ショート, ジョン・レニー
　著「ビジュアル版 世界の地図の歴史図鑑」柊風舎　2010
Short, Julian　ショート, ジュリアン
　著「悩み方のレッスン」日本放送出版協会　2010
Short, Kawann　ショート, カワン
　国アメリカ　アメフト選手
Short, Keith　ショート, キース
　1953～　著「ソフトウェアファクトリー」日経BPソフトプレス, 日経BP出版センター（発売）　2005
Short, Kevin　ショート, ケビン
　国アメリカ　アメフト選手
Short, Kevin　ショート, ケビン
　1949～　著「キッズ・エコ」ソニー・マガジンズ　2005
Short, Mick　ショート, マイケル・H.
　著「小説の文体」研究社　2003
Short, Philip　ショート, フィリップ
　著「毛沢東」白水社　2010
Short, Robert L.　ショート, ロバート・L.
　1932～　著「スヌーピーたちの聖書のはなし」講談社　2004

Short, Scott　ショート, スコット
　著「XML Webサービス構築ガイド」日経BPソフトプレス, 日経BP出版センター（発売）　2002
Shorten, Bill　ショートン, ビル
　国オーストラリア　雇用・職場関係相兼金融サービス・年金保障相
Shorter, Edward　ショーター, エドワード
　1941～　別ショーター, E.　著「精神医学歴史事典」みすず書房　2016
Shorter, Frank　ショーター, フランク
　1947～　著「フランク・ショーターのマラソン＆ランニング」ガイアブックス, 産調出版（発売）　2010
Shorter, Wayne　ショーター, ウェイン
　1933～　国アメリカ　ジャズ・テナーサックス奏者, 作曲家, 編曲家
Shorto, Russell　ショート, ラッセル
　著「デカルトの骨」青土社　2010
Shorts, Cecil　ショーツ, セシル
　国アメリカ　アメフト選手
Shortt, Jim　ショート, ジム
　1953～　著「闇の特殊戦闘員」講談社　2002
Shoshanna, Brenda　ショシャーナ, ブレンダ
　著「静かに恋を見つめてみませんか？」主婦の友社　2004
Shostakovich, Galina　ショスタコーヴィチ, ガリーナ
　1936～　著「わが父ショスタコーヴィチ」日本点字図書館（製作）　2004
Shostakovich, Maksim Dmitrievich　ショスタコーヴィチ, マクシム
　1938～　別ショスタコーヴィチ, マキシム　著「わが父ショスタコーヴィチ」日本点字図書館（製作）　2004
Shotten, Marc　ショッテン, マーク
　著「東アジアのイノベーション」シュプリンガー・フェアラーク東京　2005
Shotwell, Gwynne　ショットウェル, グウィン
　国アメリカ　スペースX社長兼COO, 宇宙工学技術者
Shoukry, Sameh Hassan　シュクリ, サメハ・ハッサン
　国エジプト　外相
Shouldice, Warren　ショールダイス
　国カナダ　フリースタイルスキー選手
Shouleva, Lydia　シュレワ, リディア
　国ブルガリア　副首相兼経済相
Shoumarov, Gayrat　ショウマロフ, ガイラト
　国ウズベキスタン　国民教育相
Shourie, Arun　ショウリー, アルン
　国インド　情報技術・通信・投資問題相
Shoushtari, Mohammad Esmail　シュシュタリ, モハマド・エスマイル
　国イラン　法相
Shove, Gary　ショーヴ, ギャリー
　著「BANKSY YOU ARE AN ACCEPTABLE LEVEL OF THREAT」パルコエンタテインメント事業部　2013
Shovkovskiy, Oleksandr　ショフコフスキー, オレクサンドル
　国ウクライナ　サッカー選手
SHOW　ショウ
　1979～　国台湾　歌手　英語名＝Lo, Show
Showalter, Buck　ショーウォルター, バック
　1956～　国アメリカ　大リーグ監督　別ショウォルター, バック
Showalter, Dennis E.　ショウォルター, デニス・E.
　別ショーウォーター, デニス・E.　著「クルスクの戦い1943」白水社　2015
Showalter, Gena　ショウォルター, ジーナ
　著「死霊の国のアリス」ハーパーコリンズ・ジャパン　2016
Showers, Jameill　シャワーズ, ジェイメイル
　国アメリカ　アメフト選手
Showers, Valdez　シャワーズ, バルデス
　国アメリカ　アメフト選手
Shpakovatyĭ, Mykola　シパコヴァトゥィー, ムィコラ
　1951～　著「チョルノブィリの火」風媒社　2012
Shrader-Frechette, K.　シュレーダー＝フレチェット, クリスティン・S.
　著「環境リスクと合理的意思決定」昭和堂　2007
Shrake, Edwin　シュレイク, バド
　著「ゴルフレッスンの神様ハーヴィー・ペニックのレッド・ブック」日本経済新聞社　2005
Shreeve, James　シュリーヴ, ジェイムズ
　著「ザ・ゲノム・ビジネス」角川書店　2004
Shreeve, Jamie　シュリーブ, ジェイミー

[著]「サイエンスライティング」 地人書館　2013
Shreideh, Adel　シュレイデ, アデル
[国]ヨルダン　国務相
Shreiner, Dave　シュライナー, デーブ
[著]「OpenGL ES 2.0プログラミングガイド」 ピアソン・エデュケーション　2009
Shrepaili, Daljit　シュリパイリ, ダルジット
[国]ネパール　青年・スポーツ相
Shrestha, Badri Prasad　シュレスタ, バドリ・プラシャド
[国]ネパール　財務相
Shrestha, Durga　シェレスタ, ダルガ
[国]ネパール　女性・児童・社会福祉相
Shrestha, Marich Man Singh　シュレスタ, マリチ・マン・シン
1942～2013　[国]ネパール　政治家　ネパール首相・国防相
Shrestha, Narayan Kaji　シュレスタ, ナラヤン・カジ
[国]ネパール　副首相兼外務・連邦問題・地方開発相
Shrestha, Omkar Prasad　シュレスタ, オムカール・プラサド
[国]ネパール　文化・観光・民間航空相
Shreve, Anita　シュリーヴ, アニータ
1946～　[著]「パイロットの妻」 新潮社　2005
Shreve, Chasen　シュリーブ, チェイセン
[国]アメリカ　野球選手
Shreve, Steven E.　シュリーヴ, S.E.
[著]「連続時間モデル」 シュプリンガー・ジャパン　2008
Shrewsberry, Micah　シュルーズベリー, ミカ
[国]アメリカ　ボストン・セルティックスアシスタントコーチ(バスケットボール)
Shriedeh, Nasser　シュリエデ, ナセル
[国]ヨルダン　環境相
Shriver, Duward F.　シュライバー, D.F.
[著]「無機化学」 東京化学同人　2001
Shriver, Eunice Kennedy　シュライバー, ユニス・ケネディ
?～2009　[国]アメリカ　スペシャルオリンピックス(SO)創設者　[異]シュライバー, ユーニス
Shriver, Lionel　シュライヴァー, ライオネル
1957～　[著]「少年は残酷な弓を射る」 イースト・プレス　2012
Shriver, Robert, Jr.　シュライバー, ロバート, Jr.
1915～2011　[国]アメリカ　政治家　スペシャルオリンピックス・インターナショナル社長, 米国平和部隊長官, 駐フランス米国大使　本名＝シュライバー, ロバート・サージェント(Jr.)〈Shriver, Robert Sargent (Jr.)〉　[異]シュライバー, サージェント / シュライヴァー
Shroder, Tom　シュローダー, トム
[著]「前世を覚えている子どもたち」 ヴォイス　2002
Shrum, Sandy　シュラム, サンディ
[著]「CMMI標準教本」 日経BP社, 日経BP出版センター(発売)　2009
Shteir, Rachel　シュタイア, レイチェル
1964～　[著]「万引きの文化史」 太田出版　2012
Shteyngart, Gary　シュタインガート, ゲイリー
1972～　[国]アメリカ　作家　[専]文学, フィクション, ユーモア
Shtokalov, Ilia　シュトカロフ
[国]ロシア　カヌー選手
Shtyl, Ivan　シチル
[国]ロシア　カヌー選手
Shu, Howard　シュー, ハワード
[国]アメリカ　バドミントン選手
Shu, Qi　スー・チー
1976～　[国]台湾　女優　漢字名＝舒淇, 旧芸名＝シュウ・ケイ　[異]スー・チー
al-**Shuaibi, Yahya Mohammed**　アル・シュアイビ, ヤハヤ・モハメド
[国]イエメン　高等教育・科学研究相
al-**Shuala, Abd al-Nabi**　アル・シュアラ, アブド・アル・ナビ
[国]バーレーン　労働・社会問題相
Shuback, Alan　シューバック, アラン
[著]「グローバルレーシング」 競馬国際交流協会　2010
Shubin, Mikhail Aleksandrovich　シュービン, M.A.
1944～　[著]「微分積分・物理の問題」 海鳴社　2007
Shubin, Neil　シュービン, ニール
[著]「あなたのなかの宇宙」 早川書房　2014
Shuck, J.B.　シャック, JB.
[国]アメリカ　野球選手
Shue, Elizabeth　シュー, エリザベス
1963～　[国]アメリカ　女優
Shuff, Jeremiah　シュフ, ジェレミー
MTVアワード 最優秀編集(第29回(2012年))　"Countdown"
Shufrych, Nestor　シュフリッチ, ネストル
[国]ウクライナ　非常事態相
Shughart, William F., Ⅱ　シュガルト, ウィリアム, 2世
[著]「レントシーキングの経済理論」 勁草書房　2002
Shuhayeb, Akram　シュハイエブ, アクラム
[国]レバノン　難民問題相
al-**Shuhi, Ahmed bin Abdullah bin Mohammed**　シュヒー, アハメド・ビン・アブドラ・ビン・ムハンマド
[国]オマーン　地方自治・水資源相
Shukeev, Umirzak　シュケエフ, ウミルザク
[国]カザフスタン　第1副首相
Shuklin, Jevgenij　シュクリン
[国]リトアニア　カヌー選手
Shukputov, Andar　シュクプトフ, アンダル
[国]カザフスタン　環境相
al-**Shukri, Ali**　シュクリ, アリ
[国]イラク　計画相
Shula, Mike　シューラ, マイク
[国]アメリカ　カロライナ・パンサーズコーチ
Shulam, Joseph　シュラム, ヨセフ
1946～　[著]「神・イスラエル・教会」 イーグレープ　2012
Shuler, Miles　シュラー, マイルズ
[国]アメリカ　アメフト選手
Shulevitz, Uri　シュルヴィッツ, ユリ
1935～　[著]「じどうしゃトロット」 そうえん社　2015
Shul'gin, Dmitriĭ Iosifovich　シューリギン, ドミートリー
1944～　[著]「シュニトケの無名時代」 群像社　2016
Shulika, Lyubov　シュリカ
[国]ウクライナ　自転車選手
Shulkin, David　シュルキン, デービッド
[国]アメリカ　退役軍人長官
Shull, Clifford Glenwood　シャル, クリフォード
1915～2001　[国]アメリカ　物理学者　マサチューセッツ工科大学名誉教授
Shulman, Lee S.　シュールマン, リー・S.
[著]「アメリカの法曹教育」 中央大学出版部　2013
Shulman, Seth　シュルマン, セス
[著]「グラハム・ベル空白の12日間の謎」 日経BP社, 日経BPマーケティング(発売)　2010
Shultz, George Pratt　シュルツ, ジョージ
1920～　[国]アメリカ　経済学者, 政治家　スタンフォード大学フーバー研究所名誉研究員　米国国務長官
Shum, Lydia　サム, リディア
1947～2008　[国]香港　女優　漢字名＝沈殿霞, 愛称＝肥肥(フェイフェイ)
Shumaker, Millard　シューメーカー, ミリャード
1936～　[著]「愛と正義の構造」 晃洋書房　2001
Shuman, Carol　シューマン, キャロル
[著]「世界はどうなっちゃうの?」 大月書店　2008
Shuman, George D.　シューマン, ジョージ
[国]アメリカ　作家　[専]ミステリー, スリラー　[異]シューマン, ジョージ・D.
Shuman, Michael　シューマン, マイケル
[著]「自治体国際協力の時代」 大学教育出版　2001
Shumpert, Iman　シャンパート, イマン
[国]アメリカ　バスケットボール選手
Shumsky, Susan G.　シュムスキー, スーザン・G.
[著]「オーラ・ヒーリング」 徳間書店　2006
Shumway, Norman Edward　シャムウェイ, ノーマン
1923～2006　[国]アメリカ　外科医　スタンフォード大学医学部教授　[専]心臓移植　[異]シャムウェー, ノーマン
Shunevich, Igor A.　シュネビッチ, イーゴリ・A.
[国]ベラルーシ　内相　[異]シウネビッチ, イーゴリ・A.
Shupe, Joanna　シュープ, ジョアンナ
[著]「公爵夫人の秘密」 オークラ出版　2015
Shuqum, Nabih　シャカム, ナビーフ
[国]ヨルダン　文化相　[異]シュクム, ナビー
Shuqum, Said　シュクム, サイード
[国]ヨルダン　青年・スポーツ相
al-**Shuraiaan, Bader Shebib**　シュレイアン, バドル・シャビブ
[国]クウェート　電力水資源相
Shuraim, Eizi　シュライム, イッジ
[国]イエメン　水資源・環境相
Shuranova, Antonina　シュラノワ, アントニナ
1936～2003　[国]ロシア　女優　[異]シュラーノワ, アントニーナ

Shurcliff, William　シャークリフ, ウィリアム
　1909～2006　㊧アメリカ　物理学者
Shure, Myrna B.　シュアー, メーナー・B.
　㊧シュアー, メーナー　㊨「それは子どもに考えさせなさい」エクスナレッジ　2005
Shureiqi, Yousef　シュレイキ, ユーセフ
　㊨ヨルダン　環境相
Shurochkina, Mariia　シュロチキナ
　㊨ロシア　水泳選手
Shurshin, Nikita　シュルシン, ニキータ
　㊨ロシア　自転車選手
Shurtleff, Michael　ショトレフ, マイケル
　㊨「ザ・オーディション」フィルムアート社　2003
Shushakov, Konstantin　シュシャコフ, コンスタンティン
　㊨ロシア　エリザベート王妃国際コンクール　声楽　第5位（2011年）
Shushkewich, Val　シュシケヴィッチ, ヴァル
　1950～　㊨「ウィニーの物語」文芸社　2007
Shusterman, Neal　シャスターマン, ニール
　㊧シャスタマン, ニール　㊨「シュワはここにいた」小峰書店　2008
Shusterman, Richard　シュスターマン, リチャード
　1949～　㊧シュスターマン, R.　㊨「プラグマティズムと哲学の実践」世織書房　2012
Shute, Chris　シュート, クリス
　1941～　㊨「義務教育という病い」松籟社　2003
Shute, Nancy　シュート, ナンシー
　㊨「サイエンスライティング」地人書館　2013
Shute, Valerie J.　シュート, ヴァレリー・J.
　㊨「インストラクショナルデザインとテクノロジ」北大路書房　2013
Shutes, Jeanne　シューツ, ジーン
　1924～　㊨「ポッヌが生きた世界」めるくまーる　2004
Shutova, Lyubov　シュトワ
　㊨ロシア　フェンシング選手
Shutt, Christopher　シャット, クリストファー
　トニー賞　プレイ　音響デザイン賞（2011年（第65回））　"War Horse"
Shuttleworth, Sally　シャトルワース, サリー
　1952～　㊨「ボディー・ポリティクス」世界思想社　2003
Shuvalov, Igor I.　シュワロフ, イーゴリ
　1967～　㊨ロシア　政治家　ロシア第1副首相　㊧シュワロフ, イーゴリ・I.
Shuwail, Ashour　シュワイル, アシュール
　㊨リビア　内相
Shuy, Tanya　シュイ, ターニャ
　㊨「AD/HD＆セラピー」花風社　2003
Shvartsman, Leonid　シュワルツマン, レオニード
　1920～　㊨「ミトン」河出書房新社　2003
Shvedova, Yaroslava　シュウェドワ, ヤロスラワ
　㊨カザフスタン　テニス選手
Shvydkoi, Mikhail Y.　シュビトコイ, ミハイル・Y.
　㊨ロシア　文化相　㊧シブイトコイ, ミハイル・Y.
Shwalb, Barbara J.　シュワーブ, B.J.
　1947～　㊨「心理学者のためのネットスキル・ガイドブック」北大路書房　2005
Shwalb, David W.　シュワーブ, D.W.
　1954～　㊨「心理学者のためのネットスキル・ガイドブック」北大路書房　2005
Shweikeh, Majd　シュウェイカ, マジド
　㊨ヨルダン　情報通信技術相
Shwe Mann　シュエ・マン
　1947～　㊨ミャンマー　政治家, 軍人　ミャンマー軍総参謀長・大将, ミャンマー下院議長　別称＝トゥラ・シュエ・マン〈Thura Shwe Mann〉
Shy, Oz　シャイ, O.
　㊨「ネットワーク産業の経済学」シュプリンガー・フェアラーク東京　2003
Shyam, Bhajju　シャーム, バッジュ
　㊨「世界のはじまり」タムラ堂　2015
Shyamalan, M.Night　シャマラン, M.ナイト
　1970～　㊨アメリカ　映画監督, 脚本家, 映画プロデューサー　本名＝シャマラン, マノジ・ネリヤトゥ〈Shyamalan, Manoj Nelliyattu〉　㊧シャマラン, ナイト
Shykmamatov, Almambet　シュクママトフ, アルマムベト
　㊨キルギス　法相
Shymechko, Ihor　シメチコ, イオル

㊨ウクライナ　重量挙げ選手　㊧シメチコ／シュメチョ
Shynaliyev, Yerkebulan　シナリエフ
　㊨カザフスタン　ボクシング選手
Sia　シーア
　㊨オーストラリア　MTVアワード　最優秀振付（第31回（2014年））　"Chandelier"
Siakam, Pascal　シアカム, パスカル
　㊨カメルーン　バスケットボール選手
Siala, Osama Abdurauf　シヤラ, オサマ・アブドルウーフ
　㊨リビア　通信相
Siam, Said　シアム, サイード
　？～2009　㊨パレスチナ　政治家　ハマス内相
Siamionau, Mikhail　シアミオナウ
　㊨ベラルーシ　レスリング選手
Siamune, Richwell　シアムネ, リッチウェル
　㊨ザンビア　国防相
Siane, Saphangthong　シエン・サパントン
　㊨ラオス　農林相
Siaosi 'Aho, Taimani　シアオシ・アホ, タイマニ
　㊨トンガ　内相
Siarlis, Vasos　シアルリス, バソス
　㊨キプロス　財務相
Siawpiboonkit, Narin　シャウピブーンキット, ナリン
　1973～　㊨「スサコーン」おはなしきゃらばんセンター　2005
Siazon, Domingo L.　シアゾン, ドミンゴ
　1939～2016　㊨フィリピン　外交官, 政治家　フィリピン外相, 国連工業開発機関（UNIDO）事務局長　本名＝Siazon, Domingo L.（Jr.）　㊧シアソン, ドミンゴ／シアゾン, ドミンゴ
Sibal, Kapil　シバル, カピル
　1948～　㊨インド　政治家　インド法相
Sibanda, Karabo　シバンダ, カラボ
　㊨ボツワナ　陸上選手
Sibandze, Macford　シバンゼ, マクフォード
　㊨スワジランド　観光・環境相
Sibbet, David　シベット, デビッド
　㊨「ビジュアル・ミーティング」朝日新聞出版　2013
Sibbick, John　シビック, ジョン
　㊨「ティラノサウルス・レックス」文渓堂　2007
Sibille, Roselyne　シビル, ロズリーヌ
　㊨「太陽のような笑顔」梅田善美　2007
Sibley, Brian　シブリー, ブライアン
　㊨「クマのプー」KADOKAWA　2016
Sibley, David　シブリー, D.
　㊨「現代イギリスの政治算術」北海道大学図書刊行会　2003
Sibley, Veronica　シブリー, ヴェロニカ
　㊨「暮らしの中のアロマセラピー」産調出版　2004
Siblin, Eric　シブリン, エリック
　㊨「「無伴奏チェロ組曲」を求めて」白水社　2011
Siby, Félix　シビ, フェリックス
　㊨ガボン　海運相
Siby, Ginette Bellegarde　シビ・ジネット・ベルガルド
　㊨マリ　高等教育・科学相
Sica, Maria　シーカ, マリア
　1962～　㊨「イタリア文化会館の歴史」イタリア文化会館　2012
Siccardi, Artie　シカルディ, アーティ
　トニー賞　トニー名誉賞（2012年（第66回））
Siccardi, Yann　シッカーディ, ヤン
　㊨モナコ　柔道選手
Sichalwe, Lawrence　シチャルウェ, ローレンス
　㊨ザンビア　伝統的指導者・伝統事項相
Sicher, Harry　ジッヒャー, ハリー
　㊨「アドラーの思い出」創元社　2007
Sicher, Lydia　ジッヒャー, リディア
　㊨「アドラーの思い出」創元社　2007
Sichère, Bernard　スィシェル, ベルナール
　1944～　㊨「メルロ＝ポンティあるいは哲学の身体」サイエンティスト社　2003
Sicille　シシル
　㊨「色彩の紋章」悠書館　2009
Sicouri, Silvia　シコウリ, シルビア
　㊨イタリア　セーリング選手
Sics, Andris　シクス, A.
　㊨ラトビア　リュージュ選手
Sics, Juris　シクス, J.
　㊨ラトビア　リュージュ選手
al-Sid, Azhari al-Tigani Awad　シッド, アズハリ・ティガニ・

アワド
　㊗スーダン　宗教相
Sidahmed, Ahmed Ould　シダハメド, アハメド・ウルド
　㊗モーリタニア　外相　㊨シドアハメド, アハメド・ウルド
Sidahmed, Cheikh Ahmed Ould　シダハメド, シーク・アハメド・ウルド
　㊗モーリタニア　初等・中等教育相
Siddall, Mark Edward　シッダール, マーク
　1966～　『世界の不思議な毒をもつ生き物』エクスナレッジ　2015
Siddīqī, Shaukat　スィッディーキー, ショウカット
　1923～　『神の街』大同生命国際文化基金　2006
Siddique, Abdul Latif　シディキ, アブドゥル・ラティフ
　㊗バングラデシュ　繊維・ジュート相
Siddiqui, Haroon　シディキ, ハルーン
　㊗『1冊で知るムスリム』原書房　2010
Siddiqui, Jeanne　シディッキ, ジニー
　㊗『助産師の意思決定』エルゼビア・ジャパン　2006
Siddiqui, L.K.　シディキ, L.K.
　㊗バングラデシュ　水資源相
Siddiqui, Muhammad Shamim　シディキ, ムハンマド・シャミーム
　㊗パキスタン　通信相
Siddle, Ronald　シドル, ロナルド
　㊗『症例から学ぶ統合失調症の認知行動療法』日本評論社　2007
Siddo, Amadou Aissa　シド, アマドゥ・アイサ
　㊗ニジェール　観光・手工芸相
Siddons, Suzy　シドンズ, スージー
　㊗『プロジェクト・マネジメント危機からの脱出マニュアル』ダイヤモンド社　2006
Sidebotham, Thomas Hurst　サイドボサム, トーマス・H.
　1939～　『はじめからのすうがく事典』朝倉書店　2004
Sidebottom, Harry　サイドボトム, ハリー
　㊗『ギリシャ・ローマの戦争』岩波書店　2006
Sidén, Karin　シデーン, カーリン
　㊗『スカンディナビア風景画展』読売新聞社　2002
Sider, Ronald J.　サイダー, ロナルド・J.
　1939～　『平和としての道』いのちのことば社　2004
Sider, Theodore　サイダー, セオドア
　1967～　『形而上学レッスン』春秋社　2009
Sides, Hampton　サイズ, ハンプトン
　㊗『ゴースト・ソルジャーズ』光文社　2003
Sidey, Hugh　サイディ, ヒュー
　?～2005　㊗アメリカ　ジャーナリスト
Sidgmore, John W.　シッジモア, ジョン
　?～2003　㊗アメリカ　実業家　ワールドコムCEO, MCIワールドコム副会長・COO, UUNETテクノロジーズ会長　㊨シジモア, ジョン
Sidhu, Gursharan　シデュ, ガーシャラン
　㊗『ソフトウェアの未来』翔泳社　2001
Sidhu, Heena　シドゥ, ヒーナ
　㊗インド　射撃選手
Sidi, Baba Ould　シディ, ババ・ウルド
　㊗モーリタニア　国防相
Sidi, Péter　シディ, ペーテル
　㊗ハンガリー　射撃選手
Sidi, Sakinatou Abdou Alfa Orou　シディ, サキナトゥ・アブドゥ・アルファ・オル
　㊗ベナン　青年女性雇用相
Sidibe, Bana　シディベ, バナ
　㊗ギニア　国務相（公共事業担当）
Sidibe, Djibril　シディベ, ジブリル
　㊗フランス　サッカー選手
Sidibe, Konimba　シディベ, コニンバ
　㊗マリ　投資・民間セクター促進相
Sidibé, Malick　シディベ, マリック
　㊗マリ　ヴェネチア・ビエンナーレ 金獅子賞 生涯功労賞（2007年（第52回））
Sidibe, Mamadou　シディベ, ママドゥ
　㊗セネガル　計画相
Sidibé, Mamadou　シディベ, ママドゥ
　㊗マリ　人道活動・連帯・高齢者相
Sidibe, Mande　シディベ, マンデ
　㊗マリ　首相
Sidibe, Mansa Moussa　シディベ, マンサ・ムーサ
　㊗ギニア　農漁業相
Sidibe, Modibo　シディベ, モディボ

㊗マリ　首相
Sidibé, Saidou　シディベ, セドゥ
　㊗ニジェール　経済・財務相
Sidibé, Souleymane　シディベ, スレイマン
　㊗マリ　治安相
Sidibe, Soumare Aminata　シディベ, スマレ・アミナタ
　㊗マリ　国有財産・居住相　㊨シディベ, スーマレ・アミナタ
al-Sidig, al-Samih　シディク, サミフ
　㊗スーダン　産業相
Sidime, Lamine　シディメ, ラミン
　㊗ギニア　首相
Sidina, Sidi Mohamed Ould　シディナ, シディ・モハメド・ウルド
　㊗モーリタニア　水産相
Sidison, Joseph　シドソン, ジョゼフ
　㊗マダガスカル　高等教育相
Sidiya, Ismail Ould Bedde Ould Cheikh　シディヤ, イスマイル・ウルド・ベッデ・ウルド・シェイク
　㊗モーリタニア　住宅・都市化・国土整備相
Sidjanski, Brigitte　シジャンスキー, ブリギッテ
　㊗『まつぼっくりのぼうけん』瑞雲舎　2008
Sidjanski-Hanhart, Brigitte　シジャンスキー, ブリギッテ
　1931～　『にわとりちゃんとこぎつねくん』瑞雲舎　2006
Sidko, Alena　シドコ
　㊗ロシア　距離スキー選手
Sidman, Joyce　シドマン, ジョイス
　㊗『蝶の目と草はらの秘密』冨山房　2011
Sidnei　シドネイ
　㊗ブラジル　サッカー選手
Sidney, George　シドニー, ジョージ
　1916～2002　㊗アメリカ　映画監督
Sidoli, Mara　シドリ, マラ
　㊗『ユングの13人の弟子が今考えていること』ミネルヴァ書房　2001
Sidorsky, Sergei Syarheyovich　シドルスキー, セルゲイ
　1954～　㊗ベラルーシ　政治家　ベラルーシ首相　㊨シドルスキー, セルゲイ・S.
Sidoti, Beniamino　シドーティ, ベニアミーノ
　㊗『絵のすきなライオン』ディー・ティー・ジャパン　c2014
Sidwell, Steve　シドウェル, スティーヴ
　㊗グラミー賞 最優秀ミュージカル・シアター・アルバム（2014年（第57回））"Beautiful: The Carole King Musical" プロデューサー
Sidwells, Chris　シドウェルズ, クリス
　1956～　㊗『ツール・ド・フランス100レース激闘と栄光の記憶』ソフトバンククリエイティブ　2013
Sidya, Abdellahi Ould Souleimane Ould Cheikh　シディヤ, アブドライ・ウルド・スレイマン・ウルド・シーク
　㊗モーリタニア　財務相
Sie, Trish　シエ, トリシュ
　㊗グラミー賞 最優秀短編ビデオ作品（2006年（第49回））"Here It Goes Again" 監督
Siebenrock, Roman A.　ジーベンロック, ローマン・A.
　㊗『キリスト教の主要神学者』教文館　2014
Sieber, Michael　ジーバー, ミヒャエル
　㊗ドイツ　ザグレブ国際アニメーション映画祭 学生コンペティション スペシャルメンション（2004年）ほか
Sieber, Paul　シーバー, パウル
　㊗オーストリア　ボート選手
Sieber, Ulrich　ズィーバー, ウルリッヒ
　1950～　㊗『21世紀刑法学への挑戦』早稲田大学比較法研究所, 印刷発売: 成文堂　2012
Siebers, Tobin　シーバース, トビン
　㊗『不健康は悪なのか』みすず書房　2015
Siebert, Al　シーバート, アル
　?～2009　㊗『逆境を生かす人逆境に負ける人』ディスカヴァー・トゥエンティワン　2016
Siebert, Horst　ジーベルト, H.
　1938～2009　『環境経済学』シュプリンガー・フェアラーク東京　2005
Siebold, Steve　シーボルド, スティーブ
　1964～　㊗『金持ちになる男, 貧乏になる男』サンマーク出版　2016
Siechert, Carl　ジーシェルト, カール
　㊗『Microsoft Windows Vistaオフィシャルマニュアル』日経BPソフトプレス, 日経BP出版センター（発売）　2007
Siecker, Bruce　シーカー, ブルース

[著]「医薬品マーケティングの基本戦略」 日経BP社, 日経BP出版センター(発売) 2005
Siedentop, Daryl シーデントップ, ダリル
1938～ [著]「新しい体育授業の創造」 大修館書店 2003
Siedentop, Larry シーデントップ, ラリー
1936～ [著]「トクヴィル」 晃洋書房 2007
Sieffert, René シフェール, ルネ
1923～2004 [国]フランス 日本文学研究者 フランス国立東洋言語文化研究所所長, パリ日仏協会会長
Sieg, Clara シーグ, クララ
REVOLUTION VENTURESパートナー
Siegal, Justine シーガル, ジャスティーン
[国]アメリカ 野球指導者 Baseball For All主宰
Siegal, Michael シーガル, マイケル
[著]「子どもの知性と大人の誤解」 新曜社 2010
Siegbahn, Kai シーグバーン, カイ
1918～2007 [国]スウェーデン 物理学者 ウプサラ大学名誉教授 本名=シーグバーン, カイ・マンネ・ボリュ〈Siegbahn, Kai Manne Börji〉 [異]ジーグバーン, カイ
Siegel, Alice シーゲル, アリス
[著]「現代女性ミニ事典」 松柏社 2004
Siegel, Allen M. シーゲル, アレン・M.
1940～ [著]「コフートを読む」 金剛出版 2016
Siegel, Barry シーゲル, バリー
[著]「潔白」 講談社 2001
Siegel, Bernie S. シーゲル, バーニー・S.
1932～ [著]「アメリカの名医が開発したスピリッツ〈魂〉を強くする実践77レッスン」 講談社 2006
Siegel, Daniel J. シーゲル, ダニエル・J.
1957～ [著]「子どもの脳を伸ばす「しつけ」」 大和書房 2016
Siegel, Eric シーゲル, エリック
1968～ [著]「ヤバい予測学」 阪急コミュニケーションズ 2013
Siegel, James シーゲル, ジェームズ
[国]アメリカ 作家 [専]ミステリー [異]シーゲル, ジェイムズ
Siegel, Jan シーガル, ジャン
[著]「アトランティスへの扉」 バベル・プレス 2006
Siegel, Janis シーゲル, ジャニス
1952～ [国]アメリカ 歌手
Siegel, Jeremy J. シーゲル, ジェレミー
[異]シーゲル, ジェレミー・J. [著]「株式投資」 日経BP社, 日経BP出版センター(発売) 2009
Siegel, Joel シーゲル, ジョエル
1943～2007 [国]アメリカ 映画評論家
Siegel, Joel G. シーゲル, J.G.
[異]シーゲル, ジョエル・G. [著]「バロンズ英文会計用語辞典」 プログレス 2008
Siegel, Mark シーゲル, マーク
1967～ [著]「ながいよるのおつきさま」 講談社 2006
Siegel, Mary E. ジーゲル, マリー・E.
[著]「スーパーカウンセラーの「聞く力」で、運がこわいほどついてくる!」 イースト・プレス 2011
Siegel, Mo シーゲル, モー
[著]「プロは語る。」 アスペクト 2005
Siegel, Ronald K. シーゲル, ロナルド・K.
[著]「ヒトラーの脳との対話」 草思社 2001
Siegel, Seth M. シーゲル, セス・M.
1953～ [著]「水危機を乗り越える!」 草思社 2016
Siegel, Sheldon M. シーゲル, シェルドン
[著]「検事長ゲイツの犯罪」 講談社 2002
Siegelman, Jim シーゲルマン, ジム
[著]「情報時代の見えないヒーロー」 日経BP社, 日経BP出版センター(発売) 2006
Siegemund, Laura シグムント, ラウラ
[国]ドイツ テニス選手
Siegenthaler, Maja ジーゲンターラー, マヤ
[国]スイス セーリング選手
Sieger, Robin シーガー, ロビン
[著]「今日は残りの人生の最初の日」 サンマーク出版 2005
Siegfried, Tom シーグフリード, トム
1950～ [異]ジーグフリード, トム [著]「サイエンスライティング」 地人書館 2013
Sieghart, Martin ジークハルト, マルティン
1951～ [国]オーストリア 指揮者 リンツ・ブルックナー管弦楽団首席指揮者, リンツ国立歌劇場音楽監督
Siegner, Ingo ジークナー, インゴ
1965～ [著]「ちいさなドラゴンココナッツ」 ひくまの出版 2007
Siegrist, Johannes ジーグリスト, J.
[著]「21世紀の健康づくり10の提言」 日本医療企画 2002
Siegrist, Kevin シーグリスト, ケビン
[国]アメリカ 野球選手
Sieh, Cletus シエ, クレトゥス
[国]リベリア 情報・文化・観光相
Siekei, Jefferson シェケイ, ジェファーソン
?～2009 [国]ケニア 陸上選手
Siele, Peter シエレ, ピーター
[国]ボツワナ 地方自治相
Sielmann, Heinz ジールマン, ハインツ
1917～2006 [国]ドイツ ドキュメンタリー映画監督, ナチュラリスト
Siemer, Deanne C. シーマー, D.C.
[著]「弁護士のための法廷テクノロジー入門」 慈学社出版, 大学図書(発売) 2011
Siemian, Trevor シーミアン, トレバー
[国]アメリカ アメフト選手
Siemoniak, Tomasz シェモニアク, トマシュ
[国]ポーランド 副首相兼国防相 [異]シェモニヤク, トマシュ
Siems, Larry シームズ, ラリー
[著]「グアンタナモ収容所地獄からの手記」 河出書房新社 2015
Siene, Oulai シネ, ウライ
[国]コートジボワール 法相
Siene, Saphangthong シエン・サパントン
[国]ラオス 農林相
Sienichkin, Andriy シエニチキン, アンドリー
[国]ウクライナ 体操選手
Sienkiewicz, Bill シンケビッチ, ビル
[著]「ビフォア・ウォッチメン:ナイトオウル/Dr.マンハッタン」 ヴィレッジブックス 2014
Siep, Ludwig ジープ, L.
1942～ [著]「ジープ応用倫理学」 丸善出版事業部 2007
Siepi, Cesare シエピ, チェザーレ
1923～2010 [国]イタリア バス歌手 [異]シェピ / シエーピ, チェーザレ / シエピ, チェーザレ
Sieradzki, Sarah シェラツキ, サラ
[著]「園芸療法メソッド」 東京教学社 2011
Sierpina, Victor S. シエルピナ, ヴィクター
[著]「ホリスティック家庭の医学療法」 ガイアブックス, 産調出版(発売) 2010
Sierra, Hector シエラ, エクトル
1964～ [国]コロンビア 映像作家, 絵本作家 国境なきアーティストたち(AWB)創設者 [異]シエラ, エクトール
Sierra, Javier シエラ, ハビエル
1971～ [国]スペイン 作家, ジャーナリスト [専]歴史, ミステリー
Sierra, Judy シエラ, ジュディ
[著]「本、だ～いすき!」 新日本出版社 2013
Sierra, Kathy シエラ, キャシー
[著]「Sun SJC(エスジェーシー)-P認定ガイド」 日経BP社, 日経BP出版センター(発売) 2010
Sierra, Magneuris シエラ, マグネウリス
[国]ドミニカ共和国 野球選手
Sierra Cruz, Jorge Luis シエラ・クルス, ホルヘ・ルイス
[国]キューバ 運輸相
Sierra de la Calle, Blas シエラ・デ・ラ・カジェ, ブラス
[国]スペイン バジャドリード東洋美術館館長
Sierra i Fabra, Jordi シエラ・イ・ファブラ, ジョルディ
1947～ [著]「ビクトルの新聞記者大作戦」 日本ライトハウス 2002
Siever, Larry J. シーヴァー, ラリィ・J.
[著]「サイコパシー・ハンドブック」 明石書店 2015
Sievernich, Gereon ジーバニッヒ, ゲレオン
[国]ドイツ マルティン・グロピウス・バウ館長(初代), ベルリーナー・フェストシュピーレ公社事務局長
Sievers, Eberhard ジーヴァース, E.
1911～ [著]「家族創造」 フリープレス, 星雲社(発売) 2002
Sievers, Eric J. ジーフェルス, E.J.
[著]「アメリカのDI」 大滝武雄 2003
Sievers, Knut ジーファース, クヌート
1956～ [著]「電磁波シンドローム」 人間と歴史社 2004
Sieverts, Thomas ジーバーツ, トマス
1934～ [著]「都市田園計画の展望」 学芸出版社 2006
Sifa シーファー
1931～2013 [国]タイ 作家 筆名=チュラダー・パックディープミン, シーファー〈SRIFA〉・ラダーワン

S

Sifakis, Carl シファキス, カール
[著]「詐欺とペテンの大百科」 青土社 2001
Siff, Lowell A. シフ, ローウェル・A.
[著]「Love」 青山出版社 2007
Sifford, Charlie シフォード, チャーリー
1922～2015 [国]アメリカ プロゴルファー 本名＝Sifford, Charles L.
Sifounakis, Nikolaos シフナキス, ニコラオス
[国]ギリシャ エーゲ海相 [異]シフナキス, ニコス
Sifry, David L. シフリー, デヴィッド・L.
[著]「「革命メディア」ブログの正体」 インデックス・コミュニケーションズ 2006
Sifry, Micah L. シフリー, ミカ・L.
[著]「ウィキリークス革命」 柏書房 2011
Sigafoos, Jeff シガフーズ, J.
[著]「挑戦的行動と発達障害」 コレール社 2004
Sigafoose, James シガフース, ジェームス
[著]「カイロプラクティックのプロフェッショナル20人が語る仕事の流儀」 科学新聞社出版局 2012
Siganos, André シガノス, アンドレ
[著]「近代建築遺産の継承」 鹿島出版会 2004
Sigar, Maaike シーガル, マーイケ
[著]「ちいさなあかちゃん、こんにちは！」 講談社 2007
Sigcau, Stella シカウ, ステラ
[国]南アフリカ 公共事業相
Sigelman, Lee サイゲルマン, L.
[著]「アメリカ政治学を創った人たち」 ミネルヴァ書房 2001
Sigfusson, Ingimundur シグフソン, インギムンドゥール
[国]アイスランド スカンジナビア・ニッポンササカワ財団副会長, 渡邉信託基金役員, 元・駐日アイスランド大使
Sigfusson, Steingrimur シグフスソン, ステイングリームル
[国]アイスランド 産業相
Sigg, Pablo シッグ, パブロ
[著]「リュック・タイマンス」 ワコウ・ワークス・オブ・アート 2013
Siggelkow, Bill シグロウ, ビル
[著]「Jakarta Strutsクックブック」 オライリー・ジャパン, オーム社(発売) 2006
Sighel, Roberto シーゲル
[国]イタリア スピードスケート選手
Sigismund, Charles G. ジギスムンド, チャールズ
[著]「変わりゆく資金調達のかたち」 ネットイヤー・パブリッシング, 花風社(発売) 2001
Siglain, Michael シグレイン, マイケル
[著]「アイアンマン3」 講談社 2013
Sigler, DeVaunte シグラー, ディボーント
[国]アメリカ アメフト選手
Sigler, Scott シグラー, スコット
[国]アメリカ 作家
Sigmund, Anna Maria ジークムント, アンナ・マリア
[著]「ナチスの女たち」 東洋書林 2009
Sigmund, Karl シグムント, カール
[著]「進化ゲームと微分方程式」 現代数学社 2001
Signore, Marco シニョーレ, マルコ
[著]「始祖鳥とジュラ紀のなぞ」 ランダムハウス講談社 2008
Signorini, Gianluca シニョリーニ, ジャンルカ
1960～2002 [国]イタリア サッカー選手
Sigoto, Charles シゴト, チャールズ
[国]ソロモン諸島 保健相
Sigourney, Brita シガニー
[国]アメリカ フリースタイルスキー選手
Sigstedt, Cyriel Odhner シグステッド, シリエル・オドナー
[著]「スヴェーデンボリ叙事詩」 スヴェーデンボリ出版 2012
Siguán, Miquel シグアン, ミケル
1918～ [著]「二十歳の戦争」 沖積舎 2009
Sigurðardóttir, H.Sigurveig シグルザルドッティル, H.シグルヴェイグ
[著]「社会ケアサービス」 本の泉社 2003
Sigurdardóttir, Jóhanna シグルザルドッティル, ヨハンナ
1942～ [国]アイスランド 政治家 アイスランド首相
Sigurðardóttir, Yrsa シグルザルドッティル, イルサ
1963～ [国]アイスランド 作家 [専]ミステリー, 児童書
Sigurdsson, Gylfi シグルズソン, ギルフィ
[国]アイスランド サッカー選手
Sigurdsson, Jon シグルスソン, ヨン
[国]アイスランド 産業商業相

Sigworth, Fred J. シグワース, フレッド・J.
[著]「知の歴史」 徳間書店 2002
Sihamoni, Norodom シハモニ, ノロドム
1953～ [国]カンボジア 国王 国連教育科学文化機関(ユネスコ)大使 愛称＝トキオ [異]シハモニ国王 / シハモニ殿下
Sihasak Phuangketkeow シハサック・プアンゲッゲオ
[国]タイ 外交官 駐日タイ大使 [異]シーハサ・プワンゲーギャオ / シーハサック
Sihine, Sileshi シヒネ
[国]エチオピア 陸上選手
Siimes, Suvi-Anne シーメス, スビアンネ
[国]フィンランド 財務担当相
Siirala, Antti シーララ, アンティ
1979～ [国]フィンランド ピアニスト
Šijaković, Bogoljub シヤコビッチ, ボゴリュブ
[国]セルビア 宗教相
Sika, Semisi シカ, セミシ
[国]トンガ インフラ相
Sikatana, Mundia シカタナ, ムンディア
[国]ザンビア 外相
Siker, Jeffrey S. サイカー, ジェフリー・S.
[著]「キリスト教は同性愛を受け入れられるか」 日本キリスト教団出版局 2002
Sikes, Patricia J. サイクス, パット
1955～ [著]「ライフヒストリーの教育学」 昭和堂 2006
Sikharulidze, Anton シハルリゼ
[国]ロシア フィギュアスケート選手
Šikić, Nada シキッチ, ナダ
[国]クロアチア 労働・年金相
Sikora, Tomasz シコラ
[国]ポーランド バイアスロン選手
Sikorski, Radosław シコルスキ, ラドスワフ
[国]ポーランド 外相
Sikua, Derek シクア, デリック
[国]ソロモン諸島 教育・人的資源開発相
Silaghi, Ovidiu Ioan シラギ, オビデウ・ヨアン
[国]ルーマニア 運輸・社会基盤相
Silajdžić, Haris シライジッチ, ハリス
1945～ [国]ボスニア・ヘルツェゴビナ 政治家 ボスニア・ヘルツェゴビナ幹部会員(イスラム教徒代表), ボスニア・ヘルツェゴビナ共同議長(首相) [異]シラジッチ
Silas, Stephen サイラス, スティーブン
[国]アメリカ シャーロット・ホーネッツアシスタントコーチ(バスケットボール)
Silatolu, Amini シラトール, アミニ
[国]アメリカ アメフト選手
Sila-tualaulelei, Faalavaau Perina Jacqueline シラ・ツアラウレレイ, ファアラヴァアウ・ペリナ・ジャックリーン
[国]サモア 駐日特命全権大使
Silber, John シルバー, ジョン
1926～ [著]「不条理な建築」 鹿島出版会 2011
Silber, Kevin シルバー, ケヴィン
1959～ [著]「心の神経生理学入門」 新曜社 2005
Silber, Lee T. シルバー, リー・T.
[著]「片づけ下手な右脳人間のための整理本」 主婦の友社 2006
Silber, Nina シルバー, ニナ
[著]「南北戦争のなかの女と男」 岩波書店 2016
Silber, William L. シルバー, ウィリアム・L.
[著]「伝説のFRB議長ボルカー」 ダイヤモンド社 2014
Silberg, Jackie シルバーグ, ジャッキー
1934～ [著]「0歳からの「育脳ゲーム」」 二見書房 2007
Silberger, Eric シルバーガー, エリック
[国]アメリカ チャイコフスキー国際コンクール ヴァイオリン 第5位(2011年(第14回))
Silberman, Charles E. シルバーマン, チャールズ・E.
[著]「アメリカのユダヤ人」 明石書店 2001
Silberman, Ian シルバーマン, イアン
[国]アメリカ アメフト選手
Silberman, Neil Asher シルバーマン, N.A.
1950～ [著]「発掘された聖書」 教文館 2009
Silberman, Serge シルベルマン, セルジュ
1917～2003 [国]フランス 映画プロデューサー
Silberman, Steve シルバーマン, スティーヴ
1957～ [著]「スケルトン・キー」 工作舎 2004
Silbermann, Ben シルバーマン, ベン
起業家, ピンタレスト創業者

Silbernagl, Stefan　シルバーナグル, ステファン
　著「カラー図解症状の基礎からわかる病態生理」メディカル・サイエンス・インターナショナル
Silberschatz, Avi　シルバーシャッツ, アビ
　著「ソフトウェアの未来」翔泳社　2001
Silberstein, Stephen D.　シルバーシュタイン, スティーヴン・D.
　著「神経内科治療薬処方ガイド」メディカル・サイエンス・インターナショナル　2012
Silbiger, Steven Alan　シルビジャー, スティーブン
　著「10日で学ぶMBA」ソフトバンククリエイティブ　2013
Sileck, Asseid Gamar　シレック, アシード・ガマル
　国チャド　水利・農業設備相
Silen, William　サイレン, ウィリアム
　1927～　著「急性腹症の早期診断」メディカル・サイエンス・インターナショナル　2012
Sileoni, Alberto　シレオニ, アルベルト
　国アルゼンチン　教育相
Siler, Jenny　サイラー, ジェニー
　著「ハード・アイス」早川書房　2001
Siles del Prado, Hugo José　シレス・デルプラド, ウゴ・ホセ
　国ボリビア　自治相
Siles del Valle, Juan Ignacio　シレス・デルバジェ, フアン・イグナシオ
　国ボリビア　外相兼宗教相
Sileshi, Getahun　シレシ・ゲタフン
　国エチオピア　畜産・漁業資源開発相
Sileua, Bounkham　シールア・ブンカム
　国ラオス　情報・文化相
Sileye, Gandega　シレイ, ガンデガ
　国モーリタニア　農村開発・環境相
Silf, Margaret　シルフ, マーガレット
　1945～　著「世界中から集めた深い知恵の話100」女子パウロ会　2005
Siliga, Sealver　シリガ, シールバー
　国アメリカ　アメフト選手
Silikiotis, Neoklis　シリキオティス, ネオクリス
　国キプロス　商工・観光相
Silina, Mara　シリニャ, マーラ
　著「リーガ」Madris　〔2002〕
Silins, Egils　シリンス, エギルス
　国ラトビア　バス・バリトン歌手
Siliya, Dora　シリヤ, ドーラ
　国ザンビア　農相　旧シリヤ, ドラ
Silk, Angèle M.J.　シルク, アンジェル・M.J.
　1959～　著「子どもの描画心理学」法政大学出版局　2011
Silk, Joan B.　シルク, ジョーン・B.
　1953～　著「ヒトはどのように進化してきたか」ミネルヴァ書房　2011
Silk, John　シルク, ジョン
　国マーシャル諸島　外相
Silk, Kenneth R.　シルク, ケネス・R.
　1944～　著「薬物療法における医師―患者関係」星和書店　2004
Sill, Cathryn P.　シル, キャスリン
　1953～　著「海のこと」玉川大学出版部　2013
Sill, John　シル, ジョン
　著「海のこと」玉川大学出版部　2013
Sillah, Jato　シラー, ジャト
　国ガンビア　森林・環境相
Sillah, Musa　シラー, ムサ
　国ガンビア　貿易・産業・雇用相
Sillani, Febe　シッラーニ, フェーベ
　1966～　著「たんぽぽおおかみ」学習研究社　c2008
Sillitoe, Alan　シリトー, アラン
　1928～2010　国イギリス　作家, 詩人
Sills, Beverly　シルズ, ビバリー
　1929～2007　国アメリカ　ソプラノ歌手　リンカーン・センター会長　本名＝シルバーマン, ベル〈Silverman, Belle〉
Sills, Charlotte　シルズ, シャーロット
　著「交流分析」日本評論社　2007
Sills, David L.　シルズ, デビッド・L.
　著「アメリカ・コミュニケーション研究の源流」春風社　2005
Silnov, Andrey　シルノフ, アンドレイ
　1984～　国ロシア　走り高跳び選手
Silpa Archa, Nakorn　シラパアチャ, ナコン
　国タイ　元・労働次官, 元・労働省技能開発局長, 元・国際協力機構帰国研修員同窓会会長

Siltala-Keinänen, Päivi　シルタラ＝ケイナネン, パイヴィ
　1962～　著「世界史のなかのフィンランドの歴史」明石書店　2011
Siluanov, Anton G.　シルアノフ, アントン・G.
　国ロシア　財務相
Silupa, Yawa　シルパ, ヤワ
　国パプアニューギニア　国内治安相
Silva, Adhonay　シルヴァ, アドナイ
　国ブラジル　ローザンヌ国際バレエコンクール　1位・スカラシップ（第41回（2013年））ほか
Silva, Alvaro　シルバ, アルバロ
　国ベネズエラ　エネルギー・鉱業相
Silva, Ana Beatriz Barbosa　シウバ, アナ・ベアトリス・バルボーザ
　1967～　著「サイコパシー」ヒカルランド　2016
Silva, António Burity da　シルバ, アントニオ・ブリティ・ダ
　国アンゴラ　教育相
Silva, Armando Ramos da　シルバ, アルマンド・ラモス・ダ
　国ギニアビサウ　漁業相
Silva, Artur　シルバ, アルチュール
　国ギニアビサウ　外務・国際協力・共同体相　旧シルバ, アルチュル
Silva, Augusto Santos　シルバ, アウグスト・サントス
　国ポルトガル　教育相
Silva, Cândida Celeste da　シルバ, カンディダ・セレステ・ダ
　国アンゴラ　家族・女性問題相
Silva, Daniel　シルバ, ダニエル
　1960～　国アメリカ　作家, 元テレビプロデューサー　CNNエグゼクティブ・プロデューサー　ミステリー, スリラー　旧シルヴァ, ダニエル
Silva, Daniel　シルバ, ダニエル
　国ベリーズ　農水・協同組合相
Silva, David　シルバ, ダビド
　国スペイン　サッカー選手
Silva, Diogo　シルバ, D.
　国ブラジル　テコンドー選手　旧シルバ
Silva, Edinanci　シルバ
　国ブラジル　柔道選手
Silva, Emanuel　シルバ, エマヌエル
　国ポルトガル　カヌー選手
Silva, Eunice Andrade da　シルバ, エウニセ・アンドラデ・ダ
　国カボベルデ　農業・環境相
Silva, Filomena Maria Delgado　シルバ, フィロメナ・マリア・デルガド
　国カボベルデ　教育・科学相
Silva, Gabriella　シルバ
　国ブラジル　競泳選手
Silva, Gilberto　シウバ, ジウベルト
　1976～　国ブラジル　サッカー選手　本名＝Silva, Gilberto Aparecido　シウバ, ジウベルト／シウヴァ, ジウベルト／ジウベルトシウバ
Silva, Helder　シルバ, エルデル
　国ポルトガル　カヌー選手
Silva, Irlan　シルヴァ, イルラン
　国ブラジル　ローザンヌ国際バレエコンクール　6位・プロ研修賞（第36回（2008年））
Silva, Jaime　シルバ, ジャイメ
　国ポルトガル　農業・地方開発・漁業相
Silva, Joao　シルバ, ジョアン
　国ポルトガル　トライアスロン選手
Silva, João Pereira　シルバ, ジョアン・ペレイラ
　国カボベルデ　経済発展相
Silva, José António Da Conceição e　シルバ, ジョゼ・アントニオ・ダ・コンセイサン・イ
　国アンゴラ　都市計画・住宅相
Silva, José Ulysses Correia　シルバ, ジョゼ・ウリセス・コレイア
　国カボベルデ　蔵相
Silva, Lisa De　シルヴァ, リサ
　著「人生はドライブ」ディスカヴァー・トゥエンティワン　2006
Silva, Loreto　シルバ, ロレト
　国チリ　公共事業相
Silva, Magali　シルバ, マガリ
　国ペルー　貿易・観光相
Silva, Mariana　シルバ, マリアナ
　国ブラジル　柔道選手
Silva, Marina　シルバ, マリナ

Silva, Marry Cipriano　シルヴァ, メアリー・シピリアーノ
　 著「あなたが患者を傷つけるとき」エルゼビア・ジャパン　2006
Silva, Mervyn　シルバ, メルビン
　 国スリランカ　広報・公共問題相
Silva, Natalia Falavigna da　シルバ
　 国ブラジル　テコンドー選手
Silva, Orlando　シルバ, オルランド
　 国ブラジル　スポーツ相
Silva, Phil A.　シルバ, フィル・A.
　 著「ダニーディン子どもの健康と発達に関する長期追跡研究」明石書店
Silva, Rafael　シルバ, ラファエル
　 国ブラジル　柔道選手
Silva, R.B.　シルバ, R.B.
　 著「NEW 52：スーパーマン/ヤング・ジャスティス」ヴィレッジブックス　2013
Silva, Rodrigo　シルバ, ロドリゴ
　 国ウルグアイ　ラグビー選手
Silva, Rosa Maria Martins Da Cruz e　シルバ, ロザ・マリア・マルティンス・ダクルス・イ
　 国アンゴラ　文化相　愛シルバ, ローザ・マリア・マルティンス・ダ・クルス・イ
Silva, Rui　シルバ
　 国ポルトガル　陸上選手
Silva, Vladimir　シルバ, ウラジーミル
　 1969～　著「プロフェッショナルAndroidゲームプログラミング」日経BP社, 日経BPマーケティング（発売）　2010
Silva, Wanderle　シウバ, ヴァンデレイ
　 1976～　国ブラジル　格闘家　本名＝ダ・シウバ, ヴァンデレイ・セザール〈Da Silva, Wanderle Cesar〉　愛シウバ, バンデレイ/シルバ, ヴァンダレイ
Silva, Washington　シルバ
　 国ブラジル　ボクシング選手
Silva, Yadira　シルバ, ジャディラ
　 国メキシコ　卓球選手
Silva, Yarisley　シルバ, ヤリスレイ
　 国キューバ　陸上選手　愛シルバ
Silva E Sousa Daio, Olinto　シルバ・エ・ソウザ・ダイオ, オリント
　 国サントメ・プリンシペ　教育・文化・科学相
Silva Martinot, José Luis　シルバ・マルティノト, ホセ・ルイス
　 国ペルー　貿易・観光相
Silvano, Renu Rita　シルヴァノ, レヌ・R.
　 著「心に響くイエスの言葉」聖母の騎士社　2006
Silvano, Richard　シルヴァーノ, リチャード
　 1936～　著「繁栄した王国の物語」光文社　2005
Silvano, Susan　シルヴァーノ, スーザン
　 1943～　著「繁栄した王国の物語」光文社　2005
Silva Pereira, Pedro　シルバ・ペレイラ, ペドロ
　 国ポルトガル　大統領府相
Silva Ruete, Jabier　シルバ・ルエテ, ハビエル
　 国ペルー　経済財務相
Silver, Alain　シルヴァー, アラン
　 1947～　著「ロバート・アルドリッチ大全」国書刊行会　2012
Silver, Amanda　シルヴァー, アマンダ
　 著「ジュラシック・ワールド」竹書房　2015
Silver, Amy　シルバー, エイミー
　 著「「人生を愛せる子ども」を育てるためのちょっとした試み」花風社　2002
Silver, Andrew　シルバー, アンドリュー
　 著「ブレークスルー思考」ダイヤモンド社　2001
Silver, Elizabeth L.　シルバー, エリザベス・L.
　 1978～　国アメリカ　作家　著文学　愛シルヴァー, エリザベス・L.
Silver, Eric　シルヴァー, エリック
　 著「暴力のリスクアセスメント」星和書店　2011
Silver, Eve　シルヴァー, イヴ
　 国カナダ　作家　著ロマンス　別筆名＝ケニン, イヴ〈Kenin, Eve〉
Silver, Harold　シルバー, ハロルド
　 1928～　著「イギリス教育社会史」学文社　2007
Silver, Horace Ward Martin Tauares　シルバー, ホレス
　 1928～2014　国アメリカ　ジャズ・ピアニスト, 作曲家　愛シルヴァー, ホレス
Silver, Jago　シルバー, ジェイゴ
　 著「ジーザス・バイブルストーリー」いのちのことば社　2009
Silver, Joel　シルバー, ジョエル
　 1952～　国アメリカ　映画プロデューサー　愛シルバー, ジョール/シルヴァー, ジョエル
Silver, Julie K.　シルヴァ, J.K.
　 1965～　著「リハビリテーションと理学療法エッセンシャル」西村書店　2012
Silver, Lee M.　シルバー, リー・M.
　 愛シルヴァー, リー・M.　著「ハートウェル遺伝学」メディカル・サイエンス・インターナショナル　2010
Silver, Lynne　シルバー, リン
　 著「恋に溺れる5つの理由」ハーパーコリンズ・ジャパン　2016
Silver, Margery Hutter　シルバー, マージェリー・H.
　 著「100万人100歳の長生き上手」講談社　2002
Silver, Mitch　シルバー, ミッチ
　 1946～　国アメリカ　作家　著歴史　愛シルヴァー, ミッチ
Silver, Nan　シルバー, ナン
　 著「結婚生活を成功させる七つの原則」第三文明社　2007
Silver, Nate　シルバー, ネイト
　 1978～　国アメリカ　統計専門家
Silver, Pete　シルバー, ピート
　 著「デザイナーのための建築構造入門」エクスナレッジ　2014
Silver, Ron　シルバー, ロン
　 1946～2009　国アメリカ　俳優　本名＝Zimelman, Ron　愛シルヴァ, ロン/シルヴァー, ロン
Silver, Tosha　シルバー, トーシャ
　 著「私を変えてください」ナチュラルスピリット　2016
Silver, Yanik　シルバー, ヤニク
　 著「世にも恐ろしいアンダーグラウンド起業術」ダイレクト出版　2012
Silverberg, Robert　シルヴァーバーグ, ロバート
　 1934～　著「時を生きる種族」東京創元社　2013
Silverblatt, Art　シルバーブラット, アート
　 著「メディア・リテラシーの方法」リベルタ出版　2001
Silverblatt, Irene Marsha　シルバーブラット, アイリーン
　 著「月と太陽と魔女」岩波書店　2001
Silverman, Barry　シルバーマン, バリー
　 著「医師のマナー患者のマナー」メディカ出版　2016
Silverman, David Kaye　シルバーマン, デビッド
　 著「TEAM OF TEAMS」日経BP社, 日経BPマーケティング（発売）　2016
Silverman, Ellyn　シルヴァーマン, エリン
　 著「食品・栄養・食事療法事典」産調出版, 産業調査会（発売）　2006
Silverman, Erica　シルバーマン, エリカ
　 著「おおきなかぼちゃ」主婦の友社　2011
Silverman, Jay G.　シルバーマン, ジェイ・G.
　 著「DVにさらされる子どもたち」金剛出版　2004
Silverman, Joseph H.　シルヴァーマン, ジョセフ・H.
　 1955～　著「はじめての数論」丸善出版　2014
Silverman, Kenneth　シルヴァーマン, ケネス
　 著「ジョン・ケージ伝」論創社　2015
Silverman, Mark P.　シルバーマン, M.P.
　 著「量子論と宇宙論の世界」シュプリンガー・フェアラーク東京　2004
Silverman, Matt　シルバーマン, マット
　 著「よくわかるプレゼン英語」日本能率協会マネジメントセンター　2006
Silverman, Matthew　シルバーマン, マット
　 国アメリカ　タンパベイ・レイズ編成総責任者
Silverman, Richard E.　シルバーマン, リチャード・E.
　 著「実用SSH」オライリー・ジャパン, オーム社（発売）　2006
Silvers, Michael　シルヴァーズ, マイケル
　 アカデミー賞 音響効果賞（第77回（2004年））"The Incredibles"
Silverstein, Craig　シルヴァーステイ, クレイグ
　 著「テラノバ」竹書房　2013
Silverstein, David　シルバースタイン, デヴィッド
　 1965～　著「発想を事業化するイノベーション・ツールキット」英治出版　2015
Silverstein, Jacob　シルヴァースタイン, ジェイコブ
　 著「世界の作家32人によるワールドカップ教室」白水社　2006
Silverstein, Luise B.　シルバースタイン, ルイス・B.
　 著「パートナー暴力」北大路書房　2011
Silverstein, Michael J.　シルバースタイン, マイケル・J.
　 著「世界を動かす消費者たち」ダイヤモンド社　2014
Silverstein, Robert Milton　シルバーシュタイン, R.M.
　 1916～　著「有機化合物のスペクトルによる同定法」東京化学同

人 2016
Silverstein, Steven M.　シルヴァースタイン, スティーヴン・M.
(著)「統合失調症」 金剛出版 2014
Silverstone, Alicia　シルバーストーン, アリシア
1976～ (国)アメリカ 女優 (異)シルヴァーストーン, アリシア
Silverstone, Barbara　シルバーストン, バーバラ
(著)「高齢化社会と視覚障害」 日本盲人福祉委員会 2003
Silverstone, Roger　シルバーストーン, ロジャー
(著)「なぜメディア研究か」 せりか書房 2003
Silverthorne, Judith　シルバーソーン, ジュディス
(著)「少年と老人の冒険」 エンデバーズ 2010
Silverton, Nancy　シルバートン, ナンシー
(著)「The breath of breads」 朝日出版社 2004
Silvertown, Jonathan W.　シルバータウン, ジョナサン
(著)「なぜ老いるのか、なぜ死ぬのか、進化論でわかる」 インターシフト, 合同出版(発売) 2016
Silverwood, Jane　シルバーウッド, ジェーン
(著)「回転木馬」 ハーレクイン 2014
Silvester, Christopher　シルヴェスター, クリストファー
(著)「インタヴューズ」 文芸春秋 2014
Silvester, Hans Walter　シルヴェスター, ハンス
1938～ (著)「ナチュラル・ファッション」 DU BOOKS, ディスクユニオン(発売) 2013
Silvester, Marc　シルベスター, マーク
(著)「リビングサービス」 日経BP社, 日経BP出版センター(発売) 2009
Silvestre, Matias　シルベストレ, マティアス
(国)アルゼンチン サッカー選手
Silvestre, Mickael　シルヴェストル, ミカエル
1977～ (国)フランス サッカー選手 (異)シルベストル, ミカエル / シルベストレ, ミカエル / シルヴェストレ, ミカエル
Silvestri, Alan　シルヴェストリ, アラン
ソング・ライター グラミー賞 最優秀映画・TV・その他ヴィジュアルメディア音楽作品(2005年(第48回)) "Believe" (from「ポーラー・エクスプレス」)
Silvestri, Enzo　シルベストリ, E.
(著)「骨軟部の超音波診断」 シュプリンガー・ジャパン 2008
Silvia　シルビア王妃
1943～ (国)スウェーデン 王妃 (異)シルヴィア
Silvia, Paul J.　シルヴィア, ポール・J.
1976～ (著)「できる研究者の論文作成メソッド」 講談社 2016
Silwamba, Eric　シルワンバ, エリック
(国)ザンビア 大統領府相
Sim, Andrew　シム, アンドリュー
(著)「イギリスの厩舎」 競馬国際交流協会 2002
Sim, Chol-ho　シム・チョルホ
(国)北朝鮮 逓信相 漢字名＝沈哲戸
Sim, David　シム, デイビッド
1953～ (著)「いまなんじ」 学習研究社 2005
Sim, Eun-kyeong　シム・ウンギョン
1994～ (国)韓国 女優
Sim, Jack　シム, ジャック
(国)シンガポール 社会運動家 世界トイレ機構(WTO)主宰
Sim, Kihwan　シム・キーワン
(国)韓国 ロン・ティボー・クレスパン国際音楽コンクール 声楽 第1位(2011年(第40回))
Sim, Sang-myoung　シム・サンミョン
(国)韓国 法相 漢字名＝沈相明
Sim, Stuart　シム, スチュアート
1943～ (異)シム, ステュアート (著)「ポストモダンの50人」 青土社 2015
Sim, Victor　シム, ビクター
(著)「人材育成のジレンマ」 ダイヤモンド社 2004
Sima, Gheorghe　シマ, ゲオルク
(国)モルドバ 教育相
Simagina, Irina　シマギナ
(国)ロシア 陸上選手
Simancek, Jeffrey A.　シマンセク, ジェフリー・A.
(著)「ディープティシュー・マッサージ療法」 ガイアブックス 2013
Simanga, Augustin　シマンガ, オーギュスタン
(国)コンゴ民主共和国 エネルギー相
Simango, David　シマンゴ, ダビド
(国)モザンビーク 青年・スポーツ相
Simão, Leonardo　シマン, レオナルド
(国)モザンビーク 外相
Simão, Mpinda　シマン, ムピンダ
(国)アンゴラ 教育相 (異)シマン, ピンダ
Simão, Valdir　シマン, バルジル
(国)ブラジル 企画・予算管理相
Simard, Genevieve　シマール
(国)カナダ アルペンスキー選手
Simard, Jean-Jacques　シマー, ジャン・ジャック
カナダ総督文学賞 フランス語 ノンフィクション(2004年) "La Réduction : l'Autochtone inventé Jean-Jacques Simard Études et essais Les éditions du Septentrion et les Amérindiens d'aujourd'hui"
Simari, Maria Matilde　シーマリ, マリア・マティルデ
(著)「イタリア陶磁器の伝統と革新―ジノリ展」 アートプランニングレイ 2001
Simart, Thomas　シマル, トマ
(国)フランス カヌー選手
Šimašius, Remigijus　シマーシュス, レミギユス
(国)リトアニア 法相
Simba, Charles Mwando　シンバ, シャルル・ムワンド
(国)コンゴ民主共和国 国防・在郷軍人相
Simba, Iddi　シムバ, イディ
(国)タンザニア 通産相
Simba, Sophia　シンバ, ソフィア
(国)タンザニア 国務相
Simba, Sophia Mnyambi　シンバ, ソフィア・ムニャンビ
(国)タンザニア 地域開発・女性地位向上・児童相
Simbachawene, George　シンバチャウェネ, ジョージ
(国)タンザニア 地域行政・地方政府・公共サービス・行政機能強化担当相
Simbao, Kapembwa　シンバオ, カペンブワ
(国)ザンビア 運輸通信相 (異)シンバオ, カペムブワ
Simbine, Akani　シンビネ, アカニ
(国)南アフリカ 陸上選手
Simbu, Alphonce Felix　シンブ, アルフォンスフェリックス
(国)タンザニア 陸上選手
Simbulan, Roland G.　シンブラン, ローランド・G.
(著)「フィリピン民衆vs米軍駐留」 凱風社 2012
Simbyakula, Ngosa　シンブヤクラ, ヌゴサ
(国)ザンビア 法相
Simchi-Levi, David　スミチ・レビ, D.
(異)スミチ＝レビ, D. (著)「マネージング・ザ・サプライ・チェイン」 朝倉書店 2005
Simchi-Levi, Edith　スミチ・レビ, E.
(異)スミチ＝レビ, E. (著)「マネージング・ザ・サプライ・チェイン」 朝倉書店 2005
Sime, Ruth Lewin　サイム, R.L.
1939～ (著)「リーゼ・マイトナー」 シュプリンガー・フェアラーク東京 2004
Simel, David L.　サイメル, デヴィッド・L.
(著)「論理的診察の技術」 日経BP社, 日経BP出版センター(発売) 2010
Simelane, Constance　シメラメ, コンスタンス
(国)スワジランド 副首相 (異)シメラネ, コンスタンス
Simelane, Maweni　シメラネ, マウェニ
(国)スワジランド 法務・憲法問題相
Simelane, Sibongile　シメラネ, シボンギレ
(国)スワジランド 保健相
Simelum, Maki　シメルム, マキ
(国)バヌアツ 財務相
Simens, Dov S.-S.　シモンズ, ダブ
(著)「世界一簡単なハリウッド映画の作り方」 雷鳥社 2007
Simeon, Yvon　シメオン, イボン
(国)ハイチ共和国 外相
Simeona, Morrnah Nalamaku　シメオナ, モーナ・ナラマク
(著)「叡智のしずく」 SITHホ・オポノポノアジア事務局 2012
Simeone, Diego　シメオネ, ディエゴ
1970～ (国)アルゼンチン サッカー監督, 元サッカー選手 本名＝シメオネ, ディエゴ・パブロ〈Simeone, Diego Pablo〉
Simeone, Giovanni　シメオネ, ジオバンニ
(国)アルゼンチン サッカー選手
Simeón Negrín, Rosa Elena　シメオン・ネグリン, ロサ・エレナ
(国)キューバ 科学技術・環境相
Simeonov, Teodosii　シメオノフ, テオドシー
(国)ブルガリア 法相
Simhon, Shalom　シムホン, シャローム
(国)イスラエル 通産相

Simic, Charles シミック, チャールズ
1938〜 [著]「アイスクリームの皇帝」 河出書房新社 2014
Simicskó, István シミチコー・イシュトバーン
[国]ハンガリー 国防相
Simien, Terrance シミエン, テランス
グラミー賞 最優秀リージョナル・ルーツ・ミュージック・アルバム（2013年（第56回））ほか
Sīmīn Dāneshvar スィーミーン・ダーネシュヴァル
1922〜2012 [国]イラン 作家, 翻訳家
Siminovich, Lorena シミノヴィッチ, ロレーナ
[著]「くまちゃんあそぼうよ」 世界文化社 2010
Simion, Viorel シミオン
[国]ルーマニア ボクシング選手
Simionato, Chiara シミオナート
[国]イタリア スピードスケート選手
Simionato, Giulietta シミオナート, ジュリエッタ
1910〜2010 [国]イタリア メゾソプラノ歌手
Simitab, Jim シミタブ, ジム
[国]パプアニューギニア 矯正相
Simiti, Bernard シミティ, ベルナール
[国]中央アフリカ 国民教育・高等教育・科学研究相
Simitis, Konstantinos シミティス, コンスタンティノス
[国]ギリシャ 首相
Simkin, Daniel シムキン, ダニエル
1979〜 [著]「スーツケースに時間をつめて」 講談社 2010
Simkin, Daniil シムキン, ダニール
1987〜 バレエダンサー アメリカン・バレエ・シアター（ABT）プリンシパル
Simkin, Daren シムキン, ダレン
1982〜 [著]「スーツケースに時間をつめて」 講談社 2010
Šimko, Ivan シムコ, イバン
[国]スロバキア 国防相
Šimkutė, Lidija シムクーテ, リジア
1942〜 [著]「何かが語られる」 竹林館 2016
Simler, Isabelle シムレール, イザベル
[著]「あおのじかん」 岩波書店 2016
Simma, Maria シンマ, マリア
1915〜 [著]「煉獄の霊魂の叫び」 天使館 2001
Simmel, Derry ジンメル, デリー
[著]「プロジェクト・マネジャーが知るべき97のこと」 オライリー・ジャパン, オーム社（発売） 2011
Simmel, Johannes Mario ジンメル, ヨハネス・マリオ
1924〜2009 [国]オーストリア 推理作家, シナリオライター, 劇作家, ジャーナリスト [異]ジンメル, ヨハネス・マーリオ
Simmen, Hélène シメン, エレーヌ
[著]「太陽のような笑顔」 梅田善美 2007
Simmonds, Elizabeth シモンズ
[国]イギリス 競泳選手 [異]シモンス
Simmonds, Jackie シモンズ, ジャッキー
[著]「花のパステル画入門」 エム・ピー・シー 2001
Simmonds, Posy シモンズ, ポジー
アングレーム国際漫画祭 5つの優秀作品賞（2009年） "Tamara Drewe"〈Denoël Graphic〉 [異]シモンズ, ポージー
Simmons, Alex シモンズ, アレックス
[著]「〈カラス同盟〉事件簿」 あすなろ書房 2008
Simmons, Andrelton シモンズ, アンドレルトン
[国]キュラソー 野球選手
Simmons, Annette シモンズ, アネット
[著]「プロフェッショナルは「ストーリー」で伝える」 海と月社 2012
Simmons, Ben シモンズ, ベン
[国]オーストラリア バスケットボール選手
Simmons, Cindy シモンズ, シンディ
[著]「市民の司法参加と民主主義」 日本評論社 2016
Simmons, Craig シモンズ, クレイグ
[異]シモン, クレイ [著]「ZED Book」 鹿島出版会 2010
Simmons, Dan シモンズ, ダン
1948〜 [国]アメリカ 作家
Simmons, David シモンズ, デービッド
[国]バルバドス 内相
Simmons, Deborah シモンズ, デボラ
[著]「侯爵は恋泥棒」 ハーパーコリンズ・ジャパン 2015
Simmons, Delvon シモンズ, デルボン
[国]アメリカ アメフト選手
Simmons, Ed シモンズ, エド
[国]イギリス ミュージシャン [異]サイモンズ, エド
Simmons, Gene シモンズ, ジーン
1949〜 [国]アメリカ ミュージシャン, 俳優
Simmons, Hardwick シモンズ, ハードウィック
1940〜 [国]アメリカ 金融家 ナスダック会長・CEO, プルデンシャル・セキュリティーズ社長・CEO 通称＝シモンズ, ウィック〈Simmons, Wick〉
Simmons, Jalen シモンズ, ジェイレン
[国]アメリカ アメフト選手
Simmons, Jane シモンズ, ジェーン
[国]イギリス 絵本作家
Simmons, Jean シモンズ, ジーン
1929〜2010 [国]イギリス 女優
Simmons, J.K. シモンズ, J.K.
1955〜 [国]アメリカ 俳優 本名＝Simmons, Jonathan Kimble
Simmons, Jo シモンズ, ジョー
[国]イギリス 作家 [専]児童書
Simmons, John シモンズ, ジョン
1937〜 [著]「ウィリアム・モリスの庭」 東洋書林 2002
Simmons, John シモンズ, ジョン
[著]「スターバックスコーヒー」 ソフトバンクパブリッシング 2004
Simmons, Jonathon シモンズ, ジョナソン
[国]アメリカ バスケットボール選手
Simmons, Jumpin' Gene シモンズ, ジャンピン・ジーン
1937〜2006 [国]アメリカ ロカビリー歌手
Simmons, Justin シモンズ, ジャスティン
[国]アメリカ アメフト選手
Simmons, Kim シモンズ, キム
[著]「Windows 2000 network design」 翔泳社 2001
Simmons, Kimora Lee シモンズ, キモラ・リー
1975〜 [国]アメリカ 実業家, ファッションデザイナー ベイビー・ファットCEO
Simmons, Matthew R. シモンズ, マシュー・R.
[著]「投資銀行家が見たサウジ石油の真実」 日経BP社, 日経BP出版センター（発売） 2007
Simmons, Patrick シモンズ, パトリック
[国]グレナダ 青少年育成・スポーツ相
Simmons, Rachel シモンズ, レイチェル
1966〜 [著]「女の子どうしって、ややこしい！」 草思社 2003
Simmons, Rob シモンズ, ロブ
[国]オーストラリア ラグビー選手
Simmons, Robert シモンズ, ロバート
1951〜 [著]「ブック・オブ・ストーン」 ナチュラルスピリット 2013
Simmons, Robert., Jr. シモンズ, ロバート, Jr.
[著]「Java魂」 オライリー・ジャパン, オーム社（発売） 2004
Simmons, Russell シモンズ, ラッセル
1957〜 [国]アメリカ 実業家 デフ・ジャム創設者
Simmons, Shae シモンズ, シェイ
[国]アメリカ 野球選手
Simmons, Simone シモンズ, シモーヌ
1955〜 [著]「ダイアナ妃の遺言」 清流出版 2011
Simmons, Sylvie シモンズ, シルヴィー
[著]「セルジュ・ゲンスブール」 シンコー・ミュージック 2003
Simmons, Wayne シモンズ, ウェイン
1969〜2002 [国]アメリカ アメフト選手
Simms, Andrew シムズ, アンドリュー
1965〜 [著]「生態学的債務」 緑風出版 2016
Simms, Chris シムズ, クリス
[国]イギリス 作家 [専]ミステリー, スリラー
Simms, Matt シムズ, マット
[国]アメリカ アメフト選手
Simon, Alan R. サイモン, アラン
[著]「SQL：1999リレーショナル言語詳解」 ピアソン・エデュケーション 2003
Simon, Anne シモン, アンヌ
1980〜 [異]サイモン, アン [著]「X‐ファイル2016」 竹書房 2016
Simon, Annette Dauphin サイモン, アネット
[著]「おそらのリビーへ」 竹書房 2003
Simon, Bebe サイモン, ビビ
[著]「フォーカシングの心得」 創元社 2016
Simon, Bryant サイモン, ブライアン
1961〜 [著]「お望みなのは、コーヒーですか？」 岩波書店 2013
Simon, Carly サイモン, カーリー
[著]「メモリーズ・オブ・ジョン」 イースト・プレス 2006

Simon, Claude　シモン, クロード
　1913〜2005　国フランス　作家
Simon, Daniel　サイモン, ダニエル
　1975〜　著「THE timeless racer」ボーンデジタル　2013
Simon, Danny　サイモン, ダニー
　1918〜2005　国アメリカ　脚本家
Simon, David　サイモン, デイヴィッド
　著「スピリチュアル・ヨーガ」角川書店　2006
Simon, David　サイモン, デヴィッド
　アメリカ探偵作家クラブ賞 TVフィーチャー・ミニシリーズ賞（2007年）"The Wire, Season 4"
Simon, Deon　サイモン, ディオン
　国アメリカ　アメフト選手
Simon, Dominique　シモン, ドミニク
　著「犬の事典」学習研究社　2002
Simon, Eric J.　サイモン, エリック・J.
　著「エッセンシャル・キャンベル生物学」丸善出版　2016
Simon, Erika　ジーモン, エリカ
　著「ポンペイの壁画」岩波書店　2001
Simon, François　シモン, フランソワ
　1953〜　国フランス　編集者　「ファガロ」編集委員
Simon, Georg　サイモン, G.
　異シモン, G.　著「ARISを活用したシステム構築」シュプリンガー・フェアラーク東京　2005
Simon, George K.　サイモン, ジョージ
　1948〜　著「他人を支配したがる人たち」草思社　2014
Simon, Helmut　ジーモン, ヘルムート
　1937〜2004　国ドイツ　登山家
Simon, Henrik　ジーモン, ヘンリク
　著「カイロプラクティックテクニック教本」ガイアブックス　2016
Simon, Herb　サイモン, ハーブ
　国アメリカ　インディアナ・ペイサーズオーナー
Simon, Herbert Alexander　サイモン, ハーバート
　1916〜2001　国アメリカ　経済学者　カーネギー・メロン大学経営学部教授　著数理社会学, 経営学, 人工知能　異サイモン, ハーバート・A.
Simon, Hermann　サイモン, ハーマン
　1947〜　著「価格の掟」中央経済社, 中央経済グループパブリッシング（発売）　2016
Simon, Ilanah　サイモン, イラーナ
　著「商標機能及びその侵害事件における役割」知的財産研究所　2007
Simon, Jack　サイモン, ジャック
　著「おそらのリビーへ」竹書房　2003
Simon, Joanna　サイモン, ジョアンナ
　異サイモン, ジョアナ　著「ワインをもうちょっと知りたい」阪急コミュニケーションズ　2003
Simon, John　サイモン, ジョン
　国アメリカ　アメフト選手
Simon, Justin　サイモン, ジャスティン
　国アンティグア・バーブーダ　検事総長兼法相
Simon, Lidia　シモン, リディア
　1973〜　国ルーマニア　マラソン選手　異シモン
Simón, María　シモン, マリア
　国ウルグアイ　教育文化相
Simon, Mark　サイモン, マーク
　1964〜　著「表情カタログ」マール社　2010
Simon, Michael　サイモン, マイケル
　1963〜　国アメリカ　作家, 脚本家　著ミステリー
Simon, Neil　サイモン, ニール
　1927〜　国アメリカ　劇作家, 脚本家　本名=Simon, Marvin Neil
Simon, Paul　サイモン, ポール
　1928〜2003　国アメリカ　政治家, 作家　米国上院議員（民主党）
Simon, Paul　サイモン, ポール
　1941〜　国アメリカ　シンガー・ソングライター, プロデューサー　本名=Simon Paul F.
Simon, Rachel　サイモン, レイチェル
　1959〜　国アメリカ　作家
Simon, Sam　サイモン, サム
　1955〜2015　国アメリカ　テレビプロデューサー, 脚本家
Simon, Serge　シモン, セルジュ
　著「犬の事典」学習研究社　2002
Simon, Simone　シモン, シモーヌ
　1911〜2005　国フランス　女優
Simon, Tami　サイモン, タミ
　著「どんな時代が来るのか」風雲舎　2011
Simon, Tharold　サイモン, サロルド
　国アメリカ　アメフト選手
Simon, William L.　サイモン, ウィリアム・L.
　1930〜　著「ジョブズ・ウェイ」ソフトバンククリエイティブ　2011
Simon, Winfried　ジモン, ヴィンフリート
　1940〜　著「最新 ドイツ波動健康法」現代書林　2008
Simon, Yoane　シモン, ヨアン
　国バヌアツ　教育相
Simon, Zsolt　シモン, ジョルト
　国スロバキア　農相
Simoncelli, Marco　シモンチェリ, マルコ
　1987〜2011　国イタリア　オートバイライダー
Simoncic, Vlastja　シモンチッチ, ヴラスチャ
　1911〜　著「子供たちはカメラなしで写真を撮る」フォトテック　2001
Simonds, John Ormsbee　サイモンズ, ジョン・オームスビー
　？〜2005　著「ランドスケープアーキテクチュア」鹿島出版会　2010
Simone, Gail　シモン, ゲイル
　著「NEW 52：ジャスティス・リーグ」ヴィレッジブックス　2013
Simone, Nina　シモン, ニーナ
　1933〜2003　国アメリカ　ジャズ歌手, 作曲家, 編曲家　本名=Waymon, Eunice
Simone, Susan Suchman　シモーン, スーザン・サッチマン
　1948〜　著「実践CRCカード」ピアソン・エデュケーション　2002
Simoneau, Jacqueline　シモノー, ジャクリーン
　国カナダ　水泳選手
Simoneau, Léopold　シモノー, レオポルド
　1916〜2006　国カナダ　テノール歌手
Simonetta, Marcello　シモネッタ, マルチェロ
　1968〜　著「ロレンツォ・デ・メディチ暗殺」早川書房　2009
Simonetti, Jack L.　シモネッティ, ジャック・L.
　著「成果創造のマネジメント」ダイヤモンド社　2002
Simonić, Ante　シモニッチ, アンテ
　国クロアチア　副首相
Simonis, Damien　シモニス, ダミアン
　著「イタリア」メディアファクトリー　2007
Simonis, Heide　ジモーニス, ハイデ
　1943〜　国ドイツ　政治家　シュレスウィヒ・ホルシュタイン州首相
Simon Isaias, Jaime Roberto　シモン・イサイアス, ハイメ・ロベルト
　国エクアドル　在グアヤキル日本国名誉総領事, シモン産業グループ副会長
Simonise, Rashaun　シモナイズ, ラショーン
　国アメリカ　アメフト選手
Simoniti, Vasko　シモニティ, バスコ
　国スロベニア　文化相
Simon Munaro, Yehude　シモン・ムナロ, イェウデ
　国ペルー　首相
Simonnet, Dominique　シモネ, ドミニク
　著「色をめぐる対話」柊風舎　2007
Simon-Oikawa, Marianne　シモン=オイカワ, マリアンヌ
　異シモン=及川, マリアンヌ　著「詩とイメージ」水声社　2015
Simonov, Konstantin Mikhailovich　シーモノフ, コンスタンチン・M.
　著「ノモンハンの戦い」岩波書店　2006
Šimonović, Ivan　シモノビッチ, イバン
　国クロアチア　法相
Šimonovský, Milan　シモノフスキー, ミラン
　国チェコ　副首相兼運輸相
Simons, Benjamin D.　サイモンズ, B.D.
　著「凝縮系物理における場の理論」吉岡書店　2012
Simons, Daniel J.　シモンズ, ダニエル
　著「錯覚の科学」文芸春秋　2014
Simons, James　シモンズ, ジェームズ
　国アメリカ　ルネサンス・テクノロジーズ創業者　異シモンズ, ジェームス・ハリス／シモンズ, ジェイムズ
Simons, Judy　シモンズ, ジュディ
　著「本を読む少女たち」柏書房　2002
Simons, Marilyn　シモンズ, マリリン
　慈善家
Simons, Moya　シモンズ, モイヤ

1942〜 ⓘオーストラリア 作家 ⓗ児童書
Simons, Paullina シモンズ、ポリーナ
　1963〜 ⓐ「青銅の騎士」扶桑社 2010
Simons, Robert サイモンズ、ロバート
　ⓐ「戦略実現の組織デザイン」中央経済社 2008
Simons, Timmy シモンズ、ティミー
　ⓘベルギー サッカー選手
Simon-Schaefer, Roland ジーモン＝シェーファー、ローラント
　1944〜 ⓐ「ベレーニケに贈る小さな哲学」青土社 2001
Simonsen, Thorkild シモンセン、トーキル
　ⓘデンマーク 内務相
Simonson, Itamar サイモンソン、イタマール
　ⓐ「ウソはバレる」ダイヤモンド社 2016
Simonson, Scott シモンソン、スコット
　ⓘアメリカ アメフト選手
Simont, Marc シーモント、マーク
　1915〜2013 ⓘアメリカ イラストレーター、絵本画家 ⓧサイモント、マーク
Simontacchi, Carol N. サイモンタッチ、キャロル N.
　ⓐ「クレージー・メーカー」東洋経済新報社 2002
Šimonytė, Ingrida シモニテ、イングリダ
　ⓘリトアニア 財務相
Simoons, Frederick J. シムーンズ、フレデリック・J.
　ⓐ「肉食タブーの世界史」法政大学出版局 2001
Simović, Milutin シモビッチ、ミルティン
　ⓘモンテネグロ 農林水利相
Simpère, Françoise サンペール、フランソワーズ
　ⓐ「欲望の旅路」河出書房新社 2005
Simplot, John Richard シンプロット、ジョン・リチャード
　1909〜2008 ⓘアメリカ 実業家 J.R.シンプロット・カンパニー創業者 通称＝シンプロット、ジャック〈Simplot, Jack〉
Simpson, Adam シンプソン、アダム
　ⓐ「僕はカンディンスキー」パイインターナショナル 2015
Simpson, Alistair シンプソン、アリステア
　ⓘイギリス 元・スコットランド盆栽協会会長
Simpson, Andrew シンプソン、アンドルー
　1976〜2013 ⓘイギリス セーリング選手 ⓧシンプソン／シンプソン、アンドルー
Simpson, Anne シンプソン、アン
　ⓐ「株主の力と責任」日本経済新聞社 2001
Simpson, Brandon シンプソン
　ⓘジャマイカ 陸上選手
Simpson, Carolyn シンプソン、キャロリン
　ⓐ「眠れない、起きられない」大月書店 2009
Simpson, Cornell シンプソン、コーネル
　ⓐ「国防長官はなぜ死んだのか」成甲書房 2005
Simpson, Danny シンプソン、ダニー
　ⓘイングランド サッカー選手
Simpson, David シンプソン、デイビッド
　ⓐ「生命保険業における戦略的課題」玉田巧 2002
Simpson, Donna シンプソン、ドナ・リー
　1957〜 ⓐ「放蕩貴族の天使」オークラ出版 2015
Simpson, Dwain シンプソン、ドゥエイン
　1951〜 ⓐ「PTSDってなに？」大月書店 2008
Simpson, Edwin L. シンプソン、E.L.
　ⓐ「調査研究法ガイドブック」ミネルヴァ書房 2010
Simpson, Gerry J. シンプソン、ゲリー
　ⓐ「再論東京裁判」大月書店 2013
Simpson, Ian シンプソン、イアン
　1933〜2011 ⓘイギリス 画家 セント・マーティン美術学校校長
Simpson, James R. シンプソン、ジェームス・R.
　ⓐ「これでいいのか食料貧国ニッポン」家の光協会 2004
Simpson, Jeffry A. シンプソン、ジェフリー・A.
　ⓐ「成人のアタッチメント」北大路書房 2008
Simpson, Jennifer シンプソン、ジェニファー
　ⓘアメリカ 陸上選手
Simpson, Jerome シンプソン、ジェローム
　ⓘアメリカ アメフト選手
Simpson, Kyle シンプソン、カイル
　ⓐ「HTML5クックブック」オライリー・ジャパン、オーム社（発売）2012
Simpson, Liz シンプソン、リズ
　ⓐ「クリスタルヒーリング」産調出版 2005
Simpson, Louis Aston Marantz シンプソン、ルイス
　1923〜2012 ⓘアメリカ 詩人、作家 ニューヨーク州立大学名誉教授
Simpson, Marcia シンプスン、マーシャ
　ⓐ「裏切りの色」早川書房 2001
Simpson, Margaret シンプソン、マーガレット
　ⓐ「マハーバーラタ戦記」PHP研究所 2002
Simpson, Marita シンプソン、マリタ
　ⓐ「わたしの愛する孤独」立風書房 2001
Simpson, Michael シンプソン、マイケル
　ⓐ「ユングの世界」培風館 2003
Simpson, Michael K. シンプソン、マイケル
　ⓐ「エンパワーメント・コーチング」キングベアー出版 2015
Simpson, Michael T. シンプソン、マイケル
　ⓐ「MCDSTスキルチェック問題集70-271Microsoft Windows XPオペレーティングシステムユーザーサポート・トラブルシューティング」日経BPソフトプレス、日経BP出版センター（発売）2005
Simpson, N.F. シンプソン、N.F.
　1919〜2011 ⓘイギリス 劇作家 本名＝シンプソン、ノーマン〈Simpson, Norman Frederick〉
Simpson, Ralph David シンプソン、デビッド
　ⓐ「資源環境経済学のフロンティア」日本評論社 2009
Simpson, Savitri シンプソン、サヴィトリ
　1950〜 ⓐ「はじめてのチャクラ」サンマーク出版 2009
Simpson, Sherone シンプソン
　ⓘジャマイカ 陸上選手
Simpson, Sophie シンプソン、ソフィー
　ⓐ「物語を紡ぐクロスステッチ」ビー・エヌ・エヌ新社 2015
Simpson, Stephen シンプソン、S.
　ⓐ「現代イギリスの政治算術」北海道大学図書刊行会 2003
Simpson, Webb シンプソン、ウェブ
　1985〜 ⓘアメリカ プロゴルファー
Simpson-Miller, Portia Lucretia シンプソン・ミラー、ポーシャ
　1945〜 ⓘジャマイカ 政治家 ジャマイカ首相
Sims, A.C.P. シムズ、アンドリュー
　ⓐ「シムズ記述精神病理学」西村書店 2009
Sims, Charles シムズ、チャールズ
　ⓘアメリカ アメフト選手
Sims, Chris シムズ、クリス
　ⓧシムス、クリス ⓐ「失われし王冠を求めて」ホビージャパン 2009
Sims, Christopher A. シムズ、クリストファー
　1942〜 ⓘアメリカ 経済学者 プリンストン大学教授 ⓧシムズ、クリストファー・A.
Sims, Dion シムズ、ディオン
　ⓘアメリカ アメフト選手
Sims, Eugene シムズ、ユージーン
　ⓘアメリカ アメフト選手
Sims, Henry シムズ、ヘンリー
　ⓘアメリカ バスケットボール選手
Sims, Josh シムズ、ジョシュ
　ⓐ「ヴィンテージ・メンズウェア」スペースシャワーブックス、スペースシャワーネットワーク（発売）2013
Sims, LeShaun シムズ、レショーン
　ⓘアメリカ アメフト選手
Sims, Lucas シムズ、ルーカス
　ⓘアメリカ 野球選手
Sims, Oliver シムズ、オリバー
　1943〜 ⓐ「MDAマニフェスト」エスアイビー・アクセス、星雲社（発売）2005
Sims, Pat シムズ、パット
　ⓘアメリカ アメフト選手
Sims, Peter シムズ、ピーター
　ⓐ「小さく賭けろ！」日経BP社、日経BPマーケティング（発売）2012
Sims, Richard シムズ、リチャード
　1940〜 ⓐ「幕末・明治日仏関係史」ミネルヴァ書房 2010
Sims, Sean シムズ、シーン
　ⓐ「水のぼうけん」大日本絵画 〔2015〕
Simsa, Marko シムサ、マルコ
　ⓐ「ティーナとリコーダー」河合楽器製作所・出版部 2008
Simsa, Pavel シムサ、パベル
　ⓐ「プロジェクト・マネジャーが知るべき97のこと」オライリー・ジャパン、オーム社（発売）2011
Şimşek, Mehmet シムシェキ、メフメト
　ⓘトルコ 副首相
Simsek, Sibel シムセク

國トルコ　重量挙げ選手
Simsion, Graeme　シムシオン, グラム
　　國オーストラリア　作家　著ロマンス
Simson, Kadri　シムソン, カドリ
　　國エストニア　経済・社会基盤相
Simu, Sun-hyon　シム・スンヒョン
　　國韓国　漫画家　漢字名＝沈承炫
Simukka, Salla　シムッカ, サラ
　　1981～　國フィンランド　作家　ヤングアダルト, 文学
Simundsson, Elva　スィムンズソン, エルヴァ
　　著「赤毛のエイリークの末裔たち」プレスポート・北欧文化通信社　2012
Simy　シミー
　　國ナイジェリア　サッカー選手
Sin, Il-nam　シン・イルナム
　　國北朝鮮　副首相　漢字名＝申日南
Sin, Jaime L.　シン, ハイメ
　　1928～2005　國フィリピン　カトリック枢機卿　フィリピン・カトリック教会最高指導者, マニラ大司教
Sin, Thae-rok　シン・テロク
　　國北朝鮮　電気石炭工業相　漢字名＝申泰禄
Sina, Bio Gounou Idrissou　シナ, ビオ・グノー・イドリス
　　國ベナン　行政改革相
Sinagra, Laura　シナグラ, ローラ
　　著「エグゼクティブ・コーチング」日本能率協会マネジメントセンター　2005
Sinai, Allen　サイナイ, アレン
　　國アメリカ　エコノミスト　ディシジョン・エコノミクスCEO
Sinai, Yakov G.　シナイ, ヤコフ・G.
　　國ロシア, アメリカ　アーベル賞（2014年）　著シナイ, Ya.G.
Sinamenye, Mathias　シナメニエ, マチアス
　　國ブルンジ　第1副大統領（経済・社会担当）
Sinankwa, Donise　シナンクワ, ドニーズ
　　國ブルンジ　財務相
Sinatambou, Marie Joseph NoëlEtienne Ghislain　シナタンブー, マリー・ジョゼフ・ノエル・エティエンヌ・ギスラン
　　國モーリシャス　技術・通信・イノベーション相　著シナタンブー, マリー・ジョゼフ・ノエルエティエンヌ・ジスラン
Sinatra, Stephen T.　シナトラ, スティーブン・T.
　　著「アーシング」ヒカルランド　2015
Sin Cara　シン・カラ
　　1982～　國メキシコ　プロレスラー　旧リングネーム＝ミスティコ〈Místico〉
Sinckler, Christopher　シンクラー, クリストファー
　　國バルバドス　財務・経済問題相
Sinclair, Andrew　シンクレア, アンドリュー
　　著「フランシス・ベイコン」書肆半日閑, 三元社（発売）　2005
Sinclair, Celia Brewer　シンクレア, C.B.
　　1954～　著「創世記」日本キリスト教団出版局　2011
Sinclair, Charlotte　シンクレア, シャルロット
　　著「VOGUE ONクリスチャン・ディオール」ガイアブックス, 産調出版（発売）　2013
Sinclair, Dani　シンクレア, ダニ
　　著「紅蓮の誓い」ハーレクイン　2004
Sinclair, David　シンクレア, デイヴィッド
　　1945～　著「幻の国を売った詐欺師」清流出版　2010
Sinclair, David Cecil　シンクレア, デビッド
　　著「ヒトの成長と発達」メディカル・サイエンス・インターナショナル　2001
Sinclair, Gannon　シンクレアー, ギャノン
　　國アメリカ　アメフト選手
Sinclair, Hugh　シンクレア, ヒュー
　　著「世界は貧困を食いものにしている」朝日新聞出版　2013
Sinclair, James　シンクレア, ジェイムズ
　　著「恐竜たちの時代」青心社　2001
Sinclair, Jebb　シンクレア, ジェブ
　　國カナダ　ラグビー選手
Sinclair, Jerome　シンクレア, ジェローム
　　國イングランド　サッカー選手
Sinclair, Kenia　シンクレア
　　國ジャマイカ　陸上選手
Sinclair, Margaret　シンクレア, マーガレット
　　著「紛争・災害後の教育支援」東信堂　2014
Sinclair, Mark　シンクレア, マーク
　　著「Supergraphics」ビー・エヌ・エヌ新社　2011
Sinclair, Mima　シンクレア, ミマ

　　著「Mug Cakes」日本文芸社　2015
Sinclair, M.Thea　シンクレア, M.T.
　　著「観光の経済学」学文社　2001
Sinclair, Tracy　シンクレア, トレイシー
　　著「ベルサイユでキスを」ハーレクイン　2013
Sinclair, Vonda　シンクレア, ヴォンダ
　　著「ハイランダーに守られて」オークラ出版　2015
Sinclare, John　シンクレア, ジョン
　　著「メモリーズ・オブ・ジョン」イースト・プレス　2006
Sincraian, Gabriel　シンクレアン, ガブリエル
　　國ルーマニア　重量挙げ選手
Sindabizera, Genevieve　シンダビゼラ, ジュヌビエーブ
　　國ブルンジ　大統領府相
Sindell, Milo　シンデル, マイロ
　　著「今の職場で理想の働き方をする8つの戦略」阪急コミュニケーションズ　2012
Sindell, Thuy　シンデル, トゥイ
　　著「今の職場で理想の働き方をする8つの戦略」阪急コミュニケーションズ　2012
Sinden, Donald　シンデン, ドナルド
　　1923～2014　國イギリス　俳優　本名＝シンデン, ドナルド・アルフレッド〈Sinden, Donald Alfred〉
Sinden, Pete　シンデン, ピート
　　著「ナンプレ160問」竹書房　2006
Sindeu, Jean-Bernard　サンドゥ, ジャンベルナール
　　國カメルーン　エネルギー・水資源相　著シンドゥ, ジャンベルナール
Sindimwo, Gaston　シンディムオ, ガストン
　　國ブルンジ　第1副大統領
Sindler, Marek　シンドラー, マレク
　　國チェコ　カヌー選手
Sinek, Simon　シネック, サイモン
　　著「リーダーは最後に食べなさい！」日本経済新聞出版社　2015
Sinel'nikov, Mikhail Isaakovich　シネルニコフ, ミハイル
　　1946～　著「絹の二重奏」Japan Universal Poets Association　2016
Sinetar, Marsha　シネター, マーシャ
　　著「ワクワクする仕事をしていれば、自然とお金はやってくる」ヴォイス　2001
Sinfield, Joseph V.　シンフィールド, ジョセフ
　　著「イノベーションへの解」翔泳社　2008
Sing, Lama　シング, ラマ
　　著「死後世界へのソウルガイド＆ナビゲーション」徳間書店　2011
Sing, Ronald F.　シング, ロナルド・F.
　　著「外傷患者の初期診療」メディカル・サイエンス・インターナショナル　2005
Singay, Jigme　シンゲイ, ジグメ
　　國ブータン　保健相
Singeo, Isao Peter　シゲオ, イサオ・ピーター
　　國パラオ　ペリリュー州酋長, ペリリュー州議会議員
Singer, Barry　シンガー, バリー
　　1957～　著「ジャズ・レディ・イン・ニューヨーク」DU BOOKS, ディスクユニオン（発売）　2015
Singer, Blair　シンガー, ブレア
　　著「弱気な声をやっつけろ！」アルファポリス, 星雲社（発売）　2013
Singer, Bryan　シンガー, ブライアン
　　1965～　國アメリカ　映画監督
Singer, Cindy　シンガー, シンディ
　　1965～　著「育児に悩んでます：うちの子、どこかへんかしら？」星和書店　2014
Singer, Ellen　シンガー, エレン
　　1957～　著「成功する人のシンプルな法則」アスペクト　2006
Singer, Eric　シンガー, エリック
　　ロック・ドラマー
Singer, Ernest　シンガー, アーネスト
　　1945～　國アメリカ　実業家　ミレジム社長
Singer, Ilana　シンガー, イレーナ
　　著「災害で傷ついたあなたへ」阪急コミュニケーションズ　2012
Singer, Judith D.　シンガー, ジュディス・D.
　　著シンガー, ジュディス　著「縦断データの分析」朝倉書店　2014
Singer, Marc　シンガー, マーク
　　著「ネットの真価」東洋経済新報社　2001
Singer, Margaret Thaler　シンガー, マーガレット・サラー
　　著「臨床心理学における科学と疑似科学」北大路書房　2007

Singer, Marilyn　シンガー, マリリン
　㊐「みぢかなどうぶつ」フレーベル館　2003
Singer, Marshall　シンガー, マーシャル
　㊐「グローバル・リテラシー」光文社　2001
Singer, Mel　シンガー, メル
　㊐「ポール・オースターが朗読するナショナル・ストーリー・プロジェクト」アルク　2006
Singer, Meriamne B.　シンガー, メリアン・B.
　㊐「パニック症と不安症への精神力動的心理療法」金剛出版　2015
Singer, Michael A.　シンガー, マイケル・A.
　㊐「サレンダー」風雲舎　2016
Singer, Nicky　シンガー, ニッキー
　1956～　㊐「ぼくが空を飛んだ日」角川書店　2002
Singer, Paul　シンガー, ポール
　㊐アメリカ　エリオット・マネジメント
Singer, Peter Albert David　シンガー, ピーター
　1946～　㊐オーストラリア　倫理学者　プリンストン大学教授
Singer, Peter Warren　シンガー, P.W.
　㊐「中国軍を駆逐せよ！」二見書房　2016
Singer, Robert N.　シンガー, ロバート・N.
　㊐「スポーツ心理学大事典」西村書店　2013
Singer, Saul　シンゲル, シャウル
　㊐「アップル、グーグル、マイクロソフトはなぜ、イスラエル企業を欲しがるのか？」ダイヤモンド社　2012
Singer, Siegfried Fred　シンガー, S.フレッド
　1924～　㊐「地球温暖化は止まらない」東洋経済新報社　2008
Singer, Susan R.　シンガー, S.
　㊐「レーヴン／ジョンソン生物学」培風館　2007
Singerman, Brian　シンガーマン, ブライアン
　投資家
Singh, Ajit　シン, アジット
　1940～2015　㊐イギリス　経済学者　ケンブリッジ大学教授　㊐開発経済学, 国際経済学　㊕シン, アジト
Singh, Ajit　シン, アジット
　㊐インド　民間航空相　㊕シン, アジト
Singh, Anant　シン, アナント
　1956～　㊐南アフリカ　映画プロデューサー
Singh, Arjun　シン, アルジュン
　㊐インド　人的資源開発相
Singh, Arjun J.　シン, A.J.
　㊐「ホテルアセットマネジメント」立教大学出版会, 有斐閣（発売）2014
Singh, Ashni　シン, アシュニ
　㊐ガイアナ　財務相　㊕シン, アシュニ・クマール
Singh, Bhawani　シン, バワニ
　1931～2011　㊐インド　ジャイプールのマハラジャ（王侯）　本名＝Singh Bahadur, Sawai Bhawani
Singh, Chain　シン, チャイン
　㊐インド　射撃選手
Singh, Chaudhary Birender　シン, チョードリー・ビレンデル
　㊐インド　鉄鋼相
Singh, Doodnauth　シン, ドゥッドゥノース
　㊐ガイアナ　法相　㊕シン, ドゥードノウス
Singh, Douglas　シン, ダグラス
　㊐ベリーズ　警察・公共安全相
Singh, Ganga　シン, ガンガ
　㊐トリニダード・トバゴ　環境・水資源相
Singh, Gurpreet　シン, ガープリート
　㊐インド　射撃選手
Singh, Harbir　シン, ハービア
　㊕シン, ハビール　㊐「インド・ウェイ飛躍の経営」英治出版　2011
Singh, Janardan Prasad　シン, ジャナルダン・プラサド
　1960～　㊐「治療のわな」dZERO, インプレス（発売）2016
Singh, Jaswant　シン, ジャスワント
　1938～　㊐インド　政治家　インド外相・財務相
Singh, Jerry　シン, ジェリー
　㊐「次世代のカテゴリー・マネジメント」流通経済研究所　2002
Singh, Jitendra　シン, ジテンドラ
　㊐インド　北東部開発相
Singh, Jitendra　シン, ジテンドラ
　1949～　㊐「インド・ウェイ飛躍の経営」英治出版　2011
Singh, Khushwant　シン, クシュワント
　1915～2014　㊐インド　ジャーナリスト, 作家, 歴史家　㊕シング／スィン, クシュワント／スィング

Singh, K.Natwar　シン, ナトワル
　1931～　㊐インド　政治家, 外交官　インド外相　本名＝Singh, Kunwar Natwar
Singh, Manmohan　シン, マンモハン
　1932～　㊐インド　政治家, エコノミスト　インド首相
Singh, Mansher　シン
　㊐インド　射撃選手
Singh, Nalini　シン, ナリーニ
　1977～　㊐「黒曜石の心と真夜中の瞳」扶桑社　2016
Singh, Nand Kishore　シン, ナンド・キショール
　㊐インド　国際高速鉄道協会上席顧問委員会委員, 元・財務省歳出担当次官, 元・財務省歳入担当次官, 元・計画委員会委員, 元・連邦上院議員
Singh, Prakash Man　シン, プラカシュ・マン
　㊐ネパール　副首相兼連邦問題・地方開発相
Singh, Radha Mohan　シン, ラダ・モハン
　㊐インド　農相
Singh, Raghuvansh Prasad　シン, ラグバンシュ・プラサド
　㊐インド　地域開発相　㊕シン, ラグバンシュ・プラサンド
Singh, Raj Nath　シン, ラジナート
　㊐インド　内相
Singh, Ram Narayan　シン, ラム・ナラヤン
　㊐ネパール　労相
Singh, Renuka　シン, レーヌカ
　1953～　㊐「ダライ・ラマ365日を生きる智慧」春秋社　2007
Singh, Sarina　シン, サリナ
　1968～　㊕シング, サリナ　㊐「インド」メディアファクトリー　2008
Singh, Simon　シン, サイモン
　1967～　㊐「数学者たちの楽園」新潮社　2016
Singh, Vijay　シン, ビジェイ
　1963～　㊐フィジー　プロゴルファー　㊕シン, ビージュイ／シン, ビジャイ
Singh, Virbhadra　シン, ビルバドラ
　㊐インド　鉄鋼相
Singh, Vishwanath Pratap　シン, ビシュワナート・プラタプ
　1931～2008　㊐インド　政治家　インド首相, ジャナタ・ダル総裁　㊕シング, ヴィシュワナート, プラターブ
Singh, V.K.　シン, V.K.
　㊐インド　統計・計画実施相
Singhal, Arvind　シンガル, アービンド
　㊐「エイズをめぐる偏見との闘い」明石書店　2011
Singhamat, Nitas　シンハマット, ニタス
　㊐「スリー／臨死」角川書店　2004
Singhateh, Mama Fatima　シンガーテ, ママ・ファティマ
　㊐ガンビア　法相兼検事総長
Singhatey, Edward　シンガテ, エドワード
　㊐ガンビア　森林・環境相
Singhi, Abheek　シンイ, アビーク
　㊐「世界を動かす消費者たち」ダイヤモンド社　2014
Singkhamanan, Somboon　シンカマナン, ソンブン
　㊐「でっかい魚はだれのもの？」新世研　2003
Singler, E.J.　シングラー, EJ
　㊐アメリカ　バスケットボール選手
Singler, Kyle　シングラー, カイル
　㊐アメリカ　バスケットボール選手
Singleton, Ann　シングルトン, A.
　㊐「現代イギリスの政治算術」北海道大学図書刊行会　2003
Singleton, Doris　シングルトン, ドリス
　1919～2012　㊐アメリカ　女優
Singleton, Georgina　シングルトン
　㊐イギリス　柔道選手
Singleton, Jon　シングルトン, ジョン
　㊐アメリカ　野球選手
Singleton, Mark　シングルトン, マーク
　1976～　㊐「ヨガ・ボディ」大隅書店　2014
Singson, Regelio　シンソン, ロヘリオ
　㊐フィリピン　公共事業道路相
Singul, Francisco　シングル, フランシスコ
　1963～　㊐「聖地サンティアゴ巡礼の旅」エンジン・ルーム出版事業部, ぴあ（発売）2008
Singular, Stephen　シンギュラー, スティーヴン
　1946～　㊐「ザ・ネット・サイコ」インフォバーン　2004
Singye, Jigme　シンゲ, ジグメ
　㊐ブータン　保健相
Sinha, Indra　シンハ, インドラ

1950～ 国イギリス 作家,コピーライター 分文学,フィクション,ノンフィクション
Sinha, Janmejaya Kumar シンハ,ジャンメジャヤ
1959～ 著「戦略にこそ「戦略」が必要だ」日本経済新聞出版社 2016
Sinha, Manoj シンハ,マノジ
国インド 通信相
Sinha, Prabhakant シンハ,プラバカント
著「営業チームの強化法」ダイヤモンド社 2007
Sinha, Shatrughan シンハ,シャトルガン
国インド 海運相
Sinha, Yashwant シンハ,ヤシュワント
国インド 外相
Siniac, Pierre シニアック,ピエール
1928～2002 著「リュジュ・アンフェルマンとラ・クロデュック」論創社 2010
Sinibaldi, Alejandro Jorge シニバルディ,アレハンドロ・ホルヘ
国グアテマラ 通信・社会基盤・住宅相
Sinigaglia, Corrado シニガリア,コラド
1966～ 著「ミラーニューロン」紀伊国屋書店 2009
Siniora, Fouad シニオラ,フアド
1943～ 国レバノン 政治家,銀行家 レバノン首相 異セニョーラ,フアド
al-Siniora, Fuad アル・シニオラ,フアド
国レバノン 財務相
Sinisalo, Johanna シニサロ,ヨハンナ
1958～ 著「天使は森へ消えた」サンマーク出版 2002
Siniscalco, Domenico シニスカルコ,ドメニコ
国イタリア 経済・財務相
Sinkevičius, Rimantas シンケビチュス,リマンタス
国リトアニア 運輸・通信相
Sinkfield, Terrell シンクフィールド,テレル
国アメリカ アメフト選手
Sinkgraven, Daley シンクフラーフェン,ダレイ
国オランダ サッカー選手
Sinkovic, Martin シンコビッチ,マルティン
国クロアチア ボート選手
Sinkovic, Valent シンコビッチ,バレント
国クロアチア ボート選手
Sinlavong, Khoutphaythoune シンラウォン・クーパイトゥン
国ラオス 計画・投資相
Sinnemäki, Anni シネマキ,アンニ
国フィンランド 労相
Sinning, Wayne E. シニング,W.E.
著「身体組成研究の基礎と応用」大修館書店 2001
Sinnreich, Richard Hart シンレイチ,リチャード・ハート
著「歴史と戦略の本質」原書房 2011
Sinodinos, Arthur シノディノス,アーサー
国オーストラリア 内閣官房長官
Sinofsky, Bruce シノフスキー,ブルース
1956～2015 国アメリカ ドキュメンタリー監督
Sinon, Peter シノン,ピーター
国セーシェル 天然資源・産業相
Sinopoli, Giuseppe シノーポリ,ジュゼッペ
1946～2001 国イタリア 指揮者,作曲家 ドレスデン国立管弦楽団首席指揮者 異シノポリ
Sinowatz, Fred シノワツ,フレート
1929～2008 国オーストリア 政治家 オーストリア首相 異シノワツ,フレート／ジノバツ,フレート／ジノワッツ／ジノヴァツ,フレート
Sinoway, Eric C. シノウェイ,エリック
著「「これから」を生きるための授業」三笠書房 2013
Sinphet Kruaithong シンペット・クルアイトン
国タイ 重量挙げ選手
Sin Song シン・ソン
?～2001 国カンボジア 政治家 カンボジア上院議員
Sinunguruza, Thérence シニュングルザ,テレンス
国ブルンジ 第1副大統領
Sio, Scott シオ,スコット
国オーストラリア ラグビー選手
Sioka, Doreen シオカ,ドリーン
国ナミビア 男女平等・児童福祉相
Sion, Judi シオン,ジュディ
著「アルクトゥルス人より地球人へ」ナチュラルスピリット 2016
Sión, Verónica シオン,ベロニカ

国エクアドル 工業・競争力相
Sioufas, Dimitris シウファス,ディミトリス
国ギリシャ 開発相
Sipahi, Kenan シパイ,ケナン
国トルコ バスケットボール選手
Sipal, Onur シパル,ウヌル
国トルコ ボクシング選手
Sipe, Ken サイプ,ケン
著「プロジェクト・マネジャーが知るべき97のこと」オライリー・ジャパン,オーム社(発売) 2011
Sipeli, Pokotoa シペリ,ポコトア
国ニウエ 社会サービス相
Sipilä, Helvi シピラ,ヘルヴィ
1915～2009 国フィンランド 弁護士 国連事務次長補 異シピラ,ヘルビ
Sipilä, Jorma シピラ,ヨルマ
著「社会ケアサービス」本の泉社 2003
Sipilä, Juha シピラ,ユハ
国フィンランド 首相
Sipp, Tony シップ,トニー
国アメリカ 野球選手
Sippel, Tobias ジッペル,トビアス
国ドイツ サッカー選手
Sipser, Michael シプサ,マイケル
著「計算理論の基礎」共立出版 2008
Siptey, Kanda シプティ,カンダ
国ニジェール 公共労働相 異シプテイ,カンダ
Siqueira, Guilherme シケイラ,ギリェルメ
国ブラジル サッカー選手
Siqueira, Maicon シケイラ,マイコン
国ブラジル テコンドー選手
Siqueira, Paulo シケイラ,パウロ
著「スパイダーマン:アメリカン・サン」小学館集英社プロダクション 2013
al-Sir, al-Fatih Taj シル,ファティフ・タジュ
国スーダン 青年・スポーツ相
Siragusa, Antonino シラグーザ,アントニーノ
1964～ 国イタリア テノール歌手
Siraj, Fegessa シラジ・フェゲッサ
国エチオピア 国防相 異シラジェ,フェギサ
Siraj, Iram シラージ,イラム
著「「保育プロセスの質」評価スケール」明石書店 2016
Siraj, Shajahan シラジ,シャージャハン
国バングラデシュ 環境・森林相
Sirak, Ron シラク,ロン
著「ゴルフ「ビジョン54」実戦編」筑摩書房 2013
Siranidis, Nikolaos シラニディス
国ギリシャ 飛び込み選手
Širca, Majda シルツァ,マイダ
国スロベニア 文化相
Sirchia, Girolamo シルキア,ジロラモ
国イタリア 保健相 異シルキア,ジェロラモ
Sire, Agnès シール,アニェス
著「スクラップブック」岩波書店 2009
Sireau, Kevin シロ
国フランス 自転車選手
Siredoumbouya, Mamadou シレドゥンブヤ,ママドゥ
国ギニア 経済・財務相
Sirén, Heikki シレーン,ヘイッキ
1918～2013 国フィンランド 建築家 異シレン,ヘイッキ
Sirett, Dawn シレット,ダウン
著「みつけてごらん！のりもの」主婦の友社 2014
Sirfi, Ali シルフィ,アリ
国ニジェール 法相
Sirgy, M.Joseph サージー,M.ジョゼフ
著「QOLリサーチ・ハンドブック」同友館 2005
Sirichai, Distakul シリチャイ・ディタクン
国タイ 労相
Sirigu, Salvatore シリグ,サルヴァトーレ
国イタリア サッカー選手
Sirigu, Sandro シリグ,サンドロ
国ドイツ サッカー選手
Sirika, Hadi シリカ,ハディ
国ナイジェリア 航空担当国務相
Sirikaew, Pimsiri シリケーオ,ピムシリ
国タイ 重量挙げ選手 異ピムシリ

Sirikul Nipatyothin シリクン・ニパットヨティン
[著]「タイ食堂の味方」 双葉社 2001
Sirimala Suwannapokin シリマラ・スワンポキン
[著]「オラたちのたけやぶ」 新世研 2003
Sirimongkol Singmanassuk シリモンコン・シンワンチャー
1977〜 [国]タイ プロボクサー WBC世界スーパーフェザー級チャンピオン, WBC世界バンタム級チャンピオン 旧リングネーム＝シリモンコン・ナコントンパークビュー
Sirindhorn, Maha Chakri シリントン, マハ・チャクリ
1955〜 [国]タイ プミポン国王の第二王女 [異]シリントン王女
Sirinelli, Jean-François シリネッリ, ジャン＝フランソワ
1949〜 [著]「第五共和制」 白水社 2014
Sirisena, Maithripala シリセナ, マイトリパラ
1951〜 [国]スリランカ 政治家 スリランカ大統領 本名＝Sirisena, Pallewatte Gamaralalage Maithripala Yapa
Sirivadhanabhakdi, Charoen シリワタナパクディ, チャルーン
[国]タイ タイ・ビバレッジ
Sirivudh, Norodom シリブット, ノロドム
[国]カンボジア 副首相
Sirkin, Harold L. サーキン, ハロルド・L.
[著]「新興国発超優良企業」 講談社 2008
Sirleaf, Ellen サーリーフ, エレン
1938〜 [国]リベリア 政治家 リベリア大統領 リベリア財務相 別名＝ジョンソン・サーリーフ, エレン〈Johnson-Sirleaf, Ellen〉
Sirles, Jeremiah サーレルズ, ジェレミアー
[国]アメリカ アメフト選手
Sirma, Musa シルマ, ムーサ
[国]ケニア 東アフリカ共同体相
Siroker, Dan シロカー, ダン
[著]「部長、その勘はズレてます！」 新潮社 2014
Sirota, David シロタ, デビッド
1933〜 [著]「熱狂する社員」 英治出版 2006
Sirowitz, Hal シロウィッツ, ハル
1949〜 [著]「母が言った」 朝文社 2002
Sirven, Alfred シルヴァン, アルフレッド
？〜2005 [国]フランス 実業家 エルフ・アキテーヌ幹部 [異]シルバン, アルフレッド / シルバン, アルフレド
Sis, Peter シス, ピーター
1949〜 [国]アメリカ 絵本作家, イラストレーター
Sisavath, Keobounphanh シサワット・ケオブンパン
[国]ラオス 首相
Sisco, Chance シスコ, チャンス
[国]アメリカ 野球選手
Sisco, Joseph John シスコ, ジョセフ
1919〜2004 [国]アメリカ 外交官 米国国務次官, アメリカン大学名誉学長
Sisco, Lisa A. シスコ, リサ・A.
[著]「書く、話す、見せるテクニック」 ファーストプレス 2007
Sisemore, Timothy A. サイズモア, ティモシー・A.
[著]「セラピストのためのエクスポージャー療法ガイドブック」 創元社 2015
el-**Sisi, Abdel Fattah Said** シシ, アブデルファタフ・サイード
1954〜 [国]エジプト 政治家, 軍人 エジプト大統領 エジプト国防相, エジプト陸軍司令官 [異]シーシ, アブドルファッターハ / シシ, アブデルファタハ・サイード
Sisk, Michael シスク, マイケル
[著]「成長戦略とM&Aの未来」 日本経済新聞出版社 2010
Siskind, Barry シスキンド, バリー
1946〜 [著]「「できない」が「できる！」に変わる7つの方法」 三笠書房 2004
Sisler, George, Jr. シスラー, ジョージ, Jr.
？〜2006 [国]アメリカ 長く大リーグの年間最多安打記録を保持した名打者ジョージ・シスラーの息子 インターナショナルリーグ会長
Sisman, Robyn シスマン, ロビン
1949〜2016 [国]アメリカ 作家, 編集者
Sisodia, Rajendra S. シソディア, ラジェンドラ・S.
[著]「4A・オブ・マーケティング」 同文舘出版 2014
Sisoulath, Bouakham シースラート, ブアカム
[国]ラオス サワン・セノー経済特区総裁
Sissako, Abderrahmane シサコ, アブデラマン
セザール賞 監督賞(第40回(2014年)) "Timbuktu"
Sissaouri, Guivi シッサウリ
[国]カナダ レスリング選手
Sissoko, Baba シソコ, ジェリ・ババ
1932〜 [著]「バオバブのきのうえで」 福音館書店 2005
Sissoko, Bouare Fily シソコ, ブアレ・フィリ
[国]マリ 国有財産管理相
Sissoko, Cheick Oumar シソコ, シェイク・ウマル
[国]マリ 文化相
Sissoko, Makan Moussa シソコ, マカン・ムサ
[国]マリ 労働・職業訓練相
Sissoko, Moussa シソコ, ムサ
[国]フランス サッカー選手
Sisson, Natalie シッソン, ナタリー
[著]「スーツケース起業家」 三五館 2016
Sisson, Stéphanie Roth シソン, ステファニー・ロス
[著]「星のこども」 小峰書店 2014
al-**Sistani, Ali** シスターニ, アリ
1930〜 [国]イラク イスラム教シーア派指導者 本名＝Sistani, al-Sayyid Ali al-Husaini al－ [異]シスターニシ
Sister Emmanuelle シスター・エマニュエル
1908〜2008 [国]フランス カトリック修道女, 慈善運動家 本名＝サンカン, マドレーヌ
Sisto, Pione シスト, ピオネ
[国]デンマーク サッカー選手
Sisulu, Albertina シスル, アルベルティーナ
1918〜2011 [国]南アフリカ 反アパルトヘイト闘争指導者, 政治家 本名＝Sisulu, Albertina Nontsikelelo
Sisulu, Lindiwe シスル, リンディウェ
[国]南アフリカ 住宅相 [異]シスル, リンディウェ・ノンセバ
Sisulu, Walter シスル, ウォルター
1912〜2003 [国]南アフリカ 政治家, 反アパルトヘイト闘争指導者 アフリカ民族会議(ANC)書記長
Sitaheng, Latsaphone シタヘン・ラッサポーン
[国]ラオス 農林相 [異]シタヘン・ラッタサポーン
Sitaldin, Shirley シタルディン, シーリー
[国]スリナム 教育・社会開発相
Sitaula, Krishna Prasad シタウラ, クリシュナ・プラサド
[国]ネパール 内相
Sitchin, Zecharia シッチン, ゼカリア
？〜2010 [国]アメリカ 言語学者, 考古学者
Sites, Elizabeth サイツ, エリザベス
[著]「レインボウ・ブライド」 ハーレクイン 2001
Sithanen, Rama Krishna シタネン, ラマ・クリシュナ
[国]モーリシャス 副首相兼財務・経済発展相
Sitharaman, Nirmala シタラマン, ニルマラ
[国]インド 商工相
Sithole, Majozi シトレ, マジョジ
[国]スワジランド 財務相 [異]シソール, マジョジ
Siti, Nurbaya シティ・ヌルバヤ
[国]インドネシア 環境・林業相
Siti Zaharah, Sulaiman シティザハラ・スライマン
[国]マレーシア 国民統合・社会開発相
Sitkovetskii, Dmitrii シトコヴェツキー, ドミトリー
1954〜 [国]イギリス バイオリニスト, 指揮者 グリーンズボロ交響楽団音楽監督 [異]シトコベツキー / シトコヴェツキー, ドミートリ
Sitta, Margaret シッタ, マーガレット
[国]タンザニア 地域開発・女性児童問題相 [異]シッタ, マーガレス
Sitta, Samuel John シッタ, サミュエル・ジョン
[国]タンザニア 東アフリカ協力相
Sitthichai, Pokai-udom シティチャイ・ポーカイウドム
[国]タイ 情報通信技術相
Sitton, Josh シットン, ジョシュ
[国]アメリカ アメフト選手
Sittser, Gerald Lawson シッツァー, G.L.
1950〜 [著]「愛する人を失うとき」 教文館 2002
Sitwell, William Ronald Sacheverell シットウェル, ウィリアム
[著]「食の歴史」 柊風舎 2016
Siudek, Mariusz シュデク
[国]ポーランド フィギュアスケート選手
Siukosaari, Jukka シウコサーリ, ユッカ
[国]フィンランド 駐日特命全権大使
Siune, Mathew シウネ, マシュー
[国]パプアニューギニア 労働・雇用関係相
Sivak, Anatoly A. シワク, アナトリー・A.
[国]ベラルーシ 運輸・通信相
Sivakov, Yury L. シワコフ, ユーリー・L.
[国]ベラルーシ スポーツ・観光相

Sivalingam, Muttu　シバリンガム, ムットゥ
　㊀スリランカ　住宅供給兼インフラ・共同体開発相
Sivasubramanian, Balaji　シバスブラマニアン, バラジ
　㊄「CCNP self-study：BCMSN認定テキスト」ソフトバンクパブリッシング　2005
Sivell, Vaughan　シヴェル, ヴォーン
　㊄「僕が星になるまえに」ビジネス社　2013
Sivell-Muller, Marcus　シヴェルミュラ, マーカス
　㊄「エビデンスに基づく高齢者の作業療法」ガイアブックス　2014
Sivertson, Chris　サイバートソン, クリス
　ゴールデン・ラズベリー賞（ラジー賞）最低監督賞（第28回（2007年））　"I Know Who Killed Me"
Sivertzen, Stian　シベルツェン
　㊀ノルウェー　スノーボード選手
Siveter, David J.　シヴェター, デイヴィッド・J.
　㊄「澄江生物群化石図譜」朝倉書店　2008
Siveter, Derek J.　シヴェター, デレク・J.
　㊄「澄江生物群化石図譜」朝倉書店　2008
Sivori, Enrique Omar　シボリ, エンリケ・オマール
　1935〜2005　サッカー選手, サッカー監督　サッカー・アルゼンチン代表監督　㊗シボリ, オマル
Sivtsev, Nikolai　シフツェフ, ニコライ
　㊀ベラルーシ　臨時代理大使, 参事官
Siwanowicz, Igor　ジヴァノヴィッツ, イゴール
　㊄「クローズアップ大図鑑」ポプラ社　2009
Siwar, Haj Magid　スワル, ハジ・マジド
　㊀スーダン　青年・スポーツ相
Sixsmith, Martin　シックススミス, マーティン
　㊄「あなたを抱きしめる日まで」集英社　2014
Sixx, Nikki　シックス, ニッキー
　1958〜　㊄「ニッキー・シックスヘロイン・ダイアリーズ」シンコーミュージック・エンタテイメント　2008
Siyam, Mohamed Abdellahi Ould　シヤム, モハメド・アブダライ・ウルド
　㊀モーリタニア　保健相
Siyambalapitya, Ranjith　シヤンバラピティヤ, ランジット
　㊀スリランカ　電力・再生可能エネルギー相
Siyam Siewe, Alphonse　シヤムシウェ, アルフォンス
　㊀カメルーン　エネルギー・水資源相
Siza, Álvaro　シザ, アルヴァロ
　1933〜　㊀ポルトガル　建築家　ポルト大学教授　本名＝Siza Vieira, Álvaro Joaquim Melo　㊗シザ, アルバロ
Sizemore, Grady　サイズモア, グレディー
　1982〜　㊀アメリカ　野球選手　㊗サイズモア, グレディー／サイズモア, グレイディ／サイズモア, グレイディー
Sizemore, Susan　サイズモア, スーザン
　㊄「恋はタイムマシンに乗って」オークラ出版　2012
Sizova, Alla　シゾーワ, アラ
　1939〜2014　㊀ロシア　バレリーナ　キーロフ・バレエ団プリンシパル　㊗シゾーワ, アーラ
Sjoberg, Jalmar　ショーベリ
　㊀スウェーデン　レスリング選手
Sjögren, Anita Viola　ショーグレン, アニータ・ヴィオラ
　㊀スウェーデン　元・在スウェーデン日本国大使館現地職員
Sjölander, Sverre　ショーランデル, S.
　㊄「北欧スウェーデン発森の教室」北大路書房　2016
Sjöman, Anders　ソジョマン, アンダース
　㊄「クレジットデリバティブ」ピアソン・エデュケーション　2008
Sjöman, Vilgot　シェーマン, ヴィルゴット
　1924〜2006　㊀スウェーデン　映画監督　㊗シェーマン, ビルゴット
Sjöqvist, Suzanne　シュークヴィスト, スサン
　1945〜　㊄「パパ, ママどうして死んでしまったの」論創社　2008
Sjöstrand, Anna　スジョストランド, アンナ
　㊄「バランス・スコアカードへの招待」生産性出版　2006
Sjöstrand, Fritiof Stig　シェーストランド, フリティオフ
　1912〜2011　㊀スウェーデン　分子生物学者, 神経細胞学者　カリフォルニア大学ロサンゼルス校名誉教授　㊗シェストランド
Sjostrom, Lisa　スジョストロム, リサ
　㊄「学校のセクシュアル・ハラスメント」明石書店　2001
Sjostrom, Sarah　ショーストロム, サラ
　㊀スウェーデン　水泳選手
Sjöwall, Maj　シューヴァル, マイ
　1935〜　㊄「煙に消えた男」KADOKAWA　2016

Sjuggerud, Steve　ジュガード, スティーブ
　㊄「魔術師たちの投資術」パンローリング　2005
Ska, Jean Louis　スカ, ジャン・ルイ
　1946〜　㊄「聖書の物語論的読み方」日本キリスト教団出版局　2013
Skabelund, Aaron Herald　スキャブランド, アーロン
　㊄「犬の帝国」岩波書店　2009
Skaff, Elias　スカフ, イリヤス
　㊀レバノン　農相　㊗スカッフ, エリ
Skaggs, Ricky　スキャッグス, リッキー
　グラミー賞 最優秀ブルーグラス・アルバム（2008年（第51回））ほか
Skaggs, Tyler　スキャッグス, タイラー
　㊀アメリカ　野球選手
Skakoon, James G.　スカクーン, ジェームズ・G.
　㊄「アメリカで60年にわたって成功者を生み続けている「仕事力」」三笠書房　2007
Skakun, Michael　スケイキン, マイケル
　㊄「ナチスになったユダヤ人」DHC　2002
Skakun, Nataliya　スカクン
　㊀ウクライナ　重量挙げ選手
Skalén, Per　スカーレン, パール
　㊄「マーケティング・ディスコース」学文社　2010
Skalli, Nouzha　スカリ, ヌズハ
　㊀モロッコ　社会開発・家族・連帯相
Skandalidis, Konstantinos　スカンダリディス, コンスタンティノス
　㊀ギリシャ　内務・行政・地方分権相
Skandalidis, Kostas　スカンダリディス, コスタス
　㊀ギリシャ　農村開発・食料相
Skantar, Ladislav　スカンタル, ラディスラフ
　㊀スロバキア　カヌー選手
Skantar, Peter　スカンタル, ペテル
　㊀スロバキア　カヌー選手
Skardino, Nadezhda　スカルディノ
　㊀ベラルーシ　バイアスロン選手
Škare Ožbolt, Vesna　シュカレオジュボルト, ベスナ
　㊀クロアチア　法相
Skari-martinsen, Bente　スカリ
　㊀ノルウェー　クロスカントリースキー選手
Skármeta, Antonio　スカルメタ, アントニオ
　1940〜　㊀チリ　作家
Skarphedinsson, Ossur　スカルプヘイジンソン, オッシュル
　㊀アイスランド　外相
Skarpnord, Marianne　スカルプノルド, マリアンネ
　㊀ノルウェー　ゴルフ選手
Skarsgård, J.Stellan　スカルスゲールド, ステラン
　1951〜　㊀スウェーデン　俳優　㊗スカルスガルド, シュテラン
Skarvik, Roger　スカーヴィック, ロジャー
　1972〜　㊄「先住民族のガバナンス」北海道大学大学院法学研究科附属高等法政教育研究センター　2004
Skate, William Jack　スケート, ウィリアム
　1953〜2006　㊀パプアニューギニア　政治家　パプアニューギニア首相　通称＝スケート, ビル〈Skate, Bill〉　㊗スケイト, ウィリアム
Skea, Ralph　スケア, ラルフ
　㊄「ゴッホの愛した庭風景」ガイアブックス　2014
Skeel, Roland T.　スキール, ローラン・T.
　㊗スキール, R.T.　㊄「癌化学療法ハンドブック」メディカル・サイエンス・インターナショナル　2009
Skeem, Jennifer L.　スキーム, ジェニファー・L.
　㊄「サイコパシー・ハンドブック」明石書店　2015
Skeide, Andreas　シャイダ, アンドレア
　㊄「ビハインド・ザ・ラインズ」TOTO出版　2014
Skel, Steffen　スケル
　㊀ドイツ　リュージュ選手
Skelemani, Phandu　スケレマニ, パンドゥ
　㊀ボツワナ　外相　㊗ケレマニ, ペンドゥ
Skelton, Carol　スケルトン, キャロル
　㊀カナダ　歳入相
Skelton, Matthew　スケルトン, マシュー
　1971〜　㊀イギリス, カナダ　作家　㊗ヤングアダルト, ファンタジー
Skelton, Nick　スケルトン, ニック
　㊀イギリス　馬術選手
Skelton, Will　スケルトン, ウィル

[国]オーストラリア　ラグビー選手
Skenazy, Lenore　スクナージ, レノア
[著]「自由に羽ばたける子ども(フリーレンジ・キッズ)を育てよう」 バベルプレス　2013
Skerath, Chiara　スケラス, キアラ
[国]スイス　エリザベート王妃国際コンクール 声楽 第6位(2014年)
Skerrett, Patrick J.　スケレット, パトリック・J.
[著]「妊娠しやすい食生活」 マグロウヒル・エデュケーション, 日本経済新聞出版社(発売)　2013
Skerrit, Roosevelt　スケリット, ルーズベルト
1972～　[国]ドミニカ共和国　政治家　ドミニカ首相　[異]スカーリット, ルーズベルト
Skerritt, Richard　スケリット, リチャード
[国]セントクリストファー・ネイビス　観光・国際運輸・貿易・産業・商業・消費者問題相
Skerritt, Ricky　スケリット, リッキー
[国]セントクリストファー・ネイビス　観光・国際運輸相
Skidelsky, Edward　スキデルスキー, エドワード
[著]「じゅうぶん豊かで、貧しい社会」 筑摩書房　2014
Skidelsky, Robert　スキデルスキー, ロバート
1939～　[国]イギリス　政治経済学者　ウォーリック大学名誉教授　本名=Skidelsky, Robert Jacob Alexander
Skidmore, Frank M.　スキッドモア, フランク
[著]「運動障害診療マニュアル」 医学書院　2013
Skidmore, Steve　スキッドモア, スティーブ
1960～　[著]「オデッセイ」 小学館　2006
Skiena, Steven S.　スキーナ, S.S.
[著]「アルゴリズム設計マニュアル」 丸善出版　2012
Skilang Temengil, Florian　スキラング・テメンギル
[国]パラオ　レスリング選手
Skildum-Reid, Kim　スキルダム=レイド, キム
[著]「マーケティングのジレンマ」 ダイヤモンド社　2004
Skille, Olav　スキレ, オーラヴ
[著]「振動音響療法」 人間と歴史社　2003
Skilling, April Dawn　スキリング, エイプリル・ドーン
[国]ミクロネシア連邦　法相
Skilling, Vita Akapito　スキリング, ビタ・アカピト
[国]ミクロネシア連邦　保健・社会福祉相
Skinnari, Jouko　スキンナリ, ヨウコ
[国]フィンランド　フィンランド・日本友好議員連盟会長, 元・第二財務大臣, 国会議員
Skinner, Andrew Stewart　スキナー, アンドルー
1935～2011　[国]イギリス　経済学者　グラスゴー大学教授　[専]イギリス重商主義, 古典派経済学
Skinner, Callum　スキナー, カラム
[国]イギリス　自転車選手
Skinner, Catherine　スキナー, キャサリン
[国]オーストラリア　射撃選手
Skinner, Dave　スキナー, デーヴ
[著]「遅刻男スティーヴ101の言いわけ」 青土社　2012
Skinner, Deontae　スキナー, ディオンティー
[国]アメリカ　アメフト選手
Skinner, James　スキナー, ジェームス
1964～　[国]アメリカ　経営コンサルタント
Skinner, Jimmy　スキナー, ジミー
1917～2007　[国]カナダ　アイスホッケー監督
Skinner, Kerry　スキナー, ケリー
[著]「ペイントエフェクト」 日本ヴォーグ社　2004
Skinner, Morgan　スキナー, モーガン
[著]「プロフェッショナルC#」 インプレス, インプレスコミュニケーションズ(発売)　2002
Skinner, Quentin　スキナー, クェンティン
[著]「マキアヴェッリ」 未来社　2013
Skinner, Scott　スキナー, スコット
[著]「児童虐待の発見と防止」 慶応義塾大学出版会　2003
Skinner, Stephen　スキナー, スティーヴン
1948～　[著]「聖なる幾何学」 ランダムハウス講談社　2008
Skinner, Todd　スキナー, トッド
1958～2006　ロッククライマー
Skipp, John　スキップ, ジョン
1957～　[著]「闇の果ての光」 文芸春秋　2003
Skitt, Carolyn　スキット, キャロリン
[著]「世界の頭脳集団Mensa脳に"効く"IQパズル」 三笠書房　2005
Skjelbred, Per　シェルブレット, ペア
[国]ノルウェー　サッカー選手
Skjelbreid-poiree, Liv Grete　ポワレ, シェルブレイ
[国]ノルウェー　バイアスロン選手
Skjeldal, Kristen　シェルダル
[国]ノルウェー　クロスカントリースキー選手
Sklar, Bernard　スカラー, バァナード
1927～　[著]「ディジタル通信」 ピアソン・エデュケーション　2006
Sklar, David　スクラー, デイビッド
[著]「初めてのPHP5」 オライリー・ジャパン, オーム社(発売)　2012
Sklar, Holly　スクラー, ホリー
1955～　[著]「ダドリー通り」 東洋書店　2011
Sklar, Marty　スクラー, マーティ
1934～　[著]「ディズニー夢の王国をつくる」 河出書房新社　2014
Sklenicka, Carol　スクレナカ, キャロル
1948～　[著]「レイモンド・カーヴァー」 中央公論新社　2013
Skloot, Rebecca　スクルート, レベッカ
1972～　[著]「不死細胞ヒーラ」 講談社　2011
Sklyarov, Ivan　スクリャロフ, イワン
[著]「Puzzles for hackers」 翔泳社　2006
Skobrev, Ivan　スコブレフ
[国]ロシア　スピードスケート選手
Skocpol, Theda　スコッチポル, シーダ
[著]「失われた民主主義」 慶応義塾大学出版会　2007
Skodol, Andrew E.　スコドール, アンドリュー・E.
[著]「境界性パーソナリティ障害最新ガイド」 星和書店　2006
Skofterud, Vibeke W.　スコフテルード, ヴィベケ
1980～　[国]ノルウェー　スキー選手　[異]スコフテルード / スコフテルード, ビベケ
Skog, Berit　スコグ, ベリット
[著]「絶え間なき交信の時代」 NTT出版　2003
Skog, Karolina　スコ, カロリナ
[国]スウェーデン　環境相
Skoglund, Eric　スコグランド, エリック
[国]アメリカ　野球選手
Skoglund, Kim　スコグルンド, キム
1937～　[著]「海を渡ってきたわが子」 梨の木舎　2013
Skogsholm, Torild　スコグスホルム, トーリルド
[国]ノルウェー　運輸・通信相
Skokova, Yuliya　スココワ
[国]ロシア　スピードスケート選手
Skole, Matt　スコール, マット
[国]アメリカ　野球選手
Skolimowska, Kamila　スコリモフスカ, カミラ
1982～2009　[国]ポーランド　ハンマー投げ選手　[異]スコリモフスカ
Skolimowski, Jerzy　スコリモフスキ, イエジー
1938～　[国]ポーランド　映画監督, 脚本家, 俳優, 画家, 詩人　[異]スコリモウスキー, イエジー / スコリモフスキ, イェジー / スコリモフスキ, イェジィ
Skoll, Jeffrey　スコール, ジェフリー
[国]カナダ　実業家
Skomal, Marty　スコマル, マーティ
[著]「プロジェクト・マネジャーが知るべき97のこと」 オライリー・ジャパン, オーム社(発売)　2011
Skonnard, Aaron　スコナード, アーロン
[著]「Microsoft.NET実践プログラミング」 アスキー　2002
Skoog, Sofie　スコーグ
[国]スウェーデン　陸上選手
Skorka, Abraham　スコルカ, アブラハム
1950～　[著]「天と地の上で」 ミルトス　2014
Skorpen, Liesel Moak　スコーペン, リーゼル・モーク
1935～2013　[著]「いえでをしたくなったので」 ほるぷ出版　2014
Skorupski, Lukasz　スコルプスキ, ウカシュ
[国]ポーランド　サッカー選手
Skosana, Ben　スコサナ, ベン
[国]南アフリカ　矯正相
Skou, Jens Christian　スコー, ジェンス
1918～　[国]デンマーク　生物物理学者　オーフス大学名誉教授　[異]スコウ, イェンス / スコウ, ジェンス
Skourletis, Panos　スクルレティス, パノス
[国]ギリシャ　内相
Skousen, Mark　スカウソン, マーク
1947～　[著]「自由と市場の経済学」 春秋社　2013
Skousen, Willard Cleon　スクーセン, W.クレオン
1913～　[著]「世界の歴史をカネで動かす男たち」 成甲書房　2005

Skov, Shayne　スコブ, シェイン
　国アメリカ　アメフト選手
Skovhus, Bo　スコウフス, ボー
　1962〜　国デンマーク　バリトン歌手　本名＝スコウフス, ボイエ〈Skovhus, Boje〉
Skowron, Moose　スコーロン, ムース
　1930〜2012　国アメリカ　野球選手　通称＝スコーロン, ビル〈Skowron, Bill〉　旧スコウロン
Skowron, Zbigniew　スコヴロン, ズビグニェフ
　著「ショパン全書簡」岩波書店　2012
Skride, Baiba　スクリデ, バイバ
　1981〜　国ラトビア　バイオリニスト
Skrillex　スクリレックス
　国アメリカ　グラミー賞 最優秀ダンス・レコーディング作品（2012年（第55回））ほか
Skrine, Buster　スクライン, バスター
　国アメリカ　アメフト選手
Skriniar, Milan　シュクリニアル, ミラン
　国スロバキア　サッカー選手
Skripnik, Viktor　スクリプニク, ヴィクトル
　国ウクライナ　ブレーメン監督
Škromach, Zdeněk　シュクロマハ, ズデニェク
　国チェコ　副首相兼労働福祉相
Skrowaczewski, Stanisław　スクロヴァチェフスキ, スタニスワフ
　1923〜　国アメリカ　指揮者, 作曲家　読売日本交響楽団桂冠名誉指揮者　旧スクロバチェフスキ／スクロヴァチェフスキ, スタニスラフ
Skrtel, Martin　シュクルテル, マルティン
　国スロバキア　サッカー選手
Skrynnik, Yelena B.　スクリンニク, エレーナ・B.
　国ロシア　農相
Skrypnik, Darya　スクリプニク, ダリア
　国ベラルーシ　柔道選手
Skrypuch, Marsha Forchuk　スクリパック, マーシャ・フォーチャック
　国カナダ　作家　分児童書, 歴史
Skubiszewski, Krzysztof Jan　スクビシェフスキ, クシシトフ
　1926〜2010　国ポーランド　政治家, 国際法学者　ポーランド外相
Skues, Richard A.　スクーズ, リチャード・A.
　1953〜　著「フロイトとアンナ・O」みすず書房　2015
Skujyte, Austra　スクイテ
　国リトアニア　陸上選手
Škuletić, Sreten　シュクレティッチ, スレテン
　国モンテネグロ　教育科学相
Skulski, Janusz　シコルスキー, ヤヌス
　著「戦艦大和図面集」光人社　2010
Skultans, Vieda　スカルタンス, ヴィーダ
　旧スカルタン, ヴィーダ　著「ナラティブ・ベイスト・メディスンの臨床研究」金剛出版　2009
Škundrić, Petar　シュクンドリッチ, ペタル
　国セルビア　エネルギー・鉱業相
Skupin, Brian　スクーピン, ブライアン
　アメリカ探偵作家クラブ賞 エラリー・クイーン賞（2006年）
Skura, Matt　スクーラ, マット
　国アメリカ　アメフト選手
Skurzyinski, Gloria　スカジンスキ, グロリア
　1930〜　著「ヴァーチャルウォー」偕成社　2004
Skuta, Dan　スカタ, ダン
　国アメリカ　アメフト選手
Skvernelis, Saulius　スクバルネリス, サウリュス
　国リトアニア　内相
Škvorecký, Josef　シュクヴォレツキー, ヨゼフ
　1924〜2012　国カナダ　作家　トロント大学名誉教授　本名＝Škvorecký, Josef Václav　旧シュクボレツキー
Skvortsov, Nikolay　スクウォルツォフ
　国ロシア　競泳選手
Skvortsova, Veronika I.　スクボルツォワ, ベロニカ・I.
　国ロシア　保健相
Skweyiya, Zola　スクウェイヤ, ゾラ
　南アフリカ　社会開発相
Sky, Rick　スカイ, リック
　著「フレディー・マーキュリー・華やかな孤独」シンコー・ミュージック　2001
Skyrda, Liudmyla M.　スキルダ, リュドミラ・M.

1945〜　旧スキルダ, リュドミラ　著「夢のように美しい貝殻」高木書房　2004
Skyrme, David J.　スカイァミー, デビッド・J.
　著「知識ネットワーキング」晃洋書房　2005
Slack, Jonathan Michael Wyndham　スラック, ジョナサン
　1949〜　旧スラック, J.M.W.　著「幹細胞」岩波書店　2016
Slack, Paul　スラック, ポール
　著「市民と礼儀」牧歌舎, 星雲社（発売）　2008
Slade, Chad　スレイド, チャド
　国アメリカ　アメフト選手
Slade, Colin　スレイド, コリン
　国ニュージーランド　ラグビー選手
Slade, Henry　スレイド, ヘンリー
　国イングランド　ラグビー選手
Slade, Michael　スレイド, マイケル
　著「メフィストの牢獄」文芸春秋　2007
Slade, Robert　スレイド, ロバート
　著「ウィルス対策マニュアル」ソフトバンクパブリッシング　2003
Slahi, Mohamedou Ould　スラヒ, モハメドゥ・ウルド
　1970〜　著「グアンタナモ収容所地獄からの手記」河出書房新社　2015
Slaium　スライウム
　著「どっちが強い!? ゴリラVS（たい）クマ」KADOKAWA　2016
Slakteris, Atis　スラクテリス, アティス
　国ラトビア　財務相　旧スラクトリス, アティス
Slama, Dirk　スラマ, ディルク
　著「SOA大全」日経BP社, 日経BP出版センター（発売）　2005
Slania, Dan　スラニア, ダン
　国アメリカ　野球選手
Slaoui, Younes　スラウィ, ヨウン
　著「文明の交差路としての地中海世界」白水社　2016
Slash　スラッシュ
　1965〜　国イギリス　ロック・ギタリスト
Slate, Jeremy　スレート, ジェレミー
　1925〜2006　国アメリカ　俳優　旧スレイト, ジェレミ
Slate, Joe H.　スレイト, ジョー・H.
　著「オーラ・パワー獲得法」心交社　2004
Slater, Allana
　国オーストラリア　体操選手
Slater, Anthony　スレーター, アンソニー
　著「エビデンスに基づく高齢者の作業療法」ガイアブックス　2014
Slater, Christian　スレーター, クリスチャン
　1969〜　国アメリカ　俳優　本名＝Hawkins, Christian Michael Leonard　旧スレイター, クリスチャン
Slater, Daniel　スレーター
　国ニュージーランド　セーリング選手
Slater, David H.　スレイター, デビッド
　1960〜　著「東日本大震災の人類学」人文書院　2013
Slater, Douglas　スレーター, ダグラス
　国セントビンセント・グレナディーン　外務・貿易・消費者問題相
Slater, Evan　スレーター, エヴァン
　著「SWELL」バイインターナショナル　2016
Slater, Glenn　スレイター, グレン
　グラミー賞 最優秀映像メディア向け楽曲（2011年（第54回））　"I See The Light（From Tangled）"　ソングライター
Slater, Jenny　スレーター, ジェニー
　著「遊んで学べる！えほん世界地図」主婦の友社　2015
Slater, Kelly　スレーター, ケリー
　1972〜　著「パイプドリームス」椎出版社　2008
Slater, Kim　スレイター, キム
　著「スマート」評論社　2016
Slater, Lauren　スレイター, ローレン
　著「心は実験できるか」紀伊国屋書店　2005
Slater, Matthew　スレーター, マシュー
　国アメリカ　アメフト選手
Slater, Michael　スレイター, マイケル
　1936〜　著「ディケンズの遺産」原書房　2005
Slater, Pearce　スレイター, ピアース
　国アメリカ　アメフト選手
Slater, Peter James Bramwell　スレーター, ピーター・J.B.
　著「音楽の起源」人間と歴史社　2013
Slater, Robert　スレーター, ロバート
　著「ウォルマートの時代」日本経済新聞社　2003

Slater, Tracy スレイター, トレイシー
[著]「米国人博士、大阪で主婦になる。」 亜紀書房 2016
Slatkin, Brett スラットキン, ブレット
[著]「Effective Python」 オライリー・ジャパン, オーム社(発売) 2016
Slatkin, Leonard スラトキン, レナード
1944〜 [国]アメリカ 指揮者 デトロイト交響楽団音楽監督 "Tower: Made In America" セントルイス交響楽団首席指揮者・音楽監督 本名=Slatkin, Leonard Edward [異]スラットキン / スラトキン, レオナード
Slatter, Jean スラッター, ジーン
1955〜 [著]「天使を味方にして幸せになる方法」 ワニブックス 2007
Slatter, Stuart St.P. スラッター, スチュアート
[著]「ターンアラウンド・マネジメント」 ダイヤモンド社 2003
Slattery, Mary スラタリー, メアリー
[著]「子ども英語指導ハンドブック」 オックスフォード大学出版局, 旺文社 2003
Slaughter, Anne-Marie スローター, アン・マリー
1958〜 [国]アメリカ 法学者 プリンストン大学教授 米国国務省政策企画局長 [専]国際法, 国際政治学
Slaughter, Enos Bradsher スローター, エーノス
1916〜2002 [国]アメリカ 野球選手 [異]スローター, イノス
Slaughter, Joseph スローター, ジョセフ
[著]「女性の人権とジェンダー」 明石書店 2007
Slaughter, Karin スローター, カリン
1971〜 [国]アメリカ 作家 [専]ミステリー, スリラー
Slaughter, Sheila スローター, シェイラ
[著]「アカデミック・キャピタリズムとニュー・エコノミー」 法政大学出版局 2012
Slaughter, Tom スローター, トム
1955〜 [著]「ひとつすこしたくさん」 西村書店 2006
Slauson, Matt スローソン, マット
[国]アメリカ アメフト選手
Slavens, Elaine スレベンス, エレイン
[著]「活用のためのガイド」 大月書店 2009
Slaveski, Trajko スラベスキ, トライコ
[国]マケドニア 財務相 [異]スラベフスキ, トライコ
Slavica, Nik スラビカ, ニック
[国]クロアチア バスケットボール選手
Slavicsek, Bill スラヴィクシェク, ビル
[著]「ヒーローズ・オヴ・ザ・フォーゴトン・キングダムズ忘れられた王国の勇者」 ホビージャパン 2012
Slavid, Ruth スレイビッド, ルース
[著]「MICRO世界のヘンな建物」 エクスナレッジ 2013
Slavin, Bill スレイヴィン, ビル
1959〜 [著]「本と図書館の歴史」 西村書店東京出版編集部 2010
Slavin, Jim スレイヴィン, ジム
[著]「こんなふうに作られる!」 玉川大学出版部 2007
Slavinski, Antoni スラビンスキ, アントニー
[国]ブルガリア 運輸・通信相
Slavinskii, Boris N. スラヴィンスキー, ボリス
1935〜2002 [国]ロシア 外交史研究家, ジャーナリスト ロシア世界経済国際関係研究所上級研究員 [専]極東の国際関係史, 日露問題 本名=スラヴィンスキー, ボリス・ニコラエヴィチ [異]スラビンスキー, ボリス
Slavinskii, D.B. スラヴィンスキー, ドミートリー
1974〜 [著]「中国革命とソ連」 共同通信社 2002
Slavnov, Sergei スラフノフ
[国]ロシア フィギュアスケート選手
Slavova, Angela スラヴォヴァ, アンジェラ
[著]「非線形波動理論入門」 共立出版 2013
Slawenski, Kenneth スラウェンスキー, ケネス
[国]アメリカ 作家
Slay, Darius スレイ, ダリアス
[国]アメリカ アメフト選手
Sleahtitchi, Mihai シュリャフティツキ, ミハイ
[国]モルドバ 教育相
Sleator, William スリーター, ウィリアム
1945〜 [著]「おこった月」 童話館出版 2006
Šlechtová, Karla シュレフトバー, カルラ
[国]チェコ 地域開発相
Sledge, Eugene Bondurant スレッジ, ユージン・B.
1923〜2001 [著]「ペリリュー・沖縄戦記」 講談社 2008
Sledge, Percy スレッジ, パーシー
1940〜2015 [国]アメリカ ソウル歌手 本名=Sledge, Percy Tyrone
Slee, Nicola M. スリー, ニコラ
[著]「おやすみなさい」 日本キリスト教団出版局 2011
Sleeuwagen, Gunther スレーワーゲン, ギュンテル
[国]ベルギー 駐日特命全権大使
Slegers, Liesbet スレーヘルス, リスベット
1975〜 [異]スレーヘルス, リースベット [著]「かくれているのなにかなにかな?」 小学館 2010
Sleiman, Michel スレイマン, ミシェル
1948〜 [国]レバノン 政治家, 軍人 レバノン大統領, レバノン軍司令官
Sleit, Azzam スレイト, アッザム
[国]ヨルダン 情報通信技術相
Slenczka, Notger スレンツカ, ノートゲル
[著]「キリスト教の主要神学者」 教文館 2014
Sleptsova, Svetlana スレプツォワ, スヴェトラーナ
1986〜 [国]ロシア バイアスロン選手 [異]スレプツォワ, スベトラーナ
Slesar, Henry スレッサー, ヘンリー
1927〜2002 [国]アメリカ 推理作家, シナリオライター [異]スレッサー, ヘンリィ / スレッサー, ヘンリイ
Slesarenko, Yelena Vladimirovna スレサレンコ
[国]ロシア 陸上選手
Šlesers, Ainārs シュレッセルス, アイナルス
[国]ラトビア 運輸相 [異]シュレセルス, アイナルス
Slessor, Catherine スレッサー, キャサリン
[著]「コンクリートのデザイン」 産調出版 2001
Sletaune, Pal シュレットアウネ, ポール
1960〜 [国]ノルウェー 映画監督
Sletten, Brian スレッテン, ブライアン
[著]「プロジェクト・マネジャーが知るべき97のこと」 オライリー・ジャパン, オーム社(発売) 2011
Slim, Carlos スリム, カルロス
1940〜 [国]メキシコ 実業家, 投資家 グルーポ・カルソ名誉会長, メキシコ電話会社(Telmex)会長 本名=スリム・エルー, カルロス〈Slim Helú, Carlos〉
Slimani, Islam スリマニ, イスラム
[国]アルジェリア サッカー選手
Slimani, Rabah スリマニ, ラバ
[国]フランス ラグビー選手
Slim Thug スリム・サグ
[国]アメリカ MTVアワード 最優秀R&B・ビデオ(第23回(2006年)) "Check On It"
Slingsby, Tom スリングスビー, トム
1984〜 [国]オーストラリア セーリング選手
Slinkachu スリンカチュ
[著]「こびとの住む街」 創元社 2013
Slipenchuk, Viktor スリペンチュック, ヴィクトル
1941〜 [著]「笑顔のキューピッド」 論創社 2007
Slipper, James スリッパー, ジェームズ
[国]オーストラリア ラグビー選手
Sliti, Youssef スリティ, ユセフ
[国]チュニジア 元・在チュニジア日本国大使館現地職員
Slivenko, Oxana スリベンコ
[国]ロシア 重量挙げ選手
Slivets, Oly スリベツ
[国]ベラルーシ フリースタイルスキー選手
Sliwa, Bob スリーヴァ, ボブ
[著]「『レクサス』が一番になった理由」 小学館 2004
Slizhevsky, Oleg L. スリジェフスキー, オレク・L.
[国]ベラルーシ 法相
Sljukic, Andrija スルジュキッチ, アンドリア
[国]セルビア ボート選手
Sloan, Alfred Pritchard, Jr. スローン, アルフレッド・P., Jr.
[著]「GMとともに」 ダイヤモンド社 2003
Sloan, Annie スローン, アニー
1949〜 [著]「うまくいく室内のカラー計画」 産調出版 2003
Sloan, Donald スローン, ドナルド
[国]アメリカ バスケットボール選手
Sloan, Douglas スローン, ダグラス・M.
1933〜 [著]「知の扉を開く」 玉川大学出版部 2002
Sloan, Elinor Camille スローン, エリノア
1965〜 [著]「現代の軍事戦略入門」 芙蓉書房出版 2015
Sloan, Geoffrey R. スローン, ジェフリー
1955〜 [著]「戦略と地政学」 五月書房 2010
Sloan, Holly Goldberg スローン, ホリー・ゴールドバーグ

1958～ 著「世界を7で数えたら」 小学館 2016
Sloan, Jacob スローン, ジェイコブ
　著「ワルシャワ・ゲットー」 みすず書房 2006
Sloan, Jerry スローン, ジェリー
　1942～ 国アメリカ バスケットボール監督
Sloan, John P. スローン, ジョン・P.
　著「プライマリ・ケア老年医学」 プリメイド社 2001
Sloan, Kim スローン, キム
　著「英国人が見た新世界」 東洋書林 2009
Sloan, Mark スローン, マーク
　著「赤ちゃんの科学」 日本放送出版協会 2010
Sloan, Rebecca S. スローン, レベッカ・S.
　著「あなたが患者を傷つけるとき」 エルゼビア・ジャパン 2006
Sloan, Richard G. スローン, リチャード
　著「企業価値評価」 マグロウヒル・エデュケーション, 日本経済新聞出版社（発売） 2015
Sloan, Robin スローン, ロビン
　1979～ 国アメリカ 作家 他文学, ファンタジー
Sloane, Charles スローン, C.
　著「クラークX線撮影技術学」 西村書店 2009
Sloane, Paul スローン, ポール
　1950～ 著「難関突破の発想を身につける水平思考（ラテラルシンキング）で会社を救え！」 ディスカヴァー・トゥエンティワン 2013
Sloboda, John A. スロボダ, J.A.
　著「音楽と感情の心理学」 誠信書房 2008
Slobodkina, Esphyr スロボドキーナ, エズフィール
　1908～2002 国アメリカ 絵本作家
Slocum, Jerry スローカム, ジェリー
　著「初期の日本の輸出パズル」〔からくり創作研究会〕 2005
Sloman, Larry スローマン, ラリー
　著「スカー・ティッシュ」 シンコーミュージック・エンタテイメント 2007
Slonczewski, Joan スロンチェフスキ, ジョーン
　1956～ 著「軌道学園都市フロンテラ」 東京創元社 2015
Slonim, Eva スローニム, エヴァ
　1931～ 著「13歳のホロコースト」 亜紀書房 2015
Sloss, Dakin スロス, デーキン
　TACHYUS共同創立者
Sloss, Marielle スロス, マリエール
　著「世界の子育てとっておきの知恵650」 PHP研究所 2004
Sloterdijk, Peter スローターダイク, ペーター
　1947～ 著「方法としての演技」 論創社 2011
Slott, Dan スロット, ダン
　著「スーペリア・スパイダーマン：ワースト・エネミー」 ヴィレッジブックス 2016
Slouka, Mark スロウカ, マーク
　著「アメリカエッセイ傑作選」 DHC 2001
Slovic, Scott スロビック, スコット
　1960～ 国アメリカ アメリカ文学者 アイダホ大学教授 他スロヴィック, スコット
Sluckin, Alice スルーキン, アリス
　著「場面緘黙へのアプローチ」 田研出版 2009
Sluckin, Timothy J. スラッキン, ティム
　1951～ 著「液晶の歴史」 朝日新聞出版 2011
Sludnov, Roman スロードノフ
　国ロシア 競泳選手
Sluijs, Hans スルイユス, ハンス
　国ベルギー エリザベート王妃国際コンクール 作曲（ベルギー）（2005年）
Sluizer, Georges シュルイツァー, ジョルジュ
　1932～2014 国オランダ 映画監督
Slukova, Marketa スルコバ, マルケタ
　国チェコ ビーチバレー選手 他シュルコバ
Sluman, Jeff スルーマン, ジェフ
　1957～ 国アメリカ プロゴルファー
Slung, Michele スラング, ミシェル
　著「スロウ・ハンド」 角川書店 2002
Slunyayev, Igor N. スリュニャエフ, イーゴリ・N.
　国ロシア 地域発展相
Slutskaya, Irina スルツカヤ
　国ロシア フィギュアスケート選手
Slutskiy, Leonid スルツキー, レオニード
　国ロシア CSKAモスクワ監督
Slutsky, Jeff スルツキー, ジェフ
　1956～ 著「クチコミ客を引き寄せる草の根マーケティング成功戦術大全」 ダイレクト出版 2013
Slym, Karl スリム, カール
　1962～2014 国イギリス 実業家 タタ・モーターズ社長 本名＝Slym, Karl Jonathon
Slyngstad, Yngve スリングスタッド, イングベ
　国ノルウェー ノルウェー政府年金基金
Slyusareva, Olga スルサレワ
　国ロシア 自転車選手
Slywotzky, Adrian J. スライウォツキー, エイドリアン・J.
　著「ザ・ディマンド」 日本経済新聞出版社 2012
Smadi, Tayseer スマディ, タイセル
　ヨルダン 農相
Smadja, Brigitte スマッジャ, ブリジット
　1955～ 著「ジャンポールという名の魚」 文研出版 2003
Smadja, Éric スマジャ, エリック
　著「笑い」 白水社 2011
Smadja, Isabelle スマジャ, イザベル
　1962～ 著「ハリー・ポッターのワンダーランド」 誠文堂新光社 2002
Smagulov, Zhansay スマグロフ, ジャンサイ
　国カザフスタン 柔道選手
Smaila, Mahaman スマイラ, マハマン
　国カメルーン ボクシング選手
Smaldino, Sharon E. スマルディノ, シャロン・E.
　著「インストラクショナルデザインとテクノロジ」 北大路書房 2013
Smale, John G. スメール, ジョン
　1927～2011 国アメリカ 実業家 P&G会長・CEO, ゼネラル・モーターズ（GM）会長 他スメール, ジョン・G.
Smale, Stephen スメール, スティーブン
　国アメリカ ウルフ賞 数学部門（2006/2007年） 他スメイル, スティーヴ
Small, Andrew B. スモール, アンドリュー・B.
　著「救急外傷top100診断」 メディカル・サイエンス・インターナショナル 2006
Small, Christopher スモール, クリストファー
　1927～ 著「ミュージッキング」 水声社 2011
Small, David スモール, デイビッド
　1945～ 著「スティッチ」 青土社 2013
Small, Gary W. スモール, ゲアリー・W.
　他スモール, ゲイリー 著「2週間で脳が若返る本」 保健同人社 2007
Small, Hugh スモール, ヒュー
　1943～ 著「ナイチンゲール神話と真実」 みすず書房 2003
Small, Ian スモール, イアン
　著「ヒューマンインターフェースの発想と展開」 ピアソン・エデュケーション 2002
Small, Jim スモール, ジム
　1961～ 国アメリカ MLBアジア副社長, MLBジャパン・マネージング・ディレクター
Small, Lass スモール, ラス
　著「君はぜったい僕のもの」 ハーレクイン 2014
Smallbone, Stephen W. スモールボン, スティーヴン・W.
　著「性犯罪者の治療と処遇」 日本評論社 2010
Smalley, Art スモーリー, アート
　著「トヨタ生産方式にもとづく「ちょろ引き」で生産管理を改革しよう!!」 日刊工業新聞社 2006
Smalley, Gary スモーリー, ゲーリー
　著「愛のことば」 ファミリーネットワーク 2002
Smalley, R.E. スモーリー, R.E.
　著「知の歴史」 徳間書店 2002
Smalley, Richard Errett スモーリー, リチャード
　1943～2005 国アメリカ 化学者 ライス大学教授・ナノスケール科学技術センター所長 他C60, 超伝導, ナノチューブ 他スモーリー, リチャード・アーレット
Smallin, Donna スモーリン, ドナ
　1960～ 著「イケイケ・ライフからシンプル＆スローライフへ」 ヴォイス 2002
Smalling, Chris スモーリング, クリス
　国イングランド サッカー選手
Smallman, Steve スモールマン, スティーブ
　著「ぼくができること」 草炎社 2006
Smallwood, John スモールウッド, ジョン
　著「アレン・アイバーソン自伝」 イースト・プレス 2007
Smallwood, K.Shawn スモールウッド, K.ショーン
　著「風力発電が鳥類に及ぼす影響の調査マニュアル」 日本野鳥の会 2009

Smallwood, Vicki スモールウッド, ヴィッキー
 㽞「ホームベーカリーで作るパンとお菓子100のレシピ」 産調出版 2005
Smallwood, Wendell スモールウッド, ウェンデル
 㽢アメリカ アメフト選手
Smallwood, W.Norman スモールウッド, ノーム
 㽞「組織能力の経営論」 ダイヤモンド社 2007
Smart, Andrew スマート, アンドリュー
 㽞「できる人はダラダラ上手」 草思社 2014
Smart, Jacob E. スマート, ジェイコブ
 1909〜2006 㽢アメリカ 軍人 空軍大将, 在日米軍司令官 本名＝スマート, ジェイコブ・エドワード〈Smart, Jacob Edward〉 㽲スマート, ジェイコブ・E. / スマート, ジャコブ
Smart, Jean スマート, ジーン
 エミー賞 プライムタイム・エミー賞 最優秀助演女優賞（コメディシリーズ）（第60回（2008年）） "Samantha Who ?"
Smart, John Ferguson スマート, ジョン・ファーガソン
 㽞「Jenkins」 オライリー・ジャパン, オーム社（発売） 2012
Smart, Keeth スマート
 㽢アメリカ フェンシング選手
Smart, Keith スマート, キース
 㽢アメリカ メンフィス・グリズリーズアシスタントコーチ（バスケットボール）
Smart, Marcus スマート, マーカス
 㽢アメリカ バスケットボール選手
Smart, Michelle スマート, ミシェル
 㽞「無垢なカナリアと王子」 ハーパーコリンズ・ジャパン 2016
Smart, Nigel Paul スマート, ナイジェル・P.
 1967〜 㽞「楕円曲線暗号」 ピアソン・エデュケーション 2001
Smart, Ninian スマート, ニニアン
 1927〜2001 㽢イギリス 宗教学者 ランカスター大学名誉教授, カリフォルニア大学サンタバーバラ校名誉教授, 米国宗教学会会長
Smart, Peter スマート, ピーター
 㽞「公共部門における人的資源管理」 日本都市センター 2012
Smear, Pat スミアー, パット
 グラミー賞 最優秀ロック楽曲（2013年（第56回）） "Cut Me Some Slack"
Smedins, Janis スメディンス, ヤニス
 㽢ラトビア ビーチバレー選手 㽲シュメディンシュ
Smedley, Jenny スメドリー, ジェニー
 㽞「天使のノート」 徳間書店 2012
Smee, Nicola スミー, ニコラ
 㽞「りんりんはしろ！」 評論社 2009
Smee, Sebastian スミー, セバスチャン
 㽞「ルシアン・フロイド」 Taschen c2008
Smeekens, Jan スメーケンス
 㽢オランダ スピードスケート選手
Smeeth, Liam スミース, ライアム
 㽞「エビデンス眼科」 銀海舎 2004
Smeets, Marie-Luise スメーツ, マリー・ルイーゼ
 㽢ドイツ 元・デュッセルドルフ市長
Smeijers, Fred スメイヤーズ, フレット
 㽞「カウンターパンチ」 武蔵野美術大学出版局 2014
Smeijsters, Henk スメイスターズ, ヘンク
 㽞「心理療法としての音楽療法」 ヤマハミュージックメディア 2006
Smelianskiĭ, Anatoliĭ M. スメリャンスキー, アナトーリー
 1942〜 㽞「モスクワ芸術座の人々」 水声社 2013
Smelser, Neil J. スメルサー, ニール・J.
 1930〜 㽞「変動の社会学」 ミネルヴァ書房 2015
Smelter, DeAndre スメルター, ディアンドレ
 㽢アメリカ アメフト選手
Smendzianka, Regina スメンジャンカ, レギナ
 1924〜 㽞「ショパンをどのように弾きますか？」 ヤマハミュージックメディア 2009
Smercek, Boris von スメルチェック, ボリス・フォン
 1968〜 㽢ドイツ 作家 㽭スリラー 筆名＝ネストル, トム〈Nestor, Tom〉, エマーソン, トム〈Emerson, Tom〉
Smerkolj, Alenka スメルコル, アレンカ
 㽢スロベニア 開発・戦略事業・結束担当相
Smet, Kathleen スメット
 㽢ベルギー トライアスロン選手
Smet, Marian De スメット, マリアン・デ
 1976〜 㽞「ふたつのおうち」 朝日学生新聞社 2011
Smetana, Gerald W. スメタナ, ジェラルド
 㽞「聞く技術」 日経BP社, 日経BPマーケティング（発売） 2013

Smethurst, Mae J. スメサースト, M.J.
 1935〜 㽞「ギリシア悲劇と能における「劇展開」」 共同利用・共同研究拠点「能楽の国際・学際的研究拠点」 2014
Smethurst, Richard J. スメサースト, リチャード・J.
 㽞「高橋是清」 東洋経済新報社 2010
Smetov, Yeldos スメトフ, エルドス
 㽢カザフスタン 柔道選手
Smeyers, Paul スメイヤー, ポール
 1953〜 㽞「エビデンスに基づく教育政策」 勁草書房 2013
Smick, David M. スミック, デービッド
 1953〜 㽢アメリカ 金融コンサルタント 㽭国際金融 㽲スミック, デビッド
Smidova, Lenka シュミドバ
 㽢チェコ セーリング選手
Smidt, N. スミド, N.
 㽞「鍼のエビデンス」 医道の日本社 2009
Smidt, Sandra シュミット, サンドラ
 1943〜 㽞「幼児教育入門」 明石書店 2014
Smight, Jack スマイト, ジャック
 1925〜2003 㽢アメリカ 映画監督
Smigun, Kristina スミグン, クリスチナ
 1977〜 㽢エストニア 元スキー選手 本名＝スミグン・ヴァヒ, クリスチナ〈Šmigun-Vähi, Kristina〉
Smil, Vaclav シュミル, バーツラフ
 1943〜 㽲スミル, バーツラフ 㽞「エネルギーの不都合な真実」 エクスナレッジ 2012
Smiles, Sam スマイルズ, サム
 㽞「ターナー」 ブリュッケ, 星雲社（発売） 2013
Smiley, Ben スマイリー, ベン
 㽞「カーズ」 うさぎ出版, インフォレスト（発売） 2009
Smiley, Jane スマイリー, ジェーン
 1944〜 㽞「コンピュータに記憶を与えた男」 河出書房新社 2016
Smillie, Ian スマイリー, イアン
 㽞「貧困を救うテクノロジー」 イースト・プレス 2015
Smirnov, A. スミルノフ, アレクサンドル
 1965〜 㽞「ドン河の戦い」 大日本絵画 2004
Smirnov, Alexander スミルノフ, アレクサンドル
 1984〜 㽢ロシア フィギュアスケート選手 㽲スミルノルフ
Smirnov, Alexey スミルノフ
 㽢ロシア 卓球選手
Smirnov, Sergei Georgievich スミルノフ, S.G.
 㽞「面積・体積・トポロジー」 海鳴社 2007
Smirnov, Stanislav スミルノフ, スタニスラフ
 㽢ロシア フィールズ賞（2010年）
Smirnov, Vitaliĭ スミルノフ, ヴィタリー
 1935〜 㽢ロシア 国際オリンピック委員会（IOC）委員, ロシアオリンピック委員会名誉会長 本名＝Smirnov, Vitaliĭ Georgiyevich 㽲スミルノフ, ビタリー
Smirnov, Yuriy スミルノフ, ユーリー
 㽢ウクライナ 内相
Smirnova, Elena A. スミルノヴァ, エレーナ・A.
 㽞「食品の機能性表示と世界のレギュレーション」 薬事日報社 2015
Smirnova, Olga スミルノワ
 㽢カザフスタン レスリング選手
Smirnova, Sveta スミルノヴァ, スヴェータ
 㽞「MySQLトラブルシューティング」 オライリー・ジャパン, オーム社（発売） 2012
Smit, Barbara スミット, バーバラ
 1968〜 㽞「アディダスvsプーマ」 武田ランダムハウスジャパン 2010
Smit, Gretha スミット
 㽢オランダ スピードスケート選手
Smit, Heinrich シュミット, ハインリッヒ
 㽢ナミビア ラグビー選手
Smit, Henk シュミット, ヘンク
 㽞「変革の陥穽」 東洋経済新報社 2001
Smit, John スミット, ジョン
 1978〜 㽢南アフリカ 元ラグビー選手
Smit, Noëlle スミット, ノエレ
 㽞「ショッピングカートのぼうけん」 徳間書店 2016
Smit, Sven スミット, スヴェン
 1966〜 㽞「マッキンゼー式最強の成長戦略」 エクスナレッジ 2009
Smith, Aaron スミス, アーロン
 㽢ニュージーランド ラグビー選手

Smith, Adam スミス, アダム
　国イングランド　サッカー選手
Smith, Adam スミス, アダム
　著「ビートルズを歩こう！」プロデュース・センター出版局　2009
Smith, Alan スミス, アラン
　著「バリュー・プロポジション・デザイン」翔泳社　2015
Smith, Alastair スミス, アラスター
　1967～　著「独裁者のためのハンドブック」亜紀書房　2013
Smith, Aldon スミス, オルドン
　国アメリカ　アメフト選手
Smith, Alex スミス, アレックス
　国アメリカ　アメフト選手
Smith, Alexander McCall スミス, アレクサンダー・マッコール
　1948～　法学者, 作家　枝スミス, アレグザンダー・マコール
Smith, Ali スミス, アリ
　1962～　国イギリス　作家
Smith, Anabelle スミス, アナベル
　国オーストラリア　水泳選手　枝スミス
Smith, Andre スミス, アンドレ
　国アメリカ　アメフト選手
Smith, Andrea Claire Harte スミス, アンドレア・クレア・ハート
　著「食べ物の安全と農業」小峰書店　2004
Smith, Andrew スミス, アンドリュー
　著「月の記憶」ソニー・マガジンズ　2006
Smith, Andrew スミス, アンドルー
　国イギリス　雇用・年金相
Smith, Andrew F. スミス, アンドリュー・F.
　著「周術期コミュニケーション技法」メディカル・サイエンス・インターナショナル　2012
Smith, Andrew F. スミス, アンドルー・F.
　1946～　著「砂糖の歴史」原書房　2016
Smith, Andy スミス, アンディ
　1968～　著「ドラゴンフライエフェクト」翔泳社　2011
Smith, Andy スミス, アンディ
　1979～　著「スポーツと薬物の社会学」彩流社　2014
Smith, Anna Nicole スミス, アンナ・ニコル
　1967～2007　国アメリカ　女優, モデル　本名＝マーシャル, ヴィッキー・リン〈Marshall, Vickie Lynn〉
Smith, Anne スミス, アン
　著「Cisco CallManager設定ガイド」ソフトバンクパブリッシング　2003
Smith, Anne スミス, アン
　著「日本」大日本絵画　〔2014〕
Smith, Anne Fielding スミス, A.F.
　著「地理学の諸課題と分析手法」古今書院　2001
Smith, Ann W. スミス, アン・W.
　1950～　著「アダルト・チルドレンの子どもたち」誠信書房　2005
Smith, Anthony D. スミス, アントニー・D.
　著「選ばれた民」青木書店　2007
Smith, Anthony Donald スミス, A.D.
　1926～　著「キャンベル・スミス図解生化学」西村書店　2005
Smith, Antone スミス, アントーン
　国アメリカ　アメフト選手
Smith, A.Robert スミス, A.ロバート
　1925～　著「エドガー・ケイシー奇跡の生涯」中央アート出版社　2003
Smith, Arthur Henderson スミス, アーサー・H.
　著「中国人的性格」中央公論新社　2015
Smith, Audrey B. スミス, オードリー・B.
　著「「AP」方式による次世代リーダーの発掘と集中的育成」ダイヤモンド社　2006
Smith, Ben スミス, ベン
　国ニュージーランド　ラグビー選手
Smith, Benson スミス, ベンソン
　著「あなたのなかにあるセールスの才能」日本経済新聞社　2004
Smith, Bill スミス, ビル
　著「ビリー・ジョエル・ストーリー」扶桑社　2008
Smith, Bison スミス, バイソン
　？～2011　国プエルトリコ　プロレスラー　本名＝スミス, マーク〈Smith, Mark〉
Smith, Bob スミス, ボブ
　1957～　著「ヤフー」三修社　2004
Smith, Bob スミス, ボブ
　1995～　著「ほめて伸ばそうアスペルガーの子」東京書籍　2009
Smith, Bobbie スミス, ボビー
　1936～2013　国アメリカ　歌手　本名＝Smith, Robert Steel
Smith, Brad スミス, ブラッド
　国アメリカ　法律家, 実業家　マイクロソフト社長・CLO
Smith, Brad スミス, ブラッド
　国オーストラリア　サッカー選手
Smith, Brad J. スミス, ブラッド
　著「明日なき報酬」講談社　2002
Smith, Brendan スミス, ブレンダン
　国アイルランド　農水・食料・司法・法改革相
Smith, Bryan スミス, ブライアン
　著「学習する学校」英治出版　2014
Smith, Bubba スミス, ババ
　1945～2011　国アメリカ　アメフト選手, 俳優　本名＝Smith, Charles Aaron
Smith, Caleb スミス, ケイレブ
　国アメリカ　野球選手
Smith, Carl スミス, カール
　1946～　著「パールハーバー1941」大日本絵画　2009
Smith, Carl H. スミス, カール
　1950～　著「計算論への入門」ピアソン・エデュケーション　2002
Smith, Carol J. スミス, キャロル・J.
　著「基本がわかるビジュアル聖書ガイド」いのちのことば社　2015
Smith, Carolyn S. スミス, キャロリン・S.
　1965～　著「女性のためのランニング学」ガイアブックス　2014
Smith, Carrie スミス, カリー
　国オーストラリア　セーリング選手
Smith, Carson スミス, カーソン
　国アメリカ　野球選手
Smith, Chad スミス, チャド
　1962～　国アメリカ　ロック・ドラマー
Smith, Cheryl Ann スミス, シェリル・アン
　著「令嬢は娼婦のふりをする」オークラ出版　2013
Smith, Chris スミス, クリス
　国アメリカ　野球選手
Smith, Chris スミス, クリス
　国アメリカ　アメフト選手
Smith, Chris スミス, クリス
　国イギリス　文化・メディア・スポーツ相
Smith, Chris スミス, クリス
　1947～　著「ひとつのみやこふたりのきょうだい」日本キリスト教団出版局　2010
Smith, Chuck スミス, チャック
　著「聖霊について教えてください」プリズム社　2002
Smith, C.J. スミス, C.J.
　国アメリカ　アメフト選手
Smith, Claydes スミス, クレイデス
　1948～2006　国アメリカ　ミュージシャン
Smith, Conrad スミス, コンラッド
　国ニュージーランド　ラグビー選手
Smith, Cornelius Alvin スミス, コーネリアス・アルビン
　国バハマ　観光・民間航空相
Smith, Cynthia E. スミス, シンシア・E.
　著「世界を変えるデザイン」英治出版　2015
Smith, Cynthia J. スミス, シンシア・J.
　著「名門アーサーアンダーセン消滅の軌跡」シュプリンガー・フェアラーク東京　2003
Smith, Dan スミス, ダン
　著「世界紛争・軍備地図」ゆまに書房　2003
Smith, Dan スミス, ダン
　1970～　著「ビッグゲーム」竹書房　2015
Smith, Daniel スミス, ダニエル
　国オーストラリア　水泳選手
Smith, Daniel スミス, ダニエル
　著「スナッチ・ザ・スケッチ」産業編集センター　2001
Smith, Daniel スミス, ダニエル
　1976～　著「シャーロック・ホームズ完全ナビ」国書刊行会　2016
Smith, Danna スミス, ダナ
　著「北極の宝もの」あすなろ書房　2016
Smith, Darryl スミス, ダリル
　国トリニダード・トバゴ　スポーツ・青少年相
Smith, Daryl スミス, ダリル
　国アメリカ　アメフト選手

Smith, Dave スミス, デイヴ
1940〜 ㈲「Disney A to Z」ぴあ 2008
Smith, Dave スミス, デイヴ
㈲「Androidプログラミングレシピ」インプレスジャパン, インプレスコミュニケーションズ（発売） 2013
Smith, Dave スミス, デーヴ
㈲「サッカー上達マニュアル」産調出版 2001
Smith, Dave スミス, デーブ
1955〜2008 ㉞アメリカ 野球選手 本名＝Smith, David Stanley ㉟スミス, デイヴ
Smith, David スミス, デイビッド
1961〜 ㈲「株式公開へのロードマップ」ダイヤモンド社 2008
Smith, David Alexander スミス, デービッド・アレクサンダー
？〜2008 ㉞ジャマイカ ダンサー, 振付師
Smith, David Julian スミス, デビッド・J.
1944〜 ㉟スミス, デヴィッド・J. ㈲「もしも地球がひとつのリンゴだったら」小峰書店 2016
Smith, David Livingston スミス, デイヴィッド・リヴィングストン
1953〜 ㈲「うそつきの進化論」日本放送出版協会 2006
Smith, Dean スミス, ディーン
1931〜2015 ㉞アメリカ バスケットボール監督 ノースカロライナ大学バスケットボール部ヘッドコーチ 本名＝Smith, Dean Edwards
Smith, Dean Wesley スミス, ディーン・ウェズリー
㉟スミス, ディーン・ウエスレー ／ スミス, ディーン・ウェズレイ ㈲「シャーロック・ホームズのSF大冒険」河出書房新社 2006
Smith, Debbi スミス, デビィ
㈲「太陽・水素エネルギーがよく分かる本」西田書店 2002
Smith, Deborah スミス, デボラ
1955〜 ㈲「めぐり逢う時はふたたび」集英社 2003
Smith, Deborah Takiff スミス, デボラ・T.
㈲「農業経営管理論」農林統計協会 2003
Smith, Dennis スミス, デニス
㉞アメリカ バスケットボール選手
Smith, Dennis L. スミス, D.L.
㈲「18年めの奇跡」光文社 2004
Smith, Derek Alan スミス, D.A.
1970〜 ㈲「四元数と八元数」培風館 2006
Smith, Derrick スミス, デリック
㉞ジャマイカ 鉱業・電気通信相
Smith, Derron スミス, デロン
㉞アメリカ アメフト選手
Smith, Devin スミス, デビン
㉞アメリカ アメフト選手
Smith, Diane Shader スミス, ダイアン・シェーダー
㈲「私が指輪をはずす夜」竹書房 2005
Smith, Dick スミス, ディック
1922〜2014 ㉞アメリカ メイクアップ・アーティスト 本名＝Smith, Richard Emerson
Smith, D.James スミス, D.ジェームズ
アメリカ探偵作家クラブ賞 ジュヴナイル賞(2006年) "The Boys of San Joaquin"
Smith, D'Joun スミス, ディジョン
㉞アメリカ アメフト選手
Smith, Dominic スミス, ドミニク
㉞アメリカ 野球選手
Smith, Donald E.P. スミス, ドナルド
㈲「つい、怒ってしまう人の心理学」ダイヤモンド社 2005
Smith, Donovan スミス, ドノバン
㉞アメリカ アメフト選手
Smith, Douglas K. スミス, ダグラス・K.
1949〜 ㈲「いかに「高業績チーム」をつくるか」ダイヤモンド社 2005
Smith, Dreamius スミス, ドリーミアス
㉞アメリカ アメフト選手
Smith, Duncan スミス, ダンカン
㈲「どうくつのたからさがし」大日本絵画 〔2009〕
Smith, Dwight, Jr. スミス, ドワイト, Jr.
㉞アメリカ 野球選手
Smith, Dwight Moody スミス, D.M.
㈲「ヨハネ福音書の神学」新教出版社 2002
Smith, Edward E. スミス, E.E.
㉟スミス, エドワード・E. ㈲「ヒルガードの心理学」ブレーン出版 2005
Smith, Elaine C. スミス, エレイン・C.
㈲「Tokyo Joe」講談社 2008
Smith, Elizabeth A.T. スミス, エリザベス・A.T.
1958〜 ㈲「ケース・スタディ・ハウス」Taschen c2006
Smith, Elliott スミス, エリオット
？〜2003 ㉞アメリカ シンガーソングライター 本名＝スミス, スティーブン・ポール〈Smith, Steven Paul〉
Smith, Emily スミス, エミリー
㈲「ロボママ」文研出版 2005
Smith, Emily T. スミス, エミリー・T.
㈲「森林ビジネス革命」築地書館 2002
Smith, Emmitt スミス, エミット
1969〜 ㉞アメリカ 元アメフト選手 本名＝Smith, Emmitt James Ⅲ
Smith, Eric スミス, エリック
1962〜 ㈲「ママのかわいいこざるちゃん」大日本絵画 2007
Smith, Evan スミス, エバン
㉞アメリカ アメフト選手
Smith, Evelyn E. スミス, イーヴリン・E.
㈲「ミス・メルヴィルの決闘」早川書房 2005
Smith, Fanny スミス
スイス フリースタイルスキー選手
Smith, Felipe スミス, フェリーペ
1978〜 ㈲「MBQ」ソフトバンククリエイティブ 2009
Smith, Fenella スミス, フェネラ
㈲「ゆる犬図鑑」飛鳥新社 2015
Smith, Fiona スミス, フィオナ
㈲「106ベジタリアン」ガイアブックス, 産調出版（発売） 2011
Smith, Frank スミス, フランク
1928〜 ㈲「なぜ、学んだものをすぐに忘れるのだろう？」大学教育出版 2012
Smith, Frederick E. スミス, フレデリック
1919〜2012 ㉞イギリス 作家 本名＝Smith, Frederick Escreet ㉟スミス, フレデリック・E.
Smith, Garrison スミス, ギャリソン
㉞アメリカ アメフト選手
Smith, Gary スミス
㉞イギリス トランポリン選手
Smith, Gary スミス, ゲイリー
1947〜 ㈲「ゲイリー・スミスの短期売買入門」パンローリング 2002
Smith, Gavin D. スミス, ギャビン・D.
㈲「ビールの歴史」原書房 2014
Smith, Gavin G. スミス, ギャビン・G.
1968〜 ㈲「天空の標的」東京創元社 2016
Smith, Geno スミス, ジーノ
㉞アメリカ アメフト選手
Smith, George Davey スミス, G.デイヴィー
㈲「現代イギリスの政治算術」北海道大学図書刊行会 2003
Smith, George David スミス, ジョージ・D.
㈲「なぜ、いま1世紀前の大企業家たちの知恵が必要なのか」きこ書房 2002
Smith, George Elwood スミス, ジョージ
1930〜 ㉞アメリカ 応用物理学者 ベル研究所超大規模集積回路装置部門責任者 ㉟スミス, ジョージ・E.
Smith, George Oliver スミス, ジョージ・O.
㈲「SFカーニバル」東京創元社 2012
Smith, Giles スミス, ジャイルズ
㈲「乳首のイエス様」ソニー・マガジンズ 2002
Smith, Giles スミス, ジャイルズ
㈲「ビートルズ世界証言集」ポプラ社 2006
Smith, Godfrey スミス, ゴドフリ
㉞ベリーズ 観光・情報・国家非常事態相 ㉟スミス, ゴッドフレイ
Smith, Gordon スミス, ゴードン
1962〜 ㈲「なぜ、悪いことが起こってしまうのか？」ナチュラルスピリット 2011
Smith, Graeme スミス
㉞イギリス 競泳選手
Smith, Graham スミス, グラハム
㈲「感応する環境」鹿島出版会 2011
Smith, Gráinne スミス, グレイン
1945〜 ㈲「モーズレイ・モデルによる家族のための摂食障害こころのケア」新水社 2008
Smith, Greg スミス, グレッグ
1978〜 ㈲「訣別ゴールドマン・サックス」講談社 2012
Smith, Gregory White スミス, グレゴリー・ホワイト

㊖「ファン・ゴッホの生涯」 国書刊行会 2016
Smith, Guy N. スミス, ガイ.N.
㊖「インスマス年代記」 学習研究社 2001
Smith, Hal L. スミス, ハル・L.
㊖「微生物の力学系」 日本評論社 2004
Smith, Hamilton Othanel スミス, ハミルトン
1931～ ㊔アメリカ 微生物学者 ジョンズ・ホプキンズ大学医学部名誉教授 ㊕分子生物学, 遺伝学
Smith, Harrison スミス, ハリソン
㊔アメリカ アメフト選手
Smith, Hayden スミス, ヘイデン
㊔アメリカ ラグビー選手
Smith, Hedrick スミス, ヘドリック
1933～ ㊖「誰がアメリカンドリームを奪ったのか？」 朝日新聞出版 2015
Smith, Helen Dunstan スミス, ヘレン・ダンスタン
㊖「ウィリアム・ド・モーガン」 ウィリアム・ド・モーガン出版委員会, 梧桐書院(発売) 2009
Smith, Henrik スミス, H.
㊖「ボーズ・アインシュタイン凝縮」 吉岡書店 2005
Smith, Howard K. スミス, ハワード
1914～2002 ㊔アメリカ ジャーナリスト, ニュースキャスター CBSキャスター, ABCキャスター
Smith, Howard S. スミス, ハワード・S.
㊖「21世紀のオピオイド治療」 メディカル・サイエンス・インターナショナル 2014
Smith, Huston スミス, ヒューストン
1919～ ㊖「忘れられた真理」 アルテ, 星雲社(発売) 2003
Smith, Hyrum W. スミス, ハイラム・W.
㊖「TQ」 ソフトバンククリエイティブ 2009
Smith, Ian スミス, イアン
㊖「アロマセラピーとマッサージのためのキャリアオイル事典」 視覚障害者支援総合センター 2002
Smith, Ian Douglas スミス, イアン・ダグラス
1919～2007 ㊔ジンバブエ 政治家 ローデシア首相, ジンバブエ保守同盟(CAZ)党首
Smith, Ish スミス, イシュ
㊔アメリカ バスケットボール選手
Smith, Jacqui スミス, ジャッキー
㊔イギリス 内相
Smith, Jacquies スミス, ジャッキーズ
㊔アメリカ アメフト選手
Smith, Jaden スミス, ジェイデン
1998～ ㊔アメリカ 俳優 本名=Smith, Jaden Christopher Syre
Smith, James スミス, ジェームズ
㊔バハマ 金融担当相
Smith, James Bryan スミス, ジェームズ・ブライアン
㊖「エクササイズ」 いのちのことば社 2016
Smith, Jane スミス
㊔イギリス 飛び込み選手
Smith, Jane Ellen スミス, ジェーン・エレン
㊖「アルコール依存のための治療ガイド」 金剛出版 2016
Smith, Janet Kiholm スミス, ジャネット・K.
㊖「アントレプレナー・ファイナンス」 中央経済社 2004
Smith, Janice Gorzynski スミス, ジャニス・グジュイニスキ
㊖「スミス基礎有機化学」 化学同人 2013
Smith, Jared スミス, ジェード
1975～ ㊖「Asterisk」 オライリー・ジャパン, オーム社(発売) 2006
Smith, Jared スミス, ジャレッド
㊔アメリカ アメフト選手
Smith, Jason スミス, J.
㊔アメリカ スノーボード選手
Smith, Jason スミス, ジェイソン
㊔アメリカ バスケットボール選手
Smith, Jason McColm マクスミス, ジェイソン
㊎スミス, ジェイソン・マク ㊖「エレメンタルデザインパターン」 ピアソン桐原 2012
Smith, Jaylon スミス, ジェイロン
㊔アメリカ アメフト選手
Smith, J.David スミス, J.デイヴィッド
1944～ ㊖「福祉が人を弄んだとき」 ミネルヴァ書房 2006
Smith, Jean スミス, ジーン
1938～ ㊖「やさしいヴィパッサナー瞑想入門」 春秋社 2003
Smith, Jeff スミス, ジェフ
㊔アメリカ ミネソタ・ツインズコーチ
Smith, Jeffrey スミス, ジェフリー
スターボード・バリューCEO兼最高投資責任者
Smith, Jeffrey M. スミス, ジェフリー・M.
㊖「偽りの種子」 家の光協会 2004
Smith, Jerry スミス, ジェリー
㊖「エドワード」 小学館 2008
Smith, Jerry E. スミス, ジェリー・E.
㊖「気象兵器・地震兵器・HAARP・ケムトレイル」 成甲書房 2010
Smith, Jessica スミス
㊔アメリカ ショートトラック選手
Smith, J.H. スミス, J.H.
㊔ガーナ 国防相
Smith, Jim B. スミス, ジム・B.
㊖「ラスト・ミッション」 麗沢大学出版会, 柏 広池学園事業部(発売) 2006
Smith, Jimmy スミス, ジミー
1925～2005 ㊔アメリカ ジャズ・オルガン奏者 本名=Smith, James Oscar
Smith, Jimmy スミス, ジミー
㊔アメリカ アメフト選手
Smith, Jiromi スミス, ジロミ
1956～ ㊖「空母ミッドウェイ」 光人社 2006
Smith, Jo スミス, ジョー
㊖「精神病早期介入」 日本評論社 2011
Smith, Joanne Huist スミス, ジョアン・フイスト
㊔アメリカ 作家 ㊕文学
Smith, Joe スミス, ジョー
㊔アメリカ 野球選手
Smith, John スミス, ジョン
㊔南アフリカ ボート選手
Smith, John スミス, ジョン
1961～ ㊖「ほめて伸ばそうアスペルガーの子」 東京書籍 2009
Smith, John Boulton スミス, ジョン・ボールトン
㊖「ムンク」 西村書店 2010
Smith, John G. スミス, ジョン・G.
㊖「米国特許実務ガイド」 東洋法規出版 2005
Smith, John Henry スミス, J.H.
㊖「マクロ人間工学」 日本出版サービス 2006
Smith, John L. スミス, ジョン・L.
1960～ ㊖「裸のラスベガス王」 柏書房 2002
Smith, Joseph スミス, ジョセフ
㊖「南アメリカ大陸歴史地図」 東洋書林 2001
Smith, Joseph Anthony スミス, ジョス・A.
1936～ ㊖「グレゴール・メンデル」 BL出版 2013
Smith, Josh スミス, ジョシュ
㊖「失われた恐竜をもとめて」 ソニー・マガジンズ 2003
Smith, J.R. スミス, JR
㊔アメリカ バスケットボール選手
Smith, Judy スミス, ジュディ
㊖「アイアンガー|ヨガ」 ガイアブックス 2016
Smith, Julie スミス, ジュリー
㊖「フィリップ・マーロウの事件」 早川書房 2007
Smith, Justine スミス, ジャスティン
㊖「わあくぶっく」 主婦の友社 2012
Smith, Karen Rose スミス, カレン・ローズ
㊖「王冠の行方」 ハーレクイン 2010
Smith, Karl A. スミス, K.A.
㊖「学生参加型の大学授業」 玉川大学出版部 2001
Smith, Katherine Allen スミス, キャサリン・アレン
1977～ ㊖「中世の戦争と修道院文化の形成」 法政大学出版局 2014
Smith, Kathryn スミス, キャスリン
1971～ ㊖「純血と牙の秘密」 ぶんか社 2010
Smith, Kathy スミス, キャシー
㊖「プロは語る。」 アスペクト 2005
Smith, Kay Nolte スミス, ケイ・ノルティ
㊖「ミニ・ミステリ100」 早川書房 2005
Smith, Keith スミス, キース
㊔アメリカ アメフト選手
Smith, Keith Cameron スミス, キース・キャメロン
㊖「人生のどんな局面でも前向きになれる10の法則」 アルファポリス, 星雲社(発売) 2014
Smith, Ken スミス, ケン
1958～ ㊖「誰も教えてくれない聖書の読み方」 晶文社 2001
Smith, Kennon M. スミス, ケノン・M.

[著]「インストラクショナルデザインとテクノロジ」 北大路書房 2013
Smith, Kevin スミス, ケヴィン
[著]「マイ・ファースト・ムービー」 フィルムアート社 2002
Smith, Kevin スミス, ケビン
[国]アメリカ アメフト選手
Smith, Kierra スミス, キエラ
[国]カナダ 水泳選手
Smith, Kurt W. スミス, クルト・W.
[著]「Cython」 オライリー・ジャパン, オーム社(発売) 2015
Smith, Lamar C. スミス, ラマー
[著]「成功する人の条件」 マグロウヒル・エデュケーション, 日本経済新聞出版社(発売) 2009
Smith, Lane スミス, レーン
1959～ [国]アメリカ イラストレーター, 絵本作家 [異]スミス, レイン
Smith, Larry E. スミス, ラリー・E.
[著]「世界の英語と社会言語学」 慶応義塾大学出版会 2013
Smith, Lauren スミス, ローレン
[著]「図解!!やりかた大百科」 パイインターナショナル 2011
Smith, Laurence C. スミス, ローレンス・C.
1967～ [著]「2050年の世界地図」 NHK出版 2012
Smith, Leah スミス, リア
[国]アメリカ 水泳選手
Smith, Lee スミス, リー
[国]アメリカ アメフト選手
S
Smith, Lisa J. スミス, L.J.
[著]「シークレット・サークル」 竹書房 2012
Smith, Louis スミス, ルイス
[国]イギリス 体操選手
Smith, Maggie スミス, マギー
1934～ [国]イギリス 女優 本名＝スミス, マーガレット・ナタリー〈Smith, Margaret Natalie〉
Smith, Maggie スミス, マギー
1965～ [著]「つまさきさん、おやすみ！」 光村教育図書 2015
Smith, Malcolm スミス, マルコム
[国]アメリカ アメフト選手
Smith, Malcolm スミス, マルコム
[著]「会計学の研究方法」 中央経済社 2015
Smith, Mallex スミス, マレックス
[国]アメリカ 野球選手
Smith, Manuel J. スミス, マニュエル・J.
[著]「「うまくいく人」の頭のいい話し方」 徳間書店 2005
Smith, Marc スミス, マーク
[著]「25のコンベンション」 日本コントラクトブリッジ連盟 2001
Smith, Marcus スミス, マーカス
[国]アメリカ アメフト選手
Smith, Mari スミス, マリ
1966～ [著]「Facebookマーケティング」 アスキー・メディアワークス, 角川グループパブリッシング(発売) 2011
Smith, Mark スミス, マーク
1956～ [著]「インターネット・ポリシー・ハンドブック」 日本図書館協会 2003
Smith, Mark スミス, マーク
[著]「組織変革のジレンマ」 ダイヤモンド社 2004
Smith, Mark スミス, マーク
[著]「アメリカ発オーガニックタバコと地球に優しい農業」 ワッカ, 新泉社(発売) 2009
Smith, Mark A. スミス, マーク
[著]「ザ・暗殺術」 第三書館 2002
Smith, Mark Allen スミス, マーク・アレン
[国]アメリカ 作家 [専]スリラー
Smith, Mark Eddy スミス, マーク・エディ
1967～ [著]「ナルニア国からの招き」 福音社, 芳賀町(栃木県) マルコーシュ・パブリケーション(発売) 2006
Smith, Martin Cruz スミス, マーティン・クルーズ
1942～ [国]アメリカ 作家 筆名＝クイン, サイモン〈Quinn, Simon〉
Smith, Martin J. スミス, マーティン・J.
[著]「人形の記憶」 新潮社 2003
Smith, Mary-Ann Tirone スミス, メアリ＝アン・T.
1944～ [異]スミス, メアリ・アン・T. [著]「かもめの叫びは聞こえない」 ソニー・マガジンズ 2005
Smith, Mel スミス, メル
1952～2013 [国]イギリス 映画監督, 喜劇俳優
Smith, Melanie K. スミス, メラニー K.
[著]「文化観光論」 古今書院 2009
Smith, Michael スミス, マイクル
1952～ [著]「キラー・エリート」 集英社 2009
Smith, Michael スミス, マイケル
[国]アメリカ アメフト選手
Smith, Michael スミス, マイケル
[国]アイルランド 国防相
Smith, Michael スミス, マイケル
1961～ [著]「ワールド・トリビア」 潮出版社 2005
Smith, Michael A. スミス, マイケル・A.
[著]「道徳の中心問題」 ナカニシヤ出版 2006
Smith, Michael B. スミス, マイケル・B.
1955～ [著]「コースブック意味論」 ひつじ書房 2014
Smith, Michael D. スミス, マイケル・D.
[著]「ディジタル・エコノミーを制する知恵」 東洋経済新報社 2002
Smith, Michael H. スミス, マイケル・H.
1969～ [著]「ファクター5」 明石書店 2014
Smith, Michael J. スミス, マイケル
[著]「プログラム評価入門」 梓出版社 2009
Smith, Michael Marshall スミス, マイケル・マーシャル
1965～ [異]スミス, マイカル・マーシャル [著]「みんな行ってしまう」 東京創元社 2005
Smith, Mickey C. スミス, ミッキー・C.
[著]「医薬品マーケティングの基本戦略」 日経BP社, 日経BP出版センター(発売) 2005
Smith, Mike スミス, マイク
1943～2008 [国]イギリス ミュージシャン 本名＝Smith, Michael George
Smith, Mike スミス, マイク
[国]アメリカ タンパベイ・バッカニアーズコーチ
Smith, Mike スミス, マイク
[著]「のせてのせて100かいだてのバス」 ポプラ社 2013
Smith, Mike スミス, マイク
[著]「最後の近衛戦士」 早川書房 2016
Smith, Miranda スミス, ミランダ
[著]「人間の体」 大日本絵画 2012
Smith, Mitchell Oakley スミス, ミッチェル・オークリー
[著]「アート/ファッションの芸術家たち」 ガイアブックス 2015
Smith, Monica L. スミス, モニカ・L.
[著]「古代インド」 BL出版 2014
Smith, Moyra スミス, モイラ
[著]「精神遅滞と発達の遅れ」 診断と治療社 2007
Smith, Murray スミス, マレー
[著]「アンサー」 エクスナレッジ 2009
Smith, Murray Charles Maurice スミス, マレー
[著]「もう一人の相続人」 文芸春秋 2001
Smith, Nate スミス, ネイト
[国]アメリカ 野球選手
Smith, Neil スミス, ニール
1954～2012 [著]「ジェントリフィケーションと報復都市」 ミネルヴァ書房 2014
Smith, Neilson Voyne スミス, ニール
1939～ [著]「ことばから心をみる」 岩波書店 2003
Smith, Nick スミス, ニック
[国]ニュージーランド 環境相兼住宅相
Smith, Nicky スミス, ニッキー
[著]「タイ・ヨーガマッサージ」 産調出版 2006
Smith, Nigel J.H. スミス, N.J.H.
1949～ [著]「恵みの洪水」 トークサロン・創造農学研究会 2001
Smith, Patricia スミス, パトリシア
アメリカ探偵作家クラブ賞 ロバート・L.フィッシュ賞(2013年) "When They Are Done With Us"
Smith, Patrick スミス, パトリック
[著]「子どもと家族の認知行動療法」 誠信書房 2013
Smith, Patti スミス, パティ
1946～ [国]アメリカ 詩人, ロック歌手 本名＝Smith, Patricia Lee
Smith, Paul スミス, ポール
1946～ [国]イギリス ファッションデザイナー 本名＝Smith, Paul Brierley
Smith, Paul スミス, ポール
[著]「ウルヴァリン」 ヴィレッジブックス 2013
Smith, Paul スミス, ポール
1978～ [著]「アレックス・ファーガソン」 ソフトバンククリエイティブ 2013

Smith, Paul スミス, ポール
1967～ ㊟「リーダーはストーリーを語りなさい」日本経済新聞出版社 2013
Smith, Penelope スミス, ペネロペ
㊟「あなたもペットと話ができる」学習研究社 2002
Smith, Penny スミス, ペニー
㊟「写真でみる世界の子どもたちの暮らし」あすなろ書房 2008
Smith, Pete スミス, ピート
㊟「友だちになろうよ、バウマンおじさん」あかね書房 2005
Smith, Peter B. スミス, ピーター・B.
㊟「リメイド・イン・アメリカ」中央大学出版部 2005
Smith, Peter Bevington スミス, P.B.
㊟「グローバル化時代の社会心理学」北大路書房 2003
Smith, Peter Charles スミス, ピーター・C.
1940～ ㊟「天空からの拳」PHP研究所 2009
Smith, Peter Daniel スミス, P.D.
1965～ ㊟「都市の誕生」河出書房新社 2013
Smith, Peter K. スミス, ピーター・K.
㊟スミス, P.K. ㊟「学校におけるいじめ」学事出版 2016
Smith, Peter Moore スミス, ピーター・ムーア
1965～ ㊟「もつれ」東京創元社 2004
Smith, Philip J. スミス, フィリップ・J.
トニー賞 特別賞(2011年(第65回))
Smith, Preston スミス, プレストン
㊁アメリカ アメフト選手
Smith, Preston G. スミス, プレストン・G.
㊟「実践・リスクマネジメント」生産性出版 2003
Smith, Quanterus スミス, クアンテラス
㊁アメリカ アメフト選手
Smith, Rae スミス, ラエ
トニー賞 プレイ 舞台デザイン賞(2011年(第65回))ほか
Smith, Ralph F. スミス, ラルフ
1953～ ㊟「バランスト・スコアカードの実践作法」生産性出版 2009
Smith, Ray スミス, レイ
㊁アメリカ バスケットボール選手
Smith, Richard スミス, リチャード
㊁アメリカ アトランタ・ファルコンズコーチ
Smith, Richard スミス, リチャード
㊟「エビデンスに基づく教育政策」勁草書房 2013
Smith, Richard Lester スミス, リチャード・L.
㊟「アントレプレナー・ファイナンス」中央経済社 2004
Smith, Rick スミス, リック
㊁イギリス ミュージシャン
Smith, Robert スミス
㊁イギリス 馬術選手
Smith, Robert スミス, ロバート
㊁アメリカ ビスタ・エクイティ・パートナーズCEO兼会長
Smith, Robert C. スミス, ロバート・C.
㊟「エビデンスに基づいた患者中心の医療面接」診断と治療社 2003
Smith, Robert D. スミス, ロバート・D.
1955～ ㊟「「これから」の人生を悔いなく生きる」サンマーク出版 2013
Smith, Robert Dean スミス, ロバート・ディーン
㊁アメリカ テノール歌手
Smith, Robert Kimmel スミス, ロバート・K.
㊟「チョコレート病になっちゃった!?」ポプラ社 2003
Smith, Robert Rowland スミス, ロバート・ローランド
㊟「ソクラテスと朝食を」講談社 2012
Smith, Robert William スミス, ロバート・W.
1952～ ㊟「ビジュアルハッブル望遠鏡が見た宇宙」日経ナショナルジオグラフィック社、日経BPマーケティング(発売) 2011
Smith, Rod スミス, ロッド
㊁アメリカ アメフト選手
Smith, Rod A. スミス, ロッド・A.
㊟「ソフトウェアの未来」翔泳社 2001
Smith, Rodney スミス, ロドニー
㊁アメリカ アメフト選手
Smith, Roger スミス, ロジャー
1960～ ㊁南アフリカ 作家 ㊙ミステリー、スリラー、ホラー 筆名=ワイルド、マックス〈Wilde, Max〉
Smith, Roger Bonham スミス, ロジャー
1925～2007 ㊁アメリカ 実業家 GM会長・CEO
Smith, Roland スミス, ローランド
1928～2003 ㊁イギリス 実業家、経済学者 ブリッティッシュ・エアロスペース(BAe)会長、マンチェスター大学名誉教授
Smith, Roland スミス, ローランド
1951～ ㊟「サーティーナイン・クルーズ」KADOKAWA 2013
Smith, Ron スミス, ロン
㊟「アメリカ潜水艦隊の戦い」元就出版社 2016
Smith, Ronald Austin スミス, ロナルド・オースチン
1936～ ㊟「カレッジスポーツの誕生」玉川大学出版部 2001
Smith, Ronald Edward スミス, ロナルド
1940～ ㊟「ジュニアスポーツの心理学」大修館書店 2008
Smith, Roy C. スミス, ロイ・C.
㊟「金融規制のグランドデザイン」中央経済社 2011
Smith, Rupert スミス, ルパート
1943～ ㊟「ルパート・スミス軍事力の効用」原書房 2014
Smith, Rusty スミス
㊁アメリカ ショートトラック選手
Smith, Rutger スミス
㊁オランダ 陸上選手
Smith, Ruth スミス, ルース
1947～ ㊟「チャールズ・ジェネンズ」聖公会出版 2005
Smith, Ryan スミス, ライアン
㊁アメリカ アメフト選手
Smith, Ryan スミス, ライアン
㊁アメリカ 起業家、クアルトリクス創業者
Smith, Sam スミス, サム
1992～ ㊁イギリス シンガー・ソングライター
Smith, Sandra Fucci スミス, サンドラ・F.
㊟「看護技術目でみる事典」西村書店 2006
Smith, Santee スミス, サンティー
㊁カナダ 振付師 カハーウィ・ダンスシアター主宰 ㊙コンテンポラリーダンス
Smith, Scott スミス, スコット
1965～ ㊟「ルインズ」扶桑社 2008
Smith, Sean スミス, ショーン
㊁アメリカ アメフト選手
Smith, Sean スミス, ショーン
㊟「J.K.ローリングその魔法と真実」メディアファクトリー 2001
Smith, Seth スミス, セス
㊁アメリカ 野球選手
Smith, Shaun スミス, ショーン
㊟「できない人ほど、データに頼る」ダイヤモンド社 2007
Smith, Sheila A. スミス, シーラ
㊁アメリカ 政治学者 米国外交問題評議会上級研究員 ㊙国際政治学、日本政治、外交政策
Smith, Shelley スミス, シュリー
㊁アメリカ アメフト選手
Smith, Sheridan スミス, シェリダン
ローレンス・オリヴィエ賞 プレイ 助演俳優賞(2012年(第36回))ほか
Smith, Shirley Ann スミス, シャーリー・アン
㊟「ホスピス・コンセプト」エルゼビア・ジャパン 2006
Smith, Sid スミス, シド
1957～ ㊟「クリムゾン・キングの宮殿」ストレンジ・デイズ 2007
Smith, Sidney J. スミス, シドニー・J.
㊟「ベスト・パートナーと結婚する101のルール」ベストセラーズ 2002
Smith, Smutty スミス, スマッティ
㊟「キャッツ・タッツ・カーズ・アンド・クリーパーズ」白夜書房 2002
Smith, Spencer スミス, スペンサー
㊟「ACT(アクセプタンス&コミットメント・セラピー)をはじめる」星和書店 2009
Smith, Stephen スミス, スティーブン
1955～ ㊁オーストラリア 政治家 ウェスタンオーストラリア教授 オーストラリア外相・国防相 ㊙国際法 本名=Smith, Stephen Francis
Smith, Stephen C. スミス, ステファン・C.
1955～ ㊟「トダロとスミスの開発経済学」ピアソン桐原 2010
Smith, Steve スミス, スティーヴ
㊟「ビジネス・シンク」日本経済新聞出版社 2009
Smith, Steve スミス, スティーブ
㊁アメリカ アメフト選手
Smith, Steve スミス, スティーブ
㊟「メディカル・ホメオパシー」ホメオパシー出版 2008
Smith, Steven M. スミス, スティーブン

Smith, Steven R. スミス, スティーブン・R.
㉘「創造的認知」森北出版 2013
㉘「NPOと政府」ミネルヴァ書房 2007
Smith, Suzi スミス, スージー
㉘「信じるチカラの、信じられない健康効果」ヴォイス 2015
Smith, Sydney スミス, シドニー
1980〜 ㉘「おはなをあげる」ポプラ社 2016
Smith, Sylvia スミス, シルヴィア
1945〜 ㉘「ミスアドヴェンチャー」長崎出版 2006
Smith, Taylor スミス, テイラー
？〜2007 ㉓アメリカ プロゴルファー ㉚スミス, テーラー
Smith, Taylor スミス, テイラー
㉘「沈黙の罪」ハーレクイン 2007
Smith, Telvin スミス, テルビン
㉓アメリカ アメフト選手
Smith, Terrance スミス, テレンス
㉓アメリカ アメフト選手
Smith, Terry E. スミス, テリー・E.
㉘「デリダ、脱構築を語る」岩波書店 2005
Smith, Tevaun スミス, テボーン
㉓アメリカ アメフト選手
Smith, Thomas A. スミス, トム
㉘「主体的に動く」ディスカヴァー・トゥエンティワン 2009
Smith, Thomas C. スミス, トマス・C.
㉘「近代日本の農村の起源」岩波書店 2007
Smith, Thomas E. スミス, トム・E.
㉘「楽しくチームビルディング」ラボ教育センター 2010
Smith, Thomas J. スミス, T.J.
㉘「マクロ人間工学」日本出版サービス 2006
Smith, Toby スミス, トビー
㉓オーストラリア ラグビー選手
Smith, Tom Rob スミス, トム・ロブ
1979〜 ㉓イギリス 作家 ㉒文学, フィクション, 探偵ミステリーほか
Smith, Torrey スミス, トレイ
㉓アメリカ アメフト選手
Smith, Tracy K. スミス, トレイシー・K.
1972〜 ㉓アメリカ ピュリッツァー賞 文学・音楽 詩（2012年）"Life on Mars"
Smith, Trecia スミス
㉓ジャマイカ 陸上選手
Smith, Tye スミス, タイー
㉓アメリカ アメフト選手
Smith, Tyron スミス, タイロン
㉓アメリカ アメフト選手
Smith, Valerie スミス, ヴァレリー
1956〜 ㉘「トニ・モリスン」彩流社 2015
Smith, Venetia Stanley スミス, ベニシア・スタンリー
㉘「ベニシアのバラのある暮らし」山と渓谷社 2013
Smith, Vernon L. スミス, バーノン
1927〜 ㉓アメリカ 経済学者 ジョージ・メーソン大学教授 ㉔実験経済学
Smith, Vince スミス, ヴィンス
1959〜 ㉘「ソフィーがいたころ」アーティストハウスパブリッシャーズ, 角川書店（発売）2004
Smith, Virginia Sarah スミス, ヴァージニア
㉘「清潔の歴史」東洋書林 2010
Smith, Webb スミス, ウエッブ
㉘「ピノキオ」竹書房 2003
Smith, Wendy スミス, ウェンディ
㉘「グローバル化するアジア系宗教」東方出版 2012
Smith, Wilbur A. スミス, ウィルバー・A.
1933〜 ㉘「ネプチューンの剣」ソニー・マガジンズ 2004
Smith, Wilbur L. スミス, ウィルバ・L.
㉘「虐待された子ども」明石書店 2003
Smith, Will スミス, ウィル
1968〜 ㉓アメリカ 俳優, ラップ歌手 本名＝Smith, Willard Christopher Ⅱ
Smith, Will スミス, ウィル
㉓アメリカ 野球選手
Smith, Willie スミス, ウィリー
グラミー賞 最優秀トラディショナル・ブルース・アルバム（2010年（第53回））"Joined At The Hip"
Smith, Willie スミス, ウイリー
㉓アメリカ アメフト選手
Smith, W.Leon スミス, レオン

㉘「わたしの息子はなぜイラクで死んだのですか」大月書店 2006
Smith, Za'Darius スミス, ザダリアス
㉓アメリカ アメフト選手
Smith, Zadie スミス, ゼイディー
1975〜 ㉓イギリス 作家 ㉒文学 本名＝Smith, Sadie
Smith Battle, Lee スミスバトル, リー
㉘「ベナー解釈的現象学」医歯薬出版 2006
Smithee, Alan スミシー, アラン
1946〜 ㉘「正しい日本人のススメ」宝島社 2014
Smither, Paul スミザー, ポール
㉘「オーガニックでここまでできる！」阪急コミュニケーションズ 2010
Smithies, Oliver スミシーズ, オリバー
1925〜 ㉓アメリカ 生体臨床医学者 ノースカロライナ大学医学部教授 ㉔ES細胞 ㉚スミジズ, オリバー／スミティーズ, オリバー
Smith-rivera, D'Vauntes スミス・リベラ, ドゥヴァンテス
㉓アメリカ バスケットボール選手
Smith-Serafin, Xanthe スミス・セラフィン, ザンティ
㉘「シンデレラ/眠りの森の美女」アイビーシーパブリッシング, 日本洋書販売（発売）2006
Smits, Gregory James スミッツ, グレゴリー
1960〜 ㉘「日米欧からみた近世日本の経済思想」岩田書院 2013
Smitten, Richard スミッテン, リチャード
㉘「世紀の相場師ジェシー・リバモア」角川書店 2001
Smitz, Paul スミッツ, ポール
㉘「ニュージーランド」メディアファクトリー 2004
S.M.Mohamed Idris モハメド・イドリス
1926〜 ㉘「アジアの眼」緑風出版 2003
Smoak, Justin スモーク, ジャスティン
㉓アメリカ 野球選手
Smochin, Afanasie スモキン, アファナシエ
㉓モルドバ 運輸・通信相
Smoker, Josh スモーカー, ジョシュ
㉓アメリカ 野球選手
Smolen, Michal スモレン, ミハル
㉓アメリカ カヌー選手
Smolenska, Barbara ソモレンスカ＝ジェリンスカ, バルバラ
㉘「ショパンの生涯」音楽之友社 2001
Smolensky, Michael スモレンスキー, マイケル
㉘「仕事、健康、人間関係 最高にうまくいくのは何時と何時？」幻冬舎 2003
Smolensky, Paul スモレンスキー, ポール
1955〜 ㉘「最適性理論」岩波書店 2008
Smoliga, Olivia スモリガ, オリビア
㉓アメリカ 水泳選手
Smolik, Kenneth F. スモリック, K.F.
㉘「CDMAセルラー移動通信システム」科学技術出版 2001
Smolin, Ann スモーリン, アン
㉘「自殺で遺された人たちのサポートガイド」明石書店 2007
Smolin, Lee スモーリン, リー
㉘「迷走する物理学」ランダムハウス講談社 2007
Smolinski, Jake スモリンスキー, ジェイク
㉓アメリカ 野球選手
Smoll, Frank L. スモール, フランク
㉘「ジュニアスポーツの心理学」大修館書店 2008
Smoller, Jordan W. スモラー, ジョーダン・W.
㉘「不安障害」日本評論社 2005
Smoltz, John スモルツ, ジョン
1967〜 ㉓アメリカ 元野球選手 本名＝Smoltz, John Andrew
Smolyakov, Sergey Vladimirovich スモリャコフ, セルゲイ・ウラジミロヴィッチ
㉓ロシア ギペリオン（出版社）社長, 露日友好協会（サンクトペテルブルク）理事
Smoot, George Fitzgerald Ⅲ スムート, ジョージ, 3世
1945〜 ㉓アメリカ 天体物理学者 カリフォルニア大学バークレー校教授 ㉔マイクロ波宇宙背景放射 ㉚スムート, ジョージ・F.
Smoot, Kendra スムート, ケンドラ
㉘「森と木とスプーン」クロニクルブックス・ジャパン, 徳間書店（発売）2016
Smoot, Seth スムート, セス
㉘「森と木とスプーン」クロニクルブックス・ジャパン, 徳間書店（発売）2016
Smotek, Connie スモテク

⦿アメリカ　射撃選手
Smout, T.Christopher　スマウト, T.C.
　㊗「スコットランド国民の歴史」原書房　2010
Smuin, Michael　スムイン, マイケル
　1938〜2007　⦿アメリカ　振付師
Smulders, Laura　スムルデルス, ラウラ
　⦿オランダ　自転車選手
Smullyan, Raymond M.　スマリヤン, レイモンド・M.
　1919〜　㊗「タオは笑っている」工作舎　2016
Smy, Pam　スマイ, パム
　㊗「十三番目の子」小学館　2016
Smylie, James Hutchinson　スマイリー, J.H.
　1925〜　㊗「長老教会の歴史」教文館　2006
Smyly, Drew　スマイリー, ドリュー
　⦿アメリカ　野球選手
Smyshlyaev, Alexandr　スミシリャエフ
　⦿ロシア　フリースタイルスキー選手
Smyth, Iain　スミス, イアン
　㊗「まいごのえんぜるちゃん」大日本絵画　〔2002〕
Smyth, Joshua M.　スミス, ジョシュア・M.
　㊗「筆記療法」北大路書房　2004
Smyth, Paul　スミス, ポール
　㊗「オーストラリアにおける社会政策」第一法規　2009
Smyth, Seamus　スミス, シェイマス
　㊗「名無しのヒル」早川書房　2004
Smythe, Elizabeth　スメイス, エリザベス
　㊗「あなたが患者を傷つけるとき」エルゼビア・ジャパン　2006
Smythe, Helen　スマイス, ヘレン
　㊗「帰ってきた星の王子さま」メディアファクトリー　2005
Smythe-davis, Nekoda　スミスデービス, ネコダ
　⦿イギリス　柔道選手
Snadden, Russ　スナッデン, ラス
　㊗「ブラックシックス」大日本絵画　2003
Snader, Jon C.　スネーダー, ジョン・C
　1944〜　㊗「TCP/IPプログラミング徹底解説」日経BP社, 日経BP出版センター（発売）　2001
Snaije, Olivia　スネージュ, オリヴィア
　㊗「パリの看板猫」青幻舎インターナショナル, 青幻舎（京都）（発売）　2016
Snair, Scott　スネア, スコット
　㊗「会議なんてやめちまえ！」早川書房　2003
Snaith, John G.　スネイス, ジョン・G.
　㊗「雅歌」日本キリスト教団出版局　2011
Snape, Steven R.　スネイプ, スティーヴン
　㊗「古代エジプト都市百科」柊風舎　2015
Snead, G.Lynne　スニード, G.リン
　㊗「PQプロジェクト・マネジメントの探究」キングベアー出版　2007
Snead, Sam　スニード, サム
　1912〜2002　⦿アメリカ　プロゴルファー　本名＝スニード, サミュエル・ジャクソン〈Snead, Samuel Jackson〉
Snead, Willie　スニード, ウイリー
　⦿アメリカ　アメフト選手
Sneddon, Tom　スネドン, トム
　1941〜2014　⦿アメリカ　検察官　本名＝Sneddon, Thomas William (Jr.)
Sneijder, Wesley　スナイデル, ウェスレイ
　1984〜　⦿オランダ　サッカー選手　㊙スナイダー, ウェスレイ／スナイデル, ウェズリー／スナイデル, ウェズリー／スナイデル, ヴェスレイ
Snel, Eline　スネル, エリーン
　1954〜　㊗「親と子どものためのマインドフルネス」サンガ　2015
Snell, BJ.　スネル, BJ.
　㊗「シアーズ博士夫妻のマタニティブック」主婦の友社　2014
Snell, Blake　スネル, ブレイク
　⦿アメリカ　野球選手
Snell, Bradford C.　スネル, ブラッドフォード・C.
　1946〜　㊗「クルマが鉄道を滅ぼした」緑風出版　2006
Snell, Kate　スネル, ケイト
　㊗「ダイアナ最後の恋」竹書房　2013
Snell, Martha E.　スネル, マーサ・E.
　㊗「子どものソーシャルスキルとピアサポート」金剛出版　2011
Snell, Richard S.　スネル, リチャード・S.
　㊗「スネル臨床解剖学」メディカル・サイエンス・インターナショナル　2002
Snell, Tony　スネル, トニー

⦿アメリカ　バスケットボール選手
Snellgrove, David L.　スネルグローヴ, デイヴィッド
　1920〜2016　㊗「チベット文化史」春秋社　2011
Snetsellar, Linda G.　スネトセラール, リンダ・G.
　㊗「食品・栄養・食事療法事典」産調出版, 産業調査会（発売）　2006
Snicket, Lemony　スニケット, レモニー
　⦿アメリカ　作家　⦿児童書, スリラー
Snider, Duke　スナイダー, デューク
　1926〜2011　⦿アメリカ　野球選手　本名＝スナイダー, エドウィン〈Snider, Edwin Donald〉
Snider, Stacey　スナイダー, ステイシー
　1961〜　⦿アメリカ　実業家　ドリームワークスSKG共同会長・CEO　ユニバーサル・ピクチャーズ会長・CEO　㊙シュナイダー, ステイシー
Snips, Wesley　スナイプス, ウェズリー
　1962〜　⦿アメリカ　俳優
Snith, Justin　スニス
　⦿カナダ　リュージュ選手
Snitker, Brian　スニッカー, ブライアン
　⦿アメリカ　アトランタ・ブレーブス監督
Snitow, Ann Barr　スニトウ, アン
　1943〜　㊙スニトウ, アンニ　㊗「ポルノと検閲」青弓社　2002
Snodgrass, Robert　スノッドグラス, ロバート
　⦿スコットランド　サッカー選手
Snodgrass, W.D.　スノッドグラス, W.D.
　1926〜2009　㊗「W.D.スノッドグラス詩集」港の人　2010
Snodgress, Carrie　スノッドグレス, キャリー
　1946〜2004　⦿アメリカ　女優　本名＝スノッドグレス, キャロライン〈Snodgress, Caroline〉
Snoeren, Rolf　スノエレン, ロルフ
　1969〜　⦿オランダ　ファッションデザイナー　ヴィクター＆ロルフ創業デザイナー　㊙スノラン, ロルフ
Snollaerts, Claire Durand-Ruel　スノレール, クレール・デュラン＝リュエル
　㊗「ピサロ」創元社　2014
Snoop Dogg　スヌープ・ドッグ
　⦿アメリカ　MTVアワード　最優秀ダンス・ビデオ（第23回（2006年））　"Buttons"
Snopkov, Nikolai G.　スノプコフ, ニコライ・G.
　⦿ベラルーシ　経済相
Snow, Alan　スノウ, アラン
　1959〜　㊗「だれも知らないサンタの秘密」大日本絵画　〔2010〕
Snow, Clyde　スノウ, クライド
　1928〜2014　⦿アメリカ　法医学者, 人類学者　本名＝Snow, Clyde Collins
Snow, Dean R.　スノウ, ディーン
　1940〜　㊗「古代のアメリカ」朝倉書店　2008
Snow, Dennis　スノー, デニス
　㊗「ディズニー・ワールドで私（わたし）が学んだ10のルール」実務教育出版　2010
Snow, Heather　スノウ, ヘザー
　㊗「甘美なる嘘」扶桑社　2014
Snow, Jack　スノー, ジャック
　1943〜2006　⦿アメリカ　アメフト選手
Snow, John　スノー, ジョン
　㊗「IELTSスペシャリストが教える総合対策」KADOKAWA　2016
Snow, John W.　スノー, ジョン
　1939〜　⦿アメリカ　実業家　サーベラス・キャピタル・マネジメント会長　米国財務長官, CSX会長・CEO
Snow, Nancy　スノー, ナンシー
　⦿アメリカ　カリフォルニア州立大学フラートン校教授　⦿国際関係論
Snow, Phoebe　スノウ, フィービ
　㊗「メモリーズ・オブ・ジョン」イースト・プレス　2006
Snow, Shane　スノウ, シェーン
　㊗「時間をかけずに成功する人コツコツやっても伸びない人」講談社　2016
Snow, Stephanie J.　スノー, ステファニー・J.
　㊗「我らに麻酔の祝福あれ」メディカル・サイエンス・インターナショナル　2013
Snow, Tony　スノー, トニー
　1955〜2008　⦿アメリカ　コラムニスト　米国大統領報道官
Snowden, Edward　スノーデン, エドワード
　1983〜　スノーデン事件　米国中央情報局（CIA）職員

Snowden, Paul スノードン, ポール
1946～ [異]スノードン, P. [著]「ヨーロッパ人の見た幕末使節団」講談社 2008
Snowdon, Brian スノードン, B.
[著]「マクロ経済学はどこまで進んだか」 東洋経済新報社 2001
Snowdon, David スノウドン, デヴィッド
[著]「100歳の美しい脳」 DHC 2004
Snowflower, Banbis スノーフラワー, バンビス
[著]「傷心のおくすり」 ロコモーションパブリッシング 2008
Snow-hansen, Paul スノーハンセン, ポール
[国]ニュージーランド セーリング選手
Snowling, Margaret J. スノウリング, マーガレット・J.
[著]「発達的視点からことばの障害を考える」 上智大学出版, ぎょうせい(発売) 2016
Snowsill, Emma スノーシル, エマ
[国]オーストラリア トライアスロン選手
Sntayehu, Weldemikael スンタイエフ・ウェルドミカエル
[国]エチオピア 教育相
Snyder, Blake スナイダー, ブレイク
1957～2009 [著]「SAVE THE CATの逆襲」 フィルムアート社 2015
Snyder, Bob スナイダー, ボブ
1946～ [著]「音楽と記憶」 音楽之友社 2003
Snyder, Brandon スナイダー, ブランドン
[国]アメリカ 野球選手
Snyder, Carolyn シュナイダー, C.
[著]「Webサイトユーザビリティ入門」 東京電機大学出版局 2002
Snyder, Chris シュナイダー, C.
[著]「ARISを活用したシステム構築」 シュプリンガー・フェアラーク東京 2005
Snyder, Christopher Allen スナイダー, クリストファー
1966～ [著]「図説アーサー王百科」 原書房 2002
Snyder, Cynthia Stackpole スナイダー, シンシア
1962～ [著]「PMBOKガイド・マニュアル」 鹿島出版会 2014
Snyder, Garth スナイダー, ガース
[異]シュナイダー, ガース [著]「UNIXシステム管理者ハンドブック」 ソフトバンクパブリッシング 2004
Snyder, Gary Sherman スナイダー, ゲーリー
1930～ [国]アメリカ 詩人 カリフォルニア大学デービス校名誉教授 [異]シュナイダー, ゲイリー / スナイダー, ゲアリー / スナイダー, ゲイリー
Snyder, Ilana スナイダー, イラーナ
1949～ [著]「教師とテクノ・リテラシー」 海文堂出版 2007
Snyder, Kevin スナイダー, ケビン
[国]アメリカ アメフト選手
Snyder, Kyle スナイダー, カイル
[国]アメリカ レスリング選手
Snyder, Laurel スナイダー, ローレル
1974～ [著]「スワン」 BL出版 2015
Snyder, Mariah スナイダー, マラヤ
[著]「ケアのなかの癒し」 看護の科学社 2016
Snyder, Maria V. スナイダー, マリア・V.
[国]アメリカ 作家 [専]ファンタジー, ロマンス
Snyder, Marlene スナイダー, マリーネ
[著]「オルヴェウス・いじめ防止プログラム」 現代人文社, 大学図書(発売) 2013
Snyder, Mary Gail スナイダー, メーリー・ゲイル
1964～ [著]「ゲーテッド・コミュニティ」 集文社 2004
Snyder, Midori スナイダー, ミドリ
世界幻想文学大賞 特別賞(ノンプロ)(2008年)
Snyder, Mike スナイダー, マイク
[著]「Microsoft Dynamics CRM 4.0徹底解説」 日経BPソフトプレス, 日経BP出版センター(発売) 2009
Snyder, Quin スナイダー, クイン
[国]アメリカ ユタ・ジャズヘッドコーチ(バスケットボール)
Snyder, Rachel Louise スナイダー, レイチェル・ルイーズ
[著]「放浪のデニム」 エクスナレッジ 2009
Snyder, Scott スナイダー, スコット
[著]「バットマン：エンドゲーム」 小学館集英社プロダクション 2016
Snyder, Scott A. スナイダー, スコット
[著]「ソロモンの新有機化学」 広川書店 2015
Snyder, Steven スナイダー, スティーヴン
1951～ [著]「芸術療法入門」 飛鳥企画, 角川書店(発売) 2002
Snyder, Timothy スナイダー, ティモシー
1969～ [著]「ブラックアース」 慶応義塾大学出版会 2016
Snyder, Tom スナイダー, トム
[著]「メモリーズ・オブ・ジョン」 イースト・プレス 2006
Snyder, William M. スナイダー, ウィリアム・M.
1956～ [著]「コミュニティ・オブ・プラクティス」 翔泳社 2002
Snyder, Window スナイダー, ウィンドゥ
[著]「脅威モデル」 日経BPソフトプレス, 日経BP出版センター(発売) 2005
Snyder, Zack スナイダー, ザック
1966～ [国]アメリカ 映画監督
Snyder-Mackler, Lynn スナイダー＝マクラー, リン
[著]「スポーツリハビリテーション」 西村書店 2006
Snyderwine, Elizabeth G. シュナイダーワイン, エリザベス・G.
[著]「環境医学入門」 中央法規出版 2003
So, Augusto Ussumane ソー, アウグスト・ウスマン
[国]ギニアビサウ 経済・財務相
So, Ji-sub ソ・ジソブ
1977～ [国]韓国 俳優 漢字名＝蘇志燮 [異]ソ・ジソプ
So, Man-sul ソ・マンスル
1927～2012 [国]北朝鮮 在日本朝鮮人総連合会(朝鮮総連)常任委員会議長, 北朝鮮最高人民会議代議員 漢字名＝徐萬述
So, Marie ソー, マリー
1979～ [著]「世界を変えるオシゴト」 講談社 2010
So, Meilo ソー, メイロ
[著]「きかせてアクア海のおはなし」 バベルプレス 2014
Soailihi, Mohamed Ali ソイリー, モハメド・アリ
[国]コモロ 副大統領兼財務・経済・予算・投資・貿易・民営化担当相
Soalablai, Sinton ソアラブライ, シントン
[国]パラオ 教育相
Soalaoi, Clay Forau ソアラオイ, クレイ・ファラウ
[国]ソロモン諸島 保健相
Soames, Mary ソームズ, メアリー
1922～2014 [国]イギリス チャーチル首相の娘
Soares, Bruno ソアレス, ブルノ
[国]ブラジル テニス選手 [異]ソアレス
Soares, Claudio ソアレス, クラウディオ
[著]「バッハ演奏と指導のハンドブック」 ヤマハミュージックメディア 2003
Soares, Dionisio Babo ソアレス, ディオニシオ・バボ
[国]東ティモール 官房担当調整相兼国家行政相
Soares, João ソアレス, ジョアン
[国]ポルトガル 文化相
Soares, Paul, Jr. ソアレス, ポール, Jr.
[著]「Minecraft公式コンバットハンドブック」 技術評論社 2016
Soares, Rinaldo Campos ソアレス, リナルド・カンポス
[国]ブラジル 在ベロ・オリゾンテ日本国名誉総領事, ミナス・ジェライス製鉄所代表取締役社長
Soares, Rui Figueiredo ソアレス, ルイ・フィゲイレド
[国]カボベルデ 外相
Soares, Thiago ソアレス, ティアゴ
1981～ [国]ブラジル バレエダンサー
Soares Marques, Antonio ソアレスマルケス, アントニオ
[国]サントメ・プリンシペ 厚生・スポーツ相
Prince **Sobandla** ソバンドラ王子
[国]スワジランド 内相
Sobek, Durward K. ソベック, デュワード
[著]「リーン製品開発方式」 日刊工業新聞社 2014
Sobel, Andrew Carl ソーベル, アンドリュー
1953～ [著]「パワー・クエスチョン」 阪急コミュニケーションズ 2013
Sobel, Dava ソベル, デーヴァ
[著]「経度への挑戦」 角川書店, 角川グループパブリッシング(発売) 2010
Sobel, David ソベル, デイヴィド
1949～ [著]「足もとの自然から始めよう」 日経BP社, 日経BP出版センター(発売) 2009
Sobel, David ソベール, デイビッド
[著]「慢性疾患自己管理ガイダンス」 日本看護協会出版会 2001
Sobel, David Stuart ソーベル, デイビッド
[著]「病気とともに生きる」 日本看護協会出版会 2008
Sobel, Paul J. ソベル, ポール・J.
[著]「監査人のためのリスクマネジメントガイド」 中央経済社 2007
Sobel, Robert ソーベル, ロバート
[著]「大企業の絶滅」 ピアソン・エデュケーション 2001
Sobenes, Marcia Roxana ソベネス, マルシア・ロクサナ

国グアテマラ　環境・天然資源相
Sober, Elliott　ソーバー, エリオット
　1948〜　著「科学と証拠」名古屋大学出版会　2012
Soberón Sanz, Vidal Francisco　ソベロン・サンス, ビダル・フランシスコ
　国メキシコ　海軍相
Sobhi, Ramadan　ソブヒ, ラマダン
　国エジプト　サッカー選手
Sobhi, Sedki　ソブヒ, シドキ
　国エジプト　国防相兼軍需産業相
Sobiech, Laura Ann　ソビアック, ローラ
　著「つらいのが僕でよかった」サンマーク出版　2015
Sobir, Hassan　ソビル, ハッサン
　国モルディブ　観光相
Sobirov, Rishod　ソビロフ, リショド
　国ウズベキスタン　柔道選手　愛ソビロフ
Sobol, Donald J.　ソボル, ドナルド
　1924〜2012　国アメリカ　児童文学作家
Sobol, Gordana　ソボル, ゴルダナ
　国クロアチア　無任所相
Sobolev, Sergey　ソボレフ, セルゲイ
　国ロシア　チャイコフスキー国際コンクール ピアノ 第4位（2007年（第13回））
Sobota, Heinz　ゾボタ, ハインツ
　1944〜　著「消せない記憶」レーヴック, 星雲社（発売）2009
Sobotka, Bohuslav　ソボトカ, ボフスラフ
　1971〜　国チェコ　政治家　チェコ首相
Sobotka, Dirk　ソボッカ, ダーク
　グラミー賞 最優秀録音技術アルバム（クラシック）（2010年（第53回））　"Daugherty: Metropolis Symphony, Deus Ex Machina"
Sobotka, Wolfgang　ソボトカ, ウォルフガング
　国オーストリア　内相
Sobral, Patrick　ソブラル, パトリック
　アングレーム国際漫画祭 子ども向け作品賞（2013年）"Les légendaires：origines"（T1）
Sobrato, Jamie　ソブラト, ジェイミー
　著「聖なる夜に愛されて」ハーレクイン　2011
Sobrato, John A.　ソブラト, ジョン
　国アメリカ　富豪
Sobrino, Javier　ソブリノ, ハビエル
　1960〜　国スペイン　児童文学作家, 小学校教師　愛ソブリーノ, ハビエル
Sobritchea, Carolyn Israel　ソブリチャ, キャロリン
　著「フィリピンにおける女性の人権尊重とジェンダー平等」御茶の水書房　2012
Sobyanin, Sergei　ソビャニン, セルゲイ
　1958〜　国ロシア　政治家　モスクワ市長　ロシア副首相　本名＝Sobyanin, Sergei Semenovich　愛ソビャーニン, セルゲイ / ソビャニン, セルゲイ・S.
*al-***Socatri, Awadh Saad**　スコトリ, アワド・サアド
　国イエメン　漁業相
Socha, Aleksandra　ソハ, アレクサンドラ
　国ポーランド　フェンシング選手
Socha, Jacek　ソハ, ヤチェク
　国ポーランド　理財相
Socino, Juan Pablo　ソシーノ, ファン・パブロ
　国アルゼンチン　ラグビー選手
Sock, Jack　ソック, ジャック
　国アメリカ　テニス選手
Socolovich, Miguel　ソコロビッチ, ミゲル
　国ベネズエラ　野球選手
Sócrates　ソクラテス
　1954〜2011　国ブラジル　サッカー選手, 医師　本名＝ソクラテス・ブラジレイロ・サンパイオ・ジ・ソウザ・ビエイラ・ジ・オリベイラ〈Sócrates Brasileiro Sampaio de Souza Vieira de Oliveira〉
Sócrates, José　ソクラテス, ジョゼ
　1957〜　国ポルトガル　政治家　ポルトガル首相　本名＝Sócrates Carvalho Pinto de Sousa, José
Sodeau, Michael　ソドウ, マイケル
　1969〜　国イギリス　家具デザイナー　愛ソドー, マイケル
Soden, Jack　ソーデン, ジャック
　著「マーケティングのジレンマ」ダイヤモンド社　2004
Söderbaum, Peter　セーデルバウム, ペーテル
　著「持続可能性の経済学を学ぶ」出版研, 人間の科学新社（発売）2010

Söderberg, Alexander　セーデルベリ, アレクサンデル
　1970〜　国スウェーデン　作家　愛ミステリー
Söderberg, David　ソーデルバリ, ダビド
　国フィンランド　陸上選手
Soderbergh, Steven　ソダーバーグ, スティーブン
　1963〜　国アメリカ　映画監督, 映画プロデューサー　愛ソダーバーグ, スティーブ / ソダーバーグ, スティーヴン
Södergren, Anders　セデルグレン, アンデシュ
　1977〜　国スウェーデン　スキー選手　本名＝Södergren, Hans Anders
Søderlind, Didrik　ソーデリンド, ディードリック
　「ブラック・メタルの血塗られた歴史」メディア総合研究所　2008
Söderman, Sten　ゼダーマン, ステン
　著「スポーツ・マネジメントとメガイベント」文真堂　2012
Soderquist, Don　ソーダクイスト, ドン
　著「ウォルマートの成功哲学」ダイヤモンド・フリードマン社, ダイヤモンド社（発売）2012
Söderqvist, Thomas　セデルキスト, トーマス
　「免疫学の巨人イェルネ」医学書院　2008
Söderström, Elisabeth Anna　セーデルシュトレーム, エリーザベト
　1927〜2009　国スウェーデン　ソプラノ歌手　ドロットニングホルム宮廷歌劇場芸術監督　愛セーデシュトレム, エリーザベト / セーデルシュトレーム, エリーザベト / セーデルストレーム, エリーザベト・アンナ
Sodnom, Dumaagiin　ソドノム, ドマーギーン
　国モンゴル　モンゴル日本関係促進協会会長, 元・閣僚会議議長, 元・大蔵大臣, 元・国家計画委員会会長官
Soeder, Christiane　ゼーダー
　国オーストリア　自転車選手
Soedergren, Anders　セデルグレン
　国スウェーデン　クロスカントリースキー選手
Soedomo　スドモ
　1926〜2012　国インドネシア　軍人, 政治家　インドネシア治安秩序回復作戦司令部司令官, インドネシア政治・治安調整相
Soemardjan, Selo　スマルジャン, セロ
　1915〜　著「インドネシア・改革闘争記」明石書店　2003
Soe Maung　ソー・マウン
　国ミャンマー　大統領府相
Soe Naing　ソー・ナイン
　国ミャンマー　ホテル・観光相
Soenarmo　スナルモ
　国インドネシア　居住・地域開発相
Soentpiet, Chris K.　スーンピート, クリス・K.
　著「ぼくが一番望むこと」新日本出版社　2010
Sõerd, Aivar　ソエルド, アイバル
　国エストニア　財務相
Soerensen, Frode　ソーレンセン, フローデ
　国デンマーク　税務相
Soerydjaya, William　スルヤジャヤ, ウィリアム
　1922〜2010　国インドネシア　実業家　アストラ・インターナショナル会長　中国名＝謝建隆〈Tjia, Kian-liong〉
Soesastro, Hadi　ソエサストロ, ハディ
　著「開発のための政策一貫性」明石書店　2006
Soesbee, Ree　ソーズビー, リー
　著「銀竜の騎士団」アスキー　2008
Soeteman, Gerard　ソエトマン, ジェラルド
　「ブラックブック」エンターブレイン　2007
Soe Tha　ソー・タ
　国ミャンマー　国家計画・経済開発相
Soe Thein　ソー・テイン
　国ミャンマー　大統領府相
Soe Win　ソー・ウィン
　1949〜2007　国ミャンマー　政治家, 軍人　ミャンマー首相, 大将
Soe Win　ソー・ウィン
　国ミャンマー　宗教相
*al-***Sofan, Ahmed Mohammed**　ソファン, アハメド・モハメド
　国イエメン　副首相兼計画・国際協力相
Soffer, Gilad　ソフェル, ギラド
　1968〜　「ヨナタンは名たんてい」光村教育図書　2014
Sofian, Ahmed　ソフィアン・アハメド
　国エチオピア　財務・経済開発相
Sofilas, Mark　ソフィラス, マーク
　1961〜　著「すすにまみれた思い出」金の星社　2003
Sof'in, Pavel　ソフィン

[国]ロシア　陸上選手
Sofjan, Wanandi　ソフィアン・ワナンディ
[国]インドネシア　副大統領首席専門補佐官(経済担当), 元・インドネシア経営者協会会長, 元・国民協議会議員
Sofronie, Nicoleta Daniela　ソフロニネ
[国]ルーマニア　体操選手
Sofsky, Wolfgang　ソフスキー, ヴォルフガング
1952～　[著]「安全の原理」 法政大学出版局　2013
Sofu, Stanley Festus　ソフ, スタンリー・フェスタス
[国]ソロモン諸島　警察・国家安全相
Sofyan, Djalil　ソフィアン・ジャリル
[国]インドネシア　国家開発企画庁長官
Soganci, Selda Marlin　ソーガンツィ, ゼルダ・マルリン
[著]「つばさをちょうだい」 フレーベル館　2008
Sogard, Eric　ソガード, エリック
[国]アメリカ　野球選手
Sogavare, Manasseh　ソガバレ, マナセ
1954～　[国]ソロモン諸島　政治家　ソロモン諸島首相　本名＝ソガバレ, マナセ・ダムカナ〈Sogavare, Manasseh Damukana〉
Sogbossi, Michel　ソボシ, ミシェル
[国]ベナン　農業・畜産・漁業相
Sogbossi Bocco, Bernard　ソボシボッコ, ベルナール
[国]ベナン　行政改革相
Soglo, Galiou　ソグロ, ガリウ
[国]ベナン　文化・識字教育相
Sogyal Rinpoche　ソギャル・リンポチェ
[著]「チベットの生と死の書」 講談社　2010
Sohi, Amarjeet　ソーヒ, アマルジート
[国]カナダ　インフラ・地域社会相
Sohier-Fournel, Anne　ソイエ＝フールネル, アンヌ
[異]ソイエ＝フルネル, アンヌ　[著]「ちょこっとクロスステッチ+800」 小学館　2013
Sohl, Jerry　ソール, ジェリー
1913～2002　[国]アメリカ　SF作家, 脚本家　本名＝Sohl, Gerald Allan
Sohlberg, Ragnhild　ゾルベルク, ランヒルト
[著]「科学技術とジェンダー」 明石書店　2004
Sohn, Amy　ソーン, エイミー
1973～　[国]アメリカ　作家, コラムニスト　[専]文学
Sohn, Anne-Marie　ソーン, アンヌ＝マリー
[著]「世界で一番美しい愛の歴史」 藤原書店　2004
Sohn, Hak-kyu　ソン・ハッキュ
1947～　[国]韓国　政治家, 政治学者　韓国民主党代表, 京畿道知事, 西江大学政治外交学科教授　漢字名＝孫鶴圭　[異]ソン・ハクキュ
Sohn, Ki-Sam　ソン・キサム
[国]韓国　元・在大韓民国日本国大使館現地職員　漢字名＝孫基三
Sohn, Kyung Shik　ソン・ギョンシク
[国]韓国　CJグループ代表理事会長, 元・大韓商工会議所会長　漢字名＝孫京植
Sohounhloue, Dominique　ソウンルー, ドミニク
[国]ベナン　技術・専門教育相
Soi, Edwin Cheruiyot　ソイ
[国]ケニア　陸上選手
Soilihi, Mohamed Ali　ソワリ, モハメド・アリ
[国]コモロ　副大統領兼財務・経済・予算・投資・貿易・民営化担当相　[異]ソイリヒ, モハメド・アリ
Soilihi, Said Abdallah Cheikh　ソイリヒ, サイド・アブダラ・シーク
[国]コモロ　教育・職業訓練・人権保護相
Soini, Timo　ソイニ, ティモ
[国]フィンランド　外相
Soinosa, Charles　スピノーサ, チャールズ
[著]「統合マーケティング戦略論」 ダイヤモンド社　2003
Soja　ソジャ
[国]マダガスカル　内務・行政改革相
Soja, Edward W.　ソジャ, エドワード・W.
[著]「第三空間」 青土社　2005
Sojo Garza-Aldape, Eduardo　ソホ・ガルサアルダペ, エドゥアルド
[国]メキシコ　経済相
Sokal, Alan D.　ソーカル, アラン
1955～　[著]「「知」の欺瞞」 岩波書店　2012
Sokambi, Aristide　ソカンビ, アリスティド
[国]中央アフリカ　エネルギー・水力相　[異]ソカンビ, アリスティッド
Sok An　ソク・アン
[国]カンボジア　副首相兼首相府相　[異]ソク・アン
Sokaya, Thabita　ショカヤ, タビータ
[国]スーダン　保健相
Sokhiev, Tugan　ソヒエフ, トゥガン
1977～　[国]ロシア　指揮者　ボリショイ劇場音楽監督, ボリショイ管弦楽団首席指揮者, ベルリン・ドイツ交響楽団首席指揮者・音楽監督, トゥールーズ・キャピトル管弦楽団首席指揮者・芸術監督
So Khun　ソー・クン
[国]カンボジア　郵政相　[異]ソー・クン
Sokin, Aaron　ソーキン, アーロン
1961～　[国]アメリカ　脚本家, 劇作家
Sokol, Julia　ソコル, ジュリア
[著]「口だけ男と夢みる女」 光文社　2003
Sokol, Kathy Arlyn　ソコル, キャシー・アーリン
[著]「ラスタ・タイム」 A‐Works　2012
Sokoli, Kristjan　ソコリ, クリスジャン
[国]アメリカ　アメフト選手
Sokolov, Aleksandr Rostislavovich　ソコロフ, アレクサンドル・ロスチスラヴォヴィチ
[国]ロシア　サンクトペテルブルク国立大学博物館学科教授, 元・ロシア国立歴史文書館館長, 元・サンクトペテルブルク国立大学歴史研究所古文書学科長
Sokolov, Alexander Sergeevich　ソコロフ, アレクサンドル・セルゲーヴィチ
[国]ロシア　チャイコフスキー記念国立モスクワ音楽院学長, 元・文化・マスコミ大臣　[異]ソコロフ, アレクサンドル・S.
Sokolov, Grigorii　ソコロフ, グリゴリー
1950～　[国]ロシア　ピアニスト　本名＝Sokolov, Grigorii Lipmanovich　[異]ソコロフ, グリゴーリ
Sokolov, Maxim Y.　ソコロフ, マクシム・Y.
[国]ロシア　運輸相
Sokolov, Sasha　ソコロフ, サーシャ
1943～　[著]「犬と狼のはざまで」 河出書房新社　2012
Sokolov, Vladimir Alekseevich　ソコロフ, V.A.
1940～　[著]「シベリアの森林」 日本林業調査会　2004
Sokolova, Elena　ソコロワ
[国]ロシア　陸上選手
Sokolova, Ol'ga Ivanovna　ソコロワ, O.
[著]「ラフマニノフ」 新読書社　2009
Sokolova-Delusina Lvovna, Tatiana　ソコロヴァ＝デリューシナ・リヴォヴナ, タチアナ
[国]ロシア　翻訳家
Sokolovskyy, Andriy　ソコロフスキー
[国]ウクライナ　陸上選手
Sokolow, Fred　サコロウ, フレッド
[著]「見てすぐわかるジャズ・ギター講座」 シンコー・ミュージック　2002
Sokurov, Alexander　ソクーロフ, アレクサンドル
1951～　[国]ロシア　映画監督　本名＝ソクーロフ, アレクサンドル・ニコラエヴィチ〈Sokurov, Alexander Nikolayevich〉
Sokyrskiyy, Olexiy　ソキルスキー
[国]ウクライナ　陸上選手
SOL　ソル
1988～　[国]韓国　歌手　本名＝トン・ヨンベ
Sol, Kyong　ソル・ギョン
[国]北朝鮮　柔道選手
Sol, Kyung-gu　ソル・ギョング
1968～　[国]韓国　俳優　漢字名＝薛景求
Solakov, Nedko　ソラコフ, ネドコ
[国]ブルガリア　ヴェネチア・ビエンナーレ 特別賞(2007年(第52回))
Solana, Javier　ソラナ, ハビエル
1942～　[国]スペイン　政治家, 物理学者　ESADE世界経済・地政学センター長　EU共通外交安全保障上級代表, 北大西洋条約機構(NATO)事務総長, スペイン外相　本名＝ソラナ・マダリアガ, ハビエル〈Solana Madariaga, Francisco Javier〉　[異]ソラーナ, ハビエル
Solanke, Dominic　ソランケ, ドミニク
[国]イングランド　サッカー選手
Solanki, Bharatsinh　ソランキ, バラトシン
[国]インド　飲料水衛星相
Solano, Donovan　ソラーノ, ドノバン
[国]コロンビア　野球選手
Solano, Elhadj Moussa　ソラノ, エラジ・ムサ
[国]ギニア　国務相(内務・地方分権担当)
Solano, Moussa　ソラノ, ムサ
[国]ギニア　内務・地方分権相

Solantaus, Tytti ソランタウス, トゥッティ
　著「お母さん、お父さんどうしたのかな？」東京大学出版会 2016
Solanto, Mary V. ソラント, メアリー・V.
　著「成人ADHDの認知行動療法」星和書店 2015
Solari, Ricardo ソラリ, リカルド
　国チリ　労働・社会保障相
Solari de la Fuente, Luis ソラリ・デラフエンテ, ルイス
　国ペルー　首相
Solarski, Chris ソラースキ, クリス
　著「ゲームアート」ボーンデジタル 2014
Solarte, Yangervis ソラーテ, ヤンガービス
　国ベネズエラ　野球選手
Solarz, Stephen Joshua ソラーズ, スティーブン
　1940～2010　国アメリカ　政治家　米国下院外交委員会アジア・太平洋問題小委員会委員長, 米国下院議員（民主党）
Solás, Humberto ソラス, ウンベルト
　1942～2008　国キューバ　映画監督
Solbakken, Bjarne ソルバッケン
　国ノルウェー　アルペンスキー選手
Solberg, Erna ソルベルグ, エルナ
　1961～　国ノルウェー　政治家　ノルウェー首相
Solberg, Monte ソルバーグ, モンテ
　国カナダ　人材・社会開発相
Solberg, Petter ソルベルグ, ペター
　1974～　国ノルウェー　ラリードライバー　異ソルベルグ, ペテル
Solberg Salgado, Pedro ソルベルグ, ペドロ
　国ブラジル　ビーチバレー選手
Solbes, Pedro ソルベス, ペドロ
　国スペイン　第2副首相兼経済・財務相
Soldado, Roberto ソルダード, ロベルト
　国スペイン　サッカー選手
Solden, Sari ソルデン, サリ
　著「「片づけられない人」の人生ガイド」WAVE出版 2005
Solder, Nate ソルダー, ネイト
　国アメリカ　アメフト選手
Solder, Scott ソルダー, スコット
　著「欲しいものをすべて手に入れて思い通りの人生を生きる方法」主婦の友社 2011
Solé, Jacques ソレ, ジャック
　著「世界で一番美しい愛の歴史」藤原書店 2004
Solem, Jan Erik ソレム, ジャン・エリク
　著「実践コンピュータビジョン」オライリー・ジャパン, オーム社（発売）2013
Soler, André ソレール, アンドレ
　1947～　著「レストラン・サービスの哲学」白水社 2012
Soler, Jorge ソレーア, ホーヘイ
　国キューバ　野球選手
Soler, Juli ソレル, ジュリ
　1949～　著「エル・ブリの一日」ファイドン 2009
Soler, Rafael ソレル, ラファエル
　著「回帰の作法」Japan Universal Poets Association 2013
Soler, Tomás ソレル, トマス
　著「模擬起業」CCCメディアハウス 2015
Soleri, Paolo ソレリ, パオロ
　1919～2013　国アメリカ　建築家　コサンティ財団主宰　異ソレーリ, パーオロ
Soletta, Luigi ソレッタ, ルイジ
　著「夜半、日頭明らかなり」ブックコム 2013
Soleymani, Mohammad ソレーマニ, モハマド
　国イラン　通信相
Solforosi, Franck ソルフォロジ, フランク
　国フランス　ボート選手
Solh, Leila ソルハ, レイラ
　国レバノン　工業・石油相
Solheim, Erik ソールハイム, エーリック
　国ノルウェー　環境・開発援助相　異ソールハイム, エーリク
Solheim, James ソルヘイム, ジェームズ
　著「サンタのひみつおしえます」ひさかたチャイルド 2006
Solheim, Jan ソールハイム, ヤン
　著「ラスムスクルンプ クリスマスのぼうけん」小学館 2015
Solheim, Nina ソルヘイム
　国ノルウェー　テコンドー選手　異ソルハイム
Solhjell, Bard Vegar ソールエル, ボード・ベーガル
　国ノルウェー　環境相　異ソールイェル, ボード・ベーガル

Soliai, Paul ソリアイ, ポール
　国アメリカ　アメフト選手
Soliman, Corazon ソリマン, コラソン
　国フィリピン　社会福祉開発相
Solin, Daniel ソーリン, ダニエル
　著「24時間集中講座Qtプログラミング」ピアソン・エデュケーション 2001
Solinas Donghi, Beatrice ソリナス・ドンギ, ベアトリーチェ
　1923～　著「ジュリエッタ荘の幽霊」日本ライトハウス 2006
Solis, Brian ソリス, ブライアン
　著「エフェクト」かんき出版 2013
Solís, Doris ソリス, ドリス
　国エクアドル　観光相
Solís, Edín ソリス, エディン
　1963～　著「ギターソロのためのパサーヘ・アビエルト」現代ギター社 2015
Solis, Hilda ソリス, ヒルダ
　国アメリカ　労働長官
Solís, Isidro ソリス, イシドロ
　国チリ　法相
Solis, Julia ソリス, ジュリア
　1964～　著「ニューヨーク地下都市の歴史」東洋書林 2011
Solis, Leonard ソリス, レオナルド
　国アルバニア　保健相
Solis, Leydi ソリス, レイディ
　国コロンビア　重量挙げ選手
Solís, Luis ソリス, ルイス
　1958～　国コスタリカ　政治家　コスタリカ大統領　本名=Solís Rivera, Luis Guillermo
Solís, Manuel ソリス, マヌエル
　1917～2009　国パナマ　政治家　パナマ大統領代行　本名=Solís, Manuel Palma
Solís, Mireya ソリース, ミレヤ
　著「アジア太平洋のFTA競争」勁草書房 2010
Solis, Odlanier ソリス, オドラニエル
　1980～　国ドイツ　プロボクサー　IBFインターコンチネンタルヘビー級チャンピオン　本名=Solis Fonte, Odlanier　異ソリス
Solis, Sammy ソリース, サミー
　国アメリカ　野球選手
Solís, Walter ソリス, ウォルター
　国エクアドル　運輸・公共事業相　異ソリス, ウォルテル
Solis Rivera, Luis Guillermo ソリス・リベラ, ルイス・ギジェルモ
　国コスタリカ　大統領
Solisti, Kate ソリスティ, ケイト
　著「あの世のネコたちが教えてくれたこと」ハート出版 2016
Solito, Enrico ソリト, エンリコ
　1954～　著「シャーロック・ホームズ七つの挑戦」国書刊行会 2009
Solitoki, Esso ソリトキ, エソ
　国トーゴ　大統領府担当相
Soliven, Maximo ソリベン, マキシモ
　1929～2006　国フィリピン　ジャーナリスト, コラムニスト　「フィリピン・スター」紙社主・編集長　異ソリヴェン, マキシモ
Soliyev, Khakim ソリエフ, ハキム
　国タジキスタン　経済貿易相
Soliz, Doris ソリス, ドリス
　国エクアドル　経済社会参画相
Solja, Petrissa ソルヤ, ペトリサ
　国ドイツ　卓球選手
Soll, Jacob ソール, ジェイコブ
　1968～　著「帳簿の世界史」文芸春秋 2015
Sollberger, Arthur ゾルベルガー, アルトゥル
　1937～　著「わたしはいらない子なの？」せせらぎ出版 2013
Sölle, Dorothee ゼレ, D.
　1929～　著「ナザレの人イエス」日本キリスト教団出版局 2014
Sollers, Philippe ソレルス, フィリップ
　1936～　国フランス　作家　本名=ジョワイヨー, フィリップ〈Joyaux, Philippe〉
Solliec, Michel ソリアック, ミッシェル
　著「リラックス塗り絵」河出書房新社 2015
Söllscher, Göran セルシェル, イェラン
　1955～　国スウェーデン　ギタリスト　異セルシェル, イョラン／セルシェル, イヨラン
Solminihac, Hernán de ソルミニャク, エルナン・デ
　国チリ　鉱業相　異ソルミニアク, エルナン・デ

Solms, Mark ソームズ, マーク
[著]「脳と心的世界」 星和書店 2007
Solnado, Alexandra ソルナード, アレクサンドラ
[著]「光の書」 ナチュラルスピリット 2013
Solnit, Rebecca ソルニット, レベッカ
[国]アメリカ ジャーナリスト
Solo, Hope ソロ, ホープ
1981～ [著]「ソロー希望(ホープ)の物語―」 ベストセラーズ 2013
Soloff, Paul H. ソロフ, ポール・H.
[著]「境界性パーソナリティ障害最新ガイド」 星和書店 2006
Soloists, Moscow ソロイスツ, モスクワ
グラミー賞 最優秀クラシック小編成演奏(2007年(第50回)) "Stravinsky: Apollo, Concerto In D, Prokofiev: 20 Visions Fugitives"
Solomin, Yury ソローミン, ユーリー
1935～ [国]ロシア 演出家, 俳優 マールイ劇場芸術監督 ロシア文化相 本名＝ソローミン, ユーリー・メフォディエヴィチ〈Solomin, Yury Mefodievich〉
Solomon, Andrew ソロモン, アンドリュー
1963～ 全米書評家協会賞 ノンフィクション(2012年) "Far From the Tree: Parents, Children, and the Search for Identity"
Solomon, Annie ソロモン, アニー
[著]「子守歌に背を向けて」 ヴィレッジブックス, ソニー・マガジンズ(発売) 2007
Solomon, Barbara Stauffacher ソロモン, バーバラ・スタウファカー
[著]「Supergraphics」 ビー・エヌ・エヌ新社 2011
Solomon, Brian ソロモン, ブライアン
[著]「WWEトリビアブック」 エンターブレイン 2003
Solomon, Charles ソロモン, チャールズ
1950～ [著]「The Art ofシンデレラ」 KADOKAWA 2015
Solomon, David A. ソロモン, デビッド・A.
[著]「インサイドWindows」 日経BP社, 日経BPマーケティング(発売) 2013
Solomon, Deborah ソロモン, デボラ
1957～ [著]「ジョゼフ・コーネル」 白水社 2011
Solomon, Diare ソロモン, D.
[著]「ベセスダシステム2001アトラス」 シュプリンガー・ジャパン 2007
Solomon, Duane ソロモン
[国]アメリカ 陸上選手
Solomon, Hester ソロモン, ヘスター・マクファーランド
[著]「ユングの世界」 培風館 2003
Solomon, Ira ソロモン, アイラ
[著]「21世紀の公開会社監査」 国元書房 2010
Solomon, Jack ソロモン, ジャック
1913～2002 [国]アメリカ 映画音響アーティスト
Solomon, Jeffrey A. ソロモン, ジェフリー・A.
[著]「画像診断シークレット」 メディカル・サイエンス・インターナショナル 2007
Solomon, Marion Fried ソロモン, マリオン
[異]ソロモン, マリオン・F. [著]「短期力動療法入門」 金剛出版 2014
Solomon, Maynard ソロモン, メイナード
1930～ [著]「ベートーヴェンの日記」 岩波書店 2001
Solomon, Micah ソロモン, ミカ
[著]「リッツ・カールトン超一流サービスの教科書」 日本経済新聞出版社 2015
Solomon, Michael G. ソロモン, マイケル・G.
1963～ [著]「コンピュータ・フォレンジック完全辞典」 幻冬舎ルネッサンス 2012
Solomon, Michael R. ソロモン, マイケル・R.
[著]「ソロモン消費者行動論」 丸善出版 2015
Solomon, Norman ソロモン, ノーマン
1933～ [著]「ユダヤ教」 岩波書店 2003
Solomon, Richard ソロモン, リチャード
[国]アメリカ バスケットボール選手
Solomon, Robert C. ソロモン, ロバート・C.
[著]「「信頼」の研究」 シュプリンガー・フェアラーク東京 2004
Solomon, Sheldon ソロモン, シェルダン
[著]「新たな全人的ケア」 日本ホスピス・緩和ケア研究振興財団, 青海社(発売) 2016
Solomon, Steven ソロモン
[国]オーストラリア 陸上選手
Solomon, Steven ソロモン, スティーブン
[著]「水が世界を支配する」 集英社 2011
Solomons, T.W.Graham ソロモン, T.W.G.
[著]「ソロモンの新有機化学」 広川書店 2015
Solomou, Despoina ソロム
[国]ギリシャ シンクロナイズド・スイミング選手
Solondz, Todd ソロンズ, トッド
ヴェネチア国際映画祭 オゼッラ賞(脚本賞)(第66回(2009年)) "Life during Wartime"
Solórzano, Pedro ソロルサノ, ペドロ
[国]ニカラグア 運輸・社会基盤相
Solórzano Delgadillo, Orlando Salvador ソロルサノ・デルガディジョ, オルランド・サルバドル
[国]ニカラグア 産業振興・商工相
Solotareff, Grégoire ソロタレフ, グレゴワール
[著]「きみはおおきくてぼくはちいさい」 ソニー・マガジンズ 2004
Solovay, Sondra ソロベイ, サンドラ
[著]「「問題社員」の管理術」 ダイヤモンド社 2007
Solove, Daniel J. ソローヴ, ダニエル・J.
1972～ [著]「プライバシーの新理論」 みすず書房 2013
Soloviev, Dmitri ソロビエフ
[国]ロシア フィギュアスケート選手
Solow, Robert Merton ソロー, ロバート・M.
1924～ [国]アメリカ 経済学者 マサチューセッツ工科大学名誉教授 [専]経済理論
Soloway, Jeff ソロウェイ, ジェフ
アメリカ探偵作家クラブ賞 ロバート・L.フィッシュ賞(2014年) "The Wentworth Letter"
Solstad, Dag ソールスター, ダーグ
1941～ [国]ノルウェー 作家
Solt, George ソルト, ジョージ
1978～ [著]「ラーメンの語られざる歴史」 国書刊行会 2015
Solt, John ソルト, ジョン
[著]「北園克衛の詩と詩学」 思潮社 2010
Soltan, Usama ソルタン, ウサマ
[著]「エジプト」 ほるぷ出版 2008
Soltani, Bouguerra ソルタニ, ブゲラ
[国]アルジェリア 国務相
Soltanifar, Masoud ソルタニファル, マスード
[国]イラン スポーツ・青少年相
Soltankhah, Nasrin ソルタンハ, ナスリン
[国]イラン 副大統領(科学技術担当)
Solter, Davor ソルター, ダヴォール
[著]「知の歴史」 徳間書店 2002
Soltesz, Stefan ゾルテス, シュテファン
1949～ [国]ハンガリー 指揮者 エッセン歌劇場総裁・音楽総監督 [異]ショルテス, シュテファン
Soltis, Jonas F. ソルティス, ジョナス・F.
[著]「カリキュラムと目的」 玉川大学出版部 2015
Solvik-olsen, Ketil ソルビク・オルセン, ヒェティル
[国]ノルウェー 運輸・通信相
Solway, Andrew ソールウェイ, アンドリュー
[異]ソルウェー, アンドルー [著]「キッチン」 文渓堂 2007
Solymos, László ショイモシュ, ラースロー
[国]スロバキア 環境相
Sólyom, László ショーヨム, ラースロー
1942～ [国]ハンガリー 政治家, 法律家 ブダペスト・カトリック大学教授 ハンガリー大統領, ハンガリー憲法裁判所長官 [異]ショーヨム, ラズロ / ショーヨム・ラースロー / ショヨム
Solzhenitsin, Aleksandr Isaevich ソルジェニーツィン, アレクサンドル
1918～2008 [国]ロシア 作家
Somadeva Bhatta ソーマデーヴァ
[著]「カターサリトサーガラ」〔高橋英二〕 2012
Somare, Michael ソマレ, マイケル
1936～ [国]パプアニューギニア 政治家 パプアニューギニア首相 本名＝ソマレ, マイケル・トーマス〈Somare, Michael Thomas〉
Somare, Michael Thomas ソマレ, マイケル・トーマス
[国]パプアニューギニア 国会議員, 東セピック州知事, 元・首相, 元・外務大臣
Somarriba Arrola, Joane ソマリバ
[国]スペイン 自転車選手
Somavia, Juan O. ソマビア, フアン
1941～ [国]チリ 外交官 国際労働機関(ILO)事務局長, 国連大使
Somavilla, Ilse ゾマヴィラ, イルゼ
[著]「ウィトゲンシュタイン哲学宗教日記」 講談社 2005

Sombath Somphone ソムバット・ソムボーン
　1952〜　国ラオス　社会活動家
Sombo Dibele, Arlette ソンボ・ディベル、アーレット
　国中央アフリカ　環境・持続可能な開発・水資源・森林・狩猟・漁業相
Somchai Wongsawat ソムチャイ・ウォンサワット
　1947〜　国タイ　政治家、法律家　タイ首相　異ソムチャーイ
Somda, Jean Emile ソムダ、ジャン・エミール
　国ブルキナファソ　公務員・行政近代化相
Somdy, Douangdy ソムディー・ドゥアンディー
　国ラオス　副首相兼財務相　異ソムディ・ドゥアンティ／ソムディ・ドゥアンディ
Somervill, Margaret サマヴィル、マーガレット・A.
　著「血液クライシス」現代人文社、大学図書（発売）　2003
Somerville, Christopher サマビル、クリストファー
　著「イギリス」日経ナショナルジオグラフィック社、日経BP出版センター（発売）　2003
Somerville, Richard サマービル、リチャード・C.J.
　著「大気寛容なれども」地球環境センター　2001
Sometani, Shôta ソメタニ、ショウタ
　日本　ヴェネチア国際映画祭　マルチェロ・マストロヤンニ賞（第68回（2011年））　"Himizu"　漢字名＝染谷将太
Somin, Ilya ソミン、イリヤ
　1973〜　「民主主義と政治的無知」信山社出版　2016
Somkeo, Silavong ソムケオ・シラボン
　国ラオス　治安維持相
Somkid Jatusripitak ソムキット・チャトゥシピタク
　国タイ　政治家　タイ副首相
Som Kimsour サオム・キムスォ
　国カンボジア　国会担当相
Somkot, Mangnormek ソムコット・マンノメーク
　国ラオス　教育相　異ソムコット・マニョーメック
Sommad, Pholsena ソマート・ポンセナ
　国ラオス　天然資源・環境相　異ソマート・ポンセーナー
Sommai, Phasee ソンマイ・パーシー
　国タイ　財務相
Sommaruga, Simonetta ソマルガ、シモネッタ
　1960〜　国スイス　政治家　スイス大統領・司法警察相
Sommer, Theo ゾンマー、テオ
　1930〜　著「1945年のドイツ瓦礫の中の希望」中央公論新社　2009
Sommer, Yann ゾマー、ヤン
　国スイス　サッカー選手
Sommerard, Jean-Charles ソムラール、ジャンシャルル
　著「アロマのアトリエから」フレグランスジャーナル社　2016
Sommer-Bodenburg, Angela ゾンマー・ボーデンブルク、アンゲラ
　1948〜　異ゾマー・ボーデンブルク、アンゲラ　著「ジェレミーと灰色のドラゴン」小学館　2007
Sommerlad, Peter ゾンメルラード、P.
　著「XPエクストリーム・プログラミング検証編」ピアソン・エデュケーション　2002
Sommers, Joe ソマーズ、ジョー
　国アメリカ　アメフト選手
Sommers, Sam サマーズ、サム
　著「考えてるつもり」ダイヤモンド社　2013
Sommerville, Charles John サマービル、ジョン
　1938〜　著「ニュースをみるとバカになる10の理由」PHP研究所　2001
Sommestad, Lena ソンメスタード、レナ
　国スウェーデン　環境相
Somogyi, Ferenc ショモジ、フェレンツ
　国ハンガリー　外相
Somohardjo, Paul ソモハルジョ、ポール
　国スリナム　社会問題・住宅相
Somorjai, Gabor Arpad ソモルジャイ、ガボール
　1935〜　国アメリカ　物理化学者　カリフォルニア大学バークレー校教授　表面科学、触媒化学　異ソモージャイ／ソモライ
Somova, Alina ソーモワ、アリーナ
　1985〜　国ロシア　バレリーナ　マリインスキー・バレエ団プリンシパル
Somoza, José Carlos ソモザ、ホセ・カルロス
　1959〜　著「Zig zag」エンターブレイン　2007
Somper, Justin ソンパー、ジャスティン
　国イギリス　児童文学作家　児童書、ファンタジー
Somphanh, Phengkhammy ソンパン・ペンカミー

Somphavan, Inthavong ソンパワン・インタウォン
　国ラオス　首相府相
Somphong, Mongkhonvilay ソムポン・モンコンウィライ
　国ラオス　首相府相兼国家観光庁長官
Somsak, Thepsutin ソムサク・テープスティン
　国タイ　副首相
Somsavat, Lengsavad ソムサワット・レンサワット
　国ラオス　副首相
Somtow, S.P. ソムトウ、S.P.
　1952〜　国タイ　作家、作曲家　別筆名＝ソムトウ・スチャリトクル〈Somtow Scharitkul〉
Son, Chang-sop ソン・チャンソプ
　1922〜2010　国韓国　作家　漢字名＝孫昌渉
Son, Diana ソン、ダイアナ
　著「ストップ・キス」新水社　2005
Son, Eun-Hye ソン、ウネ
　著「ラブストーリーinハーバード」竹書房　2005
Son, Heung-Min ソン・フンミン
　国韓国　サッカー選手
Son, Jin-du ソン・ジンドゥ
　1927〜2014　国韓国　韓国人被爆者訴訟の原告　漢字名＝孫振斗
Son, Jong-ho ソン・ジョンホ
　国北朝鮮　採取工業相　漢字名＝孫鐘虎
Son, Ki-jong ソン・キジョン
　1912〜2002　国韓国　マラソン選手　大韓体育会副会長、韓国陸上連盟会長　漢字名＝孫基禎　異ソン・ギジョン
Son, Nguyen Bac ソン、グエン・バク
　国ベトナム　情報通信相
Son, Tae-young ソン・テヨン
　1980〜　国韓国　女優
Son, Ye-jin ソン・イェジン
　1982〜　国韓国　女優　漢字名＝孫芸珍
Son, Yeol Eum ソン・ヨルム
　国韓国　チャイコフスキー国際コンクール　ピアノ　第2位（2011年（第14回））
Sondashi, Ludwig ソンダシ、ラドウィッグ
　国ザンビア　公共事業・供給相
Sondheim, Stephen Joshua ソンドハイム、スティーブン
　1930〜　国アメリカ　ミュージカル作曲家・作詞家　異ソンドハイム、スティーヴン
Sondheimer, Adrian ソンダイマー、アドリアン
　著「精神科臨床倫理」星和書店　2011
Søndrål, Ådne センデロール
　国ノルウェー　スピードスケート選手
Sonduck, Michael ソンディック、マイケル
　著「エグゼクティブ・コーチング」日本能率協会マネジメントセンター　2005
Sonenberg, Nahum ソネンバーグ、ネイハム
　国カナダ　ウルフ賞　医学部門（2014年）
Sones, Bill ソーンズ、ビル
　著「ぼくたちも妊娠できますか？」早川書房　2006
Sones, Rich ソーンズ、リッチ
　著「ぼくたちも妊娠できますか？」早川書房　2006
Sonexay, Siphandone ソンサイ・シーパンドン
　国ラオス　副首相
Song, Allen W. ソング、アレン・W.
　1971〜　著「fMRI」メディカル・サイエンス・インターナショナル　2016
Song, Dae-nam ソン・デナム
　1979〜　国韓国　柔道選手　漢字名＝宋大南
Song, Daria ソン、ダリア
　著「The Present」日本文芸社　2016
Song, De-fu ソン・デーフー
　1946〜2007　国中国　政治家　福建省共産党委書記　漢字名＝宋徳福
Song, Gang-ho ソン・ガンホ
　1967〜　国韓国　俳優　漢字名＝宋康昊
Song, Hae-seong ソン・ヘソン
　1964〜　国韓国　映画監督、脚本家　漢字名＝宋海星
Song, Hye-gyo ソン・ヘギョ
　1982〜　国韓国　女優　漢字名＝宋慧喬
Song, Hye-rim ソン・ヘリム
　1937〜2002　国北朝鮮　女優　漢字名＝成恵琳　異ソン・ヒェリム
Song, Il-ho ソン・イルホ

1955〜 ⑬北朝鮮 外交官 朝日国交正常化交渉担当大使 漢字名=宋日昊
Song, Il-kook ソン・イルグク
1971〜 ⑬韓国 俳優 漢字名=宋一国
Song, Ir-kon ソン・イルゴン
1971〜 ⑬韓国 映画監督
Song, Ja-rip ソン・ジャリプ
⑬北朝鮮 高等教育相 漢字名=成自立
Song, Jian ソン・ジェン
1931〜 ⑬中国 宇宙工学者 中日友好協会会長、中国全国政治協商会議（政協）副主席、中国国務委員・国家科学技術委員会主任 ㊗サイバネティックス論 漢字名=宋健
Song, Ji-na ソン・ジナ
1959〜 ⑬韓国 放送作家
Song, Joong-ki ソン・ジュンギ
1985〜 ⑬韓国 俳優
Song, Ki-suk ソン・ギスク
1935〜 ⑬韓国 作家、韓国文学者 全南大学国語文学科教授、韓国作家会議理事長 ㊗小説論 漢字名=宋基淑 ㊙ソン・キスク
Song, Miho ソン・ミホ
⑬韓国 ナザレ園園長兼常任理事 漢字名=宋美虎
Song, Min-ho ソン・ミンホ
1993〜 ⑬韓国 歌手
Song, Min-soon ソン・ミンスン
1948〜 ⑬韓国 外交官 韓国外交通商相 漢字名=宋旻淳
Song, Ren-qiong ソン・レンチョン
1909〜2005 ⑬中国 政治家、軍人 中国共産党政治局員・中央顧問委副主任、上将 漢字名=宋任窮 別名=任勁
Song, Seung-heon ソン・スンホン
1976〜 ⑬韓国 俳優 漢字名=宋承憲
Song, Siheng ソン、スハン
⑬中国 ロン・ティボー・クレスパン国際音楽コンクール ピアノ第1位（2004年（第34回）） 漢字名=宋思衡
Song, Soo-keon ソン・スグン
⑬韓国 文化体育観光相代行 漢字名=宋秀根
Song, Soon Sup ソン・スンソプ
⑬韓国 元・在大韓民国日本国大使館現地職員 漢字名=宋順燮
Song, Yeoungsuk ソング、ヤングスック
㊗「ケアのなかの癒し」看護の科学社 2016
Song, Yoon-a ソン・ユナ
1973〜 ⑬韓国 女優 漢字名=宋允兒
Song, Young-sun ソン・ヨンソン
1953〜 ⑬韓国 政治家、安全保障研究家 韓国国会議員 ㊗北東アジアの平和構造、朝鮮半島の核問題 漢字名=宋永仙
Song, Zhi-guang ソン・ズーグワン
1917〜2005 ⑬中国 外交官 駐中国大使 漢字名=宋之光
Songane, Francisco ソンガネ、フランシスコ
⑬モザンビーク 保健相
Sonheim, Carla ソンハイム、カーラ
㊗「ドローイングの教室（ラボ）」ボーンデジタル 2013
Soni, Ambika ソニ、アンビカ
⑬インド 情報・放送相
Soni, Rebecca ソニ、レベッカ
1987〜 ⑬アメリカ 水泳選手
Sonis, Stephen T. ソニス、スティーブン・T.
㊗「口腔内科学シークレット」メディカル・サイエンス・インターナショナル 2004
Sonjica, Buyelwa Patience ソンジカ、ブイエロワ・ペイシェンス
⑬南アフリカ 鉱業・エネルギー相 ㊙ソンジカ、ブエルワ
Sonkham, Chanatip チャナティップ
⑬タイ テコンドー選手
Sonkin, Daniel Jay ソンキン、ダニエル・J.
1951〜 ㊗「脱暴力のプログラム」青木書店 2003
Sonkin, Miles サンキン、マイルズ
㊗「売り込まなくても売れる！」フォレスト出版 2005
Sonkin, Paul ソンキン、ポール
㊗「バリュー投資入門」日本経済新聞社 2002
Sonko, Ousman ソンコ、ウスマン
⑬ガンビア 内相
Sonmez, John Z. ソンメズ、ジョン
㊗「SOFT SKILLS」日経BP社、日経BPマーケティング（発売）2016
Sonnabend, Yolanda ソナベンド、ヨランダ
1935〜2015 ⑬イギリス 舞台美術家 本名=Sonnabend, Yolanda Pauline Tamara
Sonne, D.Christian ゾンネ、D.クリスチャン

㊗「脳神経」西村書店 2014
Sonneman, Milly R. ソネマン、ミリー
㊗「説明上手になれる「らくがき」の技術」PHP研究所 2005
Sonneman, Toby F. ゾンネマン、トビー
1949〜 ㊗「レモンの歴史」原書房 2014
Sonnenberg, Shirley ソネンバーグ、シャーリー
⑬南アフリカ 元・在南アフリカ共和国日本国大使館現地職員
Sonnenblick, Jordan ソーネンブリック、ジョーダン
㊗「ガッチャ！」主婦の友社 2008
Sonnenburg, Erica ソネンバーグ、エリカ
㊗「腸科学」早川書房 2016
Sonnenburg, Justin ソネンバーグ、ジャスティン
1973〜 ㊗「腸科学」早川書房 2016
Sonnenfeld, Barry ソネンフェルド、バリー
1953〜 ⑬アメリカ 映画監督、映画撮影監督、CMディレクター ㊙ゾネンフェルド、バリー
Sonnenfeld, Jeffrey ソネンフェルド、ジェフリー
㊗「逆境を乗り越える者」ランダムハウス講談社 2007
Sonnenschein, David ゾンネンシャイン、デイヴィッド
㊗「Sound Design」フィルムアート社 2015
Sonnenschmidt, Frederic H. ソネンシュミット、フレドリック・H.
㊗「シャーロック・ホームズとお食事を」東京堂出版 2006
Sonnenschmidt, Rosina ゾンネンシュミット、ロジーナ
1947〜 ㊗「ロジーナの臓器治療」ホメオパシー出版 2012
Sonnier, Jo-El ソニエ、ジョエル
グラミー賞 最優秀リージョナル・ルーツ・ミュージック・アルバム（2014年（第57回））"The Legacy"
Sonnino, Roberta ソンニーノ、ロバータ
㊗「学校給食改革」筑波書房 2014
Sonoda, Toyooki ソノダ、トヨオキ
㊗「腹腔鏡下大腸手術」シュプリンガー・ジャパン 2007
Sonompil, Mishig ソノンピル、ミシグ
⑬モンゴル エネルギー相
Sonompil, Mishigiin ソノムピリ、ミシギーン
⑬モンゴル 国防相
Sonon, Gustave Dépo ソノン、ギュスタブ・デポ
⑬ベナン 公共事業・運輸相
Sonowal, Sarbananda ソノワール、サルバナンダ
⑬インド 青年・スポーツ相
Sons サンズ
グラミー賞 最優秀アルバム（2012年（第55回））"Babel"
Sontag, Susan ソンタグ、スーザン
1933〜2004 ⑬アメリカ 批評家、作家
Sontaya, Kunplome ソンタヤー・クンプルーム
⑬タイ 文化相 ㊙ソンタヤ・クンプルム
Sonthi Boonyaratglin ソンティ・ブンヤラガリン
1946〜 ⑬タイ 軍人 タイ祖国党党首 タイ副首相、タイ陸軍司令官
Soodhun, Showkutally スーダン、ショーカッタリー
⑬モーリシャス 副首相兼住居・土地相
Sook, Ryan スーク、ライアン
㊗「バットマン：ブルース・ウェインの帰還」小学館集英社プロダクション 2014
Soorya, Latha V. ソーリャ、ラサ・V.
㊗「臨床心理学における科学と疑似科学」北大路書房 2007
Sopage, Martin ソバゲ、マーティン
⑬ソロモン諸島 土地・住宅・測量相
Sope, Barak ソペ、バラク
⑬バヌアツ 農業・林業・漁業相
Soper, John ソーパー、ジョン
㊗「シュタイナーの『農業講座』を読む」ホメオパシー出版 2010
Sophie ソフィー妃
1965〜 ⑬イギリス エドワード英国王子夫人 称号=ウェセックス伯爵夫人〈The Countess of Weseex〉
Sophocleous, Sophocles ソフォクレウス、ソフォクレス
⑬キプロス 法相
Sophon, Sarum ソーポン・サーラム
⑬タイ 運輸相
Sopko, Eugen ソプコ、オイゲン
1949〜 ㊗「老ピエロレオ」ノルドズッド・ジャパン 2003
Sopoaga, Enele ソポアンガ、エネレ
⑬ツバル 首相兼公共・インフラ相
Sopoanga, Saufatu ソポアンガ、サウファツ
⑬ツバル 副首相兼通信・運輸相兼事業・エネルギー相

Sopon, Sarum　ソーポン・サーラム
　㉡タイ　運輸相
Sopyyev, Byashim　ソピエフ, ビャシム
　㉡トルクメニスタン　保健・医療産業相
Soqeta, Nemia　ソケタ, ネミア
　㉡フィジー　ラグビー選手
Sora, Steven　ソラ, スティーヴン
　1952〜　㉕「米国エリートの黒い履歴書」三交社　2007
Soraat, Klinpratoom　ソラアット・クリンプルトム
　㉡タイ　社会開発・人間安全保障相　㉘ソラアット・クリンプラトゥム
Sorabi, Habiba　ソラビ, ハビバ
　㉡アフガニスタン　女性問題相
Sorbjan, Zbigniew　ソルビアン, ズビグニエフ
　㉕「理科年表読本 ワクワク実験気象学」丸善出版　2012
Sorcher, Melvin　ソーチャー, メルビン
　㉕「人材育成の戦略」ダイヤモンド社　2007
Sordi, Alberto　ソルディ, アルベルト
　1920〜2003　㉡イタリア　俳優
Sorel, Edward　ソレル, エドワード
　㉕「文豪の真実」マール社　2007
Sorel, Reynal　ソレル, レナル
　㉕「オルフェウス教」白水社　2003
Soren, Daniel　ソレン, ダニエル
　㉕「世界一流のサッカー監督から学ぶマネジメント」クロスメディア・パブリッシング, インプレスコミュニケーションズ（発売）　2012
Soren, Jack　ソレン, ジャック
　㉡カナダ　作家　㉗スリラー, ミステリー
Soren, Shibu　ソレン, シブ
　㉡インド　石炭相
Sorensen, Brad　ソレンセン, ブラッド
　㉡アメリカ　アメフト選手
Sorensen, Daniel　ソレンセン, ダニエル
　㉡アメリカ　アメフト選手
Sorensen, Frederik　ソーレンセン, フレデリク
　㉡デンマーク　サッカー選手
Sørensen, Henrik　ソレンセン, ヘンリック
　1962〜　㉕「世界一流のサッカー監督から学ぶマネジメント」クロスメディア・パブリッシング, インプレスコミュニケーションズ（発売）　2012
Sorensen, Herb　ソレンセン, ハーブ
　1944〜　㉕「「買う」と決める瞬間」ダイヤモンド社　2010
Sorensen, Joseph T.　ソレンセン, ジョセフ
　㉕「越境する日本文学研究」勉誠出版　2009
Sorensen, Lone　ソレンセン, ロネ
　㉕「愛犬のリフレクソロジートリートメント入門」BABジャパン　2013
Sorensen, Marilyn J.　ソレンソン, マリリン・J.
　㉕「自信回復セラピー」PHP研究所　2002
Sørensen, Peter Birch　ソレンセン, ピーター・バーチ
　㉕「北欧諸国の租税政策」日本証券経済研究所　2001
Sorensen, Theodore　ソレンセン, セオドア
　1928〜2010　㉡アメリカ　ケネディ大統領の演説起草家　米国大統領補佐官　本名＝Sorensen, Theodore Chaikin　㉘ソレンセン, シオドア／ソレンセン, テーオドーア
Sorenson, Jim　ソレンソン, ジム
　㉕「THE ART OFアングリーバード」ボーンデジタル　2016
Sorenstam, Annika　ソレンスタム, アニカ
　1970〜　㉡スウェーデン　元プロゴルファー
Sorhaindo, Crispin Anselm　ソーハインド, クリスピン
　1931〜2010　㉡ドミニカ共和国　政治家, 銀行家　ドミニカ大統領, ドミニカ農業工業開発銀行会長
Soria, Bernat　ソリア, ベルナット
　㉡スペイン　保健・消費相
Soria, Cherie　ソリア, シェリー
　1947〜　㉕「天使の料理」クレイヴ出版事業部　2007
Soria, Joakim　ソリア, ホアキム
　㉡メキシコ　野球選手
Soria, José Manuel　ソリア, ホセ・マヌエル
　㉡スペイン　産業・エネルギー・観光相
Soriacomua, Freda Tuki　ソリアコムア, フレダ・トゥキ
　㉡ソロモン諸島　女性・青年・児童・家庭相　㉘ソリアコムア, フレダ
Soriano, Alfonso　ソリアーノ, アルフォンソ
　1976〜　㉡ドミニカ共和国　元野球選手　本名＝Soriano, Alfonso Guilleard　㉘ソリアーノ, アルフォンゾ／ソリアノ, アルフォンソ
Soriano, Ferran　ソリアーノ, フェラン
　1967〜　㉕「FCバルセロナ流世界最強マネジメント」アチーブメント出版　2013
Soriano, Roberto　ソリアーノ, ロベルト
　㉡イタリア　サッカー選手
Soriquez, Florante　ソリケス, フロランテ
　㉡フィリピン　公共事業道路相
Sorkin, Andrew Ross　ソーキン, アンドリュー・ロス
　㉕「リーマン・ショック・コンフィデンシャル」早川書房　2014
Sorkin, Michael　ソーキン, マイケル
　㉕「Anytime」NTT出版　2001
Sorkmo, Maj Helen　ソルクモ
　㉡ノルウェー　クロスカントリースキー選手
Sorman, Guy　ソルマン, ギ
　1944〜　㉕「幻想の帝国」駿河台出版社　2008
Sornette, D.　ソネット, ディディエ
　㉕「「入門」経済物理学」PHP研究所　2004
Soro, Guillaume　ソロ, ギヨーム
　㉡コートジボワール　首相兼国防相
Sorokin, Vladimir Georgevich　ソローキン, ウラジーミル
　1955〜　㉡ロシア　作家, 脚本家, 劇作家
Sorokina, Valeria　ソロキナ
　㉡ロシア　バドミントン選手
Sorokina, V.V.　ソローキナ, ヴェ・ヴェ
　㉕「小学生の心のトラブル」新読書社　2008
Soronzonbold, Battsetseg　ソロンゾンボルド
　㉡モンゴル　レスリング選手
Soropogui, Yazora　ソロボギ, ヤゾラ
　㉡ギニア　技術教育・職業訓練相
Soros, George　ソロス, ジョージ
　1930〜　㉡アメリカ　投資家, 慈善活動家　ソロス・ファンド・マネジメント会長, オープン・ソサエティ協会(OSI)代表
Sorour, Gamal　スルール, ガマール
　㉡エジプト　労働力相
Sorrell, Jeanne M.　ソレル, ジーン・M.
　㉕「あなたが患者を傷つけるとき」エルゼビア・ジャパン　2006
Sorrell, Katherine　ソレル, キャサリン
　㉕「世界の上質インテリア」エクスナレッジ　2013
Sorrell, Martin Stuart　ソレル, マーティン
　1945〜　㉡イギリス　実業家　WPP代表取締役
Sorrell, Roger Darrell　ソレル, R.D.
　1954〜　㉕「アッシジのフランチェスコと自然」教文館　2015
Sorrell, Thomas N.　ソレル, T.
　㉕「有機化学」東京化学同人　2009
Sorrentino, Paolo　ソレンティーノ, パオロ
　1970〜　カンヌ国際映画祭 審査員賞（第61回(2008年)）"Il divo"
Sorrentino, Richard M.　ソレンティノ, R.M.
　㉕「未知なるものに揺れる心」北大路書房　2003
Sorrentino, Stefano　ソレンティーノ, ステファノ
　㉡イタリア　サッカー選手
Sorrento, Paul　ソレント, ポール
　㉡アメリカ　ロサンゼルス・エンジェルスコーチ
Sorribas, Sebastià　スリバス, サバスティア
　1928〜　㉕「ピトゥスの動物園」あすなろ書房　2006
Sorrillo, Rondel　ソリーノ, ロンデル
　㉡トリニダード・トバゴ　陸上選手
Sorry Diallo, Mahamane　ソリディアロ, マハマン
　㉡ニジェール　設備相
Sorsa, Heikki　ソルサ
　㉡フィンランド　スノーボード選手
Sorsa, Kalevi　ソルサ, カレビ
　1930〜2004　㉡フィンランド　政治家　フィンランド首相・外相, フィンランド国会議長　本名＝ソルサ, タイスト・カレビ〈Sorsa, Taisto Kalevi〉　㉘ソルサ, タイスト・カレヴィ
Sorter, Dorienne　ソーター, D.
　㉕「乳児研究から大人の精神療法へ」岩崎学術出版社　2008
Soru, Renato　ソール, レナート
　1957〜　㉡イタリア　起業家　ティスカリ創業者
Sorvino, Mira　ソルビノ, ミラ
　1968〜　㉡アメリカ　女優　㉘ソービノ, ミラ／ソルビノ, ミラ／ソルヴィーノ, ミラ／ソルヴィノ, ミラ
Soryan, Hamid　ソルヤン, ハミド
　1985〜　㉡イラン　レスリング選手　本名＝Soryan Reihanpour,

Hamid Mohammad （異）スーリヤン, ハミド / ソウリアン
Sosa, Edmundo ソーサ, エドモンド
　（国）パナマ　野球選手
Sosa, Ernest ソウザ, アーネスト
　（著）「認識的正当化」産業図書　2006
Sosa, Guillermo ソサ, ギジェルモ
　（国）パラグアイ　労働・雇用・社会保障相
Sosa, Jose ソサ, ホセ
　（国）アルゼンチン　サッカー選手
Sosa, Juan José ソサ, フアン・ホセ
　（国）ボリビア　炭化水素・エネルギー相
Sosa, Marco Tulio ソサ, マルコ・トゥリオ
　（国）グアテマラ　厚相
Sosa, Mercedes Haydée ソーサ, メルセデス
　1935〜2009　（国）アルゼンチン　フォルクローレ歌手
Sosa, Omar ソーサ, オマール
　1965〜　（国）キューバ　ジャズ・ピアニスト
Sosa, Sammy ソーサ, サミー
　1968〜　元野球選手　本名＝Sosa, Samuel Peralta
Sosa Luna, Celinda ソサ・ルナ, セリンダ
　（国）ボリビア　経済開発相
Sosienski, Shanti ソシーンスキー, シャンティ
　（著）「走る女たち」日経BP社, 日経BP出版センター（発売）2008
Soskice, David ソスキス, デヴィッド
　1942〜　（著）「資本主義の多様性」ナカニシヤ出版　2007
Soskin, Julie ソスキン, ジュリー
　（著）「サイキック能力を活かす」ガイアブックス, 産調出版（発売）2009
Sosnovsky, Aleksandr V. ソスノフスキー, アレクサンドル・V.
　（国）ベラルーシ　文化相
Sosnovsky, Vladimir G. ソスノフスキー, ウラジーミル・G.
　（国）ベラルーシ　運輸相
Sosnowski, David ソズノウスキ, デービッド
　1959〜　（国）アメリカ　作家　（国）文学　（異）ソズノウスキ, デイヴィッド
Sossa, Dorothée ソサ, ドロテ
　（国）ベナン　法務・人権相
Sossi, Sergio ソッシィ, セルジョ
　1931〜2011　（国）イタリア　指揮者, 作曲家　桜美林大学名誉教授, トウキョウプレイオペラ総監督　（国）オーケストラ, オペラ, コンサートほか　（異）ソッシィー, セルジョ
Sossou, Marie-Laurence Sranon ソス, マリーローレンス・スラノン
　（国）ベナン　小口融資・青年女性雇用相
Sossouhounto, Christian ソスウント, クリスティアン
　（国）ベナン　都市計画・住宅・衛生相
Sossouhounto, Evelyne ソソホント, エバリン
　（国）ベナン　初等教育相
Sot, Michel ソ, ミシェル
　1942〜　（著）「中世フランスの文化」論創社　2016
Sota, Javier ソタ, ハビエル
　（国）ペルー　教育相
Sotamaa, Yrjö ソタマー, ユルヨ
　（国）フィンランド　ヘルシンキ芸術デザイン大学学長, 元・レトレッティ美術センター理事長
Sotero, Alice ソテロ, アリチェ
　（国）イタリア　近代五種選手
Sotheara Chov ソテアラ・チョブ
　（国）カンボジア　レスリング選手
Sotheary, Prak ソシアリー, プラック
　（著）「現代世界アジア詩集」土曜美術社出版販売　2010
Sothern, Ann サザーン, アン
　1909〜2001　（国）アメリカ　女優　本名＝レーク, ハリエット
　〈Lake, Harriette〉
Sotherton, Kelly サザートン, ケリー
　（国）イギリス　陸上選手
Sotir, Jake ソティー, ジェイク
　（著）「Hold on yourself」デジキューブ　2002
Sotnikova, Adelina ソトニコワ, アデリナ
　1996〜　（国）ロシア　フィギュアスケート選手
Soto, Catriel Andres ソト, カトリエルアンドレス
　（国）アルゼンチン　自転車選手
Soto, Gary ソト, ギャリー
　フェニックス賞（2014年）"Jesse"　（異）ソトー, ゲアリー
Soto, Geovany ソト, ジョバニー
　1983〜　（国）プエルトリコ　野球選手　（異）ソート, ジョバニー / ソト, ジオバニー
Soto, Giovanni ソト, ジョバンニ
　（国）プエルトリコ　野球選手
Soto, Héctor ソト, エクトル
　（国）ベネズエラ　文化相
Soto, Jésus-Raphaël ソト, ヘスス・ラファエル
　1923〜2005　（国）ベネズエラ　彫刻家　（国）キネティック・アート　（異）ソト, ラファエル
Soto, Oscar ソト
　（国）メキシコ　近代五種選手
Soto, Rafael ソト
　（国）ベネズエラ　馬術選手
Soto Estigarribia, Bernardino ソト・エスティガリビア, ベルナルディノ
　（国）パラグアイ　国防相
Soto Jiménez, José Miguel ソト・ヒメネス, ホセ・ミゲル
　（国）ドミニカ共和国　国防相
Sotomayor, Sonia ソトマイヨール, ソニア
　1954〜　（国）アメリカ　法律家　米国連邦最高裁判事
Sotomayor Collazo, Lorenzo ソトマヨル, ロレンソ
　（国）アゼルバイジャン　ボクシング選手
Sotonyi, Peter ショートニ, ペーテル
　（国）ハンガリー　ハンガリー国立医学研究所所長, 元・センメルワイス大学学長, 元・ハンガリー医学会会長
Sottsass, Ettore, Jr. ソットサス, エットレ, Jr.
　1917〜2007　（国）イタリア　デザイナー, 建築家　（異）ソットサス, エットーレ / ソットサス, エットレ
Sou, Ngarbatina Carmel, IV スー, ヌガルバティナ・カーメル, 4世
　（国）チャド　女性・社会活動・国民連帯相　（異）ソー, ヌガルムバティナ・カルメル
Souad スアド
　（著）「生きながら火に焼かれて」ヴィレッジブックス　2008
Souakri, Salima スアクリ
　（国）アルジェリア　柔道選手
Souare, Ahmed Tidiane スアレ, アフメド・ティディアン
　（国）ギニア　国務相（高等教育・科学研究担当）
Souare, Pape スアレ, パペ
　（国）セネガル　サッカー選手
Soubanh, Srithirath スバン・スリティラット
　（国）ラオス　大統領府相
Soublière, Marion スブリエール, マリオン
　（著）「北の国へ!!」清水弘文堂書房　2003
Soucault, David フォーコールト, デービッド
　（国）アメリカ　アメフト選手
Souchier, Raphaël スシエ, ラファエル
　（著）「世界遺産」白水社　2005
Součková, Marie ソウチュコバー, マリエ
　（国）チェコ　保健相
Soudan Nonault, Arlette ノノー, アルレット・スダン
　（国）コンゴ共和国　観光・レジャー相
Soudant, Hubert スダーン, ユベール
　1946〜　（国）オランダ　指揮者　東京交響楽団桂冠指揮者　モーツァルテウム管弦楽団首席指揮者・音楽監督　（異）スーダン, フベール
Souef, Mohamed Elamine スーフ・モハメド・エラミヌ
　（国）コモロ　外相
Soueinae, Vatma Vall Mint スウィーナ, ファティマ・ファール・ミント
　（国）モーリタニア　畜産相　（異）スウィーナ, ファティマ・ファル・ミント
Soufi, Ali スフィ, アリ
　（国）イラン　協同組合相
Souflias, Georgios スフリアス, ヨルギオス
　（国）ギリシャ　環境・都市計画・公共事業相
Sougueh, Abdi Youssouf スゲ, アブディ・ユスフ
　（国）ジブチ　通信相
Souhail, Abdelouahed スハイル, アブデルワヘド
　（国）モロッコ　雇用・職業訓練相
Souhami, Diana スーハミ, ダイアナ
　（著）「看護師イーディス・キャベル」東京教学社　2014
Soukalova, Gabriela スーカロバ
　（国）チェコ　バイアスロン選手
Soukup, Christoph ソウクプ
　（国）オーストリア　自転車選手

Soukup, Jaroslav　ソウクプ
　国チェコ　バイアスロン選手
Soulages, Pierre　スーラージュ, ピエール
　1919～　国フランス　画家
Soulama, Souleymane　スラマ, スレイマン
　国ブルキナファソ　運輸・都市移動・道路安全相
Soulé, Ba Bocar　スーレ, バー・ボカール
　国モーリタニア　設備・運輸相　別スーレ, バ・ボカル
Soule, Barbara M.　ソウル, バーバラ・M.
　著「限られた資源でできる感染防止」日本看護協会出版会　2001
Soule, Chris　ソール
　国アメリカ　スケルトン選手
Soule, Jeremy　ソウル, ジェレミー
　MTVアワード 最優秀TVゲーム音楽（第23回（2006年））　"The Elder Scrolls IV: Oblivion"
Souleiman, Ayanleh　スレイマン, アヤンレ
　国ジブチ　陸上選手
Souley, Hassane　スレイ, ハサン
　国ニジェール　国防相
Souleye, Saade　スーレイ, サーデ
　国ニジェール　国土整備相
Souleymane, Bachar Ali　スレイマン, バシャール・アリ
　国チャド　国土管理・地方分権相
Souli, Nanthavong　スリ・ナンタヴォン
　国ラオス　首相府相
Soulivong, Daravong　スリウォン・ダラウォン
　国ラオス　エネルギー・鉱業相
Soultan, Hamoud Abdi　スルタン, ハムド・アブディ
　国ジブチ　イスラム問題・寄進財産相
Souma, Ibrahima　ソウマ, イブラヒマ
　国ギニア　鉱業・環境相
Soumah, Alpha Mady　スマ, アルファ・マディ
　国ギニア　鉱山・地質相
Soumah, Fode　スマ, フォデ
　国ギニア　青年・スポーツ・文化相
Soumah, Ibrahima　スマ, イブラヒマ
　国ギニア　技術教育・職業訓練相
Soumahoro, Amadou　スマオロ, アマドゥ
　国コートジボワール　商業相
Soumahoro, Youssouf　スマオロ, ユスフ
　国コートジボワール　商業相
Soumaila, Saddi　スマイラ, サーディ
　国ニジェール　設備相
Soumanou, Alassane　スマヌ, アラサヌ
　国ベナン　中等教育・技術職業訓練・再教育・青年統合担当相
Soumanou, Djimba　スマヌヮ, ジンバ
　国ベナン　中等・技術・専門教育相
Soumanou, Moudjaïdou Issifou　スマヌ, ムジャイドゥ・イシフ
　国ベナン　商工相
Soumare, Cheikh Hadjibou　スマレ, シェイク・アジブ
　国セネガル　首相　別スマル, シェイク・ハジブ
Soumare, Myriam　スマレ
　国フランス　陸上選手
Soumillon, Christophe　スミヨン, クリストフ
　1981～　騎手　別スミヨン, C.
Soumois, Frederic　スモワ, フレデリック
　著「誰か死ぬのを手伝って」原書房　2002
Sounderpandian, Jayavel　ソウンデルパンディアン, ジャヤベル
　著「ビジネス統計学」ダイヤモンド社　2007
Sounes, Howard　スーンズ, ハワード
　1965～　著「ダウン・ザ・ハイウェイ」河出書房新社　2016
Sounton, Martial　スントン, マルシャル
　国ベナン　行政改革相
Souphanh, Keomixay　スパン・ケオミサイ
　国ラオス　計画・投資相
Sourang, Moustapha　スラン, ムスタファ
　国セネガル　高等教育相
Sourang Ndir, Maïmouna　スランヌディル, マイムナ
　国セネガル　生活環境・レジャー相　別スランヌディル, マイムーナ
al-Sourani, Zuheir　アル・スーラニ, ズヘイル
　国パレスチナ　法相
Souren-Franssen, Liduïn　スーレン・フランセン, リドウィン・E.M.
　著「アルツハイマー病」じほう　2006

Sourghia, Mamadou　スルギア, ママドゥ
　国ニジェール　保健・疾病予防相
Sourian, Hamid　ソリアン, ハミド
　国イラン　レスリング選手
Sournia, Jean-Charles　スールニア, ジャン＝シャルル
　著「アルコール中毒の歴史」法政大学出版局　2010
Sousa, Candace A.　ソザ, C.A.
　著「小動物の臨床栄養学」マーク・モーリス研究所　2001
Sousa, Manuel Inocêncio　スーザ, マニュエル・イノセンシオ
　国カボベルデ　社会基盤・運輸・通信相
Sousa, Mária Lúcio　ソウザ, マリオ・ルシオ
　国カボベルデ　文化相
Sousa, Mario Cristina de　ソウザ, マリオ・クリスチナ・デ
　国ポルトガル　経済相
Sousa, Óscar Aguiar Sacramento e　ソーザ, オスカル・アギアル・サクラメント・イ
　国サントメ・プリンシペ　国防・公安相　別ソウザ, オスカー
Sousa, Ryan　ソーサ, ライアン
　著「データウェアハウス・パフォーマンス」共立出版　2002
Soutchay, Thammasith　スッチャイ・タマシット
　国ラオス　治安維持相
Souter, David H.　スーター, デービッド
　1939～　国アメリカ　法律家　米国最高裁判事
Souter, Gerry　スーター, ゲーリー
　著「カーロ」二玄社　2008
Souter, Janet　スーター, ジャネット
　1940～　著「オキーフ」二玄社　2008
South, Leonard J.　サウス, レナード
　？～2006　国アメリカ　映画撮影技師
South, Stephanie　サウス, ステファニー
　著「2012年への進化」三五館　2009
Southall, Brian　サウソール, ブライアン
　著「ジョン・レノンとビートルズ」マーブルトロン, 中央公論新社（発売）　2011
Southall, Humphrey　サウソール, H.
　著「現代イギリスの政治算術」北海道大学図書刊行会　2003
Southall, Ivan　サウスオール, アイバン
　1921～2008　国オーストラリア　児童文学作家　本名＝サウスオール, アイバン・フランシス〈Southall, Ivan Francis〉　別サウスオール, アイヴァン／サウスソール
Southam, Phil　サウザム, フィル
　著「Minecraft公式コンストラクションハンドブック」技術評論社　2016
Southern, Richard William　サザーン, R.W.
　1912～2001　著「カンタベリーのアンセルムス」知泉書館　2015
Southon, Mike　サザン, マイク
　著「思いつき！を会社にする」阪急コミュニケーションズ　2003
South-Paul, Jeannette E.　サウス・ポール, ジャネット・E.
　著「家庭医療の技術」日経BP社, 日経BPマーケティング（発売）　2011
Southward, Dezmen　サウスワード, デズメン
　国アメリカ　アメフト選手
Southwart, Erizabeth　サウスワート, エリザベス
　著「ブロンテ姉妹の風土」風間書房　2006
Southwick, Jack　サウスウィック, ジャック
　1929～　著「アスペルガー症候群とパニックへの対処法」東京書籍　2002
Southwick, Jessica　サウスウィック, ジェシカ
　著「てぶくろ」グラフィック社　2014
Southwick, Steven M.　サウスウィック, スティーブン・M.
　著「レジリエンス」岩崎学術出版社　2015
Southwick, Teresa　サウスウィック, テレサ
　著「ボスとナニーの契約結婚」ハーパーコリンズ・ジャパン　2016
Southwood, Peter　サウスウッド, ピーター
　著「内部告発」丸善　2003
Southwood, Richard　サウスウッド, リチャード
　1931～2005　「生命進化の物語」八坂書房　2007
Southworth, Ian　サウスワース, イアン
　1961～　著「ブリックヤード・ブルース」ブルース・インターアクションズ　2005
Southworth, Jo　サウスワース, J.
　著「現代イギリスの政治算術」北海道大学図書刊行会　2003
Southworth, John　サウスワース, ジョン
　1972～　著「夜の白昼夢」飛鳥新社　2015
Southworth, Lucinda　サウスワース, ルシンダ
　ラリー・ペイジ夫人

Souyri, Pierre スイリ, ピエール
1952～ [異]スイリ, P.-F. [著]「歴史におけるデモクラシーと集会」 専修大学出版局 2003
Souza ソウザ
[国]ブラジル サッカー選手
Souza, Paulo Renato ソウザ, パウロ・レナト
[国]ブラジル 教育相
Souza, Robert ソウザ, ロバート
[著]「ハリウッド的殺人事件」 竹書房 2004
Souza, Steven, Jr. スーザ, スティーブン, Jr.
[国]アメリカ 野球選手
Souzay, Gérald スゼー, ジェラール
1918～2004 [国]フランス バリトン歌手 [異]スーゼ, ジェラール
Sova, Dawn B. ソーヴァ, ドーン・B.
[著]「百禁書」 青山出版社 2004
Sova, Vasile ショバ, バシレ
[国]モルドバ 再統合相 [異]ソバ, バシレ
Sovaleni, Siaosi ソバレニ, シアオシ
[国]トンガ 副首相兼エネルギー・環境相兼情報通信相
Sovern, Michael Ira ソバーン, マイケル
1931～ [国]アメリカ 法律学者 コロンビア大学教授・名誉学長, ジャパン・ソサエティ会長 [異]ソバーン, マイケル・アイラ / ソヴァーン, マイケル
Søviknes, Terje ソービクネス, タリエ
[国]ノルウェー 石油・エネルギー相
Sovndal, Shannon ソヴンダル, シャノン
1970～ [著]「サイクリング解剖学」 ベースボール・マガジン社 2011
Søvndal, Villy ソウンダール, ビリー
[国]デンマーク 外相
Sow, Abdou Aziz ソウ, アブドゥ・アジズ
[国]セネガル 情報・通信相 [異]ソウ, アブドゥル・アジズ
Sow, Aliou ソウ, アリュ
[国]セネガル 地方分権相
Sow, Amadou ソウ, アマドゥ
[国]セネガル アフリカ統合相
Sow, Christian ソウ, クリスティアン
[国]ギニア 法相
Sow, Daouda ソウ
[国]フランス ボクシング選手
Sow, Dauda ソウ, ダウダ
[国]ギニアビサウ 行政・労働相
Sow, Djibril ソウ, ジブリル
[国]スイス サッカー選手
Sow, Mamadou Abdoulaye ソウ, ママドゥ・アブドゥラエ
[国]セネガル 財政担当相
Sow, Moussa ソウ, ムサ
[国]セネガル サッカー選手
Sow, Sanoussy Bantama ソウ, サヌシ・バンタマ
[国]ギニア 青年雇用・スポーツ相
Sowa, Michael ゾーヴァ, ミヒャエル
1945～ [国]ドイツ 画家, イラストレーター
Sowden, Linda A. サウデン, リンダ・A.
[著]「小児看護ハンドブック」 医学書院 2007
Sowe, Allieu Pat ソウエ, アリウ・パット
[国]シエラレオネ 土地計画・環境相
Sowell, Bradley ソウェル, ブラッドリー
[国]アメリカ アメフト選手
Sowell, Thomas ソーウェル, トマス
1930～ [著]「征服と文化の世界史」 明石書店 2004
Sowerwine, Van ソウェルウイン, ヴァン
カンヌ国際映画祭 審査員特別賞(短編映画)(第58回(2005年)) "Clara"
Soyinka, Wole ショインカ, ウォーレ
1934～ [国]ナイジェリア 劇作家, 作家, 詩人 本名＝Soyinka, Akinwande Oluwole [異]ショインカ, ウォレ / ソインカ
Soylu, Süleyman ソイル, スレイマン
[国]トルコ 内相
Soz, Saifuddin ソーズ, サイフッディン
[国]インド 水資源相
Sozonov, Ivan ソゾノフ, イワン
[国]ロシア バドミントン選手
Sozzani, Franca ソッツァーニ, フランカ
1950～2016 [国]イタリア ファッションジャーナリスト イタリア版「ヴォーグ」編集長 本名＝Sozzani, Francesca [異]ソッザーニ, フランカ
Spaans, Yolande スパーンス, ヨランデ
[著]「実用オランダ語文法」 日蘭学会 2009
Spaargaren, O.C. スパールガレン, O.C.
[著]「世界の土壌資源」 古今書院 2002
Spac, Alexandr スパク, アレクサンドル
[国]モルドバ 重量挙げ選手
Spacek, Sissy スペイセク, シシー
1949～ [国]アメリカ 女優 本名＝Spacek, Mary Elizabeth [異]スペーシク, シシー / スペイシク, シシー
Spacey, Kevin スペーシー, ケビン
1959～ [国]アメリカ 俳優, 演出家 オールド・ビック劇場芸術監督 [異]スペイシー, ケビン / スペイシー, ケヴィン
Spacey, Siân D. スペイシー, サイアン・D.
[著]「ビジュアルテキスト脳神経」 医学書院 2004
Spada, Nina Margaret スパダ, ニーナ
[著]「言語はどのように学ばれるか」 岩波書店 2014
Spadafora, Winston スパダフォラ, ウィンストン
[国]パナマ 内務・法務相
Spadafori, Gina スパーダフォリ, ジーナ
[著]「犬のいる生活」 清流出版 2003
Spadavecchia, Fiorella スパダヴェッキア, フィオレッラ
[国]イタリア 元・ヴェネツィア東洋美術館館長
Spade, David スペード, デヴィッド
ゴールデン・ラズベリー賞(ラジー賞) 最低助演女優賞(第32回(2011年)) "Jack and Jill"
Spade, Kate スペード, ケイト
[著]「スタイル」 ブックマン社 2005
Spader, James スペーダー, ジェームズ
1960～ [国]アメリカ 俳優 [異]スペイダー, ジェームズ
Spadola, Ryan スパドーラ, ライアン
[国]アメリカ アメフト選手
Spaemann, Robert シュペーマン, ローベルト
1927～ [著]「幸福と仁愛」 東京大学出版会 2015
Spafford, Gene スパフォード, ジーン
[著]「Webセキュリティ, プライバシー＆コマース」 オライリー・ジャパン, オーム社(発売) 2002
Spafford, George スパッフォード, ジョージ
[著]「The DevOps 逆転だ！」 日経BP社, 日経BPマーケティング(発売) 2014
Spafford, Suzy スパッフォード, スージー
[著]「ウィッツィー、きのうえにようこそ！」 BL出版 2012
Spagnoli, Cathy スパニョーリ, キャシー
[著]「アジアの民話」 同時代社 2001
Spagnuolo, Steve スパヌオーロ, スティーブ
[国]アメリカ ニューヨーク・ジャイアンツコーチ
Spahic, Emir スパヒッチ, エミル
[国]ボスニア・ヘルツェゴビナ サッカー選手
Spahija, Neven スパヒジャ, ネベン
[国]アメリカ アトランタ・ホークスアシスタントコーチ(バスケットボール)
Spahn, Warren Edward スパーン, ウォーレン
1921～2003 [国]アメリカ 野球選手
Spaight, Martrell スペイト, マートレル
[国]アメリカ アメフト選手
Spain, Quinton スペイン, クイントン
[国]アメリカ アメフト選手
Spain Rodriguez スペイン・ロドリゲス
[著]「チェ・ゲバラ」 原書房 2009
Spalding, Bob スポルディング, ボブ
[国]アメリカ 「ザ・ベンチャーズ」メンバー
Spalding, Esperanza スポルディング, エスペランサ
グラミー賞 最優秀ジャズ・ヴォーカル・アルバム(2012年(第55回))ほか
Spalding, Neil スポルディング, ニール
[著]「MotoGP進化論」 スタジオタッククリエイティブ 2011
Spall, Timothy スポール, ティモシー
1957～ [国]イギリス 俳優
Spalletti, Luciano スパレッティ, ルチアーノ
1959～ [国]イタリア サッカー指導者, 元サッカー選手 [異]スパッレッティ, ルチアーノ
Spalvis, Lukas スパルヴィス, ルカシュ
[国]リトアニア サッカー選手
Span, Denard スパン, デナード
[国]アメリカ 野球選手
Spang, Markus スパング, マーカス
1972～ [著]「ティップトップとゾウ」 ブーマー, トランスワール

ドジャパン(発売) 2005
Spang, Rebecca L. スパング, レベッカ・L.
1961〜 [著]「レストランの誕生」 青土社 2001
Spang, Stefan シュパン, シュテファン
[著]「マッキンゼーITの本質」 ダイヤモンド社 2005
Spangenberg, Cory スパンジェンバーグ, コリー
[国]アメリカ 野球選手
Spangler, David シュパングラー, デイビッド
1945〜 [著]「まわりにいっぱい奇跡が起こる本」 日本教文社 2005
Spanier, Jerome スパニール, ジェローム
1930〜 [著]「関数事典」 朝倉書店 2013
Spank, Raul-Roland シュパンク
[国]ドイツ 陸上選手
Spann, Scott スパン
[国]アメリカ 競泳選手
Spannbauer, Christa シュパンバウアー, クリスタ
[著]「生きる勇気」 原書房 2015
Spano, Robert スパーノ, ロバート
グラミー賞 最優秀オペラ録音(2006年(第49回))ほか
Spanogle, John A. スパニョール, ジョン・A.
1934〜 [著]「アメリカ国際商取引法」 木鐸社 2003
Spanos, N. スパノス, ニコラス・P.
[著]「偽薬効果」 春秋社 2002
Spanovic, Ivana スパノビッチ, イバナ
[国]セルビア 陸上選手
Spanta, Rangin Dadfar スパンタ, ランジン・ダドファル
1953〜 [国]アフガニスタン 政治家 アフガニスタン大統領顧問(国家安全保障担当) アフガニスタン外相 [異]スパンタ, ダドファル / スパンタ, ランギーン・ダードファル
Spanyol, Jessica スパニョール, ジェシカ
[著]「カーロ、せかいをかぞえる」 フレーベル館 2002
Spar, Debora スパー, デボラ
[国]アメリカ 経済学者 バーナード・カレッジ学長 [専]国際商取引 [異]スパー, デボラ・L.
Sparaco, Simona スパラコ, シモーナ
1978〜 [国]イタリア 作家, 脚本家 [専]文学
Sparber, Al スパーバー, アル
[著]「Dreamweaver 4 magic」 エムディエヌコーポレーション, インプレスコミュニケーションズ(発売) 2001
Spargo, Tamsin スパーゴ, タムシン
[著]「フーコーとクイア理論」 岩波書店 2004
Sparing, Chris スパーリング, クリス
1977〜 [著]「追憶の森」 PARCO出版 2016
Spark, Muriel Sarah スパーク, ミュリエル
1918〜2006 [国]イギリス 作家, 詩人 [異]スパーク, ミューリエル / スパーク, ミュアリエル
Sparke, Penny スパーク, ペニー
1948〜 [著]「パステルカラーの罠」 法政大学出版局 2004
Sparkes, Ali スパークス, アリ
[著]「SWITCH」 フレーベル館 2014
Sparkman, Glenn スパークマン, グレン
[国]アメリカ 野球選手
Sparks, Colin スパークス, コリン
[著]「メディア理論の脱西欧化」 勁草書房 2003
Sparks, Greg スパークス, グレッグ
[国]アメリカ シカゴ・ホワイトソックスコーチ
Sparks, Kerrelyn スパークス, ケリリン
[著]「ふたりは真夜中を翔んで」 原書房 2011
Sparks, Leigh スパークス, リー
[著]「ロジスティクスと小売経営」 白桃書房 2008
Sparks, Nicholas スパークス, ニコラス
1965〜 [国]アメリカ 作家 [専]文学, フィクション, ロマンス
Sparling, Nancy スパーリング, ナンシー
[著]「さらば、ミスター・ナイスガイ」 ヴィレッジブックス 2005
Sparn, Walter シュパルン, W.
1941〜 [著]「ルターの言葉」 教文館 2014
Sparrow, Giles スパロー, ジャイルズ
1970〜 [著]「火星」 河出書房新社 2015
Sparrow, Sara S. スパロー, サラ・S.
[著]「総説アスペルガー症候群」 明石書店 2008
Sparrow, Thomas スパロウ, トマス
1947〜 [国]アメリカ 作家 [専]ミステリー 筆名=カービー, エルトン
Sparrow, William Anthony スパロー, W.A.
1955〜 [著]「身体運動学」 大修館書店 2006
Sparrowdancer, Mary スパロウダンサー, メアリー
[著]「光のラブソング」 明窓出版 2007
Spartas, Dale C. スパルタス, デイル・C.
[著]「ラブの101の使い方」 レッドハート 2003
Spartz, Emerson スパーツ, エマーソン
[国]アメリカ DOSE共同創業者
Spasenoski, Aco スパセノスキ, アツォ
[国]マケドニア 農林水資源相 [異]スパセノフスキ, アチェ
Spasibukhov, IUrii スパシブーホフ, ユーリー
1966〜 [著]「カフカスの防衛」 大日本絵画 2004
Spasoff, Robert A. スパソフ, ロバート・A.
[著]「根拠に基づく健康政策のすすめ方」 医学書院 2003
Spasov, Dime スパソフ, ダイム
[国]マケドニア 労働・社会相
Spasovski, Oliver スパソフスキ, オリバル
[国]マケドニア 内相
Spataro, Sandra スパタロ, サンドラ
[著]「アンスタック!」 ベストセラーズ 2004
Spath, Patrice L. スパス, パトリス・L.
[著]「患者と減らそう医療ミス」 エルゼビア・ジャパン 2005
Spatola, Jamie K. スパトラ, ジェイミー・K.
[著]「ゴールドスタンダード」 スタジオタッククリエイティブ 2012
Spatrisano, Amy スパトゥリサノ, エイミー
[著]「環境にやさしい会議・イベントの進めかた」 ブリプレス・センター 2008
Spaulding, David スポールディング, D.
1950〜 [著]「投資パフォーマンスの評価」 東洋経済新報社 2001
Spaulding, William Delbert スポルディング, ウィリアム・D.
1950〜 [著]「統合失調症」 金剛出版 2014
Spaziani, Beatrice スパツィアニ
[国]イタリア シンクロナイズド・スイミング選手
Speak, Karl D. スピーク, カール・D.
1951〜 [著]「人生に成功する「自分ブランド」」 ダイヤモンド社 2004
Speaker-Yuan, Margaret スピーカー・ユアン, マーガレット
[著]「「ライラ」からの手紙」 文渓堂 2007
Speakes, Larry Melvin スピークス, ラリー
1939〜2014 [国]アメリカ 実業家 米国大統領主席副報道官, 米国郵便サービス上席副社長
Speakman, James スピークマン, ジェームス
1968〜 [著]「なぜあの人からつい「買ってしまう」のか」 三笠書房 2011
Speaks, Charles E. スピークス, チャールズ・E.
[著]「音入門」 海文堂出版 2002
Spealman, Jill スピールマン, ジル
[著]「MCSEスキルチェック問題集Microsoft Windows Server 2003 active directory infrastructure」 日経BPソフトプレス, 日経BP出版センター(発売) 2004
Spear, Boonnie A. スピア, ボニー・A.
[著]「食品・栄養・食事療法事典」 産調出版, 産業調査会(発売) 2006
Spear, Burning スピア, バーニング
グラミー賞 最優秀レゲエ・アルバム(2008年(第51回)) "Jah Is Real"
Spear, Mónica スピア, モニカ
1984〜2014 [国]ベネズエラ 女優
Spearmon, Wallace スピアモン
[国]アメリカ 陸上選手
Spears, Britney スピアーズ, ブリトニー
1981〜 [国]アメリカ 歌手 本名=スピアーズ, ブリトニー・ジーン〈Spears, Britney Jean〉
Spears, Richard A. スピアーズ, リチャード
[著]「ほんものの米語口語スラング辞典2400」 マクミランランゲージハウス 2002
Spears, Russell スピアーズ, ラッセル
[著]「ステレオタイプとは何か」 明石書店 2007
Spears, William O., Jr. スピアーズ, W.O.
[著]「統合軍参謀マニュアル」 白桃書房 2009
Specht, Theresa シュペヒト, テレーザ
1979〜 [著]「言語と人間性」 松本工房 2015
Speck, Katie スペック, ケイティ
[著]「かわいいゴキブリのおんなの子メイベルのぼうけん」 福音館書店 2013
Speck, William Arthur スペック, W.A.
1938〜 [著]「イギリスの歴史」 創土社 2004
Specter, Arlen スペクター, アーレン

1930〜2012　国アメリカ　政治家　米国上院司法委員長, 米国上院議員（共和党）
Specter, Michael　スペクター, マイケル
1955〜　著「ファンタスティックMr.FOX」 DU BOOKS, ディスクユニオン（発売）　2015
Spector, Aimee　スペクター, エイミー
著「認知症の人のための認知活性化療法マニュアル」中央法規出版　2015
Spector, Craig　スペクター, クレイグ
1958〜　著「闇の果ての光」文芸春秋　2003
Spector, Jon　スペクター, ジョン
1956〜　著「クラウドソーシング」英治出版　2008
Spector, Nancy　スペクター, ナンシー
著「マウリツィオ・カテラン」ファイドン　2006
Spector, Phil　スペクター, P.
著「Rデータ自由自在」シュプリンガー・ジャパン　2008
Spector, Rebecca　スペクター, レベッカ
著「動物工場」緑風出版　2016
Spector, Robert　スペクター, ロバート
1947〜　国アメリカ　著「カテゴリー・キラー」ランダムハウス講談社　2005
Spector, Susan　スペクター, スーザン
著「カジノ大全」ダイヤモンド社　2005
Spector, Timothy David　スペクター, ティム
著「双子の遺伝子」ダイヤモンド社　2014
Spedding, David Rolland　スペディング, デービッド
1943〜2001　国イギリス　英国情報局秘密情報部（MI6）部長
Spedding, Scott　スペディング, スコット
国フランス　ラグビー選手
Spee, Gitte　スペー, ヒッテ
著「ゾウのオラフのてんきのはなし」ジェネオンエンタテインメント　2008
Speed, Gary　スピード, ギャリー
1969〜2011　国イギリス　サッカー選手, サッカー監督　サッカー・ウェールズ代表監督　本名＝Speed, Gary Andrew　異スピード, ガリー
Speed, Toby　スピード, トビー
著「がんばれじゃがいも」講談社　2004
Speer, Albert　シュペーア, アルベルト
著「第三帝国の神殿にて」中央公論新社　2001
Speer, James　スピアー, ジェームス
著「Visual Basicプログラマのための「クラス設計」ガイドブック」ソシム　2003
Speer, Kevin P.　スピアー, K.P.
著「スポーツ整形外科学」西村書店東京出版編集部　2010
Speer, Phil　スピアー, フィル
著「WWEトリビアブック」エンターブレイン　2003
Speese-Linehan, D.　スペーゼ＝リネハン, D.
著「学校危機への準備と対応」誠信書房　2004
Speh, Thomas W.　スペイ, トーマス・W.
著「産業財マーケティング・マネジメント」白桃書房　2012
Speidel, Manfred　シュパイデル, マンフレド
著「ブルーノ・タウト」オクターブ　2007
Speier, Chris　スパイアー, クリス
国アメリカ　ワシントン・ナショナルズコーチ
Speight, Bev　スペイト, ベヴ
著「運命のルノルマンカード占い」二見書房　2016
Speight, Henry　スパイト, ヘンリー
国オーストラリア　ラグビー選手
Speight, Stephen　スペイト, スティーヴン
1937〜　著「フィヨルド殺人事件」アイビーシーパブリッシング, 日本洋書販売（発売）　2005
Speights, Marreese　スペイツ, マリース
国アメリカ　バスケットボール選手
Speirs, Jack　スピアーズ, ジャック
1916〜2002　国アメリカ　脚本家
Speiser, David　シュパイザー
国ドイツ　スノーボード選手
Spelling, Aaron　スペリング, アーロン
1923〜2006　国アメリカ　テレビ・映画プロデューサー　異スペリング, エアロン
Spellings, Margaret La Montagne　スペリングス, マーガレット
1957〜　国アメリカ　政治家　米国教育官, 米国大統領補佐官（内政担当）　異スペリング, マーガレット / スペリングズ, マーガレット
Spellman, Cathy Cash　スペルマン, キャシー・キャッシュ

著「ブレス・ザ・チャイルド」竹書房　2001
Spelman, Caroline　スペルマン, カロライン
国イギリス　環境・食料・農村相
Spelman, Cornelia Maude　スペルマン, コーネリア・モード
著「かなしいときには」PHP研究所　2011
Spelman, Lucy H.　スペルマン, ルーシー
著「靴を履いたサイ」緑書房　2009
Speltz, Alexander　シュペルツ, アレクサンダー
著「装飾スタイル事典」東京美術　2001
Spence, Akeem　スペンス, アキーム
国アメリカ　アメフト選手
Spence, A.Michael　スペンス, マイケル
1943〜　国アメリカ　経済学者　ニューヨーク大学教授, スタンフォード大学名誉教授　研情報の経済学
Spence, Errol　スペンス
国アメリカ　ボクシング選手
Spence, Floyd　スペンス, フロイド
1928〜2001　国アメリカ　政治家　米国下院議員（共和党）, 米国下院軍事委員長　本名＝スペンス, デビッドソン・フロイド〈Spence, Davidson Floyd〉
Spence, Gerry　スペンス, ゲーリー
1929〜　著「議論に絶対負けない法」三笠書房　2012
Spence, Godfrey　スペンス, ゴッドフレイ
著「こだわりの白ワイン」ネコ・パブリッシング　2006
Spence, Graham　スペンス, グレアム
著「象にささやく男」築地書館　2014
Spence, Jon　スペンス, ジョン
著「ビカミング・ジェイン・オースティン」キネマ旬報社　2009
Spence, Jonathan D.　スペンス, ジョナサン・D.
1936〜　国アメリカ　スペンス, ジョナサン　著「神の子洪秀全」慶応義塾大学出版会　2011
Spence, Michael　スペンス, マイケル
1943〜　著「マルチスピード化する世界の中で」早川書房　2011
Spence, Noah　スペンス, ノア
国アメリカ　アメフト選手
Spence, Sean　スペンス, ショーン
国アメリカ　アメフト選手
Spence, Simon　スペンス, サイモン
著「ザ・ストーン・ローゼズ」DU BOOKS, ディスクユニオン（発売）　2016
Spence-Almaguer, Emily　スペンス・アルマゲヤー, エミリー
著「ストーカーから身を守るハンドブック」大月書店　2014
Spencer, A.Jeffrey　スペンサー, A.J.
著「死の考古学」法政大学出版局　2009
Spencer, Anthony James Merrill　スペンサー, A.J.M.
1929〜2008　著「連続体力学/材料力学」永木製本出版部　2010
Spencer, Ashley　スペンサー, アシュリー
国アメリカ　陸上選手
Spencer, Baldwin　スペンサー, ボールドウィン
1948〜　国アンティグア・バーブーダ　政治家　アンティグアバーブーダ首相・外相　本名＝Spencer, Winston Baldwin　異スペンサー, ボルドウィン
Spencer, Beth　スペンサー, ベス
著「高齢者のお引っ越しガイド」クリエイツかもがわ, 京都 かもがわ出版（発売）　2004
Spencer, Britt　スペンサー, ブリット
著「アインシュタイン痛快！宇宙論」集英社インターナショナル, 集英社（発売）　2013
Spencer, Catherine　スペンサー, キャサリン
著「命のブーケ」ハーパーコリンズ・ジャパン　2016
Spencer, Damion O.　スペンサー, ディミオン・O.
著「知恵の庭」耕文社　2011
Spencer, Evan　スペンサー, エバン
国アメリカ　アメフト選手
Spencer, James Nelson　スペンサー, J.N.
1941〜　著「スペンサー基礎化学」東京化学同人　2012
Spencer, John　スペンサー, ジョン
1946〜2005　国アメリカ　俳優
Spencer, Judith　スペンサー, ジュディス
著「ジェニーのなかの400人」早川書房　2001
Spencer, Julius　スペンサー, ジュリアス
国シエラレオネ　情報放送相
Spencer, Kaliese　スペンサー
国ジャマイカ　陸上選手
Spencer, LaVyrle　スペンサー, ラヴィル
著「夜風にゆれる想い」二見書房　2011

Spencer, Levern スペンサー, ラバーン
[国]セントルシア 陸上選手
Spencer, Liv スペンサー, リヴ
[著]「テイラー・スウィフト ザ・プラチナム・エディション」 カンゼン 2015
Spencer, Lyle M. スペンサー, ライル・M.
[著]「コンピテンシー・マネジメントの展開」 生産性出版 2011
Spencer, Margaret Meek スペンサー, マーガレット・ミーク
1925〜 [異]マーガレット・ミーク [著]「読む力を育てる」 柏書房 2003
Spencer, Mary スペンサー
[国]カナダ ボクシング選手
Spencer, Maureen スペンサー, モーリーン
[著]「内部告発」 丸善 2003
Spencer, Mimi スペンサー, ミミ
[著]「週2日ゆる断食ダイエット」 幻冬舎 2013
Spencer, Neal スペンサー, ニール
[著]「ヒエログリフがわかる絵本」 創元社 2005
Spencer, Nick スペンサー, ニック
[著]「アントマン：セカンド・チャンスマン」 ヴィレッジブックス 2015
Spencer, Nigel スペンサー, ナイジェル
カナダ総督文学賞 英語 翻訳(仏文英訳)(2012年)ほか
Spencer, Octavia スペンサー, オクタヴィア
アカデミー賞 助演女優賞(第84回(2011年))ほか
Spencer, Patricia Elizabeth スペンサー, パトリシア・エリザベス
[著]「デフ・スタディーズろう者の研究・言語・教育」 明石書店 2015
Spencer, Paul スペンサー, ポール
[著]「エキスパートから学ぶXML実践プログラミング」 インプレス, インプレスコミュニケーションズ(発売) 2001
Spencer, Paul Francis スペンサー, ポール・フランシス
[著]「十字架の聖パウロの生涯」 ドン・ボスコ社 2007
Spencer, Rudyard スペンサー, ラドヤード
[国]ジャマイカ 保健相
Spencer, Signe M. スペンサー, シグネ・M.
1950〜 [著]「コンピテンシー・マネジメントの展開」 生産性出版 2011
Spencer, Wen スペンサー, ウェン
1963〜 [国]アメリカ 作家 [専]SF, ファンタジー
Spencer, William Browning スペンサー, ウィリアム・ブラウニング
[著]「20世紀SF」 河出書房新社 2001
Spencer-Oatey, Helen スペンサー＝オーティー, ヘレン
1952〜 [著]「異文化理解の語用論」 研究社 2004
Spencer-Wendel, Susan スペンサー＝ウェンデル, スーザン
[著]「それでも私にできること。」 講談社 2013
Spender, J.C. スペンダー, J.C.
[著]「グリーン・バリュー経営への大転換」 NTT出版 2013
Spender, Stephen スペンダー, スティーヴン
[著]「スティーヴン・スペンダー日記」 彩流社 2002
Spenser, Emma Jane スペンサー, エマ・J.
[著]「止めないであなた」 ハーレクイン 2001
Spenser, Jay P. スペンサー, ジェイ
[著]「747」 日経BP社, 日経BP出版センター(発売) 2008
Spensley, Sheila スペンスリー, S.
1931〜 [著]「タスティン入門」 岩崎学術出版社 2003
Sperandeo, Victor スペランデオ, ビクター
[著]「スペランデオのトレード実践講座」 パンローリング 2006
Sperans, Felix スペランス, フェリックス
1944〜 [著]「こんな精神科医に会いたかった」 創英社, 三省堂書店(発売) 2006
Sperber, Dan スペルベル, ダン
[著]「表象は感染する」 新曜社 2001
Sperber, Jonathan スパーバー, ジョナサン
1952〜 [著]「マルクス」 白水社 2015
Sperber, Manès シュペルバー, マネス
[著]「ヴォリナ」 水声社 2004
Sperber, Wendie Jo スパーバー, ウェンディ・ジョー
1959〜2005 [国]アメリカ 女優
Speregen, Devra N. スペレーゲン, デブラ・N.
[著]「フルハウス」 マッグガーデン 2007
Spergel, David N. スパーゲル, デイヴィッド・N.
[著]「宇宙の創成と進化」 日本経済新聞社 2005
Sperling, Daniel スパーリング, ダニエル
1951〜 [国]アメリカ 土木工学者 カリフォルニア大学デービス校教授 [専]輸送工学, 環境科学
Sperling, Gene B. スパーリング, ジーン
1958〜 [国]アメリカ エコノミスト 米国国家経済会議(NEC)委員長
Sperling, Ted スパーリング, テッド
トニー賞 ミュージカル 編曲賞(2005年(第59回)) "The Light in the Piazza"
Spero, Nancy スペロ, ナンシー
1926〜2009 [国]アメリカ 現代美術家, 画家
Speroni, Julian スペローニ, フリアン
[国]アルゼンチン サッカー選手
Sperring, Mark スペリング, マーク
[異]スペアリング, マーク [著]「手と手をつないで」 BL出版 2016
Sperry, Dan スペリー, ダン
[著]「ソーシャルメディア・マジシャン」 リアライズ・ユア・マジック 2015
Sperry, Joseph スペリ, ジョセフ
[著]「重要顧客マネジメント」 ダイヤモンド社 2004
Sperry, Len スペリー, レン
[著]「パーソナリティ障害 ： 診断と治療のハンドブック」 金剛出版 2012
Speth, James Gustave スペス, ジェームズ・グスタフ
1942〜 [国]アメリカ エール大学森林環境学部長 国連開発計画(UNDP)総裁, 世界資源研究所所長 [専]環境問題 [異]スペス, ガスターブ / スペス, グスターズ / スペス, ジェームズ・ガスターヴ
Spezi, Mario スペッツィ, マリオ
1946〜 [著]「連続殺人「赤い死神」」 扶桑社 2007
Spezzano, Chuck スペザーノ, チャック
[著]「チャック・スペザーノ博士のスピリチュアルな愛への道」 PHP研究所 2010
Spezzano, Lency スペザーノ, レンシー
[著]「チャック・スペザーノ博士の幸せな子ども時代を取りもどすのに、遅すぎることはない」 ヴォイス 2007
Spicer, Mark スパイサー, マーク
[著]「図説狙撃手大全」 原書房 2011
Spicer, Michael スパイサー, マイケル
[著]「マッドマックス怒りのデス・ロード」 Graffica Novels, 誠文堂新光社(発売) 2015
Spichtig, Lou シュピヒティク, ルー
[国]スイス ローザンヌ国際バレエコンクール 観客賞, ベスト・スイス賞(第43回(2015年))
Spicker, Paul スピッカー, ポール
1954〜 [著]「貧困の概念」 生活書院 2008
Spidla, Vladimír シュピドラ, ウラジミール
1951〜 [国]チェコ 政治家 チェコ首相, チェコ社会民主党党首
Spiegel, David スピーゲル, デイヴィッド
[著]「がん患者と家族のためのサポートグループ」 医学書院 2003
Spiegel, David A. スピーゲル, デイビッド・A.
[異]シュピーゲル, デービッド・A. [著]「不安障害」 日本評論社 2005
Spiegel, Dixie Lee シュピーゲル, ディキシー・リー
1942〜 [著]「本を読んで語り合うリテラチャー・サークル実践入門」 渓水社 2013
Spiegel, Eric スピーゲル, エリック
[著]「エネルギーの未来」 日本経済新聞出版社 2009
Spiegel, Evan スピーゲル, エバン
[国]アメリカ 起業家 スナップチャットCEO・共同創業者 [異]シュピーゲル, エヴァン
Spiegel, H. スピーゲル, ハーバート
[著]「偽薬効果」 春秋社 2002
Spiegel, Raphael シュピーゲル, ラファエル
[国]スイス サッカー選手
Spiegelburg, Silke シュピーゲルブルク
[国]ドイツ 陸上選手
Spiegelman, Art スピーゲルマン, アート
アングレーム国際漫画祭 アングレーム市グランプリ(2011年)
Spiegelman, Peter スピーゲルマン, ピーター
[国]アメリカ 作家 [専]ミステリー, スリラー
Spiegl, Fritz スピーグル, フリッツ
[著]「恋する大作曲家たち」 音楽之友社 2001
Spiegler, Julie シュピーグラー, ジュリー
[著]「子どもが体験するべき50の危険なこと」 オライリー・ジャパン, オーム社(発売) 2011
Spielberg, Christoph シュピールベルク, クリストフ
1947〜 [国]ドイツ 作家, 医師 [専]ミステリー
Spielberg, Steven スピルバーグ, スティーブン

S

1947〜 ㊖アメリカ 映画監督, 映画プロデューサー ㊊スピールバーグ / スピルバーグ, スティーヴン
Spielberger, Walter J. シュピールベルガー, ヴァルター・J.
㊒「捕獲戦車」 大日本絵画 2008
Spielman, Andrew スピールマン, アンドリュー
㊒「蚊ウイルスの運び屋」 ソニー・マガジンズ 2004
Spielman, Arthur J. スピールマン, アーサー
㊒「睡眠障害に対する認知行動療法」 風間書房 2015
Spielmann, Yvonne シュピールマン, イヴォンヌ
㊒「ヴィデオ」 三元社 2011
Spier, Guy スピア, ガイ
㊒「勘違いエリートが真のバリュー投資家になるまでの物語」 パンローリング 2015
Spier, Jonathan スピア, ジョナサン
㊒「ハーバードMBA合格者のエッセイを読む」 オープンナレッジ 2007
Spier, Peter スピア, ピーター
1927〜 ㊒「ロンドン橋がおちまする!」 復刊ドットコム 2011
Spiers, Edward M. スピアーズ, エドワード・M.
㊒「化学・生物兵器の歴史」 東洋書林 2012
Spies, Heinz-Joachim スピース, ハインツ - ヨアヒム
㊒「鉄の窒化と軟窒化」 アグネ技術センター 2011
Spieth, Jordan スピース, ジョーダン
1993〜 ㊖アメリカ プロゴルファー
Spikes, Brandon スパイクス, ブランドン
㊖アメリカ アメフト選手
S
Spiliotopoulos, Aris スピリオトプロス, アリス
㊖ギリシャ 教育・宗教相
Spiliotopoulos, Evan スピリオトプロス, エヴァン
㊒「ティンカー・ベルと月の石」 講談社 2009
Spiliotopoulos, Spilios スピリオトプロス, スピリオス
㊖ギリシャ 国防相
Spillane, Johnny スピレーン
㊖アメリカ ノルディック複合選手
Spillane, Mickey スピレイン, ミッキー
1918〜2006 ㊖アメリカ 推理作家 本名=スピレイン, フランク・モリソン〈Spillane, Frank Morrison〉 ㊊スピレーン, ミッキー
Spiller, C.J. スピラー, C.J.
㊖アメリカ アメフト選手
Spiller, Jan スピラー, ジャン
㊒「魂の願い新月のソウルメイキング」 リブート 2012
Spiller, Michael Alan スピラー, マイケル・アラン
エミー賞 プライムタイム・エミー賞 最優秀監督賞(コメディシリーズ)(第63回(2011年)) “Modern Family”
Spillius, Elizabeth Bott スピリウス, E.B.
1924〜 ㊒「心的平衡と心的変化」 岩崎学術出版社 2005
Spilly, Alphonse P. スピリー, アルフォンス・P.
1939〜 ㊒「やすらぎへの旅」 女子パウロ会 2003
Spilsbury, Ariel スピルスバリー, アリエル
1945〜 ㊒「マヤン・オラクル」 ナチュラルスピリット 2009
Spilsbury, Louise スピルズベリー, ルイーズ
㊒「池上彰が注目するこれからの大都市・経済大国」 講談社 2015
Spinazzola, Leonardo スピナッツォーラ, レオナルド
㊖イタリア サッカー選手
Spindel, Carrie B. スピンデル, キャリー・B.
㊒「児童虐待」 金剛出版 2012
Spindelegger, Michael シュピンデルエッガー, ミヒャエル
㊖オーストリア 副首相兼欧州・国際関係相(外相)
Spindler, Erica スピンドラー, エリカ
㊖アメリカ 作家
Spinelli, Eileen スピネリ, アイリーン
㊒「ここがわたしのおうちです」 さ・え・ら書房 2011
Spinelli, Jerry スピネッリ, ジェリー
1941〜 ㊖アメリカ 作家
Spinello, Richard A. スピネロ, リチャード・A.
㊒「情報社会の倫理と法」 NTT出版 2007
Spini, Giorgio スピーニ, ジョルジョ
1916〜 ㊒「ミケランジェロと政治」 刀水書房 2003
Spink, Kathryn スピンク, K.
1953〜 ㊊スピンク, キャサリン ㊒「新訳心の静けさの中で」 シオン出版社 2010
Spinks, Lee スピンクス, リー
1963〜 ㊒「フリードリヒ・ニーチェ」 青土社 2006
Spinks, W.A. スピンクス, W.A.
㊒「マネジメント・セオリー」 培風館 2009
Spinnen, Burkhard シュピネン, ブルクハルト
1956〜 ㊒「大きなウサギを送るには」 徳間書店 2007
Spinney, Caroll スピニー, キャロル
㊒「ビッグバードが教えてくれた大切なこと」 PHP研究所 2005
Spinola, Luigi スピノーラ, ルイージ
㊒「オードリーat Home」 フォーインスクリーンプレイ事業部(発売) 2016
Spinosi, Jean-Christophe スピノジ, ジャン・クリストフ
1964〜 ㊖フランス 指揮者, バイオリニスト
Spio-garbrah, Ekow スピオガーブラ, エコウ
㊖ガーナ 貿易・産業相
Spira, Rupert スパイラ, ルパート
1960〜 ㊒「プレゼンス」 ナチュラルスピリット 2016
Spires, Elizabeth スパイアーズ, エリザベス
1952〜 ㊒「エミリ・ディキンスン家のネズミ」 みすず書房 2007
Spirgi-Gantert, Irene シュプルギ - ガンテルト, イレーネ
㊒「機能的運動療法」 丸善出版 2014
Špirić, Nikola シュピリッチ, ニコラ
㊖ボスニア・ヘルツェゴビナ 副首相兼財務相
Spiridonov, Leonid スピリドノフ
㊖カザフスタン レスリング選手
Spiridonova, Daria スピリドノワ, ダリア
㊖ロシア 体操選手
Spirig, Nicola スピリク, ニコラ
1982〜 ㊖スイス トライアスロン選手
Spirin, Gennadij スピリン, ガナディ
㊒「リヤ王と白鳥になった子どもたち」 冨山房インターナショナル 2010
Spirin, Ilya スピリン, イリア
1976〜 ㊒「アイスベアー ほっきょくぐまたちは今…」 バベルプレス 2011
Spiro, Samantha スパイロ, サマンサ
ローレンス・オリヴィエ賞 ミュージカル・エンタテインメント女優賞(2010年(第34回)) “Hello, Dolly!”
Spirtzis, Christos スピルジス, クリストス
㊖ギリシャ 社会基盤・運輸相 ㊊スピルジス, フリストス
Spisak, Pawel スピサック, パウェル
㊖ポーランド 馬術選手
Spitz, Ellen Handler スピッツ, エレン・ハンドラー
1939〜 ㊒「絵本のなかへ」 青土社 2001
Spitz, Sabine シュピッツ, ザビーネ
1971〜 ㊖ドイツ 自転車選手
Spitzbart, Michael シュピッツバート, ミヒャエル
㊒「青い象のことだけは考えないで!」 サンマーク出版 2013
Spitzberg, Brian H. スピッツバーグ, B.H.
㊒「親密な関係のダークサイド」 北大路書房 2008
Spitzer, Alan R. スピッツァー, アラン・R.
㊒「新生児科シークレット」 メディカル・サイエンス・インターナショナル 2008
Spitzer, Cindy S. スピッツァー, シンディ
㊒「いますぐアメリカ発の金融大崩壊に備えよ」 徳間書店 2012
Spitzer, Eliot スピッツァー, エリオット
1959〜 ㊖アメリカ 政治家, 弁護士 ニューヨーク州知事 本名=スピッツァー, エリオット・ローレンス〈Spitzer, Eliot Laurence〉
Spitzer, Manfred シュピッツァー, マンフレド
1958〜 ㊒「デジタル・デメンチア」 講談社 2014
Spitzer, Robert L. スピッツァー, ロバート・L.
㊒「精神科診断面接マニュアルSCID」 日本評論社 2003
Spitznagel, Mark スピッツナーゲル, マーク
1971〜 ㊒「ブラックスワン回避法」 パンローリング 2016
Spitzner, Lance スピッツナー, ランス
㊒「ハニーポット」 慶応義塾大学出版会 2004
Spivak, Gayatri Chakravorty スピヴァク, ガヤトリ・チャクラヴォルティ
1942〜 ㊖インド 文芸評論家, 教育家 コロンビア大学ユニバーシティ教授 ㊫脱構築派マルクス主義 ㊊スピバク, ガヤトリ / スピヴァク, G.C. / スピヴァック, ガヤトリ
Spivak, Michael スピヴァック, M.
㊒「多変数の解析学」 東京図書 2007
Spivakov, Vladimir スピヴァコフ, ウラディーミル
1944〜 ㊖ロシア バイオリニスト, 指揮者 ロシア・ナショナル・フィルハーモニー音楽監督・首席指揮者 本名=Spivakov, Vladimir Teodorovich ㊊スピバコフ / スピワコフ, ウラジーミル

Spivey, Nigel Jonathan スパイヴィー、ナイジェル・J.
著「ギリシア・ローマ文化誌百科」原書房 2007
Spix, Joe スピックス、ジョー
グラミー賞 最優秀レコーディング・パッケージ（2014年（第57回）） "Lightning Bolt" アート・ディレクター
Spizman, Robyn Freedman スピッツマン、ロビン・フリードマン
著「プロは語る。」アスペクト 2005
Splitter, Tiago スプリッター、ティアゴ
国ブラジル バスケットボール選手
Splittorff, Paul スプリットオフ、ポール
1946～2011 国アメリカ 野球選手 本名＝Splittorff, Paul William 異スプリットーフ、ポール
Spodek, Bernard スポデック、B.
著「乳幼児教育における遊び」培風館 2008
Spoelstra, Erik スポールストラ、エリック
国アメリカ マイアミ・ヒートヘッドコーチ（バスケットボール）
Spoelstra, Jon スポールストラ、ジョン
1946～ 著「エスキモーに氷を売る」きこ書房 2012
Spofforth, Gemma スポフォース
国イギリス 競泳選手
Spohn, William C. スポーン、ウィリアム・C.
著「聖書とキリスト教倫理」日本キリスト教団出版局 2010
Spolli, Nicolas スポッリ、ニコラス
国アルゼンチン サッカー選手
Spong, John Shelby スポング、ジョン・シェルビー
1931～ 著「信じない人のためのイエス入門」新教出版社 2015
Sponheim, Lars スポーンハイム、ラーシュ
国ノルウェー 農相
Sponholz, Volker シュポンホルツ、フォルカー
著「よみがえった恐竜たち」草土文化 2009
Spool, Jared M. スプール、ジャレッド・M.
著「Webサイトユーザビリティ入門」東京電機大学出版局 2002
Spoon, Lex スプーン、レックス
著「Scalaスケーラブルプログラミング」インプレス 2016
Spooner, John D. スプーナー、ジョン
異スプーナー、ジョン・D. 著「ハーバード卒の凄腕ビジネスマンから孫への50通の手紙」日本文芸社 2012
Spoor, Ryk E. スプアー、ライク
1962～ 国アメリカ SF作家 著SF, ファンタジー 異スプアー、ライク・E.
Sporar, Andraz シュポラル、アンドラジュ
国スロベニア サッカー選手
Sportack, Mark A. スポータック、マーク・A.
著「IPアドレス基本ガイド」ソフトバンクパブリッシング 2003
Sportès, Morgan スポルテス、モルガン
1947～ 著「ゾルゲ」岩波書店 2005
Sportiello, Marco スポルティエッロ、マルコ
国イタリア サッカー選手
Spotakova, Barbora シュポタコヴァ、バルボラ
1981～ 国チェコ やり投げ選手 異シュポタコバ、バルボラ／スポタコバ
Spotswood, Jessica スポッツウッド、ジェシカ
著「魔女の花たち」ヴィレッジブックス 2015
Spradley, James P. スプラッドリー、ジェイムズ・P.
著「参加観察法入門」医学書院 2010
Spradlin, Dwayne スプラディン、ドウェイン
1966～ 著「イノベーションマーケット」ピアソン桐原 2012
Spradlin, Scott E. スプラドリン、スコット・E.
著「弁証法的行動療法ワークブック」金剛出版 2009
Spragg, Mark スプラッグ、マーク
1952～ 著「果てしなき日々」新潮社 2005
Spragins, Ellyn スプラギンズ、エレン
1947～ 著「「過去の自分」に贈る手紙」海と月社 2008
Sprague, David スプレイグ、D.
著「サルの生涯、ヒトの生涯」京都大学学術出版会 2004
Sprague, Susan スプレーグ、スーザン
著「ポール・オースターが朗読するナショナル・ストーリー・プロジェクト」アルク 2006
Spratt, Greville Douglas スプラット、グレビル
1927～2012 国イギリス 実業家 シティー市長
Spraul, V.Anton スプロール、V.アントン
異スプラウル、V.アントン 著「あなたの知らないところでソフトウェアは何をしているのか？」オライリー・ジャパン、オーム社（発売） 2016
Spreen, Otfried スプリーン、O.

著「神経心理学検査法」創造出版 2004
Sprehe, Kristina シュプレー
国ドイツ 馬術選手
Sprengard, Karl Anton シュプレンガルト、カール・アントン
1933～ 著「現代環境思想の展開」新泉社 2004
Sprenger, Christian スプレンガー
国オーストラリア 競泳選手
Sprenger, Peter シュプレンガー、P.
著「ARISを活用したチェンジマネジメント」シュプリンガー・フェアラーク東京 2003
Sprenger, Reinhard K. スプレンガー、ラインハルト・K.
著「勝利を求めず勝利する」英治出版 2010
Sprich, Susan スピリッチ、スーザン
著「大人のADHDの認知行動療法セラピストガイド」日本評論社 2011
Spriggs, Jason スプリッグス、ジェイソン
国アメリカ アメフト選手
Sprigings, David C. スプリギングズ、デイヴィッド
著「内科救急プロトコール」メディカル・サイエンス・インターナショナル 2003
Sprigman, Christopher スプリグマン、クリストファー
著「パクリ経済」みすず書房 2015
Spring, Amy スプリング、エイミー
著「社会参画する大学と市民学習」学文社 2015
Spring, Chris スプリング、クリス
著「Silk in Africa アフリカの絹」デザインエクスチェンジ 2003
Spring, Janis Abrahms スプリング、ジャニス・エイブラムズ
著「もう一度ベストカップルを始めよう」パンローリング 2013
Spring, Michael スプリング、マイケル
著「もう一度ベストカップルを始めよう」パンローリング 2013
Springer, George スプリンガー、ジョージ
国アメリカ 野球選手
Springer, Jane スプリンガー、ジェーン
著「1冊で知る虐殺」原書房 2010
Springer, Kristina スプリンガー、クリスティーナ
著「バリスタ少女の恋占い」小学館 2010
Springer, Nancy スプリンガー、ナンシー
1948～ 国アメリカ ファンタジー作家
Springer, Peter シュプリンガー、ペーター
1944～ 著「右手と頭脳」三元社
Springer, Timothy A. スプリンガー、ティモシー・A.
国アメリカ クラフォード賞 関節炎（2004年）
Springman, I.C. スプリングマン、I.C.
著「よくばりなカササギ」徳間書店 2014
Springsteen, Bruce スプリングスティーン、ブルース
1949～ 国アメリカ ロック歌手
Springsteen, Kay スプリングスティーン、ケイ
著「メイドは公爵をとりこにする」オークラ出版 2013
Sprinkel, Beryl Wayne スプリンケル、ベリル
1923～2009 国アメリカ 経済コンサルタント、エコノミスト 米国大統領経済諮問委員会委員長
Šprlje, Ante シュプルリェ、アンテ
国クロアチア 法相
Sprokay, Susan スプロケイ、スーザン
著「脳科学が明らかにする大人の学習」ヒューマンバリュー 2016
Sproles, Darren スプロールズ、ダレン
国アメリカ アメフト選手
Sprondel, Walter Michael スプロンデル、W.M.
1938～ 著「社会的行為の理論論争」木鐸社 2009
Sproul, Robert Charles スプロール、R.C.
1939～ 著「洗礼とは何か」いのちのことば社 2016
Sprouse, Chris スプラウス、クリス
1966～ 著「バットマン：ブルース・ウェインの帰還」小学館集英社プロダクション 2014
Spruce, Nelson スプルース、ネルソン
国アメリカ アメフト選手
Sprūdžs, Edmunds スプルージュス、エドムンズ
国ラトビア 環境・地域開発相
Spudvilas, Anne スパッドヴィラス、アン
1951～ 著「ジェニー・エンジェル」岩崎書店 2001
Spuhler, Gregor シュプーラー、グレーゴル
著「スイスの歴史」明石書店 2010
Spunt, Georges スパント、ジョージ
著「自然が語りかけるとき」春秋社 2002
Spurdziņš, Oskars スプルジンシュ、オスカルス
国ラトビア 財務相

Spurgeon, Charles E. スパージェン, チャールズ・E.
[著]「詳説イーサネット」 オライリー・ジャパン, オーム社（発売） 2015
Spurgin, Anthony J. スパージン, アンソニー・J.
[著]「人の間違いを評価する科学」 エスアイビー・アクセス, 星雲社（発売） 2013
Spurling, Hilary スパーリング, ヒラリー
1940～ [著]「マティス」 白水社 2012
Spurlock, Morgan スパーロック, モーガン
1970～ [国]アメリカ 映画監督
Spurr, Pam スパー, パム
[著]「もっと素敵な愛しあい方」 ベストセラーズ 2004
Spurring, Quentin スパーリング, クエンティン
[著]「ル・マン24時間耐久レース」 スタジオタッククリエイティブ 2012
Spycket, Jérôme スピケ, ジェローム
1928～2008 [著]「ナディア・ブーランジェ」 彩流社 2015
Square, Damion スクウェアー, デイミオン
[国]アメリカ アメフト選手
Squella Serrano, Pablo スケジャ・セラノ, パブロ
[国]チリ スポーツ相
Squier, Harriet スキアー, ハリエット・A.
[著]「ナラティブ・ベイスト・メディスン」 金剛出版 2001
Squiers, Carol スクワイアズ, キャロル
1948～ [著]「露出過多」 淡交社 2001
Squire, Chris スクワイア, クリス
1948～2015 [国]イギリス ロック・ベース奏者
Squire, Deborah L. スクウィアー, D.L.
[著]「スポーツ医学プライマリケア」 西村書店 2010
Squire, Jason E. スクワイヤ, ジェイソン・E.
1948～ [著]「ザ・ムーヴィビジネスブック」 ボーンデジタル 2009
Squire, Larry R. スクワイア, ラリー・R.
[著]「記憶のしくみ」 講談社 2013
Squire, Michael スクワイア, マイケル
[著]「ギリシア・ローマ文化誌百科」 原書房 2007
Squires, Sally スクワイアーズ, サリー
[著]「サイエンスライティング」 地人書館 2013
Squires, Susan E. スクワイヤ, スーザン・E.
[著]「名門アーサーアンダーセン消滅の軌跡」 シュプリンガー・フェアラーク東京 2003
Squirewell, Alstevis スクワイアウェル, オルステビス
[国]アメリカ アメフト選手
Squyres, Steve W. スクワイヤーズ, スティーヴ
1957～ [著]「ローバー、火星を駆ける」 早川書房 2007
Sraka, Rasa シュラカ
[国]スロベニア 柔道選手
Srebro, Maciej スレブロ, マチェイ
[国]ポーランド 通信相
Srebrodol'skii, Boris Ivanovich スレブロドリスキー, B.I.
[著]「こはく」 新読書社 2003
Srećković, Srdjan スレチュコビッチ, スルジャン
[国]セルビア 在外市民相
Sreedharan, Elattuvalapil スリダラン, エラトゥヴァラピル
[国]インド インド国家価値再興財団会長（初代）, 元・デリーメトロ公社総裁, 元・インド政府科学産業研究委員会理事
Śreshtha, Durgalālā シュレスタ, ドルガ・ラール
1937～ [著]「遠い声」 スーマンシュレスタ 2002
Sri, Edward スリ, エドワード
[著]「『ダ・ヴィンチ・コード』の真相」 ドン・ボスコ社 2006
Sridevi シュリデヴィ
1963～ [国]インド 女優 [異]シュリーデーヴィ
Sridharan, Prashant スリドハルン, パラシャント
[著]「アドバンスドJavaネットワーキング」 ピアソン・エデュケーション 2001
Srikanth, Mokshagundam L. スリカンス, M.L.
1952～ [著]「TOC意思決定の技術」 日本能率協会マネジメントセンター 2001
Srirangan スリランガン
[著]「Apache Maven 3（スリー）クックブック」 アスキー・メディアワークス, 角川グループパブリッシング（発売） 2012
Srisurat, Sukanya スリスラット, スカンヤ
[国]タイ 重量挙げ選手
Sroufe, L.Alan スルーフ, アラン
[著]「早期関係性障害」 岩崎学術出版社 2003
Srour, Saad スロウル, サード
[国]ヨルダン 副首相兼内相

S

Šrut, Pavel シュルット, パベル
1940～ [著]「ベルンカとやしの実じいさん」 福音館書店 2015
Ssali, Bidandi サリ, ビダンディ
[国]ウガンダ 地方自治相
Ssekandi, Edward セカンディ, エドワード
[国]ウガンダ 副大統領
Staake, Bob スタック, ボブ
1957～ [著]「BLUEBIRD」 あすなろ書房 2013
Staats, Imke シュターツ, イムケ
[著]「ゴースト・ハンターズ」 草土文化 2009
Staatz, Gundula スターツ, グンドゥラ
[著]「わかる！ 小児画像診断の要点」 メディカル・サイエンス・インターナショナル 2010
Stabb, Ingrid スタブ, イングリッド
[著]「9つの性格でわかるあなたの天職」 メトロポリタンプレス 2012
Stabenow, Cornelia スタベノー, コーネリア
[著]「アンリ・ルソー」 タッシェン・ジャパン, 洋販（発売） 2002
Stabenrath, Bruno de スタバンラート, ブリュノ・ド
1960～ [著]「車椅子のドンファン」 飛鳥新社 2002
Stabinsky, Doreen スタビンスキー, ドリーン
[著]「遺伝子操作時代の権利と自由」 緑風出版 2012
Stableford, Brian M. ステイブルフォード, ブライアン
[異]スティブルフォード, ブライアン [著]「ホームズと不死の創造者」 早川書房 2002
Stabler, Frank シュテプラー, フランク
[国]ドイツ レスリング選手
Stabler, Mike スタブラー, M.
[著]「観光の経済学」 学文社 2001
Stablick, Elizabeth スタブリック, リザ
[著]「日本主義593事典」 清水弘文堂書房 2001
Stace, Wesley ステイス, ウェズリー
1965～ [国]イギリス 作家, シンガー・ソングライター [専]文学 歌手名＝ハーディング, ジョン・ウェズリー〈Harding, John Wesley〉
Stacey, Jenny ステイシー, ジェニー
[著]「世界食文化図鑑」 東洋書林 2003
Stacey, Sarah ステイシー, セアラ
[著]「アダムとイヴのダイエット」 法研 2003
Stachel, John J. スタチェル, ジョン
1928～ [著]「アインシュタイン論文選」 筑摩書房 2011
Stack, Charles スタック, チャールズ
[著]「ソフトウェアの未来」 翔泳社 2001
Stack, George J. スタック, ジョージ・J.
[著]「ニーチェ哲学の基礎」 未知谷 2006
Stack, Jack スタック, ジャック
1948～ [著]「その仕事は利益につながっていますか？」 ダイヤモンド社 2009
Stack, Laura スタック, ローラ
[著]「「仕事が終わらない」を抜け出す200のアイデア」 阪急コミュニケーションズ 2013
Stack, Robert スタック, ロバート
1919～2003 [国]アメリカ 俳優
Stackhouse, Max L. スタックハウス, M.L.
1946～ [著]「公共神学と経済」 聖学院大学出版会 2004
Stackpole, Cynthia Snyder スタックポール, シンシア・スナイダー
1962～ [著]「PMBOKガイド・マニュアル」 鹿島出版会 2012
Staddon, J.E.R. スタッドン, ジョン
[著]「市場を操る邪悪な手」 マグロウヒル・エデュケーション, 日本経済新聞出版社（発売） 2013
Stade, Ronald スターデ, ロナルド
1953～ [著]「紛争解決の国際政治学」 ミネルヴァ書房 2010
Stadil, Christian ステーディル, クリスチャン
[著]「世界で最もクリエイティブな国デンマークに学ぶ発想力の鍛え方」 クロスメディア・パブリッシング, インプレス（発売） 2014
Stadlen, Naomi スタドレン, ナオミ
[著]「赤ちゃんのママが本当の気持ちをしゃべったら？」 ポプラ社 2012
Stadler, Alexander スタッドラー, アレクサンダー
[著]「ライラはごきげんななめ」 セーラー出版 2005
Stadler, Craig スタドラー, クレイグ
1953～ [国]アメリカ プロゴルファー
Stadler, Franz シュタドラー, フランツ
ベルリン国際映画祭 ベルリナーレ・カメラ賞（第61回（2011年））
Stadler, Matthew スタドラー, マシュー

Stadler, Michael A. スタドラー, マイク
　著「What is OMA」TOTO出版　2005
　著「一球の心理学」ダイヤモンド社　2008
Stadler, Rosemarie シュタドラー, ローズマリー
　ベルリン国際映画祭 ベルリナーレ・カメラ賞（第61回（2011年））
Stadnik, Andriy スタドニク
　国ウクライナ　レスリング選手
Stadnik, Mariya スタドニク, マリア
　国アゼルバイジャン　レスリング選手　関スタドニク
Stadnyk, Alina スタドニク, アリナ
　国ウクライナ　レスリング選手
Stadtfeld, Martin シュタットフェルト, マルティン
　1980～　国ドイツ　ピアニスト
Stadthagen, Roberto スタタゲン, ロベルト
　国ニカラグア　環境・天然資源相
Staebler, Frank シュテブラー
　国ドイツ　レスリング選手
Staebler, Gabriela シュテープラー, ガブリエラ
　著「ライオンのこども」徳間書店　2016
Staeheli, Erwin シュタヘリ, ヨン・アーウィン
　1955～　著「迷宮」冬青社　2015
Staehli, Gregor シュテーリ
　国スイス　スケルトン選手
Stafford, Barbara Maria スタフォード, バーバラ・M.
　1941～　著「実体への旅」産業図書　2008
Stafford, Daimion スタッフォード, デイミオン
　国アメリカ　アメフト選手
Stafford, Edward P. スタッフォード, エドワード・P.
　著「「ビッグE」空母エンタープライズ」元就出版社　2007
Stafford, Greg スタフォード, グレッグ
　著「ヒーローウォーズ～英雄戦争」アトリエサード, 書苑新社（発売）　2001
Stafford, Jo スタフォード, ジョー
　?～2008　国アメリカ　歌手
Stafford, Matthew スタッフォード, マシュー
　1988～　国アメリカ　アメフト選手
Stafford, Tom スタッフォード, トム
　著「Mind hacks」オライリー・ジャパン, オーム社（発売）　2005
Stafylidis, Konstantinos スタフィリディス, コンスタンティノス
　国ギリシャ　サッカー選手
Stage, Sarah ステイジ, セイラ
　著「家政学再考」近代文芸社　2002
Stager, Curt ステージャ, カート
　著「10万年の未来地球史」日経BP社, 日経BPマーケティング（発売）　2012
Stager, Gary ステージャー, ゲイリー
　著「作ることで学ぶ」オライリー・ジャパン, オーム社（発売）　2015
Staggs, Chris スタッグス, クリス
　著「デッドプール：デッド・ヘッド・リデンプション」小学館集英社プロダクション　2015
Stagnara, Denise スタニャーラ, ドゥニズ
　著「手紙に込めた思春期の恋と性」オープンナレッジ　2007
Stagno Ugarte, Bruno スタニョ・ウガルテ, ブルノ
　国コスタリカ　外相
Staguhn, Gerhard シュタグーン, ゲルハルト
　著「ニャンコ先生はなぜいつもうまく着地できるのか」主婦の友社　2005
Stag-vbum-rgyal タクブンジャ
　1966～　国チベット　作家　興文学
Stahl, Betsy スタール, B.
　著「ロスト・ソウルズ」徳間書店　2001
Stahl, Bob スタール, ボブ
　著「マインドフルネス・ストレス低減法ワークブック」金剛出版　2013
Ståhl, Ingolf シュタール, インゴルフ
　1940～　著「不確定なプロセスをモデル化するツール簡易シミュレーションシステムaGPSS」松山技術士事務所　2014
Stahl, Linda シュタール, リンダ
　国ドイツ　陸上選手　関シュタール
Stahl, Rachel K. ストール, レイチェル
　著「アーミッシュの学校」論創社　2004
Stahl, Stephen M. ストール, スティーブン・M.
　1951～　著「精神科治療薬の考え方と使い方」メディカル・サイエンス・インターナショナル　2016
Stahler, Wendy スターラー, ウェンディ
　著「ゲーム開発のための数学・物理学入門」ソフトバンククリエイティブ　2009
Staier, Andreas シュタイアー, アンドレアス
　1955～　国ドイツ　チェンバロ奏者, フォルテピアノ奏者
Staikos, Andreas スタイコス, アンドレアス
　1944～　著「彼女はいつもおなかをすかせている」ソニー・マガジンズ　2002
Staines, Anthony ステインズ, A.
　著「現代イギリスの政治算術」北海道大学図書刊行会　2003
Staines, David ステインズ, デイヴィッド
　著「ケンブリッジ版カナダ文学史」彩流社　2016
Stainton, Sue ステイントン, スー
　著「チョコレート屋のねこ」ほるぷ出版　2013
Stair, Nadine ステア, ナディーン
　著「もしも人生をやりなおせるなら」ディスカヴァー・トゥエンティワン　2015
Stairs, Matt ステアーズ, マット
　国アメリカ　フィラデルフィア・フィリーズコーチ
Stake, Dagnija スタケ, ダグニヤ
　国ラトビア　福祉相
Stakula スタクラ
　国フィンランド　ミュージシャン
Stålberg, Carl Eric ストールベリ, カール・エリック
　国スウェーデン　元・瑞日基金会長, 元・スウェドバンク会長
Staley, Joe ステイリー, ジョー
　国アメリカ　アメフト選手
Staley, Kathryn F. ステイリー, キャサリン・F.
　著「カラ売りの美学」日経BP社, 日経BP出版センター（発売）　2004
Staley, Layne Thomas ステイリー, レイン
　1967～2002　国アメリカ　ロック歌手　グループ名＝アリス・イン・チェインズ〈Alice in Chains〉
Stalfelt, Pernilla スタールフェルト, ペニラ
　1962～　著「死のほん」小学館　2010
Stalheim, Jesper ストルヘイム, イエスパー
　国スウェーデン　セーリング選手
Stalk, George ストーク, ジョージ
　1951～　関ストーク, ジョージ, Jr.　著「いかに「時間」を戦略的に使うか」ダイヤモンド社　2005
Stalker, John ストーカー, ジョン
　著「漆への憧憬」里文出版　2010
Stalker, Nancy K. ストーカー, ナンシー・K.
　1962～　著「出口王仁三郎（おにさぶろう）」原書房　2009
Stalker, Peter ストーカー, ピーター
　1944～　著「なぜ、1％が金持ちで、99％が貧乏になるのか？」作品社　2012
Stalker, Thomas ストーカー
　国イギリス　ボクシング選手
Stall, Sam ストール, サム
　著「歴史を変えた100匹の犬」創土社　2008
Stall, William R. ストール, ウィリアム
　1937～2008　国アメリカ　ジャーナリスト
Stallard, Paul スタラード, ポール
　著「子どもと家族の認知行動療法」誠信書房　2013
Stallebrass, Pam スタールブラス, パム
　著「世界のビーズ文化図鑑」東洋書林　2003
Stallings, Barbara スターリングス, バーバラ
　ストーリングズ, バーバラ　著「アジア太平洋のFTA競争」勁草書房　2010
Stallings, Fran ストーリングス, フラン
　著「おはなしおばさんの世界のおはなし・むかーしむかし」一声社　2001
Stallings, Jack スターリングス, ジャック
　著「野球勝つための戦術・戦略」大修館書店　2011
Stallings, William スターリングス, ウィリアム
　著「暗号とネットワークセキュリティ」ピアソン・エデュケーション　2001
Stallman, Richard M. ストールマン, リチャード
　著「フリーソフトウェアと自由な社会」アスキー　2003
Stallone, Sylvester スタローン, シルベスター
　1946～　国アメリカ　俳優, 映画監督, 脚本家　本名＝Stallone, Sylvester Enzio　関スタローン, シルヴェスター
Stam, Robert スタム, ロバート
　1941～　著「映画記号論入門」松柏社　2006
Stamateas, Bernardo スタマテアス, ベルナルド
　著「心に毒を持つ人たち」SBクリエイティブ　2015
Stamaty, Mark Alan スタマティー, マーク・アラン

1947〜　㊟「ドーナツなんかいらないよ」国書刊行会　2014
Stambler, Lyndon　スタンブラー, リンドン
　㊟「私たちが死刑評決しました。」ランダムハウス講談社　2009
Stambouli, Benjamin　スタンブリ, ベンジャミン
　�㋐フランス　サッカー選手
Stambuk, Drago　シュタンブク, ドラゴ
　1950〜　㊟「黒い波」思潮社　2009
Stambuli, Clement　スタンブリ, クレメント
　�㋐マラウイ　運輸・公共事業相
Stamford, Bryant A.　スタンフォード, ブライアント
　㊟「ぼくはできる」PHP研究所　2009
Stamm, B.Hudnall　スタム, B.ハドノール
　1958〜　㊟「二次的外傷性ストレス」誠信書房　2003
Stamm, Jill　スタム, ジル
　㊟「子供の脳は5歳までに準備しなさい」三五館　2016
Stamm, Peter　シュタム, ペーター
　1963〜　㊟「恋しくて」中央公論新社　2016
Stammers, Alfred H.　スタマーズ, アルフレッド・H.
　㊟「人工心肺その原理と実際」メディカル・サイエンス・インターナショナル　2010
Stamp, Jonathan　スタンプ, ジョナサン
　㊟「図説大ピラミッドのすべて」創元社　2004
Stamp, Terence　スタンプ, テレンス
　1938〜　�㋐イギリス　俳優
Stamper, Martin　スタンパー
　�㋐イギリス　テコンドー選手
Stampfli, Joseph Gail　スタンプフリ, J.
　1932〜　㊟「ファイナンス数学入門」朝倉書店　2003
Stamps, Jeffrey　スタンプス, ジェフリー
　㊟「いかに「高業績チーム」をつくるか」ダイヤモンド社　2005
Stamps, Timothy　スタンプス, ティモシー
　�㋐ジンバブエ　保健・児童福祉相
Stan！　スタン！
　㊟「エベロン・プレイヤーズ・ガイド」ホビージャパン　2007
Stan, Alexandra　スタン, アレクサンドラ
　1989〜　�㋐ルーマニア　歌手
Stanaway, John　スタナウェイ, ジョン
　㊟「第二次大戦のP-39エアラコブラエース」大日本絵画　2003
Stanca, Lucio　スタンカ, ルチオ
　�㋐イタリア　技術相
Stanchev, Nikola Nikolov　スタンチェフ, ニコラ
　1930〜2009　�㋐ブルガリア　レスリング選手
Štanclová, Kamila　シュタンツロヴァー, カミラ
　1945〜　㊟「アンデルセン童話全集」西村書店東京出版編集部　2013
Standage, Simon　スタンデイジ, サイモン
　1941〜　�㋐イギリス　バイオリニスト　王立音楽アカデミー教授　㊟バロックバイオリン
Standage, Tom　スタンデージ, トム
　1969〜　㊟「ヴィクトリア朝時代のインターネット」NTT出版　2011
Standefer, Robin　スタンデファー, ロビン
　㊟「ローマンアンドウィリアムスの軌跡」グラフィック社　2014
Stander, Burry　スタンダー
　�㋐南アフリカ　自転車選手
Standiford, Natalie　スタンディフォード, ナタリー
　�㋐アメリカ　作家　㊟児童書, ヤングアダルト
Standing, Guy　スタンディング, ガイ
　㊟「プレカリアート」法律文化社　2016
Standish, Paul　スタンディッシュ, ポール
　1949〜　㊟「自己を超えて」法政大学出版局　2012
Stanek, Ryne　スタネック, ライン
　�㋐アメリカ　野球選手
Stanek, William R.　スタネック, ウィリアム・R.
　㊟「Microsoft Windowsコマンドライン活用ガイド」日経BPソフトプレス, 日経BP出版センター（発売）　2004
Stanekzai, Masoom　スタネクザイ, マスム
　�㋐アフガニスタン　通信相
Stanescu, Robert　スタネスク
　�㋐ルーマニア　体操選手
Stanfield, James L.　スタンフィールド, ジェームズ・L.
　㊟「バチカンの素顔」日経ナショナルジオグラフィック社, 日経BP出版センター（発売）　2009
Stanfield, Lesley　スタンフィールド, レズリー
　㊟「小花モチーフ100」主婦の友社　2011
Stanfield, Maggie　スタンフィールド, マギー
　㊟「冬眠式プラスハチミツダイエット」バベルプレス　2010

Stanfield, Robert Lorne　スタンフィールド, ロバート
　1914〜2003　�㋐カナダ　政治家　カナダ進歩保守党党首, ノバスコシア州政府首相
Stanfill, Louis　スタンフィル, ルイス
　�㋐アメリカ　ラグビー選手
Stanford, Craig Britton　スタンフォード, クレイグ・B.
　1956〜　㊟「直立歩行」青土社　2004
Stanford, Julian　スタンフォード, ジュリアン
　�㋐アメリカ　アメフト選手
Stanford, Non　スタンフォード, ノン
　�㋐イギリス　トライアスロン選手
Stanford, Sondra　スタンフォード, サンドラ
　㊟「愛すればこそ」ハーレクイン　2001
Stang, Alan　スタング, A.
　㊟「見逃すな！血液が警告する「血栓」」中央アート出版社　2010
Stang, Dorothy, Sr.　スタン, ドロシー
　�㋐ブラジル　アナブ地域で土地をもたない貧しい先住民族の権利のために40年以上闘った修道女　国連人権賞（2008年(第8回)）
Stangby, Joshua　スタンクビー, ジョシュア
　�㋐アメリカ　アメフト選手
Stanger, James　スタージャー, ジェームス
　㊟「ハック・プルーフィングLinux対クラッカー防衛大全」秀和システム　2002
Stanger, Ted　スタンガー, テッド
　㊟「なんだこりゃ！アメリカ人」新宿書房　2005
Stangroom, Jeremy　スタンルーム, ジェレミー
　㊟「図説世界を変えた50の心理学」原書房　2014
Stanik, Syuzanna R.　スタニク, シュザンナ・R.
　�㋐ウクライナ　法相
Stanionis, Eimantas　スタニオニス, エイマンタス
　�㋐リトアニア　ボクシング選手
Staniouta, Melitina　スタニウタ, メリティナ
　�㋐ベラルーシ　新体操選手
Stanishev, Sergei　スタニシェフ, セルゲイ
　1966〜　�㋐ブルガリア　政治家　欧州社会党(PES)党首　ブルガリア首相
Stanišić, Saša　スタニシチ, サーシャ
　1978〜　�㋐ドイツ, ボスニア・ヘルツェゴビナ　ユーゴスラビア出身の作家　㊟文学
Stanislas, Junior　スタニスラス, ジュニア
　�㋐イングランド　サッカー選手
Stanislaw, Joseph　スタニスロー, ジョゼフ
　㊟「市場対国家」日本経済新聞社　2001
Stănişoară, Mihai　スタニショアラ, ミハイ
　�㋐ルーマニア　国防相
Stanjura, Zbyněk　スタニュラ, ズビニェク
　�㋐チェコ　運輸相
Stanko, Elizabeth A.　スタンコ, エリザベス・A.
　㊟「ジェンダーと暴力」明石書店　2001
Stankov, Anton　スタンコフ, アントン
　�㋐ブルガリア　法相
Stankovic, Dejan　スタンコヴィッチ, デヤン
　1978〜　�㋐セルビア　元サッカー選手　㊋スタンコビッチ, デヤン
Stanlaw, James　スタンロー, ジェームズ
　1953〜　㊟「和製英語と日本人」新泉社　2010
Stanley, Andy　スタンリー, アンディー
　㊟「あなたの心を本当に変える四つの習慣」福音社　2013
Stanley, Ann Marie　スタンレー, アン・マリー
　㊟「世界のミュージック図鑑」ポプラ社　2011
Stanley, Barbara　スタンレー, バーバラ
　㊟「境界性パーソナリティ障害最新ガイド」星和書店　2006
Stanley, Corolina　スタンレイ, カロリナ
　�㋐アルゼンチン　社会発展相
Stanley, J.B.　スタンリー, J.B.
　�㋐アメリカ　作家　㊟ミステリー, スリラー　別筆名＝Stanley, Jennifer, Adams, Ellery, Arlington, Lucy
Stanley, Jo　スタンリー, ジョー
　㊟「女海賊大全」東洋書林　2003
Stanley, Kim　スタンリー, キム
　1925〜2001　�㋐アメリカ　女優　本名＝Reid, Patricia Kimberley
Stanley, Mandy　スタンレイ, マンディ
　㊋スタンレイ, マンデー　㊟「みんなでクリスマス」絵本塾出版　2016
Stanley, Mike　スタンリー, マイク

[国]サモア　ラグビー選手
Stanley, Paul　スタンリー, ポール
1952〜　[国]アメリカ　ミュージシャン　本名＝スタンリー, アイゼン〈Stanley, Eisen〉　[異]スタンレー, ポール
Stanley, Ralph　スタンリー, ラルフ
1927〜2016　[国]アメリカ　歌手, バンジョー奏者　本名＝スタンリー, ラルフ・エドモンド〈Stanley, Ralph Edmond〉　[異]スタンレー, ラルフ
Stanley, Ronnie　スタンリー, ロニー
[国]アメリカ　アメフト選手
Stanley, Thomas J.　スタンリー, トマス・J.
[著]「となりの億万長者」 早川書房　2013
Stanley, Tim　スタンリー, ティム
[著]「宮殿とモスクの至宝」 V&Aパブリケーションズ　2005
Stanley, Vincent　スタンリー, ヴィンセント
[著]「レスポンシブル・カンパニー」 ダイヤモンド社　2012
Stanley-Smith, Venetia　スタンリー・スミス, ベニシア
1950〜　[著]「ベニシアの心の旅」 世界文化社　2015
Stanlis, Peter James　スタンリス, ピーター・J.
1920〜2011　[著]「ロバート・フロスト」 晃洋書房　2012
Stanmore, Tia　スタンモア, ティア
[著]「ピラーティスをベースとした強くしなやかな身体をつくる本」 産調出版　2003
Stannard, Daphne　スタナード, ダフネ
[著]「ベナー看護ケアの臨床知」 医学書院　2012
Stannard, Russell　スタナード, ラッセル
[著]「相対性理論」 丸善出版　2013
Stanning, Heather　スタニング, ヘザー
1985〜　[国]イギリス　ボート選手
Stanny, Barbara　スタニー, バーバラ
[著]「仕事も恋愛もキレイもすべてを手に入れる女性のワークルールズ50」 ディスカヴァー・トゥエンティワン　2016
Stănoiu, Rodica Mihaela　スタノイウ, ロディカ・ミハエラ
[国]ルーマニア　法相　[異]スタノイウ, ロディカ
Stanovich, Keith E.　スタノヴィッチ, キース・E.
1950〜　[著]「心理学をまじめに考える方法」 誠信書房　2016
Stanoylovitch, Biliana　スタノイロヴィッチ, ビリアナ
[国]ブルガリア　元・在ブルガリア日本国大使館現地職員
Stansal, Léa　スタンサル, レア
[著]「フランスのお裁縫箱」 青幻舎　2011
Stansberry, Domenic　スタンズベリー, ドメニック
アメリカ探偵作家クラブ賞 ペーパーバック賞（2005年）　"The Confession"
Stanton, Andrew　スタントン, アンドルー
1965〜　[国]アメリカ　映画監督, 脚本家　[異]スタントン, アンドリュー
Stanton, Brian　スタントン, ブライアン
[著]「わんちゃんといろのえほん」 大日本絵画　2015
Stanton, Doug　スタントン, ダグ
[著]「ホース・ソルジャー」 早川書房　2010
Stanton, Drew　スタントン, ドリュー
[国]アメリカ　アメフト選手
Stanton, Frank　スタントン, フランク
1908〜2006　[国]アメリカ　実業家　CBS放送社長　本名＝Stanton, Frank Nicholas
Stanton, Fredrik　スタントン, フレドリック
[著]「歴史を変えた外交交渉」 原書房　2013
Stanton, Giancarlo　スタントン, ジャンカルロ
[国]アメリカ　野球選手
Stanton, John　スタントン, ジョン
[国]アメリカ　シアトル・マリナーズオーナー
Stanton, Katie Jacobs　スタントン, ケイティ・ジェイコブス
[国]アメリカ　ツィッターグローバルメディア副社長
Stanton, Nadine　スタントン
[国]ニュージーランド　射撃選手
Stanton, Neville Anthony　スタントン, ネビル
1960〜　[著]「事故分析のためのヒューマンファクターズ手法」 海文堂出版　2016
Stanton, Phil　スタントン, フィル
[国]アメリカ　パフォーマー　ブルーマン・プロダクション創始者
Stanton, Richard　スタントン, リチャード
[著]「夫の死」 勁草書房　2001
Stanton, Warren R.　スタントン, ワレン・R.
[著]「ダニーディン子どもの健康と発達に関する長期追跡研究」 明石書店　2010
Stanuch, Agnieszka　スタヌフ
[国]ポーランド　カヌー選手
Stanway, Penny　スタンウェイ, ペニー
[著]「ナチュラルヘルスケアのためのスパイスハンドブック」 東京堂出版　2015
Stanwood, Donald A.　スタンウッド, ドナルド・A.
[著]「エヴァ・ライカーの記憶」 東京創元社　2008
Stanzel, Volker　シュタンツェル, フォルカー
1948〜　[国]ドイツ　外交官　駐日ドイツ大使
Stanzeleit, Barbara　シュタンツェライト, バーバラ
[著]「ヴァイオリニストのたまごたちへ」 全音楽譜出版社　2006
Stap, Sophie van der　スタップ, ソフィー・ファン・デア
1983〜　[著]「ソフィー9つのウィッグを持つ女の子」 草思社　2010
Stape, John Henry　ステイプ, J.H.
[著]「コンラッド文学案内」 研究社　2012
Stapert, Marta　スタペルツ, マルタ
[著]「子ども達とフォーカシング」 コスモス・ライブラリー, 星雲社（発売）　2010
Staples, Adrienne Lee　ステープルズ, エードリアン・リー
[国]ニュージーランド　元・南ワイララパ市長, 元・フェザーストン・コミュニティー委員会会長
Staples, Cleotha　ステイプルズ, クレオサ
1934〜2013　[国]アメリカ　ゴスペル歌手
Staples, Fiona　ステイプルズ, フィオナ
[著]「サーガ」 小学館集英社プロダクション　2015
Staples, Justin　ステイプルズ, ジャスティン
[国]アメリカ　アメフト選手
Staples, Mavis　ステイプルズ, メイヴィス
グラミー賞 最優秀アメリカーナ・アルバム（2010年（第53回））　"You Are Not Alone"
Staples, Suzanne Fisher　ステープルズ, スザンネ・F.
[著]「シャバヌ」 ポプラ社　2005
Stapleton, Jane　ステイプルトン, ジェーン
[著]「女性の人権とジェンダー」 明石書店　2007
Stapleton, Jean　ステイプルトン, ジーン
1923〜2013　[国]アメリカ　女優　本名＝Murray, Jeanne
Stapleton, Maureen　ステープルトン, モーリーン
1925〜2006　[国]アメリカ　女優　[異]ステープルトン, モーリン / スティプルトン, モーリーン / ステイプルトン, モーリン
Stapleton, Paul　ステイプルトン, ポール
[著]「英米人の考え方、日本人の考え方」 金星堂　2006
Star, Fleur　スター, フルール
1974〜　[著]「火山のしくみ」 大日本絵画　2012
Star, Midia　スター, ミディア
[著]「プチ魔法の本」 技術評論社　2006
Star, Nancy　スター, ナンシー
[著]「迫り来る死」 集英社　2004
Starace, Giorgio　スタラーチェ, ジョルジョ
[国]イタリア　駐日特命全権大使
Starak, Yaro　スタラク, ヤロ
[著]「常識を変えた15人の「売れる仕組み」」 ミラクルマインド出版, サンクチュアリ出版（発売）　2016
Starbird, Margaret　スターバード, マーガレット
1942〜　[著]「マグダラのマリアと聖杯」 英知出版　2005
Starbird, Michael　スターバード, マイケル
[著]「限界を突破する5つのセオリー」 新潮社　2013
Starc, Brandon　スターク, ブランドン
[国]オーストラリア　陸上選手
Starcevic, Bozo　スタルチェビッチ
[国]クロアチア　レスリング選手
Starck, Philippe　スタルク, フィリップ
1949〜　デザイナー, 建築家　本名=Starck, Philippe-Patrick
Starffin, Natasha　スタルヒン, ナターシャ
[著]「やせたい人は、温めなさい！」 PHP研究所　2010
Stargell, Willie　スタージェル, ウィリー
1940〜2001　[国]アメリカ　野球選手　本名＝Stargell, Wilver Dornel　[異]スタージェル, ウイリー
Stark, David　スターク, デヴィッド
1950〜　[著]「多様性とイノベーション」 マグロウヒル・エデュケーション, 日本経済新聞出版社（発売）　2011
Stark, Ed　スターク, エド
[著]「大帝王の墳墓」 ホビージャパン　2008
Stark, Holger　シュタルク, ホルガー
1970〜　[著]「全貌ウィキリークス」 早川書房　2011
Stark, Jonathan　スターク, ジョナサン
[著]「Androidアプリケーション開発ガイド」 オライリー・ジャパ

S

ン，オーム社（発売）　2011
Stark, Niklas　シュターク，ニクラス
　国ドイツ　サッカー選手
Stark, Peter　スターク，ピーター
　1954〜　著「ラスト・ブレス」講談社　2007
Stark, Ray　スターク，レイ
　1915〜2004　国アメリカ　映画プロデューサー
Stark, Richard　スターク，リチャード
　1933〜　著「汚れた7人」角川書店，角川グループパブリッシング（発売）　2008
Stark, Rodney　スターク，ロドニー
　1934〜　著「十字軍とイスラーム世界」新教出版社　2016
Stark, Steven　スターク，スティーブン
　著「超強力抗ガン因子でガンだけを狙い撃つ」メタモル出版　2003
Stark, Steven D.　スターク，スティーブン・D.
　著「訴訟に勝つ実践的文章術」日本評論社　2010
Stark, Ulf　スタルク，ウルフ
　1944〜　著「トゥルビンとメルクリンの不思議な旅」小峰書店　2009
Starke, Andrasch　シュタルケ，アンドレアシュ
　1974〜　国ドイツ　騎手　旧シュタルケ，アンドレアス
Starke, Barry W.　スターク，バリー・W.
　著「ランドスケープアーキテクチュア」鹿島出版会　2010
Starke, John　スターク，ジョン
　著「3D生きもの大図鑑」永岡書店ホビーカルチャー部　c2010
Starke, Tom　シュターケ，トム
　国ドイツ　サッカー選手
Starker, János　シュタルケル，ヤーノシュ
　1924〜2013　国アメリカ　チェロ奏者　シカゴ交響楽団首席チェロ奏者，インディアナ大学音楽院教授
Starkevičius, Kazimieras　スタルケビチュス，カジミラス
　国リトアニア　農相　旧スタルケビチュス，カジス
Starkey, David　スターキー，デイヴィッド
　1945〜　著「エリザベス」原書房　2006
Starkey, Hugh　スターキー，ヒュー
　著「シティズンシップと教育」勁草書房　2009
Starkloff, Friederike　スタークロフ，フリデリケ
　国ドイツ　ロン・ティボー・クレスパン国際音楽コンクール ヴァイオリン 第3位（2014年（第42回））
Starkman, Glenn D.　スタークマン，グレン・D.
　著「宇宙の創成と進化」日本経済新聞社　2005
Starks, James　スタークス，ジェームス
　国アメリカ　アメフト選手
Starlin, Jim　スターリン，ジム
　著「コズミック・オデッセイ」ヴィレッジブックス　2016
Starlin, Richard　スターリン，リチャード
　著「WM感染症科コンサルト」メディカル・サイエンス・インターナショナル　2006
Starling, Boris　スターリング，ボリス
　著「ストーム」アーティストハウス　2001
Starling, Bubba　スターリング，ババ
　国アメリカ　野球選手
Starling, Simon　スターリング，サイモン
　1967〜　国イギリス　現代美術家
Starmer, Anna　スターマー，アンナ
　著「住まいの色彩計画200」ガイアブックス，産調出版（発売）　2009
Starobin, Michael　スタロビン，マイケル
　トニー賞 ミュージカル 編曲賞（2009年（第63回））　"Next to Normal"
Starobin, Paul　スタロビン，ポール
　著「アメリカ帝国の衰亡」新潮社　2009
Starobinets, Anna　スタロビネツ，アンナ
　1978〜　著「むずかしい年ごろ」河出書房新社　2016
Starobinski, Jean　スタロバンスキー，ジャン
　1920〜　著「ルソー透明と障害」みすず書房　2015
Starodubtsev, Dmitry　スタロドゥブツェフ
　国ロシア　陸上選手　旧スタロドブツェフ
Starodubtsev, Vasilii Areksandrovich　スタロドブツェフ，ワシリー
　1931〜2011　国ロシア　政治家　ソ連農民同盟議長，トゥーラ州知事　旧スタロドゥブツェフ，ワシリー
Staron, Wojciech　スタロン，ヴォイチェフ
　ベルリン国際映画祭 銀熊賞 芸術貢献賞（カメラ）（第61回（2011年））　"El premio"
Starone, Gilberto　スタローネ，ジルベルト

著「君の微笑み」フリースペース，星雲社（発売）　2003
Starosel'skaia, Natal'ia　スタロセーリスカヤ，N.
　著「ロシア演劇の魅力」東洋書店　2002
Starosta, Paul　スタロスタ，ポール
　著「不思議で美しい貝の図鑑」創元社　2015
Starovic, Milica　スタロビッチ，ミリカ
　国セルビア　カヌー選手
Starowieyski, Franciszek　スタロヴェイスキ，フランチシェク
　1930〜2009　国ポーランド　画家，グラフィック作家　別名＝バイク，ヤン
Starr, Chauncey　スター，チャウンシー
　1912〜2007　国アメリカ　核物理学者　カリフォルニア大学ロサンゼルス校教授
Starr, Douglas　スター，ダグラス
　英国推理作家協会賞 ゴールド・ダガー（ノン・フィクション）（2011年）　"The Killer of Little Shepherds"
Starr, Edwin　スター，エドウィン
　1942〜2003　国アメリカ　ソウル歌手
Starr, Harvey　スター，ハーヴェイ
　著「世界政治の分析手法」論創社　2002
Starr, Jason　スター，ジェイソン
　1966〜　著「嘘つき男は地獄へ堕ちろ」ソニー・マガジンズ　2004
Starr, Kevin　スター，ケヴィン
　著「ビジュアル版 世界の歴史都市」柊風舎　2016
Starr, Leon　スター，レオン
　著「Executable UML実践入門」CQ出版　2004
Starr, Nick　スタール，ニック
　ローレンス・オリヴィエ賞 協会特別賞（2014年（第38回））
Starr, Randy　スター，ランディ
　1950〜　著「俺，死刑になるべきだった？」花風社　2002
Starr, Ringo　スター，リンゴ
　1940〜　国イギリス　ミュージシャン，俳優　本名＝スターキー，リチャード〈Starkey, Richard〉
Starr, Tyler　スター，タイラー
　国アメリカ　アメフト選手
Starrett, Paul　スターレット，ポール
　著「デジタル署名」翔泳社　2003
Starry, Ace　スターリー，エース
　著「誰にでも人生の魔法がある」扶桑社　2002
Starsky, Stella　スタースキー，ステラ
　著「Sextrology占星術大全」晋遊舎　2007
Starzl, Thomas Earl　スターズル，トーマス
　1926〜　国アメリカ　外科医，神経生理学者　ピッツバーグ大学医学部教授　肝臓移植，臓器移植　旧スターツル，トーマス
Stasheff, James D.　スタシェフ，J.D.
　1936〜　著「特性類講義」シュプリンガー・フェアラーク東京　2001
Stashower, Daniel　スタショワー，ダニエル
　1960〜　国アメリカ　作家，ジャーナリスト
Stasinopoulos, Peter　スタシノポウロス，ピーター
　著「ファクター5」明石書店　2014
Stasov, Aleksandr Danilovich　スターソフ，A.D.
　著「金正日に悩まされるロシア」草思社　2004
Stassi, Max　スタッシ，マックス
　国アメリカ　野球選手
Stasyuk, Max　スターズク，マックス
　著「おこりんぼうのタコさん」ミネルヴァ書房　2014
Staszulonek, Ewelina　スタシェロネク
　国ポーランド　リュージュ選手
Staten, Jimmy　スタッテン，ジミー
　国アメリカ　アメフト選手
Staten, Joseph　ステイテン，ジョセフ
　著「ヘイロー」TOブックス　2012
Stathakis, Giorgos　スタサキス，ヨルゴス
　国ギリシャ　環境・エネルギー相
Statham, Jason　ステイサム，ジェイソン
　1972〜　国イギリス　俳優
Stathopoulos, Michalis　スタソプロス，ミハリス
　国ギリシャ　法相
Static Major　スタティック・メジャー
　グラミー賞 最優秀ラップ楽曲（2008年（第51回））　"Lollipop"
Statler, Oliver　スタトラー，オリヴァー
　？〜2002　国アメリカ　作家　旧スタットラー，オリヴァー
Staton, Dakota　ステイトン，ダコタ
　1930〜2007　国アメリカ　ジャズ歌手　本名＝Rabia, Aliyah

Staub, Wendy Corsi ストーブ, ウェンディ・コルシ
別名＝マーカム, ウェンディ〈Markham, Wendy〉 㗊「過去からの殺人者」ソフトバンククリエイティブ 2008
Stauber, John ストーバー, ジョン
1953〜 㗊「粉飾戦争」インフォバーン 2004
Staudacher, Patrick シュタウダッハー
 国イタリア アルペンスキー選手 愛シュタウダッハー
Stauder, Thomas シュタウダー, T.
1960〜 愛シュタウダー, トーマス 㗊「追悼ウンベルト・エコ」文化書房博文社 2016
Staudinger, Eduard シュタウディンガー, エドゥアルト
1952〜 㗊「オーストリアの歴史」明石書店 2014
Staufer, Marijan von シュタウファー, マリアン・フォン
㗊「魔術の書：レルム・オヴ・ソーサリー」ホビージャパン 2008
Stauffenberg, Nina von シュタウフェンベルク, ニーナ・フォン
1913〜2006 国ドイツ ヒトラー爆殺を図った軍人の妻 本名＝シュタウフェンベルク, ニーナ・シェンク・フォン
Stauffer, David スタウファー, デービッド
㗊「アメリカ・オンライン」三修社 2004
Stauffer, Dietrich スタウファー, ディートリッヒ
㗊「パーコレーションの基本原理」吉岡書店 2001
Staunton, Imelda スタウントン, イメルダ
1956〜 国イギリス 女優 本名＝Staunton, Imelda Mary Philomena Bernadette
Staunton, Mike ストーントン, マイク
㗊「ExcelとVBAで学ぶ先端ファイナンスの世界」パンローリング 2005
Stauskas, Nik スタウスカス, ニック
国カナダ バスケットボール選手
Stauss, Bernd スタウス, ベルンド
㗊「サービス・サイエンスの展開」生産性出版 2009
Stautner, Ernie スタウトナー, アーニー
？〜2006 国アメリカ アメフト選手
Stavad, Ole スタバッド, オーレ
国デンマーク 産業相
Stave, Joel ステイブ, ジョエル
国アメリカ アメフト選手
Staverman, Larry スタバーマン, ラリー
？〜2007 国アメリカ バスケットボール監督
Stavileci, Blerand スタビレチ, ブレランド
国コソボ 経済開発相
Staviski, Maxim スタビスキー
国ブルガリア フィギュアスケート選手
Staviskii, B.Ya. スタヴィスキー, B.
㗊「アイハヌム」東海大学出版会 2007
Stavljevićrukavina, Maja スタブリエビッチカビナ, マヤ
国クロアチア 保健相
Stavrakakis, Yannis スタヴラカキス, ヤニス
1970〜 㗊「ラカンと政治的なもの」吉夏社 2003
Stavrakis, Charilaos スタブラキス, ハリラオス
国キプロス 財務相 愛スタブラキス, ハリラオス
Stavreski, Zoran スタブレスキ, ゾラン
国マケドニア 副首相兼財務相 愛スタブレフスキ, ゾラン
Stavytskyi, Eduard スタビツキー, エドゥアルド
国ウクライナ エネルギー・石炭産業相
Stawaruk, Caitlin スタワルク, キャトリン
国オーストラリア ローザンヌ国際バレエコンクール 4位・スカラシップ（第38回（2010年））
Stawinski, Gregor シュタヴィンスキー, グレゴール
㗊「Retro Fonts 1830-1990」ビー・エヌ・エヌ新社 2010
Stead, Christian Karlson ステッド, C.K.
1932〜 㗊「小説マンスフィールド」文化書房博文社 2005
Stead, Christopher スティッド, C.
1913〜2008 㗊「古代キリスト教と哲学」教文館 2015
Stead, Emily ステッド, エミリー
㗊「春夏秋冬プーさんといっしょ」大日本絵画 2007
Stead, Erin E. ステッド, エリン・E.
1982〜 コルデコット賞（2011年） "A Sick Day for Amos McGee"
Stead, Jean Garner ステッド, ジーン・ガーナー
㗊「サステナビリティ経営戦略」マグロウヒル・エデュケーション, 日本経済新聞出版社（発売） 2014
Stead, Philip Christian ステッド, フィリップ・C.
㗊「ねむるまえにクマは」光村教育図書 2012
Stead, Rebecca ステッド, レベッカ

1968〜 国アメリカ ファンタジー作家 愛児童書
Stead, W.Edward ステッド, W.エドワード
㗊「サステナビリティ経営戦略」マグロウヒル・エデュケーション, 日本経済新聞出版社（発売） 2014
Steadman, Henry J. ステッドマン, ヘンリー・J.
㗊「暴力のリスクアセスメント」星和書店 2011
Steadman, Philip ステッドマン, フィリップ
1942〜 㗊「フェルメールのカメラ」新曜社 2010
Stearn, Jess スターン, ジェス
㗊「前世療法」中央アート出版社 2005
Stearns, Beth スターンズ, ベス
㗊「Java 2 Platform, Enterprise editionアプリケーション設計ガイド」ピアソン・エデュケーション 2002
Stearns, David スターンズ, デビッド
国アメリカ ミルウォーキー・ブルワーズGM
Stears, Marc スティアーズ, マーク
㗊「政治理論入門」慶応義塾大学出版会 2011
Steavens Iatika, Morkin スティーブンスイアティカ, モーキン
国バヌアツ 青年開発・訓練相
Steavenson, Wendell スティーヴンソン, ウェンデル
㗊「世界の作家32人によるワールドカップ教室」白水社 2006
Stebben, Gregg ステベン, グレッグ
㗊「男の生きかた完全マニュアル「99の秘法」」講談社 2002
Stebbings, Geoff ステッビンス, ジェフ
㗊「フローラ」産調出版 2005
Steber, Rick スティーバー, リック
1946〜 㗊「盲目の犬ぞりレーサー」幻冬舎 2006
Stecher, Mario シュテヒャー, マリオ
1977〜 国オーストリア 元スキー選手 愛シュテヒャー
Steck, Brigitte シュテック, ブリジッテ
㗊「ドイツの求職者基礎保障」学文社 2009
Steckel, Janice A. ステッケル, J.A.
㗊「密度汎関数理論入門」吉岡書店 2014
Steckenrider, Drew ステッケンライダー, ドリュー
国アメリカ 野球選手
Stecker, Robert ステッカー, ロバート
1947〜 㗊「分析美学入門」勁草書房 2013
Ste-Croix, Gilles サンクロワ, ジル
国カナダ サーカス演出家 シルク・ドゥ・ソレイユ創設者
Stedall, Jacqueline A. ステドオール, ジャクリーン
㗊「Oxford数学史」共立出版 2014
Stedman, M.L. ステッドマン, M.L.
国オーストラリア 作家 愛歴史
Steede, Kevin スティード, ケビン
㗊「「まじめな親」の子育て10の思い違い」コスモトゥーワン 2001
Steeds, Will スティーズ, ウィル
㗊「悪魔の姿」新紀元社 2008
Steegmann, Monica シュテークマン, モニカ
1942〜 㗊「クララ・シューマン」春秋社 2014
Steel, Danielle スティール, ダニエル
1950〜 国アメリカ 作家 本名＝Steel, Danielle Fernande Schüelein
Steel, James スティール, ジェームズ
国イギリス 作家 愛スリラー 愛スティール, ジェイムズ
Steel, Piers スティール, ピアーズ
㗊「ヒトはなぜ先延ばしをしてしまうのか」阪急コミュニケーションズ 2012
Steele, Allen M. スティール, アレン・M.
ヒューゴー賞 中編（2011年） "The Emperor of Mars"
Steele, Brandt F. スティール, ブラント・F.
㗊「虐待された子ども」明石書店 2003
Steele, David Ramsay スティール, D.R.
㗊「論理療法による三分間セラピー」誠信書房 2005
Steele, G.R. スティール, G.R.
㗊「ハイエクの経済学」学文社 2001
Steele, Graig スティール, クレイグ
㗊「10才からはじめるプログラミング図鑑」創元社 2015
Steele, Guy L., Jr. スティール, ガイ・L., Jr.
1954〜 愛スティール, ガイ・L. 㗊「S.P.ハービソン3世とG.L.スティール・ジュニアのC1リファレンスマニュアル」エスアイビー・アクセス, 星雲社（発売） 2015
Steele, Jackie F. スティール, ジャッキー
愛スティール若希 㗊「アジアにおけるジェンダー平等」東北大学出版会 2012
Steele, James スティール, ジェイムズ

[著]「Android SDK開発クックブック」 ピアソン桐原 2011
Steele, Jessica スティール, ジェシカ
[著]「お見合いなんて」 ハーパーコリンズ・ジャパン 2016
Steele, Julie スティール, ジュリー
[著]「ビューティフルビジュアライゼーション」 オライリー・ジャパン, オーム社(発売) 2011
Steele, Kathy スティール, キャシー
[著]「構造的解離」 星和書店 2011
Steele, Lockhart スティール, L.
1974～ [著]「40代なんて怖くない！」 晶文社 2005
Steele, Michael Anthony スティール, マイケル・A.
[著]「ナイトミュージアムエジプト王の秘密」 KADOKAWA 2015
Steele, Michael S. スティール, マイケル
1958～ [国]アメリカ 政治家 米国共和党全国委員長 メリーランド州副知事
Steele, Miriam スティール, ミリアム
[著]「子どもの心理療法と調査・研究」 創元社 2012
Steele, Nickolas スティール, ニコラス
[国]グレナダ 保健・社会保障相
Steele, Philip スティール, フィリップ
1948～ [著]「池上彰が注目するこれからの大都市・経済大国」 講談社 2015
Steele, Robert スティール, ロバート
[著]「オーランド・ブルーム」 ファインフィルムズ, 竹書房(発売) 2006
Steele, Shelby スティール, シェルビー
[著]「白い罪」 径書房 2011
Steele-Morgan, Alexandra スティール＝モーガン, アレクサンドラ
[著]「いつかきっとみつかるさ！」 評論社 2004
Steele-Perkins, Chris スティール＝パーキンス, クリス
1947～ [著]「アフガニスタン」 晶文社 2001
Steem, Bjorm ステーム, B.
[著]「動物実験における人道的エンドポイント」 アドスリー, 丸善出版事業部(発売) 2006
Steen, Anthony スティーン, アンソニー
[国]アメリカ アメフト選手
Steen, Gerard スティーン, ジェラード
[著]「実践認知詩学」 鳳書房 2008
Steen, Maarten van スティーン, マールテン・ファン
[著]「分散システム」 ピアソン・エデュケーション 2009
Steen, Sandra スティーン, サンドラ
[著]「くるまあらいます」 BL出版 2005
Steen, Sandy スティーン, サンディ
[著]「愛の裏側」 ハーレクイン 2003
Steen, Susan スティーン, スーザン
[著]「くるまあらいます」 BL出版 2005
Steenbarger, Brett N. スティーンバーガー, ブレット・N.
[異]スティンバーガー, ブレット [著]「悩めるトレーダーのためのメンタルコーチ術」 パンローリング 2010
Steenbergh, Timothy A. スティーンバーグ, ティモシー・A.
[著]「ギャンブル依存」 金剛出版 2015
Steenhout, Ivan ステーヌー, イヴァン
カナダ総督文学賞 フランス語 翻訳(英文仏訳)(2004年) "Les Indes accidentelles"
Steenman, Mitchel スティーンマン, ミッチェル
[国]オランダ ボート選手
Steen-Nøkleberg, Einar ステーン＝ノクレベルグ, アイナル
1944～ [著]「グリーグ全ピアノ作品演奏解釈」 音楽之友社 2007
Steensnaes, Einar ステーンスネス, アイナル
[国]ノルウェー 石油・エネルギー相
Steenstrup, Kristian ステーンストロプ, クリスティアン
1966～ [著]「ティーチング・プラス」 作品社 2008
Steer, Dugald A. スティール, ドゥガルド・A.
[著]「ドラゴン・プロフェシー」 今人舎 2015
Steers, Burr スティアーズ, バー
1966～ [著]「17歳の処方箋」 ブイツーソリューション, 星雲社(発売) 2004
Steers, Richard M. スティアーズ, リチャード・M.
[著]「韓国企業のグローバル戦略」 中央大学出版部 2005
Stefan, Gheorghita ステファン
[国]ルーマニア レスリング選手
Stefanek, Davor ステファネク, ダボル
[国]セルビア レスリング選手
Stefanelli, Lorella ステファネリ, ロレラ
[国]サンマリノ 執政
Stefaner, Moritz ステファナー, モーリッツ
[著]「ビューティフルビジュアライゼーション」 オライリー・ジャパン, オーム社(発売) 2011
Stefani, Gwen ステファニー, グウェン
1969～ [国]アメリカ 歌手 [異]スティファニー, グウェン
Stefani, Helmut ステファニ, ヘルムート
[著]「SAPデータアーカイブ導入ガイド」 日経BP社, 日経BP出版センター(発売) 2003
Stefanidi, Ekaterini ステファニディ, エカテリニ
[国]ギリシャ 陸上選手
Stefanis, Konstantinos ステファニス, コンスタンティノス
[国]ギリシャ 保健福祉相
Stefano, Joseph ステファノ, ジョゼフ
1922～2006 [国]アメリカ 脚本家
Stefanov, Stoyan ステファノフ, ストヤン
[著]「オブジェクト指向JavaScript」 アスキー・メディアワークス, 角川グループパブリッシング(発売) 2012
Stefanova, Kalina ステファノバ, カリーナ
1962～ [国]ブルガリア 作家 [専]フィクション
Stefanovic, Milutin ステファノビッチ, ミルティン
[国]セルビア 射撃選手
Stefanović, Nebojša ステファノビッチ, ネボイシャ
[国]セルビア 副首相兼内相
Stefanovski, Blagoj ステファノフスキ, ブラゴイ
[国]マケドニア 文化相 [異]ステファノフスキ, ブラゴヤ
Stefanski, Daniel ステファンスキー, ダニエル
[著]「自閉症のある子と友だちになるには」 晶文社 2011
Stefánsson, Magnús ステファンソン, マグヌス
[国]アイスランド 社会問題相
Stefan Suzuki, Kenji ステファン・スズキ, ケンジ
1944～ [著]「再生可能エネルギーの導入に努めるデンマーク農業」 農村開発企画委員会 2004
Steffen, Benjamin シュテフェン, ベンヤミン
[国]スイス フェンシング選手
Steffen, Britta シュテフェン, ブリッタ
1983～ [国]ドイツ 元水泳選手 [異]シュテフェン
Steffen, Monika ステフェン, モニカ
[著]「血液クライシス」 現代人文社, 大学図書(発売) 2003
Steffen, Renato シュテッフェン, レナト
[国]スイス サッカー選手
Steffen, Sandra ステファン, サンドラ
[著]「冷たい独身貴族」 ハーレクイン 2007
Steffend, Joan ステッフェンド, ジョアン
[著]「プロは語る。」 アスペクト 2005
Steffgen, Georges シュテッフゲン, ゲオルゲス
[著]「怒りのコントロール」 ブレーン出版 2004
Steffy, Brian D. ステッフィ, ブライアン・D.
[著]「経営と社会」 同友館 2001
Stefik, Barbara ステフィック, バーバラ
[著]「ブレイクスルー」 オーム社 2006
Stefik, Mark ステフィック, マーク
[著]「ブレイクスルー」 オーム社 2006
Steflik, Dick ステフリック, ディック
[著]「アドバンスドJavaネットワーキング」 ピアソン・エデュケーション 2001
Stefoff, Rebecca ステフォフ, レベッカ
1951～ [著]「若い読者のための第三のチンパンジー」 草思社 2015
Stegemann, Michael シュテーゲマン, ミヒャエル
[著]「グレン・グールド」 アルファベータ 2004
Steger, Brigitte シテーガ, ブリギッテ
1965～ ケンブリッジ大学東アジア研究所准教授 [専]日本学, 文化人類学
Steger, Jim シュテーガー, ジム
[著]「Microsoft Dynamics CRM 4.0徹底解説」 日経BPソフトプレス, 日経BP出版センター(発売) 2009
Steger, Manfred B. スティーガー, マンフレッド・B.
1961～ [著]「グローバリゼーション」 岩波書店 2010
Steggall, Susan ステゴール, スーザン
[著]「ショベルカーがやってきた！」 ほるぷ出版 2013
Stegman, Ryan ステグマン, ライアン
[著]「スーペリア・スパイダーマン：ワースト・エネミー」 ヴィレッジブックス 2016
Stegmann, Matthias von シュテークマン, マティアス・フォン
[国]ドイツ オペラ演出家
Stehlik, Henrik シュテーリク
[国]ドイツ トランポリン選手

Stehlíková, Damila ステフリーコバー, ジャミラ
　国チェコ　無任所相
Stehr, Frédéric ステール, フレデリック
　著「みんなでせんたく」福音館書店　2011
Stehr, Gerald ステア, ジェラール
　著ステール, ジェラルド　著「カモノハシくんはどこ？」福音館書店　2002
Steidl, Scott M. ステイドル, スコット・M.
　著「盲・視覚障害百科事典」明石書店　2009
Steig, Jeremy スタイグ, ジェレミー
　1942～　著「うまのディジーとねこのルイジ」角川SSコミュニケーションズ　2008
Steig, William スタイグ, ウィリアム
　1907～2003　国アメリカ　漫画家, 絵本作家　異ウィリアム・スタイグ
Steiger, Brad シュタイガー, ブラッド
　1936～　著「キャット・ミラクル」講談社　2006
Steiger, Lothar シュタイガー, ローター
　著「光の降誕祭」教文館　2004
Steiger, Otto シュタイガー, オットー
　1909～2005　国スイス　作家, 脚本家
Steiger, Paul E. スタイガー, ポール
　1942～　国アメリカ　ジャーナリスト　プロパブリカ共同代表　「ウォール・ストリート・ジャーナル」編集局長
Steiger, Rod スタイガー, ロッド
　1925～2002　国アメリカ　俳優　本名＝スタイガー, ロドニー・スティーブン〈Steiger, Rodney Stephen〉
Steiger, Sherry Hansen シュタイガー, シェリー
　著「キャット・ミラクル」講談社　2006
Steiglitz, Kenneth スティグリッツ, ケン
　1939～　著「オークションの人間行動学」日経BP社, 日経BP出版センター（発売）　2008
Steil, Benn スティール, ベン
　国アメリカ　経済学者　米国外交問題評議会シニア・フェロー　国際経済学　異スティル, ベン
Stein, Abby スタイン, アビー
　著「児童虐待・解離・犯罪」創元社　2012
Stein, Alexandra スタイン, アレクサンドラ
　著「カルト宗教」アスコム　2007
Stein, Benjamin スタイン, ベン
　1944～　著「あなたもマーケットタイミングは読める！」パンローリング　2004
Stein, Billy Jay スタイン, ビリー・ジェイ
　グラミー賞 最優秀ミュージカル・シアター・アルバム（2014年（第57回））"Beautiful: The Carole King Musical" プロデューサー
Stein, Christina Tracy スターン, クリスティーナ・トレイシー
　著「カエルにキスをしろ！」ダイヤモンド社　2013
Stein, Clifford
　著「アルゴリズムイントロダクション」近代科学社　2013
Stein, Dan J. スタイン, ダン・J.
　著「不安とうつの脳と心のメカニズム」星和書店　2007
Stein, Dave スタイン, デイブ
　著「営業はテクニックより戦略」ディスカヴァー・トゥエンティワン　2003
Stein, David Ezra シュタイン, デヴィッド・エズラ
　著「モンスターはぐハグ」ポプラ社　2015
Stein, Diane スタイン, ダイアン
　1948～　著「犬と猫のための自然療法」フレグランスジャーナル社　2001
Stein, Dietrich シュタイン, ディートリッヒ
　著「下水道管路の維持・管理と保全」技報堂出版　2006
Stein, Eduardo ステイン, エドゥアルド
　国グアテマラ　副大統領
Stein, Edward R. スタイン, エドワード・R.
　著「現代アメリカ法廷技法」慈学社出版, 大学図書（発売）　2009
Stein, Elias M. スタイン, エリアス・M.
　著「複素解析」日本評論社　2009
Stein, Garth スタイン, ガース
　国アメリカ　作家　異ヤングアダルト
Stein, George H. スティン, ジョージ・H.
　1934～　著「［詳解］武装SS興亡史」学習研究社　2005
Stein, Horst シュタイン, ホルスト
　1928～2008　国ドイツ　指揮者　NHK交響楽団名誉指揮者, バンベルク交響楽団終身名誉指揮者
Stein, Ingeborg シュタイン, インゲボルク
　著「ハインリヒ・シュッツ」東京図書出版, リフレ出版（発売）　2015
Stein, James D. スタイン, ジェイムズ・D.
　著「不可能, 不確定, 不完全」早川書房　2012
Stein, Jeff スタイン, ジェフ
　著「私はサダム・フセインの原爆を作っていた！」広済堂出版　2002
Stein, Jon スタイン, ジョン
　ベターメント創業者兼CEO
Stein, Joseph スタイン, ジョセフ
　1912～2010　国アメリカ　脚本家　異スタイン, ジョゼフ
Stein, Lincoln D. スタイン, リンカーン
　1960～　著「Perlネットワークプログラミング」ピアソン・エデュケーション　2002
Stein, Mathilde スタイン, マチルデ
　1969～　著「ぼくの！」光村教育図書　2010
Stein, Mike スタイン, マイク
　著「社会的養護から旅立つ若者への自立支援」福村出版　2015
Stein, Murray B. スタイン, マーレイ・B.
　著「不安障害」日本評論社　2005
Stein, Nan D. スタイン, ナン
　著「学校のセクシュアル・ハラスメント」明石書店　2001
Stein, Peter シュタイン, ペーター
　1937～　国ドイツ　演出家　シャウビューネ劇場芸術監督
Stein, Peter スタイン, ピーター
　1926～　著「ローマ法とヨーロッパ」ミネルヴァ書房　2003
Stein, Richard S. スタイン, リチャード・S.
　著「知っておきたい熱力学の法則と賢いエネルギー選択」エヌ・ティー・エス　2012
Stein, Sherman K. スタイン, シャーマン・K.
　異スタイン, シャーマン　著「数学＝創造された宇宙」紀伊国屋書店　2007
Stein, Wolfram シュタイン, ウォルフラム
　著「マッキンゼーITの本質」ダイヤモンド社　2005
Steinacher, Hans Peter シュタイナッハー
　国オーストリア　セーリング選手
Steinbacher, Arabella Miho シュタインバッハー, アラベラ・美歩
　1981～　国ドイツ　バイオリニスト
Steinbeck, Elaine スタインベック, エレーヌ
　1914～2003　国アメリカ　舞台監督
Steinberg, Avi スタインバーグ, アヴィ
　著「刑務所図書館の人びと」柏書房　2011
Steinberg, Daniel Howard スタインバーグ, ダニエル・H.
　1959～　著「iPadプログラミング」翔泳社　2011
Steinberg, Danny D. スタインバーグ, ダニー
　1931～　著「口の中に潜む恐怖」ダイナミックセラーズ出版　2012
Steinberg, David スタインバーグ, デイヴィッド
　著「Eclipseモデリングフレームワーク」翔泳社　2005
Steinberg, Derek スタインバーグ, デレック
　著「モデルで考える精神疾患」星和書店　2012
Steinberg, Hank スタインバーグ, ハンク
　1969～　国アメリカ　作家, 脚本家　異スリラー, サスペンス
Steinberg, James B. スタインバーグ, ジェームズ
　1953～　国アメリカ　政治家　シラキュース大学マックスウェル行政大学院院長　米国国務副長官, 米大統領副補佐官（国家安全保障問題担当）　異日米関係, 米中関係, アジア政策　別名＝スタインバーグ, ジム〈Steinberg, Jim〉
Steinberg, Janice スタインバーグ, ジャニス
　1950～　国アメリカ　作家, ジャーナリスト　異ミステリー
Steinberg, Jonathan スタインバーグ, ジョナサン
　1934～　著「ビスマルク」白水社　2013
Steinberg, Jonathan S. スタインバーグ, ジョナサン・S.
　著「不整脈治療のThe Basics」メディカル・サイエンス・インターナショナル　2011
Steinberg, Laurence D. スタインバーグ, ローレンス
　1952～　著「15歳はなぜ言うことを聞かないのか？」日経BP社, 日経BPマーケティング（発売）　2015
Steinberg, Marc スタインバーグ, マーク
　1977～　著「なぜ日本は〈メディアミックスする国〉なのか」KADOKAWA　2015
Steinberg, Mark I. スタインバーグ, マーク・I.
　著「アメリカ証券法」レクシスネクシス・ジャパン　2014
Steinberg, Richard スタインバーグ, リチャード
　1958～　著「死のダンス」二見書房　2002
Steinbrenner, George スタインブレナー, ジョージ

1930～2010 ⓝアメリカ 実業家 ニューヨーク・ヤンキース・オーナー
Steinbrenner, Hal スタインブレナー, ハル
1969～ ⓝアメリカ 実業家 ヤンキース共同オーナー, スタインブレナー・ホテル・プロパティ最高責任者
Steinbrenner, Hank スタインブレナー, ハンク
ⓝアメリカ 実業家 ヤンキース共同オーナー 本名＝Steinbrenner, Henry G.
Steinbrück, Peer シュタインブリュック, ペール
1947～ ⓝドイツ 政治家 ドイツ財務相
Steindorf, Eberhard シュタインドルフ, エーバーハルト
1938～ ⓐ「シュターツカペレ・ドレスデン」慶応義塾大学出版会 2009
Steineke, Inge シュタイネケ, インゲ
ⓐ「ハロー・ディア・エネミー！」くもん出版 2001
Steinem, Gloria スタイネム, グロリア
1934～ ⓝアメリカ 女性解放運動家, 作家, ジャーナリスト 「Ms.(ミズ)」誌創設編集者
Steiner, Andy スタイナー, アンディ
ⓐ「のほほん母乳育児」メディカ出版 2006
Steiner, Bob スタイナー, ボブ
ⓐ「ビジネスプロフェッショナルのための金融市場ハンドブック」ピアソン桐原 2012
Steiner, Bradley J. スタイナー, ブラッドリー・J.
ⓐ「ザ・必殺術」第三書館 2002
Steiner, Christopher スタイナー, クリストファー
ⓐ「アルゴリズムが世界を支配する」KADOKAWA 2013
Steiner, Claude スタイナー, クロード
1935～ ⓐ「心のエコロジー」鳥影社 2009
Steiner, Donald シュタイナー, D.
ⓐ「ARISを活用したシステム構築」シュプリンガー・フェアラーク東京 2005
Steiner, George スタイナー, ジョージ
1929～ ⓐ「むずかしさについて」みすず書房 2014
Steiner, Gerhard シュタイナー, G.
1937～ ⓐ「新しい学習心理学」北大路書房 2005
Steiner, Hillel スタイナー, ヒレル
1942～ ⓐ「権利論」新教出版社 2016
Steiner, Joan Catherine スタイナー, ジョーン・C.
ⓐ「にたものランドのク・リ・ス・マ・ス」徳間書店 2004
Steiner, John シュタイナー, ジョン
1934～ ⓐ「見ることと見られること」岩崎学術出版社 2013
Steiner, Jörg シュタイナー, イェルク
ⓐ「うさぎの島」ほるぷ出版 2003
Steiner, Matthias シュタイナー, マティアス
ⓝドイツ 重量挙げ選手 ⓑシュタイナー
Steiner, Miriam スタイナー, ミリアム
ⓐ「グローバル・ティーチャーの理論と実践」明石書店 2011
Steiner, Philippe ステネール, フィリップ
ⓐ「開かれた歴史学」藤原書店 2006
Steiner, Reinhard A. シュタイナー, ラインハルト
ⓐ「エゴン・シーレ」Taschen c2001
Steiner, Rick スタイナー, リック
ⓐ「システムズモデリング言語SysML」東京電機大学出版局 2012
Steiner, Therese スタイナー, テレサ
ⓐ「子どもたちとのソリューション・ワーク」金剛出版 2005
Steiner Bennett, April スタイナー
ⓝアメリカ 陸上選手
Steinert, Yvonne シュタイナート, イヴォンヌ
1950～ ⓐ「医療プロフェッショナリズム教育」日本評論社 2012
Steinfeld, Edward S. スタインフェルド, エドワード
ⓝアメリカ 中国研究家 マサチューセッツ工科大学准教授
Steinfeld, Hailee スタインフェルド, ヘイリー
1996～ ⓝアメリカ 女優
Steingart, Andrea シュタインガルト, アンドレーア
1967～ ⓐ「ベルリン」昭和堂 2006
Steingarten, Jeffrey スタインガーテン, ジェフリー
ⓐ「やっぱり美味しいものが好き」文芸春秋 2005
Steingress, Gerhard シュタイングレス, ゲルハルト
1947～ ⓐ「そしてカルメンはパリに行った」彩流社 2014
Steingruber, Giulia シュタイングルーバー, ジュリア
ⓝスイス 体操選手
Steinhardt, Bernice スタインハート, バニース
ⓐ「母からの伝言」光村教育図書 2007
Steinhardt, Michael スタインハルト, マイケル

ⓐ「ヘッジファンドの帝王」パンローリング 2006
Steinhardt, Paul J. スタインハート, ポール・J.
ⓐ「サイクリック宇宙論」早川書房 2010
Steinhardt, Simon スタインハルト, サイモン
ⓐ「サイレント・ニーズ」英治出版 2014
Steinhauer, Olen スタインハウアー, オレン
1970～ ⓝアメリカ 作家 ⓑフィクション, ミステリー, スリラー
Steinhauer, Sherri スタインハウアー, シェリ
1962～ ⓝアメリカ プロゴルファー
Steinherr, Marlene スタイナー, マーレン
ⓝドイツ セーリング選手
Steinhöfel, Andreas シュタインヘーフェル, アンドレアス
1962～ ⓝドイツ 児童文学作家
Steinhoff, Janusz シュタインホフ, ヤヌシュ
ⓝポーランド 副首相兼経済相
Steinhoff, Patricia G. スタインホフ, パトリシア・G.
1941～ ⓐ「死へのイデオロギー」岩波書店 2003
Steinitz, Carl スタイニッツ, カール
ⓐ「ジオデザインのフレームワーク」古今書院 2014
Steinitz, Yuval シュタイニッツ, ユバル
ⓝイスラエル 水・エネルギー相
Steinkamp, Norbert シュタインカンプ, ノルベルト
ⓐ「病院倫理入門」丸善出版 2011
Steinman, David スタインマン, デイビッド
ⓐ「医者はなぜ、乳がんの「予防法」を教えないのか」中央アート出版社 2010
Steinman, Ralph Marvin スタインマン, ラルフ
1943～2011 ⓝカナダ 免疫学者 ロックフェラー大学教授 ⓑスタインマン, ラルフ・M.
Steinmann, Brigitte シュタインマン, ブリギッテ
1947～ ⓐ「リトミック事典」開成出版 2006
Steinmann, Lothar シュタインマン, ローター
1944～ ⓐ「おとながこどもにできること」春秋社 2008
Steinmeier, Frank-Walter シュタインマイヤー, フランクワルター
1956～ ⓝドイツ 政治家 ドイツ副首相・外相
Steinmetz, Eulalie スタインメッツ・ロス, ユーラリー
1910～ ⓐ「ストーリーテリングについて」子ども文庫の会 2016
Steinmetz, Ina シュタインメッツ, イーナ
ⓐ「マウスとあそぼう」プチグラパブリッシング 2006
Steinmetz, Jean-Luc ステンメッツ, ジャン＝リュック
1940～ ⓐ「マラルメ伝」筑摩書房 2004
Steinmetz, Karl-Heinz シュタインメッツ, カール＝ハインツ
ⓐ「四気質の治療学」フレグランスジャーナル社 2014
Steinmeyer, Jim ステインメイヤー, ジム
1958～ ⓐ「ゾウを消せ」河出書房新社 2006
Steinmüller, Angela シュタインミューラー, アンゲラ
1941～ ⓐ「労働者階級の手にあるインターネット」若林雄一 2005
Steinmüller, Karlheinz シュタインミューラー, カールハインツ
1950～ ⓐ「労働者階級の手にあるインターネット」若林雄一 2005
Steiny, Richard ステイニー, リチャード
ⓐ「資産設計の黄金比率」パンローリング 2009
Steira, Kristin ステイラ, クリスティン
1981～ ⓝノルウェー スキー選手 本名＝ステイラ, クリスティン・ストルメル〈Steira, Kristin Stoermer〉
Steitz, Thomas Arthur スタイツ, トーマス
1940～ ⓝアメリカ 生化学者, 結晶学者 エール大学教授 ⓑスタイツ, トーマス・A.
Stekelenburg, Maarten ステケレンブルフ, マールテン
ⓝオランダ サッカー選手
Steketee, Gail スティケティー, ゲイル
ⓐ「ホーディングへの適切な理解と対応認知行動療法的アプローチ」金子書房 2013
Stella, Frank Philip ステラ, フランク
1936～ ⓝアメリカ 画家 ⓑミニマルアート
Stelmach, Orest ステルマック, オレスト
ⓝアメリカ 作家 ⓑミステリー, スリラー
Stelter, Daniel ステルター, ダニエル
ⓐ「BCG流競争戦略」朝日新聞出版 2010
Stelter, Gordon Lee ステルター, ゴードン・リー
ⓐ「ポール・オースターが朗読するナショナル・ストーリー・プロジェクト」アルク 2006

Stelzer, Irwin M.　ステルツァー, I.M.
　著「アメリカ独占禁止法」三省堂　2004
Stemberger, Günter　シュテンベルガー, ギュンター
　1940〜　著「ユダヤ教」教文館　2015
Stemme, Nina　ステンメ, ニーナ
　1963〜　国スウェーデン　ソプラノ歌手　異シュテンメ, ニーナ
Stemp, Richard　ステンプ, リチャード
　著「ルネサンス美術解読図鑑」悠書館　2007
Stempel, Robert Carl　ステンペル, ロバート
　1933〜2011　国アメリカ　実業家　ゼネラル・モーターズ（GM）会長・CEO
Stempleski, Susan　スタンプルスキー, スーザン
　著「OK！アメリカ英語」三修社　2004
Sten, Viveca　ステン, ヴィヴェカ
　1959〜　国スウェーデン　作家　ミステリー　本名＝Sten, Viveca Bergstedt
Stenack, Richard J.　ステナック, リチャード・J.
　著「私をコントロールしないで！」ヴォイス　2002
Stendardo, Guglielmo　ステンダルド, グリエルモ
　国イタリア　サッカー選手
Stendera, Marc　シュテンデラ, マルク
　国ドイツ　サッカー選手
Steneck, Nicholas H.　ステネック, ニコラス・H.
　著「ORI研究倫理入門」丸善　2005
Stenersen, Øivind　ステーネシェン, エイヴィン
　著「ノルウェーの歴史」早稲田大学出版部　2005
Stenersen, Sverre　ステネルセン, スヴェレ
　？〜2005　国ノルウェー　スキー選手　異ステネルセン, スベレ
Stengel, Jim　ステンゲル, ジム
　著「本当のブランド理念について語ろう」阪急コミュニケーションズ　2013
Stengel, Kilien　スタンジェル, キリアン
　著「ワインをもっと極める！トリビア・クイズ600」作品社　2009
Stengel, Richard　ステンゲル, リチャード
　著「信念に生きる」英治出版　2012
Stenger, Christiane　シュテンガー, クリスチアーネ
　1987〜　著「記憶の魔法」PHP研究所　2007
Stengers, Isabelle　スタンジェール, イザベル
　著「混沌からの秩序」みすず書房　2009
Stengers, Jean　スタンジェ, ジャン
　著「自慰」原書房　2001
Stenman, Kari　ステンマン, カリ
　著「フィンランド空軍第24戦隊」大日本絵画　2005
Stenner, Chris　シュテナー, クリス
　アヌシー国際アニメーション映画祭 卒業制作 最優秀学校もしくは卒業制作賞（2002年）"Das Rad"（英題：Rocks）
Stenning, Derek　ステニング, デレク
　著「BORN IN CONCRETE」ボーンデジタル　2015
Stenning, Paul　ステニング, ポール
　著「ロバート・パティンソン・アルバム」INFASパブリケーションズ　2009
Stensils, Linnea　ステンシルス, リネア
　国スウェーデン　カヌー選手
Stenson, Dernell　ステンソン, ダーネル
　1978〜2003　国アメリカ　野球選手　異ダーネル・ステンソン
Stenson, Henrik　ステンソン, ヘンリク
　1976〜　国スウェーデン　プロゴルファー　異ステンソン, ヘンリック
Stent, Gunther Siegmund　ステント, ギュンター・ジークムント
　1924〜2008　国アメリカ　生化学者　カリフォルニア大学バークレー校名誉教授　専分子生物学, 神経生理学　異ステント, ガンサー・S.
Stentz, Zack　ステンツ, ザック
　著「マイティ・ソー」講談社　2014
Stenzel, Anabel　ステンツェル, アナベル
　1972〜　著「ミラクル・ツインズ！」岩波書店　2009
Stenzel, Pascal　シュテンツェル, パスカル
　国ドイツ　サッカー選手
Stenzel Byrnes, Isabel　ステンツェル, イサベル
　1972〜　著「ミラクル・ツインズ！」岩波書店　2009
Stepan, Alfred C.　ステパン, A.C.
　著「民主化の理論」一芸社　2005
Stepanek, Mattie Joseph Thaddeus　ステパネク, マティ
　1990〜　著ステパネク, マティ・J.T.　著「親から子へ伝えたい17の詩」双葉社　2005

Stepanek, Radek　ステパネク, ラデク
　国チェコ　テニス選手
Stepanenko, Galina　ステパネンコ, ガリーナ
　国ロシア　元バレリーナ　ボリショイ・バレエ団プリンシパル
Stepaniuc, Victor　ステパニュク, ビクトル
　国モルドバ　副首相
Stépanoff, Charles　ステパノフ, シャルル
　著「シャーマニズム」創元社　2014
Stepanov, Alexander A.　ステパノフ, アレクサンダー・A.
　著ステパノフ, アレクサンドル・A.　著「プログラミング原論」東京電機大学出版局　2015
Stepanova, Inna　ステパノワ, イナ
　国ロシア　アーチェリー選手
Stepashin, Sergey Vadimovich　ステパーシン, セルゲイ
　1952〜　国ロシア　政治家　ロシア首相, ロシア会計検査院院長　異スチェパーシン, セルゲイ／ステパシン, セルゲイ
Stephan, Kristina　ステファン, クリスティーナ
　著「なぜ誰もネットで買わなくなるのか」ダイヤモンド社　2002
Stephan, Paula E.　ステファン, ポーラ
　1945〜　著「科学の経済学」日本評論社　2016
Stéphane, Bernard　ステファヌス, ベルナール
　著「図説パリの街路歴史物語」原書房　2010
Stephanes, Reinhold　ステファネス, レイノルジ
　国ブラジル　農牧相
Stephanides, Myrsini　ステファニデス, ミルシニ
　1979〜　著「I love you, mom」ぶんか社　2008
Stephanopoulos, Constantinos　ステファノプロス, コンスタンティノス
　国ギリシャ　大統領
Stephanopoulos, G.　ステファノポーラス, グレゴリ・N.
　著「代謝工学」東京電機大学出版局　2002
Stephanopoulos, George Robert　ステファノプロス, ジョージ
　1961〜　国アメリカ　キャスター　米国大統領上級顧問　異ステファノポロス, ジョージ
Stephansson, Ove　ステファンソン, オーヴ
　1938〜　著「岩盤応力とその測定」京都大学学術出版会　2012
Stephen, Marcus　スティーブン, マーカス
　1969〜　国ナウル　政治家, 元重量挙げ選手　ナウル大統領
Stephen, Mark　スティーブン, マーク
　著「ヨーロピアンアンティーク大百科」西洋堂　2004
Stephen, Shamar　スティーブン, シャマー
　国アメリカ　アメフト選手
Stephens, Ann　スティーブンス, アン
　著「テディベア制作の技法事典」スタジオタッククリエイティブ　2007
Stephens, Bret　スティーブンズ, ブレット
　著「撤退するアメリカと「無秩序」の世紀」ダイヤモンド社　2015
Stephens, Daniel　ステファンズ, ダニエル
　グラミー賞 最優秀リミックス・レコーディング（クラシック以外）（2012年（第55回））"Promises (Skrillex & Nero Remix)" リミキサー
Stephens, D.J.　スティーブンス, DJ
　国アメリカ　バスケットボール選手
Stephens, Don　ステファンズ, ドン
　1937〜　著「戦争と恵み」キリスト新聞社　2007
Stephens, D.Ryan　ステファンズ, D.ライアン
　著「C++クックブック」オライリー・ジャパン, オーム社（発売）　2006
Stephens, Helen　スティーブンス, ヘレン
　1972〜　絵本作家, イラストレーター
Stephens, Jack　スティーブンス, ジャック
　国イングランド　サッカー選手
Stephens, Jackson　スティーブンス, ジャクソン
　国アメリカ　野球選手
Stephens, Jeanne　ステファンズ, ジャンヌ
　著「ささやきは風に乗って」ハーレクイン　2002
Stephens, John　スティーブンス, ジョン
　1966〜2009　国アメリカ　アメフト選手
Stephens, John　スティーブンス, ジョン
　1972〜　国アメリカ　作家　ヤングアダルト, ファンタジー
Stephens, John　ステファンズ, ジョン
　アカデミー賞 主題歌賞（第87回（2014年））'Glory'（「グローリー/明日（あす）への行進」"Selma"）
Stephens, Maria　スティーブン, マリア
　著「キー・コンピテンシー」明石書店　2006

Stephens, Matt　ステファン, マット
　㊐「ユースケース駆動開発実践ガイド」翔泳社　2007
Stephens, Owen K.C.　スティーブンス, オーウェン・K.C.
　㊐「d20サイバースケープ」ホビージャパン　2007
Stephens, Rebecca　スティーブンス, レベッカ
　㊐「山」同朋舎, 角川書店(発売)　2001
Stephens, Richard　スティーヴンス, リチャード
　㊐「悪癖の科学」紀伊国屋書店　2016
Stephens, Robert　ステファンズ, ロバート
　㊐「ニュージーランド福祉国家の再設計」法律文化社　2004
Stephens, Roberta L.　スティブンス, ロバータ・L.
　1948～　㊐「根づいた花」キリスト新聞社出版事業部　2003
Stephens, Robert S.　スティーブンス, ロバート・S.
　㊐「リラプス・プリベンション」日本評論社　2011
Stephens, Sam　ステファンズ, サム
　MTVアワード 最優秀特殊効果(第27回(2010年)) "Uprising"
Stephens, Sharon　スティーヴンス, シャロン
　㊐「災害の人類学」明石書店　2006
Stephens, Sloane　スティーブンス, スローン
　㊚アメリカ　テニス選手
Stephens, Susan　スティーヴンス, スーザン
　1949～　㊐「秘密を抱いたエメラルド」ハーパーコリンズ・ジャパン　2016
Stephens, Suzanne　スティーブンス, スザンヌ
　1942～　㊐「グラウンド・ゼロ」エクスナレッジ　2004
Stephens, Trent　ステフェン, トレント
　㊐「神と悪魔の薬サリドマイド」日経BP社, 日経BP出版センター(発売)　2001
Stephenson, Anne　スティーブンソン, アン
　㊐「GP100ケース」メディカル・サイエンス・インターナショナル　2011
Stephenson, Charles　スティーヴンソン, チャールズ
　1954～　㊐「世界の城の歴史文化図鑑」柊風舎　2012
Stephenson, Donald　スティーブンソン, ドナルド
　㊚アメリカ　アメフト選手
Stephenson, Frederick　スティーブンソン, フレデリック
　㊚セントビンセント・グレナディーン　国民動員・社会開発・家族・ジェンダー・障害者対策・青少年問題相
Stephenson, Keith　スティーブンソン, キース
　㊐「ペーパー・ワーク」Pie books　2008
Stephenson, Kristina　ステファンソン, クリスティーナ
　㊐「てんしとこひつじ」女子パウロ会　2012
Stephenson, Lance　スティーブンソン, ランス
　㊚アメリカ　バスケットボール選手
Stephenson, Neal　スティーヴンスン, ニール
　1959～　㊐「ダイヤモンド・エイジ」早川書房　2006
Stephenson, Randall L.　スティーブンソン, ランドール
　1960～　㊚アメリカ　実業家　AT&T会長・CEO　㊚スティーブンソン, ランダル
Stephenson, Robert　スティーブンソン, ロバート
　㊚アメリカ　野球選手
Stephenson, Sean　スティーブンソン, ショーン
　㊐「賢者の言葉」ダイヤモンド社　2011
Stepko, Oleg　ステプコ, オレグ
　㊚アゼルバイジャン　体操選手
Steponavičius, Gintaras　ステポナビチュス, ギンタラス
　㊚リトアニア　教育・科学相
Steppacher, Rolf　ステパッチャー, ロルフ
　㊐「制度派経済学の基礎」出版研, 人間の科学新社(発売)　2014
Sterba, Jan　シュテルバ, ヤン
　㊚チェコ　カヌー選手
Sterbenz, Carol Endler　スターベンズ, キャロル・エンドラー
　㊐「Pottery Barn見せる収納, しまう収納」ソフトバンククリエイティブ　2007
Sterbenz, Genevieve A.　スターベンズ, ジュヌヴィエーブ・A.
　㊐「Pottery Barn見せる収納, しまう収納」ソフトバンククリエイティブ　2007
Sterbet, Valeria　ステルベト, バレリア
　㊚モルドバ　法相
Sterdyniak, Henri　ステルディニアック, アンリ
　㊐「世界をダメにした経済学10の誤り」明石書店　2012
Sterelny, Kim　ステレルニー, キム
　1950～　㊐「進化の弟子」勁草書房　2013
Sterk, Wolfgang　シュテルク, ヴォルフガング
　㊐「フェアな未来へ」新評論　2013
Sterling, A.Justin　スターリング, A.ジャスティン
㊐「男と女が95％わかりあえるスターリング・メソッド」文春ネスコ, 文芸春秋(発売)　2001
Sterling, Bruce　スターリング, ブルース
　1954～　㊐「ディファレンス・エンジン」早川書房　2008
Sterling, Claire　スターリング, クレアー
　㊐「世界を葬る男たち」光文社　2002
Sterling, Donald J.　スターリング, ドナルド
　1951～　㊐「光ファイバネットワーク技術解説」ソフトバンクパブリッシング　2002
Sterling, Donna　スターリング, ドナ
　㊐「呪いが解けるとき」ハーレクイン　2001
Sterling, Fred　スターリング, フレッド
　1946～　㊐「キラエル」ナチュラルスピリット　2012
Sterling, Jan　スターリング, ジャン
　1921～2004　㊚アメリカ　女優　本名=Sterling, Jane Adriance
Sterling, Michael Bruce　スターリング, M.ブルース
　㊐「What is OMA」TOTO出版　2005
Sterling, Neal　スターリング, ニール
　㊚アメリカ　アメフト選手
Sterling, Raheem　スターリング, ラヒーム
　㊚イングランド　サッカー選手
Sterling, Thomas Lawrence　スターリング, トーマス・L.
　㊐「PCクラスタ構築法」産業図書　2001
Sterman, John　スターマン, ジョン・D.
　㊐「システム思考」東洋経済新報社　2009
Stern, Arnold　スターン, アーノルド
　㊐「薬理学プレテスト」医学書院　2003
Stern, Bret　スターン, ブレット
　㊐「いかにして100万円でインディーズ映画を作るか」フィルムアート社　2004
Stern, Carola　シュテルン, カローラ
　1925～2006　㊐「わたしがこの世で望んだすべて」鳥影社・ロゴス企画　2011
Stern, Catherine　ステルン, カトリーヌ
　㊐「親子で読む地球環境の本」講談社　2007
Stern, Daniel　スターン, D.N.
　㊐「早期関係性障害」岩崎学術出版社　2003
Stern, Daniel N.　スターン, ダニエル・N.
　1934～　㊐「母親になるということ」創元社　2012
Stern, David　スターン, デイブ
　㊚スターン, デイヴ　㊐「名誉の代償」早川書房　2004
Stern, David　スターン, デービッド
　㊚アメリカ　全米バスケットボール協会(NBA)コミッショナー
Stern, David Thomas　スターン, デヴィッド・トーマス
　㊐「医療プロフェッショナリズムを測定する」慶応義塾大学出版会　2011
Stern, Donnel B.　スターン, ドンネル・B.
　1949～　㊚スターン, D.B.　㊐「精神分析における解離とエナクトメント」創元社　2014
Stern, Eric J.　スターン, エリック・J.
　㊐「胸部HRCTアトラス」丸善出版　2012
Stern, Hadley　スターン, ハドリー
　㊐「iPod & iTunes hacks」オライリー・ジャパン, オーム社(発売)　2005
Stern, Hal　ストーン, ハル
　㊐「NFS & NIS」オライリー・ジャパン, オーム社(発売)　2002
Stern, Hans　スターン, ハンス
　1922～2007　㊚ブラジル　実業家　H.スターン創業者
Stern, Hellmut　スターン, ヘルムート
　㊐「音楽家の手」協同医書出版社　2006
Stern, Howard Allan　スターン, ハワード
　1954～　㊚アメリカ　ラジオパーソナリティ
Stern, Isaac　スターン, アイザック
　1920～2001　㊚アメリカ　バイオリニスト　カーネギーホール館長
Stern, Jessica　スターン, ジェシカ
　1958～　㊐「核・細菌・毒物戦争」講談社　2002
Stern, Joel M.　スターン, ジョエル・M.
　㊐「EVA価値創造への企業変革」日本経済新聞社　2002
Stern, Judith M.　スターン, ジュディス
　㊐「いろんな学び方, あるんだね！」東京書籍　2008
Stern, Klaus　シュテルン, クラウス
　1932～　㊐「ドイツ憲法」信山社出版　2009
Stern, Louis W.　スターン, ルイス・W.
　㊐「マーケティング戦略論」ダイヤモンド社　2001
Stern, Max　スターン, マックス

1921～ 㯰「我が切手人生」日本郵趣協会ドイツ切手部会 2006
Stern, Michael G. スターン, ミシェル・G.
㯰「ちいさなプリンセスソフィアまほうのおもてなし」講談社 2014
Stern, Mike スターン, マイク
1953～ ㊌アメリカ ジャズ・ギタリスト
Stern, Neil Z. スターン, ネイル・Z.
㯰「勝つ流通業の「一番」戦略」ダイヤモンド社 2005
Stern, Nicholas Herbert スターン, ニコラス
1946～ ㊌イギリス 経済学者 ロンドン・スクール・オブ・エコノミクス（LSE）教授 世界銀行上級副総裁・チーフエコノミスト 別名＝Stern of Brentford
Stern, Paul C. スターン, ポール・C.
㯰「コモンズのドラマ」知泉書館 2012
Stern, Richard Martin スターン, リチャード・マーティン
1915～2001 ㊌アメリカ 作家, 英文学者 シカゴ大学教授 ㊌スターン, リチャード・マーチン
Stern, Roger スターン, ロジャー
㯰「キャプテン・アメリカ：ロード・トゥ・リボーン」ヴィレッジブックス 2014
Stern, Ronald J. スターン, ロナルド・J.
㯰「数学を語ろう！」シュプリンガー・フェアラーク東京 2003
Stern, Sam スターン, サム
㯰「企業創造力」英治出版 2007
Stern, Scott D.C. スターン, スコット
㯰スターン, S.D.C. 㯰「考える技術」日経BP社, 日経BPマーケティング（発売） 2015
Stern, Stewart スターン, スチュワート
1922～2015 ㊌アメリカ 脚本家
Stern, Theodore A. スターン, T.A.
㯰「MGH「心の問題」診療ガイド」メディカル・サイエンス・インターナショナル 2002
Sternbach, Leo Henryk スターンバック, レオ
1908～2005 ㊌アメリカ 化学者
Sternback, Rick スターンバック, リック
㯰「ザ・バイブル・スタートレックネクストジェネレーション」ぶんか社 2003
Sternberg, Eliezer J. スタンバーグ, エリエザー
㯰「〈わたし〉は脳に操られているのか」インターシフト, 合同出版（発売） 2016
Sternberg, Esther M. スターンバーグ, エスター・M.
㯰「ボディマインド・シンフォニー」日本教文社 2006
Sternberg, Hal ステルンバーグ, ハル
㯰「老化の生命科学」アークメディア 2007
Sternberg, Janek シュテルンベルク, ヤネク
㊌ドイツ サッカー選手
Sternberg, Janine スターンバーグ, ジャニーン
㯰「乳児観察と調査・研究」創元社 2015
Sternberg, Robert J. スタンバーグ, R.J.
1949～ 㯰「愛の心理学」北大路書房 2009
Sternberg, Stuart スターンバーグ, スチュアート
㊌アメリカ タンパベイ・レイズオーナー
Sternberg, Thomas シュテルンベルク, トーマス
1952～ 㯰「天使の文化図鑑」東洋書林 2006
Sternbergh, Adam スターンバーグ, アダム
㊌アメリカ, カナダ 作家, ジャーナリスト ㊌スリラー, SF
Sterne, Jim スターン, ジム
1955～ 㯰「実践ソーシャル・メディア・マーケティング」朝日新聞出版 2011
Sterne, Jonathan スターン, ジョナサン
1970～ 㯰「聞こえくる過去」インスクリプト 2015
Sterner, Thomas M. スターナー, トーマス・M.
1956～ 㯰「今ここに集中すれば、人生はうまくいく！」PHPエディターズ・グループ, PHP研究所（発売） 2013
Sternglass, Ernest J. スターングラス, アーネスト
1923～ 㯰「人間と環境への低レベル放射能の脅威」あけび書房 2011
Sternquist, Brenda スターンクィスト, ブレンダ
㯰「変わる世界の小売業」新評論 2009
Sternthal, Brian スターンソル, ブライアン
㯰スターンサル, ブライアン 㯰「ケロッグ経営大学院ブランド実践講座」ダイヤモンド社 2006
Sterpellone, Luciano ステルペローネ, ルチャーノ
1924～ 㯰「医学の歴史」原書房 2009
Stertz, Bradley A. スタッツ, ブラッドリー・A.
㯰「ダイムラー・クライスラー」早川書房 2001
Sterup, Zach ステラップ, ザック

㊌アメリカ アメフト選手
Stets, Jan E. ステッツ, ジャン・E.
㯰「ジョナサン・ターナー感情の社会学」明石書店 2013
Stets, Yurii ステツ, ユーリー
㊌ウクライナ 情報政策相
Stettner, Irving ステットナー, アーヴィング
1922～2004 㯰「パラダイスの乞食たち」水声社 2009
Stettner, Morey ステットナー, モリー
㯰「新米リーダー10のスキル」ディスカヴァー・トゥエンティワン 2003
Steuart, Cgris スチュワート, C.
㯰「コンピュータフォレンジックス入門」トムソンラーニング, ピー・エヌ・エヌ新社（発売） 2005
Steuck, Kyle ステーク, カイル
㊌アメリカ アメフト選手
Steude, Volkhard シュトイデ, フォルクハルト
1971～ ㊌ドイツ バイオリニスト ウィーン・フィルハーモニー管弦楽団（VPO）コンサートマスター
Steuer, Christin スタイエル
㊌ドイツ 飛び込み選手
Steuerle, C.Eugene スターリ, C.ユージン
㯰「NPOと政府」ミネルヴァ書房 2007
Steuernagel, Ulla シュトイアナーゲル, ウラ
1954～ 㯰「子ども大学講座」主婦の友社 2004
Steveling, Angelika シュテフェリング, アンゲリカ
㯰「鍼療法図鑑」ガイアブックス, 産調出版（発売） 2011
Steven, Davis スティーブン, デービス
㊌パプアニューギニア 民間航空相
Steven, Kenneth C. スティーブン, ケネス
1968～ 㯰「なぜイヌの鼻はぬれているの？」西村書店 2014
Steven, Mokin スティーブン, モキン
㊌バヌアツ 財務相
Stevens, Alan スティーヴンス, A.
㯰「カラーアトラス基礎組織病理学」西村書店 2004
Stevens, Amanda スティーヴンス, アマンダ
㯰「鏡のなかの他人」ハーレクイン 2004
Stevens, Andrew スティーブンズ, アンドリュー
1975～ 㯰「英国の地方自治」芦書房 2011
Stevens, Anthony スティーブンズ, アンソニー
1933～ ㊌イギリス 心理学者, 精神科医 ㊌スティーヴンズ, アンソニー
Stevens, Art スティーブンス, アート
1915～2007 ㊌アメリカ アニメーター
Stevens, Bernard ステヴァンス, ベルナール
㯰「日本哲学の国際性」世界思想社 2006
Stevens, Brad スティーブンス, ブラッド
㊌アメリカ ボストン・セルティックスヘッドコーチ（バスケットボール）
Stevens, Brooke スティーヴンズ, ブルック
1957～ 㯰「タトゥ・ガール」講談社 2004
Stevens, Carla スティーブンズ, カーラ
㯰「こぶたのプーと青いはた」童話館出版 2001
Stevens, Chevy スティーブンス, シェビー
㊌カナダ 作家 ㊌ミステリー, スリラー ㊌スティーヴンス, シェヴィー
Stevens, Christopher スティーブンス, クリストファー
1960～2012 ㊌アメリカ 外交官 駐リビア米国大使 本名＝Stevens, John Christopher ㊌スティーブンズ, クリストファー
Stevens, Craig スティーブンス
㊌オーストラリア 競泳選手
Stevens, Craig スティーブンス, クレイグ
㊌アメリカ アメフト選手
Stevens, Damian スティーヴンス, ダミアン
㊌ナミビア ラグビー選手
Stevens, Dana スティーヴンス, ダナ
㯰「ブロンドライフ」竹書房 2003
Stevens, Dannelle D. スティーブンス, ダネル
㯰「大学教員のためのルーブリック評価入門」玉川大学出版部 2014
Stevens, David L. スティーヴンス, D.L.
1962～ 㯰「TCP/IPによるネットワーク構築」共立出版 2003
Stevens, Deajah スティーブンズ, ディアジャ
㊌アメリカ 陸上選手
Stevens, George, Jr. スティーブンス, ジョージ, Jr.
アカデミー賞 名誉賞（第85回（2012年））
Stevens, Gordon スティーヴンズ, ゴードン

㊛「七月の暗殺者」東京創元社 2005
Stevens, John スティーブンズ, ジョン
1947〜 ㊛「日本のエロスと近代性風俗画」ザー・イースト・パブリケイション 2001
Stevens, John Paul スティーブンス, ジョン・ポール
1920〜 ㊨アメリカ 法律家 米国最高裁判事
Stevens, José スティーブンス, ホセ
㊛「魂のチャート」ナチュラルスピリット・パブリッシング80 2010
Stevens, Juan Carlos スティーブンス
㊨キューバ アーチェリー選手
Stevens, Karl スティーブンス, カール
1978〜 ㊛「触ってわかる美術解剖学」マール社 2012
Stevens, Kathleen R. スティーブンズ, キャスリーン・R.
㊛「エビデンスに基づく看護学教育」医学書院 2003
Stevens, Leonard A. スティーブンス, レオナルド・A.
㊛「コミュニケーション戦略スキル」ダイヤモンド社 2002
Stevens, Lynsey スティーヴンス, リンゼイ
㊛「潮風と砂と金の髪」ハーパーコリンズ・ジャパン 2016
Stevens, Marcus スティーヴンス, マーカス
1959〜 ㊛「樹海脱出」二見書房 2003
Stevens, Mark スティーヴンス, マーク
㊨アメリカ ピュリッツアー賞 文学・音楽 伝記・自伝(2005年) ほか
Stevens, Mark スティーブンズ, マーク
㊛「ハーバードAMPのマネジメント」早川書房 2001
Stevens, Morkin スティーブンス, モーキン
㊨バヌアツ 保健相
Stevens, Peggy A. スティーブンス, ペギー・A.
㊛「助産師の意思決定」エルゼビア・ジャパン 2006
Stevens, R.Paul スティーヴンス, ポール
1937〜 ㊛「互いに語り、ともに主に向かう」いのちのことば社 2007
Stevens, Shelli スティーブンス, シェリ
1977〜 ㊛「ファースト・ラブ」主婦の友社 2013
Stevens, Taylor スティーブンス, テイラー
㊨アメリカ 作家 ㊙ミステリー, スリラー ㊗スティーヴンス, テイラー
Stevens, Ted スティーブンス, テッド
1923〜2010 ㊨アメリカ 政治家 米国上院議員(共和党) 本名=スティーブンス, セオドア・フルトン〈Stevens, Theodore Fulton〉㊗スティーブンズ, テッド / スティーヴンス, テッド / スティーヴンズ, テッド
Stevens, Travis スティーブンズ, トラビス
㊨アメリカ 柔道選手 ㊗スティーブンス
Stevens, W.Richard スティーブンス, W.リチャード
㊗スティーヴンス, W.リチャード ㊛「詳解UNIXプログラミング」翔泳社 2014
Stevenson, Andrew スティーヴンスン, アンドリュー
㊛「核の砂漠」扶桑社 2005
Stevenson, Bryan スティーヴンソン, ブライアン
㊛「黒い司法」亜紀書房 2016
Stevenson, Gill スティーヴンソン, ギル
㊛「教師のためのアスペルガー症候群ガイドブック」中央法規出版 2005
Stevenson, Harold W. スティーブンソン, ハロルド
1924〜2005 ㊨アメリカ 心理学者 ミシガン大学教授
Stevenson, Ian スティーヴンソン, イアン
1918〜 ㊛「前世を記憶する子どもたち」日本教文社 2005
Stevenson, James スティーヴンソン, ジェームズ
1929〜 ㊗スティーヴンソン, ジェイムズ ㊛「おじいちゃんのところ」童話館出版 2007
Stevenson, Jo スティーヴンソン, ジョー
㊛「ベッカム」竹書房 2002
Stevenson, Neil スティーブンスン, ニール
㊛「世界名建築物の謎」ゆまに書房 2002
Stevenson, N.J. スティーヴンソン, N.J.
㊗スティーヴンスン, N.J. ㊛「ファッションクロノロジー」文化学園文化出版局 2013
Stevenson, Richard J. スティーブンソン, リチャード・J.
1964〜 ㊛「「においオブジェクト」を学ぶ」フレグランスジャーナル社 2012
Stevenson, Sarah スティーブンソン
㊨イギリス テコンドー選手
Stevenson, Shakur スティーブンソン, シャクル
㊨アメリカ ボクシング選手
Stevenson, Steve スティーヴンソン, スティーヴ

㊛スティーヴンソン, サー・スティーヴ ㊛「少女探偵アガサ」岩崎書店 2016
Stevenson, Teófilo ステベンソン, テオフィロ
1952〜2012 ㊨キューバ ボクシング選手
Stevenson, Toby スティーブンソン
㊨アメリカ 陸上選手
Stevenson, Victor スティーヴンソン, ヴィクター
㊛「図説ことばの世界」青山社 2010
Stevenson, William スティーブンソン, ウィリアム
1925〜 ㊛「ブッシュベイビー」竹書房 2004
Stevenson, Zoe ステベンソン, ゾエ
㊨ニュージーランド ボート選手
Steverson, Todd スティーバーソン, トッド
㊨アメリカ シカゴ・ホワイトソックスコーチ
Stew スチュー
トニー賞 ミュージカル 脚本賞(2008年(第62回)) "Passing Strange"
Steward, Emanuel スチュワード, エマヌエル
1944〜2012 ㊨アメリカ ボクシングトレーナー ㊗スチュワード, エマニュエル
Steward, Oswald スチュワード, オズワルド
㊛「機能的神経科学」シュプリンガー・フェアラーク東京 2004
Steward, Sid スチュワード, シド
㊛「PDF hacks」オライリー・ジャパン, オーム社(発売) 2005
Steward, Tony スチワード, トニー
㊨アメリカ アメフト選手
Stewardson, Dawn スチュワードソン, ドーン
㊛「ニューヨークの憂鬱」ハーレクイン 2002
Stewart, Alana スチュアート, アラナ
㊛「ファラ・フォーセットとの旅」近代映画社 2010
Stewart, Amber スチュアート, アンバー
㊛「おたんじょうびまであとなんにち?」徳間書店 2011
Stewart, Amy スチュワート, エイミー
㊛「邪悪な植物」朝日出版社 2012
Stewart, Brian スチュアート, ブライアン
㊛「カラーアトラスマクロ病理学」西村書店 2005
Stewart, Brock スチュワート, ブロック
㊨アメリカ 野球選手
Stewart, Cameron スチュワート, キャメロン
㊗スチュアート, キャメロン ㊛「バットガール:バーンサイド」小学館集英社プロダクション 2016
Stewart, Chris スチュアート, クリス
1951〜 ㊛「アンダルシアの農園ぐらし」DHC 2002
Stewart, Chris スチュワート, クリス
㊨アメリカ 野球選手
Stewart, Corki スチュアート, コーキー
㊛「ポール・オースターが朗読するナショナル・ストーリー・プロジェクト」アルク 2006
Stewart, Courtenay スチュワート
㊨カナダ シンクロナイズド・スイミング選手
Stewart, Darian スチュワート, ダリアン
㊨アメリカ アメフト選手
Stewart, Dave スチュアート, デーブ
1952〜 ㊨イギリス ミュージシャン, 音楽プロデューサー ㊗スチュワート, デイブ / スチュワート, デイヴ
Stewart, David スチュアート, D.
1938〜 ㊛「企業倫理」白桃書房 2001
Stewart, David Alan スチュアート, デイヴィド・A.
1954〜 ㊗スチュワート, デヴィッド・A. ㊛「聴覚障害児の学力を伸ばす教育」明石書店 2010
Stewart, Deborah C. スチュワート, デボラ・C.
㊛「子どもの性虐待に関する医学的評価」診断と治療社 2013
Stewart, Dez スチュワート, デズ
㊨アメリカ アメフト選手
Stewart, Elizabeth スチュワート, エリザベス
㊛「湖水の甘い誘惑」竹書房 2007
Stewart, Ellen スチュアート, エレン
1919〜2011 ㊨アメリカ 高松宮殿下記念世界文化賞 演劇・映像部門(2007年(第19回)) ラ・ママ実験劇場主宰者・プロデューサー ㊗スチュワート, エレン / ステュワート, エレン
Stewart, Gary L. スチュワート, ゲーリー・L.
㊛「殺人鬼ゾディアック」亜紀書房 2015
Stewart, G.Bennett, Ⅲ スチュワート, G.ベネット, 3世
㊛「EVA創造の経営」東洋経済新報社 2002
Stewart, Glenford スチュアート, グレンフォード
㊨セントビンセント・グレナディーン 通信・雇用相

Stewart, Henry　スチュアート, ヘンリ
　1941〜　㉔「「野生」の誕生」世界思想社　2003
Stewart, Ian　スチュアート, イアン
　1940〜　㉔「エリック・バーンの交流分析」実業之日本社　2015
Stewart, Ian　スチュアート, イアン
　1945〜　㉔「「偶然」と「運」の科学」SBクリエイティブ　2016
Stewart, James B.　スチュワート, ジェームズ・B.
　㉔「悪魔の医師」明石書店　2001
Stewart, Jane　スチュワート, ジェーン
　㊐カナダ　人的資源開発相
Stewart, Jeffrey　スチュアート, ジェフリー
　㉔「成人の知的発達のダイナミクス」丹精社, 明文書房（発売）2008
Stewart, Joel　スチュアート, ジョエル
　ネスレ子どもの本賞 5歳以下部門 銅賞（2007年）　"Dexter Bexley and the Big Blue Beastie"
Stewart, John　スチュアート, ジョン
　1939〜2008　㊐アメリカ　音楽家　㊂スチュワート, ジョン
Stewart, Jon　スチュアート, ジョン
　グラミー賞 最優秀朗読アルバム（2010年（第53回））ほか
Stewart, Jonathan　スチュワート, ジョナサン
　㊐アメリカ　アメフト選手
Stewart, Jude　スチュアート, ジュード
　㉔「模様と意味の本」フィルムアート社　2016
Stewart, Kathryn　スチュアート, キャスリン
　㉔「アスペルガー症候群と非言語性学習障害」明石書店　2004
Stewart, Katie　スチュアート, ケイティ
　1934〜2013　㊐イギリス　料理研究家　本名＝Stewart, Katharine Elizabeth Allen　㊂スチュワート, ケイティ
Stewart, Kerron　スチュアート
　㊐ジャマイカ　陸上選手
Stewart, Kevin　スチュアート, ケヴィン
　㊐イングランド　サッカー選手
Stewart, Kristen　スチュアート, クリステン
　1990〜　㊐アメリカ　女優　本名＝Stewart, Kristen Jaymes　㊂スチュワート, クリステン
Stewart, Larry　スチュアート, ラリー
　？〜2007　㊐アメリカ　実業家　㊂スチュワート, ラリー
Stewart, Mariah　スチュアート, マライア
　㉔「ダーク・リバー」集英社　2006
Stewart, Martha　スチュアート, マーサ
　㉔「マーサの成功ルール」トランスワールドジャパン　2006
Stewart, Mary　スチュアート, メアリー
　1916〜2014　㊐イギリス　作家　本名＝Stewart, Mary Florence Elinor
Stewart, Matthew　スチュアート, マシュー
　1963〜　㊂スチュワート, マシュー　㉔「宮廷人と異端者」書肆心水　2011
Stewart, Michael　スチュアート, マイケル
　？〜2002　㊐アメリカ　音楽家, 音楽プロデューサー　旧グループ名＝ウィ・ファイブ〈We Five〉　㊂スチュワート, マイケル
Stewart, Mike　スチュアート, マイク
　1955〜　㊐アメリカ　作家　㊄ミステリー　本名＝スチュアート, マイケル・ガーネット
Stewart, Milton　スチュアート, ミルトン
　？〜2002　㊐アメリカ　俳優
Stewart, Moira　スチュアート, モイラ
　㉔「患者中心の医療」診断と治療社　2002
Stewart, Murray　スチュアート, マレー
　㊐オーストラリア　カヌー選手
Stewart, Pamela J.　スチュアート, パメラ
　㉔「医療人類学」古今書院　2009
Stewart, Pamera Brown　スチュアート, パメラ・ブラウン
　㉔「エキスパートナースとの対話」照林社　2004
Stewart, Patricia A.　スチュアート, パトリシア・A.
　㉔「ビジュアルテキスト脳神経」医学書院　2004
Stewart, Patrick　スチュアート, パトリック
　1940〜　㊐イギリス　俳優　本名＝Stewart, Patrick Hewes　㊂スチュワート, パトリック
Stewart, Paul　スチュアート, ポール
　1955〜　㊐イギリス　作家　㊂スチュワート, ポール
Stewart, Paul　スチュワート, ポール
　1966〜　㉔「ブランド流顧客サービス」生産性出版　2006
Stewart, Robert K.　スチュアート, ロバート・K.
　㉔「CNN世界を変えたニュースネットワーク」NTT出版　2001
Stewart, Rod　スチュアート, ロッド
　1945〜　㊐イギリス　ロック歌手　本名＝Stewart, Roderick David　㊂スチュワート, ロッド / ステュアート, ロッド
Stewart, Rory　スチュアート, ローリー
　1973〜　㉔「戦禍のアフガニスタンを犬と歩く」白水社　2010
Stewart, Sarah　スチュアート, サラ
　㉔「ベルのともだち」アスラン書房　2006
Stewart, Sean　スチュワート, ショーン
　1965〜　㊐アメリカ　作家
Stewart, Sonja M.　スチュワート, ソーニャ・M.
　㉔「ちいさな子どもたちと礼拝」一麦出版社　2009
Stewart, Stanley　スチュアート, スタンリー
　㉔「緊急事態発生！ 機長の英断」講談社　2002
Stewart, Susan　スチュアート, S.
　1940〜　㉔「女たちの単独飛行」新曜社　2004
Stewart, Thomas　スチュアート, トーマス
　1928〜2006　㊐アメリカ　バリトン歌手　㊂スチュワート, トーマス
Stewart, Thomas A.　スチュワート, トマス・A.
　1948〜　㉔「コミットメント」ダイヤモンド社　2007
Stewart, Tracey　スチュアート, トレイシー
　1959〜　㉔「ペイン」ゴルフダイジェスト社　2001
Stewart, Trenton Lee　スチュアート, トレントン・リー
　㊐アメリカ　作家　㊄文学, 児童書
Stewart, Tricia　スチュアート, トリシア
　㉔「カレンダー・ガールズ」竹書房　2004
Stewner, Tanya　シュテーブナー, タニヤ
　1974〜　㊐ドイツ　作家　㊄児童書, ヤングアダルト
Steyaert, Sarah　ステアール, サラ
　㊐フランス　セーリング選手　㊂ステアール
Steyn, Morné　ステイン, モルネ
　㊐南アフリカ　ラグビー選手
St-gelais, Marianne　サンジェレ
　㊐カナダ　ショートトラック選手　㊂サンゲレ
Stibal, Guy　スタイバル, ガイ
　㉔「祈りの翼に乗って」ナチュラルスピリット　2014
Stibal, Vianna　スタイバル, ヴァイアナ
　㉔「祈りの翼に乗って」ナチュラルスピリット　2014
Stibane　スティバンヌ
　1958〜　㉔「ぼくのおおじいじ」岩崎書店　2013
Stibbe, Hugo L.P.　スティップ, ヒューゴ・L.P.
　㉔「記録史料記述の国際標準」北海道大学図書刊行会　2001
Stibel, Jeffrey M.　スティベル, ジェフ
　㉔「ブレークポイント」KADOKAWA　2014
Stiber, Alex　スタイバー, アレックス
　1950〜　㉔「ザ・リーダー」ディスカヴァー・トゥエンティワン　2003
Stich, Francesca　スティッチ, フランチェスカ
　㉔「シークレットフェアリーようせいのおうち」大日本絵画〔2008〕
Stich, Otto　シュティッヒ, オットー
　1927〜2012　㊐スイス　政治家　スイス大統領, スイス連邦議会議員
Stich, Stephen P.　スティッチ, スティーヴン・P.
　㉔「断片化する理性」勁草書房　2006
Stichbury, Jo　スティックベリー, ジョウ
　㉔「Symbian OS C++実践開発技法」翔泳社　2005
Stichtenoth, Henning　シュティヒテノス, ヘニヒ
　1944〜　㉔「代数関数体と符号理論」共立出版　2013
Stickdorn, Marc　スティックドーン, マーク
　㉔「This is service design thinking.」ビー・エヌ・エヌ新社　2013
Stickels, Terry H.　スティッケルズ, テリー
　㉔「錯視芸術図鑑」創元社　2014
Stickland, Henrietta　スティックランド, ヘンリエッタ
　1965〜　㉔「きょうりゅうがいっぱい！」大日本絵画　2005
Stickland, Paul　スティックランド, ポール
　1957〜　㉔「およいで！ さかなくん」大日本絵画　〔2009〕
Stiefel, Ethan　スティーフェル, イーサン
　1973〜　㊐アメリカ　元バレエダンサー　アメリカン・バレエ・シアター（ABT）プリンシパル, ロイヤル・ニュージーランド・バレエ芸術監督
Stiefvater, Maggie　スティーフベーター, マギー
　1981〜　㊐アメリカ　作家　㊄ファンタジー, ロマンス
Stieger, Roland　シュティーガー, ローランド
　1970〜　㉔「スイスのブックデザイン」凸版印刷印刷博物館　2015
Stiegler, Bernard　スティグレール, ベルナール

1952〜 [国]フランス 哲学者 リサーチ&イノベーション研究所総責任者 ポンピドーセンター文化開発部部長
Stiegler, Bernd シュティーグラー, ベルント
1964〜 [著]「写真の映像」 月曜社 2015
Stiekel, Bettina シュティーケル, ベッティーナ
1967〜 [著]「ノーベル賞受賞者にきく子どものなぜ? なに?」 主婦の友社 2005
Stielow, Frederick J. スティロー, フレデリック・J.
1946〜 [著]「アメリカ図書館界と積極的活動主義」 京都大学図書館情報学研究会, 日本図書館協会(発売) 2005
Stiemert, Elisabeth シュティーメルト, E.
[著]「おはなしのおもちゃ箱」 PHP研究所 2003
Stiemsma, Greg スティームズマ, グレッグ
[国]アメリカ バスケットボール選手
Stiens, Steven A. スティエンス, スティーブン・A.
1959〜 [著]「リハビリテーションシークレット」 メディカル・サイエンス・インターナショナル 2005
Stier, Davor Ivo シュテール, ダボル・イボ
[国]クロアチア 副首相兼外務・欧州問題相
Stier, Ken スティアー, ケン
[著]「動物工場」 緑風出版 2016
Stierle, Cynthia スティアール, シンシア
[著]「カーズ2」 大日本絵画 〔2014〕
Stierlin, Henri スティルラン, アンリ
1928〜 [著]「世界の城と要塞」 創元社 2009
Stiffelman, Susan スティフェルマン, スーザン
[著]「エックハルト・トールの「子育て」の魔法」 徳間書店 2015
Stige, Brynjulf スティーゲ, ブリュンユルフ
[著]「文化中心音楽療法」 音楽之友社 2008
Stigler, James W. スティグラー, ジェームズ・W.
[著]「日本の算数・数学教育に学べ」 教育出版 2002
Stiglitz, Joseph Eugene スティグリッツ, ジョセフ
1943〜 [国]アメリカ 経済学者 コロンビア大学ビジネススクール教授 世界銀行(WB)首席エコノミスト・副総裁, 米国大統領経済諮問委員会(CEA)委員長, スタンフォード大学教授 [専]情報の経済学 [異]スティグリッツ, ジョゼフ
Stigwood, Robert スティグウッド, ロバート
1934〜2016 [国]オーストラリア 芸能マネジャー, 映画プロデューサー 本名=Stigwood, Robert Colin
Stijepović, Slavoljub スティイェポビッチ, スラボリュブ
[国]モンテネグロ 教育・スポーツ相 [異]スティエポビッチ, スラボリュブ
Stileman, Kali スタイルマン, カーリー
[著]「はじめておぼえるえいごでえじてん」 小学館 2013
Stiles, Julia スタイルズ, ジュリア
1981〜 [国]アメリカ 女優 本名=Stiles, Julia O'Hara
Stiles, Tara スタイルズ, タラ
[著]「タラ・スタイルズのYOGA CURES」 医道の日本社 2015
Stiles, T.J. スタイルズ, T.J.
ピュリッツアー賞 文学・音楽 伝記・自伝(2010年)ほか
Stiletto スティレットー
[著]「ベルリン・デザイン・ハンドブックはデザインの本ではない!」 ベアリン出版, 新宿書房(発売) 2013
Stilger, Bob スティルガー, ボブ
[著]「未来が見えなくなったとき、僕たちは何を語ればいいのだろう」 英治出版 2015
Stilianidis, Evripidis スティリアニディス, エブリピディス
[国]ギリシャ 内相
Still, Devon スティル, デボン
[国]アメリカ アメフト選手
Still, Ray スティル, レイ
1920〜2014 [国]アメリカ オーボエ奏者 シカゴ交響楽団首席オーボエ奏者
Stille, Mark スティル, マーク
[著]「日本海軍巡洋艦vs米海軍巡洋艦」 大日本絵画 2010
Stiller, Ben スティラー, ベン
1965〜 [国]アメリカ 俳優, 映画監督, 脚本家
Stillings, Marianne スティリングス, マリアンヌ
[著]「ミステリーはお好き?」 オークラ出版 2009
Stills, Kenny スティルス, ケニー
[国]アメリカ アメフト選手
Stillwell, John スティルウェル, ジョン
[異]スティルウェル, J. [著]「不可能へのあこがれ」 共立出版 2014
Stilson, Harold スティルソン, ハロルド
?〜2002 [国]アメリカ 最高齢ホールインワンの記録者
Stilton, Geronimo スティルトン, ジェロニモ
[著]「ジャングルを脱出せよ!」 講談社 2011
Stilwell, Alexander スティルウェル, アレグザンダー
[著]「SAS・特殊部隊図解追跡捕獲実戦マニュアル」 原書房 2013
Stimec, Spomenka シュティメツ, スポメンカ
1949〜 [著]「亡命」 新風舎 2005
Stimson, Gerry Vivian スティムソン, ジェリー・V.
[著]「飲酒文化の社会的役割」 アサヒビール, 紀伊国屋書店(発売) 2007
Stindl, Lars シュティンドル, ラース
[国]ドイツ サッカー選手
Stine, Jean スタイン, ジーン=マリー
[著]「3週間でIQぐいぐい」 きこ書房 2003
Stine, Jesse C. スタイン, ジェシー
[著]「スーパーストック発掘法」 パンローリング 2014
Stine, Kate スタイン, ケイト
アメリカ探偵作家クラブ賞 エラリー・クイーン賞(2006年)
Stine, R.L. スタイン, R.L.
[著]「殺しが二人を別つまで」 早川書房 2007
Stiner, Carl スタイナー, カール
[著]「アメリカ特殊部隊」 原書房 2003
Sting スティング
1951〜 [国]イギリス ロック歌手, ベース奏者 本名=サムナー, ゴードン・マシュー〈Sumner, Gordon Mattew〉
Stingily, Byron スティンジリー, バイロン
[国]アメリカ アメフト選手
Stingily, Cameron スティンジリー, キャメロン
[国]アメリカ アメフト選手
Stingl, Miloslav スティングル, ミロスラフ
[著]「黄金の国の光と陰」 アリアドネ企画, 三修社(発売) 2001
Stinnett, Robert B. スティネット, ロバート・B.
1924〜 [著]「真珠湾の真実」 文芸春秋 2001
Stinson, Burke スティンソン, バーク
[異]スティントソン, バーク [著]「「問題社員」の管理術」 ダイヤモンド社 2007
Stinson, Craig スティンソン, クレイグ
1943〜 [著]「Microsoft Windows Vistaオフィシャルマニュアル」 日経BPソフトプレス, 日経BP出版センター(発売) 2007
Stinson, Ed スティンソン, エド
[国]アメリカ アメフト選手
Stinson, Kathy スティンスン, キャシー
[著]「あかがいちばん」 ほるぷ出版 2005
Stipanovic, Tonci スティパノビッチ, トンシ
[国]クロアチア セーリング選手 [異]スティパノビッチ
Stipe, Margo スタイプ, マーゴ
[著]「フランク・ロイド・ライト・ポートフォリオ」 講談社 2007
Stipe, Michael スタイプ, マイケル
1960〜 [国]アメリカ ロック歌手
Stipp, David スティップ, デイヴィッド
[著]「長寿回路をONにせよ!」 シーエムシー出版 2012
Stirling, Guillermo スティルリング, ギジェルモ
[国]ウルグアイ 内相
Stirling, John D. スターリング, ジョン・D.
1951〜 [著]「大脳皮質と心」 新曜社 2005
Stirling, S.M. スターリング, S.M.
1953〜 [著]「新ターミネーター2」 竹書房 2003
Stitt, Bill スティット, ビル
[著]「ターシャを訪ねて」 メディアファクトリー 2010
Stiver, Mark C. スタイバー, マーク・C.
[著]「SOAP技術入門」 ピアソン・エデュケーション 2001
Stiverson, Boston スティバーソン, ボストン
[国]アメリカ アメフト選手
Stjepanovic, Velimir スチェパノビッチ
[国]セルビア 競泳選手
Stobart, Simon ストバート, サイモン
1966〜 [著]「Webアプリケーション開発教本」 センゲージラーニング, ビー・エヌ・エヌ新社(発売) 2009
Stoch, Kamil ストフ, カミル
1987〜 [国]ポーランド スキー選手 本名=Stoch, Kamil Wiktor [異]ストッフ, カミル
Stoch, Miroslav ストフ, ミロスラフ
[国]スロバキア サッカー選手
Stocher, Franz シュトッヒャー
[国]オーストリア 自転車選手
Stock, Dennis ストック, デニス
1928〜2010 [国]アメリカ 写真家
Stock, Gregory ストック, グレゴリー

㊗「心の扉をたたく291の質問」実務教育出版　2014
Stock, James H.　ストック，ジェームス
　㊗「入門計量経済学」共立出版　2016
Stock, Jon　ストック，ジョン
　1966〜　㊀イギリス　作家，ジャーナリスト　㊨ミステリー，スリラー
Stockdale, James　ストックデール，ジェームズ
　1923〜2005　㊀アメリカ　軍人
Stöcker, Horst　シュテッカー，H.
　㊗「熱力学・統計力学」シュプリンガー・ジャパン　2009
Stocker, Luke　ストッカー，ルーク
　㊀アメリカ　アメフト選手
Stocker, Stefan　ストッカー，ステファン
　1953〜　㊀スイス　実業家　タカタ社長，ボッシュ社長
Stocker, Valentin　シュトッカー，ヴァレンティン
　㊀スイス　サッカー選手
Stockett, Kathryn　ストケット，キャスリン
　㊀アメリカ　作家　㊨歴史
Stockhausen, Adam　ストックハウゼン，アダム
　アカデミー賞 美術監督・装置賞（第87回（2014年））　"The Grand Budapest Hotel"
Stockhausen, Karlheinz　シュトックハウゼン，カールハインツ
　1928〜2007　㊀ドイツ　作曲家，音楽理論家
Stocklmayer, Susan　ストックルマイヤー，スーザン
　㊗「現代の事例から学ぶサイエンスコミュニケーション」慶応義塾大学出版会　2015
Stockman, Steve　ストックマン，スティーブ
　1961〜　㊗「U2魂の歌を求めて」岳陽舎　2004
Stockstrom, Christoph　シュトックシュトルム，クリストフ
　㊛ストックトン，デイブ　㊗「無意識のショートゲーム」青春出版社　2013
Stockton, Dave　ストックトン，デイブ
　㊗「無意識のパッティング」青春出版社　2016
Stockton, Frank　ストックトン，フランク
　㊗「魚のいない世界」飛鳥新社　2012
Stockton, Philip　ストックトン，フィリップ
　アカデミー賞 音響効果賞（第84回（2011年））　"Hugo"
Stockwell, Guy　ストックウェル，ガイ
　1933〜2002　㊀アメリカ　俳優
Stockwell, John　ストックウェル，ジョン
　1961〜　㊗「ブルークラッシュ」DHC　2003
Stockwell, Peter　ストックウェル，ピーター
　㊗「認知詩学入門」鳳書房　2006
Stockwell, Stephen　ストックウェル，スティーヴン
　1954〜　㊗「デモクラシーの世界史」東洋書林　2012
Stockwin, James Arthur　ストックウィン，ジェームズ・アーサー
　1935〜　㊀イギリス　政治学者　オックスフォード大学名誉教授　オックスフォード大学日産近代日本問題研究所長　㊨比較政治学，日本研究　㊁エインスコー・ストックウィン，ジェームス・アーサー〈Ainscow Stockwin, James Arthur〉　㊛ストックウィン，アーサー / ストックウィン，ジェームス・アーサー・エインスコー
Stockwin, Julian　ストックウィン，ジュリアン
　1944〜　㊀イギリス　作家　㊨歴史
Stoddard, Alexandra　ストッダード，アレクサンドラ
　㊗「幸せになる生き方」アルケミックス，北辰堂（発売）　2009
Stoddard, Frederick J., Jr.　スタッダード，フレデリック・J., Jr.
　㊗「災害精神医学」星和書店　2015
Stoddart, Ashley　ストダート，アシェリー
　㊀オーストラリア　セーリング選手
Stoddart, Greg L.　シュトッドダルト，G.L.
　㊗「保健医療の経済的評価」じほう　2003
Stoeckel, Hayden　ストッケル
　㊀オーストラリア　競泳選手
Stoeckle, John D.　ストックル，ジョン・D.
　㊗「臨床面接技法」医学書院　2001
Stoehr, Hans-Joachim Alois　シュテア，ハンス＝ヨアヒム・アロイス
　㊀ドイツ　元・フランクフルト独日協会会長，元・独日協会連合会副会長
Stoeltie, Barbara　ストールティ，バーバラ
　㊗「オランダのカントリー・ハウス」Taschen　c2001
Stoeltie, René　ストールティ，ルネ
　㊗「オランダのカントリー・ハウス」Taschen　c2001
Stoenescu, Dan　ストエネスク，ダン

㊀ルーマニア　在外ルーマニア人関係担当相
Stoessinger, Caroline　ステシンジャー，キャロライン
　㊗「アリスの奇跡」悠書館　2015
Stoessinger, John George　ストウシンガー，ジョン・G.
　㊗「なぜ国々は戦争をするのか」国書刊行会　2015
Stoev, Borislav　ストエフ，ボリスラフ
　1927〜　㊗「ぼくのしっぽどこ？」学習研究社　2007
Stoffels, Karlijn　ストッフェルス，カーリン
　㊗「モイシェとライゼレ」未知谷　2002
Stofile, Makhenkesi　ストフィーレ，マケンケシ
　㊀南アフリカ　スポーツ・余暇相　㊛ストフィル，マケンケシ
Stöger, Alios　シュテーガー，アロイス
　㊀オーストリア　労働・社会問題・消費者保護相
Stoger, Peter　シュテーガー，ペーター
　㊀オーストリア　ケルン監督
Stohl, Margaret　ストール，マーガレット
　㊀アメリカ　作家　㊨ファンタジー
Stohner, Anu　ストーナー，アヌ
　1952〜　㊗「ひつじのロッテ」ひさかたチャイルド　2009
Stoian, Adrian　ストイアン，アドリアン
　㊀ルーマニア　サッカー選手
Stoian, Petre　ストイヤン，ペトレ
　㊗「ジョルジェ・エネスク」ショパン　2005
Stoicescu, Nicolae　ストイチェスク，ニコラエ
　1924〜　㊗「ドラキュラ伯爵」中央公論新社　2002
Stoichita, Victor Ieronim　ストイキツァ，ヴィクトル・I.
　1949〜　㊗「絵画をいかに味わうか」平凡社　2010
Stoitsov, Ivan　ストイツォフ
　㊀ブルガリア　重量挙げ選手
Stojaković, Jadranka　ストヤコヴィッチ，ヤドランカ
　1950〜2016　㊀ボスニア・ヘルツェゴビナ　歌手，サズ奏者　㊛ストヤコビッチ，ヤドランカ
Stojaković, Zoran　ストヤコビッチ，ゾラン
　㊀セルビア　法相
Stojanović, Branimir　ストヤノビッチ，ブラニミル
　㊀コソボ　副首相
Stojanovski, Pero　ストヤノフスキ，ペロ
　㊀マケドニア　教育・科学相
Stojberg, Inger　ストイベア，インガー
　㊀デンマーク　移民・統合・住宅相　㊛ストイベアー，インガー
Stojic, Manya　ストイッチュ，マニャ
　㊗「あめ！」ポプラ社　2002
Stojiljkovic, Vlajko　ストイリュコビッチ，ヴライコ
　？〜2002　㊀ユーゴスラビア　政治家　セルビア共和国内相　㊛ストイリュコヴィッチ，ヴライコ / ストイルコビッチ
Stojko, Elvis　ストイコ
　㊀カナダ　フィギュアスケート選手
Stojkovic, Dragan　ストイコヴィッチ，ドラガン
　1965〜　㊀セルビア　サッカー監督，元サッカー選手　セルビア・モンテネグロサッカー協会会長，レッドスター会長　愛称＝ピクシー　㊛ストイコビッチ
Stojković, Zoran　ストイコビッチ，ゾラン
　㊀セルビア　法相
Stokdyk, Scott　ストクデック，スコット
　アカデミー賞 特殊効果賞（第77回（2004年））　"Spider-Man 2"
Štokenbergs, Aigars　シュトケンベルクス，アイガルス
　㊀ラトビア　法相　㊛シュトーケンベルグズ，アイガルス
Stoker, Dacre　ストーカー，デイカー
　㊀カナダ　作家　㊨ホラー，ミステリー
Stoker, Gerry　ストーカー，ジェリー
　㊗「政治をあきらめない理由」岩波書店　2013
Stokes, Allison　ストークス，A.
　1942〜　㊗「わたしの居場所はどこ？」教文館　2009
Stokes, Beverly　ストークス，ビバリー
　㊗「タッチ＆プレイで伸ばす赤ちゃんの心・体・能力」主婦の友社　2004
Stokes, Bruce　ストークス，ブルース
　1948〜　㊀アメリカ　ジャーナリスト
Stokes, Donald Gresham　ストークス，ドナルド
　1914〜2008　㊀イギリス　実業家　ブリティッシュ・レイランド社社長，英国自動車製造販売協会会長
Stokes, Jarnell　ストークス，ジャーネル
　㊀アメリカ　バスケットボール選手　㊛ストークス，グラハム
Stokes, John Whitley　ストークス，ジョン・W.
　㊗「真空管70年の歩み」誠文堂新光社　2006
Stokes, Nelson Christian　ストークス，ネルソン・クリスチャン

㊞「クール・ランニング物語」日本放送出版協会 2005
Stokes, Shirlee Ann ストークス, S.A.
㊞「高齢者のヘルスアセスメント」西村書店 2004
Stokes, William S. ストークス, W.S.
㊞「動物実験における人道的エンドポイント」アドスリー, 丸善出版事業部(発売) 2006
Stokke, Linn ストッケ, リン
1961〜 ㊞「トロルのなみだ」偕成社 2001
Stoklossa, Uwe ストックロッサ, ウヴェ
1975〜 ㊞「Trick advertising」ビー・エヌ・エヌ新社 2006
Stolarski, Richard S. ストラスキ, リチャード・S.
㊞「知の歴史」徳間書店 2002
Stolbova, Ksenia ストルボワ
㊀ロシア フィギュアスケート選手
Stoler, Ann Laura ストーラー, アン・ローラ
㊞「肉体の知識と帝国の権力」以文社 2010
Stoll, Clifford ストール, クリフォード
1950〜 ㊞「コンピュータが子供たちをダメにする」草思社 2001
Stoll, S.G. ストール, S.G.
㊞「新・小動物骨折内固定マニュアル」メディカルサイエンス社, インターズ(発売) 2001
Stollak, Mary Alice ストラク, メアリー・アリス
クワイア・ディレクター グラミー賞 最優秀クラシック・アルバム(2005年(第48回))ほか
Stolleis, Michael シュトレイス, ミヒャエル
㊞「ユダヤ出自のドイツ法律家」中央大学出版部 2012
Stoller, David W. ストーラー, デーヴィド・W.
㊞「骨軟部top100診断」メディカル・サイエンス・インターナショナル 2006
Stolorow, Robert D. ストロロウ, ロバート・D.
㊞「トラウマの精神分析」岩崎学術出版社 2009
Stolovitch, Harold D. ストルヴィッチ, ハロルド・D.
㊞「インストラクショナルデザインとテクノロジ」北大路書房 2013
Stolpe, Manfred シュトルペ, マンフレート
㊀ドイツ 運輸建設相
Stoltenberg, Gerhard シュトルテンベルク, ゲアハルト
1928〜2001 ㊀ドイツ 政治家 ドイツ国防相, 西ドイツ蔵相
Stoltenberg, Harald ストルテンベルク, ハーラル
1965〜 ㊞「バレエをおどりたかった馬」日本ライトハウス 2003
Stoltenberg, Jens ストルテンベルグ, イエンス
1959〜 ㊀ノルウェー 政治家 北大西洋条約機構(NATO)事務総長 ノルウェー首相 ㊁シュトルテンベルク / シュトルテンベルグ
Stoltenberg, John ストルテンバーグ, J.
1944〜 ㊞「男であることを拒否する」勁草書房 2002
Stoltenberg, Thorvald ストルテンベルグ, トールバル
1931〜 ㊀ノルウェー 政治家, 外交官 ノルウェー外相, 国連難民高等弁務官 ㊁シュトルテンベルク, ソルヴァド / シュトルテンベルク, ソルバド / ストルテンベルグ, トールバン / ストルテンベルグ, トールワルド
Stoltz, Paul Gordon ストルツ, ポール・G.
㊞「仕事の逆境指数」パジリコ 2004
Stoltzfus, Matthew W. ストルツフス, マシュー・W.
㊞「ブラウン一般化学」丸善出版 2015
Stoltzman, Richard ストルツマン, リチャード
1942〜 ㊀アメリカ クラリネット奏者
Stolyarova, Ekaterina ストリャロワ
㊀ロシア フリースタイルスキー選手
Stolz, Alexander シュトルツ, アレクサンダー
㊀ドイツ サッカー選手
Stolzenburg, William ソウルゼンバーグ, ウィリアム
㊞「ねずみに支配された島」文芸春秋 2014
Stone ストーン
1975〜 ㊀台湾 ミュージシャン 漢字名=石頭
Stone, Alex ストーン, アレックス
㊞「人の心を手玉にとる技術」徳間書店 2013
Stone, Andrew ストーン, アンドリュー
㊞「オーストラリア」メディアファクトリー 2004
Stone, Biz ストーン, ビズ
1974〜 ㊀アメリカ 起業家 ツイッター共同創業者・クリエーティブ・ディレクター 本名=Stone, Isaac
Stone, Bob ストーン, ボブ
1919〜2007 ㊞「ザ・マーケティング」ダイヤモンド社 2012
Stone, Brad ストーン, ブラッド
㊞「ジェフ・ベゾス果てなき野望」日経BP社, 日経BPマーケティング(発売) 2014
Stone, Carolyn B. ストーン, C.B.
㊞「スクールカウンセリングの新しいパラダイム」風間書房 2007
Stone, Dan ストーン, ダン
1971〜 ㊞「ホロコースト・スタディーズ」白水社 2012
Stone, David Lee ストーン, デービッド・リー
1978〜 ㊀イギリス 作家 ㊁SF, ファンタジー ㊂ストーン, デイヴィッド・L.
Stone, Diamond ストーン, ダイアモンド
㊀アメリカ バスケットボール選手
Stone, Douglas ストーン, ダグラス
1958〜 ㊞「ハーバードあなたを成長させるフィードバックの授業」東洋経済新報社 2016
Stone, Elaine Murray ストーン, エレーヌ・マリー
1922〜 ㊞「C.S.ルイス物語」原書房 2005
Stone, Elizabeth ストーン, エリザベス
1946〜 ㊞「僕はここにいる」ポプラ社 2003
Stone, Emma ストーン, エマ
女優
Stone, Gene ストーン, ジーン
1951〜 ㊞「『フォークス・オーバー・ナイブズ』に学ぶ超医食革命」グスコー出版 2014
Stone, Genevra ストーン, ジェネバラ
㊀アメリカ ボート選手 ㊂ストーン
Stone, Harold J. ストーン, ハロルド
1913〜2005 ㊀アメリカ 俳優
Stone, Jasmine ストーン, ジャスミン
㊞「シンフォニーX」光文社 2003
Stone, Jean ストーン, ジーン
㊞「残酷な嘘」扶桑社 2002
Stone, Jeff ストーン, ジェフ
㊀アメリカ 作家 ㊁ヤングアダルト, 文学
Stone, Joan Wilkins ストーン, ジョーン・ウィルキンズ
㊞「ポール・オースターが朗読するナショナル・ストーリー・プロジェクト」アルク 2005
Stone, Joshua David ストーン, ジョシュア・デビッド
1953〜 ストーン, ジョシュア・デイヴィッド ㊞「アセンションを超えて」ヒカルランド 2016
Stone, Joss ストーン, ジョス
1987〜 ㊀イギリス 歌手
Stone, Julyan ストーン, ジュリアン
㊀アメリカ バスケットボール選手
Stone, Kazuko G. ストーン, カズコ・G.
㊞「蛙となれよ冷し瓜」岩波書店 2014
Stone, Lila Devi ストーン, リラ・デイビー
1951〜 ㊞「動物のためのフラワーエッセンス」中央アート出版社 2007
Stone, Linda ストーン, リンダ
㊞「EQを鍛える」ダイヤモンド社 2005
Stone, Lyn ストーン, リン
㊞「悩める男爵夫人」ハーパーコリンズ・ジャパン 2016
Stone, Matt ストーン, マット
トニー賞 ミュージカル 脚本賞(2011年(第65回))ほか
Stone, Matthew L. ストーン, マット
1958〜 ㊞「ポール・ニューマン」スタジオタッククリエイティブ 2010
Stone, Michael ストーン, M.
㊞「量子場の物理」丸善プラネット, 丸善出版(発売) 2012
Stone, Michael H. ストーン, マイケル
㊂ストーン, マイケル・H. ㊞「何が彼を殺人者にしたのか」イースト・プレス 2011
Stone, Nick ストーン, ニック
1966〜 ㊀イギリス 作家 ㊁ミステリー, スリラー
Stone, Oliver ストーン, オリバー
1946〜 ㊀アメリカ 映画監督, 映画プロデューサー, 脚本家 ㊂ストーン, オリヴァー
Stone, Peter ストーン, ピーター
1930〜2003 ㊀アメリカ 劇作家
Stone, Rex ストーン, レックス
㊞「ダイナソー・パニック」岩崎書店 2010
Stone, Richard M. ストーン, リチャード・M
㊞「ハリソン内科学準拠問題集」メジカルビュー社 2003
Stone, Robert ストーン, ロバート
1937〜2015 ㊀アメリカ 作家 本名=Stone, Robert Anthony

Stone, Ronald H. ストーン, ロナルド
[著]「平和の神学1938-1965」 新教出版社 2003
Stone, Sandy ストーン, サンディ
[著]「セックス・チェンジズ」 作品社 2005
Stone, Sharon ストーン, シャロン
1958～ [国]アメリカ 女優
Stone, Sly ストーン, スライ
1944～ ミュージシャン 本名＝スチュアート, シルベスター〈Stewart, Sylvester〉
Stone, Victoria Jordan ストーン, ヴィクトリア・ジョーダン
[著]「ヴィクトリア・ジョーダン・ストーンが選んだ世界のベストマッサージテクニック」 ガイアブックス, 産調出版（発売） 2011
Stone, W.Clement ストーン, W.クレメント
1902～2002 [著]「心構えが奇跡を生む」 きこ書房 2012
Stoneburner, Jake ストーンバーナー, ジェイク
[国]アメリカ アメフト選手
Stonehill, Arthur I. ストーンヒル, アーサー・I.
[著]「国際ビジネスファイナンス」 麗沢大学出版会, 広池学園事業部（柏）（発売） 2011
Stonehouse, Bernard ストーンハウス, バーナード
1926～2014 [著]「ダーウィンと進化論」 玉川大学出版部 2015
Stonehouse, Juria ストーンハウス, ジュリア
[著]「子宮内膜症」 フレグランスジャーナル社 2010
Stoneman, Jack ストーンマン, ジャック
[著]「越境する日本文学研究」 勉誠出版 2009
Stoner, Gary D. ストーナー, ゲーリー・D.
[著]「学校のなかのADHD」 明石書店 2005
Stoner, Jesse ストーナー, ジェシー
1949～ [著]「ザ・ビジョン」 ダイヤモンド社 2004
Stoner, Susan A. ストーナー, スーザン・A.
[著]「リラプス・プリベンション」 日本評論社 2011
Stones, John ストーンズ, ジョン
[国]イングランド サッカー選手
Stones, Richard ストーンズ, リチャード
[著]「Linuxプログラミング」 ソフトバンクパブリッシング 2004
Stones, Rosemary ストーンズ, ローズマリー
1947～ [著]「自分をまもる本」 晶文社 2013
Stonestreet, Eric ストーンストリート, エリック
エミー賞 プライムタイム・エミー賞 最優秀助演男優賞（コメディシリーズ）（第64回（2012年））ほか
Stonich, Susan C. ストニック, スーザン
[著]「コモンズのドラマ」 知泉書館 2012
Stopford, Martin ストップフォード, マーチン
[著]「マリタイム・エコノミクス」 日本海運集会所 2015
Stopler, Tracy ストップラー, トレイシー
[著]「食品・栄養・食事療法事典」 産調出版, 産業調査会（発売） 2006
Stoppani, Angelo ストッパーニ, アンジェロ
1937～ [国]イタリア 実業家 ペック社長
Stoppard, Miriam ストッパード, ミリアム
[著]「愛のヘルシー・セックス講座」 朝日出版社 2002
Stoppard, Tom ストッパード, トム
1937～ [国]イギリス 劇作家, 脚本家
Stora, Benjamin ストラ, バンジャマン
1950～ [著]「アルジェリアの歴史」 明石書店 2011
Storani, Federico ストラニ, フェデリコ
[国]アルゼンチン 内相
Storari, Marco ストラーリ, マルコ
[国]イタリア サッカー選手
Storaro, Vittorio ストラーロ, ヴィットリオ
1940～ [国]イタリア 映画撮影監督 [異]ストラーロ, ビットリオ
Storbeck, Olaf シュトルベック, オラフ
1974～ [著]「人はお金だけでは動かない」 NTT出版 2012
Storberget, Knut ストールベルゲ, クヌート
[国]ノルウェー 法務・警察相
Støre, Jonas Gahr ストエレ, ヨーナス・ガール
1960～ [国]ノルウェー 外交官, 政治家 ノルウェー外相 [異]ストーレ, ヨーナス・ガール
Store, Signe Marie Fidge ストア, シグネマリエ
[国]ノルウェー レスリング選手
Storelid, Kjell ストーレリ
[国]ノルウェー スピードスケート選手
Storen, Drew ストーレン, ドリュー
[国]アメリカ 野球選手
Storey, D.J. ストーリー, D.J.
[著]「アントレプレナーシップ入門」 有斐閣 2004
Storey, Reed K. ストウレイ, R.K.
[著]「財務会計の概念および基準のフレームワーク」 中央経済社 2001
Storey, Sally ストーリー, サリー
[著]「住まいの照明」 産調出版 2005
Storino, Sara ストリノ, サラ
[著]「白雪姫」 講談社 2001
Stork, Bryan ストーク, ブライアン
[国]アメリカ アメフト選手
Stork, David G. ストーク, デイヴィッド・G.
[著]「パターン識別」 新技術コミュニケーションズ 2001
Stork, Francisco X. ストーク, フランシスコ・X.
1953～ [国]メキシコ 作家 [専]文学, ヤングアダルト
Stork, Royden ストーク, ロイデン
？～2002 [国]アメリカ 軍人 米国陸軍大尉
Storl, David シュトール, ダビド
[国]ドイツ 陸上選手 [異]シュトール
Storl, Wolf-Dieter シュトルル, ヴォルフ＝ディーター
1942～ [著]「ケルトの植物」 ヴィーゼ, 岳陽舎（発売） 2012
Storm, Hyemeyohsts ストーム, ヘェメヨースツ
[著]「ジャンピング・マウス」 太田出版 2005
Storm, Morten ストーム, モーテン
[著]「イスラム過激派二重スパイ」 亜紀書房 2016
Storm, Nikola ストルム, ニコラ
[国]ベルギー サッカー選手
Storm, Stella ストーム, ステラ
[著]「シルバー・バーチの霊訓」 潮文社 2004
Stormby, Nils Gunnar Inge ストムビー, ニルス・グンナル・インゲ
[国]スウェーデン 在マルメ日本国名誉総領事, 元・マルメ大学病院細胞病理科部長, 元・国際細胞学会会長
Stormer, Chris ストーマー, クリス
1950～ [著]「心の不調がスッキリ改善！ 幸せリフレクソロジー」 ランダムハウス講談社 2009
Störmer, Horst Ludwig シュテルマー, ホルスト
1949～ [国]ドイツ 物理学者 コロンビア大学教授
Stormont, Melissa ストーモント, メリッサ
[著]「いじめ、学級崩壊を激減させるポジティブ生徒指導〈PBS〉ガイドブック」 明石書店 2016
Storr, Anthony ストー, アンソニー
1920～2001 [国]イギリス 精神分析家 オックスフォード大学健康局精神科医名誉顧問 [専]精神医学, 分析心理学 本名＝Storr, Charles Anthony
Storr, Catherine ストー, キャサリン
1913～ [著]「わいわい文庫」 伊藤忠記念財団（製作） 〔2016〕
Storry, Mike ストーリー, マイク
1943～ [著]「イギリスの今」 世界思想社 2013
Storvik, Kjell Ove ストールヴィーク, シェル・オーヴェ
1952～ [著]「わたしだって、できるもん！」 新評論 2009
Story, Laura ストーリー, ローラ
グラミー賞 最優秀コンテンポラリー・クリスチャン・ミュージック楽曲（2011年（第54回）） "Blessings" ソングライター
Story, Trevor ストーリー, トレバー
[国]アメリカ 野球選手
Stosur, Samantha ストーサー, サマンサ
1984～ [国]オーストラリア テニス選手
Stotlar, David Kent ストットラー, D.K.
1952～ [著]「スポート・マーケティングの基礎」 白桃書房 2006
Stott, Ann ストット, アン
1964～ [著]「いつまでもずっと」 岩崎書店 2012
Stott, Carole ストット, キャロル
[著]「ZOOM大図鑑」 化学同人 2013
Stott, Etienne ストット, エティエン
1979～ [国]イギリス カヌー選手
Stott, John R.W. ストット, ジョン
1921～2011 [著]「今日におけるキリスト者の宣教」 いのちのことば社 2016
Stott, Kathryn ストット, キャサリン
1958～ [国]イギリス ピアニスト
Stott, Ken ストット, ケン
[著]「おたんじょうびのほん」 ポプラ社 2001
Stott, Peter E. ストット, P.E.
[著]「フュージョン」 シュプリンガー・フェアラーク東京 2005
Stottlemyre, Mel ストットルマイヤー, メル
[国]アメリカ シアトル・マリナーズコーチ
Stotts, Terry ストッツ, テリー

S

[国]アメリカ　ポートランド・トレイルブレイザーズヘッドコーチ（バスケットボール）
Stoudemire, Amare　スタウドマイアー, アマレ
1982～　[国]アメリカ　バスケットボール選手　[異]スタウダマイアー / スタッダマイアー / スタッダマイアー, アマレ
Stoudermire, Troy　ストーダーマイアー, トロイ
[国]アメリカ　アメフト選手
Stouffer, Hannah　スタウファー, ハンナ
[著]「JUXTAPOZ」 グラフィック社　2014
Stournaras, Yannis　ストゥルナラス, ヤニス
[国]ギリシャ　財務相
Stout, Martha　スタウト, マーサ
1953～　[著]「良心をもたない人たち」 草思社　2012
Stovall, Jim　ストーヴァル, ジム
[著]「究極の贈りもの」 グスコー出版　2001
Stovel, Herb　ストーベル, ハーブ
[著]「建築・都市遺産の防災指針」 アルヒーフ, すずさわ書店（発売）　2008
Stover, Matthew Woodring　ストーヴァー, マシュー
[著]「スター・ウォーズエピソード3シスの復讐」 講談社　2016
Stow, Dorrik A.V.　ストウ, ドリク
[著]「テーマで読み解く海の百科事典」 柊風舎　2008
Stowe, Madeleine　ストウ, マデリーン
1958～　[国]アメリカ　女優　[異]ストー, マデリーン
Stowell, Baroness Tina　ストーウェル, ティナ
[国]イギリス　上院院内総務・王璽尚書
Stowell, Belinda　ストーウェル, ベリンダ
1971～　[国]オーストラリア　セーリング選手
Stowell, Charlotte　ストウェル, シャーロット
[著]「かみさまあのね」 女子パウロ会　2012
Stowell, Gordon　ストウェル, ゴードン
[著]「かみさまあのね」 女子パウロ会　2012
Stowell, Louie　ストーウェル, ロウイー
[著]「どんどんめくってはっけん！ からだのふしぎ」 学研教育出版, 学研マーケティング（発売）　2013
Stowell, Robin　ストーウェル, ロビン
[著]「ロマン派の音楽」 音楽之友社　2016
Stower, Adam　ストーワー, アダム
[著]「まいごのワンちゃんあずかってます」 小学館　2012
Stoyanov, Nikolai　ストヤノフ, ニコライ
1931～　[著]「くさはらのおんがくか」 学習研究社　c2008
Stoyanov, Petar　ストヤノフ, ペータル
1952～　[国]ブルガリア　政治家　ブルガリア大統領　本名＝Stoyanov, Petar Stefanov
Stoyanov, Petar　ストヤノフ, ペタル
[国]ブルガリア　大統領
Stoyanov, Yuri　ストヤノフ, ユーリー
1961～　[著]「ヨーロッパ異端の源流」 平凡社　2001
Stoyanova, Krassimira　ストヤノヴァ, クラシミラ
[国]ブルガリア　ソプラノ歌手
Stoychev, Petar　ストイチェフ
[国]ブルガリア　オープンウォーター選手
Straaten, Harmen van　ストラーテン, ハルメン・ファン
1961～　[著]「ふたつのねがい」 光村教育図書　2013
Strachan, Hope　ストラチャン, ホープ
[国]バハマ　金融サービス相
Strachan, Tom　ストラッチャン, トム
[著]「ゲノム医学」 メディカル・サイエンス・インターナショナル　2016
Strachman, Daniel A.　ストラックマン, ダニエル・A.
1971～　[著]「魔術師は市場でよみがえる」 東洋経済新報社　2005
Strachova, Sarka　ザフロブスカ
[国]チェコ　アルペンスキー選手
Straczynski, J.Michael　ストラジンスキー, J.マイケル
1954～　[著]「アメイジング・スパイダーマン：シビル・ウォー」 ヴィレッジブックス　2016
Strada, Gino　ストラダ, ジーノ
[著]「ちょうちょ地雷」 紀伊国屋書店　2002
Stradling, R.A.　ストラドリング, ロバート・A.
[著]「スペイン・ポルトガル」 朝倉書店　2008
Strady, Sophie　ストラディ, ソフィー
1966～　[著]「ふしぎなあかいはこ」 大日本絵画　〔2015〕
Straeb, Hermann　シュトレープ, H.
1947～　[著]「サステナブル社会のまちづくり」 明治大学出版会, 丸善出版（発売）　2012
Strahan, David　ストローン, デイヴィッド
[著]「地球最後のオイルショック」 新潮社　2008
Strahan, Jonathan　ストラハン, ジョナサン
世界幻想文学大賞 特別賞（プロ）（2010年）
Strahan, Michael　ストレイハン, マイケル
1971～　[国]アメリカ　元アメフト選手　本名＝Strahan, Michael Anthony
Strahl, Chuck　ストロール, チャック
[国]カナダ　運輸・社会基盤・地域社会相
Strahm, Matt　ストラーム, マット
[国]アメリカ　野球選手
Straight, Beatrice　ストレート, ビアトリス
1918～2001　[国]アメリカ　女優　[異]ストレート, ベアトリス
Straight, Susan　ストレート, スーザン
アメリカ探偵作家クラブ賞 短編賞（2008年）　"The Golden Gopher"
Straily, Dan　ストレイリー, ダン
[国]アメリカ　野球選手
Strait, George　ストレイト, ジョージ
[国]アメリカ　ミュージシャン
Straker, David　ストレイカー, デビッド
[著]「問題解決のための高速思考ツール」 エスアイビー・アクセス, 星雲社（発売）　2005
Straker, Jane K.　ストレイカー, ジェイン
[著]「長期ケアの満足度評価法」 中央法規出版　2002
Straker, Louis　ストレーカー, ルイス
[国]セントビンセント・グレナディーン　副首相兼外務・国際貿易・地域統合相
Strakosha, Thomas　ストラコシャ, トーマス
[国]アルバニア　サッカー選手
Stralser, Steven　ストラルザー, スティーブン
1945～　[著]「MBAベーシック・マスター」 アスペクト　2005
Straltsou, Vadzim　ストラルストウ, ワジム
[国]ベラルーシ　重量挙げ選手
Stram, Hank　ストラム, ハンク
？～2005　[国]アメリカ　アメフト監督
Stranahan, Susan Q.　ストラナハン, スーザン・Q.
[著]「実録FUKUSHIMA」 岩波書店　2015
Strand, Clark　ストランド, クラーク
1957～　[著]「SGIと世界宗教の誕生」 第三文明社　2011
Strand, Jeff　ストランド, ジェフ
[著]「殺戮病院」 オークラ出版　2016
Strand, Mark　ストランド, マーク
1934～2014　[国]アメリカ　詩人, 作家, 評論家　コロンビア大学教授
Strand, Philip　ストランド, フィリップ
[著]「フィッシュ！」 早川書房　2002
Strand, Ray D.　ストランド, レイ・D.
[著]「バイオ・ニュートリション」 ぱる出版　2002
Strandberg, Carlos　ストランベリ, カルロス
[国]スウェーデン　サッカー選手
Strandberg, Mats　ストランドベリ, マッツ
1974～　[国]スウェーデン　作家, ジャーナリスト　[専]ファンタジー, ヤングアダルト
Strandhäll, Annika　ストランドヘル, アンニカ
[国]スウェーデン　社会保障相
Strandli, Are　ストランドリ, アレ
[国]ノルウェー　ボート選手
Straneo, Valeria　ストラネオ
[国]イタリア　陸上選手
Strang, Debbie　ストラング, デビィ
[著]「英国ボバース講師会議によるボバース概念」 ガイアブックス　2013
Strang, Gilbert　ストラング, ギルバート
[著]「ストラング：線形代数イントロダクション」 近代科学社　2015
Strang, John　ストラング, ジョン
1961～　[著]「入門Unixオペレーティングシステム」 オライリー・ジャパン, オーム社（発売）　2002
Strang, William R.　ストラング, ウィリアム・R.
[国]アメリカ　元・在ミネアポリス日本国名誉総領事, 元・ミネソタ日米協会会長
Strange, Marc　ストレンジ, マーク
1941～2012　[国]カナダ　作家　[専]ミステリー
Strange, Nicholas　ストレンジ, ニコラス
[著]「グラフで9割だまされる」 ランダムハウス講談社　2008
Strange, Phillip　ストレンジ, フィリップ

1960～　㊗「すごいジャズには理由（ワケ）がある」　アルテスパブリッシング　2014
Strange, Tracey　ストレンジ, トレイシー
　㊗「よくわかる持続可能な開発」　明石書店　2011
Stranger, Simon　ストランゲル, シモン
　1976～　㊥ノルウェー　㊗作家　㊙ヤングアダルト
Štranović, Želiko　シュトゥラノビッチ, ジェリコ
　㊥モンテネグロ　法相
Strasburg, Stephen　ストラスバーグ, ステファン
　1988～　㊥アメリカ　㊗野球選手　本名＝Strasburg, Stephen James
Strasser, Dale C.　ストレッサー, デール・C.
　㊗「高齢化社会と視覚障害」　日本盲人福祉委員会　2003
Strasser, Ernst　シュトラッサー, エルンスト
　㊥オーストリア　内相
Strasser, Johano　シュトラッサー, ヨハノ
　㊗「グローバルな市民社会に向かって」　日本経済評論社　2001
Strasser, Susan　ストラッサー, スーザン
　1948～　㊗「欲望を生み出す社会」　東洋経済新報社　2011
Straszner, Erich　シュトラスナー, エーリヒ
　1933～　㊗「ドイツ新聞学事始」　三元社　2002
Stratan, Andrei　ストラタン, アンドレイ
　㊥モルドバ　副首相兼外務・欧州統合相
Stratan, Cosmina　ストラタン, コスミナ
　カンヌ国際映画祭　女優賞（第65回（2012年））　"Dupǎ Dealuri"
Straten, Roelof van　ストラーテン, ルーロフ・ファン
　㊗「イコノグラフィー入門」　ブリュッケ, 星雲社（発売）　2002
Stratford, Elaine　ストラットフォード, エレイン
　㊗「オーストラリア」　ほるぷ出版　2008
Stratford, Patrick Walter　ストラットフォード, パトリック・ウォルター
　㊥イギリス　英国合気道連合会長
Strathairn, David　ストラザーン, デイヴィッド
　エミー賞　プライムタイム・エミー賞　最優秀助演男優賞（ミニシリーズ・映画）（第62回（2010年））ほか
Lord Strathclyde　ストラスクライド卿
　㊥イギリス　上院院内総務兼ランカスター公領相
Strathern, Andrew　ストラサーン, アンドリュー
　㊗「医療人類学」　古今書院　2009
Strathern, Marilyn　ストラザーン, マリリン
　㊗「部分的つながり」　水声社　2015
Strathern, Paul　ストラザーン, ポール
　1940～　㊗「90分でわかるハイデガー」　WAVE出版　2015
Stratila, Sabin　ストラティラ, サヴィン
　㊥ルーマニア　ラグビー選手
Stratton, Allan　ストラットン, アラン
　1951～　㊥カナダ　㊗作家, 劇作家　㊙ヤングアダルト, 文学
Stratton, Brooke　ストラットン
　㊥オーストラリア　陸上選手
Stratton, Chris　ストラットン, クリス
　㊥アメリカ　野球選手
Stratton, Joanna L.　ストラットン, ジョアナ
　1954～　㊗「パイオニア・ウーマン」　講談社　2003
Stratton, Sharleen　ストラットン
　㊥オーストラリア　飛び込み選手
Stratton, William O.　ストラトン, ウィリアム・O.
　㊗「マネジメント・アカウンティング」　TAC出版事業部　2004
Straub, Eberhard　シュトラウプ, エバーハルト
　1940～　㊗「フルトヴェングラー家の人々」　岩波書店　2011
Straub, Jean-Marie　ストローブ, ジャン＝マリー
　ヴェネチア国際映画祭　特別賞（第63回（2006年））
Straub, Joseph T.　ストローブ, ジョセフ・T.
　㊗「ルーキーマネジャー」　きこ書房　2001
Straub, Peter　ストラウブ, ピーター
　世界幻想文学大賞　アンソロジー（2010年）ほか
Strauch, Barbara　ストローチ, バーバラ
　㊗「子どもの脳はこんなにたいへん！」　早川書房　2004
Straujuma, Laimdota　ストラウユマ, ライムドータ
　㊥ラトビア　首相
Straus, David　ストラウス, デイヴィッド
　㊗「チームが絶対うまくいく法」　日本経済新聞社　2004
Straus, Hal　ストラウス, ハル
　㊗「BPD（境界性パーソナリティ障害）を生きる七つの物語」　星和書店　2007
Straus, Ulrich　ストラウス, ウルリック
　1926～　㊗「戦陣訓の呪縛」　中央公論新社　2005

Strauss, Adriaan　ストラウス, アドリアーン
　㊥南アフリカ　ラグビー選手
Strauss, Botho　シュトラウス, ボート
　1944～　㊥ドイツ　作家, 劇作家
Strauss, Claudia J.　ストラウス, クローディア・J.
　1952～　㊗「ストラウス夫人の心が通う介護」　光文社　2003
Strauss, Darin　ストラウス, ダリン
　1969～　全米書評家協会賞　自伝（2010年）　"Half a Life"
Strauss, David　シュトラウス, デイヴィッド
　㊗「パーシヴァル・ローエル」　彩流社　2007
Strauss, Esther　ストラウス, E.
　㊗「神経心理学検査法」　創造出版　2004
Strauss, Frédéric　ストロース, フレデリック
　㊗「映画作家が自身を語る ペドロ・アルモドバル」　フィルムアート社　2007
Strauss, Gwen　ストラウス, グエン
　1963～　㊗「ナイトシミー」　平凡社　2002
Strauss, Joseph B.　ストラウス, ジョセフ・B.
　㊙ストラウス, ジョー　㊗「カイロプラクティック哲学」　ルネッサンスジャパン　2002
Strauss, Josh　ストラウス, ジョシュ
　㊥スコットランド　ラグビー選手
Strauss, Neil　ストラウス, ニール
　㊗「ザ・ゲーム30デイズ」　パンローリング　2013
Strauss, Richardt　ストラウス, リチャード
　㊥アイルランド　ラグビー選手
Strauss, Robert Schwarz　ストラウス, ロバート
　1918～2014　㊥アメリカ　外交官, 弁護士　駐ソ米国大使, 米国民主党全国委員会委員長　㊙シュトラウス, ロバート
Strauss, Rochelle　ストラウス, ロシェル
　1967～　㊗「いのちの木」　汐文社　2008
Strauss, Steven D.　ストラウス, スティーブン・D.
　1958～　㊗「世界のヒット商品はどんな「ひらめき」から生まれたの？」　主婦の友社　2003
Strauss-Kahn, Dominique　ストロスカーン, ドミニク
　1949～　㊥フランス　政治家, 経済学者, 法律家　フランス財務相, 国際通貨基金（IMF）専務理事, パリ政治学院教授　本名＝Strauss-Kahn, Dominique Gaston André　㊙ストラスカーン, ドミニク
Stravius, Jérémy　ストラヴィウス, ジェレミー
　1988～　㊥フランス　水泳選手　㊙ストラビウス, ジェレミー
Straw, Jack　ストロー, ジャック
　1946～　㊥イギリス　政治家, 法律家　英国外相・法相・大法官, 英国労働党下院院内総務　本名＝Straw, John Whitaker
Strawberries, James　ストロベリーズ, ジェームズ
　㊗「成功への「心の扉」」　PHP研究所　2003
Strawson, Peter Frederick　ストローソン, ピーター
　1919～2006　㊥イギリス　哲学者　オックスフォード大学マグダレン・カレッジ名誉教授
Stray, Geoff　ストレイ, ジェフ
　㊗「古代マヤの暦」　創元社　2009
Strayed, Cheryl　ストレイド, シェリル
　1968～　㊥アメリカ　㊗作家　㊙文学
Strayer, W.Timothy　ストレイヤー, W.ティモシー
　㊗「実践VPN」　ピアソン・エデュケーション　2001
Strazhev, Vasily I.　ストラジェフ, ワシリー・I.
　㊥ベラルーシ　教育相
Streater, Rod　ストリーター, ロッド
　㊥アメリカ　アメフト選手
Streb, Jochen　シュトレープ, ヨッヘン
　1966～　㊗「管理された市場経済の生成」　日本経済評論社　2009
Strebe, Matthew　ストレブ, マシュー
　㊗「ネットワークセキュリティジャンプスタート」　技術評論社　2003
Strecher, Victor J.　ストレッチャー, ヴィクター・J.
　1955～　㊗「目的の力」　ハーパーコリンズ・ジャパン　2016
Streeck, Wolfgang　シュトレーク, ヴォルフガング
　1946～　㊙ストリーク, ウォルフガング　㊗「時間かせぎの資本主義」　みすず書房　2016
Streep, Meryl　ストリープ, メリル
　1949～　㊥アメリカ　女優　本名＝Streep, Mary Louise
Streep, Peg　ストリープ, ペグ
　㊗「賢いやめ方」　CCCメディアハウス　2015
Streeruwitz, Marlene　シュトレールヴィッツ, マーレーネ
　1950～　㊗「ワイキキ・ビーチ。」　論創社　2006
Street, Devin　ストリート, デビン

[国]アメリカ アメフト選手
Street, Huston ストリート, ヒューストン
[国]アメリカ 野球選手
Street, Richard ストリート, リチャード
1942〜2013 [国]アメリカ ソウル歌手 本名＝Street, Richard Allen
Streeten, Roz ストリートン, ロズ
[著]「ロージー・フローのぬりえ」 マガジンハウス 2007
Streeter, Elaine ストリーター, イレーネ
[著]「子どもとつくる音楽」 クリエイツかもがわ, 京都 かもがわ出版(発売) 2005
Streeter, Kristina ストリーター, クリスティーナ
[著]「ポール・オースターが朗読するナショナル・ストーリー・プロジェクト」 アルク 2006
Streeter, Michael ストリーター, マイケル
[著]「催眠の謎」 産調出版 2005
Streeter, Michael ストリーター, マイケル
[著]「サイキックペット」 ガイアブックス, 産調出版(発売) 2010
Street Howe, Zöe ストリート・ハウ, ゾーイ
[著]「もし僕のパパがロックスターだったら」 ヤマハミュージックメディア 2012
Streff, Jean ストレフ, ジャン
1947〜 [著]「フェティシズム全書」 作品社 2016
Strege, Karen ストレッジ, カレン
[著]「図書館と民営化」 京都図書館情報学研究会, 日本図書館協会(発売) 2013
Strehle, Gabriele ストレーレ, ガブリエレ
1951〜 [国]ドイツ ファッションデザイナー
Strehlke, Bernt シュトレルケ, ベルント
1929〜 [著]「世界の林業労働者が自らを語る」 日本林業調査会 2011
Strehlow, Wighard シュトレーロフ, ヴィガート
1937〜 [著]「聖ヒルデガルトの治療学」 フレグランスジャーナル社 2013
Streib, Tysen ストライブ, タイセン
[著]「アグレッシブポーカー」 パンローリング 2013
Streich, Christian シュトライヒ, クリスティアン
[国]ドイツ フライブルク監督
Streiner, David L. ストライナー, ディヴィッド・L.
[異]ストレイナー, デビッド・L. [著]「医学的測定尺度の理論と応用」 メディカル・サイエンス・インターナショナル 2016
Streinz, Rudolf シュトラインツ, ルドルフ
1953〜 [著]「ドイツ法秩序の欧州化」 中央大学出版部 2014
Streisand, Barbra ストライサンド, バーブラ
1942〜 [国]アメリカ 女優, 歌手, 映画監督 本名＝Streisand, Barbra Joan [異]ストライザンド, バーブラ
Streissguth, Tom ストライスグス, トム
[著]「アルバニア」 国土社 2002
Strekalov, Gennady ストレカロフ, ゲンナジー
1940〜2004 [国]ロシア 宇宙飛行士
Strelecky, John P. ストレルキー, ジョン
[異]ストルレッキー, ジョン・P. [著]「あなたの人生を変える魔法のカフェ」 竹書房 2014
Strelkauskas, Anthony J. ストレルコースカス, アンソニー
1944〜 [著]「微生物学」 メディカル・サイエンス・インターナショナル 2012
Strelkauskas, Jennifer ストレルコースカス, ジェニファー
[著]「微生物学」 メディカル・サイエンス・インターナショナル 2012
Strel'tsov, Dmitriĭ Viktorovich ストレリツォフ, D.V.
1963〜 [異]ストレリツォフ, ドミートリー [著]「ロシアと日本」 東京大学出版会 2016
Strembitsky, Igor ストレムビツキー, イゴール
カンヌ国際映画祭 短編映画パルムドール(第58回(2005年)) "Podorozhni"
Stresand, Barbra ストライザンド, バーブラ
[著]「映画監督という仕事」 フィルムアート社 2001
Strete, Craig ストレート, クレイグ・K.
[著]「カメレオンはどこ？」 ほるぷ出版 2002
Stretovich, Ivan ストレトビッチ, イワン
[国]ロシア 体操選手
Stretton, Ross ストレトン, ロス
1952〜2005 [国]オーストラリア バレエダンサー 英国ロイヤル・バレエ団芸術監督
Strevens-Marzo, Bridget ストリーブンズ＝マルゾー, ブリジット
[著]「ちゅっ、ちゅっ！」 主婦の友社 2005
Strężyńska, Anna ストゥレジンスカ, アンナ
[国]ポーランド デジタル化相
Striaukas, Gintaras ストリアウカス, ギンタラス
[国]リトアニア 交通・通信相
Stricherz, Gregory ストリカーズ, グレゴリ
[著]「アメリカ口語英語」 英友社 2002
Stricker, Gabriel ストリッカー, ガブリエル
[著]「取締役会の毛沢東」 バジリコ 2005
Stricker, Steve ストリッカー, スティーブ
1967〜 [国]アメリカ プロゴルファー
Strickland, Bill ストリックランド, ビル
1947〜 [著]「あなたには夢がある」 英治出版 2008
Strickland, Bill ストリックランド, ビル
1964〜 [著]「ツール・ド・ランス」 アメリカン・ブック＆シネマ, 英治出版(発売) 2010
Strickland, Chris ストリックランド, クリス
[著]「エネルギーデリバティブ」 シグマベイスキャピタル 2004
Strickland, Hunter ストリックランド, ハンター
[国]アメリカ 野球選手
Strickland, Ora ストリックランド, オーラ・リー
[著]「看護アウトカムの測定」 エルゼビア・ジャパン 2006
Strickland, Shadra ストリックランド, シャドラ
[著]「ほんをひらいて」 ほるぷ出版 2014
Strickland, Shirley ストリクランド, シャーリー
1925〜2004 [国]オーストラリア 陸上選手 本名=Strickland-de la Hunty, Shirley
Strid, Jakob Martin ストリッド, ヤコブ・マーティン
1972〜 [著]「ちいさなかえる」 ワールドライブラリー 2016
Strid, Steve ストリッド, スティーヴ
[著]「北欧流ブランディング50の秘密」 柵出版社 2008
Stridsman, Thomas ストリズマン, トーマス
[著]「トレーディングシステム入門」 パンローリング 2002
Strieber, Whitley ストリーバー, ホイットリー
1945〜 [国]アメリカ 作家
Striedinger, Otmar シュトリーディンガー
[国]オーストリア アルペンスキー選手
Strief, Zach ストリーフ, ザック
[国]アメリカ アメフト選手
Striffler, Steve ストリッフラー, スティーブ
[著]「動物工場」 緑風出版 2016
Strige, Daniel ストリゲル
[国]ドイツ フェンシング選手
Strigl, Denny F. ストリグル, デニー・F.
[著]「「叩き上げCEO」が明かす結果にこだわる思考法」 日本経済新聞出版社 2012
Striker, Eric ストライカー, エリック
[国]アメリカ アメフト選手
Stril-Rever, Sofia ストリル＝ルヴェ, ソフィア
[著]「ダライ・ラマこころの自伝」 春秋社 2011
Strinati, Dominic ストリナチ, ドミニク
[著]「ポピュラー文化論を学ぶ人のために」 世界思想社 2003
Stringer, Chris ストリンガー, クリス
1947〜 [異]ストリンガー, クリストファー [著]「世界一素朴な質問、宇宙一美しい答え」 河出書房新社 2013
Stringer, Ernest T. ストリンガー, E.T.
[著]「アクション・リサーチ」 フィリア, 星雲社(発売) 2012
Stringer, Howard ストリンガー, ハワード
1942〜 [国]アメリカ 実業家 ソニー会長・社長・CEO
Stringer, Jan ストリンガー, ジャン
1965〜 [著]「顧客は追いかけるな！」 ダイヤモンド社 2006
Stringer, Korey ストリンガー, コーリー
1974〜2001 [国]アメリカ アメフト選手 [異]ストリンガー, コーレイ
Stringer, Lauren ストリンガー, ローレン
[著]「ゆき」 新樹社 2010
Stringer, Lee ストリンガー, リー
1951〜 [著]「グランドセントラル駅・冬」 文芸春秋 2001
Stringer, Mel ストリンガー, メル
1987〜 [著]「Mel Tak」 フォイル 2013
Stringer, Vickie M. ストリンガー, ヴィッキー・M.
[著]「ワケありってコトで」 青山出版社 2005
Stringfellow, Jude ストリングフェロー, ジュード
[著]「フェイス」 ヴィレッジブックス 2009
Stringfield, Sam ストリングフィールド, S.
[著]「格差社会アメリカの学校改革」 明石書店 2009
Strini, Giuliano ストゥリーニ, G.

1937～ 㑅「量子計算と量子情報の原理」シュプリンガー・ジャパン 2009
Strinic, Ivan　ストリニッチ, イヴァン
　国クロアチア　サッカー選手
Stripling, Ross　ストリップリング, ロス
　国アメリカ　野球選手
Stritch, Elaine　ストリッチ, エレイン
　1926～2014　国アメリカ　女優, 歌手
Strobach, Susanne　シュトロバッハ, スザンネ
　1966～　㑅「離婚家庭の子どもの援助」同文書院 2007
Strobel, Lee　ストロベル, リー
　1952～　㑅「キリストの復活は事実か？」いのちのことば社 2012
Strobel, Margaret　シュトローベル, マーガレット
　1946～　㑅「女たちは帝国を破壊したのか」知泉書館 2003
Strobel, Ray G.　ストローベル, レイ・G.
　㑅「パンダのちえ」早川書房 2005
Strobel, Tammy　ストローベル, タミー
　1978～　㑅「スマートサイジング」駒草出版 2013
Strober, Myra H.　ストローバー, マイラ
　㑅「この道は丘へと続く」共同通信社 2003
Strobinger, Rudolf　シュトレビンガー, ルドルフ
　1931～　㑅「赤軍大粛清」学習研究社 2001
Strobl, Fritz　シュトロブル
　国オーストリア　アルペンスキー選手　㑅シュトロブル, F.
Strobl, Gert R.　ストローブル, G.R.
　1941～　国ストローブル, G.　㑅「高分子の物理」シュプリンガー・ジャパン 2010
Strobl, Tobias　シュトロープル, トビアス
　国ドイツ　サッカー選手
Strocka, Volker Michael　シュトロッカ, フォルカー・ミヒャエル
　㑅「ポンペイの壁画」岩波書店 2001
Strode, Lester　ストロード, レスター
　国アメリカ　シカゴ・カブスコーチ
Strods, Jurijs　ストロッズ, ユリス
　国ラトビア　経済相
Stroebe, Margaret S.　シュトレーベ, マーガレット・S.
　㑅「死別体験」誠信書房 2014
Stroebe, Wolfgang　シュトレーベ, ウォルフガング
　㑅「死別体験」誠信書房 2014
Stroessner, Alfredo　ストロエスネル, アルフレド
　1912～2006　国パラグアイ　政治家, 軍人　パラグアイ大統領
Stroev, Egor S.　ストロエフ, エゴール
　1937～　国ロシア　政治家　ロシア上院議長, オリョール州知事, ソ連共産党政治局員
Strogatz, Steven Henry　ストロガッツ, スティーヴン
　1959～　㑅ストロガッツ, スティーヴン・H.　㑅「ストロガッツ非線形ダイナミクスとカオス」丸善出版 2015
Stroh, Linda K.　ストロー, リンダ・K.
　㑅「海外派遣とグローバルビジネス」白桃書房 2001
Stroh, Suzanne　ストロー, スザンヌ
　㑅「ポール・オースターが朗読するナショナル・ストーリー・プロジェクト」アルク 2006
Stroheim, Josef von　シュトロハイム, ジョゼフ・フォン
　1922～2002　国アメリカ　映画音楽編集者, 写真家
Stroh-engel, Dominik　シュトロー・エンゲル, ドミニク
　国ドイツ　サッカー選手
Strohm, Christoph　シュトローム, クリストフ
　㑅「カルヴァン」教文館 2016
Strohmeyer, Sarah　ストロマイヤー, サラ
　㑅「バブルズはご機嫌ななめ」講談社 2005
Strokosch, Alasdair　ストロコッシュ, アラスデア
　国スコットランド　ラグビー選手
Strom, Brent　ストローム, ブレント
　国アメリカ　ヒューストン・アストロズコーチ
Strom, Georg　ストロム, ゲオルク
　㑅「絶え間なき交信の時代」NTT出版 2003
Strom, James　ストローム, ジェイムズ
　㑅「ブラジリアン柔術スーパーフィット」新紀元社 2004
Stroman, Marcus　ストローマン, マーカス
　国アメリカ　野球選手
Strombeck, Donald R.　ストロンベック, ドナルド・R.
　㑅「犬と猫のための手作り食」光人社 2004
Stromberg, Robert　ストロンバーグ, ロバート
　アカデミー賞 美術監督・装置賞 (第83回 (2010年)) ほか

Strombergs, Maris　ストロンベルグス, マリス
　1987～　国ラトビア　自転車選手
Strøm-erichsen, Anne-Grete　ストルムエーリックセン, アンネグレーテ
　国ノルウェー　国防相
Stromquist, Nelly P.　ストロンキスト, ネリー
　㑅「教育におけるジェンダー平等」東信堂 2015
Strong, Jaelen　ストロング, ジェイレン
　国アメリカ　アメフト選手
Strong, Jeremy　ストロング, ジェレミー
　1949～　㑅「すっとび犬指名手配」文研出版 2008
Strong, Mark　ストロング, マーク
　ローレンス・オリヴィエ賞 プレイ 男優賞 (2015年 (第39回))
　"A View From The Bridge"
Strong, Maurice Frederick　ストロング, モーリス・フレデリック
　1929～2015　国カナダ　環境保護運動家, 実業家　国連環境計画 (UNEP) 初代事務局長
Strong, Roy　ストロング, ロイ
　㑅「イングランドのルネサンス庭園」ありな書房 2003
Strong, Sanford　ストロング, サンフォード
　㑅「凶悪犯から身を守る本」毎日新聞社 2005
Strong, Tony　ストロング, トニー
　1962～　㑅「美しき囮」角川書店 2004
Stronge, Charles　ストロング, チャールズ
　㑅「SAS・特殊部隊式図解ロープワーク実戦マニュアル」原書房 2013
Strongman, Jay　ストロングマン, ジェイ
　㑅「スチームパンク」グラフィック社 2012
Strongman, Phil　ストロングマン, フィル
　㑅「ジョン・レノン暗殺」K&Bパブリッシャーズ 2004
Strootman, Kevin　ストロートマン, ケヴィン
　国オランダ　サッカー選手
Strop, Pedro　ストロップ, ペドロ
　国ドミニカ共和国　野球選手
Stropnický, Martin　ストロプニツキー, マルチン
　国チェコ　国防相
Strosahl, Kirk　ストローサル, カーク・D.
　1950～　㑅「アクセプタンス&コミットメント・セラピー〈ACT〉」星和書店 2014
Stross, Charles　ストロス, チャールズ
　1964～　国イギリス　作家
Stross, Randall E.　ストロス, ランダル
　1954～　㑅「Yコンビネーター」日経BP社, 日経BPマーケティング (発売) 2013
Strossen, Nadine　ストロッセン, ナディーン
　1950～　㑅「ポルノグラフィ防衛論」ポット出版 2007
Strössenreuther, Roman H.K.　シュトロシェンルーサー, R.
　㑅「リンパドレナージュの基礎知識」キベプランニング 2008
Strother, Jane　ストロサー, ジェーン
　㑅「すてきな色えんぴつ手帖」グラフィック社 2009
Stroud, Barry　ストラウド, バリー
　1935～　㑅「君はいま夢を見ていないとどうして言えるのか」春秋社 2006
Stroud, Carsten　ストラウド, カーステン
　国カナダ　作家
Stroud, Jonathan　ストラウド, ジョナサン
　㑅「ロックウッド除霊探偵局」小学館 2015
Strouse, Charles　ストラウス, チャールズ
　㑅「トゥモロー」フェアリー 2015
Strouse, Daniel S.　ストラウス, ダニエル・S.
　㑅「アメリカ医事法」木鐸社 2005
Strouse, Douglas A.　ストラウス, ダグラス・A.
　㑅「STRONGER「超一流のメンタル」を手に入れる」かんき出版 2016
Stroustrup, Bjarne　ストラウストラップ, ビョーン
　1950～　国アメリカ　コンピューターソフト科学者　テキサスA&M大学教授　㑅計算機科学, C++　国ストラウストラップ, ビャーネ / ストルーストラップ, ビヤーン
Strout, Elizabeth　ストラウト, エリザベス
　1956～　国アメリカ　作家　㑅文学, フィクション, 短編
Stroyer, Torben　ストロイヤー, トーベン
　㑅「天使に見守られて」新評論 2009
Strozer, Judith R.　ストローザー, ジュディス・R.
　㑅「言語獲得から言語習得へ」松柏社 2001
Strozier, Charles B.　ストロジャー, チャールズ・B.
　㑅「ハインツ・コフート」金剛出版 2011

Strube, Jürgen Friedrich シュトルーベ, ユルゲン
1939～ [国]ドイツ 実業家 欧州産業連盟(UNICE)会長, BASF名誉会長 [異]シュトゥルーベ, ユルゲン / シュトルベ, ヨーガン
Struchayeva, Yelena ストルチャエワ
[国]カザフスタン 射撃選手
Struchkova, Raissa Stepanovna ストルチコーワ, ライサ
1925～2005 [国]ロシア バレリーナ [異]ストルチコワ, ライサ
Struck, Peter シュトルック, ペーター
[国]ドイツ 国防相
Strudwick, Leslie シュトゥラドゥヴィク, レスリー
1970～ [著]「マオリ」 汐文社 2008
Strugar, Branislav ストルガル, ブラニスラブ
[著]「モンテネグロ」 スタジオ・ストルガル 2006
Strugar, Vladimir ストルガル, ブラディミル
[国]クロアチア 教育・スポーツ相 [異]ストルガル, ウラジーミル
Strugar, Vlatka Rubinjoni ストルガル, ブラトカ・ルビニョーニ
[著]「モンテネグロ」 スタジオ・ストルガル 2006
Strugatskii, Boris N. ストルガツキー, ボリス
1933～2012 [国]ロシア SF作家, 天文学者 [異]ストルガツキイ
Strummer, Joe ストラマー, ジョー
1952～2002 [国]イギリス ロック歌手 本名＝メラー, ジョン・グラハム
Strumpf, Casey ストランフ, キャセイ
[著]「エグゼクティブ・コーチング」 日本能率協会マネジメントセンター 2005
S
Strupp, Peter ストラップ, ピーター
[著]「数字でわかるおかしな国アメリカ」 ランダムハウス講談社 2004
Struthers, Jane ストラザーズ, ジェーン
[著]「サイキックバイブル」 ガイアブックス, 産調出版(発売) 2008
Strutt, Christina ストラット, クリスティーナ
[著]「キャベジズ＆ローゼズの布しごと」 文化出版局 2010
Strutz, Martina シュトルツ, マルティナ
[国]ドイツ 陸上選手 [異]シュトルツ
Struve-Debeaux, Anne ストリューヴ＝ドゥボー, アンヌ
1960～ [著]「フランス現代詩アンソロジー」 思潮社 2001
Struzan, Drew ストルーザン, ドリュー
[異]ストゥルーザン, ドゥルー [著]「コンプリートワークスオブドゥルー・ストゥルーザン」 マール社 2015
Struzan, Dylan ストゥルーザン, ディラン
[著]「コンプリートワークスオブドゥルー・ストゥルーザン」 マール社 2015
Struzik, Edward シュトルジック, エドワード
1954～ [著]「北極大異変」 集英社インターナショナル, 集英社(発売) 2016
Struzyna, Peter シュトゥルツィナ, ペーター
[国]ドイツ ヴォルフラーツハウゼン市議会議員, ヴォルフラーツハウゼン市行政サービス局長
Strycker, Noah K. ストリッカー, ノア
[著]「鳥の不思議な生活」 築地書館 2016
Stryer, Lubert ストライヤー, L.
[著]「ストライヤー生化学」 東京化学同人 2013
Stryjek, Max ストリイェク, マックス
[国]ポーランド サッカー選手
Stryker, Jon ストライカー, ジョン
ストライカー・コーポレーション
Stryker, Perrin ストライカー, ペリン
[著]「意思決定の思考技術」 ダイヤモンド社 2001
Stuani, Cristhian ストゥアーニ, クリスティアン
[国]ウルグアイ サッカー選手
Stuart, Anne Kristine スチュアート, アン
[著]「五つの愛の物語」 ハーパーコリンズ・ジャパン 2015
Stuart, Colin ステュアート, コリン
[著]「人類が解けない〈科学の謎〉」 原書房 2014
Stuart, Dick スチュアート, ディック
1932～2002 [国]アメリカ 野球選手 本名＝Stuart, Richard Lee
Stuart, Douglas K. スチュワート, ダグラス
1943～ [著]「聖書を正しく読むために〈総論〉」 いのちのことば社 2014
Stuart, Freundel スチュアート, フローンデル
1949～ [国]バルバドス 政治家 バルバドス首相 本名＝Stuart, Freundel Jerome [異]スチュワート, フローンデル
Stuart, Gail Wiscarz スチュアート, ゲイル・W.
1949～ [著]「精神科看護」 エルゼビア・ジャパン 2007
Stuart, George E. スチュアート, ジョージ・E.
[著]「マヤ文明」 日経ナショナルジオグラフィック社, 日経BP出版センター(発売) 2008
Stuart, Gloria スチュアート, グロリア
1910～2010 [国]アメリカ 女優
Stuart, Greg スチュアート, グレッグ
1959～ [著]「刺さる広告」 ダイヤモンド社 2008
Stuart, Heather L. スチュアート, ヒーザー
[異]スチュアート, ヘザー [著]「パラダイム・ロスト」 中央法規出版 2015
Stuart, John スチュアート, ジョン
[著]「コミュニケーション」 アーティストハウスパブリッシャーズ, 角川書店(発売) 2002
Stuart, Lucia スチュアート, ルシア
[著]「本の国の王様」 創元社 2002
Stuart, Mary スチュアート, メアリー
?～2002 [国]アメリカ 女優 [異]スチュアート, マーティ
Stuart, Mel スチュアート, メル
1928～2012 [国]アメリカ 映画監督 [異]ステュアート, メル
Stuart, Robert C. スチュアート, ロバート・C.
1938～ [著]「ロシア及びソ連の経済」 青山社 2002
Stuart, Roy スチュアート, ロイ
[著]「ロイ・スチュアート」 タッシェン・ジャパン, 洋販(発売) 2001
Stuart, Tristram スチュアート, トリストラム
1977～ [著]「世界の食料ムダ捨て事情」 日本放送出版協会 2010
Stuart-Fox, Martin スチュワート＝フォックス, マーティン
1939～ [異]スチュアート‐フォックス, マーチン [著]「ラオス史」 めこん 2010
Stubb, Alexander ストゥブ, アレクサンデル
1968～ [国]フィンランド 政治家 フィンランド首相 本名＝Stubb, Cai-Göran Alexander
Stubbins, Hugh スタビンス, ヒュー
1912～2006 [国]アメリカ 建築家
Stubblebine, Tony スタッブルバイン, トニー
[著]「正規表現デスクトップリファレンス」 オライリー・ジャパン, オーム社(発売) 2004
Stubblefield, Harold W. スタブルフィールド, ハロルド・W.
[著]「アメリカ成人教育史」 明石書店 2007
Stubblefield, Mike スタブルフィールド, マイク
[著]「VWビートル＆カルマン・ギア1954～1979メンテナンス＆リペア・マニュアル」 三樹書房 2013
Stubbs, David スタッブス, デヴィッド
1962～ [著]「フューチャー・デイズ」 Pヴァイン, 日販アイ・ピー・エス(発売) 2016
Stubbs, Levi スタッブス, リーバイ
1936～2008 [国]アメリカ 歌手 [異]スタッブス, リーヴァイ
Stubbs, Michael スタッブズ, マイケル
1947～ [著]「コーパス語彙意味論」 研究社 2006
Stubbs, Ray スタッブズ, レイ
[著]「スポーツ大図鑑」 ゆまに書房 2014
Stubbs, Rennae スタブス
[国]オーストラリア テニス選手
Stubbs, Stephen スタブス, ステファン
グラミー賞 最優秀クラシック・オペラ録音(2014年(第57回))
"Charpentier: La Descente D'Orphée Aux Enfers"
Stubhaug, Arild ストゥーブハウグ, A.
1948～ [異]ストゥーブハウグ, アーリルド [著]「数学者ソーフス・リー」 丸善出版 2013
Stubo, Kirsti ストゥーボ, クリスティ
モスクワ国際映画祭 銀賞 最優秀女優賞(第29回(2007年))
"Opium"(ハンガリー, ドイツ, アメリカ)
Stuckart, Diane A.S. スタカート, ダイアン・A.S.
1957～ [国]アメリカ 作家 [専]ミステリー, ロマンス 筆名＝スマート, アレクサ〈Smart, Alexa〉, ジェラード, アンナ〈Gerard, Anna〉, ブランドン, アリ〈Brandon, Ali〉
Stuckey, Darrell スタッキー, ダレル
[国]アメリカ アメフト選手
Stuckey, John スタッキー, ジョン
[著]「マッキンゼー戦略の進化」 ダイヤモンド社 2003
Stuckey, Rodney スタッキー, ロドニー
[国]アメリカ バスケットボール選手
Stuckey, Roy T. スタッキー, R.T.
[著]「模擬法律事務所はロースクールを変えるか」 関西学院大学出版会 2006
Stuckey, Scott S. スタッキー, スコット・S.

[著]「ナショナルジオグラフィックプロの撮り方完全マスター」 日経ナショナルジオグラフィック社, 日経BPマーケティング (発売) 2012
Stucki, Alfred シュトゥッキ, アルフレート
[著]「ヒルティ伝」 白水社 2008
Stuckler, David スタックラー, デヴィッド
[著]「経済政策で人は死ぬか?」 草思社 2014
Stucky, Steven スタッキー, スティーブン
1949~2016 [国]アメリカ 作曲家, 指揮者 ロサンゼルス・フィルハーモニック常任作曲家 [異]スタッキー, スティーヴン
Student, Johann-Christoph シュトゥデント, ヨハン・クリストフ
[著]「緩和ケアの本質と実践」 ガイアブックス 2014
Studer, Quint ステューダー, クィント
[著]「エクセレント・ホスピタル」 ディスカヴァー・トゥエンティワン 2015
Studwell, Joe スタッドウェル, ジョー
[著]「チャイナ・ドリーム」 早川書房 2003
Stuen, Cynthia ステュエン, シンシア
[著]「高齢化社会と視覚障害」 日本盲人福祉委員会 2003
Stuermer, Michael シュテュルマー, ミヒャエル
1938~ [著]「プーチンと甦るロシア」 白水社 2009
Stuhlmacher, Peter シュトゥールマッハー, ペーター
1932~ [著]「ナザレのイエスと信仰のキリスト」 新教出版社 2005
Stuhlmiller, Cynthia M. ステュールミラー, シンシア・M.
[著]「ベナー解釈的現象学」 医歯薬出版 2006
Stuhrmann, Jochen シュトゥーアマン, ヨッヘン
1976~ [国]ドイツ イラストレーター, 絵本作家
Stukalava, Tatsiana ストゥカラワ
[国]ベラルーシ 重量挙げ選手
Stull, Donald D. スタル, ドナルド・D.
[著]「だから、アメリカの牛肉は危ない!」 河出書房新社 2004
Stull, William J. スタル, ウィリアム・J.
[著]「学校と職場をつなぐキャリア教育改革」 学事出版 2011
Stump, Bob スタンプ, ボブ
1927~2003 [国]アメリカ 政治家 米国下院議員(共和党) 本名=Stump, Robert Lee
Stumpe, Jens シュトゥムペ, イェンス
[著]「SAP XI導入ガイド」 日経BPソフトプレス, 日経BP出版センター (発売) 2005
Stumpf, Axel シュトゥンプ, アクセル
[著]「ベルリン・デザイン・ハンドブックはデザインの本ではない!」 ベアリン出版, 新宿書房 (発売) 2013
Stumpf, Cordula シュトゥンプ, コルデュラ
1960~ [著]「変革期ドイツ私法の基盤的枠組み」 中央大学出版部 2008
Stumpf, Daniel スタンフ, ダニエル
[国]アメリカ 野球選手
Stumpf, Doug スタンフ, ダグ
作家、編集者 [専]ミステリー, スリラー
Stumpf, István シュトンプフ, イシュトバーン
[国]ハンガリー 国務相(首相府担当)
Stumpf, John G. スタンフ, ジョン
[国]アメリカ 銀行家 ウェルズ・ファーゴ会長・社長・CEO
Stupar, Nate スタパー, ネイト
[国]アメリカ アメフト選手
Stupica, Marlenka ステューピカ, マーレンカ
[著]「赤ぼうしちゃん」 子ども文庫の会 2009
Stupka, Bohdan ストゥプカ, ボフダン
[国]ウクライナ 文化芸術相
Stupples, Karen スタップルズ, カレン
1973~ [国]イギリス プロゴルファー
Stuppy, Wolfgang シュトゥッピー, ヴォルフガング
[著]「植物の奇妙な生活」 創元社 2014
Šturanović, Željko シュトラノヴィッチ, ジェリコ
1960~2014 [国]モンテネグロ 政治家 モンテネグロ首相 [異]シュトラノビッチ, ジェリコ
Sturaro, Stefano ストゥラーロ, ステファノ
[国]イタリア サッカー選手
Sturgeon, Nicola スタージョン, ニコラ
1970~ [国]イギリス 政治家 スコットランド行政府首相, スコットランド民族党(SNP)党首
Sturges, Philemon スタージス, フィリモン
[著]「いのり」 光村教育図書 2004
Sturgess, Jim スタージェス, ジム
1978~ [国]イギリス 俳優 本名=Sturgess, James Anthony
Sturgis, Alexander スタージス, アレグザンダー
[著]「顔」 ありな書房 2010
Sturgis, Caleb スタージス, ケイレブ
[国]アメリカ アメフト選手
Sturgis, Matthew スタージス, マシュー
[著]「ダウントン・アビー・クロニクル」 早川書房 2015
Sturken, Marita スターケン, マリタ
1957~ [著]「アメリカという記憶」 未来社 2004
Sturm, Erdmann シュトルム, エルトマン
1937~ [著]「ティリッヒとフランクフルト学派」 法政大学出版局 2014
Sturm, Jake スターム, ジェイク
1961~ [著]「XMLによるWebアプリケーション設計技法」 アスキー 2001
Šturm, Lovro シュトゥルム, ロブロ
[国]スロベニア 法相 [異]シュトゥルム, ロプロ
Sturm, Pater Georg シュトルム, ゲオルグ
1915~2004 [国]スイス カトリック神父 二戸カトリック教会主任司祭
Sturm, Rick スターム, リック
[著]「標準サービスレベルマネジメント」 オーム社 2003
Sturmey, Peter スターミー, ピーター
[著]「心理療法と行動分析」 金剛出版 2001
Sturr, Jimmy スター, ジミー
グラミー賞 最優秀ポルカ・アルバム (2008年 (第51回)) ほか
Sturridge, Charles スターリッジ, チャールズ
1951~ [国]イギリス 映画監督, 演出家
Sturridge, Daniel スタリッジ, ダニエル
[国]イングランド サッカー選手
Sturrock, David T. スタロック, D.T.
[著]「シミュレーション」 コロナ社 2007
Sturrock, Ian スタロック, イアン
[著]「オールド・ワールドの生物誌」 ホビージャパン 2007
Sturt, David スタート, デヴィッド
[著]「500万人の成功体験からわかった「いい仕事」をする人の45の極意」 ダイヤモンド社 2014
Sturtevant スターテヴァント
[国]アメリカ ヴェネチア・ビエンナーレ 金獅子賞 生涯功労賞 (2011年 (第54回))
Sturz, James スターツ, ジェイムズ
[著]「洞窟」 早川書房 2001
Stutz, David スタッツ, デビッド
[著]「ソフトウェアの未来」 翔泳社 2001
Stutz, Phil スタッツ, フィル
[著]「ツールズ」 早川書房 2012
Stutz, Phil スタッツ, フィル
[著]「5つのツール」 早川書房 2015
Stutzer, Alois スタッツァー, アロイス
1972~ [著]「幸福の政治経済学」 ダイヤモンド社 2005
Stutzer, Beat シュトゥッツァー, ベアト
[著]「セガンティーニ」 西村書店 2011
Stutzmann, Nathalie シュトゥッツマン, ナタリー
1965~ [国]フランス アルト歌手, 指揮者
Stuvermann, Ralf スチューファマン, R.
[著]「機能的運動療法」 シュプリンガー・ジャパン 2007
Stwertka, Albert ステュワーカ, アルバート
[著]「物質とエネルギー」 朝倉書店 2007
Stybar, Zdenek シュティバル, ゼネク
[国]チェコ 自転車選手
Styger, Nadia シュティガー
[国]スイス アルペンスキー選手
Styles, Harry スタイルズ, ハリー
1994~ [国]イギリス 歌手
Styles, Morag スタイルズ, モラグ
[著]「子どもはどのように絵本を読むのか」 柏書房 2002
Styling, Mark スタイリング, マーク
[著]「第二次大戦のF4Uコルセアエース」 大日本絵画 2003
Styopina, Vita スチオピナ
[国]ウクライナ 陸上選手
Styron, William スタイロン, ウィリアム
1925~2006 [国]アメリカ 作家
Su, Bu-qing シュー・ブーチン
1902~2003 [国]中国 数学者 復旦大学名誉学長 [専]微分幾何学 漢字名=蘇歩青 [異]ソ・フセイ
Su, Chao-pin スー・チャオピン

S

1970〜　国台湾　映画監督,脚本家　漢字名＝蘇照彬　異スー・チャオビン
Sū, Tóng　スー・トン
1963〜　国中国　作家　漢字名＝蘇童
Su, Yuyan　スー, ユヤン
著「インストラクショナルデザインとテクノロジ」北大路書房　2013
Su'a-filo, Xavier　スウェイ・ファイロ, エグゼビアー
国アメリカ　アメフト選手
Suagher, Emanuele　スアゲル, エマヌエーレ
国イタリア　サッカー選手
Sualiki, Namoliki　スアリキ, ナモリキ
国ツバル　教育・青年・スポーツ相
Sualim, Mohammad Fitouri　スワリム, ムハンマド・フィトーリ
国リビア　労相
Suárez, Adolfo　スアレス, アドルフォ
1932〜2014　国スペイン　政治家　スペイン首相　本名＝Suárez González, Adolfo
Suarez, Albert　スアレス, アルバート
国ベネズエラ　野球選手
Suarez, Andrew　スアレス, アンドリュー
国アメリカ　野球選手
Suarez, Charly Coronel　スアレス, チャーリー
国フィリピン　ボクシング選手
Suarez, Daniel　スアレース, ダニエル
1964〜　国アメリカ　作家　異SF, スリラー
Suarez, Eugenio　スアレス, エウヘニオ
国ベネズエラ　野球選手
Suárez, Federico　スアレス, フェデリコ
国パナマ　公共事業相
Suárez, Jesús　スアレス, ヘスス
1959〜　著「「戦術」への挑戦状」東邦出版　2016
Suarez, Leonel　スアレス, レオネル
国キューバ　陸上選手　異スアレス
Suarez, Luis　スアレス, ルイス
1987〜　国ウルグアイ　サッカー選手　本名＝スアレス, ルイス・アルベルト〈Suarez, Luis Alberto〉
Suarez, Paola　スアレス, パオラ
1976〜　国アルゼンチン　元テニス選手　異スアレス
Suarez Fernandez, Miguel　スアレス, ミゲル
1933〜　著「キリスト者であることの喜び」聖母の騎士社　2011
Suárez Japón, Juan Manuel　スアレス・ハポン, フアン・マヌエル
国スペイン　西日支倉協会副会長, 元・アンダルシア国際大学学長, 元・アンダルシア州政府文化・環境担当長官
Suárez Losada, Juan José　スアレス・ロサーダ, フアン・ホセ
著「斜線」風詠社, 星雲社（発売）　2015
Suarez Navarro, Carla　スアレスナバロ, カルラ
国スペイン　テニス選手
Suarez-Orozco, Carola　スアレズ＝オロズコ, カローラ
著「女性の人権とジェンダー」明石書店　2007
Suárez Pérez, Sandra　スアレス・ペレス, サンドラ
国コロンビア　環境・住居相
Suau, Anthony　スオウ, アンソニー
1956〜　国アメリカ　フォトジャーナリスト　異スアウ, アンソニー / スオー, アンソニー
Suazo, David　スアソ, ダビド
1979〜　国ホンジュラス　元サッカー選手　本名＝Suazo Velázquez, Óscar David　異スアーソ, ダビド / スアソ, ダビド
al-Subaih, Hind Subaih　サビーフ, ヒンド・サビーフ
国クウェート　社会労働相兼経済担当相
al-Subaihy, Mahmoud　スベイヒ, マハムード
国イエメン　国防相
Subanbekov, Bakirdin　スバンベコフ, バキルジン
国キルギス　内相　異スバンベコフ, バキルディン
Subandhi, Jamie　スバンディー, ジェイミー
国アメリカ　バドミントン選手
Subandrio　スバンドリオ
1914〜2004　国インドネシア　政治家, 外交官　インドネシア外相・副首相
Subanov, Bakhtiyar　スバノフ, バフティヤル
国ウズベキスタン　非常事態相
Subari, Sozar　スバリ, ソザル
国ジョージア　難民定住相
Subasic, Danijel　スバシッチ, ダニエル

国クロアチア　サッカー選手
Subba, Ram Kumar　スッバ, ラム・クマール
国ネパール　土地改革管理相
Subbulakshmi, M.S.　スバラクシュミ, M.S.
1916〜2004　国インド　歌手　異カルナタカ音楽　本名＝Subbulakshmi, Madurai Shanmugavadivu　異スブラクシュミ, M.S.
al-Subeeh, Nouriya Subeeh Barrak　スベーフ, ヌリヤ・スベーフ・バラク
国クウェート　教育相
al-Subeih, Adel Khaled　アル・スベイフ, アデル・ハレド
国クウェート　石油相
Subeliani, Koba　スベリアニ, コバ
国ジョージア　難民定住相
Suber, Howard　スーバー, ハワード
1937〜　著「パワー・オブ・フィルム」キネマ旬報社　2010
Suber, Melissa　スーバー, メリッサ・J.
著「トゥイーティーといけのオーケストラ」ゴマブックス　2009
Subero, Carlos　スベロ, カルロス
国アメリカ　ミルウォーキー・ブルワーズコーチ
Subervi Bonilla, Rafael　スベルビ・ボニジャ, ラファエル
国ドミニカ共和国　観光相
Subira i Claus, Antoni　スビラ・イ・クラウス, アントニ
国スペイン　ナバーラ大学付属経営高等大学院教授, 元・カタルーニャ州工業・商業・観光庁長官, 元・カタルーニャ州州議会議員
Subirana, Juan　スビラナ, フアン
国ボリビア　労働相
Subota, Lena　スボータ, レナ
著「魔法の物語」日本エディタースクール出版事業部　2004
Subotic, Neven　スボティッチ, ネヴェン
国セルビア　サッカー選手
Subrahmanyam, Allamaraju　サブラマニャム, アラマラジュ
著「プロフェッショナルJavaサーバープログラミング」インプレス, インプレスコミュニケーションズ（発売）　2002
Subrahmanyam, Marti G.　サブラマニャム, マーティ・G.
著「金融規制のグランドデザイン」中央経済社　2011
Subrahmanyam, Sanjay　スブラフマニヤム, S.
1961〜　著「接続された歴史」名古屋大学出版会　2009
Subramaniam, S.　スブラマニアム, S.
国マレーシア　保健相
Subramaniam, Som　サブラマニアム, ソム
著「マッキンゼー戦略の進化」ダイヤモンド社　2003
Subramaniam, Venkat　サブラマニアン, ベンカト
国スブラマニアム, ベンカト　著「Javaによる関数型プログラミング」オライリー・ジャパン, オーム社（発売）　2014
Subramanian, S.V.　スブラマニアン, S.V.
著「ソーシャル・キャピタルと健康政策」日本評論社　2013
Subschinski, Nora　スブシンスキー, ノラ
国ドイツ　水泳選手
Success, Isaac　サクセス, アイザック
国ナイジェリア　サッカー選手
Succi, Giancarlo　スッチ, ジャンカルロ
1964〜　著「XPエクストリーム・プログラミング検証編」ピアソン・エデュケーション　2002
Succop, Ryan　サコップ, ライアン
国アメリカ　アメフト選手
Suchart, Jaovisidha　スチャート・チャオウィシット
国タイ　財務相
Suchocka, Hanna　スホツカ, ハンナ
1946〜　国ポーランド　政治家　ポーランド首相
Suchy, Marek　スヒー, マレク
国チェコ　サッカー選手
Suciu, Ioan Silviu　スチウ
国ルーマニア　体操選手
Suckale, Robert　ズッカーレ, ロベルト
著「ゴシック」Taschen　c2007
Sudak, Donna M.　スダック, ドナ・M.
著「認知行動療法・薬物療法併用ガイドブック」金剛出版　2013
Sudama, Trevor　スダマ, トレバー
国トリニダード・トバゴ　食糧生産・海洋資源相
al-Sudani, Abdul-Falah　スダニ, アブドゥルファラハ
国イラク　貿易相
al-Sudani, Muhammad　スダニ, ムハンマド
国イラク　労働・社会問題相
Sudarat, Keyuraphan　スダラット・ケユラパン
国タイ　保健相

Sudarsono, Juwono　スダルソノ，ジュウォノ
　国インドネシア　国防相
Suddendorf, Thomas　ズデンドルフ，トーマス
　著「現実を生きるサル空想を語るヒト」白揚社　2015
Sudderth, David B.　サダース，デイヴィッド・B.
　著「おとなのADHD」ヴォイス　2001
Sudfeld, Nate　サッドフェルド，ネイト
　国アメリカ　アメフト選手
Sudfeld, Zach　サッドフェルド，ザック
　国アメリカ　アメフト選手
Sudharmono　スダルモノ
　1927～2006　国インドネシア　政治家,軍人　インドネシア副大統領，ゴルカル総裁
Südhof, Thomas Christian　スードフ，トーマス
　1955～　国アメリカ　生理学者　スタンフォード大学教授　異ズートホーフ，トーマス・C.
Sudi, Silalahi　スディ，シララヒ
　国インドネシア　国家官房長官
Sudibyo, Bambang　スディブヨ，バンバン
　国インドネシア　教育相
Sudirman, Said　スディルマン・サイド
　国インドネシア　エネルギー・鉱物資源相
Sudjic, Deyan　スジック，ダヤン
　1952～　国イギリス　建築評論家　異スージック，デイアン
Sudket, Prapakamol　スットケート
　国タイ　バドミントン選手
Sudol, Grzegorz　スドル
　国ポーランド　陸上選手
Sudova, Nikola　スドバ，N.
　国チェコ　フリースタイルスキー選手
Sudwikatmono　スドウィカトモノ
　1934～2011　国インドネシア　実業家　スベントラ・グループ創業者，サリム・グループ共同経営者
Suen, Anastasia　スェン，アナスタシア
　著「あかちゃんがうまれたよ」岩崎書店　2004
Sueño, Ismael　スエニョ，イスマエル
　国フィリピン　内務・自治相
al-Suffan, Ahmad Muhammad Abdallah　アル・スファン，アハマド・ムハマド・アブダラ
　国イエメン　開発相
Sufi, Amir　サフィ，アミール
　著「ハウス・オブ・デット」東洋経済新報社　2015
al-Sufi, Hamud Khalid Naji　スフィ，ハムド・ハリド・ナジ
　国イエメン　行政・社会保障相
Sufian, Ahmed　スフィアン・アハメド
　国エチオピア　財務・経済開発相
Sugahara, Akira　スガハラ，アキラ
　著「マッキンゼープライシング」ダイヤモンド社　2005
Sugai, Madoka　スガイ，マドカ
　国日本　ローザンヌ国際バレエコンクール 1位・プロ研修賞（第40回（2012年））ほか　漢字名＝菅井円加
Sugarman, Joseph　シュガーマン，ジョセフ
　1938～　著「ビデオマーケティングはテレビ通販から学べ！」ダイレクト出版　2013
Sugden, Robert　サグデン，ロバート
　1949～　著「慣習と秩序の経済学」日本評論社　2008
Suggate, Alan M.　サゲイト，アラン
　著「W.テンプルと英国のキリスト教社会倫理思想」聖公会神学院，DTP出版（発売）　2005
Suggett, Martin　サジェット，マーチン
　著「ガリレオと新しい学問」玉川大学出版部　2016
Suggs, Terrell　サッグス，テレル
　国アメリカ　アメフト選手
Sugiarto, Tommy　スギアルト，トミー
　国インドネシア　バドミントン選手
Sugiharto　スギハルト
　国インドネシア　国務相（国営企業担当）
Sugimachi, Mahau　スギマチ，マハウ
　1984～　国ブラジル　陸上選手　漢字名＝杉町，マハウ
Sugimoto, Hiroshi　スギモト，ヒロシ
　国日本　高松宮殿下記念世界文化賞 絵画部門（2009年（第21回））漢字名＝杉本博司
Sugirtharajah, Rasiah S.　スギルタラージャ，R.S.
　著「〈第三世界〉神学事典」日本キリスト教団出版局　2007
Sugrue, James　サグルー，ジェームス
　著「入門Backbone.js」翔泳社　2014
Sugrue, Thomas J.　スグルー，トマス・J.
　1962～　著「アメリカの都市危機と「アンダークラス」」明石書店　2002
Suh, Elly　スー，エリー
　国アメリカ　パガニーニ国際ヴァイオリン・コンクール 第5位（2015年（第54回））
Suh, H.Anna　スー，H.アンナ
　著「レオナルド・ダ・ヴィンチ」西村書店　2012
Suh, Kyung-bae　ソ・ギョンベ
　国韓国　実業家　漢字名＝徐慶培
Suh, Kyu-yong　ソ・ギュヨン
　国韓国　農林水産食品相　漢字名＝徐圭龍
Suh, Nam Pyo　スー，N.P.
　著「公理的設計」森北出版　2016
Suh, Ndamukong　スー，ダムコング
　国アメリカ　アメフト選手
Suh, Seoung-hwan　ソ・スンファン
　国韓国　国土交通相　漢字名＝徐昇煥
Suh, Young-hoon　ソ・ヨンフン
　1923～　国韓国　大韓赤十字社総裁，新千年民主党代表　漢字名＝徐英勲
al-Suhaibi, Numan Saleh　スハイビ，ノーマン・サレハ
　国イエメン　財務相
Suhail, Mohammed al-Mazrouei　スハイル，ムハンマド・マズルーイ
　国アラブ首長国連邦　エネルギー相　異スハイル・ムハンマド・ファラグ・マズルーイ
Suharto　スハルト
　1921～2008　国インドネシア　政治家,軍人　インドネシア大統領
Suheimat, Tareq　ソヒマト，タレク
　国ヨルダン　保健相
Suhl, Sebastian　スール，セバスチャン
　1969～　国アメリカ　実業家　マーク・ジェイコブス・インターナショナルCEO　ジバンシィCEO
Suhr, Jennifer　サー，ジェニファー
　1982～　国アメリカ　棒高跳び選手　通称＝サー，ジェン〈Suhr, Jenn〉　異シュア，ジェニファー
Sui, Anna　スイ，アナ
　国アメリカ　ファッションデザイナー
Sui, Lu　スイ・ルー
　1992～　国中国　体操選手　漢字名＝眭禄
Suissa, Eliyahu　スウィサ，エリヤフ
　国イスラエル　エルサレム問題相
Suitner, Otmar　スウイトナー，オトマール
　1922～2010　国オーストリア　指揮者　ベルリン国立歌劇場音楽総監督,NHK交響楽団名誉指揮者　異スイトナー，オットマール／スイトナー，オトマール／スウィトナー，オットマール
Suits, Bernard Herbert　スーツ，バーナード
　1925～2007　著「キリギリスの哲学」ナカニシヤ出版　2015
Sujo, Aly　スジョ，アリー
　1949～2008　著「偽りの来歴」白水社　2011
Sujudi, Ahmad　スジュディ，アフマド
　国インドネシア　保健相
Suk, Josef　スーク，ヨゼフ
　1929～2011　国チェコ　バイオリニスト
Sukale, Nyavu　スカレ，ヌヤブ
　国コンゴ民主共和国　郵政相
Sukanaivalu, Netani　スカナイバル，ネタニ
　国フィジー　国土・鉱物資源相　異スカナインバル，ネタニ
Sukati, Dumsile　スカティ，ドゥムシレ
　国スワジランド　資源・エネルギー相　異スカティ，ダムシル
Suker, Davor　シュケル，ダヴォル
　1968～　国クロアチア　元サッカー選手　クロアチア・サッカー協会会長　異シュケル，ダボール／スーケル，ダボール／スーケル，ダボル／スーケル，ダヴォール／スケル，ダボール／スケル，ダボル
Šuker, Ivan　シュケル，イバン
　国クロアチア　財務相
Sukhai, Pauline　スカイ，ポーリン
　国ガイアナ　先住民問題相
Sukhanov, Boris P.　スハノフ，ボリス・P.
　著「食品の機能性表示と世界のレギュレーション」薬事日報社　2015
Sukhanov, Vladimir Vladimirovich　スハノフ，ウラジーミル・ウラジーミロヴィチ
　国ロシア　チャイコフスキー記念国立モスクワ音楽院国際協力部

長, チャイコフスキー記念国立モスクワ音楽院教授, 元・チャイコフスキー記念国立モスクワ音楽院国際関係担当副学長
Sukhdev, Pavan スクデフ, パヴァン
[著]「『企業2020』の世界」 マグロウヒル・エデュケーション, 日本経済新聞出版社(発売) 2013
Sukhodolsky, Denis G. スコドルスキー, デニス・G.
[著]「子どもの怒りに対する認知行動療法ワークブック」 金剛出版 2015
Sukhorukov, Alexander スホルコフ, アレクサンドル
[国]ロシア 水泳選手
Sukhorukov, Yuriy スホルコフ
[国]ウクライナ 射撃選手
Sukhov, Pavel スホフ, パベル
[国]ロシア フェンシング選手
Sukinah Binti Pg Dato Paduka Haji Hidup, Pg スキナ・ビンティ・ペンギラン・ダト・パドゥカ・ハジ・ヒィドゥップ, ペンギラン
[国]ブルネイ 元・在ブルネイ日本国大使館現地職員
Sukkhongdumnoen, Nootcharin スコンドゥムノン
[国]タイ テコンドー選手
Sukumpol, Suwanatat スカムポン・スワンナタット
[国]タイ 国防相
Šukys, Raimondas シュキイス, ライモンダス
[国]リトアニア 保健相 [異]シュキス, ライモンダス
Sulaiman, Abubakar スレイマン, アブバカル
[国]ナイジェリア 国家計画相
Sulaiman, Jose スレイマン, ホセ
1931〜2014 [国]メキシコ 世界ボクシング評議会(WBC)会長 [異]スライマン, ホセ
Sulaiman, S.H. スレイマン, S.H.
[国]ナイジェリア 女性問題相
Sulaimankulov, Arzymat スライマンクロフ, アルゾイマト
[国]キルギス 副首相兼対外通商産業相
al-**Sulaimi, Yahya bin Saud** スライミ, ヤハヤ・ビン・サウド
[国]オマーン 教育相
Sulaimon, Rasheed スライモン, ラシード
[国]アメリカ バスケットボール選手
al-**Sulaiti, Jassim Seif Ahmed** スライティ, ジャシム・セイフ・アハマド
[国]カタール 運輸・通信相
Sulak Sivaraksa スラック・シワラック
1933〜 [国]タイ 環境・平和運動家, 社会評論家, 作家
Sulaymanov, Nurlan スライマノフ, ヌルラン
[国]キルギス 運輸通信相
Sulaywah, Sargon スライワ, サルゴン
[国]イラク 環境相
Sule, Niklas ズーレ, ニクラス
[国]ドイツ サッカー選手
Suleiman, C.A. スレイマン, C.A.
[著]「ドラゴンマーク」 ホビージャパン 2007
Suleiman, Ibrahim スレイマン, イブラヒム
[国]スーダン 連邦関係相
Suleiman, Michel スレイマン, ミシェル
[国]レバノン 大統領
Suleiman, Mohammad Ibrahim スレイマン, ムハマド・イブラヒム
[国]エジプト 住宅・共同体相
Suleiman, Omar スレイマン, オマル
1936〜2012 [国]エジプト 政治家, 軍人 エジプト副大統領
Suleiman, Yusuf スレイマン, ユスフ
[国]ナイジェリア スポーツ相
Suleimenov, Kairbek スレイメノフ, カイルベク
[国]カザフスタン 内相
Suleimenov, Timur スレイメノフ, チムール
[国]カザフスタン 国民経済相
Sulejmani, Miralem スレイマニ, ミラレム
[国]セルビア サッカー選手
Sulejmani, Rizvan スレイマニ, リズバン
[国]マケドニア 自治相
Sulemana, Amin Amidu スレマナ, アミン・アミドゥ
[国]ガーナ 道路相
Suleyman, Mahamud Hassan スレイマン, マハムド・ハッサン
[国]ソマリア 財務・計画相
Sulic, Luka スリック, ルカ
1987〜 [国]クロアチア チェロ奏者
Sulieman, Muhammad Ibrahim スリエマン, ムハンマド・イブラヒム
[国]エジプト 住宅・公益事業・都市共同体相
Sulkowicz, Kerry J. サルコビッチ, ケリー・J.
[著]「いかに「問題社員」を管理するか」 ダイヤモンド社 2005
Sull, Donald Norman サル, ドナルド・N.
[著]「コミットメント」 ダイヤモンド社 2007
Sullenberger, Chesley B. Ⅲ サレンバーガー, チェスリー
[国]アメリカ パイロット USエアウェイズ機長
Sulleyman, Sadat サリーマン, サダット
[国]アメリカ アメフト選手
Sullibvan, Drew スリバン, ドリュー
[著]「調査報道実践マニュアル」 旬報社 2016
Sulling, Anne スリング, アンネ
[国]エストニア 貿易・事業相
Sullinger, Jared サリンジャー, ジャレッド
[国]アメリカ バスケットボール選手
Sullins, Benjamin G. サリンズ, ベンジャミン・G.
[著]「EJBシステム開発ガイド」 日経BP社, 日経BP出版センター(発売) 2003
Sullivan, Amanda サリバン, アマンダ
[著]「助産師の意思決定」 エルゼビア・ジャパン 2006
Sullivan, Andrew サリヴァン, アンドリュー
1963〜 [著]「同性愛と同性婚の政治学」 明石書店 2015
Sullivan, Anita サリヴァン, アニタ・T.
1947〜 [著]「ピアノと平均律の謎」 白揚社 2005
Sullivan, Ben スリバン, ベン
[国]アメリカ アトランタ・ホークスアシスタントコーチ(バスケットボール)
Sullivan, Dan サリヴァン, ダン
1944〜 [著]「大きな幸福をもたらす小さな習慣」 主婦の友社 2007
Sullivan, Daniel サリバン, ダニエル
[国]アメリカ ウルフ賞 数学部門(2010年)
Sullivan, Eamon サリバン
[国]オーストラリア 競泳選手
Sullivan, Ed サリバン, エド
[著]「ソフトウェアの未来」 翔泳社 2001
Sullivan, Elizabeth A. サリヴァン, エリザベス・A.
[著]「サイコパシー・ハンドブック」 明石書店 2015
Sullivan, E.Mary サリヴァン, E.M.
[著]「クライン - ラカンダイアローグ」 誠信書房 2006
Sullivan, Ernest W. サリヴァン, E.W.
[著]「自殺論」 英宝社 2008
Sullivan, Geraldine サリヴァン, ジェラルディン
[著]「誕生日大全」 主婦の友社 2016
Sullivan, James サリバン, ジェームズ
1965〜 [著]「ベトナム」 日経ナショナルジオグラフィック社, 日経BP出版センター(発売) 2007
Sullivan, Jane サリヴァン, ジェイン
[著]「キス・オブ・ラブ」 ハーレクイン 2014
Sullivan, Jean サリバン, ジーン
1923〜2003 [国]アメリカ 女優 [異]サリヴァン, ジーン
Sullivan, J.Michael サリバン, J.マイケル
[著]「虐待サバイバーとアディクション」 金剛出版 2007
Sullivan, John サリバン, ジョン
[国]アメリカ アメフト選手
Sullivan, John サリバン, ジョン
1942〜 [著]「聖なる住まいにふさわしき人」 聖母の騎士社 2002
Sullivan, Joseph サリバン, ジョセフ
1987〜 [国]ニュージーランド ボート選手
Sullivan, Joyce サリヴァン, ジョイス
1961〜 [著]「さまよえるプリンセス」 ハーレクイン 2005
Sullivan, Karen サリバン, カレン
[異]サリヴァン, カレン [著]「愛犬と一緒にメタボ運動」 ガイアブックス, 産調出版(発売) 2009
Sullivan, Kathleen サリバン, キャサリン
[国]アメリカ 軍縮教育家 国連軍縮コンサルタント
Sullivan, Laura サリバン, ローラ
グラミー賞 最優秀ニュー・エイジ・アルバム(2013年(第56回))
"Love's River"
Sullivan, Lawrence Eugene サリヴァン, ローレンス・E.
1949〜 [著]「エリアーデ・オカルト事典」 法蔵館 2002
Sullivan, Margaret サリバン, マーガレット
[著]「ハローキティのパイロットになりたい」 酣灯社 2007
Sullivan, Mark T. サリヴァン, マーク
1958〜 [著]「ムーン・ドラゴンの謀略」 竹書房 2016
Sullivan, Martin J. サリバン, マーティン

1955～ 国イギリス 実業家 ウィリス・グローバル・ソリューションズ会長・CEO アメリカン・インターナショナル・グループ（AIG）社長・CEO
Sullivan, Maxine サリバン, マクシーン
著「家政婦のかなわぬ夢」ハーレクイン 2015
Sullivan, Michael サリヴァン, マイケル
1916～ 著「中国山水画の誕生」青土社 2005
Sullivan, Michael サリバン, マイケル
著「児童虐待の発見と防止」慶応義塾大学出版会 2003
Sullivan, Michael J. サリバン, マイケル・J.
1961～ 国アメリカ 作家 著ファンタジー, SF 異サリヴァン, マイケル・J.
Sullivan, Mike サリバン, マイク
国アメリカ ニューヨーク・ジャイアンツコーチ
Sullivan, Monique サリバン, モニク
国カナダ 自転車選手
Sullivan, Nicholas P. サリバン, ニコラス・P.
著「グラミンフォンという奇跡」英治出版 2007
Sullivan, Patrick サリバン, パトリック
国アメリカ ロサンゼルス・クリッパーズアシスタントコーチ（バスケットボール）
Sullivan, Patrick H. サリヴァン, パトリック
1938～ 著「知的経営の真髄」東洋経済新報社 2002
Sullivan, Patrick J. サリヴァン, パトリック・J.
著「食品に含まれる合成化学物質の安全性」ガイアブックス, 産調出版（発売） 2008
Sullivan, Paul サリヴァン, ポール
著「音楽のトリヴィア」ストレンジ・デイズ 2005
Sullivan, Rodney N. サリバン, ロドニー・N.
著「グレアムからの手紙」パンローリング 2013
Sullivan, Stephen D. サリヴァン, スティーブン・D.
異サリヴァン, S.D. 著「滅びゆく王国とライオンの騎士」アスキー, エンターブレイン（発売） 2006
Sullivan, Stephen M. サリバン, ステファン・M.
著「インストラクショナルデザインとテクノロジ」北大路書房 2013
Sullivan, Tim サリヴァン, ティム
異サリバン, ティム 著「ジュリエットからの手紙」ヴィレッジブックス 2011
Sullivan, Tim サリバン, ティム
1970～ 著「意外と会社は合理的」日本経済新聞出版社 2013
Sullivan, Wendy サリヴァン, ウェンディ
1957～ 著「クリーン・ランゲージ入門」春秋社 2010
Sullivan, William サリバン, ウィリアム
著「グローバルな市民社会に向かって」日本経済評論社 2001
Sullivan, William C. サリバン, W.
著「FBI」中央公論新社 2002
Sullivan, William M. サリバン, ウィリアム・M.
異サリヴァン, ウィリアム・M. 著「アメリカの法曹教育」中央大学出版部 2013
Sully de Luque, Mary F. サリー・デ・ルケ, M.F.
著「文化を超えるグローバルリーダーシップ」中央経済社, 中央経済グループパブリッシング（発売） 2016
Sulston, John サルストン, ジョン
著「ヒトゲノムのゆくえ」秀和システム 2003
Sulston, John Edward サルストン, ジョン
1942～ 国イギリス 遺伝学者 マンチェスター大学科学・倫理・イノベーション研究所会長 線虫, ヒトゲノム
Sultan, Abdul-Samad Rahman スルタン, アブドルサマド・ラフマン
国イラク 移住相 異スルタン, アブドルサマド
Sultan, bin Zayed al-Nahyan スルタン・ビン・ザイド・ナハヤン
国アラブ首長国連邦 副首相
Sultan, Jean Claude スルタン, ジャンクロード
国ギニア 郵政通信相
Sultan, Maqbul bin Ali bin スルタン, マクブル・ビン・アリ・ビン
国オマーン 商工相
Sultan, Sufian スルタン, スフィアン
国パレスチナ 農相
Sultanbekova, Cholpon スルタンベコワ, チョルポン
国キルギス 副首相
Sultan bin Abdul-Aziz スルタン・ビン・アブドル・アジズ
1931～2011 国サウジアラビア 政治家 サウジアラビア皇太子, サウジアラビア第1副首相 異スルターン／スルタン・イブン・アブドル・アジズ／スルタン皇太子

Sultanov, Alexei スルタノフ, アレクセイ
1969～2005 国ウズベキスタン ピアニスト
Sultanov, Bakhyt スルタノフ, バフイト
国カザフスタン 財務相 異スルタノフ, バクト
Sultanov, Jalil スルタノフ, ジャリル
国ウズベキスタン 日本人抑留者資料館館長
Sultanov, Kalykbek スルタノフ, カルイクベク
国キルギス 運輸通信相
Sultanov, Kylychbek スルタノフ, キリチベク
国キルギス 社会発展相
Sultanov, Marat スルタノフ, マラト
国キルギス 財務相
Sultanov, Utkir スルタノフ, ウトキル
国ウズベキスタン 副首相 異スルタノフ, ウトキル・T.
Sultant, Jacqueline スルタン, ジャックリヌ
国ギニア 農相
Sultant, Jakeline スルタン, ジャケリン
国ギニア 農相
Sultonov, Bahodirjon ソールトノフ
国ウズベキスタン ボクシング選手
Sulu, Aytac スル, アイタク
国トルコ サッカー選手
Suluhu Hassan, Samia スルフ・ハッサン, サミア
国タンザニア 副大統領
Sulunteh, Jeremiah スルンテ, ジェレミア
国リベリア 労相
Sulzberger, Arthur サルツバーガー, アーサー, Jr.
1951～ 国アメリカ 新聞人 「ニューヨーク・タイムズ」社主・発行人・会長・CEO 本名=Sulzberger, Arthur Ochs Jr.
Sulzberger, Arthur Ochs サルツバーガー, アーサー
1926～2012 国アメリカ 新聞発行人 ニューヨーク・タイムズ発行人・会長・CEO 異ザルツバーガー, アーサー
Sulzer-Azaroff, Beth サルザーアザロフ, ベス
著「自閉症を持つ生徒のためのピラミッド教育アプローチ」ピラミッド教育コンサルタントオブジャパン 2007
Sumai, Saleh Hasan スマイ, サレハ・ハサン
国イエメン 電力相
Sumanasara, Alubomulle スマナサーラ, アルボムッレ
1945～ 著「希望のしくみ」宝島社 2014
Sumani, Alice スマニ, アリス
国マラウイ 労働・職業訓練相
Sumann, Christoph ズマン
国オーストリア バイアスロン選手
Sumar, Konstantin A. スマル, コンスタンチン・A.
国ベラルーシ 歳入相
Šumarac, Dragoslav シュマラツ, ドラゴスラブ
国セルビア 建設都市計画相
Sumaye, Frederick Tluway スマイエ, フレデリック・トルウェイ
国タンザニア 首相 異スマエ, フレデリック・トルウェイ
Sumaysim, Liwa スメイシム, リワ
国イラク 観光・遺跡相
Sumbana, António Correia スンバナ, アントニオ・コレイア
国モザンビーク 大統領府官房相
Sumbana, Fernando スンバナ, フェルナンド
国モザンビーク 観光相 異スムバナ, フェルナンド
Sumberac, Manuel サンベラク, マヌエル
著「白雪姫」大日本絵画 2013
Sumeeth Reddy スミース・レディ
国インド バドミントン選手
Sumerak, Marc スメラク, マーク
著「パワーパック：デイ・ワン」ヴィレッジブックス 2015
Sumgong, Jemima Jelagat スムゴング, ジェミマ
国ケニア 陸上選手
Sumitro Joyohadikusumo スミトロ・ジョヨハディクスモ
1917～2001 国インドネシア 経済学者, 政治家 インドネシア大学教授, インドネシア蔵相
Sumiyaa Erdenechimegiin スミヤ・エルデネチメグ
国モンゴル レスリング選手
Summer, Donna サマー, ドナ
1948～2012 国アメリカ 歌手 本名=Gaines, Donna Adrian
Summer, Lauralee サマー, ローラリー
1976～ 著「わたしには家がない」竹書房 2014
Summerfield, Mark サマーフィールド, マーク
著「実践Python 3」オライリー・ジャパン, オーム社（発売） 2015

Summerhayes, Katie サマーヘイズ
[国]イギリス フリースタイルスキー選手
Summer Rain, Mary サマーレイン, メアリー
1945～ [著]「ミラクルスピーカー大天使との会話」 ヒカルランド 2013
Summers, Andy サマーズ, アンディ
[著]「アンディ・サマーズ自伝 ポリス全調書」 ブルース・インターアクションズ 2007
Summers, Anthony サマーズ, アンソニー
英国推理作家協会賞 ゴールド・ダガー(ノン・フィクション)(2012年) “The Eleventh Day”
Summers, Ashley サマーズ, アシュリー
[著]「麗しの侵入者」 ハーレクイン 2002
Summers, Cara サマーズ, カーラ
[著]「楽園の罠」 ハーレクイン 2005
Summers, Essie サマーズ, エッシー
[著]「捨てられた令嬢」 ハーパーコリンズ・ジャパン 2016
Summers, Harry G., Jr. サマーズ, ハリー・G., Jr.
[著]「アメリカの戦争の仕方」 講談社 2002
Summers, Hilary サマーズ, ヒラリー
グラミー賞 最優秀クラシック小編成演奏(指揮者あり, またはなし)(2005年(第48回)) “Boulez: Le Marteau Sans Maître, Dérive 1&2” アーティスト
Summers, Judith サマーズ, ジュディス
[著]「ジョージとの日々」 ダイヤモンド社 2008
Summers, Lawrence Henry サマーズ, ローレンス
1954～ [国]アメリカ 経済学者, 政治家 米国国家経済会議(NEC)委員長, ハーバード大学名誉総長, 米国財務長官 [専]財政政策, マクロ経済学
Summers, Muriel サマーズ, ミュリエル
[著]「リーダー・イン・ミー」 キングベアー出版 2014
Summers, Rowan サマーズ, ローワン
[著]「み～つけた! 3D spot what!」 永岡書店ホビーカルチャー部 c2006
Summers, Vanessa サマーズ, ヴァネッサ
1971～ [著]「ヴァネッサの男に頼らないマネーレシピ」 アストラル, メディアート出版(発売) 2006
Summers-Bremner, Eluned サマーズ‐ブレムナー, エルンド
1966～ [著]「眠らない」 青土社 2008
Summerscale, Kate サマースケイル, ケイト
1965～ [著]「最初の刑事」 早川書房 2016
Summey, Mike サミー, マイク
[著]「週末でお金持ちになる!」 アスペクト 2006
Summit, Steve サミット, スティーブ
[著]「CプログラミングFAQ」 新紀元社 2004
Sumner, Adrian Thomas サムナー, A.T.
1940～ [著]「クロモソーム」 大阪公立大学共同出版会 2006
Sumner, Bernard サムナー, バーナード
1956～ [国]イギリス ロック・ギタリスト, 歌手
Sumner, Edmond サムナー, エドモンド
[国]アメリカ バスケットボール選手
Sumpradit, Sarat スンプラディット, サラット
[国]タイ 重量挙げ選手
Sun, Dao-lin スン・ダオリン
1921～2007 [国]中国 俳優, 映画監督 漢字名=孫道臨 [異]スン・タオリン
Sun, Dong-yeol ソン・ドンヨル
1963～ [国]韓国 プロ野球監督, 元プロ野球選手 漢字名=宣銅烈 [異]ソン・ドンイョル
Sun, Ge スン・グー
1955～ [国]中国 政治思想史研究者 中国社会科学院文学研究所研究員 [専]日本政治思想史, 比較文学, 中国文学 漢字名=孫歌
Sun, Guangxin スン・グァンシン
[国]中国 実業家 漢字名=孫広信
Sun, Jia-zheng スン・ジャズン
1944～ [国]中国 政治家 中国文学芸術界連合会主席 中国文化相, 中国共産党中央委員 漢字名=孫家正
Sun, Ta-Shan ソン・タイザン
[国]台湾 元・財団法人交流協会高雄事務所現地職員 漢字名=孫大山
Sun, Weizhong サン, ウェイジョン
1958～ [著]「推拿療法」 ガイアブックス, 産調出版(発売) 2012
Sun, Yang スン・ヤン
1991～ [国]中国 水泳選手 漢字名=孫楊
Sun, Yun-hsuan スン・ユンシュアン
1913～2006 [国]台湾 政治家 台湾行政院院長 漢字名=孫運璿
Sun, Zheng-cai スン・ジョンツァイ
1963～ [国]中国 政治家 中国共産党政治局員, 重慶市党委書記 中国農業部長 漢字名=孫政才
Sunaidy, Ali bin Masoud bin Ali Al スナイディ, アリー・ビン・マスウード・ビン・アリー・アル
[国]オマーン 商工大臣兼計画最高評議会副議長, 元・スポーツ大臣 [異]スナイディ, アリ・ビン・マスード・ビン・アリ
Sunardian スナルディアン
[著]「軍が支配する国インドネシア」 コモンズ 2002
Sunarto, Sunarto スナルト
[国]インドネシア 重量挙げ選手
Sun Chanthol スン・チャントル
[国]カンボジア 公共事業・運輸相 [異]スン・チャントル
Sundara, Viroth スンダーラー, ヴィロード
[国]ラオス 駐日特命全権大使
Sundaram, Rangarajan K. サンドラム, ランガラジャン・K.
[著]「金融規制のグランドデザイン」 中央経済社 2011
Sundararajan, Arun スンドララジャン, アルン
[著]「シェアリングエコノミー」 日経BP社, 日経BPマーケティング(発売) 2016
Sundberg, Johan スンドベリ, ヨハン
1936～ [著]「歌声の科学」 東京電機大学出版局 2007
Sundberg, Nick サンドバーグ, ニック
[国]アメリカ アメフト選手
Sundby, Martin Johnsrud スンビ
[国]ノルウェー クロスカントリースキー選手
Sundby, Siren スンドビー
[国]ノルウェー セーリング選手
Sundeen, Mark サンディーン, マーク
1970～ [著]「スエロは洞窟で暮らすことにした」 紀伊国屋書店 2014
Sundem, Garth サンデム, ガース
[著]「ふつうの子にできるすごいこと」 めるくまーる 2009
Sundem, Gary L. サンデム, ギャリィ・L.
[著]「マネジメント・アカウンティング」 TAC出版事業部 2004
Sunderic, Dejan サンデリック, デヤン
[著]「SQL Server 2005ストアドプロシージャプログラミング」 翔泳社 2007
Sunderland, John サンダーランド, ジョン
[著]「カンスタブル」 西村書店 2009
Sunderland, Margot サンダーランド, マーゴット
[著]「子どもの心理臨床」 誠信書房 2011
Sundh, Kerstin スンド, シャスティン
[著]「おはなしのおもちゃ箱」 PHP研究所 2003
Sundholm, Goran スントホルム, ヨラン
[著]「フレーゲ哲学の最新像」 勁草書房 2007
Sundin, Mats サンディン, マッツ
1971～ [国]スウェーデン 元アイスホッケー選手 本名=Sundin, Mats Johan [異]スンディン, マッツ
Sundquist, Eric J. サンドクイスト, エリック・J.
[著]「死にたる民を呼び覚ませ」 中央大学出版部 2016
Sundram, Steve サンドラム, スティーブ
1963～ [著]「クジラの歌が聞こえるよ」 学習研究社 2002
Sundtoft, Tine スントフト, ティネ
[国]ノルウェー 気候・環境相
Sundvall, Viveca レルン, ヴィヴェッカ
1944～ [著]「すいがらとバラと」 日本ライトハウス 2002
Suneby, Elizabeth サナビー, エリザベス
1958～ [著]「ラズィアのねがい」 汐文社 2013
Suneson, Carl スネソン, カール
1941～ [著]「ヴァーグナーとインドの精神世界」 法政大学出版局 2001
Suneson, Karl スネソン
[国]スウェーデン セーリング選手
Sung, Chu-yu ソン・チューユイ
1942～ [国]台湾 政治家 台湾親民党主席 台湾省長(国民党) 漢字名=宋楚瑜, 英語名=Soong, James
Sung, Mei-ling ソン・メイリン
1898～2003 [国]台湾 政治家 漢字名=宋美齢
Sung, Vo Van スン, ヴォー・ヴァン
[国]ベトナム 元・駐日大使, 元・駐仏大使, 越日友好協会顧問
Sungkawan, Decha サングカワン, デチャ
[著]「アジアの福祉国家政策」 芦書房 2006
Sungmin ソンミン
1986～ [国]韓国 歌手, 俳優 本名=イ・ソンミン
Sunisa Wittayapanyanon スニサー・ウィッタヤーパンヤーノン

Suniula, Andrew　スニウラ, アンドリュー
　国アメリカ　ラグビー選手
Suniula, Shalom　スニウラ, シャロム
　国アメリカ　ラグビー選手
al-Sunki, Omar　スンキ, オマル
　国リビア　内相
Sunnaná, Lars Sigurd　スンナノー, ラーシュ・シーグル
　1946～　著「裸の独裁者サダム」日本放送出版協会 2004
Sunndalsøra, Thor　サンダルソラ, トール
　著「言語帝国主義」幻冬舎ルネッサンス 2010
Sunnegårdh, Erika　ズンネガルド, エリカ
　国スウェーデン　ソプラノ歌手
Sunohara, Vicky　スノハラ, ビッキー
　1970～　国カナダ　元アイスホッケー選手
Sunquist, Fiona　サンクイスト, フィオナ
　著「世界の美しい野生ネコ」エクスナレッジ 2016
Sunquist, Melvin E.　サンクイスト, メル
　著「世界の美しい野生ネコ」エクスナレッジ 2016
Sunseri, Vinnie　サンセリ, ビニー
　国アメリカ　アメフト選手
Sunshine, Glenn S.　サンシャイン, G.S.
　1958～　著「はじめての宗教改革」教文館 2015
Sunshine, Linda　サンシャイン, リンダ
　著「クリスティーナの好きなコト」竹書房 2003
Sunstein, Cass R.　サンスティーン, キャス
　1954～　著「賢い組織は「みんな」で決める」NTT出版 2016
Suntele, Inkululeko　サンテレ, インクルレコ
　国レソト　ボクシング選手
Suntum, Ulrich van　ズントゥム, ウルリヒ・ファン
　1954～　著「学説で読み解く現代経済入門」中央経済社 2011
Sunu, Ibrahim　スヌ, イブラヒム
　国ナイジェリア　連邦首都圏相
Sunyaev, Rashid　スニヤエフ, ラシッド
　国ロシア　クラフォード賞 天文学(2008年)
Sunyayev, Rashid Aliyevich　スニヤエフ, ラシッド・アリエヴィッチ
　1943～　国ロシア　宇宙物理学者　マックス・プランク宇宙物理学研究所所長, ロシア科学アカデミー宇宙科学研究所チーフサイエンティスト
Suomela, Jukka Tapani　スオメラ, ユッカ・タパニ
　国フィンランド　元・フィン・日商工会議所会頭
Suood, Husnu　スウード, フスヌ
　国モルディブ　司法長官
Supachai Panitchpakdi　スパチャイ・パニチャパク
　1946～　国タイ　政治家　国連貿易開発会議(UNCTAD)事務局長, タイ副首相・商業相　愛スパチャイ・パニチャパック
Supajirakul, Puttita　スパジラクル, プッティタ
　国タイ　バドミントン選手
Supamas Trivisvavet　スパマス・トリウィサワウェー
　国タイ　実業家　チョーカンチャンパワー(CKP)社長
Supapodok, Charles　スパポドック, チャールズ
　著「世界が注目するシルバー投資」同友館 2007
Supari, Fadilah　スパリ, ファディラ
　国インドネシア　保健相
Super, Carol　スーパー, キャロル
　著「「売らずに売る」セールス!」ダイヤモンド社 2005
Supernaw, Phillip　スーパーナウ, フィリップ
　国アメリカ　アメフト選手
Supersbergen, Nikolaus　ズーパースベルゲン, ニコウラス
　著「フェアな未来へ」新評論 2013
Suphalak, Sitthisak　シットイサク
　国タイ　重量挙げ選手
Suplicy, Marta　スプリシ, マルタ
　国ブラジル　文化相
Suppé, Barbara　ズッペー, バーバラ
　愛ズッペー, B.　著「機能的運動療法」丸善出版 2014
Supree, Burton　サプリー, バートン
　著「ママ, ママ, おなかがいたいよ」福音館書店 2012
Suprun, Uliana Nadia　スプルン, ウリアナナディア
　国ウクライナ　保健相代行
Supuwood, Laveli　スプウッド, ラベリ
　国リベリア　労相
Suraimanov, Nurlan　スライマノフ, ヌルラン
　国キルギス　運輸通信相
al-Suraiseri, Jubarah bin Eid　スライセリ, ジュバラ・ビン・イード
　国サウジアラビア　運輸相
Surakiart Sathirathai　スラキアット・サティヤンタイ
　1958～　国タイ　政治家, 法学者　アジア平和・和解評議会会長　タイ副首相・外相　愛スラキアート／スラキアット・サティエンタイ
Surapong, Suebwonglee　スラポン・スーブウォンリー
　国タイ　情報通信技術相　愛スラポン・スープウォンリー
Surapong, Tovijakchaikul　スラポン・トーウィチャックチャイクン
　国タイ　副首相兼外相
Surasak, Karnjanarat　スラサック・カンチャナラット
　国タイ　天然資源・環境相
Suratteau, Daniel　シュラットー, ダニエル
　著「世界数学者事典」日本評論社 2015
Surayud Chulanont　スラユット・チュラノン
　1943～　国タイ　政治家, 元軍人　タイ枢密院顧問官　タイ暫定首相, タイ国軍最高司令官　愛スラユット・ジュラノン／スラユット・チュラーノン
Sureau, Claude　シュロー, クロード
　著「クローンの国のアリス」青土社 2001
Suren, Dolgor　スレン・ドルゴル
　国モンゴル　モンゴル国立大学教授, モンゴル日本語教師会会長
Suresh, Subra　スレッシュ, S.
　著「材料の疲労破壊」培風館 2005
Surguladze, Kote　スルグラゼ, コテ
　国ジョージア　国務相(在外国民問題担当)
Surguladze, Nino　スルグラーゼ, ニーノ
　メゾソプラノ歌手
Suri, Gaurav　スリ, ガウラヴ
　1966～　著「数学小説確固たる曖昧さ」草思社 2013
Suri, Jane Fulton　スーリ, ジェーン・フルトン
　著「考えなしの行動?」太田出版 2009
Suri, Manil　スーリー, マニル
　1959～　著「ヴィシュヌの死」めるくまーる 2002
Surin Pitsuwan　スリン・ピッスワン
　1949～　国タイ　政治家, 政治学者　タイ未来革新研究所所長　東南アジア諸国連合(ASEAN)事務局長, タイ外相　愛スリン・ピスワン
Suriya, Jungrungreangkit　スリヤ・チュンルンルンアンキット
　国タイ　運輸相
Suriya, Prasathinphimai　スリヤ
　国タイ　ボクシング選手
Suriyā Rattanakun　スリヤー・ラタナクン
　著「霊獣が運ぶアジアの山車」工作舎 2016
Surjadi, Soedirdja　スルヤディ・スディルジャ
　国インドネシア　内相
Surkov, Vladislav Y.　スルコフ, ウラジスラフ・Y
　国ロシア　副首相兼官房長官
Surla, Branka　サラ, ブランカ
　著「数学脳を育てる数学図鑑」主婦の友社 2013
Surman, Andrew　サーマン, アンドリュー
　国イングランド　サッカー選手
Surman, Craig　サーマン, クレイグ
　著「ハーバード式大人のADHDパーフェクトガイド」法研 2015
Surnow, Joel　サーナウ, ジョエル
　著「24 リブ・アナザー・デイ」竹書房 2015
Surojegin, Nora　スロイェギン, ノーラ
　1979～　著「ちびフクロウのぼうけん」福音館書店 2009
Surojegin, Pirkko-Liisa　スロイェギン, ピルッコ・リーサ
　1950～　著「ちびフクロウのぼうけん」福音館書店 2009
Surowiecki, James　スロウィッキー, ジェームズ
　1967～　著「群衆の智慧」KADOKAWA 2014
Surprenant, Aimée M.　スープレナント, A.M.
　著「記憶の原理」勁草書房 2012
Surrell, Jason　サーレル, ジェイソン
　著「メイキング・オブホーンテッドマンション」ぴあ 2004
Surrette, Mark James　サレット, マーク・ジェームズ
　国カナダ　在ハリファックス日本国名誉総領事
Surris, Andrew　サリス, アンドルー
　1928～2012　国アメリカ　映画批評家　コロンビア大学教授　愛サリス, アンドリュー
Surtees, Bruce　サーティーズ, ブルース
　?～2012　国アメリカ　映画撮影監督　愛サーティース, ブルース
Surty, Mohamed Enver　スルティ, モハメド・エンバ
　国南アフリカ　法相

Surugiu, Florin　スルジュ, フロリン
[国]ルーマニア　ラグビー選手
Suruma, Ezra　スルマ, エズラ
[国]ウガンダ　財務相
Surya Das　スールヤ・ダス
1950～　[異]ラマ・スールヤ・ダス　[著]「人生を劇的に変える〈ブッダの時間〉」 新潮社　2013
Suryadharma, Ali　スルヤダルマ・アリ
[国]インドネシア　宗教相
Suryohadiprojo, Sayidiman　スリヨハディプロジョ, サイデマン
1927～　[国]インドネシア　外交官, 元軍人　駐日インドネシア大使　[異]サイデマン / サイデマン・スリヨハディプロジョ / スリヨハディプロジョ, サイディマン
Susac, Andrew　スーザック, アンドリュー
[国]アメリカ　野球選手
Susaeta, Markel　スサエタ, マルケル
[国]スペイン　サッカー選手
Susaia, Akillino　スサイア, アキリノ
[国]ミクロネシア連邦　経済相
Susan, Eyemazing　スーザン, アイメージング
[著]「EYEMAZING」 青幻舎　2013
Susanto, Debby　スサント, デビ
[国]インドネシア　バドミントン選手
Susanu, Viorica　スサヌ
[国]ルーマニア　ボート選手
S
Suse　スーズ
[著]「ピットとパットのけんか」 JULA出版局　2003
Sushkov, Boris Filippovich　スーシコフ, ボリス
1940～2015　[著]「トルストイの実像」 群像社　2015
Susi, Pudjiastuti　スシ・プジアストゥティ
[国]インドネシア　海洋・水産相
Susilo, Ronald　スシロ
[国]シンガポール　バドミントン選手
Suskie, Linda A.　サスキー, リンダ
[著]「学生の学びを測る」 玉川大学出版部　2015
Suskind, Patrick　ジュースキント, パトリック
[著]「香水」 文芸春秋　2003
Suskind, Ron　サスキンド, ロン
[著]「ディズニー・セラピー」 ビジネス社　2016
Suso　スソ
[国]スペイン　サッカー選手
Suss, Esther　ジュース
[国]スイス　自転車選手
Susskind, Lawrence　サスキンド, ローレンス
[異]サスカインド, ローレンス・E.　[著]「ハーバード×MIT流世界最強の交渉術」 ダイヤモンド社　2015
Susskind, Leonard　サスキンド, レオナルド
[著]「スタンフォード物理学再入門量子力学」 日経BP社, 日経BPマーケティング(発売)　2015
Sussman, Allen E.　サスマン, アレン・E.
[著]「聾・聴覚障害百科事典」 明石書店　2002
Sussman, David　サスマン, デビッド
[著]「プロフェッショナルASP.NET」 インプレス, インプレスコミュニケーションズ(発売)　2002
Sussman, Deborah　サスマン, デボラ
[著]「Supergraphics」 ビー・エヌ・エヌ新社　2011
Sussman, Gerald Jay　サスマン, ジェラルド・ジェイ
[著]「計算機プログラムの構造と解釈」 翔泳社　2014
Sussman, Julie　サスマン, ジュリー
[著]「計算機プログラムの構造と解釈」 翔泳社　2014
Sussman, Lyle　サスマン, ライル
1944～　[著]「ザ・リーダー」 ディスカヴァー・トゥエンティワン　2003
Sussman, Norman　サスマン, ノーマン
[著]「カプラン精神科薬物ハンドブック」 メディカル・サイエンス・インターナショナル　2015
Sussman, Paul　サスマン, ポール
1966～2012　[国]イギリス　作家, コラムニスト　[専]ミステリー, スリラー
Sussman, Robert W.　サスマン, ロバート・W.
[著]「ヒトは食べられて進化した」 化学同人　2007
Šustar, Predrag　シュスタル, プレドラグ
[国]クロアチア　科学・教育・スポーツ相
Susteren, Greta Van　サステレン, グレタ・ヴァン
[国]アメリカ　フォックス・ニュースアンカー
Šušteršič, Janez　シュシュテルシッチ, ヤネス
[国]スロベニア　財務相
***al*-Suswah, Amat al-Alim**　ススワ, アマト・アリム
[国]イエメン　人権相
Suswono　ススウォノ
[国]インドネシア　農相
Šutanovac, Dragan　シュタノバツ, ドラガン
[国]セルビア　国防相
Sutcliffe, Jane　サトクリフ, ジェーン
[著]「石の巨人」 小峰書店　2013
Sutcliffe, Jenny　サトクリフ, ジェニー
[著]「腰と背中をしっかり守るストレッチ法」 産調出版　2008
Sutcliffe, Katherine　サトクリフ, キャサリン
[著]「緋色の十字架」 ソニー・マガジンズ　2006
Sutcliffe, Kathleen M.　サトクリフ, キャスリーン・M.
1950～　[著]「不確実性のマネジメント」 ダイヤモンド社　2002
Sutcliffe, Mandy　サトクリフ, マンディ
[著]「ベルとブゥおいしいいちにち」 岩崎書店　2014
Sutcliffe, Phil　サトクリフ, フィル
[著]「クイーン華麗なる世界」 シンコーミュージック・エンタテイメント　2011
Sutcliffe, William　サトクリフ, ウィリアム
1971～　[国]イギリス　作家　[専]ユーモア　[異]サトクリフ, ウイリアム
Sutej, Tina　ステイ, ティナ
[国]スロベニア　陸上選手
Suter, Brent　スーター, ブレント
[国]アメリカ　野球選手
Suter, Fabienne　スター, F.
[国]スイス　アルペンスキー選手　[異]スター
Suter, Martin　ズーター, マルティン
1948～　[国]スイス　コラムニスト, 脚本家, 作家　[専]文学, フィクション
Sutham, Saengprathum　スタム・セーンプラトゥム
[国]タイ　国立大学相
Suthep, Thaugsuban　ステープ・トゥアックスバン
[国]タイ　副首相
Sutherland, Adam　サザーランド, アダム
[著]「ナイキ」 彩流社　2015
Sutherland, Amy　サザーランド, エイミー
[著]「ダンナちゃん、よくできました！」 早川書房　2008
Sutherland, Darren John　サザーランド
[国]アイルランド　ボクシング選手
Sutherland, Dean F.　サザーランド, ディーン・F.
[著]「Javaセキュアコーディングスタンダード」 アスキー・メディアワークス, 角川グループパブリッシング(発売)　2012
Sutherland, Donald　サザーランド, ドナルド
1935～　[国]カナダ　俳優　本名＝Sutherland, Donald McNicol
Sutherland, Ivan Edward　サザーランド, アイバン・エドワード
1938～　[国]アメリカ　コンピューター科学者　サン・マイクロシステムズ副社長, カリフォルニア工科大学教授　[異]サザランド, アイバン
Sutherland, James Runcieman　サザランド, ジェイムズ
1900～　[著]「『ロビンソン・クルーソー』を書いた男の物語」 ユニオンプレス　2008
Sutherland, Jeffrey Victor　サザーランド, ジェフ
[著]「スクラム」 早川書房　2015
Sutherland, Joan　サザーランド, ジョーン
1926～2010　[国]オーストラリア　ソプラノ歌手　[異]サザランド, ジョーン
Sutherland, Kari　サザーランド, カリ
[著]「アリス・イン・ワンダーランド～時間の旅～」 宝島社　2016
Sutherland, Kiefer　サザーランド, キーファー
1966～　[国]アメリカ　俳優
Sutherland, Louis　サザーランド, ルイス
カンヌ国際映画祭 審査員特別賞(短編映画)(第62回(2009年)) "The Six Dollar Fifty Man"
Sutherland, Peg　サザランド, ペグ
[著]「プリンセスと大泥棒」 ハーレクイン　2001
Sutherland, Peter Denis　サザーランド, ピーター
1946～　[国]アイルランド　実業家, 政治家, 法律家　ゴールドマン・サックス・インターナショナル会長, 国連移住機関(IOM)事務局長特別大使　世界貿易機関(WTO)事務局長, ブリティッシュ・ペトロリアム(BP)会長
Sutherland, T.T.　サザーランド, T.T.
[著]「アリス・イン・ワンダーランド」 偕成社　2010
Sutherland, Valerie J.　サザーランド, バレリー

㊻「職場の困った人」トランスワールドジャパン 2003
Sutiashvili, Shalva スティアシヴィリ, シャルヴァ
　㊾ジョージア　ラグビー選手
Sutin, Lawrence スーティン, ロランス
　㊻「フィリップ・K・ディック我が生涯の弁明」アスペクト 2001
Sutluoglu, Imdat ストゥリュオウル, イムダト
　㊾トルコ　環境相
Sutphen, Molly サットフェン, モリー
　㊻「ベナー ナースを育てる」医学書院 2011
Sutter, Andrew J. サター, アンドリュー・J.
　1955〜　㊻「経済成長神話の終わり」講談社 2012
Sutter, Herb サッター, ハーブ
　㊻「More Exceptional C++」ピアソン・エデュケーション 2008
Sutter, Joseph F. サッター, ジョー
　㊻「747」日経BP社, 日経BP出版センター（発売） 2008
Sutter, Robert G. サター, ロバート
　1943〜　㊾アメリカ　ジョージ・ワシントン大学教授　米国議会調査局中国専門官　㊼国際関係, 中国問題, 対日・対中政策
Sutter, Scott ズッター, スコット
　㊾スイス　サッカー選手
Suttner, Markus ズットナー, マルクス
　㊾オーストリア　サッカー選手
Sutton, Adrian サットン, エイドリアン
　ローレンス・オリヴィエ賞 音楽デザイン賞（2013年（第37回））"The Curious Incident Of The Dog In The Night-Time"
Sutton, Andrew サットン, アンドルー
　㊻「コンパスと定規の数学」創元社 2012
Sutton, Antony サットン, アントニー
　㊻「闇の超世界権力スカル＆ボーンズ」徳間書店 2004
Sutton, Bob サットン, ボブ
　㊾アメリカ　カンザスシティ・チーフスコーチ
Sutton, Bryan サットン, ブライアン
　グラミー賞 最優秀カントリー・インストゥルメンタル・アーティスト（2006年（第49回））　"Whiskey Before Breakfast"
Sutton, Charmaine Vercimak サットン, シャーメン
　㊻「医療・医薬品業界のためのリスクマネジメント入門」薬事日報社 2006
Sutton, Christine サットン, C.
　㊻「ニュートリノでめぐる素粒子・宇宙の旅」シュプリンガー・ジャパン 2007
Sutton, Daud サットン, ダウド
　㊻「プラトンとアルキメデスの立体」創元社 2012
Sutton, Dave サットン, デイブ
　1963〜　㊻「利益を創出する統合マーケティング・マネジメント」英治出版 2006
Sutton, David サットン, デイヴィット
　㊻「インスマス年代記」学習研究社 2001
Sutton, Emily サットン, エミリー
　㊻「人形の家にすんでいたネズミ一家のおはなし」徳間書店 2016
Sutton, Jim サットン, ジム
　㊾ニュージーランド　農林相兼通商交渉相兼バイオ安全相
Sutton, John サットン, ジョン
　1948〜　㊻「経済の法則とは何か」麗澤大学出版会, 柏 広池学園事業部（発売） 2007
Sutton, Margaret サットン, マーガレット
　㊻「少女探偵ジュディ消えたダイヤモンド」金の星社 2002
Sutton, Robert I. サットン, ロバート・I.
　㊻「なぜ、わかっていても実行できないのか」日本経済新聞出版社 2014
Sutton, Sally サットン, サリー
　1973〜　㊻「ブケコの日記」文研出版 2013
Sutton, Tina サットン, ティナ
　㊻「配色見本帖」ピエ・ブックス 2004
Sutton, Will サットン, ウィル
　㊾アメリカ　アメフト選手
Sutzkever, Abraham スツケヴェル, アブラハム
　1913〜2010　㊾イスラエル　イディッシュ語詩人　イディッシュ語名＝Sutzkever, Avrom
Suvanaliyev, Omurbek スワナリエフ, オムルベク
　㊾キルギス　内相
Suvit, Maesincee スウィット・メシンシー
　㊾タイ　首相府相
Suvit, Yodmani スウィット・ヨートマニー
　㊾タイ　観光・スポーツ相

*al-*Suwaiyel, Mohammed Ibn Ibrahim スウェイル, ムハンマド・イブン・イブラヒム
　㊾サウジアラビア　通信情報技術相　㊺スワイウェリ, ムハンマド・イブン・イブラヒム
Suwanda, Sandi スワンダ, サンディ
　1949〜　㊻「漢方生薬実用事典」ガイアブックス, 産調出版（発売） 2012
Suwapan, Tanyuvardhana スワパン・タンユワッタナ
　㊾タイ　法相
Suwat, Liptapanlop スワット・リプタパンロップ
　㊾タイ　副首相
Suwayd, Hassan Umar Mohammed スワイド, ハッサン・ウマル・モハメド
　㊾イエメン　農業・かんがい相
Suwayd, Joseph スウェイド, ジョゼフ
　㊾シリア　国務相
Suwayd, Yusuf スウェイド, ユスフ
　㊾シリア　移民相　㊺スワイド, ユスフ
Suwit, Khunkitti スウィット・クンキティ
　㊾タイ　天然資源・環境相　㊺スウィット・クンキッティ
Suxo Iturry, Nardi スクソ・イトゥリ, ナルディ
　㊾ボリビア　汚職撲滅相
Suyadi スヤディ
　㊻「まめジカカンチルとハリマオだいおう」おはなしきゃらばんセンター 2006
Suyanto, Djoko スヤント, ジョコ
　㊾インドネシア　調整相（政治・治安）
Suyeishi, Kazuye スエイシ・カズエ
　㊾アメリカ　米国広島・長崎原爆被爆者協会会長, 元・非核特使　漢字名＝据石和江
Suyoi, Osman スヨイ・オスマン
　㊾ブルネイ　教育相
Suyolcu, Orhan スヨルジュ, オルハン
　1926〜2013　㊾トルコ　パイロット　トルコ航空パイロット
Suy Sem スイ・セム
　㊾カンボジア　鉱業・エネルギー相　㊺スイ・セム
Suzani, Yusoff スザニ, ユソフ
　㊾マレーシア　元・在ペナン日本国総領事館現地職員
Suzetta, Paskah スゼッタ, パスカ
　㊾インドネシア　国家開発計画庁長官
Suzman, Helen スズマン, ヘレン
　1917〜2009　㊾南アフリカ　人権活動家, 政治家　南アフリカ国会議員
Suzuki, Akira スズキ, アキラ
　㊾日本　ノーベル賞 化学賞（2010年）　漢字名＝鈴木章
Suzuki, Bob H. スズキ, ボブ・ヒロ
　㊾アメリカ　元・カリフォルニア州立工科大学ポモナ校学長
Suzuki, David スズキ, デービッド
　1936〜　㊾カナダ　生物学者, 環境活動家　ブリティッシュ・コロンビア大学名誉教授, デービッド・スズキ財団理事長　本名＝Suzuki, David Takayoshi　㊺スズキ, デヴィッド
Suzuki, Edward スズキ, エドワード
　㊺鈴木エドワード　㊻「日本の未来について話そう」小学館 2011
Suzuki, Kurt スズキ, カート
　㊾アメリカ　野球選手
Suzuki, Masako Martha スズキ, マサコ・マーサ
　㊾アメリカ　ヘンリー＆トモエ・タカハシ慈善財団共同設立者
Svab, Filip スバブ, フィリップ
　㊾チェコ　カヌー選手
Svae, Christoffer スボエ
　㊾ノルウェー　カーリング選手
Svane, Freddy スヴェイネ, フレディ
　㊾デンマーク　駐日特命全権大使
Svanelid, Göran スバネリッド, ヨーラン
　㊻「スウェーデンの小学校社会科の教科書を読む」新評論 2016
Švankmajer, Jan シュヴァンクマイエル, ヤン
　1934〜　㊾チェコ　アニメーション作家, 映画監督　㊺シュバンクマイエル, ヤン／シュワンクマイエル, ヤン
Svankmajerová, Eva シュヴァンクマイエル, エヴァ
　1940〜　㊻「ヤン＆エヴァ シュヴァンクマイエル展」パッド, ACCESS（発売） 2011
Svardal, Geir スヴァルダル, ゲイル
　㊻「ペター・ソルベルグ110パーセント」ミトス 2007
Svárovský, Leoš スワロフスキー, レオシュ
　1961〜　㊾チェコ　指揮者　プラハ国立歌劇場オペラ芸術監督, セントラル愛知交響楽団音楽監督

Svarre, Birgitte　スヴァア, ビアギッテ
　著「パブリックライフ学入門」鹿島出版会 2016
Svartengren, Magnus　スヴァーテングレン, マグナス
　著「環境医学入門」中央法規出版 2003
Svavarsdottir, Svandis　スバパルスドッティル, スバンディス
　国アイスランド　環境相
Švec, Marek　スベツ
　国チェコ　レスリング選手
Sveinsson, Gunnar　スベインソン, グンナル
　国アイスランド　外相
Sveinsson, Kjartan　スヴェインソン, キャータン
　国アイスランド　ミュージシャン　異スベインソン, キャータン
Sveistrup, Søren　スヴァイストロップ, ソーラン
　1968〜　著「キリング」早川書房 2013
Sveltov, Boris V.　スベトロフ, ボリス・V.
　国ベラルーシ　文化相
Svendsen, Emil Hegle　スヴェンセン, エミル・ヘグル
　1985〜　国ノルウェー　バイアスロン選手　異スベンセン, エミル ヘグル
Svendsen, Lars Fr.H.　スヴェンセン, ラース
　1970〜　著「働くことの哲学」紀伊國屋書店 2016
Svennung, Anna Malvina　スベンヌン, アナマルビナ
　国スウェーデン　ボート選手
Svensmark, Henrik　スベンスマルク, ヘンリク
　著「"不機嫌な"太陽」恒星社厚生閣 2010
Svenson, James　スベンソン, ジェームズ
　著「希望と幸福に満ちた人生の扉をひらく50の法則」ディスカヴァー・トゥエンティワン 2016
Svensson, Börje　スヴェンソン, ベリエ
　1942〜　著「性的虐待を受けた少年たち」新評論 2008
Svensson, Frida　スベンソン
　国スウェーデン　ボート選手
Svensson, Lars　スベンソン, ラーシュ
　1941〜　著「ヨーロッパ産スズメ目の識別ガイド」文一総合出版 2011
Svensson, Lars E.O.　スヴェンソン, ラルス・E・O.
　異スベンソン, ラルス・E.O.　著「クルーグマン教授の"ニッポン"経済入門」春秋社 2003
Svensson, Marcus　スベンソン, マルクス
　国スウェーデン　射撃選手　異スベンソン
Svěrák, Jan　スヴィエラーク, ヤン
　1965〜　国チェコ　映画監督　異スヴェラーク
Sverak, Zdenek　スヴィエラーク, ズディニェク
　著「ダーク・ブルー」角川書店 2002
Sverrisdottir, Valgerdur　スベルリスドッティル, バルゲルズル
　国アイスランド　外相　異スベリスドッティル, バルゲルドゥル
Svetlana, Chezhina　スヴェトラーナ, チェジナ
　国ロシア　漫画家　異スベトラーナ, チェジナ
Svetlanov, Evgenii Fedorovich　スヴェトラーノフ, エフゲニー
　1928〜2002　国ロシア　指揮者, ピアニスト, 作曲家　ロシア国立交響楽団音楽監督, ボリショイ劇場管弦楽団首席指揮者　異スベトラーノフ, エフゲニー／スベトラノフ, エフゲニー
Svetlik, Ivan　スベトリク, イバン
　国スロベニア　労働・家庭・社会問題相
Sveum, Dale　スウェイム, デール
　国アメリカ　カンザスシティ・ロイヤルズコーチ
Sveum, Sue　スヴューム, スー
　著「最悪!」バジリコ 2006
Svilanović, Goran　スビラノビッチ, ゴラン
　国ユーゴスラビア　外相
Svinarov, Nikolay　スビナロフ, ニコライ
　国ブルガリア　国防相
Svindal, Aksel Lund　スヴィンダル, アクセル・ルント
　1982〜　国ノルウェー　スキー選手　異スビンダル, アクセルルント／スヴィンダール, アクセル・ルンド
Svinonishvili, Mikheil　スビノニシビリ, ミヘイル
　国ジョージア　農業・食料相
Sviokla, John　スヴィオクラ, ジョン
　異スビオクラ, ジョン・J.　著「10億ドルを自力で稼いだ人は何を考え, どう行動し, 誰と仕事をしているのか」ダイヤモンド社 2016
Sviridov, Evgeny　スヴィリドフ, エフゲニー
　国ロシア　パガニーニ国際ヴァイオリン・コンクール レナート・デ・バルビエリ記念賞, カルロ・フェリーチェ劇場友の会賞（2008年）（第52回）
Sviridov, Sergey　スビリドフ

国ロシア　陸上選手
Svith, Flemming Tait　スビス, フレミング・テイト
　著「調査報道実践マニュアル」旬報社 2016
Svitolina, Elina　スビトリナ, エリナ
　国ウクライナ　テニス選手
Svoboda, Cyril　スボボダ, チリル
　国チェコ　無任所相兼政府立法評議会議長　異スボボダ, シリル
Svoboda, David　スボボダ, ダビド
　1985〜　国チェコ　近代五種選手
Svoboda, Helmut　スヴォボーダ, ヘルムート
　著「ワークとドリルで学ぶサッカー実戦メンタル強化法」大修館書店 2007
Svoboda, Josef　スヴォボダ, ヨゼフ
　1920〜2002　国チェコ　舞台美術家, 建築家, 演出家　プラハ国立劇場主任デザイナー　異スボボダ, ヨゼフ
Svoboda, Peter　スヴォボダ, ピーター
　著「カジノゲームバイブル」誠文堂新光社 2005
Svoboda, Terese　スヴォボダ, テレーズ
　著「占領期の日本」ひろしま女性学研究所 2011
Swaaij, Louise van　スヴァーイ, ルイス・ファン
　著「あなたを見つけるこころの世界地図」ソニー・マガジンズ 2006
Swadi, Rasoul Abdul-Hussein　スワディ, ラスール・アブドルフセイン
　国イラク　かんがい相
Swadron, Stuart P.　スワドロン, スチュアート・P.
　著「ERエラーブック」メディカル・サイエンス・インターナショナル 2012
Swaim, Geoff　スウェイム, ジェフ
　国アメリカ　アメフト選手
Swain, Ben　スエーン
　国イギリス　飛び込み選手
Swain, Chris　スウェイン, クリス
　国アメリカ　アメフト選手
Swain, Donald C.　スウェイン, ドナルド・C.
　著「アメリカの環境主義」同友館 2004
Swain, Frank　スウェイン, フランク
　著「ゾンビの科学」インターシフト, 合同出版（発売） 2015
Swain, Holly　スウェイン, ホリー
　著「ダンスのすきなワニ」朔北社 2004
Swain, James　スウェイン, ジェームズ
　国アメリカ　作家　ミステリー, スリラー　異スウェイン, ジェイムズ
Swain, John　スウェイン, ジョン
　著「西洋拷問刑罰史」雄山閣 2004
Swain, John　スウェイン, ジョン
　1948〜　著「イギリス障害学の理論と経験」明石書店 2010
Swain, Monte　スウェイン, モンテ
　著「実践TOCワークブック」ダイヤモンド社 2003
Swain, Paul　スワイン, ポール
　国ニュージーランド　労相兼移民相兼情報技術相兼通信相兼矯正相
Swales, Michaela A.　スウェイルズ, ミカエラ・A.
　1965〜　著「認知行動療法の新しい潮流」明石書店 2015
Swallow, James　スワロウ, ジェームズ
　著「バタフライ・エフェクト」竹書房 2005
Swamidass, Paul M.　スワミダス, ポール・M.
　著「生産管理大辞典」朝倉書店 2004
Swaminathan, D.M.　スワミナタン, D.M.
　国スリランカ　再定住・再建・ヒンズー教・刑務所改革相　異スワミナダン, D.M.
Swaminathan, Madhavan　スワミナサン, マドハバン
　著「パワーインテグリティのすべて」翔泳社 2010
Swaminathan, Monkombu Sambasivan　スワミナサン, モンコンブ
　1925〜　国インド　農学者　スワミナタン財団理事長　バグウォッシュ会議長, 国際マングローブ生態系協会（ISME）初代会長　著植物遺伝学, 育種学　異スワミナサン, M.S.
Swami Ramdev　スワミ・ラムデブ
　国インド　ヨガ指導者
Swan, Annalyn　スワン, アナリン
　国アメリカ　ピュリッツアー賞 文学・音楽 伝記・自伝（2005年）ほか
Swan, Christopher A.　スワン, クリストファー・A.
　著「マーケティングのジレンマ」ダイヤモンド社 2004
Swan, Curt　スワン, カート
　著「スーパーマン：ザ・ラスト・エピソード」小学館集英社プロ

ダクション　2010
Swan, Harold Jeremy C.　スワン, ハロルド・ジェレミー・C.
　㊞「麻酔の偉人たち」総合医学社　2016
Swan, Isabel　スワン, イザベル
　㊐ブラジル　セーリング選手
Swan, Michael　スワン, マイケル
　㊞「オックスフォード実例現代英語用法辞典」研究社　2007
Swan, Owen　スワン, オーウェン
　1975～　㊞「おじいちゃん、おぼえてる?」光村教育図書　2016
Swan, Robbyn　スワン, ロビン
　英国推理作家協会賞 ゴールド・ダガー(ノン・フィクション)(2012年) "The Eleventh Day"
Swan, Russ　スワン, ラス
　1964～2006　㊐アメリカ　野球選手
Swan, Teal　スワン, ティール
　1984～　㊞「自分を愛せなくなってしまった人へ」ナチュラルスピリット　2016
Swan, Thomas　スワン, トーマス
　㊞「ダ・ヴィンチ贋作計画」角川書店　2002
Swan, Wayne　スワン, ウェイン
　㊐オーストラリア　副首相兼財務相
Swanberg, Lena Katarina　スヴァンベリ, レーナ・カタリーナ
　㊞「生き抜いた私(わたし)」主婦の友社　2011
Swank, Hilary　スワンク, ヒラリー
　1974～　㊐アメリカ　女優
Swann, Alan C.　スワン, アラン・C.
　㊞「双極うつ病」星和書店　2013
Swann, Damian　スワン, デイミアン
　㊐アメリカ　アメフト選手
Swann, E.L.　スワン, E.L.
　㊞「ナイト・ガーデニング」にじゅうに, ディスカヴァー・トゥエンティワン(発売)　2005
Swann, Leda　スワン, レダ
　㊞「この身をあなたにささげて」竹書房　2010
Swann, Leonie　スヴァン, レオニー
　1975～　㊐ドイツ　作家　㊙ミステリー
Swann, Mandy　スワン, マンディ
　㊞「イギリス教育の未来を拓く小学校」大修館書店　2015
Swanson, Dansby　スワンソン, ダンズビー
　㊐アメリカ　野球選手
Swanson, Dax　スワンソン, ダックス
　㊐アメリカ　アメフト選手
Swanson, Doug J.　スワンソン, ダグ・J.
　㊞「ビッグ・タウン」早川書房　2001
Swanson, Elizabeth　スワンソン, エリザベス
　㊞「看護成果分類」医学書院　2010
Swanson, Garrett　スワンソン, ギャレット
　㊐アメリカ　アメフト選手
Swanson, James L.　スワンソン, ジェイムズ・L.
　アメリカ探偵作家クラブ賞 犯罪実話賞(2007年) "Manhunt: The 12-Day Chase for Lincoln's Killer"
Swanson, Kara L.　スワンソン, カーラ・L.
　㊞「目印はフォーク!」クリエイツかもがわ, 京都 かもがわ出版(発売)　2008
Swanson, Larry W.　スワンソン, ラリー
　1945～　㊞「ブレイン・アーキテクチャ」東京大学出版会　2010
Swanson, Peter　スワンソン, ピーター
　1968～　㊐アメリカ　作家　㊙スリラー
Swanson, Susan Marie　スワンソン, スーザン・マリー
　㊞「おひさまみたいに」ほるぷ出版　2012
Swanson, Travis　スワンソン, トラビス
　㊐アメリカ　アメフト選手
Swanston, Alexander　スワンストン, アレグザンダー
　㊞「アトラス世界航空戦史」原書房　2011
Swanston, Malcolm　スワンストン, マルコム
　㊞「アトラス世界航空戦史」原書房　2011
Swanwick, Keith　スワニック, キース
　㊞「音楽の教え方」音楽之友社　2004
Swanwick, Michael　スワンウィック, マイケル
　1950～　㊞「グリュフォンの卵」早川書房　2006
Swap, Walter C.　スワップ, ウォルター
　㊞「「経験知」を伝える技術」ダイヤモンド社　2013
Swaraj, Sushma　スワラジ, スシュマ
　㊐インド　外相
Swaratsingh, Kennedy　スワラットシン, ケネディ
　㊐トリニダード・トバゴ　総務相

Swarner, Kristina　スワーナー, クリスティーナ
　㊞「ローズとライオン」バベルプレス　2015
Swartz, Aaron　スワーツ, アーロン
　1986～2013　㊐アメリカ　プログラマー, オンライン活動家
Swartz, Clifford E.　スワルツ, クリフォード
　?～2010　㊞「物理がわかる実例計算101選」講談社　2013
Swartz, Conrad M.　スワルツ, コンラッド・M.
　㊞「精神病性うつ病」星和書店　2013
Swartz, Johnnie　スワルツ, ジョニー
　㊐ボツワナ　インフラ・科学技術相
Swartz, Mark H.　スワルツ, M.H.
　㊞「スワルツ身体診察法」西村書店　2013
Swartz, Mimi　シュワルツ, ミミ
　㊞「エンロン 内部告発者」ダイヤモンド社　2003
Swartz, Teresa A.　スウォーツ, テレサ・A.
　㊞「マーケティングのジレンマ」ダイヤモンド社　2004
Swarup, Vikas　スワラップ, ヴィカス
　1961～　㊐インド　外交官, 作家　インド外務省報道官　㊙フィクション　㊙スワラップ, ビカス／スワループ, ヴィカース
Swarzak, Anthony　スウォーザック, アンソニー
　㊐アメリカ　野球選手
Swatoń, Jerzy　スワトン, イエジ
　㊐ポーランド　環境相
Swayze, Patrick　スウェイジ, パトリック
　1952～2009　㊐アメリカ　俳優, ダンサー　㊙スウェイズ, パトリック
Swearinger, D.J.　スウェアリンジャー, D.J.
　㊐アメリカ　アメフト選手
Sweat, Brooke　スウェット, ブルック
　㊐アメリカ　ビーチバレー選手
Sweat, Matthew H.　スウェット, マシュー・H.
　1958～　㊞「上部頚椎の研究」科学新聞社出版局　2011
Sweat, Roy W.　スウェット, ロイ・W.
　1927～　㊞「上部頚椎の研究」科学新聞社出版局　2011
Swedberg, Richard　スヴェードボリ, R.
　㊞「マックス・ウェーバー」文化書房博文社　2004
Swede, Shirley　スウィード, シャーリー
　㊞「パニック障害からの快復」筑摩書房　2005
Swedroe, Larry E.　スウェドロー, ラリー・E.
　㊞「間違いだらけの投資法選び」パンローリング　2002
Sweeney, Anne Mary　スウィーニー, アン
　1957～　㊐アメリカ　実業家　ディズニー・メディア・ネットワークス共同会長, ディズニーABCテレビジョン社長
Sweeney, Charles W.　スウィーニー, チャールズ
　?～2004　㊐アメリカ　軍人　米国空軍少将
Sweeney, Emma　スウィーニー, エマ
　㊞「いつだって愛してる」主婦の友社　2002
Sweeney, John　スウィーニー, ジョン
　1946～　㊞「損切りか保有かを決める最大逆行幅入門」パンローリング　2012
Sweeney, Leann　スウィーニー, リアン
　㊐アメリカ　作家　㊙ミステリー
Sweeney, Matthew　スイニー, マシュー
　1952～　㊐スウィーニー, マシュー　㊞「男と少年ときつね」大阪教育図書　2012
Sweeney, Michael S.　スウィーニー, マイケル
　㊐アメリカ　ジャーナリスト　ユタ州立大学ジャーナリズム学部教授　㊙スウィーニィ, マイケル
Sweeney, Ryan　スウィーニー, ライアン
　投資家
Sweeney, Sean　スウィーニー, ショーン
　㊐アメリカ　ミルウォーキー・バックスアシスタントコーチ(バスケットボール)
Sweeny, Frank　スウィーニー, フランク
　㊞「知らないと危ない麻酔の話」講談社　2005
Sweeny, John　スウィーニー, ジョン
　㊞「ハリウッド・スターはなぜこの宗教にはまるのか」亜紀書房　2014
Sweet, David　スイート, デビット
　㊞「KDE開発入門」ピアソン・エデュケーション　2001
Sweet, Fay　スウィート, フェイ
　㊞「ソース」ブーマー, トランスワールドジャパン(発売)　2005
Sweet, J.H.　スイート, J.H.
　㊞「NEWフェアリーズ」文渓堂　2011
Sweet, Kelly　スウィート, ケリー
　ジャズ歌手

Sweet, Melissa スウィート, メリッサ
㊕「鳥に魅せられた少年」小峰書店 2010

Sweet, Michael スウィート, マイケル
1969〜 ㊕「CUPS:共通Unix印刷システム」ピアソン・エデュケーション 2002

Sweet, Victoria スウィート, ビクトリア
㊕「神様のホテル」毎日新聞社 2013

Sweeten, Sami スウィーテン, サミ
㊕「こけこっこかあさんのおはなしのたまご」世界文化社 2006

Sweeting, Paul スウィーティング, ポール
㊕「フィナンシャルERM」朝倉書店 2014

Sweetland, Ben スイートランド, B.
㊕スイートランド, ベン ㊕「自分を生かす「魔法の杖」」三笠書房 2010

Sweetman, Bill スウェンマン, ビル
㊕「ソビエトXプレーン」光栄 2001

Sweetman, Paul スウィートマン, ポール
㊕「ビジュアル調査法と社会学的想像力」ミネルヴァ書房 2012

Sweezy, J.R. スウィージー, J.R.
㊐アメリカ アメフト選手

Sweezy, Paul Marlor スウィージー, ポール
1910〜2004 ㊐アメリカ ジャーナリスト, 経済学者 「マンスリー・レビュー」編集長, ハーバード大学助教授 ㊕マルクス主義経済学

Sweid, Joseph スワイド, ジョセフ
㊐シリア 在外居住者相

Sweitzer, BobbieJean スウェイツァー, ボビージーン
㊕「術前患者評価・管理の手引」メディカル・サイエンス・インターナショナル 2007

Sweitzer, Letitia スワイツァー, レティシャ
㊕「気になる夢, 本当になる夢」早川書房 2001

Swenden, Wilfried スウェンデン, ウィルフリード
1972〜 ㊕「西ヨーロッパにおける連邦主義と地域主義」公人社 2010

Swendson, Shanna スウェンドソン, シャンナ
㊕「魔法使いにキスを」東京創元社 2014

Swensen, David F. スウェンセン, デイビッド・F.
1954〜 ㊐スエンセン, デイビッド ㊕「イェール大学CFOに学ぶ投資哲学」日経BP社, 日経BP出版センター (発売) 2006

Swenson, Jamie スウェンソン, ジェイミー・A.
㊕「かみなりなんてこわくない」岩崎書店 2014

Swepston, Lee スウェプストン, リー
㊕「先住民族の権利」論創社 2002

Swerdlow, Stewart A. スワードロー, スチュワート・A.
㊕「地球を支配するブルーブラッド爬虫類人DNAの系譜」徳間書店 2010

Swerling, Beverly スワーリング, ベヴァリー
㊕「ニューヨーク」集英社 2004

Swerling, Lisa スウェーリング, リサ
㊕「FRIENDSHIP IS…」文響社 2015

Swertlow, Frank スワートロー, フランク
㊕「私たちが死刑評決しました。」ランダムハウス講談社 2009

Sweterlitsch, Thomas スウェターリッチ, トマス
㊐アメリカ ㊕文学

Swezey, Annette M. スウィージー, アネット・M.
1928〜 ㊕「顎の痛みと肩こり」視覚障害者支援総合センター 2006

Swezey, Robert L. スウィージー, ロバート・L.
㊕「顎の痛みと肩こり」視覚障害者支援総合センター 2006

Swiatek, Frank スウィアテク, フランク
㊕「「叩き上げCEO」が明かす結果にこだわる思考法」日本経済新聞出版社 2012

Swiatkowska, Gabi スヴァトコフスカ, ギャビ
㊕「あかちゃんにあえる日」小峰書店 2009

Swiderski, Frank スワイダスキー, フランク
㊕「脅威モデル」日経BPソフトプレス, 日経BP出版センター (発売) 2005

Swidler, Ann スウィドラー, アン
㊕「善い社会」みすず書房 2009

Swierczynski, Duane スウィアジンスキー, ドゥエイン
1972〜 ㊐アメリカ 作家 ㊕「ミステリー, スリラー」 ㊕スワジンスキ, デュアン

Swierzy, Waldemar シュヴィエジ, ヴァルドマル
1931〜2013 ㊐ポーランド グラフィックデザイナー ワルシャワ美術大学教授, ポズナン美術大学教授 ㊕ポスターデザイン, ブックデザイン

Swift, Adam スウィフト, アダム
1961〜 ㊕「政治理論入門」慶応義塾大学出版会 2011

Swift, David スウィフト, デービッド
1919〜2001 ㊐アメリカ 映画監督, 脚本家 ㊕スウィフト, デビッド / スウィフト, デイヴィッド

Swift, Graham スウィフト, グレアム
1949〜 ㊐イギリス 作家 本名=Swift, Graham Colin

Swift, Michael スウィフト, マイケル
㊕「第2次世界大戦作戦マップ」河出書房新社 2015

Swift, Richard スウィフト, リチャード
㊕「軍服のモスキート」合同出版 2011

Swift, Ronald S. スウィフト, ロナルド
㊕「加速する顧客リレーションシップ」ピアソン・エデュケーション 2001

Swift, Sally スウィフト, サリー
1913〜 ㊕「センタード・ライディング」アニマル・メディア社 2005

Swift, Sue スウィフト, スー
㊕「シークと令嬢」ハーレクイン 2008

Swift, Taylor スウィフト, テイラー
1989〜 ㊐アメリカ シンガー・ソングライター ㊕スイフト, テイラー

Swiger, Kristopher J. スウィーガー, クリストファー・J.
㊕「医師として知らなければ恥ずかしい50の臨床研究」メディカル・サイエンス・インターナショナル 2016

Swihart, Blake スワイハート, ブレイク
㊐アメリカ 野球選手

Swimme, Brian スウィム, ブライアン
㊕「量子の宇宙のアリス」徳間書店 2003

Swinbank, Alan スウィンバンク, アラン
㊕「EU共通農業政策改革の内幕」農林統計出版 2014

Swinbourne, Helen スウィンボーン, ヘレン
㊕「自閉症の息子デーンがくれた贈り物」大和書房 2002

Swinburne, Richard スウィンバーン, リチャード
㊕「哲学者は何を考えているのか」春秋社 2006

Swindells, Robert スウィンデルズ, ロバート
1939〜 ㊕「古代エジプトのものがたり」岩波書店 2011

Swindin, George Hedley スウィンディン, ジョージ
1914〜2005 ㊐イギリス サッカー監督, サッカー選手

Swindle, Howard スウィンドル, ハワード
1945〜 ㊕「D-TOX」徳間書店 2002

Swindle, Jordan スウィンドル, ジョーダン
㊐アメリカ アメフト選手

Swindoll, Charles R. スウィンドル, チャールズ, R.
㊕「全能の主との親しい交わり」いのちのことば社 2001

Swing, Randy L. スウィング, R.L.
㊕「初年次教育」丸善 2006

Swings, Bart スウィングス
㊐ベルギー スピードスケート選手

Swinson, Tim スウィンソン, ティム
㊐スコットランド ラグビー選手

Swinton, Tilda スウィントン, ティルダ
1960〜 ㊐イギリス 女優

Swirsky, Rachel スワースキー, レイチェル
ネビュラ賞 短編 (2013年) ほか

Swisher, Joel N. スイッシャー, ジョエル・N.
㊕「スモール・イズ・プロフィタブル」省エネルギーセンター 2005

Swisher, Nick スウィッシャー, ニック
㊐アメリカ 野球選手

Swiss, James Edwin スイス, ジェームズ
㊕「行政機関のマネジメントシステム」ピアソン・エデュケーション 2001

Swiss, Jamy Ian スイス, ジェイミー・イアン
㊕「ジェイミー・イアン・スイスのクロースアップ・マジック」東京堂出版 2008

Switek, Brian スウィーテク, ブライアン
㊕「愛しのブロントサウルス」白揚社 2015

Switkowski, Ziggy スウィトコウスキー, ズィギー
1948〜 ㊐オーストラリア 原子物理学者, 実業家 ロイヤルメルボルン工科大学学長 テルストラ社長・CEO 本名=Switkowski, Zygmunt Edward ㊕スウィトカウスキー, ズィギー

Switzer, Janet スウィッツァー, ジャネット
1953〜 ㊕「小さな会社が一瞬で顧客とキャッシュをつかむ5つの成功戦略」ダイレクト出版 2011

Switzler, Al スウィッツラー, アル
㊕「自分を見違えるほど変える技術」阪急コミュニケーションズ

2012
Swizz Beatz スウィズ・ビーツ
　国アメリカ　グラミー賞 最優秀ラップ・デュオ, グループ（2010年（第53回））　"On To The Next One"
Swofford, Anthony スオフォード, アンソニー
　著「ジャーヘッド」アスペクト　2003
Swoope, Erik スウープ, エリック
　国アメリカ　アメフト選手
Swope, Sam スウォープ, サム
　著「エンピツは魔法の杖」あすなろ書房　2005
Sy, Amadou Baba シー, アマドゥ・ババ
　国マリ　鉱山相
Sy, Cheikh Tidiane シー, シェイク・ティジャンヌ
　国セネガル　法相　訳シ, シェイク・テディアン
Sy, Habib シ, アビブ
　国セネガル　社会基盤・運輸相　訳シー, アビブ
Sy, Henry Sr. シー, ヘンリー, Sr.
　1925〜　国フィリピン　実業家　SMグループ創業者　漢字名＝施至成
Sy, Monsour シー, マンスール
　国セネガル　労働・社会対話・職業組織・国家機構調整相
Sy, Omar シー, オマール
　セザール賞 主演男優賞（第37回（2011年））　"Intouchables"
Sy, Ousmane サイ, ウスマン
　国マリ　地方相
Sy, Seydou シー, セイドゥ
　国セネガル　サッカー選手
Syaf, Ardian シャフ, アルディアン
　著「フラッシュポイント：バットマン」ヴィレッジブックス　2012
Syaifullah, Yusuf サイフラ, ユスフ
　国インドネシア　国務相（途上地域開発担当）
Syamujaye, Syamkayumbu シャムジャエ, シャムカユンブ
　国ザンビア　鉱業相
Sychra, Jan シフラ
　国チェコ　射撃選手
SyCip, Washington Z. シシップ, ワシントン・Z.
　国フィリピン　元・SGV会長（創業者）, 元・アジア経営大学院（AIM）評議委員会委員長兼運営委員会委員長
Sy-Coson, Teresita T. シーコソン, テレシタ
　1950〜　国フィリピン　実業家　BDOユニバンク会長, SMインベストメンツ副会長
Sycz, Robert シチ
　国ポーランド　ボート選手
Sydnes, Anne Kristin シュドネス, アン・クリスティン
　国ノルウェー　開発援助相
Sydor, Alison サイダー
　国カナダ　自転車選手
Sydorchuk, Serhiy シドルチュク, セルゲイ
　国ウクライナ　サッカー選手
Sydorenko, Kseniya シドレンコ, クセニア
　国ウクライナ　水泳選手　訳シドレンコ
Sydow, Björn Von シドー, ビョーン・フォン
　国スウェーデン　国防相
Sydow, Marianne シドウ, マリアンネ
　1944〜2013　著「競技惑星クールス」早川書房　2016
Sydow, Max von シドー, マックス・フォン
　1929〜　国フランス　俳優　本名＝Sydow, Carl Adolf von
Syed, Hassina サイエド, ハシナ
　国アフガニスタン　実業家
Syed, Matthew サイド, マシュー
　1970〜　著「失敗の科学」ディスカヴァー・トゥエンティワン　2016
Syed Hamid, Albar サイドハミド・アルバル
　国マレーシア　内相
Syed Sirajuddin Syed Putra Jamalullail サイドシラジュディン・サイドプトラ・ジャマルライル
　1943〜　国マレーシア　国王（第12代）
Syjuco, Miguel シフーコ, ミゲル
　1976〜　国フィリピン　作家　文学, フィクション
Sykes, Brian サイクス, ブライアン
　著「アダムの呪い」ヴィレッジブックス　2006
Sykes, Charles J. サイクス, チャールズ・J.
　1954〜　著「子どものための世の中を生き抜く50のルール」PHP研究所　2011
Sykes, Christopher サイクス, クリストファー
　1945〜　著「ファインマンさんは超天才」岩波書店　2012
Sykes, Julie サイクス, ジュリー
　1963〜　著「クリスマスの夜はしずかにね！」文溪堂　2007
Sykes, Karen サイクス, カレン
　国キプロス　著「愛犬とあそぶ11の芸」二見書房　2006
Sykes, Plum サイクス, プラム
　1969〜　著「ブロンド娘の野望」ヴィレッジブックス　2006
Sykkö, Sami スッコ, サミ
　著「マリメッコ パターンとデザイナーたち」パイインターナショナル　2013
Sykorova, Adela シコロバ
　国チェコ　射撃選手
Sylbert, Richard シルバート, リチャード
　1928〜2002　国アメリカ　映画美術監督　パラマウント製作担当副社長
Sylla, Abdourhamane シラ, アブドゥラマヌ
　国マリ　在外自国民相
Sylla, Cheick Taliby シラ, シエイク・タリビ
　国ギニア　エネルギー水利相
Sylla, Fanta シーラ, ファンタ
　国マリ　法相
Sylla, Hajda Makoura シラ, アジャ・マクラ
　国ギニア　女性・児童保護促進相
Sylla, Jacques シラ, ジャック
　国マダガスカル　首相
Sylla, Mamadou シラ, ママドゥ
　国ギニア　法相
Sylla, Modibo シーラ, モディボ
　国マリ　住宅・都市開発相
Sylla, Ousmane シラ, ウスマン
　国ギニア　鉱山・地質相
Sylla, Senkoun シラ, サンクン
　国ギニア　駐日特命全権大使
Sylva, Douglas A. シルバ, ダグラス・A.
　著「人口から読み解く国家の興亡」ビジネス社　2013
Sylva Charvet, Érika シルバ・チャルベ, エリカ
　国エクアドル　文化相　訳シルバ・チャル, エリカ
Sylvain, Dominique シルヴァン, ドミニク
　1957〜　国フランス　作家　訳ミステリー
Sylvander, Matthieu シルヴァンデール, マチュー
　1969〜　著「クリスマスをみにいったヤシの木」徳間書店　2013
Sylvester, David シルヴェスター, デイヴィッド
　1924〜　著「回想フランシス・ベイコン」書肆半日閑, 三元社（発売）　2010
Sylvester, James T. シルベスター, ジェームズ・T.
　著「一目でわかるクリティカルケア」メディカル・サイエンス・インターナショナル　2006
Sylvestre, Junior シルベスター, ジュニア
　国アメリカ　アメフト選手
Sylviane, Jouenne シルヴィアンヌ, ジュエンヌ
　1949〜　国フランス　画家
Symeonides, Nicos シメオニデス, ニコス
　1939〜2007　国キプロス　政治家　キプロス国防相
Symes, Peter D. サイムス, ピーター
　著「スタジオ技術者のためのデジタル映像圧縮の基礎」兼六館出版　2008
Symes, R.F. シムス, R.F.
　「岩石・鉱物図鑑」あすなろ書房　2004
Symes, Ruth サイムズ, ルース
　1962〜　著「魔女になりたい！」ポプラ社　2016
Symington, Joan シミントン, ジョアン
　1939〜　著「ビオン臨床入門」金剛出版　2003
Symington, Neville シミントン, ネヴィル
　著「精神分析とスピリチュアリティ」創元社　2008
Symmonds, Nick シモンズ
　国アメリカ　陸上選手
Symmons, Sarah シモンズ, サラ
　著「ゴヤ」岩波書店　2001
Symonds, Craig L. シモンズ, クレイグ・L.
　著「南北戦争」学習研究社　2002
Symonds, Terry サイモンズ, テリー
　著「プレゼンのプロが教える戦略的英語プレゼンテーション」DHC　2003
Symonette, Brent シモネット, ブレント
　国バハマ　副首相兼外相
Symonides, Janusz シモニデス, ヤヌシュ
　著「国際人権法マニュアル」明石書店　2004

Symons, Donald　サイモンズ, ドナルド
　1942〜　⦿「女だけが楽しむ「ポルノ」の秘密」新潮社　2004
Symons, Mitch　シモンズ, ミッチ
　⦿「THAT BOOK」アーティストハウスパブリッシャーズ, 角川書店(発売)　2003
Symons, Terrie　サイモンズ, テリー
　⦿「こうしてアセンションしよう」徳間書店　2011
Syndergaard, Noah　シンダーガード, ノア
　⦿アメリカ　野球選手
Synek, Ondrej　シネク, オンドレイ
　⦿チェコ　ボート選手　⦿シネク
Synez, Mariano　サイネス, マリアノ
　⦿メキシコ　海軍相
Synyshyn, Nataliya　シニシン, ナタリア
　⦿アゼルバイジャン　レスリング選手
Sypher, Wylie　サイファー, ワイリー
　⦿「文学とテクノロジー」白水社　2012
Syré, Ludger　ジュレ, ルートガー
　1953〜　⦿「ドイツ図書館入門」日本図書館協会　2011
Syril, Binnie　シリル, ビニー
　⦿「瞳を閉じて」ハーレクイン　2001
Syromiatnikov, Nikolai Aleksandrovich　スィロミャートニコフ, N.A.
　⦿「近世日本語の進化」松香堂　2006
Syron, Richard　サイロン, リチャード
　1943〜　⦿アメリカ　銀行家, エコノミスト　フレディマック会長・CEO　通称=サイロン, ディック〈Syron, Dick〉
Sy Savané, Ibrahim　シサバネ, イブリム
　⦿コートジボワール　通信相
Sysoev, Vsevolod Petrovich　シソーエフ, フセーヴォロド
　1911〜2011　⦿ウクライナ　作家
Systrom, Kevin　シストロム, ケビン
　起業家, インスタグラム創業者
Syzdykova, Elmira　シジコワ, エルミラ
　⦿カザフスタン　レスリング選手
Szabo, Gabriela　サボ, ガブリエラ
　⦿ルーマニア　青年・スポーツ相
Szabo, Gabriella　サボー, ガブリエラ
　⦿ハンガリー　カヌー選手
Szabó, Imre　サボー, イムレ
　⦿ハンガリー　環境・水利相
Szabo, Istvan　サボー, イシュトヴァーン
　映画監督　モスクワ国際映画祭 特別賞(第27回(2005年))
Szabó, János　サボー, ヤーノシュ
　⦿ハンガリー　国防相
Szabó, Magda　サボー, マグダ
　1917〜2007　⦿ハンガリー　作家, 詩人　⦿サボー・マグダ
Szabo, Matyas　サボー, マチャシュ
　⦿ドイツ　フェンシング選手
Szabó, Miklós　サボー, ミクローシュ
　1931〜　⦿「児童と女声のための合唱曲集」全音楽譜出版社　2007
Szabó, Peter　ザボ, ピーター
　1957〜　⦿「インスー・キム・バーグのブリーフコーチング入門」創元社　2007
Szajna, Józef　シャイナ, ユゼフ
　1922〜2008　⦿ポーランド　演出家, 劇作家, 舞台美術家, 画家　ワルシャワ・スタジオ劇場主宰者　⦿シャイナ, ヨゼフ
Szalai, Adam　サライ, アダム
　⦿ハンガリー　サッカー選手
Szałamacha, Paweł　シャワマハ, パウェウ
　⦿ポーランド　財務相
Szalavitz, Maia　サラヴィッツ, マイア
　⦿「子どもの共感力を育てる」紀伊國屋書店　2012
Szarkowski, John　シャーカフスキー, ジョン
　1925〜2007　⦿アメリカ　写真家　ニューヨーク近代美術館(MOMA)写真部長　本名=シャーカフスキー, サディアス・ジョン〈Szarkowski, Thaddeus John〉
Szarzewski, Dimitri　スザルゼウスキ, ディミトリ
　⦿フランス　ラグビー選手
Szasz, Emese　サス, エーメセ
　⦿ハンガリー　フェンシング選手
Szathmary, Eors　サトマーリ, エオルシュ
　⦿サトマーリ, エールス　⦿「生命進化8つの謎」朝日新聞社　2001
Szatmari, Peter　サットマリ, ピーター
　⦿「自閉症と発達障害研究の進歩」星和書店　2005
Szczepaniak, Yannick　スチェパニアク
　⦿フランス　レスリング選手
Szczepanski, Anders　シェパンスキー, A.
　⦿「北欧スウェーデン発森の教室」北大路書房　2016
Szczepanski, Piotr　シュチェパンスキ, ピョトル
　⦿ポーランド　カヌー選手
Szczerbowski, Maciek　シェバウスキ, マチェック
　⦿カナダ　プリ・アルス・エレクトロニカ アニメーション・ヴィジュアルエフェクト(2008年)ほか
Szczesny, Wojciech　シュチェスニー, ヴォイチェフ
　⦿ポーランド　サッカー選手
Szczur, Matt　シーザー, マット
　⦿アメリカ　野球選手
Szczurek, Mateusz　シュチュレク, マテウシュ
　⦿ポーランド　財務相
Szczygło, Aleksander　シュチグウォ, アレクサンデル
　⦿ポーランド　国防相
Sze, David　ジー, デビッド
　投資家　⦿サイズ, デイビッド
Sze, Jackson　シー, ジャクソン
　⦿「Battle Milk」ボーンデジタル　2014
Sze, S.M.　ジー, S.M.
　1936〜　⦿「半導体デバイス」産業図書　2004
Szeemann, Harald　ゼーマン, ハラルド
　?〜2005　⦿スイス　キュレーター
Szegedi, Katalin　セゲディ, カタリン
　1963〜　⦿「ゆめのサーカス」ひくまの出版　2003
Székely, Gábor J.　セーケイ, G.J.
　⦿「難問とその解法」シュプリンガー・フェアラーク東京　2002
Székely, Tamás　セーケイ, タマーシュ
　ベルリン国際映画祭 銀熊賞 芸術貢献賞(音響デザイン)(第59回(2009年))　"Katalin Varga"
Székely, Tamás　セーケイ・タマーシュ
　⦿ハンガリー　保健相
Szekeres, Imre　セケレシュ・イムレ
　⦿ハンガリー　国防相
Szello, Imre　セロチンスキ
　⦿ハンガリー　ボクシング選手
Szemerédi, Endre　セメディ, エンドレ
　⦿アメリカ　アーベル賞(2012年)
Szeto, Wah　スートゥー・ホワ
　1931〜2011　⦿香港　民主化運動指導者　香港市民支援愛国民主運動聯合会主席, 香港立法評議会議員　漢字名=司徒華
Szewinska, Irena　シェヴィンスカ, イレナ
　⦿ポーランド　国際オリンピック委員会委員, 元・ポーランド陸上競技連盟会長
Szijjártó, Péter　シーヤールトー・ペーテル
　⦿ハンガリー　外務貿易相
Szilágyi, Áron　シラーギ, アーロン
　1990〜　⦿ハンガリー　フェンシング選手
Szilagyi, Peter G.　シラギ, ピーター・G.
　⦿シラジー, ピーター・G.　⦿「ベイツ診察法」メディカル・サイエンス・インターナショナル　2015
Szilvásy, György　シルバーシ・ジュルジ
　⦿ハンガリー　首相府相
Szlakmann, Charles　スズラックマン, チャーレス
　1946〜　⦿「ユダヤ教」現代書館　2006
Szlezak, Thomas Alexander　スレザーク, トーマス・A.
　1940〜　⦿「プラトンを読むために」岩波書店　2002
Szmajdziński, Jerzy　シュマイジンスキ, イエジ
　⦿ポーランド　国防相
Szmukler, George　スムクラー, ジョージ
　⦿「精神科臨床倫理」星和書店　2011
Szoboszlai, Mihaly　ソボスライ, ミハイ
　⦿「形とシンメトリーの饗宴」森北出版　2003
Szolkowy, Robin　ゾルコビー
　⦿ドイツ　フィギュアスケート選手　⦿ショルコビー
Szostak, Jack William　ショスタク, ジャック
　1952〜　⦿イギリス　生化学者　ハーバード大学教授　⦿分子生物学　⦿ショスタク, ジャック・W.
Szostak, Phil　スゾスタック, フィル
　⦿「アート・オブ・スター・ウォーズ/フォースの覚醒」ヴィレッジブックス　2015
Szostak, Piotr　ショスタック, ピョトル
　⦿ポーランド　臨時代理大使, 参事官

Szot, Paulo　スショット, パウロ
トニー賞 ミュージカル 主演男優賞（2008年（第62回））“Rodgers & Hammerstein's South Pacific”
Szpiro, George G.　スピーロ, ジョージ・G.
1950〜 [異]スピロ, ジョージ・G. [著]「ケプラー予想」 新潮社 2014
Szramiak, Krzysztof　シュラミアク
[国]ポーランド　重量挙げ選手
Sztulwark, Diego　ストゥルヴァルク, ディエゴ
1971〜 [著]「反権力」 ぱる出版 2005
Szuchman, Paula　シューマン, ポーラ
[著]「夫婦仲の経済学」 阪急コミュニケーションズ 2012
Szucs, Erika　スーチ・エリカ
[国]ハンガリー　社会問題・労働相
Szulczewski, Peter　シュルスワスキー, ピーター
起業家, ウィッシュ創業者 [異]ゾルズースキー, ピーター
Szulman, Julien　ズルマン, ジュリアン
[国]フランス　ロン・ティボー・クレスパン国際音楽コンクール ヴァイオリン 第5位（2005年（第35回））
Szumilas, Krystyna　シュミラス, クリシュティナ
[国]ポーランド　教育相
Szumowska, Małgorzata　シュモウスカ, マルゴスカ
ベルリン国際映画祭 銀熊賞 監督賞（第65回（2015年））“Body”
Szunyoghy, András　スンニョギイ, アンドラス
1946〜 [著]「イラストで学ぶ美術解剖学」 グラフィック社 2009
Szur, Rolene　スザー, ロレーヌ
[著]「被虐待児の精神分析的心理療法」 金剛出版 2006
Szwed, John F.　スウェド, ジョン
1936〜 グラミー賞 最優秀ライナー・ノーツ（2005年（第48回））“The Complete Library Of Congress Recordings By Alan Lomax” [異]スウェッド, ジョン・F.
Szydło, Beata　シドゥウォ, ベアタ
1963〜 [国]ポーランド　政治家　ポーランド首相 [異]シドウォ
Szymanowski, Alexander　シマノスフキ, アレクサンデル
[国]アルゼンチン　サッカー選手
Szymanski, Jeff　シマンスキー, ジェフ
[著]「がんばりすぎるあなたへ」 阪急コミュニケーションズ 2013
Szymanski, Oliver　シマニスキ, オリバー
[国]ドイツ　セーリング選手
Szymanski, Stefan　シマンスキー, ステファン
1960〜 スポーツ経済学者　ミシガン大学教授 [専]スポーツマネジメント, スポーツ経済学, スポーツ史
Szymborska, Wisława　シンボルスカ, ヴィスワヴァ
1923〜2012 [国]ポーランド　詩人, ジャーナリスト [異]シンボルスカ, ウィスワワ / シンボルスカ, ビスワバ
Szymkowiak, Kerstin　シムコビアク
[国]ドイツ　スケルトン選手
Szyszko, Jan　シシュコ, ヤン
[国]ポーランド　環境相

【T】

Ta, Do Trung　タ, ド・チュン
[国]ベトナム　郵政・通信相
Taalman, Laura　タールマン, ローラ
[著]「「数独」を数学する」 青土社 2014
Taam, Heidi　タム, ハイディ
[著]「LOCAL HAWAII」 京阪神エルマガジン社 2016
Taamari, Salah　ターマリ, サラハ
[国]パレスチナ　青年・スポーツ相
Ta'amu, Alameda　ターム, アラメダ
[国]アメリカ　アメフト選手
Taaramae, Rein　ターラマエ, レイン
[国]エストニア　自転車選手
Tabachnik, Dmytro　タバチニク, ドミトロ
[国]ウクライナ　教育・青年・スポーツ相
Tabachnikov, Serge　タバチニコフ, S.
[著]「本格数学練習帳」 岩波書店 2013
Tabachnyk, Dmytro　タバチニク, ドミトロ
[国]ウクライナ　副首相
Taback, Simms　タバック, シムズ
[国]アメリカ　絵本作家
Tabak, John　タバク, ジョン
[著]「数学と自然法則」 青土社 2005
Tabaka, Arta　タバカ, アルタ
1984〜 [著]「リガ案内」 土曜社 2012
Tabakh, Ekaterina　タバーフ, エカテリーナ
1970〜 [著]「首にかけたアンナ」 未知谷 2010
Tabakov, Oleg Pavlovich　タバコフ, オレグ
1935〜 [国]ロシア　俳優, 演出家　モスクワ芸術座芸術監督, オレグ・タバコフ劇場主宰
Tabaldiev, Busurmankul　タバルジエフ, ブスルマンクル
[国]キルギス　国家安全保障委員長
Taban Deng, Gai　タバン・デン・ガイ
[国]南スーダン　第1副大統領
Tabane, Titabu　タバネ, シタブ
[国]キリバス　司法長官
Tabanou, Franck　タバヌ, フランク
[国]フランス　サッカー選手
Tabár, László　ターバー, ラズロ
[著]「マンモグラフィ読影アトラス」 メディカル・サイエンス・インターナショナル 2014
Tabar, Malakai　ダバル, マラカイ
[国]パプアニューギニア　運輸・社会基盤相 [異]タバル, マラカイ
Tabără, Valeriu　タバラ, バレリウ
[国]ルーマニア　農業・地方開発相
Tabarev, Andrei　タバレフ, アンドレイ
[著]「景観の大変容」 昭和堂 2011
Tabárez, Óscar　タバレス, オスカル
1947〜 [国]ウルグアイ　サッカー指導者, 元サッカー選手　サッカー・ウルグアイ代表監督　本名＝Tabárez, Óscar Washington [異]タバレス, オスカール
Tabatabaee, Ali　ダバタビィ, アリ
[国]アメリカ　ミュージシャン
Tabatabaei, Mohammad Mahdi　タバータバーイー, モハンマド＝マフディ
1966〜 [著]「すずめの空」 ブルース・インターアクションズ 2006
al-**Tabātabā'ī, Muhammad Husayn**　タバータバーイー, モハンマド＝ホセイン
[著]「シーア派の自画像」 慶応義塾大学出版会 2007
Taber, George M.　テイバー, ジョージ・M.
[著]「パリスの審判」 日経BP社, 日経BP出版センター（発売） 2007
Tabi, Banabas　タビ, バナバス
[国]バヌアツ　内相
Tabke, Karin　タブキ, カーリン
[著]「征服者の瞳に魅せられて」 オークラ出版 2010
Taboga, Giorgio　タボガ, ジョルジョ
1933〜2010 [著]「撲殺されたモーツァルト」 而立書房 2011
Tabone, Vincent　タボネ, ビンセント
1913〜2012 [国]マルタ　政治家　マルタ大統領　本名＝タボネ, チェンス〈Tabone, Censu〉 [異]タボーネ
Tabor, Amy　テーバー, エイミー
[著]「入門・発達障害と人権」 二瓶社 2002
Tabor, David　テーバー, デービッド
1913〜2005 [著]「金属の硬さ」 山本科学工具研究社 2006
Tabor, James D.　テイバー, ジェイムズ・D.
[著]「イエスの王朝」 ソフトバンククリエイティブ 2006
Tabor, James M.　テーバー, ジェームズ・M.
[国]アメリカ　探検家, 作家 [専]スリラー [異]テイバー, ジェイムズ・M.
Tabori, George　タボリ, ジョージ
1914〜2007 [国]イギリス　劇作家 [異]タボーリ, ジョージ
Taborian, Alain　タボリヤン, アライン
[国]レバノン　エネルギー水資源相 [異]タブリアン, アラン
Taboye, Ahamat　タボエ, アハマト
[国]チャド　高等教育・科学研究・職業教育相
Tabrizi, Behnam N.　タブリージ, ベナム
[著]「90日変革モデル」 翔泳社 2008
Tabrizli, Sirus　タブリズリ, シルス
[国]アゼルバイジャン　出版・情報相
al-**Tabtabai, Adel Taleb**　タブタバイ, アデル・タレブ
[国]クウェート　教育相
Tabucchi, Antonio　タブッキ, アントニオ
1943〜2012 [国]イタリア　作家, ポルトガル文学研究家 [異]タブッキ, アントーニオ
Tabuena, Miguel Luis　タブエナ, ミゲルルイス
[国]フィリピン　ゴルフ選手

Tabuna, Dominic　タブナ, ドミニック
　国ナウル　法相兼ナウル燐鉱石公社相兼ナウル復興公社相
Tabyldiyev, Tynychbek　タブイルジエフ, トイヌイチベク
　国キルギス　副首相
Tacchini, Carlo　タッキーニ, カルロ
　国イタリア　カヌー選手
Tacchino, Gabriel　タッキーノ, ガブリエル
　1934〜　国フランス　ピアニスト
Taccone, Sergio　タッコーネ, セルジオ
　1972〜　著「ザッケローニ新たなる挑戦」宝島社　2011
Tacheva, Miglena　タチェワ, ミグレナ
　国ブルガリア　法相
Tachtsidis, Panagiotis　タフツイディス, パナギオティス
　国ギリシャ　サッカー選手
Tada, Joni Eareckson　タダ, ジョニー・エレクソン
　著「とっておきのクリスマスキャロル」いのちのことば社フォレストブックス　2009
Taddei, Giuseppe　タッデイ, ジュゼッペ
　1916〜2010　国イタリア　バリトン歌手　旧タッデーイ, ジュゼッペ / タッディ, ジュゼッペ
Taddei, Mario　タッディ, マリオ
　1972〜　著「ダ・ヴィンチが発明したロボット！」二見書房　2009
Tadese, Zersenay　タデセ, ゼルセナイ
　国エリトリア　陸上選手　旧タデセ / タデッセ
Tadevosyan, Samvel　タデボシャン, サムベル
　国アルメニア　都市開発相
Tadić, Boris　タディッチ, ボリス
　1958〜　国セルビア　政治家　セルビア大統領
Tadić, Dušan　タディチ, ドゥシコ
　著「ハーグ国際法廷のミステリー」社会評論社　2013
Tadic, Dusan　タディッチ, ドゥシャン
　国セルビア　サッカー選手
Tadic, Tonci　タディッチ, トンチ
　国クロアチア　ルージェル・ボシュコビッチ研究所研究員, クロアチア・日本文化経済協会副会長, 元・国会議員, 元・クロアチア・日本友好議員連盟会長
Tadie, Jean-Yves　タディ, ジャン＝イヴ
　著「評伝プルースト」筑摩書房　2001
Tadman, David　タッドマン, デイヴィッド
　1965〜　著「ブルース・リーからの手紙」オルタナパブリッシング, 星雲社（発売）　2016
Tadrous, Mamdouh Riyad　タドルース, マムドゥーハ・リヤド
　国エジプト　国務相（環境問題担当）
Taekiti, Tiim　タエキス, シーム
　国キリバス　天然資源開発相
Tafaj, Myqerem　タファイ, ミチェレム
　国アルバニア　教育・科学相
Tafrate, Raymond Chip　タフレイト, レイモンド・C.
　著「怒りをコントロールできる人, できない人」金子書房　2004
Tafreshi, Babak A.　タフレシ, バパク・A.
　著「地球の夜」原書房　2012
Taft, Bob　タフト, ボブ
　1942〜　国アメリカ　政治家　オハイオ州知事　本名＝Taft, Robert Alphonso II
Tafuri, Manfredo　タフーリ, マンフレッド
　著「図説世界建築史」本の友社　2003
Tafuri, Nancy　タフリ, ナンシー
　著「わたしのて」童話館出版　2002
Tagaloa, Sale Tagaloa　タガロア・サレ・タガロア
　国サモア　資源・環境相
Tagami, Kan　タガミ, カン
　?〜2005　国アメリカ　軍人
Taganov, Babamyrat　タガノフ, ババムイラト
　国トルクメニスタン　経済発展相
Taganov, Palvan　タガノフ, パリバン
　国トルクメニスタン　副首相
Taganov, Seyitmyrat　タガノフ, セイイトムイラト
　国トルクメニスタン　水利相
Tagelagi, Dalton　タンゲランギ, ダルトン
　国ニウエ　インフラ相
Tager, Mark J.　タガー, マーク・J.
　著「ストレスをパワーに変える！」ダイヤモンド社　2004
Tagesse, Chafo　タゲセ・チャフォ
　国エチオピア　行政・人材育成相
Tagg, Christine　タッグ, クリスティーン
　著「ゾクゾク・ストリート」大日本絵画　〔2010〕
Taggeddin, Muhammad Awad　タゲッディン, ムハンマド・アワド
　国エジプト　保健・人口相　旧タッゲディン, ムハンマド・アワド
Taghavi, Nayyereh　タガビ, ナイエレ
　1950〜　著「おじいさんとおばあさんをしあわせにしたこねこ」新世研　2003
Taghipour, Reza　タギプール, レザ
　国イラン　通信情報技術相
Taghoizoda, Sumangul　タゴイゾダ, スマングル
　国タジキスタン　労働・移住・雇用相
Taghouane, Bouamour　タグーアン, ブーアムール
　国モロッコ　設備相
Tagliaferri, Mariarosaria　タリアフェッリ, マリアロザリア
　著「現代建築家による"水"建築」産調出版　2007
Tagliariol, Matteo　タリアローリ
　国イタリア　フェンシング選手
Tagro, Assegnini Désiré　タグロ, アセニニ・デジレ
　国コートジボワール　内相
Tagro, Désiré　タグロ, デジレ
　国コートジボワール　法相
Taguiwalo, Judy　タギワロ, ジュディ
　国フィリピン　社会福祉開発相
Tagyyev, Tachberdy　タグイエフ, タチベルドイ
　国トルクメニスタン　副首相　旧タギエフ, タチベルディ
Tah, Christiana　ター, クリスティアナ
　国リベリア　法相兼検事総長
Tah, Jonathan　ター, ヨナタン
　国ドイツ　サッカー選手
Tah, Sidi Ould　ター, シディ・ウルド
　国モーリタニア　経済・開発相　旧ター, シディ・ウルド
Taha, Ali Osman Mohammed　タハ, アリ・オスマン・モハメド
　国スーダン　第1副大統領
Taha, al-Zubeir Bashir　タハ, ズベイル・バシル
　国スーダン　農林相　旧タハ, アル・ズバイル・バシル / タハ, ズビエル・バシル
Taha Audi, Abir　タハ・アウディ, アビール
　国レバノン　臨時代理大使, 参事官
al-Taher, Abdulrahman　ターヘル, アブドルラフマン
　国リビア　第3副首相（農業担当）　旧ターヘル, アブドルラハマン
Taher, Issa Ali　タヘル, イッサ・アリ
　国チャド　畜産相
Taher, Mahamat Allahou　タエー, マハマト・アラウ
　国チャド　郵政・新情報コミュニケーション技術相
Taherpour, Fereshteh　ターイェルプール, フェレシュテ
　1952〜　著「アフマドのおるすばん」ブルース・インターアクションズ　2006
Tahimik, Kidlat　タヒミック, キッドラット
　1942〜　国フィリピン　映画作家, インスタレーション・パフォーマンスアーティスト　本名＝デ・ギーア, エリック　旧タヒミック, キドラット
al-Tahir, al-Tigani Adam　タヒル, ティガニ・アダム
　国スーダン　環境・都市開発相　旧アル・タヒル, アル・ティガニ・アダム
Tahir, Marie　タヒル, マリー
　著「ホームページ・ユーザビリティ」エムディエヌコーポレーション, インプレスコミュニケーションズ（発売）　2002
Tahir, Muhammad Barjees　ターヒル, ムハンマド・バルジース
　国パキスタン　カシミール・ギルギット・バルチスタン問題相
Tahir, Sabaa　タヒア, サバア
　国アメリカ　作家　旧ファンタジー
Tahiri, Edita　タヒリ, エディタ
　国コソボ　無任所相（セルビア対話担当）
Tahiri, Saimir　タヒリ, サイミル
　国アルバニア　内相
Tahitu'a, Viliami　タヒトゥア, ヴィリアミ
　国トンガ　ラグビー選手
Tahko, Tuomas E.　タフコ, トゥオマス・E.
　1982〜　著「アリストテレス的現代形而上学」春秋社　2015
Tahmasbi, Alireza　タフマセビ, アリレザ
　国イラン　鉱工業相
Tahmasebi, Sha　タマセビ, シャ
　著「ファッションデザイン画を描くためのフィギュア・ポーズ」文化学園文化出版局　2013

Tahmi, Mohamed　タハミ，モハメド
　国アルジェリア　スポーツ相
Tahri, Bouabdellah　タリ
　国フランス　陸上選手
Tahuwa, Kelsang　タウワ，ケルサン
　著「チベット語の般若心経」カワチェン　2015
Taiana, Jorge　タイアナ，ホルヘ
　国アルゼンチン　外務・貿易相
Taib, Saad al-Din Ali bin　タイブ，サアド・ディン・アリ・ビン
　国イエメン　産業・通商相
Taibo, Carlos　タイボ，カルロス
　1956～　著「反グローバリゼーションの声」晃洋書房　2013
Taibo, Paco Ignacio, II　タイボ，パコ・イグナシオ，2世
　著「エルネスト・チェ・ゲバラ伝」海風書房，現代書館（発売）2001
Taider, Saphir　タイデル，サフィル
　国アルジェリア　サッカー選手
Taiga　タイガ
　国カメルーン　牧畜・漁業・畜産相
Taijeron, Travis　タイローン，トラビス
　国アメリカ　野球選手
Taillon, Jameson　タイオン，ジェイムソン
　国アメリカ　野球選手
Taimina, Daina　タイミナ，ダイナ
　著「体験する幾何学」ピアソン・エデュケーション　2010
Taimsoo, Kaspar　タイムソー，カスパル
　国エストニア　ボート選手
Taina, Hannu　タイナ，ハンヌ
　著「ひとりぼっちのちいさなエルフ」新教出版社　2009
Taine, John　テイン，ジョン
　著「科学者たちの陰謀」ポプラ社　2005
Taïnga Poloko, Alfred　タインガポロコ，アルフレド
　国中央アフリカ　コミュニケーション相
Tainsh, Robert　タインシュ，ロバート
　著「とびだす図鑑恐竜」あかね書房　2007
Taione, Elvis　タイオネ，エルビス
　国トンガ　ラグビー選手
Taipale, Ilkka　タイパレ，イルッカ
　1942～　著「フィンランドを世界一に導いた100の社会改革」公人の友社　2008
Taipo, Maria Helena　タイポ，マリア・エレナ
　国モザンビーク　労相　他タイポ，エレーナ
Taisso, Mackaye Hassane　タイソ，マッカイエ・ハッサン
　国チャド　高等教育・学術研究相　他タイソ，マカイエ・ハッサン
Tait, Gregor　テイト
　国イギリス　競泳選手
Tait, Kimberly Terri　テイト，キンバリー
　1976～　著「美しい鉱物と宝石の事典」創元社　2014
Tait, Noel　タイト，ノエル
　著「昆虫とクモ」昭文社　2008
Tait, Vanessa　テイト，ヴァネッサ
　著「『不思議の国のアリス』の家」柏書房　2015
Taittinger, Jean　テタンジェ，ジャン
　1923～2012　国フランス　実業家，政治家　ソシエテ・デュ・ルーヴル共同経営者，ランス市長
Taivalsaari, Antero　タイバルザリ，アンテロ
　著「Java 2 platform micro editionプログラミング」ピアソン・エデュケーション　2002
Taiwia, Nato　タイウィア，ナト
　国バヌアツ　スポーツ・青年相
Taiz, Lincoln　テイツ，L.
　著「植物生理学」培風館　2004
Tajbert, Vitali　タイベルト
　国ドイツ　ボクシング選手
Tajeddini, Mohammad-Reza　タジェディニ，モハマドレザ
　国イラン　副大統領（憲法実施担当）
Tajik, Hadia　タジク，ハディア
　国ノルウェー　文化相
Tak, Peter J.P.　タック，ペーター
　著「オランダ医事刑法の展開」慶応義塾大学出版会　2009
Takacs, David　タカーチ，デヴィッド
　著「生物多様性という名の革命」日経BP社，日経BP出版センター（発売）　2006
Takada, Akane　タカダ，アカネ
　国日本　ローザンヌ国際バレエコンクール 5位・スカラシップ（第36回（2008年））ほか　漢字名＝高田茜

Takada, Tatsuki　タカダ，タツキ
　国日本　ローザンヌ国際バレエコンクール 次点・プロ研修賞（第37回（2009年））　漢字名＝高田樹
Takaezu, Toshiko　タカエズ，トシコ
　1922～2011　国アメリカ　陶芸家
Takagi, Tammy　タカギ
　国ブラジル　水泳選手
Takahashi, Dean　タカハシ，ディーン
　著「マイクロソフトの蹉跌」ソフトバンクパブリッシング　2002
Takahashi, Kazutoshi　タカハシ，カズトシ
　著「山中iPS細胞・ノーベル賞受賞論文を読もう」一灯舎，オーム社（発売）　2012
Takahashi, Takeo　タカハシ，タケオ
　著「てんかん症候群」中山書店　2007
Takahashi, Tomoye　タカハシ，トモエ
　国アメリカ　ヘンリー＆トモエ・タカハシ慈善財団共同設立者
Takahashi Nuñez, Luis Abelardo　タカハシ・ヌニェス，ルイス・アベラルド
　？～2005　国ペルー　音楽家
Takaki, Ronald　タカキ，ロナルド
　1939～2009　国アメリカ　歴史学者，民族学者，公民権学者　カリフォルニア大学バークレー校民族研究学部教授　アメリカ史，少数民族　他タカキ，ロナルド・T.
Takaki Yasunaga, Kuniyoshi　タカキ・ヤスナガ，クニヨシ
　国ブラジル　元・ブラジル中西部日伯協会連合会会長，元・ブラジリア日伯文化協会会長
Takamoto, Iwao　タカモト，イワオ
　1925～2007　国アメリカ　アニメーション作家　日本名＝高本巌
Takamouné Michel, Marie José　タカムネ・ミシェル，マリー・ジョゼ
　国フランス　在ヌメア日本国名誉領事，元・ニューカレドニア・日本親善協会会長
Takamura, Jeanette　タカムラ，ジャネット
　国アメリカ　コロンビア大学社会福祉大学院学長・教授　米国保健福祉省高齢化問題担当次官補
Takano Morón, Juan　タカノ・モロン，フアン
　国ペルー　サン・マルコス大学名誉教授，元・サン・マルコス大学医学部病理学主任教授，元・日秘総合診療所医師会 会長
Takao, Yssamu　タカオ，イサム
　国ブラジル　元・リオデジャネイロ日系協会会長，元・リオデジャネイロ州日伯文化体育連盟副理事長，リオデジャネイロ日伯文化協会第1副会長　漢字名＝高尾勇
Takasaki, Luiz Antonio　タカサキ，ルイス・アントニオ
　1948～　高崎，ルイス・アントニオ　著「ジーコ終わりなき挑戦」小学館　2002
Takashima, Bobbie　タカシマ，ボビー
　1942～　著「イマジン」サンーケイ（製作）　2003
Takasugi, Robert　タカスギ，ロバート
　1930～2009　国アメリカ　米国連邦地裁判事
Takau, Talifolau　タカウ，タリフォラウ
　1988～2015　国トンガ　ラグビー選手
Takayama, Shuichi　タカヤマ，シュウイチ
　著「再生医学」エヌ・ティー・エス　2002
Takeda, Kenny　タケダ，ケニー
　著「松下電器10兆円グループ戦略」ぱる出版　2005
Takeda, Yuko　タケダ，ユウコ
　著「家系内の大腸がんとその遺伝」中山書店　2007
Takei, Goerge　タケイ，ジョージ
　1937～　国アメリカ　俳優，人権活動家
Takei, Henry H.　タケイ，H.H.
　1938～　著「Carranza'sクリニカルペリオドントロジー」クインテッセンス出版　2005
Takei, Noriyoshi　タケイ，ノリヨシ
　著「精神分裂病の胎生期障害仮説」新興医学出版社　2001
Takemori, James H.　タケモリ，ジェームズ
　？～2015　国アメリカ　柔道家　ジョージタウン大学ワシントン柔道クラブ師範　通称＝Takemori, Jimmy
Takhtajan, Leon A.　タフタジャン，L.A.
　著「ソリトン理論とハミルトン形式」シュプリンガー・ジャパン　2011
Takiguchi, Masako　タキグチ，マサコ
　国アメリカ　元・フェニックス市姫路委員会委員長
Takizawa, Bonnie　タキザワ，バニー・ポッター
　著「飛行機が苦手なあなたに」ユニフレックスマーケティング出版部，星雲社（発売）　2001
Takkari, Bechir　タカリ，ベシル
　国チュニジア　法相

Takna, Sayed Yousif Suliman　タクナ, サイド・ユーシフ・スリマン
　国スーダン　国際協力相　別タクナル, サイド・ユーシフ・スリマン
Takpara, Issifou　タクパラ, イッシフ
　国ベナン　保健相
Taktser Rinpoche　タクツェル・リンポチェ
　1922〜2008　チベット学者　チベット亡命政府駐米・駐日代表, インディアナ大学教授
Takulua, Sonatane　タクルア, ソナタネ
　国トンガ　ラグビー選手
Tal, Hisham　タル, ヒシャム
　国ヨルダン　法相
Tala, Diarra Raky　タラ, ジアラ・ラキ
　国マリ　労働・公務員・機構関係担当相
Talabani, Jalal　タラバニ, ジャラル
　1933〜　国イラク　政治家　クルド愛国同盟(PUK)議長　イラク大統領　別タラバーニ, ジャラル
Talagi, Billy　タランギ, ビリー
　国ニウエ　自然資源相
Talagi, Toke Tufukia　タランギ, トケ・トゥフキア
　1951〜　国ニウエ　政治家　ニウエ首相
Talai, Boudjema　タライ, ブジェマ
　国アルジェリア　公共事業・運輸相
Talajic, Dalibor　タラジッチ, ダリバー
　著「ルーク・ケイジ：無慈悲の街」ヴィレッジブックス　2016
Talakhadze, Lasha　タラハゼ, ラシャ
　国ジョージア　重量挙げ選手
Talal, Al-Walid bin　タラール, アル=ワリード・ビン
　国サウジアラビア　投資家
Talan, Jamie　タラン, ジェイミー
　著「赤ちゃんは殺されたのか」文芸春秋　2002
Talankin, Igor　タランキン, イーゴリ
　1927〜2010　国ロシア　映画監督
Talarico, Lita　タラリコ, リタ
　著「タイポグラフィスケッチブック」グラフィック社　2012
Talass, Mustafa　タラス, ムスタファ
　国シリア　副首相兼国防相
Talat, Mehmet Ali　タラト, メフメット・アリ
　1952〜　国北キプロス・トルコ共和国　政治家　北キプロス・トルコ共和国大統領
Talay, Mustafa Istemihan　タライ, ムスタファ・イステミハン
　国トルコ　文化相
Talay, Ufuk　タレイ, ウフク
　1976〜　国オーストラリア　サッカー選手
Talbert, Montae　タルバート, マンティ
　?〜2011　国アメリカ　ラップ歌手　別名=M-Bone(エムボーン)
Talbot, Lisa　タルボット, リサ
　著「睡眠障害に対する認知行動療法」風間書房　2015
Talbot, Rob　タルボット, ロブ
　1958〜　著「シェイクスピア・カントリー」南雲堂　2001
Talbott, David N.　タルボット, デヴィッド
　著「電気的宇宙論」徳間書店　2009
Talbott, Hudson　タルボット, ハドソン
　1949〜　著「オオカミから犬へ!」岩崎書店　2016
Talbott, Jenna　タルボット, ジェナ
　著「20世紀建築の巨匠に学ぶ名作住宅をつくる方法」エクスナレッジ　2013
Talbott, John R.　タルボット, ジョン・R.
　著「オバマノミクス」サンガ　2009
Talbott, Strobe　タルボット, ストローブ
　1946〜　国アメリカ　ジャーナリスト　ブルッキングズ研究所長　米国国務副長官　別トールボット, ストローブ
Talcott, DeAnna　タルコット, ディアナ
　著「フィアンセは御曹子?」ハーレクイン　2004
Tále, Samko　ターレ, サムコ
　著「墓地の書」松籟社　2012
Taleb, Nassim Nicholas　タレブ, ナシーム・ニコラス
　1960〜　著「世界は考える」土曜社　2013
Taleb, Noureddine　タレブ, ヌレディヌ
　国アルジェリア　議会担当相
Talebula, Metuisela　タレブラ, メトゥイセラ
　国フィジー　ラグビー選手
Talei, Netani　タレイ, ネタニ
　国フィジー　ラグビー選手

Tales, Rémi　タレス, レミ
　国フランス　ラグビー選手
Talese, Gay　タリーズ, ゲイ
　1932〜　国アメリカ　ノンフィクション作家
Talgam, Itay　タルガム, イタイ
　著「偉大な指揮者に学ぶ無知のリーダーシップ」日経BP社, 日経BPマーケティング(発売)　2016
Talhouni, Bassam al　タルフーニ, バッサム
　国ヨルダン　法相
Taliaferro, Lorenzo　タリアフェロー, ロレンゾ
　国アメリカ　アメフト選手
Talib, Aqib　タリブ, アキブ
　国アメリカ　アメフト選手
Taliesin　タリエシン
　著「木の戦い」エクリ　2013
Talieva, Kamila　タリエワ, カミラ
　国キルギス　副首相(社会問題担当)
Talisca, Anderson　タリスカ, アンデルソン
　国ブラジル　サッカー選手
Talita Antunes　タリタ
　国ブラジル　ビーチバレー選手
Taljat, Saso　タルヤト, サソ
　国スロベニア　カヌー選手
Talks, Audrey Sansbury　トークス, オードリー・サンスベリー
　1936〜　著「二つの日本」聖公会出版　2013
Tall, Aminata　タル, アミナタ
　国セネガル　地方公共団体・地方分権相
Tall, Mohamed　タル, モハメド
　国ギニア　牧畜相
Tall, Mountaga　タル, ムンタガ
　国マリ　デジタル経済・情報・通信相兼政府報道官
Talla, Mamadou　タラ, ママドゥ
　国セネガル　職業訓練・研修・手工業相
Tallach, John　タラック, ジョン
　著「神に用いられた生涯」いのちのことば社CS成長センター　2009
Tallack, Peter　タラック, ピーター
　著「生命誕生」ランダムハウス講談社　2008
Tallawy, Mervat　タッラーウィ, メルヴァト
　国エジプト　アラブ女性連盟会長, 元・駐日エジプト大使, 元・エジプト・日本経済委員会委員長, 元・国連西アジア経済社会委員会(UNESCWA)事務局長, 元・保険・社会問題大臣
Tallberg, Peter　タルベリ, ペーテル
　国フィンランド　国際オリンピック委員会委員, フィンランドオリンピック委員会理事, 元・国際オリンピック委員会アスリート委員会委員長元・国際セーリング連盟長
Tallchief, Maria　トールチーフ, マリア
　1925〜2013　国アメリカ　バレリーナ, バレエ監督　シカゴ・シティ・バレエ団芸術監督, ニューヨーク・シティ・バレエ団(NYCB)プリンシパル
Talle, Aud　ターレ, オウド
　著「障害と文化」明石書店　2006
Tallec, Olivier　タレック, オリヴィエ
　1970〜　国フランス　イラストレーター
Tallent, Jared　タレント, ジャレド
　国オーストラリア　陸上選手
Talley, Jeralean　タリー, ジェラレアン
　1899〜2015　国アメリカ　世界最高齢者(116歳)
Talley, Marcia Dutton　タリー, マーシャ
　1943〜　著「裸のフェニックス」ソニー・マガジンズ　2002
Tallis, Frank　タリス, フランク
　著「臨床恋愛病講座」ランダムハウス講談社　2006
Tallon, Ben　タロン, ベン
　著「夢とスランプを乗りこなせ」英治出版　2016
Tallus, Jaakko　タルルス, ヤーコ
　1981〜　国フィンランド　スキー選手　別タルス, ヤッコ/タルルス
Tally, Ted　タリー, テッド
　著「レッド・ドラゴン」新潮社　2003
Talmon, Moshe　タルモン, モーシィ
　1950〜　著「シングル・セッション・セラピー」金剛出版　2001
Talon, Patrice Athanase Guillaume　タロン, パトリス・アタナズ・ギヨーム
　国ベナン　大統領
Talon-Hugon, Carole　タロン=ユゴン, カロル
　著「美学への手引き」白水社　2015
Ta Lou, Marie-Josee　タルー, マリージョゼ

Talsma, Kelly　タルスマ, K.
　国コートジボワール　陸上選手
　著「ARISを活用したチェンジマネジメント」シュプリンガー・フェアラーク東京　2003
Talsma, Nynke Mare　タルスマ, ネインケ
　1975～　著「ふたつのおうち」朝日学生新聞社　2011
Talvitie, Virpi　タルヴィティエ, ヴィルピ
　1961～　著「シーソー」ランダムハウス講談社　2007
Tam, Alan　タム, アラン
　1950～　国香港　歌手, 俳優, 映画プロデューサー　漢字名＝譚詠麟
Tam, Marilyn　タム, マリリン
　著「私たちは成功するようにできている」サンマーク出版　2004
Tamagni, Daniele　タマーニ, ダニエーレ
　著「FASHION TRIBES」青幻舎インターナショナル, 青幻舎（京都）（発売）2016
Tamaki, Jullian　タマキ, ジュリアン
　著「Girl」サンクチュアリ・パブリッシング　2009
Tamaki, Mariko　タマキ, マリコ
　著「Girl」サンクチュアリ・パブリッシング　2009
Tamaki, Tadashi　タマキ, タダシ
　国ブラジル　南米剣道連盟会長, 国際剣道連盟理事, サンパウロ大学歯学部名誉教授, 元・ブラジル剣道連盟会長　漢字名＝玉置正
Tamanaha, Brian Z.　タマナハ, ブライアン・Z.
　著「アメリカ・ロースクールの凋落」花伝社, 共栄書房（発売）2013
Tamarau, Soso　タマラウ, ソソ
　国ナイジェリア　レスリング選手
Tamariz, Juan　タマリッツ, ホアン
　1942～　国スペイン, ホアン　著「ホァン・タマリッツカードマジック」東京堂出版　2013
Tamaro, Susanna　タマーロ, スザンナ
　1957～　著「マッテオの小屋」冬花社　2015
Tamas Somoracz　タマシュ・ソモラツ
　国ハンガリー　カヌー選手
Tamayo Flores, Gonzalo Francisco　タマヨ・フロレス, ゴンサロ・フランシスコ
　国ペルー　エネルギー・鉱山相
Tamba, Pierre Biram　タンバ, ピエール・ビラム
　国ガンビア　地方自治体・国土相
Tamba-Mecz, Irène　タンバ, イレーヌ
　著「〈新版〉意味論」白水社　2013
Tamblin, Louise　タンブリン, L.
　著「大学生のための学習マニュアル」培風館　2009
Tambor, Jeffrey　タンバー, ジェフリー
　ゴールデン・グローブ賞 テレビ 男優賞（ミュージカル・コメディ）（第72回（2014年度））"Transparent"
Tamboura, Ascofare Ouleymatou　タンブラ, アスコファレ・ウレイマトウ
　国マリ　通信相
Tame, Lachlan　テーム, ラークラン
　国オーストラリア　カヌー選手
Tamestit, Antoine　タメスティ, アントワン
　1979～　国フランス　ビオラ奏者　ケルン音楽大学教授
Tamez Guerra, Reyes　タメス・ゲラ, レイエス
　国メキシコ　教育相
Tamihere, John　タミヘレ, ジョン
　国ニュージーランド　青年相兼統計相兼土地情報相
Tamim, Muhammad　タミム, ムハンマド
　国イラク　教育相
Tamim bin Hamad bin Khalifa al-Thani　タミム・ビン・ハマド・ビン・ハリファ・アル・サーニ
　1980～　国カタール　政治家　カタール首長　異タミム・ビン・ハマド・サーニ
Tamini, Pascaline　タミニ, パスカリヌ
　国ブルキナファソ　社会活動・国民連帯相　異タミヌビウン, パスカリヌ
Tamir, Pinchas　タミル, ピンチャス
　1928～　著「理科の先生のための新しい評価方法入門」北大路書房　2007
Tamir, Yael　タミール, ヤエル
　著「リベラルなナショナリズムとは」夏目書房　2006
Tamir, Yuli　タミール, ユリ
　国イスラエル　教育相
Tamkivi, Jaanus　タムキビ, ヤーヌス
　国エストニア　環境相
Tamm, James W.　タム, ジェームス・W.
　著「コラボレーションの極意」春秋社　2005
Tamme, Jacob　タミー, ジェイコブ
　国アメリカ　アメフト選手
Tammert, Aleksander　タンメルト
　国エストニア　陸上選手
Tammet, Daniel　タメット, ダニエル
　1979～　著「ぼくと数字のふしぎな世界」講談社　2014
Tamminen, Tuula　タンミネン, トゥーラ
　著「子どもと家族にやさしい社会フィンランド」明石書店　2009
Tammur, Patrick　タムル, パトリック
　国パプアニューギニア　通信情報相
Ta Mok　タ・モク
　1926～2006　国カンボジア　軍人　ポル・ポト軍参謀総長　本名＝チット・チューン
Tampakos, Dimosthenis　タンパコス
　国ギリシャ　体操選手
Tampane, Likeleli　タムパネ, リケレリ
　国レソト　観光・環境・文化相
Tamplin, Arthur R.　タンプリン, アーサー・R.
　1926～2007　著「原子力公害」明石書店　2016
Tampubolon, Gindo　タンポボロン, G.
　著「ソーシャル・キャピタルと健康政策」日本評論社　2013
Tamrakar, Ramkrishna　タムラカール, ラム・クリシュナ
　国ネパール　厚生相
Tamura, Hibiki　タムラ, ヒビキ
　国日本　ロン・ティボー・クレスパン国際音楽コンクール ピアノ第1位（2007年（第36回））ほか　漢字名＝田村響
Tan, Amy　タン, エイミ
　1952～　著「ジョイ・ラック・クラブ」ソニー・マガジンズ　2005
Tan, Billy　タン, ビリー
　著「A＋X：アベンジャーズ＋X-MEN＝最強」小学館集英社プロダクション　2015
Tan, Boon Heong　タン
　国マレーシア　バドミントン選手
Tan, Chade-Meng　タン, チャディー・メン
　著「ジョイ・オンデマンド」NHK出版　2016
Tan, Chunan-Jing　タン・チュアンジン
　国シンガポール　社会家庭発展相　漢字名＝陳川仁
Tan, Dun　タン, ドゥン
　1957～　国中国　作曲家　漢字名＝譚盾　異タン・ジュン／タン・トユン／タン・トン
Tan, Fiona　タン, フィオナ
　1966～　著「フィオナ・タン アセント」IZU PHOTO MUSEUM, DE PONT MUSEUM,（長泉町）NOHARA（オランダ）（発売）2016
Tan, Hock Beng　タン, ホック・ベン
　1962～　著「アジアンリゾート」グラフィック社　2003
Tan, Le Vinh　タン, レ・ビン
　国ベトナム　内相
Tan, Lucio　タン, ルシオ
　国フィリピン　実業家　漢字名＝陳永栽
Tan, Melvyn　タン, メルビン
　1956～　国イギリス　フォルテピアノ奏者, チェンバロ奏者, ピアニスト　異タン, メルヴィン
Tan, Neivelle　タン, ネヴィル
　1940～　著「7172」ヨベル　2013
Tan, Ngo Chew　タン・ウノチュウ
　国シンガポール　警察庁長官補佐官兼兵役重要施設長
Tan, Nguyen Cong　タン, グエン・コン
　国ベトナム　副首相
Tan, Philip　タン, フィリップ
　著「バットマン＆ロビン」小学館集英社プロダクション　2014
Tan, Rui Wu　タン
　国クロアチア　卓球選手
Tan, Shaun　タン, ショーン
　1974～　挿絵画家
Tan, Suyin G.M.　タン, スイン・G.M.
　著「周術期コミュニケーション技法」メディカル・サイエンス・インターナショナル　2012
Tan, Tony　タン, トニー
　1940～　国シンガポール　政治家　シンガポール大統領　シンガポール政府投資公社（GIC）副会長　漢字名＝陳慶炎　異タン・ケン・ヤム, トニー
Tan, Wee Kiong　タン, ウィーキョン
　国マレーシア　バドミントン選手
Tan, Yuan-yuan　タン, ヤンヤン

1976～ 国中国　バレリーナ　サンフランシスコ・バレエ団プリンシパル　漢字名＝譚元元
Tan, Yuhan　タン, ユアン
　国ベルギー　バドミントン選手
Tan, Zaldy Sy　タン, ザルディ・S.
　著「ボケないための「脳力」診断」英治出版　2006
Tana
　国スペイン　サッカー選手
Tanabe, Georg J., Jr.　タナベ, ジョージ・ジョウジ, Jr.
　1943～　国アメリカ　ハワイ大学宗教学部名誉教授, 元・ハワイ大学宗教学部長　ハワイ大学宗教学部教授・学部長　国日本仏教
Tanabe, Koji　タナベ, コウジ
　著「山中iPS細胞・ノーベル賞受賞論文を読もう」一灯舎, オーム社(発売)　2012
Tanaka, Emilia　タナカ, エミリア
　国ブラジル　ブラジルいけ花協会会長　漢字名＝田中エミリア
Tanaka, John　タナカ, ジョン
　著「ハワイ王国物語」JTBパブリッシング　2007
Tanaka, Kenneth Ken'ichi　タナカ, ケネス
　1947～　著「アメリカ流マインドを変える仏教入門」春秋社　2016
Tanaka, Rodney Shinichi　タナカ, ロッドニー・シンイチ
　国アメリカ　元・日米相互防衛援助事務所副所長
Tanaka, Shelly　タナカ, シェリー
　著「1冊で知る地球温暖化」原書房　2009
Tanaka, Wayne Norio　タナカ, ウェイン・ノリオ
　国アメリカ　元・クラーク高校校長, 元・在ラスベガス日本国名誉総領事, 元・日系米国人市民同盟ラスベガス支部理事長
Tanangada, Jimson Fiau　タナンガダ, ジムソン・フィアウ
　国ソロモン諸島　農村開発相　タナンガダ, ジムソン・フラウ
Tanasak, Patimapragorn　タナサック・パティマパコーン
　国タイ　副首相
Tanasan, Sopita　タナサン, ソピタ
　国タイ　重量挙げ選手
Tanase, Alexandru　タナセ, アレクサンドル
　国モルドバ　法相
Tanase, Virgil　タナズ, ヴィリジル
　1945～　著「ドストエフスキー」祥伝社　2014
Tănăsescu, Mihai Nicolae　タナセスク, ミハイ・ニコラエ
　国ルーマニア　財務相　タナセスク, ミハイ
Tanatarov, Akzhurek　タナタロフ
　国カザフスタン　レスリング選手
Tanayev, Nikolai　タナエフ, ニコライ
　国キルギス　首相
Tancer, Bill　タンサー, ビル
　著「クリック!」イースト・プレス　2009
Tancer, Manuel E.　タンサー, マヌエル・E.
　著「不安障害」日本評論社　2005
Tancock, Liam　タンコック
　国イギリス　競泳選手
Tancredi, Laurence R.　タンクレディ, L.R.
　著「タンクレディ, ローレンス・R.」著「道徳脳とは何か」新樹社　創造出版　2008
Tancsics, Laszlo　タンチッチ
　国ハンガリー　重量挙げ選手
Tanczos, Nandor　タンチョス, ナンドール
　著「ニュージーランド」メディアファクトリー　2004
Tande, Petter L.　タンデ
　国ノルウェー　ノルディック複合選手
Tandia, Hawa　タンジャ, ハワ
　国モーリタニア　国会・市民社会担当相
Tandja, Mamadou　タンジャ, ママドゥ
　1938～　国ニジェール　政治家, 元軍人　ニジェール大統領
Tandy, Bradley Edward　タンディー, ブラドリー
　国南アフリカ　水泳選手
Tandy, Keith　タンディー, キース
　国アメリカ　アメフト選手
Taneja, Nawal K.　タネジャ, ナウル・K.
　著「異業種に見る航空業界のベストプラクティス」成山堂書店　2014
Taneko, Augustine　タネコ, オーグスティン
　国ソロモン諸島　国家和解・平和相
Tanel, Franco　タネル, フランコ
　著「世界の鉄道」河出書房新社　2014
Tanenbaum, Andrew S.　タネンバウム, アンドリュー・S.
　1944～　著「コンピュータネットワーク」日経BP社, 日経BPマーケティング(発売)　2013
Tanenbaum, Robert K.　タネンボーム, ロバート・K.
　著「さりげない殺人者」講談社　2005
Tanenbaum, Susie J.　タネンバウム, スージー・J.
　著「地下鉄のミュージシャン」朝日新聞出版　2009
Tanenhaus, David Spinoza　タネンハウス, デビッド・S.
　著「創生期のアメリカ少年司法」成文堂　2015
Tanev, Todor　タネフ, トドル
　国ブルガリア　教育・科学相
Taneva, Desislava　タネバ, デシスラバ
　国ブルガリア　農業・食料相
Tan Fook, Choong　タンフック
　国マレーシア　バドミントン選手
Tang, Alan　タン, アラン
　1946～2011　国香港　俳優, 映画プロデューサー　漢字名＝鄧光栄
Tang, Jia-xuan　タン, ジャシュアン
　1938～　国中国　政治家, 外交官　中日友好協会会長　中国国務委員(外交担当), 中国外相, 中国共産党中央委員　漢字名＝唐家璇　国タン・チアシュワン
Tang, Wei　タン, ウェイ
　1979～　国中国　女優　漢字名＝湯唯, 英語名＝レベッカ〈Rebecca〉　国タン・ウェイ
Tangara, Djibril　タンガラ, ジブリル
　国マリ　社会発展・連帯相
Tangara, Mamadou　タンガラ, ママドゥ
　国ガンビア　高等教育・研究・科学・技術相　国タンガラ, モモドゥ
Tangaz, Tomris　タンガズ, トムリス
　著「インテリアデザイン・コース」グラフィック社　2007
Tanggaard, Lene　タンゴー, リーネ
　著「世界で最もクリエイティブな国デンマークに学ぶ発想力の鍛え方」クロスメディア・パブリッシング, インプレス(発売)　2014
Tangi, Villiami　タンギ, ビリアミ
　国トンガ　副首相兼保健相
Tangriev, Abdullo　タングリエフ, アブドゥロ
　国ウズベキスタン　柔道選手　国タングリエフ
Tanguay, Bridget　タンゲイ, ブリジット
　1970～　著「ケニア」ほるぷ出版　2008
Tang Wah Hing, Sylvio Hock Sheen　タンワーヒン, シルビオ・ホック・シーン
　国モーリシャス　消費者保護・市民憲章相
Tanigawa, Katsuki　タニガワ, カツキ
　1917～　著「帰還」はる書房　2005
Tanigawa, Nobuhiko　タニガワ, ノブヒコ
　1943～　漢字名＝谷川允彦　著「腹腔鏡下大腸手術」シュプリンガー・ジャパン　2007
Taniguchi, José Kiyoshi　タニグチ, ジョゼ・キヨシ
　国ブラジル　元・サンパウロ州軍警察参謀本部人事企画課長
Taniguchi, Yoshio　タニグチ, ヨシオ
　国日本　高松宮殿下記念世界文化賞 建築部門(2005年(第17回))　漢字名＝谷口吉生
Tanjung, Chairul　タンジュン, カイルル
　国インドネシア　実業家
Tanjung, Feisal　タンジュン, フェイサル
　1939～2013　国インドネシア　政治家, 軍人　インドネシア政治治安担当調整相, インドネシア国軍司令官
Tank, Patrick W.　タンク, パトリック・W.
　著「グラント解剖学実習」西村書店　2009
Tankha, Brij Mohan　タンカ, ブリジ・モハン
　1947～　国インド　元・デリー大学教授, 元・デリー大学中国日本研究学科長　デリー大学教授　国日本現代史
Tankoano, Joachim　タンコアノ, ジョアシム
　国ブルキナファソ　郵政・通信・情報技術相
Tanksley, Steven D.　タンクスレイ, スティーブン・D.
　国アメリカ　ウルフ賞 農業部門(2004年)
Tannahill, Reay　タナヒル, レイ
　1929～2007　著「美食のギャラリー」八坂書房　2008
Tanne, Janice Hopkins　タンネ, ジャニス・ホプキンズ
　著「サイエンスライティング」地人書館　2013
Tannehill, Ryan　タネヒル, ライアン
　国アメリカ　アメフト選手
Tannen, Deborah　タネン, デボラ
　著「母と娘わかりあうための口のきき方, 接し方」バベルプレス　2013
Tannenbaum, Robert　タンネンバウム, ロバト

㊃「交渉の戦略スキル」ダイヤモンド社　2002
Tanner, Christine A.　タナー, クリスティン
　1947〜　㊃「ベナー看護実践における専門性」医学書院　2015
Tanner, Chuck　タナー, チャック
　1929〜2011　㊁アメリカ　野球選手, 大リーグ監督　本名＝Tanner, Charles William
Tanner, Julia　タナー, ジュリア
　㊃「グローバル・ティーチャーの理論と実践」明石書店　2011
Tanner, Lindsay　タナー, リンゼー
　㊁オーストラリア　予算・規制緩和相
Tanner, Norman P.　タナー, N.
　1943〜　㊁タナー, N.P.　㊃「新カトリック教会小史」教文館　2013
Tanner, Renée　ターナー, ルネ
　㊃「リフレクソロジー基礎から応用まで」東京堂出版　2007
Tanner, Rob　タナー, ロブ
　㊃「レスターの奇跡」イースト・プレス　2016
Tanney, Alex　タニー, アレックス
　㊁アメリカ　アメフト選手
Tanninen, Oili　タンニネン, オイリ
　㊃「ヌヌヌ」あすなろ書房　2009
Tannock, Ian　タノック, イアン・F.
　㊃「がんのベーシックサイエンス」メディカル・サイエンス・インターナショナル　2006
Tannock, Stuart　タノック, スチュアート
　1969〜　㊃「使い捨てられる若者たち」岩波書店　2006
Tannor, David Joshua　ターナー, D.J.
　1958〜　㊃「入門量子ダイナミクス」化学同人　2012
Tano　タノ
　㊁ドミニカ共和国　サッカー選手
Tanoh, Thierry　タノー, ティエリ
　㊁コートジボワール　石油・エネルギー相
Tanous, Peter J.　タナウス, ピーター
　㊃「増税が国を滅ぼす」日経BP社, 日経BP出版センター（発売）2009
Tanović, Danis　タノヴィッチ, ダニス
　1969〜　㊁ボスニア・ヘルツェゴビナ　映画監督, 脚本家　㊥タノビッチ, ダニス
Tanqueray, Rebecca　タンカレ, レベッカ
　㊃「スモール・スペース」ブーマー, トランスワールドジャパン（発売）2005
Tanrikulu, Ahmet Kenan　タンリクル, アフメト・ケナン
　㊁トルコ　工業・貿易相
Tanrikulu, Azize　タンリクル
　㊁トルコ　テコンドー選手
Tanrikulu, Bahri　タンリクル
　㊁トルコ　テコンドー選手
Tansella, Michele　タンセラ, ミケーレ
　㊃「精神保健サービス実践ガイド」日本評論社　2012
Tansley, David　タンズリー, デイビッド
　㊃「Linux & UNIX Shellプログラミング」ピアソン・エデュケーション　2002
Tan Sri Marzuki, bin Mohd Noor　マルズキ・モハマド・ノール
　㊁マレーシア　スズキ・マレーシア社会長, 三菱自動車マレーシア社会長, ホンダ・マレーシア社取締役, 元・駐日マレーシア大使
Tantan, Sadettin　タンタン, サデッティン
　㊁トルコ　内相
Tantawi, Mohamed Said　タンタウィ, ムハンマド・サイード
　1928〜2010　㊁エジプト　イスラム教スンニ派最高指導者, 法学者　アズハル機関総長　㊥タンタウィ師／タンタウィ大導師
Tantawi, Muhammad Hussein　タンタウィ, ムハンマド・フセイン
　1935〜　㊁エジプト　軍人, 政治家　エジプト大統領アドバイザー　エジプト軍最高評議会議長, エジプト国防相・副首相　㊥タンタウィ, モハメド・フセイン
Tanthapanichakoon, Wiwut　タンタパニチャクン, ウィワット
　㊁タイ　元・東京工業大学大学院理工学研究科教授, 元・チュラロンコーン大学工学部化学工学科教授, 元・泰日経済技術振興協会会長
Tanui, Paul Kipngetich　タヌイ, ポール
　㊁ケニア　陸上選手
Tanukale, Taom　タヌカレ, タオム
　㊁ツバル　保健相
Tanyeli, Uğur　タンイェリ, ウウル
　㊃「Anytime」NTT出版　2001
Tanzen Lhundrup　タンゼン・ルンドゥプ

㊃「チベットの文化大革命」風響社　2012
Tanzi, Rudolph E.　タンジ, ルドルフ・E.
　㊃「スーパーブレイン」保育社　2014
Tao, Li　タオ
　㊁シンガポール　競泳選手
Tao, Terence　タオ, テレンス
　1975〜　㊁オーストラリア　数学者　カリフォルニア大学ロサンゼルス校教授　漢字名＝陶哲軒　㊥タオ, テレンス・チ・シェン
Taoka, Isao　タオカ, イサオ
　㊁パラグアイ　外交官　駐日パラグアイ大使, ラパス市長　日本名＝田岡功（タオカ・イサオ）
Taom, James　タオム, ジェームス
　㊁キリバス　教育・青年・スポーツ相
Taov, Khasanbi　タオフ
　㊁ロシア　柔道選手
Tapahonso, Luci　タパホンソ, ルーシー
　㊃「おめでとう」新潮社　2013
Tapangararua, Willy Jimmy　タパンガラルア, ウィリー・ジミー
　㊁バヌアツ　土地・天然資源・エネルギー相
Tapgun, Fidelis　タプグン, フィデリス
　㊁ナイジェリア　産業相
Tapia, Bill　タピア, ビル
　1908〜2011　㊁アメリカ　ウクレレ奏者
Tapia, Johnny　タピア, ジョニー
　1967〜2012　㊁アメリカ　プロボクサー　WBA世界バンタム級チャンピオン
Tapia, Lorena　タピア, ロレナ
　㊁エクアドル　環境相
Tapia, Raimel　タピア, ライメル
　㊁ドミニカ共和国　野球選手
Tapia, Ramiro　タピア, ラミロ
　㊁ボリビア　保健スポーツ相
Tapias, Alcides　タピアス, アウシデス
　㊁ブラジル　開発相
Tàpies, Antoni　タピエス, アントニ
　1923〜2012　㊁スペイン　画家　㊃抽象画　本名＝Tàpies Puig, Antoni　㊥タピエス, アントニー
Ţapiş, Valentina　ツァピシ, バレンティナ
　㊁モルドバ　環境相
Tapley, Rebecca　タプリー, レベッカ
　㊃「セカンドライフ完全デザインガイド」エムディエヌコーポレーション, インプレスコミュニケーションズ（発売）2007
Taplin, Bralon　タプリン, ブラロン
　㊁グラナダ　陸上選手
Taplin, Sam　タプリン, サム
　㊃「はじめてのオーケストラ」大日本絵画〔2016〕
Tapo, Abdoulaye Garba　タポ, アブドゥライ・ガルバ
　㊁マリ　法相
Tapoyo, Alexandre　タポヨ, アレクサンドル
　㊁ガボン　人権・機会均等・海外在留者相
Tapp, Darryl　タップ, ダリル
　㊁アメリカ　アメフト選手
Tapp, Ian　タップ, イアン
　アカデミー賞 音響賞（第81回（2008年））"Slumdog Millionaire"
Tappe, Horst　タッペ, ホースト
　1938〜2005　㊁ドイツ　写真家
Tapper, Charles　タッパー, チャールズ
　㊁アメリカ　アメフト選手
Tapper, Harold　タッパー, ハロルド
　㊃「ポール・オースターが朗読するナショナル・ストーリー・プロジェクト」アルク　2006
Tapper, Melissa　タッパー, メリッサ
　㊁オーストラリア　卓球選手
Tappert, Horst　タッパート, ホルスト
　1923〜2008　㊁ドイツ　俳優
Tapscott, Alex　タプスコット, アレックス
　㊃「ブロックチェーン・レボリューション」ダイヤモンド社　2016
Tapscott, Don　タプスコット, ドン
　1947〜　㊃「ブロックチェーン・レボリューション」ダイヤモンド社　2016
Tapsoba, Achille　タプソバ, アチル
　㊁ブルキナファソ　青年・職業訓練・雇用相
Tapsoba, Pierre Joseph Emmanuel　タプソバ, ピエール・ジョゼフ・エマニュエル

[国]ブルキナファソ 保健相
Tarabini, Gianpaolo タラビーニ, ジャンパオロ
?～2006 [国]イタリア 実業家 ブルフィン経営者
Tarabini, Patricia タラビーニ
[国]アルゼンチン テニス選手
Taraborrelli, J.Randy タラボレッリ, J.ランディ
[著]「ジャッキー、エセル、ジョーン」 集英社 2002
Tarabra, Daniela タラブラ, ダニエラ
[著]「イタリア人に学ぶ日本人が知らない名画の見かた」 エクスナレッジ 2013
Taradash, Daniel タラダッシュ, ダニエル
1913～2003 [国]アメリカ 脚本家 米国映画芸術科学アカデミー会長
Tarah, Abdi Mohamed タラ, アブディ・モハメド
[国]ソマリア 郵政・通信相
Taran, Lev Nikolaevich タラン, L.N.
[著]「子育て・納得のアドバイス」 新読書社 2006
Taranczewski, Detlev タランチェフスキ, デトレフ
1947～ [著]「中世 日本と西欧」 吉川弘文館 2009
Tarantino, Jevon タランティーノ
[国]アメリカ 飛び込み選手
Tarantino, Luigi タランティーノ
[国]イタリア フェンシング選手
Tarantino, Quentin タランティーノ, クエンティン
1963～ [国]アメリカ 映画監督, 映画プロデューサー, 脚本家, 俳優
Tarar, Mohammed Rafiq タラル, モハメド・ラフィク
[国]パキスタン 大統領
Tarara, Stefan タララ, ステファン
[国]ドイツ パガニーニ国際ヴァイオリン・コンクール 第3位 (2010年(第53回))ほか
Taras, Peter タラス, ピーター
[著]「SWELL」 パイインターナショナル 2016
Tarashaj, Shani タラシャイ, シャニ
[国]スイス サッカー選手
Tarasov, Vladimir タラーソフ, ウラジーミル
1947～ [著]「トリオ」 法政大学出版局 2016
Tarasova, Irina タラソワ
[国]ロシア 陸上選手
Tarasova, Tatiana タラソワ, タチアナ
1947～ [国]ロシア フィギュアスケート指導者
Tarasyuk, Boris タラシュク, ボリス
[国]ウクライナ 外相
Tarawally, Musa タラワリ, ムサ
[国]シエラレオネ 土地・国家計画・環境相 [異]タラワリ, ムッサ
Tarawneh, Suleiman タラウネ, スレイマン
[国]ヨルダン 社会開発相
Tarazón, Andreína タラソン, アンドレイナ
[国]ベネズエラ 女性・男女平等相
Tarbell, Alan ターベル, アラン
[著]「ハワイ島」 メディアファクトリー 2005
Tarbett, Debbie ターベット, デビー
[著]「10ぴきぴよぴよひよこちゃん」 大日本絵画 〔2014〕
Tarbox, Katherine ターボックス, キャサリン
1983～ [著]「メールのなかの見えないあなた」 文芸春秋 2001
Tarczewski, Kaleb ターチェウスキー, カレブ
[国]アメリカ バスケットボール選手
Tardi, Jacques タルディ, J.
[著]「汚れた戦争」 共和国 2016
Tardieu, Laurence タルデュー, ローランス
1972～ [国]フランス 作家 [専]ロマンス
Tardieu, Michel タルデュー, ミシェル
1938～ [著]「マニ教」 白水社 2002
Tardiff, Timothy J. タルディフ, ティモシー・J.
[著]「ブロードバンドの発展と政策」 NTT出版 2005
Tardits, Manuel タルディッツ, マニュエル
1959～ [著]「東京断想」 鹿島出版会 2014
Tareen, Jehangir Khan タリーン, ジャハンギル・カーン
[国]パキスタン 工業・生産相
Taremae, Hypolite タレマエ, ハイポライト
[国]ソロモン諸島 国家統一・和解・平和相
Targamadze, Kakha タルガマゼ, カハ
[国]ジョージア 内相
Target, Mary タルジェ, メアリー
[著]「発達精神病理学からみた精神分析理論」 岩崎学術出版社 2013
Targett, Matt ターゲット
[国]オーストラリア 競泳選手
Targett, Matt ターゲット, マット
[国]イングランド サッカー選手
Tarhan, Ihsan Yildirim タルハン
[国]トルコ ボクシング選手
Tăriceanu, Călin Popescu タリチェアヌ, カリン・ポペスク
1952～ [国]ルーマニア 政治家 ルーマニア上院議長 ルーマニア首相, ルーマニア国民自由党党首 [異]タリチャーヌ, カリンポペスク
Tarifi, Jamil タリフィ, ジャミル
[国]パレスチナ 民政相
Tarkowski, James ターコウスキー, ジェームズ
[国]イングランド サッカー選手
Tarlap, Tiit タルラップ, ティート
1954～ [著]「ボクの体験したチェルノブイリ」 エストニア・チェルノブイリ・ヒバクシャ基金 2004
Tarlev, Vasile タルレフ, バシレ
[国]モルドバ 首相
Tarling, Christine ターリング, クリスティン
[著]「刷新してほしい患者移動の技術」 日本看護協会出版会 2003
Tarling, Moyra ターリング, モイラ
[著]「雪のように愛は降り」 ハーレクイン 2002
Tarmum, Abdul-Rahman Mohammed タルムム, アブドルラハマン・モハメド
[国]イエメン 電力相
Tarnai, Tibor タルナイ, チボール
[著]「形とシンメトリーの饗宴」 森北出版 2003
Tarnoff, Terry タルノフ, テリー
1947～ [国]アメリカ 作家 [専]文学
Tarnovschi, Oleg タルノブスキ, オレグ
[国]モルドバ カヌー選手
Tarnovschi, Serghei タルノブスキ, セルゲイ
[国]モルドバ カヌー選手
Taro, Mathias タロ, マティアス
[国]ソロモン諸島 教育相
Tarocco, Francesca タロッコ, フランチェスカ
1970～ [著]「カラオケ化する世界」 青土社 2008
Tarozzi, Massimiliano タロッツィ, マッシミリアーノ
[著]「グローバル化と言語能力」 明石書店 2015
Tarpeh, Etomonia タペ, エトモニア
[国]リベリア 教育相 [異]ターペ, エトモニア
Tarpinian, Steve ターピニアン, スティーブン
[著]「アクアエクササイズのすすめ」 ベースボール・マガジン社 2001
Tarpley, Webster Griffin タープレイ, ウェブスター・G.
[著]「オバマ 危険な正体」 成甲書房 2008
Tarr, Babs ター, バブズ
[著]「バットガール:バーンサイド」 小学館集英社プロダクション 2016
Tarr, Donald Arthur タール, D.A.
1932～ [著]「ミースラー・タール無機化学」 丸善 2003
Tarr, Edward H. タール, エドワード
1936～ [著]「トランペットの歴史」 ショット・ミュージック 2012
Tarr, Hope タール, ホープ
[著]「ときには淑女のように」 オークラ出版 2013
Tarr, Juraj タル, ユライ
[国]スロバキア カヌー選手
Tarrant, Mark タラント, マーク
[著]「音楽アイデンティティ」 北大路書房 2011
Tarrow, Sidney G. タロー, シドニー・G.
[著]「社会運動の力」 彩流社 2006
Tarsem ターセム
1961～ [国]インド 映像作家, 映画監督, CMディレクター 本名=ターセム・シン〈Tarsem Singh〉 [異]タースィム
Tarshis, Lauren ターシス, ローレン
[著]「ぼくはこうして生き残った!」 KADOKAWA 2015
Tart, Charles T. タート, チャールズ・T.
[著]「覚醒のメカニズム」 コスモス・ライブラリー, 星雲社(発売) 2001
Tartaglia, Louis A. ターターリャ, ルイス
[異]ターターリャ, ルイス・A. [著]「不思議なくらい心が強くなるヒント」 三笠書房 2015
Tartaglini, Flavia タルタリーニ, フラビア
[国]イタリア セーリング選手
Tartakovsky, Genndy タルタコフスキー, ゲンディ

T

国アメリカ　アヌシー国際アニメーション映画祭 TVシリーズ TVシリーズ特別賞（2002年）ほか
Tartt, Donna　タート, ドナ
　国アメリカ　ピュリッツァー賞 文学・音楽 フィクション（2014年）　"The Goldfinch"
Tartt, Jaquiski　タート, ジャキスキー
　国アメリカ　アメフト選手
Tartuferi, Angelo　タルトゥーフェリ, アンジェロ
　著「芸術の都フィレンツェ大図鑑」西村書店　2015
Taruc, Luis　タルク, ルイス
　1913～2005　国フィリピン　革命運動家
Tarus, Alexandru　タルス, アレクサンドル
　国ルーマニア　ラグビー選手
Tarus, Bogdan　タルス
　国ルーマニア　陸上選手
Taruskin, Richard　タラスキン, リチャード
　著「ニュー・ミュージコロジー」慶応義塾大学出版会　2013
Tarzi, Zemaryalai　タルジ, ゼマルヤライ
　国フランス　考古学者　ストラスブール大学教授　他バーミヤン遺跡
Tasca, Cathrine　タスカ, カトリーヌ
　国フランス　文化・通信相
Taschen, Angelika　タッシェン, アンゲリカ
　著「エキセントリック・スタイル」Taschen　c2002
Taschen, Benedikt　タッシェン, ベネディクト
　著「カラヴァッジョ」Taschen　c2010
Taschereau, Ghislain　タシュロー, ジスラン
　著「悪党どもはぶち殺せ！」扶桑社　2003
Taschner, Rudolf Josef　タシュナー, ルドルフ
　1953～　著「数の魔力」岩波書店　2010
Tashbayev, Uchkunbek　タシバエフ, ウチクンベク
　国キルギス　経済規制相
Tashiyev, Kamchybek　タシエフ, カムチュイベク
　国キルギス　非常事態相
Tashjian, Armen H.　タシジアン, アーメン・H.
　1932～2009　著「病態生理に基づく臨床薬理学」メディカル・サイエンス・インターナショナル　2006
Tashjian, Jake　タージン, ジェイク
　1994～　著「ぼくが本を読まない理由（わけ）」PHP研究所　2015
Tashjian, Janet　タージン, ジャネット
　国アメリカ　作家　他児童書、ヤングアダルト
Tashpayeva, Nazgul　タシパエワ, ナズグリ
　国キルギス　労働社会発展相
Tasiadis, Sideris　タジアディス, シデリス
　国ドイツ　カヌー選手　他タシアディス
Tasker, Peter　タスカ, ピーター
　1955～　国イギリス　金融証券アナリスト　アーカス・インベストメント・ストラテジスト　他タスカー, ピーター
Taskoudis, Apostolos　タスクディス
　国ギリシャ　レスリング選手
Tasmagambetov, Imangali　タスマガムベトフ, イマンガリ
　国カザフスタン　副首相
Tasman, Allan　タスマン, アラン
　1947～　著「薬物療法における医師−患者関係」星和書店　2004
Tasmuradov, Elmurat　タスムラドフ, エルムラト
　国ウズベキスタン　レスリング選手
Tasovac, Ivan　タソバッツ, イバン
　国セルビア　文化・メディア相　他ダソバッツ, イバン
Tassie, Gregor　タシー, グレゴール
　1953～　著「ムラヴィンスキー」アルファベータ　2009
Tàssies, José Antonio　タシエス, J.
　著「名前をうばわれたなかまたち」さ・え・ら書房　2011
Tassinari, Renato　タシナリ, レナート
　1912～　著「チマッティ神父と歩んだ日々」ドン・ボスコ社　2001
Tassiou, Aminou　タシウ, アミヌ
　国ニジェール　水利相
Tassoua, Jean-Marie　タスア, ジャン・マリー
　国コンゴ共和国　エネルギー・水資源相
Tata, Ratan N.　タタ, ラタン
　1937～　国インド　実業家　タタグループ名誉会長　他ターター, ラタン
Tatar, Nur　タタル, ヌル
　国トルコ　テコンドー選手　他タタル
Tatareva, Anastasiia　タタレワ, アナスタシア

国ロシア　新体操選手
Tatarnikov, Mikhail　タタルニコフ, ミハイル
　国ロシア　指揮者, バイオリニスト　ミハイロフスキー劇場管弦楽団音楽監督・首席指揮者
Tataroglu, Selim　タタロウル
　国トルコ　柔道選手
Tatarusanu, Ciprian　タタルシャヌ, チプリアン
　国ルーマニア　サッカー選手
Tatchell, Terri　タッチェル, テリー
　ネビュラ賞 レイ・ブラッドベリ賞（2009年）　"District 9"
Tatcheva, Eva　タチェバ, エヴァ
　著「魔女のゼルダのバースデーケーキ」大日本絵画　〔2003〕
Tate, Brandon　テイト, ブランドン
　国アメリカ　アメフト選手
Tate, Bruce A.　テイト, ブルース・A.
　著「JavaからRubyへ」オライリー・ジャパン, オーム社（発売）2007
Tate, Buddy　テート, バディ
　1913～2001　国アメリカ　ジャズサックス奏者　本名＝Tate, George Holmes　他テイト, バディ
Tate, Carson　テイト, カーソン
　著「WORK SIMPLE」日経BP社, 日経BPマーケティング（発売）2015
Tate, Golden　テイト, ゴールデン
　国アメリカ　アメフト選手
Tate, Jeffrey　テート, ジェフリー
　1943～　国イギリス　指揮者　ハンブルク交響楽団首席指揮者　本名＝Tate, Jeffery Philip　他テイト, ジェフリー
Tate, John Torrence　テイト, ジョン・T.
　国アメリカ　アーベル賞（2010年）ほか
Tate, Ryan　テイト, ライアン
　著「20％ドクトリン」阪急コミュニケーションズ　2013
Tately, Chuck　テイトリー, チャック
　著「アニメおさるのジョージ シロップコンコン」金の星社　2015
Tatham, Betty　テイサム, ベティ
　著「ペンギンのヒナ」福音館書店　2008
Tatham, Caroline　テイタム, キャロライン
　著「ファッションデザイン画コース」文化出版局　2005
Tatham, Peter E.R.　テイサム, ピーター・E.R.
　著「シグナル伝達」メディカル・サイエンス・インターナショナル　2011
Tati Loutard, Jean-Baptiste　タチルタール, ジャン・バプティスト
　国コンゴ共和国　国務相（石油担当）　他タティルータール, ジャンバティスト／タティ・ルタール, ジャン・バティスト
Tatlow, Ruth　タトロー, ルース
　著「バッハの暗号」青土社　2011
Tatola, Benaindo　タトラ, ベナインド
　国チャド　国防・退役軍人担当相
Tatroe, Kevin　テーター, ケビン
　著「プログラミングPHP」オライリー・ジャパン, オーム社（発売）2014
Tatsumi, Jo　タツミ, ジョー
　国ブラジル　伯日比較法学会会員（評議員会メンバー）, 元・サンパウロ州高等裁判所判事, 元・日伯文化連盟会長　漢字名＝辰巳ジョー
Tatsumi, Yukio　タツミ, ユキオ
　国アメリカ　元・ターミナルアイランダーズ会長, 元・米国書道研究会理事長
Tatsuno, Dave　タツノ, デーブ
　1913～2006　国アメリカ　強制収容所の生活をフィルムに収めた日系2世
Tattersall, Graham　タタソール, グレアム
　1951～　著「数学脳で考える」ランダムハウス講談社　2009
Tattersall, Ian　タッターソル, イアン
　他タターソル, イアン　著「ヒトの起源を探して」原書房　2016
Tattersall, Kirsty　タッターソール, カースティ
　著「エビデンスに基づく高齢者の作業療法」ガイアブックス　2014
Tatum, Jayson　テイタム, ジェイソン
　国アメリカ　バスケットボール選手
Taua, Tavaga Kitiona Seuala　タウア・タバガ・キティオナ・セウアラ
　国サモア　農水相
Taub, Lawrence　トーブ, ローレンス
　1936～　著「3つの原理」ダイヤモンド社　2007
Taube, Henry　タウベ, ヘンリー

1915〜2005　国アメリカ　化学者　スタンフォード大学名誉教授　著金属錯体　欧タウビー, ヘンリー／タウブ, ヘンリー
Taube, Herman　タウブ, ハーマン
1918〜2014　作家, 詩人
Tauber, Martin　タウバー
国オーストリア　距離スキー選手
Taubes, Gary　トーベス, ゲーリー
1956〜　著「ヒトはなぜ太るのか？」メディカルトリビューン 2013
Taubira, Christiane　トビラ, クリスティアーヌ
国フランス　法相
Taubman, Alfred　トーブマン, アルフレッド
1924〜2015　国アメリカ　実業家　トーブマン・センターズ創業者, サザビーズ会長　本名＝Taubman, Adolph Alfred
Taufete'e, Joseph　タウフェテー, ジョセフ
国アメリカ　ラグビー選手
Taufe'ulungaki, Ana Maui　タウフェウルンガキ, アナ・マウイ
国トンガ　教育訓練相
Taufiq Kiemas　タウフィック・キマス
1942〜2013　国インドネシア　政治家, 実業家　インドネシア国民協議会議長　欧タウフィック
Taulafo, Sakaria (Zak)　タウラフォ, サカリア（ザク）
国サモア　ラグビー選手
Tauler, Antonio　タウレル
国スペイン　自転車選手
Tauli-Corpuz, Victoria　タウリ・コルプス, ビクトリア
著「ポストグローバル社会の可能性」緑風出版　2006
Taulli, Tom　トゥーリ, トム
1968〜　著「ファンダメンタル的空売り入門」パンローリング 2004
Taumalolo, Sona (Alisona)　タウマロロ, ソナ
国トンガ　ラグビー選手
Taumoepeau, Aisea　タウモエペアウ, アイセア
国トンガ　法相
Taumoepeau, Malia Viviena 'Alisi　タウモエペアウ, マリア・ビビエナアリシ
国トンガ　法相
Taupin, Bernie　トーピン, バーニー
ゴールデン・グローブ賞　映画　主題歌賞（第63回（2005年度））
'A Love That Will Never Grow Old'（「ブロークバック・マウンテン」"Brokeback Mountain"）
Taur, Yuan　タウア, Y.
1946〜　著「タウア・ニン最新VLSIの基礎」丸善出版　2013
Tauran, Jean-Louis　トーラン, ジャンルイ
国バチカン　長官代理（内相）
Taus-Bolstad, Stacy　タウスボールスタッド, ステーシー
著「パキスタン」国土社　2004
Tausi, Otinielu　タウシ, オティニエル
国ツバル　内務・地方開発相
Tausinga, Job Dundley　タウシンガ, ジョブ・ダッドリー
国ソロモン諸島　教育相
Tausinga, Silas　タウシンガ, サイラス
国ソロモン諸島　州政府・組織強化相
Taussig, Michael T.　タウシグ, マイケル
1940〜　著「ヴァルター・ベンヤミンの墓標」水声社　2016
Tautou, Audrey　トトゥ, オドレイ
1978〜　国フランス　女優　欧トートゥー, オードレー
Tautz, Jürgen　タウツ, ユルゲン
著「建築する動物」スペースシャワーネットワーク　2014
Tauzin, Dora　トーザン, ドラ
1967〜　国フランス　エッセイスト, ジャーナリスト
Tavai, J.R.　タビ, J.R.
国アメリカ　アメフト選手
Tavakoli, Janet M.　タバコリ, ジャネット
著「ウォーレン・バフェット」東洋経済新報社　2010
Tavares, Ângelo De Barros Veiga　タバレス, アンジェロ・デ・バロス・ベイガ
国アンゴラ　内相
Tavares, Carlos　タバレス, カルロス
国ポルトガル　経済相
Tavares, Helder Magno Proenca Mendes　タバレス, エルデール・マグノ・プロエンサ・メンデス
国ギニアビサウ　国防相
Tavares, Luís Filipe Lopes　タバレス, ルイス・フィリペ・ロペス
国カボベルデ　外務・国防・共同体相
Tavares, Martus　タバレス, マルトゥス
国ブラジル　予算管理相
Tavares, Matt　タバレス, マット
1975〜　著「ヘレン・ケラーのかぎりない夢」国土社　2014
Tavares, Octavio　タバレス, オクタビオ
国カボベルデ　教育・スポーツ相
Tavares, Walter　タバレス, ウォルター
国カボベルデ　バスケットボール選手
Tavares Veiga, Justino　タバレスベイガ, ジュスティノ
国サントメ・プリンシペ　法務・議会相
Tavarez, Aneury　タバレス, アネウリィ
国ドミニカ共和国　野球選手
Tavarez, Shannon　タバレス, シャノン
1999〜2010　国アメリカ　女優　欧タヴァレス, シャノン
Tavarres, Myke　タバレス, マイク
国アメリカ　アメフト選手
Tavecchio, Giorgio　タベッキオ, ジオージオ
国アメリカ　アメフト選手
Tavener, John　タブナー, ジョン
1944〜2013　国イギリス　作曲家　著現代音楽　本名＝Tavener, John Kenneth　欧タヴナー, ジョン
Taveras, Oscar　タベラス, オスカー
1992〜2014　国ドミニカ共和国　野球選手
Tavernier, Alexandra　タベルニエ, アレクサンドラ
国フランス　陸上選手
Tavernier, Bertrand　タヴェルニエ, ベルトラン
1941〜　国フランス　映画監督　本名＝Tavernier, Bertrand René Maurice　欧タベルニエ, ベルトラン
Tavernier, Jef　タベルニエ, ジェフ
国ベルギー　消費者保護・保健・環境相
Tavernier, Nils　タヴェルニエ, ニルス
1965〜　国フランス　映画監督, 俳優　欧タベルニエ, ニルス
Tavernier, Sarah　タヴェルニエ, サラ
著「MONUMENTAL世界のすごい建築」ポプラ社　2016
Tavernier, Tiffany　タヴェルニエ, ティファニー
著「今日から始まる」愛育社　2001
Taviani, Paolo　タヴィアーニ, パオロ
1931〜　国イタリア　映画監督　欧タビアーニ, パオロ
Taviani, Vittorio　タヴィアーニ, ヴィットリオ
1929〜　国イタリア　映画監督　欧タビアーニ, ビットリオ
Tavistock, Aaron　タビストック, アロン
著「Core JSP」ピアソン・エデュケーション　2001
Tavo, Vangjel　タボ, バンジェル
国アルバニア　保健相
Tavola, Kaliopate　タボラ, カリオパテ
国フィジー　外務・貿易相
Tavris, Carol　タヴリス, キャロル
著「なぜあの人はあやまちを認めないのか」河出書房新社　2009
Tawatha, Taleb　タワサ, タレブ
国イスラエル　サッカー選手
al-Taweel, Abdullah Abdul-Rahman　タウィール, アブドラ・アブドルラハマン
国クウェート　貿易産業相
Tawéma, Daniel　タウェマ, ダニエル
国ベナン　内務・治安・地方分権相
al-Tawil, Samir　アル・タウィル, サミル
国ヨルダン　経済相
Tay, Lee Yong　テイ, リー・ヨン
著「フューチャースクール」ピアソン桐原　2011
Taya, Maaouiya Ould Sidi Ahmed　タヤ, マーウイヤ・ウルド・シディ・アハメド
国モーリタニア　大統領　欧タヤ, マウイヤ・ウルド・シディ・アハメド
Taye, Patricia　タエ, パトリシア
国ガボン　機会均等・海外在留者相
Tayeb, Mohammed Amine　タイエブ, モハメドアミネ
国アルジェリア　柔道選手
Tayebnia, Ali　タイエブニア, アリ
国イラン　経済財務相
al-Tayer, Ahmed Humaid　アル・タエル, アハメド・フマイド
国アラブ首長国連邦　通信相
al-Tayer, Matar Humayd　アル・タエル, マタル・フマイド
国アラブ首長国連邦　労働社会問題相
al-Tayib, Muhammad Muhammad　アル・タイブ, ムハマド・ムハマド
国イエメン　労相
Taylan, Nurcan　タイラン

Taylor, Abra テイラー, アブラ
　㊇トルコ　重量挙げ選手
　㊃「レモン色のシナリオ」ハーレクイン 2003
Taylor, Alan テイラー, アラン
　ピュリッツァー賞 文学・音楽 歴史(2014年)ほか
Taylor, Alice テイラー, アリス
　㊃「とどまるとき」未知谷 2016
Taylor, Alistair テイラー, アリステア
　㊃「ビートルズ世界証言集」ポプラ社 2006
Taylor, Andrew テイラー, アンドリュー
　㊃「時間とは何か、空間とは何か」岩波書店 2013
Taylor, Andrew テイラー, アンドリュー
　1951～　㊃「BIBLIO MYSTERIES」ディスカヴァー・トゥエンティワン 2014
Taylor, Angelo テイラー, アンジェロ
　1978～　㊇アメリカ　陸上選手　㊕テーラー, アンジェロ
Taylor, Ann テーラー, アン
　㊇イギリス　枢相兼下院院内幹事
Taylor, Anthony James テイラー, アンソニー
　㊃「世界の聖地バイブル」ガイアブックス, 産調出版(発売) 2011
Taylor, Barbara テイラー, バーバラ
　1954～　㊕テーラー, バーバラ　㊃「捕食者探検」大日本絵画〔2014〕
Taylor, Barbara Brown テイラー, バーバラ・ブラウン
　1951～　㊃「天の国の種」キリスト新聞社 2014
Taylor, Billy テイラー, ビリー
　1921～2010　㊇アメリカ　ジャズ・ピアニスト　本名=Taylor, William Edward (Jr.)　㊕テーラー, ビリー
Taylor, Brenda テーラー
　㊇アメリカ　陸上選手
Taylor, C.Barr テイラー, C.バー
　㊃「パニック障害」日本評論社 2001
Taylor, Ceci タイラー, セチ
　1929～　㊃「ダンスのメンタルトレーニング」大修館書店 2003
Taylor, Cecil テイラー, セシル
　1929～　㊇アメリカ　ジャズ・ピアニスト, 作曲家　本名=Taylor, Cecil Percival　㊕テーラー, セシル
Taylor, Charles テイラー, チャールズ
　1931～　㊇カナダ　哲学者　マッギル大学名誉教授　㊇社会哲学, 政治学, 経済学　本名=テイラー, チャールズ・マーグレイブ〈Taylor, Charles Margrave〉　㊕テーラー, チャールズ
Taylor, Charles テイラー, チャールズ
　㊇リベリア　大統領
Taylor, Charlotte テーラー, シャーロット
　㊇イギリス　ボート選手
Taylor, Chris テイラー, クリス
　㊇アメリカ　野球選手
Taylor, Chris テイラー, クリス
　㊃「南米蹴球紀行」勁文社 2001
Taylor, Chris テイラー, クリス
　1973～　㊃「スター・ウォーズはいかにして宇宙を征服したのか」パブラボ, 星雲社(発売) 2015
Taylor, Christian テイラー, クリスチャン
　1990～　㊇アメリカ　三段跳び選手　㊕テーラー, クリスチャン/テイラー, クリスティアン
Taylor, Codie テイラー, コーディー
　㊇ニュージーランド　ラグビー選手
Taylor, Cooper テイラー, クーパー
　㊇アメリカ　アメフト選手
Taylor, Cora テイラー, コーラ
　1936～　㊃「ジュリー」小学館 2009
Taylor, Daniel テイラー, ダニエル
　㊃「ヴィレールボカージュ」大日本絵画 2005
Taylor, Daniel J. テイラー, ダニエル
　㊃「睡眠障害に対する認知行動療法」風間書房 2015
Taylor, Dave テイラー, デイブ
　1962～　㊃「入門Unix for OS 10」オライリー・ジャパン, オーム社(発売) 2013
Taylor, David テイラー, デイヴィッド
　㊃「頭のいい人の「人を動かす」42の方法」PHP研究所 2004
Taylor, David テイラー, デイヴィッド
　1934～　㊃「新アルティメイトブック犬」緑書房 2006
Taylor, David テイラー, デイヴィッド
　㊃「トーキング・キュア」金剛出版 2013
Taylor, David テイラー, デイビット

㊃「世界の紛争を考える」文溪堂 2003
Taylor, David テイラー, デビッド
　1964～　㊃「ブランド・ストレッチ」英治出版 2004
Taylor, David E. テーラー, デービッド・E.
　1972～　㊃「イエス様と天国を旅して」イルミネイター, 星雲社(発売) 2015
Taylor, David S. テイラー, デービッド
　㊇アメリカ　実業家　プロクター・アンド・ギャンブル(P&G)社長・CEO　㊕テイラー, デビッド
Taylor, Derek テイラー, デレク
　㊃「ビートルズ世界証言集」ポプラ社 2006
Taylor, Devin テイラー, デビン
　㊇アメリカ　アメフト選手
Taylor, Don テイラー, ドン
　㊃「カイリックスパワーソリューションズ」ソフトバンクパブリッシング 2002
Taylor, Donald M. テイラー, D.M.
　㊃「集団間関係の社会心理学」晃洋書房 2010
Taylor, Edwin F. テイラー, エドウィン・F.
　㊃「一般相対性理論入門」ピアソン・エデュケーション 2004
Taylor, Eleanor テイラー, エレノア
　1969～　㊃「ピーターラビットクリスマスのおはなし」集英社 2013
Taylor, Elizabeth テイラー, エリザベス
　1932～2011　㊇イギリス　女優　本名=Taylor, Elizabeth Rosemond　㊕テーラー, エリザベス
Taylor, Elizabeth Johnston テイラー, エリザベス・ジョンストン
　㊃「スピリチュアルケア」医学書院 2008
Taylor, Emma テイラー, エマ
　㊃「ポジション」アーティストハウス, 角川書店(発売) 2003
Taylor, Emmet テーラー, エメット
　㊇リベリア　公共事業相
Taylor, Eric A. テイラー, エリック・A.
　㊃「児童青年精神医学」明石書店 2007
Taylor, George Douglass テイラー, ジョージ・D.
　㊃「テイラーの場帳トレーダー入門」パンローリング 2008
Taylor, George Howard テイラー, ジョージ・H.
　1951～　㊃「イデオロギーとユートピア」新曜社 2011
Taylor, Geraldine テイラー, ジェラルダイン
　㊃「そらはどうしてあおいの?」パイインターナショナル 2011
Taylor, Gilbert テイラー, ギルバート
　1914～2013　㊇イギリス　映画撮影監督　㊕テーラー, ギルバート
Taylor, Glen テイラー, グレン
　㊇アメリカ　ミネソタ・ティンバーウルブズオーナー
Taylor, Gordon Rattray テイラー, G.R.
　1911～　㊃「歴史におけるエロス」新書館 2008
Taylor, G.P. テイラー, G.P.
　1958～　㊇イギリス　作家, 牧師　㊇SF, ファンタジー
Taylor, Greg テイラー, グレグ
　㊃「「ダ・ヴィンチ・コード」イン・アメリカ」白夜書房 2006
Taylor, Harry テイラー, ハリー
　㊃「太古の生物図鑑」あすなろ書房 2006
Taylor, Ian テイラー, イアン
　㊃「賭けの考え方」パンローリング 2011
Taylor, Ian Lance テイラー, イアン・ランス
　㊃「GNU Autoconf/Automake/Libtool」オーム社 2001
Taylor, Isaiah テイラー, アイザイア
　㊇アメリカ　バスケットボール選手
Taylor, Jamar テイラー, ジャマー
　㊇アメリカ　アメフト選手
Taylor, James テイラー, ジェームズ
　1948～　㊇アメリカ　シンガー・ソングライター　㊕テイラー, ジェームス/テイラー, ジェイムズ
Taylor, James B. テーラー, ジェームズ・B.
　㊃「長期波動」藤原書店 2002
Taylor, Jason deCaires テイラー, ジェイソン・デカイレス
　1974～　㊃「海底美術館」日経ナショナルジオグラフィック社, 日経BPマーケティング(発売) 2013
Taylor, Jean テイラー, ジーン
　㊃「数学を語ろう!」シュプリンガー・フェアラーク東京 2003
Taylor, Jean テイラー, ジーン
　㊃「教会の花」聖公会出版 2009
Taylor, Jeanette テイラー, ジャネット
　㊃「サイコパシー・ハンドブック」明石書店 2015

Taylor, Jennifer　テイラー, ジェニファー
　㊟「奇跡が街に訪れて」ハーレクイン　2010
Taylor, Jeremy　タイラー, ジェレミー
　1962〜　㊟「オール・フォー・ラブ」アイビーシーパブリッシング, 日本洋書販売(発売)　2005
Taylor, Jeremy　テイラー, ジェレミー
　1943〜　㊟「ドリームワーク」バベルプレス　2012
Taylor, Jeremy　テイラー, ジェレミー
　1946〜　㊟「われらはチンパンジーにあらず」新曜社　2013
Taylor, Jill　テイラー, ジル
　㊚アメリカ　脳神経学者　インディアナ医科大学　本名＝テイラー, ジル・ボルト〈Taylor, Jill Bolte〉　㊥テイラー, ジル・ボルト
Taylor, Jim　テイラー, J.
　1941〜　㊟「地域経済学と地域政策」流通経済大学出版会　2005
Taylor, Jim　テイラー, ジム
　1962〜　アカデミー賞 脚色賞(第77回(2004年))ほか
Taylor, Jim　テイラー, ジム
　1958〜　㊟「ダンスのメンタルトレーニング」大修館書店　2003
Taylor, Jim　テイラー, ジム
　1960〜　㊟「DVD解体新書」ネクサスインターコム, 星雲社(発売)　2003
Taylor, John　テイラー, ジョン
　1921〜2008　㊚アメリカ　文書官　米国国立公文書館文書官　㊥テーラー, ジョン
Taylor, John　テイラー, ジョン
　1942〜2015　㊚イギリス　ジャズ・ピアニスト
Taylor, John　テイラー, ジョン
　1960〜　㊚イギリス　ロック・ベース奏者　本名＝テイラー, ナイジェル・ジョン〈Taylor, Nigel John〉
Taylor, John　テイラー, ジョン
　1955〜　㊟「西洋古典文学と聖書」教文館　2014
Taylor, John B.　テイラー, ジョン
　1946〜　㊚アメリカ　経済学者　スタンフォード大学教授　米国財務次官　㊟国際経済・通貨問題　㊥テーラー, ジョン／テイラー, ジョン・B.
Taylor, John Bernard　テーラー, ジョン・B.
　1929〜　㊟「エゼキエル書」いのちのことば社　2005
Taylor, John F.　テイラー, ジョン・F.
　㊟「学校と生活がたのしくなる本」大月書店　2007
Taylor, John R.　テイラー, ジョン・R.
　㊟「認知文法のエッセンス」大修館書店　2008
Taylor, Jonathan　テーラー, ジョナサン
　㊚リベリア　大統領担当国務相
Taylor, Jordan　テイラー, ジョーダン
　㊚アメリカ　アメフト選手
Taylor, Joseph Hooton, Jr.　テイラー, ジョセフ, Jr.
　1941〜　㊚アメリカ　天体物理学者　プリンストン大学名誉教授　㊙重力波天文学　㊥テイラー, ジョセフ・H.
Taylor, Judy　テイラー, ジュディ
　㊟「エドワード・アーディゾーニ 友へのスケッチ」こぐま社　2001
Taylor, Kathleen Eleanor　テイラー, キャスリン
　㊥テイラー, キャスリーン　㊟「脳科学が明らかにする大人の学習」ヒューマンバリュー　2016
Taylor, Kathrine Kressmann　テイラー, クレスマン
　㊟「届かなかった手紙」文芸春秋　2001
Taylor, Katie　テイラー, ケイティ
　1986〜　㊚アイルランド　ボクシング選手　㊥テーラー, ケイティ／テイラー, ケイティー
Taylor, Kelvin　テイラー, ケルビン
　㊚アメリカ　アメフト選手
Taylor, Ken　テイラー, ケン
　1919〜2006　㊚アメリカ　軍人　本名＝テイラー, ケネス〈Taylor, Kenneth〉　㊥テーラー, ケネス／テーラー, ケン
Taylor, Ken　テイラー, ケン
　1934〜2015　㊚カナダ　外交官　駐イラン・カナダ大使　本名＝Taylor, Kenneth Douglas
Taylor, Kerry　テイラー, ケリー
　㊟「ヨーロピアンアンティーク大百科」西洋堂　2004
Taylor, Kevin　テイラー, ケヴィン
　1961〜　㊟「薬学と社会」共立出版　2004
Taylor, Kevin J.　テイラー, ケヴィン
　1949〜　㊟「地球はやはりがらんどうだった」徳間書店　2008
Taylor, Koko　テイラー, ココ
　1928〜2009　㊚アメリカ　ブルース歌手　本名＝ウォルトン, コラ〈Walton, Cora〉　㊥テーラー, ココ
Taylor, Laini　テイラー, レイニ
　1971〜　㊚アメリカ　作家　㊙ファンタジー
Taylor, Lance　テイラー, L.J.
　1940〜　㊟「金融不安定性と景気循環」日本経済評論社　2007
Taylor, Lane　テイラー, レイン
　㊚アメリカ　アメフト選手
Taylor, Leon　テイラー, リオン
　㊚アメリカ　「ザ・ベンチャーズ」メンバー
Taylor, Leon　テーラー
　㊚イギリス　飛び込み選手
Taylor, Lesley　テイラー, レスリー
　㊟「カラーセラピー」産調出版　2006
Taylor, Lester D.　テイラー, レスター・D.
　㊟「ブロードバンドの発展と政策」NTT出版　2005
Taylor, Madisyn　テイラー, メディスン
　㊟「天から降りそそぐ幸せのヒント」ランダムハウス講談社　2009
Taylor, Maria　テイラー, マリア
　㊟「ふしぎの国のアリス」大日本絵画　〔2014〕
Taylor, Marianne　テイラー, マリアンヌ
　1972〜　㊟「美しいハチドリ図鑑」グラフィック社　2015
Taylor, Marilyn　テイラー, マリリン
　㊟「欧州サードセクター」日本経済評論社　2007
Taylor, Mark C.　テイラー, マーク・C.
　1945〜　㊟「神の後に」ぷねうま舎　2015
Taylor, Martin　テイラー, マーティン
　㊟「どうくつのたからさがし」大日本絵画　〔2009〕
Taylor, Matt　テイラー, マット
　㊚アメリカ　平和運動家, 映画監督, テレビプロデューサー　世界核兵器解体基金(GNDFund)代表
Taylor, Matthew　テイラー, マシュー
　㊟「グアテマラ」ほるぷ出版　2011
Taylor, Matthew J.　テイラー, マシュー
　1975〜　㊟「地球はやはりがらんどうだった」徳間書店　2008
Taylor, Maye　テイラー, M.
　㊟「質的心理学研究法入門」新曜社　2008
Taylor, Michael　テイラー, マイケル
　㊚アメリカ　野球選手
Taylor, Myke　テイラー, マイク
　㊟「3Dでびっくり！ は虫類」大日本絵画　2011
Taylor, Neil　テイラー, ニール
　㊚ウェールズ　サッカー選手
Taylor, Neil　テイラー, ニール
　㊟「Google最強のブランド戦略」ソフトバンククリエイティブ　2006
Taylor, Neil　テイラー, ニール
　㊟「シェイクスピア映画論」開文社出版　2004
Taylor, Palmer　テイラー, パーマー
　㊟「薬理書」広川書店　2003
Taylor, Pat　テイラー, パット
　1952〜　㊟「脳を鍛える大人のパズル」中経出版　2004
Taylor, Patricia A.　テイラー, パトリシア
　㊟「中国株投資の王道」日本経済新聞出版社　2008
Taylor, Paul Belville　テイラー, ポール
　1930〜　㊚アメリカ　舞踊家, 振付師　ポール・テイラー・カンパニー主宰　㊥テーラー, ポール
Taylor, Paul D.　テイラー, ポール・D.
　㊟「化石図鑑」あすなろ書房　2004
Taylor, Peter　テイラー, ピーター
　㊚トリニダード・トバゴ　法相
Taylor, Peter　テイラー, ピーター
　㊟「元帳の締め切り」〔川島貞一〕　2002
Taylor, Peter　テーラー, ピーター
　㊚ニュージーランド　ボート選手
Taylor, Phil　テイラー, フィル
　1954〜2015　㊚イギリス　ロック・ドラム奏者　本名＝Taylor, Philip
Taylor, Rachael　テイラー, レイチェル
　1984〜　㊚オーストラリア　女優　㊥テーラー, レイチェル／テイラー, レーチェル
Taylor, Rachael　テイラー, レイチェル
　㊟「まねして描こう らくがきの図案集」マール社　2014
Taylor, Richard　テイラー, R.
　1967〜　㊟「『教会』の読み方」教文館　2013
Taylor, Richard　テイラー, リチャード

アカデミー賞 特殊効果賞(第78回(2005年)) "King Kong"
Taylor, Richard テイラー, リチャード
　1919～2003 㗉「卓越の倫理」晃洋書房 2013
Taylor, Richard Edward テイラー, リチャード
　1929～ 国カナダ 物理学者 スタンフォード大学名誉教授 専素粒子論 異テーラー, リチャード
Taylor, Robert テイラー, ロバート
　1948～2007 国アメリカ 陸上選手 異テーラー, ロバート
Taylor, Robert B. テイラー, ロバート・B.
　㗉「テイラー先生のクリニカル・パール」メディカル・サイエンス・インターナショナル 2015
Taylor, Robert L. テイラー, R.L.
　1942～ 㗉「精神症状の背景にあるもの」培風館 2001
Taylor, Rod テイラー, ロッド
　1930～2015 国アメリカ 俳優 本名＝Taylor, Robert 異テーラー, ロッド
Taylor, Rodger テイラー, ロジャー
　1953～ 㗉「アインシュタインとロブソン」法政大学出版局 2008
Taylor, Roger テイラー, ロジャー
　1949～ 国イギリス ロック・ドラマー 本名＝テイラー, ロジャー・メドウズ
Taylor, Roger テイラー, ロジャー
　1960～ 国イギリス ロック・ドラマー
Taylor, Ron テイラー, ロン
　?～2002 国アメリカ 歌手, 俳優 異テーラー, ロン
Taylor, Sandra Anne テイラー, サンドラ・アン
　㗉「運命を書き換える前世療法CDブック」ダイヤモンド社 2013
Taylor, Sarah Stewart テイラー, サラ・スチュアート
　1971～ 国アメリカ ミステリー作家 専ミステリー, スリラー
Taylor, Scott タイラー, スコット
　1960～ 㗉「アメリカの正義の裏側」平凡社 2004
Taylor, Sean テイラー, ショーン
　1983～2007 国アメリカ アメフト選手 異テーラー, ショーン
Taylor, Sean テイラー, ショーン
　1965～ ネスレ子どもの本賞 5歳以下部門 金賞(2007年) "When a Monster is Born"
Taylor, Shelley E. テイラー, シェリー・E.
　㗉「社会的認知研究」北大路書房 2013
Taylor, Shirley テイラー, シャーリー
　㗉「英文ビジネスライティング大全」桐原書店 2014
Taylor, Stepfan テイラー, ステファン
　国アメリカ アメフト選手
Taylor, Stephen テイラー, シュテファン
　1964～ 㗉「国境を越えて」BL出版 2001
Taylor, Steve テイラー, スティーヴ
　1967～ 㗉「メイキング・タイム」DHC 2008
Taylor, Steve テイラー, スティーブ
　㗉「行動探求」英治出版 2016
Taylor, Stuart テイラー, スチュアート
　国イングランド サッカー選手
Taylor, Sylvester テイラー, シルベスター
　㗉「経験学習によるリーダーシップ開発」日本能率協会マネジメントセンター 2016
Taylor, Talus テイラー, タラス
　1933～2015 国アメリカ 児童漫画作家 異テーラー, タラス
Taylor, Terry テイラー, テリー
　1952～ 㗉「魔法使いのびっくりマジック」技術評論社 2005
Taylor, Thom テイラー, トム
　1955～ 㗉「超一流のプロが教えるクルマの描き方」スタジオタッククリエイティブ 2009
Taylor, Thomas テイラー, トマス
　1973～ 㗉「こちょこちょがいっぱい！」ほるぷ出版 2015
Taylor, Timothy テイラー, ティモシー
　1960～ 㗉「スタンフォード大学で一番人気の経済学入門」かんき出版 2013
Taylor, Truda テイラー, トルーダ
　㗉「伯爵と愛人」ハーレクイン 2007
Taylor, Tyrod テイラー, タイロッド
　国アメリカ アメフト選手
Taylor, Ward テイラー, ウォード
　1908～ 㗉「空をさまよって帰る」東京図書出版会, 星雲社(発売) 2005
Taylor, William テイラー, ウィリアム・C.
　1959～ 㗉「マーベリック・カンパニー」日本経済新聞出版社 2007
Taylor, W.L. テーラー, W.L.
　㗉「ハチソン・ヒューム・スミス」三恵社 2007
Taylor-lewis, Agnes テイラールイス, アグネス
　国シエラレオネ 保健衛生相
Taylor-Smith, Claire テイラー・スミス, クレア
　㗉「まほうの国の獣医さんハティ」KADOKAWA 2015
Taymazov, Artur タイマゾフ, アルトゥール
　1979～ 国ウズベキスタン レスリング選手
Taymor, Julie テイモア, ジュリー
　1952～ 国アメリカ 演出家, 映画監督, 衣装デザイナー
Taymourian, Anahita テイムーリャーン, アナヒタ
　1972～ 国テイムリヤン, アナヒタ 㗉「月とともだちになりたかったきつね」グリーンキャット 2010
Tayyarah, Ghassan タヤラ, ガッサン
　国シリア 工業相
Tazafy, Armand タザフィ, アルマン
　国マダガスカル 貿易・消費相
Tazegül, Servet タゼギュル, セルヴェト
　1988～ 国トルコ テコンドー選手 異タゼギュル, セルベト／タゼギュル, セルヴェテ
Tazhin, Marat タジン, マラト
　国カザフスタン 外相
Tbeishat, Abdul-Razzaq トベイシャト, アブドルラザク
　国ヨルダン 自治・環境相
Tchachina, Irina チャシナ
　国ロシア 新体操選手
Tchakpele, Komi Paalamwé チャクペレ, コミ・パアラムウェ
　国トーゴ 初等・中等教育・職業訓練相
Tchala, Kessile チャラ, ケシル
　国ベナン 保健相
Tchalim, Tcitchao チャリム, チチャオ
　国トーゴ 法相
Tchalla, Pitang チャラ, ピタング
　国トーゴ 通信・国民教育相
Tchane, Abdoulaye Bio チャネ, アブドゥライ・ビオ
　国ベナン 計画・開発担当相 異チャネ, アブドラエ・ビオ
Tchango, Gabriel チャンゴ, ガブリエル
　国ガボン 水産・畜産相
Tchanturia, Romani チャントゥリア, ロマニ
　国ジョージア サッカー選手
Tchao, Padumhèkou チャオ, パドゥエク
　国トーゴ 観光相 異チャウ, パドゥエク
Tchatat, Clobert シャタ, クロベール
　国カメルーン 都市開発・住宅相 異チャタトゥ, クロベール
Tchepikov, Sergei チェピコフ
　国ロシア バイアスロン選手
Tcherezov, Ivan チェレゾフ
　国ロシア バイアスロン選手
Tcherina, Ludmilla チェリーナ, リュドミラ
　1924～2004 国フランス バレリーナ, 女優 本名＝Tchemerzine, Monika
Tchertkoff, Wladimir チェルトコフ, ヴラディーミル
　1935～ 国チェルトコフ, ウラジーミル 㗉「チェルノブイリの犯罪」緑風出版 2015
Tcheumeo, Audrey チュメオ, オドレイ
　国フランス 柔道選手 異チュメオ
Tchiana, Omar Hamidou チアナ, オマル・ハミドゥ
　国ニジェール 運輸相
Tchibambélélá, Bernard チバンベラ, ベルナール
　国コンゴ共和国 漁業・水産相
Tchiguichev, Evgueni チギシェフ
　国ロシア 重量挙げ選手
Tchikaidze, Aleksandre チカイゼ, アレクサンドル
　国ジョージア 内相
Tchiroma Bakary, Issa チロマバカリ, イッサ
　国カメルーン 情報相
Tchombi, Fatime チョンビ, ファティム
　国チャド 公務・労働相
Tchonai, Hassan チョナイ, ハッサン
　国チャド 公共事業・運輸相
Tchórzewski, Krzysztof トフジェフスキ, クシシュトフ
　国ポーランド エネルギー相
Tchoukriel, Emmanuelle チュクリエール, エマニュエル
　1982～ 㗉「おやすみなさい」アノニマ・スタジオ, KTC中央出版(発売) 2014

Tchrikishvili, Avtandili チリキシビリ, アフタンディリ
[国]ジョージア 柔道選手
Tchuente, Maurice チュエンテ, モーリス
[国]カメルーン 高等教育相
Tchuinté, Madeleine チュアンテ, マドレーヌ
[国]カメルーン 科学研究・革新相 [異]チュエンテ, マドレーヌ
Té, Baptista テ, バティスタ
[国]ギニアビサウ 国土整備・地方行政相
Tea, Jin-ah テ・ジナ
1953〜 [国]韓国 歌手 本名＝チョ・バンホン
Tea, Michelle ティー, ミシェル
1971〜 [国]アメリカ 作家 [専]文学
Tea Banh ティア・バン
[国]カンボジア 副首相兼国防相 [異]ティア・バン
Teabo, Alexander テアボ, アレクサンダー
[国]キリバス 教育相
Tead, Ordway ティード, オードウェイ
[著]「リーダーの技術」 創元社 2003
Teague, Jeff ティーグ, ジェフ
[国]アメリカ バスケットボール選手
Teague, Mark ティーグ, マーク
[著]「きょうりゅうたちのいただきます」 小峰書店 2016
Teale, Mehdi テアル, メディ
[国]ガボン 情報相
Teambo, Mathew テアンボ, マシュー
[国]シエラレオネ 労働・社会保障相
Teare, Diane ティア, ダイアン
[著]「CCNP self-study：BSCI認定テキスト」 ソフトバンクパブリッシング 2005
Teasdale, John D. ティーズデール, ジョン
[異]ティーズデール, J.D. [著]「うつのためのマインドフルネス実践」 星和書店 2012
Teasdill, Wendy ティーズディル, ウェンディ
[著]「マタニティ・ヨーガ」 産調出版 2006
Teasley, Sarah ティズリー, サラ
1973〜 [著]「20世紀デザインヒストリー」 プチグラパブリッシング 2005
Te Atairangikaahu テ・アタイランギカーフ
1931〜2006 [国]ニュージーランド マオリ族女王, 全国マオリ女性福祉協会名誉会長, マオリ・ラグビー連盟名誉会長 [異]テ・アリキヌイ・デーム・テ・アタイランギカーフ
Teays, Terry ティーズ, テリー
1950〜 [著]「NASA好機をつかむ組織」 日経BP社, 日経BP出版センター（発売） 2008
Tebaldi, Renata テバルディ, レナータ
1922〜2004 [国]イタリア ソプラノ歌手
Tebar, Karen テバル, カラン
[国]フランス 馬術選手
Tebben, Maryann Bates テブン, メアリアン
[著]「ソースの歴史」 原書房 2016
Tebbetts, Chris テベッツ, クリス
[国]アメリカ 作家 [専]ヤングアダルト, ファンタジー
Tebboune, Abdelmadjid テブン, アブデルマジド
[国]アルジェリア 住宅・都市計画相 [異]テブヌ, アブデルマジド
Tebbs, Victoria テブス, ビクトリア
[著]「クリスマスのおはなし」 CS成長センター, いのちのことば社（発売） 2007
Teboul, James トゥボール, ジェームズ
1940〜 [著]「サービス・ストラテジー」 ファーストプレス 2007
Tebow, Tim ティーボウ, ティム
1987〜 [国]アメリカ アメフト選手 [異]ティーボー, ティム
Tec, Nechama テック, ネハマ
[著]「ディファイアンス」 ランダムハウス講談社 2009
Tecau, Horia テカウ, ホリア
[国]ルーマニア テニス選手
Techintong, Okada テチントン, オカダ
[国]パラオ 商務貿易相
Teckentrup, Britta テッケントラップ, ブリッタ
[異]テッケントラプ, ブリタ [著]「おおかみの兄弟」 ワールドライブラリー c2014
Teckentrupp, Britta テッケントラップ, ブリッタ
[著]「いのちの木」 ポプラ社 2013
Tedaldi, Dylan テダルディ, ディラン
[国]アメリカ ローザンヌ国際バレエコンクール 3位・スカラシップ（第36回（2008年））
Teddlie, Charles テッドリー, C.
[著]「格差社会アメリカの学校改革」 明石書店 2009
Tedesco, Juan Carlos テデスコ, フアン・カルロス
[国]アルゼンチン 教育相
Tedeyev, Elbrus テデエフ
[国]ウクライナ レスリング選手
Tedjo, Edhi Purdijatno テジョ・エディ・プルディヤトノ
[国]インドネシア 調整相（政治・治安）
Tedlow, Richard S. テドロー, リチャード・S.
[著]「なぜリーダーは「失敗」を認められないのか」 日本経済新聞出版社 2015
Tedros, Adhanom テドロス・アダノム
[国]エチオピア 外相
Tee, Jing Yi ティー・ジンイ
[国]マレーシア バドミントン選手
Teece, David J. ティース, デビッド・J.
[著]「ダイナミック・ケイパビリティ戦略」 ダイヤモンド社 2013
Teed, Elizabeth Lee ティード, E.L.
[著]「コミュニティ心理学」 ミネルヴァ書房 2005
Teegarden, Bobbin ティーガーデン, ボビン
[著]「認知パターン」 ピアソン・エデュケーション 2001
Teege, Jennifer テーゲ, ジェニファー
1970〜 [著]「祖父はアーモン・ゲート」 原書房 2014
Teehan, John ティーハン, ジョン
[著]「モーラルブレイン」 麗沢大学出版会, 広池学園事業部（柏）（発売） 2013
Teera, Slukpetch ティーラ・サラックペット
[国]タイ 文化相
Teerakiat, Jaroensettasin ティラキアット・チャルンセータシン
[国]タイ 教育相
Teerlink, Rich ティアリンク, リッチ
1936〜 [著]「ハーレーダビッドソン経営再生への道」 翔泳社 2001
Teétart, Frank テタール, フランク
[著]「地図で読む世界情勢」 河出書房新社 2009
Teetor, Paul ティーター, ポール
[著]「Rクックブック」 オライリー・ジャパン, オーム社（発売） 2011
Teewe, Natan テーベ, ナタン
[国]キリバス 財務・経済開発相
Tefera, Deribew テフェラ・デリベウ
[国]エチオピア 農業・天然資源相
Tefera, Walwa テフェラ・ワルワ
[国]エチオピア 能力開発相 [異]テフェラ・ワルア
Teferi, Senbere テフェリ, センベレ
[国]エチオピア 陸上選手
Tegmark, Max テグマーク, マックス
[著]「数学的な宇宙」 講談社 2016
Teguedi, Ahmed Ould タクディ, アフメド・ウルド
[国]モーリタニア 外務・協力相
Teh, Hong Piow テー・ホンピャオ
[国]マレーシア 実業家 漢字名＝鄭鴻標
Teheran, Julio テラーン, フリオ
[国]コロンビア 野球選手
Te Heuheu, Georgina タヒューヒュー, ジョージナ
[国]ニュージーランド 裁判所担当相兼太平洋島しょ問題相兼軍縮軍備管理相
Téhoua, Marie テウア, マリー
[国]コートジボワール 産業・民間部門振興相
Tehranian, Majid テヘラニアン, マジッド
1937〜 [著]「池田大作全集」 聖教新聞社 2004
Tei, Masahide テイ・マサヒデ
[国]台湾 （一財）兵庫県肢体不自由児者協会理事長 漢字名＝鄭正秀
Tei, Poasi テイ, ポアシ
[国]トンガ 公営企業相
Teiaua, Kirabuke テイアウア, キラブケ
[国]キリバス 公共事業相 [異]テイアウ, キラブケ
Teich, Malvin Carl タイヒ, M.C.
[異]タイヒ, マルビン・カール [著]「基本光工学」 森北出版 2008
Teicher, Jonathan ティッシャー, ジョナサン
[著]「サステイナブル集合住宅」 技報堂出版 2006
Teichler, Ulrich タイヒラー, ウルリッヒ
[著]「ヨーロッパの高等教育改革」 玉川大学出版部 2006
Teichmann, Axel タイヒマン
[国]ドイツ クロスカントリースキー選手
Teichmann, Iris タイクマン, アイリス

著「こんにちの犯罪」小峰書店 2004
Teieira, Nuno Severiano テイシェイラ, ヌノ・セベリノ
　国ポルトガル　国防相
Teigl, Georg タイグル, ゲオルク
　国オーストリア　サッカー選手
Teii, Tavau ティ, タバウ
　国ツバル　副首相兼資源相　現テイ, ターバウ
Teisberg, Elizabeth Olmstead テイスバーグ, エリザベス・オルムステッド
　著「医療戦略の本質」日経BP社, 日経BP出版センター(発売) 2009
Teitel, Lee テイテル, リー
　著「教育における指導ラウンド」風間書房 2015
Teitelbaum, Michael タイテルバウム, マイケル
　著「ヤングスーパーマン」中央公論新社 2004
Teitelbaum, Osnat テイテルバウム, オスナット
　著「自閉症かな？ と思ったとき」診断と治療社 2014
Teitelbaum, Philip テイテルバウム, フィリップ
　著「自閉症かな？ と思ったとき」診断と治療社 2014
Teixeira, Antonia Mendes テイシェイラ, アントニア・メンデス
　国ギニアビサウ　公衆保健相
Teixeira, Dionatan テイシェイラ, ディオナタン
　国スロバキア　サッカー選手
Teixeira, Elisio Osvaldo Do Espirito Santo D'alva テシェイラ, エリジオ・オズバルド・ド・エスピリト・サント・ダルバ
　国サントメ・プリンシペ　法務・国家改革相
Teixeira, Gail テイクセイラ, ゲイル
　国ガイアナ　文化・青年スポーツ相　現テイシェイラ, ゲイル
Teixeira, Izabella テイシェイラ, イザベラ
　国ブラジル　環境相
Teixeira, Jose テイシェイラ, ジョゼ
　国東ティモール　天然資源・鉱物・エネルギー政策相
Teixeira, Lara テシェイラ, ララ
　国ブラジル　水泳選手
Teixeira, Manuel テイシェイラ, マヌエル
　？～2003　著「マカオの岩窟で幾年月」文化書房博文社 2014
Teixeira, Maria Cândida Pereira テイシェイラ, マリア・カンディダ・ペレイラ
　国アンゴラ　科学技術相　現テイシェイラ, マリア・カンディダ
Teixeira, Mark テシェイラ, マーク
　1980～　国アメリカ　野球選手　本名＝Teixeira, Mark Charles　現テシェーラ, マーク
Teixeira, Miro テイシェイラ, ミロ
　国ブラジル　通信相
Teixeira Da Cruz, Paula ティシェイラダクルス, パウラ
　国ポルトガル　法相　現テイシェイラダクルス, パウラ
Teixeira da Silva, Yolanda Maria Pimenta de Moura テイシェイラ・ダ・シルヴァ, ヨランダ・マリア・アルヴェシュ・ピメンタ・ド・モウラ
　国ポルトガル　元・在ポルトガル日本国大使館現地職員
Teixeira de Melo, Fabio テイセイラ・デ・メロ, ファビオ
　著「プロジェクト・マネジャーが知るべき97のこと」オライリー・ジャパン, オーム社(発売) 2011
Teixeira Dos Santos, Fernando テイシェイラ・ドスサントス, フェルナンド
　国ポルトガル　財務相
Tejada, Alba テハダ, アルバ
　国パナマ　国民福祉相
Tejada, Ruben テハーダ, ルーベン
　国パナマ　野球選手
Tejan-jalloh, Ibrahim テジャンジャロ, イブラヒム
　国シエラレオネ　保健衛生相
Tejasānanda, Swami テジャサーナンダ, スワーミー
　著「調和の預言者」日本ヴェーダーンタ協会 2013
Tejeda, Gladys テヘダ, グラディス
　国ペルー　陸上選手
Tekaiara, Ruateki テカイアラ, ルアテキ
　国キリバス　労働・人材資源開発相
Te Kanawa, Kiri テ・カナワ, キリ
　1944～　国ニュージーランド　ソプラノ歌手　本名＝Te Kanawa, Kiri Jeanette Claire
Tekanene, Maere テカアネネ, マエレ
　国キリバス　教育相
Tekee, Kataotika テケ, カタオシカ
　国キリバス　環境・社会開発相
Tekeli, Ilhan テケリ, イルハン

著「Anytime」NTT出版 2001
Tekia, Tangariki テキア, タンガリキ
　国キリバス　女性・青年・スポーツ相
Tekin, Latife テキン, ラティフェ
　1957～　著「乳しぼり娘とゴミの丘のおとぎ噺」河出書房新社 2014
Tekkari, Béchir テカリ, ベシル
　国チュニジア　司法・人権相
Tekori, Joe テコリ, ジョー
　国サモア　ラグビー選手
Tekper, Seth Emmanuel テクパー, セト・エマニュエル
　国ガーナ　財務相
Tekpetey, Bernard テクペティ, バーナード
　国ガーナ　サッカー選手
Telavi, Willy テラビ, ウィリー
　国ツバル　政治家　ツバル首相
Telchin, Stan テルチン, スタン
　1924～　著「ユダヤ人の裏切り！」マルコーシュ・パブリケーション 2010
Teleguario, Aurora Leticia テレグアリオ, アウロラ・レティシア
　国グアテマラ　労働社会保障相
Telep, Peter テレップ, ピーター
　1965～　著「テロリストの回廊」新潮社 2013
Teletovic, Mirza テレトビッチ, ミルザ
　国ボスニア・ヘルツェゴビナ　バスケットボール選手
Telewoda, Youngor Sevelee テレウォダ, ヤンゴー・セベリー
　国リベリア　駐日特命全権大使
Telfer, David J. テルファー, D.J.
　著「発展途上世界の観光と開発」古今書院 2011
Telfer, Randall テルファー, ランドール
　国アメリカ　アメフト選手
Telford, William R. テルフォード, W.R.
　著「叢書新約聖書神学」新教出版社 2012
Telis, Tomas テリーズ, トーマス
　国ベネズエラ　野球選手
Telito, Filoimea テリト, フィロイメア
　国ツバル　総督
Tellegen, Toon テレヘン, トーン
　1941～　著「ハリネズミの願い」新潮社 2016
Tellem, Nancy テレム, ナンシー
　1954～　国アメリカ　実業家　エンターテインメント＆デジタルメディア社長　CBSパラマウント・ネットワーク・テレビジョン・エンターテインメント社長
Tellen, Thoma Anna テレン, トマ・アンナ
　1913～2010　国ドイツ　名古屋聖霊学園理事長
Tellenbach, Hubertus テレンバッハ, フーベルトゥス
　1914～　国テレンバッハ, H.　著「味と雰囲気」みすず書房 2007
Teller, Astro テラー, アストロ
　国アメリカ　科学者, 発明家, 作家　Google X (Google X Lab)統括者
Teller, Edward テラー, エドワード
　1908～2003　国アメリカ　原子物理学者　ロスアラモス研究所副所長, カリフォルニア大学名誉教授
Teller, Janne テラー, ヤンネ
　1964～　国デンマーク　作家　文学, 児童書
Telles, Edward Eric テルズ, エドワード・E.
　1956～　著「ブラジルの人種的不平等」明石書店 2011
Tellez, Rowdy テレス, ロウディ
　国アメリカ　野球選手
Téllez Kuenzler, Luís テジェス・クエンツレル, ルイス
　国メキシコ　通信・運輸相　現テジェス・クエンツレル, ルイス
Telliano, Jean Marc テリアノ, ジャンマルク
　国ギニア　農業相
Tellington-Jones, Linda テリントン・ジョーンズ, リンダ
　著「犬にT・touch」アニマル・メディア社 2005
Tellini, Gian テリニ, ジャイアン
　著「神との出会い」一麦出版社 2012
Tellis, Gerard J. テリス, G.J.
　1950～　著「意志とビジョン」東洋経済新報社 2002
Tello, Andres テージョ, アンドレス
　国コロンビア　サッカー選手
Tello, Cristian テージョ, クリスティアン
　国スペイン　サッカー選手
Telo Delgado, Maria Filomena de Lobão テロデルガド, マリア・フィロメナ・デ・ロバン

[国]アンゴラ　家族・女性相
Telotte, Jay P.　テロッテ, J.P.
[著]「ディズニーを支えた技術」 日経BP社, 日経BP出版センター(発売)　2009
Telukluk, Paul　テルクルック, ポール
[国]バヌアツ　土地・地質・鉱業・エネルギー・地方水資源相　[異]テルクリュク, ポール
Temari, Mikarite　テマリ, ミカリテ
[国]キリバス　ライン・フェニックス諸島開発相
Tembenu, Samuel Batson　テムベヌ, サムエル・バトソン
[国]マラウイ　法務・憲法問題相
Tembo, Christon　テンボ, クリストン
[国]ザンビア　副大統領
Teme, Jorge　テメ, ジョルジェ
[国]東ティモール　国家行政相
Temengil, Baklai　テメニル, バクライ
[国]パラオ　社会・文化相
Temer Lulia, Michel Miguel Elias　テメル・ルリア, ミシェル・ミゲル・エリアス
[国]ブラジル　大統領
Temes, Roberta　テムズ, ロベルタ
[著]「タッピング入門」 春秋社　2009
Temin, Howard M.　テミン, ハワード・M.
[著]「知の歴史」 徳間書店　2002
Temin, Peter　テミン, ピーター
1937～　[著]「学び直しケインズ経済学」 一灯舎　2015
Temirkanov, Yurii　テミルカーノフ, ユーリー
1938～　[国]ロシア　指揮者　サンクトペテルブルク・フィルハーモニー交響楽団総裁・音楽監督・首席指揮者　本名＝テミルカーノフ, ユーリ・ハトゥエヴィチ〈Temirkanov, Yurii Khatuevich〉　[異]テミルカーノフ, ユーリ / テミルカーノフ, ユーリ・ハトゥエヴィチ / テミルカノフ, ユーリ
Temístocles Montás, Juan　テミストクレス・モンタス, フアン
[国]ドミニカ共和国　経済企画開発相
Temkin, Owsei　テムキン, オゥセイ
[著]「テムキンてんかん病医史抄」 医学書院　2001
Temman, Michel　テマン, ミシェル
1969～　[著]「Kitano par Kitano」 早川書房　2012
Temmar, Abdelhamid　テマール, アブデルハミド
[国]アルジェリア　予測・統計相
Temmar, Hamid　テマール, ハミド
[国]アルジェリア　参加・投資促進相
Temnyk, Hennady　テムニク, ヘンナディ
[国]ウクライナ　地域発展・建設・公共サービス相
Temoku, Tawita　テモク, ターウェータ
[国]キリバス　ライン・フェニックス諸島開発相　[異]テモク, タビタ
Temperley, Alan　テンパリー, アラン
1936～　[異]テンペスト, マーガレット　[著]「ハリーとしわくちゃ団」 評論社　2007
Templar, Richard　テンプラー, リチャード
1950～2006　[著]「できる人のお金の増やし方」 ディスカヴァー・トゥエンティワン　2016
Temple, Christine M.　テンプル, クリスティーン・M.
[著]「認知障害者の心の風景」 福村出版　2006
Temple, Garrett　テンプル, ギャレット
[国]アメリカ　バスケットボール選手
Temple, Julien　テンプル, ジュリアン
1953～　[国]イギリス　映画監督
Temple, Peter　テンプル, ピーター
1946～　[国]オーストラリア　作家　[専]犯罪
Temple, Robert K.G.　テンプル, ロバート
1945～　[著]「図説中国の科学と文明」 河出書房新社　2008
Temple, Wick　テンプル, ウィック
1937～2003　実業家, ジャーナリスト　AP通信副社長
Templeman, Julian　テンプルマン, ジュリアン
[著]「ステップバイステップで学ぶMicrosoft Visual C++.NET実践講座」 日経BPソフトプレス, 日経BP出版センター(発売)　2002
Templesmith, Ben　テンプルスミス, ベン
1978～　[著]「30デイズ・ナイト：リターン・トゥ・バロウ」 マイクロマガジン社　2005
Templeton, John Marks　テンプルトン, ジョン・マークス
1912～2008　[国]イギリス　投資家, 慈善家　テンプルトン財団会長
Templeton, Julia　テンプルトン, ジュリア
[国]アメリカ　作家　[専]ロマンス　共同筆名＝ブラック, アナスタシア〈Black, Anastasia〉
Templeton, Karen　テンプルトン, カレン
[著]「罪深きプリンス」 ハーレクイン　2005
Templeton, Lauren C.　テンプルトン, ローレン・C.
[著]「テンプルトン卿の流儀」 パンローリング　2010
Templeton, Suzie　テンプルトン, スージー
[国]イギリス　アヌシー国際アニメーション映画祭 短編映画 アヌシークリスタル賞(2007年)ほか
Templeton, Timothy L.　テンプルトン, ティム・L.
[著]「単なる知り合いが顧客に変わる本」 祥伝社　2004
Templin, Stephen　テンプリン, スティーブン
[著]「極秘特殊部隊シール・チーム・シックス」 朝日新聞出版　2012
Temporão, José Gomes　テンポラン, ジョゼ・ゴメス
[国]ブラジル　保健相
Temporin, Elena　テンポリン, エレーナ
1970～　[異]テンポリン, エレナ　[著]「とんでる姫と怪物ズグルンチ」 西村書店東京出版編集部　2012
Temrezov, Nauruz　テムレゾフ
[国]アゼルバイジャン　レスリング選手
Temte, Myrna　テンティ, マーナ
[著]「束の間の夢でも」 ハーレクイン　2003
Temu, Puka　テム, プカ
[国]パプアニューギニア　公共サービス相
Temuujin, Khishigdemberel　テムージン, ヒシグデンベレル
[国]モンゴル　法相
Temuuzhin, B.　ガンドラム, O.
[著]「田川の白馬　フフー・ナムジル―馬頭琴というがっきのお話」 岩佐佳子　2010
Ten, Denis　テン, デニス
1993～　[国]カザフスタン　フィギュアスケート選手　[異]テン
Tenaua, Kautu　テナウア, カウスー
[国]キリバス　保健・医療サービス相　[異]テナウア, カウツ
Ten Bensel, Robert W.　テン・ベンセル, ロバート・W.
[著]「虐待された子ども」 明石書店　2003
Tenberken, Sabriye　テンバーケン, サブリエ
1970～　[著]「わが道はチベットに通ず」 オフィスリエゾン　2002
Tenbrunsel, Ann E.　テンブランセル, アン・E.
[著]「倫理の死角」 NTT出版　2013
Ten Cate, Arnold Richard　テン・カテ, A.R.
[著]「Ten Cate口腔組織学」 医歯薬出版　2006
Tendeng, Georges　テンデン, ジョルジュ
[国]セネガル　技術教育相
Tender, Priit　テンダー, プリート
[国]エストニア　オタワ国際アニメーション映画祭 最優秀短編物語 選外佳作(2009年)　"Köögi Dimensioonid"(英題：Kitchen Dimensions)
Tenenbaum, G.David　テネンバウム, G.デヴィッド
[著]「Mr.Soulサム・クック」 ブルース・インターアクションズ　2002
Teneqexhiu, Gjergj　テネケチェジウ, ジェルジ
[国]アルバニア　駐日特命全権大使
Tener, Robert L.　テナー, ロバート・L.
[著]「Haiku(俳句)」 彩流社　2007
Tenet, George J.　テネット, ジョージ
1953～　ジョージタウン大学外交研究所特任教授　米国中央情報局(CIA)長官
Tenev, Vlad　テネフ, ヴラッド
ROBINHOOD共同創業者
Tengizbayev, Nurbakyt　テニスバエフ
[国]カザフスタン　レスリング選手
Tengku Adnan, Tengku Mansor　テンク・アドナン・テンク・マンソル
[国]マレーシア　連邦直轄区相
Ten Have, Andrew G.　テン・ヘイブ, アンドリュー
[異]テンヘイブ, アンドリュー　[著]「アメリカの市販薬ラクラク活用ブック」 日経BP社, 日経BP出版センター(発売)　2005
Tenieu, Teaiwa　テニエウ, テアイワ
[国]キリバス　公共事業・エネルギー相
Tenjua, Edite Ramos Da Costa　テンジュア, エディティ・ラモス・ダ・コスタ
[国]サントメ・プリンシペ　法務・議会・公共行政相
Tenkanen, Tuula　テンカネン, トゥラ
[国]フィンランド　セーリング選手
Tenn, William　テン, ウィリアム
1920～　[著]「グラックの卵」 国書刊行会　2006
Tennakoon, Janaka Bandara　テンナクーン, ジャナカ・バン

T

ダラ
[国]スリランカ　土地・土地開発相
Tennant, Alan　テナント, アラン
1943～　[著]「On the wing」 柏艪舎, 星雲社（発売）　2005
Tennant, Don　テナント, ドン
[著]「交渉に使えるCIA流真実を引き出すテクニック」 創元社　2015
Tennant, Emma　テナント, エマ
1937～　[著]「続高慢と偏見」 筑摩書房　2006
TenNapel, Douglas　テンネーペル, ダグラス
1966～　[著]「Goodie bear」 ソニー・マガジンズ　2001
Tennekoon, Janaka Bandara　テナクーン, ジャナカ・バンダラ
[国]スリランカ　州政府・評議会相
Tenney, Lester　テニー, レスター
1920～　[国]アメリカ　経営学者　アリゾナ州立大学名誉教授　全米バターン・コレヒドール防衛兵の会（ADBC）会長　[専]金融論, 保険論　[異]テニー, レスター・I.
Tenney, Tom Fred　テニー, T.F.
1933～　[著]「神の力をいただくために」 生ける水の川　2004
Tenney, Tommy　テニー, トミー
1956～　[著]「神の力をいただくために」 生ける水の川　2004
Tenorio, Otilino　テノリオ, オティリノ
1980～2005　[国]エクアドル　サッカー選手
Tenta, John　テンタ, ジョン
1963～2006　[国]カナダ　プロレスラー, 元・力士　シコ名＝琴天太（コトテンタ）, 琴天山俊克（コトテンザン・トシカツ）, リング名＝アース・クエイク
Tentoa, Tewareka　テントア, テワレカ
[国]キリバス　副大統領兼内務・地方開発相
Tenzin Delek Rinpoche　テンジン・デレク・リンポチェ
1950～2015　[国]中国　ラマ僧　チベット仏教（ラマ教）指導者　別称＝トゥルク・テンジン・デレク　[異]テンジン・デレック・リンポチェ
Tenzing, Judy　テンジン, ジュディ
[著]「テンジン」 晶文社　2003
Tenzing, Tashi　テンジン, タシ
1964～　[著]「テンジン」 晶文社　2003
Teo, Chee Hean　テオ・チーヒエン
[国]シンガポール　副首相兼国家安全保障調整相　漢字名＝張志賢
Te'o, Manti　テイオ, マンティ
[国]アメリカ　アメフト選手
Teo, Samuelu　テオ, サミュエル
[国]ツバル　天然資源相
Teo, Shun Xie　テオ・シュンジェ
[国]シンガポール　射撃選手
Teo, Wanda Corazon　テオ, ワンダコラソン
[国]フィリピン　観光相
Teodoro, Gilberto　チョドロ, ギルバート
[国]フィリピン　国防相
Teodorovici, Eugen　テオドロビッチ, エウジェン
[国]ルーマニア　欧州基金相
Teodovich Ortiz, Freddy　テオドビッチ・オルティス, フレディ
[国]ボリビア　国防相
Teofilo, Vi　ティオフィロ, ビ
[国]アメリカ　アメフト選手
Teokharova, Tatiana Vladimirovna　テオハロヴァ, タチヤナ・ウラジーミロヴナ
[国]ロシア　在ロシア日本国大使館現地職員
Tepera, Ryan　テペラ, ライアン
[国]アメリカ　野球選手
Teplitz, Jerry V.　テプリッツ, ジェリー・V.
[著]「ビジネスマンのためのブレインジム」 日本キネシオロジー総合学院, 市民出版社（発売）　2008
Tepper, David　テッパー, デビッド
[国]アメリカ　アルバーサ・マネジメント
Tepper, Jonathan　テッパー, ジョナサン
1976～　[著]「エンドゲーム」 プレジデント社　2012
Teptsov, N.V.　チェプツォフ, N.V.
[著]「KGB（秘）調書ヒトラー最期の真実」 光文社　2001
Terada, Alicia　テラダ, アリシア
[国]アルゼンチン　連邦下院亜日友好議員連盟会長, 連邦下院議員
Terajima, Shinobu　テラジマ, シノブ
[国]日本　ベルリン国際映画祭 銀熊賞 女優賞（第60回（2010年））"Caterpillar"　漢字名＝寺島しのぶ
Teran, Alejandra　テラン, アレハンドラ
[国]メキシコ　フェンシング選手
Teran, Boston　テラン, ボストン
[国]アメリカ　作家　[専]ミステリー, スリラー
Teran, Jose Manuel　テラン, ホセ・マヌエル
[国]パナマ　保健相
Terán, Pablo　テラン, パブロ
[国]エクアドル　エネルギー・鉱業相
Teranishi, Dennis Yoshito　テラニシ, デニス・ヨシト
[国]アメリカ　太平洋国際ハイテク研究センター理事兼所長, 元・ハワイアン・ホスト社最高経営責任者
Teraoka, Carlos B.　テラオカ, カルロス・ビー
[国]フィリピン　在バギオ日本国名誉総領事, フィリピン日系人連合会会長
Terap, Hassan　テラップ, ハッサン
[国]チャド　中小企業相
Terasaki, Paul　テラサキ, ポール
1929～2016　[国]アメリカ　臓器移植専門家　カリフォルニア大学ロサンゼルス校名誉教授　本名＝Terasaki, Paul Ichiro
Terasaki Miller, Mariko　テラサキ・ミラ, マリコ
[国]アメリカ　在キャスパー日本国名誉総領事　漢字名＝寺崎まり子
Terban, Marvin　ターバン, マーヴィン
[著]「語源でなっとく最頻出イディオム」 IBCパブリッシング　2012
Terbèche, Mohamed　テルベシュ, モハメド
[国]アルジェリア　財務相
Terbishdagva, Dendev　テルビシダグワ, デンデブ
[国]モンゴル　副首相
Terbishdagva, Dendeviin　テレビシダグバ, デンデビーン
[国]モンゴル　食糧・農牧業相
Terceiro, Jorge　テルセイロ
[国]ジョージア　ビーチバレー選手
Terease, Amanda　トゥレイズ, アマンダ
[著]「ピラティス・マスタリー」 スキージャーナル　2006
Terekhin, Sergei　テレヒン, セルゲイ
[国]ウクライナ　経済財務相
Terekhov, Alexandr A.　テレホフ, アレクサンドル・A.
[国]ベラルーシ　住宅・公益事業相
Terekhov, Dmitry　テーレホフ, ドミトリー
[著]「僭正」 未知谷　2008
Terence, Isabelle　テランス, イザベル
1963～　[著]「フランス高級レストランの世界」 中央公論新社　2010
Tereshchuk, Tetyana　テレシチュク
[国]ウクライナ　陸上選手
Tereshchuk, Viktoriya Anatoliivna　テレシュク
[国]ウクライナ　近代五種選手　[異]テレシチュク
Tereshkina, Viktoria　テリョーシキナ, ヴィクトリア
1982～　[国]ロシア　バレリーナ　マリインスキー・バレエ団プリンシパル　[異]テリョーシキナ, ビクトリア
Teresi, Dick　テレシ, ディック
[著]「失われた発見」 大月書店　2005
Terestchenko, Ivan　テレスチェンコ, イヴァン
[著]「モードデザイナーの家」 エクスナレッジ　2015
Téréta, Bocary　テレタ, ボカリ
[国]マリ　地域開発相
Terfel, Bryn　ターフェル, ブリン
1965～　[国]イギリス　バリトン歌手　本名＝ターフェル・ジョーンズ, ブリン〈Terfel Jones, Bryn〉
Tergat, Paul　テルガト, ポール
1969～　[国]ケニア　マラソン選手　国際オリンピック委員会（IOC）委員　別名＝Kibii, Paul
Terhorst, Guusje　テルホルスト, フーシェ
[国]オランダ　内務・王室関係相
Teriao, Abdelkerim Souleymane　テリアオ, アブデルケリム・スレイマン
[国]チャド　運輸・航空相
Terim, Fatih　テリム, ファティフ
1953～　[国]トルコ　サッカー指導者, 元サッカー選手　サッカー・トルコ代表監督
Terjesen, Siri　テーリエセン, シリ
[著]「スポーツ・マネジメントとメガイベント」 文眞堂　2012
Terkel, Larry　ターケル, ラリー
1947～　[著]「「自分の壁」を破るいちばん簡単な方法」 三笠書房　2007
Terkel, Studs　ターケル, スタッズ
1912～2008　[国]アメリカ　作家, ニュースキャスター, インタビュアー　本名＝ターケル, ルイス〈Terkel, Louis Studs〉

Terkel, Susan Neiburg　ターケル, スーザン・N.
　㊎「「自分の壁」を破るいちばん簡単な方法」三笠書房　2007
Terkper, Seth Emmanuel　テクパー, セト・エマニュエル
　㊀ガーナ　財務相
Terloeva, Milana　テルローヴァ, ミラーナ
　1979～　㊎「廃墟の上でダンス」ポプラ社　2008
Termansen, Jacob　ターマンセン, ジャコブ
　㊎「アイランド・スタイル」チャールズ・イー・タトル出版　2004
Ter Mors, Jorien　テルモルス, ヨリン
　1989～　㊀オランダ　スピードスケート選手
Terpstra, Mike　テルプストラ, マイク
　㊀アメリカ　ワシントン・ウィザーズアシスタントコーチ（バスケットボール）
Terr, Lenore　テア, レノア
　1936～　㊎「恐怖に凍てつく叫び」金剛出版　2006
Terra, Osmar Gasparini　テラ, オズマル・ガスパリニ
　㊀ブラジル　社会農村開発相
Terrail, Claude　テライユ, クロード
　1917～2006　㊀フランス　ラ・トゥール・ダルジャンオーナー
Terraine, John　テレン, ジョン
　1921～　㊎「トラファルガル海戦」原書房　2004
Terranova, Emanuele　テッラノーヴァ, エマヌエレ
　㊀イタリア　サッカー選手
Terras, Anthony　テラス, アントニー
　㊀フランス　射撃選手　㊋テラス
Terras, Christian　テラス, クリスチアン
　㊎「ジョゼ・ボヴェ」柏植書房新社　2002
Terrasse, Antoine　テラス, アントワーヌ
　㊎「ポール・デルヴォー」河出書房新社　2006
Terrazzini, Daniela Jaglenka　テラッツィーニ, ダニエラ・ジャグレンカ
　㊎「妖精伝説」大日本絵画　〔2009〕
Terrazzino, Marco　テラッツィーノ, マルコ
　㊀ドイツ　サッカー選手
Terrell, Heather　テレル, ヘザー
　㊀アメリカ　作家, 弁護士　㊋ヤングアダルト, 歴史
Terrell, Steven　テレル, スティーブン
　㊀アメリカ　アメフト選手
Terrid, Peter　テリド, ペーター
　㊎「クランの裏切り者」早川書房　2016
Terrientes, Javier　テリエンテス, ハビエル
　㊀パナマ　保健相
Terrill, Marshall　テリル, マーシャル
　㊎「スティーブ・マックイーントリビュート」スタジオタッククリエイティブ　2012
Terrin, Peter　テリン, ペーテル
　1968～　㊎「モンテカルロ」松籟社　2016
Terrio, Chris　テリオ, クリス
　アカデミー賞 脚色賞（第85回（2012年））　"Argo"
Terris, Susan　テリス, スーザン
　1937～　㊎「キルト」晶文社　2004
Terro, Alaaeddine　テロウ, アラッディン
　㊀レバノン　難民問題相
Terry, Beverly　テリー, ビバリー
　㊎「プレイボーイ大作戦」ハーレクイン　2001
Terry, Clark　テリー, クラーク
　1920～2015　㊀アメリカ　ジャズ・トランペット奏者, フリューゲルホーン奏者
Terry, Douglas A.　テリー, ダグラス・A.
　㊎「お口の中って、見たことある？」クインテッセンス出版　2014
Terry, Jason　テリー, ジェイソン
　㊀アメリカ　バスケットボール選手
Terry, John　テリー, ジョン
　1980～　㊀イギリス　サッカー選手
Terry, Kimberly Kaye　テリー, キンバリー・ケイ
　㊎「6つの密かなおとぎの恋」ハーレクイン　2014
Terry, Michelle　テリー, ミシェル
　ローレンス・オリヴィエ賞 プレイ 助演女優賞（2011年（第35回））　"Tribes"
Ter Stegen, Marc-Andre　テア・シュテーゲン, マルク・アンドレ
　㊀ドイツ　サッカー選手
Tertrais, Bruno　テルトレ, ブルーノ
　㊎「カラー世界の原発と核兵器図鑑」西村書店東京出版編集部　2015

Tertzakian, Peter　ターツァキアン, ピーター
　㊎「石油最後の1バレル」英治出版　2006
Terwilliger, Terra　ターウィリガー, テラ
　㊎「マッキンゼーITの本質」ダイヤモンド社　2005
Terzani, Tiziano　テルツァーニ, ティツィアーノ
　1938～2004　㊀イタリア　ジャーナリスト
Terzi, Lorella　テルジ, ロレラ
　㊎「イギリス特別なニーズ教育の新たな視点」ジアース教育新社　2012
Terzić, Adnan　テルジッチ, アドナン
　1960～　㊀ボスニア・ヘルツェゴビナ　政治家　ボスニア・ヘルツェゴビナ閣僚評議会議長
Terzidis, Kostas　テルジディス, コスタス
　1962～　㊎「アルゴリズミック・アーキテクチュア」彰国社　2010
Terzi di Sant'Agata, Giulio　テルツィ, ジュリオ
　㊀イタリア　外相
Terziev, Kiril　テルジエフ
　㊀ブルガリア　レスリング選手
Terzis, Athanasios　テルジス, アタナシアス
　㊎「レアルマドリード モウリーニョの戦術分析」スタジオタッククリエイティブ　2013
Tesar, George　テサー, ジョージ
　㊎「戦略的技術マネジメント」日本評論社　2007
Teschke, Benno　テシィケ, ベンノ
　1967～　㊎「近代国家体系の形成」桜井書店　2008
Tesconi, Luca　テスコニ
　㊀イタリア　射撃選手
Tesfai, Gebreselassie　テスファイ・ゲブレセラシエ
　㊀エリトリア　土地・水・環境相
Tesfasellassie, Berhane　テスファセラシエ・ベルハネ
　㊀エリトリア　運輸・通信相
Tesfaye, Gelaye　タスファイエ・ガライヤ
　㊀エチオピア　陶芸家, NPO法人「エチオピアの未来の子供」理事長
Teshayev, Shukhrat　テシャエフ, シュフラト
　㊀ウズベキスタン　農業水利相
Tesheira, Karen　ティシャラ, カレン
　㊀トリニダード・トバゴ　財務相
Teshome, Toga　テショメ・トガ
　㊀エチオピア　青年・スポーツ・文化相
Tesolin, Arupa　テソリン, アルパ
　㊎「「考えない」とうまくいく！」サンマーク出版　2008
Tesori, Jeanine　テソリ, ジャニーン
　トニー賞 ミュージカル 楽曲賞（2015年（第69回））　"Fun Home"
Tessa Mangal, Charlotte　テッサマンガル, シャーロット
　㊀セントルシア　商業・産業・消費者相
Tessaro, Kathleen　テッサロ, キャスリーン
　1965～　㊎「パフューム」ハーパーコリンズ・ジャパン　2016
Tesser, Neil　テセ, ニール
　グラミー賞 最優秀アルバム・ライナーノーツ（2013年（第56回））　"Afro Blue Impressions (Remastered & Expanded)"
Tessina, Tina B.　テシナ, ティナ・B.
　㊋テッシーナ, ティナ　㊎「40歳を過ぎた女性の賢い10の決心」創元社　2006
Test, Zack　テスト, ザック
　㊀アメリカ　ラグビー選手
Testa, Fulvio　テスタ, フルビオ
　1947～　㊎「おおおとこのすむおか」学習研究社　c2009
Testa, Irma　テスタ, イルマ
　㊀イタリア　ボクシング選手
Testart, Jacques　テスタール, ジャック
　1939～　㊎「なぜ遺伝子組み換え作物に反対なのか」緑風出版　2013
Tester, Keith　テスター, キース
　1960～　㊎「社会学の使い方」青土社　2016
Tester, Maurice H.　テスター, モーリス・H.
　㊎「私は霊力の証を見た」潮文社　2007
Testu, Bernard　テステュ, ベルナール
　1955～　㊎「万博のパンドラの箱」講談社出版サービスセンター　2005
Testud, Sandrine　テスチュ
　㊀フランス　テニス選手
Testud, Sylvie　テステュー, シルヴィー
　セザール賞 主演女優賞（第29回（2003年））　"Stupeur et tremblements"
Tetabea, Teiraoi　テタベア, テイラオイ

㊀キリバス　労働雇用・協同組合相
Tetamashimba, Ben　テタマシムバ, ベン
　㊀ザンビア　地方自治・住宅相
Tetangco, Amando M., Jr.　テタンコ, アマンド
　1952〜　㊀フィリピン　銀行家　フィリピン中央銀行総裁
Tetaua, Kobebe　テタウア, コベベ
　㊀キリバス　保健・医療サービス相
Tetaz Chaparro, Nahuel　テタス・チャパロ, ナウエル
　㊀アルゼンチン　ラグビー選手
Tete, Kenny　テテ, ケニー
　㊀オランダ　サッカー選手
Teteh-enyo, Alex　テテエニョ, アレックス
　㊀ガーナ　教育相
Tetenbaum, Samara Pulver　テーテンバウム, サマラ・P.
　㊋「自閉症スペクトラムの少女が大人になるまで」東京書籍　2010
Teter, Hannah　ティター, ハナ
　1987〜　㊀アメリカ　スノーボード選手　本名＝Teter, Hannah Lee
Tetley, Glen　テトリー, グレン
　1926〜2007　㊀アメリカ　バレエ監督, 振付師, バレエダンサー　シュトゥットガルト・バレエ団芸術監督
Tetlock, Philip Eyrikson　テトロック, フィリップ・E.
　1954〜　㊋「超予測力」早川書房　2016
Tetlow, Adam　テットロウ, アダム
　㊋「ケルト紋様の幾何学」創元社　2014
Tett, Gillian　テット, ジリアン
　1967〜　㊋「サイロ・エフェクト」文芸春秋　2016
Tetteh, Hannah　テテ, ハンナ
　㊀ガーナ　外務・地域統合相
Tetter, Jan　テッター, ヤン
　1935〜　㊋「ドイツ侵攻とポーランド農民ドゥジマーワ」明石書店　2002
Tettoni, Luca Invernizzi　テットーニ, ルカ・インヴェルニッツィ
　㊋「コンテンポラリー・アジアン・ベッドルーム」チャールズ・イー・タトル出版　2007
Tetzeli, Rick　テッツェリ, リック
　㊋「スティーブ・ジョブズ」日本経済新聞出版社　2016
Tetzlaff, Christian　テツラフ, クリスティアン
　1966〜　㊀ドイツ　バイオリニスト　㊌テッツラフ, クリスチャン
Teubner, Gunther　トイブナー, グンター
　1944〜　㊋「契約結合としてのネットワーク」信山社　2016
Teulé, Jean　トゥーレ, ジャン
　1953〜　作家, コミック作家, 映画作家
Teulere, Jean　トゥレール
　㊀フランス　馬術選手
Teunckens, Jens　シュトイケンス, イェンス
　㊀ベルギー　サッカー選手
Teut, Michael　トイト, ミヒャエル
　㊋「脳卒中のためのホメオパシー」ホメオパシー出版　2008
Teutenberg, Ina-Yoko　トイテンベルク
　㊀ドイツ　自転車選手
Teutsch, Betsy　トイチュ, ベッツィ
　㊋「世界の女性をエンパワーする100の方法」英治出版　2016
Teutsch, Betsy Platkin　トイチ, ベツィ・プラトキン
　㊋「図説ユダヤ・シンボル事典」悠書館　2015
Teves, Margarito　テベス, マルガリート
　㊀フィリピン　財務相
Tévez, Carlos　テベス, カルロス
　1984〜　㊀アルゼンチン　サッカー選手　本名＝テベス, カルロス・アルベルト〈Tévez, Carlos Alberto〉
Tevzadze, David　テブザゼ, ダビド
　㊀ジョージア　国防相
Tew, Jeffrey　テュー, ジェフリー
　㊋「サプライチェーンリスクマネジメント入門」日科技連出版社　2010
Tewari, Manish　ティワリ, マニシュ
　㊀インド　情報・放送相
Tewarie, Bhoendradatt　テワリー, ボエンドラダット
　㊀トリニダード・トバゴ　計画・持続可能な発展相
Tewelde, Kelati　テウェルデ・ケラティ
　㊀エリトリア　海洋資源相
Tewinkel, Christiane　テヴィンケル, クリスティアーネ
　1969〜　㊋「コンサートが退屈な私って変?」春秋社　2009
Tewodros, Adhanom　テウォドロス・アダノム

㊀エチオピア　外相　㊌テウォドロス・アドハノン
Tewsley, Robert　テューズリー, ロバート
　㊀イギリス　バレエダンサー　ニューヨーク・シティ・バレエ団（NYCB）プリンシパル, 英国ロイヤル・バレエ団プリンシパル
Texier, Catherine　テキシエ, キャスリン
　㊋「愛の棺」角川書店　2002
Texier, Ophélie　テクシエ, オフェリエ
　1970〜　㊋「ぬいぐるみだいすき」そうえん社　2009
Teya, Jean Eudes　テヤ, ジャン・ユデ
　㊀中央アフリカ　農村開発相
Teyssèdre, Fabienne　テイセードル, ファビエンヌ
　㊌テイセドル, ファビエンヌ　㊋「フィルとパムかぞえてみよう1・2・3」PHP研究所　2008
Teytelboym, Oleg M.　テイテルボイム, オレグ・M.
　㊋「救急・当直に役立つ画像診断マニュアル」メディカル・サイエンス・インターナショナル　2011
Tezak, Edward J.　ティザック, エドワード・J.
　㊋「成功するビューティサロン経営」同友館　2010
Thabane, Motsoahae Thomas　タバネ, モツォアハエ・トーマス
　1939〜　㊀レソト　政治家　レソト首相　通称＝タバネ, トム〈Thabane, Tom〉　㊌タバネ, トーマス
Thabet, Jawharah Hamoud　シャベト, ジャワラ・ハムド
　㊀イエメン　閣議担当相
Thach, Kim Tuan　タチュ・キムトゥアン
　㊀ベトナム　重量挙げ選手
Thach, Liz　サッチ, リズ
　1961〜　㊋「ワインビジネス」昭和堂　2010
Thaçi, Hashim　サチ, ハシム
　1968〜　㊀コソボ　政治家, 軍人　コソボ副首相・外相, コソボ民主党党首　コソボ首相　㊌タチ, ハシム
Thacker, Cathy Gillen　サッカー, キャシー・G.
　㊋「永遠のファーストキス」ハーレクイン　2006
Thacker, Ed　タッカー, エド
　グラミー賞 最優秀録音技術アルバム（クラシック以外）（2004年（第47回））"Genius Loves Company"
Thacker, Robert　サッカー, ロバート
　㊋「ケンブリッジ版カナダ文学史」彩流社　2016
Thackeray, Bal　タッケライ, バル
　1926〜2012　㊀インド　政治家　シブ・セナ党創設者　本名＝Thackeray, Balasaheb Keshav　㊌タッカレー, バール
Thae, Hyong-chol　テ・ヒョンチョル
　㊀北朝鮮　高等教育相　漢字名＝太亨徹
Thae, Jong-su　テ・ジョンス
　㊀北朝鮮　副首相　漢字名＝太宗秀
Thagard, Paul　サガード, ポール
　㊋「脳科学革命」新曜社　2013
Thahane, Timothy　タハネ, ティモシー
　㊀レソト　エネルギー・気象・水問題相
Thahim, Abdul Razzaq　タヒム, アブドゥル・ラザク
　㊀パキスタン　地方政府・地方開発相
Thai, Nguyen Danh　タイ, グエン・ザイン
　㊀ベトナム　体育委員長
Thain, John A.　セイン, ジョン
　㊀アメリカ　実業家　CITグループ会長・CEO　ニューヨーク証券取引所（NYSE）CEO, メリルリンチ会長・CEO
Thakali, Krishna Lal　タカリ, クリシュナ・ラル
　㊀ネパール　総務相
Thakali, Romi Gauchan　タカリ, ロミ・ゴーチャン
　㊀ネパール　商業相
Thakkar, Meghraj　タッカー, メグ
　㊋「Oracle 9i PL/SQLスクリプトライブラリ」翔泳社　2004
Thakor, Anjan V.　セイカー, アンジャン・V.
　㊋「バリュー・クリエーター」ダイヤモンド社　2001
Thaksin Shinawatra　タクシン・シナワット
　1949〜　㊀タイ　政治家, 実業家　タイ首相, タイ愛国党党首　漢字名＝丘達新　㊌タクシン・シンナワット／タクシン・チナワット／タックシン・チナワット／タクシン・シナワット
Thakur, C.P.　タクル, C.P.
　㊀インド　小規模産業・北東地域開発相
Thakur, Mahanta　タクル, マハンタ
　㊀ネパール　農業・協同組合相　㊌タクール, マハンタ
Thakur, Rajeev　タークル, ラジーヴ
　㊋「実践MPI-2」ピアソン・エデュケーション　2002
Thal, Lilli　タール, リリ
　1960〜　㊀ドイツ　作家　㊍ヤングアダルト, 児童書

Thaler, Linda Kaplan セイラー, リンダ・キャプラン
[著]「GRIT」 日経BP社, 日経BPマーケティング(発売) 2016
Thaler, Mike サーラー, マイク
[著]「わゴムはどのくらいのびるかしら?」 ほるぷ出版 2005
Thaler, Richard H. セイラー, リチャード
1945〜 [異]セイラー, リチャード・H. [著]「行動経済学の逆襲」 早川書房 2016
Thalmann, Rita タルマン, リタ
[著]「ヴァイマル共和国」 白水社 2003
Thalmann, Rolf タールマン, ロルフ
1946〜 [著]「スイスのポスター博物館」 東方出版 2004
Thambwe Mwamba, Alexis タンブエムワンバ, アレクシス
[国]コンゴ民主共和国 司法・国際・人権相 [異]タンブウェ, アレクシス [異]タンブエ・ムワンバ, アレクシス
Thames, Eric テームズ, エリック
[国]アメリカ 野球選手
Thames, Marcus テームズ, マーカス
[国]アメリカ ニューヨーク・ヤンキースコーチ
Thamilchelvan, S.P. タミルセルバン, S.P.
1967〜2007 [国]スリランカ 政治家 反政府武装組織タミル・イーラム解放のトラ(LTTE)政治局長
Thammachayō, Phikkhu タンマチャヨー, ルァンポー
1944〜 [著]「悦びへの旅」 みるめ書房 2013
Thammarak, Israngkulnaayuthaya タンマラク・イスランクンナアユタヤ
[国]タイ 国防相
Tham Nyuk Tin, Peter タム・ニュック・ティン, ピーター
[国]マレーシア 元・在コタキナバル出張駐在官事務所現地職員
Thanat Khoman タナット・コーマン
1914〜2016 [国]タイ 政治家 タイ外相 [異]タナット
Than Aung タン・アウン
[国]ミャンマー 保健相
Thane, Pat セイン, パット
[著]「老人の歴史」 東洋書林 2009
Thang, Dinh La タン, ディン・ラ
[国]ベトナム 運輸相
Thang, Leng Leng タン, リン・リン
[著]「グローバル化時代を生きる世代間交流」 明石書店 2008
Thanh, Phung Quang タイン, フン・クアン
[国]ベトナム 国防相
Thanh, Quach Le タイン, クアイック・レ
[国]ベトナム 国家監査院長官 [異]タイン, クアック・レ
Thanh, Ta Huu タイン, タ・ヒュー
[国]ベトナム 国家監査院長官
Thanh, Tin タイン, ティン
[異]ブイ, ティン [著]「ベトナム革命の素顔」 めこん 2002
Than Htay タン・テイ
[国]ミャンマー 鉄道運輸相
Thani, Hridaya Ram タニ, フリダヤ・ラム
[国]ネパール 協同組合・貧困緩和相
***Al*-thani, Sheikh Ali** タニ
[国]カタール 馬術選手
Than Myint タン・ミン
[国]ミャンマー 商業相
Thanom Kittikachorn タノム・キッティカチョーン
1911〜2004 [国]タイ 政治家, 軍人 タイ首相 [異]タノム・キッティカチョン / タノム・キティカチョーン / タノム・キティカチョン
Thansamay, Khommasith タンサマイ・コンマシット
[国]ラオス 郵政・通信相
Than Shwe タン・シュエ
1933〜 [国]ミャンマー 政治家, 軍人 ミャンマー国家平和発展評議会(SPDC)議長, ミャンマー首相・国防相, ミャンマー国軍最高司令官
Than Shwe タン・シュエ
[国]ミャンマー 首相府相
Thant Myint-U タン・ミン・ウー
1966〜 [国]ミャンマー 歴史学者 ヤンゴン・ヘリテージ財団会長 [異]タンミンウー
Thant Sin Maung タン・ズィン・マウン
[国]ミャンマー 運輸・通信相
Thanya-anan, Andrew V. タナニヤアナン, アンドレ・V.
1959〜 [著]「聖ペトロの後継者たち」 サンパウロ 2003
Thapa, Dharma Bahadur タパ, ダルマ・バハドル
[国]ネパール 内相兼法務・議会担当相
Thapa, Gagan Kumar タパ, ガガン・クマール
[国]ネパール 保健相
Thapa, Kamal タパ, カマル
[国]ネパール 副首相兼外相兼連邦・地方開発相
Thapa, Manjushree タパ, マンジュシュリ
1968〜 [著]「優しさのヒマラヤ・トレッキング」 幻冬舎ルネッサンス 2009
Thapa, Ram Bahadur タパ, ラム・バハドル
[国]ネパール 国防相
Thapa, Shiva タパ, シバ
[国]インド ボクシング選手
Thapa, Surya Bahadur タパ, スーリヤ・バハドール
1928〜2015 [国]ネパール 政治家 ネパール首相 [異]タパ, スニル・バハドゥル / タパ, スリヤ・バハドゥル / タパ, スリヤ・バハドル
Tharaud, Alexandre タロー, アレクサンドル
1968〜 [国]フランス ピアニスト
Tharlet, Eve タルレ, イブ
1956〜 [著]「キス、キス」 ノルドズッド・ジャパン 2003
Tharp, Twyla サープ, トワイラ
1941〜 舞踊家, 振付師 サープ・プロダクション代表
Tharp, Van K. タープ, バン・K.
[著]「トレードコーチとメンタルクリニック」 パンローリング 2014
Tharpe, Anne Marie サープ, アン・マリー
[著]「コミュニケーション障害入門」 大修館書店 2005
Thase, Michael E. テーズ, マイケル・E.
[著]「認知行動療法トレーニングブック」 医学書院 2007
Thatcher, David サッチャー, デービッド
1921〜2016 [国]アメリカ 軍人 本名=Thatcher, David Jonathan
Thatcher, Denis サッチャー, デニス
1915〜2003 [国]イギリス 実業家
Thatcher, Margaret Hilda サッチャー, マーガレット
1925〜2013 [国]イギリス 政治家 英国首相, 英国保守党党首
Thate, Bob テイト, ボブ
[国]アメリカ メンフィス・グリズリーズアシスタントコーチ(バスケットボール)
Thatha, Ziad ザザ, ジアド
[国]パレスチナ 運輸相
Thau, Dave ソー, デーブ
[著]「Webがグンとよくなる JavaScript」 エムディエヌコーポレーション, インプレスコミュニケーションズ(発売) 2001
Thaung タウン
[国]ミャンマー 科学技術相
Thaut, Michael H. タウト, マイケル・H.
[著]「音楽療法入門」 一麦出版社 2016
Thaw, John ソー, ジョン
1942〜2002 [国]イギリス 俳優 [異]ソウ, ジョン
Thawan Duchanee タワン・ダッチャニー
1939〜2014 [国]タイ 画家 [異]タワン・ドゥチャネー
Thaxton, David サクストン, デイヴィッド
ローレンス・オリヴィエ賞 ミュージカル・エンタテインメント男優賞(2011年(第35回)) "Passion"
Thaxton, Giles サクストン, ジャイルズ
[著]「ぼくが地球をすくうんだ!」 主婦の友社 2006
Thay, António タイ, アントニオ
[国]モザンビーク 復員軍人相
Thayer, Carlyle A. セイヤー, カーライル・A.
[著]「中国が戦争を始める」 恒文社21, 恒文社(発売) 2002
Thayer, Elizabeth S. セイアー, エリザベス
[著]「離婚後の共同子育て」 コスモス・ライブラリー, 星雲社(発売) 2010
Thayer, James Stewart セイヤー, ジェイムズ・S.
1950〜 [著]「悪夢の帆走」 新潮社 2005
Thayer, Nathaniel Bowman セイヤー, ナサニエル・ボーマン
[国]アメリカ 元・ジョーンズ・ホプキンス大学高等国際問題研究大学院アジア学部長
Thayer, Patricia セアー, パトリシア
[著]「王冠の行方」 ハーレクイン 2010
Thayer, Reginald セアー, レジナルド
[著]「ポール・オースターが朗読するナショナル・ストーリー・プロジェクト」 アルク 2006
Thayne, David A. セイン, デイビッド
[著]「ネイティブはたった100語で話している!」 光文社 2016
Thayne, RaeAnne セイン, リアン
[著]「つれないあなた」 ハーレクイン 2007
The, Tjong Khing テー, チョンキン
1933〜 [異]テー, チョン=キン [著]「きつねのフォスとうさぎの

ハース」岩波書店 2009
Theano, Ralph Ricardo テアノ, ラルフ・リカルド
国ハイチ共和国 国会担当相
The Destroyer ザ・デストロイヤー
1931〜 国アメリカ 元プロレスラー 本名＝ベイヤー, リチャード・ディック
Theera, Wongsamut ティーラ・ウォンサムット
国タイ 農業・共同組合相
The Gladiator ザ・グラジエーター
1965〜2007 国アメリカ プロレスラー 別リングネーム＝アッサム, マイク〈Awesome, Mike〉
Theillier, Patrick テリエ, パトリック
1944〜 著「奇跡認定医が語るルルドの癒しと奇跡」サンパウロ 2005
Thein Aung テイン・アウン
国ミャンマー 林業相
Thein Nyunt テイン・ニュン
国ミャンマー 大統領府相
Thein Sein テイン・セイン
1945〜 国ミャンマー 政治家, 軍人 ミャンマー大統領
Thein Swe テイン・シュエ
国ミャンマー 労働・移民・人口相 異テイン・スエ
Thein Zaw テイン・ゾウ
国ミャンマー 郵便・通信相
Theis, Samuel サイス, サミュエル
カンヌ国際映画祭 カメラドール(第67回(2014年)) "Party Girl"
Theisen Eaton, Brianne タイセンイートン, ブリアンヌ
国カナダ 陸上選手
Theiszen, Gerd タイセン, ゲルト
1943〜 著「イエスとパウロ」教文館 2012
Themistocleous, Kostas テミストクレウス, コスタス
国キプロス 農業・天然資源・環境相
Theo テオ
1963〜 著「オスカーとフーいつまでも」評論社 2005
Theocharakis, Basil テオカラキス, ヴァシリス
国ギリシャ テオカラキス・グループ最高経営責任者, 元・日ギリシャ商業会議所理事
Theodoracopulos, Taki テオドラコプロス, タキ
1937〜 著「ハイ・ライフ」光文社 2005
Théodore, José セオドア, ジョゼ
1976〜 国カナダ 元アイスホッケー選手
Theodore, Wayne セオドア, ウェイン
1958〜 著「ウェイン」竹書房 2004
Theodorescu, Răzvan テオドレスク, ラズバン
国ルーマニア 文化相
Theodorou, Doros セオドロウ, ドロス
国キプロス 法相
Theodosakis, Jason セオドサキス, ジェーソン
著「あきらめないでひざの痛み」ランダムハウス講談社 2006
Theodossiou, Dimitra テオドッシュウ, ディミトラ
国ギリシャ ソプラノ歌手
Theo Hernandez テオ・エルナンデス
国フランス サッカー選手
Theophilus, Lorne テオフィルス, ロルン
国セントルシア 観光・遺産・創造産業相 異テオフィルス, ロルネ
Theorin, Iréne テオリン, イレーネ
ソプラノ歌手 異テオリン, イレーヌ
Theorin, Johan テオリン, ヨハン
1963〜 国スウェーデン 推理作家, ジャーナリスト 著ミステリー, スリラー
Theotoki-Atteshli, Panayiota セオトキ・アテシュリ, パナヨッタ
著「真理の言葉」エドコム, 叢文社(発売) 2011
Thépaut, Nicole テポー, ニコル
著「フランスのなつかしいレシピ」グラフィック社 2014
Thereau, Cyril テレオー, シリル
国フランス サッカー選手
Théret, Bruno テレ, ブルーノ
1947〜 著「フランスの社会保障システム」ナカニシヤ出版 2006
Therezie, Robenson セレジー, ロベンソン
国アメリカ アメフト選手
The Rock ザ・ロック
1972〜 国アメリカ プロレスラー, 俳優 旧リングネーム＝メイビア, ロッキー〈Maivia, Rocky〉, 本名＝ジョンソン, ドウェイン〈Johnson, Dwayne〉
Theron, Charlize セロン, シャーリーズ
1975〜 国アメリカ 女優 異セロン, シャーリーズ / セロン, シャーリーズ / テロン, シャーリーズ
Theroux, Louis セロー, ルイ
1970〜 著「ヘンテコピープルUSA」中央公論新社 2010
Theroux, Marcel セロー, マーセル
1968〜 国イギリス 作家 著文学, フィクション, 旅ほか
Theroux, Paul セロー, ポール
1941〜 国アメリカ 作家 本名＝Theroux, Paul Edward 異セルー, ポール
Theroux, Phyllis セロー, フィリス
1939〜 著「ジョバンニの光」ソニー・マガジンズ 2003
Thesenga, Susan テセンガ, スーザン
著「防御なき自己」ナチュラルスピリット 2013
Thesiger, Wilfred セシジャー, ウィルフレッド
1910〜2003 著「湿原のアラブ人」白水社 2009
Thesz, Lou テーズ, ルー
1916〜2002 国アメリカ プロレスラー 本名＝セズ, ルー〈Thesz, Lou〉
The Tjong Khing テー・チョンキン
著「きつねのフォスとうさぎのハース」岩波書店 2007
Thet Naing Win テ・ナイン・ウィン
国ミャンマー 国境相
The Undertaker ジ・アンダーテイカー
1965〜 国アメリカ プロレスラー 旧リングネーム＝ザ・パニッシャー, パニッシャー・ダイス・モーガン, アメリカン・バッド・アス
Theunissen, Nickie テーニッセ, ニッキー
著「モナリザをさがせ」朝日学生新聞社 2013
Theurig, Karin トゥリク
国スイス 自転車選手
Theus, John シアス, ジョン
国アメリカ アメフト選手
Thévenot, Laurent テヴノー, ローラン
1949〜 著「正当化の理論」新曜社 2007
Theweleit, Klaus テーヴェライト, クラウス
1942〜 著「男たちの妄想」法政大学出版局 2004
Theyskens, Olivier ティスケンス, オリヴィエ
1977〜 国ベルギー ファッションデザイナー セオリー・アーティスティックディレクター 異テスケンズ, オリヴィエ
Thiago チアゴ
国スペイン サッカー選手
Thiago Silva チアゴ・シウヴァ
国ブラジル サッカー選手
Thiam, Abdel Aziz ティアム, アブデル・アジズ
国コートジボワール 運輸相
Thiam, Khouraïchi ティアム, ホレイシ
国セネガル 海洋経済相 異ティアム, クライチ / ティアム, クレイシ
Thiam, Mahmoud シアム, マフムド
国ギニア 鉱業・エネルギー相
Thiam, Nafissatou チアン, ナフィサトゥ
国ベルギー 陸上選手
Thiam, Ousmane シアム, ウスマン
国マリ 投資・中小企業促進相 異ティアム, ウスマン
Thiam, Safiatou ティアム, サフィアトゥ
国セネガル 保健相
Thiam, Serigne Mbaye チャム, セリーニュ・ムバイ
国セネガル 国民教育相
Thibaud, Laure チボー
国フランス シンクロナイズド・スイミング選手
Thibaudet, Jean-Yves ティボーデ, ジャン・イヴ
1961〜 国フランス ピアニスト 異ティボーデ, ジャンイブ
Thibault, Guy チボー, ギイ
1930〜 著「フランス競馬百年史」競馬国際交流協会 〔2004〕
Thibault, Robert チボー, ロベール
国カナダ 漁業海洋相
Thibault, Scott ティボー, スコット
著「C言語による実践的FPGAプログラミング」エスアイビー・アクセス, 星雲社(発売) 2011
Thibedi, Patrick ティベディ, パトリック
国南アフリカ エイズ孤児を支援する元ゲリラ兵
Thibodeau, Tom ティボドー, トム
国アメリカ ミネソタ・ティンバーウルブズヘッドコーチ(バスケットボール)

Thiboldeaux, Kim　シボー, キム
　圏「がん患者・家族のためのウェルネスガイド」パレード　2013
Thibus, Ysaora　チブス, サオラ
　国フランス　フェンシング選手
Thich Nhat Hanh　ティク・ナット・ハン
　1926～　国ベトナム　僧侶, 仏教学者, 詩人, 平和運動家　漢字名＝釈一行　圏ニャット・ハイン
Thicke, Robin　シック, ロビン
　1977～　国アメリカ　シンガー・ソングライター
Thie, John　シー, ジョン
　圏「完全版 タッチフォーヘルス」日本キネシオロジー総合学院, 市民出版社(発売)　2016
Thie, Matthew　シー, マシュー
　圏「タッチフォーヘルスハンドブック五行メタファー」タッチフォーヘルスジャパン, 市民出版社(発売)　2004
Thieba, Paul Kaba　ティエバ, ポール・カバ
　国ブルキナファソ　首相
Thiebaud, Twinka　スィーボード, トゥインカ
　1948～　圏「回想するヘンリー・ミラー」水声社　2005
Thiébaut, Philippe　ティエボー, フィリップ
　1952～　圏「エミール・ガレ」創元社　2004
Thiel, Peter　ティール, ピーター
　投資家, Paypal共同創業者, Founders Fund創業者
Thiel, Phil　ティール, フィル
　国アメリカ　ラグビー選手
Thiel, Pieter Gustav　スィール, ピーター・グスタフ
　圏「環境医学入門」中央法規出版　2003
Thiel, Richard　チール, リチャード
　圏「ガンドシールデザインマニュアル」技報堂出版　2004
Thiel, Winfried　ティール, W.
　?～2005　圏「コンパクト旧約聖書入門」教文館　2009
Thielbar, Caleb　シールバー, ケイレブ
　国アメリカ　野球選手
Thiele, Annekatrin　ティエレ, アンネカトリン
　国ドイツ　ボート選手
Thiele, Kerstin　ティエレ
　国ドイツ　柔道選手
Thiele, Stefan　ティーレ, S.
　圏「ドイツ連結会計論」森山書店　2002
Thielemann, Christian　ティーレマン, クリスティアン
　1959～　国ドイツ　指揮者　ドレスデン州立歌劇場音楽総監督, ザクセン州立歌劇場音楽総監督　ミュンヘン・フィルハーモニー管弦楽団音楽総監督, ベルリン・ドイツ・オペラ(DOB)音楽総監督
Thielemans, Toots　シールマンス, トゥーツ
　1922～2016　国ベルギー　ハーモニカ奏者, ギタリスト　本名＝シールマンス, ジャンバティスト〈Thielemans, Jean-Baptiste〉
Thielen, Adam　シーレン, アダム
　国アメリカ　アメフト選手
Thielen, David　シーレン, デイビッド
　圏シーレン, デビット　圏「ソフトウェア開発のカオス」構造計画研究所, 共立出版(発売)　2003
Thieme, Horst R.　ティーメ, ホルスト・R.
　圏「生物集団の数学」日本評論社　2008
Thien, Nguyen Ngoc　ティエン, グエン・ゴック
　国ベトナム　文化・スポーツ・観光相
Thiero, Diarra Affoussatou　ティエロ, ジャラ・アフサトゥ
　国マリ　女性・子供・家族相
Thierry, Raphaël　ティエリー, ラファエル
　圏「こうずい」中央公論新社　2003
Thies, Joyce　ティース, ジョイス
　圏「二人の朝は」ハーレクイン　2001
Thies, Michael F.　ティース, マイケル
　圏「日本政治の大転換」勁草書房　2012
Thies, Sven Ingmar　ティース, スベン・イングマー
　国ドイツ　グラフィックデザイナー
Thiesler, Sabine　ティースラー, ザビーネ
　国ドイツ　作家, 女優, 劇作家　圏ミステリー
Thiesse, Anne-Marie　ティエス, アンヌ＝マリ
　圏「国民アイデンティティの創造」勁草書房　2013
Thigpen, Lynne　シグペン, リン
　1948～2003　国アメリカ　女優
Thigpen, Paul　ティグペン, ポール
　圏「パッションガイドブック100のQ&A」ドン・ボスコ社　2004
Thiha Thura Tin Aung Myint Oo　ティハ・トゥラ・ティン・アウン・ミン・ウー
　国ミャンマー　副大統領
Thijssen, Jos M.　ティッセン, J.M.
　圏「計算物理学」シュプリンガー・フェアラーク東京　2003
Thile, Chris　シーリ, クリス
　グラミー賞 最優秀コンテンポラリー・インストゥルメンタル・アルバム(2014年(第57回)) ほか
Thillay, Alain　ティレ, アラン
　圏「パリと江戸」山川出版社　2009
Thilliez, Franck　ティリエ, フランク
　1973～　国フランス　作家　圏ミステリー, スリラー
Thilo　ティロ
　国ドイツ　作家　圏児童書　本名＝ペトリ・ラザック, ティロ〈Petry - Lassak, Thilo〉
Thilo, Karen　ティーロ, カーレン
　圏「マウスとあそぼう」プチグラパブリッシング　2006
Thinh, Dang Thi Ngoc　ティン, ダン・ティ・ゴック
　国ベトナム　国家副主席(副大統領)
Thinley, Jigme　ティンレイ, ジグメ
　1952～　国ブータン　政治家, 外交官　ブータン首相・外相　圏ティンレイ, ジグミ
Thinni, Abdullah　シンニ, アブドラ
　1954～　国リビア　政治家　リビア暫定政府首相
Thiombiano, Justin Tiéba　ティオンビアノ, ジュスタン・ティエバ
　国ブルキナファソ　郵政相
Thipawadee, Meksawan　ティパワディ・メークサワン
　国タイ　首相府相
Thira, Haocharoen　ティーラ・ハオチャルン
　国タイ　運輸相
Thira, Sutabutra　ティーラ・スータブット
　国タイ　農業・協同組合相
Thirapat, Serirangsan　ティラパット・セーリーランサン
　国タイ　首相府相
Thirault, Philippe　ティロー, フィリップ
　圏「ミス」ユマノイド, パイインターナショナル(発売)　2015
Thiriez, Régine　ティリエ, レジーヌ
　圏「バーバリアン・レンズ」国書刊行会　2016
Thirion, Samuel　ティリオン, サミュエル
　圏「脱成長の道」コモンズ　2011
Thirlwall, A.P.　サールウォール, A.P.
　圏「経済成長の本質」学文社　2003
Thirlwall, Jade　サールウォール, ジェイド
　1992～　国イギリス　歌手　圏スィーアウォール, ジェイド
Thirsk, Joan　サースク, ジョーン
　1922～2013　国イギリス　歴史家　オックスフォード大学教授　圏英国史, 経済史　本名＝Thirsk, Irene Joan
This, Hervé　ティス, エルヴェ
　圏「フランス料理の「なぞ」を解く」柴田書店　2008
Thissera, Dayasritha　ティッサラ, ダヤシュリタ
　国スリランカ　国有資産・国営企業開発相
Thneibat, Mohammad　ズネイバート, ムハンマド
　国ヨルダン　副首相兼教育相
Thoenes, Christoph　テーネス, クリストフ
　圏「ラファエロ」Taschen　c2006
Thok Deng, Gabriel　ソック・デン, ガブリエル
　国南スーダン　鉱業相
Thole, Josh　トーリー, ジョシュ
　国アメリカ　野球選手
Thom, Gertel　トム, ガーテル
　国アンティグア・バーブーダ　検事総長
Thom, Randy　トム, ランディ
　アカデミー賞 音響効果賞(第77回(2004年))　"The Incredibles"
Thom, René　トム, ルネ
　1923～2002　国フランス　数学者　圏トポロジー(位相幾何学), カタストロフィー理論　本名＝トム, ルネ・フレデリック〈Thom, René Frédéric〉
Thom, Stephen R.　トム, スティーブン・R.
　圏「高気圧酸素治療のための医学・生理学」へるす出版　2013
Thoma, Dieter　トーマ, D.
　1927～　圏「ドイツ人のバカ笑い」集英社　2004
Thoma, Erwin　トーマ, エルヴィン
　1962～　圏「木とつきあう智恵」地湧社　2003
Thoma, Godfrey　ソーマ, ゴドフリー
　国ナウル　法相兼漁業相　圏ソーマ, ゴドフェリー
Thoma, Zdenek　トーマ, ズデニェク
　国チェコ　写真家・紀行作家, チェコ・日本友好協会理事

Thoman, Nick　トーマン
　国アメリカ　競泳選手
Thomas, Abbator　トーマス, アブバトール
　国シエラレオネ　保健衛生相　異トーマス, アバトル
Thomas, Abigail　トーマス, アビゲイル
　著「スリードッグライフ」パベルプレス　2010
Thomas, Alan Ken　トーマス, アラン・ケン
　著「スティーブ・ジョブズ自分を貫く言葉」イースト・プレス　2011
Thomas, Alma　トマス, アルマ
　1939～　著「声楽家のための本番力」音楽之友社　2007
Thomas, Anne　トーマス, アン
　著「アン先生の仙台日記」河北新報出版センター　2005
Thomas, Barry　トーマス, バリー
　著「ハレショフディンギーを作る」ビレッジプレス　2005
Thomas, Bernadette　トーマス, バーナデット
　1960～　著「わが子と歩く道」オープンナレッジ　2007
Thomas, Bob　トマス, ボブ
　1922～　著「ウォルト・ディズニー」講談社　2010
Thomas, Brandon　トーマス, ブランドン
　国アメリカ　アメフト選手
Thomas, Cam　トーマス, キャム
　国アメリカ　アメフト選手
Thomas, Carol　トーマス, キャロル
　著「イギリス障害学の理論と経験」明石書店　2010
Thomas, Ceri Louise　トーマス, セリ・ルイーズ
　著「クリスタル・スカルの2012：超予言」徳間書店　2008
Thomas, Chantal　トマ, シャンタル
　1945～　国フランス　作家, フランス文化史研究者　著18世紀フランス文化史
Thomas, Chris　トーマス, クリス
　1945～　著「ホーカー・タイフーンとテンペストのエース」大日本絵画　2003
Thomas, Craig　トーマス, クレイグ
　1933～2007　国アメリカ　政治家　米国上院議員（共和党）　異トーマス, クレッグ
Thomas, Craig　トーマス, クレイグ
　1942～2011　国イギリス　作家　筆名＝グラント, デービッド〈Grant, David〉
Thomas, Dallas　トーマス, ダラス
　国アメリカ　アメフト選手
Thomas, Dana　トーマス, ダナ
　1964～　著「堕落する高級ブランド」講談社　2009
Thomas, Daniel　トーマス, ダニエル
　国アメリカ　アメフト選手
Thomas, Dave　トーマス, デーブ
　？～2002　国アメリカ　実業家　ウェンディーズ・インターナショナル創業者・上席会長　異トーマス, デイブ
Thomas, David　トーマス, デイヴ
　1956～　著「達人プログラマー」オーム社　2016
Thomas, David Hugh　トーマス, デイビッド・ヒュー
　国イギリス　在カーディフ日本国名誉領事, ウェールズ領事団団長, 元・ミッド・グラモルガン州長官
Thomas, De'Anthony　トーマス, ディアンソニー
　国アメリカ　アメフト選手
Thomas, Delma　トーマス, デルマ
　国グレナダ　社会開発・住宅・地域開発相
Thomas, Demaryius　トーマス, デマリウス
　国アメリカ　アメフト選手
Thomas, Diane Coulter　トーマス, ダイアン・コールター
　1942～　国アメリカ　作家　著サスペンス, スリラー
Thomas, Don　トーマス, ドン
　著「伝説のエアライン・ポスター・アート」イカロス出版　2005
Thomas, Donald　トーマス, ドナルド
　1984～　国バハマ　走り高跳び選手　異トマス, ドナルド
Thomas, Duke　トーマス, デューク
　国アメリカ　アメフト選手
Thomas, Earl　トーマス, アール
　国アメリカ　アメフト選手
Thomas, Edward Donnall　トーマス, エドワード・ドナル
　1920～2012　国アメリカ　外科医, 生理学者　ワシントン大学名誉教授, フレッド・ハッチンソンがん研究センター腫瘍学部長　著腫瘍学, 骨髄移植　異トマス, エドワード
Thomas, Edwin　トーマス, エドウィン
　1977～　著「ドーバーの伏兵」早川書房　2005
Thomas, Elizabeth Marshall　トーマス, エリザベス・マーシャル
　1931～　著「犬たちの隠された生活」草思社　2011
Thomas, Emma　トーマス, エマ
　著「ダークナイト」フォーインスクリーンプレイ事業部（発売）　2012
Thomas, Eugene E.　トーマス, ユージン・E.
　著「シャスタ山で出会ったレムリアの聖者たち」徳間書店　2008
Thomas, Evan　トーマス, エヴァン
　1951～　国アメリカ　著「完璧な冷静」阪急コミュニケーションズ　2009
Thomas, Frank　トーマス, フランク
　1912～2004　国アメリカ　アニメーター
Thomas, Frank　トーマス, フランク
　1968～　国アメリカ　元野球選手　通称＝ビッグ・ハート〈The Big Hurt〉
Thomas, Frank N.　トーマス, フランク・N.
　著「会話・協働・ナラティヴ」金剛出版　2015
Thomas, George Banda　トーマス, ジョージ・バンダ
　国シエラレオネ　政治・議会担当相　異トマス, ジョージ・バンダ
Thomas, Geraint　トーマス, ゲライント
　国イギリス　自転車選手
Thomas, Glyn V.　トーマス, グリン・V.
　1946～　著「子どもの描画心理学」法政大学出版局　2011
Thomas, Gordon　トーマス, ゴードン
　1933～　著「インテリジェンス闇の戦争」講談社　2010
Thomas, Heinz　トーマス, ハインツ
　1935～　著「中世の「ドイツ」」創文社　2005
Thomas, Helen　トーマス, ヘレン
　1920～2013　国アメリカ　ジャーナリスト, コラムニスト　UPI通信社ホワイトハウス支局長　異トマス, ヘレン
Thomas, Hugh　トーマス, ヒュー
　1931～　著「黄金の川」大月書店　2006
Thomas, Irma　トーマス, イルマ
　グラミー賞 最優秀コンテンポラリー・ブルース・アルバム（2006年（第49回））　"After The Rain"
Thomas, Isabel　トーマス, イザベル
　1980～　著「白銀世界の王者ホッキョクグマ対命知らずの猛者グリズリーベア」鈴木出版　2007
Thomas, Isabelle　トマ, イザベル
　著「パリジェンヌ流おしゃれの魔法」エディシオン・ドゥ・パリ, ハースト婦人画報社（発売）　2013
Thomas, Isaiah　トーマス, アイザイア
　国アメリカ　バスケットボール選手
Thomas, Jacquelyn S.　トーマス, ジャクリン・S.
　1969～　著「顧客資産のマネジメント」ダイヤモンド社　2002
Thomas, James　トーマス, ジェイムズ
　著「ホーンテッド・マンション」偕成社　2004
Thomas, Janet　トーマス, ジャネット
　著「ぼくもいれて」評論社　2004
Thomas, Jarret　トーマス, ジャレット
　国アメリカ　スノーボード選手
Thomas, J.C.　トーマス, J.C.
　著「コルトレーンの生涯」学習研究社　2002
Thomas, Jean François　トマ, ジャン・フランソワ
　国ハイチ共和国　農業・天然資源・農村開発相
Thomas, Jefferson　トーマス, ジェファーソン
　1942～2010　国アメリカ　人種共学の象徴 "リトルロックの9人" の一人　異トーマス, ジェファソン
Thomas, Jennifer　トーマス, ジェニファー
　1969～　著「赦しをもたらす5つの方法」いのちのことば社　2008
Thomas, Jeremy　トーマス, ジェレミー
　1949～　国イギリス　映画プロデューサー
Thomas, Jerome　トマ
　国フランス　ボクシング選手
Thomas, Jerry D.　トーマス, ジェリー
　1959～　著「アメイジング・ラブ」福音社　2014
Thomas, Jim　トーマス, ジム
　1949～　著「パワー交渉術」トランスワールドジャパン　2006
Thomas, Joe　トーマス, ジョー
　国アメリカ　アメフト選手
Thomas, Joe　トーマス, ジョー
　国アメリカ　アメフト選手
Thomas, John B.　トーマス, ジョン・B.
　著「自閉症スペクトラムの移行アセスメントプロフィール」川島書店　2010
Thomas, John Meurig　トーマス, ジョン

1932～ 国イギリス 物理化学者 ケンブリッジ大学ピーターハウス・カレッジ学長, 英国王立研究所所長 関トマス
Thomas, Josh トーマス, ジョシュ
　国アメリカ アメフト選手
Thomas, Joshua R. トーマス, ジョシュア・R.
　著「医師として知らなければ恥ずかしい50の臨床研究」メディカル・サイエンス・インターナショナル 2016
Thomas, Joy トーマス, ジョイ
　著「人生は愛、楽しみなさい！」サティヤサイ出版協会 2009
Thomas, J.Philip トーマス, J.フィリップ
　著「タロー・デ・パリ」ナチュラルスピリット 2016
Thomas, J.T. トーマス, J.T.
　国アメリカ アメフト選手
Thomas, Julia Adeney トーマス, ジュリア・アデニー
　1958～ 関トマス, ジュリア・アデニー 著「ミュージアムと記憶」ありな書房 2009
Thomas, Julian トーマス, ジュリアン
　1959～ 著「解釈考古学」同成社 2012
Thomas, Jullius トーマス, ジュリアス
　国アメリカ アメフト選手
Thomas, Karine トーマス, カリン
　国カナダ 水泳選手
Thomas, Kathy トーマス, キャシー
　著「振動音響療法」人間と歴史社 2003
Thomas, Keir トマス, キア
　著「カンフーマック」オライリー・ジャパン, オーム社（発売）2012
Thomas, Keith Vivian トマス, キース
　1933～ 著「生き甲斐の社会史」昭和堂 2012
Thomas, Kristian トーマス, クリスチャン
　国イギリス 体操選手
Thomas, Kristin Scott トーマス, クリスティン・スコット
　ローレンス・オリヴィエ賞 プレイ 女優賞（2008年（第32回））"The Seagull"
Thomas, K.V. トーマス, K.V.
　国インド 消費者問題・食料・公的供給相
Thomas, Lance トーマス, ランス
　国アメリカ バスケットボール選手
Thomas, Lawrence トーマス, ローレンス
　国アメリカ アメフト選手
Thomas, Lewis トマス, ルイス
　著「医学生物学大辞典」朝倉書店 2001
Thomas, Logan トーマス, ローガン
　国アメリカ アメフト選手
Thomas, Lorraine トーマス, ロレイン
　1961～ 著「忙しすぎるお母さんの1日10分・7日間コーチング」ダイヤモンド社 2013
Thomas, Margaret Ann トマス, マーガレット
　1952～ 著「ことばの思想家50人」朝倉書店 2016
Thomas, Marion トーマス, マリオン
　著「楽しく学ぶ子どものための聖書物語」サンパウロ 2015
Thomas, Marlo トーマス, マーロ
　著「私の人生を変えた黄金の言葉」主婦と生活社 2003
Thomas, Michael トーマス, マイケル
　国アメリカ アメフト選手
Thomas, Mike トーマス, マイク
　国アメリカ アメフト選手
Thomas, Nanette トーマス, ナネット
　国シエラレオネ 政治・公共政策相
Thomas, Neil トーマス, ニール
　著「リーダーのための行動管理スピード・チェック」実務教育出版 2008
Thomas, Orin トーマス, オリン
　著「MCSE/MCSAスキルチェック問題集70-290Microsoft Windows server 2003 environment」日経BPソフトプレス, 日経BP出版センター（発売）2004
Thomas, Partey トーマス・パルティ
　国ガーナ サッカー選手
Thomas, Pat トーマス, パット
　1959～ 著「身の回りの有害物質徹底ガイド」武田ランダムハウスジャパン 2010
Thomas, Pat トーマス, パット
　著「ニールズヤードレメディーズBEAUTY BOOK」緑書房 2016
Thomas, Patrick トマ, パトリック
　1947～ 国フランス 実業家 エルメス・インターナショナルCEO

Thomas, Peter トーマス, ピーター
　1957～ 著「樹木学」築地書館 2001
Thomas, Petria トーマス
　国オーストラリア 競泳選手
Thomas, Phil トーマス, フィル
　著「自然療法革命」中央アート出版社 2006
Thomas, Phillip トーマス, フィリップ
　国アメリカ アメフト選手
Thomas, Rachael トーマス, レイチェル
　著「スペイン大富豪の結婚劇」ハーパーコリンズ・ジャパン 2016
Thomas, Ralph トーマス, ラルフ
　1915～2001 国イギリス 映画監督
Thomas, Rasta トーマス, ラスタ
　1981～ 国アメリカ バレエダンサー
Thomas, Ray トーマス, R.
　著「現代イギリスの政治算術」北海道大学図書刊行会 2003
Thomas, Rhys トーマス, リス
　著「ボール・スピニング・ブック」ナランハ c2006
Thomas, Richard トーマス, リチャード
　1943～ 著「痛みのケア百科」産調出版 2004
Thomas, Rob トーマス, ロブ
　国アメリカ ミュージシャン
Thomas, Robert トーマス, ロバート
　国アメリカ アメフト選手
Thomas, Robert, Jr. トーマス, ロバート, Jr.
　1919～2015 国アメリカ 軍人
Thomas, Robert Joseph トーマス, ロバート
　1952～ 著「こうしてリーダーはつくられる」ダイヤモンド社 2003
Thomas, Robert Paul トマス, R.P.
　著「西欧世界の勃興」ミネルヴァ書房 2014
Thomas, Roy トーマス, ロイ
　著「スター・ウォーズ：砕かれた帝国」ヴィレッジブックス 2016
Thomas, R.Roosevelt, Jr. トーマス, R.ルーズベルト, Jr.
　著「リーダーシップ・マスター」英治出版 2013
Thomas, Rufus トーマス, ルーファス
　?～2001 国アメリカ ミュージシャン, コメディアン
Thomas, Sandra P. トーマス, サンドラ・P.
　著「患者の声を聞く」エルゼビア・ジャパン 2006
Thomas, Sara トーマス, サラ
　著「マッサージ治療法」産調出版 2006
Thomas, Sara トーマス, サラ
　著「世界でいちばん愛らしい帽子ねこ」エクスナレッジ 2016
Thomas, Scarlett トーマス, スカーレット
　1972～ 国イギリス 作家 関文学 関トマス, スカーレット
Thomas, Shamarko トーマス, シェイマルコ
　国アメリカ アメフト選手
Thomas, Shelley Moore トーマス, シェリー・ムーア
　著「かぜっぴきのドラゴンたち」評論社 2005
Thomas, Sherry M. トマス, シェリー
　著「待ちわびた愛」原書房 2014
Thomas, S.Justin トーマス, S.ジャスティン
　著「睡眠障害に対する認知行動療法」風間書房 2015
Thomas, Stephen A. トーマス, スティーブ・A.
　1962～ 著「JavaScriptによるデータビジュアライゼーション入門」オライリー・ジャパン, オーム社（発売）2015
Thomas, Taffy トーマス, タフィ
　1949～ 著「タフィおじさんのおはなしコート」之潮 2012
Thomas, Tessa トーマス, テッサ
　著「顔の若さを保つ」産調出版 2005
Thomas, Thomas M., II トーマス, トーマス・M., 2世
　著「Cisco CCDA教本」日経BP社, 日経BP出版センター（発売）2002
Thomas, Tillman トーマス, ティルマン
　1945～ 国グレナダ 政治家 グレナダ首相, グレナダ国民民主会議（NDC）党首 別称＝Uncle Tilly
Thomas, Todd M. トーマス, M.
　著「ソフトウェア・テストの技法」近代科学社 2006
Thomas, Valérie トーマス, ヴァレリー
　著「まじょのウィニーとまほうのパソコン」静山社 2013
Thomas, Vinod トーマス, ビノッド
　1949～ 著「経済成長の「質」」東洋経済新報社 2002
Thomas, William H. トーマス, ウィリアム・H.
　著「大いなる存在」ハッピー・エルダー 2007
Thomas, William Karl トーマス, ウィリアム・カール

1933～ [著]「レニー・ブルース」 DHC 2001
Thomas, Zach トーマス, ザック
1973～ [国]アメリカ 元アメフト選手
Thomashoff, Hans-Otto トマスホッフ, ハンス・オットー
[著]「神との対話Bach」 美研インターナショナル, 本の泉社(発売) 2001
Thomasma, David C. トーマスマ, デイビッド・C.
[著]「ペナー解釈的現象学」 医歯薬出版 2006
Thomas-Mifune, Werner トーマス＝ミフネ, ヴェルナー
1910～ [著]「より自然なチェロ奏法」 音楽之友社 2001
Thomason, Dustin トマスン, ダスティン
[国]アメリカ 作家 [専]文学, フィクション
Thomassen, Theo トマセン, テオ
[著]「入門・アーカイブズの世界」 日外アソシエーツ 2006
Thomasson, Chris トマソン, クリス
[著]「勇者大全」 ホビージャパン 2008
Thombiano, Justin Tieba トンビアノ, ジャスティン・ティエバ
[国]ブルキナファソ 郵政相
Thome, Jim トーミ, ジム
1970～ [国]アメリカ 元野球選手 本名＝Thome, James Howard [異]トーミー, ジム／トーメ／トーメイ, ジム
Thompkins, Kenbrell トンプキンス, ケンブレル
[国]アメリカ アメフト選手
Thompson, Andrea B. トンプソン, アンドレア・B.
[著]「「ひとりっ子だから」なんて言わせない」 主婦の友社 2004
Thompson, Andy トンプソン, アンディ
1963～ [著]「イギリスの美しい樹木」 創元社 2014
Thompson, Barbara Rose トンプソン, バーバラ
[著]「心の壁」 Anzus House 2012
Thompson, Bonita S. トンプソン, ボニタ・S.
[著]「あなたの評価が2倍になる「ADMIRE」の法則21のツール」 アチーブメント出版 2013
Thompson, Brandon トンプソン, ブランドン
[国]アメリカ アメフト選手
Thompson, Brett トンプソン, ブレット
[国]アメリカ ラグビー選手
Thompson, Bronwyn トンプソン
[国]オーストラリア 陸上選手
Thompson, Bruce R.T. トンプソン, ブルース
[著]「心の壁」 Anzus House 2012
Thompson, Carlos トンプソン, カルロス
[国]アメリカ アメフト選手
Thompson, Caroline トンプソン, キャロライン
[著]「ティム・バートンのコープスブライド」 竹書房 2006
Thompson, Cedric トンプソン, セドリック
[国]アメリカ アメフト選手
Thompson, Chris トンプソン, クリス
[国]アメリカ アメフト選手
Thompson, Claire トンプソン, クレア
[著]「女士官候補生レミー」 光文社 2003
Thompson, Craig トンプソン, クレイグ
1975～ [著]「ハビビ」 TOブックス 2012
Thompson, Cy トンプソン, サイ
[国]米領ヴァージン諸島 セーリング選手
Thompson, Damian トンプソン, デイミアン
1962～ [異]トンプソン, ダミアン [著]「依存症ビジネス」 ダイヤモンド社 2014
Thompson, Darian トンプソン, ダリアン
[国]アメリカ アメフト選手
Thompson, Dave トンプソン, デイヴ
1960～ [著]「2トーン・ストーリー」 シンコーミュージック・エンタテイメント 2005
Thompson, David トンプソン, デイヴィッド
1969～ [著]「幸せをはこぶスマートフォン」 辰巳出版 2012
Thompson, David トンプソン, ディビット
1962～ [著]「子どもの認知行動療法」 明石書店 2016
Thompson, David トンプソン, デヴィッド
[著]「ロバート・アルトマン」 キネマ旬報社 2007
Thompson, David トンプソン, デービッド
1961～2010 [国]バルバドス 政治家 バルバドス首相, バルバドス民主労働党(DLP)党首
Thompson, David C. トンプソン, デビッド・C.
[著]「勝手に選別される世界」 ダイヤモンド社 2015
Thompson, Deonte トンプソン, ディオンテ
[国]アメリカ アメフト選手
Thompson, Dick トンプソン, ディック
[著]「火山に魅せられた男たち」 地人書館 2003
Thompson, Donald N. トンプソン, ドナルド
[著]「普通の人たちを予言者に変える「予測市場」という新戦略」 ダイヤモンド社 2013
Thompson, Dorothy トムプスン, ドロシー
1923～ [著]「階級・ジェンダー・ネイション」 ミネルヴァ書房 2001
Thompson, Douglas Henry トンプソン, ダグラス・H.
[著]「クリント・イーストウッド伝説」 白夜書房 2005
Thompson, Dylan トンプソン, ディラン
[国]アメリカ アメフト選手
Thompson, E.A. トンプソン, E.A.
[著]「フン族」 法政大学出版局 2010
Thompson, Elaine トンプソン, エレン
[国]ジャマイカ 陸上選手
Thompson, Elizabeth トンプソン, エリザベス
[国]バルバドス エネルギー・環境相
Thompson, Elspeth トンプソン, エルスペス
1961～2010 [著]「トリシア・ギルドの世界住まいのインテリア」 グラフィック社 2011
Thompson, Emma トンプソン, エマ
1959～ [国]イギリス 女優, 脚本家
Thompson, Ernest トンプソン, アーネスト
[著]「近代スピリチュアリズム百年史」 でくのぼう出版, 星雲社(発売) 2011
Thompson, Evan トンプソン, エヴァン
[著]「身体化された心」 工作舎 2001
Thompson, Frank トンプソン, フランク
[国]アメリカ 射撃選手 [異]トンプソン
Thompson, Frank T. トンプソン, フランク
1952～ [異]トンプソン, フランク・T. [著]「ロスト・フィルム」 文芸社 2012
Thompson, Fred Dalton トンプソン, フレッド
1942～2015 [国]アメリカ 政治家, 俳優 米国上院議員(共和党)
Thompson, Geoff トンプソン, ジェフ
[著]「小枝にしばられたゾウ」 きこ書房 2001
Thompson, Gregory トンプソン, グレゴリー
[国]カナダ 退役軍人相
Thompson, Gregory トンプソン, グレゴリー
[著]「ハーバードMBA合格者のエッセイを読む」 オープンナレッジ 2007
Thompson, Hank トンプソン, ハンク
?～2007 [国]アメリカ カントリー歌手
Thompson, Harvey トンプソン, ハーベイ
[著]「だから顧客が盗まれる」 ダイヤモンド社 2004
Thompson, Henrietta トンプソン, ヘンリエッタ
[著]「Phone book」 トランスワールドジャパン 2006
Thompson, Hollis トンプソン, ホリス
[国]アメリカ バスケットボール選手
Thompson, Hugh, Jr. トンプソン, ヒュー
?～2006 [国]アメリカ 軍人
Thompson, Hunter S. トンプソン, ハンター
1937～2005 [国]アメリカ ジャーナリスト, ノンフィクション作家
Thompson, J.A. トンプソン, J.A.
[著]「申命記」 いのちのことば社 2010
Thompson, Jake トンプソン, ジェイク
[国]アメリカ 野球選手
Thompson, James トンプソン, ジェイムズ
1964～2014 [国]アメリカ 作家 [専]ミステリー, スリラー
Thompson, James トンプソン, ジェームズ
[国]南アフリカ ボート選手
Thompson, James R. トンプソン, ジェームズ
1936～ [国]アメリカ 政治家 イリノイ州知事(共和党) [異]トンプソン, ジェームズ・R.
Thompson, Jason トンプソン, ジェイソン
[国]アメリカ バスケットボール選手
Thompson, Jenny トンプソン
[国]アメリカ 競泳選手
Thompson, Jerrol トンプソン, ジェロル
[国]セントビンセント・グレナディーン 電信・科学技術・産業相
Thompson, J.Lee トンプソン, J.リー
1914～2002 [国]イギリス 映画監督 本名＝Thompson, Jay Lee
Thompson, John Griggs トンプソン, ジョン・G.
[国]アメリカ フロリダ大学大学院教授, ケンブリッジ大学名誉教

授　アーベル賞(2008年)
Thompson, Jon　トンプソン, ジョン
1936～　[著]「西洋名画の読み方」 創元社　2008
Thompson, Jordan　トンプソン, ジョーダン
[国]オーストラリア　テニス選手
Thompson, Joyce Beebe　トンプソン, ジョイス・E.
[著]「看護倫理のための意思決定10のステップ」 日本看護協会出版会　2004
Thompson, Julian F.　トンプスン, ジュリアン・F.
[著]「テリーと海賊」 アーティストハウス, 角川書店(発売)　2001
Thompson, Juwan　トンプソン, ジュワン
[国]アメリカ　アメフト選手
Thompson, Kane　トンプソン, ケーン
[国]サモア　ラグビー選手
Thompson, Kate　トンプソン, ケイト
1956～　[国]アイルランド　児童文学作家
Thompson, Ken　トンプソン, ケン
1943～　[国]アメリカ　コンピューター科学者　グーグル特別技師　[専]コンパイラ技法, プログラミング言語, オペレーティング・システム　本名＝トンプソン, ケネス・レーン〈Thompson, Kenneth Lane〉
Thompson, Kendal　トンプソン, ケンダル
[国]アメリカ　アメフト選手
Thompson, Kim　トンプソン, キム
[著]「人体の不思議」 大日本絵画　〔2008〕
Thompson, Kimberly M.　トンプソン, キンバリー・M.
[著]「殺菌過剰!」 原書房　2003
Thompson, Klay　トンプソン, クレイ
[国]アメリカ　バスケットボール選手
Thompson, Kristin　トンプソン, クリスティン
1950～　[著]「フィルム・アート」 名古屋大学出版会　2007
Thompson, Larry W.　トンプソン, ラリー・W.
[著]「双極性障害」 金剛出版　2011
Thompson, Lauren　トンプソン, ローレン
1962～　[著]「きぼう」 ほるぷ出版　2009
Thompson, Laurie Ann　トンプソン, ローリー・アン
[著]「ぼくのわんこ」 岩崎書店　2016
Thompson, Leonard Monteath　トンプソン, レナード
1916～　[著]「南アフリカの歴史」 明石書店　2009
Thompson, Lexi　トンプソン, レクシー
1995～　[国]アメリカ　プロゴルファー　本名＝トンプソン, アレクシス〈Thompson, Alexis〉　[異]トンプソン, レキシー
Thompson, Margot　トンプソン, マルゴ
[異]トンプソン, マーゴー　[著]「いのちの木」 汐文社　2008
Thompson, Marielle　トンプソン, マリエル
1992～　[国]カナダ　スキー選手
Thompson, Mark　トンプソン, マーク
1957～　[国]イギリス　実業家　「ニューヨーク・タイムズ」社長・CEO　BBC会長　本名＝Thompson, Mark John
Thompson, Mark　トンプソン, マーク
ローレンス・オリヴィエ賞 衣装デザイン賞(2014年(第38回))"Charlie And The Chocolate Factory"
Thompson, Mark C.　トンプソン, マーク・C.
1957～　[異]トンプソン, マーク　[著]「あなたの評価が2倍になる「ADMIRE」の法則21のツール」 アチーブメント出版　2013
Thompson, Michael　トンプソン, マイケル
1947～　[異]トムプソン, マイケル　[著]「危ない少年たちを救え」 草思社　2003
Thompson, Mike　トンプソン, マイク
[著]「コーリング」 DHC　2003
Thompson, Molly　トンプソン, モリー
[著]「女30からの世界一簡単なしあわせの作り方」 光文社　2005
Thompson, Mykkele　トンプソン, ミケル
[国]アメリカ　アメフト選手
Thompson, Nainoa　トンプソン, ナイノア
1953～　[国]アメリカ　外洋冒険家, カヌー航海士　ポリネシア航海協会会長　本名＝Thompson, Charles Nainoa
Thompson, Neil　トンプソン, ネイル
1955～　[異]ソンプソン, ニール　[著]「今求められるソーシャルワーク・マネジメント」 久美　2009
Thompson, Nick　トンプソン, ニック
[国]イギリス　セーリング選手
Thompson, Obadele　トンプソン
[国]バルバドス　陸上選手
Thompson, Paul Richard　トンプソン, ポール
[著]「記憶から歴史へ」 青木書店　2002
Thompson, Peter　トンプソン, ピーター
[著]「ビートルズ世界証言集」 ポプラ社　2006
Thompson, Peter M.　トンプソン, ピーター・M.
[著]「マーケティングのジレンマ」 ダイヤモンド社　2004
Thompson, Peyton　トンプソン, ペイトン
[国]アメリカ　アメフト選手
Thompson, Richard　トンプソン, リチャード
1949～　[国]イギリス　ギタリスト
Thompson, Richard　トンプソン, リチャード
[国]トリニダード・トバゴ　陸上選手
Thompson, Rodney　トンプソン, ロドニー
[著]「プレイヤーズ・オプション : 妖精郷の勇者」 ホビージャパン　2012
Thompson, Ron　トンプソン, ロン
[国]アメリカ　アメフト選手
Thompson, Soren　トンプソン
[国]アメリカ　フェンシング選手
Thompson, Steven L.　トンプスン, スティーヴン・L.
[著]「A-10奪還チーム出動せよ」 早川書房　2009
Thompson, Tommy　トンプソン, トミー
[国]アメリカ　厚生長官
Thompson, Trayce　トンプソン, トレイス
[国]アメリカ　野球選手
Thompson, Tristan　トンプソン, トリスタン
[国]カナダ　バスケットボール選手
Thompson, Tyrus　トンプソン, タイラス
[国]アメリカ　アメフト選手
Thompson, Vicki Lewis　トンプソン, ヴィッキー・ルイス
[著]「ブロンドは黒猫がお好き」 扶桑社　2013
Thompson, Warren E.　トンプソン, ウォーレン
[著]「朝鮮戦争航空戦のエース」 大日本絵画　2003
Thompson, William Ladd　トンプソン, W.L.
1965～　[著]「心的イメージとは何か」 北大路書房　2009
Thompson-Cannino, Jennifer　トンプソン‐カニーノ, ジェニファー
[著]「とらわれた二人」 岩波書店　2013
Thomsen, Anne Lolk　トムセン, アンネロルク
[国]デンマーク　ボート選手
Thomsen, J.　トムセン, イェンス
[著]「偽薬効果」 春秋社　2002
Thomsen, Kåre　トムセン, コーレ
[著]「社会ケアサービス」 本の泉社　2003
Thomsen, Mark H.　トムセン, マーク・H.
[著]「やさしいコンピュータ読本」 英潮社　2001
Thomsen, Mark W.　トムセン, マーク・W.
[著]「もうひとつの十字架の神学」 リトン　2010
Thomsen, Steen　トムセン, スティーン
[著]「会計職業倫理の基礎知識」 中央経済社, 中央経済グループパブリッシング(発売)　2016
Thomsen-fuataga, Kaino　トムセンフアタガ
[国]サモア　テコンドー選手
Thomsett, Michael C.　トムセット, マイケル・C.
[著]「コア利益調整で隠れた“お宝株”を見つけ出す!!」 ローカス　2007
Thomsett, Rob　トムセット, ロブ
[著]「ソフトウェア開発のカオス」 構造計画研究所, 共立出版(発売)　2003
Thomson, Anne　トムソン, アン
[著]「倫理のブラッシュアップ」 春秋社　2012
Thomson, Colin E.　トムソン, コリン・E.
[著]「足の疾患と症例65」 ガイアブックス, 産調出版(発売)　2010
Thomson, David　トムソン, ダヴィッド
[著]「フランス人ジハーディスト」 緑風出版　2016
Thomson, David　トムソン, デビッド
[国]カナダ　ウッドブリッジ会長
Thomson, Dorothy Lampen　トムソン, D.L.
[著]「女性経済学者群像」 御茶の水書房　2008
Thomson, Eddie　トムソン, エディ
1947～2003　[国]オーストラリア　サッカー監督, 元・サッカー選手　オーストラリア代表監督
Thomson, Emma　トムソン, エマ
[著]「妖精フェリシティ」 岩崎書店　2010
Thomson, Harry　トムソン, ハリー
[国]マラウイ　天然資源・環境相
Thomson, Keith　トムソン, キース
1968～　[国]アメリカ　作家　[専]ミステリー, スリラー　[異]トムスン, キース

Thomson, Kenneth トムソン, ケネス
1923～2006 [国]カナダ 実業家 トムソン会長 別名＝Thomson of Fleet, Lord
Thomson, Pat トムソン, パット
[著]「モンスタースクール」 文渓堂 2009
Thomson, Paul トムソン, ポール
1958～ [著]「中学生からの対話する哲学教室」 玉川大学出版部 2012
Thomson, R. トムソン, リチャード
[著]「偽薬効果」 春秋社 2002
Thomson, Rob トムソン, ロブ
[国]アメリカ ニューヨーク・ヤンキースコーチ
Thomson, Robert James トムソン, ロバート
1961～ [国]オーストラリア ジャーナリスト ニューズ・コーポレーションCEO 「タイムズ」編集長, 「ウォール・ストリート・ジャーナル」編集長
Thomson, Ruth トムソン, ルース
1949～ [著]「フィンセント・ファン・ゴッホ」 六耀社 2016
Thomson, Sarah トムソン, サラ
[著]「ここに学校をつくろう！」 PHP研究所 2009
Thomson, Sarah L. トムソン, セーラ・L.
[著]「どこでもない場所」 ほるぷ出版 2010
Thomson, William トムソン, ウィリアム
1949～ [著]「経済論文の書き方」 東洋経済新報社 2006
Thon, Philip トン, フィリップ
[国]スーダン 運輸・道路・橋梁(りょう)相
Thondaman, Arumugan トンダマン, アルムガン
[国]スリランカ 畜産・農村共同体開発相
Thong, Roseanne ソング, ローズアン
[著]「願いごとのえほん」 あすなろ書房 2009
Thongbai Thongpao トンバイ・トンパオ
1927～2011 [国]タイ 弁護士
Thongbanh, Sengaphon トンバン・センアポン
[国]ラオス 治安維持相
Thongchai Winitcakun トンチャイ・ウィニッチャクン
1957～ [国]タイ 歴史学者 ウィスコンシン大学教授・東南アジア史研究所所長 [専]東南アジア史
Thong Khon タオン・コン
[国]カンボジア 観光相
Thongloun, Sisoulith トンルン・シスリット
[国]ラオス 首相
Thongsing Thammavong トンシン・タマウォン
1944～ [国]ラオス 政治家 ラオス首相 ビエンチャン市長 [異]トーンシン / トンシン・タンマヴォン
't Hooft, Gerardus ト・ホーフト, ヘラルデュス
1946～ [国]オランダ 物理学者 ユトレヒト大学教授 [専]素粒子理論 [異]トフーフト, ゲラルド / トフーフト, ヘラルドス
Thor, Annika トール, アニカ
1950～ [国]スウェーデン 作家 [専]児童書, ヤングアダルト
Thor, Brad ソー, ブラッド
1969～ [国]アメリカ プロデューサー, 作家 [専]ミステリー, スリラー, 文学ほか
Thorburn, Christine ソーバーン
[国]アメリカ 自転車選手
Þórðarson, Guðlaugur Þór トールダルソン, グドゥロイグル・トール
[国]アイスランド 外相
Thordsen, Isabella ソードセン, イザベラ
[著]「女の子のための人生のルール188」 ポプラ社 2014
Thordsen, Pia ソードセン, ピア
[著]「調査報道実践マニュアル」 旬報社 2016
Thorgerson, Storm トーガスン, ストーム
1944～ [著]「100ベスト・アルバム・カヴァーズ」 ミュージック・マガジン 2001
Thorgren, Sven トルグレン
[国]スウェーデン スノーボード選手
Thorgrimsen, Lene ソーグリムセン, リーナ
[著]「認知症の人のための認知活性化療法マニュアル」 中央法規出版 2015
Thorkildsen, Andreas トルキルドセン, アンドレアス
1982～ [国]ノルウェー やり投げ選手
Thorkildsen, Inga Marte トルキルセン, インガ・マルテ
[国]ノルウェー 児童・男女共同参画・社会統合相
Thorn, Gaston トルン, ガストン
1928～2007 [国]ルクセンブルク 政治家 ルクセンブルク首相, 国連総会議長, EC委員長
Thorn, George R. ソーン, ジョージ・R.
[著]「パニック障害」 日本評論社 2001
Thorn, Victor ソーン, ヴィクター
[著]「次の超大国は中国だとロックフェラーが決めた」 徳間書店 2008
Thornburg, Tyler ソーンバーグ, タイラー
[国]アメリカ 野球選手
Thorndike, William, Jr. ソーンダイク, ウィリアム・N., Jr.
[著]「破天荒な経営者たち」 パンローリング 2014
Thorne, Brian ソーン, ブライアン
1937～ [著]「カール・ロジャーズ」 コスモス・ライブラリー, 星雲社(発売) 2003
Thorne, Claire ソーン, クレア
[著]「ヒエログリフがわかる絵本」 創元社 2005
Thorne, Jack ソーン, ジャック
[著]「ハリー・ポッターと呪いの子」 静山社 2016
Thorne, Ken ソーン, ケン
1924～2014 [国]イギリス 作曲家 [専]映画音楽
Thorne, Peter S. ソーン, P.S.
[著]「キャサレット＆ドールトキシコロジー」 サイエンティスト社 2004
Thorne Leon, Jaime トルネ・レオン, ハイメ
[国]ペルー 国防相
Thorne-Miller, Boyce ソーンミラー, ボイス
[著]「海の生物多様性」 築地書館 2006
Thorne Vetter, Alfredo Eduardo トルネ・ベッテル, アルフレド・エドゥアルド
[国]ペルー 経済・財務相
Thornhill, Christopher J. ソーンヒル, クリス
1966～ [異]ソーンヒル, クリストファー, J. [著]「ドイツ政治哲学」 風行社 2012
Thornhill, Jan ソーンヒル, ジャン
1955～ [著]「にげろ！ にげろ？」 光村教育図書 2008
Thornhill, Randy ソーンヒル, ランディ
[著]「人はなぜレイプするのか」 青灯社 2006
Thornhill, Wallace ソーンヒル, ウォレス
[著]「電気的宇宙論」 徳間書店 2009
Thornicroft, Graham ソーニクロフト, グラハム
[著]「精神保健サービス実践ガイド」 日本評論社 2012
Thorning-Schmidt, Helle トーニングシュミット, ヘレ
1966～ [国]デンマーク 政治家 デンマーク首相, デンマーク社会民主党党首
Thornley, Rebecca Gundersen ソーンリィ, レベッカ・ガンダーセン
[著]「「そこにいる」ってわかります」 トリーハウス 2011
Thornley, Victoria ソーンリー, ビクトリア
[国]イギリス ボート選手
Thornton, Billy Bob ソーントン, ビリー・ボブ
1955～ [国]アメリカ 俳優, 映画監督, 脚本家
Thornton, Bob ソーントン, ボブ
[国]アメリカ サクラメント・キングスアシスタントコーチ(バスケットボール)
Thornton, Cedric ソーントン, セドリック
[国]アメリカ アメフト選手
Thornton, Elizabeth ソーントン, エリザベス
1940～ [著]「いまふたたびの口づけを」 竹書房 2010
Thornton, George C., Ⅲ ソーントン, ジョージ・C., 3世
1940～ [著]「人事戦略のためのアセスメント・センター」 中央経済社 2014
Thornton, Hugh ソーントン, ヒュー
[国]アメリカ アメフト選手
Thornton, Joe ソーントン, ジョー
[著]「パンドラの毒」 東海大学出版会 2004
Thornton, Khyri ソーントン, カイリ
[国]アメリカ アメフト選手
Thornton, Kim Campbell ソーントン, キム
[著]「にゃんにゃん心理学」 河合楽器製作所・出版事業部 2001
Thornton, Laura ソーントン, ローラ
[著]「アメリアの薔薇」 光文社 2003
Thornton, Lawrence ソーントン, ローレンス
1937～ [著]「闇の迷宮」 講談社 2004
Thornton, Marcus ソーントン, マーカス
[国]アメリカ バスケットボール選手
Thornton, Melanie ソーントン, メラニー
？～2001 [国]アメリカ 歌手 旧デュオ名＝ラ・ブーシュ〈La Bouche〉
Thornton, Robert Kelsey Rought ソーントン, R.K.R

1938～ [著]「ジョン・クレア詩集」 英宝社 2004
Thornton, Sarah ソーントン, サラ
[著]「現代アートの舞台裏」 ランダムハウス講談社 2009
Thornton, Stephen J. ソーントン, スティーブン・J.
[著]「教師のゲートキーピング」 春風社 2012
Thornton, Warwick ソーントン, ウォーウィック
カンヌ国際映画祭 カメラドール (第62回 (2009年)) "Samson and Delilah"
Thorogood, Nicki ソログッド, N.
[著]「看護とヘルスケアの社会学」 医学書院 2005
Thorp, Darrell ソープ, ダレル
グラミー賞 最優秀録音技術アルバム (クラシック以外) (2014年 (第57回)) "Morning Phase" エンジニア
Thorp, Edward O. ソープ, エドワード・O.
[著]「ディーラーをやっつけろ!」 パンローリング 2006
Thorp, Jer ソープ, ジャー
[著]「ビューティフルビジュアライゼーション」 オライリー・ジャパン, オーム社 (発売) 2011
Thorpe, Chris ソープ
[国]アメリカ リュージュ選手
Thorpe, Ian James ソープ, イアン
1982～ [国]オーストラリア 水泳選手
Thorpe, I.J. ソープ, ニック
[著]「事典古代の発明」 東洋書林 2005
Thorpe, Jeremy ソープ, ジェレミー
1929～2014 [国]イギリス 政治家 英国自由党党首 本名＝Thorpe, John Jeremy
Thorpe, John A. ソープ, J.A.
[著]「微分幾何の基本概念」 丸善出版 2016
T
Thorpe, Kay ソープ, ケイ
1935～ [著]「夫を忘れた花嫁」 ハーパーコリンズ・ジャパン 2016
Thorpe, Kiki ソープ, キキ
[著]「フェアリー・ガールズ」 ポプラ社 2016
Thorpe, Mackenzie ソープ, マッケンジー
1956～ [国]イギリス 画家
Thorpe, Neiko ソープ, ネイコ
[国]アメリカ アメフト選手
Thorpe, Richard ソープ, R.
1951～ [著]「マネジメント・リサーチの方法」 白桃書房 2009
Thorpe, Richard ソープ, リチャード
[国]カナダ ラグビー選手
Thorpe, Sara ソープ, S.
[著]「コーチニングマニュアル」 ディスカヴァー・トゥエンティワン 2005
Thorpe, Scott ソープ, スコット
[著]「実践! アインシュタインの論理思考法」 PHP研究所 2002
Thorpe, T.J. ソープ, T.J.
[国]アメリカ アメフト選手
Thorpe, Tony ソープ, トニー
[著]「欧州統合とシティズンシップ教育」 明石書店 2006
Thors, Astrid トゥールス, アストリッド
[国]フィンランド 移民・欧州問題相
Thorsdottir, Eythora トールスドッティル, エイトラ
[国]オランダ 体操選手
Thorsén, Lotta ソールセン, ロッタ
[著]「赤いハイヒール」 日本障害者リハビリテーション協会 2006
Thorson, Anna ソーソン, アンナ
[著]「ポール・オースターが朗読するナショナル・ストーリー・プロジェクト」 アルク 2006
Thorwald, Jürgen トールヴァルト, J.
1915～2006 [異]トールヴァルド, J. [著]「現代外科のいしずえ」 へるす出版 2014
Thotanyana, Lebohang トタニャナ, レボハング
[国]レソト 鉱業相
Thoungthongkam, Saralee トゥントーンカム
[国]タイ バドミントン選手
Thrash, Agatha M. スラッシュ, アガサ・M.
1931～ [著]「チャコール」 日本健生協会出版文書部 2006 (第2刷)
Thrash, Calvin L. スラッシュ, カルビン・L.
1928～ [著]「チャコール」 日本健生協会出版文書部 2006 (第2刷)
Thrasher, Virginia スラッシャー, バージニア
[国]アメリカ 射撃選手
Thrasou, Haris スラース, ハリス
[国]キプロス 通信・公共事業相
Thraves, Jamie スレイヴス, ジェイミー
[国]イギリス MTVアワード 最優秀監督 (第20回 (2003年)) "The Scientist"
Threlfall, Terry スレルフォール, T.
[著]「化学するアタマ」 化学同人 2002
Thrift, N.J. スリフト, N.
[著]「自動車と移動の社会学」 法政大学出版局 2015
Throsby, C.D. スロスビー, デイヴィッド
1939～ [著]「文化経済学入門」 日本経済新聞社 2002
Throsby, David スロスビー, デイヴィッド
[著]「文化政策の経済学」 ミネルヴァ書房 2014
Throssell, Brianna スロソル, ブリアナ
[国]オーストラリア 水泳選手
Thrower, Norman Joseph William スロワー, ノーマン・J.W.
[著]「地図と文明」 表現研究所 2003
Thrun, Sebastian スラン, セバスチャン
1967～ [著]「確率ロボティクス」 毎日コミュニケーションズ 2007
Thu, Kendall スー, ケンドール
[著]「動物工場」 緑風出版 2016
Thu, Le Thi トゥ, レ・ティ
[国]ベトナム 人口・家族・子供委員長
Thubron, Colin サブロン, コリン
[著]「ビジュアル版 世界の歴史都市」 柊風舎 2016
Thuheirat, Nader ズハイラート, ナデル
[国]ヨルダン 自治相
Thuillier, Jacques R. テュイリエ, ジャック
1928～2011 [国]フランス 美術史家 コレージュ・ド・フランス教授 [専]17世紀フランス絵画
Thulin, Inge G. チューリン, インゲ・G.
3MCEO
Thulin, Ingrid チューリン, イングリッド
1929～2004 [国]スウェーデン 女優
Thummarukudy, Muralee トゥマラクディ, ムラリー
[国]インド 国連環境計画 (UNEP) 災害リスク低減チーム長
Thun, Maria トゥーン, マリア
[著]「マリア・トゥーンの天体エネルギー栽培法」 ホメオパシー出版 2010
Thunberg, Stefan トゥンベリ, ステファン
1968～ [著]「熊と踊れ」 早川書房 2016
Thuney, Joe サニー, ジョー
[国]アメリカ アメフト選手
Thungthongkam, Saralee トゥントーンカム
[国]タイ バドミントン選手
Thun Saray トゥン・サライ
1951～ [国]カンボジア 人権活動家 カンボジア人権開発協会 (ADHOC) 会長
Thur, Daniel トゥーア, ダニエル
[国]ドイツ サッカー選手
Thura Aung Ko トゥラ・アウン・コー
[国]ミャンマー 宗教・文化相
Thura Aye Myint トゥラ・エイ・ミン
[国]ミャンマー スポーツ相
Thurain Thant Zin トゥレイン・タン・ズィン
[国]ミャンマー 駐日特命全権大使
Thura Myint Maung トゥラ・ミン・マウン
[国]ミャンマー 宗教相
Thurano, Konrad トゥラノ, コンラッド
1909～2007 [国]ドイツ 空中ブランコ曲芸師
Thurig, Karin トゥリヒ
[国]スイス 自転車選手
Thurlow, Setsuko サーロー, セツコ
[国]カナダ 反核運動家 [異]サーロー, 節子
Thurman, Dennis サーマン, デニス
[国]アメリカ バッファロー・ビルズコーチ
Thurman, Rob サーマン, ロブ
[国]アメリカ 作家 [専]ファンタジー, スリラー
Thurman, Robert A.F. サーマン, ロバート
[著]「ニガテな奴が雨に打たれてる敵を愛せよ - 楽に生きるための心の技術」 駒草出版 2015
Thurman, Trip サーマン, トリップ
[国]アメリカ アメフト選手
Thurman, Uma サーマン, ユマ
1970～ [国]アメリカ 女優 [異]サーマン, ウマ
Thurmond, Strom サーモンド, ストロム
1902～2003 [国]アメリカ 政治家 米国上院議員 (共和党) 本

名＝Thurmond, James Strom [異]サーモンド, ストーム / サーモンド, ストローム
Thurn, Valentin トゥルン, バレンティン
1963～ [著]「さらば、食料廃棄」 春秋社 2013
Thurow, Lester C. サロー, レスター・カール
1938～ [国]アメリカ 経済学者 マサチューセッツ工科大学名誉教授
Thurow, Roger サロー, ロジャー
[著]「飢える大陸アフリカ」 悠書館 2011
Thurow, Shari スロウ, シャリ
[著]「SEMサーチエンジンマーケティング」 エムディエヌコーポレーション 2003
Thurston, Mark サーストン, マーク
[著]「夢判断入門」 中央アート出版社 2004
Thurston, William サーストン, ウィリアム
1946～2012 [国]アメリカ 数学者 コーネル大学教授 本名＝サーストン, ウィリアム・ポール〈Thurston, William Paul〉
Thuswaldner, Werner トゥースヴァルトナー, ヴェルナー
1942～ [著]「「きよしこの夜」物語」 アルファベータ 2005
Thuwainy, bin Shihab al-Said スワイニ・ビン・シハブ・サイド
[国]オマーン 国王個人代理
Thúy, Kim チュイ, キム
1968～ [国]カナダ 作家 [専]文学
Thuy, Le Duc トゥイ, レ・ドク
[国]ベトナム 国家銀行(中央銀行)総裁
Thwaites, Ronald スウェイツ, ロナルド
[国]ジャマイカ 教育相
Thwaites, Thomas トウェイツ, トーマス
1980～ [著]「ゼロからトースターを作ってみた結果」 新潮社 2015
Thy, Lennart ティー, レンナルト
[国]ドイツ サッカー選手
Thydell, Johanna ティデル, ヨハンナ
1980～ [国]スウェーデン 作家 [専]ヤングアダルト
Thys, Guy ティス, ヒー
?～2003 [国]ベルギー サッカー監督 サッカー・ベルギー代表監督
Thyssen-Bornemisza de Kaszon, Hans Heinrich ティッセン・ボルネミッサ, ハンス・ハインリッヒ
1921～2002 [国]スイス 美術コレクター, 実業家 ティッセン・ボルネミッサ総帥, ハイネケン会長 [異]ティッセン, ハンス・ハインリヒ・フォン
Thystere Tshicaya, Jean-Marc ティステルチカヤ, ジャンマルク
[国]コンゴ共和国 石油相 [異]ティステル・チカヤ, ジャンマルク
Tia, John Akologo ティア, ジョン・アコロゴ
[国]ガーナ 情報相
Tiago, Mendes ティアゴ・メンデス
[国]ポルトガル サッカー選手
Tiah, Hui Leng ティア・フイ・レン
[国]ブルネイ 臨時代理大使, 二等書記官
Tialavea, D.J. タイラビア, D.J.
[国]アメリカ アメフト選手
Tiampo, Ming ティアンポ, ミン
[著]「GUTAI」 三元社 2016
Tiamson-Kassab, Maria L.A. ティアムソン, M.
[著]「身体疾患の精神科医療」 日本評論社 2008
Tian, Cong-ming ティエン・ツォンミン
1943～ [国]中国 政治家 新華社社長, 中国共産党中央委員 漢字名＝田聡明
Tian, Yuan ティエン・ユアン
1985～ [国]中国 作家, 歌手, 女優 [専]フィクション 漢字名＝田原 [異]ティエン・ユエン
Tian, Zhuang-zhuang ティエン・チュアンチュアン
1952～ [国]中国 映画監督 漢字名＝田壮壮 [異]ティェン・ズワンズワン / ティェン・チュアンチュアン
Tiando, Emmanuel ティアンド, エマヌエル
[国]ベナン 公務員・労働相
Tiangjiek Mut, Michael ティアンジェック・ムット, マイケル
[国]南スーダン 内相
Tiao, Luc Adolphe ティアオ, リュック・アドルフ
[国]ブルキナファソ 首相
Tibaijuka, Anna ティバイジュカ, アンナ
[国]タンザニア 土地・住宅・定住相
Tibasima, John ティバシマ, ジョン
[国]コンゴ民主共和国 都市問題相
Tibbets, Paul ティベッツ, ポール
1915～2007 [国]アメリカ 軍人 米国空軍准将 本名＝ティベッツ, ポール・ウォーフィールド〈Tibbets, Paul Warfield (Jr.)〉 [異]チベッツ, ポール
Tibbetts, Nate ティベッツ, ネイト
[国]アメリカ ポートランド・トレイルブレイザーズアシスタントコーチ(バスケットボール)
Tibbott, Julie ティボット, ジュリー
[著]「アニメおさるのジョージ ハチさんのおうち」 金の星社 2015
Tibbs, Margaret Anne ティブッス, マーガレット・アン
[著]「パーソン・センタード・ケア」 クリエイツかもがわ, 京都 かもがわ出版(発売) 2007
Tiber, Elliot タイバー, エリオット
1935～ [著]「ウッドストックがやってくる」 河出書房新社 2009
Tiberg, Joar ティーベリ, ヨアル
1967～ [著]「とりがないてるよ」 福音館書店 2014
Tibi, Jawad ティビ, ジャワド
[国]パレスチナ 保健相
Tibilov, Georgii ティビロフ
[国]ウクライナ レスリング選手
Tibone, Mbiganyi ティボネ, ムビハニ
[国]ボツワナ 労働・内務相 [異]ティボネ, ムビガンイ
Tibshirani, Robert ティブシラニ, ロバート
[著]「統計的学習の基礎」 共立出版 2014
Ticciati, Robin ティチアーティ, ロビン
1983～ [国]イギリス 指揮者 スコットランド室内管弦楽団首席指揮者
Tice, Louis E. タイス, ルー
1936～ [著]「アファメーション」 フォレスト出版 2011
Ticehurst, Janie ティスハースト, ジェニー
[著]「チャック・スペザーノ博士のこころを癒すと、カラダが癒される」 ヴォイス出版事業部 2005
Tichindeleanu, Eugen チキンデレアヌ, ユージェン
[国]ルーマニア ロン・ティボー・クレスパン国際音楽コンクールヴァイオリン 第5位(2010年(第39回))
Tichy, Noel M. ティシー, ノール・M.
[著]「決断力の構造」 ダイヤモンド社 2009
Tichy-Luger, Ingeborg ティヒー・ルーガー, インゲボルグ
1952～ [著]「ウラジーミルマラーホフ」 文園社 2005
Tick, Judith ティック, ジューディス
[著]「アーロン・コープランドのアメリカ」 東信堂 2003
Tickell, *Sir* Clispin ティッケル, クリスピン
[著]「グリーン・バリュー経営への大転換」 NTT出版 2013
Tickle, Cheryll ティックル, シェリル
[著]「ウォルパート発生生物学」 メディカル・サイエンス・インターナショナル 2012
Tickle, Jack ティックル, ジャック
[著]「はらぺこクマさんなにしているの？」 ひさかたチャイルド 2009
Tickle, Phyllis A. ティックル, フィリス・A.
[著]「強欲の宗教史」 築地書館 2011
Tickner, J.Ann ティックナー, J.アン
[著]「国際関係論とジェンダー」 岩波書店 2005
Ticknor, Duane ティクナー, デュアン
[国]アメリカ サクラメント・キングスアシスタントコーチ(バスケットボール)
Tida Tawornseth ティダ・タウォンセート
[国]タイ 政治家 反独裁民主同盟(UDD)議長
Tidball, Jeff ティドボール, ジェフ
[著]「魔術の書：レルム・オヴ・ソーサリー」 ホビージャパン 2008
Tidd, Joseph ティッド, ジョー
1960～ [著]「イノベーションの経営学」 NTT出版 2004
Tideiksaar, Rein ティディクサー, レイン
[著]「高齢者の転倒」 メディカ出版 2001
Tidhar, Lavie ティドハー, ラヴィ
1976～ [国]イスラエル 作家 [専]SF
Tidholm, Anna Clara ティードホルム, アンナ・クララ
1946～ [異]ティードホルム, アンナ＝クラーラ [著]「スウェーデンの森の昔話」 日本ライトハウス 2011
Tidjani, Assani チジャニ, アサニ
[国]トーゴ 国防・退役軍人相
Tidten, Markus ティーテン, マークス
[国]ドイツ 元・ドイツ国際問題・安全保障政策研究所アジア担当上級研究員, 元・コンラート・アデナウアー財団日本駐在代表
Tidwell, Jenifer テイドウェル, ジェニファー
[異]ティドウェル, ジェニファー [著]「デザイニング・インター

T

フェース」オライリー・ジャパン, オーム社(発売) 2011
Tidwell, John ティドウェル, ジョン
　国アメリカ　アメフト選手
Tie, Ning ティエ・ニン
　1957〜　国中国　作家　中国作家協会主席　漢字名＝鉄凝
Tiedemann, Andrew タイドマン, アンドリュー
　国カナダ　ラグビー選手
Tiefensee, Wolfgang ティーフェンゼー, ウォルフガング
　国ドイツ　運輸・建設相
Tiegelkamp, Michael ティーゲルカンプ, M.
　1959〜　著「IEC 61131-3を用いたPLCプログラミング」シュプリンガー・フェアラーク東京 2006
Tieger, Paul D. ティーガー, ポール・D.
　著「あなたの天職がわかる16の性格」主婦の友社 2016
Tiegreen, Alan ティーグリーン, アラン
　1935〜　著「ゆうかんな女の子ラモーナ」学研教育出版, 学研マーケティング(発売) 2013
Tielhof, Milja van ティールホフ, M.v.
　1963〜　著「近世貿易の誕生」知泉書館 2005
Tieman, Robert タイマン, ロバート
　著「ティーマン, ロバート」著「ミッキーマウス・トレジャーズ」講談社 2007
Tiemann, Michael ティーマン, マイケル
　著「ソフトウェアの未来」翔泳社 2001
Tiempo, Sergio Daniel ティエンポ, セルジオ・ダニエル
　1972〜　国ベネズエラ　ピアニスト
Tien, Nguyen Thi Kim ティエン, グエン・ティ・キム
　国ベトナム　保健相
Tiensten, Paul ティエンステン, ポール
　国パプアニューギニア　国家計画・地方開発相
Tier, Mark ティアー, マーク
　著「バフェットとソロス勝利の投資学」ダイヤモンド社 2005
Tierney, Alison J. ティアニー, アリソン・J.
　著「ローパー・ローガン・ティアニー看護モデル」日本看護協会出版会 2006
Tierney, Elizabeth P. ティアニー, エリザベス
　著「コミュニケーション」トランスワールドジャパン 2003
Tierney, John Marion ティアニー, ジョン
　著「WILLPOWER意志力の科学」インターシフト, 合同出版(発売) 2013
Tierney, Lawrence ティアニー, ローレンス
　1919〜2002　国アメリカ　俳優
Tierney, Lawrence M. ティアニー, ローレンス
　著「聞く技術」日経BP社, 日経BPマーケティング(発売) 2013
Tierney, Michael ターネイ, マイケル
　1968〜　著「「バンコク・ヒルトン」という地獄」新潮社 2004
Tierney, Therese ティアニー, テレーズ
　著「ネットワークプラクティス」鹿島出版会 2014
Tierney, Thomas J. ティアニー, トーマス・J.
　著「スター主義経営」東洋経済新報社 2007
Tierney-Jones, Adrian ティアニー・ジョーンズ, エイドリアン
　著「死ぬまでに飲みたいビール1001本」KADOKAWA 2014
Tierra, Lesley ティエラ, レスリー
　著「子どもたちのためのハーブブック」バベルプレス 2010
Tierra, Michael ティエラ, マイケル
　1939〜　著「ハーバルタロット」BABジャパン出版局 2006
Tieryas, Peter トライアス, ピーター
　1979〜　著「ユナイテッド・ステイツ・オブ・ジャパン」早川書房 2016
Tiësto ティエスト
　国オランダ　DJ
Tietgens, Hans タイトゲンス, ハンス
　著「おとなの学びを支援する」鳳書房 2003
Tietmeyer, Hans ティートマイヤー, ハンス
　1931〜2016　国ドイツ　銀行家, エコノミスト　ドイツ連邦銀行総裁　旧ティートマイアー
Tietz, Jeff ティーツ, ジェフ
　著「動物工場」緑風出版 2016
Tifatul, Sembiring ティファトゥル・スンビリン
　国インドネシア　情報通信相
Tiffany, John ティファニー, ジョン
　1971〜　国イギリス　演出家
Tiffin, Chris ティフィン, クリス
　著「人文学と電子編集」慶応義塾大学出版会 2011
Tiffin, Helen ティフィン, ヘレン
　著「ポストコロニアル事典」南雲堂 2008

Tigani, Jordan ティガニ, ジョーダン
　著「Google BigQuery」オライリー・ジャパン, オーム社(発売) 2015
Tiger, Caroline タイガー, キャロライン
　著「レッツ遠距離恋愛」ポプラ社 2006
Tiger Jeet Singh タイガー・ジェット・シン
　1944〜　国インド　プロレスラー
Tigg, Jason ティッグ, J.
　著「応用mathematica」新紀元社 2004
Tiggelaar, Ben ティゲラー, ベン
　1969〜　著「人生を変える3つのステップ」トランスワールドジャパン 2007
Tigiev, Soslan ティギエフ
　国ウズベキスタン　レスリング選手
Tigipko, Sergiy チギプコ, セルギー
　国ウクライナ　副首相兼社会政策相
Tigiyev, Taimuraz ティギエフ
　国カザフスタン　レスリング選手
Tignonkpa, Ayaovi Demba チグノンパ, アオヤビ・デンバ
　国トーゴ　財務・民営化担当相
Tignous ティニュス
　アングレーム国際漫画祭　表現の自由　シャルリー・エブド賞(2015年)
Tihić, Sulejman ティヒッチ, スレイマン
　1951〜2014　国ボスニア・ヘルツェゴビナ　政治家　ボスニア・ヘルツェゴビナ幹部会員
Tiidus, Urve ティードゥス, ウルベ
　国エストニア　文化相
Tiilikainen, Kimmo ティーリカイネン, キンモ
　国フィンランド　農林・環境相
al-Tijani, Saleh Fideil ティジャニ・サレハ・フィデイル
　国スーダン　国際協力相
Tijerino Pacheco, José María ティヘリノ・パチェコ, ホセ・マリア
　国コスタリカ　内相
Tikhomirov, Vladimir Mikhăilovich チホミロフ, V.M.
　著「微分積分・物理の問題」海鳴社 2007
Tikhonov, Alexei チホノフ
　国ロシア　フィギュアスケート選手
Tikhonov, Viktor チホノフ, ビクトル
　1930〜2014　国ロシア　アイスホッケー指導者　アイスホッケー・ソ連代表監督　本名＝Tikhonov, Viktor Vasilyevich
Tikoduadua, Pio ティコドゥアンドゥア, ピオ
　国フィジー　国家基盤相兼運輸相
Tikoirotuma, Asaeli ティコイロトゥマ, アサエリ
　国フィジー　ラグビー選手
Tilby, Wendy ティルビー, ウェンディ
　イギリス　オタワ国際アニメーション映画祭 カナダ映画協会(最優秀カナダ作品)(2011年)ほか
Tilemann, Walter ティレマン, ヴァルター
　1932〜　著「母さんもう一度会えるまで」毎日新聞社 2005
Tiler, Rebekah タイラー, レベッカ
　国イギリス　重量挙げ選手
Tiles, Mary タイルズ, メアリー
　著「集合論の哲学」産業図書 2007
Tilford, Gregory L. ティルフォード, グレゴリー・L.
　著「ペットのためのハーブ大百科」ナナ・コーポレート・コミュニケーション 2010
Tiller, Andrew テイラー, アンドリュー
　国アメリカ　アメフト選手
Tillerson, Rex W. ティラーソン, レックス
　国アメリカ　実業家　エクソン・モービルCEO
Tillett, Barbara B. ティレット, バーバラ・B.
　著「RDA資源の記述とアクセス」樹村房 2014
Tilley, Scott ティリー, スコット
　著「ビンボンのたのしい一日」講談社 2015
Tilliette, Xavier ティリエッテ, シャヴィエル
　著「ヨーロッパ学事始め」而立書房 2004
Tillion, Germaine ティヨン, ジェルメーヌ
　1907〜2008　著「ジェルメーヌ・ティヨン」法政大学出版局 2012
Tillman, Barrett ティルマン, バレット
　著「太平洋戦争のSB2Cヘルダイヴァー」大日本絵画 2005
Tillman, Chris ティルマン, クリス
　国アメリカ　野球選手
Tillman, Lynne ティルマン, リン
　著「ブックストア」晶文社 2003

Tillman, Nancy ティルマン, ナンシー
　著「あなたが生まれた夜に」朝日新聞出版　2009
Tillman, Pat ティルマン, パット
　1976〜2004　国アメリカ　アメフト選手
Tillman, Peggy ティルマン, ペギー・ラーソン
　著「クリッカーで愛犬のトレーニング」二瓶社　2005
Tillmans, Wolfgang ティルマンズ, ウォルフガング
　1968〜　国ドイツ　写真家　訳ティルマンス, ヴォルフガング／ティルマンズ, ヴォルフガンク
Tillous-borde, Sébastien チル＝ボルド, セバスチャン
　国フランス　ラグビー選手
Tillworth, Mary ティルワース, メアリー
　著「スポンジ・ボブ」講談社　2015
Tilly ティリー
　著「シェイクスピアはどこ？」東京美術　2015
Tilman, Leo M. ティルマン, リオ・M.
　1971〜　著「債券投資のリスクマネジメント」金融財政事情研究会, きんざい（発売）　2001
Tilney, Tony ティルニー, トニー
　著「交流分析事典」実務教育出版　2013
Tilson, Charlie ティルソン, チャーリー
　国アメリカ　野球選手
Tilson-Thomas, Michael ティルソン・トーマス, マイケル
　1944〜　国アメリカ　指揮者　サンフランシスコ交響楽団音楽監督　訳ティルソン・トマス, マイケル
Tilston, John ティルストン, ジョン
　著「わたしが肉食をやめた理由」日本教文社　2007
Tilton, Martha ティルトン, マーサ
　1915〜2006　国アメリカ　歌手　本名＝ティルトン, マーサ・エレン〈Tilton, Martha Ellen〉
Timbaland ティンバランド
　国アメリカ　グラミー賞 最優秀ダンス・レコーディング作品（2006年〈第49回〉）"Sexy Back"
Timberlake, Amy ティンバーレイク, エイミー
　アメリカ探偵作家クラブ賞 ジュヴナイル賞（2014年）"One Came Home"
Timberlake, Justin ティンバーレイク, ジャスティン
　1981〜　国アメリカ　歌手, 俳優　本名＝Timberlake, Justin Radall
Timberlake, Karen C. ティンバーレイク, K.
　著「ティンバーレイク教養の化学」東京化学同人　2013
Timberlake, William E. ティンバーレイク, W.
　著「ティンバーレイク教養の化学」東京化学同人　2013
Timbers, Sylvia ティンバース, シルビア
　1955〜　著「進化する魂」角川書店　2004
Timbo, Alpha ティンボ, アルファ
　国シエラレオネ　労働・産業関係・社会保障相
Timchenko, Dimitriy ティムチェンコ, ディミトリー
　国ウクライナ　レスリング選手
Timchenko, Gennady ティムチェンコ, ゲンナジー
　国ロシア　実業家
Timchenko, Olga I. ティムチェンコ, オルガ・I.
　著「電離放射線と健康」北海道大学スラブ研究センター　2013
Timciuc, Iacob チムチュク, ヤコブ
　国モルドバ　エネルギー相
Timel, Sam ティメル, サム
　著「ミラン・K」ユマノイド, パイインターナショナル（発売）　2015
Timeon, Taberannang シメオン, タベランナン
　国キリバス　通信・運輸・観光開発相
Timerman, Héctor ティメルマン, エクトル
　国アルゼンチン　政治家　アルゼンチン外相・貿易相
Timiras, Mary Letitia ティミラス, メアリー・レティティア
　著「老化の生命科学」アークメディア　2007
Timiras, Paola S. ティミラス, パオラ・S.
　1923〜　著「老化の生命科学」アークメディア　2007
Timlin, Mark ティムリン, マーク
　著「黒く塗れ！」講談社　2002
Timm, Bruce ティム, ブルース
　著「バットマン：マッドラブ完全版」小学館集英社プロダクション　2016
Timm, Carl ティム, カール
　著「Cisco CCNP認定ガイド」日経BP社, 日経BP出版センター（発売）　2004
Timm, Uwe ティム, ウーヴェ
　1940〜　著「カレーソーセージをめぐるレーナの物語」河出書房新社　2005

Timmer, Marianne ティメル, マリアンヌ
　国オランダ　スピードスケート選手　訳ティメル
Timmerman, Charles ティマーマン, チャールズ
　著「ナンプレ極」竹書房　2006
Timmermans, Frans ティメルマンス, フランス
　国オランダ　外相
Timmermans, H.J.P. ティマーマン, H.
　著「オランダにおける交通政策の現状と課題」道路経済研究所　2007
Timmers, Leo ティマース, レオ
　1970〜　著「みんなすてき！」フレーベル館　2011
Timmers, Pieter ティメルス, ピーター
　国ベルギー　水泳選手
Timmons, Lawrence ティモンズ, ローレンス
　国アメリカ　アメフト選手
Timmons, Michael J. ティモンズ, M.J.
　著「カラー人体解剖学」西村書店　2003
Timms, Stephen ティムス, スティーブン
　国イギリス　財務担当閣内相
Timofeeva, Irina ティモフェーエワ
　国ロシア　陸上選手
Timofti, Nicolae Vasilyevich ティモフティ, ニコラエ
　1948〜　国モルドバ　政治家, 法律家　モルドバ大統領　訳チモフチ, ニコライ
Timoncini, Daigoro テモンチニ, ダイゴロ
　国イタリア　レスリング選手
Timonen, Senni ティモネン, センニ
　著「ロウヒのことば」文理閣　2003
Timor, David ティモール, ダビド
　国スペイン　サッカー選手
Timothy, Julius ティモシー, ジュリウス
　国ドミニカ共和国　保健相
Timo Tjahjanto ティモ・ジャヤント
　国インドネシア　映画監督
Timperlake, Edward ティムパーレーク, エドワード
　著「Showdown - 対決」産経新聞出版　2007
Timperley, John ティンパーレー, ジョン
　著「1週間で「人が集まる人」になる」PHP研究所　2003
Timu, John ティミュ, ジョン
　国アメリカ　アメフト選手
Tin, Christopher ティン, クリストファー
　グラミー賞 最優秀ヴォーカル伴奏編曲（2010年〈第53回〉）ほか
Tin, Louis-Georges タン, ルイ＝ジョルジュ
　1974〜　著「〈同性愛嫌悪（ホモフォビア）〉を知る事典」明石書店　2013
Tinaliyev, Nurmakhan ティナリエフ, ヌルマハン
　国カザフスタン　レスリング選手
Tin Aye ティン・エイ
　国ミャンマー　労相
Tincq, Henri タンク, アンリ
　1945〜　著「ラルース世界宗教大図鑑」原書房　2013
Tindal, Corey ティンダル, コリー
　国アメリカ　アメフト選手
Tindall, Blair ティンドール, ブレア
　著「モーツァルト・イン・ザ・ジャングル」ヤマハミュージックメディア　2016
Tindall, Carol ティンダール, C.
　著「質的心理学研究法入門」新曜社　2008
Tindall, John ティンダル, ジョン
　著「指圧による治療法」産調出版　2006
Tindemans, Leo ティンデマンス, レオ
　1922〜2014　国ベルギー　政治家　ベルギー首相, 欧州議会議員　訳チンデマン／チンデマンス
Tine, Augustin ティン, アウグスティン
　国セネガル　国防相
Ting, Samuel Chao Chung ティン, サミュエル
　1936〜　国アメリカ　物理学者　マサチューセッツ工科大学教授　漢字名＝丁肇中　訳ティン, サミュエル・チャオ・チュン
Ting, Wan-Qi ティン, ワン・キー
　著「クレジット・スコアリング」シグマベイスキャピタル　2001
Tinga, Beniamina シンガ, ベニアミナ
　国キリバス　副大統領兼財務・経済企画相
Tingaud, Jean-Luc タンゴー, ジャン・リュック
　1969〜　著「コルトー・ティボー・カザルス」ヤマハミュージックメディア　2002
Tingley, Suzanne Capek ティングリー, スザンヌ・カペック

[著]「「難しい親」への対応」 渓水社 2010
Tin Hla ティン・フラ
[国]ミャンマー 副首相兼軍事相
Tin Hlaing ティン・フライン
[国]ミャンマー 内相
Tin Htut ティン・トゥ
[国]ミャンマー 協同組合相 [異]ティン・フトゥ
Tinker, Carson ティンカー, カーソン
[国]アメリカ アメフト選手
Tinkham, Michael ティンカム, M.
[著]「超伝導入門」 吉岡書店 2006
Tinkler, Amy ティンクラー, エイミー
[国]イギリス 体操選手
Tin Naing Thein ティン・ナイン・テイン
[国]ミャンマー 大統領府相
Tinney, Stuart タイニー, スチュアート
[国]オーストラリア 馬術選手
Tin Ngwe ティン・グエ
[国]ミャンマー 首相府相
Tin Ngwe ティン・グエ
[国]ミャンマー 首相府相
Tin Oo ティン・ウ
1927~ [国]ミャンマー 政治家, 軍人 ミャンマー国民民主連盟(NLD)議長, ミャンマー国家平和発展評議会(SPDC)第2書記 [異]ティンウ / ティンウー
Tinsley, Michael ティンズリー
[国]アメリカ 陸上選手
Tinsley, Vicky ティンスリー, ヴィッキー
[著]「助産師の意思決定」 エルゼビア・ジャパン 2006
T
Tint Hsan ティン・サン
[国]ミャンマー スポーツ相
Tin Tun ティン・トゥン
[国]ミャンマー 副首相
Tin Win ティン・ウィン
[国]ミャンマー 労相
Tiny, Carlos Alberto Pires ティニ, カルロス・アルベルト・ピレス
[国]サントメ・プリンシペ 外務・協力相
Tiourina, Svetlana チューリナ, スベトラーナ
1964~ [著]「こいぬのチョウチョ」 評論社 2004
Tipote, Filomena Mascarenhas ティポテ, フィロメナ・マスカレーニャス
[国]ギニアビサウ 公務員・雇用・労働相
Tipping, Colin C. ティッピング, コリン・C.
1941~ [著]「人生を癒すゆるしのワーク」 太陽出版 2012
Tippins, Steven C. ティピンズ, スティーブン
[著]「MBAのリスク・マネジメント」 PHP研究所 2002
Tips, Walter E.J. ティップス, ウォルター・E.J.
[著]「シャムの独立を守ったお雇い外国人」 岡山大学出版会 2009
Tipsarevic, Janko ティプサレビッチ
[国]セルビア テニス選手
Tipton, David ティプトン, デイビッド
[著]「ミュータントタートルズ:アニメイテッド」 小学館集英社プロダクション 2015
Tipton, Scott ティプトン, スコット
[著]「ミュータントタートルズ:アニメイテッド」 小学館集英社プロダクション 2015
Tipton, Steven M. ティプトン, スティーヴン・M.
[著]「善い社会」 みすず書房 2009
Tipuric, Justin ティプリック, ジャスティン
[国]ウェールズ ラグビー選手
Tirado, Alberto ティラード, アルバート
[国]ドミニカ共和国 野球選手
Tirados, Paola ティラドス
[国]スペイン シンクロナイズド・スイミング選手
Tiramani, Jenny ティラマニ, ジェニー
トニー賞 プレイ 衣装デザイン賞(2014年(第68回)) "Twelfth Night"
Tiran, Denise ティラン, デニス
[著]「妊娠と出産のためのクリニカル・アロマセラピー」 フレグランスジャーナル社 2003
Tirath, Krishna ティラート, クリシュナ
[国]インド 女性・児童育成相
Tiratsoo, Nick ティラッソー, N.
1952~ [著]「戦災復興の日英比較」 知泉書館 2006
***al*-Tiriki, Ali Abdel-Salam** アル・ティリキ, アリ・アブデルサラム
[国]リビア アフリカ統一書記(アフリカ統一相) [異]アル・ティリキ, アリ・アブデル・サラム
Tirlea-manolache, Ionela マノラケ, ティルレア
[国]ルーマニア 陸上選手
Tirman, Phillip F.J. ターマン, フィリップ・F.J.
[著]「骨軟部top100診断」 メディカル・サイエンス・インターナショナル 2006
Tiro, Hasan Muhammad di ティロ, ハッサン
1925~2010 [国]インドネシア 独立運動指導者 自由アチェ運動(GAM)最高指導者 [異]ディ・ティロ, ハッサン
Tirode, Stephanie ティロド, ステファニー
[国]フランス 射撃選手
Tirole, Jean ティロール, ジャン
1953~ [国]フランス 経済学者 トゥールーズ第1大学教授・産業経済研究所学術担当所長 [専]産業組織論, 規制政策, ゲーム理論ほか
Tirol-ignacio, Marian Jocelyn R. ティロル－イグナシオ, マリアン・ジョセリン R.
[国]フィリピン 臨時代理大使, 公使
Tirta, Iwan ティルタ, イワン
1935~2010 [国]インドネシア バティックデザイナー 本名=Nursjirwan Tirtaamidjaja
Tisch, Robert ティッシュ, ロバート
1926~2005 [国]アメリカ 実業家 ニューヨーク・ジャイアンツ共同オーナー, 米国郵政公社総裁 本名=Tisch, Preston Robert
Tischler, Linda ティシュラー, リンダ
[著]「コカ・コーラ流100年企業の問題解決術」 早川書房 2015
Tisdale, Jane ティズデール, ジェーン
[著]「実践ヘッジファンド投資」 日本経済新聞社 2001
Tisdell, Clement Allan ティスデル, クレム
[著]「持続可能な農業と環境」 食料・農業政策研究センター, 農山漁村文化協会(発売) 2001
Tishchenko, Evgeny ティシュチェンコ, エフゲニー
[国]ロシア ボクシング選手
Tishkov, Leonid チシコフ, レオニート
1953~ [著]「かぜをひいたおつきさま」 徳間書店 2014
Tison, Annette チゾン, アネット
1942~ [国]フランス 児童漫画作家 [異]ティゾン, アネット
Tissen, Rene Johannes ティッセン, レネ
[著]「経営者の7つの大罪」 角川書店 2002
Tisserand, Marcel ティセラン, マルセル
[国]コンゴ民主共和国 サッカー選手
Tisserand, Robert ティスランド, ロバート
1938~ [著]「ガットフォセのアロマテラピー」 フレグランスジャーナル社 2006
Tisseron, Serge ティスロン, セルジュ
1948~ [著]「レジリエンス」 白水社 2016
Tissier, Henry ティシエ, アンリ
[著]「乳幼児の腸内菌叢に関する研究」 アイペック 2006
Titarenko, M.L. チタレンコ, M.L.
1934~ [著]「中国の文明と改革」 プリンティングサービス, 星雲社(発売) 2007
Titenis, Giedrius ティテニス
[国]リトアニア 競泳選手
Titherington, Arthur ティザリントン, アーサー
?~2010 [国]イギリス 第二次大戦で旧日本軍の捕虜になった軍人
Titikpina, Atcha Mohamed ティティピナ, アチャ・モハメド
[国]トーゴ 治安相
Titingar, Mouadjidibaye チチンガル, ムアジジバイエ
[国]チャド 郵政相
Titmuss, Christopher ティットムス, クリストファー
[著]「実践マインドフルネス」 ガイアブックス 2016
Tito ティト
[国]スペイン サッカー選手
Tito, Teburoro シト, テブロロ
[国]キリバス 大統領兼外相
Tits, Jacques ティッツ, ジャック
[国]フランス コレージュ・ド・フランス名誉教授 アーベル賞(2008年)
Tittel, Ed ティテル, エド
[異]ティッテル, エド [著]「コンピュータ・フォレンジック完全辞典」 幻冬舎ルネッサンス 2012
Tittel, Joseph ティテル, ジョセフ
[著]「ジョセフ・ティテル霊的感性の気付きかた」 明窓出版 2016
Tittemore, Brian D. ティットモア, ブライアン・D.

㊐「カンボジア大虐殺は裁けるか」現代人文社, 大学図書 (発売) 2005
Titus, Eve タイタス, イブ
1922〜2002 ㊐「ベイジル」日本ライトハウス 2015
Tiumenbaev, Ruslan ティウメンバエフ
㊳キルギス レスリング選手
Tiwari, Maya ティワリ, マヤ
㊐「アーユルヴェーダの食事療法」フレグランスジャーナル社 2001
Tiwari, Shashank ティワリ, シャシャンク
㊐「NoSQLプログラミング実践活用技法」翔泳社 2012
Tiwary, Vivek J. ティワリー, ヴィヴェック・J.
㊐「ザ・フィフスビートル」ジュリアンパブリッシング 2015
Tiwon, Sylvia ティウォン, シルビア
㊐「軍が支配する国インドネシア」コモンズ 2002
Tixa, Serge ティクサ, セルジュ
㊐「触診解剖アトラス」医学書院 2007
Tizeba, Charles ティゼバ, チャールズ
㊳タンザニア 農業・畜産・漁業相
Tjahjo, Kumolo チャヒオ・クモロ
㊳インドネシア 内相
Tjipilica, Paulo チピリカ, パウロ
㊳アンゴラ 法相
Tjiriange, Ngarikutuke ジリアンゲ, ヌガリクツケ
㊳ナミビア 退役軍人相 ㊳チリアンゲ, ヌガリクツケ
Tjon Tjin Joe, Jacques チョンチンユ, シャーク
㊳スリナム 貿易産業相 ㊳チョン・チン・ユ, シャーク
Tjoyas, Alexios チョヤス, アレクシオス
㊐「フォリガット」パイインターナショナル 2013
Tjukin, Eduard ペトロワ
㊳ロシア 重量挙げ選手
Tkachenko, Vadim トカチェンコ, バディム
㊐「実践ハイパフォーマンスMySQL」オライリー・ジャパン, オーム社 (発売) 2013
Tkachev, Alexander N. トカチョフ, アレクサンドル・N.
㊳ロシア 農相
Tkach Ostapchuk, Yuliia トカチオスタプチュク, ユリア
㊳ウクライナ レスリング選手
Tkachov, Oleg トカチョフ
㊳ウクライナ 射撃選手
Tkachuk, Douglas C. カチャック, ダグラス・C.
㊐「ウィントロープ臨床血液学アトラス」メディカル・サイエンス・インターナショナル 2008
Tkacik, John J., Jr. タシック, ジョン・J., Jr.
㊳タシック, ジョン ㊐「本当に「中国は一つ」なのか」草思社 2005
Tkalenko, Ivan トカレンコ, イワン
㊳ウクライナ 最高会議関係相
Tkatch, Elena トカチ
㊳ロシア 射撃選手
Tkatchenko, Justin トカチェンコ, ジャスティン
㊳パプアニューギニア スポーツ相
Tkeshelashvili, Davit ツケシェラシビリ, ダビト
㊳ジョージア 地域発展・社会基盤相 ㊳ツケシェラシビリ, ダビト
Tkeshelashvili, Eka トケシェラシビリ, エカ
㊳ジョージア 副首相兼国務相 (再統合問題担当)
Tkhilaishvili, Giorgi トゥヒライシヴィリ, ギオルギ
㊳ジョージア ラグビー選手
Tletli, Slim トレトリ, スリム
㊳チュニジア 雇用・若年雇用促進相
Tlou, Sheila トゥロウ, シェイラ
㊳ボツワナ 保健相
Tmenov, Tamerlan トメノフ
㊳ロシア 柔道選手
To, Chung トウ・チョン
㊳中国 智行基金会設立 漢字名＝杜聡
To, Johnnie トー, ジョニー
1955〜 ㊳香港 映画監督 漢字名＝杜琪峯
To, Marcus トゥ, マーカス
㊐「サイボーグ009USAエディション」小学館集英社プロダクション 2013
To, Nelson トゥー, ネルソン
㊐「Android SDK開発クックブック」ピアソン桐原 2011
To, Raymond トー, レイモンド
㊐「ウィンター・ソング」角川書店 2006
Toafa, Maatia トアファ, マアティア

1954〜 ㊳ツバル 政治家 ツバル首相・外相・労相
Toan, Tran Le Quoc トラン, ルクオクトアン
㊳ベトナム 重量挙げ選手
Toatu, Teuea トアス, テウエア
㊳キリバス 財務・経済開発相
Toba, Andreas トバ, アンドレアス
㊳ドイツ 体操選手
Tobă, Petre トバ, ペトロ
㊳ルーマニア 内相
Tobai Sike, Renata トバイシケ, レナタ
㊳ハンガリー 射撃選手
Tobback, Bruno トバック, ブルーノ
㊳ベルギー 環境・年金相
Tobe, Glenn R. トベ, グレン
㊐「組織改革」鹿島出版会 2012
Tober, Jan M. トーバー, ジャン
㊐「インディゴ・チルドレン」ナチュラルスピリット 2001
Tobey, Deborah D. トビー, デボラ・デイビス
㊐「ラーニング・ファシリテーションの基本」ヒューマンバリュー 2015
Tobey, Kenneth トビー, ケネス
?〜2002 ㊳アメリカ 俳優
Tobey, Mike トビー, マイク
㊳アメリカ バスケットボール選手
Tobgay, Tshering トブゲイ, ツェリン
1965〜 ㊳ブータン 政治家 ブータン首相 本名＝Tobgay, Lyonchhen Tshering ㊳トブゲ, ツェリン
Tobgyel, Tashi トボギャル, タシ
㊳ブータン 通信相
Tobias, Andrew P. トビアス, アンドリュー
1948〜 ㊐「トビアスが教える投資ガイドブック」パンローリング 2002
Tobias, Nataliya トビアス
㊳ウクライナ 陸上選手
Tobias, Phillip Vallentine トバイアス, フィリップ
1925〜2012 ㊳南アフリカ 人類学者, 解剖学者 ウィットウォータースランド大学名誉教授
Tobias, Roy トビアス, ロイ
?〜2006 ㊳アメリカ バレエ振付師 ㊳トバイアス, ロイ / トバイアス, ロイ
Tobias, Sheila トバイアス, シーラ
㊐「科学力のためにできること」近代科学社 2008
Tobin, Bob トビン, ボブ
㊐「10年後, 後悔しないための自分の道の選び方」ディスカヴァー・トゥエンティワン 2016
Tobin, Brian トービン, ブライアン
㊳カナダ 産業相
Tobin, James トービン, ジェームズ
1918〜2002 ㊳アメリカ 経済学者 エール大学名誉教授 ㊳金融論, 資産選択理論 ㊳トービン, ジェームズ / トービン, ジェイムズ
Tobin, James トービン, ジェームズ
1956〜 ㊐「アーニー・パイルが見た「戦争」」芙蓉書房出版 2006
Tobin, JP トビン
㊳ニュージーランド セーリング選手
Tobin, Kristin M. トビン, クリスティン・M.
㊐「クレジット・スコアリング」シグマベイスキャピタル 2001
Tobin, Matt トビン, マット
㊳アメリカ アメフト選手
Tobin, Mike トビン, マイク
㊐「Delphi Win32 Graphics APIリファレンス」アスキー 2001
Toby, Ronald P. トビ, ロナルド
1942〜 ㊳アメリカ 歴史学者 イリノイ大学歴史学部教授 東京大学大学院人文社会系研究科教授 ㊳日本史, 朝鮮史
TobyMac トビーマック
㊳アメリカ グラミー賞 最優秀ロック, ラップ・ゴスペル・アルバム (2008年 (第51回)) "Alive And Transported"
Tobyn, Graeme トービン, グレアム
㊳アメリカ グラミー賞 最優秀コンテンポラリー・クリスチャン・ミュージックアルバム (2012年 (第55回)) "Eye On It" ㊳トビーマック ㊐「占星医術とハーブの世界」原書房 2014
Toccafondo, Gianluigi トッカフォンド, ジャンルイジ
1965〜 ㊐「小さなロシア」リトル・モア 2004
Tocci, Giovanni トッチ, ジョバンニ
㊳イタリア 水泳選手

Töchterle, Karlheinz テヒテール, カールハインツ
国オーストリア 科学・研究相
Tocqueville, Aude de トックヴィル, オード・ド
著「図説不倫の歴史」 原書房 2001
Tocquigny, Rick トックウィグニー, リック
1955～ 著「P&G一流の経営者を生み続ける理由」 祥伝社 2012
Todahl, Jeffrey トダール, ジェフリー
1963～ 著「解決志向ケースワーク」 金剛出版 2002
Todaro, Michael P. トダロ, マイケル・P.
1942～ 著「トダロとスミスの開発経済学」 ピアソン桐原 2010
Todd, Anna トッド, アナ
国アメリカ 作家 専ロマンス
Todd, Bryan トッド, ブライアン
著「世界一読まれているグーグルアドワーズの本」 ダイレクト出版 2010
Todd, Chad トッド, チャド
著「ハック・プルーフィングWindows 2000 Server対クラッカー防衛大全」 秀和システム 2002
Todd, Charles トッド, チャールズ
著「炎の翼」 扶桑社 2001
Todd, Emmanuel トッド, エマニュエル
1951～ 国フランス 人口学者, 歴史学者, 社会人類学者 フランス国立人口統計研究学研究所研究員 専歴史人口学
Todd, Garfield トッド, ガーフィールド
1908～2002 国ジンバブエ 政治家, 宣教師 南ローデシア首相 本名＝トッド, レジナルド・スティーブン・ガーフィールド〈Todd, Reginald Stephen Garfield〉 異トッド, レジナルド・スティーヴン・ガーフィールド
Todd, Jacquelyne トッド, ジャクリーン
著「リンパ浮腫」 中央法規出版 2003
Todd, Janet トッド, ジャネット
著「死と乙女たち」 音羽書房鶴見書店 2016
Todd, Kim トッド, キム
1970～ 著「マリア・シビラ・メーリアン」 みすず書房 2008
Todd, Mark トッド, マーク
1956～ 国ニュージーランド 馬術選手 本名＝Todd, Mark James
Todd, Olivier トッド, オリヴィエ
1929～ 著「アルベール・カミュ」 毎日新聞社 2001
Todd, Richard トッド, リチャード
1919～2009 国イギリス 俳優 本名=Palethorpe-Todd, Richard Andrew 異トド, リチャード
Todd, Richard Watson トッド, リチャード・ワトソン
1966～ 著「英語の課外授業」 柊風舎 2008
Todd, Selina トッド, セリーナ
1975～ 著「ザ・ピープル」 みすず書房 2016
Todde, Antonio トッデ, アントニオ
1889～2002 国イタリア 世界最高齢の男性 異トッド, アントニオ
Todea, Alexandru トデア, アレクサンドル
1912～2002 国ルーマニア カトリック枢機卿 東方帰一教会(ユニエイト教会)代表
Todenhöfer, Jürgen トーデンヘーファー, ユルゲン
1940～ 著「「イスラム国」の内部へ」 白水社 2016
Todes, Daniel Philip トーデス, ダニエル・P.
1952～ 著「パヴロフ」 大月書店 2008
Todhunter, Andrew トッドハンター, アンドリュー
著「タイユバンの優雅な食卓」 文芸春秋 2005
Todino, Grace トディノ, グレース
著「入門Unixオペレーティングシステム」 オライリー・ジャパン, オーム社(発売) 2002
Todman, Jordan トッドマン, ジョーダン
国アメリカ アメフト選手
Todoroglo, Dmitrii トドログロ, ドミトリー
国モルドバ 副首相兼農業・食品産業相 異トドログロ, ドゥミトル
Todorov, Nikola トドロフ, ニコラ
国マケドニア 副首相兼保健相
Todorov, Tzvetan トドロフ, ツヴェタン
1939～ 国フランス 哲学者, 詩学者, 文芸批評家 専文学理論, 記号学
Todorova, Anastasiia トドロワ, アナスタシア
国ウクライナ カヌー選手
Todorova, Hristiana トドロバ, フリスティアナ
国ブルガリア 新体操選手
Todorovitch, Marie-Ange トドロヴィッチ, マリー＝アンジュ
グラミー賞 最優秀クラシック・オペラ録音(2010年(第53回)) "Saariaho: L'Amour De Loin" ソリスト
Todorovskii, Pyotor トドロフスキー, ピョートル
1925～2013 国ロシア 映画監督, 脚本家
Tödt, Heinz Eduard テート, H.E.
著「ヒトラー政権の共犯者、犠牲者、反対者」 創文社 2004
Todt, Jean トッド, ジャン
1946～ 国フランス 国際自動車連盟(FIA)会長 F1フェラーリチーム代表
Todts, Herwig トッツ, ヘルヴィック
著「ジェームズ・アンソール」 NHKプロモーション c2013
Todua, Alexander トゥドワ, アレクサンドル
国ジョージア ラグビー選手
Toe, Christopher トウ, クリストファー
国リベリア 農相
Toegel, Ginka トーゲル, ギンカ
著「女性が管理職になったら読む本」 日本経済新聞出版社 2016
Toelzer, Andreas テルツァー
国ドイツ 柔道選手
Toews, Barb トウズ, バーブ
著「ソーシャルワークと修復的正義」 明石書店 2012
Toews, Miriam トゥーズ, ミリアム
カナダ総督文学賞 英語 小説(2004年) "A Complicated Kindness"
Toews, Vic テーブス, ビク
国カナダ 治安相
Toe Yuen トー・ユエン
国中国, 香港 アヌシー国際アニメーション映画祭 長編映画 クリスタル賞(最優秀長編作品)(2003年) "Mak dau goo si"(英題：My Life as McDull)
Toffler, Alvin トフラー, アルビン
1928～2016 国アメリカ 未来学者, 社会学者
Toffler, Heidi トフラー, ハイジ
1929～ 著「富の未来」 講談社 2006
Tofield, Simon トフィールド, サイモン
著「サイモンズキャット」 マーブルトロン, 中央公論新社(発売) 2010
Tofigi, Jafar トフィギ, ジャファル
国イラン 科学技術相
Tofinga, Martin トフィンガ, マーティン
国キリバス 環境・土地・農業開発相
Toft, Anthony D. トフト, アンソニー
著「甲状腺疾患」 一灯舎, オーム社(発売) 2008
Tofte, Sarah トーフテ, サラー
著「遺伝子操作時代の権利と自由」 緑風出版 2012
Togba, Maurice Zogbélémou トグバ, モーリス・ゾベレム
国ギニア 司法相
Toghraie, Adrienne Laris トグライ, エイドリアン
異トグライ, エイドリアン・ラリス 著「トレードのストレス解消法」 パンローリング 2010
Tognazzini, Bruce トグネジーニ, ブルース
異トグナジーニ, ブルース 著「ヒューマンインターフェースの発想と展開」 ピアソン・エデュケーション 2002
Tognetti, Stefano トネッティ, ステファノ
1966～ 異トグネッティ, ステファノ 著「どんどんめくってはっけん！ かがくのふしぎ」 学研教育出版, 学研マーケティング(発売) 2014
Togo, Kénékouo Barthélémy トーゴ, ケネクオ・バルテレミ
国マリ 国民教育相 異トーゴ, ケネクル・バルテミ
Togo, Marie Madeleine トーゴ, マリ・マデゥレイヌ
国マリ 保健・公衆衛生相
Toh, Chin Chye トー・チンチャイ
1921～2012 国シンガポール 政治家 シンガポール人民行動党(PAP)議長(初代) 漢字名＝杜進才
Tohme, Nehmeh トフメ, ネハメ
国レバノン 難民問題相
Tô Hoài トー・ホアイ
1920～2014 国ベトナム 作家 漢字名＝蘇壊, 別筆名＝Mai Trang
Tohtobvbv, Isak トカン, イサク
著「現代のホメロス」 ブイツーソリューション 2016
To Huu トー・フー
1920～2002 国ベトナム 政治家, 詩人 ベトナム副首相, ベトナム共産党政治局員 本名＝グエン・キム・タイン〈Nguyen Kim Thanh〉 異トー・ヒュー / トー・フウ
Toia, Patrizia トイア, パトリツィア
国イタリア 国会関係相

T

Toibin, Colm　トビーン, コルム
　1955〜　国アイルランド　作家
Toikeusse, Mabri　トワクス, マブリ
　国コートジボワール　運輸相
Toilolo, Levine　トイロロ, レビン
　国アメリカ　アメフト選手
Toivakka, Lenita　トイバッカ, レニタ
　国フィンランド　貿易・開発相
Toiva Ya Toiva, Andimba　トイバヤトイバ, アンディンバ
　国ナミビア　刑務所・矯正活動相
Toivonen, Sami　トイボネン, サミ
　1971〜　著「タトゥとパトゥのへんてこドリーム」猫の言葉社 2016
Toivonen, Tuukka Hannu Ilmari　トイボネン, トゥーッカ
　1979〜　著「若者問題の社会学」明石書店 2013
Toivo Ya Toivo, Andimba　トイボヤトイボ, アンディンバ
　国ナミビア　刑務所・矯正活動相
Tojibaev, Hurshid　トジバエフ, フルシド
　国ウズベキスタン　ボクシング選手
Tok, Dan　チョク, ダン
　国チェコ　運輸相　別チョーク, ダン
Tokar, Brian　トカー, ブライアン
　著「遺伝子操作時代の権利と自由」緑風出版 2012
Tokarczuk, Antoni　トカルチュク, アントニ
　国ポーランド　環境相
Tokarczuk, Olga　トカルチュク, オルガ
　1962〜　国ポーランド　作家
Tokarev, Nikolai　トカレフ, ニコライ
　1983〜　国ロシア　ピアニスト
Tokataake, Willie　トカターケ, ウィリー
　国キリバス　通信・運輸・観光開発相　別トカタアケ, ウィリー
Tokayer, Marvin　トケイヤー, マーヴィン
　国アメリカ　執筆家
Tokayev, Kasymzhomart　トカエフ, カスイムジョマルト
　国カザフスタン　外相
Tokheim, Roger L.　トーケイム, ロジャー・L.
　著「ディジタル回路」オーム社 2001
Tokic, Bojan　トキッチ, ボヤン
　国スロベニア　卓球選手
Tokman Ramos, Marcelo　トクマン・ラモス, マルセロ
　国チリ　国家エネルギー委員長
Tokoto, J.P.　トコト, J.P.
　国アメリカ　バスケットボール選手
Tokpah, Henrique　トクパ, ヘンリク
　国リベリア　内相
Tokpakbayev, Sat　トクパクバエフ, サト
　国カザフスタン　国防相
Toksvig, Sandi　トクスヴィグ, サンディー
　著「ヒットラーのカナリヤ」小峰書店 2008
Tola, Betty　トラ, ベティ
　国エクアドル　経済社会参画相
Tola, Tamirat　トラ, タミラト
　国エチオピア　陸上選手
Tolaas, Sissel　トラース, シセル
　1961〜　国ノルウェー　化学者, 芸術家
Tolaganov, Kozim　トラガノフ, コジム
　国ウズベキスタン　第1副首相
Toland, John　トーランド, ジョン
　1912〜2004　国アメリカ　ノンフィクション作家, 歴史家
Tolba, Mohamed Ould　トルバ, モハメド・ウルド
　国モーリタニア　外務協力相
Tolbert, Mike　トルバート, マイク
　国アメリカ　アメフト選手
Tolchah, Hasan　トルハ・ハッサン
　国インドネシア　宗教相
Tolchinsky, David E.　トルチンスキー, デーヴィッド・E.
　著「音楽的コミュニケーション」誠信書房 2012
Toldo, Guilherme　トウド, ギレルミ
　国ブラジル　フェンシング選手
Toleafoa, Apulu Faafisi　トレアフォア, アプル・ファアフィシ
　国サモア　警察相
Toleba, Soumanou　トルバ, スマヌ
　国ベナン　文化・観光・手工業相
Toledano, Éric　トレダノ, エリック
　1971〜　国フランス　映画監督
Toledano, Sidney　トレダノ, シドニー
　1951〜　国フランス　実業家　クリスチャン・ディオール・クチュール社長・CEO
Toledo, Alejandro　トレド, アレハンドロ
　1946〜　国ペルー　政治家, 経済学者　ペルー大統領　別名＝Toledo, Cholo
Toledo, Braian　トレド, ブライアン
　国アルゼンチン　陸上選手
Toledo, Hernan　トレド, エルナン
　国アルゼンチン　サッカー選手
Toledo, Yasnier　トレド, ヤスニエル
　国キューバ　ボクシング選手
Toledo Lopez, Yasniel　トレド
　国キューバ　ボクシング選手
Toledo Manrique, Alejandro　トレド・マンリケ, アレハンドロ
　国ペルー　大統領
Tolentino, Arturo M.　トレンティノ, アルツロ
　1910〜2004　国フィリピン　政治家　フィリピン外相　別トレンチノ, アルトゥロ
Tolentino, Jorge Homero　トレンティノ, ジョルジ・オメロ
　国カボベルデ　外相
Tolentino Dipp, Hugo　トレンティノ・ディップ, ウゴ
　国ドミニカ共和国　外相
Toleo, El　トレオ, エル
　著「DVDで覚えるシンプルフラメンコ」新星出版社 2005
Toler, Greg　トラー, グレッグ
　国アメリカ　アメフト選手
Toles, Andrew　トールズ, アンドリュー
　国アメリカ　野球選手
Tolga, Zengin　トルガ・ゼンギン
　国トルコ　サッカー選手
Tolgfors, Sten　トリイフォッシュ, ステーン
　国スウェーデン　国防相
Tolin, David F.　トーリン, デヴィット・F.
　著「臨床心理学における科学と疑似科学」北大路書房 2007
Tolinski, Brad　トリンスキー, ブラッド
　著「奇跡」ロッキング・オン 2013
Tolisso, Corentin　トリソ, コランタン
　国フランス　サッカー選手
Toliver, Raymond F.　トリヴァー, レイモンド・F.
　著「不屈の鉄十字エース」学習研究社 2008
Toljan, Jeremy　トリアン, ジェレミー
　国ドイツ　サッカー選手
Tolkacheva, Maria　トルカチェワ, マリア
　国ロシア　新体操選手
Tolkien, Baillie　トールキン, ベイリー
　著「ファーザー・クリスマスサンタ・クロースからの手紙」評論社 2006
Tolkien, Christopher　トールキン, クリストファ
　1924〜　著「終わらざりし物語」河出書房新社 2003
Tolkien, Simon　トールキン, サイモン
　1959〜　著「女被告人」ランダムハウス講談社 2003
Tolkin, Mike　トルキン, マイク
　国アメリカ　ラグビーコーチ
Tolkowsky, Jean Paul　トルコウスキー, ジャン・ポール
　1968〜　国ベルギー　実業家　エクセルコCEO
Toll, Ian W.　トール, イアン
　著「太平洋の試練 ガダルカナルからサイパン陥落まで」文芸春秋 2016
Tol Lah　トル・ロア
　国カンボジア　副首相兼教育スポーツ相
Tolle, Eckhart　トール, エックハルト
　1948〜　著「エックハルト・トールの「子育て」の魔法」徳間書店 2015
Tölle, Rainer　テレ, ライナー
　著「多次元精神医学」岩崎学術出版社 2007
Tolleson, Shawn　トールソン, ショーン
　国アメリカ　野球選手
Tolley, Anne　トリー, アン
　国ニュージーランド　社会開発相兼地方自治相兼子ども問題担当相
Tolley, Justin　トリー, ジャスティン
　著「アニメおさるのジョージ イルカさんありがとう」金の星社 2014
Tolli, Abbas　トッリ, アッバス
　国チャド　社会基盤・設備相　別トッリ, アッバス・マハマト
Tölli, Tapani　トッリ, タパニ

Tollifson, Joan トリフソン、ジョーン
1948〜 著「つかめないもの」 ナチュラルスピリット 2015
Töllinen, Markku トッリネン、マルック
著「フィンランド読解教科書」 経済界 2008
Tollington, Tony トリントン、トニー
著「ブランド資産の会計」 東洋経済新報社 2004
Tollison, Robert D. トリソン、ロバート・D.
著「レントシーキングの経済理論」 勁草書房 2002
Tolliver, Anthony トリバー、アンソニー
国アメリカ バスケットボール選手
Tolliver, Ashur トリバー、アシュア
国アメリカ 野球選手
Tollman, Peter トールマン、ピーター
著「組織が動くシンプルな6つの原則」 ダイヤモンド社 2014
Tolman, Anton O. トルマン、アントン・O.
著「うつ病」 金子書房 2007
Tolman, Marije トルマン、マライヤ
1976〜 著「ちぐはぐソックス」 ディー・ティー・ジャパン c2014
Tolman, Ronald トルマン、ロナルド
1948〜 著「アイランド」 西村書店東京出版編集部 2012
Tolmoff, Kati トルモフ、カティ
国エストニア バドミントン選手
Tolno, Pierrette トルノ、ピエレット
国ギニア 雇用・行政管理相
Tolo, Bréhima トロ、ブレヒマ
国マリ 郵政・先端技術相
Tolofuaivalelei, Falemoe Leiataua トロフアイバレレイ・ファレモエ・レイアタウア
国サモア 女性・地域・社会開発相
Toloi, Rafael トロイ、ラファエウ
国ブラジル サッカー選手
Tolosa, Shagui トロサ・シャゲ
国エチオピア 鉱物相
Tolstaia, Natalia Olegovna トルスタヤ、ナターリヤ
訳トルスタヤ、ナターリヤ・オレゴヴナ 「愛あるところ神あり」 未知谷 2016
Tolstaya, Tatiyana Nikitichna トルスタヤ、タチアナ
1951〜 国ロシア 作家 訳トルスタヤ、タチヤーナ
Tolstenko, Petr トルステンコ、ペトル
国ロシア チャイコフスキー国際コンクール 声楽(男声) 第4位(2007年(第13回))
Tolstoukhov, Anatoliy トルストウホフ、アナトーリ
国ウクライナ 官房長官
Toltz, Steve トルツ、スティーブ
1972〜 国オーストラリア 作家 訳文学 訳トルツ、スティーヴ
Tolušić, Tomislav トルシッチ、トミスラブ
国クロアチア 農相
Tolzer, Andreas テルツァー
国ドイツ 柔道選手
Tolzien, Scott トルジーン、スコット
国アメリカ アメフト選手
Tom, James トム、ジェームス
国キリバス 公共・公益事業相
Tom, Jessica トム、ジェシカ
著「美食と嘘と、ニューヨーク」 河出書房新社 2016
Tom, Peeping トム、ピーピング
ローレンス・オリヴィエ賞 ダンス 作品賞(2015年(第39回)) "32 Rue Vandenbranden"
Tom, Peter トム、ピーター
国ソロモン諸島 女性・青年・児童相
Tom, Teri トム、テリー
著「ストレート・リード」 BABジャパン 2010
Toma, Miguel トマ、ミゲル
国ウルグアイ 大統領府長官
Toma, Miguel Angel トマ、ミゲル・アンヘル
国アルゼンチン 国家情報長官
Toma, Sergiu トマ、セルジュ
国アラブ首長国連邦 柔道選手
Tomada, Carlos トマダ、カルロス
国アルゼンチン 労働・雇用・社会保障相
Tomajczyk, Stephen F. トマイチク、スティーヴン・F.
著「アメリカの対テロ部隊」 並木書房 2002
Tomalin, Claire トマリン、クレア
1933〜 国イギリス 伝記作家, ジャーナリスト 「サンデー・タイムズ」文芸担当エディター
Toman, Michael A. トーマン、マイケル
著「資源環境経済学のフロンティア」 日本評論社 2009
Tomane, Joe トマニ、ジョー
国オーストラリア ラグビー選手
Tomanová, Viera トマノバー、ビエラ
国スロバキア 労働・社会問題・家庭相
Tomar, Narendra Singh トーマル、ナレンドラ・シン
国インド 農村開発相兼農村自治相兼飲料水衛生相 訳トーマー、ナレンドラ・シン
Tomar, Sandeep トマール、サンディープ
国インド レスリング選手
Tomás, August Da Silva トマス、アウグスト・ダシルバ
国アンゴラ 運輸相
Tomas, Jason トマス、ジェイソン
著「捨てられたベッカム」 ぺんぎん書房 2004
Tomaš, Marko トマシュ、マルコ
1978〜 著「オシム」 筑摩書房 2015
Tomas, Yasmany トーマス、ヤスマニ
国キューバ 野球選手
Tomaselli, Keyan G. トマセリ、ケイヤン・G.
著「メディア理論の脱西欧化」 勁草書房 2003
Tomaselli, Paige トマセリ、ペイジ
著「動物工場」 緑風出版 2016
Tomasello, Michael トマセロ、マイケル
1950〜 著「コミュニケーションの起源を探る」 勁草書房 2013
Tomasevicz, Curtis トマセビツ、カーティス
1980〜 国アメリカ ボブスレー選手
Tomaševski, Katarina トマチェフスキー、カタリナ
1953〜2006 国デンマーク 人権問題
Tomashova, Tatyana トマショワ
国ロシア 陸上選手
Tomasi, Dario トマージ、ダリオ
著「カオスの神、園子温」 フィルムアート社 2012
Tomasi, Jacopo トマージ、ヤコポ
1983〜 著「イタリア精神医療への道」 日本評論社 2015
Tomasi, Massimiliano トマシ、マシミリアーノ
1965〜 著「近代詩における擬音語について」 国際日本文化研究センター 2003
Tomasi, Peter J. トマジ、ピーター・J.
訳トマージ、ピーター・J. 著「バットマンアンソロジー」 パイインターナショナル 2014
Tomasko, Robert M. トマスコ、ロバート・M.
著「拡大主義への決別」 バベルプレス 2010
Tomassone, Gian-Michele トマソン、ジャン・ミケル
著「ビジュアル科学大事典」 日経ナショナルジオグラフィック社, 日経BP出版センター(発売) 2009
Tomaszewski, Henryk トマシェフスキ、ヘンリク
1914〜2005 国ポーランド グラフィックデザイナー, イラストレーター ワルシャワ・アカデミー・オブ・ファインアーツ教授
Tomaszewski, Henryk トマシェフスキ、ヘンリク
1919〜2001 国ポーランド 舞踊家, 振付師 ブロツワフ・パントマイム劇場主宰者
Tomatito トマティート
1958〜 国スペイン ギタリスト 本名=フェルナンデス・トーレ、ホセ 訳トマティト
Tomb, David A. トム、デビッド・A.
著「レジデントのための精神医学」 メディカル・サイエンス・インターナショナル 2002
Tombet, Andre トンベ、アンドレ
国スイス 在ジュネーブ国際機関日本政府代表部顧問弁護士, 在ジュネーブ日本国総領事館顧問弁護士
Tombini, Alexandre トンビニ、アレシャンドレ
1963〜 国ブラジル 銀行家, エコノミスト ブラジル中央銀行総裁 本名=Tombini, Alexandre Antônio
Tomblin, Gill トムリン、ジル
著「ダーシー・バッセルが紹介するバレエ名作ストーリー」 文園社 2001
Tome, David トメ、デービッド
国ソロモン諸島 州政府・組織強化相
Tomegah-dogbe, Victoire Sidemeho トメガドグベ、ビクトワール・シドウメオ
国トーゴ 草の根開発・手工業・青年雇用相
Tomei, Manuela トメイ、マヌエラ
著「先住民族の権利」 論創社 2002
Tomei, Marisa トメイ、マリサ
1964〜 国アメリカ 女優

Tomeing, Litokwa　トメイン, リトクワ
　1939～　国マーシャル諸島　政治家　マーシャル諸島大統領
Tomek, Ellen　トメック, エレン
　国アメリカ　ボート選手
Tomenko, Mikola　トメンコ, ミコラ
　国ウクライナ　副首相(社会問題担当)
Tomes, Susan　トムズ, スーザン
　著「静けさの中から」春秋社　2012
Tomescu, Constantina　トメスク, コンスタンティナ
　国ルーマニア　陸上選手
Tomić, Tomislav　トミック, トミスラフ
　著「魔術学入門」金の星社　2007
Tomicevic, Marko　トミチェビッチ, マルコ
　国セルビア　カヌー選手
Tomine, Adrian　トミネ, エイドリアン
　1974～　著「サマーブロンド」国書刊行会　2015
Tomiq, Radojica　トミッチ, ラドイチャ
　国コソボ　少数民族・帰還相
Tomkins, Calvin　トムキンズ, カルヴィン
　1925～　著「優雅な生活が最高の復讐である」新潮社　2004
Tomkins, James　トムキンズ, ジェームズ
　国オーストラリア　ボート選手
Tomkins, James　トムキンズ, ジェームズ
　国イングランド　サッカー選手
Tomlin, Chris　トムリン, クリス
　グラミー賞 最優秀コンテンポラリー・クリスチャン・ミュージックアルバム(2011年(第54回))　"And If Our God Is For Us..."
Tomlin, Jenny　トムリン, ジェニー
　1956～　著「閉ざされた扉の向こうで」バベル・プレス　2011
Tomlin, Josh　トムリン, ジョシュ
　国アメリカ　野球選手
Tomlin, Lily　トムリン, リリー
　1939～　国アメリカ　女優　本名＝Tomlin, Mary Jean
Tomlin, Mike　トムリン, マイク
　国アメリカ　ピッツバーグ・スティーラーズコーチ
Tomlinson, Alan　トムリンソン, アラン
　著「スポーツの世界地図」丸善出版　2012
Tomlinson, Charles　トムリンソン, チャールズ
　1927～2015　国イギリス　詩人　ブリストル大学英文学教授　本名＝Tomlinson, Alfred Charles
Tomlinson, Christopher　トムリンソン
　国イギリス　陸上選手
Tomlinson, Eric　トムリンソン, エリック
　国アメリカ　アメフト選手
Tomlinson, Jane　トムリンソン, ジェーン
　1964～2007　国イギリス　慈善活動家
Tomlinson, Janis A.　トムリンソン, ジャニス・A.
　著「ゴヤとその時代」昭和堂　2002
Tomlinson, John　トムリンソン, ジョン
　ローレンス・オリヴィエ賞 協会特別賞(2007年(第31回))
Tomlinson, Kelby　トムリンソン, ケルビー
　国アメリカ　野球選手
Tomlinson, LaDainian　トムリンソン, ラダニアン
　1979～　国アメリカ　元アメフト選手
Tomlinson, Laken　トムリンソン, レイケン
　国アメリカ　アメフト選手
Tomlinson, Louis　トムリンソン, ルイ
　1991～　国イギリス　歌手
Tomlinson, Patrick　トムリンソン, パトリック
　1962～　著「虐待を受けた子どもの愛着とトラウマの治療的ケア」福村出版　2013
Tomlinson, Paul　トムリンソン, ポール
　著「効果的なSEAと事例分析」環境省　2003
Tomlinson, Raymond　トムリンソン, レイモンド
　1941～2016　国アメリカ　技術者　通称＝トムリンソン, レイ〈Tomlinson, Ray〉
Tomlinson, Sally　トムリンソン, S.
　著「ポスト福祉社会の教育」学文社　2005
Tommasone, Cyril　トマゾン, シリル
　国フランス　体操選手　国トマゾン
Tomoda, Kiichiro　トモダ, キイチロウ
　著「山中iPS細胞・ノーベル賞受賞論文を読もう」一灯舎, オーム社(発売)　2012
Tomori, Fikayo　トモリ, フィカヨ
　国イングランド　サッカー選手
Tomovic, Nenad　トモヴィッチ, ネナド
　国セルビア　サッカー選手
Tomovska, Marta Arsovska　トモフスカ, マルタ・アルソフスカ
　国マケドニア　情報社会・行政相
Tompert, Ann　トムパート, アン
　著「こぎつねせかいのはてへゆく」童話館出版　2002
Tompkins, Chuck　トンプキンス, チャック
　著「シャチのシャムー、人づきあいを教える」早川書房　2002
Tompkins, Dave　トンプキンス, デイヴ
　著「エレクトロ・ヴォイス」Pヴァイン・ブックス, スペースシャワーネットワーク(発売)　2012
Tompkins, Douglas　トンプキンス, ダグラス
　1943～2015　国アメリカ　実業家　ノース・フェイス創業者
Tompkins, Douglas R.　トンプキンス, ダグラス・R.
　著「動物工場」緑風出版　2016
Tompkins, Heelan　トムキンス
　国ニュージーランド　馬術選手
Tompkins, Peter　トムプキンス, ピーター
　1919～　著「土壌の神秘」春秋社　2005
Tompkins, Ptolemy　トンプキンス, トレミー
　著「マップ・オブ・ヘヴン」早川書房　2015
Tompson, Amanda　トンプソン, アマンダ
　著「日本人のための医学英語論文執筆ガイド」医学書院　2008
Tompson, Ken　トンプソン, ケン
　著「自然から学ぶトンプソン博士の英国流ガーデニング」バベルプレス　2008
Toms, David　トムズ, デービッド
　1967～　国アメリカ　プロゴルファー　本名＝Toms, David Wayne　国トムズ, デビッド
Tomscoll, Tommy　トムスコル, トミー
　国パプアニューギニア　農業畜産相
Tomsen, Mai-Lan　トムスン, メイ＝ラン
　著「キラーコンテンツ」ピアソン・エデュケーション　2002
Tomuriesa, Douglas　トムリエサ, ダグラス
　国パプアニューギニア　森林相
Ton, Svatoslav　トン
　国チェコ　陸上選手
Tonai, Minoru　トウナイ, ミノル
　国アメリカ　アマチ戦時強制収容所歴史協会会長, ターミナルアイランダーズ会長, 元・日米文化会館理事長, 元・全米日系博物館理事, 元・日系朝鮮戦争退役軍人団会長
Tonani, Dario　トナーニ, ダリオ
　1959～　国イタリア　SF作家, ジャーナリスト
Tonato, José Didier　トナト, ジョゼ・ディディエ
　国ベナン　生活環境・持続的開発相
Tonda, Patrice　トンダ, パトリス
　国ガボン　貿易・産業振興相
Tondo, Clovis L.　トンド, クロビス・L.
　著「C++Primerアンサーブック」アスキー　2002
Tonela, Ernesto Max Elias　トネラ, エルネスト・マックス・エリアス
　国モザンビーク　商工相
Tonelli, Gilles　トネリ, ジル
　国モナコ　外相
Tonelli, Lorenzo　トネッリ, ロレンツォ
　国イタリア　サッカー選手
Tonello, Michael　トネロ, マイケル
　著「おうちにバーキンを連れてって」ソフトバンククリエイティブ　2009
Toner, Brenda B.　トナー, ブレンダ・B.
　著「過敏性腸症候群の認知行動療法」星和書店　2011
Toner, Cole　トナー, コール
　国アメリカ　アメフト選手
Toner, Devin　トナー, デヴィン
　国アイルランド　ラグビー選手
Toner, Jacqueline B.　トーナー, ジャクリーン・B.
　著「子どもの認知行動療法」明石書店　2016
Toner, Jerry　トナー, ジェリー
　著「奴隷のしつけ方」太田出版　2015
Tonev, Aleksandar　トネフ, アレクサンダル
　国ブルガリア　サッカー選手
Tong, Anote　トン, アノテ
　1952～　国キリバス　政治家　キリバス大統領・外相
Tong, Jian　トン・ジャン
　1979～　国中国　元フィギュアスケート選手　漢字名＝佟健
Tong, Jinquan　トン・ジンチュエン

Tong, Jong-ho　トン、ジョンホ
　国中国　実業家　漢字名＝童錦泉
Tong, Jong-ho　トン、ジョンホ
　国北朝鮮　建設建材工業相　漢字名＝董正浩
Tong, Richard　トング、リチャード
　1961～　著「マーケティング・プレイブック」東洋経済新報社 2009
Tong, Wen　トン、ウェン
　1983～　国中国　柔道選手　漢字名＝佟文
Tongai, Bauro　トンガイ、バウロ
　国キリバス　労働・人的資源開発相
Tonga'uiha, Soane　トンガウイハ、ソアネ
　国トンガ　ラグビー選手
Tongavelo, Athanase　トンガベロ、アタナズ
　国マダガスカル　高等教育・科学研究相
Tonge, gary　タン、ゲイリー
　著「SFファンタジーを描く100のイラスト上達テクニック」ボーンデジタル 2012
Tonge, Robert　トン、ロバート
　国ドミニカ共和国　観光・都市再開発相
Toni, Loujaya　トニ、ロウジャヤ
　国パプアニューギニア　宗教・青年・地方開発相
Toni, Luca　トニ、ルカ
　1977～　国イタリア　サッカー選手　異トーニ、ルーカ／トーニ、ルカ
Toni Dovale　トニ・ドバレ
　国スペイン　サッカー選手
Tõnisson, Liina　トゥニッソン、リーナ
　国エストニア　経済相兼運輸・通信相
Tonita, Ovidiu　トニツァ、オビディウ
　国ルーマニア　ラグビー選手
Tonkin, Michael　トンキン、マイケル
　国アメリカ　野球選手
Tonne, Tore　トンネ、トーレ
　国ノルウェー　保健相
Tononi, Giulio　トノーニ、ジュリオ
　著「意識はいつ生まれるのか」亜紀書房 2015
Tono Ramirez　トーニョ・ラミレス
　国スペイン　サッカー選手
Tontowi Ahmad　アーマド
　国インドネシア　バドミントン選手
Tony McQuay　トニー・マクウェイ
　国アメリカ　陸上選手
Tony Tan Cacktiong　トニー・タン・カクチョン
　1953～　国フィリピン　実業家　ジョリビー・フーズ創業者　本名＝漢字名＝陳覚中　異トニー・タン・カクティオン
Too, Lillian　トゥー、リリアン
　著「リリアン・トゥーのモダン風水」オクターブ 2010
al-Toobi, Mohammed bin Salim bin Said　トゥービ、ムハンマド・ビン・サリム・ビン・サイド
　国オマーン　環境・気候問題相
Toobin, Jeffrey　トゥービン、ジェフリー
　1960～　著「ザ・ナイン」河出書房新社 2013
Toohey, Peter　トゥーヒー、ピーター
　1951～　著「退屈」青土社 2011
Took, Barry　トゥック、バリー
　？～2002　国イギリス　コメディアン、放送作家
Tooker, Marilyn　トゥーカー、マリン
　著「洞窟で見つけた光」福音社、立川三育協会（発売）2009
Toolan, John Aloysius, Jr.　トゥーラン、ジョン・アロイシアス、Jr.
　国アメリカ　元・アメリカ合衆国太平洋海兵隊司令官（中将）、元・在日アメリカ合衆国軍副司令官
Toole, F.X.　トゥール、F.X.
　1930～2002　国アメリカ　スポーツライター　本名＝ボイド、ジェリー
Toomata, Alapati Poese Toomata　トーマタ・アラパティ・ポエセ・トーマタ
　国サモア　教育・スポーツ・文化相
Toomer, Korey　トゥーマー、コリー
　国アメリカ　アメフト選手
Toomey, David M.　トゥーミー、デイヴィッド
　著「ありえない生きもの」白揚社 2015
Toomua, Matt　トゥーモア、マット
　国オーストラリア　ラグビー選手
Toon, John D.　トゥーン、ジョン・D.
　著「サイエンスライティング」地人書館 2013
Toop, David　トゥープ、デイヴィッド

　1949～　著「音の海」水声社 2008
Toops, Diane　トゥープス、ダイアン
　1942～2012　著「タマゴの歴史」原書房 2014
Tootoo, Hunter　トゥトゥ、ハンター
　国カナダ　漁業海洋相兼沿岸警備隊相
T.O.P　トップ
　1987～　国韓国　歌手、俳優　漢字名＝崔勝鉉
Topan, Sani Mohamed　トパン、サニ・モハメド
　国ブルキナファソ　議会対策相
Topchik, Gary S.　トプチック、ゲイリー・S.
　異トプチック、ゲーリー・S.　著「できるマネージャーになる！」ディスカヴァー・トゥエンティワン 2007
Topf, Jonathan　トップフ、ジョナサン
　著「世界の難民の子どもたち」ゆまに書房 2016
Töpfer, Klaus　テプファー、クラウス
　1938～　国ドイツ　政治家　マインツ大学名誉教授　ドイツ建設相、国連環境計画（UNEP）事務局長
Topi, Bamir　トピ、バミル
　1957～　国アルバニア　政治家、生物学者　アルバニア大統領　本名＝Topi, Bamir Myrteza
Topik, Steven　トピック、スティーヴン
　著「グローバル経済の誕生」筑摩書房 2013
Topilin, Maxim A.　トピリン、マクシム・A.
　国ロシア　労働社会保障相
Topilina, Gelena　トピリナ、ゲレーナ
　国ロシア　水泳選手
Topinkova Knapkova, Miroslava　トピンコバクナプコバ、ミロスラバ
　国チェコ　ボート選手
Topolánek, Mirek　トポラーネク、ミレク
　1956～　国チェコ　政治家　チェコ首相
Topou, Una　トゥポウ、ユナ
　国トンガ　元・トンガ珠算教育協会事務局長
Topoyev, Esen　トポエフ、エセン
　国キルギス　国防相
Toppi, Sergio　トッピ、セルジオ
　1932～2012　著「シェヘラザード」小学館集英社プロダクション 2013
Toppin, Ronald　トッピン、ロナルド
　国バルバドス　商業・消費者問題・開発相　異トピン、ロナルド
Topping, Wayne W.　トッピング、ウェイン・W.
　著「ボディワーカーのためのキネシオロジー・マニュアル」ヴォイス 2007
Toprak, Omer　トプラク、エメル
　国トルコ　サッカー選手
Topsch, Wilhelm　トプシュ、ヴィルヘルム
　1941～　著「フランチスカとくまのアントン」日本ライトハウス 2004
Topsell, John　トプセル、ジョン
　著「ドラゴン飼い方育て方」原書房 2008
Topuzian, Manook　トプジャン、マヌーク
　国アルメニア　内閣官房長
Toquero, Gaizka　トケーロ、ガイスカ
　国スペイン　サッカー選手
Tora, Apisai　トラ、アビサイ
　国フィジー　農林水産相
Tora, James　トラ、ジェームス
　国ソロモン諸島　警察・国家安全相　異トラ、ジェームズ
Torabi, Nooruddin　トラビ、ヌルッディン
　国アフガニスタン　司法相
Torabli, Hamid　トラーブリー、ハミード
　1959～　著「フルーツちゃん！」ブルース・インターアクションズ 2006
Toradze, Aleksandr　トラーゼ、アレクサンドル
　国アメリカ　ピアニスト
Toranian, Valérie　トラニアン、ヴァレリー
　1962～　著「女にさよならするために」白水社 2006
Torbert, William R.　トルバート、ビル
　1944～　著「行動探求」英治出版 2016
Torda, Ilona　トルダ、イロナ
　1941～　著「母と仲間と人々と情緒教育」明治図書出版 2005
Torday, Paul　トーディ、ポール
　1946～2013　国イギリス　作家　分フィクション
Torday, Piers　トーデイ、ピアーズ
　ガーディアン児童文学賞（2014年）"The Dark Wild"
Tordjman, Nathalie　トルジュマン、N.

1956〜 ㉖「地球にやさしいひとになる本」晶文社 2004
Torgerson, Carole トーガーソン, C.J.
㉖「ランダム化比較試験(RCT)の設計」日本評論社 2010
Torgerson, David John トーガーソン, D.J.
1960〜 ㉖「ランダム化比較試験(RCT)の設計」日本評論社 2010
Torgoff, Martin トーゴフ, マーティン
㉖「ドラッグ・カルチャー」清流出版 2007
Torgovnik, Jonathan トーゴヴニク, ジョナサン
1969〜 ㉖「ルワンダジェノサイドから生まれて」赤々舎 2010
Torgyán, József トルジャーン, ヨージェフ
㊀ハンガリー 農業・地域開発相
Toribio, César Pina トリビオ, セサル・ピナ
㊀ドミニカ共和国 大統領府相
Toribiong, Johnson トリビオン, ジョンソン
1946〜 ㊀パラオ 政治家, 法律家 パラオ大統領
Toriola, Segun トリオラ, セグン
㊀ナイジェリア 卓球選手
Torkestani, Farahnaz トルケスタニ, ファラフナズ
㊀イラン 副大統領(兼国家青年庁長官)
Torkington, Nathan トーキントン, ネイザン
㉖「Perlクックブック」オライリー・ジャパン, オーム社(発売) 2004
Torkunov, Anatoliĭ Vasil'evich トルクノフ, アナトーリー・ワシリエビッチ
1950〜 トルクノフ, A.V. ㉖「現代朝鮮の興亡」明石書店 2013
Torlopova, Nadezda トルロポワ
㊀ロシア ボクシング選手
Tørnaes, Ulla トアネス, ウラ
㊀デンマーク 高等教育・研究相
Tornatore, Giuseppe トルナトーレ, ジュゼッペ
1956〜 ㊀イタリア 映画監督
Törneke, Niklas トールネケ, ニコラス
㉖「関係フレーム理論〈RFT〉をまなぶ」星和書店 2013
Torneo, Erin トーニオ, エリン
㉖「とらわれた二人」岩波書店 2013
Torneus, Michel トルネウス
㊀スウェーデン 陸上選手
Tornquist, Elizabeth M. トーンクィスト, エリザベス・M.
1933〜 ㉖「看護論文を英語で書く」医学書院 2007
Törnqvist, Marit テルンクヴィスト, マリット
1964〜 ㉖「おねえちゃんにあった夜」徳間書店 2015
Toro, Cristian トロ, クリスティアン
㊀スペイン カヌー選手
Torokhtiy, Oleksiy トロフティー, オレクシー
1986〜 ㊀ウクライナ 重量挙げ選手
Toropov, Brandon トロポフ, ブランドン
㉖「世界一わかりやすい世界の宗教」総合法令出版 2003
Torosidis, Vasilis トロシディス, ヴァシリス
㊀ギリシャ サッカー選手
Torpey, John C. トービー, ジョン・C.
1959〜 ㉖「歴史的賠償と「記憶」の解剖」法政大学出版局 2013
Torpey, Pat トービー, パット
1959〜 ㊀アメリカ ロック・ドラマー
Torquemada Cid, Ricard トルケマーダ・シド, リカルド
1971〜 ㉖「グアルディオラの築き上げた究極の集団FCバルセロナは史上最高のサッカーチームと言えるのか」楓書店, サンクチュアリ・パブリッシング(発売) 2012
Torrance, George W. トランス, G.W.
㉖「保健医療の経済的評価」じほう 2003
Torrance, James トランス, ジェームス・B.
1923〜2003 ㉖「三位一体の神と礼拝共同体」一麦出版社 2015
Torrance, Thomas Forsyth トランス, トーマス・F.
1913〜 ㉖「キリストの仲保」キリスト新聞社 2011
Torre, Frank トーリ, フランク
1931〜2014 ㊀アメリカ 野球選手 本名=Torre, Frank Joseph
Torre, Joe トーリ, ジョー
1940〜 ㊀アメリカ 大リーグ監督, 元野球選手 大リーグ機構副会長 ㊗トーレ, ジョー
Torrealba, Francisco トレアルバ, フランシスコ
㊀ベネズエラ 労働・社会保障相
Torreira, Lucas トレイラ, ルーカス
㊀ウルグアイ サッカー選手
Torrejon, Mark トレホン, マルク

㊀スペイン サッカー選手
Torrence, David トーレンス, デービッド
㊀ペルー 陸上選手
Torrence, Phillip D. トーレンス, フィリップ・D.
㉖「プライベート・エクイティ」中央経済社 2011
Torrens, Luis トーレンス, ルイス
㊀ベネズエラ 野球選手
Torrenzano, Richard トレンザーノ, リチャード
㉖「サイバー社会に殺される」ヴィレッジブックス 2012
Torres, Carlos トーレス, カルロス
㊀アメリカ 野球選手
Torres, Carlos Alberto トーレス, カルロス・アルベルト
㉖「21世紀の比較教育学」福村出版 2014
Torres, Dara トーレス, ダラ
1967〜 ㊀アメリカ 元水泳選手 ㊗トーレス
Torres, Diego トーレス, ディエゴ
1972〜 ㉖「モウリーニョvsレアル・マドリー「三年戦争」」ソル・メディア 2014
Torres, El トーレス, エル
㉖「自殺の森」河出書房新社 2014
Torres, Fernando トーレス, フェルナンド
1984〜 ㊀スペイン サッカー選手
Torres, Gleyber トーレス, グレイバー
㊀ベネズエラ 野球選手
Torres, Guillermo トレス, ギジェルモ
㊀ボリビア 鉱物・炭化水素相
Torres, J. トーレス, J.
㉖「ティーン・タイタンズGO!」小学館集英社プロダクション 2016
Torres, Jose トーレス, ホセ
㊀ベネズエラ 野球選手
Torres, Juan Pablo トーレス, フアン・パブロ
1946〜2005 ㊀キューバ トロンボーン奏者
Torres, Lolita トーレス, ロリータ
1930〜2002 ㊀アルゼンチン 歌手, 女優 本名=Torres, Beatriz Mariana
Torres, Luis E. トーレス, ルイス・E.
㉖「プロジェクト・マネジャーが知るべき97のこと」オライリー・ジャパン, オーム社(発売) 2011
Torres, Maria Santos Tebus トレス, マリア・サントス・テブス
㊀サントメ・プリンシペ 計画・財務相
Torres, Mario トレス, マリオ
㊀グアテマラ 教育相
Torrès, Olivier トレス, オリビエ
1967〜 ㉖「ワイン・ウォーズ:モンダヴィ事件」関西大学出版部 2009
Torres, Oscar Orlando トレス, オスカー・O.
1971〜 ㉖「イノセント・ボイス」竹書房 2006
Torres, Ramon トレス, ラモン
㊀ドミニカ共和国 野球選手
Torres, Robin Diller トレス, R.D.
㉖「コミュニティ心理学」ミネルヴァ書房 2005
Torres, Rodolfo Marco トレス, ロドルフォ・マルコ
㊀ベネズエラ 食糧相
Torres, Rosa トレス, ロサ
㊀エクアドル 教育相
Torres, Tico トーレス, ティコ
1953〜 ㊀アメリカ ロック・ドラマー
Torres, Xavier トラス, シャビエー
1968〜 ㉖「Barca」経済界 2011
Torres-Arpi, Magdalena E. トーレス=アルピ, マグダレナ・E.
㉖「永遠の愛の歌」イー・ピックス出版 2012
Torres Briones, Alba Luz トレス・ブリオネス, アルバ・ルス
㊀ニカラグア 労相
Torres Falcó, Jordi トーレスファルコ, ジョルディ
㊀アンドラ 国土相
Torres Obleas, Jorge トレス・オブレアス, ホルヘ
㊀ボリビア 経済開発相
Torrey, Edwin Fuller トーリー, E.フラー
1937〜 ㉖「統合失調症がよくわかる本」日本評論社 2007
Torreyes, Ronald トーレアイズ, ロナルド
㊀ベネズエラ 野球選手
Torrico Rojas, Celima トリコ・ロハス, セリマ
㊀ボリビア 法相
Torriente, Idel トリエンテ

㊨キューバ　ボクシング選手
Torrijos, Martin　トリホス, マルティン
1963〜　㊨パナマ　政治家　パナマ民主革命党（PRD）書記長　パナマ大統領　本名＝Torrijos Espino, Martin
Torroja, Eduardo　トロハ, エドゥアルド
㊗「エドゥアルド・トロハの構造デザイン」相模書房　2002
Torseter, Oyvind　トールシェーテル, オイヴィン
1972〜　㊗「穴」ワールドライブラリー　c2014
Torstensson, Åsa　トシュテンソン, オーサ
㊨スウェーデン　通信担当相
Tort, Patrick　トール, パトリック
㊗「ダーウィン」創元社　2001
Tortajada, Ana　トルタハーダ, アナ
㊗「ブルカ沈黙の叫び」集英社　2002
Torterolo, Anna　トルテローロ, アンナ
㊗「ファン・ゴッホ」昭文社　2007
Tortora, Gerard J.　トートラ, ジェラルド・J.
㊗「トートラ人体解剖生理学」丸善出版　2014
Tortosa Cabrera, Jesus　トルトーサカブレラ, ヘスス
㊨スペイン　テコンドー選手
Tortu, Christian　トルチュ, クリスチャン
1954〜　㊨フランス　フラワーアーティスト
Torvalds, Linus Benedict　トーバルズ, リーナス
1969〜　プログラマー, ソフトウェアエンジニア　リナックス・ファウンデーションフェロー　㊨トーバルズ, リーヌス／トールバルズ, ライナス／トーヴァルズ, リナス／トルバルズ, リヌス
Tos, M.　トス, ミルコ
㊗「偽薬効果」春秋社　2002
Toscan du Plantier, Daniel　トスカン・デュ・プランティエ, ダニエル
1941〜2003　㊨フランス　映画プロデューサー, 評論家　フランス映画海外普及協会（ユニフランス）会長　㊨トスカン・デュ・プロンチエ, ダニエル
Toscani, Oliviero　トスカーニ, オリビエロ
1942〜　㊨イタリア　写真家, アートディレクター　「カラーズ」編集長　㊨トスカーニ, オリビエーロ
Tosches, Nick　トーシュ, ニック
1949〜　㊗「ダンテの遺稿」早川書房　2003
Toseland, Ronald W.　トーズランド, ロナルド・W.
㊗「グループワーク入門」中央法規出版　2003
Toselli, Leigh　トセリ, リー
㊗「マニキュア＆ペディキュアケア百科」産調出版　2005
Tosendjojo, Don　トセンジョジョ, ドン
㊨スリナム　貿易・産業相
Toshchakov, Igor　トシュチャコフ, イゴール
1961〜　㊗「実践FXトレーディング」パンローリング　2007
Tosi, Piero　トシ, ピエロ
アカデミー賞 名誉賞（第86回（2013年））
Tosic, Dusko　トシッチ, ドゥシュコ
㊨セルビア　サッカー選手
Tosić, Milanka　トーディチ, ミランカ
㊗「写真×プロパガンダ×デザイン」埼玉大学教養学部・文化科学研究科　2010
Tosic, Zoran　トシッチ, ゾラン
㊨セルビア　サッカー選手
Toska, Igli　トスカ, イグリ
㊨アルバニア　公共秩序相
Tosolini, Tiziano　トゾリーニ, ティツィアノ
㊗「日本哲学の国際性」世界思想社　2006
Tossebro, Jan　テッセブロー, ヤン
㊗「インクルージョンの時代」明石書店　2004
Tosta, Sheena　トスタ
㊨アメリカ　陸上選手
Tosul, David　トサル, デービッド
㊨バヌアツ　農業・林業・漁業・バイオセキュリティー相
Tosun, Buse　トスン, ブセ
㊨トルコ　レスリング選手
Toth, Alex　トス, アレックス
1928〜2006　㊨アメリカ　SFコミック作家, アニメ制作者
Toth, Andre De　トス, アンドレ・ド
1913〜2002　㊨アメリカ　映画監督　本名＝Sasvary Farkasvary Tothfalusy Toth Endre Antal Mihaly　㊨ド・トス, アンドレ
Toth, Krisztian　トート, クリスチアン
㊨ハンガリー　柔道選手
Toth, Linda A.　トス, L.A.
㊗「動物実験における人道的エンドポイント」アドスリー, 丸善出版事業部（発売）　2006
Toth, Matej　トート, マテイ
㊨スロバキア　陸上選手
Toth, Matej　トトフ
㊨スロバキア　陸上選手
Toth, Pamela　トス, パメラ
㊗「恋してはいけない人」ハーレクイン　2006
Toth, Tamas　トート
㊨ハンガリー　トライアスロン選手
Toti, Andrew　トティ, アンドルー
1915〜2005　㊨アメリカ　発明家　㊨トティ, アンドリュー
Totka, Sandor　トツカ, サンドル
㊨ハンガリー　カヌー選手
Totleben, John　タトルベン, ジョン
㊗「スワンプシング」小学館集英社プロダクション　2010
Totmianina, Tatiana　トトミアニナ, タチアナ
㊨ロシア　フィギュアスケート選手　㊨トトミアニナ
Totrov, Rustam　トトロフ
㊨ロシア　レスリング選手
Totsky, Konstantin V.　トツキー, コンスタンチン・V.
㊨ロシア　国境警備局長官
Totten, Bill　トッテン, ビル
1941〜　㊗「アングロサクソンは人間を不幸にする」PHP研究所　2003
Totten, Christopher W.　トッテン, クリストファー
㊗「ゲームデザイナーのための空間設計」ボーンデジタル　2015
Totti, Francesco　トッティ, フランチェスコ
1976〜　㊨イタリア　サッカー選手
Tou, Alain Ludovic　トゥ, アラン・リュドビック
㊨ブルキナファソ　雇用・労働・青年相　㊨トゥ, アラン・ロドビック
Tou, Amar　トゥ, アマール
㊨アルジェリア　運輸相　㊨トゥー, アマル
Toua, Dika　トーア
㊨パプアニューギニア　重量挙げ選手　㊨トゥア
Touaboy, Bertrand　トゥアボイ, ベルトラン
㊨中央アフリカ　国営企業・手工業・中小企業促進相
Touadéra, Faustin-Archange　トゥアデラ, フォスタンアルシャンジュ
㊨中央アフリカ　大統領
Toubiana, Serge　トゥビアナ, セルジュ
㊗「フランソワ・トリュフォー」原書房　2006
Touchette, Nancy　トゥーシェット, ナンシー
㊗「チャート式患者とのコミュニケーションのための糖尿病指導マニュアル」メジカルビュー社　2003
Toufiq, Ahmed　トゥフィク, アハメド
㊨モロッコ　宗教財団・イスラム問題相
Touger-Decker, Riva　トゥーガー＝デッカー, リヴァ
㊗「食品・栄養・食事療法事典」産調出版, 産業調査会（発売）　2006
Tough, Paul　タフ, ポール
㊗「成功する子失敗する子」英治出版　2013
Touiti, Ridha　トゥイティ, リダ
㊨チュニジア　貿易・伝統工芸相
Toukan, Khalid　トゥーカン, ハリド
㊨ヨルダン　教育・科学研究相
Toukan, Umayya　トウカン, ウマヤ
㊨ヨルダン　財務相
Toulmin, Camilla　トールミン, カミラ
㊗「土を持続させるアフリカ農民」松香堂書店　2011
Toulmin, Stephen Edelston　トゥールミン, スティーブン
1922〜2009　㊨イギリス　哲学者　南カリフォルニア大学教授　㊨トゥールーミン, スティーヴン
Toulson, Lois　トゥールソン, ロイーズ
㊨イギリス　水泳選手
Toumarkin, Yakov　トゥマルキン
㊨イスラエル　競泳選手
Toumi, Khalida　トゥミ, ハリダ
㊨アルジェリア　文化相
Toungara, Adama　トゥンガラ, アダマ
㊨コートジボワール　石油・エネルギー相
Toungouvara, Marie Joseph Songomali　トゥングバラ, マリー・ジョセフ・ソンゴマリ
㊨中央アフリカ　文化相
Toungui, Paul　トゥンギ, ポール
㊨ガボン　外相

Tounkara, Fatoumata　トゥンカラ, ファトゥマタ
[国]ギニア　労働・公務相
Tounkara, Makan　トゥンカラ, マカン
[国]マリ　エネルギー・水利相
Tounkara, Mamadou　トゥンカラ, ママドゥ
[国]スペイン　サッカー選手
Toupane, Axel　トゥーパン, アクセル
[国]フランス　バスケットボール選手
Toups, Wayne　トゥープス, ウェイン
グラミー賞 最優秀リージョナル・ルーツ・ミュージック・アルバム（2012年（第55回））　"The Band Courtbouillon"
Touq, Muhyddine　トゥク, ムヒディン
[国]ヨルダン　首相府担当国務相
Touqan, Khalid　トゥーカン, ハリド
[国]ヨルダン　教育相　[異]トゥカン, ハリド
Tour, Geneviève　トゥール, ジェヌヴィエーヴ
[著]「超高級ブランドに学ぶ感動接客」 日本経済新聞出版社　2008
Touraine, Alain　トゥーレーヌ, アラン
1925～　[国]フランス　社会学者　フランス社会科学高等研究院研究主任　[専]労働・社会運動　本名＝Touraine, Alain Louis Jules François　[異]トゥレーヌ, アラン
Touraine, Marisol　トゥーレーヌ, マリソル
[国]フランス　社会問題・保健相
Touray, Alhaji Yankuba　トゥーレ, アルハジ・ヤンクバ
[国]ガンビア　観光・文化相
Touray, Kebba　トゥーレ, ケバ
[国]ガンビア　財務・経済相
Touray, Omar　トゥレ, オマル
[国]ガンビア　外相
Touray, Yankouba　トゥレ, ヤンクバ
[国]ガンビア　漁業天然資源相　[異]トゥレイ, ヤンクーバ
Touré　トゥーレ
[著]「ゾエトロープ」 角川書店　2003
Toure, Ali Farka　トゥーレ, アリ・ファルカ
1939～2006　[国]マリ　ギタリスト
Toure, Almamy　トゥーレ, アルマミ
[国]マリ　サッカー選手
Touré, Amadou Toumani　トゥーレ, アマドゥ・トゥマニ
1948～　[国]マリ　政治家, 軍人　マリ大統領　[異]トーレ, アマドゥ・トゥマニ / トゥーレ, アマドゥ
Touré, Aminata　トゥーレ, アミナタ
[国]セネガル　法相
Touré, Bassari　トゥーレ, バサリ
[国]マリ　経済・財務相
Touré, Boubacar Sidiki　トゥーレ, ブバカール・シディキ
[国]マリ　国有財産・住宅相
Toure, Fodeba　トゥーレ, フォデバ
[国]ギニア　青年・スポーツ・青年雇用相
Toure, Gaoussou　トゥーレ, ガウス
[国]コートジボワール　運輸相
Toure, Ibrahima Sory　トゥレ, イブライマ・ソリ
[国]ギニア　漁業・養殖相
Toure, Ibrahim Oumar　トゥーレ, イブラヒム・ウマル
[国]マリ　保健相
Toure, Mahamane Elhadji Bania　トゥーレ, モハマン・エルハッジ・バニア
[国]マリ　駐日特命全権大使
Toure, Ndiawar　トゥレ, ヌジャワル
[国]セネガル　観光相
Toure, Oumar Ibrahima　トゥーレ, ウマル・イブラヒマ
[国]マリ　畜産・漁業相　[異]トゥーレ, ウマル・イブラヒム
Toure, Sanoussi　トゥーレ, サヌシ
[国]マリ　経済・財務相
Touré, Saramady　トゥーレ, サラマディ
[国]ギニア　環境・水・森林相
Toure, Sidi Tiémoko　トゥーレ, シディ・ティエモコ
[国]コートジボワール　青年支援・青年雇用担当大統領府相
Toure, Yaya　トゥーレ, ヤヤ
[国]コートジボワール　サッカー選手
Tourinho, Rodolfo　トウリニョ, ロドウフォ
[国]ブラジル　鉱業エネルギー相
Tourjman, Muhammad Ramez　タルジャマン, ムハンマド・ラミズ
[国]シリア　情報相
Tourky, Loudy　トゥアキー
[国]オーストラリア　飛び込み選手
Tournant, Arnaud　トゥルナン
[国]フランス　自転車選手
Tourné, Daisy　トゥルネ, デイジ
[国]ウルグアイ　内相
Tournier, Jacques　トゥルニェ, ジャック
1922～　[著]「モーツァルトの息子」 春風社　2010
Tournier, Michel　トゥルニエ, ミシェル
1924～2016　[国]フランス　作家　[異]トゥルニエ, ミッシェル
Tourun Bulow-Hube, Vivianna　トールン・ビューロ・ヒューベ, ヴィヴィアンナ
1927～2004　銀工芸家　ジョージ・ジェンセン・デザイナー
Tousart, Lucas　トゥザール, リュカ
[国]フランス　サッカー選手
Tousouzova, Anna　ツッソーバ, アンナ
1937～　[異]ツスソウバ, アンナ　[著]「おじいさんのき」 学習研究社 〔2005〕
Toussaint, Allen　トゥーサン, アラン
1938～2015　[国]アメリカ　ミュージシャン, 音楽プロデューサー
Toussaint, Eric　トゥーサン, エリック
[著]「世界銀行」 柘植書房新社　2013
Toussaint, Fitzgerald　トゥサント, フィッツジェラルド
[国]アメリカ　アメフト選手
Toussaint, Jean-Paul　トゥサン, ジャンポール
[国]ハイチ共和国　公共事業・運輸・通信相
Toussaint, Jean-Philippe　トゥーサン, ジャン・フィリップ
1957～　[国]フランス　作家, 映画監督
Toussaint, John　トゥーサン, ジョン
[国]ドミニカ共和国　保健・社会保障相
Toussaint-Samat, Maguelonne　トゥーサン＝サマ, マグロンヌ
1926～　[著]「フランス料理の歴史」 原書房　2011
Touvay, Monique　トゥヴェ, モニク
1942～　[著]「もうすこしまってくれたら…」 アシェット婦人画報社　2006
Touyz, Stephen W.　トイズ, スティーヴン・W.
[著]「摂食障害」 金剛出版　2011
Touzaint, Nicolas　トゥザン
[国]フランス　馬術選手
Tóvar, Roberto　トバル, ロベルト
[国]コスタリカ　外相兼宗教相
Tové, Jean-Lucien Savi de　トベ, ジャンルシアン・サビ・ド
[国]トーゴ　商工相
Tovey, Bramwell　トーヴィ, ブラムウェル
グラミー賞 最優秀クラシック器楽独奏（オーケストラつき）（2007年（第50回））　"Barber / Korngold / Walton: Violin Concertos"
Tovmasyan, Hrair　トブマシャン, ライル
[国]アルメニア　法相
Tovosia, Bradley　トブシア, ブラッドリー
[国]ソロモン諸島　環境保全・気象相
Tower, Joan　タワー, ジョアン
グラミー賞 最優秀現代音楽作曲（2007年（第50回））　"Made In America"
Tower, S.D.　タワー, S.D.
1945～　[著]「レイル」 ソニー・マガジンズ　2004
Tower, Wells　タワー, ウェルズ
1973～　[国]カナダ　作家　[専]文学
Towers, Harry Alan　タワーズ, ハリー・アラン
1920～2009　[国]イギリス　映画プロデューサー, 脚本家　別名＝ウェルベック, ピーター
Towle, Philip　トウル, フィリップ
1945～　[著]「戦争の記憶と捕虜問題」 東京大学出版会　2003
Town, Phil　タウン, フィル
[著]「週15分の株式投資で大金持ちになる！」 アスペクト　2006
Towne, Roger　タウン, ロジャー
[著]「リクルート」 角川書店　2003
Townend, Tom　タウネンド, トム
MTVアワード 最優秀撮影（第28回（2011年））　"Rolling in the Deep"
Towner, Elizabeth　タウナー, エリザベス
[著]「ビジュアル1001の出来事でわかる世界史」 日経ナショナルジオグラフィック社, 日経BPマーケティング（発売）　2012
Townes, Charles Hard　タウンズ, チャールズ
1915～2015　[国]アメリカ　物理学者　カリフォルニア大学名誉教授　[専]量子エレクトロニクス, メーザー, レーザーの研究　[異]タウンズ, チャールズ・H.

T

Townley, Gemma タウンリー, ジェンマ
[著]「ローマのあぶない休日」 文芸春秋 2004
Townley, Rod タウンリー, ロデリック
1942～ [著]「記憶の国の王女」 徳間書店 2002
Towns, Karl-Anthony タウンズ, カール・アンソニー
[国]アメリカ バスケットボール選手
Townsend, Andros タウンゼント, アンドロス
[国]イングランド サッカー選手
Townsend, Colin R. タウンゼンド, コリン
[著]「生態学」 京都大学学術出版会 2013
Townsend, Darian タウンゼント
[国]南アフリカ 競泳選手
Townsend, Elizabeth A. タウンゼント, エリザベス
1945～ [著]「作業療法の視点」 大学教育出版 2011
Townsend, Greg タウンゼント, グレッグ
[国]アメリカ アメフト選手
Townsend, Heather タウンゼンド, ヘザー
[著]「ビジネスネットワーキング」 ピアソン桐原 2012
Townsend, Henry James タウンゼンド, アンリ・ジェームス
グラミー賞 最優秀トラディショナル・ブルース・アルバム (2007年 (第50回)) "Last Of The Great Mississippi Delta Bluesmen: Live In Dallas"
Townsend, John タウンゼンド, ジョン
1955～ [著]「科学者たちの挑戦」 ゆまに書房 2013
Townsend, John Rowe タウンゼンド, ジョン・ロウ
1922～2014 [国]イギリス 児童文学作家 [異]タウンゼンド, ジョン・ロー
Townsend, John Sims タウンゼント, ジョン・S.
1952～ [著]「クラウド&タウンゼント博士の二人がひとつとなるために」 あめんどう 2013
Townsend, Kevin タウンゼンド, ケヴィン
[著]「Bluetooth Low Energyをはじめよう」 オライリー・ジャパン, オーム社 (発売) 2015
Townsend, Lindsay タウンゼンド, リンゼイ
1960～ [著]「スカルピア」 講談社 2002
Townsend, Patricia K. タウンゼンド, パトリシア・K.
1941～ [著]「環境人類学を学ぶ人のために」 世界思想社 2004
Townsend, Peter David タウンゼント, P.D.
[著]「イオン注入の光学的効果」 吉岡書店 2004
Townsend, Richard F. タウンゼント, リチャード・F.
[著]「「図説」アステカ文明」 創元社 2004
Townsend, Sam タウンズエンド, サム
[国]イギリス ボート選手
Townsend, Sue タウンゼンド, スー
1946～2014 [国]イギリス 作家 本名=Townsend, Susan Lilian
Townshend, Charles タウンゼンド, チャールズ
[著]「1冊でわかるテロリズム」 岩波書店 2003
Townshend, Pete タウンゼント, ピート
1945～ [国]イギリス ロック・ギタリスト 本名=タウンゼント, ピーター・デニス・ブランフォード〈Townshend, Peter Dennis Blandford〉 [異]タウンゼンド, ピート
Townshend, Steve タウンゼンド, スティーヴ
[著]「プレイヤーズ・オプション : 妖精郷の勇者」 ホビージャパン 2012
Toxen, Bob トクセン, ボブ
[著]「Linuxセキュリティ全書」 ピアソン・エデュケーション 2002
Toyad, Leo Michael トヤド, レオ・マイケル
[国]マレーシア 観光相
Toychiyev, Hojamuhammet トイチエエフ, ホジャムハメット
[国]トルクメニスタン 重量挙げ選手
Toye, J.F.J. トーイ, ジョン
[著]「開発のディレンマ」 同文舘出版 2005
Toye, Nigel トーイ, ナイジェル
[著]「グローバル・ティーチャーの理論と実践」 明石書店 2011
Toylyev, Sapardurdy トイルイエフ, サパルドゥルディ
[国]トルクメニスタン 副首相 [異]トイルイエフ, サパルドゥルドイ
Toynbee, Jason トインビー, ジェイソン
1953～ [異]トインビー, ジェイスン [著]「ポピュラー・ミュージック・スタディズ」 音楽之友社 2005
Toynbee, Philip トインビー, フィリップ
[著]「ロンドンで本を読む」 マガジンハウス 2001
Toynbee, Polly トインビー, ポリー
1946～ [著]「中流社会を捨てた国」 東洋経済新報社 2009
Toyne, Brian トイン, ブライアン
[著]「社会経営学の視座」 文真堂 2004
Toyne, Simon トイン, サイモン
1968～ [国]イギリス 作家, テレビプロデューサー [専]ミステリー, スリラー
Toyotoshi, Naoyuki トヨトシ, ナオユキ
[国]パラグアイ 駐日特命全権大使
Tozaka, Milner トザカ, ミルナー
[国]ソロモン諸島 外務・貿易相
Tozian, Gregory トジアン, グレゴリー
[著]「THE ALOHA SHIRT」 デザインエクスチェンジ, ビー・エヌ・エヌ新社 (発売) 2003
Tozik, Anatoly A. トジク, アナトリー・A.
[国]ベラルーシ 副首相
Tozoun, Kokou Biossey トズゥン, コク・ビオッセイ
[国]トーゴ 法相
Tozzi, Giorgio トッツィ, ジョルジョ
1923～2011 [国]アメリカ バス歌手 別名=トッツィ, ジョージ〈Tozzi, George〉
Tozzo, Andrea トッツォ, アンドレア
[国]イタリア サッカー選手
Tozzo, Pepe トッツォ, ペペ
[著]「コレクタブル・テクノロジー」 トランスワールドジャパン 2006
Tozzoli, Guy F. トゾーリ, ガイ
1922～2013 [国]アメリカ ニューヨークの世界貿易センタービル建設責任者 世界貿易センター連合 (WTCA) 初代総裁
T-Pain T－ペイン
[国]アメリカ グラミー賞 最優秀R&Bヴォーカル・デュオ, グループ (2009年 (第52回)) ほか
T-pole, Hale ティーポレ, ハレ
[国]トンガ ラグビー選手
Tra, Pham Van チャー, ファム・バン
[国]ベトナム 国防相 [異]チャー, ファン・バン
Traa, Kari トロー
[国]ノルウェー フリースタイルスキー選手
Trabant, Jurgen トラバント, ユルゲン
[著]「フンボルトの言語思想」 平凡社 2001
Trabelsi, Mohamed トラベルシ, モハメド
[国]チュニジア 社会問題相
Tracey, Doreen トレイシー, ドリーン
[著]「ポール・オースターが朗読するナショナル・ストーリー・プロジェクト」 アルク 2006
Tracey, Karina トレーシー, カリーナ
[著]「絶え間なき交信の時代」 NTT出版 2003
Tracey, Monica W. トレーシー, モニカ・W.
[著]「インストラクショナルデザインとテクノロジ」 北大路書房 2013
Tracey, Ristananna トレーシー, リスタナンナ
[国]ジャマイカ 陸上選手
Trachtenberg, Robert トラクテンバーグ, ロバート
エミー賞 プライムタイム・エミー賞 最優秀監督賞 (ノンフィクション番組) (第65回 (2013年)) "American Masters"
Tracy, Brian トレイシー, ブライアン
1944～ [著]「大切なことだけやりなさい」 ディスカヴァー・トゥエンティワン 2016
Tracy, Diane トレイシー, ダイアン
[異]トレーシー, ダイアン [著]「明日から仕事が絶対好きになる7つのルール」 ベストセラーズ 2003
Tracy, Jack W. トレイシー, ジャック
1945～ [著]「シャーロック・ホームズ大百科事典」 河出書房新社 2002
Tracy, John A. トレーシー, ジョン・A.
[著]「MBA入門ファイナンス」 日本経済新聞社 2005
Tracy, Kristina トレーシー, クリスティーナ
[著]「きっと元気がでる10の方法」 PHP研究所 2007
Tracy, Marilyn トレイシー, マリリン
[著]「光と闇のウエディング」 ハーレクイン 2004
Tracy, Mary Fran トレーシー, メアリ・フラン
[著]「ケアのなかの癒し」 看護の科学社 2016
Tracy, Moira トレイシー, モイラ
[著]「刷新してほしい患者移動の技術」 日本看護協会出版会 2003
Tracy, Pat トレイシー, パット
[著]「夢のライブラリー」 ハーレクイン 2001
Tracy, Paul トレーシー, ポール
1968～ [国]カナダ レーシングドライバー [異]トレイシー, ポール
Tracy, P.J. トレイシー, P.J.
[専]ミステリー, スリラー

Tracz, Will　トレイツ, ウィル
　著「ソフトウェア再利用の神話」ピアソン・エデュケーション 2001
Traeger, Jörg　トレーガー, イエルク
　1942〜2005　著「ルンゲ『ヒュルゼンベック家の子どもたち』」三元社 2003
Träff, Åsa　トレフ, オーサ
　1970〜　著「心理療法士ペリマンの孤独」早川書房 2016
Trafford, Jeremy　トラフォード, ジェレミー
　著「オフィーリア」白水社 2004
Trager, James C.　トレーガー, ジェームズ・C
　1952〜　著「環境と生態」朝倉書店 2007
Trahms, Creistine M.　トラムズ, クリスティン・M.
　著「食品・栄養・食事療法事典」産調出版, 産業調査会 (発売) 2006
Traikov, Traicho　トライコフ, トライチョ
　国ブルガリア　経済・エネルギー・観光相
Trail, Lynden　トレイル, リンデン
　国アメリカ　アメフト選手
Trailer, Barry　トレイラー, バリー
　著「営業チームの強化法」ダイヤモンド社 2007
Traimond, Jean-Manuel　トレモン, ジャン=マニュエル
　著「69 秘められたエロス」パイインターナショナル 2010
Train, John　トレイン, ジョン
　著「マネーマスターズ列伝」日本経済新聞社 2001
Train, Michel　トラン, ミシェル
　著「デザインパターンと契約」ピアソン・エデュケーション 2001
Traini, Agostino　トライーニ, アゴスティーノ
　著「かたつむりタクシーそろりごう」大日本絵画 〔2009〕
Trainor, Conor　トレイナー, コナー
　国カナダ　ラグビー選手
Trairong, Suwannakhiri　トライロン・スワンナキリ
　国タイ　副首相
Trajdos, Martyna　トライドス, マルティナ
　国ドイツ　柔道選手
Trajkovic, Milan　トライコビッチ, ミラン
　国キプロス　陸上選手
Trajkovski, Aleksandar　トライコフスキ, アレクサンダル
　国マケドニア　サッカー選手
Trajkovski, Boris　トライコフスキ, ボリス
　1956〜2004　国マケドニア　政治家　マケドニア大統領
Trakas, Sotirios　トラカス
　国ギリシャ　飛び込み選手
Trakh, Maz　トラク, マズ
　国アメリカ　ワシントン・ウィザーズアシスタントコーチ (バスケットボール)
Tram Iv Tek　トラム・イウテック
　国カンボジア　公共事業・運輸相
Trammell, Jeremiah　トレメル, ジェレミア
　著「ホッキョクグマのウィンストン」ランダムハウス講談社 2008
Trammell, Terrence　トラメル
　国アメリカ　陸上選手
Tran, le Quoc Toan　トアン
　国ベトナム　重量挙げ選手
Tran, Mariana　トラン, マリアナ
　著「行動探求」英治出版 2016
Tran, Mervin　トラン, マービン
　1990〜　国カナダ　フィギュアスケート選手
Tran, Quoc Cuong　トラン, クオククオン
　国ベトナム　射撃選手
Tran, Thi Ngoc Truc　トラン
　国ベトナム　テコンドー選手
Tran, Thùy Mai　チャン, トゥイ・マイ
　1954〜　著「天国の風」新潮社 2011
Tran Anh Hung　トラン・アン・ユン
　1962〜　国フランス　映画監督　㊙トラン・アン・ウング / トラン・アン・ユング
Tranchant, Géraldine　トランシャン, ジェラルディンヌ
　著「さわれるまなべるみぢかなどうぶつ」パイインターナショナル 2011
Tran Duc Luong　チャン・ドク・ルオン
　1937〜　国ベトナム　政治家　ベトナム国家主席 (大統領), ベトナム共産党政治局員　㊙チャン・ドゥック・ルオン / チャン・ドゥック・ルオン
Tranh, Huynh Phong　チャイン, フイン・フォン

　国ベトナム　政府監察院長
Trankov, Maxim　トランコフ, マキシム
　1983〜　国ロシア　フィギュアスケート選手　本名=Trankov, Maxim Leonidovich
Tran Le Xuan　チャン・レ・スアン
　1924〜2011　国ベトナム　初代大統領ゴ・ジン・ジェムの実弟ゴ・ジン・ヌー大統領顧問の夫人　通称=マダム・ヌー 〈Madame Nhu〉
Tranly, Guy　トランリー, ギー
　国フランス　元・在カンボジア日本国大使館現地職員, 元・在フランス日本国大使館現地職員
Tran-Nhut　トラン・ニュット
　著「王子の亡霊」集英社 2004
Tran Quang Hai　トラン・クアン・ハイ
　国フランス　民族音楽学者
Tranströmer, Tomas　トランストロンメル, トーマス
　1931〜2015　国スウェーデン　詩人, 心理学者　本名=Tranströmer, Tomas Gösta　㊙トランストレーメル, トマス / トランストレーメル, トゥーマス / トランストレンメル
Tranthi, Thuy　トランティ, トゥイ
　著「プロは語る。」アスペクト 2005
Tran Thi Mai Hoa　トラン・ティ・マイ・ホア
　著「天草諸島の文化交渉学研究」関西大学文化交渉学教育研究拠点 2011
Tran Văn　チャン・ヴァン
　著「後発者の利を活用した持続可能な発展」ビスタピー・エス 2016
Tran Van Giau　チャン・バン・ザウ
　1911〜2010　国ベトナム　革命家, 歴史学者　ハノイ大学教授, ホーチミン市歴史学会会長　㊙チャン・ヴァン・ザウ
Tran Van Tho　トラン・ヴァン・トゥ
　㊙トラン・ヴァン・トウ　著「ASEAN経済新時代と日本」文真堂 2016
Tran Xuan Bach　チャン・スアン・バク
　?〜2006　国ベトナム　政治家　ベトナム共産党政治局員　㊙チャン・ズアン・バク
Traore, Abou-Bakar　トラオレ, アブバカル
　国マリ　鉱山相
Traore, Adama　トラオレ, アダマ
　国スペイン　サッカー選手
Traore, Adama　トラオレ, アダマ
　国マリ　サッカー選手
Traore, Adama　トラオレ, アダマ
　国コートジボワール　サッカー選手
Traore, Adama　トラオレ, アダマ
　国ブルキナファソ　保健相
Traore, Alain　トラオレ, アラン
　国ブルキナファソ　通信相兼政府報道官
Traore, Ayouba　トラオレ
　国マリ　柔道選手
Traore, Bertrand　トラオレ, ベルトラン
　国ブルキナファソ　サッカー選手
Traore, Clémence　トラオレ, クレマンス
　国ブルキナファソ　社会行動・国民連帯相
Traoré, Daouda　トラオレ, ダウダ
　国ブルキナファソ　社会基盤・へき地開発・運輸相
Traoré, Demba　トラオレ, デンバ
　国マリ　在外マリ人・アフリカ統合相
Traoré, Dioncounda　トラオレ, ディオンクンダ
　1942〜　国マリ　政治家　マリ暫定大統領
Traore, Ibrahima　トラオレ, イブラヒマ
　国ギニア　サッカー選手
Traoré, Lacina　トラオレ, ラシナ
　1990〜　国コートジボワール　サッカー選手　㊙トラオーレ, ラシナ
Traoré, Lassana　トラオレ, ラッサナ
　国マリ　外務・国際協力相
Traore, Maharafa　トラオレ, マハラファ
　国マリ　法相
Traore, Mamadou Lamine　トラオレ, ママドゥ・ラミネ
　国マリ　教育相
Traoré, Mamadou Namory　トラオレ, ママドゥ・ナモリ
　国マリ　労働・公務員相
Traore, Mohamed　トラオレ, モハメド
　国ギニア　公共事業相
Traoré, Moussa　トラオレ, ムサ
　1936〜　国マリ　政治家, 軍人　マリ大統領　㊙トラオレ, ムーサ

Traoré, Salif　トラオレ, サリフ
　国マリ　治安・市民保護相
Traoré, Sékou　トラオレ, セク
　国ギニア　計画相
Traore, Seydou　トラオレ, セイドゥ
　国マリ　農相
Traore, Toure Alima　トラオレ, トゥール・アリマ
　国マリ　商工業・運輸相
Traoré, Yacouba　トラオレ, ヤクバ
　国マリ　宗教相
Trapani, Francesco　トラーパニ, フランチェスコ
　1957～　国イタリア　実業家　ブルガリCEO, LVMHウォッチ＆ジュエリー部門社長
Trapani, Gina　トラパニ, ジーナ
　1975～　著「Lifehacker」アスキー　2007
Trapattoni, Giovanni　トラパットーニ, ジョバンニ
　1939～　国イタリア　サッカー指導者, 元サッカー選手　サッカー・イタリア代表監督, サッカー・アイルランド代表監督　旧トラパットーニ, ジョヴァンニ
Trapp, Agathe　トラップ, アガーテ・フォン
　1913～　著「わたしのサウンド・オブ・ミュージック」東洋書林　2004
Trapp, Kevin　トラップ, ケヴィン
　国ドイツ　サッカー選手
Trapp, Robert G.　トラップ, ロバート・G.
　著「医学統計データを読む」メディカル・サイエンス・インターナショナル　2006
Trasch, Christiam　トレーシュ, クリスティアン
　国ドイツ　サッカー選手
Trask, Haunani-Kay　トラスク, ハウナニ＝ケイ
　著「大地にしがみつけ」春風社　2002
Trattler, Bill　トラットラー, ビル
　著「すぐわかるイラスト微生物学」丸善　2007
Trattou, Justin　トラットー, ジャスティン
　国アメリカ　アメフト選手
Traub, Ellis　トラウブ, エリス
　著「初心者がすぐに勝ち組になるテクナメンタル投資法」パンローリング　2005
Trauffler, Gaston　トラウフラー, ガストン
　著「科学経営のための実践的MOT」日経BP社, 日経BP出版センター (発売)　2005
Traugh, Cecelia　トラウ, セシリア
　著「描写レヴューで教師の力量を形成する」ミネルヴァ書房　2002
Traugott, Elizabeth Closs　トラウゴット, エリザベス・C.
　旧トラウゴット, E.C.　著「語彙化と言語変化」九州大学出版会　2009
Traut, Dennis　トラウト, デニス
　著「ペンギンのペンギン」中央公論新社　2003
Trautman, Melissa　トラウトマン, メリッサ・L.
　著「発達障害がある子のための「暗黙のルール」」明石書店　2010
Travascio, Victoria　トラバシオ, ビクトリア
　国アルゼンチン　セーリング選手
Travers, Mary　トラバース, マリー
　1936～2009　国アメリカ　フォーク歌手　本名＝Mary, Ellin Travers
Travers, Paul　トラバース, ポール
　1956～　著「免疫生物学」南江堂　2003
Traverso, Debra Koontz　トラベルソ, デブラ・クーンツ
　著「スモールビジネスマネジメント」翔泳社　2001
Traverso, Enzo　トラヴェルソ, エンツォ
　1957～　著「全体主義」平凡社　2010
Travers-Spencer, Simon　トラバース＝スペンサー, サイモン
　著「すぐに役立つファッションデザインアイデアノート」グラフィック社　2008
Traver Tomás, Vicente　トラベル・トマス, ビセンテ
　著「ベガ・インクラン」行路社　2013
Travieso, Nick　トラビエソ, ニック
　国アメリカ　野球選手
Travis, Cecil Howell　トラビス, セシル
　1913～2006　国アメリカ　野球選手　旧トラヴィス, セシル
Travis, Daryl　トラヴィス, ダリル
　著「ブランド！ブランド！ブランド！」ダイヤモンド社　2003
Travis, Devon　トラビス, デボン
　国アメリカ　野球選手
Travis, Mark W.　トラビス, マーク
　1943～　著「ハリウッドディレクティングバイブル」愛育社　2001

Travis, Randy　トラヴィス, ランディ
　グラミー賞 最優秀カントリー・ヴォーカル・コラボレーション (2009年 (第52回)) ほか
Travis, Ross　トラビス, ロス
　国アメリカ　アメフト選手
Travis, Sam　トラビス, サム
　国アメリカ　野球選手
Travis, Sarah　トラヴィス, サラ
　トニー賞 ミュージカル 編曲賞 (2006年 (第60回))　"Sweeney Todd"
Travis-Bildahl, Sandra　トラヴィス・ビルダール, サンドラ
　1953～　著「合衆国海軍兵学校」かや書房　2004
Travolta, John　トラボルタ, ジョン
　1954～　国アメリカ　俳優　旧トラヴォルタ, ジョン
Trawick, Brynden　トラウィック, ブリンデン
　国アメリカ　アメフト選手
Trawny, Peter　トラヴニー, ペーター
　1964～　著「ハイデガー哲学は反ユダヤ主義か」水声社　2015
Traxler, Hans　トラクスラー, ハンス
　1929～　著「ねこがおおきくなりすぎた」徳間書店　2016
Traxler, Julie　トラクスラー, ジェリー
　著「セキュアなWebアプリケーション開発」ソフトバンクパブリッシング　2002
Traylor, Austin　トレイラー, オースティン
　国アメリカ　アメフト選手
Trazhukova, Inna　トラジュコワ, イナ
　国ロシア　レスリング選手
Treacy, Michael　トレーシー, マイケル
　著「成長し続ける会社」日本経済新聞社　2004
Treacy, Sara Louise　トレーシー
　国アイルランド　陸上選手
Treadaway, Chris　トレダウェイ, クリス
　1974～　著「Facebookマーケティング」アスキー・メディアワークス, 角川グループパブリッシング (発売)　2011
Treadaway, Luke　トレッダウェイ, ルーク
　ローレンス・オリヴィエ賞 ベスト 男優賞 (2013年 (第37回))　"The Curious Incident Of The Dog In The Night-Time"
Treadwell, Laquon　トレッドウェル, ラクオン
　国アメリカ　アメフト選手
Treadwell, Ty　トレッドウェル, タイ
　著「死刑囚最後の晩餐」筑摩書房　2003
Treaster, Joseph B.　トリスター, ジョセフ・B.
　著「ポール・ボルカー」日本経済新聞社　2005
Treasure, Alyxandria　トレジャー, アリクサンドリア
　国カナダ　陸上選手
Treasure, Janet　トレジャー, ジャネット
　1952～　著「動機づけ面接法の適用を拡大する」星和書店　2016
Treasure, Julian　トレジャー, ジュリアン
　1958～　著「サウンド・ビジネス」ヤマハミュージックメディア　2011
Treat, John W.　トリート, ジョン・W.
　1953～　国アメリカ　日本文学研究家　エール大学教授　専日本近代文学, 日本文化論
Treat-Jacobson, Diane　トリート・ジェイコブソン, ダイアン
　著「ケアのなかの癒し」看護の科学社　2016
Treben, Maria　トレーベン, マリア
　著「薬用ハーブの文箱」西村サイエンス, 国立 樹芸書房 (発売)　2001
Treborlang, Robert　トレボーラング, ロバート
　1941～　著「オーストラリア人の禅」大学教育出版　2001
Treboul, Jean-Baptiste　トレブル, ジャン＝バティスト
　著「ヨーロッパの超特急」白水社　2001
Trečiokas, Kęstutis　トレチオカス, ケストゥティス
　国リトアニア　環境相
Tredwell-Owen, Caspian　トレッドウェル・オーウェン, キャスピアン
　著「すべては愛のために」竹書房　2003
Treece, Patricia　トリース, パトリシア
　著「魂の酸素」ドン・ボスコ社　2002
Trefil, James S.　トレフィル, ジェイムズ
　1938～　旧トレフィル, ジェームス・S. / トレフィル, ジェームズ　著「科学力のためにできること」近代科学社　2008
Trefil, Lukas　トレフィル, ルカシュ
　国チェコ　カヌー選手
Treggs, Bryce　トレッグス, ブライス
　国アメリカ　アメフト選手

Tregoe, Benjamin B.　トリゴー、ベンジャミン・B.
　著「経営リーダーシップの技術」生産性出版　2004
Tregybov, Nikita　トレギボフ
　国ロシア　スケルトン選手
Treherne, J.E.　トレハーン、ジョン
　著「ボニー＆クライド」中央アート出版社　2002
Treier, Daniel J.　トライアー、ダニエル・J.
　著「だれもが知りたいキリスト教神学Q&A」教文館　2016
Treimanis, Edzus　トレイマニス、エジュス
　国ラトビア　自転車選手
Treinen, Blake　トライネン、ブレイク
　国アメリカ　野球選手
Trejos, Alberto　トレホス、アルベルト
　国コスタリカ　貿易相
Trejos, Fernando　トレホス、フェルナンド
　国コスタリカ　労働・社会保障相
Trelles, Miguel　トレルス、ミゲル
　1982～　著「一目瞭然！画像でみるMRI撮像法」メディカル・サイエンス・インターナショナル　2015
Treloar, Debi　トレロア、デビ
　著「ハッピーカラー・インテリア」グラフィック社　2014
Tremaglia, Mirko　トレマリャ、ミルコ
　国イタリア　国外在住者相
Tremain, Chris　トレメイン、クリス
　国ニュージーランド　内相兼防災相
Tremain, Rose　トレメイン、ローズ
　1943～　著「道化と王」柏書房　2016
Tremaine, Frank　トリメイン、フランク
　1914～2006　国アメリカ　ジャーナリスト　UPI上級副社長・東京支局長　本名＝トリメイン、フランク・ベンジャミン〈Tremaine, Frank Benjamin〉　別トレメーン、フランク
Tremayne, Peter　トレメイン、ピーター
　1943～　国アイルランド　作家、ケルト学者　本名＝エリス、ピーター・ベレスフォード〈Ellis, Peter Berresford〉
Tremayne, S.K.　トレメイン、S.K.
　1963～　著「氷の双子」小学館　2016
Tremblay, François-Louis　トランブレ、フランソワ・ルイ
　1980～　国カナダ　スピードスケート選手　別トランブレ
Tremblay, Marie-Eve　トランブレイ、マリー＝イブ
　著「めくってはっけん！どうぶつのぎもん」学研教育出版, 学研マーケティング（発売）　2014
Tremmel, Gerhard　トレンメル、ゲルハルト
　国ドイツ　サッカー選手
Trémolières, Francois　トレモリエール、フランソワ
　1959～　著「ラルース図説世界史人物百科」原書房　2005
Tremonti, Giulio　トレモンティ、ジュリオ
　1947～　国イタリア　政治家　イタリア経済財務相
Tremoulinas, Benoit　トレムリナス、ブノワ
　国フランス　サッカー選手
Tremper, Bruce　トレンパー、ブルース
　1953～　著「雪崩リスクマネジメント」山と渓谷社　2004
Trenc, Milan　トレンク、ミラン
　著「夜の博物館」講談社　2007
Trenchard, Hugh (Viscount)　トレンチャード、ヒュー（子爵）
　国イギリス　英日議員連盟副会長、上院議員、元・日本協会共同理事長
Trend, Michael　トレンド、マイケル
　1952～　著「イギリス音楽の復興」旺史社　2003
Trendafilova, Milena　トレンダフィロワ
　国ブルガリア　重量挙げ選手
Trendowicz, Adam　トレンドビッツ、アダム
　著「ゴール＆ストラテジ入門」オーム社　2015
Trénet, Charles　トレネ、シャルル
　1913～2001　国フランス　シャンソン歌手, 作詞家, 作曲家
Trenin, Dmitri　トレーニン、ドミートリー
　1955～　著「ロシア新戦略」作品社　2012
Trennert, Robert A., Jr.　トレナート、ロバート・A.、Jr.
　著「アメリカ先住民アリゾナ・フェニックス・インディアン学校」明石書店　2002
Trent, D.D.　トレント、D.D.
　著「シリーズ環境と地質」古今書院　2003
Trent, John T.　トレント、ジョン
　著「愛のことば」ファミリーネットワーク　2002
Trentham, Laura　トレンサム、ローラ
　著「令嬢の危ない夜」二見書房　2016
Trentmann, Frank　トレントマン、フランク
　1965～　著「フリートレイド・ネイション」NTT出版　2016
Trepper, Terry S.　トラッパー、テリー・S.
　著「解決志向ブリーフセラピーハンドブック」金剛出版　2013
Tresniowski, Alex　トレスニオゥスキ、アレックス
　著「見えない糸」海と月社　2013
Tresnjak, Darko　トレズニャック、ダルコ
　トニー賞　ミュージカル　演出賞（2014年（第68回））"A Gentleman's Guide to Love & Murder"
Trespeuch, Chloe　トレスプシュ
　国フランス　スノーボード選手
Tressler, S.K.　トレスラー、S.K.
　国パキスタン　スポーツ文化相
Trestman, Marc　トレストマン、マーク
　国アメリカ　ボルティモア・レイブンズコーチ
Tréta, Bocary　トレタ、ボカリ
　国マリ　地域開発相
Trethewey, Natasha　トレシューイー、ナターシャ
　国アメリカ　ピュリッツァー賞　文学・音楽　詩（2007年）"Native Guard"
Tretiak, Vladislav　トレチャク
　国ウクライナ　フェンシング選手
Tretiakov, Alexander　トレチャコフ、アレクサンドル
　1985～　国ロシア　スケルトン選手　本名＝Tretiakov, Alexander Vladimirovich
Tretiyakov, Vitalii　トレチャコフ、ヴィタリー
　1953～　国ロシア　ジャーナリスト　「独立新聞」総編集長・総発行人　別トレチャコフ、ビタリー
Tretola, Rich　トレトラ、リック
　著「Adobe AIRクックブック」オライリー・ジャパン, オーム社（発売）　2009
Tretola, Sebastian　トレトーラ、セバスチャン
　国アメリカ　アメフト選手
Trettel, Lidia　トレッテル
　国イタリア　スノーボード選手
Tretter, JC.　トレッター、JC.
　国アメリカ　アメフト選手
Tretyak, Maksym　トレチャク
　国ウクライナ　ボクシング選手
Tretyakov, Sergei Olegovich　トレチャコフ、セルゲイ
　1956～2010　スパイ　ロシア対外情報局（SVR）大佐
Treuer, Paul　トゥルーアー、ポール
　著「子どもが地球を愛するために」人文書院　2012
Trevanian　トレベニアン
　？～2005　国アメリカ　作家　別名＝シアー、ニコラス〈Seare, Nicholas〉　別トレヴェニアン
Trevarthen, Colwyn　トレヴァーセン、コールウィン
　著トレヴァーセン、コルウィン　著「母子臨床の精神力動」岩崎学術出版社　2011
Trevas, Chris　トレヴァス、クリス
　著「スター・ウォーズデス・スター計画」辰巳出版　2015
Trevathan, Danny　トレバサン、ダニー
　国アメリカ　アメフト選手
Trevino, Lee　トレビノ、リー
　1939～　国アメリカ　プロゴルファー　本名＝Trevino, Lee Buck　別トレヴィノ、リー
Treviranus, Ofisa　トレヴィラヌス、オフィサ
　国サモア　ラグビー選手
Trevithick, Pamela　トレビシック、パメラ
　1947～　著「ソーシャルワークスキル」みらい　2008
Trevitt, Corinne　トレヴィット、コリン
　1955～　著「認知症のスピリチュアルケア」新興医学出版社　2010
Trevor, William　トレバー、ウィリアム
　1928～2016　国アイルランド　作家, 劇作家　本名＝コックス、ウィリアム・トレバー〈Cox, Wlliam Trevor〉　別トレヴァー、ウィリアム
Trevor-Roper, Hugh Redwald　トレバー・ローパー、ヒュー
　1914～2003　国イギリス　歴史家　ケンブリッジ大学ピーターハウス校校長, オックスフォード大学教授　称号＝デーカー・オブ・グラントン男爵〈Baron Dacre of Glanton〉　別トレバ・ローパー、ヒュー / トレヴァ・ロウパー、ヒュー / トレバーローパー、ヒュー / トレヴァ・ローパー / トレヴァー・ローパー、ヒュー
Trey, Torsten　トレイ、トルステン
　1967～　著「中国の移植犯罪国家による臓器狩り」自由社　2013
Trez, Alain　トレ、アラン
　1926～　著「ドロシーとまほうのえのぐ」PHP研究所　2014
Trez, Denise　トレ、デニス

1930〜 著「ドロシーとまほうのえのぐ」PHP研究所 2014
Trezeguet, David トレゼゲ, ダヴィド
1977〜 国フランス サッカー選手 別トレゼゲ, ダビッド / トレゼゲ, ダビド
Trezise, Philip Harold トレザイス, フィリップ
1912〜2001 国アメリカ 外交官, エコノミスト 米国国務次官補（経済担当）, ブルッキングス研究所上級研究員 著国際問題
Trezise, Rhona トリーザイズ, ローナ
著「病棟のプリンセス」ハーレクイン 2003
Triaca, Jorge トリアカ, ホルヘ
国アルゼンチン 労働・雇用・社会保障相
Triandis, Harry Charalambos トリアンディス, H.C.
1926〜 著「個人主義と集団主義」北大路書房 2002
Triano, Jay トリアーノ, ジェイ
国アメリカ フェニックス・サンズアシスタントコーチ（バスケットボール）
Trias de Bes, Fernando トリアス・デ・ベス, フェルナンド
著「グッドラック」パンローリング 〔2014〕
Triau, Christophe トリオー, クリストフ
著「演劇学の教科書」国書刊行会 2009
Tribbett, Tye トリベット, タイ
グラミー賞 最優秀ゴスペル楽曲（2013年（第56回））ほか
Tribby, MaryEllen トリビー, メアリ・エレン
著「小さな会社のメディア・ミックス・マーケティング12の方法」ダイレクト出版 2011
Tribe, John トライブ, ジョン
著「観光経営戦略」センゲージラーニング, 同友館（発売） 2007
Tribe, Steve トライブ, スティーヴ
著「シャーロック・クロニクル」早川書房 2014
Trible, Phyllis トリブル, フィリス
著「ハガルとサラ, その子どもたち」日本キリスト教団出版局 2009
Tribouillard, Daniel トリブイヤール, ダニエル
1935〜 国フランス ファッションデザイナー レオナール・グループ会長
Trichet, Jean-Claude トリシェ, ジャン・クロード
1942〜 国フランス 銀行家 ブリューゲル会長 欧州中央銀行（ECB）総裁, フランス中央銀行総裁
Trichet, Pierrette トリシェ, ピエレット
1953〜 国フランス 醸造家 レミーマルタン醸造責任者
Trickett, Libby トリケット
国オーストラリア 競泳選手 別トリケット, リスベス
Tricks, Henry トリックス, ヘンリー
著「日本の未来について話そう」小学館 2011
Trier, Lars von トリアー, ラルス・フォン
1956〜 国デンマーク 映画監督 別トリアー, ラース・フォン / トリエル, ラルス・フォン / フォン・トリアー, ラルス
Trierweiler, Valerie トリユルヴァイレール, ヴァレリー
1965〜 国フランス ジャーナリスト 別トリエルヴェレール, ヴァレリー / トリユルバイレール, バレリー
Triet, Nguyen Minh チェット, グエン・ミン
国ベトナム 国家主席（大統領）
Trieu, Nguyen Quoc チエウ, グエン・クオック
国ベトナム 保健相
Triêu Thi Choí チュウ・シー・チェ
著「ベトナム料理」チャールズ・イー・タトル出版ペリプラス事業部 2002
Trifonas, Peter Pericles トリフォナス, ピーター・P.
1960〜 著「バルトと記号の帝国」岩波書店 2008
Trifoni, Jasmina トリフォーニ, ジャスミーナ
1966〜 著「世界遺産」ポプラ社 2015
Trifonov, Daniil トリフォノフ, ダニール
国ロシア チャイコフスキー国際コンクール ピアノ 第1位, グランプリ（2011年（第14回））ほか
Trigano, Gilbert トリガノ, ジルベール
1920〜2001 国フランス 実業家 地中海クラブ創業者
Trigeorgis, Lenos トゥリジオリス, レノ
著「リアルオプション」エコノミスト社 2001
Trigger, Bruce G. トリッガー, ブルース・G.
1937〜2006 著「考古学的思考の歴史」同成社 2015
Triggs, Andrew トリッグス, アントリュー
国アメリカ 野球選手
Triggs, Teal トリッグス, ティール
著「Type design」ビー・エヌ・エヌ新社 2004
Trigiani, Adriana トリジアーニ, アドリアナ
国アメリカ 作家 著ロマンス, ヤングアダルト

Trigoso Agudo, José Gonzalo トリゴソ・アグド, ホセ・ゴンサロ
国ボリビア 労働・雇用・社会保障相
Triguboff, Harry トリグボフ, ハリー
国オーストラリア メリトンCEO
Trigueros, Jose Luis トリゲロス, ホセ・ルイス
国エルサルバドル 蔵相
Trillin, Calvin トリリン, カルヴィン
著「バースディ・ラブレター」講談社 2006
Trilling, Bernie トリリング, B.
著「21世紀の学習者と教育の4つの次元」北大路書房 2016
Trillini, Giovanna トリリーニ
国イタリア フェンシング選手
Trillo Figueroa y Martínez-Conde, Federico トリリョ・フィゲロア・イ・マルティネス・コンデ, フェデリコ
国スペイン 国防相
Trimble, Chris トリンブル, クリス
著「世界トップ3の経営思想家によるはじめる戦略」大和書房 2014
Trimble, David トリンブル, デービッド
1944〜 国イギリス 政治家 アルスター統一党（UUP）党首, 北アイルランド自治政府首相 別名=Trimble of Lisnagarvey
Trimble, Irene トリンブル, アイリーン
著「ベイマックス」偕成社 2014
Trimble, Melo トリンブル, メロ
国アメリカ バスケットボール選手
Trimmer, Joseph F. トリマー, ジョゼフ・F.
著「MLA英語論文作成ガイド」英光社 2011
Tri Mumpuni トゥリムンプニ
国インドネシア 社会起業家 IBEKA創設者
Trinca, Jasmine トリンカ, ジャスミン
ヴェネチア国際映画祭 マルチェロ・マストロヤンニ賞（第66回（2009年））"Il grande sogno"
Trinca-pasat, Louis トリンカ・パサット, ルイス
国アメリカ アメフト選手
Trindade, José トリンダデ, ジョゼ
著「かしこすぎたサル」新世研 2003
Trindall, Susan トリンダール
国オーストラリア 射撃選手
Trine, Greg トライン, グレッグ
著「ジュディとニックのズートピア警察署事件簿」講談社 2016
Trinh, Thi Minh-Ha トリン, T.ミンハ
1952〜 著「フレイマー・フレイムド」水声社 2016
Trinh Cong Son チン・コン・ソン
1939〜2001 国ベトナム シンガー・ソングライター
Trintignant, Jean-Louis トランティニャン, ジャン・ルイ
1930〜 国フランス 俳優, 映画監督 別トランティニャン, ジャン=ルイ
Trintignant, Marie トランティニャン, マリー
1962〜2003 国フランス 女優
Tripathi, Hridayesh トリパティ, リダヤス
国ネパール 公共事業・交通相 別トリパティ, フリダエシュ
Triple H トリプルH
1969〜 国アメリカ プロレスラー 旧リングネーム=ヘルムスリー, ハンター・ハースト〈Helmsley, Hunter Hearst〉
Triplett, William C., II トリプレット, ウィリアム・C., 2世
著「悪の連結」扶桑社 2004
Tripp, Charles トリップ, チャールズ
著「イラクの歴史」明石書店 2004
Tripp, Jordie トリップ, ジョーディー
国アメリカ アメフト選手
Trippe, William トリップ, ビル
著「デジタル著作権管理」ネクサスインターコム, 星雲社（発売） 2004
Trippi, Peter トリッピ, ピーター
著「J.W.ウォーターハウス」ファイドン 2014
Trippier, Kieran トリッピアー, キーラン
国イングランド サッカー選手
Trissler, Brandon トリスラー, ブランドン
著「グラデュエーションデイ」オデッセイコミュニケーションズ, 英治出版（発売） 2007
Tristem, Ben トリステム, ベン
著「24時間で学ぶ！ Unity5」ボーンデジタル 2016
Tristram, Claire トリストラム, クレア
1958〜 国アメリカ 作家 著文学
Trites, Roberta Seelinger トライツ, R.S.

1962〜 圏トライツ, ロバータ・シーリンガー 著「宇宙をかきみだす」人文書院 2007
Tritscher, Bernhard トリッチャー
　国オーストリア　クロスカントリースキー選手
Trittin, Jürgen トリッティン, ユルゲン
　1954〜　国ドイツ　環境相
Tritton, D.J. トリトン, D.J.
　著「トリトン流体力学」インデックス出版 2002
Tritz, Gerry トリッツ, ジェリー
　著「ハーリー・レイス自伝」エンターブレイン 2006
Trivedi, Kirti トリヴェディ, キルティ
　著「形とシンメトリーの饗宴」森北出版 2003
Trivelli, Carolina トリベリ, カロリナ
　国ペルー　開発・社会包摂相
Triveño Chan Jan, Gladys トリベニョ・チャン・ハン, グラディス
　国ペルー　生産相
Trivers, Robert トリバース, ロバート・L.
　国アメリカ　クラフォード賞 生物学(2007年)
Trivizas, Eugene トリビザス, ユージーン
　著「3びきのかわいいオオカミ」大日本絵画 2005
Triyatno, Triyatno トリヤトノ
　国インドネシア　重量挙げ選手
Trm Iv Tek トラム・イウテック
　国カンボジア　郵政相
Trobisch, Walter トロビッシュ, ワルター
　著「自分自身を愛する」すぐ書房 2004
Trobo, Jaime トロボ, ハイメ
　国ウルグアイ　スポーツ青年相
Trockel, Rosemarie トロッケル, ローズマリー
　国ドイツ　ウルフ賞 芸術部門(絵画)(2011年)
Trocmé, Étienne トロクメ, エティエンヌ
　1924〜2002　著「聖パウロ」白水社 2004
Trocmé, Suzanne トゥロクメ, スザンヌ
　著「アテンション・トゥ・ディテール」エディシオン・トレヴィル, 河出書房新社(発売) 2005
Trócsányi, László トローチャーニ・ラースロ
　国ハンガリー　法相
Troeger, Thomas H. トゥウガー, T.H.
　著「豊かな説教へ想像力の働き」日本基督教団出版局 2001
Troel, Sarah トロエル, サラ
　国フランス　カヌー選手
Troenco, Valeriu トロエンコ, バレリウ
　国モルドバ　国防相
Tröhler, Daniel トレーラー, ダニエル
　著「ヨハン・ハインリッヒ・ペスタロッチ」東信堂 2015
Troicki, Viktor トロイツキ, ビクトル
　国セルビア　テニス選手
Troisgros, Michel トロワグロ, ミッシェル
　1958〜　国フランス　料理人　メゾン・トロワグロ・オーナーシェフ
Troisgros, Pierre Emile René トロワグロ, ピエール
　1928〜　国フランス　料理人
Troitzsch, Klaus G. トロイチュ, クラウス・G.
　著「社会シミュレーションの技法」日本評論社 2003
Trojanow, Ilija トロヤノフ, イリヤ
　1965〜　国ドイツ　作家　文学, SF
Trojborg, Jan トロイボ, ヤン
　国デンマーク　国防相
Trojer, Thomas トロジャー, トーマス
　著「宇宙から原子へ・原子から宇宙へ」理論社 2004
Trokey, Christian トロキー, クリスチャン
　著「プリズン・ブレイク舞台裏の真実」AC Books 2009
Trolle, Maria トロッレ, マリア
　著「WILD FLOWERS野の花のぬり絵ブック」パイインターナショナル 2016
Trollope, Joanna トロロープ, ジョアンナ
　1943〜　著「愛という名の訣れ」未知谷 2006
Tromey, Tom トロミー, トム
　著「GNU Autoconf/Automake/Libtool」オーム社 2001
Tromp, Johan トロンプ, ヨハン
　国ナミビア　ラグビー選手
Trompenaars, Alfons トロンペナールス, フォンス
　著「異文化間のグローバル人材戦略」白桃書房 2013
Trompeteler, Helen トロンペテラー, ヘレン
　著「永遠のオードリー・ファッション」二見書房 2016

Troncon, Renato トロンコン, レナート
　著「This is service design thinking.」ビー・エヌ・エヌ新社 2013
Trondheim, Lewis トロンダイム, ルイス
　アングレーム国際漫画祭 アングレーム市グランプリ(2006年)
Trong, Truong Vinh チョン, チュオン・ビン
　国ベトナム　副首相
Tronick, Edward Z. トロニック, エドワード・Z.
　著「母子臨床の精神力動」岩崎学術出版社 2011
Troob, Peter トゥループ, ピーター
　著「サルになれなかった僕たち」主婦の友社 2007
Trooshin, Igor' トルシン, I.
　著「数理物理の微分方程式」培風館 2005
Trope, Zoe トロープ, ゾーイ
　1986〜　著「14歳でごめんなさい」ソニー・マガジンズ 2004
Tropea, John トロペイ, ジョン
　1946〜　国アメリカ　ギタリスト
Tropeano, Nick トロピアーノ, ニック
　国アメリカ　野球選手
Troper, Michel トロペール, ミシェル
　1938〜　著「リアリズムの法解釈理論」勁草書房 2013
Tropin, Vladimir Ivanovich トローピン, ウラジーミル
　1925〜　著「『精神のシルクロード』を求めて」潮出版社 2010
Tropper, Jonathan トロッパー, ジョナサン
　1970〜　国アメリカ　作家　文学
Trosby, Finn トロスビー, フィン
　著「SHORT MESSAGE SERVICE」幻冬舎ルネッサンス 2011
Troshani, Arenca トロシャニ, アレンツァ
　国アルバニア　統合相
Trost, Alessia トロスト, アレシア
　国イタリア　陸上選手
Trost, Melanie R. トロスト, メラニー・R.
　著「パーソナルな関係の社会心理学」北大路書房 2004
Trosten-Bloom, Amanda トロステン＝ブルーム, アマンダ
　1957〜　著「トロステン・ブルーム, アマンダ「なぜ, あのリーダーの職場は明るいのか?」日本経済新聞出版社 2012
Trostle, James A. トゥロースル, ジェームズ・A.
　1954〜　著「疫学と人類学」メディカル・サイエンス・インターナショナル 2012
Trostler, Mark Ethan トロスラー, マーク・イーサン
　著「テスタブルJavaScript」オライリー・ジャパン, オーム社(発売) 2013
Trotman, Alexander J. トロットマン, アレクサンダー
　1933〜2005　国アメリカ　実業家　フォード・モーター会長・社長・CEO　通称＝トロットマン, アレックス
Trotman, Raphael トロットマン, ラファエル
　国ガイアナ　天然資源相
Trott, Dave トロット, デイブ
　著「プレデターシンキング略奪思考」CCCメディアハウス 2014
Trott, James トロット, ジェームズ・R.
　著「オブジェクト指向のこころ」ピアソン・エデュケーション 2005
Trott, James R. トロット, ジェームズ・R.
　著「オブジェクト指向のこころ」丸善出版 2014
Trott, Laura トロット, ローラ
　1992〜　国イギリス　自転車選手　本名＝Trott, Laura Rebecca
Trott, Marion トロット
　国ドイツ　スケルトン選手
Trotta, Marcello トロッタ, マルチェロ
　国イタリア　サッカー選手
Trottein, Gwendolyn トロッテン, グウェンドリン
　1951〜　著「ウェヌスの子どもたち」ありな書房 2007
Trotter, Chris トロッター, クリス
　1946〜　著「援助を求めないクライエントへの対応」明石書店 2007
Trotter, David トロッター, デイヴィッド
　著「モダニズムとは何か」松柏社 2002
Trotter, DeeDee トロッター
　国アメリカ　陸上選手
Trotter, Lloyd トロッター, ロイド
　著「『問題社員』の管理術」ダイヤモンド社 2007
Trottier, Maxine トロティエ, マクシーン
　1950〜　著「アンナとわたりどり」西村書店東京出版編集部 2015
Trotzier, Jean-Bernard トロッジェ, ジャン・ベルナール
　1950〜　国フランス　画家
Trotzig, Birgitta トロッツィグ, ビルギッタ

1929～2011 [国]スウェーデン 作家 [異]トロツィグ, ビギッタ
Trounstine, Jean トラウンスタイン, ジーン
[著]「女性の人権とジェンダー」 明石書店 2007
Troup, Gary トループ, ゲーリー
？～2004 [国]アメリカ ミステリー作家
Troupe, Quincy トゥループ, クインシー
1939～ [異]トループ, クインシー [著]「マイルス・デイヴィス自伝」 シンコーミュージック・エンタテイメント 2015
Troussier, Philippe トルシエ, フィリップ
1955～ [国]フランス サッカー監督 サッカー・ナイジェリア・南アフリカ・日本・カタール代表監督 [異]トゥルシエ / トリシエ / トルシエ, オマー / トルシエ, オマール / トルシエール
Trout, Jack トラウト, ジャック
[著]「実戦ボトムアップ・マーケティング戦略」 日本能率協会マネジメントセンター 2011
Trout, Mike トラウト, マイク
1991～ [国]アメリカ 野球選手 本名＝Trout, Michael Nelson
Trout, Nick トラウト, ニック
[著]「動物病院24時」 NTT出版 2009
Trout, Shirley K. トラウト, シェリー・K.
[著]「ケアのなかの癒し」 看護の科学社 2016
Troutman, Anne C. トルートマン, アン・C.
[著]「はじめての応用行動分析」 二瓶社 2004
Trouville, Matthew トルヴィル, マット
[国]アメリカ ラグビー選手
Trovajoli, Armando トロバヨーリ, アルマンド
1917～2013 [国]イタリア 作曲家 [専]映画音楽 [異]トロヴァヨーリ, アルマンド
Trovoada, Miguel トロボアダ, ミゲル
[国]サントメ・プリンシペ 大統領
Trovoada, Patrice Emery トロボアダ, パトリセ・エメリー
[国]サントメ・プリンシペ 首相 [異]トロボアダ, パトリス・エメリ
Trowbridge, Robert L., Jr. トローブリッジ, ロバート・L., Jr.
[著]「診断推論のバックステージ」 メディカル・サイエンス・インターナショナル 2016
Trower, Peter トローワー, ピーター
1938～ [著]「よくわかる認知行動カウンセリングの実際」 金子書房 2016
Troxler, Niklaus トロックスラー, ニクラウス
1947～ [著]「ニクラウス・トロックスラー」 ギンザ・グラフィック・ギャラリー, トランスアート（発売） 2007
Troxler, Peter トロクスラー, ピーター
[著]「オープンデザイン」 オライリー・ジャパン, オーム社（発売） 2013
Troy, Virginia Gardner トロイ, ヴァージニア・ガードナー
1956～ [著]「アンニ・アルバースとアンデスの染織」 桑沢学園, アイノア（発売） 2015
Troyanovskii, Oleg Aleksandrovich トロヤノフスキー, オレグ
1919～2003 [国]ロシア 外交官 駐日ソ連大使 [異]トロヤノフスキー, オレク
Troyat, Henri トロワイヤ, アンリ
1911～2007 [国]フランス 作家, 劇作家, 評論家 本名＝タラソフ, レフ〈Tarasoff, Lev Aslanovich〉 [異]タラッセル / トロアイア / トロアイヤ / トロワイア
Trstenjak, Tina トルステニャク, ティナ
[国]スロベニア 柔道選手
Trubshaw, Brian トラブショー, ブライアン
[著]「コンコルド・プロジェクト」 原書房 2001
Truc, Mai Ai チュック, マイ・アイ
[国]ベトナム 天然資源・環境相
Truckle, Brian トラックル, ブライアン
[著]「被虐待児の精神分析的心理療法」 金剛出版 2006
Trucks, Derek トラックス, デレク
1979～ [国]アメリカ ロック・ギタリスト
Trudeau, Justin トルドー, ジャスティン
1971～ [国]カナダ 政治家 カナダ首相, カナダ自由党党首 本名＝Trudeau, Justin Pierre James
Trudeau, Kevin トルドー, ケヴィン
1963～ [著]「病気にならない人は知っている」 幻冬舎 2006
Trudgill, Peter トラッドギル, ピーター
1943～ [国]イギリス 社会言語学者 フリブール大学教授
True, Everett トゥルー, エヴェレット
[著]「ニルヴァーナ：ザ・トゥルー・ストーリー」 シンコーミュージック・エンタテイメント 2007
True, Sarah トゥルー, サラ
[国]アメリカ トライアスロン選手
Trueba, Fernando トルエバ, フェルナンド
[国]スペイン アヌシー国際アニメーション映画祭 その他の賞 Fnac賞（長編作品）（2011年） "Chico & Rita"
Truelove, Emily トゥルーラブ, エミリー
[著]「ハーバード流逆転のリーダーシップ」 日本経済新聞出版社 2015
Trueman, Terry トルーマン, テリー
[著]「ぼくは生きている」 東京創元社 2003
Trufant, Desmond トゥルファント, デズモンド
[国]アメリカ アメフト選手
Truffaut, François トリュフォー, フランソワ
[著]「トリュフォーの映画術」 水声社 2006
Trujillo, Leigh Ann トゥルヒーオ, リー・アン
[著]「最強のモニター心電図」 ガイアブックス 2013
Trujillo, María Antonia トルヒーリョ, マリア・アントニア
[国]スペイン 住宅相
Trujillo, Rafael トルヒリョ
[国]スペイン セーリング選手
Trujillo, Sergio トルーヒヨ, セルジオ
ローレンス・オリヴィエ賞 振付賞（2015年（第39回））
"Memphis The Musical"
Trujillo Cárdenas, Carmen トルヒジョ・カルデナス, カルメン
[国]ボリビア 労働・雇用・社会保障相
Trujillo Mori, Edmer トルヒジョ・モリ, エドメル
[国]ペルー 住宅・建設・上下水道相
Trujillo Villar, Rafael トゥルヒーリョ
[国]スペイン セーリング選手
Trulove, James Grayson トゥルーラブ, ジェイムス・グレイソン
[異]ジェイムス・グレイソン [著]「ミュージアム・デザイン」 オーム社 2001
Truman, Margaret トルーマン, マーガレット
1924～2008 [国]アメリカ 作家 本名＝ダニエル, マーガレット・トルーマン
Trumbo, Mark トランボ, マーク
[国]アメリカ 野球選手
Trumbore, Cindy トランボア, シンディ
[著]「マングローブの木」 さ・え・ら書房 2013
Trumbull, Douglas トランブル, ダグラス
1942～ [国]アメリカ 映画監督, SFXスーパーバイザー
Trump, Donald John トランプ, ドナルド
1946～ [国]アメリカ 実業家, タレント トランプ・オーガニゼーション会長・社長・CEO
Trump, Ivanka Marie トランプ, イヴァンカ
[著]「対訳 トランプ演説集」 朝日出版社 2016
Trümper, Joachim トリュンパー, ヨアヒム
1933～ [国]ドイツ 天文学者, 物理学者 マックス・プランク宇宙物理学研究所（MPE）所長 [専]X線天文学 [異]トゥルンパ
Trunenkov, Dmitry トルネンコフ, ドミトリー
1984～ [国]ロシア ボブスレー選手 本名＝Trunenkov, Dmitry Vyacheslavovich [異]トゥルネンコフ, ドミトーリー
Trung, Do Quang チュン, ド・クアン
[国]ベトナム 内相
Trungpa, Chogyam トゥルンパ, チュギャム
[異]トゥルンパ, チョギャム [著]「心の迷妄を断つ智慧」 春秋社 2002
Truog, Robert D. トゥルオグ, ロバート・D.
[著]「医療事故後の情報開示」 シーニュ 2015
Truong, Minh Dục チュオン, ミン・ズク
[著]「ベトナムの都市化とライフスタイルの変遷」 ビスタピー・エス 2015
Truong, Monique トゥルン, モニク
1968～ [国]アメリカ 作家 [専]文学 本名＝Truong, Monique T.D.
Truong, Nicolas トリュオング, ニコラ
1967～ [著]「愛の世紀」 水声社 2012
Truong Gia Binh チュオン・ザー・ビン
1956～ [国]ベトナム 起業家 FPT会長
Truong Tan Sang チュオン・タン・サン
1949～ [国]ベトナム 政治家, 軍人 ベトナム国家主席（大統領）, ベトナム人民軍総司令官 [異]チュン・タン・サン
Truss, Elizabeth トラス, エリザベス
[国]イギリス 司法相兼大法官
Truss, Lynne トラス, リン
[著]「パンクなパンダのパンクチュエーション」 大修館書店 2005

Truss, Warren　トラス, ウォレン
[国]オーストラリア　副首相兼インフラ・地域開発相　[異]トラス, ウォーレン

Trussardi, Francesco　トラサルディ, フランチェスコ
1974〜2003　[国]イタリア　実業家, ファッションデザイナー　トラサルディ社長　[異]トラッサルディ

Trussoni, Danielle　トラッソーニ, ダニエル
1973〜　[国]アメリカ　作家　[専]文学

Trutnev, Yury P.　トルトネフ, ユーリー・P.
[国]ロシア　副首相兼極東連邦管区大統領全権代表

Truyen, Tran Van　チュエン, チャン・バン
[国]ベトナム　国家監査院長官

Trye, Hindolo Sumanguru　タイ, ヒンドロ・スマングル
[国]シエラレオネ　労働・社会保安相　[異]トライ, ヒンドロ

Trynka, Paul　トリンカ, ポール
[著]「デニム・バイブル」 ブルース・インターアクションズ　2006

Tryon, Amy　トライオン
[国]アメリカ　馬術選手

Tryphon, Anastasia　トリフォン, アナスタシア
[著]「ピアジェの教育学」 三和書籍　2005

Tryphonopoulos, Demetres P.　トリフォノポウロス, ディミートリーズ・P.
[著]「エズラ・パウンド事典」 雄松堂出版　2009

Trzeciak-Duval, Alexandra　トルチアック＝デュヴァル, アレクサンドラ
[著]「開発のための政策一貫性」 明石書店　2006

Trzynka, Penny　トルジンカ, ペニー
[著]「キャロライン・ケネディが選ぶ「心に咲く名詩115」」 早川書房　2014

Tsabary, Shefali　ツバリ, シェファリ
1972〜　[著]「「良い親」をやめれば「生きる力」を持つ子が育つ」 宝島社　2015

Tsaftaris, Athanasios　ツァフタリス, アサナシオス
[国]ギリシャ　農村開発・食料相

Tsagaan, Puntsagiin　ツァガーン, プンツァギーン
[国]モンゴル　教育・文化・科学相

Tsagaanbaatar, Khashbaataryn　ツァガンバータル
[国]モンゴル　柔道選手

Tsahkna, Margus　ツアフクナ, マルグス
[国]エストニア　国防相

Tsai, Eng-Meng　ツァイ・エンミン
[国]台湾　旺旺グループ創業者　漢字名＝蔡衍明

Tsai, Ing-wen　ツァイ・インウェン
1956〜　[国]台湾　政治家, 法学者　台湾民主進歩党主席　台湾行政院副院長（副首相）, 台湾政治大学国際貿易科教授　漢字名＝蔡英文

Tsai, Joseph　ツァイ, ジョセフ
[国]中国　アリババ共同創業者、元最高財務責任者, 元弁護士

Tsai, Kun-Tsan　サイ・コンサン
[国]台湾　台湾歌壇代表　漢字名＝蔡焜燦

Tsai, Mavis　サイ, M.
[著]「機能分析心理療法」 金剛出版　2007

Tsai, Ming-liang　ツァイ・ミンリャン
1957〜　[国]台湾　映画監督, 脚本家, テレビディレクター　漢字名＝蔡明亮　[異]チャイ・ミンリャン

Tsakalotos, Euclides　チャカロトス, エフクリディス
[国]ギリシャ　財務相

Tsakmakis, Christos　タクマキス
[国]ギリシャ　カヌー選手

Tsakos, Panagiotis　ツァコス, パナギオティス
[国]ギリシャ　ツァコス・グループ創業者, マリア・ツァコス財団創設者

Tsalko, Vladimir G.　ツァルコ, ウラジーミル・G.
[国]ベラルーシ　天然資源・環境相

Tsander, Olga Mikhaylovna　ツァンデル
[国]ベラルーシ　陸上選手

Princess **Tsandzile**　ツァンジーレ王女
[国]スワジランド　内相　[異]ツァンジレ王女

Tsang, Eric　ツァン, エリック
1953〜　[国]香港　俳優, 映画監督, 映画プロデューサー　漢字名＝曽志偉

Tsang, Yam-kuen　ツォン・インチュワン
1944〜　[国]香港　政治家　香港特別行政区行政長官, 香港特別行政区政務長官　漢字名＝曽蔭権, 英語名＝ツァン, ドナルド〈Tsang, Donald〉

Tsanjid, Ayurzanyn　ツァンジド, アユルザンイーン
[国]モンゴル　教育・文化・科学相

Tsao, Chin-hui　ツァオ・チンフィ
1981〜　[国]台湾　野球選手　漢字名＝曹錦輝

Tsaranazy, Jean Emile　ツァラナジ, ジャン・エミル
[国]マダガスカル　公共事業相

Tsarev, Ruslan　ツァレフ, ルスラン
[国]キルギス　レスリング選手

Tsargush, Denis　ツァルグシュ
[国]ロシア　レスリング選手

Tsarkov, Oleh　ツァルコフ, オレ
[国]ウクライナ　射撃選手

Tsarukaeva, Svetlana　ツァルケーワ
[国]ロシア　重量挙げ選手

Tsatsionis, Nikos　ツァツィオニス, ニコス
[国]ギリシャ　マケドニア・#トラキア相

Tschäppeler, Roman　チャペラー, ローマン
1978〜　[著]「人生を決断できるフレームワーク思考法」 講談社　2016

Tschirky, Hugo　チルキー, ヒューゴ
1938〜　[著]「日本企業のイノベーション・マネジメント」 同友館　2013

Tschorne, Sonia　チョルネ, ソニア
[国]チリ　住宅・福祉相

Tschudin, Verena　チューディン, ヴェレナ
[著]「境界を超える看護」 エルゼビア・ジャパン　2006

Tschudy, Megan M.　チューディー, ミーガン・M.
[著]「ハリエットレーンハンドブック」 メディカル・サイエンス・インターナショナル　2013

Tschumi, Bernard　チュミ, ベルナール
[著]「スタジオ・トーク」 エーディーエー・エディタ・トーキョー　2002

Tschütscher, Klaus　チュチャー, クラウス
1967〜　[国]リヒテンシュタイン　政治家　リヒテンシュタイン首相　[異]チュッチャー, クラウス

Tse, David K.　ツェ, デイヴィッド
[著]「中国人との「関係」のつくりかた」 ディスカヴァー・トゥエンティワン　2012

Tse, Edward　ツェ, エドワード
[著]「中国市場戦略」 日本経済新聞出版社　2011

Tse, Su-mei　ツェ・スーメイ
1973〜　美術家

Tsebegmaa, Baldangiin　ツェベクマ, バルダンギン
1924〜2004　[国]モンゴル　司馬遼太郎著「草原の記」の女主人公　アリアンス協会顧問　[異]ツェベクマ, バルダンギーン

Tsebelis, George　ツェベリス, ジョージ
[著]「拒否権プレイヤー」 早稲田大学出版部　2009

Tsedenbalzhir, M.　ツェデンバルジル, M.
1937〜　[著]「チャチャルガン」 チャチャルガン協議会　2006

TSedev, Dojoogiin　ツェデブ, ドジョーギーン
1940〜　[著]「友情の大草原」 潮出版社　2007

Tsedevsuren, Munkhzaya　ツェデブスレン, ムンフザヤ
[国]モンゴル　柔道選手　[異]ツェデブスレン

Tsegaye, Tirfi　ツェガエ, ティルフィ
[国]エチオピア　陸上選手

Tsekoa, Mohlabi　ツェコア, モシャビ
[国]レソト　外相　[異]ツェコア, モラビ

Tsendiin Damdinsüren　ツェンディーン・ダムディンスレン
[著]「モンゴル文学への誘い」 明石書店　2003

Tseng, Yani　ツェン, ヤニ
1989〜　[国]台湾　プロゴルファー　漢字名＝曽雅妮　[異]ソウ・ガニ

Tseng, Yu-Chien　チェン・ユーチェン
[国]台湾　チャイコフスキー国際コンクール ヴァイオリン 第2位（2015年（第15回））ほか

Tsengel, Tsegmidiin　ツェンゲル, ツェグミジーン
[国]モンゴル　運輸・観光相

Tserenkhand, Dorjgotov　ドルヨゴトフ
[国]モンゴル　柔道選手

Tserovski, Velantin　ツェロフスキ, ベランティン
[国]ブルガリア　地域開発相

Tshabalala, Siphiwe　チャバララ, シフィウェ
1984〜　[国]南アフリカ　サッカー選手

Tsheehama, Peter　ツィーハマ, ピーター
[国]ナミビア　安全保障相

Tshempo, Ngeema Sangay　チェンポ, ニーマ・サンゲイ
[国]ブータン　労働人的資源相　[異]チェンボ, ニーマ・サンゲイ

Tshering, Ugyen　ツェリン, ウグエン
[国]ブータン　外相　[異]ツェリン, ウゲン

Tshibanda, Raymond　チバンダ、レイモン
　国コンゴ民主共和国　国際・地域協力相
Tshibanda N'tungammulongo, Raymond　チバンダ・ヌトゥングンムロンゴ、レイモン
　国コンゴ民主共和国　外務・国際協力相
Tshiongo, Gilbert　チオンゴ、ジルベール
　国コンゴ民主共和国　エネルギー相
Tshipasa, Venant　ツシパサ、ブナン
　国コンゴ民主共和国　土地問題相
Tshipinare, Michaele　ツィピナレ、マイケル
　国ボツワナ　地方自治相
Tshitenge, Simon　チテンゲ、シモン
　国コンゴ民主共和国　観光相
Tshubaka, Bishikwabo　ツバカ、ビシクワボ
　国コンゴ民主共和国　鉱物相兼石油相
Tshul khrims skal bzan　ツルティム・ケサン
　1942〜　著「チベット密教」筑摩書房　2008
Tshwete, Steve Vukile　ツウェテ、スティーブ
　1938〜2002　国南アフリカ　政治家　南アフリカ治安・保安相
Tsiandopy, Jacky Mahafaly　ツィアンドピ、ジャッキー・マハファリ
　国マダガスカル　公務・労働・社会法相
Tsiaras, Alexander　シアラス、アレグザンダー
　著「こうして生まれる」エクスナレッジ　2013
Tsiba, Florent　ツィバ、フロラン
　国コンゴ共和国　労働・社会保障相
Tsien, Roger　チェン、ロジャー
　1952〜2016　国アメリカ　生物学者　カリフォルニア大学サンディエゴ校教授　専発光生物学　中国名＝銭永健〈Qian, Yong-jian〉
Tsifrinovich, Vladimir I.　チフリノビッチ、ウラジミール・I.
　著「入門量子コンピュータ」パーソナルメディア　2002
Tsikhan, Ivan　ツィホン、イワン
　国ベラルーシ　陸上選手　別チホン
Tsikhelashvili, Ketevan　ツィヘラシビリ、ケテワン
　国ジョージア　国務相（和解・市民平等問題担当）
Tsiklauri, Beka　ツィクラウリ、ベカ
　国ジョージア　ラグビー選手
Tsilis, Ioannis　ティリス、イオアニス
　国ギリシャ　ボート選手
Tsintsadze, Levan　ツィンツァゼ、レヴァン
　国ジョージア　駐日特命全権大使
Tsiolkas, Christos　チョルカス、クリストス
　1965〜　国オーストラリア　作家　専文学、フィクション
Tsipras, Alexis　チプラス、アレクシス
　1974〜　国ギリシャ　政治家　ギリシャ首相、ギリシャ急進派連合（SYRIZA）党首　別ツィプラス、アレクシス
Tsiranana, Ruffine　ツィラナナ、リュフィヌ
　国マダガスカル　地方分権相
Tsirekidze, Irakli　チレキゼ
　国ジョージア　柔道選手
Tsirimokos, Yannis　チリモコス、ヤンニス
　著「四つの物語」講談社出版サービスセンター　2007
Tsiskaridze, Nikolai　ツィスカリーゼ、ニコライ
　1973〜　国ロシア　バレエダンサー　ボリショイ・バレエ団プリンシパル
Tsiskarishvili, Petre　ツィスカリシビリ、ペトレ
　国ジョージア　農相
Tsitouridis, Savvas　ツィトゥリディス、サバス
　国ギリシャ　雇用・社会保障相
Tsitsilina, Arina　チチリナ、アリーナ
　国ベラルーシ　新体操選手
Tskhadaia, Manuchar　ツハダイア
　国ジョージア　レスリング選手
Tsogbadrakh, Munkhzul　ツォグバドラフ、モンフーズル
　国モンゴル　射撃選手
Tsogtbaatar, Damdin　ツォグトバータル、ダムディン
　国モンゴル　建設・都市計画相
Tsogtsetseg, Ayushiin　ツォグツェツェグ、アユシン
　国モンゴル　保健相
Tsogwane, Slumber　ツォフワネ、スランバー
　国ボツワナ　地方自治相
Tsokhatzopoulos, Apostolos　ツォハゾプロス、アポストロス
　国ギリシャ　開発相　別ツォハゾプロス、アポストロス・アサナシウス
Tsolakidis, Vasileios　トラキディス

　国ギリシャ　体操選手
Tsolmon, Tserendash　ツォルモン、ツェレンダシ
　国モンゴル　国防相
Tsolo, Temeki Phoenix　ツォロ、テメキ・フォエニクス
　国レソト　貿易・産業相
Tsonev, Nikolai　ツォネフ、ニコライ
　国ブルガリア　国防相
Tsonga, Jo-Wilfried　ツォンガ、ジョーウィルフリード
　1985〜　国フランス　テニス選手
Tsoodolyn Khulan　ツォードリーン・ホラン
　著「モンゴル文学への誘い」明石書店　2003
Tsoulfa, Aimilia　ツルファ
　国ギリシャ　セーリング選手
Tsoumeleka, Athanasia　ツメレカ
　国ギリシャ　陸上選手
Tsouras, Peter G.　ツォーラス、ピーター・G.
　著「太平洋戦争の研究」PHP研究所　2002
Tsuboi, Gustavo　ツボイ、グスタボ
　国ブラジル　卓球選手
Tsubota, Yuki　ツボタ
　国カナダ　フリースタイルスキー選手
Tsuchigane, Robert　ツチガネ、ロバート
　著「アメリカでは常識のニッポン人取扱説明書」祥伝社　2004
Tsugawa-Madden, Eriko　ツガワ・マーダン、エリコ
　漢字名＝津川＝マーダン江利子　著「アイルランドの風の花嫁」金星堂　2014
Tsuhako Oshiro, Catalina　ツハコ・オシロ、カタリーナ
　国キューバ　元・在キューバ日本国大使館現地職員
Tsui, Daniel Chee　ツイ、ダニエル
　1939〜　国アメリカ　物理学者　プリンストン大学教授　別ツイ、ダニエル
Tsui, Hark　ツイ・ハーク
　1950〜　国香港　映画監督、映画プロデューサー　電影工作室（フィルム・ワークショップ）主宰　漢字名＝徐克
Tsukada, Nituo　ツカダ、ニツオ
　国ブラジル　元・カンピーナス日伯文化協会会長　漢字名＝塚田光夫
Tsukamoto, Mary　ツカモト、メアリー
　著「アメリカを動かした日系女性」琉球新報社　2001
Tsukiyama, Yoshihiro　ツキヤマ、ヨシヒロ
　著「歯科医師のための睡眠医学」クインテッセンス出版　2010
Tsultemin, Munkhjin　チュールテミン、ムンフジン
　1953〜　著「はじめてのかり」福音館書店　2005
Tsulukiani, Tea　ツルキアニ、テア
　国ジョージア　法相　別ツルキアニ、テイア
Tsuper, Alla　ツペル、アラ
　1979〜　国ベラルーシ　スキー選手　本名＝Tsuper, Alla Petrovna
Tsur, Reuven　ツール、リューヴェン
　1932〜　著「音声パターンと表現力」鳳書房　2004
Tsurtsumia, Georgiy　ツルツミア
　国カザフスタン　レスリング選手
Tsurumaki, Marc　ツルマキ、マーク
　1965〜　著「断面で読み解く世界の建築」グラフィック社　2016
Tsushko, Vasyl　ツシュコ、ワシリ
　国ウクライナ　内相
Tsutsui, Ian　ツツイ、イアン
　国イラン　著「動物かんきょう会議 日本語版」ヌールエ、太郎次郎社エディタス（発売）　2005
Tsutsui, William M.　ツツイ、ウィリアム・M.
　著「ゴジラとアメリカの半世紀」中央公論新社　2005
Tsuzuki, Seigo　ツズキ、セイゴ
　1933〜　国ブラジル　医師　ブラジル保健相、サンタクルス伯日慈善協会サンタクルス病院院長　日本名＝続政剛（ツズキ・セイゴウ）
Tsvangirai, Morgan　ツァンギライ、モーガン
　1952〜　国ジンバブエ　政治家　ジンバブエ民主変革運動（MDC）議長　ジンバブエ首相　本名＝Tsvangirai, Morgan Richard
Tsvetanov, Tsvetan　ツベタノフ、ツベタン
　国ブルガリア　副首相兼内相
Tsvetanov, Valeri　ツベタノフ、バレリ
　国ブルガリア　農業・食料相
Tsvetkov, Aleksandar　ツベトコフ、アレクサンダル
　国ブルガリア　運輸・情報技術・通信相
Tsvetkov, Valentin Ivanovich　ツヴェトコフ、ワレンチン
　1948〜2002　国ロシア　政治家　マガダン州知事　別ツベトコ

フ, ワレンチン
Tsvetkova, Nina Yurievna　ツヴェトコヴァ・ニーナ・ユリエヴナ
　国ロシア　露日友好協会事務局長
Tsybakow, Véra　ツィバコフ, ヴェラ
　国フランス　ロン・ティボー・クレスパン国際音楽コンクール ピアノ 第6位（2004年（第34回））
Tsylinskaya, Natallia　ツイリンスカヤ
　国ベラルーシ　自転車選手
Tsymbalyuk, Alexander　ツィムバリュク, アレクサンドル
　国ウクライナ　チャイコフスキー国際コンクール 声楽（男声）第1位（2007年（第13回））
Tu, Anthony T.　トゥー, アンソニー
　1930～　国アメリカ　生化学者　コロラド州立大学名誉教授　千葉科学大学教授　専毒物学（動物毒の生化学, ラマン分光学の生化学への応用）　台湾名＝杜祖健（ドゥー・チュージェン）　他トゥ, アンソニー／トゥ, アントニー／トゥー, アントニー
Tu, You-you　トゥー・ユーユー
　1930～　国中国　薬学者　中医科学院終身研究員・首席研究員　漢字名＝屠呦呦
Tual, Natalie　テュアル, ナタリー
　著「うみべのいちにち」講談社　2010
Tuala, Ainiu Iusitino　ツアラ・アイニウ・イウシティノ
　国サモア　女性問題・地域・社会開発相
Tuala, Sale Tagaloa　ツアラ・サレ・タガロア
　国サモア　土地・環境相
Tuan, Tran Van　トゥアン, チャン・バン
　国ベトナム　内相
Tuan, Truong Minh　トゥアン, チュオン・ミン
　国ベトナム　情報通信相
Tuan, Yi-fu　トゥアン, イーフー
　1930～　国アメリカ　地理学者, 著述家　ウィスコンシン大学名誉教授　専現象地理学　漢字名＝段義孚
Tuanzebe, Axel　トゥアンゼベ, アクセル
　国イングランド　サッカー選手
Tuapati, Talemaitoga　トゥアパティ, タレマイトンガ
　国フィジー　ラグビー選手
Tubb, E.C.　タブ, E.C.
　著「キノコの惑星スカー」東京創元社　2006
Tubb, Jonathan N.　タブ, ジョナサン・N.
　著「写真でみる聖書の世界」あすなろ書房　2006
Tubiana, Raoul　トゥビアーナ, ラウル
　著「音楽家の手」協同医書出版社　2006
Tubishat, Ahmad　トゥビシャト, アフマド
　国ヨルダン　議会担当相
Tucci, Stanley　トゥッチ, スタンリー
　1960～　国アメリカ　俳優
Tuccillo, Dylan　トゥッチロ, ディラン
　著「幸せになる明晰夢の見方」イースト・プレス　2014
Tuccillo, Liz　タシーロ, リズ
　国アメリカ　作家　専文学
Tuchel, Thomas　トゥヘル, トーマス
　国ドイツ　ドルトムント監督
Tučić, Boris　トゥチッチ, ボリス
　国ボスニア・ヘルツェゴビナ　貿易経済関係相
Tuck, Lily　タック, リリー
　全米図書賞 小説（2004年）"The News from Paraguay"
Tuck, Richard　タック, リチャード
　1949～　著「戦争と平和の権利」風行社　2015
Tucker, Beverley D.　タッカー, ベヴリー
　1925～2007　国アメリカ　牧師　日本聖公会京都教区牧師, 同志社大学名誉教授　専アメリカ南部文学, キリスト教文学, 神学
Tucker, Bruce　タッカー, ブルース
　著「俺がJBだ！」文芸春秋　2003
Tucker, Chris　タッカー, クリス
　1972～　国アメリカ　俳優, コメディアン　本名＝Tucker, Christopher
Tucker, Cory　タッカー, コリー
　国アメリカ　アメフト選手
Tucker, Cynthia DeLores　タッカー, シンシア
　？～2005　国アメリカ　公民権運動家
Tucker, Harry　タッカー, ハリー
　著「プロジェクト・マネジャーが知るべき97のこと」オライリー・ジャパン, オーム社（発売）　2011
Tucker, Holly　タッカー, ホリー
　著「輸血医ドニの人体実験」河出書房新社　2013

Tucker, Jim B.　タッカー, ジム・B.
　著「転生した子どもたち」日本教文社　2006
Tucker, Jonathan B.　タッカー, ジョナサン・B.
　著「神経ガス戦争の世界史」みすず書房　2008
Tucker, Justin　タッカー, ジャスティン
　国アメリカ　アメフト選手
Tucker, K.A.　タッカー, ケネス・A.
　1942～　著「アニマルズ・インク」日本経済新聞社　2005
Tucker, Linda　タッカー, リンダ
　1963～　著「ミステリー・オブ・ザ・ホワイトライオン」ヒカルランド　2015
Tucker, Marcus　タッカー, マーカス
　国アメリカ　アメフト選手
Tucker, Mark　タッカー, マーク
　国イギリス　実業家　AIAグループCEO　プルデンシャル・アジアCEO, 香港生命保険評議会会長
Tucker, Mary Evelyn　タッカー, メアリー・エヴリン
　著「パクス・ガイアへの道」日本教文社　2010
Tucker, Matthew　タッカー, マシュー
　国アメリカ　アメフト選手
Tucker, Mike　タッカー, マイク
　著「魔術師マーリン」角川書店, 角川グループパブリッシング（発売）　2009
Tucker, P.J.　タッカー, P.J.
　国アメリカ　バスケットボール選手
Tucker, Preston　タッカー, プレストン
　国アメリカ　野球選手
Tuckermann, Anja　トゥッカーマン, アーニャ
　1961～　ドイツ児童文学賞 ノンフィクション（2006年）""Denk nicht, wir bleiben hier！"Die Lebensgeschichte des Sinto Hugo Höllenreiner"
Tuckett, Will　タケット, ウィル
　国イギリス　演出家, 振付師
Tuckman, Bruce　タックマン, ブルース
　著「債券分析の理論と実践」東洋経済新報社　2012
Tuculet, Joaquin　トゥクレ, ホアキン
　国アルゼンチン　ラグビー選手
Tudegesheva, Ekaterina　ツジゲシェワ
　国ロシア　スノーボード選手
Tudge, Colin　タッジ, コリン
　1943～　著「鳥」シーエムシー出版　2012
Tudor, Keith　チューダー, キース
　1955～　著「ロジャーズ辞典」金剛出版　2008
Tudor, Seth　テューダー, セス
　著「母ターシャの思い出」KADOKAWA　2014
Tudor, Tasha　テューダー, ターシャ
　1915～2008　国アメリカ　絵本作家, 園芸家　他チューダー, ターシャ／チューダー, タシャ
Tudor, Winslow　テューダー, ウィンズロー
　著「今がいちばんいい時よ」メディアファクトリー　2004
Tudorache, Ioan-Dragos　トゥドラケ, ヨアン・ドラゴシュ
　国ルーマニア　首相府官房長官
Tudorin, Nikolaus　トゥドリン, ニコラウス
　国オーストラリア　ローザンヌ国際バレエコンクール 4位・スカラシップ（第40回（2012年））
Tudor-Sandahl, Patricia　チューダー＝サンダール, パトリシア
　1940～　著「第3の年齢を生きる」海鳴社　2004
Tudose, Mihai　トゥドセ, ミハイ
　国ルーマニア　経済・貿易・観光相
Tuell, Steven Shawn　トゥール, S.S.
　1956～　著「歴代誌」日本キリスト教団出版局　2012
Tuerk, Max　ターク, マックス
　国アメリカ　アメフト選手
Tufenk, Seref　トゥフェンク
　国トルコ　レスリング選手
Tüfenkçi, Bülent　テュフェンキチ, ビュレント
　国トルコ　税関・貿易相
Tuft, Svein　タフト
　国カナダ　自転車選手
Tufte, Olaf　トゥフテ, オラフ
　国ノルウェー　ボート選手
Tufton, Christopher　タフトン, クリストファー
　国ジャマイカ　保健相
Tugade, Arthur　トゥガデ, アーサー
　国フィリピン　運輸相
Tugendhat, Ernst　トゥーゲンハット, エルンスト

1930〜 [国]ドイツ 哲学者 ベルリン自由大学教授 [専]分析哲学 [異]トゥーゲントハット, エルンスト
Tuggle, Justin タッグル, ジャスティン
[国]アメリカ アメフト選手
Tugireyezu, Venantia ツギレイエズ, ベナンシア
[国]ルワンダ 大統領府相
Tugwell, Finn ツグウェル
[国]デンマーク 卓球選手
Tuhey, John トゥーヘイ, ジョン
[著]「遺伝子操作時代の権利と自由」 緑風出版 2012
Tu'i'afitu トゥイアフィトゥ
[国]トンガ 保健相
Tuiatua Tupua Tamasese Efi ツイアツア・ツプア・タマセセ・エフィ
1938〜 [国]サモア 政治家 サモア元首
Tuidraki, Patiliai ツイドラキ, パティリアイ
1969〜2002 [国]フィジー ラグビー選手
Tuiksoo, Ester トゥイクソー, エステル
[国]エストニア 農相
Tuilaepa Sailele Malielegaoi トゥイラエパ・サイレレ・マリエレガオイ
1945〜 [国]サモア 政治家 サモア首相・外相・財務相 [異]ツイラエパ・サイレレ・マリエレガオイ
Tuilagi, Alesana トゥイランギ, アレサナ
[国]サモア ラグビー選手
Tuilagi, Vavae トゥイランギ, ヴァヴァエ
[国]サモア ラグビー選手
Tuilimu, Lagitupu ツイリム, ラギツプ
[国]ツバル 首相代行兼副首相兼財務・経済企画・観光・貿易・商業相
Tuiloma, Pule Lameko ツイロマ・プレ・ラメコ
[国]サモア 歳入相 [異]ツイロマ・ラメコ
Tuineau, Joe (Joseph) トゥイニアウ, ジョー
[国]トンガ ラグビー選手
Tuionetoa, Pohiva トゥイオネトア, ポヒバ
[国]トンガ 警察・観光・労働・商業相
Tuisese, Ilaitia ツイセセ, イライティア
[国]フィジー 地方開発相
Tuisugaletaua, Sofara Aveau ツイスガレタウア・ソファラ・アベアウ
[国]サモア 通信・情報技術相
Tuita, Siosaia Ma'Ulupekotofa トゥイタ, シオサイア・マウルペコトファ
[国]トンガ 国土・調査・天然資源・環境相 [異]トゥイタ
Tuitama, Talalelei Tuitama ツイタマ・タラレレイ・ツイタマ
[国]サモア 保健相
Tuitert, Mark タイテルト, マルク
1980〜 [国]オランダ スピードスケート選手 本名＝Tuitert, Mark Jan Hendrik
Tuitt, Stephon トゥイット, ステフォン
[国]アメリカ アメフト選手
Tuitubou, Laisenia トゥイトゥンボウ, ライセニア
[国]フィジー 青年・スポーツ相
Tuivailala, Sam トゥバイララ, サム
[国]アメリカ 野球選手
Tu'ivakano トゥイバカノ
[国]トンガ 首相兼外務・国防・情報通信・警察刑務消防相
Tuju, Raphael ツジュ, ラファエル
[国]ケニア 外相 [異]トゥジュ, ラファエル
Tuke, Blair トゥーク, ブレア
[国]ニュージーランド セーリング選手
Tuktamisheva, Elizaveta トゥクタミシェワ, エリザヴェータ
1996〜 [国]ロシア フィギュアスケート選手 [異]トゥクタミシェワ, エリザベータ
Tulach, Jaroslav ツゥラッハ, ヤロスラフ
[著]「APIデザインの極意」 インプレスジャパン, インプレスコミュニケーションズ (発売) 2014
Tulaganov, Rustam トゥラガノフ, ルスタム
[国]ウズベキスタン ボクシング選手
Tulard, Jean テュラール, ジャン
1933〜 [著]「クレタ島」 白水社 2016
Tulbovitz, Ernesto トゥルボヴィッツ, エルネスト
1967〜 [著]「ホセ・ムヒカ世界でいちばん貧しい大統領」 KADOKAWA 2016
Tulgan, Bruce タルガン, ブルース
[著]「人材育成のジレンマ」 ダイヤモンド社 2004
Tull, Davis タール, デービス
[国]アメリカ アメフト選手
Tullet, Hervé テュレ, エルヴェ
1958〜 [著]「あそぼ」 ポプラ社 2016
Tulley, Gever タリー, ゲイバー
[著]「子どもが体験するべき50の危険なこと」 オライリー・ジャパン, オーム社 (発売) 2011
Tulloch, Jonathan タロック, ジョナサン
[著]「シーズンチケット」 アーティストハウス, 角川書店 (発売) 2001
Tulloch, Mitch タロック, ミッチ
[著]「Microsoft Windows Vistaリソースキット導入・展開ガイド」 日経BPソフトプレス, 日経BP出版センター (発売) 2008
Tulloch, W.W. タロック, W.W.
[著]「トム・モリス父子伝」 レーヴック 2013
Tullock, Gordon タロック, ゴードン
1922〜2014 [国]アメリカ 経済学者 ジョージ・メーソン大学名誉教授
Tulowitzki, Troy トゥロウィツキー, トロイ
1984〜 [国]アメリカ 野球選手 本名＝Tulowitzki, Troy Trevor [異]トゥロウィツキ, トロイ
Tulu, Derartu ツル
[国]エチオピア 陸上選手
Tulub, Serhiy トゥルブ, セルギー
[国]ウクライナ 石炭産業相
Tuma, Kamal Eddin トゥマ, カマル・エディン
[国]シリア 工業相
Tůma, Tomáš ツーマ, トーマス
[著]「すばらしきくるまのせかい」 大日本絵画 2013
Tumba, Gérard トゥンバ, ジェラール
[国]コンゴ民主共和国 計画相
Tümertekin, Han トゥメルテキン, ハーン
[著]「Anytime」 NTT出版 2001
Tumlinson, James H. タムリンソン, ジェームス・H.
[国]アメリカ ウルフ賞 農業部門 (2008年)
Tumukunde, Henry トゥムクンデ, ヘンリー
[国]ウガンダ 治安相
Tumurbaatar, Deleg トゥムルバートル, デレグ
[国]モンゴル 日本文化評論家・翻訳家, モンゴル・日本文化文学センター代表, モンゴル囲碁協会名誉会長, モンゴル将棋協会名誉会長, モンゴル算盤協会会長
Tumurkhuu, Namkhai トゥムルフー, ナムハイ
[国]モンゴル 道路・運輸相
Tumwebaze, Frank トゥムバゼ, フランク
[国]ウガンダ 情報・通信相 [異]トゥンウェバゼ, フランク
Tumwesigye, Elioda トゥムウェシジェ, エリオダ
[国]ウガンダ 科学・技術相
Tuna, Cari ツナ, カーリ
ダスティン・モスコヴィッツ夫人
Tuñacao, Malcolm ツニャカオ, マルコム
1977〜 [国]フィリピン プロボクサー WBC世界フライ級チャンピオン
Tuncat, Levent トゥンカット, レベン
[国]ドイツ テコンドー選手
Tune, Tommy チューン, トミー
トニー賞 特別賞 (2015年 (第69回))
Tung, Anthony M. タン, アンソニー・M.
[著]「歴史都市の破壊と保全・再生」 海路書院 2006
Tung, Chee-hwa トン・チェンホア
1937〜 [国]中国 政治家, 実業家 中国人民政治協商会議副主席 香港特別行政区行政長官, オリエント・オーバーシーズ (OOIL) 会長 漢字名＝董建華 [異]ドン・ジェンホア
Tung, Hans タン, ハンス
投資家 [異]タン, ハンズ
Tungamwese, Emmanuel トゥンガムエセ, エマニュエル
[国]ブルンジ 労働・公務員・職業訓練相
Tungate, Mark タンゲート, マーク
1967〜 [著]「"美"のブランド物語」 碩学舎, 中央経済社 (発売) 2015
Tunis, Sidi Yahya チュニス, シディ・ヤヤ
[国]シエラレオネ 観光・文化相
Tunison, Joseph S. テューニソン, ジョセフ
[著]「未完のハーン伝」 大空社 2002
Tuniz, Claudio チュニス, クラウディオ
[著]「放射線」 丸善出版 2014
Tunks, Benita タンクス, ベニータ
[著]「エミリー・ウングワレー展」 読売新聞東京本社 〔2008〕

Tunnell, Lee　タネル、リー
　国アメリカ　ミルウォーキー・ブルワーズコーチ
Tunnell, Michael O.　タンネル、マイケル・O.
　著「Wishing moon」小学館　2007
Tunney, Stephen　タニー、スティーヴン
　1959〜　著「100%月世界少年」東京創元社　2015
Tunnicliffe, Anna　タニクリフ、アナ
　国アメリカ　セーリング選手
Tunsil, Laremy　タンシル、レアミー
　国アメリカ　アメフト選手
Tunstall, KT　タンストール、KT
　1975〜　国イギリス　シンガー・ソングライター
Tunstall, Tricia　タンストール、トリシア
　著「世界でいちばん貧しくて美しいオーケストラ」東洋経済新報社　2013
Tuomioja, Erkki　トゥオミオヤ、エルッキ
　国フィンランド　外相
Tupicoff, Dennis　タピコフ、デニス
　国オーストラリア　オタワ国際アニメーション映画祭 ネルバナ社グランプリ（最優秀インディペンデント短編アニメーション）（2008年）ほか
Tupolev, Aleksei Andreievich　ツポレフ、アレクセイ
　1925〜2001　国ロシア　航空機設計士　ツポレフ設計局長
Tupou, Fetu'utolu　ツポウ、フェツトル
　国トンガ　国防相
Tupou, Sonatane Taumoepeau　ツポウ、ソナタネ・タウモエペアウ
　国トンガ　外相兼国防相代行
Tupou, Taani　トゥポー、ターニ
　国アメリカ　アメフト選手
Tupou, Tania Laumanulupe 'o Talafolika　トゥボウ、タニア・ラウマヌルペ・タラフォリカ
　国トンガ　駐日特命全権大使
Tupou, Tevita　ツポウ、テビタ
　国トンガ　法相
Tupou IV　ツポウ4世
　1918〜2006　国トンガ　国王　本名＝タウファハウ・ツポウ4世〈Taufa'ahau Tupou IV〉　異ツポー／ツボウ
Tupou V　ツポウ5世
　1948〜2012　国トンガ　国王　本名＝ジョージ・ツポウ5世〈George Tupou V〉　異ツポー
Tupou VI　ツポウ6世
　1959〜　国トンガ　政治家　トンガ国王
Tupouto'a Ulukalala　ツポウトア・ウルカララ
　1985〜　国トンガ　トンガ皇太子　異トゥポウトア・ウルカララ
Tur, Pramudya Ananta　トゥール、プラムディヤ・アナンタ
　1925〜2006　著「日本軍に棄てられた少女たち」コモンズ　2013
Turadzhonzoda, Akbar　トゥラジョンゾダ、アクバル
　国タジキスタン　第1副首相
al-Turaifi, Adel bin Zaid　トゥライフィ、アデル・ビン・ザイド
　国サウジアラビア　文化情報相
Turaki, Kabiru Tanimu　トゥラキ、カビル・タニム
　国ナイジェリア　労働生産相
Turano, AnnaMaria　テュラノ、アンナマリア
　著「購買意欲はこうして測れ」翔泳社　2009
Turashvili, Otar　トゥラシュビリ、オタール
　国ルーマニア　ラグビー選手
Turati, Valeria　トゥラーティ、ヴァレリア
　著「3Dきらきらプリンセス・ストーリー」大日本絵画　2016
Turbay Ayala, Julio Cesar　トルバイ、フリオ
　1916〜2005　国コロンビア　政治家　コロンビア大統領　異トルバイ・アヤラ、J.C.
Turbin, Cassidy　タービン、キャシディ
　グラミー賞 最優秀録音技術アルバム（クラシック以外）（2014年（第57回））"Morning Phase" エンジニア
Turbin, Robert　タービン、ロバート
　国アメリカ　アメフト選手
Turburam Sandagdorj　トゥルブラム・サンダグドルジ
　著「ゲセル王物語」彩流社　2012
Turcan, Vladimir　トゥルカン、ウラジーミル
　国モルドバ　内相　異ツルカン、ウラジーミル
Turchin, Peter　ターチン、ピーター
　1957〜　著「国家興亡の方程式」ディスカヴァー・トゥエンティワン　2015
Turchynov, Oleksandr Valentynovych　トゥルチノフ、アレクサンドル
　1964〜　国ウクライナ　政治家　ウクライナ大統領代行　異トゥルチノフ、オレクサンドル
Turčinskas, Rimvydas　トゥルチンスカス、リムビダス
　国リトアニア　保健相
Turco, Livia　トゥルコ、リビア
　国イタリア　保健相
Turcotte, Élise　タルコット、エリーズ
　カナダ総督文学賞 フランス語 児童文学（物語）（2010年）"Rose : derrière le rideau de la folie"
Turcotte, Mathieu　トゥルコット
　国カナダ　ショートトラック選手　異テュルコット
Turdiev, Dilshodjon　ツルジエフ、ジルショジョン
　国ウズベキスタン　レスリング選手
Turdubaev, Kubanychbek　トゥルドゥバエフ、クバヌイチベク
　国キルギス　エネルギー・産業相
Turek, Rosalyn　テューレック、ロザリン
　1914〜2003　国アメリカ　ピアニスト
Turepu, Kiriau　トゥレプ、キリアウ
　国クック諸島　農相兼環境相ビジネス・貿易・投資局担当相
Turganbaev, Melis　トゥルガンバエフ、メリス
　国キルギス　内相
Turgeon, Alfred J.　タージョン、A.J.
　著「ターフグラスマネジメント」ゴルフダイジェスト社　2009
Turgeon, Mélanie　タージョン
　国カナダ　アルペンスキー選手
Turin, Luca　トゥリン、ルカ
　著「世界香水ガイド」原書房　2010
Turino, Thomas　トゥリノ、トマス
　1951〜　著「ミュージック・アズ・ソーシャルライフ」水声社　2015
Turisbekov, Zautbek　トゥリスベコフ、ザウトベク
　国カザフスタン　内相
Turisini, Valentina　トゥリシニ
　国イタリア　射撃選手
Turk, Cynthia L.　ターク、シンシア・L.
　著「不安障害」日本評論社　2005
Türk, Danilo　トゥルク、ダニロ
　1952〜　国スロベニア　政治家　スロベニア大統領、国連大使
Turk, Hikmet Sami　テュルク、ヒクメト・サミ
　国トルコ　法相
Turk, James　ターク、ジェームス
　著「ドルの崩壊と資産の運用」同友館　2007
Turk, Jonathan　ターク、ジョン
　著「縄文人は太平洋を渡ったか」青土社　2006
Turk, Žiga　トゥルク、ジガ
　国スロベニア　教育科学文化スポーツ担当相
Turkanis, Jonathan　ターカニス、ジョナサン
　著「C++クックブック」オライリー・ジャパン、オーム社（発売）2006
Türkeş, Tuğrul　トルケシュ、トゥールル
　国トルコ　副首相
Turki, Kasim　トゥルキ、カーシム
　1976〜　著「ハロー、僕は生きてるよ。」大月書店　2008
Turkington, Carol　ターキントン、キャロル
　著「LD・学習障害事典」明石書店　2006
Turkington, Douglas　ターキングトン、ダグラス
　著「リカバリーをめざす統合失調症の認知行動療法ワークブック」星和書店　2016
Turkle, Brinton　タークル、ブリントン
　1915〜2003　著「もりのおきゃくさま」こぐま社　2013
Turkman, Fakhri　トゥルクマン、ファフリ
　国パレスチナ　社会福祉相
Turkmani, Hassan　トルクマニ、ハッサン
　国シリア　国防相
Turković, Bisera　トゥルコビッチ、ビセラ
　国ボスニア・ヘルツェゴビナ　欧州統合相
Turkovič, Milan　トゥルコヴィチ、ミラン
　1939〜　国オーストリア　ファゴット奏者、指揮者　異トゥルコヴィッチ、ミラン
Turkowski, Einar　トゥルコウスキィ、アイナール
　1972〜　著「おそろし山」河出書房新社　2012
Turks, Viktoriia　トゥルクス、ビクトリア
　国ウクライナ　柔道選手
Turley, James S.　ターリー、ジェームズ
　国アメリカ　実業家　アーンスト・アンド・ヤング（E&Y）会長・CEO　異ターリー、ジェームス

Turlington, Christy　ターリントン, クリスティ
　1969～　著「リヴィング・ヨガ」BABジャパン出版局　2006
Turman, John　ターマン, ジョン
　著「ハルク」角川書店　2003
Turmanidze, Irakli　トゥルマニゼ, イラクリ
　国ジョージア　重量挙げ選手　愛トゥルマニゼ
Turnaturi, Gabriella　トゥルナトゥーリ, ガブリエッラ
　著「裏切力」産業編集センター　2003
Turnbull, Ann　ターンブル, アン
　1943～　著「メアリーの鳩」日本ライトハウス　2002
Turnbull, Jessie　ターンブル, ジェシー
　1983～　著「伊東豊雄自然の力」丸善出版　2014
Turnbull, Malcolm　ターンブル, マルコム
　1954～　国オーストラリア　政治家　オーストラリア首相、オーストラリア自由党党首　本名＝Turnbull, Malcolm Bligh
Turnbull, Oliver　ターンブル, オリヴァー
　1964～　著「脳と心的世界」星和書店　2007
Turnbull, Peter　ターンブル, ピーター
　アメリカ探偵作家クラブ賞 短編賞（2012年）　"The Man Who Took His Hat Off to the Driver of the Train"
Turnbull, Stephanie　ターンブル, ステファニー
　著「かんたんステージマジック」ほるぷ出版　2014
Turnbull, Walter J.　ターンブル, ウォルター
　？～2007　国アメリカ　合唱指導者　ハーレム少年合唱団創設者
Turnell, Andrew　ターネル, アンドリュー
　著「児童虐待を認めない親への対応」明石書店　2008
Turner, Adair　ターナー, アデア
　1955～　著「債務、さもなくば悪魔」日経BP社、日経BPマーケティング（発売）　2016
Turner, Alice K.　ターナー, アリス・K.
　著「地獄の歴史」法政大学出版局　2014
Turner, Alwyn W.　ターナー, アルウィン・W.
　著「カルト・ロック・ポスター集」ブルース・インターアクションズ　2007
Turner, Anthea　ターナー, アンシア
　1960～　著「アンシアの英国式お片づけとおそうじの本」ディスカヴァー・トゥエンティワン　2012
Turner, Billy　ターナー, ビリー
　国アメリカ　アメフト選手
Turner, Bryan M.　ターナー, B.M.
　著「クロマチン」シュプリンガー・フェアラーク東京　2005
Turner, Bryan S.　ターナー, B.S.
　1945～　著「[新版]新しい世紀の社会学中辞典」ミネルヴァ書房　2005
Turner, Colin　ターナー, コリン
　1967～　著「人生の宝物はあなたの心を掃除したとき見つかる」PHP研究所　2003
Turner, Dale　ターナー, デイル
　著「ギター・フレーズの極意」シンコー・ミュージック　2003
Turner, David　ターナー, デイヴィッド
　グラミー賞 最優秀レコーディング・パッケージ（2008年（第51回））　"Death Magnetic"　アート・ディレクター
Turner, David　ターナー, デイヴィド
　著「やぶにらみ鳥たちの博物誌」悠書館　2015
Turner, David　ターナー, デビッド
　著「ソフトウェアの未来」翔泳社　2001
Turner, Deborah　ターナー, デボラ
　1954～　著「がんばれ！ウィリー」キッズネット、角川書店（発売）　2004
Turner, Dennis C.　ターナー, デニス・C.
　1948～　著「ペットへの愛着」緑書房　2015
Turner, Dona　ターナー, ドナ
　著「にじをつくったのだあれ？」世界文化社　2002
Turner, Elston　ターナー, エルストン
　国アメリカ　サクラメント・キングスアシスタントコーチ（バスケットボール）
Turner, Evan　ターナー, エバン
　国アメリカ　バスケットボール選手
Turner, Fred L.　ターナー, フレッド
　1933～2013　国アメリカ　実業家　マクドナルド会長・CEO
Turner, Graeme　ターナー, グレアム
　1947～　著「フィルム・スタディーズ」水声社　2012
Turner, Graham　ターナー, グラハム
　1964～　著「イングランドの中世騎士」新紀元社　2002
Turner, Graham　ターナー, グレアム
　1963～　著「クレジット・クランチ」昭和堂　2010
Turner, Henry Ashby, Jr.　ターナー, H.A., Jr.
　1932～2008　著「独裁者は30日で生まれた」白水社　2015
Turner, Howard R.　ターナー, ハワード・R.
　1918～　著「図説科学で読むイスラム文化」青土社　2001
Turner, Ike　ターナー, アイク
　1931～2007　国アメリカ　ミュージシャン
Turner, J.A.　ターナー, ジュディス
　著「偽薬効果」春秋社　2002
Turner, Jacob　ターナー, ジェイコブ
　国アメリカ　野球選手
Turner, James　ターナー, ジェームズ
　著「Tomcat & JSP」ピアソン・エデュケーション　2003
Turner, Jarvis　ターナー, ジャービス
　国アメリカ　アメフト選手
Turner, Jason　ターナー
　国アメリカ　射撃選手
Turner, Jason　ターナー, ジェイソン
　著「世界の主力軍用車」アリアドネ企画、三修社（発売）　2003
Turner, Jerome　ターナー, ジェローム
　グラミー賞 最優秀レコーディング・パッケージ（2014年（第57回））　"Lightning Bolt"　アート・ディレクター
Turner, Joe Lynn　ターナー, ジョー・リン
　国アメリカ　ロック歌手
Turner, John　ターナー, ジョン
　著「社会保障年金制度」法研　2001
Turner, Jonathan H.　ターナー, ジョナサン・H.
　著「中間階級の蜂起」学文社　2016
Turner, Jon "Pearljammer"　ターナー, ジョン・パール ジャマー
　著「オンラインポーカーで稼ぐ技術」パンローリング　2012
Turner, J.Scott　ターナー, J.スコット
　著「自己デザインする生命」青土社　2009
Turner, Justin　ターナー, ジャスティン
　国アメリカ　野球選手
Turner, Kate　ターナー, ケイト
　1967～　国オーストラリア　著「オーストラリア」ほるぷ出版　2008
Turner, Katharine　ターナー, キャサリン
　著「ザ・マペッツ」偕成社　2012
Turner, Kathleen　ターナー, キャスリーン
　1954～　国アメリカ　女優　本名＝ターナー, メアリー・キャスリーン
Turner, Kelly A.　ターナー, ケリー
　著「がんが自然に治る生き方」プレジデント社　2014
Turner, Landon　ターナー, ランドン
　国アメリカ　アメフト選手
Turner, Lewis　ターナー, ルイス
　国イギリス　ローザンヌ国際バレエコンクール 7位・プロ研修賞（第38回（2010年））ほか
Turner, Linda　ターナー, リンダ
　著「熱く危険な恋人」ハーレクイン　2010
Turner, Lyndsey　ターナー, リンゼイ
　ローレンス・オリヴィエ賞 演出賞（2014年（第38回））　"Chimerica"
Turner, Marcia Layton　ターナー, マーシャ
　著「このマーケターに学べ！」ダイヤモンド社　2002
Turner, Martha A.　ターナー, マーサ
　著「絶え間なき交信の時代」NTT出版　2003
Turner, Matt　ターナー, マット
　1964～　著「地球」ランダムハウス講談社　2008
Turner, Megan Whalen　ターナー, メーガン・ウェイレン
　1965～　国アメリカ　作家　愛ヤングアダルト, ファンタジー
Turner, Michael　ターナー, マイケル
　著「ヨーロピアンアンティーク大百科」西洋堂　2004
Turner, Michael　ターナー, マイケル
　著「スポーツ外傷・障害ハンドブック」医学書院　2015
Turner, Michael　ターナー, マイケル
　1971～2008　著「スーパーマン/バットマン：スーパーガール」ヴィレッジブックス　2016
Turner, Michael S.　ターナー, マイケル・S.
　著「科学力のためにできること」近代科学社　2008
Turner, Monica Goigel　ターナー, モニカ・G.
　著「景観生態学」文一総合出版　2004
Turner, Myles　ターナー, マイルズ
　国アメリカ　バスケットボール選手
Turner, Norv　ターナー, ノーブ
　国アメリカ　ミネソタ・バイキングスコーチ
Turner, Pamela S.　ターナー, パメラ・S.

㊃「Hachiko」 フレーベル館 2005
Turner, Paul ターナー, ポール
㊅アメリカ アメフト選手
Turner, Philip ターナー, フィリップ
1925〜 ㊃「シェパートン大佐の時計」 岩波書店 2003
Turner, Philip C. ターナー, P.C.
㊃「分子生物学キーノート」 シュプリンガー・フェアラーク東京 2002
Turner, Piers Norris ターナー, ピアズ・ノーリス
㊃「カール・ポパー社会と政治」 ミネルヴァ書房 2014
Turner, Richard ターナー, リチャード
1954〜 ㊃「アジャイルと規律」 日経BP社, 日経BP出版センター (発売) 2004
Turner, R.Kerry ターナー, R.K.
㊃「環境経済学入門」 東洋経済新報社 2001
Turner, Rosario トゥルネル, ロサリオ
㊅パナマ 保健相
Turner, Sandy ターナー, サンディ
㊃「サイレントナイト」 セーラー出版 2003
Turner, Sarah E. ターナー, サラ・E.
㊃「ビジネスとしての高等教育」 出版研, 人間の科学新社 (発売) 2011
Turner, Sheldon ターナー, シェルダン
ゴールデン・グローブ賞 映画 脚本賞 (第67回 (2009年度))"Up In The Air"
Turner, Steve ターナー, スティーヴ
1949〜 ㊃「完全版 ビートルズ全曲歌詞集」 ヤマハミュージックメディア 2016
Turner, Stuart ターナー, ステュアート
㊅アメリカ 野球選手
Turner, Ted ターナー, テッド
1938〜 ㊅アメリカ 実業家 ターナー・ブロードキャスティング・システム (TBS) 創業者, CNN創業者, 国連財団会長 AOLタイム・ワーナー副会長 本名=ターナー, ロバート・エドワード (3世)〈Turner, Robert Edward Ⅲ〉
Turner, Toni ターナー, トニ
㊃「ターナーの短期売買革命」 パンローリング 2008
Turner, Tracey ターナー, トレイシー
㊃「たったひとりのサバイバル・ゲーム！ 極寒の雪山を脱出せよ」 KADOKAWA 2016
Turner, Trai ターナー, トライ
㊅アメリカ アメフト選手
Turner, Trea ターナー, トレイ
㊅アメリカ 野球選手
Turner, Trevor ターナー, トレバー
㊃「業績評価の理論と実務」 東洋経済新報社 2004
Turner, V.J. ターナー, V.J.
㊃「自傷からの回復」 みすず書房 2009
Turney, Alan J. ターニー, アラン
1938〜2006 ㊅イギリス 清泉女子大学教授 ㊉日本文学, 翻訳研究
Turney, Chris ターニー, クリス
1973〜 ㊃「骨・岩・星」 日本評論社 2013
Turnquest, Orville ターンクエスト, オービル
㊅バハマ 総督
Turnquest, Tommy ターンクエスト, トミー
㊅バハマ 安全保障相
Turok, Neil トゥロック, ニール
1958〜 ㊃「ここまでわかった宇宙の謎」 日経BP社, 日経BPマーケティング (発売) 2015
Turova, Margarita ツロワ
㊅ベラルーシ 陸上選手
Turow, Scott F. トゥロー, スコット
1949〜 ㊅アメリカ 作家, 弁護士 ㊉タロー, スコット
Turpin, Dominique テュルパン, ドミニク
1957〜 イメデ (IMD) 学長 ㊃「グローバル・マーケティング, ブランド・マネジメント, 顧客志向の徹底戦略ほか ㊉ツルパン, ドミニク
Turpin, Ian タービン, イアン
㊃「エルンスト」 西村書店 2012
Turrell, James タレル, ジェームズ
1943〜 ㊅アメリカ 現代美術家
Turrini, Leo トゥッリーニ, レオ
1960〜 ㊃「確信犯」 三栄書房 (発売) 2015
Turrini, Peter トゥリーニ, ペーター
1944〜 ㊃「ねずみ狩り」 論創社 2005
Turse, Nick タース, ニック

㊃「動くものはすべて殺せ」 みすず書房 2015
Tursunkulov, Nurlan トゥルスンクロフ, ヌルラン
㊅キルギス 法相
Tursunov, Farrukh Islomdjonovich トゥルスノフ, ファルフ・イスロムジョノヴィチ
㊅ウズベキスタン 駐日特命全権大使
Tursunov, Khusan トゥルスノフ, フサン
㊃「ハナミ」 元春智裕 c2012
Turtelboom, Annemie トゥルテルボーム, アネミー
㊅ベルギー 法相
Turteltaub, Jon タートルトーブ, ジョン
1964〜 ㊅アメリカ 映画監督
Turteltaub, Saul タートルトブ, ソール
㊃「じじバカ」 サンマーク出版 2002
Turton, Nigel D. タートン, ナイジェル・D.
㊃「日本人にありがちな英文法誤用辞典」 マクミランランゲージハウス 2003
Turtu, Tony ターツ, トニー
1961〜 ㊃「悪女映画コレクションバッド・ガールズ」 ブルース・インターアクションズ 2006
Turturro, John タトゥーロ, ジョン
1957〜 ㊅アメリカ 俳優, 映画監督 ㊉ターツロー, ジョン
Turvey, Nicholas タービー, ニコラス
㊃「需要と供給」 創成社 2006
Turzilli, Andrew タージリ, アンドリュー
㊅アメリカ アメフト選手
Tusa, Tricia トゥサ, トリシャ
㊃「はじまりのはじまりのはじまりのおわり」 福音館書店 2012
Tusch, Manuel トゥッシュ, マヌエル
1976〜 ㊃「すべては心理学で解決できる」 サンマーク出版 2014
Tušek, Alojz トゥシェク, アロイズ
㊅クロアチア 海事・運輸・通信相
Tusevljak, Spasoe トゥシェブリャク, スパソエ
㊅ボスニア・ヘルツェゴビナ 財務相
Tushishvili, Otar トゥシシビリ
㊅ジョージア レスリング選手
Tusk, Donald トゥスク, ドナルド
1957〜 ㊅ポーランド 政治家 EU大統領 ポーランド首相, ポーランド市民プラットフォーム党首 本名=Tusk, Donald Franciszek
Tuss, David J. タス, デイヴィッド・J.
㊃「動物たちの武器」 エクスナレッジ 2015
Tusupbekov, Rashid トゥスプベコフ, ラシド
㊅カザフスタン 法相
Tutatchikova, Elena トゥタッチコワ, エレナ
㊃「林檎が木から落ちるとき, 音が生まれる」 torch press 2016
Tutelyan, Victor A. トゥテリャン, ヴィクトル・A.
㊃「食品の機能性表示と世界のレギュレーション」 薬事日報社 2015
Tutkhalian, Seda トゥトハラン, セダ
㊅ロシア 体操選手
Tuttle, Cameron タトル, キャメロン
㊃「バッドガールで生きてみない？」 PHP研究所 2002
Tuttle, Lisa タトル, リサ
㊃「闇の展覧会」 早川書房 2005
Tuttle, William タトル, ウィリアム
1912〜2007 ㊅アメリカ メイクアップアーティスト 本名=タトル, ウィリアム・ジュリアン〈Tuttle, William Julian〉
Tutton, Chloe タットン, クロイ
㊅イギリス 水泳選手
Tutu, Desmond Mpilo ツツ, デズモンド・ムピロ
1931〜 ㊅南アフリカ 平和運動家, 黒人解放運動家, 聖職者 南アフリカ真実和解委員会委員長, 英国国教会ケープタウン大主教 ㊉ツツ, デズモンド
Tuuu, Anasii Leota トゥウウ・アナシイ・レオタ
㊅サモア 歳入相
Tuvshinbayar, Naidan ツブシンバヤル, ナイダン
1984〜 ㊅モンゴル 柔道選手
Tuya, Jez ツヤ, ジェズ
㊃「耳の聞こえないメジャーリーガー ウィリアム・ホイ」 光村教育図書 2016
Tuyaga, Herman トゥーヤガ, エルマン
㊅ブルンジ エネルギー・鉱業相
Tuyen, Thi Phuong トゥエン・P.T.
1971〜 ㊃「ベトナムの料理とデザート」 PARCO事業局出版部 2001

Tuyen, Truong Dinh　トゥエン, チュオン・ディン
　国ベトナム　貿易相
Tuymans, Luc　タイマンス, リュック
　1958〜　著「リュック・タイマンス」ワコウ・ワークス・オブ・アート　2013
Tuymebayev, Zhanseit　トゥイメバエフ, ジャンセイト
　国カザフスタン　教育科学相
Tuzinsky, Juraj　ツジンスキー, ユーラジ
　国スロバキア　射撃選手
Tüzmen, Kürşad　トゥズメン, キュルシャト
　国トルコ　国務相
Tvardovskij, V.　トワルドフスキー, V.
　著「Федорино горе」淡交社　2004
Tvede, Lars　トゥヴェーデ, ラース
　著「相場の心理学」ダイヤモンド社　2001
Tvert, Mason　トヴェルト, メーソン
　著「マリファナはなぜ非合法なのか？」築地書館　2011
Tvircun, Victor　トビルクン, ビクトル
　国モルドバ　教育・青年・スポーツ相
Tvrdík, Jaroslav　トゥブルジーク, ヤロスラフ
　国チェコ　国防相
Twagiramungu, Ascension　トワギラムング, アサンシオン
　国ブルンジ　内務治安相
Twamba, Charlotte　トワンバ, シャルロット
　国コンゴ民主共和国　公務員相
Twardecki, Alojzy　トヴァルデツキ, アロイズィ
　1938〜　著「ぼくはナチにさらわれた」平凡社　2014
Tweddle, Elizabeth　トゥエドル
　国イギリス　体操選手
Tweed, Matt　トゥイード, マット
　著「元素の不思議」創元社　2014
Tweedie, David　トゥイーディー, デービッド
　1944〜　国イギリス　会計士　国際会計基準審議会（IASB）議長　スコットランド会計士協会副会長　本名＝Tweedie, David Philip
Tweet, Jonathan　トゥイット, ジョナサン
　著「モンスターマニュアル」ホビージャパン　2005
Tweisi, Adel　トゥエイシ, アデル
　国ヨルダン　高等教育・科学研究相
Twelvetrees, Alan C.　トゥエルブトゥリーズ, アラン・C.
　著「コミュニティワーク」久美　2006
Twenge, Jean M.　トゥエンギ, ジーン・M.
　1971〜　著「自己愛過剰社会」河出書房新社　2011
Twerski, Abraham J.　ツワルスキー, エイブラハム・J.
　著「スヌーピーたちのいい人間関係学」講談社　2003
Tweya, Tjekero　トゥエヤ, チェケロ
　国ナミビア　情報・通信技術相
Twidell, John　トワイデル, ジョン
　「洋上風力発電」鹿島出版会　2011
Twigg, Emma　ツイグ, エマ
　国ニュージーランド　ボート選手　愛称トゥイッグ
Twiggy　ツイッギー
　1949〜　国イギリス　モデル, 女優　本名＝ローソン, レズリー〈Lawson, Lesley〉　愛称ツイッギー／トゥイギー／トゥイッギー
Twin, Aphex　エイフェックス・ツイン
　国イギリス　グラミー賞 最優秀ダンス／エレクトロニック・アルバム（2014年〈第57回〉）"Syro"
Twin, Colin　トゥイン, コリン
　「ピーターラビットジグソーパズルブック」大日本絵画〔2001〕
Twins Seven Seven　トゥインズ・セブン・セブン
　1944〜2011　国ナイジェリア　画家, 音楽家　本名＝オラニイ〈Olaniyi Oyewale-Toyeje Oyelale Osuntoki〉　愛称ツインズ・セヴン・セヴン
Twintreess, Marilyn　ツイントゥリーズ, マリリン
　著「ストーンアライブ」ヴォイス　2011
Twintreess, T.　ツイントゥリーズ, トーマス
　著「ストーンアライブ」ヴォイス　2011
Twist, Lynne　トゥイスト, リン
　著「ソウル・オブ・マネー」ヒカルランド　2013
Two Feather, William　トゥフェザー, ウィリアム
　著「窮地を拓く「祈り」の超パワー」ヒカルランド　2012
Twohig, Karl R.　トゥーヒグ, カール・R.
　1964〜　著「知的会話のための英語」ベレ出版　2004
Twohig, Michael　トゥーヒグ, マイケル
　著「アクセプタンス＆コミットメント・セラピー実践ガイド」明石書店　2014

Twohy, David　トゥーヒー, デヴィッド
　1956〜　著「リディック」角川書店　2004
Twohy, Robert　トゥーイ, ロバート
　1923〜　著「物しか書けなかった物書き」河出書房新社　2007
Twombly, Cy　トゥオンブリー, サイ
　1928〜2011　国アメリカ　画家　愛称トゥオンブリ, サイ
Twomey, Nora　トゥオメイ, ノラ
　アヌシー国際アニメーション映画祭 長編映画 観客賞（2009年）ほか
Tworuschka, Udo　トゥヴォルシュカ, U.
　1949〜　著「諸宗教の倫理学」九州大学出版会　2006
Twycross, Robert G.　トワイクロス, ロバート・G.
　愛称トワイクロス, ロバート　著「トワイクロス先生のがん緩和ケア処方箋」医学書院　2013
Twyman, James F.　トゥワイマン, ジェイムス・F.
　著「ザ・モーゼス・コード」春秋社　2009
Twyman, Richard M.　トゥイマン, R.M.
　著「生命情報学キーノート」シュプリンガー・フェアラーク東京　2003
Ty, George　ティー, ジョージ
　国フィリピン　実業家　漢字名＝鄭少堅
Tyack, David B.　タイヤック, デイヴィッド・B.
　著「共通の土台を求めて」日日教育文庫　2005
Tybout, Alice M.　タイボー, アリス・M.
　著「ケロッグ経営大学院ブランド実践講座」ダイヤモンド社　2006
Tybout, Arice　ティバウト, アリス
　著「「ブランディング」は組織力である」ダイヤモンド社　2005
Tych, Feliks　ティフ, フェリクス
　1929〜　著「ポーランドのユダヤ人」みすず書房　2006
Tydeman, Naomi　タイドマン, ナオミ
　著「比べてわかった!!水彩上達のコツとヒント」グラフィック社　2008
Tye, Joe　タイ, ジョー
　著「天使になった男」ディスカヴァー・トゥエンティワン　2013
Tye, Larry　タイ, ラリー
　著「スーパーマン」現代書館　2013
Tye, Will　タイ, ウィル
　国アメリカ　アメフト選手
Tyers, Jenny　タイアーズ, ジェニー
　1969〜　著「夜です昼です」パロル舎　2002
Tyers, Kathy　タイアーズ, キャシー
　著「スター・ウォーズ」ソニー・マガジンズ　2001
Tyger, Rory　タイガー, ロリー
　著「くまのニュートンあめのひだいすき」学習研究社　2008
Tykhonov, Viktor　ティホノフ, ビクトル
　国ウクライナ　副首相兼地域開発・建設・住宅相
Tykwer, Tom　ティクヴァ, トム
　1965〜　国ドイツ　映画監督　愛称ティクバ, トム
Tyl, Noel　ティル, ノエル
　1936〜　著「心理占星術」イースト・プレス　2014
Tyldesley, Joyce A.　ティルディスレイ, ジョイス
　愛称ティルズリー, ジョイス　著「女王・王妃歴代誌」創元社　2008
Tylecote, Andrew　ティルコート, アンドリュー
　著「長期波動」藤原書店　2002
Tylee, Andre　タイリー, アンドレ
　著「うつ病という時限爆弾」日本評論社　2003
Tyler, Andrea　タイラー, アンドレア
　著「英語前置詞の意味論」研究社　2005
Tyler, Anne　タイラー, アン
　1941〜　国アメリカ　作家
Tyler, Gillian　タイラー, ジリアン
　著「たからものさがし」小学館　2002
Tyler, Jenny　タイラー, ジェニー
　著「モンスター迷路」PHP研究所　2009
Tyler, Kermit　タイラー, カーミット
　1913〜2010　国アメリカ　軍人　米国陸軍中佐　本名＝Tyler, Kermit Arthur
Tyler, Liv　タイラー, リブ
　1977〜　国アメリカ　女優　愛称タイラー, リヴ
Tyler, Steven　タイラー, スティーブン
　1951〜　国アメリカ　ロック歌手　愛称タイラー, スティーヴン
Tyler, Val　タイラー, ヴァル
　国イギリス　作家　児童書
Tyler, Zan　タイラー, ザン
　著「子どもの可能性を伸ばす7つの秘訣」ホームスクーリング・ビジョン　2006

Tyler-Lewis, Kelly　テイラー＝ルイス, ケリー
(著)「シャクルトンに消された男たち」 文芸春秋　2007
Tyler The Creator　タイラー・ザ・クリエイター
(国)アメリカ　MTVアワード 最優秀新人アーティスト（第28回（2011年））　"Yonkers"
Tyminska, Karolina　ティミンスカ
(国)ポーランド　陸上選手
Tymon, Josh　タイモン, ジョシュ
(国)イングランド　サッカー選手
Tymoshchenko, Pavlo　ティモシュチェンコ, パブロ
(国)ウクライナ　近代五種選手　(異)ティモシュチェンコ
Tymoshenko, Yulia　ティモシェンコ, ユリヤ
1960～　(国)ウクライナ　政治家　ウクライナ首相　本名＝Tymoshenko, Yulia Volodymyrivna　(異)チモシェンコ, ユリア / チモシェンコ, ユリヤ / ティモーシェンコ / ティモシェンコ, ユリア
Tynan, Katharine　タイナン, キャサリン
(著)「心に風が吹き、かかとに炎が燃えている」 メディアファクトリー　2001
Tynan, Kenneth　タイナン, ケネス
(著)「ビートルズ世界証言集」 ポプラ社　2006
Tynan, Ronan　タイナン, ローナン
1960～　(著)「終わらない挑戦」 ヤマハミュージックメディア　2003
Tyndale, Anne　ティンデイル, アン
(著)「精神分析的心理療法の現在」 岩崎学術出版社　2007
Tyndall, John　ティンダル, ジョン
？～2005　(国)イギリス　政治家　英国国民党（BNP）創設者　(異)ティンドル, ジョン
Tyner, McCoy　タイナー, マッコイ
グラミー賞 最優秀ジャズ・インストゥルメンタル・アルバム（個人またはグループ）（2004年（第47回））　"Illuminations"
Tynion, James, Ⅳ　タイノン, ジェームズ, 4世
(著)「バットマン/ミュータントタートルズ」 小学館集英社プロダクション　2016
Tynybekova, Aisuluu　ティニベコワ, アイスルー
(国)キルギス　レスリング選手
Tyree, Melvin T.　タイリー, M.T.
(著)「植物の木部構造と水移動様式」 シュプリンガー・ジャパン　2007
Tyrer, Peter J.　タイラー, ピーター
(著)「モデルで考える精神疾患」 星和書店　2012
Tyronne, del Pino　タイロン・デル・ピノ
(国)スペイン　サッカー選手
Tyrrell, Ian R.　ティレル, イアン
1947～　(著)「トランスナショナル・ネーションアメリカ合衆国の歴史」 明石書店　2010
Tyrrell, James　ティレル, ジェイムズ
(著)「ピリオド」 アーニ出版　2006
Tyrrell, Ken　ティレル, ケン
？～2001　(国)イギリス　F1監督　ティレル・チーム創設者
Tyrrell, Patricia　ティレル, パトリシア
1929～　(著)「雪どけのとき」 DHC　2006
Tyrrell, Susan　ティレル, スーザン
1945～2012　(国)アメリカ　女優
Tyson, Andrew　タイソン, アンドリュー
(国)アメリカ　エリザベート王妃国際コンクール ピアノ 第6位（2013年）
Tyson, Cicely　タイソン, シシリー
1933～　(国)アメリカ　女優
Tyson, DeAngelo　タイソン, ディアンジェロ
(国)アメリカ　アメフト選手
Tyson, Donald　タイスン, ドナルド
1954～　(著)「ネクロノミコン」 学研パブリッシング, 学研マーケティング（発売）　2013
Tyson, Iman　タイソン, イマーン
(著)「ハーバードMBA合格者のエッセイを読む」 オープンナレッジ　2007
Tyson, Mike　タイソン, マイク
1966～　(国)アメリカ　元プロボクサー　WBA・WBC・IBF統一世界ヘビー級チャンピオン　本名＝タイソン, マイケル・ジェラルド〈Tyson, Micheal Gerard〉
Tyson, Neil De Grasse　タイソン, ニール・ドグラース
(著)「かくして冥王星は降格された」 早川書房　2009
Tyson, Phyllis　タイソン, P.
1941～　(著)「精神分析的発達論の統合」 岩崎学術出版社　2008
Tyson, Robert L.　タイソン, R.L.
(著)「精神分析的発達論の統合」 岩崎学術出版社　2008
Tysse, Erik　ティッセ
(国)ノルウェー　陸上選手
Tyszka, Alberto Barrera　ティスカ, アルベルト・バレーラ
(著)「大統領チャベス」 緑風出版　2009
Tyton, Przemyslaw　ティトン, プシェミスワフ
(国)ポーランド　サッカー選手
Tyutyunov, Anatoly D.　チュチュノフ, アナトリー・D.
(国)ベラルーシ　副首相
Tyzack, Margaret　タイザック, マーガレット
ローレンス・オリヴィエ賞 プレイ 女優賞（2009年（第33回））　"The Chalk Garden"
Tzabar, Shimon　ツァバル, シモン
1926～　(著)「戦争に勝ってはいけない本当の理由」 バジリコ　2003
Tzannetakis, Tzannis　ツァネタキス, ツァニス
1927～2010　(国)ギリシャ　政治家, 軍人　ギリシャ副首相・文化相　(異)ザネタキス, ザニス
Tziallas, Georgios　ティアラス, ゲオルギオス
(国)ギリシャ　ボート選手
Tziolis, Fotios　ジョリス, フォティオス
(著)「ギリシャワイン」 飛鳥出版　2002
Tzonis, Alexander　ツォニス, アレグザンダー
1937～　(著)「ル・コルビュジエ」 鹿島出版会　2007

【U】

Uanivi, Tjiuee　ワニーヴィ, タイウエー
(国)ナミビア　ラグビー選手
Uata, Uliti　ウアタ, ウリティ
(国)トンガ　保健相
Ubac, Claire　ユバック, クレール
(著)「宝島」 小峰書店　2012
Ubad, Hamoud　ウバイド, ハムド
(国)イエメン　イスラム問題相
Ubalde, Jonard　ウバルデ, ジョナード
(著)「みんな大切！」 新科学出版社　2011
Ubayd, Hamud Mohammed　ウバイド, ハムド・ムハンマド
(国)イエメン　青年・スポーツ相　(異)ウバイド, ハムド・モハメド
Ubayd, Makram　ウバイド, マクラム
(国)シリア　運輸相
Ubbelohde, O.　ウベローデ, オットー
(著)「語るためのグリム童話」 小峰書店　2007
Ubol, Renu　ウボン, レヌー
(国)タイ　バンコク病院日本人クリニック医長兼副医局長, エルダリーケア・アンド・ナーシングホーム所長
Ubol, Thanarat　ウボン, タナラット
(国)タイ　元・海軍参謀長（海軍大将）, 元・防衛大学校同窓会タイ支部長
Uchida, Mitsuko　ウチダ, ミツコ
グラミー賞 最優秀クラシック器楽独奏（オーケストラつき）（2010年（第53回））　"Mozart: Piano Concertos Nos.23 & 24"　ソリスト　漢字名＝内田光子
Uchida, Pamela　ウチダ, パメラ
漢字名＝内田パメラ　(著)「アメリカ人の目から見た日本の多様性」 金星堂　2007
Uchnár, Peter　ウルナール, ペテル
1970～　(著)「ジェレミーと灰色のドラゴン」 小学館　2007
Udachyn, Artem　ウダチン
(国)ウクライナ　重量挙げ選手
Udaeta Velásquez, Maria Esther　ウダエタ・ベラスケス, マリア・エステル
(国)ボリビア　環境・水資源相
Udagawa, Anna　ウダガワ, アンナ
(著)「オズの魔法使い」 アイビーシーパブリッシング, 日本洋書販売（発売）　2005
Udall, Brady　ユドール, ブレイディ
(著)「エドガー・ミント、タイプを打つ。」 ソニー・マガジンズ　2004
Udaya Prakāśa　ウダイ・プラカーシ
1951～　(著)「ウダイ・プラカーシ選集」 大同生命国際文化基金　2011
Uddenberg, Nils　ウッデンベリ, ニルス
1938～　(著)「体系への情熱」 Natur & Kultur　c2007

Ude, Filip ウデ
　国クロアチア　体操選手
Udelhoven, Hermann-Josef ウーデルホーヴェン, ヘルマン・ヨーゼフ
　著「ビジュアル大世界史」日経ナショナルジオグラフィック社, 日経BP出版センター（発売）2007
Udell, Lawrence J. ウデル, ローレンス・J.
　著「食品の機能性表示と世界のレギュレーション」薬事日報社 2015
Uden, Grant オーデン, グラント
　著「西洋騎士道事典」原書房 2002
Udenwa, Achike ウデンワ, アチケ
　国ナイジェリア　商工相
Udmurtova, Oksana ウドムルトワ
　国ロシア　陸上選手
Udoh, Blessed ウドー
　国ナイジェリア　重量挙げ選手
Udoka, Ime ウドカ, アイミ
　国アメリカ　サンアントニオ・スパーズアシスタントコーチ（バスケットボール）
Udoma, Udo Udo ウドマ, ウド・ウド
　国ナイジェリア　予算・国家計画相
Udorih, Beno ウードリック, ベイノ
　国スロベニア　バスケットボール選手
Udovenko, Hennadii Yosipovich ウドヴェンコ, ヘナジー
　1931〜2013　国ウクライナ　政治家, 外交官　ウクライナ外相, 国連大使　著ウドベンコ, ヘナジー
Udovičić, Vanja ウドビチッチ, バーニャ
　国セルビア　青年・スポーツ相
Udovički, Kori ウドビチュキ, コリ
　国セルビア　副首相兼行政・地方自治相　訳ウドビツキ, コリ
Udrea, Elena ウドレア, エレナ
　国ルーマニア　地域開発・観光相
Udry, Christopher ウドリー, クリストファー
　著「開発のミクロ経済学」東洋経済新報社 2001
Udry, Janice May ユードリー, ジャニス・メイ
　1928〜　著「ムーン・ジャンパー」偕成社 2014
Udval, Natsag オドバル, ナツァグ
　国モンゴル　保健相
Udwan, Atef アドワン, アテフ
　国パレスチナ　難民担当相
Uea-aree, Attapon ウェアアリー, アタポン
　国タイ　射撃選手
Uebe, Ingrid ユーベ, イングリット
　著「六つの魔法のおはなし」小峰書店 2008
Ueberroth, Peter ユベロス, ピーター
　1937〜　国アメリカ　米国オリンピック委員会（USOC）会長, ロサンゼルス五輪組織委員会委員長, 大リーグコミッショナー　本名＝Ueberroth, Peter Victor
Ueberschär, Gerd R. ユーバーシェア, ゲルト
　著「総統からの贈り物」錦正社 2010
Ueblacker, Peter ユーベルアッカー, ペーター
　著「スポーツ筋損傷 診断と治療法」ガイアブックス 2014
Uecker, Gerd ユッカー, ゲルト
　1946〜　著「夢の職業オペラ歌手」春秋社 2013
Uecker, Günther ユッカー, ギュンター
　1930〜　著「Günther Uecker」伊丹市立美術館 c2004
Ueda, Yoshihiko ウエダ, ヨシヒコ
　漢字名＝上田義彦　著「Frank Lloyd Wright」エクスナレッジ 2003
Uehara, Humberto ウエハラ, ウンベルト
　国ペルー　元・在日本国大使館現地職員
Uehashi, Nahoko ウエハシ, ナホコ
　国日本　国際アンデルセン賞 作家賞（2014年）　漢字名＝上橋菜穂子
Uehleke, Bernhard ユーレケ, ベルンハルト
　著「修道院の薬草箱」フレグランスジャーナル社 2007
Uehling, Mark ユーリン, マーク・D.
　著「炭素の物語」大月書店 2006
Uekötter, Frank ユケッター, フランク
　1970〜　訳ユーケッター, フランク　著「ナチスと自然保護」築地書館 2015
Uematsu, Kenji ウエマツ
　国スペイン　柔道選手
Ueno, Antônio ウエノ, アントニオ
　1923〜2011　国ブラジル　政治家　ブラジル下院議員
Uesseler, Rolf ユッセラー, ロルフ

　1943〜　著「戦争サービス業」日本経済評論社 2008
Ug, Philippe ユージー, フィリップ
　著「ひなどりのすだち」大日本絵画　〔2015〕
Ugarte Ubillús, Óscal ウガルテ・ウビジュス, オスカル
　国ペルー　保健相
Ugas, Yordenis ウガス
　国キューバ　ボクシング選手
Ugbesia, Odion ウグベシア, オディオン
　国ナイジェリア　鉱物相
Ugen, Lorraine ウゲン, ロレイン
　国イギリス　陸上選手
Uglow, Jennifer S. アグロウ, ジェニファー
　訳ユーグロウ, ジェニー　著「エリザベス・ギャスケル」鳳書房 2007
Ugurla, Fatih ウグルラ, ファティ
　著「Anytime」NTT出版 2001
Uguru, Usani Usani ウグル, ウスニ・ウスニ
　国ナイジェリア　ニジェール川デルタ問題相
Uhde, Thomas W. ユード, トーマス・W.
　著「不安障害」日本評論社 2005
Uhl, Axel ウール, アクセル
　著「MDAのエッセンス」翔泳社 2004
Uhl, Matthias ウール, M.
　1970〜　著「ヒトラー・コード」講談社 2006
Uhlaender, Katie ユーランダー
　国アメリカ　スケルトン選手
Uhlenkamp, Jeannie ウーレンカム, ジーニー
　著「Q&A思春期のアスペルガーのための恋愛ガイド」福村出版 2012
Uhliarik, Ivan ウフリアリク, イバン
　国スロバキア　厚生相
Uhlich, Gerald R. ウーリヒ, ゲラルド・R.
　著「クヌート」日本放送出版協会 2007
Uhlig, Helmut ウーリッヒ, ヘルムート
　1922〜　著「人類最古の文明の源流」アリアドネ企画 2001
Uhm, Tae-woong オム・テウン
　1974〜　国韓国　俳優　漢字名＝厳泰雄
Uhrmann, Michael ウールマン
　国ドイツ　スキージャンプ選手
Uibel, Arvid ウイベル, アルヴィット
　アヌシー国際アニメーション映画祭 卒業制作 最優秀学校もしくは卒業制作賞（2002年）　"Das Rad"（英題：Rocks）
U-ie ユイ
　1988〜　国韓国　歌手, 女優　本名＝キム・ユジン
Uili Kolo'ofai ウィリ・コロファイ
　国トンガ　ラグビー選手
Uitto, Juha I. ウィトォー, ジューハ・I.
　著「水のリスクマネージメント」アサヒビール, 清水弘文堂書房（発売） 2002
Uitumen Orgodolyn ウイトゥメン・オルゴドル
　国モンゴル　レスリング選手
Ujazdowski, Kazimierz ウヤズドフスキ, カジミェジュ
　国ポーランド　文化相
Ujhelyi, Maria ウィヘイ, マリア
　著「音楽の起源」人間と歴史社 2013
Ujifusa, Grant ウジフサ, グラント
　国アメリカ　元・日系米国人市民連盟（JACL）戦時日系人収容補償法制定委員会法制戦略委員長, 元・「アメリカ政治年鑑」創刊共同編集者
Ujiri, Masai ウジリ, マサイ
　国アメリカ　トロント・ラプターズGM
Ukel Abango, Joseph ウケル・アバンゴ, ジョゼフ
　国南スーダン　教育相
Uken, Adriana ウーケン, エイドリアナ
　著「DV加害者が変わる」金剛出版 2012
Ukhov, Ivan ウホフ, イワン
　1986〜　国ロシア　走り高跳び選手　訳ユコフ, イバン
Ukleba, Mikheil ウクレバ, ミヘイル
　国ジョージア　国有資産管理相
Ukleja, Mick ウクレヤ, ミック
　著「「自分らしさ」をうまく生かして成功する法」イースト・プレス 2010
Ukolova, Evgenia ウコロワ
　国ロシア　ビーチバレー選手
Uk Vithun オク・ビトン
　国カンボジア　法相
Ulaan, Chultem オラーン, チュルテム

国モンゴル　財務相　国ウラーン, チュルテミーン
Ulak, James Thomas　ユーラック, ジェームス・トーマス
　国アメリカ　フリーア・サックラー・ギャラリー副館長
Ulan, Helen　ウラン, ヘレン
　著「ベイビー・ヴァン・ゴッホ絵本」コムテック　2001
Ulanov, Denis　ウラノフ
　国カザフスタン　重量挙げ選手
Ulbricht, Catherine E.　ウルブリヒト, キャサリン・E.
　著「ハーブ&サプリメント」ガイアブックス　2014
Uldrich, Jack　ウルドリッチ, ジャック
　1964〜　著「ナノテクビジネス指南」丸善　2004
Ulich, Michaela　ウーリッヒ, ミハエラ
　著「ヨーロッパの保育と保育者養成」大阪公立大学共同出版会 2004
Ulin, Bengt　ウリーン, ベングト
　1928〜　著「シュタイナー学校の数学読本(とくほん)」筑摩書房　2011
Ulin, David L.　ユーリン, デヴィッド・L.
　著「それでも, 読書をやめない理由」柏書房　2012
Ulis, Tyler　ユリス, タイラー
　国アメリカ　バスケットボール選手
Ulitskaia, Liudmila　ウリツカヤ, リュドミラ
　1943〜　国ロシア　作家
Ülker, Murat　ウルケル, ムラット
　国トルコ　ユルドゥズ・ホールディング会長
Ulkumen, Selahattin　ウルクメン, セラハティン
　?〜2003　国トルコ　外交官
Ullate Fabo, José Antonio　ウリャテ・ファボ, ホセ・アントニオ
　著「「反」ダ・ヴィンチ・コード」早川書房　2006
Ullenhag, Erik　ウレンハーグ, エーリック
　国スウェーデン　社会統合相
Ullman, Dana　アルマン, デイナ
　著「世界の一流有名人がホメオパシーを選ぶ理由」ホメオパシー出版　2010
Ullman, Ellen　ウルマン, エレン
　国アメリカ　作家　図ミステリー
Ullman, Jeffery D.　ウルマン, J.D.
　図ウルマン, ジェフリー・D.　著「コンパイラ」サイエンス社 2009
Ullman, Larry Edward　ウルマン, ラリー
　1972〜　著「入門モダンJavaScript」オライリー・ジャパン, オーム社(発売)　2013
Ullmann, Liv　ウルマン, リヴ
　1938〜　国ノルウェー　女優, 映画監督　本名=Ullmann, Liv Johanne　図ウルマン, リブ
Ullmann, Michael　ウルマン, ミヒャエル
　1963〜　著「ドイツ空軍塗装大全」大日本絵画　2008
Ulloa, Leonardo　ウジョア, レオナルド
　国アルゼンチン　サッカー選手
Ullrich, Axel　ウルリッヒ, アクセル
　国ドイツ　ウルフ賞 医学部門(2010年)
Ullrich, Jan　ウルリヒ
　国ドイツ　自転車選手
Ullrich, Wolfgang　ウルリヒ, ヴォルフガング
　1967〜　著「芸術とむきあう方法」ブリュッケ, 星雲社(発売) 2008
Ullyett, Kevin　ウリエット
　国ジンバブエ　テニス選手
Ulmer, Sarah　アルマー
　国ニュージーランド　自転車選手
Ulmschneider, Peter　ウルムシュナイダー, P.
　1938〜　著「宇宙生物学入門」シュプリンガー・ジャパン　2008
Ulreich, Sven　ウルライヒ, スヴェン
　国ドイツ　サッカー選手
Ulrich, David　ウルリッチ, デイブ
　1953〜　著「グローバル時代の人事コンピテンシー」マグロウヒル・エデュケーション, 日本経済新聞出版社(発売)　2014
Ulrich, Deborah L.　ウルリッチ, デボラ・L.
　著「看護教育におけるグループ学習のすすめ方」医学書院　2002
Ulrich, Jan　ウルリッチ, ジャン
　著「乳幼児精神保健ケースブック」金剛出版　2007
Ulrich, Katherine　ユーリッチ, キャサリン
　著「Flash 5クイックスタートガイド」エムディエヌコーポレーション, インプレスコミュニケーションズ(発売)　2001
Ulrich, Lars　ウルリッヒ, ラーズ
　1963〜　国アメリカ　ロック・ドラマー
Ulrich, Mike　ウルリッチ, マイク
　著「グローバル時代の人事コンピテンシー」マグロウヒル・エデュケーション, 日本経済新聞出版社(発売)　2014
Ulrich, Wendy　ウルリッチ, ウェンディ
　著「個人と組織を充実させるリーダーシップ」生産性出版　2012
Ulrich, Wolfgang　ウルリッヒ, ヴォルフガング
　国ドイツ　元・レムゴ独日協会会長
Ulsrud, Thomas　ウルスル
　国ノルウェー　カーリング選手
Ultimate Warrior　アルティメット・ウォリアー
　1959〜2014　国アメリカ　プロレスラー　本名=ヘルウィッグ, ジェームス〈Hellwig, James〉
Ultz　ウルツ
　ローレンス・オリヴィエ賞 装置デザイン賞(2010年(第34回)) "Jerusalem"
Ulu, Vaomalo Kini　ウル・バオマロ・キニ
　国サモア　警察相
***Prince* Ulukalala Lavaka-Ata**　ウルカララ・ラバカアタ王子
　国トンガ　首相兼民間航空相兼海洋・港湾通信相兼災害救済活動相　図ウルカララ・ラバカアタ
Ulumi, Noorul-Haq　ウルミ, ヌールハク
　国アフガニスタン　内相
Ulusu, Bülent　ウルス, ビュレント
　1923〜2015　国トルコ　政治家, 軍人　トルコ首相
Ulver, Stanislav　ウルヴェル, スタニスラフ
　1946〜　著「チェコ・アニメーションの世界」人文書院　2013
Ulvskog, Marita　ウルプスコーグ, マリータ
　国スウェーデン　文化相
U Lwin　ウ・ルウィン
　1924〜2011　国ミャンマー　政治家　ミャンマー国民民主連盟(NLD)書記　図ウー・ルイン
Ulyanov, Mikhail Aleksandrovich　ウリヤーノフ, ミハイル
　1927〜2007　国ロシア　俳優　ワフタンゴフ劇場芸術監督　図ウリヤノフ, ミハイル
Ulyanova, Olga　ウリヤノワ, オリガ
　1922〜2011　国ロシア　政治家
Ulyukayev, Alexei V.　ウリュカエフ, アレクセイ・V.
　国ロシア　経済発展相
Umali, Rick　ウマリ, リック
　著「独習Git」翔泳社　2016
Umar, Idris　ウマール, イドリス
　国ナイジェリア　交通相
Umar, Mohammed　ウマル, ムハンマド
　1958〜　著「アミーナ」彩流社　2010
Umar, Sadiq　ウマル, サディク
　国ナイジェリア　サッカー選手
Umar Kayam　ウマル・カヤム
　1932〜2002　国インドネシア　作家, 社会学者　ガジャマダ大学教授
Umar Wirahadikusumah　ウマル・ウィラハディクスマ
　1924〜2003　国インドネシア　政治家, 軍人　インドネシア副大統領, インドネシア陸軍参謀総長　図ウィラハディクスマ/ウマル
Umbetov, Serik　ウムベトフ, セリク
　国カザフスタン　農相
Umble, M.Michael　アンブル, M.M.
　1947〜　著「シンクロナス・マネジメント」ラッセル社　2001
Umbral, Francisco　ウンブラル, フランシスコ
　1932〜2007　著「用水路の妖精(ニンフ)たち」現代企画室 2014
Umbreit, Alexa W.　アンブライト, アレクサ・W.
　著「ケアのなかの癒し」看護の科学社　2016
Umbreit, Mark　アンブレイト, マーク
　著「ソーシャルワークと修復的正義」明石書店　2012
Umbreit, Mark S.　アンブライト, マーク・S.
　著「被害者―加害者調停ハンドブック」誠信書房　2007
Umenyiora, Osi　ユメンヨラ, オシー
　1981〜　国アメリカ　元アメフト選手　図ウメニオーラ, オシ/ユメニオーラ, オシ
Umphred, Darcy Ann　アンフレッド, D.A.
　著「脳・神経リハビリテーション大事典」西村書店　2007
Umrysh, Cary E.　アンリッシ, ケアリー・E.
　著「管理者のためのJ2EE設計ベストプラクティス」ピアソン・エデュケーション　2002
Umtiti, Samuel　ユムティティ, サミュエル
　国フランス　サッカー選手
Una, Benjamin　ウナ, ベンジャミン

unaig

Unai Garcia　ウナイ・ガルシア
　国スペイン　サッカー選手
Unai Lopez　ウナイ・ロペス
　国スペイン　サッカー選手
Unakitan, Kemal　ウナクタン, ケマル
　国トルコ　財務相
Ünal, Mahir　ウナル, マヒル
　国トルコ　文化観光相
Unal, Mehmet Nadir　ウナル, メフットナディル
　国トルコ　ボクシング選手
Unasa, Mesi Galo　ウナサ・メシ・ガロ
　国サモア　法相
Uncuyan, Jacques　ユンクィアン, ジャック
　?～2007　国フランス　光塩学園名誉顧問
Unda, Hugo　ウンダ, ウゴ
　国エクアドル　国防相
Unda, Maider　ウンダ
　国スペイン　レスリング選手
Undenge, Samuel　ウンデンゲ, サミュエル
　国ジンバブエ　エネルギー・電力開発相
Underhill, Brian O.　アンダーヒル, ブライアン・O.
　著「リーダーシップ・マスター」英治出版　2013
Underhill, Paco　アンダーヒル, パコ
　1951～　国アメリカ　実業家　エンバイロセルCEO
Underwood, Blair　アンダーウッド, ブレア
　グラミー賞 最優秀朗読アルバム（2008年（第51回））"An Inconvenient Truth (Al Gore)"
Underwood, Carrie　アンダーウッド, キャリー
　グラミー賞 最優秀カントリーソロ歌手（2014年（第57回））ほか
Underwood, Cecil H.　アンダーウッド, セシル
　1922～2008　国アメリカ　政治家, 実業家　ウェストバージニア州知事（共和党）, ハンティングトン・ファンデーション会長
Underwood, Colton　アンダーウッド, コルトン
　国アメリカ　アメフト選手
Underwood, Deb　アンダーウッド, デブ
　著「児童虐待の発見と防止」慶応義塾大学出版会　2003
Underwood, Deborah　アンダーウッド, デボラ
　著「しずかな、クリスマスのほん」光村教育図書　2012
Underwood, Duane, Jr.　アンダーウッド, デュアン, Jr.
　国アメリカ　野球選手
Underwood, Geoffrey D.M.　アンダーウッド, G.
　著「オックスフォード心の科学ガイドブック」岩波書店　2004
Underwood, James Cressee Elphinstone　アンダーウッド, J.C.E.
　著「アンダーウッド病理学」西村書店　2002
Underwood, Laurie　アンダーウッド, ローリー・アン
　著「チャイナCEO」バベルプレス　2008
Underwood, LeBea　アンダーウッド, ル・ボー
　著「NEW 52：スーパーマン/ヤング・ジャスティス」ヴィレッジブックス　2013
Underwood, Liam　アンダーウッド, リーアム
　国カナダ　ラグビー選手
Underwood, Lynn Gordon　アンダーウッド, リン・G.
　著「ソーシャルサポートの測定と介入」川島書店　2005
Underwood, Patricia　アンダーウッド, パトリシア・R.
　1939～　著「看護理論の臨床活用」日本看護協会出版会　2003
Underwood, Peter　アンダーウッド, ピーター
　1923～　著「英国幽霊案内」メディアファクトリー　2010
Undeux　アンデュ
　著「動物かんきょう会議 日本語版」ヌールエ, 太郎次郎社エディタス（発売）　2005
Undurraga, Alberto　ウンドゥラガ, アルベルト
　国チリ　公共事業相
U;Nee　ユニ
　1981～2007　国韓国　歌手　本名＝ホ・ユン
Unga, Uani'　アンガ, ユアニ
　国アメリカ　アメフト選手
Ungar, Michael　ウンガー, マイケル
　1963～　著「リジリアンスを育てよう」金剛出版　2015
Unger, Craig　アンガー, クレイグ
　著「ブッシュの野望サウジの陰謀」柏書房　2004
Unger, Daniel　ウンガー
　国ドイツ　トライアスロン選手
Unger, Felix　ウンガー, フェリックス
　1946～　著「人間主義の旗を」東洋哲学研究所　2007
Unger, J.Marshall　アンガー, J.マーシャル
　1947～　著「占領下日本の表記改革」三元社　2001
Unger, Lisa　ウンガー, リザ
　1970～　国アメリカ　作家　題スリラー, サスペンス
Unger, Lorin　アンガー, ローリン
　著「プロジェクト・マネジャーが知るべき97のこと」オライリー・ジャパン, オーム社（発売）　2011
Unger, Max　アンガー, マックス
　国アメリカ　アメフト選手
Unger, Rhoda Kesler　アンガー, R.K.
　著「女性とジェンダーの心理学ハンドブック」北大路書房　2004
Unger, Tobias　ウンガー
　国ドイツ　陸上選手
Ungerer, Tomi　ウンゲラー, トミー
　1931～　国フランス　グラフィックアーティスト, 画家, 絵本作家　異アンゲラー／アンジェラー／ウンゲラー, トミ
Unger-Hamilton, Clive　アンガー＝ハミルトン, クライヴ
　著「西洋音楽史」学研パブリッシング, 学研マーケティング（発売）　2010
Unglik, Georges　ウングリック, ジョルジュ
　著「ボリス・ヴィアンのジャズ入門」シンコーミュージック・エンタテイメント　2010
Ungson, Gerardo R.　ウングソン, ジェラード・R.
　著「韓国企業のグローバル戦略」中央大学出版部　2005
Ungureanu, Mihai-Razvan　ウングレアーヌ, ミハイ・ラズヴァン
　1968～　国ルーマニア　政治家, 外交官　ルーマニア首相・外相　異ウングレアース, ミハイ・ラズバン
Ungureanu, Monica　ウングリアヌ, モニカ
　国ルーマニア　柔道選手
Ungvari, Miklos　ウングバリ, ミクロシュ
　国ハンガリー　柔道選手　異ウングバリ
Unitas, Johnny　ユナイタス, ジョニー
　1933～2002　国アメリカ　アメフト選手
Unkefer, Robert F.　アンケファー, ロバート・F.
　著「成人精神疾患の治療における音楽療法」一麦出版社　2015
Unkrich, Lee　アンクリッチ, リー
　1967～　国アメリカ　アニメーション監督, アニメーション編集者
Unmehopa, Musa　アンメホパ, ムサ
　著「OMA（オーエムエー）標準テキスト」リックテレコム　2010
Uno, Raymond S.　ウノ, レイモンド・S.
　国アメリカ　ユタ州日系コミュニティ保存委員会会長, 元・日系米国人市民連盟（JACL）会長, 元・ユタ州第3地方裁判所上席判事
Unrein, Mitch　アンライン, ミッチ
　国アメリカ　アメフト選手
Unruh, Lisa　ウンル, リサ
　国ドイツ　アーチェリー選手
Unruh, Rebecca　アンルー, レベッカ
　著「最強のモニター心電図」ガイアブックス　2013
Unseld, Siegfried　ウンゼルト, ジークフリート
　1924～2002　国ドイツ　出版人, ヘルマン・ヘッセ研究家　ズールカンプ書房社長, ハイデルベルク大学名誉教授, ハイデラバード大学名誉教授
Unseld, Wes, Jr.　アンセルド, ウェス, Jr.
　国アメリカ　デンバー・ナゲッツアシスタントコーチ（バスケットボール）
Unsworth, Barry　アンズワース, バリー
　1930～2012　国イギリス　作家　異アンスワース, バリー
Unsworth, Cathi　アンズワース, キャシー
　著「埋葬された夏」東京創元社　2016
Unsworth, John　アンスワース, ジョン
　1958～　著「人文学と電子編集」慶応義塾大学出版会　2011
Unterberg, Bastian　ウンターベルグ, バスティアン
　1978～　著「クラウドストーミング」阪急コミュニケーションズ　2014
Unterwurzacher, Kathrin　ウンターウルザッハー, カトリン
　国オーストリア　柔道選手
Unwin, Christina　アンウィン, クリスティナ
　著「世界の文様歴史文化図鑑」柊風舎　2013
Unwin, David　アンウィン, デイヴィッド
　著「先史時代の生物」リブリオ出版　2001
Unwin, Simon　アンウィン, サイモン
　1952～　著「建築デザイン分析」丸善出版　2016
Unwin, Stanley　アンウィン, スタンリー
　1911～2002　国イギリス　コメディアン, 俳優　別名＝プロフェッサー・アンウィン

Unzner-Fischer, Christa　ウンツナー, クリスタ
[著]「小さな火の妖精ルンヤ」 講談社　2008
Unzueta, Angel　ウンスエータ, アンヘル
[著]「スター・ウォーズ：砕かれた帝国」 ヴィレッジブックス　2016
Uon, Yu-soon　ウォン・ユスン
1957～ [国]韓国　作家 [専]児童書
Upadhyay, Vibhav Kant　ウパデアーエ, ヴィバウ・カント
1969～ [著]「ゼロからわかるインドの数学」 白夜書房　2007
Upadhyaya, Amod Prasad　ウパダヤ, アモド・プラサド
[国]ネパール　教育・スポーツ相
Upadhyaya, Shailendra Kumar　ウパダヤ, シャイレンドラ・クマル
1929～2011 [国]ネパール　政治家　ネパール外相
Upcraft, M.Lee　アップクラフト, リー
[著]「初年次教育ハンドブック」 丸善　2007
Updale, Eleanor　アップデール, エレナー
1953～ [国]イギリス　作家 [専]ミステリー, ヤングアダルト
Updike, John　アップダイク, ジョン
1932～2009 [国]アメリカ　作家, 詩人　本名＝アップダイク, ジョン・ホイヤー〈Updike, John Hoyer〉
Upington, Marion　アピントン, マリオン
[著]「カルペパー一家のおはなし」 瑞雲舎　2016
Upledger, John E.　アプレジャー, ジョン・E.
1932～2012 [著]「インナーフィジシャン」 科学新聞社　2013
Upritchard, Francis　アップリチャード, フランシス
1976～ [著]「ポテトポエム」 フォイル　2013
Upshaw, Courtney　アップショー, コートニー
[国]アメリカ　アメフト選手
Upshaw, Dawn　アップショウ, ドーン
1960～ [国]アメリカ　ソプラノ歌手
Upshaw, Grace　アップショー
[国]アメリカ　陸上選手
Upston, Louise　アプストン, ルイーズ
[国]ニュージーランド　矯正相 [異]アプストン, ルイス
Upton, Eben　アプトン, エベン
[著]「Raspberry Piユーザーガイド」 インプレスジャパン, インプレスコミュニケーションズ（発売） 2013
Upton, Graham　アプトン, G.
[著]「現代イギリスの政治算術」 北海道大学図書刊行会　2003
Upton, Justin　アップトン, ジャスティン
[国]アメリカ　野球選手
Upton, Kate　アプトン, ケイト
[国]アメリカ　モデル, 女優
Upton, Melvin　アップトン, メルビン
1984～ [国]アメリカ　野球選手　愛称＝アップトン, B.J. [異]アップトン, B.J. / アップトン, ビージェイ / アップトン, メルビン, Jr. / アプトン, B.J.
Upton, Roy　アプトン, ロイ
[著]「メディカルハーブ安全性ハンドブック」 東京堂出版　2001
Upton, Simon　アプトン, サイモン
[異]アップトン, サイモン [著]「エンシェント＋モダン」 エディシオン・トレヴィル, 河出書房新社（発売） 2002
Urach, Hans　ウーラッハ, ハンス
1956～ [著]「哲学の問い」 晃洋書房　2002
Uraiwan, Thienthong　ウライワン・ティエントン
[国]タイ　労相
Uranchimeg, Munkh-Erdene　ウランチメグ
[国]モンゴル　ボクシング選手
Uran Salazar, Juan　サラサール
[国]コロンビア　飛び込み選手
Urantsetseg Monkhbatyn　ウランツェツェグ・ムンフバット
[国]モンゴル　柔道選手
Uran Uran, Rigoberto　ウランウラン, リゴベルト
[国]コロンビア　自転車選手 [異]ウランウラン
Urban, Brent　アーバン, ブレント
[国]アメリカ　アメフト選手
Urban, Glen L.　アーバン, グレン
[著]「アドボカシー・マーケティング」 英治出版　2006
Urban, Hal　アーバン, ハル
1940～ [著]「一日ひとつ、小さな選択で人生を変える。」 サンマーク出版　2006
Urban, Keith　アーバン, キース
[国]アメリカ　ミュージシャン
Urban, Knut　ウルバン, クヌート
[国]ドイツ　ウルフ賞 物理学部門（2011年）
Urban, Milan　ウルバン, ミラン
[国]チェコ　産業貿易相
Urban, Simon　ウルバン, ジーモン
1975～ [著]「プランD」 早川書房　2016
Urban, William L.　アーバン, ウィリアム・L.
[著]「ビジュアル版 世界の歴史都市」 柊風舎　2016
Urbaneja, Mariá Lourdes　ウルバネハ, マリア・ロウルデス
[国]ベネズエラ　厚生社会開発相
Urbani, Giuliano　ウルバニ, ジュリアノ
[国]イタリア　文化相
Urbano De Sousa, Constança　ウルバーノデソウザ, コンスタンサ
[国]ポルトガル　内相
Urberuaga, Emilio　ウルベルアーガ, エミーリオ
1954～ [異]ウルベルアーガ, エミリオ [著]「きみのままでいいんだよ」 いのちのことば社フォレストブックス　2007
Urbik, Kraig　アービク, クレイグ
[国]アメリカ　アメフト選手
Urdabayeva, Marian　ウルダバエワ, マリアン
[国]カザフスタン　柔道選手
Ure, Jean　ユーア, ジーン
[著]「シュガー＆スパイス」 日本ライトハウス　2012
U'Ren, Andrea　ユーレン, アンドレア
[著]「メアリー・スミス」 光村教育図書　2004
Urena, Jose　ウリーナ, ホゼ
[国]ドミニカ共和国　野球選手
Urena, Richard　ウリーナ, リチャード
[国]ドミニカ共和国　野球選手
***al*-Urfi, Ahmed Ali**　ウルフィ, アハマド・アリ
[国]リビア　農相
Uriarte, Felimon　ウリアルテ, フェリモン
[国]フィリピン　科学技術相
Uriarte, Sugoi　ウリアルテ, スゴイ
[国]スペイン　柔道選手 [異]ウリアルテ
Uriarte Rodríguez, Ana Lya　ウリアルテ・ロドリゲス, アナ・リア
[国]チリ　国家環境委員長
Urias, Julio　ウリアス, フリオ
[国]メキシコ　野球選手
Uribe, Kirmen　ウリベ, キルメン
1970～ [国]スペイン　作家, 詩人 [専]文学　本名＝Uribe Urbieta, Kirmen
Uribe, Mariajo　ウリベ, マリアホ
[国]コロンビア　ゴルフ選手
Uribe, Nora　ウリベ, ノラ
[国]ベネズエラ　通信情報相
Uribe, Veronica　ウリベ, ヴェロニカ
[著]「ねむりたいのに」 新世研　2002
Uribe Botero, Beatriz　ウリベ・ボテロ, ベアトリス
[国]コロンビア　住宅・国土開発相
Uribe Echevarría, Jorge Alberto　ウリベ・エチェバリア, ホルヘ・アルベルト
[国]コロンビア　国防相
Uribe Escobar, Fernando　ウリベ, フェルナンド
1939～ [著]「聖フランシスコの会則」 教友社　2009
Uribe Vegalara, Juan Gabriel　ウリベ・ベガララ, フアン・ガブリエル
[国]コロンビア　環境相
Uribe Vélez, Álvaro　ウリベ・ベレス, アルバロ
1952～ [国]コロンビア　政治家　コロンビア大統領, コロンビア上院議員 [異]ウリーベ / ウリベ, アルバロ
Urich, Robert　ユーリック, ロバート
1947～2002 [国]アメリカ　俳優
Urichuck, Bob　ウリチャック, ボブ
[著]「驚異のセールス・アップ法」 三修社　2002
Urick, Robert J.　ユーリック, R.J.
[著]「水中音響学」 エスケイピー　2007
Urinov, Alexander　ウリノフ
[国]ウズベキスタン　重量挙げ選手
Uris, Leon Marcus　ユーリス, レオン
1924～2003 [国]アメリカ　作家 [異]ユーリス, リーオン / ユリス, レオン
Urishev, Anzor　ウリシェフ
[国]ロシア　レスリング選手
Urman, Richard D.　ウルマン, リチャード・D.
[著]「鎮静法ハンドブック」 メディカル・サイエンス・インターナショナル　2014

U

Urman, Scott アーマン, スコット
[著]「Oracle 8i PL/SQLプログラミング」 翔泳社 2001
Urmana, Violeta ウルマーナ, ヴィオレッタ
1961～ [国]リトアニア ソプラノ歌手
Urmson, J.O. アームソン, J.O.
1915～ [著]「アリストテレス倫理学入門」 岩波書店 2004
Urokov, Bekmurod ウロコフ, ベクムロド
[国]タジキスタン 穀物相
Urozboev, Diyorbek ウロズボエフ, ジヨルベク
[国]ウズベキスタン 柔道選手
Urpilainen, Jutta ウルピライネン, ユッタ
[国]フィンランド 副首相兼財務相
Urquhart, Brian アークハート, ブライアン
1919～ [著]「世界平和への冒険旅行」 新評論 2013
Urquhart, Ian Thomas アークハート, イアン
1955～ [著]「ザ・ラスト・グレート・フォレスト」 緑風出版 2001
Urquhart, Stephen ウルクハート, ステファン
1946～ 実業家 オメガ社長 [異]ウルクハート, スティーブ
Urquidi Barrau, Jorge ウルキディ・バラウ, ホルヘ
[国]ボリビア 公共事業相
Urrea, Luis Alberto ウレア, ルイス・アルベルト
アメリカ探偵作家クラブ賞 短編賞(2010年) "Amapola"
Urresti Elera, Daniel ウレスティ・エレラ, ダニエル
[国]ペルー 内相
Urru, Franco ウル, フランコ
?～2012 [著]「ミュータントタートルズ：オムニバス」 小学館集英社プロダクション 2015
Urrutia, Paulina ウルティア, パウリナ
[国]チリ 国家文化芸術評議会議長
Urrutia, Salvador ウルティア, サルバドル
[国]エルサルバドル 農相
Urry, John アーリ, ジョン
1946～2016 [著]「モバイル・ライブズ」 ミネルヴァ書房 2016
Ursache, Andrei ウルサケ, アンドレイ
[国]ルーマニア ラグビー選手
Ursache, Valentin ウルサケ, ヴァレンティン
[国]ルーマニア ラグビー選手
Ursano, Robert J. ウルサノ, R.J.
1947～ [異]アーサノ, ロバート・J. [著]「バイオテロリズム」 シュプリンガー・フェアラーク東京 2006
Urschel, John アーシェル, ジョン
[国]アメリカ アメフト選手
Urshela, Giovanny アーシェラ, ジオバニー
[国]コロンビア 野球選手
Ursini, James ウルシーニ, ジェイムズ
[著]「ロバート・アルドリッチ大全」 国書刊行会 2012
Ursiny, Timothy E. ウルシニー, ティム
[著]「もっと人間関係がうまくいく心のケンカ術」 阪急コミュニケーションズ 2003
Ursu, Vasile ウルス, バシレ
[国]モルドバ 運輸相
Ursuliak, Wally ウルスリアック, ウォーリー
[国]カナダ 元・カーリングインストラクター/プロモーター
Urton, Gary アートン, ゲイリー
1946～ [著]「インカの神話」 丸善 2002
Uruci, Esmeralda ウルチ, エスメラルダ
[国]アルバニア 文化・青年・スポーツ相
Urusemal, Joseph ウルセマル, ジョセフ
[国]ミクロネシア連邦 大統領
Urushadze, Andria ウルシャゼ, アンドリア
[国]ジョージア 保健・労働・社会保障相
Urveti, Ram Singh ウルヴェーティ, ラーム・シン
[著]「夜の木」 タムラ堂 2012
Urvoas, Jean-Jacques ウルボアス, ジャンジャック
[国]フランス 法相
Urwin, Cathy アーウィン, キャシー
?～2012 [著]「乳児観察と調査・研究」 創元社 2015
Ury, William ユーリー, ウィリアム
[著]「ハーバード流最後までブレない交渉術」 日本経済新聞出版社 2015
Urzica, Marius Daniel ウルジカ
[国]ルーマニア 体操選手
Usa, Guadalcanal Siriako ウサ, グアダルカナル・シリアコ
[国]ソロモン諸島 鉱業・エネルギー相
Usa, Siriako ウサ, シリアコ
[国]ソロモン諸島 土地相
Usabiaga, Javier ウサビアガ, ハビエル
[国]メキシコ 農業・畜産・農村開発・漁業・食糧相
Ušackas, Vygaudas ウシャツカス, ブィガウダス
[国]リトアニア 外相
Usakiewicz, Agnieszka ウサキェヴィチ, アグニェシュカ
[著]「海辺のネコ」 水声社 2011
Usakiewicz, Wojciech ウサキェヴィチ, ヴォイチェフ
[著]「地域から世界へ」 山口新聞 2001
Usamate, Jone ウサマテ, チョネ
[国]フィジー 雇用・生産相兼産業関係相
Usatîi, Andrei ウサトゥイ, アンドレイ
[国]モルドバ 保健相
Useem, Michael ユシーム, マイケル
1942～ [著]「取締役会の仕事」 日経BP社, 日経BPマーケティング(発売) 2014
Usenov, Daniyar ウセノフ, ダニヤル
[国]キルギス 第1副首相
Ushakov, Dmitrii ウシャコフ, ドミトリー
[国]ロシア トランポリン選手
Usher アッシャー
1978～ [国]アメリカ 歌手 本名＝レイモンド, アッシャー〈Raymond, Usher〉
Usher, Carol アッシャー, キャロル
[著]「樹木」 新樹社 2007
Usher, Scott アッシャー
[国]アメリカ 競泳選手
Usher, Shaun アッシャー, ショーン
[著]「注目すべき125通の手紙」 創元社 2014
Ushev, Theodore ウシェフ, セオドア
[国]カナダ ザグレブ国際アニメーション映画祭 グランド・コンペティション 審査員特別賞(Chris Landreth)(2015年)ほか
Usković, Borislav ウスココビッチ, ボリスラブ
[著]「モンテネグロ」 スタジオ・ストルガル 2006
Usković, Darko ウスココビッチ, ダルコ
[国]モンテネグロ 経済相
Uslaner, Eric M. アスレイナー, エリック・M.
[著]「不平等の罠」 日本評論社 2011
Uslar, Moritz von ウースラー, モーリッツ・フォン
1970～ [著]「インタヴューズ」 三修社 2006
Uslar-Pietri, Arturo ウスラル・ピエトリ, アルトゥロ
1906～2001 [国]ベネズエラ 作家, 政治学者, 政治家 ベネズエラ蔵相・文相・外相, ベネズエラ中央大学文学教授
Usman, Abubakar Abdid ウスマン, アブバカル・アブディク
[国]ソマリア 環境相
Usman, Esther Nenadi ウスマン, エスターネナディ
[国]ナイジェリア 財務相
Usman, Hussein Muhammad ウスマン, フセイン・ムハマド
[国]ソマリア 教育相
Usman, Mariam ウスマン, マルヤム
[国]ナイジェリア 重量挙げ選手 [異]ウスマン
Usman, Samsudeen ウスマン, シャムスディーン
[国]ナイジェリア 国家計画委員会相 [異]ウスマン, シャムスディン
Usmanov, Alisher ウスマノフ, アリシェル
[国]ロシア 実業家
Usmanov, Mirabror ウスマノフ, ミラブロル
[国]ウズベキスタン 副首相 [異]ウスモノフ, ミラブロル
Usmonzoda, Usmonali ウスモンゾダ, ウスモナリ
[国]タジキスタン エネルギー・水利相
Uspaskich, Viktor ウスパスキフ, ヴィクトル
[国]リトアニア 経済相
Uspenskii, Petr Dem'ianovich ウスペンスキー, ピョートル・デミアノヴィッチ
[著]「新しい宇宙像」 コスモス・ライブラリー, 星雲社(発売) 2002
Uspensky, Eduard ウスペンスキー, エドゥアルド
1937～ [国]ロシア 児童文学作家, 詩人
Usserbayev, Galymzhan ウセルバエフ, ガリムジャン
[国]カザフスタン レスリング選手
Ussilly, Lesly Novia Shila ウッシリー, レスリー・ノフィア・シラ
[国]インドネシア 元・在スラバヤ日本国総領事館現地職員
Ustariz Arze, Reginaldo ウスタリス・アルセ, レヒナルド
1940～ [著]「チェ・ゲバラ最後の真実」 武田ランダムハウスジャパン 2011
Ustinov, Nikolai ウスチノフ, N.A.

1937〜 [異]ウスチノフ, ニコライ [著]「とりかえっこ」 学習研究社 c2008

Ustinov, Peter ユスティノフ, ピーター
1921〜2004 [国]イギリス 俳優, 映画監督, 劇作家, 作家 本名＝Ustinov, Peter Alexander [異]ユスチノフ, ピーター

Ustinov, Vladimir V. ウスチノフ, ウラジーミル・V.
[国]ロシア 法相

Ustinova, Daria ウスティノワ, ダリア
[国]ロシア 水泳選手

Ustiugov, Sergey ウエウチュゴフ
[国]ロシア クロスカントリースキー選手

Ustopiriyon, Komronshokh ウストピリョン, コムロンショフ
[国]タジキスタン 柔道選手

Üstün, T.Bedirhan ウスツン, T.B.
[異]ウストウーン, T.B. [著]「ICD-10ケースブック」 医学書院 2012

Üstüner, Tuba ウスチュナー, チュバ
[著]「営業チームの強化法」 ダイヤモンド社 2007

Ustyugov, Evgeny ウストイウゴフ, エフゲニー
1985〜 [国]ロシア 元バイアスロン選手 本名＝Ustyugov, Evgeny Romanovich [異]ウスチュゴフ, エフゲニー

Usubov, Ramil ウスボフ, ラミリ
[国]アゼルバイジャン 内相

Usunier, Jean-Claude ウズニエ, ジャン・クロード
[著]「異文化適応のマーケティング」 ピアソン桐原 2011

Usvayskaya, Tanya ウスヴァイスカヤ, ターニャ
[著]「ノルシュテイン氏の優雅な生活」 ふゅーじょんぷろだくと 2003

Usyk, Oleksandr ウシク, オレクサンドル
1987〜 [国]ウクライナ ボクシング選手 [異]ウシュク, オレクサンドル

Utami, Ayu ウタミ, アユ
1968〜 [国]インドネシア 作家, ジャーナリスト [専]文学 [異]アユ・ウタミ

Utekhin, Ilya ウテヒン, イリヤ
[著]「ロシア」 ほるぷ出版 2009

Uteshov, Almas ウテショフ
[国]カザフスタン 重量挙げ選手

Uth, Mark ウート, マルク
[国]ドイツ サッカー選手

Uthaymin, Muhammad Salih ウサイミーン, ムハンマド・アル＝サーリフアル
1929〜2001 [著]「イスラームの信仰」 イスラミックセンター・ジャパン 2003

***al*-Uthayna, Salem** オザイナ, サレム
[国]クウェート 交通通信相兼住宅問題担当相

Uther, Hans-Jörg ウター, ハンス＝イェルク
1944〜 [著]「国際昔話話型カタログ」 小沢昔ばなし研究所 2016

Uthit Hēmamūn ウティット・ヘーマムーン
1975〜 [国]タイ 作家 [専]文学

***al*-Uthman, Abd al-Rahman Muhammad Ali** アル・ウスマン, アブドルラーマン・ムハマド・アリ
[国]イエメン 産業相

Uthoff, Jarrod ユーソフ, ジャロッド
[国]アメリカ バスケットボール選手

Utkan, Necati ウトゥカン, ネジャティ
[国]トルコ 土日基金評議委員, 元・駐日トルコ大使

Utley, Chase アトリー, チェイス
[国]アメリカ 野球選手

Utoikamanu, Siosiua ウトイカマヌ, シオシウア
[国]トンガ 財務相

Utrio, Kaari ウトリオ, カアリ
1942〜 [国]フィンランド 作家 ヘルシンキ大学文学部教授 [専]ラリン・パラスケ研究

Uttama, Savanayana ウッタマ・サワナヨン
[国]タイ 工業相 [異]ウッタマ・サワナユン

Uttem, Cassam ウティーム, カッサム
[国]モーリシャス 大統領

Utterback, James M. アッターバック, ジェイムス・M.
1941〜 [著]「デザイン・インスパイアード・イノベーション」 ファーストプレス 2008

Utz, Arthur Fridolin ウッツ, アルトゥール
1908〜2001 [著]「経済社会の倫理」 晃洋書房 2002

Utz, Peter ウッツ, ペーター
1954〜 [著]「別の言葉で言えば」 鳥影社・ロゴス企画 2011

Utzon, Jørn ウッツォン, ヨルン
1918〜2008 [国]デンマーク 建築家 [異]ウーツソーン, ヨーン / ウッツォン, イェアン / ウツソン, ヨーン

Uvarov, Andrei ウヴァーロフ, アンドレイ
1971〜 [国]ロシア バレエダンサー モスクワ音楽劇場バレエ団スーパーバイザー ボリショイ・バレエ団プリンシパル

Uvnäs-Moberg, Kerstin ウヴネース・モーベリ, カースティン
[著]「ペットへの愛着」 緑書房 2015

Uwacu, Julienne ウワチュ, ジュリエンヌ
[国]ルワンダ スポーツ・文化相

Uwizeye, Judith ウウィゼイエ, ジュディス
[国]ルワンダ 公共サービス・労働相

Uyeda, Laura ウエダ, ローラ
[著]「ピンポンのたのしい一日」 講談社 2015

Uyeda, Massami ウエダ, マサミ
[国]ブラジル 日伯比較法学会幹事, 元・司法高等裁判所判事 漢字名＝上田正美

Uygar, Mert Zeybek ウイガル・メルト・ゼイベク
[国]トルコ サッカー選手

Uytdehaage, Jochem アイトデハーゲ
[国]オランダ スピードスケート選手

Uzakbaev, Chyngysbek ウザクバエフ, チンギスベク
[国]キルギス 農業・土地改良相

Uzdavinis, Arturo ウズダビニス, アルトゥーロ
[国]アメリカ アメフト選手

Uzelac, Slobodan ウゼラツ, スロボダン
[国]クロアチア 副首相（少数民族問題・復興担当）

Uzhinov, Oleg ウジノフ, オレグ
[国]ロシア オタワ国際アニメーション映画祭 最優秀子ども向け短編アニメーション（2007年）ほか

Uzomah, C.J. ウゾマー, C.J.
[国]アメリカ アメフト選手

【V】

Vaaezzadeh, Saadegh バーエズザデ, サーデグ
[国]イラン 副大統領（科学技術担当）

Vaaler, Paul M. バーラー, ポール・M.
[著]「クリエイティブディストラクション」 東洋経済新報社 2002

Vaal-neto, Pedro Hendrik バールネト, ペドロ・エンドリック
[国]アンゴラ 社会・情報相

Vaca Jones, Cecilia バカ・ジョーンズ, セシリア
[国]エクアドル 社会開発調整相

Vacanti, Charles A. ヴァカンティ, チャールズ・A.
[著]「再生医学」 エヌ・ティー・エス 2002

Vacas, José Francisco バカス, ホセ・フランシスコ
[国]エクアドル 労相

Vaccaro, Kenny バカーロ, ケニー
[国]アメリカ アメフト選手

Vachaud, Laurent ヴァショー, ローラン
[著]「ルパン」 メディアファクトリー 2005

Vachon, Christine ヴァション, クリスティーン
1962〜 [著]「インディーズ映画が世界を変える」 アーティストハウスパブリッシャーズ 2004

Vachon, Mad Dog バション, マッドドッグ
1929〜2013 [国]カナダ プロレスラー AWA世界ヘビー級チャンピオン 本名＝バション, モーリス〈Vachon, Maurice〉

Vachss, Andrew H. ヴァクス, アンドリュー
[著]「グッド・パンジイ」 早川書房 2003

Vaclik, Tomas ヴァツリーク, トマーシュ
[国]チェコ サッカー選手

Vaculík, Ludvík ヴァツリーク, ルドヴィーク
1926〜2015 [国]チェコ 作家 [異]バツリーク, ルドウィク / バツリーク, ルドビク

Vadehra, Colonel Krishan Lal ヴァデーラ, コロネル・クリシャン・ラール
[著]「インド特許法と実務」 経済産業調査会 2011

Vadehra, Sharad ヴァデーラ, シャラート
[著]「インド特許法と実務」 経済産業調査会 2011

Vaden, Rory バーデン, ロリー
[著]「自分を変える1つの習慣」 ダイヤモンド社 2015

Vadlau, Lara ワドラウ, ララ
[国]オーストリア セーリング選手

Vadlejch, Jakub バドレイフ, ヤクブ
[国]チェコ 陸上選手

Vadon, Mark ヴェイドン、マーク
　国アメリカ　ズーリリー創業者
Vaea バエア
　国トンガ　内相
Vaeao, Destiny ビーアオ、デスティニー
　国アメリカ　アメフト選手
Vaes, Leon P.J. ヴェース、L.P.J.
　著「アメリカのDI」大滝武雄　2001
Vaezi, Mahmoud バエジ、マハムード
　国イラン　通信情報技術相
Vaghela, Shankersinh バゲラ、シャンカルシン
　国インド　繊維相
Vahamwiti Mukesyayira, Jean-Chrisostome バハムウィティ・ムケシャイラ、ジャンクリソストム
　国コンゴ民主共和国　農業・農村開発相
Vahekeni, João Miguel ヴァイケニ、ジョアン・ミゲル
　国アンゴラ　駐日特命全権大使
Vaher, Ken-Marti バヘル、ケンマルティ
　国エストニア　内相
Vahid-dastjerdi, Marzieh バヒドダストジェルディ、マルジエ
　国イラン　保健相
Vahidi, Abdul Razaq ワヒディ、アブドルラザク
　国アフガニスタン　通信相
Vahidi, Ahmad バヒディ、アハマド
　国イラン　国防軍需相
Vahle, Fredrik ヴァーレ、フレドリック
　1942～　著「ネズミだって考える」BL出版　2009
Vahoe, Partrick バホエ、パトリック
　国ソロモン諸島　通信・航空・気象相
Vahtera, Jussi バーテラ、J.
　著「ソーシャル・キャピタルと健康政策」日本評論社　2013
Vahteristo, Anna ヴァハテリスト、アンナ
　著「ねこのルーシーとちいさなこねこたち」〔Pertti A. Pietarinen〕c2015
Vai, Steve バイ、スティーブ
　1960～　国アメリカ　ロック・ギタリスト　異ヴァイ、スティーヴ
Vaid, Krishna Baldev ヴァイド、クリシュナ・バルデーオ
　1927～　著「ビールの少年時代」大同生命国際文化基金　2006
Vaida, Cornelia バイダ
　国クロアチア　卓球選手
Vaidhyanathan, Siva ヴァイディアナサン、シヴァ
　著「グーグル化の見えざる代償」インプレスジャパン、インプレスコミュニケーションズ（発売）　2012
Vaidya, Jaideep ヴァイダヤ、J.
　著「プライバシー保護データマイニング」シュプリンガー・ジャパン　2010
Vail, Petr ワイリ、ピョートル
　1949～2009　著「亡命ロシア料理」未知谷　2014
Vailati, Germano ヴァイラーティ、ジェルマーノ
　国スイス　サッカー選手
Vaile, Carilyn ヴェイル、カリリン
　著「女30からの世界一簡単なしあわせの作り方」光文社　2005
Vaile, Mark ベール、マーク
　国オーストラリア　副首相兼交通・地方サービス相
Vaillancourt McGrath, Renée ヴィランコート、ルネ・J.
　著「ヤングアダルト・サービスの秘訣」日本図書館協会　2004
Vaillant, Daniel バイヤン、ダニエル
　国フランス　内相
Vaillant, George E. ヴァイラント、ジョージ・E.
　著「50歳までに「生き生きした老い」を準備する」ファーストプレス　2008
Vaillant, John バイヤン、ジョン
　カナダ総督文学賞 英語ノンフィクション（2005年）"The Golden Spruce: A True Story of Myth, Madness and Greed"
Vainikolo, Fetu'u ヴァイニコロ、フェトゥ
　国トンガ　ラグビー選手
Vainio, Pirkko ヴァイニーオ、ピルッコ
　著「小鳥の贈りもの」アノニマ・スタジオ、KTC中央出版（発売）2013
Vainuku, Soma ベイヌク、ソマ
　国アメリカ　アメフト選手
Vaipulu, Samiu Kuita バイプル、サミウ・クイタ
　国トンガ　副首相兼社会基盤相
Vaira, Angelo ヴァイラ、アンジェロ
　1975～　著「犬の心へまっしぐら」中央公論新社　2012
Vairelli, Stefania ヴァイレッリ、ステファニア

　1975～　著「2CV」グラフィック社　2010
Vaissière, Jacqueline ヴェシエール、ジャクリーヌ
　著「音声の科学」白水社　2016
Vaitai, Halapoulivaati ベイタイ、ハラポウリバティ
　国アメリカ　アメフト選手
Vaitheeswaran, Vijay V. ヴェイティーズワラン、ヴィジェイ・V.
　著「自動車産業の終焉」二見書房　2008
Vaitiek-unas, Petras バイテクーナス、ペトラス
　国リトアニア　外相
Vaitkus, Rimantas ヴァイツクス、リマンタス
　国リトアニア　リトアニア日友好協会会長、リトアニア元日本留学生の会会長、元・ビサギナス原子力発電会社社長
Vajda, Attila Sandor バイダ、アティラ
　国ハンガリー　カヌー選手
Vajiralongkorn, Maha ワチラロンコン、マハ
　1952～　国タイ　国王　異ワチラロンコンコウタイシ
Vajpayee, Atal Bihari バジパイ、アタル・ビハリ
　1924～　国インド　政治家　インド首相、インド人民党（BJP）総裁
Vakarchuk, Ivan ワカルチュク、イワン
　国ウクライナ　教育科学相
Vakata, Fe'ao バカタ、フェアオ
　国トンガ　内相
Vakata, Sosefo Fe'aomoeata バカタ、ソセフォ・フェアオモエアタ
　国トンガ　歳入相　異バカタ、フェアオモエアタ
Vakhobov, Alisher バホボフ、アリシェル
　国ウズベキスタン　高等・中等特別教育相
Vaksberg, Arkadiĭ ワクスベルク、アルカディ
　1922～2011　著「毒殺」柏書房　2014
Vakulenko, Oleksiy ワクレンコ
　国ウクライナ　レスリング選手
Val, Elena バル、エレナ
　1965～　著「あくまくん」アルファポリス、星雲社（発売）2013
Valachová, Kateřina バラホバー、カテジナ
　国チェコ　教育・青少年・スポーツ相
Valaika, Pat バライカ、パット
　国アメリカ　野球選手
Valakivi, Jakke バラキビ、ジャッケ
　国ペルー　国防相
Valanciunas, Jonas ヴァランチュナス、ヨナス
　国リトアニア　バスケットボール選手
Valandrey, Charlotte ヴァランドレイ、シャルロット
　1968～　著「見知らぬ心臓」マガジンハウス　2013
Valani, Rahim ヴァラニ、ラヒム
　著「トロント小児病院外傷マニュアル」メディカル・サイエンス・インターナショナル　2008
Valappila, Margaritha ヴァラピラ、マルガリタ
　著「イエスは今日も生きておられる」聖母の騎士社　2009
Valat, Pierre-Marie バラ、ピエール・マリ
　著「からだたんけん」岳陽舎　2007
Valavanis, Alexandra ヴァラヴァニス、アレクサンドラ
　国スイス　ローザンヌ国際バレエコンクール ベスト・スイス賞（第38回（2010年））
Valayden, Jayarama バライデン、ジャヤラマ
　国モーリシャス　法相
Valbrun, Lyonel バルブラン、リヨネル
　国ハイチ共和国　農業・天然資源・農村開発相
Valbuena, Luis バルブエナ、ルイス
　国ベネズエラ　野球選手
Valbuena, Mathieu ヴァルブエナ、マチュー
　国フランス　サッカー選手
Valbusa, Fulvio バルブーザ
　国イタリア　距離スキー選手
Valcareggi, Ferruccio バルカレッジ、フェルッチオ
　1919～2005　国イタリア　サッカー監督、サッカー選手　サッカー・イタリア代表監督　異バルカレッジ、フェルッッチョ／バルカレッジ、フェルチュ
Valciukaite, Milda バルチュカイテ、ミルダ
　国リトアニア　ボート選手
Valckx, Catharina ヴァルクス、カタリーナ
　1957～　著「たんじょうびはかそうパーティー！」文研出版　2016
Valcourt, Bernard バルクール、ベルナール
　国カナダ　先住民・北方開発相
Vâlcov, Darius ブルコフ、ダリウス

ⓐルーマニア 財務相

Valderrama, Rosario ヴァルダーラマ, ロサリオ
 ⓑ「おもちゃばこたんけんたい」大日本絵画 〔2001〕

Valdés, Bebo バルデス, ベボ
 グラミー賞 最優秀ラテン・ジャズ・アルバム（2009年（第52回））ほか

Valdés, Chucho バルデス, チューチョ
 1941～ ⓐキューバ ジャズ・ピアニスト 本名＝Dioniso de Jesús V.Rodríguez ⓦヴァルデス, チューチョ

Valdés Menéndez, Ramiro バルデス・メネンデス, ラミロ
 ⓐキューバ 副議長, 閣僚評議会副議長

Valdés Mesa, Salvador バルデスメサ, サルバドル
 ⓐキューバ 国家評議会副議長

Valdes Paris, Maria Fernanda バルデス, マリア
 ⓐチリ 重量挙げ選手

Valdes Tobier, Alejandro Enrique バルデストビエル, アレハンドロエンリケ
 ⓐキューバ レスリング選手

Valdez, Lisa バルデス, リサ
 ⓐアメリカ 作家 ⓦヴァルデス, リサ

Valdéz, Rodrigo バルデス, ロドリゴ
 ⓐチリ 財務相

Valdez Fierro, Oscar バルデス
 ⓐメキシコ ボクシング選手

Valdifiori, Mirko ヴァルディフィオーリ, ミルコ
 ⓐイタリア サッカー選手

Valdivia Bautista, Lenny Tatiana バルディビア・バウティスタ, レニ・タティアナ
 ⓐボリビア 汚職撲滅相

Valdivia Romero, Juan Gualberto バルディビア・ロメロ, フアン・グアルベルト
 ⓐペルー エネルギー・鉱山相

Valdivieso, Fabián バルディビエソ, ファビアン
 ⓐエクアドル 環境相

Vale, Jason ベイル, ジェイソン
 ⓑ「ジュースマスター」フレグランスジャーナル社 2007

Vale, Lawrence J. ベイル, ローレンス・J.
 1959～ ⓑ「リジリエント・シティ」クリエイツかもがわ 2014

Vale, Leah ヴェール, リア
 ⓑ「恋人たちの聖夜」ハーレクイン 2006

Valeca, Șerban Constantin バレカ, シェルバン・コンスタンティン
 ⓐルーマニア 研究担当相 ⓦバレカ, シェルバンコンスタンティン

Vale de Almeida, Joao バレデアルメイダ, ジョアン
 ⓐポルトガル EU委員長官房長

Valencia, Alejandra バレンシア, アレハンドラ
 ⓐメキシコ アーチェリー選手

Valencia, Antonio バレンシア, アントニオ
 ⓐエクアドル サッカー選手

Valencia, Danny バレンシア, ダニー
 ⓐアメリカ 野球選手

Valencia, Enner バレンシア, エネル
 ⓐエクアドル サッカー選手

Valencia, Mark J. ヴァレンシア, マーク・J.
 ⓑ「アジアにおける海上交通網の安全と国際関係」シップ・アンド・オーシャン財団海洋政策研究部 2002

Valencia Arana, Ramón Arístides バレンシア・アラナ, ラモン・アリスティデス
 ⓐエルサルバドル 総務・国土開発相

Valencia Cossio, Fabio バレンシア・コシオ, ファビオ
 ⓐコロンビア 内務・法務相

Valencia Victoria, Ingrit Lorena バレンシア, イングリット
 ⓐコロンビア ボクシング選手

Valencic, Mitja バレンチッチ
 ⓐスロベニア アルペンスキー選手

Valensi, Lucette ヴァランシ, L.
 1936～ ⓑ「叢書『アナール1929-2010』」藤原書店 2011

Valenstein, Elliot S. ヴァレンスタイン, エリオット・S.
 ⓑ「精神疾患は脳の病気か？」みすず書房 2008

Valenta, Ales バレンタ
 ⓐチェコ フリースタイルスキー選手

Valente, Catherynne M. バレンテ, キャサリン・M.
 1979～ ⓐアメリカ 作家 ⓑ文学, フィクション, SFほか ⓦヴァレンテ, キャサリン・M.

Valente, Ivo バレンテ, イボ
 ⓐ東ティモール 法相

Valente, Maria Idalina De Oliveira バレンテ, マリア・イダリナ・デ・オリベイラ
 ⓐアンゴラ 商業・観光相 ⓦバレンテ, マリア・イダリーナ・デ・オリベイラ

Valente, Tony ヴァレント, トニー
 1984～ ⓑ「ラディアン」Euromanga, 飛鳥新社（発売） 2016

Valenti, Jack バレンチ, ジャック
 1921～2007 ⓐアメリカ ロビイスト 米国映画協会（MPAA）会長, ジョンソン米国大統領特別補佐官 ⓦバレンティ, ジャック / ヴァレンチ, ジャック / ヴァレンティ, ジャック

Valentim, Jorge Aliceres バレンティン, ジョルジェ・アリセレス
 ⓐアンゴラ ホテル・観光相

Valentim, Maria Gomes バレンチン, マリア・ゴメス
 1896～2011 ⓐブラジル 世界最高齢者（114歳） ⓦバレンティン, マリア・ゴメス

Valentin, Jesmuel バレンティン, ヘスミュール
 ⓐプエルトリコ 野球選手

Valentin, Lidia バレンティン
 ⓐスペイン 重量挙げ選手

Valentine, Alan D. バレンタイン, アラン・D.
 ⓑ「MDアンダーソンサイコソーシャル・オンコロジー」メディカル・サイエンス・インターナショナル 2013

Valentine, Bobby バレンタイン, ボビー
 1950～ ⓐアメリカ 大リーグ監督, プロ野球監督 本名＝Valentine, Robert John

Valentine, Chelsea バレンタイン, チェルシー
 1972～ ⓑ「XMLスキーマ詳解」コンピュータ・エージ社 2002

Valentine, Denzel バレンタイン, デンゼル
 ⓐアメリカ バスケットボール選手

Valentine, Gill ヴァレンタイン, ギル
 1965～ ⓑ「子どもの遊び・自立と公共空間」明石書店 2009

Valentine, James バレンタイン, ジェームズ
 ⓐアメリカ ミュージシャン ⓦヴァレンタイン, ジェイムズ

Valentine, Jean バレンタイン, ジーン
 全米図書賞 詩（2004年） "Door in the Mountain: New and Collected Poems, 1965-2003"

Valentine, Jenny バレンタイン, ジェニー
 ⓐイギリス 児童文学作家 ⓑヤングアダルト, 児童書 ⓦヴァレンタイン, ジェニー

Valentine, Minette ヴァレンタイン, ミネット
 ⓑ「ねこ式人生のレシピ」長崎出版 2009

Valentine, Penny バレンタイン, ペニー
 ⓑ「ビートルズ世界証言集」ポプラ社 2006

Valentine, Radleigh バレンタイン, ラドリー
 ⓑ「エンジェルタロットマスターブック」JMA・アソシエイッステップワークス事業部 2014

Valentine, R.James バレンタイン, R.ジェームズ
 1954～ ⓑ「重要血管へのアプローチ」メディカル・サイエンス・インターナショナル 2014

Valentine, Vincent バレンタイン, ビンセント
 ⓐアメリカ アメフト選手

Valentini, Giacomo ヴァレンティーニ, ジャコモ
 ⓐイタリア 実業家 オロビアンコ社長 本名＝ヴァレンティーニ, ジャコモ・マリオ〈Valentini, Giacomo Mario〉 ⓦバレンティーニ, ジャコモ

Valentini, Robert F. ヴァレンティーニ, R.F.
 ⓑ「再生医学」エヌ・ティー・エス 2002

Valentinis, Pia バレンチノス, ピア
 1965～ ⓑ「ヤコブのバイオリン」学習研究社 c2007

Valentino ヴァレンティノ
 1932～ ⓐイタリア ファッションデザイナー 本名＝ガラヴァーニ, ヴァレンティノ〈Garavani, Valentino〉 ⓦバレンティノ

Valentino, Crystalle ヴァレンティーノ, クリスタル
 ⓑ「素直になれなくて」光文社 2003

Valentino, Domenico バレンティノ
 ⓐイタリア ボクシング選手

Valentino, Manon バレンティノ, マノン
 ⓐフランス 自転車選手

Valentin Perez, Lidia バレンティン, リディア
 ⓐスペイン 重量挙げ選手

Valentovič, Ivan バレントビッチ, イバン
 ⓐスロバキア 保健相

Valenza, Giuseppe ヴァレンツァ, ジュゼッペ
 ⓑ「タルガ・フローリオの神話」二玄社 2009

Valenzuela, Arturo　バレンズエラ, A.
1944〜　[著]「大統領制民主主義の失敗 理論編：その比較研究」 南窓社　2003

Valenzuela González, Abraham　バレンスエラ・ゴンサレス, アブラム
[国]グアテマラ　国防相

Valera, Breyvic　バレラ, ブレイビック
[国]ベネズエラ　野球選手

Valera y Alcala Galiano, Juan　バレラ, フアン
[著]「おにんぎょうちゃん」 新世研　2003

Valeri, Stéphane　ヴァレリ, ステファン
[国]モナコ　社会厚生相

Valérien, Jean　バレリアン, ジャン
[著]「途上国における複式学級」 東信堂　2015

Valero, Edwin　バレロ, エドウィン
1981〜2010　[国]ベネズエラ　プロボクサー　WBC世界ライト級チャンピオン

Valéry, Philippe　ヴァレリー, フィリップ
1964〜　[著]「シルクロード紀行いくつもの夜を越えて」 西東社　2005

Valeur, Erik　ヴァレア, エーリク
1955〜　[国]デンマーク　作家, ジャーナリスト　[専]ミステリー

Valgas, Guillermo　バルガス, ギジェルモ
[国]コスタリカ　教育相

Valgas, Rafael　バルガス, ラファエル
[国]ベネズエラ　大統領府長官

Valiant, Leslie　ヴァリアント, レスリー
1949〜　[著]「生命を進化させる究極のアルゴリズム」 青土社　2014

Valiante, Gio　ヴァリアンテ, ジオ
[著]「フローゴルフへの道」 水王舎　2014

Valin, Jonathan　ヴェイリン, ジョナサン
[著]「フィリップ・マーロウの事件」 早川書房　2007

Valionis, Antanas　ワリオニス, アンタナス
[国]リトアニア　外相

Valiron, François　ヴァリロン, F.
[著]「都市水管理の先端分野」 技報堂出版　2003

Valjas, Kristina　バルジャス, クリスティナ
[国]カナダ　ビーチバレー選手

Valkama, Samuli　ヴァルカマ, サムリ
1974〜　[著]「カイサのふうせんガム大さくせん」 猫の言葉社　2009

Valkanov, Stanislav　バルカノフ, スタニスラフ
1968〜　[著]「きえたみずのなぞ」 学習研究社　〔2006〕

Valkenburg, Ben　ファルケンブルグ, ベン
[著]「ヨーロッパの労働組合」 生活経済政策研究所　2004

Valkova, Ekaterina　バルコワ, エカテリナ
[国]ロシア　柔道選手

Válková, Helena　バールコバー, ヘレナ
[国]チェコ　法相

Vall, Ely Ould Mohamed　バル, エリー・ウルド・モハメド
[国]モーリタニア　軍事評議会議長兼国防相

Vall, Taleb Ould Abdi　バル, タレブ・ウルド・アブディ
[国]モーリタニア　石油・エネルギー・鉱業相

Valla, Kristin　ヴァラ, クリスティン
1975〜　[著]「ガブリエル・アンジェリコの恋」 ポプラ社　2004

Valladares, Jadier　バリャダレス
[国]キューバ　重量挙げ選手

Valladont, Jean-Charles　バラドン, ジャンシャルル
[国]フランス　アーチェリー選手

Vallarino, Alberto　バジャリノ, アルベルト
[国]パナマ　経済財務相

Vallarino, Arturo Ulises　バジャリノ, アルトゥロ・ウリセス
[国]パナマ　第1副大統領

Vallarino, Carlos　バジャリノ, カルロス
[国]パナマ　経済財務相

Vallarino, Joaquín José　バジャリノ, ホアキン・ホセ
[国]パナマ　労相

Vallaste, Heikki　ヴァーラステ, ヘイキ
[国]エストニア　エストニア・日本協会会長, 元・駐日エストニア大使館臨時代理大使, 元・外務省アジア担当参事官

Vallat, Christelle　ヴァラ, クリステル
1971〜　[著]「ぜりさん」 ワールドライブラリー　2015

Vallaud-Belkacem, Najat　ヴァロー・ベルカセム, ナジャット
1977〜　[国]フランス　政治家　フランス国民教育・高等教育・研究相　[異]バローベルカセム, ナジャット

Valle, Angelo　ヴァーリ, アンジェロ
[著]「プロジェクト・マネジャーが知るべき97のこと」 オライリー・ジャパン, オーム社(発売)　2011

Valle, Laura　バーレ, ラウラ
1973〜　[著]「あかいとり」 新世研　2003

Vallee, Jacques　ヴァレ, ジャック
1939〜　[著]「マゴニアへのパスポート」 花田英次郎　2016

Vallée, Martine　ヴァレー, マルティーヌ
[著]「グレート・シフト」 ナチュラルスピリット・パブリッシング80　2010

Vallée, Sylvain　ヴァレ, シルヴァン
アングレーム国際漫画祭 シリーズ賞(2011年)　"Il était une fois en France (T4)" 〈Glénat〉

Vallejo, Carlos　バジェ, カルロス
[国]エクアドル　農牧・漁業相

Vallejo, Fernando　バジェホ, フェルナンド
1942〜　作家

Vallejo, Jesus　バジェホ, ヘスス
[国]スペイン　サッカー選手

Vallejo, Raúl　バジェホ, ラウル
[国]エクアドル　文化相

Vallejo Garcia-Maurinõ, Luis　バジェッホ・ガルシア・マウリーニョ, ルイス
[国]スペイン　アルコベンダス盆栽美術館館長, ルイス・バジェッホ造園スタジオ代表

Vallejo López, Gabriel　バジェホ・ロペス, ガブリエル
[国]コロンビア　環境相

Vallejos Sologuren, Carlos　バジェホス・ソログレン, カルロス
[国]ペルー　保健相

Vallely, Paul　バレリー, ポール
[著]「教皇フランシスコの挑戦」 春秋社　2014

Valles, Hakeem　バレス, ハキーム
[国]アメリカ　アメフト選手

Valles, Max　バレス, マックス
[国]アメリカ　アメフト選手

Vallet, Odon　ヴァレ, オドン
[著]「文化の多様性と通底の価値」 麗沢大学出版会, 柏 広池学園事業部(発売)　2007

Valley, Kenneth　バレー, ケネス
[国]トリニダード・トバゴ　通産相

Vallgren, Carl-Johan　ヴァルグレン, カール＝ヨーハン
1964〜　[著]「怪人エルキュールの数奇な愛の物語」 ランダムハウス講談社　2007

Valli, Alida　ヴァリ, アリダ
1921〜2006　[国]イタリア　女優　本名＝Altenburger, Alida Maria　[異]バリ, アリダ / ヴァッリ, アリダ

Vallieres, Ingrid　バリエール, イングリッド
1953〜　[著]「解決のできない問題はぜんぶ前世にきいてみよう」 徳間書店　2011

Vallon, Jacqueline　ヴァロン, ジャクリーヌ
[著]「世界の宗教ものがたり」 創元社　2003

Vallone, Raf　ヴァローネ, ラフ
1916〜2002　[国]イタリア　俳優　本名＝ヴァローネ, ラファエル　[異]バローネ, ラフ

Vallotton, Kris　バロトン, クリス
[著]「スピリット・ウォーズ」 マルコーシュ・パブリケーション(発売)　2015

Valls, Manuel　ヴァルス, マニュエル
1962〜　[国]フランス　政治家　フランス首相　[異]バルス, マニュエル

Valls i Solé, Josep　バルス・イ・ソレ, ジョセップ
[著]「どうして弾けなくなるの？」 音楽之友社　2012

Valois-fortier, Antoine　バロワフォルティエ, アントワヌ
[国]カナダ　柔道選手　[異]バロワフォルティエ

Valory, Ross　バロリー, ロス
1949〜　[国]アメリカ　ロック・ベース奏者

Valoyes Cuesta, Ubaldina　バロエスクエスタ, ウバルディナ
[国]コロンビア　重量挙げ選手

Valsiner, Jaan　ヴァルシナー, ヤーン
[著]「新しい文化心理学の構築」 新曜社　2013

Valtchanova, Maria　ヴァルチャノヴァ, マリヤ
[国]ブルガリア　元・ソフィア第18学校ウィリアム・グラッドストーン校長

Valtchev, Daniel　バルチェフ, ダニエル
[国]ブルガリア　副首相兼教育相

Valuev, Nikolay　ワルーエフ, ニコライ
1973〜　[国]ロシア　プロボクサー, 政治家　WBA世界ヘビー級チャンピオン　[異]バロエフ / ヴァロエフ

Valverde, Ernesto　バルベルデ, エルネスト
　1964〜　国スペイン　サッカー指導者　愛ヴァルベルデ, エルネスト / ヴァルヴェルデ
Valverde Belmonte, Alejandro　バルベルデ, アレハンドロ
　国スペイン　自転車選手
Valvola Scelsi, Raf　バルボラ・シェルジ, ラフ
　1957〜　著「未来派左翼」日本放送出版協会　2008
Vamain, Carlos Joaquim　バマイン, カルロス・ジョアキン
　国ギニアビサウ　公務員・労働・改革相
Vamos, Miriam Feinberg　ヴァモシュ, ミリアム・ファインバーグ
　著「イエス時代の日常生活」ハーベスト・タイム・ミニストリーズ出版部　〔200-〕
Vamplew, Wray　ヴァンプルー, レイ
　1943〜　著「英国競馬事典」競馬国際交流協会　2008
Van, Ernest N.D.　バン, エルネスト・N.D.
　著「サッカーを愛する人のドイツ語」国際語学社　2006
Van, Gilles de　ヴァン, ジル・ド
　著「イタリア・オペラ」白水社　2005
Van, Marina de　ヴァン, マリナ・デ
　著「8人の女たち」アーティストハウスパブリッシャーズ, 角川書店(発売)　2002
Van Aanholt, Patrick　ファン・アーンホルト, パトリック
　国オランダ　サッカー選手
Van Aartsen, Jozias　ファンアールツェン, ヨツィアス
　国オランダ　外相
Van Acker, Evi　バンアッカー, エビ
　国ベルギー　セーリング選手　愛バンアッカー
Vanackere, Steven　ファンアケレ, ステフェン
　国ベルギー　副首相兼財務・持続可能開発相
Vanacore, Victor　ヴァナコア, ヴィクター
　グラミー賞 最優秀ヴォーカル伴奏編曲(2004年(第47回))　"Over The Rainbow"
Vanagas, Povilas　バナガス
　国リトアニア　フィギュアスケート選手
van Agtmael, Antoine　ファン・アットマール, アントワン
　エコノミスト　エマージング・マーケッツ・マネジメント創業者
Vanak, Bonnie　ヴァナック, ボニー
　著「シークと睡蓮の花」ランダムハウス講談社　2009
Vanaken, Hans　ヴァナーケン, ハンス
　国ベルギー　サッカー選手
Van Allen, James Alfred　バン・アレン, ジェームズ
　1914〜2006　国アメリカ　宇宙線物理学者　アイオワ州立大学名誉教授　愛ヴァン・アレン, ジェームズ
Van Almsick, Franziska　ファンアルムジック
　国ドイツ　競泳選手
Van Alphen, Hans　バンアルフェン
　国ベルギー　陸上選手
Van Andel, Jay　バンアンデル, ジェイ
　1924〜2004　国アメリカ　実業家　アムウェイ共同創業者　愛ヴァンアンデル, ジェイ
Van Andel, Steve　バンアンデル, スティーブ
　1955〜　国アメリカ　実業家　アムウェイ会長　愛ヴァンアンデル, スティーブ
Van Andel-Schipper, Hendrikje　ファンアンデルシッペル, ヘンドリキエ
　1890〜2005　国オランダ　世界最高齢者(115歳)
VanAntwerpen, Jonathan　ファンアントワーペン, ジョナサン
　1970〜　著「公共圏に挑戦する宗教」岩波書店　2014
Van Ardenne, Agnes　ファンアルデンヌ, アグネス
　国オランダ　開発協力相
Vanas, D.J.　ヴァナス, D.J.
　国アメリカ　作家, カウンセラー　他その他　愛バナス, D.J.
Van Assche, Kris　ヴァン・アッシュ, クリス
　1976〜　国ベルギー　ファッションデザイナー　ディオール・オムデザイナー
VanAuken, Brad　ヴァンオーケン, ブラッド
　著「はじめて学ぶブランド・マネジメント」翔泳社　2004
Van Avermaet, Greg　ファンアバマート, グレグ
　国ベルギー　自転車選手
Van Basten, Marco　ファン・バステン, マルコ
　1964〜　国オランダ　サッカー指導者, 元サッカー選手　サッカー・オランダ代表監督　愛ファンバステン, マルコ
Vanbeckevoort, Liebrecht　ファンベッケフォールト, リーブレヒト
　国ベルギー　エリザベート王妃国際コンクール ピアノ 第6位(2007年)

Van Beek, Lotte　ファン スピードスケート選手　本名=Van Beek, Charlotte Willemijn　愛ファンビーク, ロッテ / ファンベーク
　1991〜　国オランダ
Van Benthem, Merle　ファンベンタム, メルレ
　国オランダ　自転車選手
Van Bever, Derek　バン・ビーバー, デレク
　1957〜　著「ストール・ポイント」阪急コミュニケーションズ　2010
Van Biema, Michael　ヴァン・ビーマ, マイケル
　著「バリュー投資入門」日本経済新聞社　2002
Van Bijsterveldt Vliegenthart, Marja　ファンバイステルフェルト・フリーヘントハルト, マルヤ
　国オランダ　教育・科学・文化相
Van Biljon, Suzaan　ファンビリオン
　国南アフリカ　競泳選手
Van Bommel, Mark　ファン・ボメル, マルク
　1977〜　国オランダ　元サッカー選手　愛ファン・ボンメル, マルク / ファンボメル
Van Boxtel, Roger　ファンボクステル, ロハー
　国オランダ　大都市・少数民族担当相
Van Bragt, Jan　ヴァン・ブラフト, ヤン
　1928〜2007　国ベルギー　カトリック神父　南山大学名誉教授　愛浄土真宗, キリスト教
Van Burkleo, Ty　バンバークレオ, タイ
　国アメリカ　クリーブランド・インディアンスコーチ
Van Buskirk, Richard L.　ヴァン・バスカーク, リチャード
　著「オステオパシー・スティル・テクニックマニュアル」産学社エンタプライズ出版部　2008
Vance, Ashlee　バンス, アシュリー
　著「イーロン・マスク」講談社　2015
Vance, Carina　バンセ, カリナ
　国エクアドル　保健相
Vance, Connie　ヴァンス, コニー
　著「エビデンスに基づく看護学教育」医学書院　2003
Vance, Courtney B.　ヴァンス, コートニー・B.
　トニー賞 プレイ 助演男優賞(2013年(第67回))　"Lucky Guy"
Vance, Cyrus Roberts　バンス, サイラス
　1917〜2002　国アメリカ　政治家　ジャパン・ソサエティ(ニューヨーク)会長, 米国国務長官　愛ヴァンス, サイラス
Vance, Ellie　ヴァンス, エリー
　著「刺繍のすべてがわかるステッチ図鑑」文化学園文化出版局　2013
Vance, Jack　バンス, ジャック
　1916〜2013　国アメリカ　SF作家, 推理作家　本名=バンス, ジョン・ホルブルック〈Vance, John Holbrook〉　愛ヴァンス, ジャック
Vance, Lee G.　バンス, リー
　国アメリカ　作家, 実業家　ゴールドマン・サックス・ゼネラルパートナー　愛スリラー　愛ヴァンス, リー
Vance, William A.　ヴァンス, ウィリアム・A.
　著「グローバル思考の英会話」DHC　2012
Van Chau, Andre N.　ヴァン・チャウ, アンドレ・グエン
　著「希望の奇跡」ドン・ボスコ社　2005
Vancini, Florestano　ヴァンチーニ, フロレスターノ
　1926〜2008　国イタリア　映画監督　愛ヴァンチーニ, フロレスタノ
VanCleave, Janice Pratt　ヴァンクリーブ, ジャニス
　著「やってみよう化学」東京書籍　2005
Vancleave, Ted　ヴァンクリーヴ, テッド
　著「馬鹿で間抜けな発明品たち」主婦の友社　2004
Vanclief, Lyle　バンクリーフ, ライル
　国カナダ　農相
Van Coops, Margaret Rogers　ヴァンクープス, マーガレット・ロジャース
　著「パワーストーン・セラピー」ヴォイス　2008
Vancura, Olaf　ヴァンクラ, オラフ
　著「カードカウンティング入門」パンローリング　2012
Van Damme, Jean-Claude　バン・ダム, ジャン・クロード
　1960〜　国アメリカ　俳優　本名=Van Varenberg, Jean-Claude　愛バンダム, ジャン・クロード / ヴァン・ダム, ジャン・クロード
Van De Beek, Donny　ファン・デ・ベーク, ドニー
　国オランダ　サッカー選手
Van De Car, Nikki　ヴァン・デ・カー, ニッキー
　著「赤ちゃん誕生を夢見ながらニットで癒される」ガイアブックス　2014
Van de Casteele-Schweitzer, Sylvie　ヴァン・ド・カステル・シュヴァイツァー, シルヴィー

[著]「女性史は可能か」 藤原書店 2001
Vandehey, Tim ヴァンディー, ティム
[著]「パーソナルブランディング」 東洋経済新報社 2005
Vandelanotte, Johan ファンドラノット, ヨハン
[国]ベルギー 副首相兼予算相兼公営事業相 [異]ファンデラノッテ, ヨハン
Van den Arend, Erwin ヴァン・デン・アレンド, エルウィン
[著]「こいぬのパピヨンマジシャンになる」 平凡社 2005
Vanden Auweele, Yves ヴァンデン - オウェール, Y.
1941～ [著]「体育教師のための心理学」 大修館書店 2006
Vandenberg, Philipp ファンデンベルク, P.
1941～ [著]「少年王ツタンカーメンの謎」 アリアドネ企画, 三修社(発売) 2001
Van Den Berg, Sjef ファンデンベルク, シェフ
[国]オランダ アーチェリー選手
Van den Boeynants, Paul ファン・デン・ボイナンツ, ポール
1919～2001 [国]ベルギー 政治家 ベルギー首相 [異]バン・デン・ボイナンツ / ファンデン・ボイナンツ / ファンデンボイナンツ, ポール / ヴァン・デン・ボイナンツ
VandenBos, Gary R. ファンデンボス, G.R.
[異]ヴァンデンボス, ギャリー・R. [著]「APA心理学大辞典」 培風館 2013
Vandenbossche, Freya バンデンボッセ, フレヤ
[国]ベルギー 副首相兼予算・消費者保護担当相
Van Den Bossche, Luc ファンデンボシュ, リュック
[国]ベルギー 公共・行政改革相
VandenBrink, Mark ヴァンデンブリンク, マーク
[著]「Java 2 platform micro editionプログラミング」 ピアソン・エデュケーション 2002
Vandenbroucke, Frank ファンデンブルック, フランク
[国]ベルギー 社会問題・年金相
Van Den Hoogenband, Pieter ファンデンホーヘンバント
[国]オランダ 競泳選手
Van Den Wildenberg, Rob ファンデンビルデンベルフ
[国]オランダ 自転車選手
Vandeput, Steven ファンデプト, スティーブン
[国]ベルギー 国防・公務員相
Vanderbeek, Kelly バンダービーク
[国]カナダ アルペンスキー選手
Van Der Bellen, Alexander ファンデアベレン, アレクサンダー
[国]オーストリア 大統領
Van Der Biezen, Raymon ファンデルビゼン
[国]オランダ 自転車選手
Vanderbilt, Tom ヴァンダービルト, トム
[著]「となりの車線はなぜスイスイ進むのか？」 早川書房 2008
Van Der Breggen, Anna ファンデルブレーヘン, アンナ
[国]オランダ 自転車選手
Van der Burgh, Cameron ファンデルバーグ, キャメロン
1988～ [国]南アフリカ 水泳選手
Van Der Geest, Dennis ファンデルヘースト, D.
[国]オランダ 柔道選手
Van Der Geest, Elco ファンデルヘースト, E.
[国]オランダ 柔道選手
Van der Goot, Syne Jacob ファン・デル・ホート, シーネ・ヤコブ
[国]オランダ ロッテルダム・ジャパンクラブ共同会長, 元・在ロッテルダム日本国名誉総領事
Van der Heijden, Kees ヴァン・デル・ハイデン, キース
[著]「「入門」シナリオ・プランニング」 ダイヤモンド社 2003
Vanderheyden, Thaïs ファンデルヘイデン, タイース
[著]「デパートねずみルーシーのいそがしいいちにち」 えほんの杜 2016
Van Der Hoeven, Maria ファンデルフーフェン, マリア
[国]オランダ 経済相
Van der Hoff Boersma, Francisco ヴァンデルホフ, フランツ
[著]「貧しい人々のマニフェスト」 創成社 2016
Van Der Hoorn, Mike ファン・デル・ホールン, マイク
[国]オランダ サッカー選手
Vanderijt, Hetty リート, H.ヴァン・デ
[著]「赤ちゃんの言いたいことがわかる本」 PHP研究所 2007
Vanderkaay, Peter バンダーケイ
[国]アメリカ 競泳選手 [異]バンダーカーイ
VanderKam, James C. ヴァンダーカム, ジェームス・C.
1946～ [著]「死海文書のすべて」 青土社 2005
Van der Kemp, Gerald ヴァンデルカンプ, ジェラルド
1912～2001 [国]フランス 美術修復家 [異]バンデルカンプ, ジェラルド
Van der Kley, Martin ヴァン・デア・クレイ, マーティン
[著]「学級づくり」 ナカニシヤ出版 2006
Van der Kolk, Bessel A. ヴァン・デア・コーク, ベッセル
1943～ [著]「身体はトラウマを記録する」 紀伊国屋書店 2016
Van Der Kolk, Kirsten ファンデルコルク
[国]オランダ ボート選手
van der Kroon, Coen ヴァン・デル・クローン, クーン
[著]「尿療法大全」 論創社 2015
Van Der Laan, Eberhard ファンデルラーン, エーベルハルト
[国]オランダ 住宅・地域統合相
Vander Laan, Jason バンダーラーン, ジェイソン
[国]アメリカ アメフト選手
Vanderlinden, Barbara ヴァンダーリンデン, バーバラ
[著]「マウリツィオ・カテラン」 ファイドン 2006
Vanderlinden, Kathy ヴァンダーリンデン, キャシー
[著]「きみは地球だ」 大月書店 2007
van der Lugt, Cornis バン・デール・ルグト, コーニス
[著]「トリプルボトムライン」 創成社 2007
VanderMeer, Ann ヴァンダミア, アン
世界幻想文学大賞 アンソロジー(2012年) "The Weird"
VanderMeer, Jeff バンダミア, ジェフ
1968～ [国]アメリカ 作家 [専]文学, ファンタジー [異]ヴァンダミア, ジェフ
Vandermeer, John H. ヴァンダーミーア, ジョン・H.
[著]「生物多様性〈喪失〉の真実」 みすず書房 2010
Van der Meer, Ron バン・ダー・ミアー, ロン
[異]ファン・デル・メール, ロン [著]「いくつあるのかな？」 大日本絵画 〔2009〕
Van Der Meer-Fischer, Cornelia Verena ファン・デル・メール・フィッシャー, コーネリア・ヴェレナ
[国]オランダ, スイス オランダいけばな協会会長, 元・いけばなインターナショナル215支部長
Vandermersch, Bernard ヴァンデルメルシュ, B.
[著]「精神分析事典」 弘文堂 2002
Van Der Merwe, D.T.H. ファンデルメルヴァ, D.T.H.
[国]カナダ ラグビー選手
Vandermerwe, Sandra ヴァンダーマーブ, サンドラ
[著]「ブレイキング・スルー」 麗沢大学出版会, 柏 広池学園事業部(発売) 2009
Van Der Plaetsen, Thomas ファンデルプレートセン, トマス
[国]ベルギー 陸上選手
Vanderpool, Clare ヴァンダープール, クレア
ニューベリー賞(2011年) "Moon over Manifest"
Vanderpool-wallace, Arianna バンダープールウォレス
[国]バハマ 競泳選手
Vanderpool-wallace, Vincent バンダープールワレス, ビンセント
[国]バハマ 観光・航空相
Van der Post, Lucia ヴァンダーポスト, ルシア
[著]「母から娘に伝えたい女性の美学」 バジリコ 2009
Van der Ryn, Ethan ヴァン・ダー・リン, イーサン
アカデミー賞 音響効果賞(第78回(2005年)) "King Kong"
Van der Schoor, Roos ファンデル・スコール, ロース
[著]「デザイン思考の教科書」 日経BP社, 日経BPマーケティング(発売) 2015
van der Slot, Arnoud ファン・デル・スロット, アーノウド
[著]「変革の陥穽」 東洋経済新報社 2001
Vanderspar, Elizabeth バンドゥレスパー, エリザベス
[著]「ダルクローズのリトミック」 ドレミ楽譜出版社 2012
van der Steen, Jan-Pieter ファン・デル・シュティーン, ヤン - ピーター
[著]「認知症」 耕文舎, イザラ書房(発売) 〔2016〕
Van Der Steur, Ard ファンデルステュール, アルト
[国]オランダ 治安・司法相
van der Stoel, Max ファン・デル・スツール, マックス
1924～2011 [国]オランダ 政治家 全ヨーロッパ安保協力会議(CSCE)少数民族高等弁務官, オランダ外相 [異]バン・デル・スツール, マックス / ヴァン・デル・スツール, マックス
Van der Vaart, Rafael ファン・デル・ファールト, ラファエル
1983～ [国]オランダ サッカー選手 [異]ファンデルファールト, ラファエル
Van Der Vat, Dan ヴァン・ダーヴァット, ダン
[著]「パールハーバー」 光文社 2001
Vandervelde, Maryanne ヴァンダーヴェルド, マリアンヌ
[著]「セカンド・ライフ」 主婦の友社 2006

Van Der Velden, Nicole ファンデルヘルデン, ニコル
[国]アルバ セーリング選手
Van Der Ven, Rick ファンデルフェン, リック
[国]オランダ アーチェリー選手
Van der Vlist, Eric バン・デル・ブリスト, エリック
[著]「XML schema」 オライリー・ジャパン, オーム社(発売) 2003
Van Der Waerden, Bartel L. ヴァン・デル・ヴァルデン, B.L.
[著]「数学の黎明」 みすず書房 2002
Van Der Weijden, Annouk ファンデルバイデン
[国]オランダ スピードスケート選手
Van Der Weijden, Maarten ファンデルバイデン, マーテン
[国]オランダ オープンウォーター選手
Vanderwell, Howard ヴァンダーウェル, ホワード・D.
[著]「病みつつ祈りつつ」 聖恵授産所出版部 2006
Van Der Westhuizen, Louis ファン・デル・ウェストハイゼン, ルイ
[国]ナミビア ラグビー選手
Van Der Wiel, Gregory ファン・デル・ヴィール, グレゴリー
[国]オランダ サッカー選手
van der Worp, Jacco ファン・デル・ウォルプ, ヤッコ
[著]「惑星X(ニビル)が戻ってくる」 徳間書店 2009
Van der Zee, Karen ヴァン・デア・ゼー, カレン
[著]「愛さないで！」 ハーレクイン 2014
Vander Zee, Ruth バンダー・ジー, ルース
[著]「エリカ奇跡のいのち」 日本障害者リハビリテーション協会(製作) c2013
Vande Velde, Vivian ヴァンデ・ヴェルデ, ヴィヴィアン
1951～ [著]「六つのルンペルシュティルツキン物語」 東京創元社 2005
Van Deventer, Juan バンデベンター
[国]南アフリカ 陸上選手
Vandevoorde, David ヴァンデヴォールデ, ダビード
[著]「C++テンプレート完全ガイド」 翔泳社 2010
van de Walle, Bartel バンドワール, バーテル
[著]「緊急事態のための情報システム」 近代科学社 2014
Vande Walle, Willy ヴァンドゥワラ, ウィリー
[国]ベルギー ルーバンカトリック大学現代言語学院理事長・文学部東方学・スラヴ学科日本学専攻主任教授
Vandeweghe, Coco バンダウェイ, ココ
[国]アメリカ テニス選手
Van de Weyer, Robert ヴァン・ド・ヴァイア, ロバート
1950～ [著]「イスラムはなぜアメリカを憎むのか」 光文社 2001
Vandewiele, Agnès ヴァンドヴィル, アニエス
[著]「イルカとクジラ」 少年写真新聞社 2008
Van Dienderen, An ヴァン・ディーンデレン, アン
[著]「誰がネロとパトラッシュを殺すのか」 岩波書店 2015
Van Dijk, Ellen ファンデイク
[国]オランダ 自転車選手
Van Dijk, Hans ファン・ダイク, ハンス
[著]「Anytime」 NTT出版 2001
Van Dijk, Lutz ファン・ダイク, ルッツ
1955～ [著]「ヴィリーへの手紙」 ポプラ社 2002
Van Dijk, Virgil ファン・ダイク, フィルジル
[国]オランダ サッカー選手
Van Doninck, Sebastiaan ドーニンク, セバスチアーン・ファン
[著]「ウイルス！ 細菌！ カビ！ 原虫！」 くもん出版 2010
Vandoren, Stefan ヴァンドーレン, ステファン
1968～ [著]「タイム・イン・パワーズ・オブ・テン」 講談社 2015
Vandrey, Jan ファンドレイ, ヤン
[国]ドイツ カヌー選手
Vandross, Luther Ronzoni バンドロス, ルーサー
1951～2005 [国]アメリカ 歌手 [異]バンドルス, ルーサー / ヴァンドロス, ルーサー
Van Dulken, Stephen ヴァン・ダルケン, スティーヴン
1952～ [著]「図解アメリカ発明史」 青土社 2006
Van-dúnem, Cândido Pereira Dos Santos バンドゥーネン, カンディド・ペレイラ・ドス・サントス
[国]アンゴラ 退役軍人相 [異]バンドゥネン, カンディド・ペレイラ・ドスサントス
Van Dunem, Francisca バン・ドゥーネン, フランシスカ
[国]ポルトガル 法相
Van-dúnem, José Vieira Dias バンドゥーネン, ジョゼ・ビエイラ・ディアス
[国]アンゴラ 保健相
Vandúnem, Osvaldo de Jesus Serra バンドゥネム, オスバルド・デ・ジェスス・セラ
[国]アンゴラ 内相 [異]バンドゥネム, オスバルド・デジェスス・セラ
Van-dúnem, Pedro José バンドゥーネン, ペドロ・ジョゼ
[国]アンゴラ 退役軍人相
Vandy, Peter バンディ, ピーター
[国]シエラレオネ 土地・住宅・環境相
Van Dyk, Mitchell バンダイク, ミッチェル
[国]アメリカ アメフト選手
Van Dyke, DeMarcus バンダイク, デマーカス
[国]アメリカ アメフト選手
Van Dyken, Rachel バン・ダイクン, レイチェル
1985～ [国]アメリカ 作家 [専]歴史, ロマンス [異]ヴァン・ダイクン, レイチェル / ヴァン・ダイケン, レイチェル
Vane, Howard R. ヴェイン, ハワード・R.
[著]「マクロ経済学はどこまで進んだか」 東洋経済新報社 2001
Vane, John Robert ベイン, ジョン・ロバート
1927～2004 [国]イギリス 生化学者 ニューヨーク医科大学薬理学医学教授, ウィリアム・ハーベイ研究所名誉総長 [専]薬理学 [異]ベーン / ヴェーン / ヴェイン, ジョン・ロバート
Vaneck, Pierre ヴァネック, ピエール
1931～2010 [国]フランス 俳優
Van Eck, Richard N. ファン・エック, リチャード・N.
[著]「インストラクショナルデザインとテクノロジ」 北大路書房 2013
Van Ekeren, Glenn ヴァン・エカレン, グレン
[著]「幸福セラピー」 ディスカヴァー・トゥエンティワン 2005
Vanelli, Federico バネリ, フェデリコ
[国]イタリア 水泳選手
Van Emden, Anicka ファンエムデン, アニカ
[国]オランダ 柔道選手
Vanentini, Pasquale バレンティーニ, パスクアーレ
[国]サンマリノ 外部・政務長官(首相格)
Vanessa-Mae バネッサ・メイ
1978～ [国]イギリス バイオリニスト 別名＝Vanakorn, Vanessa [異]ヴァネッサ・メイ
Van Eupen, Marit ファンエーペン
[国]オランダ ボート選手
Van Evera, Stephen エヴェラ, スティーヴン・ヴァン
[著]「政治学のリサーチ・メソッド」 勁草書房 2009
Van Exel, Nick ヴァン・エクセル, ニック
[国]アメリカ メンフィス・グリズリーズアシスタントコーチ(バスケットボール)
Van Fleet, Matthew ヴァン・フリート, マシュー
[著]「わんちゃんといろのえほん」 大日本絵画 2015
VanFleet, Risë ヴァンフリート, リセ
1953～ [著]「絆を深める親子遊び」 風間書房 2004
Van Gaal, Louis ファン・ハール, ルイス
1951～ [国]オランダ サッカー監督, 元サッカー選手 サッカー・オランダ代表監督
Van Gelder, Gordon ヴァン・ゲルダー, ゴードン
ヒューゴー賞 プロ編集者(短編) (2008年) ほか
Van Gelder, Sarah ヴァン・ゲルダー, サラ
[著]「99%の反乱」 バジリコ 2012
Vangelis ヴァンゲリス
1943～ [国]ギリシャ シンセサイザー奏者, 作曲家 本名＝パパサナシュー, エヴァンゲロス〈Papathanassiu, Evangelos〉 [異]バンゲリス / パパサナシュ, ヴァンゲリス
Van Gendt, Twan ファンヘント
[国]オランダ 自転車選手
Vangi, Giuliano ヴァンジ, ジュリアーノ
1931～ [国]イタリア 彫刻家
Vangi, Venant Tshipasa バンギ, ブナン・チパサ
[国]コンゴ民主共和国 文化問題相
Van Gijn, Jan ファン・ヘイン, ヤン
[著]「脳卒中症候群」 メディカル・サイエンス・インターナショナル 2016
Van Ginkel, Hans ファン・ヒンケル, ハンス
1940～ [国]オランダ 地理学者, 教育者 ユトレヒト大学名誉教授 国連大学学長 [専]東南アジア地理学, 地域開発, 東欧研究 本名＝Van Ginkel, Hans Johannes August
Vangioni, Leonel バンジョーニ, レオネル
[国]アルゼンチン サッカー選手
Van Gorkom, Jelle ファンホルコム, イエレ
[国]オランダ 自転車選手
Vangout, Cécile ヴァング, セシル

著「おばあちゃんに会いたい」サンマーク出版　2014
Vang Pao　バン・パオ
　1931〜2011　国ラオス　軍人,反政府勢力指導者　ラオス王国軍将軍　異ワン・パオ / ヴァン・パオ
Van Grunsven, Anky　ファン・フルンスフェン,アンキー
　1968〜　国オランダ　馬術選手
Van Gundy, Stan　ヴァン・ガンディ,スタン
　国アメリカ　デトロイト・ピストンズヘッドコーチ（バスケットボール）
Van Haas, Gary　ヴァン・ハース,ゲイリー
　著「弔いのイコン」ランダムハウス講談社　2009
Van Haegen Maas Geesteranus, Melanie Schultz　ファン・ハーヘン・マース・ヘーステラヌス,メラニ・シュルツ
　国オランダ　社会基盤・環境相
Van Halen, Edward　ヴァン・ヘイレン,エドワード
　1957〜　国アメリカ　ロック・ギタリスト　異バン・ヘイレン,エドワード / ヴァン・ヘイレン,エディ
Van Haneghan, James P.　ヴァン・ハネハン,ジェームズ・P.
　著「インストラクショナルデザインとテクノロジ」北大路書房　2013
Vanhanen, Matti Taneli　バンハネン,マッティ
　1955〜　国フィンランド　政治家　フィンランド首相　異バンハネン,マティ
Van Harmelen, Frank　ファン・ハルメレン,フランク
　著「CD-ROMで始めるセマンティックWeb」ジャストシステム　2005
Van Hasselt, Vincent B.　ヴァン・ハッセル,ヴィンセント・B.
　著「臨床面接のすすめ方」日本評論社　2001
Van Hecke, Madeleine L.　ヴァンヘック,マデリン
　著「脳がよろこぶ仕事術」ベストセラーズ　2010
Van Heerden, Johannes　ファン・ヘールデン,ヨハネス
　国ルーマニア　ラグビー選手
Vanhengel, Guy　ファンヘンゲル,ヒー
　国ベルギー　副首相兼予算相
Van Hensbergen, Gijs　ファン・ヘンスベルヘン,ヘイス
　著「伝記ガウディ」文芸春秋　2003
Vanhoenacker, Mark　ヴァンホーナッカー,マーク
　著「グッド・フライト、グッド・ナイト」早川書房　2016
Van Holde, Kensal Edward　ヴァン・ホルダ,K.E.
　1928〜　著「カラー生化学」西村書店　2015
Vanhoof, Elke　バンホーフ,エルケ
　国ベルギー　自転車選手
van Hooft, Stan　ヴァン・フッフト,スタン
　著「境界を超える看護」エルゼビア・ジャパン　2006
Vanhoozer, Kevin J.　ヴァンフーザー,ケヴィン・J.
　著「だれもが知りたいキリスト教神学Q&A」教文館　2016
Van Horn, Patricia　ヴァン・ホーン,パトリシア
　？〜2014　著「虐待・DV・トラウマにさらされた親子への支援」日本評論社　2016
Vanhoutte, Edward　ファンホウテ,エドワルト
　著「人文学と電子編集」慶応義塾大学出版会　2011
Van Hove, Ivo　ヴァン・ホーヴェ,イヴォ
　ローレンス・オリヴィエ賞 演出賞（2015年（第39回））"A View From The Bridge"
Van Hulle, Dirk　ファン・ヒュレ,ディルク
　著「人文学と電子編集」慶応義塾大学出版会　2011
Van Hulle, Marc M.　ヴァン・フッレ,マーク・M.
　著「自己組織化マップ」海文堂出版　2001
Vanier, Alain　ヴァニエ,アラン
　1948〜　著「はじめてのラカン精神分析」誠信書房　2013
Vanier, Jean　バニエ,ジャン
　1928〜　著「ジャン・バニエの言葉」新教出版社　2012
Vanier, Melanie K.　バニエ,メラニー・K.
　著「場面緘黙児への支援」田研出版　2007
Vanier, Nicolas　ヴァニエ,ニコラ
　1962〜　著「最後の狩人」小峰書店　2006
Van Iersel, Marleen　ファンイエルセル,マーリーン
　国オランダ　ビーチバレー選手
Vanistendael, Judith　バニステンダール,ユーディット
　1974〜　著「ロージーとムサ パパからの手紙」朝日学生新聞社　2012
Van Itallie, Jean Claude　ヴァン・イタリー,ジャン=クロード
　1936〜　著「劇作ワークブック」日本劇作家協会,ブロンズ新社（発売）　2004
Van Jaarsveld, Torsten　ファン・ヤースフェルト,トルステン
　国ナミビア　ラグビー選手
Van Kirk, Sylvia　ヴァン・カーク,シルヴィア

著「優しい絆」麗沢大学出版会,広池学園事業部（柏）（発売）　2014
Van Kirk, Theodore　バンカーク,セオドア
　1921〜2014　国アメリカ　航空士
Van Koeverden, Adam　バンコバーデン,アダム
　国カナダ　カヌー選手
Van Kooy, R.C.　ヴァン・クー,R.C.
　著「ポール・オースターが朗読するナショナル・ストーリー・プロジェクト」アルク　2006
Van Landeghem, Chantal　バンランデゲム,シャンタル
　国カナダ　水泳選手
Van Leer, Lia　ヴァン・リー,リア
　ベルリン国際映画祭 ベルリナーレ・カメラ賞（第61回（2011年））
Van Lente, Fred　ヴァン・レンテ,フレッド
　著「パワーパック：デイ・ワン」ヴィレッジブックス　2015
van Lenteren, J.C.　バン・レンテレン,J.C.
　著「トマトオランダの多収技術と理論」農山漁村文化協会　2012
Van Lier, Leo　ヴァンリア,レオ
　著「生態学が教育を変える」ふくろう出版　2009
Van Liere, Donna　バンリアー,ドナ
　1966〜　国アメリカ　作家,女優,脚本家　著文学　異ヴァンリアー,ドナ
Van Lill, PJ.　ファン・リル,PJ.
　国ナミビア　ラグビー選手
Van Loan, Peter　バンローン,ピーター
　国カナダ　貿易相
Van Loon, Borin　ヴァン・ルーン,ボリン
　1951〜　著「経済学とおともだちになろう」東洋経済新報社　2012
Van Maanen, John　ヴァン=マーネン,ジョン
　1943〜　異ヴァン・マーネン,ジョン　著「キャリア・マネジメント」プロセス・コンサルテーション,白桃書房（発売）　2015
Van Manen, Max　ヴァン=マーネン,マックス
　異ヴァン・マーネン,M.　著「生きられた経験の探究」ゆみる出版　2011
Van Marwijk, Bert　ファン・マルヴァイク,ベルト
　1952〜　国オランダ　サッカー指導者,元サッカー選手　サッカー・オランダ代表監督　異ファン・マルワイク,ベルト / ファンマルウェイク / ファンマルバイク,ベルト
Van Meter, Jen　ヴァン・メーター,ジェン
　著「スーペリア・スパイダーマン：ワースト・エネミー」ヴィレッジブックス　2016
Van Middelkoop, Eimert　ファンミデルコープ,エイメルト
　国オランダ　国防相
Van Mierlo, Hans　ファン・ミルロー,ハンス
　1931〜2010　国オランダ　政治家　オランダ副首相・外相　本名＝Van Mierlo, Henricus Antonius Franciscus Maria Oliva　異バンミルロー,ハンス
Van Miert, Karel　ファン・ミエルト,カレル
　1942〜2009　国ベルギー　政治家　EU欧州委員会委員,ベルギー下院議員　異バンミールト,カレル
Van Moerkerke, Evan　バンモアカーク,エバン
　国カナダ　水泳選手
Vann, Lizzie　ヴァン,リジー
　著「乳幼児のための安全な食事」産調出版　2002
Van Natta, Don, Jr.　ヴァン・ナッタ,ドン,Jr.
　1964〜　著「大統領への道」バジリコ　2008
Vanneste, Sven　ヴァネステ,スヴェン
　著「モーラルブレイン」麗沢大学出版会,広池学園事業部（柏）（発売）　2013
Vannett, Nick　バネット,ニック
　国アメリカ　アメフト選手
Vanni, Gian Berto　ヴァンニ,ジャン・ベルト
　1927〜　著「Love」青山出版社　2007
Vanni, Simone　バンニ
　国イタリア　フェンシング選手
Van Niekerk, Wayde　ファンニーケルク,ウェード
　国南アフリカ　陸上選手
Vannini, Vanio　ヴァンニーニ,V.
　著「人体カラーアトラス」総合医学社　2001
Vann Molyvann　バン・モリバン
　1926〜　国カンボジア　建築家　カンボジア文化担当国務相　異ヴァン・モリヴァン
Vann Nath　バン・ナット
　1946〜2011　国カンボジア　画家
Van Noten, Dries　ヴァン・ノッテン,ドリス
　1958〜　国ベルギー　ファッションデザイナー

Van Noy, Kyle　バンノイ, カイル
　国アメリカ　アメフト選手
Vannucci, Marta　ヴァヌチ, マルタ
　著「マングローブと人間」岩波書店　2005
Vanoncini, André　ヴァノンシニ, アンドレ
　著「ミステリ文学」白水社　2012
Van Oosterzee, Penny　ヴァン・オオステルチィ, ペニー
　著「ホモ・フロレシエンシス」日本放送出版協会　2008
Vanourek, Gregg　バネリック, グレッグ
　1970～　著「チャータースクールの胎動」青木書店　2001
Van Overtveldt, Johan　ヴァンオフェルトフェルト, ヨハン
　国ベルギー　財務・脱税対策相
Van Patten, Tim　ヴァン・パタン, ティム
　エミー賞 プライムタイム・エミー賞 最優秀監督賞（ドラマシリーズ）（第64回（2012年））　"Boardwalk Empire"
Vanpereira　ヴァンペレーラ
　1952～　著「ガラシとクルピラ」福音館書店　2005
Van Persie, Robin　ファン・ペルシー, ロビン
　1983～　国オランダ　サッカー選手　異ファン・ペルシ, ロビン
Van Praag, Menna　ヴァン・プラーグ, メナ
　1977～　著「恋とお金とチョコレート」講談社インターナショナル　2009
Van Praagh, James　ヴァン・プラグ, ジェームズ
　著「人生を、もっと幸せに生きるために」エンジン・ルーム, 河出書房新社（発売）　2014
Van Quickenborne, Vincent　ファンクイッケンボルヌ, フィンセント
　国ベルギー　企業・簡素化相
Van Ravenswaay, Ricardo　ファンラーフェンスワイ, リカルド
　国スリナム　計画・開発協力相
Van Reken, Ruth E.　ヴァン・リーケン, ルース
　1945～　著「サードカルチャーキッズ」スリーエーネットワーク　2010
Vanrell, Luc　ヴァンレル, リュック
　1959～　著「海に消えた星の王子さま」緑風出版　2009
Van Rhijn, Ricardo　ファン・ライン, リカルド
　国オランダ　サッカー選手
Van Riel, Marten　バンリール, マルテン
　国ベルギー　トライアスロン選手
Van Riessen, Laurine　ファンリーセン, ロリーヌ
　国オランダ　自転車選手
Van Rijsselberghe, Dorian　ファンリエセルベルゲ, ドリアン
　1988～　国オランダ　セーリング選手　異レイセルベルヘ
Van Rompuy, Herman　ヴァン・ロンパイ, ヘルマン
　1947～　国ベルギー　政治家　EU大統領, ベルギー首相　異ファン・ロンパウ, ヘルマン
Van Ronk, Dave　ヴァン・ロンク, デイヴ
　1936～2002　著「グリニッチ・ヴィレッジにフォークが響いていた頃」早川書房　2014
Van Rooijen, Olivia　ファンローイエン, オリビア
　国オランダ　ボート選手
Van Rooyen, David　ファンロイヤン, デービッド
　国南アフリカ　協調統治・伝統業務相
Van Rooy-vink, Elsbeth　フィンク, ファンローイ
　国オランダ　自転車選手
van Rossum, Guido　ファン・ロッサム, グイド
　著「Pythonチュートリアル」オライリー・ジャパン, オーム社（発売）　2016
Van Rouwendaal, Sharon　ファンラウエンダール, シャロン
　国オランダ　水泳選手
Van-Roy, Peter　ヴァン・ロイ, ピーター
　著「コンピュータプログラミングの概念・技法・モデル」翔泳社　2007
Van Russel, Romeo　ファンルッセル, ロメオ
　国スリナム　地域開発相
Van Sant, Gus　バン・サント, ガス
　1952～　国アメリカ　映画監督, 脚本家　異ヴァン・サント, ガス
van Schaaik, Erik　ファン・スシャーイク, エリック
　国オランダ　アヌシー国際アニメーション映画祭 短編映画FIPRESCI賞（2005年）　"Vent"
Van Schaardenburg, Rutger　ファンスハールデンベルク, ルトガー
　国オランダ　セーリング選手
Van Schalkwyk, Martinus　ファンスカルクビック, マルティナス
　国南アフリカ　観光相
Van Sciver, Ethan　ヴァン・スカイバー, イーサン
　著「NEW 52：ジャスティス・リーグ」ヴィレッジブックス　2013
Van Scott, Miriam　ヴァン・スコット, ミリアム
　著「天国と地獄の事典」原書房　2006
Van Scoyck, Robert　バン・スコイック, ロバート
　?～2002　国アメリカ　テレビ脚本家　異バンスコイック, ロバート / ヴァン・スコヤック, ロバート
Van Sijll, Jennifer　ヴァン・シル, ジェニファー
　1954～　著「映画表現の教科書」フィルムアート社　2012
Van Silfhout, Diederik　ファンシルファウト, ディデリク
　国オランダ　馬術選手
Vansittart, Peter　バンシッタート, ピーター
　1920～2008　国イギリス　作家, 歴史家　異バンシタート / ヴァンシタート / ヴァンシッタート
Vänskä, Osmo　ヴァンスカ, オスモ
　1953～　国フィンランド　指揮者　ミネソタ管弦楽団音楽監督　"Sibelius：Symphonies Nos.1 & 4" ラハティ交響楽団音楽監督　異バンスカ, オスモ
Van Slyck, Abigail Ayres　ヴァンスリック, アビゲイル・A.
　著「すべての人に無料の図書館」京都大学図書館情報学研究会, 日本図書館協会（発売）　2005
Van Slyke, Scott　バンスライク, スコット
　国アメリカ　野球選手
Van Snick, Charline　バンスニック, シャルリーヌ
　国ベルギー　柔道選手　異バンスニック
Van Steenwyk, Elizabeth　ヴァン・スティーンウィク, エリザベス
　著「女探偵☆ケイト・ウォーン」光村教育図書　2016
Van Stockum, Hilda　ファン・ストックム, ヒルダ
　1908～2006　著ストックム, ヒルダ・ファン　異「楽しいスケート遠足」日本ライトハウス　2013
Vanstone, Amanda　バンストン, アマンダ
　国オーストラリア　移民・多文化, 先住民問題相
Vanstone, Hugh　ヴァンストーン, ヒュー
　トニー賞 ミュージカル 照明デザイン賞（2013年（第67回））　"Matilda The Musical"
Van Stone, Mark　ヴァン・ストーン, マーク
　著「マヤ文字解読辞典」創元社　2007
Vanstone, Philippa　ヴァンストーン, フィリッパ
　著「500クッキーのレシピ集」グラフィック社　2009
Van Straelen, Henry　ファンストラーレン, ヘンリー
　1904～2004　国ドイツ　神父, 哲学者　南山大学名誉教授
Van Straten, Michael　ヴァン・ストラーテン, マイケル
　著バン・ストラーテン, マイケル　著「ヘルシー食材図鑑」産調出版　2004
Van T End, Noel　ファントエント, ノエル
　国オランダ　柔道選手
Vanterpool, David　ヴァンダープール, デビッド
　国アメリカ　ポートランド・トレイルブレイザーズアシスタントコーチ（バスケットボール）
Van Tichelt, Dirk　バンティヘルト, ディルク
　国ベルギー　柔道選手　異バンティヘルト
Van Tien Dung　バン・ティエン・ズン
　1917～2002　国ベトナム　軍人, 政治家　ベトナム人民軍大将, ベトナム国防相　異バン・チエン・ズン
Vantrease, Brenda Rickman　バントリーズ, ブレンダ・リックマン
　1945～　国アメリカ　作家　著文学　異ヴァントリーズ, ブレンダ・リックマン
Van Veen, Anneloes　ファンフェン, アンネローズ
　国オランダ　セーリング選手
Van Velde, Gerard　ファンフェルデ
　国オランダ　スピードスケート選手
Van Velsor, Ellen　ヴァン・ヴェルサ, エレン
　著「リーダーシップ開発ハンドブック」白桃書房　2011
Van Velthooven, Simon　バンベルトーベン
　国ニュージーランド　自転車選手
Vanvelthoven, Peter　バンベルトホーベン, ペーテル
　国ベルギー　雇用相
Vanvleet, Fred　ヴァンブリート, フレッド
　国アメリカ　バスケットボール選手
Van Vleuten, Annemiek　ファンフリューテン, アンネミーク
　国オランダ　自転車選手
Van Vugt, Mark　ファン・フフト, マルク
　1967～　著「なぜ, あの人がリーダーなのか？」早川書房　2012
Van Wyk, Danie　ファン・ヴァイク, ダニー
　国ナミビア　ラグビー選手

Van Wyk, Kenneth R. ヴァン・ワイク, ケネス・R.
著「セキュアプログラミング」 オライリー・ジャパン, オーム社(発売) 2004
Van Wyk, Russell ファン・ヴァイク, ラッセル
国ナミビア ラグビー選手
van Zanen, Jan Hendrikus Cornelis ファン・ザーネン, ヤン・ヘンドリクス・コーネリス
国オランダ ユトレヒト市長, オランダ市長連盟議長, 元・アムステルフェーン市長
Vanzant, Iyanla ヴァンザント, イヤンラ
異ヴァンザント, イアンラ 著「地球につながる生き方」 春秋社 2009
Van Zeveren, Michel ヴァン・ゼブラン, ミッシェル
1970～ 著「あたしもすっごい魔女になるんだ!」 小峰書店 2004
Van Zyl, L.J. バンジル
国南アフリカ 陸上選手
Vapaavuori, Jan バパーブオリ, ヤン
国フィンランド 経済相 異バパーボリ, ヤン
Vapnyar, Lara ヴァプニャール, ラーラ
1971～ 国アメリカ 作家 専文学, フィクション
Vaporis, Constantine Nomikos ヴァポリス, コンスタンチン
1957～ 異ヴァポリス, コンスタンティン・ノミコス 著「日本人と参勤交代」 柏書房 2010
Vaquero, Tomás バケロ, トマス
国ホンジュラス 天然資源・環境相
Vaquina, Alberto バキナ, アルベルト
国モザンビーク 首相
Varadhan, Srinivasa S.R. バラダン, スリニバーサ
1940～ 国アメリカ 数学者 ニューヨーク大学クーラント数理科学研究所教授 専確率論 異ヴァラダーン, スリニヴァサ・S.R. / ヴァラダン, シュリニヴァーサ / ヴァラダン, スリニヴァーサ
Varadkar, Leo バラッカー, レオ
国アイルランド 社会保護相
Varallo, Francisco バラージョ, フランシスコ
1910～2010 国アルゼンチン サッカー選手 愛称=パンチョ〈Pancho〉
Varane, Raphael ヴァラン, ラファエル
国フランス サッカー選手
Varbanov, Valentin ヴァルバノフ, ヴァレンティン
著「絶え間なき交信の時代」 NTT出版 2003
Varda, Agnès ヴァルダ, アニエス
1928～ 国フランス 映画監督, 脚本家, 写真家 異バルダ, アニエス
Várdai, István ヴァルダイ, イシュトヴァン
国ハンガリー チャイコフスキー国際コンクール チェロ 第3位(2007年(第13回))
Vardalos, Nia ヴァルダロス, ニア
著「マイ・ビッグ・ファット・ウェディング」 角川書店 2003
Vardaman, E.Jan ヴァーダマン, E.ジャン
著「よくわかる半導体パッケージのできるまで」 日刊工業新聞社 2005
Vardaman, James M. バーダマン, ジェームス・M.
1947～ 著「シンプルな英語で話す西洋の天才たちWESTERN GENIUS」 ジャパンタイムズ 2016
Vardaman, Maya バーダマン, マヤ
著「うまい! と言われる英語スラングの使い方」 中経出版 2008
Vardanian, Aghvan バルダニャン, アグバン
国アルメニア 労働・社会問題相
Vardanian, Davit ワルダニャン, ダビト
国アルメニア 国家資産相
Vardanyan, Armen ワルダニャン
国ウクライナ レスリング選手
Vardanyan, Manuk ワルダニャン, マヌク
国アルメニア 運輸・通信相
Vardanyan, Vardan ワルダニャン, ワルダン
国アルメニア 都市開発相
Vardey, Lucinda ヴァーディ, ルシンダ
著「マザー・テレサ語る」 早川書房 2016
Vardhan, Harsh バルダン, ハルシュ
国インド 科学技術相兼地球科学相
Vardy, Jamie ヴァーディ, ジェイミー
国イングランド サッカー選手
Vardy, Peter ヴァーディ, ピーター
著「哲学者は何を考えているのか」 春秋社 2006
Vardzelashvili, Vladimir ワルゼラシビリ, ウラジーミル
国ジョージア スポーツ・青年相
Vare, Ethlie Ann ヴェア, エスリー・アン
著「環境教育の母」 日本ライトハウス 2005
Varejão, Adriana ヴァレジョン, アドレアナ
1964～ 国ブラジル 現代美術家, 画家
Varejao, Anderson ヴァレジャオ, アンダーソン
国ブラジル バスケットボール選手
Varela, Afonso バレラ, アフォンソ
国サントメ・プリンシペ 閣議・国会担当相 異バレラ, アルフォンソ
Varela, Francisco J. ヴァレラ, フランシスコ
1946～2001 国フランス フランス国立科学研究センター(CNRS)研究部長
Varela, Guillermo バレラ, ギジェルモ
国ウルグアイ サッカー選手
Varela, Iris バレラ, イリス
国ベネズエラ 刑務所相
Varela, Juan Carlos バレラ, フアン・カルロス
1963～ 国パナマ 政治家 パナマ大統領 本名=Varela Rodríguez, Juan Carlos
Varela, María Iris バレラ, マリア・イリス
国ベネズエラ 刑務所相
Varela, Silvestre ヴァレラ, シルヴェストレ
国ポルトガル サッカー選手
Varela Radio, Alfonso バレラ・ラディオ, アルフォンソ
国ウルグアイ 観光相
Varella, Lelio ヴァレラ, レリオ
著「プロジェクト・マネジャーが知るべき97のこと」 オライリー・ジャパン, オーム社(発売) 2011
Varenhorst, Christiaan ファレンホルスト, クリスティアン
国オランダ ビーチバレー選手
Varennikov, Valentin Ivanovich ワレンニコフ, ワレンチン
1923～2009 国ロシア 軍人, 政治家 ソ連地上軍総司令官・国防次官, ロシア下院議員
Varga, Erik バルガ, エリク
国スロバキア 射撃選手
Varga, Gabriella バルガ
国ハンガリー フェンシング選手
Varga, Mihály バルガ・ミハーイ
国ハンガリー 国家経済相
Varga, Richard バルガ, リハール
国スロバキア トライアスロン選手
Varga, Siniša バルガ, シニシャ
国クロアチア 保健相
Varga, Tibor ヴァルガ, ティボール
1921～2003 国ハンガリー バイオリニスト 異バルガ, ティボール / ヴァルガ, ティボル
Varga, Viktoria バルガ
国ハンガリー 重量挙げ選手
Vargas, Antonio バルガス, アントニオ
国エクアドル 社会福祉相
Vargas, Cesar バルガス, セザー
国メキシコ 野球選手
Vargas, Devin バルガス
国アメリカ ボクシング選手
Vargas, Eduardo バルガス, エドゥアルド
国チリ サッカー選手
Vargas, Fred ヴァルガス, フレッド
1957～ 国フランス 作家
Vargas, Georgina バルガス, ヘオルヒナ
国コスタリカ 女性問題相
Vargas, Ildemaro バルデス, イルデマロ
国ベネズエラ 野球選手
Vargas, Jason バルガス, ジェイソン
国アメリカ 野球選手
Vargas, Kennys バルガス, ケニース
国プエルトリコ 野球選手
Vargas, Oscar バルガス, オスカル
国ボリビア 国防相
Vargas, Pepe バルガス, ペペ
国ブラジル 農村開発相
Vargas, Victor バルガス, ビクトル
国ベネズエラ 銀行家
Vargas Díaz, Marco バルガス・ディアス, マルコ
国コスタリカ 大統領府相
Vargas Gomez, Luis Andres バルガス・ゴメス, ルイス・アンドレス

V

？～2003 亡命キューバ人指導者 [異]バルガス・ゴメス, ルイス アンドレス

Vargas Koch, Laura ファルガスコッホ, ラウラ
[国]ドイツ 柔道選手

Vargas Lleras, Germán バルガス・ジェラス, ヘルマン
[国]コロンビア 副大統領

Vargas Llosa, Mario バルガス・リョサ, マリオ
1936～ [国]ペルー 作家, 政治家 国際ペンクラブ会長 [専]スペイン文学 本名＝Vargas Llosa, Jorge Mario Pedro [異]バルガス, マリオ / バルガス・ジョサ

Vargas Maldonado, Miguel マルドナド, ミゲル・バルガス
[国]ドミニカ共和国 外相 [異]バルガス・マルドナド, ミゲル

Vargas Padilla, Arlen Patricia バルガス・パディジャ, アルレン・パトリシア
[国]ニカラグア 女性相

Vargas Rodriguez, Luis Aristobulo バルガス・ロドリゲス, ルイス・アリストブロ
[国]コロンビア 元・在コロンビア日本国大使館現地職員

Vargic, Ivan ヴァルジッチ, イヴァン
[国]クロアチア サッカー選手

Vargö, Lars ヴァリエー, ラーシュ
1947～ [国]スウェーデン 外交官, 日本文学研究家 駐日スウェーデン大使 [異]バリエー, ラーシュ / ヴァリエ, ラーシュ

Vargo, Stephen L. バーゴ, スティーブン・L.
1945～ [著]「サービス・ドミナント・ロジックの発想と応用」 同文舘出版 2016

Varian, Hal R. ヴァリアン, ハル・R.
[著]「入門ミクロ経済学」 勁草書房 2015

Varichon, Anne ヴァリション, アンヌ
[著]「色」 マール社 2009

Varis, Kaisa バリス
[国]フィンランド クロスカントリースキー選手

Varitek, Jason バリテック, ジェーソン
1972～ [国]アメリカ 元野球選手 本名＝Varitek, Jason Andrew [異]ヴァリテック, ジェイソン

Varkey, Sunny バーキー, サニー
[国]インド Gems Education

Varlamoff, Marie-Thérèse バーラモフ, マリー＝テレーズ
[著]「ブルーシールド」 日本図書館協会 2007

Varlamov, A.A. ヴァルラモフ, A.A.
[著]「身近な物理」 丸善出版 2016

Varley, John バーリー, ジョン
1947～ [国]アメリカ SF作家 [異]バーリイ, ジョン / ヴァーリー, ジョン / ヴァーリィ, ジョン

Varley, John Silvester バーリー, ジョン
1956～ [国]イギリス 銀行家 バークレイズ・グループCEO

Varley, Nick バーリー, ニック
1967～ [国]イギリス 戦略コンサルタント Seven46創業パートナー・CEO

Varley, Susan バーリー, スーザン
1961～ [国]イギリス 絵本作家, イラストレーター [異]バーレー / バーレイ / ヴァーレイ

Varma, Pavan K. ヴァルマ, パヴァン・K.
[著]「だれも知らなかったインド人の秘密」 東洋経済新報社 2006

Varma, Yatindra Nath バルマ, ヤティンドラ・ナット
[国]モーリシャス 司法相

Varmah, Eddington バーマ, エディントン
[国]リベリア 法相

Varmorel, Fred ヴァーモレル, フレッド
[著]「セックス・ピストルズ・インサイドストーリー」 シンコー・ミュージック 2002

Varmus, Harold Eliot バーマス, ハロルド・エリオット
1939～ [国]アメリカ 微生物学者 米国国立衛生研究所（NIH）所長 [異]ヴァーマス / ヴァルマス

Varnam-Atkin, Stuart ヴァーナム - アットキン, ステュウット
1949～ [著]「日本風物詩」 IBCパブリッシング 2014

Varnay, Astrid バルナイ, アストリッド
1918～2006 [国]アメリカ ソプラノ歌手 [異]ヴァルナイ, アストリッド

Varner, Jacob Stephen バーナー, ジェーコブスティーブン
1986～ [国]アメリカ レスリング選手 通称＝バーナー, ジェーク〈Varner, Jake〉

Varner, Linda ヴァーナー, リンダ
[著]「亜麻色の髪の少女」 ハーレクイン 2001

Varner, Mark ヴァーナー, M.
[著]「乳牛のハードヘルスと生産管理」 チクサン出版社, 緑書房（発売） 2001

Värnik, Andrus バルニク
[国]エストニア 陸上選手

Varoufakis, Yanis バルファキス, ヤニス
1961～ [国]ギリシャ 政治家, 経済学者 アテネ大学経済学教授 ギリシャ財務相 [専]経済理論 本名＝Varoufakis, Yanis Georgiou

Varoutsikos, Yannis ヴァルツィコス, ヤニス
[著]「美しいフランス菓子の教科書」 パイインターナショナル 2016

Varpilah, Tornolah バーピラー, トルノラー
[国]リベリア 運輸相

Varra, Alethea A. ヴァラ, アレシア・A.
[著]「アクセプタンス＆コミットメント・セラピー実践ガイド」 明石書店 2014

Varricchio, Eda ヴァリッキオ, イーダ
1923～ [国]アメリカ 画家 [異]バリッキオ, イーダ

Varshavsky, Alexander バーシャフスキー, アレクサンダー
[国]アメリカ ウルフ賞 医学部門（2001年）

Vartan, Sylvie ヴァルタン, シルヴィ
1944～ [国]フランス 歌手, 女優 [異]バルタン, シルビー / バルタン, シルヴィ / ヴァルタン, シルヴィー

Vartanian, Gevork ワルタニャン, ゲウォルク
1924～2012 [国]アルメニア スパイ

Vartanian, Ivan ヴァルタニアン, アイヴァン
[著]「日本写真集史1956-1986」 赤々舎 2009

Vasan, Gandee ヴァサン, ガンディ
[著]「Cat capers」 グラフィック社 2008

Vasan, G.K. バサン, G.K.
[国]インド 船舶相

Vasbanyai, Henrik バシュバニアイ, ヘンリク
[国]ハンガリー カヌー選手

Vasco, Maria バスコ
[国]スペイン 陸上選手

Vasco, Pedro バスコ, ペドロ
[著]「モウリーニョの本性」 ベースボール・マガジン社 2013

Vasconcelos, José Maria Botelho De バスコンセロス, ジョゼ・マリア・ボテリョ・デ
[国]アンゴラ 石油相

Vasella, Daniel ヴァセラ, ダニエル
1953～ [国]スイス 実業家, 医師 ノバルティス会長・CEO 本名＝Vasella, Daniel Lucius [異]バセラ, ダニエル

Vaseva, Elina バセバ
[国]ブルガリア レスリング選手

Vashadze, Grigol ワシャゼ, グリゴル
[国]ジョージア 外相

Vashakidze, Valerian ワシャキゼ, ワレリアン
[国]ジョージア 難民・移住問題担当相

Vashchenko, Vladimir A. ワシチェンコ, ウラジーミル・A.
[国]ベラルーシ 非常事態相 [異]バシチェンコ, ウラジーミル・A.

Vasher, Roy ヴァッシャー, ロイ
[著]「トヨタ・サプライチェーン・マネジメント」 マグロウヒル・エデュケーション, 日本経済新聞出版社（発売） 2010

Vasic, Milos バシッチ, ミロシュ
[国]セルビア ボート選手

Vasile, Radu ヴァシレ, ラドゥ
1942～2013 [国]ルーマニア 政治家 ルーマニア首相 [異]バシレ, ラドゥ / ヴァジレ, ラドゥ

Vasilev, Kristian バシレフ, クリスチャン
[国]ブルガリア ボート選手

Vasil'ev, Valerii ワシーリエフ, ワレーリー
[著]「金のさかな」 偕成社 2003

Vasilevskis, Vadims バシレフスキス
[国]ラトビア 陸上選手

Vasili, Petrit バシリ, ペトリット
[国]アルバニア 保健相

Vasiliev, Ivan ワシーリエフ, イワン
1989～ [国]ロシア バレエダンサー ミハイロフスキー・バレエ団プリンシパル [異]ワシリエフ, イワン / ヴァシーリエフ, イワン

Vasiliev, Vladimir ヴァシリエフ, ヴラディミア
[著]「システマを極めるストライク！」 BABジャパン 2016

Vasiliev, Vladimir Viktorovich ワシーリエフ, ウラジーミル
1940～ [国]ロシア バレエ振付師・演出家, 元バレエダンサー ボリショイ劇場芸術総監督 [異]ワシリエフ, ウラジーミル / ヴァシーリエフ, ウラジーミル / ヴァシーリエフ, ウラジーミル・V.

Vasilyeva, Olga Y. ワシリエワ, オリガ・Y.

V

[国]ロシア　教育科学相
Vaske, Hermann　ヴァスケ, ハーマン
[著]「Why are you creative？」 竹書房　2005
Vasko, Anne　ヴァスコ, アンネ
1969〜　[著]「ぼくって王さま」 講談社　2011
Vasovic, Velibor　ヴァソヴィッチ, ヴェリボル
？〜2002　[国]ユーゴスラビア　サッカー選手　[異]バソビッチ, ベリボル
Vásquez, Alcibiades　バスケス, アルシビアデス
[国]パナマ　社会開発相
Vásquez, Aldo　バスケス, アルド
[国]ペルー　法相
Vasquez, Greivis　ヴァスケス, グレイビス
[国]ベネズエラ　バスケットボール選手
Vásquez, Juan Gabriel　バスケス, フアン・ガブリエル
1973〜　[国]コロンビア　作家　[専]文学
Vasquez, Julio　バスケス, フリオ
[国]チリ　元・在チリ日本国大使館現地職員
Vásquez, Ricaurte　バスケス, リカウルテ
[国]パナマ　経済財務相
Vásquez Mota, Josefina　バスケス・モタ, ホセフィナ
[国]メキシコ　教育相
Vasquez Torres, Wilmer Jose　バスケス・トレス
[国]ベネズエラ　ボクシング選手
Vasquez Villamor, Luis　バスケス・ビジャモル, ルイス
[国]ボリビア　法務・人権相
Vassanji, M.G.　ヴァッサンジ, M.G.
1950〜　[著]「ヴィクラム・ラルの狭間の世界」 岩波書店　2014
Vasseur, veronique　ヴァスール, ヴェロニック
1951〜　[著]「パリ・サンテ刑務所」 集英社　2002
Vassil, Andrew D.　ヴァッシル, アンドリュー
[著]「がん放射線治療計画ハンドブック」 メディカル・サイエンス・インターナショナル　2012
Vassilev, Nikolay　バシレフ, ニコライ
[国]ブルガリア　国家行政・行政改革相
Vassileva, Ivelina　バシレバ, イベリナ
[国]ブルガリア　環境・水利相
Vassili, Amaury　ヴァッシーリ, アモリ
1989〜　[国]フランス　テノール歌手
Vassiliev, Dimitry　ワシリエフ
[国]ロシア　スキージャンプ選手
Vassilieva, Anna　ワシリエバ, アンナ
[著]「国境を越える人々」 国際書院　2006
Vassiliou, Antonis　バシリウ, アンドニス
[国]キプロス　労働・社会保障相
Vassilyev, Vladimir　ワシーリエフ, ウラジーミル
1967〜　[著]「デイ・ウォッチ」 バジリコ　2007
Vast, Emilie　ヴァスト, エミリー
[著]「あなたをまつあいだに」 ほるぷ出版　2015
Vastine, Alexis　バスティン, アレクシス
1986〜2015　[国]フランス　ボクシング選手　本名＝Vastine, Alexis Alain
Vasudeva, Guru　バスデバ, グル
[著]「Webシステムのデザインパターン」 翔泳社　2003
Vasudeva Nair Ayyangar　ワスデーヴァ・ナイア・アイアンカー
[著]「瞑想ヨガ 魂のやすらぎ」 東洋出版　2010
Vaswani, Neela　バスワニ, ニーラ
グラミー賞 最優秀子供向けアルバム（2014年（第57回））“I Am Malala：How One Girl Stood Up For Education And Changed The World（Malala Yousafzai）”
Vasyunik, Ivan　ワシュニク, イワン
[国]ウクライナ　副首相
Vaszi, Tünde　バシ
[国]ハンガリー　陸上選手
Vatanen, Ari Pieti Uolevi　バタネン, アリ
1952〜　[国]フィンランド　ラリードライバー　[異]ヴァタネン
Vattani, Umberto　ヴァッターニ, ウンベルト
[国]イタリア　伊日財団会長, 日伊ビジネスグループ副会長, ヴェニス国際大学会長, 元・外務次官, 元・首相府外交顧問, 元・イタリア貿易振興会総裁
Vattimo, Gianni　ヴァッティモ, ジャンニ
1936〜　[著]「透明なる社会」 平凡社　2012
Vaucaire, Cora　ボケール, コラ
1918〜2011　[国]フランス　シャンソン歌手　本名＝Collin, Geneviève
Vauclair, Jacques　ヴォークレール, ジャック
1947〜　[著]「乳幼児の発達」 新曜社　2012
Vaudoit, Hervé　ヴォドワ, エルヴェ
[著]「星の王子さまの眠る海」 ソニー・マガジンズ　2005
Vaugelade, Anaïs　ヴォージュラード, アナイス
1973〜　[著]「やっぱりしあわせ、パパブタさん」 徳間書店　2008
Vaughan, Andrew　ヴォーン, アンドリュー
[著]「イーグルスコンプリート・ワークス」 TOブックス　2014
Vaughan, Brian K.　ヴォーン, ブライアン・K.
[著]「Y：THE LAST MAN」 Graffica Novels, 誠文堂新光社（発売）　2016
Vaughan, Christopher C.　ヴォーン, クリストファー
1961〜　[著]「遊びスイッチ、オン！」 バベルプレス　2013
Vaughan, Dustin　ボーン, ダスティン
[国]アメリカ　アメフト選手
Vaughan, Elizabeth A.　ヴォーン, エリザベス
[著]「瑠璃色の衣の花嫁」 ヴィレッジブックス　2014
Vaughan, Gary V.　ヴォーン, ゲイリー・V.
[著]「GNU Autoconf/Automake/Libtool」 オーム社　2001
Vaughan, Hal　ヴォーン, ハル
1928〜　[著]「誰も知らなかったココ・シャネル」 文芸春秋　2012
Vaughan, Jenny　ヴォーン, ジェニー
[著]「池上彰が注目するこれからの大都市・経済大国」 講談社　2016
Vaughan, Margaret E.　ヴォーン, M.E.
[著]「初めて老人になるあなたへ」 成甲書房　2012
Vaughan, Norman　ボーガン, ノーマン
1905〜2005　[国]アメリカ　探検家
Vaughan, Robin Anthony　ヴォーン, ロビン・アントニー
[著]「植生のリモートセンシング」 森北出版　2013
Vaughn, Evelyn　ヴォーン, イヴリン
[著]「さまよえる女神たち」 ハーレクイン　2007
Vaughn, Herschell Read　バーン, H.R.
1924〜　[著]「63年目の攻撃目標」 創風社出版　2008
Vaughn, Jacque　ヴォーン, ジャック
[国]アメリカ　ブルックリン・ネッツアシスタントコーチ（バスケットボール）
Vaughn, Lewis　ヴォーン, L.
[著]「クリティカルシンキング」 北大路書房　2004
Vaughn, Matthew　ヴォーン, マシュー
[著]「キングスマン：ザ・シークレット・サービス」 小学館集英社プロダクション　2015
Vaughn, Rashad　ヴォーン, ラシャード
[国]アメリカ　バスケットボール選手
Vaughn, Terran　ボーン, テラン
[国]アメリカ　アメフト選手
Vaughters, James　ボーターズ, ジェームス
[国]アメリカ　アメフト選手
Vaulerin, Arnaud　ヴォレラン, アルノー
[著]「フクシマの荒廃」 緑風出版　2016
Vaultier, Pierre　ボルティエ, ピエール
1987〜　[国]フランス　スノーボード選手
Vause, Jordan　ヴォース, ジョーダン
[著]「Uボートエース」 学習研究社　2005
Vautrin, Catherine　ボートラン, カトリーヌ
[国]フランス　社会結束・男女平等担当相　[異]ボトラン, カトリーヌ
Vautrin, Jean　ヴォートラン, ジャン
1933〜2015　[国]フランス　作家, 映画監督　本名＝エルマン, ジャン〈Herman, Jean〉
Vaux, Joe　ボー, ジョー
[著]「ハリー・ポッターと秘密の部屋」 静山社, 大日本絵画（発売）　2002
Vava　ババ
？〜2002　[国]ブラジル　サッカー選手　本名＝ネト, エジバウド・イジト〈Neto, Edvaldo Izidio〉　[異]ヴァヴァ
Vaval, Jean-Robert　ババル, ジャンロベール
[国]ハイチ共和国　文化相
Vavra, Joe　バブラ, ジョー
[国]アメリカ　ミネソタ・ツインズコーチ
Vawter, Vince　ヴォーター, ヴィンス
[著]「ペーパーボーイ」 岩波書店　2016
Vayda, Thomas P.　ベイダ, トーマス・P.
[著]「ソフトウェアの未来」 翔泳社　2001
Vayeshnoi, Lekh Ram　バエショノイ, レク・ラム
[国]フィジー　青年・スポーツ・雇用機会相
Vaygina-efremova, Lilia　エフレモワ
[国]ウクライナ　バイアスロン選手

Vaynerchuk, Gary　ヴェイナチャック, ゲイリー
[著]「ザ・サンキュー・マーケティング」 実業之日本社　2012
Väyrynen, Paavo　バユリュネン, パーボ
[国]フィンランド　貿易・開発相
Vaz, Fernando　バス, フェルナンド
[国]ギニアビサウ　観光・手工業相　[異]バズ, フェルナンド
Vaz, José Mário　バズ, ジョゼ・マリオ
1957〜　[国]ギニアビサウ　政治家　ギニアビサウ大統領
Vaz, Lurdes　バズ, ローデス
[国]ギニアビサウ　女性・家族・社会連帯・貧困対策相
Vaz, Marcelino　バズ, マルセリノ
[国]ギニアビサウ　教育相
Vaz, Mário　バズ, マリオ
[国]ギニアビサウ　財務相
Vaz, Mark Cotta　ヴァズ, マーク・コッタ
[著]「ゴジラアート・オブ・デストラクション」 小学館集英社プロダクション　2014
Vazhenina, Alla　ワジェニナ
[国]カザフスタン　重量挙げ選手
Vaziev, Makharbek　ワジーエフ, マハールベク
1961〜　[国]ロシア　バレエダンサー　ミラノ・スカラ座バレエ監督　[異]ワジエフ, マハルベク
Vazirani, Vijay V.　ヴァジラーニ, V.V.
[著]「近似アルゴリズム」 シュプリンガー・フェアラーク東京　2002
Vaziri Hamaneh, Kazem　バジリハマネ, カゼム
[国]イラン　石油相
Vazirov, Zokir　ワジロフ, ゾキル
[国]タジキスタン　副首相
Vážny, L'ubomír　バージュニ, リュボミール
[国]スロバキア　副首相(投資担当)
Vazquez, Christian　バスケス, クリスチャン
[国]プエルトリコ　野球選手
Vazquez, Franco　バスケス, フランコ
[国]イタリア　サッカー選手
Vazquez, Liesl　ヴァスケス, リーズル
[著]「Angel」 PHP研究所　2002
Vazquez, Luis Franco　バスケス
[国]キューバ　ボクシング選手
Vázquez, Norma　バスケス, ノルマ
[著]「女性のアイデンティティの再建を目指して」 柘植書房新社　2003
Vazquez, Ramon　バスケス, ラモン
[国]アメリカ　サンディエゴ・パドレスコーチ
Vázquez, Tabaré　ヴァスケス, タバレ
1940〜　[国]ウルグアイ　政治家, 医師　ウルグアイ大統領　ウルグアイ共和国大学医学部教授　本名＝Vázquez Rosas, Tabaré Ramón　[異]バスケス, タバレ
Vázquez García, Francisco　バスケス・ガルシア, フランシスコ
1961〜　[著]「集いと娯楽の近代スペイン」 彩流社　2011
Vázquez Montalbán, Manuel　バスケス・モンタルバン, マヌエル
1939〜2003　[国]スペイン　推理作家　[異]ヴァスケス・モンタルバン, マヌエル
Vázquez Mota, Josefina Eugenia　バスケス・モタ, ホセフィナ・エウヘニア
[国]メキシコ　社会開発相
Vázquez Raña, Mario　バスケス・ラーニャ, マリオ
1932〜2015　[国]メキシコ　国際オリンピック委員会(IOC)理事, 各国オリンピック委員会連合(ANOC)会長
Vdovina, Daria　ブドビナ, ダリア
[国]ロシア　射撃選手
Veainu, Telusa　ベアイヌ, テルサ
[国]トンガ　ラグビー選手
Veal, Michael E.　ヴィール, マイケル・E.
[著]「DUB論」 Todoroki, サンクチュアリ出版(発売)　2010
Vealey, Robin S.　ビーリー, ロビン・S.
[著]「実力発揮のメンタルトレーニング」 大修館書店　2009
Veasey, Nick　ヴィーシー, ニック
1962〜　[著]「世界で一番美しいレントゲン図鑑」 エクスナレッジ　2013
Veatch, Chauncey　ベッチ, チョーンシー
[著]「動機づける力」 ダイヤモンド社　2005
Veatch, Robert M.　ヴィーチ, ロバート・M.
[著]「生命倫理学の基礎」 メディカ出版　2004
Veber, Janko　ベベル, ヤンコ
[国]スロベニア　国防相
Vecchi, Irene　ベッキ, イレーネ
[国]イタリア　フェンシング選手　[異]ベッキ
Vecino, Matias　ベシーノ, マティアス
[国]ウルグアイ　サッカー選手
Vecino Alegret, Fernando　ベシノ・アレグレ, フェルナンド
[国]キューバ　高等教育相
Vecsey, George　ベクシー, ジョージ
[著]「野球」 ランダムハウス講談社　2007
Vedantam, Shankar　ヴェダンタム, シャンカール
[著]「隠れた脳」 インターシフト, 合同出版(発売)　2011
Vedder, Eddie　ヴェダー, エディ
ゴールデン・グローブ賞 映画 主題歌賞(第65回(2007年度)) 'Guaranteed'(「イントゥ・ザ・ワイルド」"Into The Wild")
Vedel, Ellen　ヴェーデル, エレン
1974〜　[著]「アルコール・薬物依存(いぞん)臨床ガイド」 金剛出版　2010
Vedhara, Kav　ヴェドハラ, カビータ
[著]「心理免疫学概論」 川島書店　2008
Vedin, Bengt-Arne　ベダン, ベンクト・アンヌ
1940〜　[著]「デザイン・インスパイアード・イノベーション」 ファーストプレス　2008
Védís Jónsdóttir　ヴェディス・ヨンスドゥター
[著]「アイスランドウールで編むロピーセーターとモダンニット」 グラフィック社　2014
Védrine, Hubert　ベドリヌ, ユベール
1947〜　[国]フランス　政治家　ユベール・ベドリヌ・コンサルタント代表　フランス外相　[異]ベドリーヌ, ユベール / ベドリン, ユベール
Vedum, Trygve Slagsvold　ベードム, トリュグベ・スラッグスボルド
[国]ノルウェー　農業・食料相
Veelen, Matthijs van　フェーレン, マタイス・ファン
[著]「モーラルブレイン」 麗沢大学出版会, 広池学園事業部(柏)(発売)　2013
Veen, Jeffrey　ヴィーン, ジェフリー
[著]「戦うWebデザイン」 エムディエヌコーポレーション, インプレスコミュニケーションズ(発売)　2001
Veenendaal, Erik van　フェーネンダール, エリック・ファン
[著]「ソフトウェアテストの基礎」 センゲージラーニング, ビー・エヌ・エヌ新社(発売)　2008
Veenhoven, Ruut　ヴィーンホヴェン, ルート
[国]オランダ　社会学者　エラスムス大学教授, 世界幸福データベース主宰　[専]幸福学　[異]ビーンホベン, ルート
Veera, Rojpojanarat　ウィラ・ローポッチャナラット
[国]タイ　文化相
Veeramachaneni, Nirmal K.　ヴェラマチャネニー, ナーマル・K.
[著]「外科」 メディカル・サイエンス・インターナショナル　2005
Veeran, Renuga　ビーラン
[国]オーストラリア　バドミントン選手
Veere, H.van der　フェーレ, ヘンドリック・ファン・デル
1954〜　[著]「五輪九字明秘密釈の研究」 ノンブル　2003
Veerman, Cees　フェールマン, ケース
[国]オランダ　農業・自然・食料品質相
Veerpalu, Andrus　ベールパル, アンドルス
[国]エストニア　距離スキー選手　[異]ベールパル
Vega, Gaspar　ベガ, ガスパール
[国]ベリーズ　副首相兼農業・林業・漁業・環境・持続的開発相　[異]ベガ, ガスパー
Vega, Louie　ヴェガ, ルイ
グラミー賞 最優秀リミックス・レコーディング(クラシック以外)(2005年(第48回)) "Superfly (Louie Vega EOL Mix)"
Vega, Phyllis　ベガ, フィリス
[著]「誕生日大百科」 扶桑社　2007
Vega Casillas, Salvador　ベガ・カシジャス, サルバドル
[国]メキシコ　公共行政相
Vega de la Falla, Jesus　ベガ・デ・ラ・ファジャ, ヘスス
[著]「世界中を虜にする企業」 アチーブメント出版　2010
Vega García, Gerardo Clemente Ricardo　ベガ・ガルシア, ヘラルド・クレメンテ・リカルド
[国]メキシコ　国防相
Vega Herrera, Patricia　ベガ・エレラ, パトリシア
[国]コスタリカ　法相
Vega Pasquier, Julio　ベガ・パスキエル, フリオ
[国]ニカラグア　内相
Vegas, Jhonattan　ベガス, ジョナサン
[国]ベネズエラ　ゴルフ選手

V

Vegesna, Srinivas　ヴェジェスナ, シュリーニヴァス
　著「IP QoS完全ガイド」ソフトバンクパブリッシング　2002
Vehapi, Idriz　ベハピ, イドリズ
　国コソボ　農相
Vehar, Jonathan　ヴィハー, J.
　著「創造的リーダーシップ」北大路書房　2007
Vehlmann, Fabien　ヴェルマン, ファビアン
　著「かわいい闇」河出書房新社　2014
Vehviläinen, Anu　ベヘビライネン, アヌ
　国フィンランド　地方行政・公共改革相
Veiel, Andres　ファイエル, アンドレス
　ベルリン国際映画祭 アルフレッド・バウアー賞(第61回(2011年))ほか
Veiga, Emanuel Antero　ベイガ, エマニュエル・アンテロ
　国カボベルデ　環境・住宅・国土整備相
Veiga, Fatima Lima　ベイガ, ファティマ・リマ
　国カボベルデ　外相兼協力・地域社会相
Veiga, José Maria　ベイガ, ジョゼ・マリア
　国カボベルデ　環境・農村開発・海洋資源相
Veiga, Justino　ベイガ, ジュスティノ
　国サントメ・プリンシペ　法務・政府改革・議会相
Veiga, Manuel　ベイガ, マヌエル
　国カボベルデ　文化相　異ベイガ, マヌエル
Veikoso, Viliame　ベイコソ, ビリアミ
　国フィジー　ラグビー選手
Veil, Simone　ヴェイユ, シモーヌ
　1927～　国フランス　政治家, 法律家　フランス社会問題厚生都市問題相　異ベイユ, シモーヌ / ベイル, シモーヌ / ヴェーユ, シモーヌ
Veillon, Béatrice　ヴェイヨン, ベアトリス
　著「ど～こだ？」学習研究社　2007
Veitia, Yosbany　ベイティア, ヨスバニ
　国キューバ　ボクシング選手
Vejjajiva, Jane　ベヤジバ, ジェーン
　1963～　国タイ　作家, 翻訳家　異文学　本名＝ガームパン・ウェチャチワ〈Ngarmpun Vejjajiva〉
Vejlsted, Morten　フェルステッド, モルテン
　著「カラーアトラス動物発生学」緑書房　2014
Vējonis, Raimonds　ヴェーヨニス, ライモンツ
　1966～　国ラトビア　政治家　ラトビア大統領　異ベーヨニス, ライモンツ / ヴェーヨニス, ライモンズ
Vekerdy, Tamás　ヴェケルディ, タマーシュ
　著「親と子ども：運命を決める出会い」明治図書出版　2008
Vekilova, Bibitach　ベキロワ, ビビタチ
　国トルクメニスタン　経済財務相
Vela, Carlos　ベラ, カルロス
　国メキシコ　サッカー選手
Vela, Carmen　ヴェーラ, カルメン
　著「科学技術とジェンダー」明石書店　2004
Vela, Sandra　ベラ, サンドラ
　国エクアドル　スポーツ相
Velagic, Almir　ベラジック, アルミル
　国ドイツ　重量挙げ選手
Vela Maggi, Pau　ベラマッジ, パウル
　国スペイン　ボート選手
Vela Olmo, Carmen　ベラ・オルモ, カルメン
　国スペイン　経済・競争力省科学技術・イノベーション長官, 元・スペイン女性研究者・科学技術者協会会長, 元・スペイン・バイオテクノロジー協会会長
Velasco, Andrés　ベラスコ, アンドレス
　国チリ　財務相
Velasco, Belisario　ベラスコ, ベリサリオ
　国チリ　内相
Velasco, Fernando　ベラスコ, フェルナンド
　国アメリカ　アメフト選手
Velasco, Jean-Jacques　ヴラスコ, ジャン＝ジャック
　1946～　著「UFOは…飛んでいる！」宝島社　2008
Velasco Condori, Virginia　ベラスコ・コンドリ, ビルヒニア
　国ボリビア　法相
Velasquez, Alfonso　ベラスケス, アルフォンソ
　国ペルー　生産相
Velásquez, David　ベラスケス, ダビ
　国ベネズエラ　国民参加・社会開発相
Velasquez, Eric　ヴェラスケス, エリック
　著「北極点をめざした黒人探検家マシュー・ヘンソン」汐文社　2013

Velasquez, Mary Marden　ヴェラスケス, メアリー・マーデン
　著「動機づけ面接法」星和書店　2012
Velásquez, Ramón　ベラスケス, ラモン
　国ベネズエラ　環境・水資源相
Velasquez, Vince　ベラスケス, ビンス
　国アメリカ　野球選手
Velasquez-Manoff, Moises　ベラスケス＝マノフ, モイセス
　著「寄生虫なき病」文芸春秋　2014
Velásquez Valdivia, Aníbal　ベラスケス・バルディビア, アニバル
　国ペルー　保健相
Vela Valdés, Juan　ベラ・バルデス, フアン
　国キューバ　高等教育相
Velázquez, Celso R.　ベラズケス, セルソ・R.
　著「WMリウマチ科コンサルト」メディカル・サイエンス・インターナショナル　2006
Velázquez, Consuelo　ベラスケス, コンスエロ
　？～2005　国メキシコ　作曲家, ピアニスト
Velázquez, Julio César　ベラスケス, フリオ・セサル
　国パラグアイ　厚相
Velázquez Cobiella, Ena Elsa　ベラスケス・コビエジャ, エナ・エルサ
　国キューバ　教育相
Velázquez-Gáztelu Ruiz, Cándido　ベラスケス・ガステル・ルイス, カンディド
　1937～2012　国スペイン　実業家　テレフォニカ会長
Velchev, Milen　ベルチェフ, ミレン
　国ブルガリア　財務相
Velde, Beth P.　ヴェルデ, ベス
　著「フィドラーのアクティビティ論」医学書院　2007
Veldheer, Jared　ベルディーア, ジャレッド
　国アメリカ　アメフト選手
Veldhuis, Johannes D.　ヴェルデュイス, ヨハネス・D.
　著「老化の生命科学」アークメディア　2007
Veldhuis, Marleen　フェルトホイス
　国オランダ　競泳選手　異フェルトハイス
Veldkamp, Bart　フェルトカンプ
　国ベルギー　スピードスケート選手
Veldre, Vinets　ベルドレ, ビネツ
　国ラトビア　国防相
Veldt, Tim　ベルト, ティム
　国オランダ　自転車選手
Véléa, Dan　ヴェレア, ダン
　著「合成ドラッグ」白水社　2004
Velensek, Anamari　ベレンセク, アナマリ
　国スロベニア　柔道選手
Velez, Oliver L.　ベレス, オリバー
　著「罫線売買航海術」パンローリング　2008
Velez, Ray　ヴェレズ, レイ
　1960～　著「超先進企業が駆使するデジタル戦略」日経BP社, 日経BPマーケティング(発売)　2014
Vélez White, Cecilia María　ベレス・ホワイト, セシリア・マリア
　国コロンビア　教育相
Veli, Evagjelia　ベリ
　国アルバニア　重量挙げ選手
Veliaj, Erion　ベリアイ, エリオン
　国アルバニア　社会福祉・青年相
Veliath, Cyril　ヴェリヤト, シリル
　著「宣教師マザーテレサの生涯」上智大学出版, ぎょうせい(製作・発売)　2007
Veliath, Deepak　ベリアス, ディーパク
　著「プロフェッショナルPHPプログラミング」インプレス, インプレスコミュニケーションズ(発売)　2001
Velickovic, Bobana　ベリツコビッチ, ボバナ
　国セルビア　射撃選手
Velikaya, Sofya　ベリカヤ, ソフィア
　国ロシア　フェンシング選手
Velikhov, Evgenii Pavlovich　ヴェリホフ, エフゲニー
　1935～　国ロシア　核物理学者, 政治家　ロシア科学アカデミー副総裁, クルチャトフ原子力研究所所長　異ベリホフ, エフゲニー / エヴゲーニー・パーヴロヴィチ
Velikov, Radoslav Marinov　ベリコフ
　国ブルガリア　レスリング選手
Veljkovic, Milos　ヴェリコヴィッチ, ミロス
　国セルビア　サッカー選手
Vella, Adam　ベラ, アダム

[国]オーストラリア　射撃選手　[異]ベラ
Vella, George　ベッラ, ジョージ
[国]マルタ　外相
Vellano, Joe　ベラーノ, ジョー
[国]アメリカ　アメフト選手
Velleman, Daniel J.　ベルマン, ダニエル
1954～　[著]「その理屈、証明できますか？」 翔泳社　2016
Vellut, Natacha　ヴェルー, ナターシャ
[著]「「ひきこもり」に何を見るか」 青土社　2014
Veloso, Juliana　ベロソ, ジュリアナ
[国]ブラジル　水泳選手
Veloso, Miguel　ヴェローゾ, ミゲウ
1986～　[国]ポルトガル　サッカー選手　[異]ベローゾ, ミゲウ
Veloso, Paulina　ベソロ, パウリナ
[国]チリ　大統領府長官
Veloso, Sebastião Sapuile　ベローゾ, セバスチアン・サプイレ
[国]アンゴラ　保健相
Velpuri, Rama　ベルプリ, ラマ
[著]「ORACLE MASTER Platinum認定ガイド」 日経BP社, 日経BP出版センター(発売)　2003
Velten, Hannah　ヴェルテン, ハンナ
[著]「ミルクの歴史」 原書房　2014
Velthuijs, Max　ベルジュイス, マックス
？～2005　[国]オランダ　絵本作家　[異]ヴェルジュイス, マックス
Veltman, Joel　フェルトマン, ジョエル
[国]オランダ　サッカー選手
Veltman, Martinus　ヴェルトマン, M.
1931～　[著]「素粒子世界における事実と謎」 培風館　2007
Veltman, Martinus J.G.　フェルトマン, マルティヌス
1931～　[国]オランダ　物理学者　ミシガン大学名誉教授　ユトレヒト大学教授　[専]素粒子理論　[異]フェルトマン, マルチヌス
Veltroni, Walter　ベルトローニ, ワルテル
1955～　[国]イタリア　政治家　イタリア副首相・文化相, ローマ市長　[異]ベルトローニ, バルター / ヴェルトローニ, ヴァルター
Venables, Stephen　ヴェナブルズ, スティーブン
[著]「ヒマラヤ探検史」 東洋書林　2015
Venables, William N.　ヴェナブルズ, W.N.
[著]「S-PLUSによる統計解析」 シュプリンガー・ジャパン　2009
Vencat, Emily Flynn　ヴェンキャット, エミリー・フリン
[著]「カスタマイズ」 CCCメディアハウス　2014
Venckaitis, Edgaras　ベンカイティス, エドガラス
[国]リトアニア　レスリング選手　[異]ベンカイティス, E.
Venditte, Pat　ベンディティ, パット
[国]アメリカ　野球選手
Venditti, Giovanbattista　ヴェンディッティ, ジョヴァンバッティスタ
[国]イタリア　ラグビー選手
Vendler, Helen　ヴェンドラー, ヘレン
[著]「シェーマス・ヒーニー」 アルファベータブックス　2016
Vendt, Erik　ベント
[国]アメリカ　競泳選手
Venegas, Jorge　ベネガス, ホルヘ
[国]ウルグアイ　保健相
Venegas, Julieta　ベネガス, ジュリエッタ
グラミー賞 最優秀ラテン・ポップ・アルバム(2006年(第49回)) “Limo'n Y Sal”
Venema, Theodore H.　ベネマ, テオドア・H.
[著]「臨床家のためのデジタル補聴器入門」 海文堂出版　2008
Veneman, Ann Margaret　ベネマン, アン
1949～　[国]アメリカ　政治家, 弁護士　米国農務長官, ユニセフ事務局長　[異]ヴェネマン, アン
Venemans, Ab　フェーネマンス, A.
[著]「カール・バルト＝滝沢克己往復書簡」 新教出版社　2014
Venetiaan, Runaldo Ronald　フェネティアン, ルナルド・ロナルド
1936～　[国]スリナム　政治家　スリナム大統領　[異]フェネチアン
Venezia, Shlomo　ヴェネツィア, シュロモ
1923～　[著]「私はガス室の「特殊任務」をしていた」 河出書房新社　2008
Vengerov, Maxim　ヴェンゲーロフ, マキシム
1974～　バイオリニスト　王立音楽アカデミー教授　[異]ベンゲーロフ, マキシム
Veng Sakhon　ベイン・サコン
[国]カンボジア　農林水産相
Veng Sereyvuth　ウェン・セレイウット
[国]カンボジア　観光相
Venizelos, Evangelos　ベニゼロス, エバンゲロス
[国]ギリシャ　国防相
Venkataraman, Ramaswamy Iyer　ベンカタラマン, ラマスワミ
1910～2008　[国]インド　政治家　インド大統領　[異]ヴェンカタラマン
Venkatesh, Sudhir Alladi　ヴェンカテッシュ, スディール・アラディ
[著]「アメリカの地下経済」 日経BP社, 日経BP出版センター(発売)　2009
Venkatraman, Padma　ベンカトラマン, パドマ
[国]アメリカ　作家　[専]ヤングアダルト, 歴史　[異]ヴェンカトラマン, パドマ
Venner, Dominique　ベネール, ドミニク
1935～2013　[国]フランス　作家, 極右活動家
Venners, Bill　ベナーズ, ビル
[著]「Scalaスケーラブルプログラミング」 インプレス　2016
Venson-moitoi, Pelonomi　ベンソンモイトイ, ペロノミ
[国]ボツワナ　外務・国際協力相
Venter, Al J.　フェンター, アル・J.
[著]「ドキュメント世界の傭兵最前線」 原書房　2016
Venter, Janco　フェンター, ヤンコ
[国]ナミビア　ラグビー選手
Venter, J.Craig　ベンター, クレイグ
1946～　[国]アメリカ　生物学者, 実業家　J.クレイグ・ベンター研究所社長　セレラ・ジェノミクス社長　本名＝Venter, John Craig　[異]ベンター, J.クレイグ / ヴェンター, クレイグ
Venter, Sahm　フェンター, サーム
[著]「ネルソン・マンデラ未来を変える言葉」 明石書店　2014
Ventola, Pamela E.　ヴェントーラ, パメラ・E.
[著]「自閉症スペクトラム障害の診断・評価必携マニュアル」 東京書籍　2014
Ventrella, Scott W.　ヴェントレラ, スコット・W.
[異]ヴェントレラ, スコット　[著]「Me, Inc.」 バベル・プレス　2012
Ventura, Antonio　ヴェンツーラ, アントニオ
1954～　[著]「このうしあのうしどんなうし」 新世研　2002
Ventura, Jesse　ベンチュラ, ジェシー
1951～　[国]アメリカ　政治家, 元プロレスラー　ミネソタ州知事　旧リングネーム＝ザ・ボディー　[異]ベンテューラ, ジェシー / ベントゥーラ, ジェシー / ヴェンチュラ, ジェシー
Ventura, José Alejandro　ベントゥラ, ホセ・アレハンドロ
[国]ホンジュラス　教育相
Ventura, Judy　ベンチェラ, ジュディ
[著]「サロンレセプショニストガイドブック」 同友館　2003
Ventura, Mauricio　ベントゥラ, マウリシオ
[国]コスタリカ　観光相
Ventura, Piero　ベントゥーラ, ピエロ
[著]「マザーテレサの冒険」 女子パウロ会　2009
Ventura, Rey　ベントゥーラ, レイ
1962～　[著]「横浜コトブキ・フィリピーノ」 現代書館　2007
Ventura, Robin Mark　ベンチュラ, ロビン
1967～　[国]アメリカ　大リーグ監督, 元野球選手　[異]ヴェンチュラ, ロビン
Ventura, Steve　ベンチュラ, スティーブ
[著]「ノーの中からイエス！ を探せ」 ダイヤモンド社　2007
Ventura Camejo, Ramón　ベントゥラ・カメホ, ラモン
[国]ドミニカ共和国　公共行政相
Venturi, Alessandro　ヴェントゥーリ, アレッサンドロ
[著]「味覚の学校」 木楽舎　2012
Venturini, Gian Carlo　ベントゥリーニ, ジャン・カルロ
[国]サンマリノ　内務長官
Venturini Fendi, Ilaria　ヴェントゥリーニ・フェンディ, イラリア
1966～　[国]イタリア　ファッションデザイナー　カルミナ・カンプスデザイナー　[異]ヴェントリーニ・フェンディ, イラリア
Vera, Billy　ベラ, ビリー
グラミー賞 最優秀アルバム・ライナーノーツ(2012年(第55回)) “Singular Genius: The Complete ABC Singles”
Vera, Oswaldo　ベラ, オスワルド
[国]ベネズエラ　労働・社会保障相
Vera Bejarano, Candido Carmelo　ベラ・ベハラノ, カンディド・カルメロ
[国]パラグアイ　農牧相
Veranes Garcia, Haislan　ベラネスガルシア, ハイスラン
[国]カナダ　レスリング選手
Verba, Sidney　ヴァーバ, S.

1932〜　㊈「社会科学のリサーチ・デザイン」勁草書房　2004
Verbeek, Peter-Paul　フェルベーク, ピーター＝ポール
1970〜　㊈「技術の道徳化」法政大学出版局　2015
Verbeek, Tonya Lynn　バービーク
㊄カナダ　レスリング選手
Verbeke, Annelies　ヴェルベーケ, アンネリース
1976〜　㊈「フランダースの声」松籟社　2013
Ver Berkmoes, Ryan　ヴェル・バークモーズ, ライアン
㊈ヴェル・バークモース, ライアン　㊈「オーストラリア東海岸＆ノーザン・テリトリー」メディアファクトリー　2009
Verbić, Srđan　ベルビッチ, スルジャン
㊄セルビア　教育・科学・技術開発相
Verbinski, Gore　バービンスキー, ゴア
1964〜　㊄アメリカ　映画監督, CMディレクター　㊈ヴァービンスキー, ゴア
Verburg, Gerda　フェルブルグ, ヘルダ
㊄オランダ　農業・自然・食品品質相
Verburg, Kees　フェルブルク, キーズ
㊈「パニック障害」日本評論社　2001
Verchili, Carlos Álvaro　ベルチリ, カルロス・アルバロ
1982〜　㊈「手紙・メールのスペイン語」三修社　2015
Verdad, S.T.　ベルダー, S.T.
1940〜　㊈「日本主義593事典」清水弘文堂書房　2001
Verde, Alegra　ヴェルデ, アレグラ
㊈「恋に溺れる5つの理由」ハーパーコリンズ・ジャパン　2016
Verde, Antonio　ヴェルデ, アントニオ
1961〜　㊈「イタリア文化会館の歴史」イタリア文化会館　2012
Verde, Elio　ベルデ
㊄イタリア　柔道選手
Verde, Susan　ベルデ, スーザン
㊈「びじゅつかんへいこう」国土社　2014
Verdejo Sanchez, Felix　ベルデホ
㊄プエルトリコ　ボクシング選手
Verdenik, Zdenko　ベルデニック, ズデンコ
1949〜　㊄スロベニア　サッカー指導者, 元サッカー選手　サッカー・スロベニア代表監督
Verdet, Ilie　ベルデツ, イリエ
1925〜2001　㊄ルーマニア　政治家　ルーマニア首相
Verdet, Jean-Pierre　ベルデ, ジャン・ピエール
㊈ヴァルデ, ジャン・ピエール　㊈「地球と宇宙の本」岳陽舎　2004
Verdi, Simone　ヴェルディ, シモーネ
㊄イタリア　サッカー選手
Verdick, Elizabeth　バーディック, エリザベス
㊈「きみにもあるいじめをとめる力」大月書店　2013
Verdier, Fabienne　ヴェルディエ, ファビエンヌ
1962〜　㊈「静かなる旅人」静山社　2010
Verdier, Zoe Le　ヴェルディエール, ゾーイ・ル
㊈「七年目の同窓会」光文社　2003
Verdon, Jean　ヴェルドン, ジャン
1937〜　㊈「図説笑いの中世史」原書房　2002
Verdon, René　ヴェルドン, ルネ
1924〜2011　㊈「ホワイトハウスシェフの料理本」鹿島出版会　2016
Verdonk, Rita　フェルドンク, リタ
㊄オランダ　移民・社会統合相
Verducci, Tom　ベルデュッチ, トム
㊈「さらばヤンキース」青志社　2009
Verdugo, Alex　バーデュゴ, アレックス
㊄アメリカ　野球選手
Verduyn, Chrissie　ヴァーダイン, クリシー
㊈「子どもと家族の認知行動療法」誠信書房　2013
Verdy, Violette　ヴェルディ, ヴィオレット
1933〜2016　㊄フランス　バレリーナ, バレエ監督　ニューヨーク・シティ・バレエ団（NYCB）プリンシパル, パリ・オペラ座バレエ団芸術監督　本名＝Guillerm, Nelly Armande　㊈ベルディ, ビオレット
Vere, Ed　ヴィアー, エド
㊈「ぴよぴよひよこ」フレーベル館　2012
Vereb, Istvan　ベレブ, イストバン
㊄イタリア　レスリング選手
Vereckei, Akos　ベレケイ
㊄ハンガリー　カヌー選手
Vereen, Bob　ヴァリーン, ボブ
㊈「真の礼拝者として生きる」いのちのことば社　2003
Vereen, Brock　ベリーン, ブロック
㊄アメリカ　アメフト選手

Vereen, Diane　ヴァリーン, ダイアン
㊈「真の礼拝者として生きる」いのちのことば社　2003
Vereen, Shane　ベリーン, シェイン
㊄アメリカ　アメフト選手
Verela, Frantz　ベレラ, フランツ
㊄ハイチ共和国　公共事業・運輸・通信相
Verelis, Christos　ベレリス, クリストス
㊄ギリシャ　運輸通信相
Verelst, Suana　ヴェレルスト, スアナ
㊈「ラズィアのねがい」汐文社　2013
Verene, Donald Phillip　ヴィリーン, D.P.
1937〜　㊈「象徴・神話・文化」ミネルヴァ書房　2013
Veres, János　ベレシュ・ヤーノシュ
㊄ハンガリー　財務相
Veres, Mariska　フェレス, マリスカ
?〜2006　㊄オランダ　ロック歌手
Veres, Ruth C.　ベレス, ルース・C.
㊈「ハートウェル遺伝学」メディカル・サイエンス・インターナショナル　2010
Vérez White, Cecilia María　ベレス・ホワイト, セシリア・マリア
㊄コロンビア　教育相
Verganti, Roberto　ベルガンティ, ロベルト
㊈「デザイン・ドリブン・イノベーション」同友館　2012
Vergara, Franklin　ベルガラ, フランクリン
㊄パナマ　保健相
Vergara Vergara, Sofía Margarita　ベルガラ, ソフィア
㊄コロンビア　エンターテイナー, 起業家
Verge-depre, Anouk　ベルゲデプレ, アノーク
㊄スイス　ビーチバレー選手
Vergely, Bertrand　ヴェルジュリ, ベルトラン
1953〜　㊈「幸福の小さな哲学」平凡社　2004
Verger, Jacques　ヴェルジェ, ジャック
1943〜　㊈「大学の歴史」白水社　2009
Vergès, Françoise　ヴェルジェス, フランソワーズ
1952〜　㊈「ニグロとして生きる」法政大学出版局　2011
Vergès, Jacques　ベルジュ, ジャック
1925〜2013　㊄フランス　弁護士　㊈ベルジェス, ジャック
Vergés, Pedro　ベルジェス, ペドロ
㊄ドミニカ共和国　文化相
Vergne, Jean-Philippe　ベルニュ, ジャン＝フィリップ
㊈「海賊と資本主義」阪急コミュニケーションズ　2014
Verguren, Enamel　ヴァーグレン, エナメル
1968〜　㊈「This is a modern life」シンコーミュージック・エンタテイメント　2006
Verhaegh, Paul　フェルヘーフ, ポール
㊄オランダ　サッカー選手
Verhagen, Drew　バーヘイゲン, ドリュー
㊄アメリカ　野球選手
Verhagen, Maxime　フェルハーヘン, マキシム
㊄オランダ　副首相兼経済・農業・技術革新相
Verheem, Rob　フェルヒーム, ロブ
㊈「効果的なSEAと事例分析」環境省　2003
Verheijen, Carl　フェルハイエン
㊄オランダ　スピードスケート選手
Verheul, Ad　フェアフール, アド
1950〜　㊈「スヌーズレンの世界」福村出版　2015
Verheyde, Mieke　ベルハイド, ミーケ
1972〜　㊈「註釈・子どもの権利条約28条」現代人文社, 大学図書（発売）　2007
Verhille, Alexandre　ヴェルイーユ, アレクサンドル
㊈「MONUMENTAL世界のすごい建築」ポプラ社　2016
Verhoef, Marcel　フェルフーフ, マーセル
㊈「VDM++（ブイディーエムプラスプラス）によるオブジェクト指向システムの高品質設計と検証」翔泳社　2010
Verhoeven, Julie　ヴァーホーヴェン, ジュリー
1969〜　㊈ヴァーホーヴェン, J.　㊈「クリエイティブスペース」グラフィック社　2011
Verhoeven, Paul　バーホーベン, ポール
1938〜　㊄オランダ　映画監督　㊈ヴァーホーヴェン, ポール
Verhofstadt, Guy　フェルホフスタット, ヒー
1953〜　㊄ベルギー　政治家　欧州議会議員, 欧州自由民主同盟（ALDE）代表　ベルギー首相, ベルギー自由党（VLD）党首　本名＝Verhofstadt, Guy Maurice Marie Louise　㊈フェルホフスタット, ギイ
Verhulst, Adriaan E.　フルヒュルスト, アドリアーン

1929～ 著「中世都市の形成」岩波書店 2001
Verhulst, Dimitri フェルフルスト, ディミトリ
1972～ 国ベルギー 作家 分文学
Veríssimo, Luís Fernanndo ヴェリッシモ, ルイス・フェルナンド
著「ボルヘスと不死のオランウータン」扶桑社 2008
Verkaik, Robert バーカイク, ロバート
著「ジハーディ・ジョンの生涯」文芸春秋 2016
Verkerk, Marhinde フェルケルク, マリンド
国オランダ 柔道選手 英フェルケルク
Verkhogliad, Daryna ベルホウリアド, ダリナ
国ウクライナ ボート選手
Verlander, Justin バーランダー, ジャスティン
1983～ 国アメリカ 野球選手 本名=Verlander, Justin Brooks 英ヴァーランダー, ジャスティン
Verlhac, Pierre-Henri ヴェーラック, ピエール=アンリ
著「ヘルベルト・フォン・カラヤン写真集」ヤマハミュージックメディア 2012
Verliefde, Erik フェルリーデ, エリック
著「子ども達とフォーカシング」コスモス・ライブラリー, 星雲社 (発売) 2010
Verlinden, Joeri フェルリンデン
国オランダ 競泳選手
Verma, Beni Prasad ベルマ, ベニ・プラサド
国インド 鉄鋼相
Verma, Harish ヴァルマ, ハリッシュ
著「実践アーユルヴェーダ」産調出版 2007
Verma, Sahib Singh バルマ, サヒブ・シン
国インド 労働相
Verma, Satya Bhushan バルマ, S.B.
1932～ 著「アーユルヴェーダはなぜ糖尿病を救うのか」エイ・ディ・エイ 2002
Verma, Surendra ヴァーマ, スレンドラ
著「ゆかいな理科年表」筑摩書房 2008
Verma, Vikram ベルマ, ビクラム
国インド 青年問題・スポーツ相
Vermaelen, Thomas ヴェルマーレン, トーマス
国ベルギー サッカー選手
Vermeend, Willem フェルメーント, ウィレム
国オランダ 社会雇用相
Vermeire, Kaatje ヴェルメール, カーティエ
1981～ 著「マールとおばあちゃん」ブロンズ新社 2013
Vermes, Geza ヴェルメシ, ゲザ
1924～2013 国イギリス 歴史学者 オックスフォード大学名誉教授 英ベルメシ, ゲザ / ベルメシュ, ゲザ
Vermes, Timur ヴェルメシュ, ティムール
1967～ 国ドイツ 作家 分歴史, ユーモア
Vermette, Margaret ヴァーメット, マーガレット
1944～ 著「『レ・ミゼラブル』をつくった男たち」三元社 2012
Vermeulen, Al バーミューレン, アラン
著「Javaスタイルブック」翔泳社 2009
Vermeulen, Duane バーミューレン, デュアン
国南アフリカ ラグビー選手
Vermeulen, Frans ヴァーミューラン, フランス
著「シノプティック・マテリア・メディカ」ホメオパシー出版 2007
Vermeulen, Freek ヴァーミューレン, フリーク
著「ヤバい経営学」東洋経済新報社 2013
Vermeulen, John フェレメレン, ヨーン
1941～ 著「ピーター・ブリューゲル物語」エディションq, クインテッセンス出版 (発売) 2001
Vermorel, Judy ヴァーモレル, ジュディ
著「セックス・ピストルズ・インサイドストーリー」シンコー・ミュージック 2002
Vermot, Marie-Sophie ベルモ, マリー・ソフィ
1960～ 著「レアといた夏」あかね書房 2007
Vernant, Jean-Pierre ヴェルナン, ジャン=ピエール
著「ギリシア人の神話と思想」国文社 2012
Vernardakis, Christoforos ベルナルダキス, クリストフォロス
国ギリシャ 首相府相
Vernberg, F.John ヴァンバーグ, F.J.
1925～ 著「海岸地帯の環境科学」古今書院 2003
Vernberg, Winona B. ヴァンバーグ, W.B.
1924～ 著「海岸地帯の環境科学」古今書院 2003
Verner, Alterraun バーナー, アルタローン
国アメリカ アメフト選手

Verner, Josee ベルネール, ジョゼ
国カナダ 州政府間関係・フランス語担当相
Verner, Miroslav ヴェルナー, ミロスラフ
1941～ 著「ピラミッド大全」法政大学出版局 2003
Verner, Tomáš ベルネル, トマシュ
1986～ 国チェコ フィギュアスケート選手
Verner-Bonds, Lilian ヴァーナー・ボンズ, リリアン
著「実用カラーの癒し」産調出版 2006
Verneuil, Henri ヴェルヌイユ, アンリ
1920～2002 国フランス 映画監督, 脚本家 本名=マラキアン, アショード〈Malakian, Achod〉 英ベルヌイユ, アンリ
Verney, Jean-Pierre ヴェルネ, J.P.
著「汚れた戦争」共和国 2016
Verni, Ken A. ヴェルニ, ケン
著「図解マインドフルネス」医道の日本社 2016
Verniaiev, Oleg ヴェルニャエフ, オレグ
国ウクライナ 体操選手
Vernier-Palliez, Claudine ベルニエ=パリエス, クロディーヌ
著「ダライラマ真実の肖像」二玄社 2009
Vernikos, Joan ヴァーニカス, ジョーン
著「NASA式最強の健康法」ポプラ社 2016
Vernino, Arthur R. ヴェルニーノ, A.R.
著「ペリオドンティックシラバス」ゼニス出版 2001
Vernoit, Stephen ヴェルノア, スティーヴン
著「宮殿とモスクの至宝」V&Aパブリケーションズ 2005
Vernon, Michelle バーノン, ミッシェル
著「死刑囚最後の晩餐」筑摩書房 2003
Vernon, Olivier バーノン, オリビーア
国アメリカ アメフト選手
Vernon, Richie ヴェルノン, リッチー
国スコットランド ラグビー選手
Vernon, Sue バーノン, スー
著「エビデンスに基づく高齢者の作業療法」ガイアブックス 2014
Vernon, Vaughn ヴァーノン, ヴァーン
著「実践ドメイン駆動設計」翔泳社 2015
Verny, Thomas R. バーニー, トマス
著「胎児は知っている母親のこころ」日本教文社 2007
Veron, J.Michael ヴェロン, J.マイケル
著「オーガスタの聖者たち」角川書店 2002
Verón, Juan Sebastián ベロン, フアン・セバスチャン
1975～ 国アルゼンチン, イタリア 元サッカー選手 エストゥディアンテス会長 英ヴェロン
Verona, Edelyn ベローナ, エーディリン
著「サイコパシー・ハンドブック」明石書店 2015
Veronese, Keith ベロニーズ, キース
1981～ 著「レア」化学同人 2016
Veronesi, Sandro ヴェロネージ, サンドロ
1959～ 国イタリア 作家, ジャーナリスト 英ベロネージ, サンドロ
Veronesi, Umberto ベロネジ, ウンベルト
国イタリア 保健相
Veronika, Marék ベロニカ, マレーク
著「ブルンミのねこ」風濤社 2013
Verou, Lea ヴェルー, リア
著「CSSシークレット」オライリー・ジャパン, オーム社 (発売) 2016
Verplaetse, Jan フェアプレツェ, ヤン
著「モーラルブレイン」麗沢大学出版会, 広池学園事業部 (柏) (発売) 2013
Verplancke, Klaas フェルプランケ, クラース
1964～ 著「アップルムース」朝日学生新聞社 2011
Verratti, Marco ヴェラッティ, マルコ
1992～ 国イタリア サッカー選手 英ベラッティ, マルコ
Verre, Valerio ヴェーレ, ヴァレリオ
国イタリア サッカー選手
Verrept, Paul ヴェルレプト, パウル
1963～ 著「ちいさなへいたい」朔北社 2009
Verrett, Jason ベレット, ジェイソン
国アメリカ アメフト選手
Verrett, Logan ベレット, ローガン
国アメリカ 野球選手
Verrier, Steven ベリエ, スティーブン
著「バイリンガル・バイカルチャル子育て法」ヤック企画, 洋販 (発売) 2003
Verroen, Dolf フェルルーン, ドルフ
1928～ ドイツ児童文学賞 ヤングアダルト (2006年) "Wie

schön weiß ich bin」
Verroken, Sarah ヴェルロークン, サラ
1982〜　㊅「どうして？」光村教育図書 2008
Verrot, Pascal ヴェロ, パスカル
1959〜　国フランス　指揮者　仙台フィルハーモニー管弦楽団常任指揮者, 東京フィルハーモニー交響楽団首席客員指揮者　㊅ベロ, パスカル
Versace, Donatella ヴェルサーチ, ドナテッラ
1959〜　国イタリア　ファッションデザイナー　ジャンニ・ヴェルサーチ・グループ副会長・スタイル＆イメージディレクター　㊅ベルサーチ, ドナテッラ
Versace, Vincent ヴェルサーチ, ヴィンセント
㊅「モノクロ×Photoshop」ボーンデジタル 2014
Verschaffel, Bart フェルスハフェル, バルト
㊅「What is OMA」TOTO出版 2005
Verschave, François-Xavier ヴェルシャヴ, フランソワ＝グザヴィエ
㊅「フランサフリック」緑風出版 2003
Verschuer, Charlotte von ヴェアシュア, シャルロッテ・フォン
1955〜　㊅「モノが語る日本対外交易史」藤原書店 2011
Verschueren, Jef ヴァーシューレン, ジェフ
㊅「認知と社会の語用論」ひつじ書房 2010
Verschuren, Sebastiaan フェルシューレン, セバスティアン
国オランダ　水泳選手　㊅フェルスレン
Versini, Dominique ベルシニ, ドミニク
国フランス　不安定・疎外問題担当相
Verspoor, Rudi バースパー, ルディ
1950〜　㊅「ホメオパシールネサンス」ホメオパシー出版 2008
Versteegh, C.H.M. フェルステーヘ, ケース
1947〜　㊅「アラビア語の世界」三省堂 2015
Verstegen, Mark バーステーゲン, マーク
1969〜　㊅「コアパフォーマンス・トレーニング」大修館書店 2008
Verstynen, Timothy ヴァースタイネン, ティモシー
1978〜　㊅「ゾンビでわかる神経科学」太田出版 2016
Vertelney, Scott バーテルニー, ローリー
㊅「ヒューマンインターフェースの発想と展開」ピアソン・エデュケーション 2002
Verton, Dan ヴァートン, ダン
㊃バートン, ダン　㊅「リトル・ハッカー」翔泳社 2003
Vertonghen, Jan ヴェルトンゲン, ヤン
国ベルギー　サッカー選手
Vertosick, Frank T., Jr. ヴァートシック, フランク, Jr.
㊅「この痛みから解放されたい」草思社 2004
Vertovec, Steven バートベック, スティーブン
㊅「トランスナショナリズム」日本評論社 2014
Vervotte, Inge フェルフォット, インヘ
国ベルギー　公務員・公営企業相
Verwaayen, Ben ヴァヴェン, ベン
1952〜　国オランダ　実業家　アルカテル・ルーセントCEO　ブリティッシュ・テレコム（BT）CEO　本名＝Verwaayen, Bernardus J.
Verweij, Koen フェルバイ
国オランダ　スピードスケート選手
Verweij, Koen フェルバイ, コーエン
1990〜　国オランダ　スピードスケート選手
Verwer, George バウワー, ジョージ
㊅「地の果てにまで福音を」いのちのことば社 2001
Verwest, Tijs Michiel ビェルウェスト, タイズ・ミヒール
グラミー賞 最優秀リミックス・レコーディング（クラシック以外）（2014年（第57回））"All Of Me（Tiësto's Birthday Treatment Remix）"
Verwijlen, Bas フェルウェイレン, バス
国オランダ　フェンシング選手　㊃フェルウェイレン
Verwilghen, Marc フェルウィルヘン, マルク
国ベルギー　経済・エネルギー・貿易・科学政策相　㊃ファルウィルゲン, マルク
Véry, Pierre ヴェリー, ピエール
㊅「サンタクロース殺人事件」晶文社 2003
Veryard, Richard ベリヤード, リチャード
㊅「コンポーネント・ベースド・ビジネス」同友館 2003
Vèsaitè, Birutė ベサイテ, ビルーテ
国リトアニア　経済相
Vescan, Cynthia Vanessa ベスカン, シンシア
国フランス　レスリング選手
Vesco, Edi ヴェスコ, エディ
1955〜　「ハリーポッターの秘密がわかる魔法の教科書」PHP研究所 2003
Veseli, Frederic ヴェセリ, フレデリック
国アルバニア　サッカー選手
Veselinov, Doragan ベセリノフ, ドラガン
国セルビア　農林水利相
Vesely, Vitezslav ベセリー, ビテスラフ
国チェコ　陸上選手　㊃ベセリー
Vesenina, Antonina ヴェセニナ, アントニナ
国ロシア　チャイコフスキー国際コンクール　声楽（女声）第4位（2015年（第15回））
Vesga, Mikel ベスガ, ミケル
国スペイン　サッカー選手
Vesilind, Priit ベシリンド, プリート
㊅「ナショナルジオグラフィックプロの撮り方完全マスター」日経ナショナルジオグラフィック社, 日経BPマーケティング（発売） 2012
Veskimägi, Taavi ベスキマギ, タービ
国エストニア　財務相
Vesnina, Elena ベスニナ, エレーナ
国ロシア　テニス選手　㊃ベスニナ
Vesperman, Jennifer ベスパーマン, ジェニファー
㊅「実用CVS」オライリー・ジャパン, オーム社（発売） 2003
Vess, Charles ヴェス, チャールズ
世界幻想文学大賞　アーティスト（2014年）ほか
Vest, Charles Marstiller ベスト, チャールズ
1941〜2013　国アメリカ　機械工学者　マサチューセッツ工科大学名誉学長, 米国工学アカデミー会長　㊃ヴェスト, チャールズ／ヴェスト, チャールズ・M.
Vestager, Margrethe ベステアー, マルグレーテ
国デンマーク　経済・内務相
Vestergaard, Jannik ヴェステルゴア, ヤニク
国デンマーク　サッカー選手
Vesting, Thomas ヴェスティング, トーマス
1958〜　㊅「法理論の再興」成文堂 2015
Vetah, Mohamed Abdel ベッタ, モハメド・アブデル
国モーリタニア　石油・エネルギー・鉱業相
Vetchý, Vladimír ベトヒー, ウラジミール
国チェコ　国防相
Vetesnik, Jan ベテスニク, ヤン
国チェコ　ボート選手
Vetesnik, Ondrej ベテスニク, オンドレイ
国チェコ　ボート選手
Vetö, Miklós ヴェトー, ミクロス
1936〜　㊅「シモーヌ・ヴェイユの哲学」慶応義塾大学出版会 2006
Vettel, Sebastian フェテル, セバスチャン
1987〜　国ドイツ　F1ドライバー　㊃ベッテル, セバスチャン／ベッテル, セバスチャン
Vetter, Anouk フェッター, アヌウク
国オランダ　陸上選手
Vetter, Gabriela フェッター, ガブリエラ
1953〜　㊅「愛する家族がガンになったら」講談社 2002
Vetter, Johannes フェター, ヨハネス
国ドイツ　陸上選手
Vetterli, Martin ヴェテルリ, M.
㊅「ウェーブレットとサブバンド符号化」科学技術出版 2001
Veul, Franciscus フェール, フランシスカス
国オランダ　元・日本人農業研修生ホストファミリー
Veyne, Paul ヴェーヌ, ポール
1930〜　㊅「パンと競技場」法政大学出版局 2015
Veyrenc, Thomas ヴェラン, トマ
㊅「ヨーロッパの電力・ガス市場」日本評論社 2014
Veyron, Martin ヴェイロン, マルタン
アングレーム国際漫画祭　アングレーム市グランプリ（2001年）
Veysset, Frédérique ヴェセット, フレデリック
㊅「パリジェンヌ流おしゃれの魔法」エディシォン・ドゥ・パリ, ハースト婦人画報社（発売） 2013
Vezenkov, Aleksandar ヴェゼンコフ, アレクサンダー
国ブルガリア　バスケットボール選手
Veziroglu, T.Nejat ヴェズィログル, T.ネジャット
㊅「水素エネルギー入門」西田書店 2003
Vezzali, Valentina ベッツァーリ, バレンティナ
1974〜　国イタリア　フェンシング選手　㊃ベッツァリ／ヴェツァーリ, ヴァレンティナ
Vezzosi, Al'essandro ベッツォージ, アレッサンドロ

[国]イタリア　美術批評家, 美術史家　[専]レオナルド・ダ・ヴィンチ　[異]ヴェッツォシ, アレッサンドロ
V.I　ヴィアイ
1990～　[国]韓国　歌手　本名＝イ・スンヒョン　[異]ブイアイ
Viagas, Belinda Grant　ヴィアガス, ベリンダ・G.
[著]「ぜったいキレイになれる禁煙book」 ソニー・マガジンズ 2005
Vial, Jean　ヴィアル, ジャン
[著]「教育の歴史」 白水社　2007
Vial, Véronique　ヴィアル, ヴェロニク
[著]「女優の朝」 二見書房　2003
Viala, Alain　ヴィアラ, アラン
1947～　[著]「演劇の歴史」 白水社　2008
Vialli, Gianluca　ヴィアリ, ジャンルカ
1964～　[著]「理想のために戦うイングランド、現実のために戦うイタリア、そしてイタリア人と共に戦う日本人」 学研教育出版, 学研マーケティング(発売)　2013
Viana, Hugo　ビアナ, ウーゴ
1983～　[国]ポルトガル　サッカー選手
Viard, Bruno　ヴィアール, ブリュノ
1947～　[著]「100語でわかるロマン主義」 白水社　2012
Viborg Andreasen, Anette　ビボー, アネッテ
[国]デンマーク　セーリング選手
Vicaut, Jimmy　ビコ, ジミー
[国]フランス　陸上選手
Viceira, Luis M.　ビセイラ, ルイス・M.
[著]「戦略的アセットアロケーション」 東洋経済新報社　2005
Vicent, Tania　ビセント
[国]カナダ　ショートトラック選手
Vicente, Manuel Domingos　ビセンテ, マヌエル・ドミンゴス
[国]アンゴラ　副大統領
Vicente, Mark　ヴィンセント, マーク
1965～　[異]ヴィセント, マーク　[著]「超次元の成功法則」 ビジネス社　2008
Vicente Gomez　ビセンテ・ゴメス
[国]スペイン　サッカー選手
Vicenti Vargas, Fernando　ビセンティ・バルガス, フェルナンド
[国]ボリビア　炭化水素・エネルギー相
Vich, Vanna R.　ビッチ, ヴァンナ・R.
[著]「Ma chérie」 芸術書院, 星雲社(発売)　2008
Vick, Michael　ビック, マイケル
1980～　[国]アメリカ　アメフト選手　[異]ヴィック, マイケル
Vickers, Andrew　ヴィッカーズ, アンドリュー
[著]「p値とは何か」 丸善出版　2013
Vickers, Jon　ビッカーズ, ジョン
1926～2015　[国]カナダ　テノール歌手　[異]ヴィッカーズ, ジョン
Vickers, Lucy　ヴィカーズ, ラッキー
[著]「内部告発」 丸善　2003
Vickers, Salley　ヴィッカーズ, サリー
[著]「ヴェネツィアの青い天使」 DHC　2003
Vickers, Tanya M.　ヴィッカーズ, ターニャ・M.
[著]「中高生のための科学自由研究ガイド」 三省堂　2015
Vickery, Brian Campbell　ヴィッカリー, B.C.
1918～　[著]「歴史のなかの科学コミュニケーション」 勁草書房 2002
Vickery, Roy　ヴィカリー, ロイ
1947～　[著]「イギリス植物民俗事典」 八坂書房　2001
Vickos, Jean-Bruno　ビッコ, ジャン・ブリュノ
[国]中央アフリカ　郵政相
Victor, Barbara　ヴィクター, バーバラ
[著]「マドンナ」 ベストセラーズ　2003
Victor, Cynthia　ビクター, シンシア
[著]「マンハッタンの薔薇」 講談社　2004
Victor, Jean-Christophe　ヴィクトル, ジャン＝クリストフ
1947～　[著]「最新地図で読む世界情勢」 CCCメディアハウス 2015
Victor, Odete　ビクトール, オデテ
[国]東ティモール　公共事業相
Victor Alvarez　ビクトル・アルバレス
[国]スペイン　サッカー選手
Victor Diaz　ビクトル・ディアス
[国]スペイン　サッカー選手
Victoria, Brian A.　ヴィクトリア, ブライアン・アンドレー
1939～　[異]ヴィクトリア, ブライアン・アンドルー　[著]「禅と戦争」 えにし書房　2015
Victoria, HRH Crown Princess　ヴィクトリア王女
1977～　[国]スウェーデン　王女　本名＝Victoria Ingrid Alice Désirée, HRH Crown Princess　[異]ビクトリア王女
Victorino, Shane　ビクトリノ, シェーン
1980～　[国]アメリカ　野球選手　本名＝Victorino, Shane Patrick　[異]ビクトリーノ, シェーン / ヴィクトリノ, シェイン
Victor Rodriguez　ビクトル・ロドリゲス
[国]スペイン　サッカー選手
Victor Ruiz　ビクトル・ルイス
[国]スペイン　サッカー選手
Victor Sanchez　ビクトル・サンチェス
[国]スペイン　サッカー選手
Victor Valdes　ビクトル・バルデス
[国]スペイン　サッカー選手
Vicuña, Ana María　ビクーニャ, A.M.
[著]「ぼくたちの倫理学教室」 平凡社　2016
Vida, Domagoj　ヴィダ, ドマゴイ
[国]クロアチア　サッカー選手
Vida, Vendela　ヴィーダ, ヴェンデラ
[著]「行く先は晴れやかに あるいは、うろ覚えの詩が世界を救う」 河出書房新社　2003
Vidal, Arturo　ビダル, アルトゥーロ
[国]チリ　サッカー選手
Vidal, Catherine　ヴィダル, カトリーヌ
[著]「脳と性と能力」 集英社　2007
Vidal, Clara　ビダル, クララ
[国]ベネズエラ　先住民相
Vidal, Dominique　ヴィダル, ドミニック
1950～　[著]「中近東100のキーワード」 慈学社出版, 大学図書(発売)　2006
Vidal, Doriane　ビダル
[国]フランス　スノーボード選手
Vidal, Francisco　ビダル, フランシスコ
[国]チリ　官房長官
Vidal, Gore　ビダール, ゴア
1925～2012　[国]アメリカ　作家, 劇作家, 評論家　別名(推理小説)＝ボックス, エドガー〈Box, Edgar〉　[異]ビダル, ゴア / ヴィダール, ゴア / ヴィダル, ゴア
Vidal, Jean-Pierre　ビダル
[国]フランス　アルペンスキー選手
Vidal, Laurent　ビダル
[国]フランス　トライアスロン選手
Vidal, Séverine　ヴィダル, セヴェリーヌ
1969～　[著]「おばあちゃんに会いたい」 サンマーク出版　2014
Vidal, Vanessa　ビダル
[国]フランス　アルペンスキー選手
Vidal Herrera, Antonio Ketín　ビダル・エレラ, アントニオ・ケティン
[国]ペルー　内相
Vidal Illingworth, Gloria　ビダル・イリングウォルス, グロリア
[国]エクアドル　教育相
Vidal-Naquet, Pierre　ヴィダル・ナケ, ピエール
1930～2006　[国]フランス　歴史学者　フランス社会科学高等研究院教授・院長　[専]古代ギリシャ史　本名＝ヴィダル・ナケ, ピエール・エマニュエル〈Vidal-Naquet, Pierre Emmanuel〉　[異]ビダル・ナケ, ピエール / ヴィダル＝ナケ, ピエール
Vidal Salinas, Francisco　ビダル・サリナス, フランシスコ
[国]チリ　官房長官
Videanu, Adriean　ビデアヌ, アドリアン
[国]ルーマニア　経済相
Videau, Valérie　ヴィド, ヴァレリー
[著]「どうぶつのお医者さんになりたい！」 世界文化社　2011
Videbeck, Sheila L.　ヴィデベック, シェイラ・L.
[著]「看護診断にもとづく精神看護ケアプラン」 医学書院　2007
Videgaray Caso, Luis　ビデガライ・カソ, ルイス
[国]メキシコ　外相
Videla, Jorge Rafael　ビデラ, ホルヘ・ラファエル
1925～2013　[国]アルゼンチン　政治家, 軍人　アルゼンチン大統領
Videtic, Gregory M.M.　ヴィデティック, グレゴリー
[著]「がん放射線治療計画ハンドブック」 メディカル・サイエンス・インターナショナル　2012
Vidgen, Lucas　ヴィドゲン, ルーカス
[著]「インド」 メディアファクトリー　2004
Vidiaux Lopez, Katerina　ロペス
[国]キューバ　レスリング選手
Vidiella, Álex Sánchez　ビディエラ, アレックス・サンチェス

V

Vidler, Anthony　ヴィドラー、アンソニー
　㊔「20世紀建築の発明」鹿島出版会　2012
Vidmar, Neil　ヴィドマー、ニール
　㊔「アメリカの刑事陪審」日本評論社　2009
Vidović, Davorko　ビドビッチ、ダボルコ
　㊐クロアチア　労働・社会福祉相
Vidović, Rudo　ビトビッチ、ルド
　㊐ボスニア・ヘルツェゴビナ　通信運輸相
Vidyalankar, Anil　ヴィディヤランカール、アニル
　1928〜　㊔ヴィディヤーランカール, A.　㊔「サンダハンの入門 サンスクリット」東方出版　2016
Vidyamurthy, Ganapathy　ビディヤマーヒー、ガナパシ
　㊔「実践的ペアトレーディングの理論」パンローリング　2006
Vieaux, Jason　ボー、ジェイソン
　グラミー賞 最優秀クラシック器楽独奏（2014年（第57回））"Play" ソリスト
Viega, John　ビエガ、ジョン
　㊔「ビルディングセキュアソフトウェア」オーム社　2006
Viégas, Fernanda　ヴィエガ、フェルナンダ
　㊔「ビューティフルビジュアライゼーション」オライリー・ジャパン、オーム社（発売）　2011
Viegas, Jose Santiago　ビエガス、ホセ・サンチアゴ
　㊐サントメ・プリンシペ　青年・スポーツ・社会コミュニケーション相　㊔ビエガス、ジョゼ・サンチアゴ
Viegas, Justino Tavares　ビエガス、ジュスチーノ・タバレス
　㊐サントメ・プリンシペ　法務・国家改革・公共行政相
Viegas, Orlando　ビエガス、オルランド
　㊐ギニアビサウ　漁業相
Vieilledent, Sebastien　ビエルダン
　㊐フランス　ボート選手
Vieira, Gastão Dias　ビエイラ、ガスタン・ジアス
　㊐ブラジル　観光相
Vieira, João-Bernardo　ビエイラ、ジョアン・ベルナルド
　1939〜2009　㊐ギニアビサウ　政治家, 軍人　ギニアビサウ大統領　㊔ヴィエイラ、ジョアン・ベルナルド
Vieira, Joazinho　ビエイラ、ジョアジーニョ
　㊐ギニアビサウ　外相
Vieira, Mauro　ビエイラ、マウロ
　㊐ブラジル　外相
Vieira, Meredith Louise　ビエイラ、メレディス
　1953〜　㊐アメリカ　テレビジャーナリスト, 司会者　㊔ヴィエイラ、メレディス
Vieira, Thyago　ビエイラ、チアゴ
　㊐ブラジル　野球選手
Vieira Da Silva, José António　ビエイラダシルバ、ジョゼ・アントニオ
　㊐ポルトガル　労働・社会保障相　㊔ビエイラ・ダシルバ、ジョゼ
Vieira De Jesus, Robenilson　ビエイラ
　㊐ブラジル　ボクシング選手
Vieirinha　ヴィエイリーニャ
　㊐ポルトガル　サッカー選手
Viel, Julius　フィール、ユリウス
　?〜2002　㊐ドイツ　軍人, ジャーナリスト　ナチス親衛隊少尉
Vielma, Engelb　ビエルマ、エンゲルブ
　㊐ベネズエラ　野球選手
Vielman, Carlos　ビエルマン、カルロス
　㊐グアテマラ　内相
Vielmetter, Georg　ヴィエルメッター、ゲオルク
　㊔「LEADERSHIP 2030」生産性出版　2015
Vienne, Véronique　ヴィエンヌ、ヴェロニク
　㊔ヴィエン、ヴェロニク　㊔「世界に衝撃を与えたグラフィックデザイン」ボーンデジタル　2015
Viera-gallo Quesney, José Antonio　ビエラガジョ・ケスネイ、ホセ・アントニオ
　㊐チリ　大統領府長官
Viereck, Peter　ビーレック、ピーター
　1916〜2006　㊐アメリカ　詩人, 批評家, 歴史家　マウント・ホリヨーク大学名誉教授　本名＝Viereck, Peter Robert Edwin　㊔ヴィーレック、ピーター ／ ヴィアレク
Viergever, Nick　フィールヘフェル、ニック
　㊐オランダ　サッカー選手
Viero, Gianni　ヴィエロ、ジャンニ
　㊔「どうして弾けなくなるの？」音楽之友社　2012
Viescas, John　ヴィスカス, J.
　㊔「Microsoft Access version 2002オフィシャルマニュアル」日経BPソフトプレス, 日経BP出版センター（発売）　2001
Vieser, Michaela　フィーザー、ミヒャエラ
　1972〜　㊔「西洋珍職業尽くし」悠書館　2014
Vieta, Eduard　ヴィエタ、エドゥアール
　1963〜　㊔ビエタ、エドゥアール　㊔「双極性障害の生物学的治療ガイドライン：双極性うつ病急性期の治療」星和書店　2013
Vieth, Norbert　フィース、ノルベルト
　㊔「21世紀のサッカー選手育成法 ユース編」大修館書店　2002
Vietor, Richard H.K.　ビートー、リチャード
　㊐アメリカ　国際政治経済学者　ハーバード大学ビジネススクール教授　㊔ヴィートー、リチャード
Viets, Elaine　ビエッツ、エレイン
　1950〜　㊐アメリカ　作家　㊔ヴィエッツ、エレイン
Vietto, Luciano　ビエット、ルシアーノ
　㊐アルゼンチン　サッカー選手
Vietze, Peter M.　ビーツェ、ピーター・M.
　㊔「PCP」相川書房　2007
Vig, Butch　ビグ、ブッチ
　1957〜　㊐アメリカ　ロック・ドラマー, 音楽プロデューサー　㊔ヴィグ、ブッチ
Vigan, Delphine de　ヴィガン、デルフィーヌ・ドゥ
　1966〜　㊔「リュシル」エンジン・ルーム, 河出書房新社（発売）　2014
Vigaray, Carlos　ビガライ、カルロス
　㊐スペイン　サッカー選手
Vigarello, Georges　ヴィガレロ、ジョルジュ
　1941〜　㊔「男らしさの歴史」藤原書店　2016
Vighi, Carlos　ヴィギ、カルロス
　1965〜　㊔「ぼくの七面鳥をかえせ!!」新世研　2002
Vigil, Nick　ビジル、ニック
　㊐アメリカ　アメフト選手
Vigil, Zach　ビジル、ザック
　㊐アメリカ　アメフト選手
Viglione, Donald J.　ビグリオン、ドナルド・J.
　㊔「ロールシャッハ・アセスメントシステム」金剛出版　2014
Víglundsson, Þorsteinn　ビーグルンズソン、トルステイン
　㊐アイスランド　社会公正相
Vigneron, E.　ヴィニュロン、エマニュエル
　㊔「フランス領ポリネシア」白水社　2006
Vignoli, Ana　ビグニョリ、アナ
　㊐ウルグアイ　社会開発相
Vigouroux, Mark　ヴィグルー、マーク
　㊔「ミス」ユマノイド, パイインターナショナル（発売）　2015
Viguera, Borja　ビゲラ、ボルハ
　㊐スペイン　サッカー選手
Viguerie, Patrick　ヴィギュエリ、パトリック
　1960〜　㊔「マッキンゼー式最強の成長戦略」エクスナレッジ　2009
Viitanen, Jukka　ビータネン、ユッカ
　1966〜　㊔「オウルの奇跡」新評論　2008
Viitanen, Pia　ビータネン、ピア
　㊐フィンランド　文化・住宅相
Vijayaraghavan, Vineeta　ビジャヤラガバン、ビニータ
　㊔「いかに「問題社員」を管理するか」ダイヤモンド社　2005
Vijender　ビジェンデル
　㊐インド　ボクシング選手
Vikas, Krishan　ビカス、クリシャン
　㊐インド　ボクシング選手
Viķe-freiberga, Vaira　ビケフレイベルガ、ワイラ
　㊐ラトビア　大統領
Vikrom Kromadit　ヴィクロム・クロマディット
　1953〜　㊐タイ　実業家　アマタ・コーポレーションCEO　漢字名＝邱威功
Viktorova, Anna　ヴィクトローヴァ、アンナ
　㊐ロシア　チャイコフスキー国際コンクール 声楽（女声）第4位（2007年（第13回））
Vilakati, George　ビラカティ、ジョージ
　㊐スワジランド　観光通信相
Vilakati, Moses　ビラカティ、モーゼス
　㊐スワジランド　農相
Vilallonga, Jose Luis de　ビラロンガ、ホセ・ルイ・デ
　?〜2007　㊐スペイン　俳優, ジャーナリスト　㊔ビラジョンガ ／ ビラロンガ、ホセ・ルイ・ド ／ ヴィラジョンガ ／ ヴィラロンガ
Vila-Matas, Enrique　ビラ・マタス、エンリーケ
　1948〜　㊐スペイン　作家
Vilanova, Tito　ビラノバ、ティト

1968〜2014 [国]スペイン　サッカー監督, サッカー選手
Vilar, Luc　ヴィラール, リュック
[著]「世界遺産」 白水社　2005
Vilaró, Ramón　ビラロ, ラモン
1945〜 [国]スペイン　作家, ジャーナリスト 「エル・パイス」東京特派員 [異]ヴィラロ, ラモン
Vilaseca, Andres　ビラセカ, アンドレス
[国]ウルグアイ　ラグビー選手
Vilaseca, Estel　ヴェラセカ, エステル
[著]「パターンとテクスチャー素材集」 グラフィック社　2009
Vilaseca, Santiago　ビラセカ, サンティアゴ
[国]ウルグアイ　ラグビー選手
Vilayvanh, Phomkhe　ウィライワン・ポンケー
[国]ラオス　農林相
Vilchez Yucra, Nidia　ビルチェス・ジュクラ, ニディア
[国]ペルー　住宅・建設・上下水道相
Vildoso Chirinos, Carmen　ビルドソ・チリノス, カルメン
[国]ペルー　女性問題・社会開発相
Vilén, Jari　ビレン, ヤリ
[国]フィンランド　貿易相
Vilenkin, Alexander　ビレンケン, アレックス
[著]「多世界宇宙の探検」 日経BP社, 日経BP出版センター(発売) 2007
Viletta, Sandro　ビレッタ, サンドロ
1986〜 [国]スイス　スキー選手
Vilhelmsen, Annette　ビルヘルムセン, アネッテ
[国]デンマーク　産業・経済成長相
Vilhelmson-silfven, Tinne　ウィルヘルムソン
[国]スウェーデン　馬術選手
Vilinac, Doragana　ヴィリナック, ドラガナ
[著]「ニールズヤードレメディーズ」 緑書房　2012
Viljoen, Annari　ビルジョン
[国]南アフリカ　バドミントン選手
Viljoen, Marais　フィリューン, マライス
1915〜2007 [国]南アフリカ　政治家　南アフリカ大統領 [異]フィリューン, マレー
Viljoen, Sunette　フィルユン, サネット
[国]南アフリカ　陸上選手
Vilkaitis, Remigijus　ビルカイティス, レミギユス
[国]リトアニア　文化相
Vilks, Andris　ビルクス, アンドリス
[国]ラトビア　財務相
Vilkul, Oleksandr　ビルクル, オレクサンドル
[国]ウクライナ　副首相
Villa, Dana Richard　ヴィラ, デーナ・R.
[著]「政治・哲学・恐怖」 法政大学出版局　2004
Villa, David　ビジャ, ダビド
[国]スペイン　サッカー選手, ニューヨーク・シティFC, 元スペイン代表
Villa, Rene　ビラ, レネ
[国]フィリピン　土地改革相
Villaecija Garcia, Erika　ビリャエシワ, エリカ
[国]スペイン　水泳選手
Villagomez, David　ビジャゴメス, ダビッド
[国]エクアドル　臨時代理大使, 二等書記官
Villa-Gómez Roig, Guido　ビジャゴメス・ロイグ, ギド・エドムンド
[国]ボリビア　ボリビア・日本消化器疾患研究センター内視鏡ユニット長, JICA顧問医, 元・ボリビア・日本消化器疾患研究センター院長
Villalba, Rodrigo　ビジャルバ, ロドリゴ
[国]コロンビア　農相
Villalobos, José Miguel　ビジャロボス, ホセ・ミゲル
[国]コスタリカ　法相
Villalobos, Juan Pablo　ビジャロボス, フアン・パブロ
1973〜 [国]メキシコ　作家 [専]文学
Villalobos, Vilma　ビジャロボス, ビルマ
[国]コスタリカ　経済相
Villalobos Talero, Celia　ビリャロボス・タレロ, セリア
[国]スペイン　保健相
Villalta Villegas, Carlos　ビジャルタ・ビジェガス, カルロス
[国]コスタリカ　公共事業・交通相
Villamuza, Noemí　ビリャムーサ, ノエミ
1971〜 [著]「ねむれないの、ほんとだよ」 岩波書店　2007
Villán, Óscar　ビリャーン, オスカル
1972〜 [著]「シマウマのカミーラ」 オリコン・エンタテインメント　2004
Villani, Cédric　ヴィラーニ, セドリック
1973〜 [国]フランス　数学者　リヨン第1大学数学教授, アンリ・ポアンカレ研究所所長 [専]偏微分方程式, 数理物理学 [異]ヴィラニ, セドリック
Villanueva, Alejandro　ビラヌエバ, アンハンドロ
[国]アメリカ　アメフト選手
Villanueva, Mikel　ビジャヌエバ, ミケル
[国]ベネズエラ　サッカー選手
Villar, Jonathan　ビアー, ジョナサン
[国]ドミニカ共和国　野球選手
Villar, Jose　ビジャル, ホセ
[国]ウルグアイ　産業・エネルギー・鉱業相
Villar, Mark　ビリヤール, マーク
[国]フィリピン　公共事業道路相
Villarán, Fernando　ビジャラン, フェルナンド
[国]ペルー　労働雇用促進相
Villarán de la Puente, Susana　ビジャラン・デラプエンテ, スサナ
[国]ペルー　女性・人間開発相
Villar Barbosa, Rusmeris　ビリャルバルボサ
[国]コロンビア　重量挙げ選手
Villarejo, Luis　ビジャレホ, ルイス
1965〜 [著]「世界王者のリーダー論」 ベースボール・マガジン社 2012
Villari, Rosario　ヴィッラリ, ロザリオ
1925〜 [著]「イタリアの歴史」 明石書店　2008
Villasante Aranibar, Jorge　ビジャサンテ・アラニバル, ホルヘ
[国]ペルー　生産相
Villas-Boas, Andre　ビラス・ボアス, アンドレ
1977〜 [国]ポルトガル　サッカー指導者　サッカー英領バージン諸島代表監督 [異]ヴィラス・ボアス, アンドレ
Villatoro, Marcos M.　ビジャトーロ, マルコス・M.
[国]アメリカ　作家 [専]ミステリー, スリラー
Villa-Vicencio, Charles　ヴィラ・ヴィセンシオ, チャールズ
1942〜 [著]「南アフリカの指導者、宗教と政治を語る」 本の泉社 2012
Villavicencio Álvarez, Jorge　ビジャビセンシオ・アルバレス, ホルヘ
[国]グアテマラ　保健相
Ville, Simon P.　ヴィル, サイモン・P.
[著]「ヨーロッパ交通史1750-1918年」 文沢社　2012
Villegas, Anna Tuttle　ヴィレガス, アンナ・T.
[著]「涙のスイミング・レッスン」 集英社　2002
Villegas, Camilo　ビジェガス, カミロ
1982〜 [国]コロンビア　プロゴルファー
Villegas, Ernesto　ビジェガス, エルネスト
[国]ベネズエラ　通信情報相
Villegas, Fernanda　ビジェガス, フェルナンダ
[国]チリ　社会開発相
Villegas Echeverri, Luis Carlos　ビジェガス・エチェベリ, ルイス・カルロス
[国]コロンビア　国防相
Villegas Poljak, Ernesto　ビジェガス・ポリアック, エルネスト
[国]ベネズエラ　通信・情報相
Villegas Quiroga, Carlos　ビジェガス・キロガ, カルロス
[国]ボリビア　開発企画相
Villehardouin, Geoffroi de　ヴィルアルドゥワン, ジョフロワ・ド
[著]「コンスタンチノープル征服記」 講談社　2003
Villemant, Claire　ヴィルマン, クレール
[著]「クローズアップ虫の肖像」 東洋書林　2008
Villemin, Christine Naumann　ビールマン, クリスチーヌ・ノーマン
[著]「おしゃぶりだいすきニーナちゃん」 佼成出版社　2003
Villeneuve, Claude　ヴィルヌーヴ, クロード
1954〜 [著]「大いなる河の流れ」 あすなろ書房　2003
Villeneuve, Estelle　ヴィルヌーヴ, エステル
[著]「死海文書入門」 創元社　2007
Villeneuve, Jacques　ビルヌーブ, ジャック
1971〜 [国]カナダ　レーシングドライバー, 元F1ドライバー [異]ヴィルヌーヴ, ジャック
Villepin, Dominique de　ドビルパン, ドミニク
[国]フランス　首相
Villeret, Jacques　ビルレ, ジャック
1951〜2005 [国]フランス　俳優 [異]ヴィユレ, ジャック
Villers, Françoise　ビレー, フランソワーズ

1967～ 砦「はかせのふしぎなどうぶつえん」学習研究社 c2008
Villers, Jean-Pierre Andreoli de ヴィレル, ジャン＝ピエール・ド
1940～ 砦「星の王子さま最後の飛行」竹書房 2003
Villiers, Gérard de ヴィリエ, ジェラール・ド
砦「アルカイダの金塊を追え」扶桑社 2004
Villiers, Theresa ビリアーズ, テリーザ
国イギリス 北アイルランド相
Villiger, Kaspar フィリガー, カスパー
国スイス 財務相
Villumsen, Linda ビルムセン
国ニュージーランド 自転車選手
Vilmar, Fritz フィルマー, フリッツ
1929～ 砦「岐路に立つ統一ドイツ」青木書店 2001
Vil'mont, Ekaterina ビリモント, エカテリーナ
砦「男はみんなろくでなし？」未知谷 2011
Vilmur, Peter ヴィルマー, ピーター
砦「スター・ウォーズダース・ヴェイダー・クロニクル」竹書房 2012
Vilnai, Matan ビルナイ, マタン
国イスラエル 民間防衛担当相
Vilotic, Milan ヴィロティッチ, ミラン
国セルビア サッカー選手
Vilsack, Tom ビルサック, トム
1950～ 国アメリカ 政治家 米国農務長官 アイオワ州知事 本名＝Vilsack, Thomas 砦ヴィルサック, トム
Vilsmeier, Stefan フィルスマイヤー, ステファン
1967～ 国ドイツ 実業家 ブレインラボ創業者・CEO
Vilukhina, Olga ビルヒナ
国ロシア バイアスロン選手
Vinatieri, Adam ビナティエリ, アダム
1972～ 国アメリカ アメフト選手
Vinaver, Michel ヴィナヴェール, ミシェル
1927～ 砦「いつもの食事/2001年9月11日」れんが書房新社 2010
Vinberg, Ernest Borisovich ヴィンベルク, E.B.
砦「対称性・数え上げ」海鳴社 2007
Vince, Gaia ヴィンス, ガイア
砦「人類が変えた地球」化学同人 2015
Vince, Ralph ビンス, ラルフ
1958～ 砦「ラルフ・ビンスの資金管理大全」パンローリング 2009
Vincec, Gasper ビンチェチ
国スロベニア セーリング選手
Vincent, Alan ビンセント, アラン
1938～ 砦「分子の対称と群論入門」丸善出版 2012
Vincent, Amy ヴィセント, エイミー
砦「ベスと風変わりな友だち」講談社 2008
Vincent, Andrew ヴィンセント, アンドリュー
砦「社会正義論の系譜」ナカニシヤ出版 2002
Vincent, Bernard ヴァンサン, ベルナール
1935～ 砦「ルイ16世」祥伝社 2010
Vincent, Charles A. ヴィンセント, C.
砦「補完医療の光と影」北大路書房 2012
Vincent, David ヴィンセント, デイヴィド
1949～ 砦「マス・リテラシーの時代」新曜社 2011
Vincent, George ビンセント, ジョージ
国グレナダ 観光・民間航空・文化相
Vincent, Gina M. ヴィンセント, ジーナ・M.
砦「サイコパシー・ハンドブック」明石書店 2015
Vincent, Guillaume ヴァンサン, ギヨーム
国フランス ロン・ティボー・クレスパン国際音楽コンクール ピアノ 第3位（2009年（第38回））ほか
Vincent, Karyn D. ヴィンセント, カリン・D.
砦「グローバル投資パフォーマンス基準のすべて」東洋経済新報社 2013
Vincent, Lynn ヴィンセント, リン
砦「天国は、ほんとうにある」青志社 2011
Vincent, Mary ヴィンセント, メアリ
砦「スペイン・ポルトガル」朝倉書店 2008
Vincent, Nick ビンセント, ニック
国アメリカ 野球選手
Vincentelli, Elisabeth ヴィンセンテリ, エリザベス
砦「アバ・ゴールド」水声社 2013
Vincenti, Antonio ヴィンチェンティ, アントニオ
砦「モリーとまいごのなかまたち」少年写真新聞社 2004

Vincenti, Virginia Bramble ヴィンセンティ, ヴァージニア・B.
1946～ 砦「アメリカ・ホーム・エコノミクス哲学の歴史」近代文芸社 2005
Vincenzo, Mark Di ヴィンチェンツォ, マーク・ディー
砦「告白は12時半、辞表は金曜。」マガジンハウス 2010
Vincenzoni, Luciano ヴィンチェンツォーニ, ルチアーノ
1926～2013 国イタリア 脚本家 砦ヴィンセンツォーニ, ルチアーノ
Vincer, Carole ヴィンサー, キャロル
砦「イラストガイド野外騎乗術」源草社 2004
Vinci, Roberta ビンチ, ロベルタ
国イタリア テニス選手
Vinci, Simona ヴィンチ, シモーナ
1970～ 砦「おとなは知らない」早川書房 2001
Vine, Barbara ヴァイン, バーバラ
砦「煙突掃除の少年」早川書房 2002
Vine, David ヴァイン, デイヴィッド
1974～ 砦「米軍基地がやってきたこと」原書房 2016
Vine, F.J. ヴァイン, F.J.
砦「知の歴史」徳間書店 2002
Vinegar, Ben ビネガー, ベン
砦「サードパーティJavaScript」KADOKAWA 2014
Vinekar, S.L. ヴィネーカル, S.L.
砦「ヨーガ・セラピー」春秋社 2008
Vinen, Richard ヴィネン, リチャード
砦「ヨーロッパ歴史地図」原書房 2001
Viner, Katharine ヴァイナー, キャサリン
国アメリカ ガーディアン編集長
Viner, Spencer W. ヴァイナー, スペンサー・W.
国アメリカ ロードアイランド日米協会会長
Vines, David ヴァインズ, デイヴィッド
砦「学び直しケインズ経済学」一灯舎 2015
Vines, Josep Barahona ビニェス, ジョセップ・バラオナ
砦「tapas」長崎出版 2008
Vines, Lois ヴァインズ, ロイス・デイヴィス
砦「ポオとヴァレリー」国書刊行会 2002
Vinesh, Vinesh ビネシュ, ビネシュ
国インド レスリング選手
Vinet, Sebastian Concha コンチャ, セバスチャン
国チリ ローザンヌ国際バレエコンクール 7位・プロ研修賞（第37回（2009年））
Vineyard, Ben S. ヴィンヤード, B.S.
砦「キャリア・デザイン」文化書房博文社 2005
Vineyard, Jeremy ヴィンヤード, ジュレミー
1977～ 砦「傑作から学ぶ映画技法完全リファレンス」フィルムアート社 2002
Vinge, Vernor ヴィンジ, ヴァーナー
ヒューゴー賞 長編（2007年）"Rainbows End"
Vinh, Bui Quang ビン, ブイ・クアン
国ベトナム 計画投資相
Vining, Aidan R. ヴァイニング, アイダン・R.
砦「費用・便益分析」ピアソン・エデュケーション 2004
Vining, Alex ヴァイニング, アレックス
砦「ピーターラビットあそびましょ」大日本絵画 〔2001〕
Vining, David ヴァイニング, デイヴィッド
砦「トロンボーン奏者ならだれでも知っておきたい「からだ」のこと」春秋社 2012
Vinjamuri, David ヴィンジャムリ, デイヴィッド
1964～ 砦「直感のブランディング」英治出版 2009
Vinke, Hermann フィンケ, ヘルマン
砦「ゾフィー21歳」草風館 2006
Vinkele, Ilze ビンキェレ, イルゼ
国ラトビア 福祉相
Vinnitskaya, Anna ヴィニツカヤ, アンナ
国ロシア エリザベート王妃国際コンクール ピアノ 第1位（2007年）
Vinograd, Sonia ビノグラド, ソニア
国スペイン ローザンヌ国際バレエコンクール 6位・プロ研修賞（第40回（2012年））
Vinogradov, V.K. ヴィノグラードフ, V.K.
砦「KGB（秘）調書ヒトラー最期の真実」光文社 2001
Vinogradova, Luba ヴィノグラードヴァ, リューバ
砦「赤軍記者グロースマン」白水社 2007
Vinogradovs, Dagnis ビノグラドフス
国ラトビア カヌー選手
Vinokurov, Alexandr ビノクロフ, アレクサンドル

Vinopal, Ray　ビノパル, レイ
　国アメリカ　アメフト選手
Vinsant, Savannah　ビンサント
　国アメリカ　トランポリン選手
Vinsky, Iosif　ビンスキー, ヨシフ
　国ウクライナ　運輸・通信相
Vinson, Fred　ヴィンソン, フレッド
　国アメリカ　ニューオリンズ・ペリカンズアシスタントコーチ
　（バスケットボール）
Vinson, James　ヴィンソン, J.
　著「20世紀思想家事典」誠信書房　2001
Vinterberg, Thomas　ヴィンターベア, トマス
　モスクワ国際映画祭 銀賞 監督賞（第27回（2005年））　"Dear wendy"
Viola, Al　ビオラ, アル
　1919～2007　国アメリカ　ギタリスト　異ヴィオラ, アル
Viola, Alessandra　ヴィオラ, アレッサンドラ
　著「植物は〈知性〉をもっている」NHK出版　2015
Viola, Bill　ヴィオラ, ビル
　1951～　国アメリカ　高松宮殿下記念世界文化賞 絵画部門（2011年（第23回））
Viola, Herman J.　ヴァイオラ, ハーマン
　著「ぼくはマサイ」さ・え・ら書房　2006
Viola, Tom　ヴィオラ, トム
　トニー賞 トニー名誉賞（2010年（第64回））
Violan, Miquel Ángel　ビオラン, ミケル・アンジェル
　著「グアルディオラ・メソッド」ベースボール・マガジン社　2012
Violi, Marcello　ヴィオリ, マルチェロ
　国イタリア　ラグビー選手
Viollet, Fanny　ヴィオレ, ファニー
　著「てがみアート」工作舎　2001
Viollet-le-Duc, Eugene Emmanuel　ヴィオレ＝ル＝デュック, E.E.
　著「建築講話」中央公論美術出版　2004
Viorst, Judith　ヴィオースト, ジュディス
　1931～　著「サウスポー」文渓堂　2011
Viotti, Marcello　ヴィオッティ, マルチェロ
　1954～2005　国イタリア　指揮者　ファニーチェ歌劇場音楽監督
　異ビオッティ, マルチェロ / ヴィオッティ, マルチェッロ
Virachai, Virameteekul　ウィラチャイ・ウィーラメーティークン
　国タイ　科学技術相
Virahsawmy, Devanand　ビラサウミ, デバナンド
　国モーリシャス　環境・持続可能開発相
Virajeshver　ヴィラージェーシュワラ
　異ヴィラージェーシュワラ, スワーミ　著「真実への道」出帆新社　2007
Virant, Gregor　ビラント, グレゴル
　国スロベニア　公共行政相
Virata, Cesar Enrique Aguinaldo　ヴィラータ, セサール・エンリケ・アギナルド
　国フィリピン　元・首相, 元・財務大臣
Viray, Erwin　ビライ, エルウィン
　1961～　著「アジアの日常から」TOTO出版　2015
Vircondelet, Alain　ヴィルコンドレ, アラン
　著「パルテュス, 自身を語る」河出書房新社　2011
Virga, Vincent　ヴァーガ, ヴィンセント
　著「ビジュアル版 地図の歴史」東洋書林　2009
Virilio, Paul　ヴィリリオ, ポール
　1932～　著「パニック都市」平凡社　2007
Virkkunen, Henna　ビルックネン, ヘンナ
　国フィンランド　地方行政相
Virno, Paolo　ヴィルノ, パオロ
　1952～　著「ポストフォーディズムの資本主義」人文書院　2008
Virole, Benoit　ヴィロル, ブノワ
　著「ハリー・ポッターのふしぎな魔法」広済堂出版　2001
Viroli, Maurizio　ヴィローリ, マウリツィオ
　1952～　著「マキァヴェッリの生涯」白水社　2007
Virreira, Mario　ビレイラ, マリオ
　国ボリビア　鉱業・金属相
Virsaladze, Elisso　ヴィルサラーゼ, エリソ
　1942～　国ジョージア　ピアニスト　本名＝Virsaladze, Elisso Konstantinovna　異ビルサラーゼ, エリソ
Virtanen, Marianna　ビルタネン, M.
　著「ソーシャル・キャピタルと健康政策」日本評論社　2013

Virtue, Charles　バーチュー, チャールズ
　著「人生に奇跡を起こす天使のスピリチュアル・サインCDブック」ダイヤモンド社　2015
Virtue, Doreen L.　バーチュー, ドリーン
　1958～　国アメリカ　精神治療士　著「ヨーヨーシンドローム・ダイエット」異バーチュ / ヴァーチュ
Virtue, Grant　バーチュー, グラント
　著「お金の心配のない現実を作る方法」JMA・アソシエイツ ステップワークス事業部　2015
Virtue, Tessa　バーチュー, テッサ
　1989～　国カナダ　フィギュアスケート選手　異ヴァーチュー, テッサ
Viscardi, Henry　ビスカルディ, H.
　1912～　著「敗北を知らぬ人々」日本アビリティーズ協会　2005（3刷）
Vischer, Lukas　フィッシャー, ルーカス
　1926～2008　著「長老職」一麦出版社　2015
Visciano, Joe　ヴィシャーノ, ジョー
　グラミー賞 最優秀録音技術アルバム（クラシック以外）（2014年（第57回））　"Morning Phase"　エンジニア
Viscio, Albert J.　ビシオ, アルバート・J.
　著「組織変革のジレンマ」ダイヤモンド社　2004
Visco, Vincenzo　ビスコ, ビンチェンツォ
　国イタリア　国庫・予算企画相
Viscovo, Aniello　ヴィスコヴォ, アニエッロ
　国イタリア　サッカー選手
Viscusi, W.Kip　ビスクシィ, キップ
　著「数理法務概論」有斐閣　2014
Vise, David A.　ヴァイス, デビッド
　著「Google誕生」イースト・プレス　2006
Visher, Emily B.　ヴィッシャー, エミリー
　1918～　著「ステップファミリー」WAVE出版　2001
Visher, John S.　ヴィッシャー, ジョン
　1921～　著「ステップファミリー」WAVE出版　2001
Vishneva, Diana　ヴィシニョーワ, ディアナ
　1976～　国ロシア　バレリーナ　マリインスキー・バレエ団プリンシパル　本名＝Vishneva, Diana Viktorovna　異ヴィシニョーワ, ディアーナ
Vishnevskaya, Galina Pavlovna　ヴィシネフスカヤ, ガリーナ
　1926～2012　国ロシア　ソプラノ歌手　異ビネフスカヤ / ヴィシネーフスカヤ
Vishnevskii, Nikolai　ヴィシネフスキー, ニコライ
　1959～　著「トナカイ王」成文社　2006
Vishnevsky, Denis　ビセネフスキー, デニス
　著「チェルノブイリ, 現実の世界」本の泉社　2013
Vishwananda, Sri Swami　ヴィシュワナンダ, シュリ・スワミ
　著「ただ愛のみ」ナチュラルスピリット　2015
Vishwanath, Vijay　ヴィシュワナス, ヴィジェイ
　著「ブランド・マネジメント」ダイヤモンド社　2001
Vislova, Nina　ビスロワ
　国ロシア　バドミントン選手
Visnepolschi, Svetlana　ヴィスネポルスキー, スヴェトラーナ
　著「故障・不具合対策の決め手」日刊工業新聞社　2013
Visscher, Charles de　ヴィシェール, シャルル・ド
　著「国際法における理論と現実」成文堂　2007
Visse, Dominique　ヴィス, ドミニク
　1955～　国フランス　カウンターテナー歌手　異ビス, ドミニク
Visser, Carolien　フィッサー, カロリン
　1919～2014　著「シュタイナー・音楽療法」イザラ書房　2014
Visser, Eric J.W.　フィッサー, E.J.W.
　著「根の生態学」シュプリンガー・ジャパン　2008
Visser, Jan　ヴィッサー, ヤン
　著「インストラクショナルデザインとテクノロジ」北大路書房　2013
Visser, Rian　フィッサー, リアン
　著「のんびりニッペルチェ」ワールドライブラリー　2015
Visser, Thijs　フィセル, タイス
　国アルバ　セーリング選手
Visser, Tim　フィサー, ティム
　国スコットランド　ラグビー選手
Vissers, Greet　フィッセルス, フレート
　1958～　著「カンテクレール」朝日学生新聞社　2012
Vistartaite, Donata　ビスタテイト, ドナテ
　国リトアニア　ボート選手
Visvanathan, Chettiyappan　ビスバナサン, チェッティヤッパン

[著]「アジア各国への3R技術移転への障壁を打開するには」 地球環境戦略研究機関 2012
Visvanathan, R. ヴィスヴァナタン, R.
[著]「客観的臨床能力試験」 文光堂 2003
Viswanathan, Gauri ヴィシュワナータン, ゴウリ
1950～ [国]インド コロンビア大学教授 [専]英文学, 比較文学 [異]ビシュワナータン / ヴィシュワナータン, ガウリ
Vit, Armin ヴィト, アーミン
[著]「グラフィック・デザイン究極のリファレンス」 グラフィック社 2010
Vit, Patricia ヴィット, パトリシア
[著]「ハチミツと代替医療」 フレグランスジャーナル社 2002
Vita, Sharon De ヴィータ, シャロン・デ
[著]「あなたに恋する日」 ハーレクイン 2006
Vital, Albert Camille ビタル, アルベール・カミーユ
[国]マダガスカル 首相兼通信・郵便・新技術相代行
Vitale, Dan ビテイリ, ダン
[国]アメリカ アメフト選手
Vitale, Geoffrey ヴィタレ, ジェフリー
1933～ [著]「ジェリーの戦争」 新読書社 2005
Vitale, Graziano ヴィタレ, グラチアノ
[著]「超おもしろ環境クイズ」 金の星社 2002
Vitale, Jennifer ヴィターリ, ジェニファー
[著]「サイコパシー・ハンドブック」 明石書店 2015
Vitale, Joe ヴィターレ, ジョー
1953～ [著]「「思い出す」だけで、人生に奇跡が起こる」 きこ書房 2015
Vitale, Joseph G. ヴィターレ, ジョー
1953～ [著]「12人の漁師たちを優秀なマーケターにする方法」 フォレスト出版 2012
Vitale, Stefano ヴィタール, ステファーノ
1958～ [著]「なぜ戦争はよくないか」 偕成社 2008
Vitali, Andrea ヴィターリ, アンドレア
1956～ [国]イタリア 作家 [異]ビターリ, アンドレア
Vitanov, Milen ヴィタノフ, ミレン
[国]ブルガリア アヌシー国際アニメーション映画祭 卒業制作 審査員特別賞(2008年) ほか
Vitarana, Tissa ウィタラナ, ティッサ
[国]スリランカ 科学相
Vitaux, Jean ヴィトー, ジャン
[著]「ガストロノミ」 白水社 2008
Vithoulkas, George ヴィソルカス, ジョージ
1932～ [著]「ヴィソルカス教授のサイエンス・オブ・ホメオパシー」 アルマット, 国際語学社(発売) 2005
Vitiello, Giuseppe ヴィティエロ, ジョセッピ
[著]「量子力学」 日本評論社 2005
Vitiello, Roberto ヴィティエッロ, ロベルト
[国]イタリア サッカー選手
Vitier, Cintio ヴィティエール, C.
1921～ [著]「池田大作全集」 聖教新聞社 2004
Vitkine, Antoine ヴィトキーヌ, アントワーヌ
1977～ [著]「ヒトラー『わが闘争』がたどった数奇な運命」 河出書房新社 2011
Vitkova, Veronika ビトコバ
[国]チェコ バイアスロン選手
Vito, Elio ビート, エリオ
[国]イタリア 議会関係担当相
Vito, Louie ビト
[国]アメリカ スノーボード選手
Vito, Victor ヴィトー, ヴィクター
[国]ニュージーランド ラグビー選手
Vitolo ビトーロ
[国]スペイン サッカー選手
Vitorino, Ana Paula ビトリーノ, アナ・パウラ
[国]ポルトガル 海洋相
Vitošević, Saša ビトシェビッチ, サシャ
[国]ユーゴスラビア 農相
Vitousek, Peter M. ビトーセク, ピーター
1949～ [国]アメリカ 生物学者 スタンフォード大学教授 [異]ヴィトーセク, ピーター
Vitt, Elizabeth ビット, エリザベス
[著]「意思決定を支えるビジネスインテリジェンス」 日経BPソフトプレス, 日経BP出版センター(発売) 2007
Vittenzon, Janna Z. ヴィッテンゾン, ジャンナ・ゼ
1929～ [著]「ミトン」 文渓堂 2004
Vitti, Anthony ヴィッティ, アンソニー
[著]「演奏能力開発エクササイズ」 リットーミュージック 2002
Vittori, Nadia ヴィットーリ, ナディア
[著]「せいしょ」 ドン・ボスコ社 2001
Vittoz, Vincent ビトズ
[国]フランス クロスカントリースキー選手
Vitturini, Davide ヴィットリーニ, ダヴィデ
[国]イタリア サッカー選手
Viva, Frank ビバ, フランク
[著]「わたしは映画監督ヤング・シャーロット」 西村書店東京出版編集部 2016
Vivas, Julie ビバス, ジュリー
1947～ [著]「おばあちゃんのきおく」 講談社 2007
Vivequin, Wanda バイブクイン, ワンダ
[著]「ネパール」 メディアファクトリー 2004
Viveret, Patrick ヴィヴレ, パトリック
[著]「脱成長の道」 コモンズ 2011
Vivès, Bastien ヴィヴェス, バスティアン
1984～ アングレーム国際漫画祭 シリーズ賞(2015年) ほか
Vives, Carlos ヴィーヴェス, カルロス
グラミー賞 最優秀トロピカル・ラテン・アルバム(2014年(第57回)) “Más + Corazón Profundo”
Vives, Giuseppe ヴィヴェス, ジュゼッペ
[国]イタリア サッカー選手
Vives i Sicilia, Joan Enric ビベスシシリア, ジョアン・エンリク
[国]アンドラ ウルヘル教区司教
Vivian, Mititaiagimene Young ビビアン, ミティタイアギメネ・ヤング
1935～ [国]ニウエ 政治家 ニウエ首相・外相 [異]ビビアン, ヤング
Viviani, Elia ビビアニ, エリア
[国]イタリア 自転車選手
Viviani, Federico ヴィヴィアーニ, フェデリコ
[国]イタリア サッカー選手
Viviano, Emiliano ヴィヴィアーノ, エミリアーノ
[国]イタリア サッカー選手
Viviant, Arnaud ヴィヴィアン, アルノー
[著]「馬鹿者のためのレクイエム」 ブルース・インターアクションズ 2011
Viviers, Casper ヴィヴィエ, キャスパー
[国]ナミビア ラグビー選手
Vizard, Michael ヴィザード, マイケル
[著]「ソフトウェア開発のカオス」 構造計画研究所, 共立出版(発売) 2003
Vizcaino, Arodys ビズカイーノ, アロディス
[国]ドミニカ共和国 野球選手
Vizcarra Cornejo, Martín Alberto ビスカラ・コルネホ, マルティン・アルベルト
[国]ペルー 第1副大統領兼運輸・通信相
Vizdos, Michael J. ヴィツドス, ミカエル
[著]「エンタープライズ統一プロセス」 翔泳社 2006
Vizenor, Gerald Robert ヴィゼナー, ジェラルド
1934～ [著]「逃亡者のふり」 開文社出版 2002
Vizjak, Andrej ビズヤック, アンドレイ
[国]スロベニア 労働社会家族担当相
Vizquel, Omar ビスケル, オマール
1967～ [国]ベネズエラ 元野球選手 本名＝Vizquel, Omar Enrique [異]ビスケル, オマー
Vizzini, Ned ヴィジーニ, ネッド
1981～2013 [国]アメリカ 作家, 脚本家 本名＝Vizzini, Edison Price
Vizzoni, Nicola ビッツォーニ
[国]イタリア 陸上選手
Vlačič, Patrick ブラチチュ, パトリック
[国]スロベニア 運輸相
Vladar, Stefan ヴラダー, シュテファン
1965～ [国]オーストリア ピアニスト, 指揮者 [異]ブラダー, シュテファン
Vlădescu, Sebastian ブレデス, セバスチャン
[国]ルーマニア 財務相
Vladimov, Georgii Nikolaevich ウラジーモフ, ゲオルギー
1931～2003 [国]ロシア 作家, 文芸批評家 本名＝ヴォロセヴィッチ, ゲオルギー〈Volosevich, Georgii Nikolaevich〉 [異]ウラジーモフ, ゲオールギー / ヴラジーモフ, ゲオルギー
Vladinova, Neviana ブラディノバ, ネビアナ
[国]ブルガリア 新体操選手
Vlaemminck, Joseph H. フラマン, J.H.

[著]「簿記の生成と現代化」 晃洋書房　2009
Vlahović, Aleksandar　ブラホビッチ, アレクサンダル
[国]セルビア　経済民営化相
Vlahović, Miodrag　ブラホビッチ, ミオドラグ
[国]モンテネグロ　外相
Vlahović, Sanja　ブラホビッチ, サーニャ
[国]モンテネグロ　科学相
Vlahušić, Andro　ブラフシッチ, アンドロ
[国]クロアチア　保健相
Vlaicu, Florin　ヴライク, フロリン
[国]ルーマニア　ラグビー選手
Vlamis, Anthony S.　ブラミス, アントニー
1942～　[著]「ヤフー」 三修社　2004
Vlamis, Gregory　ヴラミス, グレゴリー
[著]「フラワー・エッセンス・レメディー」 エー・ディー・サマーズ, さいたま 海苑社(発売)　2002
Vlasic, Bill　ヴラシック, ビル
[著]「ダイムラー・クライスラー」 早川書房　2001
Vlasic, Blanka　ブラシッチ, ブランカ
[国]クロアチア　陸上選手
Vlaskovits, Patrick　ヴラスコヴィッツ, パトリック
[著]「リーン・アントレプレナー」 翔泳社　2014
Vlasov, Fedor　ウラソフ, フェドル
[国]ロシア　射撃選手
Vlasov, Roman　ブラソフ, ロマン
1990～　[国]ロシア　レスリング選手
Vlassopoulos, Kōstas　フラソプロス, コスタス
[著]「ギリシャ」 ほるぷ出版　2011
Vlcek, Erik　ユルチェク, エリクベラス
[国]スロバキア　カヌー選手
Vlcek, Ernst　ヴルチェク, エルンスト
1941～2008　[著]「超ヴィールス」 早川書房　2016
Vleeschouwer, Olivier de　ヴレーシューヴェル, オリヴィエ・ド
1959～　[著]「こぐまのムースとねずみのロゼッタ」 ほるぷ出版　2006
Vlessing, Monett　ブレッシング, モネ
[著]「モナコ流 美しく優雅な暮らし方」 幻冬舎　2007
Vliet, Jacques van der　フリート, J.ファン・デル
1952～　[著]「解読ユダの福音書」 教文館　2007
Vliet, Jurg van　ブリエット, ジャーグ・バン
[著]「Amazon Web Servicesプログラミング」 オライリー・ジャパン, オーム社(発売)　2012
Vltchek, Andre　ヴルチェク, アンドレ
1963～　[著]「チョムスキーが語る戦争のからくり」 平凡社　2015
Vlugt, Ron van der　フルーフト, ロン・ファン・デル
1963～　[著]「ロゴ・ライフ」 グラフィック社　2014
Vo, Trong Nghia　ヴォ, チョン・ギア
1976～　[著]「アジアの日常から」 TOTO出版　2015
Voake, Charlotte　ヴォーク, シャーロット
1957～　[著]「ビアトリクス・ポターとかわいそうなテンジクネズミのはなし」 BL出版　2016
Voake, Steve　ヴォーク, スティーヴ
[著]「昆虫帝国オーロボン」 竹書房　2005
Vo-Anh, Sandra　ヴォ＝アン, サンドラ
1970～　[著]「美女と野獣」 竹書房　2014
Voce, Lello　ヴォーチェ, レッロ
[著]「地上の歌声」 思潮社　2001
Vo Chi Cong　ボー・チ・コン
1912～2011　[国]ベトナム　政治家　ベトナム国家評議会議長(元首), ベトナム共産党政治局員　本名＝Vo Toan　[異]ボー・チー・コン / ヴォー・チ・コン / ヴォー・チー・コン
Vodden, Lucy　ボーデン, ルーシー
?～2009　[国]イギリス　ビートルズの楽曲「ルーシー・イン・ザ・スカイ・ウィズ・ダイアモンズ」のモデル
Vodoz, Olivier　ヴォド, オリヴィエ
[国]スイス　元・昭憲皇太后基金合同委員会委員長, 元・赤十字国際委員会副総裁, 元・ジュネーブ州首相
Voelkel, James Robert　ヴォールケル, ジェームズ・R.
1962～　[著]「ヨハネス・ケプラー」 大月書店　2010
Voet, Donald　ヴォート, D.
[著]「ヴォート基礎生化学」 東京化学同人　2014
Voet, Judith G.　ヴォート, J.G.
[著]「ヴォート基礎生化学」 東京化学同人　2014
Voevoda, Alexey　ヴォエヴォダ, アレクセイ
1980～　[国]ロシア　ボブスレー選手　本名＝Voevoda, Alexey Ivanovich　[異]ウォエウォダ, アレクセイ
Voevodsky, Vladimir　ヴォエヴォドスキー, ウラジーミル
1966～　[国]アメリカ　数学者　プリンストン高等研究所教授　[専]ミルナー予想　[異]ボエボドスキー, ウラジーミル / ヴォイェヴォドゥスキー, ウラジミール
Vogel, Craig M.　ボーゲル, クレイグ・M.
[著]「ヒット企業のデザイン戦略」 英治出版　2006
Vogel, David　ボーゲル, デービッド
1947～　[著]「企業の社会的責任(CSR)の徹底研究」 一灯舎, オーム社(発売)　2007
Vogel, David A.　ボーゲル, デビッド
[著]「医療機器ソフトウェア検証, 妥当性確認, およびコンプライアンス」 エスアイビー・アクセス　2014
Vogel, Ezra Feivel　ボーゲル, エズラ
1930～　[国]アメリカ　社会学者　ハーバード大学ヘンリー・フォード2世社会科学研究講座名誉教授　米国国家情報会議(NIC)東アジア太平洋担当上級専門官　[専]日本研究, 中国研究, アジア新興工業経済地域(NIEs)分析　[異]ヴォーゲル, エズラ
Vogel, Fernanda　ボーゲル, フェルナンダ
?～2001　[国]ブラジル　モデル　[異]ボーゲル, フェルナンド
Vogel, Florian　フォーゲル, フロリアン
[国]ドイツ　水泳選手
Vogel, Frank　ヴォーゲル, フランク
[国]アメリカ　オーランド・マジックヘッドコーチ(バスケットボール)
Vogel, Friedemann　フォーゲル, フリーデマン
1980～　[国]ドイツ　バレエダンサー　シュトゥットガルト・バレエ団プリンシパル
Vogel, Friedrich　フォーゲル, F.
1925～　[著]「人類遺伝学」 朝倉書店　2005
Vogel, Gib　ヴォーゲル, ジブ
[著]「エアバスA380を操縦する」 講談社　2012
Vogel, Harold L.　ヴォーゲル, ハロルド・L.
1946～　[著]「ハロルド・ヴォーゲルのエンタテインメント・ビジネス」 慶応義塾大学出版会　2013
Vogel, Joseph　ボーゲル, ジョセフ
1981～　[著]「マイケル・ジャクソンコンプリート・ワークス」 TOブックス　2012
Vogel, Joshua　ヴォーゲル, ジョシュア
[著]「森と木とスプーン」 クロニクルブックス・ジャパン, 徳間書店(発売)　2016
Vogel, Jürgen　フォーゲル, ユーゲン
ベルリン国際映画祭 銀熊賞 芸術貢献賞(第56回(2006年)) "Der freie Wille"
Vogel, Jutta　フォーゲル, ユッタ
1952～　[著]「ヒトラーの第三帝国から約束の地へ」 鳥影社・ロゴス企画　2009
Vogel, Kristina　フォーゲル, クリスティナ
[国]ドイツ　自転車選手
Vogel, Louis　ヴォージェル, ルイ
1954～　[著]「欧州競争法」 信山社　2012
Vogel, Nadine　ヴォジェル, ナディーヌ
[著]「母から娘へフランスのレシピ」 文化出版局　2002
Vogel, Steven K.　ボーゲル, スティーブン
1961～　[国]アメリカ　政治学者　カリフォルニア大学バークレー校政治学教授　[専]日本政治, 比較政治経済学　[異]ボーゲル, スティーブ / ヴォーゲル, スティーブン
Vogel, Susan　ボーゲル, スーザン
1931～2012　[国]アメリカ　ソーシャルワーカー, 家族・女性問題研究家　ハーバード大学メンタルヘルス主任ソーシャルワーカー　[異]ヴォーゲル, スーザン
Vogel, Winfried　フォーゲル, ヴァンフリート
1937～　[著]「総統からの贈り物」 錦正社　2010
Vogelbach, Daniel　ボーゲルバック, ダニエル
[国]アメリカ　野球選手
Vogels, Josey　ヴォーゲル, ジョージー
[著]「女の子はいつも秘密語でしゃべってる」 草思社　2003
Vogelsang, W.J.　フォーヘルサング, ヴィレム
1956～　[著]「アフガニスタンの歴史と文化」 明石書店　2005
Vogelsong, Ryan Andrew　ボーゲルソン, ライアン
1977～　[国]アメリカ　野球選手, 元プロ野球選手　[異]ボーゲルソン, ライアン
Vogelstein, Fred　ボーゲルスタイン, フレッド
[著]「アップルvs.グーグル」 新潮社　2016
Vogg, Felix　フォグ, フェリックス
[国]スイス　馬術選手

Vogler, Christopher　ボグラー，クリストファー
1949～　㊃「物語の法則」アスキー・メディアワークス，KADOKAWA（発売）　2013
Vogler, Sara　ボーラー，サラ
㊀イギリス　作家　㊕歴史
Vogt, Carina　フォクト，カリナ
1992～　㊀ドイツ　スキー選手　㊋フォークト，カリーナ
Vogt, Kevin　フォクト，ケヴィン
㊀ドイツ　サッカー選手
Vogt, Klaus Florian　フォクト，クラウス・フローリアン
1970～　㊀ドイツ　テナー歌手
Vogt, Kyle　ボグト，カイル
㊀アメリカ　起業家，ツイッチ創業者
Vogt, Lisa　ヴォート，リサ
1964～　㊃「慈経」三五館　2014
Vogt, Richard Carl　ヴォグト，リチャード・C.
㊃「熱帯雨林」昭文社　2008
Vogt, Stephanie　フォクト，シュテファニー
㊀リヒテンシュタイン　テニス選手
Vogt, Stephen　ボート，スティーブン
㊀アメリカ　野球選手
Vogt, William　ヴォークト，ウィリアム
㊃「アメリカの環境主義」同友館　2004
Vogtmeier, Andreas　フォークトマイヤー，アンドレアス
1965～　㊃「西ドイツ外交とエーゴン・バール」三元社　2014
Vogts, Berti　フォクツ，ベルティ
1946～　㊀ドイツ　サッカー指導者　サッカー・ドイツ代表監督，サッカー・ナイジェリア代表監督　本名＝フォクツ，ハンス・フベルト
Vohor, Serge　ボール，セルジュ
㊀バヌアツ　社会基盤・公益事業相
Voicu, Mihai　ボイク，ミハイ
㊀ルーマニア　内閣官房長官
Voiels, Veronica　ヴォイルズ，ベロニカ
㊃「グローバル・ティーチャーの理論と実践」明石書店　2011
Voight, Gayle　ヴォワト，ゲイル
㊃「AD/HD&セラピー」花風社　2003
Voight, Jon　ボイト，ジョン
1938～　㊀アメリカ　俳優　㊋ヴォイト，ジョン
Voight, Mike　ヴォイト，マイク
㊃「バレーボールのメンタルトレーニング」大修館書店　2009
Voigt, Christopher　フォイクト，クリストファー
㊃「キリスト教の主要神学者」教文館　2014
Voigt, Cynthia　ヴォイト，シンシア
1942～　㊃「アンガスとセイディー」小峰書店　2011
Voigt, Deborah　ヴォイト，デボラ
グラミー賞 最優秀クラシック・オペラ録音（2012年（第55回））"Wagner: Der Ring Des Nibelungen" ソリスト
Voigt, Leigh　ヴォイト，リー
㊃「カマキリと月」福音館書店　2004
Voigt, Thomas　フォイクト，トーマス
1960～　㊃「テナー」小学館　2016
Voillot, Patrick　ヴォワイヨ，パトリック
㊃「宝石の歴史」創元社　2006
Voinov, Aleksandr　ヴォイノフ，アレクサンダー
㊃「美しい獣たち」ハーレクイン　2014
Voinova, Anastasiia　ボイノワ，アナスタシア
㊀ロシア　自転車選手
Voitsekhovskii, Aleksandr　ヴァイツェホフスキー，アレクサンドル
1964～　㊃「僕の永遠のともだち」今日の話題社　2005
Vojak, Bruce A.　ボジャック，ブルース・A.
㊃「シリアル・イノベーター」プレジデント社　2014
Vojta, Vaclav　ボイタ，V.
㊃「ボイタ法の治療原理」医歯薬出版　2002
Vokes, Sam　ヴォークス，サム
㊀ウェールズ　サッカー選手
Volavola, Ben　ヴォナヴォラ，ベン
㊀フィジー　ラグビー選手
Volckaert, Didier　ヴォルカールト，ディディエ
1971～　㊃「誰がネロとパトラッシュを殺すのか」岩波書店　2015
Volcker, Paul Adolph　ボルカー，ポール
1927～　㊀アメリカ　銀行家，エコノミスト　米国経済回復顧問委員会議長，米国連邦準備制度理事会（FRB）議長
Volckman, Christian　フォルクマン，クリスチャン

㊀フランス　アヌシー国際アニメーション映画祭 長編映画クリスタル賞（最優秀長編作品）（2006年）"Renaissance"〈製作国：フランス/イギリス/ルクセンブルグ〉
Voldman, Danièle　ヴォルドマン，ダニエル
㊃「女性史は可能か」藤原書店　2001
Volikakis, Christos　ボルカキス，クリストス
㊀ギリシャ　自転車選手
Volk, Holger A.　ヴォルク，ホルガー・A.
㊃「小動物臨床における診断推論」緑書房　2016
Volk, Tyler　ヴォルク，タイラー
㊃「Within the stone」帆風，ワークスコーポレーション（発売）　2004
Volkaert, Redd　ボルカート，レッド
グラミー賞 最優秀カントリー・インストゥルメンタル・アーティスト（2008年（第51回））"Cluster Pluck"
Volkan, Demirel　ヴォルカン・デミレル
㊀トルコ　サッカー選手
Volkan, Sen　ヴォルカン・シェン
㊀トルコ　サッカー選手
Volker, Craig Alan　フォルカー，クレイグ・アラン
1953～　㊃「こうえんへいこう！」三恵社　2015
Völker, Sabine　フェルカー
㊀ドイツ　スピードスケート選手
Volkman, Ernest　ヴォルクマン，アーネスト
㊃「戦争の科学」主婦の友社　2003
Volkmar, Fred R.　ヴォルクマー，フレッド・R.
㊃「乳幼児期の自閉症スペクトラム障害」クリエイツかもがわ，京都 かもがわ出版（発売）　2010
Volkov, Alexey　ヴォルコフ，アレクセイ
1988～　㊀ロシア　バイアスロン選手　本名＝Volkov, Alexey Anatolyevich　㊋ボルコフ，アレクセイ
Volkov, Solomon　ヴォルコフ，ソロモン
㊃「ショスタコーヴィチの証言」中央公論新社　2001
Volkova, Yekaterina　ウォルコワ
㊀ロシア　陸上選手
Volland, Kevin　フォラント，ケヴィン
㊀ドイツ　サッカー選手
Volle, Danielle　ヴォル，ダニエル
1937～　㊃「愛の手紙」図書新聞　2004
Vollers, Maryanne　ヴォラーズ，メアリアン
㊃「南極点より愛をこめて」講談社　2002
Vollertsen, Norbert　フォラツェン，ノルベルト
1958～　㊃「金正日への最後通告」草思社　2005
Vollhardt, K.Peter C.　ボルハルト，K・ペーター・C.
1946～　化学者　カリフォルニア大学バークレー校教授　㊕有機化学
Vollio, Alfredo　ボリオ，アルフレド
㊀コスタリカ　生産相
Vollmann, William T.　ヴォルマン，ウィリアム・T.
全米図書賞 小説（2005年）"Europe Central"
Vollmer, Christopher　ヴォルマー，クリストファー
㊃「マーケティング戦略の未来」日本経済新聞出版社　2011
Vollmer, Dana　ヴォルマー，ダナ
1987～　㊀アメリカ　水泳選手
Vollmer, Sebastian　ボルマー，セバスチャン
㊀アメリカ　アメフト選手
Volman, Bob　ボルマン，ボブ
1961～　㊃「FX5分足スキャルピング」パンローリング　2015
Volmuradov, Gurbangeldy　ボリムラドフ，グルバンゲリドイ
㊀トルクメニスタン　水資源相
Volney, Herbert　ボルニー，ハーバート
㊀トリニダード・トバゴ　司法相
Volnova, Marina　ボルノワ
㊀カザフスタン　ボクシング選手
Volodarsky, Mike　ヴォロダースキー，マイク
㊃「Microsoft Windows Server 2008リソースキット」日経BPソフトプレス，日経BP出版センター（発売）　2009
Volodin, Vyacheslav V.　ヴォロジン，ビャチェスラフ・V.
㊀ロシア　副首相兼官房長官
Volodine, Antoine　ヴォロディーヌ，アントワーヌ
1950～　㊀フランス　作家
Volod'kov, Roman　ボロドコフ
㊀ウクライナ　飛び込み選手
Volodos, Arcadi　ヴォロドス，アルカディ
1972～　㊀ロシア　ピアニスト
Volokh, Eugene　ヴォロック，ユージン

1968～ [著]「リーガル・ライティング」 日本評論社 2009
Voloshchenko, Mariya ボロシェンコ
[国]ウクライナ 飛び込み選手
Voloshyna, Anna ボロシナ, アンナ
[国]ウクライナ 水泳選手
Volosova, Lubov ボロソワ
[国]ロシア レスリング選手
Volosozhar, Tatiana ボロソジャル, タチアナ
[国]ロシア フィギュアスケート選手
Volpe, Angelina ヴォルペ, アンジェリーナ
[著]「20世紀の聖者」 ドン・ボスコ社 2010
Volpe, Joseph ヴォルピー, ジョセフ
1940～ [著]「史上最強のオペラ」 インプレザリオ, ぴあ(発売) 2006
Volpe, Joseph ボルプ, ジョセフ
[国]カナダ 人的資源開発相
Volpi, Jorge ボルピ, ホルヘ
1968～ [国]メキシコ 作家 [専]ミステリー, 文学 本名＝Volpi Escalante, Jorge
Volpi, Mike ボルピ, マイク
実業家 インデックス・ベンチャーズ・パートナー シスコシステムズ上級副社長 [異]ヴォルピ, マイク
Volpi, Vittorio ヴォルピ, ヴィットリオ
1939～ [著]「巡察師ヴァリニャーノと日本」 一芸社 2008
Volquez, Edinson ボルケス, エディンソン
[国]ドミニカ共和国 野球選手
Volskii, Arkadii Ivanovich ウォリスキー, アルカジー
1932～2006 [国]ロシア 政治家 ロシア産業企業家同盟名誉会長 [異]ボリスキー / ヴォリスキー, アルカージー
Volstad, Ron ボルスタッド, ロン
[著]「南北戦争の南軍」 新紀元社 2001
Volta, Ornella ヴォルタ, オルネラ
1927～ [著]「エリック・サティの郊外」 早美出版社 2004
Voltaire, Henri-Claude ボルテール, アンリクロード
[国]ハイチ共和国 保健相
Voltaire, Leslie ボルテール, レスリー
[国]ハイチ共和国 海外在住者相
Voltz, Stephen ヴォルツ, スティーブン
[著]「Amazing Science」 オライリー・ジャパン, オーム社(発売) 2015
Voltz, William フォルツ, ウィリアム
[著]「テラナー抹殺指令」 早川書房 2016
Volynets, Oleksandr ウォリネツ
[国]ウクライナ 競泳選手
Vomitiadé, Romaric ボミチアデ, ロマリック
[国]中央アフリカ 観光・芸術・文化・手工業相
Vona, Abigail ヴォナ, アビゲイル
[著]「アビーの告白」 青山出版社 2006
Von Allmen, Peter フォン・アルメン, ピーター
[著]「スポーツの経済学」 中央経済社 2012
Vonarburg, Andre ボナーバーグ
[国]スイス ボート選手
Von Baer, Ena ボンバエル, エナ
[国]チリ 官房長官
Von Baeyer, Hans Christian フォン＝バイヤー, ハンス・クリスチャン
1938～ [著]「量子が変える情報の宇宙」 日経BP社, 日経BP出版センター(発売) 2006
Von Bergen, Steven フォン・ベルゲン, スティーヴ
[国]スイス サッカー選手
Von Bertalanffy, Ludwig フォン・ベルタランフィ, L.
[著]「一般システム理論」 みすず書房 2011
Vonbreymann Barquero, Wilhelm ボンブレイマン・バルケロ, ウィレルム
[国]コスタリカ 観光相
von Bulow, Martha フォン・ビューロー, マーサ
1932～2008 [国]アメリカ 1980年代全米を騒がせた富豪殺人未遂疑惑の渦中にあった女性 愛称＝フォン・ビューロー, サニー〈von Bulow, Sunny〉 [異]フォンビューロー, マーサ
Von der Leyen, Ursula フォンデアライエン, ウルズラ
1958～ [国]ドイツ 政治家, 産婦人科医 ドイツ国防相
von der Pfordten, Dietmar フォン・デア・プフォルテン, ディートマール
[著]「越境する環境倫理学」 現代書館 2010
Vondra, Alexandr ボンドラ, アレクサンドル
[国]チェコ 国防相
Vondran, Ruprecht フォンドラン, ループレヒト
[国]ドイツ 日独産業協力推進委員会委員長, 元・ドイツ連邦議会議員, 元・ドイツ鉄鋼経済連盟会長
Vongerichten, Jean-Georges ヴォンヘリクテン, ジャン＝ジョルジュ
[著]「プロは語る。」 アスペクト 2005
Vongoli, Aikaterini ボゴリ
[国]ギリシャ 陸上選手
Vong Sauth ボン・ソート
[国]カンボジア 労相
Vongsavanh Damrongsouk ヴォンサヴァン・ダムロンスク
[著]「カンパーとピーノイ」 おはなしきゃらばんセンター 2007
Vong Soth ボン・ソート
[国]カンボジア 労相
Vo Nguyen Giap ボー・グエン・ザップ
1911～2013 [国]ベトナム 革命家, 政治家, 軍人 ベトナム閣僚評議会副議長(副首相)・国防相, ベトナム人民解放軍最高司令官 [異]ヴォー・グエン・ザップ
Von Hagen, William バン・ヘイガン, ビル
[著]「Linuxサーバhacks」 オライリー・ジャパン, オーム社(発売) 2006
Von Hesse, Milton フォンヘッセ, ミルトン
[国]ペルー 住宅・建設・上下水道相
Von Hesse la Serna, Milton ボンヘッセ・ラセルナ, ミルトン
[国]ペルー 農相
Von Hippel, Frank フォンヒッペル, フランク
[著]「徹底検証・使用済み核燃料再処理か乾式貯蔵か」 合同出版 2014
Vonk, Hans フォンク, ハンス
1942～2004 [国]オランダ 指揮者 セントルイス交響楽団音楽監督, ケルン放送交響楽団首席指揮者
Von Kleist, Ewald-Heinrich フォン・クライスト, エーワルト・ハインリヒ
1922～2013 [国]ドイツ 軍人 ミュンヘン安全保障会議創設者 [異]フォン・クライスト, エーワルトハインリヒ
von Korff, M. フォン・コーフ, マイケル
[著]「偽薬効果」 春秋社 2002
Von Kreisler, Kristin フォン・クライスラー, クリスティン
[著]「火事を知らせる猫贈り物をする犬」 光文社 2003
Von Krogh, George フォン・クロー, ゲオルク
[著]「ナレッジ・イネーブリング」 東洋経済新報社 2001
von Lanzenauer, Johann Haehling フォン・ランツェナウアー, ヨハン・ヘーリング
[著]「クリエイティブスペース」 グラフィック社 2011
Vonleh, Noah ヴォンリー, ノア
[国]アメリカ バスケットボール選手
Von-mally, Louis Joseph ボンマリー, ルイ・ジョゼフ
[国]モーリシャス 漁業相
Von Mises, Ludwig フォン・ミーゼス, L.
[著]「経済科学の根底」 日本経済評論社 2002
Von Mises, Margit フォン・ミーゼス, マルギット
[著]「ミーゼスの栄光・孤独・愛」 日本経済評論社 2001
Von Mueffling, Dini フォン・ミューフリング, ディニ
[著]「お嬢さま練習帳」 竹書房 2002
Vonn, Lindsey ボン, リンゼイ
[国]アメリカ アルペンスキー選手
Vonnegut, Kurt, Jr. ボネガット, カート, Jr.
1922～2007 [国]アメリカ 作家 [異]ヴォネガット, カート
Vonnegut, Norb ボネガット, ノーブ
1958～ [国]アメリカ 作家 [専]ミステリー, スリラー [異]ヴォネガット, ノーブ
Von Oech, Roger V. フォン・イーク, ロジャー
[著]「頭脳を鍛える練習帳」 三笠書房 2005
von Oelreich, Eva フォン・エールライシ, エヴァ
[国]スウェーデン 元・スウェーデン赤十字社社長, 元・国際赤十字・赤新月社連盟副会長, 元・国際赤十字・赤新月社連盟防災局長
Von Petzinger, Genevieve ボン・ペッツィンガー, ジェネビーブ
[著]「最古の文字なのか？」 文芸春秋 2016
von Rein, Antje フォン・ライン, アンティエ
[著]「おとなの学びを支援する」 鳳書房 2003
Von Seydlitz-kurzbach, Antje フォンシードリッツクルツバッハ, アンテ
[国]カナダ ボート選手
von Siebenthal, Elsbeth フォン・ジーベンタール, エルスベス
[国]スイス 元・いけばなインターナショナル・ジュネーブ支部長
Von Trotta, Margarethe フォン・トロッタ, マルガレーテ
1942～ [国]ドイツ 映画監督, 女優

V

Von Weichs, Marie-Caroline　フォン・ヴァイクス, マリー・キャロライン
　㊐「CEOアカデミー」日本経済新聞社　2004
Von Wiese, Johanna Inge　フォン・ヴィーゼ, ヨハンナ・インゲ
　㊐「夢を掘りあてた人」岩波書店　2001
von Wright, Georg Henrik　フォン・ウリクト, イェオリ・ヘンリック
　1916〜2003　㊙フィンランド　哲学者, 論理学者　ヘルシンキ大学哲学部名誉教授　㊗フォン・ヴリグト, イェオリ・ヘンリック
Von Ziegesar, Cecily　フォン・ジーゲザー, セシリー
　1970〜　㊙アメリカ　作家　㊛文学, ヤングアダルト
Voormann, Klaus　フォアマン, クラウス
　1938〜　㊐「ザ・ビートルズ／リメンバー」プロデュース・センター出版局　2007
Voors, William　ヴーア, ウィリアム
　1950〜　㊐「いじめっ子にしないいじめられっ子にならない簡単な方法」PHP研究所　2001
Vopat, James　ボパット, ジェイムズ
　㊐「ペアレント・プロジェクト」新評論　2002
Voragine, Jacobus de　ウォラギネ, ヤコブス・デ
　㊐「黄金伝説」平凡社　2006
Vorapheth, Kham　ヴォーラペット, カム
　1948〜　㊐「現代ラオスの政治と経済」めこん　2010
Vorderman, Carol　ヴォーダマン, キャロル
　㊐「親子で学ぶ音楽図鑑」創元社　2016
Vorgan, Gigi　ヴォーガン, ジジ
　1958〜　㊐「2週間で脳が若返る本」保健同人社　2007
Vorgrimler, Herbert　フォアグリムラー, ヘルベルト
　㊐「天使の文化図鑑」東洋書林　2006
Vorhaus, John　ヴォーハウス, ジョン
　㊐「ステップアップポーカー」パンローリング　2016
Vorilhon, Claude　ボリロン, クロード
　1946〜　㊙ラエル, マイトレーヤ　㊐「ハーモニー・メディテーション」無限堂　2016
Vorm, Michel　フォルム, ミシェル
　㊙オランダ　サッカー選手
Vormer, Ruud　フォルメル, ルート
　㊙オランダ　サッカー選手
Vorng Saut　ボン・ソート
　㊙カンボジア　社会福祉相
Vorobieva, Natalia　ボロビエワ, ナタリア
　1991〜　㊙ロシア　レスリング選手　㊗ボロベワ, ナタリア
Vorobiov, Oleksandr　ボロビョフ
　㊙ウクライナ　体操選手
Voronin, Vladimir Nikoraevich　ウォロニン, ウラジーミル
　1941〜　㊙モルドバ　政治家　モルドバ共産党第1書記　モルドバ大統領　㊗ウォローニン, ウラジーミル／ウォロニン, ウラジミル／ヴォローニン／ヴォロニン, ヴラジミル
Voronina, Victoria　ボロニナ
　㊙ロシア　トランポリン選手
Voronova, Beata Grigorievna　ヴォーロノワ, ベアタ・グリゴーリエヴナ
　㊙ロシア　元・ロシア国立プーシキン美術館首席学芸員
Vorontsov, Alexei A.　ウォロンツォフ, アレクセイ
　1972〜　㊐「Microsoft.NETでのテスト駆動開発」日経BPソフトプレス, 日経BP出版センター（発売）　2004
Vorontsov, Gennady N.　ウォロンツォフ, ゲンナジー・N.
　㊙ベラルーシ　法相
Vorontsov, Nikolai Nikolaevich　ウォロンツォフ, ニコライ
　1934〜2003　㊙ロシア　遺伝学者, 動物学者, 政治家　ソ連科学アカデミー発生生物学研究所研究部長, ソ連環境相　㊗ボロンツォフ, ニコライ／ヴォロンツォフ, ニコライ
Vorontsov, Yurii Mikhailovich　ウォロンツォフ, ユーリー
　1929〜2007　㊙ロシア　外交官　駐米ロシア大使　㊗ウォロンツォフ／ヴォロンツォフ
Voros, Zsuzsanna　ベレシュ
　㊙ハンガリー　近代五種選手
Vorsin, Yevgeny N.　ウォルシン, エフゲニー・N.
　㊙ベラルーシ　スポーツ・観光相
Vos, Catherine F.　ヴォス, キャサリン
　㊐「親と子の聖書」いのちのことば社フォレストブックス　2013
Vos, Marianne　フォス, マリアンヌ
　1987〜　㊙オランダ　自転車選手　㊗フォス, マリアンヌ
Vosanibola, Josefa　ボサニンボラ, ジョセファ
　㊙フィジー　運輸航空相

Voschevskyi, Valerii　ウォシチェフスキー, ワレリー
　㊙ウクライナ　副首相
Vose, David　ヴォース, デビッド
　㊐「入門リスク分析」勁草書房　2003
Vosganian, Varujan　ボスガニア, バルジャン
　㊙ルーマニア　経済相
Voskoboeva, Galina　ボスコボワ, ガリナ
　㊙カザフスタン　テニス選手
Voskresensky, Mikhail S.　ヴォスクレセンスキー, ミハイル
　1935〜　㊙ロシア　ピアニスト　モスクワ音楽院教授
Voss, Brian　ボス, ブライアン
　1958〜　㊐「ブライアン・ボスのベアボーンボウリング」ベースボール・マガジン社　2015
Voss, Jonathan D.　ヴォス, ジョナサン・D.
　㊐「ウィニー」汐文社　2016
Voss, Louise　ヴォス, ルイーズ
　㊐「最後のリクエスト」アーティストハウスパブリッシャーズ, 角川書店（発売）　2002
Voss, Tage　ボス, テイユ
　㊐「たばこ—ホントの常識」山愛書院, 星雲社（発売）　2001
Vos Savant, Marilyn　ヴォス・サヴァント, マリリン
　㊐「気がつかなかった数字の罠」中央経済社　2002
Vosse, Wilhelm　フォッセ, ヴィルヘルム
　㊐「「平和・安全・共生」の理論と政策提言に向けて」風行社　2010
Vossen, Jelle　ヴォセン, イェレ
　㊙ベルギー　サッカー選手
Voth, Austin　ボス, オースティン
　㊙アメリカ　野球選手
Voth, Hans-Joachim　フォート, ハンス＝ヨハヒム
　1968〜　㊐「もの言う株主」講談社　2008
Votruba, Jiří　ボトルバ, イエジ
　㊐「モーツァルトへようこそ」小学館　2006
Votto, Joey　ボット, ジョーイ
　1983〜　㊙カナダ　野球選手　本名＝Votto, Joseph Daniel　㊗ボットー, ジョーイ／ボトー, ジョーイ／ヴォートー, ジョーイ
Vougiouka, Vassiliki　ボジウカ, バッシリキ
　㊙ギリシャ　フェンシング選手
Voulgarakis, Georgios　ブルガラキス, ヨルギオス
　㊙ギリシャ　文化相
Voulkos, Peter　ボーコス, ピーター
　?〜2002　㊙アメリカ　陶芸家　㊗ヴォーコス, ピーター
Vousden, Neil　ボーデン, ニール
　㊐「レントシーキングの経済理論」勁草書房　2002
Voutila, Ritva　ボウティラ, リトバ
　1946〜　㊐「ライオンのひみつ」国土社　2014
Voutsis, Nikos　ブーチス, ニコス
　㊙ギリシャ　内務・行政改革相
Vo Van Kiet　ボー・バン・キエト
　1922〜2008　㊙ベトナム　政治家　ベトナム首相　㊗ボー・バン・キエット
Vovelle, Michel　ヴォヴェル, ミシェル
　1933〜　㊐「革命詩人デゾルグの錯乱」法政大学出版局　2004
Vovin, Alexander　ボビン, アレキサンダー
　㊐「日本語系統論の現在」国際日本文化研究センター　2003
Vovk, Vitaly M.　ウォフク, ビタリー・M.
　㊙ベラルーシ　産業相
Vovk, Vladimir　ウォフク, V.
　1960〜　㊐「ゲームとしての確率とファイナンス」岩波書店　2006
Vovkun, Vasily　ウォフクン, ワシリー
　㊙ウクライナ　文化観光相
Vox, Valentine　ヴォックス, ヴァレンタイン
　㊐「唇が動くのがわかるよ」アイシーメディックス, 星雲社（発売）　2002
Voyevodin, Aleksey　ウォエウォジン
　㊙ロシア　陸上選手
Voynet, Dominique　ボワネ, ドミニク
　㊙フランス　環境・国土整備相
Voytek, Bradley　ヴォイテック, ブラッドリー
　1981〜　㊐「ゾンビでわかる神経科学」太田出版　2016
Voznesenskii, Andrei　ヴォズネセンスキー, アンドレイ
　1933〜2010　㊙ロシア　詩人　ロシアペンクラブ副会長　本名＝ヴォズネセンスキー, アンドレイ・アンドレーヴィチ　〈Voznesenskii, Andrei Andreevich〉　㊗ウォズネセンスキー／ボズネセンスキー／ヴォズネセーンスキー／ヴォズネセンスキー, アンドレイ・アンドレエヴィチ

Voznitski, Borys ヴォズニツキ, ボリス
1926～ 美術史家 リボフ美術ギャラリー館長, ICOM（国際博物館会議）ウクライナ支部会長 ㉞ボズニツキ, ボリス
Voznyak, Anastasiya ウォズニャク, アナスタシア
㊀ウクライナ 新体操選手
Vrabcova-Nyvltova, Eva ブラブツォバニーブルトバ
㊀チェコ クロスカントリースキー選手
Vrabie, Vitalie ブラビエ, ビタリエ
㊀モルドバ 国防相
Vraciu, Alexander ブラシウ, アレクサンダー
1918～2015 ㊀アメリカ 軍人 通称＝Vraciu, Alex ㉞ブラシウ, アレキサンダー／プラシュー, アレクサンダー
Vrancic, Mario ヴランチッチ, マリオ
㊀ボスニア・ヘルツェゴビナ サッカー選手
Vrancken, Kaat フランケン, カート
1957～ ㊇「シェフィーはがんばる」BL出版 2010
Vranitzky, Franz フラニツキ, フランツ
1937～ ㊀オーストリア 政治家 オーストリア首相, オーストリア社会民主党党首 ㉞フラニツキー
Vrankić, Dragan ブランキッチ, ドラガン
㊀ボスニア・ヘルツェゴビナ 財務相
Vratsanos, Dimos ヴラツァノス, ディモス
㊀ギリシャ ギリシャ日本協会会長, 元・ギリシャ政府観光局極東地域代表
Vrdoljak, Ivan ブルドリャク, イバン
㊀クロアチア 経済相
Vreeland, Shannon ブリーランド, シャノン
1991～ ㊀アメリカ 水泳選手 ㉞ヴリーランド, シャノン
Vreeland, Susan ヴリーランド, スーザン
㊇「ヒヤシンス・ブルーの少女」早川書房 2002
Vreeman, Rachel C. ブリーマン, レイチェル・C.
㊇「からだと健康の解体新書」春秋社 2013
Vreme, Valerian ブレメ, バレリアン
㊀ルーマニア 通信・情報技術相
Vries, Anke de フリース, アンケ・デ
1936～ ㊇「はいいろねずみのフレイシェ」文渓堂 2007
Vries, Hent de ヴリース, ヘント・デ
1958～ ㊇「暴力と証し」月曜社 2009
Vries, Leonard de フェリス, レオナルド・デ
㊇「図説創造の魔術師たち」工学図書 2002
Vrij, Aldert ヴレイ, アルダート
㊇「嘘と欺瞞の心理学」福村出版 2016
Vrijsen, Ellen フレイセ, エレ
1979～ ㊇「カンテクレール」朝日学生新聞社 2012
Vrinat, Jean-Claude ヴリナ, ジャン・クロード
1936～2008 ㊀フランス 実業家 タイユバンオーナー ㉞ブリナ, ジャンクロード
Vroeijenstijn, A.I. フローインスティン, A.I.
㊇「大学評価ハンドブック」玉川大学出版部 2002
Vroemen, Simon ブルーメン
㊀オランダ 陸上選手
Vronskaya, Anna ブロンスカヤ, アンナ
1958～ ㊇「にげだしたコロボック」学習研究社 c2007
Vronsky, Peter ヴロンスキー, ピーター
㊇「シリアルキラーズ」青土社 2015
Vroom, Victor ブルーム, ビクター
㊇「人材育成のジレンマ」ダイヤモンド社 2004
Vrsaljko, Sime ヴルサリコ, シメ
㊀クロアチア サッカー選手
Vryoni, Maria ブリオニ
㊀ギリシャ レスリング選手
Vtic, Maja ブティッチ
㊀スロベニア スキージャンプ選手
Vũ, Thị Phụng ヴー, ティ・フン
㊇「ベトナムアーカイブズの成立と展開」ビスタ ピー・エス 2016
Vu, Thi Trang チャン
㊀ベトナム バドミントン選手
Vuc, Emilia Alina ブク, エミリア
㊀ルーマニア レスリング選手
Vucevic, Nikola ヴュチェビッチ, ニコラ
㊀モンテネグロ バスケットボール選手
Vuchkov, Veselin ブチコフ, ベゼリン
㊀ブルガリア 内相
Vučić, Aleksandar ヴチッチ, アレクサンダル
1970～ ㊀セルビア 政治家 セルビア首相 ㉞ブチッチ, アレクサンダル
Vučinić, Boro ブチニッチ, ボロ
㊀モンテネグロ 国防相
Vuerich, Gaia ブエリク
㊀イタリア クロスカントリースキー選手
Vuetiloveni, Tomasi ブエティロボニ, トマシ
㊀フィジー 商工・ビジネス開発・投資相
Vuibau, Tevita ブイバウ, テビタ
㊀フィジー 土地・資源相
Vuillaume, Jean-Pierre ヴィヨーム, ジャン・ピエール
㊇「パリ半日ぶらぶら散歩Paris Buissonier」新宿書房 2003
Vuillermoz, Alexis ビヤモズ, アレクシス
㊀フランス 自転車選手
Vujacic, Sasha ブヤチッチ, サーシャ
㊀スロベニア バスケットボール選手
Vujanović, Filip ブヤノヴィッチ, フィリプ
1954～ ㊀モンテネグロ 政治家 モンテネグロ大統領 モンテネグロ共和国首相 ㉞ブヤノビッチ, フィリプ
Vujić, Antun ブイチ, アントゥン
㊀クロアチア 文化相
Vujicic, Nick ブイチチ, ニック
1982～ ㊇「それでも僕の人生は「希望」でいっぱい」三笠書房 2011
Vujnovich, Jeremy バジノビッチ, ジェレミー
㊀アメリカ アメフト選手
Vujović, Dušan ブーヨビッチ, ドゥシャン
㊀セルビア 財務相
Vukčević, Vojislav ブクチェビッチ, ボイスラブ
㊀セルビア 在外市民相
Vukcevich, Ray ヴクサヴィッチ, レイ
1946～ ㊇「居心地の悪い部屋」河出書房新社 2015
Vukelić, Branko ブケリッチ, ブランコ
㊀クロアチア 国防相
Vukosavljević, Vladan ブコサブリェビッチ, ブラダン
㊀セルビア 文化・メディア相
Vukovic, Laurel ヴコヴィック, ローレル
㊇「1001の自然生活術」産調出版 2004
Vuksanović, Danilo ブクサノビッチ, ダニロ
㊀ユーゴスラビア 経済・国内交易相
Vuksanović, Slobodan ブクサノビッチ, スロボダン
㊀セルビア 教育スポーツ相
Vukšić, V. ヴクシク, ヴェリミール
㊇「東部戦線のSS機甲部隊」大日本絵画 2007
Vulin, Aleksandar ブリン, アレクサンダル
㊀セルビア 労働・雇用・退役軍人・社会問題相
Vulliamy, Clara ヴリアミー, クララ
㊇「バクのバンバン、町にきたよ」徳間書店 2016
Vulpescu, Ioan ブルペスク, ヨアン
㊀ルーマニア 文化相
Vunabandikanyamihigo, Célestin ブナバンディカニャミヒゴ, セレスタン
㊀コンゴ民主共和国 計画・近代化改革執行監督相
Vu Ngoc Nha ブー・ゴク・ニャ
?～2002 ㊀北ベトナム 大物スパイ ベトナム人民軍少将
Vunipola, Billy ヴニポラ, ビリー
㊀イングランド ラグビー選手
Vunipola, Mako ヴニポラ, マコ
㊀イングランド ラグビー選手
Vunisa, Samuela ヴニーザ, サムエラ
㊀イタリア ラグビー選手
Vuniwaqa, Merseini ブニワンガ, メレセイニ
㊀フィジー 女性・子ども相兼貧困緩和相
Vuong, Thi Huyen ブオン, ティフエン
㊀ベトナム 重量挙げ選手
Vuorensola, Timo ヴオレンソラ, ティモ
1979～ ㊇「アイアン・スカイ」竹書房 2012
Vuori, Julia ヴォリ, ユリア
1968～ ㊀フィンランド イラストレーター, 絵本作家
Vuori, Pekka ヴォリ, ペッカ
1935～ ㊇「ラップランドのサンタクロース図鑑」文渓堂 2004
Vuorio, Maria ヴオリオ, マリア
㊇「リスとツバメ」講談社 2010
Vurbanov, Ventsislav ブルバノフ, ベンツィスラフ
㊀ブルガリア 農林相
Vyam, Durgabai バーイー, ドゥルガー
㊇「猫が好き」グラフィック社 2015

Vyatchanin, Arkady　ビャチャニン
　国ロシア　競泳選手
Vyborny, Lee　ヴィボニー, リー
　著『暗黒水域』文芸春秋　2004
Vygen, Jens　フィーゲン, J.
　著『組合せ最適化』シュプリンガー・ジャパン　2009
Vylegzhanin, Maxim　ビレグジャニン
　国ロシア　クロスカントリースキー選手
Vyner, Tim　ヴァイナー, ティム
　1963～　著『夢はワールドカップ』あかね書房　2001
Vynohradov, Yevhen　ビノフラドフ, エフゲン
　国ウクライナ　陸上選手
Vysniauskas, Ramunas　ウィスニアウスカス
　国リトアニア　重量挙げ選手

【 W 】

W., Bill　ダブリュー, ビル
　著『ビルはこう思う』AA日本ゼネラルサービスオフィス　2003
Waal, Edmund de　ウォール, エドモンド・デュ
　1964～　国イギリス　陶芸家　ウェストミンスター大学教授　異ヴァール, エドマンド・ドゥ
Waal, Frans B.M.de　ヴァール, フランス・ドゥ
　1948～　著『道徳性の起源』紀伊国屋書店　2014
Waare, Abdirahman Abdi　ワーレ, アブディラーマン・アブディ
　国ソマリア　教育相
Waarts, Stephen　ワーツ, ステファン
　国アメリカ, オランダ　エリザベート王妃国際コンクール ヴァイオリン 第5位 (2015年)
Waas, Uli　ヴァース, ユーリ
　1949～　著『ゆきだるまのメリークリスマス』文渓堂　2008
Wabbes, Marie　ワブデス, マリー
　1934～　異ワップ, マリー　著『もうこわくない』金の星社　2002
Waber, Ben　ウェイバー, ベン
　1984～　著『職場の人間科学』早川書房　2014
Waber, Bernard　ウェーバー, バーナード
　1924～　著『アイラのおとまり』ひさかたチャイルド　2009
Waberi, Abdourahman A.　ワベリ, アブドゥラマン・アリ
　1965～　作家
Wabudeya, Beatrice　ワブデヤ, ベアトリス
　国ウガンダ　大統領府相
Wacha, Michael　ワカ, マイケル
　国アメリカ　野球選手
Wacha, Przemyslaw　ワッハ, プレミシャウ
　国ポーランド　バドミントン選手
Wachinga, Dennis　ワチンガ, デニス
　国ザンビア　教育相
Wachowski, Andy　ウォシャウスキー, アンディ
　1967～　国アメリカ　映画監督, 脚本家　本名＝ウォシャウスキー, アンドルー・ポール〈Wachowski Andrew Paul〉　異ウォシャウスキー姉弟
Wachowski, Lana　ウォシャウスキー, ラナ
　1965～　国アメリカ　映画監督, 脚本家　前名＝ウォシャウスキー, ラリー〈Wachowski, Larry〉　異ウォシャウスキー姉弟
Wachowski, Larry　ウォシャウスキー, L.
　1965～　著『スピード・レーサー』扶桑社　2008
Wachs, Harry　ワックス, ハリー
　著『思考のための学校』東京図書出版会, リフレ出版 (発売)　2006
Wachsberger, Ken　ワチェスバーガー, ケン
　著『百禁書』青山出版社　2004
Wachtel, Ellen F.　ワクテル, エレン・F.
　著『子どもと家族を援助する』星和書店　2007
Wachtel, Nathan　ワシュテル, N.
　著『敗者の想像力』岩波書店　2007
Wachtel, Paul　ワテル, ポール
　著『金融規制のグランドデザイン』中央経済社　2011
Wachtel, Paul L.　ワクテル, ポール・L.
　1940～　著『ポール・ワクテルの心理療法講義』金剛出版　2016
Wachtel, Ted　ワクテル, テッド
　著『リアルジャスティス』成文堂　2005
Wachter, Robert M.　ワクター, ロバート・M.
　著『新たな疫病「医療過誤」』朝日新聞社　2007
Wacik, Jero　ワチック, ジェロ
　国インドネシア　エネルギー・鉱物相
Wacker, Albrecht　ヴァッカー, アルブレヒト
　著『最強の狙撃手』原書房　2015
Wacker, Sabine　ヴァッカー, ザビーネ
　著『生命組織塩でバランスをとる』ホメオパシー出版　2015
Wackernagel, Mathis　ワケナゲル, マティス
　1962～　スイス　グローバル・フットプリント・ネットワーク代表
Wackie Eysten, P.A.　ワッキー・エイステン, ピート
　1939～　著『シューマンの結婚』音楽之友社　2015
Wacks, Raymond　ワックス, レイモンド
　1946～　著『法哲学』岩波書店　2011
Wacquant, Loïc J.D.　ヴァカン, ロイック
　著『ボディ＆ソウル』新曜社　2013
Wada, Fred Isamu　ワダ, フレッド・イサム
　1907～2001　国アメリカ　日系引退者ホーム理事会会長, ロサンゼルス敬老ホーム会長, ロス五輪組織委理事　日本名＝和田勇 (ワダ・イサム)　異和田/フレッド・イサム
Wada, Minoru　ワダ, ミノル
　著『培養できない微生物たち』学会出版センター　2004
Wadagni, Romuald　ワダニ, ロミュアルド
　国ベナン　経済・財務相
Waddell, James M.　ワデル, ジェームズ
　1946～　著『グローバルプロジェクトチームのまとめ方』慶応義塾大学出版会　2015
Waddell, Martin　ワッデル, マーティン
　1941～　異ウォーデル, マーティン　著『ぐっすりおやすみ, ちいくまくん』評論社　2005
Waddell, Norman　ワデル, ノーマン
　1940～　著『売茶翁の生涯』思文閣出版　2016
Waddell, Patricia　ワデル, パトリシア
　著『淑女からの求婚』竹書房　2012
Waddell, Sonia　ワッデル
　国ニュージーランド　ボート選手
Waddington, Ivan　ウォディングトン, アイヴァン
　著『スポーツと薬物の社会学』彩流社　2014
Waddington, Jeremy　ワディントン, ジェレミー
　著『ヨーロッパの労働組合』生活経済政策研究所　2004
Waddle, LaAdrian　ワドル, ラードリアン
　国アメリカ　アメフト選手
Waddy, Heather　ワディ, ヘザー
　著『神経内科の緩和ケア』メディカルレビュー社　2007
Wade, Abdoulaye　ワッド, アブドゥラエ
　1926～　国セネガル　政治家, 法律学者, 経済学者　セネガル大統領
Wade, David　ウェード, デーヴィッド
　1941～　著『シンメトリー』創元社　2010
Wade, Dwyane　ウェイド, ドウェイン
　1982～　国アメリカ　バスケットボール選手
Wade, Karim　ワッド, カリム
　国セネガル　国際協力・航空運輸・社会基盤・エネルギー相
Wade, Kevin　ウェイド, ケビン
　1954～　著『メイド・イン・マンハッタン』竹書房　2003
Wade, Leroy G., Jr.　ウェイド, L.G., Jr.
　1947～　著『『ウェイド有機化学原書7版』問題の解き方』丸善出版　2016
Wade, Mark　ウェイド, マーク
　著『腹話術のテクニック』アイシーメディックス, 星雲社 (発売)　2004
Wade, Nicholas　ウェイド, ニコラス
　1942～　著『人類のやっかいな遺産』晶文社　2016
Wade, Rosalyn　ウェイド, ロザリン
　著『南極・北極』昭文社　2009
Wade, Trevin　ウェイド, トレビン
　国アメリカ　アメフト選手
Wade, Woody　ウェイド, ウッディー
　著『シナリオ・プランニング』英治出版　2013
Wadecki, Adam A.　ワデキ, アダム・A.
　著『プライベート・エクイティ』中央経済社　2011
Wademan, Daisy　ウェイドマン, デイジー
　著『ハーバードからの贈り物』ダイヤモンド社　2013
Wade-Matthews, Max　ウェイド＝マシューズ, マックス
　著『世界の楽器百科図鑑』東洋書林　2002
Wadhwa, Deepa Gopalan　ワドワ, ディーパ・ゴパラン
　国インド　外交官　駐日インド大使　異ワドゥワ, ディーパ・ゴ

パラン
Wadsworth, Ginger ワズワース, ジンジャー
1945〜 㲷「レイチェル・カーソン」 日本ライトハウス 2002
Waechter, Friedrich Karl ヴェヒター, フリードリヒ・カール
㲷「赤いおおかみ」 古今社 2001
Waechter, Katja ベクター
㍿ドイツ フェンシング選手
Waechter, Philip ヴェヒター, フィリップ
1968〜 ㍿ドイツ グラフィックアーティスト, イラストレーター, 絵本作家 ㍿ベヒター, フィリップ
Waehler, Charles A. ウェラー, チャールズ・A.
㲷「バチェラ」 世織書房 2003
Waeli, Ayman ワエリ, アイマン
㍿シリア 住宅・公共事業相
Waena, Nathaniel ワイナ, ナサニエル
㍿ソロモン諸島 総督
Waesche, Horst ウェッシェ, ホルスト
1940〜2002 ㍿ドイツ ヘキストジャパン社長
Waffa-ogoo, Susan ワッファオゴー, スーザン
㍿ガンビア 外相 ㍿ワファオゴ, スーザン / ワファオゴー, スーザン / ワファオグ, スナン
Wafio, Jean Serge ワフィオ, ジャン・セルジュ
㍿中央アフリカ 都市化・住宅相
Wafiq, Tarek ワフィク, タレク
㍿エジプト 住宅・施設・都市開発相
Wafwana, Ngalula ワフワナ, ヌガルラ
㍿コンゴ民主共和国 商工業相
Wagdy, Mahmoud ワグディ, マハムード
㍿エジプト 内相
Wagele, Elizabeth ウェイゲル, エリザベス
㲷「9つの性格でわかるあなたの天職」 メトロポリタンプレス 2012
Wageman, Ruth ワーグマン, ルース
㲷「成功する経営リーダーチーム6つの条件」 生産性出版 2009
Wagenaar, Robert ワーヘナール, ローベルト
㲷「欧州教育制度のチューニング」 明石書店 2012
Wagenaar, Willem A. ワーグナー, ヴィレム・A.
㲷「ヒルガードの心理学」 金剛出版 2012
Wagenbach, Klaus ヴァーゲンバッハ, クラウス
1930〜 㲷「カフカ＝シンポジウム」 吉夏社 2005
Wagenhofer, Alfred ワーゲンホファー, アルフレッド
㲷「グローバル財務報告」 中央経済社 2009
Wagenhofer, Erwin ヴァーゲンホーファー, エルヴィン
㲷「ありあまるごちそう」 武田ランダムハウスジャパン 2011
Wager, Walter W. ウェイジャー, ウォルター・W.
㲷「インストラクショナルデザインの原理」 北大路書房 2007
Waggoner, Michael ワガナー, マイケル・D
㲷「大学教員「教育評価」ハンドブック」 玉川大学出版部 2003
Waggoner, Paul ワゴナー, ポール
㲷「プロジェクト・マネジャーが知るべき97のこと」 オライリー・ジャパン, オーム社 (発売) 2011
Waggoner, Tim ワゴナー, ティム
㲷「バイオハザード ザ・ファイナル」 KADOKAWA 2016
Waghorn, Terry ワグホーン, テリー
㲷「ザ・システム」 早川書房 2003
Wagner, Andreas ワグナー, アンドレアス
1967〜 㲷「進化の謎を数学で解く」 文芸春秋 2015
Wagner, Annette ワグナー, アネット
㲷「ヒューマンインターフェースの発想と展開」 ピアソン・エデュケーション 2002
Wagner, Ashley ワグナー
㍿アメリカ フィギュアスケート選手
Wagner, Bernd C. ヴァグナー, ベルント・C.
1968〜 㲷「アインシュタインとヒトラーの科学者」 原書房 2016
Wagner, Bill ワグナー, ビル
㲷「Effective C#4.0」 翔泳社 2011
Wagner, Bobby ワグナー, ボビー
㍿アメリカ アメフト選手
Wagner, Bret J. ワグナー, ブレット
㲷「マネジメント入門」 トムソンラーニング, ビー・エヌ・エヌ新社 (発売) 2006
Wagner, Brigitte ワーグナー
㍿ドイツ レスリング選手
Wagner, Carlo ワグナー, カルロ
㍿ルクセンブルク 保健・社会保障相

Wagner, Charles ヴァグネル, シャルル
㲷「簡素な生活」 講談社 2001
Wagner, Christoph ワーグナー, クリストフ
㲷「クレジットリスクモデリング入門」 シグマベイスキャピタル 2007
Wagner, Clarence H., Jr. ワーグナー, クラレンス・H., Jr.
㲷「聖書の地・イスラエル」 B.F.P.出版 2001
Wagner, David ワグナー, デイヴィッド
㍿ワグナー, デービッド / ワグナー, デイビッド 㲷「プレゼン英語必勝の法則」 日経BP社, 日経BP出版センター (発売) 2003
Wagner, Dick ワグナー, ディック
1927〜2006 ㍿アメリカ レッズ球団社長
Wagner, E.J. ワグナー, E.J.
アメリカ探偵作家クラブ賞 批評・評伝賞 (2007年) "The Science of Sherlock Holmes: From Baskerville Hall to the Valley of Fear"
Wagner, Gerhard ヴァーグナー, ゲルハルト
1962〜 㲷「ドイツ不法行為法」 法律文化社 2011
Wagner, Gernot ワグナー, ゲルノット
1980〜 㲷「気候変動クライシス」 東洋経済新報社 2016
Wagner, Gudrun ワグナー, グドルン
?〜2007 ㍿ドイツ バイロイト音楽祭総監督ウォルフガング・ワーグナーの妻
Wagner, Heather Lehr ワグナー, ヘザー・レアー
㲷「バラク・オバマの軌跡」 サンガ 2008
Wagner, Jaques ワグネル, ジャケス
㍿ブラジル 官房長官 ㍿バグナー, ジャケス / ワグネル, ジャッキス
Wagner, Jasmin A. ワグナー, ジャスミン・A.
㲷「優れたリーダーが実践するイメージチェンジ成功法」 日本経済新聞出版社 2010
Wagner, Karl ワグナー, K.
㲷「ARISを活用したシステム構築」 シュプリンガー・フェアラーク東京 2005
Wagner, Karl Edward ワグナー, カール・エドワード
㲷「シルヴァー・スクリーム」 東京創元社 2013
Wagner, Katharina ワーグナー, カタリーナ
1978〜 ㍿ドイツ オペラ演出家 バイロイト音楽祭総監督 ㍿ヴァーグナー, カタリーナ
Wagner, Katrin ワーグナー
㍿ドイツ カヌー選手
Wagner, Marsden ワーグナー, マースデン
1930〜 㲷「あなたのお産あなたのバースプラン」 メディカ出版 2008
Wagner, Matt ワグナー, マット
㲷「トリニティ」 小学館集英社プロダクション 2016
Wagner, Nicky ワグナー, ニッキー
㍿ニュージーランド 関税相兼障害者問題担当相
Wagner, Richard E. ワグナー, リチャード・E.
1941〜 㲷「赤字の民主主義」 日経BP社, 日経BPマーケティング (発売) 2014
Wagner, Richard S. ワグナー, リチャード
㲷「レントシーキングの経済理論」 勁草書房 2002
Wagner, Ricky ワグナー, リッキー
㍿アメリカ アメフト選手
Wagner, Sandro ヴァーグナー, ザンドロ
㍿ドイツ サッカー選手
Wagner, Siegfried ワーグナー, ジークフリート
㲷「ネコのつけた日記」 冨山房インターナショナル 2004
Wagner, Tony ワグナー, トニー
㲷「未来のイノベーターはどう育つのか」 英治出版 2014
Wagner, Tyler ワグナー, タイラー
㍿アメリカ 野球選手
Wagner, Ulla ヴァグネル, ウッラ
㍿スウェーデン 元・国立民族博物館館長 スウェーデン国立民族学博物館長 ㍿民族学 ㍿バグネル, ウッラ / ワグナー, ウラ
Wagner, Wolfgang ワーグナー, ウォルフガンク
1919〜2010 ㍿ドイツ オペラ演出家・舞台監督 バイロイト音楽祭総監督 ㍿ワーグナー, ヴォルフガング / ヴァーグナー, ヴォルフガング
Wagner-augustin, Katrin ワーグナーアウグスティン
㍿ドイツ カヌー選手
Wagner Tizón, Allan バグネル・ティソン, アラン
㍿ペルー 国防相
Wagon, S. ワゴン, スタン
㲷「Mathematica現代数学探究」 シュプリンガー・フェアラーク東京 2001

Wagoner, G.Richard, Jr.　ワゴナー, リチャード
　1953～　㋚アメリカ　実業家　ゼネラル・モーターズ（GM）会長・CEO　㋚ワーゴナー, リチャード
Wagoner, Porter　ワゴナー, ポーター
　1927～2007　㋚アメリカ　カントリー歌手
Wagstaffe, James　ワグスタッフ, ジェイムズ
　㋘「プロは語る。」アスペクト　2005
Wague, Molla　ワゲ, モラ
　㋚マリ　サッカー選手
Wahab, Wi'am　ワッハーブ, ウィアム
　㋚レバノン　環境相
Wahba, Hedaya　ワフバ, ヘダヤ
　㋚エジプト　テコンドー選手
Waheed, Mohamed　ワヒード, モハメド
　㋚モルディブ　大統領
Waheed Hassan, Mohamed　ワヒード・ハッサン, モハメド
　1953～　㋚モルディブ　政治家　モルディブ大統領　本名＝Waheed Hassan Manik, Mohamed　㋚ワヒード, モハメド
Wahid, Abdurrahman　ワヒド, アブドゥルラフマン
　1940～2009　㋚インドネシア　政治家, イスラム教指導者　インドネシア大統領, ナフダトゥル・ウラマ（NU）総裁　通称＝グス・ドゥル　㋚ワヒッド / ワヒド, アブドゥールラフマン / ワヒド, アブドルラフマン
Wahid, Karim　ワヒド, カリム
　㋚イラク　電力相
Wahl, Alfred　ヴァール, アルフレッド
　㋘「サッカーの歴史」創元社　2002
Wahl, Asbjørn　ヴォール, アズビヨン
　1951～　㋘「福祉国家の興亡」こぶし書房　2013
Wahl, Bobby　ウォール, ボビー
　㋚アメリカ　野球選手
Wahl, Erik　ウォール, エリック
　㋘「アンシンク」講談社　2014
Wahl, Hauke　ヴァール, ハウケ
　㋚ドイツ　サッカー選手
Wahl, Jan　ウォール, ジャン
　1933～　㋕ウォー, ジャン　㋘「どうぶつたちのクリスマスツリー」好学社　2016
Wahl, Mats　ウォール, マッツ
　1945～　㋕ヴォール, マッツ　㋘「おじいちゃんのライカ」評論社　2005
Wahl, Phoebe　ウォール, フィービー
　㋘「ソーニャのめんどり」くもん出版　2016
Wahl, Rainer　ヴァール, ライナー
　1941～　㋘「講座憲法の規範力」信山社　2013
Wahlberg, Mark　ウォールバーグ, マーク
　1971～　㋚アメリカ　俳優　旧芸名＝マーキー・マーク〈Marky Mark〉　㋚ウォルバーグ, マーク / ワールバーグ, マーク
Wahli, Ueli　ワーリ, ウェーリ
　㋘「WebSphere version 4アプリケーション開発ハンドブック」ソフトバンクパブリッシング　2002
Wahlquist, Håkan　ヴォルケスト, ホーカン
　㋘「流沙出土の文字資料」京都大学学術出版会　2001
Wai, Ka-fai　ワイ・カーファイ
　1962～　㋚香港　映画監督, 脚本家, 映画プロデューサー　漢字名＝韋家輝
Waid, Mark　ウェイド, マーク
　㋘「ジョーカーアンソロジー」ヴィレッジブックス　2016
Waiguru, Anne　ワイグル, アン
　㋚ケニア　地方分権・計画相
al-Waili, Shirwan　ワイリ, シルワン
　㋚イラク　国務相（国家治安担当）兼運輸相代行
Wai Lwin　ウェ・ルウィン
　㋚ミャンマー　国防相
Wainaina, Binyavanga　ワイナイナ, ビニャバンガ
　㋘「世界の作家32人によるワールドカップ教室」白水社　2006
Wainaina, Erick　ワイナイナ
　㋚ケニア　陸上選手　㋚ワイナイナ, エリック
Waine, Peter　ウェイン, ピーター
　㋘「敵対買収」主婦の友社　2002
Wainwright, Adam　ウェインライト, アダム
　㋚アメリカ　野球選手
Wainwright, Jen　ウェインライト, ジェン
　1986～　㋘「みつけて！ミーアキャット」辰巳出版　2012
Wainwright, Kevin　ウエインライト, K.
　㋘「現代経済学の数学基礎」シーエーピー出版　2010

Wainwright, Loudon, III　ウェインライト, ラウドン, 3世
　グラミー賞 最優秀トラディショナル・フォーク・アルバム（2009年（第52回））"High Wide & Handsome: The Charlie Poole Project"
Wainwright, Lucy　ウェインライト
　㋚イギリス　カヌー選手
Wainwright, Rufus　ウェインライト, ルーファス
　1973～　㋚カナダ　ミュージシャン
Wainwright, Sally　ウェインライト, サリー
　アメリカ探偵作家クラブ賞 TVエピソード賞（2015年）"Episode 1"
Waipora, Japhet　ワイポラ, ジャフェット
　㋚ソロモン諸島　州政府・選挙区開発相
Wais, Elmi Obsieh　ワイス, エルミ・オブシ
　㋚ジブチ　商工業相
Waisman, David　ワイスマン, ダビド
　㋚ペルー　副大統領
Waiss, Abdoulkader Doualeh　ワイス, アブドゥルカデル・ドアレ
　㋚ジブチ　内相
Waiss, Elmi Obsieh　ワイス, エルミ・オブシエ
　㋚ジブチ　施設運輸相
Wait, Lea　ウェイト, リア
　㋘「死体あります」文芸春秋　2003
Waite, Polly　ウェイト, ポリー
　1972～　㋘「わかって私のハンディキャップ」大月書店　2016
Waite, Ric　ウェイト, リック
　？～2012　㋚アメリカ　映画撮影監督
Waite, Robert G.L.　ウェイト, ロバート・G.L.
　㋘「ナチズムの前衛」新生出版, ディーディーエヌ（発売）　2007
Waite, Thomas J.　ウェイト, トーマス・J.
　㋘「マーケティングのジレンマ」ダイヤモンド社　2004
Waite, Urban　ウェイト, アーバン
　1980～　㋚アメリカ　作家　㋛ミステリー, 文学
Waiters, Dion　ウェイターズ, ディオン
　㋚アメリカ　バスケットボール選手
Waites, Junee　ウェイツ, ジュニー
　㋘「自閉症の息子ディーンがくれた贈り物」大和書房　2002
Waitley, Dayna　ウェートリー, デイナ
　㋘「幸せをずっと待ちつづける女性すぐにめぐり合える女性」PHP研究所　2003
Waitley, Deborah　ウェートリー, デボラ
　㋘「幸せをずっと待ちつづける女性すぐにめぐり合える女性」PHP研究所　2003
Waitley, Denis　ウェイトリー, デニス
　1933～　㋘「人生とは, 一着にならなければならないような愚かな生存競争ではない」きこ書房　2012
Waits, Tom　ウェイツ, トム
　歌手, 俳優, 詩人
Waitz, Grete　ワイツ, グレテ
　1953～2011　㋚ノルウェー　マラソン選手　㋚ワイツ, グレーテ
Waitzkin, Fred　ウェイツキン, フレッド
　1943～　㋘「ボビー・フィッシャーを探して」みすず書房　2014
Waitzkin, Josh　ウェイツキン, ジョッシュ
　1976～　㋘「習得への情熱」みすず書房　2015
Waitzman, Mimi S.　ワイツマン, ミミ・S.
　㋘「歴史的楽器の保存学」音楽之友社　2002
Waiwaiole, Lono　ウェイウェイオール, ロノ
　㋚アメリカ　作家　㋛ミステリー, スリラー
Wajda, Andrzej　ワイダ, アンジェイ
　1926～2016　㋚ポーランド　映画監督, 演出家
al-Wajih, Muhammad al-Khadim　アル・ワジハ, ムハマド・アル・カディム
　㋚イエメン　石油・鉱物資源相
al-Wajih, Sakhr Ahmed　ワジハ, サフル・アハマド
　㋚イエメン　財務相
Wakamatsu, Don　ワカマツ, ドン
　1963～　㋚アメリカ　大リーグコーチ（ロイヤルズ）, 元大リーグ監督　本名＝Wakamatsu, Wilbur Donald
Wakana, Seraphine　ワカナ, セラフィン
　㋚ブルンジ　開発計画再建相
Wakana, Setsu　ワカナ, セツ
　㋘「拡散テンソル法によるヒト脳白質のMRIアトラス」講談社　2007
Wake, Cameron　ウェイク, キャメロン
　㋚アメリカ　アメフト選手

Wake, Marvalee H. ウェイク, マーベリー・H.
著「生物学!」築地書館 2003
Waké, Victor ワケ, ビクトル
国中央アフリカ 広報相
Wake, William C. ウェイク, ウィリアム・C.
1960～ 著「リファクタリングRuby」ピアソン桐原 2010
Wakefield, Darcy ウェイクフィールド, ダーシー
1969～2005 著「早送りの人生」ソフトバンククリエイティブ 2006
Wakefield, Graham ウェイクフィールド, グレアム
著「ビューティフルビジュアライゼーション」オライリー・ジャパン, オーム社 (発売) 2011
Wakefield, Jerome C. ウェイクフィールド, ジェローム・C.
著「それは「うつ」ではない」阪急コミュニケーションズ 2011
Wakefield, Michael ウェイクフィールド, マイケル
国アメリカ アメフト選手
Wakefield, Richard J. ウェイクフィールド, リチャード・J.
著「EULARリウマチ性疾患超音波検査テキスト」メディカル・サイエンス・インターナショナル 2012
Wakeford, Tom ウェイクフォード, トム
著「共生という生き方」シュプリンガー・フェアラーク東京 2006
Wakelin, Derek ウェイクリン, D.
著「ミムス微生物学」西村書店 2012
Wakelin, Martyn Francis ウェイクリン, マーティン・F.
1925～ 著「英語の考古学」而立書房 2003
Wakhungu, Judy ワクング, ジュディ
国ケニア 環境・天然資源相
Wako, Amos ワコ, アモス
国ケニア 司法長官 異ワコ, エイモス
Wakoson, Elias Nyammlel ワコソン, エリアス・ニャムレル
国スーダン 貿易相
Walach, Harald ワラック, ハラルド
著「臨床心理学における科学と疑似科学」北大路書房 2007
Walawender, Richard A. ワラウェンダー, リチャード・A.
著「プライベート・エクイティ」中央経済社 2011
Walby, Sylvia ウォルビー, シルヴィア
著「知識経済をジェンダー化する」ミネルヴァ書房 2016
Walchhofer, Michael ワルヒホファー
国オーストリア アルペンスキー選手
Walcott, Derek ウォルコット, デレック
1930～ 国トリニダード・トバゴ 詩人, 劇作家 ボストン大学教授 異ウォルコット, デレク
Walcott, Derek ウォルコット, デレック
1930～ 著「アンティール諸島」下田出版 2004
Walcott, Jerome ウォルコット, ジェロム
国バルバドス 保健相
Walcott, Keshorn ウォルコット, ケショーン
国トリニダード・トバゴ 陸上選手
Walcott, Theo ウォルコット, セオ
1989～ 国イギリス サッカー選手 異ウォルコット, テオ
Walczykiewicz, Marta ワルチケビッチ, マルタ
国ポーランド カヌー選手
Wald, Anton ヴァルト, アントン
著「オーストリアの歴史」明石書店 2014
Wald, Elijah ウォルド, イライジャ
著「グリニッチ・ヴィレッジにフォークが響いていた頃」早川書房 2014
Wald, Eric ウォルド, エリック
著「ハッピー・フライト」ソニー・マガジンズ 2004
Waldbauer, Gilbert ウォルドバウアー, ギルバート
1928～ 異ワルドバウアー, ギルバート 著「食べられないために」みすず書房 2013
Walden, Dana ワルデン, ダナ
国アメリカ フォックス・テレビジョン会長兼CEO
Walden, Erik ウォルデン, エリック
国アメリカ アメフト選手
Walden, Ian ウォルデン, イアン
著「国際電子銀行業」信山社出版 2002
Walden, Mark ウォールデン, マーク
国イギリス 作家 分文学, ヤングアダルト
Waldenberger, Franz ヴァルデンベルガー, F.
1961～ 著「EUにおけるロビー活動」日本経済評論社 2005
Waldenfels, Bernhard ヴァルデンフェルス, ベルンハルト
1934～ 著「経験の裂け目」知泉書館 2009
Waldfogel, Joel ウォルドフォーゲル, ジョエル

1962～ 著「プレゼントの経済学」プレジデント社 2009
Waldheim, Charles ワルドハイム, チャールズ
著「ランドスケープ・アーバニズム」鹿島出版会 2010
Waldheim, Kurt ワルトハイム, クルト
1918～2007 国オーストリア 政治家, 外交官 オーストリア大統領, 国連事務総長 異ヴァルトハイム, クルト
Waldherr, Kris ウォルダー, クリス
著「悲劇の女王の物語」原書房 2011
Waldholz, Michael ウォルドホルツ, マイケル
1950～ 著「がん遺伝子を追う」朝日新聞社 2002
Waldman, Amy ウォルドマン, エイミー
1969～ 国アメリカ 作家, ジャーナリスト 分文学
Waldman, Anne ウォルドマン, アン
1945～ 著「現代アメリカ女性詩集」思潮社 2012
Waldman, Ayelet ウォルドマン, アイアレット
1964～ 著「マタニティ・ママは名探偵」ソニー・マガジンズ 2006
Waldman, Irwin D. ウォールドマン, アーウィン・D.
著「サイコパシー・ハンドブック」明石書店 2015
Waldman, Jonathan ウォルドマン, ジョナサン
著「錆と人間」築地書館 2016
Waldman, Mark Robert ウォルドマン, マーク・ロバート
著「心をつなげる」東洋出版 2014
Waldman, Murray ウォルドマン, マレー
著「ハンバーガーに殺される」不空社, 泉書房 (発売) 2004
Waldmann-Brun, Sabine ヴァルドマン・ブルン, ザビーネ
著「ふしぎなよる」ドン・ボスコ社 2004
Waldner, Jan-Ove ワルドナー
国スウェーデン 卓球選手
Waldo, Jim ウォルド, ジム
著「Java」オライリー・ジャパン, オーム社 (発売) 2011
Waldron, Arthur ウォルドロン, アーサー
国アメリカ ペンシルベニア大学教授 分アジア・中国史, 国際関係論
Waldron, Jeremy ウォルドロン, ジェレミー
1953～ 著「ヘイト・スピーチという危害」みすず書房 2015
Waldron, Linda ワルドロン, リンダ
著「クリスタル占い」二見書房 2004
Waldron, Mal ウォルドロン, マル
1926～2002 国アメリカ ジャズピアニスト, 作曲家 本名=Waldron, Malcolm Earl
Waldroop, James ウォルドループ, ジェームズ
著「人間関係がうまくいく12の法則」日本経済新聞出版社 2012
Waldrop, Keith ウォルドロップ, キース
全米図書賞 詩 (2009年) "Transcendental Studies: A Trilogy"
Waldschmidt, Gian-Luca ヴァルドシュミット, ジャン・ルカ
国ドイツ サッカー選手
Walen, Susan R. ワレン, スーザン・R.
著「論理療法トレーニング」東京図書 2004
Wales, Jimmy ウェールズ, ジミー
国アメリカ 実業家 Wikipedia創始者
Walesa, Lech ワレサ, レフ
1943～ 国ポーランド 政治家, 労働運動家 ワレサ研究所主宰, ポーランド第三共和国キリスト教民主党 (ChDTRP) 名誉議長 ポーランド大統領, 連帯議長 異ヴァウェンサ
Walesh, Kimberly ウォレシュ, K.
著「市民起業家」日本経済評論社 2005
Walevska, Christina ワレフスカ, クリスティーヌ
1945～ 国アメリカ チェロ奏者
Walford, Clive ウォルフォード, クライブ
国アメリカ アメフト選手
Walford, Geoffrey ウォルフォード, ジェフリー
著「多元化社会の公教育」同時代社 2003
Walford, Jonathan ウォルフォード, ジョナサン
著「シューズA-Z」ガイアブックス, 産調出版 (発売) 2011
Walgrave, Jan ワルグラーヴ, ヤン
著「煌きのダイヤモンド」アプトインターナショナル 〔2003〕
Wali, Aminu Bashir ワリ, アミヌ・バシール
国ナイジェリア 外相
Wali, Youssef Amin ワリ, ユーセフ・アミン
国エジプト 副首相兼農業土地開拓相
Walia, Hardeep ワリア, ハーディープ
モチーフ・インベスティング創業者兼CEO
Walia, Shelley ワリア, シェリー
著「サイードと歴史の記述」岩波書店 2004
Walidou, Modibo Bachir ワリドゥ, モディボ・バシール

Walkden, Bianca ウォークデン, ビアンカ
　国イギリス　テコンドー選手
Walken, Christopher ウォーケン, クリストファー
　1943～　国アメリカ　俳優
Walkenhorst, Kira ワルケンホルスト, キラ
　国ドイツ　ビーチバレー選手
Walker, Aidan ウォーカー, エイダン
　著「世界木材図鑑」産調出版, 産業調査会（発売）　2006
Walker, Alan ウォーカー, アラン
　1949～　著「イギリスにおける高齢期のQOL」ミネルヴァ書房　2014
Walker, Alexander ウォーカー, アレグザンダー
　1930～　著「オードリー」アルファベータ　2003
Walker, Alice Malsenior ウォーカー, アリス
　1944～　国アメリカ　作家
Walker, Alleyne ウォーカー, アレイン
　国グレナダ　住宅・国土・地域開発相
Walker, Amy ウォーカー, エイミー
　著「自転車生活でいこう！」ディスカヴァー・トゥエンティワン　2012
Walker, Andrew Kevin ウォーカー, アンドリュー・ケヴィン
　1964～　著「ウルフマン」早川書房　2010
Walker, Anna ウォーカー, アナ
　著「みずたまりぴょん」ひさかたチャイルド　2010
Walker, Bernard ウォーカー, バーナード
　国アンティグア・バーブーダ　国務相（情報・放送担当）
Walker, Brad ウォーカー, ブラッド
　1971～　著「ストレッチングと筋の解剖」南江堂　2013
Walker, Brett L. ウォーカー, ブレット, B.L.
　1967～　訳ウォーカー, ブレット　著「絶滅した日本のオオカミ」北海道大学出版会　2009
Walker, Cami ウォーカー, キャミ
　著「ギフトを贈ると奇跡が起きる」サンマーク出版　2010
Walker, Carol L. ウォーカー, キャロル・L.
　著「応用代数学入門」ピアソン・エデュケーション　2005
Walker, Casey ウォーカー, ケーシー
　国アメリカ　アメフト選手
Walker, Catherine ウォーカー, キャサリン
　1945～2010　国イギリス　ファッションデザイナー
Walker, C.B.F. ウォーカー, クリストファー
　著「望遠鏡以前の天文学」恒星社厚生閣　2008
Walker, Christian ウォーカー, クリスチャン
　国アメリカ　野球選手
Walker, David ウォーカー, D.
　1923～　著「ウェールズ教会史」教文館　2009
Walker, David ウォーカー, デイヴィッド
　1950～　著「中流社会を捨てた国」東洋経済新報社　2009
Walker, David ウォーカー, デイヴィッド
　1965～　著「おおゆきくまちゃん」岩崎書店　2016
Walker, David Alan ウォーカー, デービッド
　1939～2012　国イギリス　銀行家　英国証券投資委員会（SIB）委員長, バークレイズ会長
Walker, Decker F. ウォーカー, デッカー・F.
　著「カリキュラムと目的」玉川大学出版部　2015
Walker, Delanie ウォーカー, デラニー
　国アメリカ　アメフト選手
Walker, Douglas M. ウォーカー, ダグラス・M.
　著「カジノ産業の本質」日経BP社, 日経BPマーケティング（発売）　2015
Walker, E.Cardon ウォーカー, カードン
　1916～2005　国アメリカ　実業家　ウォルト・ディズニーCEO
Walker, Elaine F. ウォーカー, エレイン・F.
　著「異常心理学大事典」西村書店　2016
Walker, Elizabeth ウォーカー, エリザベス
　著「ファッション・インスピレーション」グラフィック社　2013
Walker, Gabrielle ウォーカー, ガブリエル
　サイエンスライター　専エネルギー, 気候変動
Walker, Gordon A.H. ウォーカー, ゴードン・A.H.
　著「知の歴史」徳間書店　2002
Walker, Jamie ウォーカー, ジェイミー
　著「ボンベイ・サファイアのための世界のクールバー＆レシピブック」エスクァイアマガジンジャパン　2004
Walker, J.C. ウォーカー, J.C.
　著「味とにおい」フレグランスジャーナル社　2002
Walker, Jearl ウォーカー, ジャール
　1945～　著「犬も歩けば物理にあたる」慶応義塾大学出版会　2014
Walker, Jeremy ウォーカー, ジェレミー
　1959～　著「Home and away」アートヴィレッジ　2009
Walker, Jess ウォーカー, ジェス
　国イギリス　カヌー選手
Walker, Jesse ウォーカー, ジェシー
　1970～　著「パラノイア合衆国」河出書房新社　2015
Walker, Joan Hustace ウォーカー, ジョアン・H.
　1962～　著「股関節形成不全」エー・ディー・サマーズ, さいたま 海苑社（発売）　2004
Walker, Joe ウォーカー, ジョー
　国アメリカ　アメフト選手
Walker, John, Jr. ウォーカー, ジョン, Jr.
　?～2014　国アメリカ　軍人
Walker, John Albert ウォーカー, ジョン・A.
　著「ヴィジュアル・カルチャー入門」晃洋書房　2001
Walker, John Ernest ウォーカー, ジョン
　1941～　国イギリス　化学者　英国分子生物医学研究所主任研究員
Walker, Josh ウォーカー, ジョシュ
　国アメリカ　アメフト選手
Walker, J.Samuel ウォーカー, J.サミュエル
　著「原爆投下とトルーマン」彩流社　2008
Walker, Julie Ann ウォーカー, ジュリー・アン
　著「ろくでなしに愛を」オークラ出版　2013
Walker, Karen Thompson ウォーカー, カレン・トンプソン
　国アメリカ　作家　専ヤングアダルト, SF
Walker, Kate ウォーカー, ケイト
　1950～　著「美しすぎた獲物」ハーパーコリンズ・ジャパン　2016
Walker, Kemba ウォーカー, ケンバ
　国アメリカ　バスケットボール選手
Walker, Kent ウォーカー, ケント
　1962～　著「狂気の詐欺師一家」早川書房　2002
Walker, Kyle ウォーカー, カイル
　国イングランド　サッカー選手
Walker, Landry Quinn ウォーカー, ランディ・クィン
　著「アナと雪の女王」講談社　2016
Walker, Lester ウォーカー, レスター
　著「タイニーハウス」ワールドフォトプレス　2002
Walker, Mark H. ウォーカー, マーク
　著「Microsoft Office Visio 2003オフィシャルマニュアル」日経BPソフトプレス, 日経BP出版センター（発売）　2005
Walker, Martin ウォーカー, マーティン
　1947～　著「黒いダイヤモンド」東京創元社　2013
Walker, Melaine ウォーカー, メレーン
　1983～　国ジャマイカ　陸上選手　国ウォーカー, メライン
Walker, Michael Jon ウォーカー, マイケル・J.
　1971～　著「PHPパーフェクトリファレンス」ピアソン・エデュケーション　2001
Walker, Mike ウォーカー, マイク
　著「敵対買収」主婦の友社　2002
Walker, Mort ウォーカー, モルト
　著「ぐうたら二等兵ビートル・ベイリー」文芸社　2005
Walker, Morton ウォーカー, モートン
　著「カラー・セラピー色彩の神秘力」ビイング・ネット・プレス　2012
Walker, Neil ウォーカー, ニール
　国アメリカ　野球選手
Walker, Nicola ウォーカー, ニコラ
　ローレンス・オリヴィエ賞 プレイ 助演女優賞（2013年（第37回））"The Curious Incident Of The Dog In The Night-Time"
Walker, Nicola L. ウォーカー, ニコラ・L.
　著「心不全エッセンシャルガイド」メディカル・サイエンス・インターナショナル　2009
Walker, Paul ウォーカー, ポール
　1973～2013　国アメリカ　俳優　本名＝Walker, Paul William（Ⅳ）
Walker, Paul L. ウォーカー, ポール・L.
　著「戦略的事業リスク経営」東洋経済新報社　2004
Walker, Pete ウォーカー, ピート
　国アメリカ　トロント・ブルージェイズコーチ
Walker, Peter ウォーカー, ピーター
　1942～　著「ピーター・ウォーカーのベビーマッサージ」ガイアブックス, 産調出版（発売）　2012

Walker, Peter W.L. ウォーカー, ピーター
[著]「聖地の物語」 いのちのことば社 2015
Walker, R. ウォーカー, R.
[著]「アンダーウッド病理学」 西村書店 2002
Walker, Richard ウォーカー, リチャード
1951～ [著]「人体」 化学同人 2016
Walker, Richard F. ウォーカー, リチャード・F.
1939～ [著]「踊る100歳、笑う120歳。」 講談社 2004
Walker, Robert W. ウォーカー, ロバート
1948～ [国]アメリカ 作家
Walker, Rodger ウォーカー, ロジャー
[著]「ライフストーリーワーク実践ガイド」 福村出版 2010
Walker, Sally M. ウォーカー, サリー・M.
[著]「ウィニー」 汐文社 2016
Walker, Salvatore ウォーカー, サルヴァトーレ
[著]「闇のアンティーク」 扶桑社 2005
Walker, Sarah ウォーカー
[国]ニュージーランド 自転車選手
Walker, Saskia ウォーカー, サスキア
[著]「秘密の扉、恋のルール」 ハーレクイン 2013
Walker, Scott Kevin ウォーカー, スコット
1967～ [国]アメリカ 政治家 ウィスコンシン州知事
Walker, Shiloh ウォーカー, シャイロー
[著]「愛に手錠をかけるとき」 オークラ出版 2013
Walker, Stephen ウォーカー, スティーヴン
1961～ 世界幻想文学大賞 特別賞(ノンプロ)(2006年)
Walker, Susan ウォーカー, S.
[著]「ローパー・ローガン・ティアニーによる生活行動看護モデルの展開」 エルゼビア・ジャパン 2006
Walker, Taijuan ウォーカー, タイワン
[国]アメリカ 野球選手
Walker, Tara ウォーカー, タラ
[著]「子どもの感染症ケア教本」 産調出版 2005
Walker, Thomas Worth ウォーカー, T.W.
1962～ [著]「ルカによる福音書」 日本キリスト教団出版局 2009
Walker, T.J. ウォーカー, T.J.
[著]「そこそこいいプレゼンをするために」 一灯舎, オーム社(発売) 2012
Walker, Trevor ウォーカー, トレバー
[国]アンティグア・バーブーダ 公共事業・運輸相
Walker, Tristan ウォーカー
[国]カナダ リュージュ選手
Walker, Tyrunn ウォーカー, タイラン
[国]アメリカ アメフト選手
Walker, Vance ウォーカー, バンス
[国]アメリカ アメフト選手
Walker, William ウォーカー, ウィリアム
1947～ [著]「核の軛」 七つ森書館 2006
Walker, Wyatt Tee ウォーカー, ワイアット・T.
[著]「深き森に宿る魂」 日本キリスト教団出版局 2005
Walker-hebborn, Chris ウォーカーヘボーン, クリス
[国]イギリス 水泳選手
Walkinshaw, Tom ウォーキンショー, トム
1946～2010 [国]イギリス レーシングドライバー, F1チームオーナー
Walkowitz, Judith R. ウォーコウィッツ, ジュディス・R.
[著]「売春とヴィクトリア朝社会」 上智大学出版, ぎょうせい(制作・発売) 2009
Walkup, Thomas ウォーカップ, トーマス
[国]アメリカ バスケットボール選手
Wall, Angus ウォール, アンガス
アカデミー賞 編集賞(第84回(2011年))ほか
Wall, Art ウォール, アート
1923～2001 [国]アメリカ プロゴルファー
Wall, David ウォール, デービッド
1946～2013 [国]イギリス バレエダンサー 英国ロイヤル・バレエ団プリンシパル [異]ウォール, デイヴィッド
Wall, Derek ウォール, デレク
[著]「緑の政治ガイドブック」 筑摩書房 2012
Wall, Dianne ウォール, ダイアン
[著]「言語テストの作成と評価」 春風社 2010
Wall, James Charles ウォール, J.チャールズ
[著]「悪魔学入門」 北宋社 2002
Wall, Jeff ウォール, ジェフ
1946～ [著]「ジェフ・ウォール」 ファイドン 2006
Wall, John ウォール, ジョン
[国]アメリカ バスケットボール選手
Wall, Karen ウォール, カレン
[著]「だれのおしり? まきばにいこう!」 小学館 2016
Wall, Kurt オール, カート
[著]「Red Hat Linux networking and system administration」 ソフトバンクパブリッシング 2003
Wall, Larry ウォール, ラリー
[著]「プログラミングPerl」 オライリー・ジャパン, オーム社(発売) 2002
Wall, Mick ウォール, ミック
[著]「アクセル・ローズ」 シンコーミュージック・エンタテイメント 2009
Wall, Patrick David ウォール, パトリック
1925～2001 [国]イギリス 解剖学者, 疼痛学者 ロンドン大学名誉教授 [専]痛み, ゲート・コントロール [異]ウォール, パトリック・D.
Walla, Bernard ワラ, ベルナール
[国]トーゴ 中小企業相
Walla, Sising Akawilou ワラ, シジン・アカウィル
[国]トーゴ 内相
Wallace ワラシ
[国]ブラジル サッカー選手
Wallace, Aaron ウォーラス, アーロン
[国]アメリカ アメフト選手
Wallace, Amy ワラス, エイミー
[異]ワレス, エイミー [著]「ピクサー流創造するちから」 ダイヤモンド社 2014
Wallace, Barbara ウォレス, バーバラ
1964～ [著]「さよならシンデレラ」 ハーレクイン 2014
Wallace, Benjamin ウォレス, ベンジャミン
1968～ [著]「世界一高いワイン「ジェファーソン・ボトル」の酔えない事情」 早川書房 2008
Wallace, Brett ウォラス, ブレット
[国]アメリカ 野球選手
Wallace, Chris ウォーレス, クリス
[国]アメリカ メンフィス・グリズリーズGM
Wallace, Claire ウォーレス, C.
1956～ [著]「若者はなぜ大人になれないのか」 新評論 2002
Wallace, Cleveland ウォーラス, クリーブランド
[国]アメリカ アメフト選手
Wallace, Cody ウォーラス, コディー
[国]アメリカ アメフト選手
Wallace, Dan ウォレス, ダニエル
[国]イギリス 水泳選手
Wallace, Daniel ウォーレス, ダニエル
1959～ [国]アメリカ 作家, イラストレーター [専]ファンタジー [異]ウォレス, ダニエル
Wallace, Daniel ウォレス, ダニエル
[国]イギリス 水泳選手
Wallace, Daniel ウォーレス, ダニエル
1970～ [著]「DCスーパーヴィランズ」 パイインターナショナル 2016
Wallace, Danny ウォレス, ダニー
[著]「イエスマン」 バジリコ 2009
Wallace, Daphne ウォレス, ダフネ
[著]「パーソン・センタード・ケア」 クリエイツかもがわ, 京都かもがわ出版(発売) 2007
Wallace, David ウォーレス, デヴィド
1956～ [著]「七三一部隊の生物兵器とアメリカ」 かもがわ出版 2003
Wallace, David Foster ウォレス, デービッド・フォスター
1962～2008 [国]アメリカ 作家 [異]ウォレス, デイビッド・フォスター / ウォレス, デビッド・フォスター
Wallace, David Rains ウォレス, デイヴィッド・R.
1945～ [著]「哺乳類天国」 早川書房 2006
Wallace, Doug ウォレス, ダグ
[著]「XPエクストリーム・プログラミングウェブ開発編」 ピアソン・エデュケーション 2003
Wallace, Eric ウォーラス, エリック
[国]アメリカ アメフト選手
Wallace, Eric ウォラス, エリック
[著]「NEW 52 : ジャスティス・リーグ」 ヴィレッジブックス 2013
Wallace, George ウォーレス, ジョージ
[国]リベリア 外相
Wallace, Harvey ウォレス, ハーヴィー
[著]「ドメスティック・バイオレンスへの対応」 成文堂 c2006

W

Wallace, Ian　ウォレス, イアン
　㊉「100の夢事典」 ダイヤモンド社　2012
Wallace, James　ウォレス, J.
　㊉「動物実験における人道的エンドポイント」アドスリー, 丸善出版事業部（発売）　2006
Wallace, Jane　ウォレス, ジェーン
　㊉「イラストガイド野外騎乗術」 源草社　2004
Wallace, John　ウォレス, ジョン
　1966～　㊉ウォーレス, ジョン　㊉「かいじゅうぼく」主婦の友社　2005
Wallace, Ken　ウォーレス, ケン
　㊉オーストラリア　カヌー選手
Wallace, Marcia　ウォレス, マーシア
　1942～2013　㊉アメリカ　女優
Wallace, Mark　ウォレス, マーク
　㊉「セカンドライフ公式ガイド」 インプレスR&D, インプレスコミュニケーションズ（発売）　2007
Wallace, Martin　ウォーラス, マーティン
　㊉アメリカ　アメフト選手
Wallace, Meredith　ウォレス, メレディス
　㊉「看護研究百科」 照林社　2009
Wallace, Mike　ウォーラス, マイク
　㊉アメリカ　アメフト選手
Wallace, Mike　ウォレス, マイク
　1918～2012　㊉アメリカ　テレビ記者　CBS「60ミニッツ」リポーター
Wallace, Nancy Elizabeth　ウォーレス, ナンシー・エリザベス
　㊉「はちみつってどこからきたの？」 PHP研究所　2004
Wallace, Patricia M.　ウォレス, パトリシア
　㊉「インターネットの心理学」 NTT出版　2001
Wallace, Patti　ウォレイス, パッティ
　㊉「ピア・サポート」 大学教育出版　2009
Wallace, Paul　ウォーレス, ポール
　㊉「人口ピラミッドがひっくり返るとき」草思社　2001
Wallace, Randall　ウォレス, ランダル
　㊉「パール・ハーバー」 角川書店　2001
Wallace, Robert　ウォレス, ロバート
　㊉「CIA極秘マニュアル」 創元社　2013
Wallace, Robert B.　ウォレス, ロバート・B.
　㊉「高齢者虐待の研究」 明石書店　2008
Wallace, Sandra Neil　ウォレス, サンドラ・ニール
　㊉アメリカ　作家　㊉歴史, 児童書　㊉ウォーレス, サンドラ・ニール
Wallace, Sean　ウォーレス, シーン
　世界幻想文学大賞　特別賞（ノンプロ）（2014年）ほか
Wallace, Shawn P.　ウォレス, ショーン
　㊉「Raspberry Piをはじめよう」オライリー・ジャパン, オーム社（発売）　2013
Wallace, Terry C.　ウォレス, T.C.
　㊉「地震学」 古今書院　2002
Wallace, Tyrone　ウォーレス, タイロン
　㊉アメリカ　バスケットボール選手
Wallace, Walter L.　ワラス, W.L.
　1927～　㊉「エスニシティ・人種・ナショナリティのゆくえ」ミネルヴァ書房　2003
Wallace, Wendy　ウォラス, ウェンディ
　1956～　㊉「あきらめない教師たちのリアル」太郎次郎社エディタス　2009
Wallace-Murphy, Tim　ウォレス＝マーフィー, ティム
　㊉「イエスの血統」 青土社　2006
Wallach, Eli　ウォラック, イーライ
　1915～2014　㊉アメリカ　俳優　㊉ウォーラック, イーライ
Wallach, Janet　ウォラック, ジャネット
　1942～　㊉ウォラク, ジャネット　㊉「砂漠の女王」ソニー・マガジンズ　2006
Wallach, Lise　ウォラック, リーサ
　㊉「心の七つの見方」 新曜社　2016
Wallach, Lori　ワラク, ロリ
　㊉ワラチ, ロリー・M.　㊉「ポストグローバル社会の可能性」緑風出版　2006
Wallach, Michael A.　ウォラック, マイケル
　㊉「心の七つの見方」 新曜社　2016
Wallach, Tim　ウォラック, ティム
　㊉アメリカ　マイアミ・マーリンズコーチ
Wallach, Van　ウォラッシュ, ヴァン
　㊉「コブラのからだ」 講談社　2006

Wallach, Wendell　ウォラック, ウェンデル
　1946～　㊉「人間VS（バーサス）テクノロジー」原書房　2016
Wallack, Roy M.　ウォラック, ロイ・M.
　㊉「ベアフットランニング」スタジオタッククリエイティブ　2012
Wallberg, Harriet　ヴァルベリー, ハリエット
　㊉スウェーデン　カロリンスカ研究所生理学部門教授, 元・カロリンスカ研究所所長
Wallberg, Heinz　ワルベルク, ハインツ
　1923～2004　㊉ドイツ　指揮者　ヘッセン州立劇場音楽総監督
Wallechinsky, David　ワルチンスキー, デビッド
　1948～　㊉ウォルキンスキー, デヴィッド　㊉「ビジュアル教養大事典」日経ナショナルジオグラフィック社, 日経BPマーケティング（発売）　2014
Walleck, A.Stephen　ワレック, A.スティーブン
　㊉「マッキンゼー戦略の進化」ダイヤモンド社　2003
Wallen, Mosse　ヴァレーン, モッセ
　1951～　㊉「ノキア」日経BP社, 日経BP出版センター（発売）　2001
Wallenstein, Gene　ウォーレンシュタイン, G.
　1964～　㊉「ストレスと心の健康」培風館　2005
Waller, Darren　ウォーラー, ダレン
　㊉アメリカ　アメフト選手
Waller, Gordon　ウォーラー, ゴードン
　1945～2009　㊉イギリス　歌手
Waller, John H.　ウォラー, ジョン・H.
　㊉「ヒトラー暗殺計画とスパイ戦争」鳥影社　2005
Waller, Robert James　ウォラー, ロバート・ジェームズ
　1939～　㊉アメリカ　作家
Wallerstein, Immanuel Maurice　ウォーラーステイン, I.
　1930～　㊉「国際社会学の射程」 東信堂　2016
Wallerstein, Judith S.　ウォラースタイン, ジュディス
　㊉「それでも僕らは生きていく」PHP研究所　2001
Walley, Deborah　ウォーリー, デボラ
　1941～2001　㊉アメリカ　女優
Walliams, David　ウォリアムズ, デイヴィッド
　1971～　㊉「大好き！ クサイさん」評論社　2015
Wallin, David J.　ウォーリン, デイビッド・J.
　㊉「愛着と精神療法」 星和書店　2011
Wallin, Nils Lennart　ウォーリン, ニルス・L.
　？～2002　㊉「音楽の起源」 人間と歴史社　2013
Wallin, Pauline　ウォリン, ポーリン
　㊉「わかっているのにやってしまう人の心理学」紀伊国屋書店　2002
Wallin, Stefan　ワリーン, ステファン
　㊉フィンランド　文化・スポーツ相　㊉ワッリン, ステファン
Wallinger, Mark　ウォリンジャー, マーク
　㊉イギリス　ターナー賞（2007年）
Wallington, Aury　ウォリントン, オーリー
　㊉ワリントン, オーリー　㊉「ヒーローズ」角川書店, 角川グループパブリッシング（発売）　2008
Wallington, Vivienne　ウォリントン, ヴィヴィアン
　㊉「危険な花婿」 ハーレクイン　2002
Wallis, Brian　ウォリス, ブライアン
　1953～　㊉「ランドアートと環境アート」ファイドン　2005
Wallis, Jamie　ウォーリス, ジェイミー
　㊉「運命の森」 国際通信社, 星雲社（発売）　2006
Wallis, Jim　ウォリス, ジム
　1958～　㊉「キネシオテーピング・アスレチックテーピング併用テクニック」スキージャナル　2002
Wallis, Michael　ウォリス, マイケル
　1945～　㊉「ジ・アート・オブ・カーズ」スタジオジブリ, 徳間書店（発売）　2006
Wallis, Pete　ウォリス, ピート
　㊉「犯罪被害を受けた子どものための支援ガイド」金剛出版　2016
Wallis, Quvenzhane　ウォレス, クワベンジャネ
　2003～　㊉アメリカ　女優　㊉ウォレス, クヮベンジャネ
Wallis, Sarah　ウォリス, サラ
　1967～　㊉「私（わたし）たちが子どもだったころ, 世界は戦争だった」文芸春秋　2010
Wallis, Shannon　ウォリス, シャノン
　㊉「リーダーシップ・マスター」英治出版　2013
Wallis, Velma　ウォーリス, ヴェルマ
　1960～　㊉「ふたりの老女」 草思社　2014
Wallman, Steven M.H.　ウォールマン, スティーブン・M.H.
　㊉「ブランド価値評価入門」 中央経済社　2002

Wallmann, Johannes　ヴァルマン, ヨハネス
　1930〜　㊐「ドイツ敬虔主義」日本キリスト教団出版局　2012
Wallner, John　ウォールナー, ジョン
　㊐「こぎつねせかいのはてへゆく」童話館出版　2002
Wallner, Kent　ウォルナー, ケント
　㊐「前立腺がん、これで全快！」視覚障害者支援総合センター
　2005
Wallon, Philippe　ワロン, フィリップ
　㊐「子どもの絵の心理学入門」白水社　2002
Wallot, Jean-Pierre　ワロー, ジャン＝ピエール
　㊐「入門・アーカイブズの世界」日外アソシエーツ　2006
Walls, Darrin　ウォールズ, ダリン
　㊐アメリカ　アメフト選手
Walls, Jeannette　ウォールズ, ジャネット
　㊐「ガラスの城の子どもたち」河出書房新社　2007
Walls, Ron M.　ウォールズ, ロン・M.
　㊐「緊急気道管理マニュアル」メディカル・サイエンス・インターナショナル　2003
Wallström, Margot　バルストロム, マーゴット
　㊐スウェーデン　外相
Walmsley, A.Damien　ワームスレイ, A.ダミアン
　㊐「マグネットを用いたインプラントの臨床」クインテッセンス出版　2005
Walmsley, Ann　ウォームズリー, アン
　㊐「プリズン・ブック・クラブ」紀伊國屋書店　2016
Walpole, Brenda　ウォルポール, ブレンダ
　㊐「食料問題とわたしたち」文溪堂　2001
Walrath, Kathy　ウォルラス, キャシー
　㊐「Javaチュートリアル」ピアソン・エデュケーション　2001
Walsch, Neale Donald　ウォルシュ, ニール・ドナルド
　㊐「神との対話」サンマーク出版　2015
Walser, David　ワルサー, デイビッド
　㊐「くるみわり人形」大日本絵画　2009
Walser, Hans　ヴァルサー, ハンス
　㊐「シンメトリー」日本評論社　2003
Walser, Martin　ワルザー, マルティン
　1927〜　㊐ドイツ　作家, 劇作家　㊐ヴァルザー, マルティン／ヴァルザー, マルティン
Walser, Robyn D.　ウォルサー, ロビン・D.
　㊐「アクセプタンス＆コミットメント・セラピー実践ガイド」明石書店　2014
Walsh, Ann　ウォルシュ, アン
　㊐「謎のギャラリー」新潮社　2002
Walsh, Barent W.　ウォルシュ, バレント
　㊐ウォルシュ, B.W.　㊐「学校における自傷予防」金剛出版　2010
Walsh, Bill　ウォルシュ, ビル
　1931〜2007　㊐アメリカ　アメフト監督　49ersゼネラル・マネジャー　本名＝ウォルシュ, ウィリアム・アーネスト〈Walsh, William Ernest〉
Walsh, Blair　ウォルシュ, ブレアー
　㊐アメリカ　アメフト選手
Walsh, Campbell　ウォルシュ
　㊐イギリス　カヌー選手
Walsh, Carl E.　ウォルシュ, カール・E.
　㊐「スティグリッツマクロ経済学」東洋経済新報社　2014
Walsh, Ciaran　ウォルシュ, シアラン
　㊐「マネジャーのための経営指標ハンドブック」ピアソン桐原　2012
Walsh, Clare Monica　ウォルシュ, クレア・モニカ
　㊐オーストラリア　臨時代理大使, 公使
Walsh, Darren　ウォルシュ, ダレン
　㊐イギリス　アヌシー国際アニメーション映画祭 TV作品および受託作品 広告または宣伝映画賞（2009年）ほか
Walsh, David Allen　ウォルシュ, デイヴィッド
　㊐「10代の子って、なんでこうなの!?」草思社　2005
Walsh, Dearbhla　ウォルシュ, ダーブラ
　エミー賞 プライムタイム・エミー賞 最優秀監督賞（ミニシリーズ・映画・ドラマスペシャル番組）（第61回（2009年））"Little Dorrit（Masterpiece）"
Walsh, Enda　ウォルシュ, エンダ
　トニー賞 ミュージカル 脚本賞（2012年（第66回））"Once"
Walsh, Evan　ウォルシュ, エバン
　㊐アイルランド　ミュージシャン
Walsh, Fran　ウォルシュ, フラン
　1959〜　グラミー賞 最優秀映画・TV・その他ヴィジュアルメディア音楽作品（2004年（第47回））ほか

Walsh, G.　ウォルシュ, G.
　㊐「MIS人工関節置換術」医学書院　2007
Walsh, George　ウォルシュ, G.
　㊐「20世紀思想家事典」誠信書房　2001
Walsh, Joanna　ウォルシュ, ジョアンナ
　㊐「ママだいすき！」アルファポリス, 星雲社（発売）　2014
Walsh, Joe　ウォルシュ, ジョー
　㊐アイルランド　農業食糧相
Walsh, Jordan　ウォルシュ, ジョーダン
　㊐アメリカ　アメフト選手
Walsh, Julie　ウォルシュ, ジューリ
　㊐「クトゥルフ神話TRPGクトゥルフ・フラグメント」KADOKAWA　2015
Walsh, Kerri　ウォルシュ
　㊐アメリカ　ビーチバレー選手
Walsh, Marcie　ウォルシュ, マーシー
　㊐「殺人倶楽部へようこそ」文芸春秋　2009
Walsh, Melanie　ウォルシュ, メラニー
　㊐「さようなら、おばあちゃん」ほるぷ出版　2014
Walsh, Michael　ウォルシュ, マイケル
　1949〜　㊐「もうひとつの「カサブランカ」」扶桑社　2002
Walsh, Michael J.　ウォルシュ, マイケル・J.
　世界幻想文学大賞 特別賞（ノンプロ）（2009年）
Walsh, Pat　ウォルシュ, パット
　㊐「ニュージーランド福祉国家の再設計」法律文化社　2004
Walsh, Patrick C.　ウォルシュ, パトリック・C.
　1938〜　㊐「ウォルシュ博士の前立腺がんガイド」築地書館　2012
Walsh, Peter　ウォルシュ, ピーター
　1963〜　㊐「サッカーてんやわんや」東京書籍　2002
Walsh, Peter　ウォルシュ, ピーター
　1956〜　㊐「どうしても片づけられないあなたへ」ソフトバンククリエイティブ　2008
Walsh, Ruby　ウォルシュ, ルビー
　1979〜　㊐アイルランド　騎手
Walsh, Thommie　ウォルシュ, トミー
　1950〜2007　㊐アメリカ　振付師, 俳優
Walsh, Tomas　ウォルシュ, トマス
　㊐ニュージーランド　陸上選手
Walsh, Vivian　ウォルシュ, ヴィヴィアン
　㊐ウォルシュ, ヴィヴィアン・L.　㊐「ミスター・ランチをすくえ！」ソニー・マガジンズ　2005
Walsh, Walter　ウォルシュ, ウォルター
　1907〜2014　㊐アメリカ　射撃選手
Walsh, Willie M.　ウォルシュ, ウィリー
　1961〜　㊐アイルランド　実業家　インターナショナル・エアラインズ・グループ（IAG）CEO　本名＝Walsh, William M.
Walsh Jennings, Kerri　ウォルシュ・ジェニングス, ケリ
　1978〜　㊐アメリカ　ビーチバレー選手, 元バレーボール選手　㊐ウォルシュ・ジェニングス, ケリー
Walston, Ray　ウォルストン, レイ
　1914〜2001　㊐アメリカ　俳優
Walt, Stephen M.　ウォルト, スティーヴン・M.
　㊐「米国世界戦略の核心」五月書房　2008
Waltar, Alan Edward　ウォルター, アラン・E.
　1939〜　㊐「放射線と現代生活」ERC出版　2006
Walter, Catherine　ウォルター, キャサリン
　㊐「スワンとウォルターのオックスフォード実用英文法」オックスフォード大学出版局, 旺文社（発売）　2006
Walter, Chip　ウォルター, チップ
　㊐「人類進化700万年の物語」青土社　2014
Walter, Dawna　ウォルター, ドンナ
　㊐「イギリス式暮らしのシンプル整理術」ダイヤモンド社　2003
Walter, Derek　ウォルター, デレク
　1981〜　㊐「エスター、幸せを運ぶブタ」飛鳥新社　2016
Walter, Ekaterina　ウォルター, エカテリーナ
　㊐「THINK LIKE ZUCK」講談社　2014
Walter, Elisse B.　ウォルター, エリス
　㊐アメリカ　米国証券取引委員会（SEC）委員長
Walter, François　ワルテール, フランソワ
　㊐「環境の歴史」みすず書房　2007
Walter, Fritz　ワルター, フリッツ
　1920〜2002　㊐ドイツ　サッカー選手　本名＝ワルター, フリードリヒ〈Walter, Friedrich〉　㊐バルター, フリードリヒ／バルター, フリッツ／ヴァルター, フリッツ
Walter, Garry　ウォルター, ギャリー

㊊「精神科臨床倫理」星和書店 2011
Walter, Gilbert G. ウォルター, G.G.
㊊「ウェーヴレットと直交関数系」東京電機大学出版局 2001
Walter, Henriette ヴァルテール, アンリエット
1929〜 ㊋「西欧言語の歴史」藤原書店 2006
Walter, Ingo ウォルター, インゴ
㊊「金融規制のグランドデザイン」中央経済社 2011
Walter, Isabel ウォルター, イザベル
1972〜 ㊊「研究活用の政策学」明石書店 2015
Walter, Jess ウォルター, ジェス
1965〜 ㊌アメリカ 作家 ㊍文学、フィクション、ミステリーほか
Walter, John L. ウォルター, ジョン・L.
㊊「ブリーフセラピーの再創造」金剛出版 2005
Walter, Magdalena ウォルター, マグダレナ
㊌ミクロネシア連邦 保健・社会福祉相
Walter, Mark ウォルター, マーク
㊌アメリカ ロサンゼルス・ドジャースオーナー
Walter, Matthew ウォルター, マシュー
㊌ドミニカ共和国 農相
Walter, Nadine ウォルター, ナディーヌ
1964〜 ㊊「したて屋リゼロット」ひさかたチャイルド 2008
Walter, Peter ヴァルター, ペーター
㊊「キリスト教の主要神学者」教文館 2014
Walter, Philippe ヴァルテール, フィリップ
1952〜 ㊋「中世の「キリスト教神話」を求めて」中央大学人文科学研究所 2008
Walter, Stephen ウォルター, S.
㊊「臨床のためのEBM入門」医学書院 2003
Walters, Alan Arthur ウォルターズ, アラン
1926〜2009 ㊌イギリス 経済学者 ジョンズ・ホプキンス大学教授、サッチャー英国首相経済顧問
Walters, Barbara ウォルターズ, バーバラ
1929〜 ㊌アメリカ テレビジャーナリスト, キャスター
Walters, Bryan ウォルターズ, ブライアン
㊌アメリカ アメフト選手
Walters, Catherine ウォルターズ, キャサリン
1965〜 ㊊「ともだちはゆきだるまくん」ひさかたチャイルド 2009
Walters, David ウォルターズ, デイビッド
1936〜 ㊊「小売流通経営」同文舘出版 2002
Walters, Derek ウォルターズ, デレク
㊊「中国占星術バイブル」ガイアブックス, 産調出版(発売) 2009
Walters, D.Eric ウォルターズ, D.E.
㊊「アカデミック・プレゼンテーション」朝倉書店 2003
Walters, Eric ウォルターズ, エリック
1957〜 ㊊「リバウンド」福音館書店 2007
Walters, Gae ワルタース, ゲイ
㊊「エグゼクティブ・コーチング」日本能率協会マネジメントセンター 2005
Walters, Gale Climenson ウォルターズ, G.C.
1954〜 ㊋「アカデミック・プレゼンテーション」朝倉書店 2003
Walters, Guy ウォルターズ, ガイ
1971〜 ㊋「ナチ戦争犯罪人を追え」白水社 2012
Walters, Helen ウォルターズ, ヘレン
㊊「300%コットンTシャツ・グラフィック」グラフィック社 2007
Walters, Helen ウォルターズ, ヘレン
㊊「ビジネスモデル・イノベーション」朝日新聞出版 2014
Walters, J.Donald ウォルターズ, J.ドナルド
㊊「お金と磁力と魂の法則」サンマーク出版 2007
Walters, Jonathan ウォルターズ, ジョナサン
㊌アイルランド サッカー選手
Walters, Julie ウォルターズ, ジュリー
モスクワ国際映画祭 銀賞 最優秀女優賞(第28回(2006年)) "Driving Lessons"(イギリス)
Walters, Mark Jerome ウォルターズ, マーク・J.
㊊「エマージングウイルス」VIENT, 現代書館(発売) 2004
Walters, Martin ウォルターズ, マーティン
㊊「鳥の絶滅危惧種図鑑」緑書房 2013
Walters, Matthew ウォルターズ, マシュー
㊌ドミニカ共和国 農林水産相
Walters, Michael ウォルターズ, マイケル
1942〜 ㊋「世界「鳥の卵」図鑑」新樹社 2006
Walters, Minette ウォルターズ, ミネット
1949〜 ㊌イギリス ミステリー作家
Walters, Patric ウォーターズ, パトリック
1949〜 ㊊「新目で楽しむ量子力学の本」丸善 2007
Walters, R.F.C. ウォルターズ, R.F.C.
㊊「算数からはじめよう！数論」岩波書店 2011
Walters, Robert ウォルターズ, ロバート
㊊「眼の病気：白内障・緑内障・黄斑変性症」一灯舎, オーム社(発売) 2008
Walters, Selmon ウォルターズ, セルモン
㊌セントビンセント・グレナディーン 地方改革・情報・公共サービス・教会問題相
Walters, Tony ウォルターズ, トニー
㊊「よろこびのレッスン」早川書房 2004
Walters, Vernon A. ウォルターズ, バーノン
1917〜2002 ㊌アメリカ 外交官, 軍人 駐ドイツ米国大使, 国連大使, 米国中央情報局(CIA)副長官
Walters, William ウォルターズ, ウィリアム
1964〜 ㊊「統治性」月曜社 2016
Walthall, Anne ウォルソール, アン
1946〜 ㊋「日本人の「男らしさ」」明石書店 2013
Walther, David S. ウォルサー, デービッド・S.
㊊「アプライドキネシオロジーシノプシス」科学新聞社 2008
Walther, Eric ワルター
㊌ドイツ 近代五種選手
Walther, George R. ウォルサー, ジョージ
㊊「話し方！こう変えればうまくいく」ダイヤモンド社 2004
Walther, Ingo F. ヴァルター, インゴ・F.
1940〜2007 ㊋「印象派絵画」Taschen c2010
Walther, Steve ワルサー, スティーブ
㊊「標準ASP.NETプログラミング」翔泳社 2002
Waltke, Bruce K. ウォルトキー, ブルース・K.
㊊「オバデヤ書, ヨナ書, ミカ書」いのちのことば社 2006
Waltl, Herbert ウォルトル, ハーバート
サラウンド・プロデューサー グラミー賞 最優秀サラウンド・サウンド・アルバム(2004年(第47回)) "Genius Loves Company"
Waltman, Paul E. ウォルトマン, ポール
㊊「微生物の力学系」日本評論社 2004
Waltner-Toews, David ウォルトナー＝テーブス, デイビッド
1948〜 ㊊「排泄物と文明」築地書館 2014
Walton, Alice ウォルトン, アリス
㊌アメリカ クリスタル・ブリッジズ・アメリカ美術館会長
Walton, Ashley ウォルトン, アシュレイ
㊊「王室の秘密は女王陛下のハンドバッグにあり」R.S.V.P., 丸善出版(発売) 2011
Walton, Cedar ウォルトン, シダー
1934〜2013 ㊌アメリカ ジャズ・ピアニスト 本名＝Walton, Cedar Anthony (Jr.)
Walton, Christy ウォルトン, クリスティ
㊌アメリカ 富豪
Walton, Henry John ウォルトン, ヘンリー
1924〜2012 ㊌イギリス 精神医学者, 精神科医 エディンバラ大学名誉教授 ㊍アルコール中毒症, 自殺行為 ㊌ウォールトン, ヘンリー
Walton, Jessica ウォルトン, ジェシカ
㊊「くまのトーマスはおんなのこ」ポット出版プラス 2016
Walton, Jim ウォルトン, ジム
㊌アメリカ 富豪
Walton, Jo ウォルトン, ジョー
1964〜 ㊌カナダ イギリス生まれの作家 ㊍SF, ファンタジー
Walton, John T. ウォルトン, ジョン
？〜2005 ㊌アメリカ 実業家 ウォルマート取締役
Walton, Jonathan ウォルトン, ジョナサン
㊌イギリス ボート選手
Walton, Ken ウォルトン, ケネス
1967〜 ㊊「ネットオークションで騙す。」光文社 2008
Walton, Kendall L. ウォルトン, ケンダル
1939〜 ㊊「フィクションとは何か」名古屋大学出版会 2016
Walton, L.T. ウォルトン, L.T.
㊌アメリカ アメフト選手
Walton, Luke ウォルトン, ルーク
㊌アメリカ ロサンゼルス・レイカーズヘッドコーチ(バスケットボール)
Walton, Roger ウォルトン, ロジャー
㊊「The big book of illustration ideas」グラフィック社 2004
Walton, Samuel Robson ウォルトン, S.ロブソン

Ⓠアメリカ　実業家
Walton, Sean　ウォルトン、ショーン
　著「Linuxソケットプログラミング」ピアソン・エデュケーション　2002
Walton, Stephen　ウォルトン、スティーブン
　著「ライオン1頭」BL出版　2016
Walton, Tracy　ウォルトン、トレイシー
　著「ワルトンの臨床推論アプローチ」丸善出版　2016
Waltz, Christoph　ヴァルツ、クリストフ
　1956〜　Ⓠオーストリア　俳優
Waltz, Kenneth　ウォルツ、ケネス
　1924〜2013　Ⓠアメリカ　国際政治学者　カリフォルニア大学バークレー校名誉教授、アメリカ政治学会会長　本名＝Waltz, Kenneth Neal
Waltz, Mitzi　ウォルツ、ミッチ
　著「オルタナティブ・メディア」大月書店　2008
Waltz, Tom　ワルツ、トム
　著「ミュータントタートルズ」小学館集英社プロダクション　2016
Walubita, Sipakeli　ワルビタ、シパケリ
　Ⓠザンビア　外相
Waluszek, Christian　ヴァルスツェック、クリスティアン
　1952〜　著「人形遣いの謎」未知谷　2009
Walvin, James　ウォルヴィン、ジェームズ
　1942〜　著「奴隷制を生きた男たち」水声社　2010
Walvoord, Barbara E.Fassler　ウォルワード、バーバラ
　1941〜　著「大学教育アセスメント入門」ナカニシヤ出版　2013
Waly, Ghada　ワリー、ガーダ
　Ⓠエジプト　社会連帯相
Walz, A.　ワルツ、A.
　著「エコロジストのための流れ学」アイピーシー　2002
Walz, Marcus　ワルス、マルクス
　Ⓠスペイン　カヌー選手
Walzer, Michael　ウォルツァー、マイケル
　1935〜　Ⓠアメリカ　政治哲学者　プリンストン高等研究所名誉教授
Walzer, Norman　ワルツァー、ノーマン
　著「アメリカ新世代農協の挑戦」家の光協会　2003
Wamalwa, Eugene　ワマルワ、ユージン
　Ⓠケニア　水資源・灌漑相
Wamalwa, Michael　ワマルワ、マイケル
　Ⓠケニア　副大統領
Wambach, Abby　ワンバック、アビー
　1980〜　Ⓠアメリカ　サッカー選手　本名＝ワンバック、メアリー・アビゲイル〈Wambach, Mary Abigail〉
Wambaugh, Joseph　ウォンボー、ジョゼフ
　1937〜　Ⓠアメリカ　作家
Wambui, Margaret Nyairera　ワンブイ、マーガレット
　Ⓠケニア　陸上選手
Wammen, Nicolai　バメン、ニコライ
　Ⓠデンマーク　国防相
Wampach, Lydie Marie-Josee　ヴァンパック、リディ・マリー・ジョゼ
　Ⓠルクセンブルク　元・在ルクセンブルク日本国大使館現地職員
Wampler, Dean　ワンプラー、ディーン
　著「プログラミングHive」オライリー・ジャパン、オーム社（発売）　2013
Wampler, Robert A.　ワンプラー、ロバート・A.
　著「日米戦後関係史」講談社インターナショナル　2001
Wamsley, Keith　ワムズリー、キース
　1951〜　著「ビジュアルダ・ヴィンチ全記録」日経ナショナルジオグラフィック社、日経BPマーケティング（発売）　2013
Wan, James　ワン、ジェームズ
　著「ソウ3」角川書店　2006
Wan, Li　ワン・リー
　1916〜2015　Ⓠ中国　政治家　中国全国人民代表大会（全人代）常務委員長、中国共産党政治局員　漢字名＝万里
Wan, Long　ワン・ロン
　WHグループ　漢字名＝万隆
Wan, Michelle　ワン、ミシェル
　著「蘭追い人、幻の貴婦人をさがす」ヴィレッジブックス、ソニー・マガジンズ（発売）　2008
Wan, Samuel　ワン、S.
　著「フラッシュ5アクションスクリプト・マジック」エムディエヌコーポレーション、インプレスコミュニケーションズ（発売）　2001
Wan, Zhong-cheng　ワン・ゾンツン

1925〜2012　Ⓠ中国　医師　北京市神経外科研究所所長、北京医学院教授　Ⓢ神経外科　漢字名＝王忠誠
Wanandi, Jusuf　ワナンディ、ユスフ
　Ⓠインドネシア　元・インドネシア戦略国際問題研究所会長
Wanandi, Sofjan　ワナンディ、ソフヤン
　1941〜　Ⓠインドネシア　実業家　グマラ・グループ会長、インドネシア経営者協会会長　中国名＝リム・ビアンクン〈Lim, Bian Khoen〉、漢字名＝林綿坤
Wanasi, Salah-eddin　ワナシ、サラハディン
　Ⓠスーダン　大統領府担当相
Wanawilla Onango, Paulino　ワナウィラ・オナンゴ、パウリノ
　Ⓠ南スーダン　司法相
Wänblad, Mats　ヴァーンブロド、マッツ
　1964〜　著「飛べない渡り鳥リッレヴィン」汐文社　2010
Wand, Günter　ヴァント、ギュンター
　1912〜2002　Ⓠドイツ　指揮者　北ドイツ放送交響楽団終身名誉指揮者　別名＝バント、ギュンター／ワント
Wandee Singwancha　ワンディー・シンワンチャー
　1980〜　Ⓠタイ　プロボクサー　WBC世界ミニマム級チャンピオン　別名＝ワンディ・チョー・チャレオン〈Wandee Chor Chareon〉
Wandersman, Abraham　ワンダーズマン、エイブラハム
　著「エンパワーメント評価の原則と実践」風間書房　2014
Wandrei, Karin Evon　ウォンドレイ、K.E.
　著「PIEマニュアル」相川書房　2001
Wandres, Alvina　ワンドレス、アルヴィナ
　著「悟りのシンクロニシティ」ヒカルランド　2013
Wandres, Prasad David　ワンドレス、プラサード・デイビッド
　著「悟りのシンクロニシティ」ヒカルランド　2013
Wandt, Manfred　ヴァント、マンフレート
　著「保険契約法」成文堂　2007
Wandtke, Igor　ワントケ、イゴール
　Ⓠドイツ　柔道選手
Wane, Ibrahima Lamine　ワン・イブラヒマ・ラミン
　Ⓠモーリタニア　石油・エネルギー相
Wang, Alexander　ワン、アレキサンダー
　1983〜　Ⓠアメリカ　ファッションデザイナー　バレンシアガ・クリエイティブ・ディレクター　Ⓑワン、アレクサンダー
Wang, Bei-xing　ワン・ベイシン
　1985〜　Ⓠ中国　スピードスケート選手　漢字名＝王北星
Wang, Bing　ワン・ビン
　1967〜　Ⓠ中国　映画監督、ドキュメンタリー映画作家　漢字名＝王兵
Wang, Chen　ワン
　Ⓠアメリカ　卓球選手
Wang, Chien-ming　ワン・チェンミン
　1980〜　Ⓠ台湾　野球選手　漢字名＝王建民
Wang, Chuanfu　ワン・チュアンフ
　Ⓠ中国　実業家、BYD創業者　漢字名＝王伝福
Wang, Chuanyue　ワン・チュアンユエ
　Ⓠ中国　チャイコフスキー国際コンクール　声楽（男声）第2位（2015年（第15回））
Wang, Dan　ワン・ダン
　1969〜　Ⓠ中国　民主化運動家　漢字名＝王丹
Wang, Dao-han　ワン・ダオハン
　1915〜2005　Ⓠ中国　海峡両岸関係協会会長、上海市長　漢字名＝汪道涵　Ⓑワン・タオハン／ワン・ダオホアン
Wang, David　ワング、ディビッド
　著「中国リバイバルの躍進」アジア・アウトリーチ　2002
Wang, Dong-xing　ワン・ドンシン
　1916〜2015　Ⓠ中国　政治家　中国共産党副主席・政治局常務委員　漢字名＝汪東興
Wang, Dorothea DePrisco　ワン、ドロシア・ディプリスコ
　著「うみのいきもの」ワールドライブラリー　c2014
Wang, En-mao　ワン・エンマオ
　1913〜2001　Ⓠ中国　政治家、軍人　中国人民政治協商会議副主席　漢字名＝王恩茂
Wang, Eugene　ワン、ユージーン
　Ⓠカナダ　卓球選手
Wang, Fang　ワン・ファン
　1920〜2009　Ⓠ中国　政治家　中国国務委員、中国公安相　漢字名＝王芳
Wang, Feng Ying　ワン・フォンイン
　Ⓠ中国　グレート・ウォール・モータースCEO　漢字名＝王鳳英
Wang, Frank　ワン、フランク
　Ⓠ中国　深圳大疆創新科技（DJI）創業者　漢字名＝汪滔

Wang, Gangwu ワン, ガンウー
1930〜 [著]「中華文明と中国のゆくえ」 岩波書店 2007
Wang, Guang-mei ワン・グワンメイ
1921〜2006 [国]中国 政治家 中国人民政治協商会議全国委員会(全国政協)常務委員, 中国社会科学学院副秘書長 漢字名＝王光美 [異]ワン・コアンメイ
Wang, Guang-ya ワン・コワンヤー
1950〜 [国]中国 外交官 中国国務院香港マカオ弁公室主任, 中国共産党中央委員 中国外務省党委書記・外務次官, 国連大使 漢字名＝王光亜
Wang, Haiyan ワン, ハイヤン
[著]「中国・インドの戦略的意味」 同文舘出版 2010
Wang, Hao ワン・ハオ
1983〜 [国]中国 卓球選手 漢字名＝王皓
Wang, Heinrich ワン, ハインリック
1953〜 [国]台湾 白磁陶芸家 漢字名＝王俠軍(オウ・キョウグン), 通称＝ワン, ヘンリー
Wang, Hui ワン・フイ
1959〜 [国]中国 思想家 清華大学人文社会科学学院教授 [専]中国近代文学, 中国近代思想史 漢字名＝汪暉
Wang, Hui ワン・ホイ
1930〜 [国]中国 社会学者 天津社会科学院院長 漢字名＝王輝 [異]ワン・フイ
Wang, Huimin ワング, ケイミン
1957〜 [著]「医療経営革命」 薬事日報社 2002
Wang, Jian ワン, ジャン
1969〜 [国]中国 チェロ奏者
Wang, Jian-lin ワン・ジャンリン
1954〜 [国]中国 実業家 大連万達集団(ワンダグループ)董事長 漢字名＝王健林 [異]ワン・ジエンリン
Wang, John X. ワング, ジョン・X.
[著]「リスク分析工学」 丸善 2003
Wang, Kevin D. ワン, ケビン・D.
[著]「育ちのヒント」 幻冬舎 2007
Wang, Le ワン, ラー
[国]中国 ローザンヌ国際バレエコンクール 7位・プロ研修賞(第40回(2012年))
Wang, Lee-hom ワン・リーホン
1976〜 [国]台湾 ミュージシャン, 俳優 漢字名＝王力宏
Wang, Le-quan ワン・ルーチュエン
1944〜 [国]中国 政治家 中国共産党政治局員, 中国法学会会長 新疆ウイグル自治区党委書記 漢字名＝王楽泉
Wang, Li-qin ワン・リチン
1978〜 [国]中国 卓球選手 漢字名＝王励勤
Wang, Lulu ワン, ルル
1960〜 [国]オランダ 作家 [専]文学
Wang, Meg ワング, メグ
[著]「みんなが楽しめる聖書ものがたり365」 いのちのことば社 2013
Wang, Meng ワン・メン
1985〜 [国]中国 スピードスケート選手 漢字名＝王濛
Wang, Min ワン・ミン
1956〜 [国]中国 グラフィックデザイナー 中央美術学院デザイン学院長 漢字名＝王敏
Wang, Mingxuan ワン, ミンシュエン
[国]中国 ローザンヌ国際バレエコンクール 8位・プロ研修賞(第40回(2012年))
Wang, Nina ワン, ニナ
?〜2007 [国]香港 実業家 チャイナチェム会長 漢字名＝龔如心
Wang, Paul ワン, ポール
[著]「統合マーケティング戦略論」 ダイヤモンド社 2003
Wang, Q.Edward ワン, エドワード
1958〜 [著]「箸はすごい」 柏書房 2016
Wang, Qi-min ワン・チーミン
1981〜 [国]中国 バレリーナ 中国国立バレエ団プリマ
Wang, Qi-ren ワン・チーレン
1942〜2001 [国]中国 マカオ特別行政区連絡事務所主任, 全国人民代表大会(全人代)代表 漢字名＝王啓人
Wang, Qi-shan ワン・チーシャン
1948〜 [国]中国 政治家 中国共産党政治局常務委員・中央規律検査委員会書記 中国副首相, 北京市長, 中国建設銀行頭取 漢字名＝王岐山
Wang, Quan-an ワン・チュアンアン
[国]中国 映画監督, 脚本家 漢字名＝王全安
Wang, Rung-nan ワン・ルンナン
1946〜 [国]中国 反体制活動家, 実業家 民主中国陣線主席 四通集団公司理事長 漢字名＝万潤南
Wang, Ruo-shui ワン・ルオスゥイ
1926〜2002 [国]中国 反体制理論家, 哲学者 「人民日報」副編集長 漢字名＝王若水, 筆名＝五澈
Wang, Ruo-wang ワン・ルオワン
1918〜2001 [国]中国 作家, 評論家, 反体制活動家 中国民主党初代主席 漢字名＝王若望
Wang, Sam ワン, サム
1967〜 [著]「最新脳科学で読み解く0歳からの子育て」 東洋経済新報社 2012
Wang, Shih-chang ワン, シー - チャン
[著]「乳腺top100診断」 メディカル・サイエンス・インターナショナル 2005
Wang, Shu ワン・シュウ
1963〜 [国]中国 建築家 中国芸術学院建築学部学部長 漢字名＝王澍
Wang, Wayne ワン, ウェイン
1949〜 [国]アメリカ 映画監督 漢字名＝王穎(ワン・イン) [異]オウ・エイ
Wang, Wei ワン・ウェイ
[国]中国 実業家 S.F.Express会長 漢字名＝王衛
Wang, Xiang-rong ワン・シャンロン
1920〜2006 [国]中国 中日関係史研究会常務理事 [専]中日関係史(主として古代) 漢字名＝汪向栄
Wang, Xiao-shuai ワン・シャオシュアイ
1966〜 [国]中国 映画監督, 脚本家 漢字名＝王小帥 [異]ワン・シャオシー
Wang, Xuan ワン・シュアン
1937〜2006 [国]中国 電子工学者 北京大学電子工学研究所教授・所長 [専]計算機の利用, 漢字情報処理 漢字名＝王選
Wang, Xue-zhong ワン・シュエゾン
1925〜2013 [国]中国 画家, 書家 中国書法家協会副主席, 天津大学研究生院教授 漢字名＝王学仲
Wang, Yan ワン, ヤン
[著]「経済成長の「質」」 東洋経済新報社 2002
Wang, Yang ワン・ヤン
1955〜 [国]中国 政治家 中国副首相, 中国共産党政治局員, 広東省党委書記 漢字名＝汪洋
Wang, Yi ワン・イー
1953〜 [国]中国 外交官 中国外相, 中国共産党中央委員 中国国務院台湾事務弁公室主任, 中国外務省党委書記・外務次官, 駐日中国大使 漢字名＝王毅
Wang, Ying Wen ワン・インウェン
[国]中国 実業家 漢字名＝王文銀
Wang, Yng-Yuh Richard ワン, Y.リチャード
[異]ワン, リチャード・Y. [著]「情報品質管理」 中央経済社 2008
Wang, Yue ワン・ユエ
上海愷英網絡科技有限公司 漢字名＝王悦
Wang, Yuegu ワン・ユエグ
[国]シンガポール 卓球選手
Wang, Yuja ワン, ユジャ
1987〜 ピアニスト 漢字名＝王羽佳 [異]ワン, ユーチィア
Wang, Yung ワン・ヨン
1956〜 [国]中国 歴史学者 浙江工商大学教授・日本文化研究所所長 [専]中日文化交流史(古代) 漢字名＝王勇
Wang, Yung-ching ワン・ヨンチン
1917〜2008 [国]台湾 実業家 台湾プラスチック・グループ創業者 漢字名＝王永慶
Wang, Zengyi ワン, ツォンイー
[国]ポーランド 卓球選手
Wang, Zhao-guo ワン・ザオグオ
1941〜 [国]中国 政治家 中国共産党政治局員 中国全国人民代表大会常務副委員長, 中華全国総工会主席 漢字名＝王兆国 [異]ワン・ジャオグオ
Wang, Zhijiong ワン・チージョン
[国]中国 チャイコフスキー国際コンクール ヴァイオリン 第6位(2007年(第13回))
Wang, Zhong-shu ワン・ゾンシュー
1925〜2015 [国]中国 考古学者 中国社会科学院考古学研究所所長 [専]中国漢唐考古学, 中国古代都市, 古代墓葬 漢字名＝王仲殊 [異]ワン・チョンシュー / ワン・ツォンシュ
Wangao-kizimale, Denis ワンガオ・キジマル, ドゥニ
[国]中央アフリカ 法相
Wangchuck, Jigme Khesar Namgyel ワンチュク, ジグメ・ケサル・ナムゲル
1980〜 [国]ブータン 国王(第5代) [異]ワンチュク, ジグメ・ケサル・ナムギャル / ワンチュク, ジグメ・ケサル・ナムゲル / ワ

W

ンチューク
Wangchuck, Jigme Singye ワンチュック, ジグメ・シンゲ
1955～ 国ブータン 国王（第4代） 訳ワンチュック, ジグメ・センケ／ワンチューク
Wangchuck, Khandu ワンチュック, カンドゥ
国ブータン 経済相
Wangchuck, Norbu ワンチュック, ノルブ
国ブータン 教育相
Wangchuck, Tandin ワンチュック, タンディン
国ブータン 保健相
Wangchuk, T.Sangay ワンチュック, T.サンゲ
著「ブータン星と大地の暮らし」文理閣 2009
Wangdi, Dorji ワンディ, ドルジ
国ブータン 労働人的資源相
Wangerin, Walter ワンゲリン, ウォルター
1944～ 著小説「イエス」」徳間書店 2006
Wangu, Madhu Bazaz ワング, マドゥ・バザーズ
著「仏教」青土社 2004
Wangue, Didier ワンゲ, ディディエ
国中央アフリカ 商工相
Wanjiru, Samuel ワンジル, サムエル
1986～2011 国ケニア マラソン選手
Wan Junaidi, Jaafar ワンジュナイディ・ジャーファー
国マレーシア 天然資源・環境相
Wank, Andreas ワンク, アンドレアス
1988～ 国ドイツ スキー選手 訳ヴァンク, アンドレアス
Wank, David L. ワンク, デヴィット
1957～ 著「グローバル社会のダイナミズム」Sophia University Press上智大学出版、ぎょうせい（製作・発売） 2007
Wanka, Johanna ワンカ, ヨハンナ
国ドイツ 教育相
Wankar ワンカール
著「タワンティンスーユの闘いインカの抵抗五百年史」面影橋出版 2009
Wanke, Christine A. ワンケ, C.A.
著「カラーアトラスAIDS」サイエンスプレス, テクノミック（発売） 2002
Wanke, Daouda Mallam ワンケ, D.
？～2004 国ニジェール 政治家,軍人 ニジェール国家和解評議会議長
Wan Muhamad, Noor Matha ワンムハマド・ノー・マタ
国タイ 農業・協同組合相 訳ワンムハマトノー・マタ
Wann, David ワン, デイヴィッド
著「消費伝染病「アフルエンザ」」日本教文社 2004
Wanna, John ワンナ, ジョン
著「ウェストミンスター政治の比較研究」法律文化社 2015
Wannarat, Channukul ワナラット・チャーンヌクン
国タイ エネルギー相
Wanner, Florian ワナー
国ドイツ 柔道選手
Wanner, Gerhard ヴァンナー, G.
著「常微分方程式の数値解法」シュプリンガー・ジャパン 2008
Wanniarachchi, Pavithra ワンニアラッチ, パウィトラ
国スリランカ サムルディ貧困撲滅相 訳ワンニアラッチ, パウィトゥラ
Wansbrough, Henry ウォンズブラ, ヘンリー
1934～ 著「聖書読解事典」原書房 2014
Wansink, Brian ワンシンク, ブライアン
著「そのひとクチがブタのもと」集英社 2007
Wanstrath, Chris ワンストラス, クリス
国アメリカ 起業家, ギットハブ創業者
Want, Lorna ウォント, ローナ
ローレンス・オリヴィエ賞 ミュージカル・エンタテインメント 助演女優賞（2015年（第39回）） "Beautiful - The Carole King Musical"
Wanyama, Victor ワニアマ, ヴィクター
国ケニア サッカー選手
Wanz ワンズ
グラミー賞 最優秀ラップ・アーティスト（2013年（第56回））ほか
Wapakhabulo, Wambogo ワパカブロ, ワンボゴ
国ウガンダ 第2副首相
Wapner, Jessica ワプナー, ジェシカ
著「フィラデルフィア染色体」柏書房 2015
Wapner, Leonard M. ワプナー, レナード・M.
著「バナッハ＝タルスキの逆説」青土社 2009
Wapnick, Gloria ワプニック, グロリア

著「赦しのカリキュラム」中央アート出版社 2016
Wapnick, Kenneth ワプニック, ケネス
1942～2013 著「赦しのカリキュラム」中央アート出版社 2016
Wapol, Upio Kakura ワポル, ウピオ・カクラ
国コンゴ民主共和国 人権相
Wapshott, Nicholas ワプショット, ニコラス
1952～ 国イギリス ジャーナリスト,作家
Waqa, Baron ワガ, バロン
国ナウル 大統領兼公務員相兼外務・貿易相兼気候変動相兼警察・緊急業務相
Waqaniburotu, Dominiko ワンガニンブロトゥ, ドミニコ
国フィジー ラグビー選手
Waquet, Françoise ヴァケ, F.
著「学問の共和国」知泉書館 2015
Waradi, Taito ワラディ, タイト
国フィジー 商工・投資・通信相
Warathep, Rattanakorn ワラテープ・ラタナゴーン
国タイ 首相府相
Warburton, Nigel ウォーバートン, ナイジェル
1962～ 著「哲学がかみつく」柏書房 2015
Warburton, Sam ウォーバートン, サム
国ウェールズ ラグビー選手
Warburton, Sarah ウォーバートン, サラ
著「おてんば魔女魔女料理は☆☆☆料理!!」ポプラ社 2009
Warchus, Matthew ウォーカス, マシュー
ローレンス・オリヴィエ賞 演出賞（2012年（第36回））ほか
Ward, Adam ワード, アダム
著「サッカー上達マニュアル」産調出版 2001
Ward, Allen C. ウォード, アレン
？～2004 著「リーン製品開発方式」日刊工業新聞社 2014
Ward, Amanda Eyre ウォード, アマンダ・エア
1972～ 国アメリカ 作家 著文学
Ward, Amelia ワード, アメリア
国リベリア 通産相
Ward, Andre ワード, アンドレ
1984～ 国アメリカ プロボクサー WBC世界スーパーミドル級チャンピオン 訳ウォード, アンドレ
Ward, Andrew ウォード, アンドリュー
著「逆境を乗り越える者」ランダムハウス講談社 2007
Ward, Anthony ウォード, アンソニー
トニー賞 プレイ 衣装デザイン賞（2009年（第63回）） "Mary Stuart"
Ward, Becca ワード
国アメリカ フェンシング選手
Ward, Beck ワード, ベック
訳ウォード, ベック 著「のりもの」世界文化社 2006
Ward, Brian ウォード, ブライアン
1972～ 著「How Linux works」毎日コミュニケーションズ 2006
Ward, Brian R. ウォード, ブライアン
著「感染症」同朋舎 2001
Ward, Calvin Herbert ワード, C.H.
1933～ 著「ファイトレメディエーション」シュプリンガー・フェアラーク東京 2001
Ward, Channing ウォード, チャニング
国アメリカ アメフト選手
Ward, Christopher ウォード, クリストファー
著「ミステリの美学」成甲書房 2003
Ward, David ウォード, デイヴィッド
著「古典派の音楽」音楽之友社 2014
Ward, G.Kingsley ウォード, G.キングスレイ
著「ビジネスマンの父より息子への30通の手紙」新潮社 2010
Ward, Helen ウォード, ヘレン
1962～ 著「魔術学入門」金の星社 2007
Ward, Ian ウォード, イアン
1938～ 著「将軍はなぜ殺されたか」原書房 2005
Ward, Ivan ワード, アイヴァン
著「マンガ精神分析学入門」講談社 2010
Ward, James ウォード, ジェームズ
著「最高に楽しい文房具の歴史雑学」エクスナレッジ 2015
Ward, Jamie ウォード, ジェイミー
著「カエルの声はなぜ青いのか？」青土社 2012
Ward, Jane ウォード, ジェーン
著「一目でわかる呼吸器系」メディカル・サイエンス・インターナショナル 2003
Ward, Jared ワード, ジェリード

㉚アメリカ　陸上選手
Ward, Jay　ワード, ジェイ
　1938～2012　㉚アメリカ　野球選手　本名＝Ward, John Francis
Ward, Jeremy P.T.　ウォード, ジェレミー P.T.
　㊗「一目でわかる心血管系」メディカル・サイエンス・インターナショナル　2008
Ward, Jesmyn　ワード, ジェスミン
　全米図書賞 小説（2011年）"Salvage the Bones"
Ward, Jessica　ワード, ジェシカ
　㊗「ミニー＆デイジー」KADOKAWA　2014
Ward, Jihad　ウォード, ジハド
　㉚アメリカ　アメフト選手
Ward, Jimmie　ウォード, ジミー
　㉚アメリカ　アメフト選手
Ward, Joel　ウォード, ジョエル
　㉚イングランド　サッカー選手
Ward, John L.　ワード, ジョン
　1945～　㉚ウォード, ジョン・L.　㊗「ファミリービジネス最良の法則」ファーストプレス　2015
Ward, Joseph　ワード, ジョセフ
　㉚アイルランド　ボクシング選手
Ward, J.R.　ウォード, J.R.
　1969～　㊗「愛と祝福の魔法」ハーパーコリンズ・ジャパン　2016
Ward, Laura　ウォード, ローラ
　㊗「悪魔の姿」新紀元社　2008
Ward, Lisa-Jane　ワード, リサ・ジェーン
　㊗「ハンドブック 英語医療コミュニケーション」麗澤大学出版会, 柏 広池学園事業部（発売）　2009
Ward, Martin F.　ウォード, マーティン・F.
　㊗「精神科臨床における救急場面の看護」医学書院　2003
Ward, McLain　ワード, マクレーン
　㉚アメリカ　馬術選手
Ward, O.Conor　ワード, オコナー
　㊗「ダウン症療育のパイオニア」あいり出版, 京都 松籟社（発売）　2006
Ward, Pat　ウォード, P.
　㊗「大学生のための学習マニュアル」培風館　2009
Ward, Pendleton　ウォード, ペンデルトン
　㊗「アドベンチャー・タイム」KADOKAWA　2016
Ward, Peter Douglas　ウォード, ピーター・D.
　1949～　㊗「生物はなぜ誕生したのか」河出書房新社　2016
Ward, Ralph D.　ワード, ラルフ・D.
　㊗「21世紀のコーポレートボード」商事法務研究会　2001
Ward, Robert　ウォード, ロバート
　1943～　㊗「四つの雨」早川書房　2007
Ward, Sally　ウォード, サリー
　㊗「0～4歳 わが子の発達に合わせた1日30分間「語りかけ」育児」小学館　2001
Ward, Sarah F.　ウォード, サラ・F.
　㊗「フランシスE.ウィラード女性たちの代弁者」日本クリスチャン女性禁酒同盟, アンカークロス出版（発売）　2010
Ward, Simon　ウォード, サイモン
　1941～2012　㉚イギリス　俳優　㉚ワード, サイモン
Ward, Stephen　ウォード, スティーブン
　㉚アイルランド　サッカー選手
Ward, Susan　ワード, スージー
　1947～　㊗「世界食文化図鑑」東洋書林　2003
Ward, Suzanne　ワード, スーザン
　㊗「宇宙の声」ナチュラルスピリット　2012
Ward, Terron　ウォード, テロン
　㉚アメリカ　アメフト選手
Ward, T.J.　ウォード, T.J.
　㉚アメリカ　アメフト選手
Ward, Tony　ウォード, トニー
　1954～　㊗「性犯罪からの離脱」日本評論社　2014
Ward, Turner　ウォード, ターナー
　㉚アメリカ　ロサンゼルス・ドジャースコーチ
Ward, Willa Parks　ウォード, ウィラ・パークス
　㊗「ポール・オースターが朗読するナショナル・ストーリー・プロジェクト」アルク　2006
Warda, Pascal　ワルダ, パスカル
　㉚イラク　入国管理相
Wardak, Abdullah　ワルダク, アブドラ
　㉚アフガニスタン　殉教戦傷者相
Wardak, Abdul Rahim　ワルダク, アブドゥル・ラヒム
　㉚アフガニスタン　国防相　㉚ワルダク, アブドゥルラヒム
Wardak, Ghulam Farooq　ワルダク, グラム・ファルーク
　㉚アフガニスタン　教育相
Warde, Fran　ウォード, フラン
　㊗「106ベジタリアン」ガイアブックス, 産調出版（発売）　2011
Warde, Ibrahim　ワルド, イブラヒム
　㊗「対テロ金融戦争の虚妄」三交社　2008
Wardeh, Salim　ワルデ, サリーム
　㉚レバノン　文化相
Warden, Jack　ウォーデン, ジャック
　1920～2006　㉚アメリカ　俳優, プロボクサー　リング名＝コステロ, ジョニー　㉚ウォルデン, ジャック
Wardetzki, Bärbel　ヴァルデツキー, ベルベル
　1952～　㊗「いつも気にしすぎてしまうあなたへ」サンマーク出版　2013
Wardle, David A.　ワードル, デイヴィッド
　1963～　㊗「地上と地下のつながりの生態学」東海大学出版部　2016
Wardle, Jane　ウォードル, J.
　㊗「21世紀の健康づくり10の提言」日本医療企画　2002
Wardle, Peter　ワードル, ピーター
　㊗「不妊」一灯舎, オーム社（発売）　2008
Ward-Perkins, Bryan　ウォード＝パーキンズ, ブライアン
　㊗「ローマ帝国の崩壊」白水社　2014
Ward-prowse, James　ウォード・プラウズ, ジェームズ
　㉚イングランド　サッカー選手
Ward-Thompson, Derek　ワード・トンプソン, D.
　1962～　㊗「星形成論」丸善出版　2016
Ware, Alyn　ウェア, アラン
　㊗「核不拡散から核廃絶へ」憲法学舎, 日本評論社（発売）　2010
Ware, Bronnie　ウェア, ブロニー
　㊗「死ぬ瞬間の5つの後悔」新潮社　2012
Ware, Casper　ウェア, キャスパー
　㉚アメリカ　バスケットボール選手
Ware, Chris　ウェア, クリス
　アングレーム国際漫画祭 審査員特別賞（2015年）ほか
Ware, DeMarcus　ウェアー, デマーカス
　㉚アメリカ　アメフト選手
Ware, Jim　ウェア, ジム
　㊗「ロード・オブ・ザ・リング聖なる旅の黙示録」PHP研究所　2002
Ware, Jim　ウェア, ジム
　1954～　㊗「投資ビジネスの心理学」シグマベイスキャピタル　2004
Wäre, Mervi　バレ, メルヴィ
　㊗「フィンランド読解教科書」経済界　2008
Ware, Pamela　ウェア, パメラ
　㉚カナダ　水泳選手
Ware, Spencer　ウェアー, スペンサー
　㉚アメリカ　アメフト選手
Wareham, John　ウェアラム, ジョン
　1940～　㊗「なぜあなたは同じ失敗をしてしまうのか」英治出版　2004
Warfield, Terry D.　ウォーフィールド, T.D.
　㊗「アメリカ会計セミナー」シュプリンガー・フェアラーク東京　2002
Warford, Larry　ウォーフォード, ラリー
　㉚アメリカ　アメフト選手
Wargocki, Pawel　ワルゴツキ, ポール
　1966～　㊗「教室の環境と学習効率」建築資料研究社　2007
Warhaftig, Zorach　バルハフティク, ゾラフ
　1906～2002　㊗「日本に来たユダヤ難民」原書房　2014
Waricha, Jean　ワーリッチャ, ジーン
　㊗「フルハウス」マッグガーデン　2007
Wariner, Jeremy　ウォリナー
　㉚アメリカ　陸上選手　㉚ワリナー
Wariner, Steve　ウォリナー, スティーブ
　グラミー賞 最優秀カントリー・インストゥルメンタル・アーティスト（2009年〈第52回〉）ほか
Waring, Adrian　ワーリング, エイドリアン
　㊗「BeeManual」スタジオタッククリエイティブ　2013
Waring, Claire　ワーリング, クレール
　㊗「BeeManual」スタジオタッククリエイティブ　2013
Waring, Richard　ウェアリング, リチャード
　㊗「ダンスのすきなワニ」朔北社　2004
Wario, Hassan　ワリオ, ハッサン
　㉚ケニア　スポーツ・文化・芸術相

Wark, McKenzie　ワーク, マッケンジー
　1961〜　著「ハッカー宣言」河出書房新社　2005
Warkentin, Mark　ウォーケンティン
　国アメリカ　オープンウォーター選手
Warker, Ignacio　ウォルケル, イグナシオ
　国チリ　外相
Warmack, Chance　ウォーマック, チャンス
　国アメリカ　アメフト選手
Warman, Julieta V.　ワールマン, フリエタ・V.
　1975〜　著「ひつじが500びき」新世研　2002
Warmer, Jos B.　ヴァルメル, ヨシュ
　著「UML/MDAのためのオブジェクト制約言語OCL」エスアイビー・アクセス, 星雲社（発売）　2004
Warmerdam, Cornelius Dutch　ウォーマーダム, C.ダッチ
　1915〜2001　国アメリカ　棒高跳び選手
Warmsley, Julius　ウォムスリー, ジュリアス
　国アメリカ　アメフト選手
Warnaby, Gary　ワナビー, ギャリー
　著「リレーションシップ・マーケティング」同友館　2012
Warncke, Carsten-Peter　ヴァルンケ, カーステン＝ペーター
　1947〜　著「パブロ・ピカソ」Taschen　c2007
Warner, Alan　ウォーナー, アラン
　1964〜　著「ソプラノ」アーティストハウスパブリッシャーズ, 角川書店（発売）　2003
Warner, Austin Jack　ウォーナー, オースティン・ジャック
　国トリニダード・トバゴ　国家安全保障相
Warner, Carl　ワーナー, カール
　1963〜　著「もしもせかいがたべものでできていたら」フレーベル館　2015
Warner, Charles Dudley　ウォーナー, チャールズ・D.
　著「マーク・トウェインコレクション」彩流社　2002
Warner, Chris　ワーナー, クリス
　著「ナポレオンの元帥たち」新紀元社　2001
Warner, Damian　ワーナー, ダミアン
　国カナダ　陸上選手　邦ワーナー, D.
Warner, Elizabeth　ワーナー, エリザベス
　1940〜　著「ロシアの神話」丸善　2004
Warner, Jennifer　ワーナー, ジェニファー
　著「ダルトン・トランボ」七つ森書館　2016
Warner, Joel　ワーナー, ジョエル
　1978〜　著「世界"笑いのツボ"探し」CCCメディアハウス　2015
Warner, John W.　ウォーナー, ジョン
　1927〜　国アメリカ　政治家　米国上院議員（共和党）, 米国海軍長官
Warner, Malcolm　ウォーナー, マルコルム
　著「市場経済移行諸国の企業経営」昭和堂　2007
Warner, Malcolm-Jamal　ワーナー, マルコム＝ジャマル
　グラミー賞 最優秀トラディショナルR&B歌手（2014年（第57回））　"Jesus Children"
Warner, Marina　ウォーナー, マリーナ
　全米書評家協会賞 批評（2012年）　"Stranger Magic: Charmed States and the Arabian Nights"
Warner, Melanie　ウォーナー, メラニー
　著「加工食品には秘密がある」草思社　2014
Warner, Penny　ウォーナー, ペニー
　国アメリカ　作家　㊕ミステリー, 児童書　邦ワーナー, ペニー
Warner, Richard　ワーナー, リチャード
　1943〜　著「統合失調症回復への13の提案」岩崎学術出版社　2008
Warner, Sally　ワーナー, サリー
　著「永遠の友だち」角川書店　2006
Warners, Chiel　ワルナース
　国オランダ　陸上選手
Warnes, David　ウォンズ, デヴィッド
　著「ロシア皇帝歴代誌」創元社　2001
Warnes, Tim　ワーンズ, ティム
　1971〜　著「なんで？」ブロンズ新社　2015
Warney, Jameel　ワーニー, ジャミール
　国アメリカ　バスケットボール選手
Warnke, Georgia　ウォーンキー, ジョージア
　著「正義と解釈」昭和堂
Warnke, Martin　ヴァルンケ, マルティン
　著「クラーナハ《ルター》」三元社　2006
Warnock, John E.　ワーノック, ジョン
　1940〜　実業家　アドビシステムズ共同会長
Warnock, Mary　ウォーノック, メアリー
　著「ワーノック, メアリー」「イギリス特別なニーズ教育の新たな視点」ジアース教育新社　2012
Warraich, Habibullah　ワライチ, ハビブラ
　国パキスタン　防衛生産相
Warrell, Margie　ウォレル, マージー
　著「人生のシナリオを劇的に変える12の勇気」幸福の科学出版　2009
Warren, Adam　ウォーレン, アダム
　国アメリカ　野球選手
Warren, Alison　ウォーレン, アリソン
　著「エビデンスに基づく高齢者の作業療法」ガイアブックス　2014
Warren, Andrea　ウォーレン, アンドレア
　著「キルトにつづる物語」汐文社　2008
Warren, Arnie　ワレン, アーニー
　著「クレイター先生最後の授業」ディスカヴァー・トゥエンティワン　2003
Warren, Butch　ウォーレン, ブッチ
　1939〜2013　国アメリカ　ジャズ・ベース奏者　本名＝Warren, Edward
Warren, Cat　ワレン, カット
　著「死体捜索犬ソロが見た驚くべき世界」エクスナレッジ　2014
Warren, David　ウォーレン, デービッド
　1925〜2010　国オーストラリア　航空学研究者　本名＝Warren, David Ronald de Mey　邦ウォレン, デビッド
Warren, David Alexander　ウォーレン, デービッド
　1952〜　国イギリス　外交官　ジャパン・ソサエティ議長　駐日英国大使　邦ウォレン, デビッド
Warren, Diane　ウォーレン, ダイアン
　ゴールデン・グローブ賞 映画 主題歌賞（第68回（2010年度））　'You Haven't Seen The Last Of Me'（「バーレスク」"Burlesque"）
Warren, Earl　ウォーレン, アール
　著「友よ 弔辞という詩」河出書房新社　2007
Warren, Elizabeth　ウォーレン, エリザベス
　1949〜　国アメリカ　政治家　米国上院議員（民主党）　ハーバード大学教授　㊕破産法, 消費者保護法
Warren, Emma　ウォーレン, エマ
　国アイルランド　ダンサー　㊕アイリッシュダンス
Warren, Ethan　ウォレン
　国オーストラリア　飛び込み選手
Warren, Greg　ウォーレン, グレッグ
　国アメリカ　アメフト選手
Warren, Gretchen Ward　ワーレン, グレッチェン
　著「クラシックバレエテクニック」大修館書店　2008
Warren, Henry S., Jr.　ウォーレン, ヘンリー・S., Jr.
　著「ハッカーのたのしみ」エスアイビー・アクセス, 星雲社（発売）　2014
Warren, James　ウォーレン, ジェイムス
　1974〜　著「スケーラブルリアルタイムデータ分析入門」オライリー・ジャパン, オーム社（発売）　2016
Warren, James Francis　ワレン, ジェームズ・フランシス
　1942〜　著「阿姑とからゆきさん」法政大学出版局　2015
Warren, John　ウォーレン, ジョン
　著「悦楽者たちの館」扶桑社　2003
Warren, J.Robin　ウォーレン, J.ロビン
　国オーストラリア　ノーベル賞 生理学医学賞（2005年）
Warren, J.Robin　ワレン, ロビン
　1937〜　国オーストラリア　病理専門医, 病理学者　王立パース病院上級病理専門医　㊕ピロリ菌
Warren, Kay　ウォーレン, ケイ
　1954〜　著「キリスト教信仰の土台」パーパス・ドリブン・ジャパン　2014
Warren, Linda　ウォレン, リンダ
　著「恋人たちの聖夜」ハーレクイン　2006
Warren, Lissa　ウォレン, リサ
　著「世界でいちばん幸せな猫」エクスナレッジ　2015
Warren, Nancy　ウォレン, ナンシー
　1959〜　著「三カ月だけフィアンセ」ハーパーコリンズ・ジャパン　2015
Warren, Neil Clark　ウォーレン, ニール・クラーク
　イーハーモニー創業者　邦ウォーレン, ネイル・クラーク
Warren, Pat　ウォレン, パット
　著「私だけの億万長者」ハーレクイン　2003
Warren, Rick　ウォレン, リック
　1954〜　国アメリカ　牧師, 作家　サドルバック教会主任牧師

本名＝Warren, Richard D.
Warren, Sally ウォーレン, サリー
㊃「悲しみを乗り越えるやさしいレッスン」ぶんか社 2001
Warren, Sharon A. ウォーレン, シャロン・A.
㊃「引き寄せの古典的名著マグネタイジング」ヴォイス出版事業部 2016
Warren, Stuart G. ウォーレン, S.G.
㊄ウォーレン, スチュワート ㊃「ウォーレン有機化学」東京化学同人 2015
Warren, T.J. ウォーレン, T.J.
㊀アメリカ バスケットボール選手
Warren, Tracy Anne ウォレン, トレイシー・アン
㊃「真紅のシルクに口づけを」二見書房 2016
Warren, Wendy ウォレン, ウェンディ
㊃「誘惑のマナー」ハーレクイン 2003
Warrer, Jonas ワーラー, ヨナス
㊀デンマーク セーリング選手 ㊄ワーラー
Warriach, Habibullah ワリアッチ, ハビブラ
㊀パキスタン 防衛生産相
Warrick, Joby ウォリック, ジョビー
1960〜 ㊀アメリカ ジャーナリスト
Warrick, Ruth ウォリック, ルース
？〜2005 ㊀アメリカ 女優
Warrier, Gopi ウォリアー, ゴピ
㊃「実践アーユルヴェーダ」産調出版 2007
Warrior, Padmasree ウォリアー, パドマスリー
㊀アメリカ シスコシステムズ最高技術責任者
Warsal, Ronald ワーサル, ロナルド
㊀バヌアツ 法務・社会福祉相
Warsameh, Abdiweli Jama ワルサメ, アブディウェリ・ジャマ
㊀ソマリア 港湾・海運相 ㊄ワルサメ, アブディウェリ・ジャマ
Warschauer, Mark ウォーショー, マーク
㊃「インターネット時代の英語教育」ピアソン・エデュケーション 2001
Warschawski, Michel ワルシャウスキー, ミシェル
㊀イスラエル 平和運動家 オルタナティブ・インフォメーション・センター（AIC）所長
Warsh, Larry ウォーシュ, ラリー
㊃「アイ・ウェイウェイ主義」ブックエンド 2013
Warsh, Sylvia Maultash ウォルシュ, シルビア・マウルターシュ
㊀カナダ 作家 ㊄ウォルシュ, シルヴィア／ウォルシュ, シルヴィア・マウルターシュ／ワーシュ, シルビア
Warshak, Richard Ades ウォーシャック, リチャード・A.
1949〜 ㊃「離婚毒」誠信書房 2012
Warshel, Arieh ウォーシェル, アリー
1940〜 ㊀アメリカ 化学者 南カリフォルニア大学特別教授
Warsitz, Lutz ヴァルジッツ, ルッツ
㊃「ファーストジェットパイロット」イカロス出版 2015
Warsta, Elina ヴァルスタ, エリナ
㊃「クリスマス・イブはおおさわぎ」ワールドライブラリー 2015
Wartella, Ellen ウオーテラ, エレン
㊄ウォーテラ, エレン ㊃「アメリカーコミュニケーション研究の源流」春風社 2005
Warth, Keith ウォース, キース
㊃「厩舎をはじめとした馬用建造物」日本競走馬協会 2008
Warthen, Dan ワーゼン, ダン
㊀アメリカ ニューヨーク・メッツコーチ
Warton, Barbara ウォートン, バーバラ
㊃「メモリーズ・オブ・ジョン」イースト・プレス 2006
Wartzman, Rick ワルツマン, リック
㊃「ドラッカーの視点」アチーブメント出版 2012
Warui, Peter Mungai ワルイ, ピーター
㊀ケニア ボクシング選手
Warwick, Ben ウォーウィック, ベン
㊃「αを探せ！」日経BP社, 日経BP出版センター（発売）2003
Warwick, Dee Dee ワーウィック, ディー・ディー
1945〜2008 ㊀アメリカ 歌手
Warwick, Dionne ワーウィック, ディオンヌ
1941〜 ㊀アメリカ 歌手 本名＝Warwick, Marie Dionne
Warwick, Mal ウォーウィック, マル
㊃「ソーシャルビジネス入門」日経BP社, 日経BP出版センター（発売）2009
Warwicker, John ワーウィッカー, ジョン

1955〜 ㊃「amateur」ディー・ディー・ウェーブ, 河出書房新社（発売）2016
Warwick-Smith, Simon ワーウィック・スミス, サイモン
㊃「魂のチャート」ナチュラルスピリット・パブリッシング80 2010
Waschbusch, Daniel A. ワックバック, ダニエル・A.
㊃「臨床心理学における科学と疑似科学」北大路書房 2007
Waschka, Larry ワシュカ, ラリー
㊃「世界一わかりやすいほんとうのお金持ちになる法」総合法令出版 2001
Wasdin, Howard E. ワーズディン, ハワード・E.
㊃「極秘特殊部隊シール・チーム・シックス」朝日新聞出版 2012
Wase, Brenson ワセ, ブレンソン
㊀マーシャル諸島 財務相
al-Waseilah, al-Sammani al-Sheikh ワセイラ, サマニ・シェイフ
㊀スーダン 運輸相 ㊄アル・ワセイラハ, アル・サマニ・アル・シェイフ
Wash, Todd ウォッシュ, トッド
㊀アメリカ ジャクソンビル・ジャガーズコーチ
Washburn, Livia J. ウォッシュバーン, リビア
㊀アメリカ 作家 ㊄ウォッシュバーン, リヴィア・J.
Washington, Adolphus ワシントン, アドルファス
㊀アメリカ アメフト選手
Washington, Charles ワシントン, チャールズ
㊀アメリカ アメフト選手
Washington, Corey ワシントン, コリー
㊀アメリカ アメフト選手
Washington, Cornelius ワシントン, コーネリアス
㊀アメリカ アメフト選手
Washington, David ワシントン, デビッド
㊀アメリカ 野球選手
Washington, DeAndre ワシントン, ディアンドレ
㊀アメリカ アメフト選手
Washington, Dennis ワシントン, デニス
㊀アメリカ ワシントン・カンパニーズ
Washington, Denzel ワシントン, デンゼル
1954〜 ㊀アメリカ 俳優, 映画監督 本名＝Washington, Denzel Hayes Jr.
Washington, Donald ワシントン, ドナルド
㊀アメリカ アメフト選手
Washington, Dwayne ワシントン, ドウェイン
㊀アメリカ アメフト選手
Washington, Jabriel ワシントン, ジャブリエル
㊀アメリカ アメフト選手
Washington, Johnny ワシントン, ジョニー
㊀アメリカ サンディエゴ・パドレスコーチ
Washington, Kerry ワシントン, ケリー
ゴールデン・ラズベリー賞（ラジー賞）最低カップル賞（第27回（2006年））"Little Man"
Washington, Nate ワシントン, ネイト
㊀アメリカ アメフト選手
Washington, Ron ワシントン, ロン
㊀アメリカ アトランタ・ブレーブスコーチ
Washington, Tony ワシントン, トニー
㊀アメリカ アメフト選手
Washington, Walter Edward ワシントン, ウォルター
1915〜2003 ㊀アメリカ 政治家 ワシントン市長
Wasiak, Maria バシャク, マリア
㊀ポーランド インフラ開発相
Wasielewski, Krys ヴァシレヴスキ, クリス
1953〜 ㊃「コードネームはナイチンゲール」創元社 2009
Wasik, Barbara Hanna ワシック, B.H.
㊃「ホームビジティング」ミネルヴァ書房 2006
Wasik, John F. ワシック, ジョン・F.
㊃「ケインズ投資の教訓」東洋経済新報社 2015
Wasikowska, Mia ワシコウスカ, ミア
1989〜 ㊀オーストラリア 女優
Wasilewski, Marcin ヴァシレフスキ, マルチン
㊀ポーランド サッカー選手
Wasle, Elmar ヴァスレ, E.
㊃「GNSSのすべて」古今書院 2010
Wasmund, Sháá ウォーズマン, シャー
1972〜 ㊃「つべこべ言わずにやってみよう」アルファポリス, 星雲社（発売）2013
Wasnik, Mukul ワスニク, ムクル

[国]インド　社会正義・権限付与相
Wasow, Mona　ワソー, モナ
[著]「統合失調症と家族」 金剛出版　2010
Wasow, Thomas　ワソー, トーマス
[著]「統語論入門」 岩波書店　2001
Wäspe, Roland　ヴェスペ, ローランド
[著]「セガンティーニ」 西村書店　2011
Wass, Daniel　ヴァス, ダニエル
[国]デンマーク　サッカー選手
Wasser, Thierry　ワッサー, ティエリー
[国]スイス　調香師　ゲラン調香師
Wasserman, Dale　ワッサーマン, デール
1914〜2008　[国]アメリカ　脚本家　[異]ワサーマン, デイル / ワッサーマン, デイル
Wasserman, Lew R.　ワッサーマン, ルー
1913〜2002　[国]アメリカ　実業家　ユニバーサル・スタジオ名誉会長, MCA会長・CEO
Wasserman, Michel　ワッセルマン, ミッシェル
1948〜　[著]「ベアテ・シロタと日本国憲法」 岩波書店　2014
Wasserman, Noam　ワッサーマン, ノーム
1969〜　[著]「起業家はどこで選択を誤るのか」 英治出版　2014
Wasserman, Tony　ワッサーマン, トニー
[著]「ソフトウェア開発のカオス」 構造計画研究所, 共立出版(発売)　2003
Wassermann, Zbigniew　ワッセルマン, ズビグニェフ
[国]ポーランド　情報関係調整担当相
Wasserstein, Bruce　ワッサースタイン, ブルース
1947〜2009　[国]アメリカ　実業家　ラザード会長・CEO
Wasserstein, Wendy　ワッサースタイン, ウェンディ
1950〜2006　[国]アメリカ　劇作家
Wassilowsky, Günter　ヴァシロフスキー, ギュンター
[著]「キリスト教の主要神学者」 教文館　2014
Wassira, Stephen　ワシラ, スティーブン
[国]タンザニア　農業・食料安全保障相
Wassmuth, Conny　ワシュムート, コニー
[国]ドイツ　カヌー選手
Wasson, Sam　ワッソン, サム
[著]「オードリー・ヘプバーンとティファニーで朝食を」 マーブルトロン, 中央公論新社(発売)　2011
Waszczykowski, Witold　ワシチコフスキ, ウィトルド
[国]ポーランド　外相
Watana, Muangsook　ワタナー・ムアンスク
[国]タイ　商業相
Watanabe, Issa　ワタナベ, イッサ
1980〜　[著]「いいこにして、マストドン！」 ワールドライブラリー　2015
Watanabe, José　ワタナベ, ホセ
1946〜2007　[著]「ホセ・ワタナベ詩集」 土曜美術社出版販売　2016
Watanabe, Kazuyoshi　ワタナベ, カズヨシ
[著]「てんかん症候群」 中山書店　2007
Watanabe, Masahiko　ワタナベ, マサヒト
[著]「腹腔鏡下大腸手術」 シュプリンガー・ジャパン　2007
Watanabe, Yoshiyuki Bill　ワタナベ, ヨシユキ・ビル
[国]アメリカ　リトル東京サービスセンター所長
Watanuki, Shigeaki　ワタヌキ, シゲアキ
漢字名＝綿貫成明　[著]「ケアのなかの癒し」 看護の科学社　2016
Waterberg, Celsius　ウォーターバーグ, セルシウス
[国]スリナム　保健相　[異]ワーテルベルグ, セルシウス
Waterfield, Peter　ウォーターフィールド
[国]イギリス　飛び込み選手
Waterhouse, David Boyer　ウォーターハウス, デイビッド・ボイヤー
[国]カナダ, イギリス　王立オンタリオ博物館名誉研究員, トロント大学東アジア学部名誉教授, 元・トロント大学東アジア学部教授
Waterhouse, Jason　ウォーターハウス, ジェーソン
[国]オーストラリア　セーリング選手
Waterhouse, Jo　ウォーターハウス, ジョー
[著]「スケートボーダーズ・アート」 グラフィック社　2006
Waterhouse, Stephen　ウォーターハウス, スティーブン
[著]「とびだす世界地図帳」 大日本絵画　〔2013〕
Waterman, Fanny　ウォーターマン, ファニー
[著]「若きピアニストへ」 ショパン　2003
Waterman, Peter　ウォーターマン, ピーター
[著]「帝国への挑戦」 作品社　2005
Waterman, Robert H.　ウォータマン, ロバート
[著]「エクセレント・カンパニー」 英治出版　2003
Waterman, Russell　ウォーターマン, ラッセル
[著]「ヴァーティガンズ・マシーン」 青山出版社　2007
Waters, Alice　ウォーターズ, アリス
1944〜　ベルリン国際映画祭 ベルリナーレ・カメラ賞(第65回(2015年))　[異]ウォータース, アリス
Waters, Daryl　ウォータース, ダリル
トニー賞 ミュージカル 編曲賞(2010年(第64回))　"Memphis"
Waters, David　ウォーターズ, デビッド
[著]「男性百科」 産調出版　2002
Waters, Herb　ウォーターズ, ハーブ
[国]アメリカ　アメフト選手
Waters, Jason T.　ウォーターズ, ジェイソン
[著]「CCNA」 翔泳社　2004
Waters, John　ウォーターズ, ジョン
1946〜　[国]アメリカ　映画監督
Waters, John M.　ウォーターズ, ジョン
[著]「海のレスキュー」 成山堂書店　2003
Waters, Lesley　ウォーターズ, レスリー
[著]「106ベジタリアン」 ガイアブックス, 産調出版(発売)　2011
Waters, Mark　ウォーターズ, マーク
1964〜　[国]アメリカ　映画監督
Waters, Michael R.　ウォーターズ, マイケル・R.
[著]「ジオアーケオロジー」 朝倉書店　2012
Waters, Roger　ウォーターズ, ロジャー
1944〜　[国]イギリス　ロック・ベース奏者, ロック歌手　[異]ウォータース, ロジャー
Waters, Sarah　ウォーターズ, サラ
1966〜　[国]イギリス　作家　[専]文学, フィクション, 歴史ほか
Watford, David　ワットフォード, デービッド
[国]アメリカ　アメフト選手
Watford, Earl　ワットフォード, アール
[国]アメリカ　アメフト選手
Wathen, Dan　ワスン, D.
[著]「ストレングストレーニング&コンディショニング」 ブックハウス・エイチディ　2002
Watkin, David　ワトキン, デイヴィッド
1941〜　[著]「西洋建築史」 中央公論美術出版　2015
Watkin, David　ワトキン, デービッド
1925〜2008　[国]イギリス　映画撮影監督　[異]ワトキン, デイヴィッド
Watkin, Henry　ワトキン, ヘンリー
[著]「未完のハーン伝」 大空社　2002
Watkins, Anna　ワトキンス, アンナ
1983〜　[国]イギリス　ボート選手　本名＝Watkins, Anna Rose
Watkins, Anne C.　ワトキンス, アン・C.
[著]「ザ・コニュア」 誠文堂新光社　2009
Watkins, Claire Vaye　ワトキンズ, クレア・ベイ
1984〜　[国]アメリカ　作家　[専]文学, SF　[異]ワトキンズ, クレア・ヴェイ
Watkins, D.D.　ワトキンス, D.D.
[著]「ジャック・キャンフィールドの「引き寄せの法則」を生かす鍵」 PHP研究所　2008
Watkins, Derek　ワトキンス, デレク
1945〜2013　[国]イギリス　トランペット奏者　本名＝Watkins, Derek Roy
Watkins, Evan　ワトキンズ, エヴァン
1946〜　[著]「ポストモダンの経済学」 ダイヤモンド社　2003
Watkins, Graham　ワトキンズ, グレイアム
1944〜　[著]「神聖娼婦」 学習研究社　2004
Watkins, Jack　ワトキンズ, ジャック
[著]「図説世界の「最悪」発明大全」 原書房　2011
Watkins, Jaylen　ワトキンス, ジェイレン
[国]アメリカ　アメフト選手
Watkins, Jimmy　ワトキンス
[国]アメリカ　自転車選手
Watkins, John Goodrich　ワトキンス, ジョン・G.
1913〜2012　[著]「治療的自己」 アドスリー, 丸善出版(発売)　2013
Watkins, Matthew　ワトキンス, マシュー
[著]「公式の世界」 創元社　2010
Watkins, Michael　ワトキンス, マイケル
1956〜　[著]「CCNA(シーシーエヌエー) security」 翔泳社　2010
Watkins, Michael D.　ワトキンス, マイケル
[著]「90日で成果を出すリーダー」 翔泳社　2014
Watkins, Richard　ワトキンス, リチャード

㊞「イタリア」メディアファクトリー 2007
Watkins, Sammy ワトキンス, サミー
　㊤アメリカ　アメフト選手
Watkins, Samuel Craig ワトキンス, S.クレイグ
　㊞「ヒップホップはアメリカを変えたか？」フィルムアート社 2008
Watkins, Sherron ワトキンス, シェロン
　㊞「エンロン 内部告発者」ダイヤモンド社 2003
Watkins, Susan M. ワトキンス, スーザン・M.
　㊞「シンクロニシティが起きるとき」ヴォイス 2009
Watkins, Tionne ワトキンズ, ティオンヌ "T・ボズ"
　㊞「Thoughts」シンコー・ミュージック 2002
Watkins, Yoko Kawashima ワトキンズ, ヨーコ・カワシマ
　1933〜　㊞「竹林はるか遠く」ハート出版 2015
Watkinson, David ワトキンスン, デイビッド
　㊞「出土遺物の応急処置マニュアル」柏書房 2002
Watkinson, Jeff ワトキンソン, ジェフ
　㊤アメリカ　ユタ・ジャズアシスタントコーチ（バスケットボール）
Watkinson, Mike ワトキンソン, マイク
　㊞「クレイジー・ダイアモンド／シド・バレット」水声社 2001
Watling, Rob ワトリング, ロブ
　㊞「メディア・アクション・プロジェクト」部落解放・人権研究所, 大阪 解放出版社（発売） 2006
Watling, Roy ワトリング, R.
　㊞「図解きのこ鑑別法」西村書店東京出版編集部 2010
Watmore, Duncan ワトモア, ダンカン
　㊤イングランド　サッカー選手
Watndal, Erik ワタンダル
　㊤ノルウェー　射撃選手
Watson, Alan ワトソン, アラン
　㊞「ローマ法と比較法」信山社出版 2006
Watson, Alberta ワトソン, アルバータ
　1955〜2015　㊤カナダ　女優
Watson, Aldren Auld ワトソン, オールドレン
　1917〜　㊞「どうやって作るの？」偕成社 2012
Watson, Annesley J. ワトソン, アネスリー
　㊞「味とにおい」フレグランスジャーナル社 2002
Watson, Anthony ワトソン, アンソニー
　㊤イングランド　ラグビー選手
Watson, Ben ワトソン, ベン
　㊤イングランド　サッカー選手
Watson, Ben ワトソン, ベン
　1956〜　㊞「デレク・ベイリー」工作舎 2014
Watson, Benjamin ワトソン, ベンジャミン
　㊤アメリカ　アメフト選手
Watson, Bubba ワトソン, ババ
　1978〜　㊤アメリカ　プロゴルファー　㊥ワトソン, ババ／ワトソン, ブバ
Watson, Burton ワトソン, バートン
　1925〜　㊞「チャイナ・アト・ラースト」七草書房 2012
Watson, Camilla E. ワトソン, カミーラ・E.
　㊞「アメリカ税務手続法」大蔵財務協会 2013
Watson, Christine ウェッソン, クリスティン
　㊞「500ジュース＆スムージーのレシピ集」グラフィック社 2009
Watson, Christine ワトソン, クリスティン
　1950〜　㊞「境界性パーソナリティ障害臨床ガイドブック」日本評論社 2007
Watson, C.J. ワトソン, CJ
　㊤アメリカ　バスケットボール選手
Watson, Dekoda ワトソン, デコダ
　㊤アメリカ　アメフト選手
Watson, Devin ワトソン, デヴィン
　1978〜　㊞「ホラー映画の書き方」フィルムアート社 2012
Watson, Doc ワトソン, ドク
　1923〜2012　㊤アメリカ　ミュージシャン
Watson, Edward ワトソン, エドワード
　ローレンス・オリヴィエ賞 ダンス 功績賞（2012年（第36回））"The Metamorphosis"
Watson, Emily ワトソン, エミリー
　1967〜　㊤イギリス　女優　本名＝Watson, Emily Margaret
Watson, Emma ワトソン, エマ
　1990〜　㊤イギリス　女優　本名＝Watson, Emma Charlotte Duerre
Watson, Eral ワトソン, アール

Watson, Frank Howard ワトソン, フランク・ハワード
　㊤バハマ　副首相兼公安相
Watson, Fred ワトソン, フレッド
　㊞「望遠鏡400年物語」地人書館 2009
Watson, Galadriel Findlay ヴェトゥスン, ゲラドレル
　㊞「モンゴル」汐文社 2008
Watson, Grant ワトソン, グラント
　㊞「肩の痛み・四十肩改善マニュアル」実業之日本社 2011
Watson, Heather ワトソン, ヘザー
　㊤イギリス　テニス選手
Watson, Ian ワトソン, イアン
　1943〜　㊤イギリス　SF作家　㊥ワトスン, イアン
Watson, James Dewey ワトソン, ジェームズ
　1928〜　㊤アメリカ　分子生物学者　コールド・スプリング・ハーバー研究所名誉所長　㊞遺伝子DNA（デオキシリボ核酸）　㊥ウォトソン, ジェームズ
Watson, James L. ワトソン, ジェームス・L.
　1943〜　㊞「次の超大国・中国の憂鬱な現実」朝日新聞社 2003
Watson, Jane Werner ワトソン, ジェーン・ワーナー
　1915〜　㊞「ふわふわあひるのこ」講談社 2004
Watson, Jean ワトソン, ジーン
　1940〜　㊞「「患者中心」で成功する病院大改造」医学書院 2016
Watson, Jeff ワトソン, ジェフ
　㊞「イヌワシの生態と保全」文一総合出版 2006
Watson, Jessica ワトソン, ジェシカ
　1993〜　㊞「ジェシカ16歳夢が私に勇気をくれた」書肆侃侃房 2013
Watson, John ワトスン, ジョン
　㊞「シャーロック・ホームズ最強クイズ」扶桑社 2012
Watson, Jude ワトソン, ジュード
　㊤アメリカ　作家　㊞児童書, ミステリー, ヤングアダルト　本名＝ブランデル, ジュディ〈Blundell, Judy〉
Watson, Karli ワトソン, カーリー
　㊞「プロフェッショナルASP.NET」インプレス, インプレスコミュニケーションズ（発売） 2002
Watson, Larry ワトソン, ラリイ
　1947〜　㊞「果樹園」ランダムハウス講談社 2006
Watson, Linda ワトソン, リンダ
　㊞「世界ファッション・デザイナー名鑑」スペースシャワーブックス, スペースシャワーネットワーク（発売） 2015
Watson, Lucy Rebecca ワトソン, ルーシー
　1991〜　㊞「わかって私のハンディキャップ」大月書店 2016
Watson, Lyall ワトソン, ライアル
　1939〜2008　㊤イギリス　生命科学者, 動物学者, 作家　㊥ワトソン, ライエル
Watson, Malcolm David ワトソン, マルコム・デイビッド
　1945〜2013　㊞「ある英国人が愛した素顔のニッポン」G.B. 2014
Watson, Margaret ワトスン, マーガレット
　1951〜　㊞「捧げた純愛」ハーレクイン 2007
Watson, Mark W. ワトソン, マーク
　㊞「入門計量経済学」共立出版 2016
Watson, Menelik ワトソン, メネリク
　㊤アメリカ　アメフト選手
Watson, Michael ワトソン, マイケル
　㊞「越境する日本文学研究」勉誠出版 2009
Watson, Patricia J. ワトソン, パトリシア・J.
　㊞「巨大惨禍への精神医学的介入」弘文堂 2013
Watson, Patrick ワトソン, パトリック
　㊞「ポップアップ・きょうりゅう」大日本絵画 〔2002〕
Watson, Rachel ワトソン, レイチェル
　㊞「ポール・オースターが朗読するナショナル・ストーリー・プロジェクト」アルク 2006
Watson, Richard ワトソン, リチャード
　1961〜　㊞「減速思考」徳間書店 2011
Watson, Richard ワトソン, リチャード
　1980〜　㊞「もっとたのしいハロウィンがいっぱい！」小学館 2016
Watson, Robert ワトソン, ロバート
　1948〜　㊤イギリス　化学者　英国環境食糧農村地域省チーフ科学アドバイザー, イーストアングリア大学教授　IPCC議長
Watson, Rosa Lee ワトソン, ローザ・リー
　㊞「あなたのひとり旅」現代企画室 2012
Watson, R.T. ワトソン, ロバート

Watson, Russell　ワトソン, ラッセル
　1972〜　国イギリス　歌手
Watson, Steven J.　ワトソン, S.J.
　1971〜　英国推理作家協会賞 ジョン・クリーシー記念賞（2011年）　"Before I Go To Sleep"　愛ワトソン, SJ.
Watson, Terrell　ワトソン, テレル
　国アメリカ　アメフト選手
Watson, Tom　ワトソン, トム
　1949〜　国アメリカ　プロゴルファー　本名＝Watson, Thomas Sturges
Watson, Tom　ワトソン, トム
　1950〜　著「広報・PR効果は本当に測れないのか？」ダイヤモンド社　2007
Watson, Tony　ワトソン, トニー
　国アメリカ　野球選手
Watson, Victor　ワトソン, ヴィクター
　著「子どもはどのように絵本を読むのか」柏書房　2002
Watson, Wendy　ワトソン, ウェンディ
　著「じゃがいも畑」光村教育図書　2011
Watson, Wendy L.　ワトソン, ウェンディ・L.
　1950〜　著「ビリーフ」日本看護協会出版会　2002
Watstein, Sarah　ワトシュタイン, サラ・バーバラ
　著「エイズ事典」明石書店　2007
Watt, Alan　ワット, アラン
　1965〜　著「ダイアモンド・ドッグス」DHC　2003
Watt, Chris　ワット, クリス
　国アメリカ　アメフト選手
Watt, Derek　ワット, デレク
　国アメリカ　アメフト選手
Watt, Fiona　ワット, フィオナ
　著「とびだす！きょうりゅう」大日本絵画〔2016〕
Watt, James　ワット, ジェームズ
　1982〜　著「ビジネス・フォー・パンクス」日経BP社, 日経BPマーケティング（発売）　2016
Watt, J.J.　ワット, J.J.
　国アメリカ　アメフト選手
Watt, Judith　ワット, ジュディス
　著「VOGUE ONエルザ・スキャパレリ」ガイアブックス, 産調出版（発売）　2013
Watt, Mélanie　ワット, メラニー
　1975〜　著「こわがりやのクリスともだちだいさくせん」ブロンズ新社　2008
Watt, Mitchell　ワット
　国オーストラリア　陸上選手
Watt, Ronald Stewart　ワット, ロナルド・スチュアート
　国イギリス　スコットランド空手道連盟会長, 世界空手連盟理事
Watt, Sarah　ワット, サラ
　？〜2011　国オーストラリア　アニメーター, 映画監督　本名＝Watt, Sarah Ann
Watt, Tom　ワット, トム
　著「ベッカム：マイ・サイド」扶桑社　2003
Watt, William Montgomery　ワット, モンゴメリー
　1909〜2006　国イギリス　イスラム学者　エディンバラ大学教授　愛ワット, モンゴメリ
Wattenberg, Martin　ワッテンバーグ, マーティン
　著「ビューティフルビジュアライゼーション」オライリー・ジャパン, オーム社（発売）　2011
Watters, Derrin Harper　ウォーターズ, デリン
　国アメリカ　ローザンヌ国際バレエコンクール 6位・スカラシップ（第39回（2011年））ほか
Watters, Ethan　ウォッターズ, イーサン
　著「クレイジー・ライク・アメリカ」紀伊國屋書店　2013
Watterson, Bill　ワターソン, ビル
　アングレーム国際漫画祭 アングレーム市グランプリ（2014年）
Watton, Nick　ワットン, ニック
　著「野生の動物たち」大日本絵画〔2008〕
Wattoo, Mian Manzoor Ahmad　ワットー, ミアン・マンズール・アフマド
　国パキスタン　カシミール問題・ギルギット・バルティスタン地域相
Watts, André　ワッツ, アンドレ
　1946〜　国アメリカ　ピアニスト　愛ウォッツ, アンドレ
Watts, Barry D.　ワッツ, バリー
　著「帝国の参謀」日経BP社, 日経BPマーケティング（発売）　2016
Watts, Bernadette　ワッツ, バーナデット
　1942〜　国イギリス　絵本作家, イラストレーター　愛ワッツ, ベルナデッテ
Watts, Brandon　ワッツ, ブランドン
　国アメリカ　アメフト選手
Watts, Charlie　ワッツ, チャーリー
　1941〜　国イギリス　ロック・ドラマー　本名＝Watts, Charles Robert
Watts, Claire　ワッツ, クレア
　著「探検するよ、さぁ科学の世界へ」化学同人　2011
Watts, Craig　ワッツ, クレイグ
　国アメリカ　アメフト選手
Watts, David V.　ワッツ, デビッド・V.
　1962〜　著ワッツ, デイヴィッド・V.「Windows Server 2003 Active Directory」翔泳社　2004
Watts, Duncan J.　ワッツ, ダンカン
　1971〜　著「スモールワールド・ネットワーク」筑摩書房　2016
Watts, Isaac　ワッツ, アイザック
　著「大人が楽しむイングリッシュ・ポエチュリー」リーベル出版　2007
Watts, Jonathan　ワッツ, ジョナサン
　1967〜　著「寄り添いの死生学」浄土宗　2011
Watts, Margit Misangyi　ワッツ, マージット・ミサンギ
　1949〜　著「関係性の学び方」晃洋書房　2010
Watts, Naomi　ワッツ, ナオミ
　1968〜　国イギリス　女優
Watts, Peter　ワッツ, ピーター
　1958〜　ヒューゴー賞 中編（2010年）　"The Island"
Watts, Philip Beverley　ワッツ, フィル
　1945〜　国イギリス　実業家　ロイヤル・ダッチ・シェル会長　愛ワッツ, フィリップ
Watts, Shelley Marie　ワッツ, シェリー
　国オーストラリア　ボクシング選手
Watts, Steven　ワッツ, スティーブン
　1952〜　著「デール・カーネギー」河出書房新社　2014
Watzke, Megan K.　ヴァツケ, ミーガン
　著「美しい光の図鑑」ボーンデジタル　2016
Watzlawick, Paul　ワツラウィック, ポール
　1921〜2007　国オーストリア　心理療法家　スタンフォード大学教授　著「ブリーフ・セラピー」　愛ワツラヴィック, ポール
Wau, Guma　ワウ, グマ
　国パプアニューギニア　文化観光相
Waugh, Alexander　ウォー, アレグザンダー
　1963〜　著「ウィトゲンシュタイン家の人びと」中央公論新社　2010
Waugh, Anne　ウォー, アン
　著「ロス＆ウィルソン健康と病気のしくみがわかる解剖生理学」西村書店　2008
Waugh, Hillary　ウォー, ヒラリー
　1920〜2008　国アメリカ　推理作家　アメリカ探偵作家クラブ（MWA）会長　別名＝グランダウワー, エリッサ, テイラー, H. ボールドウィン, ウォーカー, ハーリー　愛ウォー, ヒラリイ
Waugh, Joanna　ウォー, ジョアンナ
　著「侯爵と運命の女神」オークラ出版　2013
Waugh, Jonathan B.　ウォー, ジョナサン・B.
　著「え!? ここまでわかるの？ 人工呼吸器グラフィックス」メディカル・サイエンス・インターナショナル　2015
Waugh, Kathy　ウォー, キャシー
　著「アニメおさるのジョージ アイス・マイルーム」金の星社　2014
Waugh, Sylvia　ウォー, シルヴィア
　著「いつか、星にほほえみを」ランダムハウス講談社　2006
Wauters, Ambika　ウォーターズ, アンビカ
　著「ホメオパシーバイブル」産調出版　2007
Waverly, Shannon　ウェイバーリ, シャノン
　著「今度こそ永遠に」ハーレクイン　2001
Waverman, Leonard　ウェイバーマン, レナード
　著「IT時代のユニバーサル・サービス」NTT出版　2001
Wawrinka, Stan　バブリンカ, スタン
　1985〜　国スイス　テニス選手　本名＝Wawrinka, Stanislas　愛バブリンカ, スタニスラス / ワウリンカ, スタニスラス / ワウリンカ, スタン
Wawrinka, Stanislas　ワウリンカ
　国スイス　テニス選手
Wax, Trace　ワックス, トレース
　著「デザインスプリント」オライリー・ジャパン, オーム社（発売）　2016

Wax, Wendy ワックス, ウェンディー・A.
[著]「ディズニープリンセスサウンドブック」 講談社 2011

Waxman, Sharon ワックスマン, シャロン
[著]「奪われた古代の宝をめぐる争い」 PHP研究所 2011

Way, Daniel ウェイ, ダニエル
[著]「デッドプール：モンキー・ビジネス」 小学館集英社プロダクション 2015

Way, Gerard ウェイ, ジェラルド
[著]「アンブレラ・アカデミー」 小学館集英社プロダクション 2010

Way, Griffith ウェイ, グリフィス
[国]アメリカ ブレイクモア財団会長, シアトル美術館理事, 元・弁護士

Way, Margaret ウェイ, マーガレット
[著]「愛の形見を胸に」 ハーパーコリンズ・ジャパン 2016

Way, Tress ウェイ, トレス
[国]アメリカ アメフト選手

Wayans, Marlon ウェイアンズ, マーロン
ゴールデン・ラズベリー賞(ラジー賞) 最低男優賞(第27回(2006年))ほか

Wayans, Shawn ウェイアンズ, ショーン
ゴールデン・ラズベリー賞(ラジー賞) 最低男優賞(第27回(2006年))ほか

Wayne, Joanna ウェイン, ジョアンナ
[著]「白い殺意」 ハーレクイン 2005

Wayne, Lil ウェイン, リル
MTVアワード 最優秀ヒップホップ・ビデオ(第29回(2012年))ほか

Wayne, Michael ウェイン, マイケル
1934〜2003 映画プロデューサー, 俳優

Wayne, Michael ウェイン, マイケル
[著]「ビギナーズ『資本論』」 筑摩書房 2014

Wayner, Peter ウェイナー, ピーター
[著]「なぜ、Linuxなのか？」 アスキー 2001

Waynes, Trae ウェインズ, トラエ
[国]アメリカ アメフト選手

Wazem, Pierre ワゼム, ピエール
[著]「KOMA」 ユマノイド, パイインターナショナル(発売) 2014

al-**Wazil, Intissar** アル・ワジル, インティサール
[国]パレスチナ 社会福祉相

al-**Wazir, Intissar** ワジル, インティサール
[国]パレスチナ 社会福祉相

al-**Wazir, Ismail Ahmad** アル・ワジル, イスマイル・アハマド
[国]イエメン 法相

al-**Wazir, Khalid Ibrahim** ワジル, ハリド・イブラヒム
[国]イエメン 運輸相

Waziri, Adamu Maina ワジリ, アダム・マイナ
[国]ナイジェリア 警察相

Waziri, Alhaji Idris ワジリ, アルハジ・イドリス
[国]ナイジェリア 商業相

Wazny, Lori D. ヴァジニ, L.D.
[著]「アメリカのDI」 大滝武雄 2001

al-**Wazz, Hazwan** ワッズ, ハズワーン
[国]シリア 教育相

Weah, George ウエア, ジョージ
1966〜 [国]リベリア 政治家, 元サッカー選手 リベリア上院議員 サッカー・リベリア代表監督 本名＝Weah, George Tawlon Manneh Oppong Ousman [異]ウェア, ジョージ

Weaire, Denis ウィーア, デニス
[著]「形とシンメトリーの饗宴」 森北出版 2003

Weal, John A. ウィール, ジョン
[著]「東部戦線のメッサーシュミットBf109エース」 大日本絵画 2008

Weale, Anne ウィール, アン
？〜2007 ロマンス作家

Wear, Travis ウェア, トラビス
[国]アメリカ バスケットボール選手

Wearin, Otha Donner ウェアリン, オーサ・ドナー
1903〜 [著]「ハイノルドのファースト＆ラスト・チャンス酒場」 明文書房 2016

Wearing, Deborah ウェアリング, デボラ
1957〜 [著]「七秒しか記憶がもたない男」 ランダムハウス講談社 2009

Wears, Robert L. ウィアーズ, ロバート
[著]「レジリエント・ヘルスケア」 大阪大学出版会 2015

Weart, Spencer R. ワート, スペンサー・R.
1942〜 [著]「温暖化の〈発見〉とは何か」 みすず書房 2005

Weatherall, James Owen ウェザーオール, ジェームズ・オーウェン
[国]アメリカ 物理学者, 数学者, 哲学者 カリフォルニア大学アーバイン校助教授 [異]ウェザーオール, ジェイムズ・オーウェン

Weatherford, Carole Boston ウェザフォード, キャロル・ボストン
1956〜 [異]ウェザーフォード, キャロル・ボストン [著]「ゴードン・パークス」 光村教育図書 2016

Weatherford, J.McIver ウェザーフォード, ジャック
[著]「パックス・モンゴリカ」 日本放送出版協会 2006

Weatherhead, Marion ウェザーヘッド, マリオン
[著]「企業価値創造の不動産戦略」 東洋経済新報社 2005

Weatherill, Bernard ウェザリル, バーナード
1920〜2007 [国]イギリス 政治家 英国下院議長 別名＝Weatherill, Lord

Weatherly, Stephen ウェザリー, スティーブン
[国]アメリカ アメフト選手

Weathers, Beck ウェザーズ, ベック
1946〜 [著]「生還」 K&Bパブリッシャーズ 2015

Weathers, Charles ウェザーズ, チャールズ
1956〜 [著]「アメリカの労働組合運動」 昭和堂 2010

Weatherspoon, Sean ウェザースプーン, ショーン
[国]アメリカ アメフト選手

Weatherston, Deborah J. ウェザーストン, デボラ・J.
[著]「乳幼児精神保健ケースブック」 金剛出版 2007

Weatherstone, Dennis ウェザーストーン, デニス
1930〜2008 [国]アメリカ 銀行家 J.P.モルガン会長・CEO [異]ウェザーストン, デニス

Weaver, Ashley ウィーヴァー, アシュリー
[著]「奥方は名探偵」 早川書房 2016

Weaver, Dennis ウィーバー, デニス
1924〜2006 [国]アメリカ 俳優 米国映画俳優組合委員長 [異]ウィーヴァー, デニス

Weaver, Earl ウィーバー, アール
1930〜2013 [国]アメリカ 大リーグ監督 本名＝Weaver, Earl Sidney [異]ウィーヴァー, アール

Weaver, Gertrude ウィーバー, ガートルード
1898〜2015 [国]アメリカ 世界最高齢者(116歳)

Weaver, Ingrid ウィーヴァー, イングリッド
[著]「運命の影」 ハーレクイン 2007

Weaver, Jacki ウィーバー, ジャッキー
1947〜 [国]オーストラリア 女優 [異]ウィーヴァー, ジャッキー

Weaver, Jason ウィーバー, ジェイソン
[国]アメリカ アメフト選手

Weaver, Jered ウィーバー, ジェレッド
[国]アメリカ 野球選手

Weaver, Kaitlyn ウィーバー
[国]カナダ フィギュアスケート選手

Weaver, Kevin ウィーバー, ケビン
グラミー賞 最優秀映像メディア向けコンピレーション・サウンドトラック(2011年(第54回)) "Boardwalk Empire: Volume 1" プロデューサー

Weaver, Luke ウィーバー, ルーク
[国]アメリカ 野球選手

Weaver, Richard G. ウィーバー, リチャード・G.
1947〜 [著]「サンタ社長のファシリテーション3つのステップ」 ソフトバンクパブリッシング 2004

Weaver, Sigourney ウィーバー, シガーニー
1949〜 [国]アメリカ 女優 本名＝ウィーバー, スーザン〈Weaver, Susan Alexandra〉 [異]ウィーバー, シガニー / ウィーヴァー, シガーニー / ウィーヴァー, シゴーニー

Weaver, Stewart ウィーヴァー, スチュアート
[著]「ヒマラヤ探検史」 東洋書林 2015

Weaver, Sylvester L. ウィーバー, シルベスター
？〜2002 [国]アメリカ 実業家 NBCテレビ会長

Weaver, Will ウィーバー, ウィル
[国]アメリカ フィラデルフィア・セブンティシクサーズアシスタントコーチ(バスケットボール)

Weaver, William ウィーヴァー, ウィリアム
1923〜 [著]「評伝プッチーニ」 音楽之友社 2004

Weaver-Zercher, David ウィーバー - ザーカー, デヴィッド・L.
1960〜 [著]「アーミッシュの赦し」 亜紀書房 2008

Weaving, Andrew ウィーヴィング, アンドリュー
[著]「Living modern」 デザインエクスチェンジ 2002

Webb, Allen P. ウェブ, アレン

㊃「マッキンゼーITの本質」 ダイヤモンド社 2005
Webb, Bernard Winston ウェッブ, バーナード・W.
㊃「Beatles"Lennon & McCartney"研究家の書いた作曲術」 文芸社 2001
Webb, Betty ウェブ, ベティ
㊃「砂漠の風に吹かれて」 扶桑社 2004
Webb, Brandon ウェッブ, ブランドン
㊃「最新スナイパーテクニック」 並木書房 2012
Webb, B.W. ウェブ, B.W.
㊍アメリカ アメフト選手
Webb, Caroline ウェッブ, キャロライン
1971~ ㊃「最高の自分を引き出す脳が喜ぶ仕事術」 草思社 2016
Webb, Catherine ウェブ, キャサリン
㊃「ミラードリームス」 ソニー・マガジンズ 2004
Webb, Charles Richard ウェッブ, チャールズ
㊃「卒業part 2」 白夜書房 2008
Webb, Debra ウェッブ, デブラ
㊃「さまよえる女神たち」 ハーレクイン 2007
Webb, Elizabeth ウェブ, エリザベス
㊃「実親に会ってみたい」 明石書店 2007
Webb, Everette ウェッブ, エベレット
?~2002 ㊍アメリカ 航空機設計者 ㊍ジャンボ機
Webb, Frank J. ウェッブ, フランク・J.
㊃「ゲーリー家の人々」 彩流社 2010
Webb, George ウェッブ, ジョージ
1929~ ㊃「キプリングの日本発見」 中央公論新社 2002
Webb, Glenn Taylor ウェッブ, グレン・テイラー
㊍アメリカ 元・ペパーダイン大学アジア文化研究所所長, 元・裏千家淡交会ロサンゼルス協会会長, ペパーダイン大学名誉教授
Webb, Holly ウェッブ, ホリー
1976~ ㊃「エミリーと妖精のひみつ」 学研プラス 2015
Webb, James Ⅲ ウェッブ, ジェームズ, 3世
㊍アメリカ バスケットボール選手
Webb, James H.M. ウェブ, ジェイムズ・H.M.
1956~ ㊃「日本人に共通する英語のミス矯正ドリル」 ジャパンタイムズ 2008
Webb, Jarrett ウェッブ, ジャレット
㊃「Kinectソフトウェア開発講座」 翔泳社 2012
Webb, Jeremy ウェッブ, ジェレミー
1958~ ㊃「「無」の科学」 SBクリエイティブ 2014
Webb, Jim ウェッブ, ジム
1946~ ㊍アメリカ 政治家, 作家, ジャーナリスト, 元軍人 米国上院議員(民主党), 米国海軍長官 本名=ウェッブ, ジェームズJr.〈Webb, James H.Jr.〉 ㊥ウエッブ, ジェイムズ
Webb, J'Marcus ウェブ, ジマーカス
㊍アメリカ アメフト選手
Webb, Joe ウェブ, ジョー
㊍アメリカ アメフト選手
Webb, John Graydon ウェッブ, ジョン・G.
1954~ ㊃「SHDインターベンションコンプリートテキスト」 医学書院 2013
Webb, Joseph W. ウェッブ, ジョー・W.
㊥ウェブ, ジョー ㊃「未来を創る」 日本印刷技術協会 2015
Webb, Kamál ウェブ, カマル
㊃「コンタクトセンターマネジメント」 白桃書房 2008
Webb, Karen ウェブ, カレン
1967~ ㊃「CCNP self-study:BCMSN認定テキスト」 ソフトバンクパブリッシング 2003
Webb, Karrie ウェブ, カリー
1974~ ㊍オーストラリア プロゴルファー ㊥ウェブ, カーレー
Webb, Kathleen ウェッブ, キャスリーン
㊃「ガラスの靴の秘密」 ハーレクイン 2003
Webb, Lardarius ウェブ, ラーダリアス
㊍アメリカ アメフト選手
Webb, Linda D. ウェッブ, リンダ
㊃「学校コンサルテーション入門」 金子書房 2012
Webb, Marc ウェッブ, マーク
1974~ ㊍アメリカ 映画監督 ㊥ウェッブ, マーク
Webb, Marcus A. ウェッブ, マーカス・A.
㊃「ハーブ活用百科事典」 産調出版 2006
Webb, Mark A. ウェブ, マーク・A.
㊃「オーストラリアの芳香植物とアロマセラピー」 フレグランスジャーナル社 2009
Webb, Matt ウェッブ, マット

㊃「Mind hacks」 オライリー・ジャパン, オーム社(発売) 2005
Webb, Michael ウェブ, マイケル
1937~ ㊃「ジョージ・ネルソン」 フレックス・ファーム 2003
Webb, Paul D. ウェブ, ポール
㊃「民主政治はなぜ「大統領制化」するのか」 ミネルヴァ書房 2014
Webb, Peggy ウェッブ, ペギー
㊃「愛が生まれる館」 ハーレクイン 2004
Webb, Rhys ウェッブ, リース
㊍ウェールズ ラグビー選手
Webb, Ruth ウェブ, ルース
㊃「図説『ヴァージニア・ウルフ』」 ミュージアム図書(発売) [2001]
Webb, Ryan ウェッブ, ライアン
㊍アメリカ 野球選手
Webb, Sarah ウェブ
㊍イギリス セーリング選手
Webb, Stephen ウェッブ, スティーヴン
1963~ ㊃「宇宙物理学者がどうしても解きたい12の謎」 青土社 2013
Webb, Susan ウェブ, スーザン
㊃「実践ヘッジファンド投資」 日本経済新聞社 2001
Webb, Tyler ウェッブ, タイラー
㊍アメリカ 野球選手
Webb, Wanda G. ウェッブ, W.G.
㊃「神経心理学を学ぶ人のための基礎神経学」 西村書店 2002
Webb, Wayne Richard ウェッブ, W.リチャード
1945~ ㊃「肺HRCT」 丸善出版 2016
Webber, Alan ウェッバー, アラン・M.
㊃「魂を売らずに成功する」 英治出版 2010
Webber, Christine ウェーバー, クリスティン
㊃「英国流「幸せオーラ」が身につく9つの習慣」 日本文芸社 2006
Webber, Christopher L. ウェッバー, クリストファー・L.
㊃「聖公会へようこそ」 聖公会出版 2012
Webber, Jim ウェーバー, ジム
㊃「グラフデータベース」 オライリー・ジャパン, オーム社(発売) 2015
Webber, Mark ウェーバー, マーク
1976~ ㊍オーストラリア 元F1ドライバー 本名=ウェーバー, マーク・アラン〈Webber, Mark Alan〉 ㊥ウェーバー, マーク
Webber, Meredith ウェバー, メレディス
㊃「砂漠に咲いた薔薇」 ハーパーコリンズ・ジャパン 2016
Webber, Rob ウェバー, ロブ
㊍イングランド ラグビー選手
Webber, Tim ウェバー, ティム
アカデミー賞 特殊効果賞(第86回(2013年)) "Gravity"
Weber, Aimee ウィーバー, エイミー
㊃「セカンドライフ公式ガイドプロフェッショナルクリエーション」 インプレスR&D, インプレスコミュニケーションズ(発売) 2008
Weber, Axel A. ウェーバー, アクセル
1957~ ㊍ドイツ 金融家, 銀行家, 経済学者 UBS AG会長 ドイツ連邦銀行総裁, ケルン大学教授 ㊍金融・通貨政策
Weber, Briante ウェーバー, ブリアンテ
㊍アメリカ バスケットボール選手
Weber, David ウェーバー, デービッド
1952~ ㊍アメリカ 作家 ㊥ウェーバー, デービッド / ウェーバー, デイヴィッド
Weber, Dick ウェーバー, ディック
1929~2005 ㊍アメリカ プロボウラー
Weber, Doron ウェーバー, ドロン
㊃「科学技術者のイメージ」 文部科学省科学技術政策研究所第2調査研究グループ 2005
Weber, Edith ウェーベル, エディット
㊃「トレント公会議と音楽」 森朝子 2003
Weber, Franziska ウェーバー, フランツィスカ
1989~ ㊍ドイツ カヌー選手
Weber, Fred ウェーバー, フレッド
1912~ ㊃「ファースト・ディヴィジョン・バンド教本」 ヤマハミュージックメディア 2003
Weber, Gunthard ヴェーバー, グンタード
1940~ ㊃「ファミリー・コンステレーション」 コスモス・ライブラリー, 星雲社(発売) 2015
Weber, Hans-Jurgen ウェーバー, ハンス
㊃「フーリエ変換と変分法」 講談社 2002
Weber, Henri ウェベール, アンリ

1944〜　魯「左翼ってなに？」現代企画室　2004
Weber, Ingo M.　ウェーバー，インゴ
　魯「DevOps教科書」日経BP社，日経BPマーケティング（発売）2016
Weber, James　ウェーバー，ジェームズ
　魯「企業と社会」ミネルヴァ書房　2012
Weber, Julian　ウェーバー，ユリアン
　国ドイツ　陸上選手
Weber, Karl　ウェーバー，カール
　1953〜　魯「ザ・ディマンド」日本経済新聞出版社　2012
Weber, Ken　ウエバー，ケン
　魯「マキシマム・エンターテインメント」リアライズ・ユア・マジック　2015
Weber, Kenneth J.　ウェーバー，ケン
　魯「5分間ミステリートリックを見やぶれ」扶桑社　2005
Weber, Klaus G.　ウェーバー，クラウス・G.
　魯「チャップマンとグッドハートによる神経リンパ反射療法」ガイアブックス　2016
Weber, Kristine Kaoverii　ウェーバー，クリスティン・カオヴェリー
　魯「ひとりでできるマッサージ」ネコ・パブリッシング　2005
Weber, Larry　ウェーバー，ラリー
　魯「衝撃！プラズマテレビは社会を変える」有楽出版社，実業之日本社（発売）　2008
Weber, Mark　ウェーバー，マーク
　1949〜　魯「ルイ・ヴィトン元CEOが教える出世の極意」飛鳥新社　2015
Weber, Mathias　ヴェーバー，マティアス
　1967〜　魯「ジム・ボタンのたびだち」長崎出版　2010
Weber, Michael W.　ウィーバー，マイケル
　魯「虐待された子ども」明石書店　2003
Weber, Penny　ウェーバー，ペニー
　魯「3歳から読みきかせるしあわせのバケツ」TOブックス　2012
Weber, Phil　ウェーバー，フィル
　国アメリカ　ニューオリンズ・ペリカンズアシスタントコーチ（バスケットボール）
Weber, Rudolf　ヴェーバー，R.
　1937〜　魯「音楽教育学要論」開成出版　2004
Weber, Samuel　ウェーバー，サミュエル
　1940〜　魯「フロイトの伝説」法政大学出版局　2009
Weber, Steve　ウェーバー，スティーブン
　1961〜　魯「オープンソースの成功」毎日コミュニケーションズ　2007
Weber, Theodor　ヴェーバー，T.
　魯「冷たい心臓」福音館書店　2001
Weber, Wendell W.　ウェーバー，W.W.
　魯「ファーマコゲノミクス」テクノミック　2002
Weber, William　ウェーバー，ウィリアム
　魯「音楽テイストの大転換」法政大学出版局　2016
Weber-gale, Garrett　ウェーバー
　国アメリカ　競泳選手
Webster, Adrian　ウェブスター，エイドリアン
　魯「勇者シロクマの冒険」ソフトバンクパブリッシング　2004
Webster, Allen　ウェブスター，アレン
　国アメリカ　野球選手
Webster, Chris　ウェブスター，クリス
　魯「We Own The City」フィルムアート社　2015
Webster, Francis X.　ウエブスター，F.X.
　魯「有機化合物のスペクトルによる同定法」東京化学同人　2016
Webster, Frank　ウェブスター，フランク
　魯「「情報社会」を読む」青土社　2001
Webster, Jason　ウェブスター，ジェイソン
　1970〜　魯「二重スパイコード・ネーム《ガルボ》」河出書房新社　2016
Webster, Jennifer　ウェブスター，ジェニファー
　国ガイアナ　社会福祉・社会保障相
Webster, John　ウェブスター，ジョン
　魯「ヨーロピアンアンティーク大百科」西洋堂　2004
Webster, Kayvon　ウェブスター，ケイボン
　国アメリカ　アメフト選手
Webster, Larry　ウェブスター，ラリー
　国アメリカ　アメフト選手
Webster, Leslie T., Jr.　ウェブスター，L.T.，Jr.
　魯「薬理書」広川書店　2003
Webster, Mike　ウェブスター，マイク
　1952〜2002　国アメリカ　アメフト選手
Webster, Richard　ウェブスター，リチャード

1946〜　魯「人生にもう一度灯りをともす7つの智恵」PHP研究所　2010
Webster, Sam　ウェブスター，サム
　国ニュージーランド　自転車選手
Webster, Steve　ウェブスター，スティーブン
　魯「Macromedia Flexによるリッチクライアントシステム開発ガイド」ソフトバンククリエイティブ　2006
Webster-Stratton, Carolyn　ウェブスター＝ストラットン，キャロライン
　魯「すばらしい子どもたち」星和書店　2014
Weck, Claudia de　ヴェック，クローディア・ド
　魯「レオ王子とちいさなドラゴン」徳間書店　2001
Wecker, Konstantin　ヴェッカー，コンスタンティン
　1947〜　魯「なぜ"平和主義"にこだわるのか」いのちのことば社　2016
Weddell, Doreen　ウェッデル，ドリーン
　魯「自閉症世界の探求」金剛出版　2014
Wedding, Alex　ウェディング，アレクス
　魯「エデとウンク」影書房　2016
Weddle, Erick　ウェドル，エリック
　国アメリカ　アメフト選手
Wedell-Wedellsborg, Thomas　ウェデル＝ウェデルスボルグ，トーマス
　魯「イノベーションは日々の仕事のなかに」英治出版　2014
Wedeniwski, Sebastian　ヴェデニフスキー，セバスチャン
　1971〜　魯「モビリティ革命」森北出版　2016
Weder, Hans　ヴェーダー，H.
　1946〜　魯「山上の説教」日本キリスト教団出版局　2007
Wedge, Chris　ウェッジ，クリス
　1957〜　国アメリカ　アニメーション監督　ブルー・スカイ共同設立者
Wedge, Eric　ウェッジ，エリック
　1968〜　国アメリカ　大リーグ監督，元野球選手　本名＝Wedge, Eric Michael
Wee, Cho Yaw　ウィー・チョウヤウ
　国シンガポール　実業家　漢字名＝黄祖耀
Wee, Kim-wee　ウィ・キムウィ
　1915〜2005　国シンガポール　政治家　シンガポール大統領　中国名＝黄金輝（コウ・キンキ）　展ウィー・キムウィー
Weeber, Karl-Wilhelm　ヴェーバー，カール＝ヴィルヘルム
　1950〜　魯「古代ローマ生活事典」みすず書房　2011
Weed, Becky　ウィード，ベッキー
　魯「動物工場」緑風出版　2016
Weed, Susun S.　ウィード，スーザン
　魯「ヒーリングワイズ」フレグランスジャーナル社　2006
Weeden, Brandon　ウィーデン，ブランドン
　国アメリカ　アメフト選手
Weedon, Bert　ウィードン，バート
　1920〜2012　国イギリス　ギタリスト
Weekes, Claire　ウィークス，クレア
　魯「完全版 不安のメカニズム」筑摩書房　2016
Weekley, Boo　ウィークリー，ブー
　1973〜　国アメリカ　プロゴルファー　本名＝ウィークリー，トーマス・ブレント〈Weekley, Thomas Brent〉
Weeks, Antonia　ウィークス，アントニア
　魯「トレードのストレス解消法」パンローリング　2010
Weeks, Jeffrey　ウィークス，ジェフリー
　1945〜　魯「われら勝ち得し世界」弘文堂　2015
Weeks, Jemile　ウィークス，ジェマイル
　国アメリカ　野球選手
Weeks, John　ウィークス，ジョン
　魯「第2次大戦歩兵小火器」並木書房　2001
Weeks, Jon　ウィークス，ジョン
　国アメリカ　アメフト選手
Weeks, Kent R.　ウィークス，ケント・R.
　魯「古代エジプト」日経ナショナルジオグラフィック社，日経BP出版センター（発売）　2008
Weeks, Lee　ウィークス，リー
　魯「キャプテン・アメリカ：シビル・ウォー」ヴィレッジブックス　2016
Weeks, Louis　ウィークス，ルイス・B.
　1941〜　魯「長老教会の源泉」一麦出版社　2014
Weeks, Marcus　ウィークス，マーカス
　魯「モーツァルト」BL出版　2008
Weeks, Marcus　ウィークス，マーカス
　魯「10代からの哲学図鑑」三省堂　2015
Weeks, Rickie, Jr.　ウィークス，リッキー，Jr.

[国]アメリカ　野球選手
Weeks, Sarah　ウィークス, サラ
1955～　[国]アメリカ　児童文学作家
Weeks, Stanley Byron　ウイークス, スタンリー・バイロン
1948～　[著]「海上テロリズムの脅威と対策」 シップ・アンド・オーシャン財団海洋政策研究所　2004
Weelasakreck Wongpaser　ウィラサクレック・ウォンパーサ
1967～　[著]「ムエタイバイブル」 愛隆堂　2004
Weems, Darrion　ウィームス, ダリオン
[国]アメリカ　アメフト選手
Weems, Eric　ウィームス, エリック
[国]アメリカ　アメフト選手
Weems, Sonny　ウィームズ, ソニー
[国]アメリカ　バスケットボール選手
Weerakkody, Chandima　ウィーラコディ, チャンディマ
[国]スリランカ　石油・資源開発相
Weerakoon, Batty　ウィーラクーン, バティー
[国]スリランカ　法相
Weerakoon, Gunaratne　ウィーラクーン, グナラトナ
[国]スリランカ　再定住相
Weeramantry, Christopher G.　ウィーラマントリー, C.G.
1926～　[著]「原発と核抑止の犯罪性」 憲法学舎, 日本評論社(発売)　2012
Weerawansa, Wimal　ウィーラワンサ, ウィマル
[国]スリランカ　建設・工学サービス・住宅・公共設備相
Weerd, Piet de　デウェールト, ピート
1913～　[著]「銘血・銘鳩」 愛鳩の友社　2004
Weertman, Ferry　ウェールトマン, フェリー
[国]オランダ　水泳選手
Weffer Guanipa, Jarimit　ベフェルグアニパ, ハラミ
[国]ベネズエラ　レスリング選手
Weffort, Francisco　ベフォルト, フランシスコ
[国]ブラジル　文化相
Wegelius, Jakob　ヴェゲリウス, ヤコブ
1966～　[著]「サリー・ジョーンズの伝説」 福音館書店　2013
Wegener, Paul　ヴェゲナー, パウル
[著]「ウルズラ&パウル・ヴェゲナー」 六耀社　2001
Wegener, Ursula　ヴェゲナー, ウルズラ
[著]「ウルズラ・ヴェゲナー花の基礎造形」 六耀社　2001
Wegher, Brandon　ウェグハー, ブランドン
[国]アメリカ　アメフト選手
Wegler, Monika　ヴェークラー, モニカ
[著]「ザ・セキセイインコ」 誠文堂新光社　2007
Wegman, William　ウェグマン, ウィリアム
1943～　[著]「イヌが飼いたかった犬」 ソニー・マガジンズ　2004
Wegner, Fritz　ウェグナー, フリッツ
1924～2015　[国]イギリス　イラストレーター　本名＝Wegner, James Fritz　[異]ワーグナー, フリッツ
Wegner, Hans Jorgen　ウェグナー, ハンス・ヨルゲン
1914～2007　[国]デンマーク　家具デザイナー
Wegner, Isa　ウェグナー, アイサ
[著]「ハーバードMBA合格者のエッセイを読む」 オープンナレッジ　2007
Wegner, Judith Welch　ウェグナー, ジュディス・ウェルチ
[著]「アメリカの法曹教育」 中央大学出版部　2013
Wegner, Nina　ウェグナー, ニーナ
[著]「日英対訳で読む聖書物語」 IBCパブリッシング　2016
Wegner, Stefanie　ヴェーグナー, シュテファニー
[著]「インターネット海賊」 草土文化　2008
Wegner, Steven P.　ワグナー, スティーブン・P
[著]「しまうまストライプス」 ソニー・マガジンズ　2005
Wegrzycki-szymczyk, Natan　ウェグジュツキ, ナタン
[国]ポーランド　ボート選手
Wehler, Hans-Ulrich　ヴェーラー, ハンス・ウルリヒ
1931～2014　[国]ドイツ　歴史学者　ビーレフェルト大学名誉教授　[専]ドイツ社会史　[異]ウェーラー
Wehmeyer, Michael L.　ベーマイヤー, マイケル
[著]「問題解決ストラテジーの指導」 学苑社　2005
Wehner, E.A.　ウェーナー, E.A.
[著]「自閉症と発達障害研究の進歩」 星和書店　2005
Wehr, Demaris S.　ウェーア, デマリス・S.
[著]「ユングとフェミニズム」 ミネルヴァ書房　2002
Wehrenberg, Margaret　ヴェーレンバーグ, マーガレット
[著]「不安な脳」 日本評論社　2012
Wehrli, Ursus　ウェールリ, ウルスス
1969～　[著]「たのしいおかたづけ」 翔泳社　2015
Wei, David　ウェイ, デービッド
1970～　[国]中国　実業家　アリババ・ドットコムCEO　漢字名＝衛哲
Wei, Fu-hai　ウェイ・フーハイ
1930～　[国]中国　政治家　大連市長　漢字名＝魏富海　[異]ウエイ・フハイ
Wei, George　ウェイ, ジョージ
[著]「中国」 ほるぷ出版　2007
Wei, Jianjun　ウェイ・ジェンジュン
[国]中国　実業家　漢字名＝魏建軍
Wei, Jian-xing　ウェイ・ジェンシン
1931～2015　[国]中国　政治家　中国共産党政治局常務委員・中央規律検査委員会書記, 中華全国総工会主席　漢字名＝尉健行　[異]ウェイ・チエンシン
Wei, Jing-sheng　ウェイ・ジンセン
1950～　[国]中国　人権活動家, 民主化運動家　漢字名＝魏京生, 筆名＝金生
Wei, Te-sheng　ウェイ・ダーション
1968～　[国]台湾　映画監督, 映画プロデューサー　漢字名＝魏德聖
Weibrecht, Andrew　ウェイブレクト
[国]アメリカ　アルペンスキー選手
Weick, Karl E.　ウェイク, カール・E.
[著]「レジリエント・ヘルスケア」 大阪大学出版会　2015
Weide, Robert B.　ウィード, ロバート・B.
エミー賞 プライムタイム・エミー賞 最優秀監督賞(コメディシリーズ)(第55回(2003年)) “Curb Your Enthusiasm”
Weidenaar, John　ワイデナー, ジョン
[国]アメリカ　アメフト選手
Weidenbaum, Murray Lew　ワイデンボーム, マレー
1927～2014　[国]アメリカ　経済学者　ワシントン大学教授, 米国大統領経済諮問委員会(CEA)委員長　[異]ワイデンバウム, マリー
Weidenfeld, Nathalie　ヴァイデンフェルト, ナタリー
[著]「ソクラテス・クラブへようこそ」 阪急コミュニケーションズ　2013
Weidenfeller, Roman　ヴァイデンフェラー, ロマン
[国]ドイツ　サッカー選手
Weidlich, Wolfgang　ワイドリッヒ, ボルフガング
[著]「ソシオダイナミクス」 森北出版　2007
Weidmann, Jens　バイトマン, イエンス
1968～　[国]ドイツ　エコノミスト　ドイツ連邦銀行総裁
Weidner, Teri　ワイドナー, テリー
[著]「ジェレミーのぼうけん」 岩崎書店　2001
Weigel, Jonathan　ウェイゲル, ジョナサン
1986～　[著]「世界を治療する」 新評論　2016
Weigelt, Udo　バイゲルト, ウド
1960～　[著]「くまじいさん」 ノルドズッド・ジャパン　2003
Weiger, Wendy A.　ウエイガー, ウエンディ
[著]「がんの代替療法」 法研　2004
Weightman, Laura　ウェイトマン, ローラ
[国]イギリス　陸上選手
Weigl, Julian　ヴァイグル, ユリアン
[国]ドイツ　サッカー選手
Weigle, Sebastian　ヴァイグレ, セバスティアン
1961～　[国]ドイツ　指揮者　フランクフルト歌劇場音楽監督　[異]ワイグレ, セバスティアン
Weihenmayer, Erik　ヴァイエンマイヤー, エリック
[著]「全盲のクライマー、エヴェレストに立つ」 文芸春秋　2002
Wei-hui　ウェイ・ホェイ
1973～　[国]中国　作家　漢字名＝衛慧　[異]ウェイフェイ
Weikart, David P.　ワイカート, デイヴィッド・P.
1931～　[著]「幼児教育への国際的視座」 東信堂　2015
Weikath, Michael　ヴァイカート, マイケル
1962～　[国]ドイツ　ロック・ギタリスト
Weikel, Dana　ウィーケル, ダナ
[著]「ねえママ、どうして私のこと嫌いなの…」 PHP研究所　2004
Weil, Andrew　ワイル, アンドルー
1942～　[著]「ワイル博士のメディカルハーブ相談室」 東京堂出版　2015
Weil, Bruno　ワイル, ブルーノ
1949～　[国]ドイツ　指揮者　[異]ヴァイル, ブルーノ
Weil, David N.　ワイル, デイヴィッド・N.
[著]「経済成長」 ピアソン桐原　2010
Weil, Elizabeth Ann　ウェイル, エリザベス
1969～　[著]「懲りない挑戦者」 ポプラ社　2004
Weil, Prosper　ウェール, P.
[著]「フランス行政法」 三省堂　2007

W

Weil, Sylvie ヴェイユ, シルヴィ
[著]「アンドレとシモーヌ」 春秋社 2011
Weiland, Johannes ヴァイランド, ヨハネス
アヌシー国際アニメーション映画祭 TVおよび受託作品 TVスペシャル賞(2012年) ほか
Weiland, K.M. ワイランド, K.M.
[著]「ストラクチャーから書く小説再入門」 フィルムアート社 2014
Weiland, Matt ウェイランド, マット
[著]「世界の作家32人によるワールドカップ教室」 白水社 2006
Weilbacher, Lukner ウィルバーカー, ルクナー
[国]ミクロネシア連邦 運輸・通信・社会基盤相 [異]ウェイルベッカー, ルクナー
Weiler, Edward John ワイラー, エドワード・J.
1949～ [著]「HUBBLE」 インフォレスト 2010
Weiler, Klaus ヴァイラー, クラウス
1928～ [著]「評伝チェリビダッケ」 春秋社 2001
Weiler, Paul C. ワイラー, ポール・C.
[著]「医療過誤対策」 青木書店 2001
Weilkiens, Tim ワイルキエンス, ティム
[著]「SysML/UMLによるシステムエンジニアリング入門」 エスアイビー・アクセス, 星雲社(発売) 2012
Weill, Alain ヴェイユ, アラン
1946～ [著]「グラフィック・デザインの歴史」 創元社 2005
Weill, Peter ウェイル, ピーター
[著]「ITポートフォリオ戦略論」 ダイヤモンド社 2003
Weill, Sandy ワイル, サンディ
1933～ [著]「サンディ・ワイル回顧録」 日本経済新聞出版社 2007
Weill, Sanford I. ワイル, サンフォード
1933～ [国]アメリカ 銀行家 シティグループ名誉会長
Weimer, David L. ワイマー, デヴィッド・L.
[著]「費用・便益分析」 ピアソン・エデュケーション 2004
Weimorts, Albert L., Jr. ウィーモーツ, アルバート
?～2005 [国]アメリカ 爆弾開発者
Wein, Elizabeth ウェイン, エリザベス
アメリカ探偵作家クラブ賞 YA賞(2013年) “Code Name Verity”
Wein, Len ウェイン, レン
[著]「ジョーカーアンソロジー」 パイインターナショナル 2016
Weinbach, Lawrence A. ワインバック, ローレンス
1940～ [国]アメリカ 実業家 ユニシス会長・CEO
Weinberg, Alvin Martin ワインバーグ, アルビン
1915～2006 [国]アメリカ 物理学者 オークリッジ国立研究所長
Weinberg, Andrew David ワインバーグ, アンドリュー・D.
[著]「介護サービスとリスクマネジメント」 ミネルヴァ書房 2001
Weinberg, Bennett Alan ワインバーグ, ベネット・アラン
[著]「カフェイン大全」 八坂書房 2006
Weinberg, Dana Beth ワインバーグ, ダナ・ベス
[著]「ケアの複雑性」 エルゼビア・ジャパン 2007
Weinberg, Gabriel ワインバーグ, ガブリエル
[著]「トラクション」 オライリー・ジャパン, オーム社(発売) 2015
Weinberg, George H. ウェインバーグ, ジョージ
[異]ワインバーグ, ジョージ [著]「自分が「たまらないほど好き」になる本」 三笠書房 2009
Weinberg, Gerald M. ワインバーグ, ジェラルド・M.
[著]「プログラミングの心理学」 日経BP社, 日経BPマーケティング(発売) 2011
Weinberg, Gerhard L. ワインバーグ, ジェラード・L.
[著]「ヒトラーが勝利する世界」 学習研究社 2006
Weinberg, John.L ワインバーグ, ジョン
1925～2006 [国]アメリカ ゴールドマン・サックス上級会長
Weinberg, Robert A. ワインバーグ, ロバート
1942～ [国]アメリカ 生化学者 マサチューセッツ工科大学生物学部教授, ホワイトヘッド研究所研究員 [専]分子生物学, がん遺伝学
Weinberg, Robert E. ワインバーグ, ロバート
1946～ [著]「スーパーマンからバットマンまで科学すると」 清流出版 2005
Weinberg, Samantha ワインバーグ, サマンサ
1966～ [著]「DNAは知っていた」 文芸春秋 2004
Weinberg, Serge ウェインベルグ, セルジュ
1951～ [国]フランス 実業家 ウェインベルグ・キャピタル・パートナーズ会長 ピノー・プランタン・ルドゥート(PPR)会長・CEO
Weinberg, Steven ワインバーグ, スティーブン
1933～ [国]アメリカ 物理学者 テキサス大学教授 [専]素粒子論, 場の理論, 宇宙論
Weinberger, Casper Willard ワインバーガー, キャスパー
1917～2006 [国]アメリカ 政治家, 出版人 米国国防長官, フォーブス会長
Weinberger, David ワインバーガー, デビッド
1950～ [著]「インターネットはいかに知の秩序を変えるか?」 エナジクス 2008
Weinberger, Peter J. ワインバーガー, P.J.
[著]「プログラミング言語AWK」 新紀元社 2004
Weinberger, Richard ワインバーガー, リチャード
[国]カナダ 水泳選手 [異]ウェインバーガー
Weinbren, Henrietta ワインバーン, ヘンリエッタ
[著]「ナラティブ・ベイスト・メディスン」 金剛出版 2001
Weineck, Jürgen ヴァインエック, J.
[著]「サッカーの最適トレーニング」 大修館書店 2002
Weiner, Alan M. ワイナー, A.M.
[著]「遺伝子の分子生物学」 東京電機大学出版局 2001
Weiner, Allen ウィーナー, アレン
1946～ [著]「頭はいいのに…なぜうまくいかない?」 日本実業出版社 2008
Weiner, Bernard ワイナー, B.
1935～ [著]「社会的動機づけの心理学」 北大路書房 2007
Weiner, David Avraham ワイナー, デイビッド・エイブラハム
1958～ [著]「天才と才人」 三和書籍 2003
Weiner, Ellen ワイナー, エレン
[著]「ADHDってなあに?」 明石書店 2009
Weiner, Eric ワイナー, エリック
1963～ [著]「世界天才紀行」 早川書房 2016
Weiner, Eric J. ウェイナー, エリック・J.
[著]「シャドウ・マーケット」 ビジネス社 2011
Weiner, Irving B. ワイナー, アーヴィング・B.
1933～ [異]ワイナー, アーヴィング [著]「ロールシャッハ解釈の諸原則」 みすず書房 2005
Weiner, Jennifer ウェイナー, ジェニファー
1970～ [国]アメリカ 作家 [専]文学, フィクション 本名=Weiner, Jennifer Agnes
Weiner, Jessie Kanelos ウェイナー, ジェシー・カネロス
[著]「花とくだもののぬり絵BOOK」 二見書房 2016
Weiner, Jonathan ワイナー, ジョナサン
1953～ [著]「寿命1000年」 早川書房 2012
Weiner, Kayla Miriyam ワイナー, カイラ・ミリヤム
[著]「患者の自殺」 金剛出版 2011
Weiner, Marcella Bakur ワイナー, マーセラ・ベイカー
[著]「臨床心理方式愛の相性診断」 講談社 2007
Weiner, Russ ワイナー, ラス
ロックスター・エナジー創業者兼CEO
Weiner, Tim ワイナー, ティム
1956～ [国]アメリカ ジャーナリスト 「ニューヨーク・タイムズ」記者
Weingart, Dieter ヴァインガルト, ディーター
[著]「第4回ITIコンセンサス会議議事録」 クインテッセンス出版 2010
Weingarten, Gene ウェインガーテン, ジーン
[著]「OLD DOGS」 原書房 2016
Weingartner, Amy ワインガルトナー, エイミー
[著]「ディズニーインフィニティ」 KADOKAWA 2016
Weinglass, Leonard ワイングラス, レオナード
1933～2011 [国]アメリカ 弁護士 本名=Weinglass, Leonard Irving
Weinhold, Angela ヴァインホルト, アンゲラ
1955～ [著]「めくってしらべるめくってわかる恐竜のひみつ」 講談社 2016
Weinhold, Kent J. ウェインホールド, K.J.
[著]「カラーアトラスAIDS」 サイエンスプレス, テクノミック(発売) 2002
Weining, Frederick ワイニング, フレデリック
[著]「グレイホーク・ワールドガイド」 ホビージャパン 2003
Weininger, Elliot B. ワイニンガー, E.B.
[著]「グローバル化・社会変動と教育」 東京大学出版会 2012
Weininger, Radhule ヴァイニンガー, ラドリー
[著]「新たな全人的ケア」 日本ホスピス・緩和ケア研究振興財団, 青海社(発売) 2016
Weinke, Annette ヴァインケ, アンネッテ
1963～ [著]「ニュルンベルク裁判」 中央公論新社 2015
Weinman, Rosalind ワインマン, ロザリンド

[著]「ねむいねむいじけん」 大日本図書 2014
Weinmay, Elmar ヴァインマイヤー, エルマー
[著]「虹色どろぼう」 紫紅社 2002
Weinraub, Judith ウェインラウブ, ジュディス
[著]「サラダの歴史」 原書房 2016
Weinrich, Harald ヴァインリヒ, ハラルト
1927～ [著]「テクストからみたドイツ語文法」 三修社 2003
Weinrich, Wolfgang ワインリッヒ, W.
[著]「脳の機能解剖と画像診断」 医学書院 2008
Weinschenk, Susan ワインチェンク, スーザン
[著]「インタフェースデザインの心理学」 オライリー・ジャパン, オーム社(発売) 2016
Weinsheimer, Rudolf ヴァインスハイマー, ルドルフ
[国]ドイツ 元・ベルリン・フィルハーモニー管弦楽団楽団長(共同楽団長)
Weinstein, Allen ワインスタイン, アレン
1937～ [著]「アメリカ」 東洋書林 2010
Weinstein, Allison ウェンスタイン, アリソン
[著]「臨床心理学における科学と疑似科学」 北大路書房 2007
Weinstein, Amy ワインスタイン, エイミー
1957～ [著]「むかしむかしの絵本の挿し絵」 グラフィック社 2013
Weinstein, Bruce D. ワインスタイン, ブルース
[著]「こんな時はこうする！」 角川書店 2002
Weinstein, David E. ワインスタイン, デービッド
1964～ [国]アメリカ 経済学者 コロンビア大学経済学部教授・日本経済経営研究所所長 [専]国際貿易, 日本経済論 [異]ワインシュタイン, デビッド
Weinstein, Ellen ワインスティーン, エレン・スラスキー
1959～ [著]「うしはどこでも「モ～！」」 鈴木出版 2008
Weinstein, Harvey ワインスタイン, ハービー・M.
1942～ [著]「CIA洗脳実験室」 WAVE出版 2010
Weinstein, James N. ワインスタイン, J.N.
[著]「Primary care collection from The New England journal of medicine」 南江堂 2002
Weinstein, Lawrence ワインシュタイン, ローレンス
1960～ [著]「サイエンス脳のためのフェルミ推定力養成ドリル」 日経BP社, 日経BP出版センター(発売) 2008
Weinstein, Lissa ワインスタイン, リサ
[著]「ぼくは、ディスレクシア」 河出書房新社 2005
Weinstein, Matt ウェインスタイン, マット
[著]「プレイフェア」 遊戯社 2005
Weinstein, Muriel Harris ワインスティーン, ミュリエル・ハリス
[著]「はばたけ、ルイ！」 リーブル 2012
Weinstein, Stan ウエンスタイン, スタン
[著]「テクニカル投資の基礎講座」 パンローリング 2008
Weinstock, Arnold ウェインストック, アーノルド
1924～2002 [国]イギリス 実業家 ゼネラル・エレクトリック(GEC)社常務, 英国原子力公社総裁 [異]ウェーンストック, アーノルド / ワインストック, アーノルド
Weinstock, Bob ワインストック, ボブ
1928～2006 [国]アメリカ 音楽プロデューサー プレスティッジ創設者 本名＝Weinstock, Robert S.
Weinstock, David ワインストック, デイヴィッド
1951～ [著]「ニューロ・キネティック療法」 ガイアブックス, 産調出版(発売) 2011
Weintraub, Bonnie S. ワイントラーブ, ボニー・S.
1944～ [著]「アニマル・コミュニケーター」 ヴォイス 2001
Weintraub, Jerry ワイントローブ, ジェリー
1937～2015 [国]アメリカ 映画プロデューサー
Weintraub, Karen ウェイントラーブ, カレン
[著]「ハーバード式大人のADHDパーフェクトガイド」 法研 2015
Weintraub, Pamela ウェイントラウブ, パメラ
[著]「胎児は知っている母親のこころ」 日本教文社 2007
Weintraub, Stanley ワイントラウブ, S.
1929～ [著]「産業革命の母」 中央公論新社 2006
Weinzierl, Markus ヴァインツィアル, マルクス
[国]ドイツ シャルケ監督
Weir, Andy ウィアー, アンディ
1972～ [国]アメリカ 作家 [専]SF
Weir, Charles ウィアー, チャールズ
1961～ [著]「省メモリプログラミング」 ピアソン・エデュケーション 2002
Weir, Doffy ウィアー, ドフィ
[著]「魔女とネコ学校へ行く」 小さな出版社, 星雲社(発売) 2001
Weir, Duncan ウィアー, ダンカン
[国]スコットランド ラグビー選手
Weir, James ウィアー, ジェームズ
[国]イングランド サッカー選手
Weir, Jamie ウィアー, J.
[異]ワイヤー, ジェイミー [著]「画像でみる人体解剖アトラス」 エルゼビア・ジャパン 2013
Weir, Johnny ウィア, ジョニー
1984～ [国]アメリカ プロスケーター, 元フィギュアスケート選手 本名＝Weir, John Garvin [異]ウィアー, ジョニー / ウェア / ウェアー, ジョニー
Weir, Peter Lindsay ウィアー, ピーター
1944～ [国]オーストラリア 映画監督
Weir, Warren ウィア
[国]ジャマイカ 陸上選手
Weis, Judith S. ワイス, ジュディス・S.
1941～ [著]「カニの不思議」 青土社 2015
Weis, Karin ヴァイス, K.
[著]「愛の心理学」 北大路書房 2009
Weis, Margaret ワイス, マーガレット
[著]「ドラゴンランス秘史時の瞳もつ魔術師の竜」 アスキー・メディアワークス, 角川グループパブリッシング(発売) 2010
Weisaeth, Lars ウェイゼス, ラース
[著]「トラウマティック・ストレス」 誠信書房 2001
Weisbecker, Philippe ワイズベッカー, フィリップ
1942～ [著]「Hand tools」 アムズ・アーツ・プレス 2003
Weisberg, Harold ワイスバーグ, ハロルド
?～2002 [国]アメリカ 作家
Weisberg, Jacob ワイズバーグ, ジェイコブ
[著]「ルービン回顧録」 日本経済新聞社 2005
Weisberger, Lauren ワイズバーガー, ローレン
1977～ [国]アメリカ 作家 [専]文学, フィクション, チックリット
Weisbord, Marvin Ross ワイスボード, マーヴィン
[著]「会議のリーダーが知っておくべき10の原則」 英治出版 2012
Weisbord, Merrily ウェイズボード, メリリー
[著]「働く犬たち」 中央公論新社 2003
Weisburd, Richard Scott Jurick ワイスバード, リチャード
[著]「環境と宗教」 環境新聞社 2006
Weise, Dirk ヴァイセ, ディルク
[著]「MDAのエッセンス」 翔泳社 2004
Weisenfeld, Gennifer Stacy ワイゼンフェルド, ジェニファー
1966～ [著]「関東大震災の想像力」 青土社 2014
Weiser, Glade ヴァイザー, G.
[著]「血液学と臨床化学検査の症例集」 学窓社 2007
Weiser, Matt ワイサー, マット
[国]アメリカ アメフト選手
Weiser, Mitchell ヴァイザー, ミッチェル
[国]ドイツ サッカー選手
Weiser, Philip J. ワイザー, フィリップ・J.
[著]「市民の司法参加と民主主義」 日本評論社 2016
Weisfeld, Matt A. ワイスフェルド, M.A.
[著]「JavaとUMLで学ぶオブジェクト指向の考え方」 翔泳社 2002
Weishaar, Marjorie E. ワイスハー, マージョリー・E.
[著]「アーロン・T・ベック」 創元社 2009
Weishampel, David B. ワイシャンペル, デイヴィッド・B.
[著]「恐竜の進化と絶滅」 青土社 2001
Weishaupt, Luzie ヴァイスハウプト, ルーツィエ
[著]「ベルリン・デザイン・ハンドブックはデザインの本ではない！」 ベアリン出版, 新宿書房(発売) 2013
Weisinger, Hendrie ウェイジンガー, ヘンドリー
[著]「プレッシャーなんてこわくない」 早川書房 2015
Weisman, Andrew B. ワイズマン, アンドリュー・B.
[著]「リスクバジェッティング」 パンローリング 2002
Weisman, Arinna ワイスマン, アリンナ
[著]「やさしいヴィパッサナー瞑想入門」 春秋社 2003
Weisman, Ben ワイズマン, ベン
1921～2007 [国]アメリカ 作曲家, ピアニスト
Weisman, David ワイスマン, デイヴィッド
[著]「Girl on fire」 ブルース・インターアクションズ 2008
Weisman, Francesca ワイズマン, フランセスカ
[著]「迷い子たちの長い夜」 ランダムハウス講談社 2005
Weisman, Jordan ワイズマン, ジョーダン
[著]「キャシーの日記」 主婦の友社 2008
Weiss, Amy E. ワイス, エイミー・E.
[著]「ワイス博士の奇跡は起こる」 PHP研究所 2015
Weiss, Anne ヴァイス, アン

W

[著]「まきばにある小さなしあわせ」 中央公論新社 2004
Weiss, Antonio E. ワイス, アントニオ・E.
[著]「ビジネスマンのための問題解決ハンドブック」 ピアソン桐原 2012
Weiss, Birthe バイス, ビアテ
[国]デンマーク 研究開発相
Weiss, Bob ワイス, ボブ
[国]アメリカ シャーロット・ホーネッツアシスタントコーチ(バスケットボール)
Weiss, Brian Leslie ワイス, ブライアン・L.
1944〜 [著]「マンガで読む奇跡の物語 ワイス博士の前世療法」 宝島社 2015
Weiss, Carol H. ワイス, キャロル・H.
?〜2013 [著]「入門評価学」 日本評論社 2014
Weiss, Clifford R. ヴァイス, クリフォード・R.
[著]「救急・当直に役立つ画像診断マニュアル」 メディカル・サイエンス・インターナショナル 2011
Weiss, David ヴァイス, ダヴィッド
1946〜2012 [国]スイス 現代美術家
Weiss, David J. ワイス, D.J.
[著]「神経リハビリテーション」 医学書院 2001
Weiss, D.B. ワイス, D.B.
[著]「ラッキー・ワンダー・ボーイ」 早川書房 2005
Weiss, Ellen ワイス, エレン
[著]「シュレック」 角川書店, 角川グループパブリッシング(発売) 2007
Weiss, Gabriela ワイス, ガブリエラ
[著]「ウォールフェルの歯科解剖学図鑑」 ガイアブックス 2015
Weiss, Gary R. ワイス, ゲーリー
[著]「証券詐欺師」 集英社 2007
Weiss, George David ワイス, ジョージ・デービッド
1921〜2010 [国]アメリカ 作詞家, 作曲家 [異]ワイス, ジョージ・デビッド
Weiss, Glenn ウェイス, グレン
エミー賞 プライムタイム・エミー賞 最優秀監督賞(バラエティ特別番組)(第66回(2014年))ほか
Weiß, Günter ヴァイス, ギュンター
[国]ドイツ リンデン蕨独日協会事務局長
Weiss, Hans バイス, ハンス
1950〜 [著]「世界ブランド企業黒書」 明石書店 2005
Weiss, Harvey ワイス, ハーベイ
[著]「チックタックじかんってなあに?」 偕成社 2006
Weiss, Jeff ワイス, ジェフ
[著]「協力のリーダーシップ」 ダイヤモンド社 2009
Weiss, Joshua N. ワイス, ジョシュア・N.
[著]「最高の結果を生み出すハーバード流「話し方・聞き方」超入門」 徳間書店 2013
Weiss, K.F.B. ウエイス, K.F.B.
[著]「オフショアマニュアル&ダイレクトリー」 オルタ・インベスト・コム, パンローリング(発売) 2002
Weiss, Laura B. ワイス, ローラ
[著]「アイスクリームの歴史物語」 原書房 2012
Weiss, Lawrence G. ワイス, ローレンス・G.
[著]「WISC-IVの臨床的利用と解釈」 日本文化科学社 2012
Weiss, Lizzy ウェイス, リジー
[著]「ブルークラッシュ」 DHC 2003
Weiss, Lynn ワイス, リン
[著]「AD/HD&セラピー」 花風社 2003
Weiss, Martin D. ワイス, マーティン・D.
[著]「ザ・クラッシュ」 ダイヤモンド社 2004
Weiss, Michael ワイス
[国]アメリカ フィギュアスケート選手
Weiss, Mitch ウェイス, ミッチ
[著]「タイガーフォース」 WAVE出版 2007
Weiss, Oded バイス, オーディッド
[著]「マッキンゼーITの本質」 ダイヤモンド社 2005
Weiss, Peter ワイス, ピーター
[著]「原発と核抑止の犯罪性」 憲法学舎, 日本評論社(発売) 2012
Weiss, Ra'anan ウェイス, アナン
[著]「F-16I"スーファ"イスラエル空軍」 大日本絵画 2013
Weiss, Robin A. ワイス, ロビン・A.
[著]「知の歴史」 徳間書店 2002
Weiss, Stephen L. ワイス, スティーヴン・L.
[著]「地獄を見た11人の天才投資家たち」 道出版 2010
Weiss, Steven M. ワイス, スティーヴン・マーク
[著]「射手座の上司はワインに弱い」 飛鳥新社 2010
Weiss, Ulli ヴァイス, ウリ
1943〜 [著]「ピナ・バウシュ タンツテアターとともに」 三元社 2011
Weisse, Joseph ヴァイス, ジョゼフ
[著]「核融合エネルギー入門」 白水社 2004
Weissenbacher, Manfred ヴァイセンバッハー, マンフレート
[著]「狂牛病は警告する」 筑摩書房 2002
Weissenberg, Alexis ワイセンベルク, アレクシス
1929〜2012 [国]フランス ピアニスト 本名=Weissenberg, Alexis Sigismond [異]ワイセンベルグ / ヴァイセンベルク, アレクシス
Weissensteiner, Friedrich ヴァイセンシュタイナー, フリードリッヒ
1923〜 [著]「天才に尽くした女たち」 阪急コミュニケーションズ 2004
Weiss-Farnan, Pamela ワイス - ファーナン, パメラ
[著]「ケアのなかの癒し」 看護の科学社 2016
Weisshaidinger, Lukas ワイスハイディンガー, ルーカス
[国]オーストリア 陸上選手
Weisshaus, Melissa ワイショーズ, メリッサ
[著]「WindowsでGNUソフトウェアを使おう!」 アスキー 2001
Weissich, Paul R. ワイシック, ポール・R.
[著]「愛しのレイ」 イカロス出版 2009
Weisskopf, Victor Frederik ワイスコップ, ビクトール・フレデリック
1908〜2002 [国]アメリカ 核物理学者 マサチューセッツ工科大学(MIT)名誉教授, ヨーロッパ核物理研究センター(CERN)所長 [専]原子炉理論 [異]バイスコップ / ワイスコフ, ビクター / ヴァイスコップ, ヴィクトール / ヴァイスコップフ
Weissman, Dick ワイズマン, ディック
[著]「音楽ビジネスをめざす人のためのアメリカン・ミュージック・ビジネス」 音楽之友社 2001
Weissman, Elisabeth ヴァイスマン, エリザベート
[著]「ココ・シャネル」 阪急コミュニケーションズ 2009
Weissman, Fabrice ワイズマン, ファブリス
1969〜 [著]「人道的交渉の現場から」 小学館スクウェア 2012
Weissman, Jerry ワイズマン, ジェリー
[著]「「心を動かす」プレゼンテーション」 ピアソン桐原 2012
Weissman, Myrna M. ワイスマン, マーナ・M.
[著]「思春期うつ病の対人関係療法」 創元社 2016
Weissman, Samuel Isaac ワイスマン, サミュエル・アイザック
1912〜2007 [国]アメリカ 化学者 ワシントン大学教授 [専]物理化学
Weissweiler, Eva ヴァイスヴァイラー, エーファ
1951〜 [著]「オットー・クレンペラー」 みすず書房 2011
Weisz, Rachel ワイズ, レイチェル
1971〜 [国]イギリス 女優
Weitekamp, Michael R. ヴァイテカンプ, M.R.
[著]「Primary care collection from The New England journal of medicine」 南江堂 2002
Weitershausen, Philipp von ヴァイテルスハウゼン, P.フォン
1983〜 [異]ヴァイルテルスハウゼン, P.フォン [著]「Zope 3(スリー)」 シュプリンガー・ジャパン 2010
Weits, John ワイツ, ジョン
1923〜2002 [国]アメリカ ファッションデザイナー, 作家
Weitz, Chris ワイツ, クリス
1969〜 [国]アメリカ 映画プロデューサー, 映画監督, 脚本家 [異]ウェイツ, クリス
Weitz, Paul ワイツ, ポール
1966〜 [国]アメリカ 映画監督, 脚本家 [異]ウェイツ, ポール
Weitzeil, Abbey ワイツェル, アビー
[国]アメリカ 水泳選手
Weitzer, Ronald John ワイツァー, ロナルド
1952〜 [著]「セックス・フォー・セール」 ポット出版 2004
Weitzman, Mark ワイツマン, マーク
[著]「「シオン長老の議定書」の大嘘」 徳間書店 2008
Weitzman, Martin L. ワイツマン, マーティン
1942〜 [異]ワイツマン, マーティン・L. [著]「気候変動クライシス」 東洋経済新報社 2016
Weitzman, Stuart ワイツマン, スチュアート
1942〜 [国]アメリカ シューズデザイナー
Weixel, L.J. ウェイクセル, リン・J.
[著]「偽薬効果」 春秋社 2002
Weizenbaum, Nathan ワイゼンバウム, ネイサン
[著]「Sass & Compass徹底入門」 翔泳社 2014
Weizman, Abraham ワイズマン, アブラハム
[著]「パニック障害」 日本評論社 2001
Weizman, Ezer ワイツマン, エゼル

1924～2005　⒩イスラエル　政治家, 軍人　イスラエル大統領
Weizsäcker, Carl-Friedrich von　ワイツゼッカー, カール・フリードリヒ・フォン
1912～2007　⒩ドイツ　物理学者, 哲学者　ミュンヘン大学名誉教授　⒱ヴァイツゼッカー, カール
Weizsäcker, Ernst Ulrich von　ワイツゼッカー, エルンスト・ウルリッヒ・フォン
1939～　㊚「ファクター5」明石書店　2014
Weizsäcker, Richard von　ワイツゼッカー, リヒャルト・フォン
1920～2015　⒩ドイツ　政治家　ドイツ大統領, 西ベルリン市長　⒱ヴァイツゼッカー, リヒャルト・フォン
Wekerle, Christine　ウィカール, クリスチーヌ
㊚「児童虐待」金剛出版　2012
Wekerle, Gerda R.　ウェカール, ガーダ・R.
㊚「安全な都市」都市防犯研究センター　2003
Wekesa, Noah　ウェケサ, ノア
⒩ケニア　林業・野生動物相
Wel, Steven van　ウェル, スティーベン・バン
㊚「Amazon Web Servicesプログラミング」オライリー・ジャパン, オーム社 (発売)　2012
Welbeck, Danny　ウェルベック, ダニー
⒩イングランド　サッカー選手
Welch, Bob　ウェルチ, ボブ
1945～2012　⒩アメリカ　ミュージシャン　本名＝Welch, Robert Lawrence (Jr.)　⒱ウェルシュ, ボブ
Welch, Bob　ウェルチ, ボブ
1956～2014　⒩アメリカ　野球選手　本名＝Welch, Robert Lynn
Welch, Chris　ウェルチ, クリス
1941～　㊚「エリック・クラプトン・トレジャーズ」スペースシャワーネットワーク　2014
Welch, David A.　ウェルチ, デイヴィッド・A.
㊚「苦渋の選択」千倉書房　2016
Welch, Fern Stewart　ウェルチ, ファーン・スチュアート
㊚「エリザベス・キューブラー・ロスの思い出」麻布小寅堂　2007
Welch, Florence　ウェルチ, フローレンス
1986～　⒩イギリス　歌手
Welch, Graham F.　ウェルチ, グラハム・F.
㊚「音楽的コミュニケーション」誠信書房　2012
Welch, H.Gilbert　ウェルチ, H.ギルバート
㊚「過剰診断」筑摩書房　2014
Welch, Jack　ウェルチ, ジャック
1935～　㊚「ジャック・ウェルチの「リアルライフMBA」」日本経済新聞出版社　2016
Welch, Jeanie M.　ウェルチ, ジニー
㊚「東京裁判」現代史料出版, 東出版 (発売)　2005
Welch, Jessica　ウェルチ, ジェシカ
㊚「グローバル化と言語能力」明石書店　2015
Welch, John　ウェルチ, ジョン
⒩アメリカ　ロサンゼルス・クリッパーズアシスタントコーチ (バスケットボール)
Welch, John Francis, Jr.　ウェルチ, ジョン, Jr.
1935～　⒩アメリカ　実業家　ゼネラル・エレクトリック (GE) 会長・CEO　通称＝ウェルチ, ジャック〈Welch, Jack〉
Welch, Randy　ウェルシュ, ランディ
㊚「ポール・オースターが朗読するナショナル・ストーリー・プロジェクト」アルク　2006
Welch, R.Robinson　ウェルチ, R.ロビンソン
㊚「グループ対人関係療法」創元社　2006
Welch, Ruth　ウェルチ, ルース
㊚「霊性を開く」潮文社　2006
Welch, Shawn　ウェルチ, ショーン
㊚「iOS Core Frameworksテクニカルガイド」インプレスジャパン, インプレスコミュニケーションズ (発売)　2012
Welch, Suzy　ウェルチ, スージー
㊚「ジャック・ウェルチの「リアルライフMBA」」日本経済新聞出版社　2016
Welcher, Rosalind　ウェルチャー, ロザリンド
㊚「ひとりぼっちのねこ」徳間書店　2006
Welchering, Björn　ヴェルヘリング, B.
㊚「ARISを活用したシステム構築」シュプリンガー・フェアラーク東京　2005
Welcome, John　ウェルカム, ジョン
1914～2010　⒩アイルランド　作家, 弁護士　本名＝ブレナン, ジョン・ニードハム・ハガード〈Brennan, John Needham Huggard〉
Weld, Nicki　ウェルド, ニキ
㊚「「三つの家」を活用した子ども虐待のアセスメントとプランニング」明石書店　2015
Weldenkeil, Gebremariam　ウェルデンケイル・ゲブレマリアム
⒩エリトリア　土地・水資源・環境相
Weldon, William C.　ウェルドン, ウィリアム
1948～　⒩アメリカ　実業家　ジョンソン・エンド・ジョンソン会長　⒱ウェルドン, ウイリアム
Welfonder, Sue-Ellen　ウェルファンダー, スー・エレン
㊚「ハイランドの騎士に魅せられて」ぶんか社　2009
Welford, Mary　ウェルフォード, メアリー
㊚「実践セルフ・コンパッション」誠信書房　2016
Welgama, Kumara　ウェルガマ, クマラ
⒩スリランカ　交通相
Weligton　ウェリグトン
⒩ブラジル　サッカー選手
Welker, Michael　ヴェルカー, ミヒャエル
1947～　㊚ヴェルカー, M.　㊚「死者の復活」日本キリスト教団出版局　2016
Welland, Michael　ウェランド, マイケル
1946～　㊚「砂」築地書館　2011
Wellen, Edward　ウェレン, エドワード
㊚「ミニ・ミステリ100」早川書房　2005
Wellenhofer-Klein, Marina　ヴェレンホーファー, マリーナ
㊚「ドイツ物権法」成文堂　2016
Wellenreuther, Timon　ヴェレンロイター, ティモン
⒩ドイツ　サッカー選手
Weller, Ana　ウェラー, アナ
㊚「ちいさなあひるさん」世界文化社　2005
Weller, Anthony　ウェラー, アンソニー
1957～　㊚「ナガサキ昭和20年夏」毎日新聞社　2007
Weller, Duncan　ウェラー, ダンカン
カナダ総督文学賞 英語 児童文学 (イラストレーション) (2007年)　"The Boy from the Sun"
Weller, George　ウェラー, ジョージ
1907～2002　⒩アメリカ　ジャーナリスト
Weller, Harry　ウェラー, ハリー
投資家
Weller, Patrick Moray　ウェラー, パトリック
㊚「ウェストミンスター政治の比較研究」法律文化社　2015
Weller, Paul　ウェラー, ポール
1958～　⒩イギリス　ミュージシャン
Weller, Sam　ウェラー, サム
1967～　㊚「ブラッドベリ, 自作を語る」晶文社　2012
Weller, Thomas Huckle　ウェラー, トーマス
1915～2008　⒩アメリカ　生理学者, 医学者　ハーバード大学名誉教授　⒱ウェラー, トマス
Weller, Walter　ウェラー, ワルター
1939～2015　⒩オーストリア　指揮者, バイオリニスト　英国ロイヤル・フィルハーモニー管弦楽団首席指揮者　⒱ヴェラー, ヴァルター
Welles, G.W.H.　ウェールズ, G.W.H.
㊚「トマトオランダの多収技術と理論」農山漁村文化協会　2012
Welles, Orson　ウェルズ, オーソン
㊚「市民ケーン」フォーインスクリーンプレイ事業部 (発売)　2012
Wellinger, Andreas　ウェリンガー, アンドレアス
1995～　⒩ドイツ　スキー選手　⒱ベリンガー
Wellings, Eloise　ウェリングズ, エロイーズ
⒩オーストラリア　陸上選手
Wellington, Monica　ウェリントン, モニカ
1957～　㊚「かわいいあひるのあかちゃん」徳間書店　2013
Wellins, Richard S.　ウェリンズ, リチャード
㊚「世界基準のリーダー養成講座」朝日新聞出版　2016
Wellman, W.A.　ウェルマン, W.A.
㊚「スター誕生」語学春秋社　2002
Wellman, Wendell　ウェルマン, ウェンデル
㊚「映画ライターズ・ロードマップ」フィルムアート社　2005
Wellmer, Albrecht　ヴェルマー, アルブレヒト
1933～　㊚「倫理学と対話」法政大学出版局　2013
Wells, Adrian　ウェルズ, エイドリアン
㊚「メタ認知療法」日本評論社　2012
Wells, Angela　ウェルズ, アンジェラ
㊚「黒い瞳の誘拐者」ハーパーコリンズ・ジャパン　2016

Wells, Anne Sharp　ウェルズ, アン・シャープ
　㊞「ヒトラーが勝利する世界」学習研究社　2006
Wells, Beau-James　ウェルズ, Be.
　㊀ニュージーランド　フリースタイルスキー選手
Wells, Brad　ウェルズ, ブラッド
　グラミー賞 最優秀クラシック室内楽/小編成演奏（2013年（第56回））　"Roomful Of Teeth"
Wells, Cory　ウェルズ, コリー
　1941〜2015　㊀アメリカ　歌手　本名＝Lewandowski, Emil
Wells, David　ウェルズ, デイヴィッド
　㊞「魂の導き 過去世はあなたの未来を知っている」徳間書店　2012
Wells, David G.　ウェルズ, デイヴィッド
　㊞「プライムナンバーズ」オライリー・ジャパン, オーム社（発売）　2008
Wells, Donna L.　ウェルズ, ドナ・L.
　㊞「痴呆性高齢者の残存能力を高めるケア」医学書院　2002
Wells, George Andre　ウェルズ, ジョージ・アンドレ
　㊀バヌアツ　保健相　㊞ウェルズ, ジョルジュ・アンドレ
Wells, Jennifer Foehner　ウェルズ, ジェニファー・フェナー
　㊀アメリカ　作家, 編集者　㊣SF
Wells, John Christopher　ウェルズ, J.C.
　㊞「英語のイントネーション」研究社　2009
Wells, Jonathan　ウエルズ, ジョナサン
　㊞「進化のイコン」コスモトゥーワン　2007
Wells, Joseph T.　ウェルズ, ジョセフ・T.
　㊞「企業不正対策ハンドブック」第一法規　2009
Wells, Josh　ウェルズ, ジョシュ
　㊀アメリカ　アメフト選手
Wells, Josiah　ウェルズ, J.
　㊀ニュージーランド　フリースタイルスキー選手
Wells, Karen　ウェルズ, カレン
　㊞「3歳から読みきかせるしあわせのバケツ」TOブックス　2012
Wells, Kellie　ウェルズ
　㊀アメリカ　陸上選手
Wells, M.　ウェルズ, M.
　㊞「アンダーウッド病理学」西村書店　2002
Wells, Malcolm　ウェルズ, マルコム
　1926〜　㊞「緑の星の家づくり」アレフ「ろばのほん」出版・企画チーム, サンクチュアリ・パブリッシング（発売）　2001
Wells, Matt　ウェルズ, マット
　㊀アメリカ　アメフト選手
Wells, Mick　ウェルズ, ミック
　㊞「プリンセスハッピーストーリー」大日本絵画　2006
Wells, Mike　ウェルズ, マイク
　㊀アメリカ　ユダ・ジャズアシスタントコーチ（バスケットボール）
Wells, Pamela　ウェルズ, パメラ
　㊀アメリカ　作家　㊣ヤングアダルト, ロマンス
Wells, Rachel　ウェルズ, レイチェル
　㊀イギリス　作家　㊣その他
Wells, Rebecca　ウェルズ, レベッカ
　㊞「ホメオパシー」産調出版　2004
Wells, Robert E.　ウェルズ, ロバート・E.
　㊞「数ってどこまでかぞえられる？」評論社　2016
Wells, Robin　ウェルズ, ロビン
　㊞「クルーグマンマクロ経済学」東洋経済新報社　2009
Wells, Robin　ウェルズ, ロビン
　㊞「恋はスキャンダラスに」オークラ出版　2012
Wells, Rosemary　ウェルズ, ローズマリー
　㊞「こんにちはマクダフ」アールアイシー出版　2007
Wells, Scott　ウェルズ, スコット
　㊞「フェイスリファレンス」ボーンデジタル　2014
Wells, Spencer　ウェルズ, スペンサー
　1969〜　㊞「パンドラの種」化学同人　2012
Wells, Stanley W.　ウェルズ, スタンリー
　1930〜　㊞「シェイクスピア大図鑑」三省堂　2016
Wells, Steve　ウェルズ, スティーブ
　1963〜　㊞「マンクル・トロッグ」小学館　2013
Wells, Zeb　ウェルズ, ゼブ
　㊞「スパイダーマン：エレクション・デイ」小学館集英社プロダクション　2013
Wellstone, Paul　ウェルストン, ポール
　1944〜2002　㊀アメリカ　政治家, 政治学者　米国上院議員（民主党）, カールトン・カレッジ教授
Wels, Andreas　ウェルス

Welsch, Glenn A.　ウェルシュ, グレン・A.
　㊞「元帳の締め切り」〔川島貞一〕2002
Welser-Möst, Franz　ヴェルザー・メスト, フランツ
　1960〜　㊀リヒテンシュタイン　指揮者　クリーブランド管弦楽団音楽監督　ウィーン国立歌劇場音楽監督, ロンドン・フィルハーモニー管弦楽団音楽監督　㊞ウェルザー・メスト, フランツ / ベルザー・メスト, フランツ
Welsh, Alex　ウェルッシュ, アレックス
　㊞「サッカーゴールキーパーバイブル」カンゼン　2005
Welsh, Betty L.　ウェルシュ, ベティ・L.
　1925〜　㊞「学校におけるソーシャルワークサービス」学苑社　2001
Welsh, Brandon C.　ウェルシュ, ブランドン・C.
　1969〜　㊞「エビデンスに基づく犯罪予防」社会安全研究財団　2008
Welsh, Irvin　ウェルシュ, アーヴィン
　1958〜　㊀イギリス　作家　㊞ウェルシュ, アーヴィン
Welsh, Jon　ウェルシュ, ジョン
　㊀スコットランド　ラグビー選手
Welsh, Louise　ウェルシュ, ルイーズ
　㊞「カッティング・ルーム」早川書房　2003
Welsh, Matt　ウェルシュ
　㊀オーストラリア　競泳選手
Welsh, Matt　ウェルシュ, マット
　㊞「Running Linux」オライリー・ジャパン, オーム社（発売）　2003
Welsh, Pete　ウェルシュ, ピート
　㊞「リバティーンズ物語」ブルース・インターアクションズ　2011
Welsh, Renate　ヴェルシュ, レナーテ
　㊞「コンスタンツェ・モーツァルトの物語」アルファベータ　2007
Welsh, Thomas　ウェルシュ, トーマス
　㊞「教育分権化の国際的潮流」東信堂　2015
Welshman, Malcolm D.　ウェルシュマン, マルカム・D.
　㊀イギリス　作家　㊣児童書
Welsman, Carol　ウェルスマン, キャロル
　㊀カナダ　ジャズ歌手, ピアニスト
Welsome, Eileen　ウェルサム, アイリーン
　1951〜　㊞「プルトニウムファイル」翔泳社　2013
Welte, Miriam　ヴェルテ, ミリアム
　1986〜　㊀ドイツ　自転車選手　㊞ベルテ, ミリアム / ヴェルテ, ミーリアム
Welton, Jude　ウェルトン, ジュード
　㊞「ビジュアル年表で読む西洋絵画」日経ナショナルジオグラフィック社, 日経BPマーケティング（発売）　2014
Welty, Eudora　ウェルティ, ユードラ
　1909〜2001　㊀アメリカ　作家
Weltz, Scott　ウェルツ
　㊀アメリカ　競泳選手
Wen, Jia-bao　ウェン・チアパオ
　1942〜　㊀中国　政治家　中国首相, 中国共産党政治局常務委員　漢字名＝温家宝　㊞ウェン・ジャパオ
Wen, Wanda　ウェン, ワンダ
　㊞「プロは語る。」アスペクト　2005
Wendebourg, Dorothea　ヴェンデブルク, ドロテア
　㊞「キリスト教の主要神学者」教文館　2014
Wendell　ウェンデル
　㊀ブラジル　サッカー選手
Wendell, Patrick　ウェンデル, パトリック
　㊞「初めてのSpark」オライリー・ジャパン, オーム社（発売）　2015
Wender, Paul H.　ウェンダー, ポール・H.
　㊞「成人期のADHD」新曜社　2002
Wenders, Wim　ヴェンダース, ヴィム
　1945〜　㊀ドイツ　映画監督　本名＝ヴェンダース, アーンスト・ヴィルヘルム〈Wenders, Ernst Wilhelm〉　㊞ウェンダース, ウィム / ベンダース, ビム
Wendig, Chuck　ウェンディグ, チャック
　㊀アメリカ　作家, 脚本家　㊣ホラー, SF
Wendkos, Paul　ウェンドコス, ポール
　1925〜2009　㊀アメリカ　映画監督, テレビ映画監督　㊞ウエンドコス, ポール
Wendl, Tobias　ウェンドル, トビアス
　㊀ドイツ　リュージュ選手
Wendle, Joey　ウェンドル, ジョーイ

㉕アメリカ　野球選手
Wendt, Albert　ヴェント, アルバート
1939～　㉕ニュージーランド　作家　オークランド大学名誉教授　㊗太平洋諸島の口承文学,太平洋学
Wendt, Henry　ベント, ヘンリー
　㊐「コーポレート・ガバナンス」ダイヤモンド社　2001
Wendt, Oscar　ヴェント, オスカル
　㉕スウェーデン　サッカー選手
Wendte, Martin　ヴェンテ, マルティン
1974～　㊐「キリスト教神学の主要著作」教文館　2013
Wénézoui, Charles Hervé　ウエネズイ, シャルル・エルベ
　㉕中央アフリカ　外務・地域統合相
Wenezoui, Sebastien　ウェネズイ, セバスチャン
　㉕中央アフリカ　環境・持続的発展相
Weng, Heidi　ベング
　㉕ノルウェー　クロスカントリースキー選手
Wenger, Arsène　ベンゲル, アーセン
1949～　㉕フランス　サッカー監督, 元サッカー選手
Wenger, Etienne　ウェンガー, エティエンヌ
1952～　㊐「コミュニティ・オブ・プラクティス」翔泳社　2002
Wenger, J.Michael　ウェンジャー, J.マイケル
　㊐「パールハーバー」光人社　2001
Wenger, Win　ウェンガー, ウィン
　㊐「アインシュタイン・ファクター」きこ書房　2015
Wengler, John　ウェングラー, ジョン
　㊐「電力取引とリスク管理」エネルギーフォーラム　2003
Wenham, Gordon J.　ウェナム, ゴードン・J.
　㊐「民数記」いのちのことば社　2007
Weniger, Matthias　ヴェニガー, マティアス
　㊐「ゴシック」Taschen　c2007
Weninger, Brigitte　ベニンガー, ブリギッテ
1960～　㊐「こねずみミコのいぬがかいたい！」BL出版　2006
Wenk, Shari Lesser　ウェンク, シャリ・レサー
　㊐「リレントレス結果を出す人の13の法則」スタジオタッククリエイティブ　2014
Wennberg, Birgitta　ヴェンベーリア, ビルギッタ
　㊐「スウェーデン発・知的障害のある人の生活支援ハンドブック」ミネルヴァ書房　2011
Wennemars, Erben　ベンネマルス
　㉕オランダ　スピードスケート選手
Wenner, Jann　ウェナー, ヤン・S.
　㊐「「ローリング・ストーン」インタビュー選集」TOブックス　2008
Wenning, Keith　ウェニング, キース
　㉕アメリカ　アメフト選手
Wenth, Jennifer　ウェンス, ジェニファー
　㉕オーストリア　陸上選手
Wentker, Hermann　ウェントカー, ヘルマン
1959～　㊐「東ドイツ外交史」三元社　2013
Wentworth, Sally　ウェントワース, サリー
？～2001　㊐「真夏のシンデレラ」ハーパーコリンズ・ジャパン　2016
Wentz, Carson　ウェンツ, カーソン
　㉕アメリカ　アメフト選手
Wenzel, Angela　ヴェンツェル, アンジェラ
　㊐「パパママおしえてアートミステリー13話」辰巳出版　2014
Wenzel, Brendan　ウェンツェル, ブレンダン
　㊐「ねこってこんなふう？」講談社　2016
Wenzel, Christine　ウェンツェル, クリティーヌ
　㉕ドイツ　射撃選手　㊗ウェンツェル
Wenzel, David　ウェンゼル, デイビッド
1950～　㊐「きみへのとくべつなおくりもの」いのちのことば社フォレストブックス　2006
Wenzel, Jennifer　ヴェンツェル, ジェニファー
　㊐「女性の人権とジェンダー」明石書店　2007
Wenzel, Ty　ウェンゼル, タイ
　㊐「酒場の奇人たち」文芸春秋　2004
Werbach, Kevin　ワーバック, ケビン
　㊐「ゲーミフィケーション集中講義」阪急コミュニケーションズ　2013
Werbeck, Barbara　ヴェアベック, バーバラ
　㊐「機能的運動療法 ボール・エクササイズ編」シュプリンガー・ジャパン　2010
Werber, Bernard　ヴェルベール, ベルナール
1962～　㊐「星々の蝶」日本放送出版協会　2008
Werder, Peter R.　ヴェルダー, ペーター・R.
　㊐「ボーアウト」講談社　2009
Werderich, Donna E.　ウェルデリッヒ, ドナ・E.
　㊐「ランゲージアーツ」玉川大学出版部　2016
Werede, Wold Wolde　ウェレデ・ウォルド・ウォルデ
　㉕エチオピア　法相
Wereskiold, Erik　ヴェーレンシオル, エーリク
　㊐「ノルウェーの昔話」福音館書店　2003
Werle, Donyale　ワーレ, ダニエル
　トニー賞 プレイ 舞台デザイン賞(2012年(第66回)) "Peter and the Starcatcher"
Werle, Loukie　ウェール, ルーキー
　㊐「世界の食材図鑑」グラフィック社　2010
Werlhof, Claudia von　ヴェールホフ, クラウディア・フォン
1943～　㊐「女性と経済」日本経済評論社　2004
Werlin, Nancy　ワーリン, ナンシー
1961～　㊐「危険ないとこ」評論社　2010
Werman, Robert　ワーマン, ロバート
　㊐「あなたにもできる脳活性化法」フレグランスジャーナル社　2007
Wernbloom, Pontus　ヴェアンブローム, ポントゥス
　㉕スウェーデン　サッカー選手
Werner, Alex　ワーナー, アレックス
　㊐「写真で見るヴィクトリア朝ロンドンの都市と生活」原書房　2013
Werner, Alexander　ヴェルナー, アレクサンダー
1961～　㊐「カルロス・クライバー」音楽之友社　2010
Werner, Bjoern　ワーナー, ビヨーン
　㉕アメリカ　アメフト選手
Werner, Carolina　ウェルナー, カロリナ
　㉕ドイツ　セーリング選手
Werner, David　ワーナー, デービッド
1934～　㉕アメリカ　生物学者　ヘルス・ライツ代表　㊗地域保健, 障害　㊗ワーナー, デビッド
Werner, Emmy E.　ワーナー, エミー・E.
　㊐「ユダヤ人を救え！」水声社　2010
Werner, Florian　ヴェルナー, フロリアン
1971～　㊐「牛の文化史」東洋書林　2011
Werner, George　ワーナー, ジョージ
　㉕リベリア　教育相
Werner, Götz W.　ヴェルナー, ゲッツ・W.
1944～　㊐「すべての人にベーシック・インカムを」現代書館　2009
Werner, Helmut　ウェルナー, ヘルムート
1936～2004　㉕ドイツ　実業家　メルセデス・ベンツ社長・CEO, 欧州自動車製造者協会(ACEA)会長　㊗ヴェルナー, ヘルムート
Werner, Herbert A.　ヴェルナー, ヘルベルト・A.
　㊐「鉄の棺」中央公論新社　2001
Werner, Joseph　ウェルナー, J.
　㊐「ウェルナーチェロ教則本」ケイ・エム・ピー　2001
Werner, Kirk　ワーナー, カーク
　㊐「ガムふんじゃった」白泉社　2005
Werner, Klaus　ベルナー, クラウス
1967～　㊐「世界ブランド企業黒書」明石書店　2005
Werner, Monika　ヴェルナー, モニカ
　㊐「マインドマップアロマセラピー」ガイアブックス　2013
Werner, Pierre　ウェルナー, ピエール
1913～2002　㉕ルクセンブルク　政治家　ルクセンブルク首相
Werner, Richard A.　ヴェルナー, リチャード・A.
1967～　㊐「不景気が終わらない本当の理由」草思社　2003
Werner, Ruth A.　ワーナー, ルース
　㊐「マッサージ師のための疾患ガイドブック」医道の日本社　2011
Werner, Timo　ヴェルナー, ティモ
　㉕ドイツ　サッカー選手
Werner, Wendelin　ウェルナー, ウェンデリン
　㉕フランス　フィールズ賞(2006年)
Werner-Jensen, Arnold　ヴェルナー＝イェンセン, アルノルド
1941～　㊐「プレミエからレパートリーへ」アカデミア・ミュージック　2015
Wernicke, Herbert　ヴェルニケ, ヘルベルト
1946～2002　㉕ドイツ　オペラ演出家　㊗ベルニケ, ヘルベルト
Wernicke, María　ウェレニケ, マリア
　㊐「パパとわたし」光村教育図書　2012
Wernlid, Eva　ベーンリード, エバ
　㊐「山頂にむかって」愛育社　2002
Wernly, Julia　ヴェルンリ, ユーリア
　㊐「フリードリヒ・シラー美学＝倫理学用語事典序説」鳥影社・

ロゴス企画　2007
Werry, Chris　ウェリー, クリス
1965〜　㉘「オンライン・コミュニティ」ピアソン・エデュケーション　2002
Wert, José Ignacio　ベルト, ホセ・イグナシオ
㊀スペイン　教育・文化・スポーツ相
Wertenbaker, Timberlake　ワーテンベイカー, ティンバーレイク
㉘「我らが祖国のために」カモミール社　2006
Werth, Barry　ワース, バリー
㉘「こうして生まれる」エクスナレッジ　2013
Werth, Dirk　ヴェルス, D.
㉘「ARISを活用したシステム構築」シュプリンガー・フェアラーク東京　2005
Werth, Isabell　ウェルト, イザベル
㊀ドイツ　馬術選手
Werth, Jacques　ワース, ジャック
㉘「売り込まなくても売れる！」フォレスト出版　2005
Werth, Jayson　ワース, ジェイソン
1979〜　㊀アメリカ　野球選手　本名＝Werth, Jayson Richard
Werth, Nicolas　ヴェルト, ニコラ
1950〜　㉘「共産主義黒書」筑摩書房　2016
Wertheim, L.Jon　ワーサイム, L.ジョン
㉘「オタクの行動経済学者、スポーツの裏側を読み解く」ダイヤモンド社　2012
Wertheimer, Alfred　ワートハイマー, アルフレッド
㉘「エルヴィス・プレスリー21歳の肖像」青志社　2007
Wertheimer, Andrew B.　ウェルトハイマー, アンドリュー
㉘「アメリカ強制収容所における日系人の図書館」京都図書館情報学研究会, 日本図書館協会（発売）　2015
Werthemann, Helene　ヴェアテマン, ヘレーネ
㉘「神には栄光人の心に喜び」日本キリスト教団出版局　2006
Wertime, Kent　ワータイム, ケント
㉘「次世代メディアマーケティング」ソフトバンククリエイティブ　2009
Wertsch, James V.　ワーチ, ジェームス・V.
1947〜　㉘「心の声」福村出版　2004
Weschler, Lawrence　ウェシュラー, ローレンス
全米書評家協会賞 批評（2006年）　"Everything That Rises: A Book of Convergences"
Weschler, Toni　ウェシュラー, トニー
1955〜　㉘「あなたの受胎能力を管理する」明石書店　2004
Wescott, Seth　ウェスコット, セス
1976〜　㊀アメリカ　スノーボード選手　本名＝Wescott, Seth Benjamin
Wesker, Arnold　ウェスカー, アーノルド
1932〜2016　㊀イギリス　劇作家, 演出家
Wesker, Karl H.　ヴェスカー, カール・H.
㉘「グラフィックスフェイス」クインテッセンス出版　2013
Wesley　ウェズレイ
㊀ブラジル　サッカー選手
Wesley, De'Ondre　ウェスリー, ディオンドレ
㊀アメリカ　アメフト選手
Wesley, Kathryn　ウェズリイ, キャスリン
㉘「スウェプト・アウェイ」扶桑社　2003
Wesley, Mary　ウェズレー, メアリー
1912〜2002　㊀イギリス　作家　本名＝Siepmann, Mary Aline
㉘「ウェズリー, メアリー」
Wesołowski, Józef　ベゾロフスキ, ヨゼフ
1948〜2015　㊀ポーランド　カトリック大司教, 外交官　駐ドミニカ共和国バチカン大使
Wess, Julius　ヴェス, ユリウス
？〜2007　㉘「超対称性と超重力」丸善出版　2011
Wessel, David　ウェッセル, デービッド
㊀アメリカ　ジャーナリスト　ブルッキングス研究所ハッチンス財政金融政策センターディレクター　㊁ウェッセル, デイビッド
Wessel, John　ウェッセル, ジョン
1952〜　㉘「あの夏の日に別れのキスを」ソニー・マガジンズ　2004
Wesselman, Henry Barnard　ウェスルマン, ハンク
㊁ウエスルマン, ハンク　㉘「スピリットウォーカー」ヴォイス出版事業部　2014
Wesselmann, D V　ウェッセルマン, D.V.
英国推理作家協会賞 デビュー・ダガー（2006年）　"Imprint of the Raj"
Wesselmann, Tom　ウェッセルマン, トム

1931〜2004　㊀アメリカ　画家　筆名＝スティーリングワース, スリム
Wessels, David　ウェッセルズ, デイビッド
㉘「企業価値評価」ダイヤモンド社　2016
Wessel-Therhorn, Oliver　ヴェッセル・テルホーン, オリバー
1960〜2010　㉘「ビル＆ボビー・アーヴィンのダンス・テクニック」白夜書房　2011
Wessely, Simon　ウェセリー, S.
㉘「うつ病という時限爆弾」日本評論社　2003
Wesson, John　ウェッソン, ジョン
㉘「トカマク概論」九州大学出版会　2003
West, Alex　ウエスト, アレックス
㉘「オーストラリア建国物語」明石書店　2011
West, Annie　ウエスト, アニー
1961〜　㊁ウェスト, アニー　㉘「トビーがなくしたほね」アイルランドフューシャ奈良書店　2016
West, Anthony R.　ウエスト, A.R.
1947〜　㉘「ウエスト固体化学」講談社　2016
West, Arch　ウエスト, アーチ
1914〜2011　㊀アメリカ　実業家　本名＝West, Arch Clark
West, Beverly　ウエスト, ビバリー
1961〜　㉘「気分deシネマ」産業編集センター　2002
West, Bing　ウエスト, ビング
㊀アメリカ　作家　米国国防次官（国際安全保障担当）
West, Cameron　ウエスト, キャメロン
1955〜　㉘「メディチ家の短剣」早川書房　2002
West, Charcandrick　ウエスト, チャーキャンドリック
㊀アメリカ　アメフト選手
West, Christopher　ウエスト, クリス
1940〜　㉘「思いつき！を会社にする」阪急コミュニケーションズ　2003
West, Cornel　ウエスト, コーネル
1953〜　㊀アメリカ　哲学者, 牧師　ユニオン神学校教授　㉘哲学, アフリカン・アメリカン・スタディーズ
West, Darron L.　ウエスト, ダロン・L.
トニー賞 プレイ 音響デザイン賞（2012年（第66回））　"Peter and the Starcatcher"
West, David　ウエスト, デイヴィッド
1956〜　㉘「生きている!?恐竜の世界」岩崎書店　2012
West, David　ウエスト, ディビッド
㊀アメリカ　バスケットボール選手
West, David　ウエスト, デイビッド
1956〜　㉘「脳とからだ」西村書店東京出版編集部　2016
West, David　ウエスト, デビッド
㉘「Head Firstオブジェクト指向分析設計」オライリー・ジャパン, オーム社（発売）　2007
West, Franz　ヴェスト, フランツ
1947〜2012　㊀オーストリア　芸術家　㊁ベスト, フランツ
West, Janet　ウエスト, ジャネット
㉘「子ども中心プレイセラピー」創元社　2010
West, Jarrod　ウエスト, ジャロッド
㊀アメリカ　アメフト選手
West, Jennifer　ウエスト, ジェニファー
㉘「ビーナスのささやき」ハーレクイン　2002
West, Jessica Pallington　ウエスト, ジェシカ・パリントン
㉘「聖書キース・リチャーズ」道出版　2011
West, John Burnard　ウエスト, ジョン・B.
㊁ウエスト, ジョン・B.　㉘「呼吸生理学入門」メディカル・サイエンス・インターナショナル　2009
West, John Michael　ウエスト, ジョン・M.
1973〜　㉘「ファンダメンタル・インデックス」東洋経済新報社　2009
West, Kanye　ウエスト, カニエ
1977〜　㊀アメリカ　歌手, 音楽プロデューサー
West, Keith R.　ウエスト, キース
㉘「いのちの教室」PHP研究所　2009
West, Lee　ウエスト, リー
㉘「パーソナルな関係の社会心理学」北大路書房　2004
West, Michael A.　ウエスト, マイケル・A.
1951〜　㉘「チームワークの心理学」東京大学出版会　2014
West, Michael Lee　ウエスト, ミシェール・リー
㉘「ヒャクニチソウの満開の下」産業編集センター　2002
West, Nancy M.　ウエスト, ナンシー・M.
㉘「救助犬ベア」金の星社　2005
West, Richard　ウエスト, リチャード
㉘「フォーミュラ・ワン」一灯舎　2006

West, Rosemary ウエスト, ローズマリー
[著]「フォークアートフォーオールシーズンズ」 サンーケイ(製作) 2006

West, Sandy ウエスト, サンディ
1959～2006 [国]アメリカ ロック・ドラマー

West, Scott ウェスト, スコット
1959～ [著]「信頼を勝ち取る言葉」 日経BPコンサルティング, 日経BPマーケティング(発売) 2014

West, Terrance ウエスト, テレンス
[国]アメリカ アメフト選手

West, Tracey ウエスト, トレーシー
1965～ [異]ウエスト, トレイシー [著]「カンフー・パンダ2」 角川書店, 角川グループパブリッシング(発売) 2011

Westad, Odd Arne ウェスタッド, O.A.
[著]「グローバル冷戦史」 名古屋大学出版会 2010

Westberg, Granger E. ウェストバーグ, グレンジャー・E.
[著]「すばらしい悲しみ」 地引網出版 2007

Westbroek, Eva-maria ウェストブロック, エヴァ・マリア
1970～ [国]オランダ ソプラノ歌手

Westbrook, Catherine ウェストブルック, キャサリン
[著]「MRI基礎と実践」 西村書店 2012

Westbrook, David ウエストブルック, デヴィッド
[著]「認知行動療法臨床ガイド」 金剛出版 2012

Westbrook, Robert ウェストブルック, ロバート
[異]ウエストブルック, ロバート [著]「インソムニア」 新潮社 2002

Westbrook, Russell ウェストブルック, ラッセル
1988～ [国]アメリカ バスケットボール選手 [異]ウエストブルック, ラッセル

Westbrook, Tevin ウエストブルック, テビン
[国]アメリカ アメフト選手

Westbrooks, Ethan ウエストブルックス, イーサン
[国]アメリカ アメフト選手

Westcott, Helen L. ウエストコット, ヘレン・L.
[著]「自閉症と発達障害研究の進歩」 星和書店 2001

Westcott, Lisa ウェストコット, リサ
アカデミー賞 メイクアップ・ヘアスタイリング賞(第85回(2012年)) "Les Misérables"

Westcott, Nadine Bernard ウェストコット, ネイディーン・バーナード
[異]ウェストコット, ナディーン・バーナード [著]「いきてるってどんなこと?」 福音館書店 2008

Weste, Neil H.E. ウェスト, ニール・H.E.
[著]「ウェスト&ハリスCMOS VLSI回路設計」 丸善出版 2014

Westen, Robin ウェステン, ロビン
[著]「自分がわかる747の質問」 宝島社 2012

Westendorp, Fiep ヴェステンドルプ, フィープ
1916～2004 [著]「しんぶんにのりたい」 金の星社 2013

Westenhofer, Bill ウェステンホファー, ビル
アカデミー賞 特殊効果賞(第85回(2012年))ほか

Wester, Leonard ウェスター, レナード
[国]アメリカ アメフト選手

Wester, Ture ウェスター, トゥアー
[著]「形とシンメトリーの饗宴」 森北出版 2003

Westera, Bette ウェステラ, ベッテ
1958～ [著]「ぼくとバブーン」 ソニー・マガジンズ 2006

Westerduin, Anne ベスターダイン, アンヌ
[著]「おもいでをなくしたおばあちゃん」 朝日学生新聞社 2011

Westerfeld, Scott ウエスターフェルド, スコット
1963～ [国]アメリカ 作家 [専]SF, ヤングアダルト

Westergaard, John ウェスターガード, ジョン
1927～2014 [国]イギリス 社会学者 シェフィールド大学名誉教授 [専]階級論 本名=Westergaard, John Harald

Westerheim, Malin ウェステルヘイム, マリン
[国]ノルウェー 射撃選手

Westerman, Christian ウエスターマン, クリスチャン
[国]アメリカ アメフト選手

Westerman, Frank ヴェスターマン, フランク
1964～ [著]「アララト山」 現代書館 2013

Westerman, Paul ウェスターマン, ポール
[著]「ウォルマートに学ぶデータ・ウェアハウジング」 翔泳社 2003

Westermann, Heiko ヴェスターマン, ハイコ
[国]ドイツ サッカー選手

Westermann, Mariët ヴェステルマン, マリエット
[著]「レンブラント」 岩波書店 2005

Westermann, Peter ヴェスターマン, P.
[著]「ARISを活用したシステム構築」 シュプリンガー・フェアラーク東京 2005

Western, Colin ウェスタン, C.
[著]「ARISを活用したシステム構築」 シュプリンガー・フェアラーク東京 2005

Westervelt, R.M. ウェスターベルト, R.M.
[著]「Nanotechnology」 エヌ・ティー・エス 2002

Westerwelle, Guido ウェスターウェレ, ギド
1961～2016 [国]ドイツ 政治家 ドイツ外相

Westesson, Per-Lennart ウエストソン, P.-L.
[著]「脳の拡散強調MRI」 シュプリンガー・フェアラーク東京 2005

Westfall, Emily ウェストフォール, エミリー
[著]「インスリンポンプとCGM」 医歯薬出版 2015

Westford, Jennifer ウェストフォード, ジェニファー
[国]ガイアナ 公共サービス相

Westhead, David R. ウェセッド, D.R.
[著]「生命情報学キーノート」 シュプリンガー・フェアラーク東京 2003

Westheimer, David ウェストハイマー, デービッド
?～2005 [国]アメリカ 作家

Westin, Boel ウェスティン, ボエル
1951～ [著]「トーベ・ヤンソン」 講談社 2014

Westlake, Abby ウェストレイク, アビー
[著]「アルカード城の殺人」 扶桑社 2012

Westlake, Donald Edwin ウェストレイク, ドナルド
1933～2008 [国]アメリカ 作家 別名=スターク, リチャード〈Stark, Richard〉, コウ, タッカー〈Coe, Tucker〉 [異]ウェストレーク / ウェストレイク / ウエストレーク, ドナルド

Westland, Pamela ウェストランド, パメラ
[著]「斬新で創造的なフラワーデザイン」 産調出版 2001

Westleigh, Sarah ウエストリー, サラ
[著]「シュヴァリエの宝石」 ハーレクイン 2008

Westley, Frances ウェストリー, フランシス
[著]「誰が世界を変えるのか」 英治出版 2008

Westmijze, W.K. ウェストメイツェ, W.K.
[著]「磁気記録の研究」 〔池田寧夫〕 2006

Westmor, Monty ウェストモア, モンティ
1923～2007 [国]アメリカ メイクアップ・アーティスト

Westmore, Ann ウェストモア, アン
[著]「ホルモン補充療法ガイドブック」 丸善 2003

Westmoreland, William Childs ウェストモーランド, ウィリアム
1914～2005 [国]アメリカ 軍人 米国陸軍参謀総長

Westney, D.Eleanor ウェストニー, D.エレノア
[異]ウエストニー, D.E. [著]「スマート・グローバリゼーション」 同文舘出版 2005

Westney, William ウェストニー, ウィリアム
[著]「ミスタッチを恐れるな」 ヤマハミュージックメディア 2015

Weston, Anthony ウェストン, アンソニー
1954～ [異]ウエストン, アンソニー [著]「論理的に書くためのルールブック」 PHP研究所 2005

Weston, Carrie ウェストン, キャリー
[著]「はじめましてぼく, ボリス」 小学館 2009

Weston, Judith ウェストン, ジュディス
1946～ [著]「演技のインターレッスン」 フィルムアート社 2002

Weston, Martha ウェストン, マーサ
[著]「考える練習をしよう」 晶文社 2015

Weston, Molly ウェストン, モリー
アメリカ探偵作家クラブ賞 大鴉賞(2012年)

Weston, Sophie ウエストン, ソフィー
[著]「億万長者のプロポーズ」 ハーレクイン 2015

Weston, Stasia ウェストン, ステイシア
[著]「インストラクショナルデザインとテクノロジ」 北大路書房 2013

Westra, Henny A. ウェスラ, ヘニー・A.
[著]「動機づけ面接法の適用を拡大する」 星和書店 2016

Westwood, J.N. ウェストウッド, ジョン
[著]「世界の鉄道の歴史図鑑」 柊風舎 2010

Westwood, Lee ウエストウッド, リー
1973～ [国]イギリス プロゴルファー [異]ウェストウッド, リー

Westwood, Vivienne ウェストウッド, ビビアン
1941～ [国]イギリス ファッションデザイナー 本名=Westwood, Vivienne Isabel [異]ウェストウッド, ヴィヴィアン / ウエストウッド / ウエストウッド, ヴィヴィアン

Wetangula, Moses ウェタングラ, モーゼス
[国]ケニア 貿易相

Wetering, Ernst van de　ウェテリンク、エルンスト・ファン・デ
　1938〜　㊞「レンブラント」木楽舎　2016
Wetherall, David J.　ウエザロール、デイビッド・J.
　㊞「コンピュータネットワーク」日経BP社、日経BPマーケティング（発売）　2013
Wetherby, Amy M.　ウェザビー、エミー・M.
　㊞「SCERTSモデル」日本文化科学社　2012
Weththasinghe, Dayananda　ウェッタシンハ、ダヤナンダ
　㊄スリランカ　スリランカ日本経済委員会副会長、元・スリランカ・日本友好協会会長
Wetlaufer, Suzy　ウェットラウファー、スージー
　㊅ウェットローファー、スージー　㊞「人材育成の戦略」ダイヤモンド社　2007
Wettasinghe, Sybil　ウェッタシンハ、シビル
　1928〜　㊄スリランカ　絵本作家
Wette, Wolfram　ヴェッテ、ヴォルフラム
　1940〜　㊄ドイツ　作家　フライブルク大学員外教授　㊞ドイツ軍事史
Wetton, John　ウェットン、ジョン
　1949〜　㊄イギリス　ロック・ベース奏者
Wetzel, Gary　ウィッツェル、ゲイリー
　㊞「不朽の自由作戦のA-10サンダーボルト2部隊2008-2014」大日本絵画　2016
Wetzel, John　ウェッツェル、ジョン
　㊄アメリカ　アメフト選手
Wetzell, Tupua Friedrich Wilhelm　ヴェッツェル、トゥプア・フリードリッヒ・ウィルヘルム
　㊄サモア　元・在アピア日本国名誉総領事
Wetzler, Peter Michael　ウエッツラー、ピーター
　1943〜　㊞「ゆがめられた昭和天皇像」原書房　2006
Wever, Chris　ウェバー、クリス
　㊞「学校いやいやお化けウォブリー」明星大学出版部　2003
Wever, Merritt　ウィヴァー、メリット
　エミー賞 プライムタイム・エミー賞 最優秀助演女優賞（コメディシリーズ）（第65回（2013年））　"Nurse Jackie"
Wevers, Lieke　ベフェルス、リーケ
　㊄オランダ　体操選手
Wevers, Sanne　ベフェルス、サンネ
　㊄オランダ　体操選手
Wexler, Alice　ウェクスラー、アリス
　1942〜　㊞「ウェクスラー家の選択」新潮社　2003
Wexler, David B.　ウェクスラー、デヴィッド・B.
　㊞「オトコのうつ」星和書店　2010
Wexler, Haskel　ウェクスラー、ハスケル
　1922〜2015　㊄アメリカ　映画撮影監督、映画監督
Wexler, Jerry　ウェクスラー、ジェリー
　1917〜2008　㊄アメリカ　音楽プロデューサー
Wexler, Lisa　ウェクスラー、リサ
　㊞「ユダヤ賢母の教え」イースト・プレス　2011
Wexler, Milton　ウェクスラー、ミルトン
　1908〜2007　㊄アメリカ　精神分析医　遺伝病財団創立者
Wexner, Leslie　ウェクスナー、レスリー
　㊄アメリカ　実業家　㊅ウェクスナー、レズリー
Weya, Jérôme Klôh　ウェヤ、ジェローム・クロー
　㊄コートジボワール　駐日特命全権大使
Weyergans, François　ベイェルガンス、フランソワ
　1941〜　㊄ベルギー　作家、映画監督　㊅ベイエルガンス／ヴェイエルガンス、フランソワ
Weyers, Hans-Leo　ヴァイヤース、ハンス・レオ
　㊞「保険契約法」成文堂　2007
Weyers, Howard　ウェヤーズ、ハワード
　㊞「「問題社員」の管理術」ダイヤモンド社　2007
Weygand, Zina　ヴェイガン、ジナ
　㊞「盲人の歴史」藤原書店　2013
Weygant, Peter　ウェイガント、ピーター
　㊞「クラスタによるハイアベイラビリティの構築」ピアソン・エデュケーション　2002
Weyler, Javier　ウェイラー、ハヴィエ
　1975〜　㊄アルゼンチン　ミュージシャン　㊅ウェイラー、ハビエ
Weymann, Eduardo　ウエイマン、エドゥアルド
　㊄グアテマラ　財務相
Weyn, Suzanne　ウェイン、スザンヌ
　㊞「インディ・ジョーンズ」ヴィレッジブックス　2008
Weyr, Garret　フレイマン＝ウェア、ギャレット
　㊞「涙のタトゥー」ポプラ社　2007
Weyrich, Paul　ウェイリッチ、ポール
　1942〜2008　㊄アメリカ　保守活動家　ヘリテージ財団初代理事長　本名＝Weyrich, Paul Michael
Whalen, Edward　ウォーレン、エドワード
　㊞「Microsoft SQL Server 2005オフィシャルマニュアル」日経BPソフトプレス、日経BP出版センター（発売）　2007
Whalen, Griff　ワレン、グリフ
　㊄アメリカ　アメフト選手
Whalen, Paul J.　ウォーレン、P.J.
　1963〜　㊞「ヒト扁桃体研究ハンドブック」西村書店東京出版編集部　2015
Whalen, Rob　ウェイラン、ロブ
　㊄アメリカ　野球選手
Whaley, Lindsay J.　ウェイリー、リンゼイ・J.
　㊞「言語類型論入門」岩波書店　2006
Whaling, Carol　ホエーリング、キャロル
　㊞「音楽の起源」人間と歴史社　2013
Whalley, Lawrence J.　ホエーリー、ローレンス
　㊞「若々しい脳を保つ」産業図書　2003
Whalley, Oscar　ワレイ、オスカル
　㊄スペイン　サッカー選手
Whalum, Kirk　ウェイラム、カーク
　グラミー賞 最優秀ゴスペル楽曲（2010年（第53回））　"It's What I Do"
Whannell, Leigh　ワネル、リー
　1977〜　㊞「ソウ3」角川書店　2006
Wharfe, Ken　ウォーフ、ケン
　㊞「ダイアナ」実業之日本社　2003
Wharton, David A.　ワートン、D.A.
　㊞「極限環境の生命」シュプリンガー・フェアラーク東京　2004
Wharton, Thomas　ウォートン、トマス
　1963〜　㊞「サラマンダー」早川書房　2003
Wharton, Tim　ウォートン、ティム
　1961〜　㊞「最新語用論入門12章」大修館書店　2009
Whateley, Jason Eric　ワテリー、ジェーソン
　㊄オーストラリア　ボクシング選手
Whately, Alice　ウェイトリー、アリス
　㊞「ピースフル・スペース」エディシオン・トレヴィル、河出書房新社（発売）　2003
Whatley, Bruce　ホワットリー、ブルース
　㊞「商人とオウム」光村教育図書　2012
Whatmore, Candice　ワットモア、キャンディス
　㊞「めいろでめちゃめちゃあそぶっくどきどきタイム」ポプラ社　2016
Whealy, Chris　ウィーリー、クリス
　㊞「Web Dynpro開発ガイドJava編」日経BPソフトプレス、日経BP出版センター（発売）　2005
Wheat, Carolyn　ウィート、キャロリン
　㊞「シャーロック・ホームズベイカー街の幽霊」原書房　2006
Wheat, Ed　ウィート、エド
　㊞「結婚愛のすべて」すぐ書房　2004
Wheat, Gaye　ウィート、ゲイ
　㊞「結婚愛のすべて」すぐ書房　2004
Wheatcroft, Andrew　ウィートクロフツ、アンドリュー
　㊞「ハプスブルク家の皇帝たち」文理閣　2009
Wheatley, Andrew　ウィートリー、アンドリュー
　㊄ジャマイカ　エネルギー・科学・技術相
Wheatley, Margaret J.　ウィートリー、マーガレット
　㊄アメリカ　講演家
Wheaton, Markus　ウィートン、マーカス
　㊄アメリカ　アメフト選手
Wheaton, William C.　ウィートン、W.C.
　1944〜　㊞「都市と不動産の経済学」創文社　2001
Whedon, Joss　ウェドン、ジョス
　1964〜　ネビュラ賞 脚本（2005年）　"Serenity"
Whee Jine　フィージン
　1977〜　㊄韓国　テノール歌手　ソウル芸術大学客員教授
Wheelan, Charles J.　ウィーラン、チャールズ
　㊞「経済学をまる裸にする」日本経済新聞出版社　2014
Wheeldon, Christopher　ウィールドン、クリストファー
　トニー賞 ミュージカル 振付賞（2015年（第69回））　"An American in Paris"
Wheeler, Adam　ウィーラー
　㊄アメリカ　レスリング選手
Wheeler, Charles　ホイーラー、チャールズ
　1923〜2008　㊄イギリス　ジャーナリスト　本名=Cornelius-Wheeler, Selwyn Charles

Wheeler, Claire Michaels　ウィーラー, クレア・M.
　㊗「ストレス」創元社　2011
Wheeler, C.Miki　ウィーラ, C.ミキ
　㊗「越境する日本文学研究」勉誠出版　2009
Wheeler, Eliza　ウィーラー, エリザ
　㊗「最後のゲーム」ほるぷ出版　2016
Wheeler, Harvey, Jr.　ウィーラー, ハーヴィー, Jr.
　㊗「未確認原爆投下指令」東京創元社　2002
Wheeler, Jennifer G.　ウィーラー, ジェニファー・G.
　㊗「リラプス・プリベンション」日本評論社　2011
Wheeler, Jody　ウィーラー, ジョディー
　㊗「くまのコードリーまいごになる」小峰書店　2010
Wheeler, Joe　ホイーラー, ジョー
　㊗「OQ」同友館　2010
Wheeler, John Archibald　ホイーラー, ジョン
　1911～2008　㊐アメリカ　物理学者　プリンストン大学名誉教授, 米国天文学会理事長　㊙ウィーラー, ジョン・アーチボルト／ウィーラー, ジョン・アーチボルド／ホイーラー, ジョン・アーチボルド
Wheeler, Lisa　ホイーラー, リサ
　1963～　㊗「それゆけ！きょうりゅうベースボール大決戦」ひさかたチャイルド　2012
Wheeler, Maria　ウィーラー, マリア
　㊗「自閉症、発達障害児のためのトイレットトレーニング」二瓶社　2005
Wheeler, Michael　ウィーラー, マイケル
　1943～　㊗「交渉は創造である」文芸春秋　2014
Wheeler, Patricia　ホイーラー, パトリシア
　㊗「リーダーシップ・マスター」英治出版　2013
Wheeler, Paul　ウィーラー, ポール
　㊗「デジタル映画撮影術」フィルムアート社　2003
Wheeler, Philip　ウィーラー, フィリップ
　㊐アメリカ　アメフト選手
Wheeler, Quentin D.　ウィーラー, クエンティン
　1954～　㊗「新種の冒険」朝日新聞出版　2015
Wheeler, Rebecca　ウィーラー, レベッカ
　㊗「もうすぐママは星になる」汐文社　2007
Wheeler, Stephanie　ウィーラー, S.
　㊗「ナースのための質的研究入門」医学書院　2006
Wheeler, Thomas　ウィーラー, トマス
　㊐アメリカ　脚本家, 作家　㊙ホラー
Wheeler, Thomas Hutchin　ウィーラー, トム
　㊙ホイーラー, トム　㊗「アンプ大名鑑」スペースシャワーネットワーク　2014
Wheeler, Tim　ウィーラー, ティム
　㊐イギリス　ミュージシャン
Wheeler, Zack　ウィーラー, ザック
　㊐アメリカ　野球選手
Wheeler-Bennett, John W.　ウィーラー＝ベネット, J
　㊗「国防軍とヒトラー」みすず書房　2002
Wheelock, Martha　ウィーロック, マーサ
　㊗「わたしの愛する孤独」立風書房　2001
Wheelwright, Julie　フィールライト, ジュリー
　㊗「女海賊大全」東洋書林　2003
Wheelwright, Steven C.　ウィールライト, スティーヴン・C.
　1943～　㊗「技術とイノベーションの戦略的マネジメント」翔泳社　2007
Wheen, Francis　ウィーン, フランシス
　1957～　㊗「マルクスの『資本論』」ポプラ社　2007
Whelan, Bride M.　フェーラン, ブライド・M.
　㊗「配色見本帖」ピエ・ブックス　2004
Whelan, Glenn　ウィーラン, グレン
　㊐アイルランド　サッカー選手
Whelan, Gloria　ウェラン, グロリア
　1923～　㊐アメリカ　詩人, 作家
Whelan, James P.　ウェラン, ジェイムズ・P.
　㊗「ギャンブル依存」金剛出版　2015
Whelan, Jonathan　ウェラン, ジョナサン
　㊗「英文ビジネスEメール必携マニュアル」南雲堂フェニックス　2002
Whelan, Richard　ウィーラン, リチャード
　1946～　㊙ウェーラン, リチャード／ウェラン, リチャード　㊗「ロバート・キャパ」ファイドン　2004
Whelan, Susan　ウェラン, スーザン
　㊐カナダ　国際協力相
Whelbourne, Jack　ウェルボーン
　㊐イギリス　ショートトラック選手
Wheldon, Dan　ウェルドン, ダン
　1978～2011　㊐イギリス　レーシングドライバー
Whelehan, Imelda　ウィラハン, イメルダ
　1960～　㊗「キーコンセプトジェンダー・スタディーズ」新曜社　2009
Whetten, Delon　フェッテン, デロン
　㊗「Cisco CallManager設定ガイド」ソフトバンクパブリッシング　2003
Whicher, Olive　ウィチャー, オリーヴ
　㊗「空間・反空間のなかの植物」耕文舎, イザラ書房（発売）〔2013〕
Whicher, Stephen E.　ウィッチャー, スティーヴン・E.
　1915～　㊗「エマソンの精神遍歴」南雲堂　2001
Whicker, Alan　ウィッカー, アラン
　1925～2013　㊐イギリス　テレビキャスター, ジャーナリスト　本名＝Whicker, Alan Donald
Whiddon, Karen　ウイドン, カレン
　㊗「愛を知らない王女」ハーレクイン　2007
Whigham, Julian　ウイグハム, ジュリアン
　㊐アメリカ　アメフト選手
Whight, Patrick David　ホワイト, パトリック・デービッド
　㊐オーストラリア　元・西豪州豪日協会会長
Whineray, Wilson　ウィナレー, ウィルソン
　1935～2012　㊐ニュージーランド　ラグビー選手
Whinston, Andrew B.　ウィンストン, アンドリュー・B.
　㊗「ディジタル・エコノミーを制する知恵」東洋経済新報社　2002
Whipple, Beverly　ウィップル, ビバリー
　㊗「オルガスムの科学」作品社　2015
Whipple, Fred L.　ホイプル, フレッド
　1906～2004　㊐アメリカ　天文学者　ハーバード大学名誉教授
Whipple, Mark B.　ホイップル, マーク・B.
　㊗「EJBシステム開発ガイド」日経BP社, 日経BP出版センター（発売）　2003
Whisenhunt, Ken　ウィーゼンハント, ケン
　㊐アメリカ　サンディエゴ・チャージャーズコーチ
Whitacre, Edward, Jr.　ウィティカー, エドワード, Jr.
　1941～　㊐アメリカ　実業家　AT&T会長・CEO　通称＝ウィティカー, エド〈Whitacre, Ed〉
Whitacre, Eric　ウィテカー, エリック
　グラミー賞　最優秀クラシック合唱（2011年（第54回））　"Light & Gold"
Whitaker, Andrew　ウィテイカー, アンドリュー
　1946～　㊗「アインシュタインのパラドックス」岩波書店　2014
Whitaker, Andrew C.　ウィタカ, アンドリュー・C.
　㊗「温暖積雪地域における水の循環を科学する」新潟日報事業社　2007
Whitaker, Forest　ウィテカー, フォレスト
　1961～　㊐アメリカ　俳優, 映画監督　本名＝Whitaker, Forest Steven　㊙ウィテイカー, フォレスト／ウィテイカー, フォレスト／ホイテカー
Whitaker, John　ウィテカー, ジョン
　㊐イギリス　馬術選手
Whitaker, Richard　ウィッテッカー, R.
　1947～　㊗「気象」新樹社　2006
Whitaker, Robert　ウィタカー, ロバート
　㊗「心の病の「流行」と精神科治療薬の真実」福村出版　2012
Whitaker, Robert　ウィテカー, ロバート
　1939～2011　㊐イギリス　写真家　㊙ウィテカー, ロバート
Whitaker, Tu-Shonda L.　ウィティカー, トゥーションダ
　㊗「あたしの負け」青山出版社　2005
Whitby, Evan R.　ホイットビー, エバン・R.
　1959～　㊗「科学者・技術者のための英語論文の書き方」東京化学同人　2004
Whitby, Nancy L.　ホイットビー, ナンシー・L.
　1959～　㊗「科学者・技術者のための英語論文の書き方」東京化学同人　2004
Whitcomb, Christopher　ウィットコム, クリストファー
　1959～　㊗「対テロ部隊HRT」早川書房　2003
Whitcomb, John E.　ウィットコム, ジョン
　1951～　㊗「子どものための「お金」のレッスン」講談社　2001
White, Abbie Leigh　ホワイト, アビー・リー
　㊗「マイソーシャルストーリーブック」スペクトラム出版社　2005
White, Adam　ホワイト, アダム
　1947？～　㊗「コンプリート・モータウン」河出書房新社　2016

White, Alex　ホワイト，アレックス
　国アイルランド　通信・エネルギー・資源相
White, Andrew J.　ホワイト，アンドリューJ.
　著「ワシントン小児科マニュアル」メディカル・サイエンス・インターナショナル　2011
White, Andy　ホワイト，アンディ
　1930〜2015　国イギリス　ドラム奏者
White, Barry　ホワイト，バリー
　1944〜2003　国アメリカ　ソウル歌手，音楽プロデューサー
White, Benedict　ホワイト，B.
　著「環境経済学」勁草書房　2005
White, Betty　ホワイト，ベティ
　グラミー賞 最優秀朗読アルバム（2011年（第54回））"If You Ask Me（And Of Course You Won't）"
White, B.Joseph　ホワイト，ジョゼフ
　著「部下を伸ばす上司は爬虫類型か哺乳類型か」オープンナレッジ　2008
White, Bruce　ホワイト，ブルース
　1974〜　著「若者は日本を変えるか」世界思想社　2010
White, Byron Raymond　ホワイト，バイロン
　1917〜2002　国アメリカ　法律家，元・アメフト選手　米国連邦最高裁判事，米国司法副長官
White, Caroline McCoy　ホワイト，キャロライン・マッコイ
　著「いま改めて公衆衛生看護とは」日本看護協会出版会　2003
White, Charlie　ホワイト，チャーリー
　1987〜　国アメリカ　フィギュアスケート選手
White, Clifton　ホワイト，クリフォード
　著「Mr.Soulサム・クック」ブルース・インターアクションズ　2002
White, Colin　ホワイト，コリン
　1951〜2008　著「ネルソン提督大事典」原書房　2005
White, Corey　ホワイト，コリー
　国アメリカ　アメフト選手
White, Dan　ホワイト，ダン
　1943〜　著「賢者は強者に優る」晃洋書房　2011
White, Danny　ホワイト，ダニー
　著「ワン・ダイレクション」カンゼン　2013
White, Darius　ホワイト，ダリアス
　国アメリカ　アメフト選手
White, Darius　ホワイト，ダリウス
　国アメリカ　アメフト選手
White, David　ホワイト，デービッド
　著「マッキンゼー戦略の進化」ダイヤモンド社　2003
White, David A.　ホワイト，デイヴィッド・A.
　1942〜　著「教えて！哲学者たち」大月書店　2016
White, David Gordon　ホワイト，デイヴィッド・ゴードン
　著「犬人怪物の神話」工作舎　2001
White, DeAndrew　ホワイト，ディアンドリュー
　国アメリカ　アメフト選手
White, D.J.　ホワイト，D.J.
　国アメリカ　アメフト選手
White, D.Lynn　ホワイト，D.リン
　著「Windows 2000セキュリティ新技術」翔泳社　2001
White, Edmund　ホワイト，エドマンド
　1940〜　著「パリ遊歩者のまなざし」DHC　2005
White, E.Frances　ホワイト，E.フランシス
　著「アフリカ史再考」未来社　2004
White, Gloria　ホワイト，グロリア
　著「サンセット・ブルヴァード殺人事件」講談社　2002
White, Graham　ホワイト，グラハム
　1953〜　著「迷路アドベンチャー」文渓堂　2012
White, Hal　ホワイト，ハル
　国アメリカ　作家　他ミステリー
White, Hayden V.　ホワイト，ヘイドン
　1928〜　著「物語と歴史」〈リキエスタ〉の会，トランスアート市谷分室（発売）　2001
White, Hugh　ホワイト，ヒュー
　国オーストラリア　オーストラリア国立大学教授　オーストラリア首相上級補佐官　他戦略研究
White, Ian　ホワイト，イアン
　著「オーストラリア・ブッシュ・フラワーエッセンスのハッピーヘルシー子育て！」フレグランスジャーナル社　2016
White, Jack　ホワイト，ジャック
　グラミー賞 最優秀ロック歌手（2014年（第57回））ほか
White, James　ホワイト，ジェームス
　国アメリカ　アメフト選手

White, James F.　ホワイト，J.F.
　1932〜2004　著「プロテスタント教会の礼拝」日本キリスト教団出版局　2005
White, Jan V.　ホワイト，ヤン・V.
　著「編集デザインの発想法」グラフィック社　2007
White, Jennifer　ホワイト，ジェニファー
　著「「最大効果！」の仕事術」PHP研究所　2004
White, Jerald R.　ホワイト，ジェラルド・R.
　著「神との交わりを楽しむ」ICM出版　2008
White, Jim　ホワイト，ジム
　1958〜　国イギリス　作家，コラムニスト，司会者　他その他
White, JoAnna　ホワイト，ジョアナ
　著「学校コンサルテーション入門」金子書房　2012
White, John　ホワイト，ジョン
　国イギリス　美術史家　ユニバーシティー・カレッジ・ロンドン副学長
White, John　ホワイト，ジョン
　1924〜　著「笛の息」春秋社　2001
White, John　ホワイト，ジョン
　1941〜　著「樹木」新樹社　2007
White, John Myles　ホワイト，ジョン・マイルズ
　著「入門機械学習」オライリー・ジャパン，オーム社（発売）　2012
White, John Paul　ホワイト，ジョン・ポール
　グラミー賞 最優秀映像メディア向け楽曲（2012年（第55回））"Safe & Sound（From The Hunger Games）"ソングライター
White, Julie　ホワイト，ジュリー
　トニー賞 プレイ 主演女優賞（2007年（第61回））"The Little Dog Laughed"
White, Kate　ホワイト，ケイト
　著「「したたかな女」でいいじゃない！」PHPエディターズ・グループ，PHP研究所（発売）　2001
White, Kathryn　ホワイト，キャスリン
　著「だいすきなサンタさんへ」ひさかたチャイルド　2015
White, Kevin　ホワイト，ケビン
　国アメリカ　アメフト選手
White, Kevin　ホワイト，ケビン
　国アメリカ　アメフト選手
White, Kiersten　ホワイト，キアステン
　著「その娘，パラノーマルにつき」ヴィレッジブックス　2013
White, Kit　ホワイト，キット
　1951〜　著「アートスクールで学ぶ101のアイデア」フィルムアート社　2012
White, Lauren　ホワイト，ローレン
　著「あなたの愛をかなえる魔法のおまじないブック」広済堂出版　2004
White, Laurie　ホワイト，ローリー
　著「高齢者のお引っ越しガイド」クリエイツかもがわ，京都 かもがわ出版（発売）　2004
White, Lawrence J.　ホワイト，ローレンス・J.
　著「金融規制のグランドデザイン」中央経済社　2011
White, Lee　ホワイト，リー
　1970〜　著「北極の宝もの」あすなろ書房　2016
White, Lenny　ホワイト，レニー
　1949〜　国アメリカ　ジャズ・ドラム奏者
White, Loreth Anne　ホワイト，ロレス・アン
　著「よみがえった絆」ハーレクイン　2007
White, Mary　ホワイト，メアリー
　国アメリカ　社会学者　ボストン大学教授，ハーバード大学ライシャワー日本研究所研究員　他文化人類学，日米教育の比較研究
　他ホワイト，メリー
White, Mary Jo　ホワイト，メアリー・ジョー
　1947〜　国アメリカ　法律家　米国証券取引委員会（SEC）委員長　ニューヨーク連邦地検検事正　他ホワイト，マリー・ジョー
White, Matthew　ホワイト，マシュー
　著「殺戮の世界史」早川書房　2013
White, Maurice　ホワイト，モーリス
　1941〜2016　国アメリカ　ミュージシャン，音楽プロデューサー　グループ名＝アース・ウィンド&ファイアー〈EW&F〉
White, Melvin　ホワイト，メルビン
　国アメリカ　アメフト選手
White, Merry　ホワイト，メリー
　国アメリカ　ボストン大学文化人類学教授
White, Michael　ホワイト，マイケル
　1959〜　国イギリス　科学ジャーナリスト，作家，ミュージシャン　他科学，伝記，回顧録ほか

White, Michael　ホワイト, マイケル
1948～2008　[異]ホワイト, M.　[著]「ナラティヴ・プラクティス」 金剛出版　2012
White, Michael C.　ホワイト, マイクル・C.
1953～　[著]「夢なき者たちの絆」 扶桑社　2002
White, M.R.H.　ホワイト, M.R.H.
[著]「メディチ家の暗号」 早川書房　2009
White, Myles　ホワイト, マイルズ
[国]アメリカ　アメフト選手
White, Nathan　ホワイト, ネイサン
[国]アイルランド　ラグビー選手
White, Okaro　ホワイト, オカロ
[国]アメリカ　バスケットボール選手
White, Paul A.　ホワイト, ポール・A.
[著]「環境医学入門」 中央法規出版　2003
White, Peter　ホワイト, ペーテル
[著]「不定愁訴の診断と治療」 星和書店　2014
White, Reggie　ホワイト, レジー
?～2004　[国]アメリカ　アメフト選手
White, Roberto　ホワイト, ロベルト
[国]モザンビーク　公共事業・住宅相
White, Robert Winthrop　ホワイト, ロバート・W.
1904～2001　[著]「モチベーション再考」 新曜社　2015
White, Robin A.　ホワイト, ロビン
[著]「永久凍土の400万カラット」 文芸春秋　2008
White, Ron　ホワイト, ロン
[著]「コンピューター&テクノロジー解体新書」 SBクリエイティブ　2015
White, Ruth　ホワイト, ルース
1942～　[著]「ベルおばさんが消えた朝」 日本ライトハウス　2011
White, Ruth C.　ホワイト, ルース・C.
[著]「双極性障害のための認知行動療法ポケットガイド」 金剛出版　2016
White, Ryan　ホワイト, ライアン
[国]アメリカ　アメフト選手
White, Sailor　ホワイト, セイラー
1949～2005　[国]カナダ　プロレスラー　リング名＝ムーンドッグ・キング　[異]ホワイト, セーラー
White, Shaun　ホワイト, ショーン
1986～　[国]アメリカ　スノーボード選手　本名＝ホワイト, ショーン・ロジャー〈White, Shaun Roger〉
White, Susan Williams　ホワイト, スーザン・ウィリアムス
[著]「発達障害児のためのSST」 金剛出版　2016
White, Tarnee　ホワイト
[国]オーストラリア　競泳選手
White, Teri　ホワイト, テリー
1946～　[国]アメリカ　ミステリー作家
White, T.H.　ホワイト, T.H.
[著]「永遠の王」 東京創元社　2012
White, Tiffany　ホワイト, ティファニー
[著]「炎のとき」 ハーレクイン　2006
White, Timothy　ホワイト, ティモシー
?～2002　[国]アメリカ　編集者, 音楽評論家　「ビルボード」編集長
White, Tom　ホワイト, トム
[著]「Hadoop」 オライリー・ジャパン, オーム社(発売)　2013
White, Tony L.　ホワイト, トニー
1947～　[国]アメリカ　実業家　セレラ・ジェノミクス創業者　PEコープ会長・社長・CEO
White, Tyler　ホワイト, タイラー
[国]アメリカ　野球選手
White, Valerie　ホワイト, バレリー
1963～　[著]「「うん」と言わせる社交術」 ヴィレッジブックス　2007
White, Verdine　ホワイト, バーディン
1951～　[国]アメリカ　ミュージシャン　[異]ホワイト, ヴァーダイン／ホワイト, ヴァーディン
Whitecross, Mat　ホワイトクロス, マット
ベルリン国際映画祭 銀熊賞 監督賞(第56回(2006年))　“The Road To Guantanamo”
Whitecross, Roy H.　ホワイトクロス, ロイ・H.
1920～2009　[著]「天子の奴隷」 秀英書房　2011
WhiteFeather, Sheri　ホワイトフェザー, シェリ
[著]「愛は仮面に隠して」 竹書房　2013
Whiteford, Frank　ホワイトフォード, フランク
[著]「危機管理ハンドブック」 へるす出版　2014
Whitehair, Cody　ホワイトヘアー, コディー
[国]アメリカ　アメフト選手
Whitehead, Isaish　ホワイトヘッド, アイザイア
[国]アメリカ　バスケットボール選手
Whitehead, Jermaine　ホワイトヘッド, ジャーメイン
[国]アメリカ　アメフト選手
Whitehead, John　ホワイトヘッド, ジョン
[国]イギリス　日本協会理事長, 元・駐日英国大使
Whitehead, John Stainton　ホワイトヘッド, ジョン
1932～2013　[国]イギリス　外交官　駐日英国大使, 英日協会会長
Whitehead, Lorne A.　ホワイトヘッド, ローン・A.
[著]「ハーバード流企画実現力」 講談社　2011
Whitehead, Lucky　ホワイトヘッド, ラッキー
[国]アメリカ　アメフト選手
Whitehead, Paul　ホワイトヘッド, ポール
[著]「未確認飛行物体」 創元社　2013
Whitehead, Robert　ホワイトヘッド, ロバート
1916～2002　[国]アメリカ　演劇プロデューサー, 演出家
Whitehead, Stephen M.　ホワイトヘッド, スティーヴン
[著]「男の本質を見抜く、ぱっと見診断」 ソニー・マガジンズ　2006
Whitehead, Tahir　ホワイトヘッド, ターイアー
[国]アメリカ　アメフト選手
Whitehorse, Johnny　ホワイトホース, ジョニー
グラミー賞 最優秀ネイティブ・アメリカン・ミュージック・アルバム(2007年(第50回))　“Totemic Flute Chants”
Whitehouse, David　ホワイトハウス, デイビッド
[著]「地底」 築地書館　2016
Whitehouse, Éliane　ホワイトハウス, エレーン
[著]「おこりんぼうさんとつきあう25の方法」 明石書店　2006
Whitehouse, Mary　ホワイトハウス, M.
[著]「アドバンシング物理A2」 シュプリンガー・フェアラーク東京　2006
Whitehouse, Peter J.　ホワイトハウス, ピーター・J.
[著]「高齢者ケアをどうするか」 中央法規出版　2002
Whitehurst, Jim　ホワイトハースト, ジム
[著]「オープン・オーガニゼーション」 日経BP社, 日経BPマーケティング(発売)　2016
Whitelaw, Billie　ホワイトロー, ビリー
1932～2014　[国]イギリス　女優
Whitelaw, Ian　ホワイトロー, イアン
1953～　[著]「単位の歴史」 大月書店　2009
Whitelaw, Stella　ホワイトロー, ステラ
[著]「懐かしいラヴ・ストーリーズ」 平凡社　2006
Whiteley, Philip　ホワイトリー, フィリップ
[著]「フラット化する世界のマネジメント」 東洋経済新報社　2008
Whitelock, Derek A.　ホワイトロック, デレク
[著]「ダウンザベイ」 〔葉山町国際交流協会〕　〔2004〕
Whitelock, Sam　ホワイトロック, サム
[国]ニュージーランド　ラグビー選手
Whiteman, Burchell　ホワイトマン, バーチェル
[国]ジャマイカ　情報相兼首相府担当相　[異]ホイトマン, バーチェル
Whiteman, Philip　ホワイトマン, フィリップ
[著]「世界の航空機大図鑑」 河出書房新社　2015
Whiteman, Robin　ホワイトマン, ロビン
1944～　[著]「シェイクスピア・カントリー」 南雲堂　2001
Whitemore, Hugh　ホワイトモア, ヒュー
1936～　[著]「最良の友人たち」 大学教育出版　2014
Whiten, Andrew　ホワイトゥン, アンドリュー
[著]「マキャベリ的知性と心の理論の進化論」 ナカニシヤ出版　2004
Whitenton, James B.　ホワイテントン, J.B.
[著]「演習・物理学の基礎」 培風館　2004
Whiter, Elizabeth　ワイター, エリザベス
[著]「アニマル・ヒーリング」 ヴォイス　2010
Whiteside, Bates H.　ホワイトサイド, ベイツ・H.
[著]「MBA式医療経営戦略ハンドブック」 日本医療企画　2006
Whiteside, Hassan　ホワイトサイド, ハッサン
[国]アメリカ　バスケットボール選手
Whiteside, Kerry H.　ホワイトサイド, ケリー
1953～　[著]「エコ・デモクラシー」 明石書店　2012
Whitesides, George M.　ホワイトサイズ, ジョージ
1939～　[国]アメリカ　有機化学者　ハーバード大学化学科教授　[専]材料科学, 生命科学, ナノ科学ほか
Whiteway, Michael　ホワイトウェイ, マイケル
[著]「スウィンギン・ロンドン50's-60's」 スウィンギン・ロンドン

50's-60's出版委員会, 梧桐書院(発売) 2010
Whitfield, David ウィトフィールド, ディビッド
[著]「FIFAワールドカップ」 汐文社 2009
Whitfield, John ウィットフィールド, ジョン
1970〜 [異]ホイットフィールド, ジョン [著]「あなたの仕事も人生も一瞬で変わる評判の科学」 中経出版 2013
Whitfield, Philip ホイットフィールド, フィリップ
[著]「動物とえもの」 学習研究社 2002
Whitfield, Raoul ホイットフィールド, ラウル
[著]「グリーン・アイス」 小学館 2002
Whitfield, Roy ウィトフィールド, ロイ
1915〜 [著]「マンチェスター時代のエンゲルス」 ミネルヴァ書房 2003
Whitfield, Simon ホイットフィールド
[国]カナダ トライアスロン選手
Whitfield, Susan ウィットフィールド, スーザン
[著]「アフガニスタン」 ほるぷ出版 2009
Whitford, Brad ウィットフォード, ブラッド
1952〜 [国]アメリカ ロック・ギタリスト
Whitford, Bradley ウィットフォード, ブラッドリー
エミー賞 プライムタイム・エミー賞 最優秀助演男優賞(ドラマシリーズ)(第53回(2001年)) "The West Wing"
Whitford, Frank ウィットフォード, フランク
1941〜2014 [国]イギリス 美術史家, 風刺画家 ロイヤル・アカデミー美術学校講師 本名=Whitford, Francis Peter
Whitham, Cynthia ウィッタム, シンシア
[著]「きっぱりNO! でやさしい子育て」 明石書店 2003
Whitham, Gerald Beresford ホイッタム, ジェラルド
1927〜2014 [国]アメリカ 数学者, 力学者 カリフォルニア工科大学名誉教授 [専]空気動力学, 流体力学, 応用数学
Whitiker, Gail ウィティカー, ゲイル
[著]「愛の忘れもの」 ハーレクイン 2012
Whiting, Robert ホワイティング, ロバート
1942〜 [著]「日本の未来について話そう」 小学館 2011
Whiting, Steven Moore ホワイティング, スティーヴン・ムーア
[著]「形とシンメトリーの饗宴」 森北出版 2003
Whiting, Sue ホワイティング, スー
[著]「ベッシーのすてきなキャンディ」 ディー・ティー・ジャパン c2014
Whitington, John ウィティングトン, ジョン
[著]「PDF構造解説」 オライリー・ジャパン, オーム社(発売) 2012
Whitlam, Edward Gough ホイットラム, エドワード
1916〜2014 [国]オーストラリア 政治家 オーストラリア首相, オーストラリア労働党党首 別名=ホイットラム, ゴフ〈Whitlam, Gough〉 [異]ウィットラム, エドワード
Whitlatch, Terryl ウィットラッチ, テリル
[著]「幻獣キャラクターを創る」 マール社 2016
Whitley, A.Stewart ホワイトリー, A.S.
[著]「クラークX線撮影技術学」 西村書店 2009
Whitley, Chase ウィットリー, チェイス
[国]アメリカ 野球選手
Whitlock, Flint ホイットロック, フリント
[著]「アメリカ潜水艦隊の戦い」 元就出版社 2016
Whitlock, Max ウィットロック, マックス
[国]イギリス 体操選手
Whitlock, Nikita ウィットロック, ニキータ
[国]アメリカ アメフト選手
Whitlow, Steve ホワイトロウ, スティーブ
[異]ウィットゥロー, スティーヴ [著]「いーすたーのおはなし」 女子パウロ会 2016
Whitman, Barbara Y. ホイットマン, バーバラ・Y.
[著]「発達障害事典」 明石書店 2011
Whitman, Christine Todd ホイットマン, クリスティーン
1946〜 [国]アメリカ 政治家 ホイットマン・ストラテジー・グループ社長 米国環境保護局(EPA)長官, ニュージャージー州知事 [異]ホイットマン, クリスティー
Whitman, Drew Eric ホイットマン, ドルー・エリック
[著]「現代広告の心理技術101」 ダイレクト出版 2011
Whitman, James Q. ウィットマン, ジェイムズ・Q.
[著]「過酷な司法」 レクシスネクシス・ジャパン, 雄松堂出版(発売) 2007
Whitman, John ホイットマン, ジョン
[著]「最強護身術クラヴマガ」 三交社 2010
Whitman, Meg ホイットマン, メグ
1956〜 [国]アメリカ 実業家 ヒューレット・パッカード(HP)社長・CEO イーベイ社長・CEO 本名=Whitman, Margaret Cushing [異]ウィットマン, メグ / ウイットマン, メグ
Whitman, Michael E. ホイットマン, マイケル
1964〜 [著]「インフォメーションセキュリティ入門」 トムソンラーニング, ビー・エヌ・エヌ新社(発売) 2004
Whitman, Robert A. ホイットマン, ロバート・A.
[著]「結果を出すリーダーになる」 キング・ベアー出版 2010
Whitman, Slim ホイットマン, スリム
1923〜2013 [国]アメリカ カントリー歌手
Whitmarsh, Mike ホイットマーシュ, マイク
1962〜2009 [国]アメリカ ビーチバレー選手 本名=Whitmarsh, Michael John
Whitmire, Susan J. ホイットマイア, スーザン・J.
[著]「食品・栄養・食事療法事典」 産調出版, 産業調査会(発売) 2006
Whitmore, Ed ホイットモア, エド
アメリカ探偵作家クラブ賞 TVエピソード賞(2006年) "Amulet"
Whitmore, James ホイットモア, ジェームズ
1921〜2009 [国]アメリカ 俳優 本名=Whitmore, James Allen (Jr.) [異]ウィットモア, ジェームス / ウィットモア, ジェームズ / ホウィトモア, ジェイムズ
Whitmore, John ウィットモア, ジョン
1937〜 [著]「はじめのコーチング」 ソフトバンクパブリッシング 2003
Whitney, Diana Kaplin ホイットニー, ダイアナ
[著]「なぜ、あのリーダーの職場は明るいのか?」 日本経済新聞出版社 2012
Whitney, Phillis A. ホイットニー, フィリス
1903〜2008 [国]アメリカ 推理作家
Whitta, Gary ウィッタ, ゲイリー
[著]「アフター・アース」 アルファポリス, 星雲社(発売) 2013
Whittaker, A.G. ウィッテイカー, A.G.
[著]「物理化学キーノート」 シュプリンガー・フェアラーク東京 2002
Whittaker, Fozzy ウィタカー, フォジー
[国]アメリカ アメフト選手
Whittaker, James A. ウィテカー, ジェームズ・A.
1965〜 [著]「テストから見えてくるグーグルのソフトウェア開発」 日経BP社, 日経BPマーケティング(発売) 2013
Whittaker, Jim ウィタカー, ジム
[著]「プロは語る。」 アスペクト 2005
Whittaker, Terry ホイットテイカー, テリー
[著]「世界の美しい野生ネコ」 エクスナレッジ 2016
Whittal, Yvonne ウィタル, イヴォンヌ
[著]「まぶたの裏の花嫁」 ハーパーコリンズ・ジャパン 2016
Whitten, Tara ウィッテン
[国]カナダ 自転車選手
Whittenburg, Karen Toller ウィッテンバーグ, キャレン・T.
[著]「テキサス・シーク」 ハーレクイン 2008
Whittingdale, John ウィッティンデール, ジョン
[国]イギリス 文化・メディア・スポーツ相
Whittington, Frank J. ウイッテングトン, フランク・J.
[著]「高齢化社会と視覚障害」 日本盲人福祉委員会 2003
Whittington, Geoffrey ウィッティントン, G.
[著]「会計測定の基礎」 中央経済社 2003
Whittington, Harry Blackmore ウィッティントン, ハリー・ブラックモア
1916〜2010 [国]イギリス 古生物学者, 地質学者 ケンブリッジ大学名誉教授, ハーバード大学教授 [専]化石 [異]ホイッティントン
Whittington, Lucy ウィッティントン, ルーシー
1974〜 [著]「自分だけの〈コレ! 〉を見つけよう」 経済界 2016
Whittington, Richard ウィッティントン, リチャード
1958〜 [著]「実践としての戦略」 文真堂 2012
Whittle, Jeremy ホイットル, ジェレミー
[著]「バッド・ブラッド」 未知谷 2014
Whittle, Richard ウィッテル, リチャード
[著]「無人暗殺機ドローンの誕生」 文芸春秋 2015
Whittlesey, Saunders N. ウィトルシー, ソーンダーズ
[著]「身体運動のバイオメカニクス研究法」 大修館書店 2008
Whittleton, Alex ホイットルトン, アレックス
[著]「シャーロック・ホームズ大図鑑」 三省堂 2016
Whitty, Geoff ウィッティ, ジェフ
[異]ウィッティー, ジェフ / ウィッティ, ジェフリー [著]「批判的教育学と公教育の再生」 明石書店 2009
Whitwell, Mark ウィットウェル, マーク

W

㉖「ヨーガの真実」産調出版　2007
Whitworth, Andrew　ウィットワース, アンドリュー
　㈲アメリカ　アメフト選手
Whitworth, Anthony P.　ウィットワース, A.P.
　㉖「星形成論」丸善出版　2016
Whitworth, Laura　ウィットワース, ローラ
　？〜2007　㈲アメリカ　ビジネスコーチ　コーチズ・トレーニング・インスティテュート(CTI)共同創設者
Whitworth, Michael H.　ウィットワース, マイケル
　㉖「ヴァージニア・ウルフ」彩流社　2011
Whitzman, Carolyn　ホイッツマン, キャロリン
　㉖「安全な都市」都市防犯研究センター　2003
Whone, Herbert　ホーン, ハーバート
　㉖「ヴァイオリン演奏のコツ」音楽之友社　2001
Whopper, Willie　ウォッパー, ウィリー
　ヲゥーパー, ウィリー　㉖「リアル・ブラジル音楽」ヤマハミュージックメディア　2010
Whybray, Roger Norman　ワイブレイ, R.N.
　㉖「コヘレトの言葉」日本キリスト教団出版局　2013
Whybrow, Alison　ワイブラウ, アリソン
　1968〜　㉖「コーチング心理学ハンドブック」金子書房　2011
Whybrow, Ian　ホワイブラウ, イアン
　1938〜　㉖「なんでももってる(？)男の子」徳間書店　2010
Whyman, Matt　ワイマン, マット
　㈲イギリス　作家　㉖ヤングアダルト, スリラー
Whyman, Robin　ホワイマン, R.
　㉖「有機金属と触媒」化学同人　2003
Whymant, Robert　ワイマント, ロバート
　？〜2004　㈲イギリス　ジャーナリスト　「タイムズ」東京支局長, 東京国際大学教授　㉖ワイマント, ロベルト
Whyte, Abe　ホワイト, エイブ
　㉖「みんな大切！」新科学出版社　2011
Whyte, Angela　ホワイト
　㈲カナダ　陸上選手
Whyte, Annsert　ホワイト, アンサート
　㈲ジャマイカ　陸上選手
Whyte, Douglas　ホワイト, ダグラス
　1971〜　㈲南アフリカ　騎手
Whyte, Mary　ホワイト, メアリー
　㉖「みんなの空みんなの心」エヌ・ティ・エス, みくに出版(発売)　2003
Whyte, Rob　ホワイト, ロブ
　㉖「韓国」メディアファクトリー　2004
Whyte, Rosemarie　ホワイト
　㈲ジャマイカ　陸上選手
Whyte, Susan Reynolds　ホワイト, スーザン・レイノルズ
　㉖「障害と文化」明石書店　2006
Wiazemsky, Anne　ヴィアゼムスキー, アンヌ
　1947〜　㈲フランス　作家, 女優　㉖ウィアゼムスキー, アンヌ
Wibberley, Cormac　ウィーバリー, コーマック
　㉖「チャーリーズ・エンジェルフルスロットル」小学館　2003
Wibberley, Marianne　ウィーバリー, マリアンヌ
　㉖「チャーリーズ・エンジェルフルスロットル」小学館　2003
Wibberley, Mary　ウィバリー, メアリ
　㉖「指輪の記憶」ハーパーコリンズ・ジャパン　2016
Wiberg, Hakan　ウィベリー, ホーカン
　1942〜　㉖ウイベリー, ホーカン　㉖「新発想の防衛論」大学教育出版　2001
Wibisono, Djoko　ウィビソノ, ジョコ
　㉖「シンガポール料理」チャールズ・イー・タトル出版, 洋販(発売)　2001
Wible, Adrian　ワイブル, エイドリアン
　㉖「プロジェクト・マネジャーが知るべき97のこと」オライリー・ジャパン, オーム社(発売)　2011
Wice, Betsy　ワイス, ベツィー
　㉖「描写レヴューで教師の力量を形成する」ミネルヴァ書房　2002
Wichmann, Cody　ウォッチマン, コディ
　㈲アメリカ　アメフト選手
Wichterle, Otto　ウィフテルレ, オットー
　㉖「オットー・ウィフテルレ回想録」佐多保彦　2010
Wick, Cole　ウィック, コール
　㈲アメリカ　アメフト選手
Wick, Rowan　ウィック, ローワン
　㈲カナダ　野球選手
Wick, Walter　ウィック, ウォルター

1953〜　㈲アメリカ　写真家
Wicke, Laura S.　ウィック, ローラ・S.
　㉖「ブランド・マネジメント」ダイヤモンド社　2001
Wickelgren, Wayne A.　ウィケルグレン, ウェイン・A.
　1938〜2005　㉖「問題をどう解くか」筑摩書房　2014
Wickenden, Nadine　ウィッケンデン, ナディン
　㉖「イースター物語」女子パウロ会　2008
Wickenheiser, Hayley　ウィッケンハイザー, ヘイリー
　1978〜　㈲カナダ　アイスホッケー選手, ソフトボール選手
Wickens, Thomas D.　ウィッケンズ, トマス・ディ
　1942〜　㉖「信号検出理論の基礎」協同出版　2005
Wicker, Ken　ウィッカー, ケン
　㉖「スモール・イズ・プロフィタブル」省エネルギーセンター　2005
Wicker, Tom　ウィッカー, トム
　1926〜2011　㈲アメリカ　ジャーナリスト, 作家　「ニューヨーク・タイムズ」コラムニスト　別名＝Connolly, Paul
Wickham, Connor　ウィッカム, コナー
　㈲イングランド　サッカー選手
Wickham, Gary　ウィッカム, ゲイリー
　1951〜　㉖「フーコーを使う」論創社　2009
Wickham, Hadley　ウィッカム, ハドリー
　㉖ウィッカム, H.　㉖「Rパッケージ開発入門」オライリー・ジャパン, オーム社(発売)　2016
Wickings, Ruth　ウィキングス, ルース
　㉖「ポップアップ」主婦の友社　2011
Wickland, Carl August　ウィックランド, C.A.
　㉖「迷える霊との対話」ハート出版　2003
Wickmayer, Yanina　ウィックマイヤー, ヤニナ
　㈲ベルギー　テニス選手
Wickramanayaka, Ratnasiri　ウィクラマナヤケ, ラトナシリ
　㈲スリランカ　統治向上・社会基盤整備相
Wickramasinghe, Nalin Chandra　ウィクラマシンゲ, チャンドラ
　1939〜　㉖「生命・DNAは宇宙からやって来た」徳間書店　2010
Wickremesinghe, Ranil　ウィクラマシンハ, ラニル
　1949〜　㈲スリランカ　政治家　スリランカ首相, スリランカ統一国民党(UNP)党首
Wicks, Andrew C.　ウィックス, A.C.
　㉖「利害関係者志向の経営」白桃書房　2010
Wicks, Maris　ウィックス, マリス
　㉖「人体シアターへようこそ！」化学同人　2016
Wicksell, Rikard K.　ウィクセル, リカルド・K.
　㉖「アクセプタンス&コミットメント・セラピー実践ガイド」明石書店　2014
Wicomb, Zoë　ウィカム, ゾーイ
　1948〜　㈲南アフリカ　作家
Widayati, Lies　ウィダヤティ, リス
　㈲インドネシア　元・在インドネシア日本国大使館現地職員
Widdowfield, Rebekah　ウィドゥフィールド, R.
　㉖「現代イギリスの政治算術」北海道大学図書刊行会　2003
Widdows, Nancy　ウィドウズ, ナンシー
　㉖「人づきあいが苦手な人のためのワークブック」日本評論社　2016
Widdowson, H.G.　ウィドソン, H.G.
　㉖「文学と教育」英宝社　2005
Widdowson, Kay　ウィドーソン, ケイ
　㉖「ちいさいこどものせいしょ」サンパウロ　2014
Widdowson, Rosalind　ウィドウソン, ロザリンド
　㉖「気を高めるヘッドマッサージ」産調出版　2005
Wideman, Graham　ワイドマン, グラハム
　㉖「Microsoft Office Visio 2003デベロッパーズバイブル」翔泳社　2005
Widener, Chris　ワイドナー, クリス
　㉖「1日で人は変われる！」講談社　2007
Wideroos, Ulla-Maj　ビデルース, ウッラマイ
　㈲フィンランド　財務調整相
Widger, Chuck　ウィジャー, チャック
　㉖「ゴールベース資産管理入門」日本経済新聞出版社　2016
Widhölzl, Andreas　ビドヘルツル
　㈲オーストリア　スキージャンプ選手
Widianto, Nova　ウィディアント, ノヴァ
　㈲インドネシア　バドミントン選手
Widiger, Thomas A.　ウィジガー, トマス・A.
　㉖「サイコパシー・ハンドブック」明石書店　2015
Widjojo Nitisastro　ウィジョヨ・ニティサストロ
　1927〜2012　㈲インドネシア　エコノミスト　インドネシア経済

財政工業調整相 [異]ウィジョヨ・ニチサストロ
Widlöcher, Daniel ヴィドロシェ, ダニエル
[著]「フランス精神分析における境界性の問題」 星和書店 2015
Widmark, Erik ウィドマーク, エリック
[著]「This is service design thinking.」 ビー・エヌ・エヌ新社 2013
Widmark, Martin ビードマルク, マッティン
1961～ [著]「なぞの映画館」 主婦の友社 2009
Widmark, Richard ウィドマーク, リチャード
1914～2008 [国]アメリカ 俳優
Widmer, Edward L. ウィドマー, テッド
[著]「ジョン・F.ケネディ ホワイトハウスの決断」 世界文化社 2013
Widmer, Rolf ウィドマー, ロルフ
1956～ [著]「Tune」 エクスナレッジ 2007
Widmer, Silvan ヴィドマー, シルヴァン
[国]スイス サッカー選手
Widmer-schlumpf, Eveline ビドマーシュルンプフ, エベリン
1956～ [国]スイス 政治家 スイス大統領 [異]ヴィトマー・シュルンプフ, エヴェリン
Widodo, Adi Sutjipto ウィドド・アディ・スチプト
[国]インドネシア 調整相(政治・治安)
Widrig, Don ウィドリグ, ドン
[著]「ソフトウェア要求管理」 ピアソン・エデュケーション 2002
Widvey, Thorhid ビドバイ, トーリル
[国]ノルウェー 文化相 [異]ビドベイ, トールヒルド
Widzyk, Jerzy ビジク, イエジ
[国]ポーランド 運輸・海洋経済相
Wie, Michelle ウィー, ミシェル
1989～ [国]アメリカ プロゴルファー [異]ウィー, ミッシェル
Wiebe, Erica Elizabeth ウィービー, エリカ
[国]カナダ レスリング選手
Wiebe, Trina ウィーブ, トリーナ
1970～ [国]カナダ 作家 [専]児童書
Wieber, Jordyn Marie ウィーバー, ジョーディン
1995～ [国]アメリカ 体操選手 [異]ウィーバー
Wiechecki, Rafał ウィエヘツキ, ラファウ
[国]ポーランド 海事経済相
Wiechert, Christof ヴィーヒェルト, クリストフ
1945～ [著]「シュタイナー学校は教師に何を求めるか」 水声社 2007
Wieck, Stewart ウィーク, スチュアート
[著]「エバークエスト」 アスキー・メディアワークス, 角川グループパブリッシング(発売) 2008
Wieczorek-zeul, Heidemarie ウィチョレクツォイル, ハイデマリー
[国]ドイツ 経済協力開発相
Wiedeking, Wendelin ヴィーデキング, ヴェンデリン
1952～ [国]ドイツ 実業家 ポルシェCEO [異]ウィーデキング, ウェンデリン / ビーデキング
Wiedemann, Julius ウィードマン, ジュリウス
[著]「デジタル・ビューティー」 タッシェン・ジャパン, 洋販(発売) 2003
Wiedemer, John David ウィドマー, デビッド
[著]「いますぐアメリカ発の金融大崩壊に備えよ」 徳間書店 2012
Wiedemer, Robert A. ウィドマー, ロバート・A.
[著]「いますぐアメリカ発の金融大崩壊に備えよ」 徳間書店 2012
Wieder, Joshua M. ウィーダー, J.M.
[著]「Facial rejuvenationのためのA型ボツリヌス毒素(100 units)の基礎と臨床応用」 メディカルパースペクティブス, サイエンティスト社(発売) 2002
Wieder, Nicolas ウィーダー, ニコラス
[著]「ポール・オースターが朗読するナショナル・ストーリー・プロジェクト」 アルク 2006
Wieder, Serena ウィーダー, S.
[著]「自閉症のDIR治療プログラム」 創元社 2009
Wiederholt, Sven ヴィーダーホルト, スヴェン
[著]「ありがとうの花束」 ピエ・ブックス 2010
Wiederkehr, Daniel ウィーデーカー, ダニエル
[国]スイス ボート選手
Wiedwald, Felix ヴィートヴァルト, フェリックス
[国]ドイツ サッカー選手
Wiefling, Kimberly ウィーフリング, キンバリー
[著]「土壇場プロジェクト成功の方程式」 日経BP社, 日経BP出版センター(発売) 2009
Wiegand, Debra J.Lynn-McHale ウィガン, デブラ・J.リン-マッカーレ
[著]「AACN(米国クリティカルケア看護師協会)クリティカルケア看護マニュアル」 エルゼビア・ジャパン 2007
Wiegand, Wayne A. ウィーガンド, ウェイン・A.
1946～ [著]「メインストリートの公立図書館」 京都図書館情報学研究会, 日本図書館協会(発売) 2012
Wiegartz, Pamela S. ウィーガルツ, パメラ・S.
[著]「心配性」 創元社 2010
Wiegers, Karl ウィーガーズ, カール
1953～ [異]ウィーガー, カール [著]「ソフトウェア要求」 日経BP社, 日経BPマーケティング(発売) 2014
Wiegers, Karl Eugene ウィーガーズ, カール・E.
1953～ [著]「要求開発と要求管理」 日経BPソフトプレス, 日経BP出版センター(発売) 2006
Wiehl, Lis W. ウィール, リズ
[著]「論理的で心に届く8ステップ説得術」 講談社 2005
Wiehle, Katrin ヴィール, カトリン
[著]「遊んで学べる! えほん世界地図」 主婦の友社 2015
Wieland, Bob ウィーランド, ボブ
1946～ [著]「腕で歩く」 竹書房 2001
Wieland, Carl ウィーランド, カール
[著]「アンサーズブック」 ICM出版 2004
Wieman, Carl Edwin ワイマン, カール
1951～ [国]アメリカ 物理学者 スタンフォード大学教授
Wiencek, Henry ヴィンセック, ヘンリー
[著]「レゴの本」 ブッキング 2004
Wiener, Antje ヴィーナー, アンツェ
[著]「ヨーロッパ統合の理論」 勁草書房 2010
Wiener, Charles M. ウィーナー, チャールズ・M.
[著]「ハリソン内科学準拠問題集」 メジカルビュー社 2009
Wiener, Jerry M. ウィーナー, ジェリー
1933～ [著]「児童青年精神医学大事典」 西村書店 2012
Wiener, Jon ウィーナー, ジョン
[著]「ビートルズ世界証言集」 ポプラ社 2006
Wiener, Lori ウィーナー, ローリ・S.
[著]「ともだちになろうよ!」 偕成社 2002
Wiener-Kronish, Jeanine P. ウィーナー＝クローニッシュ, ジェニン・P.
1951～ [著]「重症患者管理シークレット」 メディカル・サイエンス・インターナショナル 2003
Wieninger, Peter R. ヴィーニンガー, ペーター・R.
1966～ [著]「『ケルズの書』のもとに」 水声社 2002
Wierer, Dorothea ウィエラー
[国]イタリア バイアスロン選手
Wierig, Martin ビーリヒ
[国]ドイツ 陸上選手
Wierling, Damian ウィーリング, ダミアン
[国]ドイツ 水泳選手
Wiersema, Fred D. ウィアセーマ, フレッド
[異]ウィアーズマ, フレッド [著]「ナンバーワン企業の法則」 日本経済新聞社 2003
Wierzbicka, Anna ヴェジビツカ, アンナ
1938～ [異]ヴィエルジュビツカ, アンナ [著]「認知・機能言語学」 研究社 2011
Wierzbowska, Anna ウィエジュボウスカ, アンナ
[国]ポーランド ボート選手
Wierzbowska, Maria ウィエジュボウスカ, マリア
[国]ポーランド ボート選手
Wies, Ernst W. ヴィース, エルンスト
1922～ [著]「アルブレヒト・デューラー」 エディションq, クインテッセンス出版(発売) 2003
Wiesberger, Bernd ビースベルガー, ベルント
[国]オーストリア ゴルフ選手
Wieschaus, Eric F. ウィシャウス, エリック
1947～ [国]アメリカ 分子生物学者, 遺伝学者 プリンストン大学教授 [異]ウィーシャウス, エリック / ヴィーシャウス
Wiese, Carl ウィージ, カール
[著]「コラボレーション革命」 日経BP社, 日経BPマーケティング(発売) 2013
Wiesel, Elie ウィーゼル, エリ
1928～ [国]アメリカ 作家, 哲学者, 人種差別反対運動家 ボストン大学教授 [異]ビーゼル / ヴィーゼル
Wiesel, Eliezer ヴィーゼル, エリ
1928～ [著]「夜」 みすず書房 2010
Wiesel, Torsten Nils ビーゼル, トールステン
1924～ [国]アメリカ 大脳生理学者 ロックフェラー大学学長 [異]ウィーゼル / ヴィーセル, T.N. / ヴィーゼル, トルステン

Wiesenfeld, David ウィーセンフェルド, D.
[著]「ハンドブック歯科診療と全身管理」 医歯薬出版 2001
Wiesenthal, Simon ウィーゼンタール, サイモン
1908～2005 [国]オーストリア ナチ政権によるユダヤ人迫害犠牲者同盟記録センター設立者 [異]ウィーゼンタール, シモン / ヴィーゼンタール, シモン / ヴィーゼンタール, ジーモン
Wiesheu, Gerhard ヴィースホイ, ゲアハルト
1962～ [国]ドイツ 実業家 日独産業協会(DJW)理事長, メッツラー銀行共同経営者 [異]ヴィースホイ, ゲルハルト
Wiesinger, Johannes ウィジンガー, ヨハネス
1936～ [著]「雷保護と接地マニュアル」 東京電機大学出版局 2003
Wieskotter, Tim ワイスコッター
[国]ドイツ カヌー選手
Wieslander, Jujja ヴィースランデル, ユイヤ
1944～ [著]「め牛のママ・ムー」 福音館書店 2013
Wiesmüller, Dieter ヴィースミュラー, ディーター
1950～ [著]「小さいのが大きくて、大きいのが小さかったら」 岩波書店 2012
Wiesner, David ウィーズナー, デービッド
[国]アメリカ 絵本作家
Wiesner, Dieter ウィズナー, ディーター
1949～ [著]「素顔のマイケル・ジャクソン」 講談社 2013
Wiesner, William ウィースナー, ウィリアム
[著]「しごとをとりかえただんなさん」 童話館出版 2002
Wiest, Dianne ウィースト, ダイアン
エミー賞 プライムタイム・エミー賞 最優秀助演女優賞(ドラマシリーズ)(第60回(2008年)) "In Treatment"
Wieszczek-kordus, Agnieszka Jadwiga ワイスチェクコルダス, アグニェシュカ
[国]ポーランド レスリング選手 [異]ウェシュチェク
Wieters, Matt ウィーターズ, マット
[国]アメリカ 野球選手
Wiethege, Katrin ヴィーテゲ, カトリン
[著]「アンリ・マティス ジャズ」 岩波書店 2009
Wieviorka, Annette ヴィヴィオルカ, アネット
[著]「アウシュヴィッツってなに?」 現代企画室 2004
Wieviorka, Michel ヴィヴィオルカ, ミシェル
1946～ [著]「差異」 法政大学出版局 2009
Wigal, Donald ヴィガル, ドナルド
[異]ウィガル, ドナルド [著]「ポロック」 二玄社 2008
Wiggenhorn, William ウィッゲンホーン, ウィリアム
[著]「人材育成の戦略」 ダイヤモンド社 2007
Wigger, Lothar ヴィガー, ローター
1953～ [著]「人間形成と承認」 北大路書房 2014
Wiggin, Addison ウィギン, アディスン
[異]ウィギン, アディソン [著]「借金大国アメリカの真実」 東洋経済新報社 2009
Wiggins, Andrew ウィギンズ, アンドリュー
[国]カナダ バスケットボール選手
Wiggins, Arthur W. ウィギンズ, アーサー・W.
[著]「疑似科学はなぜ科学ではないのか」 海文堂出版 2009
Wiggins, Bradley ウィギンズ, ブラッドリー
1980～ [国]イギリス 自転車選手 [異]ウィギンス, ブラッドリー / ウィギンズ, ブラドリー
Wiggins, David ウィギンズ, デイヴィッド
1933～ [著]「ニーズ・価値・真理」 勁草書房 2014
Wiggins, Grant P. ウィギンズ, グラント
1950～ [著]「理解をもたらすカリキュラム設計」 日本標準 2012
Wiggins, Kenny ウィギンス, ケニー
[国]アメリカ アメフト選手
Wiggins, Loudy ウィギンズ
[国]オーストラリア 飛び込み選手
Wiggins, Melanie ウィギンズ, メラニー
1934～ [著]「Uボート戦士列伝」 早川書房 2007
Wiggins, Richard H., Ⅲ ウィギンス, リチャード・H., 3世
[著]「頭頸部top100診断」 メディカル・サイエンス・インターナショナル 2005
Wigglesworth, Richard ウィグルスワース, リチャード
[国]イングランド ラグビー選手
Wiggs, Robert B. ウィッグス, R.B.
[著]「小動物の臨床栄養学」 マーク・モーリス研究所 2001
Wiggs, Susan ウィッグス, スーザン
[著]「もう、涙はふいて」 ハーレクイン 2011
Wight, Jim ワイト, ジム
1943～ [著]「ドクター・ヘリオットの素晴らしい人生」 集英社 2006
Wightman, Arthur Strong ワイトマン, アーサー
1922～2013 [国]アメリカ 物理学者 プリンストン大学名誉教授
Wightman, Rob ワイトマン, R.
[著]「Beckham the voice」 ワニブックス 2003
Wigmore, Richard ウィグモア, リチャード
[著]「古典派の音楽」 音楽之友社 2014
Wignall, Kevin ウィグノール, ケヴィン
[著]「コンラッド・ハーストの正体」 新潮社 2009
Wignall, Maurice ウィグナル
[国]ジャマイカ 陸上選手
Wignall, Paul B. ウィグナル, ポール・B.
[著]「大絶滅時代とパンゲア超大陸」 原書房 2016
Wigram, Tony ウィグラム, トニー
[著]「振動音響療法」 人間と歴史社 2003
Wigzell, Hans ヴィグセル, ハンス
1938～ [国]スウェーデン 免疫学者 カロリンスカ医科大学名誉教授 本名=Wigzell, Hans Lennart Rudolf [異]ビクセル, ハンス / ビグセル, ハンス
Wiharja, Yati Maryati ウィハルジャ, ヤティ・マルヤティ
[著]「愛のかたみ」 大同生命国際文化基金 2002
Wihongi, Verina ウィホニー
[国]ニュージーランド テコンドー選手
Wiinblad, Bjorn ウィンブラード, ビョーン
[著]「ぶたばんのおうじ」 ほるぷ出版 2002
Wijarn, Wirach ウィジャン, ウィラット
[国]タイ 元・タイ国元日本留学生協会会長, 元・海軍副司令官(海軍大将)
Wijayanayake, Sujeewa ウィジャヤナーヤカ, スジーワ
[国]スリランカ アマチュア野球審判
Wijdicks, Eelco F.M. ウィディックス, エルコ
1954～ [著]「脳死」 へるす出版 2013
Wijesekera, Mahinda ウィジェセケラ, マヒンダ
[国]スリランカ 漁業・海洋資源相
Wijesinghe, Chandrasena ウィジェシンハ, チャンドラセナ
[国]スリランカ 漁業・水産資源相
Wijetunga, Dingiri Banda ウィジェトンガ, ディンギリ・バンダ
1922～2008 [国]スリランカ 政治家 スリランカ大統領
Wijit, Srisa-arn ウィチット・シーサアン
[国]タイ 教育相
Wijn, Joop ワイン, ヨープ
[国]オランダ 経済相
Wijnaldum, Georginio ワナルドゥム, ジョルジニオ
[国]オランダ サッカー選手
Wijnberg, Jeffrey ウィンバーグ, ジェフリー
1951～ [著]「ココロによく効く非常識セラピー」 アスペクト 2005
Wijnen, Edo ウィジネン, エド
[国]ベルギー ローザンヌ国際バレエコンクール 4位・スカラシップ(第37回(2009年))ほか
Wijnerman, Adeline ウィジナーマン, アデリン
[国]スリナム 財務相
Wijngaards, John ワインガーズ, ジョン
1935～ [著]「女性はなぜ司祭になれないのか」 明石書店 2005
Wikén, Emma ヴィケン, エマ
1989～ [国]スウェーデン スキー選手 本名=Wikén, Emma Christina [異]ビケン, エマ
Wiker, Benjamin ワイカー, ベンジャミン
1960～ [著]「意味に満ちた宇宙」 アートヴィレッジ 2008
Wikland, Ilon ヴィークランド, イロン
1930～ [国]スウェーデン 絵本画家 [異]ビークランド, イロン
Wikstroem, Emelie ビクストレム
[国]スウェーデン アルペンスキー選手
Wikström, Gabriel ウィクストロム, ガブリエル
[国]スウェーデン 保健・スポーツ相
Wikström, Per-Olof H. ウィクストラム, パーオロフ・H.
[著]「犯罪学研究」 明石書店 2013
Wilansky, Ethan ウィランスキー, E.
[著]「MCSEスキルチェック問題集Microsoft Windows 2000 professional」 日経BPソフトプレス 2001
Wilber, Ken ウィルバー, ケン
1949～ [著]「実践インテグラル・ライフ」 春秋社 2010
Wilber, Kyle ウィルバー, カイル
[国]アメリカ アメフト選手
Wilbur, Richard ウィルバー, リチャード
[著]「キャロライン・ケネディが選ぶ「心に咲く名詩115」」 早川書

W

房　2014
Wilburn, Teddy　ウィルバーン, テディ
1931～2003　[国]アメリカ　カントリー歌手　本名＝Wilburn, Thurman Theodore
Wilce, Ysabeau S.　ウィルス, イザボー・S.
ネビュラ賞 アンドレ・ノートン賞（2008年）　"Flora's Dare: How a Girl of Spirit Gambles All to Expand Her Vocabulary, Confront a Bouncing Boy Terror, and Try to Save Califa from a Shaky Doom (Despite Being Confined to Her Room)"
Wilcha, Christopher　ウィルチャ, クリストファー
エミー賞 プライムタイム・エミー賞 最優秀監督賞（ノンフィクション番組）（第60回（2008年））　"This American Life"
Wilchcombe, Obediah　ウィルチカム, オベダイア
[国]バハマ　観光相
Wilckens, Ulrich　ヴィルケンス, U.
1928～　[異]ヴィルケンス, ウルリッヒ　[著]「イエスの復活の意味」新教出版社　2005
Wilcock, Andrew　ウィルコック, A.
[著]「トワイクロス先生のがん患者の症状マネジメント」医学書院　2003
Wilcock, David　ウィルコック, デイヴィド
[著]「ザ・シンクロニシティ・キー」アートヴィレッジ　2014
Wilcove, David S.　ウィルコブ, デイヴィッド・S.
[著]「No Way Home」バベルプレス　2010
Wilcox, Annie Tremmel　ウィルコックス, アニー・トレメル
[著]「古書修復の愉しみ」白水社　2010
Wilcox, Bob　ウィルコックス, ボブ
1941～　[著]「DOORS」グラフィック社　2016
Wilcox, Brett　ウィルコックス, ブレット
[著]「日本では絶対に報道されないモンサントの嘘」成甲書房　2015
Wilcox, Charlotte　ウィルコックス, シャーロット
トニー賞 トニー名誉賞（2014年（第68回））
Wilcox, C.J.　ウィルコックス, CJ
[国]アメリカ　バスケットボール選手
Wilcox, J.J.　ウィルコックス, J.J.
[国]アメリカ　アメフト選手
Wilcox, Leigh Attaway　ウィルコックス, リー・アタウェイ
[著]「もうだいじょうぶ」大日本絵画　〔2008〕
Wilcox, Mark　ウィルコクス, マーク
[著]「Symbian OSマルチメディアプログラミング」翔泳社　2009
Wilcox, Michael　ウィルコックス, マイケル
[著]「インテリアデザインのための配色事典」グラフィック社　2004
Wilcox, Peter　ウィルコックス, ピーター
[著]「ゲルマンとダキアの戦士」新紀元社　2001
Wilcox, Sherman　ウィルコックス, シャーマン
[著]「アメリカのろう文化」明石書店　2001
Wilcox, Tina Marie　ウィルコックス, ティナ・マリー
[著]「スーザン＆ティナの手作りハーブの生活術」フレグランスジャーナル社　2012
Wilcox, Wes　ウィルコックス, ウェス
[国]アメリカ　アトランタ・ホークスGM
Wilczak, Becky　ウィルチャク
[国]アメリカ　リュージュ選手
Wilczek, Frank　ウィルチェック, フランク
1951～　[国]アメリカ　物理学者　マサチューセッツ工科大学ヘルマン・フェッシュバッハ物理学教授　[専]素粒子
Wild, Antony　ワイルド, アントニー
1955～　[著]「コーヒーの真実」白揚社　2011
Wild, David　ワイルド, デビッド
[著]「F・r・i・e・n・d・s」DHC　2004
Wild, Helmut　ヴィルト, ヘルムート
1958～　[著]「バッチフラワーニューセラピー」フレグランスジャーナル社　2008
Wild, Jack　ワイルド, ジャック
1952～2006　[国]イギリス　俳優
Wild, John Julian　ワイルド, ジョン・ジュリアン
1914～2009　[国]アメリカ　がん研究者　ミネアポリス医療技術研究所所長　[専]超音波画像医学
Wild, Kirsten　ウィルト, キルステン
[国]オランダ　自転車選手　[異]ビルト
Wild, Margaret　ワイルド, マーガレット
[著]「ライオンのひみつ」国土社　2014
Wild, Vic　ワイルド, ヴィック
1986～　[国]ロシア　スノーボード選手　本名＝Wild, Victor Ivan　[異]ワイルド, ビック
Wildberger, Jacques　ウィルトベルガー, ジャック
1922～2006　[国]スイス　作曲家　[異]ヴィルトベルガー, ジャック
Wilde, Cindy　ワイルド, シンディ
[著]「色彩を楽しみながらリラックスできるぬり絵カラーセラピー」オークラ出版　2016
Wilde, Clare　ワイルド, クレア
[著]「イラストガイド野外騎乗術」源草社　2004
Wilde, Darcie　ワイルド, ダーシー
[著]「禁じられた愛のいざない」二見書房　2016
Wilde, Dean L., Ⅱ　ワイルド, ディーン・L., 2世
[著]「デルタモデル」ファーストプレス　2007
Wilde, Gerald J.S.　ワイルド, ジェラルド・J.S.
[著]「交通事故はなぜなくならないか」新曜社　2007
Wilde, Jerry　ワイルド, ジェリー
1962～　[著]「自分の怒りをしずめよう」東京書籍　2008
Wilde, Lori　ワイルド, ローリ
[著]「恋の伝説」原書房　2009
Wilde, Stuart　ワイルド, スチュワート
1946～　[著]「ザ・クイックニング」フォレスト出版　2011
Wildeboer Faber, Aschwin　ウィルデブール
[国]スペイン　競泳選手
Wildenstein, Daniel　ウイルデンスタイン, ダニエル
1917～　[著]「画商ダニエル・ウイルデンスタイン」ウイルデンスタイン東京　2003
Wilder, Billy　ワイルダー, ビリー
1906～2002　[国]アメリカ　映画監督, 脚本家, 映画製作者　本名＝ワイルダー, サミュエル〈Wilder, Samuel〉
Wilder, Clint　ワイルダー, クリント
[著]「クリーンテック革命」ファーストプレス　2008
Wilder, David A.　ワイルダー, デイビッド・A.
[著]「入門・問題行動の機能的アセスメントと介入」二瓶社　2002
Wilder, Deontay　ワイルダー
[国]アメリカ　ボクシング選手
Wilder, Gene　ワイルダー, ジーン
1933～2016　[国]アメリカ　俳優, 映画監督, 脚本家　本名＝シルバーマン, ジェローム〈Silverman, Jerome〉
Wilder, James, Jr.　ワイルダー, ジェームス, Jr.
[国]アメリカ　アメフト選手
Wilder, J.Welles, Jr.　ワイルダー, J.ウエルズ, Jr.
[著]「ワイルダーのアダムセオリー」パンローリング　2003
Wilder, Kris　ワイルダー, クリス
[著]「日本の空手家も知らなかった三戦（サンチン）の「なぜ？」」BABジャパン　2012
Wilder, Robert P.　ワイルダー, R.P.
[著]「ランニング医学大事典」西村書店　2013
Wildermuth, Shawn　ワイルダマス, ショーン
[著]「MCTSスキルチェック問題集70-536Microsoft.NET Framework 2.0アプリケーション開発基礎」日経BPソフトプレス, 日経BP出版センター（発売）　2007
Wildes, Emma　ワイルズ, エマ
[著]「放蕩子爵からの愛の花束」竹書房　2015
Wildgen, Michelle　ウィルジェン, ミシェル
[国]アメリカ　作家　[専]文学
Wildhorn, Frank　ワイルドホーン, フランク
1959～　[国]アメリカ　作曲家
Wilding, Jo　ワイルディング, ジョー
[著]「ファルージャ2004年4月」現代企画室　2004
Wilding, Mark　ウィルディング, M.
[著]「DB2ユニバーサル・データベースfor Solaris」ピアソン・エデュケーション　2001
Wilding, Michael　ワイルディング, マイクル
1942～　[著]「パラグアイの実験」江沢即心, 朝日新聞出版（発売）　2016
Wilding, Paul　ワイルディング, ポール
[著]「東アジアの福祉資本主義」法律文化社　2007
Wildish, Lee　ワイルディッシュ, リー
[著]「もうだいじょうぶ」大日本絵画　〔2008〕
Wildman, Frank　ワイルドマン, フランク
[著]「健康で知的なからだをつくる51のレッスン」森ノ宮医療学園出版部　2012
Wildman-tobriner, Ben　ワイルドマン
[国]アメリカ　競泳選手
Wildner, Martina　ヴィルトナー, マルティナ
1968～　[国]ドイツ　作家, イラストレーター　[専]ヤングアダルト, 児童書
Wilds, Brandon　ワイルズ, ブランドン

Wildsmith, Brian ワイルドスミス、ブライアン
1930〜 㒲「あつまるアニマル」講談社 2008

Wildwood, Christine ワイルドウッド、クリッシー
1951〜 㒱ワイルドウッド、クリシー 㒲「メンタルケアのためのハーブ・アロマ・インセンス活用事典」東京堂出版 2007

Wile, Matt ワイル、マット
㒰アメリカ アメフト選手

Wileman, Andrew ワイルマン、アンドリュー
㒲「ザ・コストカッター」プレジデント社 2010

Wileman, Ralph E. ワイルマン、R.E.
㒲「ビジュアル・コミュニケーション」北大路書房 2002

Wilens, Timote ウィレンズ、ティモテ
㒲「AD/HD&body」花風社 2003

Wilens, Timothy E. ウィレンズ、ティモシー・E.
㒲「わかりやすい子どもの精神科薬物療法ガイドブック」星和書店 2006

Wilensky, Amy ウィリンスキー、エイミー
㒲「「問題社員」の管理術」ダイヤモンド社 2007

Wilentz, Sean ウィレンツ、ロバート・ショーン
㒲「民衆支配の讃歌」木鐸社 2001

Wiles, Deborah ワイルズ、デボラ
㒰アメリカ 作家 㒱文学、児童書

Wiley, David A. ワイリー、デイビッド・A.
㒲「インストラクショナルデザインの理論とモデル」北大路書房 2016

Wiley, John, II ワイリー、ジョン、2世
1958〜 㒲「世紀の名作はこうしてつくられた」一灯舎、オーム社（発売） 2013

Wiley, Luke L. ワイリー、ルーク・L.
1975〜 㒲「グレアム・バフェット流投資のスクリーニングモデル」パンローリング 2015

Wiley, T.S. ワイリー、T.S.
㒲「眠らない人は太る、病気になる」はまの出版 2001

Wilfert, Bryon ウィルファート、ブライオン
㒰カナダ 元・カナダ・日本議員連盟共同議長、元・カナダ連邦下院議員

Wilfley, Denise E. ウィルフリィ、デニス・E.
㒲「グループ対人関係療法」創元社 2006

Wilford, D.Sykes ウィルフォード、D.サイクス
㒲「実践ヘッジファンド投資」日本経済新聞社 2001

Wilford, John Noble ウィルフォード、ジョン・ノーブル
㒲「地図を作った人びと」河出書房新社 2001

Wilford, Michael ウィルフォード、マイケル
㒲「定期傭船契約」信山社 2001

Wilfork, Vince ウィルフォーク、ビンス
㒰アメリカ アメフト選手

Wilfred Madius, Tangau ウィルフレッドマディウス・タンガウ
㒰マレーシア 科学技術相

Wilheim, Karin ヴィルヘルム、カリン
㒲「Ma chérie」芸術書院、星雲社（発売） 2008

Wilhelm, Hans ヴィルヘルム、ハンス
㒲「トラップ一家物語」平和のアトリエ 2002

Wilhelm, Hoyt ウィルヘルム、ホイト
1923〜2002 㒰アメリカ 野球選手 本名＝Wilhelm, James Hoyt

Wilhelm, Kate ウィルヘルム、ケイト
1928〜 ヒューゴー賞関連図書（2006年） "Storyteller: Writing Lessons and More from 27 Years of the Clarion Writers' Workshop"

Wilhelm, Kati ウィルヘルム、カティ
1976〜 㒰ドイツ バイアスロン選手

Wilhelm, Maria ウィルヘルム、マリア
㒲「アバター公式完全ガイド」イースト・プレス 2009

Wilhelm, Mike ウィルヘルム、マイク
㒰アメリカ シカゴ・ブルズアシスタントコーチ（バスケットボール）

Wilhelm, Paul J. ウィルヘルム、ポール
？〜2001 㒰アメリカ 実業家 USスチール社長、USX副会長

Wilhelm, Toni ウィルヘルム
㒰ドイツ セーリング選手

Wilhelmsen, Tom ウィルヘルムセン、トム
㒰アメリカ 野球選手

Wilhelmy-Dollinger, Petra ヴィルヘルミー＝ドリンガー、ペートラ
1961〜 㒲「ベルリンサロン」鳥影社・ロゴス企画部 2003

Wilhide, Elizabeth ウィルハイド、エリザベス
㒲「Eco」エディシオン・トレヴィル、河出書房新社（発売） 2003

Wilhoite, Michael ウィルホイティー、マイケル
㒰アメリカ アメフト選手

Wilimovsky, Jordan ウィリモブスキー、ジョーダン
㒰アメリカ 水泳選手

Wilk, Adam ウィルク、アダム
㒰アメリカ 野球選手

Wilk, Brad ウィルク、ブラッド
㒰アメリカ ロック・ドラマー 通称＝Brad（ブラッド）

Wilk, Kevin E. ウィルク、ケヴィン・E.
㒲「リハビリテーションプロトコール」メディカル・サイエンス・インターナショナル 2010

Wilke, Anna ヴィルケ、アンナ
㒲「食肉・鶏卵生産のグローバル化」筑波書房 2014

Wilke, Manfred ウィルケ、マンフレート
1941〜 㒰ドイツ 歴史家 ベルリン経済単科大学教授

Wilken, Robert Louis ウィルケン、ロバート・ルイス
1936〜 㒲「キリスト教二千年史」白水社 2016

Wilkens, Johannes ヴィルケンス、ヨハネス
㒲「脳卒中のためのホメオパシー」ホメオパシー出版 2008

Wilkens, Katy G. ウィルキンス、ケイティ・G.
㒲「食品・栄養・食事療法事典」産調出版、産業調査会（発売） 2006

Wilkens, Todd ウィルケンズ、トッド
㒲「Subject to change」オライリー・ジャパン、オーム社（発売） 2008

Wilkerson, Isabel ウィルカースン、イサベラ
全米書評家協会賞ノンフィクション（2010年） "The Warmth of Other Suns: The Epic Story of America's Great Migration"

Wilkerson, James A. ウィルカースン、ジェームズ・A.
1934〜 㒲「低体温症と凍傷」海山社 2014

Wilkerson, Muhammad ウィルカーソン、ムハマド
㒰アメリカ アメフト選手

Wilkes, Joseph E. ウィルクス、J.E.
㒲「CDMAセルラー移動通信システム」科学技術出版 2001

Wilkes, Maria D. ウィルクス、マリア・D.
㒲「コンコード・ヒルの上で」福音館書店 2003

Wilkes, Maurice Vincent ウィルクス、モーリス
1913〜2010 㒰イギリス コンピューター工学者 ケンブリッジ大学名誉教授、英国コンピューター学会初代会長

Wilkes, Paget ウィルクス、パジェット
㒲「救霊の動力」関西聖書学校、いのちのことば社（発売） 2016

Wilkes, Rich ウィルクス、リッチ
㒲「トリプルX」角川書店 2002

Wilkeson, Leon ウィルクソン、レオン
1952〜2001 㒰アメリカ ロック・ベース奏者 グループ名＝レーナード・スキナード〈Lynyrd Skynyrd〉

Wilkie, William ウィルキー、ウィリアム
㒲「わが家の「心の救急箱」」PHP研究所 2004

Wilkin, Karen ウィルキン、カレン
㒲「エドワード・ゴーリーの優雅な秘密」河出書房新社 2016

Wilkin, Sam ウィルキン、S.
㒲「グローバリズムの「失敗」に学ぶ15の原則」アスペクト 2005

Wilkins, Ben ウィルキンス、ベン
アカデミー賞音響賞（第87回（2014年）） "Whiplash"

Wilkins, Bill ウィルキンス、B.
㒲「DB2 UDBパフォーマンス・チューニングガイド」ピアソン・エデュケーション 2001

Wilkins, Celia ウィルキンズ、シーリア
㒲「二人の小さな家」福音館書店 2010

Wilkins, Esther M. ウィルキンス、E.M.
㒲「ウィルキンス歯科衛生士の臨床」医歯薬出版 2015

Wilkins, Gina ウィルキンズ、ジーナ
㒲「天才式恋愛術」ハーレクイン 2012

Wilkins, Marne ウィルキンス、M.
㒲「湖のそばで暮らす」筑摩書房 2007

Wilkins, Maurice ウィルキンズ、モーリス
1916〜2004 㒲「二重らせん第三の男」岩波書店 2005

Wilkins, Maurice Hugh Frederick ウィルキンズ、モーリス
1916〜2004 㒰イギリス 生物物理学者 ロンドン大学名誉教授 㒳分子生物学 㒱ウィルキンス、モーリス

Wilkins, Mira ウィルキンス、ミラ

Wilkins, Richard　ウィルキンズ, リチャード
1949〜　著「もっと自分を信じてあげよう」ダイヤモンド社 2001
Wilkins, W.　ウィルキンズ, ウォーレス
著「偽薬効果」春秋社 2002
Wilkinson, Amy　ウィルキンソン, エイミー
1972〜　著「クリエイターズ・コード」日本実業出版社 2016
Wilkinson, Beth　ウィルキンソン, ベス
著「だいじょうぶ？ 体でアート」大月書店 2009
Wilkinson, Bruce　ウィルキンソン, ブルース
著「夢を見て生きる」いのちのことば社 2004
Wilkinson, Carole　ウィルキンソン, キャロル
国イギリス　作家　分ファンタジー
Wilkinson, Christopher　ウィルキンソン, クリストファー
著「アリ」愛育社 2002
Wilkinson, Darlene　ウィルキンソン, ダーリーン
著「女性のためのヤベツの祈り」いのちのことば社 2003
Wilkinson, David M.　ウィルキンソン, デイビッド
著「生物多様な星の作り方」東海大学出版会 2009
Wilkinson, Grant R.　ウィルキンソン, G.R.
著「薬理書」広川書店 2003
Wilkinson, Greg　ウィルキンソン, グレッグ
1951〜　著「ストレス」一灯舎, オーム社（発売） 2007
Wilkinson, I.M.S.　ウィルキンソン, イアン
著「簡要神経学」メディカル・サイエンス・インターナショナル 2006
Wilkinson, Jill　ウィルキンソン, J.D.
著「心理臨床」垣内出版 2001
Wilkinson, Jonny　ウィルキンソン, ジョニー
1979〜　国イギリス　ラグビー選手
Wilkinson, Julia　ウィルキンソン
国カナダ　競泳選手
Wilkinson, Karen　ウィルキンソン, カレン
著「ティンカリングをはじめよう」オライリー・ジャパン, オーム社（発売） 2015
Wilkinson, Kate　ウィルキンソン, ケート
国ニュージーランド　自然保護相兼食料安全相
Wilkinson, Laura　ウィルキンソン
国アメリカ　飛び込み選手
Wilkinson, Lee　ウィルキンソン, リー
著「罠に落ちた花嫁」ハーパーコリンズ・ジャパン 2016
Wilkinson, Mark　ウィルキンソン, マーク
著「人体を旅する」理論社 2004
Wilkinson, Paul　ウィルキンソン, ポール
1937〜2011　国イギリス　政治学者　セント・アンドルース大学教授　分国際関係論, テロリズム
Wilkinson, Philip　ウィルキンソン, フィリップ
1955〜　著「ビジュアルではじめてわかる宗教」東京書籍 2015
Wilkinson, Richard G.　ウィルキンソン, リチャード
1943〜　国イギリス　医学者　ノッティンガム大学名誉教授
Wilkinson, Richard H.　ウィルキンソン, リチャード・H.
1951〜　著「古代エジプト神々大百科」東洋書林 2004
Wilkinson, Roy　ウィルキンソン, ロイ
1911〜2007　著「シュタイナー学校の英語の時間」水声社 2013
Wilkinson, Toby A.H.　ウィルキンソン, トビー
1969〜　著「〈図説〉古代エジプト文明辞典」柊風舎 2016
Wilkinson, Tom　ウィルキンソン, トム
エミー賞 プライムタイム・エミー賞 最優秀助演男優賞（ミニシリーズ・映画）（第60回（2008年））ほか
Wilkinson, Tom　ウィルキンソン, トム
1916〜　著「キリスト中心の講解説教」一麦出版社 2007
Wilkinson, Tony J.　ウィルキンソン, トニー
著「古代イラク」BL出版 2013
Wilkinson, Tracy　ウィルキンソン, トレイシー
著「バチカン・エクソシスト」文芸春秋 2010
Wilkoń, Józef　ヴィルコン, ユゼフ
著「ねずみにとどいたクリスマス」いのちのことば社フォレストブックス 2007
Wilks, Eileen　ウィルクス, アイリーン
著「さまよえるシンデレラ」ハーレクイン 2006
Wilks, Mike　ウィルクス, マイク
著「ミラースケープ」ソフトバンククリエイティブ 2008
Will　ウィル
1904〜　著「ちいさなおんどり」童話館出版 2010
Will, Frazer　ウィル
国カナダ　柔道選手

著「アメリカにおける外国投資の歴史」ミネルヴァ書房 2016

Will, George F.　ウィル, ジョージ・F.
著「野球術」文芸春秋 2001
Will, Liane　ビル, リアーネ
著「SAP R/3システム管理ガイド」日経BPソフトプレス, 日経BP出版センター（発売） 2004
Willaime, Jean-Paul　ヴィレーム, ジャン＝ポール
著「宗教社会学入門」白水社 2007
Willain, Pascal　ウィラン, パスカル
1959〜　著「EVトレーダー」パンローリング 2009
Willams, Steve　ウィリアムズ, スティーヴ
著「タイガー・ウッズのスーパーキャディが明かすゾーンメンタルトレーニング」日本文芸社 2006
Willams, Trevor　ウィリアムズ, トレバー
国アメリカ　野球選手
Willard, Dallas　ウィラード, ダラス
1935〜　著「心の刷新を求めて」あめんどう 2010
Willard, Fred　ウィラード, フレッド
著「ヴードゥー・キャデラック」文芸春秋 2003
Willard, Huntington F.　ウィラード, ハンチントン・F.
著「トンプソン＆トンプソン遺伝医学」メディカル・サイエンス・インターナショナル 2009
Willard, Nancy　ウィラード, ナンシー
1936〜　作家, 詩人
Willard, Sandra　ウィラード, サンドラ
著「アニメおさるのジョージ ドングリすくすく」金の星社 2013
Willard, Terry　ウィラード, テリー
1951〜　著「なりたい自分になれるフラワーエッセンス」総合法令出版 2007
Willcock, David　ウィルコック, デイヴィッド
著「図説「最悪」の仕事の歴史」原書房 2007
Willcocks, David James　ウィルコックス, デイヴィド
1919〜　著「クリスマスキャロル」日本基督教団出版局 2001
Willcox, Bradley J.　ウィルコックス, ブラッドリー
著「オキナワ式食生活革命」飛鳥新社 2004
Willcox, Daniel　ウィルコックス, ダニエル
国ニュージーランド　セーリング選手
Willcox, D.Craig　ウィルコックス, クレイグ
著「オキナワ式食生活革命」飛鳥新社 2004
Willdorf, Nina　ウィルドルフ, ニーナ
著「都会のオンナの子ひとり暮らしノート」ディスカヴァー・トゥエンティワン 2005
Willeboordse, Elisabeth　ベレブールトセ
国オランダ　柔道選手
Willeford, William　ウィルフォード, ウィリアム
1929〜　著「道化と笏杖」白水社 2016
Willem　ウィレム
アングレーム国際漫画祭 アングレーム市グランプリ（2013年）
Willem-Alexander, King　ウィレム・アレクサンダー国王
1967〜　国オランダ　国王　旧称号＝オラニエ公〈The Prince of Orange〉　分ウィレム・アレクサンダー / ウィレム・アレクサンデル
Willemin, Véronique　ウィルマン, ヴェロニク
著「パリの青い鳥」BL出版 2003
Willems, Jetro　ウィレムス, イェトロ
国オランダ　サッカー選手
Willems, Mo　ウィレムズ, モー
著「くしゃみがとまらないのですよ」クレヨンハウス 2014
Willenbacher, Matthias　ヴィレンバッハー, マティアス
1969〜　著「メルケル首相への手紙」いしずえ 2013
Willenberg, Samuel　ヴィレンベルク, サムエル
1923〜　著「トレブリンカ叛乱」みすず書房 2015
Willenbrink, Mark　ウィレンブリンク, マーク
1962〜　著「はじめての油絵レッスン」マール社 2014
Willenbrink, Mary　ウィレンブリンク, メアリー
著「はじめての油絵レッスン」マール社 2014
Willers, Michael　ウィラーズ, マイケル
著「代数」創元社 2012
Willett, Albert V.　ウィレット, アルバート・V.
著「「問題社員」の管理術」ダイヤモンド社 2007
Willett, Danny　ウィレット, ダニー
国イギリス　ゴルフ選手
Willett, James　ウィレット, ジェームズ
国オーストラリア　射撃選手
Willett, John B.　ウィレット, ジョン・B.
分ウィレット, ジョン　著「縦断データの分析」朝倉書店 2014
Willett, Walter C.　ウィレット, ウォルター・C.

[著]「妊娠しやすい食生活」 マグロウヒル・エデュケーション, 日本経済新聞出版社(発売) 2013
Willetts, Lucy ウィレッツ, ルーシー
[著]「わかって私のハンディキャップ」 大月書店 2016
Willey, David ウィリー, デイヴィッド
[著]「ドイツ4号戦車ティーガー1 Eのすべて」 大日本絵画 2011
Willey, Liane Holliday ウィリー, リアン・ホリデー
[著]「私と娘、家族の中のアスペルガー」 明石書店 2007
Willi, Jürg ヴィリィ, ユルク
1934〜 [著]「エコ心理療法」 法政大学出版局 2006
Prince **William** ウィリアム王子
1982〜 [国]イギリス チャールズ皇太子の第一王子 称号=ケンブリッジ公〈The Duke of Cambridge〉
Lord **William** ウィリアム卿
[国]イギリス 上院院内総務
will.i.am ウィル・アイ・アム
[国]アメリカ ミュージシャン, 音楽プロデューサー
William, Serena ウィリアムズ, セリーナ
[国]アメリカ テニス選手
William Carvalho ウィリアム・カルヴァーリョ
[国]ポルトガル サッカー選手
Williamon, Aaron ウィリアモン, アーロン
[著]「演奏を支える心と科学」 誠信書房 2011
Williams, Aaron ウイリアムス, アーロン
[国]アメリカ アメフト選手
Williams, Alan ウィリアムズ, アラン
[国]アメリカ バスケットボール選手
Williams, Amy ウィリアムズ, エイミー
1982〜 [国]イギリス スケルトン選手 本名=Williams, Amy Joy
Williams, Andre ウイリアムス, アンドレ
[国]アメリカ アメフト選手
Williams, Andrew ウィリアムス, アンドリュー
1951〜 [著]「紛争と開発」 たちばな出版 2012
Williams, Andy ウィリアムス, アンディ
1927〜2012 [国]アメリカ 歌手 [異]ウィリアムズ, アンディ
Williams, Anne Douglas ウイリアムズ, アン・D.
1943〜 [著]「アタマと心に効くジグソーパズルの世界」 やのまん 2009
Williams, Anthony ウィリアムズ, アンソニー
[著]「ドラキュラ」 大日本絵画 〔2010〕
Williams, Anthony ウィリアムズ, トニー
[著]「写真で見るヴィクトリア朝ロンドンの都市と生活」 原書房 2013
Williams, Anthony D. ウィリアムズ, アンソニー・D.
[著]「マクロウィキノミクス」 ディスカヴァー・トゥエンティワン 2013
Williams, Antwione ウイリアムス, アントウィオン
[国]アメリカ アメフト選手
Williams, A.R. ウィリアムズ, A.R.
[著]「古代エジプト」 日経ナショナルジオグラフィック社, 日経BP出版センター(発売) 2008
Williams, Art ウィリアムズ, A.L.
[異]ウイリアムズ, A.L. [著]「100%夢を実現する方法」 三笠書房 2009
Williams, Ashley ウィリアムズ, アシュリー
[国]ウェールズ サッカー選手
Williams, Aurora ウィリアムス, アウロラ
[国]チリ 鉱業相
Williams, Basil ウィリアムス, バジル
[国]ガイアナ 司法長官兼法相
Williams, Bernard ウィリアムズ, バーナード
1929〜2003 [国]イギリス 哲学者 オックスフォード大学教授, ケンブリッジ大学キングス・カレッジ学寮長 [専]倫理哲学 本名=Williams, Bernard Arthur Owen
Williams, Bernard, Ⅲ ウィリアムズ
[国]アメリカ 陸上選手
Williams, Bernie ウィリアムズ, バーニー
1968〜 [国]プエルトリコ 元野球選手 本名=Williams, Bernabe [異]ウィリアムス, バーニー
Williams, Betty ウィリアムズ, ベティ
[著]「絶望から立ち直る方法を教えてください」 アスペクト 2007
Williams, Bill ウィリアムズ, ビル
1932〜 [著]「相場の達人」 シグマベイスキャピタル 2002
Williams, Brandon ウイリアムス, ブランドン
[国]アメリカ アメフト選手
Williams, Brian ウィリアムズ, ブライアン
[著]「社会科学系大学院生のための研究の進め方」 同文舘出版 2002
Williams, Brian ウィリアムズ, ブライアン
[著]「カナダ」 ほるぷ出版 2007
Williams, Brian ウイリアムズ, ブライアン
1950〜 [著]「曲面絵画誕生」 求竜堂 2011
Williams, Brian James ウィリアムズ, ブライアン
1958〜 [著]「ディープス」 学研プラス 2016
Williams, Bronwyn ウィリアムズ, ブロンウィン
[著]「誇り高き花婿たち」 ハーレクイン 2007
Williams, Bryce ウイリアムス, ブライス
[国]アメリカ アメフト選手
Williams, Camilla ウィリアムズ, カミラ
1919〜2012 [国]アメリカ ソプラノ歌手
Williams, Caroline ウィリアムズ, キャロライン
[著]「南アメリカ大陸歴史地図」 東洋書林 2001
Williams, Caroline S. ウィリアムズ, C.S.
[著]「アメリカのDI」 大滝武雄 2001
Williams, Cathy ウィリアムズ, キャシー
[著]「イタリア富豪の秘密の休日」 ハーパーコリンズ・ジャパン 2016
Williams, Charlie ウィリアムズ, チャーリー
?〜2005 [国]アメリカ 大リーグ審判員
Williams, Chester ウィリアムズ, チェスター
1970〜 [国]南アフリカ ラグビー指導者, 元ラグビー選手 南アフリカスポーツ観光大使
Williams, China ウィリアムズ, チャイナ
[異]ウィリアムズ, C. [著]「タイ」 メディアファクトリー 2008
Williams, Chris ウィリアムズ, クリス
[著]「ボルト」 竹書房 2009
Williams, Christania ウィリアムズ, クリスタニア
[国]ジャマイカ 陸上選手
Williams, Christopher G. ウィリアムズ, クリストファー
[著]「かたちの理由」 ビー・エヌ・エヌ新社 2014
Williams, C.J. ウィリアムズ, CJ
[国]アメリカ バスケットボール選手
Williams, Cliff ウィリアムズ, クリフ
[国]オーストラリア ロック・ベース奏者 [異]ウィリアムス, クリフ
Williams, Clyde ウィリアムズ, C.
[著]「ABC of sports medicine」 ナップ 2001
Williams, Corliss Elizabeth ウィリアムズ, コーリス・エリザベス
[著]「クリエイティブスペース」 グラフィック社 2011
Williams, Craig ウィリアムズ, クレイグ
1977〜 [国]オーストラリア 騎手 [異]ウィリアムズ, C.
Williams, Damien ウイリアムス, デイエミン
[国]アメリカ アメフト選手
Williams, Dan ウイリアムス, ダン
[国]アメリカ アメフト選手
Williams, Daniel ウィリアムズ, ダニエル
[国]グレナダ 総督
Williams, Daniel Gwyn ウィリアムズ, グウィン
[著]「内科診断100ケース」 メディカル・サイエンス・インターナショナル 2008
Williams, Darrell ウイリアムス, ダレル
[国]アメリカ アメフト選手
Williams, Darrent ウィリアムズ, ダレント
1982〜2007 [国]アメリカ アメフト選手
Williams, Daryl ウイリアムス, ダリル
[国]アメリカ アメフト選手
Williams, Daryl ウィリアムズ, ダリル
[国]オーストラリア 法相
Williams, David ウィリアムズ, D.
1938〜 [著]「マルチンゲールによる確率論」 培風館 2004
Williams, David ウィリアムズ, デイヴィッド
[著]「二十世紀俳優トレーニング」 而立書房 2005
Williams, David Glyndwr Tudor ウィリアムズ, デービッド
1930〜2009 [国]イギリス 法学者 ケンブリッジ大学総長 [専]環境問題
Williams, David R. ウィリアムス, デイビッド・R.
[著]「不安障害」 日本評論社 2005
Williams, Dean ウィリアムズ, ディーン
1955〜 [著]「リーダーシップ6つの試練」 英治出版 2011
Williams, DeAngelo ウイリアムス, ディアンジェロ
[国]アメリカ アメフト選手
Williams, Debbie ウィリアムズ, デビー

[著]「はたらくママの必ず片づく魔法の4ステップ」 オークラ出版 2004
Williams, Deron ウィリアムズ, デロン
[国]アメリカ バスケットボール選手
Williams, Derrick ウィリアムズ, デリック
[国]アメリカ バスケットボール選手
Williams, DeShawn ウイリアムス, デショーン
[国]アメリカ アメフト選手
Williams, Dick ウィリアムズ, ディック
1929～2011 [国]アメリカ 大リーグ監督, 野球選手 本名＝Williams, Richard Hirschfeld
Williams, Dom ウイリアムス, ドム
[国]アメリカ アメフト選手
Williams, Dominique ウイリアムス, ドミニク
[国]アメリカ アメフト選手
Williams, Donna ウィリアムズ, ドナ
1963～ [著]「毎日が天国」 明石書店 2015
Williams, Donovan ウイリアムス, ドノバン
[国]アメリカ アメフト選手
Williams, Duke ウイリアムス, デューク
[国]アメリカ アメフト選手
Williams, Earl ウィリアムズ, アール
1948～2013 [国]アメリカ 野球選手 本名＝Williams, Earl Craig (Jr.)
Williams, Earl George ウィリアムズ, E.G.
[著]「フーリエ音響学」 シュプリンガー・フェアラーク東京 2005
Williams, Ed ウイリアムス, エド
[国]アメリカ アメフト選手
Williams, Eliud ウィリアムズ, イルード
[国]ドミニカ共和国 大統領
Williams, Elizabeth ウィリアムズ, エリザベス
1943～ [国]イギリス 平和運動家 通称＝ウィリアムズ, ベティ〈Williams, Betty〉
Williams, Elizabeth Friar ウィリアムズ, エリザベス
[著]「ハッピーマップ(幸せ地図)を作ろう！」 ディスカヴァー・トゥエンティワン 2004
Williams, Elliot ウィリアムズ, エリオット
[国]アメリカ バスケットボール選手
Williams, Emma ウィリアムズ, エマ
ローレンス・オリヴィエ賞 衣装デザイン賞(2009年(第33回)) "The Histories"
Williams, Emma ウィリアムズ, エマ
[著]「アンガーコントロールトレーニング」 星和書店 2012
Williams, Eric ウィリアムズ, エリック
[国]トリニダード・トバゴ エネルギー・エネルギー産業相
Williams, Esther ウィリアムズ, エスター
1921～2013 [国]アメリカ 女優
Williams, Evan ウィリアムズ, エバン
1972～ [国]アメリカ 起業家 ツイッター共同創業者 [異]ウィリアムズ, エヴァン
Williams, Evan B. ウィリアムズ, エヴァン B.
[国]アメリカ 元・在ミネアポリス日本国名誉総領事
Williams, Florence ウィリアムズ, フローレンス
1967～ [著]「おっぱいの科学」 東洋書林 2013
Williams, F.Mary ウィリアムズ, メアリー
[著]「実践リーダーをめざすひとの仕事術」 新水社 2005
Williams, Frank ウィリアムズ, フランク
1942～ [国]イギリス F1オーナー ウィリアムズ・グランプリ・エンジニアリング創立者・マネージャー 本名＝Williams, Frank Owen Garbatt
Williams, Frankie ウイリアムス, フランキー
[国]アメリカ アメフト選手
Williams, Freddie E., Ⅱ ウィリアムズ, フレディ・E., 2世
1977～ [著]「バットマン/ミュータントタートルズ」 小学館集英社プロダクション 2016
Williams, Garry ウイリアムス, ゲーリー
[国]アメリカ アメフト選手
Williams, Gary A. ウィリアムズ, ゲイリー・A.
[著]「「説得」の戦略」 ダイヤモンド社 2006
Williams, Geoffrey ウィリアムズ, ジェフ
1945～ [著]「英語教師のための機能文法入門」 リーベル出版 2002
Williams, Geoffrey ウィリアムス, ジョフリー
[著]「適性・適職発見テスト」 一ツ橋書店 2016
Williams, George C. ウィリアムズ, ジョージ・C.
[著]「病気はなぜ、あるのか」 新曜社 2001
Williams, George Christopher ウィリアムズ, ジョージ
1926～2010 [国]アメリカ 進化生物学者 ニューヨーク州立大学名誉教授
Williams, Gianna ウィリアムズ, G.
[著]「学校現場に生かす精神分析」 岩崎学術出版社 2008
Williams, Gregg ウイリアムス, グレッグ
[国]アメリカ ロサンゼルス・ラムズコーチ
Williams, Hank ウィリアムズ, ハンク
[国]アメリカ ピュリッツアー賞 特別賞 特別表彰(2010年)
Williams, Harvey G. ウィリアムズ, ハーヴェイ
[著]「傭船契約と船荷証券の解説」 海文堂出版 2002
Williams, Hayley ウィリアムス, ヘイリー
MTVアワード MTVクラブランド(第31回(2014年)) "Stay The Night"
Williams, Heather Andrea ウィリアムズ, ヘザー・アンドレア
[著]「引き裂かれた家族(マイ・ピープル)を求めて」 彩流社 2016
Williams, Hywel ウイリアムズ, ハイウェル
[著]「世界を変えた歴史的な日」 清流出版 2009
Williams, Ian ウィリアムズ, イアン
[著]「神経内科の緩和ケア」 メディカルレビュー社 2007
Williams, Inaki ウィリアムス, イニャキ
[国]スペイン サッカー選手
Williams, Isaiah ウイリアムス, イサイアー
[国]アメリカ アメフト選手
Williams, Ishaq ウイリアムス, イシャック
[国]アメリカ アメフト選手
Williams, Jackson ウィリアムズ, ジャクソン
[国]アメリカ 野球選手
Williams, Janet B.W. ウィリアムズ, J.B.W.
[著]「精神科診断面接マニュアルSCID」 日本評論社 2003
Williams, Jason ウィリアムズ, ジェイソン
[著]「トレーダーのメンタルエッジ」 パンローリング 2013
Williams, Jenny ウィリアムス, ジェニー
[著]「英国ボバース講師会議によるボバース概念」 ガイアブックス 2013
Williams, Jenny ウィリアムズ, ジェニー
[著]「ギークマム」 オライリー・ジャパン, オーム社(発売) 2013
Williams, Jessica ウィリアムズ, ジェシカ
[著]「みんなで考えよう世界を見る目が変わる50の事実」 草思社 2007
Williams, J.H., Ⅲ ウィリアムズ, J.H., 3世
[著]「バットマンアンソロジー」 パイインターナショナル 2014
Williams, J.Mark G. ウィリアムズ, マーク
[著]「自分でできるマインドフルネス」 創元社 2016
Williams, Jody ウィリアムズ, ジョディ
1950～ [国]アメリカ NGO活動家 地雷禁止国際キャンペーン(ICBL)国際大使
Williams, Joe ウィリアムズ
[国]アメリカ レスリング選手
Williams, John ウィリアムズ, ジョン
1941～ [国]イギリス ギタリスト [専]クラシカル・ギター 本名＝ウィリアムズ, ジョン・クリストファー〈Williams, John Christopher〉 [異]ウィリアムス, ジョン
Williams, John ウィリアムズ, ジョン
グラミー賞 最優秀インストゥルメンタル作曲(2014年(第57回)) ほか
Williams, John McLaughlin ウィリアムス, ジョン・マクラフリン
グラミー賞 最優秀クラシック器楽独奏(オーケストラつき)(2006年(第49回)) "Messiaen: Oiseaux Exotiques (Exotic Birds)"
Williams, John-Paul ウィリアムズ, ジョン＝ポール
[著]「ピアノ図鑑」 ヤマハミュージックメディア 2016
Williams, John Tyerman ウィリアムズ, ジョン・T.
[著]「クマのプーさんの哲学」 河出書房新社 2013
Williams, Jonathan ウイリアムス, ジョナサン
[国]アメリカ アメフト選手
Williams, Joseph M. ウィリアムズ, ジョセフ・M.
[著]「シカゴ・スタイル研究論文執筆マニュアル」 慶応義塾大学出版会 2012
Williams, Joss ウィリアムズ, ジョス
アカデミー賞 特殊効果賞(第84回(2011年)) "Hugo"
Williams, Joy ウィリアムズ, ジョイ
グラミー賞 最優秀映像メディア向け楽曲(2012年(第55回)) "Safe & Sound (From The Hunger Games)" ソングライター
Williams, Judith ウィリアムズ, ジュディス
[著]「「交渉」からビジネスは始まる」 ダイヤモンド社 2005
Williams, Judy ウィリアムズ, ジュディ

著「いじめの罠にさようなら」明石書店　2013
Williams, Justin, Sr.　ウィリアムズ, ジャスティン, Sr.
1906〜2002　国アメリカ　歴史学者　連合国軍総司令部（GHQ）民政局国会対策担当課長, ウィスコンシン大学教授
Williams, Karen Lynn　ウィリアムズ, カレン・リン
著「希望の木」PHP研究所　2010
Williams, Kasen　ウイリアムズ, ケイセン
国アメリカ　アメフト選手
Williams, KaShamba　ウィリアムズ, カシャンバ
国アメリカ　作家　受文学, フィクション
Williams, Kathryn　ウィリアムズ, キャサリン
著「エグゼクティブ・コーチング」日本能率協会マネジメントセンター　2005
Williams, Kerwynn　ウイリアムズ, カーウィン
国アメリカ　アメフト選手
Williams, Kevin　ウィリアムズ, K.
著「プロフェッショナルXML」インプレス, インプレスコミュニケーションズ（発売）　2001
Williams, Kim　ウィリアムズ, キム
著「数学を語ろう！」シュプリンガー・フェアラーク東京　2003
Williams, Kimberly　ウィリアムズ, キンバリー
国ジャマイカ　陸上選手　似ウィリアムズ, K.
Williams, Kristjana S.　ウィリアムズ, クリスティヤーナ・S.
著「ワンダーガーデン」汐文社　2016
Williams, Kyle　ウィリアムズ, カイル
国アメリカ　アメフト選手　似ウィリアムズ, カイル
Williams, Larry R.　ウィリアムズ, ラリー・R.
著「ラリー・ウィリアムズのフォーキャスト」パンローリング　c2015
Williams, Laura　ウィリアムズ, ローラ
著「75の飾り結び」スタジオタッククリエイティブ　2012
Williams, Laura E.　ウィリアムズ, ローラ・E.
著「謎の三角海域」早川書房　2007
Williams, Laurie　ウィリアムズ, ローリー
1962〜　著「ペアプログラミング」ピアソン・エデュケーション　2003
Williams, Lauryn　ウィリアムズ, ローリン
1983〜　国アメリカ　ボブスレー選手, 元陸上選手　本名＝Williams, Lauryn Chenet
Williams, Lee　ウィリアムズ, リー
著「家族面接・家族療法のエッセンシャルスキル」星和書店　2013
Williams, Leonard　ウィリアムズ, レナード
国アメリカ　アメフト選手
Williams, Liam　ウィリアムズ, リーアム
国ウェールズ　ラグビー選手
Williams, Lloyd　ウィリアムズ, ロイド
国ウェールズ　ラグビー選手
Williams, Louis　ウィリアムズ, ルイス
国アメリカ　バスケットボール選手
Williams, Luke　ウィリアムズ, ルーク
1971〜　著「デザインコンサルタントの仕事術」英治出版　2014
Williams, Maiya　ウィリアムズ, マイヤ
著「オワタンノーク・ホテル」求竜堂　2005
Williams, Marcus　ウィリアムズ, マーカス
国アメリカ　アメフト選手
Williams, Margaret　ウィリアムズ, マーガレット
1943〜　著「世界のフォスターケア」明石書店　2008
Williams, Mario　ウィリアムズ, マリオ
国アメリカ　アメフト選手
Williams, Mark　ウィリアムズ
国オーストラリア　ビーチバレー選手
Williams, Mark　ウィリアムズ, マーク
著「競争政策の経済学」NERA　2005
Williams, Mark A.　ウィリアムズ, M.A.
著「ストレングストレーニング＆コンディショニング」ブックハウス・エイチディ　2002
Williams, Mark London　ウィリアムズ, マーク・ロンドン
著「アニメおさるのジョージ　オタマジャクシはカエルのこ」金の星社　2012
Williams, Marquise　ウィリアムズ, マーキス
国アメリカ　アメフト選手
Williams, Marvin　ウィリアムズ, マービン
国アメリカ　バスケットボール選手
Williams, Mary Beth　ウィリアムズ, メアリー・ベス
著「トラウマから恢復するためのPTSDワークブック」明石書店　2009

Williams, Mason　ウィリアムズ, メイソン
国アメリカ　野球選手
Williams, Maxx　ウィリアムズ, マックス
国アメリカ　アメフト選手
Williams, Meg Harris　ウィリアムズ, メグ・ハリス
1951〜　著「精神分析と美」みすず書房　2010
Williams, Meredith　ウィリアムズ, メレディス
1947〜　著「ウィトゲンシュタイン、心、意味」松柏社　2001
Williams, Merryn　ウィリアムズ, メリン
著「女性たちのイギリス小説」南雲堂　2005
Williams, Michael　ウィリアムズ, マイケル
国アメリカ　アメフト選手
Williams, Michael　ウィリアムズ, マイケル
著「いじめ・暴力に向き合う学校づくり」新曜社　2016
Williams, Michael　ウィリアムズ, マイケル
1962〜　著「路上のストライカー」岩波書店　2013
Williams, Michelle　ウィリアムズ, ミシェル
1980〜　国アメリカ　女優
Williams, Mickey　ウィリアムズ, M.
著「プログラミングMicrosoft Visual C# .NET」日経BPソフトプレス, 日経BP出版センター（発売）　2002
Williams, Mike　ウイリアムズ, マイク
国アメリカ　アメフト選手
Williams, Nancy　ウィリアムズ, ナンシー
著「モア・ペーパーワーク」ファイドン　2005
Williams, Nancy Rothenberg　ウイリアムズ, ナンシー・ローゼンバーグ
著「ソーシャルワークと修復的正義」明石書店　2012
Williams, Nathan　ウィリアムズ, ネイサン
1986〜　著「THE KINFOLK HOME」ネコ・パブリッシング　2015
Williams, Niall　ウィリアムズ, ニール
1958〜　著「フォー・レターズ・オブ・ラブ」アーティストハウスパブリッシャーズ　2004
Williams, Nick　ウィリアムズ, ニック
国アメリカ　野球選手
Williams, Nicola　ウィリアムズ, ニコラ
著「南仏プロヴァンス＆コート・ダジュール」メディアファクトリー　2003
Williams, Noel H.　ウィリアムズ, N.H.
著「学習の問題への認知的アプローチ」北大路書房　2011
Williams, P.　ウィリアムズ, P.
著「表面分析：SIMS」アグネ承風社　2003
Williams, Pat　ウィリアムズ, パット
1940〜　著「ウォルト・ディズニーに学ぶ七転び八起き経」ネコ・パブリッシング　2006
Williams, Paul　ウィリアムズ, ポール
著「ガーデンカラーブック」産調出版　2001
Williams, Paul　ウィリアムズ, ポール
1948〜2013　著「ブライアン・ウィルソン＆ザ・ビーチ・ボーイズ」シンコーミュージック・エンタテイメント　2016
Williams, Paul L.　ウィリアムズ, ポール・L.
1944〜　著「ビンラディンのアメリカ核攻撃指令」イースト・プレス　2004
Williams, Penny　ウィリアムズ, ペニー
著「魔道師大全」ホビージャパン　2008
Williams, Pete　ウィリアムズ, ピート
著「コアパフォーマンス・トレーニング」大修館書店　2008
Williams, Peter　ウィリアムズ, ピーター
1933〜　著「七三一部隊の生物兵器とアメリカ」かもがわ出版　2003
Williams, Pharrell　ウィリアムズ, ファレル
1973〜　国アメリカ　歌手, 音楽プロデューサー
Williams, Philip　ウィリアムズ, フィリップ・E.
1923〜　著「宣教への旅」キリスト新聞社　2004
Williams, P.J.　ウィリアムズ, P.J.
国アメリカ　アメフト選手
Williams, Rachel　ウィリアムズ, レイチェル
著「イルミネイチャー」河出書房新社　2016
Williams, Richard　ウィリアムズ, リチャード
1947〜　著「背番号10のファンタジスタ」ベースボール・マガジン社　2007
Williams, Richard　ウィリアムズ, リチャード
1933〜　著「アニメーターズ・サバイバルキット」グラフィック社　2011
Williams, Rob　ウィリアムズ, ロブ
著「リアルタイム組込みシステム基礎講座」翔泳社　2006

Williams, Robbie　ウィリアムズ, ロビー
　1974～　国イギリス　歌手
Williams, Robert　ウィリアムズ, ロバート
　著「カラー版 ハッブル望遠鏡が見た宇宙」岩波書店　2001
Williams, Robert Joseph Paton　ウィリアムズ, R.J.P.
　著「元素の生物化学」エヌ・ティー・エス　2014
Williams, Robert R.　ウイリアムズ, ロバート・R.
　著「リベラリズムとコミュニタリアニズムを超えて」文理閣　2006
Williams, Robin　ウィリアムズ, ロビン
　1951～2014　国アメリカ　俳優, コメディアン　異ウィリアムス, ロビン
Williams, Robin　ウィリアムズ, ロビン
　著「英国王立園芸協会ガーデンデザインブック」メイプルプレス　2001
Williams, Robin　ウィリアムズ, ロビン
　1953～　著「ノンデザイナーズ・デザインブック」マイナビ出版　2016
Williams, Robin　ウィリアムズ, ロビン
　著「独立処方と補助処方」薬事日報社　2015
Williams, Rodney　ウィリアムズ, ロドニー
　国アンティグア・バーブーダ　総督
Williams, Roger　ウィリアムズ, ロジャー
　1924～2011　国アメリカ　ピアニスト　本名＝Weertz, Louis Jacob　異ウィリアムス, ロジャー
Williams, Rowan Douglas　ウィリアムズ, ローワン
　1950～　国イギリス　聖職者, 神学者　ケンブリッジ大学モードリンカレッジ学長　英国国教会カンタベリー大主教, オックスフォード大学教授　異ウィリアムス, ロワン
Williams, Roy H.　ウィリアムズ, ロイ・H.
　著「広告の天才たちが気づいている51の法則」きこ書房　2003
Williams, Sam　ウィリアムズ, サム
　1969～　著「人工知能のパラドックス」工学図書　2004
Williams, Sam　ウィリアムズ, サム
　1955～　著「ながいれっしゃ」ポプラ社　2010
Williams, Scott　ウィリアムズ, スコット
　国ウェールズ　ラグビー選手
Williams, Scott　ウィリアムズ, スコット
　著「スーパーマン：アンチェインド」ヴィレッジブックス　2015
Williams, Scott E.　ウィリアムズ, スコット・E.
　著「テリー・ファンク自伝」エンターブレイン　2006
Williams, Sean　ウィリアムズ, ショーン
　1967～　著「スター・ウォーズフォース・アンリーシュド ダース・ヴェイダーの弟子」エフエックス, 星雲社（発売）　2009
Williams, Serena Jameke　ウィリアムズ, セリーナ
　1981～　国アメリカ　テニス選手　異ウィリアムス, セレナ／ウィリアムズ, セレナ
Williams, Shawn　ウィリアムズ, ショーン
　国アメリカ　アメフト選手
Williams, Sheila　ウィリアムズ, シェイラ
　ヒューゴー賞 プロ編集者（短編）（2011年）
Williams, Shericka　ウィリアムズ, S.
　国ジャマイカ　陸上選手
Williams, Simon　ウィリアムズ, サイモン
　著「3Dでびっくり！海の生き物」大日本絵画　2011
Williams, Skip　ウィリアムズ, スキップ
　著「魔道師大全」ホビージャパン　2008
Williams, Sonia　ウィリアムズ, ソニア
　国ドミニカ共和国　教育・人的資源開発・青少年問題・スポーツ相
Williams, Sonny Bill　ウィリアムズ, ソニー・ビル
　1985～　国ニュージーランド　ラグビー選手
Williams, Stanley　ウィリアムズ, スタンリー
　1953～2005　国アメリカ　ギャング団クリップスの創設メンバー　通称＝トゥーキー〈Tookie〉　異ウィリアムズ, スタンリー・トゥッキィ
Williams, Stephanie　ウィリアムズ, ステファニー
　1948～　「オリガ」ソニー・マガジンズ　2006
Williams, Stephen P.　ウィリアムズ, スティーヴン・P.
　著「大統領になったら」扶桑社　2004
Williams, Steve　ウィリアムズ, スティーブ
　1960～2009　国アメリカ　プロレスラー
Williams, Steve　ウィリアムズ, スティーブ
　国アメリカ　アメフト選手
Williams, Susan　ウィリアムズ
　国アメリカ　トライアスロン選手
Williams, Suzanne　ウィリアムズ, スザンヌ
　著「プリンセス・クラブ」ポプラ社　2010
Williams, Suzanne　ウィリアムズ, スザンヌ
　著「オックスファム男女共同参画研修マニュアル」北樹出版　2011
Williams, Sylvester　ウィリアムズ, シルベスター
　国アメリカ　アメフト選手
Williams, Tad　ウィリアムズ, タッド
　1957～　国アメリカ　ファンタジー作家
Williams, Taylor　ウィリアムズ, タイラー
　国アメリカ　野球選手
Williams, Ted　ウィリアムズ, テッド
　1918～2002　国アメリカ　野球選手　本名＝ウィリアムズ, セオドア・サミュエル〈Williams, Theodore Samuel〉　異ウィリアムス, テッド
Williams, Teddy　ウイリアムズ, テディー
　国アメリカ　アメフト選手
Williams, Terrance　ウィリアムズ, テレンス
　国アメリカ　アメフト選手
Williams, Terry　ウィリアムズ, テリー
　国アメリカ　アメフト選手
Williams, Terry Moses　ウィリアムズ, テリー
　1948～　著「アップタウン・キッズ」大月書店　2010
Williams, Tim　ウィリアムズ, ティム
　1955～　著「子どもと家族の認知行動療法」誠信書房　2013
Williams, Timothy　ウィリアムズ, ティモシー
　著「ベスト・アメリカン・ミステリスネーク・アイズ」早川書房　2005
Williams, Tourek　ウイリアムズ, トゥーレク
　国アメリカ　アメフト選手
Williams, Tramon　ウィリアムズ, トレイモン
　国アメリカ　アメフト選手
Williams, Trent　ウイリアムズ, トレント
　国アメリカ　アメフト選手
Williams, Trevor　ウイリアムズ, トレバー
　国アメリカ　アメフト選手
Williams, Trey　ウイリアムズ, トレイ
　国アメリカ　アメフト選手
Williams, Troy　ウィリアムズ, トロイ
　国アメリカ　バスケットボール選手
Williams, Tyrell　ウイリアムズ, タイレル
　国アメリカ　アメフト選手
Williams, Ursula Moray　ウィリアムズ, アーシュラ
　1911～　著ウィリアムズ, アーシュラ・M.　著「魔女のこねこゴブリーノ」福音館書店　2004
Williams, V.　ウィリアムズ, ヴィクトリア
　著「偽薬効果」春秋社　2002
Williams, Val　ウィリアムズ, ヴァル
　1949～　著「Study of PHOTO」ビー・エヌ・エヌ新社　2013
Williams, Vanessa　ウィリアムズ, バネッサ
　1963～　国アメリカ　歌手, 女優　異ウィリアムズ, ヴァネッサ
Williams, Venus　ウィリアムズ, ビーナス
　1980～　国アメリカ　テニス選手　異ウィリアムズ, ビーナス／ウィリアムズ, ヴィーナス／ウィリアムス, ヴィーナス
Williams, Vera B.　ウィリアムズ, ベラ・B.
　1927～　著「赤いカヌーにのって」あすなろ書房　2004
Williams, Vince　ウイリアムズ, ビンス
　国アメリカ　アメフト選手
Williams, W.　ウィリアムズ, W.
　著「透明油彩画の技法」画房　2014
Williams, Walt　ウィリアムズ, ウォルト
　1943～2016　国アメリカ　野球選手　本名＝Williams, Walter Allen
Williams, Walter Jon　ウィリアムズ, ウォルター・ジョン
　ネビュラ賞 長中編（2004年）　"The Green Leopard Plague"　異ウィリアムズ, ウォルター・ジョン
Williams, Wendall　ウィリアムズ, ウェンダル
　国アメリカ　アメフト選手
Williams, Wendy Melissa　ウィリアムズ, ウェンディ・M.
　1960～　著「なぜ理系に進む女性は少ないのか？」西村書店　2013
Williams, Wesley M.　ウィリアムズ, W.M.
　著「図解スナネズミの解剖」メディカグローブ　c2002
Williams, William J.　ウィリアムズ, ウィリアム・J.
　著「ウィリアムズ血液学マニュアル」メディカル・サイエンス・インターナショナル　2003
Williams, Winston　ウィリアムズ, ウィンストン
　国アンティグア・バーブーダ　スポーツ・青年問題担当相

Williams, W.Larry　ウィリアムズ, W.ラリー
　著「入門・精神遅滞と発達障害」二瓶社　2002
Williams, Xavier　ウィリアムス, エグゼビアー
　国アメリカ　アメフト選手
Williams Agasse, Vicente　ウィリアムス・アガセ, ビセンテ
　国ホンジュラス　副大統領
Williams-darling, Tonique　ウィリアムズ
　国バハマ　陸上選手
Williams-Garcia, Rita　ウィリアムズ＝ガルシア, リタ
　1957～　著「クレイジー・サマー」鈴木出版　2013
Williams-Justsen, Kim A.　ウィリアム・ジャストセン, キム・A.
　著「愛した人がBPD（＝境界性パーソナリティ障害）だった場合のアドバイス」星和書店　2008
Williams-mills, Novlene　ウィリアムズミルズ, ノブリーン
　国ジャマイカ　陸上選手　穀ウィリアムズミルズ
Williamson, Alison　ウィリアムソン
　国イギリス　アーチェリー選手
Williamson, Andrew　ウィリアムソン, アンドリュー
　国アメリカ　アメフト選手
Williamson, Avery　ウイリアムソン, エイバリー
　国アメリカ　アメフト選手
Williamson, Casper　ウィリアムソン, キャスパー
　著「世界のスクリーン印刷グラフィック・コレクション」グラフィック社　2013
Williamson, Corliss　ウィリアムソン, コーリス
　国アメリカ　オーランド・マジックアシスタントコーチ（バスケットボール）
Williamson, Darold　ウィリアムソン
　国アメリカ　陸上選手
Williamson, David P.　ウィリアムソン, デイビッド・P.
　著「近似アルゴリズムデザイン」共立出版　2015
Williamson, Gordon　ウィリアムソン, ゴードン
　著「第二次大戦のドイツ軍婦人補助部隊」大日本絵画　2007
Williamson, Gwyneth　ウィリアムソン, グウィネス
　1965～　著「ボさいぬくんのかゆ～いいちにち」くもん出版　2004
Williamson, Hugh Godfrey Maturin　ウィリアムソン, H.G.M.
　1947～　著「歴代誌」日本キリスト教団出版局　2007
Williamson, Ian　ウィリアムソン, イアン
　著「トップアスリート天使と悪魔の心理学」東邦出版　2010
Williamson, Jack　ウィリアムソン, ジャック
　1908～2006　国アメリカ　SF作家　別名＝Will Stewart　穀ウィリアムスン, ジャック
Williamson, Jeffrey G.　ウィリアムソン, ジェフリー・G.
　1935～　著「不平等, 貧困と歴史」ミネルヴァ書房　2003
Williamson, Jo　ウィリアムソン, ジョー
　著「しあわせないぬになるには」徳間書店　2016
Williamson, John　ウィリアムソン, ジョン
　1937～　著「危機管理ハンドブック」へるす出版　2014
Williamson, Karen　ウィリアムソン, カレン
　著「かみさまきいて」いのちのことば社CS成長センター　2013
Williamson, Lamar　ウィリアムソン, L.
　著「マルコによる福音書」日本キリスト教団出版局　2006
Williamson, Leslie Anne　ウィリアムソン, レスリー
　著「もう一つの名作住宅ハンドクラフテッド・モダン」エクスナレッジ　2013
Williamson, Mac　ウィリアムソン, マック
　国アメリカ　野球選手
Williamson, Marianne　ウィリアムソン, マリアンヌ
　国アメリカ　作家, 慈善家, 説教師　穀ウィリアムソン, マリアン
Williamson, Melanie　ウィリアムソン, メラニー
　著「オオカミのおれさまてんさいだいさくせん」小学館　2009
Williamson, Michael　ウィリアムソン, マイケル
　1957～　著「繁栄からこぼれ落ちたもうひとつのアメリカ」ダイヤモンド社　2013
Williamson, Michael S.　ウィリアムソン, ミカエル・S.
　著「OLD DOGS」原書房　2016
Williamson, Nicol　ウィリアムソン, ニコル
　1938～2011　国イギリス　俳優
Williamson, Oliver Eaton　ウィリアムソン, オリバー
　1932～　国アメリカ　経済学者　カリフォルニア大学バークレー校名誉教授
Williamson, Penelope　ウィリアムソン, ペネロペ
　著「運命の夜に抱かれて」二見書房　2011
Williamson, Peter J.　ウィリアムソン, ピーター・J.
　著「MITスローン・スクール　戦略論」東洋経済新報社　2003
Williamson, Peter S.　ウィリアムソン, ピーター
　著「マルコによる福音書」サンパウロ　2014
Williamson, Piers R.　ウィリアムソン, ピアーズ・R.
　著「拡散するリスクの政治性」萌書房　2015
Williamson, Sheri　ウィリアムスン, シェリ
　著「美しいハチドリ図鑑」グラフィック社　2015
Williamson, Stephen D.　ウィリアムソン, スティーブン・D.
　著「マクロ経済学」東洋経済新報社　2012
Willian Jose　ウィリアン・ジョゼ
　国ブラジル　サッカー選手　穀ウィリアン
Willie, Alphonse Morial　ウィリー, アルフォンス・モリアル
　国パプアニューギニア　科学技術相
Willie "Pinetop" Perkins, Joe　ウィリー "パイントップ" パーキンス, ジョー
　グラミー賞 最優秀トラディショナル・ブルース・アルバム（2007年（第50回））"Last Of The Great Mississippi Delta Bluesmen: Live In Dallas"
Willig, Lauren　ウィリグ, ローレン
　著「舞踏会に艶めく秘密の花」原書房　2013
Willimon, William H.　ウィリモン, W.H.
　1946～　著「教会を通り過ぎていく人への福音」日本キリスト教団出版局　2016
Willin, Melvyn J.　ウィリン, メルヴィン
　著「世界の心霊写真」洋泉社　2012
Willing, Carla　ウィリッグ, C.
　1964～　著「心理学のための質的研究法入門」培風館　2003
Willing, R.Duane　ウィリング, R.D.
　著「マネー／金融システムの闇の超起源」徳間書店　2009
Willis, Andrew　ウィリス, アンドルー
　国イギリス　水泳選手　穀ウィリス
Willis, Bruce　ウィリス, ブルース
　1955～　国アメリカ　俳優　本名＝Willis, Bruce Walter
Willis, Bryan　ウィリス, ブライアン
　著「実戦ヨットレースルール解説2001-2004」舵社　2001
Willis, Carl　ウィルス, カール
　国アメリカ　ボストン・レッドソックスコーチ
Willis, Christine　ウィリス, クリスチーヌ・L.
　著「脳神経外科臨床看護マネジメント」メディカ出版　2003
Willis, Christopher　ウィリス, クリストファー
　グラミー賞 最優秀録音技術アルバム（クラシック）（2008年（第51回））"Traditions And Transformations: Sounds Of Silk Road Chicago"
Willis, Clint　ウィリス, クリント
　著「われ生還す」扶桑社　2003
Willis, Connie　ウィリス, コニー
　ネビュラ賞 グランド・マスター（2011年）ほか
Willis, Ellen　ウィリス, エレン
　著「ポルノと検閲」青弓社　2002
Willis, Ethan　ウィリス, イーサン
　著「実践幸福な「繁栄」への6つの成功法則」マグロウヒル・エデュケーション, 日本経済新聞出版社（発売）　2012
Willis, Gordon　ウィリス, ゴードン
　1931～2014　国アメリカ　映画撮影監督
Willis, Helena　ビリス, ヘレナ
　1964～　著「なぞの映画館」主婦の友社　2009
Willis, Jane　ウィリス, ジェーン
　1944～　著「子ども英語指導ハンドブック」オックスフォード大学出版局, 旺文社　2003
Willis, Jeanne　ウィリス, ジェニー
　1959～　国イギリス　絵本作家
Willis, Jim　ウィリス, ジム
　著「どうして？」アスペクト　2006
Willis, Kathy　ウイリス, キャシー
　著「キューガーデンの植物誌」原書房　2015
Willis, Kimberly　ウィリス, キンバリー
　著「読むだけでやせ体質になる！」ディスカヴァー・トゥエンティワン　2016
Willis, Lynn　ウィリス, リン
　著「クトゥルフ神話TRPG マレウス・モンストロルム」KADOKAWA　2014
Willis, Mariaemma　ウィリス, マリアエマ
　著「あなたの子どもにぴったりの「学習法」を見つける本」PHP研究所　2001
Willis, Nicholas　ウィリス, ニコラス
　国ニュージーランド　陸上選手　穀ウィリス

Willis, Norman David　ウィリス、ノーマン
　1933〜2014　国イギリス　労働運動家　英国労働組合会議（TUC）書記長
Willis, Patty Christiena　ウィリス、パティ・クリスティナ
　著「星の降る村」樹心社, 星雲社（発売）　2005
Willis, Paul　ウィリス、ポール
　著「グローバル化・社会変動と教育」東京大学出版会　2012
Willis, Sarah　ウィリス、サラ
　著「ホリー・ガール」PHP研究所　2002
Willis, Will　ウィリス、ウィル
　1971〜　著「Windows Server 2003 Active Directory」翔泳社　2004
Willman, Paul　ウィルマン、P.
　著「オペレーショナルリスク」金融財政事情研究会, きんざい（製作・発売）　2001
Willmore, Ben　ウィルモア、ベン
　著「フォトショップ講座6.0」エムディエヌコーポレーション, インプレスコミュニケーションズ（発売）　2001
Willmore, Joe　ウィルモア、ジョー
　著「HPIの基本」ヒューマンバリュー　2011
Willmott, Aimee　ウィルモット、エイミー
　国イギリス　水泳選手
Willmott, H.P.　ウィルモット、H.P.
　著「第一次世界大戦の歴史大図鑑」創元社　2014
Willmott, Hugh　ウィルモット、ヒュー
　著「社会・組織を構築する会計」中央経済社　2003
Willoughby, Bob　ウィロビー、ボブ
　著「オードリー」東京書籍　2002
Willoughby, Sam　ウィロビー、サム
　国オーストラリア　自転車選手　愛ウィロビー
Wills, Adrian　ウィルズ、エイドリアン
　監督　グラミー賞 最優秀長編ビデオ作品（2009年（第52回））"The Beatles Love—All Together Now"
Wills, Charles　ウィルズ、チャック
　著「図解世界の武器の歴史」グラフィック社　2015
Wills, Christopher　ウィルズ、クリストファー
　著「プロメテウスの子供たち」青土社　2002
Wills, David　ウィルズ、デイヴィッド
　1969〜　著「Audrey」東京書籍　2013
Wills, Frank　ウィルズ、フランク
　著「認知行動療法の新しい潮流」明石書店　2016
Wills, Garry　ウィルズ、ギャリー
　1934〜　国ウィルズ、ギャリー　著「ネオコンとアメリカ帝国の幻影」朝日新聞社　2003
Wills, Howard　ウィルズ、ハワード
　1953〜　著「生命（いのち）の贈り物」ナチュラルスピリット　2011
Wills, John Elliot　ウィルズ、ジョン
　1936〜　著「1688年」原書房　2004
Wills, Josh　ウィルズ、ジョシュ
　著「Sparkによる実践データ解析」オライリー・ジャパン, オーム社（発売）　2016
Wills, Margaret Sabo　ウィルズ、マーガレット・サボ
　著「美しく暮らすための収納」グラフィック社　2012
Willson, Albert　ウィルソン、アルバート
　国アメリカ　アメフト選手
Willson, C.Grant　ウィルソン、グラント
　1939〜　国アメリカ　化学者　テキサス大学オースティン校教授　専有機化学, 半導体　愛ウィルソン、グラント
Willson, Chris　ウィルソン、クリス
　著「わかる日本と不思議な日本」南雲堂　2006
Willson, Luke　ウィルソン、ルーク
　国アメリカ　アメフト選手
Willson, Sarah　ウィルソン、サラ
　著「ガリバー旅行記」角川書店, 角川グループパブリッシング（発売）　2011
Willson, Thomas　ウィルソン、トーマス
　著「ピープルマネジメント」日経BP社　2002
Willumstad, Robert B.　ウィルムスタッド、ロバート
　国アメリカ　実業家　アメリカン・インターナショナル・グループ（AIG）会長・CEO, シティグループ社長
Wilmès, Sophie　ウィルメス、ソフィー
　国ベルギー　予算・国営宝くじ相
Wilmot, Nathan　ウィルモット
　国オーストラリア　セーリング選手
Wilmot, William W.　ウィルモット、ウィリアム・W.
　著「イノベーション5つの原則」ダイヤモンド社　2012
Wilmoth, John R.　ウィリアムス、ジョン・R.
　著「老化の生命科学」アークメディア　2007
Wilmots, Marc　ウィルモッツ、マルク
　1969〜　国ベルギー　サッカー指導者, 元サッカー選手, 政治家　サッカー・ベルギー代表監督　ベルギー上院議員　愛ビルモッツ、マルク / ヴィルモッツ、マルク
Wilmott, Paul　ウィルモット、P.
　著「デリバティブの数学入門」共立出版　2002
Wilms, Sven　ウィルムス、S.
　著「ARISを活用したチェンジマネジメント」シュプリンガー・フェアラーク東京　2003
Wilmut, Ian　ウィルマット、イアン
　1944〜　著「知の歴史」徳間書店　2002
Wilpers, John, Jr.　ウィルパーズ、ジョン, Jr.
　1919〜2013　国アメリカ　軍人
Wilpon, Fred　ウィルポン、フレッド
　国アメリカ　ニューヨーク・メッツオーナー
Wilsdorf, Anne　ウィルスドルフ、アンヌ
　著「うちには、ライオンがいるんです！」ワールドライブラリー　c2014
Wilsey, Sean　ウィルシー、ショーン
　1970〜　国アメリカ　編集者, 作家　「マクスウィーニー」編集者
Wilshere, Jack　ウィルシャー、ジャック
　1992〜　国イギリス　サッカー選手
Wilson, Al　ウィルソン、アル
　1939〜2008　国アメリカ　ソウル歌手
Wilson, Alex　ウィルソン、アレックス
　国サウジアラビア　野球選手
Wilson, Alexandra Wilkis　ウィルソン、アレクサンドラ・ウィルキス
　著「GILT」日経BP社, 日経BPマーケティング（発売）　2013
Wilson, Allister　ウィルソン、アリスター
　著「元帳の締め切り」〔川島貞一〕　2002
Wilson, Amy Howard　ウィルソン、エイミー・ハワード
　著「英文名作聴訳」三修社　2004
Wilson, A.N.　ウィルソン、A.N.
　1950〜　著「ビジュアル版 世界の歴史都市」柊風舎　2016
Wilson, Andrew　ウィルソン、アンドリュー
　1967〜　著「嘘をつく舌」ランダムハウス講談社　2009
Wilson, Angus　ウィルソン、アンガス
　著「ロンドンで本を読む」マガジンハウス　2001
Wilson, Anthony　ウィルソン、アンソニー
　1964〜　著「英国初等学校の創造性教育」ITSC静岡学術出版事業部　2009
Wilson, August　ウィルソン、オーガスト
　1945〜2005　国アメリカ　劇作家
Wilson, Barbara A.　ウィルソン、バーバラ
　著「事例でみる神経心理学的リハビリテーション」三輪書店　2003
Wilson, Barbara Ker　ウィルソン、B.K.
　1929〜　著「こねこのチョコレート」こぐま社　2004
Wilson, Barrie A.　ウィルソン、バリー
　著「失われた福音」桜の花出版, 星雲社（発売）　2016
Wilson, Bee　ウィルソン、ビー
　1974〜　著「サンドイッチの歴史」原書房　2015
Wilson, Bill　ウィルソン、ビル
　著「片目の王」ウィズダム出版　2011
Wilson, Brendan　ウィルソン、ブレンダン
　1954〜　著「自分で考えてみる哲学」東京大学出版会　2004
Wilson, Brent G.　ウィルソン、ブレンド・G.
　著「インストラクショナルデザインとテクノロジ」北大路書房　2013
Wilson, Brian　ウィルソン、ブライアン
　1942〜　国アメリカ　ミュージシャン
Wilson, Brian C.　ウィルソン、ブライアン
　著「キリスト教」春秋社　2007
Wilson, Bryan R.　ウィルソン、ブライアン
　1926〜　著「宗教の社会学」法政大学出版局　2002
Wilson, Bryon　ウィルソン
　国アメリカ　フリースタイルスキー選手
Wilson, Budge　ウィルソン、バッジ
　国カナダ　児童文学作家
Wilson, Callum　ウィルソン、カラム
　国イングランド　サッカー選手
Wilson, Cassandra　ウィルソン、カサンドラ
　1955〜　国アメリカ　ジャズ歌手

Wilson, Charles　ウィルソン, チャールズ
1974～　[著]「おいしいハンバーガーのこわい話」 草思社　2007
Wilson, Charlie　ウィルソン, チャーリー
1933～2010　[国]アメリカ　政治家　米国下院議員(民主党)
Wilson, Christopher　ウィルソン, クリストファー
1946～　[著]「チャールズとカミラ」 イースト・プレス　2005
Wilson, C.J.　ウィルソン, CJ
[国]アメリカ　野球選手　[異]ウイルソン, C.J.
Wilson, Colin　ウィルソン, コリン
1931～2013　[国]イギリス　評論家, 作家　本名＝Wilson, Colin Henry
Wilson, Damien　ウイルソン, デイミエン
[国]アメリカ　アメフト選手
Wilson, Damon　ウィルソン, デイモン
[著]「殺人の人類史」 青土社　2016
Wilson, Dan　ウィルソン, ダン
[著]「オフィスの中の困ったひとびと」 バジリコ　2005
Wilson, Daniel Howard　ウィルソン, ダニエル・H.
1978～　[国]アメリカ　作家　[著]「ロボポカリプス」 角川書店, 角川グループパブリッシング(発売)　2012
Wilson, David　ウィルソン, デヴィッド
[国]イングランド　ラグビー選手
Wilson, David G., Ⅲ　ウイルソン, デイヴィッド・G., 3世
[著]「英文名作聴訳」 三修社　2004
Wilson, David Sloan　ウィルソン, デイヴィッド・スローン
1949～　[著]「みんなの進化論」 日本放送出版協会　2009
Wilson, Deirdre　ウィルスン, ディアドリ
1941～　[著]「最新語用論入門12章」 大修館書店　2009
Wilson, Don　ウィルソン, ドン
1937～　[国]アメリカ　ギタリスト
Wilson, Donald Alan　ウィルソン, ドナルド・A.
1957～　[著]「「においオブジェクト」を学ぶ」 フレグランスジャーナル社　2012
Wilson, Don E.　ウィルソン, ダン・E.
[著]「世界哺乳類図鑑」 新樹社　2005
Wilson, Earl　ウィルソン, アール
1934～2005　[国]アメリカ　野球選手　本名＝Wilson, Robert Earl
Wilson, Ed　ウィルソン, エド
[著]「Windows 2000 TCP/IPネットワーク管理者ガイド」 ピアソン・エデュケーション　2001
Wilson, Edward Osborne　ウィルソン, エドワード・オズボーン
1929～　[国]アメリカ　生物学者, 昆虫学者　ハーバード大学名誉教授　[専]社会生物学, アリ類の研究
Wilson, Eliane　ウィルソン, エリアン
[著]「迷子になった鳩」 小学館プロダクション　2002
Wilson, Elizabeth　ウィルソン, エリザベス
1921～2015　[国]アメリカ　女優
Wilson, Elizabeth　ウィルソン, エリザベス
1936～　[著]「ラブ・ゲーム」 白水社　2016
Wilson, Elwin　ウィルソン, エルウィン
1936～2013　[国]アメリカ　KKK会員　本名＝Wilson, Elwin Hope
Wilson, F.Paul　ウィルスン, F.ポール
1946～　[著]「殺戮病院」 オークラ出版　2016
Wilson, Frank R.　ウィルソン, フランク
[著]「手の五〇〇万年史」 新評論　2005
Wilson, Fred　ウィルソン, フレッド
投資家
Wilson, Gahan　ウイルソン, ゲイアン
[著]「闇の展覧会」 早川書房　2005
Wilson, Gayle　ウィルソン, ゲイル
[著]「スペインの奇跡」 ハーレクイン　2009
Wilson, Geoff J.　ウィルソン, ジェフ
[著]「マーケットの魔術師」 パンローリング　2008
Wilson, George Macklin　ウィルソン, ジョージ・マックリン
[国]アメリカ　インディアナ日米協会理事, インディアナ大学東アジア研究所名誉所長
Wilson, Georges　ウィルソン, ジョルジュ
1921～2010　[国]フランス　俳優, 演出家
Wilson, Gerald Stanley　ウィルソン, ジェラルド
1918～2014　[国]アメリカ　ジャズミュージシャン
Wilson, Glenn Daniel　ウィルソン, グレン・D.
[異]ウイルソン, グレン・D.　[著]「演奏を支える心と科学」 誠信書房　2011
Wilson, Graeme　ウィルソン, グレム
[著]「音楽的コミュニケーション」 誠信書房　2012
Wilson, Grant　ウィルソン, グラント
[著]「ゴーストハンター」 主婦の友社　2011
Wilson, Greg　ウィルソン, グレッグ
[著]「Making Software」 オライリー・ジャパン, オーム社(発売)　2011
Wilson, Gretchen　ウィルソン, グレッチェン
グラミー賞 最優秀女性カントリー歌手(2004年(第47回)) “Redneck Woman”
Wilson, G.Willow　ウィルソン, G.ウィロー
世界幻想文学大賞 長編(2013年)　“Alif the Unseen”
Wilson, Hannah　ウィルソン, ハンナ
[著]「フェルトでつくるどうぶつのかお」 大日本絵画　〔2014〕
Wilson, Helen　ウィルソン, ヘレン
[著]「イラストでわかる！ ジュニア科学辞典」 成美堂出版　2013
Wilson, Henrike　ウィルソン, ヘンリケ
1961～　[著]「ひつじのロッテ」 ひさかたチャイルド　2009
Wilson, H.James　ウィルソン, H.ジェームズ
[著]「いかに「プロジェクト」を成功させるか」 ダイヤモンド社　2005
Wilson, Holly Skodol　ウイルソン, ホーリー・S.
[著]「看護研究ワークブック」 医学書院　2001
Wilson, Iain　ウィルソン, イアン・H.
[著]「麻酔科救急ハンドブック」 メディカル・サイエンス・インターナショナル　2008
Wilson, Jacqueline　ウィルソン, ジャクリーン
1945～　[著]「マイ・ベスト・フレンド」 童話館出版　2012
Wilson, James E.　ウィルソン, ジェームズ・E.
1915～2008　[著]「テロワール」 ヴィノテーク　2010
Wilson, James L.　ウィルソン, ジェームズ・L.
[著]「医者も知らないアドレナル・ファティーグ」 中央アート出版社　2011
Wilson, Jarrod　ウイルソン, ジャロッド
[国]アメリカ　アメフト選手
Wilson, Jeni　ウィルソン, ジェニ
[著]「「考える力」はこうしてつける」 新評論　2004
Wilson, Jeremy　ウィルソン, J.
[著]「知恵の七柱」 平凡社　2009
Wilson, Jimmy　ウイルソン, ジミー
[国]アメリカ　アメフト選手
Wilson, Jim R.　ウィルソン, ジム・R.
[著]「7つのデータベース7つの世界」 オーム社　2013
Wilson, John　ウィルソン, J.
[著]「実践レジリエンスエンジニアリング」 日科技連出版社　2014
Wilson, John　ウィルソン, ジョン
[著]「世界の道徳教育」 玉川大学出版部　2002
Wilson, John　ウィルソン, ジョン
1937～　[著]「鷹の城の亡霊」 東京創元社　2002
Wilson, John M.　ウィルスン, ジョン・モーガン
1945～　[著]「夜の片隅で」 早川書房　2002
Wilson, Jonathan　ウィルソン, ジョナサン
[著]「くまのリッキーとにじいろのたまご」 イーブック出版　2012
Wilson, Jonathan　ウィルソン, ジョナサン
1967～　[著]「震災ボランティアは何ができるのか」 いのちのことば社(発売)　2014
Wilson, Jonathan　ウィルソン, ジョナサン
1976～　[著]「孤高の守護神」 白水社　2014
Wilson, Judith　ウィルソン, ジュディス
[著]「チルドレンズ・スペース」 エディシオン・トレヴィル, 河出書房新社(発売)　2003
Wilson, Julian　ウイルソン, ジュリアン
[国]アメリカ　アメフト選手
Wilson, Justin　ウィルソン, ジャスティン
1978～2015　[国]イギリス　レーシングドライバー
Wilson, Justin　ウィルソン, ジャスティン
[国]アメリカ　野球選手
Wilson, Kane　ウィルソン, ケイン
[国]イングランド　サッカー選手
Wilson, Karma　ウィルソン, カーマ
[著]「モティマークリスマスのおひっこし」 いのちのことば社フォレストブックス　2009
Wilson, Kelly G.　ウィルソン, ケリー・G.
[著]「アクセプタンス＆コミットメント・セラピー〈ACT〉」 星和書店　2014
Wilson, Kemmons　ウィルソン, ケモンズ
1913～2003　[国]アメリカ　実業家　ホリデイ・イン創業者　本

名＝Wilson, Charles Kemmons
Wilson, Kendra　ウィルソン, ケンドラ
[著]「名画のなかの犬」 エクスナレッジ　2016
Wilson, Kenneth Geddes　ウィルソン, ケネス
1936〜2013　[国]アメリカ　物理学者　オハイオ大学教授　[専]素粒子論, 統計物理学, 場の量子論
Wilson, Kevin　ウィルソン, ケビン
1978〜　[国]アメリカ　作家　[専]文学, ユーモア　[異]ウィルソン, ケヴィン
Wilson, Kyle　ウイルソン, カイル
[国]アメリカ　アメフト選手
Wilson, Kyrie　ウィルソン, カイリー
[国]アメリカ　アメフト選手
Wilson, Lanford　ウィルソン, ランフォード
1937〜2011　[国]アメリカ　劇作家　サークル・レパートリー・カンパニー設立者
Wilson, Laura　ウィルソン, ローラ
1964〜　[国]イギリス　作家　[専]ミステリー, スリラー
Wilson, Leanna　ウィルソン, リアーナ
[著]「悲しい再会」 ハーレクイン　2005
Wilson, Lesley　ウィルソン, レスリー
[著]「エビデンスに基づく高齢者の作業療法」 ガイアブックス　2014
Wilson, Madison　ウィルソン, マディソン
[国]オーストラリア　水泳選手
Wilson, Marc　ウィルソン, マーク
[国]アイルランド　サッカー選手
Wilson, Margaret　ウィルソン, マーガレット
[国]ニュージーランド　司法長官兼商業相兼建設相兼ワイタンギ条約担当相
Wilson, Margo　ウィルソン, マーゴ
[著]「シンデレラがいじめられるほんとうの理由」 新潮社　2002
Wilson, Mark　ウイルソン, マーク
1969〜　[著]「臨床のためのEBM入門」 医学書院　2003
Wilson, Marquess　ウイルソン, マークェス
[国]アメリカ　アメフト選手
Wilson, Marvin R.　ウィルソン, マービン・R.
1935〜　[著]「私たちの父アブラハム」 B.F.P. Japan　2015
Wilson, Mary　ウィルソン, マリー
[著]「メモリーズ・オブ・ジョン」 イースト・プレス　2006
Wilson, Mary Anne　ウィルソン, メアリー・アン
[著]「忘れられない一夜」 ハーレクイン　2003
Wilson, Mary Louise　ウィルソン, メアリー・ルイーズ
トニー賞 ミュージカル 助演女優賞(2007年(第61回))　"Grey Gardens"
Wilson, Michael　ウィルソン, マイケル
1947〜　[著]「ナノテクノロジーの基礎科学」 エヌ・ティー・エス　2003
Wilson, Michael Henry　ウィルソン, マイケル・ヘンリー
1946〜　[著]「孤高の騎士クリント・イーストウッド」 フィルムアート社　2008
Wilson, Nancy　ウィルソン, ナンシー
グラミー賞 最優秀ジャズ・ヴォーカル・アルバム(2006年(第49回))ほか
Wilson, Nancy　ウィルソン, ナンシー
[著]「ポール・オースターが朗読するナショナル・ストーリー・プロジェクト」 アルク　2006
Wilson, Nancy Hope　ウィルソン, ナンシー・ホープ
[著]「カエルのくれたおくりもの」 あかね書房　2001
Wilson, Nancy J.　ウィルソン, ナンシー・J.
[著]「環境にやさしい会議・イベントの進めかた」 プリプレス・センター　2008
Wilson, Nathan D.　ウィルソン, N.D.
[国]アメリカ　作家　[専]児童書
Wilson, Nile　ウィルソン, ナイル
[国]イギリス　体操選手
Wilson, Nona　ウィルソン, ノーナ
[著]「臨床心理学における科学と疑似科学」 北大路書房　2007
Wilson, Norman James　ウィルソン, ノーマン・J.
1958〜　[著]「歴史学の未来へ」 法政大学出版局　2011
Wilson, Opal V.　ウィルソン, オパール・V.
[著]「最強のモニター心電図」 ガイアブックス　2013
Wilson, Owen　ウィルソン, オーウェン
1968〜　[国]アメリカ　俳優, 映画プロデューサー
Wilson, Patricia　ウィルソン, パトリシア
[著]「悪夢の終わりに」 ハーレクイン　2004
Wilson, Paul　ウィルソン, ポール
1949〜　[著]「シンプルに生きるための人生整理法(ライフ・カルキュレーター)」 河出書房新社　2011
Wilson, Pelham Mark Hedley　ウィルソン, P.M.H.
[著]「曲空間の幾何学」 朝倉書店　2009
Wilson, Penelope　ウィルソン, ペネロペ
[著]「聖なる文字ヒエログリフ」 青土社　2004
Wilson, Peter　ウィルソン, ピーター
1986〜　[国]イギリス　射撃選手　本名＝Wilson, Peter Robert Russell
Wilson, Peter Colin　ウィルソン, ピーター・C.
[著]「危機の20年と思想家たち」 ミネルヴァ書房　2002
Wilson, Peter Hamish　ウィルスン, ピーター・H.
[著]「神聖ローマ帝国」 岩波書店　2005
Wilson, Peter Lamborn　ウィルソン, ピーター・ランボーン
1945〜　[著]「海賊ユートピア」 以文社　2013
Wilson, Phil　ウィルソン, フィル
[著]「なぞの幽霊屋敷」 大日本絵画　〔2001〕
Wilson, Pippa　ウィルソン
[国]イギリス　セーリング選手
Wilson, Ralph F.　ウィルソン, ラルフ・F.
[著]「ネットでビジネスを成功させる方法」 税務経理協会　2003
Wilson, Ramik　ウイルソン, ラミク
[国]アメリカ　アメフト選手
Wilson, Robert　ウィルスン, ロバート
1957〜　[著]「セビーリャの冷たい目」 早川書房　2005
Wilson, Robert Anton　ウィルソン, ロバート・アントン
1932〜2007　[国]アメリカ　SF作家, 編集者　[異]ウィルスン, ロバート・A.
Wilson, Robert Charles　ウィルソン, ロバート・チャールズ
1953〜　[国]カナダ　SF作家　[異]ウィルスン, ロバート・チャールズ
Wilson, Robert J.　ウィルソン, ロバート・J.
[著]「「主体的学び」につなげる評価と学習方法」 東信堂　2013
Wilson, Robert M.　ウィルソン, ロバート
1941〜　[国]アメリカ　演出家, 前衛芸術家
Wilson, Robert Reid　ウィルソン, リード
[著]「強迫性障害を自宅で治そう！」 ヴォイス　2002
Wilson, Robin J.　ウィルソン, ロビン
1943〜　[著]「四色問題」 新潮社　2013
Wilson, Robley　ウィルソン, ロブリー
1930〜　[国]アメリカ　作家
Wilson, Russell　ウィルソン, ラッセル
1988〜　[国]アメリカ　アメフト選手　[異]ウイルソン, ラッセル
Wilson, Ruth　ウィルソン, ルース
ゴールデン・グローブ賞 テレビ 女優賞(ドラマ)(第72回(2014年度))ほか
Wilson, Ryan　ウィルソン, ライアン
[国]スコットランド　ラグビー選手
Wilson, Sally　ウィルソン, サリー
1932〜2008　[国]アメリカ　バレエダンサー　アメリカン・バレエ・シアター(ABT)プリンシパル
Wilson, Sandy　ウィルソン, サンディ
1924〜2014　[国]イギリス　作曲家, 作詞家, 脚本家　本名＝Wilson, Alexander Galbraith　[異]ウィルソン, サンディー
Wilson, Sarah　ウィルソン, サラ
[著]「ホリスティック家庭の医学療法」 ガイアブックス, 産調出版(発売)　2010
Wilson, Scarlet　ウィルソン, スカーレット
[著]「ふたりをつなぐ天使」 ハーパーコリンズ・ジャパン　2015
Wilson, Scott　ウィルソン, スコット
1957〜　[著]「戦略的BPO活用入門」 東洋経済新報社　2009
Wilson, Simon　ウィルソン, サイモン
1942〜　[著]「テイト・モダン」 ミュージアム図書(製作)　2002
Wilson, Sloan　ウィルソン, スローン
1920〜2003　[国]アメリカ　作家
Wilson, Steve　ウィルソン, スティーブ
[著]「Javaプラットフォームパフォーマンス」 ピアソン・エデュケーション　2002
Wilson, Tavon　ウイルソン, タボン
[国]アメリカ　アメフト選手
Wilson, Ted N.C.　ウィルソン, テッド・N.C.
[著]「起きよ、光を放て。主は来たりたもう。」 福音社　2016
Wilson, Timothy D.　ウィルソン, ティモシー
[著]「自分を知り、自分を変える」 新曜社　2005
Wilson, Tony　ウィルソン, トニー
1950〜　[著]「24アワー・パーティ・ピープル」 ソニー・マガジン

ズ 2003
Wilson, Tony ウィルソン, トニー
[著]「オーストラリア」 メディアファクトリー 2004
Wilson, Tracey ウイルソン, トレーシー
[著]「VBとASPでつくるXML」 ピアソン・エデュケーション 2001
Wilson, Tyler ウィルソン, タイラー
[国]アメリカ 野球選手
Wilson, Valerie Plame ウィルソン, バレリー・プレイム
1963～ [国]アメリカ 作家 [異]ウィルソン, ヴァレリー・プレイム
Wilson, Ward ウィルソン, ウォード
[著]「核兵器をめぐる5つの神話」 法律文化社 2016
Wilson, William Scott ウイルソン, ウイリアム・スコット
[国]アメリカ 翻訳家, 元・ラムソム・エバーグレース学校日本語教師, 元・マイアミ・デード郡公立学校日本語教師
Wilson De Souza, Leonardina Rita Doris ウイルソンドスーザ, レオナルディナ・リタ・ドリス
[国]トーゴ 人権・民主化相 [異]ウイルソンドスーザ, レオナルディナ・リタ・ドゥワ
Wilson-Max, Ken ウィルソン - マックス, ケン
[著]「ながいれっしゃ」 ポプラ社 2010
Wilson-Pauwels, Linda ウイルソン＝ポウエルズ, リンダ
[著]「ビジュアルテキスト脳神経」 医学書院 2004
Wilson-raybould, Jody ウィルソンレイボールド, ジョディー
[国]カナダ 法相兼司法長官
Wilson-Rich, Noah ウィルソン＝リッチ, ノア
[著]「世界のミツバチ・ハナバチ百科図鑑」 河出書房新社 2015
Wilson-Smith, Timothy ウィルソン＝スミス, ティモシー
[著]「カラヴァッジョ」 西村書店 2009
Wilt, Val ウィルト, ヴァル
MTVアワード 最優秀アート・ディレクション (第18回 (2001年)) "Weapon Of Choice"
Wiltjer, Kyle ウィルジャー, カイル
[国]アメリカ バスケットボール選手
Wilton, Penelope ウィルトン, ペネロープ
ローレンス・オリヴィエ賞 プレイ 女優賞 (2015年 (第39回)) "Taken At Midnight"
Wiltse, David ウィルツ, デヴィッド
[著]「故郷への苦き想い」 扶桑社 2001
Wiltshire, Alex ウィルトシャー, アレックス
[著]「マインクラフト/ブロックペディア」 技術評論社 2016
Wiltshire, Steve ウィルトシャー, スティーブ
[著]「みつけて！ ミーアキャット」 辰巳出版 2012
Wiltz, Chris ウィルツ, クリスティン
[著]「最後の娼婦ノーマ・ウォレス」 広済堂出版 2003
Wiltzer, Pierre-André ビルゼール, ピエールアンドレ
[国]フランス 国際協力・フランス語圏担当相
Wimmer, Kevin ヴィマー, ケヴィン
[国]オーストラリア サッカー選手
Wimmer, Kurt ウィマー, カート
[著]「リクルート」 角川書店 2003
Wimmer, Wolfgang ヴィマー, ヴォルフガング
[著]「エコデザインパイロット」 産業環境管理協会, 丸善 (発売) 2007
Wina, Inonge ウィナ, イノンゲ
[国]ザンビア 副大統領兼国家計画相
Winans, BeBe ワイナンズ, ビービー
グラミー賞 最優秀ゴスペル・アーティスト (2010年 (第53回)) ほか
Winans, CeCe ワイナンズ, シーシー
グラミー賞 最優秀ゴスペル・アーティスト (2010年 (第53回)) ほか
Win Aung ウィン・アウン
1944～2009 [国]ミャンマー 政治家, 外交官 ミャンマー外相 [異]ウ・ウィン・アウン
Winberg, Margareta ビンベリ, マルガレータ
[国]スウェーデン 副首相
Winblad, Ann ウィンブラッド, アン
[著]「ソフトウェアの未来」 翔泳社 2001
Winborne, Hughes ウィンボーン, ヒューズ
アカデミー賞 編集賞 (第78回 (2005年)) "Crash"
Winch, Donald ウィンチ, D.
1935～ [著]「かの高貴なる政治の科学」 ミネルヴァ書房 2005
Winch, Guy ウィンチ, ガイ
[著]「NYの人気セラピストが教える自分で心を手当てする方法」 かんき出版 2016
Winch, Peter ウィンチ, ピーター
[著]「社会科学の理念」 新曜社 2007
Winchell, Paul ウィンチェル, ポール
1922～2005 [国]アメリカ 腹話術師, 声優
Winchester, James ウィンチェスター, ジェームス
[国]アメリカ アメフト選手
Winchester, Jim ウィンチェスター, ジム
[著]「世界の戦闘機図鑑」 イカロス出版 2013
Winchester, Kent ウインチェスター, ケント
[著]「だいじょうぶ！ 親の離婚」 日本評論社 2015
Winchester, Robert J. ウィンチェスター, ロバート・J.
[国]アメリカ クラフォード賞 関節炎 (2013年)
Winchester, Simon ウィンチェスター, サイモン
1944～ [著]「スカル」 グラフィック社 2014
Winckler, Martin ヴァンクレー, マルタン
1955～ [著]「サックス医師の平凡な日常」 早川書房 2006
Wind, Gary G. ウィンド, ガリー・G.
[著]「重要血管へのアプローチ」 メディカル・サイエンス・インターナショナル 2014
Wind, Herbert Warren ウインド, ハーバート・ウォーレン
？～2005 [国]アメリカ 作家
Wind, Ruth ウインド, ルース
[著]「さまよえる女神たち」 ハーレクイン 2007
Wind, Yoram "Jerry" ウィンド, ヨーラム "ジェリー"
[著]「「問題社員」の管理術」 ダイヤモンド社 2007
Windgassen, Antje ヴィントガッセン, アンティエ
1953～ [著]「独裁者の妻たち」 阪急コミュニケーションズ 2003
Windham, Ryder ウィンダム, ライダー
[著]「スター・ウォーズエピソード4新たなる希望」 偕成社 2016
Windhorst, Hans-Wilhelm ヴィントフォルスト, ハンス・ウイルヘルム
1944～ [著]「食肉・鶏卵生産のグローバル化」 筑波書房 2014
Winding, Thomas ヴィンディング, トーマス
1936～ [著]「なんでネコがいるの？」 BL出版 2007
Windland, Ida Falk ヴィンランド, イーダ・ファルク
[国]スウェーデン ロン・ティボー・クレスパン国際音楽コンクール 声楽 第3位 (2011年 (第40回)) ほか
Windling, Terri ウインドリング, テリ
世界幻想文学大賞 特別賞 (ノンプロ) (2008年) ほか
Windrow, Martin ウィンドロウ, マーティン
1944～ [著]「マンブル、ぼくの肩が好きなフクロウ」 河出書房新社 2014
Windsor, Alan ウィンザー, アラン
[著]「ペーター・ベーレンス」 創英社/三省堂書店 2014
Windt, Mike ウィント, マイク
[国]アメリカ アメフト選手
Windwalker, Stephen ウィンドウォーカー, スティーブン
[著]「Kindle解体新書」 日経BP社, 日経BP出版センター (発売) 2010
Wine, Mary ワイン, メアリー
[著]「禁断の夜を重ねて」 二見書房 2016
Wineberg, Mary ワインバーグ
[国]アメリカ 陸上選手
Winegardner, Mark ワインガードナー, マーク
1961～ [著]「ゴッドファーザーリターンズ」 ヴィレッジブックス 2006
Winehouse, Amy ワインハウス, エイミー
1983～2011 [国]イギリス 歌手
Wineland, David ワインランド, デービッド
1944～ [国]アメリカ 物理学者 米国国立標準技術研究所 (NIST) フェロー [専]量子情報科学 本名＝Wineland, David Jeffrey [異]ワインランド, デービッド・J. / ワインランド, デビッド
Winemaker, Susan ワインメーカー, スーザン
[著]「そしてやさしく踏みつぶす」 アスペクト 2008
Winer-Muram, Helen T. ウィナー - ミュラム, ヘレン・T.
[著]「胸部top100診断」 メディカル・サイエンス・インターナショナル 2006
Wines, Jacquie ワインズ, ジャッキー
[著]「子どもたちができるかんたんエコ101」 ブロンズ新社 2009
Winetrobe, Boris ワイントローブ, ボリス
[著]「古代エジプト」 日経ナショナルジオグラフィック社, 日経BP出版センター (発売) 2008
Winfrey, Oprah ウィンフリー, オプラ
1954～ [国]アメリカ テレビ司会者, テレビプロデューサー, 女優 Harpo Inc.会長 本名＝Winfrey, Orpah Gail
Wing, Brad ウィング, ブラッド

Wing, Craig ウィング, クレイグ
 国オーストラリア ラグビー選手
Wing, Lorna ウィング, ローナ
 1928～2014 国イギリス 精神科医 英国王立精神医学会フェロー 受自閉症 本名=Wing, Lorna Gladys
Wingate, John ウィンゲート, ジョン
 1920～ 著「イギリス潜水艦隊の死闘」早川書房 2003
Wingell, Richard ウィンジェル, リチャード・J.
 1936～2012 著「音楽の文章術」春秋社 2014
Winger, Debra ウィンガー, デブラ
 1955～ 国アメリカ 女優
Wingerter, Linda S. ウィンガーター, リンダ・S.
 著「天からのおくりもの」BL出版 2004
Wingfield, Gorge ウィングフィールド, ジョージ
 著「未確認飛行物体」創元社 2013
Wingfield, R.D. ウィングフィールド, R.D.
 1928～2007 国イギリス 作家, 脚本家
Wing Jan, Lesley ウィング・ジャン, レスリー
 著「「考える力」はこうしてつける」新評論 2004
Winick, Judd ウィニック, ジャド
 著「レッドフード：ロスト・デイズ」小学館集英社プロダクション 2016
Wink, Walter ウィンク, ウォルター
 1935～ 著「イエスと非暴力」新教出版社 2006
Winkelhoferova, Vlasta ウィンケルヘフェロヴァー, ヴラスタ
 国チェコ 翻訳家, 日本文学・文化研究家
Winkelmann, Kurt ウィンクルマン, カート
 著「リスクバジェッティング」パンローリング 2002
Winker, Jesse ウィンカー, ジェシー
 国アメリカ 野球選手
Win Khaing ウィン・カイン
 国ミャンマー 建設相
Winkler, Beate ウィンクラー, ビート
 著「プロセス解説ではじめてでも楽しく描けるゼンタングル101パターン集」ブティック社 2016
Winkler, Conrad ウィンクラー, コンラッド
 著「グローバル製造業の未来」日本経済新聞出版社 2009
Winkler, Daniel ウィンカー, ダニエル
 国アメリカ 野球選手
Winkler, Donald ウィンクラー, ドナルド
 カナダ総督文学賞 英語 翻訳（仏文英訳）(2013年) ほか
Winkler, Franz ヴィンクラー, フランツ
 著「アセンション・スーパーマニュアル」徳間書店 2011
Winkler, Gershon ウィンクラー, ゲルション
 1949～ 著「カバラの魔法」主婦の友社 2006
Winkler, Heinrich August ヴィンクラー, H.A.
 著「自由と統一への長い道」昭和堂 2008
Winkler, Josef ウィンクラー, ヨゼフ
 1953～ ビューヒナー賞(2008年) 別ヴィンクラー, ヨーゼフ
Winkler, Kathleen ウィンクラー, キャスリーン
 著「BPD(=境界性パーソナリティ障害)をもつ子どもの親へのアドバイス」星和書店 2008
Winkler, Kati ウィンクラー
 国ドイツ フィギュアスケート選手
Winkler, Marion F. ウィンクラー, マリオン・F.
 著「食品・栄養・食事療法事典」産調出版, 産業調査会(発売) 2006
Winkler, Peter ウィンクラー, ピーター
 1946～ 著「とっておきの数学パズル」日本評論社 2012
Winks, Harry ウィンクス, ハリー
 国イングランド サッカー選手
Winlund, Gunnel ヴィンルンド, グンネル
 1946～ 著「見て！ 聞いて！ 分かって！ 知的障害のある人の理解と支援とは」明石書店 2009
Win Myat Aye ウィン・ミャ・エー
 国ミャンマー 社会福祉・救済復興相 別ウィン・ミン
Winn, Billy ウィン, ビリー
 国アメリカ アメフト選手
Winn, Bonnie K. ウイン, ボニー・K.
 著「もうひとりの夫」ハーレクイン 2001
Winn, George ウィン, ジョージ
 国アメリカ アメフト選手
Winn, Steven ウィン, スティーヴン
 著「カムバック、コモ」文芸春秋 2010
Winner, David ウィナー, デイヴィッド
 1956～ 著「オレンジの呪縛」講談社 2008
Winner, Ellen ウィナー, エレン
 著「ことばの裏に隠れているもの」ひつじ書房 2011
Winner, Michael ウィナー, マイケル
 1935～2013 国イギリス 映画監督, 映画製作者 本名=Winner, Michael Robert 別ウィナー, マイクル
Winner, Michelle Garcia ウィナー, ミシェル・ガルシア
 著「きみはソーシャル探偵！」金子書房 2016
Winner, Paul ウインナー, P.
 著「小児の頭痛」診断と治療社 2002
Winnie, Robert ウィニー, ロバート
 著「ポール・オースターが朗読するナショナル・ストーリー・プロジェクト」アルク 2005
Winnifrith, Tom ウィニフリス, トム
 著「ブロンテ姉妹の作家としての生涯」英宝社 2009
Winock, Michel ヴィノック, ミシェル
 1937～ 著「ミッテラン」吉田書店 2016
Winograd, Morley ウィノグラッド, モーリー
 著「アメリカを変えたM（ミレニアル）世代」岩波書店 2011
Winograd, Terry ウィノグラード, テリー
 著「ソフトウェアの達人たち」ピアソン・エデュケーション 2002
Winschermann, Helmut ヴィンシャーマン, ヘルムート
 1920～ 国ドイツ 指揮者, オーボエ奏者 ドイツ・バッハ・ゾリステン創立者 受バッハ 別ウィンシャーマン, ヘルムート / ビンシャーマン, ヘルムート / ヴィンシャマン, ヘルムート
Win Sein ウィン・セイン
 国ミャンマー 文化相
Winsemius, Pieter ウィンセミウス, ピーター
 国オランダ 住宅・国土開発・環境相
Winser, Kim ウィンザー, キム
 1959～ 国イギリス 実業家 アクアスキュータム社長・CEO プリングル・スコットランドCEO 別ウィンサー / ウインザー, キム
Win Shein ウィン・シェイン
 国ミャンマー 財務・歳入相
Winship, Thomas ウィンシップ, トーマス
 ？～2002 国アメリカ 編集者 「ボストングローブ」編集長
Winshluss ヴィンシュルス
 1970～ 国フランス 漫画家, アニメーション監督 本名=パロノー, ヴァンサン
Winslade, John ウィンズレイド, ジョン
 著「いじめ・暴力に向き合う学校づくり」新曜社 2016
Winsler, Adam ウインスラー, A.
 著「ヴィゴツキーの新・幼児教育法」北大路書房 2001
Winslet, Kate ウインスレット, ケイト
 1975～ 国イギリス 女優 本名=Winslet, Kate Elizabeth 別ウィンスレット, ケイト
Winslow, Darcy ウインズロー, ダーシー
 著「科学技術とジェンダー」明石書店 2004
Winslow, Don ウィンズロウ, ドン
 1953～ 国アメリカ 作家, コンサルタント
Winslow, Emily R. ウィンズロー, エミリー・R.
 著「外科」メディカル・サイエンス・インターナショナル 2005
Winslow, Justise ウィンズロー, ジャスティス
 国アメリカ バスケットボール選手
Winslow, Valerie L. ウインスロウ, ヴァレリー・L.
 著「アーティストのための美術解剖学」マール社 2013
Winsor, Janice ウィンザー, ジャニス
 著「Solaris上級システム管理」インプレス, インプレスコミュニケーションズ(発売) 2002
Winspear, Jacqueline ウィンスピア, ジャクリーン
 1955～ 国イギリス 作家
Winspur, Ian ウィンスパー, イアン
 著「音楽家の手」協同医書出版社 2006
Winston, Andrew S. ウィンストン, アンドリュー・S.
 著「ビッグ・ピボット」英治出版 2016
Winston, Anne Marie ウィンストン, アン・マリー
 著「傷ついても愛したい」ハーパーコリンズ・ジャパン 2016
Winston, Arnold ウィンストン, アーノルド
 1935～ 著「動画で学ぶ支持的精神療法入門」医学書院 2015
Winston, David ウィンストン, デイビット
 1956～ 著「アダプトゲン」フレグランスジャーナル社 2011
Winston, Eric ウィンストン, エリック
 国アメリカ アメフト選手
Winston, Glenn ウィンストン, グレン
 国アメリカ アメフト選手

Winston, Jameis　ウィンストン, ジェイマイス
　国アメリカ　アメフト選手
Winston, Judith E.　ウィンストン, ジュディス・E.
　著「種を記載する」新井書院　2008
Winston, Lolly　ウィンストン, ローリー
　国アメリカ　作家　分文学
Winston, Mark L.　ウィンストン, マーク・L.
　著「トウモロコシが魚になる日」清風出版　2005
Winston, Patrick Henry　ウィンストン, パトリック・ヘンリー
　著「ウィンストンのC」ピアソン・エデュケーション　2002
Winston, Robert M.L.　ウィンストン, ロバート
　1940～　著「世界科学史大年表」柊風舎　2015
Winston, Ronald　ウィンストン, ロナルド
　著「プロは語る。」アスペクト　2005
Winston, Shirley Rabb　ウィンストン, シャーリー・ラブ
　著「音楽療法」中央アート出版社　2003
Winston, Stan　ウィンストン, スタン
　1946～2008　国アメリカ　特殊メイクアップアーティスト, 映画監督
Winston, Stephanie　ウィンストン, ステファニー
　著「出世する人の仕事術」英治出版　2005
Winter, Ariel S.　ウィンター, アリエル・S.
　国アメリカ　作家　分ミステリー, 児童書
Winter, Detlev G.　ヴィンター, デトレフ・G.
　1951～　著「細胞活性化装置の危機」早川書房　2016
Winter, Douglas E.　ウィンター, ダグラス・E.
　著「撃て, そして叫べ」講談社　2001
Winter, Harold　ウィンター, ハロルド
　1960～　著「人でなしの経済理論」バジリコ　2009
Winter, Henry　ウィンター, ヘンリー
　1963～　著「夢と失望のスリー・ライオンズ」ソル・メディア　2016
Winter, Jeanette　ウィンター, ジャネット
　著「バスラの図書館員」日本障害者リハビリテーション協会（製作）　c2013
Winter, Johnny　ウィンター, ジョニー
　1944～2014　国アメリカ　ギタリスト　分ウィンター, ジョニー
Winter, Jonah　ウィンター, ジョナ
　著「バラク・オバマ」PHP研究所　2009
Winter, Michael　ヴィンター, ミヒャエル
　1946～　著「夢の終焉」法政大学出版局　2007
Winter, Michael F.　ウインター, マイケル・F.
　著「技量の統制と文化」京都大学図書館情報学研究会, 日本図書館協会（発売）　2005
Winter, Miriam Therese　ウィンター, M.T.
　著「わたしの居場所はどこ？」教文館　2009
Winter, Paul　ウィンター, ポール
　1939～　国アメリカ　ジャズ・サックス奏者, 環境保護運動家　ソプラノサックス
Winter, Paul C.　ツインター, P.C.
　著「遺伝学キーノート」シュプリンガー・フェアラーク東京　2003
Winter, Ralph D.　ウィンター, ラルフ・D.
　著「世界宣教の展望」いのちのことば社　2003
Winter, Scott A.　ウィンター, スコット・A.
　著「解離性障害とアルコール・薬物依存症を理解するためのセルフ・ワークブック」金剛出版　2011
Winter, Sidney G.　ウィンター, S.
　著「ダイナミック・ケイパビリティ」勁草書房　2010
Winter, Steve　ウィンター, スティーブ
　著「モンスターマニュアル」ホビージャパン　2003
Winter, Susan　ウィンター, スーザン
　著「まねっこくまくん」PHP研究所　2010
Winter, Tex　ウィンター, テックス
　1922～　著「バスケットボールトライアングル・オフェンス」大修館書店　2007
Winterbottom, Michael　ウィンターボトム, マイケル
　1961～　国イギリス　映画監督
Winterbottom, Walter　ウィンターボトム, ウォルター
　？～2002　国イギリス　サッカー監督　サッカー・イングランド代表監督　分ウインターボトム, ウォルター
Winterhager, Daniele　ヴィンターハーガー, ダニエーレ
　1945～　著「フランチスカとくまのアントン」徳間書店　2003
Winterhoff, Michael　ヴィンターホフ, ミヒャエル
　1955～　著「モンスターチルドレン」新教出版社　2009
Winterkorn, Martin　ヴィンターコーン, マルティン
　1947～　国ドイツ　実業家　フォルクスワーゲン（VW）社長・CEO, ポルシェSE社長　分ヴィンターコルン, マルティン
Winters, Ben H.　ウィンターズ, ベン・H.
　国アメリカ　作家　分ミステリー
Winters, Brian　ウィンターズ, ブライアン
　国アメリカ　アメフト選手
Winters, Catherine　ウィンターズ, キャサリン
　著「セカンドライフ公式ガイド」インプレスR&D, インプレスコミュニケーションズ（発売）　2007
Winters, Eden　ウィンターズ, エデン
　著「還流」新書館　2016
Winters, Jason　ウィンターズ, ジェイソン
　1930～　著「奇跡のハーブティー」経済界　2003
Winters, Jonathan　ウィンターズ, ジョナサン
　1925～2013　国アメリカ　俳優　分ウィンターズ, ジョナサン
Winters, Nancy　ウィンターズ, ナンシー
　著「空飛ぶ男サントスーデュモン」草思社　2001
Winters, Nancy C.　ウィンターズ, ナンシー・C.
　著「児童青年の地域精神保健ハンドブック」明石書店　2007
Winters, Rebecca　ウィンターズ, レベッカ
　1940～　著「イタリア大富豪と小さな命」ハーパーコリンズ・ジャパン　2016
Winters, Rose　ウィンターズ, ローズ
　著「エリザベス・キューブラー・ロスの思い出」麻布小寅堂　2007
Winters, Shelley　ウィンターズ, シェリー
　1920～2006　国アメリカ　女優　本名＝シュリフト, シャーリー〈Schrift, Shirley〉　分ウィンターズ, シェリー
Winterson, Jeanette　ウィンターソン, ジャネット
　1959～　国イギリス　作家　分ウィンタースン, ジャネット
Winterson, Julia　ウィンターソン, ジュリア
　著「ROCK & POPの音楽理論コンパクト・ガイド」音楽之友社　2015
Winthrop, Simon　ウィンスロップ, サイモン
　著「メンタリストになる！」ヒカルランド　2013
Win Tin　ウィン・ティン
　1929～2014　国ミャンマー　ジャーナリスト, 政治家　ミャンマー国民主連盟（NLD）創設メンバー
Winton, Mark A.　ウィントン, マーク・A.
　1962～　著「児童虐待とネグレクト」筒井書房　2002
Winton, Nicholas　ウィントン, ニコラス
　1909～2015　国イギリス　第二大戦直前に多数のユダヤ人を救った男性
Winton, Tim　ウィントン, ティム
　1960～　著「ブレス」現代企画室　2013
Wintour, Anna　ウィンター, アナ
　1949～　国イギリス　編集者　「ヴォーグ」（米国）編集長, コンデ・ナストアートディレクター
Win Tun　ウィン・トゥン
　国ミャンマー　環境保護・林業相
Wintz, Jack　ウィンツ, ジャック
　著「苦しみを意味あるものにするセラピー」サンパウロ　2012
Winwood, Steve　ウィンウッド, スティーブ
　1948～　国イギリス　ミュージシャン
Wipfler, Patty　ウィフラー, パティ
　著「子育てがずっとラクになる本」学陽書房　2004
Wipha, Arawan　ウイパー, エラワン
　1962～　著「ジャンボ旅客機99の謎」二見書房　2005
Wipperfürth, Alex　ウィッパーファース, アレックス
　著「ブランド・ハイジャック」日経BP社, 日経BP出版センター（発売）　2005
Wippermann, Wolfgang　ヴィッパーマン, ヴォルフガング
　1945～　著「議論された過去」未来社　2005
Wiprud, Brian M.　ウィブラッド, ブライアン・M.
　著「ピップスキーク！」ランダムハウス講談社　2005
Wiranto　ウィラント
　国インドネシア　調整相（政治・治安）
Wirathu　ウィラトゥ師
　1968～　国ミャンマー　僧侶　分ウィラツ／ウィラトゥ
Wiratthaworn, Aree　アリー
　国タイ　重量挙げ選手
Wire, Antoinette Clark　ワイヤ, A.C.
　著「パウロとコリントの女性預言者たち」日本基督教団出版局　2001
Wire, Nicky　ワイアー, ニッキー
　1969～　国イギリス　ロック・ベース奏者
Wiredu, Kwadjo Baah　ウィレドゥ, クワジョ・バー
　国ガーナ　財務・経済計画相

Wirfs-Brock, Rebecca　ワーフスブラック, レベッカ
　著「オブジェクトデザイン」翔泳社　2007
Wiringi, Michael　ウィリンギ, マイケル
　国ルーマニア　ラグビー選手
Wirkkala, Teemu　ウィルッカラ
　国フィンランド　陸上選手
Wirsén, Carin　ヴィルセン, カーリン
　国スウェーデン　絵本作家　别ビルセン, カーリン
Wirsén, Stina　ヴィルセン, スティーナ
　1968～　国スウェーデン　アーティスト, イラストレーター　别ビルセン, スティーナ
Wirth, Timothy Endicott　ワース, ティモシー
　1939～　国アメリカ　政治家　米国国務次官, 米国上院議員（民主党）, 国連財団理事長
Wirtz, James J.　ウィルツ, ジェームズ
　1958～　著「戦略論」勁草書房　2012
Wirtz, Jochen　ウィルツ, ヨッヘン
　著「ラブロック＆ウィルツのサービス・マーケティング」ピアソン・エデュケーション　2008
Wirtz, Willard　ワーツ, ウィラード
　1912～2010　国アメリカ　弁護士　米国労働長官　本名＝Wirtz, William Willard
Wisasa, Cheewan　ウィササ, チーワン
　1964～　著「ありんこたんけんたい」新世研　2002
Wischnewski, Anke　ビシュネフスキ
　国ドイツ　リュージュ選手　别ウィシュネフスキ
Wisdom, Linda Randall　ウィズダム, リンダ・R.
　著「マイ・バレンタイン2003」ハーレクイン　2003
Wisdom, Neville　ウィズダム, ネビル
　国バハマ　青年・スポーツ・住宅相
Wisdom, Stephen　ウィズダム, ステファン
　著「グラディエイター」新紀元社　2002
Wise, David　ワイズ, デイヴィッド
　1930～　著「中国スパイ秘録」原書房　2012
Wise, David　ワイズ, デービッド
　1990～　国アメリカ　スキー選手
Wise, David A.　ワイズ, デービッド
　1937～　著「「日米比較」企業行動と労働市場」日本経済新聞社　2001
Wise, Dorothy　ワイズ, ドロシー
　著「従僕ウィリアム・テイラーの日記」英宝社　2009
Wise, Jeff　ワイズ, ジェフ
　著「奇跡の生還を科学する」青土社　2010
Wise, Mark Ronald　ワイズ, マーク・ロナルド
　国アメリカ　元・在日アメリカ合衆国軍副司令官（少将）
Wise, Michael G.　ワイズ, M.G.
　1944～　著「コンサルテーション・リエゾン精神医学ガイド」メディカル・サイエンス・インターナショナル　2002
Wise, Nicole　ワイズ, ニコル
　著「親をやりすぎる親たち」講談社　2001
Wise, Phyllis M.　ワイズ, フィリス・M.
　著「老化の生命科学」アークメディア　2007
Wise, Richard　ワイズ, リチャード
　1964～　著「伸びない市場で稼ぐ！」日本経済新聞社　2004
Wise, Robert　ワイズ, ロバート
　1914～2005　映画監督　映画芸術アカデミー会長, 全米監督協会会長
Wise, Steven M.　ワイズ, スティーヴン・M.
　著「動物の権利」尚学社　2013
Wise, Terence　ワイズ, テレンス
　著「中世の紋章」新紀元社　2001
Wise, Thormas N.　ワイズ, トーマス・N.
　著「不安障害」日本評論社　2005
Wise, Tim J.　ワイズ, ティム
　著「アメリカ人種問題のジレンマ」明石書店　2011
Wiseler, Claude　ウィズラー, クロード
　国ルクセンブルク　持続的成長・社会基盤相
Wiseman, Alan　ワイズマン, アラン
　1947～　国アメリカ　環境ジャーナリスト
Wiseman, Alan E.　ワイズマン, アラン・E.
　著「インターネット・エコノミー」日本評論社　2002
Wiseman, Donald John　ワイズマン, ドナルド・J.
　著「列王記」いのちのことば社　2009
Wiseman, Frederick　ワイズマン, フレデリック
　1930～　国アメリカ　ドキュメンタリー映画監督
Wiseman, John　ワイズマン, ジョン
　1940～　著「最新SASサバイバル・ハンドブック」並木書房　2009
Wiseman, Joseph　ワイズマン, ジョゼフ
　1918～2009　国アメリカ　俳優
Wiseman, Liz　ワイズマン, リズ
　著「メンバーの才能を開花させる技法」海と月社　2015
Wiseman, Richard　ワイズマン, リチャード
　1966～　国イギリス　心理学者, ビジネスコンサルタント
Wiseman, Rosalind　ワイズマン, ロザリンド
　1969～　著「女の子って, どうして傷つけあうの？」日本評論社　2005
Wishart, Adam　ウィシャート, アダム
　1968～　著「三人にひとり」ダイヤモンド社　2008
Wishart, Trevor　ウィシャート, トレヴァー
　1946～　著「音あそびするものよっといで」音楽之友社　2012
Wishon, Tom W.　ウィション, トム
　著「完璧ゴルフクラブの選び方」日刊スポーツ出版社　2007
Wisin　ウィシン
　グラミー賞　最優秀ラテン・アーバン・アルバム（2008年（第51回））　"Los Extraterrestres"
Wisit Sartsanatieng　ウィシット・サーサナティヤン
　1964～　国タイ　映画監督, 脚本家, CMディレクター　别ウィシット・サーサナティアン
Wiske, Martha Stone　ウィスケ, マーシャ・ストーン
　著「インストラクショナルデザインの理論とモデル」北大路書房　2016
Wisler, Matt　ウィスラー, マット
　国アメリカ　野球選手
Wisloff, Carl Johan Fredrik　ヴィスロフ, カール・F.
　著「キリスト教入門」いのちのことば社　2002
Wisman, Thomas　ウィスマン, トーマス
　1949～　国アメリカ　バスケットボール監督　バスケットボール男子日本・カタール代表監督
Wisner, Benjamin　ワイズナー, ベン
　著「防災学原論」築地書館　2010
Wisner, Erik R.　ワイズナー, エリック
　著「犬と猫のCT＆MRIアトラス」緑書房　2016
Wisniewski, Stefen　ウィスニースキー, ステフェン
　国アメリカ　アメフト選手
Wisnom, David, III　ウィスナム, デビッド, 3世
　著「ブランディング・ゲーム」東洋経済新報社　2004
Wispelwey, Pieter　ウィスペルウェイ, ピーテル
　1962～　国オランダ　チェロ奏者　别ウィスペルウェイ, ピーター
Wissanu, Krua-Ngam　ウィサヌ・クルアガーム
　国タイ　副首相　别ウィサヌ・クルアンガム
Wisser, Richard　ヴィッサー, リヒャルト
　1927～　著「責任－人間存在の証」理想社　2012
Wissman, Johan　ビスマン
　国スウェーデン　陸上選手
Wissmer, Jean-Michel　ヴィスメール, ジャン＝ミシェル
　1956～　著「ハイジ神話」晃洋書房　2015
Wistrich, Robert S.　ヴィストリヒ, ロベルト・S.
　1945～　著「ヒトラーとホロコースト」ランダムハウス講談社　2006
Wisut Ponnmit　ウィスット・ポンミット
　1976～　国タイ　漫画家, アニメーション作家　愛称＝タム
Wisweh, Lutz　ヴィスヴェー, ルッツ
　国ドイツ　ザクセン＝アンハルト独日協会会長, 元・オットー・フォン・ゲーリケ大学マクデブルク非常勤教授
Wit, Antoni　ヴィト, アントニ
　グラミー賞　グラミー賞　最優秀クラシック・コンペンディアム（2012年（第55回））　"Penderecki: Fonogrammi, Horn Concerto, Partita, The Awakening Of Jacob, Anaklasis"
Wit, Juliette de　ヴィット, ユリエッテ・デ
　1958～　著「もう悪口なんかいわせない」徳間書店　2002
Wit, Michael Dudok de　デュドク・ドゥ・ヴィット, マイケル
　国オランダ　アヌシー国際アニメーション映画祭　短編映画　最優秀短編作品グランプリ（2001年）　"Father and Daughter"〈オランダ／イギリス〉
Witbooi, Hendrik　ウィットボーイ, ヘンドリク
　国ナミビア　副首相　别ウイットボーイ, ヘンドリク
Witch, Juan Julio　ビッチ, フアン・フリオ
　1932～2010　国ペルー　神父　别ビック, フアン
Witchel, Alex　ウィッチェル, アレックス
　著「この街で出会えたら」集英社　2003
Witcher, Moony　ウィッチャー, ムーニー

1957〜　国イタリア　作家,ジャーナリスト　著児童書,ファンタジー　本名＝リッツォ,ロベルタ〈Rizzo, Roberta〉
Witek, Elżbieta　ウィテク,エルジビエタ
　国ポーランド　首相府政務室長兼報道官
Witham, Anna　ウィッザム,アナ
　著「精神分析的心理療法の現在」岩崎学術出版社　2007
Witham, Scott　ウィザム,スコット
　著「グラフィックデザインアイデアとテクニック」グラフィック社　2011
Witherington, Ben, III　ウィザリントン,ベン,3世
　著「イエスの弟」松柏社　2004
Witherly, Jeffre L.　ウィザリー,ジェフリ・L.
　著「DNAキーワード小事典」メディカル・サイエンス・インターナショナル　2004
Withers, Harvey J.S.　ウィザーズ,ハービー・J.S.
　著「世界の刀剣歴史図鑑」原書房　2015
Withers, Robert T.　ウィザーズ,R.T.
　著「身体組成研究の基礎と応用」大修館書店　2001
Witherspoon, Kimberly　ウィザースプーン,キンバリー
　著「天才シェフ危機一髪」日経BP社,日経BP出版センター(発売)　2008
Witherspoon, Reese　ウィザースプーン,リース
　1976〜　国アメリカ　女優　愛ウィザースプーン,リース
Withey, Jeff　ウィッスィー,ジェフ
　国アメリカ　バスケットボール選手
Withrow, Chris　ウィズロウ,クリス
　国アメリカ　野球選手
Witkiewitz, Katie　ウィッキービッツ,ケイティ
　著「リラプス・プリベンション」日本評論社　2011
Witkin, Georgia　ウィトキン,ジョージア
　著「ストレス丈夫になりたいあなたへ」恒文社21,恒文社(発売)　2002
Witkop, Bernhard　ウィトコップ,ベルンハルト
　1917〜2010　国アメリカ　有機化学者
Witkowski, Jan Anthony　ウィトコウスキー,ジャン
　1947〜　著「二重螺旋」新潮社　2015
Witney, William　ウィットニー,ウィリアム
　1910〜2002　国アメリカ　映画監督
Witoelar, Erna　ウィトラル,エルナ
　国インドネシア　居住・地域開発相
Witoelar, Rachmat　ウィトゥラル,ラフマット
　国インドネシア　国務相(環境担当)
Witoon, Nambutr　ウィトゥーン・ナンブット
　国タイ　社会開発・人間安全保障相
Witt, Chad A.　ウィット,チャッド・A.
　著「ワシントン集中治療マニュアル」メディカル・サイエンス・インターナショナル　2010
Witt, James Lee　ウィット,ジェームズ・リー
　1944〜　著「非常事態のリーダーシップ」ジャパンタイムズ　2003
Witt, Jonathan　ウィット,ジョナサン
　1966〜　著「意味に満ちた宇宙」アートヴィレッジ　2008
Witt, Stephen　ウィット,スティーヴン
　1979〜　著「誰が音楽をタダにした?」早川書房　2016
Wittbrod, Edmund　ビットブロート,エドムンド
　国ポーランド　国民教育相
Witte, John　ウィッテ,ジョン
　1959〜　著「自由と家族の法的基礎」聖学院大学出版会　2008
Wittek, Max　ウィテック,マックス
　国アメリカ　アメフト選手
Wittekind, Christian　ウィッテキンド,C.
　著「UICC TNM悪性腫瘍の分類」金原出版　2003
Witten, Edward　ウィッテン,エドワード
　1951〜　国アメリカ　理論物理学者,数理物理学者　プリンストン高等研究所自然科学部教授　超弦理論
Witten, Jason　ウィッテン,ジェイソン
　国アメリカ　アメフト選手
Witten, Thomas A.　ウィッテン,T.
　著「ソフトマター物理学」吉岡書店　2010
Wittenberg, Isca　ウィッテンバーグ,イスカ
　著「自閉症世界の探求」金剛出版　2014
Wittenberg-Lyles, Elaine M.　ウィッテンバーグ・ライルス,イレーヌ
　著「緩和ケアのコミュニケーション」晃曜社　2013
Witter, Bret　ウィッター,ブレット
　著「ぼくは,チューズデー」ほるぷ出版　2015
Witterick, J.L.　ウィテリック,ジェニー
　1961〜　著「ホロコーストを逃れて」水声社　2014
Wittern, Christian　ウィッテルン,クリスティアン
　著「人文学と電子編集」慶応義塾大学出版会　2011
Wittgren, Nick　ウィグレン,ニック
　国アメリカ　野球選手
Witthaya, Kaewparadai　ウィタヤ・ケオパラダイ
　国タイ　保健相
Witthoft, Scott　ウィットフト,スコット
　著「メイク・スペース」阪急コミュニケーションズ　2012
Wittig, Monique　ウィティッグ,モニック
　著「子供の領分」白水社　2004
Witting, Amy　ウィッティング,エイミー
　1918〜2001　著「わたしはイザベル」岩波書店　2016
Wittkopf, Kevin　ウィトコフ,ケビン
　著「J2EEアンチパターン」日経BP社,日経BP出版センター(発売)　2004
Wittkop-Ménardeau, Gabrielle　ヴィットコップ,ガブリエル
　1920〜2002　著「ネクロフィリア」国書刊行会　2009
Wittkower, Rudolf　ウィトカウアー,ルドルフ
　著「英国美術と地中海世界」勉誠出版　2005
Wittlinger, Andreas　ヴィットリンガー,アンドレアス
　著「Vodder式リンパドレナージュ手技」キベプランニング/日本DLM技術者会　2012
Wittlinger, Dieter　ヴィットリンガー,ディータ
　著「Vodder式リンパドレナージュ手技」キベプランニング/日本DLM技術者会　2012
Wittlinger, Heidi　ヴィットリンガー,ヘイディ
　国ドイツ　アヌシー国際アニメーション映画祭　卒業制作International Labour Organization賞(2004年)ほか
Wittlinger, Hildegard　ヴィットリンガー,ヒルデガルド
　著「Vodder式リンパドレナージュ手技」キベプランニング/日本DLM技術者会　2012
Wittlinger, M.　ヴィットリンガー,マリア
　著「Vodder式リンパドレナージュ手技」キベプランニング/日本DLM技術者会　2012
Wittman, Donald A.　ウィットマン,ドナルド
　著「デモクラシーの経済学」東洋経済新報社　2002
Wittman, Eric J.　ウィットマン,E.J.
　著「フラッシュ5アクションスクリプト・マジック」エムディエヌコーポレーション,インプレスコミュニケーションズ(発売)　2001
Wittman, Robert K.　ウィットマン,ロバート・K.
　著「FBI美術捜査官」文芸社
Wittman, William　ウィットマン,ウィリアム
　グラミー賞　最優秀ミュージカル・シアター・アルバム(2013年(第56回))　"Kinky Boots"　プロデューサー
Wittner, Laurence　ヴィトネル,ロランス
　著「コスメティーク・ベストガイド」スタンダードマガジン　2013
Wittokop, Gabrièlle　ヴィトコップ,ガブリエル
　著「グラン＝ギニョル」未來社　2011
Witty, Christine　ウィッティ
　国アメリカ　スピードスケート選手
Witty, Paul Andrew　ウィッティ,ポール
　著「ギフテッド・チャイルド」家政教育社　2008
Witwer, Michael　ウィットワー,マイケル
　著「最初のRPGを作った男ゲイリー・ガイギャックス」ボーンデジタル　2016
Witzel, Michael　ヴィツェル,マイケル
　1943〜　著「21世紀の宗教研究」平凡社　2014
Witzel, Morgen　ウィッツェル,モーゲン
　著「MBA式勉強法」東洋経済新報社　2001
Witzgall, Peter　ウィツガル,ピーター
　1957〜　著「フェロモン利用の害虫防除」農山漁村文化協会　2005
Witzmann, Bryan　ウィッツマン,ブライアン
　国アメリカ　アメフト選手
Wivel, Anders　ウィヴェル,アンデルス
　著「拡大ヨーロッパの地政学」文真堂　2011
Wivel, Marie Moesgaard　ヴィヴェル,マリエ・モエスゴー
　著「LAURA & MARIE三つ編みHOW TO BOOK」文化学園文化出版局　2015
Wiz Khalifa　ウィズ・カリファ
　ヒップホップ・ミュージシャン
Wizmann, Reingard　ヴィッツマン,ラインガルト
　著「19世紀ウィーンへの旅」名古屋市博物館　2003
Wlodarczyk, Anita　ウォダルチク,アニタ

Wloszczowska, Maja　ウロシュチョフスカ, マヤ
　国ポーランド　自転車選手
Woan, Graham　ウォーン, グラハム
　1963〜　著「ケンブリッジ物理公式ハンドブック」共立出版 2012
Wodak, Ruth　ヴォダック, ルート
　1950〜　著「批判的談話分析入門」三元社 2010
Wodie, Victorine　ウォディエ, ビクトリーヌ
　国コートジボワール　人権相
Wodobode, Jean Prosper　ウォドボデ, ジャン・プロスペル
　国中央アフリカ　設備・公共事業・経済開発相　別ウォドボデ, ジャン・プロスパー
Woehr, William A.　ウォー, ウィリアム・A.
　著「受注を激増させる営業革命」同友館 2009
Woelfle, Gretchen　ウェルフレ, グレッチェン
　著「風車小屋ねこカッチェ」BL出版 2002
Woellner, Joel　ウェルナー, ジョエル
　国オーストラリア　ローザンヌ国際バレエコンクール 6位・プロ研修賞（第41回（2013年））ほか
Woeppel, Mark J.　ウォッペル, マーク・J.
　別ウォッペル, マーク・J.　著「ウソっ！プロジェクト納期を半減？」ラッセル社 2006
Woerth, Eric　ブルト, エリック
　国フランス　予算・会計・公務相
Woertz, Patricia A.　ウォルツ, パトリシア
　1953〜　国アメリカ　実業家　アーチャー・ダニエルズ・ミッドランド会長・社長・CEO　通称＝ウォルツ, パット〈Woertz, Pat〉　別ウェルツ, パトリシア／ウォーツ, パトリシア
Woese, Carl R.　ウーズ, カール・R.
　国アメリカ　クラフォード賞 生物学（2003年）
Woeser, Tsering　オーセル, ツェリン
　1966〜　著「チベットの秘密」集広舎,〔中国書店〕(〔福岡〕)（発売）2012
Woff, Richard　ウォフ, リチャード
　著「ギリシアの英雄たち」学芸書林 2010
Wogensky, André　ヴォジャンスキー, アンドレ
　1916〜2004　著「ル・コルビュジエの手」中央公論美術出版 2006
Wogu, Chukwuemeka Ngozichineke　ウォグ, チュクエメカ・ヌゴジチネケ
　国ナイジェリア　労相
Wogu, Emeka　ウォグ, エメカ
　国ナイジェリア　労相
Wohl, Dave　ウォール, デイブ
　国アメリカ　ロサンゼルス・クリッパーズGM
Wohl, Ellen E.　ウォール, エレン
　1962〜　著「世界の大河で何が起きているのか」一灯舎 2015
Wohlfarth, Alexander　ヴォルファース, アレクサンダー
　1974〜　著「トヨタ ランドクルーザー」三樹書房 2016
Wohlforth, William C.　ウォルフォース, W.
　著「ネオコンとアメリカ帝国の幻想」朝日新聞社 2003
Wohlsen, Marcus　ウォールセン, マーカス
　著「バイオパンク」NHK出版 2012
Wohlstetter, Roberta　ウォールステッター, ロバータ
　1912〜2007　国アメリカ　軍事外交研究者
Woibogo, Issa Sokoye Esther　ウォイボゴ, イッサ・ソコイェ・エステル
　国チャド　女性・社会運動・国民連帯相
Woicke, Peter L.　ヴォイケ, ピーター
　国ドイツ　国際金融公社（IFC）専務理事
Woit, Peter　ウォイト, ピーター
　著「ストリング理論は科学か」青土社 2007
Wojcicki, Anne　ウォイッキ, アン
　セルゲイ・ブリン元夫人, 23andme創業者
Wojcicki, Susan Diane　ウォジスキ, スーザン
　国アメリカ　ユーチューブCEO　別ウォジスキー, スーザン
Wojciechowska, Maia　ボイチェホフスカ, マヤ
　1927〜2002　国アメリカ　児童文学作家　別ヴォイチェホフスカ, マヤ
Wojcieszak, Doug　ヴォイチェサック, ダグ
　著「ソーリー・ワークス！」医学書院 2011
Wojnarowska, Ewelina　ウォイナロフスカ, エベリナ
　国ポーランド　カヌー選手
Wojner, Anne W.　ワジナー, アン・W.
　著「アウトカム・マネジメント」日本看護協会出版会 2003
Wojtowicz, Robert　ヴォトヴィッツ, ロバート
　著「ライト＝マンフォード往復書簡集1926-1959」鹿島出版会 2005
Wojtowycz, David　ワトビッツ, デイビッド
　著「しょうぼうしゃのダッシュくん」PHP研究所 2007
Wolaner, Robin　ウォラナー, ロビン
　著「ミリオネーゼ」ディスカヴァー・トゥエンティワン 2005
Wolbring, Gregor　ウォルブリング, グレゴール
　著「遺伝子操作時代の権利と自由」緑風出版 2012
Wolcott, David A.　ウォルコット, デビッド・A.
　著「ビジネスとしての高等教育」出版研, 人間の科学新社（発売）2011
Wolcott, Gary　ウォルコット, ゲイリー
　著「脳外傷の子どもたち」明石書店 2006
Wolcott, Robert C.　ウォルコット, ロバート・C.
　著「社内起業成長戦略」マグロウヒル・エデュケーション, 日本経済新聞出版社（発売）2010
Wolcott, William Linz　ウォルコット, ウィリアム・L.
　著「タイプ別メタボリック食事法」リヨン社, 二見書房（発売）2008
Woldai, Futur　ウォルデイ・フツル
　国エリトリア　国土開発相
Wolde, Gunilla　ヴォルデ, グニラ
　著「くまくんはどこ？」童話館出版 2008
Wolde, Mamo　ウォルデ, マモ
　1931〜2002　国エチオピア　マラソン選手　エチオピア陸軍大尉
Wolde, Michael Chemo　ウォルデ・ミカエル・チェモ
　国エチオピア　文化・情報相
Woldemichael, Abraha　ウォルデミカエル・アブラハ
　国エリトリア　地方自治相
Woldemichael, Gebremariam　ウォルデミカエル・ゲブレマリアム
　国エリトリア　地方自治相　別ウォルドミカエル・ゲブレマリアム
Woldenkiel, Abraha　ウォルデンキエル・アブラハ
　国エリトリア　運輸・通信相　別ウォルドミカエル・アブラハ
Wolegiorgis, Mekonnen gebremedhin　ゲブレメディン
　国エチオピア　陸上選手
Wolf, Alexander　ウォルフ
　国ドイツ　バイアスロン選手
Wolf, Alex de　ウォルフ, アレックス・デ
　1958〜　著「だいじょうぶくまくま」講談社 2004
Wolf, Anthony E.　ウルフ, アンソニー
　著「10代の子のために, 親ができる大切なこと」PHP研究所 2004
Wolf, Barbara　ウルフ, バーバラ
　著「細胞が伝える癒やしのメッセージ」環境意識コミュニケーション研究所 2016
Wolf, Cendrine　ヴォルフ, サンドリーヌ
　1965〜　著「オクサ・ポロック」西村書店東京出版編集部 2015
Wolf, Christa　ウォルフ, クリスタ
　1929〜2011　国ドイツ　作家　別ヴォルフ, クリスタ
Wolf, David W.　ウルフ, デヴィッド・W.
　著「地中生命の驚異」青土社 2003
Wolf, Diane Lauren　ウルフ, ダイアン・ローレン
　著「「アンネ・フランク」を超えて」岩波書店 2011
Wolf, Dick　ウルフ, ディック
　1946〜　国アメリカ　テレビプロデューサー, 脚本家　本名＝Wolf, Richard Anthony
Wolf, Edward L.　ウルフ, エドワード・L.
　著「ナノ構造の科学とナノテクノロジー」共立出版 2011
Wolf, Edwin　ウルフ, エドウィン
　国スリナム　教育・社会開発相
Wolf, Emil　ウォルフ, エミール
　著「光のコヒーレンスと偏光理論」京都大学学術出版会 2009
Wolf, Ernest S.　ウルフ, アーネスト・S.
　1920〜　著「自己心理学入門」金剛出版 2016
Wolf, Fred　ウルフ, フレッド・アラン
　著「大きく考えるための小さな本」サンマーク出版 2008
Wolf, Jenny　ウォルフ, ジェニー
　1979〜　国ドイツ　スピードスケート選手　別ウォルフ
Wolf, Joan B.　ウルフ, ジョアン・B.
　著「不健康は悪なのか」みすず書房 2015
Wolf, Joan M.　ウルフ, ジョアン・M.
　1966〜　著「名前をうばわれた少女」フレーベル館 2012
Wolf, Jochen　ヴォルフ, ヨッフェン
　著「ドイツにおけるスポーツクラブのマーケティング」三恵社 2007

Wolf, Karen　ウルフ, カレン・アン
(著)「看護の力女性の力」 日本看護協会出版会　2002

Wolf, Karl-Jürgen　ヴォルフ, カール - ユルゲン
(著)「わかる！ 血管画像診断の要点」 メディカル・サイエンス・インターナショナル　2011

Wolf, Klaus-Peter　ヴォルフ, クラウス・ペーター
1954〜　(著)「イェンス・ペーターと透明くん」 ひくまの出版　2007

Wolf, Manfred　ヴォルフ, マンフレート
1939〜2007　(著)「ドイツ物権法」 成文堂　2016

Wolf, Markus　ヴォルフ, マルクス
1923〜2006　(国)ドイツ　作家　東ドイツ国家保安省対外情報収集総局（HVA）総局長　愛称＝ミーシャ〈Mischa〉　(異)ボルフ / ヴォルフ

Wolf, Martin　ウルフ, マーティン
(著)「シフト＆ショック」 早川書房　2015

Wolf, Maryanne　ウルフ, メアリアン
(著)「プルーストとイカ」 インターシフト, 合同出版（発売）　2008

Wolf, Naomi　ウルフ, ナオミ
1962〜　(著)「ヴァギナ」 青土社　2014

Wolf, Norbert　ヴォルフ, ノルベルト
1949〜　(著)「ジョット・ディ・ボンドーネ」 Taschen　c2008

Wolf, Raphael　ヴォルフ, ラファエル
(国)ドイツ　サッカー選手

Wolf, S.　ウォルフ, スチュワート
(著)「偽薬効果」 春秋社　2002

Wolf, Steve　ウルフ, スティーブ
(著)「ニュース・フォー・ソート」 郁文堂　2011

Wolf, Susan　ウルフ, スーザン
(著)「マルチカルチュラリズム」 岩波書店　2007

Wolf, Ursula　ヴォルフ, ウルズラ
(著)「論理哲学入門」 筑摩書房　2016

Wolfe, Alan　ウルフ, アラン
(著)「グローバルな市民社会に向かって」 日本経済評論社　2001

Wolfe, Brenda L.　ウォルフ, ブレンダ
(著)「CRAFT依存症者家族のための対応ハンドブック」 金剛出版　2013

Wolfe, Burton H.　ウルフ, バートン・H.
(著)「ザ・ヒッピー」 国書刊行会　2012

Wolfe, Cary　ウルフ, ケアリー
(著)「〈動物のいのち〉と哲学」 春秋社　2010

Wolfe, David　ウォルフ, デイヴィッド
1970〜　(著)「地中生命の驚異」 青土社　2016

Wolfe, David　ウルフ, D.
1964〜　(著)「組合せゲーム理論入門」 共立出版　2011

Wolfe, David Allen　ウルフ, デイヴィッド・A.
1951〜　(著)「児童虐待」 金剛出版　2012

Wolfe, Dennis　ウルフ, デニス
グラミー賞 最優秀ヒストリカル・アルバム（2012年（第55回））"The Smile Sessions（Deluxe Box Set）" コンピレーション・プロデューサー

Wolfe, Derek　ウルフ, デレック
(国)アメリカ　アメフト選手

Wolfe, Gary K.　ウルフ, ギャリー・K.
世界幻想文学大賞 特別賞（ノンプロ）（2007年）

Wolfe, Gene　ウルフ, ジーン
1931〜　(国)アメリカ　SF作家　本名＝ウルフ, ジーン・ロッドマン〈Wolfe, Gene Rodman〉

Wolfe, Inger Ash　ウルフ, インガー・アッシュ
1966〜　(国)カナダ　作家, 詩人, 劇作家　(専)ミステリー, スリラー　別筆名＝レッドヒル, マイケル〈Redhill, Michael〉

Wolfe, Julia　ウルフ, ジュリア
(国)アメリカ　ピュリッツアー賞 文学・音楽 音楽（2015年）"Anthracite Fields"

Wolfe, Nathan　ウルフ, ネイサン
(著)「パンデミック新時代」 NHK出版　2012

Wolfe, Pamela S.　ウルフ, パメラ・S.
(著)「自閉症百科事典」 明石書店　2010

Wolfe, Pat　ウォルフェ, パット
(著)「脳科学が明らかにする大人の学習」 ヒューマンバリュー　2016

Wolfe, Tom　ウルフ, トム
1931〜　(国)アメリカ　ノンフィクション作家, ジャーナリスト, 評論家　本名＝ウルフ, トマス・ケナリーJr.〈Wolfe, Thomas Kennerly Jr.〉

Wolfe, Walter Beran　ウルフ, ウォルター・ベラン
(著)「アドラーのケース・セミナー」 一光社　2004

Wolfel, Ursula　ヴェルフェル, ウルズラ
(著)「灰色の畑と緑の畑」 岩波書店　2004

Wolfensohn, James D.　ウォルフェンソン, ジェームズ
1933〜　(国)アメリカ　銀行家　ウォルフェンソン会長　世界銀行（WB）総裁　通称＝ウォルフェルソン, ジム〈Wolfensohn, Jim〉

Wolfensohn, Sarah　ウォルフェンソン, サラ
(著)「サルの福祉」 昭和堂　2007

Wolferen, Karel G.Van　ウォルフレン, カレル・ファン
1941〜　(国)オランダ　ジャーナリスト, 評論家　アムステルダム大学名誉教授　「NRCハンデルスブラット」紙極東特派員　(専)政治経済比較論　(異)ウォルフレン, カレル・ヴァン

Wolff, Alan　ウルフ, アラン
1942〜　(国)アメリカ　弁護士　米国通商代表部（USTR）次席代表

Wolff, Ashley　ウルフ, アシュリー
(著)「あかちゃんぐまはなにみたの？」 岩波書店　2013

Wolff, Christoph　ヴォルフ, クリストフ
1940〜　(著)「モーツァルト最後の四年」 春秋社　2015

Wolff, Daniel　ウルフ, ダニエル
(著)「Mr.Soulサム・クック」 ブルース・インターアクションズ　2002

Wolff, David　ウルフ, ディビッド
1960〜　(著)「ハルビン駅へ」 講談社　2014

Wolff, Earl　ウルフ, アール
(国)アメリカ　アメフト選手

Wolff, Edwin　ウォルフ, エドウィン
(国)スリナム　教育・社会開発相

Wolff, Ferida　ウルフ, フェリーダ
1946〜　(著)「おはなしのもうふ」 光村教育図書　2008

Wolff, Janet　ウルフ, ジャネット
(著)「芸術社会学」 玉川大学出版部　2003

Wolff, Johannes　ヴォルフ, ヨハネス
(国)ドイツ　サッカー選手

Wolff, Jonathan　ウルフ, ジョナサン
1959〜　(著)「「正しい政策」がないならどうすべきか」 勁草書房　2016

Wolff, Kurt　ウォルフ, カート
(著)「ロンリープラネットの自由旅行ガイド カリフォルニア」 メディアファクトリー　2003

Wolff, Milton　ウォルフ, ミルトン
1915〜2008　(国)アメリカ　軍人　リンカーン大隊司令官

Wolff, Patricia　ウォルフ, パトリシア
(著)「LA流モテ彼養成講座」 阪急コミュニケーションズ　2009

Wolff, Rene　ウォルフ
(国)ドイツ　自転車選手

Wolff, Siegfried　ウルフ, シグフリード
(国)スリナム　公共事業相

Wolff, Steven B.　ウルフ, スティーブン・B.
(著)「協力のリーダーシップ」 ダイヤモンド社　2009

Wolff, Tobias Jonathan Ansell　ウルフ, トビアス
1945〜　(国)アメリカ　作家　(異)ウルフ, トバイアス

Wolff, Tracy　ウルフ, トレイシー
(著)「5つの恋と夢の時間（とき）」 ハーパーコリンズ・ジャパン　2016

Wolff, Virginia Euwer　ウルフ, バージニア・ユウワー
(国)アメリカ　児童文学作家　(異)ウルフ, ヴァージニア・ユウワー

Wolf-Heidegger, Gerhard　ヴォルフ＝ハイデッガー, G.
(著)「人体解剖カラーアトラス」 メディカル・サイエンス・インターナショナル　2002

Wolfinger, Eric　ウォルフィンガー, エリック
(著)「タルティーン・ブレッド」 クロニクルブックス・ジャパン, 徳間書店（発売）　2015

Wolfli, Marco　ヴェルフリ, マルコ
(国)スイス　サッカー選手

Wolfman, Marv　ウルフマン, マーブ
(著)「クライシス・オン・インフィニット・アース」 ヴィレッジブックス　2015

Wolford, Wendy　ウォルフォード, ウェンディー
(著)「大地を受け継ぐ」 二宮書店　2016

Wolfowitz, Paul　ウルフォウィッツ, ポール
(著)「「無条件勝利」のアメリカと日本の選択」 時事通信社　2002

Wolfowitz, Paul Dundes　ウォルフォウィッツ, ポール
1943〜　(国)アメリカ　世界銀行（WB）総裁, 米国国防副長官, ジョンズ・ホプキンズ大学高等国際問題研究大学院（SAIS）所長　(異)ウォルフォビッツ / ウルフォウィッツ

Wolfram, Martin　ウォルフラム, マルティン
(国)ドイツ　水泳選手　(異)ウォルフラム

Wolfrum, Edgar　ヴォルフルム, エトガー

1960〜　㊞「ベルリンの壁」洛北出版　2012
Wolf-sampath, Gita　ウルフ、ギーター
　㊞ウルフ、ギタ　㊞「世界のはじまり」タムラ堂　2015
Wolfson, Evelyn　ウルフソン、エベリン
　㊞「アメリカ・インディアンに学ぶ子育ての原点」アスペクト　2003
Wolfson, Martin H.　ウルフソン、マーティン・H.
　㊞「アメリカ金融システムの転換」日本経済評論社　2001
Wolfson, Mike　ウルフソン、マイク
　㊞「実践Android Developer Tools」オライリー・ジャパン、オーム社（発売）　2014
Wolfson, Richard　ウルフソン、リチャード
　㊞「アインシュタインは朝飯前」愛智出版　2004
Wolgemuth, Bobbie　ヴォルゲマス、ボビー
　㊞「とっておきのクリスマスキャロル」いのちのことば社フォレストブックス　2009
Wolin, Richard　ウォーリン、リチャード
　1952〜　㊞「1968パリに吹いた「東風」」岩波書店　2014
Wolin, Sheldon S.　ウォリン、シェルドン
　1922〜2015　㊟アメリカ　政治学者　プリンストン大学名誉教授　㊞「政治思想」㊞ウォーリン、シェルドン・S. ／ ウォリン、シェルドン・S.
Wolin, Steven J.　ウォーリン、S.J.
　㊞「サバイバーと心の回復力」金剛出版　2002
Wolin, Sybil　ウォーリン、S.
　㊞「サバイバーと心の回復力」金剛出版　2002
Wolinski, Georges　ウォランスキ、ジョルジュ
　アングレーム国際漫画祭 表現の自由 シャルリー・エブド賞（2015年）ほか
Wolk, Harman S.　ウォーク、ハーマン・S.
　㊞「ヒトラーが勝利する世界」学習研究社　2006
Wolk, Harry I.　ウォーク、ハリー・I.
　1930〜2009　㊞「アメリカ会計学」同友館　2013
Wolke, Robert L.　ウォルク、ロバート・L.
　㊞「料理の科学」楽工社　2014
Woll, Jeff　ウォール、ジェフ
　㊞「デキる広告52のヒント」リベルタ出版　2008
Wollard, Kathy　ウォラード、キャシー
　㊞「なぜ？どうして？身のまわりの疑問、まるわかり大事典」飛鳥新社　2012
Wollek, Bob　ウォーレック、ボブ
　1943〜2001　㊟フランス　レーシングドライバー
Woller, Steffen　ウェラー
　㊟ドイツ　リュージュ選手
Wollert, Heide　ボラート
　㊟ドイツ　柔道選手
Wollner, Fred　ヴォルナー、フレート
　1959〜　㊞「手作りの自然香水ハンドブック」東京堂出版　2003
Wollny, Peter　ヴォルニー、ペーター
　㊞「バッハ＝カンタータの世界」東京書籍　2002
Wollscheid, Philipp　ヴォルシャイト、フィリップ
　㊟ドイツ　サッカー選手
Wolman, Benjamin B.　ウォルマン、ベンジャミン・B.
　㊞「なぜ「危ない人」が育つのか」主婦の友社、角川書店（発売）　2001
Wolman, David　ウォルマン、デイヴィッド
　1974〜　㊞「「左利き」は天才？」日本経済新聞社　2006
Wolmar, Christian　ウォルマー、クリスチャン
　㊞「鉄道の歴史」創元社　2016
Woloshin, Steve　ウォロシン、スティーヴン
　㊞「過剰診断」筑摩書房　2014
Wolper, David Lloyd　ウォルパー、デービッド・L.
　1928〜2010　㊟アメリカ　映画プロデューサー　㊞ウォルパー、デイヴィッド
Wolpert, Jay　ウォルパート、ジェイ
　㊞「パイレーツ・オブ・カリビアン」竹書房　2006
Wolpert, Lewis　ウォルパート、ルイス
　㊞「発生生物学」丸善出版　2013
Wolski, L.A.　ウォルスキー、L.A.
　㊞「最新スポーツ医科学ハンドブック」ナップ　2001
Wolter, Annette　ヴォルター、アネッテ
　㊞「ザ・セキセイインコ」誠文堂新光社　2007
Wolter, Michel　ウォルター、ミシェル
　㊟ルクセンブルク　内務相
Wolters, Nate　ウォルターズ、ネイト
　㊟アメリカ　バスケットボール選手
Wolters, Syrt　ウォルターズ、シルト
　1912〜　㊞「三十か月」冨山房インターナショナル　2005
Wolters, Tony　ウォルターズ、トニー
　㊟アメリカ　野球選手
Wolterstorff, Nicholas　ウォルターストーフ、ニコラス
　1932〜　㊞「涙とともに見上げるとき」いのちのことば社　2013
Wolton, Dominique　ウォルトン、D.
　㊞「リーディングス政治コミュニケーション」一芸社　2002
Wolton, Thierry　ウォルトン、ティエリー
　㊞「中国の仮面資本主義」日経BP社、日経BP出版センター（発売）　2008
Woltz, Anna　ウォルツ、アンナ
　1981〜　㊞「ぼくとテスの秘密の七日間」フレーベル館　2014
Wolven, Scott　ウォルブン、スコット
　1965〜　㊟アメリカ　作家　㊞ミステリー　㊞ウォルヴン、スコット
Wolverton, Lisa　ウルヴァートン、ライザ
　㊞「知はいかにして「再発明」されたか」日経BP社、日経BPマーケティング（発売）　2010
Wolyniec, Krzysztof　ウォリニーク、クルジストフ
　㊞「電力取引の金融工学」エネルギーフォーラム　2004
Womack, Bobby　ウォマック、ボビー
　1944〜2014　㊟アメリカ　ソウル歌手、ギタリスト　本名＝Womack, Robert Dwayne　㊞ウォマック、ボビー
Womack, James E.　ウォマック、ジェイムズ・E.
　㊟アメリカ　ウルフ賞 農業部門（2001年）
Womack, James P.　ウォーマック、ジェームズ・P.
　㊞「リーン・シンキング」日経BP社、日経BP出版センター（発売）　2008
Won, Jae-Yeon　ウォン・ジェヨン
　㊟韓国　ロン・ティボー・クレスパン国際音楽コンクール ピアノ第5位（2012年（第41回））
Won, Jin Young　ウォン・ジョニン
　㊟韓国　ローザンヌ国際バレエコンクール プロ研修賞・コンテンポラリー・ダンス賞（第33回（2005年））
Won, Ok Im　ウォン・オクイム
　㊟北朝鮮　柔道選手
Won, Sei-hoon　ウォン・セフン
　㊟韓国　国家情報院長　漢字名＝元世勲
Wonbin　ウォンビン
　1977〜　㊟韓国　俳優　漢字名＝元彬
Wonder, Stevie　ワンダー、スティーヴィー
　グラミー賞 最優秀ポップ・ヴォーカル・コラボレーション（2006年（第49回））ほか
Wong, Anthony　ウォン、アンソニー
　1961〜　㊟香港　俳優　漢字名＝黄秋生〈Wong, Chau-sang〉
Wong, Arthur　ウォン、アーサー
　1956〜　㊟香港　映画撮影監督　漢字名＝黄岳泰
Wong, Bill　ウォン、ビル
　㊞「DB2ユニバーサル・データベースオフィシャルガイド」ピアソン・エデュケーション　2003
Wong, Cheryl M.　ウォン、シェリル・M.
　㊞「不安障害」日本評論社　2005
Wong, Chi-huey　ウォン・チーフェイ
　㊟台湾　ウルフ賞 化学部門（2014年）
Wong, David　ウォン、デイヴィッド
　㊞「シンガポール料理」チャールズ・イー・タトル出版, 洋販（発売）　2001
Wong, Dona M.　ウォン、ドナ・M.
　㊞「ウォールストリート・ジャーナル式図解表現のルール」かんき出版　2011
Wong, Duncan　ウォン、ダンカン
　㊞「ヨギックアーツ」エスプレ　2006
Wong, Faye　ウォン、フェイ
　1969〜　㊟香港　歌手、女優　旧芸名＝王靖雯, ウォン、シャーリー
Wong, Glenn M.　ウォン、グレン・M.
　1952〜　㊞「スポーツビジネスの法と文化」成文堂　2012
Wong, James　ウォン、ジェームズ
　1981〜　㊞「ジェームズ・ウォンの誰でも作れるハーブレメディ」東京堂出版　2013
Wong, James　ウォン、ジェームズ
　1959〜　㊞「X・ファイル2016」竹書房　2016
Wong, Janet S.　ワン、ジャネット・S.
　㊞「キャロライン・ケネディが選ぶ「心に咲く名詩115」」早川書房　2014
Wong, John B.　ウォン、ジョン・B.
　㊞「クリニカル・リーズニング・ラーニング」メディカル・サイ

エンス・インターナショナル　2011
Wong, Junko　ウォング, ジュンコ
　㊤「イラストレーションアラモード」CWC BOOKS, グラフィック社（発売）　2005
Wong, Kan Seng　ウォン・カンセン
　㊚シンガポール　副首相兼国家安全保障調整相　漢字名＝黄根成
Wong, Kar-wai　ウォン・カーウァイ
　1958〜　㊚香港　映画監督　漢字名＝王家衛（ワン・ジャウェイ）　㊥オウ・カエイ
Wong, Ken　ウォン, ケン
　㊤「アート オブ アリス マッドネス リターンズ」一迅社　2011
Wong, Kent　ウォン, ケント
　1956〜　㊤「アメリカ労働運動のニューボイス」彩流社　2003
Wong, Kolten　ウォン, コルテン
　㊚アメリカ　野球選手
Wong, Kwok-shing Thomas　ウォン, クオクシン・トーマス
　㊤「看護倫理」日本看護協会出版会　2002
Wong, Lawrence　ウォン, ローレンス
　㊚シンガポール　国家開発相　漢字名＝黄循財
Wong, Mew Choo　ウォン
　㊚マレーシア　バドミントン選手
Wong, Ming　ミン・ウォン
　㊚シンガポール　ヴェネチア・ビエンナーレ特別賞（2009年（第53回））
Wong, Nicole E.　ウォング, ニコール
　㊤「どうしてそんなにかなしいの？」大月書店　2007
Wong, Pansy　ウォン, パンジー
　㊚ニュージーランド　民族問題相兼女性問題相
Wong, Penny　ウォン, ペニー
　㊚オーストラリア　予算・規制緩和相
Wong, Ray　ウォン, レイ
　㊤「ハワイでみっけ！」二見書房　2005
Wong, Rich　ウォン, リッチ
　投資家
Wong, Ricky　ウォン, リッキー
　㊚香港　実業家　香港電視網絡（HKTV）主席　漢字名＝王維基
Wong, Stanford　ウォン, スタンフォード
　㊤「カジノ大全」ダイヤモンド社　2005
Wong, Stephen C.P.　ウォン, ステフェン・C.P.
　㊤「サイコパシー治療処遇プログラムのためのガイドライン」金子書房　2008
Wong, Victor　ウォン, ビクター
　？〜2001　㊚アメリカ　俳優　㊥ウォン, ヴィクター
Wong, Walden　ウォン, ウォルデン
　㊤「アベンジャーズ：シーズンワン」小学館集英社プロダクション　2014
Wong, Winnie Won Yin　ウォング, ウィニー・ウォン・イン
　㊤「ゴッホ・オンデマンド」青土社　2015
Wongkhomthong, Som-Arch　ウォンコムトン, ソムアッツ
　1950〜　㊚タイ　医師　バンコク病院院長　マヒドン大学ASEAN健康開発研究所所長, 東京大学医学部教授　㊚保健学
Wongpattanakit, Panipak　ウォンパッタナキット, パニパック
　㊚タイ　テコンドー選手
Wongpoom, Parkpoom　ウォンプム, パークプム
　㊤「心霊写真」角川書店　2006
Wongvipa Devahastin na Ayudhya　ウォンウィパー・テーワハッサディン・ナ・アユッタヤー
　㊤「トロピカル・カラー」チャールズ・イー・タトル出版　2004
Wongyen Cheong, Marie Roland Alain　ウォンイェンチェオン, マリー・ロランド・アラン
　㊚モーリシャス　公共サービス・行政改革・環境・持続的開発・防災・海外当局相
Woo, Haram　ウ・ハラム
　㊚韓国　水泳選手
Woo, Jacky　ウー, ジャッキー
　1960〜　俳優, 歌手
Woo, John　ウー, ジョン
　1946〜　㊚香港　映画監督, 映画プロデューサー　漢字名＝呉宇森〈Woo, Yu-sum〉
Woo, Mason　ウー, メイソン
　㊥ウー, M.　㊤「OpenGLプログラミングガイド」ピアソン・エデュケーション　2006
Woo, Peter　ウー, ピーター
　1946〜　㊚香港　実業家　ワーフ主席, ウィーロック主席　漢字名＝呉光正（ウー・グワンゾン）〈Woo, Kwong-ching〉
Woo, Suk-hoon　ウ・ソックン
　1968〜　㊚韓国　経済学者　漢字名＝禹哲熏
Wood, A.J.　ウッド, A.J.
　1960〜　㊤「よるのやみ」大日本絵画　〔2010〕
Wood, Alex　ウッド, アレックス
　㊚アメリカ　野球選手
Wood, Alison　ウッド, アリソン
　1960〜　㊤「子どもと家族の認知行動療法」誠信書房　2013
Wood, Andrea　ウッド, アンドリア
　㊤「ソーシャルワークと修復的正義」明石書店　2012
Wood, Andrew　ウッド, アンドリュー
　㊤「ワンスペース・リビング」エディシオン・トレヴィル, 河出書房新社（発売）　2005
Wood, Andrew　ウッド, アンドリュー
　1962〜　㊤「ゴルフが上手くなれば人生でも成功する」主婦の友社　2007
Wood, Andrew　ウッド, アンドリュー
　㊤「アテンション・トゥ・ディテール」エディシオン・トレヴィル, 河出書房新社（発売）　2005
Wood, Anna Lomax　ウッド, アンナ・ローマックス
　コンピレーション・プロデューサー　グラミー賞 最優秀ヒストリカル・アルバム（2005年の（第48回）） "The Complete Library Of Congress Recordings By Alan Lomax"
Wood, Anthony　ウッド, アンソニー
　㊚バルバドス　教育・スポーツ・青年相
Wood, Ashley　ウッド, アシュレイ
　1971〜　㊤「ザワザワ」パイ インターナショナル　2015
Wood, Audrey　ウッド, オードリー
　㊤「ねずみくん, どうするどうするクリスマス」BL出版　2003
Wood, Bernard　ウッド, バーナード
　㊤「人類の進化」丸善出版　2014
Wood, Blake　ウッド, ブレイク
　㊚アメリカ　野球選手
Wood, Bobby　ウッド, ボビー
　㊚アメリカ　サッカー選手
Wood, Carol　ウッド, キャロル
　㊤「聖夜の贈り物」ハーレクイン　2008
Wood, Charles W.　ウッド, チャールズ・W.
　㊚アメリカ　日本庭園財団創設者・理事長
Wood, Chip　ウッド, チップ
　㊤「成長のものさし」図書文化社　2008
Wood, Christian　ウッド, クリスチャン
　㊚アメリカ　バスケットボール選手
Wood, Christopher　ウッド, クリストファー
　1935〜2015　㊚イギリス　作家, 脚本家　別名＝リー, ティモシー
Wood, David　ウッド, デイビッド
　㊤「プロジェクト・マネジャーが知るべき97のこと」オライリー・ジャパン, オーム社（発売）　2011
Wood, David　ウッド, デビッド
　㊤「サンタクロースへのおくりもの」主婦の友社　2008
Wood, Deborah　ウッド, デボラ
　1952〜　㊤「愛犬は恋のキューピッド」バジリコ　2004
Wood, Diana F.　ウッド, ディアナ・F.
　㊤「一目でわかる内分泌学」メディカル・サイエンス・インターナショナル　2008
Wood, Don　ウッド, ドン
　㊤「ねずみくん, どうするどうするクリスマス」BL出版　2003
Wood, Dorothy　ウッド, ドロシー
　1955〜　㊤「シンプルグラスシードビーディング」日本ヴォーグ社　2004
Wood, Douglas　ウッド, ダグラス
　1951〜　㊤「よめたよ, リトル先生」岩崎書店　2010
Wood, Elijah　ウッド, イライジャ
　1981〜　㊚アメリカ　俳優
Wood, Ellen Meiksins　ウッド, エレン・メイクシンス
　1942〜2016　㊚アメリカ　政治学者　ヨーク大学教授　㊚政治経済学　㊥ウッド, エレン・メイクシンズ
Wood, Eric　ウッド, エリック
　㊚アメリカ　アメフト選手
Wood, Fiona　ウッド, フィオナ
　1969〜　㊤「質的研究法キーワード」金子書房　2009
Wood, Frances　ウッド, フランシス
　㊤「ビジュアル版 世界の歴史都市」柊風舎　2016
Wood, Gaby　ウッド, ゲイビー
　1971〜　㊤「生きている人形」青土社　2004
Wood, Gordon S.　ウッド, ゴードン・S.

Wood, Hannah　ウッド, ハンナ
　㊞「アメリカ独立革命」岩波書店　2016
Wood, Hannah　ウッド, ハンナ
　㊞「ほっきょくのいきもの」ワールドライブラリー　c2014
Wood, Hunter　ウッド, ハンター
　㊨アメリカ　野球選手
Wood, James B.　ウッド, ジェームズ・B.
　㊞「「太平洋戦争」は無謀な戦争だったのか」ワック　2013
Wood, James M.　ウッド, ジェームズ・M.
　㊞「臨床心理学における科学と疑似科学」北大路書房　2007
Wood, J.B.　ウッド, J.B.
　1961～　㊞「コンサンプションエコノミクス」日経BP社, 日経BPマーケティング（発売）　2013
Wood, Jeffrey C.　ウッド, ジェフリー・C.
　㊞「毎日おこなう弁証法的行動療法自習帳」星和書店　2012
Wood, Joanne　ウッド, J.
　㊞「子どもの面接法」北大路書房　2004
Wood, John　ウッド, ジョン
　1930～2011　㊨イギリス　俳優
Wood, John　ウッド, ジョン
　1964～　㊨アメリカ　社会起業家　ルーム・トゥー・リード代表
Wood, John　ウッド, ジョン
　1969～　㊞「ジョン・ウッド&ポール・ハリソン」森美術館　2007
Wood, Joyce　ウッド, ジョイス
　1928～　㊞「おばあちゃんのぼうし」クレイン　2012
Wood, Kay　ウッド, ケイ
　㊞「グローバル・ティーチャーの理論と実践」明石書店　2011
Wood, Lamont　ウッド, ラモント
　1953～　㊞「なぜ存在するのか謎解き〈オーパーツ〉決定版」ヒカルランド　2013
Wood, Leslie　ウッド, レスリー
　1920～　㊞「ちいさなきかんしゃレッドごう」あすなろ書房　2001
Wood, Marie E.　ウッド, マリー・E.
　㊞「血液/腫瘍学シークレット」メディカル・サイエンス・インターナショナル　2004
Wood, Matthew　ウッド, マシュー
　1954～　㊞「バイタリズム」ホメオパシー出版　2009
Wood, Michael　ウッド, マイケル
　㊞「ロンドンで本を読む」マガジンハウス　2001
Wood, Michael　ウッド, マイケル
　㊞「モダニズムとは何か」松柏社　2002
Wood, Michael　ウッド, マイケル
　㊞「ビートルズ世界証言集」ポプラ社　2006
Wood, Monica　ウッド, モニカ
　㊞「ベスト・アメリカン・ミステリジュークボックス・キング」早川書房　2005
Wood, Myron　ウッド, マイロン
　㊞「オキーフの家」メディアファクトリー　2003
Wood, Nancy C.　ウッド, ナンシー
　1936～　㊞「今日という日は贈りもの」角川書店, 角川グループパブリッシング（発売）　2007
Wood, Oenone　ウッド
　㊨オーストラリア　自転車選手
Wood, Patricia　ウッド, パトリシア
　1953～　㊨アメリカ　作家　ヤングアダルト
Wood, Philip R.　ウッド, フィリップ
　㊞「国際金融の法と実務」東北大学出版会　2014
Wood, Ralph C.　ウッド, ラルフ・C.
　㊞「トールキンによる福音書」日本キリスト教団出版局　2006
Wood, Richard H.　ウッド, リチャード・H.
　㊞「航空安全プログラム」航空輸送技術研究センター　2008
Wood, Robert Muir　ウッド, ロバート・ムーア
　㊞「地球の科学史」朝倉書店　2001
Wood, Ron　ウッド, ロン
　1947～　㊨イギリス　ロック・ギタリスト　通称＝ウッド, ロニー〈Wood, Ronnie〉
Wood, Sara　ウッド, サラ
　㊞「愛の虜」ハーパーコリンズ・ジャパン　2016
Wood, Scott　ウッド, スコット
　㊨アメリカ　バスケットボール選手
Wood, Selina　ウッド, セリーナ
　㊞「エジプト」ほるぷ出版　2008
Wood, Tom　ウッド, トム
　1978～　㊨イギリス　作家　㊟ミステリー, スリラー
Wood, Tom　ウッド, トム
　㊨イングランド　ラグビー選手
Wood, Travis　ウッド, トラビス
　㊨アメリカ　野球選手
Wood, Trevor　ウッド, トレヴァー
　アカデミー賞 特殊効果賞（第80回（2007年））　"The Golden Compass"
Wood, Vaughan　ウッド, ヴォーン
　㊨ニュージーランド　ほるぷ出版　2010
Wood, Zach　ウッド, ザック
　㊨アメリカ　アメフト選手
Woodall, Clive　ウッドオール, クライヴ
　㊞「キリック」ソニー・マガジンズ　2005
Woodall, James　ウッダル, ジェイムズ
　1960～　㊞「ボルヘス伝」白水社　2002
Woodard, Jonathan　ウッダード, ジョナサン
　㊨アメリカ　アメフト選手
Woodburn, Woody　ウッドバーン, ウッディ
　㊞「「できる子」が育つ魔法のルール」阪急コミュニケーションズ　2005
Wood Catano, Janice　ウッド・キャタノ, ジャニス
　㊞「親教育プログラムのすすめ方」ひとなる書房　2002
Woodcock, Jon　ウッドコック, ジョン
　㊞「10才からはじめるプログラミング図鑑」創元社　2015
Woodcock, Leonard　ウッドコック, レナード
　1911～2001　㊨アメリカ　外交官, 労働運動家　駐中国米国大使（初代）, 全米自動車労組（UAW）会長
Woodcock, Tony　ウッドコック, トニー
　㊨ニュージーランド　ラグビー選手
Wooden, John R.　ウドゥン, ジョン
　1910～2010　㊨アメリカ　バスケットボール指導者　本名＝ウドゥン, ジョン・ロバート〈Wooden, John Robert〉　㊟ウッデン, ジョン
Woodford, Chris　ウッドフォード, クリス
　㊞「ビジュアル分解大図鑑」日経ナショナルジオグラフィック社, 日経BP出版センター（発売）　2009
Woodford, Michael　ウッドフォード, M.
　㊞「金融不安定性と景気循環」日本経済評論社　2007
Woodford, Michael　ウッドフォード, マイケル
　1960～　㊞「解任」早川書房　2012
Woodford, Susan　ウッドフォード, スーザン
　1938～　㊞「古代美術とトロイア戦争物語」ミュージアム図書　2011
Woodhall, Maureen　ウッドホール, モーリン
　㊞「教育の経済分析」東信堂　2016
Woodhams, Jessica　ウッドハム, ジェシカ
　㊞「犯罪心理学」有斐閣　2010
Woodhead, Danny　ウッドヘッド, ダニー
　㊨アメリカ　アメフト選手
Woodhead, Lindy　ウッドヘッド, リンディ
　㊞「ヘレナとエリザベス」アーティストハウスパブリッシャーズ　2004
Woodhouse, Christopher Montague　ウッドハウス, クリストファー
　1917～2001　㊨イギリス　政治家, 作家, 歴史学者　英国下院議員（保守党）　㊙現代ギリシャ史　㊟ウッドハウス, モンターギュー
Woodhouse, Edward J.　ウッドハウス, エドワード・J.
　1946～　㊞「政策形成の過程」東京大学出版会　2004
Woodhouse, Margaret　ウッドハウス, マーガレット
　1955～　㊞「ネコがよろこぶ"ゴロゴロ"のツボ」実業之日本社　2003
Woodhouse, Michael　ウッドハウス, マイケル
　㊨ニュージーランド　移民相兼無過失補償制度相兼労使・労災問題担当相
Woodhouse, Tom　ウッドハウス, トム
　1950～　㊞「現代世界の紛争解決学」明石書店　2009
Woodhull, Albert S.　ウッドハル, アルバート・S.
　㊞「オペレーティングシステム」ピアソン・エデュケーション　2007
Woodin, Karen E.　ウディン, カレン・E.
　㊞「臨床試験モニタリングガイドブック」サイエンティスト社　2006
Woodin, Michael　ウディン, マイケル
　㊞「G8」ブーマー, トランスワールドジャパン（発売）　2005
Wooding, Chris　ウッディング, クリス
　1977～　㊞「ポイズン」東京創元社　2005
Woodiwiss, Kathleen E.　ウッディウイス, キャサリーン
　1939～2007　㊨アメリカ　ロマンス作家

Woodland, Joseph　ウッドランド, ジョセフ
　1921〜2012　国アメリカ　科学者　本名＝Woodland, Norman Joseph
Woodman, Conor　ウッドマン, コナー
　著「フェアトレードのおかしな真実」英治出版　2013
Woodman, Josef　ウッドマン, ジョセフ
　著「メディカルツーリズム」医薬経済社　2008
Woodman, Natalie　ウッドマン, ナタリー
　著「世界の子育てとっておきの知恵650」PHP研究所　2004
Woodrell, Daniel　ウドレル, ダニエル
　1953〜　国アメリカ　作家
Woodring, Jim　ウードリング, ジム
　アングレーム国際漫画祭 審査員特別賞（2012年）　"Frank et le Congrès des Bêtes"〈L'Association〉
Woodrow, Patrick　ウッドロウ, パトリック
　1971〜　国イギリス　作家　創スリラー
Woodruff, Tom, Jr.　ウッドラフ, トム, Jr.
　著「AVP2エイリアンズvs.プレデターメイキングブック」エフエックス, 星雲社（発売）　2007
Woodruff, William　ウッドラフ, ウィリアム
　1916〜　著ウッドラフ, ウイリアム　著「戦場のレクイエム」原書房　2005
Woods, Al　ウッズ, アル
　国アメリカ　アメフト選手
Woods, Antwaun　ウッズ, アントワン
　国アメリカ　アメフト選手
Woods, Bob　ウッズ, ボブ
　著「認知症の人のための認知活性化療法マニュアル」中央法規出版　2015
Woods, Caspian　ウッズ, カスピアン
　著「まじめなのに結果が出ない人は、「まわりと同じ考え方をしている」という法則」三笠書房　2013
Woods, Dan　ウッズ, ダン
　1960〜　著「エンタープライズSOA」オライリー・ジャパン, オーム社（発売）　2007
Woods, David　ウッズ, D.
　著「実践レジリエンスエンジニアリング」日科技連出版社　2014
Woods, Donald　ウッズ, ドナルド
　1933〜2001　国南アフリカ　社会運動家, ジャーナリスト　「デイリー・ディスパッチ」編集長
Woods, Donald R.　ウッズ, ドナルド・R.
　著「判断能力を高める主体的学習」医学書院　2001
Woods, Earl　ウッズ, アール
　1932〜2006　国アメリカ　タイガー・ウッズの父　タイガー・ウッズ財団会長
Woods, Emily　ウッズ, エミリー
　著「われわれに不況はない」扶桑社　2002
Woods, Eoin　ウッズ, オウエン
　著ウッズ, イオイン　著「ソフトウェアシステムアーキテクチャ構築の原理」SBクリエイティブ　2014
Woods, Gordon　ウッズ, ゴードン
　1952〜2009　国アメリカ　獣医学者　アイダホ大学教授
Woods, James　ウッズ
　国イギリス　フリースタイルスキー選手
Woods, James　ウッズ, ジェームズ
　1947〜　国アメリカ　俳優　本名＝Woods, James Howard　別ウッズ, ジェームス
Woods, Michael　ウッズ, マイケル
　国アイルランド　教育・科学技術相
Woods, Paula L.　ウッズ, ポーラ・L.
　著「エンジェル・シティ・ブルース」早川書房　2003
Woods, Pete　ウッズ, ピート
　著「アクアマン：王の遺産」小学館集英社プロダクション　2016
Woods, Phil　ウッズ, フィル
　1931〜2015　国アメリカ　ジャズ・アルトサックス奏者　本名＝ウッズ, フィリップ・ウェルズ〈Woods, Philip Wells〉
Woods, Robert　ウッズ, ロバート
　プロデューサー　グラミー賞 最優秀サラウンド・サウンド・アルバム（2008年〔第51回〕）　"Mussorgsky: Pictures At An Exhibition, Night On Bald Mountain, Prelude To Khovanshchina"
Woods, Robert　ウッズ, ロバート
　国アメリカ　アメフト選手
Woods, Robert (Bob) T.　ウッズ, B.
　著「ケアホームにおける家族参加」風間書房　2013
Woods, Rosemary　ウッズ, ローズマリー
　著「水はめぐる」汐文社　2008
Woods, Rose Mary　ウッズ, ローズ・メアリー
　1917〜2005　国アメリカ　米国大統領秘書
Woods, Samuel Kofi　ウッズ, サミュエル・コフィ
　国リベリア　公共事業相
Woods, Sherryl　ウッズ, シェリル
　著「愛は永遠に」ハーレクイン　2013
Woods, Stuart　ウッズ, スチュアート
　著「パリンドローム」文芸春秋　2002
Woods, Thomas E.　ウッズ, トーマス
　1972〜　著「メルトダウン金融溶解」成甲書房　2009
Woods, Tiger　ウッズ, タイガー
　1975〜　国アメリカ　プロゴルファー　本名＝ウッズ, エルドリック〈Woods, Eldrik Tont〉
Woods, Vanessa　ウッズ, ヴァネッサ
　1977〜　著「あなたの犬は「天才」だ」早川書房　2013
Woodside, Alexander　ウッドサイド, アレクサンダー
　著「ロスト・モダニティーズ」NTT出版　2013
Woodside, Byran　ウッドサイド, バイラン
　国バハマ　国土・地方自治相
Woodsmall, Wyatt Lee　ウッドスモール, ワイアット
　1943〜　著「NLPタイムライン・セラピー」ヴォイス　2007
Woodson, Ali-Ollie　ウッドソン, アリ・オリ
　1951〜2010　国アメリカ　ソウル歌手　本名＝Creggett, Ollie
Woodson, Jacqueline　ウッドソン, ジャクリーン
　1963〜　国アメリカ　児童文学作家
Woodson, Mike　ウッドソン, マイク
　国アメリカ　ロサンゼルス・クリッパーズアシスタントコーチ（バスケットボール）
Woodward, Benjamin　ウッドワード, ベンジャミン
　著「英語で読む新約聖書」ジャパンタイムズ　2010
Woodward, Bob　ウッドワード, ボブ
　1943〜　国アメリカ　ジャーナリスト, ノンフィクション作家　「ワシントン・ポスト」編集局次長　本名＝ウッドワード, ロバート・アプシャー〈Woodward, Robert Upshur〉
Woodward, Chris　ウッドワード, クリス
　国アメリカ　ロサンゼルス・ドジャースコーチ
Woodward, Christopher　ウッドワード, クリストファー
　著「廃墟論」青土社　2016
Woodward, Debra　ウッドワード, デブラ
　著「人体を旅する」理論社　2004
Woodward, Diana　ウッドワード, ダイアナ
　著「ジェンダーと暴力」明石書店　2001
Woodward, F.Ian　ウッドワード, イアン
　著「植生と大気の4億年」京都大学学術出版会　2003
Woodward, Harry　ウッドワード, ハリー
　著「アフターショック」ダイヤモンド社　2013
Woodward, James　ウッドワード, ジェームズ
　著「アメリカのろう文化」明石書店　2001
Woodward, John　ウッドワード, ジョン
　1954〜　著「スーパービジュアル恐竜図鑑」講談社　2016
Woodward, Kay　ウッドワード, ケイ
　著「ライラの冒険黄金の羅針盤」ゴマブックス　2007
Woodward, Kenneth L.　ウッドワード, ケネス
　著「ミレニアムのイエス」新風舎　2001
Woodward, Patricia　ウッドワード, パトリシア
　著「境界性パーソナリティ障害最新ガイド」星和書店　2006
Woodward, Patrick M.　ウッドワード, パトリック・M.
　著「ブラウン一般化学」丸善出版　2015
Woodward, Peter　ウッドワード, ピーター
　著「あの日の指輪を待つきみへ」竹書房　2008
Woodward, Shaun　ウッドワード, ショーン
　国イギリス　北アイルランド相
Woodward, Woody　ウッドワード, ウッディ
　1973〜　著「100%思い通りの自分に変わる方法」かんき出版　2013
Woodworth, Lynn　ウッドワース, リン
　著「南極・北極大百科図鑑」東洋書林　2005
Woodworth, Michael　ウッドワース, マイケル
　著「サイコパシー・ハンドブック」明石書店　2015
Woodworth, Stephen　ウッドワース, スティーブン
　1967〜　国アメリカ　作家　創サスペンス, ホラー　別ウッドワース, スティーヴン
Woodyard, Wesley　ウッドヤード, ウェスリー
　国アメリカ　アメフト選手
Wool, Robert　ウール, ロバート

Wooldridge, Adrian　ウールドリッジ, エイドリアン
　著「増税よりも先に「国と政府」をスリムにすれば?」講談社 2015
Wooldridge, Doug　ウールドリッジ, ダグ
　国カナダ　ラグビー選手
Wooldridge, Michael　ウールドリッジ, マイケル
　国オーストラリア　健康・老齢者担当相
Wooley, Sheb　ウーリー, シェブ
　1921〜2003　国アメリカ　歌手, 俳優
Woolf, Brian P.　ウルフ, ブライアン・P.
　1946〜　著「個客ロイヤルティ・マーケティング」ダイヤモンド社 2001
Woolf, Karen　ウルフ, カレン
　著「描写レヴューで教師の力量を形成する」ミネルヴァ書房 2002
Woolf, Stuart Joseph　ウルフ, スチュアート・ジョーゼフ
　著「イタリア史」法政大学出版局 2001
Woolfe, Angela　ウールフ, アンジェラ
　1976〜　国イギリス　作家　著児童書, フィクション　筆名=エバーハート, エメラルド
Woolfson, Richard C.　ウールフスン, リチャード・C.
　著「赤ちゃんを知るガイド」産調出版 2001
Woolger, Roger J.　ウルガー, ロジャー・J.
　著「「魂」の未完のドラマ」中央アート出版社 2006
Woolis, Rebecca　ウーリス, レベッカ
　1947〜　著「大切な人が, 心の病気にかかったら」PHP研究所 2003
Woollams, Stanley　ウラムス, スタン
　著「交流分析の理論と実践技法」風書房 2013
Woollen, Rob　ウーレン, ロブ
　著「J2EE&BEA WebLogic Server開発者ガイド」ピアソン・エデュケーション 2001
Woolley, Benjamin　ウリー, ベンジャミン
　著「科学の花嫁」法政大学出版局 2011
Woolliams, Peter　ウーリアムズ, ピーター
　著「異文化間のビジネス戦略」白桃書房 2005
Woolliscroft, Tony　ウーリスクロフト, トニー
　著「ミー・アンド・マイ・フレンズ」道出版 2011
Woolman, Matt　ウールマン, マット
　国アメリカ　グラフィックデザイナー, デザインコンサルタント　バージニア・コモンウェルス大学芸術学部グラフィックデザイン学科長
Woolmer, Bob　ウールマー, ボブ
　1948〜2007　国イギリス　クリケット監督　クリケット・パキスタン代表監督　本名=ウールマー, ロバート・アンドリュー〈Woolmer, Robert Andrew〉
Woolridge, Georgie　ウールリッジ, ジョージー
　著「水のいきもの」青土社 2016
Woolsey, Lynn　ウールジー, リン
　著「もう戦争はさせない!」文理閣 2007
Woolverton, Linda　ウールヴァートン, リンダ
　1952〜　著「アリス・イン・ワンダーランド」竹書房 2010
Woolway, Erica　ウールウェイ, エリカ
　1979〜　著「成功する練習の法則」日本経済新聞出版社 2013
Woon, Khe Wei　ウォン・ケウェイ
　国マレーシア　バドミントン選手
Wooster, Steven　ウースター, スティーブン
　著「ベス・チャトー奇跡の庭」清流出版 2010
Wooten, James A.　ウーテン, ジェイムズ・A.
　著「エリサ法の政治史」中央経済社 2009
Wooten, James T.　ウーテン, ジム
　著「ぼくもあなたとおなじ人間です。」早川書房 2006
Wooten, Tom　ウッテン, トム
　1986〜　著「災害とレジリエンス」明石書店 2014
Wooton, Rus　ウートン, ラス
　著「ウォーキング・デッド」飛鳥新社 2015
Worapoj, Petchkoom　ウォラポート
　国タイ　ボクシング選手
Worawat, Ua-apinyakul　ウォラワット, ウアーピンヤクン
　国タイ　科学技術相
Worcester, Retta Scott　ウォーチェスター, リタ・スコット
　著「シンデレラ」うさぎ出版, ネコ・パブリッシング(発売) 2003
Wordell, Charles　ウォーデル, チャールズ
　1947〜2004　国アメリカ　南山大学外国語学部教授　著アメリカ文学

Wordemann, Wolfram　ボルデマン, ボルフラム
　著「あのブランドばかり, なぜ選んでしまうのか」東洋経済新報社 2002
Worden, James William　ウォーデン, J.ウィリアム
　1932〜　著「悲嘆カウンセリング」誠信書房 2011
Worden, Jennifer　ウォーデン, ジェニファー
　著「グローバル化と言語能力」明石書店 2015
Wordsmith, A.N.　ワードスミス, A.N.
　著「彼女」二見書房 2006
Worick, Jennifer　ワーリック, ジェニファー
　著「この方法で生きのびろ!」草思社 2002
Workman, Brandon　ワークマン, ブランドン
　国アメリカ　野球選手
Workneh, Gebeyehu　ウォックナー・ゲベイウ
　国エチオピア　外相
World Peace, Metta　ワールドピース, メッタ
　国アメリカ　バスケットボール選手
Worley, Daryl　ウォーリー, ダリル
　国アメリカ　アメフト選手
Worley, Vance　ウォーリー, バンス
　国アメリカ　野球選手
Worlitschek, Michael　ヴォルリチェク, ミヒャエル
　1945〜　著「ホリスティックメディスンとしての酸塩基平衡」ガイアブックス, 産調出版(発売) 2010
Worm, Nicolai　ヴォルム, ニコライ
　著「肉がよくないなんて, 誰が言った」家の光協会 2002
Wormald, Jenny　ウァーモールド, ジェニー
　著「オックスフォード ブリテン諸島の歴史」慶応義塾大学出版会 2015
Wormald, Richard　ウォーマルド, リチャード
　著「エビデンス眼科」銀海舎 2004
Wormell, Chris　ウォーメル, クリス
　1955〜　国イギリス　絵本作家
Wormell, Christopher　ウォーメル, クリス
　1955〜　著「おおきな3びきゆうえんちへいく」徳間書店 2015
Wormell, Mary　ウォーメル, メリー
　著「めんどりヒルダのたんじょうび」新風舎 2004
Wormer, Laura Van　ウォーマー, ローラ・V.
　1955〜　国ウォーマー, ローラ・ヴァン　著「ラスト・ラヴァー」集英社 2004
Worms, Penny　ワームズ, ペニー
　国ウォームズ, ペニー　著「Google Earthと旅する世界の歴史」大日本絵画 2012
Wörnersson, Ingegerd　バーネルソン, インゲヤード
　国スウェーデン　教育担当相
Worou, Théophile　ウォル, テオフィル
　国ベナン　環境相
Worrack, Trixi　ウォラック, トリクシ
　国ドイツ　自転車選手
Worrall, Frank　ウォーロール, フランク
　国ウォラル, フランク　著「ジェイミー・ヴァーディー」徳間書店 2016
Worrall, Jennifer G.　ウォラル, ジェニファー・G.
　著「関節炎とリウマチ」一灯舎, オーム社(発売) 2007
Worrall, Nick　ウォーラル, ニック
　著「モスクワ芸術座」而立書房 2006
Worrell, Bernie　ウォーレル, バーニー
　1944〜2016　国アメリカ　ミュージシャン　本名=Worrell, George Bernard (Jr.)
Worrell, Bill　ウォーレル, ビル
　著「ピープル・ファースト当事者活動のてびき」現代書館 2010
Worrilow, Paul　ウォリロウ, ポール
　国アメリカ　アメフト選手
Worsley, Lucy　ワースリー, ルーシー
　著「イギリス風殺人事件の愉しみ方」NTT出版 2015
Worsley, Peter　ワースレイ, ピーター
　1924〜　著「千年王国と未開社会」紀伊国屋書店 2012
Worsley, Richard　ワーズリー, リチャード
　著「パーソンセンタード・アプローチの最前線」コスモス・ライブラリー, 星雲社(発売) 2007
Worsoe, Kirsten　ヴォース, キーステン
　著「よい聞こえのために」海文堂出版 2008
Wortche, Allison　ウォルチェ, アリソン
　著「わたしのいちばんあのこの1ばん」ポプラ社 2012
Worth, Irene　ワース, アイリーン
　1916〜2002　国アメリカ　女優

Worth, Taylor　ワース, テーラー
　国オーストラリア　アーチェリー選手
Worthen, John　ワーゼン, ジョン
　1943～　著「作家ロレンスは、こう生きた」南雲堂　2015
Worthington, Charles　ワージントン, チャールズ
　著「ヘアスタイリング百科」産調出版　2003
Worthington, Janet Farrar　ワージントン, ジャネット・F.
　著「ウォルシュ博士の前立腺がんガイド」築地書館　2012
Worthington, Sam　ワーシントン, サム
　1976～　国オーストラリア　俳優　本名＝Worthington, Samuel
Worthy, Chandler　ウォーシー, チャンドラ
　国アメリカ　アメフト選手
Wortley, Richard K.　ウォートレイ, リチャード
　著「環境犯罪学と犯罪分析」社会安全研究財団　2010
Wortmann, Craig　ワートマン, クレイグ
　著「物語力」イースト・プレス　2008
Worton, Dean　ウォートン, ディーン
　著「アスペルガー恋愛読本」人文書院　2013
Wortzel, Larry M.　ワーツェル, ラリー・M.
　著「中国が戦争を始める」恒文社21, 恒文社（発売）　2002
Worwood, Valerie Ann　ワーウッド, バレリー アン
　1945～　ワーウッド, バレリー・アン　著「子宮内膜症」フレグランスジャーナル社　2010
Worwor, Raphael　ウォルウォル, ラファエル
　国バヌアツ　土地・地質・鉱業相
Wotherspoon, Jeremy Lee　ウォザースプーン, ジェレミー
　1976～　国カナダ　スピードスケート選手
Wotus, Ron　ウォータス, ロン
　国アメリカ　サンフランシスコ・ジャイアンツコーチ
Woude, A.M.van der　ワウデ, A.ファン・デァ
　著「最初の近代経済」名古屋大学出版会　2009
Wowereit, Klaus　ウォーウェライト, クラウス
　1953～　国ドイツ　政治家　ドイツ社会民主党（SPD）副党首　ベルリン特別市市長
Wowzack, Violetta　ヴォツァーク, ヴィオレッタ
　著「アリョーシャと風のひみつ」BL出版　2007
Woyongo, Mark Owen　ウォヨンゴ, マーク・オーウェン
　国ガーナ　内相
Wozencraft, Kim　ウーゼンクラフト, キム
　著「明日への疾走」二見書房　2007
Wozniacki, Caroline　ウォズニアッキ, キャロライン
　1990～　国デンマーク　テニス選手　愛ウォズニアッキ
Wozniak, Curt　フォズニアック, カート
　著「Brand Identity Rule Index」ビー・エヌ・エヌ新社　2011
Wozniak, Dagmara　ウォズニアック, ダグマラ
　国アメリカ　フェンシング選手　愛ウォズニアク
Woźniak, Jacek　ウォズニアク, ヤセク
　1954～　著「グローバリゼーション・新自由主義批判事典」作品社　2006
Woźniak, Piotr　ウォジニャク, ピョトル
　国ポーランド　経済相
Wozniak, Steve　ウォズニアック, スティーブ
　1950～　コンピューター技術者　アップル創業者　通称＝ウォズ　愛ウォズニアック, スティーブ
Wragg, Ted　ラッグ, テッド
　著「英国初等学校の創造性教育」ITSC静岡学術出版事業部　2009
Wrake, Run　レイク, ラン
　国イギリス　アヌシー国際アニメーション映画祭 短編映画 特別優秀賞（2006年）"Rabbit"
Wrangham, Richard W.　ランガム, リチャード
　著「火の賜物」NTT出版　2010
Wray, Alyson　レイ, アリソン
　著「歯と口腔」一灯舎, オーム社（発売）　2008
Wray, Carlos　レイ, カルロス
　国アメリカ　アメフト選手
Wray, David　レイ, デービッド
　著「歯と口腔」一灯舎, オーム社（発売）　2008
Wray, Fay　レイ, フェイ
　1907～2004　国アメリカ　女優　本名＝Wray, Vina Fay
Wray, Harry　レイ, ハリー
　1931～　著「日本人の原爆投下論はこのままでよいのか」日新報道　2015
Wray, William　レイ, ウイリアム
　1945～　著「知をみがく言葉」青志社　2008
Wrede, Patricia C.　リード, パトリシア・C.
　1953～　愛リーデ, パトリシア・C.　著「スター・ウォーズエピソード3」講談社　2015
Wreford, Polly　リーフォード, ポリー
　著「ザ・リラックス・ホーム」エディシオン・トレヴィル, 河出書房新社（発売）　2001
Wreh-wilson, Blidi　レ・ウイルソン, ブリディ
　国アメリカ　アメフト選手
Wreikat, Abdul Latif　ウレイカート, アブドラティフ
　国ヨルダン　保健相
Wreikat, Rami　ウレイカト, ラミ
　国ヨルダン　青少年相
Wren, Brian A.　レン, ブライアン
　1936～　著「塵のなかに素足で」日本キリスト教団出版局　2004
Wren, Christopher Sale　レン, クリストファー・S.
　1936～　著「世界を旅した猫ヘンリエッタの華麗な生涯」講談社　2001
Wren, Daniel A.　レン, ダニエル・A.
　1932～　著「マネジメント思想の進化」文真堂　2003
Wrench, Katie　レンチ, ケイティー
　1972～　著「施設・里親家庭で暮らす子どもとはじめるクリエイティブなライフストーリーワーク」福村出版　2015
Wrensch, Tom　レンチ, トム
　著「Squeakプログラミング入門」エスアイビー・アクセス, 星雲社（発売）　2004
Wright, Angus Lindsay　ライト, アンガス
　著「大地を受け継ぐ」二宮書店　2016
Wright, Annabel　ライト, アナベル
　著「クマと家出した少年」さ・え・ら書房　2016
Wright, Bob　ライト, ボブ
　著「突然の死」医歯薬出版　2002
Wright, Brandan　ライト, ブランデン
　国アメリカ　バスケットボール選手
Wright, Byron　ライト, バイロン
　著「Microsoft Windows Server 2008リソースキット」日経BPソフトプレス, 日経BP出版センター（発売）　2008
Wright, Camron Steve　ライト, キャムロン
　著「エミリーへの手紙」日本放送出版協会　2002
Wright, Carol S.　ライト, キャロル
　著「サンタクロースの秘密」今人舎　2006
Wright, Chris　ライト, クリス
　国アメリカ　バスケットボール選手
Wright, Christopher J.H.　ライト, クリストファー・J.H.
　1947～　著「今日におけるキリスト者の宣教」いのちのことば社　2016
Wright, Cliff　ライト, クリフ
　1963～　著「せかいでいちばんすてきなないしょ」学習研究社　2009
Wright, Crispin　ライト, クリスピン
　著「フレーゲ哲学の最新像」勁草書房　2007
Wright, Daniel　ライト, ダニエル
　国アメリカ　野球選手
Wright, Daniel B.　ライト, D.B.
　著「現代イギリスの政治算術」北海道大学図書刊行会　2003
Wright, Dare　ライト, デア
　1914～2001　著「小さなお人形の物語」ポプラ社　2010
Wright, David　ライト, デイヴィッド
　1965～　著「ダウン症の歴史」明石書店　2015
Wright, David　ライト, デービッド
　1982～　国アメリカ　野球選手　本名＝Wright, David Allen　愛ライト, デイヴィッド／ライト, デビッド
Wright, David James　ライト, デヴィッド
　1955～　著「インドラの真珠」日本評論社　2013
Wright, David John　ライト, デービッド
　1944～　国イギリス　外交官　バークレイズ・キャピタル副会長　駐日英国大使, 英国投資庁長官　愛ライト, デビッド
Wright, Delon　ライト, デロン
　国アメリカ　バスケットボール選手
Wright, Derrick　ライト, デリック
　1928～　著「タラワ1943」大日本絵画　2009
Wright, Dorell　ライト, ドレル
　国アメリカ　バスケットボール選手
Wright, Ed　ライト, エド
　著「Perlデバッグ」ピアソン・エデュケーション　2001
Wright, Ed　ライト, エド
　1968～　著「神々の左手」スタジオタッククリエイティブ　2009
Wright, Edgar　ライト, エドガー
　1974～　国イギリス　映画監督, 脚本家
Wright, Edward Maitland　ライト, E.M.

1906〜 ㊃「数論入門」シュプリンガー・フェアラーク東京 2001
Wright, Eric　ライト, エリック
㊃「ロージー・ドーンの誘拐」早川書房 2001
Wright, Erik Olin　ライト, エリック・オリン
㊃「平等主義の政治経済学」大村書店 2002
Wright, Gabe　ライト, ゲーブ
㊃アメリカ　アメフト選手
Wright, Gary R.　ライト, ゲーリー・R
㊃「詳解TCP/IP」ピアソン・エデュケーション 2002
Wright, George　ライト, ジョージ
㊃「「入門」シナリオ・プランニング」ダイヤモンド社 2003
Wright, Georg Henrik von　ウリクト, G.H.フォン
1916〜2003　㊃「ルートヴィッヒ・ウィトゲンシュタイン『1914-1916年の備忘録』」〔岡田征弘〕〔2013〕
Wright, Harry Cory　ライト, ハリー・コリー
㊃「スコッチウィスキー、その偉大なる風景」小学館 2002
Wright, Helen　ライト, ヘレン
㊃「睡眠障害に対する認知行動療法」風間書房 2015
Wright, James　ライト, ジェームス
㊃アメリカ　アメフト選手
Wright, James Claude, Jr.　ライト, ジェームズ, Jr.
1922〜2015　㊃アメリカ　政治家　米国下院議長（民主党）　通称＝ライト, ジム〈Wrignt, Jim〉
Wright, Janet　ライト, ジャネット
㊃「リフレクソロジーと指圧」産調出版 2005
Wright, Jarius　ライト, ジャリアス
㊃アメリカ　アメフト選手
Wright, Jason　ライト, ジェイソン
㊃「産婦人科」メディカル・サイエンス・インターナショナル 2005
Wright, Jason F.　ライト, ジェイソン・F.
㊃「クリスマス・セーター」宝島社 2009
Wright, Jeffrey　ライト, ジェフリー
エミー賞 プライムタイム・エミー賞 最優秀助演男優賞（ミニシリーズ・映画）（第56回（2004年））"Angels In America"
Wright, Jeremy　ライト, ジェレミー
㊃「企業ブログ戦略」ダイヤモンド社 2006
Wright, Joe　ライト, ジョー
1972〜　㊃イギリス　映画監督
Wright, John　ライト, ジョン
㊃「フレーバー・クリエーション」講談社 2014
Wright, John Barry Debenham　ライト, バリー
㊃「心の診療100ケース」メディカル・サイエンス・インターナショナル 2012
Wright, John Charles　ライト, ジョン・C.
1961〜　㊃「ゴールデン・エイジ」早川書房 2007
Wright, Jonathan V.　ライト, ジョナサン・V.
1945〜　㊃「45歳以上の女性のための天然ホルモン補充療法」ライフサイエンス研究所、ごま書房（発売） 2004
Wright, Kendall　ライト, ケンドール
㊃アメリカ　アメフト選手
Wright, Kenneth Weston　ライト, K.W.
1950〜　㊃「斜視手術カラーアトラス」シュプリンガー・ジャパン 2009
Wright, Kit　ライト, キット
㊃「動物たちの謝肉祭」BL出版 2007
Wright, K.J.　ライト, K.J.
㊃アメリカ　アメフト選手
Wright, Laura　ライト, ローラ
㊃「砂上の結婚」ハーパーコリンズ・ジャパン 2016
Wright, Lauren　ライト, ローレン
㊃「サービス・マーケティング原理」白桃書房 2002
Wright, Lawrence　ライト, ローレンス
㊃アメリカ　ピュリッツァー賞 文学・音楽 一般ノンフィクション（2007年）"The Looming Tower: Al-Qaeda and the Road to 9/11"
Wright, Liz　ライト, リズ
㊃「世界の美しい馬」グラフィック社 2015
Wright, Lorraine M.　ライト, ロレイン・M.
1944〜　㊃「癒しのための家族看護モデル」医学書院 2005
Wright, Machaelle Small　ライト, ミッシェル・スモール
1945〜　㊃「ペレランドラが贈る微生物のためのエッセンス」エンジェルプレス 2005
Wright, Major　ライト, メジャー
㊃アメリカ　アメフト選手
Wright, Margaret Nickelson　ライト, マーガレット・ニケルソン
㊃「ホピ銀細工」バベル・プレス 2003
Wright, Mary Ann　ライト, メアリー・アン
㊃「もう戦争はさせない！」文理閣 2007
Wright, Micah Ian　ライト, マイカ・イアン
㊃「黙ってオレについてこい 文句がある奴ァ爆撃だ」バジリコ 2003
Wright, Mike　ライト, マイク
㊃アメリカ　野球選手
Wright, Nicholas Thomas　ライト, N.T.
1948〜　㊃「新約聖書と神の民」新教出版社 2015
Wright, Pádraig　ライト, パドレイグ
㊃「統合失調症の常識は本当か？」培風館 2009
Wright, Pamela Darr　ライト, パメラ
㊃「アメリカのIEP個別の教育プログラム」中央法規出版 2012
Wright, Peter　ライト, ピーター
1943〜　㊃「市場における欺瞞的説得」誠信書房 2011
Wright, Peter Robert　ライト, ピーター
1926〜　㊃イギリス　バレエ監督・振付師、元バレエダンサー　バーミンガム・ロイヤル・バレエ団（BRB）名誉監督
Wright, Peter W.D.　ライト, ピーター・W.D.
㊃「アメリカのIEP個別の教育プログラム」中央法規出版 2012
Wright, Ralph　ライト, ラルフ
㊃「くまのプーさん」竹書房 2003
Wright, Randall　ライト, ランダル
㊃「チェシャーチーズ亭のネコ」東京創元社 2014
Wright, Rebecca　ライト, レベッカ
㊃「イラスト図解 "ポスト"フェミニズム入門」作品社 2003
Wright, Richard　ライト, リチャード
1945〜2008　㊃イギリス　ロックミュージシャン　通称＝ライト, リック〈Wright, Rick〉
Wright, Richard Bruce　ライト, リチャード・B.
1937〜　㊃「みんな、同じ屋根の下」行路社 2008
Wright, Rick A., Jr.　ライト, リック・A., Jr.
㊃「内部監査人のためのリスク評価ガイド」日本内部監査協会 2014
Wright, Robert　ライト, ロバート
㊃「小さな緑の世界テラリウムをつくろう」草思社 2015
Wright, Robert Eric　ライト, ロバート・E.
1969〜　㊃「ウォールストリート・ジャーナル式経済指標読み方のルール」かんき出版 2012
Wright, Robin　ライト, ロビン
1966〜　㊃アメリカ　女優　本名＝ライト, ロビン・バージニア　㊃ライト・ペン, ロビン
Wright, Ronald　ライト, ロナルド
1948〜　㊃「暴走する文明」日本放送出版協会 2005
Wright, Sally Ann　ライト, サリー・アン
㊃「つくってたのしい！クリスマスこうさくえほん」いのちのことば社 2012
Wright, Sally S.　ライト, サリー
㊃「難事件鑑定人」早川書房 2001
Wright, Scooby　ライト, スクービー
㊃アメリカ　アメフト選手
Wright, Scott　ライト, スコット
1950〜　㊃「オスカル・ロメロ」聖公会出版 2005
Wright, Shareece　ライト, シャリース
㊃アメリカ　アメフト選手
Wright, Stephen Francis　ライト, スティーヴ
1975〜　㊃「Banksy's Bristol：HOME SWEET HOME」作品社 2014
Wright, Steve　ライト, スティーブ
1947〜　㊃「ノードベースのデジタルコンポジット」ボーンデジタル 2012
Wright, Steven　ライト, スティーブン
㊃アメリカ　野球選手
Wright, Terence R.　ライト, T.R.
㊃「神学と文学」聖学院大学出版会 2009
Wright, Teresa　ライト, テレサ
1918〜2005　㊃アメリカ　女優　本名＝Wright, Muriel Teresa
Wright, Timothy　ライト, ティモシー
㊃アメリカ　アメフト選手
Wright, Will　ライト, ウィル
1960〜　㊃アメリカ　ゲームデザイナー
Wright, William　ライト, ウィリアム
㊃「ヴィンテージ紙もの雑貨コレクション」グラフィック社 2015
Wrighton, Tony　ライトン, トニー

1975～ 🄫「リラックスする」蒼竜社　2012
Wrightson, Patricia　ライトソン, パトリシア
1921～2010　🄮オーストラリア　児童文学作家, 編集者　本名＝Wrightson, Patricia Alice
Wriston, Walter　リストン, ウォルター
1919～2005　🄮アメリカ　銀行家　シティコープCEO
Wrixon, Fred B.　リクソン, フレッド・B.
🄫「暗号解読事典」創元社　2013
Wrobel, Agata　ウロベル
🄮ポーランド　重量挙げ選手
Wróblewska-Straus, Hanna　ヴルブレフスカ＝ストラウス, ハンナ
🄫「ショパン全書簡」岩波書店　2012
Wroblewski, David　ロブレスキー, デービッド
🄮アメリカ　作家 🄰文学 🄴ロブレスキー, デイヴィッド
Wrona, Robert J.　ロナ, ロバート
🄫「TWI実践ワークブック」日刊工業新聞社　2013
Wros, Peggy L.　ロス, ペギーL.
🄫「ベナー解釈の現象学」医歯薬出版　2006
Wroten, Tony　ローテン, トニー
🄮アメリカ　バスケットボール選手
Wrottesley, Clifton　ロッテスリー
🄮アイルランド　スケルトン選手
Wrye, Donald　ライ, ドナルド
1934～2015　🄮アメリカ　映画監督, 脚本家
Wu, Alina　ウー, アリーナ
🄫「西洋音楽鑑賞入門」北樹出版　2014
Wu, Annie　ウー, アニー
🄫「ホークアイ：L.A.ウーマン」小学館集英社プロダクション　2015
Wu, Bang-guo　ウー・バンゴ
1941～　🄮中国　政治家　中国全国人民代表大会常務委員長, 中国共産党政治局常務委員　漢字名＝呉邦国　🄴ウー・バンゴ
Wu, Daniel　ウー, ダニエル
1974～　俳優　漢字名＝呉彦祖
Wu, David Y.H.　ウー, デイヴィド
🄫「マクドナルドはグローバルか」新曜社　2003
Wu, Da-wei　ウー・ターウェイ
1946～　🄮中国　外交官　中国朝鮮半島問題特別代表　中国外務次官, 駐日中国大使　漢字名＝武大偉
Wu, Den-yih　ウー・トゥンイー
1948～　🄮台湾　政治家　台湾副総統　台湾行政院長（首相）　漢字名＝呉敦義
Wu, Fan　ウー, ファン
1973～　作家 🄰文学, フィクション
Wu, Felipe Almeida　ウー, フェリペアルメイダ
🄮ブラジル　射撃選手
Wu, Frank　ウー, フランク
ヒューゴー賞 ファンアーティスト（2009年）ほか
Wu, Frankie P.　ウー, フランキー・ピー
🄮カナダ　香港日本料理店協会会長, 味珍味（香港）株式会社社長, 香港日本文化協会副主席　漢字名＝呉寶舜
Wu, Gang　ウー・ガン
北京同創九鼎投資管理　漢字名＝呉剛
Wu, Guan-zhong　ウー・グアンゾン
1919～2010　🄮中国　画家　中国中央工芸美術学院教授, 中国美術家協会常務理事 🄰油絵, 中国画　漢字名＝呉冠中, 別名＝呉茶
Wu, Haiyun　ウー, H.
🄫「再生医学」エヌ・ティー・エス　2002
Wu, Harry　ウー, ハリー
1937～2016　🄮アメリカ　人権活動家　中国名＝呉弘達〈Wu, Hong-da〉
Wu, Jason　ウー, ジェイソン
1982～　🄮台湾　ファッションデザイナー
Wu, Jian-min　ウー・ジェンミン
1939～2016　🄮中国　外交専門家　駐フランス中国大使, 中国外交学院院長　漢字名＝呉建民 🄴ウー・チエンミン
Wu, Jie-ping　ウー・ジエピン
1917～2011　🄮中国　医学者　中国全国人民代表大会（全人代）常務委員会副委員長, 九三学社主席 🄰泌尿器外科　漢字名＝呉階平
Wu, Jonathan　ウー, ジョナサン
MTVアワード 最優秀視覚効果（第30回（2013年）） "Safe and Sound"
Wu, Lawrence　ウー, ローレンス
1964～　🄫「競争政策の経済学」NERA　2005

Wu, Leng-xi　ウー・レンシー
1919～2002　🄮中国　ジャーナリスト　中国全国新聞工作者協会名誉主席, 新華社社長, 中国人民政治協商会議全国委員会（全国政協）常務委員　漢字名＝呉冷西
Wu, Melissa　ウー, メリッサ
🄮オーストラリア　水泳選手 🄴ウー
Wu, Ming　ウー・ミン
🄰文学, 歴史　別共同筆名＝ブリセット, ルーサー〈Blissett, Luther〉
Wu, Min-xia　ウー・ミンシア
1985～　🄮中国　飛び込み選手　漢字名＝呉敏霞
Wu, Mu-Ye　ウー・ムーイェ
🄮中国　ロン・ティボー・クレスパン国際音楽コンクール ピアノ第4位（2004年（第34回））
Wu, Poh-hsiung　ウー・ボーション
1939～　🄮台湾　政治家　台湾国民党名誉主席　台北市長　漢字名＝呉伯雄
Wu, Rufina　ウー, ルフィナ
1980～　🄫「香港ルーフトップ」パルコエンタテインメント事業部　2014
Wu, Ru-jun　ウー・ルーチン
1963～　🄮中国　京胡奏者, 新京劇俳優　漢字名＝呉汝俊, 芸名＝呉東山 🄴ウー・ルージュイン
Wu, Shao-tsu　ウー・サオチュー
1939～2012　🄮中国　中国国務院国家体育総局局長, 中国オリンピック委員会（COC）委員長　漢字名＝伍紹祖
Wu, Shu-chen　ウー・シューチェン
1952～　🄮台湾　陳水扁元台湾総統夫人　台湾立法委員　漢字名＝呉淑珍
Wu, Stephen　ウー, スティーブン
🄫「デジタル署名」翔泳社　2003
Wu, Tian-ming　ウー・ティエンミン
1939～2014　🄮中国　映画監督　西安映画製作所所長　漢字名＝呉天明 🄴ウー・ティアミン／ウー・ティエンミン／ウ・ティエンミン
Wu, Tiejian　ウー, T.
🄫「AAP歯周病と全身疾患との関わり」クインテッセンス出版　2003
Wu, Tim　ウー, ティム
🄫「マスタースイッチ」飛鳥新社　2012
Wu, Wen-ying　ウー・ウェンイン
1932～2007　🄮中国　政治家　中国共産党中央委員, 中国紡織総会会長　漢字名＝呉文英
Wu, Xue　ウー
🄮ドミニカ共和国　卓球選手
Wu, Xue-qian　ウー・シュエチェン
1921～2008　🄮中国　政治家　中国副首相, 中国外相　漢字名＝呉学謙
Wu, Yi　ウー・イー
1938～　🄮中国　政治家　中国副首相, 中国共産党政治局員　漢字名＝呉儀
Wu, Zu-guang　ウー・チューグワン
1917～2003　🄮中国　劇作家, 書道家　中国戯劇家協会主席, 全国政協委員　漢字名＝呉祖光 🄴ウー・ツークアン／ウ・ズーグワン
Wubbels, Lance　ワベルズ, ランス
1952～　🄫「もしも世界が明日終わるとしたら」PHP研究所　2006
Wubbolding, Robert E.　ウォボルディング, ロバート
1936～　🄫「リアリティ・セラピーの理論と実践」アチーブメント出版　2015
Wuchun　ウーズン
1979～　🄮台湾　歌手, 俳優　漢字名＝呉尊 🄴ウー・ズン
WuDunn, Sheryl　ウーダン, シェリル
1959～　🄫「ハーフ・ザ・スカイ」英治出版　2010
Wuebben, Jon　ウィベン, ジョン
🄫「コンテンツ集客法」ダイレクト出版　2012
Wuerkaixi　ウーアルカイシ
1968～　🄮台湾　中国民主化運動指導者　民主中国陣線副主席　全名＝多菜特・吾爾開希（トライトゥーアルカイシ）〈Doulaite Wuerkaixi〉, 別名＝吾爾凱西 🄴ウーアルカイシー／ウアルカイシ／ウルケシ／ウルケシ／オルケシ
Wuerthner, George　ウースナー, ジョージ
🄫「動物工場」緑風出版　2016
Wugofski, Ted　ウゴフスキ, テッド
🄫「ビギニングXHTML」インプレス, インプレスコミュニケーションズ（発売）　2001

al-**Wuhayshi, Nasser** ウハイシ, ナセル
1976〜2015 アラビア半島のアルカイダ（AQAP）指導者
Wuilleme, Adeline ウイレム
 国フランス フェンシング選手
Wuissman, David ウェイスマン, デビッド
 著ワイスマン, デヴィッド 著「エボリューション」竹書房 2001
Wujciak, Connor ワシアク, コナー
 国アメリカ アメフト選手
Wuketits, Franz M. ヴケティツ, フランツ・M.
 1955〜 著「人はなぜ悪にひかれるのか」新思索社 2002
Wulf, Andrea ウルフ, アンドレア
 著「金星（ヴィーナス）を追いかけて」角川書店, 角川グループパブリッシング（発売）2012
Wulf, Christoph ヴルフ, クリストフ
 1944〜 著「教育人間学へのいざない」東京大学出版会 2015
Wulfen, Gijs van ウルフェン, ハイス・ファン
 著「スタート・イノベーション！」ビー・エヌ・エヌ新社 2015
Wulff, Christian ヴルフ, クリスティアン
 1959〜 国ドイツ 政治家, 法律家 ドイツ大統領 本名＝Wulff, Christain Wilhelm Walter 異ウルフ, クリスチャン / ヴルフ, クリスティアン
Wulff, Hans E. ヴルフ, ハンス・E.
 著「ペルシアの伝統技術」平凡社 2001
Wulff, Mary L. ウルフ, メアリー・L.
 著「ペットのためのハーブ大百科」ナナ・コーポレート・コミュニケーション 2010
Wulff-Tilford, Mary ウルフ・ティルフォード, メアリー・L.
 1955〜 著「ペットのためのハーブ大百科」ナナ・コーポレート・コミュニケーション 2004
Wullschläger, Jackie ヴォルシュレガー, ジャッキー
 1962〜 著「シャガール」白水社 2013
Wulu, Samuel ウル, サミュエル
 国リベリア 通産相
Wu Ma ウー・マ
 1942〜2014 国香港 映画監督, 俳優 漢字名＝午馬 異ウー・マ
Wunder, Ingolf ヴンダー, インゴルフ
 国オーストリア ピアニスト
Wunderle, Victor ワンダーレ
 国アメリカ アーチェリー選手
Wunderlich, Paul ヴンダーリヒ, パウル
 1927〜2010 国ドイツ 画家, 版画家 異ウンダーリヒ / ヴンダーリッヒ, パウル
Wunderman, Lester ワンダーマン, レスター
 著「ワンダーマンの「売る広告」」翔泳社 2006
Wundram, Manfred ヴントラム, マンフレット
 著「ゴシック」Taschen c2007
Wunna Maunga Lwin ワナ・マウン・ルウィン
 ミャンマー 外相
Wunsch, Marjory ウンシュ, マージョリー
 著「常識の天才ジェイン・ジェイコブズ」鹿島出版会 2012
Wünsch, Wolfgang ヴェンシュ, ヴォルフガング
 著「音楽による人間形成」風濤社 2007
Wuori, G.K. ウオリ, G.K.
 著「箱の女」早川書房 2004
Wuori, Matti Ossian ウォリ, マッティ
 1945〜2005 国フィンランド 弁護士, 人権活動家 グリーンピース理事長, 欧州議会議員
Wurie, Alpha ウリー, アルファ
 国シエラレオネ 教育・科学技術相 異ウリー, アルファ・T.
Wurman, Richard Saul ワーマン, リチャード・S.
 著「それは「情報」ではない。」エムディエヌコーポレーション, インプレスコミュニケーションズ（発売）2001
Wurst, Gregor ウルスト, グレゴール
 著「ユダの福音書」日経ナショナルジオグラフィック社, 日経BP出版センター（発売）2006
Wurster, Christian ワースター, クリスチャン
 著「コンピュータ」Taschen 2002
Wurster, Thomas S. ウースター, トーマス・S.
 著「戦略と経営」ダイヤモンド社 2001
Würtenberger, Thomas ヴュルテンベルガー, トーマス
 1943〜 著「国家と憲法の正統化について」中央大学出版部 2016
Würth, Reinhold ウルト, ラインホルト
 国ドイツ ウルト会長
Wurtzel, Elizabeth ワーツェル, エリザベス
 1967〜 著「わがままな恋のルール」ベストセラーズ 2002
Wurz, Alex ヴルツ, アレックス
 1974〜 国オーストリア レーシングドライバー, 元F1ドライバー 本名＝ヴルツ, アレクサンダー〈Wurz, Alexander〉 異ヴルツ, アレクサンダー / ヴルツ, アレックス
Wüst, Ireen ブスト, イレイン
 1986〜 国オランダ スピードスケート選手 本名＝Wüst, Ireen Karlijn
Wüstholz, Gisbert ヴュストルツ, ギスバート
 著「数学の最先端21世紀への挑戦」シュプリンガー・フェアラーク東京 2004
Wustlich, Torsten ブストリヒ
 国ドイツ リュージュ選手
Wuthnow, Robert ウスナウ, ロベート
 著「NPOと政府」ミネルヴァ書房 2007
Wuthrich, Gregory ヴュトリヒ, グレゴリー
 スイス サッカー選手
Wüthrich, Kurt ヴュートリッヒ, クルト
 1938〜 国スイス 分子生物学者 スクリプス研究所教授 専構造生物学 異ビュートリッヒ / ビュトリヒ / ヴュートリヒ
Wuu, Weiwei ウー, ウェイウェイ
 1968〜 国中国 二胡奏者 本名＝巫謝慧
Wuyontana ウヨンタナ
 国中国 歌手 漢字名＝烏雲塔娜 異ウユンタナ
Wyatt, David ワイアット, デイヴィッド
 著「スタークロス」理論社 2008
Wyatt, James ワイアット, ジェームズ
 著「ルールズ・コンペンディウム」ホビージャパン 2011
Wyatt, Jane ワイアット, ジェーン
 1910〜2006 アメリカ 女優 異ワイアト, ジェイン
Wyatt, Rawdon ウィアット, ロードン
 著「セルフスタディIELTS必須ボキャブラリー」ジャパンタイムズ 2014
Wyatt, Robert ワイアット, ロバート
 1945〜 国イギリス ミュージシャン
Wyatt, Rupert ワイアット, ルパート
 1972〜 国イギリス 映画監督, 脚本家
Wyatt, Solange ワイット, ソランジュ
 著「産婦人科」メディカル・サイエンス・インターナショナル 2005
Wyatt, Stuart ワイアット, スチュアート
 著「マネジメント絶対法則40」創元社 2012
Wyckoff, H. ワイコフ, H.
 著「知の歴史」徳間書店 2002
Wycoff, Joyce ワイコフ, ジョイス
 著「PQプロジェクト・マネジメントの探究」キングベアー出版 2007
Wye, Trevor ワイ, トレヴァー
 著「初級用フルート教本ピアノ伴奏譜」音楽之友社 2013
Wyeth, Andrew ワイエス, アンドルー
 1917〜2009 国アメリカ 画家 専風景, 静物 本名＝ワイエス, アンドルー・ニューウェル〈Wyeth, Andrew Newell〉 異ワイエス, アンドリュー
Wyke, R.Allen ワイク, R.アレン
 著「プログラミングXML」日経BPソフトプレス, 日経BP出版センター（発売）2002
Wykes, Til ワイクス, ティル
 著「統合失調症の認知機能改善療法」金剛出版 2011
Wyle, Dirk ワイル, ダーク
 1945〜 著「マイアミ殺人 懲りないドクター」集英社 2003
Wyle, George ワイル, ジョージ
 ?〜2003 国アメリカ 作詞・作曲家
Wylenzek, Tomasz ウィンレンツェク
 国ドイツ カヌー選手
Wyler, Gretchen ワイラー, グレッチェン
 1932〜2007 国アメリカ 女優 ヒューメイン・ソサエティー副会長 本名＝Wienecke, Gretchen Patricia
Wyles, Chris ワイルズ, クリス
 国アメリカ ラグビー選手
Wylie, Laura ワイリー, ローラ
 著「性加害行動のある少年少女のためのグッドライフ・モデル」誠信書房 2015
Wylie, Philip ワイリー, フィリップ
 著「地球最後の日」東京創元社 2014
Wylie, Trish ワイリー, トリッシュ
 著「恋する街角」ハーレクイン 2011

Wyllie, Timothy　ワイリー, ティモシー
　1940～　㊃「イルカとETと天使たち」明窓出版　2006
Wyman, Bill　ワイマン, ビル
　㊃「ローリング・ウィズ・ザ・ストーンズ」小学館プロダクション　2003
Wyman, Jane　ワイマン, ジェーン
　1917～2007　㊚アメリカ　女優　本名＝フォークス, サラ・ジェーン〈Fulks, Sara Jane〉
Wyman, Lance　ワイマン, ランス
　㊃「Supergraphics」ビー・エヌ・エヌ新社　2011
Wymore, Patrice　ワイモア, パトリス
　1926～2014　㊚アメリカ　女優
Wyndham, Jeremy　ウィンダム, ジェレミー
　㊃「数学で身につける柔らかい思考力」ダイヤモンド社　2003
Wyne, Ali　ウィン, アリ
　1987～　㊃「リー・クアンユー、世界を語る」サンマーク出版　2013
Wyner, Yehudi　ワイナー, ユーディ
　㊚アメリカ　ピュリッツアー賞 文学・音楽 音楽（2006年）　"Piano Concerto: 'Chiavi in Mano'"
Wynn, Adam
　㊚オーストラリア　在アデレード日本国名誉総領事, 元・豪日交流基金副理事長
Wynn, Charles M.　ウィン, チャールズ・M.
　㊃「疑似科学はなぜ科学ではないのか」海文堂出版　2009
Wynn, Dylan　ウィン, ディラン
　㊚アメリカ　アメフト選手
Wynn, Eric　ウィン, エリック
　㊃「ポール・オースターが朗読するナショナル・ストーリー・プロジェクト」アルク　2006
Wynn, Garrison　ウィン, ギャリソン
　㊃「アンフェアにたたかえ！」マグロウヒル・エデュケーション, 日本経済新聞出版社（発売）　2011
Wynn, Kerry　ウィン, ケリー
　㊚アメリカ　アメフト選手
Wynn, Shane　ウイン, シェイン
　㊚アメリカ　アメフト選手
Wynn, Steve　ウィン, スティーブ
　1942～　㊚アメリカ　実業家, 美術収集家　ウィン・リゾーツ創業者
Wynne, Frank　ウイン, フランク
　1960～　㊃「フェルメールになれなかった男」筑摩書房　2014
Wynne, Ian　ウィン
　㊚イギリス　カヌー選手
Wynne, Jane M.　ウィニー, ジェーン・M.
　㊃「子ども虐待の身体所見」明石書店　2013
Wynne, Marcus　ウィン, マーカス
　㊃「特別追撃任務」早川書房　2003
Wynne, Patricia　ウィン, パトリシア・J.
　㊃「セシリーの冒険」バベルプレス　2007
Wynne, Patricia J.　ウィン, パトリシア・J.
　㊃「脳のしくみ」西村書店東京出版編集部　2015
Wynn Parry, Christopher B.　ウィン・ペリー, クリストファー・B.
　㊃「音楽家の手」協同医書出版社　2006
Wyse, Liz　ワイズ, リズ
　ワイズ, エリザベス　㊃「シャーロック・ホームズ大図鑑」三省堂　2016
Wyss, Beat　ヴィース, ベアット
　1947～　㊃「ブリューゲル《イカロス墜落の風景》」三元社　2007
Wyss, Hansjörg　ウィス, ハンスヨルグ
　慈善家　ウィス, ハンスヨルグ
Wyszumialal, Edward　ヴィズミアラ, エドワード
　㊃「食品の機能性表示と世界のレギュレーション」薬事日報社　2015

【X】

X　エックス
　㊃「アメリカの大崩壊と最期」データハウス　2002
Xaba, Bennedict　シャバ, ベネディクト
　㊚スワジランド　保健相　㊥クサバ, ベネディクト
Xabi Alonso　シャビ・アロンソ
　1981～　㊚スペイン　サッカー選手　本名＝オラーノ, シャビエル・アロンソ〈Olano, Xabier Alonso〉
Xabi Prieto　シャビ・プリエト
　㊚スペイン　サッカー選手
Xanthos, Andreas　クサンソス, アンドレアス
　㊚ギリシャ　保健相
Xaphilom, Bounmy　サービロム, ブンミー
　㊚ラオス　元・在ラオス日本国大使館現地職員
Xavi　シャビ
　1980～　㊚スペイン　サッカー選手　本名＝クレウス, シャビエル・エルナンデス〈Creus, Xavier Hernandez〉　㊥チャビ／チャヴィ
Xavier, Anthony　ハビエル, アンソニー
　㊚ガイアナ　公共事業相　㊥ザビエル, アンソニー
Xavier, Clément　グザヴィエ, クレマン
　アングレーム国際漫画祭 新人賞（Révélation賞）（2015年）　"Yekini, Le Roides Arènes"
Xavier, Grace　ザビエル, グレース
　㊃「アジア太平洋諸国の収用と補償」成文堂　2006
Xavier, Marcelo　シャヴィエル, マルセロ
　1949～　㊃「本をよもう！」新世研　2002
Xavier Esteves, Francisco　シャヴィエル・エステヴェス, フランシスコ
　㊚ポルトガル　駐日特命全権大使
Xavi Torres　シャビ・トーレス
　㊚スペイン　サッカー選手
Xaysenglee, Tengbliavue　サイセンリー・テンブリアチュ
　㊚ラオス　首相府相
Xaysi, Santivong　サイシー・サンティボン
　㊚ラオス　法相　㊥サイシ・サンティウォン
Xenakis, Iannis　クセナキス, イアニス
　1922～2001　㊚フランス　作曲家, 数学者, 建築家　㊃推計音楽　㊥クセナキス, イアンニス／クセナキス, ヤニス
Xhafa, Fatmir　ジャファ, ファトミル
　㊚アルバニア　法相
Xhaferri, Ferdinand　ジャフェリ, フェルディナンド
　㊚アルバニア　観光・文化・青年・スポーツ相
Xhaferri, Musa　ジャフェリ, ムーサ
　㊚マケドニア　副首相（オフリド枠組み合意担当）　㊥ジャフェリ, ムサ
Xhaka, Granit　ジャカ, グラニト
　㊚スイス　サッカー選手
Xhaka, Taulant　ジャカ, タウラント
　㊚アルバニア　サッカー選手
Xhani, Mustafa　ジャニ, ムスタファ
　㊚アルバニア　保健相
Xhuveli, Lufter　ジュベリ, ルフタ
　㊚アルバニア　環境相　㊥ジュベリ, ルフテル
Xi, Jin-ping　シー・チンピン
　1953～　㊚中国　政治家　中国国家主席・国家中央軍事委員会主席, 中国共産党総書記・中央軍事委員会主席　漢字名＝習近平　㊥シー・ジンピン
Xi, Zhong-xun　シー・ゾンシュン
　1913～2002　㊚中国　政治家　中国副首相, 中国全国人民代表大会（全人代）常務委副委員長　漢字名＝習仲勲
Xia, Da　シャア・タア
　1981～　㊚中国　漫画家　漢字名＝夏達
Xia, Qingsu　シァ, チンスー
　漢字名＝夏慶蘇　㊃「食品の機能性表示と世界のレギュレーション」薬事日報社　2015
Xiao, Xiang-qian　シャオ・シャンチェン
　1918～2009　㊚中国　外交官　中日友好協会副会長, 駐バングラデシュ中国大使　漢字名＝蕭向前
Xie, Jin　シェ・チン
　1923～2008　㊚中国　映画監督　漢字名＝謝晋　㊥シェ・ジン／シェ・チン
Xie, Tian　シェ・ティエン
　1914～2003　㊚中国　俳優, 映画監督　漢字名＝謝添　㊥シェ・テン
Xingwana, Lulama　ジングワナ, ルラマ
　㊚南アフリカ　土地問題・農業相
Xingwana, Lulu　シングワナ, ルル
　㊚南アフリカ　女性・青年・児童・身体障害者相
Xiong, Victor C.　シオン, ヴィクター・C.
　㊃「ビジュアル版 世界の歴史都市」柊風舎　2016
Xirimbimbi, Salomão José Luheto　シリンビンビ, サロマン・ジョゼ・ルエト
　㊚アンゴラ　漁業相

Xu, Chai-hou　シュイ・ツァイホウ
　1943～2015　⒩中国　軍人　中国共産党政治局員・中央軍事委員会副主席, 中国国家中央軍事委員会副主席　漢字名＝徐才厚
Xu, Cheng-gang　シュイ・チョンカン
　1950～　⒩中国　経済学者　香港大学教授, ロンドン・スクール・オブ・エコノミクス終身教授　漢字名＝許成鋼
Xu, Chuanhua　シュー・チュアンホア
　⒩中国　実業家　漢字名＝徐伝化
Xu, Huaiwen　シュー
　⒩ドイツ　バドミントン選手
Xu, Hui-zhi　シュイ・フイチー
　1966～　⒩台湾　詩人, 編集者　漢字名＝許悔之
Xu, Hui-zi　シュイ・ホイズー
　1932～2005　⒩中国　軍人, 政治家　中国人民解放軍上将, 中国共産党中央委員, 中国軍事科学院院長　漢字名＝徐惠滋
Xu, Jia-tun　シュイ・ジャトゥン
　1916～2016　⒩アメリカ　政治家　新華社通信香港支社長, 中国共産党中央委員　漢字名＝許家屯　⒫シュイ・チアトゥン
Xu, Jiayin　シュー・ジャーイン
　⒩中国　実業家　漢字名＝許家印
Xu, Jing-lei　シュー・ジンレイ
　1975～　⒩中国　女優, 映画監督　漢字名＝徐静蕾　⒫シイ・ジンレイ／シェイ・チンレイ
Xu, Ke　シュイ・クー
　1960～　⒩中国　二胡奏者　漢字名＝許可　⒫シュイ・クゥ／シュイ・クヅ／シュイ・コー
Xu, Shihui　シュー・シーホイ
　⒩中国　実業家　漢字名＝許世輝
Xu, Si-min　シュイ・スーミン
　1914～2007　⒩香港　実業家　「鏡報」社主　漢字名＝徐四民
Xu, Xin　シュイ・シン
　1921～2005　⒩中国　軍人　中国人民解放軍副総参謀長, 中国国際戦略問題学会会長　漢字名＝徐信
Xu, Zhan-tang　シュイ・ザンタン
　1941～2010　⒩香港　実業家　中国人民政治協商会議全国委員会(全国政協)常務委員, 香港利達時社長, 新中港集団会長　漢字名＝徐展堂
Xu, Zhi-yong　シュー・ジーヨン
　⒩中国　人権活動家, 法学者　北京郵電大学講師　漢字名＝許志永
Xuan Thuan, Trinh　スアン・トゥアン, チン
　⒜「掌の中の無限」新評論 2003
Xue, Mu-qiao　シュエ・ムーチャオ
　1904～2005　⒩中国　経済学者　中国国務院経済技術社会発展研究センター名誉幹事　⒮農村経済, 統計学　漢字名＝薛暮橋
Xun, Zhou　シュン, ジョウ
　⒜「カラオケ化する世界」青土社 2008

【Y】

Yaacob, Ibrahim　ヤーコブ・イブラフム
　⒩シンガポール　情報通信相　⒫ヤーコブ・イブラヒム
Ya'alon, Moshe　ヤアロン, モシェ
　1950～　⒩イスラエル　政治家, 元軍人　イスラエル国防相　イスラエル軍参謀総長
Yaameen, Abdulla　ヤーミン, アブドラ
　⒩モルディブ　通産相
Yabaki, Konisi　ヤンバキ, コニシ
　⒩フィジー　水産林野相
Yab Ugyen Dorji　ウギェン・ドルジ
　1925～　⒜「虹と雲」平河出版社 2004
Yabuki, Nanae　ヤブキ, ナナエ
　⒜「Eco2 Cities」一灯舎 2014
Yaccarino, Dan　ヤッカリノ, ダン
　1965～　⒜「きんようびはいつも」ほるぷ出版 2007
Yacob, Claudio　ジャコブ, クラウディオ
　⒩アルゼンチン　サッカー選手
Yacomuzzi, Paula　ジャコムッシ, パウラ
　⒜「ロゴコンストラクション」パイインターナショナル 2013
Yacoubou, Ibrahim　ヤクブ, イブラヒム
　⒩ニジェール　外務・協力・アフリカ統合・在外ニジェール人相　⒫ヤクバ, イブラヒム
Yadav, Mahendra Prasad　ヤダブ, マヘンドラ・プラサド

　⒩ネパール　かんがい相
Yadav, Narsingh Pancham　ヤダブ, ナルシンパンチャム
　⒩インド　レスリング選手
Yadav, Rajendra　ヤーダヴ, ラージェンドラ
　1929～　⒜「天国の風」新潮社 2011
Yadav, Raj Kishor　ヤダブ, ラジュ・キショル
　⒩ネパール　情報通信相
Yadav, Ram Baran　ヤダブ, ラム・バラン
　1948～　⒩ネパール　政治家, 医師　ネパール大統領(初代)　⒫ヤダフ, ラム・バラン
Yadav, Renu Kumari　ヤダブ, レヌ・クマリ
　⒩ネパール　教育相
Yadav, Sharad　ヤダブ, シャラド
　⒩インド　消費者・配給相
Yadav, Sitadev　ヤダブ, シタデビ
　⒩ネパール　平和・復興相
Yadav, Umesh　ヤダブ, ウメシュ
　⒩ネパール　かんがい相
Yadav, Upendra　ヤダブ, ウペンドラ
　⒩ネパール　外相
Yade, Rama　ヤド, ラマ
　⒩フランス　外務・人権担当相
Yadhav, Chitralekha　ヤダブ, チトラレカ
　⒩ネパール　教育相
Yafaee, Saeed　ヤファイー, サイード
　⒩イエメン　交通・海運相
Yafai, Galal　ヤファイ, ガラル
　⒩イギリス　ボクシング選手
Yaffe, James　ヤッフェ, ジェイムズ
　1927～　⒜「ママは何でも知っている」早川書房 2015
Yaffe, Risa Sacks　ヤッファ, リサ・サックス
　⒜「月のかがやく夜に」先端医学社 2001
Yağcılar, Mahir　ヤグジラー, マヒル
　⒩コソボ　行政相
Yager, Jan　イェガー, ジャン
　1948～　⒜「人生に必要な友だち, 害になる友だち」PHP研究所 2006
Yaghmour, Karim　ヤフマー, カリム
　⒜「組み込みLinuxシステム構築」オライリー・ジャパン, オーム社(発売) 2009
Yago, Glenn　ヤーゴ, グレン
　⒫ヤゴ, グレン　⒜「金融は人類に何をもたらしたか」東洋経済新報社 2014
Yagudin, Alexei　ヤグディン
　1980～　⒩ロシア　フィギュアスケート選手　⒫ヤグディン, アレクセイ
Yague, Brigitte　ヤゲ
　⒩スペイン　テコンドー選手
Yague Enrique, Brigitte　ヤグエ
　⒩スペイン　テコンドー選手
Yahaya, Mamane Bachir　ヤハヤ, ママン・バシル
　⒩ニジェール　都市化問題・住宅相
al-Yahia, Abdul Razzaq　ヤヒヤ, アブデルラザク
　⒩パレスチナ　内相
Yahuar, Norberto　ジャウアル, ノルベルト
　⒩アルゼンチン　農牧・漁業相
Yahuda, Rachel　イェフダ, レイチェル
　⒜「不安障害」日本評論社 2005
Yahya, Pehin　ヤヒヤ, ペヒン
　⒩ブルネイ　産業資源相
Yahya Bakar, Pehin　ヤヒヤ・バカル, ペヒン
　⒩ブルネイ　産業資源相
Yahyaoui, Insaf　ヤハウイ
　⒩チュニジア　柔道選手
Yairi, Ehud　ヤイリ, エフド
　⒩アメリカ　言語病理学者　イリノイ大学名誉教授, テルアビブ大学名誉教授　⒮吃音治療
Yaitanes, Greg　ヤイタネス, グレッグ
　エミー賞 プライムタイム・エミー賞 最優秀監督賞(ドラマシリーズ)(第60回(2008年)) "House"
Yajima, Lillian Emiko Noda　ヤジマ, リリアン・エミコ・ノダ
　⒩アメリカ　ハワイ日系人連合協会理事, 元・ホノルル日系婦人会会長　漢字名＝矢島リリアン・恵美子・野田
Yajnik, Birad Rajaram　ヤージニク, ビラード・ラージャラーム
　1968～　⒜「インドのヨガ偉大な師たち」ガイアブックス 2014
Yakete, Joseph　ヤケテ, ジョセフ

Yakhluf, Yahiya ヤフルフ, ヤヒヤ
　国パレスチナ　文化相
Yakimenko, Alexey ヤキメンコ, アレクセイ
　国ロシア　フェンシング選手
Yakis, Yasar ヤクシュ, ヤシャル
　国トルコ　外相
Yakob, Yala ヤコビ・ヤラ
　国エチオピア　貿易相
Yakobashvili, Temur ヤコバシビリ, テムル
　国ジョージア　国務相(統合問題担当)
Yakovlev, Aleksandr Nikolaevich ヤコヴレフ, アレクサンドル
　1923〜2005　国ロシア　政治家　ソ連共産党政治局員, ロシア社会民主党党首　異ヤーコブレフ, アレクサンドル／ヤコブレフ, アレクサンドル
Yakovlev, Egor Vladimirovich ヤコヴレフ, エゴール
　1930〜2005　国ロシア　ジャーナリスト　「モスクワ・ニュース」編集長　異ヤコブレフ, エゴール
Yakovlev, Vasyl ヤコヴレフ, ヴァシル
　国ウクライナ　自転車選手
Yakovlev, Vladimir A. ヤコブレフ, ウラジーミル・A.
　国ロシア　地域発展相
Yakovlev, Yuri ヤコヴレフ, ユーリー
　1928〜2013　国ロシア　俳優
Yakubu, Hawa ヤクブ, ハワ
　国ガーナ　観光相
Yakupi, Nexhati ヤクピ, ネジャティ
　国マケドニア　環境・都市計画相
Yalá, Kumba ヤラ, クンバ
　1953〜2014　国ギニアビサウ　政治家, 軍人　ギニアビサウ大統領, ギニアビサウ国軍最高司令官　本名=Yalá Embaló, Mohamed
Yalcinbayir, Ertgrul ヤルチュンバユル, エルトゥルル
　国トルコ　副首相
Yalcinkaya, Atagun ヤルジンカヤ
　国トルコ　ボクシング選手
Yale, Pat イエール, パット
　著「トルコ」メディアファクトリー　2004
Yalman, Nur ヤルマン, ヌール
　1931〜　国アメリカ　文化人類学者　ハーバード大学名誉教授
　異ヤーマン, ヌール／ヤルマン, ヌアー
Yalom, Irvin D. ヤーロム, アーヴィン・D.
　1931〜　国アメリカ, アーヴィン　著「ヤーロム グループサイコセラピー」　西村書店東京出版編集部　2012
Yalom, Marilyn ヤーロム, マリリン
　著「〈妻〉の歴史」慶応義塾大学出版会　2006
Yalon, Dafna ヤローン, ダフナ
　著「星と波描画テストの発展」川島書店　2015
Yalow, Rosalyn Sussman ヤロー, ロザリン
　1921〜2011　国アメリカ　医療物理学者　マウント・サイナイ医学校業績記念教授　異ヤーロウ, ロザリン／ヤロウ, ロザリン
Yalowitz, Paul ヤロウィッツ, ポール
　著「なんきょくのサンタさん」インターリンクプランニング　2001
Yaluma, Christopher ヤルマ, クリストファー
　国ザンビア　鉱業相　異ヤルマ, クリストファー
Yam, Philip M. ヤム, フィリップ・M.
　異ヤム, フィリップ　著「サイエンスライティング」地人書館　2013
Yamada, Haru ヤマダ, ハル
　著「喋るアメリカ人 聴く日本人」成甲書房　2003
Yamada, Kobi ヤマダ, コビ
　著「アイデアたまごのそだてかた」海と月社　2016
Yamada, Mike ヤマダ, マイク
　著「ベイマックス」講談社　2015
Yamada, Mitsuye ヤマダ, ミツエ
　1923〜　著「収容所ノート」松柏社　2004
Yamada, Yoji ヤマダ, ヨウジ
　国日本　ベルリン国際映画祭 ベルリナーレ・カメラ賞(第60回(2010年))　漢字名=山田洋次
Yamada David, T. ヤマダ, デイビッド・T.
　著「モンテレー半島日本人移民史」渓水社　2009
Yamaguchi, Hiroshi ヤマグチ, ヒロシ
　国アメリカ　元・日系パイオニア・センター会長　漢字名=山口弘
Yamaguchi, Nobuyuki ヤマグチ, ノブユキ
　著「ドメスティック・キャット」チクサン出版社, 緑書房(発売)　2006
Yamaichi, Jimi ヤマイチ, ジミー
　国アメリカ　サンノゼ日系人博物館館長(創設者), 岡山・サンノゼ姉妹都市協会プログラム・ディレクター
Yamamoto, Hisaye ヤマモト, ヒサエ
　1921〜　著「ヒサエ・ヤマモト作品集」南雲堂フェニックス　2008
Yamamoto, Lani ヤマモト, ラニ
　著「ぼくのおおきさ」講談社　2008
Yamamoto, Loren ヤマモト, ローレン
　著「小児救急学習用テキスト」診断と治療社　2006
Yamamoto, Luci ヤマモト, ルーシー
　著「ハワイ」メディアファクトリー　2005
Yamamoto, Masaya ヤマモト, マサヤ
　国日本　ローザンヌ国際バレエコンクール 3位・プロ研修賞(第41回(2013年))　漢字名=山本雅也
Yamamoto, Mindy ヤマモト, ミンディ
　著「日本のマイクロファイナンス」毎日コミュニケーションズ　2011
Yamamoto, Takashi ヤマモト, タカシ
　国日本　フレデリック・ショパン国際ピアノコンクール 第4位(2005年(第15回))　漢字名=山本貴志
Yamamoto Miyakawa, Victor ヤマモト・ミヤカワ, ビクトル
　国ペルー　日秘総合診療所医師長, 元・カエタノ・エレディア大学公共保健・経営学部教授, 元・保健大臣, 元・在ホンジュラス・ペルー大使
Yamamura, Hiroshi ヤマムラ, ヒロシ
　国マーシャル諸島　公共事業相
Yamamura, Kôzô ヤマムラ, コーゾー
　1934〜　著「日本経済が豊かさを取り戻すために」イースト・プレス　2012
Yamanaka, Shinya ヤマナカ, シンヤ
　国日本　ノーベル賞 生理学医学賞(2012年)ほか　漢字名=山中伸弥
Yamani, Ahmed Zaki ヤマニ, アハメド・ザキ
　1930〜　国サウジアラビア　政治家　サウジアラビア石油相, アラブ石油輸出国機構(OAPEC)議長　異ヤマーニー, アフマド・ザキー／ヤマニ, アフマド／ヤマニー
al-Yamani, Hashim bin Abdullah bin Hashim ヤマニ, ハシム・ビン・アブドラ・ビン・ハシム
　国サウジアラビア　商工相
Yamasaki, Sakura ヤマサキ, サクラ
　著「質的比較分析(QCA)と関連手法入門」晃洋書房　2016
Yamashita, Karen Tei ヤマシタ, カレン・テイ
　1951〜　国アメリカ　作家　カリフォルニア大学サンタクルーズ校創作科教授
Yamashita, Keith ヤマシタ, キース
　著「アンスタック！」ベストセラーズ　2004
Yamashita, Michael S. ヤマシタ, マイケル
　著「再見鄭和の西方大航海」日経ナショナルジオグラフィック社, 日経BP出版センター(発売)　2008
Yamassoum, Nagoum ヤマスム, ナグム
　国チャド　外務・アフリカ協力相
Yamauchi, Edwin M. ヤマウチ, エドウィン
　著「小アジアの古代都市」新教出版社　2010
Yamauchi, Gary ヤマウチ, ゲイリー
　国アメリカ　アルハンブラ市市議会議員, ゴーフォーブローク全米教育センター理事, 元・アルハンブラ市長
Yamauchi, Mara ヤマウチ, マーラ
　1971〜　国イギリス　元マラソン選手　異ヤマウチ
Yamawaki, Jorge ヤマワキ, ジョルジ
　国ブラジル　元・クリチーバ日伯文化援護協会会長, 元・クリチバ市議会議員　漢字名=山脇ジョルジ
Yamazaki, Michele ヤマザキ, ミシェール
　1973〜　著「作例で学ぶAfter Effectsエフェクト百科」ボーンデジタル　2012
Yamazoe, Guenji ヤマゾエ, ゲンジ
　国ブラジル　元・サンパウロ州環境局森林院総裁　漢字名=山添源二
Yamechi, Madeleine ヤメチ
　国カメルーン　重量挙げ選手
Yameen, Abdullah ヤミーン, アブドラ
　1959〜　国モルディブ　政治家　モルディブ大統領
Yameogo, Salvador ヤメオゴ, サルバドール
　国ブルキナファソ　運輸・観光相
Yami, Hisila ヤミ, ヒシラ

[国]ネパール　観光航空相

Yamin, Elliott　ヤミン, エリオット
1978～　[国]アメリカ　歌手

Yan, An-sheng　イェン・アンセン
1937～　[国]中国　北京外国語大学日本語学部教授・学部長, 北京日本学研究センター主任　[専]日本近代文学, 近代日中比較文学史　漢字名＝厳安生　[異]イェン・アンション

Yan, Ik-jun　ヤン・イクチュン
1975～　[国]韓国　映画監督, 俳優

Yan, Jerry　イェン, ジェリー
1977～　[国]台湾　歌手, 俳優　英語名＝Jerry, 愛称＝暴龍

Yan, Lian-ke　イエン・リエンコー
1958～　[国]中国　作家　漢字名＝閻連科

Yan, Vasilii G.　ヤン, V.G.
[著]「蒙古襲来」 文芸社　2002

Yan, Wen-jing　イェン・ウェンジン
1915～2005　[国]中国　児童文学作家, 文芸理論家　中国ペンセンター副会長, 中国作家協会理事, 中国人民文学出版社社長　漢字名＝厳文井　[異]イェン・ウェンチン

Yan, Xue-tong　ヤン・シュエトン
1952～　[国]中国　国際政治学者　清華大学教授・現代国際関係研究院院長　[専]国際関係　漢字名＝閻学通

Yan, Yunxiang　ヤン, ユンシャン
[著]「マクドナルドはグローバルか」 新曜社　2003

Yan, Zheng　ヤン, ツェン
[著]「成人の知的発達のダイナミクス」 丹精社, 明文書房(発売)　2008

Yanaev, Gennadii Ivanovich　ヤナーエフ, ゲンナジー
1937～2010　[国]ロシア　政治家　ソ連副大統領　[異]ヤナーエフ, ゲンナージー / ヤナーエフ, ゲンナジ

Yanagihara, Hanya　ヤナギハラ, ハニヤ
[著]「森の人々」 光文社　2016

Yanah　ヤナ
[著]「ヤナの森の生活」 WAVE出版　2012

Yanai, Itai　ヤナイ, イタイ
1975～　[著]「遺伝子の社会」 NTT出版　2016

Yanakiev, Ivo　ヤナキエフ
[国]ブルガリア　ボート選手

Yanakiev, Yavor　ヤナキエフ
[国]ブルガリア　レスリング選手

Yanca, Stephen J.　ヤンカ, ステファン・J.
[著]「ジェネラリスト・ソーシャルワーク」 ミネルヴァ書房　2004

Yancey, Philip D.　ヤンシー, フィリップ
1949～　[著]「隠された恵」 いのちのことば社　2015

Y

Yancey, Rick　ヤンシー, リック
[国]アメリカ　作家　[専]ミステリー, スリラー　本名＝ヤンシー, リチャード〈Yancey, Richard〉

Yanda, Marshal　ヤンダ, マーシャル
[国]アメリカ　アメフト選手

Yandarbiev, Zelimkhan　ヤンダルビエフ, ゼリムカン
1952～2004　[国]ロシア　政治家, 作家　チェチェン共和国大統領代行

Yandel　ヤンデル
グラミー賞 最優秀ラテン・アーバン・アルバム(2008年(第51回)) "Los Extraterrestres"

Yanev, Bojidar　ヤネフ, B.
1947～　[著]「橋梁マネジメント」 技報堂出版　2009

Yanev, Filip　ヤネフ
[国]ブルガリア　体操選手

Yang, Bai-bing　ヤン・バイビン
1920～2013　[国]中国　軍人, 政治家　中国人民解放軍総政治部主任, 中国共産党中央軍事委員会秘書長　漢字名＝楊白冰

Yang, Bo-jiang　ヤン・ポーチアン
1964～　[国]中国　国際政治学者　中国社会科学院日本研究所副所長　[専]日米同盟, 日本外交, 中日関係ほか　漢字名＝楊伯江

Yang, Charles J.　ヤン, チャールズ
1963～　実業家　T&Dアセットマネジメント CIO, CFA協会理事会議長

Yang, Chein-Ming　ヤン, チェン・ミン
[著]「睡眠障害に対する認知行動療法」 風間書房　2015

Yang, Cheng-wu　ヤン・ツンウー
1914～2004　[国]中国　軍人, 政治家　中国人民解放軍総参謀長代理, 中国人民政治協商会議全国委員会(全国政協)副主席　漢字名＝楊成武　[異]ヤン・チョンウー

Yang, Chen-ning　ヤン, チェンニン
1922～　[国]アメリカ　理論物理学者　ニューヨーク州立大学名誉教授　[専]素粒子物理学　漢字名＝楊振寧(ヨウ・シンネイ)〈Yang, Zhen-ning〉, 別名＝ヤン, フランク〈Yang, Frank〉

Yang, Chuan-kuang　ヤン・ツワングワン
1933～2007　[国]台湾　陸上選手　台湾体育協会トレーニングロセンター総合監督, 台湾立法委員　漢字名＝楊伝広

Yang, Dai-kang　ヤン・ダイカン
1987～　[国]台湾　野球選手　漢字名＝陽岱鋼

Yang, Edward　ヤン, エドワード
1947～2007　[国]台湾　映画監督　中国名＝楊徳昌(ヤン・ドゥーツァン)　[異]ヤン・デーツァン

Yang, Erche Namu　ヤン, アーシュ・ナム
1966～　[著]「「女たちの国」のナム」 PHP研究所　2003

Yang, Fu-dong　ヤン・フードン
1971～　[国]中国　現代美術家　漢字名＝楊福東

Yang, Hak-seon　ヤン・ハクソン
1992～　[国]韓国　体操選手　漢字名＝梁鶴善

Yang, Huan　ヤン・ホアン
1927～2014　[国]中国　軍人　中国人民解放軍第二炮兵部隊副司令官・中将　漢字名＝楊桓

Yang, Huiyan　ヤン・ホイイェン
[国]中国　実業家　漢字名＝楊惠姸

Yang, Hyong-sop　ヤン・ヒョンソプ
1923～　[国]北朝鮮　政治家　北朝鮮最高人民会議常任委員会副委員長, 朝鮮労働党中央委員　漢字名＝楊亨燮　[異]ヤン・ヒョンソブ

Yang, In Mo　ヤン・インモ
[国]韓国　パガニーニ国際ヴァイオリン・コンクール 第1位(2015年(第54回))ほか

Yang, James　ヤン, ジェイムズ
1960～　[著]「パズルくん」 ブロンズ新社　2010

Yang, Jerry C.　ヤン, ジェリー
1968～　[国]アメリカ　実業家, 投資家　ヤフー共同創業者, 聯想集団(レノボ・グループ)取締役, アリババグループ取締役　ヤフー会長・CEO　中国名=Yan, Chih-yuan　[異]ヤング, ジェリー

Yang, Jiang　ヤン・ジャン
1911～2016　[国]中国　作家, 翻訳家　漢字名＝楊絳　[異]ヤン・ジアン

Yang, Jie-chi　ヤン・チェチー
1950～　[国]中国　外交官, 政治家　中国国務委員(外交担当), 中国共産党中央委員　中国外相, 駐米中国大使　漢字名＝楊潔篪

Yang, Jing-ren　ヤン・ジンレン
1918～2001　[国]中国　政治家　中国副首相, 中国人民政治協商会議全国委員会(全国政協)副主席, 中国共産党中央委員　漢字名＝楊静仁

Yang, Jung-mo　ヤン・ジョンモ
1921～2009　[国]韓国　実業家　国際グループ会長　漢字名＝梁正模

Yang, Jung-ung　ヤン・ジョンウン
1968～　[国]韓国　演出家　劇団旅行者代表　漢字名＝梁正雄

Yang, Kyong-il　ヤン・ギョンイル
[国]北朝鮮　レスリング選手

Yang, Lan　ヤン・ラン
1968～　[国]中国　キャスター, 実業家　サン・テレビジョン・サイバーネットワークス共同設立者　漢字名＝楊瀾

Yang, Li-gong　ヤン・リーゴン
1919～2010　[国]中国　政治家　中国農業機械部長, 中国全国人民代表大会常務委員会委員　漢字名＝楊立功, 字＝書勲

Yang, Li-ping　ヤン・リーピン
1958～　[国]中国　舞踊家　漢字名＝楊麗萍

Yang, Mu　ヤン・ムー
1940～　[国]台湾　詩人　ワシントン大学名誉教授　漢字名＝楊牧

Yang, Philémon　ヤン, フィレモン
[国]カメルーン　首相

Yang, Sung Hoo　ヤン・ソンフ
[国]韓国　元・済州商工会議所会長, 元・済州道韓日親善協会会長　漢字名＝梁性厚

Yang, Tony　ヤン, トニー
1980～　[国]台湾　俳優　漢字名＝楊祐寧, 愛称＝祐祐(ヨウヨウ)

Yang, Vivian　ヤン, ヴィヴィアン
[著]「上海ガール」 翠書房, 京都 朋友書店(発売)　2002

Yang, X. Jie　ヤン・ショオジェ
[国]カナダ　カルガリー大学言語学・語学・文化学学科教授, 元・カルガリー大学ドイツ・ロシア・東アジア研究学科長　漢字名＝楊暁捷

Yang, Yaling　ヤング, ヤーリン
[著]「サイコパシー・ハンドブック」 明石書店　2015

Yang, Yang　ヤン・ヤン
1976～　[国]中国　元スピードスケート選手　国際オリンピック委

員会（IOC）委員　漢字名＝楊揚
Yang, Yao-hsun　ヤン・ヤオシュン
　1983〜　国台湾　野球選手　漢字名＝陽耀勳
Yang, Y.E.　ヤン, Y.E.
　1972〜　国韓国　プロゴルファー　漢字名＝梁容銀〈Yang, Yong-eun〉
Yang, Yuan-qing　ヤン・ユアンチン
　1964〜　国中国　実業家　聯想集団（レノボ・グループ）CEO　漢字名＝楊元慶　団ヤン・ユワンチン
Yang, Yun-ho　ヤン・ユノ
　1966〜　国韓国　映画監督
Yanga-mbiwa, Mapou　ヤンガ・エムビワ, マプ
　国フランス　サッカー選手
Yang Long　ヤン・ロン
　著「サルとトラ」福音館書店　2005
Yang Saing Koma　ヤン・セン・コマ
　1966〜　国カンボジア　社会活動家　セダック（CEDAC）代表
Yang Xang　ヤン・サン
　著「サルとトラ」福音館書店　2005
Yangya, Philippe Undji　ヤンギャ, フィリップ・ウンジ
　国コンゴ民主共和国　農村開発相
Yang Ying　ヤン・イエン
　著「サルとトラ」福音館書店　2005
Yanik, Viola　ヤニク
　国カナダ　レスリング選手
Yanilov, Eyal　ヤニロブ, エヤル
　1959〜　著「クラブマガ入門」原書房　2001
Yanin, V.L.　ヤーニン, V.L.
　著「白樺の手紙を送りました」山川出版社　2001
Yanit, Nevin　ヤヌト
　国トルコ　陸上選手
Yankelovich, Daniel　ヤンケロビッチ, ダニエル
　1924〜　著「人を動かす対話の魔術」徳間書店　2001
Yankey, David　ヤンキー, デービッド
　国アメリカ　アメフト選手
Yankey, George　ヤンケイ, ジョージ
　国ガーナ　保健相
Yankova, Elitsa　ヤンコバ, エリツァ
　国ブルガリア　レスリング選手
Yankovic, "Weird Al"　ヤンコビック, "ウィアード・アル"
　グラミー賞 最優秀コメディ・アルバム（2014年（第57回））　"Mandatory Fun"
Yankovskii, Oleg　ヤンコフスキー, オレグ
　1944〜2009　国ロシア　俳優　本名＝Yankovskii, Oleg Ivanovich　団ヤンコフスキー, オレーグ
Yann　ヤン
　著「エーデルワイスのパイロット」イカロス出版　2014
Yanne, Jean　ヤンヌ, ジャン
　1933〜2003　国フランス　俳優, 映画監督　本名＝Gouye, Jean　団イアンヌ, ジャン
Yano, Christine Reiko　ヤノ, クリスティン・R.
　著「パン・アメリカン航空と日系二世スチュワーデス」原書房　2013
Yano, Ryoko　ヤノ, リョウコ
　国日本　ロン・ティボー・クレスパン国際音楽コンクール ヴァイオリン 日本製紙グループ賞（2005年（第35回））　漢字名＝矢野玲子
Yano, Victor　ヤノ, ビクトル
　国パラオ　国務相　団ヤノ, ビクター
Yansane, Kerfalla　ヤンサネ, ケルファラ
　国ギニア　鉱山・地質相
Yanukovych, Viktor Fedorovych　ヤヌコヴィッチ, ヴィクトル
　1950〜　国ウクライナ　政治家　ウクライナ大統領・首相　団ヤヌコーヴィチ, ヴィクトル／ヤヌコビッチ, ビクトル
Yao, Caroline　ヤオ, キャロライン
　著「リアルタイム組込みOS基礎講座」翔泳社　2005
Yao, Chen　ヤオ・チェン
　国中国　女優, 社会活動家
Yao, Feila　ヤオ・フェイラ
　1974〜　国中国　漫画家　漢字名＝姚非拉
Yao, Guang　ヤオ・グワン
　1921〜2003　国中国　外交官　中国全国人民代表大会（全人代）常務委員　漢字名＝姚広
Yao, Ming　ヤオ・ミン
　1980〜　国中国　元バスケットボール選手　上海シャークスGM　漢字名＝姚明
Yao, Wen-yuan　ヤオ・ウェンユアン
　1931〜2005　国中国　政治家, ジャーナリスト, 文芸評論家　中国共産党政治局員　漢字名＝姚文元
Yaowapa, Boorapolchai　ヤオワパ
　国タイ　テコンドー選手
Yap, Arthur　ヤップ, アーサー
　国フィリピン　農相
Yap, Lynn　ヤップ, リン
　著「風水Q＆A 101の質問と答え」ジャパンインターナショナル総合研究所, 星雲社（発売）　2003
Yapa, Anura Priyadharshana　ヤパ, アヌラ・プリヤダルシャナ
　国スリランカ　災害管理相
Yapande, Bruno　ヤパンデ, ブルーノ
　国中央アフリカ　コミュニケーション相
Yapp, Nicholas　ヤップ, ニック
　著「世界を変えた100日」日経ナショナルジオグラフィック社, 日経BP出版センター（発売）　2008
Yaqoob, Salma　ヤコブ, サルマ
　著「G8」ブーマー, トランスワールドジャパン（発売）　2005
Yar'Adua, Umaru　ヤラドゥア, ウマル
　1951〜2010　国ナイジェリア　政治家　ナイジェリア大統領　本名＝ヤラドゥア, ウマル・ムサ〈Yar'Adua, Umaru Musa〉　団ヤラドゥア, ウマル・ムサ／ヤルアドゥア, ウマル
Yarafa, Eugénie　ヤラファ, ユージェニ
　国中央アフリカ　社会問題・分野開発・人道相
Yarborough, Emmanuel　ヤーブロー, エマニュエル
　1964〜2015　国アメリカ　格闘家, 相撲選手　団ヤーブロー, エマニエル
Yarbro, Chelsea Quinn　ヤーブロ, チェルシー・クイン
　1942〜　世界幻想文学大賞 生涯功労賞（2014年）　団ヤーブロ, チェルシー・クィン
Yarbrough, Eddie　ヤーブロー, エディー
　国アメリカ　アメフト選手
Yarbusova, Francheska　ヤールブソヴァ, フランチェスカ
　1942〜　団ヤールブソワ, フランチェスカ　著「めっちゃくちゃのおおさわぎ」偕成社　2009
Yardley, Cathy　ヤードレイ, キャシー
　著「さよならまでの半年」ハーレクイン　2009
Yardley, Joanna　ヤードリー, ジョアナ
　著「わすれないよいつまでも」晶文社　2013
Yardley-Matwiejczuk, Krysia M.　ヤルドレイ＝マトヴェイチュク, クリシャ・M.
　著「ロール・プレイ」現代人文社, 大学図書（発売）　2011
Yaresko, Natalia　ヤレスコ, ナタリヤ
　国ウクライナ　財務相
Yarham, Robert　ヤーハム, ロバート
　著「自然景観の謎」ガイアブックス, 産調出版（発売）　2012
Yari, Rabiou Hassane　ヤリ, ラビウ・ハサン
　国ニジェール　鉱業エネルギー相
Yariv, Amnon　ヤリーヴ, アムノン
　著「光エレクトロニクス」丸善出版　2014
Yark, Damehane　ヤルク, ダムハネ
　国トーゴ　治安・市民保護相　団ヤルク, ダムハム
Yarka, Kappa　ヤルカ, カッパ
　国パプアニューギニア　国防相
Yarlett, Emma　ヤーレット, エマ
　著「ブックモンスターかじり屋ニブルス」ワールドライブラリー　2016
Yarmolenko, Andriy　ヤルモレンコ, アンドリー
　国ウクライナ　サッカー選手
Yarnold, Elizabeth　ヤーノルド, エリザベス
　1988〜　国イギリス　スケルトン選手　通称＝Yarnold, Lizzy
Yarnold, Paul R.　ヤーノルド, P.R.
　著「研究論文を読み解くための多変量解析入門」北大路書房　2016
Yaro, Nebila Amadou　ヤロ, ネビラ・アマドゥ
　国ブルキナファソ　デジタル経済開発・郵政相
Yaron, Hadas　ヤロン, ハダス
　ヴェネチア国際映画祭 最優秀女優賞（第69回（2012年））"Lemale Et Ha'chalal"
Yaroshenko, Fedir　ヤロシェンコ, フェードル
　国ウクライナ　財務相
Yaroshinska, Alla　ヤロシンスカヤ, アラ
　1953〜　著「チェルノブイリの嘘」緑風出版　2016
Yaroslava, pseud　ヤロスラーバ

1925～ [著]「てぶくろ」のら書店 2005
Yarotska, Irina ヤロツカ
[国]ウクライナ 体操選手
Yarou, Théophile ヤル, テオフィル
[国]ベナン 国防相 [異]ヤル, ロベール・テオフィル
Yarrow, Alexandra ヤロウ, アレクサンドラ
[著]「公立図書館・文書館・博物館：協同と協力の動向」京都大学図書館情報学研究会 2008
Yarrow, Peter ヤーロウ, ピーター
1938～ [国]アメリカ ミュージシャン [異]ヤロー, ピーター
Yarwood, Vaughan ヤーウッド, ヴォーン
[著]「ニュージーランド」メディアファクトリー 2004
Yasar, Selim ヤサル, セリム
[国]トルコ レスリング選手
Yaşar Kemal ヤシャル・ケマル
1923～2015 [国]トルコ 作家, ジャーナリスト 本名＝ケマル・サドク・ギョクチェリ〈Kemal Sadik Gökçeli〉
Yasay, Perfecto ヤサイ, ペルフェクト
[国]フィリピン 外相
Yasen, Yunus ヤセン, ユヌス
1983～ [著]「ウイグル人たちの涙」ブイツーソリューション, 星雲社（発売） 2010
Yasir Abdalla Abdelsalam Ahmed ヤーシル・アブダッラ・アブデルサラーム・アフマド
[国]スーダン 駐日特命全権大使
Yaskevich, Liubov ヤスケビッチ
[国]ロシア 射撃選手
Yasko, Amy ヤスコ, エィミー
[異]ヤスコ, エーミー [著]「自閉症回復への道しるべ」ガイアブックス 2013
Yasmin Ahmad ヤスミン・アハマド
1958～2009 [国]マレーシア 映画監督
Yasmin Umar, Mohammad ヤスミン・ウマール, モハマド
[国]ブルネイ エネルギー・産業相
Yasonna, Laoly ヤソンナ・ラオリ
[国]インドネシア 法務・人権相
Yasser, Mohammed Ali ヤセル, モハメド・アリ
[国]イエメン 国務相
Yasser, Ramadan ヤセル
[国]エジプト ボクシング選手
Yassin, Ahmed ヤシン, アハメド
1938～2004 [国]パレスチナ イスラム教導師 ハマス創設者 [異]ヤシン, アハマド／ヤシン, アフマッド／ヤシン, アフマド／ヤシン師
Yassin, Ali Mohamed Osman ヤシン, アリ・モハメド・オスマン
[国]スーダン 法相
Yassin, Osama ヤシン, オサマ
[国]エジプト 国務相（青年担当）
al-**Yassin, Salam** アル・ヤシン, サラム
[国]シリア 地方自治相
Yasuhara, Denny ヤスハラ, デニー
？～2002 [国]アメリカ 市民運動家 全米日系市民協会（JACL）代表
Yatabare, Sambou ヤタバレ, サンブ
[国]マリ サッカー選手
Yatchenko, Iryna ヤチェンコ
[国]ベラルーシ 陸上選手
Yates, Brock イェーツ, ブロック
1933～2016 [国]アメリカ 自動車ジャーナリスト, 脚本家 本名＝Yates, Brock Wendel [異]イエーツ, ブロック
Yates, Butler イエーツ, バトラー
[著]「幸運を呼ぶパワー・ブック」ソニー・マガジンズ 2004
Yates, Charles イェーツ, チャールズ
？～2005 [国]アメリカ ゴルフ選手 [異]イエーツ, チャールズ
Yates, David イェーツ, デービッド
1963～ [国]イギリス 映画監督, テレビ演出家 [異]イェーツ, デイヴィッド
Yates, Judith イェイツ, ジュディス
[著]「出会いは突然に」ハーレクイン 2002
Yates, Kirby イェーツ, カービー
[国]アメリカ 野球選手
Yates, Louise イェーツ, ルイーズ
[著]「ほんやのいぬくん」岩崎書店 2010
Yates, Maisey イエーツ, メイシー
[著]「愛と祝福の魔法」ハーパーコリンズ・ジャパン 2016
Yates, Pamela M. イエイツ, パメラ・M.
[著]「グッドライフ・モデル」誠信書房 2013
Yates, Peter イエーツ, ピーター
1929～2011 [国]イギリス 映画監督, 映画プロデューサー, 演出家
Yates, Philip イエーツ, フィリップ
1956～ [著]「じゅうにんのちいさなミイラっこ」ソニー・マガジンズ 2004
Yates, Russel イェッツ, ラッセル
[異]イエッツ, ラッセル [著]「イギリス人ガーデナーに学ぶ小さな庭のプラン」主婦の友社 2001
Yates, Ruth イェーツ, ルース
1944～ [著]「小学校で法を語ろう」成文堂 2015
Yatilman, Andrew ヤティルマン, アンドリュー
[国]ミクロネシア連邦 運輸・通信・社会基盤相
Yato, Peceli ヤト, ペゼリ
[国]フィジー ラグビー選手
Yatsenko, Borys Pavlovych ヤツェンコ, ボリス・パヴロヴィチ
[国]ウクライナ キエフ国立大学地理学部教授
Yatsenyuk, Arseniy ヤツェニュク, アルセニー
1974～ [国]ウクライナ 政治家 ウクライナ首相 本名＝Yatsenyuk, Arseniy Petrovych
Yatsko, Pamela ヤツコ, パメラ
1963～ [著]「新上海」集英社インターナショナル, 集英社（発売） 2003
Yau, Herman ヤウ, ハーマン
1961～ [国]香港 映画監督 漢字名＝邱禮濤
Yau, Shing-Tung ヤオ, シントゥン
1949～ [国]アメリカ ウルフ賞 数学部門（2010年） [異]ヤウ, シン＝トゥン
Yauch, Adam ヤウク, アダム
1964～2012 [国]アメリカ ミュージシャン 芸名＝MCA [異]ヤウチ, アダム
Yauhleuskaya, Lalita ヨーレウスカヤ, ラリタ
[国]オーストラリア 射撃選手
Yaverbaum, Eric ヤヴァーバウム, エリック
[著]「CEOの言葉100」ディスカヴァー・トゥエンティワン 2004
Yavlinskii, Grigorii Alekseevich ヤヴリンスキー, グリゴリー
1952～ [国]ロシア 政治家, 経済学者 ヤブロコ代表, ロシア下院議員, ロシア共和国副首相 [異]ヤブリンスキー, グリゴリー
Yav Muland, Henri ヤブムラン, アンリ
[国]コンゴ民主共和国 財務相 [異]ヤブムランド, アンリ
Yawar, Ghazi ヤワル, ガジ
1958～ [国]イラク 政治家 イラク暫定政府大統領 本名＝Yawar, Ghazi Mashal Ajil al- [異]ヤワル, ガジ・アジル
Yaya, Aboubacar ヤヤ, アブバカル
[国]ベナン 労働・公務員・行政機構改革相
Yaya, Marafa Hamidou ヤヤ, マラファ・アミドゥ
[国]カメルーン 国土・地方分権相
Yayan Ruhian ヤヤン・ルヒアン
1968～ [国]インドネシア 俳優, 格闘家
Yayi, Boni ヤイ, ボニ
1952～ [国]ベナン 政治家 ベナン大統領
Yazdani, Reza ヤズダニ, レザ
[国]イラン レスリング選手 [異]ヤズダニ
Yazdani Cherati, Hassan ヤズダニチャラティ, ハッサン
[国]イラン レスリング選手
Yazgan, Kerem ヤズガン, ケレム
[著]「Anytime」NTT出版 2001
el-**Yazghi, Mohammed** ヤズギ, モハメド
[国]モロッコ 国務相
Yazici, Hayati ヤズジュ, ハヤティ
[国]トルコ 税関・貿易相
al-**Yazidi, Ali Mohamed** ヤジディ, アリ・モハメド
[国]イエメン 地方行政相
Yazigi, Besher Riyad ヤジジ, ビシェル・リヤド
[国]シリア 観光相
Yazigi, Nizar Wehbe ヤジジ, ニザル・ウェヘベ
[国]シリア 保健相
Yazmuhammedova, Maysa ヤズムハメドワ, マイサ
[国]トルクメニスタン 副首相
Yazmyradov, Annageldi ヤズムイラドフ, アンナゲリディ
[国]トルクメニスタン 副首相 [異]ヤズムイラドフ, アンナゲルディ
Ye, Bin イエ, ビン

[著]「現代世界アジア詩集」 土曜美術社出版販売 2010
Ye, Bongnessan イエ, ボンニエッサン
[国]ブルキナファソ 議会・政治改革相
Ye, Lin-Sheng イエ, リンシェン
[著]「チャイニーズ・ジレンマ」 明石書店 2006
Ye, Shi-wen ユー・シーウェン
1996〜 [国]中国 水泳選手 漢字名＝葉詩文
Yeack, William R. イーク, ウィリアム・R.
[著]「名門アーサーアンダーセン消滅の軌跡」 シュプリンガー・フェアラーク東京 2003
Yeager, Steve イェーガー, スティーブ
[国]アメリカ ロサンゼルス・ドジャースコーチ
Yeager, Timothy J. イェーガー, ティモシー・J.
1965〜 [著]「新制度派経済学入門」 東洋経済新報社 2001
Yeargan, Michael ヤーガン, マイケル
トニー賞 ミュージカル 舞台デザイン賞（2008年（第62回））ほか
Yearwood, Guy イヤーウッド, ガイ
[国]アンティグア・バーブーダ 情報相兼青年・スポーツ・地域開発・祭典相
Yearwood, Robin イヤーウッド, ロビン
[国]アンティグア・バーブーダ 公益事業・民間航空・運輸相
Yeats, Dorothy イーツ, ドロシー
[国]カナダ レスリング選手
Yeats, Robert S. イーツ, ロバート・S.
[著]「多発する地震と社会安全」 古今書院 2009
Ye Aung イェ・アウン
[国]ミャンマー 国境相
Yee, Wong Herbert イー, ウォン・ハーバート
1953〜 [著]「冬ってわくわくするね」 小峰書店 2012
Yeerlanbieke Katai エルランビエケカタイ
[国]中国 レスリング選手
Yee vani, Chandra S. イーヴァニー, チャンドラ・S.
[著]「食品の機能性表示と世界のレギュレーション」 薬事日報社 2015
Yeffeth, Glenn イェフェス, グレン
1961〜 [著]「『マトリックス』完全分析」 扶桑社 2003
Ye.fradkov, Mikhail フラトコフ, ミハイル・Ye.
[国]ロシア 首相
Yegeleyev, Akmyrat エゲレエフ, アクムイラト
[国]トルクメニスタン 副首相
Yego, Alfred Kirwa イエゴ
[国]ケニア 陸上選手
Yego, Julius イエゴ, ジュリアス
[国]ケニア 陸上選手
Yegorova, Lyubov エゴロワ
[国]ロシア クロスカントリースキー選手
Yeh, Chris イェ, クリス
[著]「ALLIANCE」 ダイヤモンド社 2015
Yeh, Pochi イェー, ポーチー
1948〜 [著]「光エレクトロニクス」 丸善出版 2014
Yehoshua, Abraham B. イェホシュア, アブラハム
1936〜 [国]イスラエル 作家 ハイファ大学名誉教授 [専]比較文学, ヘブライ文学 [異]イェホシュア, アブラハム・B. / イェホシュア, アヴラハム
Ye Htut イェ・トゥ
[国]ミャンマー 情報相
Yekhanurov, Yuriy エハヌロフ, ユーリー
[国]ウクライナ 国防相
Yekini, Rashidi イエキニ, ラシディ
1963〜2012 [国]ナイジェリア サッカー選手
Yekutiel, Gal イエクティエル
[国]イスラエル 柔道選手
Yelagin, Vladimir V. エラギン, ウラジーミル・V.
[国]ロシア 無任所相（チェチェン復興担当）
Yelahow, Musse Sudi イェラハウ, ムス・スディ
[国]ソマリア 貿易相
Yelchin, Anton イェルチン, アントン
1989〜2016 [国]アメリカ 俳優
Yelchin, Eugene イェルチン, ユージン
1956〜 [著]「アルカーディのゴール」 岩波書店 2015
Yeldon, T.J. イェルドン, T.J.
[国]アメリカ アメフト選手
Yeleuov, Serik エルオフ
[国]カザフスタン ボクシング選手
Yeleussinov, Daniyar エレウシノフ, ダニヤル
[国]カザフスタン ボクシング選手 [異]エレウシノフ
Ye.levitin, Igor レビチン, イーゴリ・Ye.
[国]ロシア 運輸相
Yelich, Christian イェリッチ, クリスチャン
[国]アメリカ 野球選手
Yelisseyeva, Margarita エリセイエワ, マルガリタ
[国]カザフスタン 重量挙げ選手
Yellen, Janet Louise イエレン, ジャネット
1946〜 [国]アメリカ 経済学者, 経営学者 米国連邦準備制度理事会（FRB）議長, カリフォルニア大学バークレー校名誉教授 米国大統領経済諮問委員会（CEA）委員長 [専]国際経済 [異]イェレン, ジャネット
Yellin, Frank イェリン, フランク
1958〜 [著]「Java仮想マシン仕様」 ピアソン・エデュケーション 2001
Yellin, Jerry イェリン, ジェリー
1924〜 [異]イエリン, ジェリー [著]「黒焦げの水筒」 三修社 2010
Yeltsin, Boris Nikolaevich エリツィン, ボリス
1931〜2007 [国]ロシア 政治家 ロシア大統領
Yemane, Gebremeskel ヤマネ・ゲブレメスケル
[国]エリトリア 情報相
Yemets, Illia エメツ, イーリャ
[国]ウクライナ 保健相
Yen, Donnie イェン, ドニー
1963〜 [国]香港 俳優, 映画監督 中国名＝甄子丹
Yenawine, Philip ヤノウィン, フィリップ
[著]「学力をのばす美術鑑賞」 淡交社 2015
Yengane, Sixakeko イエンガネ, シタイケコ
[国]レソト 臨時代理大使, 参事官
Yeniterzi, Emine イェニテルズィ, エミネ
[著]「神秘と詩の思想家メヴラーナ」 丸善プラネット, 丸善出版事業部（発売） 2006
Yenny, Sharon イェニー, シャロン・L.
[著]「医師のための英文履歴書の書き方」 メジカルビュー社 2004
Yenokyan, Harutyun エノキャン
[国]アルメニア レスリング選手
Yentchabré, Yandja イエンチャブレ, ヤンジャ
[国]トーゴ 地域・地方分権相
Yeo, Adrian エイドリアン, Yeo
[著]「πとeの話」 青土社 2008
Yeo, Cheow Tong ヨー・チャウトン
[国]シンガポール 運輸相 漢字名＝姚照東
Yeo, Eileen ヨー, アイリーン・ジェインズ
[著]「フェミニズムの古典と現代」 現代思潮新社 2002
Yeo, Geoffrey ヨー, ジェフリー
[著]「レコード・マネジメント・ハンドブック」 日外アソシエーツ, 紀伊国屋書店（発売） 2016
Yeo, George Yong-Boon ヨー, ジョージ
[国]シンガポール 外相 漢字名＝楊栄文
Yeo, Woon-kay ヨ・ウンゲ
1940〜2009 [国]韓国 女優 漢字名＝呂運計 [異]ヨ・ウンケイ / リョ・ウンケイ
Yeoh, Michelle ヨー, ミシェル
1962〜 女優 漢字名=楊紫瓊, 別名=Khan, Michelle, Yang, Ziqiong, Yeung, Chi-king [異]キング, ミシェール / ヨー, ミシェール
Yeomans, Donald K. ヨーマンズ, ドナルド
[著]「地球接近天体」 地人書館 2014
Yeomans, Matthew ヨーマンズ, マシュー
[著]「世界の作家32人によるワールドカップ教室」 白水社 2006
Yeovil, Jack ヨーヴィル, ジャック
[異]ヨウヴィル, ジャック [著]「シルバーネイル」 ホビージャパン 2008
Yep, Laurence イェップ, ロレンス
1948〜 [著]「ワニてんやわんや」 日本ライトハウス 2006
Yépez, Mauricio エペス, マウリシオ
[国]エクアドル 経済・財務相
Yeraliyev, Kairat エラリエフ, カイラト
[国]カザフスタン ボクシング選手
Yeray, Alvarez イェライ・アルバレス
[国]スペイン サッカー選手
Yeremyan, Arman エレミャン
[国]アルメニア テコンドー選手
Yeretskaya, Yevgeniya イエリヤツカヤ, エフゲニア
1980〜 [著]「雪の結晶」 グラフィック社 2016
Yereyere, Paluku Kisaka イェレイエレ, パルク・キサカ
[国]コンゴ民主共和国 社会問題・人道活動相
Yergeau, Robert イエルギュー, ロベール

[著]「ケンブリッジ版カナダ文学史」 彩流社 2016
Yergin, Daniel A. ヤーギン, ダニエル
1947～ [国]アメリカ ノンフィクション作家 ケンブリッジ・エネルギー・リサーチ・アソシエーツ(CERA)会長, IHS副会長 [専]石油問題, 国際政治, エネルギー問題
Yerima Pierre, Patrick イェリマピエール, パトリック
[国]ベナン 海洋経済・港湾施設相
Yerimbetov, Yernar エリムベトフ
[国]カザフスタン 体操選手
Yeritsian, Sergo エリチャン, セルジョ
[国]アルメニア 教育科学相
Yeritzyan, Armen エリツヤン, アルメン
[国]アルメニア 非常事態相 [異]エリツャン, アルメン
Yeritzyan, Nerces エリツャン, ネルセス
[国]アルメニア 経済相
Yerkes, Leslie ヤークス, レスリー・A.
1958～ [異]ヤーキズ, レスリー [著]「シアトルの伝説のカフェ」 ランダムハウス講談社 2006
Yerlikaya, Hamza イェルリカヤ
[国]トルコ レスリング選手
Yermakova, Anastasiya エルマコワ
[国]ロシア シンクロナイズド・スイミング選手
Yermekbayev, Nurlan エルメクバエフ, ヌルラン
[国]カザフスタン 宗教市民社会相
Yermilov, Serhiy エルミロフ, セルヒー
[国]ウクライナ エネルギー相
Yermoshin, Vladimir V. エルモシン, ウラジーミル・V.
[国]ベラルーシ 首相
Yerrigadoo, Ravi イエリガドゥ, ラビ
[国]モーリシャス 法務長官
Yerrill, Gail イェリル, ゲイル
[著]「サンタさんのてがみ」 ひさかたチャイルド 2010
Yertysbaev, Yermukhamet エルトイスバエフ, エルムハメト
[国]カザフスタン 文化情報相
Yerushalmi, Yosef Hayim イェルシャルミ, ヨセフ・ハイーム
1932～2009 [著]「フロイトのモーセ」 岩波書店 2014
Yescombe, Edward イェスコム, エドワード
[著]「プロジェクトファイナンスの理論と実務」 金融財政事情研究会, きんざい(発売) 2014
Yesenbayev, Mazhit エセンバエフ, マジト
[国]カザフスタン 産業貿易相
Yeshaneh, Ababel イエシャネ, アババル
[国]エチオピア 陸上選手
Yeshi Donen イェシェー・ドゥンデン
1929～ [著]「チベット医学」 地湧社 2001
Yeshmambetov, Radbek エシマムベトフ, ラドベク
[国]キルギス 環境保護・非常事態相
Yesilirmak, Elif Jale エシリルマク, エリフジャレ
[国]トルコ レスリング選手
Yesimov, Akhmetzhan エシモフ, アフメトジャン
[国]カザフスタン 副首相
Yetman, Robert J. イェトマン, ロバート・J.
[著]「研修医のための小児科診療500問」 メジカルビュー社 2005
Yetming, Gerald イェトミン, ジェラルド
[国]トリニダード・トバゴ 蔵相
Yeung, Charlie ヤン, チャーリー
1974～ [国]台湾 女優, 歌手 漢字名＝楊采妮
Yeung, Craig Au イェン, クレイグ・オウ
1961～ [著]「我的天」 産業編集センター 2002
Yeung, Rob ヤン, ロブ
[著]「「ありのまま」という才能」 辰巳出版 2011
Yeung Sik Yuen, Michael Tzoun Sao ユン・シク・ユアン, ミカエル・ズン・サオ
[国]モーリシャス 観光・余暇相 [異]ユンシクユアン, ジョン・ミカエル・ズン・サオ
Yevdokimova, Natalya エフドキモワ
[国]ロシア 陸上選手
Yezhel, Mykhailo エジェリ, ミハイロ
[国]ウクライナ 国防相
Yezzi, Katie イェッツイ, ケイティ
1980～ [著]「成功する練習の法則」 日本経済新聞出版社 2013
Ygeman, Anders イーゲマン, アンデシュ
[国]スウェーデン 内相
Yggeseth, Torbjørn イグセト, トールビョルン
1934～2010 [国]ノルウェー スキー選手 国際スキー連盟(FIS)ジャンプ委員長
Yglesias, Rafael イグレシアス, ラファエル
[著]「ダーク・ウォーター」 角川書店 2005
Yi, Chong-jun イ・チョンジュン
1939～2008 [国]韓国 作家 漢字名＝李清俊 [異]イー・チョンジュン
Yi, Ho-chol イ・ホチョル
1932～ [国]韓国 作家 漢字名＝李浩哲 [異]イー・ホチオル
Yi, Min-u イ・ミンウ
1915～2004 [国]韓国 政治家 韓国国会副議長, 新韓民主党総裁, 韓国国会議員 漢字名＝李敏雨, 号＝仁石
Yiannakou, Marietta ヤナク, マリエッタ
[国]ギリシャ 教育・宗教相
Yiannitsis, Athanasios ヤニツィス, アサナシオス
[国]ギリシャ 労働・社会保障相
Yien, Tut イェン・トゥット
[国]南スーダン 高等教育・科学技術相
Yifru, Birhane イフル・ベルハネ
[国]エチオピア 保健相
Yildirim, Binali ユルドゥルム, ビナリ
[国]トルコ 首相
Yildirim, Yusuf Ersoy ユルドゥルム, ユスフ・エルソイ
[著]「トルコと日本の経済・経営関係」 文京学院大学総合研究所, 冨山房インターナショナル(発売) 2016
Yildiz, Taner ユルドゥズ, タネル
[国]トルコ エネルギー天然資源相
Yilmaz, Cevdet ユルマズ, ジェブデト
[国]トルコ 開発相
Yilmaz, Hakan イルマズ
[国]トルコ 重量挙げ選手
Yilmaz, İsmet ユルマズ, イスメト
[国]トルコ 国家教育相
Yilmaz, Mesut ユルマズ, メスート
[国]トルコ 副首相兼EU関係相
Yim, Sung-joon イム・ソンジュン
1948～ [国]韓国 外交官 韓国国際交流財団理事長 韓国大統領外交安保首席秘書官 漢字名＝任晟準
Yim, Tae-hee イム・テヒ
1956～ [国]韓国 政治家 韓国大統領室長 漢字名＝任太熙
Yim Chhay Ly ジム・チャイリー
[国]カンボジア 副首相
Yin, Amorah Quan イン, アモラ・クァン
1950～ [著]「ワンネスを生きる」 太陽出版 2016
Yin, Elizabeth イン, エリザベス
[国]シンガポール セーリング選手
Yin, Qing-zhu イン, チン‐ズウ
[著]「地球進化概論」 岩波書店 2013
Yin, Robert K. イン, ロバート・K.
[著]「ケース・スタディの方法」 千倉書房 2011
Yin, Yiqing イン, イーキン
[国]フランス ファッションデザイナー レオナール・クリエイティブ・ディレクター
Yinan, Diao イーナン, ディアオ
ベルリン国際映画祭 金熊賞(第64回(2014年)) "Bai Ri Yan Huo"
Ying, Ruo-cheng イン・ルオツン
1929～2003 [国]中国 新劇俳優, 翻訳家 中国文化省次官 漢字名＝英若誠
Ying, Victoria イン, ヴィクトリア
[著]「ベイマックス」 講談社 2015
Yingluck Shinawatra インラック・シナワット
1967～ [国]タイ 政治家, 実業家 タイ首相 [異]インラック・チナワット
Yip, Daenie イップ, ディニー
1947～ [国]香港 女優, 歌手 漢字名＝葉徳嫻
Yip, Virginia イップ, ヴァージニア
[著]「広東語文法」 東方書店 2008
Yishai, Eliyahu イシャイ, エリ
[国]イスラエル 副首相兼内相 [異]イシャイ, エリヤフ
Yli-hannuksela, Marko イリハンヌクセラ
[国]フィンランド レスリング選手
Ynoa, Gabriel イノア, ガブリエル
[国]ドミニカ共和国 野球選手
Ynoa, Michael イノーア, マイケル
[国]ドミニカ共和国 野球選手
Yntema, Sharon K. インテマ, シャロン・K.
[著]「プレママのベジママ宣言」 中央アート出版社 2012

Yoadimnadji, Pascal　ヨアディムナジ, パスカル
1950～2007　[国]チャド　政治家, 法律家　チャド首相
Yoakum, James D.　ヨーカム, J.D.
[著]「野生動物の研究と管理技術」 文永堂出版　2001
Yock, Paul G.　ヨック, ポール
[著]「バイオデザイン」 薬事日報社　2015
Yockteng, Rafael　ジョクテング, ラファエル
1976～　イラストレーター
Yocum, Lewis A.　ヨーカム, ルイス
1947～2013　[国]アメリカ　整形外科医, スポーツ医学専門家　ロサンゼルス・エンゼルスチームドクター
Yoda, Bédouma Alain　ヨダ, ベドゥマ・アラン
[国]ブルキナファソ　外相
Yoda, Celine M.　ヨダ, セリーヌ・M.
[国]ブルキナファソ　女性問題相
Yoda-konkobo, Celine M.　ヨダコンコボ, セリーヌ・M.
[国]ブルキナファソ　女性問題相
Yoder, Andy　ヨーダー, アンディ
[著]「アーミッシュカントリークッキング」 ジャパンクッキングセンター　2008
Yoder, Bo　ヨーダー, ボー
[著]「トレーディングエッジ入門」 パンローリング　2008
Yoder, Dave　ヨダー, デイブ
[著]「ビジュアル新生バチカン」 日経ナショナルジオグラフィック社, 日経BPマーケティング(発売)　2016
Yoder, Millie　ヨーダー, ミィリ
[著]「アーミッシュカントリークッキング」 ジャパンクッキングセンター　2008
Yoel, Rodriguez　ジョエル・ロドリゲス
[国]スペイン　サッカー選手
Yoffe, Emily　ヨッフェ, エミリー
[著]「犬はきらい？」 早川書房　2007
Yoffie, David B.　ヨッフィー, デイビッド
[異]ヨフィー, デイビッド・B.　[著]「ストラテジー・ルールズ」 パブラボ, 星雲社(発売)　2016
Yoffreda, Giuseppe　ジョフレダ, ジョゼッペ
[国]ベネズエラ　海運・空輸相
Yogev, Ram　ヨゲヴ, R.
[著]「カラーアトラスAIDS」 サイエンスプレス, テクノミック(発売)　2002
Yogi, Maharishi Mahesh　ヨーギー, マハリシ・マヘーシュ
?～2008　ヒンドゥー教指導者, 哲学者, 教育者　[異]ヨギ, マハリシ・マヘシュ
Yohana, Yambise　ヨハナ・ヤンビセ
[国]インドネシア　女性強化・児童保護相
Yoka, Aimé Emmanuel　ヨカ, エメ・エマニュエル
[国]コンゴ共和国　司法・人権相
Yoka, Tony Victor James　ヨカ, トニー
[国]フランス　ボクシング選手
Yokococo　ヨウコココ
1962～　[著]「ママってすてき！」 主婦の友社　2006
Yokoland　ヨーコランド
[著]「パンやのブラウンさん」 ワールドライブラリー　2016
Yokota, Rio　ヨコタ, リオ
[著]「GPU computing gems」 ボーンデジタル　2011
Yokoyama, John　ヨコヤマ, ジョン
1940～　[著]「魚が飛んで成功がやってきた」 祥伝社　2004
Yolen, Jane　ヨーレン, ジェイン
世界幻想文学大賞 生涯功労賞(2009年)
Yom, Sang-uk　ヨム・サンウク
1974～　[国]韓国　彫刻家
Yombo, Thomas　ヨンボ, トマ
[国]ベナン　政府機関担当相
Yombouno, Emile　ヨンボウノ, エミール
[国]ギニア　農相
Yombouno, Marck　ヨンブノ, マルク
[国]ギニア　通商相
Yon, Hyong-muk　ヨン・ヒョンムク
1931～2005　[国]北朝鮮　政治家　北朝鮮首相, 北朝鮮国防委員会副委員長, 朝鮮労働党政治局員候補　漢字名＝延亨黙　[異]ヨン・ヒョンモク
Yon, Moo-byong　ユン・ムビョン
1924～2010　[国]韓国　考古学者　忠南大学教授, 円光大学教授, 韓国文化財委員　[専]青銅器文化　漢字名＝尹武炳
Yona, Daniel　ヨナ, ダニエル
[国]タンザニア　エネルギー・鉱物資源相
Yonath, Ada E.　ヨナット, アダ
1939～　[国]イスラエル　結晶化学者　ワイツマン科学研究所教授　[異]ヨナス, アダ
Yong, Eric, Jr.　ヤング, エリック, Jr.
[国]アメリカ　野球選手
Yong-guk　ヨングク
1990～　[国]韓国　歌手　本名＝バン・ヨングク〈Bang, Yong-guk〉
Yongyuth, Yuthawong　ヨンユット・ユッタウォン
[国]タイ　副首相　[異]ヨンユット・ユタウォン
Yongyuth Chalamwong　ヨンユート・チャラムウォン
[著]「開発のための政策一貫性」 明石書店　2006
Yongyuth Yuthavong　ヨンユット・ユッタウォン
1944～　[国]タイ　遺伝子工学者　マヒドン大学名誉教授　タイ科学技術相　[専]マラリア原虫の構造解明
Yonli, Ernest Paramanga　ヨンリ, エルネスト・パラマンガ
[国]ブルキナファソ　首相兼蔵相
Yonli, Paramanga Ernest　ヨンリ, パラマンガ・エルネスト
[国]ブルキナファソ　首相
Yoo, Chang Keun　ユ・チャングン
[国]韓国　京栄水道代表取締役　漢字名＝兪昌根, 加藤栄次郎
Yoo, Chang-soon　ユ・チャンスン
1918～2010　[国]韓国　実業家, 政治家　韓国全国経済人連合会(全経連)名誉会長, ロッテ製薬会長, 韓国首相　漢字名＝劉彰順　[異]ユ・ジャンスン
Yoo, Esther　ユー, エステル
[国]アメリカ　エリザベート王妃国際コンクール ヴァイオリン 第4位(2012年)
Yoo, Hansung　ユー・ハンスン
[国]韓国　チャイコフスキー国際コンクール 声楽(男声) 第3位(2015年(第15回))
Yoo, Heung-soo　ユ・フンス
1937～　[国]韓国　政治家, 外交官　駐日韓国大使　韓国国会議員(ハンナラ党), 韓日議員連盟幹事長　漢字名＝柳興洙
Yoo, Il-ho　ユ・イルホ
[国]韓国　経済副首相兼企画財政相　漢字名＝柳一鎬
Yoo, Jeong-bok　ユ・ジョンボク
[国]韓国　農林水産食品相　漢字名＝劉正福
Yoo, Michael　ユー, マイケル
1962～　[著]「「日本」が世界で畏れられる理由(わけ)」 KADOKAWA　2015
Yoo, Taeeun　ユ, テウン
[異]ユテウン　[著]「ゾウはおことわり！」 徳間書店　2016
Yoo, Young-sook　ユ・ヨンスク
[国]韓国　環境相　漢字名＝劉栄淑
Yoon, Carol Kaesuk　ヨーン, キャロル・キサク
[著]「自然を名づける」 NTT出版　2013
Yoon, Eun-hye　ユン・ウネ
1984～　[国]韓国　女優　漢字名＝尹恩恵
Yoon, Je-kyun　ユン・ジェギュン
1969～　[国]韓国　映画監督, 脚本家, 映画プロデューサー
Yoon, Jeong-min　ユン, ヨンミン
1961～　[著]「企業変革の新しいポリシー」 インターワーク出版　2002
Yoon, Jeung-hyun　ユン・ジュンヒョン
[国]韓国　企画財政相　漢字名＝尹増鉉
Yoon, Jong-hwan　ユン・ジョンファン
1973～　[国]韓国　サッカー監督, 元サッカー選手　漢字名＝尹晶煥
Yoon, Kwang-ung　ユン・グァンウン
[国]韓国　国防相　漢字名＝尹光雄
Yoon, Kyung-shin　ユン・キョンシン
1973～　[国]韓国　ハンドボール選手　漢字名＝尹京信
Yoon, Myung-kil　ユン・ミョンギル
[国]韓国　東南代表理事会長, 元・釜山韓日文化交流協会理事長, 釜山韓日文化交流協会名誉理事長　漢字名＝尹明吉
Yoon, Paul　ユーン, ポール
1980～　[国]アメリカ　作家　[専]文学, フィクション
Yoon, Prabda　ユン, プラープダー
1973～　[著]「色　Colors」 芸術新聞社　2013
Yoon, Salina　ヨーン, サリナ
1972～　[異]ユン, サリーナ / ユーン, サリナ　[著]「だいじなおとしもの」 岩崎書店　2015
Yoon, Sang-hyeon　ユン・サンヒョン
1973～　[国]韓国　俳優, 歌手
Yoon, Sang-jick　ユン・サンジク

Yoon, Seong-kyu　ユン・ソンギュ
　国韓国　産業通商資源相　漢字名＝尹相直
Yoon, Seong-kyu　ユン・ソンギュ
　国韓国　環境相　漢字名＝尹成奎
Yoon, Si-yoon　ユン・シユン
　1986〜　国韓国　俳優　漢字名＝尹施允
Yoon, Sok-ho　ユン・ソクホ
　1957〜　国韓国　テレビ演出家・プロデューサー　YOON'S COLOR代表　漢字名＝尹錫瑚
Yoon, Son-ha　ユン・ソナ
　1976〜　国韓国　女優　アーティスト名＝sona(ソナ)、漢字名＝尹孫河　役ユン・ソンハ／ユンソナ
Yoon, Soyoung　ユン・ソヨン
　国韓国　エリザベート王妃国際コンクール ヴァイオリン 第6位(2009年)ほか
Yoosuf, Raasida　ユースフ、ラーシダ
　国モルディブ　女性問題・社会保障相
Yordan, Philip　ヨーダン、フィリップ
　1914〜2003　国アメリカ　脚本家、映画製作者
Yordanov, Emanuil　ヨルダノフ、エマヌイル
　国ブルガリア　内相
Yordanova, Daniela　ヨルダノバ
　国ブルガリア　陸上選手
Yorinks, Arthur　ヨーリンクス、アーサー
　著「マミー?」大日本絵画　〔2008〕
York, Andrew　ヨーク、アンドリュー
　1930〜　著「コーディネーター」論創社　2014
York, Dan　ヨーク、ダン
　著「Windows NT/2000管理者のためのLinux相互運用ガイド」IDGジャパン　2001
York, Jerome Bailey　ヨーク、ジェローム
　1938〜2010　国アメリカ　実業家　アップル取締役、IBM・CFO、ゼネラル・モーターズ(GM)取締役　通称＝ヨーク、ジェリー〈York, Jerry〉
York, Rebecca　ヨーク、レベッカ
　著「ギフト・オブ・ラブ」ハーレクイン　2013
York, Ritchie　ヨーク、リッチー
　著「メモリーズ・オブ・ジョン」イースト・プレス　2006
York, Susannah　ヨーク、スザンナ
　1939〜2011　国イギリス　女優
Yorke, James A.　ヨーク、J.A.
　著「カオス」シュプリンガー・ジャパン　2007
Yorke, Thom　ヨーク、トム
　1968〜　国イギリス　ミュージシャン　本名＝Yorke, Thomas Edward
Yorke, Trevor　ヨーク、トレヴァー
　著「図説英国のインテリア史」マール社　2016
Yorkey, Brian　ヨーキー、ブライアン
　ピュリッツァー賞 文学・音楽 戯曲(2010年)ほか
Yorkin, Bud　ヨーキン、バッド
　1926〜2015　国アメリカ　映画監督・プロデューサー　本名＝Yorkin, Alan David
Yoro, Bernard　ヨロ、ベルナール
　国中央アフリカ　青年スポーツ相
Yorou, Guécadou Bawa　ヨル、グエカゥド・バワ
　国ベナン　女性・児童・家族相
Yorov, Abdullo　ヨロフ、アブドロ
　国タジキスタン　エネルギー相　役ヨロフ、アブドゥロ
Yorton, Tom　ヨートン、トム
　著「なぜ一流の経営者は即興コメディを学ぶのか?」ディスカヴァー・トゥエンティワン　2015
Yosef, Moni　ヨセフ、モニ
　1957〜　国イスラエル　俳優、劇作家　アッコ・シアター・センター主宰
Yosef, Ovadia　ヨセフ、オバディア
　1920〜2013　国イスラエル　宗教家
Yoshida-Krafft, Barbara　ヨシダ＝クラフト、バルバラ
　1927〜2003　国吉田　著吉田＝クラフト、バルバラ　著「日本文学の光と影」藤原書店　2006
Yoshihara, Susan　ヨシハラ、スーザン
　著「人口から読み解く国家の興亡」ビジネス社　2013
Yoshihara, Toshi　ヨシハラ、トシ
　著「太平洋の赤い星」バジリコ　2014
Yoshinaga, George　ヨシナガ、ジョージ
　1925〜2015　国アメリカ　新聞記者、コラムニスト
Yoshioka, Reimei　ヨシオカ、レイメイ
　国ブラジル　教育文化連帯学会会長、元・社会福祉法人救済会会長　漢字名＝吉岡黎明
Yoshiyama, Charles Lewis　ヨシヤマ、チャールズ・ルイス
　国日本　ローザンヌ国際バレエコンクール コンテンポラリー・ダンス賞(第35回(2007年))
Yoshiyasu, Sonoko　ヨシヤス、ソノコ
　国ブラジル　元・社会福祉法人救済会会長　漢字名＝吉安園子
Yoskovitz, Benjamin　ヨスコビッツ、ベンジャミン
　著「Lean Analytics」オライリー・ジャパン、オーム社(発売)　2015
Yoss　ジョシュ
　1969〜　著「バイクとユニコーン」東宣出版　2015
Yost, Christopher　ヨスト、クリストファー・L.
　著「AVX：アベンジャーズ VS X-MEN VS」ヴィレッジブックス　2015
Yost, Ned　ヨースト、ネッド
　国アメリカ　カンザスシティ・ロイヤルズ監督
Yost, Paul　ヨスト、ポール
　1919〜2007　国アメリカ　近代型熱気球の考案者　通称＝ヨスト、エド〈Yost, Ed〉
Yost, Paul R.　ヨスト、ポール・R.
　著「経験学習によるリーダーシップ開発」日本能率協会マネジメントセンター　2016
Yosypenko, Lyudmyla　ヨシペンコ
　国ウクライナ　陸上選手
Yotov, Boris　ヨトフ、ボリス
　国アゼルバイジャン　ボート選手
You, Hong-june　ユ・ホンジュン
　1949〜　国韓国　美術史家、美術評論家　明知大学美術史学科教授　韓国文化財庁長官　漢字名＝兪弘濬
Youatt, June Pierce　ユアット、ジューン・ピアス
　著「現代家庭科教育法」大修館書店　2005
Youba, Maiga Zeinab Mint　ユバ、マイガ・ゼイナブ・ミント
　国マリ　保健相　役ヨーバ、マイガ・ゼイナブ・ミント
Youbi, Zine Eddine　ユビ、ジネディス
　国アルジェリア　郵政・情報技術相
Youdell, Deborah　ユーデル、デボラ
　1970〜　役ヨーデル、デボラ　著「グローバル化・社会変動と教育」東京大学出版会　2012
Youell, Biddy　ヨーエル、ビディ
　役ユール、B.　著「学校現場に生かす精神分析」岩崎学術出版社　2009
You Hockry　ユー・ホックリー
　国カンボジア　内相
Youla, Mamady　ユラ、ママディ
　国ギニア　首相
Youm, Oumar　ユム、ウマル
　国セネガル　国土整備・地方政府相兼政府報道官
Youn, Samuel　ユン、サミュエル
　国韓国　バリトン歌手
Younbaii, Ahmed Ammar　ヤンバイ、アハメド・アンマール
　国チュニジア　社会問題相
Younes, Amin　ユネス、アミン
　国ドイツ　サッカー選手
Younes, Hassan Ahmed　ユーネス、ハッサン・アハメド
　国エジプト　電力・エネルギー相
Younes, Karim　ユーネス、カリム
　国アルジェリア　職業訓練相
Younes, Mohaned Saied Ahmed　ユニス、モハネド・サイード・アフマド
　国リビア　自治相
Youness, Ahmad　ユーネス、アハマド
　国シリア　法相
Young, Al　ヤング、アル
　1939〜　著「ミンガス／ミンガス」ブルース・インターアクションズ　2010
Young, Alison　ヤング、アリソン
　国イギリス　セーリング選手　役ヤング
Young, Allan　ヤング、アラン
　1938〜　著「PTSDと「記憶」の歴史—アラン・ヤング教授を迎えて」立命館大学グローバルCOEプログラム「生存学」創成拠点　2008
Young, Andrew R.　ヤング、アンドリュー・R.
　著「FXメタトレーダー4 MQLプログラミング」パンローリング　2012
Young, Angus　ヤング、アンガス
　1959〜　国オーストラリア　ロック・ギタリスト
Young, Ashley　ヤング、アシュリー

㊀イングランド　サッカー選手
Young, Barbara　ヤング, B.
　㊂「カラーアトラス基礎組織病理学」西村書店　2004
Young, Beverley　ヤング, ビヴァリー
　㊂「地球のひみつをさぐる」ひさかたチャイルド　2015
Young, Brittany　ヤング, ブリタニー
　㊂「パリの王子さま」ハーレクイン　2012
Young, Caroline　ヤング, キャロライン
　㊂「探し絵ツアー」文渓堂　2010
Young, Chris　ヤング, クリス
　㊀アメリカ　野球選手
Young, Christopher E.　ヤング, クリストファー
　1966〜　㊂「デイヴィッド・シルヴィアン」Pヴァイン, 日販アイ・ピー・エス(発売)　2016
Young, Colville　ヤング, コルビル
　㊀ベリーズ　総督
Young, Curt　ヤング, カート
　㊀アメリカ　オークランド・アスレチックスコーチ
Young, Cybèle　ヤング, シベール
　1972〜　㊂「女王さまの影」BL出版　2015
Young, Darrel　ヤング, ダレル
　㊀アメリカ　アメフト選手
Young, David Earl　ヤング, デイビッド
　1937〜　㊂「日本の建物」チャールズ・イー・タトル出版　2005
Young, David W.　ヤング, デイビッド・W.
　㊂「医療・NPOの経営管理ガイドブック」中央経済社　2010
Young, Dennis R.　ヤング, デニス・R.
　㊂「NPOと政府」ミネルヴァ書房　2007
Young, Ed　ヤング, エド
　㊂「よふかしにんじゃ」光村教育図書　2013
Young, Emma　ヤング, エマ
　㊂「イスラエル」ほるぷ出版　2009
Young, Frances Margaret　ヤング, F.
　㊂「ニカイア信条・使徒信条入門」教文館　2009
Young, Hugo John Smelter　ヤング, ヒューゴ
　1938〜2003　㊀イギリス　コラムニスト, ジャーナリスト
Young, Indi　ヤング, インディ
　㊂「メンタルモデル」丸善出版　2014
Young, Iris Marion　ヤング, アイリス・マリオン
　1949〜2006　㊂「正義への責任」岩波書店　2014
Young, James　ヤング, ジェームズ
　㊀アメリカ　バスケットボール選手
Young, Jamie　ヤング, ジェイミー
　㊀アメリカ　ボストン・セルティックスアシスタントコーチ(バスケットボール)
Young, Jeffrey E.　ヤング, ジェフリー・E.
　㊂「パーソナリティ障害の認知療法」金剛出版　2009
Young, Jeffrey S.　ヤング, ジェフリー・S.
　1952〜　㊂「スティーブ・ジョブズ」東洋経済新報社　2005
Young, Jimmy　ヤング, ジミー
　1948〜2005　㊀アメリカ　プロボクサー
Young, Jock　ヤング, ジョック
　1942〜　㊂「後期近代の眩暈」青土社　2008
Young, Joe　ヤング, ジョー
　㊀アメリカ　バスケットボール選手
Young, John Lloyd　ヤング, ジョン・ロイド
　トニー賞 ミュージカル 主演男優賞(2006年(第60回))　"Jersey Boys"
Young, Joshua D.　ヤング, ジョシュ
　㊂「ぼくは原始人になった」河出書房新社　2016
Young, Karen　ヤング, カレン
　㊂「たった一度の過ちで」ハーレクイン　2007
Young, Karen Romano　ヤング, カレン・ロマノ
　㊂「親子でできるたのしい科学実験」日経ナショナルジオグラフィック社, 日経BPマーケティング(発売)　2016
Young, Katherine K.　ヤング, キャサリン・K.
　1944〜　㊂「広がるミサンドリー」彩流社　2016
Young, Katrina　ヤング, カトリナ
　㊀アメリカ　水泳選手
Young, Kelsey　ヤング, ケルシー
　㊀アメリカ　アメフト選手
Young, Larry J.　ヤング, ラリー
　㊂「性と愛の脳科学」中央公論新社　2015
Young, Lou　ヤング, ルー
　㊀アメリカ　アメフト選手
Young, Louisa　ヤング, ルイザ

　㊂「ハート(心臓)大全」東洋書林　2005
Young, Louise　ヤング, ルイーズ
　1960〜　㊂「総動員帝国」岩波書店　2001
Young, Malcolm　ヤング, マルコム
　㊀オーストラリア　ロック・ギタリスト
Young, Marilyn Blatt　ヤング, マリリン・B.
　㊂「アメリカ帝国とは何か」ミネルヴァ書房　2008
Young, Mark A.　ヤング, マーク・A.
　1960〜　㊂「リハビリテーションシークレット」メディカル・サイエンス・インターナショナル　2005
Young, Mary O'keefe　ヤング, メアリー・オキーフ
　㊂「おさるのジョージどうぶつだいすき」岩波書店　2014
Young, Maurus　ヤング, モールス
　㊂「現代世界アジア詩集」土曜美術社出版販売　2010
Young, Michael　ヤング, マイケル
　1976〜　㊀アメリカ　元野球選手　レンジャーズGM特別補佐
　本名=Young, Michael Brian
Young, Michael　ヤング, マイケル
　㊂「ビューティフルビジュアライゼーション」オライリー・ジャパン, オーム社(発売)　2011
Young, Michael F.D.　ヤング, M.F.D.
　㊂「過去のカリキュラム・未来のカリキュラム」東京都立大学出版会　2002
Young, Michael J.　ヤング, マイケル・J.
　㊂「Microsoft Office XP Professionalオフィシャルマニュアル」日経BPソフトプレス, 日経BP出版センター(発売)　2001
Young, Michèle Ann　ヤング, ミシェル・アン
　㊂「琥珀色の瞳に捧ぐ」オークラ出版　2013
Young, Moira　ヤング, モイラ
　㊀カナダ　作家　ヤングアダルト
Young, Neil　ヤング, ニール
　1945〜　グラミー賞 最優秀ロック楽曲(2010年(第53回))ほか
Young, Nick　ヤング, ニック
　㊀アメリカ　バスケットボール選手
Young, Nicole S.　ヤング, ニコール・S.
　㊂「美味しさを切り取る料理写真の撮影テクニック」ピアソン桐原　2012
Young, Noela　ヤング, ノエラ
　㊂「ウォンバットとふねのいえ」朔北社　2003
Young, Paloma　ヤング, パロマ
　トニー賞 プレイ 衣装デザイン賞(2012年(第66回))　"Peter and the Starcatcher"
Young, Peter　ヤング, ピーター
　1930〜　㊂「カメの文化誌」柏書房　2005
Young, Peter C.　ヤング, ピーター
　㊂「MBAのリスク・マネジメント」PHP研究所　2002
Young, Rebecca　ヤング, レベッカ
　㊂「みてみてゴー!」大日本絵画　[2014]
Young, Robert J.C.　ヤング, ロバート・J.C.
　㊂「ポストコロニアリズム」岩波書店　2005
Young, Robert R.　ヤング, R.R.
　㊂「神経リハビリテーション」医学書院　2001
Young, Rosaleen　ヤング, ロザリーン
　㊂「はじめての告白」ぺんぎん書房　2005
Young, Roxanne K.　ヤング, ロクサーヌ・K.
　㊂「医者が心をひらくとき」医学書院　2002
Young, Sam　ヤング, サム
　㊀アメリカ　アメフト選手
Young, Samantha　ヤング, サマンサ
　1986〜　㊂「ロンドン・ロードで誓った愛は」集英社クリエイティブ, 集英社(発売)　2014
Young, Sarah　ヤング, サラ
　1946〜　㊂「ジーザス・コーリング」アイシーメディックス, 星雲社(発売)　2015
Young, S.David　ヤング, S.デイヴィッド
　㊂「コトラーの資金調達マーケティング」PHP研究所　2005
Young, Selina　ヤング, セリーナ
　1971〜　㊂「ワンワンこいぬ」小学館　2005
Young, Simone　ヤング, シモーネ
　1961〜　㊀オーストラリア　指揮者　ハンブルク州立歌劇場音楽監督, ハンブルク・フィルハーモニー管弦楽団首席指揮者　本名=Young, Simone Margaret　㊃ヤング, シモーヌ／ヤング, シモーン
Young, Skottie　ヤング, スコッティ
　㊂「ワールド・オブ・スパイダーバース」ヴィレッジブックス　2016
Young, Stephen　ヤング, スティーブン・B.

1945〜 ㊞「CSR経営」生産性出版 2005
Young, Stephen T. ヤング, スティーブ・T.
1950〜 ㊞「真理に自由がある」アイシーメディックス, 星雲社(発売) 2015
Young, Steven ヤング, スティーヴン
1949〜 ㊞「本の虫」アートン 2002
Young, Stuart ヤング, スチュアート
㊀トリニダード・トバゴ 法相
Young, Sue Fostaty ヤング, スー・F.
㊞「「主体的学び」につなげる評価と学習方法」東信堂 2013
Young, Susan ヤング, スーザン
㊞「音楽的コミュニケーション」誠信書房 2012
Young, Susan ヤング, スーザン
1957〜 ㊞「大人のADHDのアセスメントと治療プログラム」明石書店 2015
Young, Tavon ヤング, タボン
㊀アメリカ アメフト選手
Young, Thaddeus ヤング, タデウス
㊀アメリカ バスケットボール選手
Young, Thomas W. ヤング, トマス・W.
1962〜 ㊀アメリカ 作家 ㊦スリラー
Young, Tim ヤング, ティム
グラミー賞 最優秀サラウンド・サウンド・アルバム(2007年(第50回)) "Love" サラウンド・マスタリング・エンジニア
Young, Tony ヤング, トニー
1937〜2002 ㊀アメリカ 俳優
Young, Victor Leyland ヤング, ヴィクター・レイランド
㊀カナダ 在セント・ジョンズ日本国名誉総領事
Young, William Paul ヤング, ウィリアム・ポール
1955〜 ㊀アメリカ カナダ出身の作家 ㊦その他 ㊃ヤング, ウィリアム・ポール
Young, Willie ヤング, ウイリー
㊀アメリカ アメフト選手
Youngblood, Mary ヤングブラッド, メアリー
グラミー賞 最優秀ネイティブ・アメリカン・ミュージック・アルバム(2006年(第49回)) "Dance With The Wind"
Young-Bruehl, Elisabeth ヤング・ブルーエル, エリザベス
1946〜2011 ㊀アメリカ 哲学者, 精神分析学者 コロンビア大学精神分析訓練研究センター教授
Young-Eisendrath, Polly ヤング=エイゼンドラス, ポリー
㊞「ユングの13人の弟子が今考えていること」ミネルヴァ書房 2001
Younger, George Kenneth Hotson ヤンガー, ジョージ・ケネス・ホットソン
1931〜2003 ㊀イギリス 政治家 英国国防相 ㊃ヤンガー, ジョージ
Younger, Jon ヤンガー, ジョン
㊞「グローバル時代の人事コンピテンシー」マグロウヒル・エデュケーション, 日本経済新聞出版社(発売) 2014
Younghusband, Bill ヤングハズバンド, ビル
㊞「オーストリア軍の歩兵」新紀元社 2001
Young-jae ヨンジェ
1994〜 ㊀韓国 歌手
Young-Mason, Jeanine ヤング・メイスン, ジニーン
1938〜 ㊞「患者の声病気の体験」筑摩書房 2001
Youngs, Ben ヤングス, ベン
㊀イングランド ラグビー選手
Youngs, Chris ヤングス, クリス
㊞「ダンジョン・マガジン年鑑」ホビージャパン 2010
Youngs, Elaine ヤングズ
㊀アメリカ ビーチバレー選手
Youngs, Tom ヤングス, トム
㊀イングランド ラグビー選手
Young Valdez, Ivonne ヨング・バルデス, イボン
㊀パナマ 大統領府相 ㊃ヤング・バルデス, イボンヌ
Younis, Ibrahim ユニス, イブラヒム
㊀エジプト 国務相(軍需生産担当)
Younous, Abderahim ユヌス, アブドゥライム
㊀チャド 畜産相
Younous, Adoum ユヌス, アドゥム
㊀チャド 公共事業・運輸相
Younous, Djibert ユヌス, ジベール
㊀チャド 文化・青年・スポーツ相
Younous, Kedellah ユヌス, ケデラ
㊀チャド 情報相兼政府報道官
Younousmi, Adoum ユヌスミ, アドゥム
㊀チャド インフラ・運輸相

Yourdon, Ed ヨードン, エド
㊞「ソフトウェア開発のカオス」構造計画研究所, 共立出版(発売) 2003
Yourdon, Edward ヨードン, エドワード
㊞「ソフトウェア管理の落とし穴」ピアソン桐原 2010
Yourgrau, Barry ユアグロー, バリー
1949〜 ㊀アメリカ 作家
Yourgrau, Palle ユアグロー, パレ
㊞「時間のない宇宙」白揚社 2006
Yousaf, Muhammad ユサフ, モハンマド
㊀パキスタン 宗教問題相 ㊃ユサフ, ムハンマド
Yousafzai, Malala ユスフザイ, マララ
1997〜 ㊀パキスタン 人権活動家
Yousef, Kareem Sayed ユセフ, カレーム・サイド
㊀シリア 国務相
Yousef, Mosab Hassan ユーセフ, モサブ・ハッサン
1978〜 ㊞「ハマスの息子」幻冬舎 2011
al-Yousefi, Mohsen アル・ユーセフィ, モハセン
㊀イエメン 国務相
Yousfi, Youcef ユースフィ, ユセフ
㊀アルジェリア エネルギー問題担当大統領顧問・大臣, 元・外務大臣, 元・エネルギー・鉱業大臣, 元・国営炭化水素公社ソナトラック社総裁
Yousif, al-Haj Adam ユースフ, ハジ・アダム
㊀スーダン 副大統領
Yousif, Mohammed Yousif Ali ユースフ, ムハンマド・ユースフ・アリ
㊀スーダン 産業相
Youssef, Michael ヨセフ, マイケル
㊞「あなたを変える賛美」生ける水の川 2006
Youssouf, Mahamoud Ali ユスフ, マハムド・アリ
㊀ジブチ 外相兼政府報道官 ㊃ユフス, マハムド・アリ
Youssouf Adidja, Alim ユスフ・アディジャ・アリム
㊀カメルーン 初等教育相
Youssoufi, Abderrahmane ユースーフィ, アブデルラハマン
㊀モロッコ 首相
Youssou N'dour ユッスー・ンドゥール
1959〜 ㊀セネガル 歌手 観光・レジャー相 ㊃ユッスー・ウンドゥール
Youzhny, Mikhail ユージニー
㊀ロシア テニス選手
Yovchev, Yordan ヨブチェフ
㊀ブルガリア 体操選手
Yovel, Yirmiahu ヨベル, イルミヤフ
㊞「深い謎」法政大学出版局 2002
Yow, Valerie Raleigh ヤウ, ヴァレリー・ローリー
㊞「オーラルヒストリーの理論と実践」インターブックス 2011
Yrsa Sigurðardóttir イルサ・シグルザルドッティル
1963〜 ㊞「魔女遊戯」集英社 2011
Ysander, Bengt-Christer イサンダル, ベングト-クリスタ
㊞「クオリティー・オブ・ライフ」里文出版 2006
Ysla, Luis イスラ, ルイス
㊀ベネズエラ 野球選手
Yttling, Björn イットリング, ビヨーン
㊀スウェーデン ミュージシャン
Yttri, Birgitte イットリ, ビアギッテ
㊞「絶え間なき交信の時代」NTT出版 2003
Yu, Charles ユウ, チャールズ
1976〜 ㊀アメリカ 作家 ㊦SF, ファンタジー
Yu, Fu ユ, フー
㊀ポルトガル 卓球選手
Yu, Guang-yuan ユイ・グワンユアン
1915〜2013 ㊀中国 経済学者 中国社会科学院副院長, 北京大学教授 漢字名=于光遠, 号=一于 ㊃ユイ・コワンユアン
Yu, Ha ユ・ハ
1963〜 ㊀韓国 映画監督, 詩人 漢字名=柳河
Yu, Hua ユイ・ホア
1960〜 ㊀中国 作家 漢字名=余華
Yu, Hye-jin ユ・ヘジン
1970〜 ㊀韓国 俳優
Yu, Hyeon-mok ユ・ヒョンモク
1925〜2009 ㊀韓国 映画監督 東国大学名誉教授 漢字名=兪賢穆
Yu, In-chon ユ・インチョン
1951〜 ㊀韓国 俳優 韓国文化観光相, 韓国中央大学演劇映画学部教授 漢字名=柳仁村, 俳優名=ユ・インチョン

Yu, Jie ユイ・チェ
国中国 人権活動家, 作家 漢字名＝余傑
Yu, Ji-tae ユ・ジテ
1976〜 国韓国 俳優 漢字名＝劉智泰
Yu, Joseph ユー, ジョセフ
著「ケースレビュー骨軟部の画像診断」 メディカル・サイエンス・インターナショナル 2005
Yu, Joseph ユー, ジョセフ
著「誰でもわかる正統派風水」 太玄社, ナチュラルスピリット(発売) 2014
Yu, Leinil Francis ユー, レイニル
著「スペリアー」 小学館集英社プロダクション 2015
Yu, Lik-wai ユー・リクウァイ
1966〜 国香港 映画監督, 映画撮影監督 漢字名＝余力為 異ユー・リクワイ
Yu, Mengyu ユ・モンユ
国シンガポール 卓球選手
Yu, Myung-hwan ユ・ミョンファン
1946〜 国韓国 外交官 韓国外交通商相, 駐日韓国大使 漢字名＝柳明桓
Yu, Nan ユー・ナン
1978〜 国中国 女優 漢字名＝余男
Yu, Ovidia ユウ, オヴィディア
1961〜 著「南国ビュッフェの危ない招待」 原書房 2016
Yu, Ruo-mu ウ・ジャクボク
1919〜2006 国中国 栄養学者 漢字名＝于若木
Yu, Seung-min ユ・スンミン
1982〜 国韓国 卓球選手 漢字名＝柳承敏
Yu, Shi-zhi ユイ・シーチー
1927〜2013 国中国 俳優 北京人民芸術劇院院長, 中国戯劇家協会副主席 漢字名＝于是之
Yu, Woo-ik リュ・ウイク
1950〜 国韓国 地理学者, 外交官 韓国統一相, 駐中国韓国大使, 韓国大統領室長, 韓国国際戦略研究院院長 漢字名＝柳佑益 異ユ・ウイク
Yu, Zheng-sheng ユイ・チョンション
1945〜 国中国 政治家 中国人民政治協商会議主席, 中国共産党政治局常務委員 中国建設相 漢字名＝兪正声 異ユイ・ズンセン
Yuan, Long-ping ユアン・ロンピン
1930〜 国中国 農学者 専水稲交配, ハイブリッド米 漢字名＝袁隆平
Yuan, Ruixi ユアン, ルイジ
著「実践VPN」 ピアソン・エデュケーション 2001
Yuan, Xue-fen ユアン・シュエフン
1922〜2011 国中国 越劇女優 上海越劇院名誉院長 漢字名＝袁雪芬
Yücel Güleç, Selim ユジェル・ギュレチ, セリム
著「愛すべき預言者様」 呉智世理夢 2010
Yuchun ユチョン
1986〜 国韓国 歌手, 俳優 別名＝Micky(ミッキー)
Yuddy, Chrisnandi ユディ・クリスナンディ
国インドネシア 国家機関強化・官僚改革相
Yudhoyono, Susilo Bambang ユドヨノ, スシロ・バンバン
1949〜 国インドネシア 政治家, 元軍人 インドネシア調整相(政治・治安・社会担当), 国連ボスニア・ヘルツェゴビナ停戦監視団長
Yudin, Andrey ユジン, アンドレイ
国ロシア トランポリン選手
Yudin, Georgii ユージン, ゲオルギー
著「ロシア英雄叙事詩の世界」 新読書社 2001
Yudofsky, Stuart C. ユドフスキー, スチュアート・C.
異ユドフスキー, スチュアート 著「パーソナリティ障害の素顔」 星和書店 2011
Yue, Shawn ユー, ショーン
1981〜 国香港 俳優, 歌手 漢字名＝余文楽〈Yu, Wen-le〉 異ユー, ウェンレー
Yuen, Biao ユン・ピョウ
1957〜 国香港 俳優 漢字名＝元彪 異ユン・ピョウ
Yuen, Lenora M. ユエン, レノーラ
著「グズをきっぱりやめるコツ！」 PHP研究所 2005
Yugar Párraga, Zulma ユガル・パラガ, スルマ
国ボリビア 文化相
Yuguda, Isa ユグダ, イサ
国ナイジェリア 航空相
Yuille-williams, Joan ユールウィリアムズ, ジョアン
国トリニダード・トバゴ 共同体開発・文化・男女問題相

Yu-Jose, Lydia N. ユー・ホセ, リディア・N.
国フィリピン 政治学者 アテネオ・デ・マニラ大学社会学部教授 専政治学, フィリピン・日本関係史
Yukhareva, Natalia ユハレワ
国ロシア 柔道選手
Yukna, Raymond A. ユークナ, R.A.
著「ペリオドンティックシラバス」 ゼニス出版 2001
Yukol, Limlamthong ユコン・リムレムトン
国タイ 農業・協同組合相
Yuldoshev, Nigmatilla ユルドシェフ, ニグマティッラ
国ウズベキスタン 法相 異ユルダシェフ, ニグマティッラ
Yule, Andrew ユール, アンドリュー
著「ビートルズ世界証言集」 ポプラ社 2006
Yule, William ユール, ウィリアム
著「子どもの問題行動への理解と対応」 福村出版 2013
Yulianti, Maria Kristin ユリアンティ
国インドネシア バドミントン選手
Yum, Hyewon ユン, ヘウォン
著「ママ、きょうからようちえんだよ！」 トランスビュー 2012
Yumashev, Valentin Borisovich ユマシェフ, ワレンチン
1952〜 国ロシア ロシア大統領顧問 ロシア大統領府長官 異ユマーシェフ, ワレンチン
Yumi Zuhanis Has-Yun Hashim ユミ・ズハニス・ハスユン・ハシム
著「ハラルをよく知るために」 日本マレーシア協会, 紀伊国屋書店(発売) 2014
Yumkella, Foday ユンケラ, フォディ
国シエラレオネ 大統領府担当相
Yun, Brother ユン, ブラザー
1958〜 著「天国の人」 マルコーシュ・パブリケーション 2004
Yun, Byung-se ユン・ビョンセ
1953〜 国韓国 政治家, 外交官 韓国外相 漢字名＝尹炳世
Yun, Duk-min ユン・ドクミン
1959〜 国韓国 国際政治学者 韓国国立外交院院長 専北朝鮮・東アジアの安全保障, 国際関係論 漢字名＝尹徳敏 異ユン・ドックミン / ユン・ドンミン
Yun, Gi-bok ユン・キボク
1926〜2003 国北朝鮮 政治家 北朝鮮祖国統一民主主義戦線議長, 朝鮮労働党中央委員会書記(教育文化担当) 漢字名＝尹基福 異ユン・ギボク
Yun, Hak-jun ユン・ハクジュン
1933〜2003 国韓国 文芸評論家 法政大学国際文化学部教授 専朝鮮文学, 比較文学 漢字名＝尹学準 異イン・ガクジュン
Yun, Ho-jin ユン・ホジン
国北朝鮮 元外交官 南川江貿易会社代表 在ウィーン北朝鮮大使館参事官 漢字名＝尹浩鎮
Yun, Won-chol ユン・ウォンチョル
国北朝鮮 レスリング選手
Yunesi, Ali ユネシ, アリ
国イラン 情報相
Yung, Dany ユン, ダニー
1943〜 国香港 演出家, 劇作家, 舞台美術家 香港芸術家集団・進念・二十面體芸術監督, 香港現代文化センター主席 本名＝榮念會(ロン・ニイェンツォン)
Yunho ユンホ
1986〜 国韓国 歌手, 俳優 別名＝U-Know(ユノ)
Yunis, Abd al-Karim ユニス, アブドルカリム
国イラク 自治・公共事業相
Yunus, Muhammad ユヌス, ムハンマド
1940〜 国バングラデシュ 銀行家, 経済学者 グラミン銀行総裁 異ユヌス, ムハマド
Yunusmetov, Rashid ユヌスメトフ, ラシド
国カザフスタン 射撃選手
Yunusov, Anvar ユヌソフ, アンバル
国タジキスタン ボクシング選手 異ユヌソフ
Yunusov, Rustam ユヌソフ, ルスタム
国ウズベキスタン 副首相
Yurchenko, Denys ユルチェンコ
国ウクライナ 陸上選手
Yurchenko, Vladlen ユルチェンコ, ヴラドレン
国ウクライナ サッカー選手
Yurenia, Aleh ユレニア
国ベラルーシ カヌー選手
Yuri, Berchiche ユーリ・ベルチチェ
国スペイン サッカー選手
Yurick, Sol ユーリック, ソル

1925〜2013 [国]アメリカ 作家
Yurkov, Yuriy ユルコフ, ユーリー
[国]カザフスタン 射撃選手
Yusein, Taybe Mustafa ユセイン, タイベ・ムスタファ
[国]ブルガリア レスリング選手
Yushchenko, Viktor Andriyovich ユーシェンコ, ヴィクトル
1954〜 [国]ウクライナ 政治家, エコノミスト ウクライナ大統領, ウクライナ首相, ウクライナ国民銀行総裁 [異]ユーシェンコ, ビクトル / ユシチェンコ, ビクトル
Yushenkov, Sergei Nikolaevich ユシェンコフ, セルゲイ
1950〜2003 [国]ロシア 政治家 ロシア連邦情報センター副所長, ロシア人民代議員
Yuskov, Denis ユスコフ
[国]ロシア スピードスケート選手
Yusof, Eddy ユソフ, エディ
[国]スイス 体操選手
Yusof, Pengiran ユソフ, ペンギラン
1923〜2016 [国]ブルネイ 政治家 ブルネイ首相, 駐日ブルネイ大使 別名=ハリム, ユラ〈Halim, Yura〉
Yusov, Vadim ユソフ, ワジム
1929〜2013 [国]ロシア 映画カメラマン [異]ユーソフ, ワジーム
Yusron Ihza Mahendra ユスロン・イフザ・マヘンドラ
1958〜 [国]インドネシア 外交官 駐日インドネシア大使 [異]ユスリル・イフザ・マヘンドラ / ユスロン
Yussuf, Abdiaziz Sheikh ユスフ, アブディアジズ・シェイク
[国]ソマリア 保健相
Yussupova, Aliya ユスポワ
[国]カザフスタン 新体操選手
Yusuf, Abdullahi ユスフ, アブドラヒ
1934〜2012 [国]ソマリア 政治家, 軍人 ソマリア暫定大統領 本名=Yusuf Ahmed, Abdullahi
Yusuf, Andi Mohamad ユスフ, アンディ・モハマッド
1928〜2004 [国]インドネシア 軍人, 政治家 インドネシア国防治安相・国軍司令官 [異]ユスフ, モハマッド
Yusuf, Chowdhury ユスフ, チョードリ
[国]バングラデシュ 災害対策・救援相
Yusuf, Kalla ユスフ・カラ
[国]インドネシア 副大統領
Yusuf, Kamal Ibne ユスフ, カマル・イブネ
[国]バングラデシュ 災害対策・救援相
Yusuf, Shahid ユースフ, シャヒド
1949〜 [著]「双頭の竜の中国」 一灯舎, オーム社(発売) 2011
Yusupov, Nosirjon ユスポフ, ノシルジョン
[国]ウズベキスタン 副首相兼農業水利相
Yuthas, Kristi ユーザス, クリスティ
[著]「社会的インパクトとは何か」 英治出版 2015
Yuvakuran, Utku ユヴァクラン, ウツク
[国]トルコ サッカー選手
Yuwiler, Arthur ユーウィラー, A.
[著]「自閉症」 黎明書房 2006
Yuzhanov, Iliya A. ユジャノフ, イリヤ・A.
[国]ロシア 反独占・企業支援相
Yzerbyt, Vincent Y. イゼルビット, ビンセント・Y.
[著]「ステレオタイプとは何か」 明石書店 2007
Yzquierdo Rodríguez, Adel Onofre イスキエルド・ロドリゲス, アデル・オノフレ
[国]キューバ 運輸相

【Z】

Zaafouri, Béchir ザフーリ, ベシル
[国]チュニジア 貿易・手工芸相
Za'anoon, Riyad ザヌン, リヤド
[国]パレスチナ 保健相
Zaayenga, Karyn ザイエンガ, カリン
1965〜 [著]「ひとりぼっちで明けない夜に」 いのちのことば社 2003
Zaazou, Hisham ザアズーア, ヒシャム
[国]エジプト 観光相 [異]ザアゾウ, ヒシャム
Zábalawi, Isam ザバラウィ, イサム
[国]ヨルダン 高等教育・科学研究相
Zabaleta, Pablo サバレタ, パブロ
[国]アルゼンチン サッカー選手
Zabawska(danilczyk), Krystyna ザバフスカ
[国]ポーランド 陸上選手
Zabel, Erik ツァベル
[国]ドイツ 自転車選手
Zabelin, Viktor Nikitovich ザベーリン, ヴィクトル・ニキトヴィチ
[国]ロシア ロシア・ウラル・シベリア建設組合総裁, ロ日協会名誉会長
Zabelinskaya, Olga ザベリンスカヤ, オリガ
[国]ロシア 自転車選手 [異]ザベリンスカヤ
Zabihi, Karina ザビヒ, カリーナ
[著]「コンテンポラリー・アジアン・ベッドルーム」 チャールズ・イー・タトル出版 2007
Zabirova, Zulfiya ザビロワ
[国]ロシア 自転車選手
Zablocki, Courtney ザブロッキー
[国]アメリカ リュージュ選手
Zabludina, Irina ザブルディナ
[国]ロシア 柔道選手
Zabolotnaya, Natalia ザボロトナヤ
[国]ロシア 重量挙げ選手
Zacarias, Felicio ザカリアス, フェリシオ
[国]モザンビーク 公共事業・住宅相 [異]ザカリーアス, フェリシオ
Zaccheroni, Alberto ザッケローニ, アルベルト
1953〜 [国]イタリア サッカー指導者 サッカー日本代表監督 愛称=ザック〈Zac〉
Zacconi, Riccardo ザッコーニ, リカルド
[国]イタリア キング・デジタル・エンタテインメント共同創業者
Zácek, Jirí ジャーチェク, イジー
1945〜 [著]「どうぶつだいすき」 平凡社 2005
Zacharakis, Andrew ザカラキス, アンドリュー
[著]「アントレプレナーシップ」 日経BP社, 日経BP出版センター(発売) 2009
Zacharias, Christian ツァハリアス, クリスティアン
1950〜 [国]ドイツ ピアニスト
Zacharias, Helmut ツァハリアス, ヘルムート
1920〜2002 [国]ドイツ ジャズバイオリニスト, 指揮者 [異]ツァハリーアス, ヘルムート
Zacharie, Felicien Chabi ザカリ, フェリシアン・シャビ
[国]ベナン 初等教育相
Zachary, G.Pascal ザカリー, G.パスカル
[著]「闘うプログラマー」 日経BP社, 日経BP出版センター(発売) 2009
Zacher, Hans Friedrich ツァハー, ハンス・F.
1928〜 [著]「ドイツ社会法の構造と展開」 日本評論社 2005
Zachert, Susanna ツァヘルト, ズザンナ
?〜2001 [国]ドイツ ヘルベルト・ツァヘルト元ボン大学日本学科教授の妻 本名=ツァヘルト, ズザンナ・フジ
Za Choeje Rinpoche ザ・チョジェ・リンポチェ
1968〜 [著]「命と絆の法則」 きずな出版 2015
Zachras, Mattlan ザカラス, マトラン
[国]マーシャル諸島 公共事業相
Zachwatowicz-Wajda, Krystyna ザフファトビッチ・ヴァイダ, クリスティーナ
[国]ポーランド 女優、舞台美術家、衣装デザイナー, クラクフ美術大学教授, クラクフ演劇大学教授, クラクフ日本美術・技術博物館常任理事
Zack, Devora ザック, デボラ
[著]「自分のタイプを理解すればマネジメントは成功する」 ソフトバンククリエイティブ 2013
Zacker, Craig ザッカー, クレイグ
[著]「MCSEスキルチェック問題集Microsoft Windows Server 2003 network infrastructure」 日経BPソフトプレス, 日経BP出版センター(発売) 2004
Zackhras, Mattlan ザクラス, マトラン
[国]マーシャル諸島 大統領補佐相 [異]ザキラス, マトラン
Zackhras, Ruben ザキラス, ルーベン
[国]マーシャル諸島 大統領補佐相
Zackios, Gerald ザキオス, ジェラルド
[国]マーシャル諸島 外相
Zacks, Mitchell ザックス, ミッチ
[著]「アナリストデータの裏を読め!」 パンローリング 2003
Zaczek, Iain ザクチェフ, イアン
[著]「ビジュアル年表で読む西洋絵画」 日経ナショナルジオグラフィック社, 日経BPマーケティング(発売) 2014
Zaczyk, Christian ザジック, クリスチャン
1964〜 [著]「すぐカッとなる人びと」 大月書店 2002

Zadek, Simon　ザデック, サイモン
　著「地球公共財の政治経済学」国際書院　2005
Zadneprovskis, Andrejus　ザドネプロフスキス
　国リトアニア　近代五種選手
Zadorozhnaya, Yelena　ザドロズナヤ
　国ロシア　陸上選手
Zadoyan, Davit　ザドヤン, ダビト
　国アルメニア　農相
Zadra, Dan　ゼドラ, ダン
　著「7」海と月社　2014
al-Zaeem, Issam　アル・ザイーム, イサム
　国シリア　工業相
Zaentz, Saul　ゼインツ, ソウル
　1921～2014　国アメリカ　映画プロデューサー　異ゼインツ, ソール
Zafar, Muhammad Wasi　ザファル, ムハンマド・ワシ
　国パキスタン　法務・人権相
Zaferes, Katie　ザファーズ, ケイティ
　国アメリカ　トライアスロン選手
Zaffalon, Lorena　ザファロン
　国イタリア　シンクロナイズド・スイミング選手
Zafferani, Andrea　ザッフェラーニ, アンドレア
　国サンマリノ　産業・手工業・商業・労働・協力・通信長官
Zaffron, Steve　ザフロン, スティーヴ
　1944～　著「パフォーマンスアップ3つの法則」ダイレクト出版　2011
Zafilahy, Ying Vah　ザフィライ, イン・バ
　国マダガスカル　大統領府付鉱山・石油担当相
Zafilaza　ザフィラザ
　国マダガスカル　人口・社会保護・余暇相
al-Zafir, Ali　ザフィール, アリ
　国シリア　通信技術相
Zagami, Leo　ザガミ, レオ
　著「世界中枢デンジャラスゾーン」ヒカルランド　2011
Zagarenski, Pamela　ザガレンスキー, パメラ
　著「おひめさまはねむりたくないけれど」そうえん社　2015
Zaghloul, Mohamad Bahaa El-Din　ザグルール, ムハンマド・バハー・エルディーン
　国エジプト　日本帰国留学生会会長, 海外産業人材育成協会エジプト同窓会会長, 国立中央冶金研究所名誉教授, 元・国立中央冶金研究所所長
Zagoria, Donald S.　ザゴリア, ドナルド・S.
　著「フォーリン・アフェアーズ傑作選」朝日新聞社　2001
Zagorska, Dorota　ザゴルスカ
　国ポーランド　フィギュアスケート選手
Zagoskin, Alexandre M.　ザゴスキン, A.M.
　著「ザゴスキン多体系の量子論」丸善プラネット, 丸善出版（発売）　2012
Zagrodnik, Pawel　ザグロドニク
　国ポーランド　柔道選手
Zagrosek, Lothar　ツァグロセク, ローター
　1942～　国ドイツ　指揮者　シュトゥットガルト歌劇場音楽総監督・支配人代理　異ツァグロゼク, ローター
Zagula, John　ザグラ, ジョン
　著「マーケティング・プレイブック」東洋経済新報社　2009
Zagula, Matt　ザグラ, マット
　著「ダン・S.ケネディの妥協なく売るためのブランディング戦術23」ダイレクト出版　2013
Zagunis, Mariel　ザグニス, マリール
　国アメリカ　フェンシング選手　異ザグニス
Zaha, Wilfried　ザハ, ウィルフレッド
　国イングランド　サッカー選手
Zahaf, Cheik Ahmed Ould　ザハフ, シェク・アハメド・ウルド
　国モーリタニア　水利・エネルギー相
Zahar, Mahmoud　ザハル, マハムード
　国パレスチナ　外相
Zaharia, Matei　ザハリア, マテイ
　著「初めてのSpark」オライリー・ジャパン, オーム社（発売）　2015
Zaharieva, Ekaterina　ザハリエバ, エカテリナ
　国ブルガリア　法相
Zahavi, Amots　ザハヴィ, アモツ
　著「生物進化とハンディキャップ原理」白揚社　2001
Zahavi, Avishag　ザハヴィ, アヴィシャグ
　著「生物進化とハンディキャップ原理」白揚社　2001
Zahavi, Dan　ザハヴィ, ダン
　1967～　著「初学者のための現象学」晃洋書房　2015
Zahed, Hamdollah　ザヘド, ハムドラ
　国アフガニスタン　軽工業・食料相
Zahed, Ramin　ザヒド, ラーミン
　著「リトルプリンス星の王子さまと私アートブック」宝島社　2015
Zahedi, Morteza　ザーヘディ, モルテザー
　1978～　著「ごらん, ごらん, こうやって」ブルース・インターアクションズ　2006
Zahid Hamidi, Ahmad　ザヒド・ハミディ, アフマド
　国マレーシア　副首相兼内相
Zahir, Ahmed　ザヒル, アーメド
　国モルディブ　法相
Zahir, Umar　ザヒル, ウマル
　国モルディブ　建設・環境・内相
Zahir Shah, Mohammed　ザヒル・シャー, モハメド
　1914～2007　国アフガニスタン　国王　異ザーヒル・シャー, ムハンマド／ザヒル・シャー
Zahlavova Strycova, Barbora　ストリコバ, バルボラ
　国チェコ　テニス選手
Zahler, S.Craig　ザラー, S.クレイグ
　1973～　著「ノース・ガンソン・ストリートの虐殺」早川書房　2016
Zahler, Thomas　ザラー, トマス
　著「マイリトルポニー：ポニーテールズ」ヴィレッジブックス　2014
Zahn, Timothy　ザーン, ティモシイ
　著「ターミネーター4」角川書店, 角川グループパブリッシング（発売）　2009
Zaia, Luca　ザイア, ルカ
　国イタリア　農林相
Zaichenko, Nikolai P.　ザイチェンコ, ニコライ・P.
　国ベラルーシ　経済相
Zaichikov, Alexander　ザイチコフ, アレクサンドル
　国カザフスタン　重量挙げ選手
al-Zaidan, Falah　ザイダン, ファラハ
　国イラク　農相
Zaidel, Dahlia W.　ザイデル, ダーリア・W.
　著ザイデル, ダリア・W.著「芸術的才能と脳の不思議」医学書院　2010
Zaidi, Nadeem　ザイディ, ナディーム
　著「みつけてごらんのうじょうのどうぶつ」フレーベル館　2006
Zaikov, Lev Nikolaevich　ザイコフ, リフ
　1923～2002　国ロシア　政治家　ソ連共産党政治局員・書記, モスクワ市党第1書記
Zaillian, Steven　ザイリアン, スティーヴン
　1953～　著「アメリカン・ギャングスター」ソフトバンククリエイティブ　2007
al-Zaim, Issam　アル・ザイム, イサム
　国シリア　計画問題相
Zain, Mohamed　ザイン, モハメド
　国ブルネイ　宗教相
Zainal, Abdullah bin　ザイナル, アブドラ・ビン
　国サウジアラビア　国務相　異ザイナル, アブドラ・ビン・アハマド・ビン・ユーセフ
Zainal Alireza, Abdullah bin Ahmed　ザイナル・アリレザ, アブドラ・ビン・アハマド
　国サウジアラビア　商工相
Zainuddin, Maidin　ザイヌディン・マイディン
　国マレーシア　情報相
Zairov, Intigam　ザイロフ
　国アゼルバイジャン　重量挙げ選手
Zaitsev, Peter　ツァイツェフ, ピーター
　著「実践ハイパフォーマンスMySQL」オライリー・ジャパン, オーム社（発売）　2013
Zaitseva, Olga　ザイツェワ, オリガ
　1978～　国ロシア　バイアスロン選手　異ザイツェワ
Zajac, Rudolf　ザヤツ, ルドルフ
　国スロバキア　保健相
Zajc, Hanna　サイク
　国スウェーデン　テコンドー選手
Zajonc, Arthur G.　ザイアンツ, アーサー・G.
　著「量子論が試されるとき」みすず書房　2014
Zak, Paul J.　ザック, ポール・J.
　著「経済は「競争」では繁栄しない」ダイヤモンド社　2013
Zak, Victoria　ザック, ヴィクトリア
　著「ハーブティーバイブル」東京堂出版　2004
Žakaitienė, Roma　ジャカイティエーネ, ローマ

Zakareishvili, Paata　ザカレイシビリ, パータ
　国ジョージア　国務相(和解・市民平等問題担当)
Zakari, Aziz　ザカリ
　国ガーナ　陸上選手
Zakaria, Denis　ザカリア, デニス
　国スイス　サッカー選手
Zakaria, Fareed　ザカリア, ファリード
　1964〜　ジャーナリスト，コラムニスト　「ニューズウイーク国際版」編集長
Zakaria, Haikal　ザカリア, ハイカル
　国チャド　青年・スポーツ相
Zakaria, Sulaiman　ザカリア・スライマン
　国ブルネイ　通信相
Zakas, Nicholas C.　ザカス, ニコラス・C.
　著「オブジェクト指向JavaScriptの原則」オライリー・ジャパン, オーム社(発売)　2014
Zakayev, Akhmed　ザカエフ, アフメド
　1956〜　政治家　チェチェン共和国穏健独立派指導者　本名＝Zakayev, Akhmed Khalidovich
Zakelj, Tanja　ザケリ, ターニャ
　国スロベニア　自転車選手
Zakharchenko, Vitaliy　ザハルチェンコ, ビタリー
　国ウクライナ　内相
Zakhari, Nadia　ザハリ, ナディア
　国エジプト　国務相(科学研究担当)
Zakharian, Yervand　ザハリャン, エルワンド
　国アルメニア　国庫収入相
Zakharov, Anton　ザハロフ
　国ウクライナ　飛び込み選手
Zakharov, Artyom　ザハロフ, アルチョム
　国カザフスタン　自転車選手
Zakharov, Ilya　ザハロフ, イリア
　1991〜　国ロシア　飛び込み選手
Zakharov, Ruslan　ザハロフ, ルスラン
　1987〜　国ロシア　スピードスケート選手　本名＝Zakharov, Ruslan Albertovich
Zakharova, Svetlana　ザハーロワ, スヴェトラーナ
　1979〜　国ロシア　バレリーナ　ボリショイ・バレエ団プリンシパル　改ザハロワ, スヴェトラーナ
Zakharuk, Oleksandr　ザハルク
　国ウクライナ　レスリング選手
Zakharyan, Yervand　ザハリヤン, イェレバンド
　国アルメニア　エネルギー・天然資源相　改ザハリャン, エルワンド
Zakhilwal, Omar　ザヒルワル, オマル
　国アフガニスタン　財務相
Zakhour, Sharon　ザクァワ, シャロン
　著「Javaチュートリアル」ピアソン・エデュケーション　2007
Zaki, Aminath Zenysha Shaheed　ザキ, アミナト・ゼニーシャ・シャヒード
　国モルディブ　ジェンダー・家庭相
Zaki, Ibrahim Hussain　ザキ, イブラヒム・フセイン
　国モルディブ　計画開発相
Zakirov, Batir　ザキロフ, バティル
　国ウズベキスタン　副首相
Zakok, Ali Abu　ザクーク, アリ・アブ
　国リビア　外相
Zakour, John　ザコーアー, ジョン
　1957〜　国アメリカ　作家　原ユーモア, SF
Zakrzewski, Andrzej　ザクシェフスキ, アンジェイ
　国ポーランド　文化相
Zaku, A.B.　ザク, A.B.
　国ナイジェリア　科学技術相
Žalac, Gabrijela　ジャラツ, ガブリエラ
　国クロアチア　地域開発・欧州連合(EU)基金相
Zalans, Edgars　ザランス, エドガルス
　国ラトビア　地方開発・自治相
Zalar, Aleš　ザラル, アレシュ
　国スロベニア　法相
Zalasiewicz, Jan A.　ザラシーヴィッチ, ヤン
　著「小石, 地球の来歴を語る」みすず書房　2012
Zaldua, Joseba　サルドゥア, ホセバ
　国スペイン　サッカー選手
Zaleski-Zamenhof, L.C.　ザレスキ＝ザメンホフ, L.C.
　1925〜　著「ザメンホフ通り」原書房　2005

Zalesne, E.Kinney　ザレスン, E.キニー
　著「マイクロトレンド」日本放送出版協会　2008
Zalewska, Anna　ザレフスカ, アンナ
　国ポーランド　国民教育相
Zalewski, Michal　ザリュスキ, ミケール
　著「めんどうくさいWebセキュリティ」翔泳社　2012
Zalewski, Zbigniev　ザレフスキー, ズビグニェフ
　著「病院倫理入門」丸善出版　2011
Zalm, Gerrit　ザルム, ヘリット
　1952〜　国オランダ　政治家　ABNアムロ銀行CEO　オランダ副首相・財務相
Zaloga, Steve　ザロガ, スティーヴン・J.
　1952〜　著「パンターvsシャーマン」大日本絵画　2010
Zaltman, Gerald　ザルトマン, ジェラルド
　著「イノベーションと組織」創成社　2012
Zama, Francis　ザマ, フランシス
　国ソロモン諸島　財務相
Zaman, Zarida　ザマン, ザリダ
　著「すぐに役立つファッションデザインアイデアノート」グラフィック社　2008
Zamanduridis, Jannis　ザマンドゥリディス
　国ドイツ　レスリング選手
Zamanov, Asyrgeldy　ザマノフ, アスイルゲルディ
　国トルクメニスタン　自動車交通・道路相
Zambelli, Marco　ザンベッリ, マルコ
　国イタリア　サッカー選手
Zambelli, Raymond　ザンベリ, レイモンド
　著「リジューのテレーズ365の言葉」女子パウロ会　2011
Zamboni, Doriana　ザンボーニ, ドリアーナ
　著「キアラ・ルービックとフォコラーレの小さき花」サンパウロ　2003
Zambotti, Vanessa Martina　サンボッティ, バネッサ
　国メキシコ　柔道選手
Zambra, Alejandro　サンブラ, アレハンドロ
　1975〜　国チリ　作家, 詩人, 批評家　原文学, フィクション
Zambrano, Gregory　サンブラーノ, グレゴリー
　1963〜　著「ゴンサロ・ロハス詩集〈アンソロジー〉」現代企画室　2015
Zambrotta, Gianluca　ザンブロッタ, ジャンルカ
　1977〜　国イタリア　サッカー選手
Zameer, Moosa　ザミール, ムーサ
　国モルディブ　観光相
Zamel, Mohamed El Moctar Ould　ザメル, モハメド・エル・モクタル・ウルド
　国モーリタニア　漁業・海洋経済相
al-Zamili, Haider　ザミリ, ハイダル
　国イラク　法相
Zamir, Assadullah　ザミル, アサドラ
　国アフガニスタン　農相
Zamkovoy, Andrey　ザムコボイ
　国ロシア　ボクシング選手
Zammit, Ninu　ザミット, ニヌ
　国マルタ　資源・社会基盤相
Zamolodchikova, Elena　ザモロドチコワ
　国ロシア　体操選手
Zamora, Jorge　サモウラ, ホーヘイ
　著「メキシコ」ほるぷ出版　2007
Zamora, Mario　サモラ, マリオ
　国コスタリカ　内務・公安警察相
Zamora Gordillo, Elizabeth　サモラゴルディリョ
　国グアテマラ　テコンドー選手
Zamora Gutiérrez, José　サモラ・グティエレス, ホセ
　国ボリビア　環境・水資源相
Zamort, Ronald　ザモート, ロナルド
　国アメリカ　アメフト選手
Zamoyski, Adam　ザモイスキ, アダム
　著「ビジュアル版 世界の歴史都市」柊風舎　2016
Zampa, Adam　ザンパ, Ad.
　国スロバキア　アルペンスキー選手
Zampano, Francesco　ザンパーノ, フランチェスコ
　国イタリア　サッカー選手
Zamperini, Louis　ザンペリーニ, ルイス
　1917〜2014　国アメリカ　軍人, 陸上選手　本名＝Zamperini, Louis Silvie
Zampese, Ken　ザンペース, ケン
　国アメリカ　シンシナティ・ベンガルズコーチ
Zamylka, Hanna　ザミウカ, ハンナ

国ポーランド　元・在ポーランド日本国大使館現地職員
Zan, Koethi　ザン、コーティ
　国アメリカ　作家　ミステリー
Zana, Leyla　ザーナ、レイラ
　1961〜　著「レイラ・ザーナ」新泉社　2006
Zanardi, Alex　ザナルディ、アレックス
　1966〜　国イタリア　自転車選手、元F1ドライバー　本名＝ザナルディ、アレッサンドロ〈Zanardi, Alessandro〉
Zanarini, Mary C.　ザナリーニ、メリー・C.
　著「境界性パーソナリティ障害最新ガイド」星和書店　2006
Zanchetta, Pietro　ザンケッタ、ペトロ
　国イタリア　聖テレジア幼稚園園長、元・のぞみ幼稚園園長、元・カルメン幼稚園園長
Zanco, Federica　ザンコ、フェデリカ
　著「ルイス・バラガン静かなる革命」インターオフィス　2002
Zandanshatar, Gombojavyn　ザンダンシャタル、ゴムボジャビーン
　国モンゴル　外相
Zander, Benjamin　ザンダー、ベンジャミン
　1939〜　著「人生が変わる発想力」パンローリング　2012
Zander, Birgitta　ザンデル、ビルギッタ
　著「認知症ケアの自我心理学入門」クリエイツかもがわ　2015
Zander, Edward J.　ザンダー、エドワード
　1947〜　国アメリカ　実業家　モトローラ会長・CEO、サン・マイクロシステムズ社長・COO　通称＝ザンダー、エド〈Zander, Ed〉
Zander, Joakim　サンデル、ヨアキム
　1975〜　国スウェーデン　作家　スリラー、サスペンス
Zander, Pietro　ザンデル、ピエトロ
　1964〜　著「バチカン サン・ピエトロ大聖堂下のネクロポリス」上智大学出版、ぎょうせい(制作・発売)　2011
Zander, Robin　ザンダー、ロビン
　国アメリカ　ロック歌手
Zander, Rosamund Stone　ザンダー、ロザモンド・ストーン
　1942〜　著「人生が変わる発想力」パンローリング　2012
Zandi, Mark　ザンディ、マーク・M.
　著「クレジット・スコアリング」シグマベイスキャピタル　2001
Zandri, Jason　ザンドリ、ジェイソン
　著「Windows Server 2003 network」翔泳社　2004
Zandri, Vincent　ザンドリ、ヴィンセント
　著「汚名」文芸春秋　2001
Zane, Carolyn　ゼイン、キャロリン
　著「コルトン家のクリスマス」ハーレクイン　2006
Zane, J.Peder　ゼイン、J.ペダー
　著「流れとかたち」紀伊国屋書店　2013
Zane, Richard D.　ゼーン、リチャード・D.
　著「救急ポケットレファレンス」メディカル・サイエンス・インターナショナル　2016
Zane, Sig　ゼーン、シグ
　1953〜　著「クムカヒ」キッズレーベル、自由国民社(発売)　2006
Zanes, Daniel　ザンズ、ダニエル
　グラミー賞 最優秀子供向けミュージカル・アルバム(2006年(第49回))　"Catch That Train！"
Zanetti, Arthur　ザネッティ、アルトゥル
　1990〜　国ブラジル　体操選手　本名＝ナバレッテ・ザネッティ、アルトゥル〈Nabarrete Zanetti, Arthur〉
Zanetti, Javier　ザネッティ、ハビエル
　1973〜　国アルゼンチン　元サッカー選手　インテル副会長　本名＝サネッティ、ハヴィエル・アデマール〈Zanetti, Javier Adelmar〉　別サネッティ、ハヴィエル
Zanetti, Michele　ザネッティ、ミケーレ
　1940〜　著「精神病院のない社会をめざして」岩波書店　2016
Zang, Dieudonn Ambassa　ザング、デュドネ・アンバサ
　国カメルーン　公共事業相
Zanga-kolingba, Désiré　ザンガコリンバ、デジレ
　国中央アフリカ　青年・スポーツ相
Zangeneh, Bijan　ザンギャネ、ビージャン
　国イラン　石油相
Zangle, Fabrice　ザングル、F.
　著「ARISを活用したシステム構築」シュプリンガー・フェアラーク東京　2005
Zanimacchia, Luca　ザニマッキア、ルカ
　国イタリア　サッカー選手
Zaninovic, Ana　ザニノビチ、アナ
　国クロアチア　テコンドー選手

Zaninovic, Lucija　ザニノビチ、ルシヤ
　国クロアチア　テコンドー選手　別ザニノビッチ、L.
Zankel, Arthur　ザンケル、アーサー
　1932〜2005　国アメリカ　実業家　カーネギーホール副理事長
Zanker, Bill　ザンカー、ビル
　著「大富豪トランプのでっかく考えて、でっかく儲けろ」徳間書店　2008
Zanni, Alessandro　ザンニ、アレッサンドロ
　国イタリア　ラグビー選手
Zannouneh, Zuhair　ズヌネ、ゾヒル
　国ヨルダン　農業相
Zanoletti, Costanza　ツァノレッティ
　国イタリア　スケルトン選手
Zanolini, Bruno　ザノリーニ、ブルーノ
　1945〜　著「ガエターノ・ドニゼッティ」東成学園昭和音楽大学、ショパン(発売)　2005
Zanon, Edoardo　ザノン、エドアルド
　著「ダ・ヴィンチ天才の仕事」二見書房　2007
Zanotti, Guerrino　ザノッティ、グエッリーノ
　国サンマリノ　内務・行政機能・区行政・規則簡素化・制度問題・平和担当長官
Zanuck, Richard Darryl　ザナック、リチャード・ダリル
　1934〜2012　国アメリカ　映画プロデューサー
Zanussi, Krzysztof　ザヌーシ、クシシュトフ
　1939〜　国ポーランド　映画監督　別ザヌッシ、クシシュトフ
Zan Yelemou, Nicole Angeline　ザン・イェレム、ニコル・アンジェリーヌ
　国ブルキナファソ　社会行動・国民連帯相
Zanzotto, Andrea　ザンゾット、アンドレーア
　1921〜2011　国イタリア　詩人
Zao, Wou-ki　ザオ・ウーキー
　1920〜2013　国フランス　画家　中国名＝趙無極　別ザオ・ウー・キー
Zaorálek, Lubomír　ザオラーレク、ルボミール
　国チェコ　外相
Zaoui, Myriam　ゾイ、ミリアム
　著「プロは語る。」アスペクト　2005
Zapata, Christian　サパタ、クリスティアン
　国コロンビア　サッカー選手
Zapata, Duvan　サパタ、ドゥバン
　国コロンビア　サッカー選手
Zapatero, José Luis Rodríguez　サパテロ、ホセ・ルイス・ロドリゲス
　国スペイン　首相
Zapelli, Monica　ザペッリ、モニカ
　著「ミルコのひかり」愛育社　2007
Zapf, Wolfgang　ザップ、ウォルフガング
　著「世界の福祉国家」新評論　2002
Zaplana, Eduardo　サプラナ、エドゥアルド
　国スペイン　労働社会問題相
Zappacosta, Davide　ザッパコスタ、ダヴィデ
　国イタリア　サッカー選手
Zapperi, Roberto　ザッペリ、ロベルト
　1932〜　著「さらば、モナ・リザ」鳥影社・ロゴス企画　2011
Zappone, Katherine　ザポン、キャサリン
　国アイルランド　児童・青少年相
Zappy, Erica　ザッピー、エリカ
　著「アニメおさるのジョージ アイス・マイルーム」金の星社　2014
Zaqzouk, Mahmoud Hamdy　ザクズーク、マハムード・ハムディ
　国エジプト　寄進財産相　別ザクズーク、マハムド・ハムディ
Zara Boubacar, Sabo Fatouma　ザラ・ブバカール、サボ・ファトゥマ
　国ニジェール　公務・労働相
Zarachowicz, Weronika　ザラコヴィッツ、ヴェロニカ
　著「チョムスキー、世界を語る」トランスビュー　2002
Zaragoza, Juan R.　サラゴサ、フワン・ラモン
　1938〜2011　著「煙草」文芸社　2016
Zarate, Mauro　サラテ、マウロ
　国アルゼンチン　サッカー選手
Zarate, Oscar　サラーテ、オスカー
　1942〜　著「マンガ精神分析学入門」講談社　2010
Zarb, Frank Gustav　ザーブ、フランク
　1935〜　国アメリカ　金融家　ナスダック会長、全米証券業協会(NASD)会長・CEO、スミス・バーニー会長・CEO
Zarb, George A.　ザーブ、G.A.

ザーブ, ジョージ・A. 㪅「バウチャー無歯顎患者の補綴治療」医歯薬出版 2008
Zarb, Mike ザーブ, マイク
　㪅「パークフェアリーのパーリー」講談社 2011
Zarcone, Thierry ザルコンヌ, ティエリー
　㪅「シャーマニズム」創元社 2014
Zardari, Asif Ali ザルダリ, アシフ・アリ
　1955〜　㍿パキスタン　政治家, 実業家　パキスタン人民党 (PPP) 共同総裁　パキスタン大統領
Zare, Richard N. ザラ, リチャード・N.
　㍿アメリカ　ウルフ賞 化学部門 (2005年)
Zareer, Zaahiya ザリール, ザーヒヤ
　㍿モルディブ　教育相
Zaret, Hy ザレット, ハイ
　1907〜2007　㍿アメリカ　作詞家
Zaretsky, Eli ザレツキー, エリ
　㪅「九・一一とアメリカの知識人」御茶の水書房 2002
Zaribafan, Masoud ザリバファン, マスード
　㍿イラン　副大統領 (兼殉教者献身者財団総裁)
Zarif, Jorge ザリフ
　㍿ブラジル　セーリング選手
Zarif, Mohammad Javad ザリフ, モハンマドジャバド
　㍿イラン　外相　㪈ザリフ, モハマドジャバド
Zarifi, Hamrokhon ザリフィ, ハムロホン
　㍿タジキスタン　駐日特命全権大使
Zarin, Jill ザリン, ジル
　㪅「ユダヤ賢母の教え」イースト・プレス 2011
Zarins, Uldis ザリンス, アルディス
　㪅「スカルプターのための美術解剖学」ボーンデジタル 2016
Zaripov, Khamrokhon ザリポフ, ハムロホン
　㍿タジキスタン　外相
Zaripova, Yuliya ザリポワ, ユリア
　1986〜　㍿ロシア　陸上選手
Zarkadakēs, Giōrgos ザルカダキス, ジョージ
　1964〜　㪅「AIは「心」を持てるのか」日経BP社, 日経BPマーケティング (発売) 2015
Zarkasih, Noer ザルカシ・ヌール
　㍿インドネシア　国務相 (協同組合・中小企業担当)
Zarkower, Jonathan ザルコウワー, ジョナサン
　㪅「VPN入門」ピアソン・エデュケーション 2001
Zarmuh, Ramadan Ali Mansour ザルムーフ, ラマダン・アリ・マンスール
　㍿リビア　負傷者担当相
Žarnić, Roko ジャルニッチ, ロコ
　㍿スロベニア　環境・空間計画相
al-Zarqawi, Abu Musab ザルカウィ, アブ・ムサブ
　1966〜2006　㍿ヨルダン　イスラム原理主義過激派活動家　イラク・アルカイダ機構幹部　本名＝アルハライラ, アフマド・ファデール〈Al-Khalayleh, Ahmad Fadhil Nazzal〉　㪈ザルカウィ, アブムサブ
Zarr, Sara ザール, サラ
　㍿アメリカ　作家　㪅文学, ヤングアダルト
Zarrouk, Ahmed ザルーク, アハメド
　㍿チュニジア　官房長官
Zarrouk, Neziha ザルーク, ネジハ
　㍿チュニジア　女性・家族問題相
Zarubin, S.F. ザルービン, S.
　㪅「露和大辞典」「現代語」出版所 2004
Zaslavskaya, Tatiyana Ivanovna ザスラフスカヤ, タチアナ
　1927〜2013　㍿ロシア　経済学者, 社会学者　ソ連科学アカデミー経済・工業生産組織研究所所長　㪅経済社会学　㪈ザスラーフスカヤ／ザスラフスカヤ, タチヤナ
Zaslavsky, Claudia ザスラフスキー, クラウディア
　㪅「世界の算数ゲーム」ワニブックス 2004
Zaslavsky, Victor ザスラフスキー, ヴィクトル
　1937〜2009　㪅「カチンの森」みすず書房 2010
Zaslaw, Neal ザスロー, ニール
　1939〜　㪈ザスラウ, ニール　㪅「モーツァルト全作品事典」音楽之友社 2006
Zasloff, Michael ザスロフ, マイケル
　1946〜　㪅「自然免疫」Innate Immunity研究会出版 2005
Zaslow, Jeffrey ザスロー, ジェフリー
　？〜2012　㪅「最後の授業」ソフトバンククリエイティブ 2013
Zastryzny, Rob ザストリズニー, ロブ
　㍿アメリカ　野球選手
Zatlers, Valdis ザトレルス, バルディス
　1955〜　㍿ラトビア　政治家, 整形外科医　ラトビア大統領
Zatsiorsky, Vladimir M. ザチオルスキー, ブラディミール
　1932〜　㪅「筋力トレーニングの理論と実践」大修館書店 2009
Zatta, Christopher ザッタ, クリストファー
　㪅「ヒーローズ」角川書店, 角川グループパブリッシング (発売) 2009
Zatulovskaia, Irina ザトゥロフスカヤ, イリーナ
　1954〜　㪅「裸足で」未知谷 2016
Zaü ザウ
　㪅「キング牧師とローザ・パークス」汐文社 2015
Zaunert, Paul ツァウネルト, パウル
　㪅「ドナウ民話集」冨山房インターナショナル 2016
Zauszniewski, Jaclene A. ユージニウスキー, ジャクリーン・A.
　㪅「ケアのなかの癒し」看護の科学社 2016
Zavala, Diego サバラ, ディエゴ
　㍿パラグアイ　商工相
Zavala Costa, Jaime サバラ・コスタ, ハイメ
　㍿ペルー　労働・社会開発相
Zavala Lombardi, Fernando サバラ・ロンバルディ, フェルナンド
　㍿ペルー　首相
Zavala Lombardi, Verónica サバラ・ロンバルディ, ベロニカ
　㍿ペルー　運輸・通信相
Zavala Peniche, Beatriz サバラ・ペニチェ, ベアトリス
　㍿メキシコ　社会開発相
Zavala Valladares, María サバラ・バリャダレス, マリア
　㍿ペルー　法相
Zavala Vazquez, Alejandra サベラバスケス, アレハンドラ
　㍿メキシコ　射撃選手
Zavarzina, Alena ザワルジナ
　㍿ロシア　スノーボード選手
Zaviačič, Milan ザヴィアチッチ, M.
　㪅「女性前立腺」フリープレス, 星雲社 (発売) 2004
Zavos, Panos ザボス, パノス
　1944〜　㍿アメリカ　生理学者　ケンタッキー大学名誉教授　㪅生殖生理学, 不妊治療　本名＝ザボス, パナイオティス〈Zavos, Panayiotis Michael〉　㪈ザヴォス, パノス
Zavřel, Stěpán ザブレル, ステパン
　㪅「ふしぎなくさのひみつ」学習研究社 〔2006〕
Zawa, Ambroise ザワ, アンブロワーズ
　㍿中央アフリカ　教育相
Zawabri, Antar ザワブリ, アンタル
　？〜2002　㍿アルジェリア　イスラム過激派活動家　武装イスラム集団 (GIA) 指導者
Zawacki, Tina M. ザワッキ, ティナ・M.
　㪅「リラプス・プリベンション」日本評論社 2011
Zawada, Craig C. ザワダ, クレイグ・C.
　㪅「価格優位戦略」ダイヤモンド社 2005
Zawadzki, Hubert ザヴァツキ, フベルト
　㪅「ポーランドの歴史」創土社 2007
Zawahiri, Ayman ザワヒリ, アイマン
　1951〜　㍿エジプト　軍人, 外科医　アルカイダ指導者　ジハード団指導者　㪈ザワーヒリー, アイマン
Zawbai, Salam ゾバイ, サラム
　㍿イラク　副首相
Zawinul, Joe ザビヌル, ジョー
　1932〜2007　㍿オーストリア　ジャズ・キーボード奏者　本名＝Zawinul, Josef Erich
Zawistowski, Jerzy サヴィストースキー, ジェルジー
　㪅「食品の機能性表示と世界のレギュレーション」薬事日報社 2015
Zaw Min ゾウ・ミン
　㍿ミャンマー　第1電力相
Zawodny, Janusz Kazimierz ザヴォドニー, J.K.
　1921〜2012　㪅「消えた将校たち」みすず書房 2012
Zawodny, Jeremy D. ザウドニ, ジェレミ・D.
　㪅「実践ハイパフォーマンスMySQL」オライリー・ジャパン, オーム社 (発売) 2009
Zawrotniak, Radoslaw ザウォロトニク
　㍿ポーランド　フェンシング選手
al-Zayani, Zaid bin Rashid ザイヤーニ, ザイード・ビン・ラシド
　㍿バーレーン　商工・観光相　㪈ザイヤーニ, ザイード・ビン・ラシード
Zayar Aung ゼーヤー・アウン
　㍿ミャンマー　通信・情報技術・エネルギー相

Zayar Win　ゼイヤー・ウィン
　1982〜　㊈「霊獣が運ぶアジアの山車」工作舎　2016
Zayats, Leonid K.　ザヤツ, レオニード・K.
　㊃ベラルーシ　農業・食料相
Zayed bin Sultan al-Nahyan　ザイド・ビン・スルタン・アル・ナハヤン
　1918〜2004　㊃アラブ首長国連邦　政治家　アラブ首長国連邦（UAE）大統領, アブダビ首長　㊋ザイド・ビン・スルターン・ナハヤン／ザーイド・ブン・スルターン・ナヒーヤーン
Zayets, Ivan　ザエツ, イワン
　㊃ウクライナ　環境・天然資源相
Zayzay, Augustine　ザイザイ, オーガスティン
　㊃リベリア　無任所相
ZAZ　ザーズ
　1980〜　㊃フランス　歌手　本名＝ジュフロワ, イザベル〈Geffroy, Isabelle〉
Zaza, Simone　ザザ, シモーネ
　㊃イタリア　サッカー選手
Zazove, Philip　ザゾヴ, フィリップ
　1951〜　㊈「耳の聞こえないお医者さん, 今日も大忙し」草思社　2002
Zbanic, Jasmila　ジュバニッチ, ヤスミラ
　ベルリン国際映画祭 金熊賞（第56回（2006年））　"Grbavica"
Zbidi, Abdelkrim　ズビディ, アブデルカリム
　㊃チュニジア　国防相
Zbikowski, Andrzej　ジビコフスキ, アンジェイ
　㊈「ポーランドのユダヤ人」みすず書房　2006
Žbogar, Samuel　ジュボガール, サミュエル
　㊃スロベニア　外相
Zbogar, Vasilij　ズボガル, バシリー
　㊃スロベニア　セーリング選手
Zborowsky, Terri　ズボロウスキー, テリ
　㊈「ケアのなかの癒し」看護の科学社　2016
Zdral, Wolfgang　シュトラール, ヴォルフガング
　1958〜　㊈「アドルフ・ヒトラーの一族」草思社　2006
Zdrojewski, Bogdan　ズドロイェフスキ, ボグダン
　㊃ポーランド　欧州議会議員, 元・文化・国家遺産大臣, 元・ヴロツワフ市長　㊋ズドロエフスキ, ボグダン
Zduriencik, Jack　ズレンシック, ジャック
　1951〜　マリナーズGM　本名＝Zduriencik, John A.
Zdziarski, Jonathan A.　ジジアルスキー, ジョナサン
　㊈「iPhone SDKアプリケーション開発ガイド」オライリー・ジャパン, オーム社（発売）　2009
Zea, Leopoldo　セア, レオポルド
　1912〜　㊈「現代ラテンアメリカ思想の先駆者たち」刀水書房　2002
Zeaiter, Ghazi　ズアイタル, ガージー
　㊃レバノン　農相　㊋ゼイテル, ガジ
Zebidi, Abdelkarim　ゼビディ, アブデルカリム
　㊃チュニジア　国防相
Zebo, Simon　ゼボ, サイモン
　㊃アイルランド　ラグビー選手
Zebrowski, Gary　ゼブロフスキ
　㊃フランス　スノーボード選手
Zechner, Mario　ザックナー, マリオ
　㊈「AndroidゲームプログラミングA（エー）to Z」インプレスジャパン, インプレスコミュニケーションズ（発売）　2011
Zeckhauser, Bryn　ゼックハウザー, ブリン
　㊈「賢者たちの決断」徳間書店　2010
Zedan, Ali　ジダーン, アリ
　㊃パレスチナ　運輸相
Zedd　ゼッド
　DJ
Zedda, Alberto　ゼッダ, アルベルト
　1928〜　㊃イタリア　指揮者
Zedillo, Ernesto　セディジョ, エルネスト
　1951〜　㊃メキシコ　政治家, エコノミスト　エール大学教授　メキシコ大統領　本名＝Zedillo Ponce de León, Ernesto
Zedkaia, Jurelang　ゼドケア, チューレラン
　1950〜　㊃マーシャル諸島　政治家　マーシャル諸島大統領
Zedric, Lance Q.　ゼドリック, ランス・Q.
　1961〜　㊈「とっても迷惑なあの人にズバリ "no" と言える秘密の法則」主婦と生活社　2004
Zee, Ruth Vander　ジー, ルース・バンダー
　㊈「エリカ奇跡のいのち」講談社　2004
Zeegelaar, Marvin　ゼーヘラール, マルヴィン
　㊃オランダ　サッカー選手

Zeeman, Carling　ジーマン, カーリング
　㊃カナダ　ボート選手
Zeer, Darrin　ジーア, ダーリン
　㊈「1週間自分リセット計画」PHP研究所　2004
Zeevaert, Sigrid　ツェーフェルト, ジーグリット
　1960〜　㊃ドイツ　児童文学作家　㊈児童書, ヤングアダルト　㊋ツェーフェルト, ジグリト
Ze'evi, Ariel　ゼエビ
　㊃イスラエル　柔道選手
Zeevi, Rechavam　ゼエビ, レハバム
　？〜2001　㊃イスラエル　政治家, 軍人　イスラエル観光相, イスラエル国家統一党党首　㊋ゼービ, レハバム
Zeff, Robbin　ゼフ, ロビン
　㊈「インターネット広告論」流通科学大学出版　2001
Zeff, Ted　ゼフ, テッド
　㊈「繊細で生きにくいあなたへ」講談社　2007
Zeffirelli, Franco　ゼッフィレッリ, フランコ
　1923〜　㊃イタリア　演出家, 映画監督, 舞台美術家　㊈シェイクスピア劇, オペラ, バレエほか　本名＝Zeffirelli, Gian Franco Corsi　㊋ゼフィレリ
Zegbelemou, Kemo　ゼグベルム・ケモ
　㊃ギニア　大統領府経済・財務管理相
Zegna, Ermenegildo　ゼニア, エルメネジルド
　1955〜　㊃イタリア　実業家　エルメネジルド・ゼニア・グループCEO
Zeh, Juli　ツェー, ユーリ
　1974〜　㊃ドイツ　作家　㊈文学
Zehetmair, Thomas　ツェトマイヤー, トーマス
　1961〜　㊃オーストリア　バイオリニスト　㊋ツェーエトマイア／ツェートマイアー／ツェヘトマイヤー
Zehr, E.Paul　ゼーア, E.ポール
　㊈「バットマンになる！」青土社　2010
Zehr, Howard　ゼア, ハワード
　㊈「責任と癒し」築地書館　2008
Zehri, Mir Israrullah　ゼハリ, ミール・イスラルラ
　㊃パキスタン　食料安全保障相
Zeid, Hikmat　ゼイド, ヒクマト
　㊃パレスチナ　運輸相　㊋ザイド, ヒクマト
Zeidan, Abdul Rahman　ザイダン, アブドラハマン
　㊃パレスチナ　公共事業・住宅相
Zeidan, Ali　ゼイダン, アリ
　1950〜　㊃リビア　政治家, 外交官　リビア首相　㊋ジダン, アリ
Zeien, Alfred M.　ザイエン, アルフレッド・M.
　㊈「コーポレート・ガバナンス」ダイヤモンド社　2001
Zeifman, Debra　ザイフマン, ディーブラ
　㊈「パーソナルな関係の社会心理学」北大路書房　2004
Zeig, Jeffrey K.　ザイク, ジェフリー・K.
　1947〜　㊋ザイグ, ジェフリー・K.　㊈「ミルトン・H・エリクソン書簡集」二瓶社　2008
Zeiger, Eduardo　ザイガー, E.
　㊈「植物生理学」培風館　2004
Zeiger, Mimi　ザイガー, ミミ
　㊈「かわいい隠れ家」二見書房　2012
Zeihan, Peter　ゼイハン, ピーター
　㊈「地政学で読む世界覇権2030」東洋経済新報社　2016
Zeilinger, Anton　ツァイリンガー, アントン
　㊃オーストリア　ウルフ賞 物理学部門（2010年）
Zeilinger, Gabriel　ツァイリンガー, ガブリエル
　1975〜　㊈「災害と復興の中世史」八坂書房　2015
Zeimal', T.I.　ゼイマリ, T.
　㊈「アイハヌム」東海大学出版会　2007
Zeinabou, Elback Adam　ゼナブ, エルバック・アダム
　㊃ニジェール　女性地位向上・児童保護相
Zeine, Sidi Ould　ゼイン, シディ・ウルド
　㊃モーリタニア　住宅・都市・国土整備相　㊋ゼイン, ディエ・ウルド
Zeini, Ali Mahaman Lmine　ゼイニ, アリ・マハマン・ルミン
　㊃ニジェール　財務相
Zeisloft, Nick　ジースロフト, ニック
　㊃アメリカ　バスケットボール選手
Zeithaml, Valarie A.　ザイタムル, バレリー・A.
　㊈「カスタマー・エクイティ」ダイヤモンド社　2001
Zeitler, Kevin　ザイトラー, ケビン
　㊃アメリカ　アメフト選手
Zeitlin, Benh　ザイトリン, ベン
　1982〜　㊃アメリカ　映画監督

Zeits, Andrey ゼイツ，アンドレイ
　国カザフスタン　自転車選手
Zeitz, Paul ツァイツ，ポール
　1958〜　著「エレガントな問題解決」オライリー・ジャパン，オーム社（発売）　2010
Zeizel, Jared ザイゼル，ジャレド
　著「幸せになる明晰夢の見方」イースト・プレス　2014
Zeki, Semir ゼキ，セミール
　著「芸術と脳科学の対話」青土社　2007
Zeland, Vadim ゼランド，ヴァジム
　著「トランサーフィン鏡の「超」法則」徳間書店　2010
Zelaya, José Francisco セラヤ，ホセ・フランシスコ
　国ホンジュラス　商工相
Zelaya, José Manuel セラヤ，ホセ・マヌエル
　1952〜　国ホンジュラス　政治家　ホンジュラス大統領　本名＝セラヤ・ロサレス，ホセ・マヌエル〈Zelaya Rosales, José Manuel〉
Zelaya, Karen セラヤ，カレン
　国ホンジュラス　国際協力相
Zelayandía Cisneros, Gregorio Ernesto セラヤンディア・シスネロス，グレゴリオ・エルネスト
　国エルサルバドル　総務相
Zelayandia Cisneros, Martha Lidia セラヤンディア・シスネロス，マルタ・リディア
　国エルサルバドル　駐日特命全権大使
Zelazny, Gene ゼラズニー，ジーン
　著「マッキンゼー流図解の技術ワークブック」東洋経済新報社　2005
Zeldman, Jeffrey ゼルドマン，ジェフリー
　著「Designing with Web standards」毎日コミュニケーションズ　2004
Zelenkevich, Igor B. ゼレンケビッチ，イーゴリ・B.
　国ベラルーシ　保健相
Zelenskii, Igor ゼレンスキー，イーゴリ
　1969〜　国ロシア　バレエダンサー　モスクワ音楽劇場バレエ団芸術監督　マリインスキー・バレエ団プリンシパル　本名＝Zelenskii, Igor Anatolievich　別ゼレーンスキー，イーゴリ
Zelezny, Jan ゼレズニー，ヤン
　1966〜　国チェコ　元やり投げ選手　IOC委員
Zelger, Franz ツェルガー，フランツ
　1941〜　著「ベックリーン《死の島》」三元社　2008
Żelichowski, Stanisław ジェリホフスキ，スタニスワフ
　国ポーランド　環境相
Zelikow, Philip ゼリコウ，フィリップ
　1954〜　著ゼリコウ，フィリップ・D.　著「決定の本質」日経BP社，日経BPマーケティング（発売）　2016
Zelinka, Jessica ゼリンカ
　国カナダ　陸上選手
Zelinski, Ernie John ゼリンスキー，アーニー・J.
　1949〜　著「働かないって，ワクワクしない？」ヴォイス　2013
Zell, Robert ツエル，ローベルト
　著「四気質の治療学」フレグランスジャーナル社　2014
Zeller, Andreas ツェラー，アンドレアス
　著「デバッグの理論と実践」オライリー・ジャパン，オーム社（発売）　2012
Zeller, Cody ゼラー，コディー
　国アメリカ　バスケットボール選手
Zeller, Kurt-Alexander ツェラー，クルト＝アレクサンダー
　著「歌手ならだれでも知っておきたい「からだ」のこと」春秋社　2010
Zeller, Tyler ゼラー，タイラー
　国アメリカ　バスケットボール選手
Zellner, William W. ゼルナー，ウィリアム・W.
　？〜2003　著「脱文明のユートピアを求めて」筑摩書房　2015
Zellweger, Renée ゼルウィガー，レニー
　1969〜　国アメリカ　女優　本名＝ゼルウィガー，レニー・キャスリーン〈Zellweger, Renée Kathleen〉　別ゼルウィガー，レネ
Zelman, Walter A. ツェルマン，ウォルター・A.
　著「アメリカ医療改革へのチャレンジ」東洋経済新報社　2004
Zelo ゼロ
　1996〜　国韓国　歌手
Zem, Roschdy ゼム，ロシュディ
　カンヌ国際映画祭　男優賞（第59回（2006年））　"Indigènes"
Zemach, Kaethe ツェマック，ケーテ
　1958〜　著「おひめさまとカエルさん」岩波書店　2013
Zemam, Mohammed ジマーム，ムハンマド
　国イエメン　財務相

Zeman, Eduard ゼマン，エデュアルド
　国チェコ　教育・青年・スポーツ相
Zeman, Ludmila ゼーマン，ルドミラ
　著「シンドバッドのさいごの航海」岩波書店　2002
Zeman, Miloš ゼマン，ミロシュ
　1944〜　国チェコ　大統領　チェコ大統領　チェコ首相
Zeman, Zbyněk ゼーマン，ズビニェク
　1928〜2011　国イギリス　歴史学者　オックスフォード大学名誉教授　専西洋史　本名＝Zeman, Zbyněk Anthony Bohuslav
Zeman, Zdenek ゼーマン，ズデネク
　1947〜　国イタリア　サッカー指導者
Zemeckis, Robert L. ゼメキス，ロバート
　1951〜　国アメリカ　映画監督，映画プロデューサー
Zé Meka, Rémy ゼメカ，レミー
　国カメルーン　国防相
Zemel, Eitan ジーメル，エータン
　著「金融規制のグランドデザイン」中央経済社　2011
Zemigiro, Ashrozo ゼミギロ，アシュロゾ
　国タンザニア　社会発展・児童相
Zeming, Mao ゼミン，マオ
　国パプアニューギニア　漁業海洋資源相
Zemke, Ron ゼンケ，ロン
　著「サービスのバイブル」ダイヤモンド社　2004
Zemla-krajewska, Anna ゼムラ
　国ポーランド　柔道選手
Zemlin, Willard R. ゼムリン，W.R.
　著「言語聴覚学の解剖生理」医歯薬出版　2007
Zemlyak, Olha ゼムリャク，オリハ
　国ウクライナ　陸上選手
Zemmour, Éric ゼムール，エリック
　1958〜　著「女になりたがる男たち」新潮社　2008
Zemogo, Fofana ゼモゴ，フォファナ
　国コートジボワール　高等教育相
Zemunović, Zdravko ゼムノビッチ，ズドラヴコ
　1954〜　著「これからの「日本サッカー」の話をしよう」カンゼン　2010
Zenagui, Yassir ゼナギ，ヤシル
　国モロッコ　観光・手工業相
Zenaidi, Mondher ゼナイディ，モンドヘル
　国チュニジア　保健相　別ゼナイディ，モンデール
Zenatti, Valérie ゼナッティ，ヴァレリー
　1970〜　著「バイバイ，わたしの9さい！」文研出版　2015
Zencke, Peter ツェンケ，ペーター
　著「mySAP CRM完全ガイド」日経BPソフトプレス，日経BP出版センター（発売）　2004
Zend, Ahmed al ゼンド，アハメド
　国エジプト　法相
Zene, Ahmat Mahamat ゼネ，アフマト・マハマト
　国チャド　社会行動・家族相
Zenebu, Tadesse ゼネブ・タデッセ
　国エチオピア　児童・女性問題相
Zenevich, Larisa ゼネーヴィチ，ラリーサ
　1946〜　著「いいなずけ」未知谷　2011
Zenevitch, Joe ゼネビッチ，ジョー
　著「プロジェクト・マネジャーが知るべき97のこと」オライリー・ジャパン，オーム社（発売）　2011
Zeng, Jian ツォン，ジエン
　国中国　ベルリン国際映画祭　銀熊賞　芸術貢献賞（カメラ）（第64回（2014年））　"Tui Na"
Zeng, Pei-yan ズン・ペイエン
　1938〜　国中国　政治家，高級技師　ボアオアジアフォーラム副理事長　中国副首相，中国共産党政治局員　漢字名＝曽培炎
Zeng, Qing-hong ズン・チンホン
　1939〜　国中国　政治家　中国国家副主席，中国共産党政治局常務委員　漢字名＝曽慶紅
Zeng, Shu-sheng ズン・シューセン
　1938〜2002　国中国　登山家　中国登山協会主席　漢字名＝曽曙生
Zenger, John H. ゼンガー，ジャック
　著「脱コンピテンシーのリーダーシップ」ダイヤモンド社　2003
Zenina, Lyubov ゼーニナ，リュボーヴィ
　国ロシア　サンクトペテルブルク国立大学東洋学部助教授
Zenios, Stefanos A. ゼニオス，ステファノス
　著「バイオデザイン」薬事日報社　2015
Zenker, Helmut ツェンカー，ヘルムート
　1949〜　著「マン嬢は死にました。彼女からよろしくとのこと」

水声社　2002
Zenko, Micah　ゼンコ, ミカ
　著「レッドチーム思考」文芸春秋　2016
Zenner, Zach　ゼンナー, ザック
　国アメリカ　アメフト選手
Zenovich, Marina　ゼノヴィッチ, マリーナ
　エミー賞 プライムタイム・エミー賞 最優秀監督賞（ノンフィクション番組）（第61回（2009年））　"Roman Polanski: Wanted And Desired"
Zep　ゼップ
　アングレーム国際漫画祭 アングレーム市グランプリ（2004年）
Zepeda, Lydia　ゼペダ, リディア
　著「食品安全と栄養の経済学」農林統計協会　2002
Zepeda, Omar　セペダ, オマル
　国メキシコ　陸上選手
Zephaniah, Benjamin　ゼファニア, ベンジャミン
　1958～　著「難民少年」講談社　2002
Zéphir, Thierry　ゼフィー, ティエリー
　著「アンコール」アーキペラゴ・プレス, United Publishers Services Limited（発売）　2006
Zephirin, Ardouin　ゼフィラン, アルドゥアン
　国ハイチ共和国　内務・地方自治体相
Zepp, George B.　ゼップ, G.B.
　著「3Dバンド・ブック」ヤマハミュージックメディア　2003
Zerbino, Jorge　ゼルビノ, ホルヘ
　国ウルグアイ　ラグビー選手
Zerdick, Axel　ツェルディック, アクセル
　1941～　著「インターネット・エコノミー」NTT出版　2002
Zerhouni, Noureddine　ゼルーニ, ヌレディヌ
　国アルジェリア　副首相
Zerhouni, Nouria Yasmina　ゼルーニ, ヌリア・ヤスミナ
　国アルジェリア　観光・手工業相
Žerjav, Radovan　ジェリヤウ, ラドバン
　国スロベニア　副首相兼経済開発技術相
Zernial, Gus　ザーニアル, ガス
　1923～2011　国アメリカ　野球選手　本名＝Zernial, Gus Edward
Zerouali, Najib　ゼルーアリ, ナジブ
　国モロッコ　公共部門近代化相　異ズルーアリ, ナジブ
Zerries, A.J.　ゼリーズ, A.J.
　国アメリカ　著ミステリー
Zeta-Jones, Catherine　ゼタ・ジョーンズ, キャサリン
　1969～　国イギリス　女優
Zeti Akhtar Aziz　ゼティ・アクタル・アジズ
　1948～　国マレーシア　銀行家, 経済学者　マレーシア中央銀行総裁
Zetner, Karl　ツェトナー, K.
　「小動物の臨床栄養学」マーク・モーリス研究所　2001
Zetsche, Dieter　ツェッチェ, ディーター
　1953～　国ドイツ　実業家　ダイムラー社長　異ゼッツェ, ディーター
Zetsche, Frank　サッチャ, フランク
　著「素粒子・原子核物理入門」シュプリンガー・ジャパン　2011
Zettel, Anthony　ゼッテル, アンソニー
　国アメリカ　アメフト選手
Zettel, Kathrin　ツェッテル
　国オーストリア　アルペンスキー選手
Zettel, Sarah　ゼッテル, サラ
　1966～　国アメリカ　SF作家　著SF, ファンタジー　別名＝アンダーソン, C.L.〈Anderson, C.L.〉　異アンダースン, C.L.
Zetterholm, Finn　セッテホルム, フィン
　1945～　著「カンヴァスの向こう側」評論社　2013
Zetterlund, Monica　ゼタールンド, モニカ
　1937～2005　国スウェーデン　ジャズ歌手　異セッテルンド, モニカ
Zettle, Robert D.　ツェトル, ロバート・D.
　「アクセプタンス＆コミットメント・セラピー実践ガイド」明石書店　2014
Zeuner, Albrecht　ツォイナー, アルブレヒト
　1924～　著「既判力と判決理由」信山社　2009
Zeuthen, Frederik　ツォイテン, F.
　著「経済学の理論と方法」文化書房博文社　2009
Zevallos de la Puente, Andrés　セバーリョス・デ・ラ・プエンテ, アンドレス
　国ペルー　元・文化庁カハマルカ支局長
Zevi, Fausto　ゼーヴィ, ファウスト
　著「ポンペイの壁画」岩波書店　2001

Zevin, Gabrielle　ゼビン, ガブリエル
　1977～　国アメリカ　作家　著文学, ヤングアダルト　異ゼヴィン, ガブリエル
Zevon, Warren William　ジボン, ウォーレン
　1947～2003　国アメリカ　シンガー・ソングライター　異ウォーレン・ジボン／ジヴォン, ウォーレン
Zewail, Ahmed　ズベイル, アーメド
　1946～2016　国アメリカ　化学者　カリフォルニア工科大学教授　著物理化学　本名＝Zewail, Ahmed Hassan　異ズウェイル, A.H.／ズベール, アハメド／ズベイル, アハメド／ゼワイル, アハメド
Zeybekci, Nihat　ゼイベクジ, ニハット
　国トルコ　経済相　異ゼイベクチ, ニハト
al-Zeyoudi, Thani bin Ahamed　ジューディ, サーニ・ビン・アハマド
　国アラブ首長国連邦　気候変動・環境相
Zgank, Mihael　ズガンク, ミハエル
　国スロベニア　柔道選手
Zgardan, Vasile　ズガルダン, バシレ
　国モルドバ　運輸・通信相　異スガルダン, バシレ
Zgoba, Dariya　ズゴバ
　国ウクライナ　体操選手
Zgurovsky, Mykhailo Zakharovych　ズグロフスキー, ミハイロ・ザハーロヴィチ
　国ウクライナ　キエフ工科大学学長, 元・教育科学大臣
Zhabotinsky, Leonid　ジャボチンスキー, レオニド
　1938～2016　国ウクライナ　重量挙げ選手　本名＝Zhabotinsky, Leonid Ivanovich
Zhadobin, Yuri V.　ジャドービン, ユーリー・V.
　国ベラルーシ　国防相
Zhailauov, Gani　ジャイラウオフ
　国カザフスタン　ボクシング選手
Zhakypov, Birzhan　ジャキポフ, ビルジャン
　国カザフスタン　ボクシング選手
Zhamaldinov, Ziyadin　ジャマルディノフ, ジヤディン
　国キルギス　利水・土地改良国家庁長官
Zhambakiyev, Aziz　ジャンバキエフ, アジス
　ベルリン国際映画祭 銀熊賞 芸術貢献賞（カメラ）（第63回（2013年））　"Uroki Garmonii"
Zhambaldorzh, S.　ジャンバルドルジ, S.
　著「駱駝は生きた恐竜である」Interpress　〔2007〕
Zhamishev, Bolat　ジャミシェフ, ボラト
　国カザフスタン　財務相
Zhandosov, Uraz　ジャンドソフ, ウラズ
　国カザフスタン　副首相
Zhang, Ai-ping　ザン・アンピン
　1910～2003　国中国　政治家, 軍人　中国副首相, 中国国防相, 中国共産党中央顧問委員会常務委員　漢字名＝張愛萍, 別名＝凱豊　異チャン・アイピン
Zhang, Bangxin　チャン・バンシン
　TAL Education Group　漢字名＝張邦鑫
Zhang, Cang-cang　チャン・ツァンツァン
　1964～　国中国　作家, ブック・プロデューサー　漢字名＝張蔵蔵
Zhang, Caroline　ジャン, キャロライン
　1993～　国アメリカ　フィギュアスケート選手　異ザン, キャロライン
Zhang, Cheng-zhi　ザン・ツンズー
　1948～　国中国　歴史家, 作家　著西北少数民族史　漢字名＝張承志　異ジャン・チョンジイ
Zhang, Chun-qiao　ザン・ツゥンチャオ
　1917～2005　国中国　政治家　中国副首相, 中国共産党政治局常務委員　漢字名＝張春橋
Zhang, Cuo　チャン・ツオ
　1943～　国台湾　詩人　漢字名＝張錯
Zhang, Dan　ジャン・ダン
　1985～　国中国　元フィギュアスケート選手　漢字名＝張丹
Zhang, De-jiang　チャン・トーチアン
　1946～　国中国　政治家　中国全国人民代表大会常務委員長, 中国共産党政治局常務委員　中国副首相　漢字名＝張徳江　異ザン・デージャン
Zhang, Gao-li　チャン・カオリー
　1946～　国中国　政治家　中国副首相, 中国共産党政治局常務委員　漢字名＝張高麗　異ザン・ガオリー
Zhang, Guang-nian　ザン・グワンニェン
　1913～2002　国中国　詩人, 文芸評論家　中国作家協会副主席　漢字名＝張光年, 筆名＝光未然

Zhang, Han-yu　チャン・ハンユー
　1964～　⒩中国　俳優　漢字名＝張涵予
Zhang, Hao　ジャン・ハオ
　1984～　⒩中国　フィギュアスケート選手　漢字名＝張昊
Zhang, Hong　チャン・ホン
　1988～　⒩中国　スピードスケート選手　漢字名＝張虹
Zhang, Jie　ザン・ジェ
　1933～2014　⒩中国　作家　中国作家協会名誉副主席,中国報告文学会会長,中華文学基金会副会長・総幹事　漢字名＝張潔
Zhang, Ji-ke　チャン・ジーカ
　1988～　⒩中国　卓球選手　漢字名＝張継科
Zhang, Jindong　チャン・ジンドン
　⒩中国　実業家　漢字名＝張近東
Zhang, Jing-chu　チャン・ジンチュー
　1980～　⒩中国　女優　漢字名＝張静初　㋫ジャン・ジンチュー／チャン・ジンチュウ／チャン・チンチュー
Zhang, Jinhao　チャン,ジンハオ
　⒩中国　ローザンヌ国際バレエコンクール 8位・スカラシップ（第41回（2013年））
Zhang, Kitty　チャン,キティ
　1987～　⒩香港　女優　漢字名＝張雨綺〈Zhang, Yu-qi〉
Zhang, Leping　チャン、ルーピン
　⒩中国　アングレーム国際漫画祭 遺産賞（2015年）　"San Mao, Le Petit Vagabond"　漢字名＝張楽平
Zhang, Li-chang　ザン・リーツアン
　1939～2008　⒩中国　政治家　中国共産党政治局員,天津市党委書記　漢字名＝張立昌　㋫チャン・リーチャン
Zhang, Lily　ジャン、リリー
　⒩アメリカ　卓球選手
Zhang, Mo　チャン、モー
　⒩カナダ　卓球選手
Zhang, Ping　チャン，ピン
　1957～　漢字名＝張苹　㊐「グラフ理論の魅惑の世界」青土社 2015
Zhang, Rui-fang　ザン・ルイファン
　1918～2012　⒩中国　女優　中国人民政治協商会議上海市委員会副主席　漢字名＝張瑞芳
Zhang, Rui-min　チャン・ルイミン
　1949～　⒩中国　実業家　海爾集団（ハイアールグループ）会長・CEO　漢字名＝張瑞敏　㋫チャン・ルエミン／チャン・ロイミン
Zhang, Ting-fa　ザン・ティンファ
　1918～2010　⒩中国　軍人　中国空軍司令官,中国共産党政治局員　漢字名＝張廷発
Zhang, Wan-nian　ザン・ワンニェン
　1928～2015　⒩中国　軍人　中国人民解放軍総参謀長,中国共産党中央軍事委員会副主席,中国国家中央軍事委員会副主席　漢字名＝張万年
Zhang, Wan-xin　ザン・ワンシン
　1930～2014　⒩中国　実業家,石油化学技術者　Creatグループ総経理（社長）,中国国務院経済技術社会発展研究センター副総幹事　漢字名＝張万欣
Zhang, Wei-qing　ジャン・ウェイチン
　1944～　⒩中国　政治家　中国共産党中央委員,中国国家人口計画出産委員会主任　漢字名＝張維慶
Zhang, Xiang-shan　ザン・シャンサン
　1914～2009　⒩中国　外交官　中日友好協会副会長,中国国際交流協会副会長　漢字名＝張香山,別名＝張春高
Zhang, Xin　ジャン・シン
　⒩中国　SOHO中国共同創業者,最高経営責任者　漢字名＝張欣
Zhang, Yang　チャン・ヤン
　1967～　⒩中国　映画監督　漢字名＝張揚　㋫チョウ・ヨウ
Zhang, Yao-ci　チャン・ヤオツー
　1916～2010　⒩中国　軍人　中国中央警備団団長,中国共産党中央弁公庁副主任　漢字名＝張耀祠
Zhang, Yijing　チャン・イージン
　⒩中国　ローザンヌ国際バレエコンクール 6位・スカラシップ（第34回（2006年））
Zhang, Yi-mou　チャン・イーモウ
　1951～　⒩中国　映画監督・カメラマン,俳優　漢字名＝張芸謀　㋫ザン・イーモウ
Zhang, Yitang　チャン，イータン
　数学者　ニューハンプシャー大学講師　漢字名＝張益唐　㋫ザン，イータン
Zhang, Yue-ran　チャン・ユエラン
　1982～　⒩中国　作家　漢字名＝張悦然
Zhang, Yun-ling　チャン・ユンリン
　1945～　⒩中国　中国社会科学院研究員　中国社会科学院アジア太平洋研究所所長・日本研究所所長　㊐国際関係,日米中関係　漢字名＝張蘊嶺　㋫チョウ・ウンレイ
Zhang, Zhidong　チャン・ジードン
　⒩中国　実業家　漢字名＝張志東
Zhang, Zhiyao　チャン，Z.ジョン
　⒩中国　ローザンヌ国際バレエコンクール 3位・スカラシップ（第39回（2011年））
Zhang, Ziyi　チャン・ツィイー
　1979～　⒩中国　女優　漢字名＝章子怡　㋫チャン・ツーイー
Zhang, Z.John　チャン，Z.ジョン
　経済学者　ペンシルバニア大学ウォートン校マーケティング学部教授　㊐競争的価格設定戦略,価格設定構造の設計,チャネル・マネジメント
Zhang, Zuo　ツァン・ツォ
　⒩中国　エリザベート王妃国際コンクール ピアノ 第5位（2013年）
Zhao, Hong-bo　ツァオ・ホンボー
　1973～　⒩中国　元フィギュアスケート選手　漢字名＝趙宏博
Zhao, Jing　チョウ・チン
　1978～　⒩中国　チェロ奏者　漢字名＝趙静　㋫チョウ・セイ／チョウチン
Zhao, Qiguang　ジャオ，チーグアン
　1948～2015　㊐「悩まない心をつくる人生講義」日本僑報社 2016
Zhao, Qi-zheng　ザオ・チーズン
　1940～　⒩中国　原子物理学者　中国共産党中央委外事委員会主任,中国人民大新聞学院院長　中国人民政治協商会議外事委員会主任　漢字名＝趙啓正
Zhao, Vicki　チャオ，ビッキー
　1976～　⒩中国　女優,映画監督　漢字名＝趙薇（チャオ・ウェイ）〈Zhao, Wei〉　㋫チャオ，ヴィッキー
Zhao, Xian-shun　ザオ・シェンスン
　1924～2002　⒩中国　軍人　中国人民解放軍蘭州軍区司令官,中将,中国共産党中央委員　漢字名＝趙先順
Zhao, Yujia　ジャオ，ユジア
　㊐「UXデザインのやさしい教本」エムディエヌコーポレーション,インプレス（発売）　2016
Zhao, Zi-yang　ザオ・ズーヤン
　1919～2005　⒩中国　政治家　中国共産党総書記・政治局常務委員,中国首相　漢字名＝趙紫陽
Zhapparkul, Zhazira　ジャパルクル，ジャジラ
　⒩カザフスタン　重量挙げ選手
Zharko, Vasily I.　ジャルコ，ワシリー・I.
　⒩ベラルーシ　副首相　㋫ジャルコ，ワシーリー・I.
Zharku, Lutfi　ジャルク，ルトゥフィ
　⒩コソボ　社会基盤相　㋫ジャルク，ルトフィ
Zhasuzakov, Saken　ジャスザコフ，サケン
　⒩カザフスタン　国防相
Zhavoronkov, Alex　ザヴォロンコフ，アレックス
　1979～　㊐「平均寿命105歳の世界がやってくる」柏書房 2014
Zhdanov, Ihor　ジダーノフ，イーホル
　⒩ウクライナ　青年スポーツ相
Zhdanov, Ivan　ジダーノフ，イヴァン
　1948～　㊐「太陽の場所」書肆山田 2001
Zhelev, Evgenii　ジェレフ，エフゲニ
　⒩ブルガリア　保健相
Zhelev, Zhelyu Mitev　ジェレフ，ジェリュ
　1935～2015　⒩ブルガリア　政治家　大統領
Zheng, bi-jian　ズン・ビージェン
　1932～　⒩中国　政治経済学者　中国共産党中央宣伝部常務副部長　漢字名＝鄭必堅
Zheng, Hong-sheng　ジョン・ホンシュン
　1951～　⒩台湾　作家　漢字名＝鄭鴻生
Zheng, Li-zhi　ズン・リーズー
　1924～　⒩中国　復旦大学日本研究センター理事長　㊐世界経済論,東アジア経済,日本学　漢字名＝鄭励志　㋫チェン・リイツ
Zhestkov, Oleg　チェストコフ，オレグ
　⒩ロシア　カヌー選手
Zhirinovskii, Vladimir Volfovich　ジリノフスキー，ウラジーミル
　1946～　⒩ロシア　政治家　ロシア自由民主党党首,ロシア下院議員
Zhitkeyev, Askhat　ジトケエフ
　⒩カザフスタン　柔道選手
Zhivanevskaya, Nina　ジワネフスカヤ

㊀スペイン　競泳選手
Zholobova, Valeriia
　㊀ロシア　レスリング選手
Zhong, Shi-tong　ゾン・スートン
　1913〜2001　㊀中国　中国人民政治協商会議全国委員会常務委員、北京体育学院名誉院長、中国オリンピック委員会主席　漢字名＝鍾師統
Zhorzholiani, Levan　ジョルジョリアニ
　㊀ジョージア　柔道選手
Zhotev, Petar　ジョテフ, ペタル
　㊀ブルガリア　副首相兼経済相
Zhou, Dong-yu　チョウ・ドンユィ
　1992〜　㊀中国　女優　漢字名＝周冬雨　㊥シュウ・トウウ
Zhou, Duo　ゾウ・ドゥオ
　1947〜　㊀中国　経済学者　北京大学講師　漢字名＝周舵
Zhou, Er-fu　ゾウ・アルフー
　1914〜2004　㊀中国　作家、書家　中国人民政治協商会議全国委員会（全国政協）委員、中日友好協会副会長　漢字名＝周而復、筆名＝呉疑, 荀寰　㊥チョウ・アルフー
Zhou, Gan-zhi　ゾウ・ガンズー
　1930〜2014　㊀中国　高級建築師　中国科学院技術科学部学部委員、中国建設部次官　漢字名＝周干峙
Zhou, Guan-wu　ゾウ・グアンウー
　1918〜2007　㊀中国　首都鋼鉄（首鋼）公司会長　漢字名＝周冠五
Zhou, Hai-ying　ゾウ・ハイイン
　1929〜2011　㊀中国　作家魯迅の長男　中国全国人民代表大会（全人代）上海市代表, 中国人民政治協商会議全国委員　漢字名＝周海嬰　㊥チョウ・ハイイン
Zhou, Jianping　チョウ・ジェンピン
　㊀中国　富豪　漢字名＝周建平
Zhou, Kui　ジョウ, クイ
　投資家
Zhou, Long　ジョウ, ロン
　㊀アメリカ　ピュリッツアー賞　文学・音楽　音楽（2011年）　"Madame White Snake"　漢字名＝周龍
Zhou, Patricia　チョウ, パトリシア
　㊀カナダ　ローザンヌ国際バレエコンクール 4位・スカラシップ（第39回（2011年））
Zhou, Qi-ren　ゾウ・チーレン
　1950〜　㊀中国　経済学者　北京大学教授　㊥農業政策　漢字名＝周其仁
Zhou, Quan　ジョウ, クワン
　投資家
Zhou, Qunfei　ジョウ・チュンフェイ
　㊀香港　レンズ・テクノロジー創業者、CEO　漢字名＝周群飛　㊥チョウ・チュンフェイ
Zhou, Wei-zhi　チョウ・ウェイズー
　1916〜2014　㊀中国　作曲家　中国文学芸術界連合会主席, 中国全国政協常務委員　漢字名＝周巍峙, 筆名＝駿伯
Zhou, Xun　ジョウ・シュン
　1976〜　㊀中国　女優　漢字名＝周迅
Zhou, Yahui　チョウ・ヤーフイ
　北京崑崙万維科技　漢字名＝周亜輝
Zhou, Yang　ジョウ・ヤン
　1991〜　㊀中国　スピードスケート選手　漢字名＝周洋
Zhou, Yong-kang　ジョウ・ヨンカン
　1942〜　㊀中国　政治家　中国国務委員・公安相, 中国共産党政治局常務委員　漢字名＝周永康
Zhu, Guang-ya　チュー・グワンヤー
　1924〜2011　㊀中国　物理学者　中国国防科学技術工業委員会科学技術委員会主任, 中国核学会副理事長, 中国共産党中央委員　㊥核物理学　漢字名＝朱光亜
Zhu, Hou-ze　チュー・ホウズエ
　1931〜2010　㊀中国　政治家　中国共産党中央宣伝部長　漢字名＝朱厚沢
Zhu, Liming　チュー, リーミン
　1975〜　㊃「DevOps教科書」日経BP社, 日経BPマーケティング（発売）2016
Zhu, Michael　ズー, Y.M.
　㊃「プライバシー保護データマイニング」シュプリンガー・ジャパン 2010
Zhu, Rong-ji　チュー・ロンジー
　1928〜　㊀中国　政治家　中国首相, 中国共産党政治局常務委員・中央財経済指導小組組長　漢字名＝朱鎔基　㊥ジュ・ロンジ／チュー・ロンチ
Zhu, Shao-wen　チュー・サオウェン
　1915〜2011　㊀中国　国際経済学者　中国社会科学院教授・日本市場経済研究センター理事長　漢字名＝朱紹文　㊥チュー・シャオウェン
Zhu, Xiao-mei　シュ・シャオメイ
　1949〜　㊀中国　ピアニスト　漢字名＝朱暁玫
Zhu, Xu　チュウ・シュイ
　1930〜　㊀中国　俳優　漢字名＝朱旭　㊥ズウ・シュイ／チュウ・シイ
Zhu, Yu-ling　ジュ・ユリン
　1995〜　㊀中国　卓球選手　漢字名＝朱雨玲　㊥ジュ・ユリン
Zhuang, Ze-dong　チョワン・ツォートン
　1940〜2013　㊀中国　卓球選手　中国国家体育運動委員会主任（スポーツ相）　漢字名＝荘則棟　㊥ズワン・ズエドン／チュアン・ツォトン
Zhukouski, Aliaksandr　ジュコウスキー
　㊀ベラルーシ　カヌー選手
Zhukov, Aleksandr Dmitreyevich　ジューコフ, アレクサンドル
　1956〜　㊀ロシア　政治家　ロシア国家院第1副議長, 国際オリンピック委員会（IOC）委員　ロシア副首相　㊥ジューコフ, アレクサンドル・D.
Zhukova, Inna　ジュコワ
　㊀ベラルーシ　新体操選手
Zhukova, Natalia　ジュコワ
　㊀ロシア　クロスカントリースキー選手
Zhulinsky, Mykola　ジュリンスキー, ミコラ
　㊀ウクライナ　副首相（人道問題担当）
Zhumabekov, Onalsyn　ジュマベコフ, オナルスイン
　㊀カザフスタン　法相
Zhumabekov, Sabyr　ジュマベコフ, サブイル
　㊀キルギス　保健相
Zhumagaliev, Askar　ジュマガリエフ, アスカル
　㊀カザフスタン　運輸通信相
Zhumagulov, Bakytzhan　ジュマグロフ, バクイトジャン
　㊀カザフスタン　教育科学相
Zhumaliyev, Kubanychbek　ジュマリエフ, クバニチベク
　㊀キルギス　第1副首相兼運輸・通信相　㊥ジュマリエフ, クバヌイチベク
Zhunusov, Ibragim　ジュヌソフ, イブラギム
　㊀キルギス　文化・観光相
Zhuravkov, Mihail A.　ジュラフコフ, ミハイル・A.
　㊀ベラルーシ　教育相
Zhuravlev, Andrey Yu　ジュラヴリョフ, アンドレイ・ユウ
　㊃「生命と地球の進化アトラス」朝倉書店 2003
Zhurova, Svetlana　ジュロワ
　㊀ロシア　スピードスケート選手　㊥ジュロワ, スベトラーナ
Zhurubenko, I.G.　ジュルベンコ, I.
　㊃「コルモゴロフの確率論入門」森北出版 2003
Zhussupov, Ablaikhan　ジュスポフ, アブライハン
　㊀カザフスタン　ボクシング選手
Zhuwao, Patric　ズワオ, パトリック
　㊀ジンバブエ　青年・現地化・経済強化相
Zhvania, Lasha　ジワニア, ラシャ
　㊀ジョージア　経済発展相
Zhvania, Zurab Vissarionovich　ジワニア, ズラブ
　1963〜2005　㊀ジョージア　政治家　グルジア首相
Zhvaniya, Dabid　ジワニヤ, ダビド
　㊀ウクライナ　非常事態相
Zia, Ehsan　ジア, エフサン
　㊀アフガニスタン　地方開発相
Zia, Khaleda　ジア, カレダ
　1945〜　㊀バングラデシュ　政治家　バングラデシュ民族主義党（BNP）党首　バングラデシュ首相　本名＝Zia, Begum Khaleda
Ziada, Abdul-Raouf　ジアダ, アブドルラウフ
　㊀シリア　宗教相
Ziada, Mohamad　ジアダ, モハマド
　㊀シリア　宗教相
Ziadat, Ahmad　ジアダト, アハマド
　㊀ヨルダン　首相府担当相
Ziadé, Tarek　ジアデ, タレク
　㊃「エキスパートPythonプログラミング」アスキー・メディアワークス, 角川グループパブリッシング（発売）2010
Ziari, Abdelaziz　ジアリ, アブデルアジズ
　㊀アルジェリア　保健・国民・医療施設改革相
al-Zibari, Hoshiyar　ジバリ, ホシヤル
　㊀イラク　外相

Zibari, Hoshiyar ジバリ, ホシヤル
㊪イラク 財務相

Zibbell, Robert A. ジーベル, ロバート・A.
㊗「離婚と子どもの司法心理アセスメント」金剛出版 2016

Zibe, Sasa ジベ, ササ
㊪パプアニューギニア 保健相

Zichermann, Gabe ジカーマン, ゲイブ
1974～ ㊗「ゲーミフィケーションは何の役に立つのか」SBクリエイティブ 2014

Zico ジーコ
1953～ ㊪ブラジル サッカー指導者, 元サッカー選手 サッカー日本代表監督, サッカー・イラク代表監督, 鹿島アントラーズ・テクニカルディレクター 本名＝コインブラ, アルツール・アンツネス〈Coimbra, Arthur Antunes〉 ㊙ジッコ

Zicree, Marc Scott ジクリー, マーク・スコット
㊗「ギレルモ・デル・トロ創作ノート」Du Books, ディスクユニオン (発売) c2014

Zida, Isaac ジダ, イザック
㊪ブルキナファソ 首相兼国防・退役軍人相

Židan, Dejan ジダン, デヤン
㊪スロベニア 副首相兼農林食料相

Zidan, Mohamed Ali ジダン, ムハンマド・アリ
㊪リビア 運輸書記 (運輸相)

Zidane, Zinedine ジダン, ジネディーヌ
1972～ ㊪フランス サッカー監督, 元サッカー選手 愛称＝ジズー〈Zizou〉 ㊙ジダン, ジーヌディン

Zidek, Radoslav ジデク
㊪スロバキア スノーボード選手

Zieba, Nadiezda ジェバ, ナディエズダ
㊪ポーランド バドミントン選手 ㊙ジーバ

Ziefert, Harriet ザイファート, ハリエット
1941～ ㊗「バジーとまほうのばんそうこう」理論社 2008

Zieff, Howard ジーフ, ハワード
1927～2009 ㊪アメリカ 映画監督

Ziegele, Robin ツィーゲレ, ロビン
㊪ドイツ サッカー選手

Ziegelmueller, George W. ジーゲルミューラー, ジョージ・W.
㊗「議論法」花書院 2006

Ziegler, Brad ジーグラー, ブラッド
㊪アメリカ 野球選手

Ziegler, Cornelia ツィーグラー, コルネリア
1963～ ㊗「魔法のほうきで体のなかへ」童心社 2003

Ziegler, Günter M. ツィーグラー, G.M.
1963～ ㊗「凸多面体の数学」シュプリンガー・フェアラーク東京 2003

Ziegler, Jean ジーグラー, ジャン
1934～ ㊪スイス 社会学者, 政治家 スイス下院議員 (スイス社会党)

Ziegler, Pablo シーグレル, パブロ
1944～ ㊪アルゼンチン ジャズ・ピアニスト

Ziegler, Robert ジーグラー, ロバート
㊗「世界の音楽大図鑑」河出書房新社 2014

Ziegler, Robert Loren ジーグラー, ロバート・L.
1954～ ㊗「Linuxファイアウォール」ピアソン・エデュケーション 2001

Ziegler, Ronald Louis ジーグラー, ロナルド
1939～2003 ㊪アメリカ 米国大統領報道官 通称＝ジーグラー, ロン〈Ziegler, Ron〉

Ziegler, Shirley Melat ジーグラー, シャーリー・メラット
㊗「理論にもとづく看護実践」医学書院 2002

Ziegler, Yvonne ツィーグラー, イヴォンヌ
1966～ ㊗「キャリアウーマンたちの挑戦」志學社 2016

Ziegner, Kurd Albrecht von ジーグナー, クルト・アルブレヒト・フォン
㊗「ドレッサージュの基礎」恒星社厚生閣 2007

Zielenziger, Michael ジーレンジガー, マイケル
㊗「ひきこもりの国」光文社 2007

Zieler, Ron-Robert ツィーラー, ロン・ロベルト
㊪ドイツ サッカー選手

Zieliński, Adrian Edward ジェリンスキ, アドリアンエドバルト
1989～ ㊪ポーランド 重量挙げ選手

Zielinski, Damian ジェリンスキ, ダミアン
㊪ポーランド 自転車選手

Zielinski, Piotr ジェリンスキ, ピオトル
㊪ポーランド サッカー選手

Ziemek, Zach ジメク, ザック
㊪アメリカ 陸上選手

Zieminski, Kacper ジエミンスキ, カツペル
㊪ポーランド セーリング選手

Zierep, J. ツィーレップ, J.
㊗「エコロジストのための流れ学」アイピーシー 2002

Zierold, Norman J. ジーロルド, ノーマン
1927～ ㊗「スリー・シスターズ・イン・ブラック」中央アート出版社 2009

Ziessman, Harvey A. ジーズマン, ハーベイ・A.
㊗「ケースレビュー核医学診断」メディカル・サイエンス・インターナショナル 2004

Ziff, Michael F. ジフ, マイケル
㊗「その銀歯がメタボと心臓病の原因だった」ダイナミックセラーズ出版 2012

Ziff, Sam ジフ, サム
㊗「その銀歯がメタボと心臓病の原因だった」ダイナミックセラーズ出版 2012

Žiga, Peter ジガ, ペテル
㊪スロバキア 経済相

Zigarmi, Drea ジガーミ, ドリア
㊗「新1分間リーダーシップ」ダイヤモンド社 2015

Zigarmi, Patricia ジガーミ, パトリシア
㊗「新1分間リーダーシップ」ダイヤモンド社 2015

Ziglar, Zig ジグラー, ジグ
1926～2012 ㊪アメリカ ジグ・ジグラー・コーポレーション代表

Zigler, Edward ジグラー, エドワード
1930～ ㊗「みんなの幼児教育の未来予想図」ナカニシヤ出版 2013

Zigler, Scott ジグラー, スコット
㊗「俳優のためのハンドブック」フィルムアート社 2012

Zigman, Laura ジッグマン, ローラ
㊗「恋するエリーズの妄想」ヴィレッジブックス, ソニー・マガジンズ (発売) 2007

Ziguele, Martin ジゲレ, マルタン
㊪中央アフリカ 首相兼財務相

Zihl, Josef ジール, ジョセフ
㊗「脳損傷による視覚障害のリハビリテーション」医学書院 2004

Zijderveld, Anton C. ザイデルフェルト, アントン
1937～ ㊗「懐疑を讃えて」新曜社 2012

Zijl, Ida van ザイル, イダ・ファン
㊗「リートフェルト・シュレーダー邸」彰国社 2010

Zijlaard-van Moorsel, Leontien ファンモールセル, ゼイラート
㊪オランダ 自転車選手

Zijlstra, Jelle ザイルストラ, イェレ
㊗「デザイン思考の教科書」日経BP社, 日経BPマーケティング (発売) 2015

Zikri, Ali Yusif ズィクリ, アリ・ユースフ
㊪リビア 鉱工業書記 (鉱工業相)

Zilberstein, Lilya ジルベルシュタイン, リーリャ
1965～ ㊪ロシア ピアニスト ㊙ジルベルシュタイン, リリヤ／ジルベルシュテイン

Zīle, Roberts ジレ, ロベルトス
㊪ラトビア 運輸相

Zilk, Helmut ツィルク, ヘルムート
1927～2008 ㊪オーストリア 政治家 ウィーン市長

Ziller, Amanda ジラー, アマンダ
㊗「世界を変えた！スティーブ・ジョブズ」小学館 2012

Zima, Lukas ジマ, ルカーシュ
㊪チェコ サッカー選手

Ziman, John Michael ザイマン, ジョン・マイケル
1925～2005 ㊪イギリス 物理学者 ブリストル大学名誉教授

Zimba, Newstead ジンバ, ニューステッド
㊪ザンビア 情報放送相

Zimba, Yeshey ジンバ, イエシェイ
㊪ブータン 公共事業定住相 ㊙ジンバ, イェシェイ

Zimba, Yeshey ジンバ, イシェイ
㊪ブータン 財務相

Zimbalist, Andrew ジンバリスト, アンドリュー
㊗「オリンピック経済幻想論」ブックマン社 2016

Zimbalist, Efrem, Jr. ジンバリスト, エフレム, Jr.
1918～2014 ㊪アメリカ 俳優

Zimbardo, Philip G. ジンバルドー, フィリップ
1931～ ㊙ジンバルド, フィリップ ㊗「ルシファー・エフェクト」海と月社 2015

Zimen, Erik　ツィーメン, エリック
　1941～　㊐「オオカミ」白水社　2007
Zimerman, Krystian　ツィメルマン, クリスチャン
　1956～　㊎ポーランド　ピアニスト　バーゼル音楽院教授　㊊ツィマーマン, クリスチャン／ツィマーマン, クリスティアン／ツィンマーマン, クリスティアン
Zimler, Richard　ジムラー, リチャード
　1956～　㊎アメリカ, ポルトガル　作家　㊙歴史
Zimmer, Bradley　ジマー, ブラッドリー
　㊎アメリカ　野球選手
Zimmer, Carl　ジマー, カール
　1966～　㊐「カラー図解進化の教科書」講談社　2016
Zimmer, Don　ジマー, ドン
　1931～2014　㊎アメリカ　大リーグ監督, 野球選手　本名＝ジマー, ドナルド・ウィリアム〈Zimmer, Donald William〉
Zimmer, Hans　ジマー, ハンス
　グラミー賞　最優秀映画・TV・その他ヴィジュアルメディア音楽サウンドトラック・アルバム（2008年（第51回））　"The Dark Knight"
Zimmer, Justin　ジマー, ジャスティン
　㊎アメリカ　アメフト選手
Zimmer, Katharina　ツィンマー, カタリーナ
　㊐「イルカがくれた奇跡」白水社　2006
Zimmer, Kyle　ジマー, カイル
　㊎アメリカ　野球選手
Zimmer, Marc　ジマー, マーク
　㊐「光る遺伝子」丸善　2009
Zimmer, Mike　ジマー, マイク
　㊎アメリカ　ミネソタ・バイキングスコーチ
Zimmer, Oliver　ジマー, オリヴァー
　1964～　㊐「ナショナリズム」岩波書店　2009
Zimmerman, Barry J.　ジマーマン, バリー・J.
　㊐「自己調整学習ハンドブック」北大路書房　2014
Zimmerman, Brenda　ツィンマーマン, ブレンダ
　1956～　㊐「誰が世界を変えるのか」英治出版　2008
Zimmerman, Doris P.　ジマーマン, ドリス・P.
　1931～　㊐「民主主義の文法」萌書房　2014
Zimmerman, Eric　ジマーマン, エリック
　1969～　㊐「ルールズ・オブ・プレイ」ソフトバンククリエイティブ　2013
Zimmerman, Jeffrey　ツィンマーマン, ジェフリー
　㊐「離婚後の共同子育て」コスモス・ライブラリー, 星雲社（発売）　2010
Zimmerman, Joann　ジマーマン, ジョアン
　㊐「詳説イーサネット」オライリー・ジャパン, オーム社（発売）　2015
Zimmerman, John　ジマーマン
　㊎アメリカ　フィギュアスケート選手
Zimmerman, Keith　ツィンマーマン, キース
　1953～　㊐「ヘルズ・エンジェル」無名舎, マクミランランゲージハウス（発売）　2001
Zimmerman, Kent　ツィンママン, ケント
　1953～　㊐「ヘルズ・エンジェル」無名舎, マクミランランゲージハウス（発売）　2001
Zimmerman, Leigh　ジマーマン, リー
　ローレンス・オリヴィエ賞　ミュージカル・エンタテインメント助演俳優賞（2013年（第37回））　"A Chorus Line"
Zimmerman, Marcia　ジマーマン, マーシャ
　㊐「色でえらぶ！心と体に効く食べ方」角川書店　2004
Zimmerman, Ryan　ジマーマン, ライアン
　㊎アメリカ　野球選手
Zimmerman, Stephen　ジマーマン, スティーブン
　㊎アメリカ　バスケットボール選手
Zimmerman, Tabea　ツィマーマン, タベア
　1966～　㊎ドイツ　ビオラ奏者　ベルリン国立音楽大学教授
Zimmerman, Tyrequek　ジマーマン, タイリーク
　㊎アメリカ　アメフト選手
Zimmerman, William　ジマーマン, ビル
　1941～　㊐「家族」汐文社　2006
Zimmermann, Claire　ジマーマン, クレア
　㊐「ミース・ファン・デル・ローエ」Taschen　c2007
Zimmermann, Eliane　ツィンマーマン, エリアーネ
　㊐「植物の癒力」ヴィーゼ　2010
Zimmermann, Frank Peter　ツィマーマン, フランク・ペーター
　1965～　㊎ドイツ　バイオリニスト　㊊ツィンマーマン

Zimmermann, Hans Dieter　ツィンマーマン, ハンス・ディーター
　1940～　㊐「マルティンとフリッツ・ハイデッガー」平凡社　2015
Zimmermann, Jordan　ジマーマン, ジョーダン
　㊎アメリカ　野球選手
Zimmermann, Jörg　ツィンマーマン, イェルク
　1946～　㊐「フランシス・ベイコン《磔刑》」三元社　2006
Zimmermann, Manfred　ツィンマーマン, マンフレート
　㊐「神経生理学」金芳堂　2001（第10刷）
Zimmermann, Marie-Claire　ジンマーマン, M＝C.
　1937～　㊐「カタルーニャの歴史と文化」白水社　2006
Zimmermann, Markus　ツィンマーマン
　㊎ドイツ　ボブスレー選手
Zimmermann, Martin H.　ツィンマーマン, M.H.
　㊐「植物の木部構造と水移動様式」シュプリンガー・ジャパン　2007
Zimmermann, Michael　ツィンマーマン, M.
　㊐「微量栄養素小事典」西村書店　2008
Zimmermann, Michel　ジンマーマン, M.
　1937～　㊐「カタルーニャの歴史と文化」白水社　2006
Zimmermann, Polly Gerber　ジマーマン, ポリー・ガーバー
　㊊ジンマーマン, ポーリー・ガーバー　㊐「トリアージ・ナーシング入門」エルゼビア・ジャパン　2007
Zimmermann, Reinhard　ツィンマーマン, R.
　1952～　ツィンマーマン, ラインハルト　㊐「ヨーロッパ意思表示論の展開と民法改正」信山社　2014
Zimnik, Reiner　ツィムニク, ライナー
　1930～　㊐「レクトロ物語」福音館書店　2006
Zimny, George H.　ジムニー, G.H.
　㊐「アメリカ成年後見ハンドブック」勁草書房　2002
Zimny, Thom　ジムニー, トム
　監督　グラミー賞　最優秀長編ビデオ作品（2006年（第49回））　"Wings For Wheels: The Making Of Born To Run"
Zimonjic, Nenad　ジモニッチ, ネナド
　㊎セルビア　テニス選手　㊊ジモニッチ
Zinchenko, Oleksandr　ジンチェンコ, オレクサンドル
　㊎ウクライナ　サッカー選手
Zinck, Kenneth　ジンク, ケネス
　㊎フィジー　労働・労使関係・生産性相
Zinczenko, David　ジンチェンコ, デイビッド
　㊐「8時間ダイエット」すばる舎リンケージ, すばる舎（発売）　2013
Zindell, David　ジンデル, デイヴィッド
　㊐「Within the stone」帆風, ワークスコーポレーション（発売）　2004
Zing, Jorg　ツィンク, イェルク
　1922～　㊐「いばらに薔薇が咲き満ちる」新教出版社　2001
Zingales, Luigi　ジンガレス, ルイジ
　1963～　㊐「人びとのための資本主義」NTT出版　2013
Zingaro, Linda　ジンガロ, リンダ
　1946～　㊐「援助者の思想」御茶の水書房　2008
Zingas, Aurélien Simplice　ジンガス, オレリアンサンプリス
　㊎中央アフリカ　青年・スポーツ相
Zingrone, Frank　ジングローン, フランク
　㊐「エッセンシャル・マクルーハン」NTT出版　2007
Zini, Mara　ジーニ, M.
　㊎イタリア　ショートトラック選手
Zink, Jörg　ツィンク, イェルク
　1922～　㊐「星を仰いで路地を見よ」新教出版社　2004
Zink, Klaus J.　ツィンク, K.J.
　㊐「マクロ人間工学」日本出版サービス　2006
Zink, Rui　ズィンク, ルイ
　1961～　㊐「待ちながら」而立書房　2006
Zinke, Ryan　ジンキ, ライアン
　㊎アメリカ　内務長官
Zinkernagel, Rolf Martin　ツィンカーナーゲル, ロルフ
　1944～　㊎スイス　免疫学者　チューリヒ大学実験免疫学研究所共同所長　㊙免疫病理学　㊊ツィンカーナーゲル, R.M.
Zinman, David　ジンマン, デービッド
　1936～　㊎アメリカ　指揮者　ボルティモア交響楽団首席指揮者・音楽監督　本名＝Zinman, David Joel　㊊ジンマン, デーヴィッド／ジンマン, デイビッド／ジンマン, デイヴィッド
Zinn, Howard　ジン, ハワード
　1922～2010　㊎アメリカ　歴史家, 劇作家　ボストン大学名誉教授
Zinnah, Moses　ジナー, モーゼス

国リベリア 農相
Zinner, Peter ジナー、ピーター
 ?~2007 国アメリカ 映画編集者 異ツィンナー、ペーター
Zinoman, Peter ジノマン、ピーター
 1965~ 著「ベトナム」ほるぷ出版 2009
Zinoviev, Aleksandr Aleksandrovich ジノヴィエフ、アレクサンドル
 1922~2006 国ロシア 作家、哲学者 異ジノビエフ
Zinovsky, Vladimir I. ジノフスキー、ウラジーミル・I.
 国ベラルーシ 経済相
Zinsou, Lionel ザンス、リオネル
 国ベナン 首相
Zinsser, William Knowlton ジンサー、ウィリアム
 1922~ 著「イージー・トゥ・リメンバー」国書刊行会 2014
Zinter, Alan ジンター、アラン
 国アメリカ サンディエゴ・パドレスコーチ
Zintiridis, Revazi ジンティリディス
 国ギリシャ 柔道選手
Ziobro, Zbigniew ジョブロ、ズビグニエフ
 国ポーランド 法相 異ジオブロ、ズビグニェフ
Ziolkowski, Szymon ジュコフスキ
 国ポーランド 陸上選手 異ジオルコフスキ
Zipes, Jack ジップス、ジャック
 異ザイプス、ジャック 著「美女と野獣」近代文芸社 2010
Zippert, Hans ツィッパート、ハンス
 1957~ 国ドイツ 作家、ジャーナリスト 著児童書
Zipser, Paul ジプサー、ポール
 国ドイツ バスケットボール選手
Zirakashvili, Davit ジラカシヴィリ、ダヴィド
 国ジョージア ラグビー選手
Ziraldo ジラルド
 1932~ 著「やんちゃなマルキーニョ」静山社 2009
Zircher, Patrick ツィルヒャー、パトリック
 異ジーカー、パトリック 著「アイアンマン：シビル・ウォー」ヴィレッジブックス 2016
Zirojević, Mladen ジロイェビッチ、ムラデン
 国ボスニア・ヘルツェゴビナ 貿易経済相 異ジロイェビッチ、ムラデン
Ziskin, Laura ジスキン、ローラ
 ?~2011 国アメリカ 映画プロデューサー フォックス2000ピクチャーズ社長
Žitňanská, Lucia ジトニャンスカ、ルチア
 国スロバキア 法相 異ジトニャンスカー、ルツィア
Zitongo, Odile ジトンゴ、オディール
 国中央アフリカ 公務員相
Zitouni, Tayeb ジトゥニ、タイエブ
 国アルジェリア 退役軍人相
Zitowitz, Philip ジトウィッツ、P.D.
 著「ブロードウェイ・ミュージカルへの招待」英宝社 2004（第4刷）
Zitrin, Richard A. ズィトリン、リチャード
 1947~ 著「アメリカの危ないロイヤーたち」現代人文社、大学図書（発売）2012
Zittlau, Jörg ツィットラウ、イェルク
 著「ビタミンショック」家の光協会 2003
Zittrain, Jonathan L. ジットレイン、ジョナサン
 1969~ 著「インターネットが死ぬ日」早川書房 2009
Ziv, Edward ジブ、エドワード
 著「ソフトウェア開発のカオス」構造計画研究所、共立出版（発売）2003
Zivkovic, Andrija ジヴコヴィッチ、アンドリヤ
 国セルビア サッカー選手
Živković, Zoran ジヴコヴィッチ、ゾラン
 1948~ 著「12人の蒐集家/ティーショップ」東京創元社 2015
Živković, Zoran ジブコヴィッチ、ゾラン
 1960~ 国セルビア 政治家、エコノミスト セルビア共和国首相 異ジブコビッチ、ゾラン
Ziyad, Ahmed ジヤド、アハメド
 国モルディブ イスラム相
Ziyech, Hakim ツィエク、ハキム
 国モロッコ サッカー選手
Ziyeyev, Mirzo ジエエフ、ミルゾ
 ?~2009 国タジキスタン 政治家 タジキスタン非常事態相 異ジョエフ、ミルゾ
Žižek, Slavoj ジジェク、スラヴォイ
 1949~ 国スロベニア 哲学者, 精神分析学者 リュブリアナ大学社会科学研究所上級研究員 異ジジェク、スラボイ
Zizić, Zoran ジジッチ、ゾラン
 1951~2013 国モンテネグロ 政治家 ユーゴスラビア連邦首相、モンテネグロ社会人民党（SNP）副党首
Zla-ba-bkra-sis ダワ・タシ
 著「チベットの民話」永田文昌堂 2003
Zlatan ズラタン
 1983~ 国スロベニア サッカー選手 本名＝リュビヤンキッチ、ズラタン〈Ljubijankič, Zlatan〉
Zlatar, Andrea ズラタル、アンドレア
 国クロアチア 文化相
Zlatar Violić, Andrea ズラタルビオリッチ、アンドレア
 国クロアチア 文化相
Zlateva, Stanka ズラテバ
 国ブルガリア レスリング選手
Zlatic, Andrija ズラティッチ
 国セルビア 射撃選手
Zlenko, Anatoliy ズレンコ、アナトリー
 国ウクライナ 外相
Zlitini, Abdelhafidh ズリティニ、アブデルハーフィズ
 国リビア 計画書記（計画相）
al-Zlitni, Abdul-Hafeed ズリティニ、アブドルハフィド
 国リビア 財務・計画書記（財務・計画相）
Zlochevskiy, Mykola ズロチェフスキー、ミコラ
 国ウクライナ 環境・天然資源相
Zlozower, Neil ズロウザウアー、ニール
 著「ヴァン・ヘイレン写真集1978-1984」スペースシャワーブックス、スペースシャワーネットワーク（発売）2013
Zmajlović, Mihael ズマイロビッチ、ミハエル
 国クロアチア 環境・自然保護相
Zmatlíková, Helena ズマトリーコバー、ヘレナ
 著「マルチンとナイフ」福音館書店 2012
Žmavc, Gorazd ジュマウツ、ゴラズド
 国スロベニア 在外スロベニア人問題担当相
Zmievski, Andrei ズミエフスキ、アンドレイ
 著「例解PHP」翔泳社 2001
Znaider, Nikolaj ズナイダー、ニコライ
 1975~ 国デンマーク バイオリニスト 異スナイダー、ニコライ
Žnidar, Vesna Györkös ジュニダル、ベスナ・ギュルケス
 国スロベニア 内相
Znined, Abdeslam ズニネド、アブデスラム
 国モロッコ 運輸・海運相
Zo, In-sung チョ・インソン
 1981~ 国韓国 俳優 漢字名＝趙寅成
Zoah, Michel ゾア、ミシェル
 国カメルーン スポーツ・体育教育相
Zoayter, Ghazi ズアイテル、ガジ
 国レバノン 工業相
al-Zobeir, Mohamed Kheir アル・ゾベイル、モハメド・ヘイル
 国スーダン 財務・国民経済相
Zobel, Günter ツォーベル・ギュンター
 国ドイツ 早稲田大学名誉教授、元・早稲田大学政治経済学部教授
Zobel-Nolan, Allia ゾーベルノーラン、アリア
 著「だいすき！クリスマスのおはなし」CS成長センター、いのちのことば社（発売）2004
Zobi, Fawwaz ゾービ、ファワズ
 国ヨルダン 郵政・通信相
Zoboli, Giovanna ゾーボリ、ジョヴァンナ
 1962~ 著「グーグースースー」そうえん社 2016
Zobrist, Ben ゾブリスト、ベン
 国アメリカ 野球選手
Zoderer, Joseph ツォーデラー、ヨーゼフ
 1935~ 国イタリア 作家
Zoe, Rachel ゾー、レイチェル
 著「Rachel Zoe L.A.Style A to ZOE」マーブルトロン、メディアパル（発売）2011
Zoeggeler, Armin ツェゲラー、アルミン
 1974~ 国イタリア 元リュージュ選手 異ツェゲラー
Zoehfeld, Kathleen Weidner ゾイフェルド、キャスリーン・ウェドナー
 著「せかいはなにでできてるの？」福音館書店 2009
Zoellick, Robert Bruce ゼーリック、ロバート
 1953~ 国アメリカ 実業家 ゴールドマン・サックス・グループアドバイザー 世界銀行（WB）総裁、米国国務副長官、米国通商代表部（USTR）代表 異ゼリック、ロバート

Zoet, Jeroen　ズート, イェルーン
　国オランダ　サッカー選手
Zogg, Julie　ツォク
　国スイス　スノーボード選手
Zoglio, Suzanne Willis　ゾグリオ, スーザン
　著「黄金の羽根」万来舎　2008
Zogu, Leka　ゾグ, レカ
　1939〜2011　国アルバニア　国王ゾグ1世の嫡男　異ゾーグ, レカ
Zohar, Danah　ゾーハー, ダナー
　著「量子の宇宙のアリス」徳間書店　2003
Zoido Álvarez, Juan Ignacio　ソイド・アルバレス, フアン・イグナシオ
　国スペイン　内相
Zoirov, Shakhobidin　ゾイロフ, シャホビディン
　国ウズベキスタン　ボクシング選手
Zokirzoda, Mahmadtoir　ゾキルゾダ, マフマドトイル
　国タジキスタン　副首相
Zokwana, Senzeni　ゾクワナ, センゼニ
　国南アフリカ　農林水産相
Zolfo, Victor J.　ゾルフォ, ビクター・J.
　アカデミー賞 美術監督・装置賞(第81回(2008年))　"The Curious Case of Benjamin Button"
Zollars, Jean Anne　ゾラーズ, ジーン・アン
　著「イラストでわかるスペシャルシーティング」医歯薬出版　2012
Zöller, Elisabeth　ツェラー, エリザベート
　1945〜　著「アントン」主婦の友社　2007
Zöller, Günter　ツェラー, ギュンター
　1954〜　著「フィヒテを読む」晃洋書房　2014
Zoller, Peter　ツェラー, ピーター
　国オーストリア　ウルフ賞 物理学部門(2013年)
Zoller, Simon　ツォラー, シモン
　国ドイツ　サッカー選手
Zolli, Andrew　ゾッリ, アンドリュー
　著「レジリエンス復活力」ダイヤモンド社　2013
Zollinger, Adam　ゾーリンジャー, アダム
　1963〜　著「佐賀鍋島の伝世史料からみた「大名面」の制作と蒐集の実態」風間書房　2010
Zollinger, Robert M., Jr.　ゾリンジャー, R.M., Jr.
　1934〜　著「ゾリンジャー外科手術アトラス」医学書院　2013
Zöllner, Frank　ツェルナー, フランク
　1956〜　異ツォルナー, フランク　著「レオナルド・ダ・ヴィンチ」Taschen　c2007
Zöllner, Markus　ツェルナー, マルクス
　著「戦場のドイツ3号戦車」大日本絵画　2007
Zöllner, Reinhard　ツェルナー, ラインハルト
　1961〜　国ドイツ　ボン大学教授　著「近代日本経済・社会史　本名=Zöllner, Reinhard Erich
Zollo, Anthony J., Jr.　ゾロ, アンソニー・J., Jr.
　著「内科診療シークレット」メディカル・サイエンス・インターナショナル　2006
Zollo, Maurizio　ゾロ, マウリツィオ
　著「ポストM&A」ファーストプレス　2007
Zollo, Paul　ゾロ, ポール
　1958〜　著「インスピレーション」アミューズブックス　2001
Žolnir, Urška　ジョルニル, ウルシカ
　1981〜　国スロベニア　柔道選手
Zolotarova, Olha　ゾロタロワ, オルハ
　国ウクライナ　水泳選手
Zolotas, Xenophon　ゾロタス, クセノフォン
　1904〜2004　国ギリシャ　政治家, 経済学者　ギリシャ首相, ギリシャ中央銀行名誉総裁
Zolotow, Charlotte　ゾロトウ, シャーロット
　1915〜2013　国アメリカ　児童文学作家, 詩人
Zoltan, Barbara　ゾルタン, バーバラ
　著「失行・失認の評価と治療」医学書院　2001
Zoltners, Andris A.　ゾルトナーズ, アンドリス・A.
　著「営業チームの強化法」ダイヤモンド社　2007
Zolzi, Alvise　ゾルジ, アルヴィーゼ
　著「ヴェネツィア歴史図鑑」東洋書林　2005
Zomahoun Rufin　ゾマホン・ルフィン
　1964〜　国ベナン　タレント　駐日ベナン大使, ベナン大統領特別顧問　本名=ゾマホン・ドスー・シール・ルフィン　〈Zomahoun Dossou Cyr Rufin〉　異ゾマホン／ルフィン
Zombie, Rob　ゾンビ, ロブ

1966〜　著「ロード・オブ・セイラム」TOブックス　2013
Zombo, Frank　ゾンボ, フランク
　国アメリカ　アメフト選手
Zomer, Clara　ソメル, クララ
　国コスタリカ　住宅・貧困対策相
Zonderland, Epke　ゾンダーランド, エプケ
　1986〜　国オランダ　体操選手
Zone, Jacques　ズーン, ジャック
　1961〜　国オランダ　フルート奏者
Zong, Qinghou　ゾン・チンホウ
　国中国　実業家　漢字名=宗慶後
Zongo, Laure　ゾンゴ, ロール
　国ブルキナファソ　女性・国民連帯・家族相
Zongo, Tertius　ゾンゴ, テルティウス
　国ブルキナファソ　首相
Zoniaba, Serge Blaise　ゾニアバ, セルジュ・ブレーズ
　国コンゴ共和国　エネルギー・水利相
Zonis, Marvin　ゾニス, M.
　1936〜　著「グローバリズムの「失敗」に学ぶ15の原則」アスペクト　2005
Zook, Ben　ズーク, ベン
　ゴールデン・ラズベリー賞(ラジー賞) 最低脚本賞(第32回(2011年))　"Jack and Jill"
Zook, Chris　ズック, クリス
　1951〜　著「創業メンタリティ」日経BP社, 日経BPマーケティング(発売)　2016
Zorach, Rebecca　ゾラック, レベッカ
　1969〜　著「図説金の文化史」原書房　2016
Zoradi, Mark　ゾラディ, マーク
　国アメリカ　実業家　ウォルト・ディズニー・スタジオ社長
Zorba, Furkan　ゾルバ, フルカン
　国ドイツ　サッカー選手
Zordan, Giovanna　ゾルダン, ジョバンナ
　1959〜　国セルビア　カヌー選手　異ゾリッチ, ミレンコ／ゾルダン, ジョヴァンナ　著「どこなのどこどこ？」学習研究社　c2007
Zoric, Milenko　ゾリッチ, ミレンコ
　国セルビア　カヌー選手
Zorigt, Dashdorjiin　ゾリグト, ダシドルジン
　国モンゴル　鉱物資源・エネルギー相
Zorigt, Dashzeveg　ゾリグト, ダンゼベグ
　国モンゴル　エネルギー相　異ゾリグト, ダシゼベグ
Zorigt, Munkhchuluun　ゾリグト, ムンフチョローン
　国モンゴル　道路・運輸相
Zorin, Valentin P.　ゾリン, ワレンチン・P.
　国ベラルーシ　森林相
Zoritch, George　ゾリッチ, ジョージ
　1917〜2009　バレエダンサー　バレエ・リュス・ド・モンテカルロダンサー
Zorkaia, Neia Markovna　ゾールカヤ, ネーヤ
　1924〜　著「ソヴェート映画史」ロシア映画社　2001
Zorman, Itamar　ゾーマン, イタマール
　国イスラエル　チャイコフスキー国際コンクール ヴァイオリン第2位(2011年(第14回))
Zorzi, Cristian　ゾルジ
　国イタリア　距離スキー選手
Zorzi, William F.　ゾルツィ, ウィリアム・F.
　アメリカ探偵作家クラブ賞 TVフィーチャー・ミニシリーズ賞(2007年)　"The Wire, Season 4"
Zossou, Gaston　ゾス, ガストン
　国ベナン　通信・情報技術発展相　異ゾスー, ガストン
Zotov, Nikolai Mikhailovich　ゾートフ, ニコライ・ミハイロヴィチ
　国ロシア　元・サハリン日本協会会長
Zou, Kai　ゾウ・カイ
　1988〜　国中国　体操選手　漢字名=鄒凱
Zou, Shi-ming　ゾウ・シミン
　1981〜　国中国　プロボクサー　漢字名=鄒市明
Zouaiter, Ghazi　ズアイテル, ガジ
　国レバノン　公共事業・運輸相
Zouari, Abderrahim　ズーアリ, アブデルラヒム
　国チュニジア　運輸相
Zou'bi, Khalid Samara　ズビ, ハリド・サマラ
　国ヨルダン　法律問題担当相
al-Zoubi, Omran Ahed　ゾウビ, オムラン・アヘド
　国シリア　情報相

Zou'bi, Sharif ズビ, シャリフ
[国]ヨルダン 法相
Zouma, Kurt ズマ, クルト
[国]フランス サッカー選手
Zoumara, Côme ズマラ, コム
[国]中央アフリカ 外務・地域統合相
Zouroudi, Anne ズルーディ, アン
1959～ [国]イギリス 作家 [専]ミステリー, スリラー
Zouta, Gertrude ズタ, ジェルトルード
[国]中央アフリカ 商業・産業・中小企業相
Zoysa, Vijith Wijayamuni ソイサ, ビジット・ウィジャヤムニ
[国]スリランカ 灌漑・水資源管理相
Zozulya, Roman ゾズリャ, ロマン
[国]ウクライナ サッカー選手
Zpira, Lukas スピラ, ルーカス
[著]「トーキョー・ラブ・ドール」 エディシオン・トレヴィル, 河出書房新社(発売) 2008
Zribi, Lamia ズリービー, ラミア
[国]チュニジア 財務相
Zrouri, Abdelkader ズロウリ
[国]モロッコ テコンドー選手 [異]ズルリ
Zsámboki, Károlyné ジャーンボキ, カーロイネー
1948～ [著]「手と頭と心保育園・幼稚園の数学」 明治図書出版 2011
Zschocke, Johannes チョッケ, J.
[著]「小児代謝疾患マニュアル」 診断と治療社 2013
Zschokke, Matthias チョッケ, マティアス
1954～ [著]「文学盲者たち」 論創社 2006
Zsivoczky, Attila ジボツキ
[国]ハンガリー 陸上選手
Zsivoczky-farkas, Gyorgyi ジボツキファルカシュ, ギヨンギ
[国]ハンガリー 陸上選手
Zubac, Ivica ズーバッチ, イビツァ
[国]クロアチア バスケットボール選手
al-**Zubaidi, Baqir** ズバイディ, バキル
[国]イラク 運輸相
Zubak, Krešimir ズバク, クレシミール
1947～ [国]ボスニア・ヘルツェゴビナ 政治家 ボスニア・ヘルツェゴビナ幹部会員(クロアチア人代表)
Zubari, Shahar ズバリ
[国]イスラエル セーリング選手
al-**Zubaydi, Muhammad Hamza** アル・ズバイディ, ムハマド・ハムザ
[国]イラク 副首相
Zubcic, Martina スブビッチ
[国]クロアチア テコンドー選手
Zubcu, Victor ズブコ, ビクトル
[国]モルドバ 青年・スポーツ相
Zube, Ervin H. ズービ, アービン
1931～2002 [国]アメリカ 環境学者 アリゾナ大学名誉教授 [専]環境評価 [異]ズービ, アーウィン・H. / ズービ, アーヴィン
Zubeidi, Zakaria ズベイディ, ザカリア
[国]パレスチナ 自由劇団世話役 アルアクサ殉教者旅団幹部
Zuber, Catherine ズーバー, キャサリン
トニー賞 ミュージカル 衣装デザイン賞(2015年(第69回))ほか
Zuber, Roger ズュベール, ロジェ
1931～ [著]「十七世紀フランス文学入門」 白水社 2010
Zuber, Steven ツバー, シュテファン
[国]スイス サッカー選手
Zu'bi, Akef al ズウビ, アケフ
[国]ヨルダン 農相
Zubi, Fawwaz ズビ, ファワズ
[国]ヨルダン 郵政・通信相
Zubi, Ghalib ゾウビ, ガリブ
[国]ヨルダン 法相
Zubizarreta, Rosa ズビザリタ, ロザ
[著]「フォーカシングの心得」 創元社 2016
Zubko, Hennadii ズブコ, ヘンナディ
[国]ウクライナ 副首相兼地域発展・建設・住宅・公共サービス相 [異]ズブコ, ヘンナディ
Zubkov, Alexander ズブコフ, アレクサンドル
1974～ [国]ロシア ボブスレー選手 本名=Zubkov, Alexander Yuryevich
Zubkov, Viktor Alekseevich ズブコフ, ヴィクトル
1941～ [国]ロシア 政治家, 実業家 OAOガスプロム会長 ロシア首相 [異]ズブコフ, ビクトル / ズブコフ, ヴィクトル / ズブコーフ, ヴィクトル / ズブコフ, ビクトル / ズブコフ, ビクトル・A.
Zublasing, Petra ズブラシング, ペトラ
[国]イタリア 射撃選手
Zubrick, James W. ズブリック, J.W.
[著]「研究室で役立つ有機実験のナビゲーター」 丸善出版 2011
Zubrilova, Olena ズブリロワ
[国]ベラルーシ バイアスロン選手
Zucca, Pierre ズッカ, ピエール
[著]「生きた貨幣」 青土社 2004
Zuccato, Edoardo ズッカート, エドアルド
[著]「地上の歌声」 思潮社 2001
Zuccheri, Laura ズッケリ, ラウラ
[著]「ガラスの剣」 ユマノイド, パイインターナショナル(発売) 2015
Zucker, Donald ザッカー, ドナルド
[著]「ポール・オースターが朗読するナショナル・ストーリー・プロジェクト」 アルク 2006
Zucker, Kenneth J. ズッカー, ケネス・J.
[著]「性同一性障害」 みすず書房 2010
Zucker, Martin ズッカー, マーティン
1937～ [著]「アーシング」 ヒカルランド 2015
Zuckerberg, Mark Elliot ザッカーバーグ, マーク
1984～ [国]アメリカ 起業家, プログラマー フェイスブック創業者・CEO
Zuckerman, Daniel M. ズッカーマン, ダニエル・M.
[著]「生体分子の統計力学入門」 共立出版 2014
Zuckerman, Gregory ザッカーマン, グレゴリー
[著]「史上最大のボロ儲け」 阪急コミュニケーションズ 2010
Zuckerman, Joseph David ザッカーマン, ジョゼフ・D.
1952～ [著]「ロックウッドに学ぶ骨折ハンドブック」 メディカル・サイエンス・インターナショナル 2004
Zuckerman, Larry ザッカーマン, ラリー
[著]「じゃがいもが世界を救った」 青土社 2003
Zuckerman, Michael W. ザッカーマン, マイケル・W.
[著]「なぜアメリカ人は10代の若者を嫌うのか? アメリカの青年期に関する比較展望」 同志社 2011
Zuckoff, Mitchell ズーコフ, ミッチェル
[著]「いのち輝く日」 大月書店 2004
Zucman, Gabriel ズックマン, ガブリエル
1986～ [著]「失われた国家の富」 NTT出版 2015
Zucula, Paulo ズクーラ, パウロ
[国]モザンビーク 運輸・通信相
Zuerlein, Greg ズアーレイン, グレッグ
[国]アメリカ アメフト選手
Zueva, Anastasia ズエワ
[国]ロシア 競泳選手
Zufferey, Daniel ジュフュレ, ダニエル
1969～ [著]「スイス銀行の陰謀」 中央公論新社 2001
Zuffi, Luca ズッフィ, ルカ
[国]スイス サッカー選手
Zuffi, Stefano ズッフィ, ステファノ
1961～ [著]「ボッティチェリ」 西村書店東京出版編集部 2016
Zugehör, Rainer ツーゲヘア, ライナー
[著]「ライン型資本主義の将来」 文真堂 2008
Žugić, Radoje ジュギッチ, ラドイェ
[国]モンテネグロ 財務相
Zuhoor, Ahmed ズフール, アハメド
[国]モルディブ 青年・スポーツ相
Zuhurov, Saidamir ズフロフ, サイドアミル
[国]タジキスタン 副首相
Zuk, Marlene ズック, マーリーン
[著]「私たちは今でも進化しているのか?」 文芸春秋 2015
Zukal, Anna ズカル
[国]ロシア フリースタイルスキー選手
Zukanovic, Ervin ズカノヴィッチ, エルヴィン
[国]ボスニア・ヘルツェゴビナ サッカー選手
Zukauskas, Henrikas ズカウスカス, ヘンリカス
[国]リトアニア 環境保護相
Zukav, Gary ズーカフ, ゲーリー
[著]「魂をめぐる物語」 サンマーク出版 2004
Zukerman, Pinchas ズーカーマン, ピンカス
1948～ [国]イスラエル バイオリニスト, 指揮者, ビオラ奏者 オタワ・ナショナル・アーツセンター・オーケストラ音楽監督 [異]ズッカーマン, ピンハス
Zukhurov, Saidamir ズフロフ, サイダミール
[国]タジキスタン 副首相

Zukhurov, Shukurjon ズフロフ, シュクルジョン
　国タジキスタン　労働・社会保障相
Zukin, Sharon ズーキン, シャロン
　著「都市はなぜ魂を失ったか」講談社　2013
Zukowski, John ズコウスキ, ジョン
　著「Java 2 J2SE 1.4」IDGジャパン　2002
Żuławski, Andrzej ズラウスキー, アンジェイ
　1940〜2016　国ポーランド　映画監督, 俳優　異ジュワフスキ, アンジェイ／ズラウスキ, アンジェイ
Zulfa, Mariyam ズルファ, マリヤム
　国モルディブ　観光・芸術・文化相
Zulfacar, Maliha ズルファカル, マリハ
　著「アフガニスタン」ほるぷ出版　2009
Zulfikarpasic, Bojan ズルフィカルパッシチ, ボヤン
　1968〜　国フランス　ジャズ・ピアニスト　別名＝BOJAN Z　異ボヤンZ
Zulhasnan, Rafique ズルハスナン, ラフィク
　国マレーシア　連邦直轄区相
Zulkarnain, Hanafi ズルカルナイン, ハナフィ
　国ブルネイ　保健相
Zulkarnina, Julia ズルカルニナ, ユリア
　国インドネシア　元・在インドネシア日本国大使館現地職員
Zulkifli, Hasan ズルキフリ, ハッサン
　国インドネシア　林業相
Zull, James E. ズル, ジェームズ・E.
　著「脳科学が明らかにする大人の学習」ヒューマンバリュー　2016
Zullo, Germano ズロ, ゲルマノ
　1968〜　著「マルタとききゅう」トランスワールドジャパン　2006
Zulu, Lindiwe ズールー, リンディウェ
　国南アフリカ　中小企業開発相
Zuluaga, Oscar Iván スルアガ, オスカル・イバン
　国コロンビア　財務相
Zuma, Jacob ズマ, ジェイコブ
　1942〜　国南アフリカ　政治家　南アフリカ大統領, アフリカ民族会議（ANC）議長　本名＝Zuma, Jacob Gedleyihlekisa　異ズマ, ジェーコブ
Zuma, Nkosazana Dlamini ズマ, ヌコサザナ・ドラミニ
　国南アフリカ　内相　異ズマ, ヌコサザナ
Zumaya Flores, Goretti Alejandra ズマヤフロレス, ゴレッティアレハンドラ
　国メキシコ　射撃選手
Zumbado, Fernando スンバド, フェルナンド
　国コスタリカ　住宅・貧困対策相
Zumbrunnen, Eric ザンブランネン, エリック
　国アメリカ　MTVアワード 最優秀編集（第18回（2001年））"Weapon Of Choice"
Zumdahl, Steven S. ズンダール, S.
　著「ズンダール基礎化学」東京化学同人　2013
Zumkehr, Nadine ツムケール, ナディーネ
　国スイス　ビーチバレー選手
Zumthor, Peter ズントーア, ピーター
　1943〜　国スイス　建築家
Zumwalt, Jordan ザムウォルト, ジョーダン
　国アメリカ　アメフト選手
Zunic, Stipe ジュニッチ, スティペ
　国クロアチア　陸上選手
Zuniga, Enrique スニガ, エンリケ
　国パラグアイ　農業・畜産相
Zúñiga, Guillermo スニガ, キジェルモ
　国コスタリカ　財務相
Zuniga, Juan Camilo スニガ, フアン・カミロ
　国コロンビア　サッカー選手
Zúñiga Rocha, Ledy スニガ・ロチャ, レディ
　国エクアドル　法務・人権・宗教相
Zunino, Mike ズニーノ, マイク
　国アメリカ　野球選手
Zunon, Elizabeth ズーノン, エリザベス
　著「風をつかまえたウィリアム」さ・え・ら書房　2012
Zunz, Olivier ザンズ, オリヴィエ
　1946〜　著「アメリカの世紀」刀水書房　2005
Zupan, Janet ズーパン, ジャネット・シュミット
　著「ポール・オースターが朗読するナショナル・ストーリー・プロジェクト」アルク　2005
Zupan, Jure ズパン, ユレ
　国スロベニア　高等教育・科学技術相
Zupanc, Günther Karl-Heinz ツーパンク, ギュンター・K.H.
　著「行動の神経生物学」シュプリンガー・ジャパン　2007
Zupancic, Alenka ジュパンチッチ, アレンカ
　1966〜　著「リアルの倫理」河出書房新社　2003
Zupancic, Kelita ズパンチッチ, ケリタ
　国カナダ　柔道選手
Zuparic, Dario ジュパリッチ, ダリオ
　国クロアチア　サッカー選手
Zuquilanda, Patricio スキランダ, パトリシオ
　国エクアドル　外相
Zurabishvili, Salomé ズラビシュヴィリ, サロメ
　1951〜　国ジョージア　政治家, 外交官　ジョージア外相, 駐ジョージア・フランス大使　本名＝Zurabishvilli-Kashia, Salomé　異ズラビシビリ, サロメ／ズラビシュビリ, サロメ
Zurabov, Mikhail Y. ズラボフ, ミハイル・Y.
　国ロシア　保健社会発展相
Zuraidah Ibrahim ズライダー・イブラヒム
　著「リー・クアンユー未来への提言」日本経済新聞出版社　2014
Zurawka, Thomas ツラフカ, トーマス
　著「オートモーティブソフトウェアエンジニアリング」シュタールジャパン, 日刊工業新聞社（発売）　2008
Zurbalev, Dima ズルバレフ, ディマ
　著「C#プログラマのための.NETアプリケーション最適化技法」翔泳社　2013
Zurbel, Victor ザーベル, ヴィクター
　1940〜　「ピーター・マックスの世界」グラフィック社　2014
Zurbriggen, Silvan ツルブリッゲン
　国スイス　アルペンスキー選手
Zurcher, Bernard ジュルシェ, ベルナール
　著「ジョルジュ・ブラック」未知谷　2009
Zurer, Ayelet ズラー, アイェレット
　1969〜　国イスラエル　女優
Zur Hausen, Harald ツア・ハウゼン, ハラルド
　1936〜　国ドイツ　医学者　ドイツがん研究センター名誉教授　著子宮頸がん, パピローマウイルス　異ツアハウゼン, ハラルド
Zurhorst, Eva-Maria ツアホルスト, エファ・マリア
　著「誰と結婚しても幸せになる法」サンマーク出版　2013
Zurutuza, David スルトゥサ, ダビド
　国スペイン　サッカー選手
Zusak, Markus ズーサック, マークース
　1975〜　国オーストラリア　作家　著文学, フィクション
Züst, Rainer ツスト, ライナー
　1959〜　著「エコデザインパイロット」産業環境管理協会, 丸善（発売）　2007
Zustautas, Henrikas ズタウタス, エンリカス
　国リトアニア　カヌー選手
Zuther, Joachim E. ツター, ヨアヒム・E.
　著「リンパ浮腫マネジメント」ガイアブックス　2015
Zuttah, Jeremy ズッター, ジェレミー
　国アメリカ　アメフト選手
Zuur, Alain F. ジュール, A.
　著「R初心者のためのABC」シュプリンガー・ジャパン　2010
Zuvaidov, Said ズバイドフ, サイド
　国タジキスタン　通信相
Žuvanić, Roland ジュパニッチ, ロランド
　国クロアチア　海事・交通・通信相
Zuyev, Viktar ズエフ
　国ベラルーシ　ボクシング選手
Žužul, Miomir ジュジュル, ミオミル
　国クロアチア　外相
Zvan, Barbara ズバン, バーバラ
　著「リスクバジェッティング」パンローリング　2002
Zvarich, Roman ズワリチ, ロマン
　国ウクライナ　法相
Zver, Milan ズベル, ミラン
　国スロベニア　教育スポーツ相
Zvereva, Ellina ズベレワ
　国ベラルーシ　陸上選手
Zviadauri, Zurab ズビャダウリ
　国ジョージア　柔道選手
Zvizdić, Denis ズビズディッチ, デニス
　国ボスニア・ヘルツェゴビナ　首相
Zvolenská, Zuzana ズボレンスカ, ザナ
　国スロバキア　厚生相
Zvonareva, Vera ズボナレワ

国ロシア　テニス選手
Zvyagintsev, Andrei　ズビャギンツェフ, アンドレイ
　1964〜　国ロシア　映画監督, 脚本家, 俳優
Zwane, Mosebenji Joseph　ズワネ, モセベンジ・ジョセフ
　国南アフリカ　鉱物資源相
Zwart, Ron　ズワルト, ロン
　著「ロンリー・トラベラーズ・ダイアリー」パブリック・ブレイン　2016
Zwarycz, Krzysztof Maciej　ジバリチ
　国ポーランド　重量挙げ選手
Zweden, Jaap van　ズヴェーデン, ヤープ・ヴァン
　1960〜　国オランダ　指揮者　オランダ放送フィルハーモニー芸術監督, ダラス交響楽団音楽監督
Zweifel, George S.　ツヴァイフェル, G.S.
　著「最新有機合成法」化学同人　2009
Zweig, Jason　ツバイク, ジェイソン
　著「金融版悪魔の辞典」パンローリング　2016
Zweig, Martin E.　ツバイク, マーティン
　著「ツバイクウォール街を行く」パンローリング　2001
Zweig, Pablo　ツバイク, パブロ
　著「おえかきトーマス」学習研究社　2005印刷
Zweig, Ronald W.　ツヴァイグ, ロナルド・W.
　著「ホロコーストと国家の略奪」昭和堂　2008
Zweig, Stefanie　ツヴァイク, シュテファニー
　1932〜2014　国ドイツ　作家　異ツワイク, シュテファニー
Zwell, Michael　ズウェル, マイケル
　著「「コンピテンシー」企業改革」東洋経済新報社　2001
Zwerenz, Gerhard　ツヴェレンツ, ゲールハルト
　1925〜2015　国ドイツ　作家, エッセイスト, 文芸評論家　異ツベレンツ／ツヴェーレンツ, ゲーアハルト
Zwerger, Lisbeth　ツヴェルガー, リスベート
　1954〜　国オーストリア　絵本画家　異ツベルガー
Zwick, Edward　ズウィック, エドワード
　1952〜　国アメリカ　映画監督, 映画プロデューサー
Zwiebach, Barton　ツヴィーバッハ, B.
　1954〜　著「初級講座弦理論」丸善プラネット, 丸善出版（発売）2013
Zwiebler, Marc　ツバイブラー, マルク
　国ドイツ　バドミントン選手
Zwiefelhofer, Thomas　ツウィーフェルホーファー, トマス
　国リヒテンシュタイン　副首相兼内務・法務・経済相
Zwier, Lawrence J.　ズヴァイヤー, ローレンス・J.
　異ヅヴァイヤー, ローレンス・J.　著「イラストでわかる日常生活の英語表現」コンパスパブリッシング, コンパスパブリッシングジャパン（発売）　2011
Zwingenberger, Allison L.　ツウィンゲンバーガー, アリソン
　著「犬と猫のCT & MRIアトラス」緑書房　2016
Zwingenberger, Jeanette　ツヴィンゲンベルガー, ジャネット
　著「美の20世紀」二玄社　2007
Zwingle, Erla　ズウィングル, アーラ
　著「ヴェネツィア」日経ナショナルジオグラフィック社, 日経BP出版センター（発売）　2005
Zwitzer, H.L.　ズヴィッツアー, ハンス・ラウレンツ
　著「教科書に書かれなかった戦争」梨の木舎　2001
Zwoliński, Mark　ツヴォリンスキー, マーク
　著「VHDLデジタル回路設計標準講座」翔泳社　2007
Zych, Tony　ジク, トニー
　国アメリカ　野球選手
Zydeco, Buckwheat　バックウィート・ザディコ
　グラミー賞 最優秀ザディコ, ケイジャン・ミュージック・アルバム（2009年（第52回））　"Lay Your Burden Down"
Zygouri, Stavroula　ジグリ
　国ギリシャ　レスリング選手
Zykina, Ludmila　ズイキナ, リュドミラ
　1929〜2009　国ロシア　民謡歌手　本名＝Zykina, Ludmila Georgievna　異ジキーナ, リュドミラ
Zyman, Sergio　ジーマン, セルジオ
　国アメリカ　実業家　コカ・コーラ上級副社長
Zyndul, Jolanta　ジンドゥル, ヨランタ
　著「ポーランドのユダヤ人」みすず書房　2006
Zypries, Brigitte　ツィプリース, ブリギッテ
　国ドイツ　経済・エネルギー相
Zysman, John　ザイスマン, ジョン
　著「対立か協調か」中央公論新社　2002
Zyuganov, Gennadii Andreevich　ジュガーノフ, ゲンナジー
　1944〜　国ロシア　政治家　ロシア下院議員, ロシア共産党委員長　異ジュガノフ, ゲンナジー

21世紀 世界人名典拠録 欧文名
2 L～Z

2017年7月25日 第1刷発行

発 行 者／大高利夫
編集・発行／日外アソシエーツ株式会社
　　　　　〒140-0013 東京都品川区南大井6-16-16鈴中ビル大森アネックス
　　　　　電話 (03)3763-5241(代表) FAX(03)3764-0845
　　　　　URL http://www.nichigai.co.jp/
発 売 元／株式会社紀伊國屋書店
　　　　　〒163-8636 東京都新宿区新宿 3-17-7
　　　　　電話 (03)3354-0131(代表)
　　　　　ホールセール部(営業)　電話 (03)6910-0519

電算漢字処理／日外アソシエーツ株式会社
印刷・製本／株式会社平河工業社

不許複製・禁無断転載　《中性紙H-三菱書籍用紙イエロー使用》
〈落丁・乱丁本はお取り替えいたします〉
ISBN978-4-8169-2671-6　Printed in Japan,2017

本書はディジタルデータでご利用いただくことができます。詳細はお問い合わせください。

日本著者名・人名典拠録 新訂増補第3版
―75万人収録

B5・4分冊　セット定価（本体95,000＋税）　2012.5刊

人名の正確なよみの調査に、人物確認に、同名異人の識別に欠かせない人名典拠録。昭和以降平成23年までの85年間に刊行された図書の著者、明治以降の各界著名人、現在活躍中の人物75万人を幅広く収録、各人物には生（没）年・職業・肩書、別名、著書・出版者・出版年などを記載。ネット検索では調査が難しい人物の確認、同名異人の識別に役立つ。姓名の漢字、画数から引ける別冊「画数順索引」付き。

東洋人名・著者名典拠録

B5・2分冊　セット定価（本体66,000円＋税）　2010.10刊

古代から現代までの東洋人名32,500人を収録した典拠録。中国、韓国、北朝鮮、台湾、香港などの漢字文化圏のほか、漢字で表記される世界各国・地域の人名を収録。人物同定に必要な、生没年・時代、国・地域、職業・肩書、専門分野、最近の著書を記載。漢字の「画数順索引」（別冊）付き。

都市問題・地方自治 調査研究文献要覧

後藤・安田記念東京都市研究所 市政専門図書館 監修

市政専門図書館が長年にわたり独自に収集してきた都市問題・地方自治に関する書籍・研究論文・調査報告等を体系的に収録した文献目録。国立国会図書館「雑誌記事索引」未収録の記事も多数収録。

① **明治～1945**　B5・940頁　定価（本体43,000円＋税）　2017.5刊
② **1945～1980**　B5・1,110頁　定価（本体43,000円＋税）　2016.12刊
③ **1981～2015**　B5・1,200頁　定価（本体43,000円＋税）　2016.7刊

民俗風俗 図版レファレンス事典

民俗事典、風俗事典、民具事典、生活・文化に関する事典、祭礼・芸能・行事事典、図集・図説・写真集に掲載された日本各地・各時代の民俗・風俗に関する写真や図を探すことができる図版索引。郷土の祭礼、民俗芸能、年中行事、衣食住や生産・生業、信仰、人の一生にまつわることなどに関する写真や図の掲載情報がわかる。図版の掲載頁および写真/図、カラー/白黒の区別、文化財指定、地名、所蔵、行事等の実施時期、作画者、出典、撮影者、撮影年代などを記載。

古代・中世・近世篇　B5・1,110頁　定価（本体46,250円＋税）　2016.12刊
衣食住・生活篇　B5・1,120頁　定価（本体45,000円＋税）　2015.11刊
祭礼・年中行事篇　B5・770頁　定価（本体45,000円＋税）　2015.6刊

データベースカンパニー
日外アソシエーツ
〒140-0013　東京都品川区南大井6-16-16
TEL.（03）3763-5241　FAX.（03）3764-0845　http://www.nichigai.co.jp/